Langen Müller's

Schau spieler Lexikon der Gegenwart

Deutschland Österreich Schweiz

Langen Müller's

Schauspieler Lexikon der Gegenwart

Deutschland Österreich Schweiz

Idee, Konzeption, Text und Redaktion:
Hermann J. Huber

Dieses Buch widme ich meinen Freunden
Ekkehardt und Marlene Belle
sowie Thomas K. D. Förtsch.

Redaktionsschluß Ende Februar 1986
(Einige aktuelle Daten konnten nachträglich
noch ergänzt werden).

Umschlaggestaltung: Christel Aumann
Satz: Fotosatz Service Weihrauch, Würzburg
Gesetzt aus 8/9 Punkt Century Schoolbook
Druck und Binden: May + Co, Darmstadt
Printed in Germany
ISBN: 3-7844-2058-3

VORWORT

»Dem Mimen flicht die Nachwelt keine Kränze.«
(Aus dem Prolog zu Schillers Wallenstein-Trilogie, 1798)

»Langen Müller's Schauspieler-Lexikon der Gegenwart« dokumentiert das Schaffen der erfolgreichsten und beliebtesten lebenden deutschsprachigen Schauspieler in Film, Theater und Fernsehen. Während in der Literatur zumindest über die herausragenden Künstler von Kino und Bühne zahlreiche Biographien und Abhandlungen in Sammelbänden vorliegen, bleibt der in den letzten zwanzig Jahren bedeutsam gewordene und am Publikumsinteresse gemessen dominierende TV-Sektor nahezu völlig ausgespart. Es stellte sich daher auch die Aufgabe, über ein Vierteljahrhundert deutschsprachige Fernsehspielgeschichte zurückzuverfolgen und festzuhalten.
Bei der Auswahl der führenden Darsteller waren hauptsächlich folgende Kriterien ausschlaggebend: Qualität und Quantität des Rollenrepertoires, Konstanz der Leistungen, Bedeutung der Filme, Theaterstücke und Fernsehspiele, Gewichtigkeit der jeweiligen Partner und Regisseure, internationale Erfolge, Auszeichnungen, Bühnenstationen, Ablauf der Karriere. Ein Lexikon kann niemals den Anspruch auf absolute Vollständigkeit erheben. So ist es nicht einfach, aus den über zehntausend in Deutschland, Österreich und der Schweiz hauptberuflich tätigen Schauspielern das maßgebliche Spektrum herauszukristallisieren. Nicht nur hochverdiente Spitzenschauspieler sollten vorgestellt werden, sondern auch vielversprechende junge Talente. Weder alle an unseren staatlichen, städtischen, privaten und freien Bühnen unentbehrlich gewordenen lokalen Größen, noch jene, die bereits nach wenigen TV-Auftritten von sich reden machten, konnten Platz finden. Gelungen ist, so hoffe ich, eine die Realität widerspiegelnde Mischung. Allen Akteuren, die sich aus Platzgründen nicht unter den rund 1000 der Erstausgabe befinden, sei Hoffnung gemacht auf eine kontinuierliche Fortschreibung dieses Bandes.
Von den dem Familiennamen nach in alphabetischer Reihenfolge erfaßten Darstellern sind die entscheidenden Lebensdaten, Karrierestationen, der Großteil des Repertoires sowie die markantesten Auszeichnungen festgehalten. Durch Veröffentlichung der Anschrift wird das Lexikon zu einem fundierten Adreßbuch.
Großen Wert legt das Lexikon auch auf die Arbeit der Regisseure. Durch wiederholte Nennung bei den verschiedenen Produktionen geriet das Werk somit zu einer Würdigung der namhaftesten einheimischen und internationalen Regisseure der letzten fünfzig Jahre.
Wie schmerzlich uns der Verlust so vieler bedeutender Schauspieler trifft, wurde mir allein im Verlauf meiner Arbeit an diesem Buch bewußt, als uns Paul Dahlke, Herbert Fleischmann, Werner Hinz, Rudolf Platte, Willy Semmelrogge, Luise Ullrich, Karl Obermayr, Walter Richter, Benno Sterzenbach, Wolfgang Kieling, Oskar Werner, Boy Gobert, Lilli Palmer, Helga Anders, Käthe Haack und Elisabeth Bergner für immer verlassen haben.
Meine Bewunderung für den unermüdlichen Einsatz unserer Schauspieler und ihre unverwüstliche Liebe zum Beruf erfuhr während meiner Recherchen noch eine gehörige Steigerung. Die meisten Künstler wurden von mir selbst interviewt. Und besonders erwähnens-

wert: Keiner der Angesprochenen versagte mir seine Mitarbeit. Teilweise handschriftlich wurden mir Informationen überlassen, die bislang unzugänglich waren. Schriftlich und mündlich haben wir in mühevoller Kleinarbeit das Repertoire und die Daten abgestimmt. Dabei ließen sich auch kuriose Legendenbildungen korrigieren, die sich in Archive und Publikationen eingeschlichen hatten.
Unerläßlich für meine Arbeit war die fachliche Beratung und freundschaftliche Unterstützung nahezu aller Künstleragenturen. Besonderer Dank gebührt Frau Annemarie Herald (ZBF-Agentur), Frau Carla Rehm (Agentur Alexander), Herrn Janusz von Pilecki (Agentur Pilecki), Frau Elfriede Thuy (Agentur Jovanovic) sowie der Künstleragentur Austroconcert Wien. Herzlich danken möchte ich auch allen Theatern, besonders den freien Bühnen, die trotz Überlastung stets für meine Nachfragen Zeit fanden. Danken will ich schließlich auch zahlreichen Filmverleihfirmen, den Anstalten von ARD und ZDF und mehreren TV-Programmzeitschriften.
In vielen Gesprächen wurde vor allem von den Schauspielern selbst Klage geführt, wie schwer es deutschsprachige Künstler haben, im europäischen Ausland oder gar in Übersee Beschäftigung zu finden, während es umgekehrt fast jedem hiesigen Film- und TV-Produzenten notwendig erscheint, mit ausländischen Akteuren zu arbeiten. Obwohl das deutsche Kino in den letzten Jahren international an Einfluß gewann und obwohl deutsche TV-Produktionen (vornehmlich Kriminalfilme) im benachbarten Ausland Beachtung finden, ist ein größeres Arbeitsfeld für unsere Schauspieler noch weitgehend Wunschdenken.
»Langen Müller's Schauspieler-Lexikon der Gegenwart«, gleichermaßen gedacht für den Kinogänger, den Theaterbesucher und den Fernsehzuschauer (also das Publikum), wie für die Branche (den Regisseur, den Produzenten, die Besetzungsbüros bei Film und Fernsehen, die Theater, die Agenturen, die Journalisten und nicht zuletzt für die Schauspieler selbst), möchte Anstoß sein, unsere Darsteller näher kennenzulernen. Sollte uns das mit diesem gleichermaßen um Information und Unterhaltung bemühten Buch gelingen, hätte sich nicht nur jahrelange Arbeit gelohnt, sondern es wäre ein Anlaß geschaffen, Schillers oben zitierte These zumindest neu zu überdenken. Was wollte man mehr!

Hermann J. Huber

BENUTZERHINWEISE

Die aufgenommenen biographischen Daten, das Repertoire bei Film, Theater und Fernsehen sowie Angaben zu Auszeichnungen, Wohnort und Agentur wurden nachgeprüft. Die jeweilige Auswahl der Daten gibt einen repräsentativen Überblick über das Schaffen des Künstlers.

Film Es wurden grundsätzlich jene Filmtitel verwendet, unter denen die Produktionen im deutschsprachigen Raum liefen. Bei Filmen, die nicht in der Bundesrepublik Deutschland, Österreich oder der Schweiz aufgeführt wurden, ist der Originaltitel angeführt. Das Herstellungsland wird (aus Platzgründen) nur dann genannt, wenn es sich nicht um eine Produktion aus diesen drei Ländern handelt.
Das angegebene Jahr besagt (bis auf wenige Ausnahmen) das Jahr der Uraufführung, nicht der Herstellung. Drehte der Künstler mehrere Kinofilme in einem Jahr, wurden sie, außer sie entstanden in verschiedenen Ländern, unter einem Jahr zusammengefaßt.
Der Autor der Filmvorlage wird in Klammern mit dem Zusatz »nach« angeführt, z.B.: »Das Boot« (nach Buchheim), »Der Hauptmann von Köpenick« (nach Zuckmayer) etc. Handelt es sich beim Autor gleichzeitig um den Drehbuchautor, lautet die Ergänzung in Klammern »von«, z.B.: »Canaris« (von Reinecker), »Die Verrohung des Franz Blum« (von Driest).

Theater Bei der Aufzählung der Rollen handelt es sich in der Regel um die Reihenfolge ihrer Aufführung. Bei den Jahresangaben wird das Premierenjahr genannt. Nicht immer konnte berücksichtigt werden, daß ein Stück mehrere Spielzeiten, an anderen Bühnen oder bei Festspielen erneut zur Aufführung kam.
Der Autor wird direkt vor dem Titel des Stücks angegeben, z.B.: Chlestakow in Gogols »Der Revisor«.
Ist die Bühnenfassung nach einem Roman o.ä. entstanden, heißt es: In »Geliebter Lügner« (von Kilty nach Shaw/Campbell).

Fernsehen Bei allen angegebenen Produktionen handelt es sich um reine Fernsehspiele oder Filme, die nach dem Film-Fernseh-Abkommen vorrangig für das Fernsehen hergestellt wurden. Spielfilme, die für das Kino produziert wurden, jedoch immer zahlreicher ins TV-Programm kommen, sind nicht berücksichtigt. Sie finden sich in der Sparte »Film«.
Die jeweilige Jahresangabe benennt das Jahr der Erstsendung. Wiederholungen, die bei Fernsehspielen in der Regel drei Jahre nach der Erstausstrahlung und bei entsprechendem Erfolg auch darüber hinaus erfolgen, müssen unerwähnt bleiben.
Ähnlich wie beim Film wird auch im Fernsehen der Autor der Vorlage mit »nach« angeführt, z.B.: »Wallenstein« (nach Golo Mann), »Buddenbrooks« (nach Thomas Mann).

Handelt es sich um den Drehbuchautor, wird dieser direkt mit »von« angeführt, z.B.: »Der neue Mann« (von Serling), oder »Der König und sein Narr« (von Plenzdorf nach Stade). Wird eine Theater-Inszenierung ins Fernsehen übernommen, findet sich entweder bei der Theatererwähnung der Vermerk: auch TV, auch ZDF 1978 etc., oder in der Fernsehsparte der Vermerk: auch Thalia-Theater 1980 etc.
Das Gros der aufgenommenen Produktionen wurde für die vier großen öffentlich-rechtlichen Fernsehanstalten des deutschsprachigen Raums hergestellt: *ARD* (Arbeitsgemeinschaft der Rundfunkanstalten Deutschlands; diese Bezeichnung beinhaltet die einzelnen Regionalsender BR, HR, NDR, RB, SR, SFB, SDR, SWF und WDR; näheres siehe Anhang), *ZDF* (Zweites Deutsches Fernsehen), *ORF* (Österreichischer Rundfunk) und *SRG* (Schweizerische Radio- und Fernsehgesellschaft).
Bei der Nennung der Fernsehanstalt haben die beiden deutschen Kanäle ARD und ZDF Vorrang. In den überwiegenden Fällen werden die genannten Fernsehspiele, ob gleichzeitig oder mit einer Zeitverschiebung, auch durch ORF und SRG ausgestrahlt. Meist handelt es sich sogar um Co-Produktionen, wie jeder geübte Fernsehzuschauer dem Abspann entnehmen kann.
Ist eine Produktion nicht oder noch nicht in der Bundesrepublik Deutschland gelaufen, wird sie mit der Angabe des produzierenden Senders ORF oder SRG benannt.
Bei Serien konnte in der Regel nur der Serien-Titel angegeben werden. Die Bezeichnung der einzelnen Folgen wäre zu umfangreich und platzraubend geworden, da die meisten Schauspieler mehrere Folgen der einzelnen Serien (wie »Tatort«, »Der Alte«, »Der Kommissar«, »Derrick«, »Die Krimistunde«, »Specials«) gedreht haben.

Anschrift des Schauspielers Grundsätzlich wurde die Anschrift seiner Künstleragentur angegeben. Auf eigenen Wunsch, oder wenn er bei keiner Agentur unter Vertrag ist, wurde die Privatadresse (oder beides) genannt.

Zur Namenschreibung bei Regisseuren: Viele Regisseure arbeiten unter mehreren Pseudonymen, oft mit verschiedenen Schreibweisen in den verschiedenen Ländern (z. B. Detlef Sierck = Hans Sierck = Douglas Sirk; Frank Wisbar = Frank Wysbar; Anatole Litvak = Anatol Litwak). Bei einigen Regisseuren werden die Akzente in Deutschland nicht gebraucht (Géza von Bolváry = Geza von Bolvary; Akos von Ráthonyi = Akos von Rathony).
Die Schreibweise richtet sich nach der jeweils bei der Produktion üblichen.

A

Elke Aberle

Geb. 1. 7. 1950 als Tochter eines Berliner Postbeamten in Neuss; schon mit fünf Jahren stand sie erstmals vor der Filmkamera. Ihr erster Film war »Liebe« mit Maria Schell. Produktionen ihrer Kinder- und Jugendzeit sind u. a.: »Rivalen in der Manege« (1958), »Mädchen hinter Gittern«, »Witwer mit fünf Töchtern«, »Kinder, Mütter und ein General« und »Ein wunderbarer Sommer«. Mit 13 Jahren spielte sie in Shakespeares »König Richard III.« (Regie: Fritz Kortner) an den Münchner Kammerspielen. Gastspiele gab sie ab 1964 u. a. am Theater der Jugend und an der Kleinen Komödie in München, am Renaissance-Theater und an der Komödie in Berlin, bei den Schloßfestspielen Hohenlimburg und am Stadttheater Krefeld sowie auf Tournee.
Frau Aberle spricht engl.; sie ist in zweiter Ehe verheiratet mit dem TV-Redakteur Günter Winkelmann, hat eine Tochter (Maxi) und lebt in München.
Theater: Titelrolle in »Bravo, Girl«, Theater der Jugend München; in Mihuras »Katzenzungen«, Kleine Komödie München (auch ZDF 1968); in Björnsons »Wenn der junge Wein blüht«, Regie: Boleslaw Barlog, Renaissance-Theater Berlin; in Kleists »Der zerbrochene Krug«, Schloßfestspiele Hohenlimburg; in Grillparzers »Weh dem, der lügt«, Stadttheater Krefeld; in Douglas' »Die liebe Familie«, und in Ayckbourns »Drei Schlafzimmer« (auch ARD 1980), jeweils Komödie Berlin; in »Lord Arthur Saviles Verbrechen« (nach Wilde), Tournee 1985.
Fernsehen: »Diplomatengepäck«, Regie: Arno Assmann, ARD 1964; »Kriminalmuseum«, Regie: Wolfgang Becker, Serie, ZDF 1964; »Betty Blue«, ARD 1965; »Elfmeter«, Regie: Theo Mezger, ZDF; »Die seltsamen Methoden des Franz Josef Wanninger«, mit Beppo Brem, Serie, ARD 1969; »Tatort«, Serie, 2 Folgen, ARD 1971 + 1973; »8051 Grinning«, Regie: Peter Beauvais, ARD 1972; »Stationen«, Regie: Herbert Ballmann, ZDF 1973; »Familie Buchholz« (von Wittlinger nach Stinde), Regie: Herbert Ballmann, Serie, ZDF 1974; »Florian« (von Eva Mieke), und »Revolte im Erziehungshaus« (nach Hampel), Regie: Hans Quest, ZDF 1975; »Ich will doch nur, daß ihr mich liebt«, Regie: Rainer Werner Fassbinder, ARD 1976; »Roulette« (nach Kohout), Regie: Franz Peter Wirth, ZDF 1977; »Die Kur«, Regie: Frank Strecker, 5 Teile, ARD 1978; »Polizei-Inspektion 1«, mit Walter Sedlmayr, Serie, ARD 1979; »Goldene Zeiten«, Regie: Michael Braun, Serie, ARD 1980; »Drei gegen Hollywood«, mit Hans-Peter Korff, Regie: Sigi Rothemund, ZDF 1981; »Flohmarkt«, Serie, und »Ravioli«, Regie: Franz Josef Gottlieb, Serie, ZDF 1984; »Krimistunde«, Regie: Hartmut Griesmayr, Serie, ARD 1984.
Unter der Regie von Stanislav Barabas spielte sie in »Jonas oder der Künstler bei der Arbeit« und »Voltaires Tod«, unter Eberhard Itzenplitz in »Ferdi und Ferdinand« und unter Werner Schlechte in »König Heinrich IV.« (nach Shakespeare).
Auszeichnung: »Bambi« (BILD + FUNK) 1965 als Nachwuchsschauspielerin.
Anschrift: c/o ZBF-Agentur Frankfurt/Main, Feuerbachstraße 42-46, 6000 Frankfurt/Main.

Kathrin Ackermann

(eigentlich: Kathrin Furtwängler)

Geb. 30. 1. 1939 in Wiesbaden (Stieftochter von Wilhelm Furtwängler); aufgew. in Lausanne, Schweiz, wo sie auch das Gymnasium besuchte. Anschließend absolvierte sie die Otto-Falckenberg-Schule in München. Noch während ihrer Ausbildung debütierte sie am Bayerischen Staatsschauspiel München im Jahre 1959. Nach einem Engagement am Deutschen Theater Göttingen unter Heinz Hilpert spielte sie mit Unterbrechungen von 1961 bis 1979 am Bayerischen Staatsschauspiel.
Als freischaffende Schauspielerin gastierte sie seither u. a. an den Städt. Bühnen Augsburg, am Theater 44 München und erneut am Bayerischen Staatsschauspiel München (1984). Beim Fernsehen wirkt sie seit 1964.
Frau Ackermann spricht franz. (wie deutsch) und engl.; sie ist geschieden, hat drei Kinder und lebt in München.
Film: »Unerreichbare Nähe«, Regie: Dagmar Hirtz, und »Morgen in Alabama«, mit Maximilian Schell, Regie: Norbert Kuckelmann, 1984.
Theater: In Penzoldts »Die portugalesische Schlacht«, Regie: Werner Düggelin, und in Zoffs »König Hirsch«, Regie: Axel von Ambesser, Bayerisches Staatsschauspiel München 1959; Ophelia in Shakespeares »Hamlet«, Regie: Heinz Hilpert, Deutsches Theater Göttingen 1960; Ismene in Anouilhs »Antigone«, Luka in Shaws »Helden«, Gräfin Adele in Eichendorffs »Die Freier«, Liddy in Grabbes »Scherz, Satire, Ironie und tiefere Bedeutung«, Regie: Axel von Ambesser, Kitty in »Sweet Charity«, mit Christine Ostermayer und Nikolaus Paryla, in Brecht/Weills »Die Dreigroschenoper«, in Ustinovs »Endspurt«, in Ayckbourns »Normans Eroberungen«, mit Peter Fricke, in Molières »Scapins Schelmenstreiche«, und in Botho Strauß' »Bekannte Gesichter, gemischte Gefühle«, Regie: Dieter Giesing, jeweils Bayerisches Staatsschauspiel München 1961–1984; in Ford Coyers »Ich steig' aus und mach 'ne eigene Show«, Regie: Irene Mann, Städt. Bühnen Augsburg 1982; in Fos »Wir haben alle die gleiche Geschichte«, und in Albees »Der amerikanische Traum« und »Der Sandkasten«, jeweils Theater 44 München, 1983–1985.
Fernsehen: »Der müde Theodor« (nach Neal/Ferner), mit Willy Reichert, Regie: Erich Neureuther, ZDF 1964; »Flaschenteufelchen« (nach Stevenson), »Cookie«, Regie: Kurt Wilhelm, und »Weekend im Paradies« (nach Arnold/Bach), mit Georg Thomalla, Regie: Rolf von Sydow, ARD 1965; »Der Kommissar«, mit Erik Ode, Serie, 2 Folgen, ZDF 1969 + 1973; »Bitte recht freundlich, es wird geschossen« (nach Yeldham), Regie: Rolf von Sydow, ARD 1969; »Alarm in den Bergen«, Serie, ARD 1974; »Tatort«, Regie: Günter Gräwert und Hajo Gies, Serie, 2 Folgen, ARD 1977/78; »Die Späße des Scapin« (nach Molière), ARD 1977; »Das Veilchen« (nach Molnár), Regie: Otto Schenk, ARD 1979; »Affaire Walraff«, ARD 1980; »Unser Mann vom Südpol«, Regie: Peter Adam, und »Ein Fall für zwei«, Serie, ZDF 1984; »Die Wiesingers« (von Ahlsen), mit Hans-Reinhard Müller, Regie: Bernd Fischerauer, Serie, ARD 1984; »Die Unbekannten im eigenen Haus« (nach Simenon), Regie: Bernd Fischerauer, ARD 1985.
Anschrift: c/o ZBF-Agentur München, Leopoldstraße 19, 8000 München 40.

Gerhard Acktun

Geb. 31. 12. 1955 in München; dort aufgew.; durch seinen Vater, der vor dem Krieg in Königsberg selbst Theater spielte und später in München kleine Rollen bei Film und Fernsehen übernahm, kam er zum Beruf; schon mit 11 Jahren war er unter August Everding bei der Theater-Tournee »Alle meine Söhne« (von Miller) zu sehen; Film- und Fernsehrollen (seit 1969) folgten; Theater-Engagements hatte er u. a. in Zürich, Frankfurt, München und bei den Luisenburg-Festspielen in Wunsiedel.
Acktun spricht engl., franz.; er ist verheiratet, hat ein Kind und lebt in München.
Film: »Pepe, der Paukerschreck«, Regie: Harald Reinl, 1968; »Unser Doktor ist der Beste«, mit Georg Thomalla und Roy Black, 1969; »Der Räuber Hotzenplotz«, mit Gert Fröbe, 1973; »Das Brot des Bäckers«, mit Günter Lamprecht, Regie: Erwin Keusch, 1976; »Wer spinnt denn hier, Herr Doktor?«, mit Otto Sander, Regie: Wolfgang Lukschy, 1981; »Randale«, Regie: Manfred Purzer, 1982; »Die Frau ohne Körper und der Projektionist«, mit Liane Hielscher, Regie: Niklaus Schilling, 1983 (Kino-Videoproduktion).
Theater: In »Es geht auch ohne Geld«, Regie: Fritz Rémond, Tournee 1970; La Flèche in Molières »Der Geizige«, und russ. Offizier in Shaws »Helden«, jeweils Theater für den Kanton Zürich, 1975/76; Bertl in Kroetz' »Dolomitenstadt Lienz«, Regie: Horst Sachtleben, Modernes Theater München 1976; in »Eine phantastische Nacht«, Kleines Theater im Zoo Frankfurt/Main 1978; Karli in der Uraufführung von Kroetz' »Die Wahl fürs Leben«, Theater rechts der Isar München 1980/81; Marquis Posa in Schillers »Don Carlos«, Theater am Einlaß München 1982; Sebastian in Shakespeares »Was ihr wollt«, Luisenburg-Festspiele, Regie: Hans-Joachim Heyse, 1983.
Fernsehen: Miroslav in »Im Vorhof der Wahrheit«, Regie: Fritz Umgelter, und »Das Freizeitheim«, mit Ekkehardt Belle, ARD 1974; »Weder Tag noch Stunde«, ARD 1976; Werner in »Die Straße«, 7 Teile, ZDF 1977; Andreas Benedetto in »Der Graf von Monte Christo«, Regie: Denys de la Patellière, 6 Teile, und Pfeifer in »Exil« (nach Feuchtwanger), mit Louise Martini, Regie: Egon Günther, 7 Teile, ARD 1979; Hansi in »Steckbriefe«, Regie: Theo Mezger, ARD 1980; Ropfer in »D' Rumplhanni«, Regie: Rainer Wolffhardt, ARD 1981; »Winds of war«, Paramount Pictures/USA-TV 1981; »Wer Karl der Kahle wirklich war«, ZDF 1982; »A question of choice«, BBC/England-TV 1983; »Flohmarkt«, Serie, ZDF 1983; »Telerat«, Serie, ARD 1983; »Der Alte«, Serie, ZDF 1985.
Anschrift: c/o Agentur Alexander, Lamontstraße 9, 8000 München 80.

Wolf Ackva

Geb. 30. 7. 1911 in Montigny bei Metz/Frankreich; als Vertriebener in vielen Städten Deutschlands, zuletzt in Berlin aufgew., dort Autor des Mosse-Verlags; nach dem Abitur begann er 1931 in Leipzig ein Medizinstudium, das er jedoch vorzeitig abbrach. Er war Schauspielschüler bei Otto Falckenberg in München. Sein Debüt gab er am Schauspielhaus Düsseldorf. Bis 1959 war er unter Hans Schweikart an den Münchner Kammerspielen verpflichtet. Seit 1950 spielte er in nahezu 50 Stücken an der Kleinen Komödie München. Gastspiele gab er zudem u. a. an der Lore-Bronner-Bühne München. Er arbeitet als Regisseur und ist vielbeschäftigter Synchronsprecher.
Ackva spricht franz.; er ist verheiratet, hat drei Kinder und lebt in Lohhof bei München.
Film: »Irrtum des Herzens«, mit Hans Söhnker, Regie: Bernd Hofmann, 1939; »Venus im Pelz«, mit Laura Antonelli und Klaus Kinski, Regie: Max Dillman, 1969.
Theater: Am Düsseldorfer Schauspielhaus und an den Münchner Kammerspielen verkörperte er Rollen seines Fachs.
An der Kleinen Komödie München sah man ihn u. a. in folgenden Stücken: Maughams »Finden Sie, daß Constanze sich richtig verhält?«, Knotts »Bei Anruf – Mord«, Bush-Feketes »Jean« (auch ARD 1957), Rattigans »Der Fall Winslow«, Moores »Nur keine Blumen«, Bretts »Die Chefin«, Lovegroves »Grüß Gott, Frau Sonnenschein«, Hasenclevers »Ein besserer Herr« und in Shaffers »Party im Dunkeln« (1950–1985).
Eine wichtige Rolle war Cornelius Melody in O'Neills »Fast ein Poet«, Regie: Werner Schlechte.
Fernsehen: »Mittagswende« (nach Claudel), Regie: Wolfgang Liebeneiner, ARD 1963; »Das Trauerspiel von Julius Cäsar« (nach Shakespeare), Regie: Michael Kehlmann, ARD 1969; »Der Kommissar«, mit Erik Ode, Serie, ZDF 1973; »Der Alte«, Serie, ZDF 1978; »Protokoll eines Verdachts«, Regie: Daniel Christoff, ZDF 1979; »Flohmarkt«, Serie, ZDF 1983. Ferner spielte er u. a. in: »Flieger Ross«, »Die Bürger von Calais« (nach Kaiser), »Goldmacher Tausend« und »Eine halbe Stunde«.
Besonders bekannt wurde er in der Rolle des dienstvorgesetzten Kommissars in über 100 Folgen der ARD-Vorabendreihe »Die seltsamen Methoden des Franz Josef Wanninger« (mit Beppo Brem und Maxl Graf).
Anschrift: Friedhofstraße 6, 8044 Lohhof.

Dietrich Adam

Geb. 16.10.1953 in Göttingen; dort aufgew.; nach dem Abitur (1972) studierte er vier Semester Pädagogik und absolvierte die Hochschule für Musik und Theater Hannover (1974–1978).
Sein erstes Engagement bekam er anschließend am Theater der Jugend (Kammerspiele) München. Seit 1980 gehört er zum Ensemble des Düsseldorfer Schauspielhauses.
Adam spricht engl., franz.; er ist ledig und lebt in Düsseldorf.
Theater: Happy in Millers »Der Tod des Handlungsreisenden«, Fred in Bonds »Gerettet«, Pavian in Brechts »Im Dickicht der Städte«, Ned in »Im Schoß der Familie«, und John Worthing in Wildes »Bunbury«, Regie: B. K. Tragelehn, jeweils Schauspielhaus Düsseldorf 1980–1984.
Fernsehen: Karl Pawlak in »Die Pawlaks – Eine Geschichte aus dem Ruhrgebiet«, Regie: Wolfgang Staudte, 12 Teile, ZDF 1982.
Anschrift: c/o ZBF-Agentur Frankfurt/Main, Feuerbachstraße 42-46, 6000 Frankfurt/Main.

Mario Adorf

Geb. 8. 9. 1930 als Sohn eines südital. Chirurgen und einer deutschen Röntgenassistentin in Zürich; aufgew. allein bei seiner Mutter in Mayen in der Eifel, wo er die Oberrealschule besuchte und das Abitur ablegte; ab 1950 studierte er zunächst in Mainz und dann in Zürich Theaterwissenschaften und Germanistik; am Zürcher Schauspielhaus begann er mit Komparserie und Regie-Assistenz; von 1953 bis 1955 besuchte er die Otto-Falckenberg-Schule in München und war von 1955 bis 1962 Ensemblemitglied der Münchner Kammerspiele. 1954 drehte er den ersten seiner mittlerweile über 70 Kinofilme.
Adorf spricht ital., franz., engl.; er wurde nach einer kurzen Ehe 1964 geschieden von der Schauspielerin Lis Verhoeven und hat eine Tochter (Stella-Maria, geb. 1963); seit 1985 ist er verheiratet mit der ehemaligen Schauspielerin Monique Faye; er lebt in Rom.
Film: »Robinson soll nicht sterben«, mit Horst Buchholz, 1956; »Harte Männer, heiße Liebe«, und »Nachts, wenn der Teufel kam«, Regie: Robert Siodmak, 1957; »Das Mädchen Rosemarie«, mit Nadja Tiller, Regie: Rolf Thiele, 1958; »Der Arzt von Stalingrad«, »Das Totenschiff«, »Am Tag, als der Regen kam«, und »Bumerang«, 1959; »Schachnovelle«, »Mein Schulfreund«, mit Heinz Rühmann, Regie: Robert Siodmak, 1960; »Haut für Haut«, Frankreich 1960; »Vergewaltigt in Ketten«, Italien 1961; »Wer sind Sie, Dr. Sorge?«, Frankreich 1961; »Straße der Verheißung«, und »Lulu« (nach Wedekind), 1962; »Winnetou I« (nach Karl May), mit Lex Barker und Pierre Brice, BRD/Jugoslawien 1963; »Endstation 13 Sahara«, Großbritannien 1963; »Der Besuch«, Italien 1963; »Vorsicht Mister Dodd«, »Der letzte Ritt nach Santa Cruz«, 1964; »Unser Mann in Istanbul«, mit Horst Buchholz, Spanien 1964; »Die Goldsucher von Arkansas«, und »Major Dundee«, mit Charlton Heston, USA 1964; »Die Soldatinnen«, und »Ich habe sie gut gekannt«, mit Joachim Fuchsberger und Stefania Sandrelli, Italien 1965; »Geheimnis im blauen Schloß«, Großbritannien 1965; »Spione unter sich«, mit Henry Fonda und Peter van Eyck, Regie: Richard Hellmann, BRD/Frankreich/Italien 1965; »Eine Rose für alle«, Italien 1966; »Hoppe, hoppe Reiter«, »Unser Boß ist eine Dame«, mit Senta Berger und Nino Manfredi, und »Ganovenehre«, mit Gert Fröbe

und Curt Bois, 1966; »Das Über-Sinnliche«, »Robin Hood«, und »Das Verbrechen Matteotti«, jeweils Italien 1967; »Zärtliche Haie«, mit Anna Karina, »Im Netz der goldenen Spinne«, »Ladies-Ladies«, und »Amigos«, jeweils Italien 1968; »Kommissar Pepe«, Italien 1969; »Das rote Zelt«, mit Hardy Krüger, UdSSR 1970; »Die Herren mit der weißen Weste« und »Fahrt zur Hölle ihr Halunken«, 1970; »Der 300-Millionen-Aal«, mit Senta Berger, Italien 1971; »Das Syndikat«, Regie: Stefano Vanzina, und »Toll trieben es die alten Germanen«, jeweils Italien 1972; »Herzbube«, 1972; »Ohne Vorladung«, Frankreich 1973; »Die Reise nach Wien«, mit Elke Sommer, 1973; »Prozeß im Schnellverfahren«, Italien 1974; »Der dritte Grad«, Frankreich 1975; »Warum bellt Herr Bobikow«, Italien 1975; »Die verlorene Ehre der Katharina Blum« (nach Böll), Regie: Volker Schlöndorff, 1978; »MitGift«, und »Gefundenes Fressen«, mit Heinz Rühmann, Regie: jeweils Michael Verhoeven, 1978; »Bomber und Paganini«, mit Barbara Valentin, Regie: Franco Giraldi, »Fedora«, mit Hildegard Knef, Regie: Billy Wilder, und »Der Hauptdarsteller«, Regie: Reinhard Hauff, 1978; »Die Blechtrommel« (nach Grass), Regie: Volker Schlöndorff, und »Milo, Milo«, Regie: Nicos Perakis, 1979; »Die Spur der Giganten«, Frankreich 1980; »Der Ungehorsam«, Italien 1981; »Lola«, mit Barbara Sukowa, Regie: Rainer Werner Fassbinder, 1981; »Klassenverhältnisse«, Regie: Danièle Huillet, 1984; »Marie Ward«, mit Hannelore Elsner, Regie: Angelika Weber, und »Coconuts«, mit Reinhard Fendrich, 1985; »Momo« (nach Ende), Regie: Johannes Schaaf, BRD/Italien 1986.

Theater: Jimmy in Nashs »Der Regenmacher«, Titelrolle in Brechts »Der aufhaltsame Aufstieg des Arturo Ui«, Nr. 7 in Budjuhn/Roses »Die zwölf Geschworenen«, Ledadu in Anouilhs »General Quixotte«, Xerxes in Feuchtwangers »Die Perser« (nach Aischylos), Stanley Kowalski in Williams' »Endstation Sehnsucht«, jeweils Kammerspiele München 1956 bis 1963; Figaro in Beaumarchais' »Der tolle Tag oder Figaros Hochzeit«, Bayerisches Staatsschauspiel München 1975; in Horváths »Geschichten aus dem Wienerwald«, Rom 1977; Titelrolle in Shakespeares »Othello«, Festspiele Bad Hersfeld 1982; Huckleberry Finn in Sabath' »Wiedersehen im Herbst«, mit Hardy Krüger, Regie: Gerhard Klingenberg, Tournee 1985/86.

Fernsehen: »Schwester Bonaventura« (nach Hastings), mit Hilde Krahl, Regie: Wilm ten Haaf, ARD 1958; Matti in »Herr Puntila und sein Knecht Matti« (nach Brecht), ZDF 1973; »Das letzte Schuljahr«, Regie: Franco Giraldi, RAI/Italien 1977; »Gesucht wird«, ZDF 1980; Titelrolle in »The little World of Don Camillo«, BBC/England 1981; »Der dritte Grad«, mit Michel Piccoli, Regie: Peter Fleischmann, ARD 1981; »Marco Polo«, mit Ken Marshall und Burt Lancaster, Regie: Giuliano Montaldo, 4 Teile, RAI/NBC/ARD 1983; »Smiley's Leute« (nach le Carré), mit Sir Alec Guinness und Curd Jürgens, Regie: Simon Langton, 6 Teile, BBC/Paramount/ARD 1984; Jonas Lauretz in »Via Mala« (nach Knittel), Regie: Tom Toelle, 3 Teile, ZDF 1985; »Die Linden von Lautenbach« (nach Eugen), Regie: Bernard Saint-Jacques, und »Flucht ohne Ende« (nach Joseph Roth), mit Helmut Lohner, Regie: Michael Kehlmann, 2 Teile, ARD 1985; »Klassenverhältnisse« (nach Kafkas »Der Verschollene«), Regie: Jean-Marie Straub und Danièle Huillet, ARD 1986.

Auszeichnungen: Bundesfilmpreis und Preis der Filmkritik 1965; »Ernst-Lubitsch-Preis« 1974; »Bambi« (BILD + FUNK) 1978; Bundesfilmpreis und Großer Hersfeld-Preis 1979.

Anschrift: c/o Agentur Lentz, Holbeinstraße 4, 8000 München 80, oder Via Totone 30, I-Campione d'Italia, Italien.

Peter Alexander

(eigentlich: Peter Alexander Neumeyer)

Geb. 30. 6. 1926 als Sohn eines Bankrats in Wien; dort aufgew.; mit fünf Jahren kam er zu den Wiener Sängerknaben, mit dreizehn Jahren lernte er Klavierspielen. Nach dem Besuch des Humanistischen Gymnasiums Wien und dem Notabitur in Znaim (Böhmen) war er im Krieg Flakhelfer und Marinesoldat. Er kam in englische Kriegsgefangenschaft. 1946 begann er ein Medizinstudium in Wien, das er kurz darauf abbrach, um Schauspielunterricht am Max-Reinhardt-Seminar in Wien zu nehmen (Reifezeugnis 1948).
Sein erstes Engagement erhielt er 1948 am Wiener Bürgertheater. Verpflichtungen am Stadttheater Wien und am Kolosseum Wien (1952) folgten. Er war am Kabarett Simplicissimus in Wien tätig. 1957 gab er ein Gastspiel am Theater in der Josefstadt Wien. Seine Karriere als Filmschauspieler begann 1952 in dem Streifen »Königin der Arena«. Seither drehte er 44 Kinofilme.
1951 machte er seine erste Schallplattenaufnahme, 1953 gewann er vor Vico Torriani den Schlagerwettbewerb »Bella Musica«; bis heute erschienen über 120 LPs mit seinen Liedern.
Die größten Erfolge: »Das machen nur die Beine von Dolores«, »Wiener G'schichten«, »Zärtlichkeiten«, »Peter Alexander in Paris«, »Schön muß es sein, dich zu lieben«, »Der letzte Walzer«, »Liebesleid«, »Die kleine Kneipe«, »Der Papa wird's schon richten«, »Hier ist ein Mensch« und »Aus Böhmen kommt die Musik«. Von 1969 bis 1984 ging Alexander fünfmal auf Deutschland-Tournee. Dabei waren alle Vorstellungen ausverkauft. 1970 veröffentlichte er das Buch »Gestatten, Peter Alexander«.
Alexander spricht engl., franz.; er ist seit 1952 verheiratet mit seiner Managerin, Hilde, geb. Haagen, hat zwei Kinder (Susi, geb. 1958, und Michael, geb. 1965) und lebt in Morcote-Arbostora bei Lugano in der Schweiz.
Film: »Verlorene Melodie«, Regie: Eduard von Borsody, 1952; »Die süßesten Früchte«, Regie: Franz Antel, 1953; »Große Starparade«, Regie: Paul Martin, 1954; »Liebe, Tanz und 1000 Schlager«, mit Caterina Valente, Regie: Paul Martin, 1955; »Kirschen in Nachbars Garten«, Regie: Erich Engel, »Bonjour Kathrin«, mit Caterina Valente, Regie: Karl Anton, und »Musikparade«, Regie: Geza von Cziffra, 1956; »Liebe, Jazz und Übermut«, Regie: Erik Ode, und »Die Beine von Dolores«, Regie: Geza von Cziffra, 1957; »Schlag auf Schlag«, Regie: Geza von Cziffra, 1958; »Peter schießt den Vogel ab«, und »Ich bin kein Casanova«, Regie: jeweils Geza von Cziffra, 1959; »Ich zähle täglich meine Sorgen«, Regie: Paul Martin, »Im Weißen Rössl« (nach Benatzky), Regie: Werner Jacobs, und »Kriminaltango«, Regie: Geza von Cziffra, 1960; »Saison in Salzburg«, Regie: Franz Josef Gottlieb, Eisenstein in »Die Fledermaus« (nach Johann Strauß), und »Die Abenteuer des Grafen Bobby«, Regie: jeweils Geza von Cziffra, 1961; »Die lustige Witwe« (nach Lehár), Regie: Werner Jacobs, und »Hochzeitsnacht im Paradies« (nach Schröder), Regie: Paul Martin, 1962; »Charley's Tante« (nach Thomas), Regie: Werner Jacobs, 1963; »Und sowas muß um acht ins Bett«, Regie: Werner Jacobs, und »Schwejk's Flegeljahre«, Regie: Wolfgang Liebeneiner, 1964; »Das Liebeskarussell«, mit Cathérine Deneuve, Gert Fröbe, Curd Jürgens und Anita Ekberg, Regie: Axel von Ambesser, 1965; »Bel ami 2000«, Regie: Michael Pfleghar, 1966; »Zum Teufel mit der Penne«, 1968, »Hurra, die Schule brennt!«, mit Heintje Simons, 1969, Regie: jeweils Werner Jacobs; »Hauptsache Ferien«, 1972.
Theater: In Hofmannsthals »Jedermann«, Laiengruppe 1945; in Bertés »Dreimäderlhaus«, Theater in der Kriegsgefangenschaft; in »Miss Austria«, von Fritz Eckhardt, Stadttheater Wien 1948; in Robert Stolz' »Frühling im Prater«, 1949/50; Hauptrolle in dem Robert-Stolz-Musical »Kleiner Schwindel in Paris«, Theater in der Josefstadt Wien 1957.
Fernsehen: »Rätselonkel«, ORF 1952; es folgten bis heute über 600 TV-Auftritte. Alexander war Stargast u. a. in »Der Goldene Schuß«, ZDF, »Einer wird gewinnen«, ARD, »Was bin ich?«, ARD, »Musik ist Trumpf«, ZDF.
Seit 1969 hat er im ZDF eine eigene Show: »Peter Alexander präsentiert Spezialitäten«, 1969–1972, 1974–1978; »Peter Alexanders Wunschkonzert« erreichte 1973 mit einer Einschaltquote von 79 Prozent den deutschen TV-Rekord; »Wir gratulieren«, 1979–1985.

Auszeichnungen: Goldenes Ehrenzeichen für Verdienste um das Bundesland Wien, 1971; Ehrenkreuz für Wissenschaft und Kunst I. Klasse, Österreich 1974; »Bambi« (BILD + FUNK) 6×; »Goldener Bildschirm« (TV Hören + Sehen) 4×; »Goldene Kamera« (HÖRZU) 3×; 1980 wurde er von 12,7 Mio Lesern dieser Zeitschrift auch zum »Größten Star aller Zeiten« gewählt; »Goldene Leinwand«, 2×; »Goldene Europa« (Europawelle Saar) 3×; »Löwe«, (Radio Luxemburg) 7×; Großes Ehrenzeichen für Verdienste um die Republik, Österreich 1985.
Anschrift: Casa la Sorgente, CH-6922 Morcote-Arbostora/b. Lugano, Schweiz.

Helmut Alimonta

Geb. 4. 12. 1915 als Sohn eines Kaufmanns in München; dort aufgew.; nach einer kaufmännischen Lehre und einer Ausbildung an der Akademie für Graphik nahm er Schauspielunterricht bei den Staatsschauspielern Konrad Dreher und Friedrich Ulmer (Abschlußprüfung 1943). Von 1948 bis 1950 leitete er die von ihm gegründete »isar-bühne« in München. Weitere Bühnenstationen: Verschiedene Volkstheater Oberbayerns (1950–1956), Münchner Kammerspiele (1966), Bayerisches Staatsschauspiel (1967 und 1972/73), Volkstheater München (1968) sowie zahlreiche Tourneen durch Deutschland, die Schweiz und Österreich.
Alimonta spricht ital., engl.; er ist verheiratet und lebt in Fahrenzhausen bei München.
Film: »Nackt wie Gott sie schuf«, »Bankraub in der Rue Latour« und »Stadt ohne Mitleid«, 1960; »Johanna, laß' das Morden sein« und »Tod in Salzburg«, 1961.
Theater: In Wedekinds »Der Marquis von Keith«, in Kohouts »Reise um die Erde in 80 Tagen«, in Nestroys »Till Eulenspiegel«, in Schillers »Wallenstein«, in Nestroys »Der Zerrissene«, mit Walter Schmidinger, in Ibsens »Ein Volksfeind« und in Büchners »Woyzeck«, jeweils an den vorgenannten Bühnen.
Fernsehen: »Hauptbahnhof München«, Serie, ZDF 1970; »Jugend ohne Gott«, ARD 1970; »Der Amateur«, »Briefe an Pospischill« und »Abbe Stock«, ARD 1971; »8051 Grinning«, ARD 1972; »Der Kommissar«, mit Erik Ode, Serie, ZDF 1973; »Derrick«, Serie, 3 Folgen, ZDF 1975–1984; »Andreas Vöst« (nach Thoma), mit Jörg Hube, Regie: Eberhard Itzenplitz, ZDF 1979; »Trauer um einen verlorenen Sohn«, Regie: Thomas Engel, ARD 1980; »Der Aufsteiger«, Regie: Bernd Fischerauer, ZDF 1981; »Der Gast«, ZDF 1982; »Tatort«, Serie, ARD 1983; »Rambo Zambo«, mit Walter Sedlmayr und Werner Stokker, Regie: Reinhard Donga, ZDF 1984; »Der ideale Lebenszweck«, Buch + Regie: Bruno Jantoss, ARD 1985.
Anschrift: c/o ZBF-Agentur München, Leopoldstraße 19, 8000 München 40.

Alexander Allerson

Geb. 19. 5. 1930 in Osterode/Ostpreußen; dort aufgew.; nach dem Abitur vier Semester Theaterwissenschaften; danach Schauspielunterricht; von 1954 bis 1962 in festem Engagement u. a. am Düsseldorfer Schauspielhaus unter Karlheinz Stroux und an den Wuppertaler Bühnen; seither freischaffend, mit Schwerpunkt Film und Fernsehen sowie Synchronisation.
Allerson spricht engl., franz.; er ist geschieden und lebt in München.
Film: »Der Tod eines Doppelgängers«, Regie: Rolf Thiele, 1965; »Rififi in Paris«, Regie: Denys de la Patellière, Frankreich 1967; »The Battle of Britain«, Regie: Guy Hamilton, USA 1968; »McKenzie Break« (»Flucht der 28«), Regie: Lamont Johnson, USA 1969; »Slaughterhouse Five«, Regie: George Roy Hill, USA 1970; »Ludwig II.« mit Helmut Berger und Romy Schneider, Regie: Luchino Visconti, Italien/Frankreich/BRD 1972; »Um Null Uhr schnappt die Falle zu«, Regie: Harald Philipp, und »Todeskommando S«, 1973; »Zwei Himmelhunde auf dem Weg zur Hölle«, mit Terence Hill und Bud Spencer, Regie: Giuseppe Colizzi, und »My Name is Nobody«, mit Terence Hill, Regie: Tonino Valerii, Italien 1973; »Der Mann aus Metall«, Regie: Jack Gold, USA 1974; »Ich will doch nur, daß ihr mich liebt«, 1975, »Chinesisches Roulette«, 1976, und »Eine Reise ins Licht/Despair«, BRD/Italien 1978, Regie: jeweils Rainer Werner Fassbinder; »Kesse Teens und irre Typen«, Regie: Walter Boss, 1979; »Eis am Stiel, 6. Teil – Ferienliebe«, mit Zachi Noy und Bea Fiedler, Regie: Dan Wohman, Israel/BRD 1985.
Theater: Mephisto in Goethes »Faust«, Titelrolle in Schillers »Wallenstein«, in Shakespeares »Was ihr wollt«, in de Hartogs »Himmelbett«, und in »Winter in den Zweigen«, an den vorgenannten Bühnen und auf Tournee.
Fernsehen: »Outsiders«, Regie: James Gatward, ZDF 1976; »Das verschollene Inka-Gold« (nach London), Regie: Wolfgang Staudte, ZDF 1978; »Geliebte Knechtschaft«, Regie: Georg Tressler, ZDF 1979; »Es ist angerichtet«, Regie: Heinz Liesendahl, »Die blonde Caroline«, Regie: Helmut Meeves, und »Tatort«, Regie: Wolf Dietrich, ARD 1980; »Der Ehrenbürger«, Regie: Karl Wesseler, ARD 1981; »Und die Tuba bläst der Huber«, Serie, ZDF 1981; »Die Pawlaks – Eine Geschichte aus dem Ruhrgebiet«, Regie: Wolfgang Staudte, 12 Teile, ZDF 1982; »Zwischengleis«, mit Mel Ferrer, Regie: Wolfgang Staudte, ARD 1983; »Traumschiff«, Regie: Alfred Vohrer, Serie, ZDF 1983; »Kerbels Flucht«, Regie: Erwin Keusch, ZDF 1984; »Tamboo«, Regie: Rainer Grupe, und »Glücklich geschieden«, mit Robert Atzorn und Beatrice Kessler, Regie: Rolf von Sydow, Serie, ZDF 1985; »Es ist angerichtet«, mit Eddi Arent, Serie, ARD 1985.
Anschrift: c/o Agentur Mattes, Pilotystraße 2, 8000 München 22, oder Rümannstraße 57, 8000 München 40.

Dagmar Altrichter

(eigentlich: Dagmar Schons, geb. Altrichter)

Geb. 20. 9. 1924 in Berlin; dort aufgew.; sie besuchte ein Lyzeum. Ursprünglich wollte sie Tänzerin werden und absolvierte eine Ballettausbildung. Von 1940 bis 1942 nahm sie Schauspielunterricht bei Lydia Wegener in Berlin. Bühnen-Engagements hatte sie u. a. am Thalia-Theater Hamburg, am Theater im Zimmer Hamburg, am Theater am Kurfürstendamm Berlin, an den Münchner Kammerspielen, an den Städt. Bühnen Frankfurt/Main, am Württembergischen Staatstheater Stuttgart, sowie am Grenzlandtheater des Kreises Aachen (bis 1984).
Frau Altrichter spricht engl.; sie ist verheiratet, hat drei Kinder (Viola-Gabriele, geb. 1945, Michael-Alexander, geb. 1946, und Andreas Manuel, geb. 1953) und lebt in Berlin.
Film: »Die Andere«, 1949; »Meines Vaters Pferde« (2 Teile), 1953.
Theater: (kleine Auswahl) Gretchen in Goethes »Faust«, Titelrolle in Lessings »Minna von Barnhelm«, Angelique in Molières »George Dandin«, Titelrolle in Hauptmanns »Hanneles Himmelfahrt«, und Adelheid Runeck in Freytags »Die Journalisten« (auch TV).
Fernsehen: »Die Gerechten« (nach Camus), Regie: Rolf Hädrich, und Marcelle de Barthas in »Asmodée« (nach Mauriac), Regie: Wilm ten Haaf, ARD 1964; »Olivia« (nach Rattigan), ARD 1965, und »Quadrille« (nach Coward), ZDF 1966; Regie: jeweils Rolf von Sydow; »Bel ami« (nach Maupassant), Regie: Helmut Käutner, ARD 1968; Procula in »Pontius Pilatus«; »Acht Stunden Zeit«; »Hava, der Igel«; »Tagebücher«; »Lord Arthur Saviles Verbrechen« (nach Wilde); »Onkel Silas« (nach Sheridan Le Fanu), mit Hannes Messemer, Regie: Wilhelm Semmelroth, 2 Teile, ARD 1977; »Gedankenketten«; Regie: Dieter Lemmel, ZDF 1979.
Anschrift: c/o ZBF-Agentur Berlin, Kurfürstendamm 206, 1000 Berlin 15, oder Rüdesheimer Platz 11, 1000 Berlin 33.

Axel von Ambesser

(eigentlich: Axel Eugen Alexander von Oesterreich)

Geb. 22. 6. 1910 als Sohn eines Kaufmanns in Hamburg; dort aufgew.; das Gymnasium verließ er vor dem Abitur. Bereits als Schüler begeisterte er sich für den Zirkus; sein Berufsziel: Er wollte Zoo-Direktor werden. 1940 entschloß er sich für eine Bühnenlaufbahn, die ihm Erich Ziegel an den Hamburger Kammerspielen ermöglichte.
Ohne Schauspielausbildung erhielt er gleich zu Beginn größere Rollen; sein Debüt gab er als Walter Klatte in O. E. Hesses »Wiederaufnahme beantragt«, es folgte die Rolle des Freddy in Shaws »Pygmalion«. Seine Bühnenstationen bis 1945: Stadttheater Augsburg unter Erich Pabst (1932–1934), Münchner Kammerspiele unter Otto Falckenberg (1934–1936), Deutsches Theater Berlin unter Heinz Hilpert (1936–1941 und 1944/45), Theater in der Josefstadt Wien (1941–1943) und Preußische Staatstheater Berlin unter Gustaf Gründgens (1943–1945).
Nach dem Krieg zog es ihn erneut an die Münchner Kammerspiele. Unter Erich Engel, Hans Schweikart und August Everding war er dort von 1945 bis 1965 als Schauspieler und Regisseur beschäftigt (meist als Gast). In diesen beiden Funktionen wirkte er ferner am Berliner Hebbel-Theater (ab 1947), am Renaissance-Theater Berlin (ab 1949), an der Komödie Berlin (ab 1949), am Burgtheater Wien (ab 1951), an der Wiener Volksoper (ab 1952), bei den Salzburger Festspielen (ab 1952), am Deutschen Schauspielhaus Hamburg (1953 + 1969), erneut am Theater in der Josefstadt Wien (ab 1957), am Bayerischen Staatsschauspiel München (ab 1957), an der Kleinen Komödie München (ab 1961), am Thalia-Theater Hamburg (ab 1967), bei den Bregenzer Festspielen (1968), am Deutschen Theater München (1970), an der Komödie im Marquardt Stuttgart (ab 1970), an den Städt. Bühnen Frankfurt/Main (1970), an der Komödie Düsseldorf (ab 1971), an den Hamburger Kammerspielen (1954, 1972 + 1975), am Fritz-Rémond-Theater im Zoo Frankfurt/Main (ab 1973), am Hamburger Operettenhaus (ab 1974), am Theater am Dom Köln (1974), am Schauspielhaus Zürich (1975), an den Wiener Kammerspielen (1981), am Berliner Hansa-Theater (1982), am Ernst-Deutsch-Theater Hamburg (1982), sowie auf Tournee (1983).

Bei vielen dieser Gastspiele trat er in eigenen Stükken auf. Sein erstes Theaterstück (»Wie führe ich eine Ehe?«) wurde 1940/41 am Deutschen Theater Berlin uraufgeführt. Seither folgten: »Die Globus-A.G.«, »Ein Künstlerleben«, »Lebensmut zu hohen Preisen« (1943 am Deutschen Theater Berlin), »Das Abgründige in Herrn Gerstenberg« (1946 an den Münchner Kammerspielen), »Der Hut« (1948 am Augsburger Stadttheater), »Der Fall der Witwe von Ephesus« (1954 Hamburger Kammerspiele), »Der Reisebegleiter« (1967 Bayerisches Staatsschauspiel), »Max Mahnke als Mensch« (1971 Kleine Komödie München), »Begegnung im Herbst« (1976 Theater in der Josefstadt Wien), »Omelette surprise« (1979 Renaissance-Theater Berlin) und »Mirakel im Müll oder Wie man Arbeit vermeidet« (1982 Hansa-Theater Berlin).
1951 erschienen zudem die Novelle »Der Fall der Witwe von Ephesus« und der Roman »Frauen ohne Männer«. 1985 veröffentlichte er seine Memoiren unter dem Titel »Nimm einen Namen mit A«.
1935 debütierte von Ambesser als Filmschauspieler in dem Streifen »Der Gefangene des Königs« (Regie: Carl Boese). Insgesamt wirkte er in über 30 Produktionen mit. In nahezu ebenso vielen Kinofilmen führte er selbst Regie. Seinen größten Erfolg als Regisseur errang er 1960 mit der Hašek-Verfilmung »Der brave Soldat Schwejk« (Titelrolle: Heinz Rühmann), für die er u. a. den »GOLDEN GLOBE« (USA) erhielt.
Seinen ersten Fernsehauftritt hatte von Ambesser bereits 1945 (in Gogols »Der Revisor«). Seither wirkte er in rund 40 Produktionen mit (als Schauspieler und Regisseur).
Von Ambesser, den Fritz Kortner ob seiner Nonchalance und Selbstironie liebevoll mit dem Attribut »Charme-Pinkel« versehen hatte, ist seit 1965 Mitglied der Deutschen Akademie der Darstellenden Künste Hamburg.
Von Ambesser spricht engl., franz.; er ist seit 1937 verheiratet mit der ehemaligen Schauspielerin Ingeborg Flemming (mit der er auch häufig gemeinsam auf der Bühne stand), hat eine Tochter (Gwendolyn, geb. 1949, die ebenfalls den Schauspieler-Beruf ergriff) und lebt in München-Schwabing.

Film: »Der Gefangene des Königs«, Regie: Carl Boese, 1935; »Traummusik«, Regie: Geza von Bolvary, Deutschland/Italien 1940; »Das Herz der Königin«, Regie: Carl Froelich, 1940; »Tanz mit dem Kaiser«, Regie: Georg Jacoby, 1941; »Karneval der Liebe«, Regie: Paul Martin, »Frauen sind keine Engel«, Regie: Willi Forst, und »Die kluge Marianne«, Regie: Hans Thimig, 1943; »Die seltsamen Abenteuer des Herrn Fridolin B.«, »Verspieltes Leben«, Regie: Kurt Meisel, 1949; »Komplott auf Erlenhof«, Regie: Carl Froelich, 1950; »Drei Mädchen spinnen«, »Verträumte Tage«, »Tanzende Sterne«, Regie: Geza von Cziffra, 1952; »Kommen Sie am Ersten«; »Der Mann in der Wanne«, »Bezaubernde Arabella«, Regie: von Ambesser selbst, 1959; Wallenstein in »Gustav Adolfs Page«, mit Liselotte Pulver und Curd Jürgens, Regie: Rolf Hansen, 1960.
Regie führte er u. a. in: »Glück muß man haben«, 1953; »Bruder Martin«, 1954; »Ihr erstes Rendezvous«, 1955; »Die Freundin meines Mannes«, 1957; »Frau im besten Mannesalter«, 1958; »Die schöne Lügnerin« und »Bezaubernde Arabella«, 1959; »Der brave Soldat Schwejk« (nach Hašek), mit Heinz Rühmann, und »Der Gauner und der liebe Gott«, 1960; »Eine hübscher als die andere«, 1961; »Er kann's nicht lassen«, »Kohlhiesels Töchter«, mit Liselotte Pulver, und »Frühstück im Doppelbett«, 1962; »Das hab' ich von Papa gelernt« und »Heirate mich, Chéri«, 1964; »Das Liebeskarussell«, Österreich/Italien 1965; »Die fromme Helene«, 1965.
Das Drehbuch schrieb er (außer zu vielen seiner eigenen Filme) ferner für »Columbus entdeckt Krähwinkel« (Regie: Alexander Paal und Ulrich Erfurth), 1954.
Theater: Seine erfolgreichsten Rollen (chronologisch) an den vorgenannten Bühnen bis 1985:
Freddy in Shaws »Pygmalion« (1931), Orlando in Shakespeares »Wie es euch gefällt« (1933), Mortimer in Schillers »Maria Stuart« (1934), Kosinsky in Schillers »Die Räuber« (1934), John Williams in Hodges »Regen und Wind« (1935), Pantalon in Gozzi/Schillers »Turandot« (1937), Adhémar in Sardous »Also gut, lassen wir uns scheiden« (1938), Arnold in Maughams »Der Kreis« (1939), Carl Gustav in Strindbergs »Königin Christine« (1942), Rolf Garven in Ambessers »Wie führe ich eine Ehe?« (1942), Cornelius in Brauns

»Mit meinen Augen« (1944), Spielleiter in Wilders »Unsere kleine Stadt« (1945), Peer in Ambessers »Lebensmut zu hohen Preisen« (1945), Hektor in Giraudoux' »Der trojanische Krieg findet nicht statt« (1946), Spielleiter in Ambessers »Das Abgründige in Herrn Gerstenberg« (1947), Babs in Thomas' »Charley's Tante« (1949), Benedikt in Shakespeares »Viel Lärm um nichts« (1950), Obolsky in Burkhards »Feuerwerk« (1952), Don Juan in Shaws »Don Juan in der Hölle« (»Mensch und Übermensch«; 1953), Zeus in Ambessers »Der Fall der Witwe von Ephesus« (1954), Cpt. Frisby in Patricks »Das kleine Teehaus« (1955), Menelaos in Offenbachs »Die schöne Helena« (1955), Titelrolle in Anouilhs »Der Herr Ornifle« (1956), Luzmán in Lope de Vegas »Der Ritter vom Mirakel« (1956), Jupiter und Amphitryon in Molières »Amphitryon« (1957), General in Anouilhs »General Quixotte« (1960), Spielleiter in Herzmanovsky-Orlandos »Zerbinettas Befreiung« (1961), Prinz in Rattigans »Der schlafende Prinz« (1961), Dichter in Anouilhs »Die Grotte« (1962), Cpt. Braren in Farquhars »Der Werbeoffizier« (1966), König Ludwig in Raffalts »Das Gold von Bayern« (1966), Ferry in Ambessers »Der Reisebegleiter« (1967), Traugott Nägler in Goetz' »Das Haus in Montevideo« (1969), Hugh in Homes »Handicap« (1969), Almaviva in Horváths »Figaro läßt sich scheiden« (1970), Titelrolle in Ambessers »Max Mahnke als Mensch« (1971), Ferry in Ambessers »Begegnung im Herbst« (1975), Swedenhjelm in Bergmans »Der Nobelpreis« (1977), Cecil in Homes »Der Eisvogel« (1978), Ärztlicher Beistand in Ambessers »Omelette surprise« (1979–1984), Titelrolle in der Uraufführung von Flatows »Romeo mit grauen Schläfen« (1985).

Oftmals führte er in vorgenannten Stücken selbst Regie. Weitere wichtige Regie-Arbeiten waren u. a.: Molnárs »Spiel im Schloß«, Achards »Zeit des Glücks«, Molières »Der eingebildete Kranke«, Herberts »Wolken sind überall«, Nestroys »Der Färber und sein Zwillingsbruder« , Zellers »Der Vogelhändler«, Nestroys »Müller, Kohlenbrenner und Sesseltrager oder Die Träume von Schale und Kern«, Kleists »Das Käthchen von Heilbronn«, Valentins »Der Firmling«, Hugos »Tausend Francs Belohnung«, Molières »Die Schule der Frauen«, Shakespeares »Macbeth«, Labiches »Der Florentiner Hut«, Billetdoux' »Durch die Wolken«, Nestroys »Einen Jux will er sich machen«, Lessings »Minna von Barnhelm«, Albees »Alles im Garten«, Shaws »Cäsar und Cleopatra«, Schönthans »Der Raub der Sabinerinnen«, Simons »Sonny-Boys« und Wildes »Ein idealer Gatte«.

Fernsehen: Solorolle in »Die Kunst des Schlafens«, Regie: Franz Josef Wild, ARD 1955; Titelrolle in »Der Herr Ornifle« (nach Anouilh), Regie: Robert Wolfgang Schnell, und Prof. Higgins in »Pygmalion« (nach Shaw), mit Agnes Fink, Regie: Hannes Tannert, Moderation »Lied meines Lebens« (Interview mit Konrad Adenauer), Serie, und »Steckenpferd«, Serie, ARD 1956; »Die Kunst der Klamotte«, Buch + Regie: von Ambesser selbst, ARD 1958; »Der Mensch, ein Pudding aus elf Personen«, Buch + Regie: von Ambesser selbst, ARD 1962; »Ein Hut und ein Bart«, Buch + Regie: von Ambesser selbst, »Harlekinade« (nach Rattigan), Regie: Erich Neureuther, und »Schattenspiele«, Regie: Jürgen Goslar, ARD 1963; »Das Abgründige in Herrn Gerstenberg«, Buch + Regie: von Ambesser selbst, ARD 1965; »Haus Herzenstod« (nach Shaw), Regie: Kurt Meisel, ARD 1968; »Ardèle oder Das Gänseblümchen« (nach Anouilh), Regie: Gerhard Klingenberg, ORF 1970; »Tod auf der Themse«, Regie: Oswald Döpke, und »Komm' Zigan«, Regie: Fred Kraus, ZDF 1972; »Die schöne Helena« (nach Offenbach), Regie: von Ambesser selbst, ZDF 1974; Heiratsschwindler in »Annoncenmord« (aus der Reihe: »Tatort«), von und mit Fritz Eckhardt, Regie: Peter Weck, ARD 1976; »Begegnung im Herbst«, Buch + Regie: von Ambesser selbst, ZDF 1977; »Der Eisvogel« (nach Home), Regie: von Ambesser selbst, ZDF 1979; »Stationen der Liebe«, ORF 1983; »Frau Juliane Winkler«, mit Inge Meysel, Regie: Michael Günther, ARD 1983; »Heut' abend«, Talk-Gast bei Joachim Fuchsberger, ARD 1984; »Omelette Surprise«, Buch + Regie: von Ambesser selbst, ORF 1984; »Frühling im Herbst« (von Pacher), mit Gert Fröbe, Regie: von Ambesser selbst, »Großer Bahnhof« (von Wittlinger), Regie: Georg Marischka, und »Ein idealer Gatte« (nach Wilde), Regie: Hans Jaray, ZDF 1985; »Alles oder nichts«, Spiel-Show, ARD 1985.

Auszeichnungen: »GOLDEN GLOBE« für »Der brave Soldat Schwejk«, USA 1961; »Bayerischer Verdienstorden«; »Bundesverdienstkreuz der Bundesrepublik Deutschland«; »Bayerischer Maximiliansorden«, 1981; »Filmband in Gold« für besondere Verdienste 1985.
Anschrift: c/o Agentur Jovanovic, Perfallstraße 6, 8000 München 80, oder Leopoldstraße 17, 8000 München 40.

Gwendolyn von Ambesser

(eigentlich: Gwendolyn von Oesterreich)

Geb. 4. 6. 1949 als Tochter des Schauspielers, Regisseurs und Autors Axel von Ambesser (bürgerlich: von Oesterreich) in München; dort aufgew.; nach ihrer Schauspielausbildung bei Hanna Burgwitz debütierte sie 1967 am Stadttheater Aachen. 1968/69 war sie am Thalia-Theater Hamburg engagiert. Weitere Verpflichtungen hatte sie u. a. am Deutschen Theater München, am Kammertheater Karlsruhe, am Operettenhaus Hamburg, am Fritz-Rémond-Theater im Zoo Frankfurt/Main und bei den Festspielen Bad Hersfeld. Als Regie-Assistentin arbeitete sie zudem u. a. am Theater in der Josefstadt Wien, an der Kleinen Komödie München und am Hansa-Theater Berlin. 1983 organisierte und leitete sie das Theaterfestival im Kaufhaus »Hertie« München, an dem staatliche und private Bühnen der Stadt teilnahmen. Sie arbeitet als Journalistin für Zeitungen und ist Drehbuchautorin (Förderungspreis der Bayer. Filmförderung 1983).
Frau von Ambesser spricht engl., franz.; sie ist ledig und lebt in München.
Theater: Stumme Katrin in Brechts »Mutter Courage und ihre Kinder«, Helena in Shakespeares »Ein Sommernachtstraum«, Dora in Camus' »Die Gerechten«, Lotte Bartel in A. v. Ambessers »Das Abgründige in Herrn Gerstenberg«, in Schreyvogls Übersetzung der »Donna Diana« von Augustin Moreto y Cavana, und in Schönthans »Der Raub der Sabinerinnen«, jeweils an den vorgenannten Bühnen.
Fernsehen: »So war Mama« (nach van Druten), ZDF 1968; »Polizeifunk ruft«, Serie, ARD 1969; »Percy Stuart«, Serie, ZDF 1970; »Die Journalistin«, mit Marianne Koch, Serie, ZDF 1971; »Eines langen Tages Reise in die Nacht« (nach O' Neill), Regie: Peter Beauvais, ARD 1973; »Hallo – Hotel Sacher . . . Portier!«, von und mit Fritz Eckhardt, Serie, ZDF 1973; »Oh Henry«, Serie, und »Sesamstraße«, Serie, ARD 1974; »Der schwarze Doktor«, ARD 1975; »Ein herrlicher Tag«, Regie: Diethard Klante, ZDF 1976; »Begegnung im Herbst«, Buch + Regie: Axel von Ambesser, ZDF 1977; »Die seltsamen Methoden des Franz Josef Wanninger«, mit Beppo Brem, Serie, ARD 1979/80; »O du fröhliche«, Regie: Wolfgang Schleif, ZDF 1981; »Ein Künstlerleben« (nach Sternheim), ARD 1984; »Napoleon – König der Köche« (nach

Lukas Ammann

Sternheim), Regie: Karl Heinz Kramberg, BR III 1985.
Anschrift: c/o Agentur Jovanovic, Perfallstraße 6, 8000 München 80.

Geb. 29. 9. 1912 in Basel; dort aufgew.; er besuchte die Schauspielschule Basel und die Schauspielschule unter Max Reinhardt in Berlin. Sein Debüt gab er als Weberlehrling in Hauptmanns »Die Weber« am Baseler Theater. An den Berliner Reinhardt-Bühnen spielte er anschließend in Hofmannsthals »Das Salzburger große Welttheater«. Sein erstes Engagement bekam er von 1934 bis 1941 am Stadttheater St. Gallen. Von 1941 bis 1948 stand er im Ensemble des Schauspielhauses Zürich, an dem er auch mit seiner Tätigkeit als Regisseur begann. Seit 1948 machte er zahlreiche Tourneen, u. a. durch die USA. Sieben Jahre gehörte er zum Kabarett »Federal« in Zürich, bei dem er als Schauspieler und Regisseur wirkte.
Gastspiele gab er u. a. am Theater Die Kleine Freiheit München, am Theater in der Josefstadt Wien, an der Kleinen Komödie München, am Stadttheater Luzern, an der Komödie im Marquardt Stuttgart und am Ateliertheater Bern. Sein Film-Debüt hatte er 1939; beim Fernsehen wirkt er seit 1958.
Amman spricht franz.; er ist verheiratet mit der Schauspielerin und Sängerin Liselotte Ebnet, mit der er oftmals zusammen auftrat. Er hat zwei Söhne und lebt in Garching bei München.
Film: »Wachtmeister Studer«, Regie: Leopold Lindtberg, und »Dilemma«, 1939; »Weyerhus«, 1940; »Menschen, die vorüberziehn« (nach Zuckmayers »Katharina Knie«), Regie: Max Hauffler, 1942; »Bel ami« (nach Maupassant), Frankreich 1954; »Nachts, wenn der Teufel kam«, Regie: Robert Siodmak, 1957; »Ich war ihm hörig«, Regie: Wolfgang Becker, 1958; »Der Tod ritt dienstags«, mit Giuliano Gemma und Lee van Cleef, Italien 1966; »Ein großer grau-blauer Vogel«, Regie: Thomas Schamoni, 1971.
Theater: Wurm in Schillers »Kabale und Liebe«, in Molnárs »Liliom«, und in »Alle Wege führen zur Liebe«, jeweils Stadttheater St. Gallen 1934–1941;
in Brecht-Uraufführungen: Feldprediger in »Mutter Courage und ihre Kinder«, Regie: Brecht selbst, Famulus in »Leben des Galilei«, und in »Der gute Mensch von Sezuan«, Regie: Leonard Steckel, 1943, Attaché in »Herr Puntila und sein Knecht Matti«, Regie: Brecht selbst, 1948; Dr. Galen in der deutschen Erstaufführung von Čapeks »Die weiße Krankheit«, 1937, in der deutschen Erstaufführung von

Steinbecks »Der Mond ging unter«, 1943, in der deutschen Erstaufführung von Cowards »Geisterkomödie«, 1945, in der deutschen Erstaufführung von J. Schwarz' »Der Schatten« (nach E. T. A. Hoffmann und Chamisso), und in der deutschen Erstaufführung von »Arsen und Spitzenhäubchen«, jeweils Schauspielhaus Zürich;
in Ibsens »Gespenster«, mit Albert Bassermann und Ernst Deutsch, Tournee 1948; in »Die schlaue Witwe« von Goldoni, in »Ameisenpolka« und in »Bier unter Palmen«, jeweils Theater Die Kleine Freiheit München; in Achards »Patate«, mit Rudolf Platte, 1964, und in Maughams »Lieber reich und glücklich«, 1971, jeweils Kleine Komödie München; in Bolts »Thomas Morus«, Regie: Michael Kehlmann, Theater in der Josefstadt Wien 1965–1968; in Anouilhs »Majestäten«, mit O. E. Hasse, Stadttheater Luzern; in Bush-Feketes »Jean«, in »Der zweite Schuß«, mit Christine Kaufmann, in Christies »Im Spinnennetz«, Regie: Ammann selbst, und in Wedekinds »Der Kammersänger«, mit Erik Schumann, jeweils Tournee bis 1984.
Eigene wichtige Inszenierungen u. a.: Zuckmayers »Katharina Knie«, im Circus Knie 1951; Ibsens »Die Wildente«, Shaws »Frau Warrens Gewerbe«, Booth-Luce' »Frauen in New York« und Strindbergs »Totentanz«, jeweils an den vorgenannten Bühnen und auf Tournee.
Fernsehen: Bis 1970 u. a.: »Towarisch« (nach Deval), Regie: Max-Peter Amann; »Margaret durch drei«, Regie: Stanislav Barabas; »Panoptikum« (nach Molnár); »Kolportage« (nach Kaiser), Regie: Wilhelm Semmelroth; »Die Überfahrt«, mit Paula Wessely, Regie: Hans Jaray; »Cäsar und Cleopatra« (nach Shakespeare), Regie: Hans Dieter Schwarze.
Ferner: »Lebenskünstler«, Regie: Karl Fruchtmann, ARD 1963; »Amouren« (nach Coward), Regie: Rolf von Sydow, ARD 1964; »Adieu Mademoiselle«, ARD 1965; »Kriminalmuseum«, Serie, ZDF 1965; »Bei Pfeiffers ist Ball«, Regie: Thomas Engel, und »Der Floh im Ohr« (nach Feydeau), Regie: Rolf von Sydow, ARD 1966; »Der Kommissar«, mit Erik Ode, Serie, ZDF 1969; »Doktor Krock«, SRG 1974; »Die Sängerin« (nach Wilhelm Hauff), Regie: Peter Schulze-Rohr, ZDF 1978; »Gala-Diners«, ZDF 1979; »Der lebende Leichnam« (nach Tolstoi), Regie: Otto Schenk, ARD 1981; »Goldene Zeiten«, Regie: Michael Braun, Serie, 18 Folgen, ARD 1982.
Besonders bekannt wurde er in der Titelrolle der ZDF-Serie »Graf Yoster gibt sich die Ehre«, mit Wolfgang Völz, Regie: Michael Braun (größtenteils), 78 Folgen, ZDF 1966–1976.
Anschrift: c/o Agentur Jovanovic, Perfallstraße 6, 8000 München 80.

Michael Ande

Geb. 5. 10. 1944 in Bad Wiessee; dort aufgew.; bereits mit elf Jahren bekam er seine erste Filmrolle. Er spielte neben Horst Buchholz in »Marianne, meine Jugendliebe« (nach Peter de Mendelsohns »Schmerzliches Arkadieu«, Regie: Julien Duvivier, 1955). Weitere rund 20 Kinderrollen folgten. Seit 1962 wirkt er vornehmlich beim Fernsehen. Bühnen-Engagements hatte er u. a. an der Kleinen Komödie München (1961–1963, 1976 und 1985), am Theater in der Josefstadt Wien (1974), an der Komödie im Marquardt Stuttgart (1976) und auf Tournee.
Ande spricht franz., engl.; er ist ledig und lebt in Aurach bei Fischbachau/Oberbayern.
Film: »Marianne, meine Jugendliebe« (nach Peter de Mendelssohns »Schmerzliches Arkadieu«), mit Horst Buchholz und Marianne Hold, Regie: Julien Duvivier, Frankreich/BRD 1955; »Ich weiß, wofür ich lebe«, Regie: Paul Verhoeven, »Griff nach den Sternen«, und »Ferien in Tirol«, 1955, »Das Hirtenlied vom Kaisertal« und »Der schönste Tag meines Lebens«, 1956; »Skandal in Ischl« und »El Hakim«, jeweils mit O. W. Fischer, Regie: Rolf Thiele, und »Die Prinzessin vom Wolfgangsee«, 1957; »Die Trapp-Familie in Amerika«, mit Ruth Leuwerik, Regie: Wolfgang Liebeneiner, »Majestät auf Abwegen«, und »Don Vesuvio und das Haus der Strolche«, 1958.
Theater: In Rattigans »Der schlafende Prinz«, mit Axel von Ambesser, und in Cowards »Weekend«, 1961–1963, Titelrolle in Schwerlas »Graf Schorschi«, mit Erni Singerl (auch TV), 1976, und in Lewinskys »Drei Männer im Schnee« (nach Kästner), 1985, jeweils Kleine Komödie München; in Dorins' »Der Wendepunkt«, Theater in der Josefstadt Wien 1974 und Komödie im Marquardt Stuttgart 1976; in Herberts »Wolken sind überall«, Tournee 1979.
Fernsehen: Dick Tipton in »Der kleine Lord« (nach Burnett), Regie: Franz Josef Wild, ARD 1962; Jim Hawkins in »Die Schatzinsel« (nach Robert L. Stevenson), Regie: Wolfgang Liebeneiner, 4 Teile, ZDF 1966/67; »Der schwarze Graf«, 14 Folgen, ZDF 1971; »Fußballtrainer Wulff«, Regie: Erich Neureuther, 28 Folgen, ARD 1971/72; »Fuchs & Co.«, mit Margot Hielscher, 14 Folgen, ZDF 1972; »Die Powenzbande«, mit Theo Lingen und Ruth-Maria Kubitschek, Regie: Michael Braun, 5 Teile, ARD 1974; »Polizei-Inspektion 1«, mit Walter Sedlmayr, Serie, ARD 1981; »Liebe Melanie«, mit Melanie Horeschovsky und Senta Berger, Regie: Michael Verhoeven, ZDF 1983.
Seit 1977 verkörpert er die Rolle des Kriminalassistenten Gerd Heymann in der ZDF-Serie »Der Alte« (mit Siegfried Lowitz). Bis Ende 1985 wurden 101 Folgen ausgestrahlt. Ab 1986 assistiert er Lowitz' Nachfolger Rolf Schimpf.
Anschrift: c/o Agentur Alexander, Lamontstraße 9, 8000 München 80.

Helga Anders †

(eigentlich: Helga Scherz)

Geb. 11. 1. 1948 in Innsbruck; dort, in Ruhpolding und in Bielefeld aufgew.; Peter Gehrmann, der Leiter des Stadttheaters Bielefeld übertrug ihr mit acht Jahren die Rolle des Heinerle in Falls Operette »Der fidele Bauer«. Sie besuchte eine Ballettschule. Nach dem Umzug ihrer Eltern nach Tegernsee spielte sie an einer bayerischen Bauernbühne. Mit 12 Jahren gab sie ihr Film-Debüt, mit 15 Jahren stand sie erstmals auf der Bühne der Kleinen Komödie München. Zahlreiche Fernseh-Aufgaben folgten.
Frau Anders spricht engl.; sie ist geschieden von dem Schauspieler und Regisseur Roger Fritz. Dieser Ehe entstammt ihre Tochter Leslie. Sie lebt in München.
Film: »Der Taschendieb«, mit Heinz Rühmann, Regie: Axel von Ambesser, 1960; »00-Sex am Wolfgangsee«, »Bel ami 2000 – oder Wie verführt man einen Playboy«, mit Peter Alexander, Regie: Michael Pfleghar, »Der Kongreß amüsiert sich«, mit Lilli Palmer, und »Mädchen – Mädchen«, Regie: Roger Fritz, 1966; »Tätowierung«, Regie: Johannes Schaaf, und »Jerry Cotton – Der Mörderclub von Brooklyn«, Regie: Harald Reinl, 1967; »Das Rasthaus der grausamen Puppen«, 1968; »Mädchen mit Gewalt«, Regie: Roger Fritz, 1969/70.
Theater: In Cowards »Weekend«, mit Grethe Weiser, 1963, in Goodharts »Eine neue Generation«, 1968, in Sauvajons »Tchao«, 1970, jeweils Kleine Komödie München.
Fernsehen: »Der Forellenhof« (von Wuttig), mit Hans Söhnker, Jane Tilden, Helmut Förnbacher und Karin Hardt, Serie, ARD 1965; »Die Unverbesserlichen« (von Stromberger), mit Inge Meysel, Joseph Offenbach, Agnes Windeck, Monika Peitsch und Gernot Endemann, Regie: Claus Peter Witt, Serie, ARD 1965–1971; »Unsterblichkeit ...?« (aus der Reihe »Das blaue Palais«), Buch + Regie: Rainer Erler, ZDF 1976; »Lady Audleys Geheimnis« (nach Mary Elizabeth Braddon), mit Susanne Uhlen und Hans Caninenberg, ARD 1978; »Der Alte«, Serie, ZDF 1980; »Polizei-Inspektion 1«, mit Walter Sedlmayr, Serie, ARD 1980; »Derrick«, Serie, ZDF 1981; »Der Trotzkopf«, mit Anja Schüte und Anaid Iplicjian, Regie: Helmuth Ashley, 8 Folgen, ARD 1982; »Freitag's Abend«, Serie, ARD 1984; »Die Krimistunde«, Regie: Hartmut Griesmayr, Serie, ARD 1985.
Auszeichnungen: »Otto« (BRAVO) 1967, 1968 und 1969.
Anschrift: c/o Agentur Alexander, Lamontstraße 9, 8000 München 80.

Ingrid Andree

(eigentlich: Ingrid Tilly Unverhau)

Geb. 19. 1. 1931 als Tochter eines Kaffee-Importeurs in Hamburg; ihr Onkel war der Schauspieler Joachim Gottschalk, der im Krieg mit seiner jüdischen Frau Selbstmord beging. Nach dem Abitur absolvierte sie die Staatl. Hochschule für Musik und darstellende Kunst unter Prof. Eduard Marcks in Hamburg. Nach Abschlußprüfung und Eignungsprüfung für den Rundfunk erhielt sie 1951 in Turgenjews »Ein Monat auf dem Lande« ihre erste Rolle am Thalia-Theater Hamburg.
Bei dieser Gelegenheit sah der Filmregisseur Rolf Thiele ihr Bild in einer Hamburger Zeitung und engagierte sie für seinen Spielfilm »Primanerinnen«, mit dem sie ihren ersten großen Erfolg errang. Ihr Film-Debüt gab sie bereits 1950 in »Professor Nachtfalter« (mit Maria Paudler); rund vierzig weitere Streifen folgten.
Ihre wichtigsten Bühnenstationen: Münchner Kammerspiele (1967–1970), Thalia-Theater Hamburg unter Boy Gobert (1971–1980), Peter Striebeck (1980–1985) und Jürgen Flimm (seither). Seit 1980 spielt sie zudem an den Bühnen der Stadt Köln.
Frau Andree spricht engl.; von 1959 bis zu ihrer Scheidung 1965 war sie verheiratet mit dem inzwischen verstorbenen Hamburger Schauspieler Hanns Lothar; sie hat eine Tochter (Susanne, geb. 1960) und lebt abwechselnd in Hamburg und Köln.
Film: »Professor Nachtfalter«, mit Maria Paudler, 1950; »Primanerinnen«, Regie: Rolf Thiele, 1951; »Fridolin« und »Drei vom Varieté«, 1952; »Liebeserwachen«, »Sanatorium total verrückt« und ». . . und ewig bleibt die Liebe«, 1953; »Die Frau des Botschafters«, »Oberwachtmeister Borck« und »Roman einer Siebzehnjährigen«, 1954; »Du darfst nicht länger schweigen«, »Ihr Leibregiment« und »Mein Bruder Josua«, 1955; »Verlobung am Wolfgangsee«, 1956; »Bekenntnisse des Hochstaplers Felix Krull«, Regie: Kurt Hoffmann, »Ein Stück vom Himmel«, Regie: Rudolf Jugert, ». . . und nichts als die Wahrheit«, und »Auch Männer sind keine Engel«, 1957; »Peter Voss, der Millionendieb«, mit O. W. Fischer, Regie: Wolfgang Becker, und »Schlag auf Schlag«, 1958; »Der Rest ist Schweigen«, 1959; »Sturm im Wasserglas« (nach Frank), mit Therese Giehse, Regie: Josef von Baky, 1960; »Treibjagd auf mein Leben«, 1961.
Theater: Titelrolle in Strindbergs »Fräulein Julie«, Regie: Fritz Kortner, 1967, Titelrolle in Ibsens »Hedda Gabler«, Regie: Dieter Giesing, 1968, und Titelrolle in Feydeaus »Die Dame vom Maxim«, Regie: Peter Fischer, 1969, jeweils Münchner Kammerspiele; Titelrolle in Wedekinds »Lulu«, Regie: Dieter Giesing, 1971, Kate in Pinters »Alte Zeiten«, Regie: Hans Schweikart, und Titelrolle in Langes »Die Gräfin von Rathenow«, Regie: Jürgen Flimm, 1972, Marie in Lenz' »Soldaten«, und Elisabeth in Schillers »Maria Stuart«, Regie: Boy Gobert, 1974, Titelrolle in Ibsens »Nora«, Regie: Nicolas Brieger, 1976/77, Emma in Pinters »Betrogen«, Regie: Dieter Giesing, 1979, Mutter in Ibsens »Peer Gynt«, Regie: Jürgen Flimm, 1985, jeweils Thalia-Theater Hamburg;
Sofja Aleksandrovna in Tschechows »Onkel Wanja«, Regie: Jürgen Flimm, 1980, Alkmene in Kleists »Amphitryon«, 1981, Narr in Shakespears »König Lear«, 1982, und in R. Wilsons »Civil War S«, jeweils Bühnen der Stadt Köln.
Fernsehen: Vor allem in den 60er Jahren spielte sie in für das Fernsehen bearbeiteten Bühnenstücken, u. a.: Pauline Piperkarcka in Hauptmanns »Die Ratten«, in Shakespeares »Was ihr wollt« und in Giraudoux' »Amphitryon 38« (mit Hannes Messemer).
Weitere Rollen in: »Das Himmelbett«, »Bedaure, falsch verbunden«, »Das Landhaus«, »Therese Raquin«, »Der Kommissar«, mit Erik Ode, Serie, ZDF 1970; »Der Richter«, ZDF 1981.
Auszeichnung: Mitglied der Akademie der darstellenden Künste.
Anschrift: c/o Agentur Baumbauer, Keplerstraße 2, 8000 München 80.

Karin Anselm

Geb. 22. 1. 1940 in Hamburg; dort aufgew.; bereits mit zwölf Jahren stand sie erstmals vor einer Fernsehkamera. Nach der Schule absolvierte sie die Hochschule für Musik und darstellende Kunst Hamburg unter Prof. Eduard Marcks. Ihr erstes Engagement erhielt sie 1959/60 am E. T. A. Hoffmann-Theater Bamberg. Weitere Stationen: Städt. Bühnen Regensburg (1960/61), Stadttheater Bern (1961/62), Deutsches Theater Göttingen unter Heinz Hilpert (1962–1966). Seither ist sie freischaffend. Sie gastierte u. a. bei den Ruhrfestspielen Recklinghausen (1973 + 1975), an der Kleinen Komödie München (1972 + 1974), am Ernst-Deutsch-Theater Hamburg, am Rheinischen Landestheater Neuss und auf Tournee (1983). Bekannt wurde sie vor allem durch ihre zahlreichen Fernsehrollen, zuletzt als Kommissarin Wiegand in der ARD-Reihe »Tatort« (vom SWF).
Frau Anselm spricht engl., franz.; sie lebt in Feldafing/Oberbayern.
Theater: Titelrolle in dem Musical »No, no, Nanette«, in Weskers »Tag für Tag«, Polly in Brecht/Weills »Die Dreigroschenoper«, Susanne in Beaumarchais' »Der tolle Tag oder Figaros Hochzeit«, Titelrolle in Anouilhs »Jeanne oder Die Lerche«, Olivia in Shakespeares »Was ihr wollt«, Franziska in Lessings »Minna von Barnhelm«, in Goetz' »Der Lügner und die Nonne«, in Fieldings »Tiefstapeleien«, Titelrolle in Shaws »Die heilige Johanna«, und Elizabeth in Shaffers »Tödliches Narrenspiel», jeweils an den vorgenannten Bühnen und auf Tournee (bis 1983/84).
Fernsehen: »Das Vermächtnis«, Regie: Walter Rilla, und »Feuerwerk« (nach Burkhard), Regie: Kurt Wilhelm, ARD 1966; »Die Mühle von Sanssouci« (nach Veber/Cab), Regie: Erich Neureuther, ZDF 1967; »Heinrich VIII. und seine Frauen« (nach Giesseker), Regie: Heinz Schirk, ZDF 1968; »Mitten in der Nacht«, Regie: Werner Schlechte, und »Sabine Englender«, Regie: Rainer Wolffhardt, ARD 1968; »Zum kleinen Glück«, Regie: Werner Schlechte, und »Die Untaten des Fräulein Mikova«, Regie: Thomas Fantl, ARD 1969; »Mond über dem Fluß« (nach Srámek), mit Edith Heerdegen, Regie: Oswald Döpke, und »Die Tauben«, Regie: Gerd Oelschlegel, ZDF 1969; »Abseits«, Regie: Lutz Büscher, ARD 1970; »Tartuffe« (nach Molière), mit Klaus Schwarzkopf und Ida Ehre, Regie: Otto Tausig, ZDF 1970; Nanette in »No, no Nanette« (nach Mandel/Harbach/Caesar), Regie: Alfred Kirchner, ZDF 1971; »Ti vor Tu«, Regie: Heinz Liesendahl, ZDF 1972; »Sonderdezernat K 1«, Serie, ARD 1974; »Der Bastian« (nach Barbara Noack), mit Horst Janson und Lina Carstens, Serie, ZDF 1974/75; »Derrick«, Serie, ZDF 1977; »Von einem Tag zum anderen«, Regie: Wolfgang Becker, ZDF 1981; »Quartett bei Claudia«, Regie: Michael Kehlmann, ARD 1981; »Frau Jenny Treibel« (nach Fontane), mit Maria Schell, Regie: Franz Josef Wild, ARD 1982; »Peanuts«, mit Erik Schumann, SRG 1984, »Schöne Ferien«, Serie, ARD 1985; »Herschel oder Die Musik der Sterne«, Regie: Percy Adlon, ARD 1986; »Totschweigen«, Regie: Daniel Christoff, ZDF 1986.
Eine ihrer wichtigsten Rollen: Kriminalkommissarin Hanne Wiegand in »Tatort« (vom SWF), Regie: u. a. Imo Moszkowicz, Stanislav Barabas, 6 Folgen, ARD 1980–1986.
Sie war Gast der Talkshow »Heut' abend« bei Joachim Fuchsberger.
Anschrift: c/o ZBF-Agentur München, Leopoldstraße 19, 8000 München 40.

Peter Arens

Geb. 18. 2. 1928 als Sohn der ehemaligen Opernsängerin und Gesangslehrerin Charlotte Arens in Freiburg/Breisgau; aufgew. in Bern; nach der Schule absolvierte er zunächst eine Verlagslehre bei der Zeitung »Die Nation«, später eine kaufmännische Lehre. Beim damaligen Oberspielleiter des Stadttheaters Bern, Prof. Paul Kalbeck, nahm er privaten Schauspielunterricht. Dieser verhalf ihm 1947 zum ersten Engagement an seiner Bühne.

1950 kam Arens an das Deutsche Theater Göttingen unter Heinz Hilpert, 1953 an das Deutsche Schauspielhaus Hamburg, 1954 an die Münchner Kammerspiele, wo er unter den Regisseuren Fritz Kortner, Hans Schweikart, Erich Engel, Leopold Lindtberg, August Everding und Werner Düggelin arbeitete. Gastspiele gab er auch am Bayerischen Staatsschauspiel München (1958), am Wiener Burgtheater, am Theater in der Josefstadt Wien, am Schillertheater Berlin, sowie bei den Salzburger Festspielen (Tod in Hofmannsthals »Jedermann«, mit Ewald Balser und Ernst Schröder, Regie: Leopold Lindtberg, 1970, auch ZDF). Seit 1963 spielt er am Schauspielhaus Zürich (jeweils Rollen seines Fachs, zuletzt in Fryns »Der nackte Wahnsinn«, Regie: Otto Sander und Peter Fitz, 1984/85).

Seit 1971 führt er umfangreich Theater-Regie. Seine erste Inszenierung war Mercers »Nach Hagerty« am Theater am Neumarkt in Zürich. Es folgten Regiearbeiten am Schauspielhaus Düsseldorf, am Burgtheater Wien und am Schauspielhaus Zürich.

Arens spricht engl., franz., er ist verheiratet mit der Schauspielerin Margrit Ensinger (mit der er vor allem am Deutschen Theater Göttingen und an den Münchner Kammerspielen gemeinsam auftrat), hat zwei Kinder (Valentin und Babett) und lebt in Stäfa, Schweiz.

Film: »Der letzte Sommer« und »Das Bekenntnis der Ina Kahr«, 1954; »Verrat an Deutschland«, Regie: Veit Harlan, »Das Schweigen im Walde«, »Parole Heimat« und »Regine«, 1955; »Und ewig ruft die Heimat« und »Durch die Wälder, durch die Auen«, 1956; »Königin Luise« und »Das Lied der Heimat«, 1957; Vater in »Morgens um sieben ist die Welt noch in Ordnung« mit Archibald Eser und Gerlinde Locker, Regie: Kurt Hoffmann, 1968; »Der Handkuß«, Regie: Alexander J. Seier, 1984 (auch ARD 1984).

Fernsehen: »Ein Weihnachtslied in Prosa« (nach Charles Dickens), mit Carl Wery, Regie: Franz Josef Wild, ARD 1960; »Kabale und Liebe« (nach Schiller); »Robert und Elisabeth«; »Hurra, ein Junge«, Regie: Klaus Wagner, ARD 1966; »Die Mission« (nach Habe), Regie: Ludwig Cremer, ARD 1967; »Die Mohrin«; »Unsere deutschen Kleinstädter«; »Der Fall Schurzheim«; »Der Spinnenmörder«, Regie: Gerhard Klingenberg, ARD 1978; »Herr Herr«, Regie: Nicolas Gessner, ARD 1982.

Anschrift: c/o Agentur Lentz, Holbeinstraße 4, 8000 München 80.

Eddi Arent

(eigentlich: Gebhardt Arent)

Geb. 5. 5. 1925; bekannt wurde er vor allem durch die Edgar-Wallace-Verfilmungen in den 60er Jahren. Im Fernsehen hat er die eigene Serie »Es ist angerichtet«.
Arent spricht engl., franz.; er ist verheiratet und lebt in Vaterstetten bei München.
Film: Von den zahlreichen Edgar-Wallace-Verfilmungen seien genannt:
»Der Frosch mit der Maske«, 1959; »Die Bande des Schreckens«, mit Elisabeth Flickenschildt, 1960; »Die seltsame Gräfin«, mit Marianne Hoppe, Regie: Josef von Baky, und »Die toten Augen von London«, Regie: Alfred Vohrer, 1961; »Das Rätsel der roten Orchidee«, Regie: Helmuth Ashley, und »Das Gasthaus an der Themse«, Regie: Alfred Vohrer, 1962; »Der schwarze Abt«, Regie: Franz Josef Gottlieb, und »Der Zinker«, Regie: Alfred Vohrer, 1963; »Die Gruft mit dem Rätselschloß«, Regie: Franz Josef Gottlieb, »Der Hexer«, Regie: Alfred Vohrer, und »Das Verrätertor«, mit Margot Trooger, Regie: Alfred Vohrer, 1964; »Neues vom Hexer«, Regie: Alfred Vohrer, 1965; »Das Rätsel des silbernen Dreiecks«, mit Christopher Lee, Regie: Werner Jacobs, und »Der Bucklige von Soho«, Regie: Alfred Vohrer 1966.
Ferner spielte er u. a. in: »Mein Mädchen war ein Postillion«, »Das haut einen Seemann doch nicht um«, »Mikosch im Geheimdienst«, mit Gunther Philipp, »Der Sündenbock von Spatzenhausen«, mit Hans Moser, und »Kleine Leute – mal ganz groß«, 1958; »Paprika«, 1959; »Das Geheimnis der schwarzen Witwe« (»Arana Negra«), mit O. W. Fischer und Karin Dor, Regie: Franz Josef Gottlieb, BRD/Spanien 1963; »Winnetou II« (nach Karl May), mit Pierre Brice, Lex Barker und Karin Dor, Regie: Harald Reinl, BRD/Jugoslawien 1964; »Das Geheimnis der weißen Nonne«, Regie: Cyril Frankel, Großbritannien 1966; »Die Kompanie der Knallköpfe«, Regie: Rolf Olsen, 1971; »Keiner hat das Pferd geküßt«, Regie: Martin Müller, 1980.
Fernsehen: Käpt'n Senkstake in »Das Spukschloß ...«, Regie: Rolf Olsen, ARD; »Räuber und Gendarm«, Regie: Hans-Jürgen Tögel, ARD 1978; »Der kühne Schwimmer« (nach Arnold/Bach), mit Willy Millowitsch, Regie: Karl Wesseler, ARD 1981; »Mary und Gordy auf dem Lande«, und »Die Krimistunde«, Regie: Hartmut Griesmayr, Serie, ARD 1983.
Besonderen Erfolg hatte er mit seiner eigenen Sendereihe »Es ist angerichtet« (ARD 1982–1985).
Anschrift: Beethovenstraße 13, 8011 Vaterstetten.

Wolfgang Arps

Geb. 23. 2. 1926 in Hamburg; dort aufgew.; nach dem Abitur 1944 Besuch der Schauspielschule des Deutschen Schauspielhauses Hamburg und der Schauspielschule von Helmuth Gmelin Hamburg; erste Gastspiele am Deutschen Schauspielhaus Hamburg und am Theater Junge Bühne Hamburg (1946/47); weitere Stationen: Stadttheater Lüneburg (1947/48), Theater im Zimmer Hamburg (1947/48), Deutsches Schauspielhaus Hamburg (1949–1955), Württembergisches Staatstheater Stuttgart (1955/56) und Düsseldorfer Schauspielhaus (seit 1956). Gastspiele u. a. am Thalia-Theater Hamburg, am Renaissance-Theater Berlin, Ruhrfestspiele Recklinghausen, Festspiele Hannover-Herrenhausen und diverse Tourneen.

Arps spricht engl; er ist verheiratet, hat zwei Kinder (Cornelia und Tobias) und lebt in Düsseldorf.

Theater: Marcel in Zuckmayers »Gesang im Feuerofen«, Mortimer in Schillers »Maria Stuart«, Kinesias in Aristophanes' »Lysistrate«, Leutnant Hartmann in Zuckmayers »Des Teufels General«, Kurt von Zedlitz in Holz-Jerschkes »Traumulus«, mit Werner Krauß, Tobias in Claudels »Tobias und Sara«, Orlando in Shakespeares »Wie es euch gefällt«, Armand Duval in Dumas' »Kameliendame«, und Captain Fisby in Patricks »Das kleine Teehaus«, jeweils Deutsches Schauspielhaus Hamburg 1949–1955; Kristof Wolters in Zuckmayers »Das kalte Licht«, Tempelherr in Lessings »Nathan der Weise«, mit Ernst Deutsch und Erich Ponto, jeweils Württembergisches Staatstheater Stuttgart 1955/56; Titelrolle in Kleists »Amphitryon«, Carlos in Goethes »Clavigo«, Don Camillo in Claudels »Der seidene Schuh«, Karl Moor in Schillers »Die Räuber«, Faust in Goethes »Urfaust«, Orin in O'Neills »Trauer muß Elektra tragen«, Sakko in Bölls »Ein Schluck Erde«, Jason in Euripides' »Medea« (auch TV), Jupiter in Giraudoux' »Amphitryon 38«, Brutus in Shakespeares »Julius Cäsar«, Clown Tripp in Ionescos »Hunger und Durst«, Titelrolle in Kleists »Prinz Friedrich von Homburg« (auch TV), Alceste in Molières »Der Misanthrop«, Edgar in Shakespeares »König Lear«, Wetter vom Strahl in Kleists »Das Käthchen von Heilbronn« (auch TV), Max Piccolomini in Schillers Trilogie »Wallenstein«, mit O. E. Hasse, Oberon in Shakespeares »Ein Sommernachtstraum«, Riccardo in Hochhuths »Der Stellvertreter«, Antoine in der deutschen Erstaufführung von Anouilhs »Goldfische«, Kain in der Uraufführung von Dürrenmatts »Portrait eines Planeten«, in O'Neills »Alle Reichtümer der Welt«, mit Elisabeth Bergner, Charly in Dyers »Unter der Treppe«, Möbius in Hasenclevers »Ein besserer Herr«, General in Feydeaus »Klotz am Bein«, SS-Gruppenführer in »Gespräche mit dem Henker«, Ankläger in Kipphardts »In der Sache J. Robert Oppenheimer«, Edgar in Strindbergs »Totentanz«, Hassenreuter in Hauptmanns »Die Ratten«, Titelrolle in Wedekinds »Kammersänger«, Professor in Tschechows »Onkel Wanja«, Graf Almaviva in Beaumarchais' »Der tolle Tag oder Figaros Hochzeit«, Thomas Mann in »Geschichten aus Hollywood«, und in der deutschen Erstaufführung von Marnets »Hanglage Meerblick«, Regie: Peter Palitzsch, jeweils Schauspielhaus Düsseldorf 1956–1985. Ferner Selim Bassa in Mozarts »Entführung aus dem Serail«, Opernhaus Düsseldorf, und Sprecher in Händels Oratorium »Saul«, Deutsche Oper Berlin, und in Honeggers »König David«.

Fernsehen: Don Manuel in »Dame Kobold« (nach Calderon), ARD 1953; »Madame Mozart«, und »Die letzte Nacht der Titanic«, ARD 1955; Marquis de la Force in »Die begnadete Angst« (nach Le Fort), und Lysander in »Ein Sommernachtstraum« (nach Shakespeare), ARD 1958; Conti in »Emilia Galotti« (nach Lessing), ARD 1962; Rechtsanwalt Thompson in »Der Fall Sacco und Vanzetti« (nach Rose), ARD 1963; Oberarzt Dr. Petersen in »Hafenkrankenhaus«, 13 Folgen, ARD 1967; Oberst Stauffenberg in »Deutscher Widerstand«, ZDF 1969; »Zur Nacht«, 7 Leseabende, WDR III 1970; »Jahrhundert der Chirurgen«, ZDF 1971; Baron in »Hoftheater«, mit Theo Lingen, Regie: Herbert Ballmann, Serie, ARD 1972; Kommerzienrat in »Im Hause des Kommerzienrates« (nach Marlitt), Regie: Herbert Ballmann, ZDF 1975; Faust in »Kabarett«, WDR III 1978.

Anschrift: Roßpfad 11, 4000 Düsseldorf 31.

Werner Asam

Geb. 17. 10. 1944 in Mallersdorf/Niederbayern; aufgew. in München; er studierte Malerei und Bildhauerei. Ohne vorherige Schauspielausbildung spielte er 1974 unter der Regie von Dieter Wedel in dem Fernsehfilm »Die Eiger«. Sein Bühnen-Debüt gab er 1975 am Staatstheater Darmstadt. 1976/77 war er am Bayerischen Staatsschauspiel München engagiert. Gastspiele gab er ferner u. a. am Schauspielhaus Düsseldorf (1978), am Theater rechts der Isar München (1980), bei den Luisenburg-Festspielen Wunsiedel (1981/82), am Theater der Freien Hansestadt Bremen (1982), am Deutschen Theater Göttingen (1983) und am neugegründeten Münchner Volkstheater (seit 1984). Er führt selbst Theater-Regie.
Asam lebt in Oberbergkirchen/Niederbayern.
Film: »Lena Rais«, mit Tilo Prückner und Krista Stadler, Regie: Christian Rischert, 1980; »Lili Marleen«, mit Hanna Schygulla, Regie: Rainer Werner Fassbinder, und »Trocadero«, Regie: Klaus Emmerich, 1981; »Querelle – Ein Pakt mit dem Teufel«, mit Brad Harris, Franco Nero und Jeanne Moreau, Regie: Rainer Werner Fassbinder, BRD/Frankreich 1982.
Theater: Titelrolle in der Uraufführung von Kroetz' »Der liebe Fritz«, Regie: Franz Xaver Kroetz selbst, Staatstheater Darmstadt 1975; in Thomas »Die Lokalbahn«, Regie: Kurt Meisel, Bayerisches Staatsschauspiel München 1976/77; in Kroetz' »Mensch Meier«, mit Ruth Drexel, Düsseldorfer Schauspielhaus 1978; Lenn in Bonds »Gerettet« (bearbeitet von Martin Sperr), Theater rechts der Isar München 1980; in Lippls »Der Holledauer Schimmel«, und in Zuckmayers »Schinderhannes«, Regie: Hans-Joachim Heyse, jeweils Luisenburg-Festspiele Wunsiedel, 1981 und 1982; Edgar in Kroetz' »Nicht Fisch, nicht Fleisch« (Bühnenbild: Werner Asam selbst), Theater der Freien Hansestadt Bremen 1982, und unter seiner eigenen Regie am Deutschen Theater in Göttingen 1983; in Sperrs »Jagdszenen aus Niederbayern«, Regie: Harald Clemen, und in Preses/Bechers »Der Bockerer«, mit Otto Schenk, jeweils Münchner Volkstheater 1984.
Fernsehen: »Aus Liebe zum Sport«, Regie: Dieter Wedel, Serie, ARD 1975; »Der Wittiber« (nach Thoma), Regie: Franz Peter Wirth, ZDF 1975; »Die Teufelsbraut« (nach Kranewitter), mit Lil Dagover, Regie: Hans Dieter Schwarze, ARD 1977; »Tatort«, Serie, 3 Folgen, ARD 1977–1979; »Der Alte«, Serie, 2 Folgen, ZDF 1978; »Sachrang« (von Storz), mit Gerhard Lippert, Regie: Wolf Dietrich, 3 Teile, ARD 1979; »Der Millionenbauer« (von Franz Geiger), mit Walter Sedlmayr und Veronika Fitz, Serie, »Anton Sittinger« (nach Oskar Maria Graf), und »Lauter anständige Menschen«, Regie: Diethard Klante, ARD 1979; »Glaube Liebe Hoffnung« (nach Horváth), Regie: Michael Kehlmann, und »Berlin Alexanderplatz« (nach Döblin), mit Günter Lamprecht, Regie: Rainer Werner Fassbinder, ARD 1980; »Derrick«, Serie, 2 Folgen, ZDF 1981–1983; »Der Aufsteiger«, Regie: Bernd Fischerauer, ZDF 1981; »Einmal die Woche«, Regie: Horst Flick, und »Kampftag«, Regie: Manfred Grunert, ZDF 1983; »Die Wiesingers«, mit Hans-Reinhard Müller, Regie: Bernd Fischerauer, Serie, ARD 1984; »Hildes Endspiel – Eine Vorstadtballade«, Regie: Franz Peter Wirth, ZDF 1984; »Die Hochzeit« (nach Thoma), Regie: Kurt Wilhelm, 2 Teile, BR III 1985; »Der eiserne Weg«, Regie: Hans-Werner Schmidt, Serie, »Das Hintertürl zum Paradies« (nach König), Regie: Reinhard Donga, und »Glücklich geschieden«, Regie: Rolf von Sydow, Serie, und »Münchner Freiheit«, Regie: Jörg Grünler, Serie, jeweils ZDF 1985.
Anschrift: c/o Agentur Mattes, Pilotystraße 2, 8000 München 22.

Roland Astor

Geb. 15. 4. 1942 in Salzburg; nach seiner Ausbildung zum Buchdruckmaschinenmeister besuchte er die Schauspielschule von Burgschauspieler Prof. Helmuth Krauss in Wien; erste Engagements erhielt er an Kellertheatern in Wien, Bern und Zürich; weitere Bühnenstationen: Hamburger Kammerspiele, Ernst-Deutsch-Theater Hamburg, Renitenz-Theater Stuttgart, Komödie im Marquardt Stuttgart, Die Komödie Frankfurt/Main, Theater Die Kleine Freiheit München und Kleine Komödie München. Von 1971 bis 1974 war er ferner mit drei Musicals durch Deutschland, Österreich und die Schweiz auf Tournee. Er gab Gastspiele mit seinem eigenen Programm »Felix Mendelssohn« und wirkte in über 200 Hörspielproduktionen mit. Er moderierte beim Südwestfunk 60 Folgen einer Kinderspielserie und arbeitet in der Synchronisation.
Astor spricht engl.; er ist geschieden von der Fernsehautorin Katrin Brigl und lebt in München, dort betreibt er mit seinem Schauspieler-Kollegen Claus Obalski den Verlag »Obalski & Astor«.
Film: »Engelchen oder die Jungfrau von Bamberg«, mit Gila von Weitershausen, Regie: Marran Gosov, 1968; »Immer Ärger mit den Paukern«, mit Uschi Glas, Regie: Harald Vock, 1969; »Hannibal Brooks«, mit Michael Pollard, Regie: Michael Winner, Großbritannien 1969; »St. Pauli-Report«, Regie: Jürgen Roland, 1970; »Cola, Candy, Chocolate«, Regie: Sigi Rothemund, 1980.
Theater: Alexis Woinow in Camus' »Die Gerechten«, Die Rampe Berlin 1964; Marchbanks in Shaws »Candida«, mit Ortrud Beginnen, Künstlertheater Hamburg 1966; Jeraiah Jip in Brechts »Mann ist Mann«, und Gyuala in der Uraufführung »Stephan Orbok«, mit Paul Dahlke, jeweils Kammerspiele Hamburg 1969; Ludovic in Aymés »Messerköpfe«, Regie: Paul Vasil, Ernst-Deutsch-Theater Hamburg 1970; Ulli in Flatows »Der Mann, der sich nicht traut ... «, Komödie im Marquardt Stuttgart und Die Komödie Frankfurt/Main 1975/76; Fellner in Arnold/Bachs »Der keusche Lebemann«, Regie: Robert Freitag, Kleine Komödie München 1977.
Ferner in den Musicals: Claude in »Hair«, Tournee 1971; in »Godspell«, mit Donna Summer, Regie: Samy Molcho, Tournee Deutschland/Österreich/Schweiz 1973; Paris in Hildesheimers »Das Opfer Helena«, Renitenz-Theater Stuttgart 1974.
Fernsehen: Tod in »Der Tor und der Tod« (nach Hofmannsthal), RAI/Italien 1968; »Alma Mater«, Regie: Rolf Hädrich, ARD 1969; »Nerze nachts am Straßenrand«, Regie: Wolfgang Staudte, ZDF 1971; DDR-Sportler Jürgen May in »Zum Ruhme des Sports«, ARD 1972; »Der Radweltmeister«, ZDF 1972; »Ruderklub«, Serie, ARD 1973; »A Family Affair« aus der Reihe »Paul Temple«, BBC/ZDF 1973; »Mädchen aus dem Weltraum«, mit Dawn Adams, Serie, BBC/ARD 1975; »Clown & Co.«, Serie, ARD 1977; »Die Protokolle des Herrn M.«, Serie, ZDF 1977; »Miss«, mit Danielle Darrieux, Regie: Roger Pigault, Antenne 1, Frankreich/ZDF 1978; »Derrick«, Serie, ZDF 1978; »Platzangst«, Regie: Thomas Schamoni, ZDF 1979; »Die Hungerinsel«, Regie: Horst Flick, ZDF 1982; »Spielraum«, mit Claus Obalski, Serie, ZDF 1985.
Anschrift: Wirtstraße 8, 8000 München 90.

Robert Atzorn

Geb. 2. 2. 1945 in Bad Polzin; aufgew. in Oldenburg und Hamburg; nach dem Abitur absolvierte er die Kunstschule Alsterdamm in Hamburg. Von 1967 bis 1969 besuchte er die Neue Münchner Schauspielschule. Sein erstes Engagement bekam er 1969/70 an der Württembergischen Landesbühne Esslingen. Weitere Stationen: Schauspielhaus Zürich (1970/71), Städt. Bühnen Münster (1971/72), Bühnen der Stadt Köln (1972/73), Städt. Bühnen Dortmund (1973–1975), Städtebundtheater Solothurn (1976) und Bayerisches Staatsschauspiel München (1977–1983). Seither ist er freischaffend. Er gastierte u.a. am Glyndebourne Festival.
Atzorn spricht engl.; er ist verheiratet, hat zwei Kinder und lebt in Prien am Chiemsee.
Film: »Aus dem Leben der Marionetten«, Regie: Ingmar Bergman, 1980; Olaf in »Wie hätten Sie's denn gern?«, Regie: Rolf von Sydow, 1983; Staatsanwalt in »Morgen in Alabama«, mit Maximilian Schell, Regie: Norbert Kückelmann, 1984.
Theater: Mortimer in Schillers »Maria Stuart«, und Titelrolle in Shakespeares »Hamlet«, jeweils Städt. Bühnen Dortmund 1973–1975; Edgar in Plenzdorfs »Die neuen Leiden des jungen W.«, Städtebundtheater Solothurn 1976;
Anton in Kohouts »Armer Mörder«, Regie: Frank Baumbauer, Prinz in Gombrowicz' »Yvonne, Prinzessin von Burgund«, Valère in Molières »Tartuffe«, und Helmer in Ibsens »Nora«, Regie: jeweils Ingmar Bergman, Titelrolle in Goethes »Egmont«, Regie: Michael Haneke, Leicester in Schillers »Maria Stuart«, Regie: Kurt Meisel, Baron Neuhoff in Hofmannsthals »Der Schwierige«, Regie: Hans Kratzer, und Orin in O'Neills »Trauer muß Elektra tragen«, Regie: Klaus Löwitsch, jeweils Bayerisches Staatsschauspiel München 1977–1983; Bassa Selim in Mozarts »Die Entführung aus dem Serail«, Regie: Peter Wood, Glyndebourne Festival 1983.
Fernsehen: »Die Aula«, Regie: Horst Flick, ARD 1976; Stefan in »Im Zossener Bad«, Regie: Peter Keglevic, ZDF 1977; »Derrick«, Serie, 4 Folgen, ZDF 1981/82; Fernando in »Stella« (nach Goethe), Regie: Franz Josef Wild, und »Tiefe Wasser«, Regie: Franz Peter Wirth, ARD 1982; »Das schöne Ende dieser Welt«, Regie: Rainer Erler, ZDF 1984; Dejà Vu in »Heinrich Färber« (von Bundschuh/Bauer), und Marquis Posa in »Don Carlos«, Regie: Franz Peter Wirth, und Hofmann in »Die Wannseekonferenz« (von Mommertz), Regie: Heinz Schirk, ARD 1984; »Tatort«, Serie, 2 Folgen, ARD 1984/85; »Die Krimistunde«, Regie: Hartmut Griesmayr, Serie, 2 Folgen, ARD 1984/85; »Der Alte«, Serie, »Ein Mann ist soeben erschossen worden« (nach Arca), Regie: Thomas Engel, und »Glücklich geschieden«, mit Beatrice Kessler und Elfriede Kuzmany, Regie: Rolf von Sydow, 6 Teile, ZDF 1985; »Oliver Maass – der Junge, der einen Tag in die Zukunft sehen kann« (von Pfaue), Regie: Gero Erhardt, 6 Teile, ZDF 1985/86; Titelrolle in »Kolping«, Regie: Wilm ten Haaf, 4 Teile, BR III 1985.
Anschrift: c/o Agentur Lentz, Holbeinstraße 4, 8000 München 80.

Erich Auer

– Kammer-schauspieler –

Geb. 14. 4. 1923 in Wien; dort aufgew.; nach der Schule besuchte er zunächst das Lehrerseminar, dann das Konservatorium der Stadt Wien. Von 1941 bis 1945 war er zum Kriegsdienst eingezogen (zum Schluß Gefangenschaft). 1948 kam er an das Volkstheater Wien, seit 1950 gehört er zum Ensemble des Wiener Burgtheaters. Er spielte alle Rollen seines Fachs aus Klassik und Moderne.
Sein Kino-Debüt gab er 1948 in dem Heimatfilm »Wilderernacht«; im Fernsehen tritt er nur selten auf.
Auer spricht engl.; er ist verheiratet mit der Kammerschauspielerin Martha Wallner, hat eine Tochter (Marie-Luise) und lebt in Wien.
Film: »Wilderernacht«, 1948; »Das vierte Gebot«, mit Attila Hörbiger, Regie: Eduard von Borsody, »Duell mit dem Tod«, und »Das Kind der Donau«, 1950; »Der fidele Bauer«, mit Paul Hörbiger, Regie: Georg Marischka, 1951; »Der Herrgottschnitzer von Ammergau«, 1952; »Der Klosterjäger«, mit Paul Hartmann, Regie: Harald Reinl, und »Der Ehestreik«, Regie: Joe Stöckel, 1953; »Wenn Du noch eine Mutter hast«, »Der erste Kuß« und »An jedem Finger zehn«, 1954; »Das Mädchen vom Pfarrhof«, und »Die Försterbuben«, Regie: Robert A. Stemmle, 1955; »Das Hirtenlied vom Kaisertal«, Regie: Max Michel, »Beichtgeheimnis«, und »Wilhelm Tell« (nach Schiller), 1956; »Die Magd von Heiligenblut« und »Der König der Bernina«, 1957; Titelrolle in »Der Pfarrer von St. Michael«, Regie: Wolfgang Glück, 1958.
Fernsehen: Oberst Redl in »Affaire Redl – Postlagernd Opernball«, Buch und Regie: Robert A. Stemmle, ZDF 1967; »Wie eine Träne im Ozean«, Regie: Fritz Umgelter, 3 Teile, ARD 1969; »Regine Krause«; »Der Hauptmann«; »Querulant«; »Alpensaga«, Regie: Dieter Berner, 6 Teile, ZDF 1976/77; »Mordkommando« (aus der Reihe: »Tatort«), Regie: Jochen Bauer, ARD 1982.
Auszeichnungen: Goldene Verdienstmedaille für besondere Verdienste um das Bundesland Wien; Verdienstkreuz der Republik Österreich; Professoren-Titel; Kammerschauspieler.
Anschrift: Ameisgasse 3, A-1140 Wien, Österreich.

Amadeus August

Geb. 6. 5. 1942 in Breslau; lebt in München; ledig; spricht franz., engl.; nach dem Abitur absolvierte er ein Sprachstudium an der Universität Tübingen und besuchte die Westfälische Schauspielschule in Bochum; sein erstes Theaterengagement hatte er an der Landesbühne Hannover; weitere Stationen: Kleine Komödie München, Renaissance-Theater Berlin, Theater am Dom Köln, Theater in der Josefstadt, Schauspielhaus Wien und Festspiele Heppenheim.
Film: »Ich will Liebe«, Regie: Zbynek Brynych, 1969; »Beiß mich, Liebling«, mit Eva Renzi, Regie: Helmut Förnbacher, 1970; »The Master«, USA 1972; »La course à l'échalote«, Frankreich 1972; »Blutiger Freitag«, 1972; »Heiße Kartoffeln«, Regie: Siggi Götz, 1980.
Theater: In Barillet/Grédys »Vierzig Karat«, mit Sonja Ziemann, Kleine Komödie München 1969; in »Schmetterlinge sind frei«, mit Inge Meysel, Renaissance-Theater Berlin 1973; in Maughams »Der Kreis«, Kleine Komödie München 1978; Chance in Williams' »Süßer Vogel Jugend«, Hermann in Goethes »Hermann und Dorothea«, Theater in der Josefstadt Wien, und Orsino in Shakespeares »Was ihr wollt«, Schauspielhaus Wien, 1980–1983; in Wildes »Bunbury«, Regie: Axel von Ambesser, Kleine Komödie München 1984; Titelrolle in Goethes »Faust«, Regie: Hans Richter, Festspiele Heppenheim 1985.
Fernsehen: Titelrolle in »Quentin Durward«, Serie, ZDF 1971/72; »Mathias Sandorf« (nach Jules Verne), mit Istvan Bujtor, Regie: Jean Pierre Decourt, 4 Teile, ZDF 1979; Diktator Gottfried Hofer in »Der grüne Stern« (nach Hans Weigel), Regie: Heide Pils, »Hanna von Acht bis Acht«, mit Angelica Domröse und Heidi Brühl, Regie: Egon Günther, und »Der Mann von Suez«, mit Guy Marchand, Regie: Christian-Jaque, 4 Teile, ZDF 1983; »Tatort«, Serie, ARD 1984; »Ein Heim für Tiere« (nach Willis), mit Siegfried Wischnewski, Regie: Kai Borsche, Serie, ZDF 1985.
Auszeichnung: »Otto« (BRAVO) 1972.
Anschrift: c/o Agentur Alexander, Lamontstraße 9, 8000 München 80.

Dieter Augustin

Geb. 20. 2. 1934 in Glatz/Schlesien; dort und ab 1945 in Erlangen aufgew.; nach der mittleren Reife absolvierte er eine kaufmännische Lehre; anschließend Besuch der Film- und Fernseh-Hochschule München; über einen Kurzfilm unter Marran Gosov im Jahre 1966 kam er zum Beruf.

Augustin spricht engl.; er ist ledig und lebt in München.

Film: »Engelchen oder Die Jungfrau von Bamberg«, mit Gila von Weitershausen, Regie: Marran Gosov, 1968; »Umarmungen«, mit Sydne Rome, Regie: Jochen Richter, 1976; »Der Durchdreher«, Regie: Helmut Dietl, und »Woyzeck« (nach Büchner), Regie: Werner Herzog, 1978; »Car-Napping«, mit Bernd Stephan, Regie: Wigbert Wicker, 1979; »Jägerschlacht«, Regie: Wigbert Wicker, 1981.

Theater: In Kusz' »Schweig Bub«, mehrere Bühnen, Tournee 1978; in Kusz' »Sooch hast wos?«, Regie: Augustin selbst, Tournee 1981 (auch TV); Titelrolle in »Der Mustergatte«, Theater Die Kleine Freiheit München und Tournee 1983; in Hasenclevers »Münchhausen«, mit Hans-Joachim Kulenkampff, Landestheater Detmold 1984.

Fernsehen: »Jan Billbusch«, Regie: Rainer Erler, 18 Folgen, ARD 1970/71; »Hoopers letzte Jagd«, Regie: Claus Peter Witt, ARD 1972; »Les gens de l'été«, Regie: Claude Chabrol, Franz. TV 1974; »Sesamstraße«, Regie: Alf Brustelin und Bernhard Sinkel, Serie, ARD 1974; »Klaras Mutter« (von Tankred Dorst), und »Klimbim«, mit Ingrid Steeger und Elisabeth Volkmann, Regie: Michael Pfleghar, Serie, 6 Folgen, ARD 1975; »Paul kommt zurück«, Regie: Peter F. Bringmann, ARD 1978; »Legen wir zusammen«, ARD 1980; »Die Schraiers« (von Fitzgerald Kusz), mit Wolfgang Preiss, Serie, ARD 1981; »Bekenntnisse des Hochstaplers Felix Krull« (nach Thomas Mann), mit John Moulder-Brown, Regie: Bernhard Sinkel, ZDF 1982; »Magdalena« (nach Thoma), Regie: Jörg Graser, ARD 1983; »Derrick«, Serie, ZDF 1984; »Wenn Kuli kommt«, mit Hans-Joachim Kulenkampff, Regie: Wolfgang Glück, Serie, und »Beinah Trinidad« (nach Wuttig), mit Iris Berben und Elmar Wepper, Regie: Oliver Storz, ARD 1985.

Anschrift: c/o ZBF-Agentur München, Leopoldstraße 19, 8000 München 40, oder Ungererstraße 42, 8000 München 40.

Peer Augustinski

Geb. 25. 6. 1940 in Berlin; er absolvierte die Max-Reinhardt-Schule Berlin (1961–1964). Sein erstes Engagement erhielt er 1964 am Fränkischen Theater Maßbach, dem er bis 1966 angehörte. Weitere Stationen: Städtbundtheater Hof (1966–1968), Schleswig-Holsteinisches Landestheater Flensburg (1968–1970), Bühnen der Landeshauptstadt Kiel (1970–1972) und Bühnen der Stadt Köln (1972–1977). Seither ist er freischaffend. Während einer Theater-Revue in Köln wurde der Regisseur Michael Pfleghar auf ihn aufmerksam und engagierte ihn 1973 für seine ARD-Serie »Klimbim«, durch die Augustinski vor allem bekannt wurde. Weitere gemeinsame Arbeiten folgten. Am Theater am Vringsveedel Köln arbeitete er als Regisseur.

Augustinski spricht engl.; er ist verheiratet und lebt in Overath/Rheinland.

Film: »Is was Kanzler?!?«, mit Günter Lamprecht, Regie: Gerhard Schmidt, 1984; »Drei gegen drei«, mit Trio, Regie: Dominik Graf, 1985.

Theater: Bruno in Hauptmanns »Die Ratten«, Hämon in Anouilhs »Antigone«, Rudolfo in Millers »Blick von der Brücke«, Richard in O'Neills »O Wildnis«, Kaliajew in Camus' »Die Gerechten«, Karl Moor und Spiegelberg in Schillers »Die Räuber«, Petrucchio in Spewack/Porters »Kiss me Kate«, Jim und Skip in »Prairie-Saloon«, Jim Boy in »Die Blume von Hawaii«, Merkur in Kleists »Amphitryon«, Bulanow in Ostrowskijs »Der Wald«, Figaro in Beaumarchais' »Der tolle Tag oder Figaros Hochzeit«, Ströbl in Thomas »Moral«, und Truffaldino in Goldonis »Der Diener zweier Herren«, jeweils an den vorgenannten Bühnen.

Fernsehen: »Klimbim«, mit Elisabeth Volkmann, Ingrid Steeger, Horst Jüssen, Helmut Hoger, Wichard von Roell und Heinrich (der Bassett-Hund), Serie, ARD 1973–1977, »Die himmlischen Töchter«, mit Iris Berben, Ingrid Steeger und Klaus Dahlen, Serie, ARD 1978, und »Die Gimmicks«, Serie, ARD 1979, Regie: jeweils Michael Pfleghar; »Rollentausch«, Regie: Peter Weck, ARD 1979; »Wencke, Udo und der blaue Diamant«, Regie: Michael Pfleghar, ZDF 1979; »Graf Thun läßt bitten«, mit Julia Migenes, Regie: Joachim Hess, ARD 1980; »Derrick«, Serie, ZDF 1980; »Exil« (nach Feuchtwanger), mit Louise Martini, Regie: Egon Günther, 7 Teile, ARD 1981; »Das kann ja heiter werden«, 21 Folgen, ZDF 1981/82; »Lemmi und die Schmöker«, Serie, ARD 1983; »Hanna von Acht bis Acht«, mit Angelica Domröse, Regie: Egon Günther, »Der Alte«, Serie, 2 Folgen, und »Ein Fall für zwei«, Serie, ZDF 1983; »Matt in 13 Zügen«, mit Mathieu Carrière und Gudrun Landgrebe, Regie: Stanislav Barabas, 13 Teile, und »Krimistunde«, Serie, ARD 1984; »Café zum Krokodil« und »Varieté zum Krokodil«, SWF III 1984; »Abgehört« (von Ustinov), mit Götz George und Peter Ustinov, Regie: Rolf von Sydow, ZDF 1984; »Gespenstergeschichten«, Regie: George Moorse, Serie, ARD 1985; »Rom ist in der kleinsten Hütte«, Regie: Michael Mackenroth, 13 Teile, Kabel-TV 1985.

Anschrift: c/o ZBF-Agentur Frankfurt/Main, Feuerbachstraße 42-46, 6000 Frankfurt/Main.

B

Karin Baal

(eigentlich: Karin Blauermel)

Geb. 19. 9. 1940 als Tochter eines Arbeiters und einer Schneiderin in Berlin (Wedding); dort aufgew.; 1956 wurde sie unter 700 Bewerberinnen für die weibliche Hauptrolle in dem Film »Die Halbstarken« als Partnerin von Horst Buchholz ausgewählt; verbunden damit war ein dreijähriger Ausbildungsvertrag; Schauspielunterricht nahm sie ab 1957 bei Marlise Ludwig und Else Bongers in Berlin.

Frau Baal war in erster Ehe mit dem Berliner Kunstschmied Kalle Gaffkus verheiratet; aus dieser Verbindung stammt ihr Sohn Thomas (geb. 1960); sie ist nach zweiter Ehe (1962–1976) geschieden von dem Schauspieler Helmuth Lohner und hat eine zweite Tochter Therese (geb. 1965); sie lebt mit dem Schauspieler Volker Eckstein in München.

Film: »Die Halbstarken«, mit Horst Buchholz, Regie: Georg Tressler, 1956; »Jede Nacht in einem anderen Bett«, Regie: Paul Verhoeven, 1957; »So angelt man keinen Mann«, »Das Mädchen Rosemarie«, mit Nadja Tiller, Regie: Rolf Thiele, und »Der eiserne Gustav« (nach Fallada), mit Heinz Rühmann, Regie: Georg Hurdalek, 1958; »Johns und Erdme«, Regie: Victor Vicas, BRD/Italien 1958; »Juke Box«, Italien 1959; »Der Jugendrichter«, mit Heinz Rühmann, Regie: Paul Verhoeven, »Der Arzt ohne Gewissen«, und »Die junge Sünderin«, 1959; »Die toten Augen von London« (nach Wallace), Regie: Alfred Vohrer, und »Wir Kellerkinder«, 1960; »Das letzte Kapitel«, 1961; »Ganovenehre«, Regie: Wolfgang Staudte, 1966; »Der Hund von Blackwood Castle« (nach Wallace), Regie: Alfred Vohrer, 1968; Polin in »Hannibal Brooks«, Großbritannien 1968; »Das Geheimnis der grünen Stecknadel«, mit Joachim Fuchsberger, Regie: Massimo Dallamano, BRD/Italien 1971; »Gefundenes Fressen«, mit Heinz Rühmann, Regie: Michael Verhoeven, 1977; »Engel aus Eisen«, Regie: Thomas Brasch, 1980; »Desperado-City«, Regie: Vadim Glowna, »Lili Marleen«, mit Hanna Schygulla, und »Lola«, mit Barbara Sukowa, Regie: jeweils Rainer Werner Fassbinder, 1981; »Die Jäger«, Regie: Karoly Makk, und »Der Mann auf der Mauer«, mit Marius Müller-Westernhagen, Regie: Reinhard Hauff, 1982; »Tausend Augen«, Regie: Hans Christoph Blumenberg, und »Liebe ist kein Argument«, mit Günter Lamprecht, Regie: Marianne Lüdcke, 1984; »Die Mitläufer«, mit Gottfried John, Regie: Erwin Leiser, und »Rosa Luxemburg«, mit Barbara Sukowa, Regie: Margarethe von Trotta, 1986.

Theater: In Marcus' »Schwester George muß sterben«, Tournee 1964; in Shaffers »Schwarze Komödie«, mit Helmut Lohner, Münchner Kammerspiele 1968; in der Erstaufführung von Patricks »Kennedys Kinder«, Schauspielhaus Zürich 1970; in Bölls »Die verlorene Ehre der Katharina Blum«, Tournee 1979/80; in Delaneys »Bitterer Honig«, mit Volker Eckstein, Tournee 1983.

Fernsehen: Olenka in »Tragödie auf der Jagd« (nach Tschechow), Regie: Gerhard Klingenberg, ARD 1972; »Herr Puntila und sein Knecht Matti« (nach Brecht), mit Mario Adorf, ZDF 1973; »Gespenster« (nach Ibsen), ARD 1974; »Haus ohne Hüter« (nach Böll), ZDF 1975; »Der Kommissar«, mit Erik Ode, 3 Folgen, Serie, ZDF 1974/75; »Erikas Leidenschaften«, ZDF 1976; »Sonderdezernat K 1«, Serie, ARD 1976; »Das System Fabrizzi«, ARD 1977; »Drei Freundinnen«, und »Der Alte«, Serie, ZDF 1979; »Tatort«, Serie, ARD 1979; »Die Weber« (nach Hauptmann), mit Hans Söhnker, Regie: Fritz Umgelter, und »Berlin Alexanderplatz« (nach Döblin), mit Günter Lamprecht, Regie: Rainer Werner Fassbinder, 14 Teile, ARD 1980; »Derrick«, Serie, 2 Folgen, ZDF 1981–1984; »Traumlage«, Regie: Konrad Sabrautzky, ARD 1982; »Unternehmen Arche Noah«, und »Bitterer Honig« (nach Delaney), ARD 1983; »Traumschiff«, Regie: Alfred Vohrer, Serie, ZDF, 1983; »Der letzte Zivilist« (nach Glaeser), mit Max von Sydow, Regie: Laurent Heynemann, 2 Teile, ZDF 1984; »König Blaubart« (nach Frisch), Regie: Krzysztof Zanussi, und »Tod eines Schaustellers« (von Vock), Regie: Dietrich Haugk, ARD 1984; »Eine Klasse für sich«, mit Volker Eckstein, Regie: Frank Strecker, Serie, ZDF 1984/85; »Schöne Ferien«, Serie, ARD 1985; »Die Abschiebung«, Regie: Marianne Lüdcke, »Alte Gauner«, Regie: Konrad Sabrautzky, Serie, und »Der Alte«, Serie, ZDF 1985.

Auszeichnungen: »Bambi« (BILD + FUNK) als beste Nachwuchsschauspielerin 1961; »Goldene Kamera« (HÖRZU) 1966.

Anschrift: c/o Agentur Alexander, Lamontstraße 9, 8000 München 80.

Harry Baer

(eigentlich: Harry Zöttl)

Geb. 27. 9. 1947 in Biberach a. d. Riß; dort und in Augsburg aufgew.; noch vor seinem Abitur kam er 1968 als Schlagzeuger zum »antiteater« von Rainer Werner Fassbinder nach München. Vor und nach seiner Tätigkeit beim Filmverlag der Autoren und der Albatros-Filmproduktion arbeitete er sehr eng mit dem Regisseur zusammen.
Baer war über Jahre sowohl als Schauspieler wie Regieassistent, Produktionsleiter und künstlerischer Mitarbeiter bei Fassbinder beschäftigt. Nach dem Tode des Filmemachers am 10. 6. 1982 veröffentlichte er den Erinnerungsband »Schlafen kann ich, wenn ich tot bin – das atemlose Leben des Rainer Werner Fassbinder«.
Baer spricht engl., franz., ital.; er ist ledig und lebt in München.
Film: Unter der Regie von Rainer Werner Fassbinder: (u. a.) »Katzelmacher«, 1969; »Götter der Pest«, 1970; »Whity«, Spanien 1970; »Wildwechsel« (nach Kroetz), 1972; »Faustrecht der Freiheit«, 1975; »Die dritte Generation«, 1979; »Die Sehnsucht der Veronika Voss«, 1982; »Querelle – Ein Pakt mit dem Teufel« (nach Genet), mit Brad Davis und Franco Nero, BRD/Frankreich 1982.
»Salome«, Regie: Werner Schroeter, und »Warum läuft Herr R. Amok?«, Regie: Michael Fengler/Rainer Werner Fassbinder, 1971; »Ludwig II. – Requiem für einen jungfräulichen König«, Regie: Hans Jürgen Syberberg, 1972; »Heute nacht oder nie«, Regie: Daniel Schmid, Schweiz 1972; »Zahltag«, Regie: Hans Noever, Frankreich 1972; »Das Tal der tanzenden Witwen«, Regie: Volker Vogeler, 1975; »Auf Biegen oder Brechen«, Regie: Hartmut Bitomski, 1976; »I Padroni della città«, Regie: Fernando di Leo, Italien 1976; »Der Stau«, Regie: Luigi Comencini, Italien 1978; »Palermo oder Wolfsburg«, Regie: Werner Schroeter, 1980; »Der Westen leuchtet«, Regie: Niklaus Schilling, 1982; »Mimi kommt groß raus«, Regie: Helmer von Lützelburg, 1983; »Sigi, der Straßenfeger«, mit Harald Juhnke, Regie: Wolf Gremm, 1984.
Fernsehen: »Das Kaffeehaus«, ARD 1969, »Pioniere in Ingolstadt« (nach Fleißer), ZDF 1970, Regie: jeweils Rainer Werner Fassbinder; »Im Zeichen der Kälte«, Regie: Uwe Brandner, ZDF 1973; »Maria Magdalena«, von und unter der Regie von Franz Xaver Kroetz, ARD 1973; »Herr Selinger geht zu weit«, Regie: Bernd Fiedler, ZDF 1977; »Berlin Alexanderplatz« (nach Döblin), mit Hanna Schygulla und Günter Lamprecht, Regie: Rainer Werner Fassbinder, ARD 1980; »Sterben und sterben lassen« (aus der Reihe: »Tatort«), Regie: Peter Keglevic, und »Zeit genug«, mit Ernst Hannawald, Serie, ARD 1982; »Bekenntnisse des Hochstaplers Felix Krull« (nach Thomas Mann), mit John Moulder-Brown, Regie: Bernhard Sinkel, ZDF 1982; »Hinter der Tür«, Regie: Wolf Gremm, ZDF 1983; »Rambo Zambo«, Regie: Reinhard Donga, ZDF 1984; »Westler«, Buch + Regie: Wieland Speck, ZDF 1985; »Donauwalzer«, mit Christiane Hörbiger, Regie: Xaver Schwarzenberger, ZDF 1986. 1985 lief seine sechsteilige Jugendserie »Bas-Boris-Bode« (Buch: Justus Pfaue und Baer, Regie: Baer) im ZDF.
Anschrift: c/o Agentur Alexander, Lamontstraße 9, 8000 München 80, oder Maistraße 51, 8000 München 2.

Gerd Baltus

(eigentlich: Gerhard Baltus)

Geb. 29. 3. 1932 in Bremen; nach dem Abitur studierte er zunächst vier Semester Jura. Noch als Student erhielt er 1952 seine erste Rolle in dem Spielfilm »Das Bankett der Schmuggler«. Ohne Schauspielausbildung bekam er 1953 sein erstes Engagement unter Albert Lippert am Deutschen Schauspielhaus Hamburg, dem er später unter Gustaf Gründgens bis 1956 angehörte. 1956/57 spielte er an den Bühnen der Stadt Bonn, von 1956 bis 1961 gastierte er an den Staatl. Schauspielbühnen Berlins und am Renaissance-Theater Berlin. Unter Hans Schweikart und August Everding gehörte er von 1959 bis 1966 zum Ensemble der Münchner Kammerspiele. Gastspiele gab er zudem am Thalia-Theater Hamburg und bei den Salzburger Festspielen (1966).
Seit über 15 Jahren wirkt er ausschließlich für Film und Fernsehen. Er ist mit über 150 Produktionen einer der meistbeschäftigten TV-Darsteller der Bundesrepublik; er macht sehr viele Hörspiele.
Baltus spricht engl., franz.; er ist in zweiter Ehe verheiratet mit der NDR-Moderatorin Brigitte Rohkohl, hat zwei Söhne (Tobias, aus erster Ehe, und Phillipp) und lebt in Hamburg.
Film: »Wälsungenblut« (nach Thomas Mann), Regie: Rolf Thiele, 1964; »Bonditis« (Parodie auf James Bond), 1970; »Wie ich ein Neger wurde« (nach Horváth), Regie: Roland Gall, 1971; »Ein ganz perfektes Ehepaar«, mit Doris Kunstmann, Regie: Ula Stöckl, 1973; »Die Einsteiger«, mit Thomas Gottschalk und Mike Krüger, Regie: Siggi Götz, 1985.
Theater: In »Der Geheimagent« von Joseph Conrad, und Grimm in Schillers »Die Räuber«, jeweils Deutsches Schauspielhaus Hamburg 1953–1956;
Der kleine Mönch in Brechts »Leben des Galilei«, Regie: Hans Schweikart, und in Bachèrs »Ein Weihnachtsabend«, Regie: Hans Dieter Schwarze, 1959; Hartwig Prinz Öls in Sternheims »1913«, Regie: Erwin Piscator, und David in Anouilhs »General Quixotte«, Regie: Hans Schweikart, 1960; in Pinters »Der Hausmeister«, Regie: Franz Peter Wirth, 1961; Andri in der deutschen Erstaufführung von Frischs »Andorra«, Regie: Hans Schweikart, und Pjotr Sergejewitsch Trofimov in Tschechows »Der Kirschgarten«, Regie: Peter Lühr, 1962; Victor in der deutschen Erstaufführung von Vitracs »Victor oder Die Kinder an der Macht«, Regie: Jean Anouilh, Prinz Erich XIV. in der deutschen Erstaufführung von Strindberg/Hoellerings »König Gustav Wasa und Erich XIV.« Regie: Peter Lühr, und in der Uraufführung von Csikys »Bärentanz«, Regie: Hans Schweikart, 1963; in Pinters »Die Kollektion«, Regie: Dieter Giesing, 1964, jeweils Münchner Kammerspiele;
in der Uraufführung von Genets »Die Wände«, Regie: Hans Lietzau, Staatl. Schauspielbühnen Berlins 1961; Fuchsel in der Uraufführung von Hawdons »Monde und Sonnen«, Salzburger Festspiele 1966; Jochen in Dürrenmatts »Meteor«, und Tom in Williams' »Glasmenagerie«, mit Grete Mosheim, Regie: Hans Lietzau;
Oswald in Ibsens »Gespenster«, und in Congreves »Liebe für Liebe«, Regie: Hans Lietzau (jeweils Gastspiele).
Fernsehen: »1913« (nach Sternheim), ARD 1961, und »Die chinesische Mauer« (nach Frisch), ARD 1962, Regie: jeweils Hans Lietzau; »Tote ohne Begräbnis« (nach Sartre), Regie: Rainer Wolffhardt, ARD 1964; »Begründung eines Urteils« (von Menge) Regie: Eberhard Itzenplitz, ARD 1966; »Die Welt des Wassers« (nach Nikolaij), Regie: Oswald Döpke, ZDF 1966; »Der Richter von Zalamea« (nach Calderon), Regie: Oswald Döpke, ZDF 1968; Cäsar Octavian in »Antonius und Cleopatra« (nach Shakespeare), Regie: Rainer Wolffhardt, »Madame Legros« (nach Heinrich Mann), Regie: Michael Kehlmann, Oberleutnant Vogel in »Der Fall Liebknecht/Luxemburg«, Regie: Theo Mezger, und Fürst Myschkin in »Der Idiot« (von Lehman nach Dostojewskij), Regie: Rolf von Sydow, 3 Teile, ARD 1968; »Das Trauerspiel von Julius Cäsar« (nach Shakespeare), Regie: Michael Kehlmann, und »Rotmord« (nach Dorsts »Toller«), Regie: Peter Zadek, ARD 1969; »Der Kommissar«, mit Erik Ode, Serie, 6 Folgen, ZDF 1969–1975; »Der Hausmeister« (nach Pinter), Regie: August Everding, ZDF 1973; »PS – Geschichten ums Auto«, Regie: Claus Peter Witt, 4 Teile, ARD 1973; »Kara Ben Nemsi Effendi«, Serie, und Detlev Spinell in »Tristan« (nach Thomas Mann), Regie: Herbert Ballmann, ZDF 1975; »Lydia« (nach Rattigan), Regie: Franz Josef Wild, ARD 1977; »Buckel« (nach Mrożek), und »Eine Dummheit macht auch der Ge-

scheiteste« (nach Ostrowskij), Regie: Eberhard Itzenplitz, ARD 1978; »Der Alte«, Serie, und »Das Männerquartett« (nach Leonhard Frank), Regie: Michael Verhoeven, ZDF 1978; »Tatort«, Regie: Günter Gräwert, ARD 1979; »Ein Abend mit Labiche«, Regie: Dieter Wedel, und »Protest« (von Václav Havel), ARD 1980; Vater in »Ein zauberhaftes Biest«, Serie, ZDF 1980/81; »Derrick«, Serie, und »Kennwort Schmetterling«, Regie: Claus Peter Witt, ZDF 1981; »System Ribadier«, ARD 1981; »Der Zubringer«, Regie: Horst Flick, ZDF 1982; »Konsul Möllers Erben«, Regie: Claus Peter Witt, 7 Teile, und »Das Traumschiff«, Regie: Alfred Vohrer, Serie, ZDF 1983; »In der Sackgasse«, ARD 1983; »Er-Goetz-Liches« (Carl-Heinz Schroth-Special), »Jakob und Adele«, mit Carl-Heinz Schroth und Brigitte Horney, Serie, »Leute wie du und ich«, Serie, und Vater Karl in »Die Lehmanns«, mit Witta Pohl, Regie: Wilfried Dotzel, 13 Teile, ZDF 1984; »War was, Ricky?«, 12 Teile, und »Krimistunde«, Regie: Hartmut Griesmayr, Serie, ARD 1984; »Und es begab sich«, Regie: Peter Weck, ZDF 1984; »Levin und Gutman«, 13 Teile, Regie: Peter Deutsch, ARD 1985; »Berliner Weiße mit Schuß«, mit Günter Pfitzmann, Regie: Wilfried Dotzel, »Der Alte«, Serie, »Alte Gauner«, Regie: Konrad Sabrautzky, Serie, und »Mit Axel auf Achse« (von Lunin), Regie: Wilfried Dotzel, ZDF 1985.
Auszeichnung: Bundesfilmpreis für seine Darstellung in »Wälsungenblut« 1964.
Anschrift: c/o Agentur Köhler, Rümannstraße 51, 8000 München 40.

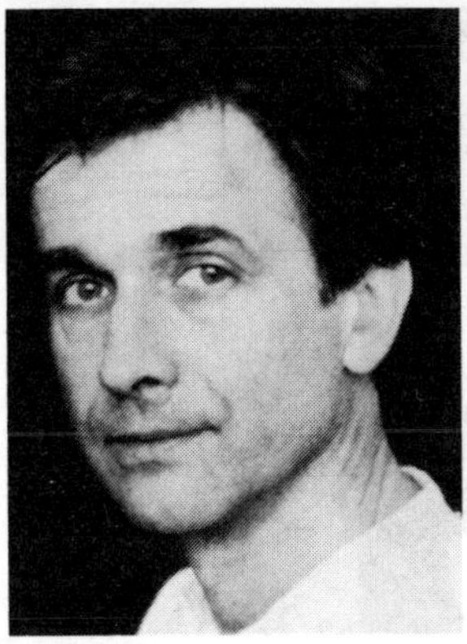

Christoph Bantzer

Geb. in Marburg; nach der Schauspielausbildung war er zwei Jahre unter Boleslaw Barlog am Schiller-Theater Berlin engagiert. Anschließend gastierte er als freischaffender Schauspieler u.a. an der Kleinen Komödie München und auf Tournee. In den letzten Jahren stand er am Schauspielhaus Zürich unter Vertrag (Tellheim in Lessings »Minna von Barnhelm«, Regie: Jürgen Flimm, 1982, und Herzog in Shakespeares »Maß für Maß«, Regie: Arie Zinger, 1985). 1985/86 gastierte er am Thalia-Theater Hamburg (Titelrolle in Ibsens »Peer Gynt«, Regie: Jürgen Flimm).
Bantzer spricht engl., franz.; er ist verheiratet und lebt in Zollikon/Schweiz.
Fernsehen: »Schau heimwärts, Engel« (nach Wolfe), mit Inge Meysel, Regie: John Olden, ARD 1961; »Tod des Handlungsreisenden« (nach Miller), Regie: Michael Kehlmann, ARD 1963; »Die Glasmenagerie« (nach Williams); »Die Frau in Weiß« (von Asmodi nach Collins), mit Heidelinde Weis und Helmut Käutner, Regie: Wilhelm Semmelroth, 3 Teile, ARD 1971; »Die Dämonen« (nach Dostojewskij), Regie: Claus Peter Witt, 4 Teile, ARD 1977; Heine in »Gotthold Ephraim Lessing im Gespräch mit Heinrich Heine«, Regie: Franz Josef Wild, ARD 1979; »Der Alte«, Serie, ZDF 1980; »Der Richter«, ZDF 1981; Titelrolle in »Mozart«, Regie: Marcel Bluwal, 5 Teile, ARD 1982; »Blaubart« (nach Frisch), Regie: Krzysztof Zanussi, ARD 1984.
Anschrift: c/o Agentur Alexander, Lamontstraße 9, 8000 München 80.

Angelika Bartsch

Geb. 27. 5. 1959 in Heilbronn am Neckar; dort aufgew.; nach dem Verlassen des Gymnasiums mit mittlerer Reife arbeitete sie zwei Jahre als Erzieherin; von 1977 bis 1981 besuchte sie die Schauspielschule in Bochum, mit Schwerpunkt Musical; sie spricht engl., franz.; verheiratet; lebt in Berlin.
Film: »Stromberg«, Regie: Werner Possardt, 1981; »Eisenhaus«, mit Hans-Michael Rehberg, Regie: Tankred Dorst, 1983; »Duo Valentianos«, Regie: Gertrud Pinkus, 1984.
Theater: Ida in Johann Strauß' »Die Fledermaus«, und in Meinhofs »Bambule«, Regie: Raimund Richter, Schauspielhaus Bochum 1980; in Rogers/Harts »Darling Joey«, Regie: Robert Walter, in Fleißers »Fegefeuer in Ingolstadt«, und in Scribes »Das Glas Wasser«, Theater der Stadt Essen, 1980/81; in Kleists »Das Käthchen von Heilbronn«, und in dem Musical »Gingerbredman«, Badisches Staatstheater Karlsruhe 1981/82; im Musical »Eviva amico«, und in Lerner/Loewes »My Fair Lady«, Regie: Martin Marcun, Staatstheater Kassel 1983/84.
Fernsehen: Käthe Boetzkes in »Rote Erde« (von Peter Stripp), mit Claude-Oliver Rudolph, Regie: Klaus Emmerich, 9 Teile, ARD 1983; »Tatort« mit Götz George, Serie, ARD 1985.
Anschrift: c/o ZBF-Agentur Berlin, Kurfürstendamm 206, 1000 Berlin 15.

Rainer Basedow

Geb. 20. 5. 1938 als Sohn eines Lehrers in Mühlhausen/Thüringen; dort aufgew.; nach dem Abitur, das er in Magdeburg ablegte, studierte er Pädagogik an der Hochschule in Braunschweig; das Studium brach er jedoch 1960 ab und besuchte eine Schauspielschule, nachdem er bereits zwei Jahre lang das »Studenten-Brettl« in Braunschweig gemacht hatte; ab 1962 war er am Volkstheater München und der Kleinen Komödie; es folgten Engagements am Ateliertheater Bern, den Kammerspielen in Düsseldorf, der Schaubühne am Halleschen Ufer Berlin, dem Theater an der Leopoldstraße München und den Ruhrfestspielen Recklinghausen (bis 1976); seit dieser Zeit ist er festes Mitglied der Münchner »Lach- und Schießgesellschaft«.
Basedow spricht engl. und russ.; er ist verheiratet mit der Maskenbildnerin Mathilde Schmid und hat zwei Kinder (Bettina, geb. 1965, Alexander, geb. 1967); er lebt in Ottobrunn bei München. Mit seinem Sohn Alexander moderiert er samstags eine eigene Musiksendung bei Radio GONG 2000 in München.
Film: »Wilde Reiter GmbH«, Regie: Franz Josef Spieker, 1965; »Quartett im Bett«, Regie: Ulrich Schamoni, »Zur Sache Schätzchen«, mit Uschi Glas und Werner Enke, Regie: May Spils, 1968; »Jerry Cotton«, 1969; »Tante Trude aus Buxtehude« und »Wenn die tollen Tanten kommen«, jeweils mit Rudi Carrell und Ilja Richter, 1973/74; »Ansichten eines Clowns« (nach Böll), mit Hanna Schygulla, Regie: Volker Schlöndorff, 1976; »Piratensender Powerplay«, mit Thomas Gottschalk und Mike Krüger, Regie: Siggi Götz, 1981; »Ein dicker Hund«, Regie: Franz Marischka, 1982; »Is was Kanzler?!?«, mit Günter Lamprecht, Regie: Gerhard Schmidt, 1984.
Theater: In Brechts »Mann ist Mann«, Münchner Volkstheater 1962; in Lucs »Mein Mann hat Komplexe«, Kleine Komödie München 1964; in Nashs »Der Regenmacher« und in »Geschichte vom Soldaten«, Kammerspiele Düsseldorf 1968; in Pullmans »Der lachende Apfel«, Kleine Komödie München 1972; u.a. in den Programmen »Rosa Pleiten«, »Im Namen der Direktion«, »Im Jahre 9«, »Deutsch für Anfänger«, »High-Land«, »Umzingelt«, »Pinks an die Macht«, »Auf Nummer sicher« und »Jugend raus« unter der Regie von Sammy Drechsel der Münchner »Lach-

Eva Maria Bauer

und Schießgesellschaft« 1976–1985 (auch Tourneen und TV-Fassungen).
Fernsehen: »Der Traum des Eroberers«, ARD 1964; »Cristinas Heimreise« (nach Hofmannsthal), ARD 1965; »Rückkehr von den Sternen«, ZDF, 1965; »Tee und etwas Sympathie« (nach R. Anderson), »Der Trinker« (nach Fallada), »Smith II heiratet«, und »Das Bild«, ARD 1967; »Der Schpunz« (nach Pagnol), ZDF 1967; »Der Bohrer«, ZDF 1968; »Der Kommissar«, mit Erik Ode, Serie, 2 Folgen, ZDF 1969–1975; »Der Schuß«, ARD 1970; »Lina Braake«, mit Lina Carstens, Regie: Bernhard Sinkel, ARD 1972; »Tatort«, 6 Folgen, Serie, ARD 1972–1981; »Gräfin von Rathenow« (nach Lange), ZDF 1973; »Die Bettelprinzessin« (nach Courths-Mahler), »Gnadenbrot« (nach Turgenjew), und »Zwei Jahre Ferien« (nach Verne), Regie: Serge Nicola, 4 Teile, ZDF 1974; »Räuber Hotzenplotz«, 4 Teile, ZDF 1978; »Das Tausendunderste Jahr« (von Oliver Storz), ZDF 1979; »Der Alte«, 2 Folgen, Serie, ZDF 1979–1984; »Wer den Schaden hat«, Regie: Dieter Wedel, ZDF 1981; »Der Eimer und die Mona Lisa«, ZDF 1983; »Freitag's Abend«, mit Thomas Freitag, 3 Folgen, ARD 1984; »Angelo + Luzy«, Serie, ZDF 1984; »Nur für Busse« mit Jochen Busse, Regie: Heinz Liesendahl, ARD 1986.
Anschrift: c/o Agentur Alexander, Lamontstraße 9, 8000 München 40.

Geb. 21. 10. 1923 in Hamburg; dort aufgew.; bereits während der Schulzeit interessierte sie sich für das Theater und wirkte in zahlreichen Schüleraufführungen mit. Ohne Schauspielausbildung erhielt sie ihr erstes Engagement am Theater Leer/Ostfriesland. Seither spielte sie u.a. am Schloßtheater Celle, an den Bühnen der Hansestadt Lübeck sowie an mehreren Bühnen in Berlin und Hamburg (zuletzt Thalia-Theater). Sie verkörperte jeweils Rollen ihres Fachs. Sie arbeitet umfangreich für den Hörfunk und in der Synchronisation. Einem breiten Publikum bekannt wurde sie erst in den letzten Jahren durch zahlreiche Hauptrollen im Fernsehen.
Frau Bauer spricht engl.; sie ist geschieden und lebt in Hamburg.
Fernsehen: »Der Fall Nebe«, »Wilhelmsburger Freitag«, »Weh' dem, der lügt« (nach Grillparzer), und »Krach im Hinterhaus«, ARD/ZDF bis 1973; »Das kleine Hofkonzert«, Regie: Wolfgang Liebeneiner, ZDF 1976; »Tatort«, Regie: Hajo Gies, Serie, ARD 1977; »Strafe ohne Urteil«, Buch + Regie: Eberhard Itzenplitz, ZDF 1979; »Die erste Polka« (nach Horst Bieneck), Regie: Klaus Emmerich, ARD 1980 (auch als Kinofilm 1978); »Schwarz-Rot-Gold: Unser Land«, Regie: Dieter Wedel, ARD 1982; »Im Morgenwind«, Regie: Eberhard Itzenplitz, ZDF 1982; »Das Traumschiff«, Regie: Alfred Vohrer, Serie, ZDF 1983; »Von Küste zu Küste«, Regie: Friedrich Schütter, und »Die violette Mütze«, Regie: Axel von Ambesser, ZDF 1984; Oberschwester in »Schwarzwaldklinik«, mit Klausjürgen Wussow, Sascha Hehn, Gaby Dohm und Heidelinde Weis, Regie: Alfred Vohrer, 23 Teile, ZDF 1985/86.
Anschrift: c/o ZBF-Agentur Hamburg, Tonndorfer Hauptstraße 90, 2000 Hamburg 70.

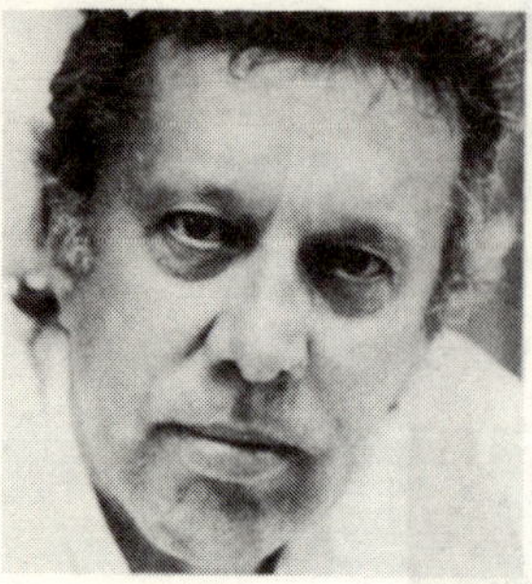

Heinz Baumann

Geb. 12. 2. 1928 als Sohn eines Schiffszimmermanns in Oldenburg; dort aufgew.; er wollte ursprünglich Testpilot werden, nahm jedoch Schauspielunterricht in Oldenburg und bewarb sich ab 1948 ohne Abschluß bei mehreren deutschen Bühnen. Sein erstes Engagement fand er in Quedlinburg, DDR, wo er einige Jahre wirkte. Weitere Stationen: Vereinigte Städt. Bühnen Krefeld-Mönchengladbach, Städt. Bühnen Dortmund, Theater der Freien Hansestadt Bremen, Bühnen der Stadt Köln und Städt. Bühnen Frankfurt/Main. Von 1957 bis 1966 spielte er am Württembergischen Staatstheater Stuttgart. Unter August Everding stand er ab 1966 im Ensemble der Münchner Kammerspiele. Engagements hatte er ferner u.a. am Renaissance-Theater Berlin, am Bayerischen Staatsschauspiel München, an der Komödie Berlin und an den Bühnen der Stadt Bonn (bis 1984). Sein Film-Debüt gab er 1960.
Baumann spricht engl.; er ist verheiratet mit der Schauspielerin Gardy Brombacher und lebt in München.
Film: »Das Spukschloß im Spessart«, Regie: Kurt Hoffmann, 1960; »Treffpunkt im Unendlichen« (nach Klaus Mann), Regie: Horst Königstein, 1984.
Theater: Achill in Kleists »Penthesilea«, Wetter vom Strahl in Kleists »Das Käthchen von Heilbronn«, Becket in Anouilhs »Becket oder Die Ehre Gottes«, in Pinters »Die Heimkehr«, in Dürrenmatts »Die Wiedertäufer«, Regie: Hans Schweikart, in Feydeaus »Der Floh im Ohr«, in Shaffers »Schwarze Komödie«, Regie: Paul Verhoeven, in der deutschen Erstaufführung von Albees »Alles im Garten«, Regie: Hans Schweikart, Titelrolle in Sternheims »Der Snob«, Regie: Rudolf Noelte, Stanley in Pinters »Die Geburtstagsfeier«, Regie: Dieter Giesing, Vetter Kurt in Dürrenmatts »Play Strindberg«, Regie: Hans Schweikart, Mongicourt in Feydeaus »Die Dame vom Maxim«, in Wedekinds »Der Marquis von Keith«, in Sternheims »Bürger Schippel«, in Robertowitschs »Der Selbstmörder«, Regie: August Everding, in Wagners »Der Ring des Nibelungen« (Bearbeitung: Enzensberger), mit Therese Giehse, Regie: Ulrich Heising, in Fortes »Martin Luther & Thomas Münzer oder die Einführung in die Buchhaltung«, Regie: Paul Verhoeven, Titelrolle in Shakespeares »Macbeth«, Mephisto in Goethes »Faust«, in Murrells »Memoiren«, Regie: Michael Degen, und Meister Anton in Hebbels »Maria Magdalena«, Regie: Peter Eschberg (auch TV), jeweils an den vorgenannten Bühnen bis 1984.
Fernsehen: Antonius in »Die Verschwörung« (von Jens), mit Hannes Messemer, Regie: Franz Josef Wild, und »Lauf doch nicht splitternackt herum« (nach Feydeau), Regie: Peter Loos, ARD 1969; »Eine egoistische Liebe« (von Ahlsen), Regie: Wolfgang Liebeneiner, ZDF 1973; Titelrolle in »Lobster«, Regie: Hans W. Geissendörfer, Serie, ARD 1976; »Nicht von gestern« (nach Garson Kanin), Regie: Ludwig Cremer, ARD 1977; »Der Alte«, Serie, 2 Folgen, ZDF 1978+1981; Hugo Weinschenk in »Buddenbrooks« (nach Thomas Mann), mit Ruth Leuwerik und Carl Raddatz, Regie: Franz Peter Wirth, 11 Teile, ARD 1979; »Im Schlaraffenland« (nach Heinrich Mann), Regie: Fritz Umgelter, ZDF 1981; Querchartre in »Der Gärtner von Toulouse« (nach Kaiser), mit Hildegard Knef und Benedict Freitag, Regie: Günter Gräwert, ARD 1982; »Der Frosch und die Eintagsfliege« (nach Russel), Regie: Thomas Engel, und »In der Sackgasse«, ARD 1983; Gerardo in »Der Snob« (nach Sternheim), mit Klaus Maria Brandauer und Heinz Bennent, Regie: Wolfgang Staudte, ZDF 1984; »Soko 5113«, Serie, und »250.000 Mücken im Karton«, Regie: Norbert Schultze jun., ZDF 1985.
Anschrift: c/o Agentur Lentz, Holbeinstraße 4, 800 München 80.

Peter Baumgardt

Geb. in Lübeck; dort aufgew.; nach dem Abitur studierte er an der Goethe-Universität Frankfurt/Main Germanistik; Schauspielstudium bei Hildegard von Puttkamer und Wolfgang Büttner. Wichtigste Bühnenstationen: Darmstadt, Zimmertheater Heidelberg, Theater für Kinder und Scala-Theater München. Seit 1980 ist er am Staatstheater am Gärtnerplatz München engagiert: 1980–1983 als Abendspielleiter und Schauspieler, seit 1983 auch als Regisseur und Direktionsassistent. Gastspiele gab er u.a. am Theater der Stadt Koblenz, am Stadttheater Hildesheim, in Lübeck sowie bei den Bregenzer Festspielen. Er arbeitet in der Synchronisation (u.a. Gunnar in der Zeichentrickserie »Die Abenteuer des Nils Holgersson«, 26 Folgen, Hurley in »Shakleton«, 4 Folgen) und beim Hörfunk. Seit 1986 Lehrbeauftragter an der Hochschule für Musik München.
Baumgardt spricht engl., franz., er ist ledig und lebt in München.
Film: »Night Crossing«, Regie: Delbert Mann 1980; »Kraftprobe«, Regie: Heidi Genée, 1981.
Theater: Harry in Simons »Dachlawine«, Igor in Barillet/Grédys »Die Kaktusblüte«, Robert Knoll in Kishons »Der Trauschein«, Littlechap in Newleys »Stopp die Welt . . .«, u.a., jeweils Darmstadt 1977/78; Luigi in Fos »Bezahlt wird nicht«, und Petrell in Bruckners »Krankheit der Jugend«, jeweils Heidelberg 1978/79; Bininski in Natschinskis »Casanova«, Rohnsdorff in Kálmáns »Csárdásfürstin«, Paul in Porters »Kiss me, Kate«, Noah in Barts »Oliver« u.a., jeweils Staatstheater am Gärtnerplatz München.
Inszenierungen: »Stopp die Welt . . .«, Slaviks »Das Protokoll«, »Die Reise um die Welt in 80 Tagen« (nach Verne), Lerner/Loewes »My Fair Lady«, Bernsteins »West Side Story«, Humperdincks »Hänsel und Gretel«, Neikrugs »Through Roses«, Bibalos »Fräulein Julie«, Flotows »Martha«.
Fernsehen: »Achtung Zoll«, mit Peer Augustinski, Regie: Michael Mackenroth, ARD 1979; »Aktenzeichen XY ungelöst«, Regie: Kurt Grimm, Serie, 15 Folgen, ZDF 1979–1985; »Gretchens Faust«, mit Bruni Löbel, Buch und Regie: Joachim Roering, ZDF 1985; »Gambit«, Regie: Peter Brinkmann, »Der Fahnder«, Regie: Peter Adam, ARD 1986.
Anschrift: Landsberger Str. 427, 8000 München 60.

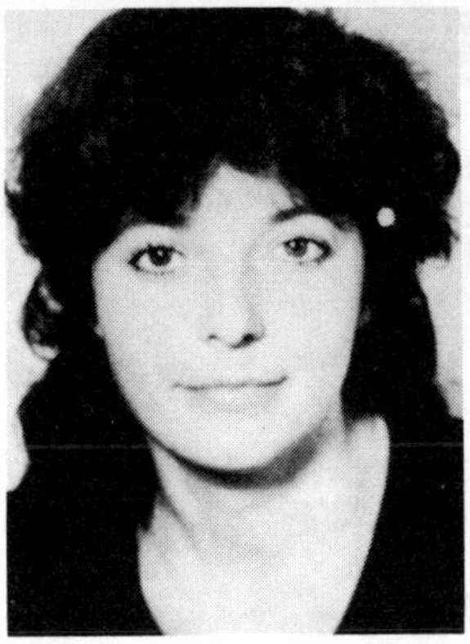

Monika Baumgartner

Geb. 9. 5. 1951 in München; dort aufgew.; nach dem Besuch der Otto-Falckenberg-Schule München erhielt sie 1973 ihr erstes Engagement am Nationaltheater Mannheim, dem sie bis 1978 angehörte. 1978/79 spielte sie unter Boy Gobert am Thalia-Theater Hamburg. Nach zahlreichen Aufgaben beim Fernsehen gastierte sie u.a. am Theater rechts der Isar München und an den Münchner Kammerspielen (1983 bis 1986).
Frau Baumgartner spricht engl.; sie ist ledig und lebt in Gröbenzell bei München.
Film: »Angemacht«, Regie: Silvia M. Andragma und Manfred Banah, 1980.
Theater: Polly in Brecht/Weills »Die Dreigroschenoper«, Hermia in Shakespeares »Ein Sommernachtstraum«, Christoferl in Nestroys »Einen Jux will er sich machen«, Julie in Molnárs »Liliom«, und Viola in Shakespeares »Was ihr wollt«, jeweils Nationaltheater Mannheim 1973–1978; Simba in Wedekinds »Der Marquis von Keith«, und in Bonds »Der Irre«, Thalia-Theater Hamburg 1978/79; in Bonds »Gerettet«, Theater rechts der Isar München; Helga in Kroetz' »Nicht Fisch nicht Fleisch«, in Fels' »Der Affenmörder«, und in der Uraufführung von Kroetz' »Bauern sterben«, jeweils Münchner Kammerspiele 1983–1986.
Fernsehen: »Der Millionenbauer« (von Geiger), mit Walter Sedlmayr, Serie, »Franziska zu Reventlow«, Regie: Rainer Wolffhardt, und »Der Wald« (nach Ostrowskij), Regie: Wilm ten Haaf, ARD 1979; »Kaiserhofstraße 12«, Regie: Rainer Wolffhardt, ARD 1980; »Derrick«, Serie, 2 Folgen, ZDF 1981+1983; Titelrolle in »D'Rumplhanni«, Regie: Rainer Wolffhardt, und »Der Gast«, ZDF 1982; »Der Nächste bitte«, mit Walter Sedlmayr und Christa Berndl, Regie: Rainer Wolffhardt, 6 Teile, ARD 1983; »Kampftag«, mit Josef Bierbichler, Regie: Manfred Grunert, ZDF 1983; »Polizei-Inspektion 1«, mit Walter Sedlmayr, Serie, ARD 1984; »Anruf genügt«, Regie: Wilfried Dotzel, und »Gesucht: Urlaubsbekanntschaften, männlich«, Regie: Wolfgang Mühlbauer, ZDF 1985; »Zur Freiheit«, Regie: Franz X. Bogner, Serie, ARD 1986.
Anschrift: c/o Agentur Mattes, Pilotystraße 2, 8000 München 22.

Hans
Baur

– Staats-
schauspieler –

Geb. 8. 8. 1910 in Eresing bei Landsberg; seine Karriere begann 1932 beim Funk in München. Als ihm die Entlassung drohte, da man feststellte, daß er keine Ausbildung besaß, nahm er Schauspielunterricht bei der Kammerschauspielerin Magda Lena. Sein erstes Bühnen-Engagement hatte er 1934/35 an den Münchner Kammerspielen. Weitere Stationen: Städt. Bühnen Augsburg (1935–1937), Städt. Bühnen Münster (1937–1939), Theater der Stadt Essen (1941/42 und 1946–1948) und Städt. Bühnen Frankfurt/Main (1942–1944). Eine schwere Krankheit, die ihn auch vom aktiven Kriegsdienst entband, zwang ihn häufig zu längeren Pausen. Von 1948 bis 1974 war er Ensemble-Mitglied des Bayerischen Staatsschauspiels München. Gastspiele gab er u.a. bei den Luisenburg-Festspielen Wunsiedel. Lange Jahre arbeitete er als Schauspiellehrer. Einer seiner Schüler ist der heutige Berliner Staatsschauspieler Horst Bollmann. Baur spricht engl.; er ist verheiratet, hat zwei Söhne und lebt in München.

Theater: Titelrolle in Kleists »Amphitryon«, Titelrolle in Goethes »Faust« (I, II und Urfaust), Titelrolle in Goethes »Torquato Tasso« (in vier verschiedenen Inszenierungen), Orest in Goethes »Iphigenie auf Tauris«, Titelrolle in Brechts »Leben des Galilei«, Titelrolle in Schillers »Die Verschwörung des Fiesco zu Genua«, Titelrolle in Sophokles' »Ödipus auf Kolonos«, Octavio in Schillers »Wallenstein«, Wetter vom Strahl in Kleists »Das Käthchen von Heilbronn«, Oberon in Shakespeares »Ein Sommernachtstraum«, Benedict in Shakespeares »Viel Lärm um nichts«, und Bettler in Calderons »Das große Welttheater«, jeweils an den vorgenannten Bühnen.

Am Bayerischen Staatsschaupiel München war er zudem in zahlreichen Stücken von Ludwig Thoma zu sehen.

Fernsehen: »Ein Weihnachtslied in Prosa« (nach Dickens), mit Carl Wery, Regie: Franz Josef Wild, ARD 1960; »Don Carlos« (nach Schiller), Regie: Franz Peter Wirth, ZDF 1963; »Alma Mater«, Regie: Rolf Hädrich, ARD 1969; Amtsrichter in »Königlich Bayerisches Amtsgericht« (von Georg Lohmeier), 52 Folgen, ZDF 1970–1976; »Der aufsehenerregende Fall des Studienrats Adam Juracek« (nach Kohout), Regie: Tom Toelle, ZDF 1976; »Tatort«, Serie, ARD 1977; »Polizei-Inspektion 1«, Serie, ARD 1983; »Die Wiesingers« (von Ahlsen), Regie: Bernd Fischerauer, Serie, ARD 1984; »Anruf genügt«, Regie: Wilfried Dotzel, ZDF 1985; »Franz Xaver Brunnmayr«, mit Gustl Bayrhammer, Regie: Ulrich König, Serie, ARD 1985.

Auszeichnung: Bayerischer Staatsschauspieler.

Anschrift: c/o Agentur Wiedner, Destouchesstraße 32, 8000 München 40.

Friedrich W. Bauschulte

– Staats-schauspieler –

Geb. 17. 3. 1923 in Münster/Westfalen; dort aufgew.; nach der Schule nahm er Schauspielunterricht bei Heinz Ladiges und Leopold Rudolf in Münster. 1943/44 besuchte er die Schauspielschule des Deutschen Theaters Berlin (Lehrerin u.a. Agnes Windeck). Seine Bühnenstationen: Stadttheater Bremerhaven (1945/46), Städt. Bühnen Münster (1947/48), Theater der Freien Hansestadt Bremen (1948–1958), Wuppertaler Bühnen (1958–1963) und Staatl. Schauspielbühnen Berlins (seit 1963).
Er wirkte in über 2000 Hörfunksendungen mit (u.a. »Professor Dr.Dr.Dr.Dr. August van Dusen«, RIAS-Berlin) und ist einer der gefragtesten Synchronsprecher. Er lieh seine Stimme u.a. Karl Malden (seit über 10 Jahren; u.a. in »Die Straßen von San Francisco«), Charles Laughton, Peter O'Toole, Ray Milland und Sir Alec Guinness.
Bauschulte spricht engl., franz.; er ist verheiratet mit der früheren Fernsehansagerin Ruth Merwald (Radio Bremen) und lebt in Berlin.
Film: »Marianne und Sofie«, Regie: Rainer Söhnlein, 1983.
Theater: Jimmy in Osbornes »Blick zurück im Zorn«, Titelrolle in Nashs »Der Regenmacher«, Arnold Kramer in Hauptmanns »Michael Kramer«, Mulcy Hassan in Schillers »Die Verschwörung des Fiesco zu Genua«, Sakini in Patricks »Das kleine Teehaus«, in Patricks »Das heiße Herz«, Mephisto in Goethes »Faust«, Jago in Shakespeares »Othello«, Mackie Messer in Brecht/Weills »Die Dreigroschenoper«, Krull in Sternheims »Die Kassette«, Mandelstam und Scarron in Sternheims »Die Hose«, Titelrolle in Sternheims »Der Snob«, Titelrolle in Molières »Die Schelmenstreiche des Scapin«, und Papst in Brechts »Leben des Galilei«, jeweils an den vorgenannten Bühnen.
Fernsehen: »An einem Tag im September« (nach Schnurre), Regie: Ceco Zamurovic, ARD 1966; »Das schönste Fest der Welt« (nach S. Lenz), Regie: Thomas Fantl, ZDF 1968; »Der Sturm« (nach Shakespeare), mit Martin Held, Regie: Fritz Kortner, ARD 1968; »Ein Fall für Stein«, Serie, ZDF 1976; »Anpassung an eine zerstörte Illusion«, Regie: Eberhard Itzenplitz, ARD 1977; »Es muß nicht immer Kaviar sein« (nach Simmel), mit Siegfried Rauch, Serie, und »Cecile« (nach Fontane), Regie: Dagmar Damek, ZDF 1977; »Die Schattengrenze«, Regie: Wolf Gremm, ZDF 1979; »Verführungen«, Regie: Michael Verhoeven, und »Unabhängig und nur dem Gesetz unterworfen«, Regie: Eberhard Itzenplitz, ARD 1979; »Der kleine Bruder«, ZDF 1982; »Angst vor dem Leben«, Regie: Hagen Mueller-Stahl, ARD 1983; »Die zweite Frau« (von Karl Wittlinger), ZDF 1983; »Joseph Süß Oppenheimer«, mit Jörg Pleva, Regie: Rainer Wolffhardt, »Ich liebe Dich, Julia«, mit Ingeborg Lapsien, Regie: Karl-Heinz Deickert, und »Freundschaften« (von Reinecker), Regie: Eugen York »Ich heirate eine Familie« (von Flatow), Regie: Peter Weck, Serie, »O du fröhliche«, Regie: Peter Weck, jeweils ZDF 1984; »Paulchen«, mit Walter Gross, Regie: Michael Günther, ARD 1985; »250.000 Mücken im Pappkarton«, mit Peer Schmidt, Regie: Norbert Schultze jun., »Alte Gauner«, Regie: Konrad Sabrautzky, Serie, und »Es muß nicht immer Mord sein«, Serie, ZDF 1985.
Auszeichnung: Berliner Staatsschauspieler.
Anschrift: Terassenstraße 18/20, 1000 Berlin 38.

Chariklia Baxevanos

Geb. 15. 3. 1936 als Tochter des griechischen Heldentenors Peter Baxevanos in Zürich; aufgew. in Wien; schon mit vier Jahren erhielt sie ihre erste Sprechrolle in der Operette »Der Kurreigen«. Nach der Schule absolvierte sie das Max-Reinhardt-Seminar in Wien. Ihr erstes Engagement erhielt sie am Staatstheater Wiesbaden (1953–1956). Weitere Stationen (u.a.) Münchner Kammerspiele (1956), Theater in der Josefstadt Wien (8 Spielzeiten). Verpflichtungen hatte sie an allen führenden deutschen Boulevard-Bühnen, u.a. an der Kleinen Komödie München (seit 1960), an der Komödie Berlin, an der Kleinen Komödie Hamburg und am Theater am Dom Köln.
Frau Baxevanos spricht engl., franz.; sie war in erster Ehe verheiratet mit dem Schauspieler Horst Frank. Dieser Ehe entstammt ihre Tochter Desirée. In zweiter Ehe ist sie verheiratet mit dem Regisseur und Theaterleiter (Komödie und Theater am Kurfürstendamm Berlin) Christian Wölffer. Sie lebt in Berlin.
Film: »Wir werden das Kind schon schaukeln«, 1952; »Reich mir die Hand, mein Leben« (»Mozart«), Regie: Karl Hartl, 1955; »Musikparade«, mit Peter Alexander, Regie: Geza von Cziffra, »Manöverball«, und »Bademeister Spargel«, 1956; »Von allen geliebt«, »Ein Stück vom Himmel«, Regie: Rudolf Jugert, »Eva küßt nur Direktoren«, »Scherben bringen Glück«, und »Sissi – Schicksalsjahre einer Kaiserin«, mit Romy Schneider und Karlheinz Böhm, Regie: Ernst Marischka, 1957; »Radetzkymarsch«, Regie: Geza von Bolvary, »Majestät auf Abwegen«, und »Was eine Frau im Frühling träumt«, 1958; »Patricia«, 1959; »Sturm im Wasserglas« (nach Frank), mit Therese Giehse, Regie: Josef von Baky, 1960.
Theater: An vorgenannten Boulevard-Bühnen spielte sie u.a. in: Anouilhs »Der Herr Ornifle«, mit Axel von Ambesser, Scribes »Das Glas Wasser«, Herberts »Die Jungfrau auf dem Wolkenkratzer«, Mihuras »Katzenaugen«, Monnot/Brefforts »Das Mädchen Irma la Douce« (Titelrolle), Ayckbourns »Schlafzimmergäste« und »Die bessere Hälfte«, van Drutens »Das Lied der Taube«, Pulmans »Der lachende Apfel«, Frisbys »Ein Mädchen in der Suppe«, Romas »Ein Ehemann zur Ansicht«, Magniers »Ein klarer Fall«, Kerrs »Die Mittagsstunde« und Slades »Romantische Komödie« (bis 1985).
Fernsehen: »Was ihr wollt« (nach Shakespeare), mit Paul Verhoeven, ARD 1963; »Verräter«, 3 Teile, ZDF 1967; »So'n Theater«, Regie: Thomas Engel, und »Die Welt des Robert Stolz«, Regie: Oskar Krüger, ZDF 1973; »Leute wie du und ich«, mit Harald Juhnke, Serie, ZDF 1980 und 1984; »Erben will gelernt sein«, mit Hans Clarin, Serie, ZDF 1982; »Das Traumschiff«, Regie: Alfred Vohrer, Serie, ZDF 1983; »Schöne Ferien«, Serie, ARD 1985; »Der Kandidat« (nach Flaubert), mit Klaus Schwarzkopf, Regie: Thomas Engel, ARD 1986.
Zahlreiche Theaterstücke wurden darüber hinaus übertragen.
Anschrift: c/o Komödie Berlin, Kurfürstendamm 206/7, 1000 Berlin 15.

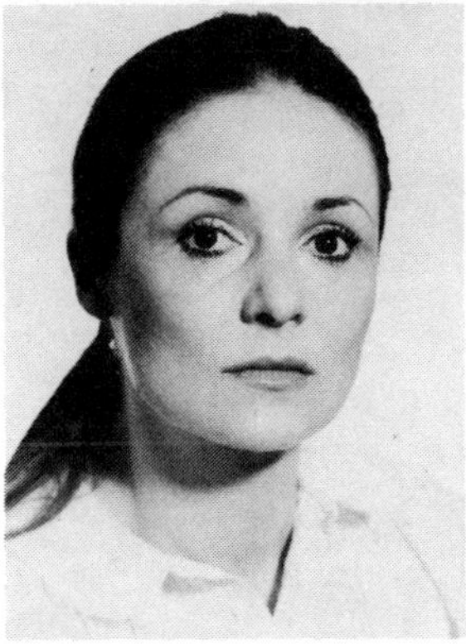

Veronika Bayer

Geb. 4. 6. 1940 in Stuttgart; Schauspielunterricht nahm sie bei Else Bongers in Berlin. Engagements hatte sie u.a. an den Städt. Bühnen Dortmund, am Deutschen Schauspielhaus Hamburg, am Württembergischen Staatstheater Stuttgart, am Burgtheater Wien, an den Bühnen der Stadt Köln und am Düsseldorfer Schauspielhaus. Seit 1980 gehört sie zum Ensemble des Theaters an der Ruhr Mülheim (seit Gründung).
Frau Bayer spricht engl.; sie lebt in Mülheim/Ruhr.
Film: »Zwei Mädchen und ein Mann« und »Liebe, Luft und lauter Lügen«, 1959.
Theater: Gretchen in Goethes »Faust I«, Stieftochter in Pirandellos »Sechs Personen suchen einen Autor«, Agnes in Strindbergs »Traumspiel«, Regie: Roberto Ciulli, Kunigunde in Kleists »Das Käthchen von Heilbronn«, Regie: Johannes Schaaf, und die Schwester in Euripides' »Alkestis«, Regie: Roberto Ciulli, jeweils an den vorgenannten Bühnen bis 1980; Titelrolle in Euripides' »Medea«, Titania in Shakespeares »Ein Sommernachtstraum«, und Lotte in Botho Strauß' »Groß und Klein«, jeweils Theater an der Ruhr Mülheim 1981–1984.
Fernsehen: »Rückfälle« (von Christoff), mit Günter Lamprecht, Regie: Peter Beauvais, ARD 1977; »30 Liter Super« (aus der Reihe: »Tatort«), Regie: Hans-Jürgen Tögel, ARD 1979.
Anschrift: c/o Theater an der Ruhr, Akazienallee 61, 4330 Mülheim an der Ruhr.

Gustl Bayrhammer

(eigentlich: Adolf Gustav Bayrhammer)

Geb. 12. 2. 1922 als Sohn des Staatsschauspielers Max Bayrhammer in München; dort aufgew.; nach dem Besuch des Realgymnasiums bis zur mittleren Reife wechselte er auf die Kaufmannsschule, bevor er sich 1940 freiwillig zum Militärdienst meldete. Während des Krieges absolvierte er die Schauspielschule von Fridl Leonhard und nahm Unterricht im Schauspielstudio des Schiller-Theaters Berlin unter Werner Kepich; 1944 legte er die Abschlußprüfung vor der Reichstheaterkammer in Berlin ab; sein Debüt gab er am Hohenzollerischen Landestheater in Sigmaringen, wo er von 1945 bis 1948 wirkte; 1949 ging er ans Württembergische Landestheater Tübingen; es folgten Engagements an den Städt. Bühnen Augsburg (1952–1955), am Badischen Staatstheater Karlsruhe (1955–1964), den Luisenburg-Festspielen in Wunsiedel (1962–1964), dem Landestheater Salzburg (1964–1966) und den Münchner Kammerspielen (1967–1971); seither arbeitet er als freier Schauspieler mit Zeitvertrag am Bayerischen Staatsschauspiel (seit 1972) und am Münchner Volkstheater (seit 1983).
Seit 1956 ist Bayrhammer freier Mitarbeiter beim Hörfunk, vornehmlich beim Bayerischen Rundfunk und beim Südfunk Stuttgart. Er wirkte in unzähligen Hörspielproduktionen mit, u.a.: »Der Tausch«, »Die Kreuzlschreiber«, »Jagdszenen aus Niederbayern«, »Josef Filser«, »Die Zivilisation«. Für den Kinderfunk sprach er in über 150 Folgen den Meister Eder in Kauts »Meister Eder und sein Pumuckl«, der 1981 verfilmt wurde und sowohl im Kino wie im Fernsehen zu sehen war. Seit 1965 wirkte Bayrhammer in über 300 TV-Filmen mit.
Er ist seit 1947 mit der Schauspielerin Irmgard Henning verheiratet, hat einen Sohn (Max, geb. 1947 – er ist als 1. Aufnahmeleiter beim Bayerischen Fernsehen beschäftigt) und lebt in Krailling bei München.
Film: »O.K.«, Regie: Michael Verhoeven, 1970; »Sternsteinhof«, Regie: Hans W. Geissendörfer, 1976; »Die Jugendstreiche des Knaben Karl«, Regie: Franz Seitz, 1977; »Meister Eder und sein Pumuckl«, Regie: Michael König, BRD/Ungarn 1981; »Der Schnüffler«, mit Dieter Hallervorden, Regie: Ottokar Runze, 1982; »Meister Eder und sein Pumuckl – 2. Teil«, BRD/Ungarn 1985 (auch wieder TV).
Theater: Tobias Rülp in Shakespeares »Was ihr

wollt«, Sosias in Kleists »Amphitryon«, Lerse in Goethes »Götz von Berlichingen«, Monrichard in Scribes »Was den Damen gefällt«, Selicour in Schillers »Der Parasit«, Ludwig von Frankreich in Anouilhs »Becket oder Die Ehre Gottes«, Pettkoff in Shaws »Helden«, Torarin in Hauptmanns »Winterballade«, Eduard in de Obaldias »Eduard und Agrippina«, Pompejus in Shakespeares »Maß für Maß«, Pollinger in Bahrs »Das Konzert«, Ill in Dürrenmatts »Der Besuch der alten Dame«, jeweils am Badischen Staatstheater Karlsruhe 1956–1964; Bürgermeister in Thomas »Magdalena«, Harry in Bonds »Gerettet«, Grötzinger in Sperrs »Landshuter Erzählungen«, Rauch in Horváths »Kasimir und Karoline«, Holofernes in Shakespeares »Liebes Lust und Leid«, Starzengruber in Sommers »Marile Kosemund«, Wirt in Horváths »Der jüngste Tag«, jeweils Kammerspiele München 1967–1971; Zaglstecher in Orffs »Astutuli«, Summerer in Thomas »Gelähmte Schwingen«, Filser in Thomas »Erster Klasse«, Baudricourt in Shaws »Die heilige Johanna«, Petrus in Wilhelms »Der Brandner Kaspar und das ewig' Leben« (nach Kobell), mit Fritz Strassner und Toni Berger (bislang rund 400 Vorstellungen seit 1975), in Pagnols »Zinsen des Ruhms«, in Ostrowskijs »Der Wald«, jeweils Bayerisches Staatsschauspiel München 1972–1986; Dorfrichter Adam in Kleists »Der zerbrochene Krug«, 1984, und Titelrolle in Thomas »Wittiber«, 1986, jeweils Münchner Volkstheater.

Fernsehen: »Das Bohrloch – oder Bayern ist nicht Texas«, Regie: Rainer Erler, ARD 1965; Bitterwolf in »Der starke Stamm« (nach Fleißer), ZDF 1966; »Endkampf«, Regie: Rainer Erler, 1967; »Alte Kameraden«, »Die Freier« (nach Eichendorff), und »Holledauer Schimmel« (nach Lippl), ARD 1968; »Königlich Bayerisches Amtsgericht« (von Lohmeier), Serie, ZDF 1968–1971; »Die Witwen« (nach Thoma), »Der Kampf um den Reigen«, »Nachrichten aus der Provinz« und »Der Attentäter«, ARD 1969; »Der Rückfall«, ZDF 1969; »Der Ehrengast« (von Lohmeier), ARD 1970; »Das Wunder«, ZDF 1970; Oberinspektor Veigl in »Tatort«, 12 Folgen, Serie, ARD 1971–1982; »Lokalbahn« (nach Thoma) und »Die drei Dorfheiligen« (nach Ferner), ARD 1971; »Fettaugen« (von Leopold Ahlsen), ZDF 1971; »Mucki«, ZDF 1972; »Alle lieben Celimare« (nach Labiche), »Die drei Eisbären« (nach Vitus), »Der Mensch Adam Deigl« (von Kroetz), »Münchner G'schichten«, mit Therese Giehse, Serie, und »Das sündige Dorf«, ARD 1973; »Bauernbarock«, und »Wohltäter« (nach Käthe Braun), Regie: Wolf Dietrich, ARD 1974; »Der Wittiber« (nach Thoma), ZDF 1974; »Der Brandner Kaspar«, (nach Kobell), Regie: Kurt Wilhelm, und »Rubens letzte Runde«, ARD 1975; »Spannagl & Sohn«, Serie, ZDF 1975; »Sachrang« (von Storz), mit Gerhart Lippert, Regie: Wolf Dietrich, 3 Teile, und »Zwischen Stuttgart und München«, ARD 1978; Titelrolle in »Der Bürgermeister«, Serie, ZDF 1979/80; »Die Grenze«, Regie: Jürgen Klauß, und »Mein Freund, der Scheich«, Regie: Rainer Erler, ARD 1981; »Weißblaue Geschichten«, ZDF 1982; »Meister Eder und sein Pumuckl«, Serie, »Monaco-Franze«, mit Helmut Fischer, Regie: Helmut Dietl, und »Wunderland«, ARD 1983; »Weiß-blaue Geschichten« (»Gustl Bayrhammer Special«), Regie: Alfred Vohrer, 6 Teile, ZDF 1984/85; Titelrolle in »Franz Xaver Brunnmayr«, mit Veronika Fitz und Toni Berger, Regie: Ulrich König, 13 Teile, ARD 1985.

Auszeichnungen: Kritiker-Preis Berlin 1975; Bayerischer Verdienstorden 1976; Ludwig-Thoma-Medaille der Stadt München 1977; Bayerischer Filmpreis 1984.

Anschrift: c/o Management Goldschmidt, Wirtstraße 8, 8000 München 90.

Susanne Beck

Geb. 23. 8. 1947 als Tochter des Schauspielers Horst Beck in Hamburg; dort aufgew.; nach der Schauspielschule gab sie zahlreiche Gastspiele u.a. am Ernst-Deutsch-Theater Hamburg, an den Hamburger Kammerspielen unter Ida Ehre, am T(h)eater in der Briennerstraße München, an der Komödie im Marquardt Stuttgart sowie auf Tournee. Seit 1968 wirkt sie umfangreich beim Fernsehen. Bekannt wurde sie vor allem durch die ARD-Kinderreihe »Plumpaquatsch« (NDR), die drei Jahre lang ausgestrahlt wurde.

Frau Beck spricht engl.; sie ist verheiratet mit dem Leiter des »Theaters für Kinder« (Hamburg-Altona), Uwe Deeken und lebt in Hamburg.

Theater: In Wilders »Unsere kleine Stadt«, in Knotts »Warte bis es dunkel wird«, jeweils Ernst-Deutsch-Theater Hamburg; in »Ein Bett für den Winter«, Tournee; in Simons »Das zweite Kapitel«, T(h)eater in der Briennerstraße München; in Roussins »Die kleine Hütte«, Komödie im Marquardt Stuttgart.

Fernsehen: Bis 1970 u.a. in: »Dreizehn Briefe«, Serie; »Zirkus meines Lebens«; »Das tickende Herz«; »Tragödie in einer Wohnwagenstadt«; »Titus Bunge«, Serie; »Der Prozeß beginnt«. Ferner u.a. in: »Auftrag Mord« (von Hampel), ZDF 1970; »Sparks in Neu-Grönland« (von Helga Feddersen), Regie: Joachim Hess, ARD 1971; »Gabriel«, Regie: Thomas Fantl, ZDF 1973; Edith Kottnik in »Der Herr Kottnik«, mit Walter Sedlmayr und Margot Trooger, Regie: Rudolf Jugert, 13 Teile, ZDF 1974; »Der Anwalt«, Regie: Heinz Schirk, 13 Folgen, ZDF 1976; »Plumpaquatsch«, Kinderserie, ARD (3 Jahre); »Der Alte«, Serie, ZDF 1980; »Derrick«, Serie, ZDF 1982; »Besuch einer Tochter«, Regie: Claus Peter Witt, ARD 1983; »Die schöne Wilhelmine«, mit Anja Kruse, Johannes Heesters und Beatrice Richter, Regie: Rolf von Sydow, Serie, und »Abgehört« (von Ustinov), mit Götz George, Hansjörg Felmy und Peter Ustinov, Regie: Rolf von Sydow, ZDF 1984.

Anschrift: c/o ZBF-Agentur München, Leopoldstraße 19, 8000 München 40, oder Gustav-Falke-Straße 17, 2000 Hamburg 13.

Alwy Becker

(eigentlich: Helga Alwine Hölzermann, geb. Becker)

Geb. 23. 1. 1937 in Köln; dort, in Bayern und Berlin aufgew.; lebt in Bad Tölz/Oberbayern; zum zweiten Mal verheiratet, eine Tochter aus ihrer ersten Ehe mit dem Schauspieler Hans von Borsody; sie spricht engl.; Hauptschule; nach abgeschlossener Ballettausbildung in Köln (1953) Besuch der Meisterklasse bei Tatjana Gsovsky (bis 1955) in Berlin, wo sie im selben Jahr die Max-Reinhardt-Schule unter Hilde Körber absolvierte; an den Bühnen der Hansestadt Lübeck debütierte sie 1956; später war sie zwei Jahre an das Niedersächsische Staatstheater Hannover gebunden; sie ist freischaffend tätig.

Film: »Die Prinzessin auf der Erbse«, 1953; »Die ihre Haut zu Markte tragen« und »Bergwind«, 1954; »Was macht Papa denn in Italien?«, 1956; »Ich will leben«, mit Heinz Bennent, Regie: Jörg A. Eggers, 1976; »Regentropfen«, 1982.

Theater: In Rostands »Cyrano de Bergerac«, Freilichtspiele Andernach und Festspiele Stockerau 1960; Leni in Gides »Der Prozeß« (nach Kafka), Regie: Oscar Fritz Schuh, Tournee durch USA, Großbritannien, Irland und Deutschland.

Fernsehen: Marianne in Molières »Der Geizige« und »Liebe und wie man sie heilt« (nach Wilder), Regie: Hans Dieter Schwarze, ARD 1960; »Die Auster und die Perle« (nach Saroyan), Ciboletta in »Eine Nacht in Venedig« (nach J. Strauß), Regie: Wilm ten Haaf, und »Ball des Lächelns«, ARD 1962; Lauran in »Die Schmetterlingsschlacht« (nach Sudermann), Regie: Hans Dieter Schwarze, ARD 1963; »Amouren« (nach Coward), Regie: Rolf von Sydow, ARD 1964; »Diamanten sind gefährlich«, 3 Teile, ZDF 1965; Nancy in »Robin Hood«, Regie: Helmut Käutner, 2 Teile, »Erfindungen von Babylon bis übermorgen«, Regie: Jürgen Goslar, Serie, und »Johannisnacht« (nach Barrie), Regie: Oswald Döpke, ZDF 1966; »Der Tod läuft hinterher« (von Reinecker), Regie: Wolfgang Becker, 3 Teile, und »Immer diese Platonows« (nach Tschechow), ZDF 1967; »Der Kommissar«, mit Erik Ode, Serie, 4 Folgen, ZDF 1967–1971; »Immobilien«, Serie, und »Mord im Moor« (nach Simenon), ZDF 1973; »Waffen für Amerika« (nach Feuchtwanger), Regie: Heinz Schirk, ZDF 1975; »Exil« (nach Feuchtwanger), mit Louise Martini und Wolfgang Kieling, Regie: Egon Günther, 7 Teile, ARD 1979; »Der Alte«, Serie, 4 Folgen, ZDF 1980–1983; »Das nennt man Morgenröte« (nach Giraudoux), und »Traumschiff«, Serie, ZDF 1982; »Polizeiinspektion 1«, Serie, ARD 1983; »Die große Kapitulation«, ZDF 1983; »Die Schwarzwaldklinik«, mit Klausjürgen Wussow, Regie: Alfred Vohrer, Serie, ZDF 1985.

Anschrift: c/o Agentur von Pilecki, Eilandstraße 12, 8000 München 90, oder Badstraße 3, 8170 Bad Tölz.

Hartmut Becker

Geb. 6. 5. 1948 in Berlin; dort aufgew.; nach dem Abitur studierte er zunächst Betriebswirtschaft (ein Semester), später Theaterwissenschaft (acht Semester), Germanistik und Philosophie. Nebenher nahm er Schauspielunterricht bei Else Bongers in Berlin. Als Regie-Assistent arbeitete er bei Viktor de Kowa und Paul Verhoeven. Sein erstes Bühnen-Engagement erhielt er 1962 am Theater der Freien Hansestadt Bremen unter Peter Zadek und Kurt Hübner (bis 1964). Weitere Stationen: Bühnen der Landeshauptstadt Kiel, Staatstheater Braunschweig und Städt. Bühnen Bielefeld (1964–1970), Münchner Kammerspiele (1970), Theater in der Josefstadt Wien (1971), Bayerisches Staatsschauspiel München (1972–1976 und 1983/84 als Gast), Salzburger Festspiele (1980), Schiller-Theater Berlin (1980/81), Festspiele Forchtenstein und Tourneen.
Sein Film-Debüt gab er 1970 in dem Streifen »O.K.« unter der Regie von Michael Verhoeven, mit dem zusammen er zahlreiche Produktionen machte. Er ist vielbeschäftigter Darsteller beim Fernsehen. 1984 führte er erstmals TV-Regie: »Glückspilze« (Buch: Bernd Schröder und Elke Heidenreich, 2 Teile, SWF). Er ist Drehbuchautor (erhielt Filmförderung) und spricht die deutsche Stimme von Kris Kristoffersen. Becker spricht engl., franz.; er ist verheiratet und lebt in München.
Film: Unter der Regie von Michael Verhoeven spielte er in: »O.K.«, 1970; »Wer im Glashaus liebt«, 1971; »Mit Gift«, mit Mario Adorf und Senta Berger 1975. Ferner: »Als Mutter streikte«, mit Peter Hall, Regie: Eberhard Schroeder, 1974; »Die Brücke von Arnheim«, mit Robert Redford und Maximilian Schell, Regie: Richard Attenborough, USA 1977.
Theater: Dauphin in Shaws »Die heilige Johanna«, mit Hannelore Hoger, Regie: Kurt Hübner, Theater der Freien Hansestadt Bremen 1962 (Debüt); Ferdinand in Schillers »Kabale und Liebe«, Ruprecht in Kleists »Der zerbrochene Krug«, Nick in Albees »Wer hat Angst von Virginia Woolf?« Ritter Hans in Giraudoux' »Undine«, in Nickels »Ein Tag im Sterben von Joe Egg«, Arthur in Mrożeks »Tango«, und Titelrolle in Schillers »Die Verschwörung des Fiesco zu Genua«, jeweils an den vorgenannten Bühnen von 1964–1970; Boler in H. Müllers »Halbdeutsch«, Regie: Karl Paryla, Münchner Kammerspiele 1970; Titelrolle in Kohouts »Evol«, Theater in der Josefstadt Wien 1971; Mercutio in Shakespeares »Romeo und Julia«, Regie: Otto Schenk, Chauffeur Karl in Horváths »Zur schönen Aussicht«, Regie: Ullrich Haupt, Er in Reinshagens »Himmel und Erde«, Regie: András Fricsay, Claudio in Shakespeares »Maß für Maß«, mit Christine Ostermayer (auch TV), Richard von Beauchamp in Shaws »Die heilige Johanna«, Regie: Erich Fried, Graf Appiani in Lessings »Emilia Galotti«, mit Gaby Dohm und Siegfried Lowitz, jeweils Bayerisches Staatsschauspiel München 1972–1976; in Shakespeares »Wie es euch gefällt«, Regie: Otto Schenk, Salzburger Festspiele 1980; Brick in Williams' »Die Katze auf dem heißen Blechdach« mit Martin Held und Loni von Friedl, Regie: Hellmut Polixa, Schiller-Theater Berlin 1980/81; Tellheim in Lessings »Minna von Barnhelm«, mit Dietlinde Turban, Tournee 1982/83.
Fernsehen: »Der Kommissar«, mit Erik Ode, Serie, ZDF 1969; »Der Sieger von Tambo«, Regie: Dietrich Haugk, ARD 1971; »Der schwarze Graf«, Regie: Helmuth Matiasek, Serie, ARD 1972; »John Ralling«, Regie: Erich Neureuther, Serie, ZDF 1975; »Derrick« Serie, 2 Folgen, ZDF 1975/76; »Bier und Spiele«, Regie: Michael Verhoeven, Serie, ARD 1975/76; »Audienz« (von Václav Havel), Regie: Frank Guthke, ZDF 1977; »SOKO 5113«, Serie, ZDF 1977/78; »Jauche und Levkojen«, Regie: Günter Gräwert, Serie, und »1982 Gutenbach«, mit Gottfried John, Regie: Michael Verhoeven, ARD 1978; »Notenkonferenz«, Regie: Karl-Heinz Deickert, ZDF 1979; »Vergib uns unsere Sünden«, mit Kate Nalligan, Regie: Christopher King, 4 Teile, BBC engl. TV 1980; »Sonntagskinder«, Regie: Michel Verhoeven, und »Der lebende Leichnam« (nach Tolstoi), Regie: Otto Schenk, ARD 1981; »Tatort«, Regie: Peter Weck, und »Defekte«, Regie: Diethard Klante, ARD 1982; »Die zweite Frau« (von Wittlinger), Regie: Herbert Ballmann, ZDF 1983; »Der Glücksritter« (von Wuttig), mit Christian Kohlund und Claudia Rieschel, Regie: Hans-Jürgen Tögel, 8 Teile, ARD 1974; »Peter der Große«, mit Maximilian Schell, US-TV 1985.
Auszeichnung: »Bester Nachwuchsschauspieler des

Jahres« (für seine Rolle als Mercutio in Shakespeares »Romeo und Julia«), gewählt von »Theater heute« 1974.
Anschrift: c/o Agentur Baumbauer, Keplerstraße 2, 8000 München 80.

Maria Becker

Geb. 28. 1. 1920 als Tochter des Schauspielers Theodor Becker und der Schauspielerin Maria Eis in Berlin; nach der Schule absolvierte sie das Max-Reinhardt-Seminar in Wien. 1939 debütierte sie am Schauspielhaus Zürich, an dem sie bis 1965 mit Unterbrechungen auftrat. Verpflichtungen hatte sie u.a. am Schloßpark-Theater Berlin, am Schauspielhaus Düsseldorf, am Deutschen Schauspielhaus Hamburg, am Bayerischen Staatsschauspiel München, am Renaissance-Theater Berlin und am Züricher Theater am Hechtplatz (bis 1984).
Anfang der 60er Jahre gründete sie mit Will Quadflieg und Robert Freitag »Die Schauspieltruppe Zürich«. Dieses Tournee-Theater leitet sie mit Robert Freitag (beide sind auch Rechtsträger). Gastspiele gab die Bühne u.a. in Deutschland, Österreich, der Schweiz, den USA, Kanada, Belgien und den Niederlanden. Sie arbeitet dort zudem als Schauspielerin und Regisseurin.
Frau Becker spricht engl., franz.; sie ist geschieden von dem Schauspieler und Regisseur Robert Freitag, hat drei Söhne und lebt in Zürich. Ihre Söhne Oliver, Tobias und Benedict Freitag wurden ebenfalls Schauspieler.
Film: »Vor Sonnenuntergang« (nach Hauptmann), mit Hans Albers, Regie: Gottfried Reinhardt, 1956.
Theater: Elmire in Molières »Tartuffe«, Titelrolle in Shaws »Die heilige Johanna« und Beatrice in Shakespeares »Viel Lärm um nichts«, 1939, Titelrolle in Goethes »Iphigenie auf Tauris«, 1941+1947, Shen te in Brechts Uraufführung »Der gute Mensch von Sezuan«, Titelrolle in Kleists »Penthesilea«, Dona Proëza in Claudels »Der seidene Schuh« und Sabina in Wilders »Wir sind noch einmal davongekommen«, 1943/44; Katharina in Shakespeares »Der Widerspenstigen Zähmung« und Elektra in Sartres »Die Fliegen«, 1944/45; Elisabeth in Schillers »Maria Stuart«, 1951; Alkestis in Wilders »Alkestiade«, 1956/57; Gräfin Geschwitz in Wedekinds »Lulu«, 1962; Irma in Genets »Der Balkon«, Regie: Werner Düggelin, und Titelrolle in der deutschen Erstaufführung von Vilars »Die amerikanische Päpstin«, Regie: Leopold Lindtberg, 1984, jeweils Schauspielhaus Zürich; Marthe in der deutschen Erstaufführung von Albees »Wer hat Angst vor Virginia Woolf?«, Regie: Bole-

Rolf Becker

slaw Barlog, Schloßpark-Theater Berlin 1963; Titelrolle in der Uraufführung von Hildesheimers »Maria Stuart«, Regie: Konrad Swinarski, Düsseldorfer Schauspielhaus 1971; Meg in Behans »Die Geisel«, Regie: Ulrich Heising, Deutsches Schauspielhaus Hamburg 1973; Präsidentin in Bernhards »Der Präsident«, 1976; Mephisto in Goethes »Faust«, 1977, und Aurora in Hennequin/Duvals »Sein Doppelgänger«, 1981, jeweils Bayerisches Staatsschauspiel München; Sarah Bernhardt in Murrells »Memoiren«, Regie: Michael Degen, Renaissance-Theater Berlin 1980 und Die Schauspieltruppe Zürich (auch TV 1985).
Fernsehen: Bis 1972 u.a.: »Der König stirbt« (nach Ionesco), »Richard III.« (nach Shakespeare), »Prozeß Mariotti« und »Stückgut«; 1980/81 war sie in zwei Folgen der ZDF-Krimiserie »Der Alte« zu sehen; »Katzenspiel« (nach Örkény), mit Helmut Qualtinger, Regie: István Szábo, ARD 1983; »Mai-Revue«, Moderation Hans-Jürgen Rosenbauer, ARD; Maria Becker – Begegnung mit Luise Kaschnitz, BR III, 1985.
Anschrift: c/o Agentur Lentz, Holbeinstraße 4, 8000 München 80.

Geb. 31. 5. 1935 in Leipzig; dort aufgew.; nach der Schule absolvierte er von 1956 bis 1958 die Otto-Falckenberg-Schule in München; sein erstes Engagement erhielt er 1958 am Landestheater Darmstadt, wo er bis 1961 unter Vertrag stand. Die weiteren Stationen: Ulmer Theater (1962/63), Theater der Freien Hansestadt Bremen (1963–1969), Deutsches Schauspielhaus Hamburg (1973/74 und 1979/80). Seither freier Schauspieler, wie schon 1970–1972 und 1975–1978.
Becker trat auch mit eigenen Theater- und Operninszenierungen u.a. an den vorgenannten Bühnen an die Öffentlichkeit. Ferner wirkt er als Übersetzer von Theaterstücken (u.a. Sophokles' »Antigone«, Behans »Der Spaßvogel«, Wildes »Bunbury«, Molières »Der Geizige« sowie Übersetzungen und Montagen von Georg Werth und Heinrich Heine).
Becker spricht engl., franz.; er ist in zweiter Ehe verheiratet (geschieden von der Schauspielerin Monika Hansen), hat drei Kinder (Ben, Meret und Max) und lebt in Hamburg.
Film: Olivier in »Cardillac«, 1968; Jäger in »Ich liebe Dich, ich töte Dich«, Regie: Uwe Brandner, 1970; »Die verlorene Ehre der Katharina Blum« (nach Böll), mit Angela Winkler, Regie: Volker Schlöndorff, 1976; »Das Wagnis des Arnold Janssen«, Regie: Henri Walter, 1983.
Theater: Lionel in Schillers »Die Jungfrau von Orleans«, Regie: Werner Düggelin, Ferdinand in Shakespeares »Der Sturm«, und Titelrolle in Kleists »Amphitryon«, Regie: jeweils Gustav Rudolf Sellner, jeweils Landestheater Darmstadt 1958–1961; Botschafter in Zadeks »Held Henry« (nach Shakespeare), Jack in Wildes »Bunbury«, und Krogstadt in Ibsens »Nora«, Regie: jeweils Peter Zadek, jeweils Theater der Freien Hansestadt Bremen 1964–1967; Der Alte in Strindbergs »Gespenstersonate«, und Tersites in Shakespeares »Troilus und Cressida«, Regie: jeweils Kurt Hübner, Lionel in Schillers »Die Jungfrau von Orleans«, Regie: Wilfried Minks, und Zinzow in Gorkis »Feinde«, Regie: Günter Heising, jeweils Deutsches Schauspielhaus Hamburg 1973/74; seither: Jim in O'Caseys »Der Stern wird rot«, Regie: Christian Masuth, und Michel in Heines »Dichter unbekannt«, Regie: Achim Albers, Dahl-

berg in Mennickens »Der starke Hans«, 1983. *Fernsehen:* »Nachruf auf Jürgen Trahnke«, ARD 1961; Tischbein in »Affäre Blum« (von Stemmle), ARD 1962; Pilot Officer in »Bratkartoffeln inbegriffen« (nach Wesker), ARD 1966; Showmaster in »Übergang über den Ebro« (nach Gatti), und Sohn in »Die Söhne«, Regie: Volker Vogeler, ARD 1968; »Sessel zwischen Stühlen« (von Menge), ARD 1969; Johannes in »Nicht nur zur Weihnachtszeit« (nach Böll), ZDF 1969; Chef in »Plus minus Null«, ZDF 1973; »Erziehung durch Dienstmädchen«, ZDF 1975; »Das Hochzeitsfest«, Regie: Karl Fruchtmann, ARD 1978; »Gesche Gottfried«, Regie: Karl Fruchtmann, ARD 1978; »Wallenstein« (nach Golo Mann), mit Rolf Boysen, Regie: Franz Peter Wirth, 4 Teile, ZDF 1978; »Gedankenketten«, Regie: Dieter Lemmel, und »Protokoll eines Verdachts«, Regie: Daniel Christoff, ZDF 1979; »Die Baronin«, mit Marianne Hoppe, Regie: Lutz Büscher, und »Derrick«, Serie, ZDF 1981; »Ja und Nein«, Regie: Tom Toelle, ARD 1981; Herzog von Oranien in »Egmont« (nach Goethe), Regie: Franz Peter Wirth, »Blut und Ehre«, Regie: Bernd Fischerauer, 4 Teile, und »Versuchung«, Regie: Krzysztof Zanussi, ARD 1982; »Vom Webstuhl zur Weltmacht«, Regie: Heinz Schirk, 6 Teile, ARD 1983; Bernd von Vitzewitz in »Vor dem Sturm« (nach Fontane) mit Daniel Lüönd und Siegfried Wischnewski, Regie: Franz Peter Wirth, 6 Teile, Alba in »Don Carlos« (nach Schiller), mit Jacques Breuer, Regie: Franz Peter Wirth, und »Tatort«, Serie, ARD 1984; »Du oder ich«, Buch + Regie: Hans Henning Borgelt, ZDF 1986; »Engels & Consorten« (von E. Möbius), 5 Teile, ARD 1986.

Friedrich Georg Beckhaus

Geb. 11. 12. 1927 in Berlin; dort aufgew.; nach der Schule nahm er Schauspielunterricht bei Gustaf Gründgens in Düsseldorf. Wichtige Theaterstationen: Städtebundtheater Hof, Städt. Bühnen Regensburg, verschiedene Bühnen in Hamburg und Berlin, sowie Tourneen. Der Schwerpunkt seiner Arbeit liegt seit vielen Jahren beim Fernsehen. Er wirkte bislang in über 130 Produktionen mit.

Beckhaus spricht engl.; er ist verheiratet, hat drei Töchter und lebt in Berlin.

Film: »Das Rätsel der roten Orchidee« (nach Wallace), Regie: Helmuth Ashley, 1962; »Der Mann im Pyjama«, mit Elke Sommer und Otto Sander, 1981; »Ediths Tagebuch« (nach Highsmith), mit Angela Winkler, Regie: Hans W. Geissendörfer, 1983.

Fernsehen: Commander in »Die seltsamen Abenteuer des Raumschiffes Orion«, mit Dietmar Schönherr, Eva Pflug und Benno Sterzenbach, Regie: Theo Mezger, Serie, ARD 1966; »Die Mission« (nach Habe), Regie: Ludwig Cremer, ARD 1967; Caecilius in »Die Verschwörung« (von Jens), mit Hannes Messemer, Regie: Franz Josef Wild, ARD 1969; »Der Kommissar«, mit Erik Ode, Serie, ZDF 1971; »Der Fall Jakobowski«; »Ein Fall für Stein«, 13 Folgen, ZDF 1976; »Wir haben alle unsere Macken« (von Joyce Rayburn), und »Fuhrmann Henschel« (nach Hauptmann), Regie: Werner Schlechte, ZDF 1977; »Karschunke und Sohn«, mit Carl-Heinz Schroth und Walter Giller, Regie: Imo Moszkowicz, 6 Folgen, ARD 1978; »Tatort«, Regie: Theo Mezger, Serie, ARD 1980; »Die Deutsche«, Regie: Rainer Wolffhardt, ZDF 1981; »In den Tod – Hurra!«, Buch + Regie: Helmut Kopetzky, ZDF 1983; Daladier in »Die Friedenmacher«, Regie: Stanislav Barabas, »Die Wannseekonferenz« (von Mommertz), Regie: Heinz Schirk, »Ada Harris ins Parlament« (nach Willis), mit Inge Meysel, Regie: Georg Tressler, und Titelrolle in »Lenin in Zürich« (nach Solschenizyn), Regie: Rolf Busch, ARD 1984; »Im Schatten von Gestern«, Regie: Thomas Hartwig, ZDF 1985; »Der Tod aus dem Computer« (von Detlef Müller), mit Klaus Schwarzkopf, Regie: Dieter Finnern, ARD 1986.

Anschrift: c/o Agentur Mattes, Pilotystraße 2, 8000 München 22, oder Am Hegewinkel 64, 1000 Berlin 37.

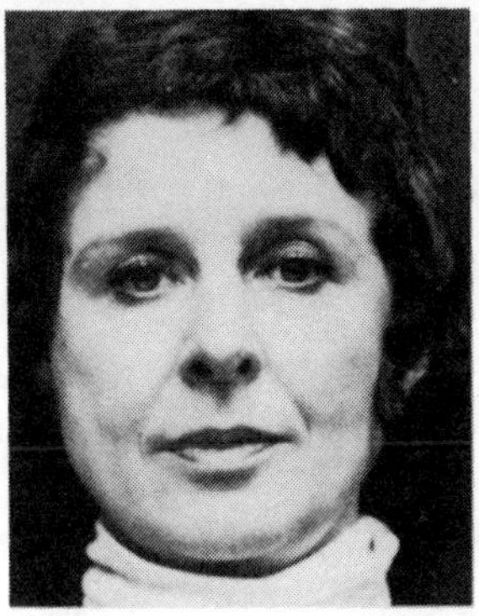

Ortrud Beginnen

Geb. 5. 2. 1938 als Tochter einer Sängerin in Hamburg; aufgew. auf dem Lande in Schleswig-Holstein. Nach dem Abitur arbeitete sie als Bibliothekarin. 1960 absolvierte sie die Eignungsprüfung zur Staatl. Hochschule für Musik und darstellende Kunst in Hamburg. Sie bewarb sich mit dem Vorsprechen des »Vater unser« und dem Singen des Liedes »Nur nicht aus Liebe weinen«.
Nach ihrer Übersiedlung nach Berlin im Jahre 1964 gab sie ihr Bühnen-Debüt in dem Stück »Messerköpfe« (1965). Paul Vasil holte sie 1971 an das Berliner »Reichskabarett«, dem sie als Autorin, Regisseurin und Schauspielerin bis 1974 angehörte. Deutsches Liedgut persiflierte sie 1972 mit ihrem Liederabend »Letzte Rose«. Als Isadora Duncan veranstaltete sie mit ihrem eigenen »Fronttheater« eine Tournee durch die Bundesrepublik.
Von 1976 bis 1980 stand sie im Ensemble des Württembergischen Staatstheaters Stuttgart. Seither ist sie Mitglied des Schauspielhauses Bochum. Deutsche Soldatenlieder aus zwei Jahrhunderten stellte sie 1980 unter dem Titel »Ich will Deine Kameradin sein« vor. Ein Gastspiel beim Theaterfestival Nancy/ Frankreich mußte sie vorzeitig abbrechen, da man ihr vorwarf, »sich mit Nazi-Liedern eingeschlichen zu haben«. Sie gastierte zudem in New York, London, Rom und Florenz.
1983 hatte ihr Stück »Minna oder wie man dazu gemacht wird« am Schauspielhaus Bochum Premiere. Sie selbst verkörperte die Titelrolle. 1985 wurde die Fortsetzung »Minna II oder die Magd des Schicksals« (Regie: James Loyons) in Bochum uraufgeführt. Ihr Film-Debüt gab sie 1966. Ihr Buch »Guck mal, schielt ja – Manuskripte aus dem Katastrophenkoffer« erschien 1975.
Frau Beginnen spricht engl.; sie lebt in Bochum.
Theater: Escalus (kahlköpfig gespielt) in Shakespeares »Maß für Maß«, Regie: B.K. Tragelehn, in »Blume von Hawaii«, und in »Schatten eines Rebellen«, jeweils Württembergisches Staatstheater Stuttgart 1976–1980; Sittah in Lessings »Nathan der Weise«, Regie: Claus Peymann, in Behans »Richards Korkbein«, Regie: Walter Bockmayer, Hausbesitzerin in Brechts »Die Mutter« (nach Gorki), Regie: Manfred Karge, in der Uraufführung von Achternbuschs »Der Frosch«, Regie: Walter Bockmayer, 1982, und in der Uraufführung von Achternbuschs »Die Sintflut«, Regie: Axel Manthey, 1984/85, jeweils Schauspielhaus Bochum.
Fernsehen: »Jimmy Orpheus«, Regie: Roland Klick, ARD 1966; »Stellenweise Glatteis«, Regie: Wolfgang Petersen, und »Martha«, Regie: Rainer Werner Fassbinder, ARD 1974; »Beschlossen und verkündet«, Serie, ZDF 1975; »Shirmins Hochzeit«, Regie: Helma Sanders, ARD 1976; »Mozart«, mit Christoph Bantzer, Regie: Marcel Bluwal, 5 Teile, ARD 1982.
Auszeichnung: »Deutscher Kleinkunstpreis«, Mainz 1975.
Anschrift: c/o ZBF-Agentur Frankfurt/Main, Feuerbachstraße 42-46, 6000 Frankfurt/Main.

Stefan Behrens

Geb. 2. 6. 1942 in Dresden; aufgew. in Mecklenburg; 1953 kam er nach Berlin, wo er nach der mittleren Reife und einer Maurerlehre (er sollte Bauingenieur werden) die Schauspielschule von Else Bongers absolvierte. Für den Schauspielerberuf motiviert wurde er vor allem durch seinen Onkel, den Schauspieler und Regisseur Viktor de Kowa, sowie die (Ost)-Berliner Staatsschauspielerin Manja Behrens. Seine wichtigen Bühnenstationen: Berliner Theater (1967), Kleine Komödie München (1968), Renaissance-Theater Berlin (seit 1969), Theater am Dom Köln (seit 1972), Theater am Kurfürstendamm Berlin (seit 1974), Stadttheater Bremerhaven (1977–1979), T(h)eater in der Briennerstraße München (1980). Er führt umfangreich Theater-Regie. Seit 1968 wirkte er in über 70 TV-Produktionen mit. Er schreibt Drehbücher.
Behrens spricht engl.; er ist ledig und lebt in München.
Film: »This guy's in love with you«, Regie: Marran Gosov, 1969; »Willi wird das Kind schon schaukeln«, mit Heinz Erhardt, Regie: Werner Jacobs, 1971; »Alter Kahn und junge Liebe«, Regie: Werner Jacobs, 1973.
Theater: In »Scher' Dich zum Teufel«, Regie: Viktor de Kowa, und in Ortons »Die Beute«, Regie: Ottokar Runze, jeweils Berliner Theater 1967; in Roussins »Die Lokomotive«, Kleine Komödie München 1968; in »Früher oder später«, Regie: Wolfgang Spier, Theater am Kurfürstendamm Berlin 1974 und Tournee 1975; Tristram in Ayckbourns »Treppauf – Treppab«, Theater am Dom Köln 1982; Aristick in Feydeaus »Système Ribaldier«, Regie: Wolfgang Spier, Tournee 1984. In seinen eigenen Inszenierungen spielte er u.a.: in Blackmore/Kolmans »Tapetenwechsel«, Theater am Dom Köln 1972, in »Frohe Feste«, Renaissance-Theater Berlin 1975, in »Süß und verrückt«, Theater am Kurfürstendamm Berlin 1975, in Flatows »Der Mann, der sich nicht traut . . .«, 1977, und in Ayckbourns »Schlafzimmergäste«, 1979, jeweils Stadttheater Bremerhaven.
Fernsehen: »Schloß in den Wolken« (nach Locke), Regie: Michael Kehlmann, ARD 1968; »Wie ein Wunder kam die Liebe«, Regie: Thomas Engel, ZDF 1969; »Die Plebejer proben den Aufstand« (nach Grass), Regie: Hans Lietzau, ARD 1969; »Liebe geteilt durch drei«, ARD 1970; »Die Eroberung«, Regie: Heinz Schirk, ZDF 1971; »Der Kommissar«, mit Erik Ode, Serie, ZDF 1972; »Tapetenwechsel« (nach Blackmore/Kolman), mit Christine Ostermayer, Regie: Rolf von Sydow, ARD 1973; »Der Monddiamant«, Regie: Wilhelm Semmelroth, ARD 1974; »Harry's Scheidung« (aus der Reihe »Derrick«), Regie: Günter Gräwert, »Hoftheater«, Regie: Herbert Ballmann, Serie, und Steppka in »Frau Luna«, Regie: Eugen York, ZDF 1974; Ingo Gasser in »Tod eines Fans« (aus der Reihe »Derrick«), Regie: Alfred Vohrer, ZDF 1977; »Café Wernicke«, Regie: Herbert Ballmann, Serie, ARD 1978; »Ein typischer Fall«, Regie: Fritz Umgelter, und »Die Traumfrau«, Regie: Klaus Überall, ARD 1978; »Der Störenfried«, Regie: Hartmut Griesmayr, ZDF 1978 »Timm Thaler«, mit Tommi Ohrner und Bruni Löbel, Regie: Sigi Rothemund, 11 Teile, ZDF 1978/79; Ewald Bienert in »Tandem« (aus der Reihe: »Derrick«), Regie: Zbynek Brynych, ZDF 1979; »Der Vogel auf dem Leim«, Regie: Heinz Schirk, und »In der Höhle des Löwen«, Regie: Michael Günther, ZDF 1981; Herr Müller in »Streichquartett«, Regie: Michael Günther, ARD 1981; Werner Stettner in »Nachts in einem fremden Haus« (aus der Reihe: »Derrick«), Regie: Helmuth Ashley, ZDF 1982; Fluppy in »Fluppys Masche« (aus der Reihe: »Tatort«), Regie: Wolfgang Luderer, ARD 1983; »Krimistunde«, Regie: Hartmut Griesmayr, Serie, 2 Folgen, ARD 1984+1985; »Der Alte«, Serie, ZDF 1985.
Auszeichnung: Preis als »Bester Nachwuchsschauspieler« der Akademie der Künste Berlin.
Anschrift: c/o Agentur Mackeben, Douglasstraße 2–4, 1000 Berlin 33.

Ulrich Beiger

Geb. 26. 8. 1918 in München; dort aufgew.; nach dem Abitur studierte er Zeitungs- und Theaterwissenschaften an der Universität München. Während Regie-Übungen im Theater-Seminar von Prof. Arthur Kutscher wurde der Intendant der Münchner Kammerspiele Otto Falckenberg auf ihn aufmerksam und holte ihn als persönlichen Assistenten an die Bühne. Von 1938 bis 1944 erhielt er an den Kammerspielen sein erstes Engagement als Schauspieler.

Nach dem II. Weltkrieg spielte er u. a. am Münchner Volkstheater, an Trude Komans Theater Die Kleine Freiheit München (als Kabarettist), am Bayerischen Staatsschauspiel München (ab 1952) und an der Kleinen Komödie München, an der er seit 1947 in über 40 Stücken zu sehen war. Als Theater-Regisseur arbeitete er außer an vorgenannten Bühnen u. a. am Hebbel-Theater Berlin und auf Tournee. Gastspiele in Operetten gab er u. a. am Staatstheater am Gärtnerplatz und am Deutschen Theater in München (1959-1962). Insgesamt verkörperte er über 130 Film- und TV-Rollen. Seit 1950 ist er als Schauspiellehrer tätig. Beiger spricht franz., engl.; er ist verheiratet mit der Schauspielerin Hannelore Schützler, hat zwei Töchter und lebt in Gauting bei München.

Film: »Kleine Residenz«, 1942; »Die Reise nach Marrakesch«, Regie: Richard Eichberg, 1949; »Sensation im Savoy«, »Frühlingsromanze« und »Skandal in der Botschaft«, 1950; »Rausch einer Nacht«, 1951; »Die Försterchristl« (nach Georg Jarno), mit Johanna Matz und Will Quadflieg, Regie: Arthur Maria Rabenalt, »Im Weißen Rössl« (nach Benatzky), mit Johanna Matz, Regie: Willi Forst (dessen letzte Regie-Arbeit), und »Der eingebildete Kranke« (nach Molière), 1952; »Bildnis einer Unbekannten«, mit Ruth Leuwerik und O. W. Fischer, Regie: Helmut Käutner, »Clivia« und »Die Bekenntnisse der Ina Kahr«, 1954; »Das Schweigen im Walde«, »Oase« und »Der Major und die Stiere«, 1955; »Manöverball«, 1956; »Eva küßt nur Direktoren«, und »El Hakim«, mit O. W. Fischer, Regie: Rolf Thiele, 1957; »Der lachende Vagabund«, »Der Schäfer vom Trutzberg« und »Besuch aus heiterem Himmel«, 1958; »Der Frosch mit der Maske« (nach Wallace), Regie: Harald Reinl, und »Fräcke, Röcke, Lederhosen«, 1959; »Bande des Schreckens« (nach Wallace), Regie: Jürgen Roland, 1960; »Der Fälscher von London« (nach Wallace), Regie: Harald Reinl, 1961; »Gesprengte Ketten«, mit Steve McQueen, Charles Bronson, Richard Attenborough, James Garner und Robert Graf, Regie: John Sturges, USA 1962; »Der Hexer« (nach Wallace), Regie: Rainer Erler, 1963; »Fluchtweg St. Pauli – Großalarm für die Davidswache«, Regie: Wolfgang Staudte, 1971.

Theater: Graf Dürrhahn in Falckenbergs »Doktor Eisenbart«, in Kenters »Traumulus«, Regie: jeweils Heinz Dietrich Kenter, in der Uraufführung von Schewiors »Mammica«, Regie: Hilde Schewior selbst, und Demetrius in Shakespeares »Ein Sommernachtstraum«, Regie: Otto Falckenberg, jeweils Münchner Kammerspiele 1938-1944; Jim in Nashs »Der Regenmacher«, und Major von Tellheim in Lessings »Minna von Barnhelm«, jeweils Münchner Volkstheater; Chlestakov in Gogols »Der Revisor«, 1952; in Sardous »Cyprienne oder Also gut, lassen wir uns scheiden«, mit Käthe Gold, Regie: Kurt Horwitz, 1956; in Lenz' »Soldaten«, Regie: Ernst Ginsberg, 1957; in Balzac/Thieß' »Die Herzogin von Langeais«, mit Agnes Fink, Regie: Axel von Ambesser, jeweils Bayerisches Staatsschauspiel München;

in Dostals »Doktor Eisenbart«, Staatstheater am Gärtnerplatz München 1961; in Ferdinands »Kinder der Zeit«, in Chase' »Mein Freund Harvey«, in Ferollis »Wunschträume«, in Jacobsens »Wege des Zufalls«, in Lewins »Tu das nicht, Angelika!«, in Wildes »Lady Windermeres Fächer«, in Lindsay/Crouses »Die großen Sebastians«, in Maughams »Caroline«, in Flatows »Vater einer Tochter«, in Christies »Zeugin der Anklage«, in Barillet/Grédys »Die Kaktusblüte«, in Sagans »Das ohnmächtige Pferd«, in Ayckbourns »Halbe Wahrheiten«, in Popplewells »Ehe im Kopfstand«, in Barillet/Grédys »Amanda«, in Thomas »Witwen«, in Webers »Fahr'n ma Euer Gnaden«, in Kollos »Die wilde Auguste«, in Wildes »Bunbury« und in Priestleys »Der Mischpilz«, jeweils Kleine Komödie München bis 1985.

Fernsehen: (neben zahlreichen Übertragungen aus der Kleinen Komödie München ferner u. a.) »Der starke Stamm« (nach Fleißer), mit Ludwig Schmid-Wildy, Regie: Franz Josef Wild, ARD 1956; »Wege des Zufalls« (von Jacobsen), Regie: Carl-Heinz

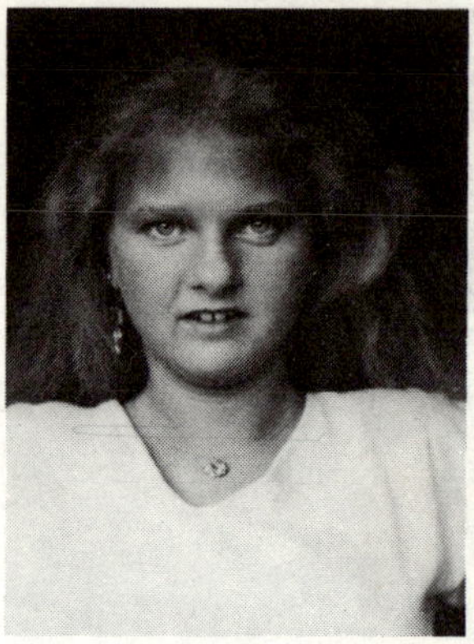

Ulrike Beimpold

Schroth, ARD 1961; »Ein Walzertraum« (nach Oscar Straus), Regie: Fred Kraus, ZDF 1967; »Einer fehlt beim Kurkonzert« (nach Martin), mit Hans Putz, Regie: Jürgen Roland, ARD 1968; »Der Kommissar«, mit Erik Ode, Serie, ZDF 1969; »Percy Stuart«, mit Claus Wilcke, Serie, ZDF 1970; »Alle Hunde lieben Theobald«, mit Carl-Heinz Schroth, Serie, ZDF 1971; »Derrick«, Serie, ZDF 1975; »Wer sah ihn sterben?« (von Tudor Gates), Regie: Theodor Grädler, ZDF 1977; »Zeit zum Aufstehn« (nach August Kühn), Regie: Ludwig Cremer, 2 Teile, ZDF 1978; »Sachrang« (von Storz), mit Gerhart Lippert, Regie: Wolf Dietrich, 3 Teile, ARD 1978; »Der Alte«, 2 Folgen, ZDF 1978 + 1981; »Anton Sittinger« (nach Oskar Maria Graf), ARD 1979; »Mein Freund, der Scheich«, Regie: Rainer Erler, ARD 1981; »Kampftag«, Regie: Manfred Grunert, ZDF 1983; »Ein Fall für zwei«, Serie, ZDF 1984; »Polizei-Inspektion 1«, Serie, ARD 1985.
Anschrift: c/o ZBF-Agentur München, Leopoldstraße 19, 8000 München 40.

Geb. 10. 5. 1965 in Wien; dort im 19. Bezirk aufgew.; nach fünf Jahren Gymnasium und privatem Schauspielunterricht trat sie mit 15 Jahren in die Schauspielschule von Dr. Krauss ein; bereits drei Monate später erhielt sie ein Engagement am Wiener Burgtheater, wo sie bereits mit acht Jahren Kinderrollen verkörpert hatte.
Von 1981 bis 1984 war sie jüngstes Ensemblemitglied des Burgtheaters, dem sie weiterhin angehört.
Ulrike Beimpold spricht engl.; sie ist ledig und lebt in Wien.
Film: »Der Schüler Gerber« (nach Friedrich Torberg), mit Werner Kreindl, Regie: Wolfgang Glück, 1980; »Claire«, mit Sybill Danning, Regie: Kikon Kawasaki, USA 1983.
Theater: Rosalie in Nestroys »Das Mädl aus der Vorstadt«, Regie: Heinrich Schweiger; Die Blonde in Horváths »Don Juan kommt aus dem Krieg«, Regie: Rudolf Jusits; Mutter Theres Ott in Hürlimanns »Großvater und Halbbruder«, Regie: Klaus Höring; Simba in Wedekinds »Marquis von Keith«, Regie: Leopold Lindtberg; Birne in der Uraufführung von Dorsts »Ameley«, Regie: Peter Preissler (auch TV); Dirne in Schnitzlers »Reigen«, Regie: Erwin Axer; Leni in Nestroys »Höllenangst«, Regie: Leopold Lindtberg; jeweils Burgtheater Wien 1979–1985.
Fernsehen: »Match«, Regie: Peter Patzak, ARD 1980; »Niemandsland« (von Gernot Wolfgruber), Regie: Dieter Berner, ZDF 1982; »Kottan«, Serie, Regie: Peter Patzak, ORF 1983.
Anschrift: c/o Austroconcert International, Gluckgasse 1, A-1010 Wien.

Ekkehardt Belle

Geb. 18. 5. 1954 als Sohn eines Kaufmanns in Glehn/ Neuss; aufgew. in Düsseldorf und Hannover; bereits mit fünf Jahren machte er erste Werbeaufnahmen. Seit dem 12. Lebensjahr übernahm er Film- und Fernsehrollen und arbeitet in der Synchronisation; mittlere Reife; er spricht engl., franz.; seit 1968 lebt er in München; er ist verheiratet und hat einen Sohn (Jens).
Film: »Slaughterhouse 5«, Regie: Georg Roy Hill, USA 1970; »Wir bauen uns ein Haus« mit Peter Alexander, 1972; »Es war die Nachtigall ...« mit Sylvia Kristel, 1977; »Triumphmarsch« mit Franco Nero, Regie: Marco Bellocchio, Frankreich/BRD/Italien 1977; »Sunnyboy und Sugarbaby«, 1979; »Sehnsucht nach dem rosaroten Chaos«, Frankreich 1981.
Theater: Tourneen mit der Münchner Schauspielbühne 1973/74; in Anouilhs »Medea« und Sartres »Die Fliegen«. Tournee 1984: Molières »Der eingebildete Kranke«.
Fernsehen: »Freunde in San Rosario«, Regie: Theodor Grädler, und »Immer die alte Leier«, ARD 1969; »Paul Esbeck«, ZDF 1970; »Unter Ausschluß der Öffentlichkeit«, »Peter« und »Lerchenpark«, ARD 1971; Sohn Martin in »Eine Frau bleibt eine Frau«, mit Lilli Palmer, ZDF 1972/73; »Das Wochenende des Alfred Berger«, ZDF 1972; »Täter«, ZDF 1973; »Hauptsache die Kohlen stimmen«, ARD 1973; »Die Halde«, Regie: Rainer Erler, ZDF 1974; »Revolte im Erziehungsheim« (nach Hampel), Regie: Hans Quest, »Graf Yoster«, Serie, und »Der Kommissar«, mit Erik Ode, Serie, 2 Folgen, ZDF 1975; »Sparring-Live«, 5 Folgen, ZDF 1976–1979; »Die Grashüpfer«, 11 Folgen, ARD 1976; »Die Protokolle des Herrn M.«, »Ein verrücktes Paar«, mit Harald Juhnke und Grit Boettcher, und »Hallo Chef«, ZDF 1977; »Heinrich Heine« und »Novellen des 19. Jahrhunderts«, ARD 1977; »Merlin«, 13 Folgen, ZDF 1977/78; Titelrolle in »David Balfour« (nach Stevenson), mit Bernhard Wicki und Ullrich Haupt, Regie: Jean Pierre Decourt, 4 Teile, und »Er läßt die Hand küssen« (nach Ebner-Eschenbach), Regie: Peter Schulze-Rohr, ZDF 1978; »O dieser Vater«, Regie: Peter Weck, und »Der Wald« (nach Ostrowskij), mit Maria Schell, ARD 1979; »Schmetterlinge«, 6 Folgen, und »Tatort«, mit Agnes Fink, ARD 1980; »Derrick«, Serie, 8 Folgen, ZDF 1979–1985; »Der Raub der Sabinerinnen« (nach Schönthan), mit Gert Fröbe und Martin Held, Regie: Rolf von Sydow, und »Liebe oder Ehe«, Regie: Sigi Rothemund, ZDF 1981; »Sonderdezernat K 1«, Serie, ARD 1981; »Liebe bleibt nicht ohne Schmerzen«, mit Ute Willing, ARD 1982; »Nesthäkchen« (von Pfaue), mit Doris Kunstmann und Christian Wolff, Regie: Gero Erhardt, Serie, ZDF 1983; »Krimistunde«, Regie: Hartmut Griesmayr, ARD 1984; »Kneippiaden«, mit Marisa Mell, Serie, »Mensch ohne Fahrschein«, mit Werner Hinz, Regie: Alfred Weidenmann, ZDF 1984.
Auszeichnung: »Goldener Gong« für die Darstellung eines Rauschgiftsüchtigen in der ARD-Serie »Sonderdezernat K 1«, 1982.
Anschrift: c/o Agentur Jovanovic, Perfallstraße 6, 8000 München 80.

Angelika Bender

Geb. 22. 2. 1948 in Freiburg/Breisgau; dort und in München aufgew.; bereits mit acht Jahren stand sie auf der Bühne der Kleinen Komödie München (»Auf Wiedersehen am Bodensee«, 1956). Noch während der Schulzeit nahm sie privaten Ballett- und Schauspielunterricht. Bühnengastspiele gab sie mit Stückverträgen an verschiedenen deutschen Theatern.
Seit 1960 (»Ein Weihnachtslied in Prosa«, nach Charles Dickens, mit Carl Wery, Regie: Franz Josef Wild, ARD 1960) wirkt sie beim Fernsehen; sie arbeitet umfangreich in der Synchronisation.
Frau Bender spricht engl.; sie ist in zweiter Ehe verheiratet mit dem TV-Autor Karl-Heinz Willschrei (bekannt vor allem durch seine Drehbücher für »Tatort« und andere Krimiserien) und lebt in München.
Film: »Pan«, 1972, und »Inki«, 1973, Regie: jeweils George Moorse.
Fernsehen: »Erfindungen«, »Strohhalm«, »Der Griller«, »Al Capone im deutschen Wald«, (Regie: Franz Peter Wirth, ARD 1969), »Hafen am Rhein«, »Die Anpassung« und »Gewalt«, ARD/ZDF 1967–1973; »Die Halde«, mit Ekkehardt Belle, Buch + Regie: Rainer Erler, ZDF 1975; »Hans und Heinz Kirch« (nach Theodor Storm), und »Der aufsehenerregende Fall des Studienrats Adam Juracek« (nach Pavel Kohout), Regie: Tom Toelle, ZDF 1976; »Walter Hasenclever«, Regie: Ralf Busch, und »Der Traum der Monika Z.«, Buch + Regie: Hartmut Griesmayr, ZDF 1977; »Jugend, Liebe und die Wacht am Rhein«, Regie: Oswald Döpke, und »Zwei auf der Kippe«, Regie: Thomas Fantl, ZDF 1978; »Tödliches Geheimnis« (nach William Godwin), Regie: Herbert Wise, 4 Teile. ZDF 1980; »Tatort« (u. a. Drehbuch: Karl-Heinz Willschrei), Serie, 3 Folgen, ARD 1980 + 1985; »Flucht aus London« (nach Proctor), Regie: Wolfgang Storch, und »Single bleibt Single«, Regie: Wolf Dietrich, ZDF 1982; »Trotzdem«, Regie: Jörg Grümler, ZDF 1983; »Die andere Seite des Mondes«, mit Gudrun Landgrebe, Regie: Michael Lähn, ZDF 1984; »Grand mit drei Damen«, mit Nicolas Brieger, Regie: Frank Guthke, ZDF 1985.
Anschrift: c/o Agentur Mattes, Pilotystraße 2, 8000 München 22, oder Schönfeldstraße 8, 8000 München 2.

Anne Bennent

Geb. 13. 10. 1963 als Tochter des Schauspielers Heinz Bennent und der Tänzerin Diane Mansart (bürgerlich: Paulette Renou) in Lausanne, Schweiz; bereits mit zehn Jahren stand sie neben ihrem Vater und ihrem Bruder David Bennent vor der Kamera. Hans W. Geissendörfer führte Regie in dem Fernsehfilm »Eltern« (ARD 1973). 1979 spielte sie am Schiller-Theater Berlin, 1985/86 am Bayerischen Staatsschauspiel München. Nach der Schule absolvierte sie ein Jahr lang das Konservatorium in Genf. Von 1983 bis 1985 nahm sie Schauspielunterricht an der Schule von Patrice Chéreau in Paris.
Anne Bennent spricht franz., engl.; sie ist ledig und lebt in Paris. Ihr Bruder David Bennet wurde vor allem durch die Rolle des Oskar Matzerath in Volker Schlöndorffs Spielfilm »Die Blechtrommel« (nach Günter Grass) bekannt.
Film: Hedwig in »Die Wildente« (nach Ibsen), Regie: Hans W. Geissendörfer, 1976; Titelrolle in »Lulu« (nach Wedekind), mit Heinz Bennent, Regie: Walerian Borowczyk, BRD/Frankreich/Italien 1979; »Brandmale«, Regie: George Moorse, 1983; »Eine Liebe von Swann«, mit Ornella Muti und Alain Delon, Regie: Volker Schlöndorff, Frankreich 1984.
Theater: Anja in Tschechows »Der Kirschgarten«, Regie: Hans Lietzau, Schiller-Theater Berlin 1979; in Ibsens »John Gabriel Borkman«, mit Hans Michael Rehberg und Heinz Bennent, Regie: Ingmar Bergman, Bayerisches Staatsschauspiel München 1985/86.
Fernsehen: »Der Alte«, Serie, ZDF 1978; »Der Tote bin ich«, Regie: Alexander von Eschwege, und »Theodor Chindler« (nach Bernard von Brentano), mit Hans Christian Blech, Regie: Hans W. Geissendörfer, Serie, ARD 1979; »Derrick«, Serie, 2 Folgen, ZDF 1982/83; »Der Snob« (nach Sternheim), mit Klaus Maria Brandauer und Heinz Bennent, Regie: Wolfgang Staudte, ZDF 1984.
Anschrift: c/o Agentur Baumbauer, Keplerstraße 2, 8000 München 80.

Heinz Bennent

Geb. 18. 7. 1921 als Sohn eines Buchhalters in Stolberg/Rheinland; Gymnasium bis zur Obersekunda; nach der Rückkehr aus dem Krieg nahm er von 1945 bis 1947 Schauspielunterricht bei Dr. Felix Emmel; 1945 erhielt er zudem sein erstes Engagement am Badischen Staatstheater Karlsruhe, wo er in Schillers »Don Carlos« debütierte; seit 1947 spielte er an über 20 deutschen Bühnen, u. a. am Schauspielhaus Bochum, an der Landesbühne Hannover, in Hamburg, am Schiller-Theater Berlin, am Württembergischen Staatstheater Stuttgart, an den Städt. Bühnen Bonn, an den Städt. Bühnen Nürnberg-Fürth, am Staatstheater Darmstadt, an den Münchner Kammerspielen am Schloßpark-Theater Berlin und am Bayerischen Staatsschauspiel München (bis 1986).

Vor allem profilierte er sich jedoch durch seine Arbeiten beim Fernsehen (seit 1954) und beim Film (seit 1959).

Bennent spricht engl., franz.; er ist seit 1963 verheiratet mit der Tänzerin Diane Mansart (bürgerlich: Paulette Renou), hat zwei Kinder (Anne, geb. 1963, und David, geb. 1966) und lebt in Pully bei Lausanne in der Schweiz.

Seine Tochter Anne, mit der er erstmals 1973 in Hans W. Geissendörfers Film »Eltern« gemeinsam vor der Kamera stand, wählte ebenfalls den Schauspielerberuf. Sein Sohn David verkörperte 1979 den Oskar Matzerath in der Grass-Romanverfilmung »Die Blechtrommel« (Regie: Volker Schlöndorff). Die Produktion, in der Bennent selbst mitwirkte, erhielt neben vielen anderen Preisen die »Goldene Palme« bei den Intern. Filmfestspielen in Cannes, 1979, und den »OSCAR« als bester ausländischer Film 1980.

Film: »Arzt aus Leidenschaft« und »Kopfstand, Madame«, 1959; »Ich will leben«, Regie: Jörg A. Eggers, 1976; »Nea – ein Mädchen entdeckt die Liebe«, Frankreich 1976; Dr. Blorna in »Die verlorene Ehre der Katharina Blum« (nach Böll), Regie: Volker Schlöndorff, »Das Netz« (nach Hans Habe), und »Die Wildente« (nach Ibsen), Regie: Hans W. Geissendörfer, 1976; »Der Mann im Schilf«, Regie: Manfred Purzer, und »Das Schlangenei«, Regie: Ingmar Bergman, BRD/USA 1977; »Deutschland im Herbst«, 1978; »Die Blechtrommel« (nach Grass), mit David Bennent, Regie: Volker Schlöndorff, 1979; »Lulu« (nach Wedekind), mit Anne Bennent, Regie: Walerian Borowczyk, BRD/Frankreich/Italien 1979; »Schwestern oder Die Balance des Glücks«, Regie: Margarethe von Trotta, und »Aus dem Leben der Marionetten«, Regie: Ingmar Bergman, 1980; »Die letzte Metro«, mit Cathérine Deneuve, Regie: François Truffaut, Frankreich 1980; »Possession«, Frankreich 1981; »Le Lit«, Regie: Marion Hänsel, Belgien 1981; »Espion lève-toi«, Frankreich 1982; »Der Tod des Mario Ricci«, Regie: Claude Goretta, Schweiz 1982; »Krieg und Frieden« (von Heinrich Böll), 1983; »Sarah«, Frankreich 1983.

Theater: Shannon in Williams' »Die Nacht des Leguan«, 1962; Valerio in Büchners »Leonce und Lena«, 1963; Lövborg in Ibsens »Hedda Gabler«, 1969; Jerry in Pinters »Betrogen«, Regie: Hans Lietzau, 1979, jeweils an den vorgenannten Bühnen; Andersen in Enquists deutscher Erstaufführung »Aus dem Leben der Regenwürmer«, und in Ibsens »John Gabriel Borkman«, mit Hans Michael Rehberg, Regie: jeweils Ingmar Bergman, Bayerisches Staatsschauspiel München 1984–1986.

Fernsehen: »Die Tochter des Brunnenmachers« (nach Pagnol), ARD 1956; »Bäume sterben aufrecht«, ARD 1958; »Das Rendezvous von Senlis« (nach Anouilh), und Teufel in »Der Teufel ist los« (nach Grabbe), ARD 1961; Rabanus in »Der Maulkorb« (nach Spoerl), ARD 1963; »Die erste Legion« (nach Lavery), Regie: Harry Buckwitz, ARD 1964; Fritz Tritz in »Der Nebbich« (nach Sternheim), und »Das Apostelspiel«, ARD 1965; »Die Frau des Fotographen« (nach Pagnol), und »Sechsmal Napoleon« (nach Conan Doyle), ARD 1967; »Ein ehrenwerter Herr« (nach Romains), ZDF 1968; »Im Kreis«, ARD 1969; Lorenz in »Nur der Freiheit gehört unser Leben« (nach Horváth), ZDF 1969; »Alle hatten sich abgewandt« (nach Hlasko), und »Mord im Pfarrhaus« (nach Christie), ZDF 1970; »Eine Rose für Jane«, ARD 1970; »Der Pott« (nach O' Casey), ARD 1971; »Die Witwen oder Eine vollkommene Lösung« (nach Wohmann), ARD 1972; Paul Célimare in »Alle lieben Célimare« (nach Labiche), »Der Teufelsschüler« (nach Shaw), und »Marie«, ARD 1973; »Der Kommissar« mit Erik Ode, Serie, 4 Folgen, ZDF 1973–1975; Perahim in »Perahim – die zweite Chan-

ce«, ZDF 1975; Pfarrer Holm in »Eiszeit« (von Dorst), ARD 1975; »Die Verwandlung« (nach Kafka), ZDF 1975; Titelrolle in »Der Anwalt«, 13 Folgen, ZDF 1975/76; »Ich will leben«, ARD 1977; »Hey Joe« (nach Beckett), ARD 1979; »Der Fall Maurizius« (nach Wassermann), 5 Teile, ZDF 1981; »Derrick«, Serie, 3 Folgen, ZDF 1978–1983; »Der Snob« (nach Sternheim), Regie: Wolfgang Staudte, ZDF 1984.
Anschrift: c/o Agentur Baumbauer, Keplerstraße 2, 8000 München 80, oder Avenue Guillemin 14, CH-1009 Pully b. Lausanne, Schweiz.

Martin Benrath

– Staatsschauspieler –

Geb. 9. 11. 1926 in Berlin; dort aufgew.; er besuchte das Gymnasium bis zur Oberprima und war anschließend zwei Jahre Luftwaffenhelfer bei der Flak. 1946 finanzierte er sich mit dem Verkauf seiner Rolleiflex-Kamera das Schauspielstudium bei Maria Loya in Berlin. Sein erstes Engagement bekam er von 1947 bis 1950 am Berliner Theater am Schiffbauerdamm. Bis 1952 spielte er am Hebbel-Theater, am Theater am Kurfürstendamm und im Theater-Club des British-Centre in Berlin.
Von Gustaf Gründgens wurde er 1953 an das Düsseldorfer Schauspielhaus geholt, wo er auch unter dessen Nachfolger Karl Heinz Stroux bis 1962 tätig war. Seit 1962 spielt er (mit Unterbrechungen) am Bayerischen Staatsschauspiel München. Gastspiele gab er in Hamburg, Berlin, an den Münchner Kammerspielen sowie seit 1953 bei den Festspielen in Recklinghausen und Bad Hersfeld. Für Film und Fernsehen wirkt er seit 1953.
Benrath spricht engl., franz.; er ist verheiratet und lebt in Herrsching/Oberbayern.
Film: »Meines Vaters Pferde« (2 Teile), 1953; »Der Engel mit dem Flammenschwert«, 1954; »Tausend Melodien«, 1957; »Die ideale Frau«, 1959; »Morituri«, 1964; Titelrolle in »Berlinger – Ein deutsches Abenteuer«, Regie: Bernhard Sinkel, 1975; »Kaltgestellt«, Regie: Bernhard Sinkel, 1978; »Aus dem Leben der Marionetten«, Regie: Ingmar Bergman, 1980; »Die weiße Rose«, mit Lena Stolze, Regie: Michael Verhoeven, 1982.
Theater: Karl Moor in Schillers »Die Räuber«, Petruchio in Shakespeares »Der Widerspenstigen Zähmung« und Hektor in Shakespeares »Troilus und Cressida«, jeweils Hebbel-Theater Berlin 1950–1952; in Cocteaus »Bacchus«, mit und unter der Regie von Gustaf Gründgens, Bruno in Hauptmanns »Die Ratten«, Prinz in Lessings »Emilia Galotti«, B. Caghan in Eliots »Der Privatsekretär«, Orpheus in Anouilhs »Eurydike«, und Becket in Anouilhs »Becket oder Die Ehre Gottes«, jeweils Düsseldorfer Schauspielhaus 1953-1962; Titelrolle in Schillers »Wallenstein«, Ruhrfestspiele Recklinghausen 1961;
Der Alte in Ionescos »Die Stühle«, Don Rodrigo in Claudels »Der seidene Schuh«, Odysseus in Müllers »Philoktet«, Franz Moor in Schillers »Die Räuber«,

Carr in Stoppards »Travesties« und Titelrolle in Strindbergs »Der Vater«, Regie: für die beiden letztgenannten Hans Lietzau; Barisart in Hennequin/Duvals »Sein Doppelgänger«, Feldprediger in Brechts »Mutter Courage und ihre Kinder«, Regie: Rolf Stahl, Der Unbekannte in Strindbergs »Nach Damaskus«, mit Christine Ostermayer, Regie: Erwin Axer; Antonio in Shakespeares »Der Kaufmann von Venedig«, Titelrolle in Shakespeares »König Lear«, Regie: Hans Lietzau, und George in Albees »Wer hat Angst vor Virginia Woolf?«, Regie: August Everding (auch Bregenzer Festspiele 1985), jeweils Bayerisches Staatsschauspiel München 1964–1986; Titelrolle in Grays »Butley«, Regie: Hans Lietzau, Schloßpark-Theater Berlin 1974.
Fernsehen: John Rivers in »Das Genie und die Göttin« (von Huxley/Wendel), ARD 1959; Ejlert Lövborg in »Hedda Gabler« (nach Ibsen), ZDF 1963; »Bei Tag und bei Nacht oder Der Hund des Gärtners« (nach Lope de Vega), ARD 1964; Oswald Alving in »Gespenster« (nach Ibsen), ZDF 1966; Titelrolle in »Heydrich in Prag«, Regie: Rolf Hädrich, ARD 1967; Orsino in »Was ihr wollt« (nach Shakespeare), ZDF 1968; »Der Fall Liebknecht-Luxemburg«, ARD 1969; »Die Nacht von Lissabon« (nach Remarque), mit Erika Pluhar, Regie: Zbynek Brynych, ZDF 1971; »Karpfs Karriere«, Regie: Bernhard Wicki, ARD 1972; »Narrenspiegel«, ZDF 1975; »The Bait«, Regie: Peter Patzak, ARD 1975; »Glücksucher«, Regie: Peter Beauvais, ARD 1977; »Als Hitler das rosa Kaninchen stahl« (nach Judith Kerr), mit Elisabeth Trissenaar, Regie: Ilse Hofmann, ARD 1978; Lessing in »Gotthold Ephraim Lessing im Gespräch mit Heinrich Heine«, Regie: Franz Josef Wild, und Konsul Johann Buddenbrook in »Buddenbrooks« (nach Thomas Mann), mit Ruth Leuwerik und Volkert Kraeft, Regie: Franz Peter Wirth, 11 Teile, ARD 1979; »Derrick«, Serie, ZDF 1983; Korth in »Spiel im Schloß« (nach Molnár), mit Helmut Lohner und Walter Schmidinger, Regie: Otto Schenk, ZDF 1985; »Väter und Söhne«, mit Burt Lancaster und Julie Christie, Regie: Bernhard Sinkel, 4 Teile, ARD 1986.
Auszeichnungen: Bayerischer Staatsschauspieler; Mitglied der Akademie der Künste Berlin und Frankfurt; »Goldene Kamera« (HÖRZU) 1973.

Anschrift: c/o Agentur Alexander, Lamontstraße 9, 8000 München 80.

Iris Berben

Geb. 12. 8. 1950 als Tochter eines Gastwirts in Detmold; nach dem Gymnasium (Internat) war sie als Fotomodell, u. a. in London und Paris, tätig. Ursprünglich wollte sie Journalistin werden, fand aber über ihre Arbeit als Mannequin zum Schauspielerberuf. 1969 drehte sie ihren ersten Fernsehfilm. Frau Berben spricht engl., franz.; sie hat einen Sohn (Oliver, geb. 1971) und lebt in München.
Film: »Supergirl«, mit Rainer Werner Fassbinder, Regie: Rudolf Thome, 1971; »Ach du lieber Harry«, mit Dieter Hallervorden, Regie: Jean Girault, 1981; »Die Schwarzfahrer«, Regie: Manfred Stelzer, 1983; »Off road«, Regie: Peter Welz und Jürgen Bretzinger, und »Sigi – Der Straßenfeger«, mit Harald Juhnke, Regie: Wolf Gremm, 1984.
Fernsehen: »Die Brandstifter«, Regie: Klaus Lemke, ARD 1969; »Derrick«, Serie, ZDF 1976; Chantal in »Die himmlischen Töchter«, mit Ingrid Steeger und Klaus Dahlen, Regie: Michael Pfleghar, Serie, ARD 1978; »Der Alte«, Serie, 3 Folgen, ZDF 1979–1982; »Die Baronin«, mit Marianne Hoppe, Regie: Lutz Büscher, ZDF 1981; »Büro, Büro«, Serie, 26 Folgen, ARD 1983/84; »Ein Mann namens Parvus«, mit Günter Lamprecht, Regie: Rudolf Nussgruber, Teufel Luzy in »Angelo und Luzy«, mit Rolf Zacher, Margot Hielscher und Otto Tausig, 6 Teile, und »SOKO 5113«, Serie, ZDF 1984; »Schwarzfahrer«, mit Rolf Zacher, Regie: Manfred Stelzer, »Sketchup«, mit Diether Krebs, Serie, und »Beinah Trinidad« (nach Wuttig), mit Elmar Wepper, Regie: Oliver Storz, ARD 1985.
Anschrift: Maria-Theresia-Straße 8, 8000 München 80.

Wolf-Dietrich Berg

Geb. 17. 5. 1944 in Danzig; aufgew. im Sauerland und im Ruhrgebiet; nach der Schule absolvierte er 1964/65 die Schauspielschule Bochum. Sein erstes Engagement erhielt er 1966 an den Städt. Bühnen Dortmund. Nach einer Verpflichtung am Theater Essen und einer erneuten Zugehörigkeit zum Ensemble der Städt. Bühnen Dortmund holte ihn Ivan Nagel 1972 an das Deutsche Schauspielhaus Hamburg, dem er bis 1980 angehörte (seither als Gast). Seit 1980 gastierte er mehrmals am Schauspielhaus Düsseldorf. Schwerpunkt seiner Arbeit ist seit 1977 das Fernsehen, wo er in über 40 Produktionen mitwirkte. Berg spricht engl.; er ist verheiratet und lebt in Hamburg.

Film: »Die Verrohung des Franz Blum«, von und mit Burkhard Driest, Regie: Eberhard Hauff, 1974; »Moritz, lieber Moritz«, Regie: Hark Bohm, 1978.

Theater: Muley Hassan in Schillers »Die Verschwörung des Fiesco zu Genua«, Wurm in Schillers »Kabale und Liebe«, in Feydeaus »Floh im Ohr«, in Shakespeares »Wie es euch gefällt«, jeweils Städt. Bühnen Dortmund und Theater Essen 1966–1971; in »Tragödie der Rächer«, Regie: Claus Peymann, in O'Caseys »Kikeriki«, Regie: Wilfried Minks, und Chlestakow in Gogols »Der Revisor«, jeweils Schauspielhaus Hamburg seit 1972; Ferdinand Lassalle in der Uraufführung von Heins »Lassalle fragt Herrn Herbert von Sonja. Eine Szene ein Salon«, 1980, in der Uraufführung von Dorsts »Heinrich oder Die Schmerzen der Phantasie«, Regie: Volker Hesse, 1985, und in der deutschen Erstaufführung von Viersteens »Einesteils, andererseits und außerdem«, 1985, jeweils Schauspielhaus Düsseldorf. Wichtige Rollen auf Gastspielen ferner: Titelrolle in Goethes »Faust« und Macheath in Brecht/Weills »Die Dreigroschenoper«.

Fernsehen: »Mein Leben selber bestimm'n« (von Stefan Roth), ZDF 1977; »Schwüle Tage«, Regie: Hajo Gies, ARD 1978; »Tatort«, Regie: Peter Schulze-Rohr und Stanislav Barabas, Serie, 2 Folgen, ARD 1978 + 1982; »Uns reicht das nicht«, Regie: Jürgen Flimm, und »Geteilte Freude«, Regie: Gabi Kubach, ARD 1979; »Das Komplott«, Regie: Dieter Wedel, ZDF 1979; »Gute Reise«, Regie: Wilfried Dotzel, und »Ansonsten ist alles in Ordnung« (von Roderich Feldes), Regie: Peter Wood, ARD 1981; »Qual-Verwandt-Schaften«, Regie: Ulrich Heising, und »Ich werde warten« (nach Chandler), mit Armin Mueller-Stahl und Monica Bleibtreu, Regie: Stanislav Barabas, ARD 1982; »Hambacher Frühling«, Regie: Eberhard Itzenplitz, ZDF 1982; »Gesichter des Schattens«, Regie: Kristian Kühn, »Ein Mann namens Parvus«, mit Günter Lamprecht, Regie: Rudolf Nussgruber, »Die violette Mütze«, Regie: Axel von Ambesser, »Morgengrauen« (aus der Reihe: »Ein Fall für zwei«), mit Günter Strack, Regie: Michael Mackenroth, 3 Teile, und »Die Lehmanns«, mit Gerd Baltus und Witta Pohl, Serie, ZDF 1984; »Das Verschwinden der Harmonie«, Regie: Ulrich Heising, ARD 1984; »Nebenwirkungen«, Regie: Ralph Bridle, »Bitte nicht stören« (nach Spark), Regie: Peter Wood, und »Hautnah« (von Ehry), Regie: Peter Schulze-Rohr, ARD 1985; »Abschied von der Hinterbank«, Buch und Regie: Joachim Roering, »Grenzenloses Himmelblau«, mit Inge Meysel, Buch und Regie: Marcus Scholz, und »Von einem, der auszog« (nach Molsner), mit Judy Winter, Regie: Eberhard Pieper, 6 Teile, und »Ein Fall für TKKG« (nach Stefan Wolf), Regie: Lutz Büscher, Serie, ZDF 1985; »Die Krimistunde«, Regie: Hartmut Griesmayr, Serie, und »Engels & Consorten« (von E. Möbius), Regie: Detlef Rönfeldt, 5 Teile, ARD 1986.

Anschrift: c/o Agentur Mattes, Pilotystraße 2, 8000 München 22.

Ingrid van Bergen

Geb. 15. 6. 1931 in Danzig; aufgew. in Masuren/Ostpreußen; nach dem Abitur und dem Besuch der Staatlichen Hochschule für Musik (Fach Schauspiel) in München, stieß sie dort 1953 zum politischen Kabarett »Die kleinen Fische«, dem sie fünf Jahre angehörte; bevor sie 1963 Mitglied des Berliner Kabaretts »Die Stachelschweine« wurde, hatte sie schon zahlreiche Filme für Fernsehen und Kino gedreht (seit 1954). Nach einer mehrjährigen Haftstrafe wegen Totschlags legt sie seit 1982 den Schwerpunkt ihrer Arbeit auf Chansonabende.
Frau van Bergen spricht engl., franz.; sie ist dreimal geschieden, u. a. von dem Schauspieler Michael Hinz, hat zwei Töchter und lebt in Wischhafen in Schleswig-Holstein.
Film: »Bildnis einer Unbekannten«, mit O. W. Fischer und Ruth Leuwerik, Regie: Helmut Käutner, 1954; »Der eiserne Gustav« (nach Fallada), mit Heinz Rühmann, Regie: Georg Hurdalek, 1958; »Rosen für den Staatsanwalt«, mit Martin Held, Regie: Wolfgang Staudte, »Ich schwöre und gelobe«, Regie: Geza von Radvany, »Drillinge an Bord«, mit Heinz Erhardt und Trude Herr, Regie: Hans Müller, und »Bumerang«, Regie: Alfred Weidenmann, 1959; »Wer sind Sie, Dr. Sorge?«, Regie: Avex Sciampi, Frankreich 1960; »Verrat auf Befehl«, Regie: George Seaton, USA 1960; »Der Rächer« (nach Wallace), mit Klaus Kinski, Regie: Karl Anton, 1960; »Das Geheimnis der gelben Narzissen« (nach Wallace), Regie: Akos von Rathony, 1961; »Tunnel 28«, Regie: Robert Siodmak, Großbritannien 1962. »Was ist denn bloß mit Willi los?«, mit Heinz Erhardt, Regie: Werner Jacobs, 1970; »Horror Vacui«, Regie: Rosa von Praunheim, 1984.
Theater: In Simons »Der letzte der feurigen Liebhaber« (1972), und in Fieldings »Tiefstapeleien« (1974), jeweils Kleine Komödie München.
In den 60er Jahren spielte sie u. a. am Hebbel-Theater, am Renaissance-Theater und an der Komödie in Berlin.
Fernsehen: »Erledigt – Papierkorb«, Regie: Rudolf Schündler, ARD 1959; »Ich war Jack Mortimer«, Regie: Michael Kehlmann, und »Typisch Lucie«, Regie: Rolf von Sydow, Serie, ARD 1961; »Die ehrbare Dirne« (nach Sartre), Regie: Theodor Grädler, ARD 1962; »Götterkinder« (nach Zibaso), Regie: Franz Josef Wild, ZDF 1964; »Die Flasche« (nach Ringelnatz), ZDF 1965; »Robin Hood – der edle Ritter« (nach Pauck), ZDF 1966, und »Tagebuch eines Frauenmörders« (nach Bekefi), ARD 1969, Regie: jeweils Helmut Käutner; »Die Dollarprinzessin« (nach Fall), Regie: Klaus Überall, ZDF 1971; »Um zwei Erfahrungen reicher«, Regie: Wolfgang Staudte, ZDF 1976; »Wer raucht die letzte?«, Regie: Hartmut Griesmayr, ZDF 1983.
Anschrift: c/o ZBF-Agentur München, Leopoldstraße 19, 8000 München 40, oder Hollendeich 10, 2161 Wischhafen.

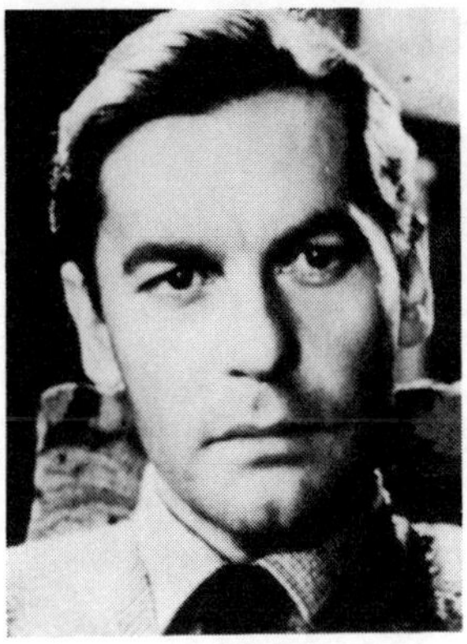

Helmut Berger

(eigentlich: Helmut Steinberger)

Geb. 29. 5. 1944 in Bad Ischl/Österreich; dort und in Salzburg aufgew.; er absolvierte das Franziskaner-College Feldkirchen. In der Schweiz, Frankreich und Großbritannien arbeitete er in verschiedenen Berufen. Mit 21 Jahren ging er nach Rom, wo er als Fotomodell erstmals vor der Kamera stand. Als Filmstatist war er in Cinecittà tätig, bevor ihn der Regisseur Luchino Visconti entdeckte. In seinem Film »Hexen von heute« (mit Silvana Mangano) setzte er ihn 1966 in der Episode »La strega bruciata viva« erstmals in einer kurzen Rolle ein. Unter der Regie seines späteren Lebensgefährten Luchino Visconti (geb. 1906 – verst. 1976) drehte Berger seine markantesten Filme. Berger spricht engl., ital., franz.; er ist ledig und lebt in Rom.

Film: Unter der Regie von Luchino Visconti: Martin von Essenbeck in »Die Verdammten«, mit Dirk Bogarde, Ingrid Thulin und Helmut Griem, Italien/BRD 1968; Titelrolle in »Ludwig II.«, mit Romy Schneider und Gert Fröbe, Italien/Frankreich/BRD 1972; in »Gewalt und Leidenschaft«, mit Burt Lancaster und Silvana Mangano, Italien 1974.

Ferner (u. a.). »Die jungen Tiger«, Italien 1968; »Weißt Du, was Stalin mit den Frauen trieb«, Italien 1969; Titelrolle in »Das Bildnis des Dorian Gray« (nach Wilde), Regie: Massimo Dallamano, BRD/Italien 1971; »Der Garten der Finzi Contini«, Regie: Vittorio de Sica, Italien 1972; »Der letzte Tanz des blonden Teufels«, Italien/Frankreich 1972; »Aschermittwoch«, mit Elizabeth Taylor, Großbritannien 1973; »Der Reigen« (nach Schnitzler), mit Senta Berger, Regie: Otto Schenk, 1973; »Das fünfte Gebot«, 1975; »Salon Kitty« (»Doppelspiel«), Regie: Tinto Brass, Italien/Frankreich 1976; »Die romantische Engländerin«, Großbritannien/Frankreich 1976; »Unternehmen Entebbe«, USA 1976; »Die Rose von Danzig«, 1976; »Geliebte Hexe«, mit Eleonora Giorgi, Regie: Castellano und Pipolo, Italien 1980; »Die Jäger«, Regie: Karoly Makk, 1982; »Geierwally«, mit Eva Mattes, Regie: Werner Herzog, 1985.

Fernsehen: Titelrolle in »Fantomas«, Regie: Claude Chabrol, Serie, franz. TV/ZDF 1979; Peter de Vilbis in »Der Denver-Clan« (»Dynasty«), mit John Forsythe, Linda Evans und Pamela Sue Martin, Regie: Phil Leacock, Serie, US/TV, ZDF 1983/84; »Lenz oder Die Freiheit« (nach Stefan Heym), Regie: Dieter Berner, ARD 1986.

Anschrift: c/o Agentur Jovanovic, Perfallstraße 6, 8000 München 80.

Senta Berger

Geb. 13. 5. 1941 als Tochter des Komponisten und Beamten Josef Berger in Wien; bereits im Alter von neun Jahren erhielt sie Unterricht in Ballett und Ausdruckstanz bei Rosalia Chladek an der Akademie für Darstellende Kunst in Wien. 1957/58 absolvierte sie das Wiener Max-Reinhardt-Seminar und legte die Bühnenprüfung ab. Weil sie nebenbei kleine Rollen in Willi Forsts Film »Die unentschuldigte Stunde« (1957), in Hans Quests »Die Lindenwirtin vom Donaustrand« (1957) und in Anatole Litvaks »Die Reise« (1958) übernommen hatte, mußte sie das Seminar vorzeitig verlassen. Trotzdem erhielt sie 1958 am Theater in der Josefstadt einen Elevenvertrag und debütierte neben Leopold Rudolf in Pirandellos »Heinrich IV.«. Arbeiten mit Otto Schenk, Hans Hollmann und Leonard Steckel folgten.
Nach mehreren deutschen Filmen, in denen sie mitwirkte, gelang ihr der Sprung zum internationalen Kino im Jahre 1960. Sie arbeitete vor allem in den USA, England, Frankreich und Italien. Bislang spielte sie in rund 70 Produktionen. Während sie im deutschen Fernsehen erst ab 1968 zu arbeiten begann, war sie vornehmlich in den USA bereits seit 1965 in vielen TV-Shows zu sehen.
1966 heiratete Frau Berger den Schauspieler, Regisseur und Arzt Dr. Michael Verhoeven. Dieser Verbindung entstammen zwei Kinder (Simon-Vincent, geb. 1972, und Luca-Paulus, geb. 1979).
Mit ihrem Mann gründete sie ebenfalls 1966 die eigene Filmproduktionsfirma »Sentena«. Letzte Produktionen u. a. »Die weiße Rose« (Bundesfilmpreis) und »Die Mutprobe« (Adolf-Grimme-Preis) jeweils für das Kino und »Liebe Melanie«, mit Melanie Horeschovsky und Eva Mattes für das Fernsehen.
Seit 1974 spielt Frau Berger wieder verstärkt Theater, u. a. bei den Salzburger Festspielen (1974–1982), am Wiener Burgtheater (1979-1981), am Thalia-Theater Hamburg (1981/82) und am Berliner Schiller-Theater (1982–1984). Seit 1977 gestaltet sie ferner Rezitationstourneen, bei denen sie u. a. Werke von Arthur Schnitzler (»Fräulein Else«), Ilse Aichinger, Ingeborg Bachmann und Karl Kraus vorstellt.
Die Künstlerin spricht engl., franz., ital.; sie lebt in München-Grünwald.
Film: »Der veruntreute Himmel«, Regie: Ernst Marischka, 1958; »Ich heirate Herrn Direktor«, Regie: Wolfgang Liebeneiner, und »Der brave Soldat Schweijk« (nach Hašek), mit Heinz Rühmann, Regie: Axel von Ambesser, 1960; »Geheime Wege«, Regie: Phil Karson, USA 1960; »Das Wunder des Malachias«, Regie: Bernhard Wicki, »Junge Leute brauchen Liebe«, Regie: Geza von Cziffra, »Eine hübscher als die andere«, Regie: Axel von Ambesser, »Immer Ärger mit dem Bett«, Regie: Rudolf Schündler, »Adieu, Lebewohl, Goodbye«, Regie: Paul Martin, »Es muß nicht immer Kaviar sein« und »Diesmal muß es Kaviar sein« (nach Simmel), mit O. W. Fischer und Viktor de Kowa, Regie: jeweils Geza von Radvanyi, »Ramona«, Regie: Paul Martin, und »Das Geheimnis der schwarzen Koffer«, Regie: Werner Klingler, 1961; »Das Testament des Dr. Mabuse«, mit Gert Fröbe, Regie: Werner Klingler, und »Frauenarzt Dr. Sibelius«, Regie: Rudolf Jugert, 1962; »Sherlock Holmes und das Halsband des Todes«, Regie: Terence Fisher, BRD/Frankreich/Italien 1962; »Die Sieger«, Regie: Carl Foreman, USA/Großbritannien 1963; »The Waltz King« (»Liebe im 3/4-Takt«), Regie: Steve Previn, USA 1963; »Jack und Jenny«, Regie: Victor Vicas, 1963; »Kali Yug – Die Göttin der Rache« und »Kali Yug – Aufruhr in Indien«, Regie: Mario Camerini, Italien/Frankreich 1963; »Volles Herz und leere Taschen«, Regie: Camillo Mastrocinque, Italien/BRD 1963; »Major Dundee«, Regie: Sam Peckinpah, USA 1964; »Schüsse im Dreivierteltakt«, Regie: Alfred Weidenmann, 1965; »Die glorreichen Reiter«, Regie: Arnold Laven, USA 1965; »Der Schatten der Giganten«, Regie: Melville Shavelson, und »Mohn ist auch eine Blume«, Regie: Terence Young, USA 1966; »Our man in Marrakesh«, Regie: Don Sharp, Großbritannien 1966; »Lange Beine – lange Finger«, Regie: Alfred Vohrer, 1966; »Das Quiller-Memorandum – Gefahr aus dem Dunkel«, Regie: Michael Anderson, USA/Großbritannien 1966; »Unser Boß ist eine Dame«, Regie: Dino Risi, Italien/Frankreich/BRD 1966; »Der grausame Job«, Regie: Edouard Molinaro, Frankreich 1966; »Wenn Killer auf der Lauer liegen«, Regie: Henry Levin, USA 1967; »Paarungen«, Regie: Michael Verhoeven, 1967; »Mit teuflischen Grüßen«, Regie: Richard Irving, USA 1968; »Geier können war-

ten«, Regie: Jean-Pierre Desagnat, Frankreich/Italien/BRD 1968; »So reisen und so leben wir«, mit Vittorio de Sica, Regie: Mel Stuart, USA 1969; »Kindheit, Berufung und erste Erlebnisse des Giacomo Casanova«, Regie: Luigi Comencini, Italien 1969; »Das ausschweifende Leben des Marquis de Sade«, Regie: Cy Endfield, USA/BRD 1969; »Einsame Herzen«, Regie: Franco Giraldi, »Als die Frauen noch Schwänze hatten«, Regie: Pasquale Festa Campanile, und »Der 300-Millionen-Aal«, mit Mario Adorf, Regie: Salvatore Samperi, Italien 1970; »Wer im Glashaus liebt«, Regie: Michael Verhoeven, und »Die Moral der Ruth Halbfass«, Regie: Volker Schlöndorff, 1971; »Der Geliebte der großen Barin«, mit Guiliano Gemma, Regie: Valentino Orsini, »Liebe und Sex in Rom«, Regie: Carlo Lizzani, und »Mamma, liebe Mamma, süße Mamma«, Italien 1971; »Kommando Kobra«, Regie: Yves Boisset, Frankreich/Italien 1971; »Scheidungsgrund«, Regie: Marcello Fondato, Italien 1972; »Toll trieben es die alten Germanen«, Regie: Pasquale Festa Campanile, Italien/BRD 1972; »Der scharlachrote Buchstabe«, Regie: Wim Wenders, »Reigen«, Regie: Otto Schenk, und »Ein unheimlich starker Abgang«, Regie: Michael Verhoeven, 1973; »Bisturi, die weiße Mafia«, Regie: Luigi Zampa, und »Liebe und Gymnastik«, Regie: Luigi Filippo D'Amico, Italien 1973; »Der Mann ohne Gedächtnis«, Regie: Duccio Tessari, Italien 1974; »Mit-Gift«, Regie: Michael Verhoeven, 1975; »Das chinesische Wunder«, Regie: Wolfgang Liebeneiner, 1976; »El encuentro«, Spanien 1976; »Per saldo Mord«, mit Ray Milland, USA/BRD 1976; »Steiner – das Eiserne Kreuz«, mit Richard Burton und Rod Steiger, Regie: Sam Peckinpah, Großbritannien/BRD 1976; »Die Herrenreiterin«, Regie: Mario Lanfranchi, und »Brogliaccio d'amore«, Regie: Decio Silva, Italien 1976; »Una donna di seconda mano«, Regie: Giuseppe Tosini, und »Die nackte Bourgeoisie«, Regie: Tonino Cervi, Italien 1977; »Ein seltsames Spiel«, mit Jean-Pierre Cassel, Regie: Franco Giraldi, Italien 1979; »Speed Driver«, Regie: Stelvio Massi, Italien/Spanien/BRD 1980; »Killing-Cars«, mit Jürgen Prochnow, Regie: Michael Verhoeven, 1986.

Theater: Buhlschaft in Hofmannsthals »Jedermann«, Salzburger Festspiele 1974–1982; Titelrolle in Hauptmanns »Elga«, mit Klaus Maria Brandauer, Wiener Festspiele 1975; Titelrolle in Ibsens »Hedda Gabler«, Regie: Gert Pfafferodt, Drei-Länder-Tournee (150 Vostellungen) 1978; in Molières »Tartuffe«, mit Klaus Maria Brandauer und Romuald Pekny, Regie: Rudolf Noelte, Burgtheater Wien 1979–1981; in Büchners »Dantons Tod«, mit Götz George, Regie: Rudolf Noelte, Salzburger Festspiele 1981; Titelrolle in Kohouts »Maria kämpft mit den Engeln«, Regie: Pavel Kohout selbst, Thalia-Theater Hamburg 1981/82; in Schnitzlers »Reigen«, Regie: Hansjörg Utzerath, Schiller-Theater Berlin 1982–1984.

Fernsehen: »White Snow, Red Ice« (»Bob-Hope-Show«), Regie: Buzz Kulik, »See How They Run«, Regie: David Lowell Rich, und »The spy with my face«, Regie: John Newland (aus der Reihe: »The Man from U.N.C.L.E.«), jeweils US-TV 1964; »Eine Chance für einen Playboy« (aus der Reihe: »Al Mundy«), Regie: Leslie Stevens, USA-TV 1967; »Danny-Kaye-Show« und »Name of the Game«, Regie: Anthony Franciosa, Serie, US-TV 1968; »Babeck« (von Reinecker), mit Curd Jürgens, Regie: Wolfgang Bekker, 3 Teile, ZDF 1968; »The magic hour«, mit Orson Welles, US-TV 1969; »Die Senta-Berger-Show«, Regie: Heinz Liesendahl, ARD 1969; »Männer, wir kommen«, mit Bob Rooyen, 1970; »Blumen für Claire« (aus der Reihe: »Al Mundy«), US-TV 1970; »Frühlingsfluten« (nach Turgenjew), Regie: Vojtech Jasny, ARD 1974; »Die Verschwörung des Fiesco zu Genua« (nach Schiller), Regie: Franz Peter Wirth, ZDF 1975; »Starportrait«, bei Henno Lohmeyer, ARD 1975; »Halbzwei«, Regie: Wolfgang Glück, ZDF 1977; »Ihr Lieblingsprogramm«, Talk-Show, ORF 1978; »Die Priwalov'schen Millionen«, Regie: Diethard Klante, Serie, ARD 1980; »Heut' abend«, Zu Gast bei Joachim Fuchsberger, Talkshow, ARD 1982; »Liebe Melanie«, mit Melanie Horeschovsky, Regie: Michael Verhoeven, ZDF 1983; »Kir Royal«, mit Franz Xaver Kroetz und Curt Bois, Regie: Helmut Dietl, Serie, ARD 1986.

Auszeichnungen: »Globe Award« (Nachwuchsschauspielerin) 1965; »Bambi« (BILD + FUNK) 1968; »Otto« (BRAVO) 1969.

Anschrift: c/o Sentena-Filmproduktion, Robert-Koch-Straße 10, 8022 Grünwald.

Toni Berger

– Staatsschauspieler –

Geb. 27. 3. 1921 in München; dort aufgew.; als Komparse begann er 1937 an den Münchner Kammerspielen unter Otto Falckenberg. Seinen Schauspielunterricht mußte er 1939 nach nur vier Monaten abbrechen, da er zum Kriegsdienst eingezogen wurde. Sein erstes Engagement erhielt er 1945 am Fürstlichen Hoftheater Sigmaringen. Weitere Stationen: Bühnen der Stadt Bielefeld (1948–1964), Nationaltheater Mannheim unter Ernst Dietz (1964–1967) und Staatl. Schauspielbühnen Berlins unter Boleslaw Barlog (1967-1972). Seit 1972 gehört er zum Ensemble des Bayerischen Staatsschauspiels München. Gastspiele gab er unter anderem bei den Salzburger Festspielen (1973/1974), bei den Luisenburg-Festspielen Wunsiedel und an der Kleine Komödie München (1984). Seit 1973 ist er in großem Umfang beim Fernsehen beschäftigt.
Berger spricht engl.; er ist verheiratet und lebt in München.
Film: »Das Schlangenei«, Regie: Ingmar Bergman, BRD/USA 1977; »Der Durchdreher«, Regie: Helmut Dietl, 1978; »Aus dem Leben der Marionetten«, Regie: Ingmar Bergman, 1980; »Zuckerbaby«, Regie: Percy Adlon, und »Seitenstechen«, mit Mike Krüger, Regie: Dieter Pröttel, 1985.
Theater: Argan in Molières »Der eingebildete Kranke«, Marquis Posa in Schillers »Don Carlos«, mit Theodor Loos, Prinz in Lessings »Emilia Galotti«, und Alcest in Goethes »Die Mitschuldigen«, jeweils Fürstl. Hoftheater Sigmaringen 1945–1948; Bleichenwang in Shakespeares »Was ihr wollt«, in Kaisers »Silbersee«, Laertes in Shakespeares »Hamlet«, Titelrolle in Kleists »Prinz Friedrich von Homburg«, sowie in zahlreichen Musicals und Operetten, jeweils Bühnen der Stadt Bielefeld 1948–1964; Malvolio in Shakespeares »Was ihr wollt«, Wurm in Schillers »Kabale und Liebe« und Theobald Maske in Sternheims »Die Hose«, jeweils Nationaltheater Mannheim 1964–1967;
in Shaws »Haus Herzenstod«, mit Bernhard Minetti, und in Zuckmayers »Des Teufels General«, mit Carl Raddatz, Regie: jeweils Boleslaw Barlog, in Nestroys »Das Mädl aus der Vorstadt«, in Goethes »Die Aufgeregten«, Regie: Hans Hollmann, in Goethes »Faust II«, mit und unter der Regie von Ernst Schröder, in Molières »Die gelehrten Frauen«, Regie: Oscar Fritz Schuh, in »Biographie einer Liebe«, Regie: Hans Schweikart, jeweils Staatl. Schauspielbühne Berlin 1967-1972;
Wachtmeister im Lager und Illo in Schillers »Wallenstein«, Regie: Walter Felsenstein, in Nestroys »Der Zerrissene«, in Thomas »Erster Klasse«, »Waldfrieden« und »Das Säuglingsheim«, in Fleißers »Der starke Stamm«, Regie: Dieter Giesing (auch TV), in Nestroys »Der Talisman«, und in Lautensacks »Hahnenkampf«, Regie: jeweils Ruth Drexel, in Kipphardts »In der Sache J. Robert Oppenheimer«, Regie: Dieter Giesing (auch TV), in Ibsens »Baumeister Solness«, Regie: Peter Zadek, Vater in der Uraufführung von Loepelmanns »Der Frieder und das Katherlieschen« (nach Gebrüder Grimm), Regie: Götz Loepelmann selbst, und in Müller/Polts »Die Exoten«, jeweils Bayerisches Staatsschauspiel München 1972–1985; Heinrich VI. in »Spiel der Mächtigen«, Regie: Giorgio Strehler, Salzburger Festspiele 1973/74; in Wilhelms »Wolf im Nerz«, Regie: Kurt Wilhelm selbst, Kleine Komödie München 1984.
Sein bislang größter Erfolg: Boandlkramer in Wilhelms »Der Brandner Kaspar und das ewig' Leben« (nach Kobell), mit Fritz Strassner und Gustl Bayrhammer, Regie: Kurt Wilhelm (über 400 Vorstellungen), Cuvilliés-Theater München (auch ARD 1975).
Fernsehen: »Die Goldfüchse«, ARD 1973; »Der Mensch Adam Deigl und die Obrigkeit«, mit Willy Harlander, Regie: Rainer Wolffhardt, Titelrolle in »Die beiden Seehunde« und »Der Feinschmecker« (nach Thoma), Regie: jeweils Kurt Wilhelm, ARD 1974; »Die Überführung« (von Lohmeier), und »Münchner G'schichten«, mit Günther Maria Halmer und Therese Giehse, Serie, ARD 1976; »Der Geisterbräu« (aus der Reihe: »Der Komödienstadl«), Regie: Olf Fischer, ARD 1977; Bürgermeister von München in »Wallenstein« (nach Golo Mann), mit Rolf Boysen, Regie: Franz Peter Wirth, 4 Teile, ZDF 1978; »Der Alte«, Serie, 2 Folgen, ZDF 1978 und 1980; Titelrolle in »Der Millionenschuster«, Regie: Kurt Wilhelm, ARD 1980; Titelrolle in »Kollege Betriebsrat«, Regie: Stephan Rinser, 6 Teile, und »Der Gerichtsvollzieher«, mit Jörg Hube, Regie: Peter Weck, Serie, ARD 1981; »Tatort«, Regie: Wilm ten Haaf,

Serie, und Onkel Ignaz in »Zeit genug« mit Ernst Hannawald, Serie, ARD 1982; Titelrolle in »Der gutmütige Grantler«, Regie: Werner Schlechte, ZDF 1982; »Magdalena« (nach Thoma), Regie: Jörg Graser, und »Polizei-Inspektion 1«, Serie, ARD 1983; »Geschichten aus der Heimat«, Serie, ARD 1984; »Ordnung muß sein«, Regie: Franz Geiger, »Zwei rechts – zwei links«, »Wie im Paradies«, Regie: Bernd Fischerauer, »Geschichten aus der Heimat«, Serie, und »Franz Xaver Brunnmayr«, mit Gustl Bayrhammer, Regie: Ulrich König, 13 Teile, ARD 1985; »Der Schneesturm«, »Zur Freiheit«, Regie: Franz X. Bogner, und »Irgendwie und sowieso«, Regie: Franz Xaver Bogner, Serie, ARD 1986. Zudem war er Gast bei Joachim Fuchsbergers Talkshow »Heut' abend«.
Auszeichnung: Bayerischer Staatsschauspieler.
Anschrift: c/o ZBF-Agentur München, Leopoldstraße 19, 8000 München 40, oder Siegrunestraße 3, 8000 München 19.

Elisabeth Bergner †

(eigentlich: Elisabeth Czinner, geb. Ettel)

Geb. 22. 8. 1897 in Drohobycz, österr. Galizien (später Polen, heute Sowjetunion); dort und in Wien aufgew.; 1912 erhielt sie einen Freiplatz am Wiener Konservatorium. Erste Bühnenengagements hatte sie in Innsbruck (1915/16), in Zürich (1916-1918), an den Barnowsky-Bühnen Berlin (1918/19), an den Kammerspielen unter Otto Falckenberg (1920/21) und am Staatstheater in München (1921/22). 1922 kehrte sie nach Berlin zurück, wo sie am Deutschen Theater und an den Barnowsky-Bühnen wirkte. Ab 1921 drehte sie, vornehmlich mit ihrem späteren Mann, dem Regisseur Dr. Paul Czinner (1890–1972), zahlreiche Kinofilme. 1933 verließ sie das Deutsche Theater Berlin, ging zunächst nach Wien, später nach London, wo sie weitere Filme drehte. 1938 erhielt sie die britische Staatsbürgerschaft. 1940 siedelte sie für mehrere Jahre in die USA über. Sie spielte ab 1949 auch wieder in Deutschland Theater. 1961/62 war sie erneut am New Yorker Broadway zu sehen.

Ihr Regie-Debüt gab sie im Alter von 72 Jahren 1970 in Berlin mit Jean-Claude Carrières »Ich suche Monsieur Ferrand«. Sie drehte wiederum deutsche Kinofilme und war erstmals in TV-Produktionen zu sehen. 1978 stellte sie ihren Memoiren-Band »Bewundert viel und viel gescholten. Elisabeth Bergners unordentliche Erinnerungen« vor.

Frau Bergner spricht engl., franz.; sie ist verwitwet und lebt in London.

Film: Titelrolle in »Fräulein Julie« (nach Strindberg), 1921, »Nju«, 1924; »Der Geiger von Florenz«, 1925; »Donna Juana«, 1927; »Fräulein Else« (nach Schnitzler), 1929, jeweils Stummfilme. »Ariane«, 1931; »Der träumende Mund«, 1932; »Katharina die Große«, mit Douglas Fairbanks jr., Regie: Alexander Korda, Großbritannien 1933; »Escape me never«, Großbritannien 1935; »As you like it«, mit Laurence Olivier, Großbritannien 1936; »Stolen Life« (engl. Fassung von »Ariane«), Großbritannien 1939; »Paris Calling«, Großbritannien 1941; »Die glücklichen Jahre der Thorwalds«, BRD 1963; »Der Pfingstausflug«, mit Martin Held, Regie: Michael Günther, 1979; »Feine Gesellschaft–beschränkte Haftung«, mit Lilli Palmer, Regie: Ottokar Runze, 1982.

Theater: Ophelia in Shakespeares »Hamlet« (Debüt), und Rosalinde in Shakespeares »Wie es euch gefällt«, jeweils Tiroler Landes-Theater Innsbruck 1915/16; Wendla in Wedekinds »Frühlings Erwachen«, und Rosalinde in Shakespeares »Wie es euch gefällt«, jeweils Schauspielhaus Zürich 1916–1918; Titelrolle in Wedekinds »Lulu«, und Ophelia in Shakespeares »Hamlet«, jeweils Neue Wiener Bühne 1919/20; Rosalinde in Shakespeares »Wie es euch gefällt«, Titania in Shakespeares »Ein Sommernachtstraum«, und Michaline in Hauptmanns »Michael Kramer«, Regie: jeweils Otto Falckenberg, Titelrolle in Goldonis »Mirandolina«, Christopherl in Nestroys »Einen Jux will er sich machen«, Regie: Paul Kalbeck, Mädchen in Tagores »Das Postamt«, und Titelrolle in Picards »Kiki von Montmartre«, jeweils Münchner Kammerspiele 1920-1922;

Helene Altenwyl in der Uraufführung von Hofmannsthals »Der Schwierige«, Bayerisches Staatsschauspiel München 1921; Yin-Yin in Berstls »Herr Tschu« und Titelrolle in Strindbergs »Königin Christine«, jeweils Lessing-Theater Berlin 1921/22; der jüngere Bruder in Bronnens »Vatermord«, Die Junge Bühne Berlin 1922;

Titelrolle in Strindbergs »Fräulein Julie«, mit Heinrich George, Deutsches Theater Berlin 1922; Königin in Marlowes »Eduard II.«, Titelrolle in Hauptmanns »Hanneles Himmelfahrt«, Titelrolle in Hauptmanns »Elga«, Schauspielertheater Berlin 1923; Viola in Shakespeares »Was ihr wollt«, Lessing-Theater Berlin 1923;

Titelrolle in der deutschen Erstaufführung von Shaws »Die heilige Johanna«, Regie: Max Reinhardt, Titelrolle in Dumas' »Die Kameliendame«, Rosalinde in Shakespeares »Wie es euch gefällt«, Haitang in Klabunds »Der Kreidekreis« (er schrieb das Stück für Elisabeth Bergner), Titelrolle in Lonsdales »Mrs. Cheneys Ende«, Titelrolle in Kennedys »Die treue Nymphe«, Julia in Shakespeares »Romeo und Julia«, Regie: Max Reinhardt, Nina in der deutschen Erstaufführung von O'Neills »Seltsames Zwischenspiel«, Regie: Heinz Hilpert, Portia in Shakespeares »Der Kaufmann von Venedig«, Regie: Jürgen Fehling, Alkmene in Giraudoux' »Amphitryon 38«, Hanne Elias in Hauptmanns »Gabriel Schillings Flucht«, jeweils an den vorgenannten Berliner Bühnen von 1923-1933; Gemma Jones in Kennedys »Escape me never«, Lon-

don 1933, New York 1935; David in Barries »The Boy David«, London 1936; Titelrolle in Shaws »Saint Joan«, Theater-Festival London 1938; Sally in Booth-Luce' »The Two Mrs. Carrolls«, 1940, Titelrolle in Websters »The Duchess of Malfi«, 1946, Ellen Croy in »The cup of Trembling«, 1948, jeweils New York; Titelrolle in Goethes »Iphigenie auf Tauris«, New York und Europa-Tournee 1949; Hester in Rattigans »Tiefe blaue See«, Tournee 1954/55; Mary Tyrone in O'Neills »Eines langen Tages Reise in die Nacht«, Regie: Karl Heinz Stroux, Düsseldorfer Schauspielhaus und Tournee 1956; Lesung Schnitzlers Monolog »Fräulein Else«, Hamburg 1959; Mrs. Campbell in Kiltys »Geliebter Lügner« (nach Shaw und Campbell), mit O. E. Hasse, Regie: Jerome Kilty, Renaissance-Theater Berlin und Tournee 1961; in »First Love«, New Yorker Broadway 1961/62; Titelrolle in Giraudoux' »Die Irre von Chaillot«, Regie: Karl Heinz Stroux, Düsseldorfer Schauspielhaus 1964; Lady Macbeth in Shakespeares »Macbeth« und Frau Alving in Ibsens »Gespenster«, Berlin 1965; Deborah Harford in O'Neills »Alle Reichtümer dieser Erde«, Regie: Karl Heinz Stroux, Renaissance-Theater Berlin 1971; Frau Orban in Örkénys »Katzenspiel«, London 1973; Lesung »Der vergessenen Völker Müdigkeiten«, zum 100. Geburtstag von Max Reinhardt, Salzburger Festspiele 1983.
Fernsehen: »Nachtdienst«, Regie: Krzysztof Zanussi, ARD 1975; »Der Garten«, mit Gert Fröbe, Regie: Wolfgang Liebeneiner, ZDF 1982; »Rummelplatzgeschichten«, Regie: Konrad Sabrautzky, ARD 1983; »Angelo und Luzy«, Regie: Wolfgang Glück, Serie, und »Wenn ich dich nicht hätte«, mit Rudolf Platte, Regie: Konrad Sabrautzky, ZDF 1984.
Auszeichnungen: »Schiller-Preis der Stadt Mannheim« 1962; Deutscher Filmpreis 1963; »Ernst-Lubitsch-Preis« 1979; »Eleonora-Duse-Preis«, Festival von Asolo, Italien 1982; »Ernst-Reuter-Plakette« der Stadt Berlin 1983; »Bayerischer Maximilians-Orden« 1984; »Silbernes Blatt«, Preis der Dramatiker-Union 1984.
Anschrift: c/o ZBF-Agentur München, z. Hdn. Frau Annemarie Herald, Leopoldstr. 19, 8000 München 40, od. London S.W. 1, 42 Eaton Square, Großbritannien.

Christa Berndl

Geb. 18. 1. 1932 als Tochter der Schauspiellehrerin Christa Caporicci in München; dort aufgew.; Oberschule; schon als Sechsjährige tanzte sie im Kinderballett, als Fünfzehnjährige spielte sie an Münchens Jungem Theater das Gretchen in Goethes »Faust I«; sie nahm Tanzunterricht (bei Ornelli), Gesangsunterricht (bei Prof. Mayer) und Schauspielunterricht (bei ihrer Mutter).
Sie debütierte an den Städt. Bühnen Augsburg. 1955 war sie an den Städt. Bühnen Essen engagiert. Nach Verpflichtungen am Schauspielhaus Bochum, am Württembergischen Staatstheater Stuttgart und an den Städt. Bühnen Nürnberg kam sie 1963 an die Münchner Kammerspiele, wo sie bis 1971 wirkte. Seither hatte sie Engagements am Deutschen Schauspielhaus Hamburg, am Schauspielhaus Düsseldorf, an den Bühnen der Stadt Köln und am Bayerischen Staatsschauspiel München. Gastspiele gab sie ferner bei den Ruhrfestspielen in Recklinghausen und bei den Festspielen in Herrenhausen.
Sie ist in der Synchronisation tätig und drehte bislang über 80 Fernsehfilme.
Frau Berndl spricht engl.; sie lebt in München.
Film: »Die kupferne Hochzeit«, 1948; »Die drei Dorfheiligen«, 1949; »Die wilden Fünfziger« (nach Simmel), Regie: Peter Zadek, 1983.
Theater: Athena in Euripides' »Der Mütter Bittgang«, Mädchen in Hohbergs »Manhattan-Story«, und Kurtisane in Shakespeares »Komödie der Irrungen«, jeweils Städt. Bühnen Essen 1955; Lilli in Vitracs »Victor oder Die Kinder an der Macht«, Regie: Jean Anouilh, 1963, in Labiches »Der Florentiner Hut«, Regie: Axel von Ambesser, 1965, Titelrolle in Thomas »Magdalena«, mit Therese Giehse, Regie: Hans Schweikart, 1967 (auch TV), Dame in Feydeaus »Der Floh im Ohr«, Regie: Dieter Giesing, 1968, in Shakespeares »Liebes Leid und Lust«, Regie: Paul Verhoeven, 1969, Dienstmädchen in Kipphardts »Sedansfeier«, Regie: Ulrich Heising, 1970, jeweils Münchner Kammerspiele;
Hure in Sperrs »Koralle Meier«, Ruhrfestspiele Recklinghausen 1971; Nadjeshda in Gorkis »Barbaren«, Regie: Dieter Giesing, 1973, Gina in Ibsens »Wildente«, und in O' Caseys »Kikeriki«, mit Werner Hinz, Regie: Wilfried Minks, 1975, Emilia in Shakespeares »Othello«, 1976, und Schäfer und Pauline in Shakespeares »Ein Wintermärchen«, 1978, Regie: Peter Zadek, jeweils Deutsches Schauspielhaus Hamburg; Elisabeth in Schillers »Maria Stuart«, Düsseldorfer Schauspielhaus 1980; Königinmutter in Gombrowicz' »Yvonne, Prinzessin von Burgund«, 1980, Winnie in Becketts »Glückliche Tage«, 1981, Regie: jeweils Luc Bondy, Mutter in Bernhards »Am Ziel«, 1982, jeweils Bühnen der Stadt Köln; in Vinavers »Flug in die Anden«, Regie: Arie Zinger, in Botho Strauß' »Bekannte Gesichter, gemischte Gefühle«, Regie: Dieter Giesing, Magd in Lorcas »Bernarda Albas Haus«, mit Ruth Drexel, Regie: Wilfried Minks, in Laubes »Finale in Smyrna« (nach Goldoni), Regie: Werner Schroeter, und in Ibsens »John Gabriel Borkman«, Regie: Ingmar Bergman, Bayerisches Staatsschauspiel München 1983–1986.
Fernsehen: In den 50er Jahren spielte sie u. a. in »Die Drei Eisbären«, in »Graf Schorschi« (nach Schwerla) und in »Der G'wissenswurm« (nach Anzengruber).
Ferner: »Der kleine Napoleon« (nach Sarauw), ZDF 1961; Zenzi in »Der Wittiber« (nach Thoma), ARD 1962; »Aktion T 4« (von Mommertz), ZDF 1964; »Vor Nachbarn wird gewarnt« (nach Launder/Gilliat), ZDF 1965; »Witwen« (nach Thoma), ARD 1969; »Tage der Rache«, ARD 1970; »Gabriel«, Regie: Thomas Fantl, ZDF 1973; »Lehmanns Erzählungen« (nach Lenz), Regie: Wolfgang Staudte, ZDF 1975; »Frauen in New York«, Regie: Rainer Werner Fassbinder (Theaterinszenierung), ARD 1977; »Kater Lampe«, ARD 1981, »Qual-Verwandt-Schaften«, ARD 1982, »Tiritomba«, ARD 1983, Regie: jeweils Ulrich Heising; »Flüchtige Bekanntschaften«, Regie: Marianne Lüdcke, ARD 1982; »Der Alte«, Serie, ZDF 1982; »Der Nächste bitte«, mit Walter Sedlmayr, Regie: Rainer Wolffhardt, 6 Teile, ARD 1983; »Die Reise« (nach Vesper), Regie: Markus Imhof, ARD 1986.
Auszeichnung: »Preis des Vereins der Freunde des Bayerischen Staatsschauspiels München« 1985.
Anschrift: c/o ZBF-Agentur München, Leopoldstraße 19, 8000 München 40.

Ehmi Bessel

– Staats-schauspielerin –

Geb. 11. 10. 1904 in Ludwigshafen/Rhein; aufgew. in Mannheim; sie besuchte die Liselotte-Schule in Mannheim und nahm Schauspielunterricht bei Fritz Alberti. Am Düsseldorfer Schauspielhaus unter Louise Dumont begann sie ihre Karriere. Von 1929 bis 1932 gehörte sie zum Ensemble der Münchner Kammerspiele. Weitere Bühnenstationen: Deutsches Schauspielhaus Hamburg (1932-1939 und wieder ab 1960), Deutsches Theater Berlin und Berliner Ensemble (1947-1950). Gastspiele gab sie u. a. am Schauspielhaus Zürich und an den Hamburger Kammerspielen. Frau Bessel war von 1934 bis 1985 verheiratet mit dem Schauspieler Werner Hinz (geb. 1903, verst. 1985), mit dem sie in zahlreichen Inszenierungen zu sehen war. Ihre drei Kinder Dinah (eigentlich: Eleonore, geb. 1934), Michael (geb. 1939) und Knut (geb. 1941) wählten ebenfalls den Schauspielberuf.
Sie lebt in Hamburg.
Film: »Das Mädchen vom Montparnasse«, Frankreich/Deutschland 1932; »Gruß und Kuß, Veronika!«, 1933; »Bekenntnisse des Hochstaplers Felix Krull« (nach Thomas Mann), mit Horst Buchholz und Werner Hinz, Regie: Kurt Hoffmann, 1958; »Rheinsberg« (nach Tucholsky), mit Werner Hinz und Cornelia Froboess, Regie: Kurt Hoffmann, 1967.
Theater: Aude in Raynals »Das Grabmal des unbekannten Soldaten«, mit Ernst Ginsberg, Regie: Berthold Viertel, Düsseldorfer Schauspielhaus 1926; Polly in Brecht/Weills »Die Dreigroschenoper«, mit Kurt Horwitz, Regie: Hans Schweikart, 1929, in der Uraufführung von Franks »Sturm im Wasserglas«, in der Uraufführung von Johnsons »Ein kluges Kind«, und in Langers »Das Kamel geht durch ein Nadelöhr«, Regie: jeweils Josef Glücksmann, Titelrolle in Hebbels »Maria Magdalena«, Regie: Ernst Held, und in der Uraufführung von Döblins »Die Ehe«, Regie: Otto Falckenberg, 1930, Titelrolle in Ibsens »Nora«, Regie: Otto Falckenberg, 1931, jeweils Münchner Kammerspiele; Eboli in Schillers »Don Carlos« und Titelrolle in Lessings »Minna von Barnhelm«, Regie: jeweils Jürgen Fehling, und Titelrolle in Hebbels »Maria Magdalena«, Regie: Adolf Rott, jeweils Deutsches Schauspielhaus Hamburg 1935;
Gina Ekdal in Ibsens »Die Wildente«, mit Werner Hinz, Regie: Karl Heinz Martin, Berlin 1940, Regie: Haenel, Schauspielhaus Zürich 1954, und Regie: Rudolf Noelte, Deutsches Schauspielhaus Hamburg (auch TV);
Orsina in Lessings »Emilia Galotti«, mit Werner Hinz, Regie: Falk Harnack, 1949, und Die jüdische Frau in Brechts »Furcht und Elend des Dritten Reiches«, jeweils Deutsches Theater Berlin.
Fernsehen: Gräfin in »Hava der Igel«, Regie: Hans Quest; »Der Scheiterhaufen«; »Späte Liebe« (nach Max von der Grün), Regie: Ilse Hofmann, und »Die Eisernen« (nach Nicolaj), Regie: Rolf Henniger, ARD 1978; Daja in »Nathan der Weise« (nach Lessing), mit Werner Hinz, Regie: Oswald Döpke, ARD 1979.
Auszeichnungen: Hamburger Staatsschauspielerin 1935; »Roswitha-Ring«, Bad Gandersheim.
Anschrift: c/o Agentur Lentz, Holbeinstraße 4, 8000 München 80.

Edgar Bessen

Geb. 11. 11. 1933 als Sohn eines Seemanns in Hamburg; dort aufgew.; schon als Kind gehörte er einer Laienspielgruppe an. Nach einer Tischlerlehre nahm er nicht zuletzt auf Empfehlung seines Onkels Henry Vahl Schauspielunterricht und kam 1960 zum Hamburger Ohnsorg-Theater. Bis 1979 gehörte er zum Ensemble der niederdeutschen Bühne. Seither hatte er Bühnen-Engagements u. a. an den Hamburger Kammerspielen (1979) und am Theater im Zimmer Hamburg (1980-1983). 1984 erhielt er einen Zweijahres-Vertrag am Deutschen Schauspielhaus Hamburg.
Bessen spricht engl.; er ist nach dem Tod seiner ersten Frau seit 1969 zum zweitenmal verheiratet und lebt in Hamburg.
Film: »Nicht mit uns« und »Im Herzen des Hurricans«, Regie: Hark Bohm, 1979.
Theater: In den 19 Jahren am Hamburger Ohnsorg-Theater spielte er u. a. mit dem Partnern Heidi Kabel, Otto Lüthje, Karl-Heinz Kreienbaum, Heidi Mahler, Fritz Hollenbeck, Ernst Garbbe, Hanno Thurau, Hilde Sicks und Henry Vahl. Stücke: »Ferien« (seine Premiere), »Der verkaufte Großvater«, »Wenn Du Geld hast«, »Op Düvels Schuuvkoor«, »Die Kartenlegerin«, »Tratsch im Treppenhaus«, »Heiratsschwindel«, (und seit 1977) »De Venus von Müggensack«, »Wenn Du Geld hast«, »Cowboys, Quiddjes und Matrosen«, »Mudder Mews« und »De Etappenhas«.
In Kaisers »Papiermühle«, Hamburger Kammerspiele 1979; in »Lauf doch nicht immer weg«, 1980, und August in »Das Lächeln am Fuße der Leiter«, 1983, jeweils Theater im Zimmer Hamburg.
Fernsehen: Neben den zahlreichen TV-Übertragungen aus dem Ohnsorg-Theater und Auftritten in volkstümlichen Sendungen wie »Die Haifischbar«, ferner:
»Einmal im Leben«, Regie: Dieter Wedel, 3 Teile, ARD 1972; »Die schöne Marianne«, mit Hannelore Elsner und Walter Jockisch, 14 Folgen, ARD 1977; »Tatort«, Serie, 2 Folgen, ARD 1978 + 1980; »Timm Thaler«, mit Tommi Ohrner, Horst Frank und Bruni Löbel, Serie, ZDF 1978/79; »Kudenow oder An fremden Wassern weinen«, Regie: Claus Peter Witt, ZDF 1981; »Der Schatz des Priamos«, Regie: Karl Fruchtmann, 2 Teile, ARD 1981; »Schwarz-Rot-Gold: Kaltes Fleisch«, Regie: Marco Serafini, und »Schwarz-Rot-Gold: Alles in Butter«, Regie: Dieter Wedel, ARD 1982; »Konsul Möllers Erben« (von Asmodi), mit Ernst Fritz Fürbringer, Regie: Claus Peter Witt, 7 Teile, ZDF 1983; »Ein Mann ist kein Kanarienvogel«, und Kriminalhauptmeister Heinz Nickel in »Tatort« (vom NDR), mit Manfred Krug, Serie, ARD 1984; »Der Millionen-Coup«, Regie: Wolfgang Storch, 2 Teile, ZDF 1984; »Schwarz-Rot-Gold«, Serie mit Uwe Friedrichsen, davon in: »Blauer Dunst« (Regie: Theo Mezger), »Kopf und Kragen« (Regie: Marco Serafini) und »Nicht schießen« (Regie: Dieter Wedel), ARD 1984/85; »Abschied von der Hinterbank«, Buch + Regie: Joachim Roering, ZDF 1985.
Anschrift: c/o ZBF-Agentur Hamburg, Tonndorfer Hauptstraße 90, 2000 Hamburg 70.

Julia Biedermann

Geb. 15. 3. 1967 in Berlin, wo sie aufwuchs und auch heute lebt; ledig; spricht engl., franz.; bereits als vierjähriges Mädchen bei einer Talentsuche für die ARD-Sendereihe »Sesamstraße« entdeckt. Neben ihrer Schulausbildung – Gymnasium – debütierte sie bereits 1976 am Schiller-Theater Berlin; bei den Dreharbeiten zur ZDF-Serie »Traumschiff« riet ihr der Regisseur Fritz Umgelter, Schauspielunterricht zu nehmen. Daraufhin besuchte sie eine Sprach- und Tanzakademie, nahm Gesangsunterricht und absolvierte eine private Schauspielschule.

Film: »Die bleierne Zeit«, Regie: Margarethe von Trotta, 1981.

Theater: In Hauptmanns »Die Weber«, Regie: Hansjörg Utzerath, Schiller-Theater Berlin 1976-1978; Hedwig in Ibsens »Die Wildente«, mit Werner Kreindl und Rudolf Platte, Regie: Rudolf Noelte, Freie Volksbühne Berlin 1979; in Tschaikowskys »Der Nußknacker«, Regie: Rudolf Nurejew, Deutsche Oper Berlin 1979-1981.

Fernsehen: Susanne in »Das Hochhaus«, mit Witta Pohl, Regie: Thomas Hartwig, ZDF 1980; »Manni der Libero«, mit Tommi Ohrner und Hellmut Lange, Regie: Franz Josef Gottlieb, Serie, ZDF 1981; »Das Traumschiff«, mit Josef Meinrad, Regie: Fritz Umgelter, und »Ein Fall für zwei«, Serie, ZDF 1982; »Euch darf ich's wohl gestehen« (Gespräche mit Goethe), Regie: Egon Günther, ARD, 1982; »Mandara«, mit Horst Frank, 12 Teile, »Lach mal wieder«, Regie: Wolfgang Spier, und Tanja in »Ich heirate eine Familie«, mit Thekla Carola Wied und Peter Weck (führte auch Regie), Serie, ZDF 1983–85; »Einführung in das Mietrecht«, mit Siegfried Rauch und Antje Hagen, 13 Teile, ZDF 1985; »Nachtärzte«, franz. TV. 1985.

Anschrift: c/o Agentur Alexander, Lamontstraße 9, 8000 München 80.

Claus Biederstaedt

Geb. 28. 6. 1928 als Sohn eines Studienrats und Musikpädagogen in Stargard/Pommern; als Gymnasiast wurde er kurz vor Kriegsende noch zum Militärdienst eingezogen. Nach dem Krieg legte er in Hamburg sein Abitur ab und begann zunächst ein Medizinstudium, das er jedoch abbrach, um die Schauspielschule des Deutschen Schauspielhauses Hamburg zu besuchen (1949/50). Seine Lehrer waren u. a. Will Quadflieg und Joseph Offenbach. Am Schauspielhaus bekam er auch sein erstes Engagement. Er spielte neben Ruth Leuwerik in Penzoldts »Der gläserne Storch«. 1950 wurde er noch an das Staatstheater Wiesbaden verpflichtet. Von 1952 bis 1964 drehte er rund 50 Spielfilme. Weitere Bühnen-Engagements u. a.: Komödie, Theater am Kurfürstendamm und Renaissance-Theater in Berlin, Kleine Komödie München, Komödie im Marquardt Stuttgart, Theater am Dom Köln, Die Komödie Frankfurt/Main, Komödie Düsseldorf und Koblenzer Theater (bis 1985/86). Er führt auch Regie.

Als Synchronsprecher leiht er seine Stimme u. a. Marlon Brando, James Garner, Yves Montand, Marcello Mastroianni, Paul Newman und Vittorio Gassman.

Biederstaedt spricht engl.; er ist zum zweitenmal verheiratet, hat einen Sohn (Tom-Eric, geb. 1961, aus der ersten Ehe) und lebt in Eichenau/Oberbayern.

Film: »Die große Versuchung«, mit Ruth Leuwerik und Dieter Borsche, Regie: Rolf Hansen, 1952; »Ich und du«, »Arlette erobert Paris«, »Liebeskrieg nach Noten«, mit Marthe Harell, Regie: Karl Hartl, »Eine Liebesgeschichte«, und »Sanatorium total verrückt«, 1953; »Feuerwerk« (nach Burkhard), mit Lilli Palmer, Regie: Kurt Hoffmann, »Sauerbruch – Das war mein Leben«, mit Ewald Balser und Erich Ponto, Regie: Rolf Hansen, »Keine Angst vor Schwiegermüttern«, »Der letzte Sommer« und »Ewiger Walzer«, 1954; »Kinder, Mütter und ein General«, Regie: Laslo Benedek, »Urlaub auf Ehrenwort«, Regie: Karl Ritter, »Drei Männer im Schnee« (nach Kästner), mit Paul Dahlke, Regie: Kurt Hoffmann, »Der Himmel ist nie ausverkauft«, »Musik, Musik und nur Musik«, »Zwischenlandung in Paris«, »Mädchen ohne Grenzen«und »Meine Kinder und ich«, 1955; »Vor Sonnenuntergang« (nach Hauptmann), mit Hans Al-

bers, Regie: Gottfried Reinhardt, »Charley's Tante« (nach Thomas), mit Heinz Rühmann, »Die Christel von der Post«, »Schwarzwaldmelodie«, mit Sonja Ziemann, »Was die Schwalbe sang«, »Kleines Zelt und große Liebe« und »Das Donkosakenlied«, 1956; »Die verpfuschte Hochzeitsnacht«, »Kindermädchen für Papa gesucht«, »Blaue Jungs«, »Der kühne Schwimmer« (nach Arnold/Bach) und »Es wird alles wieder gut«, 1957; »Nachtschwester Ingeborg«, mit Immy Schell und Ewald Balser, Regie: Geza von Cziffra, »Die Beine von Dolores«, »Petersburger Nächte«, »Scala total verrückt«, Regie: Erik Ode, »Was eine Frau im Frühling träumt« und »Majestät auf Abwegen«, 1958; »Akte Sahara – streng vertraulich«, »Das Liebeslied des Gondoliere« (»La Paloma«) und »Glück und Liebe in Monaco«, 1959; »Wir wollen niemals auseinandergehn«, »Schick Deine Frau nicht nach Italien« und »Schlagerparade '60«, 1960; »Was macht Papa denn in Italien?«, 1961; »Wenn die Musik spielt am Wörthersee« und »Die Post geht ab«, 1962; »Jetzt dreht die Welt sich nur um dich«, 1964.
Theater: In Weisenborns »Ballade vom Eulenspiegel«, in »Wolken sind überall«, in Goetz' »Ingeborg«, in Wildes »Bunbury«, in Simons »Barfuß im Park«, in Simons »Ausreißer«, in Yeldhams »Auf und davon«, und in Ayckbourns »Treppauf–Treppab«, jeweils an den vorgenannten Bühnen bis 1983; in Vincons »Gipfeltrefffen«, Theater am Dom Köln 1984/85 (auch ARD 1985); Harras in Zuckmayers »Des Teufels General«, Koblenzer Theater 1985/86.
Fernsehen: »Die Schmettterlingsschlacht« (nach Sudermann), ZDF 1963, »Komödie der Irrungen« (nach Shakespeare), ZDF 1965, und »Die Geschichte des Rittmeisters Schach von Wuthenow« (nach Fontane), ARD 1966, Regie: jeweils Hans Dieter Schwarze; »Unser Herr Diener« (nach Barrie), Regie: Rolf von Sydow, ZDF 1967; »Der Kommissar«, mit Erik Ode, Serie, ZDF 1969; »Meine Frau Susanne«, mit Heidelinde Weis, Serie, ZDF 1970; Titelrolle in »Ein Chirurg erinnert sich«, Serie, ZDF 1972; »Tausend Francs Belohnung« (nach Victor Hugo), Regie: Günter Gräwert, ARD 1974; Kommissar in »Die unsterblichen Methoden des Franz Josef Wanninger«, mit Beppo Brem, Maxl Graf und Wolf Ackva, Serie, ARD 1979–1982; »Der Alte«, Serie, 2 Folgen, ZDF 1980/81; »Sonderdezernat K 1«, Serie, ARD 1981; »Villa zu vermieten«, Regie: Thomas Engel, ARD 1982; »Derrick«, Serie, ZDF 1982; »Polizei-Inspektion 1«, mit Walter Sedlmayr, Serie, ARD 1983; »Lach mal wieder«, mit Günter Pfitzmann, Serie, und »Zwei schwarze Schafe«, Regie: Ralf Gregan, ZDF 1984, »Die Frau des Kommissars« (nach Hennequin), mit Heinz Schubert und Ursela Monn, Regie: Michael Günther, ARD 1984; »Unsere schönsten Jahre«, mit Uschi Glas und Elmar Wepper, Regie: Michael Braun, Serie, ZDF 1985.
Ferner spielte er in: »Die mexikanische Revolution« (nach Mansfeld), »Der blaue Strohhut« (nach Michael) und »Diese Frau zum Beispiel« (nach Durach).
Auszeichnungen: Bundesfilmpreis 1953 für seine Doppelrolle als Famulus Huber und farbiger Besatzungssoldat in »Die große Versuchung«.
Anschrift: c/o Agentur Köhler, Rümannstraße 51, 8000 München 40.

Dagmar Biener

Geb. 23. 6. 1946 in Berlin; dort aufgew.; mit drei Jahren bekam sie ihre erste Kinderrolle. In dem Film »Stips« war sie in der Rolle der Tochter von Gustav Fröhlich zu sehen. Über das Kinderballett begann ihre umfangreiche Ballettausbildung. Schauspielunterricht nahm sie nach der mittleren Reife bei Else Bongers in Berlin. Ihr Bühnendebüt gab sie am Berliner Renaissance-Theater. Weitere Stationen: Freie Volksbühne (1968 und 1972/73), Hansa-Theater (1968–1970), Hebbel-Theater (1970), Theater am Kurfürstendamm (1970), Schiller-Theater, Werkstatt (1972), Renaissance-Theater (1978), jeweils Berlin. Seit 1974 spielt sie hauptsächlich an der Tribüne Berlin.
Frau Biener spricht engl.; sie ist verheiratet, hat eine Tochter und lebt in Berlin.
Film: »Freddy unter fremden Sternen«, mit Freddy Quinn, Regie: Wolfgang Schleif, 1958; »Der Pfingstausflug«, mit Martin Held und Elisabeth Bergner, Regie: Michael Günther, 1978.
Theater: Friedel in »Sonntag am Meer«, Regie: Claus Peymann, 1968, Cilla in Dürrenmatts »Portrait eines Planeten«, Regie: Helmut Käutner, Adelheid in Hauptmanns »Der Biberpelz«, und in Feydeaus »Damenschneider«, Regie: Jörg Utzerath, 1972/73, jeweils Freie Volksbühne Berlin; Muriel McComber in O' Neills »O Wildnis«, Regie: Herbert Ballmann, und Mollie in Wilders »Die Heiratsvermittlerin«, Regie: Joachim Delmestre, jeweils Hansa-Theater Berlin 1968-1970.
An der Tribüne Berlin spielte sie von 1974 bis 1984 u. a. in folgenden Stücken: »Scherenschnitte«, »Glasbrenner-Revue«, »Die Mausefalle«, »Die Fuchsjagd«, »Richards Korkbein«, »Polizeistunde«, »Kaiser-Wilhelm-Revue«, »Lauf doch nicht immer weg!« und »Komm raus' aus dem Schrank«.
Fernsehen: »Selbstbedienung«, Regie: Eberhard Fechner, ARD 1966; »Ein Mädchen für alles« (nach Magnier), Regie: Wolfgang Liebeneiner, ZDF 1970; »Tod in Astapovo«, Regie: Günter Gräwert, ZDF 1973; »Direction City«, Regie: Michael Günther, ARD 1975; »Maria Morzeck«, Regie: Horst Flick, ZDF 1976; Frau Küster in »Die Woche hat nur einen Sonntag«, Regie: Claus Peter Witt, ARD 1976; »Das Hochzeitsfest«, Regie: Karl Fruchtmann, und Hilde in »Jauche und Levkojen« (nach Schnurre), Regie: Günter Gräwert, ARD 1977; »Kyritz-Pyritz«, Regie: Stefan Wigger, »Berlin Mitte«, Regie: Peter Beauvais, und »Der eiserne Gustav« (nach Fallada), mit Gustav Knuth, Regie: Wolfgang Staudte, Serie, ARD 1979; »Ab mit Dir ins Vaterland« (nach Fritz Raab), ZDF 1980; »Und plötzlich bist du draußen«, Regie: Eugen York, ZDF 1981; Dannys Mutter in »Danny's Traum«, Regie: Sigi Rothemund, ZDF 1982; Elsa in »Satan ist auf Gottes Seite«, Regie: Wolfgang Staudte, und »Flüchtige Bekanntschaften«, Regie: Marianne Lüdcke, ARD 1982; Frl. Luzie in »Unternehmen Arche Noah«, Regie: Konrad Sabrautzky, ARD 1983; »Was soll bloß aus dir werden?«, Regie: Horst Flick, und »Freundschaften« (von Reinecker), Regie: Eugen York, und »Wenn ich dich nicht hätte«, mit Elisabeth Bergner und Rudolf Platte, Regie: Theodor Kotulla, ZDF 1984; »Das zerbrochene Haus«, Regie: Michael Günther, ZDF 1985; »Schöne Ferien«, Serie, ARD 1985.
Anschrift: c/o Agentur Mackeben, Douglasstraße 2–4, 1000 Berlin 33.

Annamirl Bierbichler

Geb. 7. 12. 1949 in Ambach am Starnberger See; dort aufgew.; nach der mittleren Reife arbeitete sie von 1965 bis 1982 als Bedienung im elterlichen Gasthof »Fischmeister« in Ambach. Durch ihren Bruder, den Schauspieler Josef Bierbichler, lernte sie 1975 den Regisseur Herbert Achternbusch kennen, der sie 1976 erstmals in einem seiner Filme einsetzte. Seither wirkte sie in allen seinen Produktionen mit. Angebote anderer Regisseure lehnte sie bislang kategorisch ab.

Frau Bierbichler spricht engl.; sie ist ledig und lebt in Ambach.

Film: Unter der Regie von Herbert Achternbusch spielte sie in: »Bierkampf«, 1976; »Servus Bayern«, 1977; »Der Komantsche«, 1979; »Der Neger Erwin«, 1980; »Das letzte Loch«, 1981; »Der Depp« und »Das Gespenst«, 1982; »Rita Rita« und »Die Olympiasiegerin«, 1983; »Wanderkrebs«, 1984.

1979 war sie in »Hexen« (Regie: Luisa Francia) zu sehen.

Theater: Ihre erste große Theaterrolle verkörperte sie in der Uraufführung von Achternbuschs »Weg« an den Münchner Kammerspielen (Regie: Herbert Achternbusch selbst) 1985/86.

Anschrift: »Gasthof Fischmeister«, 8193 Ambach.

Josef Bierbichler

Geb. 26. 4. 1948 in Ambach/Kreis Wolfratshausen; dort aufgew.; nach der Schule absolvierte er die Otto-Falckenberg-Schule München. Engagements hatte er seit 1973 u. a. an den Münchner Kammerspielen (bis 1986), am Bayerischen Staatsschauspiel München (seit 1974), am Württembergischen Staatstheater Stuttgart (1978), an den Städt. Bühnen Frankfurt/Main (1980/81) und am Theater rechts der Isar München (1983). Sein Film-Debüt gab er 1975.

Bierbichler spricht engl.; er ist ledig und lebt in Ambach, Oberbayern. Seine Schwester ist die Schauspielerin Annamirl Bierbichler.

Film: »Herz aus Glas«, 1976, und »Woyzeck« (nach Büchner), mit Klaus Kinski, 1979, Regie: jeweils Werner Herzog; »Die Atlantikschwimmer«, 1976, »Servus Bayern«, 1977, »Der Komantsche«, 1979, »Der Neger Erwin«, 1981, »Das Gespenst«, 1983, und »Wanderkrebs«, 1984, Regie: jeweils Herbert Achternbusch; »Hexen«, Regie: Luisa Francia, 1979; »Mitten ins Herz«, Regie: Doris Dörrie, 1983.

Theater: Gauner Schnell in Nestroys »Die beiden Nachtwandler«, 1973/74, Larry Doyle in Behans »Richards Korkbein«, 1975/76, in Fleißers »Fegefeuer in Ingolstadt«, 1977/78, und Hermann in Kroetz' »Nicht Fisch nicht Fleisch«, 1983/84, jeweils Münchner Kammerspiele; Titelrolle in Achternbuschs »Ella«, Regie: Herbert Achternbusch selbst, Württembergisches Staatstheater Stuttgart 1978; in Fos »Hohn der Angst«, Theater rechts der Isar München 1983; Tod, Polizist und Reporter in Achternbuschs »Plattling«, Regie: Wilfried Minks, in Calderons »Das Leben ein Traum«, Odysseus in H. Müllers »Philoktet«, Regie: B. K. Tragelehn, und Titelrolle in der Uraufführung von Achternbuschs »Gust«, Regie: Herbert Achternbusch selbst, in der Uraufführung von Kroetz' »Der Nusser« (nach »Hinkemann« von Ernst Toller), jeweils Bayerisches Staatsschauspiel München 1984–1986.

Fernsehen: »Der Brandner Kaspar und das ewig Leben« (nach Kobell), Regie: Kurt Wilhelm, ARD 1975; »Bierkampf«, Regie: Herbert Achternbusch, ZDF 1977; »Zeit zum Aufstehn« (nach August Kühn), Regie: Ludwig Cremer, 2 Teile, ZDF 1978; »Mein Freund, der Scheich«, Regie: Rainer Erler, ARD 1981; »Kampftag«, Regie: Manfred Grunert, ZDF 1983.

Anschrift: Seeuferstraße 31, 8193 Ambach.

Joachim Bissmeier

– Kammerschauspieler –

Geb. 22. 11. 1936 in Bonn; dort aufgew.; nach der Schule absolvierte er die Folkwang-Schule Essen. Als Rodrigo debütierte er in Shakespeares »Othello« (Regie: Werner Krauth) an den Wuppertaler Bühnen. Weitere Stationen: Contra-Kreis-Theater Bonn, Zimmertheater Tübingen, Theater der Courage Wien und Bayerisches Staatsschauspiel München. Seit 1965 gehört er zum Ensemble des Burgtheaters Wien. Er führt auch Theater-Regie.
Bissmeier spricht engl., franz.; er ist verheiratet und lebt in Wien.
Theater: Valentin in »Zwei Herren aus Verona«, Contra-Kreis-Theater Bonn; Arnold Kramer in Hauptmanns »Michael Kramer«, 1970, Julian in Albees »Winzige Alice«, 1971, Titelrolle in Voltaires »Candide«, 1972, Wetter vom Strahl in Kleists »Das Käthchen von Heilbronn«, Regie: Walter Felsenstein, 1973, Titelrolle in Schillers »Don Carlos«, und Schriftsteller in der Uraufführung von Bernhards »Die Jagdgesellschaft«, Regie: Claus Peymann, 1974, Orest in Aischylos' »Orestie« und Titelrolle in Goethes »Torquato Tasso«, 1975, Tesman in Ibsens »Hedda Gabler«, Regie: Peter Palitzsch, 1978, Robert in Pinters »Betrogen«, und in der Uraufführung von Kohouts »Attest«, Regie: Leopold Lindtberg, 1979, Thomas in Musils »Die Schwärmer«, Regie: Erwin Axer, und Angelo in Shakespeares »Maß für Maß«, Regie: Adolf Dresen, 1980/81, in Frischs »Triptychon«, Regie: Erwin Axer, 1981, Robespierre in Büchners »Dantons Tod«, Regie: Achim Benning, Jupiter in Kleists »Amphitryon«, Tscherkun in Gorkis »Barbaren«, Regie: Adolf Dresen, und Gregers Werle in Ibsens »Die Wildente«, 1982, in Walsers »In Goethes Hand«, und Jago in Shakespeares »Othello«, Regie: Hans Lietzau, 1983, Der Mann in Botho Strauß' »Kalldewey, Farce«, und Henry in Stoppards »Das einzig Wahre«, 1983/84, in Kohouts »Erinnerung an die Biskaya«, Regie: Walter Tillemans 1985/86, jeweils Burgtheater und Akademie-Theater Wien.
Als Gast am Bayerischen Staatsschauspiel München spielte er 1972 unter Bernd Fischerauers Regie die Titelrolle in Büchners »Woyzeck«, 1975 unter Michael Degens Regie die Titelrolle in Goethes »Faust«; 1985 gastierte er unter Hans Lietzaus Regie in Claudels »Der seidene Schuh« bei den Salzburger Festspielen.
Eigene Inszenierungen am Wiener Burgtheater waren u. a. Schnitzlers »Die Gefährtin«, »Die letzten Masken« und »Das Haus Delorme« und Grillparzers »Sappho«.
Fernsehen: »Der Kommissar«, mit Erik Ode, Serie, ZDF 1972; »Die Rakete«, Regie: Dieter Wedel, ZDF 1975; »Derrick«, Serie, ZDF 1976; »Der Sieger von Tamba« und »Auf dem Chimborazo« (nach Tankred Dorst), Regie: Peter Beauvais, ARD 1977; »St. Peter mit dem Regenschirm« und »Der Alte«, Serie, ZDF 1979; »Eine Rückkehr«, Buch und Regie: Slawomir Mrożek, ARD 1980; »Das Ohr« (nach Procházka), Regie: Pavel Kohout, und »Heiße Tage im Juli«, Regie: Otto Anton Eder, ZDF 1984; »Schwarz-Rot-Gold: Nicht schießen«, mit Uwe Friedrichsen, Regie: Dieter Wedel, ARD 1985.
Auszeichnung: Kammerschauspieler Wien 1983.
Anschrift: c/o Management Palz, Ortlindestraße 6, 8000 München 81.

Anne-Marie Blanc

Geb. 2. 9. 1919 in Vevey, Schweiz; dort aufgew.; nach dem Abitur am Humanistischen Gymnasium Bern nahm sie Schauspielunterricht am Schauspielhaus Zürich sowie bei Ernst Ginsberg und Wolfgang Heinz. Von 1939 bis 1952 war sie Ensemble-Mitglied am Schauspielhaus Zürich, dem sie auch heute noch verbunden ist. Seit 1953 gab sie Gastspiele an nahezu allen namhaften Bühnen im deutschsprachigen Raum, u.a.: Stadttheater und Komödie Basel, Stadttheater Luzern, Kammerspiele und Theater in der Josefstadt in Wien, Hebbel-Theater, Tribüne und Theater am Kurfürstendamm in Berlin, Theater an der Berliner Allee in Düsseldorf, Badisches Staatstheater Karlsruhe, Kammerspiele Hamburg, Bayerisches Staatsschauspiel und Kleine Komödie in München, Komödie im Marquardt Stuttgart, Fritz-Rémond-Theater im Zoo Frankfurt/ Main, Ateliertheater Bern. Neben Festspiel-Engagements machte sie zahlreiche Tourneen.
Frau Blanc spricht franz., ital., engl.; sie ist verheiratet mit dem Filmproduzenten Heinrich Fueter, hat drei Söhne (Peter Christian, Martin und Daniel) und lebt in Zürich.
Film: Sonja in »Wachtmeister Studer«, 1939; Gritli in »Die mißbrauchten Liebesbriefe«, 1940; Titelrolle in »Gilberte de Courgenay«, und Margret in »Landammann Stauffacher«, 1941; Maria in »Matura-Reise«, 1942; Heidi in »Marie-Louise«, 1943; Direktorin in »Palast-Hotel«, 1952; »SOS-Gletscherpilot«, Regie: Victor Vicas, 1958 – diese Filme drehte sie jeweils in der Schweiz. Helene in »Gefangene Seele«, mit Attila Hörbiger, Regie: Hans Wolff, 1951; Sigrid in »Ich warte auf Dich«, 1952; Aline in »Mit 17 beginnt das Leben«, 1953; Großherzogin in »Hoheit lassen bitten«, 1954; Frau von Fürstenau in »Via Mala« (nach Knittel), mit Gert Fröbe, 1961.
Theater: Luise und Lady Milford in Schillers »Kabale und Liebe«, Prinzessin in Goethes »Torquato Tasso«, Desdemona in Shakespeares »Othello«, Titania in Shakespeares »Ein Sommernachtstraum«, Recha in Lessings »Nathan der Weise«, Beatrice in Goldonis »Diener zweier Herren«, Angela in Calderons »Dame Kobold«, Regine in Ibsens »Gespenster«, Cheristane in Raimunds »Der Verschwender«, Pützchen in Zuckmayers »Des Teufels General«, Atlanta in Goetz' »Das Haus in Montevideo«, Irma in Giraudoux' »Die Irre von Chaillot«, Rea in Dürrenmatts »Romulus der Große«, Sally in van Drutens »Das Lied der Taube«, Lady Claire in Barnes' »Herrschende Klasse«, Tante in Lorcas »Doña Rosita«, Agnes in Molières »Die Schule der Frauen«, Laura in Andersons »Tee und etwas Sympathie«, Stella in Kiltys »Geliebter Lügner« (nach Shaw und Campbell), Königin in Schillers »Don Carlos«, Emilie in Achards »Zeit des Glücks«, Titelrolle in Lengyels »Ninotschka«, Gräfin in Anouilhs »Die Grotte«, Liz in Douglas/ Homes »Handicap«, Titelrolle in Shaws »Candida«, Titelrolle in Sauvajon/Maughams »Bezaubernde Julia«, Liz in Cowards »Amouren«, Constanze in Maughams »Finden Sie, daß Constanze sich richtig verhält?«, Julia in Schweikarts »Ich brauche Dich«, und Alkmene in Kleists »Amphitryon«, in Frayns »Der nackte Wahnsinn«, Regie: Otto Sander und Peter Fitz (Schauspielhaus Zürich 1984/85), jeweils seit 1939 an den vorgenannten Bühnen.
Fernsehen: Madame in »Diebelei« (nach Lettunich), und Miß Patrick in »Hotel Royal«, ZDF 1969; »Der Scheinmann« (nach Courths-Mahler), ARD 1974; »Herr Herr«, Regie: Nicolas Gessner, ARD 1982; »Haus im Süden«, Regie: Sebastian C. Schroeder, und »Streng vertraulich« (von Prince), mit Maria Schneider, Regie: John Goldschmidt, ZDF 1985.
Anschrift: Restelbergstraße 107, CH-8044 Zürich, Schweiz.

Hans Christian Blech

Geb. 20. 2. 1915 in Darmstadt; nach seiner Ausbildung debütierte er am Theater Baden-Baden. Engagements an den Bühnen der Landeshauptstadt Kiel, an den Städt. Bühnen Freiburg/Breisgau und am Alten Theater Leipzig folgten. Von 1940 bis 1945 war er Kriegsteilnehmer und geriet in Gefangenschaft. 1947 begann er unter Hans Schweikart an den Münchner Kammerspielen, denen er bis 1954 angehörte. Weitere Stationen (u.a.): Bayerisches Staatsschauspiel München, Städt. Bühnen Frankfurt/Main, Schauspielhaus Zürich, Burgtheater Wien und Württembergisches Staatstheater Stuttgart (jeweils Gastspiele).
Seit 1950 wirkte er in über 40 deutschen und internationalen Kinofilmen mit und arbeitete umfangreich beim Fernsehen.
Blech spricht engl., franz.; er ist geschieden und lebt in München.
Film: »Affaire Blum«, Regie: Erich Engel, DEFA 1948; »Epilog«, Regie: Helmut Käutner, 1950; »Entscheidung im Morgengrauen«, mit Oskar Werner, Regie: Anatole Litvak, USA 1951; »08/15«, mit Joachim Fuchsberger, Regie: Paul May (3 Teile), »Sauerbruch – Das war mein Leben«, mit Ewald Balser und Erich Ponto, Regie: Rolf Hansen, »Geständnis unter vier Augen«, Regie: André Michel, und »Phantom des großen Zeltes«, Regie: Paul May, 1954; »Kinder, Mütter und ein General«, Regie: Laszlo Benedek, und »Banditen der Autobahn«, Regie: Geza von Cziffra, 1955; »Weil Du arm bist, mußt du früher sterben«, Regie: Paul May, 1956; »Schwarzer Stern in weißer Nacht«, Regie: Willy Rozier, Frankreich/BRD 1957; »Solange das Herz schlägt«, Regie: Alfred Weidenmann, 1958; »Ich schwöre und gelobe«, Regie: Geza von Radvanyi, 1959; »Das Erbe von Björndal«, Regie: Gustav Ucicky, 1961; »Der Verschlag«, Regie: Armand Gatti, Frankreich/Jugoslawien 1961; »Der längste Tag«, mit Curd Jürgens, John Wayne, Richard Burton, Sean Connery, Henry Fonda, Robert Mitchum, Gert Fröbe und Werner Hinz, Regie: Bernhard Wicki, Ken Annakin, Andrew Marton und Elmo Williams, USA 1961; »Der Besuch« (nach Dürrenmatt), mit Ingrid Bergman und Anthony Quinn, Regie: Bernhard Wicki, USA/Frankreich/Italien/BRD 1963; »Morituri«, mit Marlon Brando, Regie: Bernhard Wicki, USA 1964; »Die letzte Schlacht in den Ardennen«, mit Robert Shaw, Regie: Ken Annakin, USA 1965; »Schornstein Nr. 4«, mit Romy Schneider, Regie: Jean Chapot, Frankreich 1966; »Die Brücke von Remagen«, Regie: John Guillermin, Großbritannien 1968; »Cardillac«, Regie: Edgar Reitz, 1969; »The Traveller«, Regie: Moshe Misraji, Israel/Frankreich 1970; »Der scharlachrote Buchstabe«, Regie: Wim Wenders, 1973; »Giordano Bruno«, mit Gian Maria Volontè, Regie: Giuliano Montaldo, Italien/Frankreich/BRD 1973; »Die Unschuldigen mit den schmutzigen Händen«, Regie: Claude Chabrol, Frankreich 1974; »Das Fleisch der Orchidee«, Regie: Patrice Chéreau, Frankreich/Italien/BRD 1975; »Falsche Bewegung«, Regie: Wim Wenders, und »Ansichten eines Clowns« (nach Böll), Regie: Vojtech Jasny, 1975; »Il faut vivre dangereusement«, Regie: Claude Makovski, Frankreich 1975; »Zerschossene Träume«, Regie: Peter Patzak, »Der Mädchenkrieg«, Regie: Alf Brustellin und Bernhard Sinkel, 1976; »Grete Minde« (nach Fontane), Regie: Heidi Genée, 1977; »Winterspelt 1944«, Regie: Eberhard Fechner, und »Messer im Kopf«, Regie: Reinhard Hauff, 1978; »Victoria«, Regie: Bo Widerberg, BRD/Schweden 1979; »Looping«, mit Sydne Rome, Regie: Walter Bockmayer, 1980; Hofrat Behrens in »Der Zauberberg« (nach Thomas Mann), mit Christoph Eichhorn, Rod Steiger und Charles Aznavour, Regie: Hans W. Geissendörfer, Frankreich/Italien/BRD 1981 (auch in 3 Teilen ZDF 1984); »Oberst Redl«, mit Klaus Maria Brandauer und Gudrun Landgrebe, Regie: István Szábo, Ungarn/BRD 1985.
Theater: Dr. Östermark in Strindbergs »Der Vater«, Regie: Fritz Kortner, Matti in Brechts »Herr Puntila und sein Knecht Matti«, Regie: Hans Schweikart, und in Pagnols »Zum Goldenen Anker«, Regie: Bruno Hübner, 1949, Eilif in Brechts »Mutter Courage und ihre Kinder«, Regie: Bertolt Brecht selbst, und Happy in Millers »Der Tod des Handlungsreisenden«, Regie: Hans Schweikart, 1950, in Defresnes »Das unbewohnte Eiland«, Regie: Friedrich Domin, und in Frys »Die Dame ist nicht fürs Feuer«, Regie: Hans Schweikart, 1951, Titelrolle in Büchners »Woyzeck«, Spitta in Hauptmanns »Die Ratten«, Regie: jeweils Hans Schweikart, und in Giraudoux' »Intermezzo«,

1952, Oswald in Ibsens »Gespenster«, Regie: Fritz Kortner, 1953, und Proctor in der deutschen Erstaufführung von Millers »Hexenjagd«, Regie: Hans Schweikart, 1954, jeweils Münchner Kammerspiele; Titelrolle in Büchners »Dantons Tod«, Regie: Fritz Kortner, Bayerisches Staatsschauspiel München 1959; Möbius in der Uraufführung von Dürrenmatts »Die Physiker«, Schauspielhaus Zürich 1962 (ferner Münchner Kammerspiele und Burgtheater Wien); Dorland in Hochhuths »Soldaten«, Freie Volksbühne Berlin 1967; Titelrolle in Shakespeares »Richard III.«, Regie: Peter Palitzsch, Württembergisches Staatstheater Stuttgart 1968; Titelrolle in Bronnens »Michael Kohlhaas«, Tournee 1975. Weitere wichtige Rollen an den vorgenannten Bühnen waren u.a.: Titelrolle in Dürrenmatts »Die Ehe des Herrn Mississippi«, Burleigh in Schillers »Maria Stuart« (auch TV), Kreon in Sophokles' »Ödipus auf Kolonos« (auch TV), in O'Neills »Eines langen Tages Reise in die Nacht«, und in Greens »Das Geheimnis«.

Fernsehen: »Schinderhannes« (nach Zuckmayer), Regie: Peter Beauvais, ARD 1957; »Der Verdammte«, Regie: Theodor Grädler, und »Die Bekehrung des Ferdys Pistora«, Regie: Rainer Wolffhardt, ARD 1958; »Der Fall Pinedus«, Regie: Falk Harnack, und »Ruf ohne Echo«, Regie: Rainer Wolffhardt, ARD 1959; »Hexenjagd« (nach Miller), Regie: Ludwig Cremer, ARD 1960; »Zeit der Schuldlosen«, Regie: Fritz Schröder-Jahn, 2 Teile, und »Alle Macht der Erde« (nach Ahlsen), Regie: August Everding, ARD 1962; »Polizeirevier 21«, Regie: Theo Mezger, Serie, ARD 1963; »Marie Octobre«, Regie: Imo Moszkowicz, ARD 1965; Titelrolle in »Woyzeck« (nach Büchner), Regie: Rudolf Noelte, ZDF 1966; »Das Vergnügen, anständig zu sein« und »Der schwarze Freitag«, Regie: August Everding, ARD 1966; »Die Verfolgung und Ermordung Jean Paul Marats« (nach Peter Weiss), Regie: Peter Schulze-Rohr, und »Blick von der Brücke« (nach Miller), Regie: Ludwig Cremer, ARD 1967; »Die blinden Ameisen« (nach Pinilla), und »Der Übergang über den Ebro«, Regie: Armand Gatti, ZDF 1970; »Die absolute Frage«, SRG 1971; »Das Herz aller Dinge« (nach Greene), Regie: Oswald Döpke, und »Frankfurter Gold« (aus der Reihe: »Tatort«), Regie: Eberhard Fechner, ARD 1971; »Der Leuchtturm« (nach Mňačko), Regie: Vojtech Jasny, ZDF 1972; »Das blaue Hotel«, Regie: Stanislav Barabas, und »Das einsame Haus«, Regie: Thomas Fantl, ZDF 1974; »Tod in Astapowo«, Regie: Günter Gräwert, »Van der Valk und die Toten«, Regie: Marcel Cravenne, »The Bait«, mit Martin Benrath und Paul Hoffmann, Regie: Peter Patzak, und »Don Juan in der Hölle«, Regie: Ludwig Cremer, ARD/ZDF 1975; Titelrolle in »Das Verhör des Ernst Niekisch«, Regie: Oswald Döpke, ZDF 1977; »Grüß Gott, ich komm von drüben« (von Menge), Regie: Tom Toelle, ARD 1978; Titelrolle in »Theodor Chindler« (nach Bernard von Brentano), Regie: Hans W. Geissendörfer, 8 Teile, ARD 1979; Titelrolle in »Meister Timpe« (nach Max Kretzer), Regie: Hartmut Griesmayr, 2 Teile, ZDF 1980; »Collin« (nach Stefan Heym), mit Curd Jürgens und Margot Werner, Regie: Peter Schulze-Rohr, 2 Teile, ARD 1981; »Qual-Verwandt-Schaften«, Regie: Ulrich Heising, ARD 1982; »Satan ist auf Gottes Seite«, Regie: Wolfgang Staudte, ZDF 1983; »Lenin in Zürich« (nach Solschenizyn), Regie: Rolf Busch, ARD 1984; »Die Orgel«, ZDF 1985; »Kennwort Möwe« (von Menge), und »Die letzte Rolle« (von Klaus Poche), Regie: Egon Günther, ARD 1986.

Auszeichnungen: »Bester Darsteller«, Fernsehfestival Prag 1966; Filmband in Gold 1975 und 1976; »Bambi« (BILD + FUNK) 1979; »Goldene Kamera« (HÖRZU) 1981.

Anschrift: c/o Agentur Alexander, Lamontstraße 9, 8000 München 80.

Monica Bleibtreu

Geb. 4. 5. 1944 als Nichte der Kammerschauspielerin Hedwig Bleibtreu in Wien; dort aufgew.; sie absolvierte das Max-Reinhardt-Seminar in Wien. Ihr erstes Engagement bekam sie 1963/64 an den Bühnen der Stadt Bonn. Weitere Bühnenstationen: Burgtheater, Theater in der Josefstadt und Theater im Zentrum in Wien (1964/65), Niedersächsisches Staatstheater Hannover (1965–1969), Münchner Kammerspiele (mit Unterbrechungen 1969–1972), Schaubühne am Halleschen Ufer Berlin (1970) und Deutsches Schauspielhaus Hamburg (1972–1975). Seither ist sie freischaffend und arbeitet ausschließlich für das Fernsehen.
Frau Bleibtreu spricht engl., franz.; sie lebt in Hamburg.
Theater: Berbiette in Molières »Die Schelmenstreiche des Scapin« (Debüt), und Isabelle in Anouilhs »Einladung ins Schloß«, jeweils Bühnen der Stadt Bonn 1963/64; Adelheid in Hauptmanns »Der Biberpelz«, Burgtheater Wien, Luise in Schillers »Kabale und Liebe«, Theater im Zentrum Wien, und Edrita in Grillparzers »Weh' dem, der lügt«, Theater in der Josefstadt Wien, jeweils 1964/65; Titelrolle in Anouilhs »Antigone«, Viola in Shakespeares »Was ihr wollt«, Julia in Shakespeares »Romeo und Julia«, in der Uraufführung von Bauers »Magic Afternoon«, und Pamela in Bonds »Gerettet«, jeweils Niedersächsisches Staatstheater Hannover 1965–1969; Tonka in Sperrs »Jagdszenen aus Niederbayern«, mit Therese Giehse, Regie: Ulrich Heising, in Shakespeares »Liebes Leid und Lust«, Regie: Paul Verhoeven, in O'Caseys »Juno und der Pfau«, und in Valentins »Tingel-Tangel«, Regie: Niels-Peter Rudolph, jeweils Münchner Kammerspiele 1969–1972; Mascha in Brecht/Gorkis »Die Mutter«, mit Therese Giehse, Regie: Peter Stein und Frank P. Steckel, Schaubühne am Halleschen Ufer Berlin 1970; Mascha in Tschechows »Die Möwe«, in Gorkis »Feinde«, und in Sartres »Kean«, mit Will Quadflieg, jeweils Deutsches Schauspielhaus Hamburg 1972–1975.
Fernsehen: »Change« (nach Bauer), Regie: Franz Peter Wirth, ARD 1971; »Der Kommissar«, mit Erik Ode, Serie, ZDF 1972; »Liebe leidet mit Lust« (nach Shakespeare), Regie: Oswald Döpke, ZDF 1973; »Frauensiedlung«, mit Jürgen Prochnow, Regie: Wolfgang Storch, ARD 1976; »Alpensaga«, mit Helmut Qualtinger und Hans Brenner, Regie: Dieter Berner, 6 Teile, und »Entscheidungen«, ZDF 1976; »Mittags auf dem Roten Platz«, Regie: Dieter Wedel, und »Menschenfresser«, Regie: Rainer Boldt, ZDF 1977; »Auf Achse«, mit Manfred Krug, Regie: Hartmut Griesmayr, Serie, ARD 1979; »Tatort«, Serie, 2 Folgen, ARD 1979+1982; »Ein Mord, den jeder begeht«, Regie: Claus Peter Witt, und »Fallstudien«, Regie: Hartmut Griesmayr, ZDF 1979; »Leutersbronner Geschichten«, Regie: Hartmut Griesmayr, ZDF 1981; »Ich werde warten« (nach Chandler), mit Armin Mueller-Stahl und Franz Xaver Kroetz, Regie: Stanislav Barabas, und »Das Dorf an der Grenze«, Regie: Fritz Lehner, ARD 1982; »Heimkehr nach Deutschland«, Regie: Eberhard Pieper, ZDF 1982; »Variation«, mit Hilmar Thate, Regie: Michael Haneke, ARD 1983; »Lenin in Zürich« (nach Solschenizyn), Regie: Rolf Busch, ARD 1984; »Lebenslinien: Augustine«, Regie: Käthe Kratz, »Personenbeschreibung: Simone Veil« (von Georg Stefan Troller), und »Gesichter des Schattens«, Regie: Kristian Kühn, ZDF 1984; »Die schwarzen Brüder« (nach Tetzner), Regie: Diethard Klante, Serie, ARD 1984/85.
Auszeichnung: »Goldene Kamera« (HÖRZU) 1972.
Anschrift: c/o ZBF-Agentur Hamburg, Tonndorfer Hauptstraße 90, 2000 Hamburg 70.

Lothar Blumhagen

– Staatsschauspieler –

Geb. 16. 7. 1927 in Leipzig; dort aufgew.; nach der Schule absolvierte er die Hochschule für Musik und die Schauspielschule Smolny-Heerdt in Leipzig; er debütierte beim Literarischen Kabarett »Die Rampe« Leipzig im Jahre 1947; ein Engagement am Schauspielhaus Leipzig (1948–1951) folgte; nach seiner Zeit als Hörfunk-Sprecher am Sender Leipzig (1950/51) ging er an das Landes-Theater Halle/Saale (1951–1954) und an das Deutsche Theater Berlin (1954–1956). Seit 1956 ist er Mitglied der Staatl. Bühnen Berlins. Er arbeitet umfangreich in der Synchronisation (u.a. deutsche Stimme Roger Moores). Blumhagen spricht engl.; er ist verheiratet, hat einen Sohn und lebt in Berlin.
Film: »Hexen«, 1954; »Sommerliebe«, 1955; »Friedrich Schiller«, 1956.
Theater: Stephen in Shaws »Major Barbara«, und Valère in Molières »Tartuffe«, jeweils Schauspielhaus Leipzig 1948/49; Marchbanks in Shaws »Candida«, Rudenz in Schillers »Wilhelm Tell«, Romeo in Shakespeares »Romeo und Julia«, Prinz Heinz in Shakespeares »Heinrich V.«, und Algernon in Wildes »Bunbury«, jeweils Landes-Theater Halle/Saale 1951–1954; Ferdinand in Schillers »Kabale und Liebe« und Marquis Posa in Schillers »Don Carlos«, jeweils Deutsches Theater Berlin 1954–1956; Tellheim in Lessings »Minna von Barnhelm« und Narbon in Schillers »Der Parasit«, Regie: jeweils Boleslaw Barlog, Prinz in Lessings »Emilia Galotti«, Regie: Ernst Schröder, Dreißiger in Hauptmanns »Die Weber«, Regie: Hansjörg Utzerath, Schmidt-Lausitz in Zuckmayers »Des Teufels General«, Regie: Heinz Hilpert, Orsino in Shakespeares »Was ihr wollt«, Regie: Fritz Kortner, Heinrich in Lasker-Schülers »Die Wupper«, Regie: Hans Lietzau, in der Uraufführung von Peter Weiss' »Die Verfolgung und Ermordung Jean Paul Marats«, Titelrolle in Kleists »Amphitryon«, Tempelherr in Lessings »Nathan der Weise«, und Mitch in Williams' »Endstation Sehnsucht«, Regie: Hermann Treusch, jeweils Staatliche Bühnen Berlins 1956–1984.
Fernsehen: Angelo Baldovino in »Das Vergnügen, anständig zu sein« (nach Pirandello), Regie: William Dieterle, ARD 1962; Angelo in »Maß für Maß« (nach Shakespeare), Regie: Paul Verhoeven, ZDF 1964; Vulović in »Die schwarze Hand«, ZDF 1966; Tempelherr in »Nathan der Weise« (nach Lessing), Regie: Franz Peter Wirth, ZDF 1967; Graf Holk in »Unwiederbringlich« (nach Fontane), Regie: Falk Harnack, ZDF 1968; Jerome in »Waterloo« (nach Sotola), ARD 1969; Dr. Heinrich in »Bischof Ketteler«, ZDF 1970; »Die Geschichte einer dicken Frau« (nach Weldon), Regie: Heinz Schirk, ARD 1973; »Peter-Ustinov-Show«, ARD 1975; »Die Erbin« (nach James), Regie: Franz Josef Wild, ARD 1981; »Vor dem Sturm« (nach Fontane), mit Rolf Becker und Daniel Lüönd, Regie: Franz Peter Wirth, Serie, ARD 1984.
Auszeichnung: Berliner Staatsschauspieler.
Anschrift: c/o ZBF-Agentur Berlin, Kurfürstendamm 206, 1000 Berlin 15, oder Seebergsteige 16, 1000 Berlin 33.

Elert Bode

Geb. 6. 4. 1934 in Breslau; aufgew. im Harz; nach dem Besuch des Gymnasiums absolvierte er ein journalistisches Volontariat in Braunschweig und nahm anschließend Schauspielunterricht; erste Schritte im Ensemble der Jungen Bühne in Goslar/Harz unter Günther Seeker; 1956 debütierte er beim Theater im Kleinen Raum in Münster unter Claus Wernert als Schauspieler, Dramaturg und Regie-Assistent; 1957 Gründer und bis 1970 Intendant der Westfälischen Kammerspiele in Paderborn, von 1970 bis 1976 Intendant der Württembergischen Landesbühne in Esslingen/Neckar; seit 1976 ist er Intendant der Komödie im Marquardt in Stuttgart, seit Herbst 1984 zugleich Intendant des Alten Schauspielhauses in Stuttgart. Er führte an den genannten Häusern umfangreich Regie.

Bode spricht engl., franz.; er ist verheiratet, hat drei Töchter (Corinna, Jacqueline, Bibiana) und lebt in Stuttgart.

Theater: Titelrolle in Goethes »Torquato Tasso« (1958), Orest in Goethes »Iphigenie auf Tauris« (1959) in Scheu/Nebhuts »Ein Engel namens Schmitt« (1960), Mephisto in Goethes »Urfaust« (1962), Murray Burns in Gardners »Tausend Clowns« (1955), Charly/Kardinal in Goetz' »Der Lügner und die Nonne« (1966), Elwood P. Dowd in Chases »Mein Freund Harvey« (1968) und Jupiter in Kleists »Amphitryon« (1969), jeweils Westfälische Kammerspiele Paderborn; König in Hofmannsthals »Das große Salzburger Welttheater«, mit Gustav Fröhlich, Hilde Weisner und Hilde Körber, Bad Gandersheimer Domfestspiele 1960; Franz Moor in Schillers »Die Räuber«, Theater Düsseldorf-Ratingen 1963; Shaw in Kiltys »Geliebter Lügner« (nach Shaw und Campbell, 1970) mit Adelheid Seeck, Titelrolle in Kipphardts »In der Sache J. Robert Oppenheimer« (1971), George in Kerrs »Mary, Mary« (1972), Mr. Kettle in Priestleys »Und das am Montagmorgen« (1973), Lord Goring in Wildes »Ein idealer Gatte« (1974), General in Anouilhs »Der Walzer der Toreros« (1975), Victor Fabian in »Noch einmal mit Gefühl« (1975) und in Anouilhs »Der Herr Ornifle oder Der erzürnte Himmel« (1976), jeweils Württembergische Landesbühne Esslingen/Neckar; Peer Bille in Goetz' »Hokuspokus« (1977), Prof. Delville in »Ehekarussell«, mit Eva-Ingeborg Scholz (1978), George Schneider in »Das zweite Kapitel« (1981) und Scottie Templeton in »Applaus für Scottie« (1984), jeweils Komödie im Marquardt Stuttgart.

Fernsehen: Charon in »Nachruf auf Egon Müller«, ARD 1965; Arndt in »Der Nachruf« (von Nossack), ARD 1967; Graf Kallheim in »Michael Kohlhaas«, Serie, ARD 1968; »Drücker«, ARD 1969; »Das bringt dich um«, ARD 1974; Kommissar Lersch in »Eurogang«, Serie, ARD 1975; »Liebling, ich bin da«, ZDF 1977; »Strafsache gegen F.«, mit Günter Lamprecht, Regie: Wolfgang Glück, ARD 1978; »Die Wunder der Erziehung«, ZDF, 1978; »Ferien für Jessica«, ZDF 1979; »Jan vom goldenen Stern«, »Kumpel mit Chauffeur«, Serie, ARD 1979; »Steckbriefe: Der Sohn« und »Dagegen sein ist immer leicht«, ARD 1980; »Die falschen Fuffziger«, Serie, ARD 1981; »Der Tunnel«, ZDF 1982; »Die Einladung«, ARD 1983; »Ein Besuch im Dresdner Zwinger«, und Ronceau in »Der Lump, der den ›Tartuffe‹ schrieb«, ZDF 1983; »Kornelia« (nach Abramow-Newerley), Regie: Wilm ten Haaf, ARD 1984; »Das Tor zum Glück«, Regie: Michael Verhoeven, ZDF 1984.

Auszeichnung: Kulturpreis der Stadt Paderborn 1970.

Anschrift: c/o Altes Schauspielhaus und Komödie im Marquardt, Postfach, 7000 Stuttgart 1.

Gerd Böckmann

Geb. in Chemnitz; aufgew. in Münster; er absolvierte die Otto-Falckenberg-Schule München. Sein erstes Engagement erhielt er am Theater der Stadt Heidelberg. Nach einer weiteren Verpflichtung an den Bühnen der Hansestadt Lübeck kam er 1967 an die Staatl. Schauspielbühnen Berlins. Weitere Stationen: Deutsches Schauspielhaus Hamburg, Salzburger Festspiele, Burgtheater Wien (dort bis jetzt Ensemblemitglied als Schauspieler und Regisseur; 1985: Raskolnikow in Ljubimows »Verbrechen und Strafe«) und Bayerisches Staatsschauspiel München (als Gast: Guenther in Botho Strauß' »Bekannte Gesichter, gemischte Gefühle«, 1983/84). Er machte Tourneen (u.a. Tom in Williams' »Die Glasmenagerie«, Regie: Tom Toelle, auch TV).
Bereits 1963 gab er in der Rolle eines Primaners in »Der Klassenaufsatz« (Regie: Harald Benesch, ARD) sein Fernseh-Debüt.
Böckmann spricht engl., franz.; er lebt mit der Schauspielerin Gertraud Jesserer in Wien.
Film: »Die Standarte« (nach Alexander Lernet-Holenia), Regie: Ottokar Runze, 1977.
Fernsehen: »Cautio criminalis« (von Wolfgang Lohmeyer), Regie: Hagen Mueller-Stahl, ZDF 1974; »Haus ohne Hüter« (nach Böll), ZDF 1975; »Roulette« (von Pavel Kohout), Regie: Franz Peter Wirth, und »Der Tod des Camillo Torres«, Regie: Eberhard Itzenplitz, ZDF 1977; »Die Klassenfeier«, Regie: Dieter Wedel, ARD 1977; »Der Kongreß tanzt«, und »Lucilla«, Regie: Wilhelm Semmelroth, 3 Teile, ARD 1978; »Das Komplott«, Regie: Dieter Wedel, ZDF 1979; »Buddenbrooks« (nach Thomas Mann), Regie: Franz Peter Wirth, 11 Teile, ARD 1979; »Ehe der Hahn kräht« (nach Bikovcan), Regie: Vojtech Jasny, ZDF 1980; »Ein Abend mit Labiche«, Regie: Dieter Wedel, ARD 1980; »Von einem Tag zum anderen«, Regie: Wolfgang Becker, und Friedrich II. in »Preußische Nacht«, Regie: Oswald Döpke, ZDF 1981; »Mozart«, Regie: Marcel Bluwal, 5 Teile, und »Schwarz-Rot-Gold: Alles in Butter«, Regie: Dieter Wedel, ARD 1982; »Datenpanne – Das kann uns nie passieren«, Regie: Daniel Christoff, ZDF 1983; »Derrick«, Serie, 2 Folgen, ZDF 1983+1985; »Die Wiesingers« (von Ahlsen), Regie: Bernd Fischerauer, Serie, und Eichmann in »Die Wannseekonferenz« (von Mommertz), Regie: Heinz Schirk, ARD 1984; »Der Alte«, Serie, ZDF 1985.
Anschrift: c/o ZBF-Agentur München, Leopoldstraße 19, 8000 München 40, oder Wasagasse 11, A-1090 Wien, Österreich.

Peter Böhlke

Geb. 3. 8. 1926 als Sohn eines Hochschulprofessors in Danzig; aufgew. in Dresden, wo er nach dem Abitur auch die Schauspielschule der Akademie für Musik und Theater besuchte; sein Debüt gab er 1948 am Nationaltheater Weimar; es folgten Engagements am Staatstheater Dresden (1951–1953) und an den Städt. Bühnen Magdeburg (1953–1956); das Ulmer Theater unter Peter Zadek, Kurt Hübner, Peter Palitzsch und Johannes Schaaf (1956–1961) war seine erste Station in der Bundesrepublik, wo er seit 1956 lebt; er arbeitet seit 1961 freischaffend vorwiegend an den Boulevard-Bühnen Münchens, wo er seinen Wohnsitz hat.
Böhlke ist ledig; er spricht engl., franz.
Film: »Hannibal Brooks«, und »Max der Taschendieb«, 1968; »The great Escape«, USA 1968; »Kassensturz«, Regie: Rolf Silber, und »Die wilden Fünfziger« (nach Simmel), Regie: Peter Zadek, 1983.
Theater: Damis in Molières »Tartuffe«, Brackenburg in Goethes »Egmont« und Derwisch in Lessings »Nathan der Weise«, jeweils Nationaltheater Weimar 1948/49; Pylades in Goethes »Iphigenie auf Tauris«, Landestheater Dessau 1950; Titelrolle in Lessings »Der junge Gelehrte« und Goring in Wildes »Ein idealer Gatte«, jeweils Städt. Bühnen Magdeburg 1953–1956; Leicester in Schillers »Maria Stuart«, Titelrolle in Morgan/Schütz' »Axel an der Himmelstür«, Don Camillo in Claudels »Der seidene Schuh«, Riccaut de la Marlinière in Lessings »Minna von Barnhelm«, Wehrhahn in Hauptmanns »Der Biberpelz« und Lucio in Shakespeares »Maß für Maß«, jeweils Ulmer Theater 1956–1961; Antonio in Shakespeares »Der Kaufmann von Venedig«, Deutsches Theater München 1961; Robert in Frisbys »Das Mädchen in der Suppe«, Jacques in Caillavets »Der vielgeliebte Herr Brotonneau«, in Simons »Ein seltsames Paar«, in Niessens »Poker mit Dame«, in Molnárs »Die Fee«, in Maughams »Lieber reich und glücklich«, Oberst Pickering in Shaws »Pygmalion« und in Hasenclevers »Ein besserer Herr«, jeweils Kleine Komödie München 1967–1983.
Fernsehen: Bürgermeister in »Die Hesselbachs«, mit Liesel Christ und Wolfgang Schmidt, Serie, ARD 1959–1966; »Die Gardine« und »Nach Ladenschluß«, ARD 1964; »Die Geschäfte des Herrn Mercadet« (nach Balzac), ARD 1965; »Der Schpunz« (nach Pagnol), ZDF 1967; »Eine Frau ohne Bedeutung« (nach Wilde), ARD 1969; »Kurier der Kaiserin«, mit Klausjürgen Wussow, Serie, ZDF, 1969; »Wanzen im Hotel«, ARD 1973; »Das Mädchen in Himmelblau« (nach Simenon), und »Neugierig wie ein Kind«, ZDF 1974; »Wendepunkt«, ARD 1974; Lebell in »Die Dubarry« (nach Millöcker), ZDF 1975; »Theater im Hotel« (nach Murray), ZDF 1976; »Der Operndirektor« (nach Anouilh), mit Peter Pasetti, ZDF 1977; »Eifersucht« (nach Guitry) und »Der Alte«, Serie, ZDF 1978; »Derrick«, 2 Folgen, Serie, ZDF 1979–1981; »Ein Fall für zwei«, Serie, »Zurück an den Absender«, mit Rudolf Platte, Regie: Thomas Engel, und »Der Spot«, Regie: Rainer Erler, ZDF 1981; »Der Paragraphenwirt«, Serie, ZDF 1983.
Anschrift: Helmtrudenstraße 7, 8000 München 40.

Alfred Böhm

Geb. 23. 3. 1920 in Wien; dort aufgew.; nach der Schule nahm er Schauspielunterricht. Engagements hatte er u.a. am Tiroler Landestheater Innsbruck, am Landestheater Linz/Donau und am Theater in der Josefstadt Wien. Dort verkörperte er vornehmlich Rollen seines Fachs als Charakterkomiker in Horváth-, Nestroy-, Molnár- und Raimund-Stücken. Gast war er noch unter Karl Farkas am Wiener Kabarett »Simpl«. Den Schwerpunkt seiner Arbeit legte er auf das Fernsehen, wo er in zahlreichen Reihen zu sehen war.
Böhm spricht engl., franz.; er ist verheiratet und lebt in Wien.
Film: »Es fing so harmlos an«, »Wer die Heimat liebt« und »Der Pfarrer von St. Michael«, 1957; »Mädchen für die Mambo-Bar«, 1959; »Der Bockerer« (von Preses/Becher), Regie: Franz Antel, 1981.
Fernsehen: Er wirkte u.a. in den folgenden ORF-Produktionen mit: »Bürger als Edelmann«, »Das Lamm«, »Der Schlafwagenkontrolleur« und »Blaues Wild«. In der ORF-Serie »Familie Leitner« war er in über 100 Folgen zu sehen. Als Ober Alfred spielte er über 400mal im ORF-»Seniorenclub«. 1978 wirkte er in dem ARD-Fernsehspiel »Die Ausnahme« (Regie: Walter Davy) mit. 1985 spielte er in der Serie »Der Sonne entgegen«, Regie: Hermann Leitner (ARD/ORF), und in der 6teiligen Reihe »Der Leihopa«, Regie: Otto Anton Eder (ORF).
Anschrift: c/o Agentur Baumbauer, Keplerstraße 2, 8000 München 80.

Franz Boehm

Geb. 24. 6. 1938 in Ingolstadt; aufgew. in Altmannstein/Oberpfalz; lebt in München; verheiratet; er spricht engl.; nach der mittleren Reife Gesangsstudium am Trapp'schen Konservatorium in München, wo er im Chor des Staatstheaters am Gärtnerplatz von 1959 bis 1963 ein erstes Engagement bekam; 1960 nahm er privaten Schauspielunterricht; am Theater der Stadt Baden-Baden spielte er 1963 seine erste Bühnenrolle; weitere Theaterstationen: Schloßtheater Celle (1965–1968), Bühnen der Landeshauptstadt Kiel (1968–1970), Düsseldorfer Schauspielhaus (1970–1977); seit 1977 arbeitet er freischaffend mit Teilzeitverträgen u.a.: Städt. Bühnen Frankfurt/Main, Thalia-Theater Hamburg, Freie Volksbühne Berlin, Württembergisches Staatstheater Stuttgart, Schauspielhaus Bochum, Bayerisches Staatsschauspiel München.

Film: »Fabian« (nach Kästner), 1979, »Nach Mitternacht«, 1981, Regie: jeweils Wolf Gremm.

Theater: Arzt in Hildesheimers »Mary Stuart« (1971), Nikita in Tolstojs »Die Macht der Finsternis« (1975), John in Hauptmanns »Die Ratten« (1976), jeweils Schauspielhaus Düsseldorf; Trileckij in Tschechows »Platonow«, Regie: Luc Bondy, Freie Volksbühne Berlin, und Titelrolle in Ibsens »Baumeister Solness«, Regie: Peter Palitzsch, Städt. Bühnen Frankfurt/Main, 1978; Apotheker in Lautensacks »Hahnenkampf«, Regie: Ruth Drexel, Bayerisches Staatsschauspiel München, und Daraios in Feuchtwangers »Die Perser« (nach Aischylos), Regie: Hansgünther Heyme, Württembergisches Staatstheater Stuttgart, 1984; Gloster in Shakespeares »König Lear«, mit Martin Benrath, Regie: Hans Lietzau, in Polt/Müllers »Die Exoten« und de Caro in De Filippos »Die Kunst der Komödie«, Regie: Frank Baumbauer, jeweils Bayerisches Staatsschauspiel München 1984–1986.

Fernsehen: »Grinning«, Regie: Peter Beauvais, ARD 1972; »Die Welt in jenem Sonnenschein«, Regie: Inge Hoffmann, und »Pseudonym Fallada«, Regie: Lutz Büscher, ARD 1979; »Kein Reihenhaus für Robin Hood«, Regie: Wolf Gremm, und »Graf Thun läßt bitten«, Regie: Joachim Hess, ARD 1980; »Die Grenze«, mit Gustl Bayrhammer, Regie: Jürgen Klauß, ARD 1981; »Die Komplizen«, Regie: Stanislav Barabas, ARD 1982; »Hüter der Tür«, Regie: Wolf Gremm, und »Tatort«, Serie, ARD 1983; »Die Karpfenschlacht«, Regie: Eckehard Munck, »Wenn Kuli kommt«, mit Hans-Joachim Kulenkampff, Regie: Wolfgang Glück, Serie, und »Die Komplizen« (nach Simenon), mit Günter Lamprecht, Regie: Stanislav Barabas, ARD 1985.

Auszeichnung: Schauspieler des Jahres 1981 der Zeitschrift »Theater heute«.

Anschrift: c/o ZBF-Agentur München, Leopoldstraße 19, 8000 München 40.

Karlheinz Böhm

Geb. 16. 3. 1928 als Sohn des Dirigenten Prof. Dr. Karl Böhm und der Sopranistin Thea Linhard in Darmstadt; aufgew. in Hamburg und Dresden, wo sein Vater Leiter der Sächsischen Staatsoper war. Hier besuchte er die Volksschule und drei Klassen des Gymnasiums. Mit Hilfe eines gefälschten Attests (Lungenkrankheit) gelang es ihm 1939, Deutschland zu verlassen. In einem Schweizer College setzte er seine Schulausbildung fort.
Ab 1946 lebte er mit seinen Eltern in Graz, wo er sein Abitur machte und ein Germanistikstudium begann. An der Universität Rom studierte er ein Semester Kunstgeschichte.
Seine Eltern ließen ihn früh im Klavierspiel ausbilden. Während seiner Schulzeit wirkte er im Schülertheater mit, als Student inszenierte er sein erstes Stück. 1948 ging er nach Wien, arbeitete dort bei Karl Hartl als Regie-Assistent und nahm Schauspielunterricht bei den Burgschauspielern Albin Skoda und Helmuth Krauss. 1949 erhielt er sein erstes Engagement am Wiener Burgtheater. Er debütierte neben Käthe Dorsch in dem Stück »Ein Herr mit vierzig Jahren«. Von 1949 bis 1953 war er am Theater in der Josefstadt Wien verpflichtet.
Bereits 1948 gab er unter der Regie von Karl Hartl sein Film-Debüt in dem Streifen »Der Engel mit der Posaune«. Seither wirkte er in über 80 Kino- und TV-Produktionen mit. Weitere Bühnengastspiele gab er u.a. an der Kleinen Komödie München, an den Münchner Kammerspielen, am Schauspielhaus Zürich, am Theater am Turm Frankfurt/Main, bei den Festspielen Bad Hersfeld, an der Freien Volksbühne Berlin sowie auf zahlreichen Tourneen. Von 1975 bis 1979 war er Ensemble-Mitglied des Düsseldorfer Schauspielhauses.
1964 führte er erstmals Opernregie. An der Stuttgarter Staatsoper inszenierte er »Elektra«, an den Vereinigten Bühnen Graz »Tosca«, am Staatstheater am Gärtnerplatz München »Der Zigeunerbaron« (1970 als Saison-Premiere).
In Frank Elstners Show-Sendung »Wetten daß. . ?« (ZDF) 1981 rief er die Zuschauer erstmals auf, für die Hungernden in Äthiopien zu spenden. Er gründete die Stiftung »Menschen für Menschen«, für die er seinen Schauspielerberuf fast gänzlich vernachlässigte. Mit Hilfe weiterer Fernsehaufrufe und Aktionen mehrerer Tageszeitungen (u.a. »Münchner Merkur«) konnte er bislang mehrere Millionen D-Mark für Flüchtlingslager und Dörfer bereitstellen (Konto Dresdner Bank Düsseldorf Nr. 700 000).
Böhm spricht engl., franz., ital.; er war in erster Ehe verheiratet mit der Stewardess Li Zonewa; dieser Ehe entstammt seine Tochter Sissi (geb. 1955). Von 1958 bis 1962 war er verheiratet mit der Schauspielerin Gudula Blau. Dieser Ehe entstammen Kristina (geb. 1959), Michael (geb. 1960) und Daniela (geb. 1961). 1980 trennte er sich nach 17jähriger Ehe von seiner dritten Frau, der Schauspielerin Barbara Lass (geb. Kwiatkowska). Dieser Ehe entstammt seine Tochter Katherina (geb. 1964). Sie wählte ebenfalls den Schauspielerberuf. Als Kathi Böhm spielte sie u.a. die Klara in Johanna Spyris Romanverfilmung »Heidi« (Serie, ZDF 1978/79), sowie in Pavel Kohouts »Der Einfall der heiligen Klara« (ZDF 1980).
Böhm lebt abwechselnd in Baldham bei München und Düsseldorf.
Film: »Haus des Lebens«, Regie: Karl Hartl, »Alraune«, mit Hildegard Knef, Regie: Arthur Maria Rabenalt, »Der Tag vor der Hochzeit«, Regie: Rolf Thiele, und »Der Weibertausch«, Regie: Karl Anton, 1952; »Salto mortale« und »Arlette erobert Paris«, Regie: jeweils Victor Tourjansky, und »Hochzeit auf Reisen«, Regie: Paul Verhoeven, 1953; »Die Sonne von St. Moritz«, Regie: Arthur Maria Rabenalt, ». . . und ewig die Liebe«, Regie: Wolfgang Liebeneiner, »Die Hexe«, Regie: Gustav Ucicky, »Die goldene Pest«, Regie: Hans Brahm, und »Die heilige Lüge«, Regie: Wolfgang Liebeneiner, 1954; »Unternehmen Schlafsack«, Regie: Arthur Maria Rabenalt, »Schwedenmädel«, Regie: Thomas Engel, »Dunja«, Regie: Josef von Baky, »Ich war ein häßliches Mädchen«, Regie: Wolfgang Liebeneiner, und Kaiser Franz Joseph in »Sissi«, mit Romy Schneider, Vilma Degischer, Gustav Knuth und Magda Schneider, Regie: Ernst Marischka, 1955; »Die Ehe des Dr. med. Danwitz«, Regie: Arthur Maria Rabenalt, »Kitty und die große Welt«, Regie: Alfred Weidenmann, »Nina«, Regie: Rudolf Jugert, und »Sissi«, die junge Kaiserin« (Regie und Darsteller s. 1955), 1956; »Blaue Jungs«, Regie: Wolfgang Schleif, und »Sissi – Schicksalsjahre einer

Kaiserin« (Regie und Darsteller s. 1955), 1957; »Nächte auf Tahiti«, Regie: Ralph Habib, Frankreich 1957; »Man müßte noch mal zwanzig sein«, Regie: Hans Quest, »Das Dreimäderlhaus«, Regie: Ernst Marischka, und »Das haut doch einen Seemann nicht um«, Regie: Arthur Maria Rabenalt, 1958; »La Paloma«, Regie: Paul Martin, und »Kriegsgericht«, Regie: Kurt Meisel, 1959; »Zu heiß zum Anfassen«, Regie: Terence Young, und »Peeping Tom«, Regie: Michael Powell, Großbritannien 1959; »Der Gauner und der liebe Gott«, Regie: Axel von Ambesser, 1960; »Schicksals-Sinfonie«, Regie: Georg Tressler, USA 1960; »Sie fragte nicht nach morgen«, Regie: Yvan Govar, Frankreich 1960; »Die vier apokalyptischen Reiter«, Regie: Vincente Minelli, USA 1962; »Rififi in Tokio«, Regie: Jacques Deray, Frankreich/Italien 1962; »Flieg mit mir ins Glück«, Regie: Henry Levin, USA/Großbritannien 1963; »Mitternacht Canale Grande«, Regie: Jerry Thorpe, USA 1966; »Schloß Hubertus«, Regie: Harald Reinl, 1973; »Fontane Effi Briest ...«, mit Hanna Schygulla, 1974; »Faustrecht der Freiheit«, 1975, und »Mutter Küsters' Fahrt zum Himmel«, 1976, Regie: jeweils Rainer Werner Fassbinder; »Inflation im Paradies«, 1983.
Theater: In Goetz' »Hokuspokus«, 1960, in Gardners »Tausend Clowns«, 1965, und in Goetz' »Ingeborg«, 1974, jeweils Kleine Komödie München; Chicken in Williams' »Ein Königreich auf Erden«, Wien und Tournee 1971/72; in Ibsens »Hedda Gabler«, Regie: Rainer Werner Fassbinder, Freie Volksbühne Berlin 1973; in Bernhards »Immanuel Kant«, in Schnitzlers »Das weite Land«, in Tschechows »Die Möwe« und in Shakespeares »König Lear«, jeweils Schauspielhaus Düsseldorf 1975–1979.
Fernsehen: »Examen des Lebens« (nach Browne), Regie: Franz Josef Wild, ARD 1958; »The Virginian«, Serie, US-TV 1962/63; »Burke's Law«, Serie, US-TV 1962; »Ein idealer Gatte« (nach Wilde), Regie: Franz Josef Wild, ARD 1966; »Traumnovelle« (nach Schnitzler), Regie: Wolfgang Glück, ZDF 1970; »Verdacht gegen Barry Croft«, Regie: Paul Verhoeven, ARD 1972; »Vabanque«, Regie: Heinz Wilhelm Schwarz, ARD 1973; »Martha«, Regie: Rainer Werner Fassbinder, ARD 1974; »Im Hause des Kommerzienrates« (nach Marlitt), Regie: Herbert Ballmann, ZDF 1975; »Die Tannerhütte«, Regie: Marianne Lüdcke und Ingo Kratisch, ORF 1976; »Tatort«, Regie: Wolf Dietrich, Serie, ARD 1978; »Kur in Travemünde«, Regie: Peter Beauvais, ARD 1979; »Ringstraßenpalais«, Regie: Rudolf Nussgruber, 24 Teile, ORF/ZDF 1980–1983; »Die Laurents«, Regie: Erich Neureuther, 13 Teile, ARD 1981; »Heut' abend«, Gast bei Joachim Fuchsberger, ARD 1983.
Auszeichnungen: »Filmband in Gold« 1980; »Bambi« (BILD+FUNK) 1984; »Theodor-Heuss-Preis« 1985 für seine Initiative »Menschen für Menschen«.
Anschrift: c/o Agentur Palz, Ortlindestraße 6, 8000 München 81.

Manfred Boehm

– Staatsschauspieler –

Geb. 14. 9. 1930 als Sohn eines Lehrers in Blaubeuren; dort aufgew.; nach der Oberschule absolvierte er von 1947 bis 1949 die Privatakademie für Schauspielkunst in Stuttgart. 1949 debütierte er an den Städt. Bühnen Münster, wo er bis 1951 unter Vertrag stand. Die weiteren Stationen: Stadttheater Memmingen (1951/52), Württembergisches Staatstheater Stuttgart (1952/53), Komödie im Marquardt Stuttgart (1953-1957), Bühnen der Landeshauptstadt Kiel (1957-1966) und Hessisches Staatstheater Wiesbaden (1966-1968). Seit 1968 ist er Ensemblemitglied am Badischen Staatstheater Karlsruhe.
Boehm spricht engl., franz.; er ist verheiratet, hat zwei Kinder (Christian und Katrina) und lebt in Karlsruhe.
Theater: Bluntschli in Shaws »Helden«, Cleant in Molières »Der eingebildete Kranke«, Senator in Verneuils »Staats-Affären«, Don Cesar in Moretos »Donna Diana«, Jerry Ryan in Gibsons »Spiel zu zweit«, Titelrolle in Frischs »Die große Wut des Philipp Hotz«, Obolski in Burkhards »Feuerwerk«, Don Pedro in Shakespeares »Viel Lärm um nichts«, und Mick in Pinters »Der Hausmeister«, jeweils Bühnen der Landeshauptstadt Kiel 1957-1966; Bolz in Freytags »Die Journalisten«, Teddy in Pinters »Die Heimkehr«, Roerl in Ibsens »Stützen der Gesellschaft«, Ämilian in Dürrenmatts »Romulus der Große« und Dr. Maurer in Schnitzlers »Das weite Land«, jeweils Hessisches Staatstheater Wiesbaden 1966-1968;
Don Manuel in Calderons »Dame Kobold«, Valentin in Congreves »Liebe für Liebe«, Narr in Shakespeares »Was ihr wollt«, Astrow in Tschechows »Onkel Wanja«, Richter Forestier in Burrow/Porters »Can-Can«, Spalatin in Sawatzkis »Der Reformator«, Luzman in Lope de Vegas »Der Ritter vom Mirakel«, Roger Rob in Kipphardts »In der Sache J. Robert Oppenheimer«, Tom in Forsters »Robinson soll nicht sterben«, Puck in Brittens Oper »Ein Sommernachtstraum« (nach Shakespeare), Hauptmann in Zuckmayers »Schinderhannes«, Dorn in Tschechows »Die Möwe«, Rheingraf vom Stein in Kleists »Das Käthchen von Heilbronn«, Titelrolle in Osbornes »Entertainer«, Jack in Thomas' »Charley's Tante«, Richard in Goethes »Egmont« und Dr. Fleischer in Hauptmanns »Der Biberpelz«, jeweils Badisches Staatstheater Karlsruhe.
Fernsehen: »Unruhige Nacht« (nach Goes), ARD 1955; »Der Geisterzug« (nach Ridley), ARD 1956; »Gestatten, mein Name ist Cox«, Serie, ARD 1960; »Hafenpolizei«, Serie, ARD 1961; »Der Teufel und der liebe Gott« (nach Sartre), ARD 1967; »Familie Nägele«, Serie, ARD 1968; »Graf Yoster«, Serie, und »Kollege Bindelmann«, ARD 1969; »Gerechtigkeit für Dettlinger«, ARD 1970; »Messe der erfüllten Wünsche«, ARD 1970; »Unter Ausschluß der Öffentlichkeit«, Serie, ARD 1973; »Trennung oder Die Geschichte der Anna Wildermuth«, Regie: Peter Beauvais, und »Gesundheit«, Regie: Peter Patzak, ARD 1979; »Tatort«, Regie: Theo Mezger, ARD 1982; »Vom Webstuhl zur Weltmacht«, Regie: Heinz Schirk, 6 Teile, ARD 1983; Rubeck in »Rubecks Traum« (aus der Reihe: »Tatort«), Regie: Heinz Schirk, ARD 1984; »Tatort«, Serie, ARD 1985.
Auszeichnung: Badischer Staatsschauspieler.
Anschrift: c/o ZBF-Agentur Frankfurt/Main, Feuerbachstraße 42–46, 6000 Frankfurt/Main.

Grit Boettcher

(eigentlich: Margit Koch, geb. Lange)

Geb. 10. 8. 1938 als Tochter eines Finanzbeamten in Berlin-Spandau; dort aufgew.; sie tanzte schon im Kinderballett. Als Schülerin schrieb sie Kurzgeschichten für eine Berliner Zeitung. Nach ihrer Tätigkeit als Mannequin nahm sie von 1958 bis 1960 am UFA-Nachwuchsstudio unter Else Bongers und Viktor de Kowa Schauspielunterricht. Ihr Film-Debüt gab sie 1958.
Bekannt wurde sie vor allem als Schauspielerin an den großen deutschen Boulevardbühnen. Sie hatte Engagements u. a. an der Kleinen Komödie München, an der Komödie Berlin und bei zahlreichen Tourneen. Sie ist Autorin eines Lebenshilfe-Buches. Frau Boettcher spricht engl., franz.; sie ist verheiratet mit dem Altertumsforscher Dr. Michael Koch. Dieser Ehe entstammt ihr Sohn Tristan (geb. 1981). Nach ihrer ersten, 1959 geschiedenen Ehe war sie von 1962 bis 1969 verheiratet mit dem Leiter der »Münchner Abendschau« (BR-Fernsehen), Dr. Wolfgang Bestler (verst. 1969). Dieser Ehe entstammt ihre Tochter Nicole (geb. 1963). Die Schauspielerin lebt in Ismaning bei München.
Film: »Solange das Herz schlägt«, 1958; »Drei schräge Vögel«, Regie: Kurt Früh, und »Fastnachtsbeichte« (nach Zuckmayer), 1960; »Der schwarze Abt« (nach Wallace), mit Joachim Fuchsberger, Regie: Franz Josef Gottlieb, 1963; »Der Mönch mit der Peitsche«, mit Joachim Fuchsberger, Regie: Alfred Vohrer, 1967.
Theater: In Goetz' »Ingeborg«, in Simons »Barfuß im Park«, in Barillet/Grédys »Die Kaktusblüte«, in Krassners »Kein Problem«, in Simons »Der letzte der feurigen Liebhaber«, Agda Kjerulf in »Hokuspokus«, in Flatows »Der Mann, der sich nicht traut«, mit Georg Thomalla, und in »Bleib wie Du bist, Liebling«, in Brunos »Claudine Chérie«, jeweils an den vorgenannten Bühnen und auf Tournee bis 1985.
Fernsehen: »Die Papiermühle« (nach Kaiser), mit Erik Schumann und Viktor de Kowa, Regie: Hans Dieter Schwarze, und »Stahlnetz« (von Menge), Regie: Jürgen Roland, Serie, ARD 1963; »So ein süßes Biest«, ZDF 1964; »Der Schlüssel« (nach Durbridge), ARD 1965; »Die Gentlemen bitten zur Kasse« (nach Kolarz), mit Horst Tappert, Regie: Claus Peter Witt und John Olden, 3 Teile, ARD 1966; »Bitte recht freundlich, es wird geschossen« (nach Yeldham), Regie: Rolf von Sydow, ARD 1969; »Doppelspiel«, Regie: Christian Wölffer (Theaterübertragung), ZDF 1972; »Heitere Episoden mit Hans-Joachim Kuhlenkampff«, ZDF 1975; »Ein verrücktes Paar«, mit Harald Juhnke, Regie: Wolfgang Spier, Serie, ZDF 1977-1980; »Zwei Männer zum Frühstück«, mit Peer Augustinski, ZDF 1981; »Rudis Tagesshow«, mit Rudi Carrell, Serie, ARD 1986.
Auszeichnungen: Kunstpreis Berlin; »Goldene Kamera« (HÖRZU) 1980.
Anschrift: An der Fähre 6, 8045 München-Ismaning.

Herbert Bötticher

Geb. 19. 12. 1928 in Hannover; dort aufgew.; nach dem Abitur absolvierte er von 1948 bis 1950 die Schauspielschule in Hannover; sein erstes Engagement hatte er von 1950 bis 1954 am Badischen Staatstheater Karlsruhe. Die weiteren Stationen: Stadttheater Bielefeld (1954–1957), Theater am Roßmarkt Frankfurt/Main (1957), Komödie im Marquardt Stuttgart (1958) und Münchner Kammerspiele (1958-1970). Seit 1970 ist er freischaffend. Er gastierte u. a. an der Komödie Berlin, am Theater am Dom in Köln, an der Kleinen Komödie München, an der Komödie Düsseldorf, an der Komödie im Marquardt Stuttgart und machte zahlreiche Tourneen.

Bötticher ist seit 1960 vielbeschäftigter Darsteller beim Fernsehen. Er arbeitet ferner beim Hörfunk (zahlreiche Kinderhörspiele), in der Synchronisation und stellte zahlreiche Märchenplatten vor.

Bötticher spricht engl.; er ist verheiratet, hat einen Sohn (Martin) und lebt in München.

Film: »Morgens um sieben ist die Welt noch in Ordnung«, mit Archibald Eser, Regie: Kurt Hoffmann, 1968; »Bengelchen liebt kreuz und quer«, 1970; »Lina Braake«, mit Lina Carstens, Regie: Bernhard Sinkel, 1975.

Theater: Philip Ernst in Sternheims »1913«, Rolander in Kipphardts »In der Sache J. Robert Oppenheimer«, Regie: Paul Verhoeven, Staatsanwalt in Kipphardts »Der Hund des Generals«, Cormoran in Paillards »Kandidat Cormoran«, Leyrer in Kortners »Zwiesprache«, Lucien in Feydeaus »Herzliches Beileid«, Noah in Nashs »Der Regenmacher«, Richard in Shakespeares »Richard II.«, Bolingbroke in Scribes »Das Glas Wasser«, Richard und Michel in Thomas' »Doppelspiel« (auch TV), in Franks »Der Freund von nebenan« (auch TV), und in »Sextett«, jeweils an den vorgenannten Bühnen; Bolingbroke in Scribes »Das Glas Wasser«, Regie: Bötticher selbst, Koblenzer Stadttheater 1984/85.

Fernsehen: Güldenstern in »Hamlet« (nach Shakespeare), ARD 1960; »Die sanfte Tour« (nach Braun), ARD 1961; Nr. 2 in »Die zwölf Geschworenen« (nach Budjuhn/Rose), ZDF 1963; de Forlipopoli in »Mirandolina« (nach Goldoni), ARD 1963; »Das Glück in Frankreich« (nach Salomon), Regie: Paul May, und M. Louis Sorbet in »Hotel Iphigenie« (nach Vinaver), ARD 1964; »Der müde Theodor«, mit Willy Reichert, Regie: Erich Neureuther, und Rambert in »Die Tochter des Brunnenmachers« (nach Pagnol), ARD 1965; Eisenring in »Biedermann und die Brandstifter« (nach Frisch), ARD 1966; Captain in »Pauken und Trompeten« (nach Brecht), ZDF 1967; »Reisegesellschaft« (nach Maupassant), »Die aufrichtige Lügnerin« (nach Achard), und Leutnant in »Vom Teufel geholt« (nach Hamsun), ARD 1968; »Der Kommissar«, mit Erik Ode, Serie, ZDF 1968; Dr. Sanderson in »Mein Freund Harvey« (nach Chase), und »Friedrich III.« (nach Andics), ZDF 1970; Higgins in »Hoopers letzte Jagd«, 2 Teile, Regie: Claus Peter Witt, ARD 1972; »Tatort«, Serie, ARD 1973; »Depressionen« (nach Caroline Mühr), ZDF 1975; »Als wär's ein Stück von mir« (nach Zuckmayer), Regie: August Everding, ZDF 1976; »Indiskret« (nach Krasna), Regie: Wolfgang Glück, und »Oblomows Liebe«, Regie: Claus Peter Witt, ARD 1977; »Wer den Schaden hat«, Regie: Dieter Wedel, ZDF 1981; »Die Krimistunde«, Regie: Hartmut Griesmayr, Serie, ARD 1982; »Er-Goetz-Liches«, und »Leute wie Du und ich«, mit Harald Juhnke, ZDF 1984; »O du fröhliche. . . «, Regie: Peter Weck, »Ich heirate eine Familie« (von Flatow), mit Peter Weck und Thekla Carola Wied, Regie: Peter Weck, Serie, ZDF 1984; »Herbert ist Herrmann«, mit Herbert Herrmann, Serie, und »Halbe Wahrheiten« (nach Ayckbourn), Regie: Werner Spier (auch Theater am Kurfürstendamm Berlin 1984), ZDF 1985; »Schöne Ferien«, Serie, ARD 1985; »Zieh den Stekker raus, das Wasser kocht«, mit Wolfgang Kieling, Buch + Regie: Ephraim Kishon, ARD 1986.

Anschrift: c/o Agentur Köhler, Rümannstraße 51, 8000 München 40.

Folker Bohnet

(eigentlich: Folker Bohnet-Waldraff)

Geb. 7. 8. 1937 in Berlin; dort aufgew.; nach dem Abitur begann er 1957 zunächst mit einem Jurastudium; 1958 kam er zum UFA-Nachwuchsstudio Berlin und erhielt seinen ersten Filmvertrag; ein Jahresvertrag an den Städt. Bühnen Köln folgte; Gastspiele seit 1960 gab er u. a. am Thalia-Theater und an den Kammerspielen in Hamburg, an der Komödie im Marquardt Stuttgart, am Theater Baden-Baden, am Deutschen Theater München, am Ernst-Deutsch-Theater Hamburg, an der Freien Volksbühne und dem Renaissance-Theater in Berlin, an den Städt. Bühnen Frankfurt/Main, an der Komödie Düsseldorf, beim Theater am Dom in Köln, bei den Festspielen in Heppenheim, Bad Hersfeld und Jagsthausen sowie am Theater in der Josefstadt in Wien.
Er führt umfangreich Theaterregie und veröffentlichte zusammen mit dem Schauspieler-Kollegen Hans-Jürgen Schatz mehrere Theaterstücke, u. a. »Meine Mutter tut das nicht«, »Die Hausdame« und »Morgenstund hat Gold im Mund«.
Bohnet spricht engl., ital., franz.; er ist verheiratet, hat einen Sohn und lebt in Hamburg.
Film: »Solange das Herz schlägt«, Regie: Alfred Weidenmann, 1958; »Die Brücke«, Regie: Bernhard Wikki, 1959; »Fabrik der Offiziere« (nach Kirst), Regie: Frank Wisbar, 1960; »Winter in Ischia«, Regie: Peter Cotes, 1965; Kainz in »Ludwig II.«, mit Helmut Berger, Regie: Luchino Visconti, Italien/Frankreich/BRD 1972; »Schloß Hubertus«, Regie: Harald Reinl, 1974.
Theater: Melchior in Wedekinds »Frühlings Erwachen«, Regie: Charles Regnier, Städt. Bühnen Köln 1961; Reible in Kingstons »Bruder Jeremy«, Thalia-Theater Hamburg 1964; Titelrolle in Shakespeares »Hamlet«, in Ionescos »Der König stirbt« und in Giraudoux' »Der Apollo von Bellac«, jeweils Südamerika-Tournee 1964; Romeo in Shakespeares »Romeo und Julia«, Bühnen der Hansestadt Lübeck 1966 und Deutsches Theater München 1967; Don Pedro in Shakespeares »Viel Lärm um nichts«, Regie: Hansjörg Utzerath, Freie Volksbühne Berlin 1968; Pylades in Goethes »Iphigenie auf Tauris« und Scheerbaum in Grass' »Davor«, Regie: jeweils Richard Münch, Ernst-Deutsch-Theater Hamburg 1969; Eugen Marchbanks in Shaws »Candida«, Städt. Bühnen Frankfurt/Main 1971; in Ayckbourns »Im besten Einvernehmen«, Regie: Edwin Zbonek, Theater in der Josefstadt Wien 1974; Tellheim in Lessings »Minna von Barnhelm«, Burgfestspiele Jagsthausen 1976; Ottokar in Goetz' »Ingeborg«, Regie: Bohnet selbst, Theater am Dom Köln; in »Türschloßpanik«, Hamburger Kammerspiele 1979; in der Uraufführung von Pillaus »... und Buddha lacht«, Regie: Erik Ode, Ernst-Deutsch-Theater Hamburg 1980; Titelrolle in Molières »Tartuffe«, Regie: Bohnet selbst, Festspiele Heppenheim 1981; Chance Wayne in Williams' »Süßer Vogel Jugend«, Regie: Bohnet selbst, Shaw in »Geliebtes Genie«, in »Ein klarer Fall«, mit Claudia Rieschel, jeweils Hamburger Kammerspiele 1983–1985; Titelrolle in Shakespeares »Hamlet«, Festspiele Bad Hersfeld 1984 + 1985.
Fernsehen: Cléant in »Der Geizige« (nach Molière), ARD 1960; »Im Schlaraffenland« (nach Heinrich Mann), ARD 1965, Bassanio in »Der Kaufmann von Venedig« (nach Shakespeare), Regie: Otto Schenk, und Jürgen König in »Großer Mann – was nun?« (von Pillau), Serie, ARD 1968; Kaiser Wilhelm in »Friedrich III.«, ZDF 1970; Gaston in »Der Babutz« (nach Marceau), ARD 1971; »Der Tote vom Pont Neuf«, und Felix in »Im Schillingshof«, Regie: Herbert Ballmann, ZDF 1973; Lari in »Kaspar Laris Abenteuer« (nach Max Kruse), Regie: Armin Maiwald, Serie, ARD 1977.
Anschrift: c/o Agentur Palz, Ortlindestraße 6, 8000 München 81, oder Berner Weg 42, 2000 Hamburg 65.

Curt Bois

– Staatsschauspieler –

Geb. 5. 4. 1901 in Berlin; dort aufgew.; bereits mit sechs Jahren stand er als Heinerle in Leo Falls Operette »Der fidele Bauer« auf der Bühne des Theaters des Westens in Berlin. Weitere Kinderrollen u. a. am Thalia-Theater Berlin folgten. Von 1914 bis 1921 trat er in zahlreichen Varietés in Deutschland, Österreich, Ungarn und der Schweiz als Tanzkomiker und Kabarettist auf.
Von 1923 bis 1934 spielte er u. a. an folgenden Berliner Bühnen: Deutsches Künstlertheater, Junge Bühne, Komödie, Lessing-Theater, Komödienhaus, Theater am Kurfürstendamm, Volksbühne und Deutsches Theater. Ferner gastierte er am Theater in der Josefstadt Wien. Bis 1933 wirkte er auch in 27 Spielfilmen mit.
1934 wanderte er über die Tschechoslowakei, Österreich und England nach Amerika aus. Im New Yorker Exil spielte er kurze Zeit am Broadway, bevor er von 1937 bis 1950 in Hollywood lebte. Dort drehte er rund 40 Filme.
1950 kehrte er nach Berlin zurück, wo er bis 1953 am Deutschen Theater (Ost-Berlin) engagiert war. Seit 1954 lebt Bois im Westen der Stadt. 1957/58 spielte er an den Kammerspielen in München, 1958 am Bayerischen Staatsschauspiel München. Von 1959 bis 1978 wirkte er an den Staatl. Schauspielbühnen Berlins, wo er heute Ehrenmitglied des Ensembles ist. Gastspiele gab er am Deutschen Schauspielhaus Hamburg (1964), am Berliner Ensemble (1973) und an der Deutschen Staatsoper Berlin (1975). Seine autobiographischen Bücher »So schlecht war mir noch nie« (1967) und »Zu wahr, um schön zu sein« (1980) fanden große Beachtung.
1981 widmeten ihm und seinem Schauspielerkollegen Bernhard Minetti die Schauspieler Bruno Ganz und Otto Sander (als Regisseure) den Fernsehfilm »Gedächtnis«.
Bois spricht engl.; er ist in zweiter Ehe verheiratet und lebt in Berlin.
Film: »Mutterliebe«, 1909; »Des Pfarrers Töchterlein«, 1912; »Das Geschenk des Inders«, 1913; »Streichhölzer, kauft Streichhölzer«, »Tante Röschen will heiraten«, »Bobby als Amor« und »Die Spinne«, 1916; »Das unruhige Hotel« und »Ehestiftung mit Hindernissen«, 1917; »Der Dieb«, »Der goldene Pol« und »Der Gast aus der vierten Dimension«, 1918; »Die Austernprinzessin«, Regie: Ernst Lubitsch, 1919; »Sie und die Drei«, 1922; »Der goldene Schmetterling«, »Wehe, wenn sie losgelassen«, Regie: Carl Froelich, »Gräfin Plättmamsell« und »Der Jüngling aus der Konfektion«, Regie: Richard Löwenbein, 1926; »Der Fürst von Pappenheim«, »Dr. Bessels Verwandlung« und »Majestät schneidet Bubiköpfe«, 1927; »Anschluß um Mitternacht«, Regie: Mario Bonnard, 1929; jeweils Stummfilme.
»Der Schlemihl«, Regie: Max Nosseck, »Ein steinreicher Mann«, Regie: Istvan Szekely, und »Scherben bringen Glück«, Regie: Bois selbst, 1932; »Tovarich«, Regie: Antatole Litvak, USA 1937; »Hollywood Hotel«, Regie: Busby Berkeley, »Romance in the Dark«, »Gold Diggers in Paris«, »Das Doppelleben des Dr. Clitterhouse«, Regie: Anatole Litvak, »Der große Walzer«, Regie: Julien Duvivier, und »Hotel Imperial«, Regie: Robert Florey, USA 1938; »Der Glöckner von Notre Dame«, Regie: William Dieterle, USA 1939; »The Lady in Question«, mit Rita Hayworth und Glenn Ford, Regie: Charles Vidor, »He Stayed for Breakfast«, Regie: Alexander Hall, »Der Draufgänger«, mit Clark Gable und Spencer Tracy, Regie: Jack Conway, »Hullabaloo«, Regie: Edwin L. Marin, »Bitter Street«, Regie: W. S. van Dyke, und »The Night in Rio«, Regie: Irving Cummings, USA 1940; »The Tuttles of Tahiti«, Regie: Charles Vidor, »Die Königin vom Broadway«, Regie: Irving Cummings, »Pacific Rendezvous«, Regie: George Sidney, und »Casablanca«, Regie: Michael Curtiz, USA 1942; »Destroyer«, Regie: William A. Seiter, »Paris after Dark«, Regie: Leonid Maguy, »Swing Fever«, Regie: Tim Whelan, »Liebeslied der Wüste«, Regie: Robert Florey, und »Spiel mit dem Schicksal«, Regie: Sam Wood, USA 1943; »Cover Girl«, mit Rita Hayworth, Regie: Charles Vidor, »Gypsy Wildcat«, Regie: Roy William Neil, und »Blonde Fever«, Regie: Richard Whorf, USA 1944; »Die Seeteufel von Cartagena«, Regie: Frank Borzage, USA 1945; »Vendetta«, Regie: Mel Ferrer, USA 1946; »Jungle Flight«, Regie: Peter Stewart, und »Triumphbogen«, Regie: Lewis Milestone, USA 1947; »French Leave«, Regie: Frank McDonald, »Let's Live a Little«, Regie: Richard Wallace, »The Woman in White«, Regie: Peter Godfrey,

und »Caught«, Regie: Max Ophüls, USA 1948; »A Kiss in the Dark«, Regie: Delmer Daves, »Der Spieler«, Regie: Robert Siodmak, »The Loveable Cheat«, Regie: Richard Oswald, und »Oh, You Beautiful Doll!«, Regie: John M. Stahl, USA 1949; »Operation Mona Lisa«, Regie: Frank Wisbar, und »Liebe unter schwarzen Segeln«, Regie: Gordon Douglas, USA 1950; »Ein Polterabend«, Regie: Bois selbst, und »Herr Puntila und sein Knecht Matti« (nach Brecht), Regie: Alberto Cavalcanti, DEFA 1955; »Das Spukschloß im Spessart«, Regie: Kurt Hoffmann, 1960; »Ganovenehre«, mit Gert Fröbe, Regie: Wolfgang Staudte, 1966; »Das Boot ist voll«, Regie: Markus Imhoof, 1981; »Die Sehnsucht der Veronika Voss«, mit Rosel Zech, Regie: Rainer Werner Fassbinder, 1981.

Theater: König von Patalonien in Keßler/Hirschs »Monsieur Trulala«, mit Max Adalbert, Deutsches Künstlertheater Berlin 1925; Berliner in Bronnens »Die Exzesse«, Regie: Heinz Hilpert, Junge Bühne Berlin 1925; Tanzlehrer in Maughams »Victoria«, Regie: Max Reinhardt, Komödie Berlin 1926; Trebitsch-Lincoln in Lanias »Konjunktur«, Regie: Erwin Piscator, Lessing-Theater Berlin 1928; in Thomas' »Charley's Tante«, Theater in der Josefstadt Wien und Komödienhaus Berlin 1928/29; Freddy Krah in Unruhs »Phaea«, Regie: Max Reinhardt, Deutsches Theater Berlin 1930; Carlos Pintes in Bourdets »Das schwache Geschlecht«, Regie: Max Reinhardt, Theater am Kurfürstendamm Berlin 1931; Chlestakow in Gogols »Der Revisor«, Regie: Heinz Hilpert, Volksbühne Berlin 1932 (unter der Regie von Wolfgang Langhoff am Deutschen Theater Berlin 1950); Puntila in Brechts »Herr Puntila und sein Knecht Matti«, Regie: Bertolt Brecht selbst, Berliner Ensemble 1952; Malvolio in Shakespeares »Was ihr wollt«, Regie: Fritz Kortner, Münchner Kammerspiele 1957 (Schiller-Theater Berlin 1959); Androklus in Shaws »Androklus und der Löwe«, Bayerisches Staatsschauspiel München 1958;

Spiegelberg in Schillers »Die Räuber« 1959, Sganarelle in Molières »Dom Juan«, 1960, und Argan in Molières »Der eingebildete Kranke«, 1964/65, Regie: jeweils Fritz Kortner, Puntila in Brechts »Herr Puntila und sein Knecht Matti«, Regie: Boleslaw Barlog, 1965, Gittelmann in Leokums »Feinde«, und Thersites in Shakespeares »Troilus und Cressida«, Regie: Ernst Schröder, 1966, Zauberkönig in Horváths »Geschichten aus dem Wienerwald«, und Zettel in Shakespeares »Ein Sommernachtstraum«, 1967, Ssórin in Tschechows »Die Möwe«, und Titelrolle in Molières »Der Bürger als Edelmann«, 1968, Hans in Buchriesers »Hanserl«, 1971, und Gonzalo in Shakespeares »Der Sturm«, Regie: Alfred Kirchner, 1978, jeweils Staatl. Schauspielbühnen Berlins;

Kaiser von China in Brechts »Turandot oder Der Kongreß der Weißwäscher«, Berliner Ensemble 1973; Frosch in Johann Strauß' »Die Fledermaus«, Regie: Ruth Berghaus, Deutsche Oper Berlin 1975.

Fernsehen: »Androklus und der Löwe« (nach Shaw), Regie: Fritz Kortner, ARD 1958; »Flüchtlingsgespräche«, Regie: Harry Buckwitz, ARD 1964; Titelrolle in »Der eingebildete Kranke« (nach Molière), Regie: Fritz Kortner, ARD 1965; »Die hundertste Nacht«, Regie: Frank Guthke, und »Bert Brecht vor dem McCarthy-Ausschuß«, Regie: Roland H. Wiegenstein, ARD 1966; »Der Zauberberg« (nach Thomas Mann), Regie: Ludwig Cremer, 8 Teile, ARD 1967; »Amerika oder Der Verschollene«, Regie: Zbynek Brynych, ZDF 1969; »Der Pott«, Regie: Peter Zadek, ARD 1970; »Der Kommissar«, mit Erik Ode, Serie, und »Der trojanische Sessel«, Regie: Günter Gräwert, ZDF 1971; »Strychnin und saure Drops« (von Ahlsen), Regie: Franz Peter Wirth, ZDF 1974; »Der Alte«, Serie, 2 Folgen, ZDF 1977 + 1983; »Das Rentenspiel«, Regie: Dieter Wedel, ZDF 1977; »Liebe, Tod und Heringshäppchen«, Regie: Sven Severin, und »Die Alten kommen«, Regie: Wolfgang Becker, ZDF 1979; »Wochenendgeschichten«, Serie, und »Der Mond scheint auf Kylenamoe« (nach O' Casey), Regie: Otto Sander, ARD 1980; »Curt Bois oder Mit Heinerle fing alles an«, Regie: Uwe Belz, DDR-TV 1980; »Der Schützling«, Regie: Rolf von Sydow, »Gesucht wird... «, Regie: Fritz Umgelter, und »Flächenbrand« (nach von der Grün), Regie: Alexander von Eschwege, ARD 1981; »Die feine englische Art«, Regie: Ludwig Cremer, Serie, ARD 1982; »Haus Vaterland«, Regie: Horst Königstein, 3 Teile, ARD 1983; »Käsbach – Ich liebe Dich«, Regie: Diethard Klante, 6 Teile, ARD 1984; »Kir Royal«, mit Franz Xaver

Kroetz und Marianne Hoppe, Regie: Helmut Dietl, Serie, ARD 1986.
Auszeichnungen: Großes Bundesverdienstkreuz der Bundesrepublik Deutschland; Berliner Staatsschauspieler; Filmband in Gold 1972.
Anschrift: Marathonallee 14, 1000 Berlin 19.

Horst Bollmann

– Staatsschauspieler –

Geb. 11. 2. 1925 als Sohn eines Verwaltungsdirektors in Dessau; dort und in Siegen/Westfalen aufgew.; nach dem Abitur und zwei Jahren Kriegsdienst absolvierte er die Folkwang-Schule in Essen (Abschluß mit Diplom, 1946–1949). Von 1949 bis 1954 gehörte er zum Ensemble der Theater der Stadt Essen. Nebenher machte er Kabarett im Essener »Musenstall« und bei der Düsseldorfer »Wäscheleine« (Vorläufer des heutigen »Kom(m)ödchen«). Von 1954 bis 1959 war er am Nationaltheater Mannheim verpflichtet. Boleslaw Barlog holte ihn 1959 an die Staatl. Schauspielbühnen Berlins, wo er bis heute als Staatsschauspieler tätig ist.
Sein Filmdebüt gab er 1960. Im Fernsehen wirkt er seit 1964.
Bollmann spricht engl.; er ist verheiratet mit der ehemaligen Schauspielerin Hetty Jockenhöfer und lebt in Berlin.
Film: »Das Wunder des Malachias« (nach Bruce Marshall), Regie: Bernhard Wicki, 1961.
Theater: Sandmann in »Hampelmann und Hampelfrau«, Bote in Grillparzers »König Ottokars Glück und Ende«, Dromio von Syrakus in Shakespeares »Komödie der Irrungen« und Barnaby Tucker in Wilders »Die Heiratsvermittlerin«, jeweils Theater der Stadt Essen 1954/55; Alois Grübel in der Uraufführung von Walsers »Eiche und Angora«, Regie: Helmut Käutner (auch TV), 1962, Behringer in Ionescos »Fußgänger der Luft«, 1963, Titelrolle in Büchners »Woyzeck«, 1964, Wladimir in Becketts »Warten auf Godot«, 1965, Clov in Becketts »Endspiel« (der Autor führte selbst Regie), und Chandebise und Poche in Feydeaus »Der Floh im Ohr«, Regie: Boleslaw Barlog, 1969, Brian in »Joe Egg«, 1970, in Hacks' »Der Frieden« (nach Aristophanes), 1970/71, Titelrolle in Shakespeares »Julius Cäsar«, 1972, und Estragon in Becketts »Warten auf Godot« (der Autor führte selbst Regie), 1975/76, in der Uraufführung von Enzensbergers »Der Menschenfeind«, Regie: Hanns Zischler, 1984/85, jeweils Staatl. Schauspielbühnen Berlins.
Fernsehen: »Siedlung Arkadien«, »Die Transaktion« und Jakobowsky in »Jakobowsky und der Oberst« (nach Werfel), ARD 1967; Lothar Krake in »Das ausgefüllte Leben des Alexander Durbronski« (nach Waldmann), ZDF 1967; »Der deutsche Meister«, ARD 1968; Vasco in » Die Geschichte von Vasco« (nach Schehadé), ZDF 1968; »Mister Barnett« (nach Anouilh), ARD 1969; König Perfekt in »Der Lauf des Bösen« (nach Audiberti), ZDF 1969; Inspektor in »Wie ein Blitz« (nach Durbridge), Regie: Rolf von Sydow, 3 Teile, ARD 1970; »Tausend Francs Belohnung« (nach Hugo), Regie: Günter Gräwert, ARD 1974; »Lehmanns letzter Sommer« (nach Lenz), Regie: Eberhard Pieper, ZDF 1975; MAD-Offizier in »Tatort«, Regie: Jürgen Roland, 4 Folgen, ARD 1977, 1979, 1983 und 1985; »David und Goliath« (nach Kaiser), ZDF 1977; Friseur Otto F. Baumann in »Was wären wir ohne uns« (von Wolfgang Menge), Regie: Ulrich Schamoni, 4 Teile, ARD 1979; »Die Krimistunde«, Regie: Hartmut Griesmayr, Serie, ARD 1983; »So lebten sie alle Tage« (von Wolfgang Menge), mit Stefan Wigger, Regie: Ulrich Schamoni, 5 Folgen, ARD 1984; »Und es begab sich«, Regie: Peter Weck, ZDF 1984; »Der große Durchblick«, Regie: Peter Schulze-Rohr, ARD 1985; »Alte Gauner«, Regie: Konrad Sabrautzky, Serie, ZDF 1985.
Auszeichnungen: Kritikerpreis des Verbandes der deutschen Kritiker 1968; »Goldene Nymphe« als bester Darsteller des Intern. TV-Festivals Monte Carlo 1968; Berliner Staatsschauspieler 1970.
Anschrift: Boothstraße 20, 1000 Berlin 45.

Peter Bongartz

Geb. 22. 5. 1942 in Greifswald; nach dem Abitur im Jahre 1961 studierte er acht Semester Philosophie; schon 1960 begann er mit Schauspielunterricht in Düsseldorf. 1963 erhielt er sein erstes Engagement an den Wuppertaler Bühnen. Tourneen bis 1965 folgten. Von 1965 bis 1967 gehörte er zum Ensemble der Städt. Bühnen Köln. Gastspiele gab er bis 1969 u. a. am Theater am Dom in Köln, am Theater Die Komödie Frankfurt/Main und an der Komödie im Marquardt Stuttgart. Von 1969 bis 1971 war er Mitglied des Deutschen Theaters Göttingen. Seither ist er freischaffend. Er gastierte u. a. 1974 an der Freien Volksbühne Berlin und von 1975 bis 1981 an den Kammerspielen in Düsseldorf. Seither legte er den Schwerpunkt auf seine Arbeit beim Fernsehen, wo er bereits seit 1973 wirkt.

Bongartz spricht engl., franz.; er lebt in Bergheim-Erft.

Theater: Götz in Sartres »Der Teufel und der liebe Gott«, Deutsches Theater Göttingen 1970; in Goldonis »Der Diener zweier Herren«, Freie Volksbühne Berlin 1974; in Schillers »Die Räuber«, Regie: Hansjörg Utzerath, 1967, Stanley in Williams' »Endstation Sehnsucht«, in Havels »Audienz«, in Fos »Bezahlt wird nicht«, 1975-1981, jeweils Kammerspiele Düsseldorf; Antipholus von Syrakus in Shakespeares »Komödie der Irrungen«, und Lucentio in Shakespeares »Der Widerspenstigen Zähmung«, Regie: jeweils Hans Richter, 1978, Callimaco in Machiavellis »Mandragola«, Regie: Hans Richter, 1980, jeweils Festspiele Heppenheim.

Fernsehen: »Liebe leidet mit Lust« (nach Shakespeare), Regie: Oswald Döpke, ZDF 1973; Kriminalobermeister Ihle in »Tatort« (aus Baden-Baden, SWF), 5 Folgen, ARD 1973-1979; »Der Weilburger Kadettenmord«, Regie: Eberhard Itzenplitz, ZDF 1977; Redakteur in »Sieh mal an« (Medienkritik), 26 Folgen, ZDF 1977–1980; »Tatort«, Serie, 2 Folgen, ARD 1980 + 1982; »Single bleibt Single«, Regie: Wolf Dietrich, ZDF 1982; »Ein Stück Himmel« (nach Janina David), und Silva in »Egmont« (nach Goethe), Regie: jeweils Franz Peter Wirth, ARD 1982; »Der Alte«, Serie, und »Derrick«, Serie, ZDF 1983; »Tiefe Wasser« (nach Highsmith), Regie: Franz Peter Wirth, 2 Teile, ARD 1983; »Flohmarkt«, Serie, ZDF 1983; »Der Millionen-Coup«, Regie: Wolfgang Storch, 2 Teile, und Vater in »Patrik Packard«, Regie: Gero Erhardt, 6 Teile, ZDF 1984; »Gerichtliches Nachspiel«, und »Reise nach Afrika« (nach Nester), Regie: jeweils Erwin Keusch, ARD 1984; »Das Rettungslos«, Regie: Georg Madeja, ORF 1984; »Schöne Ferien«, Regie: Hans-Jürgen Tögel, Serie, und »Wochenendgeschichten«, Regie: Erwin Keusch, Serie, ARD 1985; »Derrick«, Serie, ZDF 1985; »Kein Alibi für eine Leiche« (von Durbridge), mit Eva Christian und Barbara Rudnik, Regie: Wolf Dietrich, ZDF 1986.

Anschrift: c/o Agentur Köhler, Rümannstraße 51, 8000 München 40, oder Rotdornweg 8a, 5010 Bergheim.

Katja
Borsche

(eigentlich
Katja Lührs)

Geb. 9. 6. 1955 in Rochlitz; aufgewachsen in Hamburg und München; lebt dort; nach dem Gymnasium Besuch der H-B-Acting School, New York; arbeitete als Fotomodell und in der Werbebranche im In- und Ausland; sie spricht engl.; sie ist verheiratet u. hat einen Sohn.
Film: »Annabella«, Regie: F. Feix, »Die Frau ohne Körper«, Regie: N. Schilling, 1983; und »Counterspionage«, Regie: A. Yellin, USA 1984.
Fernsehen: »Kleiner Schaden mit großen Folgen«, Regie: Ruprecht Essberger, ZDF 1983.
Anschrift: c/o ZBF-Agentur München, Leopoldstraße 19, 8000 München 40, oder Möwestraße 53, 8000 München 82.

Hans von Borsody

Geb. 20. 9. 1929 als Sohn des Regisseurs und Autors Eduard von Borsody in Wien; dort aufgew.; nach dem Abitur im Jahre 1949 studierte er zunächst Biologie, bevor er von 1950 bis 1952 das Max-Reinhardt-Seminar in Wien besuchte. Sein erstes Engagement bekam er 1952/53 am Stadttheater Klagenfurt. Weitere Stationen: Landestheater Württemberg-Hohenzollern Tübingen (1953/54), Theater in der Josefstadt, Volkstheater, Theater der Courage, Kammerspiele und Burgtheater in Wien (1954/55), Schauspielhaus Düsseldorf, Volkstheater Köln und Hamburger Kammerspiele (1955-1957).

Von 1954 bis 1970 setzte er den Schwerpunkt seiner Arbeit beim Film. Er drehte über 40 Produktionen. Theater spielte er seit 1971 u. a. auf Tournee (auch durch Amerika), an den Hamburger Kammerspielen, an der Kleinen Komödie München, an der Lore-Bronner-Bühne München und am Theater Die Komödie Frankfurt/M.

Borsody spricht engl.; er ist in dritter Ehe mit der Schauspielerin Heide Keller verheiratet. Aus seiner Ehe mit der Schauspielerin Rosemarie Fendel stammt seine Tochter Suzanne (geb. 1947; ebenfalls Schauspielerin), aus der Ehe mit der Schauspielerin Alwy Becker seine Tochter Cosima. Borsody lebt in Egling, Oberbayern.

Film: »Don Juan«, 1954; »Zwei Herzen und ein Thron«, und »Der Major und die Stiere«, Regie: Eduard von Borsody, 1955; »Der Meineidbauer« (nach Anzengruber), mit Carl Wery, Regie: Rudolf Jugert, 1956; »Der Schandfleck« und »Jägerblut«, 1957; »Rivalen der Manege«, Regie: Harald Philipp, »Der Schäfer vom Trutzberg«, »Nick Knattertons Abenteuer«, »Besuch aus heiterem Himmel«, »Die grünen Teufel von Monte Cassino« und »Polikuschka«, 1958; »Der wahre Jakob«, »Das Rätsel der grünen Spinne« und »Unter der Flagge der Freibeuter«, 1960; »Im Weißen Rössl« (nach Benatzky), mit Peter Alexander, Regie: Werner Jacobs, und »Candidate for Murder«, Großbritannien 1961; »Marschier' oder krepier'« und »Wilde Wasser«, 1962; »Sturm im Wilden Kaiser«, 1963; »Neunzig Nächte und ein Tag«, »Die goldene Göttin vom Rio Beni« und »Das war Buffalo Bill«, 1964; »Arminius der Cherusker« und »Einer spielt falsch«, 1965; Volker in »Die Nibelungen« (2 Teile), Regie: Harald Reinl, 1966; »Heiße Spur nach Valencia«, 1968; »Formel 1«, 1969; »Die Brücke von Arnheim«, 1976.

Theater: Apollodorus in Shaws »Cäsar und Cleopatra«, in Menzel/Schweikarts »Der Postmeister« (nach Puschkin), Josef K. in Gides »Der Prozeß« (nach Kafka), Kalb in Schillers »Kabale und Liebe«, Titelrolle in Rostands »Cyrano de Bergerac«, in »Sextett«, in Halbes »Der Strom« und in Kerrs »Mary, Mary«, jeweils an den vorgenannten Bühnen; Faust in Goethes »Urfaust«, Lore-Bronner-Bühne München 1985 (auch Kabel-TV).

Fernsehen: »Ein Walzertraum« (nach Oscar Straus), ARD 1960; »Eine Nacht in Venedig« (nach Johann Strauß), 1962; »Glückliche Reise« (nach Künneke), ZDF 1963; Titelrolle in »Robin Hood, der edle Räuber« (nach Pauck), ARD 1965; Titelrolle in »Detektiv Cliff Dexter«, 26 Folgen, 1966/67; Titelrolle in »Der Vetter Basilio« (nach Queirós), 2 Teile, ARD 1969; »Luftsprünge«, mit Luis Trenker und Toni Sailer, Serie, ZDF 1969; »Die Schrott Story« (nach Pribil), ZDF 1970; »Die vertagte Nacht« (nach Arnold/Bach), ORF 1970; »Immobilien«, ZDF 1972; »Ferien für Jessica«, ARD 1979; »Billy«, ZDF 1981; »Kontakt bitte«, Serie, ARD 1983; Franz Ferdinand in »Das Attentat« (nach Milo Dor), Regie: Imo Moszkowicz, ARD 1984.

Anschrift: Birkenweg 1, Deining 1, 8021 Egling.

Markus Boysen

Geb. 3. 9. 1954 als Sohn des Schauspielers Rolf Boysen in Hannover; dort und in München aufgew.; nach der Schule absolvierte er die Staatl. Hochschule für Musik und darstellende Kunst in Hamburg. 1976 begann er als Regie-Assistent an den Münchner Kammerspielen (Dorsts »Auf dem Chimborazo«). Als Schauspieler debütierte er an dieser Bühne als Mikkey Maloy in O' Neills »Fast ein Poet« (er war auch Regie-Assistent). Bis 1983 gehörte er zum Ensemble der Münchner Kammerspiele. Seither ist er am Deutschen Schauspielhaus Hamburg engagiert.
Boysen spricht engl.; er ist ledig und lebt in Hamburg.
Theater: Hugenberg in Wedekinds »Lulu – Erdgeist – Die Büchse der Pandora«, Regie: Dieter Dorn, 1977/78, Demetrius in Shakespeares »Ein Sommernachtstraum«, Ferdinand in Schillers »Kabale und Liebe«, mit Rolf Boysen, Albert in Botho Strauß' »Groß und Klein«, Mortimer in Schillers »Maria Stuart«, und in Brechts »Trommeln in der Nacht«, 1978/79, Gottschalk in Kleists »Das Käthchen von Heilbronn«, Regie: Ernst Wendt, Laertes in Shakespeares »Hamlet«, und Jean in Strindbergs »Fräulein Julie«, Regie: Dieter Dorn, 1979/80, Spizzi in Pirandellos »Die Riesen vom Berge«, Regie: Ernst Wendt, und Der ältere Knabe in Jahnns »Medea«, 1980/81, Pylades in Goethes »Iphigenie auf Tauris«, Regie: Dieter Dorn, 1981/82, Titelrolle in Goethes »Torquato Tasso«, jeweils Ernst Wendt, 1981/82; Manus Moanroe in O'Caseys »Ein Freudenfeuer für den Bischof«, Regie: Thomas Langhoff, und Pjotr Sergejewitsch Trofimow in Tschechows »Der Kirschgarten«, 1982/83, jeweils Münchner Kammerspiele; in Schillers »Die Räuber«, Titelrolle in Büchners »Woyzeck«, und Just in Lessings »Minna von Barnhelm«, Regie: jeweils Ernst Wendt. Deutsches Schauspielhaus Hamburg 1983–85; in Ibsens »Gespenster«, Regie: Ernst Wendt, Schloßpark-Theater Berlin 1985.
Fernsehen: »Tatort«, Regie: Wolfgang Petersen, Serie, ARD 1977; »Derrick«, Serie, ZDF 1981; »Die Reise« (nach Vesper), Regie: Markus Imhof, ARD 1986.
Anschrift: Kielortallee 9, 2000 Hamburg 13.

Rolf Boysen

Geb. 31. 3. 1920 als Sohn eines Schiffsingenieurs in Flensburg; dort und in Hamburg aufgew.; nach dem Abitur im Jahre 1939 begann er zunächst auf Wunsch der Eltern eine kaufmännische Ausbildung, die jedoch durch die Einberufung zum Kriegsdienst nicht abgeschlossen werden konnte. Beim Militär war er Kradmelder, später Leutnant.
Nach Kriegsende besuchte er ein Schauspielstudio in Hamburg. Sein erstes Engagement erhielt er 1948 an den Städt. Bühnen Dortmund, wo er bis 1952 tätig war. Über die Bühnen der Landeshauptstadt Kiel und das Niedersächsische Staatstheater Hannover kam er 1957 an die Münchner Kammerspiele. Dort stand er bis 1968 unter Vertrag. Nach zehn Jahren Arbeit am Deutschen Schauspielhaus Hamburg, am Schauspielhaus Bochum und am Burgtheater Wien kehrte er 1978 an die Münchner Bühne zurück, wo er bis heute tätig ist. Gastspiele gab er zudem im Konzerthaus Wien und an der Deutschen Oper Berlin.
Boysen ist in zweiter Ehe verheiratet und hat drei Kinder. Mit seinem Sohn Markus Boysen, der ebenfalls den Beruf des Schauspielers gewählt hat, stand er 1978 in Schillers »Kabale und Liebe« erstmals gemeinsam auf der Bühne der Münchner Kammerspiele. Rolf Boysen verkörperte den Präsidenten von Walter, sein Sohn den Ferdinand.
Der Schauspieler lebt in Starnberg bei München.
Film: »Als Mutter streikte«, Regie: Eberhard Schröder, 1974; »Die wunderbaren Jahre«, Buch + Regie: Rainer Kunze, 1979.
Theater: Titelrolle in Sophokles »Ödipus auf Kolonos«, Bühnen der Landeshauptstadt Kiel 1953; Proctor in Millers »Hexenjagd« und Offizier in Strindbergs »Traumspiel«, jeweils Niedersächsisches Staatstheater Hannover 1954; Sigismund in Calderons »Das Leben ein Traum«, Mark Anton in Shakespeares »Julius Cäsar«, Hjalmar Ekdal in Ibsens »Die Wildente« und Titelrolle in Shakespeares »Macbeth«, Regie: Hans Schalla, jeweils Schauspielhaus Bochum 1956-1958;
Banquo in Shakespeares »Macbeth«, Schuwaloff in Asmodis »Pardon wird nicht gegeben«, Titelrolle in Shakespeares »Macbeth«, Regie: Hans Schweikart, Herzog Alba in Schillers »Don Carlos«, Regie: Erwin Piscator, Schatow in Camus' »Die Besessenen«,

Regie: Hans Schweikart, Scudder in Williams' »Süßer Vogel Jugend«, Regie: August Everding, Amalric in Claudels »Mittagswende«, Regie: Hans Schweikart, Dromio aus Syrakus in Shakespeares »Komödie der Irrungen«, Regie: Leonard Steckel, Mann in Brechts »Furcht und Elend des Dritten Reiches«, Pauli Neukomm in Dürrenmatts »Frank V.«, Regie: Hans Schweikart und August Everding, George W. Gray in Levitts »Der Andersonville-Prozeß«, Regie: Hans Schweikart, Alkibiades in Shakespeares »Timon von Athen«, Regie: Fritz Kortner, Titelrolle in Kleists »Amphitryon«, Regie: August Everding, Probstein in Shakespeares »Wie es euch gefällt«, Regie: Hans Schweikart, Titelrolle in Shakespeares »Othello«, Regie: Fritz Kortner, Landheinrich in Hauptmanns »Der rote Hahn«, Regie: Hans Schweikart, Angelo in Shakespeares »Maß für Maß«, Regie: Paul Verhoeven, Trygaios in Aristophanes' »Der Frieden«, Regie: Jean-Pierre Ponnelle, Matti in Brechts »Herr Puntila und sein Knecht Matti«, Regie: August Everding, Jean in Strindbergs »Fräulein Julie«, Regie: Fritz Kortner, und Macheath in Brecht/Weills »Die Dreigroschenoper«, jeweils Münchner Kammerspiele (chronologisch) 1958-1968; Holofernes in Hebbels »Judith«, 1965, Stanley Kowalski in Williams' »Endstation Sehnsucht«, 1966, Titelrolle in Büchners »Dantons Tod«, Regie: Oscar Fritz Schuh, 1967, Carlos in Goethes »Clavigo«, Regie: Fritz Kortner, 1969, Macheath in Brecht/Weills »Die Dreigroschenoper«, und Moses in Schönbergs »Moses und Aaron«, 1973, jeweils Deutsches Schauspielhaus Hamburg; Schriftsteller in Bernhards »Die Jagdgesellschaft«, Regie: Dieter Dorn, Schiller-Theater Berlin 1974; Antonio Montecatino in Goethes »Torquato Tasso«, Regie: Walter Felsenstein, 1975, Meister Anton in Hebbels »Maria Magdalena« und Titelrolle in Goethes »Faust«, Regie: Otomar Krejca, 1976, jeweils Burgtheater Wien; Rittmeister in Strindbergs »Der Vater«, Schauspielhaus Düsseldorf 1977; Präsident von Walter in Schillers »Kabale und Liebe«, und Squenz in Shakespeares »Ein Sommernachtstraum«, Regie: Dieter Dorn, 1978/79, Orsino in Shakespeares »Was ihr wollt«, in Brechts Liedern und Balladen »Bier und Brecht«, 1979/80, Codgar Sleehaun in O'Caseys »Ein Freudenfeuer für den Bischof«, Theobald Maske in Sternheims »Der Snob«, 1982/83, Staatsanwalt in Peter Weiss' »Der neue Prozeß«, und Odoardo Galotti in Lessings »Emilia Galotti«, 1983/84, Titelrolle in Lessings »Nathan der Weise«, Regie: Fritz Marquardt, 1984/85, in de Mussets »Lorenzaccio«, Regie: Thomas Langhoff, 1985/86, jeweils Münchner Kammerspiele.

Fernsehen: In den 60er Jahren war er in folgenden TV-Inszenierungen zu sehen: Herzog von Clarence in »Richard III.« (nach Shakespeare), Govan Stevens in »Requiem für eine Nonne« (nach Faulkner), Ramsay in »Herrenhaus« (nach Wolfe), Gosta in »Die Wilde« (nach Anouilh) und Doktor Konrad in »Sturm im Wasserglas« (nach Frank). Titelrolle in »Wallenstein« (nach Golo Mann), mit Werner Kreindl und Franz Stoß, Regie: Franz Peter Wirth, 4 Teile, ZDF 1978; Lotsenkommandant Schwarzkopf in »Buddenbrooks« (nach Thomas Mann), mit Carl Raddatz und Ruth Leuwerik, Regie: Franz Peter Wirth, 11 Teile, ARD 1979; »Derrick«, Serie, ZDF 1981; Agamemnon in »Elektra '82«, mit Dietrich Fischer-Dieskau, Regie: Götz Friedrich, ORF 1982; Alba in »Egmont« (nach Goethe), mit Manfred Zapatka, Regie: Franz Peter Wirth, ARD 1982; König von Spanien in »Don Carlos« (nach Schiller), mit Jacques Breuer, Regie: Franz Peter Wirth, ARD 1984.

Auszeichnung: »Goldene Kamera« (HÖRZU) 1966.

Anschrift: c/o Agentur Palz, Ortlindestraße 6, 8000 München 81.

Paula Braend

(eigentlich: Paula Nanna Bauer, geb. Braendlein)

Geb. 6. 8. 1905 als Tochter eines Börsenmaklers und Bankiers in Starnberg/Oberbayern; dort aufgew.; nach dem Besuch der Mittelschule absolvierte sie eine Tanzausbildung und nahm Schauspielunterricht bei Magda Lena. 1939 erhielt sie ihr erstes festes Engagement an einer Wiener Bühne. Weitere Stationen waren die Theater Schwerin und Gera und die Staatstheater Hamburg. Von 1945 bis 1948 gehörte sie zum Ensemble der Münchner Kammerspiele. Seither gastierte sie als freie Schauspielerin u.a. am Volkstheater München, bei den Luisenburg-Festspielen Wunsiedel, an der Kleinen Komödie München, am Bayerischen Staatsschauspiel München (bis 1984) sowie auf Tournee.
Ihr Filmdebüt gab sie 1938 in »Frauen für Golden Hill«. Bis heute wirkte sie in über 60 Produktionen mit. Ein Schwerpunkt ihrer Arbeit wurde das Fernsehen, wo sie vor allem in bayerischen Lustspielen und Serien auftrat.
Frau Braend ist verwitwet; sie lebt in Ottobrunn bei München.
Film: »Frauen für Golden Hill«, 1938; »Wasser für Canitoga«, mit Hans Albers, Regie: Herbert Selpin, 1939; »Aufruhr der Herzen«, 1944; »Ein Herz schlägt für dich«, Regie: Joe Stöckel, 1945; »Nach Regen scheint Sonne« und »Hans im Glück«, 1949; »Der blaue Stern des Südens«, »Die Alm an der Grenze«, »Heimat«, deine Sterne« und »Der letzte Schuß«, 1951; »Die schöne Tölzerin«, »Haus des Lebens«, »Der Weibertausch«, »Skandal im Mädchenpensionat«, »Oh, du lieber Fridolin« und »Falschmünzer am Werk«, 1952; »Der unsterbliche Lump«, Regie: Arthur Maria Rabenalt, »Maria Johanna«, »Die große Schuld« und »Liebe und Trompetenblasen«, 1953; »Bildnis einer Unbekannten«, mit Ruth Leuwerik und O.W. Fischer, Regie: Helmut Käutner, »Dieses Bild bleibt bei dir« und »Morgengrauen«, 1954; Mutter in »Pole Poppenspäler« (nach Storm), »Verliebte Leute« und »Zar und Zimmermann« (nach Lortzing), 1955; »Die fröhliche Wallfahrt«, und »Weil du arm bist, mußt du früher sterben«, Regie: Paul May, 1956; »Der Bauerndoktor von Bayerischzell« und »Heiraten verboten«, 1957; »Der Elefant im Porzellanladen«, 1958; »Die Wahrheit über Rosemarie«, mit Nadja Tiller, Regie: Rolf Thiele, und »Röcke, Fräcke, Lederhosen«, 1959; »Das Schlangenei«, Regie: Ingmar Bergman, BRD/USA 1977.
Theater: (zuletzt) in Bahrs »Das Konzert«, 1972, und in Fieldings »Tiefstapeleien«, 1974, jeweils Kleine Komödie München; in Thomas »Die Lokalbahn«, Regie: Kurt Meisel, in Tschechows »Drei Schwestern« und in Ibsens »Hedda Gabler«, Regie: jeweils Ingmar Bergman, Bayerisches Staatsschauspiel München bis 1984.
Fernsehen: Sie spielte in zahlreichen Lustspielen des »Komödienstadls« (Regie: stets Olf Fischer), u.a.: »Der Geisterbräu«, »Der Ehestreik«, »Der verkaufte Großvater«. Partner waren u.a. Wastl Witt, Michl Lang, Ludwig Schmid-Wildy, Maxl Graf, Erni Singerl, Karl Tischlinger und Katharina de Bruyn. Ferner u.a. in: »Die Witwen« (nach Thoma), »Elektra« (nach Euripides), »Isar 12«, mit Karl Tischlinger, Serie, ARD 1965; »Königlich Bayerisches Amtsgericht« (von Lohmeier), mit Hans Baur, Serie, ZDF 1971; »Die seltsamen Methoden des Franz Josef Wanninger«, mit Beppo Brem, Serie, ARD 1973; »Der Brandner Kaspar und das ewig' Leben« (von Wilhelm nach Kobell), Regie: Kurt Wilhelm, ARD 1975; »Drei sind einer zuviel« (von Noack), mit Herbert Herrmann, Jutta Speidel und Thomas Fritsch, Regie: Rudolf Jugert, Serie, ZDF 1977; »Der Millionenbauer«, mit Walter Sedlmayr und Veronika Fitz, Serie, ARD 1978; »Der Alte«, Serie, ZDF 1978; »Der Bürgermeister«, mit Gustl Bayrhammer, Serie, ZDF 1979; »Derrick«, Serie, ZDF 1982; »Unsere schönsten Jahre« (von Franz Geiger), mit Uschi Glas und Elmar Wepper, Regie: Zybnek Brynych, Serie, ZDF 1983; »Polizei-Inspektion 1«, mit Walter Sedlmayr, Serie, ARD 1984.
Anschrift: c/o Agentur Rakosi, Tegernseer Landstraße 284, 8000 München 90, oder Haydnstraße 10, 8012 Ottobrunn.

Simone-Diane Brahmann

Geb. 1962 in München, wo sie aufwuchs und auch heute lebt; ledig; spricht engl.; ihre Eltern, selbst in der Filmbranche tätig, vermittelten ihr seit dem vierten Lebensjahr Film-, Fernseh- und Synchronrollen; mittlere Reife; privater Schauspielunterricht.
Film: »Hurra, die Schule brennt«, mit Peter Alexander, 1969; »Herbstromanze«, Regie: Jürgen Enz, und »Der Fan«, Regie: Eckhart Schmidt, 1981; »Im Alleingang«, Regie: Michael Fengler, und »Die Story«, Regie: Eckhart Schmidt, 1983; »Zwei Nasen tanken Super«, mit Thomas Gottschalk und Mike Krüger, Regie: Dieter Pröttel, 1984.
Als Synchronsprecherin u. a. deutsche Stimme von Linda Blair (»Der Exorzist«).
Theater: Louison in Molières »Der eingebildete Kranke«, Regie: Erich Neureuther, und Daniela in Goldonis »Das Muttersöhnchen«, Regie: Josef Saxinger, Lore-Bronner-Bühne München, 1978/79; in »Meines Sohnes Vater«, Regie: Rüdiger Bahr, Theater Die Kleine Freiheit München 1983.
Fernsehen: »Jean-Christophe«, Regie: François Villiers, ARD 1977; »Vater Seidl und sein Sohn«, mit Walter Sedlmayr, Regie: Kurt Wilhelm, Serie, ARD 1978; »Die Weber« (nach Hauptmann), mit Hans Söhnker, Regie: Fritz Umgelter, und »Die Auserwählten«, ARD 1979; »Die Ursache«, Regie: Michael Verhoeven, »Sierra Madre«, Regie: Horst Flick, und »Preußische Nacht«, Regie: Oswald Döpke, ZDF 1980; »Ein Fall für zwei«, Regie: Peter Weck, Serie, ZDF 1981; »Die unsterblichen Methoden des Franz Josef Wanninger«, Regie: Hans-Jürgen Tögel, Serie, ARD 1981; »Rigoletto«, mit Luciano Pavarotti, Regie: Jean-Pierre Ponnelle, ORF 1982; »Satan ist auf Gottes Seite«, Regie: Wolfgang Staudte, »Ausflug zum Vater«, Regie: Rainer Wolfhardt, und »Jugendliche im Strafverfahrensrecht«, Regie: Heiner Schmitt, ARD 1982; »Zeig was du kannst«, mit Heinz Baumann, Regie: Imo Moszkowicz, ZDF 1982; »Wie würden Sie entscheiden«, Serie, ZDF 1983; »Wenn Köberle kommt« und »Der letzte Zivilist« (nach Glaeser), ARD 1983; »Die Schöffin«, Regie: Michael Mackenroth, und »Der Weg ins Freie«, mit Klaus Maria Brandauer, Regie: Karin Brandauer, ARD 1984; »Schöne Ferien«, Serie, und »Backfischliebe« (nach Bartlett), Regie: Rolf Hädrich, ARD 1985; »Alte Gauner«, Regie: Ralf Gregan, Serie, ZDF 1985.
Anschrift: c/o Agentur von Pilecki, Eilandstraße 12, 8000 München 90.

Victoria Brams

Geb. 17. 9. 1944 in Essen; dort aufgew.; sie absolvierte die Otto-Falckenberg-Schule in München. Ihr erstes Theater-Engagement erhielt sie am Theater der Stadt Heidelberg. Sie gastierte u. a. am Theater im Zoo Frankfurt/Main, an der Kleinen Komödie München, am Ernst-Deutsch-Theater Hamburg und an der Komödie im Marquardt Stuttgart.
Seit 1964 wirkt sie beim Fernsehen. 1967 lernte sie bei den Dreharbeiten zu der TV-Serie »Hauptsache Glück«, den Schauspieler Michael Hinz kennen, den sie kurz darauf in zweiter Ehe heiratete. Dieser Ehe entstammen die Kinder Viviane und Patrick. Sie lebt in München.
Film: »Wie hätten Sie's denn gern?«, Regie: Rolf von Sydow, 1983.
Theater: Eliza in Shaws »Pygmalion«, in Fermauds »Match«, in »Sonntag in New York«, in Wilders »Unsere kleine Stadt«; in Simons »Ausreißer«, 1966, in Bahrs »Das Konzert«, 1972, in Barilett/Grédys »Eine Rose zum Frühstück«, 1975, in Douglas' »Die liebe Familie« (auch TV), und in Wildes »Eine Frau ohne Bedeutung« 1976, in Barillet/Grédys »Das Biest«, in Kerrs »Mary, Mary«, 1982, und in Kerrs »Mittagsstunde«, 1984, jeweils Kleine Komödie München (oftmals mit Michael Hinz).
Fernsehen: »Der Vater und sein Sohn«, ARD 1964; »Der Nachtkurier meldet«, Regie: Erich Neureuther, Serie, ARD 1965; »Johannisnacht« (nach Barrie), Regie: Oswald Döpke, ZDF 1966; Titelrolle in »Ein Sommer mit Nicole«, Regie: Thomas Engel, 13 Teile, ZDF 1967/68; »Die Witzakademie«, mit Theo Lingen, Regie: Erik Ode, ARD 1968; »Salto mortale« (von Wuttig), mit Hans Söhnker, Gustav Knuth, Horst Janson und Hellmut Lange, Serie, ARD 1968/69; »Dem Täter auf der Spur«, Regie: Jürgen Roland, Serie, ARD 1970; »SOKO 5113«, mit Werner Kreindl und Diether Krebs, Serie, ZDF 1978-1984; »Ein Stück Himmel« (nach Janina David), Regie: Franz Peter Wirth, 8 Teile, ARD 1982; »Wohl bekomm's«, Regie: Rolf von Sydow, und »Wie würden Sie entscheiden?«, mit Michael Hinz, Serie, ZDF 1984.
Anschrift: c/o Agentur Alexander, Lamontstraße 9, 8000 München 80.

Klaus Maria Brandauer

Geb. 22. 6. 1944 als Sohn eines deutschen Zollbeamten und einer Österreicherin in Bad Aussee/Steiermark, Österreich; dort, in Grenzach bei Basel, in Oberkirch und in Kehl am Rhein aufgew.; nach dem Abitur absolvierte er die Hochschule für Musik und darstellende Kunst in Stuttgart.
Sein Debüt gab er als Claudio in Shakespeares »Maß für Maß« im Jahre 1962 am Landestheater Württemberg-Hohenzollern in Tübingen. Nach Engagements am Landestheater Salzburg, am Schauspielhaus Düsseldorf unter Karl Heinz Stroux, am Theater in der Josefstadt Wien und am Bayerischen Staatsschauspiel München kam er 1972 an das Burgtheater Wien, wo er seither zum Ensemble gehört. Gastspiele gab er von da an u. a. an den Münchner Kammerspielen, am Theater in der Josefstadt Wien sowie bei den Salzburger Festspielen, wo er seit 1975 regelmäßig zu sehen ist.
Eigene Inszenierungen stellte er u. a. 1977 am Theater in der Josefstadt Wien sowie 1984 in Florenz und Rom vor. Sein Film-Debüt gab er 1972. Den internationalen Durchbruch schaffte er in der Rolle des Hendrik Höfgen (alias Gustaf Gründgens) in der Klaus-Mann-Verfilmung »Mephisto« (Regie: István Szábo): Die ungarisch/deutsche Koproduktion wurde 1982 mit dem »OSCAR« als bester ausländischer Spielfilm ausgezeichnet.
Brandauer spricht engl., franz.; er ist seit 1963 verheiratet mit der Regisseurin Karin Brandauer, hat einen Sohn (Christoph, geb. 1964) und lebt abwechselnd in Altaussee/Steiermark und in Wien.
Film: »The Salzburg Connection«, Regie: Lee Katzins (Produzent: Otto Preminger), USA 1972; Hendrik Höfgen in »Mephisto« (nach Klaus Mann), Regie: István Szábo, Ungarn/BRD 1981; Largo in »Sag niemals nie« (aus der Reihe: »James Bond 007«), mit Sean Connery und Barbara Carrera, Regie: Irvin Kershner, Großbritannien 1984; Titelrolle in »Oberst Redl«, mit Gudrun Landgrebe, Regie: István Szábo, Ungarn/BRD 1984; »Kindergarten«, Regie: Jewgenij Jewtuschenko, 1984; »Das Feuerschiff« (nach Siegfried Lenz), Regie: Jerzy Skolimowski, USA/BRD 1985; Titelrolle in »Hanussen«, 1986.
Theater: Prinz in Lessings »Emilia Galotti«, Regie: Fritz Kortner (dessen letzte Inszenierung), 1970 (auch

TV), in Schnitzlers »Zum großen Wurstel« und »Der grüne Kakadu«, Regie: jeweils Brandauer selbst, 1977, und in Schnitzlers »Der einsame Weg«, 1980, jeweils Theater in der Josefstadt Wien;
Petruchio in Shakespeares »Der Widerspenstigen Zähmung«, mit Christine Ostermayer, Bayerisches Staatsschauspiel München 1972 (auch TV); Louis Dubedat in Shaws »Der Arzt am Scheideweg«, Regie: Rudolf Noelte, Kammerspiele München 1976; Titelrolle in Schillers »Don Carlos«, 1973, Ferdinand in Schillers »Kabale und Liebe«, 1975, Victor in Vitracs »Victor oder Die Kinder an der Macht«, 1978, Prinz in Lessings »Emilia Galotti«, Regie: Adolf Dresen, 1979, Titelrolle in Molières »Tartuffe«, Regie: Rudolf Noelte, 1981, Titelrolle in Shakespeares »Hamlet«, 1985, jeweils Burgtheater Wien;
Leonce in Büchners »Leonce und Lena«, 1975, Figaro in Beaumarchais' »Der tolle Tag oder Figaros Hochzeit«, 1978, Regie: jeweils Johannes Schaaf, und Titelrolle in Hofmannsthals »Jedermann«, Regie: Ernst Haeusserman, 1983, jeweils Salzburger Festspiele.
Fernsehen: »Wienerinnen«, Regie: Dietrich Haugk, ARD 1968; »Juno und der Pfau« (nach O'Casey), ORF 1972; Titelrolle in »Oscar Wilde« (nach Sternheim), mit Doris Kunstmann, ZDF 1973; »Das Konzert« (nach Bahr), Regie: Dietrich Haugk, ZDF 1975; »Derrick«, Serie, ZDF 1977; »Ein Sonntag im Oktober«, Regie: András Kovács, ZDF 1979; Roter Moritz in »Die Weber« (nach Hauptmann), Regie: Fritz Umgelter, 1980; Titelrolle in »Roda-Roda«, Serie, ZDF 1982; »Stars in der Manege«, ARD 1983; »Der Weg ins Freie« (nach Schnitzler), Regie: Karin Brandauer, 2 Teile, ARD 1984; Titelrolle in »Der Snob« (nach Sternheim), Regie: Wolfgang Staudte, ZDF 1984; Nero in »Quo Vadis«, 6 Teile, ital. TV 1984/85; Fiesco in »Die Verschwörung des Fiesco zu Genua« (nach Schiller), ORF 1984; Titelrolle in »Jean Christophe« (nach Rolland), Regie: François Villiers, 9 Teile, franz. TV und ORF 1985.
Beim ORF hatte er ferner die neunteilige Personality-Show »Wozu das Theater?«.
Auszeichnungen: »Jussi«-Preis der finnischen Filmakademie für die Darstellung des Höfgen in »Mephisto«, 1981; »Bambi« (BILD + FUNK) 1983; »Deutscher Filmpreis« 1985; »GOLDEN GLOBE« (für seine Rolle in »Out of Africa«), USA 1986.
Anschrift: c/o Agentur von Pilecki, Eilandstraße 12, 8000 München 90, oder Fischerdorf 76, A-8992 Altaussee/Steiermark, Österreich.

Volker Brandt

Geb. 1936 als Sohn eines Chemikers in Leipzig; dort und in Hannover aufgew.; bereits während der Schulzeit interessierte er sich intensiv für das Theater und besuchte nahezu jede Aufführung der Städt. Bühnen. 1957 bestand er seine Schauspielprüfung an der Otto-Falckenberg-Schule München. Bühnen-Engagements hatte er seither u. a. am Deutschen Schauspielhaus Hamburg unter Gustaf Gründgens, an mehreren Bühnen in Wien, am Berliner Schillertheater (u. a. in Ibsens »Gespenster«, 1970) sowie am Badischen Staatstheater Karlsruhe (u. a. Titelrolle in Schillers »Don Carlos«, 1975) und auf Tournee (zuletzt in Günthers »Schuldig«, 1985/86).
Als freier Schauspieler gastierte er u. a. 1982 am Theater am Kurfürstendamm Berlin (neben Peer Schmidt und Johanna von Koczian in »Das zweite Kapitel«); er arbeitet viel für das Fernsehen. Bekannt geworden ist er einem Millionenpublikum vor allem als Berliner »Tatort«-Kommissar. Er arbeitet viel in der Synchronisation (u. a. deutsche Stimme von Michael Douglas).
Brandt spricht engl., franz.; er ist verheiratet mit Linde Fulda. Dieser Ehe entstammen die beiden Kinder Boris und Bica. Aus der Verbindung mit seiner derzeitigen Lebensgefährtin stammt eine weitere Tochter (Linda). Brandt lebt abwechselnd in Berlin und Hamburg.
Fernsehen: Der rote Bäcker in »Die Weber« (nach Hauptmann), mit Fritz Rasp, ARD 1971; »Wecken Sie Madame nicht auf« (nach Anouilh), mit Elisabeth Flickenschildt und Peter Mosbacher, Regie: Willi Schmidt, ARD 1974; »Der Märtyrer«, Regie: Aleksander Ford, ZDF 1976; »Der Spinnenmörder«, Regie: Gerhard Klingenberg, ARD 1978; »Kyritz-Pyritz«, Regie: Stefan Wigger, ARD 1979; Kommissar in »Tatort« (vom SFB), 7 Folgen, ARD 1980-1985; »250.000 Mücken im Pappkarton«, mit Peer Schmidt und Heinz Baumann, Regie: Norbert Schultze jun., Barbesitzer in »Levin und Gutman«, mit Shmuel Rodensky und Werner Hinz, Regie: Peter Deutsch; »Stadttheater« (nach Fritz Raab), mit Wolfgang Kieling, Regie: Thomas Fantl, und »Alles, was recht ist«, mit Thekla Carola Wied und Christian Quadflieg, Regie: Peter Weck, 3 Teile, ZDF 1985; »Zieh den Stecker raus, das Wasser kocht«, mit Wolfgang Kieling, Buch + Regie: Ephraim Kishon, ARD 1986; »Mord am Pool« (von Durbridge), Regie: Gerhard Klingenberg, ARD 1986.
Anschrift: c/o ZBF-Agentur Berlin, Kurfürstendamm 206, 1000 Berlin 15.

Charles Brauer

Geb. 3. 7. 1935 in Berlin; dort aufgew.; nach der Schule nahm er Schauspielunterricht bei Hilde Körber in Berlin. 1954 kam er nach Hamburg, wo er 1956 von Gustaf Gründgens an das Deutsche Schauspielhaus verpflichtet wurde (Gastspiele bis 1985). Weitere Bühnenstationen (u. a.) Münchner Kammerspiele (1976–1983) und Bayerisches Staatsschauspiel München.

Brauer spricht engl.; er ist geschieden von der Schauspielerin Witta Pohl, hat zwei Kinder und lebt in Böckten/Schweiz.

Film: »Ist Mama nicht fabelhaft?«, mit Luise Ullrich, Regie: Peter Beauvais, 1958; »Neonstadt«, 1981.

Theater: (seit 1976) Gesandter in Genets »Der Balkon«, Regisseur in »Verwandlungen« und Wirt in Lessings »Minna von Barnhelm«, 1976/77, Marquis Casti-Piani in Wedekinds »Die Büchse der Pandora«, Regie: Dieter Dorn, Kreon in Sophokles' »Ödipus auf Kolonos«, Regie: Dieter Wendt, und mehrere Rollen in H. Müllers »Germania Tod in Berlin«, 1977/78, von Kalb in Schillers »Kabale und Liebe«, Der Mann in Botho Strauß' »Groß und Klein«, Polizist in Braschs »Lovely Rita« und Burleigh in Schillers »Maria Stuart«, 1978/79, Relling in Ibsens »Die Wildente« und Kaiser in Kleists »Das Käthchen von Heilbronn«, 1979/80, Milordino in Pirandellos »Die Riesen vom Berge«, Abaelard in Stefan Schütz' »Heliosa und Abaelard«, Pantomime in Shakespeares »Hamlet« und König Kreon in Grillparzers »Medea«, 1980/81, Antonio Montecatino in Goethes »Torquato Tasso«, 1981/82, Kanonikus T. Burren in O' Caseys »Ein Freudenfeuer für den Bischof«, Regie: Thomas Langhoff, Gajew in Tschechows »Der Kirschgarten«, und in Shakespeares »Wie es euch gefällt«, Regie: Ernst Wendt, 1982/83, jeweils Münchner Kammerspiele; in Kipphardts »Bruder Eichmann«, Regie: Dieter Giesing, Bayerisches Staatsschauspiel München 1983/84; Riccaut in Lessings »Minna von Barnhelm«, Regie: Ernst Wendt, Deutsches Schauspielhaus Hamburg 1984/85; in Pownalls »Meisterklasse«, Regie: August Everding, Tournee 1986.

Fernsehen: »Die chinesische Mauer« (nach Frisch), Regie: Ludwig Cremer, ARD 1958; Sohn in »Familie Schöllermann«, mit Willy Krüger und Lotte Rausch, 111 Folgen, ARD bis 1961; »Der Walzer der Toreros« (nach Anouilh), mit Marianne Hoppe und Martin Held, Regie: Peter Beauvais, ARD 1962; »Egmont« (nach Goethe), ARD 1964; »Geibelstraße 27«, mit Witta Pohl, Regie: Peter Beauvais, ARD 1966; »Affaire Dreyfus« (von Matray/Krüger), Regie: Franz Josef Wild, ZDF 1968; »Der Kommissar«, mit Erik Ode, Serie, ZDF 1970; »Nennen Sie mich Alex«; »Derrick«, Serie, 2 Folgen, ZDF 1975 + 1981; »Generale« (von Sebastian Haffner), ZDF 1977; »Das Komplott«, Regie: Dieter Wedel, ZDF 1979; »Sierra Madre«, Regie: Horst Flick, ZDF 1980; »Tatort«, Regie: Ilse Hofmann, Serie, ARD 1982; »Die Krimistunde«, Regie: George Moorse, Serie, ARD 1983; »Der Millionen-Coup«, Regie: Wolfgang Storch, 2 Teile, ZDF 1984; Sasonow in »Das Attentat« (nach Milo Dor), Regie: Imo Moszkowicz, ARD 1984; Pater in »Jenseits der Morgenröte« (von Gröper), mit Tommi Ohrner, Regie: Sigi Rothemund, 6 Teile, ARD 1985; Kommissar in »Tatort« (vom NDR), mit Manfred Krug, Serie, ARD 1986.

Anschrift: ZBF-Agentur Hamburg, Tonndorfer Hauptstraße 90, 2000 Hamburg 70, und Tiergartenweg 2, CH-4461 Böckten, Schweiz.

Pinkas Braun

Geb. 7. 1. 1923 in Zürich; dort aufgew.; nach dem Abitur besuchte er die Schauspielschule Zürich. Sein erstes Engagement erhielt er 1944 am Zürcher Schauspielhaus, dem er bis 1950 angehörte (ab 1947 auch als Regisseur). Ab 1950 war er mit einer eigenen Tourneetruppe durch die Bundesrepublik Deutschland und die Schweiz unterwegs. Als freischaffender Schauspieler und Regisseur gastierte er zudem in Österreich, Israel, Großbritannien und Frankreich.
Braun ist Exklusiv-Übersetzer des Gesamtwerks von Edgar Albee. Theaterstücke u. a.: »Die Zoogeschichte« (1959), »Der Tod der Bessie Smith« (1960), »Der amerikanische Traum« (1961), »Wer hat Angst vor Virginia Woolf?« (1962), »Winzige Alice« (1964), »Empfindliches Gleichgewicht« (1966), »Alles vorbei« (1972), »See-Eskapade« (1974), »Die Dame von Dingsville« (1982; Jahreszahlen = deutsche Erstaufführung).
Er wirkte in über 80 Kino- und TV-Produktionen mit und machte zahlreiche Hörspiele.
Braun spricht engl., franz.; er ist zweimal geschieden, hat zwei Kinder (Tobias, geb. 1952, und Deborah, geb. 1968) und lebt mit der Schauspielerin Ingrid Resch in Hemishofen bei Schaffhausen, Schweiz.
Film: »Wir Wunderkinder«, Regie: Kurt Hoffmann, 1958; »Das Wunder des Malachias« (nach Bruce Marshall), Regie: Bernhard Wicki, und »Das Rätsel der roten Orchidee«, 1961; »Die Tür mit den sieben Schlössern« und »Das Feuerschiff«, 1962; »Der Fluch der gelben Schlange«, 1963; »Dog eat Dog«, USA 1963; »Piccadilly Null Uhr zwölf«, Regie: Rudolf Zehetgruber, und »Das Wartezimmer zum Jenseits«, 1964; »City of Secrets«, Großbritannien 1964; »St. Pauli – Herbertstraße« und »Die schwarzen Adler von Santa Fe«, 1965; »Der Bucklige von Soho«, 1966; »Il Ritorno del Pistolero«, Spanien 1966; »The Man outside«, Großbritannien 1967; »Im Banne des Unheimlichen«, 1967; »The last Escape«, USA 1968; »Bloodline«, USA/BRD 1978; »Charly Muffin«, Regie: David Hemmings, Großbritannien 1979; »Feuer und Flamme«, mit Yves Montand, Regie: Jean-Paul Rappeneau, Frankreich 1981; »L'Ombre Rouge«, Frankreich 1982; »Les Cavalières de l'Orage«, Frankreich 1983.
Theater: In Sarpyans »Am Rande der Zeit« (eigene Übersetzung), in Borcherts »Draußen vor der Tür«, in O'Neills »Alle Kinder Gottes haben Flügel«, in Goldonis »Mirandolina«, Jan in Camus' »Das Mißverständnis«, Blaubart in Supervielles »Versunkene Zeit«, Titelrolle in Büchners »Woyzeck«, George in Steinbecks »Von Mäusen und Menschen«, Dr. med. Venner in Cronins »Jupiter lacht«, in Frischs »Die chinesische Mauer«, in Andersons »Winterset«, in Nashs »Der Regenmacher«, in Ustinovs »Der leere Stuhl«, jeweils an den vorgenannten Bühnen und am Schauspielhaus Zürich 1948-1957;
Mesa in Claudels »Mittagswende«, mit Hilde Krahl, Regie: Wolfgang Liebeneiner, Tournee 1963 (auch TV); Edward Teller in Kipphardts »In der Sache J. Robert Oppenheimer«, Münchner Kammerspiele und Ruhrfestspiele Recklinghausen 1965; Igor in Sagans »Russisches Dreieck«, Tournee 1967; Sohn in Duras' »Ganze Tage in den Bäumen«, Junges Theater Hamburg 1969; Anwalt in Albees »Winzige Alice«, Akademietheater Wien 1971; Jason in Anouilhs »Medea«, Tournee 1972; Cartwright in Hopkins' »Diese Geschichte von Ihnen«, Tournee 1973; Lehrer in Frischs »Andorra«, Tournee 1981/82; Inspektor Burford in Durbridges »Der Gast«, Tournee 1982; Queeg in Wouks »Die Caine war ihr Schicksal«, Tournee 1983; Fabrikbesitzer Stein in Ludwigs »Der Erbförster«, Thalia-Theater Hamburg 1982/83; Salieri in Shaffers »Amadeus«, Schloß-Festspiele Ettlingen 1984.
Eigene wichtige Inszenierungen u.a.: Ferdinands »Aber Papa«, Goldonis »Mirandolina«, Pirandellos »Sechs Personen suchen einen Autor«, Cronins »Jupiter lacht«, Holm/Abbotts »Drei Mann auf einem Pferd«, Fodors »Blauer Montag«, Achards »Darf ich mitspielen«, O' Neills »Fast ein Poet«, Albees »Alles vorbei«, Albees »See-Eskapade« (Deutsche Erstaufführung Burgtheater Wien 1974).
Fernsehen: »Letzter Zug 0 Uhr 10« (nach Bobrick), ARD 1952; »Simon« (nach Schaper), ARD 1953; »John Walker schreibt seiner Mutter«, »Ein Opfer für Wind« (nach Obey) und »Das Brot des Malers Luschek«, ARD 1954; »Die Geschichte von Kazanzew« (nach Andrejew), ARD 1956; »Der versteinerte Wald« (nach Sherwood), ARD 1957; »Romeo und Jeanette« (nach Anouilh) und »Nachtasyl« (nach

Gorki), ARD 1958; »Die Gerechten« (nach Camus), »Die Falle« (nach Thomas) und »Nächtlicher Besuch«, ARD 1959; »So ist es! – Ist es so?« (nach Pirandello), ORF 1959; »Der Feind« (nach Green), ARD 1960; »Santa Cruz« (nach Frisch), ARD 1962; »Das Duell« (nach Tschechow), ARD 1964; Ttitelrolle in »Jörg Preda reist um die Welt«, 39 Folgen, ARD 1965, 1976 und 1977 bis 1979; »Um Lucretia« (nach Giraudoux), ZDF 1965; »Die Ermittlung« (nach Weiss), ARD 1966; »Der Mieter« (nach Skene), ORF 1967; »Der Tod läuft hinterher« (von Reinecker), Regie: Wolfgang Becker, 3 Teile, ZDF 1967; Antonio in »Torquato Tasso« (nach Goethe), ARD 1967; »Der Fall Tuchatschewski«, ZDF 1968; »Beichte eines Mörders« (nach Roth), ARD 1969; »Hotel-Royal« (von Matray/Krüger) und »Jacques Offenbach«, ZDF 1969; »Ende der Vorstellung 24 Uhr« (nach McGrath) und »Annemarie Lesser« (nach Berndorff), ZDF 1970; »Die Frau in Weiß« (nach Collins), mit Heidelinde Weis und Helmut Käutner, Regie: Wilhelm Semmelroth, 3 Teile, und »Der Zeuge« (von Münster), ARD 1971; »Wenn ihr wollt, ist es kein Märchen« (nach Andics), ZDF 1973; »Feinde« (nach Gorki), und »Derrick«, Serie, ZDF 1975; »Der Winter, der ein Sommer war« (nach Sandra Paretti), mit Christian Quadflieg, Regie: Fritz Umgelter, 3 Teile, ARD 1976; »Gesellschaftsspiele« (nach Klima), ZDF 1976; »Jauche und Levkojen«, Serie, ARD 1977; »Nirgendwo ist Poenichen«, Serie, ARD 1978; »Charlie Muffin«, engl. TV 1979; »Die Geheimnisse von Paris« (nach Eugène Sue), Regie: André Michel, 5 Teile, ARD 1982; »Tödliche Ehen«, Regie: Jack Gold, 2 Teile, und »Die Matrosen von Kronstadt« (von Schübel), Regie: Jürgen Klauß, ZDF 1983; »Phönix an der Ecke«, ORF 1983; »Der falsche Prinz« (nach Hauff), Regie: Dusan Papos, »Grenzenloses Himmelblau«, mit Inge Meysel, Regie: Marcus Scholz, und »Alte Gauner«, Regie: Peter Schamoni, Serie, ZDF 1985. Selbst inszenierte er u. a. »Die Eingeschlossenen von Altona« (nach Sartre).

Anschrift: c/o Agentur Alexander, Lamontstraße 9, 8000 München 80.

Katharina Brauren

Geb. 21. 4. 1910 in Grabow/Westernberg, Provinz Neubrandenburg; nach der Schule nahm sie von 1929 bis 1931 Schauspielunterricht bei Paul Bildt in Berlin. Erste Engagements hatte sie in Halberstadt, Allenstein, Chemnitz und Breslau. Von 1936 bis 1945 war sie Ensemble-Mitglied am Deutschen Theater Berlin. Von 1945 bis 1953 spielte sie an der Jungen Bühne und an den Kammerspielen in Hamburg. Am Hessischen Staatstheater Wiesbaden war sie von 1953 bis 1963 engagiert.
Weitere Stationen: Bühnen der Landeshauptstadt Kiel (1964-1966), Das Junge Theater Hamburg, Künstlertheater Hamburg und Theater im Zimmer Hamburg (1966-1969). Seit 1969 ist sie freischaffend. Sie machte zahlreiche Tourneen und gastierte u. a. an den Städt. Bühnen Frankfurt/Main, bei den Ruhrfestspielen Recklinghausen und an der Freien Volksbühne Berlin.
Ihr Film-Debüt gab sie 1937. Beim Fernsehen ist sie seit den Versuchssendungen 1953 tätig.
Frau Brauren spricht engl., franz.; sie war mit dem 1969 verstorbenen Schauspieler Konrad Mayerhoff verheiratet, hat einen Sohn und lebt in Hamburg.
Film: »Madame Bovary«, 1937; »Du gehörst zu mir«, 1943; »Seinerzeit zu meiner Zeit«, 1944; »Kätchen für alles« und »Hafenmelodie«, 1949; »Des Lebens Überfluß« und »Die Dritte von rechts« 1950; »Weh' dem, der liebt!« und »Die Schuld des Dr. Homma«, 1951; »Toxi«, »Kommen Sie am Ersten«, »Die Stimme des andern« und »Der Weg zu dir«, 1952; »Der Major und die Stiere«, 1955; »Küß mich noch einmal«, 1956; »Zwei Herzen voller Seligkeit«, 1957.
Theater: In Millers »Der Tod des Handlungsreisenden«, in Lorcas »Bernarda Albas Haus«, Elisabeth in Schillers »Maria Stuart«, in Molières »Der Geizige«, in Hauptmanns »Fuhrmann Henschel«, in Cocteaus »Die Schreibmaschine«, in Dürrenmatts »Die Physiker«, Marthe in Kleists »Der zerbrochene Krug«, in Hauptmanns »Der Biberpelz«, Titelrolle in Lorcas »Yerma«, in Euripides' »Die Troerinnen«, in Molnárs »Panoptikum«, Frau John in Hauptmanns »Die Ratten«, in Wilders »Unsere kleine Stadt«, in Anouilhs »Antigone« und in Bruckners »Elisabeth von England«, Regie: für die beiden letztgenannten Rudolf Noelte, jeweils an den vorgenannten Bühnen.
Fernsehen: »Königinnen von Frankreich« (nach Wilder), ARD 1953; »Am Herzen kann man nicht kratzen« (von Purucker), ARD 1963; »Skorpione« (von Meier), ARD 1964; »Standgericht« (von Matray/Krüger), »Irrungen – Wirrungen« (nach Fontane), Regie: Rudolf Noelte, und »Eine einträgliche Stelle« (nach Ostrowskij), ARD 1966; »Bäume sterben aufrecht« (nach Casona), ZDF 1967; »Der Auftrag«, ZDF 1968; »Hôtel du Commerce« (nach Maupassant), ARD 1969; »Geschäfte mit Plückhahn« (nach Lommer), Regie: Claus Peter Witt, ARD 1971; »Die Melchiors«, Regie: Hermann Leitner, Serie, ARD 1972; »Die geschiedene Frau«, ZDF 1973; »PS – Geschichten ums Auto«, Regie: Claus Peter Witt, 4 Teile, ARD 1976; »Lokalseite unten links«, Regie: Stephan Rinser, Serie, ARD 1977; »Warte, bis Oma kommt«, ZDF 1977; Antoinette Buddenbrook sen. in »Buddenbrooks« (nach Thomas Mann), mit Ruth Leuwerik und Carl Raddatz, Regie: Franz Peter Wirth, 11 Teile, ARD 1979; »Die Leute vom Domplatz«, Regie: Leonhard Reinirkens, Serie, ARD 1980; Konsulin in »Konsul Möllers Erben« (von Asmodi), mit Ernst Fritz Fürbringer, Regie: Claus Peter Witt, 7 Teile, ZDF 1983; »Ein kurzes Leben lang«, Regie: Peter Wehage, »Drei Schwestern« (nach Tschechow), und Hexe in »Macbeth« (nach Shakespeare), ARD 1984; »Abschied von der Hinterbank«, Buch + Regie: Joachim Roering, ZDF 1985.
Anschrift: c/o ZBF-Agentur Hamburg, Tonndorfer Hauptstraße 90, 2000 Hamburg 70.

Arthur Brauss

Geb. 24. 7. 1936 als Sohn eines Gärtners in Augsburg; dort aufgew.; 1954 war er Deutscher Jugendmeister im Stabhochsprung; nach dem Abitur erhielt er ein Stipendium in den USA; an der Universität Wyoming absolvierte er ein (abgeschlossenes) Studium der Mathematik und der Volkswirtschaft. Erste schauspielerische Erfahrung sammelte er an der dortigen Studentenbühne. Nach seiner Rückkehr in die Bundesrepublik Deutschland war er zunächst eineinhalb Jahre beim Meinungsforschungsinstitut »Infratest« beschäftigt, bevor er 1963 seinen ersten Kinofilm drehte.
Seither wirkte er in über 100 deutschen und internationalen Kino- und TV-Produktionen mit.
Brauss spricht engl.; er ist ledig und lebt in München.
Film: »Verspätung in Marienbad«, 1963; »The Train«, mit Burt Lancaster, Regie: John Frankenheimer, USA 1964; »Jerry Cotton«, Regie: Harald Reinl, 1966; »Mädchen mit Gewalt«, mit Helga Anders, Regie: Roger Fritz, 1970; »Das Mädchen von Hongkong«, mit Joachim Fuchsberger, Regie: Jürgen Roland, 1971; Titelrolle in »Die Angst des Tormanns beim Elfmeter« (nach Handke), Regie: Wim Wenders, 1972; »Dollars«, mit Warren Beatty und Goldie Hawn, Regie: Richard Brooks, USA 1972; »Verflucht dies Amerika«, Regie: Volker Vogeler, 1973; »Steiner – das Eiserne Kreuz«, mit John Coburn und Richard Burton, Regie: Sam Peckinpah, und »Potatoe Fritz«, mit Hardy Krüger, Regie: Ulrich Schamoni, 1976; »Der Schrei der schwarzen Wölfe«, Regie: Harald Reinl, 1978; »Daffel«, Regie: Christian Berger, 1983.
Fernsehen: »Nachtfahrt«, Regie: Fritz Umgelter, ARD 1966; »Dem Täter auf der Spur«, Regie: Jürgen Roland, Serie, ARD 1968; »Tatort«, Serie, 3 Folgen, ARD 1971-1979; »Das blaue Hotel« (nach Crane), Regie: Stanislav Barabas, ARD 1973; »Verrat ist kein Gesellschaftsspiel«, Regie: Wolfgang Staudte, ARD 1972; »Geradeaus bis zum Morgen«, Regie: Peter Adam, und »Das Floß der Medusa«, Regie: Wolfgang Staudte, ARD 1974; »Derrick«, Serie, und »Lockruf des Goldes« (nach London), Regie: Wolfgang Staudte, 4 Teile, ZDF 1975; »Die Straße«, Regie: Volker Vogeler, ARD 1978; »Die Abenteuer des David Balfour« (nach Stevenson), mit Ekkehardt Belle, Regie: Jean-Pierre Decourt, 4 Teile, und »Zeit zum Aufstehn« (nach August Kühn), Regie: Ludwig Cremer, 2 Teile, ZDF 1978; »Der Alte«, Serie, 6 Folgen, ZDF 1978–1982; »Tödliches Geheimnis« (nach William Godwin), Regie: Herbert Wise, 4 Teile, ZDF 1980; »Raum ist in der kleinsten Hütte«, Regie: Michael Mackenroth, ARD 1982; »Praying Mantis« (»Die Gottesanbeterin«), Regie: Thierry Nolain, franz. TV RTF III. 1982; »Die große Kapitulation«, und »Tödliche Ehen«, Regie: Jack Gold, 2 Teile, ZDF 1983; »Winds of war«, US-TV 1983; »Liebesbriefe« und »Die Schafsliebe«, franz. TV 1983; »Titanic«, Regie: Lutz Büscher, ZDF 1984; »Büro, Büro«, Regie: Reinhard Schwabenitzky, Serie, und »Mein Freund Winnetou«, mit Pierre Brice und Siegfried Rauch, Regie: Marcel Camus, Serie, ARD 1984; »Der eiserne Weg«, mit Horst Kummeth, 5 Teile, und »Derrick«, Serie, ZDF 1985; »Tatort«, Serie, ARD 1985; »Kein Alibi für eine Leiche« (von Durbridge), mit Peter Bongartz und Eva Christian, Regie: Wolf Dietrich, ZDF 1986.
Anschrift: c/o Agentur von Pilecki, Eilandstraße 12, 8000 München 90.

Tilly Breidenbach

Geb. 2. 10. 1910 in Völklingen/Saar; aufgew. in Belgien und Köln; nach dem Abitur an einem Kölner Gymnasium studierte sie Germanistik, Romanistik und Kunstgeschichte. Anschließend absolvierte sie die Schauspielschule der Städt. Bühnen Köln. Ihre wichtigsten Bühnenstationen: Staatstheater Darmstadt (1947/48 und 1951/52), Schleswig-Holsteinisches Landestheater Kiel (1948–1950) und Theater Essen (1950/51). In Kiel und Darmstadt arbeitete sie vor allem mit dem Regisseur Gustav Rudolf Sellner. Ab 1952 war sie am Stadttheater Luzern engagiert, dem ihr damaliger Mann als Direktor vorstand. Gastspiele gab sie u.a. an der Freien Volksbühne Berlin, am Ernst-Deutsch-Theater Hamburg, am Schauspielhaus Zürich, am Stadttheater und Ateliertheater in Bern, am Staatstheater Kassel und am TamS München (bis 1984). Beim Fernsehen arbeitet sie seit 1964. Frau Breidenbach spricht franz.; sie ist geschieden und lebt in München.

Film: »John Glückstadt«, mit Dieter Laser, Regie: Ulf Miehe, 1975.

Theater: Titelrolle in Goethes »Iphigenie auf Tauris«, Arkadia in Tschechows »Die Möwe«, Marie in Bahrs »Das Konzert«, Elisabeth in Schillers »Maria Stuart«, Königin in Shakespeares »Hamlet«, in Molières »Der eingebildete Kranke«, Titelrolle in Giraudoux' »Die Irre von Chaillot« (über 120 Aufführungen), Mathilde in Dürrenmatts »Die Physiker« (über 100 Aufführungen), in Strindbergs »Rausch«, Amanda in Williams' »Die Glasmenagerie«, in Ionescos »Die Stühle«, und Großmutter in Horváths »Geschichten aus dem Wienerwald«, jeweils an den vorgenannten Bühnen.

Fernsehen: »Hotel Iphigenie«, ARD 1964, und »Große Liebe«, ARD 1965, Regie: jeweils Johannes Schaaf; »Bleibe lasse«, Regie: Gedeon Kovacs, ZDF 1969; »Der Pott«, Regie: Peter Zadek, ARD 1970; »Sperrmüll«, mit Ernst Fritz Fürbringer, und »Haus ohne Hüter« (nach Heinrich Böll), ZDF 1975; »Liebesgeschichten: Schulzeit« und »Liebesgeschichten: Stark wie der Tod«, Regie: Rainer Wolffhardt, ARD 1977; »Straßenräuber«, Regie: Hartmut Griesmayr, und »Der Privatsekretär« (nach T.S. Eliot), ZDF 1977; »Einzelzimmer«, Regie: Wolfgang Panzer, ZDF 1979; »Ab mit dir ins Vaterland« (nach Fritz Raab), Regie: Horst Flick, ZDF 1980; »Tatort«, Regie: Axel Corti und Hartmut Griesmayr, Serie, 2 Folgen, ARD 1980; »Collin« (nach Stefan Heym), mit Curd Jürgens, Regie: Peter Schulze-Rohr, 2 Teile, ARD 1981; »Leutersbronner Geschichten«, und »Pseudonym Hans Fallada«, mit Dieter Borsche, Regie: Lutz Büscher, ZDF 1981; »Die Stunde des Löwen«, mit Judy Winter und Dietmar Schönherr, und »Die Krimistunde«, Serie, Regie: jeweils Hartmut Griesmayr, ZDF/ARD 1982; »Kontakt, bitte«, Serie, ARD 1984; »Titanic«, Regie: Lutz Büscher, ZDF 1984; »Feuerwanzen küß' ich nicht«, Regie: Karl-Heinz Deickert, ZDF 1985; »Wohin und zurück« (von Georg Stefan Troller), Regie: Axel Corti, 3 Teile, ORF 1985; Lydia Nolte in »Lindenstraße«, mit Marie-Luise Marjan und Herbert Steinmetz, Regie: Hans W. Geissendörfer, Serie, 31 Folgen, ARD 1985/86.

Anschrift: c/o ZBF-Agentur München, Leopoldstraße 19, 8000 München 40, oder Heideckstraße 29, 8000 München 19.

Trude Breitschopf

Geb. 16. 5. 1915 in Zelje (heute Jugoslawien); sie absolvierte die Max-Reinhardt-Schule Berlin. Ihre ersten Engagements erhielt sie am Staatstheater Dresden, am Deutschen Theater Berlin und am Theater in der Saarlandstraße Berlin. 1942/43 war sie am Theater Bromberg verpflichtet, von 1946 bis 1951 am Theater Bamberg. Seither spielte sie in München u. a. am Volkstheater, am T(h)eater in der Briennerstraße, an der Kleinen Komödie, am Modernen Theater, am Theater der Jugend (Kammerspiele), am Theater in der Leopoldstraße und am Theater am Einlaß.
Ihr Film-Debüt gab sie 1941 in dem Streifen »Unser kleiner Junge« (Regie: Boleslaw Barlog). Sie arbeitet viel für das Fernsehen.
Frau Breitschopf spricht engl.; sie ist geschieden, hat einen Sohn und lebt in München.
Film: »Unser kleiner Junge«, Regie: Boleslaw Barlog, 1941; »Nachts, wenn der Teufel kam«, Regie: Robert Siodmak, 1957; »Die Brücke« (nach Manfred Gregor), mit Cordula Trantow, Fritz Wepper und Volker Lechtenbrink, Regie: Bernhard Wicki, und »Dorothea Angermann«, mit Ruth Leuwerik, Regie: Robert Siodmak, 1959; »Verliebte Ferien in Tirol«, mit Uschi Glas, Regie: Harald Reinl, 1972; »Übernachtung in Tirol«, Regie: Volker Schlöndorff, 1973; Hippi-Großmutter in »Die Momskis«, 1980.
Theater: In Schillers »Kabale und Liebe«, in Gogols »Die Heiratsvermittlerin«, in Harris' »Johnny Belinda«, in »Tom und Söhne«, in Langers »Das Kamel geht durch ein Nadelöhr« und in »Die leichten Herzens sind«, jeweils Volkstheater München; Leokadja Begbick in Brechts »Mann ist Mann«, Theater in der Leopoldstraße München; Putzfrau Maria in Fabbris »Der Prozeß Jesu«, T(h)eater in der Briennerstraße; in Molières »Der Geizige«, Theater der Jugend München; in Lucs' »Mein Mann hat Komplexe«, in Lindsy/Crouses »Die großen Sebastians«, in Goetz' »Dr. med. Hiob Prätorius«, in Smith' »Der erste Frühlingstag«, und in Rattigans »Olivia«, jeweils Kleine Komödie München; Rebecca in »Messias«, Theater am Einlaß München; in Zolas »Thérèse Raquin«, Modernes Theater München.
Fernsehen: »Der Ruepp« (von Ahlsen nach Thoma), Regie: Franz Peter Wirth, ZDF 1965; »Der Fall Angelika«, Regie: Rudolf Jugert (nicht ausgestrahlt), und »Anna Böckler«, Regie: Robert A. Stemmle, ARD 1968; »Nur der Freiheit gehört unser Leben« (von Knopp nach Horváth), Regie: Eberhard Itzenplitz, und »Der Fall Krumbholz« (aus der Reihe: »Recht oder Unrecht«), Regie: Robert A. Stemmle, ZDF 1969; »Gute Kameraden« (von Hurdalek nach Schulz), Regie: Franz Peter Wirth, und »Kollege Bindelmann« (von Lommer), Regie: Heinz Schirk, ARD 1969; »Paul Esbeck«, ZDF 1970; »Hanna Lessing«; »Der Kommissar«, mit Erik Ode, Serie, ZDF 1971; »Die Fremde«, ARD 1972; »Die Pralinen der Frau Mauser«, Regie: Edgar Reitz, ARD 1975; »Münchnerinnen« (nach Thoma), ZDF 1975; »Neues aus Uhlenbusch«, mit Hans-Peter Korff, Serie, ZDF 1978; »Die Sache mit meinem Vater«, Regie: Hans Heinrich, ARD 1979; »Die Ursache«, Regie: Michael Verhoeven, ZDF 1980; »Die fünfte Jahreszeit«, Regie: Reinhard Schwabenitzky, 2 Teile, ARD 1980/81; »Einmal die Woche«, Regie: Horst Flick, und »Traumlage«, Regie: Konrad Sabrautzky, ARD 1982; »Unternehmen Arche Noah«, mit Paul Dahlke und Karin Baal, und »Rummelplatzgeschichten«, Regie: Konrad Sabrautzky, Serie, ARD 1983; »Sterbehilfe« (aus der Reihe: »Wie würden Sie entscheiden?«), Regie: Renate Vacano, Serie, ZDF 1985.
Anschrift: c/o ZBF-Agentur München, Leopoldstraße 19, 8000 München 40.

Beppo Brem

Geb. 11. 3. 1906 als Sohn eines Brauers und Maurers in München (Schwabing); dort aufgew.; nach der Schule absolvierte er eine Schreinerlehre. Als Bühnenschreiner kam er an die Münchner Kammerspiele, wo er als Komparse erste Bühnenerfahrung sammelte. Ab 1925 nahm er Schauspielunterricht. 1927 erhielt er sein erstes Engagement als Schauspieler an der Reichenhaller Bauernbühne. Ulm, Regensburg und Berlin waren weitere Stationen.
Seit 1932 spielte er in über 200 deutsch/österr. Spielfilmen. Seine Fernsehkarriere begann mit der Ausstrahlung von bayerischen Lustspielen, vorwiegend Stücke von Ludwig Thoma. 1964 erhielt er die eigene TV-Serie »Die seltsamen Methoden des Franz Josef Wanninger«, in der er als Polizei-Inspektor bislang über 120mal am Bildschirm zu sehen war.
In den 60er und 70er Jahren spielte er Theater vorwiegend bei den Luisenburg-Festspielen in Wunsiedel, an der Kleinen Komödie München und in Gastspielen am Bayerischen Staatsschauspiel München. Brem ist seit 1932 verheiratet mit der ehemaligen Sängerin Marga Wening, hat eine Tochter (Ingeborg, geb. 1937) und lebt in Buchenhain im Isartal bei München.
Film: »Die verkaufte Braut« (nach Smetana) und »Man muß sich nicht gleich scheiden lassen«, 1932; »Der Tunnel«, 1933; »Die Mühle im Schwarzwald«, »Stoßtrupp 1917«, »Die vertauschte Braut«, »Der junge Baron Neuhaus« und »Um das Menschenrecht«, 1934; »Ehestreik«, »Er weiß, was er will«, »Der Gefangene des Königs« und »Die Heilige und ihr Narr«, 1935; »Weiberregiment«, »Standschütze Bruggler«, »Der lachende Dritte«, »IA in Oberbayern«, »Donogoo Tonka«, »Die letzten Vier in Santa Cruz«, »Die Drei um Christine« und »Die Leute mit dem Sonnenstich«, 1936; »Urlaub auf Ehrenwort«, »Meiseken«, »Unternehmen Michael«, »Spiel auf der Tenne«, »Petermann ist dagegen«, »So weit geht die Liebe nicht« und »Anna Favetti«, 1937; »Die Pfingstorgel« (nach Lippl), »Der Fall Deruga« (nach Huch), Regie: Fritz Peter Buch, »Frau Sixta«, mit Franziska Kinz, Regie: Gustav Ucicky, »Musketier Meier III«, »Narren im Schnee« und »Dreizehn Mann und eine Kanone«, 1938; »Der arme Millionär«, »Sommer, Sonne, Erika« und »Drei Väter um Anna«, 1939; »Das sündige Dorf«, mit Joe Stöckel, »Feinde«, »Liebesschule« und »Sonderbare Flitterwochen«, 1940; »Der laufende Berg«, »Stukas«, Regie: Karl Ritter, »Quax der Bruchpilot«, mit Heinz Rühmann, Regie: Kurt Hoffmann, »Der scheinheilige Florian«, »Spähtrupp Hallgarten«, »Venus vor Gericht« und »Über alles in der Welt«, 1941; »Großstadtmelodie«, »Panik«, »Wildvogel«, und »Kohlhiesels Töchter«, Regie: Hans Behrendt, 1943; »Die falsche Braut«, 1944; »Liebesheirat«, »Quax in Fahrt«, »Dreimal Komödie« und »Mit meinen Augen«, 1945; »Die drei Dorfheiligen«, »Hans im Glück«, »Hallo – Sie haben Ihre Frau vergessen«, »Heimliches Rendezvous«, »Tromba«, »Kleiner Wagen – große Liebe« und »Nach Regen scheint die Sonne«, 1949; »Der Theodor im Fußballtor«, mit Theo Lingen, Regie: E. W. Emo, »Die Nacht ohne Sünde«, »Zwei in einem Anzug«, »Sensation im Savoy«, »Die fidele Tankstelle«, »Inkognito im Paradies«, »Königskinder«, Regie: Helmut Käutner, und »So sind die Frauen«, 1950; »Fanfaren der Liebe«, Regie: Kurt Hoffmann, »Wildwest in Oberbayern«, »Drei Kavaliere«, »Johannes und die 13 Schönheitsköniginnen«, »Heimat, deine Sterne« und »Tanz ins Glück«, 1951; »Drei Tage Angst«, »Einmal am Rhein«, »Zwei Menschen«, »Karneval in Weiß«, »Mönche, Mädchen und Panduren« und »Wenn abends die Heide träumt«, 1952; »Die Mühle im Schwarzwälder Tal«, »Keine Angst vor großen Tieren«, mit Max Schmeling, Regie: Ulrich Erfurth, »Maria Johanna«, »Die Nacht ohne Moral«, »Hochzeitsglocken«, und »Der Ehestreik«, Regie: Joe Stöckel, 1953; »Das sündige Dorf«, Regie: Joe Stöckel, »Keine Angst vor Schwiegermüttern«, »Hochstaplerin der Liebe« und »Das Kreuz am Jägersteig«, 1954; »Des Teufels General« (nach Zuckmayer), mit Curd Jürgens, Regie: Helmut Käutner, »Ein Haus voll Liebe«, »Oh – diese lieben Verwandten«, Regie: Joe Stöckel, »Der Frontgockel«, »Der Fischer vom Heiligensee«, »Das Forsthaus in Tirol«, »Ferien in Tirol«, »IA in Oberbayern«, Regie: Joe Stöckel, und »Der Jäger von Roteck«, 1955; »Die gestohlene Hose«, »Waldwinter«, »Pulverschnee nach Übersee«, »Zwei Bayern im Harem«, »Die fidelen Detektive« und »Der Etappenhase« (nach Bunje), 1957; »Zwei Matrosen auf der Alm«, »Der Sünden-

bock von Spatzenhausen«, »Mein Schatz ist aus Tirol«, »Meine 99 Bräute«, »Die Landärztin«, mit Marianne Koch, und »Die Seeteufel von Angostura«, 1958; »Alle Mädchen lieben Peter«, mit Peter Kraus, 1959; »Der Hochtourist«, und »Der verkaufte Großvater«, mit Hans Moser, 1961; »Zwei Bayern in Bonn«, 1962; »Ludwig Thomas Lausbubengeschichten«, mit Elisabeth Flickenschildt und Hansi Kraus, Regie: Helmut Käutner, 1964; »Wenn Ludwig ins Manöver zieht«, 1967; »Pudelnackt in Oberbayern«, 1969; »Der Jäger von Fall« (nach Ganghofer), Regie: Harald Reinl, 1974.

Theater: Graf von Lerma und Graf von Alba in Schillers »Don Carlos«, Bauer Grillhofer in Anzengrubers »Der G'wissenswurm«, Benedum in Zuckmayers »Schinderhannes«, jeweils Theater Ulm und Regensburg; Titelrolle in Lutz' »Der Brandner Kaspar schaut ins Paradies«, Luisenburg-Festspiele; in Raffalts »Das Gold von Bayern« (Regie: Bruno Hübner); in Franks »Sturm im Wasserglas«, in Flatow/Pillaus »Das Fenster zum Flur«, mit Erni Singerl, in Thomas »Der alte Feinschmecker«, mit Walter Sedlmayr, in Schwerlas »Graf Schorschi«, in Webers »Fahr'n ma Euer Gnaden«, in Anzengrubers »Die Kreuzelschreiber«, und in King/Carys »Seemann gib Obacht!«, jeweils Kleine Komödie München 1973-1985 (jeweils auch TV); Dorfpfarrer in Fleißers »Der starke Stamm«, Bayerisches Staatsschauspiel München 1979 (auch ARD 1982); in Wittlingers »Der Floriansblitz«, Münchner Volkstheater 1984 (auch TV 1985).

Fernsehen: »Der Komödienstadl«, mit 18 Stücken, ARD 1961–1985 (zuletzt: »Wenn der Hahn kräht, nach Hinrichs); Filser in »Erster Klasse« (nach Thoma), ARD 1970; »Polizei-Inspektion 1«, mit Walter Sedlmayr, Serie, ARD 1983; »Lach mal wieder«, Serie, ZDF 1984. Und als Inspektor Wanninger in »Die seltsamen Methoden des Franz Josef Wanninger« (später: »Die unsterblichen Methoden des Franz Josef Wanninger«), mit Maxl Graf, Wolf Ackva und Claus Biederstaedt, ARD 1964–1982, über 120 Folgen.

Auszeichnungen: Bayerischer Verdienstorden 1970; »Bambi« (BILD + FUNK) 1970; »München leuchtet«, Medaille der Stadt München 1981.

Anschrift: Lindenstraße 5 a, 8021 Buchenhain.

Hans Brenner

Geb. 25. 11. 1938 in Innsbruck; dort aufgew.; nach der Schule nahm er privaten Schauspielunterricht. Sein erstes Engagement hatte er am Theater für Vorarlberg in Bregenz. Weitere Stationen seit 1965 (u.a.): Theater der Stadt Heidelberg, Deutsches Theater Göttingen (1967), Schauspielhaus Zürich, Münchner Kammerspiele (1969–71), Staatstheater Darmstadt (1972–1975), Bayerisches Staatsschauspiel München (seit 1975), Düsseldorfer Schauspielhaus (1976–1979), Festspiele Telfs, Tirol (1982) und Volkstheater München (seit 1983). Seit 1969 arbeitet er künstlerisch sehr eng mit seiner Lebensgefährtin, der Schauspielerin und Regisseurin Ruth Drexel zusammen. Er er ist vielbeschäftigter Darsteller beim Fernsehen.
Brenner spricht engl.; er ist geschieden, hat zwei Töchter und lebt in Zorneding bei München.
Film: »Der Reigen« (nach Schnitzler), mit Helmut Berger, Regie: Otto Schenk, und »Die Sachverständigen«, Regie: Norbert Kückelmann, 1973; »Messer im Rücken«, Regie: Ottokar Runze, 1975; »Messer im Kopf«, »Der Hauptdarsteller«, mit Mario Adorf, Regie: jeweils Reinhard Hauff, und »Schluchtenflitzer«, Regie: Rüdiger Nüchtern, 1978; »Nacht der Wölfe«, Regie: Rüdiger Nüchtern, 1981; »Spider Murphy Gang«, Regie: Georg Kostya, und »Bolero«, Regie: Rüdiger Nüchtern, 1983; »The present future«, mit Gregory Peck und Claudia Cardinale, Regie: Marianne S. Rosenbaum, 1986.
Theater: Titus Feuerfuchs in Nestroys »Der Talisman«, Theater der Stadt Heidelberg 1966; Marconi in Hacks' »Die Schlacht von Lobositz«, Deutsches Theater Göttingen 1967; Abram in Sperrs »Jagdszenen aus Niederbayern«, mit Therese Giehse und Ruth Drexel, Regie: Ulrich Heising, 1969, Blasi in Bauers »Change«, Regie: August Everding, 1970, in Valentins »Tingeltangel«, mit Christa Berndl, Regie: Niels-Peter Rudolph, und in der Uraufführung von Kroetz' »Hartnäckig/Heimarbeit«, Regie: Horst Siede, 1971, jeweils Münchner Kammerspiele; Otto in Kroetz' »Männersache«, 1972, und Otto in der Uraufführung von Kroetz' »Lieber Fritz«, Regie: Franz Xaver Kroetz selbst, 1975, jeweils Staatstheater Darmstadt; Karl in Kroetz' »Herzliche Grüße aus Grado«, 1976, Titelrolle in Kroetz' »Mensch Meier«, 1978, und Anton in Nestroys »Frühere Verhältnisse«, Regie: Ruth Drexel, 1979, jeweils Düsseldorfer Schauspielhaus; Matti in Brechts »Herr Puntila und sein Knecht Matti«, 1975, Bitterwolf in Fleißers »Der starke Stamm«, Regie: Dieter Giesing, 1979 (auch TV), Titus Feuerfuchs in Nestroys »Der Talisman«, Regie: Ruth Drexel, 1981, Graf in Schnitzlers »Reigen«, Regie: Kurt Meisel, Feldkoch in Brechts »Mutter Courage und ihre Kinder«, mit Ruth Drexel, Regie: Rolf Stahl, Butz Buss in Deichsels »Zappzarapp«, mit Hans Stetter, Regie: Ruth Drexel, 1982/83, jeweils Bayerisches Staatsschauspiel München; Pfarrer in der Uraufführung von Mitterers »Stigma«, Regie: Ruth Drexel, Festspiele Telfs, Tirol 1982; in Schönherrs »Glaube und Heimat«, Regie: Ruth Drexel, in Sperrs »Jagdszenen aus Niederbayern«, Regie: Harald Clemen, und Hitler in Preses/Bechers »Der Bockerer«, mit Otto Schenk, in Thomas »Brautschau« und »Waldfrieden«, mit Helmut Fischer, Regie: Hanns Christian Müller, Titelrolle in Brechts »Schweyk im Zweiten Weltkrieg«, Regie: Ruth Drexel, in Nestroys »Frühere Verhältnisse« und »Häuptling Abendwind«, Regie: Ruth Drexel, jeweils Volkstheater München 1984–1986.
Fernsehen: »Die Revolte«, Regie: Reinhard Hauff, und »Wie eine Träne im Ozean« (nach Sperber), mit Herbert Stass und Martin Lüttge, Regie: Fritz Umgelter, 3 Teile, ARD 1969; Titelrolle in »Der Räuber Mathias Kneissl« (von Martin Sperr), Regie: Reinhard Hauff, ARD 1971; »Der Kommissar«, mit Erik Ode, Serie, und »Sittengemälde«, Regie: Eberhard Itzenplitz, ZDF 1973; »Münchner G'schichten«, mit Therese Giehse, Ruth Drexel und Günther Maria Halmer, Regie: Helmut Dietl, Serie, und »Eiger« (von Meichsner), Regie: Dieter Wedel, 2 Teile, ARD 1974; »Hahnenkampf« (nach Lautensack), Regie: Lutz Büscher, ZDF 1975; »Alle Jahre wieder: Die Familie Semmeling«, Regie: Dieter Wedel, 3 Teile, ARD 1976; »Alpensaga«, mit Helmut Qualtinger, Regie: Dieter Berner, 6 Teile, ZDF 1976/77; »Loch im Kopp« (nach Labiche), Regie: Wolfgang Deichsel, und »Tatort«, Regie: Fritz Umgelter, Serie, ARD 1977; »Der Alte«, Serie, 4 Folgen, ZDF 1977–1981; »Legen wir zusammen«, ARD 1980; »Derrick«, Serie, 2 Folgen, ZDF 1981+1984; »Niemandsland« (von Gernot Wolfgruber), ZDF 1982; »Das eine Glück und das

andere«, Regie: Axel Corti, ARD 1982; »Ordnung muß sein«, Regie: Franz Geiger, ZDF 1984; Fernsehpförtner Alois Baierl in »Nix für unguat«, Serie, BR III 1984–86; »Nacht der Wölfe«, Regie: Rüdiger Nüchtern, ARD 1984; »Geschichten aus der Heimat«, Serie, und »Franz Xaver Brunnmayr«, mit Gustl Bayrhammer, Regie: Ulrich König, Serie, ARD 1985; »Ein Fall für zwei«, Serie, ZDF 1985.
Auszeichnung: »Ludwig-Thoma-Medaille« der Stadt München 1983.
Anschrift: c/o Agentur Lentz, Holbeinstraße 4, 8000 München 80, oder Herzog-Ludwig-Straße 8, 8011 Zorneding.

Peer Bernd Brensing

Geb. 12. 12. 1946 in Düsseldorf; dort aufgew.; nach der mittleren Reife absolvierte er die Folkwang-Schule in Essen und das Studio von Lee Strasberg in New York. Bühnen-Engagements hatte er u.a. auf Tournee (Deutschland, Europa, USA), an den Wuppertaler Bühnen, in München, am Landestheater Hannover und an den Städt. Bühnen Bielefeld. Seit 1982 arbeitet er vielseitig als Regisseur.
Brensing spricht engl., portug.; er ist verheiratet, hat zwei Söhne (Björn Kai und Marcus Fréderic Egon) und lebt abwechselnd in Hannover und Wasserburg am Bodensee.
Film: »Ringer«; »Blutspuren«.
Theater: Ruprecht in Kleists »Der zerbrochene Krug« und Herrmann in »Herrmann und Dorothea«, USA-Tournee 1965; Oliver in »Corinn und der Seebär«, Europa-Tournee 1966; Peter Peter in Goetz' »Ingeborg«, Wuppertaler Bühnen 1967/68; Mercutio in Shakespeares »Romeo und Julia«, London 1972; Herodes in Wildes »Salome«, Tournee 1975; Jack the Ripper in Wedekinds »Lulu«, München 1977/78; Hohenzollern in Kleists »Prinz Friedrich von Homburg«, Landestheater Hannover 1980; Titelrolle in Brechts »Leben des Galilei«, Städt. Bühnen Bielefeld 1983/84.
Eigene wichtige Inszenierungen u.a.: Arnold/Bachs »Die spanische Fliege«, Staatstheater Kassel 1982; Schillers »Maria Stuart«, Städtebundtheater Hof 1982; Zuckmayers »Der Hauptmann von Köpenick«, Theater Baden-Baden 1983; Molières »Der Geizige«, Marburger Schauspiel 1983; Shakespeares »Hamlet«, Städt. Bühnen Bielefeld 1984; »General Johann August Sutter«, Basler Theater 1984.
Fernsehen: »Der Unfall« (von Waldmann), Regie: Peter Beauvais, ARD 1968; »Der Schrott« (von Waldmann), Regie: Eberhard Itzenplitz, ARD 1969; »Keine Zeit für Abenteuer«, Regie: Tommy Deickert, 13 Teile, ARD 1969/70; »Sessel zwischen den Stühlen«, Regie: Fritz Umgelter, ARD 1972; »Marathon«, Regie: E. Schubert, ARD 1974; »Der Sturm« (nach Shakespeare), ZDF 1976, und »Liebesbriefe auf blauem Papier«, ZDF 1977, Regie: jeweils George Moorse.
Anschrift: c/o ZBF-Agentur München, Leopoldstraße 19, 8000 München 40, oder Isernhagener Straße 30a, 3000 Hannover 1.

Jacques Breuer

Geb. 20. 10. 1957 als Sohn des Schauspielers und jetzigen TV-Produktionsleiters Walter Breuer und Enkel des Schauspielers Siegfried Breuer in München; dort aufgew.; nach der Schule absolvierte er die Otto-Falckenberg-Schule München. Noch während seiner Ausbildung debütierte er 1975 neben Hanne Hiob in Brechts »Die Gewehre der Frau Carrar« an den Münchner Kammerspielen. Von 1977 bis 1979 gehörte er zum Ensemble des Bayerischen Staatsschauspiels München. Zusammen mit seinen Schauspielerkollegen András Friscay und Sissy Höfferer gründete er 1979 die Freie Münchner Theatergruppe »Zauberflöte«. Die Gruppe gab bislang Gastspiele am Modernen Theater, am Theater im Marstall sowie beim Theaterfestival in München, an den Bühnen der Freien Hansestadt Bremen, an der Freien Volksbühne Berlin, am Theater Schaan in Lichtenstein sowie bei Theaterfestivals in Zürich und Amsterdam.
Breuer spricht engl., franz.; er ist der Lebensgefährte von Sissy Höfferer und trat mit ihr zusammen in zahlreichen Theaterstücken und TV-Spielen auf. Sie leben beide als österr. Staatsbürger in München.
Film: Titelrolle in »Taugenichts«, Regie: Bernhard Sinkel, 1978; »Tunnel 54«, mit Richard Thomas, USA 1982.
Theater: In Brechts »Mann ist Mann«, in Beaumarchais' »Der tolle Tag oder Figaros Hochzeit«, Alan Strang in Shaffers »Equus«, in Rojas' »Celestina«, in Nestroys »Lumpazivagabundus«, in Strindbergs »Das Traumspiel«, Regie: Ingmar Bergman, jeweils Bayerisches Staatsschauspiel München 1977–1979; Jimmy in Osbornes »Blick zurück im Zorn«, Ferdinand in Schillers »Kabale und Liebe«, und in MacDoffs »Red Rider«, jeweils mit Sissy Höfferer, Theatergruppe »Zauberflöte« an den genannten Bühnen 1979–1982; Ludovico in Brechts »Galileo Galilei«, Regie: Peter Löscher, Bayerisches Staatsschauspiel München 1985/86.
Fernsehen: »Die Späße des Scapin« (nach Molière), ARD 1977; Peter Bathory in »Mathias Sandorf« (nach Jules Verne), mit Istvan Bujtor, Amadeus August und Sissy Höfferer, Regie: Jean Pierre Decourt, 4 Teile, ZDF 1979; »Der Alte«, Serie, ZDF 1980; »Derrick«, Serie, 2 Folgen, ZDF 1981+1983; Brackenburg in »Egmont« (nach Goethe), Regie: Franz Peter Wirth, ARD 1982; »Die Matrosen von Kronstadt«, mit Pinkas Braun, Regie: Jürgen Klauß, ZDF 1983; Grischa Kuprin in »Die goldenen Schuhe« (nach Vikki Baum), mit Claudine Auger und Nicole Kunz, Regie: Dietrich Haugk, 5 Teile, ARD 1983; »Morenga«, Regie: Egon Günther, Serie, und Titelrolle in »Don Carlos« (nach Schiller), mit Rolf Boysen und Bernhard Minetti, Regie: Franz Peter Wirth, ARD 1984; »Tatort«, Serie, ARD 1985; »Derrick«, Serie, ZDF 1985.
Anschrift: c/o Agentur Lentz, Holbeinstraße 4, 8000 München 80.

Marita Breuer

Geb. 20. 1. 1953 in Düren; dort aufgew.; nach der Schule absolvierte sie von 1975 bis 1978 die Folkwang-Schule in Essen. Ihr erstes Bühnen-Engagement erhielt sie 1978 am Stadttheater Gießen (bis 1980). Anschließend gehörte sie einer experimentellen Theatergruppe an. 1981 verpflichtete sie der Regisseur Edgar Reitz für seine elfteilige Chronik »Heimat«. Die Rolle der Maria, verkörpert für den Zeitraum von 1919 bis 1982, trug ihr 1984 den Bayerischen Filmpreis und 1985 den Deutschen Darstellerpreis ein. Seit 1985 gehört sie zum Ensemble der Städt. Bühnen Köln.

Frau Breuer ist ledig und lebt seit 1980 in Köln.

Film/Fernsehen: Die ARD strahlte 1984 den elfteiligen Film »Heimat« (Buch: Edgar Reitz und Peter Steinbach) aus. Erzählt wird die Geschichte einer Familie im Hunsrück, beginnend 1919 bis in die Gegenwart. Hauptperson der Handlung ist Maria Wiegand, verkörpert von Marita Breuer. Der vom 30. 4. 1981 bis 31. 10. 1982 in 282 Drehtagen entstandene Film fand im In- und Ausland große Beachtung. Er lief als Zwölf-Stunden-Fassung in mehreren Kinos und wurde auf Festivals (u.a. Venedig) gezeigt. Die Kritik war nahezu einhellig positiv. Regisseur Edgar Reitz verzichtete bis auf wenige Ausnahmen (Hans-Jürgen Schatz, Jörg Hube, Michael Kausch und Gudrun Landgrebe) auf Profischauspieler, und setzte bis dahin unbekannte Laiendarsteller ein. Es wirkten u.a. mit: Dieter Schaad, Michael Lesch, Eva Maria Bayerswalters, Rüdiger Weigang, Willi Burger, Peter Harting, Jörg Richter, Sabine Wagner und Mathias Kniesbeck. 1979 hatte sie ihren ersten TV-Auftritt in »Uns reicht das nicht« (mit Herbert Grönemeyer, Regie: Jürgen Flimm).

Auszeichnungen: »Bayerischer Filmpreis« 1984; »Chaplin-Schuh« (Deutscher Darstellerpreis) 1985.

Anschrift: c/o ZBF-Agentur München, Leopoldstraße 19, 8000 München 40.

Nicolas Brieger

Geb. 23. 5. 1945 in Berlin; dort aufgew.; nach dem Abitur studierte er Literaturwissenschaft an der Freien Universität Berlin; Schauspielunterricht nahm er bei Marlise Ludwig in Berlin. Sein erstes Engagement als Schauspieler erhielt er 1962 am Berliner Schiller-Theater. Engagements hatte er ferner u.a. an den Städt. Bühnen Nürnberg (1970–1972), an den Städt. Bühnen Frankfurt/Main (1982) und an den Münchner Kammerspielen (1982/83).
Seit 1970 arbeitet er vor allem als Regisseur. Außer an vorgenannten Bühnen inszenierte er ferner u.a. am Staatstheater Kassel, Theater der Freien Hansestadt Bremen, Düsseldorfer Schauspielhaus und Schloßpark-Theater Berlin.
Seit 1973 wirkt er als vielseitiger Darsteller beim Fernsehen.
Brieger spricht engl., franz., span.; er ist ledig und lebt in München.
Film: »Die Wollands«, 1973, und »Lohn und Liebe«, 1973, Regie: jeweils Marianne Lüdcke und Ingo Kratisch; »Die Reise nach Wien«, Regie: Edgar Reitz, 1973.
Theater: Fernando in Schillers »Kabale und Liebe«, Regie: Dieter Reible, Städt. Bühnen Nürnberg 1970; Astrov in Tschechows »Onkel Wanja«, Regie: Brieger selbst, Städt. Bühnen Frankfurt/Main 1982; Jupiter in Kleists »Amphitryon«, Regie: Brieger selbst, Münchner Kammerspiele 1982/83.
Eigene wichtige Inszenierungen u.a.: Bauers »Magic Afternoon«, Städt. Bühnen Nürnberg 1970; Strindbergs »Fräulein Julie«, Staatstheater Kassel 1972; Fleißers »Pioniere in Ingolstadt«, Städt. Bühnen Frankfurt/Main 1975; Schillers »Maria Stuart«, Tschechows »Drei Schwestern« und Botho Strauß' »Groß und Klein«, jeweils Theater der Freien Hansestadt Bremen 1978–1980; Euripides' »Medea«, Düsseldorfer Schauspielhaus 1981; Goldonis »Trilogie der Ferienzeit« und Bonds »Sommer«, jeweils Schloßpark-Theater Berlin 1984/85; jeweils mit Barbara Petritsch.
Fernsehen: »Ein Haus für uns«, Serie, ARD 1973–1975; »Der Pendler«, Regie: Hartmut Griesmayr, und »Tod der Schneevögel«, Regie: Eberhard Itzenplitz, ZDF 1973; »Die Herbstzeitlosen«, Regie: Dagmar Damek, ARD 1974; »Notwehr« (von Bernd Schröder), ZDF 1977; »Grüß Gott, ich komm' von drüben« (von Menge), mit Hans Christian Blech, Regie: Tom Toelle, ARD 1978; »Der Auslöser«, Regie: Maria Neocleous, ARD 1980; »Aus dem Tagebuch eines Emigranten«, Regie: Eberhard Itzenplitz, ZDF 1980; »Ausgestoßen«, Regie: Eberhard Itzenplitz, ZDF 1982; »Der Millionen-Coup«, Regie: Ralph Storch, 2 Teile, ZDF 1984; »Bartolomé oder Die Rückkehr der weißen Götter« (von Stripp), mit Gottfried John, Regie: Eberhard Itzenplitz, »Der Fehler des Piloten«, Regie: Hartmut Griesmayr, »Gesucht: Urlaubsbekanntschaften, männlich«, Regie: Wolfgang Mühlbauer, und »Grand mit drei Damen«, Regie: Frank Guthke, ZDF 1985; »Tatort«, Serie, ARD 1985.
Auszeichnung: Einladung zum Berliner Theatertreffen mit seiner Inszenierung »Maria Stuart« (von Schiller).
Anschrift: ZBF-Agentur München, Leopoldstraße 19, 8000 München 40, oder Ismaninger Straße 102/4, 8000 München 80.

Jochen Brockmann

Geb. 14. 9. 1919 in Schwerin, Mecklenburg; dort aufgew.; nach dem Gymnasium absolvierte er 1938/39 die Schauspielschule der Preuß. Staatstheater unter Gustaf Gründgens in Berlin. 1940 wurde er von Lothar Müthel an das Burgtheater Wien geholt, wo er bis 1949 zum Ensemble gehörte. Über ein kurzes Engagement an den Bühnen der Stadt Bonn kam er 1950 an das Deutsche Schauspielhaus Hamburg. Weitere Stationen bis 1958: Theater am Kurfürstendamm, Theater am Schiffbauerdamm und Volksbühne in Berlin. 1958 ging er an das Theater in der Josefstadt Wien, wo er mit Unterbrechungen bis heute Mitglied ist. Gastspiele gab er zudem an der Freien Volksbühne Berlin (1963–68) unter Erwin Piscator († 1966), bei den Salzburger Festspielen (1964–1969), am Ernst-Deutsch-Theater Hamburg (1978) sowie bei den Festspielen in Bad Hersfeld, Bregenz, Recklinghausen, Herrenhausen und Forchtenstein.
Brockmann spricht engl.; er ist verheiratet, hat ein Kind und lebt abwechselnd in Wien und Pölla in Niederösterreich.
Film: Georgi Dimitrow in »Der Teufelskreis« (nach Zinner), DEFA 1954; »Die Frühreifen«, mit Christian Wolff, 1957; »Der Tiger von Eschnapur« und »Das indische Grabmal«, Regie: jeweils Fritz Lang, Italien/Frankreich/BRD 1958; Titelrolle in »Der Frosch mit der Maske«, mit Joachim Fuchsberger und Siegfried Lowitz, Regie: Harald Reinl, 1959; »Sing ein Lied«, Regie: Jürgen Goslar, 1961; Golem in »Drei Supermänner räumen auf«, mit Brad Harris und Tony Kendall, Italien 1962; »Der rote Rausch«, mit Klaus Kinski, »Der Mann im Strom«, mit Hans Albers, Regie: Eugen York, und Dr. Messer in »Der Hexer« (nach Wallace), Regie: Alfred Vohrer, 1963.
Theater: Hämon in Sophokles' »Antigone« und Ferdinand in Goethes »Egmont«, jeweils Burgtheater Wien bis 1949; Pylades in Goethes »Iphigenie auf Tauris«, mit Horst Caspar, Regie: Lothar Müthel, Deutsches Schauspielhaus Hamburg 1950; Don Carlos in Molières »Dom Juan«, Theater am Kurfürstendamm Berlin 1953; Buttler in Schillers »Wallenstein«, mit Bernhard Minetti, Ruhrfestspiele Recklinghausen 1963; Mammon in Hofmannsthals »Jedermann«, Salzburger Festspiele 1964–1969; Titelrolle in Hauptmanns »Fuhrmann Henschel«, Regie: Erwin Piscator, und Herr Krott in Walsers »Überlebensgroß Herr Krott«, Regie: Peter Palitzsch, Freie Volksbühne Berlin 1963–1968; Kattwald in Grillparzers »Weh' dem, der lügt«, mit Cornelia Froboess, Regie: Ernst Haeusserman, Grillparzer-Festspiele Forchtenstein 1971; von Werhahn in Hauptmanns »Der rote Hahn«, mit Inge Meysel, Ernst-Deutsch-Theater Hamburg 1978.
Am Theater in der Josefstadt Wien spielte er neben einigen bereits vorgenannten Rollen seit 1958 ferner u.a.: Mann in Rattigans »An Einzeltischen«, mit Hilde Krahl, Titelrolle in Strindbergs »Der Vater«, mit Susanne Almassy, Sir Falstaff in Shakespeares »Die lustigen Weiber von Windsor«, Vater in Millers »Blick von der Brücke«, Dorfrichter Adam in Kleists »Der zerbrochene Krug«, Regie: Franz Reichert. Einige dieser Rollen verkörperte er auch bei den vorgenannten Festspielen. Er spielte in Hauptmanns »Schluck und Jau« bei den Festspielen Herrenhausen und am Volkstheater Wien.
Fernsehen: Zar in »Der Patriot«, mit Albert Lieven und Ellen Schwiers, Regie: Rudolph Cartier, ARD 1958; »Die ist nicht von gestern« (nach Kanin), mit Rosel Schaefer, Regie: Franz Josef Wild, ARD 1959; Bäcker in »Die Frau des Bäckers« (nach Pagnol), mit Louise Martini, Regie: Pierre Leon, ARD 1962; »Der Mann des Tages«, mit Günter Pfitzmann und Ellen Schwiers, ORF; »Ein Kapitel für sich« (nach Kempowski), mit Stephan Schwartz und Edda Seippel, Regie: Eberhard Fechner, 2 Teile, ZDF 1979/80; Primarius in »Die Vielgeliebte«, mit Krista Stadler, Regie: Walter Davy, ORF 1983; »Das Totenreich« (nach Pontoppidan), Regie: Karin Brandauer, 2 Teile, ARD 1986.
Auszeichnung: »Goldenes Ehrenzeichen« für Verdienste um die Republik Österreich.
Anschrift: c/o ZBF-Agentur München, Leopoldstraße 19, 8000 München 40, oder Raabsmühle, A-3593 Neupölla, Österreich.

Franziska Bronnen

Geb. 7. 10. 1940 als Tochter des Dramatikers Arnolt Bronnen in Bamberg; aufgew. in Linz/Donau, Österreich; nach dem Abitur und dem Besuch der Schauspielschule debütierte sie in Esslingen; seit ihrem Engagement an den Städt. Bühnen Nürnberg-Fürth war sie als freischaffende Schauspielerin u.a. engagiert: Komödie im Marquardt Stuttgart, Kammerspiele Düsseldorf, Fritz-Rémond-Theater im Zoo Frankfurt/Main, Kleine Komödie München, Komödie Berlin, Bühnen der Stadt Bonn, Festspiele Hannover-Herrenhausen, Renaissane-Theater Berlin, von 1978–1984.
Frau Bronnen führt auch Regie und trat als Produzentin in Erscheinung.
Sie spricht engl., franz., ital.; sie ist verheiratet mit dem Filmregisseur Christian Rischert und lebt in München.
Film: Johanna in »Wenn ich mich fürchte«, mit Horst Buchholz, Regie: Christian Rischert, 1984.
Theater: Neben Boulevard-Komödien an den vorgenannten Bühnen und auf Tournee, u.a. mit Partnern wie Uwe Friedrichsen, Claus Biederstaedt, Heinz Drache, Harald Leipnitz und Horst Tappert, spielte sie die Erzählerin in »Die Geschichte vom Soldaten«, Bühnen der Stadt Bonn 1981, Beatrice in Goldonis »Der Diener zweier Herren«, Festspiele Hannover-Herrenhausen 1983, und Jelena in Tschechows »Onkel Wanja« mit Ernst Jacobi, Regie: Heribert Sasse, Renaissance-Theater Berlin 1984.
Fernsehen: »Der Stechlin«, mit Arno Assmann, Regie: Rolf Hädrich, 3 Teile, ARD 1975; »Wo brennt's denn Vater?«, Regie: Wolf Dietrich, ZDF 1976; »Geburt eines Waisenkindes«, mit Horst Frank, Regie: Heinz Schirk, und »Überlebenstraining«, Regie: Franz Guthke, ZDF 1977; »Jauche und Levkojen«, mit Arno Assmann, Regie: Günter Gräwert, Serie, ARD 1977/78; »Der Alte«, Serie, ZDF 1979; Sie in »Spiegel« (2-Personen-Stück), mit Horst Tappert, ARD 1980; »Grüße aus Bad Walden«, mit Jürgen Goslar, Regie: Gerd Oelschlegel, ZDF 1980; »Derrick«, Serie, 2 Folgen, ZDF 1980+1982; »Sonderdezernat K 1«, Serie, ARD 1981; »Die Fahrt nach Schlangenbad«, Regie: Stanislav Barabas, ZDF 1981; »Zeit genug«, mit Ernst Hannawald, Serie, ARD 1982; »Tiefe Wasser«, Regie: Franz Peter Wirth, 2 Teile, ZDF 1982; »Hanna von Acht bis Acht«, mit Angelica Domröse, Regie: Egon Günther, und »Harald-Juhnke-Special«, ZDF 1983; »Berliner Weiße mit Schuß«, mit Günter Pfitzmann, Serie, ZDF 1984; »Die Schwarzwaldklinik«, mit Klausjürgen Wussow, Gaby Dohm und Sascha Hehn, Regie: Hans-Jürgen Tögel, Serie, ZDF 1985/86.
Anschrift: c/o Agentur Lentz, Holbeinstraße 4, 8000 München 80.

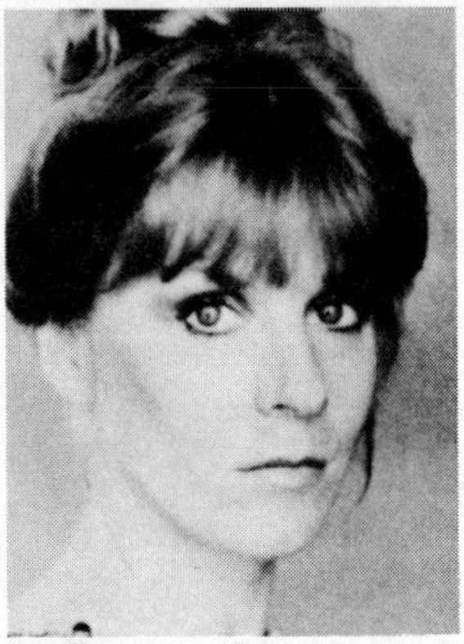

Heidi Brühl

Geb. 30. 1. 1941 in München; dort nach der Scheidung ihrer Eltern beim Vater aufgew.; 1947 Ballettunterricht an der Münchner Margit-Oswald-Schule. Bei einer Vorführung dieser Tanzschule im Münchner Hotel »Bayerischer Hof« entdeckte sie der Filmregisseur Harald Braun für seinen Streifen »Der letzte Sommer«. Nach mehreren Engagements nahm sie ab 1957 auch Schauspielunterricht, erhielt eine Gesangsausbildung, u.a. bei Fritz Wunderlich, lernte Klavierspielen sowie Englisch und Französisch.
1959 bekam sie ihren ersten Plattenvertrag; der Titel »Chico, Chico, Charly« plazierte sich sofort in der Hitparade. Ein Millionenerfolg wurde der Song »Wir wollen niemals auseinandergehn« (Musik: Michael Jary, Text: Heinz Korn), der ihr 1961 eine Goldene Schallplatte einbrachte. Sie veröffentlichte bislang über 30 LPs.
Seit 1964 ist sie auch in Musicals und Theaterstücken aufgetreten. Mit dem Schauspieler Brett Halsey, den sie im selben Jahr geheiratet hatte, ging sie 1970 nach Las Vegas/USA, wo sie bis 1972 in vielen Shows zu sehen war. Aus der Ehe mit dem amerikanischen Künstler, die 1976 geschieden wurde, entstammen zwei Kinder (Clayton, geb. 1967, Nicole, geb. 1970).
1976 veröffentlichte Frau Brühl den Memoirenband »Eine kühle Blonde bitte. Erinnerungen eines bisweilen unvorsichtigen Mädchens«. Ferner stellte sie sich als Fotomodell, abgelichtet von ihrem damaligen Lebensgefährten, dem Schauspieler Béla Erny, für Herrenmagazine zur Verfügung.
Sie gründete 1982 ein eigenes Plattenstudio und tritt als Produzentin in Erscheinung. Sie produzierte die Platten von »Dallas«-Darstellerin Charlene Tilton (»Lucy«) und ermöglichte den »Denver«-Kollegen Al Corley (»Steven Carrington«) und John James (»Jeff Colby«) den Einstieg ins Musikgeschäft.
Frau Brühl lebt in Aufkirchen am Starnberger See/ Oberbayern.
Film: »Heideschulmeister Uwe Karsten«, »Die Mädels vom Immenhof«, mit Paul Klinger und Paul Henkels, und »Roman einer Siebzehnjährigen«, 1955; »Hochzeit auf Immenhof«, mit Matthias Fuchs, 1956; »Die Bekenntnisse des Hochstaplers Felix Krull« (nach Thomas Mann), mit Horst Buchholz, »Vater unser bestes Stück« und »Die Frühreifen«, 1957; »Ferien auf Immenhof«, Regie: Gustav Ucicky, »Solange die Sterne glühen«, »Man ist nur zweimal jung«, »O diese Ferien«, Regie: Franz Antel, »Ohne Mutter geht es nicht« und »Der Schäfer von Trutzberg«, 1958; »Verbrechen nach Schulschluß«, »Zweimal Adam, einmal Eva«, »Laß mich am Sonntag nicht allein«, »Held meiner Träume«, »Immer will ich Dir gehören« und »Schlagerraketen«, 1960; »Eine hübscher als die andere«, 1961; »Captain Sindbad« und »Der Zigeunerbaron«, 1962; »Sein bester Freund«, 1963; »Die Zwillinge vom Immenhof«, mit Horst Janson, 1973; »Kleiner Mann, was nun« (nach Fallada), Regie: Klaus Werner 1982,
Theater: Titelrolle in Berlins Musical »Annie get your gun«, Gastspiele Berlin, München, Hamburg 1964/65; Titelrolle in »Good-bye, Charlie«, Kölner Theater am Dom 1968; Eliza in Lerner/Loewes »My Fair Lady«, Operettenhaus Hamburg 1969. Showprogramme, u.a. mit Sammy Davis jr., Dunes-Hotel Las Vegas, USA 1971/72.
In Burrow/Porters »Can-Can«, mit Béla Erny, Tournee BRD/Österreich/Schweiz der Züricher Theatron AG 1978; in Ford/Cryers Musical »Ich steig aus und mach 'ne eigene Show«, mit Christian Wolff, Regie: Alois Büchel, Deutsches Theater München 1983.
Fernsehen: »Das Interview«, mit Lilli Palmer, ORF 1972; »Schach dem Mörder«, aus der Reihe »Colombo«, mit Peter Falk und Laurence Harvey, US/TV 1973 (ARD 1975); »Tatort«, Serie, ARD 1974; »Wie man eine Frau verführt«, und »Meine Schwester und ich« (nach Benatzky), mit Béla Erny, ARD 1975; »Hollywood ich komme« (von Ilja Richter), mit Beatrice Richter und Lambert Hamel, ZDF 1980; »Ehe oder Liebe« mit Claus Biederstaedt, ZDF 1981; »Hanna von Acht bis Acht«, mit Angelica Domröse und Amadeus August, Regie: Egon Günther, und »Ehen vor Gericht«, Regie: Ruprecht Essberger, ZDF 1983; »Ein Fall für zwei«, Serie, und »Traumland Operette«, ZDF 1984; »Ein Heim für Tiere« (nach Willies), mit Siegfried Wischnewski und Amadeus August, Regie: Kai Borsche, Serie, »Melodien für Millionen«, Regie: Georg Martin Lange, und »Berliner Weiße mit Schuß«, mit Günter Pfitzmann, Serie, ZDF 1985; »Wir wollen niemals auseinandergehn« eigene TV-Show, BR III 1985.

Als Sängerin hatte sie über 150 Auftritte in deutschen und europäischen TV-Shows.
Auszeichnungen: Goldene Schallplatte 1961; »Goldener Bildschirm« (TV-Hören+Sehen), 2×, und »Otto« (BRAVO) 2×, 1961 + 1964.
Anschrift: c/o Agentur Alexander, Lamontstraße 9, 8000 München 40.

Eva Brumby

Geb. 9. 7. 1922 als Tochter eines Rechtsanwalts in Berlin; dort aufgew.; nach der Schule nahm sie von 1938 bis 1940 Schauspielunterricht bei Lucie Höflich. Ihr erstes Engagement erhielt sie 1940 am Staatstheater Kassel. 1945 kam sie an das Hebbel-Theater Berlin. Nach einer Verpflichtung am Deutschen Theater Berlin (1949/50) gehörte sie von 1950 bis 1954 und von 1956 bis 1961 zum Berliner Ensemble von Bertolt Brecht. Seit 1961 gab sie Gastspiele an den Städt. Bühnen Essen, an den Städt. Bühnen Dortmund, bei den Ruhrfestspielen Recklinghausen, am Jungen Theater (später Ernst-Deutsch-Theater), am Deutschen Schauspielhaus und an den Kammerspielen in Hamburg, am Niedersächsischen Staatstheater und an der Landesbühne in Hannover.
Seit 1979 ist Frau Brumby Dozentin an der Hochschule für Musik und darstellende Kunst in Hamburg.
Die Schauspielerin spricht engl., franz.; sie ist verheiratet mit dem Schauspieler Gert Schaefer, hat vier Kinder (Katharina, Nikolai, Susanne und Gert) und lebt in Hannover.
Theater: In Gorkis »Die Mutter«, in Brechts »Herr Puntila und sein Knecht Matti«, in Synges »Held der westlichen Welt« und Frau Sarti in Brechts »Leben des Galilei«, jeweils Brechts Berliner Ensemble 1950–1961; Bäuerin in Brechts »Mutter Courage und ihre Kinder«, 1965, Ann Putnam in Millers »Hexenjagd«, 1966, Mutter Olan in Frischs »Die chinesische Mauer«, 1968, und Hexe in Shakespeares »Macbeth«, Regie: Hansgünther Heyme, 1974, jeweils Ruhrfestspiele Recklinghausen; Frau Stibor in Kohouts »So eine Liebe«, 1969, in Brechts »Der gute Mensch von Sezuan«, 1970, in Bethencourts »Der Tag, an dem der Papst gekidnappt wurde«, 1974, jeweils Das Junge Theater Hamburg (später Ernst-Deutsch-Theater); in Flatow/Pillaus »Das Fenster zum Flur«, 1975, und in Hebbels »Genoveva«, 1976, jeweils Landesbühne Hannover; in Lasker-Schülers »Die Wupper«, Deutsches Schauspielhaus Hamburg 1978.
Fernsehen: »Stück für Stück«, ARD 1962; »Beobachtung eines alten Mannes« (nach Waldmann), ARD 1964; »Bernhard Lichtenberg«, ZDF 1965; »Das Fräulein« (nach Waldmann), »Jegor Bulytschow und der andere« (nach Gorki), Regie: Peter Beauvais, und Mutter in »Der Beginn« (von Herburger/Lilienthal), ARD 1966; »Mike Blaubart« und »Septembergewitter«, ARD 1967; Fräulein Beck in »Versetzung«, und »Hürdenlauf« (nach Waldmann), ARD 1968; »Der Schuß«, »Der Kidnapper« (nach Kolarz), und »Aus dem Alltag in der DDR« (von Zweinert), ARD 1969; »Ich töte« (nach Seuren), ARD 1970; Gutsbesitzerin in »Max Hoelz« (nach Mansfeld), ZDF 1971; Frau Hagen in »Einmal im Leben« (nach Handke), ARD 1971; »Das gefährliche Leben, ZDF 1972; »Was ist der Mensch?«, ARD 1973; »Das seltsame Leben des schizophrenen Dichters Alexander März« (nach Kipphardt), mit Ernst Jacobi, ZDF 1975; »Hans und Heinz Kirch« (nach Fontane), ZDF 1976; »Der eiserne Gustav« (nach Fallada), mit Gustav Knuth, Regie: Wolfgang Staudte, 7 Teile, »Die Stühle des Herrn Szmil« (nach Kipphardt), und »Das Radischen«, Regie: Rolf Busch, ARD 1979; »Lauter nette Leute«, Regie: Wolfgang Liebeneiner, ZDF 1979; »Die Deutsche«, Regie: Rainer Wolffhardt, und »Der Fall Maurizius« (nach Wassermann), mit Sigfrit Steiner, Regie: Theodor Kotulla, 5 Teile, ZDF 1981; »Frau Jenny Treibel« (nach Fontane), mit Maria Schell, Regie: Franz Josef Wild, ARD 1982; »Der Zubringer«, Regie: Horst Flick, ZDF 1982; »Trotzdem«, ZDF 1983; »Die goldenen Schuhe« (nach Vicki Baum), Regie: Dietrich Haugk, 5 Teile, ARD 1983; »Sylter Novelle« und »Ein schwerer Fall«, ARD 1984; »Ein Mann namens Parvus«, mit Günter Lamprecht, Regie: Rudolf Nussgruber, ZDF 1984; »Abschied von der Hinterbank«, Buch + Regie: Joachim Roering, ZDF 1985; »Die Kriministunde«, Regie: Hartmut Griesmayr, Serie, ARD 1985.
Anschrift: c/o Agentur de la Berg, Haus am Weiher, 8026 Irschenhausen.

Lore Brunner

Geb. 2.10.1950 in Möbling/Kärnten; sie absolvierte die Hochschule für Musik und darstellende Kunst in Graz. Erste Engagements hatte sie am Basler Theater und am Württembergischen Staatstheater Stuttgart. Seit 1979 gehört sie zum Ensemble des Schauspielhauses Bochum.
Frau Brunner spricht engl.; sie lebt in Bochum.
Theater: Christine in Schnitzlers »Liebelei«, Regie: Hans Hollmann, und Wendla Bergmann in Wedekinds »Frühlings Erwachen«, 1973, diverse Rollen in Kraus' »Die letzten Tage der Menschheit«, Regie: Hans Hollmann, 1976, jeweils Basler Theater; Titelrolle in Kleists »Das Käthchen von Heilbronn«, Regie: Claus Peymann, und Lona in Reinshagens »Sonntagskinder«, jeweils Württembergisches Staatstheater Stuttgart 1976; Elsa in Reinhagens »Das Frühlingsfest«, Regie: Manfred Karge und Thomas Langhoff, 1980, Marie in Büchners »Woyzeck«, und Warja in Tschechows »Der Kirschgarten«, 1981, Max und Ella in Karges »Jacke wie Hose«, Regie: Manfred Karge selbst, 1983/84, Titelrolle in der Uraufführung von Karge/Waldens »Claire«, 1985, jeweils Schauspielhaus Bochum.
Anschrift: Dewinkelstraße 37, 4630 Bochum.

Katharina de Bruyn

Geb. in Tegernsee/Oberbayern; aufgew. in Bad Wiessee. Nach ihrer Schauspielausbildung hatte sie mehrere Engagements an Provinzbühnen, bevor sie 1976 an die Kleine Komödie München kam. Seit 1970 moderiert sie im Hörfunk des BR eine monatliche Geburtstagssendung für Kinder. Sie machte zahlreiche Hörspiele.
Bekannt wurde sie vor allem durch ihre Auftritte in der ARD-Lustspiel-Reihe »Der Komödienstadl« (Regie: Olf Fischer). Sie wirkte bislang in siebzehn TV-Übertragungen mit.
Frau de Bruyn spricht engl.; sie lebt in München.
Theater: In Schwerlas »Graf Schorschi«, mit Michael Ande, Erni Singerl und Beppo Brem, 1976 (auch TV), in Böttchers »Krach im Hinterhaus«, 1977, in Thomas »Witwen«, 1978, in Thomas »Lokalbahn«, 1980, in Shaws »Helden« und in Lovegroves »Grüß Gott, Frau Sonnenschein«, 1982, jeweils Kleine Komödie München.
Fernsehen: Sie tritt vor allem in bayerischen Schwänken und Serien mit weiß-blauem Kolorit auf. In den 17 TV-Übertragungen aus dem »Komödienstadl (zuletzt: »Liebe und Blechschaden«, »Doppelte Moral«, »Politik und Führerschein«, »Der Bauerndiplomat«, »Wenn der Hahn kräht«, bis 1985) waren u.a. ihre Partner: Max Griesser, Beppo Brem, Erni Singerl, Gustl Bayrhammer, Gerhart Lippert, Karl Tischlinger und Maxl Graf. Ferner spielte sie u.a. in: »Polizei-Inspektion 1«, mit Walter Sedlmayr, Serie, 5 Folgen, ARD 1977–1984; »Die Widerspenstigen« (nach Anzengruber), Regie: Olf Fischer, ARD 1977; Ehefrau in »Der Bürgermeister«, mit Gustl Bayrhammer und Hansi Kraus, Regie: Stephan Rinser, Serie, ZDF 1979; »Derrick«, Serie, ZDF 1984; »Der Alte«, Serie, ZDF 1985.
Anschrift: c/o ZBF-Agentur München, Leopoldstraße 19, 8000 München 40, und Prösslstraße 19, 8000 München 90.

Christine Buchegger

Geb. in Wien; nach der Schule besuchte sie zwei Jahre lang das Max-Reinhardt-Seminar in Wien. Ihre Vorliebe für das Theater entdeckte sie durch Spiel und Ausstrahlung von Oskar Werner, dem sie bereits früh nacheifern wollte. Ihr erstes Engagement erhielt sie an den Vereinigten Bühnen Graz. Nach Verpflichtungen am Landestheater Linz und am Volkstheater in Wien kam sie 1972 an das Bayerische Staatsschauspiel München unter Kurt Meisel (1984/85 als Gast). Besonders hervorzuheben ist ihre Arbeit mit Ingmar Bergman während ihrer Zeit am Bayerischen Staatsschauspiel München.
Frau Buchegger spricht engl.; sie ist geschieden von dem Schauspieler Christian Kohlund und lebt in München.
Film: »Aus dem Leben der Marionetten«, Regie: Ingmar Bergman, 1980 (auch ZDF).
Theater: Unter der Regie von Ingmar Bergman spielte sie in Ibsens »Hedda Gabler«, in Strindbergs »Traumspiel«, in Tschechows »Drei Schwestern« und Johanne Luise Heiberg in Enquists »Aus dem Leben der Regenwürmer« (bis 1984/85), unter der Regie von Kurt Meisel in Shakespeares »Richard III.« und in Thomas »Moral« (1980/81), jeweils Bayerisches Staatsschauspiel München.
Fernsehen: »Das Gespenst von Canterville«; »Derrick«, Regie: Theodor Grädler, Serie, 2 Folgen, ZDF 1978–1980; »Hell in Frauensee« (nach Vicki Baum), ARD 1983; »Wind von Südost« (nach Fritz Habeck), Regie: Wolfgang Glück, ORF 1985.
Anschrift: c/o Agentur Jovanovic, Perfallstraße 6, 8000 München 80.

Horst Buchholz

Geb. 4.12.1933 als Sohn eines orthopädischen Schuhmachers in Berlin, dort aufgew.; kam 1943 in ein Kinder-Landverschickungsheim nach Schlesien, erlebte das Kriegsende in der Tschechoslowakei. Er wollte eine höhere Schule besuchen und Medizin studieren, mußte jedoch, bedingt durch die Kriegsgefangenschaft seines Vaters, selbst Geld verdienen.
Mit 14 Jahren erste Statistenrollen in Operetten; nach seinem Bühnenerfolg in Erich Kästners »Emil und die Detektive« synchronisierte er 1948 den Film »Die Kinder von Mara Mar« und arbeitete im Schulfunk; Rolf Holsey gab ihm 1948 am Berliner-Hebbel-Theater eine Hauptrolle in Georg Kaisers »Das Floß der Medusa«. Neben umfangreichen Synchronisierarbeiten widmete er sich dem Schauspielunterricht, u.a. ab 1952 bei Marlise Ludwig. In diesem Jahr entstand sein erster Kurzfilm »Warum?«; nach weiteren deutschen Filmen kam 1957 der internationale Durchbruch. 1959 wurde er für die Broadway-Produktion »Chéri« verpflichtet und drehte in den folgenden Jahren in den USA und im europ. Ausland über 30 Kinofilme; 1973 spielte er erstmals wieder in einem deutschen Film und übernahm Fernsehrollen. Bisher drehte »Hotte« 46 Kinofilme, Buchholz führte auch Synchron-Regie. Er versuchte sich zudem als Drehbuchautor und Filmproduzent. Seine Drehbücher über die Studentenunruhen der 60er Jahre und »Mick und Sauli« nach der Kindergeschichte »Bockshorn« von Christoph Weckel sind bislang jedoch unverfilmt; 1981 kam Buchholz als Moderator der »Astro-Show« ins deutsche Fernsehen, er löste seinen Vertrag aber vorzeitig und übergab die Sendung bereits nach der 5. Folge an den österr. Entertainer Hans Peter Heinzl.
Buchholz ist seit dem 7.12.1958 mit der franz. Schauspielerin Myriam Bru verheiratet, hat 2 Kinder (Christopher, geb. 1962, Beatrice, geb. 1963); er lebt abwechselnd in Paris und Lenzerheide (Schweiz).
Film: »Marianne, meine Jugendliebe« (nach Peter de Mendelsohns »Schmerzliches Arkadieu«), Regie: Julien Duvivier, 1954; Mischa in »Himmel ohne Sterne«, Regie: Helmut Käutner, und »Regine«, Regie: Harald Braun, 1955; »Die Halbstarken«, mit Karin Baal, Regie: Georg Tressler, »Herrscher ohne Krone«, mit O.W. Fischer, Regie: Harald Braun, und »Robinson soll nicht sterben« (nach Friedrich Forster), Regie: Josef von Baky, 1956; Titelrolle in »Bekenntnisse des Hochstaplers Felix Krull« (nach Thomas Mann), Regie: Kurt Hoffmann, »Monpti« (nach Gabor von Vaszary), mit Romy Schneider, Regie: Helmut Käutner, und »Endstation Liebe«, Regie: Georg Tressler, 1957; »Nasser Asphalt«, Regie: Frank Wisbar, 1958; »Auferstehung« (nach Tolstoi), Regie: Rolf Hansen, BRD/Frankreich/Italien 1958; »Das Totenschiff«, Regie: Georg Tressler, 1959; »Tiger Bay«, mit Sir John Mills, Regie: Lee Thompson, Großbritannien 1959; »Die Glorreichen Sieben« (»The Magnificent Seven«), mit Yul Brynner, Steve McQueen und Charles Bronson, Regie: John Sturges, und »Fanny«, Regie: Joshua Logan, USA 1960; »Eins, zwei, drei« (nach Molnár), Regie: Billy Wilder, USA 1961; »Neun Stunden bis zur Ewigkeit«, Regie: Mark Robson, Großbritannien 1962; »Die Nackte« (nach Alberto Moravias »La Noia«), Regie: Damiano Damiani, Italien 1963; »Unser Mann aus Istanbul«, Regie: Antonio Isasi-Isasmendi, Spanien/Italien/Frankreich 1964; Marco Polo in »Im Reich des Kublai Khan«, mit Anthony Quinn und Omar Sharif, Regie: Denys de la Patellière und Noël Howard, Frankreich/Italien/Ägypten/Afghanistan/Schweiz 1964; »Jonny Banco – geliebter Taugenichts«, Regie: Yves Allégret, Frankreich/BRD/Italien 1966; »Cervantes, der Abenteurer des Königs«, mit Gina Lollobrigida und José Ferrer, Regie: Vincent Sherman, Italien/Frankreich/Spanien 1966; »Astragal« (nach Albertine Sarrazin), Regie: Guy Casaril, Frankreich 1968; »Wo, wann, mit wem?«, Regie: Antonio Petrangeli, Italien 1968; »Istanbul-Express«, USA 1968; »La colomba non deve volare«, Regie: Sergio Garrone, Italien 1970; »Le sauveur«, Regie: Michael Mardore, Frankreich 1971; »Der große Walzer«, Regie: Andrew L. Stone, USA 1972; »Johnny Bäng-Bäng«, Regie: Alfred Weidenmann, 1973; »Der Catamount-Mord«, USA 1974; »Frauenstation«, Regie: Rolf Thiele, 1976; »Mörderbienen greifen an«, Regie: Bruce Geller, und ». . . die keine Gnade kennen«, Regie: Irvin Kershner, USA 1976; »The Cat and the Canary«, Regie: Radley Metzger, USA/Großbritannien 1978; »Abenteuer in Atlantis«, Regie: Alex March, USA 1978; »Nur drei kamen durch«, Regie: Umberto Lenzi, Italien/Frank-

reich/Spanien 1978; »Avalanche-Express«, Regie: Mark Robson, Irland 1978; »Berlin Tunnel 21«; Regie: Richard Michaels, USA 1980; »Aphrodite«, Regie: Robert Fuest, Frankreich 1982; »Sahara«, mit Brooke Shields, Regie: Andrew V. McLaglen, USA 1983; »Wenn ich mich fürchte«, Regie: Christian Rischert, 1984.

Theater: Buchholz spielte von 1952 bis 1955 unter Boleslaw Barlog am Schloßpark- und Schiller-Theater Berlin u.a. in Kaisers »Kolportage«, in Anouilhs »Schule der Väter«, in Bruckners »Elisabeth von England«, in Shakespeares »Richard III.«, in Kaisers »Die Bürger von Calais«, in Schillers »Die Räuber« (Kosinsky) und die Titelrolle in Barries »Peter Pan«. Am New Yorker Broadway verkörperte er 1959 die Titelrolle in Colettes »Chéri«, 1964 Andri in Frischs »Andorra«. 1979 trat er im Berliner Theater des Westens als Musical-Interpret in der Rolle des Conférenciers in »Cabaret« auf. 1981/82 war er in der Titelrolle von Walter Hasenclevers »Ein besserer Herr« auf Deutschland-Tournee. 1984 spielte er unter der Regie von Heribert Sasse in Budjuhn/Roses »Die zwölf Geschworenen« am Berliner Renaissance-Theater, 1985 die Rolle des Bluntschli in Shaws »Helden«, am Engl. Theater Wien (in engl. Sprache).

Fernsehen: »Die Schule der Väter«, Regie: Leopold Lindtberg, ARD 1955; »Zwischenstation«, TV-Show, ARD 1966; »Begegnungen«, Serie, ZDF 1973; »Lohngelder für Pittsville«, Regie: Krzystof Zanussi, ZDF 1974; »Dead of Night«, Serie, US-TV 1976/77; »Logan's Run«, und »Return to Fantasy Island«, Regie: George Mc Cowan, US-TV 1977; »How the West Was Won«, Serie, 2 Folgen, US-TV/ZDF 1977/78; »The Return of Captain Nemo« (nach Jules Verne), Serie, US-TV 1977/78; »Solo für Margarete« (aus der Reihe: »Derrick«), Regie: Michael Braun, ZDF 1978; »Angel Come Home« (aus der Reihe: »Charlies Engel«), US-TV 1978; »The French-Atlantic-Affair«, 3 Teile, US-TV 1979; »Kur in Travemünde«, Regie: Peter Beauvais, ARD 1979; »Auf einem Gutshof« (aus der Reihe: »Derrick«), Regie: Theodor Grädler, ZDF 1980; Moderation der »Astro Show«, mit Elizabeth Teissier, Serie, ARD 1981; »Liebe hat ihren Preis« (aus der Reihe: »Der Alte«), Regie: Theodor Grädler, ZDF 1983; »Funkeln im Auge« (Heidelinde-Weis-Special), Regie: Wolfgang Becker, ZDF 1984; »Die Fräulein von damals«, Regie: Dietrich Haugk, ARD 1986.

Auszeichnungen: »Filmband in Silber« (Deutscher Filmpreis als Nachwuchsdarsteller) 1956; »Bambi« (BILD + FUNK) 1956 und 1957; »Otto« (BRAVO) 1957, 1958 und 1959; Filmband in Gold 1984.

Anschrift: c/o Agentur Mackeben, Douglasstraße 2–4, 1000 Berlin 33, oder Clavadoiras, CH-7078 Lenzerheide, Schweiz.

Peter Buchholz

Geb. 5. 9. 1950 in Bünde/Westfalen; nach dem Schauspielunterricht (u.a. in Bochum) erhielt er 1975 sein erstes Engagement an den Bühnen der Stadt Bielefeld, denen er bis 1977 angehörte. Als freischaffender Schauspieler gastierte er seither u.a. am Staatstheater Kassel, am Ernst-Deutsch-Theater und an den Kammerspielen in Hamburg, an den Bühnen der Stadt Köln sowie in Frankfurt/Main und Aachen. Seit 1976 arbeitet er vor allem für das Fernsehen. Er machte zahlreiche Hörspiele (auch als Regisseur) und schrieb mit seinem Schauspieler-Kollegen Stephan Schwartz ein Drehbuch zur ARD-Vorabendserie »St. Pauli Landungsbrücken« (1982). In Los Angeles, USA, besuchte er 1980 ein Seminar in Lee Strasbergs Actors' Studio.
Buchholz spricht engl., franz.; er lebt in Hamburg.
Film: »Jagger und Spaghetti« (zusammen mit Stephan Schwartz Drehbuchautor), 1984 (auch ZDF 1985).
Theater: Bleichenwang in Shakespeares »Was ihr wollt«, Mercutio in Shakespeares »Romeo und Julia«, Rabanus in Spoerls »Der Maulkorb« (auch TV), Brick in Williams' »Die Katze auf dem heißen Blechdach«, und Guillaume in »Bring mir's bei, Celine«, jeweils an den vorgenannten Bühnen.
Fernsehen: »Wege ins Leben«, Regie: Peter Schulze-Rohr, und »Der Anwalt«, mit Heinz Bennent, Regie: Heinz Schirk, Serie, ZDF 1976; »Unsere Penny«, Regie: Rudolf Jugert, Serie, ARD 1977; »Schöne Ferien«, Regie: Rudolf Nussgruber, »Die Heiratsvermittlerin« (nach Wilder), Regie: Hellmuth Matiasek, und »Bier und Spiele«, Regie: Michael Verhoeven, Serie, ARD 1979; »Der Boxer«, Regie: Karl Fruchtmann, ARD 1980; »Der kühne Schwimmer« (nach Arnold/Bach), mit Willy Millowitsch, Regie: Karl Wesseler, »Das Schloßgespenst«, Regie: Karl Wesseler, »Das Imperativ«, Regie: Krzysztof Zanussi, »Kennwort Schmetterling«, Regie: Claus Peter Witt, und »François Villon« (von Ahlsen), Regie: Werner Schlechte, ARD/ZDF 1981; »Das blaue Bidet«, Regie: Claus Peter Witt, ARD 1982; »Heinrich Heine – Die zweite Vertreibung«, mit Wolfgang Hinze und Donata Höffer, Buch und Regie: Karl Fruchtmann, 2 Teile, und »Gaby und Pit«, Regie: Wilhelm Semmelroth, ARD 1983; »Diese Drombuschs« (von Stromberger), mit Witta Pohl und Hans-Peter Korff, Regie: Claus Peter Witt, 6 Teile, ZDF 1983/84/85; »Schöne Ferien«, Regie: Rudolf Nussgruber, Serie, ARD 1985; »Abschied von der Hinterbank«, Buch + Regie: Joachim Roering, und »Werner-Kieling-Special«, ZDF 1985.
Anschrift: c/o Agentur Mattes, Pilotystraße 2, 8000 München 22, oder ZBF-Agentur Hamburg, Tonndorfer Hauptstraße 90, 2000 Hamburg 70.

Kurt Buecheler

Geb. 7. 7. 1915 als Sohn eines Sanitätsrates in Frankfurt/Main; dort aufgew.; lebt in Stuttgart; verheiratet, eine Tochter (Marlis); spricht franz.; nach dem Abitur Besuch der Hochschule für Theater in Frankfurt/Main (1933–1936); er debütierte am Schauspielhaus Remscheid, wo er bis 1938 im Ensemble stand; trotz Arbeits- und Wehrdienst (1938–1945) war er von 1940–1945 Mitglied des Thalia-Theaters Hamburg; weitere Stationen: Städt. Bühnen Frankfurt/Main (1945–1949), Hebbel-Theater Berlin (1949–1951) und Staatl. Bühnen Berlins (1951–1969). Von 1967 bis 1980 war Buecheler Professor für Sprecherziehung an der Hochschule der Künste in Berlin. Er veranstaltet Vortragsabende und Lesungen der Dichter Benn, Ringelnatz und Morgenstern.
Film: »Hotel Adlon«, mit Karl John, und »Vor Gott und den Menschen«, mit Viktor de Kowa, Regie: Erich Engel, 1955; »The Berlin Story«, USA 1956; »Spion für Deutschland«, 1956; »Der gläserne Turm«, mit Lilli Palmer, Regie: Harald Braun, 1957; »Die Ehe des Herrn Mississippi« (nach Dürrenmatt), mit O.E. Hasse, Regie: Kurt Hoffmann, 1961; Butler in »Oh Jonathan – oh Jonathan«, mit Heinz Rühmann, Regie: Franz Peter Wirth, 1973; »Jeder stirbt für sich allein« (nach Simmel), mit Hildegard Knef, Regie: Alfred Vohrer, 1975.
Theater: Dr. Fleischer in Hauptmanns »Der Biberpelz«, Thalia-Theater Hamburg 1944; Titelrolle in Goethes »Faust I«, Schloßhof Weilburg 1945; Peter Peter in Goetz' »Ingeborg«, Eilers in Zuckmayers »Des Teufels General«, mit Martin Held, Regie: Heinz Hilpert, Posa in Schillers »Don Carlos«, mit Max Noack, Orlando in Shakespeares »Wie es euch gefällt«, Pylades in Goethes »Iphigenie auf Tauris«, Regie: Richard Weichert, jeweils Städt. Bühnen Frankfurt/Main 1947–1949; Happy in Millers »Der Tod des Handlungsreisenden«, mit Fritz Kortner, Regie: Helmut Käutner, Boris in Camus' »Die Gerechten«, jeweils Hebbel-Theater Berlin 1950/51; Schutzengel in Claudels »Der seidene Schuh«, Regie: Willy Schmidt, August Keil in Hauptmanns »Rose Bernd«, Orest in Giraudoux' »Elektra«, Dr. Rank in Ibsens »Nora«, Dr. Luck in Simmels »Der Schulfreund«, Gorodulin in Ostrowskijs »Eine Dummheit macht auch der Gescheiteste«, Herzog in Shakespeares »Wie es euch gefällt«, Hornacher in Frischs »Biografie«, jeweils Staatl. Bühnen Berlin 1952–1969; Diderot in Goethes Übersetzung von Diderots »Rameaus Neffe«, Gastspiele für Goethe-Institute in Italien 1971; Mater in Fleckensteins »Im Räderwerk« (nach Sartre), Ruhrfestspiele Recklinghausen 1975.
Fernsehen: Guilbert in »Clavigo« (nach Goethe), ZDF 1964; »In aller Stille«, ZDF 1966; Torgler in »Der Reichstagsbrandprozeß«, ARD, 1966; »Peter Schlemihls wunderbare Geschichte« (nach Chamisso), ZDF 1967; Gefängnisarzt in »Eine Rechnung, die nicht aufgeht« (nach Schnurre), ZDF 1968; Kapitän in »Amerika oder Der Verschollene« (nach Kafka), ZDF 1969; Lehrer Ambruster in »Der Musterschüler« (von Christoff), ARD 1970; Professor in »Die Abdankung« (nach Heinrich Mann), ZDF 1970; Admiral in »Die Pueblo-Affaire« (von Peter von Zahn), Rezitator in »Der 21. Juli« (von Hubalek), und Dr. Bernstorf in »Tribunal 1982« (von Stephan Rinser), 7 Folgen, ZDF 1972; »Sechs Wochen im Leben der Brüder G« und »Start mit 4 PS«, ARD 1974; Dr. Krause in »Tadellöser und Wolf« (nach Kempowski), mit Karl Lieffen, Regie: Eberhard Fechner, ZDF 1975; »Denken 6«, Regie: Peter von Zahn, ARD 1978; »Kur in Travemünde«, Regie: Peter Beauvais, ARD 1979; »Mit Gewissenhaftigkeit und Würde«, Regie: Eberhard Itzenplitz, ARD 1981; »Derrick«, Serie, 2 Folgen, ZDF 1981–1983; »Der Alte«, Serie, ZDF 1983; Sigmund Freud in »Die Moral von der Geschicht«, ARD 1984.
Anschrift: c/o ZBF-Agentur Frankfurt/Main, Feuerbachstraße 42–46, 6000 Frankfurt/Main.

Vicco von Bülow

(eigentlich: Bernhard Victor Christoph-Karl von Bülow)

Geb. 12. 11. 1923 in Brandenburg an der Havel; er entstammt einer alten preußischen Offiziersfamilie. Bereits als Gymnasiast entwickelte er ein ausgeprägtes Zeichentalent. Als Statist war er an der Stuttgarter Staatsoper tätig. Nach dem Notabitur wurde er 1941 zum Kriegsdienst einberufen und wurde im Panzergrenadierregiment 3 Oberleutnant.
Nach Kriegsende arbeitete er zunächst als Holzfäller. Von 1947 bis 1949 studierte er Malerei und Graphik an der Landeskunstschule Hamburg. Seit 1950 arbeitet er unter dem Pseudonym »Loriot« als Karikaturist. Ab 1953 war er als freier Mitarbeiter bei den Magazinen »Stern« und »Quick« und den beiden Fernsehanstalten ARD und ZDF tätig.
Seit 1967 hatte er mehrere eigene TV-Sendungen. 1971 kreierte er für die ZDF-Reihe »Drei mal Neun« (jetzt: »Der große Preis«) die Comic-Figuren »Wum und Wendelin«, die für die Hilfsorganisation »Aktion Sorgenkind« werben. Von Bülow, der die monatlichen Sketche selbst entwirft, zeichnet und ihnen die Stimme leiht, brachte 1972 zudem eine Schallplatte (selbst Komponist, Texter und Sänger) unter dem Titel »Ich wünsch mir eine kleine Miezekatze« auf den Markt, die wochenlang die deutschen Hitparaden anführte und vergoldet wurde.
Von seinen zahlreichen Veröffentlichungen seien erwähnt: »Loriots Großer Ratgeber«, »Loriots Tagebuch«, »Neue Lebenskunst«, »Der gute Ton«, »Auf den Hund gekommen«, »Für den Fall ... «, »Der Weg zum Erfolg«, »Wahre Geschichten«, »Umgang mit Tieren«, »Nimm's leicht«, »Der gute Geschmack«, »Reinhold das Nashorn«, »Loriots kleine Prosa«, »Loriots bewegte Botschaften«, »Loriots heile Welt« und »Möpse & Menschen«. 1985 wurde ihm gestattet, in seinem Geburtsort Brandenburg in der DDR eine Ausstellung mit seinen Büchern, Platten und Plakaten durchzuführen. Sie fand begeisterte Aufnahme.
Von Bülow spricht engl., franz.; er ist seit 1951 mit der Modezeichnerin Rose-Marie Schlumbom verheiratet, hat zwei Töchter (Bettina, geb. 1954, und Susanne, geb. 1958) und lebt in Ammerland bei Wolfratshausen/Oberbayern.
Film: »Die Brücke« (nach Manfred Gregor), mit Cordula Trantow, Fritz Wepper und Volker Lechtenbrink, Regie: Bernhard Wicki, 1959; »Der längste Tag«, mit Curd Jürgens, Werner Hinz und Hans Christian Blech, Regie: Bernhard Wicki (deutscher Teil), USA 1961; »Wer spinnt denn da, Herr Doktor?«, Regie: Stefan Lukschy und Christian Rateuke, 1982.
Theater: 1986 inszenierte er Flotows »Martha« an der Württembergischen Staatsoper Stuttgart.
Fernsehen: Nach den Sendereihen »Fortifeif« (Buchtips) und »Journal 1870/71« hatte er seine eigenen Sendungen: »Cartoon«, Serie, ARD 1967-1972; »Telekabinett«, ARD 1974; in dieser Serie führte er auch selbst Regie und parodierte u. a. König Ludwig II. von Bayern, Ludwig van Beethoven sowie die TV-Journalisten Peter Merseburger, Richard Löwenthal, Eduard Zimmermann und Hoimar von Ditfurth. 1976 startete seine Reihe »Loriot I-VI« (ARD). Vor der Bundestagswahl 1980 erschien er mit Sketchen in der politischen Magazin-Sendung »Report« (Baden-Baden). Zu seinem 60. Geburtstag strahlte die ARD die 90-Minuten Show »60. Geburtstag« aus. Ständige Mitwirkende seiner Reihen waren Evelyn Hamann und Heinz Meier.
Auszeichnungen: »Goldene Kamera« (HÖRZU) 1969 und 1977; »Adolf-Grimme-Preis« in Silber 1973; »Goldene Schallplatte« 1973; »Karl-Valentin-Orden«, München 1974; Großes Bundesverdienstkreuz der Bundesrepublik Deutschland 1974; »Erich-Kästner-Preis« 1984.
Anschrift: Höhenweg 19, Ammerland über Wolfratshausen/Oberbayern.

Wolfgang Büttner

Geb. 1. 6. 1912 als Sohn des Gynäkologen Prof. Dr. med. Otto Büttner in Rostock; nach dem Abitur im Jahre 1930 studierte er vier Semester Germanistik, Theaterwissenschaft, Romanistik und Anglistik in Rostock und Göttingen; von 1932–1934 absolvierte er unter Max Reinhardt die Schauspielschule des Deutschen Theaters in Berlin; sein erstes Engagement erhielt er von 1934-1936 am Agnes-Straub-Ensemble; Verpflichtungen am Stadttheater Hamburg-Altona (1936/37) und an den Städt. Bühnen Frankfurt/Main (1937–1944) folgten; nach Antritt des Wehrdienstes 1944 war er von 1945–1946 in franz. Kriegsgefangenschaft; in der Spielzeit 1947/48 stand er am Jungen Theater München unter Vertrag; danach war er bis 1960 im Ensemble des Bayerischen Staatsschauspiels München, das er wegen Differenzen mit dem Intendanten verließ; Gastspiele an den Münchner Kammerspielen in den 60er Jahren schlossen sich an; seit 1954 arbeitet er im Fernsehen und spielte nahezu 200 Rollen; er ist auch in der Synchronisation tätig. Büttner spricht engl., franz.; er ist verheiratet und hat eine Tochter (Angela); sein Sohn (Matthias) kam 1971 bei einem Unfall ums Leben; der Schauspieler wohnt in Stockdorf/Oberbayern.

Film: »Kronjuwelen«, 1950; »Das ewige Spiel«, 1951; »Der große Zapfenstreich«, 1952; »Der 20. Juli«, »Der dunkle Stern«, »Ich weiß, wofür ich lebe« und »Ein Herz schlägt für Erika«, 1955; »Teufel in Seide«, 1956; »Alle Sünden dieser Erde« und »Worüber man nicht spricht«, 1958; »Die Wahrheit über Rosemarie«, 1959; »Der Nebelmörder«, 1962; »Steiner – das Eiserne Kreuz« (2. Teil), mit Richard Burton, Robert Mitchum und Rod Steiger, Regie: Andrew V. McLaglen, 1978.

Theater: Fritz Schwigerling in Wedekinds »Der Liebestrank«, Weislingen in Goethes »Götz von Berlichingen«, Roller in Schillers »Die Räuber«, Cassius in Shakespeares »Julius Cäsar«, Diomedes in Shakespeares »Troilus und Cressida«, Don Alvaro in Calderons »Der Richter von Zalamea«, jeweils Bayerisches Staatsschauspiel München 1948–1960; Nörgler in K. Kraus' »Die letzten Tage der Menschheit«, Regie: Peter Eschberg, Städt. Bühnen Bonn 1984/85; in Albees »Der amerikanische Traum« und »Der Sandkasten«, Theater 44 München 1985.

Fernsehen: »Die Kluge« (nach Orff), ARD 1955; Graf Almaviva in »Die Hochzeit des Figaro« (nach Mozart), Dr. Stauffer in »Soweit die Füße tragen« und Der alte Moor in »Die Räuber« (nach Schiller), ARD 1959; General in »Am grünen Strand der Spree«, Regie: Fritz Umgelter, »Gericht über Las Casas« und McCluskey in »Der Schlagbaum« (nach Carroll), ARD 1960; Lord Henry in »Das Bildnis des Dorian Gray« (nach Wilde), ARD 1961; Wilhelm von Oranien in »Egmont« (nach Goethe), Bigot in »Nur eine Karaffe« (nach Berard), und »Leben des Galilei« (nach Brecht), Regie: Egon Monk, ARD 1962; Robespierre in »Dantons Tod« (nach Büchner), General Gönnern in »Stalingrad« (nach Plievier), Zar Alexander I. in »Die Abrechnung« und Crocker-Harris in »Das Abschiedsgeschenk« (nach Rattigan), ARD 1963; »Die erste Legion«, ARD 1964; Hoherpriester in »Judith« (nach Giraudoux), Thomas Stockmann in »Ein Volksfeind« (nach Ibsen), Regie: Oswald Döpke, ZDF 1965; Der Unbekannte in »Nach Damaskus« (nach Strindberg), ARD 1966; »Gottes zweite Garnitur«, ZDF 1967; »Risiko für Weihnachtsmänner« (nach Lenz), Regie: Thomas Fantl, und Don Lope in »Der Richter von Zalamea« (nach Calderon), ZDF 1968; General Báliard in »Bericht einer Offensive« (nach Cobb), ZDF 1969; »Fragestunden« (von Menge), Titelrolle in »Goya« (von Semmelroth), und »Das Rätsel von Piskov« (nach Bláha), ARD, 1969; Titelrolle in »Ferdinand Graf von Zeppelin«, ZDF 1970; »Finito l'amore«, Regie: Peter Beauvais, ZDF 1972; »Die Wahl«, Regie: Rainer Boldt, und »Der Anwalt«, 13 Folgen, ZDF 1976; »26. April 1977«, Regie: Karl Fruchtmann, ARD 1977; »Marija« (nach Babel), Regie: Horst Flick, ZDF 1978; »Gesche Gottfried«, ARD 1978; »Der Wald« (nach Ostrowskij), mit Maria Schell, Regie: Wilm ten Haaf, ARD 1979; »Ab mit dir ins Vaterland« (nach Fritz Raab), ZDF 1980; »Tatort«, Serie, ARD 1981; »Der Richter«, ZDF, 1981; »Hanna von Acht bis Acht«, mit Angelica Domröse, Regie: Egon Günter, ZDF 1983; »Sonntag« (nach Simenon), Regie: Stanislav Barabas, ZDF 1985; »Gespenstergeschichten«, Regie: George Moorse, 6 Folgen, ARD 1985.

Anschrift: c/o ZBF-Agentur München, Leopoldstraße 19, 8000 München 40.

Traugott Buhre

Geb. 21. 6. 1929 in Insterburg/Ostpreußen; nach seiner Schauspielausbildung in Hannover spielte er zunächst an Wanderbühnen, u. a. in Rheydt. Engagements hatte er bislang u. a. am Badischen Staatstheater Karlsruhe, am Theater der Freien Hansestadt Bremen, an den Bühnen der Stadt Köln, am Württembergischen Staatstheater Stuttgart, an den Städt. Bühnen Frankfurt/Main, am Schauspielhaus Zürich, am Schauspielhaus Bochum, am Thalia-Theater Hamburg, am Deutschen Schauspielhaus Hamburg und bei den Salzburger Festspielen (bis 1985).

Buhre spricht engl.; er ist verheiratet, hat drei Kinder und lebt in Aumühle bei Hamburg.

Film: »Alles unter Kontrolle – Notizen auf dem Weg zum Überwachungsstaat«, Regie: Niels C. Bolbrükker, 1983; »Is was Kanzler?!?«, mit Günter Lamprecht, Regie: Gerhard Schmidt, 1984.

Theater: (aus den letzten Jahren) John Johnson in der deutschen Erstaufführung von Hopkins' »Diese Geschichte von Ihnen«, Regie: Peter Palitzsch (auch TV), 1969, Goethe in der Uraufführung von Peter Weiss' »Hölderlin«, 1971, Claudius in Shakespeares »Hamlet«, 1972, Regie: jeweils Peter Palitzsch, Ernst Ludwig in der Uraufführung von Bernhards »Immanuel Kant«, 1978, und Rudolf Höller in Bernhards »Vor dem Ruhestand«, 1979, Regie: jeweils Claus Peymann, Württembergisches Staatstheater Stuttgart; Bert Hudd in Pinters »Das Zimmer«, und Titelrolle in der Uraufführung von Bonds »Lear«, Regie: jeweils Peter Palitzsch, 1972, Shlink in Brechts »Im Dickicht der Städte«, Regie: Klaus Michael Grüber, 1973, Don Juan Manuel Montenegro in Valle-Incláns »Barbarische Komödie«, Regie: Augusto Fernandes, 1974, Teddy in Pinters »Heimkehr«, Regie: Peter Palitzsch, 1975, jeweils Städt. Bühnen Frankfurt/Main; Titelrolle in Gorkis »Jegor Bulytschow«, Regie: Manfred Wekwerth, Schauspielhaus Zürich 1973; Titelrolle in Goethes »Faust I« und »Faust II«, Regie: Hans Hollmann, Thalia-Theater Hamburg 1979; Titelrolle in Lessings »Nathan der Weise«, Regie: Claus Peymann, Schauspielhaus Bochum 1981; Moritz Meister in der Uraufführung von Bernhards »Über allen Gipfeln ist Ruh«, Regie: Alfred Kirchner, Festspiele Ludwigsburg 1982 (auch ZDF 1984); Titelrolle in »Klaus Störtebeker«, Regie: Christof Nel, Fabrikhalle Hamburg 1982; Aaron in Shakespeares »Titus Andronicus«, Regie: Christof Nel, Deutsches Schauspielhaus Hamburg 1982; in Schillers »Die Jungfrau von Orleans«, Regie: Jürgen Flimm, Schauspiel Köln 1985; Bruscon in der Uraufführung von Bernhards »Der Theatermacher«, Regie: Claus Peymann, Salzburger Festspiele 1985.

Fernsehen: »August G.«, ARD 1967; »Rebellion der Verlorenen« (nach Jaeger), 3 Teile, und »Wie eine Träne im Ozean« (nach Manès Sperber), mit Herbert Stass und Martin Lüttge, 3 Teile, Regie: Fritz Umgelter, »Die Dubrow-Krise« (von Menge), Regie: Eberhard Itzenplitz, und »Lauter nette Leute«, ARD 1969; »Ende der Vorstellung 24 Uhr«, ZDF 1970; »So zärtlich war Suleyken« (nach Schnurre), Serie, ARD 1971; »Butler Parker«, Serie, »Frühbesprechung«, Serie, und »Der Andersonville-Prozeß«, ARD 1972; »Waffenschmuggel«, Regie: Michael Verhoeven, ARD 1973; »Der Kommissar«, mit Erik Ode, Serie, und »Comenius«, Regie: Stanislav Barabas, ZDF 1974; »Haus ohne Hüter« (nach Böll), ZDF 1975; »Derrick«, Serie, 4 Folgen, ZDF 1975–1982; »Senioren-Schweiz«, ARD 1975; »Tannerhütte«, Regie: Ingo Kratisch, ARD 1976; »Tatort«, Regie: Wolfgang Becker, Serie, ARD 1977; »Geist der westlichen Welt«, Regie: Wilfried Minks, ARD 1978; »Ein Kapitel für sich« (nach Kempowski), mit Edda Seippel und Stephan Schwartz, Regie: Eberhard Fechner, 3 Teile, ARD 1979/80; Robert in »Der Schein trügt« (von Bernhard), mit Bernhard Minetti, Regie: Claus Peymann (auch Schauspielhaus Bochum), und »Abschied von der Hinterbank«, Buch + Regie: Joachim Roering, ZDF 1985.

Anschrift: c/o Agentur Wiedner, Destouchesstraße 32, 8000 München 40.

Walter Buschhoff

Geb. 8. 7. 1923 in Worms; dort aufgew.; nach dem Abitur begann er ein Medizin-Studium, das er wegen der Kriegswirren nicht beenden konnte. Ohne Schauspielausbildung begann er 1945 seine Bühnen-Karriere in Baden bei Wien. Engagements am Staatstheater Oldenburg (1950), am Stadttheater Lüneburg, an der Freien Volksbühne Berlin und an den Städt. Bühnen Frankfurt/Main schlossen sich an. Von 1953 bis 1963 stand er im Ensemble der Münchner Kammerspiele. Den Schwerpunkt seiner Arbeit legte er seither auf Film und Fernsehen.
Buschhoff spricht engl., franz., ital., span.; er ist in zweiter Ehe verheiratet (getrennt lebend). Seiner ersten Ehe mit der Schauspielerin Maria Körber entstammt sein Sohn Sebastian. Der Künstler lebt in München.
Film: »IA in Oberbayern«, mit Beppo Brem, Regie: Joe Stöckel, 1955; »Hotel Allotria«, 1956; »Vater, unser bestes Stück«, Regie: Günther Lüders, und »Zwei Bayern im Harem«, mit Beppo Brem, 1957; »Der Schinderhannes« (nach Zuckmayer), 1958; »Endlose Nacht«, Regie: Will Tremper, 1963; »Scarabea, wieviel Erde braucht der Mensch?«, Regie: Hans Jürgen Syberberg, 1969.
Theater: Tod und Mammon in Hofmannsthals »Jedermann«, Kowalski und Tom in Williams' »Endstation Sehnsucht«, jeweils an den vorgenannten Bühnen; Samson in Giraudoux' »Sodom und Gomorrha«, Regie: Leonard Steckel, Gribble in Murray/Boretz' »Bedienung bitte«, Regie: Franz Josef Wild, Lehrer in Greenes »Die Kraft und die Herrlichkeit«, Regie: Paul Verhoeven, Hokaida in Patricks »Das Teehaus unter dem Augustmond«, Bonze in Brechts »Der gute Mensch von Sezuan«, Montjoy in Bruckners »Elisabeth von England«, Jurew in Zuckmayers »Das kalte Licht«, Wirt in Strindbergs »Nach Damaskus«, Radioreporter in der Uraufführung von Dürrenmatts »Der Besuch der alten Dame«, Bodajew in Ostrowskijs »Der Wald«, Charles in Shakespeares »Wie es euch gefällt«, Tischler in der deutschen Erstaufführung von Frischs »Andorra«, Regie: jeweils Hans Schweikart, Sempronius in Shakespeares »Timon von Athen« und Hastings in Shakespeares »König Richard III.«, Regie: jeweils Fritz Kortner, Münchner Kammerspiele.
Fernsehen: »Ein Weihnachtslied in Prosa« (nach Dickens), mit Carl Wery, Regie: Franz Josef Wild, ARD 1960; »Von Mäusen und Menschen« (nach Steinbeck), und »Graf Öderland« (nach Frisch), Regie: jeweils Rolf Hädrich, ARD 1968; »Sternschnuppe«, mit Monika Lundi, Regie: Herbert Vesely, ZDF 1975; »Ein Fall für Stein«, Serie, ZDF 1976; »Ein Mann will nach oben« (nach Fallada), mit Mathieu Carrière, Regie: Herbert Ballmann, Serie, ZDF 1978; »Die Geheimnisse von Paris« (nach Eugène Sue), Regie: André Michel, 5 Teile, »Die Versuchung«, Regie: Krzysztof Zanussi, und »Goldene Zeiten«, Regie: Michael Braun, 20 Teile, ARD 1982; »Orientexpreß«, Regie: Bruno Gantillon, franz. TV-Serie 1982 (auch ARD); »Rummelplatzgeschichten«, Serie, ARD 1983/84; »Der Mann, der keine Autos mochte«, Regie: Dieter Wedel, Serie, »Liebt diese Erde«, mit Margot Werner, Serie, und »Angelo und Luzy«, Serie, ZDF 1984; »Die Wiesingers«, mit Hans-Reinhard Müller, Regie: Bernd Fischerauer, Serie, ARD 1984; »Die Unbekannten im eigenen Haus« (nach Simenon), Regie: Bernd Fischerauer, ARD 1985; »Wolfgang-Kieling-Special«, ZDF 1985.
Auszeichnungen: »Ernst-Lubitsch-Preis« 1964; Bundesfilmpreis 1969.
Anschrift: c/o Agentur Lentz, Holbeinstraße 4, 8000 München 80.

Jochen Busse

Geb. 28. 1. 1941 in Iserlohn; dort und in Melle bei Osnabrück aufgewachsen; lebt in München; verheiratet; spricht engl, ital.; nach dem Gymnasium privater Schauspielunterricht; 1960 debütierte er an den Kammerspielen München; weitere Stationen: Studentenkabarett Die Knallfrösche, Kabarett Die Schmiere Frankfurt/Main, Rationaltheater München, Kom(m)ödchen Düsseldorf; Gast vieler Tourneen und an der Kleinen Komödie München, der Komödie im Marquardt Stuttgart und dem Fritz-Rémond-Theater im Zoo in Frankfurt/Main; seit 1976 ist er Mitglied des Kabaretts Münchner »Lach- und Schießgesellschaft«.
Busse arbeitet ferner als Autor für Fernsehen und Film, u. a.: »Montagsmagazin« (WDR), »Spencer«, Kinderserie (NDR), »Is' was Kanzler?!?« (Film 1984).
Film: »Die jungen Tiger von Hongkong«, 1967; »Ellenbogenspiele«, Regie: Wolfgang Becker, 1969; »Perrack«, Regie: Alfred Vohrer, 1972; »Engel, die ihre Flügel verbrennen«, Regie: Zbynek Brynych, 1973; »Die Vertreibung aus dem Paradies«, Regie: Niklaus Schilling, 1977; Prof. Heinzel in »Kehraus«, mit Gerhard Polt, Regie: Hanns Christian Müller, 1983.
Theater: Neben den Kabarettprogrammen u. a.: in Millers »Der Tod des Handlungsreisenden«, in Budjuhn/Roses »Die zwölf Geschworenen«, jeweils mit Horst Tappert, in Zuckmayers »Der fröhliche Weinberg«, mit Walter Richter, Tourneen 1969-1971; in Yeldhams »Auf und davon«, Kleine Komödie München 1971; in Ayckbourns »Schlafzimmergäste«, in Taylors »Champagnerkomödie«, mit Paul Hubschmid, in Wallace' »Ich – erste Person Einzahl«, mit Paul Dahlke, jeweils Fritz-Rémond-Theater im Zoo in Frankfurt/Main 1971-1974.
Fernsehen: »11 Uhr 20« (von Reinecker), mit Joachim Fuchsberger und Gila von Weitershausen, Regie: Wolfgang Becker, 3 Teile, ZDF 1970; Siebenlist in »Mordkommission«, 20 Folgen, ZDF 1972; »Cautio criminalis oder Der Hexenanwalt« (von Lohmeyer), ZDF 1974; »Der Führerschein«, Regie: Thomas Engel, ZDF 1978; »Krimistunde«, Serie, ARD 1984; »Die Wannsee-Konferenz«, Regie: Heinz Schirk, und »Locker vom Hocker«, mit Walter Giller, Regie: Gerhard Schmidt, Serie, ZDF 1984; »Auf Nummer sicher« und »Jugend raus« (Programme der Lach- u. Schießgesellschaft) ARD 1984/85; »Wenn Kuli kommt«, mit Hans-Joachim Kulenkampff, Regie: Wolfgang Glück, Serie, ARD 1985; »Nur für Busse« (eigene TV-Show), Regie: Heinz Liesendahl, ARD 1986.
Anschrift: c/o Münchner Lach- und Schießgesellschaft, Ursulastraße 9, 8000 München 40.

Hans-Werner Bussinger

Geb. 5. 4. 1941 in Frankfurt/Main; dort aufgew.; nach der Schule absolvierte er die Hochschule für Musik und darstellende Kunst unter Prof. Eduard Marks in Hamburg. Am dortigen Thalia-Theater gab er sein Theater-Debüt. Weitere Stationen waren die Bühnen der Landeshauptstadt Kiel sowie mehrere Theater in Berlin (jeweils Rollen seines Fachs).
Besondere Schwerpunkte seiner Arbeit sind das Fernsehen und die Synchronisation. Hier wurde er vor allem als deutscher Sprecher für John Forsythe alias Blake Carrington in der ZDF-Serie »Der Denver-Clan« (seit 1983) bekannt.
Bussinger spricht engl.; er ist verheiratet und lebt in Berlin.
Fernsehen: »Tagebuch eines Frauenmörders« (nach Bekefi), Regie: Helmut Käutner, ARD 1969; »Stella« (nach Goethe); »Familie Bergmann«, Regie: Thomas Engel, Serie, ARD 1970; »Die Eroberung« (von Waldmann), Regie: Heinz Schirk, ZDF 1971; »Kudamm-Geschichten«, Serie, ARD 1974; »Der Weilburger Kadettenmord«, Buch + Regie: Eberhard Itzenplitz, ZDF 1977; »Heiter bis wolkig«, Serie, ZDF 1978; »Ein Vogel auf dem Leim«, Regie: Heinz Schirk, ZDF 1981; »Vom Webstuhl zur Weltmacht«, Regie: Heinz Schirk, 6 Teile, ARD 1983; »Nesthäkchen«, mit Doris Kunstmann, 6 Teile, ZDF 1983; »Die Wannsee-Konferenz« (von Mommertz), Regie: Heinz Schirk, »Rummelplatzgeschichten«, Serie, und Hauptkommissar Rullmann in »Rubecks Traum« (aus der Reihe »Tatort« vom Hessischen Rundfunk), ARD 1984; »Der Granitkopp«, Buch + Regie: Helmut Kissel, ZDF 1984.
Anschrift: c/o ZBF-Agentur Berlin, Kurfürstendamm 206, 1000 Berlin 15, oder Osthofener Weg 7, 1000 Berlin 38.

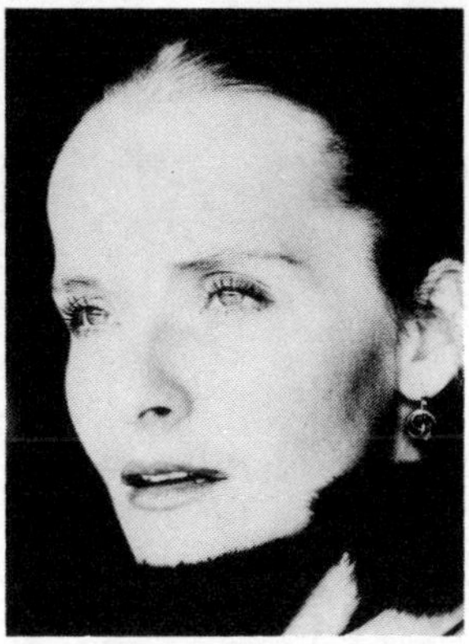

Claudia Butenuth

(eigentlich: Claudia Butenuth-Mani)

Geb. 20. 9. 1946 in Göttingen; aufgew. in Berlin, Köln und Nantes, Frankreich; nach einem Heilpraktikerstudium Besuch von Schauspielschulen in Nantes, Köln, Bochum und München, wo sie 1967 ihre Abschlußprüfung ablegte; ihre erste Fernsehrolle spielte sie bereits 1965; sie arbeitete sehr viel in den USA, in Frankreich und Italien.
Frau Butenuth spricht engl., franz., ital.; sie ist Mutter eines Sohnes (Oliver Henry Anton Jörg) und lebt abwechselnd in München und Paris. 1982 trat sie erstmals als Malerin mit einer Ausstellung ihrer eigenen Bilder an die Öffentlichkeit.
Film: »Die goldene Pille«, Regie: Horst Adloff, 1967; »Schloß des Beginns«, mit Adrian Hoven, 1968, »A lost valley«, mit Omar Sharif u. Michael Caine, Regie: James Clevall, USA 1969; »Wenn mein Schätzchen auf die Pauke haut«, Regie: Peter Weck, 1970; »Solange«, mit Karin Baal, Regie: Massimo Dallamano, Italien 1971; »Willi wird das Kind schon schaukeln«, mit Heinz Erhardt, Regie: Werner Jacobs 1971; »Vater und Sohn«, 1972; »Ansichten eines Clowns« (nach Böll), mit Hanna Schygulla, Regie: Voitech Jasny, 1975; »Ich will leben«, mit Heinz Bennent, 1976; »Rheingold«, Regie: Niklaus Schilling, 1977; »Ringer«, mit Bianca Jagger, Regie: Bill Richards, und »Brass Target«, mit Sophia Loren und John Cassavetes, Regie: John Hough, USA 1978; »Tod in der Waschstraße«, Regie: Friedemann Schulz, 1979; »Inside the Third Reich«, Regie: Marvin Chomsky, USA 1980.
Theater: Miss N. in »Der Fall Schmidt«, Regie: Wilm ten Haaf, Theater am Dom, Köln 1967; in Mishimas »Nô-Spiele«, und »Vater einer Tochter«, Regie: Wolfgang Spier, Theater Die Kleine Freiheit München 1968/69; in Sagans »Das ohnmächtige Pferd«, und Goetz' »Hokuspokus«, Komödie Düsseldorf 1970; in Stuarts »Ankomme Dienstag – stop – Fall' nicht in Ohnmacht«, Theater Die Kleine Freiheit München 1984/85.
Fernsehen: »Wohin mit Fridolin«, Regie: Thomas Engel, ARD 1966; »Die rote Maske«, Regie: Helmuth Ashley, ZDF 1967; »Hürdenlauf«, Regie: Thomas Fantl, und »Der Mann aus Casablanca«, Regie: Jürgen Goslar, ARD 1968; »Silent night«, mit James Mason, Regie: Daniel Mann, US-TV 1969; »FBI-Bertalozzi«, Regie: Ugo Tognazzi, 6 Folgen, Italien, TV 1969; »Baal«, Regie: Volker Schlöndorff, und »Wirbel um Niklas«, Regie: Claus Peter Witt, ARD 1969; »Der Kommissar«, mit Erik Ode, Serie, 3 Folgen, ZDF 1970–1972; »Le dernière quart«, Regie: Marcel Cravenne, Frankreich, TV 1971; »Tucholsky«, Regie: Günter Gräwert, »Motiv Liebe«, Regie: Roger Fritz, 20 Folgen, und »Die Fälle des Herrn Konstantin«, Regie: Wilm ten Haaf, ARD 1971; Prinzessin Wilhelmine in »Die preußische Heirat«, Regie: Helmut Käutner, ARD 1973; »Stadt im Tal«, Regie: Wolfgang Petersen, ZDF 1973; Titelrolle in »Renée Fall«, Regie: Hartmut Griesmayr, ARD 1974; »Graf Luckner«, Regie: François Villiers, franz. TV 1974; »Tristan«, und »Kishon«, Regie: Peter Weck, ARD 1975; Hanna in »MS Franziska«, mit Paul Dahlke, Regie: Wolfgang Staudte, Serie, und »Kriegsspiel«, Regie: Wolfgang Petersen, ARD 1976; »Kunstdiebe«, ZDF 1978; »La vie de Paul Gauguin«, Regie: Roger Pigot, franz. TV, 1978; »Ein Mord, den jeder begeht«, Regie: Claus Peter Witt, und »Protokoll eines Verdachts«, Regie: Daniel Christoff, ZDF 1979; »Der Alte«, Serie, 2 Folgen, ZDF 1980/81; »Der kleine Bruder«, Regie: Rainer Söhnlein, ZDF 1982; »Der Unbekannte«, Regie: Theodor Grädler, ARD 1983; »Reserl am Hofe«, Regie: Bruno Voges, SWF III 1984; »Glücklich geschieden«, mit Robert Atzorn, Regie: Rolf von Sydow, Serie, und »Unsere schönsten Jahre«, Buch + Regie: Michael Braun, Serie, ZDF 1985.
Anschrift: c/o ZBF-Agentur München, Leopoldstraße 19, 8000 München 40.

C

Hans Caninenberg

Geb. 15. 1. 1917 als Sohn eines Lehrers in Duisburg; dort aufgew.; nach dem Abitur absolvierte er die Folkwang-Schule in Essen. Sein erstes Engagement erhielt er am Stadttheater Gießen. Bis 1948 war er als Schauspieler und Spielleiter an den Wuppertaler Bühnen tätig. Von 1948 bis 1953 spielte er am Württembergischen Staatstheater Stuttgart. Nach einer erneuten Verpflichtung in Wuppertal (1953/54) war er u.a. engagiert am Schiller-Theater und am Schloßpark-Theater in Berlin, am Düsseldorfer Schauspielhaus, an den Städt. Bühnen Frankfurt/Main sowie bei den Festspielen in Recklinghausen und Bad Hersfeld.
Caninenberg spricht engl., franz.; er ist in zweiter Ehe verheiratet mit der Schauspielerin Lola Müthel, hat drei Kinder (Andreas, Christian und Angelika) und lebt in Gräfelfing bei München.
Film: »Oh du lieber Friedolin«, 1952; »Oberarzt Dr. Solm« und »Hotel Adlon«, 1955; »Menschen im Netz«, 1959.
Theater: Delahaye in Pugets »Ein kleiner Engel ohne Bedeutung«, Questenberg in Schillers »Wallenstein«, Nero in Gressiekers »Die goldenden Jahre«, Rodrigo in Claudels »Der seidene Schuh«, Titelrolle in Kleists »Prinz Friedrich von Homburg«, Jupiter in Giraudoux' »Amphitryon 38«, Prokurator in Lagerkvists »Barrabas«, Tellheim in Lessings »Minna von Barnhelm«, Rank in Ibsens »Nora«, Aubrey in Shaws »Zu wahr, um schön zu sein«, Bolz in Freytags »Die Journalisten«, Challee in Wouks »Die Meuterei auf der Caine«, jeweils an den vorgenannten Bühnen.
Fernsehen: Dr. Thomas Colman in »Wahn oder Der Teufel von Boston« (nach Feuchtwanger), Regie: Gerhard Klingenberg, ARD 1965; Inquisitor in »Jeanne oder Die Lerche« (nach Anouilh), Regie: Imo Moszkowicz, ARD 1966; »Die Affäre Eulenburg«, mit Richard Münch, Regie: Fritz Umgelter, ZDF 1967; König Gunther in »Die Nibelungen« (nach Hebbel), Regie: Wilhelm Semmelroth, ARD 1967; Graf Palen in »Der Snob« (nach Sternheim), Regie: Hans Schweikart, und Doktor Hahn in »Graf Öderland« (nach Frisch), Regie: Rolf Hädrich, ARD 1968; Senatspräsident in »Im Auftrag der Schwarzen Front« (von Eis/Merz), ZDF 1969; »Klassenkampf«, ARD 1971; »Familie Buchholz«, mit Harald Juhnke, Serie, ARD 1974; »Revolte im Erziehungshaus« (nach Hampel), Regie: Hans Quest, ZDF 1975; Philip in »Gesellschaftsspiele« (von Ivan Klima), ARD 1976; »Derrick«, Serie, 3 Folgen, ZDF 1976–1983; Inspektor Pratt in »Wer sah ihn sterben?« (von Tudor Gates), Regie: Theodor Grädler, ZDF 1977; »Wallenstein« (nach Golo Mann), mit Rolf Boysen, Regie: Franz Peter Wirth, 4 Teile, ZDF 1978; Sir Michael Audley in »Lady Audley's Geheimnis« (nach Mary Elizabeth Braddon), mit Susanne Uhlen, ARD 1978; Theodor Fontane in »Gefangen in Frankreich« (nach Fontane), Regie: Theo Mezger, ZDF 1979; »Mozart«, mit Christoph Bantzer, Regie: Marcel Bluwal, 5 Teile, ARD 1982; »Die Falle«, Regie: Oswald Döpke, ZDF 1983; »Feine Gesellschaft – beschränkte Haftung«, mit Elisabeth Bergner, Lilli Palmer und Hardy Krüger, Regie: Ottokar Runze, ZDF 1984; »Das zerbrochene Haus«, Regie: Michael Günther, ORF 1984; »Kornelia« (nach Abramow-Newerly), mit Ruth-Maria Kubitschek, Regie: Wilm ten Haaf, ARD 1984.
Anschrift: c/o Agentur Baumbauer, Keplerstraße 2, 8000 München 80.

Peter Capell †

Geb. 3. 9. 1912 in Berlin; dort aufgew.; nach der Schule nahm er Schauspielunterricht bei Walther Franck. 1933 emigrierte er in die USA. Dort spielte er an mehreren Off-Broadway-Theatern in New York, machte mehrere Tourneen und war für Funk und Fernsehen tätig. Ferner drehte er zahlreiche Kinofilme (u.a. »Walk east on beacon« und »The Burgler«). 1955 kam er in die Bundesrepublik Deutschland zurück, wo er vor allem für Film und Fernsehen arbeitete.
Theater-Engagements hatte er außer auf Tourneen an den Münchner Kammerspielen, am Theater Die Kleine Freiheit München, am Intimen Theater München, an der Freien Volksbühne Berlin (1965), am Landestheater Detmold (1981) und am Modernen Theater München (1984).
Capell spricht engl., franz., ital., span., er ist verheiratet und lebt in München.
Film: »Mein Vater, der Schauspieler«, mit O.W. Fischer, Regie: Robert Siodmak, »Zwischen Zeit und Ewigkeit«, und »Anastasia, die letzte Zarentochter«, mit Lilli Palmer, Regie: Falk Harnack, 1956; »Blaue Jungs«, »Wie ein Sturmwind«, 1957; »Taiga«, »Du gehörst zu mir«, »Serenade einer großen Liebe«, und »Nasser Asphalt«, Regie: Frank Wysbar, 1958; »Die Wikinger«, mit Kirk Douglas, USA 1958; »Verrat auf Befehl«, mit William Holden und Lilli Palmer, Regie: George Seaton, USA 1960; »Eins, zwei, drei« (nach Molnár), Regie: Billy Wilder, USA 1961; »Der Geliebte der großen Bärin«, mit Senta Berger, Regie: Valentino Orsini, Italien/Frankreich/BRD 1971; »Hausfrauen-Report III«, 1972; »Fedora«, mit Marthe Keller, Hildegard Knef und William Holden, Regie: Billy Wilder, USA 1978; »Charlotte«, Regie: Franz Weisz, BRD/Großbritannien/Holland 1980; »The little Drummer Girl«, USA/BRD 1983.
Theater: In Ibsens »Hedda Gabler«, mit Eva LeGalienne, Tournee USA 1940/41; Edward IV. in Shakespeares »Richard III.«, Münchner Kammerspiele; Titelrolle in »Der erste Mr. Frazer», Theater Die Kleine Freiheit München; in Weiss' »Die Ermittlung«, Freie Volksbühne Berlin 1965; Titelrolle in »Der Kommissar«, Landestheater Detmold 1981; in Woody Allens »Spiel's nochmal, Sam«, Modernes Theater München 1984; Nr. 11 in Budjuhn/Roses »Die zwölf Geschworenen«, 1959, in Pirandellos »Das Vergnügen, anständig zu sein«, 1974, in Molières »Dom Juan«, 1976, in »Mit besten Empfehlungen«, 1979, in »Gigi«, 1983, jeweils Tournee.
Fernsehen: »Schwester Bonaventura« (nach Hastings), mit Hilde Krahl, Regie: Wilm ten Haaf, ARD 1958; »Maria Stuart« (nach Schiller) und »Der arme Bitos«, ARD 1962; »Die Teilnahme«, »Napoleon greift ein«, »Die Entscheidung«, »Der Prozeß Carl von O.« und »Der Fall Sacco und Vanzetti«, ARD 1963; »Bei Tag und bei Nacht«, und »Ich fahre Patschold« (von Lommer), Regie: Peter Beauvais, ARD 1964; »Der Mann von Toledo«, »Kaspar Hauser« und »Auf einem Bahnhof bei Dijon«, ARD 1965; »Gilda ruft Mae West«, »Das Vergnügen, anständig zu sein« (nach Pirandello), und »Der schwarze Freitag«, ARD 1966; »Graf Yoster gibt sich die Ehre«, »Der Auswanderer«, »Der Diener seines Herrn«, »Müller von S.«, »Ein Sarg für Mister Holloway«, »Das Mißverständliche im Leben des Herrn Knöbl«, »Wie kurz ist die Zeit zu lieben« und »1001 Nacht«, ARD/ZDF 1967; »Affaire Dreyfus« (von Matray/Krüger), Regie: Franz Josef Wild, ZDF 1968; »Amerika« und »Der Mann am Strich«, ZDF 1969; »Harakiri«, Serie, ARD 1969; »Wer ist der Nächste?« (von Asmodi), Regie: Arno Assmann, ARD 1970; »Okay, Sir«, Serie, und »Jahrhundert der Chirurgen«, Serie, ARD 1971; »Karl-May«, Serie, »George« und »Der Vorgang«, ARD 1972; »Der rote Schal« (nach Collins), Regie: Wilhelm Semmelroth, »Herrenschmidt«, ARD 1973; »Depressionen«, ARD 1974; »Derrick«, Serie, 2 Folgen, ZDF 1975 + 1984; »Der Alte«, Serie, 2 Folgen, ZDF 1976 + 1979; »Via Bangkok«, »Der Anwalt«, Serie, 1977; »Mulligans Rückkehr« (von Frick), Regie: Helmut Käutner, und »Zwischen den Jahren«, ZDF 1978; »Ehrlich währt am längsten«, Regie: Arno Assmann, und »Achtung, Kunstdiebe«, Serie, ARD 1978; »Theodor Chindler« (nach B. von Brentano), mit Hans Christian Blech, Serie, und »Fünf Finger, eine Hand«, ARD 1979; »Käthchen von Heilbronn« (nach Kleist), ARD 1980; »Die Kartause von Parma«, mit Marthe Keller, Regie: Mauro Bolognini, 6 Teile, RAI/ZDF 1982; »Levin und Gutman«, Serie, und »Die ewigen Gefühle«, Regie: Peter Beauvais, ARD 1984;

»Der Turm«, und »Mamas Geburtstag«, mit Brigitte Horney, Regie: Egon Günther, ARD 1985.
Anschrift: c/o Agentur Alexander, Lamontstraße 9, 8000 München 80.

Rudolf Carl

Geb. 19. 6. 1899 als Sohn eines Beamten in Lundenburg/Mähren; nach dem Besuch der Bürgerschule absolvierte er eine Handelsakademie und übte eine Tätigkeit im Eisenhandel aus.
Sein erstes Bühnen-Engagement erhielt er 1918 am Deutschen Theater in Brünn, dem er bis 1932 angehörte. Anschließend ging er nach Wien, wo er an verschiedenen Bühnen spielte. Ab 1938 stand er am Theater am Schiffbauerdamm Berlin unter Vertrag; später arbeitete er am Kabarett der Komiker in Berlin.
Bekannt wurde Carl vor allem durch seine umfangreiche Filmtätigkeit; er drehte über 200 Spielfilme. Vor allem im österr. Fernsehen war er in zahlreichen Unterhaltungssendungen zu sehen.
Carl lebt in Wien.
Film: »Frasquita«, »Polenblut«, »Karneval der Liebe« und »Der junge Baron Neuhaus«, 1934; »Der Himmel auf Erden«, »Buchhalter Schnabel«, »Tanzmusik«, »Jana, das Mädchen aus dem Böhmerwald«, ». . . nur ein Komödiant«, »Unsterbliche Melodien«, »Der Kosak und die Nachtigall«, »Die Fahrt in die Jugend«, »Ein Teufelskerl«, »Ein Walzer um den Stephansturm«, »Die Pompadour« und »Es flüstert die Liebe«, 1935; »Wo die Lerche singt«, »Rendezvous in Wien«, »Schatten der Vergangenheit«, »Der Postillon von Lonjumeau«, »Die Puppenfee«, mit Wolf Albach-Retty, Regie: E.W. Emo, »Manja Valewska«, und »Hannerl und ihre Liebhaber«, Regie: Werner Hochbaum, 1936; »Die glücklichste Ehe der Welt«, »Die Landstreicher«, »Florentine«, »Abenteuer in Warschau«, »Ich möcht' so gern mit Dir allein sein«, »Pat und Patachon im Paradies«, »Rote Rosen – blaue Adria«, »Sein letztes Modell« und »Liebe im Dreivierteltakt«, 1937; »13 Stühle«, »Der Optimist«, »Kleines Bezirksgericht«, mit Hans Moser, »Heiraten – aber wen?«, »Geld fällt vom Himmel« und »Immer, wenn ich glücklich bin«, 1938; »Unsterblicher Walzer«, »Frau im Strom«, »Liebe streng verboten« und »Marguerite : 3«, 1939; »Rosen in Tirol«, »Die Rothschilds«, »Kora Terry«, mit Marika Rökk, Regie: Georg Jacoby, »Die lustigen Vagabunden« und »Ihr Privatsekretär«, 1940; »Tanz mit dem Kaiser«, Regie: Georg Jacoby, »Oh diese Männer«, »Frauen sind doch bessere Diplomaten«, Regie: Georg Jaco-

by, und »Spähtrupp Hallgarten«, 1941; »Die Erbin vom Rosenhof«, »Liebeskomödie« und »Die heimliche Gräfin«, 1942; »Alles aus Liebe«, »Der weiße Traum« und »Reisebekanntschaft», 1943; »Romantische Brautfahrt«, 1944; »Die Kreuzelschreiber« (nach Anzengruber), »Ein Mann gehört ins Haus« und »Leuchtende Schatten», 1945; »Der Herr Kanzleirat«, mit Hans Moser, Regie: Hubert Marischka, 1948; »Die Schatztruhe«, und »Der prämierte Leberfleck«, Regie: Carl selbst, 1949; »Auf der Alm, da gibt's koa Sünd« und »Skandal in der Botschaft«, 1950; »So ein Theater», »Der alte Sünder«, Regie: Franz Antel, »Der fidele Bauer«, »Das Herz einer Frau«, »Hallo, Dienstmann«, mit Hans Moser, Regie: Franz Antel, »Valentins Sündenfall« und »Kleiner Peter, große Sorgen«, 1950; »Eva erbt das Paradies«, Regie: Franz Antel, 1951; »Junggesellenfalle«, »Ich hab' mich so an dich gewöhnt«, »Ideale Frau gesucht«, »Der Mann in der Wanne«, »Knall und Fall als Hochstapler« und »Die Wirtin vom Wörthersee«, 1952; »Knall und Fall als Detektive«, »Junges Herz voll Liebe«, »Pünktchen und Anton« (nach Kästner), »Die Perle von Tokay« und »Auf der grünen Wiese«, 1953; »Schützenliesl« und »Im Krug zum grünen Kranze«, 1954; »An der schönen blauen Donau«, »Und der Himmel lacht dazu«, Regie: Axel von Ambesser, »Ja, so ist das mit der Liebe«, »Zwei Herzen und ein Thron«, »Die Sennerin von St. Kathrein«, »Seine Tochter ist der Peter« und »Geheimnis einer Ärztin«, 1955; »Zwei Bayern in St. Pauli«, »Dort oben, wo die Alpen glüh'n«, »Rosmarie kommt aus Wildwest«, »Das Liebesleben des schönen Franz«, »Försterliesel«, »Lügen haben hübsche Beine«, »Das Leben geht weiter«, »Husarenmanöver«, »... und wer küßt mich?«, »Liebe, Schnee und Sonnenschein«, und »Wenn Poldi ins Manöver zieht«, mit Gunther Philipp, 1956; »Der Schandfleck«, »Dort in der Wachau«, »Der Wilderer vom Silberwald«, »Jungfrauenkrieg«, und »Ober, zahlen«, mit Hans Moser, 1957; »Der Page vom Palast-Hotel«, »Der Pfarrer von St. Michael«, »Frauensee« und »Gefährdete Mädchen«, 1958.
Anschrift: (unterbleibt; der Schauspieler bittet dringend, von Autogrammwünschen abzusehen).

Mareike Carrière

(eigentlich: Mareike von Vietinghoff, geb. Carrière)

Geb. 26. 7. 1954 als Tochter eines deutschen Neurologen und einer deutschen Therapeutin in Hannover; aufgew. in Lübeck, wo sie nach dem Abitur die Staatl. Schauspielschule besuchte. Sie hatte eine zehnjährige Ausbildung in klassischem Ballett.
Frau Carrière spricht franz., engl.; sie ist verheiratet und lebt in Berlin. Ihr Bruder ist der Schauspieler Mathieu Carrière.
Film: Flora in »Taugenichts«, mit Jacques Breuer und Matthias Habich, Regie: Bernhard Sinkel, 1977; Sophie in »Un second souffle«, mit Robert Stack, Regie: Gérard Blain, Frankreich 1978; Katja in »Flamme empor«, mit Hans-Jürgen Schatz und Klaus Höhne, Regie: Eberhard Schubert, 1978.
Theater: Wendla in Wedekinds »Frühlings Erwachen«, mit Hans-Georg Panczak, Regie: Jutta Dieber, Studiobühne der Hansestadt Lübeck; Schwester Monika in Dürrenmatts »Die Physiker«, Regie: Peter Reichenbach, Berliner Kammerspiele 1983.
Fernsehen: »Tatort«, Regie: Peter Keglevic, Serie, ARD 1980; »Der Poltergeist«, Regie: Hindrich Mann, ZDF 1981; Olympia in »Bekenntnisse des Hochstaplers Felix Krull« (nach Thomas Mann), mit John Moulder-Brown, Regie: Bernhard Sinkel, 5 Teile, ZDF 1982; Anna in »Die zweite Haut«, mit Angelica Domröse und Hilmar Thate, Regie: Frank Beyer, DDR/UFA (für ZDF) 1982; »Die Laurents«, mit Hannes Messemer, Regie: Erich Neureuther, Serie, ARD 1982; »Drei Damen vom Grill« (nach Wuttig), Serie, und Marie in »Die Zeiten ändern sich«, Regie: Horst Flick, Serie, ARD 1983; »Mascha«, Regie: Hans-Eberhard Quelle, ARD 1984; Polizistin in »Großstadtrevier«, Serie, ARD 1985/86; »Christian Rother und die Königlich-preußische Seehandlung«, mit Günter Lamprecht, Serie, ARD 1986.
Anschrift: c/o Agentur Alexander, Lamontstraße 9, 8000 München 80.

Mathieu Carrière

Geb. 2. 8. 1950 als Sohn eines deutschen Neurologen und Psychiaters und einer deutschen Therapeutin in Hannover; (der franz. Familienname ist hugenottischen Ursprungs). Mit vier Jahren kam er nach Berlin, zwei Jahre später nach Lübeck, wo er mit seiner Schwester Mareike – ebenfalls Schauspielerin – aufwuchs und am Humanistischen Gymnasium sein Abitur ablegte. 1969 zog er nach Paris; dort studierte er neben seiner Filmarbeit bis 1978 Philosophie.
Zur Schauspielerei war er bereits mit 13 Jahren gekommen, als ihn der Regisseur Rolf Thiele vom Gymnasium weg für den Film »Tonio Kröger« (nach Thomas Mann) – eine Nebenrolle – engagierte; 1965 spielte er seine erste Hauptrolle unter Volker Schlöndorff in »Der junge Törless« (nach Musils »Die Verwirrungen des Zöglings Törless«).
1974 machte er im Pariser »Alkazar de Paris« mit Travestie-Auftritten, bei denen er Hamlet-Monologe und Goebbels-Reden vortrug, auf sich aufmerksam. Seit 1975 spielte er Theater u.a. am Théâtre National de Paris, bei den Salzburger Festspielen und auf Tournee. 1981 war er Mitglied der Jury bei den Berliner Filmfestspielen. Im selben Jahr stellte er sich als Autor der Essays »Für eine Literatur des Krieges, Kleist« vor.
Carrière spricht engl., franz.; 1983 heiratete er in den USA die Malerin Jennifer Bartlett; der Ehe entstammt seine Tochter Alice Isabell (geb. 1985); er lebt abwechselnd in Paris und London.
Film: Titelrolle in »Der junge Törless«, Regie: Volker Schlöndorff, Frankreich/BRD 1965; »Die Pforten des Paradieses«, mit Lionel Stander, Regie: Andrzej Wajda, Großbritannien 1967; »Stato D'Assedio«, mit Joan Collins, 1967; »La maison des Bories«, Regie: Jacques Doniol-Vacrozes, Frankreich 1969; »Le petit matin«, Regie: J.G. Albicocco, und »Rendezvous à Bray«, mit Anna Karina, Regie: André Delvaux, Frankreich 1970; »Malpertuis«, mit Orson Welles, Regie: Harry Kümel, Belgien/Großbritannien 1971; »Der Mann mit dem zweiten Gehirn«, Regie: Jacques Doniol-Vacrozes, Frankreich 1972; »Blaubart«, mit Richard Burton und Raquel Welch, Regie: Edward Dmytryk, USA 1973; »Don Juan 73«, mit Brigitte Bardot, Jane Birkin und Robert Hossein, Regie: Roger Vadim, und »Kein Rauch ohne Feuer«, mit Mireille Darc und Annie Girardot, Regie: André Cayatte, Frankreich 1973; »Giordano Bruno«, Regie: Giuliano Montaldo, Italien 1973; »La jeune fille assassinée«, Regie: Roger Vadim, Frankreich 1974; »Spektrum der Angst«, Regie: Peter Patzak, 1974; »India Song«, Regie: Marguerite Duras, »Isabelle«, Regie: J.P. Berckmans, und »Die Hinrichtung«, Regie: Denis Heroux, Frankreich 1975; »Zerschossene Träume«, Regie: Peter Patzak, 1975; »Blondie«; Regie: Sergio Gobbi, »Pargil-Pas Pareil«, und »Police Python 357«, mit Yves Montand und Simone Signoret, Regie: Alain Corneau, Frankreich 1976; »Der Köder«, Regie: Peter Patzak, 1976; »Der Fangschuß«, Regie: Volker Schlöndorff, BRD/Frankreich 1976; »Die Indianer sind noch fern«, mit Isabelle Huppert, Regie: Patrizia Moraz, Schweiz/Frankreich 1977; »Bilitis«, Regie: David Hamilton, Frankreich 1977; »Wege in der Nacht«, Regie: Krzysztof Zanussi, BRD/Polen 1978; Titelrolle in »Egon Schiele – Exzesse«, mit Jane Birkin und Christine Kaufmann, Regie: Herbert Vesely, BRD/Frankreich 1979; »Le navire night«, Regie: Marguerite Duras, Frankreich 1979; »Die Frau des Fliegers«, Regie: Eric Rohmer, Frankreich 1980; »Anima-Symphonie Fantastique«, Regie: Titus Leber, Österreich/BRD 1980; Lord Usher in »Untergang des Hauses Usher«, Frankreich 1981; »Die Spaziergängerin von Sanssouci«, mit Romy Schneider, Michel Piccoli und Maria Schell, Regie: Jacques Rouffio, BRD/Frankreich 1982; Chris in »Die flambierte Frau«, mit Gudrun Landgrebe, Regie: Robert van Ackeren, und »Freiwild«, Regie: Jerzy Hoffmann, 1983; »Benvenuta«, mit Vittorio Gassmann, Regie: André Delvaux, und »The Bay Boy«, mit Liv Ullmann, Regie: Daniel Petrie, Frankreich 1983; »Angelas War«, Regie: Eisa Bergholm, und »Yerma« (nach Lorca), mit Gudrun Landgrebe, Regie: Imre Gyönjössy und Barna Kabay, 1984; »Marie Ward«, mit Hannelore Elsner, Regie: Angelika Weber, 1985.
Theater: Titelrolle in »Portrait des Dorian Gray« (nach Wilde), Théâtre National de Paris 1975; in Dostojewskis »Der Idiot«, mit Hanna Schygulla, Tournee 1980; St. Just in Büchners »Dantons Tod«, mit Götz George, Regie: Rudolf Noelte, Salzburger Festspiele 1981.
Fernsehen: »Tausend Francs Belohnung« (nach Hu-

go), Regie: Günter Gräwert, ARD 1974; »Der junge Mann und der Löwe«, Regie: Jean Delannoy, ARD 1975; »Könige sterben einsam« (nach Anouilh), 2 Teile, ZDF 1977; »Palazzo Zoologico« (Carrière führte selbst Regie), ARD 1978; Titelrolle in »Ein Mann will nach oben« (nach Fallada), mit Ursela Monn, Regie: Herbert Ballmann, 13 Folgen, ZDF, 1978; »Ungeduld des Herzens« (nach Zweig), Regie: Edouard Molinaro, 2 Teile, und »Derrick«, Serie, ZDF 1981, »Die Laurents«, Serie, ARD 1981; »Versuchung«, Regie: Krzystof Zanussi, ARD 1982; »Der Alte«, Serie, 2 Folgen, ZDF 1983/84; Titelrolle in »Der Wüstennarr«, Regie: Jacques Tréfonel, 4 Teile, franz. TV 1983/84 (auch BR III 1985); »Der letzte Zivilist« (nach Glaeser), mit Max von Sydow, Regie: Laurent Heynemann, 2 Teile, ZDF 1984; »Matt in 13 Zügen«, Regie: Stanislav Barabas, 13 Folgen, ARD 1984.
Auszeichnung: Darstellerpreis Karlsbad 1970.
Anschrift: c/o Agentur Alexander, Lamontstraße 9, 8000 München 80.

Peter Carsten

(eigentlich: Peter Ramsentaler)

Geb. 30. 4. 1928 in Weißenburg/Franken; nach der Schule absolvierte er eine Banklehre und war als Sparkassenbeamter beschäftigt; als Soldat geriet er in Gefangenschaft. Nach dem II. Weltkrieg nahm er Schauspielunterricht bei Friedrich Ulmer. Seine erste Station war das Junge Theater Hannover (1948). 1950 kam er nach München, wo er an verschiedenen Bühnen tätig war. Den Schwerpunkt seiner Arbeit legte er ab Mitte der 50er Jahre auf den Film. Seit vielen Jahren ist es ruhig um ihn geworden; er lebt in Belgrad, Jugoslawien.
Film: »Der unsterbliche Lump« (nach Dörmann), mit Karlheinz Böhm, Regie: Arthur Maria Rabenalt, 1953; »08/15« (nach Kirst), 3 Teile, mit Joachim Fuchsberger, Regie: Paul May, 1954/55; »Am Anfang war die Sünde«, 1954; »Das fröhliche Dorf«, 1955; »Nina« (nach Dor und Federmann), Regie: Rudolf Jugert, »Anastasia, die letzte Zarentochter«, mit Lilli Palmer, Regie: Falk Harnack, »Weil du arm bist, mußt du früher sterben«, »Liebe« und »... wie einst Lili Marleen«, 1956; »Mädchen und Männer«, »Nachts, wenn der Teufel kam«, Regie: Robert Siodmak, »Hafenmelodie« und »Scherben bringen Glück«, 1957; »Peter Voss, der Millionendieb«, mit O.W. Fischer, Regie: Wolfgang Becker, 1958; »Hunde, wollt ihr ewig leben«, Regie: Frank Wysbar, »Heiße Ware, heiße Herzen«, »Freddy, die Gitarre und das Meer«, mit Freddy Quinn, Regie: Wolfgang Schleif, »Raubfischer in Hellas«, und »Drillinge an Bord«, mit Heinz Erhardt und Trude Herr, Regie: Hans Müller, 1959; »Wenn die Heide blüht«, Regie: Hans Deppe, 1960; »Satan der Rache«, mit Klaus Kinski, Regie: Anthony M. Dawson, BRD/Italien 1969; »Zeppelin«, mit Michael York und Elke Sommer, Regie: Etienne Périer, Großbritannien 1970; »Dracula im Schloß des Schreckens«, Regie: Anthony M. Dawson, Italien/Frankreich/BRD 1971.
Anschrift: c/o Agentur Baumbauer, Keplerstraße 2, 8000 München 80, und Pozeska 24, Stan 17, YU-11030 Belgrad, Jugoslawien.

Margit Carstensen

Geb. 29. 2. 1940 als Tochter eines Arztes in Kiel; dort aufgew.; nach dem Gymnasium nahm sie 1958 Schauspielunterricht in Hamburg. Erste Engagements hatte sie am Theater in Kleve, am Theater der Stadt Heilbronn, an den Städt. Bühnen Münster und am Staatstheater Braunschweig. 1965 kam sie an das Deutsche Schauspielhaus Hamburg. Von 1969 bis 1972 war sie Mitglied des Theaters der Freien Hansestadt Bremen. Weitere Stationen: Staatstheater Darmstadt (1973–1976), erneut Deutsches Schauspielhaus Hamburg (1976), Staatl. Schauspielbühnen Berlins (ab 1977) und Württembergisches Staatstheater Stuttgart (seit 1982). 1983/84 gastierte sie zudem an den Kammerspielen in München.
Ihre Arbeit bei Theater, Film und Fernsehen wurde seit 1969 sehr stark bestimmt durch den Regisseur Rainer Werner Fassbinder (verst. 1982).
Frau Carstensen spricht engl., franz.; sie ist verheiratet und lebt in Stuttgart.
Film: Unter der Regie von Rainer Werner Fassbinder: »Die bitteren Tränen der Petra von Kant«, 1972, »Fontane Effi Briest oder . . .« (nach Fontane) 1973, »Mutter Küsters' Fahrt zum Himmel« und »Satansbraten«, 1976, »Chinesisches Roulette«, 1977, »Die dritte Generation«, 1979.
Ferner: »Die Zärtlichkeit der Wölfe«, Regie: Ulli Lommel, 1973; »Adolf und Marlene«, Regie: Ulli Lommel, 1976; »Spiel der Verlierer«, Regie: Christian Hohoff, und »Kalte Heimat«, Regie: W. Werner Schaefer, 1979; »Die wilden Fünfziger« (nach Simmel), Regie: Peter Zadek, 1983; »Bittere Ernte«, Regie: Agnieska Holland, 1984.
Theater: Joy in Osbornes »Richter in eigener Sache«, Deutsches Schauspielhaus Hamburg 1965; Vittoria in Goldonis »Das Kaffeehaus«, Regie: Rainer Werner Fassbinder, 1969, Laurentia in Fassbinders »Das brennende Dorf« (nach Lope de Vega), Regie: Peer Raaben, 1970, Titelrolle in Gombrowicz' »Yvonne, Prinzessin von Burgund«, Regie: Wilfried Minks, 1971, Elisabeth in Schillers »Maria Stuart«, Regie: Wilfried Minks, und Geesche Gottfried in der Uraufführung von Fassbinders »Bremer Freiheit«, Regie: Fassbinder selbst (auch TV), 1972, jeweils Theater der Freien Hansestadt Bremen; in der Uraufführung von Fassbinders »Die bitteren Tränen der Petra von Kant«, Regie: Fassbinder selbst, Staatstheater Darmstadt 1973; Sylvia in Booth-Luce' »Frauen in New York«, Regie: Rainer Werner Fassbinder, Deutsches Schauspielhaus Hamburg 1976 (auch TV); Elisabeth in Schillers »Maria Stuart«, Regie: Günter Krämer, Schiller-Theater Berlin 1977; Marfa in Schillers »Demetrius« und Titelrolle in Bergs »Iphigenie«, 1982, Kassandra in der Uraufführung von Bergs »Klytainmnestra« (nach Goethe), 1983, Regie: jeweils Hansgünther Heyme, am Württembergischen Staatstheater Stuttgart; Orsina in Lessings »Emilia Galotti«, Regie: Thomas Langhoff, Münchner Kammerspiele 1984; Donna Isabella in Schillers »Die Braut von Messina«, Regie: Hansgünther Heyme, und Titelrolle in der Uraufführung »Schillers Jungfrau« (Kollektiv-Arbeit), Regie: Hansgünther Heyme, Württembergisches Staatstheater Stuttgart 1984/85.
Fernsehen: »Das Kaffeehaus« (nach Goldoni), ARD 1970; »Welt am Draht«, 2 Teile, ARD 1973; »Nora Helmer« und »Martha«, ARD 1974; »Angst vor der Angst«, ARD 1975; »Berlin Alexanderplatz« (nach Döblin), mit Günter Lamprecht, ARD 1980.
Regie bei allen Produktionen führte Rainer Werner Fassbinder.
Anschrift: c/o Agentur Jovanovic, Perfallstraße 6, 8000 München 80.

Rolf Castell

Geb. 28. 5. 1921 in München; dort aufgew.; nach dem Abitur begann er das Studium der Theaterwissenschaft bei Prof. Arthur Kutscher und besuchte die Schauspielschule. Nach vier Semestern wurde er 1940 zum Kriegsdienst eingezogen (davon zwei Jahre Einsatz in Afrika). Erst nach der Rückkehr aus der Gefangenschaft konnte er 1945 seine Ausbildung wieder aufnehmen.
Sein Debüt gab er 1948 an den Städt. Bühnen München, dem Zusammenschluß des Volkstheaters und der Kammerspiele. Von 1950 bis 1953 war er an den Münchner Kammerspielen engagiert. 1954 ging er an das Bayerische Staatsschauspiel München, an dem er bis heute als Gast tätig ist.
Bühnen-Gastspiele gab er u.a. in Sprechrollen an der Bayerischen Staatsoper München, beim Kabarett »Die Kleine Freiheit« München, bei den Luisenburg-Festspielen Wunsiedel, bei den Ruhrfestspielen Recklinghausen und am Stadttheater Ingolstadt.
Von 1952 bis 1982 wirkte Castell in etwa 30 Kinofilmen mit, darunter fünf amerikanische Produktionen. Beim Fernsehen arbeitet er seit den ersten Versuchssendungen. Er verkörperte etwa 130 verschiedene Rollen.
Einen großen Schwerpunkt seiner Tätigkeit bildet der Hörfunk. Seit 1948 bestritt er über 2500 Sendungen als Sprecher, Moderator, Regisseur, Autor und freier Redakteur. Am 1.10.1962 kreierte er die Sendung »Musikjournal« (BR), die er bis heute moderiert und die nach Hörerzuspruch zu den erfolgreichsten Produktionen des Senders zählt.
Weitere wichtige Hörfunksendungen: »Bayerisches Karussell«, »Bayernexpreß«, »Komödienstadl«, »Weißblaue Truhe«, »Alle Neune« und »Tanzparty am Samstagabend«.
Castell spricht engl., franz., ital.; er ist in zweiter Ehe verheiratet, hat zwei Söhne (Michael und Stephan) und lebt in München.
Film: »Zwischen Gestern und Morgen«, Regie: Harald Braun, 1947; »Entscheidung vor Morgengrauen«, Regie: Anatole Litvak, USA 1951; »Der Wüstenfuchs«, USA 1952; »Der Mann auf dem Seil«, Regie: Elia Kazan, USA 1953; »Feuerwerk« (nach Burkhard), mit Lilli Palmer, Regie: Kurt Hoffmann, 1954; »Es geschah am 20. Juli«, Regie: G.W. Pabst, »Benehmen ist Glücksache«, und »Der Frontgockel«, Regie: Ferdinand Dörfler, 1955; »Frauen um Richard Wagner« (»Magic fire«), Regie: William Dieterle, USA 1956; »Die grünen Teufel von Monte Cassino«, 1958; »Frühlingsmanöver«; »Bertha von Suttner«.
Theater: In Goethes »Götz von Berlichingen«, Regie: Leonard Steckel, in Molières »Der Geizige« und »Der Misanthrop«, Regie: jeweils Kurt Horwitz, in Cowards »Weekend« und in Einaktern von Ludwig Thoma, Regie: jeweils Arnulf Schröder, in Shakespeares »Ein Sommernachtstraum« und in Kleists »Prinz Friedrich von Homburg«, Regie: jeweils Gustav Rudolf Sellner, in Shakespeares »Julius Cäsar« und »Heinrich IV.«, in Goethes »Faust«, in Büchners »Dantons Tod« und in Shaws »Androklus und der Löwe«, Regie: jeweils Fritz Kortner, in zahlreichen Stücken von Raimund und Nestroy, Regie: jeweils Bruno Hübner, in Brods »Das Schloß« (nach Kafka), und in Schillers »Maria Stuart«, Regie: jeweils Rudolf Noelte, in Penzoldts »Die portugalesische Schlacht«, Regie: Werner Düggelin, in Shakespeares »Viel Lärm um nichts«, Regie: Heinz Hilpert, in Shakespeares »Ein Wintermärchen«, Regie: Günther Lüders, in Neveux' »Bei Tag und bei Nacht oder Der Hund des Gärtners« (nach Lope de Vega), und in Weskers »Die Küche«, Regie: jeweils Axel von Ambesser, in Wilhelms »Der Brandner Kaspar und das ewig' Leben« (nach Kobell), Regie: Kurt Wilhelm selbst, jeweils am Bayerischen Staatsschauspiel München 1954–1985; in Pirandellos »Sechs Personen suchen einen Autor«, in Tschechows »Die Möwe«, in der Uraufführung von Asmodis »Stirb und werde«, und in Fleißers »Der starke Stamm«, jeweils Stadttheater Ingolstadt;
in Egks »Columbus«, Richard Strauss' »Ariadne auf Naxos«, in Henzes »König Hirsch« und in Orffs »Lamenti« und »Die Bernauerin«, jeweils Bayerische Staatsoper München.
Fernsehen: »Kleider machen Leute« (nach Keller), mit Hanns Lothar, Regie: Paul Verhoeven, ARD 1963; »Ferdinand Graf Zeppelin«, ARD 1966; »Der Kommissar«, mit Erik Ode, Serie, ZDF 1969; »Königlich Bayerisches Amtsgericht« (von Lohmeier), mit Hans Baur, Serie, ZDF 1972; »Tatort«;, Serie, 6 Folgen, ARD 1974–1984; »Unser Walter«, mit Cordula

Trantow, Serie, ZDF 1976; »Sachrang« (von Storz), mit Gerhart Lippert, Regie: Wolf Dietrich, 3 Teile, ARD 1978; »Andreas Vöst« (nach Thoma), mit Jörg Hube, Regie: Eberhard Itzenplitz, ZDF 1979; »Anton Sittinger« (nach Oskar Maria Graf), ARD 1979; »Der Alte«, Serie, 4 Folgen, ZDF 1980–1983; »Der Gerichtsvollzieher«, mit Jörg Hube, Regie: Peter Weck, Serie, ARD 1981; »Der Gast«, ZDF 1982; »Derrick«, Serie, ZDF 1983; »Magdalena« (nach Thoma), Regie: Jörg Graser, ARD 1983; »Wie würden Sie entscheiden?«, Serie, ZDF 1985; »Der ideale Lebenszweck«, Buch + Regie: Bruno Jantos, ARD 1985.

Auszeichnung: »Verdienstmedaille des Bayerischen Rundfunks« 1983.

Anschrift: c/o ZBF-Agentur München, Leopoldstraße 19, 8000 München 40, oder Sternwartstraße 13, 8000 München 80.

Ingrid Caven

(eigentlich: Ingrid Schmidt)

Geb. 3. 8. 1938 als Tochter eines Zigarettenhändlers in Saarbrücken; nach dem Abitur studierte sie Pädagogik, Kunstgeschichte und Germanistik; nach dem Staatsexamen war sie als Lehrerin u.a. in Unter-Ascholding in Oberbayern tätig. Ohne Schauspielausbildung stieß sie 1968 zum eben gegründeten »antiteater« von Rainer Werner Fassbinder in München. Zusammen mit Hanna Schygulla debütierte sie dort in Anouilhs »Antigone«. Nachdem sie viele Nebenrollen in seinen Filmen gespielt hatte, heiratete sie 1970 den Filmemacher Fassbinder. Die Ehe wurde bereits nach zwei Jahren geschieden.
Seit 1976 tritt Frau Caven – die Schwester der Opernsängerin Trudeliese Schmidt – auch als Chansonsängerin in Erscheinung. Nach Liederabenden in München im Jahre 1976 schaffte sie den Durchbruch als Chansonnette an der Pariser Varieté-Bühne »Au Pigall's« im Jahre 1978. Unter der Regie des Schweiz. Filmregisseurs Daniel Schmid trug sie Texte von Wondratschek und Fassbinder zu Kompositionen von Peer Raben vor. Sie veröffentlichte mehrere LPs, u.a. »Ingrid Caven au Pigall's«, »Abendstern« (mit Texten von Hans Magnus Enzensberger) und »Halli Hallo« (1985).
Frau Caven spricht engl., franz.; sie lebt in Paris.
Film: Unter der Regie von Rainer Werner Fassbinder: »Liebe ist kälter als der Tod« und »Götter der Pest«, 1969; »Der amerikanische Soldat« und »Warnung vor einer heiligen Nutte«, 1970; »Der Händler der vier Jahreszeiten«, 1971; »Faustrecht der Freiheit«, 1974; »Mutter Küsters' Fahrt zum Himmel«, 1975; »Satansbraten«, 1976; »Eine Reise ins Licht - Despair«, 1977; »In einem Jahr mit 13 Monden«, 1978. Ferner: »Fernes Jamaica«, Regie: Peter Moland, 1969; »Warum läuft Herr R. Amok?«, Regie: Michael Fengler und Rainer Werner Fassbinder, 1970; »Mourire tranquille«, Regie: Hans Noever, und »Heute nacht oder nie«, Regie: Daniel Schmid, Schweiz 1972; »Ludwig – Requiem für einen jungfräulichen König«, Regie: Hans Jürgen Syberberg, 1972; »Zärtlichkeit der Wölfe«, Regie: Ulli Lommel, 1973; »La Paloma«, Regie: Daniel Schmid, »Meine kleinen Geliebten«, Regie: Jean Eustache, und »1 Berlin Harlem«, Regie: Lothar Lambert, 1974; »Néa«, Regie: Nelly Kaplan, 1976; »Violanta«, Regie: Daniel Schmid, 1977; »Looping«, mit Sydne Rome und Hans Christian Blech, Regie: Walter Bockmayer, »Tag der Idioten«, Regie: Werner Schroeter, »Narciss und Psyche«, Regie: Gábor Body, und »Malou«, Regie: Jeanine Meerapfel, 1981; »Die wilden Fünfziger« (nach Simmel), Regie: Peter Zadek, 1983; »L'Araignée de Satin«, Regie: Jacques Baratier, Frankreich 1984.
Theater: Herodias in Wildes »Salome«, Regie: Werner Schroeter, Schauspielhaus Bochum. 1985 spielte sie in Praunheims »Crème de l'illusion« am Renaissance-Theater Berlin.
Fernsehen: »Das Kaffeehaus« (nach Goldoni), Regie: Rainer Werner Fassbinder, und »Die Niklashauser Fahrt«, Regie: Rainer Werner Fassbinder, ARD 1970; »Der Tod der Maria Malibran«, Regie: Werner Schroeter, ARD 1971; »Welt am Draht«, Regie: Rainer Werner Fassbinder, 2 Teile, und »Martha«, Regie: Rainer Werner Fassbinder, ARD 1973; »Angst vor der Angst«, Regie: Rainer Werner Fassbinder, ARD 1975; »Goldflocken«, Regie: Werner Schroeter, ARD 1976; »Bios Bahnhof«, mit Alfred Biolek, ARD 1980; »Liedercircus«, ZDF 1982; »Die Krimistunde«, Regie: George Moorse, ARD 1983.
Auszeichnung: »Filmband in Gold« (Bundesfilmpreis) 1981.
Anschrift: c/o ZBF-Agentur München, Leopoldstraße 19, 8000 München 40.

Peter Chatel

(eigentlich: Peter Schlätel)

Geb. 7. 12. 1943 in Bad Segeberg; ab 1952 in Hannover aufgew.; lebt in Paris; ledig; spricht engl., franz., ital.; der Wunsch, Schauspieler zu werden, erwachte mit vierzehn Jahren, als er Gustaf Gründgens in der Rolle des Mephisto in Goethes »Faust« bewunderte; er absolvierte die Hochschule für Musik und darstellende Kunst Hamburg unter Prof. Eduard Marks; 1967 debütierte er am Zimmertheater in Heidelberg; Tourneen und Engagements am Schauspielhaus Bochum (1974), der Freien Volksbühne Berlin (1975) und am Theater am Turm Frankfurt/Main (1975/76) folgten. Seit 1975 trat Chatel auch mit eigenen Inszenierungen an die Öffentlichkeit; u.a.: Büchners »Leonce und Lena«, Goldonis »Der Schmeichler«, Theater am Turm Frankfurt/Main 1975/76, Fichtes »Der Ledermann«, Théâtre Lucernaire Paris 1979, Hauptmanns »Rose Bernd«, mit Hanna Schygulla, Tournee 1980, Shermanns »Bent«, Théâtre de Paris 1981, Athaydes »Madame Margerite«, Studiotheater München, und Peer Rabens »Paramount Hotel«, Studio Gabriel Paris (und WDR), 1982, Lericis »Il giardino delle palme«, Teatro Belli Rom 1983.

Film: »Così i morta la nonna«, Italien 1969; »Gravida«, Regie: Giorgio Albertazzi, Italien 1970; Trotzkis Sekretär Otto in »Die Ermordung Trotzkis«, mit Richard Burton, Romy Schneider und Alain Delon, Regie: Joseph Losey, Frankreich 1971; »Der Händler der vier Jahreszeiten«, Regie: Rainer Werner Fassbinder, 1972; »La Paloma« und »Heute nacht oder nie«, jeweils mit Ingrid Caven, Regie: jeweils Daniel Schmid, 1972/73; »Jane bleibt Jane«, Regie: Walter Bockmayer, und »Faustrecht der Freiheit«, Regie: Rainer Werner Fassbinder, 1975; »Les Apprentis Sorciers«, Regie: Edgardo Cosarinsky, Frankreich 1976; »Looping«, Regie: Walter Bockmayer, 1981; »Il momento dell' Avventura«, Italien 1983.

Theater: In Ortons »Seid nett zu Mr. Sloane«, Zimmertheater Heidelberg 1967; in Rollands »Ein Spiel von Tod und Liebe«, Tournee 1968; in Heinrich Manns »Bibi«, mit Hanna Schygulla und Brigitte Mira, Schauspielhaus Bochum 1973, in Ibsens »Hedda Gabler«, mit Eva Mattes, Freie Volksbühne Berlin, und in Zolas »Germinal«, mit Karlheinz Böhm, Theater am Turm Frankfurt/Main 1975, Regie: jeweils Rainer Werner Fassbinder.

Fernsehen: »Tony's Freunde«, Regie: Paul Vasil, ZDF 1969; »Elena Voulgari«, ZDF 1970; »Zwei kluge Männer und die Treue einer Frau«, ARD 1972; »Orlando Furioso« (nach Ariost), RAI/Italien, 1972; »Der Kommissar«, mit Erik Ode, Serie, 9 Folgen, ZDF 1973–1976; »Martha«, Regie: Rainer Werner Fassbinder, ARD 1973; »Der Postmeister«, Regie: Ulrich Edel, ARD 1979; »Derrick«, Serie, ZDF 1982/83; Andrea in »Die Skulptur der Griechen«, Regie: Faliero Rosati, ital. TV 1983, ARD 1984.

Anschrift: c/o Agentur Alexander, Lamontstraße 9, 8000 München 80.

Liesel Christ

Geb. 16.4.1919 in Frankfurt/Main; dort aufgew.; bereits mit viereinhalb Jahren stand sie in Belascos »Madame Butterfly« auf der Bühne; Rollen in »Peterchens Mondfahrt« und Tiecks »Der gestiefelte Kater« folgten. Nach der mittleren Reife und dem Besuch der Hochschule für Musik und Theater in Frankfurt/Main (1933–1936) erhielt sie dort ihr erstes Engagement bei den Römerbergfestspielen im Jahre 1936. Ein Engagement am Stadttheater Koblenz schloß sich an. Von 1938–1944 stand sie im Ensemble des Stadttheaters Heilbronn/Neckar. Weitere Stationen waren Görlitz und Breslau. 1953 war sie Mitbegründerin des Landestheaters Rhein-Main in Frankfurt/Main, wo sie bis 1958 wirkte. Als freischaffende Schauspielerin, die sich mittlerweile vor allem dem Fernsehen zugewandt hatte, gab sie u.a. Gastspiele an den Städt. Bühnen Mainz, an den Städt. Bühnen Bielefeld und am Fritz-Rémond-Theater im Zoo in Frankfurt/Main.
1971 gründete Frau Christ das Volkstheater Frankfurt/Main, das sie bis heute leitet.
Sie spricht engl.; sie ist geschieden, hat zwei Töchter (Gisela und Bärbel) und lebt in Frankfurt/Main.
Theater: Annchen in Halbes »Jugend«, Stadttheater Koblenz 1937; in Müller-Schlössers »Schneider Wibbel«, in Malß' »Der alte Bürgerkapitän« und in Hauptmanns »Der Biberpelz«, Landestheater Rhein-Main Frankfurt/Main 1953–1958; in Kishons »Der Trauschein«, mit Willy Reichert, Tournee 1967/68 (auch TV); in Reuchlings »Anno dazumal«, Großmutter in Kotzebues »Die deutschen Kleinstädter«, in Niebergalls »Des Burschen Heimkehr oder Der tolle Hund« (auch TV), Annemarie in Zuckmayers »Der fröhliche Weinberg«, Frau Schippel in Stolzers »Alt Frankfurt«, in Breitbachs »Das Jubiläum« (auch TV), in Jacoby/Laufs' »Pension Schöller«, in »Der Sturm auf die Konstabler Wache«, Mutter in Fitzgerald Kusz' »Schweig' Bub«, Marthe Schwerdlein in Goethes »Urfaust«, Regie: Wolfgang Kaus, Titelrolle in Brechts »Mutter Courage und ihre Kinder«, Mutter in Flatow/Pillaus »Das Fenster zum Flur«, in Franks »Sturm im Wasserglas«, und Frau Lotterbeck in der Uraufführung von Rudolf/Beths »Die Weltmeister« (auch TV), jeweils Volkstheater Frankfurt/Main 1971–1984. Mit den Stücken »Urfaust« (Goethe), »Fünf Frankfurter« (Rößler) und »Der zerbrochene Krug« (Kleist) gab sie Gastspiele in Tel Aviv und Haifa.
Fernsehen: Mama Hesselbach in »Familie Hesselbach«, von und mit Wolf Schmidt, 52 Folgen, ARD 1959–1966; »Der Datterich« (nach Niebergall), ARD 1969; »Timo«, mit Liselotte Pulver, Serie, ARD 1970; »Der Hofmeister«, ARD 1974; »Florian« (von Eva Mieke), ZDF 1975; »Tatort«, Serie, 2 Folgen, ARD 1976; »Die alten Mädchen«, mit Harald Juhnke, ZDF 1979; Titelrolle in »Mudder-Liesel«, Regie: Erich Neureuther, Hessisches Fernsehen 1983; »Die geteilte Walküre«, Regie: Andreas Pape, ARD 1983; »Die schöne Wilhelmine«, Regie: Rolf von Sydow, ZDF 1984.
Auszeichnungen: 1. Ehrenring der Stadt Frankfurt/Main 1973; Bundesverdienstkreuz der Bundesrepublik Deutschland 1976.
Anschrift: c/o Volkstheater Frankfurt/Main, Großer Hirschgraben 19/21, 6000 Frankfurt/Main.

Ute Christensen

(eigentlich: Ute Schernau)

Geb. 21.12.1955 in Neubrandenburg/Mecklenburg; aufgew. in (West-)Berlin und ab 1960 in Mecklenburg; nach der mittleren Reife besuchte sie bereits mit 15 Jahren die Schauspielschule Rostock (3 1/2 Jahre Ausbildung). 1974 erhielt sie ein Engagement am Theater Cottbus, dem sie bis 1975 angehörte. Sie drehte sieben Kino- und TV-Filme in der DDR und veranstaltete eigene Brecht-Abende.
Vor dem Antritt eines Engagements am Deutschen Theater (Ost-)Berlin (Lanes »Happy end«) verhalf ihr ihr damaliger Freund und späterer Ehemann, der französisch-norwegische Ingenieur Alain Christensen, 1975, eingeschweißt im Kofferraum seines Wagens, zur Flucht in den Westen. Über dieses Erlebnis schrieb sie ein Drehbuch, das ein US-Filmproduzent in Kürze verfilmen wird.
Nach einjährigem Aufenthalt in Paris arbeitet sie seit 1976 in der Bundesrepublik Deutschland. Bühnen-Engagements hatte sie u.a. an der Landesbühne Hannover und am Stadttheater Aachen sowie auf Tournee. Seit 1979 ist sie vor allem für das Fernsehen tätig. Frau Christensen spricht engl., franz., russ.; sie lebt abwechselnd in München und Paris.
Film: »Morgengrauen«, mit Hannelore Elsner und Hans-Georg Panczak, Regie: Peter Sämann, 1984; »Mama mia – nur keine Panik«, mit Helmut Fischer und Thomas Gottschalk, Regie: Dieter Pröttel, 1984.
Theater: Lillian Holliday in Lanes »Happy end«, Theater Rostock 1974; Julia in Shakespeares »Romeo und Julia«, Natascha in Tolstois »Krieg und Frieden«, Eliza in Lerner/Loewes »My Fair Lady«, jeweils Theater Cottbus 1974/75; Abigail in Scribes »Das Glas Wasser«, Tournee 1976; Polly in Brecht/Weills »Die Dreigroschenoper«, Landesbühne Hannover; Gretchen in Goethes »Faust I«, Stadttheater Aachen.
Fernsehen: »Der Frosch und die Eintagsfliege«, mit Heinz Baumann, und »Berlin Mitte«, Regie: Peter Beauvais, ARD 1980; »Graf Thun läßt bitten«, mit Julia Migenes, Regie: Joachim Hess, ARD 1981; »Derrick«, Serie, »Der Schrei«, mit Martin Held, Regie: Alfred Weidenmann, »Die Karten lügen nicht«, mit Käthe Gold, und Freundin in »Tod eines Schülers«, mit Till Topf, Regie: Claus Peter Witt, 6 Teile, ZDF 1981; »Der Alte«, Serie, 2 Folgen, ZDF 1981 + 1983; »Berlin Tunnel 21« mit Richard Thomas, Regie: Richard Michaels, CBS, US-TV 1981; »Bretter, die die Welt bedeuten«, Regie: Dieter Wedel, Serie, und »Es ist angerichtet«, mit Eddi Arent, Serie, ARD 1982; »Billet doux«, 6 Teile, franz. TV 1983; »Ein Fall für zwei«, Serie, »Leute wie du und ich«, mit Harald Juhnke, Serie, »Angelo und Luzy«, Regie: Oliver Storz, Serie, »Pepp & Company«, Serie, und »Ich heirate eine Familie« (von Flatow), mit und unter der Regie von Peter Weck, Serie, ZDF 1984; »Geschichten aus der Heimat«, Serie, »Die Krimistunde«, Regie: Hartmut Griesmayr, Serie, 2 Folgen, und »Die Linden von Lautenbach« (nach Eugen), Regie: Bernard Saint-Jacques, ARD 1985; »Stadttheater« (nach Fritz Raab), Regie: Thomas Fantl, ZDF 1985; »Marktplatz der Sensationen« (nach Egon Erwin Kisch), Regie: Martin Holly, 5 Teile, ARD 1985.
Anschrift: c/o Agentur von Pilecki, Eilandstraße 12, 8000 München 90, oder Artmedia, 10 Avenue St. George, F-75008 Paris, Frankreich.

Eva Christian

(eigentlich: Evelyne Gutmann)

Geb. in Berlin; aufgew. in Bukarest, Rumänien; dort studierte sie nach dem Abitur an der Universität Theater- und Filmwissenschaft. Ihr erstes Engagement erhielt sie am Komödientheater Bukarest. 1957 gab sie ihr Film-Debüt in dem rumänischen Streifen »Eruption«. 1962 kam sie in die Bundesrepublik Deutschland. Unter Erwin Piscator erhielt sie 1962/63 ihr erstes Engagement an der Freien Volksbühne Berlin. 1964/65 spielte sie unter der Regie von Fritz Kortner an den Münchner Kammerspielen, 1966/67 unter Günther Fleckenstein am Deutschen Theater Göttingen. Von 1968 bis 1970 gehörte sie zum Ensemble der Staatl. Schauspielbühnen Berlins. Gastspiele gab sie u.a. am Fritz-Rémond-Theater im Zoo Frankfurt/Main, bei den Burgfestspielen Jagsthausen sowie auf Tournee.
Seit 1964 wirkt sie in großem Umfang für Film und Fernsehen. Sie ist Leiterin des Theaterverlages Langen Müller, München.
Frau Christian spricht ital., franz., engl., rumän.; sie ist ledig und lebt in München.
Film: »Eruption«, Regie: Liviu Ciulei, Rumänien 1957; »Cream-Schwabing-Report«, Regie: Leon Capetanos, 1971; »Und der Regen verwischt jede Spur« (nach Puschkin), Regie: Alfred Vohrer, 1972; »Unwiederbringlich«, Regie: Theodor Kotulla, 1973.
Theater: In Anouilhs »Die Grotte«, mit Dieter Borsche und Lucie Mannheim, Regie: Erwin Piscator, und in Julius Hays »Haben«, mit Tilla Durieux und Lina Carstens, Regie: Günther Fleckenstein, jeweils Freie Volksbühne Berlin 1962/63; in der Uraufführung von Kortners »Zwiesprache«, mit Marianne Hoppe und Martin Held, Regie: Fritz Kortner selbst, Münchner Kammerspiele 1964/65; in Giraudoux' »Sodom und Gomorrha«, mit Hilde Krahl und Walther Reyer, Regie: Wolfgang Liebeneiner, Tournee 1965; Jeanne in Anouilhs »Jeanne oder Die Lerche«, Regie: Günther Fleckenstein, Deutsches Theater Göttingen 1966/67; in Pfeiffers »Kleine Morde«, Regie: Ernst Schröder, Hexe in Shakespeares »Macbeth«, und Herbstfleiß in Hacks' »Frieden«, Regie: Rolf Henniger, jeweils Schiller-Theater Berlin 1968–1970; in Simons »Dachlawine«, Fritz-Rémond-Theater im Zoo Frankfurt/Main; in Osbornes »Richter in eigener Sache«, mit Curd Jürgens, und Hedwig Tell in Schillers »Wilhelm Tell«, jeweils Tournee; Elisabeth in Goethes »Götz von Berlichingen«, mit Hans Dieter Zeidler und Friedrich Schütter, Burgfestspiele Jagsthausen.
Fernsehen: Unter der Regie von Herbert Ballmann spielte sie in den Serien »Familie Bergmann« und »Es geschah übermorgen«. Ferner u.a. in: »Der Fall Maria Rohrbach«, 3 Teile, ARD 1963, »Rasputin«, 2 Teile, ARD 1966, und »Anastasia«, 2 Teile, ARD 1967, Regie: jeweils Robert A. Stemmle; »Peter Schlemihls wundersame Geschichte« (von Zusanek nach Chamisso), mit Götz George, Regie: Peter Beauvais, ARD 1967; »Drüben bei Lehmanns«, mit Brigitte Mira und Walter Gross, Serie, und »Zeit der halben Herzen« (von Lehman), Regie: Peter Beauvais, ARD 1968; »Die Frau in Weiß« (von Asmodi nach Collins), mit Heidelinde Weis und Christoph Bantzer, Regie: Wilhelm Semmelroth, 3 Teile, ARD 1971; »Die Grenzen des Möglichen«, Regie: Victor Vicas, franz. TV 1972; »Der Scheck heiligt die Mittel« (nach Kolarz), mit Horst Frank, Regie: Peter Schulze-Rohr, ZDF 1974; »Eine ungeliebte Frau« und »Die Kriegsbraut« (nach Courths-Mahler), Regie: Tom Toelle, ARD 1974; »Derrick«, Serie, 2 Folgen, ZDF 1975/76; »Der Alte«, Serie, ZDF 1977; »Tödliches Geheimnis« (nach William Godwin), Regie: Herbert Wise, 4 Teile, ZDF 1980; »Gesicht zu vermieten«, und »La bella Otero«, Regie: Hosechonia Saches, span. TV 1984; Teresa Stolz in »Verdi. Eine italienische Legende«, mit Ronald Pickup und Carla Fracci, Regie: Renato Castellani, 8 Teile, RAI/BBC/Antenne 2/SVI 2/sowjet. TV und ARD 1984/85; »Wie würden Sie entscheiden?«, Serie, und »Schwarzwaldklinik«, Regie: Alfred Vohrer, ZDF 1985; »Kein Alibi für eine Leiche« (von Durbridge), mit Peter Bongartz und Peter Fricke, Regie: Wolf Dietrich, ZDF 1986.
Anschrift: c/o Agentur von Pilecki, Eilandstraße 12, 8000 München 90.

Hans Clarin

– Staatsschauspieler –

Geb. 14.9.1929 in Wilhelmshaven; dort aufgew.; nach dem Besuch eines musischen Gymnasiums interessierte er sich zunächst für die Landwirtschaft, wandte sich jedoch dann dem Schauspieler-Beruf zu. Von 1948 bis 1950 nahm er Unterricht bei Ruth von Zerboni in München.
Als Attalus in Grillparzers »Weh' dem, der lügt« gab er 1950 sein Debüt an den Münchner Kammerspielen, wo er bis 1953 beschäftigt war. Nachdem er bereits vorher mit Stückverträgen dort arbeitete, kam er 1953 an das Bayerische Staatsschauspiel München, dem er viele Jahre angehörte (ab 1961 als Staatsschauspieler). Gastspiele gab er zahlreich auf Tournee, an der Kleinen Komödie München und bei den Salzburger Festspielen.
Große Popularität errang er neben seinen Verpflichtungen als Schauspieler bei Film und Fernsehen auch als Sprecher für Hörfunk und Synchronisation. Seine erste große Aufgabe war die Synchronisation des »Kriminalassistenten Cookie« in der beliebten US-Fernsehserie »77 Sunset Strip« (lief in den 60er Jahren in der ARD). Für den Hörfunk des Bayerischen Rundfunks begann er zusammen mit Gustl Bayrhammer (»Meister Eder«) in den 50er und 60er Jahren die Serie »Pumuckl« (von Ellis Kaut), aus der vor allem durch Schallplatten, Kinofilme (1981 + 1985) und die Fernsehreihe ein riesiger Erfolg erwuchs. Die Stimme des Kobolds »Pumuckl« wurde Clarins Markenzeichen. Zusammen mit anderen Märchen-Platten – und vor allem Cassetten (»Hui bu«, »Asterix und Obelix«) – erreichte er eine vielfache Millionenauflage.
1968 veröffentlichte er sein Jugendbuch »Paquito oder Die Welt von unten«. Es wurde unter seiner Regie für das Fernsehen verfilmt.
Clarin spricht engl.; er ist in zweiter Ehe verheiratet mit Margarethe Freiin von Kramer-Klett. Er hat vier Töchter (Angela, geb. 1950, Manuela, geb. 1952, Irene, geb. 1955, und Anna, geb. 1977), einen Sohn (Philipp, geb. 1975) und lebt auf seinem Hof in Aschau/Chiemgau. Seine Tochter Irene wählte ebenfalls den Schauspieler-Beruf.
Film: »Zwerg Nase«, 1952; »Die goldene Gans«, 1953; »Feuerwerk« (nach Burkhard), mit Lilli Palmer, Regie: Kurt Hoffmann, und »Geliebtes Fräulein Doktor«, 1954; »Oberarzt Dr. Solm«, 1955; »Der Etappenhase« (nach Bunje), 1957; »Das Wirtshaus im Spessart« (nach Hauff), mit Liselotte Pulver, Regie: Kurt Hoffmann, und »Taiga«, 1958; »Das schöne Abenteuer«, 1959; »Der Gauner und der liebe Gott«, mit Gert Fröbe und Karlheinz Böhm, Regie: Axel von Ambesser, und »Das Spukschloß im Spessart«, Regie: Kurt Hoffmann, 1960; »Das indische Tuch« (nach Wallace), mit Elisabeth Flickenschildt und Klaus Kinski, Regie: Alfred Vohrer, 1963; »Wartezimmer zum Jenseits«, mit Hildegard Knef, Regie: Alfred Vohrer, 1964; »Eine Frau sucht Liebe«, und »Pippi Langstrumpf« (nach Lindgren), mit Margot Trooger, Regie: Olle Hellbom, 1969; »Die Jugendstreiche des Knaben Karl«, Regie: Franz Seitz, 1977; Stimme Pumuckl in »Meister Eder und sein Pumuckl« (nach Kaut), mit Gustl Bayrhammer, Regie: Ulrich König, BRD/Ungarn 1981 + 1985; ; »Marie Ward«, mit Hannelore Elsner, Regie: Angelika Weber, 1985.
Theater: Puck in Shakespeares »Ein Sommernachtstraum«, La Fleche in Molières »Der Geizige«, Harlekin in Marivaux' »Das Spiel von Liebe und Zufall«, Herr von Gigl in Nestroys »Das Mädl aus der Vorstadt«, Chlestakow in Gogols »Der Revisor«, Benjamin in Strindbergs »Ostern«, Dr. Franz Jura in Bahrs »Das Konzert«, Jonny in O'Caseys »Juno und der Pfau«, Lewis in Kingsleys »Polizeirevier 21«, Titelrolle in Barries »Peter Pan«, Vasco in Schehadés »Die Geschichte von Vasco«, Felix Ungar in Simons »Ein seltsames Paar«, Passepartout in Kohouts »Reise um die Erde in 80 Tagen« (nach Verne), Titelrolle in Thomas »Charley's Tante«, in »Professor Unrat« (nach Heinrich Mann), in Sauvajons »Festival für einen Gauner«, in Niessens »Der Wetterfrosch«, in Popplewells »Ehe im Kopfstand«, in Hofmannsthals »Jedermann«, jeweils an den vorgenannten Bühnen bis 1985; in Legouve/Scribes »Damenkrieg«, mit Sonja Ziemann (Kleine Komödie München 1986).
Fernsehen: Er spielte u.a. in: »Das Kaffeehaus« (nach Goldoni); »Diener zweier Herren« (nach Goldoni); »Don Giovanni« (nach Mozart), Regie: Kurt Wilhelm, ARD 1956; Der junge Adlige in »Die Bernauerin« (nach Orff), Regie: Gustav Rudolf Sellner, ARD 1958; »Dame Kobold« (nach Calderon); »Die kluge Närrin«; »Der Revisor« (nach Gogol); »Das Spiel von

Liebe und Zufall«; »Königliches Abenteuer«; »Von Mäusen und Menschen« (nach Steinbeck); »Unsere deutschen Kleinstädter«; »Italienische Nacht« (nach Horváth); »Porträt eines Helden«; »Ein Eremit wird entdeckt«; »James' Tierleben«, Serie (ARD); »Königliches Abenteuer« (nach Biller), Regie: Joachim Hess, ARD 1966; »Christoph Kolumbus oder Die Entdeckung Amerikas« (von Hasenclever nach Tucholsky), mit Karl Michael Vogler und Klaus Schwarzkopf, Regie: Helmut Käutner, ARD 1969; »Narrenspiegel«, Regie: Hans Quest, ZDF 1971; »Irgendwo ist Alachoo« (Buch: Clarin selbst), ARD 1971; »Unter anderem Ehebruch«; »Klimbim«, Serie, ARD 1976; »Vater Seidl und sein Sohn«, mit Walter Sedlmayr und Monika Dahlberg, Regie: Kurt Wilhelm, Serie, ARD 1978; »Ein Mann für alle Fälle«, Serie, ZDF 1979; »Es begann bei Tiffany«, Regie: Wolfgang Becker, ARD 1979; »Das kleine Bezirksgericht«, mit Lotti Krekel, Serie, ZDF 1982; »Die fünfte Jahreszeit«, Regie: Franz Josef Gottlieb, Serie, ARD 1982; Stimme des Pumuckl in »Meister Eder und sein Pumuckl« (nach Ellis Kaut), mit Gustl Bayrhammer, Hugo Lindinger und Wolfgang Völz, Regie: Ulrich König, Serie, ARD 1982/83 und 1985; »Wunderland« und »Mary und Gordy auf dem Lande«, ARD 1983; »Die Pyramide«, mit Dieter Thomas Heck, Serie, und »Mandara«, mit Horst Frank, 13 Folgen, ZDF 1983; »Ein Fall für zwei«, Serie, ZDF 1984; »Der Weg ins Freie« (nach Schnitzler), mit Klaus Maria Brandauer, Regie: Karin Brandauer, 2 Teile, »Die Krimistunde«, Regie: Hartmut Griesmayr, Serie, und »So lebten sie alle Tage«, Regie: Ulrich Schamoni, 5 Teile, ARD 1984; »Ich knüpfte manche zarte Bande«, mit Johannes Heesters, Regie: Rolf von Sydow, ORF 1985; »Souvenirs, Souvenirs«, Serie, »Freitag's Abend«, mit Thomas Freitag, Regie: Heinz Liesendahl, Serie, und Titelrolle in »Der kleine Riese« (von Reinecker), mit Doris Kunstmann, Regie: Imo Moszkowicz, ARD 1985; Calicot in »Madame Pompadour« (nach Fall), Regie: Eugen York (Wiederaufnahme), »Spiel im Schloß« (nach Molnár), mit Helmut Lohner, Ursela Monn und Martin Benrath, Regie: Otto Schenk, und »Wolfgang-Kieling-Special«, ZDF 1985; »Oliver Maas« (nach Justus Pfaue), Regie: Gero Erhardt, 6 Teile, ZDF 1985/86.

Auszeichnung: Bayerischer Staatsschauspieler 1961.
Anschrift: c/o Agentur Lentz, Holbeinstraße 4, 8000 München 80, oder Zellerhornstraße 75, 8213 Aschau/Oberbayern.

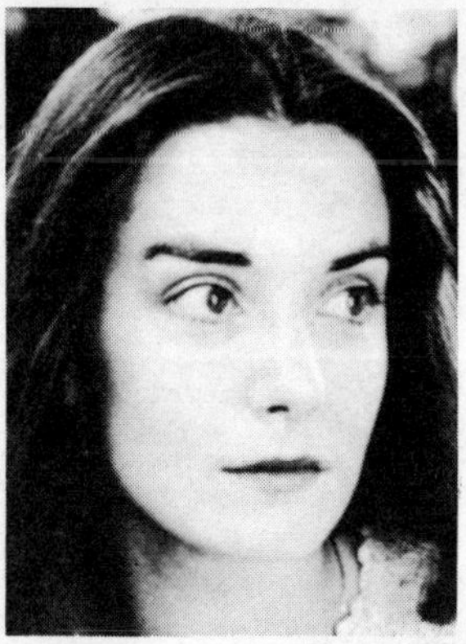

Irene Clarin

Geb. 1955 als Tochter des Schauspielers Hans Clarin in München; dort und in Aschau/Chiemgau aufgew.; nach der Schauspielausbildung kam sie 1977 an die Münchner Kammerspiele, denen sie bis heute als Ensemble-Mitglied angehört.
Frau Clarin spricht engl., franz., ital.; sie ist ledig und lebt in München.
Film: »Das zweite Gesicht«, Regie: Dominik Graf, 1982.
Theater: Junger Soldat in H. Müllers »Germania Tod in Berlin« (mit dem Beiprogramm: »Es geht alles vorüber«), 1977/78, Marie in Brechts »Trommeln in der Nacht«, 1978/79, Rosalie in Kleists »Das Käthchen von Heilbronn«, 1979, Regie: jeweils Ernst Wendt, Fortinbras in Shakespeares »Hamlet«, mit Lambert Hamel, 1980, Mara-Mara in Pirandellos »Die Riesen vom Berge«, Regie: Ernst Wendt, Marja Efimovna Grekovna in Tschechows »Platonow«, und Lucile in Büchners »Dantons Tod«, Regie: Dieter Dorn, 1980/81, Graf und Waldnymphe Viviane in Dorsts »Merlin oder Das wüste Land«, mit Peter Lühr, Regie: Dieter Dorn, Rosalinde in Shakespeares »Wie es euch gefällt«, und Frau im weißen Kleid in Wilsons »Die Goldenen Fenster«, mit Peter Lühr und Maria Nicklisch, Regie: Robert Wilson selbst, 1981/82, Ann in deutscher Erstaufführung von Bonds »Sommer«, Regie: Luc Bondy, und Anja in Tschechows »Der Kirschgarten«, Regie: Ernst Wendt, 1982/83, Gräfin Gallig in E. Tollers »Der entfesselte Wotan«, 1983/84, Recha in Lessings »Nathan der Weise«, Regie: Fritz Marquardt, 1984/85, und in der Uraufführung von Dreyers »Die goldene Brücke«, Regie: Harald Clemen, 1985, und Herbert in der Uraufführung von Achternbuschs »Weg«, Regie: Herbert Achternbusch selbst, 1985/86, jeweils Münchner Kammerspiele.
Fernsehen: »Der Alte«, Serie, ZDF 1978; »Die Wiesingers« (von Ahlsen), mit Hans-Reinhard Müller, Regie: Bernd Fischerauer, Serie, ARD 1984.
Auszeichnung: »O.E.-Hasse-Preis« (dotiert mit 6000 DM) 1983.
Anschrift: c/o Agentur Mattes, Pilotystraße 2, 8000 München 22.

Edith Clever

Geb. 13.12.1940 in Wuppertal; dort aufgew.; nach der Schule absolvierte sie ihre Schauspielausbildung an der Otto-Falckenberg-Schule in München. Ihre Bühnenstationen: Staatstheater Kassel, Theater der Freien Hansestadt Bremen (1966–1970) und Schaubühne am Halleschen Ufer (jetzt Lehniner Platz) Berlin (seit 1971). Gastspiele gab sie u.a. an den Münchner Kammerspielen (1968) und am Schauspielhaus Zürich (1970).

Frau Clever spricht engl., franz.; sie lebt in Berlin.

Film: Titelrolle in »Die Marquise von O . . .« (nach Kleist), Regie: Eric Rohmer, BRD/Frankreich 1975 (auch ARD 1979); Titelrolle in »Die linkshändige Frau«, Regie: Peter Handke, 1978; »Mädchenjahre«, Regie: Jeanne Moreau, Frankreich, 1979; »Groß und Klein« (nach Botho Strauß), Regie: Peter Stein, 1980; Kundry (gesungen von Yvonne Minton) in »Parsifal« (nach Wagner), Regie: Hans Jürgen Syberberg, BRD/Frankreich 1982; »Die Nacht« (einzige Darstellerin eines Sechs-Stunden-Epos), Regie: Hans Jürgen Syberberg, 1985.

Theater: Titelrolle in Hölderlins »Antigone«, Regie: Kurt Hübner, Titelrolle in Ibsens »Nora«, Regie: Peter Zadek, und Lady Macbeth in Shakespeares »Macbeth«, 1966, Luise in Schillers »Kabale und Liebe«, Regie: Peter Stein, 1967, Frau Solveig in Ibsens »Peer Gynt«, Regie: Kurt Hübner, 1968, Leonore Sanvitale in Goethes »Torquato Tasso«, Regie: Peter Stein, und Eboli in Schillers »Don Carlos«, Regie: Kurt Hübner, 1969, jeweils Theater der Freien Hansestadt Bremen; Isabella in Shakespeares »Maß für Maß«, Regie: Peter Zadek, Münchner Kammerspiele 1968; Beatrice in Middleton/Rowleys »Changeling«, Regie: Peter Stein, Schauspielhaus Zürich 1970; Henny Porten in der Uraufführung von Handkes »Der Ritt über den Bodensee«, Regie: Claus Peymann und Wolfgang Wiens, 1971, Valerie in Horváths »Geschichten aus dem Wienerwald«, Regie: Klaus Michael Grüber, 1972, Nelly in Botho Strauß' »Hypochonder«, Regie: Wilfried Minks, und Agaue in Euripides' »Die Bakchen«, Regie: Klaus Michael Grüber, 1973; Warwara in Gorkis »Sommergäste« (auch als Film), 1975, Ruth in Botho Strauß' »Trilogie des Wiedersehens«, 1978, Lotte in der Uraufführung von Botho Strauß' »Groß und Klein« (auch als Film), 1979, und Klytaimnestra in Aischylos' »Orestie« 1980 (auch 2tlg. ZDF 1984), Regie: jeweils Peter Stein, Die Frau in Botho Strauß' »Kalldewey Farce«, Regie: Luc Bondy, Königin in Shakespeares »Hamlet«, Regie: Klaus Michael Grüber, 1982, und Olga in Tschechows »Drei Schwestern«, Regie: Peter Stein, 1984, jeweils Schaubühne am Lehniner Platz Berlin.

Fernsehen: »Georginas Gründe«, Regie: Volker Schlöndorff, ARD 1975.

Auszeichnung: »Bundesfilmpreis« 1976; »Bayerischer Filmpreis« (für Rolle in »Parsifal«) 1983.

Anschrift: c/o Schaubühne am Lehniner Platz, Kurfürstendamm 153, 1000 Berlin 31.

Marie Colbin

Geb. 18.11.1957 als Tochter eines Möbelhändlers in Gmunden/Oberösterreich; dort aufgew.; noch vor dem Abitur verließ sie das Gymnasium und studierte zwei Jahre lang an der Wiener Kunstakademie. Anschließend absolvierte sie drei Jahre lang die Schauspielschule des Mozarteums in Salzburg (mit Diplom) und nahm Gesangs- und Tanzunterricht. Noch vor Ende ihrer Ausbildung (1979) debütierte sie 1977 unter der Regie von Veit Relin in Turrinis »Rozznjogd« (»Ratzenjagd«; über 80 Vorstellungen).
Seither machte sie vor allem als Film- und Fernseh-Schauspielerin auf sich aufmerksam. Am Berliner Schiller-Theater verkörperte sie 1982 die Rolle des »süßen Mädels« in Schnitzlers »Der Reigen«.
Frau Colbin spricht engl., franz.; sie ist ledig und lebt in Innsbruck.
Film: »Der Schneider von Ulm«, mit Tilo Prückner, Regie: Edgar Reitz, und »Nachtwachen«, Regie: Dagmar Damek, 1978; »Die Reinheit des Herzens«, Regie: Robert van Ackeren, 1979; »Malou«, 1980; »Sei zärtlich, Pinguin«, Regie: Peter Hajek, und »Das Gold der Liebe«, Regie: Eckhart Schmidt, 1982; »Karambolage«, Regie: Kitty Kino, und »Frühlingssinfonie«, mit Nastassja Kinski und Herbert Grönemeyer, Regie: Peter Schamoni, 1983; Marianne Bachmeier in »Der Fall Bachmeier«, Regie: Hark Bohm, 1984; »Die Krankheit des Todes«, Buch + Regie: Peter Handke, 1985.
Fernsehen: »Die Macht der Finsternis« (nach Tolstoi), Regie: Oswald Döpke, und »Der Ring« (aus der Reihe: »Tatort«), Regie: Dieter Haugk, ARD 1978; »Im Weißen Rössl« (nach Benatzky), und »Auf halbem Weg«, ZDF 1979; »Schlagzeilen«, Regie: Dagmar Damek, ARD 1981; »Männersache – Frauensache«, und Zaza in »Bekenntnisse des Hochstaplers Felix Krull« (von Alf Brustellin nach Thomas Mann), mit John Moulder-Brown, Regie: Bernhard Sinkel, 4 Teile, ZDF 1982.
Auszeichnung: Filmband in Gold 1984 (für ihre Darstellung in »Der Fall Bachmeier«); Darstellerpreis Filmfestival Karlsbad 1984.
Anschrift: c/o Agentur Alexander, Lamontstraße 9, 8000 München 80.

Wolfgang Condrus

(eigentlich: Wolfgang Breuer)

Geb. 11. 2. 1941 als Sohn des Schauspielers Siegfried Breuer und der Schauspielerin Lia Condrus in Berlin; dort aufgew.; bereits als Elfjähriger wirkte er in einem Kinofilm mit. Nach dem Abitur erhielt er sein erstes Engagement an den Staatl. Schauspielbühnen Berlins (1960–1966). Als freier Schauspieler gastierte er u.a. an der Komödie im Marquardt Stuttgart, an der Komödie und am Theater am Kurfürstendamm in Berlin.

Condrus spricht engl., franz.; er ist verheiratet, hat zwei Kinder und lebt in Berlin.

Film: »Postlagernd Turteltaube«, 1952; »Hab' Sonne im Herzen«, »Von Liebe reden wir später«, und »Der Raub der Sabinerinnen« (nach Schönthan), 1953; »Emil und die Detektive« (nach Kästner), 1954; »Ein Herz bleibt allein«, und »Charley's Tante« (nach Thomas), mit Heinz Rühmann, 1956; »Robinson soll nicht sterben« (nach Forster), mit Horst Buchholz, 1957; »Klassenkeile«, 1969; »Der Pfarrer von St. Pauli«, Regie. Rolf Olsen, und »Die Feuerzangenbowle« (nach Spoerl), Regie: Helmut Käutner, 1970; »Gruppenbild mit Dame« (nach Böll), 1974; »Ediths Tagebuch« (nach Highsmith), Regie: Hans W. Geissendörfer, 1983.

Theater: Jonathan in Kopits »Oh Vater, armer Vater, Mutter hing dich in den Schrank und ich bin ganz krank«, Buddy in Simons »Ausreißer«, Chefideologe in Langes »Hundsprozeß«, in Peter Weiss' »Gesang vom lusitanischen Popanz«, Dromio in Shakespeares »Komödie der Irrungen«, und Stepan Fjodorow in Camus' »Die Gerechten«, jeweils an den vorgenannten Bühnen.

Fernsehen: »Der 50. Geburtstag« (nach Sylvanus), ARD 1962; »Mauern« (nach Lys), ARD 1963; »Der Doktor« (von Pillau), Regie: Rudolf Schündler, ARD 1964; »Immer und noch ein Tag« (nach Bush-Fekete), ARD 1965; »Selbstbedienung«, Regie: Eberhard Fechner, ARD 1966; Eduard Krause in »Im Ballhaus wird geschwoft« und in »Im Ballhaus ist Musike« (von Alex), ARD 1967/68; Stubenältester in »Das Vermächtnis« (nach Bedford), »Fememord« (von Hendrich), und »Die Jubilarin«, ARD 1969; »Die Wesenacks«, ZDF 1970; »Sonderdezernat K 1«, Serie, ARD 1973; »Es fängt ganz harmlos an« (von Pieper), und »Little Boy« (nach Halet), Regie: Eberhard Itzenplitz, ZDF 1975; Jonas in »Die neuen Leiden des jungen W.« (nach Plenzdorf), ARD 1976; »Die Hebamme« (nach Hochhuth), Regie: Wolfgang Spier, ARD 1977; »Union der festen Hand« (nach Reger), ZDF 1978; »PS – Feuerreiter« (von Wittlinger), Regie: Claus Peter Witt, 4 Teile, ARD 1979; »Besuch des Rattenfängers«, Regie: Hanns-Henning Borgelt, ARD 1985.

Anschrift: c/o ZBF-Agentur Berlin, Kurfürstendamm 206, 1000 Berlin 15.

Berno von Cramm

Geb. 28.11.1934 in Göttingen; nach der Schule absolvierte er von 1956 bis 1959 das Max-Reinhardt-Seminar in Wien. Sein erstes Engagement erhielt er 1959 am Nordmark-Landestheater Schleswig. Seither gastierte er als freischaffender Schauspieler u.a. an den Städt. Bühnen Augsburg, an der Kleinen Komödie München, am Deutschen Theater München, am Theater in der Josefstadt Wien, am Theater am Kurfürstendamm Berlin, am Theater an der Wien in Wien, an den Vereinigten Städt. Bühnen Krefeld-Mönchengladbach, auf Tournee sowie bei den Festspielen Bad Hersfeld (bis 1986), am Staatstheater am Gärtnerplatz München, am Stadttheater Klagenfurt, am Württembergischen Staatstheater Stuttgart und in Berlin. Seit 1965 arbeitet er für Fernsehen und Synchronisation.

Von Cramm spricht engl.; er ist verheiratet mit der Choreographin, Regisseurin und früheren Solotänzerin Irene Mann und lebt in Koipersdorf/Oberbayern.

Film: »Das Haus in der Karpfengasse« (nach Ben-Gavriel), Regie: Kurt Hoffmann, 1965; »Perrak«, Regie: Alfred Vohrer, 1970.

Theater: In Weiss/von Woedtkes »Sophienlund«, Valentin in Shakespeares »Zwei Herren aus Verona«, Lysander in Shakespeares »Ein Sommernachtstraum«, Cléanthe in Molières »Der eingebildete Kranke«, Marchese Carlo de Nolli in Pirandellos »Heinrich IV.«, Bruder Martin in Shaws »Die heilige Johanna«, Joël in »Vier Fenster zum Garten«, in Maughams »Lady Frederick«, Spiegelritter in »Der Mann von La Mancha«, Horatio in Shakespeares »Hamlet«, in Lengyels »Ninotschka«, Newton in Dürrenmatts »Die Physiker«, und Essex in Dürrenmatts »König Johann«, in den Musicals »Cabaret«, »Can-Can« und »Ich steige aus und mach' ne eigene Show«, jeweils an den vorgenannten Bühnen (bis 1986).

Fernsehen: »Paris muß brennen« (nach Kröhnke). ZDF 1965; »Der Tod des Iwan Iljitsch« (von Adamow nach Tolstoi), ARD 1967; »Eine Million auf Nummernkonto« (nach May), ZDF 1968; »Verratener Widerstand« (von Wiese), ZDF 1969; »Tag für Tag« (nach Wesker), ARD 1970; »Friedrich-Hollaender-Show«, ARD 1971; »Die schwarze Sonne«; »Lawrence von Arabien«; »Es muß nicht immer Kaviar sein« (von Pillau nach Simmel), mit Siegfried Rauch und Erik Schumann, Regie: Thomas Engel, Serie, ZDF 1977; »XY« (mehrere Episoden); »Die Montagsmaler«, mit Sigi Harreis, Serie, ARD 1984.

Anschrift: c/o Agentur Rakosi, Tegernseer Landstraße 284, 8000 München 90, oder Haus 7, 8069 Koipersdorf.

Christine Csar

Geb. 17. 9. 1957 in Wien; dort aufgew.; nach dem Abitur arbeitete sie als Sekretärin in einem Reisebüro, um sich die Schauspielausbildung bei Prof. Krauss zu finanzieren. Ihr erstes Engagement hatte sie an der Landesbühne Wilhelmshaven (1978–1980). Über das Stadttheater Würzburg (1980–1982) kam sie an das Theater der Jugend in Wien, wo sie bis heute unter Vertrag steht.
Frau Csar spricht engl., franz.; sie ist ledig und lebt in Wien.
Film: »Kieselsteine«, Regie: Luka Stepanik, Österreich 1982.
Theater: Luise in Schillers »Kabale und Liebe«, Regine in Ibsens »Gespenster«, Charlie in Plenzdorfs »Die neuen Leiden des jungen W.« und Bianca in Shakespeares »Der Widerspenstigen Zähmung«, jeweils Landesbühne Wilhelmshaven 1978–1980; Leni in Horváths »Italienische Nacht«, Raina in Shaws »Helden«, Mädchen in Borcherts »Draußen vor der Tür« und Selma Knobbe in Hauptmanns »Die Ratten«, jeweils Stadttheater Würzburg 1980–1982; Nicole in Molières »Der Bürger als Edelmann« und Clarice in Goldonis »Der Diener zweier Herren«, jeweils Theater der Jugend Wien, 1982–1984.
Fernsehen: Cella in »Cella oder Die Überwinder«, Regie: Eberhard Itzenplitz, ZDF 1977; Franzi in »Auf freiem Fuß«, Regie: Peter Keglevic, ZDF 1978; Maria in »Das Dorf an der Grenze«, Regie: Fritz Lehner, 2 Teile, ZDF 1981/82; Gerti in »Herrenjahre«, Regie: Axel Corti, ZDF 1983.
Anschrift: c/o Austroconcert International, Gluckgasse 1, A-1010 Wien, Österreich.

D

Monika Dahlberg

(eigentlich: Rosemarie Rödelberger)

Geb. 30. 4. 1936 in Pommern; sie absolvierte eine komplette Ausbildung als Opernsängerin und Schauspielerin in Kiel. Dort erhielt sie von 1954 bis 1957 an den Bühnen der Landeshauptstadt (Schauspiel) ihr erstes Engagement. 1957 kam sie nach München, wo sie bei der Constantin-Film einen Drei-Jahres-Vertrag unterzeichnete. Ihr TV-Debüt gab sie 1960. Seither wirkte sie in über 150 Produktionen mit, darunter zahlreiche Musiksendungen.
Bühnengastspiele gab sie als freischaffende Künstlerin u.a. am Deutschen Theater München, am Operettenhaus Hamburg, am Theater des Westens Berlin, an der Kleinen Komödie München, am Theater Die Kleine Freiheit München, am Bayerischen Raritätentheater München und auf Tournee.
Sie nahm zahlreiche Schallplatten (meist Operetten und Musicals) auf. Dirigent war u.a. Robert Stolz, Partner Rudolf Schock, Erika Köth, Margit Schramm und Harry Friedauer. Unter zahlreichen Bewerbungen wurde sie 1965 als deutsche Synchronstimme (Text und Gesang) für die Rolle der Eliza in dem US-Film »My Fair Lady« (mit Audrey Hepburn) ausgewählt. In über 1000 Vorstellungen verkörperte sie selbst diese Rolle in dem Lerner/Loewe-Musical. Als Professor Higgins spielten neben ihr Paul Hubschmid, Carlos Werner, Friedrich Schoenfelder und Wolfgang Lukschy. Die Künstlerin gibt zahlreiche Konzerte mit Werken von Mozart und Bach.
Frau Dahlberg spricht engl.; sie ist in zweiter Ehe verheiratet, hat einen Sohn und lebt in Greiling.
Film: (Bei der Constantin-Film München von 1957 bis 1960 u.a.) »Gruß und Kuß vom Tegernsee«; »So liebt und küßt man in Tirol«; »Ich werde dich auf Händen tragen«; »Die Lindenwirtin vom Donaustrand«, mit Hans Moser, Regie: Hans Quest; »Isola Bella«, mit Paul Hubschmid; »Mein Schatz ist aus Tirol«.
»Muß i denn zum Städtele hinaus«, mit Vico Torriani und Dieter Borsche, Regie: Hans Deppe, 1962; »Edelweißkönig« (nach Ganghofer), mit Robert Hoffmann, Regie: Alfred Vohrer, 1975.
Theater: Neben der Rolle der Eliza in Lerner/Loewes »My Fair Lady« (u.a. Deutsches Theater München und Theater des Westens Berlin; Original Broadway-Inszenierung, eingerichtet für Deutschland von Christian Wölffer): Wirtin in Benatzkys »Im Weißen Rössl«, Hamburger Operettenhaus, Theater des Westens Berlin und Freilichttheater Zürich 1964/65; Titelrolle in »Das Schwarzwaldmädel«, Deutsches Theater München und Theater des Westens Berlin; Adele in Johann Strauß' »Die Fledermaus«, Tournee; in Mihuras »Katzenzungen«, 1968, in »Der Favorit«, 1980, und in der Uraufführung von Wilhelms »Wolf im Nerz«, Regie: Kurt Wilhelm selbst, 1984, jeweils Kleine Komödie München; in »Trio zu viert«, mit Ralf Wolter, in »Unser gemeinsamer Mann« (auch Tournee), und in Durands »Das verflixte Wochenende«, Regie: Karin Jacobsen, jeweils Theater Die Kleine Freiheit München 1980–1983; in Priestleys »Der Glückspilz«, mit Maxl Graf, und in der Uraufführung von Flatows »Romeo mit grauen Schläfen«, mit Axel von Ambesser, jeweils Kleine Komödie München 1985/86.
Fernsehen: »Das kleine Hofkonzert«, Regie: John Olden, und »Madame Pompadour«, ARD 1960; »Das waren noch Zeiten«, Regie: Oskar Krüger, ARD 1961; »Der fröhliche Weinberg« (nach Zuckmayer), Regie: Wilhelm Semmelroth, und »Die Großherzogin von Gerolstein« (nach Offenbach), Regie: Michael Kehlmann, ARD 1962; »Adlig sein dagegen sehr«, ARD 1963; »Das fröhliche Weinfaß«, mit Margit Schramm, Kurt Großkurth und Paul Henckels, Regie: Fred Kraus, Serie, ARD 1964–1967; »Ein Buffo erzählt«, mit Harry Friedauer, Musik-Reihe, ARD 1966; »Es muß nicht immer Schlager sein«, präsentiert von Hans Söhnker, Musik-Reihe, ARD 1969–1971; Mutter in »Vater Seidl und sein Sohn«, mit Walter Sedlmayr und Hans Clarin, Regie: Kurt Wilhelm, Serie, ARD 1978; »Der Strohwitwer« (aus der Reihe: »Komödienstadl«), mit Max Griesser, Regie: Olf Fischer, ARD 1979; »Der Millionenschuster«, mit Toni Berger, Regie: Kurt Wilhelm, ARD 1980; »Flöhe hüten ist leichter« (nach Barbara Noack), mit Uschi Glas, Hannelore Elsner und Michaela May, ZDF 1983; »Polizei-Inspektion 1«, mit Walter Sedlmayr, Serie, und »Liebe und Blechschaden« (aus der Reihe: »Komödienstadl«), mit Max Griesser, Regie: Olf Fischer, ARD 1984; »Gespenstergeschichten«, Regie: Wolfgang Panzer, Serie, ARD 1985.
Zudem trat sie in zahlreichen TV-Shows auf, u.a.:

»Zwischenmahlzeit«, mit Gisela Schlüter (ARD), »Zum Blauen Bock«, mit Heinz Schenk, (ARD) und »Anneliese Rothenberger gibt sich die Ehre« (ZDF). *Anschrift:* c/o ZBF-Agentur München, Leopoldstraße 19, 8000 München 80.

Klaus Dahlen

Geb. 23. 5. 1938 in Berlin; dort aufgew.; er absolvierte eine Ausbildung als Zimmermann und später als Werbegraphiker; über Statisterie an der Deutschen Oper und am Schiller-Theater in Berlin fand er zum Schauspiel-Beruf. Er nahm Privatunterricht. Ein Förderer war Harald Juhnke, den Dahlen seit früher Jugend aus der Nachbarschaft kannte. In dem Stück »Milch und Honig« von Theo Frisch-Gerlach (Regie: Wolfgang Spier) debütierte er 1958 am Berliner Theater in Berlin. Engagements an zahlreichen Bühnen der Stadt, darunter die Komödie, das Theater am Kurfürstendamm und das Hansa-Theater folgten. Unter August Everding war er 1970/71 an den Münchner Kammerspielen verpflichtet. Seither gastierte er u.a. an der Kleinen Komödie München, am Schauspielhaus Bochum, an der Komödie Düsseldorf, am Kölner Theater im Vringsveedel sowie auf Tournee.

Sein Film-Debüt gab er 1957, beim Fernsehen wirkt er seit 1964.

Dahlen spricht engl.; er ist in zweiter Ehe verheiratet, hat zwei Söhne (Robert und Philipp) und lebt in Berlin.

Film: »Endstation Liebe«, mit Horst Buchholz, 1957; »Liebe verboten, Heiraten erlaubt«, mit Peter Weck, Regie: Kurt Meisel, 1958; »Lampenfieber«, Regie: Kurt Hoffmann, 1959; »Davon träumen alle jungen Mädchen«, Regie: Thomas Engel, und »Willy, der Privatdetektiv«, mit Willy Millowitsch, 1960; »Zu jung für die Liebe« (von Käutner), Regie: Erika Balqué, 1961; »Kreuzberger Liebesnächte«, Regie: Claus Tinney, 1979.

Theater: In Monnot/Brefforts »Irma la Douce«, in Lerner/Loewes »My Fair Lady«, in Ayckbourns »Schlafzimmergäste«, jeweils an den vorgenannten Bühnen; Just in Lessings »Minna von Barnhelm«, in Shakespeares »Viel Lärm um nichts« und »Ein Sommernachtstraum«, in Steinbecks »Von Mäusen und Menschen« und in Ringel/Boucards »Knall und Fall«, jeweils auf Tournee bis 1985.

Fernsehen: »Jedermannstraße 11«, mit Berta Drews, Serie, ARD; »Bei Pfeiffers ist Ball«, 2 Folgen, ARD 1966, »Ein Sommer mit Nicole«, mit Victoria Brams, Serie, ZDF 1967, Regie: jeweils Thomas Engel; »Madame Bovary« (nach Flaubert), mit Elfriede Irrall, Günter Strack und Dietmar Schönherr, Regie: Hans Dieter Schwarze, ZDF 1968; »Der Kommissar«, mit Erik Ode, Serie, ZDF 1970; »Alle Hunde lieben Theobald«, mit Carl-Heinz Schroth, Serie, und »Hei-Wi-Tip-Top«, mit Willy Millowitsch und Heidi Kabel, Serie, ZDF 1971; »Der Pott«, Regie: Peter Zadek, ARD 1973; Schwiegersohn von Ekel Alfred in »Ein Herz und eine Seele«, mit Heinz Schubert und Helga Feddersen (2. Staffel), Serie, ARD 1976; »Die Geisel« (nach Behan), mit O.E. Hasse, Regie: Peter Zadek, ARD 1977; »Klimbim«, Serie, 5 Folgen, ARD 1977, »Die himmlischen Töchter«, mit Ingrid Steeger und Iris Berben, 6 Teile, ARD 1978, und »Susi«, Serie, ARD 1980, Regie: jeweils Michael Pfleghar; »Schöne Bescherung«, mit Trude Herr, ARD 1983; »Das Traumschiff«, Regie: Alfred Vohrer, Serie, ZDF 1983; »Berliner Weiße mit Schuß«, mit Günter Pfitzmann, Regie: Eugen York, ZDF 1985.

Anschrift: c/o Agentur Alexander, Lamontstraße 9, 8000 München 80.

Karl Dall

Geb. 1. 2. 1941 als Sohn eines Lehrers in Emden; dort, in Bernsheim an der Bergstraße und in Bremen aufgew.; nach einer Schriftsetzerlehre ging er nach Berlin, wo er zunächst als Schriftsetzer und Kulissenschieber arbeitete. Über Auftritte in Kreuzberger Lokalen kam er 1967 zur Musikgruppe INSTERBURG & CO. Bis 1979 war er Mitglied des Quartetts, das zahlreiche Schallplatten veröffentlichte und TV-Auftritte hatte.

Er gehörte zu den Gründern der Popmusik-Reihe »Musikladen« bei Radio Bremen (ARD). In den Ausgaben mit deutschen Schlagern präsentierte er Sketche. Bekannt wurde er zudem als Moderator einer Talk-Show. Seit 1979 geht er mit eigenen Solo-Programmen auf Tournee. Neben Parodien (u.a. Hans Albers und Heino) besteht seine Bühnenshow »Lach dich schlapp« aus Sketchen, Satiren und Kabarett. Musikalischer Begleiter ist der Berliner Pianist Wolfgang Köhler. 1983 war Dall zudem Hauptdarsteller mehrerer Kinofilme.

Dall spricht engl.; er ist verheiratet, hat eine Tochter (Janina, geb. 1974) und lebt in Berlin.

Film: »Quartett im Bett«, mit INSTERBURG & CO, Regie: Ulrich Schamoni, 1969; »Panische Zeiten«, mit Udo Lindenberg, 1982; »Das verrückte Strandhotel«, Regie: Michel Lang, BRD/Frankreich 1982; »Gib Gas, ich will Spaß«, mit Nena und Markus, Regie: Wolfgang Büld, 1983; Karl und Gobrukin in »Sunshine Reggae auf Ibiza«, mit Helga Feddersen und Olivia Pascal, Regie: François Petit, BRD/Frankreich 1983; »Drei und eine halbe Portion«, mit Jürgen Hingsen und Rolf Milser, 1985.

Fernsehen: Neben zahlreichen Auftritten in vielen Unterhaltungsshows von ARD und ZDF ferner: »Hoffnungs Musik-Festival«, ARD 1983; »Verstehen Sie Spaß?«, mit Kurt Felix und Paola del Medico, Show-Reihe, ARD 1983–1985.

Anschrift: c/o Lisa Film GmbH, Widenmayerstraße 48, 8000 München 22.

Bruno Dallansky

Geb. 19. 9. 1928 in Wien; dort aufgew.; nach dem Abitur studierte er Erziehungswissenschaft und war als Lehrer tätig. Anschließend absolvierte er das Max-Reinhardt-Seminar in Wien. Seine Bühnenstationen: Kellertheater Wien, Theater für Vorarlberg Bregenz (ab 1956), Theater in der Josefstadt Wien (ab 1956), Hebbel-Theater Berlin (1957–1959), Burgtheater Wien, Deutsches Schauspielhaus Hamburg, (jeweils Rollen seines Fachs). Er gastierte häufig bei den Salzburger Festspielen (u.a.: in Nestroys »Lumpazivagabundus«, mit Attila Hörbiger, Regie: Leopold Lindtberg, 1962 (auch TV); in der Uraufführung von Bernhards »Die Macht der Gewohnheit«, Regie: Dieter Dorn, 1974; in Büchners »Dantons Tod«, mit Götz George, Regie: Rudolf Noelte, 1981).
Dallansky spricht engl.; er ist verheiratet mit der österr. Kammerschauspielerin Judith Holzmeister, hat eine Tochter (Veronika) und lebt in Wien.
Film: »Flucht ins Schilf«, 1953; »Dunja«, Regie: Josef von Baky, 1955; ». . . und führe uns nicht in Versuchung« (nach Horváth), mit Heidemarie Hatheyer, Regie: Rolf Hansen, 1957; »Nachtschwester Ingeborg«, mit Immy Schell, Ewald Balser und Claus Biederstaedt, Regie: Geza von Cziffra, 1958; »Der Mond ist nur a nackerte Kugel«, Regie: Jörg Graser, 1981.
Fernsehen: (bis 1972 u.a. in:) »Woyzeck« (nach Büchner); »Der längste Tag«; »Rose Bernd« (nach Hauptmann); »Jakob der Letzte«, Regie: Axel Corti, ZDF 1976; »Das Hochzeitsfest«, Regie: Karl Fruchtmann, und »Der Bauer und der Millionär« (von Pevny/Turrini), Regie: Axel Corti, ARD 1977; »Cella oder Die Überwinder« (nach Werfel), ZDF 1978; »Der Alte«, Serie, 2 Folgen, ZDF 1978 + 1980; »Die Kur«, Regie: Frank Strecker, 5 Teile, ARD 1978; »Der Lebemann«, Regie: Axel Corti, ARD 1979; »Ein Abend mit Labiche«, Regie: Dieter Wedel, und »Tatort«, Regie: Georg Lhotzky, ARD 1980; »Der lebende Leichnam« (nach Tolstoi), Regie: Otto Schenk, ARD 1981; »Derrick«, Serie, ZDF 1982; »Der stille Ozean«, Regie: Xaver Schwarzenberger, und »Der Waldbauernbub« (nach Rosegger), ZDF 1983; »Waldheimat« (nach Rosegger), 26 Teile, und »Ein Fall für zwei«, Serie, ZDF 1984; »Schöne Ferien«, Regie: Hans-Jürgen Tögel, Serie, ARD 1985; »Die andere Frau«, Regie: Marco Serafini, »Vier unterm Baum, Regie: Wolfgang Schleif, und »Via Mala« (nach Knittel), mit Mario Adorf, Regie: Tom Toelle, 3 Teile, ZDF 1985.
Anschrift: c/o Agentur Lentz, Holbeinstraße 4, 8000 München 80.

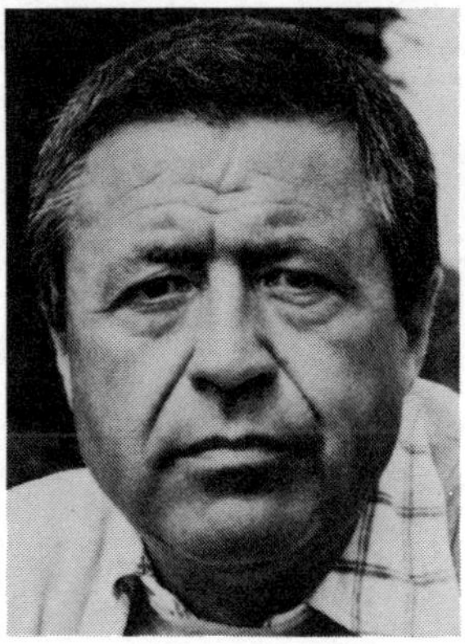

Dirk Dautzenberg

Geb. 7.10.1921 in Duisburg-Meiderich; dort, in Hukkingen und in Brensbach (Odenwald) aufgew.; nach dem Abschluß der Realschule besuchte er die Immermann-Schauspielschule Düsseldorf und die Hessische Landesmusikschule Darmstadt. Seine Bühnenstationen in festem Engagement waren u.a.: Staatstheater Braunschweig, Landestheater Detmold, Staatstheater Darmstadt, Städt. Bühnen Mainz, Theater Baden-Baden, Bühnen der Landeshauptstadt Kiel, Wuppertaler Bühnen, Städt. Bühnen Köln und Städt. Bühnen Frankfurt/Main. Gastspiele gab er u.a. an der Komödie im Marquardt Stuttgart, an der Freien Volksbühne Berlin und am Ernst-Deutsch-Theater Hamburg. Dautzenberg war vielfach als Theater-Regisseur tätig.

Seit 1960 ist er auf dem Bildschirm zu sehen. Er wirkte in über 220 TV-Produktionen mit.

Dautzenberg spricht franz., engl., ital., holländisch; er ist verheiratet, hat zwei Kinder und lebt in Hooksiel bei Wangerland.

Film: »Alles im Eimer«, mit Dieter Hallervorden, Regie: Ralf Gregan, 1981.

Ferner spielte er die Hauptrolle in 16 Folgen der Kinovorfilm-Reihe »Wenn's nach mir ginge«, Regie: Ralf Gregan.

Theater: Arturo Ui in Brechts »Der aufhaltsame Aufstieg des Arturo Ui«, Beckmann in Borcherts »Draußen vor der Tür«, Sakini in Patricks »Das kleine Teehaus«, Bleichenwang in Shakespeares »Was ihr wollt«, Franz Moor in Schillers »Die Räuber«, Jago in Shakespeares »Othello«, Paul Flum in Valentins »Der Hausfreund«, Zettel in Shakespeares »Ein Sommernachtstraum«; Titelrolle in »Tartuffe«, Argan in »Der eingebildete Kranke«, Jourdain in »Der Bürger als Edelmann«, Arnolphe in »Die Schule der Frauen« und Harpagon in »Der Geizige«, jeweils von Molière; Shylock in Shakespeares »Der Kaufmann von Venedig«, Mephisto in Goethes »Faust«, Sigismund in Benatzkys »Im Weißen Rössl«, Egon in »Der Vetter aus Dingsda«, Steppke in »Frau Luna«, Dorfrichter Adam in Kleists »Der zerbrochene Krug«, Schluck in Hauptmanns »Schluck und Jau« und Biedermann in Frischs »Biedermann und die Brandstifter«, jeweils an den vorgenannten Bühnen.

Fernsehen: Unter der Regie von Peter Beauvais: »Die Teilnahme«, ARD 1961; »Schönes Wochenende« (nach Lommer), ARD 1963; »Mach's Beste draus« (nach Lommer), und »Undine« (nach Giraudoux), ARD 1965; »Tag für Tag« (nach Wesker), ZDF 1965; »Geibelstraße 27« (nach Lommer), ARD 1967; »Ein Mann namens Harry Brent« (nach Durbridge), mit Günther Ungeheuer und Peter Ehrlich, 3 Teile, ARD 1968; »Eine große Familie« (nach Waldmann), ARD 1970; »Phantasten«, ARD 1979.

»Mord in Frankfurt«, Regie: Rolf Hädrich, ARD 1968; »Der Kommissar«, mit Erik Ode, Serie, 4 Folgen, ZDF 1970–1973; »Margarete in Aix« (nach Hacks), Regie: Helmut Käutner, ARD 1976; »Um zwei Erfahrungen reicher«, Regie: Wolfgang Staudte, ZDF 1976; »Rosenmontag ist kein Feiertag«, Regie: Michael Mackenroth, ZDF 1978; »Hatschi!!«, Regie: Eugen York, ZDF 1979; »Der Alte«, Serie, 2 Folgen, ZDF 1979/80; »Tatort«, Regie: Wolfgang Staudte, Serie, ARD 1980; »Derrick«, Serie, 3 Folgen, ZDF 1981–1983; »Polizei-Inspektion 1«, Serie, ARD 1983; »Madame Pompadour« (nach Fall), Regie: Eugen York, und »Alte Gauner«, Regie: Konrad Sabrautzky, Serie, ZDF 1985; »Geschichten aus der Heimat«, Serie, ARD 1985.

Zu sehen war er ferner in folgenden TV-Serien: »Butler Parker«, »Spedition Markus«, »Der Vereinsmeier«, »Wo die Liebe hinfällt«, »Dagegen sein ist immer leicht« und »Patienten gibt's«.

Anschrift: c/o Agentur Wiedner, Destouchesstraße 32, 8000 München 40.

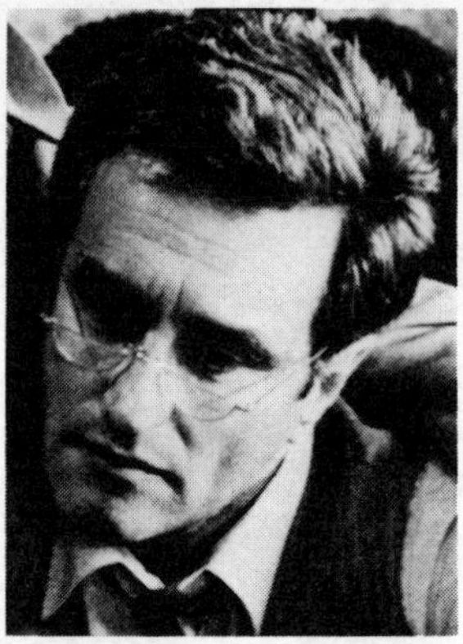

Michael Degen

Geb. 31.1.1932 (andere Angaben 1928 entstanden durch das Vertauschen der Pässe mit seinem Bruder und deren spätere Vernichtung!) in Chemnitz; aufgew. ab 1933 in Berlin; zusammen mit seiner Mutter war er als Jude während der nationalsozialistischen Herrschaft in Berlin untergetaucht; sein Vater wurde im KZ ermordet. Seine Schauspielausbildung absolvierte er an der Schule des Deutschen Theaters Berlin, an dem er auch sein erstes Engagement erhielt. Weitere Stationen: Theater am Schiffbauerdamm Berlin, Bühnen der Stadt Köln, Städt. Bühnen Frankfurt/Main, Staatl. Schauspielbühnen Berlins, Bayerisches Staatsschauspiel München, Freie Volksbühne Berlin und Deutsches Schauspielhaus Hamburg (bis 1985). Er gastierte u.a. bei den Festspielen Bad Hersfeld, bei den Salzburger Festspielen sowie auf Tournee und arbeitet vielfach als Regisseur. Degen spricht engl.; er ist verheiratet mit der Schauspielerin Dora Krumniklova, hat zwei Kinder und lebt in München.

Film: »Supermarkt«, mit Eva Mattes, Regie: Roland Klick, 1974.

Theater: Titelrolle in Shakespeares »Hamlet«, Festspiele Bad Hersfeld 1969; Titelrolle in Goethes »Faust«, Titelrolle in Shakespeares »Hamlet«, Peachum in Brecht/Weills »Die Dreigroschenoper«, Jean in Strindbergs »Fräulein Julie«, Regie: Ingmar Bergman, 1981, in Kipphardts »In der Sache J. Robert Oppenheimer«, mit Hans Michael Rehberg und Dieter Borsche, Regie: Dieter Giesing, 1981 (auch TV), Titelrolle in Molières »Dom Juan«, Regie: Ingmar Bergman, 1983/84 (auch Salzburger Festspiele 1983), jeweils Bayerisches Staatsschauspiel München; Jüdischer Kommandant in Sobols »Ghetto«, Regie: Peter Zadek, Freie Volksbühne Berlin 1984; Alceste in Molières »Der Menschenfeind«, Regie: Niels-Peter Rudolph, Deutsches Schauspielhaus Hamburg 1985. Wichtige Inszenierungen: Murrells »Memoiren«, Renaissance-Theater Berlin 1970, Goethes »Urfaust«, Schiller-Theater Berlin 1972.

Fernsehen: Bis 1972 spielte er u.a. in: »Der Ritter vom Mirakel« (nach Lope de Vega), Regie: Imo Moszkowicz, ARD 1966; »Schuldig«; »Die Rückkehr«; »Der Richter von Zalamea« (nach Lope de Vega), mit Paul Dahlke; »Der Zauberberg« (nach Thomas Mann); »Torquato Tasso« (nach Goethe); »Agent Bernd Etzel«; »Herr der Schöpfung«; »U 2 Affaire«; »Tatort«, Serie, ARD 1977; »Karneval« (von Theodor Schübel), mit Elfriede Irrall, ZDF 1978; »Die Buddenbrooks« (nach Thomas Mann), Regie: Franz Peter Wirth, 11 Teile, und »Phantasten«, Regie: Peter Beauvais, ARD 1979; »Ein Mann von gestern«, Regie: Tom Toelle, ARD 1980; »Derrick«, Serie, 3 Folgen, ZDF 1981–1983; »Die Wahlverwandtschaften« (nach Goethe), Regie: Claude Chabrol, ARD 1982; »Die ewigen Gefühle«, Regie: Peter Beauvais, ARD 1984; »Der Alte«, Serie, und »Plötzlich und unerwartet« (nach Durbridge), Regie: Thomas Engel, ZDF 1985; »Julia« (nach Maugham), mit Rosel Zech, Regie: Wolfgang Glück, und »Der große Durchblick«, Regie: Peter Schulze-Rohr, ARD 1985.

Auszeichnung: »Großer Bad-Hersfeld-Preis« 1969.

Anschrift: c/o Agentur Lentz, Holbeinstraße 4, 8000 München 80.

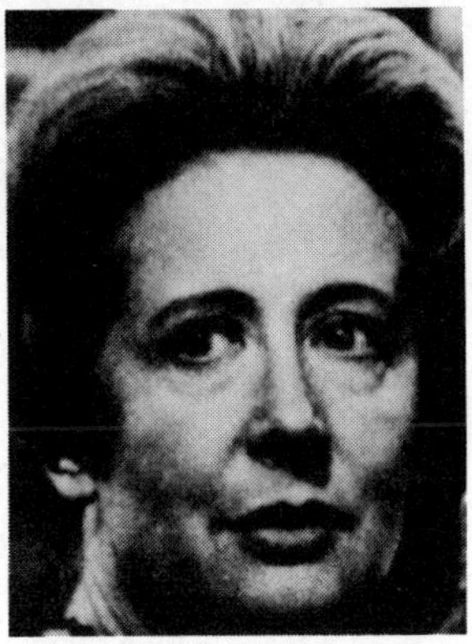

Vilma Degischer

– Kammerschauspielerin –

Geb. 17. 11. 1911 als Tochter eines Departementleiters in Wien; nach der höheren Schule studierte sie zunächst Ausdruckstanz und klassisches Ballett bei Grete Gross, Gertrude Bodenwieser und Ellinor Tordis, bevor sie an das Wiener Max-Reinhardt-Seminar wechselte. Max Reinhardt übertrug ihr noch während ihrer Ausbildung die Rolle der Hermia in Shakespeares »Ein Sommernachtstraum« (Deutsches Theater Berlin). Nach Engagements an den Max-Reinhardt-Bühnen in Wien und Berlin, bei den Salzburger Festspielen und am Deutschen Volkstheater Wien kam sie 1939 an das Theater in der Josefstadt Wien, dem sie bis heute angehört.
Frau Degischer war von 1939 bis 1982 verheiratet mit dem Kammerschauspieler Hermann Thimig (geb. 1890 – verst. 1982). Sie hat zwei Töchter und lebt in Wien.
Film: »Der 20. Juli«, mit Wolfgang Preiss, Regie: Falk Harnack, 1955; »Sissi, die junge Kaiserin«, 1956, und »Sissi, Schicksalsjahre einer Kaiserin«, 1957, mit Romy Schneider und Karlheinz Böhm, Magda Schneider, Gustav Knuth und Josef Meinrad, Regie: jeweils Ernst Marischka; »Der veruntreute Himmel«, 1958.
Theater: Viola in Shakespeares »Was ihr wollt«, Hermione in Shakespeares »Ein Wintermärchen«, Helene in Hofmannsthals »Der Schwierige«, Gute Fee in Ustinovs »Die Liebe der vier Obersten«, Mutter Carmen in Lorcas »Mariana Pineda«, Titelrolle in Molnárs »Olympia«, Titelrolle in Ertls »Bertha von Suttner«, Marie in Bahrs »Das Konzert«, Krista in Bush-Feketes »Jean«, Dorothy in Smith' »Der erste Frühlingstag«, Helen Morell in Bernard Lucs »Salz im Tee«, Flo Owens in Inges »Picnic«, Laura in Douglas' »Die liebe Familie«, Frau Midway in Turners »Ein wunderbarer Gatte«, Schauspielerin in Auernheimers »Das ältere Fach«, in Taylors »Unsere liebste Freundin« (auch TV), Gräfin Ostenburg in Frys »Das Dunkel ist Licht genug«, Generalin in Anouilhs »Walzer der Toreros«, in Burkhards »Feuerwerk«, und in Svevos »Ein Ehemann«, jeweils an den vorgenannten Bühnen.
Fernsehen: Bis 1970 u.a.: »Der Herr Hofrat« und »Das Kamel geht durch das Nadelöhr«. Ferner: »An der schönen blauen Donau« (nach Hiesel), Regie: John Olden, ARD 1965; »Ein Abend aus Wien«, ORF 1979; »Wahre Geschichten – frei erfunden«, mit Attila Hörbiger, Regie: Herbert Fuchs, ORF 1980; »Mich wundert, daß ich so fröhlich bin« (nach Simmel), mit Klausjürgen Wussow, Regie: Michael Kehlmann, ZDF 1983; »Einmal Moskau und zurück« (von Galin), Regie: Helmut Polixa (auch Theater in der Josefstadt), ORF 1985.
Auszeichnungen: Österreichisches Ehrenkreuz für Wissenschaft und Kunst 1959; Kammerschauspielerin.
Anschrift: c/o Theater in der Josefstadt Wien, Josefstädter Straße 26, A-1080 Wien, oder Gymnasiumstraße 47, A-1180 Wien, Österreich.

Kirsten Dene

Geb. 16.3.1943 in Hamburg; dort aufgew.; sie absolvierte die Staatl. Hochschule für Musik und darstellende Kunst Hamburg unter Prof. Eduard Marks. Ihre Bühnenstationen: Theater der Stadt Essen (1961–1963), Städt. Bühnen Frankfurt/Main (1963–1970), Staatl. Schauspielbühnen Berlins (1970–1972), Bühnen der Stadt Bonn (1972 als Gast), Württembergisches Staatstheater Stuttgart (1972–1979) und Schauspielhaus Bochum (seit 1980).
Frau Dene spricht engl.; sie lebt in Bochum.
Film: »Kiez – Aufstieg und Fall eines Luden«, Regie: Walter Bockmayer, 1983.
Theater: Annabella in Fords »Annabella oder Schade, daß sie eine Hure ist«, Regie: Jean-Pierre Ponnelle, Luise in Schillers »Kabale und Liebe«, Marie in Shakespeares »Was ihr wollt« und Goneril in Shakespeares »König Lear«, Regie: Hans Schalla, jeweils Städt. Bühnen Frankfurt/Main 1963–1970;
Papst in Fortes »Martin Luther & Thomas Münzer oder Die Einführung der Buchhaltung«, und in Jonsons »Volpone«, jeweils Staatl. Schauspielbühnen Berlins 1970–1972; Katharina in Shakespeares »Der Widerspenstigen Zähmung«, Bühnen der Stadt Bonn 1972;
Mania in Gombrowicz' »Die Trauung«, Regie: Friedrich Beyer, 1974, Hete in Wolfs »Zyankali«, Regie: Niels-Peter Rudolph, 1975, Dora in Camus' »Die Gerechten«, Regie: Claus Peymann, und Jim Boy in Abrahams »Blume von Hawaii«, Regie: Alfred Kirchner, 1976, Die lustige Person in Goethes »Faust«, Titelrolle in Goethes »Iphigenie auf Tauris«, Regie: jeweils Claus Peymann, 1977, Olga in Tschechows »Drei Schwestern«, Clara in der Uraufführung von Bernhards »Vor dem Ruhestand«, Regie: jeweils Claus Peymann, 1979, Württembergisches Staatstheater Stuttgart; Rosalinde in Strauß' »Die Fledermaus«, Regie: Adolf Dresen, 1980, Titelrolle in Brechts »Mutter Courage und ihre Kinder«, Regie: Alfred Kirchner, 1981, Thusnelda in Kleists »Hermannsschlacht«, 1982, Medea in der Uraufführung von Heiner Müllers »Medeamaterial, Verkommenes Ufer, Landschaft mit Argonauten«, Regie: Manfred Karge und Thomas Langhoff, 1983, Gouvernante in Büchners »Leonce und Lena«, Regie: Claus Peymann, 1985, jeweils Schauspielhaus Bochum;
die Tochter in der Uraufführung von Bernhards »Am Ziel«, 1981, und in der Uraufführung von Bernhards »Der Theatermacher«, 1985, Regie: jeweils Claus Peymann, Salzburger Festspiele.
Fernsehen: Rahel in »Kolossale Liebe«, Regie: Jutta Brückner, ZDF 1984.
Anschrift: Stadtgartenring 29, 4630 Bochum.

Ivan Desny

(eigentlich: Ivan Nikolai Desnitsky)

Geb. 28.12.1922 als Sohn eines russischen Diplomaten und einer Schwedin in Peking, wo sein Vater damals Botschaftssekretär an der franz. Botschaft war; aufgew. in Paris; dort besuchte er ein Gymnasium und später die École des Sciences Politiques. Nach dem Abschluß seiner Schauspielausbildung in der Dramatischen Schule von René Simon debütierte er am Théâtre de la Michodière unter Pierre Fresnay in Bourdets Stück »Sexe faible«.
Eine erste größere Rolle in einem Spielfilm erhielt er von David Lean in dem Streifen »Madeleine« im Jahre 1950. Seither wirkte er in rund 70, meist deutschen, Produktionen mit. Auch im Deutschen Fernsehen war er bereits in über 100 Rollen zu sehen. Seit den 70er Jahren gastierte er an vielen Boulevard-Theatern und machte Tourneen.
Desny spricht franz., ital., engl.; er lebt seit 1961 mit der franz. Schauspielerin Ghislaine Arsac (Heirat 1985) und wohnt in Ascona in der Schweiz.
Film: »Bonheur en location«, Regie: Jean Wall, Frankreich 1948; »Die ehrbare Dirne« (nach Sartre), 1952; »Weg ohne Umkehr«, 1953; »La Signora senza camelie«, mit Lucia Bosè, Regie: Michelangelo Antonioni, Italien 1953; »Le Bon Dieu sans confession«, Regie: Claude Autant-Lara, Frankreich 1953; »Akt der Liebe«, 1954; »Geständnis unter vier Augen«, »Die goldene Pest«, »Herr über Leben und Tod«, und »Frou-Frou, die Pariserin«, 1955; »Dunja«, »André und Ursula«, Regie: Werner Jacobs, und »Mädchen ohne Grenzen«, 1956; »Rosen für Bettina«, »Für Männer verboten«, »Männer, Frauen und Gefahren«, »Anastasia, die letzte Zarentochter«, Regie: Falk Harnack, und »Wie ein Sturmwind«, 1957; »Von allen geliebt«, »Skandal in Ischl«, »Alle Sünden dieser Erde«, »Mädchenfalle« und »Petersburger Nächte«, 1958; »Ein Frauenleben«, mit Maria Schell, Regie: Alexandre Astruc, Frankreich 1958; »Frauensee«, »Das Leben zu zweit«, »Der Tag und die Nacht« und »Geheimagent Zuzucki«, 1959; »Der Satan lockt mit Liebe«, 1960; »Luxusweibchen«, »Schicksalssinfonie«, »Geständnis einer Sechzehnjährigen« und »Zarte Haut in schwarzer Seide«, 1961; »Meuterei« und »Sherlock Holmes und das Halsband des Todes«, 1962; »Tanker«, 1970; »Falsche Bewegung«, 1975; »Die Eroberung der Zitadelle«, Regie: Bernhard Wicki, und »Halbe-Halbe«, Regie: Uwe Brandner, 1977; »Die Ehe der Maria Braun«, Regie: Rainer Werner Fassbinder, 1978; »Car-napping«, Regie: Wigbert Wicker, 1979; »Lola«, mit Barbara Sukowa, Regie: Rainer Werner Fassbinder, 1981; »Die wilden Fünfziger«, Regie: Peter Zadek, 1983; »Flügel und Fesseln«, mit Brigitte Fossey und Hildegard Knef, Regie: Helma Sanders-Brahms, 1984.
Theater: In Sauvajons »Die Kinder Edouards«, 1973, und in »Wunschträumereien«, 1981, jeweils Kleine Komödie München; in Lengyels »Ninotschka«, Tournee 1980.
Fernsehen: »Mörderglück«, Regie: Wolfgang Staudte, ZDF 1969; »Tatort«, mit Sieghard Rupp, ARD 1970; »Welt am Draht«, Regie: Rainer Werner Fassbinder, ARD 1973; Titelrolle in »Anton Keil – Der Spezialkommissär«, Serie, ARD 1976; »Desny-Land«, Serie, und »Mathias Sandorf« (nach Jules Verne), Regie: Jean Pierre Decourt, 4 Teile, ZDF 1979; »Gesundheit«, Regie: Peter Patzak, ARD 1979; »Berlin Alexanderplatz« (nach Döblin), mit Günter Lamprecht und Hanna Schygulla, Regie: Rainer Werner Fassbinder, 14 Teile, ARD 1980; »Ringstraßenpalais«, Regie: Rudolf Nussgruber, 24 Folgen, ZDF 1980–1983; »Der Gerichtsvollzieher«, Regie: Peter Weck, Serie, und »Exil« (nach Feuchtwanger), Regie: Egon Günther, 7 Teile, ARD 1981; »Glanz und Elend der Kurtisanen« (nach Balzac), Regie: Maurice Cazeneuve, Serie und »Das Gesicht an der Wand«, Regie: Dieter Finnern, ARD 1983, und »Der Offizier und die Puppe« (nach D.H. Lawrence), mit Jeremy Irons, Regie: Claude Whatham, BBC 1983; »Traumschiff«, Regie: Alfred Vohrer, Serie, ZDF 1984; »Der Mörder« (nach Schnitzler), Regie: Anton Reitzenstein, ARD 1984; »Schöne Ferien«, Serie, ARD 1985.
Auszeichnung: Filmband in Gold 1980.
Anschrift: c/o Agentur Jovanovic, Perfallstraße 6, 8000 München 80, oder Via Monescia 20, Casa al Sole, CH-6612 Ascona, Schweiz.

Hans-Helmut Dickow

– Staatsschauspieler –

Geb. 14.4.1927 in Dresden; dort aufgew.; unmittelbar nach Kriegsende begann er mit dem Studium am Dresdner Konservatorium und später an der dortigen Hochschule für Musik und Theater seine Schauspielausbildung. Seine Lehrer waren Erich Ponto und Paul Hoffmann. Gleichzeitig gehörte er bereits zum Staatstheater Dresden, wo er als Andres in Büchners »Woyzeck« debütierte.
Von 1947 bis 1951 stand er im Ensemble der Städt. Bühnen Köln, von 1951 bis 1955 war er am Schauspielhaus Zürich engagiert, dem Haus jedoch als Gast bis 1972 verbunden. Seinen letzten festen Bühnenvertrag hatte er von 1955 bis 1969 unter Günter Rennert am Württembergischen Staatstheater Stuttgart. Seit 1972 hat er sich vom Theater völlig zurückgezogen und arbeitet ausschließlich für das Fernsehen, wo er nun in über 30 Jahren mehr als 200 Rollen verkörpert hat.
Dickow spricht engl., russ.; er ist verheiratet, hat einen Sohn und lebt in Stuttgart.
Film: »Das Einhorn« (nach Walser), Regie: Peter Patzak, 1978; »Die wunderbaren Jahre«, Buch + Regie: Rainer Kunze, 1979.
Theater: Titelrolle in Büchners »Woyzeck«, und Titelrolle in Shakespeares »König Johann«, Regie: jeweils Friedrich Dürrenmatt, Schauspielhaus Zürich 1951–1955; Ruprecht und Dorfrichter Adam in Kleists »Der zerbrochene Krug«, Jean in Strindbergs »Fräulein Julie«, Franz Moor in Schillers »Die Räuber«, in Patricks »Das kleine Teehaus«, Robespierre in Büchners »Dantons Tod«, Teufel in »Geschichte vom Soldaten», Regie: jeweils Günter Rennert, Württembergisches Staatsschauspiel Stuttgart 1955–1969.
Fernsehen: »Die Gerechten« (nach Camus), in zwei Fassungen, jeweils unter der Regie von Rolf Hädrich, ARD 1959 und 1964; »Die Friedhöfe«, Regie: Rolf Hädrich, und »Ich war Schlemihl«, Regie: Dieter Haugk, ARD 1963; »Das Mißverständliche im Leben des Herrn Knöbel«, Regie: Eberhard Itzenplitz, ARD 1968; »Umschulung« (von Christoff), Regie: Claus Peter Witt, ARD 1969; »Die Rakete«, Regie: Dieter Wedel, ZDF 1975; »Das kleine Hofkonzert«, Regie: Wolfgang Liebeneiner, ZDF 1976; »Achsensprung«, Regie: Rolf von Sydow, »Weder Tag noch Stunde«, Regie: Bruno Jantoss, »Die Dämonen« (nach Dostojewskij), 4 Teile, und »Oblomows Liebe«, Regie: jeweils Claus Peter Witt, ARD 1977; »Möwengeschrei« (nach Gorki), »Menschenfresser«, Regie: Rainer Boldt, und »Das Projekt Honnef«, Regie: Rudolf Nussgruber, ZDF 1977; »Lady Audley's Geheimnis«, ARD 1978; »Jean Paul: Dr. Katzenbergers Badereise«, ZDF 1978; »Sterne für den Orient« (aus der Reihe: »Tatort«), Regie: Günter Gräwert, ARD 1979; »Der Urlaub«, Regie: Thomas Engel, ARD 1980; »Meister Trimpe« (nach Max Kretzer), ZDF 1980; Trinker in »Sonderdezernat K 1«, Regie: Eberhard Itzenplitz, ARD 1981; »Überfall in Glasgow«, Regie: Wolfgang Hantke, und »Tod eines Schülers«, mit Till Topf, Regie: Claus Peter Witt, 6 Teile, ZDF 1981; »Kabale und Liebe« (nach Schiller), Regie: Heinz Schirk, ARD 1982; »Der Alte«, Serie, ZDF 1983; Doc in »Die Fraggles«, Serie, ZDF 1983–86; »Heinrich Heine – Die zweite Vertreibung«, Regie: Karl Fruchtmann, 2 Teile, ARD 1983; »Zwei schwarze Schafe«, Regie: Ralf Gregan, Serie, und »Traumschiff«, Regie: Alfred Vohrer, ZDF 1984; »Das zerbrochene Haus«, ORF 1984; »Tod eines Schaustellers« (von Vock), Regie: Dietrich Haugk, ARD 1984; »Derrick«, Serie, ZDF 1985; »Das Totenreich« (nach Pontoppidan), Regie: Karin Brandauer, 2 Teile, ARD 1986.
Auszeichnung: Staatsschauspieler 1964.
Anschrift: c/o Agentur Wiedner, Destouchesstraße 32, 8000 München 40.

Hans Jürgen Diedrich

– Staatsschauspieler –

Geb. 30. 4. 1923 in Stralsund; dort aufgew.; nach seiner Schulausbildung war er zunächst als Reichsbahn-Inspektor tätig; er war Offizier; nach dem Krieg absolvierte er die Schauspielschule der Städt. Bühnen Hamburg-Harburg, wo er von 1947 bis 1954 im Ensemble stand. Zum Kabarett kam er 1954. Erste Station war die Gruppe »rendezvous« unter Peter Ahrweiler in Hamburg. Zwei Jahre (1955/56) spielte er bei der Gruppe »Die Amnestierten« in Kiel. Am 12. 12. 1956 gehörte er zum Gründungsensemble der Münchner »Lach- und Schießgesellschaft«. Seine Partner waren Dieter Hildebrandt, Klaus Havenstein und Ursula Herking (später Ursula Noack). An dieser Bühne, unter der Leitung von Sammy Drechsel, war er bis 1970 Mitglied. Verpflichtungen hatte er anschließend an der Kleinen Komödie München, an der Komödie Düsseldorf und am Theater am Dom Köln. Seit 1972 gehört er zum Ensemble des Bayerischen Staatsschauspiels München. Er ist auch als Theater-Regisseur tätig. In der Synchronisation arbeitet er als Regisseur und Sprecher. Er ist u.a. die deutsche Stimme für »Fuzzie«.

Diedrich spricht engl.; er ist verheiratet und lebt in München.

Theater: In Ambessers »Max Mahnke als Mensch«, Kleine Komödie München 1971; in Watkyns »Streng geheim«, Komödie Düsseldorf; in »Nun aber Schluß, meine Damen«, Theater am Dom Köln; Stübe in Thomas »I. Klasse«, Acaste in Molières »Der Misanthrop«, in Ayckbourns »Normans Eroberungen«, mit Peter Fricke, in Brechts »Mann ist Mann«, in Goethes »Egmont«, mit Robert Atzorn, Regie: Michael Haneke, in Molières »Der eingebildete Kranke«, in Ostrowskijs »Der Wald«, Regie: Harald Clemen, in Hennequin/Duvals »Sein Doppelgänger«, in Pagnols »Zinsen des Ruhms« und in Shakespeares »Viel Lärm um nichts«, Regie: für die beiden letztgenannten jeweils Kurt Meisel, Bayerisches Staatsschauspiel München 1972–1984.

Seine wichtigste Rolle: Schuster Voigt in Zuckmayers »Der Hauptmann von Köpenick«, Regie: Horst Sachtleben, Bayerisches Staatsschauspiel München, 1980, anschließend Tournee Österreich, Schweiz, Südtirol und Luxemburg (165 Vorstellungen).

Am Bayerischen Staatsschauspiel München inszenierte er »Das Streichquartett«.

Fernsehen: Neben den Programmen der Münchner »Lach- und Schießgesellschaft«, die jährlich in der ARD übertragen wurden, ferner: »Am grünen Strand der Spree«, Regie: Fritz Umgelter, ARD 1958; »Der seidene Schuh« (nach Claudel), Regie: Gustav Rudolf Sellner, ARD 1959; »Ich bin so frei«, Regie: Otto Meier, ARD 1961; »Orden für die Wunderkinder« (nach Zibaso), Regie: Rainer Erler, und »Kleider machen Leute« (nach Keller), mit Hanns Lothar, Regie: Paul Verhoeven, ARD 1963; »Hurra, ein Junge«, Regie: Klaus Wagner, ARD 1966; »Streng geheim« (nach Watkyn), Regie: Thomas Engel, ZDF 1973; »Der Archivar«, Serie, ARD 1978/79; »Funkeln im Auge« (Heidelinde-Weis-Special), Regie: Wolfgang Becker, ZDF 1984; »Engels & Consorten« (von E. Möbius), Regie: Detlef Rönfeldt, 5 Teile, ARD 1986.

Auszeichnung: Bayerischer Staatsschauspieler 1983.

Anschrift: c/o Agentur von Pilecki, Eilandstraße 12, 8000 München 90.

Marlen Diekhoff

Geb. in Bremerhaven; aufgew. in Altes Land/Elbe und Hannover; nach der Schule absolvierte sie die Hochschule für Musik und Theater in Hannover. Ihr erstes Engagement bekam sie am Niedersächsischen Staatstheater Hannover. Weitere Stationen: Württembergisches Staatstheater Stuttgart, Städt. Bühnen Frankfurt/Main (1972–1978), Theater der Freien Hansestadt Bremen (1979/80) und Deutsches Schauspielhaus Hamburg (seit 1980).
Frau Diekhoff spricht engl., franz.; sie ist verheiratet mit dem Schauspieler Christian Redl und lebt in Hamburg.
Theater: Jessica in Shakespeares »Der Kaufmann von Venedig«, Regie: Peter Palitzsch, Niedersächsisches Staatstheater Hannover 1963; Flaminia in Marivaux' »Unbeständigkeit der Liebe«, Regie: Luc Bondy, Ruth in Pinters »Die Heimkehr«, Regie: Peter Palitzsch, Fräulein Isenbarn in Barlachs »Der arme Vetter«, Regie: Frank-Patrick Steckel, Titelrolle in Kleists »Penthesilea« und Titania in Shakespeares »Ein Sommernachtstraum«, jeweils Städt. Bühnen Frankfurt/Main 1972–1978; Elisabeth in Schillers »Maria Stuart«, Titelrolle in Goethes »Stella« und Dame in Strindbergs »Nach Damaskus«, Regie: Frank-Patrick Steckel, jeweils Theater der Freien Hansestadt Bremen 1979/80; Olga in Tschechows »Drei Schwestern«, Regie: Niels-Peter Rudolph, Nell in Becketts »Endspiel«, Blanche in Williams' »Endstation Sehnsucht« und Elmire in Molières »Tartuffe«, jeweils mit Christian Redl unter der Regie von Peter Löscher, Verwalterin in Handkes »Über die Dörfer«, Regie: Niels-Peter Rudolph, und Hekuba in Werfels »Die Troerinnen« (nach Euripides), Regie: Ernst Wendt, Cleopatra in Shakespeares »Antonius und Cleopatra«, Regie: Frank-Patrick Steckel, jeweils Deutsches Schauspielhaus Hamburg 1980–1985.
Fernsehen: »Wochenendgeschichten«, Regie: Ilse Hofmann, Serie, ARD 1985.
Auszeichnung: Mitglied der Akademie der Darstellenden Künste Frankfurt/Main.
Anschrift: c/o Deutsches Schauspielhaus Hamburg, Kirchenallee 39, 2000 Hamburg 1.

Karl Walter Diess

– Staatsschauspieler –

Geb. 25.1.1928 in Salzburg; dort aufgew.; nach der Schule nahm er Schauspielunterricht bei Prof. Florian Kalbeck. Nach einer Verpflichtung in Wien kam er 1956 an das Deutsche Theater Göttingen, anschließend an das Bayerische Staatsschauspiel München. 1975 gastierte er u.a. an der Kleinen Komödie München. Den Schwerpunkt seiner Arbeit bildet seit vielen Jahren das Fernsehen.
Diess spricht engl.; er ist verheiratet, hat eine Tochter aus der geschiedenen Ehe mit der Schauspielerin Silvia Simon und lebt in München.
Film: »Banditen der Autobahn«, Regie: Geza von Cziffra, 1955.
Fernsehen: »Der trojanische Krieg findet nicht statt« (nach Giraudoux), Regie: Franz Josef Wild, ARD 1964; »Die Journalisten«; »Perlenkomödie«; »Die Abrechnung«; Heinrich Heine in »Interview mit der Geschichte«; »Der Kommissar«, mit Erik Ode, Serie, 3 Folgen, ZDF 1970–1974; »Der aufsehenerregende Fall des Studienrats Adam Juracek« (nach Kohout), Regie: Tom Toelle, ZDF 1976; »Der Spinnenmörder«, Regie: Gerhard Klingenberg, ARD 1978; »Wallenstein« (von Golo Mann), mit Rolf Boysen, Regie: Franz Peter Wirth, 4 Teile, ZDF 1978; »Der Alte«, Serie, 3 Folgen, ZDF 1979, 1982 und 1984; »Derrick«, Serie, ZDF 1981; »Schwarz-Rot-Gold: Kaltes Fleisch«, Regie: Marco Serafini, ARD 1982; »Dr. Margarete Johnsohn«, Regie: Dagmar Damek, ZDF 1982; »Auf Achse«, mit Manfred Krug, Regie: Hartmut Griesmayr, Serie, und »Jenseits von Schweden«, ARD 1983; »Schwarzer Lohn und weiße Weste«, Regie: Marco Serafini, und »Tatort«, Serie, 3 Folgen, Oberarzt Dr. Schäfer in »Schwarzwaldklinik«, mit Klausjürgen Wussow, Sascha Hehn, Gaby Dohm und Heidelinde Weis, Regie: Alfred Vohrer, 23 Teile, ZDF 1985/86; Burleigh in »Maria Stuart« (nach Schiller), Regie: Heinz Schirk, ARD 1986.
Auszeichnung: Staatsschauspieler.
Anschrift: c/o Agentur Köhler, Rümannstraße 51, 8000 München 40.

Ursula Diestel

Geb. 15.7.1924 in Berlin; dort aufgew.; nach der Schule nahm sie privaten Schauspielunterricht bei Leopold von Ledebur. 1942 debütierte sie als Schauspielschülerin am Preußischen Staatstheater Berlin in Hauptmanns »Der Biberpelz« (Regie: Jürgen Fehling). Es folgten zahlreiche Wehrmachtstourneen, u.a. in Sachsen und Thüringen (1943/44), wo sie mit Hubert von Meyerinck in »Die Höllenparade« zu sehen war.
Nach dem Krieg begann sie zunächst bei Rudolf Platte am Theater am Schiffbauerdamm Berlin, bevor sie 1946 unter Boleslaw Barlog an die Staatl. Schauspielbühnen Berlins wechselte.
Seit dieser Zeit steht sie im Ensemble des Schiller- und Schloßpark-Theaters. Sie gastierte u.a. an der Komödie Berlin (1947), am Deutschen Theater (1948), am Renaissance-Theater (1962), mit dessen Ensemble sie unter der Regie von Peter Moosbacher eine Gastspiel-Tournee durch mehrere Städte unternahm, und bei den Salzburger Festspielen (1964).
Sie ist ferner für den Hörfunk und die Synchronisation tätig. In den 50er und 60er Jahren war sie u.a. die deutsche Stimme der jungen Simone Signoret.
Frau Diestel spricht engl.; sie war mit dem 1959 verstorbenen Schauspieler Clemens Hasse verheiratet. Die Künstlerin lebt in Berlin.
Film: »Das Mädchen Rosemarie«, mit Nadja Tiller, Regie: Rolf Thiele, 1958.
Theater: In Smith' »Der erste Frühlingstag«, Komödie Berlin 1947; Zsófi in Hays »Haben«, Deutsches Theater Berlin 1948;
die wichtigsten Rollen an den Staatl. Schauspielbühnen Berlins (seit 1946): Selma Knobbe in Hauptmanns »Die Ratten«, Regie: Willi Schmidt, in Abbotts »Drei Mann auf einem Pferd«, Plörösenmieze in Zuckmayers »Der Hauptmann von Köpenick«, Witwe in »In 80 Tagen um die Welt«, in O'Caseys »Juno und der Pfau«, in Barlachs »Der blaue Boll«, in Horváths »Don Juan kommt aus dem Krieg«, Herzogin von Olivarez in Schillers »Don Carlos«; bei den Salzburger Festspielen 1964 spielte sie in Hays »Das Pferd«, Regie: Boy Gobert (seine erste Theaterregie).
Fernsehen: »Napoleon in New Orleans« (nach Kaiser), Regie: Imo Moszkowicz, ARD 1959; »Anastasia«, Buch + Regie: Robert A. Stemmle, 2 Teile, ARD 1967; »Die Ballade vom Cowboy« (nach Potter), Regie: Heinz Schirk, ZDF 1968; »Drei Tage bis Allerseelen«, mit Siegfried Lowitz, ZDF 1970; »Reifezeugnis« (aus der Reihe »Tatort«), mit Nastassja Kinski und Christian Quadflieg, Regie: Wolfgang Petersen, ARD 1977; »Die beiden Freundinnen« (nach Döblin), Regie: Axel Corti, ZDF 1978; »Ihr 106. Geburtstag« (nach Sarment), mit Inge Meysel, Regie: Thomas Engel, ZDF 1980; »Sonderdezernat K 1«, Serie, ARD 1981; »Und plötzlich bist du draußen«, ZDF 1981; »Das Gesicht an der Wand«, mit Antje Weisgerber, Regie: Dieter Finnern, ARD 1983; »Freundschaften« (von Herbert Reinecker), Regie: Eugen York, und »Ich heirate eine Familie« (von Flatow), mit Peter Weck und Thekla Carola Wied, Regie: Peter Weck, Serie, ZDF 1984; »Alles was recht ist«, mit Thekla Carola Wied, Regie: Peter Weck, 3 Teile, ZDF 1985.
Anschrift: c/o Agentur Runde-Profée, Preußenallee 26, 1000 Berlin 19.

Harald Dietl

Geb. 18. 4. 1933 in Altenburg/Thüringen; aufgew. in Berlin und Bayern; er absolvierte eine Ausbildung als Schriftsetzer und arbeitete in diesem Beruf. Anschließend wollte er Journalist werden. Während einer Südamerika-Tournee 1958 begann er mit seinen ersten Berichten für die Nachrichtensendungen von ARD und ZDF (u.a. »Weltspiegel«). Als politischer Berichterstatter war er z.B. in Vietnam (während des Krieges), in China und Albanien (sonst für Ausländer gesperrt).
Nach seiner Schauspielausbildung debütierte er an den Städt. Bühnen Augsburg. Weitere Engagements hatte er u.a. an den Kammerspielen Santiago de Chile, an der Kleinen Komödie München, am Wiener Burgtheater, am Basler Theater, in Stuttgart, bei den Festspielen Heppenheim, am E.T.A. Hoffmann-Theater Bamberg, an der Komödie Berlin, auf Tournee sowie bei den Festspielen Bad Gandersheim (bis 1985). Er ist viel für Film und Fernsehen tätig und arbeitet in der Synchronisation.
Dietl spricht engl., franz.; er ist verheiratet und lebt in Frankfurt/Main. Der Künstler war früher Schwergewichtsboxer.
Film: »Tischlein deck' dich«, 1956; »Vier Mädels aus der Wachau«, »Die Frühreifen«, Regie: Josef von Baky, und »Cardillac, der Goldschmied von Paris«, 1957; »Die wunderbaren Jahre«, Buch + Regie: Rainer Kunze, 1980; »Die Supernasen«, mit Thomas Gottschalk und Mike Krüger, Regie: Dieter Pröttel, 1983; »Das Nürnberger Bett«, Regie: Alexander Titus Benda, 1985. Außerdem spielte er in den Hollywood-Produktionen »Escape Line« und »The Formular« (mit Gregory Peck).
Theater: An den vorgenannten Bühnen spielte er Rollen seines Fachs, u.a. in Glickmann/Steins »Die Söhne der Frau Gibbons« (Kleine Komödie München), Sergius Saranoff in Shaws »Helden« und Herr Stallmeister in Kohouts »August, August, August« (jeweils Festspiele Heppenheim). Er arbeitete auch als Theater-Regisseur.
Fernsehen: »Familie Nägele«, Serie; »Die Räuber« (nach Schiller); »Traumulus« (nach Holz-Jerschke); »Die Freier« (nach Eichendorff); »Recht auf Gewissen«; »Der Idiot« (von Lehman nach Dostojewskij), mit Gerd Baltus, Regie: Rolf von Sydow, 3 Teile, ARD 1968; »Michael Kohlhaas« (nach Saunders); »Zollfahndung«, Serie, »Tatort«, Serie, 5 Folgen, ARD 1972–1983; »Bratkartoffeln inbegriffen«, Regie: Fritz Umgelter, ZDF 1975; »Die Wahl«, Regie: Rainer Boldt, ZDF 1976; »Derrick«, Serie, 3 Folgen, ZDF 1977–1983; »Defekte«, Regie: Diethard Klante, ARD 1982; »Die Wannseekonferenz« (von Mommertz), mit Dietrich Mattausch, Regie: Heinz Schirk, ARD 1984; »Der Schiedsrichter«, mit Wolfgang Kieling, Regie: Rolf von Sydow, ZDF 1985; »Mein Freund Harvey« (nach Chase), mit Harald Juhnke, Regie: Wolfgang Spier (auch Komödie Berlin), und »Die Krimistunde«, Regie: Hartmut Griesmayr, Serie, ARD 1985.
Anschrift: c/o ZBF-Agentur München, Leopoldstraße 19, 8000 München 40, oder Goldbergweg 53, 6000 Frankfurt/Main 70.

Bruno Dietrich

Geb. 3.4.1939 in Düsseldorf; aufgew. in Zoppot, Eutin und Krefeld; nach dem Gymnasium absolvierte er die Max-Reinhardt-Schule Berlin. Sein Debüt gab er 1958 als Masham in Scribes »Das Glas Wasser« an der Pikkolomödie in Wuppertal. Seither gastierte er u.a. am Stadttheater Bern, an den Kammerspielen und am Thalia-Theater in Hamburg, an der Kleinen Komödie München und machte zahlreiche Tourneen.
Dietrich spricht engl., franz.; er ist ledig und lebt in München.
Film: »Es«, mit Sabine Sinjen und Tilla Durieux, Regie: Ulrich Schamoni, 1965; »Die Tote von Beverly Hills« (nach Goetz), mit Heidelinde Weis, Regie: Michael Pfleghar, 1968; »Angélique, die Unbezähmbare«, Regie: Bernard Borderie, Frankreich 1969; »Unser Willi ist der Beste«, mit Heinz Erhardt, Regie: Werner Jacobs, 1971; »Das Ufer«, Regie: Alexander Alow und Wladimir Naumour, UdSSR/BRD 1983 (auch ARD 1985).
Theater: Valère in Molières »Der Geizige«, Mick in Pinters »Der Hausmeister«, Edmund in O'Neills »Eines langen Tages Reise in die Nacht«, George in Delancys »Bitterer Honig«, Tom in Williams' »Glasmenagerie«, in Wittlingers »Zwei Männer zum Frühstück«, in Lovegroves »Guten Abend, Mrs. Sonnenschein« (auch TV), und in Goetz' »Ingeborg«, mit Grit Boettcher, jeweils an den vorgenannten Bühnen und auf Tournee.
Fernsehen: »Die Revolution entläßt ihre Kinder« (nach Leonhard), Regie: Rolf Hädrich, 3 Teile, ARD 1962; »Der Kommissar«, mit Erik Ode, Serie, ZDF 1969; Bruno in »MS Franziska« (von Wuttig), mit Paul Dahlke, Regie: Wolfgang Staudte, Serie, ARD 1976; »Derrick«, Serie, ZDF 1977; »Der Alte«, Serie, 2 Folgen, ZDF 1978/79; »Miss«, Regie: R. Pigaut, Serie, und »Les quatres enquêteurs«, Regie: Serge Corber, Serie, franz. TV, 1980/81; »Manni, der Libero«, mit Tommi Ohrner, Regie: Franz Josef Gottlieb, Serie, ZDF 1982; »Génération frontière«, Regie: Marie-Helene Rebois, franz. TV 1982; »Das Pflegekind« Regie: Peter Goser, ARD 1984; »Es muß nicht immer Mord sein«, Serie, und »Gauner im Paradies« (von Matray), Regie: Thomas Fantl, ZDF 1985.
Auszeichnung: Bundesfilmpreis 1965.

Anschrift: c/o Agentur Alexander, Lamontstraße 9, 8000 München 80.

Marlene Dietrich

(eigentlich: Maria Magdalena Sieber, geb. Dietrich)

Geb. 27.10.1901 (laut Auszug Berliner Geburtenregister; nach eigenen Angaben 1904) als Tochter des Polizeileutnants Louis Dietrich in Berlin. Nach dem Tode ihres Vaters im Jahre 1911 verheiratete sich ihre Mutter mit dem Oberst Eduard von Losch, dessen Familiennamen sie annahm. Ihr Stiefvater fiel 1916 im Ersten Weltkrieg.

Nach dem Besuch einer Privatschule in Weimar und des Augusta-Viktoria-Lyzeums in Berlin begann sie zunächst mit einer Geigenausbildung an der Berliner Musikakademie, die sie auf Grund einer Sehnenentzündung aufgeben mußte. Anschließend absolvierte sie die Max-Reinhardt-Schule Berlin; 1922 bekam sie ihr erstes Engagement an den Reinhardt-Bühnen Berlin. Von 1926 bis 1929 war sie an den Berliner Staatsbühnen verpflichtet.

Ihr Film-Debüt gab sie bereits 1921. Noch während ihrer Ausbildung wurde sie vom Produktionsleiter der Berliner Ariel-Filmgesellschaft, Rudolf Sieber, als Statistin verpflichtet. 1924 heiratete sie Rudolf Sieber. Nach der Geburt ihrer Tochter Maria (1925) zog sie sich für einige Zeit von der Bühne zurück. Von 1926 bis 1929 drehte sie über zehn Kinofilme.

Ihr internationaler Durchbruch gelang ihr 1930 als Lola-Lola in Josef von Sternbergs Film »Der blaue Engel« (nach dem Roman »Professor Unrat« von Heinrich Mann; mit Emil Jannings). In dem Film sang sie das Lied »Ich bin von Kopf bis Fuß auf Liebe eingestellt«. Sowohl die deutsche (1929) wie die amerikanische Fassung (1930) des Films wurden ein Welterfolg.

Die Paramount-Filmgesellschaft in Hollywood, USA, nahm sie noch 1930 unter Vertrag. Unter der Regie von Josef von Sternberg folgten weitere sechs Produktionen (bis 1935). Die Gage von 200.000 Dollar, niemals vorher erreicht, bezahlte ihr 1936 der Produzent David O. Selznick für ihre Rolle in dem Streifen »Der Garten Allahs«.

1937 wurde Marlene Dietrich Staatsbürgerin der Vereinigten Staaten von Amerika. Nach zahlreichen Hollywood-Produktionen war sie von 1943 bis 1946 vor allem als Truppenbetreuerin der amerikanischen Streitkräfte tätig. Angebote zur Rückkehr nach Deutschland schlug sie aus.

In den 50er Jahren hatte sie großen Erfolg mit den US-Hörfunk-Serien »Café Istanbul« und »Time for Love«. 1953 trat sie erstmals im Hotel »Sahara« in Las Vegas auf und machte sich als Show-Star einen Namen. Ihre Gage für drei Wochen soll 90.000 Dollar betragen haben. Gastspiele als Chanson-Sängerin gab sie anschließend im »Café de Paris« in London sowie an zahlreichen Konzertbühnen und in Nachtclubs der ganzen Welt. Mit besonderer Aufmerksamkeit wurde ihre Tournee durch die UdSSR im Jahre 1964 verfolgt. Bei den Festspielen in Edinburgh, Großbritannien, sang sie 1965 mit großem Erfolg. 1967/68 gab sie Konzerte am New Yorker Broadway, 1968 reiste sie nach Australien.

Die erfolgreichsten Songs, die sie meist in hautengen Glitzerroben vortrug, waren: »Ich bin die fesche Lola«, »Ich bin von Kopf bis Fuß auf Liebe eingestellt«, »Wenn ich mir was wünschen dürfte«, »Lili Marleen«, »Es war in Schöneberg« und »Wo hast du nur die schönen blauen Augen her?«. Besonders hervorgehoben sei das Chanson von Pete Seegers »Sag mir, wo die Blumen sind«.

1973 stand sie erstmals in einer Gala-Show vor den Fernsehkameras. Die Show wurde 1976 auch vom ZDF ausgestrahlt. Ein Schenkelhalsbruch, den sie 1975 in Sydney, Australien, erlitt, zwang sie, ihre Bühnenlaufbahn zu beenden. Seit einem weiteren Beinbruch 1979 zog sie sich völlig aus der Öffentlichkeit zurück.

Sie schrieb zwei autobiographische Bücher. 1962 erschien »ABC meines Lebens« und 1979 »Nehmt nur mein Leben«. 1976 veröffentlichte Sheridan Morley eine Dietrich-Biographie. Die ARD strahlte 1981 Michael Strauvens Portrait »Marlene – Gesichter einer Legende« aus. 1984 stellte Maximilian Schell seine Filmdokumentation »Marlene« vor, der längere Tonband-Interviews zu Grunde liegen.

Marlene Dietrich lebt in Paris. Ihr Mann Rudolf Sieber verstarb 1976. Sie hatte sich zwar schon Ende der 30er Jahre von ihm getrennt, die Ehe wurde jedoch nie geschieden.

Film: »Der Mensch am Wege«, mit Alexander Granach, Regie: Wilhelm Dieterle, »Tragödie der Liebe«, mit Rudolf Forster und Emil Jannings, Regie: Joe May, und »So sind die Männer«, Regie: Georg Jacoby, 1923; »Der Sprung ins Leben«, Regie: Johannes

Guter, 1924; »Manon Lescaut«, mit Lya de Putti, Regie: Arthur Robinson, und »Madame wünscht keine Kinder«, Regie: Alexander Korda, 1926; »Eine moderne Dubarry«, Regie: Alexander Korda, »Sein größter Bluff«, mit und unter der Regie von Harry Piel, »Kopf hoch, Charly«, mit Anton Pointner, Regie: Willi Wolff, »Café Elektric«, mit Willi Forst, Regie: Gustav Ucicky, und »Der Juxbaron«, mit Reinhold Schünzel, Regie: Willi Wolff, 1927; »Prinzessin Olala« (nach Gilbert/Bernauer/Schanzer), Regie: Robert Land, 1928; »Das Schiff der verlorenen Menschen« (nach Keremen), Regie: Maurice Tourneur, »Die Frau, nach der man sich sehnt«, mit Fritz Kortner, Regie: Kurt Bernhardt, und »Ich küsse Ihre Hand Madame«, (nach Vanloo), Regie: Robert Land, 1929; »Gefahren der Brautzeit«, mit Willi Forst, Regie: Fred Sauer, 1930; – jeweils Stummfilme.
Lola-Lola in »Der blaue Engel« (nach Heinrich Manns »Professor Unrat«), mit Emil Jannings, Kurt Gerron und Hans Albers, Regie: Josef von Sternberg, 1930; »Marocco«, mit Gary Cooper, Regie: Josef von Sternberg, USA 1930; »X 27«, Regie: Josef von Sternberg, USA 1931, »Schanghai-Expreß«, mit Clive Brook, und »Die blonde Venus«, mit Cary Grant, Regie: Josef von Sternberg, USA 1932, »Das Hohe Lied«, Regie: Rouben Mamoulian, USA 1933; »Die große Zarin«, mit John Lodge, Regie: Josef von Sternberg, USA 1934; »Die spanische Tänzerin«, Regie: Josef von Sternberg, USA 1935; »Sehnsucht«, mit Gary Cooper, Regie: Frank Borzage, und »Der Garten Allahs«, mit Charles Boyer, Regie: Richard Boleslawski, USA 1936; »Tatjana«, Regie: Jacques Feyder, Großbritannien 1937; »Engel« (»Angel«), Regie: Ernst Lubitsch, USA 1937; »Der große Bluff«, mit James Stewart, Regie: George Marshall, USA 1939; »Das Haus der sieben Sünden«, mit John Wayne, Regie: Tay Garnett, USA 1940; »Herzen in Flammen«, Regie: Raoul Walsh, und »Die Abenteuerin«, Regie: René Clair, USA 1941; »The Lady Is Willing«, Regie: Mitchell Leisen, »Pittsburgh«, mit John Wayne, Randolph Scott und Frank Craven, Regie: Lewis Seiler, und »Stahlharte Fäuste«, mit John Wayne, Regie: Ray Enright, USA 1942; »Follow The Boys«, mit George Raft, Regie: A. Edward Sutherland, und »Kismet«, mit James Craig, Regie: William Dieterle, USA 1944; »Martin Roumagnac«, mit Jean Gabin, Regie: Georges Lacombe, Frankreich 1946; »Die goldenen Ohrringe«, mit Ray Milland, Regie: Mitchell Leisen, USA 1947; »Eine auswärtige Angelegenheit« (»A foreign Affair«), Regie: Billy Wilder, USA 1948; »Jisgaw«, Regie: Fletcher Markle, USA 1949; »Die rote Lola«, Regie: Alfred Hitchcock, Großbritannien 1950; »Die Reise ins Ungewisse«, mit James Stewart und Jack Hawkins, Regie: Henry Koster, USA/Großbritannien 1951; »Engel der Gejagten«, mit Mel Ferrer, Regie: Fritz Lang, USA 1952; »In 80 Tagen um die Welt« (nach Jules Verne), mit David Niven und Shirley McLaine, Regie: Michael Anderson, USA 1956; »Die Monte-Carlo-Story«, mit Vittorio de Sica, Regie: Samuel A. Taylor und Giulio Macchi, USA/Italien 1957; »Zeugin der Anklage«, mit Charles Laughton, Regie: Billy Wilder, und »Im Zeichen des Bösen«, mit Orson Welles und Charlton Heston, Regie: Orson Welles, USA 1958; »Das Urteil von Nürnberg«, mit Spencer Tracy, Burt Lancaster, Richard Widmark, Judy Garland, Montgomery Clift und Maximilian Schell, Regie: Stanley Kramer, USA 1961; »Der schwarze Fuchs«, Regie: Louis Clyde Stoumen, USA 1962; »Zusammen in Paris«, mit William Holden und Audrey Hepburn, Regie: Richard Quine, USA 1964; »Schöner Gigolo – armer Gigolo«, mit David Bowie, Kim Novak, Sydne Rome, Maria Schell und Curd Jürgens, Regie: David Hemmings, BRD 1978; »Marlene«, Regie: Maximilian Schell, BRD 1984.
Theater: In Dietrichstein/Hattons »Der große Bariton«, Regie: Eugen Robert, Theater am Kurfürstendamm Berlin 1922; Ludmille Steinherz in Wedekinds »Die Büchse der Pandora«, Regie: Carl Heine, Witwe in Shakespeares »Der Widerspenstigen Zähmung«, Regie: Iwan Schmith, Anne-Marie in Hennequins »Timotheus in flagranti«, Regie: Iwan Schmith, und Frau Shenstone in Maughams »Der Kreis«, Regie: Bernhard Reich, jeweils Großes Schauspielhaus Berlin und Kammerspiele des Deutschen Theaters Berlin 1922/23; Die Hauptmännin in Kleists »Penthesilea«, Regie: Richard Révy, Deutsches Theater Berlin 1923; in »Mein Vetter Eduard«, Regie: Ralph Arthur Roberts, Komödienhaus Berlin 1923; Hippolyta in Shakespeares »Ein Sommernachtstraum«, Regie:

Reinhard Bruck, in Björnsons »Wenn der junge Wein blüht«, Regie: Reinhard Bruck, und in Shaws »Zurück zu Methusalem«, Regie: Victor Barnowsky, jeweils Theater in der Königgrätzer Straße 1924/25; Lou Carrère in Rehfischs »Duell am Lido«, Regie: Leopold Jessner, Staatstheater Berlin 1926; in »Von Mund zu Mund«, Regie: Erik Charell, Großes Schauspielhaus Berlin 1926; in »Der Rubikon«, Regie: Ralph Arthur Roberts, Tribüne Berlin 1926; Thylla Vandenbergh in Sternheims »Die Schule von Uznach oder Neue Sachlichkeit«, Regie: Emil Geyer, Theater in der Josefstadt Wien 1927; Rubie in Dunning/Abbotts »Broadway«, Regie: Eugen Robert, Komödienhaus Berlin 1928; in Schiffer/Spolianskys »Es liegt in der Luft oder Ein Spiel im Warenhaus«, Regie: Forster Larrinaga, und Hypatia in Shaws »Eltern und Kinder«, Regie: Heinz Hilpert, Komödie Berlin 1928; in Wedekinds »Der Marquis von Keith«, Regie: Leopold Jessner, Schauspielhaus am Gendarmenmarkt Berlin 1929; Mabel in Kaisers »Zwei Krawatten«, Regie: Forster Larrinaga, Berliner Theater Berlin 1929.
Auszeichnungen: »Medaille der US-Frontkämpfervereinigung«; »Kreuz der franz. Ehrenlegion«, Paris 1972.
Anschrift: c/o Regency Artist Ltd., 9200 Sunset Boulevard, Suite 823, Los Angeles, Calif. 90069, USA, oder Avenue Montaigne 12, Paris, Frankreich.

Hans Günter Dietz

Geb. 13. 8. 1956 in Wuppertal; dort aufgew.; mittlere Reife; bereits mit 16 Jahren war er nordrhein-westfälischer Juniorenmeister in Karate. Nach zahlreichen weiteren Meistertiteln und Turniersiegen errang er 1978 und 1979 jeweils die Deutsche Meisterschaft der Senioren in Karate, 1978 war er Europacupsieger, 1980 Weltmeisterschafts-Teilnehmer, mit der Mannschaft Vize-Weltmeister.
Als Choreograph für Kampfszenen begann er 1979 an den Wuppertaler Bühnen. Seit 1980 arbeitet er zudem als Trainer und Ausbilder. Für diverse Rollen bildete er u.a. die Schauspieler Claude-Oliver Rudolph, Uwe Ochsenknecht, Richy Müller und Ralph Richter aus.
Als Schauspieler und Choreograph wirkte er seit 1982 in drei Kinofilmen mit. Er ist als Komponist, Texter, Gitarrist und Sänger tätig und ist Mitglied des Pop-Duos »Area-Code«. Er arbeitet als Fotomodell.
Dietz spricht engl.; er ist ledig und lebt in München.
Film: »Die Hure«, mit Claude-Oliver Rudolph und Rolf Zacher, Regie: Volker Maria Arendt, 1982; »Melodie der Vorstadt«, mit Claude-Oliver Rudolph, Regie: Volker Maria Arendt, 1984; »Alpha City«, mit Claude-Oliver Rudolph und Al Corley, Regie: Eckhart Schmidt, 1985.
Anschrift: Berg-am-Laim-Straße 65, 8000 München 80.

Anton Diffring

Geb. in Koblenz; dort aufgew.; nach dem Abitur wollte er nach Hollywood, um dort als Schauspieler zu arbeiten. Auf dem Weg dorthin wurde er bei Kriegsausbruch 1939 in Kanada interniert. In einem kanadischen Lagertheater stand er zum ersten Mal auf der Bühne. 1945, mit den Landessprachen Englisch und Französisch vertraut, erhielt er von der CBS erste Filmrollen. Ein Bühnenengagement bekam er anschließend am Royal Alexandra Theater Toronto. Er debütierte dort als Clarence in Shakespeares »Richard III.« (neben José Ferrer). Eine weitere Verpflichtung führte ihn an das Bartizon Plaza Theater New York, wo er u.a. neben Albert Bassermann, Grete Mosheim und Uta Hagen spielte.
1951 kehrte er nach Europa zurück, wo er sich zunächst in London niederließ. Seit 1973 lebt er in München. Aufgaben beim Film führten ihn auch nach Hollywood, Rom und Paris. Er wirkte in über 100 internationalen Produktionen mit. Beim Fernsehen spielte er zudem über 100 Rollen, meist in Großbritannien.
Film: Partner in den zahlreichen Produktionen waren u.a. Clark Gable, Laurence Harvey, Yul Brynner, Charlton Heston, James Mason, Clint Eastwood, Richard Harris, Richard Burton, Julie Christie, Kirk Douglas und Shelley Winters. »Highly Dangerous«, Kanada 1950; »State Secret«, Großbritannien 1950; »The Woman's Angle«, »Hotel Sahara«, »Song of Paris«, »Top Secret« und »Never let me go«, Großbritannien 1952; »The Red Beret« und »Park Plaza 605«, Großbritannien 1953; »The Sea shall not have them«, Großbritannien 1954; »The Crooked Sky«, Großbritannien 1955; »I am a Camera« (nach Isherwood), Großbritannien 1956; »Seven Thunders«, »Reach for the sky« und »The Traitor«, Großbritannien 1957; »Mark of the Phoenix«, Großbritannien 1958; »The man who could cheat death«, Großbritannien 1959; »Circus of Horrors«, »Enter Inspektor Duval« und »Lady of vengeance«, Großbritannien 1960; »A question of adultery«, Großbritannien 1961; »Incident at midnight«, Großbritannien 1963; »Diane, Queen of the Amazons«, Großbritannien 1965; »Fahrenheit 451«, mit Oskar Werner und Julie Christie, Regie: François Truffaut, Großbritannien 1966; »The Double Man«, Regie: Franklin Schaffner, USA 1967; »Counterpoint« und »Where eagles dare«, USA 1968; »Uccidete Rommel«, 1969; »L'Iguana dalla lingua del Luoco«, Italien 1970; »The day the clown cried«, mit Jerry Lewis, USA 1971; »Zeppelin«, Großbritannien 1971; »Hexen: Geschändet und zu Tode gequält«, und »Der Stoff, aus dem die Träume sind« (nach Simmel), Regie: Alfred Vohrer, 1972; »Little Mother«, mit Christiane Krüger, USA 1973; »The beast must die«, mit Peter Cushing, Großbritannien 1974; »Die Antwort kennt nur der Wind« (nach Simmel), Regie: Alfred Vohrer, 1974; »The Swiss Conspiracy« und »Call him Mr. Sjatter«, Großbritannien 1975; »Potatoe Fritz«, mit Hardy Krüger und Paul Breitner, 1976; »Vanessa«, Italien 1977; »Waldrausch«, und »Das Einhorn« (nach Walser), Regie: Peter Patzak, 1978; »Return to Munich«, Großbritannien 1979; »Arsène Lupin« und »Le Mutant«, Frankreich 1980; »Escape to Victory«, USA 1981; »The winds of war«, USA 1982; »SAS – Malko – Im Auftrag des Pentagon«, Regie: Raoul Coutard, Frankreich/BRD 1983; »Der Schnüffler«, mit Dieter Hallervorden, 1983; »Marie Ward«, mit Hannelore Elsner, Regie: Angelika Weber, 1985.
Fernsehen: (ohne die Produktionen im Ausland) »Tatort«, Serie, ARD 1975; »Schatten aus der Zeit« (nach H.P. Lovecraft), und »Lehmanns Erzählungen« (nach Siegfried Lenz), Regie: Wolfgang Staudte, ZDF 1975; »Die himmlischen Töchter«, mit Iris Berben und Ingrid Steeger, Regie: Michael Pfleghar, Serie, ARD 1976; »Plutonium«, Buch + Regie: Rainer Erler, ZDF 1976; »Der Alte«, Serie, ZDF 1980; »Im Abgrund« (aus der Reihe: »Derrick«), und »Ein Winter auf Mallorca«, ZDF 1981; »Der Besuch« (nach Durbridge), Regie: Jürgen Roland, ZDF 1984.
Anschrift: c/o Agentur Alexander, Lamontstraße 9, 8000 München 80.

Peter Dirschauer

Geb. in Danzig; in der Nähe der dänischen Grenze aufgew.; lebt in München;
Ausbildung an der Folkwang-Schule Essen unter Werner Kraut, Claus Clausen, Günter Titt, Carl Mandelartz und Thea Leymann; 1964 debütierte er an den Städt. Bühnen Münster; über das Theater der Stadt Essen, die Bühnen der Stadt Bielefeld und das Niedersächsische Staatstheater Hannover kam er 1977 an das Bayerische Staatsschauspiel München, wo er bis 1980 zum Ensemble gehörte; seither ist er freischaffend.
Theater: Titelrolle in Goethes »Faust«, Matti in Brechts »Herr Puntila und sein Knecht Matti«, Jean in Strindbergs »Fräulein Julie«, Titelrolle in Kleists »Prinz Friedrich von Homburg«, Angelo in Shakespeares »Maß für Maß«, und Kilroy in Williams' »Camino Real«. In den Musicals »Hallo, Dolly«, »Das Mädchen Irma la Douce« und »Guys and Dolls«. Alle Rollen an den vorgenannten Bühnen.
Fernsehen: »In freier Landschaft«, Regie: Michael Kehlmann, 2 Teile, ARD 1977; »Der Alte«, Serie, 2 Folgen, ZDF 1979 + 1983; »Tatort«, Regie: Imo Moszkowicz, Serie, ARD 1981; Lachlen McLachlen in »Das heiße Herz« (nach Patrick), mit Peter Fricke, Regie: Michael Kehlmann, »Tiritomba«, ARD 1982; »Mich wundert, daß ich so fröhlich bin« (nach Simmel), mit Vilma Degischer und Karlheinz Hackl, ZDF 1983; »Flucht ohne Ende« (nach Joseph Roth), mit Helmut Lohner, Regie: Michael Kehlmann, 2 Teile, ARD 1985.
Anschrift: c/o Management Goldschmidt, Wirtstraße 8, 8000 München 90.

Ulrich von Dobschütz

Geb. 20. 9. 1940 in Oberschreiberhau/Riesengebirge; dort aufgew.; nach dem Abitur studierte er sieben Semester Germanistik an den Universitäten Bonn und Köln; in Köln besuchte er auch die Schauspielschule und gab erste Gastspiele an den Städt. Bühnen. Am Staatstheater Kassel arbeitete er als Regieassistent. Von 1964 bis 1970 gehörte er zum Ensemble des Nationaltheaters Mannheim, wo er in erster Linie als Charakterliebhaber eingesetzt wurde. Seither ist er freischaffend. Den Schwerpunkt seiner Arbeit legte er seit 1965 auf das Fernsehen, wo er bislang über 100 Rollen verkörperte.
Dobschütz spricht engl., franz., ital.; er ist verheiratet, hat einen Sohn und lebt in Lampertheim.
Film: »Frühehen«, 1965; »Das zweite Erwachen der Christa Klages«, Regie: Margarethe von Trotta, 1974; »Menschenfresser«, Regie: Rainer Boldt, 1976; »Pastorale 43«, 1977; »Winterspelt 1944«, mit Hans Christian Bloch, Regie: Eberhard Fechner, 1978.
Fernsehen: Wilfe Seaford in »Bratkartoffeln inbegriffen« (nach Wesker), »Studienrätin Kramer«, Serie, »Ferdinand Fuchs bittet um Mithilfe«, »Graf Luckner«, Serie, und »Unheimliche Abenteuer«, Serie, ARD 1967; »Abenteuer eines Christenmenschen«, 2 Teile, und Lehrer Molitor in »Unser Dorf«, Serie, ARD 1970; Kraft in »Die merkwürdige Lebensgeschichte des Friedrich Freiherrn von der Trenck« (von Leopold Ahlsen), Regie: Fritz Umgelter, 6 Teile, ZDF 1972; Erwin in »Das Klavier« (von Tinzmann), 2 Teile, ARD 1972; Dieter Leitner in »Ein Abend, eine Nacht, ein Morgen« (nach Härtling), und Francis Fox in »Sind wir noch zu retten?« (von Wittlinger), Serie, ARD 1973; Kommissar Kaslik in »Tatort« (aus Köln), Serie, 3 Folgen, ARD 1973/74; von Rex in »Der Stechlin« (nach Fontane), mit Arno Assmann, 2 Teile, ARD 1975; »Florian« (von Eva Mieke), ZDF 1975; Paul Wilde in »MS Franziska« (von Wuttig), mit Paul Dahlke, 8 Folgen, ARD 1976; »Der Weilburger Kadettenmord«, Regie: Eberhard Itzenplitz, ZDF 1977; »Heroin 4«, Regie: Michael Günther, ZDF 1978; »Am Südhang«, Regie: Michael Verhoeven, ZDF 1980; Dr. de Ruyter in »Kennwort Schmetterling«, Regie: Claus Peter Witt, und »Beate und Mareile« (nach von Keyserling), Regie: Hajo Gies, ZDF 1981; Bannführer in »Blut und Ehre: Jugend unter Hitler«, Regie: Bernd Fischerauer, 4 Teile, ARD 1982; Plumarel in »Das Ordensbad« (nach Feydeau), und »Der Zubringer«, mit Hans-Peter Korff, Regie: Horst Flick, ZDF 1982; »Der Garten« (nach Aspinall), mit Gert Fröbe und Elisabeth Bergner, Regie: Wolfgang Liebeneiner, und »In der Sackgasse«, ARD 1983; »Traumschiff«, Regie: Alfred Vohrer, Serie, ZDF 1983; »Ein Fall für zwei«, Serie, ZDF 1985; »Tatort«, Regie: Jürgen Roland, Serie, ARD 1985.
Anschrift: c/o ZBF-Agentur Hamburg, Tonndorfer Hauptstraße 90, 2000 Hamburg 70.

Gerlinde Döberl

Geb. 1. 10. 1951 in Linz/Donau; dort aufgew.; sie absolvierte die Schauspielschule Linz. Am dortigen Landestheater debütierte sie 1967. Nach einem dreijährigen Engagement spielte sie u.a. am Theater in der Josefstadt Wien (1974/75), am Fritz-Rémond-Theater im Zoo Frankfurt/Main (1978/79), am Theater am Dom Köln (1980) und an der Kleinen Komödie München (1982). Seit 1972 wirkt sie viel bei Film und Fernsehen.
Ein schwerer Unfall, bei dem ihr Ehemann, der Rechtsanwalt Dr. Thorgerd Pressinger, ums Leben kam, zwang sie 1983 zu einer längeren Pause.
Frau Döberl spricht engl.; sie hat eine Tochter (Stefanie) und lebt in München.
Film: »Mensch ärgere dich nicht«, Regie: Peter Weck, 1972; »Schloß Hubertus«, 1973, und »Der Jäger von Fall«, 1974, Regie: jeweils Harald Reinl.
Theater: In Horváths »Don Juan kommt aus dem Krieg«, und in Hauptmanns »Winterballade«, jeweils Landestheater Linz/Donau 1967–1970; in Ayckbourns »Immer, immer wieder«, mit Peter Vogel, Theater in der Josefstadt Wien 1974/75; in Shaws »Helden«, Kleine Komödie München 1982.
Fernsehen: »Ornifle oder Der erzürnte Himmel« (nach Anouilh), Regie: Helmut Käutner, ARD 1972; »Der Kommissar«, mit Erik Ode, Serie, ZDF 1973; »Onkel Silas« (nach Sheridan Le Fanu), mit Hannes Messemer, Regie: Wilhelm Semmelroth, 2 Teile, ARD 1977; »Derrick«, Serie, ZDF 1981; »Die Unverbesserliche«, Regie: Wolfgang Bauer, ORF 1983; Tierärztin in »Der Reitmeierhof«, mit Uwe Friedrichsen, Serie, und »Kneippiaden« (von Georg Lohmeier), Serie, ZDF 1984.
Anschrift: c/o Agentur Jovanovic, Perfallstraße 6, 8000 München 80.

Gaby Dohm

Geb. 23. 9. 1943 als Tochter des Schauspielers Willi Dohm und der Schauspielerin Heli Finkenzeller in Salzburg; aufgew. in Berlin; nach der Schule nahm sie Schauspielunterricht bei Else Bongers in Berlin; eine Gesangsausbildung sowie Unterricht in Jazz und Tanz im Studio Lypowsky folgten. Unter Karl Heinz Stroux hatte sie ihr erstes festes Engagement am Schauspielhaus Düsseldorf. Nach Verpflichtungen in Berlin und Frankfurt/Main kam sie 1966 an das Bayerische Staatsschauspiel München, wo sie bis heute (mit kleinen Unterbrechungen) zum Ensemble gehört.
Frau Dohm spricht engl.; sie ist verheiratet mit dem Kameramann Adalbert Plica, hat einen Sohn (Julian) und lebt in München.
Film: »Als Mutter streikte«, Regie: Eberhard Schröder, 1974; »Aus dem Leben der Marionetten«, Regie: Ingmar Bergman, 1980; Elisabeth Leverkühn in »Doktor Faustus« (nach Thomas Mann), mit John Finch, Regie: Franz Seitz, 1982.
Theater: Maria in Shakespeares »Was ihr wollt«, Natascha in Tschechows »Drei Schwestern«, Wjerotschka in Turgenjews »Ein Monat auf dem Lande«, Eve in Kleists »Der zerbrochene Krug«, Schwester Monika in Dürrenmatts »Die Physiker«, Tonka in Sperrs »Jagdszenen aus Niederbayern«, jeweils an den vorgenannten Bühnen bis 1970; Lulu in Kohouts »August, August, August«, 1973, Gretchen in Goethes »Faust«, 1974, in Babels »Marija«, 1976, Dorine in Molières »Tartuffe«, und Titelrolle in Gombrowicz' »Yvonne, Prinzessin von Burgund«, Regie: jeweils Ingmar Bergman, in Zuckmayers »Der Hauptmann von Köpenick«, Regie: Horst Sachtleben, und in Saunders' »Leib und Seele – Bodies«, 1980, in »Szenen einer Ehe«, von und unter der Regie von Ingmar Bergman, 1981, in Schnitzlers »Der Reigen«, Regie: Kurt Meisel, 1983, in Vinavers »Flug in die Anden«, Regie: Arie Zinger, 1983/84, Polina in Tschechows »Die Möwe«, 1984, jeweils Bayerisches Staatsschauspiel München.
Fernsehen: Marie Doulet in »Die Blinde« (nach Mille), »Das Säuglingsheim« (nach Thoma), und »Der Werbeoffizier« (nach Farquhar), ZDF 1967; Greta in »Die Mühle von Sanssouci«, ZDF 1968; »Das Veilchen« (nach Molnár), ARD 1968; »Abiturienten« (nach Garczyk), ARD 1970; Lene in »Ein Fall für Herrn Schmidt« (nach Schnurre), ZDF 1971; »Der Kommissar«, mit Erik Ode, Serie, ZDF 1972; »Cautio Criminalis oder Der Hexenanwalt«, ZDF 1974; Ursula in »Der Wittiber« (nach Thoma), Regie: Franz Peter Wirth, ZDF 1975; »Derrick«, Serie, 2 Folgen, ZDF 1976/77; »Das Veilchen« (nach Molnár), Regie: Otto Schenk, ARD 1979; »Hambacher Frühling«, Regie: Eberhard Itzenplitz, ZDF 1982; Gabriele Wiesinger in »Die Wiesingers« (von Ahlsen), mit Hans-Reinhard Müller, Regie: Bernd Fischerauer, Serie, ARD 1984; Schwester Christa in »Schwarzwaldklinik«, mit Klausjürgen Wussow, Regie: Alfred Vohrer, 23 Teile, ZDF 1985/86; »Feuerwanzen küß' ich nicht«, Regie: Karl-Heinz Deickert, ZDF 1985.
Auszeichnungen: »Beliebteste Schauspielerin des Jahres« (Zuschauerwahl), Münchner Theaterzeitung 1978; mehrmals »tz-Rose des Jahres«, tz München, und »AZ-Stern des Jahres«, Abendzeitung München.
Anschrift: c/o ZBF-Agentur München, Leopoldstraße 19, 8000 München 40.

Birgit Doll

Geb. 9. 3. 1956 in Wien; dort aufgew.; nach dem Abitur studierte sie Germanistik und Theaterwissenschaft und arbeitete als Regieassistentin. Nach ihrer Schauspielausbildung am Wiener Max-Reinhardt-Seminar erhielt sie 1976 ihr erstes Engagement am Landestheater Salzburg. Weitere Stationen waren: Theater in der Josefstadt Wien (1977), Ernst-Deutsch-Theater Hamburg (1978), Schauspielhaus Zürich und Salzburger Festspiele (jeweils 1979). Seit 1980 gehört sie zum Ensemble des Bayerischen Staatsschauspiels München.
Frau Doll spricht engl., franz.; sie ist ledig und lebt in München.
Film: Marianne in »Geschichten aus dem Wienerwald« (nach Horváth), mit Helmut Qualtinger, Lil Dagover und Eric Pohlmann, Regie: Maximilian Schell, 1979; Titelrolle in »Charlotte« (Biographie der Malerin Charlotte Salomon), mit Elisabeth Trissenaar, Brigitte Horney und Derek Jacobi, Regie: Franz Weisz, BRD/Niederlande/Großbritannien 1980 (auch ARD 1984); Anna in »Trauma«, Regie: Gabi Kubach, 1984; »News«, Regie: Rainer Erler, 1986 (auch ZDF).
Theater: Erna in Schnitzlers »Das weite Land«, Regie: Maximilian Schell, Salzburger Festspiele 1979; in Sartres »Die schmutzigen Hände«, Schauspielhaus Zürich 1979; in Horváths »Kasimir und Karoline«, Regie: Frank Baumbauer, 1981, Helene in Hofmannsthals »Der Schwierige«, mit Walter Schmidinger, Regie: Hans Gratzer, 1982, jeweils Bayerisches Staatsschauspielhaus München; in Molières »Dom Juan«, mit Michael Degen, Regie: Ingmar Bergman, Salzburger Festspiele 1983 und Bayerisches Staatsschauspiel 1983/84; Kathi in Nestroys »Der Zerrissene«, mit Helmut Lohner, Regie: Otto Schenk, Salzburger Festspiele 1984 (auch ORF 1984); Cordelia in Shakespeares »König Lear«, Regie: Hans Lietzau, Bayerisches Staatsschauspiel 1985.
Fernsehen: »Blam«, Regie: Gloria Behrens, Serie, ARD 1985; »Gnadenlos« (nach Juracek), Regie: Wolfgang Panzer, ZDF 1985.
Auszeichnungen: »Beste Schauspielerin« beim Filmfestival Karlsbad 1979; Bayerischer Filmpreis 1980 und 1981.
Anschrift: c/o Agentur Baumbauer, Keplerstraße 2, 8000 München 80.

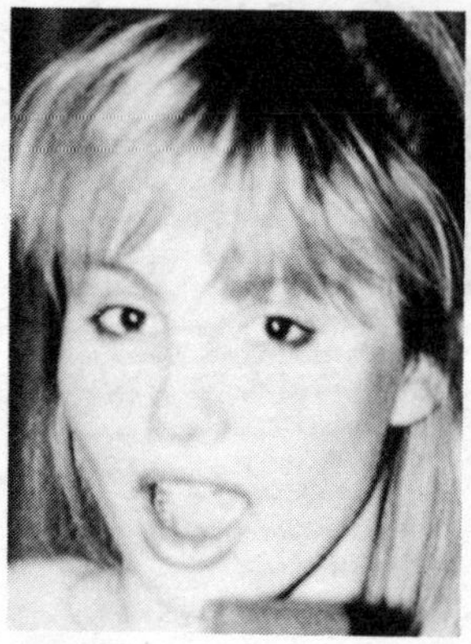

Dolly Dollar

(eigentlich: Christina Giannakopoulos)

Geb. 12. 7. 1962 in München; dort aufgew.; der Produzent Carl Spiehs entdeckte sie 1978 für den Film »Popcorn und Himbeereis«. Weitere 10 Produktionen folgten bislang.
Frau Dollar veröffentlichte zwei LPs: »Come a little bit closer« und »I mog koa Bier«. 1985 eröffnete sie ein eigenes Lokal »Dollys Treff« in München-Schwabing.
Sie spricht engl.; sie ist ledig, hat einen Sohn (Alessio, geb. 1982) und lebt in Halbergmoos bei München.
Film: »Cola, Candy, Chocolate«, und »Arabische Nächte«, Regie: Klaus Lemke, 1979; »Keiner hat das Pferd geküßt«, Regie: Martin Müller, und »Flitterwochen«, Regie: Klaus Lemke, 1980; »Manche mögen's prall«, 1981; »Das verrückte Strandhotel«, mit Karl Dall, 1983; »Eis am Stiel« (5. Teil), mit Zachi Noy, Regie: Dan Wohman, Israel/BRD 1984.
Theater: In Camolettis »Perle Anna«, mit Helga Feddersen, Theater am Horstenwall Hamburg 1984; in Eyens »Frauen hinter Gittern«, Regie: Peter Kern, Münchner Boulevardtheater 1985.
Fernsehen: »Das spricht Bände«, ARD 1981; »Monaco-Franze – Der ewige Stenz«, mit Helmut Fischer, Regie: Helmut Dietl, Serie, ARD 1983; »Blam«, 13 Teile, ARD 1985/86.
Ferner war sie Gast zahlreicher TV-Shows, u.a. bei Joachim Fuchsbergers »Auf los geht's los«.
Anschrift: c/o ZBF-Agentur München, Leopoldstraße 19, 8000 München 40.

Angelica Domröse

Geb. 4. 4. 1941 in Berlin; nach der Schule arbeitete sie als Sekretärin in einem staatl. Außenhandelsbetrieb und wirkte nebenher im dramatischen Zirkel des »Hauses für junge Talente« in (Ost-)Berlin mit. Unter über 1500 Bewerberinnen erhielt sie mit 17 Jahren die Rolle der Sigi in Slatan Dudows Film »Verwirrung der Liebe«. Von 1959 bis 1961 absolvierte sie ein Schauspielstudium an der Babelsberger Film-Hochschule. Nach ihrem Examen wurde sie 1961 am Berliner Ensemble aufgenommen, zu dem sie bis 1967 gehörte. Von 1967 bis 1979 stand sie im Ensemble der Volksbühne Berlin.
Seit 1979 arbeitet sie für Theater, Film und Fernsehen in der Bundesrepublik Deutschland. Engagements hatte sie am Thalia-Theater Hamburg unter Boy Gobert (1979/80) sowie am Schiller-Theater Berlin (seit 1981).
Frau Domröse spricht russ., engl.; in erster Ehe war sie verheiratet mit dem Schauspieler Jiri Vrsâla (»Clown Ferdinand«); in zweiter Ehe ist sie verheiratet mit dem Schauspieler Hilmar Thate und lebt in Berlin.
Film: Bei der DEFA/DDR u.a.: »Die Liebe und der Co-Pilot«, Regie: Richard Groschopp, 1961; »Die aus der 12b« und »Wenn du zu mir hältst«, 1962; »An französischen Kaminen« und »Sonntagsfahrer«, 1963; »Die Abenteuer des Werner Holt«, Regie: Joachim Kumert, »Chronik eines Mordes« und »Entlassen auf Bewährung«, 1965; »Ein Lord am Alexanderplatz«, 1967; »Wege übers Land«, 1968; »Krupp und Krause« und »Die Zeichen der Ersten«, 1969; Titelrolle in »Effi Briest« (nach Fontane), 1970; Paula in »Die Legende von Paul und Paula« (nach Plenzdorf), 1972; »Die Brüder Lautensack«, und »Unterm Birnbaum« (nach Fontane), 1973; »Daniel Druskat«, 1976; Titelrolle in »Fleur Lafontaine« (nach Nelken), Regie: Horst Seemann, 1978; »Bis daß der Tod euch scheidet«, Regie: Heiner Carow, 1979.
In der ČSSR drehte sie 1968 »Ich, die Gerechtigkeit«. In der Bundesrepublik Deutschland: »Don Quichotte's Kinder«, Regie: Claudia Holldack, 1981; »Randale«, Regie: Manfred Purzer, 1983; »Fräulein«, Regie: Michael Haneke, 1985.
Theater: Polly in Brecht/Weills »Die Dreigroschenoper«, Regie: Erich Engel, und Babette in Brechts »Die Tage der Kommune«, jeweils Berliner Ensemble 1962/63; Cleopatra in Shaws »Cäsar und Cleopatra«, 1967, Eboli in Schillers »Don Carlos«, 1968, Helena in Hacks' »Die schöne Helena« (nach Meilhac/Halévy), und Marfa in Kopkows »Der goldene Elefant«, 1972, Frau Sörby in Ibsens »Die Wildente«, 1973, Pempea in Gozzis »Das schöne grüne Vögelchen«, und Célimène in Bartschs »Der Menschenhasser« (nach Molières »Der Menschenfeind«), Regie: Fritz Marquardt, 1975, jeweils Volksbühne Berlin; Helena in Goethes »Faust II«, Regie: Boy Gobert, Thalia-Theater Hamburg 1979/80; Frau Quangel in »Jeder stirbt für sich allein« (nach Fallada), Regie: Peter Zadek, und Titelrolle in Wedekinds »Lulu«, mit Martin Held, jeweils Schiller-Theater Berlin 1981/82; in Savarys »Bye Bye Show-Biz«, Württembergisches Staatstheater Stuttgart 1985/86.
Fernsehen: (bei ARD und ZDF ausgestrahlt) »Abschied vom Frieden« (nach Weiskopf), 4 Teile DDR, ARD 1980; »Der Galgensteiger«, Regie: Xaver Koller, ZDF 1980; »Die zweite Haut«, Regie: Frank Beyer, und »Am grauen Strand, am grauen Meer«, Regie: Klaus Gendries, DDR/ARD 1981; »Flüchtige Bekanntschaften«, Regie: Marianne Lüdcke, ARD 1982; Titelrolle in »Hanna von Acht bis Acht«, Regie: Egon Günther, ZDF 1983; »Mamas Geburtstag«, mit Brigitte Horney, Regie: Egon Günther, ARD 1985; »Rosarot bis schwarz«, Regie Otto Schenk, und »Die Hose« (nach Sternheim), Regie Otto Schenk, ZDF 1985; »Blanche oder Das Atelier im Garten« (nach Kornfeld), Regie: Hansgünther Heyme, ZDF 1986.
Auszeichnungen: »Nationalpreis der DDR« 1976; Kunstpreis der DDR.
Anschrift: c/o ZBF-Agentur Berlin, Kurfürstendamm 206, 1000 Berlin 15.

Karin Dor

(eigentlich: Kätherose Derr)

Geb. 22. 2. 1936 in Wiesbaden; noch während ihrer Gymnasiumszeit besuchte sie eine Schauspielschule. Ihre erste Filmrolle bekam sie 1954 in der Johanna-Spyri-Roman-Verfilmung »Rosen-Resli« (mit Christine Kaufmann). Noch im gleichen Jahr heiratete sie der Regisseur des Films, Harald Reinl, und er gab ihr die Hauptrolle in seinem Streifen »Der schweigende Engel« (1954). Seither wirkte sie in über 50 Produktionen mit. In den 70er Jahren begann sie Theater zu spielen. Sie gastierte u.a. am Theater am Dom Köln, an der Kleinen Komödie Hamburg und am Kleinen Theater im Park Bad Godesberg.
Frau Dor spricht engl., span.; sie ist zweimal geschieden. Aus ihrer Ehe mit Harald Reinl stammt ihr Sohn Andreas (geb. 1955). Sie lebt in München.
Film: Unter Regie von Harald Reinl u.a. in: »Solange du lebst«, 1955; »Zillertal, du bist mei Freud«, mit Hans Moser, und »Almenrausch und Edelweiß«, 1957; »Die Bande des Schreckens«, 1960; »Der Fälscher von London« und »Die unsichtbaren Krallen des Dr. Mabuse«, 1961; »Der Schatz im Silbersee« (nach Karl May), 1962; »Zimmer 13«, 1963; »Winnetou II« (nach Karl May), mit Pierre Brice und Lex Barker, BRD/Jugoslawien/Italien/Frankreich 1966; Brunhilde in »Die Nibelungen«, BRD/Jugoslawien 1966; zudem eine Reihe von Edgar-Wallace- und Weinert-Wilton-Filmen.
Ferner in: »Santa Lucia«, 1955; »Kleiner Mann – ganz groß«, Regie: Hans Grimm, »Mit Eva fing die Sünde an«, und »Worüber man spricht«, Regie: Wolfgang Glück, 1956; »Skandal um Dodo« und »So angelt man keinen Mann«, 1957/58; »Dreizehn kleine Esel vom Sonnenhof«, mit Hans Albers und Marianne Hoppe, Regie: Hans Deppe, 1958; »Im Weißen Rössl« (nach Benatzky), mit Waltraud Haas und Peter Alexander, Regie: Werner Jacobs, 1960; »Der grüne Bogenschütze«, Regie: Jürgen Roland, »Im Schwarzen Rößl«, und »Bei Pichler stimmt die Kasse nicht«, 1961; »Der Teppich des Grauens« und »Ohne Krimi geht die Mimi nie ins Bett«, 1962; »Das Geheimnis der schwarzen Witwe«, mit O.W. Fischer, Regie: Franz Josef Gottlieb, BRD/Spanien 1963; »Ich, Dr. Fu Man Chu«, mit Christopher Lee, Regie: Don Sharp, Großbritannien 1965; »Ich habe sie gut gekannt«, Regie: Antonio Pietrangeli, BRD/Italien/Frankreich 1965; »Wie tötet man eine Dame?«, mit Stewart Granger und Curd Jürgens, Regie: Manfred R. Köhler, und »Die tollen Nächte des Grafen Bobby«, 1966; »Man lebt nur zweimal« (aus der Reihe: »James Bond 007«), mit Sean Connery, Regie: Lewis Gilbert, Großbritannien 1966; »Heimkehr nach Björndal«, 1967; »Caroline Chérie«, Regie: Denys de la Patellière, BRD/Frankreich/Italien 1968; »Topas«, Regie: Alfred Hitchcock, USA 1969; »Haie an Bord«, Regie: Arthur Maria Rabenalt, 1971; »Die Antwort kennt nur der Wind« (nach Simmel), mit Marthe Keller, Regie: Alfred Vohrer, BRD/Frankreich 1974; »Frauenstation«, Regie: Rolf Thiele, 1976.
Theater: In Homes »Handicap«, 1976, in Christies »Fuchsjagd«, 1979, in Devals »Simone, der Hummer und die Ölsardine«, 1981, und Sittah in Lessings »Nathan der Weise«, Regie: Karl Heinz Stroux, 1983/84, jeweils Kleines Theater im Park Bad Godesberg; in Knotts »Bei Anruf Mord«, und in »Rosen und Vergißmeinnicht«, Kleine Komödie Hamburg 1984; in Vincons »Gipfeltreffen«, mit Claus Biederstaedt, Theater am Dom Köln 1984/85 (auch ARD 1985).
Fernsehen: »Der Chef«, mit Raymond Burr, US-TV-Serie 1970; »Al Mundy«, mit Robert Wagner, engl. TV-Serie 1971.
Anschrift: c/o Agentur Killer, Harthauserstraße 54, 8000 München 90.

Heinz
Drache

Geb. 9. 2. 1924 als Sohn eines Kaufmanns in Essen; dort aufgew.; bereits während seiner Schulzeit beschäftigte er sich intensiv mit Theaterliteratur und lernte Goethes »Faust« auswendig. Als Oberschüler betätigte er sich als Statist am Essener Schauspielhaus. Sein Thema in der Abiturprüfung im Fach Deutsch lautete: »Welche Bedeutung haben Theateraufführungen gerade während des Krieges?«.
Während seines Militärdienstes bei der Luftwaffe in Nürnberg stellte ihn sein Kompaniechef frei, um ihm die Möglichkeit zu bieten, Theater zu spielen (1942–1945). Vor Kriegsende stand er noch mit Werner Krauss in Grillparzers »Ein Bruderzwist in Habsburg« und in Shaws »Candida« auf der Bühne.
1946 ging er an das Deutsche Theater Berlin unter Wolfgang Langhoff; dort lernte er Gustaf Gründgens kennen, der ihn 1947 an das Düsseldorfer Schauspielhaus holte. Sieben Spielzeiten gehörte er dieser Bühne an. Seit 1954 arbeitet er als freier Schauspieler und Regisseur. Er gastierte u.a. am Berliner Schiller-Theater, am Theater in der Josefstadt Wien, an der Kleinen Komödie München, an der Komödie Berlin, an den Bühnen der Stadt Bonn, am Fritz-Rémond-Theater im Zoo Frankfurt/Main sowie häufig auf Tournee.
Sein Film-Debüt gab er 1953 in dem Streifen »Die Dalmatinische Hochzeit«. Der große Erfolg stellte sich allerdings erst mit den zahlreichen Edgar-Wallace-Verfilmungen ab 1960 ein. Vorläufiger Höhepunkt seiner Karriere wurde der ›Straßenfeger‹ »Das Halstuch« von Francis Durbridge, der die für heutige Verhältnisse unvorstellbare TV-Einschaltquote von 80 Prozent erreichte.
Ein breites Aufgabenfeld ist für Drache die Synchronisation (u.a. deutsche Stimme von Richard Widmark).
Drache spricht engl., franz.; er ist seit 1957 verheiratet, hat drei Kinder (Christian, Angelika und Nicole) und lebt in Berlin.
Film: »Die Dalmatinische Hochzeit« und »Bei dir war es immer so schön«, 1953; »Spion für Deutschland«, Regie: Werner Klingler, 1956; »Gefährdete Mädchen« und »Mit 17 weint man nicht«, 1957; »Madeleine Tel. 13 62 11«, Regie: Kurt Meisel, 1958; »Der Rest ist Schweigen«, mit Peter van Eyck, Regie: Helmut Käutner, und »Der Frosch mit der Maske« (nach Wallace), mit Fritz Rasp, Regie: Harald Reinl, 1959; »Die Frau am dunklen Fenster«, mit Marianne Koch, Regie: Franz Peter Wirth, und »Der Rächer« (nach Wallace), Regie: Karl Anton, 1960; »Die Tür mit den sieben Schlössern« (nach Wallace), Regie: Alfred Vohrer, 1962; »Der schwarze Panther von Rathena«, mit Horst Frank, Regie: Jürgen Roland, BRD/Italien 1963; »Der Zinker« (nach Wallace), und »Das indische Tuch« (nach Wallace), mit Elisabeth Flickenschildt und Klaus Kinski, Regie: jeweils Alfred Vohrer, 1963; »Der Hexer« (nach Wallace), 1964, und »Neues vom Hexer« (nach Wallace), 1965, Regie: jeweils Alfred Vohrer; »Das Rätsel des silbernen Dreiecks« (nach Wallace), mit Christopher Lee, Regie: Werner Jacobs, Großbritannien 1966; »13 Sklavinnen des Dr. Fu Man Chu«, Regie: Don Sharp, Großbritannien/BRD 1966; »Der Hund von Blackwood Castle« (nach Wallace), Regie: Alfred Vohrer, 1967; »Lieb' Vaterland, magst ruhig sein«, Regie: Roland Klick, 1975.
Theater: Am Düsseldorfer Schauspielhaus unter Gustaf Gründgens spielte er neben Elisabeth Flickenschildt, Marianne Hoppe und Käthe Gold Rollen seines Fachs. Am Schiller-Theater Berlin spielte er unter Boleslaw Barlog neben Martin Held und Erich Schellow u.a. in Zuckmayers »Das kalte Licht«, und in Wouks »Die Caine war ihr Schicksal«. An den Boulevardbühnen war er vor allem in Stücken von Curt Goetz (»Hokuspokus«), Oscar Wilde (»Bunbury«), Paso (»Schöne Geschichten von Mama und Papa«) und Bernard Shaw (»Candida«, »Pygmalion«) zu sehen.
Seinen letzten großen Erfolg hatte er neben Cordula Trantow und unter der Regie von Krzysztof Zanussi in Kempinskis »Duett für eine Stimme« (Städt. Bühnen Bonn 1983, Fritz-Rémond-Theater im Zoo Frankfurt/Main 1984 und Tournee 1984/85).
Fernsehen: Außer durch die Edgar-Wallace-Filme, die ausnahmslos im ZDF liefen, war er seltener Gast beim Fernsehen: (u.a. in) »Unerwartet verschied«, mit Agnes Fink, Regie: Kurt Horwitz, ARD 1961; Inspektor Yates in »Das Halstuch« (nach Durbridge), 3 Teile, ARD 1962; »Die erste Legion« (nach Lavery), Regie: Harry Buckwitz, ARD 1964; » Bei Anruf Mord« (nach Knott), »Der Snob« (nach Stern-

heim), »Im sechsten Stock«, »Entscheidung« und »Die Beklagte«, ARD/ZDF bis 1973; »Der Alte«, Serie, ZDF 1977.
1986 kommt er als neuer »Tatort«-Kommissar des Sender Freies Berlin (SFB) wieder auf den Bildschirm. Auf ausdrücklichen Wunsch von Intendant Lothar Loewe löst er damit seinen Schauspieler-Kollegen Volker Brandt ab.
Auszeichnung: »Otto« (BRAVO) 1962.
Anschrift: Selchow-Straße 11, 1000 Berlin 33.

Jürgen Draeger

Geb. 2. 8. 1940 in Berlin-Schöneberg; dort aufgew.; nach der mittleren Reife absolvierte er eine kaufmännische Lehre; ferner arbeitete er als Maschineneinrichter und finanzierte sich so den Schauspielunterricht bei Marlise Ludwig. 1961 debütierte er am Berliner Hebbel-Theater. Seine erste Filmrolle bekam er 1963.
Schon mit 15 Jahren war Draeger als Illustrator für Zeitungen tätig. Verschiedentlich beteiligte er sich mit seinen Bildern an nationalen und internationalen Ausstellungen und erhielt zahlreiche Kunstpreise. 1983 stellte er seine Bilder-Folge »Roncalli-Zyklus« (Szenen aus der Welt des Circus Roncalli, den er drei Jahre begleitet hat) vor. Schon 1982 präsentierte er mit großem Erfolg 140 Zeichnungen des »Querelle-Zyklus«, die während der Dreharbeiten zu dem Fassbinder-Film »Querelle« (nach Genet) entstanden waren. Die Arbeiten waren 1982/83 bei mehreren Ausstellungen zu sehen. Beide Zyklen sind als Bücher erschienen.
Draeger spricht engl., franz.; er ist ledig und lebt in Berlin.
Film: »Barras heute«, 1963; »Polizeirevier Davidswache«, Regie: Jürgen Roland, 1965; »17 Jahr, blondes Haar«, Italien 1966; »Spielst du mit schrägen Vögeln«, Regie: Gustav Ehmck, 1968; »Anita Drögemöller und die Ruhe an der Ruhr«, 1975; »Die dritte Generation«, 1979, und »Querelle – Ein Pakt mit dem Teufel« (nach Genet), mit Brad Davis und Franco Nero, 1982, Regie: jeweils Rainer Werner Fassbinder; »Die Story«, Regie: Eckhart Schmidt, 1984; »Alpha-City«, mit Al Corley, Regie: Eckhart Schmidt, 1985.
Theater: In Ebermayers »Zwei schonungslose Engel«, Kleine Komödie München 1968; in Balzacs »Das Finanzgenie«, Tournee 1971.
Fernsehen: »Die Revolution entläßt ihre Kinder«, ARD 1963; »Gesucht: Reisebegleiter« (aus der Reihe »Kriminalmuseum«), ZDF 1964; »Selbstbedienung«, Regie: Eberhard Fechner, ARD 1966; »Der Kommissar«, mit Erik Ode, Serie, ZDF 1970; »Ein Schuß zuviel« (aus der Reihe: »Tatort«), ARD 1978; »PS – Feuerreiter« (von Wittlinger), Regie: Claus Peter Witt, 4 Teile, ARD 1979; »Berlin Alexanderplatz« (nach Döblin), mit Günter Lamprecht und Hanna Schygulla, Regie: Rainer Werner Fassbinder, ARD 1980; »Der König und sein Narr« (von Plenzdorf), Regie: Frank Beyer, ARD 1981; »Kontakt bitte«, Serie, ARD 1984.
Auszeichnungen: Bundesfilmpreis 1965; »Goldene Leinwand« 1965; Kunstpreis der Berliner Festwochen 1975.
Anschrift: c/o Agentur de la Berg, Haus am Weiher, 8026 Irschenhausen.

Berta Drews

– Staats-schauspielerin –

Geb. 19. 11. 1901 als Tochter eines Professors in Berlin; aufgew. in Posen, wo sie das Lyzeum besuchte. Von 1920 bis 1922 absolvierte sie bei Prof. Weißenborn ein Gesangsstudium an der Hochschule für Musik in Berlin. Die Inflation zwang sie zum Abbruch. 1923 besuchte sie die Max-Reinhardt-Schule Berlin. Als Lady Mortimer in Shakespeares »Heinrich IV.« gab sie ihr Debüt am damaligen Landestheater Stuttgart (1925). Von 1926 bis 1930 war sie unter Otto Falckenberg Mitglied der Münchner Kammerspiele. Karl-Heinz Martin holte sie 1930 an die Volksbühne Berlin. Zuvor lernte sie bei einem Gastspiel am Preuß. Staatstheater Heinrich George kennen, den sie 1932 heiratete. Von 1934 bis 1938 mußte sie ihre Bühnenlaufbahn wegen einer schweren Krankheit unterbrechen. Unter der Intendanz ihres Mannes schloß sie sich 1938 dem Ensemble des Berliner Schiller-Theaters an, dem sie bis zur Zerstörung 1944 angehörte. 1946 verstarb Heinrich George im Lager Sachsenhausen bei Berlin. Nach einer erneuten Pause gastierte sie 1949 erstmals am Berliner Hebbel-Theater. Unter Boleslaw Barlog kam sie 1951 an die Staatl. Schauspielbühnen Berlins, denen sie seither angehört (seit 1979 als Ehrenmitglied).

Ihr Film-Debüt gab sie 1933. Sie wirkte auch in TV-Spielen mit. 1959 veröffentlichte sie das Buch »Heinrich George – Ein Schauspielerleben«. 1986 erscheinen ihre Lebenserinnerungen unter dem Titel »Wohin des Wegs«.

Frau Drews-George spricht engl., franz.; ihrer Ehe mit Heinrich George (bürgerlich: Heinrich Georg Schulz) entstammen zwei Söhne: Jan-Albert (geb. 1931) und Götz (geb. 1938). Götz George wählte ebenfalls den Schauspielerberuf. Die Künstlerin lebt in Berlin.

Film: »Schleppzug M 17«, Regie: Heinrich George, und »Hitlerjunge Quex«, mit Heinrich George, Regie: Hans Steinhoff, 1933; »Der Kaiser von Kalifornien«, mit und unter der Regie von Luis Trenker, 1936; »Urlaub auf Ehrenwort«, mit Carl Raddatz, Regie: Karl Ritter, 1937; »Alarm auf Station III«, mit Kirsten Heiberg, Regie: Philipp Lothar Mayring, 1939; »Heimkehr«, Regie: Gustav Ucicky, 1941; »Der große Schatten«, mit Heinrich George, Regie: Paul Verhoeven, 1942; »Die Schenke zur ewigen Liebe«, 1945; »Mädchen hinter Gittern«, 1949; »Lockende Gefahr«, mit Angelika Hauff, Regie: Eugen York, 1951; »Wenn abends die Heide träumt«, 1952; »Ave Maria«, 1953; »Ein Kind braucht Liebe«, »Suchkind 312« und »Ein Mann vergißt die Liebe«, 1955; »Anastasia – die letzte Zarentochter«, Regie: Falk Harnack, »Mein Bruder Josua« und »Der Bauer vom Brucknerhof«, 1956; »Es geschah am hellichten Tag«, mit Gert Fröbe, Regie: Ladislao Vajda, »Das Mädchen vom Moorhof«, Regie: Gustav Ucicky, und »Polikuschka«, 1958; »Jons und Erdme«, mit Carl Raddatz, Regie: Victor Vicas, BRD/Frankreich 1959; »Die Fastnachtsbeichte« (nach Zuckmayer), Regie: William Dieterle, 1961; Oma in »Die Blechtrommel« (nach Grass), mit David und Heinz Bennent, Mario Adorf und Angela Winkler, Regie: Volker Schlöndorff, 1979.

Theater: Orsina in Lessings »Emilia Galotti«, Hanne Schäl in Hauptmanns »Fuhrmann Henschel«, in Bruckners »Krankheit der Jugend« und in der Uraufführung von dessen »Die Kreatur«, Regie: Otto Falckenberg, Eliza in Shaws »Pygmalion«, Regie: Julius Gellner, Spelunken-Jenny in Brecht/Weills »Die Dreigroschenoper«, Regie: Hans Schweikart, und in Wedekinds »Lulu«, Neubearbeitung und Regie: Otto Falckenberg, jeweils Münchner Kammerspiele 1926–1930; In Molnárs »Liliom«, mit Hans Albers, in Shaws »Androklus und der Löwe«, und in der Uraufführung von Döblins »Die Ehe«, jeweils Volksbühne Berlin 1930–1932;

Adelheid von Walldorf in Goethes »Götz von Berlichingen«, mit Heinrich George, 1930, Eboli in Schillers »Don Carlos«, 1932, Frau Hurtig in Shakespeares »Heinrich IV.«, 1938, jeweils Schiller-Theater Berlin; Madame Irma in Genets »Der Balkon«, Regie: Hans Lietzau, Marthe Schwerdtlein in Goethes »Faust«, Frau Flamm in Hauptmanns »Rose Bernd«, Regie: Karl Heinz Stroux, Klaras Mutter in Hebbels »Maria Magdalena«, Mutter in der Uraufführung von Genets »Die Wände«, Regie: Hans Lietzau (1961), Fanny Wilton in Ibsens »John Gabriel Borkman«, Frau Appelboom in Kaisers »Kolportage«, Winnie in Becketts »Glückliche Tage«, Chefin in Anouilhs »Das Orchester«, Madame Alexandra in Anouilhs »Colombe«, Mathilde von Zahnd in Dürrenmatts »Die Physiker«, La Poncia in Lorcas »Bernarda Albas Haus«, Regie:

Ruth Drexel

Karl Heinz Stroux, Perette in der Uraufführung von Ahlsens »Sie werden sterben, Sire«, Regie: Werner Düggelin, Kathleen in Storeys »Home«, Frau Tancred in O'Caseys »Juno und der Pfau«, Brautmutter in Canettis »Hochzeit«, und Elyane in Genets »Der Balkon«, Regie: Hans Neuenfels, jeweils Schiller-Theater und Schloßpark-Theater Berlin 1951–1983; in Tolstois »Macht der Finsternis«, mit Götz George, Tournee 1974.
Fernsehen: »Sie werden sterben, Sire« (nach Ahlsen), Regie: Imo Moszkowicz, ARD 1964; »Um Lucretia« (nach Giraudoux), Regie: Wolfgang Liebeneiner, ZDF 1967; »Im Ballhaus wird geschwoft«, Regie: Thomas Engel, ARD 1968.
Ferner u.a. in: »In dieser Hölle« (nach Tjadens), »Der Geizige« (nach Molière), »Die Grotte« (nach Anouilh) und »Jedermannstraße 11« (Serie).
Auszeichnungen: Kritikerpreis 1956; Berliner Staatsschauspielerin 1963; Filmband in Gold 1981.
Anschrift: c/o Agentur Mackeben, Douglasstraße 2-4, 1000 Berlin 33.

Geb. 14.7.1930 in Vilshofen/Niederbayern; dort aufgew.; sie besuchte die Otto-Falckenberg-Schule München. Ihr erstes Engagement bekam sie an den Münchner Kammerspielen, wo sie von 1953 bis 1971 mehrmals auftrat. 1955/56 spielte sie im Berliner Ensemble von Bertolt Brecht. Weitere Stationen (u.a.): Schaubühne am Halleschen Ufer Berlin, Wuppertaler Bühnen, Württembergisches Staatstheater Stuttgart (1970/71), Staatstheater Darmstadt (1972–1975), Düsseldorfer Schauspielhaus (1976–1979) und Bayerisches Staatsschauspiel München (seit 1976). Seit 1969 arbeitet sie künstlerisch sehr eng mit ihrem Lebensgefährten, dem Schauspieler Hans Brenner zusammen. 1981 war sie die erste Frau, die am Bayerischen Staatsschauspiel München eine Regie-Arbeit (Nestroys »Der Talisman«) vorstellte. Seit dieser Zeit ist sie vielfach als Theater-Regisseurin hervorgetreten.
Frau Drexel spricht engl., franz.; sie ist geschieden, hat eine Tochter und lebt in Zorneding bei München.
Film: »Heimliches Rendezvous«, 1949; »Die fidelen Detektive« und »Jägerblut«, 1957; »Wildwechsel«, mit Eva Mattes, Regie: Rainer Werner Fassbinder, und »Heute Nacht oder nie«, Regie: Daniel Schmid, 1972; »Die Marquise von O . . .« (nach Kleist), Regie: Eric Rohmer, BRD/Frankreich 1975; »Schluchtenflitzer«, mit Hans Brenner, Regie: Rüdiger Nüchtern, 1978.
Theater: In der deutschen Erstaufführung von Millers »Hexenjagd«, mit Maria Wimmer, Therese Giehse und Erich Ponto, Regie: Hans Schweikart, 1954, Elisabeth in Horváths »Glaube, Liebe, Hoffnung«, 1961, in Tschechows »Der Kirschgarten«, Regie: Peter Lühr, und Wirtstochter in Synges »Ein wahrer Held«, Regie: Hans Schweikart, 1962, Marie in Sperrs »Jagdszenen aus Niederbayern«, mit Hans Brenner, Regie: Ulrich Heising, 1969, Dienstmädchen in Kipphardts »Sedanfeier«, Regie: Ulrich Heising, 1971 und Martha in der Uraufführung von Kroetz' »Heimarbeit«, mit Hans Brenner, Regie: Horst Siede, 1971, jeweils Münchner Kammerspiele.
Balbina Puhlhaller in Fleißers »Der starke Stamm«, Schaubühne am Halleschen Ufer Berlin 1966; Mrs. Foran in O'Caseys »Der Pott«, Regie: Peter Zadek, Wuppertaler Bühnen 1967; Titelrolle in Sperrs

»Koralle Meier«, Regie: Peter Palitzsch, Württembergisches Staatstheater Stuttgart 1970 (auch TV); Martha in der Uraufführung von Kroetz' »Männersache«, mit Hans Brenner, 1972, und Hilde in der Uraufführung von Kroetz' »Lieber Fritz«, Regie: Franz Xaver Kroetz selbst, 1975, jeweils Staatstheater Darmstadt; Anna in Kroetz' »Herzliche Grüße aus Grado«, 1976, Ehefrau in Kroetz' »Mensch Meier«, 1978, jeweils mit Hans Brenner, am Düsseldorfer Schauspielhaus; Frau Humbrecht in Wagners »Die Kindermörderin«, 1976, Balbina Puhlhaller in Fleißers »Der starke Stamm«, Regie: Dieter Giesing 1979 (auch TV); Titelrolle in Brechts »Mutter Courage und ihre Kinder«, Regie: Rolf Stahl, 1982, Frau Eichmann in der Uraufführung von Kipphardts »Bruder Eichmann«, mit Hans Michael Rehberg, Regie: Dieter Giesing, 1983; Ebbi Brewster in Kesselrings »Arsen und Spitzenhäubchen«, Regie: Rolf Stahl, 1984; Titelrolle in Lorcas »Bernada Albas Haus«, Regie: Wilfried Minks, und in Polt/Müllers »Die Exoten«, mit Gerhard Polt, 1984/85, jeweils am Bayerischen Staatsschauspiel München.
Wichtige Inszenierungen: Nestroys »Frühere Verhältnisse«, 1979, Lautensacks »Hahnenkampf«, 1980 und 1984, Deichsels »Zappzarapp« (Uraufführung), 1982, Schönherrs »Glaube und Heimat«, 1983, Brechts »Schweyk im Zweiten Weltkrieg«, 1985, am Schauspielhaus Düsseldorf, am Bayerischen Staatsschauspiel München und am Volkstheater München.
Fernsehen: Titelrolle in »Die Perle«, Regie: Michael Kehlmann, Serie, ARD 1970; »Der Räuber Mathias Kneissl« (von Martin Sperr), mit Hans Brenner, Regie: Reinhard Hauff, ARD 1971; Titelrolle in »Adele Spitzeder« (von Martin Sperr), Regie: Peer Raben, ARD 1972; »Sittengemälde«, mit Hans Brenner, Regie: Eberhard Itzenplitz, ZDF 1973; »Münchner G'schichten«, mit Therese Giehse und Günther Maria Halmer, Regie: Helmut Dietl, Serie, ARD 1974/75; »Tatort«, Serie, 3 Folgen, ARD 1975–1979; »Legen wir zusammen«, ARD 1980; »Der Alte«, Serie, ZDF 1980; »Derrick«, Serie, ZDF 1981; »Niemandsland« (von Gernot Wolfgruber), ZDF 1982; »Monaco-Franze – Der ewige Stenz«, Regie: Helmut Dietl, Serie, ARD 1983; »Scheibenwischer«, mit Dieter Hildebrandt, Serie, ARD 1984; »Ordnung muß sein«, Regie: Franz Geiger, ZDF 1984; »Geschichten aus der Heimat«, Regie: Franz X. Bogner, Serie, ARD 1985; »Zur Freiheit«, Regie: Franz X. Bogner, Serie, ARD 1986.
Auszeichnung: »Ludwig-Thoma-Medaille« der Stadt München 1983.
Anschrift: c/o Agentur Alexander, Lamontstraße 9, 8000 München 80, oder Herzog-Ludwig-Straße 8, 8011 Zorneding.

Burkhard Driest

Geb. 28.4.1939 als Sohn eines Kaufmanns und einer Klavierpädagogin in Stettin; dort und in Peine/Niedersachsen aufgew.; obwohl er viermal vom Gymnasium verwiesen wurde, machte er 1960 das drittbeste Abitur an seiner Schule. Seine Berufsziele waren Schauspieler, Journalist und Psychologe. Auf Drängen seines Vaters, der ihm die Ausbildung finanzierte, studierte er jedoch Jura an den Universitäten in Kiel, Berlin und Göttingen. Nach zehn Semestern und drei Wochen vor der mündlichen Prüfung überfiel er in Burgdorf bei Hannover eine Bank. Während seiner Haft in der Strafanstalt Celle beschäftigte er sich mit dem Schreiben juristischer Arbeiten und begann seinen ersten Roman.
Von 1969 bis 1974 versuchte er mehrmals, als Journalist angestellt zu werden. Er bestritt seinen Lebensunterhalt als Arbeiter im Hamburger Hafen, als Kellner und Taxifahrer. 1974 erschien der autobiographische Roman »Die Verrohung des Franz Blum«, den Reinhard Hauff verfilmte. Seither schrieb Driest weitere sieben Drehbücher, die alle verfilmt wurden. Es seien erwähnt: »Zündschnüre« (nach dem Roman von Franz Josef Degenhardt), 1974, »Paule Pauländer«, 1975, »Zwischen achtzehn und zwanzig«, 1976, »Hitlers Sohn«, USA 1977, »Annas Mutter« (nach der Biographie Marianne Bachmaiers, die den mutmaßlichen Mörder ihrer Tochter Anna während der Gerichtsverhandlung erschoß), 1984. Während bei den erstgenannten Filmen meist Reinhard Hauff Regie führte, leitete Driest bei »Annas Mutter« selbst die Dreharbeiten.
Driest spricht engl.; er war zweimal verheiratet und lebt in München.
Film: Schläger in »Die Verrohung des Franz Blum« (selbst Drehbuchautor), Regie: Reinhard Hauff, 1974; »Steiner – das Eiserne Kreuz«, mit Richard Burton, Regie: Sam Peckinpah, Großbritannien/BRD 1976; »Stroszek«, Regie: Werner Herzog, 1978; »Hitlers Sohn« (selbst Drehbuchautor mit Lukas Heller), Regie: Rod Amateau, USA 1978; »Endstation Freiheit« (selbst Drehbuchautor), Regie: Reinhard Hauff, 1980; Polizist in »Querelle – Ein Pakt mit dem Teufel« (nach Genet), mit Brad Davis und Franco Nero, Regie: Rainer Werner Fassbinder, 1982; »Leuchtturm des Chaos«, Regie: Wolf-Eckart Bühler, »Der Bauer von Babylon«, »Rainer Werner Fassbinder dreht ›Querelle‹«, Regie: Dieter Schidor (Dokumentarfilm), und »Die wilden Fünfziger« (nach Simmel), Regie: Peter Zadek, 1983; »Der Havarist«, Regie: Wolf-Eckart Bühler, und »Die Story«, Regie: Eckhart Schmidt, 1984.
Fernsehen: »Zündschnüre«, Regie: Reinhard Hauff, ARD 1974; »Der Held des Tages« (aus der Reihe »Der Kommissar«), mit Erik Ode, Regie: Dietrich Haugk, ZDF 1975; »Zwischen 18 und 20«, Regie: Volker Vogeler, Serie, ARD 1976; »Schußfahrt« (aus der Reihe: »Tatort«), Regie: Wolfgang Staudte, ARD 1980.
Viel Beachtung fand eine Talkshow unter der Leitung von Hans-Jürgen Rosenbauer zwischen Burkhard Driest und Romy Schneider (ARD).
Anschrift: Georgenstraße 8, 8000 München 40.

Gernot Duda

Geb. 13.5.1927 in Rutenau/Oberschlesien; nach dem Abitur studierte er Theaterwissenschaft und Germanistik; er nahm Schauspielunterricht in München. Erste Engagements hatte er am Stadttheater Ingolstadt, am Städtebundtheater Hof und an den Städt. Bühnen Augsburg. Gastspiele gab er seit 1966 u.a. an der Freien Volksbühne Berlin, am Fritz-Rémond-Theater im Zoo Frankfurt/Main sowie bei den Festspielen in Schwäbisch Hall und Recklinghausen. Seit 1960 wirkt er in großem Umfang beim Fernsehen. Er ist in der Synchronisation tätig.
Duda spricht engl., ital.; er ist verheiratet und hat zwei Söhne. Sein Sohn Alexander Duda wurde ebenfalls Schauspieler. Duda lebt in München.
Film: »Der 20. Juli«, mit Wolfgang Preiss, 1956; »Big Mäc«, mit Thomas Gottschalk, Regie: Sigi Rothemund, 1985.
Theater: In Lessings »Minna von Barnhelm«, Titelrolle in Hauptmanns »Fuhrmann Henschel«, Stockmann in Hauptmanns »Rose Bernd«, Aston in Pinters »Der Hausmeister«, Cooper in Williams' »Die Katze auf dem heißen Blechdach«, Nr. 3 in Budjuhn/Roses »Die zwölf Geschworenen«, Lehmann in Kirsts »Aufstand der Offiziere«, Regie: Erwin Piscator, Czymek in Kipphardts »Der Hund des Generals«, in Glickman/Steins »Die Söhne der Frau Gibbons«, in Barillet/Grédys »Die Kaktusblüte«, Carlino in Knotts »Warte, bis es dunkel ist«, Regie: Harry Meyen, Octavius in Camus' »Caligula«, Juan Rodriguez Bermejo in Hacks' »Die Eröffnung des indischen Zeitalters«, Bäckermeister Schneider in Sperrs »Koralle Meier«, La Roche in Schillers »Der Parasit«, in Shakespeares »Ein Sommernachtstraum«, Regie: Gustav Rudolf Sellner, Schiffskapitän Horster in Ibsens »Ein Volksfeind«, Theobald Friedeborn in Kleists »Das Käthchen von Heilbronn«, Regie: Kurt Hübner, Kurfürst in Dürrenmatts »Die Wiedertäufer«, und Slim in Steinbecks »Von Mäusen und Menschen«, jeweils an den vorgenannten Bühnen.
Fernsehen: »Die Kurve« (von Dorst), Regie: Peter Zadek, ARD 1962; »Den Tod in der Hand« (nach Calef), ZDF 1963; »Die Gerechten« (nach Camus), ARD 1964); »Nemo taucht auf« (nach Rivemale), »Antigone« (nach Anouilh), und Petrus in »Das Apostelspiel« (nach Mell), ARD 1965; »Die Launen des Herrn Lasukow« (nach Nekrassow), ARD 1966; »Old Ahaky« (von Pillau), Regie: Günter Meincke, ZDF 1966; »Die Mühle von Sanssouci«, und »Carl Schurz«, mit Udo Vioff, Regie: Rudolf Nussgruber, ZDF 1968; »Bericht einer Offensive« (nach Cobb), und »Transplantationen« (nach Danek), ZDF 1969; »Rotmord« (von Dorst), Regie: Peter Zadek, ARD 1969; »Das Chamäleon« (von Ulrich), ZDF 1970; »Wer ist der Nächste?« (von Asmodi), Regie: Arno Assmann, ARD 1970; »Die gefälschte Göttin« (nach Kluge), ZDF 1971; »Prozeß: Die Meuterei auf der Bounty« (von Eis), ZDF 1973; »Mulligans Rückkehr«, mit Helmut Qualtinger, Regie: Helmut Käutner, ZDF 1978; »Die Stühle des Herrn Szmil« (nach Kipphardt), ARD 1979; »Aus meiner Aktenmappe« (von Peter von Zahn), 6 Teile, ZDF 1981; »Die Pawlaks - Eine Geschichte aus dem Ruhrgebiet«, Regie: Wolfgang Staudte, 12 Teile, ZDF 1982; »Angelo und Luzy«, Serie, ZDF 1984; »Der Stadtbrand«, Buch und Regie: Oliver Stortz, und »Neues aus Schildershausen« (von Peter von Zahn), Regie: Eberhard Itzenplitz, ZDF 1985.
Anschrift: c/o ZBF-Agentur München, Leopoldstraße 19, 8000 München 40.

Annemarie Düringer

– Kammerschauspielerin –

Geb. 26.11.1925 als Kaufmannstochter in Basel; dort aufgew.; nach der Mittelschule absolvierte sie die Handelshochschule Bern (Abschluß: Handelsdiplom). 1946/47 nahm sie Schauspielunterricht bei René Simon in Paris. Von 1947 bis 1949 besuchte sie das Max-Reinhardt-Seminar in Wien. Seit 1949 gehört sie zum Ensemble des Wiener Burgtheaters. Gastspiele gab sie u.a. am Theater am Kurfürstendamm Berlin (1955–1958), am Schiller-Theater Berlin (1959/60), an den Münchner Kammerspielen (1965 und 1972) sowie am Bayerischen Staatsschauspiel München (1983/84).

Ihr Film-Debüt hatte sie 1954. Beim Fernsehen wirkt sie seit 1962. Sie ist im Hörfunk (ORF) tätig.

Frau Düringer unterrichtet am Wiener Max-Reinhardt-Seminar; sie spricht engl., franz.; sie lebt in Wien.

Film: »Feldherrnhügel«, »Gefangene der Liebe«, mit Curd Jürgens, Regie: Rudolf Jugert, »Du bist die Welt für mich«, mit Rudolf Schock, Regie: Ernst Marischka, »Ewiger Walzer« und »Die Stadt ist voller Geheimnisse«, 1954; »Der 20. Juli«, mit Wolfgang Preiss, Regie: Falk Harnack, 1955; »Vor Sonnenuntergang« (nach Hauptmann), 1956; »Nachts, wenn der Teufel kam«, 1957; »Der Ring der Gejagten«, USA 1957; »SOS – Gletscherpilot«, Regie: Victor Vicas, 1958; »Der Lügner«, Regie: Ladislao Vajda, 1961; »Dällebach Karl« (nach Lerch), Regie: Karl Früh, 1971; »Schatten der Engel«, Regie: Daniel Schmid, 1976; »Die Spitzenklöpplerin«, Regie: Claude Goretta, BRD/Schweiz/Frankreich 1978; »Die Sehnsucht der Veronika Voss«, mit Rosel Zech, Regie: Rainer Werner Fassbinder, 1982.

Theater: Schura in Gorkis »Jegor Bulytschov und die andern«, und Berta in Grillparzers »König Ottokars Glück und Ende«, 1949, Frida in Ibsens »John Gabriel Borkman«, 1950, Inken in Hauptmanns »Vor Sonnenuntergang«, 1952, Abigail in Millers »Hexenjagd«, 1954, jeweils Burgtheater Wien; Lavinia in O'Neills »Trauer muß Elektra tragen«, und in O'Neills »Fast ein Poet«, Theater am Kurfürstendamm Berlin 1955 + 1958; Amalia von Edelreich in Schillers »Die Räuber«, Regie: Fritz Kortner, und in Molières »Dom Juan«, jeweils Schiller-Theater Berlin 1959/60, Lavinia in O'Neills »Trauer muß Elektra tragen«, Regie: Gustav Rudolf Sellner, Titania in Shakespeares »Ein Sommernachtstraum«, Porzia in Shakespeares »Der Kaufmann von Venedig«, Isabella in Shakespeares »Maß für Maß«, Titelrolle in Strindbergs »Fräulein Julie«, Eleonore in Schillers »Die Verschwörung des Fiesco zu Genua«, in Pinters »Der Liebhaber«, Laura in Williams' »Glasmenagerie«, Julia in Albees »Empfindliches Gleichgewicht«, Kate in Pinters »Alte Zeiten«, Elisabeth in Schillers »Maria Stuart«, Regie: Erwin Axer, Pallas Athene in Aischylos' »Orestie«, Nadja in Stoppards »Travesties«, Arkadina in Tschechows »Die Möwe«, Regie: Erwin Axer, Emeli in Vitracs »Victor oder Die Kinder an der Macht«, Regie: Hans Neuenfels, Frau Bergmann in Wedekinds »Frühlings Erwachen«, Regie: Dieter Giesing, und Frau Biederling in Lenz' »Der neue Menoza«, Regie: Benno Besson, jeweils Burgtheater Wien von 1960 bis 1983; in Ibsens »Baumeister Solness«, Regie: Peter Zadek, und in Strindbergs »Nach Damaskus«, mit Martin Benrath, Regie: Erwin Axer, jeweils Bayerisches Staatsschauspiel München 1983/84.

Fernsehen: »Musik« (nach Wedekind), ARD 1966; Lukretia in »Ein Bruderzwist in Habsburg« (nach Grillparzer), ZDF 1966; »Der blaue Strohhut« (nach Michael), ARD 1968; »Reiterattacke« (nach Schreyvogl), ORF 1968; »Friedrich III.« (nach Andics), ZDF 1970; »Tatort«, Regie: Georg Lhotzky, Serie, und »Berlin Alexanderplatz« (nach Döblin), mit Günter Lamprecht, Regie: Rainer Werner Fassbinder, ARD 1980; »Das gläserne Wappen«, Regie: Susanne Zanke, ZDF 1981; »Die Krimistunde«, Regie: Wolfgang Becker, Serie, ARD 1982; »Derrick«, Serie, ZDF 1985.

Auszeichnung: Kammerschauspielerin Wien 1963.

Anschrift: c/o Agentur Jovanovic, Perfallstraße 6, 8000 München 80, oder Havelgasse 17, A-1180 Wien, Österreich.

Lya Dulizkaya

Geb. 17.1.1923 in Wien; dort aufgew.; nach dem Gymnasium besuchte sie eine Schauspielschule in Tel Aviv; über literarisches Kabarett, Chansonabende, u.a. bei israelischen Militärgruppen und Privattheatern kam sie zum Musical, wo sie als Golde in »Anatevka« zahlreiche Länder bereiste; seit über zehn Jahren ist sie regelmäßig an der Landesbühne Hannover und seit 1980 am Theater an der Wien zu sehen. Sie drehte zahlreiche Filme in Israel.
Frau Dulizkaya spricht engl., hebräisch; sie ist geschieden, hat eine Tochter und lebt in Tel Aviv/Israel.
Theater: Golde in Stein/Bocks »Anatevka«, mit Shmuel Rodensky, u.a. in Berlin, Hamburg, Frankfurt/Main, Wien, Graz, Tournee bis nach Südafrika; Titelrolle in Brechts »Mutter Courage und ihre Kinder«, 1973, Mrs. Peachum in Brecht/Weills »Die Dreigroschenoper, 1974, Witwe Begbick in Brecht/Weills »Aufstieg und Fall der Stadt Mahagonny«, 1980, und Mutter in Williams' »Glasmenagerie«, 1982, jeweils Landesbühne Hannover; Mrs. Morton in »Chicago«, Theater an der Wien 1981.
Fernsehen: Nadeshna in »Levin und Gutman«, mit Shmuel Rodensky, Regie: Peter Deutsch, Serie, ARD 1985.
Anschrift: c/o Austroconcert International, Gluckgasse 1, A-1010 Wien, Österreich.

Sky Dumont

(eigentlich: Sky Bremme-Neven du Mont)

Geb. 20.5.1947 in Buenos Aires; aufgew. in Argentinien, England, der Schweiz und in der Bundesrepublik, lebt jetzt in München; verheiratet; spricht engl.; nach dem Abitur in der Schweiz, besuchte er in München eine Schauspielschule; sein erstes Engagement erhielt er am Schiller-Theater in Berlin, bevor er 1972 ans Bayerische Staatsschauspiel München ging; es folgte ein erneutes Engagement am Schiller-Theater Berlin (1974); seit 1976 spielt er vorwiegend an der Kleinen Komödie München und geht auf Tournee.
Film: »Boys from Brasil«, mit Gregory Peck, Laurence Olivier und James Mason, USA 1974; »Omar Mukhtar«, mit Anthony Quinn, Irene Papas und Rod Steiger, USA 1977; »Avalanche Express«, mit Lee Marvin und Maximillian Schell, Regie: Mark Robson, Großbritannien 1978; »21 hours of Munich«, mit William Holden, Regie: W.A.Graham, USA 1978; »Götz von Berlichingen mit der eisernen Hand«, Regie: Wolfgang Liebeneier und Harald Reinl, BRD 1978, »Inside the Third Reich«, Regie: Marvin Chomsky und »Wind nach Westen«, Regie: Delbert Mann, USA 1980; »Das Boot« (nach Buchheim), mit Jurgen Prochnow, Regie: Wolfgang Petersen, 1981; »Otto Der Film«, mit Otto Waalkes, Regie: Xaver Schwarzenberger, 1985.
Theater: Fabrice in Anouilhs »Der Herr Ornifle«, mit Peter Pasetti, Regie: Helmut Käutner, Tournee 1972; Antipholus in Shakespeares »Komödie der Irrungen«, Festspiele in Gandersheim , 1973; Dr. Wenger in Schnitzlers »Professor Bernhardi«, Regie: Kurt Meisel, Bayerisches Staatsschauspiel 1973; Alexander in Gorkis »Die Letzten«, Schiller-Theater Berlin 1974; in Roussins »La Mamma«, in Wildes »Lady Windermeres Fächer«, in Maughams »Lady Frederick«, in Wildes »Bunbury«, Regie: Axel von Ambesser, jeweils Kleine Komödie München 1976–1984.
Fernsehen: »Herzattacken-Maschine«, Regie: Sven Severin, ZDF 1977; »Der große Karpfen Ferdinand« (nach Ibbotson), mit Martin Held, Regie: Alfred Weidenmann, ZDF 1978; »Tiefe Wasser«, Regie: Franz Peter Wirth, ZDF 1982, und »Die Kameliendame« (nach Dumas), Regie: Tom Toelle, ARD 1978; »Tatort«, 2 Folgen, Serie, ARD 1980/81; »The Winds of War« (»Der Feuersturm«) von Hermann Wouk, mit Robert Mitchum und Ali McGraw, Regie: Dan Curtis, 7 Teile, US-TV 1982/83; »Derrick«, 6 Folgen, Serie, ZDF 1982–1985; »Der Alte«, Serie, ZDF 1982; »Die Krimistunde«, Regie: Hartmut Griesmayr, Serie ARD 1984; »Sterne fallen nicht vom Himmel«, Regie: Ulrich Stark, ZDF 1985.
Anschrift: c/o ZBF-Agentur München, Leopoldstraße 19, 8000 München 40.

Eckart Dux

Geboren 19.12.1926 als Sohn eines Versicherungsoberinspektors in Berlin; dort aufgew.; nach dem Abitur besuchte er die Schauspielschule von Else Bongers in Berlin; er debütierte 1948 am Renaissance-Theater Berlin, wo er bis 1952 tätig war; Engagements an anderen Berliner Bühnen folgten, u.a. Hebbel-Theater, Tribüne, Berliner Theater, Theater am Kurfürstendamm und Schloßpark-Theater; von 1963 bis 1967 spielte er regelmäßig an der Kleinen Komödie München; neben zahlreichen Tourneen – u.a. auch in Musicals – war er zudem am Thalia-Theater Hamburg, der Komödie im Marquardt Stuttgart und im Fritz-Remond-Theater im Zoo Frankfurt/Main zu sehen. Er arbeitet häufig beim Fernsehen und in der Synchronisation; u.a. spricht der die deutsche Stimme von Fred Astaire und James Stewart.

Dux spricht engl., franz.; er ist verheiratet, hat ein Kind und lebt in Dannenbüttel.

Film: »Die lustigen Weiber von Windsor«, 1950; »Das Haus in Montevideo«, Buch und Regie: Curt Goetz, und »Der bunte Traum«, 1951; »Vergiß die Liebe nicht« und »Briefträger Müller«, 1953; »Das singende klingende Bäumchen«, 1957; »Zwei Herzen im Mai«, 1958.

Theater: Orlando in Shakespeares »Wie es euch gefällt«, Claudio in Shakespeares »Viel Lärm um nichts«, in Williams' »Endstation Sehnsucht«, in Schönthans »Der Raub der Sabinerinnen«, Berliner Bühnen 1948–1962; in Krasnas »Sonntag in New York«, in Roussins »Die Schule der Ehe«, in Romans »Ein Ehemann zur Ansicht«, und in Ayckbourns »Halbe Wahrheiten«, jeweils Kleine Komödie München 1963–1968; Figaro in Beaumarchais' »Ein toller Tag oder Figaros Hochzeit«, Tournee 1973; Colin in Schwieferts »Jedem das Seine«, Die Komödie Frankfurt/Main 1977; Felix in Simons »Ein seltsames Paar«, Dan Conally in »Eine fast vollkommene Frau«, und Philippe in Roussins »Die kleine Hütte«, jeweils Komödie im Marquardt Stuttgart 1978–1982; Bluntschli in Shaws »Helden«, Landesbühne Hannover und Tournee 1982; Carte d'Albafiorita in Goldonis »Mirandolina«, Festspiele Heppenheim 1984; in Roussins »Die kleine Hütte«, Regie: Hans Zander, Münchner Boulevardtheater 1985.

Fernsehen: Rosenkranz in »Hamlet« (nach Shakespeare), ARD 1961; Sergeant Jeffreys in »Das Halstuch« (nach Durbridge), 3 Teile, ARD 1962; Tassilo in »Leben wie die Fürsten« (nach Anouilh), ARD 1966; Patrice Bombelles in »Einladung ins Schloß« (nach Anouilh), ZDF 1970; »Tatort«, Serie, ARD 1973; »Die Traumfrau«, Regie: Klaus Überall, ARD 1978; »Kyritz-Pyritz«, ARD 1979; Belgenc in »Der Nächste bitte« (nach Feydeau), ZDF 1981; »Sonderdezernat K 1«, Serie, ARD 1982; »St. Pauli Landungsbrücken«, Regie: Wilfried Dotzel, Serie; »Einmal ist keinmal«, ARD 1983; »Tage im Hotel«, Regie: Ulrich Stein, ZDF 1983; »Der Millionen-Coup«, Regie: Wolfgang Storch, 2 Teile, ZDF 1984.

Anschrift: c/o ZBF-Agentur Hamburg, Tonndorfer Hauptstraße 90, 2000 Hamburg 70.

E

Claus Eberth

Geb. 21.9.1934 als Sohn des Schauspielers Fritz Eberth und der Schauspielerin Gertrud Eberth in Würzburg; dort aufgew.; nach der Oberschule absolvierte er die Schauspielschule der Hamburger Kammerspiele (1957); von 1957 bis 1961 hatte er erste Engagements u.a. am Fränkischen Theater Schloß Maßbach und am Zimmer- und Kammertheater Karlsruhe.
Zwischen 1961 und 1968 stand er im Ensemble des Schiller-Theaters Berlin; ein Engagement an den Wuppertaler Bühnen (1968–1976) folgte. Seit der Spielzeit 1976/77 steht er bei den Münchner Kammerspielen unter Vertrag.
Eberth spricht engl., franz.; er ist verheiratet, hat zwei Söhne und eine Tochter und lebt in Gauting bei München.
Film: »Liebe Mutter, mir geht es gut«, Regie: Christian Ziewer, 1972; »Der aufrechte Gang«, mit Antje Hagen, Regie: Christian Ziewer, 1976.
Theater: Carl in Lasker-Schülers »Die Wupper«, Regie: Hans Lietzau, Karl in Hebbels »Maria Magdalena«, Regie: Fritz Kortner, Soldat in Ramuz/Strawinskys »Die Geschichte vom Soldaten«, engl. Soldat in Shaws »Die heilige Johanna«, Regie: Walter Henn, Ahmed in Cans »Die Fallschirmjäger«, Regie: Hans Lietzau, und Student in Gorkis »Die Barbaren«, Regie: Boleslaw Barlog, jeweils Schiller-Theater Berlin 1961–1968; Biff in Millers »Der Tod des Handlungsreisenden«, Kaplan in Lasker-Schülers »Arthur Anonymus und seine Väter«, Benedikt in Shakespeares »Viel Lärm um nichts«, und Timon in Shakespeares »Timon von Athen«, jeweils Wuppertaler Bühnen 1968–1975; Paul Werner in Lessings »Minna von Barnhelm«, Roger in Genets »Der Balkon«, Heinrich in Dorsts »Auf dem Chimborazo«, und Neffe in Lorcas »Doña Rosita la Soltera«, Regie: Ernst Wendt (auch TV), 1976/77, Titelrolle in Sophokles' »Ödipus auf Kolonos«, Regie: Ernst Wendt, 1977/78, Oberon und Theseus in Shakespeares »Ein Sommernachtstraum«, Regie: Dieter Dorn, 1978/79, Sir Toby Rülps in Shakespeares »Was ihr wollt«, und Titelrolle in Büchners »Dantons Tod«, 1979/80, Friedrich von Herrnstadt in Kleists »Das Käthchen von Heilbronn«, mit Cornelia Froboess, und Orest in Goethes »Iphigenie auf Tauris«, 1980/81, Papa in Kroetz' »Maria Magdalena«, und Sir Lancelot vom See in Dorsts »Merlin oder Das wüste Land«, mit Peter Lühr, 1981/82, Titelrolle in Kleists »Amphitryon«, Regie: Nicolas Brieger, und General Irrigua in Feydeaus »Ein Klotz am Bein«, 1982/83, Maler Titorelli in Peter Weiss' »Der neue Prozeß«, und Pozzo in Becketts »Warten auf Godot«, 1983/84, Sultan in Lessings »Nathan der Weise«, Regie: Fritz Marquardt, und Walczak in der Uraufführung von Fels' »Der Affenmörder«, Regie: Ulrich Heising, 1984/85, jeweils Kammerspiele München.
Fernsehen: »Zwischen den Zügen« (nach Coward), ARD 1961; »Immer und noch ein Tag« (nach Bush-Fekete), ARD 1965; Wedell in »Irrungen – Wirrungen« (nach Fontane), ARD 1966; Gustav Schmelow in »Kubinke« (nach Hermann), Starker in »Der Reichtagsbrandprozeß«, und Klaus in »Die Trennung«, ARD 1967; Titelrolle in »Der Fall Hetzel«, ARD 1970; »Eiger« (von Meichsner), Regie: Dieter Wedel, 2 Teile, ARD 1974; »Tatort«, Regie: Wolf Dietrich, ARD 1980.
Auszeichnung: Adolf-Grimme-Preis 1972.
Anschrift: c/o ZBF-Agentur München, Leopoldstraße 19, 8000 München 40.

Fritz Eckhardt

Geb. 30. 11. 1907 als Sohn des Theaterdirektors Viktor Eckhardt in Linz/Donau; Besuch des Humanistischen Gymnasiums in Wien und Stuttgart; danach absolvierte er die Akademie für Kunst und Musik in Wien; 1924 debütierte er unter der Intendanz seines Vaters am Stuttgarter Wilhelma-Theater. Engagements am Deutschen Volkstheater Wien, an den Bühnen in Reichenberg/Böhmen, Aussig, Karlsbad und Franzensbad folgten. 1930/31 war er an den Rotterbühnen Berlin, 1931/32 am Mellini-Theater Hannover engagiert. In Wien war er bis zu seinem Berufsverbot als Jude durch die Nationalsozialisten im Jahre 1938 Mitglied des Kabaretts »Der liebe Augustin«, das er 1945 erneut aus der Taufe hob und als Direktor leitete. 1946 eröffnete er zudem das Künstler-Theater in der Praterstraße in Wien. Gastspiele gab Eckhardt auch am Theater in der Josefstadt in Wien (1953/54) und an den Städt. Bühnen Mainz (1972). Eckhardt veröffentlichte über 30 Theaterstücke, von denen 28 seit 1948 vor allem am Kammertheater, am Stadttheater, am Renaissance-Theater, am Bürgertheater und am Theater in der Josefstadt in Wien uraufgeführt wurden. Stücke u.a.: »Der rote Winkel«, »Brasilianischer Kaffee«, »Das Fräulein mit dem Koffer«, »Das andere Gesicht«, »Der Schuß von der Bühne«, »Das Gasserl«, »Rendezvous in Wien«, »Rendezvous in Moskau«, »Minister gesucht« und »Erben ist menschlich«.

Eckhardt schrieb 9 Filmdrehbücher, die vornehmlich als deutsch/österr. Koproduktionen verfilmt wurden. U.a.: »Durch dick und dünn«, 1951, »Der Bauerndoktor von Bayerisch-Zell« und »Das Schloß in Tirol«, 1957, »Eva küßt nur Direktoren« und »Eine Frau, die weiß, was sie will«, 1958, »Trubel um Trixie«, 1972, und »The Johann Strauß-Story«. In einigen dieser Produktionen wirkte er selbst mit.

Für das Fernsehen schrieb er über 200 Drehbücher. Darunter die Serien »Familie Leitner« (ORF, über 70 Folgen), »Schwäbische Geschichten« (ARD 1963, 12 Folgen), »Chronik der Familie Nägele« (ARD 1968, 4 Folgen), »Der alte Richter« (ZDF 1969, 13 Folgen), »Wenn der Vater mit dem Sohne« (ARD 1971, 12 Folgen), »Hallo – Hotel Sacher ... Portier!« (ZDF 1973–1975, 26 Folgen), »Meine Mieter sind die besten« (ARD 1977, 10 Folgen). In allen Reihen war er auch als Schauspieler zu sehen. Besondere Beliebtheit errang er als Titelheld in seiner selbst geschriebenen TV-Serie »Inspektor Marek«, die 1963 erstmals ausgestrahlt wurde und von 1972 bis 1982 im Rahmen der ARD-ORF-Reihe »Tatort« gesendet wurde.

Eckhardt ist seit 1945 verheiratet und lebt in Wien.

Film: »Der Rosenkavalier« (Stummfilm), 1926; »Nichts als Zufälle«, 1945; »Schuß durchs Fenster«, 1950; »Hin und Her«, 1951; »Die 5-Minuten-Väter«, 1952; »Seesterne«, »Heute nacht passiert's« und »Ein tolles Früchtchen«, 1953; »Die letzte Brücke«, 1954; »Und der Himmel lacht dazu« und »Um Thron und Liebe«, 1954, »Pulverschnee nach Übersee«, 1956; »Solang noch die Sterne glühn«, »Eine Frau, die weiß, was sie will« und »So ein Millionär hat's schwer«, 1958; »Labyrinth«, 1959.

Theater: Tappercoom in Frys »Die Dame ist nicht fürs Feuer«, Theater in der Josefstadt in Wien 1953/54; Sixtus Salvermoser in Betschs »Salvermosers seltsame Seelenwanderung«, Städt. Bühnen Mainz (auch TV).

Fernsehen: »Frühere Verhältnisse« (nach Nestroy), ARD 1955; Heiratsvermittler in »Die verkaufte Braut« (nach Smetana), und »Es gibt nur zwei Möglichkeiten« (Buch: Eckhardt), Serie, ARD 1958; Matyas Rákosi in »Schatten der Helden« (nach Adrey), ARD 1960; Ollendorf in »Der Bettelstudent« (nach Millöcker), und Krautkopf in »Der Zerrissene« (nach Nestroy), ARD 1961; Diggelmann in »Schwäbische Geschichten« (Buch: Eckhardt), mit Willy Reichert, Serie, ARD 1963; Oberinspektor Marek in »Marek« (selbst Buch + Regie), 11 Folgen, ORF/ARD 1963–1972; Knopfmacher in »Radetzkymarsch« (nach Joseph Roth), Regie: Michael Kehlmann, ARD 1965; Sammer in »Gauner, Gelder und Giraffen« (Buch: Eckhardt), ARD 1968; Dr. Gustav Ressl in »Der alte Richter« (Buch: Eckhardt), mit Paul Hörbiger, Serie, ZDF 1969; Vater in »Wenn der Vater mit dem Sohne« (Buch: Eckhardt), mit Peter Weck, Serie, und »Leinen aus Irland« (nach Mamare), ARD 1971; Oswald Huber in »Hallo – Hotel Sacher ... Portier!« (Buch: Eckhardt), Serie, ZDF 1973-1975; Oberinspektor Marek in »Tatort« (aus Wien), mit Kurt Jaggberg, Serie, 9 Folgen ORF/ARD 1972-1983; Barth in »Erben ist

menschlich« (Buch: Eckhardt), und Wendelin Hufnagel in »Meine Mieter sind die besten« (Buch: Eckhardt), Serie, ARD 1977; Kanzleirat Bach in »Der selige Herr aus dem Parlament« (Buch: Eckhardt), ARD 1980; Geschäftsführer in »Der gute Engel« (Buch: Eckhardt), Serie, ORF 1983; Kreispräsident Bonatsch in »Via Mala« (nach Knittel), mit Mario Adorf, Regie: Tom Toelle, ZDF 1985.
Auszeichnungen: »Goldenes Ehrenzeichen« des Landes Wien; »Goldene Kamera« (HÖRZU).
Anschrift: c/o Austroconcert International, Gluckgasse 1, A-1010 Wien, Österreich.

Volker Eckstein

Geb. 5. 6. 1946 in Schleusingen; nach der Schule nahm er Schauspielunterricht. Er gastierte u.a. am Theater am Turm Frankfurt/Main, am Ernst-Deutsch-Theater Hamburg sowie auf Tournee. Seit 1970 wirkt er in großem Umfang beim Fernsehen. Eckstein spricht engl., franz.; er lebt mit der Schauspielerin Karin Baal in München.
Film: »Der Mann auf der Mauer«, Regie: Reinhard Hauff, und »Die Jäger«, mit Helmut Berger, Regie: Karoly Makk, 1982.
Theater: In Frischs »Biedermann und die Brandstifter«, Theater am Turm Frankfurt/Main; Papst in Bethencourts »Am Tag, als der Papst gekidnappt wurde«, Ernst-Deutsch-Theater Hamburg; Jago in Shakespeares »Othello«, in Bölls »Die verlorene Ehre der Katharina Blum«, mit Karin Baal (1979/80), und in Delaneys »Bitterer Honig«, mit Karin Baal (1983), jeweils Tournee.
Fernsehen: »Ich töte« (nach Seuren), ARD 1970, und »Ein Vogel bin ich nicht«, ARD 1971, Regie: jeweils Tom Toelle; »Tatort«, Serie, 6 Folgen, ARD 1971–1982; »Sonderdezernat K 1«, Serie, 3 Folgen, ARD 1974–1978; »Derrick«, Serie, 10 Folgen, ZDF 1975–1984; »Der Alte«, Serie, 3 Folgen, ZDF 1977–1982; »Eine Dummheit macht auch der Gescheiteste« (nach Ostrowskij), Regie: Eberhard Itzenplitz, ARD 1978; »Die Überlebenden der Mary Jane«, austral. TV 1979; »Safran und Getward«, und »Nero« (nach Marceau), ZDF 1979; »System Fabrizzi«, und »Grüße aus Bad Walden«, Regie: Gerd Oelschlegel, ZDF 1980; »Köberle kommt«, Serie, und »Bitterer Honig« (nach Delaney), mit Karin Baal, ARD 1983; »Der letzte Zivilist«, »Auto, Auto«, Regie: Peter Weck, »Heiße Tage im Juli«, Regie: Otto Anton Eder, und »Eine Klasse für sich«, 8 Teile, ZDF 1984; »Der Fahnder«, mit Klaus Wennemann, Serie, ARD 1984; »Schwarzwaldklinik«, mit Klausjürgen Wussow, Regie: Alfred Vohrer, ZDF 1985; »Schöne Ferien«, Serie, ARD 1985.
Anschrift: c/o Agentur Alexander, Lamontstraße 9, 8000 München 80.

Almut Eggert

(eigentlich: Almut Spier-Eggert)

Geb. 7. 6. 1937 in Rostock; dort, in Ahrenshoop und Heidelberg aufgewachsen; nach dem Abschluß der mittleren Reife erlernte sie den Beruf einer Diplomkosmetikerin; 1956 besuchte sie die Schauspielschule Olly Rummel-Pickschneider in Berlin, die sie 1959 abschloß; sie hatte eine achtjährige Klavierausbildung; über die Vagantenbühne Berlin (1958) kam sie zu Engagements am Kleinen Theater im Zoo in Frankfurt/Main (1959), der Tribüne Berlin (1961/62), dem Theater der Stadt Baden-Baden (1966), dem Schiller-Theater Berlin (1968), der Komödie im Marquardt, Stuttgart (1975/76), der Kleinen Komödie Hamburg (1977), den Kammerspielen Berlin (1981–1983) und am Theater am Kurfürstendamm Berlin, wo sie seit 1962 gastiert.

Frau Eggert ist auch als Autorin und Sprecherin im Hörfunk und der Synchronisation tätig. 1972/73 war sie ferner Mitglied des Berliner Kabaretts »Die Stachelschweine«.

Sie spricht engl., franz., ital.; sie ist geschieden von dem Schauspieler und Regisseur Wolfgang Spier, hat zwei Töchter (Miriam Bettina und Nana) und lebt in Berlin.

Film: »Question 7«, Regie: Stuart Rosenberg, USA 1960; »Klein Erna«, 1969.

Theater: In Tschechows »Der Bär«, in Lessings »Die Juden«, Vagantenbühne Berlin 1958; in Adamovs »Das Wiederfinden«, in Audibertis »Die Frauen des Ochsen«, in Paliards »Kandidat Cormoran«, in Mortimers »Die Mittagspause«, Tribüne Berlin 1961/62; Malvina in Devals »Malvina, der Wind und der Regen«, Theater der Stadt Baden-Baden 1966; Iris in Shakespeares »Der Sturm«, Regie: Fritz Kortner, Schiller-Theater Berlin, und Cecily in Wildes »Bunbury«, Regie: Gerhard Klingenberg, Tournee, 1968; in Rayborns »Früher oder später«, in Dorins »Der Wendepunkt«, Komödie im Marquardt Stuttgart 1975/76; in Ionescos »Die Nashörner« (1962), in O'Haras »Heiraten ist immer ein Risiko« (1964), in Ecaterina Oproius »Ich bin nicht der Eiffelturm« (1970), in Ayckborns »Drei Schlafzimmer«, Regie: Wolfgang Spier – auch TV – (1978/79), jeweils Komödie/Theater am Kurfürstendamm Berlin; in Goodrich/Hacketts »Tagebuch der Anne Frank« (1981), in Frischs »Andorra« (1982), in Dürrenmatts »Die Physiker« (1983), Regie: jeweils Peter Reichenbach, Kammerspiele Berlin.

Fernsehen: Phoebe in »Wie es euch gefällt« (nach Shakespeare), ARD 1958; »Therese, Therese«, Frankreich/TV 1962; »Unser Vater, der Tierarzt«, ZDF 1963; »Ehe in Dosen«, »Der Mann vor dem Schaufenster«, und »Bezaubernde Mama«, ZDF 1964; »Spätsommer«, und »Ich fahre Patschold«, Regie: Peter Beauvais, ARD 1964; »Die Liebenden von Florenz«, Regie: Wilhelm Semmelroth, ARD 1965; »Reisegesellschaft« (nach Maupassant), und »Ostern« (nach Strindberg), Regie: Wilm ten Haaf, ARD 1967; »Ohrliwasch - Rosinchen im Kopf« (von Pillau), ZDF 1969; »Zeichen eines Jahres« (später: »Zeitgeister«), 42 Folgen, SFB III, 1974–1979; »Direction City«, ARD 1976; »Kaufmann von Wladimir« (nach Tolstoi), ARD 1977; »Café Wernicke«, mit Peer Schmidt, Serie, ARD 1978/79; »Tatort«, 2 Folgen, Serie, ARD 1978–81; »Ein verrücktes Paar«, Serie, und »Die grauen Panther«, ZDF 1979; »Die Sache mit meinem Vater«, Regie: Hans Heinrich, ARD 1979; »Berlin Alexanderplatz« (nach Döblin), mit Gunter Lamprecht und Hanna Schygulla, Regie: Rainer Werner Fassbinder, 14 Teile, und »Der Urlaub«, Regie: Thomas Engel, ARD 1980; »Gehversuche«, Regie: Christa Maerker, ARD 1982; »Diese Drombuschs«, Regie: Claus Peter Witt, Serie, ZDF 1983/84; »Ich heirate eine Familie« (von Flatow), mit Peter Weck und Thekla Carola Wied, Regie: Peter Weck, Serie, und »Jakob und Adele«, Regie: Hans-Jürgen Tögel, Serie, ZDF 1984; »250.000 Mücken im Pappkarton«, Regie: Norbert Schultze jun., ZDF 1985; Sekretärin Sonja Bach in »Tatort« (vom SFB), mit Heinz Drache, Serie, ARD 1986.

Anschrift: c/o ZBF-Agentur Berlin, Kurfürstendamm 206, 1000 Berlin 15, oder Eichkampstraße 10, 1000 Berlin 19.

Ida Ehre

(eigentlich: Ida Heyde)

Geb. 9. 7. 1900 als Tochter eines jüdischen Oberkantors in Prärau (damals Österreich); aufgew. in Wien; nach dem Abitur war sie von 1916-1919 Stipendiatin an der k. u. k. Akademie für Musik und darstellende Kunst in Wien. Ab dem 14. Lebensjahr nahm sie Schauspielunterricht bei dem Hofschauspieler-Ehepaar Wilbrandt-Baudius-Prechtler in Wien. Als Iphigenie in Goethes »Iphigenie auf Tauris« debütierte sie 1918 am Theater der Stadt Bielitz/Schlesien. Bis 1930 war sie engagiert in Budapest, Cottbus, an den Bühnen der Stadt Bonn, am Theater Königsberg, am Württembergischen Staatstheater Stuttgart sowie am Nationaltheater Mannheim unter Herbert Maisch.
1930 wurde sie an das Berliner Lessing-Theater verpflichtet, 1933 erhielt sie durch die Nationalsozialisten Berufsverbot. Ihr Versuch, 1939 nach Chile auszuwandern, scheiterte. Ihre Mutter und ihre Schwester fielen dem NS-Regime zum Opfer. Der Vater war bereits in ihrer frühen Jugend verstorben.
Am 10. Dezember 1945 gründete Ida Ehre die Hamburger Kammerspiele, denen sie bis heute als Intendantin vorsteht. Die geschäftliche Leitung des zunächst im früheren Logenhaus an der Rothenbaumchaussee eingerichteten Theaters hatte Erich Rohlffs übernommen. Erste Weggenossen waren Wolfgang Liebeneiner und Hilde Krahl, Hans Quest, Eduard Marks, Hermann Lenschau, Helmut Käutner, Erich Lindner, Ulrich Erfurth und Hermann Schomberg.
Wichtige Stücke aus der Gründerzeit sind: Wilders »Wir sind noch einmal davongekommen«, Sartres »Die ehrbare Dirne« und »Geschlossene Gesellschaft«, Giraudoux' »Der trojanische Krieg findet nicht statt«, Anouilhs »Eurydike« sowie die Uraufführung von Borcherts »Draußen vor der Tür« (1947, wenige Tage nach dessen Tod).
Von 1946 bis 1948 war Ida Ehre Vizepräsidentin des Deutschen Bühnenvereins, von 1948-1952 des Hauptausschusses des NWDR. Sie arbeitete umfangreich für den Hörfunk und wirkte als Synchronsprecherin (deutsche Stimme für Françoise Rosay). 1965 erschien aus Anlaß ihres 65. Gerburtstages die Monographie »Mutter Courage und ihr Theater«. Der Schriftsteller Walter Jens widmete ihr zwei Theaterstücke: »Der Untergang« (nach Euripides' »Die Troerinnen«), 1983, und »Die Friedensfrau« (nach Aristophanes' »Lysistrate«), das im Dezember 1985 zum 85. Geburtstag der Künstlerin Premiere hatte.
Frau Ehre spricht engl.; sie ist seit 1928 verheiratet mit dem Gynäkologen Dr. Bernhard Heyde, hat eine Tochter (Ruth Mueller-Eisler, geb. 1928) und lebt in Hamburg.
Film: »In jenen Tagen«, Regie: Helmut Käutner, 1947; »Bagno-Sträfling«, Regie: Gustav Fröhlich, 1949; »Die toten Augen von London« (nach Wallace), Regie: Alfred Vohrer, 1961; »Sag Nein« (Künstler für den Frieden), mit Harry Belafonte, Joan Baez, Udo Lindenberg und Wolf Biermann, Regie: Stefan Aust, 1983.
Theater: Titelrolle in Schönherrs »Der Weibsteufel« und Titelrolle in »Gräfin Terzky«, jeweils Lessing-Theater Berlin 1930-1933; Hekuba in Werfels »Die Troerinnen« (nach Euripides), 1947, Titelrolle in Brechts »Mutter Courage und ihre Kinder«, 1952, Titelrolle in Shaws »Frau Warrens Gewerbe«, 1955, Fräulein von Zahnd in Dürrenmatts »Die Physiker«, Titelrolle in Murrells »Sarah Bernhardt«, 1980, Jenny in der deutschen Erstaufführung von Wildes »Jenny oder die Jugend des Alters«, 1981, und Hekabe in der Uraufführung von Jens' »Der Untergang« (nach Euripides' »Die Troerinnen«), Regie: Jan Aust, 1983, jeweils Hamburger Kammerspiele.
Sie führte dort häufig Regie.
Fernsehen: Bis 1970 spielte sie u.a. in: »Der Vater« (nach Strindberg), »Der Kreidegarten«, »Der Florentiner Hut« (nach Labiche), »Die Ermittlung« (nach Peter Weiss) und »Zieh den Stecker raus, das Wasser kocht«.
Ferner u.a. in: »Valentin Katajews chirurgische Eingriffe in das Seelenleben des Igor Igorowitsch« (nach Katajew), mit und unter der Regie von Helmut Käutner, ARD 1967; »Mutter Courage und ihr Theater«, Dokumentation über Ida Ehre, ZDF 1968; »Der Unbestechliche« (nach Hofmannsthal), Regie: Gerhard Klingenberg, ZDF 1968; »Tartuffe oder Der Betrüger« (nach Molière), mit Klaus Schwarzkopf, Regie: Otto Tausig, ZDF 1970; »Der rote Schal« (von Asmodi nach Collins), mit Ellen Schwiers, Regie: Wilhelm Semmelroth, 3 Teile, ARD 1973; »Tatort«, Regie:

Peter Ehrlich

Wilm ten Haaf, Serie, ARD 1978; »Alberta und Alice oder Die Unterwerfung« (von Italo Svevo), Regie: Wilm ten Haaf, ARD 1981.
Auszeichnungen: Ehrenmitgliedschaft des Deutschen Bühnenvereins; Medaille für Kunst und Wissenschaft der Freien Hansestadt Hamburg 1970; Schiller-Preis der Stadt Mannheim 1971; Professoren-Titel, anläßlich des 30jährigen Bestehens der Hamburger Kammerspiele 1975; »Silbernes Blatt«, Preis der Dramatiker-Union 1984; Ehrenbürgerin der Freien Hansestadt Hamburg 1985.
Anschrift: c/o Direktion Hamburger Kammerspiele, Hartungstraße 9–11, 2000 Hamburg 13, oder Hallerstraße 74, 2000 Hamburg 13.

Geb. 25. 3. 1933 in Leipzig; aufgew. in Berlin; nach dem Abitur studierte er Theaterwissenschaft, Germanistik, Publizistik und Philosophie an der Freien Universität Berlin. Schauspielunterricht nahm er bei Horst Caspar und Hildegart Klingspor. Nach ersten Auftritten an der Studentenbühne der Freien Universität war er von 1952 bis 1956 an mehreren Berliner Bühnen engagiert. Die weiteren Stationen: Schleswig-Holsteinisches Landestheater Schleswig (1956/57), Ulmer Theater (1957/58) und Hessisches Staatstheater Wiesbaden (1958-1961).
1961 kam er unter Kurt Hirschfeld an das Schauspielhaus Zürich, wo er bis heute regelmäßig tätig ist. Gastspiele gab er ferner am Thalia-Theater Hamburg, am Renaissance-Theater Berlin, bei den Festspielen in Bad Hersfeld, den Ruhrfestspielen Recklinghausen und den Burg-Festspielen in Jagsthausen. Er arbeitet zudem als Regisseur.
Ehrlich spricht engl., franz.; er ist verheiratet mit der Sängerin Elisabeth Roon, hat eine Tochter (Sabine) und lebt in Zürich.
Film: O'Leary in »Er kann's nicht lassen«, Regie: Axel von Ambesser, 1962; Müller in »Emil und die Detektive« (Walt-Disney-Produktion), mit Walter Slezak, 1963; Erich Halbfass in »Die Moral der Ruth Halbfass«, mit Senta Berger, Regie: Volker Schlöndorff, 1971; Röder in »Berlinger«, Regie: Alf Brustellin, 1975; Hans von Stoffeln in »Die schwarze Spinne«, Regie: Mark Rissi, 1983.
Theater: Herakles in Euripides' »Alkestis«, Bettler in Hofmannsthals »Das große Salzburger Welttheater«, Petruchio in Shakespeares »Der Widerspenstigen Zähmung«, Titelrolle in Hofmannsthals »Jedermann«, Der Heutige in Frischs »Die chinesische Mauer«, Titelrolle in Büchners »Woyzeck«, Tischler in der Uraufführung von Frischs »Andorra«, Regie: Kurt Hirschfeld, Geßler in Schillers »Wilhelm Tell«, Schweizer in Schillers »Die Räuber«, mit Hannes Messemer (auch TV), Titelrolle in Shakespeares »Macbeth«, Enobarbus in Shakespeares »Antonius und Kleopatra«, Regie: Bernhard Wicki, Gogher Gogh in der Uraufführung von Brechts »Turandot oder Der Kongreß der Weißwäscher«, Regie: Benno Besson, Gladstone in der deutschsprachigen Erstaufführung von Bonds »Early morning« (dt. »Trauer zu

früh«), Regie: Peter Stein, Adam Brant in O'Neills »Trauer muß Elektra tragen«, Regie: Karl Heinz Stroux, Odoardo in Lessings »Emilia Galotti«, Regie: Friedrich Dürrenmatt, Sam Leibowitz in Bethencourts »Der Tag, an dem der Papst gekidnappt wurde«, mit Heinrich Gretler (auch TV), Kauz in Nestroys »Das Mädl aus der Vorstadt«, Regie: Leopold Lindtberg, Alpenkönig in Raimunds »Der Alpenkönig und der Menschenfeind«, Regie: Harry Buckwitz, Titelrolle in Goethes »Götz von Berlichingen«, Regie: Ulrich Erfurth, Buttler in Schillers »Wallenstein«, Regie: Harry Buckwitz, Dr. Schön in Wedekinds »Lulu«, mit Elisabeth Trissenaar, Regie: Hans Neuenfels, Braumeister in Havels »Audienz«, Hoederer in Sartres »Die schmutzigen Hände«, mit Christoph Bantzer, Regie: Rolf Stahl, Pastor Manders in Ibsens »Gespenster«, Lopachin in Tschechows »Der Kirschgarten«, mit Agnes Fink, Regie: Gert Heinz, Soriano in de Filippos »Filumena Marturano«, Regie: Harry Buckwitz, Orgon in Molières »Tartuffe«, Regie: Jean-Pierre Ponnelle, Argan in Molières »Der eingebildete Kranke«, Polonius in Shakespeares »Hamlet«, Regie: Benno Besson, und Horn in der deutschen Erstaufführung von Koltès »Kampf des Negers und der Hunde«, in Kleists »Penthesilea«, Regie: Hans Hollmann, jeweils an den vorgenannten Bühnen bis 1985.
Seine wichtigsten Inszenierungen am Theater waren: Uraufführung von Georg Kaisers »Alain und Elise«, Studentenbühne der Freien Universität Berlin 1954, schweizerische Erstaufführung von Stoppards »Der wahre Inspektor Hound«, Theater am Neumarkt Zürich 1969.
Fernsehen: Batzke in »Wer einmal aus dem Blechnapf frißt« (nach Fallada), Regie: Fritz Umgelter, ARD 1962; Joe in »Der Schattenboxer«, Regie: Frank Guthke, ZDF 1963; Cabouche in »Die Teufelsspur« (nach Jamiaque), Regie: Fritz Umgelter, ARD 1964; File in »Der Regenmacher« (nach Nash), mit Liselotte Pulver, Regie: Franz Peter Wirth, Beaudricourt in »Jeanne oder Die Lerche« (nach Anouilh), Regie: Imo Moszkowicz, und Paul Reimann in »Flucht ohne Ausweg«, mit Hansjörg Felmy, 3 Teile, ARD 1966; Inspektor Wallace in »Ein Mann namens Harry Brent« (nach Durbridge), mit Günther Ungeheuer, Regie: Peter Beauvais, und Karl Uhde in »Der Sog« (von Hendrich), Regie: Theo Mezger, ARD 1967; Franz in »Nicht nur zur Weihnachtszeit« (nach Böll), mit René Deltgen, Regie: Voitech Jasny, ZDF 1969; »Der Kommissar«, mit Erik Ode, Serie, 2 Folgen, ZDF 1971 + 1973; Muley Hassan in »Die Verschwörung des Fiesco zu Genua« (nach Schiller), mit Klaus Maria Brandauer, Regie: Franz Peter Wirth, ZDF 1974; Maahs in »Eintausend Milliarden«, Regie: Dieter Wedel, ARD 1974; Dr. Stockmann in »Ein Volksfeind« (nach Ibsen), mit Arno Assmann, Regie: Georg Marischka, ARD 1977; Joe Saul in »Die wilde Flamme«, Regie: Wilm ten Haaf, ARD 1978; »Derrick«, Serie, 3 Folgen, ZDF 1978-1985; Dr. Gehring in »Aus heiterem Himmel«, Regie: Wolfgang Panzer, ZDF 1979; »Die Paulskirche«, ZDF 1980; »Tatort«, Regie: Theo Mezger, Serie, ARD 1982; Mr. Southworth in »Lohn für ein schlechtes Gedächtnis«, Regie: Hartmut Griesmayr, ARD 1983; Chefinspektor Thane in »Der Fehler des Piloten«, Regie: Hartmut Griesmayr, ZDF 1984.
Anschrift: c/o Agentur de la Berg, Haus am Weiher, 8026 Irschenhausen.

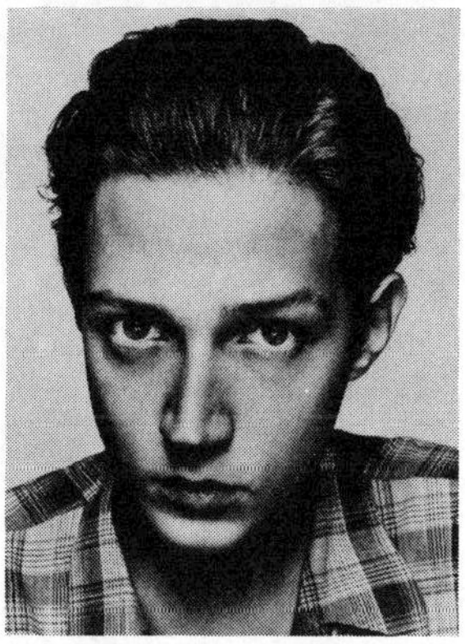

Christoph Eichhorn

Geb. 8. 9. 1957 als Sohn eines Schauspielers und einer Souffleuse in Kassel; aufgew. in Frankfurt/Main und Bochum; bereits während seiner Zeit am Gymnasium, das er nach der 10. Klasse verließ, war er Statist an den Städt. Bühnen Frankfurt/Main; 1971 spielte er dort im Kinderstück »Jim Knopf«; kleine Rollen am Schauspielhaus Bochum folgten. Seinen ersten Kinofilm drehte er mit 15 Jahren; bereits 1980 führte er zum ersten Mal Regie in dem Kurzfilm »Freia und Ferry«. Dieser Streifen und »The Chance«, den er 1982 inszenierte, erhielten das Prädikat »Besonders wertvoll«.

Eichhorn spricht engl.; er ist ledig und wohnt in Berlin.

Film: »Zärtlichkeit der Wölfe«, Regie: Ulli Lommel, 1972; Hans Castorp in »Der Zauberberg« (nach Thomas Mann), mit Rod Steiger, Charles Aznavour und Flavio Bucci, Regie: Hans W. Geissendörfer, BRD/Frankreich/Italien 1981; »Imperativ«, mit Robert Powell, Leslie Caron und Brigitte Fossey, Regie: Krzysztof Zanussi, 1981; »Kiez – Aufstieg und Fall eines Luden«, Regie: Walter Bockmayer, und »Tränen in Florenz«, Regie: Marianne Schäfer, 1983; »Giarres«, Regie: Reinhard von der Marwiz, 1984.

Theater: In Ponsards »Lucretia«, Regie: Werner Schroeter, in Solschenyzins »Die Kerze im Wind«, Regie: Hartmut Gehrke, in »Menschen im Hotel«, Regie: Rosa von Praunheim, Hänschen Rilow in Wedekinds »Frühlings Erwachen«, Regie: Peter Zadek, in »Kalte Ente II«, Regie: Max Zierath, jeweils Schauspielhaus Bochum 1974–1977; in »Fazz und zwo«, Regie: Moc Thyssen, Städt. Bühnen Freiburg i. B. 1977; in »Jeder stirbt für sich allein«, Regie: Peter Zadek, Schiller-Theater Berlin 1980; Charley in Thomas' »Charley's Tante«, Regie: Kurt Hübner, Freie Volksbühne Berlin 1983/84.

Fernsehen: »Die Bürger«, Regie: Uli Edel, ARD 1974; »Wo gehts lang, Kutti?«, Regie: Tom Toelle, ARD 1977; »Ein Hut von ganz spezieller Art«, mit Käthe Haack und Carl-Heinz Schroth, Regie: Hans Dieter Schwarze, »Liebe, Tod und Heringshäppchen«, mit Peter Pasetti, Regie: Sven Severin, und »Der Alte«, Serie, ZDF 1978; »Tatort«, Regie: Wolfgang Staudte, Serie, ARD 1978; »Wer einmal in der Anstalt saß«, Regie: Peter Behle, und »Luftwaffenhelfer«, Regie: Volker Vogeler, ZDF 1979; »Exil« (nach Feuchtwanger), mit Louise Martini und Wolfgang Kieling, Regie: Egon Günther, 7 Teile, und »Die seltsamen Methoden des Franz Josef Wanninger«, Serie, ARD 1979; »Kaiserhofstraße 12«, mit Sigfrit Steiner, Regie: Rainer Wolffhardt, und »Neonschatten«, Regie: Marco Serafini, ARD 1980; »Generation – Frontière«, Regie: Marie-Hélène Rebois, Franz. TV 1982; »Haus Vaterland«, Regie: Horst Königstein, 3 Teile, ARD 1984; »Derrick«, Serie, und »Die Frau mit den Karfunkelsteinen« (nach Marlitt), mit Agnes Fink, Regie: Dagmar Damek, und »Westler«, Buch + Regie: Wieland Speck, ZDF 1985; »Zar Peter der Große«, mit Maximilian Schell und Hanna Schygulla, Regie: Marvin Chomsky, US-TV/ARD 1986.

Anschrift: c/o Agentur Alexander, Lamontstraße 9, 8000 München 80.

Karin Eickelbaum

Geb. 10. 11. 1937 in Delmenhorst; nach der Schule besuchte sie die Schauspielschule Hannover. Ihr erstes Engagement erhielt sie an der Württembergischen Landesbühne Esslingen. Weitere Stationen: Nationaltheater Mannheim, Bühnen der Landeshauptstadt Kiel, Theater Baden-Baden, Württembergisches Staatstheater Stuttgart, Münchner Kammerspiele (1967–1973). Große Popularität errang sie von 1974 bis 1980 in der Rolle der geschiedenen Frau des Kommissars Haferkamp (Hansjörg Felmy) in der ARD-Krimiserie »Tatort«. Theater spielt sie seither vornehmlich an Boulevardbühnen, u.a. an der Kleinen Komödie München, am Theater am Dom Köln und an der Komödie Berlin sowie auf Tournee. 1980 absolvierte sie eine viermonatige Musical-Ausbildung in New York.
Frau Eickelbaum spricht engl.; sie ist geschieden von dem Schauspieler Hans Korte und lebt abwechselnd in München und Berlin.
Theater: In Shaffers »Schwarze Komödie«, Regie: Paul Verhoeven, und Polly in Brecht/Weills »Die Dreigroschenoper«, Regie: Jan Grossman, 1967/68, in der deutschen Erstaufführung von Albees »Alles im Garten«, Regie: Hans Schweikart, 1969, Lulu in Pinters »Die Geburtstagsfeier«, Regie: Dieter Giesing, 1969, in der Uraufführung von H. Müllers »Halbdeutsch«, Regie: Karl Paryla, 1970, und in Sternheims »Die Hose«, Regie: G.F. Hering, 1972, jeweils Münchner Kammerspiele; in Ambessers »Omelette Surprise«, mit Axel von Ambesser, 1979, in Goetz' »Hokuspokus«, 1981, und in Ayckbourns »Treppauf–Treppab« (auch TV), 1984, jeweils an den vorgenannten Boulevardbühnen.
Fernsehen: »Die aufrichtige Lügnerin«; »Die fremde Frau und der Mann unter dem Bett«; »Königliches Abenteuer« (nach Biller), mit Dietmar Schönherr, Regie: Joachim Hess, ARD 1966; »Eiszeit der Liebe« (nach Reed), Regie: Imo Moszkowicz, ZDF 1967; »Hauptsache Minister« (nach de Benedetti), Regie: Imo Moszkowicz, ZDF 1969; Fotografin Haferkamp in »Tatort« (vom WDR), mit Hansjörg Felmy und Willy Semmelrogge, Regie: (u.a.) Wolfgang Staudte, Hajo Gies, Wolfgang Becker und Hartmut Griesmayr, Serie, ARD 1974–1980; »Ravioli«, mit Peter Fricke, 13 Teile, ZDF 1984; »Tanzschule Kaiser«, 11 Teile, ARD 1984; »Freitag's Abend«, mit Thomas Freitag, Serie, 6 Folgen, ARD 1984/85; »Hart an der Grenze«, Regie: Wolfgang Tumler, ARD 1985; »Wenn schon – denn schon« (von Cooney), Regie: Wolfgang Spier (Aufzeichnung Theater am Kurfürstendamm Berlin), ARD 1986.
Anschrift: c/o Agentur Lentz, Holbeinstraße 4, 8000 München 80.

Gundi Ellert

Geb. am 8. 9. als Tochter eines Sattlermeisters und Organisten in Lengenfeld/Parsberg, Oberpfalz; dort aufgew.; nach der Schule absolvierte sie die Schauspielschule von Ruth von Zerboni in Gauting bei München. In der Titelrolle von Thomas »Magdalena« stand sie 1978 zum ersten Mal auf der Bühne des Bayerischen Staatsschauspiels München. Nach einer einjährigen Verpflichtung an den Münchner Kammerspielen (1978/79) gehört sie seit 1979 wieder zum Ensemble des Bayerischen Staatsschauspiels. Frau Ellert spricht engl.; sie ist ledig und lebt in München.

Theater: Hermia in Shakespeares »Ein Sommernachtstraum«, Regie: Dieter Dorn, in Botho Strauß' »Groß und Klein«, und in Genets »Die Zofen«, jeweils Münchner Kammerspiele 1978/79;

Titelrolle in Goethes »Stella«, Annerl in Fleißers »Der starke Stamm«, Regie: Dieter Giesing (auch TV), Marei in Wilhelms »Der Brandner Kaspar und das ewig' Leben« (nach Kobell), Regie: Kurt Wilhelm selbst, Klara in Wedekinds »Musik«, Kattrin in Brechts »Mutter Courage und ihre Kinder«, mit Ruth Drexel, Regie: jeweils Rolf Stahl, in Strindbergs »Fräulein Julie«, Regie: Ingmar Bergman, Erna in Horváths »Kasimir und Karoline«, Regie: Frank Baumbauer, Axjuscha in Ostrowskijs »Der Wald«, Regie: Harald Clemen, in der Uraufführung von Kipphardts »Bruder Eichmann«, mit Hans Michael Rehberg, Regie: Dieter Giesing, Die Dirne in Schnitzlers »Der Reigen«, mit und unter der Regie von Kurt Meisel, Innocentia in Lautensacks »Hahnenkampf«, Regie: Ruth Drexel, Katherlieschen in Loepelmanns »Der Frieder und das Katherlieschen« (nach Gebrüder Grimm), Regie: Goetz Loepelmann selbst, Tochter Lears in »König Lear«, mit Martin Benrath, Regie: Hans Lietzau, Martirio in Lorcas »Bernarda Albas Haus«, mit Ruth Drexel, Regie: Wilfried Minks, in Polt/Müllers »Die Exoten«, mit Gerhard Polt, Petrella in de Filippos »Die Kunst der Komödie«, Regie: Frank Baumbauer, jeweils Bayerisches Staatsschauspiel München 1979–1986; Charlotte in Molières »Dom Juan«, mit Michael Degen, Regie: Ingmar Bergman, Salzburger Festspiele 1983 (Bayerisches Staatsschauspiel München 1983/84).

Fernsehen: »Ein Mann wird jünger« (von Italo Svevo), ZDF 1977; »Zuckerhut«, Regie: Vivian Naefe, ARD 1982; »Die Hochzeit« (nach Thoma), Regie: Kurt Wilhelm, ARD 1983.

Anschrift: c/o Agentur Jovanovic, Perfallstraße 6, 8000 München 80.

Hannelore Elsner

(eigentlich: Hannelore Elstner)

Geb. 26. 7. 1944 in Burghausen/Oberbayern; dort aufgew.; nach der Schule nahm sie Schauspielunterricht in München. Erste Engagements hatte sie ab 1964 u.a. an der Kleinen Komödie und an den Kammerspielen in München.
Den Schwerpunkt ihrer Arbeit legte sie seit 1966 auf das Fernsehen, wo sie bislang in über 80 Produktionen mitwirkte.
Frau Elsner spricht engl.; sie ist geschieden von dem Schauspieler Gerd Vespermann, hat einen Sohn (Dominik, geb. 1982) und lebt in München.
Film: »Das Mädchen mit den schmalen Hüften«, Regie: Johannes Kai, 1961; »Die endlose Nacht«, Regie: Will Tremper, 1963; »Die Lümmel von der ersten Bank«, mit Hansi Kraus und Peter Alexander, Regie: Werner Jacobs, 1968 (es folgten mehrere »Pauker«-Filme); »Die Herren mit der weißen Weste«, mit Martin Held und Heinz Erhardt, Regie: Wolfgang Staudte, 1969; »Was mach' ich mit dem Mädchen?«, Regie: Michael Verhoeven, 1970; »Willi wird das Kind schon schaukeln«, mit Heinz Erhardt, Regie: Werner Jacobs, 1971; »Der Stoff, aus dem die Träume sind« (nach Simmel), Regie: Alfred Vohrer, 1972; »Die Reise nach Wien«, Regie: Edgar Reitz, 1973; »Berlinger – Ein deutsches Abenteuer«, mit Martin Benrath, Regie: Bernhard Sinkel, 1975; »Grete Minde« (nach Fontane), Regie: Heidi Genée, 1977; »Der Schneider von Ulm«, mit Tilo Prückner, Regie: Edgar Reitz, 1978; »Der Sturz« (nach Walser), Regie: Alf Brustellin, und »Der grüne Vogel«, Regie: Istvan Szábo, 1979; »Wer spinnt denn da, Herr Doktor?«, Regie: Stefan Lukschy und Christian Rateuke, 1982; »Morgengrauen«, Regie: Peter Sämann, 1984; Titelrolle in »Maria Ward«, mit Hans-Reinhard Müller, Lambert Hamel und Mathieu Carrière, Regie: Angelika Weber, 1985.
Theater: In Pasos »Schöne Geschichten mit Papa und Mama« (auch TV), 1964 und in Flatows »Vater einer Tochter«, mit Georg Thomalla, 1966, jeweils Kleine Komödie München; Ala in Mrożeks »Tango«, mit Maria Nicklisch und Helmut Griem, Regie: Dieter Giesing, Münchner Kammerspiele 1966; in Sauvajons »Eine Hand voll Brennesseln«, Komödie Berlin.
Fernsehen: »Stahlnetz« (von Menge), Regie: Jürgen Roland, Serie, ARD 1964; »Der Mann aus Melbourne« (nach Maugham), Regie: Wilm ten Haaf, ARD 1966; »Dem Täter auf der Spur«, Regie: Jürgen Roland, Serie, ARD 1968; »Bitte recht freundlich, es wird geschossen« (nach Yeldham), Regie: Rolf von Sydow, und »Christoph Kolumbus oder Die Entdekkung Amerikas« (nach Tucholsky/Hasenclever), Regie: Helmut Käutner, ARD 1969; »Iwanow« (nach Tschechow), Regie: Oswald Döpke, und »Wölfe und Schafe« (nach Ostrowskij), Regie: Wilm ten Haaf, ARD 1971; »Deutsche Novelle« (nach Frank), und »Tod auf der Themse«, Regie: jeweils Oswald Döpke, ZDF 1972; Titelrolle in »Die halbe Eva«, Regie: Volker Kühn, ARD 1974; Titelrolle in »Die schöne Marianne«, mit Walter Jockisch, 14 Folgen, ARD 1977; »Die Reise nach Wien«, ARD 1978; »Ein Abend mit Labiche«, Regie: Dieter Wedel, ARD 1980; »Wer den Schaden hat«, Regie: Dieter Wedel, ZDF 1981; »Schwarz-Rot-Gold: Alles in Butter«, Regie: Dieter Wedel, ARD 1982; »Flöhe hüten ist leichter« (nach Barbara Noack), mit Uschi Glas, und »Satan ist auf Gottes Seite«, mit Hans Christian Blech, Regie: Wolfgang Staudte, ZDF 1983; »Eine Art von Zorn«, Regie: Ulrich Edel, ZDF 1984; »Geschichten aus der Heimat«, Serie, ARD 1984; »Ein Mann ist soeben erschossen worden« (nach Acra), Regie: Thomas Engel, ZDF 1985.
Auszeichnung: »Goldene Kamera« (HÖRZU) 1971.
Anschrift: c/o Management Goldschmidt, Wirtstraße 8, 8000 München 90.

Hans Elwenspoek

Geb. 8. 7. 1910 als Sohn des Autors und Dramaturgen Dr. Curt Elwenspoek in Köthen; nach der Schule nahm er Schauspielunterricht bei Ernst Legal in Berlin. Sein Debüt gab er 1930 an der Württembergischen Landesbühne Esslingen. Seit 1935 arbeitet er mit Gastverträgen. Engagements hatte er u.a. am Hebbel-Theater Berlin, am Volkstheater Frankfurt/Main, an der Kleinen Komödie München, am Grenzland-Theater des Kreises Aachen, an der Komödie Düsseldorf und am Boulevard-Theater im Künstlerhaus München (bis 1984). Die meisten Stücke spielte er jedoch auf Tournee. Beim Fernsehen ist er seit den ersten Versuchssendungen 1954 tätig. Lange Jahre hatte er ein festes Engagement am Hörfunk des Bayerischen Rundfunks, wo er in zahlreichen Hörspielen mitwirkte.

Elwenspoek spricht franz.; er ist verheiratet und lebt in Geretsried/Oberbayern.

Film: »Nachts auf den Straßen«, Regie: Rudolf Jugert, 1951; »08/15« (2 Teile), 1954/55, und »Weil du arm bist, mußt du früher sterben«, mit Bernhard Wicki, 1956, Regie: jeweils Paul May; »Schinderhannes« (von Hurdalek nach Zuckmayer), mit Curd Jürgens, Regie: Helmut Käutner, 1958; »Die Brücke« (nach Manfred Gregor), mit Fritz Wepper, Cordula Trantow und Volker Lechtenbrink, Regie: Bernhard Wicki, 1959; »Die vor die Hunde gehen«, Frankreich 1962.

Theater: Papst in Bethencourts »Der Tag, an dem der Papst gekidnappt wurde«, Hebbel-Theater Berlin; Der alte Knie in Zuckmayers »Katharina Knie«, Volkstheater Frankfurt/Main; in Roussins »Locomotive«, in Simons »Sonny-Boys«, und Stomil in Mrożeks »Tango«, jeweils Grenzland-Theater des Kreises Aachen; in Mihuras »Katzenzungen« (auch TV), und in »Das Biest« (auch TV), jeweils Kleine Komödie München; in Millers »Der Preis«, Komödie Düsseldorf; in Hauptmanns »Fuhrmann Henschel«, mit Wolfgang Reichmann, in Anouilhs »Romeo und Jeannette« und »Eurydike«, in Shakespeares »Der Sturm«, mit Elfriede Kuzmany, in Schillers »Maria Stuart«, Verteidiger in »Zeugin der Anklage«, in Weiss' »Die Verfolgung und Ermordung Jean Paul Marats«, und in Shaws »Candida«, mit Gerlinde Lokker und Alexander Kerst, jeweils Tournee; Nikolaj Michailowitsch Tschmutin in »Einmal Moskau und zurück« (Originaltitel: »Retro«), Boulevard-Theater im Künstlerhaus München (1984).

Fernsehen: »Held in unserer Zeit«, Regie: Fritz Umgelter, ARD 1955; »Ein Volksfeind« (nach Ibsen), Regie: Fritz Umgelter, ARD 1959; »Prüfung eines Lehrers« (von Storz), mit Richard Münch, Regie: Eberhard Itzenplitz, ZDF 1968; »Flachsmann als Erzieher« (nach Ernst), Regie: Rolf von Sydow, und »Madame Legros« (nach Heinrich Mann), mit Elfriede Kuzmany, Regie: Michael Kehlmann, ARD 1968; »Das Trauerspiel von Julius Cäsar« (nach Shakespeare), Regie: Michael Kehlmann, ARD 1969; »Familie Bergmann«, Regie: Herbert Ballmann und Thomas Engel, 12 Teile, ARD 1969/70; »Liebe, Tod und Heringshäppchen«, Regie: Sven Severin, und »Der Alte«, Serie, ZDF 1979; »Vivat Klasse 7«, Regie: Imo Moszkowicz, Serie, ARD 1981; »Die Buddik«, Regie: Frank Guthke, ZDF 1983.

Anschrift: c/o Agentur von Pilecki, Eilandstraße 12, 8000 München 90.

Gernot Endemann

Geb. 24. 6. 1942 in Essen; nach der Schule absolvierte er zunächst eine kaufmännische Lehre, anschließend nahm er drei Jahre lang Schauspielunterricht. Bühnen-Engagements hatte er u.a. am Theater Oberhausen, am Stadttheater Rheydt, an den Wuppertaler Bühnen, an den Bühnen der Stadt Köln, am Ernst-Deutsch-Theater Hamburg und an den Hamburger Kammerspielen (bis 1984; dort Beckmann in Borcherts »Draußen vor der Tür«). An den vorgenannten Bühnen verkörperte er jeweils Rollen seines Fachs. Der Regisseur John Olden entdeckte ihn für das Fernsehen, durch das er vor allem in zahlreichen Serien bekannt wurde.
Endemann spricht franz., engl.; er ist geschieden und lebt in Hamburg.
Film: »Das gelbe Haus am Pinnasberg«, 1970; »Willi wird das Kind schon schaukeln«, mit Heinz Erhardt, Regie: Werner Jacobs, 1971.
Fernsehen: Sohn in »Die Unverbesserlichen« (von Stromberger), mit Inge Meysel, Joseph Offenbach, Monika Peitsch und Helga Anders, Regie: Claus Peter Witt, 7 Teile, ARD 1965–1971; »Kirschen für Rom« (von Wittlinger nach Hömberg), Regie: Korbinian Köberle, ZDF 1968; »Hürdenlauf« (nach Waldmann), Regie: Thomas Fantl, ARD 1969; »Dem Täter auf der Spur« (von Grangé/Maheux), Regie: Jürgen Roland, Serie, ARD 1971; »Einmal im Leben«, mit Antje Hagen und Fritz Lichtenhahn, Regie: Dieter Wedel, Serie, ARD 1972; »Sechs unter Millionen«, Regie: Herbert Ballmann, ARD 1973; »Die Grashüpfer – Bezwinger der Kontinente«, Regie: Jean-Pierre Decourt, Serie, ARD 1974; »PS – Geschichten ums Auto«, Regie: Claus Peter Witt, Serie, ARD 1974–1978; »Goldene Zeiten«, Regie: Michael Braun, Serie, ARD 1980; Fußballtrainer Ziervogel in »Manni der Libero«, mit Tommi Ohrner, Regie: Franz Josef Gottlieb, Serie, ZDF 1982; »Konsul Möllers Erben«, mit Ernst Fritz Fürbringer, 7 Teile, und »Mandara«, mit Horst Frank, 13 Teile, ZDF 1983; »Nachtprobe«, Regie: Wolfgang Liebeneiner, »Tatort«, Serie, ARD 1984; »Eine Klasse für sich«, Regie: Frank Strecker, Serie, ZDF 1984/85; »Gretchens Faust«, ZDF 1985; »Tatort«, Regie: Jürgen Roland, Serie, ARD 1985.
Anschrift: c/o Agentur Mattes, Pilotystraße 2, 8000 München 22, oder c/o ZBF-Agentur Hamburg, Tonndorfer Hauptstraße 90, 2000 Hamburg 70.

Marlies Engel

Geb. 16. 4. 1943 in Hamburg; dort aufgew.; nach der mittleren Reife absolvierte sie eine Schauspielschule in Hamburg; ihr erstes Engagement erhielt sie von 1963 bis 1966 am Stadttheater Flensburg. Von 1966 bis 1972 stand sie im Ensemble des Thalia-Theaters Hamburg. In dieser Zeit gab sie Gastspiele u.a. am Burgtheater und am Akademietheater in Wien. 1972/73 gastierte sie am Renaissance-Theater Berlin. Weitere Stationen: Niedersächsische Landesbühne Hannover (1978/79), Bühnen der Stadt Bonn (1979/80), Schauspielhaus Zürich (1983/84).
Frau Engel spricht engl.; sie lebt abwechselnd in Zürich und Hamburg.
Theater: Cleopatra in Shaws »Cäsar und Cleopatra«, Titelrolle in Shaws »Die heilige Johanna«, Gretchen in Goethes »Faust«, Rosalinde in Shakespeares »Wie es euch gefällt«, Alison in Osbornes »Blick zurück im Zorn«, Eboli in Schillers »Don Carlos«, Hilde in Ibsens »Baumeister Solness«, Regine in Ibsens »Gespenster«, Angelica in Congreves »Liebe für Liebe«, Solveig in Ibsens »Peer Gynt«, Hero in Shakespeares »Viel Lärm um nichts« und Mrs. Molly in Hermans »Hallo, Dolly«, jeweils an den vorgenannten Bühnen.
Fernsehen: »Nach der Scheidung« (von Peter Stripp), ARD 1974; »Männergeschichten – Frauengeschichten« und Tina in »Evas Rippe« (von Lehmann), ARD 1975; »Der Fall Winslow« (nach Rattigan), Regie: Michael Kehlmann, »Liebesgeschichten: Stark wie der Tod« und »Schulzeit«, Regie: jeweils Rainer Wolffhardt, und »26. April 1977«, Regie: Karl Fruchtmann, ARD 1977; »Kleine bunte Freudenspender«, Regie: Eberhard Pieper, und »Zwei Tore hat der Hof«, Regie: Volker Vogeler, ZDF 1978; Titelrolle in »Linda« (von Ziem), Regie: Horst Flick, ZDF 1980; Carlotta in »Festspiele« (nach Ophüls), ARD 1980; »Ansonsten ist alles in Ordnung«, Regie: Peter Wood, ARD 1981; Frau Keller in »Blut und Ehre: Jugend unter Hitler«, Regie: Bernd Fischerauer, 4 Teile, ARD 1982; »Paulchen«, mit Walter Gross, Regie: Michael Günther, ARD 1985.
Auszeichnung: »Insel-Preis« der Stadt Hamburg.
Anschrift: c/o ZBF-Agentur Hamburg, Tonndorfer Hauptstraße 90, 2000 Hamburg 70.

Tina Engel

Geb. 6. 4. 1950 in Hannover; dort aufgew.; nach der Schule besuchte sie von 1967 bis 1970 die Staatl. Hochschule für Musik und Theater in Hannover. Ihr erstes Bühnen-Engagement erhielt sie am Schleswig-Holsteinischen Landestheater in Rendsburg. Bevor sie 1976 an die Berliner Schaubühne am Halleschen Ufer kam, war sie u.a. am Stadttheater Bielefeld und am Theater am Neumarkt in Zürich verpflichtet (sie verkörperte jeweils Rollen ihres Fachs). Frau Engel spricht engl.; sie lebt in Berlin.
Film: »Das zweite Erwachen der Christa Klages«, Regie: Margarethe von Trotta, 1978; »Die Blechtrommel« (nach Grass), mit David und Heinz Bennent und Mario Adorf, Regie: Volker Schlöndorff, 1979; »Das Boot ist voll«, Regie: Markus Imhoof, 1981.
Fernsehen: »Väter und Söhne«, mit Burt Lancaster und Julie Christie, Regie: Bernhard Sinkel, 4 Teile, ARD 1986.
Anschrift: c/o Schaubühne am Lehniner Platz, Kurfürstendamm 153, 1000 Berlin 31.

Constanze Engelbrecht

Geb. 6. 1. 1955 als Tochter der Schauspielerin Alice Franz und des Bildhauers Gen Gulch in München; dort aufgew.; bereits seit dem sechsten Lebensjahr ist sie beim Fernsehen, am Theater und in der Synchronisation tätig.

Nach dem Gymnasium besuchte sie das Richard-Strauss-Konservatorium in München, die Guildhell-School London und das Mozarteum in Salzburg, wo sie klassischen Gesang studierte. Sie ist ausgebildete Klavierlehrerin. Schauspielunterricht nahm sie bei Rosemarie Fendel.

Frau Engelbrecht spricht engl., franz., ital.; sie ist ledig und lebt in Paris.

Film: »Der Fall Sylvester Matuska«, mit Armin Mueller-Stahl, Regie: Sándor Simó, Ungarn/BRD/USA 1982; »Is' was Kanzler?!?«, mit Tommi Piper und Günter Lamprecht, Regie: Gerhard Schmidt, und »Wenn ich mich fürchte«, mit Horst Buchholz, Regie: Christian Rischert, 1984.

Theater: In Kerrs »Das Krawattenpferd«, Off-Off-Theater München 1977; in Frayns »Quoi qu' on fasse, on casse«, Regie: Jean Mercure, Théâtre de la Ville Paris 1982.

Fernsehen: »Ein Haus voll Zeit«, Regie: Jean Pierre Heilmann, ARD 1973; »Tatort«, mit Peter Pasetti, Regie: Peter Schulze-Rohr, Serie, ARD 1977; »Jugend, Liebe und die Wacht am Rhein«, Regie: Oswald Döpke, ZDF 1978; »Madame«, mit Danielle Darrieux, Regie: Roger Pigaut, franz. TV 1978; »Steckbriefe: Der Sohn«, Regie: Hans Dieter Schwarze, ARD 1980; »Unter der Trikolore«, Regie: Janick Andrei, 6 Teile, und »Exil« (nach Feuchtwanger), Regie: Egon Günther, 7 Teile, ARD 1981; »Ruhe sanft, Bruno«, mit Armin Mueller-Stahl, Regie: Hajo Gies, »Cockpit«, Serie, und »Mozart«, Regie: Marcel Bluwal, 5 Teile, ARD 1982; »Vor dem Sturm«, Regie: Franz Peter Wirth, ARD 1983; »Tiefe Wasser«, mit Peter Bongartz, Regie: Franz Peter Wirth, und »Der Mann von Suez«, mit Guy Marchand und Horst Frank, Regie: Christian-Jaque, ZDF 1983; »Ein Mann namens Parvus«, mit Günter Lamprecht, Regie: Rudolf Nussgruber, ZDF 1984; Renate in »Vor dem Sturm« (nach Fontane), mit Daniel Lüönd und Rolf Becker, Regie: Franz Peter Wirth, 6 Teile, ARD 1984; »Derrick«, Serie, ZDF 1985; »Skizze eines Unglücks« (nach Frisch), Regie: Hilde Bechert, BR III 1985; »Wochenendgeschichten«, Regie: Erwin Keusch, Serie, und »Ami go home oder: Der Fragebogen von Salomon«, Regie: Rolf Busch, ARD 1985.

Anschrift: c/o ZBF-Agentur München, Leopoldstraße 19, 8000 München 40.

Heinz Engelmann

Geb. 14. 1. 1911 in Berlin; dort aufgew.; nach dem Abitur absolvierte er zunächst eine kaufmännische Lehre und war als Autoverkäufer beschäftigt. Er wurde zum Kriegsdienst eingezogen und war zuletzt Hauptmann der Luftwaffe. Er besuchte die Schauspielschule Ackermann in Berlin. Von 1946 bis 1948 war er am Stadttheater Hildesheim engagiert. Ab 1963 wirkte er an mehreren Berliner Bühnen.
Den Schwerpunkt seiner Arbeit setzte er jedoch stets auf Film (seit 1938) und Fernsehen (seit 1957). Er drehte über 300 TV-Produktionen, vor allem Serien. Als Synchronsprecher war er die deutsche Stimme u.a. von John Wayne, Gary Cooper, William Holden, Errol Flynn, Jack Hawkins, Trevor Howard und Lee J. Cobb (Richter Garth in »Die Leute von der Shiloh Ranch«).
Engelmann spricht engl.; er ist verheiratet, hat drei Kinder (Ursel, Christian und Roland) und lebt in Tutzing/Oberbayern.
Film: »Pour le mérite«, 1938; »Drei Unteroffiziere«, »Kongo-Express« und »D III 88«, 1939; »Mädchen im Vorzimmer« und »Am Abend auf der Heide«, 1940; »U-Boote westwärts«, 1941; »Das große Spiel«, 1942; »Blockierte Signale«, 1948; »Hafenmelodie« und »Derby«, 1949; »Das Geheimnis des hohen Falken«, »Seitensprünge im Schnee« und »Grenzstation 58«, 1950; »Die Frauen des Herrn S.« und »Die Martinsklause«, 1951; »Die Spur führt nach Berlin«, 1952; »Ännchen von Tharau« und »Drei vom Varieté«, 1954; »Ein Mann vergißt die Liebe« und »Der Täter von Roteck«, 1955; »Heidemelodie« und »Herr Puntila und sein Knecht Matti« (nach Brecht), 1956; »Made in Germany« und »Haie und kleine Fische«, 1957.
Fernsehen: Hauptkommissar Schilling in »Stahlnetz« (von Wolfgang Menge), Regie: Jürgen Roland, Serie, ARD 1958–1968; Kriminalkommissar in »Kriminalmuseum«, Regie: Wolfgang Becker, Serie, ZDF 1963–1967; »Unsterblichkeit mit Marschmusik« (nach Hartung), ZDF 1965; »Fünfte Kolonne«, Serie, ZDF 1965/66; »Flucht über die Ostsee« (nach Wisbar), und Inspektor Baxter in »Keine Leiche ohne Lily« (nach Popplewell), ZDF 1967; »Der Fall Sorge« und »Peenemünde«, ZDF 1970; »Preußen über alles«, ZDF 1971. Ferner spielte er in den Serien: »Bitte nicht mit mir« (50 Folgen), »Ulrich und Ulrike« (13 Folgen), »Anker auf, Leinen los!« (13 Folgen), »Drei Frauen im Haus« (13 Folgen), »Vier Frauen im Haus« (13 Folgen), »Junger Herr auf altem Hof« (13 Folgen) und »Förster Horn« (13 Folgen), ARD und ZDF bis 1975.
Anschrift: Unteranger 11, 8132 Tutzing/Oberbayern.

Dieter Eppler

Geb. 11. 2. 1927 in Stuttgart; dort aufgew.; über den Kinderchor an der Oper und die Statisterie fand er zum Schauspielerberuf. Nach dem Abitur nahm er Schauspielunterricht, den er sich selbst als Bauarbeiter und Spirituosenverkäufer finanzierte. Seine Bühnenlaufbahn begann er in Heidenheim und Sigmaringen. Nach drei Jahren an Wanderbühnen erhielt er einen Sieben-Jahres-Vertrag am Württembergischen Staatstheater Stuttgart. Weitere Engagements: Badisches Staatstheater Karlsruhe, Komödie im Marquardt Stuttgart, Deutsches Schauspielhaus Hamburg, Theater Die Kleine Freiheit München, Kammertheater Karlsruhe, Theater der Stadt Baden-Baden und Kleine Komödie München (bis 1984).
Er arbeitete als Sprecher beim Süddeutschen Rundfunk Stuttgart. Beim Fernsehen wirkt er seit 1956, Kinofilme dreht er seit 1957. Er wirkte bislang in 36 Spielfilmen mit.
Eppler spricht engl., ital.; er ist verheiratet, hat fünf Kinder und lebt in Stuttgart.
Film: Unter der Regie von Harald Reinl (Drei-Jahres-Vertrag mit der CCC) u.a.: »Die grünen Teufel von Monte Cassino« und »U 47 – Kapitänleutnant Prien«, 1958; »Der Frosch mit der Maske« (nach Wallace), 1959; »Die Bande des Schreckens« (nach Wallace), mit Elisabeth Flickenschildt, 1960; »Die weiße Spinne« und »Der Würger von Schloß Blackmoor« (jeweils nach Wallace), 1963; »Die Nibelungen« (2 Teile), 1966; »Dynamit in grüner Seide«, mit George Nader, 1967.
Ferner: »Jonas«, 1957; »Unter zehn Flaggen«, mit Charles Laughton, USA/Italien/BRD 1959; »Der Orgelbauer von St. Marien«, mit Paul Hörbiger, Regie: August Rieger, und »Das Mädchen mit geschminkten Lippen«, 1961; »Appointment with Venus«, Italien 1962; »Piccadilly Null Uhr Zwölf« (nach Durbridge), mit Hanns Lothar und Klaus Kinski, Regie: Rudolf Zehetgruber, »Das Wirtshaus von Dartmoor« (nach Wallace), und »Gestehen Sie, Herr Staatsanwalt«, 1963; »Die Todesstrahlen des Dr. Mabuse«, mit O.E. Hasse und Peter van Eyck, Regie: Hugo Fregonese, »Lana – Königin der Amazonen« und »Operation Istanbul«, 1964; »Der Reiter der Padola«, 1968; »Kampf um Rom« (2 Teile), mit Orson Welles und Robert Hoffmann, Regie: Robert Siodmak, BRD/Italien 1969; »Seitenstechen«, mit Mike Krüger, Regie: Dieter Pröttel, 1985.
Theater: In Kingsleys »Polizeirevier 21«, Badisches Staatstheater Karlsruhe; Tempelherr in Lessings »Nathan der Weise«, Jimmy in Nashs »Der Regenmacher«, jeweils mit Erich Ponto, Hartmann in Zuckmayers »Des Teufels General«, Hippolytos in Racines »Phädra«, jeweils Württembergisches Staatstheater Stuttgart; Dr. Walpo in Shaws »Der Arzt am Scheideweg«, Regie: Rudolf Noelte, Deutsches Schauspielhaus Hamburg; in Stones »Kalifornisches Roulette«, mit Sonja Ziemann, Kleine Komödie München 1984.
Fernsehen: »Der Hexer« (nach Wallace), Regie: Franz Peter Wirth, ARD 1956; »Stahlnetz« (von Menge), Regie: Jürgen Roland, Serie, ARD 1959; »Blick von der Brücke« (nach Miller), Regie: Ludwig Cremer, ARD 1967; Titelrolle in »Moosmacher macht Millionen« (von Christoff), Regie: Heinz Schirk, ARD 1971; »Grüß Gott, ich komm' von drüben« (von Menge), Regie: Tom Toelle, ARD 1978; »Was wären wir ohne uns« (von Menge), Regie: Ulrich Schamoni, Serie, ARD 1979; »Der Alte«, Serie, ZDF 1981; »Schwarz-Rot-Gold: Unser Land«, Regie: Dieter Wedel, ARD 1982; »Derrick«, Serie, 3 Folgen, ZDF 1982/83 und 1985; »Rummelplatzgeschichten«, Serie, ARD 1983/84, »Geschichten aus der Heimat«, Serie, und »Frankfurter Kreuz«, Regie: Harald Schäfer, Serie, ARD 1984; »Der Alte«, Serie, und »Der Stadtbrand«, Buch + Regie: Oliver Storz, ZDF 1985; »Beinah Trinidad« (nach Wuttig), Regie: Oliver Storz, und Commander Ro in »Mission Terra – Expeditionen zum blauen Planeten«, Regie: Harald Schäfer, Serie, ARD 1985; »Detektivbüro Roth«, Serie, 1986.
Ferner war Eppler lange Jahre Kommissar Lörsdahl in der ARD-Reihe »Tatort« (vom Saarländischen Rundfunk) und Polizeichef in der ARD-Serie »Polizei-Inspektion 1«, mit Walter Sedlmayr.
Anschrift: Franziskanerweg 17, 7000 Stuttgart 70.

Béla Erny

(eigentlich: Béla István Erney)

Geb. 10. 6. 1942 in Budapest; dort aufgew.; nach dem Abitur am Toldy-Gymnasium in Budapest besuchte er die dortige Hochschule für Theater- und Filmkunst; er schloß sein Studium mit dem Diplom für Theaterwissenschaft ab; 9 Jahre war er am Budapester »VIG«-Theater engagiert, wo von der Klassik bis zum Boulevard und Musical alle künstlerischen Richtungen vertreten sind. In Ungarn spielte Erny in über 70 Kino- und Fernsehfilmen; er bestritt nahezu 30 TV-Shows. 11 Singleplatten und 2 LPs sind in Ungarn und Deutschland von ihm erschienen. Erny arbeitet auch als Fotograf für Herrenmagazine.
Er spricht ungarisch, engl., franz.; er ist zum zweiten Mal verheiratet und hat eine Tochter (aus erster Ehe); er lebt in Wien.
Film: »Rosemaries Tochter«, Regie: Rolf Thiele, 1978; »Schöner Gigolo – armer Gigolo«, mit David Bowie, Marlene Dietrich und Maria Schell, Regie: David Hemmings, 1979.
Theater: Titelrolle in Schillers »Wilhelm Tell«, Romeo in Shakespeares »Romeo und Julia«, Professor in Ionescos »Die Unterrichtsstunde«, Lelio in Goldonis »Der Lügner«, in Molnárs »Spiel im Schloß«, in Maughams »Theater«, Essex in Bruckners »Elisabeth von England«, und Alfons in Horváths »Geschichten aus dem Wienerwald«, jeweils VIG-Theater Budapest 1963–1972; Titelrolle in Fosses »Pippin« (1973), Gaston in Loewes »Gigi« (1974), Titelrolle in Barrys »Billy« (1976), jeweils Theater an der Wien; in Porters »Kiss me Kate«, und Loewes »Gigi«, mit Johannes Heesters und Luise Ullrich, Regie: Jürgen Wölffer, Staatstheater am Gärtnerplatz München 1978–1984; David in Popplewells »Brave Diebe«, Regie: Hans Jaray, Kammerspiele Wien 1983/84.
Fernsehen: »Prinz, der Soldat«, 26 Folgen, Ungarn/TV, 1968, »Ohne Maske«, eigene TV-Show, Ungarn/TV 1969/70; in Musiksendungen u.a.: »Musik ist Trumpf«, ZDF, »Zum blauen Bock«, ARD, »Dalli-Dalli«, ZDF, »Die Wencke-Myhre-Show«, ZDF, »Bezauberndes Fräulein«, mit Marlène Charell, ZDF, »Die Cole Porter Story«, ARD, »Anneliese Rothenberger gibt sich die Ehre«, ZDF;
als Schauspieler: in »Meine Schwester und ich« (nach Benatzky), mit Heidi Brühl, ARD 1975; »Die Traumfrau«, Regie: Klaus Überall, ARD 1978; »Der Weg ins Freie« (nach Schnitzler), mit Klaus Maria Brandauer, Regie: Karin Brandauer, 2 Teile, ARD 1984, »Traumland Operette«, und »Bali«, mit Volkert Kraeft und Nicole Heesters, Regie: István Szábo, ZDF 1984; Titelrolle in »Der Beau« (von Hunyady/Málnay), Regie: Levente Málnay, ARD/Ungar. TV 1986.
Auszeichnungen: »Populärster junger Schauspieler« (Publikumswahl), Ungarn 1967; 2 Goldene Schallplatten für die LP »Popfestival«, Ungarn 1973/74; »AZ-Stern des Jahres« der Abendzeitung München 1976 für seine Rolle »Billy« im gleichnamigen Musical von John Barry.
Anschrift: c/o ZBF-Agentur München, Leopoldstraße 19, 8000 München 40.

Til
Erwig

(eigentlich:
Kurt Tilman
Alfons
Kloeble-Erwig)

Geb. 29. 8. 1940 als Sohn des Schauspielers Alfons Kloeble und der Schauspielerin Lola Erwig in Karlsruhe; dort aufgew.; lebt in Königsdorf/Bayern; verheiratet, ein Sohn; spricht engl.; nach dem Besuch der Volksschule und der Wirtschaftsoberschule nahm er von 1957 bis 1959 am Schauspielseminar der Hamburger Kammerspiele teil; unter Heinz Hilpert debütierte er 1959 am Deutschen Theater Göttingen; es folgten Engagements am Ulmer Theater (1960), dem Theater der Stadt Baden-Baden unter Hannes Tannert (1961), der Komödie im Marquardt Stuttgart unter Bertold Sakmann (1962), der Kleinen Komödie Hamburg unter Peter Ahrweiler (1963–1967) und den Hamburger Kammerspielen unter Ida Ehre (1967–1969); seitdem ist er als freier Schauspieler und in der Synchronisation tätig.

Seit 1981 arbeitet er auch als Drehbuchautor; er schrieb u.a. die Fernsehspiele »Der Alleswisser« und »Bitte« für das ZDF, »Die Erbengemeinschaft« und »Das Inserat« für die ARD.

Theater: Puck in Shakespeares »Ein Sommernachtstraum«, Theater der Stadt Baden-Baden 1961; in Carpenters »Vater sein dagegen sehr«, in Watkyns »Schönes Weekend, Mr. Bennet«, Donald in Herberts »Wolken sind überall«, Kleine Komödie Hamburg 1963–1967; in Lingen/Gribitz' »Theophanes«, in Roussins »Die kleine Hütte«, in Shaws »Die Häuser des Herrn Sartorius«, Hamburger Kammerspiele 1967–1969; Henry in »Meine dicke Freundin«, Kleine Komödie Hamburg 1975; George in »Nächstes Jahr – gleiche Zeit«, Hamburger Kammerspiele 1979; in »Das zweite Kapitel«, T(h)eater in der Briennerstraße, München 1981.

Fernsehen: »Der Verrat von Ottawa«, ZDF 1966; »Kriminalmuseum«, Serie, 4 Folgen, ZDF 1967–1969; »Hürdenlauf« ARD 1968; Theo van Gogh in »Van Gogh«, »Alma Mater«, »Damenquartett«, Regie: Eberhard Fechner, ARD 1969; »Verratener Widerstand«, »Eine Rechnung, die nicht aufgeht« (nach Schnurre), »Die Erben des tollen Bomberg« ZDF 1969; »Kudammgeschichten« (von Pillau), und »Nicht nur zur Weihnachtszeit« (nach Böll), ZDF 1970; »Der Schuß« und »Tatort«, Serie, ARD 1970; »Einmal im Leben« (nach Handke) 3 Teile, ARD 1971; »Sein Schutzengel« (nach Schnurre), ZDF 1971; »Reise nach Stockholm«, Serie, ZDF 1972; »Ein ganz gewöhnlicher Mord«, Regie: Dieter Wedel, 1973; »Eurogang«, Serie, ARD 1974; »Bitte keine Polizei«, Regie: Wolfgang Schleif, Serie, ZDF 1975; »Wer einmal in die Mühle kommt«, Regie: Ilo von Janko, ZDF 1976; »Der Kommissar«, mit Erik Ode, Serie, ZDF 1977; »Grüß Gott, ich komm von drüben«, mit Hans Christian Blech, Regie: Tom Toelle, ARD 1978; »Bäume ausreißen«, Regie: Maria Neocleous, ZDF 1981; »Der Alte«, Serie, 4 Folgen, ZDF 1981–1985; »Vom Webstuhl zur Weltmacht«, Regie: Heinz Schirk, 6 Teile, ARD 1983; »Schwarz-Rot-Gold: Blauer Dunst«, Regie: Theo Mezger, ARD 1984; Titelrolle in »Der Alleswisser« (selbst Drehbuchautor), Regie: Sepp Strubel, ZDF 1984; »Geschichten aus der Heimat«, Serie, ARD 1985; »Wie würden Sie entscheiden?«, Serie, und »Lindhoops Frau«, Regie: Eberhard Itzenplitz, ZDF 1985.

Anschrift: c/o Agentur Mattes, Pilotystraße 2, 8000 München 22.

Peter Eschberg

Geb. 20. 10. 1936 in Wien; dort aufgew.; nach dem Abitur an einem Humanistischen Gymnasium in Wien im Jahre 1955 studierte er Germanistik und Theaterwissenschaft an der Universität Wien. Er wollte ursprünglich Jurist werden und nahm heimlich, gegen den Willen seiner Eltern, Schauspielunterricht am Max-Reinhardt-Seminar Wien (dort auch Regie-Studium).
Sein erstes Engagement erhielt er am Wiener Volkstheater unter Leon Epp. Von 1959 bis 1965 war er unter Hans Schweikart Mitglied der Münchner Kammerspiele. Von 1965 bis 1968 spielte er an den Städt. Bühnen Frankfurt/Main, an der Freien Volksbühne Berlin und an der Schaubühne am Halleschen Ufer Berlin. Als Schauspieler und Regisseur war er von 1968 bis 1980 am Schauspiel Köln, ab 1976 als Mitglied der Leitung tätig. Gastinszenierungen stellte er u.a. am Deutschen Theater Göttingen und am Theater an der Wien vor. Seit 1981 ist er Schauspieldirektor der Bühnen der Stadt Bonn. Beim Fernsehen arbeitet er als Schauspieler und Regisseur.
Eschberg spricht engl., franz.; er ist verheiratet mit der Schauspielerin Carmen-Renate Köper, hat einen Sohn und lebt in Köln.
Theater: In Horváths »Glaube, Liebe, Hoffnung«, Regie: Ludwig Hardt, in Paliards »Kandidat Cormoran« und »Monsieur Quinot«, Regie: Max-Peter Amann, jeweils Münchner Kammerspiele; Mephisto in Goethes »Faust«, Städt. Bühnen Münster; Titelrolle in Molières »Dom Juan«, Städt. Bühnen Frankfurt/Main; Titelrolle in Langes »Herakles«, Regie: Hansgünther Heyme, Schaubühne am Halleschen Ufer Berlin; Titelrolle in Rostands »Cyrano de Bergerac«, und Titelrolle in Lope de Vegas »Der Ritter vom Mirakel«, Regie: Otto Tausig, Titelrolle in Peter Weiss' »Die Verfolgung und Ermordung Jean Paul Marats«, Regie: Hansgünther Heyme, jeweils Schauspiel Köln.
Wichtige eigene Inszenierungen: Schillers »Die Räuber« und Strindbergs »Rausch«, jeweils Deutsches Theater Göttingen; Nestroys »Das Mädl aus der Vorstadt«, Theater an der Wien in Wien; Nestroys »Einen Jux will er sich machen«, Strindbergs »Ostern«, Racines »Phädra«, Millers »Hexenjagd«, Jonsons »Volpone«, Pinters »Betrogen«, Langes »Jenseits von Gut und Böse«, Schillers »Kabale und Liebe« und Jandls »Aus der Fremde«, jeweils Schauspiel Köln; Schillers »Maria Stuart«, K. Kraus' »Die letzten Tage der Menschheit«, Bühnen der Stadt Bonn.
Fernsehen: Privatdetektiv in »Anastasia«, Regie: Robert A. Stemmle; »Wie ein Blitz« (nach Durbridge), mit Ingmar Zeisberg, Regie: Rolf von Sydow, 3 Teile, und Kritiker in »Change« (nach Bauer), Regie: Franz Peter Wirth, ARD 1970; »Der Kommissar«, mit Erik Ode, Serie, 2 Folgen, ZDF 1971–1974; Kommissar in »Nerze nachts am Straßenrand«, Regie: Wolfgang Staudte, ARD 1976; »Schreiben Sie Ihrem Bundestagsabgeordneten«, Regie: Dieter Wedel, ARD 1977; »Tatort«, Regie: Dietrich Haugk, Serie, ARD 1979; »Das Protokoll« (nach Kipphardts »Bruder Eichmann«), mit Werner Kreindl, Regie: Dieter Wedel, Koproduktion Theater Bonn und ARD 1983.
Anschrift: c/o Bühnen der Stadt Bonn, Postfach 24 40, 5300 Bonn 1.

Paul Esser

Geb. 24. 4. 1913 als Sohn eines Kaufmanns in Kapellen; aufgew. in Klewe und Düsseldorf. Nach dem Abitur studierte er vier Semester Kunstgeschichte. Zwei Jahre Schauspielunterricht bei Adolf Dell in Düsseldorf folgten. Sein Debüt gab er 1939 am Westfälischen Landestheater in Paderborn. Weitere Engagements: Landestheater Weimar (1940), Theater in Schneidemühl (1941), Deutsches Theater Berlin (1942), Theater in Posen. Nach dem Krieg kam er 1945 an die Ruhr-Kammerspiele Witten, danach an das damalige Stadttheater Düsseldorf.
Von 1948 bis 1951 war er wiederum am Deutschen Theater Berlin unter Vertrag, 2 Jahre am Berliner Schiller-Theater schlossen sich an. Über die Städt. Bühnen Frankfurt/Main (ab 1953), die Kammerspiele München, die Freie Volksbühne Berlin und die Komödie Berlin kehrte er dorthin zurück. Am 21.1.1963 gründete er das Schauspielhaus Hansa Berlin, das er bis 1981 als Direktor leitete. Er führte häufig Regie. Seit 1943 drehte Esser auch Kinofilme, seit 1955 ist er in Hauptrollen im Fernsehen zu sehen.
Er spricht engl., franz.; ist verheiratet, hat drei Kinder und lebt in Gauting bei München.
Film: »Liebesgeschichten«, 1943; »Rotation«, Regie: Wolfgang Staudte, 1949; »Das kalte Herz«, Regie: Paul Verhoeven, »Der Kahn der fröhlichen Leute« und »Die lustigen Weiber von Windsor«, 1950; »Der Untertan«, Regie: Wolfgang Staudte, 1951; »Christina«, 1953; »Hoheit lassen bitten«, 1954; »Der 20. Juli«, »Die Toteninsel« und »Urlaub auf Ehrenwort«, 1955; »Johannisnacht«, 1956; »Die Frühreifen«, 1957; »Das Wirtshaus im Spessart«, »Unruhige Nacht«, und »Der Schinderhannes« (nach Zuckmayer), Regie: Helmut Käutner, 1958; »Unser Wunderland bei Nacht«, 1959; »Die endlose Nacht«, 1963; »Was ist denn bloß mit Willi los?«, Regie: Werner Jacobs, 1970; »Gott schützt die Liebenden« (nach Simmel), Regie: Alfred Vohrer, 1973; »Die wilden Fünfziger« (nach Simmel), Regie: Peter Zadek, 1983.
Theater: Titelrolle in Schillers »Wilhelm Tell«, Regie: Boleslaw Barlog, Eröffnung des Schiller-Theaters Berlin 1951; Titelrolle in Goethes »Faust«, Eisenblätter in Hubaleks »Der Hauptmann und sein Held«, Junker Tobias in Shakespeares »Was ihr wollt«, und Purdy in Patricks »Das kleine Teehaus«, jeweils Städt. Bühnen Frankfurt/Main 1953–1955; Ill in Dürrenmatts »Der Besuch der alten Dame«, mit Therese Giehse, Regie: Hans Schweikart, Münchner Kammerspiele 1955; Vandergelder in der deutschen Erstaufführung von Wilders »Die Heiratsvermittlerin«, mit Grete Mosheim, und Kaiser in der Uraufführung von Frischs »Die chinesische Mauer«, Regie: Oscar Fritz Schuh, jeweils Freie Volksbühne Berlin 1956–1961; Titelrolle in Molières »Arzt wider Willen«, und weitere 25 Hauptrollen am Hansa-Theater Berlin 1963–1981.
Fernsehen: Wasserkönig in »Undine« (nach Giraudoux), ARD 1955; Huston Ketterling in »Spanische Legende« (nach Mayes), ARD 1959; Händel in »Der große Sachse« (nach Brandin), ARD 1960; Richman in »Die große Reise« (nach Rice), ARD 1961; »Stadtpark«, ARD 1963; Abel Hradschek in »Unterm Birnbaum« (nach Fontane), ZDF 1964; »Hochspannung«, ZDF 1967; Müller Arnold in »Die Mühle von Sanssouci«, Regie: Erich Neureuther, ZDF 1968; »Der Boß«, ARD 1971; Kommissar Kasulke in »Tatort« (aus Berlin), Serie, 3 Folgen, ARD 1972–1975; Klapproth in »Pension Schöller« (nach Laufs/Jacoby), ZDF 1976; »Immer dieser Michel« (nach Astrid Lindgren), Regie: Olle Hellbom, Serie, ARD/Schwed. TV 1978.
Auszeichnung: Bundesverdienstkreuz der Bundesrepublik Deutschland I. Klasse.
Anschrift: Hiltlstraße 16, 8035 Gauting

Richard Eybner †

– Kammerschauspieler –

Geb. 17. 3. 1896 als Sohn eines Eisenwarenhändlers und Bürgermeisters in St. Pölten/NÖ; dort aufgew.; Handelsakademie Wien; anschl. Bankbeamter und Fremdenführer. 1926 debütierte er als Schauspieler an der Turnvereinsbühne Korneuburg. Nach der Artistenprüfung begann 1927 seine Karriere als Kabarettist. Er gastierte außer in Wien (»Femina«, »Colosseum«, »Simpl«) in ganz Österreich, der ČSR, der Schweiz und Deutschland. Mit 33 Jahren absolvierte er 1929/30 das soeben gegründete Seminar von Max Reinhardt, unter dessen Regie er als Malvolio in Shakespeares »Was ihr wollt« am Schönbrunner Schloßtheater seinen ersten großen Theatererfolg errang.
Seit 1931 gehört er zum Ensemble des Burgtheaters Wien, an dem er unter insgesamt 13 Direktoren bislang in genau 290 Inszenierungen mitwirkte. Gastspiele gab er u.a. am Deutschen Theater Berlin (1930), an der Staatsoper (ab 1934), an der Volksoper (ab 1947) und am Theater an der Wien (ab 1948) in Wien sowie in Bregenz und Salzburg. 1986 erschienen seine Memoiren »Ich möcht so leben können wie ich leb'«.
Film: »13 Stühle«, mit Heinz Rühmann und Hans Moser, Regie: E.W. Emo, 1938; »Der liebe Augustin«, mit Paul Hörbiger, Regie: E.W. Emo, 1940; »Wien tanzt«, mit Marte Harell und Adolf Wohlbrück, Regie: E.E. Reinert, 1951; »Hallo Dienstmann«, mit Hans Moser, Regie: Franz Antel, 1952; »Franz Schubert, ein Leben in zwei Sätzen«, 1953; Zangler in »Einen Jux will er sich machen« (nach Nestroy), mit Josef Meinrad, Regie: Alfred Stöger, 1957.
Theater: Wichtige Rollen am Burgtheater und Akademietheater Wien (1931–1986): Oberst Wunderlich in Molnárs »Der Schwan« (Debüt), Licht in Kleists »Der zerbrochene Krug«, Augustin in Kraliks »Zarathustra, Blaubart und der liebe Augustin«, Windwaschel in Nestroys »Lumpazivagabundus«, Fabio und Bleichenwang in Shakespeares »Was ihr wollt«, Dünner Vetter in Hofmannsthals »Jedermann«, Rosenstock in Schnitzlers »Das weite Land«, Zangler in Nestroys »Einen Jux will er sich machen«, Philostrat in Shakespeares »Ein Sommernachtstraum«, Philosoph in Brechts »Leben des Galilei«, Hauer in Nestroys »Kampl«, Reakzerl in Nestroys »Freiheit in Krähwinkel« (1985/86). Ein großer Erfolg: Frosch in Johann Strauß' »Fledermaus« (Wien ab 1948, Hamburg 1965).
Auszeichnung: Prof. h.c., Kammerschauspieler.
Anschrift: Saarplatz 1, A-1190 Wien, Österreich.

Kristina van Eyck

Geb. 30. 10. 1954 als Tochter des Schauspielers Peter van Eyck (bürgerlich: Götz von Eyck, geb. 16. 7. 1913 – verst. 15. 7. 1969) in Los Angeles; dort und in München aufgew.; sie absolvierte eine umfassende Schauspielausbildung. Ihr Filmdebüt gab sie in dem Streifen »Rosemaries Tochter«.
Frau van Eyck spricht engl., franz.; sie ist ledig und lebt in München.
Film: »Jonny West«, Regie: Roland Koller, 1978; »Egon Schiele – Exzesse«, mit Mathieu Carrière, Jane Birkin und Christine Kaufmann, Regie: Herbert Vesely, BRD/Österreich/Frankreich 1981; Titelrolle in »Die Frau mit dem roten Hut«, Regie: Tatsumi Kumashiro, BRD/Japan 1982.
Fernsehen: »Fantomas«, mit Helmut Berger, Regie: Claude Chabrol, Serie, franz. TV/ZDF 1975; »Ein Gedicht für die Freiheit«; »Ein Mädchen aus Celle«; »Glücksucher«, Regie: Peter Beauvais, ARD 1977; »Mirko und Bianca«; »Berlin Mitte«, Regie: Peter Beauvais, ARD 1980; »Monaco-Franze – Der ewige Stenz«, mit Helmut Fischer, Regie: Helmut Dietl, Serie, ARD 1983.
Anschrift: c/o Agentur Jovanovic, Perfallstraße 6, 8000 München 80.

F

Veronika Faber

Geb. 18. 11. in München; dort aufgew.; nach ihrer Schulausbildung besuchte sie die Schauspielschule von Hertha Genzmer in Wiesbaden; von 1965 bis 1969 war sie u.a. am Theater am Turm Frankfurt/Main, am Hessischen Staatstheater Wiesbaden, an den Städt. Bühnen Münster, an den Städt. Bühnen Osnabrück, am Stadttheater Würzburg und am Nationaltheater Mannheim engagiert. Seit 1970 gab sie Gastspiele u.a. am Volkstheater München, am Bayerischen Staatsschauspiel München, an der Kleinen Komödie München, an der Kleinen Komödie Hamburg, am Theater 44 München, an der Bayerischen Staatsoper München sowie am Torturmtheater Sommerhausen unter Veit Relin. Von 1976 bis 1981 gehörte sie zum Ensemble der Münchner »Lach- und Schießgesellschaft«.
Frau Faber spricht ital., engl.; sie hat eine Tochter (Anabel, geb. 1984) mit ihrem Lebensgefährten, dem Schauspieler Kurt Weinzierl, und lebt in München.
Film: »Gefundenes Fressen«, mit Heinz Rühmann und Mario Adorf, Regie: Michael Verhoeven, 1977; »Lena Rais«, Regie: Christian Rischert, 1980; »Der Westen leuchtet«, Regie: Niklaus Schilling, 1982; »Seitenstechen«, mit Mike Krüger, Regie: Dieter Pröttel, 1985.
Theater: Suse in Longas »Aschenputtel«, Nelly in Synges »Ein wahrer Held«, Titelrolle in Goetz' »Ingeborg«, Salome Pockerl in Nestroys »Talisman«, Sally in van Drutens »Das Lied der Taube«, Leona in Anouilhs »Das Orchester«, Titelrolle in Hartungs »Piroschka«, Gwendoline in Anouilhs »Becket oder Die Ehre Gottes«, Moritz in Longas »Max und Moritz«, Ala in Mrożeks »Tango«, Rosaura in Goldonis »Diener zweier Herren«, Pippa in Hauptmanns »Und Pippa tanzt«, Jessica in Shakespeares »Der Kaufmann von Venedig«, Anja in Tschechows »Der Kirschgarten«, Therese in Nestroys »Eisenbahn-Heiraten«, Franziska in Lessings »Minna von Barnhelm«, Regine in Goetz' »Der Lügner und die Nonne«, Norma in Edgars »Seltsame Engel oder Rosa Luxemburg meets Marilyn Monroe«, und in Bronnens »Anarchie in Sillian«, jeweils an den vorgenannten Bühnen.
Kabarettprogramme bei der Münchner »Lach- und Schießgesellschaft« waren u.a. »Rosa Pleiten«, »Im Namen der Direktion«, »Im Jahre 9«, »Deutsch für Anfänger« und »High-Land«. Sie wurden auch im Fernsehen ausgestrahlt. 1985 war sie mit Kurt Weinzierl in »Wunschkonzert für Herrn Karl« auf Tournee.
Fernsehen: »Separatfrieden« (nach Stoppard), ZDF 1973; »Tatort«, Serie, 4 Folgen, ARD 1973–1979; »Alpha und Asphalt« (von Kaspar), und Merry in »Münchnerinnen« (nach Thoma), ZDF 1974; »Der Junglehrer«, Serie, und »Nonstop-Nonsens«, Serie, ARD 1975; »Die Leute von Feichtenreuth« (nach Burger), Regie: Franz Peter Wirth, ZDF 1976; »Mein lieber Mann«, Serie, ARD 1977; »Flöhe hüten ist leichter« (nach Barbara Noack), ZDF 1983; »Titanic«, Regie: Lutz Büscher, und »Angelo und Luzy«, Serie, ZDF 1984; »Rivalen« (nach Sheridan), Regie: Heinz Schirk, ARD 1984; »Tegtmeier«, mit Jürgen von Manger, Serie und »Lindhoops Frau«, Regie: Eberhard Itzenplitz, ZDF 1985; »Polizei-Inspektion 1«, Serie, ARD 1985.
Anschrift: c/o Agentur Palz, Ortlindestraße 6, 8000 München 81.

Ulrich Faulhaber

Geb. 3. 5. 1941 in Berlin; aufgew. in Hamburg; lebt in Portsalon/Letterkenny, Republik Irland; er ist geschieden und hat einen Sohn (Felix); er spricht engl., franz.; Besuch der Rudolf-Steiner-Schule Hamburg; 1958 begann er als Regieassistent; unter Erwin Piscator erhielt er 1959 die erste Rolle am Thalia-Theater Hamburg; Gastspiele an den Hamburger Kammerspielen, dem Theater im Zimmer und dem Theater 53 in Hamburg folgten; das erste feste Engagement hatte er an den Münchner Kammerspielen 1962/63; von 1965 bis 1968 war er im Ensemble des Deutschen Schauspielhauses Hamburg; von 1972 bis 1975 gehörte er den Bühnen der Stadt Frankfurt/Main an; seitdem ist er freischaffend.

Theater: Collin in Capotes »Die Grasharfe«, Regie: Wolfgang Liebeneiner, Michael in Eliots »Ein verdienter Staatsmann«, Freie Volksbühne Berlin 1962; Jonathan in Kopits »Oh Vater, armer Vater, Mutter hing dich in den Schrank und ich bin ganz krank«, Regie: Günter Gräwert, Münchner Kammerspiele 1963; Gottfried in Saunders' »Ein Duft von Blumen«, Demetrius in Shakespeares »Ein Sommernachtstraum«, Regie: jeweils Oscar Fritz Schuh, Der Stumme in Frischs »Die chinesische Mauer«, Albin in Schnitzlers »Der grüne Kakadu«, Dennis in Ortons »Beute«, Daniel in Hesses »Judith«, jeweils Deutsches Schauspielhaus Hamburg 1965–1967; Titelrolle in Jahnns »Thomas Chatterton« und Mephisto in Goethes »Faust«, Bühnen der Hansestadt Lübeck, Tucker in Jerry Hermans »Hallo, Dolly«, Thalia-Theater Hamburg, Len in Bonds »Gerettet«, Regie: Peter Zadek, Freie Volksbühne Berlin, jeweils 1968; Glasp in Sperrs »Landshuter Erzählungen«, Deutsches Schauspielhaus Hamburg 1969; Erie in O'Neills »Hughie«, Städt. Bühnen Frankfurt/Main 1975; Majakowski in »Lady Lila«, Hamburger Kammerspiele 1982; Titelrolle in Büchners »Woyzeck«, Tournee 1985.

Fernsehen: Haidt in »Schluck und Jau« (nach Hauptmann), ARD 1961; Roland Manle in »Amouren« (nach Coward), ARD 1963; »Der Hund des Generals« (von Kippardt), »Rückkehr von den Sternen« (nach Obey), »Bei Tag und bei Nacht« (nach Lope de Vega) und »Pension Schöller«, Serie, ARD 1964; »Der Graue«, Regie: Friedrich Forster, »Die Reise« (nach Schehadé), ZDF 1964; Titelrolle in »Geliebter Nicolas« (nach Aspinall), ARD 1966; Pavel in »Der Alte« (nach Gorki), ARD 1967; »Der Hürdenlauf«, Regie: Thomas Fantl, ARD 1968; »Der Senator«, ZDF 1968; »Angst vor der Angst«, Regie: Rainer Werner Fassbinder, ARD 1974; Kommissarassistent Hassert in »Tatort« (aus Berlin), Serie, 9 Folgen, ARD 1975–1984; »Mein lieber Mann«, mit Elke Aberle, Regie: Günter Gräwert, Serie, ZDF 1976; »Stellwerk«, Regie: Hans-Werner Schmidt, ZDF 1977; »Ehrlich währt am längsten«, Regie: Arno Assmann, ARD 1978; »Buddenbrooks« (nach Thomas Mann), mit Ruth Leuwerik und Carl Raddatz, Regie: Franz Peter Wirth, 11 Teile, und »Gesundheit«, Regie: Peter Patzak, ARD 1979; »Der Aufstieg – ein Mann geht verloren«, ARD 1980; »Gute Reise«, Regie: Wilfried Dotzel, ARD 1981; »Der Glücksritter«, mit Christian Kohlund, Regie: Hans-Jürgen Tögel, 8 Teile, ARD 1984; »Der Sonne entgegen«, mit Josef Meinrad, Regie: Hermann Leitner, 6 Teile, ARD 1985.

Anschrift: c/o ZBF Agentur Hamburg, Tonndorfer Hauptstraße 90, 2000 Hamburg 70.

Eberhard Fechner

Geb. 21.10.1926 in Liegnitz/Schlesien; aufgew. in Berlin; dort war er von 1937 bis 1940 Mitglied des Staats- und Domchores Berlin. Gleichzeitig absolvierte er eine kaufmännische Lehre bei der UFA. 1944/45 war er Soldat. Zwischen 1946 und 1948 besuchte er unter Gerda Müller die Schauspielschule des Deutschen Theaters in Ost-Berlin. Ab 1947 hatte er zahlreiche Bühnen-Engagements in Berlin, Bremen, Hamburg und Hannover. 1960/61 war er als Schauspieler und Regisseur am Schloßtheater Celle beschäftigt. Bei Giorgio Strehler war er von 1961 bis 1963 Regie-Assistent am Piccolo Teatro Milano, Italien. 1963/64 war er stellv. Intendant am Stadttheater Konstanz. Am Theater am Goetheplatz Bremen (Bühnen der Freien Hansestadt) wirkte er 1964/65 als Schauspieler und Regisseur, ebenso unter Egon Monk am Deutschen Schauspielhaus Hamburg (1968/69). Seit 1969 ist er als freischaffender Schauspieler, Regisseur und Autor tätig.
Im Fernsehen verkörperte er seit 1955 über 60 Rollen. Seit 1966 führte er in zahlreichen Produktionen selbst Regie und schrieb auch das Drehbuch. Hervorgehoben seien die Fernsehfilme »Tadellöser & Wolff« (ZDF 1975) sowie »Ein Kapitel für sich« (ZDF 1979/80), die er nach den Romanen von Walter Kempowski inszenierte.
Fechner veröffentlichte seit 1960 zahlreiche Aufsätze und Artikel, u.a. in »Theater heute«, »Akzente«, »Deutsche Volkszeitung« und »Filmkorrespondenz«. Es erschienen die Bücher »Übereinstimmungen«, »Materialien zu Tadellöser & Wolff« und »Das Fernsehspiel – Dichtung und Wahrheit« (1979).
Fechner spricht ital.; ist verheiratet, lebt in Hamburg.
Film: Vopo-Unteroffizier in »Gefährlicher Urlaub«, Regie: Carol Reed, Großbritannien/USA 1953; »Bekenntnisse des Hochstaplers Felix Krull« (nach Thomas Mann), mit Horst Buchholz, 1957.
Er führte u.a. Regie in dem 1978 entstandenen Kinofilm »Winterspelt 1944«, mit Hans Christian Blech.
Theater: Beckmann in Borcherts »Draußen vor der Tür«, Hugo in Sartres »Die schmutzigen Hände«, Valentin in Goethes »Urfaust«, und Ajax in Giraudoux' »Der trojanische Krieg findet nicht statt«, jeweils Theater der Freien Hansestadt Bremen 1948/49; Bruno in Hauptmanns »Die Ratten«, Schädel in Shakespeares »Liebes Lust und Leid«, Schweizer in Schillings »Die Räuber», und Rülp in Shakespeares »Was ihr wollt«, jeweils an mehreren Bühnen in Berlin 1950–1953; Ruben in O'Neills »Dynamo«, Eugene Gant in Wolfes »Schau heimwärts, Engel«, Heinrich Kreys in Sternheims »Bürger Schippel«, und Sprecher in Sylvans' »Korczak und die Kinder«, jeweils Niedersächsisches Staatstheater Hannover 1957–1960; Yang Sun in Brechts »Der gute Mensch von Sezuan«, Lanz in Shakespeares »Zwei Herren aus Verona«, und Leporello in Frischs »Don Juan oder Die Liebe zur Geometrie«, jeweils Schloßtheater Celle 1960/61; Pater Lorenzo in Shakespeares »Romeo und Julia«, Theater der Freien Hansestadt Bremen 1964; Rudolf Höß in Hubalek/Monks »Über den Gehorsam«, Deutsches Schauspielhaus Hamburg 1968.
Fernsehen: »Straßenknotenpunkt«, ARD 1955; »10 Jahre und 3 Tage«, ARD 1956; »Ein Ausgangstag« und »Interpol«, Serie, ARD 1957; Jablonsky in »Der Schlaf der Gerechten« (nach Goes), Regie: Rolf Hädrich, ARD 1962; Köpf in »Im Schlaraffenland« (nach Heinrich Mann), »Der Nerz«, und SA-Mann in »Das Kreidekreuz« (nach Brecht), ARD 1965; »Zuchthaus« (nach Jaeger), ARD 1966; Ausrufer in »Die Verfolgung und Ermordung Jean Paul Marats« (nach Weiss), ARD 1967; Titelrolle in »Zwei Briefe an Pospischiel« (nach von der Grün), ZDF 1971; Frerksen in »Bauern, Bonzen und Bomben« (nach Fallada), Regie: Egon Monk, 3 Teile, ARD 1973; Dr. Tümmler in »Lisa« (von Storz), ZDF 1974; »Ein Tag«, Regie: Egon Monk, ARD 1979; Paul Knapp in »Die Knapp-Familie«, mit Rosel Zech, Else Quecke, Martin Sperr und Erika Skrotzki, Serie, ARD 1981 und 1983.
Auszeichnungen: »Adolf-Grimme-Preis« 1970, 1971 und 1976; »Goldene Kamera« (HÖRZU) 1970 und 1979; »Kritiker-Preis« der Sparte Film, Berlin 1971; »Premio della RAI – Prix Italia« 1975; Preis des Kultusministers Nordrhein-Westfalen 1976; »tz-Rose des Jahres 1977«, tz München; »AZ-Stern des Jahres 1980«, Abendzeitung München; »Goldener Gong« 1980; »Jakob-Kaiser-Preis«, Berlin 1981; »tz-Rose des Jahres 1984«, tz München; »Alexander-Zinn-Preis der Stadt Hamburg«, 1985.
Anschrift: c/o ZBF-Agentur Hamburg, Tonndorfer Hauptstraße 90, 2000 Hamburg 70.

Helga Feddersen

Geb. 14. 3. 1930 als Tochter eines Kaufmanns in Hamburg; dort aufgew.; nach dem Besuch der Oberschule Lerchenfeld und der Frauenfachschule in Hamburg absolvierte sie von 1948 bis 1950 die Schauspielschule von Prof. Eduard Marks in Hamburg. Bereits 1949 debütierte sie als Leonore in Strindbergs »Ostern« am Theater im Zimmer Hamburg. Engagements an den Hamburger Kammspielen und am Musiktheater im Revier Gelsenkirchen (1951) folgten. Ihre schauspielerische Karriere wurde 1955 durch eine schwere Operation an der Ohrspeicheldrüse, die eine Gesichtsentstellung zur Folge hatte, unterbrochen. 1957 begann sie als Souffleuse und später als Regieassistentin beim NDR erneut zu arbeiten. Kino- und TV-Rollen folgten. 1966 erhielt sie ein Engagement am Deutschen Schauspielhaus Hamburg.
Seit 1967 ist Frau Feddersen als Drehbuchautorin für das Fernsehen tätig. In den meisten Produktionen, darunter mehrere 13teilige Serien, wirkte sie selbst mit.
Nachdem sie mit ihm bereits in zahlreichen TV-Reihen zu sehen war, sang sie mit Dieter Hallervorden die deutsche Version von John Travoltas und Olivia Newton-Johns Erfolgstitel »You'r the one that I want« (»Du, die Wanne ist voll«).
1983 gründete sie das Theater am Holstenwall in Hamburg, an dem sie auch als Schauspielerin tätig ist.
Frau Federsen spricht engl.; sie war von 1962 bis zu dessen Tod 1985 verheiratet mit dem ehemaligen NDR-Dramaturgen Goetz Kozurszek und lebt in Ellerdorf, Schleswig-Holstein.
Film: Clothilde in »Die Buddenbrooks« (nach Thomas Mann), Regie: Alfred Weidenmann, 1959; »Lola«, mit Barbara Sukowa und Mario Adorf, Regie: Rainer Werner Fassbinder, und »Meister Eder und sein Pumuckl«, mit Gustl Bayrhammer, Regie: Ulrich König, 1981; »Ein dicker Hund«, Regie: Franz Marischka, 1982; »Plem, Plem – Die Schule brennt«, Regie: Siggi Götz, und »Sunshine Reggae auf Ibiza«, mit Karl Dall, Regie: Franz Marischka, 1983.
Theater: Miss Prism in Wildes »Bunbury«, Deutsches Schauspielhaus Hamburg 1966; Titelrolle in »Perle Anna«, und in der Uraufführung von Tinneys »Krawall im All«, jeweils Theater am Holstenwall 1983/84.
Fernsehen: »Das Glück läuft hinterher«, ARD 1963, »Ich fahre Patschold«, ARD 1964, »Mach's beste draus«, ARD 1965, »Geibelstraße 27«, ARD 1966, und »Zug der Zeit«, ARD 1967, Regie: jeweils Peter Beauvais; »Der Versager«, ZDF 1967; »Abramakabra«, mit Dieter Hallervorden und Uwe Dallmeier, Serie, ZDF 1973; Ehefrau von Ekel Alfred in »Ein Herz und eine Seele«, 4 Folgen, ARD 1975; »Nachkommenschaften« (von Gabriele Wohmann), Regie: Ludwig Cremer, ARD 1972 »Die Kur«, Regie: Frank Strekker, 5 Teile, ARD 1978.
Bei folgenden Produktionen war sie auch Drehbuchautorin: Lore Elvers in »Vier Stunden von Elbe 1«, mit Carsta Löck und Klaus Höhne, ARD 1968, in »Gezeiten«, ARD 1970, Regie: jeweils Eberhard Fechner, in »Im Fahrwasser«, Regie: Georg Tressler, ARD 1971,
»Kapitän Harmsen«, Regie: Claus Peter Witt, 13 Folgen, ZDF 1969; »Bismarck von hinten oder Wir schließen nie«, ARD 1974; »Geschichten aus einer Klasse«, 13 Teile, ZDF 1974/75; »Helga und die Nordlichter«, mit Evelyn Hamann, Ernst Fritz Fürbringer und Gerda Gmelin, 13 Teile, Regie: Marcus Scholz, ZDF 1984; »Geschichten aus der Heimat«, Serie, ARD 1985. Eigene Serien (ARD) hatte sie ferner mit »Ach du dickes Ei« (mit Ernst Hilbich) und »Plattenküche« (mit Frank Zander).
1971 schrieb sie das Drehbuch zu dem Fernsehfilm »Sparks in Neu-Grönland« (mit Robert Meyn und Lisa Helwig, Regie: Joachim Hess, ARD), das sie ihrem Vater widmete.
Anschrift: c/o Theater am Holstenwall 19, 2000 Hamburg.

Eberhard Feik

Geb. 23. 11. 1943 in Chemnitz; nach dem Abitur studierte er Germanistik, Anglistik und Theaterwissenschaft an der Universität Köln. 1966/67 nahm er an der Schauspielschule des Theaters »Der Keller« in Köln Schauspielunterricht. An Studentenbühnen in Köln und Bonn sammelte er von 1966 bis 1969 erste berufliche Erfahrungen. Seine Bühnenstationen: Vereinigte Städt. Bühnen Krefeld-Mönchengladbach (1969/70), Württembergisches Staatstheater Stuttgart (1970–1972), Städt. Bühnen Frankfurt/Main (1972/73) und Schaubühne am Halleschen Ufer Berlin (1973–1978). Seither ist er freischaffend. Er gastierte u.a. am Theater der Freien Hansestadt Bremen. Seit 1977 arbeitet er sehr viel für Film und Fernsehen.

Feik spricht engl., franz.; er ist verheiratet, hat zwei Töchter (Manke und Amrei) und lebt in Hofsgrund-Oberried bei Freiburg/Breisgau.

Film: »Laufen lernen«, Regie: Jutta Brückner, 1980 (auch ZDF 1981); »Tollwut«, Regie: Ilse Hofmann, 1981; »Dabbel Trabbel«, mit Gudrun Landgrebe, Regie: Dorothea Neukirchen (auch ZDF 1984), und »Der Mann auf der Mauer«, mit Marius Müller-Westernhagen, Regie: Reinhard Hauff, 1982; »Zahn um Zahn«, mit Götz George, Regie: Hajo Gies, 1985.

Theater: Valentin in Goethes »Faust«, Städt. Bühnen Krefeld-Mönchengladbach 1969/70; Feldkoch in Brechts »Mutter Courage und ihre Kinder«, und in der Uraufführung von Peter Weiss' »Hölderlin«, Regie: jeweils Peter Palitzsch, Württembergisches Staatstheater Stuttgart 1970–1972; Hogan in Behans »Richards Korkbein«, Regie: Peter Palitzsch, Städt. Bühnen Frankfurt/Main 1972/73; in Gorkis »Sommergäste«, Pfarrer in Mussets »Man spielt nicht mit der Liebe«, in Lasker-Schülers »Die Wupper«, Regie: jeweils Luc Bondy, Heinz in Kroetz' »Oberösterreich«, in »Antikenprojekt I«, Regie: Peter Stein, Reisende in Hölderlins »Empedokles« und Teiresias in Euripides' »Die Bakchen«, Regie: jeweils Klaus Michael Grüber, in »Shakespeares Memory«, Regie: Peter Stein, und Oliver in Shakespeares »Wie es euch gefällt«, jeweils Schaubühne am Halleschen Ufer Berlin 1973–1978; Burleigh in Schillers »Maria Stuart«, Theater der Freien Hansestadt Bremen 1978.

Fernsehen: »Vorstadt-Krokodile« (nach Max von der Grün), Regie: Wolfgang Becker, 2 Teile, ARD 1977; »Die Macht der Männer ist die Geduld der Frauen«, Regie: Christina Perincioli, und »Soulsister« (von Dietmar Buchmann), ZDF 1978; »Uns reicht das nicht«, Regie: Jürgen Flimm, ARD 1979; »Ein Mann von gestern«, Regie: Tom Toelle, ARD 1980: »Die Paulskirche«, ZDF 1980; »Ab in den Süden«, Regie: Wilfried Dotzel, ZDF 1981; »Die Pawlaks – Eine Geschichte aus dem Ruhrgebiet«, Regie: Wolfgang Staudte, 12 Teile, ZDF 1982; »Frau Juliane Winkler«, und »Schau ins Land«, Regie: Wolfgang Glück, 13 Teile, ARD 1983; »Unser Mann vom Südpol«, Regie: Peter Adam, ZDF 1984; »So lebten sie alle Tage«, Regie: Ulrich Schamoni, Serie, und »König Blaubart«, mit Karin Baal und Vadim Glowna, Regie: Krzystof Zanussi, ARD 1984; »Die Schöffin«, Regie: Michael Mackenroth, Serie, ZDF 1984; »Freund mit Rolls Royce« (nach Willis), mit Inge Meysel, Regie: Georg Tressler, ARD 1984; »Spielregeln«, Serie, und »Anruf genügt«, Regie: Wilfried Dotzel, ZDF 1985; »Kennwort Möwe« (von Wolfgang Menge), Regie: Tom Toelle, ARD 1986.

Eine seiner wichtigsten Rollen: Kriminalkommissar Thanner in »Tatort« (aus Duisburg, WDR), mit Götz George (als Schimanski), 16 Folgen, ARD 1981–1986.

Anschrift: c/o ZBF-Agentur Berlin, Kurfürstendamm 206, 1000 Berlin 15.

Hansjörg Felmy

Geb. 31. 1. 1931 als Sohn eines Flieger-Generals in Berlin; dort und in Braunschweig aufgew.; das Gymnasium verließ er vorzeitig und war dann im Schlosser- und Buchdruckerhandwerk tätig. Nebenher spielte er an einer Wanderbühne. Von 1947 bis 1949 nahm er Schauspielunterricht bei Hella Kaiser am Staatstheater Braunschweig. An dieser Bühne debütierte er 1949 als Arbeiter in Zuckmayers »Des Teufels General« und stand bis 1953 im Ensemble. 1953/54 (und 1961/62) spielte er unter Paul Mundorf am Stadttheater Aachen. Von 1954–1956 war er an den Bühnen der Stadt Köln unter Herbert Maisch verpflichtet.
Nach zahlreichen Aufgaben im Hörfunk und in der Synchronisation (er sprach u.a. für Daniel Gélin und Philippe Lemaire) drehte er 1956 seinen ersten Kinofilm. Bis 1976 wirkte er in über 30 Produktionen mit. Theater-Engagements hatte er ab 1957 u.a. am Hebbel-Theater Berlin, an der Landesbuhne Hannover (ab 1959), an der Kleinen Komödie München und bei zahlreichen Tourneen.
Felmy spricht engl.; er ist geschieden von der Schauspielerin Elfriede Rückert, hat einen Sohn und lebt abwechselnd in Eching und Fahretoff. Seine Lebensgefährtin ist die Schauspielerin Claudia Wedekind.
Film: »Der Stern von Afrika«, Regie: Alfred Weidenmann, 1956; »Das Herz von St. Pauli« und »Haie und kleine Fische«, 1957; »Der Greifer«, mit Hans Albers, Regie: Eugen York, »Herz ohne Gnade«, »Unruhige Nacht«, Hans Boeckel in »Wir Wunderkinder«, mit Johanna von Koczian, Regie: Kurt Hoffmann, »Der Mann, der sich verkaufte«, und »Der Maulkorb« (nach Spoerl), 1958; »Rommel ruft Kairo«, Regie: Wolfgang Schleif, »Menschen im Netz«, Regie: Franz Peter Wirth, »Der Engel, der seine Harfe versetzte«, Regie: Kurt Hoffmann, »Und ewig singen die Wälder«, mit Gert Fröbe, Regie: Paul May, und »Buddenbrooks« (nach Thomas Mann), Regie: Alfred Weidenmann, 1959; »Ein Tag, der nie zu Ende geht«, »Die zornigen jungen Männer«, »Schachnovelle«, »Die Botschafterin«, und »An heiligen Wassern«, mit Cordula Trantow, 1960; »Das letzte Kapitel«, Regie: Wolfgang Liebeneiner, und »Die Ehe des Herrn Mississippi« (nach Dürrenmatt), Regie: Hans Schweikart, 1961; »Die glücklichen Jahre der Thorwalds«, 1962; »Der Henker von London« (nach Wallace), 1963; »Die Flußpiraten vom Mississippi«, Regie: Jürgen Roland, BRD/Italien/Frankreich 1963; »Das Ungeheuer von London City« (nach Wallace) und »Das siebente Opfer« (nach Wallace), 1964; »Der zerrissene Vorhang«, mit Paul Newman, Regie: Alfred Hitchcock, USA 1966; »Die Tote aus der Themse« (nach Wallace), 1971; »Fluchtversuch«, Regie: Vojtech Jasny, 1976.
Theater: In Lorcas »Bis fünf Jahre vergehn«, Hebbel-Theater Berlin 1957; Titelrolle in Kaisers »Soldat Tanaka«, Regie: Günther Fleckenstein, Landesbühne Hannover 1959; Titelrolle in Shakespeares »Hamlet«, Regie: Paul Mundorf, Stadttheater Aachen 1961; Orin in O'Neills »Trauer muß Elektra tragen«, Peter Quilpe in Eliots »Cocktail Party«, Freddy Page in Rattigans »Lockende Tiefe«, Leutnant Moore in Sheridans »Rivalen«, Georg in Steinbecks »Von Mäusen und Menschen«, Dominic in Frys »Venus im Licht«, Kapitän Queeg in Wouks »Die Caine war ihr Schicksal«, in »Duell ohne Sieger«, und Titelrolle in Ibsens »Ein Volksfeind«, mit Claudia Wedekind, jeweils an den vorgenannten Bühnen und auf Tournee bis 1984/85.
Fernsehen: »Flucht ohne Ausweg«, 3 Teile, ARD 1966; »Alexander Zwo« (von Storz/Willschrei/Schröder), Regie: Franz Peter Wirth, 6 Teile, ARD 1972/73; Kriminalkommissar Haferkamp in »Tatort« (vom WDR), mit Willy Semmelrogge und Karin Eickelbaum, Regie: (u.a. häufig) Wolfgang Staudte, Hajo Gies, Wolfgang Becker und Hartmut Griesmayr, Serie, 20 Folgen, ARD 1974–1980; »Abgehört« (von Ustinov), mit Götz George und Peter Ustinov, Regie: Rolf von Sydow, »Menschen wie du und ich«, mit Harald Juhnke, Serie, und »Ein Fall für zwei«, Serie, ZDF 1984; »Unternehmen Köpenick« (von Wolfgang Menge), Regie: Hartmut Griesmayr, 6 Teile, ZDF 1986.
Auszeichnungen: »Bambi« (BILD + FUNK) 1958, 1959 und 1977; »Otto« (BRAVO) 1961; »Goldene Kamera« (HÖRZU) 1980.
Anschrift: c/o Agentur Lentz, Holbeinstraße 4, 8000 München 80.

Rosemarie Fendel

(eigentlich: Rosemarie von Borsody, geb. Fendel)

Geb. 25. 4. 1927 in Metternich bei Koblenz; aufgew. in Böhmen (ČSSR); nach dem Abitur nahm sie privaten Schauspielunterricht bei Maria Koppenhöfer; 1947 debütierte sie in der Rolle eines Blumenmädchens in Giraudoux' »Die Irre von Chaillot« an den Münchner Kammerspielen, wo sie bis 1950 dem Ensemble angehörte; Engagements am Landestheater in Tübingen (1950–1953), am Schauspielhaus Düsseldorf unter Gustaf Gründgens (1954–1956), am Staatstheater Darmstadt (1957), am Bayerischen Staatsschauspiel München (1961/62), am Theater Die Kleine Freiheit München (1963) folgten; von 1973 bis 1977 war sie erneut Mitglied der Kammerspiele München; seit 1980 steht sie bei den Städt. Bühnen Frankfurt/Main unter Vertrag. Frau Fendel ist seit 1963 im Fernsehen mit Hauptrollen vertreten. Sie arbeitet häufig in der Synchronisation und ist u.a. die deutsche Stimme von Elizabeth Taylor, Jeanne Moreau und Annie Girardot.
Bislang hat sie für fünf Fernsehspiele die Drehbücher geschrieben, zweimal führte sie dabei selbst Regie (u.a. »Auf den Hund gekommen«, ARD 1978).
Frau Fendel spricht engl., ital.; sie ist geschieden von dem Schauspieler Hans von Borsody, hat eine Tochter (Suzanne, geb. 1957, die ebenfalls den Schauspieler-Beruf gewählt hat) und lebt mit dem Regisseur und Schauspieler Johannes Schaaf in Frankfurt/Main.
Film: »Tätowierung«, 1967, »Trotta« (nach Joseph Roths »Die Kapuzinergruft«, Drehbuch-Koautor: Maximilian Schell), 1971, »Traumstadt«, 1974 – Regie: jeweils Johannes Schaaf; »Der Tod in der Waschstraße«, Regie: Friedemann Schulz, 1982; »Shalom Pharao«, Regie: Curt Linda, 1983; »Momo« (nach Ende), mit Mario Adorf, Regie: Johannes Schaaf (Frau Fendel ist Drehbuchautorin), BRD/Italien 1986.
Theater: Kuhmädchen in Brechts »Herr Puntila und sein Knecht Matti«, Regie: Hans Schweikart, Molly in Brecht/Weills »Die Dreigroschenoper«, in Goethes »Faust II«, Leontine in Hauptmanns »Der Biberpelz«, Kammerspiele München 1947–1950; Gretchen in Goethes »Faust«, Klärchen in Goethes »Egmont«, Landestheater Tübingen 1950–1953; Thekla in Schillers »Wallenstein«, mit und unter der Regie von Gustaf Gründgens, Schauspielhaus Düsseldorf 1954–1956; Amanda Pius in Lasker-Schülers »Die Wupper«, Mari-Gaila in »Worte Gottes«, Regie: Johannes Schaaf, Zina in Grumbergs »Dreyfus«, Francine in »Der Diener als Hypnotiseur«, Julie Follovoine in »Das Kind bekommt sein Abführmittel«, Martha Vockerat in Hamsuns »Einsame Menschen«, Frau Gabor in Wedekinds »Frühlings Erwachen«, Tante in Lorcas »Doña Rosita la Soltera«, Regie: Ernst Wendt (auch TV), Kammerspiele München 1973–1977; Gutsbesitzerin Andrejevna in Tschechows »Der Kirschgarten«, in Strindbergs »Pelikan«, in Bonds »Sommer«, Frau Lohmann in Millers »Der Tod des Handlungsreisenden«, Regie: Holger Berg, Städt. Bühnen Frankfurt/Main 1980–1984.
Fernsehen: »Der Mann aus dem Bootshaus«, Regie: Johannes Schaaf, ARD 1968; »Der Besuch«, Regie: Victor Vicas, NBC/New York 1969; »Ein Sonntag – ein Besuch«, Regie: Karl Fruchtmann, ARD 1970; »Im Reservat« (von Stripp) mit Wolfgang Kieling, Regie: Peter Beauvais, ZDF 1973; »Neugierig wie ein Kind«, Regie: Oswald Döpke, ZDF 1974; »Die Kette« (nach Durbridge), und »Achsensprung«, Regie: jeweils Rolf von Sydow, ARD 1977; »Der Alte«, Serie, und »Jugend, Liebe und die Wacht am Rhein«, Regie: Oswald Döpke, ZDF 1978; Elisabeth Chindler in »Theodor Chindler« (nach Bernard von Brentano), mit Hans Christian Blech, Regie: Hans W. Geissendörfer, 8 Folgen, ARD 1979; Titelrolle in »Tante Maria«, Regie: Wolfgang Panzer, und »Grüße aus Bad Walden«, Regie: Gerd Oelschlegel, ZDF 1980; »Der Fall Woyzeck«, Regie: Oswald Döpke, ZDF 1981; »Die Krimistunde«, Regie: Hartmut Griesmayr, Serie, ARD 1983; »Der Verlust« (nach S. Lenz), Regie: Claudia Holldack, ZDF 1984; »Eine Klasse für sich«, Regie: Frank Strecker, Serie, und »Mütter und Töchter« mit Suzanne von Borsody, Regie: Georg Tressler, ZDF 1985; »Marktplatz der Sensationen« (nach Egon Erwin Kisch), Regie: Martin Holly, 5 Teile, ARD 1985.
Auszeichnungen: »Goldene Kamera« (HÖRZU) 1973; »Adolf-Grimme-Preis« 1978.
Anschrift: c/o ZBF-Agentur München, Leopoldstraße 19, 8000 München 40, oder Seilerbahn 1, 6230 Frankfurt/Main 80.

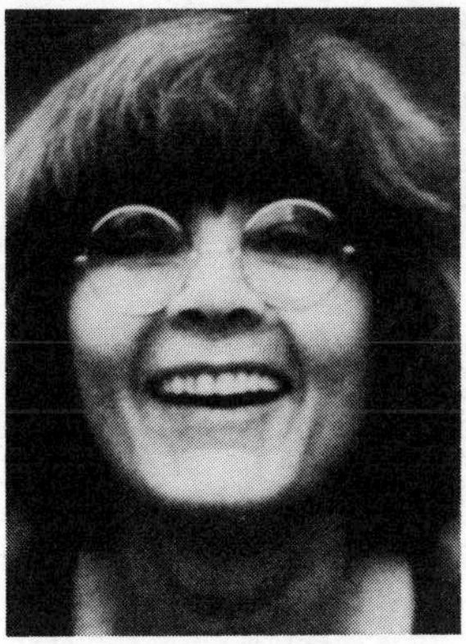

Violetta Ferrari

(eigentlich: Violetta Földiak, geb. Ferrari)

Geb. 25. 4. 1936 in Hodmezövasarhely/Ungarn; dort aufgew.; schon während der Schulzeit spielte sie Theater und besuchte anschließend die Schauspielakademie in Budapest. Danach war sie drei Jahre am National-Theater Budapest unter Vertrag. Während des Arbeiteraufstandes 1956 verließ sie Ungarn und fand ihr erstes Engagement in der Bundesrepublik Deutschland am Theater im Zoo in Frankfurt/Main. Weitere Bühnenstationen: Komödie Berlin, Komödie Düsseldorf, Ernst-Deutsch-Theater Hamburg, Kammerspiele München, Theater an der Wien in Wien, Theater am Dom Köln, Festspiele Bad Hersfeld, Theater Die Kleine Freiheit München, Tourneen u.a.

Frau Ferrari spricht neben ungarisch und deutsch italienisch; sie ist geschieden, hat zwei Söhne (Peter und Michael) und lebt in München.

Film: (neben mehreren Kinofilmen in Ungarn) »Scala – total verrückt«, 1958; »Paprika«, 1959; »Scheidungsgrund Liebe«, mit O.W. Fischer, 1960; »Trompeten der Liebe«, 1962; »Konrad aus der Konservenbüchse«, Regie: Claudia Schröder, 1983.

Theater: In »Piroschka«, Regie: Fritz Rémond, in Monnot/Brefforts »Irma la Douce«, Regie: Rolf Kutschera, in Achards »Die aufrichtige Lügnerin«, in Spewaks »Kiss me Kate«, in Isherwood/van Drutens »Cabaret«, in »Can-Can«, Katharina in Shakespeares »Der Widerspenstigen Zähmung«, Cleopatra in Shaws »Cäsar und Cleopatra«, in »Poker mit Dame«, in »Der schwarze Jahrmarkt«, in »Meine dicke Freundin«, in »Bist du noch zu retten?«, und in Krasnas »Bei mir liegen Sie richtig«, Regie: Karin Jacobsen, an den vorgenannten Bühnen bis 1984.

Fernsehen: »Johnny Belinda« (nach Harris), Regie: Franz Josef Wild, ARD 1961; »Keine Angst vor der Hölle« (nach Deval), mit Hartmut Reck, Regie: Oswald Döpke, ZDF 1965; »Ein Tag ohne Morgen« (nach Deval), Regie: Wilm ten Haaf, ARD 1966; »Stoppt die Welt« (nach Bricusse-Newley), Regie: Imo Moszkowicz, ZDF 1966; »Bel Ami« (nach Maupassant), Regie: Helmut Käutner, ARD 1968; »Prairie Saloon« (Western-Musical), »Im Weißen Rössl« (nach Benatzky), und »Die Reise nach Tilsit« (nach Sudermann), mit Karl Michael Vogler, Regie: Günter Gräwert, ZDF 1969; »Duell um Aimée (nach Niessen/Dehmel), ARD 1970; »O diese Männer« (nach Françoise Doris), Regie: Franz Josef Wild, ARD 1978; »Der Gerichtsvollzieher«, Regie: Peter Weck, Serie, ARD 1981.

Anschrift: c/o Agentur von Pilecki, Eilandstraße 12, 8000 München 90, oder Nymphenburger Straße 95, 8000 München 19.

Bea Fiedler

Geb. 28. 6. 1957 in Düsseldorf; dort aufgew.; nach einer Lehre als Friseuse wurde sie mit 17 Jahren als Fotomodell entdeckt. Sie war u.a. für die Magazine »Vogue« und »Playboy« tätig. Beim Film debütierte sie 1978. Seither drehte sie über 15 Streifen. 1985 nahm sie ihre erste Schallplatte (»Covergirl«) auf. Frau Fiedler spricht engl.; sie ist ledig und lebt in München.
Film: »Summer Night Fever«, 1978; »Heiße Kartoffeln«, Regie: Siggi Götz, »Keiner hat das Pferd geküßt«, Regie: Martin Müller, und »Drei Schwedinnen auf der Reeperbahn«, Regie: Walter Boos, 1980; »Die nackten Superhexen von Rio Amore«, Regie: Jack Griffin, BRD/Spanien 1981; »Myriam – meine wilden Freunde«, 1982; »Eis am Stiel – 4. Teil – Hasenjagd«, mit Zachi Noy, »Das verrückte Strandhotel«, mit Karl Dall, Regie: Franz Marischka, »Sunshine Reggae auf Ibiza«, mit Helga Feddersen, und »Die wilden Fünfziger« (nach Simmel), Regie: Peter Zadek, 1983; »Eis am Stiel – 5. Teil«, Regie: Dan Wohman, Israel/BRD, 1984; »Her mit den kleinen Schweinchen«, 1984; »Eis am Stiel – 6. Teil – Ferienliebe«, mit Zachi Noy, Regie: Dan Wohman, BRD/Israel 1985.
Fernsehen: »Es ist angerichtet», mit Eddi Arent, Regie: Heinz Liesendahl, Serie, ARD 1985.
Anschrift: c/o Lisa-Film GmbH, Widenmayerstraße 48, 8000 München 22.

Wolfgang Fierek

Geb. 9. 12. 1950 in Ottobrunn bei München; dort aufgew.; nach seiner Ausbildung arbeitete er als Feinmechaniker bei der Firma Messerschmitt-Bölkow-Blohm und verpflichtete sich vier Jahre bei der Bundeswehr. Nach weiteren Beschäftigungen als Diskjockey in München und Kitzbühel, Autoverkäufer, Lastwagenfahrer und Fensterputzer wurde er von dem Filmregisseur Klaus Lemke entdeckt. Mit ihm drehte er von 1976 bis 1980 sieben Spielfilme. Nach einer längeren Pause, in der er u.a. als Kellner in einem Münchner Prominenten-Café tätig war, wirkt er seit 1982 wieder in Kino- und TV-Produktionen mit. 1985 stellte er die Schallplatte »Resi, i hol' di mit dem Traktor ab« vor.
Fierek ist ledig und lebt in München.
Film: Unter der Regie von Klaus Lemke und meist neben Cleo Kretschmer spielte er in: »Idole«, 1976, »Moto-Cross«, 1977, »Amore«, und Titelrolle in »Ein komischer Heiliger«, 1978, »Der Allerletzte« und »Arabische Nächte«, 1979, »Flitterwochen«, 1980. Die meisten Produktionen wurden auch im Fernsehen ausgestrahlt.
Ferner: »Keiner hat das Pferd geküßt«, Regie: Martin Müller, 1980; »Die unglaublichen Abenteuer des Guru Jakob«, mit Zachi Noy und Tommi Ohrner, »Das verrückte Strandhotel«, mit Karl Dall, Regie: Franz Marischka, und »Die Supernasen«, mit Thomas Gottschalk und Mike Krüger, Regie: Dieter Pröttel, jeweils 1983; »Her mit den kleinen Schweinchen«, 1984.
Fernsehen: Neben den gezeigten Kino-Produktionen: »Polizei-Inspektion 1« mit Walter Sedlmayr, Serie, ARD 1982; »Monaco-Franze – Der ewige Stenz«, mit Helmut Fischer und Ruth-Maria Kubitschek, Regie: Helmut Dietl, Serie, ARD 1983; »Alte Gauner«, Regie: Peter Schamoni, Serie, ZDF 1985; »Schloßherren«, Serie, ARD 1986.
Anschrift: c/o Überschall music, Wotanstraße 17a, 8034 Germering.

Beate Finckh

Geb. 22. 4. 1960 in Berlin/Neukölln; dort und in Hamburg aufgew.; nach der Schule absolvierte sie die Staatl. Hochschule für Musik und darstellende Kunst Hamburg. Ihr Debüt gab sie 1975 im »Weihnachtsmärchen« am Deutschen Schauspielhaus Hamburg. Weitere Stationen: Städt. Bühnen Kiel, Thalia-Theater Hamburg. Nach zahlreichen Aufgaben bei Fernsehen und Film folgte 1983/84 ein Bühnen-Engagement am Bayerischen Staatsschauspiel München.
Frau Finckh spricht engl.; sie ist ledig und lebt in Friedrichstadt.
Film: »Desperado City«, Regie: Vadim Glowna, 1981, »Der Tod in der Waschstraße«, Regie: Friedemann Schulz (dessen Film-Debüt), 1982; »Bons«, Großbritannien 1984; »Big Mäc«, mit Thomas Gottschalk, Regie: Sigi Rothemund, 1985.
Theater: In Ibsens »Baumeister Solness«, Regie: Peter Zadek, Bayerisches Staatsschauspiel München 1983/84.
Fernsehen: »Hans und Heinz Kirch« (nach Storm), ZDF 1976; »Der Auslöser«, mit Judy Winter, ZDF 1980; »Die Knapp-Familie«, mit Rosel Zech und Eberhard Fechner, Serie, ARD 1981; »Gestern bei Müllers«, mit Alexander Kerst und Christine Ostermayer, Serie, ZDF 1983; »Derrick«, Serie, »Wie würden Sie entscheiden?«, Serie, und »Ich oder du«, Regie: Dieter Berner, ZDF 1984; »Treffer«, Regie: Dominik Graf, ARD 1984; »Der Alte«, Serie, und »Manuel«, Regie: Peter Obrist, ZDF 1985.
Anschrift: c/o Agentur Alexander, Lamontstraße 9, 8000 München 80.

Agnes Fink

Geb. 14. 12. 1919 in Frankfurt/Main; dort aufgew.; nach der Schulausbildung Studium am Hoch'schen Konservatorium in Frankfurt/Main 1938, wo sie »wegen mangelnder Begabung« vorzeitig entlassen wurde; noch im selben Jahr debütierte sie am Theater der Stadt Heidelberg. Von 1939 bis 1943 war sie im Ensemble des Theaters in Leipzig. Kurz vor Schließung der Bühnen kam sie 1944 an das Bayerische Staatsschauspiel in München. Nach ihrer Hochzeit mit dem Schweizer Schauspieler und späteren Regisseur Bernhard Wicki am 24.2.1945 ging sie mit ihrem Mann im selben Jahr an das Schauspielhaus Zürich. 1949 kehrte sie ans Bayerische Staatsschauspiel zurück. Nachdem sie bereits Gastspiele an den benachbarten Münchner Kammerspielen und am Württembergischen Staatstheater Stuttgart gegeben hatte, löste sie ihren Vertrag mit dem Bayerischen Staatsschauspiel im Jahre 1956, blieb dem Haus aber als Gast verbunden. Weitere Theaterstationen als freischaffende Künstlerin: Kammerspiele München, Thalia-Theater Hamburg, Deutsches Schauspielhaus Hamburg, Staatliche Schauspielbühnen Berlins.
Seit 1957 arbeitet sie beim Fernsehen, Kinofilme dreht sie seit 1956.
Frau Fink spricht engl., franz., ital.; sie lebt in Zürich und München.
Film: »Majestät auf Abwegen« (nach Sinclair Lewis), 1957; »Das Mädchen und der Staatsanwalt«, 1958; »Jons und Erdme«, mit Giulietta Masina und Carl Raddatz, Regie: Victor Vicas, 1959; »Das falsche Gewicht« (nach Joseph Roth), Regie: Bernhard Wicki, 1971; »Sternsteinhof«, mit Gustl Bayrhammer, Regie: Hans W. Geissendörfer, 1976; »Schwestern oder Die Balance des Glücks«, mit Jutta Lampe, 1979, und »Heller Wahn«, mit Hanna Schygulla und Peter Striebeck, 1983, Regie: jeweils Margarethe von Trotta.
Theater: In Lessings »Miß Sara Sampson«, mit Peter Lühr, Theater in Leipzig 1939; in Molières »Der Misanthrop«, Regie: Kurt Horwitz, in Williams' »Die Glasmenagerie«, mit Therese Giehse, Doña Juana in Tirso de Molinas »Don Gil von den grünen Hosen«, Regie: Leonard Steckel, in Goethes »Die natürliche Tochter«, jeweils Schauspielhaus Zürich 1945–1949; Rosalinde in Shakespeares »Wie es euch gefällt«, Viola in Shakespeares »Was ihr wollt«, Alkmene in Kleists »Amphitryon«, Titelrolle in Balzac/Thieß' »Die Herzogin von Langeais«, in Lope de Vegas »Bei Tag und Nacht«, Henriette in Strindbergs »Rausch«, Titelrolle in Schillers »Maria Stuart«, Regie: Rudolf Noelte, in Schillers »Die Räuber« und in Rehbergs »Cäsar«, Regie: Fritz Kortner, jeweils Bayerisches Staatsschauspiel 1949–1956; in Faulkners »Requiem für eine Nonne«, Württembergisches Staatstheater Stuttgart; in Shakespeares »Antonius und Cleopatra«, Regie: Bernhard Wicki, Titelrolle in Albees »Winzige Alice«, Regie: August Everding, in Bernhards »Ein Fest für Boris«, jeweils Schauspielhaus Zürich 1966–1971; in O'Neills »Trauer muß Elektra tragen«, in Ostrowskijs »Der Wald«, Titelrolle in Rojas' »Celestina«, jeweils Thalia-Theater Hamburg 1972–1975; Irma in Genets »Der Balkon«, Regie: Ernst Wendt, Charlotte von Stein in Hacks' »Ein Gespräch im Hause Stein über den abwesenden Herrn von Goethe«, jeweils Kammerspiele München 1977/78; Titelrolle in Bonds »Die Frau«, Regie: Gerd Heinz, Titelrolle in Lorcas »Bernarda Albas Haus«, Regie: Werner Düggelin, in Tschechows »Der Kirschgarten«, jeweils Schauspielhaus Zürich 1979–1981; Nora in O'Neills »Fast ein Poet«, mit Carl Raddatz, Schloßparktheater Berlin 1982; in Ibsens »John Gabriel Borkman«, mit Martin Held, in Bonds »Sommer«, jeweils Schiller-Theater Berlin 1982/83; in O'Neills »Eines langen Tages Reise in die Nacht«, Regie: Gerd Heinz, Schauspielhaus Zürich 1984; in Ibsens »Gespenster«, Regie: Ernst Wendt, Schloßparktheater Berlin 1985.
Fernsehen: »Die schmutzigen Hände« (nach Sartre), ARD 1956; »Der schöne Gleichgültige« (nach Cocteau), Regie: Franz Peter Wirth, und »Schinderhannes« (nach Zuckmayer), Regie: Peter Beauvais, ARD 1957; »Unerwartet verschied«, mit Heinz Drache, Regie: Kurt Horwitz, und »Zwischen den Zügen« (nach Coward), Regie: Peter Beauvais, ARD 1961; Titelrolle in »Maria Stuart« (nach Schiller), Regie: Hans Lietzau, ARD 1967; »Graf Öderland« (nach Frisch), Regie: Rolf Hädrich, ARD 1968; »Karpfs Karriere«, mit Martin Benrath, Regie: Bernhard Wicki, und »Der Kommissar«, mit Erik Ode, Serie, ZDF 1970; »Herr

und Frau Brandes«, mit Bernhard Wicki, ZDF 1972; »Tatort«, Serie, 2 Folgen, ARD 1978 + 1980; »Altmodische Komödie« (nach Arbusow), mit Arno Assmann, Regie: Franz Josef Wild, ARD 1979; »Derrick«, Serie, ZDF 1982; »Der Alte«, Serie, ZDF 1985; »Das Leben hört auf, das Leben beginnt« (von Leo Lehman für Agnes Fink geschrieben), ARD 1986.
Auszeichnungen: Deutscher Kritikerpreis 1957; »Goldener Bildschirm« (TV-Hören und Sehen) 1960 und 1961; Großes Bundesverdienstkreuz der Bundesrepublik Deutschland 1975.
Anschrift: c/o Agentur Alexander, Lamontstraße 9, 8000 München 80.

Heli Finkenzeller

(eigentlich: Helene Finkenzeller)

Geb. 17.11.1911 als Tochter eines Kaufmanns in München; dort aufgew.; nach der Schule besuchte sie das Konservatorium, um Opernsängerin zu werden. Sie wechselte jedoch nach kurzer Zeit zum Schauspielfach über und absolvierte die Theaterschule unter Otto Falckenberg. An den Münchner Kammerspielen erhielt sie auch ihr erstes Engagement.
Der UFA-Filmregisseur Karl Ritter sah sie als Bäuerin in Ludwig Thomas »Josef Filser« und gab ihr eine Hauptrolle in der Tonfilm-Komödie »Ehestreik«. Von 1935 bis 1962 wirkte sie in weiteren rund 40 Produktionen mit.
Neben ihrer Filmtätigkeit spielte sie weiterhin Theater. Sie hatte Engagements u.a. an den Staatl. Schauspielbühnen Berlins unter Gustaf Gründgens, an der Tribüne Berlin, an der Komödie Berlin (1951/52), erneut an den Münchner Kammerspielen, an der Kleinen Komödie München (1957 und 1967), am Renaissance-Theater Berlin (1969) und am Theater des Westens Berlin.
Frau Finkenzeller spricht engl.; sie war in erster Ehe mit dem 1948 verstorbenen Schauspieler Willi Dohm verheiratet. Dieser Ehe entstammen ihre Kinder Michael und Gaby Dohm, die ebenfalls den Schauspielerberuf gewählt hat. In zweiter Ehe war sie ab 1950 verheiratet mit dem Filmproduzenten Alfred Bittins, der 1972 verstarb. Die Künstlerin lebt in München.
Film: »Ehestreik«, »Königswalzer« und »Der höhere Befehl«, 1935; »Boccaccio«, mit Willy Fritsch, Paul Kemp und Albrecht Schoenhals, Regie: Herbert Maisch, »Weiberregiment«, Regie: Karl Ritter, und »Gleisdreieck«, mit Gustav Fröhlich, Regie: Robert A. Stemmle, 1936; »Der Schimmelkrieg in der Holledau«, »Mein Sohn, der Herr Minister« (nach Birabeau), »Der Mustergatte«, Regie: Wolfgang Liebeneiner, »Wie der Hase läuft« und »Das Spiel auf der Tenne«, 1937; »Die kleine Nachtmusik«, Regie: Leopold Hainisch, »Konzert in Tirol«, »Scheidungsreise« und »Diskretion Ehrensache«, 1938; »Opernball«, Regie: Geza von Bolvary, 1939; »Hochzeitsnacht«, »Alarmstufe V«, »Ehe man Ehemann wird« und »Der siebente Junge«, 1941; »Fronttheater«, 1942; »Kohlhiesels Töchter«, Regie: Kurt Hoffmann, »Alles aus Liebe«, »Das Bad auf der Tenne« und »Ich werde dich auf Händen tragen«, 1943; »Münchnerinnen« (nach Thoma), und »Wo ist Herr Belling?«, 1945; »Zwölf Herzen für Charly« und »Hallo – Sie haben Ihre Frau vergessen«, 1949; »Es begann um Mitternacht«, mit Winnie Markus, Regie: Peter Brauer, 1950; »Stips«, 1951; »Briefträger Müller« und »So ein Affentheater«, 1953; »Emil und die Detektive« (nach Kästner), Regie: Robert A. Stemmle, »Es geschah am 20. Juli«, Regie: G.W. Pabst, und »Suchkind 312«, mit Berta Drews-George, 1955; »Der erste Frühlingstag«, »Die wilde Auguste« (nach Kollo), »Ciske – Ein Kind braucht Liebe« und »Tausend Melodien«, 1956; »Acht Mädel in einem Boot« und »Heiraten verboten«, 1957; »... und sowas nennt sich Leben«, »Ich bin auch nur eine Frau«, 1962.
Theater: In Shakespeares »Ein Wintermärchen«, in Thomas' »Charley's Tante«, in Bergmans »Nobelpreis«, in Lenz' »Heimliche Brautfahrt«, und in Shaws »Festgefahren«, jeweils Münchner Kammerspiele bis 1935; in Roussins »Die kleine Hütte«, Tribüne Berlin 1949; in Cowards »Geisterkomödie«, Schloßpark-Theater Berlin 1949; in McDougalls »Einmal muß das Kind ja kommen«, und in Cowards »Unter uns Vieren«, jeweils Komödie Berlin 1951/52; in Jacobsens »Wege des Zufalls«, 1957, und in Cowards »Duett im Zwielicht«, 1967, jeweils Kleine Komödie München; in Loewes »Gigi«, mit Johannes Heesters, Theater des Westens Berlin; in Schönthans »Der Raub der Sabinerinnen«, mit Gert Fröbe, Regie: Axel von Ambesser, Deutsches Theater München 1973 und Hamburger Operettenhaus 1974.
Fernsehen: In den 60er Jahren spielte sie u.a. die Titelrolle in »Meine Frau, die Philosophin« (von Lohmeier), die Fürstin in »Gold für Montevasall« (nach Gasper), Elisabeth Blessing in »Die Gegenprobe« (nach Bachmüller/Breest), und Emma Klinke in »Die spanische Fliege« (nach Arnold/Bach). Ferner: »Die Schönheitsgalerie« (von Lohmeier), Serie, ZDF, 1977; »Mosaik«, Serie, ZDF 1978; »Der Gerichtsvollzieher«, mit Jörg Hube, Regie: Peter Weck, 6 Teile, ARD 1981; »Traumschiff«, Regie: Fritz Umgelter, Serie, ZDF 1982; »Rechts von den Pinguinen«, Regie: Stephan Rinser, Serie, ARD 1983/84; »Anruf genügt«, Regie: Wilfried Dotzel, ZDF 1985; »Schöne Ferien«, Regie: Hans-Jürgen Tögel, Serie, ARD 1985.

Anschrift: c/o ZBF-Agentur München, Leopoldstraße 19, 8000 München 40.

Helmut Fischer

Geb. 15. 11. 1926 in München; dort aufgew.; nach der Schule nahm er Schauspielunterricht bei Otto Falkkenberg; er debütierte erst 1954 in der Rolle des Herzog Albrecht in Hebbels »Maria Magdalena« am Stadttheater Würzburg, wo er bis 1956 unter Vertrag stand. Gastspiele am Ulmer Theater, am Bayerischen Staatsschauspiel (über 10 Jahre lang), an der Kleinen Komödie München (1964), an den Münchner Kammerspielen (1964–1970), an der Freien Volksbühne Berlin, am Hebbel-Theater Berlin, am Theater Die Kleine Freiheit München und am Münchner Volkstheater schlossen sich an.
Den Schwerpunkt seiner Arbeit legte er stets auf das Fernsehen, wo er seit 1960 in über 120 TV-Spielen und -Serien zu sehen war. Ferner arbeitete er als ständiger Gast beim Hörfunk (Bayerischer Rundfunk). 1983 veröffentlichte er eine Schallplatte mit dem Titel »Spatzl, schau wie ich schau«.
Fischer spricht engl.; er ist verheiratet und lebt in München.
Film: »Die Farbe des Himmels«, Regie: Thomas Hartwig, 1977; »Der Durchdreher«, Regie: Helmut Dietl, 1978; »Mama mia – nur keine Panik«, mit Uschi Glas und Thomas Gottschalk, Regie: Dieter Pröttel, 1984.
Theater: In Lindsay/Crouses »Die großen Sebastians«, Kleine Komödie München 1964; in Nestroys »Der Zerrissene«, mit Romuald Pekny, 1965/66, und in Sperrs »Jagdszenen aus Niederbayern«, 1969/70, jeweils Münchner Kammerspiele; in O'Neills »Fast ein Poet«, Regie: Rudolf Noelte, in Horváths »Italienische Nacht«, und in Rehbergs »Cäsar«, Regie: jeweils Fritz Kortner, jeweils Bayerisches Staatsschauspiel München; in Schnitzlers »Der grüne Kakadu«, Regie: Rudolf Noelte, Freie Volksbühne Berlin; Schanderl in Thomas »Waldfrieden«, mit Hans Brenner, und Jakob Elfinger in Thomas »Die Brautschau«, jeweils Volkstheater München 1984/85.
Fernsehen: »Italienische Nacht« (nach Horváth), Regie: Michael Kehlmann, ARD 1966; »Die Schlacht bei Lobositz«, (nach Hacks), Regie: Franz Peter Wirth, ARD 1968; »Wie eine Träne im Ozean«, (nach Manès Sperber), mit Helmut Stass und Martin Lüttge, Regie: Fritz Umgelter, 3 Teile, ARD 1969; »Die Perle« (nach Ziegler), Regie: Michael Kehlmann, Serie, ARD 1969/70; Kriminalassistent Lenz in »Tatort« (aus München), mit Gustl Bayrhammer, Serie, 12 Folgen, ARD 1971–1982; »Der ganz normale Wahnsinn«, mit Towje Kleiner, Regie: Helmut Dietl, Serie, ARD 1979; »Die Undankbare«, Regie: Franz Josef Wild, und »Legen wir zusammen«, ARD 1980; »Mein Freund, der Scheich«, Regie: Rainer Erler, ARD 1981; Hauptkommissar Lenz in »Tatort« (aus München), Serie, 6 Folgen, ARD 1982–1986; Titelrolle in »Monaco-Franze – Der ewige Stenz«, mit Ruth-Maria Kubitschek, Christine Kaufmann, Erni Singerl und Karl Obermayr, Regie: Helmut Dietl, Serie, und »Stars in der Manege«, ARD 1983; »Unsere schönsten Jahre« (von Franz Geiger), mit Elmar Wepper und Uschi Glas, 12 Folgen, ZDF 1983 + 1985; »Irrtum vom Amt«, Regie: Peter Lodinsky, 4 Episoden, ARD 1984; »Rette mich, wer kann«, 6 Teile, ZDF 1986.
Auszeichnung: »tz-Rose des Jahres«, tz München 1983.
Anschrift: c/o ZBF-Agentur München, Leopoldstraße 19, 8000 München 40.

Kai Fischer

Geb. 18. 3. 1934 als Tochter eines Beamten in Prag; dort und in München aufgew.; nach dem Abitur war sie zunächst als Steno-Sekretärin, Mannequin und Fotomodell tätig. Franz Marischka entdeckte sie für den Film »Die lieben Verwandten« (Regie: Joe Stökkel, 1955). Seither wirkte sie in über 30 Produktionen mit. Ferner arbeitete sie als Kabarettistin und schreibt Kriminalromane und Drehbücher für das Fernsehen (u.a. »Die Karte mit dem Luchskopf«). 1984 eröffnete sie in München mehrere Fotoläden mit Schnellservice.
Frau Fischer spricht engl.; sie ist ledig und lebt in München.
Film: »Unternehmen Schlafsack«, 1955; »Das Bad auf der Tenne«, »Ich und meine Schwiegersöhne«, »Hurra, die Firma hat ein Kind«, »Mädchen und Männer« und »Die Ehe des Dr. med. Danwitz«, 1956; »Holiday am Wörthersee«, »Tierarzt Dr. Vlimmen«, »Wetterleuchten um Maria« und »Für zwei Groschen Zärtlichkeit«, 1957; »Das Wirtshaus im Spessart«, Regie: Kurt Hoffmann, »Ich war ihm hörig«, Regie: Wolfgang Becker, »Denn keiner ist ohne Sünde« und »Grabenplatz 17«, mit Gert Fröbe, 1958; »Madeleine Telefon 136211«, Regie: Kurt Meisel, 1960; »Der veruntreute Himmel«, 1963; »Die Angst des Tormanns beim Elfmeter« (nach Peter Handke), mit Arthur Brauss, Regie: Wim Wenders, 1972; »Lena Rais«, Regie: Christian Rischert, 1980; »Shalom Pharao«, Regie: Curt Linda, 1983; »Kassensturz«, Regie: Rolf Silber, 1984.
Theater: Buhlschaft in Hofmannsthals »Jedermann«, 1975 und 1979, Evelyne in Kohouts »August, August, August«, Louka in Shaws »Helden«, 1976, und Katharina in Shakespeares »Der Widerspenstigen Zähmung«, 1978, jeweils Festspiele Heppenheim.
Fernsehen: »Babeck« (von Reinecker), mit Curd Jürgens, Senta Berger, Josef Meinrad, Helmut Lohner und Cordula Trantow, Regie: Wolfgang Becker, 3 Teile, ZDF 1968; »Salto mortale« (von Wuttig), mit Gustav Knuth, Hans Söhnker, Hellmut Lange und Horst Janson, Serie, ARD 1969–1971; »Im Nest«, Regie: Michael Lähn, und »Zeit der Bewährung«, Regie: Hans-Peter Meier, ZDF 1977; »Die Welt in jenem Sommer« (nach Robert Müller), Regie: Ilse Hofmann, ARD 1980; »Familien-Bande« (von Pillau), Regie: Hans Dieter Schwarze, 8 Teile, ARD 1982–1985; »Alte Gauner«, Regie: Peter Schamoni, Serie, ZDF 1985.
Anschrift: c/o ZBF-Agentur München, Leopoldstraße 19, 8000 München 40.

O.W. Fischer

(eigentlich: Otto Wilhelm Fischer)

Geb. 1. 4. 1915 als Sohn eines Hofrates der niederösterreichischen Landesregierung in Klosterneuburg; dort aufgew.; nach dem Abitur studierte er zunächst in Wien Germanistik, Anglistik, griechische Sprache und Kunstgeschichte, wandte sich aber bald der Bühne zu und erhielt nach nur dreimonatiger Ausbildung am Wiener Max-Reinhardt-Seminar sein erstes Engagement am Theater in der Josefstadt Wien (1936). Er debütierte als Fritz in Schnitzlers »Liebelei«.
Weitere Bühnenstationen: Münchner Kammerspiele, Deutsches Volkstheater Wien (1938–1944), Burgtheater Wien (1946–1952). Zudem gastierte er u.a. bei den Salzburger Festspielen (1967) und auf Tournee. Sein Film-Debüt gab er 1936 in Willi Forsts Film »Burgtheater«. Auftakt zu seinen Publikumserfolgen als einer der beliebtesten deutschsprachigen Darsteller der Nachkriegszeit bildete der Film »Erzherzog Johanns große Liebe« (Regie: Hans Schott-Schöbinger) im Jahre 1950. Bis 1970 folgten weitere 43 Produktionen, in denen er die Hauptrolle spielte. Der Versuch einer Hollywood-Karriere scheiterte 1956 an Differenzen mit der US-Filmgesellschaft Universal-International.
1968 machte er auf sich aufmerksam, als er an der Universität Mainz in einem Vortrag die »Allhypnose«-Theorie erläuterte. 1977 veröffentlichte er das Buch »... was mich ankommt, als Gesicht, Traum und Empfindung«, 1985 »Auferstehung in Hollywood«, 1986 »Engelsknabe war ich keiner«.
Fischer spricht engl., ital.; er war seit 1942 verheiratet mit der früheren Schauspielerin Anna (Nani) Usell (verstorben 1985). Er ist Vegetarier, ausgesprochener Tierfreund (besitzt mehrere Katzen) und lebt sehr zurückgezogen in Vernate/Ticino in der Schweiz. Sein 1983 verstorbener Bruder Franz Fischer war Journalist und Sektionsdirektor des österreichischen Bundespresseamtes.
Film: »Burgtheater«, Regie: Willi Forst, 1936; »Anton der Letzte«, mit Hans Moser, Regie: E.W. Emo, 1939; »Meine Tochter lebt in Wien«, mit Hans Moser, Regie: E.W. Emo, 1940; »Der Meineidbauer« (nach Anzengruber), Regie: Leopold Hainisch, 1941; »Sommerliebe«, Regie: Erich Engel, 1942; »Wien 1910«, 1943; »Die beiden Schwestern«, Regie: Erich Waschneck, »Sieben Briefe«, und »Glück unterwegs«, Regie: Friedrich Zittau, 1944; »Das unsterbliche Antlitz«, Regie: Geza von Cziffra, »Hin und her«, Regie: Theo Lingen, und »Triumph der Liebe«, 1947; »Liebling der Welt«, 1949; Titelrolle in »Erzherzog Johanns große Liebe«, Regie: Hans Schott-Schöbinger, und »Heidelberger Romanze«, 1950; »Das letzte Rezept«, Regie: Rolf Hansen, 1951; »Bis wir uns wiedersehen«, mit Maria Schell, Regie: Gustav Ucicky, und »Der träumende Mund«, Regie: Josef von Baky, 1952; »Solange du da bist«, mit Maria Schell und Hardy Krüger, Regie: Harald Braun, und »Tagebuch einer Verliebten«, 1953; »Napoléon«, Regie: Sacha Guitry, 2 Teile, Frankreich 1954; »Bildnis einer Unbekannten«, Regie: Helmut Käutner, 1954; Titelrolle in »Ludwig II. – Glanz und Elend eines Königs«, mit Ruth Leuwerik, Marianne Koch und Klaus Kinski, Regie: Helmut Käutner, und Titelrolle in »Hanussen«, Regie: Fischer selbst und Georg Marischka, 1955; »Mein Vater, der Schauspieler«, Regie: Robert Siodmak, »Ich suche dich« (nach Cronins »Jupiter lacht«), Regie: Fischer selbst, und »Herrscher ohne Krone«, 1956; »Skandal in Ischl«, Regie: Rolf Thiele, und Titelrolle in »El Hakim«, Regie: Rolf Thiele, 1957; Titelrolle in »Peter Voss, der Millionendieb« (nach Seeliger), Regie: Wolfgang Becker, »... und nichts als die Wahrheit«, Regie: Franz Peter Wirth, und Bluntschli in »Helden« (nach Shaw), mit Liselotte Pulver, Regie: Franz Peter Wirth, 1958; »Whirlpool«, Regie: Lewis Ellen, Großbritannien 1958; »Don Vesuvio und das Haus der Strolche«, Italien 1958; »Menschen im Hotel«, mit Heinz Rühmann, »Abschied von den Wolken«, und »Peter Voss – Der Held des Tages«, Regie: Georg Marischka, 1959; »Scheidungsgrund: Liebe«, 1960; »Das Riesenrad«, Regie: Geza von Radványi, 1961; »Es muß nicht immer Kaviar sein« und »Diesmal muß es Kaviar sein« (nach Simmel), Regie: Geza von Radványi, Frankreich/BRD 1961; »Axel Munthe, der Arzt von San Michele«, Regie: Rudolf Jugert, BRD/Italien/Frankreich 1962; »Frühstück im Doppelbett«, 1963; »Das Geheimnis der schwarzen Witwe«, Regie: Franz Josef Gottlieb, BRD/Spanien 1963; »Onkel Toms Hütte«, Regie: Geza von Radványi, 1965; »El marquez«, Spanien 1965; »Geh' ins Bett, nicht in den

Krieg«, Italien 1966; »Liebesvögel«, Regie: Mario Caiano, Italien 1969; »Komm süßer Tod«, 1969; »Das weite Land« (nach Schnitzler), Regie: Peter Beauvais, 1970.
Theater: Anatol in Schnitzlers »Frage an das Schicksal«, Saint Just in Büchners »Dantons Tod«, Oswald in Ibsens »Gespenster«, Titelrolle in Hofmannsthals »Der Schwierige«, und in »Stunde der Bewährung«, jeweils an den vorgenannten Bühnen bis 1970.
Fernsehen: »Transplantation«, ARD 1970; »Die Fliege und der Frosch«, ARD 1971; »Amouren« (nach Coward), Regie: Korbinian Köberle, ZDF 1974; »Das Glas Wasser« (nach Scribe), Regie: Wolfgang Glück, ZDF 1976; »Teerosen«, mit Maria Schell, Regie: Rolf von Sydow, ZDF 1977.
Auszeichnungen: »Bambi« (BILD + FUNK) 1953–1961 (7 x); »Filmband in Gold« 1959; »Goldenes Verdienstkreuz für Wissenschaft und Kunst« der Republik Österreich 1960; »Europa-Preis«, Brüssel 1961; Ernennung zum Professor durch den Bundespräsidenten der Republik Österreich 1970; »Filmband in Gold« für langjähriges und hervorragendes Wirken im Deutschen Film; »Großes Verdienstkreuz« der Bundesrepublik Deutschland 1980.
Anschrift: Castello dei Pescatori, CH-6981 Vernate/Ticino, Schweiz.

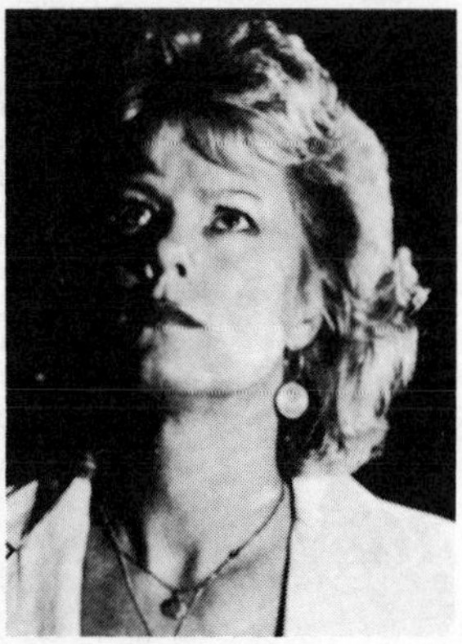

Lisa Fitz

Geb. 15. 9. 1951 als Tochter des Schauspielers, Komponisten, Texters und Produzenten Walter Fitz in Zürich; aufgew. in München; vom siebten bis zum vierzehnten Lebensjahr nahm sie Ballettunterricht, ab dem zehnten Lebensjahr Gitarrenunterricht; das Gymnasium verließ sie nach der siebten Klasse. Von 1970 bis 1973 besuchte sie in München eine Schauspielschule. Karriere machte sie zunächst als Sängerin bayerischer Pop-Musik. Es erschienen u.a. die Platten »I bin bläd« und »I mag Di«. Text und Musik ihrer Lieder schrieb sie meist selbst. Als Interpretin hatte sie zahlreiche TV-Auftritte. Als Schauspielerin ist sie seit 1974 tätig. Bühnen-Engagements hatte sie 1983–86 am Münchner Volkstheater, 1984 an den Münchner Kammerspielen, an den Städt. Bühnen Bonn und 1985 bei den Luisenburg-Festspielen Wunsiedel.
Frau Fitz spricht engl., franz.; sie ist verheiratet, hat ein Kind und lebt in Grafing bei München.
Theater: Rottin in Schönherrs »Glaube und Heimat«, mit Hans Brenner, Regie: Ruth Drexel, und in »Die heilige Hur'« (Solo-Programm), jeweils Münchner Volkstheater 1983/84; in Kroetz' »Nicht Fisch, nicht Fleisch«, Münchner Kammerspiele 1984; Susanne in Horváths »Figaro läßt sich scheiden«, Regie: Dieter Munck, Städt. Bühnen Bonn 1984; in »Ein Perser kommt selten allein«, mit ihrem Ehemann Ali Halmatogh (Kabarettprogramm), Münchner Volkstheater 1985; Titania in Shakespeares »Ein Sommernachtstraum«, und Elizabeth Proctor in Millers »Hexenjagd«, jeweils Luisenburg-Festspiele Wunsiedel 1985.
Fernsehen: »Der Wittiber« (von Ahlsen nach Thoma), Regie: Franz Peter Wirth, ZDF 1975; »Tatort«, Serie, und »Die Leute von Feichtenreuth« (von Burger), Regie: Franz Peter Wirth, ARD 1976; »Zeit zum Aufstehn« (nach August Kühn), Regie: Ludwig Cremer, 2 Teile, ZDF 1978; »Heimat«, Buch und Regie: Franz Xaver Kroetz, ARD 1980; »Mein Freund, der Scheich«, Regie: Rainer Erler, ARD 1981; »Freitag's Abend«, Serie, ARD 1984; Hilde in »Hildes Endspiel – Eine Vorstadtballade«, Regie: Franz Peter Wirth, ZDF 1984.
Als Sängerin trat sie u.a. auf in: »Hätten Sie heut' Zeit für mich?« (ZDF) und »Musik aus Studio B« (ARD).
Ferner moderierte sie die »Bayerische Hitparade«.
Anschrift: Bürgerlingerstraße 1, 8018 Grafing.

Peter Fitz

Geb. 8. 8. 1931 in Kaiserslautern; dort aufgew.; nach der Schule absolvierte er die Schauspielschule des Deutschen Schauspielhauses Hamburg. Sein Debüt gab er an den Städt. Bühnen Mainz. Es folgten Engagements am Schleswig-Holsteinischen Landestheater in Schleswig und in Rendsburg, an den Städt. Bühnen Osnabrück und am Thalia-Theater Hamburg. Von 1960 bis 1970 stand er im Ensemble der Städt. Bühnen Frankfurt/Main. Seit 1970 ist er an der Schaubühne am Lehniner Platz (vormals: Halleschen Ufer) engagiert. Gastspiele gab er u.a. am Berliner Schloßpark-Theater und an der Freien Volksbühne Berlin. 1982 gründete er mit seinem Schauspieler-Kollegen Otto Sander die Zweiergruppe »rent-a-face«.
Fitz spricht engl.; er ist verheiratet, hat zwei Söhne und eine Tochter und lebt in Berlin.
Film: »Die Brüder«, Regie: Wolf Gremm, 1976; »Der Mann im Pyjama«, mit Elke Sommer und Otto Sander, 1981; »Wer spinnt denn da, Herr Doktor?«, Regie: Stefan Lukschy und Christian Rateuke, 1982.
Theater: Elia in Jahnns »Der staubige Regenbogen«, Regie: Erwin Piscator, Titelrolle in Forsters »Tom Paine«, Neoptolemos in Müllers »Philoktet«, und Titelrolle in Langes »König Johann« (nach Shakespeare), jeweils Städt. Bühnen Frankfurt/Main 1960–1970; Anführer der Anarchistengruppe in Wischnewskis »Optimistische Tragödie«, Jacques in Shakespeares »Wie es euch gefällt«, Moritz in Bodo Strauß' »Trilogie des Wiedersehens«, Aigisthos in »Die Orestie des Aischylos« (auch TV), Regie: jeweils Peter Stein, Kadmos in Euripides' »Die Bakchen«, und König in Shakespeares »Hamlet«, Regie: jeweils Klaus Michael Grüber, und Er 1 in Jandls »Aus der Fremde«, jeweils Schaubühne am Lehniner Platz Berlin seit 1970; Titelrolle in Braschs »Platonow« (nach Tschechow), Regie: Luc Bondy, 1979, und Mephisto in Goethes »Faust«, mit Bernhard Minetti, Regie: Klaus Michael Grüber, 1982, Freie Volksbühne Berlin; Titelrolle in Büchners »Woyzeck« (in Übernahme für Franz Xaver Kroetz), Münchner Kammerspiele 1984.
Am Zürcher Schauspielhaus führte er 1984/85 erstmals Regie in Frayns »Der nackte Wahnsinn«.
Fernsehen: »Der unanständige Profit«, Regie: Thomas Mitscherlich, ZDF 1977; »Notenkonferenz«, Regie: Karl-Heinz Deickert, ZDF 1979; »Der Mond scheint auf Kylenamoe« (selbst Drehbuchautor nach O'Casey), Regie: Jan Kauenhowen, ARD 1980; »Wer den Schaden hat«, Regie: Dieter Wedel, ZDF 1981; »Schwarz-Rot-Gold: Unser Land«, Regie: Dieter Wedel, ARD 1982; Stuckart in »Die Wannseekonferenz« (von Mommertz), Regie: Heinz Schirk, ARD 1984; »Schwarz-Rot-Gold: Nicht schießen«, mit Joachim Bissmeier, Regie: Dieter Wedel, ARD 1985.
Anschrift: c/o ZBF-Agentur Hamburg, Tonndorfer Hauptstraße 90, 2000 Hamburg 70.

Veronika Fitz

Geb. 27. 3. 1936 als achtes Kind einer Schauspielerfamilie in München; dort aufgew.; an der Kinderbühne ihrer Mutter hatte sie ihre ersten Auftritte. Nach ihrer Ausbildung an der Otto-Falckenberg-Schule München erhielt er sie ihr erstes Engagement an den Münchner Kammerspielen. Von 1960 bis 1970 spielte sie am Bayerischen Staatsschauspiel München, an der Freien Volksbühne Berlin unter Erwin Piscator, am Volkstheater im Sonnenhof München, an der Schaubühne am Halleschen Ufer Berlin und am Theater am Turm Frankfurt/Main. Von 1970 bis 1977 stand sie im Ensemble der Münchner Kammerspiele. Seither arbeitete sie freischaffend u.a. an der Freien Volksbühne Berlin, am Burgtheater Wien, am Schauspielhaus Düsseldorf und am Volkstheater München (seit 1984).
Frau Fitz lebt in Stockdorf bei München.
Film: »Die Geierwally« und »Hotel Allotria«, 1956; »Egon, der Frauenheld«, und »Das Wirtshaus im Spessart« (nach Hauff), mit Liselotte Pulver, Regie: Kurt Hoffmann, 1957; »Die Lindenwirtin vom Donaustrand« und »Zwei Matrosen auf der Alm«, 1958; »Röcke, Fräcke, Lederhosen«, 1959.
Theater: In Sternheims »Tabula rasa«, Regie: Hans Lietzau, und in diversen Einaktern von Ludwig Thoma, Bayerisches Staatsschauspiel München; in Horváths »Kasimir und Karoline«, Regie: Erwin Piscator, Freie Volksbühne Berlin, Regie: Peter Stein, Schaubühne am Halleschen Ufer Berlin, und am Theater am Turm Frankfurt/Main; in Wedekinds »Der Marquis von Keith«, mit Cordula Trantow, Regie: Dieter Giesing, in Shaws »Der Arzt am Scheideweg«, Regie: Rudolf Noelte, in Deichsels »Laß' ma's bleibn«, jeweils Münchner Kammerspiele;
Gina Ekdal in Ibsens »Wildente«, mit Werner Kreindl und Peter Fricke, Regie: Rudolf Noelte, Freie Volksbühne Berlin 1979; in Lautensacks »Hahnenkampf«, Regie: Ruth Drexel, Schauspielhaus Düsseldorf 1980; in Molières »Tartuffe«, mit Klaus Maria Brandauer, Regie: Rudolf Noelte, Burgtheater Wien 1981; Maria in Sperrs »Jagdszenen aus Niederbayern«, Regie: Harald Clemen, in Preses/Bechers »Der Bockerer«, mit Otto Schenk, in Sperrs »Koralle Meier«, in »Der Floriansblitz«, mit Beppo Brem, Regie: Franz Geiger, in Kusz' »A Rua is, Bua«, Regie: Ulrich Heising, Frau Naube in Deichsels »Loch im Kopf«, Regie: Klaus Weise, jeweils Volkstheater München 1984–1986.
Fernsehen: »Kleinbürger-Hochzeit«, mit Martin Benrath, Regie: Rainer Wolffhardt, ARD 1966; »Dieser Platonow« (nach Tschechow), Regie: Oswald Döpke, ZDF 1967; »Königlich bayerisches Amtsgericht« (von Lohmeier), mit Hans Baur, Serie, ZDF 1971; »Tatort«, Serie, ARD 1973; »Zeit zum Aufstehn« (nach August Kühn), Regie: Ludwig Cremer, 2 Teile, ZDF 1978; Bäuerin in »Der Millionenbauer« (von Franz Geiger), mit Walter Sedlmayr, Serie, und »Anton Sittinger« (nach Oskar Maria Graf), ARD 1979; Frau Meier in »Mensch Meier«, von, mit und unter der Regie von Franz Xaver Kroetz, »Der Garten« (nach Aspinall), mit Gert Fröbe und Elisabeth Bergner, Regie: Wolfgang Liebeneiner, und »Zeit genug«, mit Ernst Hannawald und Toni Berger, Serie, ARD 1982; »Flohmarkt«, Serie, und »Unsere schönsten Jahre« (von Franz Geiger), mit Uschi Glas und Elmar Wepper, Serie, ZDF 1983 und 1985; »Franz Xaver Brunnmayr«, mit Gustl Bayrhammer und Toni Berger, Regie: Ulrich König, 13 Teile, ARD 1985; »Die Hochzeit« (nach Thoma), Regie: Kurt Wilhelm, 2 Teile, BR III 1985; »Der Alte«, Serie, ZDF 1985.
Anschrift: c/o Agentur Lentz, Holbeinstraße 4, 8000 München 80.

Sigurd Fitzek

Geb. 24.12.1928 in Breslau; dort aufgew.; nach der Schule wollte er ursprünglich Landwirt werden. In München übernahm er später eine Reitschule. Seine Schauspielausbildung absolvierte er an der Otto-Falckenberg-Schule München. Von 1960 bis 1965 spielte er regelmäßig an der Kleinen Komödie München.
Einem größeren Publikum bekannt wurde er durch seine zahlreichen Auftritte beim Fernsehen; meist spielte er Rollen in Kriminalfilmen.
Fitzek spricht engl.; er ist verheiratet mit der Schauspielerin Maria Böhme, hat eine Tochter und lebt in München.
Film: »Deadlock«, mit Mario Adorf, Regie: Roland Klick, 1970.
Theater: In Goetz' »Hokuspokus«, in Osbornes »Erinnerst du dich«, und in Gardners »Tausend Clowns«, jeweils Kleine Komödie München 1960–1965.
Fernsehen: »Stahlnetz«, Regie: Jürgen Roland, Serie, 2 Folgen, ARD 1960 + 1961; »Mein oder dein« (nach Kanin), Regie: Franz Josef Wild, ARD 1964; »Fluchtversuch«, Regie: Theo Mezger, ARD 1965; »Fünfte Kolonne«, und »Die Schlacht bei Lobositz« (nach Hacks), Regie: Franz Peter Wirth, ARD 1968; »Alte Kameraden« (von Hurdalek nach Schulz), Regie: Franz Peter Wirth, und »Wer einmal aus dem Blechnapf frißt«, Regie: Fritz Umgelter, ARD 1969; »Der Kommissar«, mit Erik Ode, Serie, 4 Folgen, ZDF 1971–1974; »Das Kriminalmuseum«, Regie: Wolfgang Becker, Serie, 2 Folgen, ZDF 1972/73; »Dem Täter auf der Spur«, Regie: Jürgen Roland, Serie, ARD 1972; »Das Projekt Honnef«, Regie: Rudolf Nussgruber, ZDF 1977; »Tatort«, Regie: Fritz Umgelter, Serie, ARD 1977; »Aus einem deutschen Leben«, Regie: Theodor Kotulla, ARD 1979; »Derrick«, Serie, ZDF 1982; »Die große Kapitulation«, ZDF 1983.
Anschrift: c/o ZBF-Agentur München, Leopoldstraße 19, 8000 München 40.

Helmut Förnbacher

Geb. 26. 5. 1936 als Sohn eines Friseurmeisters in Basel; dort aufgew.; er absolvierte die Handelsschule mit dem Handelsdiplom. Die Schauspielschule Basel und das Max-Reinhardt-Seminar in Wien mußte er jeweils vorzeitig verlassen. Sein Film-Debüt gab er 1958. Als Regisseur drehte er mit 23 Jahren seinen ersten Streifen »Rosen auf Pump« (1960).
Erste Bühnen-Engagements hatte er an der Komödie Basel und am Schauspielhaus Zürich. Den Schwerpunkt seiner Tätigkeit legte er jedoch auf das Fernsehen, wo er seit 1959 in über 100 Produktionen mitwirkte. Er führt selbst häufig Theater- und TV-Regie. Er zeichnete verantwortlich u.a. für die 13 Folgen der ZDF-Reihe »Zwischen den Flügen« (1972). Seine letzten Bühnen-Engagements hatte er bei den Festspielen Heppenheim, am Grenzland-Theater des Kreises Aachen und in Basel.
Förnbacher spricht ital., franz., engl.; er ist seit 1975 verheiratet mit der Schauspielerin Kristina Nel und lebt in Muttenz bei Basel.
Film: »SOS – Gletscherpilot«, Regie: Victor Vicas, »Schüsse aus dem Geigenkasten«, und »Lampenfieber«, Regie: Kurt Hoffmann, 1958; »Rosen auf Pump«, Regie: Förnbacher selbst, 1960; »Der Mörder von Brooklyn«, und Er in »Schonzeit für Füchse«, mit Monika Peitsch, Regie: Peter Schamoni, 1966; »Sommersprossen«, Regie: Förnbacher selbst, 1968; »Köpfchen in das Wasser, Schwänzchen in die Höh'!«, 1969. Regie führte er u.a. auch in »Beiß mich, Liebling«, 1970.
Theater: (aus den letzten Jahren) Don Cesar in Calderons »Das Versteck«, Regie: Hans Richter, und in Shaws »Helden«, mit Kristina Nel, Festspiele Heppenheim 1975/76; in Hofmannsthals »Jedermann«, mit William Berger, 1980, und in Goethes »Die Mitschuldigen«, mit Kristina Nel, Regie: Förnbacher selbst, 1982, jeweils Basel; in Shaws »Don Juan in der Hölle« (»Mensch und Übermensch«), in Williams' »Die Katze auf dem heißen Blechdach«, und in »Frau Warrens Gewerbe«, jeweils mit Kristina Nel, Grenzland-Theater des Kreises Aachen 1980–1984.
Fernsehen: Schwarz in »Die Räuber« (nach Schiller), Regie: Fritz Umgelter, ARD 1959; »Der Schlagbaum« (nach Carroll), und »Am grünen Strand der Spree« (nach Scholz), Regie: Fritz Umgelter, ARD 1960; »Rosalinde« (nach Barrie), ORF 1961; »Das Echo« (nach Willems), und »Das Glück läuft hinterher« (nach Lommer), Regie: Peter Beauvais, ARD 1963; »Asmodée« (nach Mauriac), Regie: Wilm ten Haaf, Benvoglio in »Romeo und Julia« (nach Shakespeare), und »Sechs Personen suchen einen Autor« (nach Pirandello), ARD 1964; »Mariana Pineda« (nach Lorca), »Nun singen sie wieder« (nach Frisch), »Die Katze im Sack« (von Menge nach Chase), Regie: Jürgen Roland, und Klaus Buchner in »Forellenhof« (von Wuttig), mit Hans Söhnker, Jane Tilden, Gerhart Lippert, Helga Anders und Karin Hardt, Serie, ARD 1965; »Das Leben meines Bruders« (nach Winiewicz), und »Königliches Abenteuer« (nach Biller), ARD 1966; »Prager Legende« (nach Zyder), ZDF 1967; »Schleicher – General der letzten Stunde« (nach Pigge), ARD 1967; »Feldwebel Schmid« (von Adler/Wiemuth), und »Kirschen für Rom« (nach Hömberg), ZDF 1968; Robert Kennedy in »Die Kuba-Krise 1962« (von Peter von Zahn), ZDF 1969; »Frei nach Mark Twain«, mit Peter Frankenfeld, 13 Folgen, ZDF 1970; »Der Monddiamant« (nach Collins), mit Anita Lochner, Regie: Wilhelm Semmelroth, 2 Teile, und »Die ungeliebte Frau« (nach Courths-Mahler), ARD 1974; »Bratkartoffeln inbegriffen«, mit Volkert Kraeft, ZDF 1975; »Barfuß im Park« (nach Simon), Regie: Arno Assmann, und »Die Schlafzimmer«, Regie: Wolfgang Spier, ARD 1980; »Alberta und Alice oder Die Unterwerfung« (nach Italo Svevo), Regie: Wilm ten Haaf, ARD 1981; »Herr Herr«, Regie: Nicolas Gessner, ARD 1982; »Montagsgeschichten«, Regie: Wilhelm Semmelroth, Serie, ARD 1984; »Es muß nicht immer Mord sein«, Serie, und »Gauner im Paradies« (von Matray), Regie: Thomas Fantl, ZDF 1985.
Anschrift: c/o Agentur Köhler, Rümannstraße 51, 8000 München 40.

Bert Fortell

Geb. 18. 9. 1924 in Baden bei Wien; dort aufgew.; nach dem Besuch des Konservatoriums Wien studierte er einige Semester Chemie. Nach dem Krieg war er 1945 zunächst Autohändler, bevor er eine Schauspielschule absolvierte. Bühnenengagements hatte er u.a. am Theater in der Josefstadt Wien (jeweils Rollen seines Fachs).

Fortell spricht engl.; er ist verheiratet, hat zwei Söhne und lebt in Wien.

Film: »Almenrausch und Edelweiß«, Regie: Harald Reinl, 1957; »Der Sündenbock von Spatzenhausen«, mit Hans Moser, Regie: Herbert B. Fredersdorf, 1958.

Fernsehen: »Ein treuer Diener«, »Attentat«, »Zar und Zimmermann«, »An einem einzigen Tag«, »Am Galgen hängt die Liebe«, »Der Tod des Engelbert Dollfuß«, jeweils ARD/ZDF/ORF bis 1977; »Tatort«, Regie: Wolfgang Glück, ARD 1981; »Der gute Engel«, von und mit Fritz Eckhardt, Regie: Kurt Junek, ARD 1985; »Via Mala« (nach Knittel), mit Mario Adorf, Regie: Tom Toelle, 3 Teile, ZDF 1985.

Anschrift: c/o Agentur Jovanovic, Perfallstraße 6, 8000 München 80, oder Oberkirchgasse 37, A-1190 Wien.

Pierre Franckh

Geb. 1. 5. 1953 als Sohn des Regisseurs Hans-Heinz Franckh in Heilbronn; aufgew. in München; schon mit drei Jahren stand er als Pud in Osbornes »Der Tod im Apfelbaum«, einer Inszenierung seines Vaters, auf der Bühne; noch als Schüler war er auch in Shakespeares »Macbeth« und Goethes »Faust« am Bayerischen Staatsschauspiel zu sehen; Abitur; er besuchte keine Schauspielschule; seit 1958 wirkte er in mehreren Kinofilmen mit, seit 1963 spielte er Boulevard-Theater.

Franckh spricht engl.; er ist verheiratet und lebt in München.

Film: »Verbrechen nach Schulschluß«, mit Christian Wolff, Regie: Alfred Vohrer, 1958; »Das Haus in Montevideo« (nach Goetz), mit Heinz Rühmann und Ruth Leuwerik, 1963, und »Lausbubengeschichten« (nach Thoma), mit Elisabeth Flickenschildt und Hansi Kraus, 1964, Regie: jeweils Helmut Käutner; »Pepe, der Paukerschreck«, Regie: Harald Reinl, 1968; »Hurra, die Schule brennt«, mit Peter Alexander, Regie: Werner Jacobs, 1969; »Sonntagskinder«, mit Senta Berger, Regie: Michael Verhoeven, 1979.

Theater: In Guitrys »Mein Vater hatte recht«, in Roussins »Die Schule der Ehe« und in Davenports »Belvedere«, jeweils Kleine Komödie München 1963; Jakob in Halbes »Der Strom«, Tournee 1981/82; Hubert in »Der Mann im Gästezimmer«, Komödie im Marquardt Stuttgart.

Fernsehen: Frank in »Spielplatz« (nach Popplewell), Regie: Wilm ten Haaf, ARD 1966; »Der Kommissar«, mit Erik Ode, Serie, 5 Folgen, ZDF 1968–1974; »Die Powenzbande«, Regie: Michael Braun, 4 Teile, ARD 1973; »Block 7«, Regie: Hartmut Griesmayr, 7 Teile, ZDF 1975; »Eichholz und Söhne«, Regie: Michael Braun, 13 Folgen, ZDF 1976; »Tatort«, Regie: Wolfgang Staudte, »Bier und Spiele«, Regie: Michael Verhoeven, 14 Folgen, und Moderation in »Hit-Kwiss«, 9 Folgen, ARD 1977; »Notwehr« (von Bernd Schröder), ZDF 1977; »Was wären wir ohne uns«, Regie: Ulrich Schamoni, 4 Teile, und »Trennung oder Die Geschichte der Anna Wildermuth«, Regie: Peter Beauvais, ARD 1979; »Derrick«, Serie, 5 Folgen, ZDF 1979–1981; »Der Alte«, Serie, 3 Folgen, ZDF 1979–1983; »Zeit genug«, mit Ernst Hannawald, Serie, ARD 1982; Kriminalassistent in »Tatort«, Serie, 3 Folgen, ARD 1982–1984; »Der Eimer und die Mona Lisa«, mit Hans Korte, ZDF 1983; »Gefährliches Spiel«, Regie: Theo Mezger, ARD 1983; »Vor dem Sturm«, Regie: Franz Peter Wirth, 5 Teile, ARD 1984; »Bis später – ich muß mich erschießen« (nach Erdmann), Regie: Vojtech Jasny, ZDF 1984; »Tatort«, Serie, ARD 1985; »Derrick«, Serie, und »Unsere schönsten Jahre« (von Geiger), mit Uschi Glas und Elmar Wepper, Regie: Michael Braun, Serie, ZDF 1985.

Anschrift: c/o ZBF-Agentur München, Leopoldstraße 19, 8000 München 40.

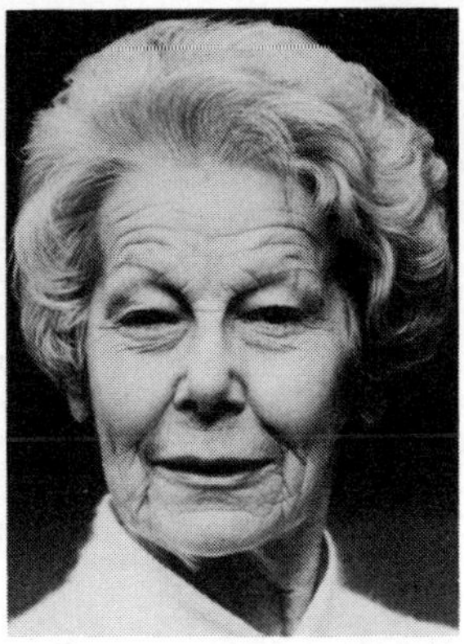

Ellen Frank

Geb. 9. 3. 1904 in Aurich/Ostfriesland; dort, in Köln und in Hannover aufgew.; nach dem Lyzeum und der Handelsschule war sie zunächst als Sekretärin in einer Konzertagentur beschäftigt. Im Jahre 1921/22 verstarben ihre Eltern. Der Vormund ließ sie 1922 für mündig erklären, und so konnte sie ihren Wunsch verwirklichen und Tänzerin (Ausbildung bei Mary Wigman) werden. Nach drei Jahren gab sie das Tanzen auf, ging nach Berlin und absolvierte die Schauspielschule von Erwin Piscator, an dessen Volksbühne sie 1926 auch debütierte. Engagements am Kleinen Theater unter den Linden Berlin, am Stadttheater Würzburg, an der Komödie Dresden sowie erneut an der Volksbühne Berlin (1932) folgten.

Frau Frank, die sehr eng mit Erich Kästner, Waldemar Bonsels, Alfred Döblin und Lion Feuchtwanger (er schrieb für sie das Chanson: »99 von 100«) befreundet war, machte ab 1932 umfangreich Kabarett, u.a. bei Friedrich Hollaenders »Tingel Tangel« (mit Marlene Dietrich), an der »Katakombe« (mit Werner Finck), beim »Kabarett der Komiker« sowie in München bei »Gustl Annast«, an Adolf Gondrells »Bonbonniere« (1938) und an der »Schaubude« (1945). Sie trat auch mit Soloprogrammen und Chansons auf.

Ihr Filmdebüt gab sie 1934 neben und unter der Regie von Gustav Fröhlich in dem ungarischen Streifen »Rakoczi-Marsch«. Nach ihrer Heirat (1939) unterbrach sie ihre Schauspielerkarriere von 1945 bis 1960. Seither hatte sie Bühnenengagements u.a. am Bayerischen Staatsschauspiel, an den Kammerspielen und am T(h)eater in der Briennerstraße in München sowie bei Theaterfestivals und Tourneen.

Frau Frank spricht engl., franz., ital.; sie ist geschieden, hat eine Tochter (Evelyn) und lebt in München.

Film: »Peer Gynt« (nach Ibsen), mit Hans Albers, und »So ein Flegel«, mit Heinz Rühmann, Regie: Robert A. Stemmle, 1934; »Lockspitzel Asew«, mit Fritz Rasp und Wolfgang Liebeneiner, und »Heinz im Mond«, mit Heinz Rühmann, 1935; »Außenseiter«, mit Heinz Rühmann, und »Familienparade«, mit Curd Jürgens, 1936; »Mädchen für alles«, mit Grete Weiser, Regie: Karl Boese, »Lustige Weiber«, und »Das Mädchen vom Moorhof«, Regie: Detlev Sirk, 1937; »Gold für New Frisco«, mit Hans Söhnker, Regie: Paul Verhoeven, 1939; »Sonntage des Lebens«, mit Danielle Darrieux, Frankreich 1965; »Lina Braake«, mit Lina Carstens, Regie: Bernhard Sinkel, 1975.

Theater: Amalie in Schillers »Die Räuber«, Regie: Erwin Piscator, 1926, und in der Uraufführung von Döblins »Die Ehe«, mit Ernst Busch, 1932, jeweils Volksbühne Berlin; in Müllers »Clubleute», und in Mons' »Hasenklein kann nichts dafür«, jeweils Kleines Theater unter den Linden 1926/27; in Kaisers »Zwei Krawatten«, Komödie Dresden 1928/29; in Ionescos »Die Nashörner«, und in Thomas »Die Moral«, jeweils Bayerisches Staatsschauspiel München 1960/61; in »Ehe in Paris«, T(h)eater in der Briennerstraße München 1963; in Goetz' »Der Lügner und die Nonne«, und in Guitrys »Nicht zuhoren, meine Damen«, jeweils mit Hans-Joachim Kulenkampff, in Wildes »Ein idealer Gatte«, jeweils Tournee; in der Uraufführung von Dürrenmatts »Die Panne«, Regie: Friedrich Dürrenmatt selbst, Wilhelmsbad 1979; in »Steaming«, Theaterfestival München 1983.

Fernsehen: »Der Kommissar«, mit Erik Ode, Serie, ZDF 1969; »Tatort«, Serie, ARD 1970; »Die alte Dame«, 9 Teile, ARD 1970/71 »Memento Mori«, Regie: Ludwig Cremer, ARD 1973; »Der schwarze Storch«, mit Franz Schafheitlin, Regie: Herbert Ballmann, ZDF 1976; »Die Panne« (nach Dürrenmatt), Regie: Ettore Cella, SRG 1981; »Versuchung«, Regie: Krzystof Zanussi, ARD 1982; »Gespenstergeschichten«, Serie, ARD 1983; Titelrolle in »Der Traum der taubengrauen Schwester«, und »Matt in 13 Zügen«, mit Gudrun Landgrebe und Mathieu Carrière, Regie: Stanislav Barabas, 13 Teile, ARD 1984, »Ein Fall für zwei«, Serie, ZDF 1984; »Gespenstergeschichten«, Regie: Wolfgang Panzer, Serie, ARD 1985.

Auszeichnung: »Beste weibliche Nebenrolle des Jahres 1934«, Auszeichnung durch das Berliner Tageblatt.

Anschrift: c/o Agentur Wiedner, Destouchesstraße 32, 8000 München 40, oder Eisenacher Straße 2, 8000 München 40.

Horst Frank

Geb. 28. 5. 1929 als Kaufmannssohn in Lübeck; aufgew. in Hamburg; nach der mittleren Reife absolvierte er eine kaufmännische Lehre in einem Import-Export-Geschäft. Sein Schauspielstudium an der staatl. Hochschule für Musik und Theater (1947–1949) finanzierte er sich durch Tätigkeiten als Nachtwächter, Babysitter und Dekorateur. Obwohl er die erste Abschlußprüfung seines Schauspielstudiums nicht bestand, erhielt er 1950 ein erstes Engagement an den Bühnen der Hansestadt Lübeck, wo er als Dauphin in Shaws »Die heilige Johanna« debütierte. Verpflichtungen an den Bühnen der Stadt Bonn (1952/53) und am Stadttheater Basel (1954/55) folgten. In dieser Zeit gastierte er ferner am Stadttheater Aachen und am Staatstheater Kassel. In Baden-Baden trat er 1955 sowohl ein Engagement beim Südwestfunk als auch beim Stadttheater an.

Sein Film-Debüt gab er 1957. Den Schwerpunkt seiner Arbeit setzte er zudem beim Fernsehen. Er verkörperte bislang über 300 Rollen. Nebenher machte er zahlreiche Theatertourneen und gastierte u.a. am Bernhard-Theater in Zürich (1983/84).

Frank spricht engl., franz.; er ist in vierter Ehe mit der Schauspielerin Brigitte Kollecker verheiratet. Aus seiner ersten Ehe hat er einen Sohn, aus seiner zweiten Ehe mit der Schauspielerin Chariklia Baxevanos eine Tochter. Der Künstler lebt in Hamburg.

Film: »Der Stern von Afrika«, Regie: Alfred Weidenmann, und »Haie und kleine Fische«, mit Hansjörg Felmy, Regie: Frank Wisbar, 1957; »Der Greifer«, mit Hans Albers, Regie: Eugen York, »Blitzmädels an die Front«, Regie: Werner Klingler, »Das Mädchen Rosemarie«, Regie: Rolf Thiele, »Das Mädchen vom Moorhof«, Regie: Gustav Ucicky, »Meine 99 Bräute«, Regie: Alfred Vohrer, und »Schwarze Nylons – heiße Nächte«, Regie: Alfred Braun, 1958; »Hunde, wollt ihr ewig leben«, Regie: Frank Wisbar, »Abschied von den Wolken«, Regie: Gottfried Reinhardt, »Die Nackte und der Satan«, Regie: Victor Trivas, und »Bumerang«, Regie: Alfred Weidenmann, 1959; »Die Katze zeigt die Krallen«, Regie: Henri Decoin, Frankreich 1959; »Wölfe in der Tiefe«, Regie: Silvio Amadio, Italien/Frankreich 1959; »Die zornigen jungen Männer«, Regie: Wolf Rilla, »Kein Engel ist so rein«, Regie: Wolfgang Becker, und »Fabrik der Offiziere« (nach Kirst), Regie: Frank Wisbar, 1960; »Die Nacht der Liebenden«, Regie: Claude Autant-Lara, Frankreich/Italien 1960; »Treibjagd auf ein Leben«, Regie: Ralph Lothar, und »Unser Haus in Kamerun«, Regie: Alfred Vohrer, 1961; »Die Liebe ist ein seltsames Spiel«, Regie: Hans Grimm, Spanien 1961; »Haß ohne Gnade«, Regie: Ralph Lothar, 1962; »Heißer Hafen Hongkong«, Regie: Jürgen Roland, BRD/Frankreich/Italien 1962; »Zwischen Schanghai und St. Pauli«, Regie: Wolfgang Schleif, BRD/Italien 1963; »Mein Onkel, der Gangster«, Regie: Georges Lautner, BRD/Frankreich/Italien 1963; »Flußpiraten vom Mississippi«, Regie: Jürgen Roland, BRD/Frankreich 1963; »Die Tote von Beverly Hills«, Regie: Michael Pfleghar, 1964; »Die Diamantenhölle am Mekong«, Regie: Frank Kramer, »Das Geheimnis der chinesischen Nelke«, Regie: Rolf Zehetgruber, und »Die Goldsucher von Arkansas«, Regie: Paul Martin, BRD/Frankreich/Italien 1964; »Die letzten Zwei vom Rio Bravo«, Regie: Mario Caiano, BRD/Italien/Spanien 1964; »Die schwarzen Adler von Santa Fe«, Regie: Ernst Hofbauer, »Der Fluch des schwarzen Rubin«, Regie: Manfred Köhler, und »Die letzten Drei der Albatros«, Regie: Wolfgang Becker, BRD/Italien/Frankreich 1965; »Das Geheimnis der drei Dschunken«, Regie: Ernst Hofbauer, BRD/Italien 1965; »Um null Uhr schnappt die Falle zu«, Regie: Harald Philipp, BRD/Frankreich 1966; »Fünf vor 12 in Caracas«, Regie: Marcello Baldi, BRD/Italien/Frankreich 1966; »Die Rache des Dr. Fu Man Chu«, Regie: Jeremy Summers, BRD/Großbritannien 1967; »Geheimnisse in goldenen Nylons«, Regie: Christian-Jaque, Frankreich 1967; »Eine Handvoll Helden«, Regie: Fritz Umgelter, 1967; »Fünf gegen Casablanca«, Regie: Umberto Lenzi, und »Django und die Bande der Gehenkten«, Regie: Ferdinando Baldi, Italien 1967; »Django – Die Totengräber warten schon« und »Django – Ein Sarg voll Blut«, Italien 1968; »Le paria«, Frankreich/Spanien 1968; »Così dolce ... così perversa«, Regie: Umberto Lenzi, Italien/BRD 1969; »Cathérine – Ein Leben für die Liebe«, Regie: Bernard Borderie, Frankreich/Italien/BRD 1969; »Die Engel von St. Pauli«, Regie: Jürgen Roland, 1969; »Frisch, fromm, fröhlich, frei«, Regie: Rolf Thiele, und »Das Glöcklein unterm Himmelbett«, Regie: Hans Heinrich, 1970; »Und Jimmy ging zum Regenbogen« (nach Simmel), Regie: Alfred Vohrer, und »Der scharfe Heinrich – Die bumsfidelen Abenteuer einer jungen Ehe«, Regie: Rolf Thiele, 1971; »Die neunschwänzige Katze«, Regie: Dario Argento, Italien/Frankreich/BRD 1971; »Fluchtweg St. Pauli«, Regie: Wolfgang Staudte, 1972; »Das Geheimnis des gelben Grabes«, Regie: Armando Crispino, BRD/Italien/Jugoslawien 1972; »Drei Vaterunser für vier Halunken«, Regie: Giancarlo Santi, Italien 1972; »Vier Fäuste schlagen wieder zu«, Regie: Franceso Baldi, Italien 1974; »Das Amulett des Todes«, Regie: Ralf Gregan, 1974; »Auch Mimosen wollen blühen«, Regie: Helmut Meewes, und »Der flüsternde Tod«, Regie: Jürgen Goslar, 1975; »Rosemaries Tochter«, Regie: Rolf Thiele, 1976; »Das Gesetz des Clans«, Regie: Eugen York, und »Operation Ganymed«, Regie: Rainer Erler, 1977; »Das Traumhaus«, Regie: Ulrich Schamoni, 1980.

Theater: Bruno Mechelke in Hauptmanns »Die Ratten«, Charles in Anouilhs »Jeanne oder Die Lerche«, Happy in Millers »Der Tod des Handlungsreisenden«, und in »Bleib doch zum Frühstück«, jeweils an den vorgenannten Bühnen.

Fernsehen: »Die Geschichte vom Soldaten«, SRG 1955; »Wo die Liebe ist, ist auch Gott«, Regie: Hannes Tannert, und »Geschwader Fledermaus«, Regie: Frank Lothar, ARD 1955; »Der kleine Friedländer«, Regie: Peter A. Horn, »Kolibri – Eine Magazingeschichte« (nach Hudis), und »Schatten in der 3. Avenue«, Regie: jeweils Peter Beauvais, ARD 1956; »Schinderhannes« (nach Zuckmayer), und »Bei Tag und bei Nacht oder Der Hund des Gärtners« (nach Lope de Vega), Regie: jeweils Peter Beauvais, ARD 1957; »Blick von der Brücke« (nach Miller), Regie: Leo Mittler, ARD 1958; »Ein wahrer Held«, Regie: Hans Lietzau, ARD 1960; »Der Tod des Handlungsreisenden« (nach Miller), Regie: Michael Kehlmann, ARD 1963; »Apfelsinen«, Regie: Kurt Wilhelm, ARD 1966; »Caligula« (nach Camus), Regie: Ludwig Cremer, ZDF 1966; »Der Kommissar«, mit Erik Ode, Serie, 4 Folgen, ZDF 1969–1974; »Emilia Galotti« (nach Lessing), Regie: Ludwig Cremer, ARD 1970; »Die Journalistin«, mit Marianne Koch, Regie: Georg Tressler, 13 Folgen, und »Unter Kuratel«, Regie: Ludwig Cremer, ZDF 1970; »Die Nacht von Lissabon«, Regie: Zbynek Brynych, ZDF 1971; »Dem Täter auf der Spur«, Regie: Jürgen Roland, Serie, 2 Folgen, ARD 1971/72; »Der Vorgang«, Regie: Fritz Umgelter, »Vabanque«, Regie: Heinz Wilhelm Schwarz, und »Hallo und Adieu«, Regie: Ludwig Cremer, ARD/ZDF 1973; »Der Scheck heiligt die Mittel« (nach Kolarz), Regie: Peter Schulze-Rohr, 2 Teile, »Cautio criminalis« (von Wolfgang Lohmeyer), Regie: Hagen Mueller-Stahl, und »Die Herbstzeitlosen«, Regie: Dagmar Damek, ZDF 1974; »Tausend Francs Belohnung« (nach Hugo), Regie: Günter Gräwert, ARD 1974; »Schließfach 763«, Regie: Wolfgang Staudte, und »Spiel zu zweit«, Regie: Ludwig Cremer, ZDF 1975; »Derrick«, Serie, 3 Folgen, ZDF 1976–1983; »Klimbim«, Regie: Michael Pfleghar, Serie, und »Der Winter, der ein Sommer war« (nach Paretti), mit Christian Quadflieg, Regie: Fritz Umgelter, 3 Teile, ARD 1976; »Der Heiligenschein«, Regie: Heinz Schirk, ARD 1977; »Das Lamm des Armen« (nach Zweig), Regie: Oswald Döpke, ZDF 1977; »Jean Paul: Dr. Katzenbergers Badereise«, Regie: Gert Winkler, »Die Geburt eines Waisenkindes«, Regie: Heinz Schirk, und »Wunnigel«, Regie: Oswald Döpke, ZDF 1978; Satan in »Timm Thaler« (von Pfaue), mit Tommi Ohrner, Richard Lauffen und Bruni Löbel, Regie: Sigi Rothemund, 13 Folgen, ZDF 1978/79; »Der Alte«, Serie, ZDF 1979; »Warnung aus dem Käfig« (von Peter von Zahn), »Sonderdezernat K 1«, Serie, und »Flächenbrand« (nach von der Grün), Regie: Alexander von Eschwege, ARD 1981; »Das Traumschiff«, Regie: Fritz Umgelter, Serie, ZDF 1982; Dämon in »Mandara« (von Pfaue), Regie: Franz Josef Gottlieb, 13 Teile, und Minister Linant-Bey in »Der Mann von Suez«, mit Guy Marchand, Regie: Christian-Jaque, 4 Teile, ZDF 1983; Burford in »Der Besuch« (nach Durbridge), Regie: Jürgen Roland, ZDF 1984; »Es war ein bißchen laut«, Buch + Regie: Wolfgang F. Henschel, ZDF 1985.

Auszeichnungen: Preis der deutschen Filmkritik 1958; Ehrenbürgerwürde der franz. Stadt Cognac 1973.

Anschrift: c/o Agentur Lentz, Holbeinstraße 4, 8000 München 80.

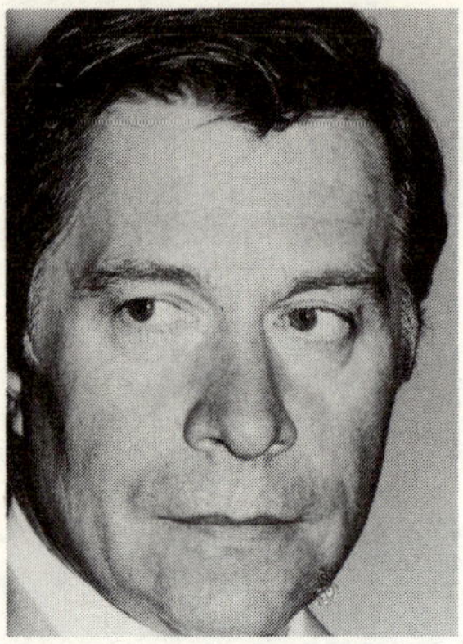

Robert Peter Freitag

(eigentlich: Robert Peter Freytag)

Geb. 7. 4. 1916 als Sohn des Opernsängers Otto Freytag in Wien; dort aufgew.; nach dem Besuch des Realgymnasiums absolvierte er das Max-Reinhardt-Seminar in Wien. Vor seiner Tätigkeit als Schauspieler arbeitete er von 1932 bis 1938 in verschiedenen Berufen, u.a. als Bergführer (auch Militärdienst bei der schweiz. Hochgebirgstruppe).
Bühnenstationen (u.a.): Schauspielhaus Zürich (1941–1952), Salzburger Festspiele (ab 1949), Deutsches Schauspielhaus Hamburg, Kleine Komödie München und Hamburger Kammerspiele (1975). Anfang der 60er Jahre gründete er zusammen mit Maria Becker und Will Quadflieg »Die Schauspieltruppe Zürich«. Dieses Tourneetheater leitet er mit Maria Becker (beide sind auch Rechtsträger). Er verkörperte alle Rollen seines Fachs aus Klassik und Moderne und führt umfangreich Regie.
Sein Film-Debüt gab er 1941 in den Streifen »Bider der Flieger«. Seither wirkte er in über 40 Produktionen mit. Beim Fernsehen wirkt er seit 1966.
Freitag spricht engl., franz., ital.; er ist in zweiter Ehe verheiratet mit der Schauspielerin Maria Sebaldt. Seiner ersten Ehe mit der Schauspielerin und Regisseurin Maria Becker entstammen die drei Söhne Christoph, Oliver und Benedikt. Seine Söhne Oliver Tobias und Benedikt Freitag (Titelrolle in Kaisers »Der Gärtner von Toulouse«, mit Hildegard Knef, Regie: Günter Gräwert, ARD 1982) wählten ebenfalls den Schauspielerberuf. Freitag lebt in München.
Film: »Bider der Flieger«, und »Liebe ist zollfrei«, Regie: E.W. Emo, 1941; »Wilder Urlaub«, 1943; »Die Frau am Wege«, 1948; »Es liegt was in der Luft« und »Angela«, 1950; »Entscheidung im Morgengrauen«, Regie: Anatole Litvak, USA 1951; »Das Dorf unterm Himmel«, 1952; »Carnival Story«, 1953; »Eine Frau von heute«, »Conchita«, »Geliebtes Fräulein Doktor« und »Der schweigende Engel«, 1954; »Wenn der Vater mit dem Sohne«, mit Heinz Rühmann und Oliver Grimm, Regie: Hans Quest, »Der 20. Juli«, Regie: Falk Harnack, »Ich weiß, wofür ich lebe«, Regie: Paul Verhoeven, »Flucht in die Dolomiten« und »Frauen um Richard Wagner«, 1955; »Der erste Frühlingstag«, mit Gustav Fröhlich, Regie: Helmut Weiss, »Heiße Ernte«, »Von der Liebe besiegt«, Regie: Luis Trenker, und »Der Meineidbauer«, 1956; »Die Auferstehung«, Regie: Rolf Hansen, BRD/Italien/Frankreich 1958; »SOS – Gletscherpilot«, 1958.
Fernsehen: (zuletzt) »Rot-Rot-Tot« (aus der Reihe: »Tatort«), mit Curd Jürgens, Regie: Theo Mezger, ARD 1977; »Der Friede von Locarno« (von Adler), mit Hans Korte, Regie: Eberhard Itzenplitz, ZDF 1978; »Mit Gewissenhaftigkeit und Würde« (von Scheibler), Regie: Eberhard Itzenplitz, ARD 1981; Goethe in »Euch darf ich's wohl gestehen«, Buch + Regie: Egon Günther, ARD 1982; »Blaubart« (nach Frisch), mit Vadim Glowna und Vera Tschechowa, Regie: Krzysztof Zanussi, ARD 1984; »Der Schiedsrichter«, mit Wolfgang Kieling, Regie: Rolf von Sydow, und »Streng vertraulich« (von Prince), mit Maria Schneider, Regie: John Goldschmidt, ZDF 1985.
Anschrift: c/o Agentur Lentz, Holbeinstraße 4, 8000 München 80.

Thomas Freitag

Geb. 17. 6. 1950 als Sohn eines Ingenieurs; er besuchte das Gymnasium und die Wirtschaftsoberschule; anschließend absolvierte er eine Ausbildung zum Bankkaufmann und war kurze Zeit in diesem Beruf tätig. Bei Carlo Fuß in Stuttgart begann er 1974 eine umfassende Schauspielausbildung. Sein erstes Engagement erhielt er 1975 am Stuttgarter Renitenz-Theater. Von 1975 bis 1977 gehörte er zum Ensemble des Stadttheaters Gießen; seither ist er Mitglied des Düsseldorfer Kabaretts »Das Kom(m)ödchen« unter Kay Lorentz.
Soloprogramme gestaltet er seit 1976, vier davon am »Kom(m)ödchen«. Bekannt wurde er dem breiten Publikum neben Übertragungen aus dem Theater vor allem durch seine gelungenen Parodien deutscher Spitzenpolitiker. (Im Repertoire u.a.: Willy Brandt, Franz Josef Strauß, Herbert Wehner, Helmut Kohl, Hans Maier und Hans Dietrich Genscher). Seine Texte schreibt Freitag großenteils selbst.
Freitag spricht engl., franz.; er ist ledig und lebt in Köln.
Film: »Hier und Heilig«, Regie: Cornelia Schlingmann.
Theater: In sechs Programmen des Düsseldorfer »Kom(m)ödchen«, mit Lore Lorentz; Soloprogramme (u.a.): »Comeback mit Schiller«, 1981, »... und sie bewegt sich doch«, 1983, und »Wer kommt mit durchs Nadelöhr?«, 1985; mit nahezu allen Programmen war er auf Tournee und im Fernsehen (ARD).
Fernsehen: Neben den Kabarettprogrammen des Düsseldorfer »Kom(m)ödchen« ferner: »Scheibenwischer«, mit Dieter Hildebrandt, Serie, ARD 1983; »Menschen '84«, mit Frank Elstner, ZDF 1985.
Seit 1984 hat er seine eigene satirische Reihe »Freitag's Abend – Medienkunde für Anfänger« (zunächst 10 Folgen, ARD). Als Mediendozent nimmt er Sendungen von Kollegen aufs Korn und schlüpft selbst in zahllose Rollen. Sketchpartner waren bislang u.a. Hans Clarin, Karin Eickelbaum, Lisa Fitz, Astrid Jacob, Veronika Faber und Helmut Brasch. Die Idee zur Sendereihe hatte der Kölner Chanson-Texter (Milva, Herman van Veen) und TV-Berater (»Am laufenden Band«, »Wetten daß ...?;«) Thomas Woitkewitsch, der auch selbst Beiträge liefert. Regie führt Heinz Liesendahl.

Anschrift: c/o Das Kom(m)ödchen, Bolkerstraße 44, 4000 Düsseldorf, oder c/o Norbert Michulsky, Wachtelweg 7, 4047 Dormagen.

Erik Frey

Geb. 1. 3. 1908 als Sohn eines Zahnarztes in Wien; dort aufgew.; nach dem Abitur am Wiener Schottengymnasium absolvierte er eine Schauspielausbildung bei Albert Heine. Sein Debüt gab er 1927 am Deutschen Volkstheater Wien. Engagements an den Bühnen der Hansestadt Bremen, am Deutschen Schauspielhaus Hamburg, am Thalia-Theater Hamburg, an den Preußischen Staatstheatern Berlin und am Deutschen Theater Prag folgten. Seit 1935 gehört er zum Ensemble des Theaters in der Josefstadt Wien. Er gastierte häufig bei den Salzburger Festspielen.
Sein Film-Debüt gab er wie sein Kollege O. W. Fischer 1936 in Willi Forsts legendärem Epos »Burgtheater«. Bis Anfang der 60er Jahre wirkte er in über 130 Produktionen mit.
Frey war in erster Ehe (ab 1935) verheiratet mit der Schauspielerin Jane Tilden. Aus seiner 1940 mit der Schauspielerin Susi Witt geschlossenen Ehe stammen zwei Kinder (Gabriele und Thomas). Er lebt in Wien.
Film: »Burgtheater«, Regie: Willi Forst, 1936; »Konzert in Tirol«, 1938; »Fräulein« und »Das jüngste Gericht«, 1939; »Der Postmeister«, mit Heinrich George, Regie: Gustav Ucicky, 1940; »Liebe ist zollfrei«, mit Hans Moser, Regie: E. W. Emo, »Jenny und der Herr im Frack« und »Dreimal Hochzeit«, 1941; »Brüderlein fein«, und »Wien 1910«, mit Rudolf Forster, Regie: E. W. Emo, 1942; »Späte Liebe«, mit Attila Hörbiger und Paula Wessely, Regie: Gustav Ucicky, »Am Ende der Welt« und »Reisebekanntschaft«, 1943; »Die goldene Fessel«, Regie: Hans Thimig, »Ein Blick zurück« und »Das Herz muß schweigen«, 1944; »Wiener Mädeln« und »Umwege zu dir«, 1945; »Gaub' an mich«, 1947; »Der Prozeß«, 1948; »Gottes Engel sind überall«, »Das andere Leben« und »Das unsterbliche Antlitz«, 1949; »Eroica«, mit Ewald Balser, Regie: Walter Kolm-Veltée, »Das vierte Gebot«, mit Attila Hörbiger, Regie: Eduard von Borsody, »Seitensprünge im Schnee«, »Kleiner Peter, große Sorgen«, »Cordula«, Regie: Gustav Ucicky, »Vagabunden der Liebe« und »Zweimal verliebt«, 1950; »Maria Theresia«, mit Paula Wessely, Regie: Emile Edwin Reinert, und »Wiener Walzer«, 1951; »1. April 2000«, Regie: Wolfgang Liebeneiner, und »Saison in Salzburg«, mit Adrian Hoven, Regie: Ernst Marischka, 1952; »Drei, von denen man spricht«, Regie: Axel von Ambesser, »Fräulein Casanova«, »Hab' ich nur deine Liebe«, und »Kaiserwalzer«, Regie: Franz Antel, 1953; »Kaisermanöver«, Regie: Franz Antel, »Ewiger Walzer« und »Die Sonne von St. Moritz«, 1954; Kaiser Franz Joseph in »Ludwig II. – Glanz und Elend eines Königs«, mit O. W. Fischer, Ruth Leuwerik und Marianne Koch, Regie: Helmut Käutner, »Sarajewo – Um Thron und Liebe«, Regie: Fritz Kortner, »Es geschah am 20. Juli«, Regie: G.W. Pabst, »Der Förster vom Silberwald«, mit Rudolf Lenz, »Geheimnis einer Ärztin«, »Versuchung«, »Die Försterbuben« und »Der letzte Akt«, 1955; »Die Försterliesel«, mit Anita Gutwell, Regie: Herbert B. Fredersdorf, »Kronprinz Rudolfs letzte Liebe«, mit Rudolf Prack, Regie: Rudolf Jugert, und »Dort, wo die Alpen glüh'n«, Regie: Otto Meyer, 1956; »Noch minderjährig«, mit Paula Wessely, Regie: Georg Tressler, »Die liebe Familie«, »Das Schloß in Tirol«, »Eva küßt nur Direktoren«, »Die Lindenwirtin vom Donaustrand«, »Die unentschuldigte Stunde« und »Heimweh ... dort wo die Blumen blüh'n«, 1957; »Nachtschwester Ingeborg«, mit Immy Schell, Ewald Balser und Claus Biederstaedt, Regie: Geza von Cziffra, »Im Prater blüh'n wieder die Bäume« und »Man müßte noch mal zwanzig sein«, 1958; »Jacqueline«, mit Johanna von Koczian und Götz George, Regie: Wolfgang Liebeneiner, 1959; »Die Standarte« (nach Lernet-Holenia), Regie: Ottokar Runze, 1977; »Der Mann im Schilf«, Regie: Manfred Purzer, und »Götz von Berlichingen mit der eisernen Hand«, Regie: Wolfgang Liebeneiner, 1978.
Theater: Er spielte alle Rollen seines Fachs, vom jugendlichen Liebhaber bis zum Helden. In den letzten Spielzeiten trat er vor allem in Stücken von Nestroy, Molière, Wilde, Schnitzler und Shaw auf.
Fernsehen: »Lumpazivagabundus« (nach Nestroy), mit Attila Hörbiger, Regie: Leopold Lindtberg, ARD 1962; »Eine Frau ohne Bedeutung« (nach Wilde), mit Paula Wessely, Regie: Wolfgang Glück, ORF 1964; »An der schönen blauen Donau«, mit Attila Hörbiger, Regie: John Olden, ARD 1965; »Der Tag danach«, »3. November 1918«, »Späte Liebe«, jeweils ORF/ARD/ZDF bis 1973; »Cella oder Die Überwinder« (nach Werfel), ZDF 1978; »Ringstraßenpalais«,

Regie: Rudolf Nussgruber, 12 Teile, und »Ungeduld des Herzens« (nach Zweig), Regie: Edouard Molinaro, 2 Teile, ZDF 1981; »Tarabas« (nach Joseph Roth), Regie: Michael Kehlmann, 2 Teile, ARD 1982; »Der grüne Stern« (von Hans Weigel), Regie: Heide Pils, ZDF 1983; »Einmal Moskau und zurück« (von Galin), Regie: Helmut Polixa, ORF 1984 (auch Theater in der Josefstadt Wien); »Das Attentat« (nach Milo Dor), Regie: Imo Moszkowicz, ARD 1984; Talbot in »Maria Stuart« (nach Schiller), Regie: Heinz Schirk, ARD 1986.

Auszeichnungen: »Goldenes Ehrenzeichen« für besondere Verdienste um das Bundesland Wien; Verdienstkreuz der Republik Österreich.

Anschrift: c/o Agentur Baumbauer, Keplerstraße 2, 8000 München 80.

Peter Fricke

– Staatsschauspieler –

Geb. 26. 8. 1939 in Berlin; dort und in Murnau am Staffelsee aufgew.; nach dem Abitur Besuch der Otto-Falckenberg-Schule in München; seine Lehrer waren u. a. Ernst Fritz Fürbringer und Gerd Brüdern. Sein erstes Engagement erhielt er 1960 am Theater der Stadt Heidelberg, 1961/62 war er unter Harry Buckwitz Mitglied der Städt. Bühnen Frankfurt/Main. Im Ensemble von Oscar Fritz Schuh am Schauspielhaus Köln stand er 1962/63. Von 1964 bis 1973 war er am Bayerischen Staatsschauspiel München unter Vertrag. Seither ist er freischaffend. Neben zahlreichen Tourneen gab er Gastspiele u. a. an der Freien Volksbühne Berlin, dem Schauspielhaus Düsseldorf, der Bayer. Staatsoper München, den Bühnen der Stadt Bonn, am Schauspielhaus Zürich und am Theater des Westens in Berlin. Ferner war er in über 100 Fernsehrollen zu sehen.
Fricke spricht engl., franz.; er ist verwitwet und lebt in München.
Film: »O Jonathan, o Jonathan«, mit Heinz Rühmann, Regie: Franz Peter Wirth 1973.
Theater: Tom in Williams' »Glasmenagerie«, Schauspielhaus Köln 1962/63; Stiefbruder in Saunders' »Ein Duft von Blumen«, Titelrolle in Goethes »Clavigo«, Mortimer in Schillers »Maria Stuart«, Tempelherr in Lessings »Nathan der Weise«, Spitta in Hauptmanns »Die Ratten« und Andres in Büchners »Woyzeck« (beide Stücke auch auf Tournee in New York 1969), in Eichendorffs »Die Freier«, in Farquhars »Der Werbeoffizier«, Schufterle in Schillers »Die Räuber« (auch auf Tournee in Moskau und Leningrad 1969), Ferdinand in Schillers »Kabale und Liebe«, Clitandre in Molières »George Dandin«, Bleichenwang in Shakespeares »Was ihr wollt«, jeweils Bayerisches Staatschauspiel München 1964-1973; Romeo in Shakespeares »Romeo und Julia«, Festspiele Schwäbisch Hall 1970; Titelrolle in Shakespeares »Heinrich IV.«, Luisenburg-Festspiele Wunsiedel 1971; Titelrolle in Ayckbourns, »Normans Eroberung«, Bayerisches Staatsschauspiel München 1977; Gregor Werle in Ibsens »Die Wildente«, Freie Volksbühne Berlin 1979, Titelrolle in Goethes »Egmont«, Schauspielhaus Düsseldorf 1982, in Hauptmanns »Schluck und Jau«, Städt. Bühnen Bonn 1983, Regie: jeweils (für die drei letzten Stücke) Rudolf Noelte; in Shaffers »Tödliches Narrenspiel«, Regie: Wolfgang Becker, Tournee 1983; Prof. Higgins in Lerner/Loewes »My Fair Lady«, Theater des Westens Berlin 1984; in »Wer spekuliert«, Tournee 1985; in der europ. Erstaufführung des Musicals »Ein Käfig voller Narren«, Theater des Westens Berlin 1985 (mußte kurz vor der Generalprobe wegen eines Unfalls absagen).
Fernsehen: Julien in »Colombe« (nach Anouilh), und Pierre in »Die Irre von Chaillot« (nach Giraudoux), ARD 1958; Naukleros in »Des Meeres und der Liebe Wellen« (nach Grillparzer), ZDF 1965; Joe Hansen in »L.D. Trotzki – Tod im Exil« (nach Mommertz), ARD, 1965; Amiens in »Wie es euch gefällt« (nach Shakespeare), und Charles in »Rosalinde« (nach Barrie), ARD 1968; Anthony Marston in »Zehn kleine Negerlein« (nach Christie), »Besuch auf einem kleinen Planeten« (nach Vidal), und Dunois in »Die heilige Johanna« (nach Shaw), ZDF 1969; »Der Kommissar«, mit Erik Ode, Serie, 5 Folgen, ZDF 1971–1975; Schulze-Boysen in »Die Rote Kapelle«, Regie: Franz Peter Wirth, 7 Teile, ARD 1972; Wissenschaftler in »Das blaue Palais«, Regie: Rainer Erler, 4 Teile, ZDF 1974; »Als wär's ein Stück von mir« (nach Zuckmayer), Regie: August Everding, ZDF 1976; »Wer sah ihn sterben?« (von Gates), Regie: Theodor Grädler, und »Das Verhör des Ernst Niekisch«, Regie: Oswald Döpke, ZDF 1977; »Der Alte«, Serie, 3 Folgen, ZDF 1977–1986; »Wunnigel«, mit Siegfried Wischnewski, ZDF 1978; Tempelherr in »Nathan der Weise« (nach Lessing), mit Werner Hinz, Regie: Oswald Döpke, ARD 1979; »Tatort«, Regie: Thomas Engel, Serie, ARD 1981; »Das heiße Herz«, Regie: Michael Kehlmann, ARD 1982; Flemming Friedrich in »August der Starke«, mit Gert Fröbe, Regie: Rudolf Nussgruber, und »Ravioli«, Regie: Franz Josef Gottlieb, 13 Teile, ZDF 1984; »Jakob und Adele«, Serie, ZDF 1985; »Tatort«, Serie, ARD 1985 »Kein Alibi für eine Leiche« (von Durbridge), mit Peter Bongartz und Barbara Rudnik, Regie: Wolf Dietrich, ZDF 1986.
Auszeichnung: Bayerischer Staatsschauspieler 1968.
Anschrift: c/o Agentur Bloy, Gasteigweg 1, 8022 Grünwald, oder Harthauser Straße 83, 8000 München 90.

Loni von Friedl

(eigentlich: Leontine Anna Maria von Liebentreu)

Geb. 24. 7. 1943 als Tochter eines österr. Kameramanns und einer Berlinerin in Wien; dort aufgew.; sehr früh spielte sie Kinderrollen auf der Bühne und im Funk; im Alter von sieben Jahren zum erstenmal auf der Filmleinwand; bis zum zwölften Lebensjahr hatte sie bereits in den Filmen »Der geheimnisvolle Wilddieb«, »Der fidele Bauer«, »Maria Theresia«, »Der Sonnenblick ruft« und »Seine Tochter ist der Peter« gespielt.
1958 sah sie Ulrich Bettac in einer Fernsehinszenierung und engagierte sie für ein Burgtheatergastspiel von Curt Goetz. Nach der mittleren Reife hatte sie zuerst eine Tanzausbildung bei Pia Lucca in Wien, danach drei Jahre Schauspielunterricht bei Frau Prof. Vera Balser-Eberle. Ihr erstes Engagement am Wiener Burgtheater dauerte von 1958 bis 1965. Die weiteren Stationen: Gastspiele u. a. bei den Festspielen Bad Hersfeld (seit 1960), Städt. Bühnen Köln (1958/59), Kleine Komödie München (1961) und Renaissance-Theater Berlin (1962). Von 1973-1975 gehörte sie zum Ensemble der Staatl. Bühnen Berlins, ebenso 1980/81. Nachdem sie bereits vorher mehrmals dort gastiert hatte, war sie von 1976–1980 am Thalia-Theater Hamburg unter Vertrag.
Frau von Friedl ist geschieden; sie war bis 1976 verheiratet mit dem Schauspieler Götz George, hat eine Tochter (Tanja Nicole, geb. 1966) und lebt mit dem Schauspieler Jürgen Schmidt in München.
Film: »Das Nachtlokal zum Silbermond«, »Wenn die Glocken hell erklingen« und »Lachendes Wien«, 1959; »Mein Schulfreund«, mit Heinz Rühmann, Regie: Robert Siodmak, »Zu jung für die Liebe?« und »Die Schatten werden länger«, mit Hansjörg Felmy und Barbara Rütting, 1960; »Liebe will gelernt sein«, mit Götz George, und »Zwei unter Millionen«, mit Hardy Krüger, 1962; »Blue Max«, Irland/USA 1964; »Doppelgänger«, Großbritannien 1968; »Django«, Italien 1970; »Unerreichbare Nähe«, Regie: Dagmar Hirtz, 1984; »Big Mäc«, mit Thomas Gottschalk, Regie: Sigi Rothemund, 1985.
Theater: Polyxena in Giraudoux' »Der trojanische Krieg findet nicht statt«, Herminia in Shakespeares »Ein Sommernachtstraum«, und in Goetz' »Alte Möbel«, jeweils Burgtheater Wien 1958-1965; Emily in Wilders »Unsere kleine Stadt«, und in Lawlers »Sommer der siebzehnten Puppe«, jeweils Städt. Bühnen Köln 1958/59; Titelrolle in Kleists »Das Käthchen von Heilbronn«, Festspiele Bad Hersfeld 1960; Abigail in Scribes »Das Glas Wasser«, Kleine Komödie München 1961; Rosalinde in Shakespeares »Wie es euch gefällt«, Thalia-Theater Hamburg 1964; Titelrolle in Shaws »Die heilige Johanna«, Regie: Gerd Heinz, Festspiele Bad Hersfeld 1976; Titelrolle in Lessings »Minna von Barnhelm«, Titelrolle in Strindbergs »Fräulein Julie«, und Susanne in Beaumarchais' »Der tolle Tag oder Figaros Hochzeit«, jeweils Thalia-Theater Hamburg 1976-1980; in Williams' »Die Katze auf dem heißen Blechdach«, Staatl. Schauspielbühnen Berlin 1980/81. Ferner machte sie über 10 Theatertourneen, u. a. 1977 in Goldonis »Mirandolina«.
Fernsehen: »Spion unter der Haube«, Regie: Günter Gräwert, ZDF 1968; »Der Unbestechliche« (nach Hofmannsthal), Regie: Gerhard Klingenberg, ARD 1968; »Sterben« (nach Schnitzler), Regie: Peter Beauvais, ZDF 1971; »Wecken Sie Madame nicht auf« (nach Anouilh), mit Elisabeth Flickenschildt, Regie: Willi Schmidt, ARD 1974; »Klotz am Bein« (nach Feydeau), Regie: Stanislav Barabas, und »Floh im Ohr« (nach Feydeau), Regie: Sigi Rothemund, ZDF 1978/79; »Wohl bekomm's«, Regie: Erich Neureuther, ZDF 1981; »Katzenspiel«, Regie: Istvan Szábo, ZDF 1982; »Familien-Bande«, Serie, ARD 1983/84; »Ein Fall für zwei«, Serie, und »Bali«, Regie: Istvan Szábo, ZDF 1984; »Ein Heim für Tiere«, Regie: Hans-Jürgen Tögel, Serie, ZDF 1985; »Alles aus Liebe«, Regie: Hartmut Griesmayr, ORF 1985; »Teufels Großmutter«, mit Brigitte Horney, Regie Rob Hezet, Serie, ZDF 1986.
Auszeichnungen: »Bambi« (BILD + FUNK) 1962; Kritikerpreis 1962; »Filmband in Gold«, 1962; »Blue Ribbon Award«, 1968; Großer Hersfeldpreis 1976.
Anschrift: c/o Agentur Lentz, Holbeinstraße 4, 8000 München 80, oder Denningerstraße 100, 8000 München 81.

Karl Friedrich

Geb. 7. 5. 1929 in Graz, dort aufgew.; Besuch des Realgymnasiums und der Schauspielschule Graz; von 1950-1957 dort im Ensemble der Vereinigten Bühnen; er lebt seit 1957 in der Bundesrepublik Deutschland; Theaterengagements an den Bühnen der Stadt Köln (1957-1959), am Nationaltheater Mannheim (1959-1962), am Staatstheater Darmstadt (1962-1966), an den Städtischen Bühnen Frankfurt/Main (1966-1972) und am Schauspielhaus Bochum (1972/73). Gearbeitet hat Friedrich als Schauspieler und Regisseur auch am Theater der Freien Hansestadt Bremen (1965-1974), an den Bühnen der Stadt Bonn (1973-1984), am Württembergischen Staatstheater Stuttgart (1973-1978), am Stadttheater Ingolstadt (1974), am Staatstheater Wiesbaden (1975), am Deutschen Theater München (1975), am Deutschen Schauspielhaus Hamburg (1974/75), am Städtebundtheater Solothurn-Biel, Schweiz (1976), am Fritz-Remond-Theater im Zoo, Frankfurt/Main (1978), am Rheinischen Landestheater Neuss (1980-1983), an den Städtischen Bühnen Münster (1981), bei den Ruhrfestspielen Recklinghausen (1964-1978) und bei den Luisenburgfestspielen Wunsiedel (1962-1984).
Friedrich lebt in München; er ist verheiratet.
Theater: Muley Hassan in Schillers »Die Verschwörung des Fiesco zu Genua«, Bärli in Musils »Vinzenz und die Freundin bedeutender Männer«, Cosme in Calderons »Dame Kobold«, Bühnen der Stadt Köln 1957-1959; Selicour in Schillers »Parasit«, Nationaltheater Mannheim 1959; Titelrolle in Büchners »Woyzeck«, Staatstheater Darmstadt 1964; in Molières »Der Geizige« und Schönthans »Raub der Sabinerinnen«, jeweils mit Joseph Offenbach, Städtische Bühnen Frankfurt/Main 1969/70; Ficsur in Molnárs »Liliom«, Reich in Horváths »Kasimir und Karoline«, Oskar Schuster in der Uraufführung von Kroetz' »Dolomitenstadt Lienz«, Regie: Istvan Bödy, Chambourcy in der deutschen Erstaufführung von Labiches »Abenteuer in Paris«, Regie: Jean-Pierre Vincent, und Reich in Dorsts »Eiszeit«, mit O. E. Hasse, Regie: Peter Zadek, Schauspielhaus Bochum 1972/73; Wladimir in Becketts »Warten auf Godot«, Regie: Samy Molcho, Theater der Freien Hansestadt Bremen 1973; Oronte in Molières »Menschenfeind«, mit Will Quadflieg, Regie: Rudolf Noelte, Dorfpfarrer in O'Caseys »Kikeriki«, mit Werner Hinz, und Malvolio in Shakespeares »Was ihr wollt«, Regie: Wilfried Minks, Deutsches Schauspielhaus Hamburg 1975; Dorfrichter Adam in Kleists »Der zerbrochene Krug«, Regie: Alex Freihart, Städtebundtheater Solothurn-Biel, 1976; Holzapfel in Shakespeares »Viel Lärm um nichts«, Abendwind in Nestroys »Häuptling Abendwind«, Melchior in Nestroys »Einen Jux will er sich machen«, Habakuk in Raimunds »Der Bauer als Millionär«, Regie jeweils: Hans-Joachim Heyse, Bühnen der Stadt Bonn 1973-1984; Titelrolle in Ambessers »Das Abgründige in Herrn Gerstenberg«, Regie: Axel von Ambesser, Rheinisches Landestheater Neuss 1983.
Fernsehen: »Bel Ami«, Regie: Helmut Käutner, ARD 1967; »Die halbe Eva«, mit Hannelore Elsner, Regie: Volker Kühn, ARD 1974; »Hände gut – alles gut«, Regie: Axel von Ambesser, ARD 1975; »Herzeleid und Tränenbäche«, mit Maria Schell, ARD 1976; »Audienz« (von Václav Havel), Regie: Frank Guthke, ZDF 1977; »Dr. Muffels Telebrause«, 10 Folgen, »Der doppelte Moritz«, mit Willy Millowitsch, »Kuriositäten von Karl Valentin« (selbst Regie), und »Das Geld liegt auf der Bank«, ARD 1977; »Der Irrenwärter«, Regie: Jörg Graser, ZDF 1980; »Bäume ausreißen«, ZDF 1981; »Tiritomba«, ARD 1982; »Stiftungsfest der Harmonie«, ARD 1983; »Frühling im Herbst« (von Pacher), mit Gert Fröbe, Regie: Axel von Ambesser, ZDF 1985; »Der Fahnder«, Regie: Werner Masten, Serie, ARD 1986.
Anschrift: c/o ZBF-Agentur München, Leopoldstraße 19, 8000 München 40, oder Oskar-Coester-Weg 9, 8000 München 71.

Uwe Friedrichsen

Geb. 27. 5. 1934 in Hamburg; aufgew. in Kaltenkirchen und Altona; er absolvierte eine kaufmännische Lehre (Import/Export) bei einer Hamburger Porzellanfirma. Über die Laienspielgruppe der Hamburger Volkshochschule fand er zum Schauspielerberuf. Zusammen mit Marcus Scholz u. a. begründete er 1953 das Theater 53 in Hamburg. Seine private Schauspielausbildung finanzierte er sich als Hafenarbeiter und Zeitungsjunge.

Gustaf Gründgens holte ihn 1956 an das Deutsche Schauspielhaus Hamburg, dem er auch unter Oscar Fritz Schuh bis 1968 angehörte. Seither ist er freischaffend. Gastspiele gab er u. a. am Renaissance-Theater und an der Freien Volksbühne in Berlin, bei den Festspielen Bad Hersfeld, erneut am Deutschen Schauspielhaus Hamburg, am Thalia-Theater Hamburg (dort auch als Regisseur) sowie auf 8 Tourneen. Bei einem Gastspiel als Puck in Shakespeares »Ein Sommernachtstraum« (Regie: Oscar Fritz Schuh) an der Freien Volksbühne Berlin wurde der Dirigent Herbert von Karajan auf ihn aufmerksam. Er engagierte ihn als Rezitator für den Liederzyklus von Arnold Schönberg »Gurre-Lieder«. Unter Karajans Leitung und unter den Dirigenten Zubin Mehta, Pierre Boulez, Moshe Atzmon und Erich Leinsdorf gastierte er u. a. an der Mailänder Scala, im Music Center Hollywood (USA), in der Royal Albert Hall London sowie in Rom, Wien und Stockholm.

1976 veröffentlichte er eine Schallplatte mit Villon-Balladen in niederdeutscher Sprache. 1977 stellte er die LP »Es geht immer ein bißchen Lack ab« vor. Zahlreiche Chansons textete er selbst. Friedrichsen wirkte in vielen Hörspielen (u. a. in niederdeutscher Sprache) mit und arbeitete häufig in der Synchronisation. Er lieh seine Stimme u. a. Peter Falk, Richard Attenborough, John Voight und Donald Sutherland. Seit 1953 arbeitet er beim Fernsehen.

Friedrichsen spricht engl.; er lebt in Drage bei Hamburg.

Film: Schüler in »Faust« (nach Goethe), mit und unter der Regie von Gustaf Gründgens, 1960; »Der Chef wünscht keine Zeugen«, mit Robert Cunningham, Regie: Berneis, USA 1964; »Der Gorilla von Soho« (nach Wallace), mit Uschi Glas, Regie: Alfred Vohrer, 1968; »Operation Ganymed«, Regie: Rainer Erler, 1977; »Die wilden Fünfziger« (nach Simmel), Regie: Peter Zadek, 1983.

Theater: Selbst arrangierte Kurzgeschichten u. a. von Borchert, Cocteau und Hemingway, Theater 53 Hamburg 1953-1956. Schüler in Goethes »Faust« und »Faust II«, in der Uraufführung von Waldmanns »Von Bergamo bis morgen früh«, in Schillers »Wallenstein«, jeweils mit und unter der Regie von Gustaf Gründgens, in Shakespeares »Der Sturm«, mit Gustaf Gründgens, Regie: Gustav Rudolf Sellner, in Tirso de Molinas »Don Gil von den grünen Hosen«, Regie: Gustaf Gründgens (auch TV), Ruprecht in Kleists »Der zerbrochene Krug«, in der Uraufführung von Jahnns »Thomas Chatterton«, in Lessings »Minna von Barnhelm«, in Calderons »Der Richter von Zalamea«, in Goethes »Egmont«, Regie: Oscar Fritz Schuh (auch TV), und Lenny in Pinters »Die Heimkehr«, 1956-1968 (in der Zeit arbeitete er zudem mit den Regisseuren Hans Schweikart, Leopold Lindtberg, Fritz Kortner, Heinz Hilpert und O. E. Hasse), in Tiecks »Der gestiefelte Kater«, in Barlachs »Die echten Sedemunds«, Sloane in der deutschen Erstaufführung von Ortons »Seid nett zu Mister Sloane«, Regie: jeweils Hans Lietzau, 1969/70, in O'Neills »Eines langen Tages Reise in die Nacht«, Regie: Rudolf Noelte, 1975 – jeweils Deutsches Schauspielhaus Hamburg.

In Albees »Alles im Garten«, mit Peter Mosbacher, Regie: O. E. Hasse, Renaissance-Theater Berlin; Titelrolle in Sternheims »Bürger Schippel« und Titelrolle in Dumas' »Kean«, Regie: jeweils Hansjörg Utzerath, Jean in Strindbergs »Fräulein Julie«, Regie: Karl Fruchtmann, Helmer in Ibsens »Nora«, und in Sternheims »Tabula rasa«, jeweils Freie Volksbühne Berlin; Matti in Brechts »Herr Puntila und sein Knecht Matti«, Regie: Ulrich Erfurth, Illo in Schillers »Wallenstein«, Regie: Tom Toelle, und Titelrolle in Molnárs »Liliom«, jeweils Festspiele Bad Hersfeld 1975/76; in Ebb/Fosses »Chicago«, 1976/77, Titelrolle in Wedekinds »Der Marquis von Keith«, in Pinters »Der Hausmeister«, und in Griffith' »Komiker«, Regie: Peter Zadek, 1977/78, Elwood P. Dowd in Chases »Mein Freund Harvey«, 1980/81, und Titelrolle in Anouilhs »Becket oder Die Ehre Gottes«, 1982/83, jeweils Thalia-Theater Hamburg; Titelrolle in Sha-

kespeares »Macbeth«, 1980, und Titelrolle in Zuckmayers »Schinderhannes«, Regie: Hans-Joachim Heyse, 1981, jeweils Luisenburg-Festspiele Wunsiedel; Titelrolle in Shakespeares »Othello«, Titelrolle in Camus' »Caligula«, Bill Starbuck in Nashs »Der Regenmacher«, Beckmann in Borcherts »Draußen vor der Tür« und Petruchio in Shakespeares »Der Widerspenstigen Zähmung«, jeweils Tournee bis 1984; Mike in Hopkins' »Verlorene Zeit«, Regie: Peter Zadek, Deutsches Schauspielhaus Hamburg 1984/85; Charlie Castle in Odets »Das große Messer«, Regie: Martin Fried, Thalia-Theater Hamburg 1985. Wichtige eigene Inszenierungen waren: Pinters »Die Geburtstagsfeier«, 1980, und Odets »Das große Messer«, 1985, jeweils Thalia-Theater Hamburg.
Fernsehen: »Familie Schöllermann«, Regie: Ruprecht Essberger, Serie, über 30 Folgen, ARD 1953–1955; »Ein Sarg für Mr. Holloway«, Regie: Harald Vock, ARD 1961; »Schönes Wochenende« (nach Lommer), Regie: Peter Beauvais, ARD 1962; »Maria Magdalena« (nach Hebbel), Regie: Rudolf Noelte, ZDF 1963; »Schlachtvieh« (nach Geissler), Regie: Egon Monk, ARD 1963; »Ich fahre Patschold« (nach Lommer), Regie: Peter Beauvais, ARD 1964; Orest in »Orestie« (von Jens nach Aiyschylos), 3 Teile: »Agamemnon«, »Die Choephoren« und »Die Eumeniden«, Regie: Franz Josef Wild, und »Geibelstraße 27« (nach Lommer), Regie: Peter Beauvais, ARD 1966; »Zug der Zeit« (nach Lommer), Regie: Peter Beauvais, ARD 1967; »Die Ratten« (nach Hauptmann), Regie: Peter Beauvais, ARD 1969; »John Klings Abenteuer«, mit Hellmut Lange, Serie, ZDF 1969/70; »Die Eingeschlossenen von Altona« (nach Sartre), Regie: Pinkas Braun, ARD; »Mark Twain«, Regie: Franz Marischka, Serie, ZDF; »Der Elefantenboy«, Serie, engl. TV und ARD 1977/78; »Gesellschaftsspiele«, mit Silvia Reize, Regie: Sigi Rothemund, ARD 1980; »Das Karnickel« (nach Rivemale), und »Kameraden« (nach Strindberg), ZDF 1980; »Spaß beiseite, Herbert kommt!« (in Übernahme für den verstorbenen Herbert Mensching), Regie: Marcus Scholz, Serie, ARD 1981; »Leute gibt's«, ZDF 1982, und »Ein Mord liegt auf der Hand«, ZDF 1983, Regie: jeweils Ralf Gregan; »Schwarz-Rot-Gold«, Regie: Dieter Wedel, Marco Serafini und Theo Mezger, Serie, 6 Teile, ARD 1982-1985; »Zwei schwarze Schafe«, Regie: Ralf Gregan, Serie, ZDF 1984; »Sesamstraße«, mit Lilo Pulver, Serie, ARD 1984/85; »Der Alte«, Serie, Henri in »Der Opernball« (nach Heuberger), Regie: Eugen York, und Axel in »Mit Axel auf Achse« (nach Lunin), Regie: Wilfried Dotzel, ZDF 1985.
Auszeichnungen: »Inselpreis der Stadt Hamburg« 1960; »Großer Bad-Hersfeld-Preis«, 1974 und 1975; »Silberne Maske« der Hamburger Theatergemeinde.
Anschrift: c/o ZBF-Agentur Hamburg, Tonndorfer Hauptstraße 90, 2000 Hamburg 70.

Thomas Fritsch

Geb. 16. 1. 1944 als Sohn des Schauspielers Willy Fritsch (geb. 1901 – verst. 1973) und der ehemaligen Tänzerin Dinah Grace in Dresden; aufgew. in Hamburg; nach der mittleren Reife nahm er drei Jahre Schauspielunterricht bei Prof. Eduard Marks in Hamburg. 1961 wurde er unter 150 Bewerbern für die Rolle des Roger in dem Film »Julia, du bist zauberhaft« (Sohn von Lilli Palmer) ausgewählt. Bis 1966 drehte er weitere acht Streifen. Nach seinem Wehrdienst bei der Bundeswehr (1966/67) unterschrieb er einen Sieben-Jahres-Vertrag mit der Universal-Filmgesellschaft in Hollywood. Schon wenige Monate später kehrte er jedoch in die Bundesrepublik zurück. Den Schwerpunkt seiner Arbeit legte er nun auf das Theater; bereits 1964 hatte er am Theater der Stadt Heidelberg in Shaws »Candida« debütiert. Engagements hatte er ferner u. a. am Kleinen Theater im Zoo Frankfurt/Main, an der Kleinen Komödie München, an der Komödie Berlin, an der Komödie im Marquardt Stuttgart und an den Hamburger Kammerspielen.
1964 stellte er seine erste Schallplatte (»Wenn der Mondschein nicht so romantisch wär'«) vor. Als Schlagersänger hatte er zahlreiche TV-Auftritte, u. a. in »Musik aus Studio B« (10 Folgen) und in seiner eigenen TV-Show »Meine Melodie« (jeweils ARD).
Fritsch spricht engl.; er ist ledig und lebt in München und auf Mykonos.
Film: »Das schwarz-weiß-rote Himmelbett«, mit Daliah Lavi, Regie: Rolf Thiele, 1962; »Das große Liebesspiel«, mit Hildegard Knef, Lilli Palmer und Peter van Eyck, »Das hab' ich von Papa gelernt«, mit Willy Fritsch, 1963; »Die schwedische Jungfrau«, »Volles Herz und leere Taschen«, und »Der letzte Ritt nach Santa Cruz«, mit Mario Adorf und Marisa Mell, Regie: Rolf Olsen, 1964; »Drei Männer im Schnee« (nach Kästner), 1972.
Theater: In Colettes »Chéri«, in Vaszarys »Monpti«, in Stoppards »Rosenkranz und Güldenstern«, in Beaumarchais' »Der tolle Tag oder Figaros Hochzeit«, in dem Musical »Fasnacht in Kopenhagen«, in Sauvajons »Tschao«, in Monnot/Brefforts »Das Mädchen Irma la Douce«, mit Chariklia Baxevanos, in Ayckbourns »Schlafzimmergäste«, in »Todesfalle«, mit Werner Schumacher, in Ayckbourns »Halbe Wahrheiten« und in Shaffers »Revanche«, jeweils an den vorgenannten Bühnen bis 1986.
Fernsehen: »Die Hupe«, Serie, 1969; »Der Papierblumenmörder« (aus der Reihe: »Der Kommissar«), mit Erik Ode, ZDF 1970; »Hoftheater«, Serie, ZDF 1975; »Drei sind einer zuviel«, mit Herbert Herrmann, Horst Janson und Jutta Speidel, Serie, und »Manchmal Märchen«, Regie: Tomas Engel, ZDF 1977; »Die Danaide«, Regie: Peter Schulze-Rohr, ZDF 1978; »Variationen«, Regie: Wolfgang Spier, ARD 1980; »Lauter nette Leute«, ZDF 1982; »Lach mal wieder«, Serie, und »Leute wie du und ich«, mit Harald Juhnke, Serie, ZDF 1984; »Halbe Wahrheiten« (nach Ayckbourn), Regie: Wolfgang Spier, ZDF 1985.
Auszeichnungen: »Bambi« (BILD + FUNK) 1963; »Otto« (BRAVO) 1964, 1965, 1966 und 1977.
Anschrift: c/o Agentur Mattes, Pilotystraße 2, 8000 München 22.

Cornelia Froboess

Geb. 28. 10. 1943 als Tochter des Komponisten, Verlegers und UFA-Tonmeisters Gerhard Froboess in Wriezen an der Oder; aufgew. in Berlin. Für eine RIAS-Sendung stand sie 1951 mit knapp sieben Jahren zum erstenmal auf der Bühne des Berliner Titania-Palastes und sang das vom Vater komponierte Lied »Pack' die Badehose ein«. Nach dem großen Erfolg, den sie damit erringen konnte, erschienen weitere Schlager, u.a. »Hei, hei, hei, so eine Schneeballschlacht«, »Ich heirate Papi« und »Lieber Gott, laß die Sonne wieder scheinen«, die sie in Rundfunksendungen und auf Tourneen vortrug.
Nach dem ersten Schallplattenvertrag folgten 1952 zahlreiche Kinderrollen in Kinofilmen wie »Die sündige Grenze«, »Drei Tage Angst«, »An jedem Finger 10« (1952) und »Laß die Sonne wieder scheinen« (1953).
Im Jahr 1958 begann ihre Karriere als »Conny« mit Rock'n'Roll-Schallplatten, u. a. mit »Diana«, »I love you Baby«, »Blue-Jeans Boy«, »Schicke, schicke Schuh« und »Ein Mädchen mit 16«. Zusammen mit dem Sänger Peter Kraus drehte sie mehrere Unterhaltungsfilme. 1962 war sie mit dem Song »Zwei kleine Italiener« Erste bei den Deutschen Schlagerfestspielen. Weitere Titel, die sich in der damaligen Hitparade ganz vorne plazieren konnten, sind u. a. »Lady Sunshine«, »Verliebt, verlobt, verheiratet« und »Hey, Baron Münchhausen«.
Von 1959 bis 1961 nahm sie Schauspielunterricht bei Marlise Ludwig in Berlin. Ihr Debüt als Bühnenschauspielerin gab sie in der Rolle des Dienstmädchens in František Langers »Peripherie« am Landestheater Salzburg. Dort lernte sie 1964 ihren späteren Mann, den Intendanten Dr. Hellmuth Matiasek kennen, der sie danach an das Staatstheater Braunschweig holte.
Gastspiele am Schloßpark-Theater Berlin (1966), bei den Luisenburg-Festspielen Wunsiedel (1969), am Deutschen Schauspielhaus Hamburg (1970), bei den Grillparzer-Festwochen in Forchtenstein, dem Deutschen Theater München (jeweils 1971) und beim Jungen Theater Hamburg (1972) folgten.
Mit Matiasek, der die Leitung der Otto-Falckenberg-Schule übernahm, kam sie 1972 an die Münchner Kammerspiele, wo sie noch heute zum Ensemble gehört. Gastspiele gab sie seither u. a. bei den Festspielen Bad Hersfeld und am Wiener Burgtheater (jeweils 1973), auf Tourneen (1975) und am Staatstheater am Gärtnerplatz München (1984/85), wo ihr Mann seit 1983 Intendant ist.
Frau Froboess spricht engl., franz.; ihrer Ehe mit Dr. Hellmuth Matiasek entstammen zwei Kinder (Agnes, geb. 1968, und Kaspar, geb. 1970); sie lebt in Oberbayern.
Film: »Wenn die Conny mit dem Peter« und »Hula-Hopp Conny«, mit Peter Kraus, 1958; »Ja, so ein Mädchen mit 16«, Regie: Hans Grimm, »Wenn das mein großer Bruder wüßte«, Regie: Erik Ode, und »Conny und Peter machen Musik«, mit Peter Kraus 1959; »Meine Nichte tut das nicht«, 1960; »Junge Leute brauchen Liebe«, »Mariandl« und »Der Traum von Lieschen Müller«, 1961; »Le Caporal épinglé«, Regie: Jean Renoir, Frankreich 1961; »Der Vogelhändler« (nach Zeller), »Mariandls Heimkehr«, Regie: Werner Jacobs, 1962; Titelrolle in »Ist Geraldine ein Engel?«, Regie: Steve Previn, und »Der Musterknabe«, mit Peter Alexander, Regie: Werner Jacobs, 1963; »Hilfe, meine Braut klaut«, 1964; Claire in »Rheinsberg«, Regie: Kurt Hoffmann, 1967; »Die Sehnsucht der Veronika Voss«, mit Rosel Zech, Regie: Rainer Werner Fassbinder, 1981; »Der Sommer des Samurai«, mit Hans Peter Hallwachs, Regie: Hans Christoph Blumenberg, 1986.
Theater: Agnes in Molières »Schule der Frauen«, und in Roussins »Die Nachprüfung«, Landestheater Salzburg 1963/64; Titelrolle in Lessings »Emilia Galotti«, Puck in Shakespeares »Ein Sommernachtstraum«, Célimène in Molières »Der Menschenfeind«, und in Obaldias »Satyr aus der Vorstadt«, Staatstheater Braunschweig 1965/66; in Lorcas »Bernarda Albas Haus«, Schloßpark-Theater Berlin 1966; Julia in Shakespeares »Romeo und Julia«, Luisenburg-Festspiele Wunsiedel 1969; Anja in Tschechows »Der Kirschgarten«, Deutsches Schauspielhaus Hamburg 1970; Edrita in Grillparzers »Weh' dem, der lügt«, Grillparzer-Festwochen in Forchtenstein, und Eve in Kleists »Der zerbrochene Krug«, Deutsches Theater München 1971; in Wedekinds »Musik«, Das Junge Theater Hamburg 1972; Lucile in Büchners »Dantons Tod« und Sonja in Tschechows »Onkel Wanja«,

1972, Pauline Piperkarcka in Hauptmanns »Die Ratten« und Recha in Lessings »Nathan der Weise«, 1973, Minnie in Lawrence' »Die Schwiegertochter«, 1974, Titelrolle in Lessings »Minna von Barnhelm«, Karpowna in Gorkis »Nachtasyl« und Marie David in Enquists »Nacht der Tribaden«, 1976, Titelrolle in Wedekinds »Lulu«, 1977, Lotte in Botho Strauß' »Groß und Klein« und Titelrolle in Schillers »Maria Stuart«, 1978, Viola in Shakespeares »Was ihr wollt« und Sofia in Tschechows »Platonow«, 1980, Religans Tochter in O'Caseys »Ein Freudenfeuer für den Bischof« und Xenia in Bonds »Sommer«, 1982, Fräulein Bürstner in Peter Weiss' »Der neue Prozeß« und Lucette in Feydeaus »Ein Klotz am Bein«, (auch ZDF 1985), 1983/84, Helen in Botho Strauß' »Der Park«, Regie: Dieter Dorn, Herbert in Achternbuschs »Mein Herbert«, mit Gisela Stein, Regie: George Tabori, 1984/85, Marchesa in de Mussets »Lorenzaccio«, Regie: Thomas Langhoff, 1985/86, jeweils Kammerspiele München; Eliza in Lerner/Loewes »My Fair Lady«, Staatstheater am Gärtnerplatz München 1984/85.
Fernsehen: »Wahn oder: Der Teufel in Boston« (nach Feuchtwanger), Regie: Gerhard Klingenberg, ARD 1965; »Mein Gästebuch«, eigene TV-Show, ARD 1966; Titelrolle in »Mathilde Möhring« (nach Fontane), Regie: Claus Peter Witt, ARD 1968; Titelrolle in »Die Wilde« (nach Anouilh), Regie: Gerhard Klingenberg, ZDF 1968; »Der Bürger als Edelmann« (nach Molière), ZDF 1969; Titelrolle in »Auguste Bolte« (nach Schwitter), ZDF 1974; »Die Story«, ZDF 1976; Anna in »Geschichte einer Liebe«, ARD 1978; Lizzi in »Der Regenmacher« (nach Nash), und »Der Alte«, Serie, ZDF 1980; Kunigunde in »Das Käthchen von Heilbronn oder Die Feuerprobe« (nach Kleist), ARD 1981; »Derrick«, Serie, ARD 1982; »Das Kitsch-Museum«, SDR III 1984; »Polizei-Inspektion 1«, Serie, ARD 1984.
Ferner war sie in fast allen großen Unterhaltungssendungen von ARD und ZDF zu sehen, u. a. »Die Caterina-Valente-Show«, ARD 1966, »Hallo Peter«, ARD 1967, »Anneliese Rothenberger gibt sich die Ehre«, ZDF 1978, »Wetten, daß . . .?«, ZDF 1981.
Auszeichnungen: »Otto« (BRAVO) 1960; Goldene Schallplatte 1962; Berliner Kunstpreis 1966; Ernst-Lubitsch-Preis 1968; »Goldene Kamera« (HÖRZU) 1968; »Bambi« (BILD + FUNK) 1970; »Goldener Bildschirm« (TV-Hören und Sehen) 1976; »tz-Rose des Jahres 1983«, tz München; Mitgliedschaft »Akademie der Künste« Berlin 1985.
Anschrift: c/o Agentur Baumbauer, Keplerstraße 2, 8000 München 80.

Gert Fröbe

(eigentlich: Gerhart Karl Fröber)

Geb. 25. 2. 1913 als Sohn eines Seilers in Oberplanitz bei Zwickau/Sachsen; dort aufgew.; er besuchte ein Realgymnasium und verdiente sich nach der Schulzeit den Lebensunterhalt als Stehgeiger. 1930 stand er zum ersten Mal auf einer Laienbühne. Von 1933 bis 1935 war er als Bühnenmaler am Staatstheater Dresden beschäftigt, wo Erich Ponto ihn für das Theater entdeckte.
Ersten Schauspielunterricht nahm Fröbe bei Paul Günther in Berlin. Sein Debüt gab er an den Wuppertaler Bühnen 1937. Über die Städt. Bühnen Frankfurt/Main (1938) gelangte er ans Volkstheater Wien, wo er von 1939 an im Ensemble stand. Zu einer vertraglich bereits besiegelten Verpflichtung an das Wiener Burgtheater im Jahre 1944 kam es wegen der Schließung aller Bühnen des Reiches nicht mehr.
Nach dem Krieg, an dem Fröbe noch kurze Zeit als Soldat teilgenommen hatte, begann er bei Erich Engel an den Münchner Kammerspielen. Von hier aus ging er zum Kabarett »Simpl« in München und »Bonbonniere« in Hamburg. Er wirkte als Pantomime und Vortragskünstler mit Texten von Morgenstern und Kästner.
Zum Film stieß Fröbe im Jahre 1948. Robert A. Stemmle hatte ihm die Rolle des Otto Normalverbraucher in seiner Filmsatire »Berliner Ballade« übertragen. Seither drehte er über 100 deutsche und internationale Kinoproduktionen.
Fröbe ist seit 1970 in fünfter Ehe verheiratet mit Karin Pistorius, geb. Kuderer. Seine erste Frau war Clara Peters (ein Sohn, Utz). Von 1953 bis 1959 war er mit der Journalistin Hannelore Görts verheiratet, danach wurde die Schauspielerin Tatjana Iwanow seine dritte Frau (ein Sohn, Andreas). Von 1962 bis 1968 war er mit der Berliner Rundfunkjournalistin Beate Bach verheiratet, die im Alter von 38 Jahren starb.
Fröbe lebt abwechselnd in Icking/Oberbayern und in Caslano im Tessin/Schweiz.
Film: »Nach Regen scheint Sonne«, Regie: Erich Kobler, 1949; »Der Tag vor der Hochzeit«, Regie: Rolf Thiele, 1952; »Ein Mann auf dem Drahtseil«, Regie: Elia Kazan, USA 1953; »Ein Herz spielt falsch«, Regie: Rudolf Jugert, »Die vertagte Hochzeitsnacht«, Regie: Karl Georg Külb, »Salto mortale« und »Arlette erobert Paris«, Regie: jeweils Viktor Tourjanski, und »Hochzeit auf Reisen«, Regie: Paul Verhoeven, 1953; »Ewiger Walzer«, Regie: Paul Verhoeven, »Morgengrauen«, Regie: Viktor Tourjanski, »Das Kreuz am Jägerstein«, Regie: Hermann Kugelstadt, und »Das zweite Leben«, Regie: Victor Vicas, 1954; »Mannequins für Rio«, Regie: Kurt Neumann, BRD/USA 1955; »Mr. Arkadin«, Regie: Orson Welles, USA 1955; »Ich weiß, wofür ich lebe«, Regie: Paul Verhoeven, »Der dunkle Stern« und »Das Forsthaus in Tirol«, Regie: jeweils Hermann Kugelstadt, 1955; »Die Helden sind müde«, Regie: Yves Ciampi, Frankreich 1955; »Ein Mädchen aus Flandern«, Regie: Helmut Käutner, »Ein Herz schlägt für Erika«, Regie: Harald Reinl, »Waldwinter«, Regie: Wolfgang Liebeneiner, und »Robinson soll nicht sterben« (nach Forster), Regie: Josef von Baky, 1956; »Taifun über Nagasaki«, Regie: Yves Ciampi, Frankreich/Japan 1957; »Der Mann, der sterben muß«, Regie: Jules Dassin, Frankreich/Italien 1957; »Das Herz von St. Pauli«, Regie: Eugen York, und »Der tolle Bomberg«, Regie: Rolf Thiele, 1957; »Polizeiaktion Dynamit«, Regie: Gilles Grangier, Frankreich 1957; »Grabenplatz 17«, Regie: Erich Engels, »Der Pauker«, mit Heinz Rühmann, Regie: Axel von Ambesser, »Nasser Asphalt«, Regie: Frank Wisbar, »Das Mädchen Rosemarie«, Regie: Rolf Thiele, »Nick Knattertons Abenteuer«, Regie: Hans Quest, und »Das Mädchen mit den Katzenaugen«, Regie: Eugen York, 1958; »Es geschah am hellichten Tag«, Regie: Ladislao Vajda, 1958; »Kavaliere«, Regie: Henri Decoin, Frankreich 1958; »Menschen im Hotel«, Regie: Gottfried Reinhardt, und »Ihr Verbrechen war die Liebe«, Regie: Geza von Radvanyi, Frankreich/BRD 1959; »Wolgaschiffer«, Regie: Viktor Tourjanski, Italien/Frankreich 1959; »Jons und Erdme«, Regie: Victor Vicas, BRD/Italien 1959; »Am Tag, als der Regen kam«, Regie: Gerd Oswald, ». . . und ewig singen die Wälder«, Regie: Paul May, »Alt-Heidelberg«, Regie: Ernst Marischka, und »Der Schatz vom Toplitzsee«, Regie: Franz Antel, 1959; »Das kunstseidene Mädchen«, Regie: Julien Duvivier, Frankreich 1960; »Soldatensender Calais«, Regie: Paul May, »Die 1000 Augen des Dr. Mabuse«, mit Peter van Eyck, Regie: Fritz Lang, »Bis daß das Geld euch scheidet«, Regie Alfred Vohrer, und »Der Gauner und der liebe Gott«, Regie: Axel

von Ambesser, 1960; »Die Nacht der Liebenden«, Regie: Claude Autant-Lara, Frankreich/Italien 1960; »Via Mala« (nach Knittel), Regie: Paul May, »Auf Wiedersehen«, Regie: Harald Philipp, »Der grüne Bogenschütze«, Regie: Jürgen Roland, und »Im Stahlnetz des Dr. Mabuse«, Regie: Harald Reinl, 1961; »Der längste Tag«, Regie: Bernhard Wicki (für den deutschen Teil), USA 1961; »Das Testament des Dr. Mabuse«, Regie: Werner Klingler, und »Die Rote« (nach Andersch), Regie: Helmut Käutner, 1962; »Der Mörder«, Regie: Claude Autant-Lara, Frankreich 1962; »Die Dreigroschenoper« (nach Brecht), Regie: Wolfgang Staudte, BRD/Frankreich 1963; »Mein Mann, der Goldesel«, Regie: Rudolf Nussgruber, 1963; »Heißes Pflaster«, Regie: Marcel Ophüls, und »100 000 Dollars in der Sonne«, Regie: Henri Verneuil, Frankreich/Italien 1963; »Tonio Kröger« (nach Thomas Mann), Regie: Rolf Thiele, 1964; »Goldfinger« (aus der Reihe: »James Bond 007«), mit Sean Connery, Regie: Guy Hamilton, Großbritannien 1964; »Der Boß hat sich was ausgedacht«, Regie: Jean Becker, Frankreich/Italien 1964; »Sturm über Jamaika«, Regie: Alexander Mackendrick, und »Die tollkühnen Männer in ihren fliegenden Kisten«, Regie: Ken Annakin, Großbritannien 1965; »Ganovenehre«, Regie: Wolfgang Staudte, 1966; »Brennt Paris?«, Regie: René Clément, und »Rififi in Paris«, Regie: Denys de la Patellière, Frankreich 1966; »Tolldreiste Kerle in rasselnden Raketen«, Regie: Don Sharp, Großbritannien 1966; »Spion zwischen zwei Fronten«, Regie: Terence Young, Frankreich/Großbritannien 1966; »Ich tötete Rasputin«, Regie: Robert Hossein, Frankreich/Italien 1967; »Schön wie die Sünde«, Regie: Denys de la Patellière, Frankreich 1968; »Tschitti tschitti bäng bäng«, Regie: Ken Hughes, und »Monte Carlo Rallye«, Regie: Ken Annakin, Großbritannien 1968; »Der Millionenraub«, mit Warren Beatty und Goldie Hawn, Regie: Richard Brooks, USA 1972; »Ludwig II.« mit Helmut Berger und Romy Schneider, Regie: Luchino Visconti, Italien/Frankreich/BRD 1972; Titelrolle in »Der Räuber Hotzenplotz«, Regie: Gustav Ehmck, 1974; »Der Mann ohne Gesicht«, Frankreich/Italien 1974; »Ein Unbekannter rechnet ab«, Regie: Peter Collinson, Frankreich/Spanien/Großbritannien/BRD 1974; »Die Ölpiraten«, mit Nathalie Delon, Regie: Christian-Jaque, Frankreich 1975; »Mein Onkel Theodor oder Wie man im Schlaf viel Geld verdient«, Regie: Gustav Ehmck, 1975; »Das Gesetz des Clans«, Regie: Eugen York, und »Tod oder Freiheit«, Regie: Wolf Gremm, 1977; »Das Schlangenei«, Regie: Ingmar Bergman, BRD/USA 1977; »Der Schimmelreiter« (nach Storm), Regie: Alfred Weidenmann, 1978; »Blutspur«, mit Omar Sharif und Romy Schneider, Regie: Terence Young, USA 1979; »Die Regenschirmmörder«, Regie: Gérard Oury, Frankreich 1980; »Der Falke«, mit Franco Nero, Regie: Vatroslav Mimica, Jugoslawien/BRD 1983.

Fernsehen: »Stars unter Sternen«, Gespräch mit Friedrich Luft, Regie: Hans Borgelt, ARD 1969; »Seele eines Hundes« (aus der Reihe: »Sonntagsgeschichten«), Regie: Kurt Hoffmann, ZDF 1976; »Als wär's heut' gewesen«, TV-Portrait zum 65. Geburtstag, ZDF 1977; »Ein sturer Bock«, Regie: Rolf von Sydow, ZDF 1981; »Sternstunde«, Regie: Christian de Chalonge, franz. TV 1981; »Der Garten« (nach Aspinall), mit Elisabeth Bergner, Regie: Wolfgang Liebeneiner, ARD 1982; Striese in »Der Raub der Sabinerinnen« (nach Schönthan), mit Martin Held, Regie: Rolf von Sydow, ZDF 1982; Titelrolle in »August der Starke« (von Asmodi), Regie: Rudolf Nussgruber, ZDF 1984; »Frühling im Herbst«, ZDF 1985.

Auszeichnungen: Sächsischer Staatspreis für Malerei 1936; Preis der deutschen Filmkritik 1959; »Ernst-Lubitsch-Preis« 1961; »Blue Ribbon Award« der amerik. Filmindustrie 1965; »Bambi« (BILD + FUNK) 1967 und 1968; Ehrenbürger von Cognac (Frankreich) 1972; Großes Bundesverdienstkreuz der Bundesrepublik Deutschland 1973; »Karl-Valentin-Orden«, München 1976; »Bayerischer Verdienstorden« 1982; »Goldene Kamera« (HÖRZU) 1983; »Silbernes Blatt« der Dramatiker-Union 1985.

Anschrift: c/o Agentur Jovanovic, Perfallstraße 6, 8000 München 80.

Gustav Fröhlich

Geb. 21. 3. 1902 als Sohn eines Ingenieurs in Hannover; dort, in Wiesbaden und Berlin aufgew.; nach Abschluß der Volksschule in Wiesbaden und des Homuth-Realgymnasiums in Berlin-Friedenau (1919) arbeitete er zunächst als Volontär bei der »Niedersächsischen Landeszeitung« in Celle. Bereits als Gymnasiast verfaßte er Abenteuergeschichten, die in verschiedenen Publikationen abgedruckt wurden. 1919 ging er zum »Varieté Burlesk«, einer reisenden Truppe. Im gleichen Jahr stand er in Celle in einem Einakter auf der Bühne. 1920 kam er zu einem bayerischen Bauerntheater in Südschwaben und anschließend zur Schwäbischen Volksbühne, wo er sich in jugendlichen Liebhaberrollen die ersten Sporen verdiente.
Paul Henckels holte ihn 1921 nach Berlin, wo er u. a. am Neuen Theater an der Köpenicker Straße und vor allem an der Berliner Volksbühne am Bülowplatz (1921-1924) arbeitete.
Bereits 1923 drehte er unter der Regie von Heinz Goldberg seinen ersten Stummfilm (»Paganini«). 1924 verpflichtete ihn Fritz Lang für seinen legendären Monumentalfilm »Metropolis«. In der Rolle des jugendlich charmanten Rebellen gelang Fröhlich ein Welterfolg. Nach diesem Stummfilm wurde er mit Angeboten überhäuft. Bis 1960 wirkte er in über 130 Filmen mit. Auch als Drehbuchautor und Regisseur machte er sich einen Namen; er drehte in Rom und Hollywood.
Das Theater geriet, nachdem er 1932 und 1938 am Deutschen Theater Berlin erneut große Erfolge feierte, wegen seiner ausgedehnten Filmarbeit bis 1947 etwas in den Hintergrund. Eine Zwangspause mußte er von 1941 bis 1943 einlegen, nachdem ihm NS-Propaganda-Minister Joseph Goebbels nach einem »Meinungsaustausch« Berufsverbot erteilte und ihn für 18 Monate zur Wehrmacht einziehen ließ.
Fröhlichs wichtigste Bühnenstationen nach dem II. Weltkrieg: Düsseldorfer Schauspielhaus unter Gustaf Gründgens (bis 1953), Renaissance-Theater Berlin (1954), Schauspielhaus Zürich, Festspiele Bad Hersfeld (1956-1960), Passauer Festspiele, Münchner Kammerspiele (1962), Boulevardbühnen in München, Frankfurt/Main, Düsseldorf und Köln sowie Gastspiele in Österreich und der Schweiz.
Große Aufmerksamkeit fand der zurückgezogen lebende Fröhlich 1984, als der erfolgreiche Südtiroler Komponist und mehrfache »OSCAR«-Preisträger Giorgio Moroder (»Flashdance«, »The Neverending Story«, »Ein Mann für gewisse Stunden«) eine Neufassung des 1927 uraufgeführten Stummfilms »Metropolis« vorstellte. Moroder erwarb alle, meist unvollständig vorhandenen Kopien des Originals, stellte sie zusammen und unterlegte dem Ganzen seine Pop-Musik.
Fröhlich spricht engl., ital.; er ist in zweiter Ehe verheiratet mit Maria Hajek. Seiner ersten Ehe mit der Schauspielerin Gitta Alpar entstammt die Tochter Julika. Der Künstler lebt in Brissago im Tessin, Schweiz.
Film: Stummfilme: »Paganini«, Regie: Heinz Goldberg, 1923; »Friesenblut«, Regie: Fred Sauer, 1925; »Die elf Teufel«, Regie: Zoltan Korda, »Der Meister von Nürnberg«, Regie: Ludwig Berger, und »Metropolis«, Regie: Fritz Lang, 1927; »Hurrah! Ich lebe!«, Regie: Wilhelm Thiele, und »Heimkehr«, Regie: Joe May, 1928; »Das brennende Herz«, Regie: Ludwig Berger, und »Asphalt«, Regie: Joe May, 1929.
Tonfilme: »Der unsterbliche Lump«, mit Attila Hörbiger, Regie: Gustav Ucicky, 1930; »Voruntersuchung«, Regie: Robert Siodmak, »Kismet«, Regie: William Dieterle, »Mein Leopold«, mit Max Adalbert, Regie: Hans Steinhoff, »Solang' noch ein Walzer von Strauß erklingt«, »Gloria«, »Liebeskommando«, und »Liebeslied«, 1931; »Unter falscher Flagge«, Regie: Johannes Meyer, »Kaiserwalzer«, »Gitta entdeckt ihr Herz«, »Ein Mann mit Herz«, »Die verliebte Frima«, und »Ein Lied, ein Kuß, ein Mädel«, 1932; »Sonnenstrahl«, »Die Nacht der großen Liebe«, »Rund um eine Million«, »Was Frauen träumen«, »Rakoczy-Marsch«, »Der Flüchtling aus Chicago« und »Abenteuer eines jungen Herrn in Polen«, 1933/34; »Oberwachtmeister Schwencke«, Regie: Carl Froelich, »Barcarole«, Regie: Gerhard Lamprecht, »Stradivari«, »Liebesleute«, »Nacht der Verwandlung«, »Es flüstert die Liebe«, und »Ein Teufelskerl«, 1935; »Die Stunde der Versuchung«, »Stadt Anatol«, »Gleisdreieck«, »Die Entführung« und »Inkognito«, 1936; »Frau Sixta« (nach Zahn), mit Franziska Kinz, Regie: Gustav Ucicky, »In geheimer Mis-

sion«, und »Die große und die kleine Liebe«, 1938; »Renate im Quartett«, Regie: Paul Verhoeven, und »Alarm auf Station III«, mit Kirsten Heiberg, Regie: Philipp Lothar Mayring, 1939; »Herz modern möbliert«, »Alles Schwindel«, »Ihr Privatsekretär« und »Herz geht vor Anker«, 1940; »Sechs Tage Heimaturlaub« und »Clarissa«, 1941; »Der große König« und »Mit den Augen einer Frau«, 1942; »Tolle Nacht«, 1943; »Das Konzert«, »Der große Preis«, »Familie Buchholz«, mit Elisabeth Flickenschildt, Regie: Carl Froelich, und »Neigungsehe«, 1944; »Der große Fall«, 1945; »Sag' die Wahrheit«, Regie: Helmut Weiss, 1946; »Wege im Zwielicht«, Regie: Fröhlich selbst, und »Das verlorene Gesicht«, Regie: Kurt Hoffmann, 1948; »Diese Nacht vergeß' ich nie«, 1949; »Die Sünderin«, mit Hildegard Knef, Regie: Willi Forst, und »Dieser Mann gehört mir«, 1950; »Stips«, 1951; »Gefährliches Abenteuer«, und »Haus des Lebens«, Regie: Karl Hartl, 1952; »Von Liebe reden wir später« und »Die kleine Stadt will schlafen gehn«, 1953; »Rosen aus dem Süden«, und »Ball der Nationen«, 1954; »Der erste Frühlingstag«, Regie: Helmut Weiss, 1956; »Vergiß, wenn du kannst«, 1958; » ... und keiner schämte sich«, Regie: Hans Schott-Schöbinger, 1960. Regie führte er u. a. in: »Rakoczy-Marsch«, 1933; »Abenteuer eines jungen Herrn in Polen«, 1934; »Leb' wohl, Christine« (unvollendet), 1945; »Wege im Zwielicht«, 1948; »Der Bagnosträfling«, 1949; »Die Lüge«, 1950; »Torreani«, 1951; »Seine Tochter ist der Peter«, 1955.

Theater: In Kleists »Der zerbrochene Krug«, in »Vater und Sohn«, in Grillparzers »Die Ahnfrau«, Saint Just in Büchners »Dantons Tod«, in O'Neills »Unterm karibischen Mond«, jeweils Volksbühne Berlin; in Rehfischs »Wer weint um Juckenak«, Titelrolle in Kleists »Prinz Friedrich von Homburg« (1932), und in »Dominant Sex«, mit Lizzy Waldmüller (1938), Deutsches Theater Berlin; in »Tintenspritzer«, mit Heidemarie Hatheyer (1947); Pastor Morell in Shaws »Candida«, mit Marianne Hoppe, Schauspielhaus Düsseldorf 1953 und Renaissance-Theater Berlin 1954; Tellheim in Lessings »Minna von Barnhelm« (1954); Titelrolle in Hofmannsthals »Jedermann«, Der Bettler in Hofmannsthals »Das große Salzburger Welttheater«, Muley Hassan in Schillers »Die Verschwörung des Fiesco zu Genua«, Roller in Schillers »Die Räuber«, und in Eliots »Mord im Dom«, jeweils Festspiele Bad Hersfeld 1956–1960; in Goetz' »Hokuspokus«, 1960, und in Shaws »Candida«, 1962, jeweils Kleine Komödie München; Gajev in Tschechows »Der Kirschgarten«, Münchner Kammerspiele 1962; Mercutio in Shakespeares »Romeo und Julia«, Titelrolle in Goetz' »Dr. med. Hiob Prätorius«, in »Frau ohne Bedeutung«, mit Lil Dagover, in Stevens' »Ehekarussell«, mit Lily Dafon, in Brasch/Moores »Nur keine Blumen«, jeweils an den vorgenannten Bühnen.

Fernsehen: »Pamela« (nach Richardson); »Premieren von Gestern«; »Liebeskolonie«; »Kleine Chansons«; »Pommi Stern«, Regie: Kristian Kühn, ARD 1981; »Rummelplatzgeschichten«, Serie, ARD 1984.

Auszeichnungen: »Silberne Plakette« der Stadt Salzburg (zudem Ehrung mit einer Laudatio auf Schloß Mirabell) 1972; »Filmband in Gold« für langjähriges und hervorragendes Wirken im deutschen Film 1973.

Anschrift: c/o Agentur Baumbauer, Keplerstraße 2, 8000 München 80, oder Casa Muzina, CH-6614 Brissago.

Wera Frydtberg

(eigentlich:
Wera Urbach, geb. Friedberg)

Geb. 11. 8. 1928 als Tochter eines Arztes in Freiburg/Breisgau; nach dem Besuch eines Realgymnasiums kam sie ans Württembergische Staatstheater Stuttgart. Anschließend nahm sie Schauspielunterricht bei Prof. Neugebauer in Wien. Dort spielte sie ab 1949 u. a. am Akademie-Theater, am Kosmos-Theater und am Theater in der Josefstadt (bis 1962). Ab 1953 gastierte sie u. a. am Renaissance-Theater Berlin, an der Kleinen Komödie München, an der Komödie Düsseldorf, am Theater Die Kleine Freiheit München und bei den Schloßpark-Spielen Wiesbaden. Sie machte zahlreiche Tourneen. Seit 1950 wirkte sie in über 40 Spielfilmen mit; seit 1953 arbeitet sie beim Fernsehen.
Frau Frydtberg spricht engl., franz.; sie ist verheiratet, hat eine Tochter und lebt in München.
Film: »Die Sünderin«, mit Hildegard Knef, 1950; »Vater braucht eine Frau«, 1952; »Einmal keine Sorgen mehr«, 1953; »Das Kreuz am Jägersteig«, und »Sie«, Regie: Rolf Thiele, 1954; »Ihr erstes Rendezvous«, Regie: Axel von Ambesser, und »Ich denke oft an Piroschka«, mit Liselotte Pulver und Gunnar Möller, Regie: Kurt Hoffmann, 1955; »Hurra – Die Firma hat ein Kind«, 1956; »Die große Chance« und »Es fing so harmlos an«, 1957; »Wir Wunderkinder«, Regie: Kurt Hoffmann, »Meine 99 Bräute«, und »Der Pauker«, mit Heinz Rühmann, Regie: Axel von Ambesser, 1958; »Die feuerrote Baronesse«, Regie: Rudolf Jugert, 1959; »Mit besten Empfehlungen«, Regie: Kurt Nachmann, 1961.
Theater: Sally in van Drutens »Das Lied der Taube«, Kosmos-Theater Wien 1952; in Schönthans »Der Raub der Sabinerinnen«, Akademietheater Wien 1952; in Colettes »Chérie«, mit Käthe Dorsch, Tournee 1952; in Edmund Wolfs »Räubergeschichte«, mit Theo Lingen, Renaissance-Theater Berlin, Kleine Komödie München und Tournee 1953/54; in Hubaleks »Herr Nachtigall«, Komödie Berlin 1955; in Raphaelsons »Zauber der Jugend«, in Anouilhs »Das Rendezvous von Senlis«, in O'Neills »O Wildnis«, in Popplewells »Theorie und Praxis«, und in Thomas »Die Falle«, jeweils Theater in der Josefstadt Wien 1959–1962; in H. u. M. Williams' »2 x 2 = SEX«, Komödie Düsseldorf 1969; in Goldonis »Der Diener zweier Herren«, Schloßpark-Spiele Wiesbaden 1978.
Fernsehen: »Blätter im Winde«, mit Hans-Joachim Kulenkampff, ARD 1955; »Der Mörder kommt um elf«, ARD 1957; Julia in »Romeo und Jeannette« (nach Anouilh), ARD 1958; Kurfürstin in »Der Vogelhändler« (nach Zeller), ARD 1960; Lisa in »Land des Lächelns« (nach Lehár), ARD 1962; »Im Schatten des Krieges« (nach Serling), und »Das Glück läuft hinterher« (nach Lommer), Regie: Peter Beauvais, ARD 1963; »Sechs Stunden Angst« (nach Didelot), mit Hans Söhnker und Paul Dahlke, Regie: Eugen York, und »Ich fahre Patschold« (nach Lommer), Regie: Peter Beauvais, ARD 1964; »Schicken Sie mir einen Dollar« (nach Julian), ARD 1965; »Der Zug der Zeit« (nach Lommer), Regie: Peter Beauvais, und »Der Tag, an dem die Kinder verschwanden« (nach Lommer), Regie: Eugen York, ARD 1967; »Die lieben Freunde« (nach Rose), ARD 1969; »Der Kommissar«, mit Erik Ode, Serie, ZDF 1971; »Preußenkorso«, mit Harald Juhnke, ZDF 1973; »Hamburg Transit«, Serie, ARD 1973; »Rubens letzte Runde«, mit Gustl Bayrhammer, und »PS – Geschichten ums Auto« (von Stromberger), mit Günter Pfitzmann und Gerd Baltus, Regie: Claus Peter Witt, 4 Teile, ARD 1975; »Ein Fall für zwei«, mit Günter Strack, Serie, ZDF 1985.
Anschrift: c/o Agentur Jovanovic, Perfallstraße 6, 8000 München 80.

Claus Fuchs

Geb. 16. 4. 1943 in Lodz (Polen); aufgew. in Hamburg und Bremen; lebt in München; ledig; spricht engl., franz.; nach der mittleren Reife und der abgeschlossenen Ausbildung zum Im- und Exportkaufmann nahm er privaten Schauspielunterricht bei Hans Dieter Zeidler und besuchte die Hochschule für Musik und Theater; sein erstes Engagement bekam er unter Harry Buckwitz an den Städt. Bühnen Frankfurt/Main (1965-1968); weitere Theaterstationen: Stadttheater Lüneburg (1968/69), Schleswig-Holsteinisches Landestheater Rendsburg (1969/70), Schauspielhaus Düsseldorf unter Karl Heinz Stroux (1970/71) und Ulrich Brecht (1974), Schauspielhaus Bochum (1975), Schauspielhaus Köln (1976), Saarländisches Staatstheater Saarbrücken (1977), Theater Baden-Baden (1981) und Stadttheater Aachen (1983).

Film: »21 hours at Munich«, mit William Holden, Regie: W. A. Graham, USA 1976; »Jenseits von Gut und Böse«, Italien/BRD, 1976; »Das Mädchen vom Hof«, 1977; »Messer im Kopf«, Regie: Reinhard Hauff, 1978; »Soweit das Auge reicht«, Regie: Erwin Keusch, 1979; »Night Crossing«, USA 1980; »As der Asse«, mit Jean-Paul Belmondo, Frankreich/BRD 1982; »Au nom de tous les miens«, Frankreich/Kanada/BRD 1983; »Die Einsteiger«, mit Thomas Gottschalk und Mike Krüger, Regie: Siggi Götz, 1985.

Theater: Matti in Brechts »Herr Puntila und sein Knecht Matti«, Schleswig-Holsteinisches Landestheater Rendsburg 1969/70; Lord Kent in Shakespeares »König Lear«, Schauspielhaus Düsseldorf 1970/71; Titelrolle in Schillers »Die Verschwörung des Fiesco zu Genua«, Tournee durch Südamerika 1971; Macheath in Brecht/Weills »Die Dreigroschenoper«, Theater Baden-Baden 1981; Tobias Rülp in Shakespeares »Was ihr wollt«, Stadttheater Aachen 1983.

Fernsehen: »Anschlag auf einen Fußballstar«, SRG 1975; »Der Prototyp«, ZDF, 1975; »Derrick«, Serie, ZDF, 1976; »Tatort«, Serie, 3 Folgen, ARD 1977-1980; »Stellwerk«, Regie: Hans-Werner Schmidt, ZDF 1977; »Der getreue Roboter«, und »Die seltsamen Begegnungen des Prof. Tarontoga« (von Stanislaw Lem), ZDF 1978; »Ein Fall für zwei«, Serie, ZDF 1980; »Jugend unter Hitler«, Regie: Bernd Fischerauer, ARD 1981; »Chefgeschichten«, Regie: Wolfgang Becker, ZDF 1981; »Das Dorf an der Grenze«, ORF 1982; »Krimistunde«, ARD 1982; »Kerbels Flucht«, Regie: Erwin Keusch, ZDF 1984; »Die Krimistunde«, Regie: Hartmut Griesmayr, Serie, ARD 1985.

Anschrift: c/o ZBF-Agentur München, Leopoldstraße 19, 8000 München 40, oder Denningerstraße 98, 8000 München 81.

Enzi Fuchs

Geb. 28. 1. 1937 in Regensburg; dort aufgew.; nach der Schule nahm sie Schauspielunterricht bei Oscar von Schab und absolvierte eine umfassende Tanzausbildung. Ihr Debüt gab sie am Münchner Volkstheater. Gastspiele führten sie seither u. a. nach Hamburg, Recklinghausen (1972), Berlin, an die Münchner Kammerspiele (1981) und an Münchner Kleinkunst-Bühnen. Seit der Neueröffnung des Münchner Volkstheaters 1983 gehört sie zum Ensemble dieser Bühne. Sie arbeitet viel für Hörfunk und Fernsehen. Frau Fuchs lebt in München.

Film: »Flammende Herzen«, Regie: Walter Bockmayer und Rolf Bührmann, 1978; »Die Ortliebschen Frauen«, Regie: Luc Bondy, 1981.

Theater: An den vorgenannten Bühnen spielte sie Rollen ihres Fachs, bevorzugt in Stücken von Autoren wie Fleißer, Sperr, Kroetz, Thoma und Brecht. Zuletzt sah man sie u. a.: Amme in Jahnns »Medea«, Regie: Ernst Wendt, Münchner Kammerspiele 1981; in Schönherrs »Glaube und Heimat«, Regie: Ruth Drexel, 1983/84, in Kleists »Der zerbrochene Krug« (Bayer. Fassung von Ahlsen), mit Gustl Bayrhammer, Regie: Wolfgang Gropper, und in Sperrs »Jagdszenen aus Niederbayern«, mit Markus Völlenklee, Regie: Harald Clemen, 1984, Titelrolle in Sperrs »Koralle Meier« (1972 spielte sie die Frau des Bäckermeisters in Recklinghausen), 1985, jeweils Münchner Volkstheater.

Fernsehen: »Königlich Bayerisches Amtsgericht« (von Georg Lohmeier), mit Hans Baur, Serie, ZDF 1970; »Koralle Meier« (von Sperr), mit Christa Berndl, Regie: Heinz Schirk, ARD 1972; »Die Karte mit dem Luchskopf«; »Kleinbürgerhochzeit« (nach Brecht); »Der Kommissar«, Serie, ZDF 1974; »Sachrang« (von Oliver Storz), mit Gerhart Lippert, Regie: Wolf Dietrich, 3 Teile, ARD 1978; »Anton Sittinger« (nach Oskar Maria Graf), ARD 1979; »D'Rumplhanni« (nach Lena Christ), mit Monika Baumgartner, Regie: Rainer Wolffhardt, 2 Teile, ARD 1981; »Der Eimer und die Mona Lisa«, ZDF 1983; »I muß gehn«, Regie: Klaus André, und »Der Mann, der keine Autos mochte«, mit Ralf Schermuly, Regie: Dieter Wedel, 6 Teile, ZDF 1984; »Klein aber mein« (von Purucker), mit Karl Obermayr, Regie: Rainer Wolffhardt, ARD 1984; »Tegtmeier klärt auf«, mit Jürgen von Manger, Serie, und »Derrick«, Serie, ZDF 1985; »Irgendwie und sowieso«, Regie: Franz X. Bogner, Serie, ARD 1986.

Anschrift: c/o Agentur Wiedner, Destouchesstraße 32, 8000 München 40.

Matthias Fuchs

Geb. 3. 11. 1939 in Hannover; dort aufgew.; bereits mit neun Jahren stand er in Hannover auf der Bühne. Über Arbeiten in der Statisterie, Requisite, beim Umbau und in der Beleuchtung kam er zum Beruf. Er nahm privaten Schauspielunterricht u. a. bei Peter Lühr. Sein Film-Debüt gab er 1955, seit 1960 wirkt er in großem Umfang beim Fernsehen.
Bühnenstationen: Theater in der Josefstadt Wien (1962-1964), Niedersächsisches Staatstheater Hannover (1965-1967), Bühnen der Stadt Köln (1968-1970), Städt. Bühnen Frankfurt/Main (1971-1979) und Deutsches Schauspielhaus Hamburg (seit 1981).
Fuchs spricht engl., franz.; er ist verheiratet, hat eine Tochter (Marie) und lebt in Hamburg.
Film: Ethelbert in »Die Mädels vom Immenhof«, Regie: Wolfgang Schleif, 1955, »Hochzeit auf Immenhof«, Regie: Volker von Collande, 1956, und »Ferien auf Immenhof«, Regie: Hermann Leitner, 1957, jeweils mit Heidi Brühl, Paul Henckels, Paul Klinger und Margarete Haagen; »Buddenbrooks« (nach Thomas Mann), Regie: Alfred Weidenmann, »Der Engel, der seine Harfe versetzte«, Regie: Kurt Hoffmann, und »Der liebe Augustin«, Regie: Rolf Thiele, 1959; »Mit 17 weint man nicht«, Regie: Alfred Vohrer, 1960; »Aus einem deutschen Leben«, Regie: Theodor Kotulla, 1977; »Lola«, mit Barbara Sukowa, Regie: Rainer Werner Fassbinder, 1981; »Die flambierte Frau«, mit Gudrun Landgrebe und Mathieu Carrière, Regie: Robert van Ackeren, 1983; »Das Arche-Noah-Prinzip«, Regie: Roland Emmerich, 1984.
Theater: Romeo in Shakespeares »Romeo und Julia« und Ferdinand in Schillers »Kabale und Liebe«, jeweils Theater in der Josefstadt Wien 1962-1964; Titus Feuerfuchs in Nestroys »Der Talisman«, Mercutio in Shakespeares »Romeo und Julia« und Titelrolle in Schillers »Don Carlos«, jeweils Niedersächsisches Staatstheater Hannover 1965-1967; Titelrolle in Handkes »Kaspar«, in Tschechows »Drei Schwestern«, Regie: Rudolf Noelte, jeweils Bühnen der Stadt Köln 1968-1970; Bleichenwang in Shakespeares »Was ihr wollt«, Troilus in Shakespeares »Troilus und Cressida« und Titelrolle in Wedekinds »Marquis von Keith«, Regie für die beiden letztgenannten: Hans Neuenfels, und in Wedekinds »Frühlings Erwachen«, Regie: Peter Palitzsch, jeweils Städt. Bühnen Frankfurt/Main 1971–1979; Titelrolle in Hebbels »Gyges und sein Ring«, in de Filippos »Die Kunst der Komödie«, Regie: Rudolf Noelte, Titelrolle in Shakespeares »Perikles«, Argan in Molières »Tartuffe«, Regie: Ernst Wendt, Malcolm in Carrs »Sofortige Erleuchtung«, Regie Carr selbst, jeweils Deutsches Schauspielhaus Hamburg 1981–1986; in: »Auf dem Lande«, Regie: Fred Bernd, Freie Volksbühne Berlin 1984.
Fernsehen: »Zeit der Kirschen«, Regie: Otto Schenk, ORF 1963; »O Wildnis« (nach O'Neill), Regie: Harald Braun, ARD 1965; Ulrich in »Ulrich und Ulrike«, Serie, ZDF 1966/67; »Das Spiel von Liebe und Zufall«, Regie: Hans-Reinhard Müller, ARD 1973; »Romeo und Julia auf dem Dorfe«, Regie: Willi Schmitt, ARD 1974; »Skyline«, Regie: Volker Landsberg, ZDF 1978; »Berlin Alexanderplatz« (nach Döblin), mit Günter Lamprecht, Regie: Rainer Werner Fassbinder, ARD 1980; »Der Fall Maurizius« (nach Jakob Wassermann), mit Sigfrit Steiner, Regie: Theodor Kotulla, 5 Teile, und »Klavierspiele«, ZDF 1981; »Die Frau im rosa Mantel«, mit seiner Tochter Marie, Regie: Diethard Klante, ARD 1982; »Hilf, wenn du kannst«, Serie, ARD 1983; »Mascha«, mit Rosel Zech, Regie: Hans-Eberhard Quelle, ARD 1984; »Grottenolm«, mit Amanda Lear, Regie: Rainer Kirberg, »Tamboo«, Regie: Rainer Grupe, und Johannes Mario Simmel in »Eine Nacht im Atlantik« (von Hans Christoph Blumenberg und Heinrich Brelov), ZDF 1985.
Auszeichnung: Bundesjugendfilmpreis 1959 für die Darstellung in »Der Engel, der seine Harfe versetzte«.
Anschrift: c/o Agentur von Pilecki, Eilandstraße 12, 8000 München 90.

Joachim Fuchsberger

Geb. 11. 3. 1927 als Sohn eines Setzmaschinenvertreters in Stuttgart; dort aufgew.; er besuchte die Oberschule bis zur 7. Klasse und wurde bei Ende des Krieges noch eingezogen und zum Fallschirmspringer ausgebildet. Nach der Kriegsgefangenschaft arbeitete er 1946 als Bergmann in der Recklinghauser Zeche »Ludwig II« unter Tage. Tätigkeiten als Monteur von Setz- und Druckmaschinen und als Mitarbeiter in der chemigrafischen Abteilung eines Düsseldorfer Verlagshauses folgten. Anschließend wurde er Chefassistent bei einer Ausstellungsleitung, Werbeleiter bei der Deutschen Bauausstellung 1949 in Nürnberg und Sprecher beim damaligen Hörfunksender München. 1954 kam er als Wochenschausprecher zum Film. Erste kleine Rollen hatte er in »Eine Entdeckung«, »Wenn ich einmal der Herrgott wär« und »Geh' mach dein Fensterl auf«. Der Regisseur Paul May übertrug ihm schließlich die Hauptrolle des Gefreiten Asch in seinen drei 08/15-Filmen. Bis 1981 drehte Fuchsberger über 60 Streifen.
Nachdem er bereits früher als Conférencier gearbeitet hatte, kam er 1972 als Chef-Ansager zu den XX. Olympischen Sommerspielen in München, wo er auch die Eröffnungs-, Trauer- und Schlußfeier sprach.
Im Fernsehen ist Fuchsberger seit 1973 fast nur noch als Talk-, Quiz- und Showmaster aufgetreten. Er moderierte »Spiel mit mir« (ARD 1975/76). Seit 1977 läuft seine Samstagabend-Show »Auf los geht's los«, mit der er 1986 genau 60mal auf dem Bildschirm zu sehen war. 1980 begann zudem die Talkrunde »Heut' abend«, die er zunächst in den dritten Programmen des Bayerischen und des Südwestfunk-Fernsehens präsentierte, seit 1982 damit auch im Abendprogramm der ARD vertreten ist (bis Mai 1986: 200 Sendungen).
Fuchsberger trat auch als Textdichter in Erscheinung. U. a. schrieb er Schlagertexte für seinen Sohn Thomas Michael (»Tommy«), der seit 1979 als Bandleader, Sänger und Komponist Karriere macht.
Fuchsberger ist nach seiner Scheidung von der Schlagersängerin Gitta Lind (bürgerlich: Gitta Gracher) seit 1954 verheiratet mit der ehem. Schauspielerin Gundula Korte, hat einen Sohn (»Tommy«, geb. 1957) und lebt in Grünwald bei München.

Film: »Der letzte Mann«, mit Hans Albers und Romy Schneider, 1955; »Lumpazivagabundus« (nach Nestroy), 1956; »Kleiner Mann ganz groß«, mit Karin Dor und Oliver Grimm, und »Liebe kann wie Gift sein«, 1957; »Die grünen Teufel von Monte Cassino«, und »U 47 – Kapitänleutnant Prien«, 1958; »Der Frosch mit der Maske« (nach Wallace), mit Jochen Brockmann, Regie: Harald Reinl, 1959; »Die Bande des Schreckens« und »Die zornigen jungen Männer«, 1960; »Die toten Augen von London« und »Die seltsame Gräfin« (nach Wallace), 1961; »Das Gasthaus an der Themse« (nach Wallace), mit Elisabeth Flikkenschildt, und »U 153 antwortet nicht«, 1962; »Der Hexer«, »Der schwarze Abt«, und »Die weiße Spinne«, 1963, jeweils nach Edgar Wallace; »Hotel der toten Gäste«, »Ich, Dr. Fu Man Chu«, »Ich kannte sie gut« und »Wer ist Johnny R.?«, 1965; »Lange Beine – lange Finger«, »Siebzehn Jahr, blondes Haar« und »Begegnung«, 1966; »Kennwort Regenbogen«, »Der Mönch mit der Peitsche«, und »Feuer auf Frankie«, 1967; »Im Banne des Unheimlichen«, 1968; »Sieben Tage Frist«, Regie: Alfred Vohrer, und »Schreie in der Nacht«, 1969; »Das Geheimnis der grünen Stecknadel«, Regie: Massimo Dallamano, BRD/Italien 1971; »Das Mädchen von Hongkong«, Regie: Jürgen Roland, 1971; »Das fliegende Klassenzimmer« (nach Kästner), 1973; »Der Fan«, Regie: Eckhart Schmidt, 1981.
Fernsehen: »Der Tod läuft hinterher« (von Reinekker), 3 Teile, ZDF 1967, »Hotel Royal« (von Matray/Krüger), ZDF 1969, und »11 Uhr 20« (von Reinecker), mit Gila von Weitershausen und Nadja Tiller, 3 Teile, ZDF 1970, Regie: jeweils Wolfgang Becker. Als Gast war er in vielen TV-Shows zu sehen, u. a. »Schwabinger Bazar« (ZDF), »Wetten daß ...?« (ZDF) und »Telespiele« (ARD).
Auszeichnungen: »Goldener Bildschirm« (TV-Hören + Sehen), »Otto« (BRAVO) 1961, 1970, 1971, 1972; »Bambi« (BILD + FUNK) 1970 und 1982; »Goldene Kamera« (HÖRZU) 1981; Internationales Filmband in Silber, Italien; Bayerischer Verdienstorden; Bundesverdienstkreuz der Bundesrepublik Deutschland.
Anschrift: Hubertusstraße 62, 8022 Grünwald/b. München.

Ernst Fritz Fürbringer

Geb. 27. 7. 1900 als Sohn eines Sanitätsrates in Braunschweig; dort aufgew.; nach dem Besuch des Realgymnasiums war er zunächst Fähnrich zur See bei der Marine; anschließend absolvierte er eine landwirtschaftliche Lehre und war als Gutsinspektor in Ostpreußen und Schleswig-Holstein tätig. Nach einer kaufmännischen Lehre arbeitete er schließlich als Stahlkaufmann in Hamburg.
Schauspielunterricht nahm er 1924/25 bei Carl Zistig in Hamburg. In der Rolle des Oberpriesters debütierte er in Grillparzers »Des Meeres und der Liebe Wellen« in einer Schauspielschüler-Aufführung an den Hamburger Kammerspielen, denen er von 1925 bis 1935 angehörte. Von 1935 bis 1942 war er Mitglied des Bayerischen Staatsschauspiels München. Anschließend hatte er von 1942 bis 1945 einen Filmvertrag bei der Bavaria-Filmkunst.
Nach dem II. Weltkrieg gab er u. a. Gastspiele an der Kleinen Komödie München (1946-1978), am Bayerischen Staatsschauspiel, an den Münchner Kammerspielen (1950-1959, von 1954-1959 als Ensemble-Mitglied), an den Städt. Bühnen Frankfurt/Main, an der Komödie Berlin sowie am Theater am Central in Zürich.
Sein Film-Debüt gab er 1935. Bis 1970 wirkte er in über 50 Produktionen mit. Ein Schwerpunkt seiner Arbeit wurde das Fernsehen, wo er seit den ersten Versuchssendungen über 140 verschiedene Rollen verkörperte. Als Synchronsprecher war er lange Jahre die deutsche Stimme u. a. von Gregory Peck und Vittorio de Sica. Er wirkte als Schauspiellehrer an der Otto-Falckenberg-Schule München.
Fürbringer spricht engl., franz.; er ist verheiratet seit 1932 mit Lizzi Rademacher, hat drei Kinder (Hans, geb. 1937, Sabine, geb. 1941, und Ulrike, geb. 1943) und lebt in München.
Film: »Truxa«, 1936; »Ein Volksfeind« (nach Ibsen), 1937; »Es leuchten die Sterne«, 1938; »Fasching«, mit Carl Wery und Liesl Karlstadt, Regie: Hans Schweikart, 1939; »Der Feuerteufel«, Regie: Luis Trenker, und »Das Fräulein von Barnhelm« (nach Lessing), 1940; »Kameraden« und »Alarmstufe V«, 1941; »Andreas Schlüter«, 1942; »Titanic«, 1943; »Spuk im Schloß«, 1945; »Der Herr vom anderen Stern«, 1948; »Grenzstation«, 1950; »Die Dame in Schwarz« und »Gefangene Seele«, 1951; »Der weißblaue Löwe«, »Zwei Menschen«, »Käpt'n Bay-Bay«, Regie: Helmut Käutner, und »Der Kaplan von San Lorenzo«, 1952; »Ein Herz spielt falsch«, 1953; »Heiße Ernte«, und »Robinson soll nicht sterben« (nach Forster), mit Horst Buchholz, 1956; »Nachts, wenn der Teufel kam«, 1957; »Der Pauker«, mit Heinz Rühmann, Regie: Axel von Ambesser, und »Auferstehung« (nach Tolstoi), 1958; »Frau Warrens Gewerbe« (nach Shaw), mit Lilli Palmer, und »Ein Mann geht durch die Wand«, 1959; »Die Gruft mit dem Rätselschloß« (nach Wallace), Regie: Franz Josef Gottlieb, BRD/Großbritannien 1964; »Vorsicht, Mister Dodd«, 1964; »Ludwig auf Freiersfüßen«, mit Hansi Kraus, 1969.
Theater: Käptn Flagg in Zuckmayers »Die Rivalen«, Graf Z in Klabunds »XYZ«, Ferdinand in Schillers »Kabale und Liebe«, Wetter vom Strahl in Kleists »Das Käthchen von Heilbronn«, jeweils Hamburger Kammerspiele 1925–1935; Jago in Shakespeares »Othello«, Bleichenwang in Shakespeares »Was ihr wollt«, Friedrich der Große in Rehbergs »Der Siebenjährige Krieg«, Prunelle in Sardous »Cyprienne«, Titelrolle in Masefields »Philipp der König«, Bolingbroke in Shakespeares »König Richard II.«, Laslo in Schulenburgs »Schwarzbrot und Kuppel«, in Bahrs »Das Konzert«, in Wildes »Ein idealer Gatte«, in Spoerls »Die weiße Weste«, in Durans »Gefährliche Gäste«, in Zuckmayers »Barbara Blomberg«, Cauchon in Anouilhs »Jeanne oder Die Lerche«, in Calderons »Der standhafte Prinz«, in Kleists »Der zerbrochene Krug«, in Shaws »Der Kaiser von Amerika«, Regie: August Everding, Piccolomini in Schillers »Wallensteins Tod«, Regie: Hans Schweikart, in Dürrenmatts »Romulus der Große«, in Christies »Zeugin der Anklage«, in Goetz' »Hokuspokus« und in Maughams »Der Kreis«, jeweils an den vorgenannten Bühnen bis 1978.
Fernsehen: (seit 1967 u. a.) »Der Tod läuft hinterher« (von Reinecker), Regie: Wolfgang Becker, 3 Teile, ZDF 1967; Bolingbroke in »König Richard II.« (nach Shakespeare), Regie: Franz Josef Wild, und »Der Monat der fallenden Blätter« (von Asmodi nach Marshall), Regie: Hans Schweikart, ARD 1968; »Der Kommissar«, mit Erik Ode, Serie, ZDF 1971; »Zinngeschrei«, Regie: Ludwig Cremer, ZDF 1974; »Schei-

benschießen« (nach Wittlinger), ZDF 1975; »Manchmal Märchen«, Regie: Thomas Engel, ZDF 1976; »Der Privatsekretär« (nach Eliot), und Bülow in »Generale« (von Sebastian Haffner), ZDF 1977; Tilly in »Wallenstein« (nach Golo Mann), Regie: Franz Peter Wirth, 4 Teile, ZDF 1978; »Theodor Chindler« (nach Bernard von Brentano), mit Hans Christian Blech, Regie: Hans W. Geissendörfer, ARD 1979; »Das Käthchen von Heilbronn oder Die Feuerprobe« (nach Kleist), ARD 1981; Kaiser Friedrich III. in »Vom Webstuhl zur Weltmacht« (von Ahlsen), Regie: Heinz Schirk, 6 Teile, ARD 1983; »Martin Luther«, mit Lambert Hamel, Regie: Rainer Wolffhardt, 2 Teile, »Derrick«, Serie, und Titelrolle in »Konsul Möllers Erben« (von Asmodi), Regie: Claus Peter Witt, 7 Teile, ZDF 1983; »Helga und die Nordlichter«, mit Helga Feddersen, Regie: Marcus Scholz, 13 Teile, ZDF 1984; Prinz Ferdinand in »Vor dem Sturm« (nach Fontane), Regie: Franz Peter Wirth, 6 Teile, ARD 1984; »Der Sonne entgegen«, mit Josef Meinrad, Regie: Hermann Leitner, Serie, ARD 1985; »Derrick«, Serie, ZDF 1985; »Die Schwarzwaldklinik«, mit Klausjürgen Wussow, Gaby Dohm und Karin Hardt, Regie: Hans-Jürgen Tögel, Serie, 4 Folgen, ZDF 1986.

Anschrift: c/o Agentur de la Berg, Haus am Weiher, 8026 Irschenhausen.

Harry Fuss

Geb. 1. 8. 1913 in Wien; dort aufgew.; nach dem Abitur am Realgymnasium besuchte er die Hoteldirektorenschule und war kurze Zeit im Hotelfach tätig. 1934 absolvierte er unter Prof. Rudolf Beer das Schauspielseminar. Sein erstes Engagement bekam er 1935/36 am Schauspielhaus Brünn (ČSR). Die weiteren Bühnenstationen: Theater in der Josefstadt Wien (1936/37), Schauspielhaus Zürich (1937-1939), Badisches Staatstheater Karlsruhe (1940/41), Raimundtheater, Bürgertheater, Stadttheater und Renaissance-Theater in Wien (jeweils 1942–1944), Künstlertheater Wien (1945-1947) und Theater in der Josefstadt Wien (1947/48).
Seit 1948 steht Fuss im Ensemble des Wiener Volkstheaters. Gastspiele gab er seither u. a. am Wiener Burgtheater, am Bayerischen Staatsschauspiel München, bei den Ruhrfestspielen in Recklinghausen, bei den Luisenburg-Festspielen Wunsiedel, am Theater an der Wien in Wien und am Thalia-Theater Hamburg.
Fuss spricht franz.; er ist ledig und lebt in Wien.
Film: Von 1948 bis 1952 drehte er über 25 Kinofilme, u. a.: »Der himmlische Walzer«, Regie: Geza von Cziffra, »Wiener Klänge«, »Meine Tante, deine Tante«, »Der Unsichtbare«, »Gangsterpremiere«, Regie: Curd Jürgens, »Gruß und Kuß aus der Wachau«, »Der Schandfleck«, »Der Fünf-Minuten-Vater«, »Kind der Donau«, »Die Zukunft tanzt«, »Hallo Dienstmann«, mit Hans Moser, Regie: Franz Antel, »Großstadt-Nacht«, »Schicksal am Lenkrad«, Regie: Aldo Vergano, »Reise ins Glück«, »1. April 2000«, Regie: Wolfgang Liebeneiner, »Rendezvous im Salzkammergut«, und »Hin und her«, Regie: Theo Lingen.
Theater: In Nestroys »Träume von Schale und Kern«, Regie: Axel von Ambesser, Burgtheater Wien; in Sternheims »Die Kassette«, Regie: Rudolf Noelte, Bayerisches Staatsschauspiel München; in Horváths »Zur schönen Aussicht«, Regie: Michael Kehlmann, Tournee; in Tschechows »Drei Schwestern«, Ruhrfestspiele Recklinghausen; in Nestroys »Lumpazivagabundus«, Luisenburg-Festspiele Wunsiedel; in Nestroys »Das Haus der Temperamente« und »Das Mädl aus der Vorstadt«, in Raimunds »Der Verschwender«; in Isherwood/van Drutens »Cabaret«, Theater an der Wien; in Molnárs »Die Fee«, Regie: Hans Jaray, Theater in der Josefstadt Wien; in Horváths »Geschichten aus dem Wienerwald«, Regie: Jürgen Flimm, Thalia-Theater Hamburg.
Von 1959 bis 1969 war er Hauptdarsteller der Wiener Festwochen-Produktionen »Pawlatschentheater« unter der Regie von Gandolf Buschbeck und Karl Paryla.
Neben vielen vorgenannten Stücken vor allem von Nestroy und Raimund spielte er seit 1948 am Volkstheater Wien u. a.: Bluntschli und Petkoff in Shaws »Helden«, Chlestakov in Gogols »Der Revisor«, Spielleiter in Wilders »Unsere kleine Stadt«, Wirt in Lessings »Minna von Barnhelm«, Klosterbruder in Lessings »Nathan der Weise«, Hans Weiring in Schnitzlers »Liebelei«, Leon in Anouilhs »Der Nabel«, St. Just in Büchners »Dantons Tod«, Alter Schalanter in Anzengrubers »Das vierte Gebot«, Möbius in Dürrenmatts »Die Physiker«, Kanzlist in Molnárs »Liliom«, Trotta in Gerstinger/Margos »Radetzkymarsch« (nach Roth), und Bruno in Hauptmanns »Die Ratten«.
Fernsehen: Neben Aufzeichnungen von Volkstheater-Aufführungen und den Wiener Festwochen sowie mehreren Fernsehspielen unter der Regie von Theodor Grädler wie »Veruntreute Himmel«, »Tingl Tangl« und »Hôtel du Commerce«: »Reporter« (nach McArthur), Regie: Wolfgang Glück, ORF 1959; »Ende schlecht – alles gut« (nach Bush-Fekete), Regie: Wolfgang Glück, ARD 1962; Hitler in »Der Bokkerer«, Regie: Michael Kehlmann, ARD 1963; »Die Abenteuer des braven Soldaten Schwejk« (nach Hašek), Regie: Wolfgang Liebeneiner, mehrere Folgen, ZDF 1972; »Tatort«, mit Fritz Eckhardt, Serie, 2 Folgen, ARD 1973/74; »Hallo – Hotel Sacher, Portier . . .!«, mit Fritz Eckhardt, Serie, ZDF 1974; »Joseph Haydn«, ZDF 1975; »Cella oder die Überwinder« (nach Werfel), ZDF 1978, und »Hambacher Frühling«, ZDF 1982, Regie: jeweils Eberhard Itzenplitz.
Auszeichnungen: »Ehrenkreuz für Kunst und Wissenschaft«, Wien 1964; »Karl-Skraup-Preis« für hervorragende künstlerische Leistungen 1970; Ernennung zum Professor durch das Kulturministerium, Wien 1973; »Goldenes Ehrenzeichen für Verdienste

um das Land Wien« 1975; »Ehrenmedaille der Stadt Wien in Gold« 1984.
Anschrift: c/o Austroconcert International, Glückgasse 1, A-1010 Wien, oder Armbrustergasse 24 A, A-1190 Wien, Österreich.

Herbert Fux

Geb. 25. 3. 1927 in Hallein bei Salzburg; dort aufgew.; nach der Schule absolvierte er eine Schauspielschule in Wien. Anschließend war er 14 Jahre an verschiedenen Wiener Bühnen (wo er Rollen seines Faches verkörperte) engagiert. Bekannt wurde er vor allem durch seine über 150 Kino- und Fernsehfilme, in denen er meist als »Bösewicht« auftrat. 1974 gelang ihm mit der Umweltschutz-Bewegung »Rettet Salzburg« der Einzug in den Salzburger Gemeinderat. Seine Kandidatur für die vereinigten Grünen (VGÖ) bei der österreichischen Nationalratswahl im Jahre 1983 zog er nach einer großangelegten Pressekampagne gegen ihn vorzeitig zurück.
Fux spricht engl.; er lebt in Salzburg.
Film: »Der rote Rausch«, Regie: Wolfgang Schleif, 1962; »Die schwarze Kobra«, Regie: Rudolf Zehetgruber, 1963; »Die Herren mit der weißen Weste«, mit Martin Held und Heinz Erhardt, Regie: Wolfgang Staudte, 1969; »Wenn die tollen Tanten kommen«, mit Rudi Carell und Ilja Richter, mehrere Folgen, 1969-1972; »Die Vertreibung aus dem Paradies«, Regie: Niklaus Schilling, und »Jack the Ripper – Der Dirnenmörder von London«, mit Klaus Kinski, Regie: Jesus Franco, 1977; »Zwei Däninnen in Lederhosen«, Regie: Franz Marischka, und »Cola, Candy, Chocolate«, Regie: Siggi Götz, 1978; »Woyzeck« (nach Büchner), Regie: Werner Herzog, und »Austern mit Senf«, mit Sascha Hehn, Regie: Franz Antel, 1979; »Zärtlich, aber frech wie Oskar«, Regie: Franz Josef Gottlieb, 1980; »Plem, Plem – Die Schule brennt« und »Die unglaublichen Abenteuer des Guru Jakob«, mit Tommi Ohrner, 1983; »Big Mäc«, mit Thomas Gottschalk, Regie: Sigi Rothemund, 1985.
Fernsehen: Bis 1970 u. a. in: »Die Klasse« und »Olympia-Olympia«. Ferner u. a. in: »Dem Täter auf der Spur«, Regie: Jürgen Roland, Serie, ARD 1970; »Das Messer« (nach Durbridge), Regie: Rolf von Sydow, 3 Teile, ARD 1971; »Der Kommissar«, mit Erik Ode, Serie, ZDF 1973; »Teerosen« (nach Ingrisch), Regie: Rolf von Sydow, ARD 1977; »Der Alte«, Serie, ZDF 1980; »Die Jahre vergehen«, Regie: Peter Keglevic, 2 Teile, ZDF 1981; »Der Waldbauernbub« (nach Rosegger), Regie: Hermann Leitner, ZDF 1983; »Das schöne, irre Judenmädchen« (nach Heinrich Spieß), Regie: Götz Fischer, »Der geheimnisvolle Fremde« (nach Twain), mit Bernhard Wicki, Regie: Peter H. Hunt, und »Die schwarzen Brüder«, Regie: Diethard Klante, Serie, ARD 1984; »Polizei-Inspektion 1«, Serie, ARD 1985; »Die Enthüllung« (nach Brandstetter), Regie: Georg Madeja, ORF 1985. Seit 1981 moderierte er zusammen mit Olivia Pascal, Hans Herbert und Gerd Laienbach die ARD-Musik-Reihe »Bananas«. In den bislang 28 Folgen (bis 1984) trat er mit seinen Partnern in zahlreichen Sketchen und Verkleidungsszenen auf.
Anschrift: c/o ZBF-Agentur München, Leopoldstraße 19, 8000 München 40, oder Traunstraße 30, A-5020 Salzburg, Österreich.

G

Mogens von Gadow

Geb. 12. 5. 1930 in Stettin; in Wuppertal nahm er Schauspielunterricht und debütierte an den Wuppertaler Bühnen. Weitere Stationen: Nationaltheater Mannheim, Städt. Bühnen Frankfurt/Main, Basler Theater, Stadttheater Bremerhaven, mehrere Münchner Bühnen, darunter die Kleine Komödie (dort 1985 in Kerrs »Mittagsstunde«, mit Uschi Glas).
Von Gadow spricht engl.; er ist verheiratet und lebt in München.
Fernsehen: »Schule der Frauen« (nach Molière); »Reise nach Tilsit«; »Romeo und Julia mit Blasmusik«; »Die Perle«; Regie: Michael Kehlmann, Serie, ARD 1970; »Piet auf hoher See«; »Hans und Heinz Kirch« (nach Storm), ZDF 1976; »Derrick«, Serie, ZDF 1979; »Ein Vogel auf dem Leim«, Regie: Heinz Schirk, ZDF 1981; »Er-Goetz-Liches«, mit Carl-Heinz Schroth, »Unser Mann vom Südpol«, und »Angelo und Luzy«, Serie, ZDF 1984; »Der Glücksritter« (von Wuttig), mit Christian Kohlund, Regie: Hans-Jürgen Tögel, Serie, ARD 1984; »Feuerwanzen küß' ich nicht«, Regie: Karl-Heinz Deickert, ZDF 1985; »Totschweigen«, mit Karin Anselm, Buch + Regie: Daniel Christoff, ZDF 1986.
Anschrift: c/o Agentur Mattes, Pilotystraße 2, 8000 München 22.

Claus Theo Gärtner

Geb. 19.4.1943 in Berlin; aufgew. im Ruhrgebiet, in Südtirol, den USA und Südost-Asien; nach der Schule besuchte er die Staatl. Hochschule für Musik und Theater in Hannover; sein erstes Engagement erhielt er am Deutschen Theater Göttingen unter Heinz Hilpert; die weiteren Stationen: Staatstheater Braunschweig, Staatstheater Oldenburg und Württembergisches Staatstheater Stuttgart; von 1971 bis 1977 war er unter Peter Stein an der Schaubühne am Halleschen Ufer Berlin; seither wirkte er u.a. am Ernst-Deutsch-Theater Hamburg, am Thalia-Theater Hamburg und an den Staatl. Schauspielbühnen Berlins (1983/1984). Er machte zahlreiche Tourneen. Gärtner spricht engl., span.; er ist ledig und lebt in Berlin.
Film: »Zoff«, mit Jürgen Prochnow, 1970; »Einer von uns beiden«, mit Klaus Schwarzkopf und Elke Sommer, Regie: Wolfgang Petersen, 1973; »Operation Ganymed«, Regie: Rainer Erler, 1977; Hubert Reichel in »Winterspelt 1944«, mit Hans Christian Blech, Regie: Eberhard Fechner, und »Die erste Polka«, Regie: Klaus Emmerich, 1978; »Races«, Regie: Masato Harada, Japan/USA/BRD 1983.
Theater: Patrick in »Einer flog übers Kuckucksnest«, von Dale Wasserman (nach von Vesey), Proctor in Millers »Hexenjagd«, Titelrolle in Sternheims »Bürger Schippel«, Mercutio in Shakespeares »Romeo und Julia«, Biff in Millers »Der Tod des Handlungsreisenden«, Tom in Williams' »Glasmenagerie«, in Handkes »Die Unvernünftigen sterben aus«, Sosias in Kleists »Amphitryon«, Kowalski in Williams' »Endstation Sehnsucht«, und in Shaffers »Revanche«, jeweils an den vorgenannten Bühnen.
Fernsehen: »Die Straße«, Serie, ZDF 1974; »Im Zweifel für den Angeklagten: Der Fall Dietrich Derz«, Regie: Georg Althammer, und »Der Alte«, ZDF 1975; »Tatort«, Regie: Jürgen Roland, Serie, ARD 1977; »Der Weilburger Kadettenmord«, Regie: Eberhard Itzenplitz, ZDF 1977; »Heroin 4«, Regie: Michael Günther, und »Zwei auf der Kippe«, Regie: Thomas Fantl, ZDF 1978; »Ein Mann fürs Leben«, Regie: Erwin Keusch, ARD 1980; Privatdetektiv Matula in »Ein Fall für zwei«, mit Günter Strack, 42 Folgen, ZDF 1981–1986; »Bäume ausreißen«, Regie: Maria Neocleous, ZDF 1981; »Der Gast«, ZDF 1982; »Hanna von Acht bis Acht«, mit Angelica Domröse, ZDF 1983; »Grand mit drei Damen«, Regie: Frank Guthke, ZDF 1985.
Auszeichnung: »Filmband in Gold« (Bundesfilmpreis).
Anschrift: c/o Agentur Alexander, Lamontstraße 9, 8000 München 80.

Michael Gahr

Geb. 27.12.1939 in Berlin; dort aufgew.; lebt in München; verheiratet; spricht engl., franz.; nach dem Abitur Besuch der Fritz-Kirchhoff-Schauspielschule; erstes Engagement bei Berliner Studentenbühnen, dann in Ingolstadt, Castrop-Rauxel, Augsburg, Hamburg und München; seit 1980 gastiert er mit eigenen Programmen u.a. von Ringelnatz und Morgenstern an deutschen Kleinkunstbühnen.

Film: »Stroszek«, Regie: Werner Herzog, 1978; »Deutschland im Herbst«, Regie: Autorenteam, 1978, und »Krieg und Frieden«, 1982, Regie: Volker Schlöndorff u.a.; »As der Asse«, mit Jean-Paul Belmondo, Regie: Gérard Oury, Frankreich/BRD 1982; »Mit mir nicht, du Knallkopp«, mit Beatrice Richter und Werner Enke, Regie: May Spils, 1983; »Echt tu matsch« (von Claus Strigel und Bertram Verhaag) 1984.

Theater: Dorfrichter Adam in Kleists »Der zerbrochene Krug«, Lumpensammler in Giraudoux' »Die Irre von Chaillot«, Lennie in Steinbecks »Von Mäusen und Menschen«, Hubert in Walsers »Der Abstecher«, Tourneen bis 1984.

Fernsehen: »Notwehr«, Regie: Bernd Schröder und »Das Projekt Honnef«, Regie: Rudolf Nussgruber, ZDF, 1977; »26. April 1977«, Regie: Karl Fruchtmann, ARD 1977; »Gesche Gottfried«, ARD 1978; »Tatort«, Serie, ARD 1979; »Am Südhang«, Regie: Michael Verhoeven, ZDF 1980; »Ehen vor Gericht«, Regie: Ruprecht Essberger, und »Der Spot oder Fast eine Karriere«, mit Wolfgang Kieling, Regie: Rainer Erler, ZDF 1981; »Polizei-Inspektion 1«, Serie, ARD 1981; »Derrick«, Serie, 3 Folgen, ZDF 1981–1983; »Das heiße Herz« nach Patrick, mit Peter Fricke, Regie: Michael Kehlmann, ARD 1982; »Vom Webstuhl zur Weltmacht«, Regie: Heinz Schirk, 6 Teile, ARD 1983; »Der Alte«, Serie, ZDF 1983; »Klein aber mein« (von Purucker), mit Karl Obermayr, Regie: Rainer Wolffhardt, ARD 1984; Maurermeister Hubert Hommel in »Helga und die Nordlichter«, mit Helga Feddersen, 13 Folgen, ZDF 1984; »Die Krimistunde«, Regie: Hartmut Griesmayr, Serie, und »Wenn Kuli kommt«, mit Hans-Joachim Kulenkampff, Regie: Wolfgang Glück, Serie, ARD 1985; »Alte Gauner«, Regie: Peter Schamoni, Serie, und »Suche Familie, zahle bar«, mit Inge Meysel, Buch + Regie: Marcus Scholz, ZDF 1985; »Das Totenreich« (nach Pontoppidan), Regie: Karin Brandauer, 2 Teile, ARD 1986.

Auszeichnung: »AZ-Stern« der Münchner Abendzeitung für die Darstellung des Lennie in »Von Mäusen und Menschen«.

Anschrift: c/o Agentur von Pilecki, Eilandstraße 12, 8000 München 90.

Dirk Galuba

Geboren 28. 8. 1940 in Schneidemühl/Pommern; aufgew. in Bremen; sein Medizinstudium an der Universität Münster brach er vorzeitig ab und besuchte die Schauspielschule Bochum, wo er am Schauspielhaus auch sein erstes Engagement erhielt. Weitere Stationen bis 1974: Theater der Stadt Heidelberg und Bühnen der Hansestadt Lübeck. Seither ist er freischaffend tätig. Er gastierte an der Komödie Berlin (1977), am Fritz-Rémond-Theater im Zoo Frankfurt/Main, an der Kleinen Komödie München (1979 + 1982), an den Kammerspielen Düsseldorf (1982), am Theater am Einlaß München (1982/1983), am Theater der Stadt Essen (1985) sowie auf Tournee.
Galuba spricht engl., franz.; er ist ledig und lebt in München.
Film: »Der Schimmelreiter« (nach Storm), mit Gert Fröbe, Regie: Alfred Weidenmann, 1978.
Theater: Ferdinand in Schillers »Kabale und Liebe«, Orsino in Shakespeares »Was ihr wollt«, Tempelherr in Lessings »Nathan der Weise« und Max Piccolomini in Schillers »Wallenstein«, jeweils an den vorgenannten Bühnen bis 1974; in Barillet/Grédys »Eine Rose zum Frühstück«, Komödie Berlin 1977; in Stuarts »Ankomme Dienstag – stop – Fall nicht in Ohnmacht – stop«, Fritz-Rémond-Theater im Zoo Frankfurt/Main; in Monnot/Brefforts »Das Mädchen Irma la Douce«, mit Chariklia Baxevanos, 1979, und in Wildes »Lady Windermeres Fächer«, 1982; jeweils Kleine Komödie München; in Kohouts »Play Macbeth«, Kammerspiele Düsseldorf und Theater am Einlaß München 1982/83; in Bruckners »Elisabeth von England«, mit Maria Schell, Tournee; Titelrolle in H. Müllers »Philoktet«, Theater der Stadt Essen 1985.
Fernsehen: »Der Alte«, Serie, 5 Folgen, ZDF 1977–1984; »Ein typischer Fall«, Regie: Fritz Umgelter, ARD 1978; »Es begann bei Tiffany«, Regie: Wolfgang Becker, ARD 1979; »Tatort«, Regie: Rolf von Sydow, und »Berlin Alexanderplatz« (nach Döblin), mit Günter Lamprecht, Regie: Rainer Werner Fassbinder, ARD 1980; »Die Krimistunde«, Regie: Wolfgang Becker, Serie, ARD 1982; »Derrick«, Serie, 3 Folgen, ZDF 1982–1985; »Büro, Büro«, Serie, ARD 1983/84; »Titanic« (von Mühlbauer), Regie: Lutz Büscher, ZDF 1984; »Die Krimistunde«, Regie: Hartmut Griesmayr, Serie, 2 Folgen, ARD 1985.
Anschrift: c/o Agentur Mattes, Pilotystraße 2, 8000 München 22.

Bruno Ganz

Geb. 22.3.1941 als Sohn eines Schweizers und einer Italienerin in Zürich; dort aufgew.; kurz vor dem Abitur verließ er das Gymnasium. Nach einem Paris-Aufenthalt absolvierte er das Zürcher Bühnenstudio. 1961 gab er sein Film-Debüt in dem Streifen »Chikita« (mit Gustav Knuth, Regie: Karl Suter). 1962 ging er in die Bundesrepublik Deutschland und erhielt sein erstes Engagement am Jungen Theater Göttingen. Von 1964 bis 1969 gehörte er zum Theater der Freien Hansestadt Bremen. 1969/70 spielte er am Schauspielhaus Zürich. Von 1970–1975 war er Mitglied der Schaubühne am Halleschen Ufer (heute Schaubühne am Lehniner Platz) Berlin (jetzt als Gast). Verpflichtungen hatte er zudem u.a. an den Münchner Kammerspielen (1968), bei den Salzburger Festspielen (1972) und am Deutschen Schauspielhaus Hamburg (1973). Er fiel vor allem durch seine Zusammenarbeit mit dem Regisseur Peter Stein auf.

1982 gestaltete er als Regisseur zusammen mit seinem Schauspieler-Kollegen Otto Sander den Film »Gedächtnis«, der Curt Bois und Bernhard Minetti gewidmet ist.

Ganz spricht engl., franz., er ist verheiratet mit Sabine Ganz, die in der Öffentlichkeitsarbeit der Schaubühne Berlin tätig ist, hat einen Sohn und lebt (wieder seit 1978) in Zürich.

Film: »Chikita«, Regie: Karl Suter, 1961; »Ein Dach überm Kopf«, Regie: Kurt Früh, 1962; »Der sanfte Lauf«, Regie: Haro Senft, 1967; »Sommergäste« (von Botho Strauß nach Gorki), Regie: Peter Stein, 1975; »Die Marquise von O . . .« (nach Kleist), Regie: Eric Rohmer, »Lumière«, Regie: Jeanne Moreau, Frankreich, »Die Wildente« (nach Ibsen), Regie: Hans W. Geissendörfer, und »Der amerikanische Freund«, Regie: Wim Wenders, 1976; »Die linkshändige Frau«, Regie: Peter Handke, 1977; »Retour à la bienaimée«, mit Isabelle Huppert, Regie: Jean-François Adam, Frankreich 1978; »The Boys from Brasil«, mit Laurence Olivier, Lilli Palmer und Gregory Peck, Regie: Franklin J. Schaffner, USA 1978; »Messer im Kopf«, Regie: Reinhard Hauff, »Schwarz und weiß wie Tage und Nächte«, Regie: Wolfgang Petersen, und »Nosferatu – Phantom der Nacht«, mit Klaus Kinski und Isabelle Adjani, Regie: Werner Herzog, 1978; »Oggetti smarriti«, Regie: Giuseppe Bertolucci, Italien 1979; »5% de risque«, mit Jean-Pierre Cassel, Regie: Jean Pourtalé, Frankreich 1979; »Polenta«, Regie: Maya Simon, »Die Verweigerung«, mit Angela Winkler, Regie: Claude Goretta, und »Der Erfinder«, mit Walo Lüönd, Regie: Kurt Gloor, 1980; »Die Fälschung«, mit Hanna Schygulla, Regie: Volker Schlöndorff, und »Logik des Gefühls«, Regie: Ingo Kratisch, 1981; »Krieg und Frieden« (nach Böll), Regie: Alexander Kluge u.a., »In der weißen Stadt«, Regie: Alain Tanner, und »System ohne Schatten«, mit Dominique Laffin, Regie: Rudolf Thome, 1983; »Killer aus Florida«, Regie: Klaus Schaffhauser, 1984.

Theater: Moritz Stiefel in Wedekinds »Frühlings Erwachen« und Jochen Rull in Valentin/Müllers »Die Unberatenen«, Regie: jeweils Peter Zadek, Titelrolle in Shakespeares »Hamlet«, Regie: Kurt Hübner, 1965, Franz Moor in Schillers »Die Räuber«, Regie: Peter Zadek, 1966, Titelrolle in Shakespeares »Macbeth«, Regie: Kurt Hübner 1967, Wurm in Schillers »Kabale und Liebe« und Titelrolle in Goethes »Torquato Tasso«, Regie: jeweils Peter Stein, 1968/69, jeweils Theater der Freien Hansestadt Bremen; George Garga in Brechts »Im Dickicht der Städte«, Rege: Peter Stein, Münchner Kammerspiele 1968; Prinz Arthur in Bonds »Early Morning«, 1969, und de Flores in Middleton/Rowleys »Changeling«, 1970, Regie: jeweils Peter Stein, Schauspielhaus Zürich; Arzt in der Uraufführung von Bernhards »Der Ignorant und der Wahnsinnige«, Regie: Claus Peymann, Salzburger Festspiele 1972 und Deutsches Schauspielhaus Hamburg 1973; Heinrich George in der Uraufführung von Handkes »Ritt über den Bodensee«, Titelrolle in Ibsens »Peer Gynt«, Regie: Peter Stein, und Jaffier in Hofmannsthals »Das gerettete Venedig«, Regie: Frank-Patrick Steckel, 1971, Oskar in Horváths »Geschichten aus dem Wienerwald«, Regie: Klaus Michael Grüber, und Titelrolle in Kleists »Prinz Friedrich von Homburg«, Regie: Peter Stein, 1972, Pentheus in Euripides' »Die Bakchen«, Regie: Klaus Michael Grüber; Quitt in Handkes »Die Unvernünftigen sterben aus« und Jakow Schalimow in Gorki/Strauß' »Sommergäste«, Regie: jeweils Peter Stein, 1974, Titelrolle in Hölderlins »Empedokles«, Regie: Klaus Michael Grüber, 1975 und Ti-

telrolle in Shakespeares »Hamlet«, Regie: Klaus Michael Grüber, 1982, Oberon in Botho Strauß' »Der Park«, Regie: Peter Stein (auch ZDF 1985), jeweils Schaubühne Berlin.
Fernsehen: Neben zahlreichen Kinoproduktionen, die auch im Fernsehen gezeigt wurden, ferner: »Geschichte einer Liebe«, mit Cornelia Froboess, Regie: Dagmar Damek, ARD 1981; »Etwas wird sichtbar«, Regie: Harun Farocki, ZDF 1982; »Die Kameliendame« (nach Dumas), mit Isabelle Huppert, Regie: Mauro Bolognini, ZDF 1983; »Väter und Söhne«, mit Burt Lancaster und Julie Christie, Regie: Bernhard Sinkel, 4 Teile, ARD 1986.
Auszeichnungen: »Preis für junge Theaterleute« der Zeitschrift »Theater heute«, 1967; »Bundesfilmpreis« 1976; »Deutscher Darstellerpreis« 1979.
Anschrift: c/o Agentur Baumbauer, Keplerstraße 2, 8000 München 80.

Michael Gempart

Geb. 21.4.1941 in Winterthur; dort aufgew.; nach der Sekundarschule erwarb er das Handelsdiplom; er absolvierte die Schauspielakademie Zürich; seine Anfängerjahre verbrachte er am Baseler Theater; Engagements am Schauspielhaus Zürich und am Bayerischen Staatsschauspiel München (bis 1972) folgten; weitere Stationen: Mozarteum Salzburg (1975), Ruhrfestspiele Recklinghausen (1977), Kammerspiele und Theater der Jugend München (1979), Schauspielhaus Zürich (1981) und Deutsches Schauspielhaus Hamburg (1982). Seit 1982 ist er freischaffend.

Gempart spricht franz., engl., ital.; er ist ledig und lebt in München.

Film: »L' espressionismo«, Italien 1978; Lehrer Gerhard in »Der Erfinder«, Regie: Kurt Gloor, und Peter Bigler in »Das Boot ist voll« (»Oscar«-Nominierung 1982), Regie: Markus Imhoof, 1980; Johannes Schneidewein in »Doktor Faustus« (nach Thomas Mann), Regie: Franz Seitz, BRD 1981; Werner Glas in »Video-Liebe«, mit Emil Steinberger, Regie: Rolf Lyssy, 1981; »Situations«, Frankreich 1982; »Die schwarze Spinne«, 1983; »Didi – der Doppelgänger«, mit Dieter Hallervorden, Regie: Reinhard Schwabenitzky, 1984.

Theater: Curtis in »Strategen der Liebe« und Schüler in Goethes »Faust«, Regie: Helmut Henrichs, jeweils Bayerisches Staatsschauspiel München; Gagler in Orffs »Astutuli«, Mozarteum Salzburg 1975; in Shakespeares »Coriolan«, Regie: Hans Hollmann, Ruhrfestspiele Recklinghausen 1977; Fazz in »Die Schlündelgründler«, Regie: Edwin Noël, Kammerspiele – Theater der Jugend München 1979; George in Albees »Who's Afraid of Virginia Woolf?«, Universität München 1980; Lucky in Becketts »Warten auf Godot«, Schauspielhaus Zürich 1981; Kreon in Jahnns »Medea«, Regie: Barbara Bilabel, Schauspielhaus Hamburg 1982.

Fernsehen: »Ursula«, Regie: Egon Günther, ARD 1978; »Provinzanekdoten«, Regie: Heinz Schirk, SRG 1979; Moskauer in »Tour der Ruhr«, Serie, ARD 1980; »Die Mutter«, SRG 1980; »Ein Fall für zwei«, Serie, ZDF 1981; Kanzler von Müller in » Kanzler von Müllers Unterhaltungen mit Goethe«, Regie: Egon Günther, ARD 1981; Lehrer in »Der Besuch der alten Dame« (nach Dürrenmatt), mit Maria Schell und Günter Lamprecht, SRG 1982; Kriminalrat Wilotzki in »Matt in 13 Zügen«, mit Mathieu Carrière und Gudrun Landgrebe, Regie: Stanislav Barabas, 13 Teile, ARD 1984; Herr Kammerer in »Lenin in Zürich«, Regie: Rolf Busch, ZDF 1984; Der Amerikaner in »Der eiserne Weg«, mit Horst Kummeth, Regie: Wolfgang Staudte, 6 Teile, und »Streng vertraulich« (von Prince), mit Maria Schneider, Regie: John Goldschmidt, ZDF 1985.

Anschrift: c/o Agentur von Pilecki, Eilandstraße 12, 8000 München 90, oder Liebigstraße 41, 8000 München 22.

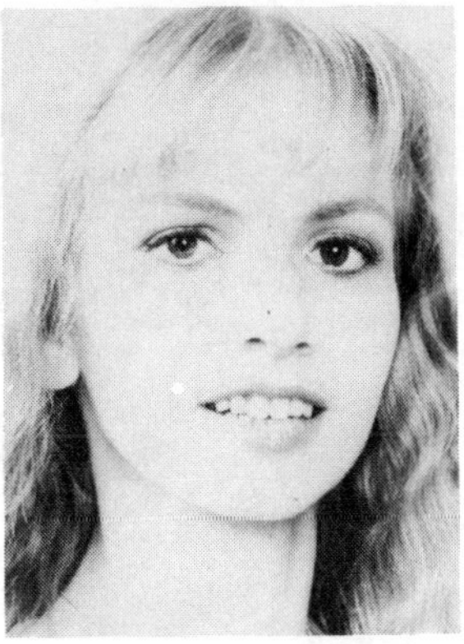

Marina Genschow

Geb. in Berlin als Tochter des Regisseurs, Schauspielers, Autors, Produzenten und Theaterleiters Fritz Genschow und der Schauspielerin Rita Genschow; dort aufgew.; schon als Kind spielte sie Film-, TV- und Theater-Rollen und war in der Synchronisation tätig. Unter der Regie ihres Vaters stand sie im Berliner Titania-Palast u.a. in »Peterchens Mondfahrt«, »Hänsel und Gretel«, »Rotkäppchen« und »Der vertauschte Prinz« auf der Bühne.
Nach dem Abitur studierte sie Germanistik an der Freien Universität Berlin. Sie absolvierte eine Ausbildung in Schauspiel und Ballett. Seit 1973 hatte sie Bühnen-Engagements u.a. an der Freien Volksbühne, am Renaissance-Theater, am Theater des Westens und am Hansa-Theater in Berlin. Sie arbeitet umfangreich in der Synchronisation (viele TV-Serien, u.a. »Dallas«, »Die Waltons«, »Black Beauty«, »Das Haus am Eaton Place« und »Die Mulligans«). Sie ist Inhaberin der Fritz-Genschow-Film GmbH.
Film: »Ali und Helga«, 1977; »Schneeweißchen und Rosenrot« (selbst Drehbuchautorin), Regie: Rita Maria Nowottnick-Genschow, 1983.
Theater: In Kohouts »August, August, August«, Regie: Helmut Käutner, und in Winslowes »Das Mädchen in Uniform«, Freie Volksbühne Berlin; in Durbridges »Plötzlich und unerwartet« und in Anouilhs »Der Herr Ornifle«, Regie: jeweils Heinz Drache, Renaissance-Theater Berlin; in Jacoby/Laufs' »Pension Schöller«, Regie: Erich Neureuther, Hansa-Theater Berlin (auch ZDF 1976).
Fernsehen: »Direction City«, Regie: Michael Günther, ARD 1975; »Aus dem Logbuch der Peter Petersen«, Regie: Erich Neureuther, Serie, ZDF 1976; »Die geklaute Miß«, mit Dieter Hallervorden, Regie: Ralf Gregan, und »Das Schloßgespenst«, mit Willy Millowitsch, ZDF 1977; »Die Sonnenschein GmbH«, mit Herbert Herrmann und Max Strecker, ARD 1978; »Kinderparty«, Regie: Erich Neureuther, ZDF 1979; »Tatort«, Serie, 2 Folgen, ARD 1980–1982; »Rummelplatzgeschichten«, Serie, ARD 1983/84.
Anschrift: Kyllmannstraße 14, 1000 Berlin 39.

Konrad Georg

Geb. 25.12.1914 in Mainz; dort aufgew.; er lebt in München; verheiratet, vier Kinder; nach der Schulausbildung absolvierte er die Schauspielschule von Hochs Konservatorium in Frankfurt/Main, das er von 1934 bis 1937 besuchte; sein Debüt gab er 1937 am damaligen Schauspielhaus Bremen; 1940/41 war er am Schauspielhaus Graz engagiert; nach einem Abstecher an die Städt. Bühnen Straßburg (1941/42) kam er 1942 an die Städt. Bühnen Frankfurt/Main, wo er, mit einer Unterbrechung, bedingt durch das Kriegsende, zehn Jahre im Ensemble war; seit 1955 arbeitet er freischaffend und legt den Schwerpunkt auf Fernsehproduktionen; er wirkte in über 250 TV-Filmen mit.

Film: Professor in »Liebe ist nur ein Wort«, mit Judy Winter, 1971, und Paradin in »Alle Menschen werden Brüder« 1972 (jeweils nach Simmel), Regie: jeweils Alfred Vohrer.

Theater: Weislingen in Goethes »Götz von Berlichingen«, Gianettino Doria in Schillers »Die Verschwörung des Fiesco zu Genua«, Pastor in Millers »Hexenjagd«, Alba in Schillers »Don Carlos«, Angelo in Shakespeares »Maß für Maß« und Wurm in Schillers »Kabale und Liebe«, jeweils Städt. Bühnen Frankfurt/Main 1946–1955; in »Towarisch« (1968), in Bethencourts »Der Tag, an dem der Papst entführt wurde« (1975), jeweils Kleine Komödie München; Gerichtsrat Walter in Kleists »Der zerbrochene Krug«, Regie: Joachim Hess, Festspiele Heppenheim 1979; Titelrolle in Kipphardts »In der Sache J. Robert Oppenheimer«, Titelrolle in Cannans »Dear Daddy«, jeweils Fritz-Rémond-Theater im Zoo Frankfurt/Main 1978.

Fernsehen: »Der Verräter« (nach Wouk), ARD 1956; »Bäume sterben aufrecht«, ARD 1958; »Apollo von Bellac" (nach Giraudoux), „Ein unbeschriebenes Blatt« (nach Conty), und Bubnow in »Nachtasyl« (nach Gorki), ARD 1959; »Die Irre von Chaillot« (nach Giraudoux), »Am grünen Strand der Spree« (nach Scholz), Regie: Fritz Umgelter, »Jeanne d'Arc auf dem Scheiterhaufen« (nach Claudel), »Kopf in der Schlinge« (nach Bradley), und »Terror in der Waage« (nach Schaffer), ARD 1960; »Der Flüchtling" (nach Kaiser), ARD 1961; »Parkstraße 13«, „Die Feuertreppe«, Motes in »Der Biberpelz« (nach Hauptmann), »Bedaure, falsch verbunden«, »Der Zinnkrug« und »Wallenstein« (nach Schiller), ARD 1962; Titelrolle in »Kommissar Freytag«, 39 Folgen, ARD 1962–1965; »Grenzgänger«, ZDF 1963; »Amphitryon 38« (nach Giraudoux), »Ein ungebetener Gast«, »Im Schatten des Krieges« (nach Serling) und Schwochnjoff in »Die Spieler« (nach Gogol), ARD 1963; »Der Aussichtsturm«, ARD 1964; Hovstad in »Ein Volksfeind« (nach Ibsen), Philistos in »Götterkinder« (nach Zibaso), ZDF 1965; Pausanias in »Platons Gastmahl«, ARD 1965; Mr. Tuke in »Der Mann aus Melbourne« (nach Maugham), Rettichkopf in »Der Großtyrann und das Gericht« (nach Bergengruen), und Menenius in »Pontius Pilatus« (nach Caillois), ZDF 1966; »Die seltsamen Abenteuer des Raumschiffes Orion«, mit Dietmar Schönherr und Eva Pflug, Serie, ARD 1966; »Der Zündholzkönig«, »Ein Mann Gottes« (nach Marcel), ZDF 1967; »Antitoxin«, ARD 1967; Exton in »König Richard II.« (nach Shakespeare), »Meine Frau, die Philosophin« (von Lohmeier), ARD 1969; Madero in »Die mexikanische Revolution« (nach Manfeld), und Adlai Stevenson in »Die Kuba-Krise 1962« (von Peter von Zahn), ZDF 1969; »11 Uhr 20« (von Reinecker), mit Joachim Fuchsberger, 3 Teile, Hanefeld in »Vor Sonnenuntergang« (nach Hauptmann), und Mr. X in »Recht auf Gewissen« (nach Chachlow), ZDF 1970; Frick in »Der Hitler/Ludendorff-Prozeß«, und Pieroni in »Die gefährliche Göttin« (nach Kluge), ZDF 1971; »Der Kommissar«, mit Erik Ode, Serie, 4 Folgen, ZDF 1971–1975; Bourne in »Office-Party« (nach Weldon), ZDF 1974; »Das Projekt Honnef«, Regie: Rudolf Nussgruber, ZDF 1977; »Magere Zeiten«, Serie, ARD 1977; »Derrick«, Serie, 3 Folgen, ZDF 1977–1981; »Der Alte«, Serie, 3 Folgen, ZDF 1982–1984; »Die Krimistunde«, Regie: Hartmut Griesmayr, Serie, ARD 1983 + 1985; »Gespenstergeschichten«, Regie: Georg Moorse, Serie, ARD 1985.

Anschrift: c/o Agentur Köhler, Rümannstraße 51, 8000 München 40.

Götz George

Geb. 23. 7. 1938 als Sohn des Schauspielers und Intendanten des Berliner Schiller-Theaters Heinrich George (bürgerlich: Heinrich Georg Schulz, geb. 1893 – verst. im sowjetischen Lager Sachsenhausen 1946) und der Schauspielerin Berta Drews in Berlin. Nach der Lieblingsrolle seines Vaters (Goethes »Götz von Berlichingen«) erhielt er seinen Vornamen. Er besuchte die Schule bis zur mittleren Reife in Lichterfelde und das Lyzeum Alpinum in Zuoz. Mit elf Jahren stand er in der Rolle des Hirtenjungen in Saroyans »Mein Herz ist im Hochland« erstmals auf der Bühne des Berliner Hebbel-Theaters. Bei der Wiedereröffnung des Berliner Schiller-Theaters im Jahre 1951 spielte er in Schillers »Wilhelm Tell«.
Sein Film-Debüt gab er 1953 ebenso wie Romy Schneider in »Wenn der weiße Flieder wieder blüht« (Regie: Hans Deppe). Von 1955 bis 1958 absolvierte er unter Else Bongers das UFA-Nachwuchsstudio Berlin. Unter Heinz Hilpert spielte er von 1958 bis 1963 jeweils sechs Monate im Jahr am Deutschen Theater Göttingen. Die übrige Zeit widmete er seiner Karriere bei Film und Fernsehen. Als freischaffender Schauspieler gastierte er u.a. am Bayerischen Staatsschauspiel München, an den Bühnen der Stadt Köln (1972), bei den Salzburger Festspielen (1981) sowie bei zahlreichen Tourneen (seit 1974).
George spricht engl.; von 1966 bis 1976 war er verheiratet mit der Schauspielerin Loni von Friedl. Der Ehe entstammt seine Tochter Tanja-Nicole (geb. 1966). Der Künstler ist Mitinhaber einer Frankfurter Firma für Damenmoden und lebt abwechselnd in München, Berlin und auf Sardinien. Sein Bruder ist der Schauspieler Jan George.
Film: »Wenn der weiße Flieder wieder blüht«, mit Romy Schneider, Regie: Hans Deppe, 1953; »Ihre große Prüfung«, Regie: Rudolf Jugert, 1954; »Alter Kahn und junge Liebe«, Regie: Hans Heinrich, 1956; »Solange das Herz schlägt«, mit Heidemarie Hatheyer, Regie: Alfred Weidenmann, 1958; »Jacqueline«, mit Hans Söhnker, Regie: Wolfgang Liebeneiner, 1959; »Kirmes«, Regie: Wolfgang Staudte, 1960; »Die Fastnachtsbeichte« (nach Zuckmayer), Regie: William Dieterle, »Der Teufel spielt Balalaika«, Regie: Leopold Lahola, »Mörderspiel«, Regie: Helmuth Ashley, und »Unser Haus in Kamerun«, Regie: Alfred Vohrer, 1961; »Ihr schönster Tag«, Regie: Paul Verhoeven, »Das Mädchen und der Staatsanwalt«, mit Elke Sommer, Regie: Jürgen Goslar, und »Der Schatz im Silbersee« (nach Karl May), Regie: Harald Reinl, 1962; »Nur tote Zeugen schweigen«, Regie: Eugen Martin, »Liebe will gelernt sein«, Regie: Kurt Hoffmann, »Wartezimmer zum Jenseits«, Regie: Alfred Vohrer, und »Mensch und Bestie«, Regie: Edwin Zbonek, 1963; »Unter Geiern« (nach Karl May), Regie: Alfred Vohrer, und »Herrenpartie«, Regie: Wolfgang Staudte, 1964; »Sie nannten ihn Gringo«, Regie: Roy Rowland, Italien 1965; »Winnetou III« (nach Karl May), mit Pierre Brice und Lex Barker, Regie: Harald Reinl, und »Ferien mit Piroschka«, 1966; »Ich spreng' euch alle in die Luft«, Regie: Rudolf Zehetbauer, und »Himmelfahrtskommando El Alamein«, Regie: Armando Crispino, 1968; »Vent d'est«, Regie: Jean-Luc Godard, Frankreich 1969; KZ-Kommandant Rudolf Höss in »Aus einem deutschen Leben«, Regie: Theodor Kotulla, 1977 (auch ARD 1979); »Abwärts«, mit Wolfgang Kieling, Regie: Carl Schenkel, 1984; Schimanski in »Zahn um Zahn«, Regie: Hajo Gies, 1985.
Theater: In Shakespeares »König Richard III.«, Regie: Karl Heinz Stroux, 1956; Orest in Sartres »Die Fliegen«, Eugene in Wolfes »Herrenhaus«, Troilus in Shakespeares »Troilus und Cressida«, Captain Plume in Farquhars »Der Werbeoffizier«, Regie: Axel von Ambesser, 1966; Martin Luther in Fortes »Martin Luther & Thomas Münzer oder Die Einführung der Buchhaltung«, Mitch in Williams' »Endstation Sehnsucht«, in Tolstois »Macht der Finsternis«, mit Berta Drews, und in Zolas »Thérèse Raquin«, jeweils an den vorgenannten Bühnen und auf Tournee (bis 1984); Titelrolle in Büchners »Dantons Tod«, Regie: Rudolf Noelte, Salzburger Festspiele 1981.
Fernsehen: »Wenn der Eismann kommt«, ARD 1964; »Peter Schlemihls wundersame Geschichte« (nach Chamisso), Regie: Peter Beauvais, ZDF 1967; »Match« (nach Fermand), mit Loni von Friedl, Regie: Wolfgang Becker, ZDF 1968; »11 Uhr 20« (von Reinecker), mit Joachim Fuchsberger, Gila von Weitershausen und Nadja Tiller, Regie: Wolfgang Becker, 3 Teile, ZDF 1970; »Die Gräfin von Rathenow« (nach Lange), ARD 1973; »Diamantendetektive«, Serie,

ZDF 1974; »Der Alte«, Serie, 2 Folgen, ZDF 1978/79; »Der Regenmacher« (nach Nash), ZDF 1980; »Der König und sein Narr« (nach Plenzdorf), Regie: Frank Beyer, ARD 1981; »Überfall in Glasgow«, Regie: Wolfgang Hantke, ZDF 1981; »Das schöne Ende dieser Welt«, mit Robert Atzorn, Regie: Rainer Erler, ZDF 1984.

Besonderen Erfolg hat er in der Rolle des Kriminalhauptkommissars Schimanski in der Krimi-Reihe »Tatort« (vom WDR, angesiedelt in Duisburg), die er seit 1981 in 16 Folgen verkörperte.

Auszeichnungen: »Filmband in Silber« 1960; Kritikerpreis 1961; »Goldener Bambi« (BILD + FUNK) 1962; »Deutscher Filmpreis« (»Charlie-Chaplin-Schuh«) 1985; »Filmband in Gold« (Bundesfilmpreis) 1985.

Anschrift: c/o Agentur Mackeben, Douglasstr. 2–4, 1000 Berlin 33.

Walter Giller

Geb. 23. 8. 1927 als Sohn eines Kinderarztes in Recklinghausen; aufgew. in Hamburg; gegen Ende des II. Weltkrieges wurde er noch als Luftwaffenhelfer bei der Flak eingezogen und geriet in französische und amerikanische Kriegsgefangenschaft. 1945 kam er mit einem Lungenriß wieder nach Hause. Sein Medizinstudium brach er ab, um als Hilfsarbeiter (Requisiteur, Beleuchter und Inspizient) an den Hamburger Kammerspielen einzusteigen. Später absolvierte er dort beim Oberspielleiter Ulrich Erfurth und beim Theaterarchitekten eine Bühnenausbildung.

Kurzfristig übernahm er für einen erkrankten Schauspieler die kleine Rolle des Negers in Wilders »Wir sind noch einmal davongekommen«. Danach begann er mit dem Schauspielunterricht bei Prof. Eduard Marks an der Hochschule für Musik und darstellende Kunst in Hamburg. An den Hamburger Kammerspielen arbeitete er gleichzeitig als Regieassistent unter Wolfgang Liebeneiner, Helmut Käutner, Harald Paulsen und Bruno Hübner.

Seine Karriere als Schauspieler machte Giller beim Film. 1948 stand er erstmals vor der Kamera. In der Verfilmung von Max Frischs »Die chinesische Mauer« mimte er einen stummen Chinesen. Eine größere Rolle in Wolfgang Wehrums »Artistenblut« (1949) folgte. Insgesamt spielte er in über 80 Produktionen.

Theater spielte er meist auf Tournee, oft zusammen mit Nadja Tiller, mit der er seit 1956 verheiratet ist und zahlreiche Spielfilme drehte. Theaterstationen waren auch deutsche Boulevard-Bühnen (München, Berlin, Hamburg, Köln), das Ernst-Deutsch-Theater in Hamburg und das Landestheater Salzburg (dort auch als Regisseur).

1967 veröffentlichte er das Kinderbuch »Lustige Geschichten – Natascha und Jean«.

Dies sind auch die Namen seiner beiden Kinder (Natascha, geb. 1959, und Jean, geb. 1964), die seiner Ehe mit der Schauspielerin Nadja Tiller entstammen. Das Schauspieler-Ehepaar lebt in Castagnola im Schweizer Tessin.

Film: »Artistenblut«, Regie: Wolfgang Wehrum, 1949; »Kein Engel ist so rein«, Regie: Helmut Weiss, und »Insel ohne Moral«, 1950; »Primanerinnen«, Regie: Rolf Thiele, 1951; »Heimlich, still und leise«, Regie: Hans Deppe, und »Skandal im Mädchenpensionat«, 1953; »Sie« (nach Gabor von Vaszary), mit Nadja Tiller, Regie: Rolf Thiele, 1954; »Drei von der Tankstelle«, Regie: Hans Wolff, 1955; »Das Bad auf der Tenne«, mit Nadja Tiller, Regie: Paul Martin, »Ich und meine Schwiegersöhne«, Regie: Georg Jacoby, »Der Hauptmann von Köpenick« (nach Zuckmayer), mit Heinz Rühmann, Regie: Helmut Käutner, »Spion für Deutschland«, Regie: Werner Klingler, »Charley's Tante«, Ragie: Hans Quest, und »Schneider Wibbel« (nach Müller-Schlösser), 1956; »Drei Mann auf einem Pferd« (nach Abbott), Regie: Kurt Meisel, »Die große Chance«, Regie: Hans Quest, und »Italienreise – Liebe inbegriffen«, 1957; »Peter Voss, der Millionendieb«, mit O.W. Fischer, Regie: Wolfgang Becker, 1958; »Bobby Dood greift ein«, Regie: Geza von Cziffra, »Peter Voss – Der Held des Tages«, mit O.W. Fischer, Regie: Georg Marischka, »Rosen für den Staatsanwalt«, mit Martin Held, Regie: Paul Martin, und »Liebe auf krummen Beinen«, Regie: Thomas Engel, 1959; »Zwei unter Millionen«, Regie: Victor Vicas, 1961; »Affäre Nina B.«, mit Nadja Tiller, Regie: Robert Siodmak, Frankreich 1961; »Das brennende Gesicht«, Frankreich 1962; »Schneewittchen und die sieben Gaukler«, 1962; »Der letzte Ritt nach Santa Cruz«, mit Mario Adorf und Klaus Kinski, Regie: Rolf Olsen, und »Schloß Gripsholm«, Regie: Kurt Hoffmann, 1963; »Die Bienenkönigin«, Regie: Marco Ferreri, Italien/Frankreich 1963; »Die Dreigroschenoper« (nach Brecht/Weill), Regie: Wolfgang Staudte, BRD/Frankreich 1963; »Tonio Kröger« (nach Thomas Mann), mit Nadja Tiller, Regie: Rolf Thiele, 1964; »DM-Killer« 1965; »Ich suche einen Mann«, Regie: Alfred Weidenmann, 1966; »Pfeifen, Betten, Turteltauben«, ČSSR 1966; »Le soleil des voyous«, Regie: Jean Delannoy, Frankreich/Italien 1967; »Die Herren mit der weißen Weste«, mit Martin Held und Heinz Erhardt, Regie: Wolfgang Staudte, »Klassenkeile«, Regie: Franz Josef Gottlieb, »Die Feuerzangenbowle« (nach Spoerl), Regie: Helmut Käutner, und »Grimms Märchen von lüsternen Pärchen«, Regie: Helmut Käutner, 1970; »Ein Käfer auf Extratour«, Regie: Rudolf Zehetgruber, 1973; »Das verrückteste Auto der Welt«, Regie: Rudolf Zehetgruber, 1975.

Theater: In »Hallo, wer dort?«, mit Nadja Tiller, Tournee 1971; in Abbotts »Drei Mann auf einem Pferd«, 1978, und Titelrolle in Kishons »Der Schützling«, 1981, jeweils Ernst-Deutsch-Theater Hamburg. Großen Erfolg hatte er in den 60er und 70er Jahren mit der Komödie »Mein Freund Harvey« von Mary Chase, mit der er in zahlreichen Städten gastierte. Am Landestheater Salzburg inszenierte er Franz von Suppés »Die schöne Galathee«.
Fernsehen: Moderation in »Deutscher Schlagerwettbewerb«, ARD 1958; »Sternschnuppen«; »Mördergesellschaft«; »Ramon Yendias Flucht«; »Der geborgte Weihnachtsbaum«, Regie: Dietrich Haugk, ZDF 1966; »Die Flucht nach Ägypten«; Titelrolle in »Der rasende Lokalreporter«, Serie, ARD 1969; »Geigensolo – Humor ohne Worte aus Prag«; »Nicht von Gestern« (nach Kanin), Regie: Ludwig Cremer, ARD 1977; »Karschunke und Sohn«, mit Carl-Heinz Schroth, Regie: Imo Moszkowicz, 6 Teile, ARD 1978; »Locker vom Hocker« (eigene satirische Serie), mit Nadja Tiller und Brigitte Mira, ZDF 1979–1986; »Man müßte Klavier spielen können« und »Liebling, ich laß' mich scheiden«, mit Nadja Tiller, ZDF 1982; »Die Krimistunde«, Regie: Hartmut Griesmayr, Serie, ARD 1982; »Das Traumschiff«, Regie: Alfred Vohrer, Serie, ZDF 1984; »Nun siegt mal schön«, mit Mike Krüger, Satire, ZDF 1985.
Zudem war er Gast in nahezu allen großen Unterhaltungssendungen von ARD und ZDF. Besonders erwähnt seien seine Auftritte mit Peter Frankenfeld in »Vergißmeinnicht« und »Musik ist Trumpf«.
Auszeichnungen: »Preis der deutschen Filmkritik« 1961 und 1962; »Bundesfilmpreis« 1962.
Anschrift: c/o Agentur Jovanovic, Perfallstraße 6, 8000 München 80, und Via Tamporiva 26, CH-6976 Castagnola, Schweiz.

Uschi Glas

(eigentlich: Ursula Tewaag, geb. Glas)

Geb. 2. 3. 1944 als Tochter eines Abteilungsleiters in Landau an der Isar/Niederbayern; nach der Schule Ausbildung zur Sekretärin. In diesem Beruf arbeitete sie in Landau und später in München. Während ihres Schauspielunterrichts bei Annemarie Hanschke in München wurde sie 1965 von dem Berliner Filmproduzenten Horst Wendtland für dessen Film »Der unheimliche Mönch« entdeckt. Rund weitere 20 Produktionen folgten. Seit 1967 spielte sie auch mehrmals Theater, u.a. in Düsseldorf und München sowie auf Tournee.
1968 stellte sie ihre erste Schallplatte vor. Als Sängerin trat sie u.a. in den TV-Shows »Der goldene Schuß« (ZDF) und »Musik aus Studio B« (ARD) auf. Frau Glas spricht engl.; sie ist verheiratet, hat zwei Söhne (Matthias-Benjamin, geb. 1976, und Alexander, geb. 1981) und lebt in München.
Film: »Ich denk' mich tritt ein Pferd«, Regie: Theo M. Werner, 1965; »Winnetou und das Halbblut Apanatschi« (nach Karl May), mit Pierre Brice und Lex Barker, Regie: Harald Philipp, BRD/Jugoslawien 1966; »Der Mönch mit der Peitsche«, Regie: Alfred Vohrer, und »Das große Glück«, Regie: Franz Antel, 1967; »Zur Sache Schätzchen«, mit Werner Enke, Regie: May Spils, »Der Gorilla von Soho« (nach Wallace), Regie: Alfred Vohrer, und »Die Lümmel von der ersten Bank«, mit Hansi Kraus und Peter Alexander, Regie: Werner Jacobs, 1968; »Der Turm der verbotenen Liebe«, Regie: Franz Antel, BRD/Frankreich/Italien 1968; »Der Kerl liebt mich – und das soll ich glauben?«, Regie: Marran Gosov, »Pepe, der Paukerschreck«, Regie: Harald Reinl, und »Immer Ärger mit den Paukern«, Regie: Werner Jacobs, 1969; »Hurra, unsere Eltern sind nicht da«, Regie: Werner Schleif, und »Die Feuerzangenbowle«, Regie: Helmut Käutner, 1970; »Die Weibchen«, Regie: Zbynek Brynych, BRD/Italien/Frankreich 1970; »Black Beauty«, Regie: James Hill, BRD/Großbritannien 1971; »Trubel um Trixi«, »Wir hau'n die Pauker in die Pfanne«, »Hilfe, ich liebe Zwillinge«, Regie: Peter Weck, und »Wenn mein Schätzchen auf die Pauke haut«, Regie: Peter Weck, 1971; »Die lustigen Vier von der Tankstelle«, Regie: Franz Antel, und »Das Rätsel des silbernen Halbmonds«, 1972; »Mama mia – nur keine Panik«, mit Helmut Fischer und Thomas Gottschalk, Regie: Dieter Pröttel, 1984.
Theater: In »Unsere liebste Freundin«, mit Johannes Heesters, Düsseldorf 1969; Roserl in Nestroys »Der Färber und sein Zwillingsbruder«, Deutsches Theater München 1975; in Simons »Barfuß im Park«, Tournee 1977; Eliza in Shaws »Pygmalion«, mit Erik Ode, Kleine Komödie München 1980 (auch TV); in Sturms »Spiel mit dem Feuer«, mit Harald Juhnke, T(h)eater in der Briennerstraße München 1981; in Kerrs »Die Mittagsstunde«, Kleine Komödie München 1985.
Fernsehen: »Dem Täter auf der Spur«, Regie: Jürgen Roland, Serie, ARD 1971; »Der Kommissar«, mit Erik Ode, Serie, ZDF 1973; »Die Kette« (nach Durbridge), mit Harald Leipnitz, Regie: Rolf von Sydow, 2 Teile, ARD 1977; »Apartment für Drei« (nach Hall), Regie: Georg Marischka, ARD 1979; Ilona Heindl in »Polizei-Inspektion 1«, mit Elmar Wepper und Walter Sedlmayr, Serie, ARD 1979–1986; »Flöhe hüten ist leichter« (nach Barbara Noack), ZDF 1983; »Unsere schönsten Jahre« mit Elmar Wepper und Helmut Fischer, von Franz Geiger und Michael Braun (2. Staffel), 12 Teile, ZDF 1983 + 1985; »Mensch ohne Führerschein«, mit Werner Hinz, Regie: Alfred Weidenmann, ZDF 1984.
Auszeichnungen: »Otto« (BRAVO) 9 x (1967–1977); »Goldener Bambi« (BILD + FUNK) 1969; »Goldene Leinwand«.
Anschrift: c/o Agentur Alexander, Lamontstraße 9, 8000 München 80.

Winfried Glatzeder

Geb. 26.4.1945 in Zoppot bei Danzig; dort aufgew.; nach der Schulausbildung und einer Tätigkeit als Facharbeiter im Maschinenbau absolvierte er von 1965 bis 1969 die Deutsche Hochschule für Filmkunst Potsdam-Babelsberg. Sein erstes Engagement hatte er von 1969 bis 1971 am Stadttheater Potsdam. Von 1971 bis 1982 war er an der Volksbühne (Ost-)Berlin verpflichtet. In den DEFA-Filmstudios drehte er zwischen 1978 und 1982 über 20 Kino- und Fernsehfilme. 1982 kam er in die Bundesrepublik Deutschland, nachdem er schon Jahre zuvor vergeblich Ausreiseanträge gestellt hatte.
Glatzeder spricht engl., russ.; er ist verheiratet und lebt in Berlin (West).
Film: »Die Legende von Paul und Paula« (nach Plenzdorf), mit Angelica Domröse, DEFA 1972; »Didi, der Doppelgänger«, mit Dieter Hallervorden, Regie: Reinhard Schwabenitzky, 1984; Salieri in »Vergeßt Mozart«, Regie: Slavo Luther, und »Die Geduld der Rosa Luxemburg«, mit Barbara Sukowa, Regie: Margarethe von Trotta, 1985.
Theater: Probstein in Shakespeare »Wie es euch gefällt«, Regie: B.K. Tragelehn, Stadttheater Potsdam 1969; Flieger in Brechts »Der gute Mensch von Sezuan", Regie: Benno Besson, und in der Uraufführung von Müllers »Weberkomödie«, 1971, Schauspieler in Gorkis »Nachtasyl«, in Kopkows »Die goldenen Elephanten«, Oronte in Molières »Der Misanthrop« und in der Uraufführung von Müllers »Die Bauern«, Regie: jeweils Fritz Marquardt, 1975, Jacques in Shakespeares »Wie es euch gefällt«, Regie: Benno Besson, und Merken in Goethes »Der Bürgergeneral«, Regie: Manfred Karge, 1977, jeweils Volksbühne Berlin.
Fernsehen: »Till Eulenspiegel«, DDR/TV; »Hotel Polan und seine Gäste«, Regie: Horst Seemann, 3 Teile, DDR/TV 1981 (ORF 1984); »Der Kunstfehler«, Regie: Peter Beauvais, ARD 1983; »Situation des Wolfes« (nach Juraček), mit Günter Lamprecht, Regie: Wolfgang Panzer, ZDF 1983; »Haus Excelsior«, Regie: Nenad Djapic, Michael Stern in »Bali«, mit Nicole Heesters, Regie: István Szábo, und »Heirat nicht ausgeschlossen«, Regie: Eberhard Itzenplitz, ZDF 1984.
Anschrift: c/o Agentur von Pilecki, Eilandstraße 12, 8000 München 90.

Paul Glawion

Geb. 8.11.1922 in Berlin; dort aufgew.; bereits mit acht Jahren stand er in Berlin für den Film »Wildwest in Fichtenau« vor der Kamera. Nach der mittleren Reife absolvierte er ein Praktikum als Maschinenbauer. Anschließend besuchte er Musikschulen in Berlin und Erfurt. Weitere Ausbildung: Academy of Music and Theatre, USA. (Klavier, Bariton). Lehrer waren u.a. Prof. Schmalstich, Prof. Lohmann und Prof. Köhler.
Seine Bühnenstationen: Kunstbühne Berlin, Theater Erfurt, Badisches Staatstheater Karlsruhe, Theater in der Josefstadt Wien, Theater am Dom Köln, Kleine Komödie München, Die Kleine Freiheit München, Tribüne Berlin, Deutsches Theater München, Theater 44 München, Theater im Karlshof München (bis 1984) sowie zahlreiche Tourneen. Von 1970 bis 1974 spielte er an mehreren Bühnen in New York.
Seit 1960 wirkt er umfangreich für Film und Fernsehen. Er spielte in über 150 Produktionen. Mit Lisa Leoku besang er die Schallplatte »Über die Prärie«. Er ist als Chorleiter tätig.
Glawion spricht engl., franz.; er ist ledig und lebt in München.
Film: »In der Hölle von Istanbul«, Regie: Hans Theumer, 1961; »Eins, zwei drei« (nach Molnár), Regie: Billy Wilder, USA 1961; »The Communist Threat«, Regie: Jon Whigl, USA 1962; »Er kann's nicht lassen«, Regie: Axel von Ambesser, 1962; »Captain Sinbath«, Regie: G. Woodley, USA 1963; »Emil und die Detektive« (nach Kästner), Regie: R. Williams (Walt-Disney-Produktion), USA 1964; »Blue Light«, Regie: G.B. Lodon, USA 1965; »Le Cavalier«, Regie: Jean Paul Blondeau, Frankreich 1965; »Und Jimmy ging zum Regenbogen« (nach Simmel), Regie: Alfred Vohrer, 1970; »Hollywood«, Regie: Aerl Staynley, USA 1971; »Massage Parlor«, Regie: Doodles Weaver, USA 1972; »Natascha«, Regie: Dieter Bornhauser, 1976; »Avalanche Express«, mit Maximilian Schell, Regie: Mark Robson, Irland 1978; »The Formular«, USA 1980; »Lieb' Vaterland magst ruhig sein«, mit Margot Werner und Günter Pfitzmann, Regie: Roland Klick, 1981; »White Stars«, Regie: Roland Klick, 1982.
Theater: Titelrolle in Goethes »Faust«, Titelrolle in Goethes »Egmont«, Mortimer in Schillers »Maria Stuart«, Posa in Schillers »Don Carlos«, Prof. Higgins in Shaws »Pygmalion«, Prof. Higgins und Oberst Pickering in Lerner/Loewes »My Fair Lady«, in Kingsleys »Polizeirevier 21« (auch TV), jeweils an den vorgenannten Bühnen; in Karl Mays »Winnetou«, mit Pierre Brice, Westfalenhalle Dortmund 1982. Er gibt Rezitationsabende sowie Konzerte mit Schubert-Liedern.
Fernsehen: »Der Tod hat viele Gesichter«, Regie: Rudolf Cartier, ARD 1960; »Mit Musik kommt alles wieder«, Regie: Rolf von Sydow, »Mr. X«, Regie: Michael Braun, und »Die weiße Weste«, Regie: Eberhard Itzenplitz, ARD 1961; »Treibjagd«, Regie: Rüdiger Graf, ZDF 1962; »Wallenstein« (nach Schiller), Regie: Franz Peter Wirth, ARD 1962; »Die Glocken von London«, Regie: Wilm ten Haaf, ARD 1963; »Kommissar Freitag«, mit Konrad Georg, Regie: Michael Braun, Serie, ARD 1965; »Vater und Sohn«, Regie: Rudolf Jugert, »Der Röhmputsch«, Regie: Jürgen Goslar, »Casinoabend«, »Flucht über die Ostsee«, Regie: August Everding, und »Der Nachtkurier«, Regie: Jürgen Goslar, ZDF 1966; »Die seltsamen Abenteuer des Raumschiffes Orion«, mit Dietmar Schönherr und Eva Pflug, Regie: Theo Mezger, und »Gilda ruft Mae West«, Regie: Franz Josef Wild, ARD 1966; »Berliner Blockade«, Regie: Rudolf Jugert, »Das Fußballspiel«, Regie: Fritz Umgelter, »Feldwebel Schmid«, Regie: Nathan Jariv, und »Hitler und Stalin«, Regie: Paul May, ZDF 1967; »Cliff Dexter«, Regie: Jürgen Roland, Serie, und »Der Fall Petkov«, Regie: Wolfgang Schleif, ARD 1967; »Die seltsamen Methoden des Franz Josef Wanninger«, mit Beppo Brem, Regie: Günter Gräwert, Serie, und »Die schwarze Sonne«, Regie: Falk Harnack, ARD 1968; »Lenin«, Regie: Wolfgang Schleif, ZDF 1968; »Coralba«, mit Rossano Brazzi, ital. TV 1969; »Polizei-Revier 2«, Serie, ARD 1969; »Der Tod fährt erster Klasse«, Regie: Wolfgang Becker, und »Der Kommissar«, mit Erik Ode, Serie, ZDF 1969; »Feuer im Reichstag«, ZDF 1970; »Der Traum des Eroberers«, Regie: Fritz Umgelter, ARD 1974; »Ein Haus an der Grenze«, SRG 1975; »Derrick«, Serie, ZDF 1979.
Anschrift: c/o ZBF-Agentur München, Leopoldstraße 19, 8000 München 40, und Elektrastraße 15, 8000 München 81.

Reinhard Glemnitz

Geb. 27.11.1930 in Breslau; er absolvierte die Otto-Falckenberg-Schule München. Von 1956 bis 1958 stand er im Ensemble der Wuppertaler Bühnen. Von 1958 bis 1961 war er am Bayerischen Staatsschauspiel München engagiert. Gastspiele gab er u.a. an der Kleinen Komödie München, am Fritz-Rémond-Theater im Zoo Frankfurt/Main, am Theater in der Josefstadt Wien, am Deutschen Theater München und am Theater des Westens Berlin.
Seit 1947 arbeitet er für den Hörfunk, vornehmlich für den Bayerischen Rundfunk. Er ist vielfach in der Synchronisation tätig; er sprach u.a. die Stimme von Anthony Perkins, Jean-Claude Brialy, Richard Harris, Harold Lloyd und Gene Kelly. Seit 1963 wirkt er beim Fernsehen.
Glemnitz spricht engl., franz.; er ist verheiratet, hat eine Tochter und lebt in Oberwarngau/Oberbayern.
Film: »08/15«, mit Joachim Fuchsberger, Regie: Paul May, 1954; »Heiße Kartoffeln«, Regie: Siggi Götz, 1980.
Theater: In Shaws »Die heilige Johanna«, in Gozzis »König Hirsch«, mit Horst Tappert, und in der deutschen Erstaufführung von Priestleys »Bei Nacht«, jeweils Wuppertaler Bühnen 1956–1958; in Schillers »Die Verschwörung des Fiesco zu Genua«, in Brechts »Leben Eduards des Zweiten von England« (nach Marlowe), in Molières »George Dandin«, und in Bidermanns »Cenodoxus« (Regie Werner Düggelin), jeweils Bayerisches Staatsschauspiel München 1958–1961; in Flatows »Das Geld liegt auf der Bank«, mit Rudolf Platte, 1971, in Wildes »Ein idealer Gatte« und in Barillet/Grédys »Eine Rose zum Frühstück« 1975 (auch ARD 1975), jeweils Kleine Komödie München; Peron in Rice/Webbers »Evita«, mit Isabell Weicken, Regie: George Martin, Theater an der Wien 1983 (auch Deutsches Theater München und Theater des Westens Berlin).
Fernsehen: »Kriminalmuseum«, Serie, 4 Folgen, und »Fünfte Kolonne«, Serie, 2 Folgen, Regie: jeweils Wolfgang Becker, ZDF 1963–1965; »Die seltsamen Abenteuer des Raumschiffes Orion«, mit Eva Pflug, Dietmar Schönherr, Benno Sterzenbach und Friedrich Joloff, Regie: Theo Mezger, und »Verräter«, Regie: Michael Braun, ARD 1966; »Der Tod läuft hinterher« (von Reinecker), Regie: Wolfgang Becker, 3 Teile, ARD 1967; Kriminalassistent in »Der Kommissar«, mit Erik Ode, Fritz Wepper, Günther Schramm und Helma Seitz, Serie, 93 Folgen, ZDF 1969–1975; »Wallenstein« (nach Golo Mann), mit Rolf Boysen, Regie: Franz Peter Wirth, 4 Teile, ZDF 1978; »Der Millionenbauer« (von Franz Geiger), mit Walter Sedlmayr und Veronika Fitz, Serie, ARD 1979; »Ein Bett voller Gäste«, Regie: Herbert Fuchs, ORF 1979; »Goldene Zeiten«, Regie: Michael Braun, Serie, ARD 1980; »Tatort«, Regie: Hajo Gies, Serie, ARD 1982; »Polizei-Inspektion 1«, mit Walter Sedlmayr, Serie, 3 Folgen, ARD 1982–1984; »Floh im Ohr« (nach Feydeau), Regie: Herbert Ballmann, und »Drehpause«, Serie, ARD 1984; »SOKO 5513«, mit Werner Kreindl, Serie, und »Top secret«, mit Peter Bongartz, Regie: Gero Erhard, 6 Teile, ZDF 1984; »Die Wannseekonferenz« (von Mommertz), Regie: Heinz Schirk, ARD 1984; »Wenn Kuli kommt«, mit Hans-Joachim Kulenkampff, Regie: Wolfgang Glück, 12 Teile, und »Schöne Ferien«, Serie, ARD 1985; »Glücklich geschieden«, Regie: Rolf von Sydow, Serie, »Streng vertraulich« (nach Price), mit Maria Schneider, Regie: John Goldschmidt, und »Dalli Dalli«, mit Hans Rosenthal (mehrere Folgen beim Reise-Quiz), Serie, ZDF 1985; »Unser Haus reicht nur für drei« (von Enno Hollrath), Regie: Oswald Döpke, ZDF 1986.
Auszeichnungen: »Goldener Bambi« (BILD + FUNK) 1970, 1971, 1972 und 1975.
Anschrift: c/o ZBF-Agentur München, Leopoldstraße 19, 8000 München 40.

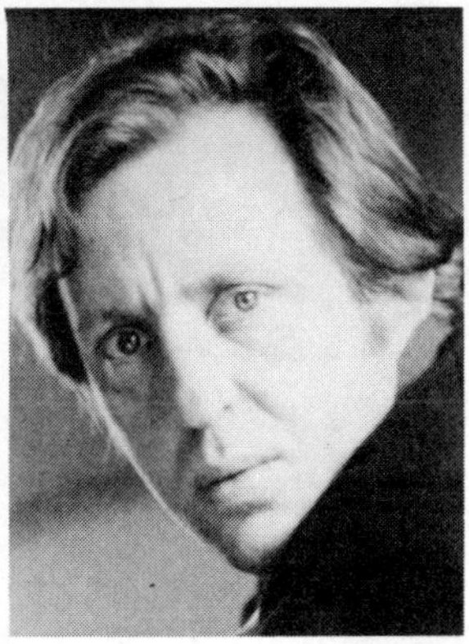

Vadim Glowna

Geb. 26.9.1941 in Eutin; aufgew. in Hamburg. Nach dem Abitur begann er zunächst mit dem Studium der Theologie, das er jedoch bald abbrach. Anschließend arbeitete er zwei Jahre lang als Seemann, Hotelboy, Schlagzeuger und Taxifahrer, um sich sein Schauspielstudium (Beginn 1960 bei Hildgurd Frese) finanzieren zu können. Von 1961 bis 1963 spielte er unter Gustaf Gründgens am Deutschen Schauspielhaus Hamburg; von 1963 bis 1968 war er am Theater der Freien Hansestadt Bremen verpflichtet. 1970/71 spielte er an den Münchner Kammerspielen, 1971/72 erneut am Deutschen Schauspielhaus Hamburg. Seither ist er freischaffend.
Sein Regie-Debüt gab er mit Jellicoes Stück »Was ist an Tolen so sexy?« am Deutschen Schauspielhaus Hamburg. 1975 versuchte er sich mit dem Film »Eurydike BA 2937« erstmals als Produzent. 1981 stellte er seinen ersten Spielfilm (als Regisseur) »Desperado City« vor. Die Schwierigkeiten mit diesem Projekt beschrieb er in dem Tagebuch »Desperado City – Wie ein Film entsteht«. 1983 hatte sein in den USA entstandener Film »Dies rigorose Leben« Premiere. Glowna wirkte als Schauspieler in über 100 Kino- und TV-Produktionen mit.
Er spricht engl., franz.; seit 1967 ist er verheiratet mit der Schauspielerin Vera Tschechowa, mit der er seit 1980 die Produktionsgesellschaft Atossa Film GmbH betreibt. Er lebt in München.
Film: »Liebe und so weiter«, Regie: George Moorse, 1968; »Die Tote aus der Themse«, Regie: Harald Philipp. 1971; »Warum bellt Herr Bobikow?«, Regie: Alberto Lattuada, Italien/BRD 1975; »Police Python 357«, Regie: Alain Corneau, Frankreich/BRD 1975; »Steiner – das Eiserne Kreuz« (I), Regie: Sam Peckinpah, BRD/Großbritannien 1976; »Gruppenbild mit Dame« (nach Böll), Regie: Aleksander Petrović, BRD/Frankreich 1977; »Der Hauptdarsteller«, Regie: Reinhard Hauff, »Der Schneider von Ulm«, Regie: Edgar Reitz, »Geschichten aus dem Wienerwald« (nach Horvárth), Regie: Maximilian Schell, und »Deutschland im Herbst«, Regie: Autorenteam, 1978; »Blutspur«, Regie: Terence Young, USA 1979; »Death Watch – Der gekaufte Tod«, Regie: Bertrand Tavernier, BRD/Frankreich 1979; »Feine Gesellschaft – Beschränkte Haftung«, Regie: Ottokar Runze, 1982; »Ediths Tagebuch«, Regie: Hans W. Geissendörfer, 1983.
Theater: Melchior von Wedekinds »Frühlings Erwachen«, Karl Moor in Schillers »Die Räuber«, Abram in der Uraufführung von Sperrs »Jagdszenen aus Niederbayern« (1966), Leonce in Büchners »Leonce und Lena«, jeweils Theater der Freien Hansestadt Bremen 1963–1968; in der Uraufführung von Kipphardts »Sedanfeier«, Regie: Ulrich Heising, Stolzius in der Uraufführung von Kipphardts »Soldaten« (nach Lenz), Regie: Heinar Kipphardt selbst, Gouverneur in der Uraufführung von Biermanns »Der Dra-Dra«, Regie: Hansgünther Heyme, und Luther in Fortes »Martin Luther & Thomas Münzer oder Die Einführung der Buchhaltung«, Regie: Paul Verhoeven, jeweils Münchner Kammerspiele 1970/71; Titelrolle in Molières »Der Geizige«.
Fernsehen: »Held Henry«, Regie: Peter Zadek, und »Im Schatten der Großstadt«, Regie: Johannes Schaaf, ARD 1964; »Zuchthaus« (nach Hubalek/Jaeger), ARD 1967; »Verbrechen mit Vorbedacht«, Regie: Peter Lilienthal, ZDF 1967; »Der Eine und der Andere« (von Mieke), Regie: Tom Toelle, ARD 1968; »Tramp« und »Horror«, Regie: jeweils Peter Lilienthal, ZDF 1968; »Feuerpredigt«, Regie: George Moorse, und »Der Kommissar«, mit Erik Ode, Serie, ZDF 1969; »Eugenie Marlitt und Die Gartenlaube«, Regie: Wolfgang Staudte, ARD 1969; »Gezeiten« (von Helga Feddersen), Regie: Eberhard Fechner, »Opfer«, Regie: Peter Ariel, und »Gerechtigkeit für Dettlinger« (von Stemmle), Regie: Heinz Schirk, ARD 1970; »11 Uhr 20« (von Reinecker), mit Joachim Fuchsberger und Gila von Weitershausen, Regie: Wolfgang Becker, 3 Teile, ZDF 1970; »Die Nacht von Lissabon«, Regie: Zbynek Brynych, und »Biskuit«, Regie: Klaus Kirschner, ARD 1971; »Herlemanns Traum oder Das andere Leben« und »Victor oder Die Kinder an der Macht« (nach Vitrac), Regie: jeweils Tom Toelle, »Ulla oder Die Flucht in die schwarzen Wälder«, Regie: Herbert Vesely, ARD/ZDF 1972; Titelrolle in »Danton« (nach Büchner), Regie: Herbert Vesely, ARD 1973; »Insomnia«, Regie: George Tabori, und »Polly oder Die Bataille am Bluewater Creek«, Regie: Jürgen Flimm, ARD 1974; »Ein deutsches Attentat«, Regie: Günter Gräwert, ARD 1975;

»Sladek oder Die schwarze Armee« (nach Horváth), ARD 1976; »Derrick«, Serie, ZDF 1976; »Zeit der Empfindsamkeit«, Regie: Wilma Kottusch, Titelrolle in »Freddies Türkenkönig«, Regie: Konrad Sabrautzky, »Der Alte«, Serie, und »Prosperos Traum« (nach Shakespeares »Der Sturm«), Regie: George Moorse, ZDF 1977; »Das verschollene Inka-Gold« (nach Jack London), Regie: Wolfgang Staudte, ZDF 1978; »Mein Partner Davis«, Regie: René Gainville, franz. TV 1979; »Exil« (nach Feuchtwanger), Regie: Egon Günther, 7 Teile, und »Polnischer Sommer«, Regie: Jürgen Flimm, ARD 1981; »Tatort«, Regie: Peter Keglevic, Serie, ARD 1982; »Die Mars-Chroniken«, mit Rock Hudson und Maria Schell, Regie: Michael Anderson, BBC/ZDF 1983; »König Blaubart«, Regie: Krzystof Zanussi, ARD 1984; »Das Totenreich« (von Asmodi), Regie: Karin Brandauer, 2 Teile, und »Ein fliehendes Pferd« (nach Walser), mit Rosel Zech, Regie: Peter Beauvais, ARD 1986.
Auszeichnungen: »Goldene Kamera«, Filmfestspiele Cannes für »Desperado City«, (als bester Erstlingsfilm) 1981; »Lobende Erwähnung«, Filmfestspiele Berlin für »Dies rigorose Leben«, 1983.
Anschrift: c/o Agentur Baumbauer, Keplerstraße 2, 8000 München 80.

Gerda Gmelin

Geb. 23. 6. 1919 als Tochter des Schauspielers und späteren Theaterleiters Helmuth Gmelin (ihre Mutter starb bei der Geburt) in Braunschweig; dort und in Hamburg aufgew.; mit sechs Jahren kam sie zum Kinderballett; als Schülerin stand sie erstmals auf der Bühne. 1942 erhielt sie ihr erstes Engagement am Theater der Stadt Koblenz; eine Wehrmachts-Tournee und eine Verpflichtung in Neuwied folgten. Seit 1952 spielt sie am Hamburger Theater im Zimmer, das ihr Vater 1948 gegründet hatte. Nach seinem Tode im Jahre 1959 übernahm sie selbst die Leitung der Bühne.

Frau Gmelin spricht engl.; sie ist geschieden, hat zwei Söhne (Christian und Matthias) und lebt in Hamburg.

Film: »Randale«, mit Angelica Domröse, Regie: Manfred Purzer, 1983.

Theater: Mutter Wolffen in Hauptmanns »Der Biberpelz«, und Marthe Schwerdtlein in Goethes »Faust«, Hamburg 1952; Anna Moß in Hauptmanns »Einsame Menschen«, 1957, Madeleine in Ionescos »Amédée oder Wie wird man ihn los«, 1960, in Audibertis »Die Ameyss im Fleische«, 1962, Martha in Camus' »Das Mißverständnis«, 1964, Miss P.Puffy-Picque in Billetdoux' »Tschin Tschin«, 1965, Linda in Millers »Der Tod des Handlungsreisenden« und Winnie in Becketts »Glückliche Tage«, 1968, Meg in Pinters »Die Geburtstagsfeier«, 1970, Die Frau in Kohouts »Krieg im dritten Stock«, 1972, in Ortons »Seid nett zu Mr. Sloane«, 1975, in Popplewells »Keine Leiche ohne Lily« und in Arbusows »Altmodische Komödie«, 1978, in Williams' »Plötzlich letzten Sommer«, 1981, Marie in O'Neills »Eines langen Tages Reise in die Nacht«, 1982, in Becketts »Nicht ich« und in Levins »Veronikas Zimmer«, 1983, jeweils Theater im Zimmer Hamburg.

Fernsehen: »Geibelstraße 27« (nach Lommer), Regie: Peter Beauvais, ARD 1966; »Heinrich VIII. und seine Frauen« (nach Gressieker), Regie: Heinz Schirk, ZDF 1968; »Die Rückkehr« (nach Ziem), Regie: Peter Beauvais, ARD 1969; »Sparks in Neu-Grönland« (von Helga Feddersen), Regie: Joachim Hess, ARD 1971; »Tatort«, Regie: Jürgen Roland, ARD 1977; »Zitronenjette« (nach Paul Möhring), mit Henry Vahl, Regie: Henry Kielmann (aus dem St. Pauli-Theater Hamburg), ZDF 1979; »Tränende Herzen«, Regie: Berengar Pfahl, ARD 1980; »Kudenow oder An fremden Wassern weinen«, Regie: Claus Peter Witt, 2 Teile, ZDF 1981; »Spielregeln«, Serie, und »Helga und die Nordlichter«, mit Helga Feddersen und Ernst Fritz Fürbringer, Regie: Marcus Scholz, 13 Teile, ZDF 1984; »Der Tambour«, Regie: Carlheinz Caspari, ARD 1984.

Ferner spielte sie u.a. in: »Großer Mann, was nun?«, »Der Tag, an dem die Kinder verschwanden«, »Ende der Durchsage« und »Das tickende Herz«.

Auszeichnung: »Silberne Maske«, Volksbühne Hamburg 1981.

Anschrift: c/o ZBF-Agentur Hamburg, Tonndorfer Hauptstraße 90, 2000 Hamburg 70, oder Alsterchaussee 30, 2000 Hamburg 13.

Boy Gobert †

– Kammerschauspieler –

Geb. 5.6.1925 als Sohn des Senators, Versicherungskaufmanns und Schriftstellers Ascan Klée Gobert und der ungarischen Gräfin Haller von Hallerstein in Hamburg; dort aufgew.; nach dem Abitur nahm er Schauspielunterricht bei Helmuth Gmelin, an dessen Theater im Zimmer Hamburg er als Oswald in Ibsens »Gespenster« debütierte. Die weiteren Bühnenstationen: Deutsches Schauspielhaus Hamburg (1946/47), Badisches Staatstheater Karlsruhe (1947–1950), Fritz-Rémond-Theater im Zoo Frankfurt/Main (1950–1952), Städt. Bühnen Frankfurt/Main (1953/54), Komödie im Marquardt Stuttgart (1954), Renaissance-Theater Berlin (1954), Kammerspiele München (1954), Deutsches Schauspielhaus Hamburg (1954/55), Schauspielhaus Zürich, Bayerisches Staatsschauspiel München und Renaissance-Theater Berlin (jeweils von 1956–1959).
Seit 1959 ist er Mitglied des Wiener Burgtheaters, wo er auch als Regisseur tätig ist. Von 1969 bis 1980 war er Intendant des Thalia-Theaters Hamburg. Von 1980 bis 1985 war er Generalintendant der Staatl. Schauspielbühnen Berlins. Ab 1. 9. 1986 ist er als Direktor am Theater in der Josefstadt Wien verpflichtet. Als Regisseur wirkte er außer an den vorgenannten Bühnen ferner bei den Salzburger Festspielen, an den Städt. Bühnen Köln und am Grand Théâtre Genf.
Seit 1955 drehte er über 40 Spielfilme und spielte in rund 30 TV-Produktionen.
Er veröffentlichte 14 LPs, u.a. »Boy Gobert spricht Heinrich Heine«, »Boy Gobert spricht William Shakespeare«, »Boy Gobert spricht und singt«, »Goethe: Urfaust«, »Peter und der Wolf«, »Wilhelm Busch«.
1972 wurde Gobert Mitglied der Deutschen Akademie für Darstellende Künste, Frankfurt/Main. Seit 1975 ist er Professor an der Hochschule für Musik und darstellende Kunst in Hamburg.
Gobert spricht engl., franz.; er ist ledig und lebt in Berlin und in Wien.
Film: »Ein Herz voll Musik«, »Die Toteninsel« und »Meine Kinder und ich«, 1955; »Uns gefällt die Welt«, »Der k.u.k. Feldmarschall« und »Der Mustergatte«, 1956; »Der kühne Schwimmer«, »Ein Stück vom Himmel«, Regie: Rudolf Jugert, und »Monpti«, mit Romy Schneider und Horst Buchholz, Regie: Helmut Käutner, 1957; »Viktor und Viktoria«, »Tolle Nacht«, »Dort in der Wachau«, »Europas neue Musikparade«, »Hoch klingt der Radetzkymarsch«, »Schwarzwälder Kirsch«, Regie: Geza von Bolvary, »Mylord weiß sich zu helfen«, »Majestät auf Abwegen«, »Frau im besten Mannesalter« und »Hier bin ich – hier bleib ich«, mit Caterina Valente, Regie: Werner Jacobs, jeweils 1958; »Alle lieben Peter«, mit Peter Kraus, »Liebe, Luft und lauter Lügen«, »Die ideale Frau«, »Paradies der Matrosen« und »Der Rest ist Schweigen«, 1959; »Peter Voss, der Millionendieb«, 1960; »Die Abenteuer des Grafen Bobby«, Regie: Geza von Cziffra, 1961; »Wer sind Sie, Dr. Sorge?«, Frankreich 1961; »Kamikaze 1989«, mit Rainer Werner Fassbinder und Franco Nero, Regie: Wolf Gremm, 1982; »Die wilden Fünfziger«, Regie: Peter Zadek, 1983.
Theater: Shakespeare: Prinz Heinrich in »König Heinrich IV.«, Titelrolle in »Heinrich V.«, Malvolio in »Was ihr wollt«, Marc Anton in »Julius Cäsar«, Benedikt in »Viel Lärm um nichts«, Titelrolle in »Richard III.«, Titelrolle in »Coriolan« und Jago in »Othello«; Frisch: in den Uraufführungen von »Biedermann und die Brandstifter« und »Die große Wut des Philipp Hotz«; Schiller: Franz Moor in »Die Räuber«, Hofmarschall von Kalb in »Kabale und Liebe«, Titelrolle in »Der Parasit«, Burleigh in »Maria Stuart«, Titelrolle in »Wallenstein«; Goethe: Carlos in »Clavigo«, Mephisto in »Faust I und II«; Molière: Titelrolle in »Tartuffe«; Pirandello: Titelrolle in »Heinrich IV.«; Camus: Werchowenskij in »Die Besessenen«; Hauptmann: Bruno Mechelke in »Die Ratten«; Kleist: Sosias in »Amphitryon«; Sternheim: Christian Maske in »Der Snob«; Scribe: Lord Bolingbroke in »Das Glas Wasser«; Wilde: Lord Goring in »Ein idealer Gatte«; Pinter: Richard in »Der Liebhaber« und Beeley in »Alte Zeiten«; Schnitzler: Titelrolle in »Anatol« und Falkenir in »Komödie der Verführung«; Rostand: Titelrolle in »Cyrano von Bergerac« (auch TV); Griffith: Mr. Challenor in »Komiker«; Tschechow: Astrov in »Onkel Wanja« (auch TV); Shaffer: Salieri in »Amadeus«; Mrożek: Hans Gratzer in »Der Botschafter« (auch TV); Enzensberger (Uraufführung): Diderot in »Der Menschenfreund«, Regie Hanns Zischler, jeweils an den vorgenannten Bühnen bis 1985.

Wichtige Inszenierungen, u.a.: Hays »Das Pferd«, Salzburger Festspiele 1964; Shaws »Haus Herzenstod«, Scribes »Das Glas Wasser«, Gogols »Der Revisor«, Hasenclevers »Napoleon greift ein« und »Ein besserer Herr«, Wildes »Lady Windermeres Fächer«, jeweils Burgtheater Wien 1966–1970; Shakespeares »Was ihr wollt«, Ustinovs »Der unbekannte Soldat und seine Frau«, Grays »Kluges Kind«, Hacks' »Die schöne Helena«, Tschechows »Drei Schwestern«, Schillers »Maria Stuart«, Pinters »Niemandsland«, Beaumarchais' »Der tolle Tag oder Figaros Hochzeit«, Kornfelds »Palme oder der Gekränkte«, Hacks' »Ein Gespräch im Hause Stein über den abwesenden Herrn von Goethe«, jeweils Thalia-Theater Hamburg 1966–1980.

Fernsehen: Fabre-Marines in »Mein Sohn, der Herr Minister« (nach Birabeau), ARD 1958; »Zeit der Kirschen« (nach Roncoroni), ZDF 1966; George Bryan Brummel in »So war Herr Brummel«, »Abgründe« (nach Quentin), ARD 1967; »Der Tod des Handlungsreisenden« (nach Miller), ZDF 1968; »Der Kaufmann von Venedig« (nach Shakespeare), ARD 1969; »Der Kommissar«, mit Erik Ode, Serie, ZDF 1971; Titelrolle in »Ein besserer Herr« (nach Hasenclever), ARD 1973; »Boy Gobert – Thalia zwischen Kunst und Kasse«, ZDF 1974; »Der gute Doktor« (von Gray nach Tschechow), ZDF 1979; »Kopfüber«, Personality-Show, ZDF 1984; »Kir Royal«, Regie: Helmut Dietl, Serie, ARD 1986.

Auszeichnungen: Deutscher Kritikerpreis 1961; Kammerschauspieler, ernannt vom österr. Bundespräsidenten 1971; »Bierman-Ratjen-Medaille«, Hamburg 1977; »Silberne Maske« der Hamburger Volksbühne; »Goldener Globus« der Hamburger Theaterkritiker; »Goldene Kamera« (HÖRZU) 1979; »Medaille für Kunst und Wissenschaft«, Senat der Freien Hansestadt Hamburg 1980.

Gobert ist Mitglied der Akademie der Künste Berlin und der Freien Akademie der Künste Hamburg.

Ein Preis für junge Nachwuchsschauspieler wurde nach ihm benannt.

Anschrift: c/o Staatl. Schauspielbühnen Berlins, Bismarckstraße 110, 1000 Berlin 12, oder c/o Theater in der Josefstadt, Josefstädter Straße 26, A-1080 Wien, Österreich.

Heini Göbel

– Staatsschauspieler –

(eigentlich: Heinrich Göbel)

Geb. 15.5.1910 in Frankfurt/Main; dort aufgew.; lebt in München; verwitwet; spricht engl., franz.; von 1934 bis 1936 besuchte er die Hochschule für Theater und Musik in Frankfurt/Main; erste Engagements in Gießen, Bremerhaven und Darmstadt; von 1939 bis 1948 war er am Deutschen Schauspielhaus Hamburg; in München gehörte er von 1948 bis 1956 dem Bayer. Staatsschauspiel an, bevor er bis 1972 im Ensemble der Kammerspiele stand; seit 1973 ist er als Staatsschauspieler erneut am Bayerischen Staatsschauspiel München. Göbel war zudem zehn Jahre Lehrer an der städt. Otto-Falckenberg-Schule in München und als Theaterregisseur tätig.

Film: »Nach Regen scheint Sonne«, 1949; »Zwei in einem Anzug« und »Inkognito im Paradies«, 1950; »Das seltsame Leben des Herrn Bruggs«, 1951; »Ich heiße Niki« und »Zwerg Nase«, 1952; »Solange du da bist«, mit Maria Schell, und »Dein Mund verspricht mir Liebe«, 1953; »Feuerwerk« (nach Burkhard), »Die verschwundene Miniatur«, »Der Engel mit dem Flammenschwert« und »Meines Vaters Pferde« (2 Teile), 1954; »Ich weiß, wofür ich lebe», »Schneeweißchen und Rosenrot«, »Der letzte Mann« und »Gestatten, mein Name ist Cox«, 1955; »Die Heinzelmännchen«, »Wo der Wildbach rauscht«, »Kitty und die große Welt« und »Weil du arm bist, mußt du früher sterben«, 1956; »Maya«, »Die Lindenwirtin vom Donaustrand« und »Heiraten verboten«, 1957; »Das Wirtshaus im Spessart« und »Der Schinderhannes« (nach Zuckmayer), Regie: Helmut Käutner, 1958; »Röcke, Fräcke, Lederhosen«, 1959.

Theater: In Franks »Sturm im Wasserglas«, in Shakespeares »Macbeth«, in Brechts »Leben des Galilei«, in Horváths »Glaube Liebe Hoffnung«, in Dürrenmatts »Die Physiker«, in Büchners »Leonce und Lena«, in Molières »Die Schule der Frauen«, in Dürrenmatts »Die Wiedertäufer«, in Brecht/Weills »Die Dreigroschenoper«, in Feydeaus »Der Floh im Ohr«, in Wedekinds »Der Marquis von Keith«, in O'Caseys »Juno und der Pfau«, in Henkels »Eisenwichser«, in Sternheims »Don Juan«, jeweils Münchner Kammerspiele 1956–1972; in Strindbergs »Der Vater«, Regie: Hans Lietzau, in Shakespeares »Richard III.«, Regie: Kurt Meisel, in Labiches »Der Florentinerhut«, Regie: Helmut Baumann, in Kipphardts »In der Sache J. Robert Oppenheimer«, Regie: Dieter Giesing, in Lanes »Happy end«, jeweils Bayerisches Staatsschauspiel München 1978–1982.

Fernsehen: »Der kleine Napoleon«, ARD 1955; »Die Feuertreppe«, ARD 1962; »Den Tod in der Hand« (nach Calef), »Fünf Fotos«, ZDF 1963; »Ein Monat voller Sonntage« (nach Savory), »Der Fahrplan«, ZDF 1964; »Der Fall Jeanne d'Arc«, ZDF 1966; »Bäume sterben aufrecht« (nach Casona), »Geborene Lipowski«, ZDF 1967; »Kinder des Schattens« (von Wittlinger), ARD 1968; »Mamsell Nitouche« (nach Milland), ZDF 1969; »Tatort«, Serie, 4 Folgen, ARD 1972–1984; »Barfuß im Park« (nach Simon), Regie: Arno Assmann, ARD 1980; »Der Alte«, Serie, 3 Folgen, ZDF 1981–1983; von Staupitz in »Martin Luther«, mit Lambert Hamel, Regie: Rainer Wolffhardt, 2 Teile, und »Derrick«, Serie, ZDF 1983 und 1985.

Auszeichnung: Bayerischer Staatsschauspieler.

Anschrift: c/o Agentur Palz, Ortlindestraße 6, 8000 München 81, oder Stöhrstraße 7, 8000 München 71.

Rainer Goernemann

Geb. in Hamburg; dort aufgew.; sein Interesse am Theater und an der Oper wurde besonders durch seine Großeltern gefördert. Zu seiner schauspielerischen Entwicklung haben vor allem die Schauspielerin Kyra Mladek und der Regisseur Peter Gorski beigetragen. Nach der Schule besuchte er die Schauspielschule in Hamburg, wo er 1971 am Deutschen Schauspielhaus debütierte. Weitere Engagements hatte er u.a. am Stadttheater Bremerhaven (1973), am Theater der Stadt Essen (1974–1977), am Schauspielhaus Zürich (1979), am Bayerischen Staatsschauspiel München (1980), am Schauspielhaus Düsseldorf (1982), an der Freien Volksbühne Berlin (1982), an den Bühnen der Stadt Bonn (1983/84) und an den Münchner Kammerspielen (1984). Ferner machte er mehrere Theater-Tourneen.
Goernemann spricht engl. und lebt in München.
Film: »Flucht nach vorne«, Regie: Heidi Genée, 1983.
Theater: Michael in Rattigans »Olivia«, neuer Titel: »Liebe mäßig bewegt«, Regie: Wilhelm Semmelroth, Hamburger Kammerspiele 1972; Titelrolle in Kleists »Prinz Friedrich von Homburg«, Stadttheater Bremerhaven 1973; Cecil in Fosters »Elisabeth I.«, Regie: Liviu Ciulei, 1974 (auch TV), Ferdinand in Schillers »Kabale und Liebe«, Regie: Werner Trautmann, 1976, und Frank Butler in Berlins »Annie get your gun«, 1977, jeweils Theater der Stadt Essen; Baron Tusenbach in Tschechows »Drei Schwestern«, Tournee 1978; Karl-Heinz in Langes (auch Regie) »Frau von Kauenhofen«, Schauspielhaus Zürich 1979; Karl-Heinz in Langes »Frau von Kauenhofen«, Regie: Rudolf Steinboeck, Bayerisches Staatsschauspiel München und Tournee 1980; Marchbanks in Shaws »Candida«, Regie: Karl Heinz Stroux, Tournee 1981; Richard in Goethes »Egmont«, mit Peter Fricke, Regie: Rudolf Noelte, Schauspielhaus Düsseldorf 1982; Wegener in Bernhards »Über allen Gipfeln ist Ruh«, Regie: Kurt Hübner, Freie Volksbühne Berlin 1982; Malmenstein in Hauptmanns »Schluck und Jau«, Regie: Rudolf Noelte, Städt. Bühnen Bonn 1983 (auch TV); Appiani in Lessings »Emilia Galotti«, Regie: Thomas Langhoff, Münchner Kammerspiele 1984.
Fernsehen: »Polizeistation«, 13 Teile, ZDF 1972; »Fluchtgedanken«, ARD 1973; »Sonderdezernat K 1«, Regie: Hans Quest, ARD 1974; Chopin in »Ein Abend im Salon«, ARD 1976; »Das Verhör des Ernst Niekisch«, Regie: Oswald Döpke, ZDF 1977; »In freier Landschaft«, Regie: Michael Kehlmann, ARD 1977; Morton Schwarzkopf in »Die Buddenbrooks« (nach Thomas Mann), mit Ruth Leuwerik und Carl Raddatz, Regie: Franz Peter Wirth, 11 Teile, ARD 1979; »Der Trotzkopf«, Regie: Helmut Ashley, 8 Teile, ARD 1980; »Tatort«, Regie: Wilm ten Haaf, Serie, und »Die Erbin« (nach Henry James), mit Heidelinde Weis, Regie: Franz Josef Wild, ARD 1982; Jacob Fugger in »Vom Webstuhl zur Weltmacht«, Regie: Heinz Schirk, 6 Teile, ARD 1983; »Tatort«, Serie, ARD 1984.
Anschrift: c/o Agentur Mattes, Pilotystraße 2, 8000 München 22, oder Neureutherstraße 24, 8000 München 40.

Käthe Gold

– Kammerschauspielerin –

Geb. 11.2.1907 als Tochter eines Schlossermeisters in Wien; dort aufgew.; schon mit vier Jahren stand sie auf der Bühne der Wiener Staatsoper und des Burgtheaters (»Madame Butterfly« und »Wilhelm Tell«). Nach dem Besuch der Bürgerschule absolvierte sie die Akademie für Musik und darstellende Kunst in Wien. Studienkollegen waren u.a. Paula Wessely, Siegfried Breuer und Karl Paryla.
Als Bianca debütierte sie in Shakespeares »Der Widerspenstigen Zähmung« am Stadttheater Bern (1926/27). Weitere Stationen: Stadttheater Mönchengladbach (1927/28), Lobe-Theater Breslau unter Paul Barnay (1928–1931), Münchner Kammerspiele unter Otto Falckenberg (1931–1935), Theater in der Josefstadt Wien (1932–1935), Staatsbühnen Berlin (1934–1944), Schauspielhaus Zürich (1944–1946) und Burgtheater Wien (seit 1947, jetzt als Ehrenmitglied). Gastspiele gab sie ferner bei den Salzburger Festspielen, bei den Festspielen Bad Hersfeld sowie bei den Festspielen Bregenz.
Sie war vielfach für den Hörfunk tätig. Beim Fernsehen wirkt sie seit 1962. Sie lebt in Wien.
Film: in: »Der Ammenkönig«, Regie: Hans Steinhoff, 1935; Alkmene in »Amphitryon« (nach Kleist), Regie: Reinhold Schünzel, 1936; »Andere Welt«, Regie: Marc Allégret, Deutschland/Frankreich 1937; »Die unheimlichen Wünsche«, Regie: Heinz Hilpert. 1939; Titelrolle in »Das Fräulein von Barnhelm« (nach Lessing), Regie: Hans Schweikart, 1940; »Zwischen Nacht und Morgen«, Regie: Alfred Braun, 1943; »Das Jahr des Herrn«, Regie: Alfred Stöger, 1950; »Palast-Hotel«, 1952; Henriette Flamm in »Rose Bernd« (nach Hauptmann), Regie: Wolfgang Staudte, 1957.
Theater: Gretchen in Goethes »Faust«, Lobe-Theater Breslau 1930; Kreszens in der Uraufführung von Billingers »Rauhnacht«, Gretchen in Goethes »Urfaust«, Hedwig in Ibsens »Die Wildente« und Rosalinde in Shakespeares »Wie es euch gefällt«, Regie: jeweils Otto Falckenberg, Münchner Kammerspiele 1931–1935; Klärchen in Goethes »Egmont«, Regie: Gustaf Gründgens, Susanne in Beaumarchais' »Der tolle Tag oder Figaros Hochzeit», Ophelia in Shakespeares »Hamlet«, Königin in Scribes »Ein Glas Wasser«, in Raimunds »Die gefesselte Phantasie«, Anna in Billingers »Der Gigant«, Titelrolle in Kleists »Das Käthchen von Heilbronn«, Klara in Hebbels »Maria Magdalena«, Gabriele Dambrone in Billingers »Am hohen Meer«, Titelrolle in Wolffs »Preciosa« und Titelrolle in Shaws »Die heilige Johanna«, Regie für die sechs letztgenannten: Jürgen Fehling, jeweils Staatsbühnen Berlin 1934–1944; Marie in Goethes »Clavigo«, Salzburger Festspiele 1944; Haitang in Klabunds »Der Kreidekreis«, Stadttheater Luzern 1945; Titelrolle in Lessings »Minna von Barnhelm«, Alkmene in Kleists »Amphitryon«, Titelrolle in Schillers »Maria Stuart« und Titelrolle in Giraudoux' »Undine«, jeweils Schauspielhaus Zürich 1944–1946; Titelrolle in Ibsens »Nora«, Bregenzer Festspiele 1954; Ophelia in Shakespeares »Hamlet«, Festspiele Bad Hersfeld 1955; Blanche in Williams' »Endstation Sehnsucht«, Nina in Tschechows »Die Möwe«, Ranewskaja in Tschechows »Der Kirschgarten« und Berta und Bianca in Schnitzlers »Anatol«, Regie: jeweils Berthold Viertel, Mutter in Millers »Der Tod des Handlungsreisenden«, Regie: Paul Hoffmann, Orsina in Lessings »Emilia Galotti«, Stella in Kiltys »Geliebter Lügner« (nach Shaw und Campbell), in Williams' »Die Glasmenagerie«, in Strindbergs »Die Kronbraut« und Mary Tyrone in O'Neills »Eines langen Tages Reise in die Nacht«, jeweils Burgtheater Wien 1947–1975; Juliane in Hamsuns »Vom Teufel geholt«, Regie: Leopold Lindtberg, 1961, und Frau in O.F. Walters »Elio«, Regie: Werner Düggelin, 1965, jeweils Schauspielhaus Zürich.
Fernsehen: »Portrait einer Madonna« (nach Williams), und »Ein Buch mit Kapiteln«, Regie: John Olden, ARD 1962; Mutter in »Der Tod des Handlungsreisenden« (nach Miller), ARD 1968; »Der Wald« (nach Ostrowskij), Regie: Wolfgang Glück, ORF 1971; Klara May in »Karl May«, mit Helmut Käutner, Regie: Hans Jürgen Syberberg, 2 Teile, ZDF 1977; »Abendlicht«, Regie: Edwin Zbonek, ARD 1979; »Einmal Moskau und zurück« (von Galin), Regie: Helmut Polixa, ORF 1984 (Theater-Aufzeichnung).
Auszeichnungen: Staatsschauspielerin, Berlin 1936; Kammerschauspielerin, Wien 1952; »Hans-Reinhart-Ring« der schweiz. Gesellschaft für Theaterkultur 1960; »Josef-Kainz-Medaille«, Wien 1965; Ehrenzeichen für Wissenschaft und Kunst I. Klasse, Österreich.

Anschrift: Sieveringer Hauptstraße 79, A-1190 Wien, Österreich.

Alexander Golling

– Staatsschauspieler –

Geb. 2. 8. 1905 in München; dort aufgew.; 1923 besuchte er die Schauspielschule des Hofschauspielers Max Bayrhammer. Sein erstes Engagement erhielt er 1924 am Theater in Rudelstadt. Über Erfurt, Aussig, das Theater der Stadt Heidelberg und das Theater Leipzig kam er an die Volksbühne Berlin. Von 1938 bis 1945 war er Intendant der Münchner Staatstheater.
Nach 1945 gehörte er keinem Ensemble mehr an. Er ging häufig auf Tournee, gastierte bei Festspielen (u.a. Jagsthausen und Wunsiedel) und an der Kleinen Komödie München (bis 1982). Sein Film-Debüt gab er 1934 neben Dorothea Wieck in »Der stählerne Stahl«. Insgesamt wirkte er in über 40 Produktionen mit.
Golling ist in dritter Ehe verheiratet und lebt in Rottach-Egern/Oberbayern. Seine Tochter Claudia Golling wählte ebenfalls den Schauspielerberuf.
Film: »Der stählerne Stahl«, mit Dorothea Wieck, Regie: Franz Wenzler, »Lieselotte von der Pfalz«, »Das Mädchen Johanna« und »Einer zuviel an Bord«, 1935; »Der Kaiser von Kalifornien«, mit und unter der Regie von Luis Trenker, »Der Dschungel ruft«, »90 Minuten Aufenthalt«, mit Harry Piel, und Ogarett in »Der Kurier des Zaren« (nach Jules Verne), 1936; »Menschen ohne Vaterland«, 1937; »Sergeant Berry«, Regie: Herbert Selpin, Prinz Ramighani in »Der Tiger von Eschnapur« und »Das indische Grabmal«, Regie: Richard Eichberg, »Dreizehn Mann und eine Kanone« und »Fahrendes Volk«, 1938; »Gold in New Frisco«, 1939; »Kameraden«, 1941; »Geheimakte WB 1«, Regie: Herbert Selpin, 1942; »Vom Teufel gejagt«, mit Kristina Söderbaum, Regie: Veit Harlan, und »Unsterbliche Geliebte«, 1950; »Die kleine Stadt will schlafen gehn«, »Staatsanwältin Corda«, »Hochstaplerin der Liebe«, »Ball der Nationen« und »Schule für Eheglück«, 1954; »Gestatten, mein Name ist Cox«, »Der Major und die Stiere«, »In Hamburg sind die Nächte lang« und »Der Teufel mit den drei goldenen Haaren«, 1955; »Zwei Bayern in St. Pauli«, »Die goldene Brücke« und »Santa Lucia«, 1956; »Königin Luise«, 1957; »Die Seeteufel von Angostura«, 1958; »Ein Sommer, den man nie vergißt«, 1959; »Das Glöcklein unterm Himmelbett«, 1970; »Der Jäger von Fall« (nach Ganghofer), Regie: Harald Reinl, 1974; »Die Jugendstreiche des Knaben Karl«, Regie: Franz Seitz, 1977.
Theater: Franz Moor in Schillers »Die Räuber«, Mephisto in Goethes »Faust«, Titelrolle in Shakespeares »König Richard III.«, Titelrolle in Ibsens »Peer Gynt«, Titelrolle in Schillers »Wallenstein«, Falstaff in Shakespeares »Die lustigen Weiber von Windsor«, Titelrolle in Goethes »Götz von Berlichingen«, jeweils an den vorgenannten Bühnen. An der Kleinen Komödie München spielte er u.a. in Thomas »Die Witwen«, »Lokalbahn« und »Einaktern«, in Ayckbourns »Schlafzimmergäste« und in Shaws »Pygmalion« (1978–1982).
Fernsehen: »Der Sturm im Wasserglas« (nach Frank), Regie: Josef von Baky, ARD 1960; »Wallenstein« (nach Schiller), ARD 1962, und Titelrolle in »Der Ruepp« (nach Thoma), ZDF 1965, Regie: jeweils Franz Peter Wirth, »Der Mann aus Melbourne« (nach Maugham), Regie: Wilm ten Haaf, ARD 1966; »Dem Täter auf der Spur«, Regie: Jürgen Roland, Serie, ARD 1968; »Der Kommissar«, mit Erik Ode, Serie, ZDF 1972; »Zeit zum Aufstehn« (nach August Kühn), Regie: Ludwig Cremer, 2 Teile, ZDF 1978; »Sachrang« (nach Storz), Regie: Wolf Dietrich, 3 Teile, ARD 1978; »Der Alte«, Serie, ZDF 1979; »Flohmarkt«, Serie, ZDF 1984. Ferner spielte er u.a. in: »Richard III.« (nach Shakespeare), »Die Bürger von Calais« (nach Kaiser), »Der Idiot«, »Das Wunder des heiligen Florian«, »Neunzig Minuten Aufenthalt«, »Der verkaufte Großvater« sowie zahlreichen Aufführungen des »Komödienstadl«.
Auszeichnung: Staatsschauspieler 1938.
Anschrift: c/o Agentur Baumbauer, Keplerstraße 2, 8000 München 80.

Claudia Golling

Geb. 17. 2. 1950 als Tochter des Schauspielers Alexander Golling in München; aufgew. in Rottach-Egern; nach der Oberschule erhielt sie Schauspielunterricht bei Annemarie Hanschke und Alexander Golling sowie Tanzunterricht an der Ballettschule Roleff-King in München; 1967 debütierte sie an den Freilichtbühnen Schwäbisch Hall und Gandersheim; Engagements am Stadttheater Landshut (1968/69), am Schauspielhaus Düsseldorf, Kreuzgangspiele Feuchtwangen, am Deutschen Theater München, am Intimen Theater München und an der Kleinen Komödie München (bis 1981) folgten; ferner war sie bei mehreren Tourneen zu sehen.
Seit 1967 arbeitet Frau Golling für das Fernsehen.
Sie spricht engl., franz.; sie ist ledig und lebt abwechseln in Rottach-Egern und München.
Film: »Die Jugendstreiche des Knaben Karl«, Regie: Franz Seitz, 1977.
Theater: In »Eine Frau, die weiß, was sie will«, Deutsches Theater München; in Kroetz' »Maria Magdalena«, Intimes Theater München; Jane in Ayckbourns »Schlafzimmergäste«, 1979, und in Kollos »Die wilde Auguste«, mit Erni Singerl, 1980 (auch ZDF 1981), jeweils Kleine Komödie München; Ludmilla in Gorkis »Wassa Schelesnowa«, Thekla in Schillers »Wallenstein« und Marianne von Pehlen in Sternheims »Der Snob«, jeweils Tournee seit 1971.
Fernsehen: »Die Bürger von Calais« (nach Kaiser), ZDF 1967; Moni in »Der Holledauer Schimmel« (nach Lippl), Regie: Olf Fischer, ARD 1968; Phyllis in »Die Hochzeit auf der Alm« (nach Haydn), ARD 1969; »Der Kommissar«, mit Erik Ode, Serie, 3 Folgen, ZDF 1969-1973; »Die lustigen Weiber von Windsor« (nach Shakespeare), ARD 1970; Tamilicha in »Saids Schicksale« (nach Hauff), ARD 1971; »L'éloignement«, franz. TV-Serie, 30 Folgen 1971/72; »Les Brigades du Tigre«, franz. O.R.T.F./Produktion 1975; »Derrick«, Serie, 2 Folgen, ZDF 1975/76; »Der Winter, der ein Sommer war« (nach Paretti), Regie: Fritz Umgelter, 3 Teile, ARD 1976; »Zeit zum Aufstehn« (nach August Kühn), Regie: Ludwig Cremer, 2 Teile, ZDF 1978; Asta Türkheimer in »Im Schlaraffenland« (nach Heinrich Mann), Regie: Fritz Umgelter, ZDF 1981; »Delfter Kacheln«, Serie, ZDF 1984.
Anschrift: c/o Agentur Baumbauer, Keplerstraße 2, 8000 München 80, oder Nymphenburgerstraße 132, 8000 München 19.

Thomas Gottschalk

Geb. 18. 5. 1950 als Sohn eines Rechtsanwalts in Bamberg; dort aufgew.; nach dem Abitur Studium der Erziehungswissenschaften (Deutsch und Geschichte für Grund- und Hauptschule); Journalistenausbildung beim Institut der deutschen Bischöfe in München. Er begann als Mitarbeiter beim Jugendfunk des Bayerischen Rundfunks. Ab 1973 arbeitete er als Nachrichtensprecher dieses Senders sowohl für Funk als auch für das Fernsehen. 1976 erhielt er vom BR einen festen Anstellungsvertrag. Es folgten unzählige eigene Hörfunksendungen (u.a. »Pop nach acht« und »Thommys Radio-Show«).
Für das Fernsehen (BR) moderierte er u.a. deutsche Vorentscheidungen für das europäische Schlagerfestival »Grand Prix d' Eurovision de la Chanson«, die TV-Shows »Szene« und »Pop-Stop«. Seine großen Abendprogramme: »Telespiele« (zunächst BR/SWF, später gesamte ARD) und »Thommys Pop-Show« (ZDF). Seit 1982 führt er durch die Sendung »Na sowas«, die bis Ende 1986 über 70 Folgen erreicht hatte. In zahlreichen Fernsehproduktionen stellte er sich in Sketchen und Parodien vor. Er parodiert u.a. die Astrologin Elizabeth Teissier und den TV-Journalisten Friedrich Nowottny.
Seinen ersten Kinofilm drehte er 1981.
Gottschalk spricht engl.; er ist seit dem 11. 11. 1976 verheiratet, hat einen Sohn (Roman) und lebt in Weßling bei München.
Film: »Piratensender Powerplay«, mit Mike Krüger, Regie: Siggi Götz, 1981; Privatdetektiv in »Die Supernasen«, mit Mike Krüger, Andrea L'Arronge, Gert Haucke und Liane Hielscher, Regie: Dieter Pröttel, 1983; »Zwei Nasen tanken Super«, mit Mike Krüger, Regie: Dieter Pröttel, und »Mama mia – nur keine Panik«, mit Uschi Glas und Helmut Fischer, Regie: Dieter Pröttel, 1984; »Big Mäc«, Regie: Sigi Rothemund, und »Die Einsteiger«, mit Mike Krüger, Regie: Siggi Götz, 1985.
Fernsehen: Neben den erwähnten Shows: Ricky in »Monaco-Franze – Der ewige Stenz«, mit Helmut Fischer, Regie: Helmut Dietl, Serie, ARD 1983; »Oliver Maass« (von Pfaue), Regie: Gero Erhardt, Serie, ZDF 1985.
Auszeichnungen: »Otto« (BRAVO) 1980 und 1983; »Goldener Bambi« (BILD + FUNK), 1983 und 1984; »Goldene Kamera« (HÖRZU) 1983 und 1985; »tz-Rose des Jahres«, »tz« München 1983.
Anschrift: c/o ZDF-Unterhaltungsprogramm, Postfach, 6500 Mainz 500.

Hugo Gottschlich

Geb. 30. 10. 1905 als Sohn eines Gemeindebeamten in Wien; dort aufgew.; nach dem Besuch der Handelsschule ging er auf das Wiener Konservatorium. Sein Bühnen-Debüt gab er 1927 in Zürich. Stationen: Landestheater Innsbruck, Kammerspiele Wien, Kabarett »Literatur am Naschmarkt« (bis 1940), Deutsches Theater Metz (1941–1944), Komödie Wien, Theater in der Josefstadt Wien, Bürger-Theater Wien und Kabarett »Wiener Werkel« (1945–1950). Seit 1951 ist er Mitglied des Burgtheater-Ensembles (bevorzugt Stücke von Nestroy, Molière, Schnitzler und Grillparzer).

Sein Film-Debüt gab er 1940 neben Attila Hörbiger und Hilde Krahl in Robert A. Stemmles »Donauschiffer«. Bis Anfang der 60er Jahre wirkte er in über 50 Produktionen mit.

Gottschlich ist geschieden, er lebt in Wien.

Film: »Donauschiffer«, mit Hilde Krahl und Attila Hörbiger, Regie: Robert A. Stemmle, »Der Postmeister«, mit Heinrich George, Regie: Gustav Ucicky, und »Ein Leben lang«, mit Paula Wessely und Joachim Gottschalk, Regie: Gustav Ucicky, 1940; »An klingenden Ufern«, »Das Siegel Gottes« und »Die Schatztruhe«, 1949; »Küssen ist keine Sünd'«, »Kraft der Liebe«, »Das Kuckucksei«, »Arlberg-Expreß«, »Mein Freund Leopold«, mit Josef Meinrad, Regie: Alfred Stöger, »Jetzt schlägt's 13«, »Der Seelenbräu«, mit Paul Hörbiger, Regie: Gustav Ucicky, und »Kleiner Peter, große Sorgen«, 1950; »Weiße Schatten«, »Wiener Walzer« und »Es geschehen noch Wunder«, 1951; »1. April 2000«, Regie: Wolfgang Liebeneiner, 1952; »Der Verschwender« (nach Raimund), mit Josef Meinrad, Regie: Leopold Hainisch, »Einmal keine Sorgen haben«, »Pünktchen und Anton« (nach Kästner), »Komm' in die Gondel« und »Hab' ich nur deine Liebe«, 1953; »Sarajewo – Um Thron und Liebe«, Regie: Fritz Kortner, »An der schönen blauen Donau« und »Reich mir die Hand, mein Leben« (»Mozart«), mit Oskar Werner, Regie: Karl Hartl, 1955; »Sissi, die junge Kaiserin«, mit Romy Schneider, Karlheinz Böhm, Magda Schneider und Josef Meinrad, Regie: Ernst Marischka, »Lumpazivagabundus« (nach Nestroy), Regie: Franz Antel, und »Bademeister Spargel«, 1956; »Dort in der Wachau«, »Die Heilige und ihr Narr«, »Die Lindenwirtin vom Donaustrand«, ». . . und führe uns nicht in Versuchung«, »Wien, du Stadt meiner Träume«, Regie: Willi Forst, und »Heiratskandidaten«, 1957; »Hallo Taxi« und »Herrn Josefs letzte Liebe«, jeweils mit Hans Moser, Regie: Hermann Kugelstadt, »Man ist nur zweimal jung« und »Der Priester und das Mädchen«, 1958/59.

Fernsehen: »Der Querulant« (nach Bahr), mit Attila Hörbiger, Regie: Václav Hudeček, ZDF 1970; »Der Kurier der Kaiserin«, mit Klausjürgen Wussow, Serie, ZDF 1971; »Der junge Baron Neuhaus«; »Jakob der letzte«, Regie: Axel Corti, ZDF 1976; »Kampl« (nach Nestroy), mit Attila Hörbiger, Regie: Leopold Lindtberg, ORF 1979; »Donauwalzer«, mit Christiane Hörbiger, Regie: Xaver Schwarzenberger, ZDF 1986.

Anschrift: Hietzinger Hauptstraße 82, Stiege 3, A-Wien 13, Österreich.

Ernst Grabbe

Geb. 26. 2. 1926 in Hamburg; dort aufgew.; nach Gesangs- und Schauspielunterricht erhielt er sein erstes Engagement am Theater Neustadt/Holstein im Jahre 1946. Über eine Verpflichtung am Hamburger St. Pauli-Theater kam er 1954 unter Hans Mahler an das Ohnsorg-Theater Hamburg, dem er bis heute als Ensemble-Mitglied angehört.
Grabbe spricht engl.; er ist verheiratet, hat eine Tochter und lebt in Hamburg.
Theater/Fernsehen: In den über 100 TV-Übertragungen aus dem Ohnsorg-Theater spielte er neben Partnern wie Henry Vahl, Heidi Kabel, Heidi Mahler, Hilde Sicks, Erna Schumacher, Edgar Bessen, Otto Lüthje, Karl-Heinz Kreienbaum, Werner Riepel, Jochen Schenck, Heini Kaufeld und Fritz Hollenbeck. Stücke u.a.: »Peter Pink«, »Das Hörrohr«, »Verteufelte Zeiten«, »Tratsch im Treppenhaus«, »Anker auf und Leinen los«, »Die Kartenlegerin«, »Der Bürgermeisterstuhl«, »Ein Mann mit Charakter«.
Seit 1977 u.a.: »Cowboys, Quiddjes und Matrosen«, »Heiratsschwindel«, »Die Bremer Stadtmusikanten«, »Smuggelbröder«, »Der Himmel ist hoch«, »Heini Godenwind«, »Een Stück vun't Glück« und »Katzenjammer«.
Viele Jahre spielte er neben Hilde Sicks den Kneipenwirt in der ARD-Musik-Reihe »Haifischbar«.
Anschrift: c/o Ohnsorg-Theater Hamburg, Große Bleichen 25, 2000 Hamburg 36, oder Helenenstr. 7, 2000 Hamburg 50.

Maxl Graf

(eigentlich: Maximilian Graf)

Geb. 25. 9. 1933 in München; dort aufgew.; Oberrealschule; über den Kinderfunk fand er zum Schauspieler-Beruf. Er absolvierte eine dreijährige Gesangs- und Tanzausbildung und nahm Schauspielunterricht. Bereits in den 50er Jahren wurde er einer breiten Öffentlichkeit durch seine Auftritte in der ARD-Samstagabend-Reihe »Der Komödienstadl« (Regie: stets Olf Fischer) bekannt,
Das Fernsehen blieb bis in die 70er Jahre Schwerpunkt seiner Tätigkeit, erst in letzter Zeit konzentrierte er sich mehr auf das Theater.
Gastspiele gab er u.a. am Deutschen Theater München, an den Münchner Kammerspielen, am T(h)eater in der Briennerstraße München, an der Kleinen Komödie München (1974 + 1985), am Theater Die Kleine Freiheit München sowie auf Tournee.
Graf veröffentlichte zwei Langspielplatten und zehn Singles (u.a. »I bin der Fensterputzer-Kare«, »Der Huber«, »Von der Au«). 1963 war er Münchner Faschingsprinz.
Graf spricht engl.; er ist seit 1961 verheiratet, hat zwei Kinder (Maximilian und Christine) und lebt in Utting am Ammersee/Oberbayern.
Theater: Christian Pointer in Vitus' »St. Pauli in St. Peter«, Deutsches Theater München 1974; in Bichlers »Die Reise nach Singapur«, 1974, und Titelrolle in Priestleys »Der Glückspilz«, 1985; jeweils Kleine Komödie München; in Breinlingers »Hotelgeflüster«, 1984, und Titelrolle in »Kilian räumt auf«, mit Lydia Huber, 1985, jeweils Tournee.
Fernsehen: Seit Ende der 50er Jahre spielte er in zahlreichen Übertragungen (häufig live) des TV-Theaters »Der Komödienstadl« (Regie: stets Olf Fischer). Besonders große Erfolge hatte er in »Die Pfingstorgel« (von Lippl), »Der verkaufte Großvater« (von Hanik), »Die drei Eisbären« (von Vitus), »Der Geisterbräu«, »Das sündige Dorf«, »Witwen« (von Thoma), »Die Mieterhöhung« (von Schwerla), »Die kleine Welt« (von Grischel), »Der Senior« (von Lohmeier), und »Wenn der Hahn kräht« (von Hinrichs) – bis 1985 (ARD). Partner waren u.a. Rudolf Vogel, Michl Lang, Beppo Brem, Karl Tischlinger, Ludwig Schmid-Wildy, Erni Singerl, Paula Braend, Marianne Lindner, Gustl Bayrhammer, Max Griesser und Monika Dahlberg.
Zu seinem großen Erfolg trug auch die ARD-Vorabend-Serie »Die seltsamen Methoden des Franz Josef Wanninger« (später: »Die unsterblichen Methoden des Franz Josef Wanninger«) bei, in der er als Inspektor Fröschl neben Beppo Brem (Titelrolle), Wolf Ackva und Claus Biederstaedt über 100mal vor der Kamera stand.
Mit Carolin Reiber moderierte er mehrere Jahre die ZDF-Unterhaltungsreihe »Die lustigen Musikanten« (auch Hörfunk: Deutschlandfunk), bei der die Zuschauer die volkstümliche Musik selbst wählen und bewerten konnten. Ebenfalls mit Carolin Reiber führte er im 3. Programm des Bayerischen Fernsehens durch die Quiz-Reihe »Kennen Sie Bayern?«. Gast war er außerdem u.a. in »Zwischenmahlzeit«, mit Gisela Schlüter (ARD), »Show ins Land« (ZDF), »Karussell« (ZDF), »Die Musik kommt«, mit Maria Hellwig (ZDF), »Zum Blauen Bock« (ARD), »ARD-Fernsehlotterie«, »Weiß-Blaue Musikparade« (BR III und ARD) sowie im »Musikantenstadl«, mit Karl Moik (ORF und ARD).
Weitere große TV-Auftritte: (u.a.) »Pension Schöller« (nach Jacoby/Laufs), mit Willy Millowitsch, Regie: Fred Kraus, ARD 1968; »Das Traumschiff«, Regie: Fritz Umgelter, Serie: ZDF 1982; »Die Wiesingers« (von Ahlsen), Regie: Bernd Fischerauer, Serie, ARD 1984.
Anschrift: Am Moosgraben 14, 8919 Utting/Ammersee.

Gundy Grand

Geb. 17. 8. 1951 in München; dort aufgew.; schon als Kind tanzte sie im Ballett der Bayerischen Staatsoper München und sang im Kinderchor. Nach dem Abitur besuchte sie von 1969 bis 1971 die Schauspielschule. Ihr Bühnen-Debüt gab sie 1971 am Theater Baden-Baden. Weitere Stationen: Bühnen der Stadt Bonn (1974/75), Kleine Komödie München (1975), Wuppertaler Bühnen (1975), Theater am Dom Köln (1976), Contra-Kreis-Theater Bonn (1977), Komödie Düsseldorf (1978/79), Die Komödie Frankfurt/Main (1981) sowie Tourneen.

Frau Grand spricht franz., engl., ital.; sie ist ledig und lebt in München.

Film: »Sie liebten sich einen Sommer«, mit Amadeus August, Regie: Harald Reinl, 1974; »Undine« (nach Giraudoux), Regie: Rolf Thiele, 1975.

Theater: Virginia in Brechts »Leben des Galilei«, Hermia in Shakespeares »Ein Sommernachtstraum«, Rosetta in Büchners »Leonce und Lena«, Colombine in Goldonis »Maskeraden«, Rosine in Bissons »Der Schlafwagenkontrolleur«, Zeugin Sedal in Goetz' »Hokuspokus«, Anita in Canettis »Hochzeit«, Amanda in »Tote öffnen keine Fenster« und Lulu in Wedekinds »Die Büchse der Pandora«, jeweils an den vorgenannten Bühnen 1971 bis 1975; Sue Lawson in Cooney/Chapmans »Jetzt nicht, Liebling«, Kleine Komödie München und Wuppertaler Bühnen 1975; Erica in »Spiel mit dem Feuer«, Contra-Kreis-Theater Bonn 1977; Madeleine in Guitrys »Nicht zuhören, meine Damen«, Komödie Düsseldorf 1978; Beauty die Katze in »Das Herzeleid einer englischen Katze«, Tournee 1980/81; Ruth in »Früher oder später«, Die Komödie Frankfurt/Main 1981; Sie in Rytons »Zu Dir oder zu mir?«, Theater im Karlshof München 1984.

Fernsehen: »Privatdetektiv Frank Kross«, Regie: Erich Neureuther, Serie, ARD 1971; »Geliebtes Scheusal«, Regie: Jürgen Goslar, ARD 1974; »Dem Täter auf der Spur«, Regie Jürgen Roland, Serie, und »Lieber reich und glücklich« (nach Maugham), ARD 1975; »Eintausend Milliarden«, Regie: Dieter Wedel, und Erotik in »Unternehmen des Herrn Hans«, 26 Folgen, ARD 1976; »Berlin zwischen 0 und 24 Uhr«, ZDF 1977; »Tatort«, Regie: Theo Mezger, Serie, ARD 1977; »Danny und die Lust am Fliegen«, ZDF 1978; »Die seltsamen Methoden des Franz Josef Wanninger«, mit Beppo Brem, Serie, 4 Folgen, ARD 1979/80; »Und die Tuba bläst der Huber«, von und unter der Regie von Georg Lohmeier, 11 Folgen, ZDF 1981/82; »Chorausflug«, von und unter der Regie von Georg Lohmeier, 2 Folgen, und »Der Alte«, Regie: Dietrich Haugk, Serie, ZDF 1982; »Billet doux«, franz. TV 1983.

Anschrift: Clemens-August-Straße 1, 8000 München 80.

Evelyn Gressmann

Geb. 1. 12. 1943 in Berlin; dort aufgew.; nach der Schule absolvierte sie eine Ausbildung als Grafikerin und machte eine kaufmännische Lehre. Sie arbeitete als Fotomodell und nahm Schauspielunterricht. In dem Musical »Lady aus Paris« debütierte sie in Berlin, wo sie vor allem am Theater am Kurfürstendamm und der Komödie spielt (alle Boulevard-Rollen ihres Fachs, u.a.: in »Die lieben Kinder«, mit Grethe Weiser und Friedrich Schoenfelder, 1968, und in Pertwees »Sextett«, mit Wolfgang Spier, 1983). Sie gastierte u.a. an der Kleinen Komödie München (»Festival für einen Gauner«, 1976).
Sie arbeitet umfangreich in der Synchronisation; deutsche Stimme u.a. von Jane Fonda und Cathérine Deneuve.
Frau Gressmann spricht engl.; sie ist ledig und lebt in Berlin.
Fernsehen: »Die Pickwickier«, und »Junger Herr auf altem Hof«, mit Heinz Engelmann, Serie, ZDF 1966; »Cliff Dexter«, Regie: Jürgen Roland, Serie, ARD 1967; »Witzakademie«, Serie, ARD 1968; »Die Reifenspur« (von Dorsky/Maeter), Regie: Rudolf Jugert, ZDF 1968; »Das Ferienschiff«; »Asternplatz 10 Uhr 06«; »Drei Damen vom Grill«, mit Brigitte Mira, Brigitte Grothum und Günter Pfitzmann, Regie: Hans Heinrich, Serie, ARD 1980-1984; »Das Traumschiff«, Regie: Alfred Vohrer, Serie, ZDF 1983; »Kontakt bitte«, Serie, und »Bei Irrtum Geld zurück« (von Marceau), Regie: Wolfgang Spier (auch Tournee), ARD 1984; »Lach mal wieder«, mit Günter Pfitzmann, Serie, ZDF 1984; »Liebe ist . . .«, mit Roland Kaiser, und »Die Nervensäge«, mit Dieter Hallervorden, Regie: Ralf Gregan, Serie, ZDF 1985.
Anschrift: c/o ZBF-Agentur Berlin, Kurfürstendamm 206, 1000 Berlin 15.

Helmut Griem

Geb. 6. 4. 1932 als Sohn eines Beamten in Hamburg; dort aufgew.; er wollte ursprünglich Journalist werden und studierte nach dem Abitur sechs Semester Philosophie und Literaturwissenschaft. Nebenher war er beim Kabarett »Hamburger Buchfinken« tätig. Bei einem Gastspiel in Lübeck wurde der Intendant der Bühnen der Hansestadt auf ihn aufmerksam und engagierte ihn als jugendlichen Charakterdarsteller.

Engagements hatte er seither an nahezu allen großen deutschsprachigen Bühnen (u.a.): Thalia-Theater und Deutsches Schauspielhaus in Hamburg, Bühnen der Stadt Köln, Ruhrfestspiele Recklinghausen, Akademietheater in Wien, Salzburger Festspiele, Staatl. Schauspielbühnen Berlins, Bayerisches Staatsschauspiel, Kammerspiele und Staatstheater am Gärtnerplatz in München und Staatstheater in Darmstadt. An einigen Theatern arbeitete er auch als Regisseur. Sein Film-Debüt gab er 1960. Seither wirkte er in über 30 deutschen und internationalen Kino-Produktionen mit.

Griem spricht engl., franz.; er ist verheiratet, hat einen Sohn (Philipp) und lebt in München.

Film: Oberleutnant Krafft in »Fabrik der Offiziere« (nach Kirst), Regie: Frank Wisbar, 1960; »Bis zum Ende aller Tage«, Regie: Franz Peter Wirth, »Barbara«, Regie: Frank Wisbar, und »Der Traum von Lieschen Müller«, Regie: Helmut Käutner, 1961; »Alles wegen dieser Frauen«, Regie: Michel Deville, Frankreich 1962; »Oggi a Berlino«, Regie: Piero Vivarelli, Italien 1962; »Die Verdammten«, mit Helmut Berger, Regie: Luchino Visconti, Italien/BRD 1968; Maximilian von Heune in »Cabaret«, mit Liza Minelli, Joel Gray und Michael York, Regie: Bob Fosse (der Film erhielt 8 OSCARS), USA 1971; »The McKenzie Break«, Regie: Lamont Johnson, Irland 1971; »Die Moral der Ruth Halbfass«, Regie: Volker Schlöndorff, 1972; »Ludwig II.«, mit Helmut Berger, Romy Schneider und Gert Fröbe, Regie: Luchino Visconti, Italien/Frankreich/BRD 1972; »Ansichten eines Clowns« (nach Böll), Regie: Vojtech Jasny, 1975; »Die Tartarenwüste« (nach Buzzati), mit Giuliano Gemma und Vittorio Gassmann, Regie: Valerio Zurlini, Italien/Frankreich/BRD 1977; »Steiner – das Eiserne Kreuz« (2. Teil), mit Richard Burton, Robert Mitchum und Rod Steiger, Regie: Andrew V. MacLaglen, »Die gläserne Zelle«, mit Bernhard Wicki, Regie: Hans W. Geissendörfer und »Deutschland im Herbst«, Regie: Autorenteam, u.a. Rainer Werner Fassbinder und Alexander Kluge, 1978; »Die Hamburger Krankheit«, Regie: Peter Fleischmann, 1979; »Kaltgestellt«, Regie: Bernhard Sinkel, 1980; »Stachel im Fleisch«, Regie: Heidi Genée, 1981; »Die Spaziergängerin von Sanssouci«, mit Romy Schneider und Maria Schell, Regie: Jacques Rouffio, Frankreich/BRD 1981; »Die Wahlverwandtschaften« (nach Goethe), Regie: Claude Chabrol, 1982.

Theater: Ferdinand in Schillers »Kabale und Liebe«, Ruhrfestspiele Recklinghausen 1963; Leonce in Büchners »Leonce und Lena«, Staatstheater Darmstadt 1963; Orlando in Shakespeares »Wie es euch gefällt«, Thalia-Theater Hamburg 1964; Tom in Williams' »Die Glasmenagerie«, Akademietheater Wien 1965; Simon Harford in O'Neills »Alle Reichtümer dieser Welt«, Regie: Oscar Fritz Schuh, Salzburger Festspiele 1965; Butler in deutscher Erstaufführung von Albees »Winzige Alice«, 1966, Titelrolle in Shakespeares »Richard II.« und Lopachin in Tschechows »Der Kirschgarten«, 1970, Regie: jeweils Hans Lietzau, Philipp in Hamptons »Der Menschenfreund«, Regie: Dieter Dorn, 1971, jeweils Deutsches Schauspielhaus Hamburg; Achim in Ziems »Die Einladung«, Regie: Hans Schweikart, 1967, Rosenkranz in Stoppards »Rosenkranz und Güldenstern«, Regie: Hans Lietzau, 1968, Titelrolle in Kleists »Prinz Friedrich von Homburg«, Regie: Hans Lietzau, und Claire in Genets »Die Zofen«, Regie: Dieter Dorn, 1973, Ferdinand in Feydeaus »Klotz am Bein«, Regie: Dieter Dorn, 1974, jeweils Staatl. Schauspielbühnen Berlins; Titelrolle in Müllers »Philoktet«, 1968, und Karl Moor in Schillers »Die Räuber«, 1969, Regie: jeweils Hans Lietzau, am Bayerischen Staatsschauspiel München; Treplew in Tschechows »Die Möwe« und Valentine in der deutschen Erstaufführung von Congreve/Gillners »Liebe für Liebe«, Regie: Paul Verhoeven, 1965/66, Arthur in Mrożeks »Tango«, Regie: Dieter Giesing, 1966/67, Tellheim in Lessings »Minna von Barnhelm« und August Strindberg in Enquists »Die Nacht der Tribaden«, Regie: jeweils Dieter Dorn, 1976/77, Josef K in Peter Weiss' »Der neue Pro-

zeß«, 1983/84, jeweils Münchner Kammerspiele; Professor Higgins in Lerner/Loews »My Fair Lady«, Regie: August Everding, Staatstheater am Gärtnerplatz München 1984.
Fernsehen: »Bel Ami« (nach Maupassant), Regie: Helmut Käutner, ARD 1968; »Blick von der Brücke« (nach Miller), mit Hans Christian Blech, ARD 1969; Erzähler in »Peter und der Wolf« (von Prokofieff), Regie: Ekkehard Böhmer, ZDF 1970; »Der zerbrochene Krug« (nach Kleist), Regie: Franz Peter Wirth, ZDF 1974; »Versuchung«, Regie: Krzysztof Zanussi, ARD 1982; Hauptmann Kunze in »Der Leutnant und sein Richter« (nach Maria Fagyas), Regie: John Goldschmidt, 2 Teile, ZDF 1984; »Zar Peter der Große« mit Maximilian Schell, Lilli Palmer und Hanna Schygulla, Regie: Marvin Chomsky, 10 Teile, UdSSR-USA-TV 1985/86.
Ferner spielte er die Titelrolle in »Don Carlos« (nach Schiller), Regie: Franz Peter Wirth, ARD 1963 und »Amphitryon« (nach Kleist).
Auszeichnung: »Goldener Bambi« (BILD + FUNK) 1961 und 1976; »Berliner Kunstpreis« 1968; Darstellerpreis Virgin Island 1976.
Anschrift: c/o Agentur Baumbauer, Keplerstraße 2, 8000 München 80.

Michael Griem

(eigentlich: Michael Grim)

Geb. in Allentsteig/Österreich; dort und in Wien aufgew.; nach dem Gymnasium besuchte er zunächst eine Textilfachschule, die er als Textil-Ingenieur abschloß. Anschließend Studium an der Schauspielschule Helmuth Krauss in Wien; 1968 erstes Engagement in Wien, nachdem er 1964 neben Willy und Thomas Fritsch in dem Kinofilm »Das hab' ich von Papa gelernt« debütiert hatte.
1969/70 gastierte er mit dem Musical »Hair« in Berlin, Stuttgart und Zürich. Wichtige Bühnenstationen seither: Schweizerisches Tourneetheater Basel (1971/72 und 1974/75), Komödie Hamburg (1973), Städt. Bühnen Augsburg und Kreuzgangspiele Feuchtwangen (1977), Scala-Theater und Theater für Kinder München (1979/80), Theater Baden-Baden (1981–1983), Grenzlandtheater Aachen (1983/84), Theater der Stadt Koblenz (1983–1986), Kleines Theater Bonn-Bad Godesberg und Landesbühne Rheinland Pfalz (1986/87). Er arbeitet in der Synchronisation (u.a. Ingenieur in der Serie »Raumschiff Enterprise«) und nahm zahlreiche Hörspiele auf. Griem spricht engl., ital.; er ist ledig und lebt in München.
Film: »Das hab' ich von Papa gelernt«, mit Willy und Thomas Fritsch, Regie: Axel von Ambesser, 1964; »Liebesnächte in der Taiga«, mit Tom Hunter, 1967.
Theater: Anetenos in »Oper der Welt« und Gänseblümchen in »Die Langmütigen«, jeweils Wien; Claude/Woof in MacDermots »Hair«, Gastspiele in Berlin, Stuttgart und Zürich; Thompson in Scribes »Das Glas Wasser«, mit O.W. Fischer und Elisabeth Müller, Regie: Michael Haneke, Billing in Ibsens »Ein Volksfeind«, mit Alexander Kerst, Diener in Goldonis »Mirandolina«, mit Johanna von Koczian, und Dr. Kegel in Hauptmanns »Die Ratten«, mit Heidemarie Hatheyer, Regie: Karl Heinz Stroux, jeweils Schweizerisches Tourneetheater Basel; Rougement in Feuchtwangers »Witwe Capet«, Regie: Robert Lenkey, Kreuzgangspiele Feuchtwangen; Littlechap in »Stopp die Welt ...«, Regie: Peter Baumgardt, Scala-Theater München; Lord Arthur in Wildes »Ein idealer Gatte«, Regie: Bert Ledwoch, Don Juan in Grabbes »Don Juan und Faust«, Regie Wolfgang Poch, Titelrolle in Schnitzlers »Anatol«, Regie: Werner Simon, Florindo in »Cristinas Heimreise«, Regie: Hannes Houska, Theater Baden-Baden; Biff in Millers »Der Tod des Handlungsreisenden«, Regie: Horst Antlitz, Hans Bockerer in Preses/Bechers »Der Bockerer«, Regie: Manfred Molitorisz, Jupiter in Kleists »Amphitryon«, Regie: Max Löhlein, Eilers in Zuckmayers »Des Teufels General«, mit und unter der Regie von Claus Biederstaedt, Dr. Sanderson in Chases »Mein Freund Harvey«, Regie: Manfred Molitorisz, und Cassio in Shakespeares »Othello«, Regie: Rudolf Kautek, jeweils Theater der Stadt Koblenz: Gaston in Colettes »Gigi«, Grenzlandtheater Aachen; Mitch in Williams' »Endstation Sehnsucht«, Regie: Helga Op gen Orth, Kleines Theater im Park Bonn-Bad Godesberg und Landesbühne Rheinland-Pfalz.
Fernsehen: »Das Fernsehgericht tagt«, Buch + Regie: Ruprecht Essberger, Serie, ARD 1969; »Tatort«, Regie: Wilm ten Haaf, Serie, ARD 1975; »Aktenzeichen XY ungelöst«, Regie: Kurt Grimm, Serie, ZDF 1977/78; »Vater, mein Vater«, ZDF 1979; »Ein bißchen was Schönes«, Regie: Tomi Wigand, ZDF 1980; »Erklärbare Wunder«, ARD 1981; »Goldene Zeiten«, Regie: Michael Braun, Serie, ARD 1982; »Derrick«, Regie: Alfred Weidenmann, Serie, ZDF 1986.
Anschrift: Landsberger Str. 427, 8000 München 60.

Max Griesser

Geb. 18. 11. 1928 in Kufstein/Tirol; dort aufgew.; er absolvierte eine Lehre als Maschinenschlosser und war in diesem Beruf bis 1958 tätig. Schauspielunterricht nahm er an der Otto-Falckenberg-Schule München. Sein Debüt gab er am Theater Kufstein. Eine Tournee führte ihn durch Australien, Japan und Südamerika. Bekannt wurde er besonders durch die Fernsehübertragungen aus dem »Komödienstadl« und zahlreiche TV-Serien. Er tritt auch als Sänger auf und war Gast vieler meist volkstümlicher Unterhaltungssendungen bei Funk und Fernsehen. Theater spielte er in den letzten zehn Jahren vornehmlich an der Kleinen Komödie München.
Griesser ist in zweiter Ehe verheiratet, hat zwei Söhne (Claus und Florian) und lebt in München. Sein Sohn Claus (geb. 1956) arbeitet ebenfalls als Schauspieler; er wirkte mit seinem Vater bislang in sechs TV-Produktionen mit.
Theater: In Flatow/Pillaus »Das Fenster zum Flur« (auch TV), in Böttchers »Krach im Hinterhaus« und in Pasos »Schöne Geschichten von Papa und Mama« (auch TV), jeweils Kleine Komödie München 1975 bis 1979; in der Uraufführung von Hiller/Endes »Der Goggolori«, Regie: Friedrich Meyer-Oertel, Staatstheater am Gärtnerplatz München 1985.
Fernsehen: Er wirkte bislang in über 30 Übertragungen aus dem »Komödienstadl« mit. Partner waren u. a. Beppo Brem, Michl Lang, Maxl Graf, Gustl Bayrhammer, Erni Singerl, Katharina de Bruyn und Marianne Lindner. Regie führte stets Olf Fischer. Titel u. a.: »Alles für die Katz«, »Die Mieterhöhung«, »Der Bauerndiplomat«, »Der verkaufte Großvater«, »Liebe und Blechschaden«, »Doppelte Moral«, »Paraplü und Perpendikel« und »Führerschein und Politik« (bis 1985).
Ferner: »Ein Dorf ohne Männer« (nach Horváth), Regie: Michael Kehlmann, ARD 1969; »Königlich Bayerisches Amtsgericht« (von Georg Lohmeier), mit Hans Baur, Serie, 25 Folgen, ZDF 1970–1976; »Drei sind einer zuviel« (von Noack), mit Thomas Fritsch und Herbert Herrmann, Regie: Rudolf Jugert, Serie, ZDF 1977; »Der Alte«, Serie, 2 Folgen, ZDF 1977 + 1980; Moosgruber in »Polizei-Inspektion 1«, mit Walter Sedlmayr und Elmar Wepper, Serie, 104 Folgen, ARD 1976–1984; »Die Undankbare«, Regie: Franz Josef Wild, ARD 1980; »Derrick«, Serie, ZDF 1981; »Tatort«, Regie: Thomas Engel, Serie, und »Der Gerichtsvollzieher«, Regie: Peter Weck, Serie, ARD 1981; Titelrolle in »Und die Tuba bläst der Huber« (von und unter der Regie von Georg Lohmeier), mit Josef Meinrad, 26 Folgen, ZDF 1981–1983; »Sturzflüge« (Valentinaden), ARD 1984; »Hildes Endspiel – Eine Vorstadtballade«, mit Lisa Fitz, Regie: Franz Peter Wirth, ZDF 1984; »Das Hintertürl zum Paradies« (von König), mit Elmar Wepper, Regie: Reinhard Donga, ZDF 1985.
Anschrift: c/o ZBF-Agentur München, Leopoldstraße 19, 8000 München 40.

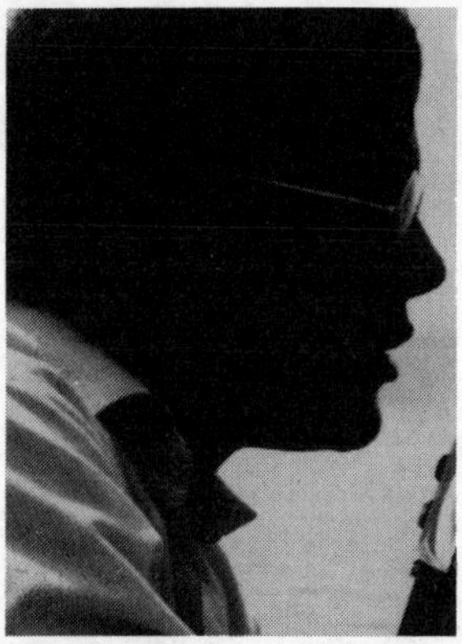

Oliver Grimm

Geb. 3. 4. 1948 in Grünwald bei München; dort aufgew.; bereits mit vier Jahren drehte er seinen ersten Kinofilm (»Ich heiße Nicki«). Bis zum 16. Lebensjahr hatte er 22 Produktionen aufgenommen. Nach dem Abitur studierte er drei Semester an der Staatsbauschule, um Bau-Ingenieur zu werden. Er brach das Studium jedoch ab und nahm Schauspielunterricht bei Marlise Ludwig in Berlin.
Bühnen-Engagements hatte er u. a. am Intimen Theater München, am Theater Die Kleine Freiheit München, am Hebbel-Theater Berlin, am Theater Die Komödie Frankfurt/Main, am Baseler Theater und am Schauspielhaus Zürich (1977–1979). Er machte zahlreiche Tourneen und arbeitet umfangreich in der Synchronisation.
Grimm spricht engl., franz., ital.; er ist ledig und lebt in München.
Film: Von 1954 bis 1964 drehte er u. a. folgende Filme: »Vater braucht eine Frau«, mit Dieter Borsche und Ruth Leuwerik, Regie: Harald Braun; »Wenn der Vater mit dem Sohne«, mit Heinz Rühmann, Regie: Hans Quest; »Moselfahrt aus Liebeskummer«, mit Will Quadflieg, Regie: Kurt Hoffmann; »Mein Vater, der Schauspieler«, mit O. W. Fischer und Hilde Krahl, Regie: Robert Siodmak; »Majestät auf Abwegen«, Regie: Robert A. Stemmle; »Das schöne Abenteuer«, mit Liselotte Pulver und Robert Graf, Regie: Kurt Hoffmann; »Morgengrauen«; »Griff nach den Sternen«, mit Erik Schumann; »Kleiner Mann ganz groß«, mit Karin Dor und Joachim Fuchsberger; »Der schwarze Blitz«, mit Toni Sailer; »Frau Irene Besser«, mit Luise Ullrich; »Schick' deine Frau nicht nach Italien«; »The Magnificent Rebel« (»Schicksalssinfonie«), Walt-Disney-Produktion, USA; »Reach for Glory«, Columbia-Produktion, USA.
Theater: In Williams' »Sturmwanderung«, Regie: Peter Capell, und Cliff in Osbornes »Blick zurück im Zorn«, jeweils Intimes Theater München; in Frischs »Biedermann und die Brandstifter«, in Schillers »Wilhelm Tell«, Regie: Werner Düggelin, in Bonds »Stone«, jeweils Schauspielhaus Zürich 1977–1979; in »Ich zahle bar, Herr Ober«, Tournee 1982.
Fernsehen: Mörder in »Der Tag nach dem Mord« (aus der Reihe: »Derrick«), Regie: Helmuth Ashley, Serie, ZDF 1978.

Anschrift: c/o ZBF-Agentur München, Leopoldstraße 19, 8000 München 40, oder Holzstraße 16, 8000 München 5.

Herbert Grönemeyer

Geb. 12. 4. 1956 in Göttingen; dort und in Bochum aufgew.; 1966 kam er in Bochum auf das Staatl. Gymnasium und nahm erstmals Klavierunterricht (bis 1974); seine erste Band gründete er im Jahre 1968. Schon 1974 schrieb er Kompositionen für das Schauspielhaus Bochum. Nach dem Abitur im Jahre 1975 holte ihn der damalige Intendant Peter Zadek auch als musikalischen Leiter und Schauspieler an diese Bühne. Im selben Jahr begann Grönemeyer mit dem Studium der Rechts- und Musikwissenschaften.
Seine weiteren Bühnenstationen als Schauspieler von 1975–1981: Deutsches Schauspielhaus Hamburg, Freie Volkbühne Berlin, Württembergisches Staatstheater Stuttgart und Schauspielhaus Köln.
Neben den Kompositionen für das Schauspielhaus Bochum (u. a. für Shakespeares »Ein Wintermärchen«, »Der Kaufmann von Venedig« und »Wie es euch gefällt«, Behans »Die Geisel« und Botho Strauß' »Groß und Klein«) veröffentlichte er seit 1979 mehrere LPs. Die wichtigsten Titel: »Ocean Orchestra« (als Leadsänger der Gruppe »Ocean«) und »Grönemeyer« (1979), »Grönemeyer Zwo«, (1980), »Total egal« (1981), »Gemischte Gefühle« (1983) und »Bochum« (1984). Der dieser LP entnommene Song »Männer« wurde 1984/85 der erfolgreichste deutschsprachige Titel und über eine millionmal verkauft (Platin-LP). Als Sänger war er in mehreren TV-Shows zu sehen, u. a. in der ZDF-Reihe »Na sowas« (mit Thomas Gottschalk). Als Schauspieler gab er sein TV-Debüt 1977. Den ersten Kinofilm drehte er 1980.
Grönemeyer spricht engl., franz.; er ist ledig und lebt in Köln.
Film: Leutnant Werner in »Das Boot« (nach Buchheim), mit Jürgen Prochnow, Regie: Wolfgang Petersen, 1981; Schumann in »Frühlingssinfonie«, mit Nastassja Kinski, Regie: Peter Schamoni, 1983.
Theater: Melchior in Wedekinds »Frühlings Erwachen«, Prinz Florize in Shakespeares »Ein Wintermärchen«, Titelrolle in »Till Uhlenspiegel«, Lorenzo in Shakespeares »Der Kaufmann von Venedig« und Graf Orlowski in Johann Strauß' »Die Fledermaus«, jeweils an den vorgenannten Bühnen 1975–1981.
Fernsehen: »Die Geisel« (nach Behan), mit O. E. Hasse, Regie: Peter Zadek, ARD 1977; »Uns reicht das nicht«, Regie: Jürgen Flimm, ARD 1979; »Zuhaus unter Fremden«, Regie: Peter Keglevic, ARD 1980; »Die ewigen Gefühle«, Regie: Peter Beauvais, ARD 1984; »Väter und Söhne«, mit Burt Lancaster und Julie Christie, Regie: Bernhard Sinkel, 4 Teile, ARD 1986.
Auszeichnung: »tz-Rose des Jahres 1984«, »tz« München.
Anschrift: c/o ZBF-Agentur München, Leopoldstraße 19, 8000 München 40.

Walter Gross

Geb. 5. 2. 1904 in Eberswalde bei Berlin; dort aufgew.; Besuch der Oberrealschule; an einer Laienbühne in Pankow spielte er den Miller in Schillers »Kabale und Liebe«. Die Rolle der Luise verkörperte eine Schauspielschülerin der Berliner Max-Reinhardt-Schule, an die er anschließend selbst aufgenommen wurde (1923-1925). Kabarett machte Walter Gross 1926/27 bei der Charell-Revue, am Kabarett der Komiker (»KA-de-KO«) und bei Friedrich Hollaender. Am Lustspielhaus und am Theater unter den Linden wirkte er 1928/29. Weitere Stationen bis 1943 waren nahezu alle Berliner Bühnen, u. a. die Volksbühne und das Theater am Kurfürstendamm. Seit 1946 gastierte er in Berlin u. a. am Renaissance-Theater, am Berliner Theater, am Hansa-Theater, an der Deutschen Oper, an der Komödie, am Theater am Kurfürstendamm, am Schiller-Theater und am Theater des Westens. Gastspiele gab er ferner u. a. an der Komödie im Marquardt Stuttgart, am Stadttheater Pforzheim, an der Württembergischen Landesbühne Esslingen, am Theater am Dom Köln, an der Kleinen Komödie München, am Fritz-Rémond-Theater im Zoo Frankfurt/Main und am Ernst-Deutsch-Theater Hamburg.
Besonders bekannt wurde er nach dem Krieg in der Rolle des »Funktionärs« in Günter Neumanns Rundfunk-Kabarett »Die Insulaner«. Er wirkte bislang in über 160 Kinofilmen und über 120 TV-Produktionen mit.
Gross ist verheiratet und lebt in Berlin-Grunewald.
Film: »Königin einer Nacht«, Regie: Kurt Hoffmann, 1951; »Mikosch rückt ein«, »Der Fürst von Pappenheim«, Regie: Hans Deppe, und »Liebesmanöver«, 1952; »Der Onkel aus Amerika«, Regie: Carl Boese, 1953; »Wunschkonzert«, Regie: Erik Ode, »Musik im Blut« und »Der letzte Mann«, 1955; »Der Fuchs von Paris« und »Zwei Herzen im Mai«, 1957; »Kein Mann zum Heiraten«, 1959; »Conny und Peter machen Musik«, mit Peter Kraus und Cornelia Froboess, »Meine Nichte tut das nicht«, »Schlagerparade 1960« und »Kauf' mir einen bunten Luftballon«, 1960; »So liebt und küßt man in Tirol«, »Callgirl«, »Toller Hecht auf krummen Touren« und »Café Oriental«, 1961; »Verrückt und zugenäht«, 1962; »Übermut im Salzkammergut«, 1963; »Die drei Scheinheiligen«, 1964; »Die fromme Helene«, Regie: Axel von Ambesser, »Die Kurpfuscher« und »Hurra, die Rattles kommen!«, 1965; »Macht nur so weiter«, 1969; »Ein Zwilling kommt selten allein«, 1970; »Auch ich war nur ein mittelmäßiger Schüler«, Regie: Werner Jacobs, und »Einer von uns beiden«, Regie: Wolfgang Petersen, 1974.
Theater: Schüler in Goethes »Faust«, Just in Lessings »Minna von Barnhelm«, Hofmarschall von Kalb in Schillers »Kabale und Liebe«, Diener in Lessings »Emilia Galotti« und Titelrolle in Anouilhs »Der Herr Ornifle«, jeweils an den vorgenannten Bühnen; Jupiter in Offenbachs »Orpheus in der Unterwelt«, Deutsche Oper Berlin 1960; in »Nur keine Blumen«, Berliner Theater Berlin 1967; in »Lumpen«, 1967, in »Gemischtes Doppel«, 1974, und in Calderons »Eifersucht, das größte Scheusal«, 1976, jeweils Renaissance-Theater Berlin; in Maughams »Finden Sie, daß Constanze sich richtig verhält?«, Kleine Komödie München 1969; in »Kyritz-Pyritz«, 1970, in »Wer zweimal in die Tüte bläst, ist dran«, 1973, und in »Unser Problem heißt Mama«, 1974, jeweils Hansa-Theater Berlin; in Lehárs »Die lustige Witwe«, Theater des Westens Berlin 1972; Prof. Gollwitz in Schönthans »Der Raub der Sabinerinnen«, Regie: Fritz-Rémond-Theater im Zoo Frankfurt/Main 1975/76; in Pinters »Zwielicht«, Komödie im Marquardt Stuttgart und Tournee 1976; in »Eine schöne Bescherung«, Ernst-Deutsch-Theater 1978; in Goetz' »Dr. med. Hiob Prätorius«, Regie: Carl-Heinz Schroth, Theater am Kurfürstendamm und Tournee 1978/79; in Pasos »Schöne Geschichten von Mama und Papa«, Hansa-Theater Berlin 1980; Rersicke in »Jeder stirbt für sich allein« (nach Fallada), Regie: Peter Zadek, Schiller-Theater Berlin 1981.
Fernsehen: »Pension Schöller« (nach Jacoby/Laufs), ARD 1968; Herr Lehmann in »Drüben bei Lehmanns«, mit Brigitte Mira, Regie: Herbert Ballmann, Serie, ARD 1969/70; »Kurier der Kaiserin«, Regie: Hermann Leitner, Serie, ZDF 1970; »Glückspilze«, Regie: Thomas Engel, und Kilian in »Maske in Blau«, ARD 1971; »Beschlossen und verkündet«, Regie: Thomas Engel, »Finderlohn« und »Portrait Brigitte Mira«, ARD 1974; »Das große Kriminalspiel«, Regie: Kurt Ulrich, »Der Kommissar«, mit Erik Ode, Serie,

und »Derrick«, Serie, ZDF 1975; »Drei Damen vom Grill«, Regie: Thomas Engel, Serie, ARD 1977–1983; »Der Alte«, Serie, ZDF 1978; »Schicht in Weiß«, Regie: Hermann Leitner, ARD 1979; Julius in »Mein Sohn, der Herr Minister« (nach Birabeau), und »Geschichten mit Georg Thomalla: Ein bißchen Halleluja«, Regie: Alfred Vohrer, ZDF 1981; »Zausel«, Regie: Peter Schulze-Rohr, »Don Carlos im Pogl« und »Schlag' nach bei Neumann«, Regie: Pit Weyrich, ARD 1982; »Die Beine des Elefanten«, Regie: Michael Günther, ZDF 1982; »Turfgeschichten: Prinz O.«, Regie: Markus Scholz, ZDF 1983; »Jakob und Adele«, mit Carl-Heinz Schroth und Brigitte Horney, Regie: Hans-Jürgen Tögel, und »Alte Gauner – Gesegnete Mahlzeit«, Regie: Ralf Gregan, ZDF 1984; Titelrolle in »Paulchen« (von Melzer), Regie: Michael Günther, ARD 1985.
Auszeichnung: Bundesverdienstkreuz der Bundesrepublik Deutschland.
Anschrift: c/o Agentur Mackeben, Douglasstraße 2–4, 1000 Berlin 33.

Jan Groth

Geb. 15.1.1921 in Bielitz/Oberschlesien; dort aufgew.; nach dem Abitur wurde er zum Kriegsdienst eingezogen. 1945 nahm er Schauspielunterricht in Krakau und Danzig. Sein erstes Engagement erhielt er 1945/46 am Polnischen Staatstheater Breslau. Von 1946 bis 1956 stand er am Polnischen Staatstheater Danzig unter Vertrag.
1957 siedelte er nach Österreich über. Nach einjähriger Pause gehörte er 1958/59 zum Ensemble des Landestheaters Klagenfurt. 1960 ging er nach Wien, wo er nach Verpflichtungen an mehreren Kellerbühnen am Theater an der Wien, am Raimund-Theater und am Burgtheater (1961–1967) auftrat.
Seit 1967 lebt Groth in der Bundesrepublik Deutschland und arbeitet ausschließlich für Film und Fernsehen.
Groth spricht poln., engl.; er ist ledig und wohnt in Grünwald bei München.
Film: »Perrak«, mit Horst Tappert, und »Das gelbe Haus am Pinnasberg«, Regie: jeweils Alfred Vohrer, 1970/71; »Nosferatu – Phantom der Nacht«, mit Klaus Kinski und Isabelle Adjani, Regie: Werner Herzog, 1978; »Baranski«, Regie: Werner Masten, 1979; »Morgen in Alabama«, mit Maximilian Schell, Regie: Norbert Kückelmann, »Abwärts«, mit Götz George und Wolfgang Kieling, Regie: Carl Schenkel, und »Glut«, mit Katharina Thalbach, Regie: Thomas Koerfer, 1984.
Theater: Wurm in Schillers »Kabale und Liebe«, Tybald in Shakespeares »Romeo und Julia«, Basilio in Beaumarchais' »Der tolle Tag oder Figaros Hochzeit«, Hortensio in Shakespeares »Der Widerspenstigen Zähmung«, und Bleichenwang in Shakespeares »Was ihr wollt«, jeweils Poln. Staatstheater Breslau und Danzig (in polnischer Sprache);
in dem Musical »Heimweh nach St. Pauli«, mit Freddy Quinn, Theater an der Wien; in Wildes »Lady Windermeres Fächer«, Raimund-Theater Wien; in Camus' »Caligula«, und in Anouilhs »Becket oder Die Ehre Gottes«, jeweils Burgtheater Wien.
Fernsehen: »Rattennest« (aus der Reihe: »Tatort«), mit Götz George, Regie: Günter Gräwert, ARD 1972; »Zündschnüre«, von und mit Burkhard Driest, Regie: Reinhard Hauff, ARD 1974; »Die Eskalation«, Regie: Claus Peter Witt, und »Das Leben des schizophrenen Dichters A. März« (nach Heiner Kipphardt), ZDF 1975; »Sonderdezernat K 1«, Regie: Peter Schulze-Rohr, Serie, ARD 1976; »Georg und Martha«, Regie: Daniel Christoff, ARD 1977: »Die Konsequenz« (nach Alexander Ziegler), mit Jürgen Prochnow und Ernst Hannawald, Regie: Wolfgang Petersen, ARD 1977 (außer BR); »Im Zossener Bad«, Buch + Regie: Peter Keglevic, ZDF 1977; »Tatort«, Regie: Jürgen Roland, ARD 1979; »Polizei-Inspektion 1«, mit Walter Sedlmayr, Regie: Zbynek Brynych, Serie, ARD 1981; »Kudenow oder an fremden Wassern weinen«, Regie: Claus Peter Witt, 2 Teile, ZDF 1981; »Rummelplatz-Geschichten«, Regie: Dieter Kehler, Serie, und »St. Pauli Landungsbrücken«, Serie, ARD 1983; »Detektivbüro Roth«, Regie: Dieter Kehler, Serie, ARD 1984; Megels in »Sylter Novelle« (nach Storm), Regie: Peter Deutsch, »Schimmi«, Regie: Werner Masten, »Königl. Preuß. Seehandlung«, Regie: Peter Deutsch, Serie, und »Menschen und Tiere«, Serie, ARD 1985; »Plötzlich und unerwartet« (nach Durbridge), mit Michael Degen, Regie: Thomas Engel, ZDF 1985.
Anschrift: c/o ZBF-Agentur Hamburg, Tonndorfer Hauptstraße 90, 2000 Hamburg 70, oder Am Düllanger 2, 8022 Grünwald.

Brigitte Grothum

(eigentlich: Brigitte Weigert, geb. Grothum)

Geb. 26. 2. 1933 in Dessau; aufgew. in Berlin; nach dem Abitur nahm sie Schauspielunterricht bei Marlise Ludwig und Herma Clement in Berlin. Seit 1954 ist sie vorwiegend an Berliner Bühnen engagiert. Stationen seit 1966 (u. a.) Salzburger Festspiele (1966), das Junge Theater Hamburg (1967), Berliner Theater (1968–1970), Komödie Berlin (seit 1970), Theater am Kurfürstendamm Berlin (seit 1975), Renaissance-Theater Berlin (seit 1976) und Hansa-Theater Berlin (1982/83). Ferner gastierte sie bei den Festspielen in Heppenheim.
Ihr Film-Debüt gab sie 1957. Beim Fernsehen wirkte sie seit 1963 in über 100 Produktionen mit. Sie ist in großem Umfang in der Synchronisation tätig.
Frau Grothum spricht engl., ital.; sie ist in zweiter Ehe verheiratet mit dem Orthopäden Prof. Dr. Manfred Weigert, hat eine Tochter (Deborah) und einen Sohn (Tobias) und lebt in Berlin. In erster Ehe war sie verheiratet mit dem Dirigenten C. A. Bünte.
Film: »Lemkes sel. Witwe«, mit Grethe Weiser, Regie: Helmut Weiss, 1957; »Das Mädchen Veronika«, 1958; »Das Wunder des Malachias«, Regie: Bernhard Wicki, 1961; »Die großen Thorwalds«, 1963; 3 Filme aus der Edgar-Wallace-Reihe, 1962 bis 1965; »Hurra, Vater spinnt«, Regie: Franz Antel, 1971; »Grete Minde« (nach Fontane), Regie: Heidi Genée, 1977; »Der Pfingstausflug«, mit Elisabeth Bergner und Martin Held, Regie: Michael Günther, 1979.
Theater: Hermia in Shakespeares »Ein Sommernachtstraum«, Salzburger Festspiele 1966; in Grillparzers »Des Meeres und der Liebe Wellen«, Regie: Peter Weck, Burgenländische Festspiele 1968; in de Hartogs »Das Himmelbett«, 1968, in Feydeaus »Monsieur Chasse oder Wie man Hasen jagt«, 1970, jeweils Berliner Theater; Julia in Shakespeares »Romeo und Julia« (auch TV), und Katharina in Shakespeares »Der Widerspenstigen Zähmung«; Mademoiselle Supo in Anouilhs »Der Herr Ornifle«, Regie: Heinz Drache, in Shaws »Ländliche Werbung«, in Goetz' »Minna Magdalena«, 1976, in Ambessers »Omelette surprise«, Regie: Axel von Ambesser selbst, 1979, Zina in Sauvajon/Boltons »Bezaubernde Julia«, (nach Maugham), Regie: Horst Heinze, 1980, jeweils Renaissance-Theater Berlin; in Ayckbourns »Konfusionen«, Regie: Christian Wölffer, 1977, und Sophie in »Frohe Ostern«, 1981/82, jeweils Theater am Kurfürstendamm Berlin; Glaube in Hofmannsthals »Jedermann«, 1979, Mme. Elmire in Molières »Tartuffe«, 1981, Regie: jeweils Hans Richter, bei den Festspielen Heppenheim.
Fernsehen: »Ein Mann namens Harry Brent« (nach Durbridge), Regie: Peter Beauvais, 3 Teile, ARD 1967; Marianne Pahlen in »Der Snob« (nach Sternheim), Regie: Hans Schweikart, ARD 1968; »Aus Liebe zum Sport«, Regie: Dieter Wedel, Serie, ARD 1973; Alice in »Taube in der Hand«, Regie: Frank Guthke, ZDF 1975; Gudrun in »Klassenfeier«, Regie: Dieter Wedel, ZDF 1976; Ottilie in »David und Goliath« (nach Georg Kaiser), ZDF 1977; »Der Heiligenschein«, Regie: Heinz Schirk, ARD 1977; Magda Färber in »Drei Damen vom Grill«, mit Brigitte Mira und Günther Pfitzmann, 60 Folgen, ARD 1977–1984; »Bulgakow«, Regie: Gerlach Fiedler, ARD 1978; »Leute wie du und ich«, mit Harald Juhnke, Regie: Wolfgang Liebeneiner, Serie, und »Die Gräfin vom Chamissoplatz«, ZDF 1980; »Mit Gewissenhaftigkeit und Würde«, Regie: Eberhard Itzenplitz, ARD 1981; »Der Alte«, Regie: Alfred Vohrer, Serie, ZDF 1981; Frau Dr. Hoffmann in »Patienten – Frau Dr. Hoffmann«, Regie: Ralf Gregan, ARD 1982; »Alte Gauner – Gesegnete Mahlzeit«, Regie: Ralf Gregan, ZDF 1984; »Herbert ist Herrmann«, mit Herbert Herrmann, Serie, und »Alte Gauner«, Regie: Ralf Gregan, Serie, ZDF 1985.
Anschrift: c/o Agentur Mackeben, Douglasstraße 2–4, 1000 Berlin 33.

Ilona Grübel

Geb. 23. 9. 1950 in München; dort aufgew.; nach dem Abitur, das sie am Münchner Sophie-Scholl-Gymnasium ablegte, studierte sie Psychologie (Abschluß: Diplom); schon mit acht Jahren war sie für den Hörfunk tätig, mit 13 Jahren erhielt sie ihre erste Fernsehrolle. Sie arbeitet umfangreich in der Synchronisation.
Frau Grübel spricht engl., franz.; sie lebt in München.
Film: Judith in »Paarungen« (nach Ibsen), Regie: Michael Verhoeven, 1967; Sabine in »Peter und Sabine«, Regie: August Rieger, 1968; Eleonore in »Jonathan«, Regie: Hans W. Geissendörfer, 1969.
Fernsehen: Anja in »Der Kirschgarten« (nach Tschechow), ARD 1966; Frieda in »John Gabriel Borkman« (nach Ibsen), ZDF 1967; »Familie Hesselbach«, mit Liesel Christ und Wolf Schmidt, das Mädchen in »Jedem eine Chance« (Ein-Personen-Stück), und »Kinder fallen nach oben«, ARD 1967; Lisel in »Pole Poppenspäler« (von Schnurre nach Storm), und Petra in »Ein unwichtiger Tag« (von Cichowski), ZDF 1968; Doris in »Familie Mack verändert sich«, 6 Folgen, ARD 1968; »Der Kommissar«, mit Erik Ode, Serie, 4 Folgen, ARD 1982–1984; »Derrick«, Serie, ZDF 1983; mit Klausjürgen Wussow, Serie, ZDF 1970; »Morgen, ein Fenster zur Straße«, ARD 1970; Pamela in »Dreißig Silberlinge«, ZDF 1971; »Tatort«, Serie, 5 Folgen, ARD 1974–1983; »Ich heiß' Marianne, und du?« (von Uschi Reich), ZDF 1976; »Sonderdezernat K 1«, Serie, ARD 1980; »Polizei-Inspektion 1«, Serie, 3 Folgen, ARD 1982–1984; »Derrick«, Serie, ZDF 1983; »Goldene Zeiten«, Regie: Michael Braun, 20 Teile, ARD 1983; »Tatort«, Serie, ARD 1985; Dr. Katharina Gessner in »Die Schwarzwaldklinik«, Regie: Alfred Vohrer, 23 Teile, ZDF 1985/86; »In bester Gesellschaft«, Regie: Jean-Pierre Desagnat, Serie, ARD 1986.
Auszeichungen: Bundesfilmpreis in Gold für die Darstellung in dem Film »Paarungen« 1968.
Anschrift: c/o Agentur Lentz, Holbeinstraße 4, 8000 München 80.

Petra-Maria Grühn

Geb. 18. 11. 1950 in Darmstadt; nach dem Abitur absolvierte sie von 1970 bis 1973 die Otto-Falckenberg-Schule München. Noch während ihrer Ausbildung gab sie ihr Debüt am Theater der Jugend (Kammerspiele) München. Ihre Bühnenstationen: Luisenburg-Festspiele Wunsiedel (1973), Württembergisches Staatstheater Stuttgart (1973/1974), Komödie im Marquardt Stuttgart (1974), Städt. Bühnen Freiburg/Breisgau (1974/75), Münchner Kammerspiele (1975/76) und Schauspielhaus Bochum (1978/79). Seit 1972 arbeitet sie für das Fernsehen. Sie ist Drehbuch-Autorin. 1982 lebte sie ein Jahr lang in Kanada und New York/USA.
Frau Gruhn spricht engl., franz.; sie ist verheiratet und lebt in München.
Film: »Rheingold«, Regie: Niklaus Schilling, 1977; »Die Frau gegenüber«, Regie: Hans Noever, 1978; »Strawanzer«, Regie: Peter Patzak, 1984.
Theater: Trixi in Ludwigs »Mann, oh Mann«, Theater der Jugend München 1972; Phöbe in Shakespeares »Wie es euch gefällt«, Regie: Hellmuth Matiasek, Luisenburg-Festspiele Wunsiedel 1973; in Mühls »Rheinpromenade«, Regie: Hellmuth Matiasek, in J. Schwarz' »Die Schneekönigin«, jeweils Württembergisches Staatstheater Stuttgart 1973/74; in Gombrowicz' »Yvonne, Prinzessin von Burgund«, in Kishons »Der Trauschein«, und Charlotte in Plenzdorfs »Die neuen Leiden des jungen W.«, jeweils Städt. Bühnen Freiburg/Breigau 1974/75; Ilse in Wedekinds »Frühlings Erwachen«, Regie: Ernst Wendt, und Charlotte in Plenzdorfs »Die neuen Leiden des jungen W.«, jeweils Münchner Kammerspiele 1975/76; Polly in Brecht/Weills »Die Dreigroschenoper«, Regie: Gerlach Fiedler, Schauspielhaus Bochum 1978/79.
Fernsehen: »Olifant«, und »Scheibenschießen« (von Wittlinger), ARD 1972; »Der hessische Tartuffe« (von Deichsel nach Molière), ARD 1974; »Die Maus« (nach King/Carry; Aufzeichnung aus der Komödie im Marquardt Stuttgart), und »Tandem«, Regie: Rudolf Nussgruber, Serie, ZDF 1975; »Eine Jugendliebe«, Regie: Rainer Wolffhardt, und »Anton Keil – Der Spezialkommissär«, mit Ivan Desny, Serie, ARD 1976; »Die Zukunft unserer Ahnen«, Regie: Reinhard Schwabenitzky, Serie, und 2 Frauenrollen und eine Männerrolle in »Wilhelm Meister«, Regie: Michael Mrakicz, ARD 1977; »Polizei-Inspektion 1«, mit Walter Sedlmayr, Serie, und »Wie das Leben so spielt«, Serie, ARD 1978; »Im Weißen Rössl« (nach Benatzky), Regie: Ewald Hauff, »Diabolo«, Regie: Nathan Jariv, und »Onkel Bräsig«, mit Fritz Hollenbeck, Regie: Stanislav Barabas, Serie, ARD/ZDF 1979; »Trauer um einen verlorenen Sohn«, Regie: Thomas Engel, ARD 1980; »Kaiserhofstraße 12«, Regie: Rainer Wolffhardt, »Das Drehbuch« (nach Anouilh), Regie: Wolfgang Liebeneiner, »Bäume ausreißen«, Regie: Maria Neocleous, und »Die Heimsuchung des Assistenten Jung« (nach Andres Höfele), ZDF 1981; »Die Matrosen von Kronstadt«, mit Siemen Rühaak, Pinkas Braun und Werner Kreindl, Regie: Jürgen Klauß, ZDF 1983; »Die Komplicen«, Regie: Stanislav Barabas, ZDF 1984; »Gespenstergeschichten«, Serie, und »Kalendergeschichten«, mit Hans-Joachim Kulenkampff, Serie, ARD 1984.
Anschrift: c/o Agentur Wiedner, Destouchesstraße 32, 8000 München 40.

Wolfgang Gruner

Geb. 20. 9. 1926 in Rathenow bei Berlin; dort aufgew.; bereits während des Schauspielunterrichts wurde er in Berlin für den Rundfunk entdeckt. Er spielte an mehreren Berliner Bühnen, bevor er 1950 zum Kabarett »Berliner Stachelschweine« kam, dem er bis heute angehört (auch zahlreiche TV-Übertragungen). Er spielte darüber hinaus in Operetten, Filmen (seit 1955) und ist häufiger Gast im Fernsehen. Gruner spricht engl.; er ist in zweiter Ehe verheiratet, hat zwei Töchter und lebt in Berlin.
Film: »Sohn ohne Heimat«, 1955; »Johannisnacht« und »Geliebte Corinna«, 1956; »Viktor und Viktoria«, mit Johanna von Koczian, Regie: Karl Anton, und »Die Zwillinge vom Zillertal«, 1957; »Meine 99 Bräute«, und »Solang noch untern Linden«, 1958; »Marianne und Sofie«, mit Marianne Hoppe, Regie: Rainer Söhnlein, 1983.
Fernsehen: Neben Übertragungen der aktuellen Programme der »Berliner Stachelschweine« spielte er vor allem in Sendungen aus dem Berliner Milieu (»Schnauze mit Herz«). Er war Gast aller großen Unterhaltungsshows (Silvesterpartys). Große Erfolge hatte er in: »Berlin ist eine Posse wert«, »Pauls Party«, mit Paul Kuhn, »Tommy Tulpe« und »Lach mal wieder«, mit Günter Pfitzmann (ZDF 1984). Seine markantesten TV-Serien-Rollen: »Telekehrer Otto Schruppke« (SFB) und Fritze Flinke in »Der große Preis«, mit Wim Thoelke (ZDF).
Auszeichnung: Bundesverdienstkreuz der Bundesrepublik Deutschland 1980.
Anschrift: Westendallee 57, 1000 Berlin 19.

Klaus Guth

Geb. 15. 9. 1940 in Bruel bei Schwerin/Mecklenburg; dort aufgew.; mit elf Jahren stand er als Dorfrichter Adam in Kleists »Der zerbrochene Krug« bei einem Elternabend erstmals auf einer Bühne. Nach der Schule nahm er Schauspielunterricht in Berlin und Hamburg. Sein erstes Engagement erhielt er 1964 am Stadttheater Konstanz. Verpflichtungen am Nationaltheater Mannheim (1966–1968) und am Staatstheater Braunschweig (1969–1971) schlossen sich an. Seit 1972 gehört er zum Ensemble des Bayerischen Staatsschauspiels München. Seit 1980 arbeitet er umfangreich beim Fernsehen. Er ist ferner in der Synchronisation tätig.
Guth spricht engl.; er ist ledig und lebt in München.
Theater: In Shakespeares »Maß für Maß«, Marinelli in Lessings »Emilia Galotti«, in O' Caseys »Ein Freudenfeuer für den Bischof«, mit Herbert Mensching, in Labiches »Der Florentinerhut«, Regie: Helmut Baumann, in Becketts »Warten auf Godot«, Regie: Ullrich Haupt, in Shakespeares »König Lear«, in Gombrowicz' »Yvonne, Prinzessin von Burgund«, Regie: Ingmar Bergman, in Molières »Der eingebildete Kranke«, Regie: Helmut Baumann, in Ostrowskijs »Der Wald«, Regie: Harald Clemen, in Kipphardts »In der Sache J. Robert Oppenheimer« (auch TV), und in der Uraufführung von »Bruder Eichmann«, jeweils mit Hans-Michael Rehberg, Regie: Dieter Giesing, Prinz von Arragon in Shakespeares »Der Kaufmann von Venedig«, Regie: Alfred Kirchner, und in Polt/Müllers »Die Exoten«, jeweils Bayerisches Staatsschauspiel München 1972–1986.
Fernsehen: »Sierra Madre«, Regie: Horst Flick, ZDF 1980; Staatssekretär von Braun in »Monaco-Franze – Der ewige Stenz« mit Helmut Fischer, Regie: Helmut Dietl, Serie, ARD 1983; Lehmann in »Büro, Büro«, Regie: Reinhard Schwabenitzky, 36 Folgen, ARD 1983/84; »Die Wiesingers«, mit Hans-Reinhard Müller, Regie: Bernd Fischerauer, Serie, ARD 1984; »Die armen Reichen«, mit Simone Signoret, Regie: Marcel Bluwal, franz. TV/ARD 1984; »Gesichter zu vermieten«, ital. TV 1984; »Wie im Paradies«, Regie: Bernd Fischerauer, ZDF 1984; »Beinah Trinidad« (nach Wuttig), Regie: Oliver Storz, und »Die Unbekannten im eigenen Haus« (nach Simenon), Regie: Bernd Fischerauer, ARD 1985.

Anschrift: c/o ZBF-Agentur München, Leopoldstraße 19, 8000 München 40.

Klaus
Duth

H

Käthe Haack †

– Staatsschauspielerin –

Geb. 11. 8. 1897 in Berlin; dort aufgew.; nach der Schule nahm sie Schauspielunterricht bei Seraphine Détschy und Hans Kaufmann. Ihr erstes Engagement bekam sie 1914 am Stadttheater Göttingen. Weitere Stationen bis 1934: Lessingtheater, Deutsches Künstlertheater und Komödienhaus in Berlin (jeweils unter Victor Barnowsky), Theater am Kurfürstendamm, Theater in der Königgrätzer Straße, Theater am Schiffbauerdamm, Hebbel-Theater, Volksbühne und Deutsches Theater (unter Max Reinhardt) in Berlin sowie Lustspielhaus Hamburg, Theater in der Wasagasse Wien und Théâtre Gymnase Paris.

Von 1935 bis 1944 stand sie im Ensemble des Preuß. Staatstheaters Berlin unter Gustaf Gründgens. Seit 1945 spielte sie u.a. an der Tribüne unter Viktor de Kowa, am Hebbel-Theater, am Deutschen Theater, am Renaissance-Theater, am Schiller-Theater und an der Komödie in Berlin, an der Kleinen Komödie München, am Deutschen Theater München sowie bei zahlreichen Tourneen.

Ihr Film-Debüt gab sie 1915 in dem Stummfilm »Der Katzensteg«. Sie wirkte in 24 Stummfilmen und in über 60 Tonfilmen mit. Beim Fernsehen arbeitet sie seit 1956. 1971 veröffentlichte sie ihre Autobiographie »In Berlin und anderswo«.

Frau Haack ist verwitwet. Sie war verheiratet mit dem Schauspieler Heinrich Schroth. Ihre Tochter ist die Schauspielerin Hannelore Schroth (geb. 1922). Die Künstlerin lebt in Berlin.

Film: »Das Tagebuch des Dr. Hart« und »Der Skandal«, 1916; »Das Spiel vom Tode« und »Die Faust des Schicksals«, 1917; »Das rollende Hotel« und »Fräulein Mutter«, 1918; »Sklaven des Kapitals«, 1919; »Algol«, 1920; »Die Trommeln Asiens«, 1921; »Das Liebesnest«, 1922; »Wilhelm Tell« (nach Schiller), 1923; »Hedda Gabler« (nach Ibsen), und »Mein Leopold«, 1924; »Kubinke, der Barbier, und die drei Dienstmädchen«, 1926; »Der alte Fritz« (2. Teil), 1927; »Unter der Laterna«, 1928; »Der Detektiv des Kaisers«, 1929, jeweils Stummfilme.

»Skandal um Eve«, 1930; »Der Hauptmann von Köpenick« (nach Zuckmayer), »Emil und die Detektive« (nach Kästner), und »Berlin-Alexanderplatz« (nach Döblin), mit Heinrich George, 1931; »Die Herren vom Maxim«, 1932; »Zwei glückliche Tage«, 1933; »Wilhelm Tell« (nach Schiller), »Die vier Musketiere« und »Hanneles Himmelfahrt« (nach Hauptmann), 1934; »Pygmalion« (nach Shaw), 1935; »Hans im Glück«, 1936; »Urlaub auf Ehrenwort«, 1937; »Kleiner Mann, ganz groß« und »Der Fall Deruga«, 1938; »Dein Leben gehört mir«, 1939; »Bismarck« und »Bal paré«, 1940; »Annelie« und »Sechs Tage Heimaturlaub«, 1941; »Zwei in einer großen Stadt«, 1942; »Münchhausen« und »Sophienlund«, 1943; »Das Konzert« (nach Bahr), 1944; »Der Biberpelz« (nach Hauptmann), und »Nachtwache«, 1949; »Die verschleierte Maja«, 1951; »Von Liebe reden wir später«, 1953; »Die tolle Lola«, »Feuerwerk« (nach Burkhard), mit Lilli Palmer, und »Heideschulmeister Uwe Karsten«, 1954; »Der Himmel ist nie ausverkauft«, 1955; »Wie einst Lili Marleen« und »Studentin Helene Willfür«, 1956; »Die große Chance«, 1957; »Schwarze Nylons – heiße Nächte«, 1958; »Bezaubernde Arabella«, 1959; »Der Lord von Barmbeck«, Regie: Ottokar Runze, 1974; »Grete Minde« (nach Fontane), Regie: Heidi Genée, 1977.

Theater: Eve in Kleists »Der zerbrochene Krug«, Stadttheater Göttingen 1914/15; Mathurine in Molières »Dom Juan« und Freundin in Lichowskys »Ein Spiel vom Tod«, Regie: jeweils Victor Barnowsky, in Fuldas »Das Wundermittel«, Regie: Oskar Kanehl, in Niccodemis »Tageszeiten der Liebe«, mit Heinrich Schroth, Traute in Hartlebens »Rosenmontag«, Julia in Shaws »Der Liebhaber«, Ännchen in Halbes »Jugend«, Johanna in Schnitzlers »Der einsame Weg«, Regie: Eugen Robert, Klärchen in Zuckmayers »Der fröhliche Weinberg«, Regie: Reinhard Brucks, Anni in Molnárs »Spiel im Schloß«, Kätchen in Fodors »Der Juwelenraub am Kurfürstendamm«, in Hauptmanns »Vor Sonnenuntergang«, Regie: Max Reinhardt, und Rembrandts Frau in Kysers »Rembrandt vor Gericht«, Regie: Karl Heinz Stroux, jeweils an den vorgenannten Bühnen von 1915–1934; in Huths »Himmel auf Erden«, in Shakespeares »Was ihr wollt« und in Bahrs »Das Konzert«, Regie: jeweils Gustaf Gründgens, in Wildes »Der ideale Gatte«, Regie: Hans Leibelt, in Schweikarts »Lauter Lügen«, Regie: Wolfgang Liebeneiner, in Thomas »Moral«, Regie: Jürgen Fehling, und in Kays »Das Hohe

Haus«, Regie: Lothar Müthel, jeweils Preuß. Staatstheater Berlin 1935–1945;
in Mohrs »Improvisationen im Juni«, Regie: Viktor de Kowa, Tribüne Berlin 1945; Frau Antrobus in Wilders »Wir sind noch einmal davongekommen«, Regie: Karl Heinz Stroux, Hebbel-Theater Berlin 1946; in Ibsens »Die Wildente«, 1948, Luise Maske in Sternheims »Der Snob«, 1966, in Dorines »Ein unausstehlicher Egoist«, Regie: Viktor de Kowa, 1971, jeweils Renaissance-Theater Berlin; in Lonsdales »Mrs. Cheney's Ende« und in Verneuils »Es bleibt in der Familie«, 1951, in Chases »Mein Freund Harvey«, 1952, in Bush-Feketes »Der Seiltänzer«, 1954, in Ervones »Die erste Frau Selby«, 1955, in Brookes »Mammis Wanderjahre« (auch TV), 1957, in Simons »Ausreißer«, 1966, und in Maughams »Finden Sie, daß Constanze sich richtig verhält?«, 1969, jeweils Kleine Komödie München; Daja in Lessings »Nathan der Weise«, Regie: Karl Heinz Stroux, Tournee 1956 (auch TV); in Giraudoux' »Die Irre von Chaillot«, Schiller-Theater Berlin 1959; Mrs. Higgins in Lerner/Loewes »My Fair Lady«, Regie: Wolfgang Spier, Deutsches Theater München 1963.
Fensehen: »Glasmenagerie« (nach Williams), ARD 1956; Cecile in »Wer die Wahl hat« (nach Bush-Fekete), ARD 1961; »Unsere Jenny« (nach Nash), ARD 1963; »Wie ein Dieb in der Nacht« (nach Bender), ZDF 1964; »Kolportage« (nach Kaiser), ARD 1968; »Zwei ahnungslose Engel« (nach Ebermayer), ARD 1969; »Altersheim« (von Christoff), ZDF 1972; »Der eiserne Gustav« (nach Fallada), mit Gustav Knuth, Serie, ARD 1979; »Tatort«, Serie, ARD 1982; »Ein Heim für Tiere«, Serie, ZDF 1984.
Auszeichnung: Berliner Staatsschauspielerin.
Anschrift: c/o Agentur Lentz, Holbeinstraße 4, 8000 München 80.

Waltraut Haas

(eigentlich: Waltraute Haas-Strahl)

Geb. 9. 6. 1927 in Wien; aufgew. in Wien – Schloß Schönbrunn –, wo ihre Eltern ein Restaurant betrieben; nach drei Jahren Modeschule absolvierte sie 1945/46 das Konservatorium für darstellende Kunst in Wien und nahm privaten Schauspielunterricht bei der Burgschauspielerin Julia Hanssen; ihr erstes Engagement erhielt sie 1946 am Landestheater Linz/Donau; von dortigen Kollegen wurde sie Willi Forst für die Rolle der Mariandl in dem Film »Hofrat Geiger« empfohlen, der 1948 in die Kinos kam. Danach spielte sie in rund 60 meist deutsch/österr. Produktionen. Ihre weiteren Theaterstationen: Bürgertheater Wien, Stadttheater Wien, Renaissance-Theater Wien (1947/48); seither Gastspiele u. a.: Theater in der Josefstadt Wien, Raimund-Theater Wien, Titania-Palast Berlin, Deutsches Theater München, Kammerspiele Wien, Komödie im Marquardt Stuttgart, Theater am Dom in Köln, Berliner Theater des Westens.
Seit 1959 spielt Frau Haas Fernsehrollen und tritt als Sängerin in TV-Shows auf. Sie veröffentlichte mehrere LPs, u. a. »Im Weißen Rössl« und »Wiener Lieder«.
Frau Haas spricht engl.; sie ist verheiratet mit dem Schauspieler Erwin Strahl, hat einen Sohn (Marcus, geb. 1968) und lebt in Wien.
Film: »Hofrat Geiger«, Regie: Willi Forst, 1948; »Es liegt was in der Luft« und »Kleiner Schwindel am Wolfgangsee«, 1950; »Der letzte Schuß«, »Tanz ins Glück«, und »Hallo Dienstmann«, mit Hans Moser und Paul Hörbiger, Regie: Franz Antel, 1951; »Der Obersteiger«, »1. April 2000«, Regie: Wolfgang Liebeneiner, und »Ideale Frau gesucht«, 1952; »Onkel aus Amerika« und »Der keusche Josef«, 1953; »Romantisches Abenteuer«, mit Errol Flynn, USA 1953; »Der Zigeunerbaron« und »Die schöne Müllerin«, 1954; »Das Lied von Kaprun«, »Musik im Blut«, und »Wenn der Vater mit dem Sohne«, mit Heinz Rühmann und Oliver Grimm, Regie: Hans Quest, 1955; »Der Adler vom Velsatal«, Regie: Richard Häussler, und Pepi Hobelmann in »Lumpazivagabundus« (nach Nestroy), Regie: Franz Antel, 1956; »Zwei Herzen voller Seligkeit«, 1957; »Der schwarze Blitz«, »... denn keiner ist ohne Sünde«, und »Immer die Radfahrer«, mit Heinz Erhardt und Hans-Joachim Kulenkampff, Regie: Hans Deppe, 1958; »Traumrevue«, 1959; »Im Weißen Rössl« (nach Benatzky), mit Peter Alexander und Hubert von Meyerinck, Regie: Werner Jacobs, 1960; »Mariandl« und »Mariandls Heimkehr«, Regie: Werner Jacobs, 1961/1962; »Krach im Standesamt«, Regie: Kurt Früh, 1962; »Null Null Sex am Wolfgangsee«, 1966; »Keine Angst, Liebling, ich pass schon auf«, Regie: Erwin Strahl, 1970.
Theater: Herminia in Shakespeares »Ein Sommernachtstraum«, Landestheater Linz/Donau 1946/47; Raina in Shaws »Helden«, Elvira in Cowards »Geisterkomödie«, Delphine in Bahrs »Das Konzert«, in Goethes »Stella«, in Burkhards »Feuerwerk«, in Boothe-Luce' »Frauen in New York«, in Gonenwalds »Manon«, jeweils Theater in der Josefstadt Wien; in Benatzkys »Im Weißen Rössl«, Titania-Palast Berlin und Raimund-Theater Wien; dort auch in Farkas' »Hofloge«; in Verneuil/Benatzkys »Meine Schwester und ich«, Deutsches Theater Berlin; in Kishons »Es war die Lerche«, mit und unter der Regie von Erwin Strahl, Tournee, Rollen von 1950–1978.
Fernsehen: Annie in »Spiel im Schloß« (nach Molnár), und »Pariser Geschichten«, ARD 1959; Franzi Steingruber in »Ein Walzertraum« (nach Oscar Straus), ARD 1960; Carlotta in »Gasparone« (nach Millöcker), Bichette in »Die Kaiserin«, und »Krach im Hinterhaus«, ARD 1962; Gaby in »Ein Engel namens Schmitt« (nach Nebhut), ORF 1967; »Einfacher Doppelmord«, ORF 1970; »Immer dies Fernsehen«, 6 Teile, ZDF 1983; »Heiße Wickel – Kalte Güsse« (von Lohmeier), Regie: Franz Josef Gottlieb, Serie, ZDF 1984; Biggi Vrüpp in »Xander Vrüpp macht Geschäfte«, und »Xander Vrüpp gibt ein Beispiel«, mit Ossy Kolmann, Regie: Alois Hawlik, ORF 1984/85.
Sie ist ferner Dauergast in deutschen und österreichischen TV-Shows, u. a. »Zum blauen Bock«, »Großes Glück zu kleinen Preisen«, »Zwischenmahlzeit«; ARD, »Musik ist Trumpf«, »Anneliese Rothenberger präsentiert«, »Wetten daß ... ?«, »Karneval der Operette«, ZDF; »Österreich hat immer Saison«, »Seniorenclub«, »Heinz Conrads und seine Freunde«, »Seinerzeit«, ORF.
Auszeichungen: »Perle des Atlantiks« (Sympathie-

preis der Filmfestspiele in Mar del Plata, Südamerika); »Pro arte populo« (Orden für die Förderung des Wiener Liedes im Ausland).

Anschrift: Küniglberggasse 45, A-1130 Wien, Österreich.

Michael Habeck

Geb. 23. 4. 1944 in Grönenbach/Allgäu; dort aufgew.; nach dem Gymnasium besuchte er von 1963 bis 1965 eine Schauspielschule in München und durchlief eine Gesangsausbildung (Bariton). Von 1966 bis 1970 war er Mitglied der Städt. Bühnen Frankfurt/Main unter Harry Buckwitz und Ulrich Erfurth. Dem Ensemble der Münchner Kammerspiele gehörte er unter August Everding und Hans Reinhard Müller von 1970 bis 1982 an. Seither ist er freischaffend. Gastspiele gab er (seit 1974) u. a. bei den Ruhrfestspielen Recklinghausen, den Theatertagen Mühlheim/Ruhr, bei den Salzburger Festspielen und am Modernen Theater München, wo er auch Regie führte. 1981 gastierte er mit Programmen von Gerhard Polt in der Münchner »Lach- und Schießgesellschaft«. In Aufführungen mit Gesang war er seit 1967 u. a. an der Oper Frankfurt/Main, im Werkraumtheater München und an der Bayerischen Staatsoper München zu sehen.
Neben seiner vielfältigen Tätigkeit beim Fernsehen synchronisierte er bislang über 450 Kino- und TV-Filme, darunter Serien wie »Dick und Doof«, »Western von gestern«, »Muppets-Show«, »Heidi«, »Nils Holgerson« und »Don Quixotte«.
Habeck spricht engl.; er ist ledig und lebt in München.
Film: »Sie liebten sich nur einen Sommer«, Regie: Harald Reinl, 1971; »Adele Spitzeder« (nach Sperr), Regie: Peer Raben, 1972; »MitGift«, Regie: Michael Verhoeven, 1976; »Eisenhaus«, Regie: Tankred Dorst, 1983; »Seitenstechen«, mit Mike Krüger, Regie: Dieter Pröttel, 1985.
Theater: In Peter Weiss' »Vietnam-Diskurs«, Fritzchen in Adriens »Sonntags am Meer«, Sancho Pansa und Nursie in Williams' »Camino Real«, Regie: Helmut Käutner, in der deutschen Erstaufführung von Forsters »Tom Paine«, und Lityerses in Hacks' »Omphale«, jeweils Städt. Bühnen Frankfurt/Main 1966–1970; in Brecht/Weills »Aufstieg und Fall der Stadt Mahagonny«, Oper Frankfurt/Main 1967; Rice ap Howwell in Brechts »Leben Eduard des Zweiten von England« (nach Marlowe), Regie: Hans Hollmann, Rammler in Kipphardts »Die Soldaten«, in Biermanns »Der Dra, Dra«, Regie: Hansgünther Heyme, Schwarz in Fortes »Martin Luther & Thomas Münzer oder Die Einführung der Buchhaltung«, Regie: Paul Verhoeven, in der Uraufführung von Ernsts »Endlose Spiele«, Regie: Peter Schamoni, Sammy in O'Caseys »Ein Pfund abheben«, Malosco in Langes »Die Gräfin von Rathenow«, in Taboris »Verwandlungen« (nach Kafka), Regie: George Tabori selbst, Gervasius in Fleißers »Fegefeuer in Ingolstadt«, Puck in Shakespeares »Ein Sommernachtstraum«, Regie: Dieter Dorn, in Müllers »Germania – Tod in Berlin«, Regie: Ernst Wendt, und Parzival in Dorsts »Merlin oder Das wüste Land«, mit Peter Lühr, Regie: Dieter Dorn, jeweils Kammerspiele München 1970–1982; Lennox in Müllers »Macbeth«, Regie: Hansgünther Heyme, Ruhrfestspiele Recklinghausen 1974; in Büchners »Dantons Tod«, mit Götz George, Regie: Rudolf Noelte, Salzburger Festspiele 1981; in Lorcas »Sobald fünf Jahre vergehen«, Modernes Theater München 1983; in Ibsens »Gespenster«, Theater am Einlaß München 1985; Baloun in Brechts »Schweyk im Zweiten Weltkrieg«, Regie: Ruth Drexel, 1985, in Reinshagens »Doppelkopf«, Regie: Ulrich Heising, 1986, jeweils Münchner Volkstheater.
Fernsehen: »Der Graue« (nach Forster), ZDF 1964; »Figaro läßt sich scheiden« (nach Horváth) und Chalumeau in »Cigalon« (nach Pagnol), ZDF 1965; »Gammler-Bande«, ZDF 1967; »Der Kommissar«, mit Erik Ode, Serie, 2 Folgen, ZDF 1971 + 1973; »Fettaugen«, Regie: Werner Schlechte, ZDF 1971; »Tatort«, Serie, ARD 1971; Der Dicke in »Die Rappelkiste«, Serie, ZDF 1973-1978; »Die fabelhafte Familie KO«, Serie, ARD 1978; »Notizen aus der Provinz«, mit Dieter Hildebrandt, Serie, 6 Folgen, ZDF 1979; »Der ganz normale Wahnsinn«, Regie: Helmut Dietl, Serie, ARD 1979; »Don Quixotte und Sancho Pansa«, und Beni in »Legen wir zusammen«, ARD 1980; »Onkel Silas«, mit Hannes Messemer, Serie, Peppi in »Warum hast du so traurige Augen?« (von Franz Geiger), und »Bretter, die die Welt bedeuten«, Serie, ZDF 1980; »Der Fall Woyzeck« (von Angermann), ZDF 1981; »Blut und Ehre: Jugend unter Hitler«, Regie: Bernd Fischerauer, ARD 1981; »Das heiße Herz« (nach Patrick), mit Peter Fricke, Regie: Michael Kehlmann, ARD 1982; Tetzel in »Martin Luther«, mit Lambert Hamel, Regie: Rainer Wolfhardt, 2 Teile, ZDF 1983; »Der Besuch« (nach Dur-

bridge), mit Judy Winter und Horst Frank, Regie: Jürgen Goslar, ZDF 1984; »Das Verschwinden der Harmonie«, Regie: Ulrich Heising, ARD 1984.
Anschrift: c/o ZBF-Agentur München, Leopoldstraße 19, 8000 München 40.

Matthias Habich

Geb. 12. 1. 1940 in Danzig; seine Schauspielausbildung absolvierte er an der Schauspielschule Hamburg, am Conservatoire de Paris und in den USA. Nach ersten Engagements an den Wuppertaler Bühnen und am Basler Theater kam er 1967 an das Schauspielhaus Zürich. Weitere Stationen waren die Münchner Kammerspiele (1970/71), die Staatl. Schauspielbühnen Berlins (1971–1976, später als Gast) und die Freie Volksbühne Berlin. Seit 1977 gehört er erneut zum Ensemble des Zürcher Schauspielhauses. Gastspiele gab er u. a. am Burgtheater Wien. Bekannt wurde er auch durch seine über 30 Hauptrollen bei Film und Fernsehen.
Habich spricht engl., franz.; er ist ledig und lebt in Zürich.
Film: »Fluchtgefahr«, Regie: Markus Imhoof, 1974; »Der Fangschuß«, Regie: Volker Schlöndorff, BRD/Frankreich 1976; »Der Mädchenkrieg«, Regie: Alf Brustellin und Bernhard Sinkel, 1977; »Taugenichts«, mit Jacques Breuer, Regie: Bernhard Sinkel, 1978; »Die Reinheit des Herzens«, Regie: Robert van Ackeren, 1980; »Imperativ«, Regie: Krzysztof Zanussi, 1982 (auch TV); »Glut«, Regie: Thomas Koerfer, 1983; »Die Glorreichen«, mit Jean-Paul Belmondo, Regie: Henri Verneuil, Frankreich 1984.
Theater: Desportes in der Uraufführung von Lenz/Kipphardts »Die Soldaten«, Regie: Heinar Kipphardt selbst und Carl M. Weber, Coringnon in Feydeaus »Die Dame vom Maxim«, Regie: Dieter Giesing, Siegfried in Wagners »Der Ring des Nibelungen« (Bearbeitung: Enzensberger), Regie: Ulrich Heising, und Papst in Fortes »Martin Luther & Thomas Münzer oder Die Einführung der Buchhaltung«, Regie: Paul Verhoeven, jeweils Münchner Kammerspiele 1970/71; Titelrolle in Schillers »Wilhelm Tell«, Regie: Werner Düggelin, Simon Harford in O'Neills »Alle Reichtümer dieser Erde«, Regie: Gerhard Klingenberg, Hector in Shakespeares »Troilus und Cressida«, Regie: Werner Düggelin, Orest in Sophokles' »Elektra«, Regie: Wolfram Mehring, Titelrolle in der Uraufführung von Schneiders »Lieber Augustin«, Regie: Hans Gratzer, in der deutschen Erstaufführung von Bonds »Der Traum«, Regie: Gerd Heinz, Jason in Euripides' »Medea«, König Artus in Dorsts »Merlin oder Das wüste Land«, Regie: Hans Gratzer, und Fernando in Goethes »Stella«, jeweils Schauspielhaus Zürich 1977-1984; in Shermans »Bent«, Schiller-Theater Berlin 1981; Jason in Grillparzers »Das goldene Vlies«, Burgtheater Wien 1983/84.
Fernsehen: »Vorhof der Wahrheit«, Titelrolle in »Die merkwürdige Lebensgeschichte des Friedrich Freiherrn von der Trenck« (von Ahlsen), 6 Teile, ZDF 1973, und Titelrolle in »Des Christoffel von Grimmelshausen Abenteuerlicher Simplicissimus« (von Ahlsen), 4 Teile, ZDF 1975, Regie: jeweils Fritz Umgelter; »Angst« (nach Stefan Zweig), ARD 1981; »Jack Holborn«, Regie: Sigi Rothemund, 4 Teile, ZDF 1982; »Schöne Ferien«, Serie, ARD 1985.
Anschrift: c/o Agentur Alexander, Lamontstraße 9, 8000 München 80.

Karlheinz Hackl

Geb. 16. 5. 1949 in Wien; dort aufgew.; nach der Schule absolvierte er die Schauspielschule von Prof. Krauss in Wien. 1972/73 debütierte er am Wiener Theater Die Courage. Nach einem ersten Stückvertrag am Theater in der Josefstadt Wien war er von 1974 bis 1976 Mitglied am Volkstheater Wien, von 1976 bis 1978 am Thalia-Theater Hamburg. Seit 1978 gehört er zum Ensemble des Wiener Burgtheaters. Hackl spricht engl.; er lebt in Wien.
Film: »Sophie's Choice«, mit Meryl Streep, USA 1982; »Asisis Underground«, mit James Mason, Irene Papas und Maximilian Schell, Regie: Alexander Ramaty, USA 1984
Theater: Satanael in Hacks' »Adam und Eva«, Titelrolle in Lauckners »Der Kommandant«, in Zeckers »Wahnsinnig glücklich«, jeweils Volkstheater Wien 1974–1976; Melchior in Nestroys »Einen Jux will er sich machen«, Regie: Gerd Heinz, Darlington in Wildes »Lady Windermeres Fächer« und Rosenkranz in Shakespeares »Hamlet«, Regie: Hans Neuenfels, jeweils Thalia-Theater Hamburg 1976–1978; Jerry in Pinters »Betrogen«, Regie: Peter Wood, Karl Moor in Schillers »Die Räuber«, Jaromir in Hofmannsthals »Der Unbestechliche«, Regie: Rudolf Steinboeck, Dichter in Schnitzlers »Reigen«, Alfredo in de Filippos »Gespenster, Gespenster«, Regie: Fred Bernd, in Molnárs »Olympia«, in Musils »Die Schwärmer«, Regie: Erwin Axer (auch TV), und Titelrolle in Horváths »Don Juan kommt aus dem Krieg«, Regie: Rudolf Jusits (auch TV), Ernst Scholz in Wedekinds »Der Marquis von Keith«, Regie: Leopold Lindtberg (auch ORF 1985), jeweils Burgtheater und Akademietheater Wien 1978–1984; Guter Gesell in Hofmannsthals »Jedermann«, mit Klaus Maria Brandauer, Salzburger Festspiele 1983.
Fernsehen: Sigmund Freud in »Der junge Freud«, Regie: Axel Corti, ZDF 1976; »Der Ehrentag« (nach Schnitzler), ZDF 1978; »Ringstraßenpalais«, Regie: Rudolf Nussgruber, Serie, ZDF 1981; »Mich wundert, daß ich so fröhlich bin« (nach Simmel), ZDF 1983, und »Gegenlicht«, ARD 1984, Regie: jeweils Michael Kehlmann.
Anschrift: c/o Austroconcert International, Gluckgasse 1, A-1010 Wien, oder Kaserngasse 12/3/2, A-1238 Wien, Österreich.

Hans Häckermann

Geb. 3. 3. 1930 in Hamburg; dort aufgew.; Schauspielunterricht nahm er bei Claus Clausen in Freiburg. Sein Debüt gab er 1951 an den Bühnen der Hansestadt Lübeck, denen er bis 1954 (auch als Regie-Assistent) angehörte. Die weiteren Bühnenstationen: Stadttheater Bremerhaven (1954–1958), Staatstheater Kassel (auch als Regisseur; 1958–1963), Schauspielhaus Bochum (1963–1969), Deutsches Schauspielhaus Hamburg (1969–1972), Badisches Staatstheater Karlsruhe (auch als Regisseur; 1972/73), Städt. Bühnen Osnabrück (als Oberspielleiter; 1973–1975) und Schleswig-Holsteinisches Landestheater Schleswig (als Schauspieldirektor und Stellv. Generalintendant, 1975–1985). Seit 1985 leitet er als Generalintendant das Staatstheater Oldenburg.

An den vorgenannten Bühnen verkörperte er über 160 Rollen seines Fachs und zeigte über 60 Inszenierungen. Seit 1966 wirkt er in großem Umfang beim Fernsehen (über 100 Produktionen).

Häckermann spricht engl.; er ist verheiratet, hat einen Sohn und lebt in Rendsburg.

Fernsehen: »Prüfung eines Lehrers« (von Storz), Regie: Eberhard Itzenplitz, ZDF 1968; »Clavigo« (nach Goethe), mit Thomas Holtzmann und Rolf Boysen, Regie: Fritz Kortner (dessen letzte Inszenierung, Aufzeichnung Deutsches Schauspielhaus Hamburg), »Kollege Bindelmann« (nach Lommer), Regie: Heinz Schirk, und »Die Dubrow-Krise« (von Menge), Regie: Eberhard Itzenplitz, ARD 1969; »Einer muß der Dumme sein«, Regie: Leonard Steckel (Aufzeichnung Deutsches Schauspielhaus Hamburg), ARD 1970; »Geschäfte mit Plückhahn« (nach Lommer), Regie: Claus Peter Witt, ARD 1971; »Einmal im Leben«, mit Antje Hagen und Fritz Lichtenhahn, Regie: Dieter Wedel, 3 Teile, ARD 1972; »Der Kommissar«, mit Erik Ode, Serie, ZDF 1973; »Tatort«, Serie, 5 Folgen, ARD 1973–1981; »Derrick«, Serie, 2 Folgen, ZDF 1975 + 1981; »Generale« (von Sebastian Haffner), ZDF 1977; »Schreiben Sie Ihrem Bundestagsabgeordneten«, Regie: Dieter Wedel, ARD 1977; »Erzählung eines Unbekannten« (nach Tschechow), Regie: Peter Vogel, ARD 1979; »Ein Abend mit Labiche«, Regie: Dieter Wedel, ARD 1980; »Meister Timpe« (nach Max Kretzer), 2 Teile, ZDF 1980; »Pseudonym Hans Fallada«, mit Dieter Borsche, Regie: Lutz Büscher, »Wer den Schaden hat«, Regie: Dieter Wedel, und »Jeans«, Regie: Hartmut Griesmayr, ZDF 1981; »Schwarz-Rot-Gold: Unser Land«, Regie: Dieter Wedel, ARD 1982; »Die Stunde des Löwen«, Regie: Hartmut Griesmayr, ZDF 1982; »Der Alte«, Serie, 2 Folgen, ZDF 1983 + 1984; »Der Glücksritter« (von Heinz Oskar Wuttig), mit Christian Kohlund, Regie: Hans-Jürgen Tögel, Serie, ARD 1984; »Ein Mann namens Parvus«, mit Günter Lamprecht, Regie: Rudolf Nussgruber, »Der Mann, der keine Autos mochte«, Regie: Dieter Wedel, 6 Teile, und »Joseph Süß Oppenheimer« (von Angermann), Regie: Rainer Wolffhardt, ZDF 1984.

Anschrift: Ostlandstraße 2–10, 2370 Rendsburg, oder c/o ZBF-Agentur Hamburg, Tonndorfer Hauptstraße 90, 2000 Hamburg 70.

Thomas Haerin

(eigentlich: Thomas Häring)

Geb. 17. 2. 1955 in Nürnberg; dort aufgew.; nach der mittleren Reife absolvierte er eine Lehre als Einzelhandelskaufmann, anschließend die Schauspielschule von Ruth von Zerboni in München. Seine bisherigen Bühnenstationen (u. a.): Modernes Theater München, Münchner Kammerspiele, Theater 76 München, Bayerisches Staatsschauspiel München, Theater München 1975; in Wedekinds »Frühlings Er-München, Theater im Karlshof München und Schloß-Festspiele Ettlingen.

Haerin spricht engl.; er ist geschieden und lebt in München.

Film: »Die Konsequenz« (nach Alexander Ziegler), mit Jürgen Prochnow und Ernst Hannawald, Regie: Wolfgang Petersen, 1977; »Der Sturz«, Regie: Alf Brustellin, und »Der Mann im Schilf«, Regie: Manfred Purzer, 1978; »Hopscotch«, Regie: Ronald Neamon, USA 1979.

Theater: In Shepards »Steingarten«, Modernes Theater München 1975; in Wedekinds »Frühlings Erwachen«, Regie: Ernst Wendt, Münchner Kammerspiele 1976; in »Oma Stingl«, Theater der Jugend München 1976; Wuschel in »Wuschel mit den grünen Haaren«, Theater 76 München 1976; Tristano in Terrons »Celestina«, Bayerisches Staatsschauspiel München 1978/79; Sebastian in Shakespeares »Was ihr wollt«, und Lysander in Shakespeares »Ein Sommernachtstraum«, Schloß-Festspiele Ettlingen 1980 und 1981; Cleanthe in Molières »Der eingebildete Kranke«, in Brechts »Mann ist Mann«, Theater Marburg und Regensburg 1980–1982; in »Wenn du geredet hättest, Desdemona« (nach Brückner), Theater 44 München 1984; in Molières »Die Streiche des Scapin«, Theater im Karlshof München 1985 (auch Kabel-TV).

Fernsehen: »Der Mord an Dr. Winter« (aus der Reihe: »Der Kommissar«), mit Erik Ode, Serie, und »Ein Haus für uns«, Serie, ZDF 1975; »Block 7«, Serie, ZDF 1976; »Ausgerissen! Was nun?«, Serie, und »Stark wie der Tod«, ZDF 1977; »The ninth symphonie of Beethoven in Japan«, japan. TV 1977; Sir Gawein in »Merlin« (von Justus Pfaue), mit Tommi Ohrner und Ekkehardt Belle, Serie, ZDF 1978; »Die seltsamen Methoden des Franz Josef Wanninger«, mit Beppo Brem, Serie, ARD 1979; »So 'ne und so 'ne«, mit Simone Rethel und Ursela Monn, Regie: Rolf von Sydow, Serie, ARD 1980; »XY-ungelöst«, Serie, ZDF 1984.

Anschrift: c/o ZBF-Agentur München, Leopoldstraße 19, 8000 München 40.

Antje Hagen

Geb. 10. 8. 1938 in Rethau bei Zittau; sie absolvierte die Höhere Handelsschule in Köln; Schauspielunterricht nahm sie in Hamburg. Seit 1961 arbeitet sie freischaffend für Funk und Fernsehen und spielt Theater.

Frau Hagen spricht engl., franz.; sie war verheiratet mit dem Motorjournalisten Günter Jendrich, hat einen Sohn und lebt in Baden-Baden.

Film: »Der aufrechte Gang«, mit Claus Eberth, Regie: Christian Ziewer, 1976; »Im Zeichen des Kreuzes«, Regie: H. R. Minow, 1983.

Theater: Titelrolle in »Ferien für Jessica«, 1979, in Barillet/Grédys »Die Kaktusblüte«, 1981, in »Der Mann aus dem Gästezimmer«, 1982 (auch Tournee), und in Benfields »Love Jogging«, 1984, jeweils Komödie im Marquardt Stuttgart; Katharina in Shakespeares »Der Widerspenstigen Zähmung«, Regie: Hans-Joachim Heyse, Luisenburg-Festspiele Wunsiedel 1980; in Halbes »Der Strom«, mit Walter Richter, Tournee 1982; Titelrolle in Goldonis »Mirandolina«, Regie: Hans Richter, Festspiele Heppenheim 1984.

Fernsehen: Neben zahlreichen Sendungen für den Südwestfunk Baden-Baden (»SWF-Abendschau«, »Das Rasthaus«, »Rendezvous«, etc.) spielte sie u. a.: in: »Die sich Christen nennen«, mit Emil Stöhr, Regie: Theo Mezger, ARD 1971; Trude Semmeling in »Einmal im Leben«, 3 Teile, ARD 1972, und in »Alle Jahre wieder: Die Familie Semmeling«, 3 Teile, ARD 1976, jeweils mit Fritz Lichtenhahn, Regie: Dieter Wedel; Reporterin in »Hessische Burgen und Schlösser«, Serie, HR III 1977/78; »Freundinnen«, Regie: Maria Neocleous, Serie, ARD 1978; »Die Schattengrenze«, mit Günter Lamprecht, Regie: Wolf Gremm, ZDF 1979; Frau Meier in »Die Meiers«, Regie: Maria Neocleous, und »Der gewöhnliche Sozialismus«, ARD 1979; »Wie würden Sie entscheiden?«, Serie, ZDF 1980; »Wer den Schaden hat«, Regie: Dieter Wedel, ZDF 1981; »Der Zubringer«, mit Hans Peter Korff, Regie: Horst Flick, ZDF 1982; »Die Einladung«, Regie: Bruno Voges, ARD 1983; »Gauner gibt es überall«, Regie: Dieter Wedel, ZDF 1983; »Heidelberger Schloß«, Regie: Theo Mezger, ARD 1984; »Einführung in das Mietrecht« (von Heiner Schmidt), mit Siegfried Rauch, 13 Teile, und »Stadttheater« (nach Fritz Raab), mit Wolfgang Kieling, Regie: Thomas Fantl, ZDF 1985.

Anschrift: c/o ZBF-Agentur München, Leopoldstraße 19, 8000 München 40.

Holger Hagen

Geb. 27. 8. 1915 als Sohn des Opernkapellmeisters und Kunsthistorikers Prof. Oskar Hagen und der Opernsängerin Thyra Leisner-Hagen in Halle/Saale; aufgew. in Göttingen. Mit zehn Jahren kam er nach Dann Madison, Wisconsin/USA, wo er nach der Oberschule auch sein Universitätstudium begann; er setzte es an der Columbia University New York fort. Sein Schauspielstudium absolvierte er an der Theaterschule der Universität von Wisconsin. Er debütierte 1938 am New Yorker Broadway. Bis 1940 spielte er ferner am Westchester County Playhouse, Mt. Kisco, New York. Gleichzeitig betrieb er sein Kapellmeister- und Musikstudium.

Sein erstes Engagement nach dem Krieg in der Bundesrepublik erhielt er bei Fritz Rémond am Theater im Zoo Frankfurt/Main. Von 1952 bis 1954 stand er im Ensemble des Thalia-Theaters in Hamburg, er gastierte auch an den dortigen Kammerspielen und am Theater im Zimmer. Weitere Stationen: Renaissance-Theater Berlin (1958), Theater unter den Arkaden München (1959), Theater in der Berliner Allee Düsseldorf (1961), Kleine Komödie München (1964), Theater der Freien Hansestadt Bremen (1965 und 1969), Kleines Theater Bad Godesberg (1969), Landesbühne Rheinland-Pfalz (1976) und Theater am Einlaß München (1981). Daneben machte er zahlreiche Tourneen. Schon vor seiner Filmtätigkeit begann er 1952 mit einer umfangreichen Synchronarbeit.

Hagen synchronisierte mittlerweile in über 1000 Spielfilmen die Hauptrolle. Er ist die deutsche Stimme von Richard Burton, Glenn Ford, Peter Finch, Henry Fonda, Mel Ferrer, Sir Alec Guinness, Daniel Gélin, James Garner, Vittorio Gassmann, Rex Harrison, William Holden, Burt Lancaster, Dean Martin, Marcello Mastroianni, James Mason, Yves Montand, David Niven, Michel Piccoli, Frank Sinatra, James Stewart und Gian Maria Volonté.

Hagen war von 1945 bis 1948 Theater- und Musikbeauftragter der US-Militärregierung in Deutschland. Als Musik- und Theaterkritiker arbeitete er von 1948 bis 1951 bei der Frankfurter Zeitung »Die Neue Zeitung«. Von 1971 bis 1981 war er Generalsekretär der Bundesfachgruppe Bühne Film Fernsehen (BFF) in der DAG; von 1976 bis 1981 zugleich Vorsitzender der Konferenz der EG-Schauspielergewerkschaften. Hagen spricht engl. (als zweite Muttersprache mit allen Dialekten), franz., span.; er ist verheiratet mit der Schauspielerin Bruni Löbel und hat aus deren früherer Ehe mit dem Kabarettisten Gerhard Bronner den angenommen Sohn Felix; er lebt in Ramering/Heldenstein.

Film: »Kinder, Mütter und ein General«, mit Therese Giehse und Ursula Herking, 1954; »Der Hauptmann von Köpenick« (nach Zuckmayer), mit Heinz Rühmann, Regie: Helmut Käutner, und »Made in Germany«, Regie: Wolfgang Schleif, 1956; »Die Trapp-Familie in Amerika«, Regie: Wolfgang Liebeneiner, und »Dorothea Angermann«, mit Ruth Leuwerik, Regie: Robert Siodmak, 1958; »Man on a String«, Regie: Andre de Toth, USA 1959; »Counterfeit Traitor«, mit William Holden, Regie: Georg Seaton, USA 1960; »Toller Hecht auf krummen Touren«, Regie: Geza von Radvany, 1961.

Theater: Cassio in Shakespeares »Othello«, mit Hans Ernst Jaeger, Regie: Fritz Rémond, Theater im Zoo Frankfurt/Main 1951; Harry Trench in Shaws »Die Häuser des Herrn Sartorius«, mit O.E. Hasse, Theater am Kurfürstendamm Berlin 1951; Evan in du Mauriers »Septemberblut«, Robert in Birabeaus »Mein Sohn, der Herr Minister«, Regie: Carl-Heinz Schroth, Sir Henry in der Uraufführung von Jacobsens »Wege des Zufalls«, Regie: Willy Maertens, Lord Darlington in Wildes »Lady Windermeres Fächer«, mit Inge Meysel, Max Halliday in Knotts »Bei Anruf Mord«, jeweils Thalia-Theater Hamburg 1952–1954; Gilbert in Greens »Janus«, Regie: Ida Ehre, Hamburger Kammerspiele 1956; Gaston in Colettes »Gigi«, Regie: Viktor de Kowa, Renaissance-Theater Berlin 1958; Gabriel Simon in Fabbris »Der Verführer« und Olivier Duval in Andrés »Virginie«, jeweils Theater unter den Arkaden München 1959; Bill Paige in van Drutens »Das Lied der Taube«, mit Bruni Löbel, Theater an der Berliner Allee Düsseldorf 1961; Banbury in Cowards »Gefallene Engel«, mit Bruni Löbel, Kleine Komödie München 1964; George in Albees »Wer hat Angst vor Virginia Woolf?«, und Fürst in Walsers »Die Zimmerschlacht«, Theater der Freien Hansestadt Bremen 1965 und 1969; Gerichtsrat Walter in Kleists »Der zerbrochene Krug«, mit Bruni Lö-

Gisela Hahn

(eigentlich: Gisela Drenkhan)

bel und Walter Jokisch, Tornee 1970; Semjonow in Arbusows »Altmodische Komödie«, Theater am Einlaß München 1981.
Fernsehen: »The Vikings«, US/TV-Serie, 1959; »Das Fräulein an der Kasse« (nach Semitjov), mit Bruni Löbel, Regie: Eberhard Itzenplitz, ZDF 1963; »Gesellschaftsspiel«, Regie: Peter Schulze-Rohr, ARD 1966; »Von uns für Sie«, »Conférence Wunschkonzert«, ZDF 1966; »Tatort«, Regie: Wolfgang Staudte, Serie, ARD 1973; »Eintausend Milliarden«, Regie: Dieter Wedel, ARD 1974; »Der Seitensprung«, mit Monika Lundi, ARD 1976; »Bailey's Bird« (»Flugboot SP 121«) 26 Folgen, Australien/TV, ZDF 1977; »Traumschiff«, mit Bruni Löbel, Regie: Fritz Umgelter, Serie, ZDF 1982; »Der Lehrer«, mit Klaus Schwarzkopf, Regie: Alfred Vohrer, ZDF 1984.
Auszeichnung: Bundesverdienstkreuz der Bundesrepublik Deutschland am Bande.
Anschrift: c/o Agentur Lentz, Holbeinstraße 4, 8000 München 80, oder Habelhof, Ramering 4, 8251 Heldenstein.

Geb. 13. 5. 1943 in Briesen; aufgew. in Visselhövede, Lüneburger Heide; nach dem Gymnasium absolvierte sie eine Ausbildung als Elektroassistentin bei der Firma Siemens in München. Nach dem Schauspielunterricht bei Annemarie Hanschke erhielt sie 1963/64 ihr erstes Bühnenengagement in München. Seit 1965 wirkte sie zudem in über 70 deutschen und internationalen Film- und TV-Produktionen mit. Seit 1984 ist sie Chefin des Weltvertriebes der Filmverleihfirma »CineVox« in München.
Frau Hahn spricht ital., engl., franz.; sie ist ledig und lebt in Rom/Italien.
Film: »Neues vom Hexer« (nach Wallace), Regie: Alfred Vohrer, 1965; »Die rechte und die linke Hand des Teufels«, mit Terence Hill und Bud Spencer, Italien 1969; »César et Rosalie«, mit Romy Schneider und Yves Montand, Regie: Claude Sautet, Frankreich/BRD 1972; »Kommissar X«, Regie: Harald Reinl, 1973; »DM-Killer«, mit Curd Jürgens und Daliah Lavi, 1974; »Palermo oder Wolfsburg«, Regie: Werner Schroeter, 1980; »Ernesto«, Regie: Salvatore Samperi, Italien 1980.
Theater: In »Ein Kuß und sonst gar nichts«, München 1963/64; in »Phi – Phi«, mit Viktor de Kowa, Deutsches Theater München, in Barrasch/Moores »Nur keine Blumen«, mit Carl-Heinz Schroth, Kleine Komödie München, und in »Ist Claudia sexy?«, Hofgarten München, jeweils 1965; in Arrabals »Die Krönung«, Modernes Theater München 1966; in Ionescos »Die Unterrichtsstunde«, Theater Salsomaggiore/Italien 1970.
Fernsehen: »Zimmer 13«, Regie: Wolfgang Glück, Serie, ZDF 1965; »Vincent van Gogh«, mit Herbert Fleischmann, Regie: Thomas Fantl, ZDF 1968; »La Baronessa di Carini«, Regie: Daniele D'Anza, ital. TV 1975; »L'ultimo aereo per Venezia«, Regie: Daniele D'Anza, Serie, ital. TV 1976/77; »Mondkracker«, Regie: Marco Serafini, ARD 1978; »Schwarz-Rot-Gold: Kaltes Fleisch«, Regie: Marco Serafini, ARD 1982; »La vita continua«, Regie: Dino Risi, ital. TV 1983.
Auszeichnung: Ital. Journalistenpreis »Maschera d'Argente« für »La Baronessa di Carini« 1975.
Anschrift: c/o Agentur Wiedner, Destouchesstraße 32, 8000 München 40.

Dieter Hallervorden

Geb. 5. 9. 1935 als Sohn eines Flugzeugkonstrukteurs in Dessau (Elbe); dort aufgew.; Abitur 1953; danach studierte er zwölf Semester Romanistik und Publizistik an der Humboldt-Universität in Ost-Berlin und Theaterwissenschaften in West-Berlin; 1958 verließ er die DDR und bewarb sich vergeblich um die Aufnahme an die Max-Reinhardt-Schule unter Hilde Körber; er nahm Privatunterricht bei Marlise Ludwig.
Als Synchronsprecher bekannt wurde er als deutsche Stimme des engl. Komikers Marty Feldman. Sein erstes Theaterengagement bekam er bei der Tribüne Berlin; es folgte ein Gastspiel beim Kabarett »Die Bedienten«. Ende 1960 gründete er das satirische Berliner Kabarett »Die Wühlmäuse«, dessen künstlerischer Leiter er bis heute ist.
Seit 1968 tritt Hallervorden im Fernsehen auf. Er veröffentlichte mehrere Langspielplatten, u.a.: »Mit dem Gesicht«, »Ich bin der schönste Mann in unserer Mietskaserne«, »Ich brech die Herzen«, »Didi«, »Nonsens nach Noten«, »Didi, der Doppelgänger«. Mit der Schauspielerin Helga Feddersen sang er die deutsche Version von John Travoltas und Olivia Newton-Johns Erfolgstitel »You' re the one that I want« (»Du, die Wanne ist voll«).
Hallervorden ist geschieden von der Schauspielerin Rotraud Schindler und lebt in Berlin. Seine beiden Kinder, Dieter (»Die drei Klumberger«) und Nathalie (»Der Untermieter«), standen ebenfalls schon vor der Fernsehkamera.
Film: »Mehrmals täglich«, Regie: Ralf Gregan, 1967; »Die Hochzeitsreise«, Regie: Ralf Gregan, 1969; Titelrolle »Ach du lieber Harry«, Regie: Jean Girault, 1981; »Alles im Eimer«, Regie: Ralf Gregan, 1982; »Der Schnüffler«, 1983; »Didi, der Doppelgänger«, Regie: Reinhard Schwabenitzky, und »Is' was Kanzler?!?«, Regie: Gerhard Schmidt, 1984; 7 Rollen in »Didi und die Rache der Enterbten«, Regie: Dieter Hallervorden selbst, 1985.
Fernsehen: Gangsterboß Köhler in »Das Millionenspiel«, Regie: Tom Toelle, ARD 1969; »Der Springteufel«, mit Arno Assmann, ARD 1970; »Ti vor Tu«, Regie: Heinz Liesendahl, ZDF 1972; »Abramakabra«, mit Helga Feddersen, 10 Folgen, ARD 1973; »Grand Gala – 3x klingeln«, 5 Folgen, ZDF, und »Läster-Lexikon«, ARD 1974; »Nonstop Nonsens«, mit Rotraud Schindler und Kurt Schmidtchen, sowie »Didi im Wilden Westen«, »Didi versucht sich als . . .«, »Didi macht das Rennen«, »Didi als Polizist«, »Didi als Taxifahrer«, »Nonsens nach Noten«, Regie: Heinz Liesendahl, 21 Folgen, ARD 1975–1980; »Drei Tage mit Didi«, ZDF 1981; »Wunderland«, mit Gustl Bayrhammer, ARD 1983; »Zelleriesalat«, 4 Folgen, ZDF 1983/84; »Die Nervensäge«, mit Rotraud Schindler, Regie: Ralf Gregan, 26 Teile, ZDF 1985/86.
Auszeichnung: »Goldener Bambi« (BILD + FUNK) 1981.
Anschrift: c/o »Die Wühlmäuse«, Nürnberger Straße 33, 1000 Berlin 30.

Erich Hallhuber

Geb. 14. 7. 1951 in München; dort aufgew.; er besuchte das Albert-Einstein-Gymnasium München, wo er erstmals im Schülertheater auftrat. Anschließend absolvierte er die Otto-Falckenberg-Schule München. Sein erstes Engagement erhielt er 1974 an den Bühnen der Stadt Köln, denen er bis 1979 angehörte. Seither ist er Ensemble-Mitglied des Bayerischen Staatsschauspiels München.
Hallhuber spricht engl.; er ist ledig und lebt in München.
Theater: Orlando in Shakespeares »Was ihr wollt«, Regie: Roberto Ciulli, und Titus Feuerfuchs in Nestroys »Der Talisman«, Regie: Hansgünther Heyme, jeweils Bühnen der Stadt Köln 1974–1979; in Zuckmayers »Der Hauptmann von Köpenick«, Regie: Horst Sachtleben, in Gombrowicz' »Yvonne, Prinzessin von Burgund«, in Bergmans »Szenen einer Ehe«, Regie: jeweils Ingmar Bergman, in Shakespeares »Der Kaufmann von Venedig«, Regie: Alfred Kirchner, in Molières »Dom Juan«, mit Michael Degen, Regie: Ingmar Bergman (auch Salzburger Festspiele 1983), Herzog von Moskau in Calderons »Das Leben ein Traum«, Regie: Wilfried Minks, Franci in de Filippos »Die Kunst der Komödie«, Regie: Frank Baumbauer, und Nick in Albees »Wer hat Angst vor Virginia Woolf?«, Regie: August Everding (auch Bregenzer Festspiele 1985), jeweils Bayerisches Staatsschauspiel München 1979–1986.
Fernsehen: »Münchnerinnen« (nach Thoma), ZDF 1975; »Polizei-Inspektion 1«, mit Walter Sedlmayr, Serie, ARD 1980; »Chorausflug« (von Georg Lohmeier), Serie, ZDF 1982; »Der Alte«, Serie, und »Derrick«, Serie, ZDF 1983/84; »Einstein«, Regie: Rüdiger von Spieß, ARD 1984.
Anschrift: c/o ZBF-Agentur München, Leopoldstraße 19, 8000 München 40.

Hans-Peter Hallwachs

Geb. 10. 7. 1938 als Sohn eines Tierarztes in Jüterbog; dort aufgew.; nach der Schule absolvierte er von 1959 bis 1961 die Fritz-Kirchhoff-Schauspielschule Berlin; er debütierte als Pater in Frischs »Andorra« am Stadttheater Rheydt (1962/63); von 1963 bis 1967 gehörte er zum Ensemble der Theater der Freien Hansestadt Bremen; ein Engagement am Württembergischen Staatstheater Stuttgart (1967–1969, teilweise als Gast) schloß sich an; seither war er als freischaffender Schauspieler u.a. an den Kammerspielen und am Bayerischen Staatsschauspiel in München, am Thalia-Theater Hamburg, an den Staatl. Bühnen Berlins und bei den Salzburger Festspielen tätig.
Er trat mit zahlreichen Inszenierungen hervor; u.a. Feydeaus »Heiratskandidaten« (Schiller-Theater Berlin), Stoppards »Schmutzige Wäsche« (Thalia-Theater Hamburg) und Feydeaus »Hypnose« (Theater der Freien Hansestadt Bremen).
Hallwachs spricht engl., franz.; er ist verheiratet und lebt in Berlin.
Film: »Mord und Totschlag«, Regie: Volker Schlöndorff, und »Tamara«, Regie: Hansjürgen Pohland, 1967; »Ohrfeigen«, Regie: Rolf Thiele, 1970; »Atemlos vor Liebe«, 1970, und »Junge Leute wollen lieben«, 1971, Regie: jeweils Dietrich Krausser; »Lohn und Liebe«, Regie: Ingo Kratisch und Marianne Lüdcke, 1973; »Halbe-Halbe«, Regie: Uwe Brandner, 1978; Titelrolle in »Fabian« (nach Kästner), Regie: Wolf Gremm, und »Nullpunkt«, Regie: Jochen Richter, 1980; »La Ferdinanda – Sonate für eine Medici-Villa«, Regie: Rebecca Horn, und »Nach Mitternacht«, Regie: Wolf Gremm, 1981; »Am Ufer der Dämmerung«, Regie: Jochen Richter, und »Der Bär«, Regie: Don Arkajan, 1982; »Im Inneren des Wals«, Regie: Doris Dörrie, 1985; »Der Sommer des Samurai«, mit Cornelia Froboess, Regie: Hans Christoph Blumenberg, 1986.
Theater: Sohn in der deutschen Erstaufführung von Doris Lessings »Jedem seine eigene Wildnis«, Romeo in Shakespeares »Romeo und Julia«, Horatio in Shakespeares »Hamlet«, Regie: Peter Zadek, Titelrolle in Goethes »Clavigo«, Sergius in Shaws »Helden«, Helmer in Ibsens »Nora«, Redl in der deutschen Erstaufführung von Osbornes »Ein Patriot für mich«, Regie: Peter Zadek, Colin in Jellicoes »Was ist an Tolen so sexy?« und Cornelius Christ in der deutschen Erstaufführung von Donleavys »New Yorker Geschichten«, jeweils Theater der Freien Hansestadt Bremen; Martin in Horváths »Italienische Nacht«, Rittmeister in Babels »Marija«, Muley Hassan in Schillers »Die Verschwörung des Fiesco zu Genua« und Leviné in Dorsts »Toller«, jeweils Württembergisches Staatstheater Stuttgart; Hoge in der deutschen Erstaufführung von Bonds »Der schmale Weg in den tiefen Norden«, Regie: Peter Zadek, Münchner Kammerspiele; Titelrolle in Shakespeares »Coriolanus«, Titelrolle in Peter Weiss' »Hölderlin«, Regie: jeweils Hans Hollmann, Bayerisches Staatsschauspiel München; Klavierspieler in Bernhards »Die Macht der Gewohnheit«, Regie: Dieter Dorn, Salzburger Festspiele; Max Braun in Griffith' »Komiker«, Regie: Peter Zadek, Thalia-Theater Hamburg.
Fernsehen: Fricke in »Fememord« (von Hendrich), Regie: Theo Mezger, und »Der Fall Lena Christ«, ARD 1968; Stepanowitsch in »Professor Blaise« (nach Pagnol), Regie: Werner Schlechte, ZDF 1969; »Taxi nach Leipzig« (aus der Reihe »Tatort«), Regie: Peter Schulze-Rohr, und Peter in »Leb wohl Judas« (nach Iredynski), Regie: Erich Neureuther, ARD 1970; »Beschreibung einer Verfolgung«, und »Zur schönsten Aussicht«, Regie: Hans Hollmann, ARD 1971; »Ferdinand Lassalle«, Regie: Helmuth Ashley, und »Kabale und Liebe« (nach Schiller), Regie: Hans-Peter Kaufmann, ZDF 1972; »Der kleine Löwe und die Großen« und »Ein ganz perfektes Ehepaar«, Regie: jeweils Ula Stöckl, ARD/ZDF 1973; »Der Tote vom Sarntal«, Regie: Rainer Söhnlein, und »Kein Grund zur Unruhe«, Regie: Peter F. Bringmann, ARD/ZDF 1974; »Die Macht der Gewohnheit«, Regie: Dieter Dorn, SRG 1974; »Amphitryon« (nach Kleist), Regie: Niels-Peter Rudolph, und »Shirins Hochzeit«, Regie: Helma Sanders, ARD/ZDF 1975; »Ein Fall für Stein«, Regie: Herbert Ballmann, 13 Folgen, ZDF 1976; »Oblomows Liebe«, Regie: Claus Peter Witt, und »Das stille Geschäft« (aus der Reihe: »Tatort«), Regie: Jürgen Roland, ARD 1977; »Exil« (nach Feuchtwanger), Regie: Egon Günther, 7 Teile, ARD 1981; »Cockpit«, Serie, ARD 1982; »Hauptsache konsequent« (Jutta-Speidel-Special), Regie:

Dagmar Damek, ZDF 1983; »Freiwild« (aus der Reihe: »Tatort«), Regie: Wolfgang Staudte, ARD 1983; »Der Unbesiegbare«, Regie: Gustáv Hámos, ZDF 1985.
Anschrift: c/o Agentur Mattes, Pilotystraße 2, 8000 München 22.

Martin Halm

Geb. 9. 7. 1961 in München; dort aufgew.; nach der Schule nahm er privaten Schauspielunterricht. Sein TV-Debüt gab er mit 11 Jahren in der Kindersendung »Kleine Löwen«.
Halm spricht engl., ital.; er ist ledig und lebt in München.
Film: Titelrolle in »Ernesto«, mit Michele Placido, Regie: Salvatore Sampieri, Italien 1978.
Fernsehen: Titelrolle in »Memet«, ARD 1975; »Tatort«, Regie: Kristian Kühn, Serie, ARD 1980; »Am Südhang«, Regie: Michael Verhoeven, ZDF 1980; Etzel Andergast in »Der Fall Maurizius« (nach Jakob Wassermann), mit Sigfrit Steiner, Matthias Fuchs und Heinz Bennent, Regie: Theodor Kotulla, 5 Teile, ZDF 1981; »Christian und Christiane«, Serie, ARD 1981; »Barriers«, engl. TV-Serie, 1981; »Die beiden Draufgänger«, ZDF 1982; »Zeig, was du kannst«, Regie: Imo Moszkowicz, ARD 1982; »Rummelplatzgeschichten«, Serie, ARD 1983; »SOKO 5113«, Serie, ZDF 1984; »Schöne Ferien«, Serie, ARD 1985; »Es muß nicht immer Mord sein«, Regie: Kai Borschc, Serie, und »Ich knüpfte manche zarte Bande«, mit Johannes Heesters, Regie: Rolf von Sydow, ZDF 1985; »Schwarzwaldklinik«, Regie: Alfred Vohrer, Serie ZDF 1986; »Feuerbohne e.V.«, mit Louise Martini, Serie, ARD 1986.
Anschrift: c/o Agentur Alexander, Lamontstraße 9, 8000 München 90.

Günther Maria Halmer

Geb. 5. 1. 1943 in Rosenheim; dort aufgew.; nach der Schule ging er mehrere Jahre ins Ausland. Er lebte u.a. in Paris und zwei Jahre lang als Bergwerksarbeiter in Kanada. Erst mit 25 Jahren besuchte er die Otto-Falckenberg-Schule in München. Noch während der Ausbildung gab er sein Debüt am Bayerischen Staatsschauspiel München im Jahre 1969. Sein erstes Engagement bekam er an den Münchner Kammerspielen (1969–1974). 1974/75 war er erneut am Bayerischen Staatsschauspiel München verpflichtet. Seither ist er freischaffend. Er gastierte u.a. am Theater in der Josefstadt Wien und auf Tournee (bis 1984).
Besonders bekannt wurde er 1975/76 als Tscharlie in Helmut Dietls Fernsehserie »Münchner G'schichten« (mit Therese Giehse). Seither wirkte er in über 40 Produktionen mit.
Halmer spricht engl., franz.; er ist verheiratet, hat einen Sohn und lebt in Höhenmoos/Oberbayern.
Film: »Lucky Star«, Regie: Hans-Jürgen Tögel, 1979; »Angst ist ein zweiter Schatten«, Regie: Norbert Kückelmann, 1982; deutscher Missionar in »Gandhi«, mit Ben Kingsley, Regie: Sir Richard Attenborough (»OSCAR« als bester Film), und »Sophie's Choice« (nach William Styron), mit Meryl Streep und Kevin Kline, Regie: Alan J. Pakula, USA 1982; »Wie hätten Sie's denn gern?«, Regie: Rolf von Sydow, 1983.
Theater: In Fleißers »Pioniere in Ingolstadt«, Regie: Niels-Peter Rudolph, 1969, und Leandre in Molières »Scapins Schelmenstreiche«, Regie: David Esring, 1975 (auch ARD 1977), jeweils Bayerisches Staatsschauspiel München; in Sperrs »Jagdszenen aus Niederbayern«, mit Therese Giehse und Paul Verhoeven, 1969, Lancaster in Brechts »Leben Eduards des Zweiten von England« (nach Marlowe), 1970, in der Uraufführung von Turrinis »Sauschlachten«, 1972, Don Juan in Shakespeares »Viel Lärm um nichts«, in Lawrence' »Die Schwiegertochter«, mit Cornelia Froboess, Regie: Horst Siede, und in Jörg Schneiders »Das Sennentuntschi«, 1972–1974, jeweils Münchner Kammerspiele; in Horváths »Die Unbekannte aus der Seine«, Theater in der Josefstadt Wien; in »Die Todesfalle«, Tournee 1982/83; in Nestroys »Der Talisman«, Tournee 1984.
Fernsehen: Tscharlie in »Münchner G'schichten«, mit Therese Giehse und Michaela May, Regie: Helmut Dietl, Serie, ARD 1975/76; »Der Alte«, Serie, und »Ein Mann wird jünger« (nach Italo Svevo), ZDF 1977; »Weder Tag noch Stunde«, Regie: Bruno Jantoss, ARD 1977; »Zeit zum Aufstehn« (nach August Kühn), Regie: Ludwig Cremer, 2 Teile, ZDF 1978; »Rollentausch«, Regie: Peter Weck, und »Erzählung eines Unbekannten« (nach Tschechow), Regie: Peter Vogel, ARD 1979; »Tatort«, Serie, 3 Folgen, ARD 1979–1984; »Glaube, Liebe, Hoffnung« (nach Horváth), Regie: Michael Kehlmann, ARD 1980; »Tödliches Geheimnis« (nach William Godwin), Regie: Herbert Wise, 4 Teile, ZDF 1980; »Polizei-Inspektion 1«, mit Walter Sedlmayr, Serie, 4 Folgen, ARD 1981–1983; »Ein Kleid von Dior«, mit Inge Meysel, Regie: Peter Weck, ARD 1982; »Die Mutprobe«, Regie: Michael Verhoeven, ZDF 1982; »Flohmarkt«, Serie, ZDF 1983; »Waldheimat« (nach Peter Rosegger), Regie: Hermann Leitner, Serie, »Ordnung muß sein«, Regie: Franz Geiger, »Angelo und Luzy«, Regie: C. Rainer Ecke, Serie, »Der Millionen-Coup«, mit Peter Bongartz, Regie: Ralph Storch, 2 Teile, und »Hildes Endspiel«, Regie: Franz Peter Wirth, ZDF 1984; Dr. Calani in »Der letzte Zivilist« (von Laurent Hynemann), mit Max von Sydow, 2 Teile, ZDF 1984; »Die Krimistunde«, Regie: Hartmut Griesmayr, Serie, ARD 1985.
Anschrift: c/o Agentur Baumbauer, Keplerstraße 2, 8000 München 80.

Hans W. Hamacher

Geb. 14. 6. 1920 in Köln; nach der Schule und einer Schauspielausbildung gab er sein Debüt an einer rheinischen Provinzbühne. 1953 kam er ans Theater am Schiffbauerdamm Berlin. Er gab zahlreiche Bühnengastspiele im Ausland, u.a. in Paris, London, Moskau, Prag und Stockholm. Zuletzt spielte er u.a. am Hansa-Theater Berlin, an den Kammerspielen Düsseldorf, am Kleinen Theater im Park Bonn/Bad Godesberg und an der Landesbühne Rheinland-Pfalz Neuwied. Er arbeitet auch als Regisseur.
Hamacher spricht engl., franz.; er lebt in Berlin.
Film: »Liebling der Götter«, mit Ruth Leuwerik, Regie: Gottfried Reinhardt, 1960; »Kenn ich . . . weiß ich . . . war ich schon!«, Regie: Monica Teuber, 1980.
Fernsehen: »Die Flucht nach Holland«; »Der Ball«, »Auf Sieg? Auf Platz? Auf Liebe!«; »Peter Brauer«; »In dieser Hölle«; »Langeweile«; »Kellerassel«; – jeweils ARD/ZDF bis 1971; »Das Geld liegt auf der Bank« (von Flatow), mit Rudolf Platte, Regie: Ottokar Runze, ZDF 1971; »Der Kommissar«, mit Erik Ode, Serie, ZDF 1973; »Der Haupttreffer« (von Pillau), und »David und Goliath« (nach Georg Kaiser), ZDF 1977; »Freundschaft wider Willen« (nach Jack London), ZDF 1979; »Frau Jenny Treibel« (nach Fontane), Regie: Franz Josef Wild, ARD 1982; »Der kleine Bruder«, ZDF 1982.
Anschrift: c/o ZBF-Agentur Berlin, Kurfürstendamm 206, 1000 Berlin 15.

Evelyn Hamann

Geb. als Tochter eines Konzertmeisters und einer Pianistin und Gesangspädagogin in Hamburg; dort aufgew.; sie absolvierte die Staatl. Hochschule für Musik und darstellende Kunst Hamburg. Ihr erstes Engagement erhielt sie 1968 am Deutschen Theater Göttingen. Von 1973 bis 1978 gehörte sie zum Ensemble des Theaters der Freien Hansestadt Bremen. Bekannt wurde sie vor allem als Sketch-Partnerin von Vicco von Bülow (»Loriot«) in dessen Fernseh-Reihen (seit 1976). Bühnengastspiele gab sie u.a. an den Hamburger Kammerspielen (1983/84).
Frau Hamann spricht engl.; sie ist ledig und lebt in Hamburg.
Film: »Piratensender Powerplay«, mit Thomas Gottschalk und Mike Krüger, Regie: Siggi Götz, 1981; »Wer spinnt denn da, Herr Doktor?«, mit Otto Sander, Regie: Stefan Lukschy und Christian Rateuke, 1982.
Theater: In Brechts »Mann ist Mann«, Deutsches Theater Göttingen 1968; Die Alte in Ionescos »Die Stühle«, Marthe Schwerdlein in Goethes »Urfaust«, und Frau in Fo/Rames »Nur Kinder, Küche, Kirche«, jeweils Theater der Freien Hansestadt Bremen 1973–1978.
Fernsehen: »Vier Stunden von Elbe 1« (von Helga Feddersen), Regie: Eberhard Fechner, ARD 1968; »Loriot I–VI«, mit Vicco von Bülow, Serie, ARD 1976–1979; »Was wären wir ohne uns«, mit Horst Bollmann und Gerd Vespermann, Regie: Ulrich Schamoni, 4 Teile, ARD 1979; »Report« (SWF, Sketche mit Loriot zur Bundestagswahl), ARD 1980; »60. Geburtstag«, TV-Show mit Vicco von Bülow zu dessen Geburtstag, ARD 1983; »Nesthäkchen« (von Justus Pfaue), Regie: Gero Erhardt, 6 Teile, und »Das Traumschiff«, Regie: Alfred Vohrer, Serie, ZDF 1983; »Lach mal wieder«, mit Günter Pfitzmann, Serie, Operndiva Margot Doos in »Helga und die Nordlichter«, von und mit Helga Feddersen, Ernst Fritz Fürbringer und Gerda Gmelin, Regie: Marcus Scholz, 13 Teile, »Die Lehmanns«, Regie: Wilfried Dotzel, Serie, »Der Lehrer«, mit Klaus Schwarzkopf, Regie: Alfred Vohrer, und »Mensch ohne Fahrschein«, mit Werner Hinz, Regie: Alfred Weidenmann, jeweils ZDF 1984; »Schöne Ferien«, Serie und »Laufen, leiden, länger leben«, Regie: Helmut Christian Görlitz, ARD 1985; »Ich knüpfte manche zarte Bande«, mit Johannes Heesters, Regie: Rolf von Sydow, ZDF 1985; »Kopfüber«, mit Boy Gobert, Regie: Stefan Lukschy, und »Grenzenloses Himmelblau«, mit Inge Meysel, Regie: Marcus Scholz, und »Suche Familie zahle bar«, mit Inge Meysel, Buch + Regie: Marcus Scholz, ZDF 1985; Haushälterin Carsta Michaelis in »Die Schwarzwaldklinik«, mit Klausjürgen Wussow, Gaby Dohm und Sascha Hehn, Regie: Hans-Jürgen Tögel, Serie, 5 Folgen, ZDF 1986.
Auszeichnung: »Goldene Kamera« (HÖRZU) 1977.
Anschrift: c/o ZBF-Agentur Hamburg, Tonndorfer Hauptstraße 9, 2000 Hamburg 70.

Lambert Hamel

Geb. 7. 6. 1940 in Ludwigshafen; dort aufgew.; nach dem Abitur studierte er Philosophie, Germanistik und Theaterwissenschaft an den Universitäten Heidelberg und Köln. Er besuchte die Westfälische Schauspielschule Bochum (Lehrer: Prof. Hans Schalla). Unter Fritz Kortner debütierte er 1963 als Thomas in Molières »Der eingebildete Kranke« am Deutschen Schauspielhaus Hamburg.
Seine Bühnenstationen: Schauspielhaus Bochum (1964), Bühnen der Stadt Köln unter Arno Assmann (1964–1968), Bayerisches Staatsschauspiel München unter Helmut Henrichs (1968–1973), Münchner Kammerspiele unter Hans-Reinhard Müller (1973–1982) und Städt. Bühnen Frankfurt/Main (1983). Seither ist er freischaffend. Er gastierte u.a. am Staatstheater am Gärtnerplatz München seit 1984.
Hamel spricht engl.; er ist verheiratet und lebt in München.
Film: »Der Durchdreher«, Regie: Helmut Dietl, 1978; »Marie Ward«, mit Hannelore Elsner, Regie: Angelika Weber, 1985.
Theater: Dauphin in Shaws »Die heilige Johanna« und Arthur in Mrożeks »Tango«, jeweils Bühnen der Stadt Köln 1964–1968; Galy Gay in Brechts »Mann ist Mann«, Titelrolle in Molières »George Dandin«, Regie: Niels-Peter Rudolph, und Titelrolle in Molières »Tartuffe«, jeweils Bayerisches Staatsschauspiel München 1968–1973; in Ostrowskijs »Ein heißes Herz«, Regie: Hans-Reinhard Müller, Pendelfrederech in Lasker-Schülers »Die Wupper«, Regie: Adolf Dresen, und Slift in Brechts »Die heilige Johanna der Schlachthöfe«, 1973/74, Mr. Cronin in Behans »Richards Korkbein« und Mosca in Jonsons »Volpone«, 1974/75, Holzapfel in Shakespeares »Viel Lärm um nichts«, Oswald Alving in Ibsens »Gespenster«, Reporter in Shaws »Der Arzt am Scheideweg« und 2. Strolch, Amtsdiener, Jongleur, Bänkelsänger, Haman, Muhme, Schauspieler, Esther, Mardochai, Magister und Schievelbusch in Hacks' »Das Jahrmarktsfest zu Plundersweilern« (nach Goethe), 1975/76, Wirt in Lessings »Minna von Barnhelm«, Regie: Dieter Dorn, Bischof in Genets »Der Balkon« und Viggo Schiwe in Enquists »Die Nacht der Tribaden«, Regie: Dieter Dorn, 1976/77, Rodrigo Quast in Wedekinds »Erdgeist« und »Die Büchse der Pandora«, Regie: Dieter Dorn, Naube in Deichsels »Loch im Kopf« und Schilderverteiler, Clown, Hagen, Hitler und Gandhi in Müllers »Germania Tod in Berlin«, Regie: Ernst Wendt, 1977/78, Zettel in Shakespeares »Ein Sommernachtstraum«, Wurm in Schillers »Kabale und Liebe« und Carlos in Goethes »Clavigo«, 1978/79, Hjalmar Ekdal in Ibsens »Die Wildente«, Burggraf Maximilian in Kleists »Das Käthchen von Heilbronn« und Titelrolle in Shakespeares »Hamlet«, Regie: jeweils Ernst Wendt, 1979/80, Graf in Pirandellos »Die Riesen vom Berge«, Regie: Ernst Wendt, Valerio in Büchners »Leonce und Lena«, und Jason in Jahnns »Medea«, Regie: Ernst Wendt, 1980/81, und Gawain in Dorsts »Merlin oder Das wüste Land«, Regie: Dieter Dorn, 1981/82, jeweils Münchner Kammerspiele; Tobias Rülp in Shakespeares »Was ihr wollt«, Regie: Johannes Schaaf, und in Brechts »Im Dickicht der Städte«, Regie: Adolf Dresen, jeweils Städt. Bühnen Frankfurt/Main 1983; Mr. Doolittle in Lerner/Loewes »My Fair Lady«, Regie: August Everding, und Oberst Ollendorf in Millöckers »Der Bettelstudent«, jeweils Staatstheater am Gärtnerplatz München 1984–1986; in Claudels »Der seidene Schuh«, Regie: Hans Lietzau, Salzburger Festspiele 1985 (auch ORF).
Fernsehen: »Der Bürobote«, mit Theo Lingen, Regie: Hartmut Griesmayr, ZDF 1978; »Der Gerichtsvollzieher«, Regie: Peter Weck, Serie, ARD 1981; »Derrick«, Serie, ZDF 1982; Vansen in »Egmont« (nach Goethe), Regie: Franz Peter Wirth, und Hofmarschall von Kalb in »Kabale und Liebe« (nach Schiller), Regie: Heinz Schirk, ARD 1982; Titelrolle in »Martin Luther« (von Theodor Schübel), Regie: Rainer Wolffhardt, und »Hauptsache: Leben ...«, Regie: Diethard Klante, ZDF 1983; »Zwischengleis«, mit Mel Ferrer und Pola Kinski, Regie: Wolfgang Staudte, ARD 1983; »Billetdoux«, Regie: Michel Bernie, 6 Teile, ARD 1984; »Angelo und Luzy«, Serie, ZDF 1984; »Schöne Ferien«, Serie, ARD 1985.
Anschrift: c/o Agentur Lentz, Holbeinstraße 4, 8000 München 80.

Christiane Hammacher

Geb. als Tochter eines Schauspieler-Ehepaares in Mannheim; aufgew. in Berlin, Karlsruhe und Bern. Schauspielunterricht hatte sie bei ihren Eltern. Ihre Bühnenstationen: Atelier-Theater Bern (1960–1962), Theater Oberhausen (1962–1964), Stadttheater Luzern (1964–1965), Schauspielhaus Düsseldorf (1965–1973) und Münchner Kammerspiele (1973–1983). Seither ist sie freischaffend. 1983/84 trat sie in vielen Städten (u. a. Regensburg, Düsseldorf und München) als Interpretin von Liedern aus den 50er und 80er Jahren auf. Ihre Bühnenshow trägt den Titel »Chan-Songs«.
Christiane Hammacher spricht engl., franz.; sie lebt in München.
Theater: Alizon in Frys »Die Dame ist nicht fürs Feuer« (Debüt), mit Peter Roggisch, Atelier-Theater Bern 1960; Franziska in Lessings »Minna von Barnhelm«, Cressida in Shakespeares »Troilus und Cressida« und Rossignol in Peter Weiss' »Die Verfolgung und Ermordung Jean Paul Marats«, jeweils Stadttheater Luzern 1964–1965; Susanne in Beaumarchais' »Der tolle Tag oder Figaros Hochzeit«, Mara in Claudels »Verkündigung« und Marie in Kipphardts »Soldaten«, Regie: jeweils Jean-Pierre Ponnelle, in der deutschen Erstaufführung von Mrożeks »Tango« (1966; auch Gastspiele in Florenz und Paris; auch TV), und in der Uraufführung von Dürrenmatts »Portrait eines Planeten« (1970), Regie: jeweils Erwin Axer, Maria in Shakespeares »Was ihr wollt«, Titelrolle in Strindbergs »Fräulein Julie« und Damis in Molières »Tartuffe«, jeweils Schauspielhaus Düsseldorf 1965–1973; Fanny Krull in Sternheims »Die Kassette« und Dorffrau in »Worte Gottes«, Regie: jeweils Johannes Schaaf, Beatrice in Shakespeares »Viel Lärm um nichts«, Regie: Benno Besson, diverse Rollen in Hacks' »Das Jahrmarktsfest zu Plundersweilern« (nach Goethe), Regie: Klaus Emmerich, Franziska in Lessings »Minna von Barnhelm«, Sophie in Goethes »Clavigo« und Julie in Büchners »Dantons Tod«, Regie: jeweils Dieter Dorn, Chantal in Genets »Der Balkon«, Tritte in Becketts »Damals«, Haushälterin in Lorcas »Doña Rosita« (auch ARD 1978), Nachtstück in H. Müllers »Germania Tod in Berlin«, Frau in Braschs »Lovely Rita«, Amalie Balicke in Brechts »Trommeln in der Nacht« und Charlotte Iwanowa in Tschechows »Der Kirschgarten«, Regie: jeweils Ernst Wendt, Regine in Ibsens »Gespenster« und Gina Ekdal in Ibsens »Die Wildente«, Regie: jeweils Hans-Reinhard Müller, Die gnädige Frau in Genets »Die Zofen« und Clara in Bernhards »Vor dem Ruhestand«, jeweils Münchner Kammerspiele 1973–1983; Herzogin von Friedland in Schillers »Wallenstein«, Festspiele Gandersheim 1985.
Fernsehen: »Ostende«, ARD 1969; »Tatort«, Regie: Hajo Gies, Serie, ARD 1978; »Der Heiratsantrag« (nach Tschechow), mit Günter Mack und Hans Korte, Regie: Klaus Wagner, ARD 1983; »Derrick«, Serie, 2 Folgen, ZDF 1983/84; »Polizei-Inspektion 1« mit Walter Sedlmayr, Regie: Günter Gräwert, Serie, ARD 1985.
Anschrift: c/o Agentur Mattes, Pilotystraße 2, 8000 München 22.

Edith Hancke

Geb. 14. 10. 1929 als Tochter eines Kaufmanns in Berlin; dort aufgew.; nach dem Besuch der Mittelschule absolvierte sie eine Ausbildung im Lettehaus Berlin und nahm Schauspielunterricht bei Marlise Ludwig. Seit 1948 spielt sie an Berliner Bühnen. Sie gastierte u. a. am Renaissance-Theater, am Deutschen Theater, am Schloßpark- und Schiller-Theater, an der Komödie und am Theater am Kurfürstendamm; sie war langjähriges Mitglied des Kabaretts »Die Stachelschweine«.
Bekannt wurde sie vor allem durch ihre zahlreichen Auftritte bei Film (ab 1949) und Fernsehen.
Frau Hancke spricht engl.; sie ist verheiratet mit dem Schauspieler und Direktor der »Tribüne« Berlin, Klaus Sonnenschein. Ihrer früheren Ehe mit dem Schauspieler Lutz Moik entstammt ihr Sohn Marian (geb. 1957). Sie lebt in Berlin.
Film: »Der Biberpelz« (nach Hauptmann), Regie: Erich Engel, DDR/DEFA 1949; »Bürgermeister Anna«, 1950; »Modell Bianka«, 1951; »Von Liebe reden wir später«, 1953; »Der Raub der Sabinerinnen« (nach Schönthan), Regie: Kurt Hoffmann, 1954; »Himmel ohne Sterne«, Regie: Helmut Käutner, »Urlaub auf Ehrenwort« und »Ihr Leibregiment«, 1955; »Tausend Melodien«, »Ein Mann braucht nicht immer schön sein«, und »Der Hauptmann von Köpenick« (nach Zuckmayer), mit Heinz Rühmann, Regie: Helmut Käutner, 1956; »Die große Chance«, mit Freddy Quinn, Regie: Hans Quest, und »Frühling in Berlin«, 1957; »Madeleine – Tel. 13 62 11«, Regie: Kurt Meisel, »Schwarzwälder Kirsch«, »Schmutziger Engel«, »Der Maulkorb« (nach Spoerl), mit O. E. Hasse, Regie: Wolfgang Staudte, »Ohne Mutter geht es nicht«, »Meine 99 Bräute« und »Kleine Leute – mal ganz groß«, 1958; »Arzt aus Leidenschaft«, »Kriegsgericht«, Regie: Kurt Meisel, »Natürlich die Autofahrer«, mit Heinz Erhardt, Regie: Erich Engels, »Peter schießt den Vogel ab« und »Zwei Engel im Pullover«, 1959; »Das hab' ich in Paris gelernt«, 1960; »Die seltsame Gräfin« (nach Wallace), mit Marianne Hoppe und Elisabeth Flickenschildt, Regie: Josef von Baky, 1961; »Meister Eder und sein Pumuckl« (nach Kaut), mit Gustl Bayrhammer, Regie: Ulrich König, BRD/Ungarn 1981.
Fernsehen: Sie wirkte in unzähligen Berliner Lokalproduktionen mit, in denen es um Berliner »Herz und Schauze« geht. So in den Serien »Im Ballhaus wird geschwoft« (Regie: Thomas Engel, ARD 1967/68), »Drüben bei Lehmanns« (mit Brigitte Mira und Walter Gross), »Familie Bergmann« (Regie: Thomas Engel), »Drei Damen vom Grill« (mit Brigitte Mira, Brigitte Grothum und Günter Pfitzmann), »Preußenkorso« und »Ein Mann für alle Fälle« (jeweils mit Harald Juhnke), »Ein Mann will nach oben« (nach Fallada, mit Mathieu Carrière, Regie: Herbert Ballmann, ZDF 1978), »Lach mal wieder« (mit Günter Pfitzmann, ZDF 1983/84) sowie in zahlreichen »Specials« des ZDF, die in Berlin entstanden, und Unterhaltungsshows aus dem Berliner Milieu (»Musik ist Trumpf«, »Karneval der Operette«, »Du mein Berlin«).
Neben Klaus Sonnenschein war sie als Berliner Kneipen-Wirtin in der ARD-Reihe »Wissen Sie es besser?« zu sehen, in der der Fernsehzuschauer per Telefon die gespielten Kriminalgeschichten auflösen konnte (Regie: Dieter Finnern, 1979-1984). Weiter: »Patchworkshop«, Regie: Dieter Finnern, ARD 1983; »Anruf genügt«, Regie: Wilfried Dotzel, »Mal seh'n, was uns blüht«, mit Hans Rosenthal, »Berliner Weiße mit Schuß«, mit Günter Pfitzmann, Regie: Wilfried Dotzel, und »Alte Gauner«, Regie: Konrad Sabrautzky, Serie, ZDF 1985.
Anschrift: c/o Agentur Killer, Harthauser Straße 54, 8000 München 90.

Ernst Hannawald

Geb. 20. 10. 1959 in Rosenheim; dort aufgew.; lebt in München; verheiratet, ein Kind; er spricht niederländisch, engl.; er wurde ohne Schauspielausbildung mit 17 Jahren für die Verfilmung des Romans von Alexander Ziegler »Die Konsequenz« engagiert und drehte seitdem über 35 Kino- und Fernsehfilme.
Film: Thomas Manzoni in »Die Konsequenz« (nach Alexander Ziegler), mit Jürgen Prochnow, Regie: Wolfgang Petersen, 1977; »Die Faust in der Tasche«, Regie: Max Willutzki, und »Der große Stau«, mit Marcello Mastroianni, 1978; »Die letzten Jahre der Kindheit«, Regie: Norbert Kückelmann, 1979.
Fernsehen: »Aus heiterem Himmel«, Regie: Wolfgang Panzer, und »Greco«, ZDF 1980; Willi Schweiger in »Zeit genug«, mit Toni Berger, Regie: Franz X. Bogner, 6 Folgen, und »Kontakt bitte«, ARD, 1982; »Der falsche Weg« und »SOKO 5113«, Serie, ZDF 1982; »Angelo und Luzy«, Serie, ZDF 1984; »Sag die Wahrheit, Engel«, ARD 1984; »Abenteuer der Seele«, Regie: Jochen Richter, BR III 1985.
Anschrift: c/o ZBF Agentur München, Leopoldstraße 19, 8000 München 40, und Nymphenburger Straße 122, 8000 München 19.

Joachim Hansen

(eigentlich: Joachim Spieler)

Geb. 28. 6. 1930 als Sohn eines Lehrers in Frankfurt/Oder; dort aufgew; nach dem Abitur arbeitete er zunächst im Bergbau; später absolvierte er die Dolmetscher-Schule Berlin (Diplom: Englisch und Französisch). 1953 legte er die Abschlußprüfung an der Max-Reinhardt-Schule unter Hilde Körber ab. Erste Engagements bekam er am Stadttheater Reydt, am Stadttheater Wilhelmshaven und an den Städt. Bühnen Oberhausen. Gastspiele gab er seit 1960 u. a. an der Komödie im Marquardt Stuttgart, am Theater Die Kleine Freiheit München, an der Landesbühne Hannover, am Fritz-Rémond-Theater im Zoo Frankfurt/Main, am Theater in der Josefstadt Wien, an den Vereinigten Städt. Bühnen Krefeld-Mönchengladbach, am Landestheater Saarbrücken sowie bei den Festspielen in Feuchtwangen und Ettlingen. Ferner machte er seit 1975 zahlreiche Tourneen.

Unter der Regie von Alfred Weidenmann, der ihn 1957 für den Film entdeckte, drehte er seinen ersten Spielfilm »Der Stern von Afrika«. Seither wirkte er in über 50 Produktionen mit.

Hansen ist in zweiter Ehe verheiratet mit der Gastronomin Marion Wolff, hat einen Sohn (Maximilian, geb. 1980) und lebt abwechselnd in Palma de Mallorca/Spanien und Berlin.

Film: »Madeleine und der Legionär«, mit Hildegard Knef, Regie: Wolfgang Staudte, 1957; »Laila« und »Romarei – Das Mädchen mit den grünen Augen«, 1958; »Hunde, wollt ihr ewig leben«, Regie: Frank Wisbar, »Und ewig singen die Wälder«, mit Gert Fröbe, Regie: Paul May, und »Morgen wirst du um mich trauern«, Regie: Alfred Braun, 1959; »Das kunstseidene Mädchen«, Regie: Julien Duvivier, Frankreich 1960; »Der Satan lockt mit Liebe«, Regie: Rudolf Jugert, »Das Erbe von Björndal«, Regie: Gustav Ucicky, und »Wenn die Heide blüht«, Regie: Hans Deppe, 1960; »Via Mala« (nach Knittel), mit Gert Fröbe, Regie: Paul May, »Das Mädchen und der Staatsanwalt«, Regie: Jürgen Goslar, und »Zwischen Schanghai und St. Pauli«, 1961; »Kali Yug – Die Göttin der Rache«, Regie: Mario Camerini, Italien 1963; »90 Nächte und ein Tag«, Regie: Edgar Ulmer, und »Die schwarzen Adler von Santa Fe«, Regie: Ernst Hofbauer, 1964; »Jagd auf blaue Diamanten«, Regie: Paul Martin, und »Die letzten Drei der Albatros«, Regie: Wolfgang Becker, 1965; »Rembrandt 7 antwortet nicht«, Regie: Carlo Romitelli, Italien 1965; »Brennt Paris?«, mit Gert Fröbe, Regie: René Clément, Frankreich/USA 1965; »Andrea – Wie ein Blatt auf nackter Haut«, 1967; »Die Brücke von Remagen«, Regie: John Guillermin, Großbritannien 1968; »Unser Doktor ist der Beste«, Regie: Kurt Nachmann, 1969; »Popsy Pop«, mit Claudia Cardinale, Regie: Jean Herman, Frankreich 1970; »Vous interessez-vous à la chose?«, Regie: Jacques Baratier, Frankreich 1973; »Das alte Gewehr«, Regie: Robert Enrico, Frankreich/BRD 1975; »Die Frau am Fenster«, Regie: Pierre Granier-Deferre, Frankreich/Italien/BRD 1976; »The Boys from Brazil«, mit James Mason, Laurence Olivier und Gregory Peck, Regie: Franklin Schaffner, Großbritannien 1977; »Steiner – Das Eiserne Kreuz« (2. Teil), mit Richard Burton, Robert Mitchum und Rod Steiger, Regie: Andrew V. McLaglen, »Götz von Berlichingen mit der eisernen Hand« (nach Goethe), Regie Wolfgang Liebeneiner und Harald Reinl, 1978; »Lucky Star«, Regie: Hans-Jürgen Tögel, 1979; »Die Dame vom Palast-Hotel«, mit Gudrun Landgrebe, Regie: Edouard Molinaro, BRD/Frankreich 1985.

Theater: Titelrolle in Kleists »Prinz Friedrich von Homburg«, Rudenz in Schillers »Wilhelm Tell«, Gyges in Hebbels »Gyges und sein Ring«, Camille in Büchners »Dantons Tod«, Cléanthe in Molières »Der eingebildete Kranke«, jeweils an den vorgenannten Bühnen bis 1960; Sir Robert Chiltern in Wildes »Ein idealer Gatte«, Alan Baker in Simons »Ausreißer«, John Middleton in Maughams »Finden Sie, daß Constanze sich richtig verhält?«, Komödie im Marquardt Stuttgart und Komödie Düsseldorf 1964–1971; Titelrolle in Hofmannsthals »Jedermann«, Festspiele Heppenheim 1974/75; Gaston in Coubiers »Aimée«, Landesbühne Hannover, Tournee und Fritz-Rémond-Theater im Zoo Frankfurt/Main 1977/78; Lord Goring in Wildes »Ein idealer Gatte« und Baron in Mihuras »Der Engel mit dem Blumentopf«, jeweils Theater in der Josefstadt Wien 1979/80; Peter Northbrook in Rattigans »Der schlafende Prinz«, Tournee 1980; Beaudricourt und Ankläger in Anouilhs »Jeanne oder Die Lerche«, Kreuzgang-Festspiele Feuchtwangen 1982; Benedict in

Shakespeares »Viel Lärm um nichts«, Schloß-Festspiele Ettlingen 1983/84.
Fernsehen: Lucentio in »Der Widerspenstigen Zähmung«, Orsino in »Was ihr wollt« und Claudio in »Viel Lärm um nichts« (jeweils nach Shakespeare), ARD 1958; »Victoria Regina«, ITV, engl. TV 1964; »Dieser Mann und Deutschland«, ARD 1966; Jeff in »Stunde der Nachtigallen« (nach Parish), ZDF 1967; »Jonny« (von Thierbach), und Antonio in »Giuditta« (nach Lehár), ZDF 1970; »Vienna – Soldier of Fortune«, MGM, US-TV 1972; Luigi in »Gasparone« (nach Millöcker), ZDF 1972; Torvald in »Nora« (nach Ibsen), ARD 1973; Freeman in »Strategen der Liebe« (nach Farquhar), und Charles in »Härte 10«, Serie, ARD 1974; Neuhoff in »Der Schwierige« (nach Hofmannsthal), Regie: Stanislav Barabas, ZDF 1974; Lilienthal in »Die Grashüpfer«, Serie, ARD 1976; »Cinq à Sec«, ORTF, franz. TV 1976; Feldmarschall von Arnim in »Wallenstein« (nach Schiller), und Sesemann in »Heidi« (nach Spyri), Serie, ARD 1977; »Zwischenmahlzeit«, TV Show, ARD 1980; »Glanz und Elend der Kurtisanen« (nach Balzac), Regie: Maurice Cazeneuve, Serie, ARD 1983; »Traumschiff«, Regie: Alfred Vohrer, Serie, ZDF 1983.
Anschrift: c/o Agentur Alexander, Lamontstraße 9, 8000 München, oder Calle Miguel Rossello, Alemany 52, Cala Mayor, Palma de Mallorca, Spanien.

Karin Hardt

Geb. 28. 4. 1910 als Tochter eines Kaufmanns in Hamburg; dort aufgew.; nach dem Besuch des Lyzeums nahm sie privaten Schauspielunterricht bei Alex Otto. Nach drei Jahren Bühnen-Engagements in Mönchengladbach, Rheydt und Altenburg kam sie 1932 zum Film. Bis Kriegsende wirkte sie in 42 Produktionen mit. Nach 1945 bildete den Schwerpunkt ihrer Arbeit das Theater. Als freischaffende Schauspielerin hatte sie Engagements in Berlin (u. a. Hebbel-Theater, Renaissance-Theater, Theater am Kurfürstendamm und Theater des Westens), Hamburg, Aachen und Köln.
Frau Hardt spricht engl.; sie ist geschieden von dem Schauspieler Rolf von Goth und lebt in Berlin.
Film: »Acht Mädels in einem Boot«, und »Abel mit der Mundharmonika«, Regie: Ernst Waschneck, und »An heiligen Wassern«, 1932; »Ein gewisser Herr Gran«, mit Hans Albers, »Hände aus dem Dunkel« und »Die blonde Christel«, 1933; »Zwischen Himmel und Erde«, »Vater geht auf Reisen«, »Schön ist es, verliebt zu sein«, »Jede Frau hat ihr Geheimnis« und »Die Liebe und die erste Eisenbahn«, 1934; »Hermine und die sieben Aufrechten«, mit Heinrich George und Albert Lieven, Regie: Frank Wisbar, »Wenn die Musik nicht wär« und »Die törichte Jungfrau«, 1935; »Liebeserwachen«, »Port Arthur«, mit Adolf Wohlbrück und Paul Hartmann, »Die Abenteuer von Paris« und »Arzt aus Leidenschaft«, 1936; »Daphne und der Diplomat« und »Liebe geht seltsame Wege«, 1937; »Stärker als die Liebe«, »Die Frau am Scheideweg«, mit Magda Schneider, »Der Mann, der nicht nein sagen kann«, mit Carl Ludwig Diehl, »Die Umwege des schönen Karl«, »Heiraten – aber wen?« und »Peter spielt mit dem Feuer«, 1938; »Fasching«, mit Carl Wery und Liesl Karlstadt, Regie: Hans Schweikart, »Menschen vom Varieté«, mit Hans Moser, »Sommer, Sonne, Erika« und »Dein Leben gehört mir«, 1939; »Familienanschluß«, »Sein Sohn«, »Männerwirtschaft«, und »Kameraden«, mit Willy Birgel, 1941; »Liebe, Leidenschaft und Leid«, 1943; »Das Hochzeitshotel«, »Schicksal am Strom«, »Ein Mann wie Maximilian« und »Aufruhr in Balhamsried«, 1944; »Via mala« (nach Knittel), mit Viktor Staal und Hilde Körber, Regie: Josef von Baky, »Zimmer zu vermieten« und »Eine reizende Familie«, 1945; »Madonna in Ketten«, 1949; »So sind die Frauen«, 1950; »Die Toteninsel«, »Suchkind 312«, mit Berta Drews, und »Dornröschen«, 1955; »Endstation Liebe«, 1958; »Schöner Gigolo, armer Gigolo«, mit David Bowie, Marlene Dietrich und Maria Schell, Regie: David Hemmings, 1979.
Theater: In Hauptmanns »Vor Sonnenuntergang«, mit Werner Krauß, in Wedekinds »König Nicolo«, Regie: Jürgen Fehling, in Shaws »Frau Warrens Gewerbe«, mit Hermine Körner, in Eulenbergs »Zeitwende«, in Goethes »Egmont«, mit Paul Klinger, in Lerner/Loewes »My Fair Lady«, in Schillers »Kabale und Liebe«, mit Erik Schumann, in Lessings »Minna von Barnhelm«, und Amanda in Williams' »Die Glasmenagerie«, jeweils an den vorgenannten Bühnen.
Fernsehen: »Der Forellenhof« (von Wuttig), mit Hans Söhnker, Jane Tilden, Helga Anders und Helmut Förnbacher, Regie: Werner Schleif, Serie, ARD 1965; »Till, der Junge von nebenan«, mit Ilja Richter und Susanne Uhlen, Serie, ARD 1967; »Einer fehlt beim Kurkonzert« (nach Martin), mit Hans Putz, Regie: Jürgen Roland, ARD 1968; »Preußenkorso Nr. 17«, mit Harald Juhnke, ZDF 1974; »Wochenendgeschichten«, mit Curt Bois, ZDF 1976; »Derrick«, Serie, ZDF 1978; »Tatort«, Serie, 2 Folgen, ARD 1981 + 1984; »Levin und Gutman«, mit Werner Hinz und Shmuel Rodensky, Regie: Peter Deutsch, Serie, und »Was ist, Ricky?«, ARD 1984; »Der Schluckauf«, Regie: Reinhard Koch, ORF 1984; Käti in »Die Schwarzwaldklinik« (von Lichtenfeld), mit Klausjürgen Wussow, Gaby Dohm und Sascha Hehn, Regie: Alfred Vohrer und Hans-Jürgen Tögel, 23 Teile, ZDF 1985/86.
Auszeichnung: Filmband in Gold.
Anschrift: c/o ZBF-Agentur Berlin, Kurfürstendamm 206, 1000 Berlin 15, oder Hohenzollerndamm 94, 1000 Berlin 33.

Willy Harlander

Geb. 30. 4. 1931 in Regensburg; dort aufgew.; nach der Schule absolvierte er zunächst eine Orgelbauerlehre. Anschließend nahm er Schauspiel- und Gesangsunterricht in München. Seither wirkt er in großem Umfang beim Hörfunk. Nahezu 15 Jahre spielte er am Münchner Volkstheater »Platzl«. Gastspiele gab er u. a. auch an der Kleinen Komödie München (1974 und 1979). Bekannt wurde er zudem durch zahlreiche Aufgaben beim Fernsehen, u. a. durch Serien.
Harlander ist verheiratet mit Erika Blumberger und lebt in München.
Film: »Lili Marleen«, mit Hanna Schygulla, Regie: Rainer Werner Fassbinder, 1981; »Meister Eder und sein Pumuckl«, mit Gustl Bayrhammer, Regie: Ulrich König, 1981 (auch TV-Serie).
Theater: Neben zahlreichen volkstümlichen Stücken im Münchner »Platzl« ferner u. a. in Bush-Feketes »Jean«, 1974, und in Thomas »Witwen«, 1979, jeweils Kleine Komödie München, in Sperrs »Koralle Meier«, Münchner Volkstheater 1985.
Fernsehen: Bis 1968 u. a. in »Die vor die Hunde gehen« und »Herr Wolf hat seine Krise«; »Ein Sommer mit Nicole«, Regie: Thomas Engel, Serie, ZDF 1969, »Das Trauerspiel von Julius Cäsar« (nach Shakespeare), und »Ein Dorf ohne Männer« (nach Horváth), ARD 1969, und »Die Perle« (nach Ziegler), mit Ruth Drexel, ARD 1970, Regie: jeweils Michael Kehlmann; »Das königlich bayerische Amtsgericht« (von Georg Lohmeier), mit Hans Baur, Serie, ZDF 1971/72; Titelrolle in »Der Mensch Adam Deigl und die Obrigkeit«, Regie: Rainer Wolffhardt, ARD 1974; Kriminalassistent Brettschneider in »Tatort« (aus München), mit Gustl Bayrhammer und Helmut Fischer, Serie, 16 Folgen, ARD 1971–1986; »Die Teufelsbraut« (nach Kranewitter), mit Lil Dagover, Regie: Hans Dieter Schwarze, ARD 1977; »Sachrang« (von Storz), mit Gerhart Lippert, Regie: Wolf Dietrich, 3 Teile, ARD 1978; »Der falsche Paß für Tibo« (von Herbert Rosendorfer), ZDF 1980; »Heimat«, Buch und Regie: Franz Xaver Kroetz, ARD 1980; »Nesthäkchen«, Regie: Gero Erhardt, Serie, ZDF 1983; »Sturzflüge« (Valentinaden), BR III, 1984; »Waldheimat« (nach Peter Rosegger), Serie, »Der Mann, der keine Autos mochte«, Regie: Dieter Wedel, Serie, »Heiße Wickel – kalte Güsse« (von Lohmeier), Regie: Franz Josef Gottlieb, 13 Teile, und »Wie im Paradies«, Regie: Bernd Fischerauer, ZDF 1984; »Polizei-Inspektion 1«, mit Walter Sedlmayr, Serie, ARD 1984; »Geschichten aus der Heimat«, Serie, und »Franz Xaver Brunnmayr«, mit Gustl Bayrhammer und Toni Berger, Regie: Ulrich König, Serie, ARD 1985; Franz Bauer in »Schloßherren«, mit Karl Lieffen, Regie: Reinhard Schwabenitzky, 8 Teile, und »Schafkopfrennen«, Regie: Bernd Fischerauer, Serie ARD 1986.
Anschrift: c/o Agentur Mattes, Pilotystraße 2, 8000 München 22.

Raimund Harmstorf

Geb. 7. 10. 1940 in Hamburg; dort aufgew.; nach dem Abitur studierte er zunächst Medizin; er brach sein Studium jedoch ab und absolvierte die Staatl. Hochschule für Musik und darstellende Kunst in Hamburg. Erste Bühnen-Engagements hatte er u. a. in Hamburg, Berlin und auf einer Tournee durch Südamerika. Als Sportler erkämpfte er sich den Titel des Zehnkampfmeisters des Bundeslandes Schleswig-Holstein.
Bekannt wurde er vor allem durch seine erste große Fernsehrolle, die des Wolf Larsen in der Jack-London-Romanverfilmung »Der Seewolf« (1971).
Harmstorf spricht engl., franz.; er ist ledig und lebt abwechselnd in München und in der Karibik.
Film: »Nobody ist der Größte«, mit Terence Hill, Regie: Damiano Damiani, Italien/Frankreich/BRD 1975; »Sie nannten ihn Mücke«, mit Bud Spencer, Regie: Michele Lupo, Italien/BRD 1978; »Götz von Berlichingen mit der eisernen Hand«, Regie: Wolfgang Liebeneiner und Harald Reinl, 1978; »Warum die UFOs unseren Salat klauen«, Regie: Hansjürgen Pohland, 1979; »SAS Malko – Im Auftrag des Pentagon«, Regie: Raoul Coutard, Frankreich/BRD 1983; »Sein Name: Thunder«, Regie: Larry Ludman, USA 1983; »Das Wunder«, Regie: Eckhart Schmidt, 1985.
Theater: Titelrolle in Schillers »Don Carlos«, Franz Moor in Schillers »Die Räuber«, Titelrolle in »Old Firehand«, Titelrolle in Goethes »Götz von Berlichingen« und in Savoirs »Blaubarts achte Frau«, jeweils auf Tournee, bei Freilichtspielen und an der Kleinen Komödie Hamburg (bis 1985).
Fernsehen: »Babeck« (von Reinecker), mit Curd Jürgens, Senta Berger, Charles Regnier, Josef Meinrad, Helmut Lohner und Cordula Trantow, Regie: Wolfgang Becker, 3 Teile, ZDF 1968; Wolf Larsen in »Der Seewolf« (nach Jack London), Regie: Wolfgang Staudte, 4 Teile, ZDF 1971; Titelrolle in »Michael Strogoff« (nach Jules Vernes Roman »Der Kurier des Zaren«), Regie: Jean-Pierre Decourt, 4 Teile, ZDF 1976; »Könige sterben einsam« (nach Anouilh), 2 Teile, ZDF 1977; »Der Alte«, Serie, 2 Folgen, ZDF 1982/83; »Wunderland«, mit Gustl Bayrhammer, ARD 1983; »Der kleine Riese« (von Reinecker), mit Hans Clarin und Doris Kunstmann, Regie: Imo Moszkowicz, ARD 1985.

Anschrift: Agnesstraße 37, 8000 München 40, und c/o Agentur Killer, Harthauser Straße 54, 8000 München 90.

Maria Hartmann

Geb. 19. 6. 1958 in Hamburg; dort aufgew.; lebt in Berlin; ledig; sie spricht engl., russ.; nach dem Abitur studierte sie einige Semester Musikwissenschaften in Hamburg; Schauspielausbildung bei Boy Gobert; er wurde auf sie aufmerksam, als sie als Statistin am Thalia-Theater Hamburg war und engagierte sie; seit 1980 gehört sie zum Ensemble der Staatl. Schauspielbühnen Berlins.
Film: »Sonntagskinder« (nach Reinshagen), mit Erika Pluhar, Regie: Michael Verhoeven, 1979; »Christines Schwester«, Regie: Silke Lähndorf, 1983.
Theater: Gretchen in Goethes »Faust« (I und II), mit Boy Gobert und Traugott Buhre, Regie: Hans Hollmann, Thalia-Theater Hamburg, und Eve in Kleists »Der zerbrochene Krug«, mit Bernhard Minetti, Regie: Hans Lietzau, Schloßparktheater Berlin 1980; Berta in Fleißers »Pioniere in Ingolstadt«, Regie: Konrad Sabrautzky, Schiller-Theater Berlin 1983.
Fernsehen: »Die Ursache«, mit Otto Sander, Regie: Michael Verhoeven, ARD 1980; »Kommissariat 9«, Serie, ARD 1982; »Alte Jewer«, mit Klaus Schwarzkopf, ZDF 1983; »Die Platzanweiserin«, Regie: Peter Schulze-Rohr, ZDF 1984.
Auszeichnung: O.E.-Hasse-Preis 1981 (dotiert mit 5000 DM).
Anschrift: Bonner Straße, 14, 1000 Berlin 33.

Beate Hasenau

Geb. 15. 4. 1936 in Frankfurt/Main; dort aufgew.; nach der Schule absolvierte sie eine kaufmännische Lehre und arbeitete in einer Frankfurter Firma. Nebenher nahm sie Schauspielunterricht und durchlief eine Gesangsausbildung. Bekannt wurde sie vor allem als langjähriges Mitglied des Berliner Kabaretts »Die Stachelschweine«. Bühnengastspiele gab sie u. a. in Berlin, München sowie auf Tournee. Als Synchchronsprecherin lieh sie ihre Stimme u. a. Claudia Cardinale und Monica Vitti. Sie wirkt in großem Umfang für das Fernsehen, vor allem in musikalischen und kabarettistischen Sendungen. Frau Hasenau spricht engl.; sie lebt in Berlin.
Film: »Feind im Blut«, 1957; »Heißes Pflaster Köln«, Regie: Ernst Hofbauer, 1967; »Warum die UFOs unseren Salat klauen«, Regie: Hansjürgen Pohland, 1979; »Kiez – Aufstieg und Fall eines Luden«, Regie: Walter Bockmayer, 1983.
Fernsehen: »Dem Täter auf der Spur«, Regie: Jürgen Roland, Serie, ARD 1968, »Giuditta« (nach Lehár), mit Rudolf Schock, Regie: Günter Hassert, ZDF 1970; »Nightclub«, Serie, ZDF 1971; »So'n Theater«, Regie: Thomas Engel, ZDF 1973; »Prairie-Saloon«, Serie; »Wir gehen in die Luft«; »Der Alte«, Serie, und »Die Kordel war zu kurz«, Regie: Peter Adam, ZDF 1978; »Es begann bei Tiffany«, mit Benno Hoffmann, Regie: Wolfgang Becker, ARD 1979; »Grottenolm«, mit Amanda Lear und Matthias Fuchs, Regie: Rainer Kirberg, und Feodora in »Der Opernball« (nach Heuberger), Regie: Eugen York, ZDF 1985.
Anschrift: c/o ZBF-Agentur Berlin, Kurfürstendamm 206, 1000 Berlin 15.

Karl-Heinz von Hassel

Geb. 8. 2. 1939 in Hamburg; dort aufgew.; nach der Schule nahm er privaten Schauspielunterricht bei Gertrud Braun und Richard Münch. 1961 debütierte er am Schleswig-Holsteinischen Landestheater Schleswig. Weitere Bühnenstationen: Bühnen der Stadt Bielefeld, Stadttheater Konstanz, Theater der Freien Hansestadt Bremen, Schauspielhaus Zürich, Staatstheater Braunschweig, Württembergisches Staatstheater Stuttgart und Deutsches Schauspielhaus Hamburg. Schwerpunkte seiner Arbeit sind seit langem jedoch Film und Fernsehen; er wirkte bislang in über 150 Produktionen mit.
Von Hassel spricht engl., franz.; er ist verheiratet, hat einen Sohn und lebt in Hamburg.
Film: Erzengel Michael in »Faust«, mit und unter der Regie von Gustaf Gründgens, 1960; »Des Pfarrers Freude«, 1966; »Der große Coup«, 1970; »Die Ehe der Maria Braun«, 1978, »Lili Marleen«, 1981, jeweils mit Hanna Schygulla, »Lola«, mit Barbara Sukowa, 1981, und »Querelle – Der Pakt mit dem Teufel«, mit Brad Davis, Franco Nero und Jeanne Moreau, 1982, Regie: jeweils Rainer Werner Fassbinder; »Kiez – Aufstieg und Fall eines Luden«, Regie: Walter Bockmayer, und »Im Zeichen des Kreuzes«, Regie: H. R. Minow, 1983.
Theater: Titelrolle in Goethes »Faust«, Titelrolle in Shakespeares »Othello«, Ruprecht in Kleists »Der zerbrochene Krug«, in Shakespeares »Viel Lärm um nichts«, in Hebbels »Maria Magdalena«, in Storeys »The Changing Room«, jeweils an den vorgenannten Bühnen.
Fernsehen: »Prisma des Westens«, ARD 1964; »Halunken-Spelunke«, Regie: Kurt Wilhelm, ARD 1965; »Der schwarze Freitag«, Regie: August Everding, ARD 1966; »Hitler und Stalin«, Regie: Paul May, ZDF 1967; »Mord in Frankfurt«, Regie: Rolf Hädrich, ARD 1968; »Der Reformator«, Regie: Rudolf Jugert, ZDF 1968; »Das Wunder von Lengede« (nach Böttger), ZDF 1969; »Wie eine Träne im Ozean« (nach Manès Sperber), mit Herbert Stass, Regie: Fritz Umgelter und »Marinemeuterei«, ARD 1969; »Das Verhör von Habana« (nach Enzensberger), »Ein Vogel bin ich nicht«, Regie: Tom Toelle, und »Es braust ein Ruf ...«, Regie: Fritz Umgelter, ARD 1970; »Portlandring«, Regie: Helmuth Ashley, ZDF 1970; »Tatort«, Serie, 9 Folgen, ARD 1970-1979; »Operation Walküre« (nach Pigge), Regie: Franz Peter Wirth, und »Jerome Lindon«, ARD 1971; »Die Rote Kapelle«, Regie: Franz Peter Wirth, Serie, und »Wenn alle anderen fehlen«, ARD 1972; »Die merkwürdige Lebensgeschichte des Friedrich Freiherrn von der Trenck« (von Ahlsen), mit Matthias Habich, Regie: Fritz Umgelter, und »Ruderclub«, Regie: Dieter Wedel, ZDF 1973; »Nicht einmal das halbe Leben« (nach Krapp), Regie: Franz Peter Wirth, und »Im Vorhof der Wahrheit«, Regie: Fritz Umgelter, ARD 1973; »Stellenweise Glatteis«, Regie: Wolfgang Petersen, ARD 1974; »Zwei Flugkarten nach Rio«, Regie: Fritz Umgelter, und »LH 615 Operation München«, Regie: Theo Mezger, ARD 1975; »MS-Franziska«, mit Paul Dahlke, Regie: Wolfgang Staudte, Serie, und »Planspiel«, Regie: Wolfgang Petersen, ARD 1976; »Rentnerkommune«, Regie: Rudolf Jugert, »Gespenster«, Regie: Bruno Voges, Serie, und Karl Heine in »Heinrich Heine«, Regie: Klaus Emmerich, ARD 1977; »Bolwieser« (nach Oskar Maria Graf), mit Kurt Raab und Elisabeth Trissenaar, Regie: Rainer Werner Fassbinder, 2 Teile, ZDF 1977; »Wallenstein« (nach Golo Mann), mit Rolf Boysen, 4 Teile, ZDF 1978; »Drei Bürger zum Geburtstag«, ARD 1978; »Gefangen in Frankreich« (nach Fontane), Regie: Theo Mezger, ZDF 1979; »Strafe ohne Urteil«, Regie: Eberhard Itzenplitz, und »Die Buddenbrooks« (nach Thomas Mann), mit Ruth Leuwerik, Carl Raddatz und Martin Benrath, Regie: Franz Peter Wirth, ARD 1979; »Berlin Alexanderplatz« (nach Döblin), mit Günter Lamprecht, Regie: Rainer Werner Fassbinder, ARD 1980; »Die Beförderung«, Regie: Rolf Busch, ZDF 1980; »Elisabeths Kind«, Regie: Rainer Boldt, ZDF 1981; »Die Zeit dazwischen«, Regie: Klaus Weise, ZDF 1982; »Androjäger«, Serie, ARD 1983/84; »Abgehört« (von Ustinov), mit Götz George und Peter Ustinov, Regie: Rolf von Sydow, ZDF 1984; »Der Hochzeitstag«, Regie: Konrad Sabrautzky, »Backfischliebe« (nach Bartlett), Regie: Rolf Hädrich, und Kommissar Bergmann in »Tatort« (aus Frankfurt/Main), Serie, ARD 1985; »Manuel«, Regie: Peter Obrist, ZDF 1985.
Anschrift: c/o ZBF-Agentur München, Leopoldstraße 19, 8000 München 40.

Heidemarie Hatheyer

– Staatsschauspielerin –

Geb. 8. 4. 1918 in Villach/Kärnten; nach dem Abitur bekam sie ein Stipendium und wollte Journalistin werden. 1936 erhielt sie jedoch ihr erstes Bühnen-Engagement am Theater an der Wien in Wien. Weitere Stationen: Münchner Kammerspiele (1937–1941), Staatstheater Berlin (1941–1944), Bayerisches Staatsschauspiel München (1946–1949), Düsseldorfer Schauspielhaus unter Gustaf Gründgens und Karl Heinz Stroux (1951–1957) und Schauspielhaus Zürich (1955–1983). Gastspiele gab sie u. a. am Schiller-Theater Berlin (seit 1952), am Wiener Burgtheater (seit 1960; 1984), am Deutschen Schauspielhaus Hamburg (seit 1965) und an den Düsseldorfer Kammerspielen (1983/84). Sie machte zahlreiche Tourneen.

Ihr Film-Debüt gab sie 1936, beim Fernsehen wirkt sie seit 1972.

Frau Hatheyer spricht engl.; sie ist verheiratet in zweiter Ehe mit dem Schriftsteller und Kritiker Curt Riess und lebt in Wien. Aus ihrer ersten Ehe hat sie zwei Töchter.

Film: »Axel an der Himmelstür«, mit Zarah Leander, 1936; »Der Berg ruft«, Regie: Luis Trenker, 1937, »Frau Sixta«, Regie: Gustav Ucicky, und »Zwischen Strom und Steppe«, Regie: Geza von Bolvary, 1938; »Ein ganzer Kerl«, Regie: Fritz Peter Buch, 1939; Titelrolle in »Die Geierwally«, Regie: Hans Steinhoff, 1940; »Ich klage an«, mit Mathias Wiemann, Regie: Wolfgang Liebeneiner, 1941; »Der große Schatten«, mit Heinrich George und Berta Drews, und »Die Nacht in Venedig«, Regie: jeweils Paul Verhoeven, 1942; »Man rede mir nicht von Liebe«, Regie: Erich Engel, 1943; »Die Jahre vergehen«, Regie: Günther Rittau, und »Ich glaube an dich«, Regie: Rolf Hansen, 1944; »Wohin die Züge fahren«, Regie: Boleslaw Barlog, und »Begegnung mit Werther«, Regie: Karl Heinz Stroux, 1949; »Dieser Mann gehört mir«, Regie: Paul Verhoeven, »Der Mann, der zweimal leben wollte« und »Vom Teufel gejagt«, Regie: jeweils Viktor Tourjansky, 1950; »Dr. Holl« und »Das letzte Rezept«, Regie: Rolf Hansen, 1951; »Mein Herz darfst du nicht fragen«, Regie: Paul Martin, 1952; »Pünktchen und Anton«, Regie: Thomas Engel, 1953; »Sauerbruch – Das war mein Leben«, mit Ewald Balser und Erich Ponto, Regie: Rolf Hansen, 1954; »Liebe ohne Illusion«, Regie: Erich Engel, »Du darfst nicht länger schweigen«, Regie: Robert A. Stemmle, und Frau John in »Die Ratten« (nach Hauptmann), mit Curd Jürgens, Regie: Robert Siodmak, 1955; »Skandal um Dr. Vlimmen«, und »Die Ehe des Dr. med. Danwitz«, Regie: Arthur Maria Rabenalt, und »Der Meineidbauer«, mit Carl Wery, Regie: Rudolf Jugert, 1956; »Glücksritter«, Regie: Arthur Maria Rabenalt, und ». . . und führe uns nicht in Versuchung«, Regie: Rolf Hansen, 1957; »Die letzte Station«, Regie: Paul Verhoeven, und »Solange das Herz schlägt«, mit Götz George, Regie: Alfred Weidenmann, 1958; »Ruf der Wildgänse« (nach Ostenso), mit Ewald Balser, Regie: Hans Heinrich, 1961; »Heiß weht der Wind«, Regie: Rolf Olsen, 1964.

Theater: Luise in Schillers »Kabale und Liebe«, und in Billingers »Der Gigant«, Regie: jeweils Otto Falckenberg, Rosaura in Goldonis »Der Lügner« und Titelrolle in Shaws »Die heilige Johanna«, jeweils Münchner Kammerspiele 1937–1941, Hero in Grillparzers »Des Meeres und der Liebe Wellen« und Desdemona in Shakespeares »Othello«, jeweils Staatstheater Berlin 1941–1944; »Titelrolle in Hauptmanns »Rose Bernd«, Schiller-Theater Berlin 1952; Titelrolle in Lorcas »Yerma«, Schloßpark-Theater Berlin 1952; Titelrolle in Schillers »Maria Stuart«, Regie: Karl Heinz Stroux, Düsseldorfer Schauspielhaus 1957; Titelrolle in Grillparzers »Medea« und Josie Hogan in O'Neills »Ein Mond für die Beladenen«, 1960, Lady Macbeth in Shakespeares »Macbeth«, 1964, jeweils Burgtheater Wien; Genia Hofreiter in Schnitzlers »Das weite Land«, 1965, und Titelrolle in Bruckners »Elisabeth von England«, 1967, jeweils Deutsches Schauspielhaus Hamburg; Temple Stevens in Faulkners »Requiem für eine Nonne«, 1955, Frau John in Hauptmanns »Die Ratten«, 1965, Titelrolle in der Uraufführung von Hochhuths »Die Hebamme«, 1972, Titelrolle in Dürrenmatts »Der Besuch der alten Dame«, Hekabe in Euripides' »Troerinnen«, Daja in Lessings »Nathan der Weise«, Titelrolle in Brechts »Mutter Courage und ihre Kinder«, 1973–1983, jeweils Schauspielhaus Zürich; Titelrolle in de Filippos »Philomena Marturano« und Frau Alving in Ibsens »Gespenster«, jeweils Staatl. Schauspielbühnen Berlins 1980–1982; Titelrolle in

Lorcas »Bernarda Albas Haus«, Tournee; in Grillparzers »Medea«, mit Elisabeth Orth, Burgtheater Wien 1984; Frau in Dengers »Langusten«, Düsseldorfer Kammerspiele 1984 und Tournee.
Fernsehen: »Blühende Träume«, Regie: Gustav Burmester, ARD 1959; »Die Familie« (nach Morris), Regie: Peter Beauvais, ARD 1960; »Leonor«, Regie: Oskar Wälterlin, SRG 1962; »Andorra« (nach Frisch), Regie: Kurt Hirschfeld, ARD 1964; »Kranichtanz« (nach Zuckmayer), Regie: Leopold Lindtberg, SRG 1967; »Die Herausforderung«, Regie: Michael Verhoeven, ARD 1975; »Auf dem Chimborazo« (nach Dorst), Regie: Peter Beauvais, und »Sonderdezernat K 1«, Serie, ARD 1977; »Er läßt die Hand küssen« (nach Marie von Ebner-Eschenbach), Regie: Peter Schulze-Rohr, ZDF 1978; »Pariser Geschichten«, Serie, und »Tatort«, Regie: Georg Lhotzky, Serie, ARD 1979; »Ein Abend mit Labiche«, Regie: Dieter Wedel, ARD 1980.
Auszeichnungen: »Josef-Kainz-Medaille«, Wien 1961; »Grillparzer-Ring« 1967; Berliner Staatsschauspielerin 1963; Filmband in Gold 1984.
Anschrift: c/o Agentur von Pilecki, Eilandstraße 12, 8000 München 90.

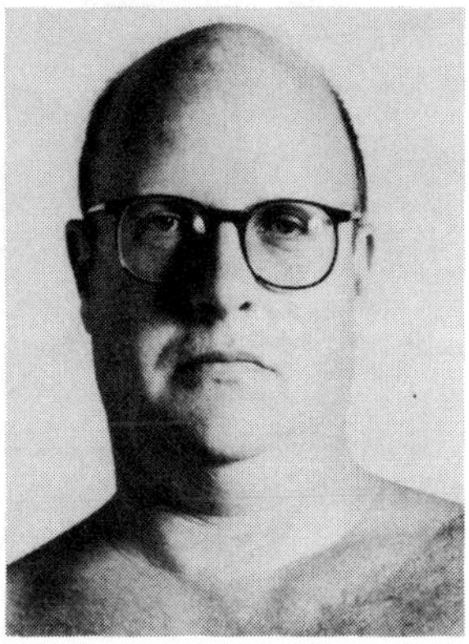

Gert Haucke

Geb. 13. 3. 1929 in Berlin; dort aufgew.; nach dem Gymnasium sprach er 1947 bei Boleslaw Barlog vor und erhielt einen Anfängervertrag am Schiller-Theater in Berlin bis 1951. Danach war er u. a. als Nachrichtensprecher beim RIAS Berlin beschäftigt. Als freier Schauspieler stand er 1968/69 am Deutschen Schauspielhaus Hamburg unter Vertrag. Gastregie führte er u. a. am Deutschen Theater in Buenos Aires (1962) und an den Bühnen der Hansestadt Lübeck (1971/72). Den Schwerpunkt seiner Arbeit legte er jedoch seit 1962 auf das Fernsehen. Er verkörperte bislang über 140 Rollen.
Haucke spricht engl.; er ist verheiratet und lebt in Garstedt bei Hamburg.
Film: »Hokuspokus« (nach Goetz), mit Heinz Rühmann, Regie: Kurt Hoffmann, und »Ganovenehre«, Regie: Wolfgang Staudte, 1966; »Tod im roten Jaguar«, Regie: Harald Reinl, 1968; »Der Lord von Barmbeck«, mit Martin Lüttge, Regie: Ottokar Runze, 1974; »Verlorenes Leben«, Regie: Ottokar Runze, 1975; »Die Supernasen«, mit Thomas Gottschalk und Mike Krüger, Regie: Dieter Pröttel, 1983; »Is' was Kanzler?!?«, Regie: Gerhard Schmidt, 1984; »Seitenstechen«, mit Mike Krüger, Regie: Dieter Pröttel, 1985.
Theater: Der feine Gehorsam in der Uraufführung von Monks »Über den Gehorsam« (auch TV), Pater in Schillers »Die Räuber« (auch TV), in Albees »Alles im Garten«, und in Thomas »Moral«, jeweils Deutsches Schauspielhaus Hamburg 1968/69.
Fernsehen: Unter der Regie von Egon Monk: (u. a.) Journalist in »Schlachtvieh«, und »Mauern«, jeweils ARD 1963; »Bauern, Bonzen, Bomben« (nach Fallada), 5 Teile, ARD 1973; »Die Gewehre der Frau Carrar« (nach Brecht), ZDF 1975; »Die Geschwister Oppermann«, mit Wolfgang Kieling, ZDF 1982.
Unter der Regie von Peter Beauvais: (u. a.) Magistratsbeamter in »Have, der Igel« (nach Hampel), ARD 1966; »Zug der Zeit« (von Lomer), ARD 1967; Sam Booth in »Ein Mann namens Harry Brent« (nach Durbridge), 3 Teile, ARD 1968.
»Tod im Kanapu«, ZDF 1969; »Der Kidnapper«, ARD 1969; »Eine große Familie«, ARD 1970; »Das Messer« (nach Durbridge), 3 Teile, ARD 1971; »Der Kommissar«, mit Erik Ode, Serie, ZDF 1971; »Fairy«, Regie: Vojtech Jasny, ZDF 1977; »Auf Biegen und Brechen«, Regie: Hartmut Bitomsky, ARD 1977; »Der Alte«, Serie, 2 Folgen, ZDF 1977 + 1982; »Ein Mann will nach oben« (nach Fallada), mit Mathieu Carrière, Regie: Herbert Ballmann, Serie, ZDF 1978; »Tatort«, Regie: Wolfgang Becker, Serie, ARD 1978; »Das Land, das meine Sprache spricht (nach Lernet-Holenias »Der 20. Juli«), Regie: Michael Kehlmann, ARD 1980; »Kennwort Schmetterling«, Regie: Claus Peter Witt, ZDF 1981; »Der König und sein Narr« (von Plenzdorf), Regie: Frank Beyer, ARD 1981; »Wir« (nach Samjatin), und »Bananen-Paul«, Regie: Richard Claus, ZDF 1982; »Die Barrikade«, Regie: Jürgen Klauß, ARD 1982; »Die Matrosen von Kronstadt«, Regie: Jürgen Klauß, ZDF 1983, »Die Entspanner«, Serie, ARD 1983; »Anruf genügt«, Regie: Wilfried Dotzel, und »Ein Heim für Tiere« (nach Willis), Regie: Kai Borsche, Serie, ZDF 1985; »Geschichten aus der Heimat«, Serie, ARD 1985; »Der Ausflug«, Regie: Otto Schnelling, BR III 1985; »Ich knüpfte manche zarte Bande«, mit Johannes Heesters, Regie: Rolf von Sydow, ZDF 1985; Moderation »Rasse gleich Klasse?«, HR III 1984/85.
Auszeichnungen: »Goldenes Mikrophon« für die Hörfunk-Serie »Papa, Charly hat gesagt ... «; »Bronze Award«, Internationales Film + TV-Festival New York.
Anschrift: c/o ZBF-Agentur Hamburg, Tonndorfer Hauptstraße 90, 2000 Hamburg 70.

Ullrich Haupt

Geb. 30.10.1915 als Sohn des Schauspielers Ulrich Haupt in Chicago/USA; dort und in Los Angeles aufgew.; 1931 verließ er die Kunstakademie, übersiedelte nach Deutschland und nahm Schauspielunterricht bei Gustaf Gründgens in Berlin. Im selben Jahr hatte er sein Film-Debüt in dem Streifen »Die große Fahrt«.

1936 debütierte er als Romeo in Shakespeares »Romeo und Julia« am Theater Danzig. Von 1937 bis 1940 gehörte er zum Ensemble des Bayerischen Staatsschauspiels München, von 1940 bis 1945 unter Gustaf Gründgens zum Ensemble der Staatstheater Berlin. Nach mehrjährigem USA-Aufenthalt kehrte er 1951 nach Deutschland zurück. Bis 1955 spielte er am Schauspielhaus Düsseldorf und ging anschließend mit Gustaf Gründgens an das Deutsche Schauspielhaus Hamburg (bis 1964).

Weitere Engagements hatte er u. a. am Schauspielhaus Zürich (1967–1970), an den Münchner Kammerspielen (1970), am Thalia-Theater Hamburg (1970–1973 und 1982–1984), am Bayerischen Staatsschauspiel München (1974–1981) und bei den Ruhrfestspielen Recklinghausen. Er führte häufig Theater-Regie.

Haupt spricht engl.; er ist in zweiter Ehe verheiratet mit der Schauspielerin Beatrice Norden, hatte eine Tochter (Jennifer, verstorben 1985) und lebt in Hamburg.

Film: »Komödianten«, 1941; »Träumerei«, 1944; »Die Kreuzlschreiber« (nach Anzengruber), 1945; »Der Engel, der seine Harfe versetzte«, Regie: Kurt Hoffmann, 1958; »Die Rechnung, eiskalt serviert«, 1966; »Mister Dynamit – Morgen küßt Euch der Tod«, mit Lex Barker, Regie: Franz Josef Gottlieb, BRD/Italien/Spanien 1969.

Theater: Kalaf in Gozzi/Schillers »Turandot«, Leander in Grillparzers »Des Meeres und der Liebe Wellen«, Leopold in Grillparzers »Ein Bruderzwist in Habsburg«, Karl Moor in Schillers »Die Räuber«, Navarra in Calderons »Das Leben ein Traum«, Horatio in Shakespeares »Hamlet«, Titelrolle in Shakespeares »Macbeth«, Jago und Titelrolle in Shakespeares »Othello«, Peter Bast in Hamsuns »Vom Teufel geholt«, Marcellus in Giraudoux' »Um Lucretia«, Titelrolle in Schillers »Die Verschwörung des Fiesco zu Genua«, Titelrolle in Büchners »Dantons Tod«, Mephisto in Goethes »Faust«, Titelrolle in Leonhardts »Stephen Daedalus«, König Heinrich II. in Anouilhs »Becket oder Die Ehre Gottes«, Lord Windermere in Wildes »Lady Windermeres Fächer«, Aghistos in Rehbergs »Gattenmord«, Don Juan in Frischs »Die chinesische Mauer«, Prof. Kürmann in der Uraufführung von Frischs »Biografie: Ein Spiel«, Antonius in Shakespeares »Antonius und Cleopatra«, Victor Franz in Millers »Der Preis«, Sam im Alter von vierzig Jahren in Ustinovs »Endspurt«, Ernesti (Einstein) in Dürrenmatts »Die Physiker«, Titelrolle in Sorins »Dion«, Titelrolle in Wedekinds »Der Marquis von Keith«, Dr. Schön in Wedekinds »Lulu«, Dr. Stockmann in Ibsens »Ein Volksfeind«, Oberstleutnant Werschinin in Tschechows »Drei Schwestern«, Mel Edison in Simons »Dachlawine«, Titelrolle in Goethes »Faust«, Argan in Molières »Der eingebildete Kranke«, Graf Talbot von Shrewsbury in Schillers »Maria Stuart«, Buchjäger in Ludwigs »Der Erbförster« und Krapp in Becketts »Das letzte Band«, jeweils an den vorgenannten Bühnen bis 1984.

Eigene wichtige Inszenierungen: Goldonis »Mirandolina«, Goethes »Götz von Berlichingen«, Ibsens »Hedda Gabler«, Kipphardts »In der Sache J. Robert Oppenheimer«, Gaulis »Kapitän Karagöz«, Sorins »Dion«, Becketts »Warten auf Godot«, Wampilows »Der Metteur und 20 Minuten mit einem Engel« (zusammen mit Boy Gobert), Ribmans »Ein interessanter Tag« (oftmals am Thalia-Theater Hamburg seit 1964).

Fernsehen: Bis 1970 u. a. in: »Gneisenau« (nach Wiese; Titelrolle), »Stalingrad«, »Der Fall Pitkov«, »Knüpfe das Netz nach dem Faden«. Ferner u. a.: Milestone in »Die Mission« (nach Habe), Regie: Ludwig Cremer, ARD 1967; »Der Kommissar«, mit Erik Ode, Serie, ZDF 1972; »Die Abenteuer des David Balfour«, mit Ekkehardt Belle, Regie: Jean-Pierre Decourt, 4 Teile, ZDF 1978; »Colombe« (nach Anouilh), Regie: Heinz Wilhelm Schwarz, ARD 1981; »Der Alte«, Serie, 2 Folgen, ZDF 1981/82; »Derrick«, Serie, ZDF 1982.

Anschrift: c/o Agentur Lentz, Holbeinstraße 4, 8000 München 80.

Klaus Havenstein

Geb. 7. 4. 1922 in Wittenberge an der Elbe; nach seiner Schauspielausbildung debütierte er am Münchner Volkstheater. Engagements an den Münchner Kammerspielen und am Theater Die Kleine Freiheit München unter Trude Kolman folgten. 1956 wurde er neben Dieter Hildebrandt, Hans Jürgen Diedrich und Ursula Herking Mitglied der Münchner »Lach- und Schießgesellschaft«. Unter Sammy Drechsel gehörte er dem Kabarett, zu dem später Jürgen Scheller und Ursula Noack fanden, bis 1971 an. Seither gastierte er u. a. an der Kleinen Komödie München, an den Bühnen der Stadt Bonn und an den Badischen Kammerspielen Emmendingen.
Beim Hörfunk wirkte er bislang in über 1500 Sendungen mit. Beim Fernsehen ist er seit den ersten Versuchssendungen tätig. In der Synchronisation spricht er u. a. die deutsche Stimme von Peter Ustinov. Als Schriftsteller veröffentlichte er u. a. »Die Stadt auf Rädern« (Zum Zirkus). Für die TV-Programmzeitschrift »GONG« arbeitet er als Chefredakteur für die Jugendseite »Der kleine Gong«.
Havenstein spricht engl., franz., russ.; er ist verheiratet, hat zwei Kinder (Tatjana, geb. 1943, und Lutz, geb. 1944) und lebt in München.
Film: »Lachkabinett« und »Die goldene Gans«, 1953; »Sonne über der Adria«, 1954; »Der Frontgockel« und »Königswalzer«, 1955; »Die Heinzelmännchen«, 1956; »Der Wolf und die sieben Geißlein«, »Mit Eva fing die Sünde an« und »Maya«, 1958; »Das schöne Abenteuer«, 1959; »Im Dschungel ist der Teufel los«, Regie: Harald Reinl, 1982.
Theater: In Horney/Firners »Gastspiele«, 1971 (auch ZDF 1971), und in Arnold/Bachs »Der keusche Lebemann«, 1978, jeweils Kleine Komödie München; Messer Nicia in Machiavellis »Mandragola«, Regie: Hans Richter, Festspiele Heppenheim 1980; Karl in Hauptmanns »Schluck und Jau«, mit Peter Fricke, Regie: Rudolf Noelte, Bühnen der Stadt Bonn 1983 (auch ZDF 1984).
Fernsehen: Neben den zahlreichen Übertragungen aus der Münchner »Lach- und Schießgesellschaft« wurde er in den 50er und 60er Jahren durch die Moderation seiner Jugendsendungen »Sport–Spiel–Spannung« und »Zwei aus einer Klasse« (jeweils ARD) sowie der Reihe »Das Schmunzelkabinett« bekannt.
Ferner: »Ein Weihnachtslied in Prosa« (nach Dikkens), mit Carl Wery, Regie: Franz Josef Wild, ARD 1960; »Die Perle« (nach Ziegler), mit Ruth Drexel, Regie: Michael Kehlmann, Serie, ARD 1970; »Rudis Tagesshow«, mit Rudi Carell, Beatrice Richter und Diether Krebs, 26 Teile, ARD 1981/82; »Lach mal wieder«, mit Günter Pfitzmann, Serie, ZDF 1984; Moderation »Tiere, Clowns und Akrobaten«, Regie: Alexander Arnz, ZDF 1985. Zudem war er Gast nahezu aller großen deutschen Unterhaltungsshows sowie satirisch-kabarettistischer Sendungen.
Auszeichnung: »Schwabinger Kunstpreis« der Stadt München.
Anschrift: Erdmannsdorferstraße 12a, 8000 München 60.

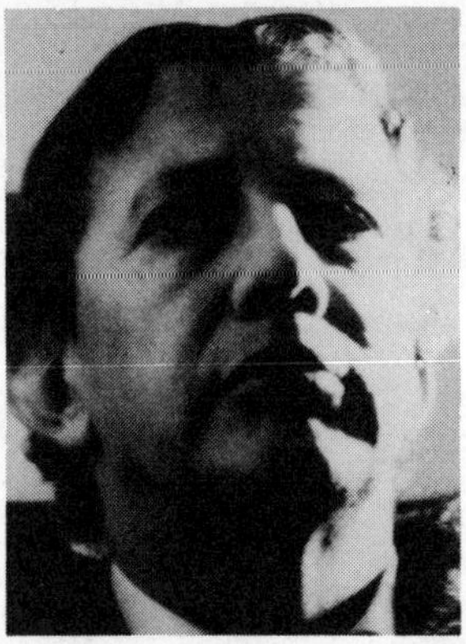

Dieter Thomas Heck

(eigentlich: Carl-Dieter Heckscher)

Geb. 29. 12. 1937 in Flensburg; dort aufgew.; nach Abschluß der Mittelschule und einer technischen Oberschule absolvierte er zunächst eine kaufmännische Lehre (1957–1961) und war als Autoverkäufer beschäftigt (1957–1961). Danach nahm er Gesangsunterricht. Für den Rundfunk wurde er durch die Sendung »Toi-Toi-Toi« von Peter Frankenfeld entdeckt. Von 1964 bis 1965 war er Diskjockey bei Radio Luxemburg, bevor er 1966 zur Europawelle Saar ging, wo er noch heute Sendungen moderiert.
Seinen Durchbruch auf dem Bildschirm schaffte er 1969 mit der »ZDF-Hitparade«, durch die er bis 1985 über 180mal führte. Weitere Sendereihen beim ZDF waren u. a. »Kreuzworträtselspiel« und »Rätselspiel 4 gegen 4« (1973). Seit 1978 führt er durch die Quiz-Show »Die Pyramide« (ZDF). Seit 1984 moderiert er die Samstagabend-Sendung »Melodien für Millionen«, ab 1986 präsentiert er die Show »Irren ist menschlich« (jeweils ZDF). Heck war ferner Präsentator mehrerer ZDF-Wohltätigkeits-Galas (»Ein Herz für Kinder«) und leitet die jährliche Show »Die Super-Hitparade« (ZDF).
Er veröffentlichte mehrere Schallplatten, u. a. »Ringe-dinge-dong« und »Baby Hawaii«. Als Schauspieler in einem Fernsehspiel war er erstmals 1970 zu sehen. Heck spricht engl.; er ist in zweiter Ehe verheiratet, hat drei Kinder (Rolf-Nils, Thomas-Kim und Saskia-Fee Isabell) und lebt in Frankenholz/Saar.
Film: Moderation »Donald Duck – eine Ente wie du und ich« (Walt Disney), USA/BRD 1934–1961 (1985 im Kino).
Fernsehen: Neben den aufgeführten TV-Shows spielte er in: »Das Millionenspiel« (von Menge nach Scheckley), Regie: Tom Toelle, ARD 1970; »Sternschnuppe«, mit Monika Lundi, Regie: Herbert Vesely, ZDF 1975; »Schwindelig vor Geld und Liebe« (von Petra von Stern), ZDF 1977; »Tatort«, Regie: Peter Keglevic, Serie, ARD 1981; »Café Wernicke« Serie, ARD 1981–1983; »Pankow '95«, mit Udo Kier und Christine Kaufmann, Regie: Gabor Altorjay, 1983.
Auszeichnungen: »Goldener Pfeil« 1967; »Goldene Kamera« (HÖRZU) 1970; »Achievement Award« von Record-World für »Die Hitparade« 1972 und für »Deutsche Schlagerparade« 1973; »Goldene Europa« (Europawelle Saar) 1973.

Anschrift: c/o ZBF-Unterhaltungsprogramm, 6500 Mainz 500.

Johannes Heesters

Geb. 5. 12. 1902 (nach eigenen Angaben 1903; daran hielten sich auch Presse u. Fernsehen) als Kaufmannssohn in Amersfoort, Niederlande; er wollte ursprünglich kath. Priester werden, absolvierte dann jedoch eine Banklehre. Nach einer Gesangs- und Schauspielausbildung in Amsterdam bekam er erste Engagements an Sprechbühnen in Amsterdam, Den Haag, Brüssel und Rotterdam. Später wechselte er als Tenor in das Operettenfach über. Sein Debüt gab er 1934 an der Volksoper Wien. 1935 erhielt er in Berlin Engagements an der Komischen Oper, am Metropol-Theater und am Admiralspalast.
1934 gab er zudem sein Film-Debüt in »Die Leuchter des Kaisers«. Bis 1962 wirkte er in über 40 Produktionen mit. Nach dem Krieg begann Johannes Heesters am Theater in der Josefstadt in Wien. Engagements hatte er ferner am Theater an der Wien, an der Kleinen Komödie und am Staatstheater am Gärtnerplatz in München, am Theater des Westens in Berlin, in Nürnberg, Hamburg und Frankfurt/Main. Gastspiele gab er auch in der Schweiz, in Belgien und den USA. Anläßlich seines 75. Geburtstages präsentierte er 1975 (!) den Erinnerungsband »Es kommt auf die Sekunde an«.
Heesters spricht holl., engl, franz.; er war von 1930 bis zu ihrem Tod 1985 mit der holländischen Schauspielerin und ehemaligen Operettensängerin Louisa H. Gluss verheiratet und hat zwei Töchter. Tochter Wiesje arbeitet beim Österreichischen Fernsehen (ORF) und hat als Pianistin ihren Vater schon mehrmals am Klavier begleitet. Tochter Nicole Heesters ist als Schauspielerin tätig. Der Künstler lebt in Sökking am Starnberger See/Oberbayern.
Film: »Bleeke Bet«, Regie: Richard Oswald, Holland 1934; »De vier Mullers«, Regie: Rudolf Meinert, Holland 1935; »Der Bettelstudent« (nach Millöcker), mit Marika Rökk, Regie: Georg Jacoby, und »Das Hofkonzert«, Regie: Detlef Sierck (später: Douglas Sirk), 1936; »Gasparone« (nach Millöcker), mit Marika Rökk, 1937; »Nanon«, 1938; »Meine Tante, deine Tante«, Regie: Carl Boese, und »Hallo, Janine«, mit Marika Rökk, 1939; »Liebesschule«, mit Luise Ullrich und Viktor Staal, Regie: Karl Georg Külb, 1940; »Man müßte Klavier spielen können«, Regie: Karl Anton, »Jenny und der Herr im Frack«, mit Gusti Huber, Regie: Paul Martin, »Immer nur du«, Regie: Karl Anton, und »Illusion«, Regie: Victor Tourjansky, 1941; »Karneval der Liebe«, Regie: Paul Martin, 1943; »Glück bei den Frauen«, und »Es fing so harmlos an«, mit Theo Lingen, 1944; Eisenstein in »Die Fledermaus« (nach Johann Strauß), Regie: Geza von Bolvary, 1945; »Wiener Melodien«, 1947; »Liebe Freundin« und »Zweimal verliebt«, 1949; »Hochzeitsnacht im Paradies« (nach Schröder), Regie: Geza von Bolvary, und »Professor Nachtfalter«, 1950; »Die Cszardasfürstin« (nach Kálmán), mit Marika Rökk, und »Tanz ins Glück«, 1951; »Im Weißen Rössl« (nach Benatzky), Regie: Willi Forst, 1952, »Hab' ich nur deine Liebe«, Regie: Eduard von Borsody, »Die geschiedene Frau«, mit Marika Rökk, Regie: Georg Jacoby, »Die Jungfrau auf dem Dach«, Regie: Otto Preminger, USA 1952; »Liebeskrieg nach Noten«, Regie: Karl Hartl, 1953; »Gestatten, mein Name ist Cox«, 1955, Georges Duroy in »Bel Ami« (nach Maupassant), Regie: Louis Daquin, Österreich/Frankreich 1955; »Viktor und Viktoria«, 1957; »Bühne frei für Marika«, mit Marika Rökk, Regie: Georg Jacoby, 1958; »Die unvollkommene Ehe«, Regie: Robert A. Stemmle, 1959; »Junge Leute brauchen Liebe«, Regie: Geza von Cziffra, 1961; »Otto – Der Film«, mit Otto Waalkes, Regie: Xaver Schwarzenberger, 1985.
Theater: Danilo in Lehárs »Die lustige Witwe« (über 1600 Aufführungen), Honoré in Lerner/Loewes »Gigi« (über 750 Aufführungen), jeweils an den vorgenannten Bühnen; in Kurnitz' »Da Capo«, 1960, in Taylors »Unsere liebste Freundin« (auch TV), 1967, in Frisbys »Ein Mädchen in der Suppe«, 1969, in Horney/Firners »Gastspiele« (auch TV), 1971, und in Bahrs »Das Konzert«, 1972, jeweils Kleine Komödie München.
Fernsehen: Neben seinen Auftritten in nahezu allen großen deutschen TV-Shows war er zu sehen in: »Meine Schwester und ich« (nach Benatzky), ARD 1956; »Hotel Victoria«, mit Vico Torriani, Serie, und »Nicht zuhören, meine Damen« (nach Guitry), ARD 1962; »Leider lauter Lügen«, »Victoria und ihr Husar« und Danilo in »Die lustige Witwe« (nach Lehár), ZDF 1965; »Auf ins Metropol« und »Wenn die kleinen Veilchen blühn«, ARD 1968; »Der Kommis-

sar«, mit Erik Ode, Serie, ZDF 1970; »Gastspiele«, ARD 1971 und 1973; »Der Künstlerstammtisch«, ARD 1973; »Opernball«, ZDF 1973; »Hochzeitsnacht im Paradies«, ZDF 1974; »Johannes Heesters: Porträt« (von Margret Dünser), ZDF 1978; »Das spricht Bände«, ARD 1981; »Sonny-Boys« (nach Simon), mit Carl-Heinz Schroth, ARD 1983; »Peter Alexander: Wir gratulieren«, Serie, ZDF 1983; Marschall Keith in »Die schöne Wilhelmine« (nach Salomon), mit Anja Kruse, Regie: Rolf von Sydow, 4 Teile, ZDF 1984; »Ich knüpfte manche zarte Bande«, Regie: Rolf von Sydow, ZDF 1985; »Alte Gauner«, Regie: Konrad Sabrautzky, Serie, ZDF 1985; »Ein Abend für Johannes Heesters«, Regie: Ekkehard Böhmer, ARD 1986.
Auszeichnungen: Ehrenpreis der Stadt Wien 1967; Bundesfilmband in Gold, Berlin 1975; Ehrenmitgliedschaft des Berliner Theater des Westens 1982; Medaille »München leuchtet«, 1983; Ehrenmitgliedschaft an der Wiener Volksoper 1984; Bayerischer Verdienstorden 1984.
1982 stiftete das Theater an der Wien für »den hervorragendsten Vertreter des Faches Operette und Singspiel« den »Johannes-Heesters-Ring« (als Gegenstück zum »Iffland-Ring«), dessen erster Träger er selbst wurde.
Anschrift: Heimgartenstraße 21, 8135 Söcking/Oberbayern.

Nicole Heesters

Geb. 14. 2. 1937 als Tochter des Schauspielers und Sängers Johannes Heesters und der Operrettensängerin Louisa H. Gluss in Potsdam; nach der Schule absolvierte sie das Max-Reinhardt-Seminar in Wien. Ihre Lehrerin war u. a. Helene Thimig. 1953 gab sie ihr Film-Debüt in »Ich und meine Frau«. Als Bühnendarstellerin debütierte sie 1954 in der Titelrolle von Lerner/Loewes »Gigi« am Wiener Volkstheater.
Während einer Südamerika-Tournee hatte sie 1956 einen schweren Autounfall, bei dem sie sich eine Gesichtsverletzung zuzog. Nach einer kosmetischen Operation kam sie 1957 unter Karl Heinz Stroux an das Düsseldorfer Schauspielhaus, dem sie bis 1972 angehörte. Von 1972 bis 1980 war sie unter Boy Gobert Mitglied des Thalia-Theaters Hamburg. Mit dem Intendanten wechselte sie anschließend an die Staatl. Schauspielbühnen Berlins, an denen sie bis 1985 wirkte. 1985/86 gab sie ein Gastspiel am Bayerischen Staatsschauspiel München. Fernseh-Aufgaben nahm sie nur selten an.
Frau Heesters spricht engl., franz.; sie ist verheiratet mit dem Bühnenbildner Pit Fischer, hat zwei Kinder (Johannes und Saskia) und lebt in Hamburg.
Film: »Dieses Lied bleibt bei dir«, 1954; »Drei Männer im Schnee« (nach Erich Kästner), mit Paul Dahlke, und »Ihr erstes Rendezvous«, 1955; »Das Liebesleben des schönen Franz«, »Die Christel von der Post«, und »Der Glockengießer von Tirol«, 1956; »Nach Mitternacht«, Regie: Wolf Gremm, 1981; »Kamikaze 1989«, mit Rainer Werner Fassbinder und Franco Nero, Regie: Wolf Gremm, 1982; »Heinrich Penthesilea von Kleist«, Regie: Hans Neuenfels, 1983; »Der Todesspringer«, Regie: Benno Trautmann, 1984.
Theater: Katharina in Shakespeares »Der Widerspenstigen Zähmung« (auch TV), Lady Macbeth in Shakespeares »Macbeth«, Titelrolle in Schillers »Die Jungfrau von Orleans«, Titelrolle in Kleists »Penthesilea«, Titelrolle in Hebbels »Judith«, Titelrolle in Shaws »Die heilige Johanna«, Mascha in Tschechows »Drei Schwestern« und Sarah in O' Neills »Fast ein Poet«, jeweils Düsseldorfer Schauspielhaus 1957–1972; Titelrolle in Schillers »Maria Stuart«, Titelrolle in dem Musical »Sweet Charity« und Charlotte von Stein in Hacks' »Ein Gespräch im Hause Stein über den abwesenden Herrn von Goethe«, jeweils Thalia-Theater Hamburg 1972–1980; Asteria in Kleists »Penthesilea«, Regie: Hans Neuenfels, in dem Musical »Ich steig aus und mach 'ne eigene Show, Schiller-Theater Berlin bis 1985; Martha in Albees »Wer hat Angst vor Virginia Woolf?«, Regie: August Everding, Bregenzer Festspiele 1985 und Bayerisches Staatsschauspiel 1985/86.
Fernsehen: Bis 1970 u. a. in: »Der gute Mensch von Sezuan« (nach Brecht), »Graf Öderland« (nach Frisch), »Zwischenstation«, und »Zeit der halben Herzen« (v. Lehman). Ferner: »Geliebter Mörder«, ZDF 1972; Oberkommissarin Buchmüller in »Tatort« (vom SWF), Serie, ARD 1978–1980; Sittah in »Nathan der Weise« (nach Lessing), mit Werner Hinz, Regie: Oswald Döpke, ARD 1979; »Der Snob« (nach Sternheim), mit Klaus Maria Brandauer, Regie: Wolfgang Staudte, und »Bali«, Regie: István Szabo, ZDF 1984; »Die Spur der Anderen«, mit Manfred Zapatka, Regie: Daniel Christoff, ZDF 1985.
Auszeichnungen: »Silberne Maske« der Hamburger Volksbühne als »beste Schauspielerin der Saison 1975/76«; »Beliebteste Schauspielerin der Saison 1980/81«, Berlin.
Anschrift: c/o Bayerisches Staatsschauspiel, Max-Joseph-Platz 2, 8000 München 1.

Sascha Hehn

(eigentlich:
Alexander Josef Alberto Hehn)

Geb. 11. 10. 1954 als Sohn des Schauspielers Albert Hehn in München. Bereits mit fünf Jahren (»Hubertusjagd«, 1959) spielte er erste Rollen bei Film und Fernsehen. Mittlere Reife (1971). Bühnen-Engagements hatte er u.a. an der Kleinen Komödie München (1974), bei den Salzburger Festspielen (1982) sowie auf Tournee.
Hehn spricht engl.; er ist ledig und lebt in München.
Film: »Das Mädel aus dem Böhmerwald«, 1964; »Die liebestollen Apothekertöchter«, 1969; »Blau blüht der Enzian«, 1970; »Das Wandern ist des Müllers Lust«, 1972; »Schloß Hubertus« (nach Ganghofer), mit Karlheinz Böhm, Regie: Harald Reinl, 1973; »Patricia – Einmal Himmel und zurück«, Regie: Hubert Frank, 1977; »Nackt und heiß auf Mykonos«, Regie: Claus Tiedemans, »Austern und Senf«, Regie: Franz Antel, und »Kreuzberger Liebesnächte«, Regie: Claus Tinney, 1979; »Die Pinups und ein heißer Typ«, 1981.
Theater: In Stone/Cooneys »Bleib doch zum Frühstück«, Kleine Komödie München 1974; in Shakespeares »Wie es euch gefällt«, Regie: Otto Schenk, Salzburger Festspiele 1982; in Cocteaus »Der Doppeladler«, mit Judy Winter, und in Scribes »Ein Glas Wasser«, jeweils Tournee 1984/85.
Fernsehen: »Robinson soll nicht sterben« (nach Forster), Regie: Franz Josef Wild, ARD 1963; Sohn in »Madame Bovary« (nach Flaubert), mit Elfriede Irrall, Günter Strack und Dietmar Schönherr, Regie: Hans Dieter Schwarze, ZDF 1968; »Cautio Criminalis« (von Lohmeyer), mit Gerd Böckmann und Gaby Dohm, Regie: Hagen Mueller-Stahl, ZDF 1974; »Meine Mieter sind die besten«, von und mit Fritz Eckhardt, Serie, ARD 1977; »Der Fall und Aufstieg des Andy King«, 4 Teile, »Aufwiedersehen Charlie«, »Geschichten aus der Zukunft«, »Der Schuft, der Münchhausen schrieb«, »Eine Frau bleibt eine Frau«, mit Lilli Palmer, ARD/ZDF 1978/79; »Der Alte«, Serie, 3 Folgen, ZDF 1979–1984; »Die Mißvergnügten« (nach Prosper Mérimée), ARD 1979; »Kolportage« (nach Kaiser), Regie: Peter Weck, ARD 1980; »Polizei-Inspektion 1«, mit Walter Sedlmayr, Serie, ARD 1981; »Derrick«, Serie, 3 Folgen, ZDF 1981–1984; »Ein Fall von Zuneigung«, Regie: Imo Moszkowicz, ARD 1982; Stewart Victor in »Das Traumschiff«, mit Heinz Weiss und Heide Keller, Regie: Fritz Umgelter (1. Staffel) und Alfred Vohrer (2. Staffel), Serie, 12 Folgen, ZDF 1982/83; »Rummelplatzgeschichten«, Regie: Dieter Kehler, Serie, ARD 1983; »Wetten daß . . . ?!«, mit Frank Elstner, TV-Show, ZDF 1983; »Lach mal wieder«, mit Günter Pfitzmann, Regie: Wolfgang Spier, Serie, ZDF 1984; »Frühling im Herbst«, mit Gert Fröbe, ZDF 1985; Dr. Udo Brinkmann in »Schwarzwaldklinik«, mit Klausjürgen Wussow, Regie: Alfred Vohrer, 23 Teile, ZDF 1985/86.
Auszeichnung: »Otto« (BRAVO) 1981 und 1983.
Anschrift: c/o Agentur Palz, Ortlindestraße 6, 8000 München 81.

Manfred Heidmann

Geb. 27.12.1923 als Sohn des Schauspielers Karl Heidmann in Lübeck; dort, in Hamburg und Berlin aufgew.; nach dem Realgymnasium nahm er privaten Schauspielunterricht bei seinem Vater. Bereits mit acht Jahren stand er in Erich Kästners »Emil und die Detektive« auf den Bühnen der Hansestadt Lübeck. Sein erstes Engagement bekam er 1940 am Theater in Potsdam. Weitere Stationen waren die Berliner Künstlerbühnen und nach dem Krieg die Theater der Stadt Essen, die Bühnen der Hansestadt Lübeck und die Städt. Bühnen Frankfurt/Main. Von 1951 bis 1960 gehörte er dem Ensemble des Schauspielhauses Bochum unter Hans Schalla an, bis 1972 war er dort ständiger Gast. Weitere Engagements als freischaffender Schauspieler hatte er ferner bei den Ruhrfestspielen Recklinghausen, an den Städt. Bühnen Bonn, am Theater am Kurfürstendamm Berlin, beim Württembergischen Staatsschauspiel Stuttgart, am Deutschen Schauspielhaus Hamburg und bei zahlreichen Tourneen.
Großen Erfolg hatte Heidmann bereits während des Krieges als Filmschauspieler und Sänger. Er sang den Schlager »Heimat, deine Sterne« (Komponist: Werner Bochmann) in dem Heinz-Rühmann-Film »Quax der Bruchpilot« (Regie: Kurt Hoffmann, 1941). Ein weiterer Titel war »Grüß mir die Berolina« (Komponist: Franz Grothe). Nach dem Krieg spielte er zwar u. a. neben Johanna von Koczian noch in einigen Musicals (»Meinde Freundin und ich«, »Oh, du glückliche Reise«), verlegte den Schwerpunkt seiner Arbeit jedoch auf das Sprechtheater und das Fernsehen, wo er seit 1959 über 70 Rollen verkörperte.
Heidemann spricht engl., franz., ital.; er ist verheiratet und lebt in Essen.
Theater: Titelrolle in Schillers »Don Carlos«, Titelrolle in Goethes »Torquato Tasso«, Ferdinand in Schillers »Kabale und Liebe«, jeweils an den vorgenannten Bühnen bis 1951; Titelrolle in Brechts »Der aufhaltsame Aufstieg des Arturo Ui«, Regie: Helmut Käutner, Krull in Sternheims »Die Kassette«, Regie: Heinz Schirk, Robespierre in Büchners »Dantons Tod«, Titelrolle in Shakespeares »König Johann«, Heinrich in Sartres »Der Teufel und der liebe Gott«, Regie: jeweils Hans Schalla, in Wolfes »Herrenhaus«, Bolingbroke in Scribes »Das Glas Wasser«, Professor Higgins in Shaws »Pygmalion«, in Ionescos »Der König stirbt«, in Kaisers »Napoleon in New Orleans« und Papst in Hochhuths »Der Stellvertreter«, jeweils Schauspielhaus Bochum 1951–1972; Graf Almaviva in Beaumarchais' »Der tolle Tag oder Figaros Hochzeit« und Scholz in Wedekinds »Der Marquis von Keith«, Regie: Hans Schalla, jeweils Ruhrfestspiele Recklinghausen; Billy Jack in »Teenager Love«, Regie: Helmut Käutner, Theater am Kurfürstendamm Berlin; Macheath in Brecht/Weills »Die Dreigroschenoper«, Regie: Hans-Joachim Heyse, Bühnen der Stadt Bonn; Werhahn in Hauptmanns »Der rote Hahn«, mit Inge Meysel, Regie: Boleslaw Barlog, Tournee 1981.
Fernsehen: »Tim Frazer« (nach Durbridge), Regie: Hans Quest, 3 Teile, ARD 1964; »Montserrat«, Regie: Fritz Umgelter, ARD 1965; »Die Rolle seines Lebens« (nach Montanelli), Regie: Wilm ten Haaf, ARD 1967; »Berliner Antigone«, Regie: Rainer Wolffhardt, ZDF 1968; »Tagebuch eines Frauenmörders« (nach Bekefi), Regie: Helmut Käutner, und »Das heilige Experiment«, Regie: Rainer Wolffhardt, ARD 1969; »Die Fälle des Herrn Konstantin«, Regie: Wilm ten Haaf, 13 Teile, ARD 1975; »Fluchthelfer gesucht«, Regie: Gerd Oelschlegel, ZDF 1979; »Pseudonym Hans Fallada«, mit Dieter Borsche, Regie: Lutz Büscher, ZDF 1981; »Zwischen den Zeiten«, Regie: Lutz Büscher, ZDF 1985.
Seit 1970 ist Heidmann Kommissar Schäfermann in der ARD-Krimi-Reihe »Tatort« vom Saarländischen Rundfunk (bislang 8 Folgen).
Anschrift: c/o Agentur Wiedner, Destouchesstraße 32, 8000 München 40, oder Borbeckerstraße 237, 4300 Essen 11.

Oscar Heiler

Geb. 23. 11. 1906 in Stuttgart; dort aufgew.; nach dem Abitur am Karls-Gymnasium Stuttgart absolvierte er eine Buchhändlerlehre und war als Buchhandelsgehilfe angestellt. Nebenher nahm er Schauspielunterricht bei Willy Reichert. Erste Engagements hatte er von 1928 bis 1931 am Stuttgarter Schauspielhaus, am Freilichttheater Stuttgart und am Deutschen Theater München. Seit 1932 ist er freier Mitarbeiter beim Hörfunk (Reichssender Stuttgart, später Radio Stuttgart und Süddeutscher Rundfunk). Partner war häufig, auch bei seinen späteren Bühnen-Gastspielen (u. a.) an der Komödie im Marquardt Stuttgart, sein ehemaliger Schauspiellehrer Willy Reichert. Bekannt wurde Heiler vor allem durch seine Fernsehreihen mit dem schwäbischen Komiker.
Heiler veröffentlichte zahlreiche Schallplatten, u. a. »Schwabenstreiche«, »Schwabenland«, »Schwäbisches Allerlei«, »Unser Stuttgart«, »Humor der Landschaften« und »Häberle und Pfleiderer«. Er wirkte als Conférencier und Humorist bei über 3500 Veranstaltungen mit.
Heiler ist verheiratet und lebt in Stuttgart.
Film: »Die Mühle im Schwarzwälder Tal«, 1953; »Die Rosel vom Schwarzwald«, 1956.
Fernsehen: Häberle in »Häberle und Pfleiderer«, mit Willy Reichert, Serie, ARD 1961/62; Pfisterer in »Schwäbische Geschichten« (von Fritz Eckhardt), 10 Folgen, ARD 1963; »Der fidele Bauer« (nach Leo Fall), ARD 1966; Neschtle in »Chronik der Familie Nägele« (von Fritz Eckhardt), Serie, ARD 1968; »Kapitän Harmsen«, mit Marianne Lindner, Serie, ZDF 1969/70; »Meine Mieter sind die besten«, von und mit Fritz Eckhardt, Serie, und »Tatort«, Regie: Theo Mezger, Serie, ARD 1977; »Geschichten aus der Heimat«, Serie, ARD 1983. Ferner wirkte er in zahlreichen volkstümlichen Unterhaltungssendungen (schwäbischer Mundart) mit.
Anschrift: Bergstraße 86, 7000 Stuttgart 1.

Eckhard Heise

Geb. 22. 9. 1953 in Neuenhaus/Niedersachsen; aufgew. in Nordhorn und Köln; nach der Schule absolvierte er eine Ausbildung als Großhandelskaufmann; er arbeitete zudem als Chemielaborant und Dekorateur. 1971 begann er am Theater am Dom in Köln als Kulissenbauer und Inspizient; diese Tätigkeit übte er anschließend an den Vereinigten Städt. Bühnen Krefeld-Mönchengladbach aus. 1975/76 arbeitete er als Regie-Assistent am Ulmer Theater.
Sein erstes Engagement als Schauspieler erhielt er 1977 in der sechsteiligen ARD-Serie »Deutschlands wilder Westen« (Regie: Achim Kurz). Von 1977 bis 1979 absolvierte er die Otto-Falckenberg-Schule München. Seither gastierte er u. a. am Schiller-Theater Berlin (1979), auf Tournee (1981/82), am Hansa-Theater Berlin (1984) am Münchner Boulevardtheater und am Blutenburgtheater München (1985) und arbeitete häufig für Film und Fernsehen.
Heise spricht engl.; er ist ledig und lebt abwechselnd in München und Berlin.
Film: »Grandison«, mit Marlène Jobert und Helmut Qualtinger, Regie: Achim Kurz, BRD/Frankreich 1978; »Das Ende vom Anfang«, Regie: Christian Görlitz, 1981; »Die Wildgänse II«, Regie: Peter Hunt, Großbritannien/Frankreich 1984.
Theater: In Sternheims »1913«, mit Martin Held, Regie: Günther Krämer, Schiller-Theater Berlin 1979; in Hasenclevers »Ein besserer Herr«, mit Horst Buchholz, Regie: Horst Johanning, Tournee 1981/82; in Pillaus »Der Kaiser vom Alexanderplatz«, mit und unter der Regie von Horst Niendorf, Hansa-Theater Berlin 1984; in Eyens »Frauen hinter Gittern«, Regie: Peter Kern, Münchner Boulevardtheater 1985; in Christies »Die Mausefalle«, Blutenburgtheater München 1985.
Regie führte er 1979 in Labiches »Mord in der Rue de Lursince« am Zimmertheater Münster.
Fernsehen: »Deutschlands wilder Westen«, Regie: Achim Kurz, 6 Folgen, ARD 1977; »Auf der Suche nach dem Glück«, Serie, und Sohn in »Eine Frau bleibt eine Frau«, mit Lilli Palmer, Klaus Schwarzkopf und Ekkehardt Belle, Regie: Alfred Weidenmann, Serie, ZDF 1978; »Tatort« (darunter »Himmelfahrt«, Regie: Rainer Wolffhardt), Serie, 2 Folgen, ARD 1978/79; »Lippmann wird vermißt« (aus der Reihe: »Der Alte«), Regie: Günter Gräwert, ZDF 1979; »Tour de Ruhr« (von Heidenreich), Regie: Reinhard Schwabenitzky, Serie, ARD 1980; »Derrick« (darunter: »Drei atemlose Tage«, Regie: Alfred Vohrer, und »Ein Lied für Theben«), Serie, 8 Folgen, ZDF 1977–1984.
Anschrift: c/o ZBF-Agentur Berlin, Kurfürstendamm 206, 1000 Berlin 15, oder c/o Agentur Mackeben, Douglasstraße 2–4, 1000 Berlin 33.

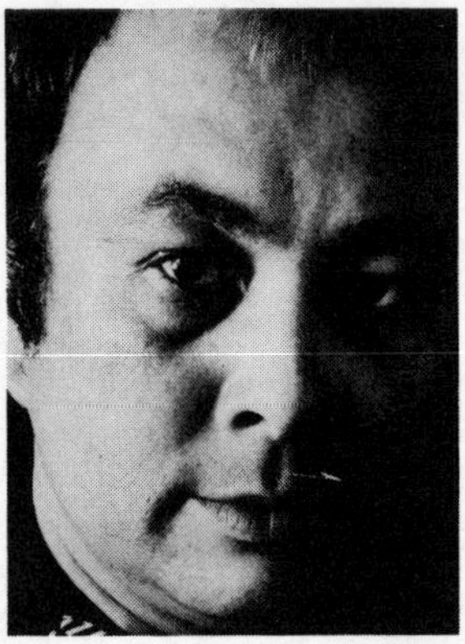

Imo Heite

Geb. 29. 6. 1938 in Weißenfels/Saale; aufgew. in Sachsen und Schleswig-Holstein; nach dem Gymnasium absolvierte er die Folkwang-Schule in Essen. Sein erstes Engagement hatte er 1966 am Fränk. Theater Maßbach. Verpflichtungen am Theater der Stadt Essen (1967), am Musiktheater im Revier Gelsenkirchen (1968) und in Karlsruhe (1976) folgten. Als freischaffender Schauspieler machte er zahlreiche Tourneen. Er ist häufig in der Synchronisation tätig.
Heite spricht russ., engl.; er ist in zweiter Ehe verheiratet, hat einen Sohn und lebt in München.
Theater: In Kleists »Der zerbrochene Krug«, und in »Der Rose süßer Duft«, Theater der Stadt Essen 1967; in Dürrenmatts »Der Besuch der alten Dame«, in J. Schwarz' »Der Drache«, Musiktheater im Revier 1968; in Zuckmayers »Schinderhannes«, Karlsruhe 1976; Milchmann in Inges »Komm zurück, kleine Sheba«, Cosme in Calderons »Dame Kobold«, Mitch in Williams' »Endstation Sehnsucht«, Fabrizio in Turrinis »Die Wirtin«, Galomir in Grillparzers »Weh' dem, der lügt«, und Koch in Brechts »Mutter Courage und ihre Kinder«, mit Hilde Krahl, Regie: Wolfgang Liebeneiner, jeweils Tournee (bis 1984).
Fernsehen: »Ein Sommer mit Nicole«, Regie: Thomas Engel, Serie, ZDF 1969; »Das Trauerspiel von Julius Cäsar« (nach Shakespeare), Regie: Michael Kehlmann, ARD 1969; »Der Bettelstudent« (nach Millöcker), Regie: Wilm ten Haaf, ZDF 1970; »Der Unternehmer« (nach Ziem), Regie: Eberhard Itzenplitz, AD 1970; »Privatdetektiv Frank Kross«, Serie, ARD 1971; »Flüssiges Gold«, Regie: Jürgen Goslar, »Der Amateur« (nach Bodelen), Regie: Rainer Erler, »Fußballtrainer Wulff«, Regie: Erich Neureuther, Serie, und »Um Haus und Hof«, Regie: Volker Vogeler, Serie, ARD 1972; »Tatort«, Serie, 3 Folgen, ARD 1971-1978; »Soldatenmord von Lebach«, Regie: Rainer Söhnlein, ZDF 1974; »Die himmlischen Töchter«, mit Iris Berben und Ingrid Steeger, Regie: Michael Pfleghar, Serie, ARD 1978; »Schinderhannes« (nach Zuckmayer), Regie: Joachim Hess, ARD 1979; »Die Weber« (nach Hauptmann), mit Klaus Maria Brandauer, Regie: Fritz Umgelter, ARD 1980; »Leute gibt's«, Regie: Ralf Gregan, ZDF 1982; »Geheimsender 1212« (von Hanuš Burger), ZDF 1983; »Polizei-Inspektion 1«, Serie, ARD 1983; »Der Alte«, Serie, ZDF 1984; »Ein Fall für zwei«, Serie, ZDF 1985; »Marktplatz der Sensationen« (nach Egon Erwin Kisch), Regie: Martin Holly, 5 Teile, ARD 1985.
Anschrift: c/o Agentur von Pilecki, Eilandstraße 12, 8000 München 90.

Martin Held

– Staatsschauspieler –

Geb. 11. 11. 1908 als Sohn eines Werkmeisters in Berlin; dort aufgew.; er besuchte die Berliner Gauß-Schule und absolvierte seinem Vater zuliebe eine Lehre als Elektrotechniker. Anschließend war er als Techniker bei Siemens beschäftigt. Im Spätsommer 1929, mit 21 Jahren, bestand er an der Hochschule für Musik und darstellende Kunst die Prüfung für die Schauspielschule. Seine Prüfer waren Lucie Höflich, Walter Franck, Leopold Jessner und Lothar Müthel. Nach zwei Jahren Schauspielschule bekam er sein erstes Vertragsangebot von der Volksbühne Berlin. Held lehnte jedoch ab und unterschrieb bei der Wanderbühne Königsberg/Tilsit, bei der er 1932/33 tätig war. Weitere Stationen: Albertheater Dresden (1932/33), Stadttheater Bremerhaven (1934–1937), Landestheater Darmstadt (1937–1941) und Städt. Bühnen Frankfurt/Main (1941–1951).

Unter Boleslaw Barlog kam er 1951 an die Staatl. Schauspielbühnen Berlins, zu deren Ensemble er bis heute gehört. Gastspiele gab er u. a. am Wiener Burgtheater, am Schauspielhaus Bochum, an den Münchner Kammerspielen und bei mehreren Auslandstourneen.

Als wichtigste Regisseure seiner Karriere nennt er Jürgen Fehling, Rudolf Noelte, Karl Heinz Stroux, Boleslaw Barlog, Heinz Hilpert, Hans Lietzau und Fritz Kortner. Martin Held drehte erst 1951 seine erste Filmproduktion. Viele seiner Fernsehspiele gestaltete er zusammen mit dem Regisseur Peter Beauvais.

Held spricht engl.; er ist in zweiter Ehe verheiratet mit der ehemaligen Schauspielerin Lore Hartling; dieser Ehe entstammen seine beiden Söhne Albert und Maximilian. Sein Sohn Thomas (aus erster Ehe) verstarb 1961. Held lebt in Berlin. Die britische »Times« bezeichnete ihn als »Europas größten Darsteller«.

Film: »Schwarze Augen«, mit Will Quadflieg und Cornell Borchers, Regie: Geza von Bolvary, 1951; Heydrich in »Canaris«, mit O.E. Hasse, Regie: Alfred Weidenmann, und »Friederike von Barring«, 1954; »Alibi«, Regie: Alfred Weidenmann, 1955; »Vor Sonnenuntergang« (nach Hauptmann), »Spion für Deutschland« und »Der Hauptmann von Köpenick«, Regie: Helmut Käutner, 1956; »Der Fuchs von Paris«, und »Banktresor 713«, Regie: Werner Klingler, 1957; »Nasser Asphalt«, 1958; »Rosen für den Staatsanwalt«, Regie: Wolfgang Staudte, »Bumerang« und »Meine Tochter Patricia«, 1959; »Der letzte Zeuge«, 1960; »Die Ehe des Herrn Mississippi« (nach Dürrenmatt), und »Frau Cheneys Ende«, mit Lilli Palmer, 1961; »Das schwarz-weiß-rote Himmelbett«, Regie: Rolf Thiele, 1962; »Der große Liebesreigen« und »Ein fast anständiges Mädchen«, 1963; »Verdammt zur Sünde«, Regie: Alfred Weidenmann, 1964; »Lange Beine, lange Finger«, 1966; »Die Abenteuer des braven Kommandanten Küppers«, Regie: Rainer Erler, Jugoslawien/BRD 1967; »Fast ein Held«, 1967; »Dr. med. Fabian – Lachen ist die beste Medizin«, 1969; »Die Herren mit der weißen Weste«, 1970; »Hauptsache Ferien«, 1972; »Die Schlange«, Regie: Henri Verneuil, BRD/Frankreich 1973; »Unordnung und frühes Leid« (nach Thomas Mann), Regie: Franz Seitz, 1975; »Der Pfingstausflug«, mit Elisabeth Bergner, Regie: Michael Günther, 1979.

Theater: General Harras in Zuckmayers »Des Teufels General«. Städt. Bühnen Frankfurt/Main 1947; Wehrhahn in Hauptmanns »Biberpelz«, mit Käthe Dorsch, 1951, Leicester in Schillers »Maria Stuart«, Regie: Jürgen Fehling, 1952, Malvolio in Shakespeares »Was ihr wollt«, Jacques in Shakespeares »Wie es euch gefällt«, Regie: jeweils Boleslaw Barlog, und Mephisto in Goethes »Faust«, 1954, Titelrolle in Anouilhs »Der Herr Ornifle«, 1956, Claudius in Shakespeares »Hamlet« und Titelrolle in Anouilhs »General Quixote oder Der verliebte Reaktionär«, 1957, Titelrolle in John Osbornes »Entertainer«, 1958, General in Anouilhs »Walzer der Toreros«, und Lumpensammler in Giraudoux' »Die Irre von Chaillot«, mit Hermine Körner, 1959, Titelrolle in Molières »Dom Juan«, Regie: Fritz Kortner, Sam Kindsdale in der deutschen Erstaufführung von Ustinovs »Endspurt«, und Lehrer in Frischs »Andorra«, Regie: Fritz Kortner, 1962/63, (Erich Mehnert in Kortners »Zwiesprache«, mit Marianne Hoppe, Regie: Fritz Kortner selbst, Münchner Kammerspiele 1964), Puntila in Brechts »Herr Puntila und sein Knecht Matti«, 1964, Titelrolle in Hauptmanns »Michael Kramer« und Theobald Maske in Sternheims »Die Hose«, 1964/65, Titelrolle in Brechts »Leben des Galilei«, Regie:

Hansjörg Utzerath, 1965, Erster Schauspieler in Stoppards »Rosenkranz und Güldenstern«, 1967, Prospero in Shakespeares »Der Sturm«, Regie: Fritz Kortner, 1968, Zahnarzt in der Uraufführung von Grass' »Davor«, und Krapp in Becketts »Das letzte Band«, Regie: Samuel Beckett selbst (auch Europatournee), 1969, Sir Falstaff in Shakespeares »Heinrich IV.«, Regie: Ernst Schröder, 1970, Codger Sleehaun in O'Caseys »Ein Freudenfeuer für den Bischof«, Regie: Wilfried Minks, und Clark in Simons »Sonny-Boys«, mit Bernhard Minetti, 1973, Hirst in Pinters »Niemandsland«, mit Bernhard Minetti, 1975, Christian Maske von Buchow in Sternheims »1913« (zum 70. Geburtstag Helds), 1978, Big Daddy in Williams' »Die Katze auf dem heißen Blechdach«, und Schigolch in Wedekinds »Lulu«, mit Angelica Domröse, 1980/81, Titelrolle in Ibsens »John Gabriel Borkman«, 1982/83, und Nikolaj Michailowitsch Tschmutin in »Einmal Moskau und zurück« (Originaltitel: »Retro«), 1983/84, Patriarch in Lessings »Nathan der Weise«, Regie: Bernhard Sobel, 1985/86, jeweils Schiller-Theater und Schloßpark-Theater Berlin.

Fernsehen: Unter der Regie von Peter Beauvais: »Der Walzer der Toreros« (nach Anouilh), ARD 1962; Titelrolle in »Michael Kramer« (nach Hauptmann), ZDF 1965; »Gespenster« (nach Ibsen), ZDF 1966; »Rumpelstilz« (nach Muschg), mit Paula Wessely, ZDF 1969; »Eines langen Tages Reise in die Nacht« (nach O'Neill), ARD 1973. Ferner: »Die Mission« (nach Habe), Regie: Ludwig Cremer, und »Pitchi Poi« (nach Billetdoux), Regie: Franz Josef Wild, ARD 1967; »Der Kommissar«, mit Erik Ode, Serie, ZDF 1970; »Martin Held liest François Villon«, ZDF 1975; »Heinrich Zille«, ARD 1977; »Der große Karpfen Ferdinand« (nach Ibbotson), Regie: Alfred Weidenmann, ZDF 1978; »Der Alte«, Serie, und »Der Raub der Sabinerinnen« (nach Schönthan), mit Gert Fröbe und Edda Seippel, Regie: Rolf von Sydow, ZDF 1981; »Was zu beweisen wäre«, Regie: Peter Weck, ZDF 1986.

Auszeichnungen: Berliner Kritikerpreis 1952; Filmband in Gold 1955; Bundesverdienstkreuz der Bundesrepublik Deutschland I. Klasse 1958; Berliner Kunstpreis 1958; »Ernst-Lubitsch-Preis« 1967; »Goldene Kamera« (HÖRZU) 1969; Darstellerpreis des 7. Filmfestivals Prag 1973; Großes Bundesverdienstkreuz der Bundesrepublik Deutschland 1973; »Goldene Nofretete«, Filmfestival Kairo 1975; »Ernst-Reuter-Plakette« 1978; Filmband in Gold 1980; »Silbernes Blatt«, Preis der Dramatiker-Union 1984. Seit 1950 ist er Mitglied der Deutschen Akademie der Darstellenden Künste in Hamburg, seit 1961 der Akademie der Künste in Berlin. Seit 1963 ist er Berliner Staatsschauspieler, seit 1968 Ehrenmitglied der Staatl. Schauspielbühnen Berlins. 1986 verlieh ihm der Berliner Senat den Professorentitel h.c.

Anschrift: c/o Agentur Mackeben, Douglasstraße 2–4, 1000 Berlin 33.

Bernhard Helfrich

Geb. 30.8.1945 in München; dort aufgew.; nach der Schule nahm er Schauspielunterricht. Er war lange Jahre am Tegernseer Volkstheater engagiert. Seit 1974 gastiert er regelmäßig an der Kleinen Komödie München. Er arbeitet sehr viel beim Hörfunk.
Helfrich spricht engl.; er ist in zweiter Ehe verheiratet mit der Schauspielerin Mona Freiberg, hat einen Sohn und zwei Töchter und lebt in Krailling bei München.
Film: »Lena Rais«, Regie: Christian Rischert, 1980.
Theater: In Bichlers »Die Reise nach Singapur«, 1974, in Flatow/Pillaus »Das Fenster zum Flur«, mit Beppo Brem und Erni Singerl, 1975 (auch ZDF 1975), in Böttchers »Krach im Hinterhaus«, 1977, in Kollos »Die wilde Auguste«, mit Erni Singerl, 1980 (auch ZDF 1981), in Bretts »Die Chefin«, 1980, in Shaws »Helden«, 1982, in Wittlingers »Scheibenschießen«, in Anzengrubers »Die Kreuzelschreiber« und in Niessens »Der Wetterfrosch«, 1983, jeweils Kleine Komödie München. In zahlreichen Aufführungen spielte er neben Mona Freiberg. 1985 war er auf Tournee mit Thomas »Witwen«.
Fernsehen: »Der Saisongockl« (nach John; Übertragung aus dem Tegernseer Volkstheater), ZDF 1968; »Ehen vor Gericht«, Regie: Ruprecht Essberger, Serie, ZDF 1969; »Königlich bayerisches Amtsgericht« (von Georg Lohmeier), mit Hans Baur, Serie, ZDF 1970/71; »Koralle Meier« (nach Sperr), mit Ruth Drexel, ARD 1971; »Bolwieser« (nach Oskar Maria Graf), mit Elisabeth Trissenaar und Kurt Raab, Regie: Rainer Werner Fassbinder, 2 Teile, ZDF 1977; »Sachrang« (von Oliver Storz), mit Gerhard Lippert, Regie: Wolf Dietrich, 3 Teile, ARD 1978; »Anton Sittinger« (nach Oskar Maria Graf), ARD 1979; »Der Alte«, Serie, ZDF 1982; »Flüchtige Bekanntschaften«, Regie: Marianne Lüdcke, ARD 1982; »Polizei-Inspektion 1«, mit Walter Sedlmayr, Serie, ARD 1983; »Angelo und Luzy«, Regie: C. Rainer Ecke, Serie, ZDF 1984; »Doppelte Moral« (aus der Reihe: »Der Komödienstadl«), mit Max Griesser, Regie: Olf Fischer, ARD 1984; »Die Wiesingers« (von Ahlsen), Regie: Bernd Fischerauer, Serie, ARD 1984; »Glücklich geschieden«, Serie, ZDF 1985; »Polizei-Inspektion 1«, Serie, ARD 1985; Die Schwarzwaldklinik«, mit Klausjürgen Wussow, Regie: Alfred Vohrer, Serie, ZDF 1985; »Schafkopfrennen«, Regie: Bernd Fischerauer, Serie, ARD 1986.
Anschrift: c/o ZBF-Agentur München, Leopoldstraße 19, 8000 München 40.

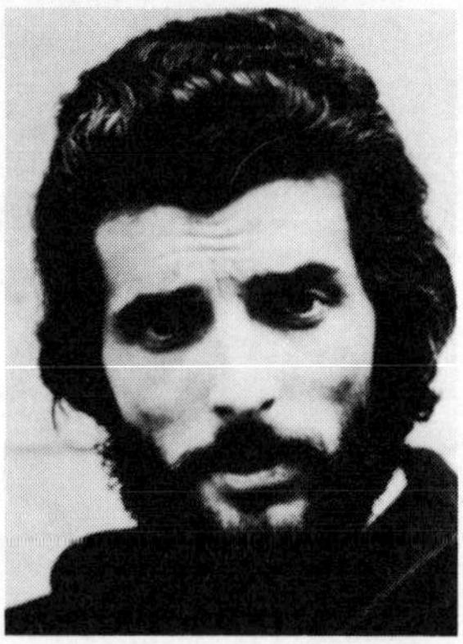

André Heller

(eigentlich: Franz Heller)

Geb. 22.3.1946 als Sohn des Süßwarenfabrikanten Stephan Heller in Wien; dort aufgew.; Besuch der Volksschule und mehrerer Internate, u.a. drei Jahre bei den Jesuiten in Wien; schon als Zwölfjähriger spielte er einen Trompetenpart in der Kindersymphonie von Haydn. Er besuchte die Schauspielschule und nahm Unterricht bei Hans Weigel. Nach einem mißlungenen Debüt in Arrabals Theaterstück »Das Dreirad« kam er 1967 als Diskjockey zum Österreichischen Rundfunk (Ö 3). Im selben Jahr drehte er mit seinem vorzeitig ausbezahlten Erbteil den Film »Moos auf den Steinen«. 1968 stellte er seine erste Langspielplatte »André Heller Nr. 1« vor.

1970 provozierte er einen Skandal mit dem Chanson »Wien ist eine alte Frau, drum wart' ich bis zum Muttertag, daß ich erschlag die Sau«. Nach zwei weiteren LPs (»Platte« und »Wer war A.H.?«) ließ er 1972 im Österreichischen Fernsehen einen fiktiven Nachruf ausstrahlen. Unter dem Titel »Wer war André Heller?« stilisierte er sich zum »jahrelang verkannten, letztlich großen Sohn Österreichs«.

1975 hatte er großen Erfolg in Israel mit seinem Lied »Jetzt fahr' ma nach Jerusalem«. 1976 gründete er den »Zirkus Roncalli« (Roncalli nach dem bürgerl. Namen von Papst Johannes XXIII.), der in Bonn Premiere hatte. Zwei Jahre später scheiterten Verhandlungen mit der Stadt München, dort unter Hellers Leitung einen Vergnügungs-Park namens »Calafatti« zu verwirklichen. 1977 spielte Heller seine erste große Rolle in Syberbergs Film über das Leben von Karl May.

1981 präsentierte der österr. Entertainer die Bühnenshow »Flic-Flac«, die über ein Jahr vor ausverkauften Häusern während einer Drei-Länder-Tournee zu sehen war.

1983 inszenierte er in Lissabon unter der Bezeichnung »Das Theater des Feuers« mit einem Produktionsaufwand von rund 1,3 Millionen DM das bislang größte Feuerwerk dieses Jahrhunderts. Im Juli 1984 wiederholte er dieses Schaupiel in Berlin.

In der Alten Oper Frankfurt/Main veranstaltete er 1985 mit 60 chinesischen Künstlern das Spektakel »Begnadete Körper – Show der chinesischen Illusion«.

Heller veröffentlichte seit 1974 zehn Bücher (u.a. »Sie nennen mich Messerwerfer«, »Die Ernte der Schlaflosigkeit in Wien«, »Auf und davon«, »Verwunschen« und »Es werde Zirkus«), besang 15 LPs (u.a. »Bei lebendigem Leib«, »Basta«, »... ausgerechnet Heller«, »Wienerische Lieder«, »Geschichten aus dem Wienerwald«, »Verwunschen«) und schrieb drei Theaterstücke (u.a. »King-Kong-King-Mayer-Mayer-Ling«, uraufgeführt bei den Wiener Festwochen 1972).

Heller spricht franz.; er ist geschieden von der Schauspielerin und Sängerin Erika Pluhar und lebt in Wien.

Film: Eigene Inszenierungen: »Wer war André Heller«, 1972; »Die Dämmerung der Sehnsucht«, 1976; »Bei lebendigem Leib«, 1977.

Als Schauspieler: »Karl May«, mit Helmut Käutner, Regie: Hans Jürgen Syberberg, 1977; Hierlinger in »Geschichten aus dem Wienerwald« (nach Horváth), mit Helmut Qualtinger, Regie: Maximilian Schell, 1978; »Fürchte dich nicht, Jakob!«, Regie: Radu Gabrea, 1981; »Sei zärtlich Pinguin«, Regie: Peter Hajek, Puppenspieler, Mönch, Dozent Dr. Schleppfuß, Dienstmann, Madame, Satan in »Dr. Faustus« (nach Thomas Mann), mit Jon Finch, Regie: Franz Seitz, 1982; Felix Mendelssohn-Bartholdy in »Frühlingssinfonie«, mit Nastassja Kinski und Herbert Grönemeyer, Regie: Peter Schamoni, und »Das Gold der Liebe«, Regie: Eckhart Schmidt, 1983.

Auszeichnung: »Deutscher Schallplattenpreis« 1975.

Anschrift: Elsslergasse 9, A-1130 Wien.

Michael Heltau

Geb. 5.7.1933 als Sohn eines Bauingenieurs in Ingolstadt; dort und in Seewalchen am Attersee, Österreich aufgew.; er besuchte das Gymnasium in Gmunden am Traunsee und legte sein Abitur in Ingolstadt ab. Der Schauspielerin Käthe Dorsch war er bei einer Schüleraufführung aufgefallen. Von 1951 bis 1953 absolvierte er das Max-Reinhardt-Seminar in Wien. Seine Lehrer waren u.a. Helene Thimig und Fred Liewehr. Sein Debüt gab er 1952 als George in Wilders »Unsere kleine Stadt« am Wiener Schloßtheater.
Ein erstes Engagement erhielt er 1953 am Stadttheater Würzburg. 1954 kam er an das Bayerische Staatsschauspiel München, 1959 an das Theater in der Josefstadt Wien. Von 1959 bis 1964 gastierte er bei den Ruhrfestspielen Recklinghausen. Gastspiele gab er ferner am Schiller-Theater und am Theater am Kurfürstendamm in Berlin sowie am Deutschen Schauspielhaus Hamburg. Seit 1964 wirkt er bei den Salzburger Festspielen.
Seinen ersten Auftritt am Wiener Burgtheater hatte er 1967. Seit 1972 ist er Ensemble-Mitglied dieser Bühne. Verpflichtungen hatte er zudem u.a. am Wiener Volkstheater, am Thalia-Theater Hamburg, am Bayerischen Staatsschauspiel München und am Theater »Das Schiff – Hamburgs Kulturdampfer« (bis 1984).
Seinen ersten Soloauftritt hatte er 1965. Daraus entstand die Schallplatte »Werthers Leiden« (nach Goethe). Es folgten die LPs »Statt zu singen«, »Statt zu reden«, »Heltau singt Brel«, »Michael Heltau – live« und »Heltau x 2«. Seine aktuelle LP: »Himmelhoch jauchzend, zu Tode betrübt – Wienerische Lieder«. Als Chanson-Sänger hatte er zahlreiche Fernsehauftritte. Von 1976 bis 1985 präsentierte er die ZDF-Reihe »Liedercircus«. Er machte u.a. mit Wiener Liedern, Tourneen.
Heltau spricht engl., franz.; er ist ledig und lebt abwechselnd in Wien und Seewalchen am Attersee.
Film: »Kabarett«, »Dieses Lied bleibt bei dir« und »Schloß Hubertus«, 1954; »Der letzte Mann«, 1955; »Verlobung am Wolfgangsee«, 1956; »Die liebe Familie« und »Lemke's sel. Witwe«, mit Grethe Weiser, Regie: Helmut Weiss, 1957; »Man ist nur zweimal jung« und »Panoptikum 59«, 1958; »Auch Männer sind keine Engel«, 1959.
Theater: Romeo in Shakespeares »Romeo und Julia«, Titelrolle in Shakespeares »Hamlet«, Fritz in Schnitzlers »Liebelei«, Titelrolle in Schnitzlers »Anatol«, Titelrolle in Langenbecks »Heinrich VI.«, Regie: Giorgio Strehler, Titelrolle in Schilles »Don Carlos«, Titelrolle in Molières »Der Misanthrop«, Tristan Tzara in Stoppards »Travesties«, Lenny in Pinters »Heimkehr«, Bluntschli in Udo Jürgens' Musical »Helden, Helden« (nach Shaw), in Nestroys »Einen Jux will er sich machen«, Mozart in Shaffers »Amadeus«, Regie: Peter Wood, Jago in Shakespeares »Othello«, mit Hans-Michael Rehberg, Titelrolle in Schillers »Wallenstein«, jeweils an den vorgenannten Bühnen bis 1984.
Fernsehen: »Eine Frau ohne Bedeutung« (nach Wilde), mit Paula Wessely, Regie: Wolfgang Glück, ORF 1964; »Ostern« (nach Strindberg), Regie: Wilm ten Haaf, ARD 1968; »Tartuffe« (nach Molière), Regie: Otto Tausig, ZDF 1970; »Auf d' Nacht, Herr Direktor«, TV-Show, ZDF 1975; »60 Minuten mit Michael Heltau« (Tournee-Aufzeichnung), ARD 1977; »Michael Heltau: Vier Begegnungen« (von Asmodi), mit Gila von Weitershausen, Regie: Wolfgang Becker, und »Aber jetzt, Herr Direktor«, TV-Show, ZDF 1981; »Ein idealer Gatte« (nach Wilde), Regie: Hans Jaray, und »Classical – Ein Abend mit Michael Heltau«, Regie: Pit Weyrich, ORF 1984; »Michael Heltau: Live aus dem Metropol«, ORF 1985.
Auszeichnung: »Josef-Kainz-Medaille«, Wien 1972.
Anschrift: Sulzweg 11, A-1190 Wien, Österreich.

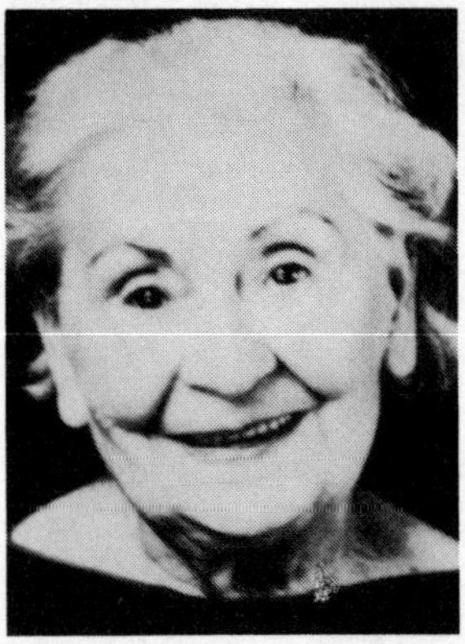

Lisa Helwig

(eigentlich: Lisa Müller, geb. Helwig)

Geb. 9.5.1898 als Tochter eines Hoteliers in Hamburg; dort aufgew.; sie absolvierte eine Seminarschule. Vom 15. bis zum 20. Lebensjahr besuchte sie jeden Sonntag eine Vorstellung im Deutschen Schauspielhaus Hamburg. Ohne vorherigen Schauspielunterricht sprach sie 1918 dem Direktor vor, der sie für zwei Jahre engagierte. Sie debütierte als Mutter mit Kind in Hebbels »Judith«.

Ihre Bühnenstationen von 1920 bis 1944: Theater Küstrin, Aussig/Böhmen (2 Jahre), Sommertheater Marienbad, Neues Theater Dresden (2 Jahre), Lobe-Theater Breslau unter Paul Barnay, Theater in der Königgrätzerstraße unter Victor Barnowsky, Berliner Staatstheater unter Leopold Jessner, Altes Theater Leipzig (10 Jahre) unter Alwin Kronacher und Detlef Sierck und Münchner Kammerspiele unter Otto Falckenberg.

Anschließend drehte sie in Prag mehrere Filme. Bühnengastspiele gab sie seit 1946 u.a. an der Kleinen Komödie München (bis 1974), an den Münchner Kammerspielen (1953/54 und 1963/64) sowie am Theater Baden-Baden.

Frau Helwig spricht engl.; sie ist verheiratet und lebt in München.

Film: »La Habanera«, mit Zarah Leander, Regie: Detlef Sierck, 1937; »Das Fräulein von Barnhelm« (nach Lessing), 1940; »Die See ruft«, 1942; »Der unendliche Weg«, 1943; »Geld ins Haus«, 1945; »Begegnung mit Werther«, mit Heidemarie Hatheyer, Regie: Karl Heinz Stroux, »Heimliches Rendezvous« und »Tragödie einer Leidenschaft«, 1949; »Der fallende Stern«, 1950; »Hinter Klostermauern«, 1952; »Zeit zu leben und Zeit zu sterben«, Regie: Douglas Sirk (d.i. Detlef Sierck), USA 1958; »Der Engel, der seine Harfe versetzte«, Regie: Kurt Hoffmann, und »Lampenfieber«, 1959; »Verlorene Melodie«, 1961; »Ach du lieber Harry«, mit Dieter Hallervorden, Regie: Jean Girault, 1981.

Theater: In Feilers »Kleopatra die Zweite«, 1946, in Pugets »Kleiner Engel ohne Bedeutung«, 1948, in Savoirs »Die Kinder Edouards«, 1950 und 1973 (auch ARD 1973), in Verneuils »Es bleibt in der Familie« und in Shaws »Pygmalion«, 1951, in »Professor Unrat« (nach Heinrich Mann), 1952, in Goetz' »Dr. med. Hiob Prätorius«, 1953, in Bush-Feketes »Der Seiltänzer«, 1954, in Priestleys »Und das am Montagmorgen«, 1959, in Horney/Firners »Gastspiele«, 1971 (auch ZDF 1971), und in Bichlers »Die Reise nach Singapur«, 1974, jeweils Kleine Komödie München; Suzanne in Colettes »Gigi«, Regie: Paul Verhoeven, 1954, und Frau Blaschke in der Uraufführung von Mommertz' »Aktion T 4«, Regie: Max-Peter Amann, 1963, jeweils Münchner Kammerspiele.

Fernsehen: »Port Royal« (nach Montherlant), mit Paula Wessely und Cordula Trantow, Regie: Peter Beauvais, ZDF 1963; »Geibelstraße 27« (nach Lommer), Regie: Peter Beauvais, ARD 1966; »Die Bürger von Calais« (nach Kaiser), »Der Kommissar«, mit Erik Ode, Serie, ZDF 1970; »Sparks in Neu-Grönland« (von Helga Feddersen), Regie: Joachim Hess, und »Deutschstunde« (nach Lenz), mit Wolfgang Büttner, Regie: Peter Beauvais, 2 Teile, ARD 1971; »Tatort«, Serie, 3 Folgen, ARD 1972–1979; »Der Alte«, Serie, 3 Folgen, ZDF 1978–1983; »Leben im Winter« (nach Schlesinger), Regie: Hartmut Griesmayr, ZDF 1982; »Polizei-Inspektion 1«, mit Walter Sedlmayr, Serie, ARD 1983; »Al Kruger«, Regie: Volker Vogeler, »Berliner Weiße mit Schuß«, mit Günter Pfitzmann, Serie, und »Die Schöffin«, Regie: Michael Mackenroth, Serie, ZDF 1984.

Anschrift: c/o Agentur de la Berg, Haus am Weiher, 8026 Irschenhausen, oder Simmernstraße 4, 8000 München 40.

Jan Hendriks

(eigentlich: Heinz Joachim Hinz)

Geb. 6.12.1928 in Berlin; dort aufgew.; nach der Schule absolvierte er zunächst eine Ausbildung im Hotelgewerbe. Anschließend nahm er Schauspielunterricht. Er gastierte an Bühnen in Berlin, Hamburg und München (Kleine Komödie) sowie auf Tournee. Bekannt wurde er vor allem durch zahlreiche Edgar-Wallace-Krimis in den 60er Jahren und als Kriminalassistent in der ZDF-Serie »Der Alte«.
Hendriks spricht engl.; er lebt in Berlin.
Film: »Sündige Grenze« und »Schwarze Augen«, 1951; »Der große Zapfenstreich« und »Königin der Arena«, 1952; »Heimweh nach Deutschland«, »Roman eines Frauenarztes«, »Der Engel mit dem Flammenschwert« und »Hochzeitsglocken«, 1954; »Frauen um Richard Wagner«, »Alibi«, und »Die Barrings«, mit Nadja Tiller, Regie: Rolf Thiele, 1955; »Der Bauer vom Brucknerhof« und »Das verbotene Paradies«, 1956; »Helden« (nach Shaw), mit O.W. Fischer, Regie: Franz Peter Wirth, »Jagerblut«, »Der Bauerndoktor von Bayerisch-Zell«, »Die grünen Teufel von Monte Cassino« und »Nackt – wie Gott sie schuf«, 1957/58; »Arzt aus Leidenschaft«, »Die Wahrheit über Rosemarie«, »Das kunstseidene Mädchen«, »Bobby Todd greift ein«, »Paradies der Matrosen«, und »Der Jugendrichter«, mit Heinz Rühmann, 1959; »Schachnovelle« (nach Stefan Zweig), mit Dietmar Schönherr, Regie: Gerd Oswald, »Flitterwochen in der Hölle«, »Insel der Amazonen« und »Mal drunter – mal drüber«, 1960.
Er spielte in folgenden Edgar-Wallace-Verfilmungen: »Das Geheimnis der gelben Narzissen«, Regie: Akos von Rathony, 1961; »Die Tür mit den sieben Schlössern«, und »Das Gasthaus an der Themse«, mit Elisabeth Flickenschildt, Regie: jeweils Alfred Vohrer, 1962; »Der Zinker«, Regie: Alfred Vohrer, 1963.
Theater: u.a. in Homes »Ein Mann für Jenny«, in Cowards »Gefallene Engel«, in Moores »Nur keine Blumen« und in Watkyns »Schönes Weekend, Mr. Bennett« (an den vorgenannten Bühnen und auf Tournee).
Fernsehen: »Mexikanische Revolution«, »Der Tod läuft hinterher« (von Herbert Reinecker), Regie: Wolfgang Becker, 3 Teile, ZDF 1967; »Babeck« (von Herbert Reinecker), mit Helmut Lohner, Curd Jürgens, Cordula Trantow und Charles Regnier, Regie: Wolfgang Becker, 3 Teile, ZDF 1968; »Der Kommissar« (von Herbert Reinecker), mit Erik Ode, Serie, ZDF 1969; »Percy Stuart«, mit Claus Wilcke, Serie, ZDF 1971; Kriminalassistent in »Der Alte«, mit Siegfried Lowitz und Michael Ande, Serie, ZDF 1977–1986; »Schönes Weekend, Mr. Bennett« (nach Watkyn), mit Peter Pasetti, Regie: Heinz Wilhelm Schwarz, ARD 1980.
Auszeichnung: Bundesfilmpreis 1951.
Anschrift: c/o Agentur Jovanovic, Perfallstraße 6, 8000 München 80, oder Joachim-Friedrich-Straße 15, 1000 Berlin 31.

Rolf Henninger

– Staatsschauspieler –

Geb. 30.8.1925 als Sohn eines promovierten Volkswirts in Erfurt; dort aufgew.; nach Schule und Kriegsdienst kam er 1945 an das Theater Erfurt. Bis 1955 spielte er am Theater Nordhausen, am Schauspielhaus Bochum, am Schauspielhaus Zürich, am Bayerischen Staatsschauspiel München und am Württembergischen Staatstheater Stuttgart. Ab 1955 war er Ensemble-Mitglied an den Staatl. Schauspielbühnen Berlins (er spielte jeweils Rollen seines Fachs aus Klassik und Moderne).
In den letzten Jahren arbeitete er vor allem als freischaffender Regisseur, u.a. am Theater am Kurfürstendamm Berlin, an mehreren Boulevardbühnen sowie auf Tournee.
Henniger spricht engl.; er ist verheiratet und lebt in Berlin.
Film: »Alraune« (nach Hans Heinz Ewers), mit Hildegard Knef, Regie: Arthur Maria Rabenalt, 1952; »Sauerbruch – Das war mein Leben«, mit Ewald Balser und Erich Ponto, Regie: Rolf Hansen, und »Der letzte Sommer«, 1954; »Geliebte Freundin«, 1955; König Gunther in »Die Nibelungen«, Regie: Harald Reinl, 1966.
Fernsehen: »Der Tod des Handlungsreisenden« (nach Miller), Regie: Michael Kehlmann, ARD 1963; »Ein Sonntag, ein Besuch«, »Phädra« (nach Racine), Regie: Oswald Döpke, 1967; »Heinrich IV.« (nach Shakespeare), »Cher Antoine oder Die verfehlte Liebe« (nach Anouilh), Regie: Henniger selbst, ZDF 1970 (auch Theater am Kurfürstendamm Berlin); »Der Kommissar«, mit Erik Ode, Serie, ZDF 1973; »Der Preis« (nach Miller), mit Wolfgang Kieling, Regie: Thomas Fantl, ZDF 1977; »Tod eines Schülers« (von Stromberger), mit Till Topf und Günter Strack, Regie: Claus Peter Witt, 6 Teile, ZDF 1980; »Der Alte«, Serie, und »Eugenie Marlitt oder Die Gartenlaube«, mit Cordula Trantow, Regie: Herbert Ballmann, ZDF 1982; »Der Glücksritter« (von Heinz Oskar Wuttig), mit Christian Kohlund, Regie: Hans-Jürgen Tögel, 8 Teile, ARD 1984; »Er-Goetz-Liches«, mit Carl-Heinz Schroth, ZDF 1984.
Auszeichnung: Berliner Staatsschauspieler.
Anschrift: Clausewitzstraße 7, 1000 Berlin 12.

Klaus Herm

Geb. 13. 1. 1926 als Sohn eines Schauspielers in Berlin; dort aufgew.; er besuchte das Gymnasium bis zur Prima, anschließend nahm er Unterricht an der Schauspielschule des Deutschen Theaters Berlin, wo er auch debütierte. Nach weiteren Engagements am Theater am Schiffbauerdamm Berlin und am Bayerischen Staatsschauspiel München war er 15 Jahre lang Mitglied der Staatl. Schauspielbühnen Berlins. Seit 1979 ist er mit einem Teilzeitspielvertrag an das Schauspielhaus Düsseldorf gebunden. Er gastierte 1983 an den Bühnen der Stadt Bonn. Er machte zahlreiche Tourneen und gab Gastspiele in Jugoslawien, Großbritannien, Israel und den USA.
Herm spricht engl.; er ist verheiratet und lebt in Berlin.
Theater: Trofimow in Tschechows »Der Kirschgarten«, Regie: Rudolf Noelte, Bayerisches Staatsschauspiel München; Friseur Mandelstam in Sternheims »Die Hose«, und Jepichodow in Tschechows »Der Kirschgarten«, Regie: Hans Lietzau, Wang in Brechts »Der gute Mensch von Sezuan«, Regie: Hans Schweikart, Lucky in Becketts »Warten auf Godot« (auch Gastspiele in London, New York und Israel), in Becketts »Damals« (Ein-Personen-Stück), und in Becketts »Spiel«, Regie: jeweils Samuel Beckett selbst, Kalle in Zuckmayers »Der Hauptmann von Köpenick«, Regie: Boleslaw Barlog, und Titelrolle in Ionescos »Der neue Mieter«, Regie: Ottokar Runze, jeweils Staatl. Schauspielbühnen Berlins; Otto Frank in Goodwill/Hacketts »Das Tagebuch der Anne Frank«, und Prof. Collwitz in Schönthans »Der Raub der Sabinerinnen«, Regie: Heinz Engels, Herzog in Dorsts »Die Villa«, Regie: Jaroslav Chundela, und Schneider Jetter in Goethes »Egmont«, Regie: Rudolf Noelte, jeweils Düsseldorfer Schauspielhaus 1979–1984; Dowd in Chases »Mein Freund Harvey«, Regie: Heinz Engels, Bühnen der Stadt Bonn 1983.
Fernsehen: »Augenzeugen müssen blind sein« (nach Ashford), Regie: Michael Kehlmann, ARD 1970; »Die Weber« (nach Hauptmann), Regie: Harald Benesch, und »Geheimagenten«, Regie: Eberhard Fechner, ARD 1971; »Der Amateur« (nach Bodelsen), Regie: Rainer Erler, ARD 1972; »Nerze nachts am Straßenrand«, Regie: Wolfgang Staudte, ARD 1973; »Tatort«, Serie, 3 Folgen, ARD 1973–1979; Kommissar Lucas in »Der kleine Doktor«, Regie: Thomas Engel, Serie, ZDF 1973/74; »Der Kommissar«, mit Erik Ode, Serie, ZDF 1974; »Heiratskandidaten«, Regie: Klaus Emmerich, und »See-Leben I«, Regie: Hartmut Griesmayr, ARD 1974; »Block 7«, Regie: Hartmut Griesmayr, ARD 1976; »Mein Leben selber bestimm'n«, Regie: Peter Schulze-Rohr, ZDF 1977; »Der Führerschein«, Regie: Thomas Engel, und der Mann in »Nur noch Gewölk Not I«, und »Geistertrio«, Regie: Samuel Beckett, ARD 1978; »Das Traumhaus«, Regie: Ulrich Schamoni, und »Der Urlaub«, Regie: Thomas Engel, ARD 1980; »Eugenie Marlitt oder Die Gartenlaube«, mit Cordula Trantow, Regie: Herbert Ballmann, ZDF 1982; »Der Kunstfehler«, Regie: Peter Beauvais, ARD 1982; »Wer raucht die letzte?«, Regie: Hartmut Griesmayr, und »Das Traumschiff«, Regie: Alfred Vohrer, Serie, ZDF 1983; »Die Frau des Kommissars« (nach Hennequin), Regie: Michael Günther, »Bankgeheimnisse«, Regie: Frank Strecker, und »Krimistunde«, Regie: Hartmut Griesmayr, Serie, ARD 1984; »Der Lehrer«, mit Klaus Schwarzkopf, Regie: Alfred Vohrer, ZDF 1984; »Eine Klasse für sich«, Regie: Frank Strecker, Serie, ZDF 1984/85; »Schöne Ferien«, Serie, und »Paulchen«, mit Walter Gross, Regie: Michael Günther, ARD 1985; »Die Schwarzwaldklinik«, mit Klausjürgen Wussow, Regie: Alfred Vohrer, Serie, ZDF 1985.
Auszeichnung: »Deutscher Schallplattenpreis« der Phonoakademie für Literatur für die Aufnahmen »Warten auf Godot« und »Damals« (jeweils von Bekkett).
Anschrift: c/o Agentur Mackeben, Douglasstraße 2-4, 1000 Berlin 33.

Irm Hermann

(eigentlich: Irmgard Hermann)

Geb. 4. 10. 1942 in München; dort aufgew.; lebt in Berlin; ledig, zwei Söhne; spricht engl., franz.; Volksschulabschluß; 1965 lernte sie Rainer Werner Fassbinder kennen; nach der Auflösung des »Action-Theaters« war sie zusammen mit Fassbinder, Peer Raben und Kurt Raab Gründungsmitglied des »antiteaters« in München im Jahre 1968; neben der gemeinsamen Bühnentätigkeit wirkte sie von 1969 bis 1980 auch in zahlreichen Filmen des Regisseurs mit.
Film: Unter der Regie von Rainer Werner Fassbinder: »Katzelmacher« und »Götter der Pest«, 1969, »Warum läuft Herr R. Amok« (Co-Regie: Michael Fengler) und »Der amerikanische Soldat«, 1970, »Wildwechsel«, Marlene in »Die bitteren Tränen der Petra von Kant« und »Der Händler der vier Jahreszeiten«, 1972, »Faustrecht der Freiheit«, »Angst essen Seele auf«, mit Brigitte Mira, und »Fontane Effi Briest oder ...«, mit Hanna Schygulla, 1974, »Mutter Küsters' Fahrt zum Himmel«, 1976. Ferner: »Woyzeck« (nach Büchner), Regie: Werner Herzog, 1978; »Endstation Freiheit« (von Burkhard Driest), Regie: Reinhard Hauff, 1980; »Der Zauberberg« (nach Thomas Mann), mit Christoph Eichhorn, Rod Steiger und Kurt Raab, Regie: Hans W. Geissendörfer, BRD/Frankreich/Italien 1981 (auch Dreiteiler ZDF 1984); »Fünf letzte Tage«, Regie: Percy Adlon, 1982; »Eisenhaus«, Regie: Tankred Dorst, »Der Zappler«, Regie: Wolfram Deutschmann, »Ediths Tagebuch«, Regie: Hans W. Geissendörfer, und »Die Schaukel«, Regie: Percy Adlon, 1983; »Dorian Gray im Spiegel der Boulevardpresse«, Regie: Ulrike Ottinger, 1984; »Marie Ward«, mit Hannelore Elsner, Regie: Angelika Weber, 1985.
Theater: In Gays »Bettleroper«, in Peter Weiss' »Wie dem Herrn Mockinpott das Leiden ausgetrieben wird«, Titelrolle in Goethes »Iphigenie auf Tauris«, jeweils »antiteater« München 1968/69, in Strindbergs »Fräulein Julie«, mit Margit Carstensen, Theater am Turm Frankfurt/Main 1974, in »Frauen in New York«, Deutsches Schauspielhaus Hamburg 1976, Regie: jeweils Rainer Werner Fassbinder; in Heisings »Kater Lampe« (1979 – auch TV), und in Peter Weiss' »Die Ermittlung«, Regie: Thomas Schulte-Michels (1980), jeweils Freie Volksbühne Berlin.
Fernsehen: Unter der Regie von Rainer Werner Fassbinder: »Acht Stunden sind kein Tag«, mit Hanna Schygulla und Gottfried John, Serie, ARD 1972, »Angst vor der Angst«, ARD 1973, und Trude in »Berlin Alexanderplatz« (nach Döblin), mit Günter Lamprecht, ARD 1980.
Ferner u. a. in: »Baal«, Regie: Volker Schlöndorff, ARD 1969; »Lobster«, Regie: Hans Werner Geissendörfer, Serie, ARD 1975; »Mittags auf dem Roten Platz«, Regie: Dieter Wedel, ARD 1977; »Angst vor dem Leben«, Regie: Hagen Mueller-Stahl, und »Knapp-Familie«, mit Eberhard Fechner und Rosel Zech, Serie, ARD 1983; »Das Verschwinden der Harmonie«, Regie: Ulrich Heising, ARD 1984; »Der Verlust« (nach S. Lenz), Regie: Claudia Holldack, ZDF 1984; »Gespenstergeschichten«, Regie: George Moorse, Serie, ARD 1985; »Das Totenreich« (nach Pontoppidan), Regie: Karin Brandauer, 2 Teile, ARD 1986.
Auszeichnungen: Italienischer Darstellerpreis für die Rolle der Marlene in »Die bitteren Tränen der Petra von Kant«, 1971; Bundesfilmpreise 1972 und 1982.
Anschrift: c/o Agentur Alexander, Lamontstraße 9, 8000 München 80.

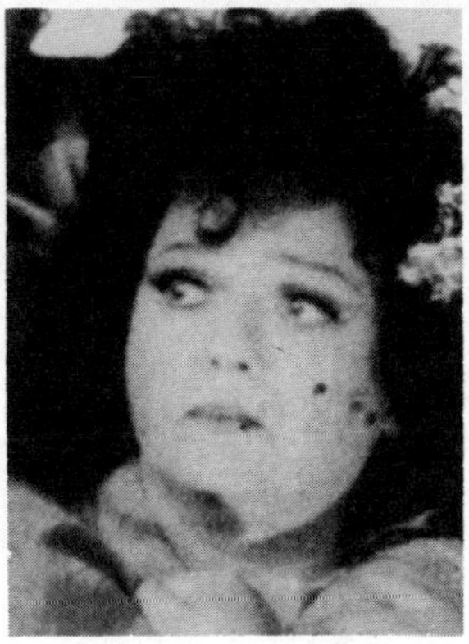

Trude Herr

Geb. 1927 in Köln; dort aufgew.; bekannt wurde sie vor allem durch ihre zahlreichen Kinofilme Anfang der 60er Jahre. Besonderen Erfolg als Komikerin hatte sie mit einer Doppelrolle in dem Heinz-Erhardt-Film »Drillinge an Bord« (Regie: Hans Müller, 1959). Im Fernsehen tritt sie nur selten auf (u.a. »Lustige Straßenmusikanten«, Serie, ZDF 1964; »Geschichten aus der Heimat«, Serie, ARD 1984). Sie war Gast mehrerer TV-Shows (»Silvesterparty«); zudem war sie in einigen Theateraufzeichnungen zu sehen (zuletzt 1984: »Die Millionärin«, Buch + Regie: Trude Herr selbst). 1983 wurde zu Weihnachten ihr Fernsehfilm »Schöne Bescherung« (Buch + Regie Trude Herr selbst, Hauptrollen: Trude Herr und Klaus Dahlen) in der ARD ausgestrahlt.
Frau Herr ist Inhaberin und Leiterin der Kölner Boulevard-Bühne »Theater im Vringsveedel«. In nahezu allen Inszenierungen spielt sie die Hauptrolle und führt Regie. Zuletzt wurden aufgeführt: »Die Pflaumenschwemme«, »Die Millionärin«, »Fröhliches Beileid« (mit Klaus Dahlen) und »Die kölsche Geisha«.
Frau Herr spricht engl.; sie ist geschieden und lebt in Köln.
Film: »Natürlich die Autofahrer«, Regie: Erich Engels, und »Drillinge an Bord«, Regie: Hans Müller, jeweils mit Heinz Erhardt, »Du bist wunderbar«, Regie: Paul Martin, und »Alle Tage ist kein Sonntag«, Regie: Helmut Weiss, 1959; »Conny und Peter machen Musik«, mit Cornelia Froboess und Peter Kraus, Regie: Werner Jacobs, »Marina«, »Immer will ich dir gehören«, »Schlagerraketen«, »Schlagerbummel« und »Der Teufel hat gut lachen«, 1960; »Im Schwarzen Rössl«, Regie: Franz Antel, 1961; »Wenn die tollen Tanten kommen«, »Tante Trude aus Buxtehude« und »Die tollen Tanten schlagen zu«, mit Ilja Richter, Rudi Carrell, Theo Lingen, Hansi Kraus und Gunther Philipp, Regie: Franz Josef Gottlieb (u.a.), 1970–1973.
Anschrift: c/o Theater im Vringsveedel, 5000 Köln.

Herbert Herrmann

Geb. 7. 6. 1941 in Bern; dort aufgew.; nach einer abgeschlossenen Lehre als Schriftsetzer begann er ein Schauspielstudium in der Schweiz, wo er in Zürich und Bern seine ersten Engagements erhielt. An deutschen Bühnen gastierte er u. a. am Renaissance-Theater Berlin, an der Kleinen Komödie München (seit 1970), an den Hamburger Kammerspielen (1971), an der Komödie Düsseldorf (1972–1979), an der Komödie im Marquardt Stuttgart (1980) und an der Komödie Berlin (1983–1985). Ferner war er seit 1971 fast jährlich auf Deutschland-Tournee. Sein Fernseh-Debüt gab er in der 96. Folge der ZDF-Serie »Der Kommissar« (mit Erik Ode) 1975.
Herrmann spricht engl., franz.; er ist ledig und lebt abwechselnd in Bern und Grindelwald/Schweiz. Er ist deutscher Staatsbürger.
Theater: In Goetz' »Das Haus in Montevideo«, 1970, Aldo in Roussins »La Mamma«, 1974, und Nick in »Wie man sich bettet«, 1982, in Shaffers »Party im Dunkeln«, Regie: Wolfgang Spier, 1984/85, jeweils Kleine Komödie München; Aldo in Roussins »La Mamma«, und Calimacco in Machiavellis »Mandragola«, jeweils Hamburger Kammerspiele 1971; mit »Mandragola« war er zudem mehrmals auf Tournee bis 1983 (auch TV); Bobby Butterfield in »Sein bester Freund«, 1973, Norman in »Früher oder später«, 1974, in »Wendepunkt«, 1976, Gilbert in Maughams »Jane«, 1977, und in »Szenen im Aquarium« (auch TV), 1979, jeweils Komödie Düsseldorf; Oliver in Tinneys »Ich hör' so gern die Amseln singen«, Komödie im Marquardt Stuttgart 1980 und Komödie Berlin 1983; Cléanthe in Molières »Der Geizige«, 1972, de Rocca in Bruckners »Heroische Komödie«, 1976, Don Carlos und Pierrot in Molières »Dom Juan«, 1978, Peter in Goetz' »Ingeborg«, René Deval in »Ein klarer Fall«, 1982, Sportredakteur in »Sonntag in New York«, Regie: Rolf von Sydow, 1984, Gaston in Colettes »Gigi«, 1985, jeweils Tournee; in Stuarts »Ankomme Dienstag – stop – Fall nicht in Ohnmacht«, 1984 (auch ZDF 1985), und in B. Capells »Micky Maus und Einstein«, Regie: jeweils Wolfgang Spier, 1985, jeweils Komödie Berlin.
Fernsehen: »Drei sind einer zuviel« (nach Noack), mit Thomas Fritsch und Jutta Speidel, Regie: Rudolf Jugert, 13 Teile, ZDF 1977; »Sonnenschein-GmbH«, mit Max Strecker, ARD 1978; »Die Quelle«, ARD 1979, und »Fleisch«, mit Jutta Speidel, ZDF 1980, Regie: jeweils Rainer Erler; »Leute wie du und ich«, mit Harald Juhnke, Serie, und »Special Lilli Palmer«, ZDF 1980; »Sonderdezernat K 1«, Serie, ARD 1981; »Traumschiff«, Regie: Fritz Umgelter, Serie, ZDF 1982; »Sonny-Boys« (nach Simon), mit Johannes Heesters und Carl-Heinz Schroth, ARD 1983; »Ich heirate eine Familie« (von Flatow), mit Thekla Carola Wied und Peter Weck (auch Regie), Serie, ZDF 1983; »Lach mal wieder«, mit Günter Pfitzmann, Serie, und Kibbuz Einot in »Der Trauschein« (nach Kishon), mit Wolfgang Kieling und Maria Schell, ZDF 1984; »Herbert ist Herrmann« (eigene Show), mit Susanne Uhlen, 3 Teile, ZDF 1985.
Auszeichnung: »Otto« (BRAVO) 1977.
Anschrift: c/o Agentur von Pilecki, Eilandstraße 12, 8000 München 90.

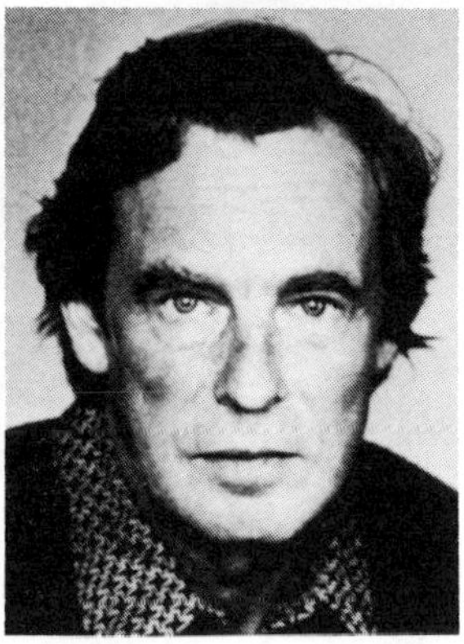

Peter Herzog

Geb. 9. 12. 1929 in Breslau; aufgew. in Berlin; er nahm Schauspielunterricht bei Marlise Ludwig in Berlin. Sein erstes Engagement erhielt er 1958/59 an der Vaganten-Bühne Berlin. Von 1958 bis 1963 drehte er zahlreiche Kino- und Fernsehfilme. Weitere Bühnenstationen: Schaubühne am Halleschen Ufer (mit Unterbrechungen 1963–1969), »Reichskabarett Berlin« (1965–1967), Deutsches Schauspielhaus Hamburg (1970–1972), Schiller-Theater Berlin (1972–1976) und Münchner Kammerspiele (seit 1977).
Herzog spricht engl.; er lebt in München.
Film: »U 47 – Kapitänleutnant Prien«, mit Joachim Fuchsberger und Dieter Eppler, Regie: Harald Reinl, 1958; »Der Transport«, mit Hannes Messemer, Regie: Jürgen Roland, 1962.
Theater: Beckmann in Borcherts »Draußen vor der Tür«, Vagantenbühne Berlin 1958/59; in Camus' »Belagerungszustand«, Regie: Hans Lietzau, Tournee 1961; Christian in Gattis »Das Leben der Angst«, Scherer in Hacks' »Die Schlacht bei Lobositz«, Vizepräparator in Horváths »Glaube, Liebe, Hoffnung«, in Peter Weiss' »Gesang vom lusitanischen Popanz«, Regie: Karl Paryla, in Brechts »Baal« und »Im Dikkicht der Städte« und in Shakespeares »König Johann«, Regie: Hartmut Lange, jeweils Schaubühne am Halleschen Ufer Berlin 1963–1969; in »Bombenstimmung«, Regie: Frank-Patrick Steckel, Berliner Reichskabarett 1965; Scrope in Shakespeares »König Richard II.«, Regie: Hans Lietzau, Bote in Aristophanes' »Lysistrate«, Regie: Dieter Dorn, Ausrufer in Horváths »Kasimir und Karoline«, Regie: Kollektiv, jeweils Deutsches Schauspielhaus Hamburg 1970–1972; Rittmeister Stranz in Kleists »Prinz Friedrich von Homburg«, Regie: Hans Lietzau, Tillmann in Dorsts »Auf dem Chimborazo«, mit Marianne Hoppe, Regie: Dieter Dorn, Sylvestre in Molières »Die Schelmenstreiche des Scapin«, Chorführer in Aristophanes' »Die Vögel«, Regie: Dieter Dorn, Thomas in Bonds »Lear«, Regie: Hans Lietzau, Sekretär in Hebbels »Maria Magdalena«, Regie: Harald Clemen, und Pirah in Hamptons »Die Wilden«, jeweils Schiller-Theater Berlin 1972–1976; Bote aus Korinth in Sophokles' »Ödipus auf Kolonos«, Kellner Manke in Brechts »Trommeln in der Nacht«, Horatio in Shakespeares »Hamlet«, mit Lambert Hamel, Zwerg Quaquèo in Pirandellos »Die Riesen vom Berge« und Adam in Shakespeares »Wie es euch gefällt«, Regie: jeweils Ernst Wendt, Medwedenko in Tschechows »Die Möwe«, in Shakespeares »Ein Sommernachtstraum«, Alf in Botho Strauß' »Groß und Klein«, Philippeau in Büchners »Dantons Tod«, Fabian in Shakespeares »Was ihr wollt«, Sir Kay in Dorsts »Merlin oder Das wüste Land«, mit Peter Lühr, Bouzin in Feydeaus »Klotz am Bein«, und Kaminer in Peter Weiss' »Der neue Prozeß«, Regie: jeweils Dieter Dorn, Titschler in »Da nahm der Himmel auch die Frau«, Regie: Edwin Noël, und Angelo in Lessings »Emilia Galotti«, Regie: Thomas Langhoff, in Botho Strauß' »Der Park«, Regie: Dieter Dorn, jeweils Münchner Kammerspiele 1977–1985.
Fernsehen: »Hafenpolizei«, mit Herbert A. Böhme, Regie: John Olden, 26 Folgen, ARD 1960–1963; »Waldhausstraße 20«, mit Hellmut Lange, Regie: John Olden, ARD 1961; »Stahlnetz«, Regie: Jürgen Roland, Serie, 3 Folgen, 1961–1963; »Die Plebejer proben den Aufstand« (nach Grass), Regie: Hans Lietzau, ARD 1968; »Direction City«, Serie, ARD 1975; »Angst vor dem Leben«, Regie: Hagen Mueller-Stahl, ARD 1983; »Hauptsache: Leben ...«, mit Lambert Hamel, ZDF 1983; »Titanic«, Regie: Lutz Büscher, ZDF 1984.
Anschrift: c/o Agentur Mattes, Pilotystraße 2, 8000 München 22.

Bernd Herzsprung

Geb. 22. 3. 1942 in Hamburg; dort aufgew.; nach der Schule nahm er privaten Schauspielunterricht bei Joseph Offenbach. Erste Stückverträge erhielt er 1963 am Deutschen Schauspielhaus Hamburg. Engagements am Ernst-Deutsch-Theater Hamburg, an der Komödie Berlin und auf Tournee folgten. Seinen ersten Spielfilm drehte er 1965, seit 1968 wirkt er häufig beim Fernsehen. Er arbeitet zudem als Synchronsprecher.
Herzsprung spricht franz., engl.; er ist verheiratet, hat zwei Töchter (Sarah-Lena und Hannah-Rebecca) und lebt in Pullach bei München.
Film: »Wilde Reiter GmbH«, mit Rainer Basedow, Regie: Franz Josef Spieker, 1965; »Das fliegende Klassenzimmer« (nach Kästner), mit Joachim Fuchsberger, und »Die Zwillinge vom Immenhof«, mit Heidi Brühl und Horst Janson, Regie: Wolfgang Schleif, 1973; »Stachel im Fleisch«, Regie: Heidi Genée, 1981; »Eine Frau für gewisse Stunden«, mit Christiane Krüger, Regie: Wolfgang Müller, und »Deutschlandlied«, Regie: Ernst Witzel, 1984.
Theater: In Zuckmayers »Der Hauptmann von Köpenick«, mit Werner Hinz, in Shakespeares »Ein Sommernachtstraum« und in Frischs »Die chinesische Mauer«, jeweils Deutsches Schauspielhaus Hamburg 1963–1965; in Kingsleys »Polizeirevier 21« (auch TV), in Stoppards »Rosenkranz und Güldenstern«, jeweils Ernst-Deutsch-Theater Hamburg; in Sauvajons »Eine Handvoll Brennesseln«, Komödie Berlin; in Sagans »Das ohnmächtige Pferd«, Regie: Rolf von Sydow, Tournee 1975 (auch TV); Pfeiffer in Spoerls »Die Feuerzangenbowle«, Tournee 1985.
Fernsehen: »Die Unverbesserlichen«, mit Joseph Offenbach und Inge Meysel, Regie: Claus Peter Witt, Serie, ARD 1968; »Die Hupe«, mit Thomas Fritsch, Regie: Thomas Fantl, Serie, ZDF 1969; »Der vierte Platz« (nach Mönnich), mit Maria Wimmer, Regie: Joachim Hess, ARD 1969; »Percy Stuart«, mit Claus Wilcke, Serie, ZDF 1970; »Der Kommissar«, mit Erik Ode, Serie, 2 Folgen, ZDF 1971 + 1973; »Sechs unter Millionen«, Regie: Herbert Ballmann, ARD 1973; »Sonderdezernat K 1«, Serie, ARD 1975; »Ein Volksfeind« (nach Ibsen), Regie: Georg Marischka, ARD 1977; »Der Alte«, Serie, 3 Folgen, ZDF 1978–1983; Kommissar in »SOKO 5113«, mit Werner Kreindl und Diether Krebs, über 100 Folgen, ZDF 1978–1984; »Apartment für Drei« (nach Hall), Regie: Georg Marischka, ARD 1979; »Polizei-Inspektion 1«, mit Walter Sedlmayr, Serie, ARD 1981; »Derrick«, Serie, ZDF 1981; »Rummelplatzgeschichten«, Regie: Dieter Kehler, Serie, ARD 1983; »Reitmeierhof«, mit Judy Winter, Regie: Ralf Gregan, Serie, und »Bachmann und seine vier Töchter«, Regie: Wolfgang Becker, ZDF 1984; »Alles oder Nichts«, TV-Quiz, ARD 1984; »Der Tod aus dem Computer« (von Detlef Müller), mit Susanne Uhlen, Regie: Dieter Finnern, ARD 1986.
Anschrift: c/o Agentur Alexander, Lamontstraße 9, 8000 München 80.

Liane Hielscher

Geb. 9. 11. 1937 in Schweidnitz/Schlesien; aufgew. in Hamburg; nach der mittleren Reife absolvierte sie die Handelsoberschule und war drei Jahre als Dolmetscherin tätig. Schauspielunterricht nahm sie bei Joseph Offenbach am Deutschen Schauspielhaus Hamburg. 1960 bekam sie ihr erstes Engagement am Städtebundtheater Hof. Weitere Stationen: Städt. Bühnen Münster (1962–1964), Theater 53 Hamburg (1964/65), Theater im Zimmer Hamburg und Landesbühne Hannover (1965), Thalia-Theater Hamburg (1966/67), Bayerisches Staatsschauspiel München (1967/68) und Hebbel-Theater Berlin (1968–1970). Seit 1970 ist sie freischaffend. Sie gastierte u. a. an der Kleinen Komödie München, am Fritz-Rémond-Theater im Zoo Frankfurt/Main, am Ernst-Deutsch-Theater Hamburg und machte zahlreiche Tourneen (bis 1985).

Frau Hielscher spricht engl., span., franz.; sie ist verheiratet (seit 1984) und lebt in München.

Film: »Neun Leben hat die Katze«, Regie: Ula Stöckl, 1968; »Mittsommernacht«, mit Robert Fuller, Regie: Paul May, und »Cardillac«, Regie: Edgar Reitz, 1969; »Bis zum Happy End«, Regie: Theodor Kotulla, 1970; »Die Supernasen«, mit Thomas Gottschalk und Mike Krüger, Regie: Dieter Pröttel, 1983; Titelrolle in »Die Frau ohne Körper«, 1984 (auch RTL/ZDF).

Theater: Gretchen in Goethes »Faust«, Regine in Ibsens »Gespenster«, Daisy in Ionescos »Die Nashörner«, Katharina in Shakespeares »Der Widerspenstigen Zähmung«, stumme Kattrin in Brechts »Mutter Courage und ihre Kinder«, Polly in Brecht/Weills »Die Dreigroschenoper«, Zigeunerin in Hofmannsthals »Der Turm«, Eve in Kleists »Der zerbrochene Krug«, Ismene in Sophokles' »Antigone«, Doña Angela in Calderons »Dame Kobold«, Stella in Williams' »Endstation Sehnsucht«, Ljudmilla in Katajews »Eine Schnur geht durchs Zimmer«, Florence in Patricks »Eine etwas sonderbare Dame«, Solveig in Ibsens »Peer Gynt«, Edith in Shaws »Heiraten«, 1. Hexe in Shakespeares »Macbeth«, Chorführerin in Euripides' »Die Troerinnen«, Marianne in Molières »Der Geizige«, Erika und Barbara in Flatows »Das Geld liegt auf der Bank«, in Ayckbourns »Die bessere Hälfte«, und Elizabeth in Shaffers »Tödliches Narrenspiel«, jeweils an den vorgenannten Bühnen und auf Tournee von 1960 bis 1984.

Fensehen: »Geibelstraße 27« (nach Lommer), Regie: Peter Beauvais, ARD 1966; »SOS – Morro Castle«, ZDF 1966; »Wenn der junge Wein blüht« (nach Björnson), ZDF 1967; »Der Scheck«, ZDF 1968; »Ida Rogalski«, mit Inge Meysel, Regie: Tom Toelle, Serie, ARD 1970; »Die seltsamen Methoden des Franz Josef Wanninger«, mit Beppo Brem, Serie, ARD 1971; »Das Geld liegt auf der Bank« (nach Flatow), mit Rudolf Platte, Regie: Ottokar Runze, ZDF 1971; »Ein Fall für Stein«, 13 Folgen, ZDF 1976; »Damen haben Vortritt«, und »Stellwerk«, Regie: Hans-Werner Schmidt, ZDF 1977; »MS Franziska« (von Wuttig), mit Paul Dahlke, Regie: Wolfgang Staudte, 8 Teile, und »PS – Geschichten ums Auto«, mit Friedrich Schütter, Regie: Claus Peter Witt, 4 Teile, ARD 1978; »PS – Die Feuerreiter«, Regie: Claus Peter Witt, 4 Teile, und »Tatort«, Regie: Hartmut Griesmayr, Serie, ARD 1979; »Die Weber« (nach Hauptmann), mit Klaus Maria Brandauer, Regie: Fritz Umgelter, und »Der Millionenbauer«, mit Walter Sedlmayr, Regie: Georg Tressler, Serie, ARD 1980, »Sonderdezernat K 1«, mit Gert Günther Hoffmann, Serie, ARD 1981; »Bäume ausreißen«, Regie: Maria Neocleous, ZDF 1981; »Es muß nicht immer Mord sein«, Regie: Ulrich Stark, Serie, ZDF 1982; »Die Krimistunde«, Regie: Hartmut Griesmayr, Serie, ARD 1982; »Wie es geschah«, Regie: Thomas Engel, ARD 1983; »Maria Wieland«, Serie, luxemb. TV 1983/84.

Anschrift: c/o Agentur de la Berg, Haus am Weiher, 8026 Irschenhausen.

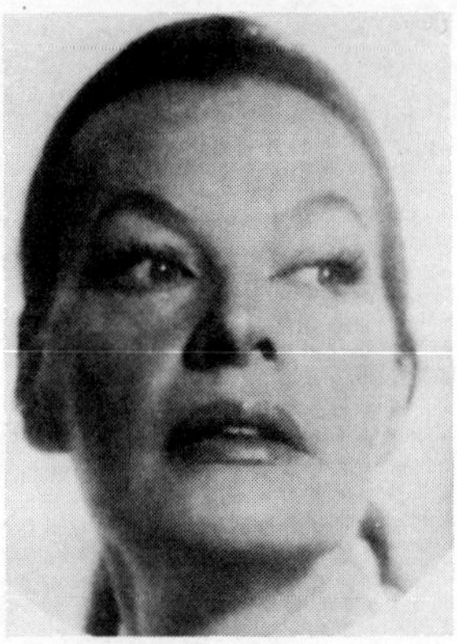

Margot Hielscher

Geb. 29. 9. 1919 als Tochter eines Reisebüro-Inhabers in Berlin-Charlottenburg; dort aufgew.; von 1935 bis 1939 absolvierte sie eine Ausbildung als Modezeichnerin und Kostümbildnerin und besuchte die Textil- und Modeschule Berlin. Von 1937 bis 1940 nahm sie Gesangs- und Schauspielunterricht. Während ihrer Tätigkeit als Kostümberaterin bei der UFA wurde sie 1940 für den Film entdeckt. Neben Zarah Leander spielte sie in dem Streifen »Das Herz einer Königin«. Bis Kriegsende wirkte sie in weiteren zehn Produktionen mit.

Nach 1945 begann sie als Sängerin und Show-Leiterin und wirkte drei Jahre beim Hörfunk. Mit der 34-Mann-Kapelle »Gene Hammers« bestritt sie zahlreiche Tourneen. Eine eigene Idee führte 1949 zu ihrem ersten Nachkriegsfilm »Hallo, Fräulein«. Zusammen mit Kurt Meisel gründete sie 1950 die Filmgesellschaft »HMK« (Hielscher-Meisel-Kollektiv), die die beiden Filme »Liebe auf Eis« (1951) und »Dämonische Liebe« (1952) produzierte. Ein drittes Projekt scheiterte, die Gesellschaft mußte sich auflösen.

Vor ihrer Karriere als Schlagersängerin drehte sie über 30 weitere Kinofilme. Sie besang rund 40 Schallplatten. Als eine der ersten deutschen Sängerinnen vertrat sie die Bundesrepublik Deutschland beim »Grand Prix d'Eurovision de la Chanson«. Mitte der 60er Jahre gestaltete sie die Fernsehreihe »Zu Gast bei Margot Hielscher«, in der sie prominente Zeitgenossen aus dem Musikleben, aus Film, Theater, Politik, Wirtschaft und Sport zu Gast hatte. Die Unterhaltungssendung wurde später von mehreren Rundfunkanstalten im Hörfunk fortgesetzt. Beim Fernsehen wirkt sie erst seit 1969.

Frau Hielscher spricht engl., franz., ital.; sie ist seit 1959 mit dem Film- und Schlagerkomponisten Friedrich Meyer verheiratet und lebt in München. 1952 machte sie den Pilotenschein.

Film: »Das Herz einer Königin«, mit Zarah Leander, Regie: Carl Froelich, 1940; »Auf Wiedersehn, Franziska«, Regie: Helmut Käutner, 1941; »Der Hochtourist«, »Frauen sind keine Engel«, mit Curd Jürgens, Regie: Willi Forst, und »In flagranti«, 1942; »Liebespremiere«, Regie: Arthur Maria Rabenalt, »Reise in die Vergangenheit«, Regie: Hans H. Zerlett, und »Das Lied der Nachtigall«, 1943; »Spiel im Schloß« (nach Molnár), 1944; »3 x Komödie«, mit Ferdinand Marian (dessen letzter Film), 1945; »Hallo, Fräulein« und »Der blaue Strohhut«, 1949; »Heimweh nach dir«, 1952; »Salto mortale«, Regie: Victor Tourjanski, »Die vertagte Hochzeitsnacht«, »Schlagerparade«, und »Jonny rettet Nebrador«, mit Hans Albers, Regie: Rudolf Jugert, 1953; »Bei dir war es immer so schön«, »Die Mücke« und »Das ewige Lied der Liebe«, 1955; »Hoch droben auf der Alm«, und »Anastasia – die letzte Zarentochter«, mit Lilli Palmer, 1956; »Der Zauberberg« (nach Thomas Mann), mit Christoph Eichhorn, Hans Christian Blech, Charles Aznavour und Rod Steiger, Regie: Hans W. Geissendörfer, BRD/Frankreich 1981 (auch als Dreiteiler ZDF 1984).

Fernsehen: »Salto mortale« (von Wuttig), mit Hans Söhnker, Gustav Knuth, Horst Janson und Joseph Offenbach, Serie, ARD 1969; »Suchen Sie Dr. Suk«, 13 Teile, und »Fuchs & Fuchs & Co«, mit Michael Ande, 13 Teile, ARD 1972; »Wenn auch die Jahre enteilen« und »Es geht alles vorüber«, ZDF 1975; »Die Kette« (nach Durbridge), Regie: Rolf von Sydow, 2 Teile, ARD 1977; Oberteufel in »Angelo und Luzy«, mit Iris Berben und Rolf Zacher, 6 Teile, ZDF 1984.

Zudem war sie Gast aller großen deutschen Unterhaltungsshows, u. a. »Heut' abend« (mit Joachim Fuchsberger), »Meine Melodie«, »Rendezvous mit Peter Igelhoff«, »Des Broadways liebstes Kind« und »Was bin ich?«.

Auszeichnungen: Verdienstkreuz I. Klasse des Verdienstordens der Bundesrepublik Deutschland; »Filmband in Gold« für besondere Verdienste um den deutschen Film 1985.

Anschrift: Gustav-Freytag-Straße 2, 8000 München 81.

Ernst Herbert (H.) Hilbich

Geb. 16. 3. 1931 in Siegburg; nach der Schule absolvierte er eine Ausbildung als Elektromechaniker (Gesellenprüfung). Über Tätigkeiten als Chauffeur, Inspizient, Requisiteur und Hilfsbeleuchter bei Wanderbühnen fand er zum Schauspielerberuf. Erste Engagements hatte er u. a. am Rheinischen Landestheater Neuss, am Stadttheater Konstanz, an den Städt. Bühnen Osnabrück und am Stadttheater Hildesheim (dort als Operettenbuffo). Anschließend war er 13 Jahre lang Mitglied des Düsseldorfer Kabaretts »Kom(m)ödchen«. Im Fernsehen trat er vor allem in musikalischen Unterhaltungssendungen auf. 1974 veröffentlichte er die Schallplatte »Niemand«.
Hilbich spricht engl.; er lebt abwechselnd in Köln und Düsseldorf.
Film: »Benimm dich, Rudi!«, mit Rudi Carrell, Regie: Franz Josef Gottlieb, 1971.
Fernsehen: Neben Auftritten in zahlreichen kabarettistischen Sendungen sah man ihn vor allem in Unterhaltungsshows, u. a. in: »Karneval am Rhein«, »Silvester-Shows«, »Am laufenden Band« (mit Rudi Carell), »Zum Blauen Bock« (in den Faschingssendungen als Bürger aus Knirits an der Knatter; mit Heinz Schenk), »Hätten Sie heut' Zeit für uns« (mit Michael Schanze und Christiane Rücker), »Das Leben ist schön«, »Drehscheibe«, »Die kleine Show« und »Es geht um den Kopf«.
Ferner u. a. in: »Was wären wir ohne uns«, mit Gerd Vespermann, Regie: Ulrich Schamoni, 4 Teile, ARD 1979; »Hoffungs-Musik-Festival«, ARD 1983; Meister Funke in »Meister Funkes Werkstatt«, mit Brigitte Mira und Heinz Werner Kraehkamp, Serie, ARD 1983/84 und 1985; »Ravioli«, mit Peter Fricke und Karin Eickelbaum, Serie, und »Locker vom Hocker«, mit Walter Giller, Regie: Gerhard Schmidt, Serie, ZDF 1984; »Der Mann am Klavier«, mit Paul Kuhn, Regie: Ekkehard Böhmer, ZDF 1985.
Anschrift: c/o ZBF-Agentur Hamburg, Tonndorfer Hauptstraße 90, 2000 Hamburg 70.

Dieter Hildebrandt

Geb. 23. 5. 1927 in Bunzlau/Niederschlesien; dort aufgew.; nach der Rückkehr aus der Kriegsgefangenschaft machte er am Augustinus-Gymnasium (Humanistischer Zweig) Weiden/Oberpfalz das Abitur. 1950 kam er nach München, wo er Kunstgeschichte und Theaterwissenschaft studierte. Seinen Lebensunterhalt bestritt er u. a. als Bankbote und als Platzanweiser im Nachkriegs-Kabarett »Die Kleine Freiheit« unter Trude Kolman. Seine erste Theatertournee machte er mit dem späteren Intendanten der Münchner Kammerspiele, August Everding, mit einer Laienaufführung von Molières »Die Schelmenstreiche des Scapin«.
1955 brach er sein Studium ab und wurde Mitbegründer des Studentenkabaretts »Die Namenlosen«. Am 12.12.1956 wurde er Berufskabarettist. Zusammen mit Ursula Herking, Klaus Havenstein, Hans Jürgen Diedrich und dem Regisseur und Leiter Sammy Drechsel hob er die Münchner »Lach- und Schießgesellschaft« aus der Taufe. 1972 löste sich das Gründungs-Ensemble auf (Ursula Herking war schon früher ausgeschieden, für sie war Ursula Noack dazugekommen).
Von 1974 bis 1982 arbeitete Hildebrandt mit seinem Kabarettistenkollegen Werner Schneyder zusammen. Sie stellten fünf gemeinsame Programme vor. Seit 1974 hat Hildebrandt eigene, regelmäßige satirische Live-Sendungen im Fernsehen. Er tritt nebenher, u. a. mit den Gruppen »Biermösl Blasn« und »Mehlprimeln« sowie Gerhard Polt und dessen Team an Kleinkunstbühnen auf. 1983/84 gastierte er in Gerhard Polts Programm »München leuchtet« an den Münchner Kammerspielen. 1985 gab er zusammen mit Werner Schneyder drei Gastspiele in Leipzig (DDR), die großes Aufsehen erregten (auch ARD 1985).
Hildebrandt spricht engl., franz.; er ist verwitwet, hat zwei Töchter (Jutta und Ulla) und lebt in München.
Film: »Mit Eva fing die Sünde an«, 1958; »Mein Mann, das Wirtschaftswunder«, mit Heinz Erhardt, Regie: Ulrich Erfurth, 1960; »Kehraus«, mit Gerhard Polt und Gisela Schneeberger, Regie: Hanns Christian Müller, 1983; »Is' was Kanzler!?!«, mit Günter Lamprecht, Regie: Gerhard Schmidt, 1984.
Fernsehen: »Notizen aus der Provinz«, eigene TV-Reihe, ZDF 1974–1980; »Klimbim«, Regie: Michael Pfleghar, Serie, ARD 1975; »Scheibenwischer«, eigene TV-Reihe, Regie: Sammy Drechsel, ARD 1980–1986; »Kir Royal«, mit Franz Xaver Kroetz und Senta Berger, Regie: Helmut Dietl, Serie, ARD 1986.
Daneben trat er in zahlreichen satirischen Programmen seiner Kollegen als Gast auf. Er war außerdem in Joachim Fuchsbergers Talkshow »Heut' abend« zu Gast. Die Kabarettprogramme der Münchner »Lach- und Schießgesellschaft« von 1956 bis 1972 wurden fast alle, meist an Silvester, im Deutschen Fernsehen (ARD) ausgestrahlt.
Auszeichnungen: »Ernst-Hoferichter-Preis« 1979; »Kritikerpreis '83« des Verbandes deutscher Kritiker Berlin für seine Serie »Scheibenwischer«.
Anschrift: Rollenhagenstraße 36, 8000 München 83.

Dinah Hinz

(eigentlich: Eleonora Weiss, geb. Hinz)

Geb. 13. 2. 1934 als Tochter des Schauspielers Werner Hinz und der Schauspielerin Ehmi Bessel in Heidelberg; aufgew. in Hamburg und Berlin; nach der mittleren Reife an einem Berliner Gymnasium im Jahre 1949 und ihrem Bühnendebüt in Strindbergs »Der Vater« (Regie: Fritz Kortner) am Hebbel-Theater Berlin absolvierte sie 1950/51 die Otto-Falckenberg-Schule in München. Erste Engagements hatte sie gleichzeitig an den Kammerspielen und am Bayerischen Staatsschauspiel München.
Weitere Stationen: Städt. Bühnen Augsburg, Thalia-Theater Hamburg, Renaissance-Theater Berlin, Wuppertaler Bühnen, Hebbel-Theater Berlin, Berliner Theater, Schauspielhaus Zürich, Staatstheater Darmstadt, Kleine Komödie München, Deutsches Schauspielhaus Hamburg, Theater in der Josefstadt Wien und Kornhaustheater Baden/Zürich. Ferner wirkte sie bei den Festspielen in Feuchtwangen, Luzern, Winterthur und Schwäbisch Hall mit (bis 1984). Sie arbeitet beim Hörfunk und in der Synchronisation.
Frau Hinz spricht engl., franz., ital.; sie ist geschieden, hat eine Tochter und lebt in Zürich.
Theater: Louison in Molières »Der eingebildete Kranke«, Perdita in Shakespeares »Das Wintermärchen«, Anna in Burkhards »Feuerwerk«, Thekla in Schillers »Wallenstein«, Klärchen in Goethes »Egmont«, Leonore in Schillers »Die Verschwörung des Fiesco zu Genua«, Titelrolle in Anouilhs »Colombe«, Titelrolle in Giraudoux' »Undine«, Eliante in Molières »Der Misanthrop«, Patricia in Pagnols »Die Tochter des Brunnenmachers«, Edrita in Grillparzers »Weh' dem, der lügt«, Titelrolle in Lessings »Minna von Barnhelm«, Viola in Shakespeares »Was ihr wollt«, Rosalinde in Shakespeares »Wie es euch gefällt«, Eva in Brechts »Herr Puntila und sein Knecht Matti«, in der Uraufführung von Flatow/Pillaus »Das Fenster zum Flur« (Hebbel-Theater Berlin 1959), Ophelia in Shakespeares »Hamlet«, Marie Garga in Brechts »Im Dickicht der Städte«, Titelrolle in Ibsens »Nora«, Titania in Shakespeares »Ein Sommernachtstraum«, Leonore in Sagans »Ein Schloß in Schweden«, Vivie in Shaws »Frau Warrens Gewerbe«, Regie: Paul Verhoeven (auch TV), Titelrolle in Wildes »Lady Windermeres Fächer«, Fanny in Pagnols »Zum Goldenen Anker«, Alkmene in Kleists »Amphitryon«, Lizzie in Nashs »Der Regenmacher«, Titelrolle in Anouilhs »Madame de ... «, (nach Vilmorin), Stella in Williams' »Endstation Sehnsucht«, Franziska in Lessings »Minna von Barnhelm«, Madame Rosepettle in Kopits »Oh Vater, armer Vater, Mutter hing dich in den Schrank und ich bin ganz krank« und Kassandra in Giraudoux' »Der trojanische Krieg findet nicht statt«, jeweils an den vorgenannten Bühnen von 1951 bis 1984.
Fernsehen: Dynamene in »Ein Phönix zuviel« (nach Fry), ARD 1962; Rosetta in »Leonce und Lena« (nach Büchner), und »Die Verbrecher« (nach Bruckner), ARD 1963; »Akt mit Geige« (nach Coward), ARD 1964; »Madame Legros« (nach Heinrich Mann), ARD 1968; »Das Mißverständliche im Leben des Herrn Knöbel« (nach Krischke), Regie: Eberhard Itzenplitz, ZDF 1968; Sabina in »Piggies« (nach Dorst), Regie: Peter Zadek, ARD 1970; »Geschäfte mit Plückhahn«, ARD 1971; »Der Kommissar«, mit Erik Ode, Serie, ZDF 1972; »Ein Wochenende des Alfred Berger« (von Ahlsen), Regie: Rainer Wolffhardt, ARD 1972; »Ein Fall für Stein«, Serie, ZDF 1976; »Anpassung an eine zerstörte Illusion«, Regie: Eberhard Itzenplitz, ARD 1977; »Jean Christophe« (nach Rolland), mit Klaus Maria Brandauer, Regie: François Villier, Serie, franz. TV (auch ORF 1985); »Mit Axel auf Achse«, mit Uwe Friedrichsen, Regie: Wilfried Dotzel, ZDF 1985.
Anschrift: Rietholzstraße 60, CH-8125 Zollikerberg/Zürich, Schweiz.

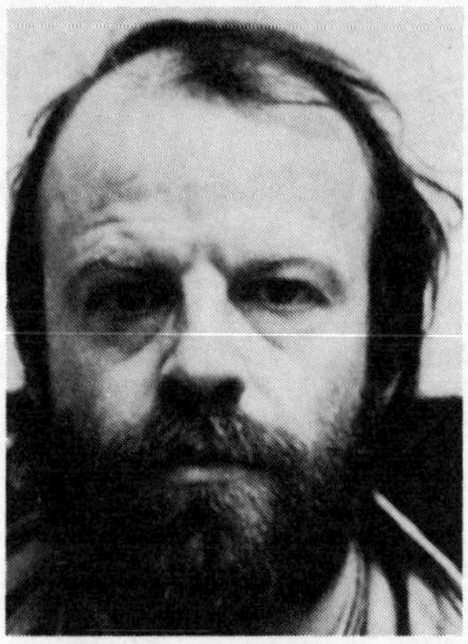

Knut Hinz

Geb. 23.10.1941 als Sohn des Schauspielers Werner Hinz und der Schauspielerin Ehmi Bessel in Berlin; dort und in Hamburg aufgew.; nach seiner Schauspielausbildung debütierte er in Hamburg. Bühnen-Engagements hatte er u. a. an den Wuppertaler Bühnen, am Staatstheater Braunschweig sowie am Thalia-Theater Hamburg (bis 1984); dort verkörperte er jeweils Rollen seines Fachs.
Hinz spricht engl.; er lebt in Hamburg. Seine Geschwister sind die Schauspieler Dinah und Michael Hinz.
Fernsehen: »Geibelstraße 27« (nach Lommer), Regie: Peter Beauvais, ARD 1966; »Romeo und Jeannette« (nach Anouilh); »Peter Brauer«, mit Werner Hinz; »Der Tod des Handlungsreisenden« (nach Miller); »Der Scheiterhaufen«; »Heute kündigt mir mein Mann«; »Als wär's ein Stück von mir« (nach Zuckmayer), Regie: August Everding, und »Eichholz und Söhne«, mit Werner Hinz und Michael Hinz, 13 Teile, ZDF 1976; »Tatort«, Serie, 7 Folgen, ARD 1973–1985; »Ein Mord, den jeder begeht«, Regie: Claus Peter Witt, ZDF 1979; »François Villon« (von Ahlsen), Regie: Werner Schlechte, ZDF 1981; »Der Schatz des Priamos«, mit Tilo Prückner, Regie: Karl Fruchtmann, 2 Teile, ARD 1981; »Die Friedenmacher«, Regie: Stanislav Barabas (live), ARD 1984; »Patrik Pacard« (von Justus Pfaue), mit Wolfgang Kieling und Peter Bongartz, Regie: Gero Erhardt, 6 Teile, ZDF 1984.
Anschrift: c/o ZBF-Agentur Hamburg, Tonndorfer Hauptstraße 90, 2000 Hamburg 70.

Michael Hinz

Geb. 28. 12. 1939 als Sohn des Schauspielers Werner Hinz und der Schauspielerin Ehmi Bessel in Berlin; dort und in Hamburg aufgew.; er ging in Großbritannien zur Schule. Er wollte ursprünglich Sänger werden. Während der Ferien sah er seine Eltern am Schauspielhaus Zürich spielen und entschloß sich, auch Schauspieler zu werden. Er absolvierte die Staatl. Hochschule für Musik und darstellende Kunst Hamburg unter Prof. Eduard Marks. 1958 debütierte er in Rattigans »Der schlafende Prinz« am Hamburger Thalia-Theater. Ein Jahr später hatte er sein Film-Debüt in Bernhard Wickis Anti-Kriegsfilm »Die Brücke«.
Weitere Bühnen-Engagements hatte er u. a. am Deutschen Theater Göttingen unter Heinz Hilpert (1961/62), an den Hamburger Kammerspielen unter Ida Ehre, am Theater im Zoo Frankfurt/Main unter Fritz Rémond, am Ernst-Deutsch-Theater Hamburg, an der Kleinen Komödie München sowie auf zahlreichen Tourneen. Er führt selbst Theater-Regie.
1967 lernte er während der Dreharbeiten zu der Fernsehserie »Hauptsache Glück« seine spätere Frau, Victoria Brams, kennen. Aus dieser Ehe stammen seine Kinder Viviane und Patrick. Seiner ersten Ehe mit der Schauspielerin Ingrid van Bergen enstammt seine Tochter Caroline, die ebenfalls Schauspielerin geworden ist.
Hinz spricht ital., engl., franz.; er lebt in München. Seine Geschwister sind die Schauspieler Dinah und Knut Hinz.
Film: »Die Brücke« (nach Manfred Gregor), mit Cordula Trantow, Volker Lechtenbrink und Fritz Wepper, Regie: Bernhard Wicki, 1959; »Das Erbe von Björndal«, mit Hansjörg Felmy, Regie: Gustav Ucicky, 1960; Sohn von Rommel (Werner Hinz) in »Der längste Tag«, mit John Wayne, Richard Burton, Henry Fonda und Curd Jürgens, Regie: Bernhard Wicki (für den deutschen Teil), USA 1961; »Das Feuerschiff« (nach Lenz) 1963; »Und so was nennt man Leben«, mit Karin Baal.
Theater: In Tschechows »Die Möwe« und in Wedekinds »Frühlings Erwachen«, jeweils Deutsches Theater Göttingen 1961/62; in dem Musical »Prairie-Saloon«, Tournee 1963; in Simons »Der gute Doktor«, Regie: Fritz Rémond, Theater im Zoo Frankfurt/Main; in Barillet/Grédys »Vierzig Karat«, und in Stefan Zweigs »Das Haus am Meer«, mit Werner Hinz und Ehmi Bessel (1980), jeweils Hamburger Kammerspiele; in Wilders »Unsere kleine Stadt«, mit Victoria Brams, in Kohouts »So eine Liebe«, Regie: Pavel Kohout selbst, jeweils Ernst-Deutsch-Theater Hamburg; in Bahrs »Das Konzert«, 1972, in Franks »Sturm im Wasserglas«, 1973, in »Der Wendepunkt«, 1974 (auch ARD 1974), in Cowards »Intimitäten«, 1979 (auch ZDF 1980), in Andrés »Sextett«, in Kerrs »Mary, Mary«, 1982, und in Kerrs »Mittagsstunde«, 1984, jeweils Kleine Komödie München (oftmals mit Victoria Brams). Ferner u. a. in: Shaws »Pygmalion«, Fermauds »Match«, in »Grille und Ameise« und in Magniers »Ein klarer Fall« (auch TV). 1985/86 ging er mit Pinters »Der Hausmeister« und Nicolais »Ewige Eva« auf Tournee.
Fernsehen: »Der Richter von London«, Regie: Dietrich Haugk, ARD 1965; »Nach all der Zeit«, mit Dietmar Schönherr, Regie: Hans Lietzau, und »Das Leben in meiner Hand« (nach Ustinov), mit Wolfgang Preiss, Regie: Rolf von Sydow, ARD 1966; »Hauptsache Glück«, mit Victoria Brams, Serie, ZDF 1967; »Fußballtrainer Wulff«, Regie: Erich Neureuther, Serie, ARD 1971/72; »Der Kommissar«, mit Erik Ode, Serie, ZDF 1972; »LH 615 Operation München«, Regie: Theo Mezger, ARD 1975; »Das Leben des schizophrenen Dichters Alexander März« (nach Kipphardt), mit Ernst Jacobi, Regie: Vojtech Jasny, ZDF 1975; »Eichholz und Söhne«, mit Werner Hinz und Knut Hinz, 13 Teile, ZDF 1976; »Oblomows Liebe«, Regie: Claus Peter Witt, und »Die Kette« (nach Durbridge), Regie: Rolf von Sydow, 3 Teile, ARD 1977; »O diese Männer« (nach Françoise Doris), Regie: Franz Josef Wild, und »Die Traumfrau«, Regie: Klaus Überall, ARD 1978; »Fünf Freunde auf großer Fahrt«, Regie: Mike Connors, engl. TV, auch Serie ZDF 1979; »Eugenie Marlitt oder Die Gartenlaube«, mit Cordula Trantow, Regie: Herbert Ballmann, und »Es muß nicht immer Mord sein«, Regie: Ulrich Stark, Serie, ZDF 1982; »Geheimsender 1212« (von Hanuš Burger), ZDF 1983; »Funkeln im Auge« (Heidelinde-Weis-Special), Regie: Wolfgang Becker, und »Wie würden Sie entscheiden?«, mit Victoria Brams,

Serie, ZDF 1984; »Kontakt bitte …«, Serie, ARD 1984; »Mamas Geburtstag«, mit Brigitte Horney, Regie: Egon Günther, ARD 1985; »Ein Fall für zwei«, Serie, ZDF 1985.
Auszeichnung: Bundesfilmpreis für seine Darstellung in »Das Feuerschiff«, 1963.
Anschrift: c/o Agentur Alexander, Lamontstraße 9, 8000 München 80.

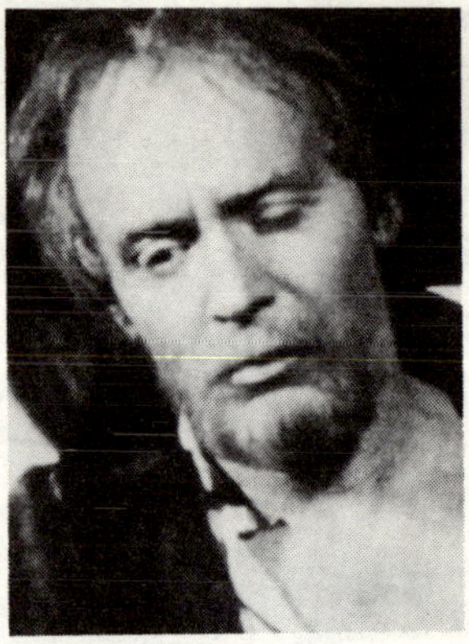

Wolfgang Hinze

Geb. 25. 2. 1935 in Leipzig; dort und in Thüringen aufgew.; er absolvierte die Max-Reinhardt-Schule Berlin. Seine Bühnenstationen: Städt. Bühnen Krefeld (1955–1957), Theater der Stadt Heilbronn (1957/58), Saarländisches Landestheater Saarbrükken (1958/59), Schiller-Theater Berlin (1960–1963), Hessisches Staatstheater Wiesbaden (1963–1966), Städt. Bühnen Frankfurt/Main (1966–1969), Bühnen der Stadt Köln (1970–1980), Württembergisches Staatstheater Stuttgart (1980–1983) und Schauspielhaus Düsseldorf (seit 1983).
Hinze spricht engl.; er ist verheiratet und lebt abwechselnd in Düsseldorf und Stuttgart. Er führt auch Regie.
Theater: Ferdinand in Schillers »Kabale und Liebe«, Titelrolle in Camus' »Caligula«, Titelrolle in Kleists »Prinz Friedrich von Homburg«, Marquis Posa und Titelrolle in Schillers »Don Carlos«, Orest in Goethes »Iphigenie auf Tauris«, Pylades in Bergs »Iphigenie«, Claudio in Shakespeares »Maß für Maß«, in Ibsens »Die Frau vom Meer«, Offizier in Strindbergs »Ein Traumspiel«, in de Filippos »Oh, diese Gespenster«, in Dorsts »Toller«, Titelrolle in Shakespeares »Hamlet«, Malvolio in Shakespeares »Was ihr wollt«, Dr. Schön in Wedekinds »Lulu«, Kurt in Dorsts »Villa, eine deutsche Geschichte«, Prof. Halder in »So gut – so schlecht«, und in der Uraufführung von Hürlimanns »Stichtag«, jeweils an den vorgenannten Bühnen bis 1984/85.
Fernsehen: »Tatort«, Serie, ARD 1975; »Quartett bei Claudia«, Regie: Michael Kehlmann, ARD 1981; Heinrich Heine in »Heinrich Heine – Die zweite Vertreibung aus dem Paradies«, mit Donata Höffer und Sabine Sinjen, Buch + Regie: Karl Fruchtmann, 2 Teile, ARD 1983.
Anschrift: c/o Schauspielhaus Düsseldorf, Gustaf-Gründgens-Platz 1, 4000 Düsseldorf.

Hanne Hiob

Geb. 12. 3. 1923 als Tochter von Bertolt Brecht und der Opernsängerin Marianne Zoff in München; nach der Trennung ihrer Eltern blieb sie bei ihrer Mutter, die 1928 in zweiter Ehe den Schauspieler Theo Lingen heiratete. Während des Krieges lebte sie in Wien, wo sie nach dem Besuch eines Lyzeums privaten Tanz- und Schauspielunterricht nahm. 1941 kam sie als Ballettelevin an die Wiener Staatsoper; von 1942 bis 1944 war sie als Tänzerin und Schauspielerin am Landestheater Salzburg engagiert.

Am Wiener Volkstheater wirkte sie von 1945 bis 1947. Nach einer Verpflichtung am Stadttheater Straubing mußte sie wegen einer schweren Krankheit mehrere Jahre pausieren. Unter Oscar Fritz Schuh spielte sie von 1953 bis 1958 am Theater am Kurfürstendamm Berlin. Weitere Stationen: Deutsches Schauspielhaus Hamburg unter Gustaf Gründgens, Berliner Ensemble (Ost-Berlin), Ruhrfestspiele Recklinghausen, Schauspielhaus Zürich, Schiller-Theater Berlin und Münchner Kammerspiele.

Frau Hiob spricht engl., franz.; sie ist geschieden von dem Arzt Dr. Hiob und lebt in München.

Film: »Frau Luna« (nach Lincke), Regie: Theo Lingen, 1943; »Es fing so harmlos an«, 1944.

Theater: Ophelia in Shakespeares »Hamlet«, Kassandra in Shakespeares »Troilus und Cressida«, Brigitte in Kleists »Der zerbrochene Krug«, Christine in Strindbergs »Ein Traumspiel«, Leontine in Hauptmanns »Der Biberpelz«, Lieschen Müller in Ambessers »Das Abgründige in Herrn Gerstenberg«, Turandot in Frischs »Die chinesische Mauer«, Lisa in Tolstois »Und das Licht scheint in der Finsternis«, Lena in Büchners »Leonce und Lena« und Gerda in Strindbergs »Der Scheiterhaufen«, jeweils an den vorgenannten Bühnen bis 1958; Titelrolle in der Uraufführung von Brechts »Die heilige Johanna der Schlachthöfe«, Regie: Gustaf Gründgens, Deutsches Schauspielhaus Hamburg 1959; diese Rolle verkörperte sie 1968 auch beim Berliner Ensemble und 1971 bei den Ruhrfestspielen in Recklinghausen.

Grusche Vachnadze in Brechts »Der kaukasische Kreidekreis«, Schauspielhaus Zürich 1964; in Bekketts »Nicht Ich«, Schiller-Theater Berlin 1973; Titelrolle in Brechts »Die Gewehre der Frau Carrar«, Münchner Kammerspiele 1975.

Fernsehen: Titelrolle in »Die Gewehre der Frau Carrar« (nach Brecht), Regie: Egon Monk, ZDF 1975; »Regentropfen«, ZDF 1983.

Anschrift: Rosenstraße 4, 8000 München 2.

Ludwig Hirsch

Geb. 28. 2. 1946 in Weinberg/Steiermark; aufgew. im 2. Wiener Gemeindebezirk Leopoldstadt; nach dem Gymnasium besuchte er die Hochschule für Angewandte Kunst Wien. Während des Graphikstudiums gründete er 1964 seine erste Rockband. Unter Fritz Muliar absolvierte er die Schauspielschule Krauss in Wien. Nebenher arbeitete er als Sprecher beim Österreichischen Rundfunk. Sein Bühnen-Debüt gab er 1973 am Stadttheater Regensburg, dem er ebenso wie den Wuppertaler Bühnen bis 1975 als Ensemble-Mitglied angehörte. Von 1973 bis 1979 spielte er am Theater in der Josefstadt Wien (ab 1975 als Ensemble-Mitglied).
1977 begann Hirsch eigene Lieder zu schreiben, 1978 stellte er seine erste LP »Dunkelgraue Lieder« vor, für die er in Österreich eine Goldene Schallplatte erhielt. Seine weiteren großen Platten-Erfolge: »Komm großer Schwarzer Vogel« (1979), »Zartbitter« (1980), »Bis zum Himmel hoch« (1982) und »Bis ins Herz« (1983). In seinen Wiener Liedern, die er ausnahmslos im Dialekt vorträgt, spielen Morbidität und Tod eine große Rolle.
Er hatte zahlreiche Fernsehauftritte, darunter die eigene Sendung »Komm großer Schwarzer Vogel«, (ARD 1980). Er machte bislang fünf Deutschland-Tourneen; seine Konzerte sind meist ausverkauft. Hirsch spricht engl.; er lebt in Wien.
Film: »Trokadero«, Regie: Klaus Emmerich, 1981.
Theater: Erster Zimmermann in Wolfes »Herrenhaus«, Dr. Halma in Bahrs »Der arme Narr«, Harold/James in Shakespeares »Wie es euch gefällt«, Jean in Feydeaus »Ein Klotz am Bein«, und Osváth in Nyiris »Der Himmel ist unten«, 1973/74, Johann in Lanoux' »Der Büchsenöffner«, Edmond Parker in Maughams »Der Fremde«, Frederico in Anouilhs »Der Operndirektor« und Friedrich in Nestroys »Zu ebener Erde und erster Stock oder Die Launen des Glücks«, 1974/75, Kamil Sova in Klimas »Spiele«, Moritz in Grumbergs »Dreyfus«, Arthur in Haims »Der Hai« und Max Wick in Eckhardts »Die Weltreise«, 1975/76, Leonhard in Hebbels »Maria Magdalena«, Schmidt in Nabls »Schichtwechsel« und Giannetti in Winiecicz' »Das Zimmer«, 1967/77, »Der Naive« in Schnitzlers »Zum großen Wurstel«, Grain in Schnitzlers »Der grüne Kakadu«, Wagner in Goethes »Urfaust«, Kanalräumer in Giraudoux' »Die Irre von Chaillot«, Vizepräparator in Horváths »Glaube, Liebe, Hoffnung« und Sohn in Pirandellos »Sechs Personen suchen einen Autor«, 1977/78, Hugo Nyffenschwander in Dürrenmatts »Der Meteor«, und in Horváths »Kasimir und Karoline«, 1978/79, jeweils Theater in der Josefstadt Wien.
Fernsehen: »Hallo – Hotel Sacher, Portier . . .!«, von und mit Fritz Eckhardt, Serie, ZDF 1975; »Tatort«, Serie, ARD 1978, und »Hiob« (nach Joseph Roth), mit Günter Mack, 3 Teile, ARD 1979, Regie: jeweils Michael Kehlmann; »Esch oder Die Anarchie« (nach Hermann Broch), Regie: Rainer Bold, ARD 1979. Zudem war er Gast vieler deutscher Unterhaltungsshows, u. a. in der Talkshow von Joachim Fuchsberger »Heut' abend« (ARD).
Auszeichnungen: Neben mehreren Goldenen Schallplatten wurde er 1979 von der Deutschen Phonoakademie in der Sparte »Kleinkunst« als »Entdeckung des Jahres« mit dem »Deutschen Schallplattenpreis« ausgezeichnet.
Anschrift: c/o Austroconcert International, Gluckstraße 1, A-1010 Wien, oder Viktorgasse 25, A-1040 Wien, Österreich.

Alfons Höckmann

Geb. 26. 5. 1923 in Dortmund; dort aufgew.; nach dem Abitur absolvierte er die Westfälische Schauspielschule Bochum. Seine Bühnenstationen: Theater Baden-Baden, Bühnen der Hansestadt Lübeck, Städt. Bühnen Nürnberg, Schauspielhaus Zürich und Kleine Komödie München (wo er jeweils Rollen seines Fachs verkörperte). Seit 1968 leitet er zusammen mit seiner Frau, der Schauspielerin Ingrid Braut, die Komödie Düsseldorf (auch als Gesellschafter und Rechtsträger der Boulevard-Theater GmbH & Co KG). Er arbeitet an der Bühne als Schauspieler und Regisseur.
Höckmann spricht ital.; er hat eine Tochter und lebt in Kaarst bei Neuss.
Theater: Theo in H. u. M. Williams' »2 x 2 = Sex« und De Prunelles in Flatow/Jussenhovens »Cyprienne oder Scheiden tut nicht weh«, 1968/69, Hunter in Frisbys »Ein Mädchen in der Suppe«, Hubert in Sagans »Das ohnmächtige Pferd« und Manuel in Adler/Steinbrechers »Meine Nichte Susanne«, 1969/70, Gilbert Bodley in Cooney/Chapmans »Jetzt nicht, Liebling«, 1970/71, Petrucchio in Porter/Spewacks »Kiss me Kate« und Ralph in Vebers »Der Kontrakt«, 1971/72, Henry Lodgi in Cooney/Chapmans »Wie wär's denn Mrs. Markham?«, 1972/73, Horace/Frederic in Anouilhs »Einladung ins Schloß«, Dominique Revol in Sauvajons »Die Kinder Edouards« und Eric in Rayburns »Früher oder später«, 1973/74, Sam im Alter von vierzig Jahren in Ustinovs »Endspurt« und Pat Plummer in Lessers »Hände weg, die Dame ist mein Mann«, 1974/75, Jim Nash in Yeldham/Churchills »Jedem das Seine« und Ben Silverman in Simons »Sonny-Boys«, 1975/76, Theaterdirektor in Molnárs »Die Fee« und James Pettit in Lessers »Meines Sohnes Vater«, 1976/77, Fred Castle in Travers »Spät ins Bett«, 1977/78, Michael Gosselin in Maughams »Bezaubernde Julia«, 1978/79, Dirk Caine in Muirs »Tränen im Aquarium« und Philip in Pertwees »Sextett«, 1979/80, Gaston in Stones »Nächsten Samstag bestimmt«, 1980/81, George Schneider in Simons »Das zweite Kapitel«, 1981/82, Stephane in Poirets »Frohe Ostern«, und Bernard in Camolettis »Diner im Bett«, 1982/83, und Gilbert Bodley in Cooney/Chapmans »Jetzt nicht, Liebling«, 1983/84, jeweils Komödie Düsseldorf.
Regie führte er außer in den vorgenannten Stücken ferner u. a. in: Ayckbourns »Halbe Wahrheiten«, Horney/Firners »Gastspiele« und »Liebe«, Chases »Mein Freund Harvey«, Simons »Ein seltsames Paar«, Homes »Sein bester Freund«, Watkyns »Streng geheim«, Dorins »Der Wendepunkt«. Ayckbourns »Schlafzimmergäste«, Darbon/Harris »Wie man sich bettet«, Leonards »Hotel zum guten Ton«, Ustinovs »Abgehört« und Cooneys »Wer zweimal liebt, dem glaubt man nicht« (bis 1984).
Fernsehen: »Die Geschichte von Joel Brand« (nach Kipphardt), Regie: Franz Peter Wirth, ARD 1964; »Die seltsamen Abenteuer des Raumschiffes Orion«, mit Eva Pflug, Dietmar Schönherr, Benno Sterzenbach und Friedrich Joloff, Regie: Theo Mezger, Serie, ARD 1966; »Die Tauben«, Regie: Gerd Oelschlegel, ZDF 1969; »Schrott« (nach Waldmann/Kesling), Regie: Eberhard Itzenplitz, ARD 1969; »Der Kommissar«, mit Erik Ode, Serie, ZDF 1972; »Onkel Silas« (nach Sheridan Le Fanu), Regie: Wilhelm Semmelroth, 2 Teile, ARD 1977; »Rummelplatzgeschichten«, Serie, ARD 1983/84.
Ferner u. a. in: »Wechselkurs der Liebe«, »Das Berliner Zimmer«, »Im Auftrag der Schwarzen Front« und »Tee und etwas Sympathie«.
Anschrift: c/o Komödie Düsseldorf, Neusser Straße 125, 4000 Düsseldorf.

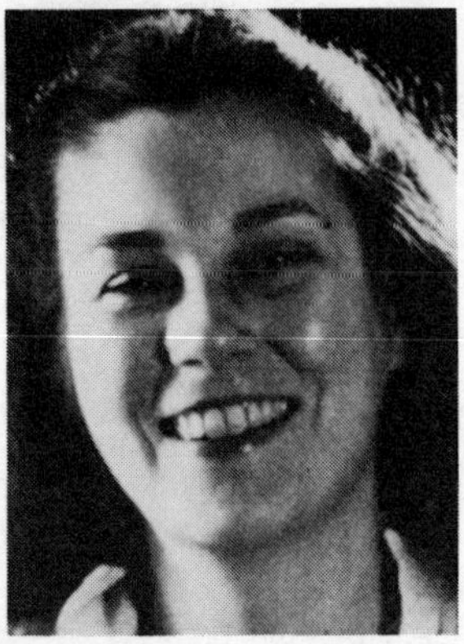

Donata Höffer

Geb. 29. 9. 1949 in Berlin; dort aufgew.; nach der mittleren Reife (1966) absolvierte sie von 1966 bis 1968 die Max-Reinhardt-Schule Berlin. Ihre Bühnenstationen (u. a.): Ruhrfestspiele Recklinghausen (1969), Wuppertaler Bühnen (1969–1971 und als Gast 1973), Schiller-Theater Berlin (1970), Freie Volksbühne Berlin (1972), Deutsches Schauspielhaus Hamburg (1975–1980) und Theater der Freien Hansestadt Bremen (1982 + 1984 als Gast). Sie machte mehrere Tourneen. Seit 1967 ist sie in großem Umfang beim Fernsehen tätig.
Frau Höffer spricht engl.; sie ist ledig und lebt in Hamburg.
Film: »Liebe ist nur ein Wort« (nach Simmel), mit Malte Thorsten, Judy Winter und Herbert Fleischmann, Regie: Alfred Vohrer, 1972.
Theater: Lena in Büchners »Leonce und Lena«, Ruhrfestspiele Recklinghausen 1969; in Nelly Sachs' »Eli«, Akademie der Künste und Schiller-Theater Berlin 1970 (auch TV); Titelrolle in Wedekinds »Lulu«, Axinja in Ostrowskijs »Der Wald«, Saša in Tschechows »Iwanow«, Doreen in Ardens »Leben und leben lassen«, 1969–1971, und Polly in Brecht/Weills »Die Dreigroschenoper«, 1973, jeweils Wuppertaler Bühnen; Gretchen in Goethes »Faust«, Tournee 1972; Titelrolle in Lessings »Miß Sara Sampson«, Freie Volksbühne Berlin 1972; Käthe Vockerath in Hamsuns »Einsame Menschen«, und Lucile in Büchners »Dantons Tod«, jeweils Deutsches Schauspielhaus Hamburg 1975–1980; in dem Rock-Musical »Count Down«, Lokomotive Kreuzberg Berlin und Tournee 1976; Titelrolle in Ibsens »Nora«, 1982, und Titelrolle in Shaws »Candida«, 1984, jeweils Theater der Freien Hansestadt Bremen.
Fernsehen: Eleonore in »Ostern« (nach Strindberg), ARD 1967; Tanja in »Staatsexamen« (nach Wampilow), ARD 1968; Titelrolle in »Berliner Antigone« (von Ahlsen nach Hochhuth), Regie: Rainer Wolffhardt, und Agathe in »Die Katze« (nach Anouilh), ZDF 1968; Tamara in »Spaßmacher« (nach Rosow), ARD 1969; »Das provisorische Leben« (von Biehler), ZDF 1970; »Die Kriegsbraut« (nach Courths-Mahler), ARD 1974; »Gnadenbrot«, Regie: Diethard Klante, ZDF 1975; »Entscheidungen«, ZDF 1976; »Liebesgeschichten: Stark wie der Tod«, Regie: Rainer Wolffhardt, ARD 1977; »Unendlich tief unten«, Regie: Peter Ariel, ARD 1978; »Der Boxer« (nach Jurek Becker), ZDF 1980; »Kennwort Schmetterling«, Regie: Claus Peter Witt, ZDF 1981; »Ich fühle was, was du nicht fühlst«, ARD 1982; Mathilde in »Heinrich Heine – Die zweite Vertreibung aus dem Paradies«, mit Wolfgang Hinze, Regie: Karl Fruchtmann, 2 Teile, ARD 1983; »Kontakt bitte«, Regie: Detlef Rönfeldt, Serie, ARD 1984; »Ein Fall für zwei«, Serie, ZDF 1985.
Auszeichnungen: »Lobende Anerkennung beim Adolf-Grimme-Preis«, Marl 1969; »Goldener Bildschirm« (TV-Hören und Sehen) 1969.
Anschrift: c/o ZBF-Agentur Hamburg, Tonndorfer Hauptstraße 90, 2000 Hamburg 70.

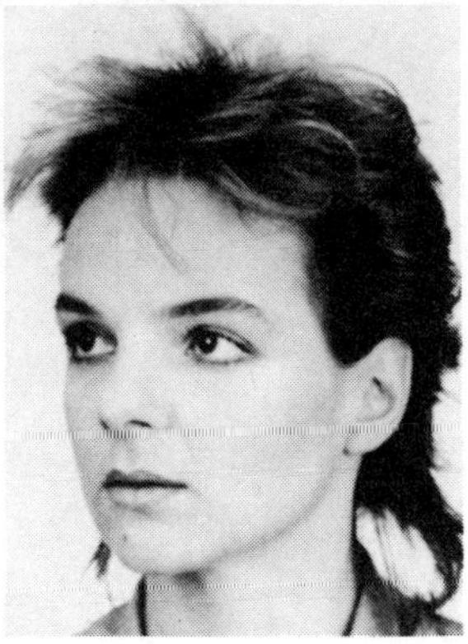

Sissy Höfferer

Geb. 23. 4. 1955 in Klagenfurt; dort aufgew.; nach dem Abitur absolvierte sie das Max-Reinhardt-Seminar in Wien. Ihr erstes Engagement bekam sie am Bayerischen Staatsschauspiel München, wo sie von 1977 bis 1979 spielte. Zusammen mit ihren Schauspielerkollegen András Fricsay und Jacques Breuer gründete sie 1979 die Freie Münchner Theatergruppe »Zauberflöte«. Die Gruppe gab bislang Gastspiele am Modernen Theater, am Theater im Marstall sowie beim Theaterfestival in München, an den Bühnen der Freien Hansestadt Bremen, an der Freien Volksbühne Berlin, am Theater Schaan in Lichtenstein sowie bei Theaterfestivals in Zürich und Amsterdam.

Frau Höfferer spricht engl., franz.; sie ist die Lebensgefährtin von Jacques Breuer und trat mit ihm zusammen in zahlreichen Theaterstücken und TV-Spielen auf. Sie leben beide als österr. Staatsbürger in München.

Theater: Fanchette in Beaumarchais' »Der tolle Tag oder Figaros Hochzeit«, Jill in Shaffers »Equus«, in »Sweet Charity«, in de Rojas' »Celestina«, Betty in Nestroys »Lumpazivagabundus«, Regie: Karl Paryla, die schöne Alice und das Ballettmädchen in Strindbergs »Ein Traumspiel«, Regie: Ingmar Bergman, jeweils mit Jacques Breuer, Bayerisches Staatsschauspiel München 1977–1979; Alison in Osbornes »Blick zurück im Zorn«, Luise in Schillers »Kabale und Liebe«, und in MacDoffs »Red Rider«, jeweils mit Jacques Breuer, Theatergruppe »Zauberflöte« an den vorgenannten Bühnen 1979–1982.

Fernsehen: »Tatort«, Serie, ARD 1977; »Das Veilchen« (nach Molnár), Regie: Otto Schenk, ARD 1979; Sava in »Mathias Sandorf« (nach Jules Verne), mit Istvan Bujtor, Amadeus August und Jacques Breuer, Regie: Jean-Pierre Decourt, 4 Teile, ZDF 1979; »Der Alte«, Serie, 2 Folgen, ZDF 1980 + 1984; »Kolportage« (nach Kaiser), Regie: Peter Weck, ARD 1980; »Derrick«, Serie, 3 Folgen, ZDF 1981–1984; »Scheibenwischer«, mit Dieter Hildebrandt, Serie, und Maria in »Der letzte Zivilist« (nach Glaeser), mit Max von Sydow, ARD 1984; Hanna Lauretz in »Via Mala« (nach Knittel), mit Mario Adorf, Regie: Tom Toelle, ZDF 1985; »Cortuga«, mit Heiner Lauterbach, Buch + Regie: Edwin Marian, 2 Teile, ARD 1986.

Auszeichnungen: Die Zeitschrift »Theater heute« zählte sie 1982 zu den acht besten Schauspielerinnen des Jahres; »AZ-Stern« des Jahres (verbunden mit einem Förderungspreis) der Münchner Abendzeitung für die Gruppe »Zauberflöte«.

Anschrift: c/o Agentur Baumbauer, Keplerstraße 2, 8000 München 80.

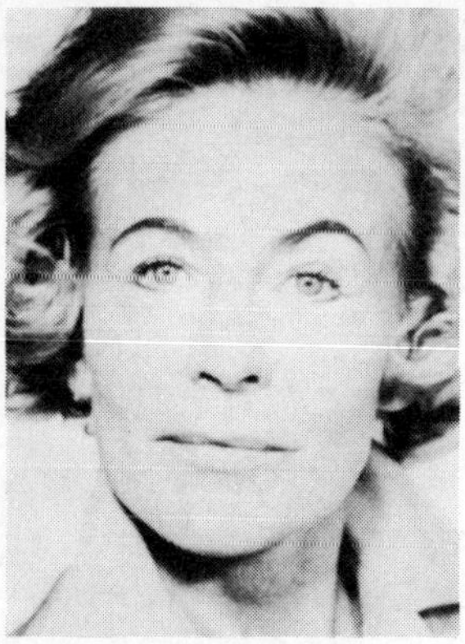

Carola Höhn

Geb. 30. 1. 1910 als Kaufmannstochter in Wesermünde; dort aufgew.; nach dem Besuch eines Lyzeums arbeitete sie in einem Konfektionshaus. Schauspielunterricht nahm sie bei Julia Serda und Hans Junkermann in Berlin. Am Steglitzer Schloßtheater Berlin bekam sie 1933/34 ihr erstes Engagement. Eine Verpflichtung an die Komödie Berlin (1936/37) folgte. Bereits als Elevin erhielt sie 1934 ihre erste Filmrolle in dem Streifen »Ferien vom Ich«. Der Film wurde dann auch Schwerpunkt ihrer Tätigkeit. Nach 1945 spielte sie Theater in Berlin, Wien, München, Bremen und Hannover (jeweils Gastspiele).
Die Schauspielerin arbeitet umfangreich in der Synchronisation. Sie ist die deutsche Stimme von Katharine Hepburn, Irene Dunne, Maureen O'Hara u. v. a. Ferner eröffnete sie einen Modesalon und war journalistisch für die Zeitschrift »Film und Frau« tätig.
Frau Höhn spricht engl.; sie ist verheiratet. Aus ihrer ersten Ehe mit einem Fliegeroffizier hat sie den Sohn Michael (geb. 1942). Sie lebt in Grünwald bei München.
Film: »Charley's Tante« (nach Thomas), 1934; »April, April«, Regie: Detlev Sierck, »Alle Tage ist kein Sonntag« und »Königswalzer«, 1935; »Der Bettelstudent« (nach Millöcker), 1936; »Zu neuen Ufern«, 1937; »Hurra, ich bin Papa«, mit Heinz Rühmann, Regie: Kurt Hoffmann, 1939; »Die lustigen Vagabunden«, 1940; »Mutter«, 1941; »Abenteuer im Grand Hotel«, 1942; »Leichtes Blut«, 1943; »Der große Preis«, 1944; »Du bist nicht allein«, 1949; »Toxi«, 1952; »Weibertausch«, 1952; »Heideschulmeister Uwe Karsten« und »Sonne über der Adria«, 1954; »Roter Mohn«, 1956; »Auf Wiedersehn am Bodensee«, 1956; »Vertauschtes Leben«, 1961; »Muß i denn zum Städtele hinaus«, mit Dieter Borsche, Regie: Hans Deppe, 1962; »Das Mädel aus dem Böhmerwald«, Regie: August Rieger, 1964; »Pepe, der Paukerschreck«, 1969.
Theater: In Hopwoods »Der Mustergatte«, mit Heinz Rühmann, in Verneuils »Staatsaffairen«, in »Der alte Herr Kanzleirat«, mit Hans Moser, in Raphaelsons »Zauber der Jugend«, in Lovegroves »Guten Abend, Mrs. Sunshine« (auch ZDF 1966), in »Mein Mann, der Star«, in Burkhards »Feuerwerk«, in Barillet/Grédys »Die Kaktusblüte«, in Youmans' »No, no, Nanette«, und in »Wohin mit dem vielen Geld«, jeweils bei Gastspielen in den vorgenannten Städten.
Fernsehen: »Die seltsamen Ansichten des Mr. Eliot«, ARD 1968; »Ein Sommer mit Nicole«, mit Victoria Brams, Serie, ZDF 1969.
Anschrift: c/o Agentur Jovanovic, Perfallstraße 6, 8000 München 80.

Klaus Höhne

Geb. 13. 6. 1927 in Hamburg; dort aufgew.; mittlere Reife; um sich Geld zu verdienen, meldete er sich 1947 auf eine Annonce des Deutschen Schauspielhauses Hamburg, das zur Interims-Eröffnung im Besenbinderhof Statisten suchte, und kam durch diesen Zufall zum Schauspielerberuf. Er erhielt privaten Schauspielunterricht, u. a. bei Joseph Offenbach; 1951 debütierte er am Theater im Zimmer Hamburg; Gastspiele an den Hamburger Kammerspielen (1952–1954) folgten; von 1954 bis 1958 gehörte er zum Ensemble des Stadttheaters Aachen, von 1958–1961 zum Württembergischen Staatstheater Stuttgart; seither arbeitet er freischaffend; u. a. gab er Gastspiele am Theater in der Josefstadt Wien (1962), am Schauspielhaus Bochum (1972) und war fast jedes Jahr auf Tournee.

Höhne wirkte in über 200 Fernsehproduktionen mit; er ist vielbeschäftigter Hörspiel- und Synchronsprecher. Seit 1978 ist er Gastdozent am »Mozarteum« in Salzburg.

Er spricht engl., ital., dänisch; er ist zum zweiten Mal verheiratet, hat einen Sohn (Christian, aus erster Ehe) und lebt in Holzkirchen bei München.

Film: »Die letzte Nacht«, 1958; »Wilde Reiter GmbH«, Regie: Franz Josef Spieker 1964; »Die Verdammten«, mit Helmut Berger, Regie: Luchino Visconti, Italien/BRD 1972; »Flamme empor«, Regie: Eberhard Schubert, 1978; »Shalom Pharao«, Regie: Curt Linda, und »Die wilden Fünfziger«, Regie: Peter Zadek, 1983; »Morgen in Alabama«, mit Maximilian Schell, Regie: Norbert Kückelmann, und »Is was Kanzler!?!«, Regie: Gerhard Schmidt, 1984.

Theater: Crooks in der deutschen Erstaufführung von Steinbecks »Von Mäusen und Menschen«, Aemilian in Dürrenmatts »Romulus der Große«, Regie: Hellmut Gmelin, Theater im Zimmer Hamburg 1951; Kowalski in Williams' »Endstation Sehnsucht«, Narr in Shakespeares »König Lear«, Hale in Millers »Hexenjagd«, Merkur in Giraudoux' »Amphitryon 38«, Friedländer in Zuckmayers »Das kalte Licht«, jeweils Stadttheater Aachen 1954–1957; Demokos in Giraudoux' »Der trojanische Krieg findet nicht statt«, Gaveston in Brechts »Leben Eduards des Zweiten von England« (nach Marlowe), Brutus in Shakespeares »Coriolan«, jeweils Württembergisches Staatstheater Stuttgart 1958–1961; Roma in Brechts »Der aufhaltsame Aufstieg des Arturo Ui«, mit Wolfgang Kieling, Regie: Peter Palitzsch, Theater der Freien Hansestadt Bremen, und Morestan in Fabbris »Die Lügnerin«, Regie: Dieter Haugk, Theater in der Josefstadt Wien, 1962/63; Jachmann in Dorst/Zadeks »Kleiner Mann, was nun?« (nach Fallada), IRA-Hauptmann in Behans »Die Geisel«, mit O.E. Hasse, Regie: jeweils Peter Zadek, Schauspielhaus Bochum 1977; Präsident von Walter in Schillers »Kabale und Liebe«, Regie: Wilfried Minks, Freie Volksbühne Berlin; in »Das Biest«, 1977, und in Anouilhs »Der Herr Ornifle«, 1980, jeweils Kleine Komödie München; Dr. Mertens in Wallace' »Der Hexer«, Tournee 1982.

Fernsehen: Lubin in »George Dandin« (nach Molière), ARD 1964; Marlowski in »Der Nebbich« (nach Sternheim), ARD 1965; Lopachin in »Der Kirschgarten« (nach Tschechow), Regie: Peter Zadek, ARD 1966, Wassili in »Towarisch« (nach Deval/Goetz) und »Der Witzbold« (nach Nash), ZDF 1966; »Die Mohrin« (nach Dorst), ARD 1967; »Das Kabel« und »Lösegeld für Mylady«, ZDF 1967; »Der Monat der fallenden Blätter«, und »Vier Stunden von Elbe 1«, mit Helga Feddersen, Regie: Eberhard Fechner, ARD 1968; »Mördergesellschaft« und »Berliner Zimmer«, ZDF 1968; Kendall in »Bitte recht freundlich, es wird geschossen« (nach Yeldman), und »Asche des Sieges« (nach Conchon), ARD 1970; »Gezeiten« und »Die lieben Freunde«, ARD 1970; »Im Fahrwasser« und »Letzte Mahnung«, ARD 1971; Vorsitzender in »Der Hitler/Ludendorff-Prozeß« ZDF 1971; Kommissar Konrad in »Tatort« (aus Frankfurt), Serie, 13 Folgen, ARD 1971–1984; »Der Kommissar«, mit Erik Ode, Serie, 6 Folgen, ZDF 1971–1976; »Tribunal«, 7 Folgen, ZDF 1972; »Der Sieger von Tambo« (nach Vallejo), ZDF 1973; »Derrick«, Serie, 5 Folgen, ZDF 1974–1985; »Die Insel der Krebse« (nach Dnjeprow), ZDF 1975; »Der Anwalt«, 13 Folgen, ZDF 1976; »Sorgen ohne Noth«, Regie: Michael Günther, und »Der Haupttreffer« (von Pillau), ZDF 1977; »Kinderparty« (nach Hall), ZDF 1978; »Drei Bürger zum Geburtstag«, und »Ein Kapitel für sich« (von Walter Kempowski), Regie: Eberhard Fechner, ZDF 1979; »Drunter und drüber«, mit Liselotte Pulver und Hellmut

Lange, 6 Folgen, und Merkur in »Amphitryon« (von Hacks), Regie: Hans-Jürgen Tögel, ZDF 1980; »Berlin Alexanderplatz« (nach Döblin), mit Günter Lamprecht und Hanna Schygulla, Regie: Rainer Werner Fassbinder, ARD 1980; »Der Alte«, Serie, 2 Folgen, ZDF 1980/81; Dr. Paginet in »Das Ordensband« (nach Feydeau), Regie: Michael Günther, ZDF 1981; »Flucht aus Pommern«, Regie: Eberhard Schubert, ZDF 1982; »Tür an Tür«, mit Georg Thomalla, »Defekte«, Regie: Diethard Klante, und »Gefährliches Spiel«, Regie: Theo Mezger, ARD 1982; »Der Schläfer«, Regie: Jürgen Roland, ARD 1983; »Das zerbrochene Haus«, Regie: Michael Günther, ORF 1984; »Schwarz-Rot-Gold: Blauer Dunst«, Regie: Theo Mezger, »Die Frau des Kommissars« (nach Hennequin), mit Ursela Monn und Heinz Schubert, Regie: Michael Günther, und »Kornelia« (nach Abramow-Newerly), mit Ruth-Maria Kubitschek, Regie: Wilm ten Haaf, ARD 1984; »Die Krimistunde«, Regie: Hartmut Griesmayr, Serie, und »Tatort«, Serie, ARD 1985; »Mütter und Töchter«, Regie: Georg Tressler, ZDF 1985.

Anschrift: c/o Agentur de la Berg, Haus am Weiher, 8026 Irschenhausen.

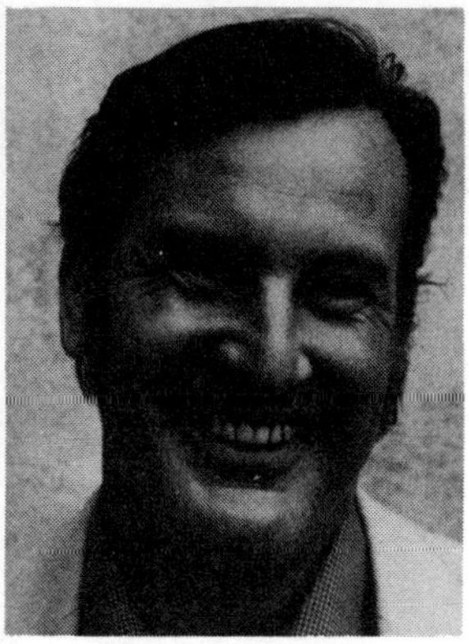

Wolfgang Höper

– Staatsschauspieler –

Geb. 15. 3. 1933 in Braunschweig; dort aufgew.; nach der mittleren Reife besuchte er die Staatl. Hochschule für Musik und Theater in Hannover. Seine Bühnenstationen: Stadttheater Hildesheim (1956–1958) und Nationaltheater Mannheim (1958–1964). Seit 1966 gehört er zum Ensemble des Württembergischen Staatstheaters Stuttgart. Seit 1976 ist er zudem Lehrbeauftragter an der Hochschule für Musik und darstellende Kunst in Stuttgart.
Höper ist verheiratet, hat zwei Kinder und lebt in Stuttgart.
Theater: Hauptmann in Shaws »Androklus und der Löwe«, Jim in Williams' »Die Glasmenagerie«, Kosinsky in Schillers »Die Räuber«, Regie: Erwin Piscator, und Gresham in Herberts »Wolken sind überall«, jeweils Stadttheater Hildesheim 1956–1958; Melchthal in Schillers »Wilhelm Tell«, Regie: Erwin Piscator, Edgar in Frys »Venus im Licht«, Mellefont in Lessings »Miß Sara Sampson«, Leopold in Benatzkys »Im Weißen Rössl«, Harlekin in Waldmanns »Von Bergamo bis morgen früh«, und Fred Graham in Porter/Spewacks »Kiss me, Kate«, jeweils Nationaltheater Mannheim 1958–1964; Ed in Ortons »Seid nett zu Mr. Sloane«, Marinelli in Lessings »Emilia Galotti«, Graf Hohenzollern in Kleists »Prinz Friedrich von Homburg«, Herzog von Somerset in Shakespeares »König Heinrich VI.«, Lenny in Pinters »Die Heimkehr«, Amalric in Claudels »Mittagswende«, Harry in Storeys »Home«, Felix in Walsers »Die Zimmerschlacht«, Malvolio in Shakespeares »Was ihr wollt«, Stefan in Botho Strauß' »Bekannte Gesichter, gemischte Gefühle«, Sultan Saladin in Lessings »Nathan der Weise«, Theseus und Oberon in Shakespeares »Ein Sommernachtstraum«, Dr. Relling in Ibsens »Die Wildente«, Kulygin in Tschechows »Drei Schwestern«, Bassa Selim in Mozarts »Die Entführung aus dem Serail«, Greta in Shermans »Bent«, Kalchas in Offenbachs »Die schöne Helena«, Hiob in Schillers »Demetrius« (auch TV), Jemand in Süskinds »Der Kontrabaß«, Krapp in Becketts »Das letzte Band«, und Möbius in Dürrenmatts »Die Physiker«, jeweils Württembergisches Staatstheater Stuttgart 1966–1984.
Fernsehen: Ott in »General Schleicher«, Regie: Rainer Wolffhardt, ARD 1967; »Tartuffe« (nach Molière), Regie: Otto Tausig, und Karl in »Nicht nur zur Weihnachtszeit« (nach Böll), Regie: Voitech Jasny, ZDF 1969; John in »Die Auserwählten«, Regie: Imo Moszkowicz, ARD 1970; »Koralle Meier« (nach Sperr), Regie: Heinz Schirk, ZDF 1971; Inspektor Gracht in »Ein Toter stoppt den 8 Uhr 10«, Regie: Michael Braun, ARD 1971; Laver in »Fall nicht in den Schwanensee«, Regie: Arno Assmann, ARD 1973; »Freizeitheim« und »Diplomatengepäck«, ARD 1974; »Teerosen«, mit Maria Schell und O. W. Fischer, Regie: Rolf von Sydow, und »Der Fall Winslow« (nach Rattigan), Regie: Michael Kehlmann, ARD 1976; Orlow in »Erzählung eines Unbekannten«, Regie: Peter Vogel, ARD 1978; General Grumbkow in »Der Thronfolger«, Regie: Oswald Döpke, ZDF 1979; Innenminister in »Die Entführung«, ARD 1981; »Die Pawlaks – Eine Geschichte aus dem Ruhrgebiet«, Regie: Wolfgang Staudte, Serie, ZDF 1981; Kaiser Wilhelm in »Weltuntergang«, Regie: Imo Moszkowicz, ORF 1984; Verleger in »Über allen Gipfeln ist Ruh« (von Bernard), mit Traugott Buhre, Regie: Alfred Kirchner, Bischoffswerder in »Die schöne Wilhelmine«, Regie: Rolf von Sydow, ZDF 1984; »Käsbach, ich liebe dich«, Regie: Diethard Klante, Bankier Hahn in »Hulla di Bulla« (nach Arnold/Bach), Regie: Hansgünther Heyme, Dreye in »Geschichten aus der Heimat«, und »Das Verschwinden der Harmonie«, Regie: Ulrich Heising, ARD 1984.
Auszeichnung: Staatsschauspieler 1976.
Anschrift: c/o Agentur Wiedner, Destouchesstraße 32, 8000 München 40, oder Asangstraße 108, 7000 Stuttgart 61.

Attila Hörbiger

Prof.
– Kammerschauspieler –

Geb. 21. 4. 1896 als Sohn des Ingenieurs und Begründers der sog. »Welteislehre« Hans Hörbiger in Budapest; dort und in Wien aufgew.; nach der Realschule und Kriegsmatura (1915) nahm er als Freiwilliger am I. Weltkrieg teil. 1919 begann er ein Studium an der Hochschule für Bodenkultur in Wien, wechselte jedoch noch im selben Jahr an die Schauspielschule des Deutschen Theaters Berlin.
Sein Debüt gab er in Eyslers Operette »Der fidele Geiger« am Stadttheater in Wiener Neustadt (1919), sein erstes festes Engagement erhielt er an der Schwäbischen Volksbühne Stuttgart (1919/20). Weitere Bühnenstationen: Theater Bozen (1920/21), Raimundtheater Wien unter Rudolf Beer (1921/22), Stadttheater Reichenberg (1922/23), Lustspieltheater Wien (Jarno-Bühnen, 1923–1925), Deutsches Theater Brünn (1925/26), Neues Deutsches Theater Prag unter Leopold Kramer (1926–1928), Theater in der Josefstadt Wien (1928–1949), Theater in der Stresemannstraße und Theater am Admiralsplatz Berlin (1930), Deutsches Theater Berlin (1933–1944), Deutsches Volkstheater Wien (1936) und Burgtheater Wien (seit 1950, seit 1971 Ehrenmitglied).
Ab 1931 spielte er bei den Salzburger Festspielen, 1951 bis 1954 bei den Festspielen Bad Hersfeld, ab 1955 bei den Bregenzer Festspielen, von 1930 bis 1976 machte er über 25 Tourneen durch die Tschechoslowakei, Jugoslawien, Rumänien, die Schweiz, die Bundesrepublik Deutschland, Polen, Holland, Luxemburg, Belgien, Liechtenstein und Großbritannien; Gastspiele führten ihn ferner an das Schauspielhaus Bremen, an das Tiroler Landestheater Innsbruck, an das Theater am Kurfürstendamm Berlin, an das Düsseldorfer Schauspielhaus, an die Münchner Kammerspiele und an das Schauspielhaus Zürich.
Am Neuen Deutschen Theater in Prag traf er zum ersten Mal die Schauspielerin Paula Wessely (erster gemeinsamer Auftritt in Flers/Croissets »Die neuen Herren«, 1926), die er 1935 heiratete. Er trat mit ihr zusammen in zahlreichen Bühnenstücken und Filmen auf. Von 1929 (Debüt in »Nachtlokal«, Regie: Max Neufeld, Stummfilm 1929) bis 1977 wirkte Hörbiger in über 70 Produktionen mit.
Hans Weigel veröffentlichte 1963 das Buch »Der Schauspieler Attila Hörbiger«. Hörbigers älteste Tochter, die Schauspielerin Elisabeth Orth, stellte 1975 die Publikation »Märchen ihres Lebens – Meine Eltern Paula Wessely und Attila Hörbiger« vor. 1985 erschien der Band »Paula Wessely/Attila Hörbiger: Ihr Leben – ihr Spiel« (herausgegeben von Edda Fuhrich und Gisela Prossnitz). Der Publikation war 1984 eine Ausstellung der Max-Reinhardt-Forschungs- und Gedenkstätte in Salzburg vorausgegeangen.
Aus der Ehe mit Paula Wessely stammen neben der Tochter Elisabeth (geb. 1936) auch die Schauspielerinnen Christiane Hörbiger (geb. 1938) und Maresa Hörbiger (geb. 1945). Der Schauspieler lebt in Wien. Sein Bruder war der verstorbene Schauspieler Paul Hörbiger.
Film: »Der unsterbliche Lump«, Regie: Gustav Ucicky, 1930; »Kaiserliebchen«, Regie: Hans Tintner, »Ihre Hoheit befiehlt«, Regie: Hanns Schwarz, und »Die große Liebe«, Regie: Otto Ludwig Preminger, 1931; »Lumpenkavaliere«, Regie: Carl Boese, und »Sehnsucht 202«, Regie: Max Neufeld, 1932; »Der Tunnel«, mit Gustaf Gründgens, Regie: Kurt Bernhardt, 1933; »Zwischen Himmel und Erde«, Regie: Franz Seitz, 1934; »Punks kommt aus Amerika«, mit Sybille Schmitz, Regie: Karl-Heinz Martin, »Blutsbrüder«, mit Brigitte Horney, Regie: J. A. Hübler-Kahla, »Varieté«, mit Hans Albers, Regie: Nicolas Farkas, und »Tagebuch der Geliebten«, Regie: Hermann Kosterlitz, 1935; »Die weiße Frau des Maharadscha«, Regie: Arthur Maria Rabenalt, »Mädchenpensionat«, Regie: Geza von Bolvary, und »Ernte«, mit Paula Wessely, Regie: Geza von Bolvary, 1936; »Premiere«, mit Zarah Leander, Regie: Geza von Bolvary, und »Manege«, mit Lucie Höflich, Regie: Carmine Gallone, 1937; »Das Mädchen mit dem guten Ruf«, mit Olga Tschechowa, Regie: Hans Schweikart, »Spiegel des Lebens«, mit Paula Wessely, Regie: Geza von Bolvary, und »Fracht von Baltimore«, Regie: Hans Hinrich, 1938; »Zwischen Strom und Steppe«, Regie: Geza von Bolvary, »Menschen vom Varieté«, Regie: Josef von Baky, »Grenzfeuer«, Regie: Alois Johannes Lippl, »Renate im Quartett«, Regie: Paul Verhoeven, und »Frau im Strom«, mit Hertha Feiler, Regie: Gerhard Lamprecht, 1939; »Donauschiffer«, Regie: Robert A. Stemmle, »Die letzte Runde«, Regie: Werner Klingler, und »Im Schatten des Berges«, Regie: Alois

Johannes Lippl, 1940; »Heimkehr«, mit Paula Wessely, Regie: Gustav Ucicky, und »Wetterleuchten um Barbara«, Regie: Werner Klingler, 1941; »Späte Liebe«, mit Paula Wessely, Regie: Gustav Ucicky, und »Die kluge Marianne«, mit Paula Wessely und Hermann Thimig, Regie: Hans Thimig, 1943; »Am Ende der Welt«, Regie: Gustav Ucicky, 1943 (erst 1947 aufgeführt); »Die goldene Fessel«, Regie: Hans Thimig, 1944; »Freunde«, Regie: E. W. Emo, 1945; »Ulli und Marei«, Regie: Leopold Hainisch, »Gottes Engel sind überall«, Regie: Hans Thimig, »Der Engel mit der Posaune«, mit Paula Wessely und Paul Hörbiger, Regie: Karl Hartl, und »Maresi« (nach Lernet-Holenia), mit Maria Schell, Regie: Hans Thimig, 1948; »Vagabunden der Liebe«, mit Paula Wessely, Regie: Rolf Hansen, 1949; »Das vierte Gebot«, Regie: Eduard von Borsody, und »Cordula«, mit Paula Wessely, Regie: Gustav Ucicky, 1950; »Maria Theresia«, mit Paula Wessely, Regie: Emile Edwin Reinert, 1951; »Gefangene Seele«, Regie: Hans Wolff, 1952; »Der Verschwender« (nach Raimund), Regie: Leopold Hainisch, und »Ich und meine Frau«, mit Paula Wessely, Regie: Eduard von Borsody, 1953, »Die Hexe«, Regie: Gustav Ucicky, 1954; »Weg in die Vergangenheit«, mit Paula Wessely und Willi Forst, Regie: Karl Hartl, »Spionage«, mit Ewald Balser, Regie: Franz Antel, »Das Mädchen vom Pfarrhof«, mit Helene Thimig, Regie: Alfred Lehner, und »Der Major und die Stiere«, mit Christiane Hörbiger, Regie: Eduard von Borsody, 1955; »Kronprinz Rudolfs letzte Liebe«, Regie: Rudolf Jugert, »Liebe, die den Kopf verliert«, Regie: Thomas Engel, »Der Meineidbauer« (nach Anzengruber), Regie: Rudolf Jugert, und »Kaiserjäger«, Regie: Willi Forst, 1956; »Der Edelweißkönig«, Regie: Gustav Ucicky, 1957; »Man nennt es Amore«, Regie: Rolf Thiele, 1961; »An der schönen blauen Donau«, Regie: John Olden, und »Der Alpenkönig und der Menschenfeind« (nach Raimund), mit Paul Hörbiger, Regie: Günther Anders, 1965; »Karl May«, mit Helmut Käutner, Regie: Hans Jürgen Syberberg, 1974; »Die denkwürdige Wallfahrt des Kaisers Kanga Mussa von Mali nach Mekka«, Regie: Götz Hagmüller und Dietmar Graf, »Rückkehr«, mit Hanna Schygulla, Regie: Vojtéch Jasný, 1977.

Theater: (Auswahl der wichtigsten Bühnenrollen in chronologischer Reihenfolge an den vorgenannten Bühnen; zahlreiche Rollen hat er mehrmals und an verschiedenen Theatern gespielt)

Titelrolle in Schillers »Die Verschwörung des Fiesco zu Genua« (1925), Franzi in Langers »Peripherie« (1926), Tempelherr in Lessings »Nathan der Weise« (1926), Möbius in Hasenclevers »Ein bessserer Herr« (1927), Benedikt in Shakespeares »Viel Lärm um nichts« (1928), Fleming Harvey in Maughams »Die oberen Zehntausend« (1929), Pamphilius in Shaws »Der Kaiser von Amerika« (1930), Hektor in Offenbachs »Die schöne Helena« (1932), Titelrolle in Zuckmayers »Schinderhannes« (1933), Titelrolle in Schillers »Wilhelm Tell« (1933), Titelrolle in Hofmannsthals »Jedermann« (1935), Eduard in Werfels »In einer Nacht« (1937), Petrucchio in Shakespeares »Der Widerspenstigen Zähmung« (1938), Titelrolle in Goetz' »Dr. med. Hiob Prätorius« (1940), Markgraf Ulrich in Hauptmanns »Griselda« (1942), Der fremde Herr in Schnitzlers »Liebelei« (1945), Mr. Antrobus in Wilders »Wir sind noch einmal davongekommen« (1947), Dr. Wangel in Ibsens »Die Frau vom Meer« (1949), Bettler in Hofmannsthals »Das Salzburger große Welttheater« (1950), Edward Chamberlyne in Eliots »Die Cocktail Party« (1951), Titelrolle in Ibsens »Peer Gynt« (1952), Harro Hassenreuter in Hauptmanns »Die Ratten« (1953), William Collyer in Rattigans »Lockende Tiefe« (1953), Nikolaj Iwanowitsch in Tolstois »Und das Licht scheinet in der Finsternis« (1953), Rudolf von Habsburg in Grillparzers »König Ottokars Glück und Ende« (1955), Northon in Zuckmayers »Das kalte Licht« (1956), James Tyrone in O'Neills »Eines langen Tages Reise in die Nacht« (1956), Cornelius Melody in O'Neills »Fast ein Poet« (1957), Theaterdirektor in Pirandellos »Sechs Personen suchen einen Autor« (1959), Hofreiter in Schnitzlers »Das weite Land« (1959), Titelrolle in Zwillingers »Galileo Galilei« (1960), Wilhelm von Oranien in Goethes »Egmont« (1961), Titelrolle in Goethes »Faust« (1961) und »Urfaust« (1970), Derwisch in Lessings »Nathan der Weise« (1962), Knieriem im Nestroys »Lumpazivagabundus« (1962), Rudolf II. in Grillparzers »Ein Bruderzwist in Habsburg« (1963), Rappelkopf in Raimunds »Der Alpenkönig und der Menschenfeind« (1965), Der Herr in Strindbergs »Wetterleuchten« (1969), Puntila in Brechts »Herr Puntila und sein Knecht Matti« (1969), Kaiser Maximilian in Goethes »Götz von Berlichingen« (1973), Kaiser in Kleists »Das Käthchen von Heilbronn« (1974), Titelrolle in Lessings »Nathan der Weise« (1974), Frosch in Strauß' »Die Fledermaus« (1975), der alte Moser in Schnitzlers »Der Ruf des Lebens« (1977), Sir Charles Marlowe in Goldsmith' »Irrtümer einer Nacht« (1978), Gabriel Brunner in Nestroys »Kampl« (1978), Das hohe Alter in Raimunds »Der Bauer als Millionär« (1979), Diener Firs in Tschechows »Der Kirschgarten« (1978) und Der Winter in Raimunds »Der Diamant des Geisterkönigs« (1984).

Fernsehen: »Das weite Land« (nach Schnitzler), Regie: Ernst Lothar, ORF 1960; »Wir sind noch einmal davongekommen« (nach Wilder), Regie: Karl Heinz Stroux, ARD 1961; »Der Unschuldige« (nach Hochwälder), Regie: Wolfgang Glück, ORF 1962; »Professor Bernhardi« (nach Schnitzler), Regie: Erich Neuberg, und »Lumpazivagabundus« (nach Nestroy), Regie: Leopold Lindtberg, ARD 1962; »Alles gerettet«, Regie: Erich Neuberg, ORF 1963; »Katharina Knie« (nach Zuckmayer), Regie: Theodor Grädler, ZDF 1964; »Wetterleuchten« (nach Strindberg), Regie: Wolfgang Glück, und »Die Kinder« (nach Bahr), Regie: Hans Thimig, ORF 1964; »Der Nachfolger« (nach Raffalt), Regie: August Everding, ZDF 1965; »Ein Bruderzwist in Habsburg« (nach Grillparzer), Regie: Kurt Horwitz, ZDF 1966; »Fast ein Poet« (nach O'Neill), mit Paula Wessely, Regie: Peter Loos, ORF 1968; »Porträt Attila Hörbiger«, ZDF 1969; »Der Querulant« (nach Bahr), Regie: Václav Hudecek, und »Der Feldherrnhügel« (nach Roda-Roda und Rößler), Regie: Georg Wildhagen, ZDF 1970; »Das bin ich« (2 Teile), Regie: Rudolf Nussgruber, ORF/ZDF 1972; »Nichts als Erinnerung«, ORF 1973; »Einen Jux will er sich machen« (nach Nestroy), Regie: Karl Paryla, ZDF 1974; »Die weiße Stadt« (nach Dor), Regie: Michael Kehlmann, ARD 1975; »Kampl« (nach Nestroy), Regie: Leopold Lindtberg, ORF 1979; »Wahre Geschichten – frei erfunden«, Regie: Herbert Fuchs, ORF 1980.

Auszeichnungen: Kammerschauspieler, Wien 1950; Bundesverdienstkreuz der Bundesrepublik Deutschland 1954; Ehrenring der Stadt Wien 1961; Professoren-Titel 1963; »Grillparzer-Ring«, 1966; Ehrenkreuz für Wissenschaft und Kunst I. Klasse der Republik Österreich 1971; Ehrenmitgliedschaft des Wiener Burgtheaters 1971; Das Große Gold-Ehrenzeichen für Verdienste um die Republik Österreich 1977; »Raimund-Ring«, Wien 1985.

Anschrift: c/o Burgtheater Wien, Dr.-Karl-Lueger-Ring 2, A-1014 Wien, Österreich.

Christiane Hörbiger

(eigentlich: Christiane Bigler, geb. Hörbiger)

Geb. 13. 10. 1938 als Tochter des Schauspielers Attila Hörbiger und der Schauspielerin Paula Wessely in Wien; dort aufgew.; nach dem Besuch des Realgymnasiums und der Handelsschule absolvierte sie ihre Ausbildung am Max-Reinhardt-Seminar in Wien. Tanz- und Gesangsunterricht schlossen sich an. 1957 debütierte sie am Wiener Burgtheater, dem sie bis 1966 angehörte. In der Spielzeit 1960/61 war sie an den Städt. Bühnen Heidelberg engagiert. Seit 1967 gehört sie zum Ensemble des Schauspielhauses Zürich. Neben Gastspielen an den Kammerspielen in München, bei den Salzburger Festspielen und an der Volksoper Wien war sie auch dem Theater in der Josefstadt Wien verbunden.

1955 bekam sie durch Vermittlung ihres Vaters ihre erste Filmrolle in »Der Major und die Stiere«. Beim Fernsehen wirkt sie seit 1960.

Frau Hörbiger spricht engl.; sie war in erster Ehe mit dem Regisseur Wolfgang Glück verheiratet (1962–1967); ihr zweiter Ehemann, der Schweizer Chefredakteur Dr. Rolf R. Bigler, verstarb 1978. Dieser Verbindung entstammt ihr Sohn Sascha. Die Schauspielerin lebt in Zürich.

Film: »Der Major und die Stiere«, Regie: Eduard von Borsody, und »Die Wirtin zur Goldenen Krone«, mit Paula Wessely und Oskar Sima, Regie: Theo Lingen, 1955; »Kronprinz Rudolfs letzte Liebe«, mit Rudolf Prack und Attila Hörbiger, Regie: Rudolf Jugert, und »Der Meineidbauer« (nach Anzengruber), 1956; »Der Edelweißkönig« (nach Ganghofer), mit Rudolf Lenz und Attila Hörbiger, Regie: Gustav Ucicky, 1957; »Immer die Radfahrer«, mit Heinz Erhardt und Hans-Joachim Kulenkampff, Regie: Hans Deppe, 1958; »Der Bauer als Millionär« (nach Raimund), mit Hans Moser, Käthe Gold und Paula Wessely, Regie: Alfred Stöger, 1961; »An der schönen blauen Donau«, mit Attila Hörbiger, Regie: John Olden, 1965; »Sommerwind«, 1972; »Victoria«, Schweden/BRD 1979; »Donauwalzer«, Regie: Xaver Schwarzenberger, 1985 (auch ZDF 1986).

Theater: Recha in Lessings »Nathan der Weise«, 1959 und 1964, Regie: hier Leopold Lindtberg (auch TV), Kora und Anni in Schnitzlers »Anatol« (auch TV), Kathy in Nestroys »Der Zerrissene«, Magdalen in Mells »Apostelspiel«, Rosalie in Nestroys »Das Mädl aus der Vorstadt«, Hero in Grillparzers »Des Meeres und der Liebe Wellen«, Inken Peters in Hauptmanns »Vor Sonnenuntergang«, jeweils Burgtheater Wien; Klärchen in Goethes »Egmont«, Titelrolle in Goldonis »Mirandolina« und Christopherl in Nestroys »Einen Jux will er sich machen«, jeweils Städt. Bühnen Heidelberg 1960/61; Luise in Schillers »Kabale und Liebe«, Regie: Fritz Kortner, Münchner Kammerspiele; Lottchen in Raimunds »Der Bauer als Millionär«, mit Paula Wessely (auch TV), Antoinette Hechinger in Hofmannsthals »Der Schwierige«, Buhlschaft in Hofmannsthals »Jedermann« (auch TV), Flora Baumscheer in Nestroys »Der Talisman« (auch TV), jeweils Salzburger Festspiele seit 1961; Wirtin in Benatzkys »Im Weißen Rössl«, Volksoper Wien 1976; Lu in Molnárs »Die Fee« (auch TV), Elisabeth in Schillers »Maria Stuart«, Kate in Spewack/Porters »Kiss me Kate«, in Guicciardinis »Candide« (nach Voltaire), in Claudels »Mittagswende«, Regie: Werner Düggelin, und in Ionescos »Die Stühle«, Regie: Werner Düggelin, jeweils Schauspielhaus Zürich bis 1985.

Fernsehen: Anna in »Schweyk im Zweiten Weltkrieg« (nach Brecht), ARD 1961; Anna in »Der jüngste Tag« (nach Horváth), ORF 1962; Christine in »Der Unschuldige« (nach Hochwälder), Regie: Wolfgang Glück, ARD 1962; Anna Riedl in »Leutnant Gustl« (nach Schnitzler), ARD 1963; Katharina in »Katharina Knie« (nach Zuckmayer), ZDF 1964; Maria Lassarus in »Ollapotrida« (nach Lernet-Holenia), ORF 1964; Stella Goodman in »Brooklyn-Ballade« (nach Shaw), ARD 1965; Dynamene in »Ein Phönix zuviel« (nach Fry), ORF 1966; Laura Reynolds in »Tee und etwas Sympathie« (nach Anderson), ARD 1967; Clara Dawes in »Eine egoistische Liebe« (nach Laurence), und »Die Welt des Robert Stolz«, ZDF 1973; Anna in »Die Kinder« (nach Bahr), ZDF 1975; Mathilde Blumberg in »Das brennende Geheimnis« (nach Zweig), ARD 1977; »Kolportage« (nach Kaiser), Regie: Peter Weck, ARD 1980; »Ein Kleid von Dior«, mit Inge Meysel, Regie: Peter Weck, ARD 1982.

Auszeichnung: »Bayerischer Filmpreis« 1985.

Anschrift: c/o Agentur Alexander, Lamontstraße 9, 8000 München 80.

Johanna Hofer

Geb. 30. 7. 1896 in Berlin; dort aufgew.; sie absolvierte die Theater-Akademie Matteus-Strackosch. Sie begann ihre Laufbahn an den Städt. Bühnen Frankfurt/Main (1916–1918). Seit 1919 spielte sie an der Volksbühne (jetzt Freie Volksbühne) Berlin, seit 1920 an den Staatl. Schauspielbühnen Berlins. Mit ihrem Ehemann, dem Schauspieler und Regisseur Fritz Kortner, ging sie 1933 in die Emigration (ab 1938 USA). Seit 1949 arbeitet sie wieder in Deutschland. Sie gastierte u. a. an den Münchner Kammerspielen, am Schauspielhaus Bochum, am Renaissance-Theater Berlin und an der Schaubühne am Lehniner Platz Berlin.

Frau Hofer spricht engl.; sie lebt in Berlin.

Film: »Der Ruf«, mit Fritz Kortner, Regie: Josef von Baky, 1949; »Der Verlorene«, mit Karl John, Regie: Peter Lorre, 1951; »Toxi«, Regie: Robert A. Stemmle, 1952; »Vor Sonnenuntergang« (nach Hauptmann), mit Hans Albers und Hannelore Schroth, Regie: Gottfried Reinhardt, 1956; »Die große Chance«, mit Freddy Quinn, Regie: Hans Quest, 1957; »Ein Lied geht um die Welt«, Regie: Geza von Bolvary, 1958; »Der Rebell von Samara« (nach Dubrovsky), 1960; »Die Sehnsucht der Veronika Voss«, mit Rosel Zech, Regie: Rainer Werner Fassbinder, 1982.

Theater: Titelrolle in Schillers »Die Jungfrau von Orleans«, 1916, Solveig in Ibsens »Peer Gynt«, und Luise in Kornfelds »Die Verführung«, 1917, jeweils Städt. Bühnen Frankfurt/Main; Anna in Shakespeares »König Richard III.«, 1920, Desdemona in Shakespeares »Othello«, 1921, und Elisabeth in Schillers »Don Carlos«, 1922, Regie: jeweils Leopold Jessner, Fräulein Isenbarn in Barlachs »Der arme Vetter«, Regie: Jürgen Fehling, 1923, jeweils Staatstheater Berlin; Eva in Shaws »Zurück zu Methusalem«, Tribüne Berlin 1925; Frau Alving in Ibsens »Gespenster«, 1953, Gräfin Ostenburg in Frys »Das Dunkel ist Licht genug«, 1955, Regie: jeweils Fritz Kortner, Münchner Kammerspiele; Dorothea Merz in Dorsts »Auf dem Chimborazo«, Regie: Dieter Dorn, Schloßpark-Theater Berlin 1975; Frl. Tesmann in Ibsens »Hedda Gabler«, Regie: Peter Zadek, Schauspielhaus Bochum 1977; in Botho Strauß' »Groß und Klein«, Regie: Peter Stein, Schaubühne am Lehniner Platz Berlin 1979 (auch als Kinofilm 1980); in Molnárs »Liliom«, Regie: Heribert Sasse, Renaissance-Theater Berlin 1981.

Fernsehen: (aus den letzten Jahren) »Im Reservat« (von Peter Stripp), mit Wolfgang Kieling, Regie: Peter Beauvais, ZDF 1973; »Im Hause des Kommerzienrates« (nach Marlitt), Regie: Herbert Ballmann, ZDF 1975; »Auf dem Chimborazo« (von Dorst), und »Rückfälle« (von Christoff), Regie: jeweils Peter Beauvais, ARD 1977; »Marija« (nach Babel), Regie: Horst Flick, ZDF 1978; »Hedda Gabler« (nach Ibsen), Regie: Peter Zadek, ARD 1978; Großmutter in »Die Pawlaks – Eine Geschichte aus dem Ruhrgebiet«, Regie: Wolfgang Staudte, 12 Teile, ZDF 1982; »Der Alte«, Serie, ZDF 1983.

Anschrift: c/o Agentur Wiedner, Destouchesstraße 32, 8000 München 40.

Benno Hoffmann

(eigentlich:
Bernhard Adolf Hoffmann)

Geb. 30. 5. 1919 in Südbrarup/Holstein; dort und in Essen aufgew.; von 1934 bis 1936 absolvierte er ein Praktikum bei der Friedrich Krupp AG in Essen; 1936 begann er seine Ausbildung an der dortigen Folkwangschule als Tänzer und Schauspieler.
Als Tänzer und Ballettmeister war er ab 1939 u. a. an folgenden Bühnen engagiert: Wuppertaler Bühnen, Landestheater Coburg (hier auch als Operetten-Regisseur), Deutsches Theater in Göttingen, Bühnen der Stadt Bielefeld, Badisches Staatstheater Karlsruhe. Nach fünf Jahren Wehrdienst bei der Marine und einigen weiteren Engagements an vorgenannten Häusern war er 1948/49 Erster Solotänzer am Staatstheater am Gärtnerplatz in München. Erst ab 1951 arbeitete er auch als Schauspieler.
Seinen größten Erfolg hatte er als Doolittle in Lerner/Loewes »My Fair Lady«, den er bis heute über tausendmal verkörpert hat. In dieser Rolle und mit seinem umfangreichen weiteren Repertoire war er in allen deutschen Großstädten und auf zahlreichen Tourneen durch Österreich, die Schweiz, Luxemburg, Frankreich und die Bundesrepublik zu sehen.
Hoffmann spricht engl.; er ist verheiratet, hat zwei Kinder und lebt in München.
Film: »Die Barrings«, Regie: Rolf Thiele, 1955; »Die Nacht der Entscheidung«, 1956; »Endstation Liebe«, 1957; »Stefanie«, 1958; Dr. Beckmeier in »Labyrinth« (nach Rezzori), Regie: Rolf Thiele, und »Zweimal Adam und Eva«, 1959; »Kirmes«, Regie: Wolfgang Staudte, und »Jenseits des Rheins«, Regie: André Cayatte, 1960; »Die Nebelmörder«, 1964; »Die Nibelungen«, Regie: Harald Reinl, 1966; »Das Schloß« (nach Kafka), mit Maximilian Schell und Cordula Trantow, Regie: Rudolf Noelte, 1968; »Lina Braake«, mit Lina Carstens, Regie: Bernhard Sinkel, 1974; »Der Lord von Barmbeck«, mit Martin Lüttge, Regie: Ottokar Runze, 1975.
Theater: Neben der schon erwähnten Rolle des Doolittle in Lerner/Loewes »My Fair Lady« spielte er u. a. in: Ortons »Beute«, Shakespeares »Hamlet«, Anouilhs »Die Goldfische oder Mein Vater, der Held«, Kaisers »Der mutige Seefahrer«, Hasenclevers »Ein besserer Herr«, Wouks »Die Caine war ihr Schicksal«, Wilders »Die Heiratsvermittlerin«, Shakespeares »Ein Sommernachtstraum«, Brecht/Weills »Die Dreigroschenoper«, Berlin/Fields »Annie get your gun«, Spewack/Porters »Kiss me, Kate«, O'Caseys »Juno und der Pfau«, Burkhards »Feuerwerk« und Monnot/Brefforts »Das Mädchen Irma la Douce«.
Fernsehen: »Der König ist tot« (von Mleinek), ARD 1959; »Das Glück läuft hinterher«, ARD 1963; »Das Gespenst von Canterville« (nach Wilde), ZDF 1965; August in »Weiße Wyandotten« (nach Hansen), und Cliff Fletcher in »Die Schlüssel« (nach Durbridge), 3 Teile, ARD 1965; Kommissar in »Leben wie die Fürsten« (nach Anouilh), ARD 1966; »Robin Hood – der edle Ritter« (nach Pauck), Regie: Helmut Käutner, ZDF 1966; »Miß Molly Mill«, 13 Folgen, ZDF 1969; »Bauern, Bonzen, Bomben« (nach Fallada), mit Ernst Jacobi, Regie: Egon Monk, 5 Teile, ARD 1973; »Es begann bei Tiffany«, Regie: Wolfgang Becker, ARD 1979; Jean in »Der Opernball« (nach Herberger), Regie: Eugen York, ZDF 1985 (Wiederaufnahme); »Sechs richtige«, Regie: Stefan Bartmann, Serie, ARD 1985.
Anschrift: Wilhelm-Diess-Weg 63, 8000 München 81.

Gert Günther (G.G.) Hoffmann

Geb. 21. 2. 1929 in Berlin; dort aufgew.; nach dem Besuch der Schauspielschule hatte er Engagements an vielen Berliner Bühnen (Komödie, Renaissance-Theater, Berliner Theater und Hebbel-Theater) sowie an den Hamburger Kammerspielen, wo er jeweils Rollen seines Faches verkörperte. Seit 1973 arbeitet er ausschließlich für das Fernsehen.
Besonders bekannt wurde Hoffmann als einer der gefragtesten deutschen Synchronsprecher. Er lieh seine Stimme u. a. Burt Reynolds, Sean Connery (alle James-Bond-Filme), Rock Hudson, James Mason und Paul Newman. Bekannte Fernsehserien waren u. a. »Mit Schirm, Charme und Melone« (John Steed) und »Tennisschläger und Kanonen« (Kelly Robinson).
Hoffmann spricht engl., franz.; er ist verheiratet und lebt in München.
Film: »Das Bankett der Schmuggler«, 1951; »Das ideale Brautpaar«, 1953; »Illusion der Liebe«, 1955; »Am Tag, als der Regen kam«, mit Mario Adorf, Regie: Gerd Oswald, und »Brennender Sand«, 1959; »Der starke Ferdinand«, mit Heinz Schubert, Regie: Alexander Kluge, 1976.
Fernsehen: »Ein Mann namens Harry Brent« (nach Durbridge), Regie: Peter Beauvais, 3 Teile, ARD 1968; »Das Geld liegt auf der Bank« (von Flatow), mit Rudolf Platte, Regie: Ottokar Runze, ZDF 1971; Kriminalkommissar Matofski in »Sonderdezernat K 1« (von Harald Vock), mit Claus Ringer, Horst Janson und Herbert Suschka, Serie, ARD 1970–1981; »Es muß nicht immer Kaviar sein« (nach Simmel), mit Siegfried Rauch und Erik Schumann, Regie: Thomas Engel, Serie, ZDF 1977; »Hanna von Acht bis Acht«, mit Angelica Domröse, Regie: Egon Günther, ZDF 1983; »Familien-Bande« (von Pillau), Regie: Hans Dieter Schwarze, 8 Teile, ARD 1982–1985; »Derrick«, Serie, ZDF 1984; »Das leise Gift« (nach Nester), Regie: Erwin Keusch, ARD 1984.
Ferner spielte er u. a. in »Flug in Gefahr« und »Der Kidnapper«.
Anschrift: c/o Agentur de la Berg, Haus am Weiher, 8026 Irschenhausen.

Jutta Hoffmann

Geb. 3. 3. 1941 in Halle; dort aufgew.; schon während ihrer Schulzeit spielte sie bei Laiengruppen. Von 1959 bis 1962 absolvierte sie die Filmhochschule Babelsberg. Ihr erstes Engagement hatte sie von 1962 bis 1965 am Maxim-Gorki-Theater (Ost-)Berlin, dem sie auch von 1967 bis 1973 angehörte. Von 1965 bis 1967 stand sie im Ensemble des Deutschen Theaters (Ost-) Berlin. 1973 kam sie an das Berliner Ensemble. In der Bundesrepublik Deutschland arbeitet sie seit 1979. Verpflichtungen hatte sie u. a. an der Freien Volksbühne Berlin (1979), bei den Salzburger Festspielen (1982), an den Münchner Kammerspielen (1983/84) und am Bayerischen Staatsschauspiel München (1984).
Seit 1961 wirkte sie in zahlreichen Kino- und Fernsehfilmen der DDR mit.
Frau Hoffmann spricht russ.; sie lebt in Berlin.
Film/Fernsehen: (jeweils DEFA und Fernsehen der DDR) »Rabaukenkabarett«, Regie: Werner W. Wallroth, und »Ärzte«, Regie: Lutz Köhlert, 1961; »Julia liebt«, Regie: Frank Vogel, 1963; »Engel im Fegefeuer«, Regie: Hermann Zschoche, und »Solange Leben in mir ist«, Regie: Günther Reisch, 1965; »Weite Straße – stille Liebe«, Regie: Hermann Zschoche, 1970; »Der Dritte«, Regie: Egon Günther, 1972; Adele Schopenhauer in »Lotte in Weimar« (nach Thomas Mann), 1975; »Fleur Lafontaine«, mit Angelica Domröse, Regie: Horst Seemann, 1978; »Das Versteck«, Regie: Frank Beyer, 1979; »Die Rache des Kapitän Mitchell«, Regie: Christa Mühl, und »Abschied vom Frieden« (nach Weiskopf), 4 Teile, 1980 (auch ARD 1980), »Hedda Gabler« (nach Ibsen), Regie: Thomas Langhoff, 1980; »Stella« (nach Goethe), Regie: Thomas Langhoff, und »Das Graupenschloß«, Regie: Hans Werner, 1982; »Zeit der Einsamkeit«, Regie: Peter Vogel, 1983. Unter der Regie von Alexander Kluge spielte sie 1985 in »Der Angriff der Gegenwart auf die übrige Zeit« (BRD).
Theater: Titelrolle in Lessings »Minna von Barnhelm«, Maxim-Gorki-Theater Berlin 1972; Vivie in Shaws »Frau Warrens Gewerbe«, 1973, Titelrolle in Strindbergs »Fräulein Julie«, Regie: B. K. Tragelehn, 1975, jeweils Berliner Ensemble; Sofia in Tschechows »Platonow«, Regie: Luc Bondy, Freie Volksbühne Berlin 1979; Leonore von Este in Goethes »Torquato Tasso«, Regie: Dieter Dorn, Salzburger Festspiele 1982; Fräulein Montag in Peter Weiss' »Der neue Prozeß«, Regie: Dieter Dorn, Olivia in Shakespeares »Was ihr wollt« (Übernahme), und Helma in Botho Strauß' »Der Park«, Regie: Dieter Dorn (auch TV), jeweils Münchner Kammerspiele 1983–1985; Titelrolle in Lorcas »Yerma«, Regie: Peter Zadek, Bayerisches Staatsschauspiel München 1984.
Auszeichnungen: (neben zahlreichen Ehrungen in der DDR) Darstellerpreis Filmfestspiele Venedig 1972 (für »Der Dritte«); »tz-Rose des Jahres 1984«, tz-München; »Schauspielerin des Jahres 1984« (»theater heute«).
Anschrift: c/o Münchner Kammerspiele, Postfach 22 05 40, 8000 München 22.

Klaus Hoffmann

Geb. 26. 3. 1951 in Berlin; dort aufgew.; nach der mittleren Reife absolvierte er zunächste eine Lehre als Groß- und Außenhandelskaufmann. 1968 begann er mit dem Komponieren und Texten eigener Lieder, mit denen er in Clubs auftrat. Dort von Kollegen und Theater-Verantwortlichen angeregt, Schauspielunterricht zu nehmen, besuchte er die Max-Reinhardt-Schule Berlin.
Sein Debüt gab er 1974 an der Freien Volksbühne Berlin. 1977/78 spielte er am Thalia-Theater Hamburg. Seinen ersten Fernsehfilm drehte er 1974. Seine erste Schallplatte stellte er 1975 vor. Sechs weitere LPs folgten. Die Titel: »Ein Konzert« (2 Teile), »Ich will Gesang, will Spiel und Tanz« (2 Teile), »Klaus Hoffmann«, »Was bleibt«, »Was fang' ich an in dieser Stadt« und »Westend«. Als Chanson-Sänger machte er zahlreiche Tourneen durch Deutschland, Österreich und die Schweiz. 1977 und 1978 präsentierte er unter der Regie von Otto Draeger eigene Personality-Shows im Deutschen Fernsehen (ARD).
Hoffmann spricht engl., franz.; er ist ledig und lebt in Berlin.
Film: Titelrolle in »Die neuen Leiden des jungen W.« (nach Plenzdorf), Regie: Eberhard Itzenplitz, 1975; SA-Mann in »Das Schlangenei«, Regie: Ingmar Bergman, BRD/USA 1978; Titelrolle in »Henry Angst«, Regie: Ingo Kratisch, 1979.
Theater: Alan in Shaffers »Equus«, und Romeo in Shakespeares »Romeo und Julia«, jeweils Freie Volksbühne Berlin 1974/75; Darkie in Bonds »Der Irre«, und Ferdinand in Schillers »Kabale und Liebe«, jeweils Thalia-Theater Hamburg 1977/78.
Fernsehen: »Das Piratenmesser«, ARD 1974; »Männergeschichten, Frauengeschichten«, Regie: Peter Beauvais, ARD 1976; »Die Fastnachtsbeichte« (nach Zuckmayer), Regie: Eberhard Itzenplitz, ZDF 1976; Louis Dubedat in »Des Doktors Dilemma« (nach Shaws) »Der Arzt am Scheideweg«, Regie: Rolf von Sydow, ARD 1977; Stolzius in »Die Soldaten« (nach Lenz), Regie: Peter Beauvais, und »Der Weilburger Kadettenmord«, Regie: Eberhard Itzenplitz, ZDF 1977; Armand in »Die Kameliendame« (nach Dumas), Regie: Tom Toelle, ARD 1978; »Logik des Gefühls«, Regie: Ingo Kratisch, ARD 1984.
Auszeichnungen: »Goldene Kamera« (HÖRZU) 1976; »Goldener Bambi« (BILD + FUNK) 1977; »Deutscher Kleinkunstpreis«, Mainz 1978.
Anschrift: c/o Agentur Mackeben, Douglasstraße 2-4, 1000 Berlin 33.

Paul Hoffmann

– Kammerschauspieler –

Geb. 25. 3. 1902 als Sohn eines Bühnenautors und Theaterkritikers in Düsseldorf; nach dem Abitur studierte er Germanistik, Kunstgeschichte und Philosophie. Seine Doktorarbeit schrieb er über den Wiener Burgtheaterdirektor Deinhardtstein.
Ohne Schauspielausbildung wurde er 1924 nach einer Studentenaufführung an das Stadttheater Würzburg verpflichtet. Weitere Stationen: Stadttheater Aachen (1925), Theater Gera (1926) und Schauspielhaus Dresden (1927–1946). Zusammen mit Erich Ponto kam er 1946 an das Württembergische Staatstheater Stuttgart, wo er bis 1958 wirkte. Ab 1950 war er zudem künstlerischer Leiter, ab 1952 Schauspieldirektor, dieses Amt übergab er 1957 an Günther Lüders.
Gastspiele gab er 1947/48 am Schauspielhaus Zürich, 1949/50 und 1962 an den Münchner Kammerspielen, seit 1955 am Theater in der Josefstadt Wien und 1968 in New York. Seit 1959 spielt er am Wiener Burgtheater. Von 1968 bis 1971 war er als Nachfolger von Prof. Ernst Haeusserman Direktor des Burgtheaters. Sein Vertrag ging zwar bis 1976, als geschäftsführender Direktor fungierte die letzten fünf Jahre jedoch Gerhard Klingenberg. Sein Film-Debüt hatte er 1936. Er wirkte bis 1981 in rund 20 Produktionen mit. Beim Fernsehen arbeitet er seit 1960.
Hoffmann spricht engl., franz.; er ist verheiratet, hat zwei Kinder und lebt in Wien.
Film: »Und du, mein Schatz, fährst mit«, 1936; »Fanny Elßler«, »Gleisdreieck« und »Meine Freundin Barbara«, 1937; »Kleiner Mann ganz groß«, mit Käthe Haack, 1938; »Ich bin gleich wieder da«, 1939; »Bismarck«, Regie: Wolfgang Liebeneiner, 1942; »Liebe 47«, Regie: Wolfgang Liebeneiner, »Der Ruf«, und »Verspieltes Leben«, 1949; »Bildnis einer Unbekannten«, 1954; »Der 20. Juli«, mit Wolfgang Preiss, 1956; »Immer wenn der Tag beginnt«, 1957; »Hunde, wollt ihr ewig leben«, Regie: Frank Wisbar, 1959; »Jägerschlacht«, Regie: Wigbert Wicker, 1981.
Theater: Mephisto in Goethes »Faust«, Titelrolle in Shakespeares »Hamlet«, Jago in Shakespeares »Othello«, Riccaut de la Marlinière in Lessings »Minna von Barnhelm«, Franz Mohr in Schillers »Die Räuber«, jeweils Schauspielhaus Dresden 1927–1946; Antonius in Shakespeares »Antonius und Cleopatra«, Regie: Heinz Hilpert, Deutsches Theater Berlin 1942; Erzbischof Becket in T. S. Eliots »Mord im Dom«, Schauspielhaus Zürich 1947/48; Mephisto in Goethes »Faust II«, Regie: Hans Schweikart, Münchner Kammerspiele 1949/50; Harras in Zuckmayers »Des Teufels General«, Titelrolle in Camus' »Caligula«, Titelrolle in Pirandellos »Heinrich IV.«, Titelrolle in Sartre/Dumas' »Kean«, Titelrolle in Kleists »Amphitryon«, Titelrolle in Anouilhs »Der Herr Ornifle oder »Der erzürnte Himmel«, General in »Der Walzer der Toreros«, Cornelius Melody in O'Neills »Fast ein Poet«, Tyrone in O'Neills »Eines langen Tages Reise in die Nacht«, Psychiater in T.S. Eliots »Die Cocktail Party«, und Komödiant in MacLeishs »Spiel um Job«, jeweils Württembergisches Staatstheater Stuttgart 1946–1958; General in der Uraufführung von Kipphardts »Der Hund des Generals«, Regie: August Everding, Münchner Kammerspiele 1962; Octavio Piccolomini in Schillers »Wallenstein«, Kreon in Grillparzers »Medea«, Shaw in Kiltys »Geliebter Lügner« (nach Shaw und Campbell), Der alte Moor in Schillers »Die Räuber«, Schauspieler in Stoppards »Rosenkranz und Güldenstern«, Direktor Striese in Schönthans »Der Raub der Sabinerinnen«, Major Sedlitz in Langes »Frau von Kauenhofen«, mit Marianne Hoppe, und Goethe in Martin Walsers »In Goethes Hand«, jeweils Burgtheater Wien 1959–1983/84.
In New York spielte er 1968 den Burleigh in Schillers »Maria Stuart« und den Präsidenten von Walter in Schillers »Kabale und Liebe«.
Eigene wichtige Inszenierungen: Schillers »Don Carlos«, Molnárs »Spiel im Schloß«, Millers »Der Tod des Handlungsreisenden«, Schillers »Maria Stuart«, Brods »Das Schloß« (nach Kafka), Lessings »Nathan der Weise«, mit Erich Ponto, Bruckners »Elisabeth von England«, Shakespeares »Hamlet«, jeweils an den vorgenannten Bühnen.
Fernsehen: »Die Flucht«, Regie: Hermann Kutscher, ARD 1966; »Der öffentliche Ankläger« (nach Hochwälder), Regie: Hans Dieter Schwarze, ZDF 1967; »Affaire Dreyfus« (von Matray/Krüger), Regie: Franz Josef Wild, ZDF 1968; »Rebellion der Verlorenen« (nach Henry Jäger), Regie: Fritz Umgelter, 3 Teile, ARD 1969; »11 Uhr 20« (von Reinecker), mit Joachim Fuchsberger und Gila von Weitershausen, Re-

gie: Wolfgang Becker, 3 Teile, ZDF 1970; »Der Alte«, Serie, 3 Folgen, ZDF 1977–1983; »Tatort«, Serie, 3 Folgen, ARD 1977–1983; »Defekte«, Regie: Diethard Klante, ARD 1982; »Derrick«, Serie, ZDF 1985.
Auszeichnungen: Großes Bundesverdienstkreuz der Bundesrepublik Deutschland 1969; »Albin-Skoda-Ring« 1975; Hofrat, Kammerschauspieler. Er ist Ehrenmitglied des Wiener Burgtheaters und des Wiener Theaters in der Josefstadt.
Anschrift: c/o Management Palz, Ortlindestraße 6, 8000 München 81, oder Rooseveltplaz 13/20, A-1090 Wien, Österreich.

Robert Hoffmann

Geb. 30. 8. 1939 in Salzburg; dort aufgew.; nach der Schule ging er mit 17 Jahren nach Paris, wo er drei Jahre lang bei Paula Waneck Schauspielunterricht nahm. In den 60er Jahren drehte er vornehmlich in Frankreich und Italien rund 15 Spielfilme. Insgesamt wirkte er in über 30 Produktionen mit.
Hoffmann spricht engl., franz., ital.; er ist ledig und lebt in Salzburg.
Film: »Neues vom Hexer« (nach Wallace), Regie: Alfred Vohrer, und »Die Herren«, Regie: Alfred Weidemann, 1965; »Departement K«, »Anatevka«, Regie: Menachem Galan, und »Der Lügner und die Nonne« (nach Goetz), Regie: Rolf Thiele, 1967; »Top-Job«, mit Janet Leigh und Klaus Kinski, Regie: Giuliano Montaldo, BRD/Spanien/Italien 1967; »Exhibition Rome« und »Vicolo Ciesco«, Italien 1968; »24 Stunden aus dem Leben einer Frau«, Frankreich 1968; »Certo, certissimo, anzi probabile«, Regie: Marcelli Vondato, Italien 1969; Totila in »Kampf um Rom«, mit Orson Welles, Regie: Robert Siodmak, 1969; »Schoß Hubertus«, Regie: Horst Hächler, 1973; Titelrolle in »Der Edelweißkönig«, Regie: Alfred Vohrer, 1974; »Das alte Gewehr«, mit Romy Schneider, Regie: Robert Enrico, Frankreich/BRD 1975; »Korrekturen«, und »Südliche Trassen«, Regie: Harald Reinl, 1976; »Die Standarte« (nach Lernet-Holenia), Regie: Ottokar Runze, 1977; »Attentat in Bad Gastein«, Regie: Ferry Radax, 1978; »Die Sekte«, Regie: Eddy Matalon, Frankreich 1979; »The Sea Wolves«, Regie: Andrew V. McLaglen, Großbritannien 1980.
Fernsehen: Titelrolle in »Robinson Crusoe« (nach Daniel Defoe), Regie: Jean Sacha, 4 Teile, ZDF 1964; »Die fünfte Jahreszeit«, Regie: Franz Josef Gottlieb, ARD 1982; »Das gläserne Wappen«, Regie: Susanne Zanke, und »Der Waldbauernbub«, Serie, ZDF 1983; »Auf den Spuren der Glücklichen«, ORF 1984; »Der Mörder« (nach Schnitzler), Regie: Anton Reitzenstein, ARD 1984.
Auszeichnungen: »Otto« (BRAVO 1968 und 1969).
Anschrift: c/o Agentur Jovanovic, Perfallstraße 6, 8000 München 80.

Hannelore Hoger

Geb. 20. 8. 1941 in Hamburg; dort aufgew.; ab dem sechsten Lebensjahr war sie täglich im Ohnsorg-Theater Hamburg, wo ihr Vater als Inspizient und Schauspieler wirkte. Nach dem Abschluß der Realschule absolvierte sie die Staatl. Hochschule für Musik und darstellende Kunst unter Prof. Eduard Marks in Hamburg. Ihr Bühnen-Debüt gab sie 1961 am Ulmer Theater unter Kurt Hübner. Weitere Bühnenstationen: Theater der Freien Hansestadt Bremen (1965–1967), Württembergisches Staatstheater Stuttgart (1968–1972), Schauspielhaus Bochum (1972–1980) und Deutsches Schauspielhaus Hamburg (seit 1980). Sie wirkte in zahlreichen Kino- und Fernsehfilmen mit.

Frau Hoger spricht engl., franz.; sie ist ledig, hat eine Tochter und lebt in Hamburg.

Film: »Die Artisten in der Zirkuskuppel: ratlos«, Regie: Alexander Kluge, 1969; »Der große Verhau«, Regie: Alexander Kluge, 1971; »Die verlorene Ehre der Katharina Blum« (nach Böll), mit Angela Winkler, Regie: Volker Schlöndorff, 1976; »Deutschland im Herbst«, Regie: Autorenteam, »Eiszeit«, mit O.E. Hasse, Regie: Peter Zadek, und »Heinrich«, Regie: Helga Sanders-Brahms, 1977; »Die Patriotin«, Regie: Alexander Kluge, 1979, »Kraftprobe«, Regie: Heidi Genée, und »Die Macht der Gefühle«, Regie: Alexander Kluge, 1982; »Eisenhaus«, Regie: Tankred Dorst, und »Super« (von Adolf Winkelmann), 1983.

Theater: Isabella in Shakespeares »Maß für Maß«, Regie: Peter Zadek, Ulmer Theater 1961; Theresa und Meg in Behans »Die Geisel«, Regie: Peter Zadek, Theater der Freien Hansestadt Bremen 1966 (auch Schauspielhaus Bochum 1977 und TV); Anna in Shakespeares »Richard III.«, Polly in Brecht/Weills »Die Dreigroschenoper«, Elisabeth in Horváths »Glaube, Liebe, Hoffnung«, Regie: jeweils Peter Palitzsch, Ludmilla in Babels »Marja« (auch TV), in Lenz' »Die Soldaten«, in Bonds »Trauer zu früh«, Regie: jeweils Wilfried Minks, jeweils Württembergisches Staatstheater Stuttgart 1968–1972; Emma Mörschel in Fallada/Dorsts »Kleiner Mann, was nun?!« (auch TV), Rosa Fröhlich in »Professor Unrat« (nach Heinrich Mann), mit Günther Lüders, Narr in Shakespeares »König Lear«, mit Ulrich Wildgruber, Regie: jeweils Peter Zadek, Titelrolle in Lawrence' »Die Schwiegertochter« (auch TV), in Waldmanns »Atlantis«, Regie: Kollektiv, Titelrolle in Lorcas »Doña Rosita bleibt ledig«, Titelrolle in Calderons »Die große Zenobia«, in »Der unerwartete Traum«, in der Kollektivarbeit »Der Admiral von der traurigen Gestalt«, Regie: jeweils Augusto Fernandes, La Poncia in Lorcas »Bernarda Albas Haus«, und Titelrolle in der Uraufführung von Achternbuschs »Susn«, jeweils Schauspielhaus Bochum 1972–1980; Frau in der Uraufführung von Botho Strauß' »Kalldewey, Farce«, Regie: Niels-Peter Rudolph, und Marquise in Goethes »Der Groß-Kophta« (auch TV), Arkadina in Tschechows »Die Möwe«, Regie: Augusto Fernandez, jeweils Deutsches Schauspielhaus Hamburg 1980–1985.

Fernsehen: »Zeitsperre«, Regie: Theo Mezger, ARD 1965; »Tag für Tag« (nach Wesker), Regie: Peter Beauvais, ZDF 1965; »Die unbezähmbare Leni Peikert«, Regie: Alexander Kluge, ARD 1969; »Der Pott«, Regie: Peter Zadek, ARD 1970; »Bauern, Bomben, Bonzen« (nach Fallada), mit Ernst Jacobi, Regie: Egon Monk, 5 Teile, ARD 1973; »Der Marquis von Keith« (nach Wedekind), mit Martin Benrath, Regie: Hans Lietzau, ARD 1976; »Der Gehilfe«, Regie: Thomas Koerfer, ZDF 1977; »Mensch Mutter«, ARD 1978; »Tatort«, Regie: Hartmut Griesmayr und Michael Lähn, Serie, 2 Folgen, und »Der Tag, an dem Elvis nach Bremerhaven kam«, Regie: Dieter F. Bringmann, ARD 1979; »Ein Mann fürs Leben«, mit Manfred Krug, Regie: Erwin Keusch, und »Eine Rückkehr« (von Slawomir Mrożek), ARD 1980; »Defekte«, Regie: Diethard Klante, und »Angst vorm Leben«, mit Hilmar Thate und Armin Mueller-Stahl, ARD 1982.

Anschrift: c/o ZBF-Agentur Frankfurt/Main, Feuerbachstraße 42–46, 6000 Frankfurt/Main.

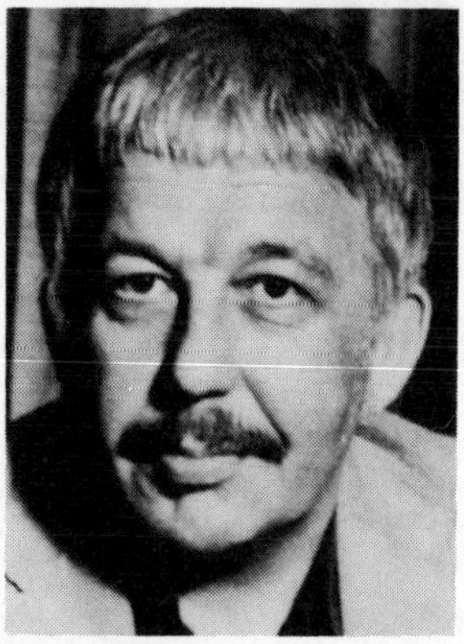

Fritz Hollenbeck

Geb. 23.10.1929 in Lübz/Mecklenburg; nach der Schule nahm er von 1945 bis 1947 Schauspielunterricht bei Lucie Höflich in Schwerin, wo er am Staatstheater nach der Prüfung 1947 in Ostrowskijs »Der Wald« debütierte. Mitglied der Bühne war er bis 1951. Nach Verpflichtungen in den Provinzstädten Harchin und Staßfurt kam er 1955 an das Theater Erfurt. Von 1956 bis 1961 gehörte er zum Brecht-Ensemble in Ost-Berlin. Nach dem Mauerbau im Jahre 1961 siedelte Hollenbeck in die Bundesrepublik Deutschland über. Seine Bühnen-Engagements: Theater im Zimmer und Kammerspiele in Hamburg (1962–1966), Ulmer Theater (1966–1971) und Ohnsorg-Theater Hamburg (Ensemble-Mitglied seit 1972). In der DDR machte er verschiedentlich Kabarett. Seit 1957 dreht er Fernsehfilme.
Hollenbeck spricht engl.; er ist verheiratet und lebt in Hamburg.
Theater: In Brechts »Leben des Galilei«, »Der aufhaltsame Aufstieg des Arturo Ui«, »Mutter Courage und ihre Kinder« und in Brecht/Weills »Die Dreigroschenoper«, jeweils Brecht-Ensemble Ost-Berlin 1956–1961; in Gogols »Der Revisor«, Hamburger Kammerspiele; in Schillers »Die Räuber«, in Shakespeares »König Lear«, in J. Schwarz' »Der Drache«, und in den Musicals »Die Romantiker« und »Philadelphia, ich bin da«, jeweils Ulmer Theater 1966–1971.
Am Hamburger Ohnsorg-Theater spielte er seit 1972 u. a.: Titelrolle in Müller-Schlössers »Schneider Wibbel«, Titelrolle in »Schneider Nörig«, in »Jungfer Eli un de Appelboom«, in »Die Bremer Stadtmusikanten«, in Bunjes »De Etappenhas«, in »De Himmel is hoch«, in »De Mann vun Güstern«, in »Dat Speel vun Dokter Faust«, in »Hein Godenwind«, in »Mensch sein muß der Mensch«, in »Vadder Soodmann«, in »Schöne Utsichten« und in Wroosts »Mein Mann, der fährt zur See« (bis 1985). Viele Stücke wurden vom Deutschen Fernsehen (ARD) übertragen.
Fernsehen: Bereits seit 1957 drehte er (bis 1961 in der DDR) zahlreiche TV-Spiele und Serien. Ferner u. a.: »Preis der Freiheit« (nach Meichsner), Regie: Egon Monk, ARD 1966; »Das Duell«, ARD 1968; »Der Attentäter« (nach Gottschalk), Regie: Rainer Erler, ARD 1969; »Hans und Heinz Kirch« (nach Storm), Regie: Günter Gräwert, ZDF 1976; Titelrolle in »Onkel Bräsig«, Regie: Volker Vogeler und Stanislav Barabas, 42 Folgen, ARD 1977–1980; »Grenzenloses Himmelblau«, mit Inge Meysel, Regie: Marcus Scholz, ZDF 1985.
Anschrift: c/o ZBF-Agentur Hamburg, Tonndorfer Hauptstraße 90, 2000 Hamburg 70.

Hans
Holt

(eigentlich:
Karl Johann Hödl)
– Kammerschauspieler –

Geb. 22. 11. 1909 als Sohn eines Privatbeamten in Wien; nach dem Abitur, das er an einem Realgymnasium abgelegt hatte, wollte er für das höhere Lehramt Germanistik und Sport studieren, verließ jedoch die Universität und absolvierte die Akademie für Musik und darstellende Kunst in Wien. Sein erstes Engagement bekam er am Deutschen Volkstheater Wien, an dem er zwei Jahre unter Vertrag stand. Nach Verpflichtungen u. a. in Reichenberg und Mährisch-Ostrau ging er 1935 an die Wiener Scala. Von 1938 bis 1940 spielte er u. a. am Renaissance-Theater und am Deutschen Theater in Berlin. Seit 1940 ist er Mitglied des Theaters in der Josefstadt Wien. Gastspiele gab er seither u. a. am Schauspielhaus Zürich (1946/47), am Wiener Burgtheater, an der Kleinen Komödie München (1963), bei den Bregenzer Festspielen (1978 und 1980) sowie auf zahlreichen Tourneen. Er führte auch Regie.
Sein Film-Debüt gab er 1935 in dem Streifen »Katharina die Letzte« (Regie: Hermann Kosterlitz, nachmalig Henry Koster). Insgesamt wirkte er in über 80 Produktionen mit. Als Autor stellte er eine Reihe von Komödien vor, darunter »Es wird einmal«, »Der Zaun«, »Herzspezialist« und »Rabenmutter«.
Holt ist verheiratet und lebt in Wien.
Film: »Konfetti« und »Husaren heraus«, 1936; »Konzert in Tirol«, und »Die unruhigen Mädchen«, mit Ilse Werner, Regie: Geza von Bolvary, 1938; »Diskretion Ehrensache«, »Peter spielt mit dem Feuer«, »Weißer Flieder«, »Das Jüngste Gericht«, »Mutterliebe«, »Das Ekel« und »Unsterblicher Walzer«, 1939; »Menschen vom Varieté«, »Rosen aus Tirol«, »Schrammeln«, mit Hans Moser und Paul Hörbiger, und »Der Postmeister«, 1940; »Brüderlein fein«, »Wir bitten zum Tanz« und »Wen die Götter lieben«, 1942; »Die kluge Marianne«, mit Paula Wessely und Attila Hörbiger, Regie: Hans Thimig, »Schwarz auf Weiß«, mit Hans Moser, Regie: E. W. Emo, »Die goldene Fessel«, Regie: Hans Thimig, und »Fahrt ins Abenteuer«, Regie: Jürgen von Alten, 1943; »Münchnerinnen« (nach Thoma), 1945; »Rendezvous im Salzkammergut«, 1948; »Der Engel mit der Posaune«, mit Paula Wessely, »Das Kuckucksei«, »Rund um den Wolfgangsee«, und »Hochzeit mit Erika«, 1949; »Frühling auf dem Eis«, »Meine Frau macht Dummheiten« und »Unsterbliche Geliebte«, 1950; »Das unmögliche Mädchen«, mit Hannelore Schroth, Regie: Akos von Rathony, »Das vierte Gebot«, und »Königin einer Nacht«, 1951; »Der Obersteiger«, 1952; »Heute nacht passiert's«, Regie: Franz Antel, »Ein tolles Früchtchen«, und »Auf der grünen Wiese«, 1953; »Du bist die Richtige«, 1954; »Laß die Sonne wieder scheinen«, 1955; »Die Trapp-Familie«, 1956, und »Die Trapp-Familie in Amerika«, 1958, jeweils mit Ruth Leuwerik, Regie: Wolfgang Liebeneiner; »Hier bin ich – hier bleib' ich«, mit Caterina Valente, und »Der veruntreute Himmel«, Regie: Ernst Marischka, 1958; »Wien, die Stadt meiner Träume«, und »Ich werde dich auf Händen tragen«, 1959; »Glocken der Heimat«, 1960; »Ferien vom Ich«, Regie: Hans Grimm, 1963; »Der gestohlene Himmel«, Regie: Theo Maria Werner, BRD/Italien 1974; »Götz von Berlichingen mit der eisernen Hand«, Regie: Wolfgang Liebeneiner und Harald Reinl, 1978; »Der Bockerer«, Regie: Franz Antel, 1981.
Theater: In Bielens »Ich bin kein Casanova«, Renaissance-Theater Berlin 1938; Graf Brühl in Hofmannsthals »Der Schwierige«, und Oderbruch in der Uraufführung von Zuckmayers »Des Teufels General«, jeweils Schauspielhaus Zürich 1946/47. Am Theater in der Josefstadt Wien hatte er Hauptrollen vorwiegend in Stücken von Schnitzler, Molnár, Hofmannsthal, Tschechow, Anouilh, Pirandello und Nestroy. In den letzten Jahren spielte er u. a. die Titelrolle in dem Musical »Hofrat Geiger«, in Ibsens »Nora«, mit Maria Schell (auch TV), in Roussins »Die Schule der Ehe«, George in Albees »Wer hat Angst vor Virginia Woolf?«, in Bahrs »Das Konzert«, Oberst von Zindler in Schnitzlers »Leutnant Gustl«, in Hauptmanns »Vor Sonnenuntergang«, und Weiring in Schnitzlers »Liebelei«, jeweils an den vorgenannten Bühnen und auf Tournee.
Fernsehen: Bis 1975 u. a.: Ferdinand Raimund in »Brüderlein fein«, in »Schöne Seelen« (nach Salten), »Das war Hans Moser«, »Der Herr Hofrat« (nach Bahr), »Kathi« (nach Weigel) und »Ein Lied aus Wien«. Ferner: »Steinbichler Geschichten«, Regie: Zoltan S. Pataky, und »Ich heirate eine Familie« (von Flatow), mit und unter der Regie von Peter Weck, Serie, ZDF 1983; »Der Leihopa«, mit Alfred

Böhm, Regie: Otto Anton Eder, 6 Teile, ORF 1985.
Auszeichnungen: »Josef-Kainz-Medaille« Wien 1966; Kammerschauspieler.
Anschrift: c/o Agentur Baumbauer, Keplerstraße 2, 8000 München 80.

Thomas Holtzmann

– Staatsschauspieler –

Geb. 1. 4. 1927 als Sohn eines Redakteurs in München; dort aufgew.; schon als Schüler fand er, angeregt durch den Film »Friedrich Schiller« (mit Horst Caspar) Interesse an einer Theaterlaufbahn. Nach dem Abitur nahm er von 1947 bis 1949 Schauspielunterricht bei Paul Wagner. Bei Prof. Arthur Kutscher studierte er acht Semester Theaterwissenschaft und Literatur (Universität München). Sein Debüt gab er 1951 als Jason in Anouilhs »Medea« am damaligen Münchner Atelier-Theater.

Nach Engagements am Schleswig-Holsteinischen Landestheater Schleswig (1952), an den Städt. Bühnen Nürnberg (1953) und am Saarländischen Staatstheater Saarbrücken (1954) kam er 1954 an die Bühnen der Stadt Köln unter Herbert Maisch, wo er bis 1959 unter Vertrag stand. Weitere Stationen: Schiller-Theater Berlin (seit 1960), Bayerisches Staatsschauspiel München (seit 1962), Burgtheater Wien (seit 1965), Münchner Kammerspiele (seit 1966; seit 1977 gehört er dort zum Ensemble), Deutsches Schauspielhaus Hamburg (1970). Bei den Salzburger Festspielen wirkt er seit 1964. Ein Gastspiel gab er 1980 ferner an der Bayerischen Staatsoper München. Holtzmann spricht engl.; er ist verheiratet und lebt in München.

Film: »Geliebte Freundin«, 1955; »Unser Wunderland bei Nacht«, 1959; »Wer sind Sie, Dr. Sorge?«, mit Boy Gobert, Frankreich 1961; »Der Prozeß«, Regie: Orson Welles, Frankreich/Italien/BRD 1963; »Michael Kohlhaas, der Rebell«, 1969.

Theater: Jaromir in Hofmannsthals »Der Unbestechliche«, und Titelrolle in Schillers »Die Verschwörung des Fiesco zu Genua«, Regie: Herbert Maisch, jeweils Bühnen der Stadt Köln 1954–1960; Titelrolle in Kleists »Prinz Friedrich von Homburg«, Regie: Boleslaw Barlog, 1961, und Grandier in Whitings »Die Teufel« (nach A. Huxley), Regie: Hans Lietzau, 1962, jeweils Schiller-Theater Berlin; Titelrolle in Sophokles' »Ödipus auf Kolonos«, Regie: Rudolf Noelte, 1962, und Tellheim in Lessings »Minna von Barnhelm«, 1963, jeweils Bayerisches Staatsschauspiel München; Titelrolle in Goethes »Faust«, Regie: Leopold Lindtberg, Salzburger Festspiele 1964; Orest in Sartres »Die Fliegen«, Burgtheater Wien 1965; Pater Friedrich Spee in Lohmeyers »Cautio Criminalis«, Münchner Kammerspiele 1966/67; Antonius in Shakespeares »Antonius und Cleopatra«, Regie: Fritz Kortner, Schiller-Theater Berlin 1969; Titelrolle in Goethes »Clavigo«, Regie: Fritz Kortner, Deutsches Schauspielhaus Hamburg 1970; Tempelherr in Lessings »Nathan der Weise«, Titelrolle in Goethes »Torquato Tasso«, Max Piccolomini in Schillers »Wallenstein«, St. Just in Büchners »Dantons Tod«, Edmund Tyrone in O'Neills »Eines langen Tages Reise in die Nacht«, jeweils an den vorgenannten Bühnen; Dr. Ludwig Schön in Wedekinds »Lulu«, Regie: Dieter Dorn, und Trigorin in Tschechows »Die Möwe«, 1977/78, Kurt in Strindbergs »Totentanz«, 1978/79, Malvolio in Shakespeares »Was ihr wollt«, Regie: Dieter Dorn, 1979/80, Er in Jandls »Aus der Fremde«, Thoas in Goethes »Iphigenie auf Tauris«, Regie: Dieter Dorn, König Peter in Büchners »Leonce und Lena«, 1980/81, König Artus in Dorsts »Merlin oder Das wüste Land«, 1981/82, Graf Palen in Sternheims »Der Snob«, Holofernes in Hebbels »Judith«, 1982/83, Direktor in Peter Weiss' »Der neue Prozeß«, Wladimir in Becketts »Warten auf Godot«, 1983/84, jeweils Kammerspiele München; Bassa Selim in Mozarts »Die Entführung aus dem Serail«, Regie: August Everding, Bayerische Staatsoper München 1980; Antonio in Goethes »Torquato Tasso«, Regie: Dieter Dorn, Salzburger Festspiele 1982; Hermokrates in Marivaux' »Triumph der Liebe«, Regie: Luc Bondy, Schaubühne Berlin 1985 (auch ZDF 1986).

Fernsehen: Neben einigen Theaterinszenierungen, die auch auf dem Bildschirm zu sehen waren: »Der Kommissar«, mit Erik Ode, Serie, ZDF 1971; »Der Alte«, Serie, 3 Folgen, ZDF 1980-1985; »Derrick«, Serie, ZDF 1981.

Auszeichnungen: »Berliner Kunstpreis« 1959; Bayerischer Staatsschauspieler 1963.

Anschrift: c/o Agentur Alexander, Lamontstraße 9, 8000 München 80.

Fritz Holzer

Geb. 22. 3. 1929 in Wien; dort aufgew.; nach der mittleren Reife absolvierte er das Max-Reinhardt-Seminar in Wien; das erste Engagement hatte er am Theater der Courage in Wien im Jahre 1953; weitere Stationen bis 1965 u. a.: Theater am Parkring, Ateliertheater, Tribüne, Volkstheater, Volksoper, Theater in der Josefstadt, Burgtheater, jeweils in Wien und Operettenhaus Hamburg; von 1966 bis 1968 war er am Deutschen Schauspielhaus Hamburg und bei den Salzburger Festspielen verpflichtet; seit 1969 gastierte er mit Stückverträgen u. a. am Volkstheater Wien, am Landestheater Salzburg, am Baseler Stadttheater und hatte Jahresengagements an den Vereinigten Bühnen Graz.

Holzer spricht engl., holländisch; er ist verheiratet, hat zwei Kinder und lebt in Graz.

Film: »Skandal in Ischl«, mit O.W. Fischer und Ivan Desny, Regie: Rolf Thiele, 1958.

Theater: Dorfschreiber Azdak in Brechts »Der kaukasische Kreidekreis«, und Rappelkopf in Raimunds »Der Alpenkönig und der Menschenfeind«, jeweils Vereinigte Bühnen Graz und Volkstheater Wien; Pfrim in Nestroys »Höllenangst« und Puntila in Brechts »Herr Puntila und sein Knecht Matti«, jeweils Landestheater Salzburg; Titelrolle in Molières »Der Geizige«, Vereinigte Bühnen Graz; Schuldknecht in Hofmannsthals »Jedermann«, Salzburger Festspiele.

Fernsehen: »Die Stadt ist voller Geheimnisse«, Regie: Hermann Lanske, ORF 1955; »Das Wunder von Sedan«, ORF 1957; »Gute Geschäfte«, ORF 1977; »Der Schauspieldirektor«, Regie: Federik Mirdita, ORF 1980; »Kaviar und Linsen«, ORF 1981; »Das Dorf an der Grenze«, Regie: Fritz Lehner, 3 Teile, ZDF 1982; »Das blaue Auge«, ORF 1982; »Familienrat«, Regie: Heidi Pils, 5 Folgen, und »Zu Lasten der Briefträger«, Regie: Georg Madeja, ORF 1983; Meister Natz in »Waldheimat«, Regie: Wolf Dietrich, Serie, ZDF 1984.

Anschrift: c/o Austroconcert International, Gluckgasse 1, A-1010 Wien, oder Schöckelbachweg 31, A-8045 Graz, Österreich.

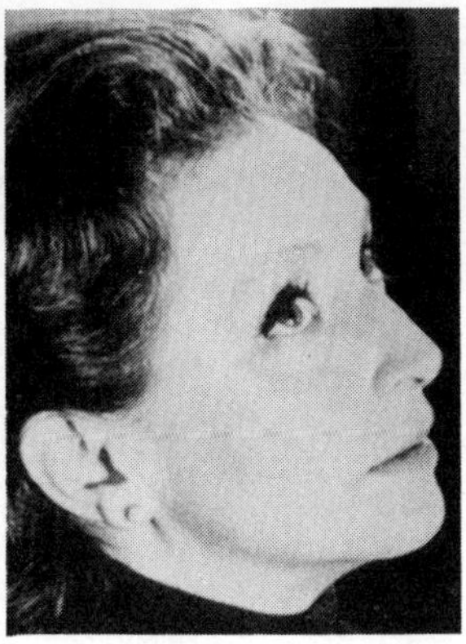

Judith Holzmeister

– Kammerschauspielerin –

Geb. 14. 2. 1918 als Tochter des Architekten und Bühnenbildners Clemens Holzmeister in Innsbruck; nach ihrer Schauspielausbildung am Wiener Max-Reinhardt-Seminar erhielt sie von 1938 bis 1941 ihr erstes Engagement am Landestheater Linz/Donau. Seit 1942 wirkt sie in Wien, von 1945 bis 1947 am Theater Die Insel und seit 1947 am Burgtheater. Gastspiele gab sie u. a. am Deutschen Schauspielhaus Hamburg. Im Fernsehen ist sie nur selten zu sehen.

Frau Holzmeister spricht franz.; sie ist verheiratet mit dem Schauspieler Bruno Dallansky, hat eine Tochter (Judith, geb. 1960) und lebt in Wien. In erster Ehe war sie verheiratet mit dem Schauspieler Curd Jürgens (geb. 1912, verst. 1982).

Film: »Der Feuerteufel«, 1940; »Wiener Mädeln«, 1945; »Triumph der Liebe«, 1949; »Eroica«, mit Ewald Balser, Regie: Walter Kolm-Veltée, und »Prämien auf den Tod«, 1950; »Haus des Lebens«, und »1. April 2000«, Regie: Wolfgang Liebeneiner, 1952; »Musik bei Nacht«, 1953; »Götz von Berlichingen« (nach Goethe), 1955; »Kaiserjäger«, mit Rudolf Forster, Regie: Willi Forst, und »Wilhelm Tell« (nach Schiller), 1956; »Maria Stuart« (nach Schiller), 1959.

Theater: Titelrolle in Schillers »Die Jungfrau von Orleans«, und Titelrolle in Hofmannsthals »Elektra«, bis 1944; Titania in Shakespeares »Ein Sommernachtstraum«, Olivia in Shakespeares »Was ihr wollt«, Titelrolle in Schillers »Maria Stuart«, Elmire in Molières »Tartuffe«, Beatrice in Shakespeares »Viel Lärm um nichts«, Eboli in Schillers »Don Carlos«, die Gute in der Uraufführung von Bernhards »Ein Fest für Boris«, Regie: Claus Peymann (1973), Generalin in Bernhards »Die Jagdgesellschaft«, Frau Miller in Schillers »Kabale und Liebe«, Klytaimnestra in Aischylos' »Orestie«, Frau Peachum in Brecht/Weills »Die Dreigroschenoper«, und Jokaste in Sophokles' »Ödipus auf Kolonos«, jeweils an den vorgenannten Bühnen.

Fernsehen: »Kabale und Liebe« (nach Schiller), ARD 1967, und »Die Wilde« (nach Anouilh), ZDF 1968, Regie: jeweils Gerhard Klingenberg; »Wie eine Träne im Ozean« (nach Manès Sperber), mit Herbert Stass, Regie: Fritz Umgelter, 3 Teile, ARD 1969; »Alpensaga«, mit Helmut Qualtinger und Hans Brenner, Regie: Dieter Berner, 6 Teile, ZDF 1976/77; Kaiserin Elisabeth in »Wie der Mond über Feuer und Blut«, Regie: Axel Corti, ORF + BR III 1985.

Auszeichnung: Kammerschauspielerin.

Anschrift: c/o Agentur Lentz, Holbeinstraße 4, 8000 München 80.

Margret Homeyer

Geb. 7. 10. 1927 in Hagen/Westfalen; nach der Schule absolvierte sie die Schauspielschule des Deutschen Theaters (Ost-)Berlin. Ihre Bühnenstationen: Deutsches Theater (Ost-) Berlin (1949–1951 und ab 1953), Staatstheater Dresden (1951/52). In der Bundesrepublik Deutschland spielte sie zuletzt u. a. am Deutschen Schauspielhaus Hamburg und am Thalia-Theater Hamburg (1973–1984).

Frau Homeyer spricht engl.; sie lebt in Hamburg.

Film: »Wer seine Frau lieb hat«, DEFA 1955; »Junges Gemüse«, DEFA 1956; »Bevor der Blitz einschlägt«, DEFA 1959; »Flüchtige Bekanntschaften«, mit Günter Lamprecht und Richy Müller, Regie: Marianne Lüdcke, 1981 (auch TV-Dreiteiler).

Theater: Frau Vargo in Bernhards »Der Ignorant und der Wahnsinnige«, Regie: Claus Peymann, Deutsches Schauspielhaus Hamburg 1973; Klaras Mutter in Hebbels »Maria Magdalena«, Regie: Peter Beauvais, 1981/82, Barbara in Sperrs »Jagdszenen aus Niederbayern«, Regie: Klaus Steiger, und Sophie in Bruckners »Früchte des Nichts«, Regie: Klaus Terhoeven, 1982/83, Toinette in Molières »Der eingebildete Kranke«, Regie: Volkmar Kamm, 1983/84, jeweils Thalia-Theater Hamburg.

Fernsehen: »Grüß Gott, ich komm von drüben« (von Wolfgang Menge), mit Hans Christian Blech, Regie: Tom Toelle, ARD 1978; Mutter in »Was wären wir ohne uns« (von Wolfgang Menge und Ulrich Schamoni), mit Horst Bollmann, Ute Willing, Gerd Vespermann und Ilse Künkele, Regie: Ulrich Schamoni, 4 Teile, »Die Stühle des Herrn Szmil« (von Kipphardt), und »Der Tag, an dem Elvis nach Bremerhaven kam«, Regie: Peter F. Bringmann, ARD 1979; »So lebten sie alle Tage«, mit Horst Bollmann, Regie: Ulrich Schamoni, 5 Teile, und »Mascha«, ARD 1984; »Das zerbrochene Haus«, mit Hans Caninenberg, Regie: Michael Günther, ZDF 1985; »Paulchen«, mit Walter Gross, Regie: Michael Günther, ARD 1985.

Anschrift: Kaspar-Ohm-Weg 24, 2000 Hamburg 65, und c/o ZBF-Agentur Hamburg, Tonndorfer Hauptstraße 90, 2000 Hamburg 70.

Walter Hoor

Geb. 12. 12. 1934 in Düsseldorf; dort aufgew.; nach dem Abitur absolvierte er die Schauspielschule Düsseldorf; er debütierte als Spiegelberg in Schillers »Die Räuber« an den Bühnen der Landeshauptstadt Kiel; weitere Engagements: Theater Oberhausen, Landestheater Detmold, Stadttheater Konstanz, Fritz-Rémond-Theater im Zoo Frankfurt/Main, Deutsches Theater München, Operettenhaus Hamburg, Komödie und Kom(m)ödchen Düsseldorf sowie Städt. Bühnen Aachen. Seit 1955 wirkt er beim Fernsehen, wo er auch als Sänger und Kabarettist zu sehen war.
Hoor spricht engl., franz.; er ist ledig und lebt in Düsseldorf.
Theater: Puck in Shakespeares »Ein Sommernachtstraum«, Josef K. in Gides »Der Prozeß« (nach Kafka), Cosme in Calderons »Dame Kobold«, Narr in Shakespeares »König Lear«, in Thomas' »Charley's Tante«, Henry in »Meine dicke Freundin«, Titelrolle in Sternheims »Bürger Schippel«, jeweils an den vorgenannten Bühnen. 1984 spielte er die Titelrolle in der Uraufführung des Musicals »Schneider Wibbel« (nach Müller-Schlösser), 1985 die Titelrolle in der Uraufführung von Löbach/Hoor/Bruhns »Wibbel« jeweils an den Städt. Bühnen Aachen.
Fernsehen: In den 50er und 60er Jahren spielte er neben Willy Millowitsch in zahlreichen ARD-Theaterinszenierungen, u. a.: »Der doppelte Moritz«, »Pension Schöller« (nach Jacoby/Laufs), »Die schwebende Jungfrau« und »Der müde Theodor« (erneut 1978). »Ein Leben lang« (nach Saroyan), Regie: Imo Moszkowicz, ZDF 1964; »Der Idiot« (nach Dostojewskij), Regie: Rolf von Sydow, 3 Teile, ARD 1968; »Christoph Kolumbus oder Die Entdeckung Amerikas« (nach Hasenclever/Tucholsky), Regie: Helmut Käutner, ARD 1969; »Ein Mann für alle Fälle«, mit Harald Juhnke, Regie: Wolfgang Liebeneiner, ZDF 1978; »Zwei Mann an einem Herd«, ARD 1979; »Deutschland à la carte«, Regie: Klaus Überall, »Der letzte Gast« und »Wie das Leben so spielt«, ARD 1981; »Gastspieldirektion Gold«, Regie: Wolfgang Liebeneiner, und »Machtergreifung«, ARD 1982; »So lebten sie alle Tage«, Regie: Ulrich Schamoni, 5 Teile, ARD 1984; »Detektiv-Büro Roth«, Regie: Peter Weck, Serie, 2 Folgen, ZDF 1984.
Ferner wirkte er in zahlreichen TV-Shows mit, u.a. »Zum blauen Bock«, »Zwischenmahlzeit« und »Silvesterpartys«, jeweils ARD und »Peter Alexander präsentiert Spezialitäten«, ZDF.
Anschrift: c/o Agentur Wiedner, Destouchesstr. 32, 8000 München 40, oder Limburgstraße 2, 4000 Düsseldorf.

Edgar Hoppe

Geb. 18. 12. 1937 in Hannover; dort aufgew.; nach der Realschule Schauspielausbildung von 1953 bis 1956 an der Hochschule für Musik und Theater in Hannover. Er debütierte am Nachwuchsstudio des Schauspielhauses Bochum, wo er bis 1959 zum Ensemble gehörte. Seine weiteren Theaterstationen: Hessisches Staatstheater Wiesbaden (1959–1963), erneut Schauspielhaus Bochum (1963–1967) und Thalia-Theater Hamburg (1973–1976); seit 1977 ist er Mitglied des Deutschen Schauspielhauses Hamburg; Gastspiele gab er u. a. bei den Ruhrfestspielen in Recklinghausen.

Hoppe spricht engl., franz.; er ist verheiratet und lebt in Hamburg.

Theater: Rodrigo in Wedekinds »Lulu«, Regie: Hans Schalla, Valentin in Goethes »Faust«, Regie: Jochen Heyse, und Ansager in Brechts »Der aufhaltsame Aufstieg des Arturo Ui«, Regie: Helmut Käutner, jeweils Schauspielhaus Bochum 1963–1967; Baldoc in Marlowes »Edvard II.« und Montfleury in Rostands »Cyrano de Bergerac«, Regie: jeweils Jürgen Flimm, jeweils Thalia-Theater Hamburg 1973–1976; Sacco in Schillers »Die Verschwörung des Fiesco zu Genua«, Regie: Niels-Peter Rudolph, und Nepomuc in »Gerolstein«, Regie: Franz Marijnen, jeweils Deutsches Schauspielhaus Hamburg 1977–1984.

Fernsehen: »Der Fall Wiltau«, ZDF 1961; »Fernfahrer«, Serie, ARD 1963–1969; Klaus Spohr in »Begründung des Urteils« (von Menge), ARD 1966; Juan in »Der Richter von Zalamea« (nach Calderon), ZDF 1968; »Christoph Kolumbus oder Die Entdeckung Amerikas« (nach Hasenclever/Tucholsky), Regie: Helmut Käutner, ARD 1969; »Ein Vogel bin ich nicht«, ARD 1970; »Butler Parker«, Serie, ARD 1970–1974; »Tatort«, Serie, 7 Folgen, ARD 1970–1983; Williams in »Hoopers letzte Jagd«, ARD 1971; »Loriots gesammelte Werke«, mit Vicco von Bülow, ARD 1974–1976; Rollin in »Sag' Oma gute Nacht«, ARD 1975; »Die Pawlaks – Eine Geschichte aus dem Ruhrgebiet«, Regie: Wolfgang Staudte, 12 Teile, ARD 1982; »Schwarz-Rot-Gold: Blauer Dunst«, Regie: Theo Mezger, ARD 1984; »Nebenwirkungen«, Regie: Ralph Bridle, ARD 1985.

Anschrift: c/o ZBF-Agentur Hamburg, Tonndorfer Hauptstraße 90, 2000 Hamburg 70.

Marianne Hoppe

Geb. 26. 4. 1909 (nach eigenen Angaben 1911) in Rostock als Tochter des ehemaligen Besitzers von Gut Felsenhagen in der Mark Brandenburg Gustav Hoppe. Sie besuchte das Königin-Luise-Stift und eine Handelsschule in Berlin. Mit 17 Jahren wurde sie unter Max Reinhardt an die Schauspielschule des Deutschen Theaters Berlin aufgenommen. Privat nahm sie zudem Schauspielunterricht bei Lucie Höflich.

1928 debütierte sie an der Bühne der Jugend Berlin und gehörte anschließend bis 1930 zum Ensemble des Deutschen Theaters Berlin. Von 1930 bis 1932 war sie an das Neue Theater Frankfurt/Main unter Arthur Hellmer gebunden. 1932/33 spielte sie unter Otto Falckenberg an den Kammerspielen in München.

Ihren Einstand als Filmschauspielerin gab sie 1933 in dem historischen Streifen »Judas von Tirol«. Bis zum Kriegsende folgten weitere 15 Produktionen. Insgesamt drehte sie 33 Filme. Von 1935 bis 1945 war sie Ensemble-Mitglied des Staatl. Schauspielhauses am Gendarmenmarkt Berlin. Am 22. 6. 1936 heiratete sie den Schauspieler, Regisseur und Intendanten Gustaf Gründgens, von dem sie noch vor der Geburt ihres Sohnes (Benedikt Johann Percy) im Jahre 1946 geschieden wurde. Unter Gründgens' Spielleitung gehörte sie von 1947 bis 1955 zum Ensemble des Düsseldorfer Schauspielhauses. Gleichzeitig und später gab sie u. a. Gastspiele am Schloßpark-Theater und am Schillertheater Berlin, an der Kleinen Komödie München, am Deutschen Schauspielhaus Hamburg, am Bayerischen Staatsschauspiel München, bei den Salzburger Festspielen und auf Tournee.

Frau Hoppe spricht engl.; sie lebt in Siegsdorf in Oberbayern.

Film: »Judas von Tirol«, Regie: Franz Osten, 1933; Elke in »Der Schimmelreiter« (nach Storm), Regie: Hans Deppe, 1934; »Heideschulmeister Uwe Karsten«, 1935; »Schwarzer Jäger Johanna«, Regie: Johannes Meyer, »Eine Frau ohne Bedeutung« (nach Wilde), mit Gustav Fröhlich, »Kapriolen«, mit und unter der Regie von Gustaf Gründgens, 1936; »Der Herrscher«, mit Emil Jannings, Regie: Veit Harlan, 1937; »Krach um Jolanthe« (nach Hinrichs), mit Gustav Fröhlich, und »Kongo-Expreß«, 1938; Effi Briest in »Der Schritt vom Wege« (nach Fontane), Regie: Gustaf Gründgens, 1939; »Stimme des Herzens«, 1940; »Auf Wiedersehn Franziska«, Regie: Helmut Käutner, 1941; »Ich brauche dich«, 1942; »Romanze in Moll« (nach Maupassant), Regie: Helmut Käutner, 1943; »Werft zum Grauen Hecht« und »Alles hört auf mein Kommando«, 1944/45; »Das verlorene Gesicht«, Regie: Harald Braun, 1952; »Schicksal aus zweiter Hand«, Regie: Erich Engel, 1953; »Nur eine Nacht«, 1954; »Der Mann meines Lebens«, Regie: Erich Engel, 1956; »13 kleine Esel auf dem Sonnenhof«, mit Hans Albers, 1958; »Die seltsame Gräfin« (nach Wallace), Regie: Josef von Baky, 1961; »Der Schatz im Silbersee« (nach Karl May), Regie: Harald Reinl, BRD/Jugoslawien 1962; »Marianne und Sofie« (von Fitzgerald Kusz), Regie: Rainer Söhnlein, 1983.

Theater: Agnes in Molières »Die Schule der Frauen« und Titelrolle in Pagnols »Fanny«, Regie: jeweils Richard Révy, und Piperkarcka in Hauptmanns »Die Ratten«, Regie: Otto Falckenberg, jeweils Münchner Kammerspiele 1932/33; Titelrolle in Lessings »Emilia Galotti«, Regie: Gustaf Gründgens, Katharina in Shakespeares »Der Widerspenstigen Zähmung«, Viola in Shakespeares »Was ihr wollt«, Vivie in Shaws »Frau Warrens Gewerbe«, Regie: Jürgen Fehling, Titelrolle in Schillers »Die Jungfrau von Orleans«, Isabella in Shakespeares »Maß für Maß«, Titelrolle in Lessings »Minna von Barnhelm« und Titelrolle in Gozzi/Schillers »Turandot«, Regie: Karl Heinz Stroux, jeweils Staatl. Schauspielbühnen Berlins am Gendarmenmarkt 1935–1945; Elektra in Sartres »Die Fliegen«, Leonore in Goethes »Torquato Tasso«, mit und unter der Regie von Gustaf Gründgens, Titelrolle in Zuckmayers »Barbara Blomberg«, Celia Coplestone in T.S. Eliots »Die Cocktail Party«, Titelrolle in Shaws »Candida«, und Lucille in Giraudoux' »Um Lukretia«, mit Elisabeth Flickenschildt, Regie: Gustaf Gründgens, jeweils Schauspielhaus Düsseldorf 1947–1955; Blanche in Williams' »Endstation Sehnsucht«, Georgie Elgin in Odets »Ein Mädchen vom Lande« (auch Tournee), in Sudermanns »Johannisfeuer«, Regie: Jürgen Fehling, in Williams' »Süßer Vogel Jugend«, und Frau Boll in Barlachs »Der blaue Boll«, Regie: Hans Lietzau, jeweils Staatl. Schauspielbühnen Berlins 1950–1961; in Maughams

»Finden Sie, daß Constanze sich richtig verhält?«, Kleine Komödie München 1952; Elisabeth in Schillers »Maria Stuart«, Festspiele Bad Hersfeld; in der deutschen Erstaufführung von O'Neills »Fast ein Poet«, Regie: Oscar Fritz Schuh, 1957, und Deborah in O'Neills »Alle Reichtümer dieser Welt«, 1966, jeweils Salzburger Festspiele; Marie in Bahrs »Das Konzert«, mit und unter der Regie von Gustaf Gründgens, Deutsches Schauspielhaus Hamburg 1962; Die Mutter in Genets »Die Wände«, 1967, Gnädige Frau in Genets »Die Zofen«, 1969, Regie: jeweils Hans Lietzau, Bayerisches Staatsschauspiel München; Herzogin in Tourneurs »Tragödie des Rächers«, Regie: Claus Peymann, und Pogajwskaja in Gorkis »Barbaren«, Regie: Dieter Giesing, jeweils Deutsches Schauspielhaus Hamburg 1972; Generalin in der Uraufführung von Bernhards »Die Jagdgesellschaft«, 1974, und Mutter in der Uraufführung von Dorsts »Auf dem Chimborazo«, 1975; Regie: jeweils Dieter Dorn, Schillertheater Berlin; Titelrolle in der Uraufführung von Langes »Frau von Kauenhofen«, 1977, gespielt in Zürich, München und Wien; Mutter in der Uraufführung von Bernhards »Am Ziel«, Regie: Claus Peymann, Salzburger Festspiele 1981 (auch Schauspielhaus Bochum); in Claudels »Der seidene Schuh«, Regie: Hans Lietzau, Salzburger Festspiele 1985 (auch ORF); die Alte Frau in der deutschen Erstaufführung von Marguerite Duras' »Savannah Bay«, mit Barbara Nüsse, Regie: Heribert Sasse, Schiller-Theater Berlin 1986.

Seit 1976 gastierte sie mit Leseabenden an zahlreichen Universitäten der USA sowie bei den Salzburger Festspielen 1983 und an den Münchner Kammerspielen 1985.

Fernsehen: »Fast ein Poet« (nach O'Neill), mit Hans Söhnker, ARD 1961; Generalin in »Der Walzer der Toreros« (nach Anouilh), mit Martin Held, Regie: Peter Beauvais, ARD 1962; »Harlekinade« (nach Rattigan), mit Axel von Ambesser, Regie: Erich Neureuther, ZDF 1963; »Tag für Tag«, Regie: Peter Beauvais, ZDF 1965; »Die Mission« (nach Habe), mit Martin Held, Regie: Ludwig Cremer, ARD 1966; »Der Tod läuft hinterher« (von Reinecker), Regie: Wolfgang Becker, 3 Teile, ZDF 1967; »Der Kommissar«, mit Erik Ode, Serie, ZDF 1971; »Im Hause des Kommerzienrates« (nach Marlitt), Regie: Herbert Ballmann, ZDF 1975; »Die Magermilchbande«, Regie: Thomas Fantl, 14 Teile, ARD 1979; »Blennings Castle«, Regie: Ludwig Cremer, 2 Teile, ARD 1980; »Der Alte«, Serie, 2 Folgen, ZDF 1980 + 1984; »Künstlerportrait«, mit Friedrich Luft, ARD 1981; »Der Richter«, Regie: Stefan Meier, und Elisabeth von Ardenne in »Die Baronin«, Regie: Lutz Büscher, ZDF 1981; »Er-Goetz-Liches«, mit Ernst Schröder und Carl-Heinz Schroth, und »Liebfrauen«, mit Günter Lamprecht, Regie: Wolfgang Panzer, ZDF 1984; »Kir Royal«, Regie: Helmut Dietl, Serie, ARD 1986. Außerdem war sie zu Gast in Joachim Fuchsbergers Talkshow »Heut' abend«, ARD 1983.

Auszeichnungen: Mitglied der Akademie der Künste Berlin seit 1965; »Goldener Bambi« (BILD + FUNK) 1965; Großes Bundesverdienstkreuz der Bundesrepublik Deutschland 1975; Hermine-Körner-Ring 1976; »Goldene Kamera« (HÖRZU) 1981.

Anschrift: c/o ZBF-Agentur München, z. Hdn. Frau Annemarie Herald, Leopoldstraße 19, 8000 München 40.

Rolf Hoppe

Geb. 6. 12. 1930 in Ellrich; er absolvierte das Staatl. Konservatorium Erfurt. An den dortigen Städt. Bühnen erhielt er auch sein erstes Engagement. Wegen einer Stimmbandlähmung mußte er 1950 seine Schauspieler-Karriere vorübergehend unterbrechen. Er war als Tierpfleger im Zirkus Aeros tätig.
Seine Theaterstationen: Theater Greifswald (1952/53), Theater Leipzig (1953–1955), Theater Gera (1955–1961) und Staatstheater Dresden (1961–1970 und seit 1975). Seit 1963 wirkt er umfangreich für Film und Fernsehen der DDR (weit über 120 Produktionen). Seit 1980 wirkte er auch in Produktionen der Bundesrepublik Deutschland mit.
Hoppe spricht russ.; er lebt in Dresden.
Film: (jeweils in der DDR) »Jetzt und in der Stunde meines Todes«, 1963; »Solange Leben in mir ist«, »Die besten Jahre«, »Der Frühling braucht Zeit« und »Karla«, 1965; »Lebende Ware«, Regie: Wolfgang Luderer, und »Frau Venus und ihr Teufel«, Regie: Ralf Kirsten, 1966; »Ich war neunzehn«, Regie: Konrad Wolf, 1967; »Die Nacht im Grenzwald« und »Spur des Falken«, 1968; »Weiße Wölfe«, Regie: Konrad Petzold, DDR/Jugoslawien 1968; »Tödlicher Irrtum«, Regie: Konrad Petzold, 1969; »Goya«, Regie: Konrad Wolf, DDR/UdSSR 1971; »Männer ohne Bart«, Regie: Rainer Simon, und »Leichensache Zernik«, Regie: Helmut Nitschke, 1971; »Die gestohlene Schlacht«, Regie: Erwin Stranka, DDR/ČSSR 1971; »Susanne und der Zauberring«, »Die Hosen des Ritters von Bredow«, »Das zweite Leben des Friedrich«, »Apachen«, »Orpheus in der Unterwelt«, »Leben mit Uwe«, »Der nackte Mann auf dem Sportplatz«, Regie: Konrad Wolf, »Ulzana«, und »Wie füttert man Esel«, 1973; »Johannes Kepler«, Regie: Frank Vogel, »Kit & Co«, Regie: Konrad Petzold, und »Zwischen Nacht und Tag«, Regie: Horst E. Brandt, 1974; »Ikarus«, Regie: Heiner Carow, »Die Bösewichter müssen dran«, Regie: Thomas Kuschel, und »Unser stiller Mann«, Regie: Bernhard Stephan, 1975; »Beethoven – Tage aus seinem Leben«, Regie: Horst Seemann, und »Unterwegs nach Atlantis«, Regie: Siegfried Kühn, 1976; »Die Flucht«, Regie: Roland Gräf, und »Jörg Ratgeb, Maler«, Regie: Bernhard Stephan, 1977; »Sabine Wulff«, 1978; »Schatzsucher«, Regie: Bernhard Stephan, »Heute abend und morgen früh« und »Komödianten-Emil«, 1979; »Pugowitza«, Regie: Jürgen Bauer, 1980; »Peters Jugend« (2 Teile), Regie: Sergej Gerassimov, DDR/UdSSR 1981; »Die Gerechten von Kummerow«, 1981; »Der lange Ritt zur Schule« und »Sonjas Rapport«, Regie: Bernhard Stephan, 1982; »Mein Vater ist ein Dieb«, Regie: Dietmar Hochmuth, und »Ärztinnen« (nach Hochhuth), Regie: Horst Seemann, 1983. Ferner: Nazi-Ministerpräsident in »Mephisto« (nach Klaus Mann), mit Klaus Maria Brandauer, Regie: István Szábo, Ungarn/BRD 1980; »Frühlingssinfonie«, mit Nastassja Kinski, Herbert Grönemeyer und Edda Seippel, Regie: Peter Schamoni, BRD 1983.
Theater: An den vorgenannten Bühnen spielte er Rollen seines Fachs, u. a.: Galy Gay in Brechts »Mann ist Mann«, Flieger Sun in Brechts »Der gute Mensch von Sezuan«, Dorfrichter Adam in Kleists »Der zerbrochene Krug«, Titelrolle in Shakespeares »König Lear«, Helmer in Ibsens »Nora«, Titelrolle in Schillers »Die Verschworung des Fiesco zu Genua«, in Dürrenmatts »Der Besuch der alten Dame« und in »Die Physiker«.
Fernsehen: (jeweils DDR) »Dr. Schlüter«, Regie: Joachim Hübner, 5 Teile, 1965; »Die Ohrfeige«, Regie: Gerhard Respondek, und »Kleiner Mann, was nun?« (nach Fallada), Regie: Hans-Joachim Kasprzik, 2 Teile,, 1967; »Berlin-W Adieu!«, und »Sankt Urban«, 4 Teile, 1969; »Ich – Axel Cäsar Springer«, Regie: Joachim Hübner, 5 Teile, und »Jeder stirbt für sich allein« (nach Fallada), 3 Teile 1970; »Das letzte Wort«, Regie: Wolfgang Luderer, 3 Teile, »Tod eines Millionärs«, 3 Teile, und »Die Verschworenen«, Regie: Martin Eckermann, 4 Teile, 1971; »Die Brüder Lautensack«, 3 Teile, 1972; »Die Zwillinge«, 1973; »Das Mädchen Krümel«, Regie: Rainer Hausdorf, 7 Folgen, 1973–1975; »Das Geheimnis des Ödipus«, Regie: Kurt Jung-Alsen, und »Mein lieber Mann und ich«, Regie: Klaus Gendries, 1974; »Goldene Zeiten – Feine Leute«, Regie: Kurt Voth, 2 Teile, 1974/75; »Zur See«, Regie: Wolfgang Luderer, 9 Teile, 1974–1976; »Polizeiruf 110«, Serie, »Die Überlebende«, Regie: Christian Steinke, »Jede Woche Hochzeitstag«, und »Die Entführung«, Regie: Ingrid Sander, 1975; »Daniel Druskat«, Regie: Lothar Bellag, 5 Teile, 1975/76; »Gefährliche Fahndung«, Regie:

Rainer Hausdorf, 7 Folgen, 1975–1978; »Happy End« (nach Lane), Regie: Manfred Wekwerth, und »Ernst Schneller«, 2 Teile, 1977; »Fleur Lafontaine«, mit Angelica Domröse, Regie: Horst Seemann, 2 Teile, 1977/78; »Die lange Straße«, Serie, 1978/79; »Levins Mühle«, Regie: Horst Seemann, 2 Teile, und »Emilia Galotti« (nach Lessing), Regie: Klaus-Dieter Kirst, 1979/80; »Feuerdrachen«, Regie: Peter Hagen, 2 Teile, und »Rächer, Retter und Rapiere«, 7 Teile, 1981; »Das Graupenschloß«, Regie: Hans Werner, und »Bahnwärter Thiel«, Regie: Hans-Joachim Kasprzik, 1982.
Für die ARD: »Die ewigen Gefühle« (nach Bernard von Brentano), mit Michael Degen und Gila von Weitershausen, Regie: Peter Beauvais, 1984, und »Die Grünstein-Variante«, mit Klaus Schwarzkopf, Regie: Bernhard Wicki (auch Kino), 1986. Für das ZDF: »Wer war Edgar Allan?« (nach Rosei), Regie: Michael Haneke, 1986.
Auszeichnung: Kunstpreis der DDR 1971.
Anschrift: c/o Verband der Theaterschaffenden der DDR, Herm.-Matern-Straße 18, DDR-104 Berlin, oder c/o Staatstheater Dresden.

Camilla Horn

Geb. 25. 4. 1903 als Tochter eines Eisenbahnbeamten in Frankfurt/Main; dort aufgew.; nach der Volksschule absolvierte sie eine Ausbildung als Schneiderin (Gesellenprüfung) und besuchte in Abendkursen die Kunstgewerbeschule. Nach ihrem Umzug nach Berlin war sie zunächst Akkordarbeiterin und als Haus- und Kindermädchen tätig. So finanzierte sie ihre Schauspielausbildung bei Lucie Höflich und den Tanzunterricht bei Rudolf von Laban.
Als Statistin und Tänzerin wirkte sie an einer Kleinkunstbühne am Kurfürstendamm und bei der UFA, wo 1925 der Regisseur Friedrich Wilhelm Murnau (bürgerlich: Plumpe) auf sie aufmerksam wurde und ihr die Rolle des Gretchens in seinem Stummfilm »Faust« (nach Goethe) gab. Der Film hatte auch in den USA großen Erfolg, der Frau Horn einen Drei-Jahres-Vertrag bei »United Artists« in Hollywood, USA, einbrachte.
1929 spielte sie im ersten deutschen Tonfilm, der in den USA gedreht wurde, und kehrte danach nach Deutschland zurück. Filmarbeiten in Großbritannien, Frankreich, Italien, Österreich und Afrika folgten. Bedingt durch Schwierigkeiten mit der Reichsfilmkammer unterbrach sie 1943 ihre Karriere und zog sich auf ihr Gut bei Neuruppin zurück. Fast mittellos floh sie 1945 zu ihrer Mutter nach Frankreich. Nach ihrer Tätigkeit als Dolmetscherin bei den Amerikanern spielte sie 1948 Theater in Frankfurt/Main, und zwar in Cocteaus Stück »Der Doppeladler«. 1949 begann sie wieder zu filmen. Insgesamt drehte sie über 70 Streifen. Im Fernsehen hingegen verkörperte sie keine wesentlichen Rollen. 1985 veröffentlichte sie unter dem Titel »Verliebt in die Liebe« ihre Memoiren.
Frau Horn spricht engl.; sie ist geschieden; sie war viermal verheiratet: mit dem Kaufmann Klaus Geerts, dem Architekten Kurt Kurfis, mit Robert Schnyder und dem ehemaligen BR-Chefredakteur Rudolf Mühlfenzl. Lange Jahre lebte sie mit dem Sänger und Schauspieler Louis Graveure (geb. 1888, verst. 1965) und dem Schauspieler Gustav Dießl (geb. 1899, verst. 1948). Seit vielen Jahren lebt sie zurückgezogen in Herrsching am Ammersee.
Film: Gretchen in »Faust« (nach Goethe), Regie: Friedrich Wilhelm Murnau, 1925; »Der fröhliche Weinberg« (nach Zuckmayer), Regie: Luise und Jakob Fleck, 1927; »Tempest«, Regie: S. A. Taylor, USA 1928; »Eternal Love« (»Der König von Bernina«), mit Mona Rico und John Barrymore, Regie: Ernst Lubitsch, und »Königsloge« (nach Coghlan), mit Alexander Moissi, Regie: Bryan Foy, USA 1929; »Fundevogel«, Regie: Wolfgang Hoffmann-Harnisch, »Die große Sehnsucht«, »Hans in allen Gassen« und »Sonntag des Lebens«, 1930; »Leichtsinnige Jugend«, Regie: Leo Mittler, »Das Lied der Nationen«, »Die Nacht ohne Pause«, und »Ich geh' aus und du bleibst da«, Regie: Hans Behrendt, 1931; »Der Frechdachs« und »Die fünf verfluchten Gentlemen«, 1932; »Moral und Liebe«, »Rund um eine Million« und »Rakoczy-Marsch«, 1933; »Der letzte Walzer«, Regie: Georg Jacoby, »Die große Chance«, »Der Doppelgänger«, »Ich sehne mich nach dir« und »Ein Walzer für dich«, 1934; »Der rote Reiter«, 1935; »Weiße Sklaven«, mit Agnes Straub, Regie: Karl Anton, 1936; »Gauner im Frack«, Regie: Johannes Riemann, 1937; Pepita in »Fahrendes Volk«, Regie: Jacques Feyder, Deutschland/Frankreich 1938; »Rote Orchideen«, Regie: Nunzio Malasomma, und »Sein letztes Modell«, 1938; »Roman eines Arztes« und »Zentrale Rio«, 1939; »Die letzte Runde«, Regie: Werner Klingler, »Polterabend«, »Herz ohne Heimat« und »Die keusche Geliebte«, 1940; »Friedemann Bach«, Regie: Traugott Müller, und »In geheimer Mission«, 1941; »Tragödie einer Liebe«, 1942; »Seine beste Rolle«, 1943; »Intimitäten« (nach Coward), 1944; »Gesucht wird Majora«, 1949; »Königin der Arena«, Regie: Rolf Meyer, 1952; »Vati macht Dummheiten«, 1953; »Heißes Spiel für harte Männer«, Regie: Nino Zanchin, BRD/Italien 1969; »Camilla Horn sieht sich als Gretchen in Murnaus Stummfilm ›Faust‹«, Regie: Hans Sachs und Hilda Rinneberg, 1981.
Auszeichnung: »Bundesfilmband in Gold« für langjähriges Wirken im deutschen Film 1974.
Anschrift: c/o Agentur Jovanovic, Perfallstraße 6, 8000 München 80. (Frau Horn bittet ausdrücklich von Autogrammwünschen abzusehen!)

Brigitte Horney

Geb. 29. 3. 1911 in Berlin-Dahlem als Tochter von Dr. Oscar Horney und Karen Horney, geb. Danielsen (ihre Mutter war eine weltbekannte Psychotherapeutin; sie leitete jahrelang eine psychoanalytische Abteilung an den Universitäten Chicago und New York/USA, wo sie 1952 verstarb);
aufgew. in Berlin; nach dem Lyzeum besuchte sie von 1928 bis 1930 die Ilka-Grünig-Schule in Berlin, wo sie das Abitur machte. Gleichzeitig nahm sie Tanzunterricht bei Mary Wigman. Nachdem sie einen Nachwuchspreis der Max-Reinhardt-Schule erhalten hatte, wurde 1930 der Film auf sie aufmerksam. Robert Siodmak holte sie für den Streifen »Abschied«, in dem sie mit viel Erfolg die Verkäuferin Hella verkörperte.
Ebenfalls 1930 kam sie für eine Spielzeit an das Stadttheater Würzburg, anschließend an das Deutsche Theater Berlin (1931/32) und an die Volksbühne Berlin, deren Ensemble sie bis 1943 angehörte.
Hauptschwerpunkt ihrer Arbeit bis 1945 war der Film. Sie drehte mit allen führenden Regisseuren. Ende März 1946 wurde fälschlich gemeldet, Brigitte Horney sei in der Schweiz einem Lungenleiden erlegen. Sie hielt sich jedoch lediglich für längere Zeit in einem Schweizer Sanatorium auf, wohin sie noch kurz vor Kriegsende schwer erkrankt von Berlin aus übergesiedelt war.
Von 1946 bis 1949 spielte sie am Schauspielhaus Zürich. Nach dem Tod ihrer Mutter, 1952, siedelte sie zunächst in die USA über, wo sie sich um das Lebenswerk der Mutter, ein psychoanalytisches Institut und eine Poliklinik, kümmerte. Ihr fester Wohnsitz ist seit 1952 Boston, sie kommt jedoch jedes Jahr für mehrere Monate in die Bundesrepublik Deutschland, um Angebote von Theater, Film und Fernsehen annehmen zu können.
Ein viel beachtetes Bühnen-Engagement hatte sie von 1953 bis 1959 am Deutschen Theater in Göttingen; 1975 spielte sie letztmalig am Schauspielhaus Zürich. Ferner drehte sie weitere 20 Kinofilme und arbeitet seit 1959 regelmäßig beim Fernsehen.
Frau Horney spricht engl., franz.; sie war in zweiter Ehe verheiratet mit dem Kurator der Kulturabteilung des Museums of Fine Arts in Boston/USA, Dr. Hanns Schwarzenski, gest. 1985. In erster Ehe war sie verheiratet mit dem Kameramann Konstantin Irmen-Tschet (geb. 1903, verst. 1977).
Film: »Abschied«, Regie: Robert Siodmak, 1930; »Rasputin«, Regie: Adolf Trotz, 1932; »Fra Diavolo«, 1933; Kneipensängerin Rubby in »Liebe, Tod und Teufel« (sie sang das Lied: »So oder so ist das Leben«), Regie: Heinz Hilpert und Reinhardt Steinbikker, 1934; »Blutsbrüder«, mit Attila Hörbiger, Regie: J. A. Hübler-Kahla, 1935; »Stadt Anatol«, Regie: Viktor Tourjansky, und »Savoy-Hotel 217«, mit Hans Albers, Regie: Gustav Ucicky, 1936; »The House of the Spaniard«, Regie: Reginald Denham, Großbritannien 1936; »Revolutionshochzeit«, mit Paul Hartmann, Regie: Hans H. Zerlett, »Verklungene Melodie«, mit Willi Birgel und Carl Raddatz, Regie: Viktor Tourjansky, »Du und ich«, Regie: Wolfgang Liebeneiner, und »Der Katzensteg«, Regie: Fritz Peter Buch, 1938; »Anna Favetti« und »Der grüne Domino«, 1939/40; »Befreite Hände«, mit Carl Raddatz, »Illusion«, mit O.E. Hasse, Regie: Viktor Tourjansky, und »Das Mädchen von Fanö«, Regie: Hans Schweikart, 1941; »Der Gouverneur«, »Aufruhr in Damaskus« und »Geliebte« Welt«, 1941–1943; »Münchhausen«, mit Hans Albers, Regie: Josef von Baky, 1943; »Am Ende der Welt«, mit Attila Hörbiger, Regie: Gustav Ucicky, 1947; »Die Frau am Wege«, Regie: Eduard von Borsody, 1948; »Verspieltes Leben«, Regie: Kurt Meisel, 1949; »Gefangene der Liebe«, 1950; »Solange du da bist«, mit O.W. Fischer, Maria Schell und Hardy Krüger, Regie: Harald Braun, 1953; »Der letzte Sommer«, 1954; »Der gläserne Turm«, mit Peter van Eyck, Regie: Harald Braun, 1957; »Nacht fiel über Gotenhafen«, Regie: Frank Wisbar, 1959; Frau Sandbo in »Der Ruf der Wildgänse« (nach Martha Ostenso), mit Ewald Balser, Regie: Hans Heinrich, 1960; »Das Erbe von Björndal«, mit Hansjörg Felmy, Regie: Gustav Ucicky, 1961; »Ich suche einen Mann«, Regie: Alfred Weidenmann, 1966; »Charlotte«, Regie: Franz Weisz, BRD/Niederlande/Italien/Großbritannien 1980; »Bella Donna – Kann denn Liebe Sünde sein?«, Regie: Peter Keglevic, 1983.
Theater: Elvira in Frischs »Santa Cruz« und »Ihr Morgen ist Finsternis«, und Olga in Sartres »Die schmutzigen Hände«, Schauspielhaus Zürich 1946–1949; Titelrolle in Zuckmayers »Ulla Winblad«,

Alkmene in Kleists »Amphitryon«, in Sylvanus' »Zwei Worte«, Agnes in Frischs »Als der Krieg zu Ende war«, Eliza Doolittle in Shaws »Pygmalion«, jeweils an den vorgenannten Bühnen bis 1960; Titelrolle in Giraudoux' »Die Irre von Chaillot«, Regie: Harry Buckwitz, Schauspielhaus Zürich 1975.
Fernsehen: »Geschlossene Gesellschaft« (nach Sartre), ARD 1959; »Zwei Worte töten« (nach Sylvanus), ARD 1960; »Ein Stern in der Sommernacht«, ARD 1961; »Eine etwas sonderbare Dame«, ARD 1968; »Die Auferstehung des Stefan Stejanow«, ZDF 1971; »Die Vitrine«, ZDF 1973; »Tod eines Hippimädchens« (aus der Reihe: »Der Kommissar«), mit Erik Ode, ZDF 1973; »Eichholz und Söhne«, Serie, ZDF 1976; Großmama in »Heidi« (nach Johanna Spyri), mit René Deltgen, Regie: Joachim Hess, Serie, ARD 1976/77; »B. Horney – Ein Portrait«, ARD 1976; »Der Alte«, Serie, 2 Folgen, ZDF 1977 + 1982; »Kleine bunte Freudenspender«, Regie: Eberhard Pieper, ZDF 1978; »Einzelzimmer«, Regie: Wolfgang Panzer, ZDF 1979; »Derrick«, Serie, ZDF 1980; Adele in »Jakob und Adele« (von Reinecker), mit Carl-Heinz Schroth, Serie, ZDF 1983–1986; »Das Traumschiff«, Regie: Alfred Vohrer, Serie, ZDF 1984; Mama in »Mamas Geburtstag«, mit Helmut Lohner, Regie: Egon Günther, ARD 1985; »Alte Gauner«, Regie: Konrad Sabrautzky, Serie, ZDF 1985; Titelrolle in »Teufels Großmutter«, Serie, ZDF 1985/86.
Auszeichnungen: »Goldener Bambi« (BILD + FUNK) 1965; »Filmband in Gold« für besondere Verdienste um den deutschen Film 1976.
Anschrift: c/o Agentur Jovanovic, Perfallstraße 6, 8000 München 80, oder 102 Raymond Street, Cambridge/Mass., USA.

Dominique Horwitz

Geb. 23. 4. 1957 als Sohn franz. Eltern in Paris; dort aufgew.; 1971 kam er nach Berlin, wo er die Schauspielschule besuchte. Daneben arbeitete er von 1975 bis 1977 als Verkäufer und Kellner. 1978 entdeckte ihn Peter Lilienthal für seinen Film »David«.
Anschließend machte Horwitz Kabarett im »Ca-De-We« Berlin, bevor er 1979 an das Zimmertheater Tübingen kam. Seit der Spielzeit 1983/84 ist er Ensemblemitglied des Bayerischen Staatsschauspiels München. Großen Erfolg hatte er 1984 mit seinem Chanson-Abend »Dominique Horwitz singt Jacques Brel« im Wintergarten des Bayerischen Staatsschauspiels München.
Horwitz spricht franz., engl.; er ist ledig und lebt in München.
Film: Leo in »David«, Regie: Peter Lilienthal, 1978; »Spätvorstellung«, Regie: Maria Knilli, und Mick in »Die wilden Fünfziger« (nach Simmel), Regie: Peter Zadek, 1983.
Theater. In Hölderlins »Antigone« (nach Sophokles), in Brecht/Weills »Die Dreigroschenoper«, in Williams' »Der Klassenfeind«, Regie: jeweils Siegfried Bühr, und in der Eigenproduktion »Es ist zu kalt zum Barfuß Gehn«, jeweils Zimmertheater Tübingen 1979–1982; Lorenzo in Shakespeares »Der Kaufmann von Venedig«, Regie: Alfred Kirchner, und Andrea Sarti in Brechts »Galileo Galilei«, Regie: Peter Löscher, Bayerisches Staatsschauspiel München 1983–85.
Fernsehen: »Tatort«, Regie: Rainer Wolffhardt (2-mal) und Theo Mezger, Serie, 3 Folgen, ARD 1976, 1978 und 1982; »Eine Jugendliebe«, Regie: Rainer Wolffhardt, ARD 1977; Rudi der Schlepper in »Rote Erde« (von Peter Stripp), Regie: Klaus Emmerich, 9 Folgen, ARD 1983; »Der Egoist«, Regie: Liane Targovnik, ZDF 1984.
Anschrift: c/o Bayerisches Staatsschauspiel München, Max-Joseph-Platz 2, 8000 München 1.

Jörg Hube

Geb. 22.11.1943 in Neuruppin/Mark Brandenburg; aufgew. in Dießen und München; er absolvierte die Otto-Falckenberg-Schule München und das Mozarteum Salzburg. Nach ersten Aufgaben an den Vereinigten Bühnen Graz spielte er 1968/69 am Theater der Stadt Trier. Anschließend war er u. a. beim Hörfunk (OR Salzburg) tätig. Von 1971 bis 1973 gehörte er neben Helmut Ruge zum Münchner Kabarett »Die Hammersänger«. Am Münchner Theater der Jugend war er von 1973 bis 1975 engagiert. Seit 1973 gastiert er regelmäßig an den Münchner Kammerspielen. Großen Erfolg hatte er zudem mit zahlreichen Solo-Programmen, vor allem in der Titelrolle des »Herzkasperl« (= Koronarinfarkt, Herzinsuffizienz), den er 1975 erstmals im Theater im Fraunhofer München (auch TV) verkörperte. 1983/84 gastierte er mit »Herzkasperls Salto normale« an den Münchner Kammerspielen.
Weitere Bühnenstationen: Modernes Theater München (1975), Festspiele Gandersheim (1977), Theater am Sozialamt (TamS) München (1979) und Theater der Stadt Heidelberg (1980). Er wirkte seit 1972 in zahlreichen TV-Produktionen mit.
Hube spricht engl.; er ist verheiratet und lebt in München.
Film: »Kreutzer«, Regie: Klaus Emmerich, 1977.
Theater: Konklavist in Raffalts »Der Nachfolger« (Debüt), Titelrolle in Kleists »Prinz Friedrich von Homburg«, Affe in Kafkas »Bericht für eine Akademie«, und Stepan in Camus' »Die Gerechten«, jeweils Theater der Stadt Trier 1968/69; in den Kabarett-Programmen »Maria hilf!«, »Vorsicht, die Mandoline ist geladen« und »Meise auf dem Vibraphon«, jeweils mit Helmut Ruge, »Die Hammersänger« 1971–1973; Arbeitgebervertreter in »Stifte mit Köpfen«, Vorarbeiter in »Ruckzuck-Maschine«, Polly Baker in Brechts »Mann ist Mann«, und Fotograf in »Bravo Girl«, mit Elke Aberle, jeweils Theater der Jugend München 1973–1975; Bürgermeister Zaglstecher in Orffs »Astutuli«, Orff-Institut Salzburg 1975; Titelrolle in Büchners »Dantons Tod«, Festspiele Gandersheim 1977; Olly in »Stan und Olly« (Kabarett), mit Philip Arp, Theater am Sozialamt (TamS) München 1979; Bürgermeister in Gogols »Der Revisor«, Theater der Stadt Heidelberg 1980; Dieter in Plenzdorfs »Die neuen Leiden des jungen W.«, Amtmann Geyer in Nestroys »Die beiden Nachtwandler«, und Viehzüchter in Brechts »Die heilige Johanna der Schlachthöfe«, 1973/74, Paul in Friedrich Wolfs »Cyankali«, 1975/76, Hans in »Nepal«, 1977/78, Wirt in »Kein Platz für Idioten«, 1980/81, Rabensteiner in Peter Weiss' »Der neue Prozeß«, Edgar in Kroetz' »Nicht Fisch nicht Fleisch«, und Maler Conti in Lessings »Emilia Galotti« (auch TV), 1983/84, in Botho Strauß' »Der Park«, Regie: Dieter Dorn, Polizist in Topors »Leonardo hat's gewußt«, und in der Uraufführung von Kroetz' »Bauern-Sterben«, 1984/85, jeweils Münchner Kammerspiele.
Fernsehen: »Rosa und Lin«, Regie: Klaus Emmerich, ARD 1972; »Florian« (von Eva Mieke), ZDF 1975; »Der Fall Bundhund«, ARD 1976; »Im Nest«, Regie: Michael Lähn, ZDF 1977; »Der Bauer und der Millionär« (nach Pevny/Turrini), Regie: Axel Corti, ARD 1977; Ludwig Thoma in »Blauer Himmel, den ich nur ahne« (von Althammer), Regie: Stephan Rinser, ZDF 1978; Titelrolle in »Andreas Vöst« (nach Thoma), Regie: Eberhard Itzenplitz, ZDF 1979; »Tatort«, Serie, 2 Folgen, ARD 1980 + 1982; Titelrolle (Florian Kreitmayer) in »Der Gerichtsvollzieher«, Regie: Peter Weck, 6 Teile, ARD 1981; Titelrolle in »Der Fall Woyzeck« (nach Büchner), Regie: Oswald Döpke, und »Die letzten Jahre der Kindheit«, Regie: Norbert Kückelmann, ZDF 1981; »Zeit der Bewährung«, Regie: Hans-Peter Meier, und »Der Gast«, ZDF 1982; 1. Kaplan in »Rote Erde« (von Peter Stripp), Regie: Klaus Emmerich, 9 Teile, ARD 1983; »Heimat«, Regie: Edgar Reitz, 11 Teile, ARD 1984; »Scheibenwischer«, mit Dieter Hildebrandt (Parodie Franz Josef Strauß), Serie, ARD 1985.
Auszeichnungen: Förderpreis der Stadt München 1977; »Ernst-Hoferichter-Preis« 1982; Deutscher Kleinkunstpreis, Mainz 1983; »Ludwig-Thoma-Medaille« der Stadt München 1985.
Anschrift: c/o ZBF-Agentur Hamburg, Tonndorfer Hauptstraße 90, 2000 Hamburg 70.

Charly Muhamed Huber

Geb. 3. 12. 1956 als Sohn eines senegal. Diplomaten in München; aufgew. in Niederbayern; nach dem Schulabschluß nahm er Schauspielunterricht bei Peter Rieckmann und Volker Eckstein, Gesangsunterricht bei Benny Gilette; er spielt mehrere Instrumente und komponierte u. a. die Musik für das Fernsehspiel »Bitterer Honig« (ARD 1983). Erste Bühnenengagements hatte er am Theater über dem Landtag und am Theater rechts der Isar in München (1982). Huber spricht engl., franz., ital.; er ist verheiratet, hat eine Tochter (Marcia) und lebt in München.
Film: »Kehraus«, mit Gerhard Polt, Regie: Hanns Christian Müller, 1983; »Ein Mann wie EVA«, mit Eva Mattes, Regie: Radu Gabrea, 1984; »Jimmys Clan«, Regie: Giorgio Cristallino, Italien 1984; »Kolp«, Regie: Roland Suso Richter, 1985.
Theater: In Keeffes »Barbaren«, und in Bonds »Die Schaukel«, jeweils an den vorgenannten Bühnen 1982; Jimmy in Delaneys »Bitterer Honig«, mit Karin Baal, Regie: Herbert Kreppel, Tournee (auch ARD 1983); in Lessers »Meines Sohnes Vater«, Regie: Rüdiger Bahr, Theater Die Kleine Freiheit München 1984.
Fernsehen: »Tatort«, Serie, ARD 1982; »Derrick«, Serie, ZDF 1982; »Treffer«, Regie: Dominik Graf, ARD 1983; »Der Fahnder«, Serie, ARD 1985; »Patrik Pacard« (von Justus Pfaue), mit Wolfgang Kieling, Regie: Gero Erhardt, Serie, ZDF 1984/85; »Der Alte«, Serie, ZDF 1985.
Ab 1986 wirkt er als Kriminalassistent neben dem neuen Hauptkommisar Rolf Schimpf und Michael Ande in der ZDF-Serie »Der Alte«.
Anschrift: c/o Agentur von Pilecki, Eilandstraße 12, 8000 München 90.

Paul Hubschmid

Geb. 20. 7. 1917 als Sohn eines Buchhalters in Aarau; dort und in Schönenwerd (Kanton Solothurn) aufgew.; nach dem Abitur am Gymnasium Aarau im Jahre 1937 absolvierte er das Max-Reinhardt-Seminar in Wien. Sein erstes Engagement bekam er am Deutschen Volkstheater Wien. Anschließend spielte er bis 1948 am Theater in der Josefstadt. Gastspiele gab er auch am Deutschen Theater Berlin unter Heinz Hilpert.
Den ersten Kinofilm drehte er im Jahre 1938. Von 1948 bis 1953 lebte er in Hollywood, USA, wo er unter dem Künstlernamen Paul Christian in zahlreichen Produktionen mitwirkte. 1953 kehrte er nach Deutschland zurück und übernahm Rollen in weiteren rund 40 Spielfilmen (bis 1983).
Einen weiteren Schwerpunkt seiner Arbeit legte er auf das Musical. Er verkörperte den Professor Higgins in der deutschen Erstaufführung von Lerner/Loewes »My Fair Lady« 1961 in Berlin. Insgesamt gab er in Berlin, Wien und München über 2000 Vorstellungen in dieser Rolle. Bühnengastspiele führten ihn auch an zahlreiche deutsche Boulevard-Theater, u.a.: Komödie Berlin, Die Komödie Frankfurt/Main und Komödie Düsseldorf. Er machte mehrere Tourneen.
Hubschmid spricht engl., franz.; in erster Ehe war er mit der Schauspielerin Ursula von Teubern verheiratet, die 1963 verstarb. Aus dieser Ehe stammt sein Sohn Peter (geb. 1945). Von 1967 bis 1980 war er verheiratet mit der Schauspielerin Eva Renzi (eigentlich: Evelyn Renziehausen). Diese Ehe wurde geschieden. Seit 1985 ist er in dritter Ehe verheiratet. Er lebt abwechselnd in Berlin und Zürich.
Film: »Füsilier Wipf«, 1938; »Maria Ilona«, 1939; »Meine Freundin Josefine«, und »Die mißbrauchten Liebesbriefe«, Regie: Leopold Lindtberg, 1940; »Altes Herz wird wieder jung«, 1943; »Das Gesetz der Liebe«, mit Hilde Krahl, Regie: Hans Schweikart, und »Der gebieterische Ruf«, 1944; »Geheimnisvolle Tiefen«, »Himmlischer Walzer«, und »Arlbergexpreß hat Verspätung«, 1948; »Die schwarzen Teufel von Bagdad«, mit Maureen O'Hara, und »Desert Legion«, USA 1949; »Dieb von Venedig«, mit Maria Montez, und »Keine Zeit für die Blumen«, mit Viveca Lindfors, USA 1952; »Das Ungeheuer« und »Panik in New York«, USA 1953; »Maske in Blau«, mit Marika Rökk, »Musik bei Nacht«, mit Gertrud Kückelmann, »Schule im Eheglück«, mit Liselotte Pulver, »Mit 17 beginnt das Leben«, mit Sonja Ziemann, 1953; Franz Liszt in »Ungarische Rhapsodie«, »Glückliche Reise«, und »Ingrid, die Geschichte eines Fotomodells«, 1954; »Glücksritter«, »Heute heiratet mein Mann« und »Salzburger Geschichten«, 1956; »Die Zürcher Verlobung« (nach Noack), Regie: Helmut Käutner, und »Scampolo«, mit Romy Schneider, Regie: Alfred Weidenmann, 1957; »Das indische Grabmal« und »Der Tiger von Eschnapur«, Regie: Fritz Lang, BRD/Italien/Frankreich 1958; »Der Tod kommt aus dem Weltraum«, Italien 1958; »Heldinnen«, 1960; »Kaiserliche Hoheit«, Frankreich 1961; »Ich bin auch nur eine Frau«, 1962; »Elf Jahre und ein Tag«, 1963; »Die Diamantenhölle am Mekong« und »Heirate mich, Chéri«, 1964; »Die Unmoralischen«, Frankreich 1964; »Blonde Fracht für Sansibar«, Großbritannien 1964; »Der Mann mit den tausend Masken«, 1965; »Ich suche einen Mann«, 1966; »Finale in Berlin«, Großbritannien 1966; »Hemmungslose Manon«, Frankreich 1967; »Versuchung im Sommerwind«, 1972; »Bolero«, Regie: Rüdiger Nüchtern, 1983.
Theater: Ferdinand in Schillers »Kabale und Liebe«, Achill in Kleists »Penthesilea« und Gyges in Hebbels »Gyges und sein Ring«, jeweils Theater in der Josefstadt Wien bis 1948; in Verhoevens »Eines Mannes Leben«, mit Ewald Balser, und in Schillers »Die Räuber«, jeweils Deutsches Theater Berlin 1942/43; Professor Higgins in Lerner/Loewes »My Fair Lady«, Berlin, Wien und München 1961-1974; in Udo Jürgens' »Helden, Helden« (nach Shaw), 1973; in Daphne du Mauriers »Rebecca«, Tournee 1978; in »Champagnerkomödie«, mit Eva Pflug, an vorgenannten Boulevard-Komödien 1980–1984.
Fernsehen: »Wie ein Blitz« (nach Durbridge), Regie: Rolf von Sydow, 3 Teile, ARD 1970; Moderation mit Eva Renzi in »Gala-Abend der Schallplatte« (Funkausstellung Berlin), ARD 1971.
Auszeichnung: Filmband in Gold 1980.
Anschrift: c/o Agentur Alexander, Lamontstraße 9, 8000 München 80.

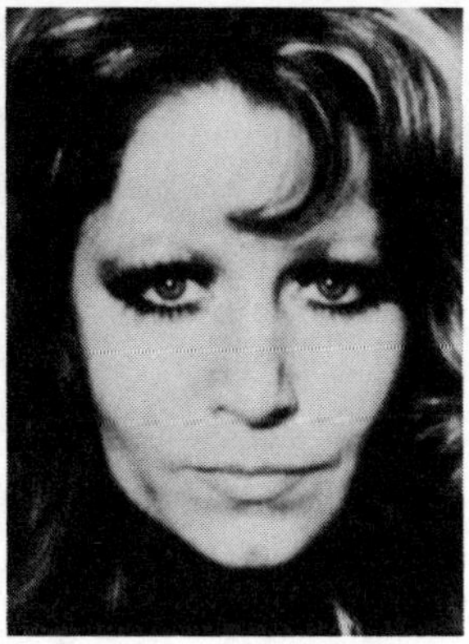

Karin Hübner

Geb. 16. 9. 1936 in Gera/Thüringen; nach der Schule nahm sie Gesangs- und Schauspielunterricht. Ihren ersten großen Bühnenerfolg hatte sie als »Piroschka« in Berlin. Bekannt wurde sie als erste deutschsprachige Eliza in Lerner/Loewes »My Fair Lady« (nach Shaws »Pygmalion«). Das Musical hatte am 25. 10. 1961 im Theater des Westens in Berlin seine deutsche Premiere und wurde anschließend in allen großen deutschen Städten wiederholt. Gastspiele gab sie ferner u. a. an der Kleinen Komödie München, an der Komödie Berlin, am Deutschen Theater München und am Theater am Dom Köln.
Nach Erfolgen auch als Film- und Fensehschauspielerin sowie als Sängerin (sie veröffentlichte mehrere Platten) wurde es in den 70er Jahren ruhig um sie. Nach einer mehrjährigen Pause aus privaten Gründen trat sie 1983 als Regisseurin erneut an die Öffentlichkeit. Sie inszenierte Dyers Zwei-Personen-Stück »Unter der Treppe« am Theater im Künstlerhaus München. Nach einem verheerenden Publikums- und Presseecho zog sie sich erneut zurück. Mehr Beifall fand schließlich ihre letztes Auftreten als Evy in Simons »Pfefferkuchen und Gin« am Münchner Boulevardtheater 1984/85.
Frau Hübner spricht engl.; sie ist dreimal geschieden, von dem Regisseur Peter Beauvais, dem Schauspieler Günter Pfitzmann und dem Komponisten Frank Duval (komponierte zahlreiche erfolgreiche Musiktitel für »Der Alte« und »Derrick«, so »Angel of Mind«). Sie hat eine Tochter aus der Ehe mit Peter Beauvais und lebt in München.
Film: »Emilia Galotti« (nach Lessing), »Tatort Berlin«, »Solang' noch unter'n Linden« und »Hoppla, jetzt kommt Eddie«, 1958; »Soldatensender Calais«, 1960; »Das Wunder des Malachias« (nach Bruce Marshall), Regie: Bernhard Wicki, 1961; »Der Mann mit dem Glasauge«, mit Horst Tappert, Regie: Alfred Vohrer, 1968; »Sieben Tage Frist«, Regie: Alfred Vohrer, 1969.
Theater: Eliza in Lerner/Loewes »My Fair Lady«, Theater des Westens Berlin (und Gastspiele in allen großen deutschen Städten) 1961/62; in Maughams »Lieber reich aber glücklich«, 1971, und in Bush-Feketes »Jean«, 1974; jeweils Kleine Komödie München; Evy in Simons »Pfefferkuchen mit Gin« Regie: Hans Zander), Münchner Boulevardtheater 1984/85.
Fernsehen: »Liebe, Love, L'amour«, ARD 1966; »Der Idiot« (von Lehman nach Dostojewskij), mit Gerd Baltus, Regie: Rolf von Sydow, 3 Teile, ARD 1968; »Hotel Royal«, Regie: Wolfgang Becker, ZDF 1969; »Flucht ohne Ausweg«, »Towarisch« (nach Goetz); »Der Kommissar«, mit Erik Ode, Serie, ZDF 1972; »Tatort«, Serie, ARD 1977.
Anschrift: c/o ZBF-Agentur München, Leopoldstraße 19, 8000 München 40.

Rainer Hunold

Geb. 1. 11. 1949 in Braunschweig; dort aufgew.; nach dem Abitur studierte er Kunstpädagogik an der Universität Braunschweig und Germanistik an der Freien Universität Berlin. Anschließend absolvierte er bis 1977 die Max-Reinhardt-Schule Berlin. Seither arbeitet er ausschließlich für Film und Fernsehen. Hunold spricht engl., franz.; er ist ledig und lebt in Berlin.

Film: »Schöner Gigolo, armer Gigolo«, mit David Bowie, Regie: David Hemmings, 1979; »Fabian«, Regie: Wolf Gremm, 1980; »Sei zärtlich Pinguin«, Regie: Peter Hajek, 1982; »Marianne und Sofie« (von Fitzgerald Kusz), mit Marianne Hoppe, Regie: Rainer Söhnlein, 1983.

Fernsehen: Kalli in »Ein Mann will nach oben« (nach Fallada), mit Mathieu Carrière und Ursela Monn, Regie: Herbert Ballmann, 13 Teile, ZDF 1978; »Der eiserne Gustav« (nach Fallada), mit Gustav Knuth, Regie: Wolfgang Staudte, 7 Teile, ARD 1979; »Zwei Tore hat der Hof«, Regie: Volker Vogeler, ZDF 1979; »Tatort«, Regie: Heinz Schirk, Serie, ARD 1980; »Der Alte«, Serie, 2 Folgen, ZDF 1980 + 1982; »Mit Gewissenhaftigkeit und Würde«, Regie: Eberhard Itzenplitz, ARD 1981; »Ein Vogel auf dem Leim«, Regie: Heinz Schirk, und »Derrick«, Serie, ZDF 1981; »Klein Zaches, genannt Zinnober« (nach E. T. A. Hoffmann), Regie: Frank Strecker, und »Frau Jenny Treibel« (nach Fontane), mit Maria Schell, Regie: Franz Josef Wild, ARD 1982; »Engel auf Rädern«, Serie, 13 Folgen, ARD 1982/83; »Die zweite Frau« (nach Wittlinger), mit Doris Kunstmann, und »Das Traumschiff«, Regie: Alfred Vohrer, Serie, ZDF 1983; »Die Fischer von Moorhövd«, mit Manfred Krug, Regie: Peter Harlos, Serie, ARD 1983/84; Kronprinz in »Die schöne Wilhelmine«, mit Anja Kruse, Jean-Claude Brialy und Johannes Heesters, Regie: Rolf von Sydow, 6 Teile, ZDF 1984; »Heiraten ist immer ein Risiko« (nach O'Hara), Regie: Hans-Jürgen Tögel, und »Der Alte«, Serie, ZDF 1985; »Damenwahl« (von Lida Winiewicz), mit Edda Seippel und Ernst Schröder, Regie: Wolfgang Becker, ZDF 1986; Engel jun. in »Engels & Consorten« (von E. Möbius), Regie: Detlef Ronfeldt, 5 Teile, ARD 1986.

Anschrift: c/o ZBF-Agentur Frankfurt/Main, Feuerbachstraße 42–46, 6000 Frankfurt/Main.

I

Anaid Iplicjian

Geb. 24. 10. 1935 als Tochter eines Kaufmanns in Berlin; nach der Schule besuchte sie das Mozarteum in Salzburg. Ihr Debüt gab sie am Stadttheater Klagenfurt. Nach einem Engagement an den Vereinigten Bühnen Graz kam sie 1957 an das Hessische Staatstheater Wiesbaden, 1959 an die Münchner Kammerspiele. Weitere Verpflichtungen: Städt. Bühnen Frankfurt/Main und Burgtheater Wien. Von 1966 bis 1971 stand sie im Ensemble des Landestheaters Hannover. Freischaffend gastierte sie seither u.a. an der Kleinen Komödie München, an der Komödie Berlin, am T(h)eater in der Briennerstraße München, bei den Festspielen Bad Hersfeld und auf Tournee.
Beim Fernsehen wirkt sie seit 1961.
Anaid Iplicjian spricht franz., engl.; sie ist verheiratet mit dem Regisseur Dr. Herbert Kreppel und lebt in München.
Film: »Eine Frau fürs ganze Leben«, 1960; »Die Stunde, die du glücklich bist«, 1961.
Theater: Olivia in Shakespeares »Was ihr wollt«, Irene in Verneuils »Staatsaffairen« (auch ORF 1961), Anna in Scribes »Das Glas Wasser«, Alexandra in Molnárs »Der Schwan«, Titelrolle in Sardous »Cyprienne«, Johanna in Sartres »Die Eingeschlossenen von Altona«, Titelrolle in Goldonis »Mirandolina«, Beatrice in Shakespeares »Viel Lärm um nichts«, und Sie in de Hartogs »Das Himmelbett«, jeweils an den vorgenannten Bühnen von 1957–1962; Angela in Calderons »Dame Kobold«, Lady Chiltern in Wildes »Ein idealer Gatte« (auch ARD 1965), Glafira in Ostrowskijs »Wölfe und Schafe« (auch ZDF 1963), Alkmene in Kleists »Amphitryon«, Titelrolle in Ibsens »Hedda Gabler«, Crevette in Feydeaus »Die Dame vom Maxim«, Titelrolle in Langes »Gräfin von Rathenow«, Titania und Hippolyta in Shakespeares »Ein Sommernachtstraum«, in Beaumarchais' »Der tolle Tag oder Figaros Hochzeit«, in »Der Wendepunkt« (auch ARD 1974), in »Plaza-Suite« mit Hans-Joachim Kulenkampff, in »Acapulco, Madame«, in »Eine phantastische Nacht«, und in Ayckbourns »Halbe Wahrheiten« (auch ZDF 1985), jeweils an den vorgenannten Bühnen bis 1984.
Fernsehen: Titelrolle in »Der Fall Mary Dugan«, ARD 1961; Gräfin in »Der tolle Tag« (nach Beaumarchais), ARD 1962; »Verhör am Nachmittag« (von Menge), ARD 1964; Prinzessin in »Panoptikum« (nach Molnár), ARD 1965; »Der öffentliche Ankläger« (nach Hochwälder), und »Prager Legende« (nach Zeyer), ZDF 1967; »Die Enthüllung«, ORF 1969; »Gestrickte Spuren«, ORF 1970; »Eine konsequente Frau«, ARD 1970; »Eine Tote soll ermordet werden«, ARD 1971; »Der Kommissar«, mit Erik Ode, Serie, ZDF 1972; »Und das am Montagmorgen« (nach Priestley), ARD 1974; »Sonderdezernat K 1«, Serie, ARD 1975; »Derrick«, Serie, 2 Folgen, ZDF 1976 + 1984; »Der Alte«, Serie, ZDF 1978; »Der Trotzkopf«, 8 Teile, ZDF 1982; »Der Mustergatte« (nach Hopwood), und »Das Traumschiff«, Regie: Alfred Vohrer, Serie, ZDF 1983; »Ein Fall für zwei«, Serie, ZDF 1985.
Anschrift: c/o Agentur Runde-Profé, Preußenallee 26, 1000 Berlin 19.

Peter-Pius Irl

Geb. 10. 9. 1944 in Kaufbeuren; dort aufgew.; er absolvierte eine Berufsausbildung als Kirchenmaler, Restaurator und Vergolder. Schauspielunterricht nahm er bei Ellen Mahnke in München. Von 1970 bis 1977 war er am Stadttheater Ingolstadt engagiert. Seit 1979 ist er Mitglied des Bayerischen Staatsschauspiels München. Tourneen führten ihn durch Italien, Österreich und die Schweiz.

Er gestaltet eigene Rezitationsabende. In zahlreichen deutschen Schlössern und Residenzen trug er u.a. »Mozart auf der Reise nach Prag« vor. 1976 veröffentlichte er sein erstes Buch »Schwäbische Geschichten«; diesem folgte »Zum Wohle von Seele und Leibe – Geheimnisse aus schwäbischen Kirchen und Küchen«. Für den Hörfunk arbeitet er als Autor und Sprecher.

Irl spricht engl.; er ist ledig und lebt in München.

Theater: Mephisto in Goethes »Faust«, Möbius in Dürrenmatts »Die Physiker«, und König Claudius in Shakespeares »Hamlet«, jeweils Stadttheater Ingolstadt 1970–1977; in Hebbels »Maria Magdalena«, Simmerl in Wilhelms »Der Brandner Kasper und das ewig' Leben« (nach Kobell) Regie: Kurt Wilhelm, Davison in Schillers »Maria Stuart«, mit Christine Ostermayer, in Shakespeares »Viel Lärm um nichts«, Vendicello II. in Shaffers »Amadeus«, in Pagnols »Zinsen des Ruhms«, Regie: jeweils Kurt Meisel (auch TV), in Brechts »Mutter Courage und ihre Kinder«, mit Ruth Drexel, Regie: Rolf Stahl, Albert Zenger in Kipphardts »März – Ein Künstlerleben«, Regie: Hans Hollmann, Salerio in Shakespeares »Der Kaufmann von Venedig«, Regie: Alfred Kirchner, und in Lautensacks »Hahnenkampf«, Regie: Ruth Drexel, Polizist Brofy in Kesselrings »Arsen und Spitzenhäubchen«, Regie: Rolf Stahl, und in Polt/Müllers »Die Exoten«, mit Gerhard Polt, jeweils Bayerisches Staatsschauspiel München 1979–1985.

Fernsehen: Clown in »Der Clown und die liebe Stadt« (nach Ustinov), ZDF 1976; »Der Richter«, ZDF 1981; »Der starke Stamm« (nach Fleißer), Regie: Dieter Giesing (Theateraufzeichnung), ARD 1982; »Die Hochzeit« (nach Thoma), Regie: Kurt Wilhelm, Teile, BR III 1985.

Auszeichnung: »Preis für herausragende schauspielerische Leistung«, Verein der Freunde des Bayer. Staatsschauspiels München 1983.

Anschrift: c/o ZBF-Agentur München, Leopoldstraße 19, 8000 München 40, oder Ganghoferstraße 27, 8000 München 2.

Elfriede Irrall

Geb. 18. 2. 1938 in Wien; dort aufgew.; nach dem Gymnasium besuchte sie die Schauspielschule von Prof. Helmuth Krauss. Nach ihrem Debüt in Wien kam sie 1955 an das Stadttheater Bonn, dem sie bis 1957 angehörte. Weitere Stationen: Bühnen der Stadt Köln (1957–1959), Theater in der Josefstadt Wien (ab 1959), Schauspielhaus Zürich, Burgtheater Wien und Schaubühne am Halleschen Ufer Berlin (dort: Großmutter in Horváths »Geschichten aus dem Wienerwald«, Regie: Karl Michael Grüber, 1972). Als freischaffende Schauspielerin gastierte sie häufig auf Tournee (zuletzt 1984/85). Sie verkörperte alle Rollen ihres Fachs aus Klassik und Moderne.
Einem breiten Publikum wurde sie durch ihre zahlreichen Fernsehauftritte bekannt. Ein erster Höhepunkt ihrer Karriere war die Titelrolle in »Madame Bovary« (nach Flaubert), mit Günter Strack und Dietmar Schönherr (ZDF 1968).
Frau Irrall spricht eng., franz.; sie ist geschieden von dem mittlerweile verstorbenen österr. Schauspieler Walter Kohut und lebt in Berlin.
Film: »Herr Puntila und sein Knecht Matti« (nach Brecht), mit Curt Bois, Regie: Alberto Cavalcanti, 1955; »Die Wollards«, Regie: Marianne Lüdcke, 1972; »Die Kinder von Nr. 67«, Regie: Usch Barthelmeß-Weller und Werner Meyer, 1979; »Der rote Strumpf«, mit Inge Meysel, Regie: Wolfgang Tumler, 1980.
Fernsehen: »Doppelspiel«; »Seltsames Zwischenspiel«; »Die Affaire Dreyfus« (von Matray/Krüger), Regie: Franz Josef Wild, 3 Teile, und Titelrolle in »Madame Bovary« (nach Flaubert), mit Günter Strack und Dietmar Schönherr, Regie: Hans Dieter Schwarze, 2 Teile, ZDF 1968; »Die Glasmenagerie« (nach Williams), »Der Kommissar«, mit Erik Ode, Serie, ZDF 1974; »Lydia« (nach Rattigan), Regie: Franz Josef Wild, ARD 1977; »Karneval« (von Theodor Schübel), mit Michael Degen, ZDF 1978; »Der Spinner«, Regie: Jens-Peter Behrend, ARD 1982; »Etwas wird sichtbar«, ZDF 1982; »Regentropfen«, ZDF 1983; »Variation«, mit Hilmar Thate und Monica Bleibtreu, Regie: Michael Haneke, ARD 1983; Mutter Hoffmann in »Hoffmanns Geschichten«, Regie: Werner Schretzmeier, 12 Teile, ARD 1984/85; »Logik des Gefühls«, Regie: Peter Beauvais, ARD 1984.

Anschrift: c/o ZBF-Agentur Hamburg, Tonndorfer Hauptstraße 90, 2000 Hamburg 70.

J

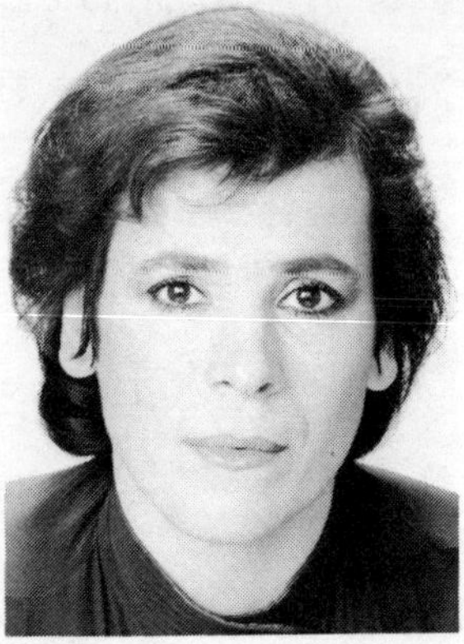

Astrid Jacob

Geb. 27. 2. in Dresden; aufgew. in Norddeutschland und im Ruhrgebiet (Bochum); nach der Oberschule absolvierte sie von 1962 bis 1964 die Westfälische Schauspielschule Bochum unter Hans Schalla; ihre Engagements bis 1979: (u.a.) Musiktheater im Revier Gelsenkirchen, Schauspielhaus Bochum, Städt. Bühnen Saarbrücken, Städt. Bühnen Nürnberg, Städt. Bühnen Frankfurt/Main, Vereinigte Städt. Bühnen Krefeld-Mönchengladbach, Festspiele Bad Hersfeld sowie zahlreiche Tourneen.
Von 1979 bis 1982 war sie Ensemblemitglied der Münchner »Lach- und Schießgesellschaft«. Seither trat sie vor allem mit Soloprogrammen an die Öffentlichkeit. Sie schreibt eigene Texte und Chansons sowie Drehbücher für Funk und Fernsehen. Ein weiterer Schwerpunkt ihrer Arbeit ist das Musical.
Frau Jacob spricht engl.; sie ist geschieden und lebt in München.
Theater: Clarice in Goldonis »Der Diener zweier Herren« (auch TV), Kay in Priestleys »Die Zeit und die Conways«, und Dorine in Molières »Tartuffe«, jeweils Schauspielhaus Bochum und Musiktheater im Revier Gelsenkirchen; Titelrolle in Schillers »Maria Stuart« und Lady Macbeth in Shakespeares »Macbeth«, jeweils Städt. Bühnen Saarbrücken; Titelrolle in Lessings »Minna von Barnhelm«, und Titelrolle in Offenbachs »Die schöne Helena«, jeweils Städt. Bühnen Nürnberg; Fanny Krull in Sternheims »Die Kassette«, und Frau Perella in Pirandellos »Der Mann, das Tier, die Tugend«, jeweils Städt. Bühnen Frankfurt/Main; Gouverneursfrau in Brechts »Der kaukasische Kreidekreis«, und Beatrice in Goldonis »Der Diener zweier Herren«, jeweils Festspiele Bad Hersfeld; Titelrolle in Goethes »Iphigenie auf Tauris«, Vereinigte Städt. Bühnen Krefeld-Mönchengladbach. U.a. folgende Kabarettprogramme bei der Münchner »Lach- und Schießgesellschaft« (1979–1982): »Deutsch für Anfänger«, »High-Land« und »Umzingelt« (jeweils auch Tournee und TV). Eigene Soloprogramme u.a.: »Blick zurück – oder Morgen ist heute schon gestern«, »Astrid Jacob singt Mascha Kaléko« (auch TV), »Mit der Kindheit fing es an . . .« (auch TV), »Chopin/George Sand – ein Zerrbild«, »Hetz' mich nicht« (auch TV) und »Lieder, die uns angehen«.
1983/84 war sie ferner in Simons Musical »Sie spielen unser Lied«, Regie: Harald Leipnitz, am neueröffneten Münchner Boulevardtheater zu sehen.
Fensehen: Jutta in »Hanna Lessing«, Regie: Eberhard Itzenplitz, und Ariane in »Ein Mädchen für alles« (nach Magnier), ZDF 1970; »Tatort«, Serie, 2 Folgen, ARD 1977 + 1981; Elisa in »Roulette« (von Pavel Kohout), Regie: Franz Peter Wirth, ZDF 1977 Frau Sindermann in »Bäume ausreißen», Regie: Maria Neocleous, ZDF 1981; »Kaffee oder Tee«, Serie ARD 1983; »Frankfurter Kreuz«, mit Manfred Seipold, Regie: Harald Schaefer, Serie, ARD 1984 »Wenn Kuli kommt«, mit Hans-Joachim Kulenkampff, Regie: Wolfgang Glück, Serie, ARD 1985.
Anschrift: c/o ZBF-Agentur München, Leopoldstraße 19, 8000 München 40, oder c/o Agentur Wiedner, Destouchesstraße 32, 8000 München 40.

Katerina Jacob

Geb. 1. 3. 1958 als Tochter der Schauspielerin Ellen Schwiers und des Filmproduzenten Peter Jacob in München; dort aufgew.; bereits mit 15 Jahren spielte sie neben ihrer Mutter in der Collins-Romanverfilmung »Der rote Schal« (Regie: Wilhelm Semmelroth). Bekannt wurde sie vor allem durch die Titelrolle in Heidi Genées »Grete Minde« (nach Fontane) im Jahre 1977.

Schauspielunterricht nahm sie an der Schauspielschule von Lee Strasberg in New York. Ein Bühnenengagement hatte sie u.a. 1983/84 bei den Burgfestspielen Jagsthausen unter der Leitung ihrer Mutter. Frau Jacob spricht engl., franz.; sie ist verheiratet, hat ein Kind und lebt in München.

Film: Titelrolle in »Grete Minde« (nach Fontane), Regie: Heidi Genée, 1977.

Fernsehen: »Der rote Schal« (nach Collins), mit Ellen Schwiers, Regie: Wilhelm Semmelroth, 3 Tei-
Hannes Messemer und Ellen Schwiers, Regie: Wilhelm Semmelroth, 2 Teile, ARD 1977; Prinzessin
e, ARD 1973; »Onkel Silas« (nach Le Fanu), mit
Margot in »Heinrich, der gute König«, mit Ellen Schwiers, 6 Teile, »Schwüle Tage«, Regie: Hajo Gies,
nd Alicia Audley in »Lady Audleys Geheimnis« nach Mary Elizabeth Braddon), mit Susanne Uhlen und Hans Caninenberg, ARD 1978; »Der Alte«, Serie, ZDF 1978; »Es begann bei Tiffany«, Regie: Wolfgang Becker, und Recha in »Nathan der Weise« (nach Lessing), mit Werner Hinz, Regie: Oswald Döpke, ARD 1979; »Der Fall Woyzeck« (nach Büchner), Regie: Oswald Döpke, ZDF 1981; Antoinette Dupin in »Der Schatz im Haus« (nach Desailly), mit Sigfrit Steiner und Wolfgang Reichmann, Regie: Oswald Döpke,
nd »Der Mann, der keine Autos mochte«, mit Ralf Schermuly, Regie: Dieter Wedel, 6 Teile, ZDF 1984;
Mütter und Töchter«, mit Ellen Schwiers, Regie: Georg Tressler, ZDF 1985.

Auszeichnung: »Goldener Bambi« (BILD + FUNK) 1978.

Anschrift: c/o Agentur Palz, Ortlindestraße 6, 8000 München 81.

Ernst Jacobi

Geb. 11. 7. 1933 in Berlin; dort aufgew.; schon als Fünfzehnjähriger wirkte er im Kinderchor des RIAS Berlin mit und bekam ab 1949 dort erste Sprechrollen. Nach dem Abitur wollte er ursprünglich Gartenbau studieren, absolvierte aber eine Schauspielausbildung an der Max-Reinhardt-Schule Berlin (1951–1953). Unterricht nahm er ferner am »Stage d'été sur le mîme« von Jacques Lecoq in Paris.
Unter Rudolf Noelte bekam er seinen ersten Vertrag am Berliner Hebbel-Theater. Weitere Stationen bis 1969: Theater am Kurfürstendamm, Tribüne und Schiller-Theater in Berlin, Städt. Bühnen Frankfurt/Main, Bühnen der Stadt Köln, Theater im Zimmer Hamburg und Nordmark-Landestheater Schleswig. 1969 war er am Deutschen Schauspielhaus Hamburg engagiert. Verträge mit den Münchner Kammerspielen (1969/70), dem Wiener Burgtheater, dem Renaissance-Theater Berlin und mehreren bereits genannten Bühnen und Tourneetheatern folgten.
Jacobi, der in großem Umfang beim Hörfunk und in der Synchronisation tätig ist, wirkt seit den ersten Versuchsendungen 1951 beim Fernsehen. Er verkörperte bislang über 200 TV-Rollen.
Der Schauspieler spricht engl., franz.; er ist ledig und lebt in Frankfurt/Main.
Film: »Der Mörder« (nach Simenon), Regie: Ottokar Runze, 1978; Löbsack in »Die Blechtrommel« (nach Grass), mit David Bennent, Mario Adorf und Berta Drews, Regie: Volker Schlöndorff, und »Deutschland bleiche Mutter«, Regie: Helma Sanders-Brahms, 1979.
Theater: Hans Meyer in Forsters »Der Graue«, Schüler in Goethes »Urfaust«, Abbé in Thomas' »Die Falle«, Geoffrey in der deutschen Erstaufführung von Delaneys »Bitterer Honig«, Lanzelot in Shakespeares »Der Kaufmann von Venedig«, Titelrolle in Altendorfs »Thomas Adamsohn«, Charles in der deutschen Erstaufführung von Shaffers »Hören Sie zu! Geben Sie acht!«, Herbert in Flatow/Pillaus »Das Fenster zum Flur« (auch TV), Andrej in Tschechows »Drei Schwestern«, Andri in Frischs »Andorra«, Franz Moor in Schillers »Die Räuber«, Regie: Klaus Michael Grüber, Ted in Pinters »Die Heimkehr«, und Lövborg in Ibsens »Hedda Gabler«, Regie: jeweils Peter Palitzsch, Schlimov in Gorkis »Sommergäste«, und Redillon in Feydeaus »Einer muß der Dumme sein«, Regie: jeweils Achim Benning, Titelrolle in Tschechows »Onkel Wanja«, Regie: Heribert Sasse, jeweils an den vorgenannten Bühnen bis 1984.
Fernsehen: Jacques de Wissant in »Die Bürger von Calais« (nach Kaiser), ARD 1958; »Die Dame ist nicht fürs Feuer« (nach Fry), ARD 1960; Gus in »Der stumme Diener« (nach Pinter), ARD 1963; Dr. Wiesel in »Wie in schlechten Romanen« (nach Böll), ARD 1964; Arnold Kramer in »Michael Kramer« (nach Hauptmann), ZDF 1965; Camille in »Therese Raquin« (nach Zola), ARD 1966; Emil Kubinke in »Kubinke« (nach Hermann), und Heinrich in »Der Teufel und der liebe Gott« (nach Sartre), ARD 1967; Mörder in »Graf Öderland« (nach Frisch), Regie: Rolf Hädrich, ARD 1968; »Goldene Städte« (nach Wesker), ARD 1969; »Tatort«, Serie, 3 Folgen, ARD 1971–1984; Thieme in »Der Angestellte« (nach Sanders) ARD 1971; Tredup in »Bauern, Bonzen, Bomben« (von Monk nach Fallada), Regie: Egon Monk, 5 Teile ARD 1973; Licht in »Der zerbrochene Krug« (nach Kleist), ZDF 1973; Pater in »Die Gewehre der Frau Carrar« (nach Brecht), Regie: Egon Monk, »Eine emanzipierte Frau«, Regie: Hartmut Lange, und Titelrolle in »Das Leben des schizophrenen Dichters Alexander März« (nach Kipphardt), Regie: Vojtech Jasny, ZDF 1975; Läuffer in »Der Hofmeister« (nach Lenz), ARD 1976; »Emigranten« (nach Mrożek) und »Ein Mann wird jünger« (nach Italo Svevo), ZDF 1977; »Die Geburtstagsfeier« (nach Pinter), ZDF 1978; Loth in »Vor Sonnenaufgang« (nach Hauptmann), ARD 1978; »Ein Tag«, Regie: Egon Monk ARD 1979; Hitler in »Unity Mitford«, BBC, engl. TV 1980; »Frau Jenny Treibel« (nach Fontane), mit Maria Schell, Regie: Franz Josef Wild, ARD 1982; Jakob Fugger in »Vom Webstuhl zur Weltmacht«, Regie Heinz Schirk, 6 Teile, ARD 1983.
Auszeichnungen: »Bester Darsteller« (»Der Angestellte«), Mostra Internazionale del Film d'Autor 1971; »Großer Berliner Kunstpreis« und Prix Italia für Darstellung in »Das Leben des schizophrenen Dichters Alexander März« 1976; Hörspielpreis de Kriegsblinden 1979.
Anschrift: c/o ZBF-Agentur Hamburg, Tonndorfe Hauptstraße 90, 2000 Hamburg 70.

Anja Jaenicke

Geb. 9. 10. 1963 als Tochter der Schauspielerin Käte Jaenicke in Berlin; dort und in München aufgew.; 1977 debütierte sie in der Titelrolle von Rüdiger Nüchterns Film »Heimkind«. Seither wirkte sie in zahlreichen Kino- und TV-Produktionen mit und machte Theatertourneen.
Anja Jaenicke spricht engl.; sie ist ledig und lebt in München.
Film: »David« (nach Joël König), mit Walter Taub und Eva Mattes, Regie: Peter Lilienthal, 1978; »Die Schaukel«, Regie: Percy Adlon, 1983.
Theater: In Shakespeares »Die lustigen Weiber von Windsor«, und Lucie in Goethes »Stella«, Regie: Michael Degen, jeweils Tournee.
Fernsehen: »Tatort«, Serie, und »Landluft«, Regie: Michael Braun, ARD 1980; »Ein Stück vom Himmel« (nach Janina David), Regie: Franz Peter Wirth, 8 Teile, und Titelrolle in »Das Mädchen auf der Treppe« (aus der Reihe: »Tatort«), mit Götz George, Regie: Peter Adam, ARD 1982; »Hanna von Acht bis Acht«, mit Angelica Domröse, Regie: Egon Günther, ZDF 1983; »Derrick«, Serie, 2 Folgen, ZDF 1983/84; »Der Kellermann-Prozeß«, Regie: Theodor Kotulla, »Alle aus Liebe«, Regie: Theodor Kotulla, 6 Teile, und »Der Alte«, Serie, ZDF 1984; »Die Försterbuben« (nach Rosegger), mit Franco Nero, Regie: Peter Patzak, »Abschied in Berlin«, mit Käte Jaenicke, Regie: Antonio Skármeta, und »Derrick«, Serie, ZDF 1985; »Die Unbekannten im eigenen Haus« (nach Simenon), Regie: Bernd Fischerauer, ARD 1985; Titelrolle in »Die kleine Kanaille« (aus der Reihe »Tatort«), mit Herbert Herrmann und Heinz Drache, ARD 1986. Besonderen Erfolg hatte sie als Tochter in der sechsteiligen Serie »Mensch Bachmann«, mit Rolf Schimpf (ZDF 1984).
Auszeichnungen: »Bayerischer Filmpreis« (für ihre Darstellung in »Die Schaukel«) 1983; »Nachwuchs-Bambi« (BILD + FUNK) 1984; Nachwuchspreis des Deutschen Darstellerpreises 1985.
Anschrift: c/o Agentur Alexander, Lamontstraße 9, 8000 München 80

Käte Jaenicke

Geb. 22. 3. 1928 in Danzig; sie absolvierte eine Ausbildung in Tanz und Schauspiel. Bühnenstationen als freischaffende Künstlerin u.a.: Renaissance-Theater, Tribüne, Freie Volksbühne, Komödie und Theater am Kurfürstendamm, jeweils in Berlin, Kleines Theater im Zoo Frankfurt/Main, Nationaltheater Mannheim sowie auf Tournee. Seit 1960 ist sie häufig beim Fernsehen tätig.
Frau Jaenicke spricht engl., franz., span.; sie ist geschieden. Ihre Tochter Anja Jaenicke wählte ebenfalls den Schauspielberuf. Die Künstlerin lebt in München.
Film: »Ich schwöre und gelobe«, 1959; »Willi, der Privatdetektiv«, 1960; »Die Blechtrommel« (nach Grass), mit David und Heinz Bennent, Regie: Volker Schlöndorff, 1979.
Theater: An den vorgenannten Bühnen verkörperte sie Rollen ihres Fachs, u.a.: Susanne in Beaumarchais' »Der tolle Tag oder Figaros Hochzeit«, in Millers »Hexenjagd« (Regie: Erwin Piscator), und Mädchen in Gogols »Die Heirat«. Ihre wichtigsten Regisseure waren Rudolf Noelte, Erwin Piscator, Fritz Rémond, Kurt Raeck und Ludwig Berger.
Fernsehen: »Die Kassette« (nach Sternheim), mit Theo Lingen, Regie: Rudolf Noelte, ARD 1961; »Zeit der halben Herzen« (nach Lehman), Regie: Peter Beauvais, ARD 1968; »O süße Geborgenheit« (nach Kops), Regie: Heinz Schirk, ARD 1969; »Auf Biegen und Brechen«, Regie: Hartmut Bitomsky, und »Glücksucher«, Regie: Peter Beauvais, ARD 1977; »Der Alte«, Serie, 3 Folgen, ZDF 1980–1984; »Verwirrung der Gefühle« (nach Stefan Zweig), mit Michel Piccoli und Gila von Weitershausen, Regie: Etienne Périer, ZDF 1981; Titelrolle in »Die Entführung der Dona Agata«, Regie: Rodolfo Kuhn, ZDF 1982; »Tatort«, Regie: Volker Vogeler, Serie, und »Das eine Glück und das andere«, Regie: Axel Corti, ARD 1982; »Derrick«, Serie, 2 Folgen, ZDF 1983/84; »Sterbehilfe« (aus der Reihe: »Wie würden Sie entscheiden?«), Regie: Renate Vavano, Serie, und »Abschied in Berlin«, mit Anja Jaenicke, Regie: Antonio Skármeta, ZDF 1985.
Anschrift: c/o Agentur Alexander, Lamontstraße 9, 8000 München 80.

Kurt Jaggberg

(eigentlich: Kurt Jagersberger)

Geb. 10. 11. 1922 in Wiener Neustadt; dort aufgew.; nach dem Abitur im Jahre 1945 studierte er an der Universität Wien Philosophie und Theaterwissenschaft und promovierte 1949 zum Dr. phil.; das Wiener Max-Reinhardt-Seminar absolvierte er in den Fächern Schauspiel und Regie. 1950 begann er als Lektor beim Funk in Wien.
Als freischaffender Schauspieler wirkte er seit 1951 u.a. an folgenden Bühnen: Theater in der Josefstadt, Volkstheater, Theater an der Wien, Kammerspiele und Kleine Komödie im Theater am Kärntnertor, jeweils in Wien, an der Freien Volksbühne, am Hebbel-Theater, an der Tribüne, an der Komödie und am Theater am Kurfürstendamm, jeweils in Berlin, sowie am Schauspielhaus Zürich. Ferner wirkte er bei den Festspielen in Perchtoldsdorf und Stockerau mit. Seit 1952 arbeitet er bei Film und Fernsehen. Für den Hörfunk nahm er bislang über 1500 Hörspielrollen auf. Er ist auch als Autor und Regisseur für Funk und Fernsehen tätig.
Jaggberg spricht engl.; er ist verheiratet, hat drei Kinder (Andreas, Kathrin und Sebastian) und lebt in Puchheim bei München.
Film: »Flucht ins Schilf«, Regie: Michael Kehlmann, 1952; »Spionage«, 1955; »Das Leben geht weiter«, 1956; »... und abends in die Scala«, Regie: Erik Ode, 1958; »Jerry Cotton«, Regie: Harald Reinl, 1963; »The Salzburg Connection«, mit Klaus Maria Brandauer, Regie: Lee Katzkins (Produktion Otto Preminger), 1972; »Die Erben«, Regie: Walter Bannert, 1982.
Theater: Jimenez in Lorcas »Mariana Pineda«, Blakkater in Schuberts »Die Verlorenen«, Brusco in Guareschi/Firners »Don Camillo und Peppone«, Sebastian in Shakespeares »Sturm«, Regie: Leonard Steckel, Prinz von Arragon in Shakespeares »Der Kaufmann von Venedig«, Regie: Erwin Piscator, Nicola in Shaws »Helden«, Regie: Erik Ode, Titelrolle in Walters »Elio«, Regie: Werner Düggelin, Leutnant in Kraus' »Die letzten Tage der Menschheit«, Regie: Leopold Lindtberg, Papst Leo in Osbornes »Luther«, Regie: Peter Zadek, und in der deutschen Erstaufführung von »The happy Apple«, Regie: Ernst Waldbrunn; jeweils an den vorgenannten Bühnen; Zangler in Nestroys »Einen Jux will er sich machen«, Regie: Hans Richter, Festspiele Heppenheim 1982.
Fernsehen: »Elisabeth von England« (nach Bruckner), ARD 1961; Astragalus in »Der Alpenkönig und der Menschenfeind« (nach Raimund), ARD 1962; Hudl in »Der Tod des Engelbrecht Dollfuß« (nach Adler), ARD 1967; Rittburger in »Der keusche Lebemann« (nach Arnold/Bach), ORF 1968; Omar Shirvan in »Der Schelm von Istanbul«, ZDF 1969; »Wie ein Träne im Ozean« (nach Sperber), mit Herbert Stass, Regie: Fritz Umgelter, 3 Teile, ARD 1969; Münzenberg in »Flucht – Der Fall Münzenberg«, ZDF 1971; »Die Abenteuer des braven Soldaten Schwejk« (nach Hašek), Regie: Wolfgang Liebeneiner, Serie, ZDF 1972; »Münchnerinnen« (nach Thoma), ZDF 1975; »In freier Landschaft« (nach Lehman), Regie: Michael Kehlmann, 2 Teile, ARD 1977; »Die Kur«, Regie: Frank Strecker, 5 Teile, ARD 1978; »Zeit zum Aufstehn« (nach August Kühn), Regie: Ludwig Cremer, 2 Teile, ZDF 1978; »Bei Kerzenlicht« (nach Farkas), Regie: Jochen Bauer, ORF 1983; »Peter Alexander: Wir gratulieren«, ZDF 1983; »Herr Ober, zwei Mokka«, Regie: Gottfried Schwarz, ZDF 1984; »Der gute Engel«, von und mit Fritz Eckhardt, Regie: Kurt Junek, Serie, ARD 1985; »Fahrerflucht«, Regie: Gernot Friedel, ORF 1985.
Besonders bekannt wurde Jaggberg in seiner Rolle als Bezirksinspektor Wirz in der Krimi-Serie »Oberinspektor Marek« mit Fritz Eckhardt, die ab 1963 bei ORF und ARD lief. 1972 wurde die Sendung als Beitrag des ORF in die ARD-Reihe »Tatort« übernommen. Nach dem Ausscheiden von Fritz Eckhardt, der auch als Drehbuchautor verantwortlich zeichnete, im Jahre 1983, wurde Jaggberg in der 21. Folge die Hauptrolle übertragen. Er trägt nun den Namen »Oberinspektor Hirth«.
Anschrift: c/o ZBF-Agentur München, Leopoldstraße 19, 8000 München 40.

Helmut Janatsch

– Kammerschauspieler –

Geb. 12. 10. 1918 in Braunau am Inn; aufgew. in Österreich, Ungarn, Siebenbürgen (Rumänien) und der ČSR; nach dem Abitur an einem Humanistischen Gymnasium besuchte er die Hochschule für Welthandel und das Max-Reinhardt-Seminar in Wien. Seit 1950 ist er Mitglied des Wiener Burgtheaters. Engagements hatte er zudem u.a. bei den Grazer Festwochen, am Theater in der Josefstadt Wien, bei den Salzburger Festspielen und bei den Bregenzer Festspielen. Seit 1957 arbeitet er für Film und Fernsehen. Er ist Autor literarischer Dramatisierungen (u.a. für den Hörfunk) und wirkt als Regisseur. Janatsch spricht ung., rumän., franz., engl.; er ist verheiratet, hat drei Kinder und lebt in Hof bei Salzburg.
Film: »Das Kind der Donau«, und »Eroica«, mit Ewald Balser, Regie: Walter Kolm-Veltée, 1950; »Seesterne« und »Ich hab' mich so an dich gewöhnt«, 1952; »No Time for Flowers«, USA 1952; »Sauerbruch Das war mein Leben«, mit Ewald Balser und Erich Ponto, Regie: Rolf Hansen, 1954; »Lodernde Flamme«, USA 1959; »The Secret Ways«, mit Richard Widmark, USA 1960; »Flucht der weißen Hengste«, mit Robert Taylor, USA 1961; »Le caporal épinglé«, mit Jean-Pierre Cassel, Regie: Jean Renoir, Frankreich 1962; »Der Schüler Gerber« (nach Torberg), mit Werner Kreindl, Regie: Wolfgang Glück, 1980.
Theater: Ferdinand in Schillers »Kabale und Liebe«, Mortimer in Schillers »Maria Stuart«, Titelrolle in Schillers »Don Carlos«, Franz in Goethes »Götz von Berlichingen«, Derwisch in Lessings »Nathan der Weise«, Titelrolle in Shakespeares »Hamlet« (Grazer Festwochen 1957), Gregor Werle in Ibsens »Die Wildente«, Tempelherr in Lessings »Nathan der Weise«, mit Ernst Deutsch (Theater in der Josefstadt Wien 1957), Oberstleutnant Ludoltz in Csokors »Dritter November 1918«, Regie: Rudolf Steinboeck, Johannes in Mells »Das Apostelspiel« (auch TV), Buckingham in Shakespeares »König Richard III.«, Regie: Leopold Lindtberg, Pistol in Shakespeares »Heinrich IV.«, Regie: Leopold Lindtberg, Rebolledo in Calderons »Der Richter von Zalamea«, Regie: Josef Gielen, Dr. Stark in Hochwälders »Der Unschuldige«, Regie: Hans Thimig, Fra Timoteo in Machiavellis »Mandragola«, Regie: Roberto Guiccardini, Wirt in Lessings »Minna von Barnhelm«, La Roche in Schillers »Der Parasit«, und Don Marzio in Goldonis »Das Kaffeehaus«, jeweils an den vorgenannten Bühnen bis 1982.
Fernsehen: »Erste Legion«, ORF 1962; »Die Falle«, und »Der Himmel kann warten«, Regie: Herbert Fuchs, »Der Nachfolger«, Regie: August Everding, jeweils ORF; Malik Effendi in »Omer Pascha«, Regie: Christian-Jaque, Serie, ZDF 1969; »Oberst Redl«, Regie: Robert A. Stemmle, »Altaich«, und »Gin mit Tollkirsche«, Regie: K.H. Bieber, jeweils ZDF; »Lumière des Justes«, franz. TV; »Die Straße«, Regie: Volker Vogeler, ARD 1978; »Fantomas«, mit Helmut Berger, Regie: Claude Chabrol, Serie, franz. TV/ZDF 1979; »Verwirrung der Gefühle« (nach Stefan Zweig), mit Michel Piccoli und Gila von Weitershausen, Regie: Etienne Périer, ZDF 1981; »Der Weihnachtsengel namens Kran«, und »Weltuntergang 1914«, Regie: Imo Moszkowicz, jeweils ORF, »Geheimauftrag Paris«, Regie: Denys de la Patellière, Serie, franz. TV, ORF 1983.
Auszeichnung: Kammerschauspieler 1975.
Anschrift: Felix Dahn Straße 8/4, A-1180 Wien, Österreich.

Wolfgang Jansen

Geb. 3. 4. 1938 als Sohn des Bildhauers Bernhard Jansen und der Sängerin Elli Jansen in Danzig; Oberschule; ab 1951 spielte er zahlreiche Kinder- und Jugendrollen in deutschen und österreichischen Kinofilmen. Bereits während seiner Schulzeit wurde er auch für Hörspiele verpflichtet. Er hatte zahlreiche Engagements an Berliner Bühnen (zuletzt 1984 an der Theatermanufaktur am Halleschen Ufer) sowie an der Kleinen Komödie München (in Sagans »Das ohnmächtige Pferd«, 1968, und in Goetz' »Der Lügner und die Nonne«, 1972), am Fritz-Rémond-Theater im Zoo Frankfurt/Main, an der Komödie Düsseldorf (zuletzt 1984) sowie auf Tournee. Er ist häufig in der Synchronisation tätig.
Jansen spricht engl.; er lebt in Mörfelden bei Frankfurt/Main.
Film: »Sündige Grenze«, 1951; »Der keusche Lebemann« (nach Arnold/Bach), 1952; »Hollandmädel«, »Postlagernd Turteltaube«, »Der Kampf der Tertia« und »Der Vetter aus Dingsda«, 1953; »Mädchen mit Zukunft«, »Schlagerparade«, und »Der Raub der Sabinerinnen« (nach Schönthan), Regie: Kurt Hoffmann, 1954; »Die Deutschmeister«, mit Romy Schneider, und »Du bist die Richtige«, 1955; »Husarenmanöver«, »Liebe« und »Liebe, Sommer und Musik«, 1956; »Ober, zahlen«, mit Hans Moser, Regie: E.W. Emo, »Jungfrauenkrieg«, »Der Wilderer vom Silberwald«, »Heiratskandidaten«, und »Dort in der Wachau«, 1957; »Hallo Taxi«, mit Hans Moser, Regie: Hermann Kugelstadt, »Herrn Josefs letzte Liebe«, mit Hans Moser, Regie: Hermann Kugelstadt, »Die Straße«, und »Ich heirate Herrn Direktor«, 1958; »Die zornigen jungen Männer«, »Eine Frau fürs ganze Leben«, »Wegen Verführung Minderjähriger« und »Hohe Tannen«, 1960; »Zwei tolle Käfer räumen auf«, Regie: Rudolf Zehetgruber, 1978; »Das verrückte Strandhotel«, Regie: Michel Lang, 1983.
Fernsehen: »Flug in Gefahr« (nach Hailey), mit Hanns Lothar und Ingmar Zeisberg, Regie: Theo Mezger, ARD 1964; »Lauf' doch nicht splitternackt herum«; »Unser Herr Diener«; »Im Ballhaus ist Musike«, Regie: Thomas Engel, ARD 1967; »Bratkartoffeln inbegriffen«; »Marinemeuterei 1917«; »Weekend im Paradies« (nach Arnold/Bach), Regie: Kurt Weseler, ARD 1973; »Tatort«, Regie: Jürgen Roland, Serie, ARD 1985.

Anschrift: c/o Agentur Wiedner, Destouchesstr. 32, 8000 München 40.

Horst Janson

Geb. 4. 10. 1935 als Sohn eines Justizbeamten in Mainz; dort, in Bad Soden und in Wiesbaden aufgew.; auf der Theaterbühne seiner Schule sammelte er erste Spielerfahrung. Mit 16 Jahren legte er an der Frankfurter Bühnengenossenschaft einen Eignungstest als Schauspieler ab und nahm in Wiesbaden bei Hertha Genzmer Schauspielunterricht, den er sich gegen den Widerstand seiner Eltern durch Aushilfsarbeiten selbst finanzierte. Am Hessischen Staatstheater Wiesbaden debütierte er in Mussets »Lorenzaccio«.
Sein Film-Debüt gab er 1959 in der Thomas-Mann-Romanverfilmung »Buddenbrooks«, nachdem er im UFA-Nachwuchs-Studio eine weitere Ausbildung durchlaufen hatte. Seine größten Erfolge errang er als Hauptdarsteller zahlreicher Fernsehserien. Mit seiner ehemaligen Frau, der Schauspielerin Monika Lundi, veröffentlichte er 1973 die Schallplatte »Wir wollen es haben«.
Janson spricht engl.; er ist in zweiter Ehe verheiratet, hat eine Tochter (Sarah, geb. 1984) und lebt in München.
Film: »Buddenbrooks« (nach Thomas Mann), Regie: Alfred Weidenmann, und »Und noch frech dazu«, 1959; »Das Glas Wasser« (nach Scribe), mit Gustaf Gründgens und Hilde Krahl, Regie: Helmut Käutner, 1960; »Drei schräge Vögel«, Regie: Kurt Früh, 1960; »Das Riesenrad«, »Ruf der Wildgänse«, mit Ewald Balser und Brigitte Horney, »Das Mädchen und der Staatsanwalt«, und »Tunnel 28«, Regie: Robert Siodmak, 1962; »Hilfe, die Verwandten kommen«, 1969; »Murphy's War«, mit Peter O'Toole, Großbritannien 1971; »Captain Kronos«, 1972; »Die Zwillinge vom Immenhof«, mit Heidi Brühl, 1973; »Steiner – das Eiserne Kreuz« (2. Teil), mit Richard Burton, Robert Mitchum und Rod Steiger, Regie: Andrew V. McLaglen, 1978; »Wie hätten Sie's denn gern?«, mit Jutta Speidel, Regie: Rolf von Sydow, 1983; »Das Nürnberger Bett«, Regie: Alexander Titus Benda, 1984; »Die letzten Tage des Generals Patton«, mit George C. Scott, USA 1985.
Theater: Zuletzt: In Stuarts »Ankomme Dienstag – stop – Fall nicht in Ohnmacht«, Theater Die Kleine Freiheit München 1984; in »Goodbye Charlie« und in der Uraufführung von Rainer Erlers »Orgie«, Tournee 1985/86.
Fernsehen: »Sein Traum vom Grand Prix«, Serie, 1966; Sascha Doria in »Salto mortale« (von Heinz Oskar Wuttig), mit Gustav Knuth, Hans Söhnker, Joseph Offenbach und Hans Jürgen Bäumler, Serie, ARD 1968/69; Titelrolle in »Der Bastian« (von Barbara Noack), mit Lina Carstens und Karin Anselm, Serie, ZDF 1974/75; »George«, mit Marshall Thompson, Regie: Sidney Miller, Serie, ARD 1974; »Klimbim«, Regie: Michael Pfleghar, Serie, ARD 1975; »Taxi 4012«, Regie: Paul Verhoeven, und »Drei sind einer zuviel«, mit Herbert Herrmann, Thomas Fritsch und Jutta Speidel, Serie, ZDF 1976; Kriminalkommissar Hahn in »Sonderdezernat K 1« (von Harald Vock), mit Gert Günther Hoffmann, Claus Ringer und Hubert Suschka, Serie, ARD 1970–1981; »Mutter gesucht«, Regie: Gianni Bongioami, ital. TV, 3 Teile, 1983; »Die Sesamstraße«, mit Liselotte Pulver, Serie, ARD 1984/85.
Auszeichnung: »Otto« (BRAVO) 1973.
Anschrift: c/o Agentur Alexander, Lamontstraße 9, 8000 München 80.

Hans Jaray

– Kammerschauspieler –

Geb. 24. 6. 1906 in Wien; dort aufgew.; nach der Volksschule absolvierte er die Theresianische Akademie sowie die Akademie für Musik und darstellende Kunst in Wien. 1925 debütierte er am Volkstheater Wien, wo er bis 1930 zum Ensemble gehörte. Die weiteren Bühnenstationen: Theater in der Josefstadt (1930–1938), Broadway, National-Theater und Deutsches Theater New York (1938–1948), Theater in der Josefstadt (1950–1960). Von 1960 bis 1970 war er als freischaffender Schauspieler u.a. verpflichtet am Bayerischen Staatsschauspiel München und am Thalia-Theater Hamburg. Nach einem Engagement am Volkstheater Wien (1970–1978) kehrte er 1979 an das Theater in der Josefstadt Wien zurück, wo er seither wieder zum Ensemble gehört.
Jaray trat vor allem an den vorgenannten Wiener Bühnen auch als Regisseur in Erscheinung. Von 1955 bis 1965 war er Lehrer für dramatischen Unterricht und Regie am Max-Reinhardt-Seminar in Wien.
Seine Theaterstücke, die am Wiener Volkstheater und am Theater in der Josefstadt uraufgeführt wurden, sind u.a.: »Ist Geraldine ein Engel?«, »Ein feiner Herr«, »Christiano zwischen Himmel und Hölle«, »Liebesheirat« und »Ping Pong«. Jaray veröffentlichte den Roman »Es fehlt eine Seite«, der in mehreren Übersetzungen erschienen ist.
Zwischen 1938 und 1948 hatte der Künstler einen festen Filmvertrag mit der New York Film und London Film in Hollywood/USA.
Jaray spricht engl., franz.; er ist ledig und lebt in Wien.
Film: »Pat und Patachon als Schwiegersöhne«, mit Agnes Petersen, Regie: Hans Steinhoff, 1926; »Die Liebe der Jeanne Ney«, Regie: Georg Wilhelm Pabst, 1927; »Kaiserliebchen«, mit Attila Hörbiger, Regie: Hans Tintner, 1931; Franz Schubert in »Leise flehen meine Lieder«, Regie: Willi Forst, 1933; »The unfinished symphony«, Regie: Willi Forst, Großbritannien 1934; Maupassant in »Das Tagebuch der Geliebten«, Regie: Hermann Kosterlitz, 1934; »Diario di una donna amata«, Regie: Hermann Kosterlitz, Italien 1934; Titelrolle in »Der Pfarrer von Kirchfeld«, Regie: Jakob und Luise Fleck, 1937; Blinder Pianist in »Lydia«, Regie: Julien Duvivier, USA 1941; »Carnegie Hall«, USA 1943; »Frühlingsstimmen«, Regie: Rudolf Jugert, 1952; »Fedora«, mit Hildegard Knef, Marthe Keller, Henry Fonda und Michael York, Regie: Billy Wilder, BRD/Frankreich 1978.
Theater: Volkstheater Wien: Titelrolle in Shakespeares »Hamlet«, Orsino in Shakespeares »Was ihr wollt«, mit Alexander Moissi, in Holz/Jerschkes »Traumulus«, Titelrolle in Anzengrubers »Der Pfarrer von Kirchfeld«, Prof. Higgins in Shaws »Pygmalion«, Titelrolle in Schnitzlers »Der junge Medardus«, Titelrolle in »Kronprinz Rudolf«, Prof. Heink in Bahrs »Das Konzert«, Herzog in Shakespeares »Maß für Maß« und Titelrolle in »Franz Josef I. Kaiser von Österreich«. Theater in der Josefstadt: Jimmy in »Das schwache Geschlecht«, Regie: Max Reinhardt, Lord Goring in Wildes »Ein idealer Gatte«, Baron in Gorkis »Nachtasyl«, Spielansager in Wilders »Unsere kleine Stadt«, Sir Robert in »Winslow Boy«, Colonel Howard in Denker/Berkeys »Zeitgrenze«, Titelrolle in Maughams »Mein Freund Jack«, Korth in Molnárs »Spiel im Schloß«, Leutnant Fisby in Patricks »Das kleine Teehaus« und Titelrolle in Bush-Feketes »Jean«. Salzburger Festspiele: Stani in Hofmannsthals »Der Schwierige«, Regie: Max Reinhardt, Carlos in Goethes »Clavigo« und Flottwell in Raimunds »Der Verschwender«, Regie: jeweils Ernst Lothar. Theater an der Wien: Kaiser Franz Joseph in »Sissy«, und Vater in »Der Herr im Haus«. New York (National-Theater und Deutsches Theater): in Thompsons »Another Sun«, Regie: Fritz Kortner, und Titelrolle in Goethes »Egmont«.
In vielen vorgenannten Stücken führte Jaray selbst Regie. Weitere wichtige Inszenierungen u.a.: Molnárs »Liliom«, Pagnols »Die Tochter des Brunnenmachers«, Schnitzlers »Professor Bernhardi« und Molnárs »Der Schwan«, jeweils Theater in der Josefstadt Wien, Molnárs »Olympia« und Kaisers »Kolportage«, jeweils am Volkstheater Wien, Brecht/Weills »Die Dreigroschenoper«, am Theater an der Wien »Wiener Blut«, »Giroflé Girofla« und »Die alter Jungfer und der Dieb«, jeweils an der Volksoper Wien.
Fernsehen: »Wie eine Träne im Ozean« (nach Manès Sperber), Regie: Fritz Umgelter, 3 Teile, ARD 1969; »Der Kommissar«, mit Erik Ode, Serie ZDF 1970; »Onkel Silas« (nach Le Fanu), Regie Wilhelm Semmelroth, 2 Teile, ARD 1977. Im ZDF

führte er 1985 Regie in Wildes »Ein idealer Gatte«.
Auszeichnungen: Großes silbernes Ehrenkreuz für Verdienste um die Republik Österreich; Österreichisches Ehrenkreuz für Wissenschaft und Kunst, I. Klasse; Ehrenmedaille der Bundeshauptstadt Wien, in Gold; Großkreuz des Tempelherrenordens; Ehrenring der Stadt Wien; Ehrenring des Theaters in der Josefstadt; Ehrenmitglied des Volkstheaters Wien.
1956 wurde er vom österr. Bundespräsidenten zum Professor ernannt; 1981 Kammerschauspieler.
Anschrift: c/o Austroconcert International, Gluckgasse 1, A-1010 Wien, oder Reisnerstraße 21/IVB, A-1030 Wien, Österreich.

Ronny Jarnoth

Geb. 6. 11. 1961 in Wilhelmshaven; aufgew. in Hamburg; lebt in München; ledig; spricht engl.; Schauspielausbildung bei Gunnar Petersen; seit 1979 ist er Ensemblemitglied des Studiotheaters München.
Film: »Freier Fall«, Regie: Michael Verhoeven, 1982.
Theater: Titelrolle in Saint-Exupérys »Der kleine Prinz«, Regie: Gunnar Petersen, 1979 (bis 1986), Carlo in Allegrias »Niagara«, Regie: Christoph Wagenknecht, 1980, Nursdor in Schillings »Das Hexenlied«, Regie: P.P. Pachel, 1981, Maurice in Genets »Unter Aufsicht«, Regie: Gunnar Petersen, und Jupiter in Sartres »Die Fliegen«, Regie: Maurus Pacher, 1982, Orpheus in Cocteaus »Orphée«, Regie: Gunnar Petersen, 1983, in Fassbinders »Bremer Freiheit«, Regie: Margit Saad, und Paul in Allens »Die magische Glühlampe«, Regie: Gunnar Petersen, 1984, Dorian Gray in Wildes »Das Bildnis des Dorian Gray«, 1985 – alle Rollen Studiotheater München.
Fernsehen: »Second-Help-Show«, mit Gerhard Polt, Regie: Hanns Christian Müller, und Klaus Boetzke in »Rote Erde«, Regie: Klaus Emmerich, 13 Folgen, ARD 1983.
Anschrift: c/o Studiotheater München, Ungererstraße 19, 8000 München 40.

Hans-Dieter Jendreyko

Geb. 2. 1. 1939 in Berlin; nach dem Abitur studierte er vier Semester Literatur und Theaterwissenschaft. Von 1960 bis 1962 absolvierte er seine Schauspielausbildung an der Otto-Falckenberg-Schule München. Engagements hatte er u.a. am Theater der Freien Hansestadt Bremen, am Schauspielhaus Zürich und am Baseler Theater. Er ist auch als Regisseur tätig. Zuletzt inszenierte er an den Städt. Bühnen Frankfurt/Main.

Jendreyko spricht engl.; er ist verheiratet, hat zwei Kinder (Anina und Vadim) und lebt in Therwil, Schweiz.

Film: »Er kann's nicht lassen«, Regie: Axel von Ambesser, 1963, und »Oh Jonathan – oh Jonathan«, Regie: Franz Peter Wirth, 1973, jeweils mit Heinz Rühmann.

Theater: Andri in Frischs »Andorra«, Wladimir in Becketts »Warten auf Godot«, Mercutio in Shakespeares »Romeo und Julia«, Laertes in Shakespeares »Hamlet«, Marquis von Posa in Schillers »Don Carlos«, in Brechts »Flüchtlingsgespräche«, Münzer in der Uraufführung von Fortes »Martin Luther & Thomas Münzer oder Die Einführung der Buchhaltung«, Regie: Kosta Spaić, und in Claudels »Mittagswende«, Regie: Werner Düggelin, jeweils an den vorgenannten Bühnen bis 1983. Regisseure, mit denen er arbeitete, waren u.a. Kurt Hübner, Peter Zadek, Hans Hollmann, Peter Stein und Peter Palitzsch.

Fernsehen: »Dichter Nebel« (nach Hoerschelmann), ZDF 1965; »Jegor Bulytschow und der andere« (nach Gorki), Regie: Peter Beauvais, ARD 1966; »Die Herberge« (nach Hochwälder), ZDF 1970; »Frühbesprechung«, Serie, ARD 1973; »Das Käthchen von Heilbronn oder Die Feuerprobe« (nach Kleist), ARD 1981; »Tatort«, Regie: Stanislav Barabas, Serie, ARD 1982; »Verworrene Bilanzen« (von Stripp), mit Gottfried John, Regie: Peter Beauvais, ARD 1985.

Anschrift: c/o Agentur Mattes, Pilotystraße 2, 8000 München 22.

Martin Jente

Geb. 6. 1. 1909 als Sohn eines Architekten und Kreisbauführers in Görlitz/Schlesien; nach dem Abitur absolvierte er 1929/30 eine kaufmännische Lehre. Er besuchte die Staatl. Schauspielschule Berlin unter Leopold Jessner und war Privatschüler bei Ernst Legal und Philipp Manning. 1931 wurde er Eleve am Deutschen Theater Berlin unter Max Reinhardt. Den Schauspielunterricht finanzierte er sich durch Statisterie und nächtliche Arbeit als Stenograf beim Zeitungsdienst Graf Reisbach. Ab 1931 war er als Sprecher beim Hörfunk tätig. Als Sprecher des Reichssenders Berlin erhielt er 1938 Sprechverbot. Nach dem Kriegsdienst bei der Marine (1939–1945) begründete er 1945 das Kabarett »Die Hinterbliebenen« in Bad Reichenhall, dem er bis 1949 angehörte. Später arbeitete er als Journalist beim Hessischen Rundfunk, bei der »Frankfurter Neue Presse« und der »Nachtausgabe«.
Von 1956 bis 1970 war er neben seiner Arbeit als Schauspieler Fernsehproduzent beim Hessischen Rundfunk in Frankfurt/Main. Er produzierte über 500 Unterhaltungssendungen, darunter »Einer wird gewinnen«, »Zum blauen Bock« und »Ein Platz für Tiere«.
Bühnen-Engagements in den letzten Jahren hatte er u.a. an der Kleinen Komödie Hamburg, am Theater an der Wien, in Wien, am Bernhard-Theater Zürich, am Fritz-Rémond-Theater im Zoo Frankfurt/Main, am Theater Die Komödie Frankfurt/Main, am Theater am Holstenwall Hamburg und am Hoftheater Scherzheim. Dort verkörperte er Rollen seines Faches als Charakterkomiker.
Jente veröffentlichte zahlreiche Schallplatten, u.a.: »Der Knigge des Herrn Martin«, »Das hat ein Butler im Gefühl«, »Auch beim kleinen Mann beißen große Fische an« und »Ich bin der Herr im Haus«.
Jente ist verheiratet, hat zwei Kinder (Michael und Cornelia) und lebt in Wiesbaden.
Film: »Rat mal, wer heute bei uns schläft«, 1967; »Die liebestollen Baronessen«, 1969; »Dr. med. Fabian – Lachen ist die beste Medizin«, Regie: Harald Reinl, 1970; »Einmal wird die Sonne wieder scheinen«, mit Heintje Simons, 1971; »Wir hau'n den Hauswirt in die Pfanne«, Regie: Franz Josef Gottlieb, 1974.
Fernsehen: Er wirkte in zahlreichen Unterhaltungs-Shows mit, u.a.: »Zwischenmahlzeit«, »Die aktuelle Schaubude«, »Ein Platz an der Sonne«, »Rudi-Carrell-Show«, »Der Apfel fällt nicht weit vom Stamm« (13 Folgen) und »Frankfurter Karussell« (jeweils ARD). Als Butler »Herr Martin« war er an der Seite von Hans-Joachim Kulenkampff in über 70 Folgen des TV-Quiz »Einer wird gewinnen« zu sehen. In derselben Rolle begleitete er Kulenkampff auch durch dessen Sendung »Guten Abend, Nachbarn« (5 Folgen). Ferner: »Dr. Murkes Gesammelte Nachrufe« und »Dr. Murkes Gesammeltes Schweigen« (nach Böll), ARD 1965/66; »Nicht zuhören, meine Damen« (nach Guitry) und »Komödien um Karin«, ARD 1968; »Der Wundervogel«, ARD 1969; »Frei nach Mark Twain«, Serie, ARD 1970; »Vier gegen das britische Pfund«, ZDF 1972; »Unsere heile Welt«, ARD 1973; »Das Glücksmädel«, Regie: Alexander Arnz, ARD 1984; Philippe in »Der Opernball« (nach Heuberger), Regie: Eugen York, ZDF 1985 (Wiederaufnahme).
Anschrift: Nerotal 11, 6200 Wiesbaden.

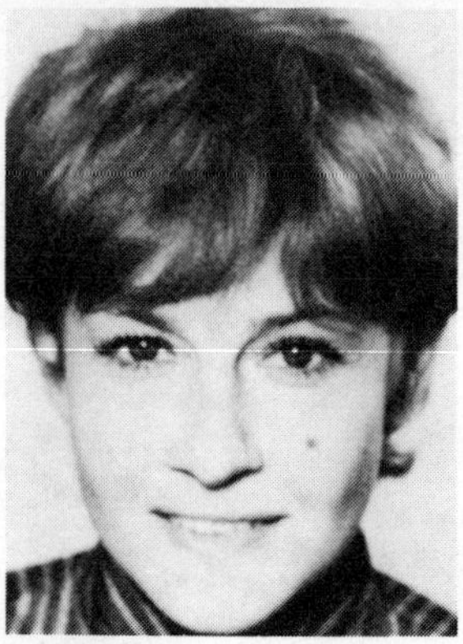

Gertraud Jesserer

Geb. 13. 2. 1943 in Wien; dort aufgew.; bereits während ihrer Schulzeit bekam sie mit 14 Jahren ihre erste Filmrolle in Rolf Thieles »Die Halbzarte« (mit Romy Schneider, 1958). Mit 16 Jahren verließ sie 1959 das Max-Reinhardt-Seminar vorzeitig. In der Rolle des Kindes debütierte sie 1960 in Molnárs »Liliom« am Theater in der Josefstadt Wien, dessen Ensemble sie bis 1969 angehörte. Von 1969 bis 1973 war sie am Deutschen Schauspielhaus Hamburg verpflichtet. Nach einem erneuten Gastspiel am Theater in der Josefstadt (1973) kam sie 1973/74 an das Burgtheater Wien, an dem sie bis heute tätig ist. Gastspiele gab sie u.a. an der Kleinen Komödie München (1966/67), am Thalia-Theater Hamburg, bei verschiedenen Festspielen sowie auf Tournee.

Frau Jesserer spricht engl., franz.; sie war verheiratet mit dem mittlerweile verstorbenen Schauspieler Peter Vogel, hat zwei Kinder und lebt mit dem Schauspieler Gerd Böckmann in Wien.

Film: »Die Halbzarte«, mit Romy Schneider, Regie: Rolf Thiele, 1958; »Wenn das mein großer Bruder wüßte«, 1959; »Das Erbe von Björndal«, Regie: Gustav Ucicky, 1960; »Ruf der Wildgänse« (nach Ostenso), mit Ewald Balser und Brigitte Horney, Regie: Hans Heinrich, 1961; »Das hab' ich von Papa gelernt«, mit Willy und Thomas Fritsch, Regie: Axel von Ambesser, 1964; »Fluchtversuch«, Regie: Vojtech Jasny, 1976.

Theater: Christopherl in Nestroys »Einen Jux will er sich machen«, mit Josef Meinrad, Pockerl in Nestroys »Der Talisman«, Luise in Schillers »Kabale und Liebe«, in Horváths »Geschichten aus dem Wienerwald«, in Molières »Die Schelmenstreiche des Scapin«, Regie: Axel von Ambesser, in Fermauds »Match«, in Horváths »Italienische Nacht«, Polly in Brecht/Weills »Die Dreigroschenoper«, Karoline in Horváths »Kasimir und Karoline«, Mizi in Schnitzlers »Liebelei«, in Awertschenkos »Der Selbstmörder«, in Feydeaus »Einer muß der Dumme sein«, Regie: Leonard Steckel, in Delaneys »Bitterer Honig«, in Molières »Die Schule der Frauen«, in »Sonntag in New York«, Rosalinde in Shakespeares »Wie es euch gefällt«, Regie: Niels-Peter Rudolph, Laura in Williams' »Die Glasmenagerie«, Regie: Tom Toelle (auch TV), Maria in Musils »Die Schwärmer«, Regie: Erwin Axer, jeweils an den vorgenannten Bühnen.

Fernsehen: »Das Abgründige in Herrn Gerstenberg«, Buch + Regie: Axel von Ambesser, ARD 1965; »Der Fall Regine Krause«; »Der Feldherrnhügel«; »Meine Frau erfährt kein Wort«; »Am Ziel aller Träume«; »Die Dämmerung der Sehnsucht«, Regie: Peter Hajek, ORF 1976; »Glaube Liebe Hoffnung« (nach Horváth), Regie: Michael Kehlmann, und »Ein Abend mit Labiche«, Regie: Dieter Wedel, ARD 1980; »Mich wundert, daß ich so fröhlich bin« (nach Simmel), mit Vilma Degischer, Regie: Michael Kehlmann, ZDF 1983; »Das Ohr« (nach Proházka), Regie: Pavel Kohout, ZDF 1984; »Die kleine Show: Kopf hoch, oh Herz«, 3-SAT 1985.

Auszeichnung: »Goldene Kamera« (HÖRZU) 1980.

Anschrift: c/o ZBF-Agentur München, Leopoldstraße 19, 8000 München 40, oder Wasagasse 11, A-1090 Wien, Österreich.

Aviva Joël

(eigentlich: Aviva Pestalozzi, geb. Joël)

Geb. 28. 10. 1949 als Tochter einer Opernsängerin in Tel Aviv, Israel; dort aufgew.; Schulbildung bis zur Universitätsreife; sie besuchte zweieinhalb Jahre die Schauspielschule in Zürich und absolvierte unter Nicolas Ray ein Schauspielseminar bei Lee Strasberg in New York, USA. Schon als Kind stand sie als Tänzerin auf der Bühne. Ihre Theaterstationen als Schauspielerin: Stadttheater Luzern (1971/72), Theater Baden-Baden (1972/73), Atelier-Theater Bern (1973/74) und Peter Brook Company (1983).
Aviva Joël spricht engl., franz., ital., hebr.; sie ist geschieden, hat zwei Kinder und lebt in Ebmatingen/ Schweiz.
Film: »Schweizer Wasser«, Regie: Kurt Frueh, 1974; »Konfrontation«, 1976, »Die Schweizer-Macher«, mit Emil Steinberger und Walo Lüönd, 1978, Regie: jeweils Rolf Lyssi; »Das Arche-Noah-Prinzip«, Regie: Roland Emmerich, 1984.
Theater: Olivia in Shakespeares »Was ihr wollt«, Beba in Trianas »Die Nacht der Mörder«, Bella in Hamiltons »Gaslicht«, Luise in Schillers »Kabale und Liebe«, Hazel in O'Neills »Trauer muß Elektra tragen«, Claire in Genets »Die Diener« und Vicky in Kishons »Der Trauschein«, jeweils an den vorgenannten Bühnen.
Fernsehen: »Biene gib mir Honig«, SRG 1975; »Die Soldaten« (von Kipphardt nach Lenz), Regie: Peter Beauvais, ZDF 1977; »Der doppelte Moritz«, »Boeing-Boeing«, Regie: Dieter Haugk und »Sonne, Wein und harte Nüsse«, Regie: Peter Weck, ARD 1978; »Ein Stück Himmel« (von Lehman nach David), Regie: Franz Peter Wirth, 8 Teile, ARD 1980.
Anschrift: c/o Agentur Wiedner, Destouchesstr. 32, 8000 München 40.

Manuela Joest

Geb. 2. 7. 1962 als Tochter des Schauspielers, Regisseurs, Sängers und Theaterleiters Hans-Hermann Joest und der Schauspielerin und Soubrette Hilde Plaschke in Essen; dort, in Hannover und Celle aufgew.; drei Jahre Gymnasium in Hannover. Ihr erstes Engagement erhielt sie 1979 an der Landesbühne Hannover; sie begann gleichzeitig mit privatem Schauspielunterricht. Zudem spielte sie auf Tournee sowie bei den Schloß-Festspielen Ettlingen (1985).
Frau Joest spricht engl., sie ist ledig und lebt in Winsen/Aller.
Theater: Selma in Hauptmanns »Die Ratten«, Hermia in Shakespeares »Ein Sommernachtstraum«, Lady Agathe Carlisle in Wildes »Lady Windermeres Fächer«, Hansi in Nestroys »Der Unbedeutende«, Kay Sadler in Clarks »Ist das nicht mein Leben?«, Hedwig in Ibsens »Die Wildente«, Vicky in Kishons »Der Trauschein«, Paula in Schönthans »Der Raub der Sabinerinnen«, Ann in Goetz' »Herbst«, Monika in Flotows »Durchreise«, Titelrolle in Kleists »Das Käthchen von Heilbronn«, in Brecht/Weills »Aufstieg und Fall der Stadt Mahagonny«, in Neumann/ Sais' »Alles Theater«, Judy in Wunderlich/Olias' »Prärie Saloon«, Marguerite in Anouilhs »Der Herr Ornifle oder Der erzürnte Himmel«, Lydia Languish in Sheridans »Rivalen« (auch TV), und Celia in Shakespeares »Wie es euch gefällt«, jeweils an den vorgenannten Bühnen bis 1985.
Fernsehen: »Und das zum 80. Geburtstag«, mit Carl-Heinz Schroth, und »Der Jugendrichter«, Serie, ARD 1984; »Eigener Herd ist Goldes wert«, Serie, und Helga in »Backfischliebe« (nach Vernon Bartlett), mit Diana Körner und Karl-Heinz von Hassel, Regie: Rolf Hädrich, ARD 1985.
Anschrift: c/o ZBF-Agentur Hamburg, Tonndorfer Hauptstraße 90, 2000 Hamburg 70, oder Kuckucksheide 1, 3108 Winsen/Aller.

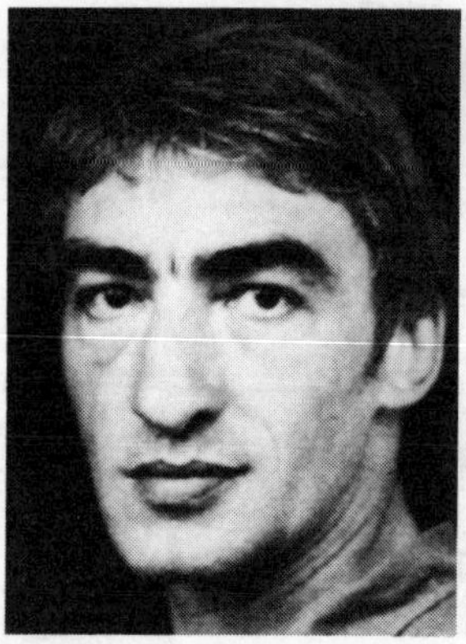

Gottfried John

Geb. 29. 8. 1942 in Berlin; er nahm Schauspielunterricht bei Marlise Ludwig in Berlin. Am dortigen Schiller-Theater gab er noch während seiner Ausbildung sein Bühnendebüt. Von 1963 bis 1965 stand er im Ensemble der Landesbühne Hannover. Von 1965 bis 1967 gehörte er zu den Vereinigten Bühnen Krefeld-Mönchengladbach. Gastspiele gab er u.a. an der Freien Volksbühne Berlin (1977), an den Bühnen der Stadt Bonn (1983) sowie bei den Festspielen Bad Hersfeld (1982 + 1984).
Bekannt wurde er vor allem durch seine zahlreichen Kino- und Fernsehfilme (in der Hauptsache unter der Regie von Rainer Werner Fassbinder).
John spricht engl., franz.; er ist verheiratet und lebt in Utting/Bayern.
Film: Titelrolle in »Jaider – der einsame Jäger«, Regie: Volker Vogeler, 1970 (auch ARD 1972); Titelrolle in »Don Carlos« (nach Schiller), Regie: Hans W. Geissendörfer, 1971; »Mutter Küsters' Fahrt zum Himmel«, 1976, »Eine Reise ins Licht/Despair«, mit Dirk Bogarde, »In einem Jahr mit 13 Monden« und »Die Ehe der Maria Braun«, mit Hanna Schygulla, jeweils 1978, »Lili Marleen«, mit Hanna Schygulla, 1981, Regie: jeweils Rainer Werner Fassbinder; »Fedora«, mit Hildegard Knef und Henry Fonda, Regie: Billy Wilder, 1977; »Super«, Regie: Adolf Winkelmann, und »Die Mitläufer«, 1984; »Otto – Der Film«, mit Otto Waalkes, Regie: Xaver Schwarzenberger, 1985.
Theater: In Handkes »Publikumsbeschimpfung« und in Bonds »Gerettet«, Regie: jeweils Hans Neuenfels, Vereinigt. Städt. Bühnen Krefeld-Mönchengladbach 1965–1967; Bruno Mechelke in Hauptmanns »Die Ratten«, mit Cordula Trantow, Günter Lamprecht und Will Quadflieg, Regie: Rudolf Noelte, Freie Volksbühne Berlin 1977 (auch TV); Jago in Shakespeares »Othello«, 1982, und Bastard in Shakespeares »König Johann«, 1984, jeweils Festspiele Bad Hersfeld.
Fernsehen: »Acht Stunden sind kein Tag«, mit Luise Ullrich, Regie: Rainer Werner Fassbinder, 5 Teile, ARD 1972; »Derrick«, Serie, ZDF 1976; »Ich hab' dich lieb«, Regie: Konrad Sabrautzky, und »1982 Gutenbach«, Regie: Michael Verhoeven, ARD 1978; »Marija« (nach Isaac Babel), Regie: Horst Flick, ZDF 1978; »Die große Flatter«, mit Günter Lamprecht, Jochen Schroeder und Richy Müller, Regie: Marianne Lüdcke, 3 Teile, und »Theodor Chindler« (nach Bernard von Brentano), mit Hans Christian Blech, Regie: Hans W. Geissendörfer, 8 Teile, ARD 1979; »Berlin Alexanderplatz« (nach Döblin), mit Günter Lamprecht, Regie: Rainer Werner Fassbinder, 14 Teile, ARD 1980; »Ente oder Trente«, ARD 1981; »Die Matrosen von Kronstadt«, mit Werner Kreindl, Regie: Jürgen Klauß, ZDF 1983; »Der Mitläufer«, ZDF 1984; »Verworrene Bilanzen« (von Stripp), Regie: Peter Beauvais, ARD 1985; Bartholomé de las Casas in »Bartholomé oder Die Rückkehr der weißen Götter« (von Stripp), Regie: Eberhard Itzenplitz, und »Ein Fall für zwei«, Serie, ZDF 1985.
Auszeichnung: »Großer Bad-Hersfeld-Preis« 1982.
Anschrift: c/o ZBF-Agentur München, Leopoldstraße 19, 8000 München 40.

Monika John

Geb. 31. 5. 1935 in Berlin; dort aufgew.; sie nahm Schauspielunterricht in Berlin und München. 1953 debütierte sie in Greens »Süden« am Bayerischen Staatsschauspiel München. An den Städt. Bühnen Osnabrück war sie von 1953 bis 1955 verpflichtet. Als freischaffende Schauspielerin gastierte sie ab 1957 u.a. an den Münchner Kammerspielen (von 1973 bis 1979 war sie dort Ensemble-Mitglied), an der Freien Volksbühne Berlin, am Theater Die Kleine Freiheit München unter Trude Kolman, an der Kleinen Komödie München, am Theater unter den Arkaden München sowie beim Münchner Kabarett »Die Zwiebel«. Seit 1979 gehört sie zum Ensemble des Bayerischen Staatsschauspiels München.
Seit 1960 arbeitet sie in großem Umfang beim Fernsehen und in der Synchronisation.
Frau John spricht engl.; sie lebt in München.
Film: »Fahrerflucht«, Regie: Rolf May; »Nachts, wenn der Teufel kam«, Regie: Robert Siodmak, 1957; »Der Engel, der seine Harfe versetzte«, Regie: Kurt Hoffmann, 1959; »Das schwarz-weiß-rote Himmelbett«, mit Thomas Fritsch und Daliah Lavi, Regie: Rolf Thiele, 1962; »Kehraus« mit Gerhard Polt, Regie: Hanns Christian Müller, 1983.
Theater: In Reinshagens »Sonntagskinder«, Regie: Claus Peymann, in Sternheims »Bürger Schippel«, mit Uwe Friedrichsen, und in Sternheims »Die Hose«, jeweils Freie Volksbühne Berlin; in Cowards »Gefallene Engel«, 1964, und in Flatows »Vater einer Tochter«, 1966, jeweils Kleine Komödie München; Plörösenmieze in Zuckmayers »Der Hauptmann von Köpenick«, in Lasker-Schülers »Die Wupper«, Regie: Adolf Dresen, in Plenzdorfs »Die neuen Leiden des jungen W.«, Regie: Klaus Emmerich, in Brechts »Die heilige Johanna der Schlachthöfe«, Regie: Benno Besson, in Braschs »Lovely Rita«, Regie: Ernst Wendt, jeweils Münchner Kammerspiele; in Kohouts »Armer Mörder«, Regie: Frank Baumbauer, in Goethes »Egmont«, in Bergmans »Szenen einer Ehe«, Regie: Ingmar Bergman selbst, in Molières »Der eingebildete Kranke«, mit Ullrich Haupt, Regie: Helmut Baumann, in Hennequin/Duvals »Sein Doppelgänger«, in Ostrowskijs »Der Wald«, Regie: Harald Clemen, in Bernhards »Über allen Gipfeln ist Ruh«, mit Kurt Meisel und Edda Seippel, Regie: Horst Sachtleben, in Achternbuschs »Plattling«, Regie: Wilfried Minks, in der deutschen Erstaufführung von Enquists »Aus dem Leben der Regenwürmer«, mit Heinz Bennent, Regie: Ingmar Bergman, und in der deutschen Erstaufführung von Martins »Hören Sie mal«, Regie: Walter Bockmayer, jeweils Bayerisches Staatsschauspiel München 1979–1985.
Fernsehen: Unter der Regie von Hans Dieter Schwarze u.a. in: »Wechselkurs der Liebe« (nach Coward), »Pflicht ist Pflicht«, »Ein besserer Herr« (nach Hasenclever), und »Die Schule der Frauen« (nach Molière). Ferner: »Furcht und Elend des Dritten Reiches« (nach Brecht), ARD 1963; »Kimper & Co«, mit Benno Kusche, ARD 1964; »Reisender ohne Gepäck«, Regie: Ludwig Cremer, ZDF 1965; und »Funkstreife Isar 12«, mit Karl Tischlinger, Serie, ARD 1965; »Die Wilde« (nach Anouilh), Regie: Gerhard Klingenberg, ZDF 1968; »Roulette« (nach Kohout), Regie: Franz Peter Wirth, ZDF 1977; »Achtung Chance«, Regie: Kurt Ulrich, ZDF 1978; »Der Spinnenmörder«, Regie: Gerhard Klingenberg, ARD 1978; »Parole Chicago«, mit Christoph Waltz, Regie: Reinhard Schwabenitzky, Serie, und »So'ne und so'ne«, mit Simone Rethel, Serie, ARD 1979; »Büro, Büro«, 26 Teile, ARD 1983/1984; »Freitag's Abend«, mit Thomas Freitag, Serie, ARD 1985.
Anschrift: c/o Agentur Baumbauer, Keplerstraße 2, 8000 München 80.

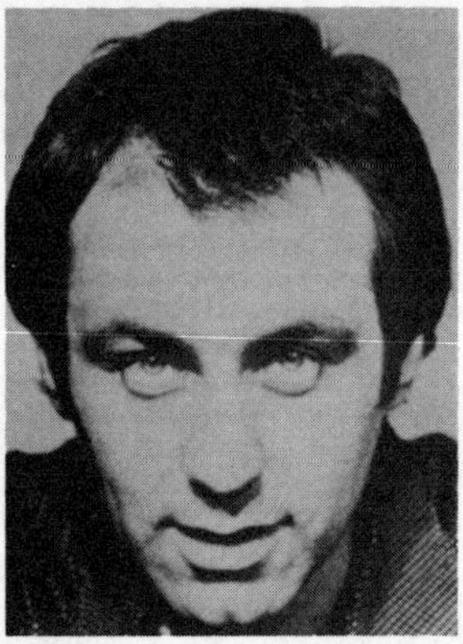

Bruno Jonas

Geb. 3. 12. 1952 in Passau; dort aufgew.; während der Schulzeit (Volksschule St. Nikola und Adalbert-Stifter-Gymnasium Passau) spielte er am Süd-Ost-Bayerischen Städtetheater Passau (1972–1974). Nach dem Abitur leistete er 1974/75 seinen Zivildienst in der Werkstätte der Lebenshilfe e.V. in Passau ab. Schon 1971 veröffentlichte er selbstverfaßte Lieder; 1975 gründete er zusammen mit Siegfried Zimmerschied das Kabarett »Die Verhonepeapler«, gegen das im gleichen Jahr die Staatsanwaltschaft wegen Religionsbeschimpfung (§ 166 StGB) ermittelte.
Von 1975 an studierte Jonas mehrere Semester Germanistik, Geschichte, Politologie, Philosophie und Theaterwissenschaften an der Ludwig-Maximilians-Universität in München, und gehörte von 1976 bis 1978 als Schauspieler und Autor zum Kabarett »Rationaltheater«. Nach Gründung des Kabaretts »Gesellschaft mit beschränkter Hoffnung« (1979) trat er erstmals mit eigenem Soloprogramm auf. 1980 gestaltete er zusammen mit Siegfried Zimmerschied und Rudolf Klaffenböck mehrere »Passauer Abende«.
Von 1981 bis 1984 gehörte er zum Ensemble der Münchner »Lach- und Schießgesellschaft«, für die er bis heute auch als Autor tätig ist. Seit 1984 hat er einen eigenen Programmteil in der ARD-Reihe »Extra-Tour« (Radio Bremen). Für 1986 ist ebenfalls bei Radio Bremen eine eigene Sendereihe in Vorbereitung.
Jonas spricht engl., franz.; er ist ledig und lebt in München.
Theater: Neben den genannten Kabarettprogrammen ferner u.a.: »Zur Klage der Nation«, »Vertreten und verkauft« und »Total verwahrlost«, jeweils als Autor, Regisseur und Schauspieler mit dem Kabarett »Gesellschaft mit beschränkter Hoffnung« 1979/80; »Umzingelt«, »Pinks an die Macht«, u.a. Regie: jeweils Sammy Drechsel, Münchner »Lach- und Schießgesellschaft« (auch Tournee und TV).
Fernsehen: »Scheibenwischer«, mit Dieter Hildebrandt, Regie: Sammy Drechsel, mehrere Folgen, ARD 1982–1986; »Extra-Tour«, mit Margarethe Schreinemakers und Stefan Viering, Regie: Michael Leckebusch, Serie, ARD seit 1984.
Auszeichnung: Förderpreis »Telestar« (Preis der Unterhaltungschefs von ARD und ZDF) 1985.
Anschrift: c/o Radio Bremen, Redaktion Unterhaltung/Fernsehen, Heinrich-Hertz-Straße 13, 2800 Bremen 33.

Jonny Jürgens

(eigentlich: Jonny Bockelmann)

Geb. 20. 2. 1964 als Sohn des Sängers und Komponisten Udo Jürgens (bürgerlich: Bockelmann) in München; aufgew. in Vaterstetten und Kitzbühel. Nach der Schule nahm er privaten Schauspielunterricht und besuchte ein Musical-Seminar bei Susi Nicoletti in Salzburg und bei Bill Milie in München. Als Statist stand er 1983 in August Everdings »Antigone«-Inszenierung am Opernhaus Zürich erstmals auf der Bühne. Sein Film-Debüt gab er 1982. Mit der Tänzerin Cheryl Christiansen stellte er 1984 in München und Zürich seine Show »C.J. Special« (Tanz, Parodie, Satire) vor. Seine erste Theatertournee machte er 1985/86.

Jonny Jürgens spricht franz., engl.; er ist ledig und lebt in München.

Film: »Ein dicker Hund«, mit Tommi Ohrner und Helga Feddersen, 1982; »Sunshine Reggae auf Ibiza«, mit Karl Dall und Olivia Pascal, 1983; »Schulmädchen '84«, Regie: Nikolaus Müllerschön, und »Popcorn und Paprika«, 1984.

Theater: In Flatows »Vater einer Tochter«, mit Georg Thomalla, Tournee 1985/86.

Fernsehen: Diverse Auftritte in Unterhaltungsshows, u.a. »Zum blauen Bock« (ARD).

Anschrift: c/o Lisa-Film GmbH, Widenmayerstraße 48, 8000 München 22.

Horst Jüssen

Geb. 10. 3. 1941 in Recklinghausen; nach einer Banklehre nahm er 1962 Schauspielunterricht. Unter Erwin Piscator spielte er von 1963 bis 1965 an der Freien Volksbühne Berlin. 1965 gründete er das »Berliner Tournee-Theater«, das er jedoch nach 17 Vorstellungen schließen mußte. 1967 kam er als Kabarettist an das Stuttgarter Renitenztheater. Von 1969 bis 1972 gehörte er zum Ensemble der Münchner »Lach- und Schießgesellschaft«. 1975 moderierte er als Talkmaster die »Sprechstunde« der Münchner »Lach- und Schießgesellschaft«. Gäste waren u.a. Olga Tschechowa, Senta Berger, Alice und Ellen Kessler, Joachim Fuchsberger, Bernhard Wicki und Barbara Rütting. Seither machte er mehrere Theatertourneen und arbeitete als Quizmaster beim Fernsehen. Als Drehbuchautor war er u.a. für Dieter Hildebrandts »Notizen aus der Provinz« tätig. Er veröffentlichte die Märchen »Der Floh ist weg«, »Planet Hagelkern« und »Casper und der Löwe Poldi«.

Jüssen spricht engl.; er ist verheiratet mit der Schlagersängerin Lena Valaitis (»Johnny Blue«), hat ein Kind und lebt in Grünwald bei München.

Theater: In »Die ist nicht von gestern«, mit Grit Boettcher, in Maughams »Jane«, und in »I love my life«, Tournee bis 1984.

Fernsehen: Neben zahlreichen Übertragungen aus der Münchner »Lach- und Schießgesellschaft« (»Schimpf vor Zwölf«) u.a.: »Die Kurpfuscherin«, ARD; »Von Mäusen und Menschen« (nach Steinbeck), Regie: Rolf Hädrich, ARD 1968; »Mordkommission«, mit Charles Regnier, Serie, ZDF 1974; »Klimbim«, mit Ingrid Steeger, Elisabeth Volkmann, Peer Augustinski, Wichart von Roell, Helmut Holger und Heinrich (der Bassett-Hund), Regie: Michael Pfleghar, Serie, ARD 1975–1977; Quizmaster in »Fabulator«, Serie, 15 Folgen, BR III 1980/81; »Alter Meister« (aus der Reihe: »Alte Gauner«), Regie: Peter Schamoni, ZDF 1985.

Anschrift: c/o Agentur Alexander, Lamontstraße 9, 8000 München 80.

Harald Juhnke

Geb. 10. 6. 1929 als Sohn eines Polizeibeamten in Berlin; dort aufgew.; nach dem Abitur nahm er Schauspielunterricht in Berlin. Sein erstes Engagement erhielt er 1950 am Theater Neustrelitz bei Schwerin. Bei einem Auftritt an der Freien Volksbühne Berlin entdeckte ihn Carl Froelich für den Film »Drei Mädchen spinnen«. Seither spielte er in über 60 Produktionen.
Bühnenstationen als freischaffender Schauspieler waren u.a.: Renaissance-Theater, Freie Volksbühne, Theater am Kurfürstendamm und Komödie in Berlin, Theater am Dom in Köln, Komödie in Düsseldorf, Kleine Komödie, T(h)eater in der Briennerstraße und Bayerisches Staatsschauspiel in München, Die Kleine Komödie in Hamburg und Bernhard-Theater in Zürich. Er machte zahlreiche Tourneen.
Seit 1970 spielt er Hauptrollen beim Fernsehen. Besonders erfolgreich war er als Moderator der ZDF-Live-Sendung »Musik ist Trumpf«, die er nach dem Tode Peter Frankenfelds von 1979 bis 1982 präsentierte (Assistentin: Barbara Schöne). Seit 1983 führt er durch die ZDF-Show »Wie wär's heut' mit Revue?« (Partnerin: Ingrid Steeger).
Harald Juhnke arbeitet vielfach in der Synchronisation. Er lieh seine Stimme u.a. Elvis Presley, Daniel Gélin, Marlon Brando und Frank Sinatra.
1977 stellte er bei einer Veranstaltung des Deutschen Schauspielhauses Hamburg Lieder des schwed. Volkssängers und Poeten Carl Michael Bellman vor. Eine Schallplatte mit Bellman-Liedern folgte. Seine Single »Wir Männer sind wirklich das Letzte« erschien 1979. Den Memoiren-Band »Die Kunst, ein Mensch zu sein« veröffentlichte er 1980.
Juhnke spricht engl.; in erster Ehe war er verheiratet mit der Schauspielerin und Tänzerin Sybil Werden. Dieser Ehe entstammen die Kinder Barbara (geb. 1953) und Peer (geb. 1956). Seit 1971 ist er verheiratet mit Susanne Hsiao (Tochter eines chinesischen Gastronomen und einer Ostpreußin). Aus dieser Ehe stammt sein Sohn Oliver Marlon (geb. 1972). Juhnke lebt in Berlin.
Film: »Drei Mädchen spinnen«, Regie: Carl Froelich, 1950; »Die Stärkere« und »Schlagerparade«, 1953; »Gitarren der Liebe«, mit Vico Torriani, Regie: Werner Jacobs, und »Roman eines Frauenarztes«, Regie: Falk Harnack, 1954; »Der Frontgockel«, Regie: Ferdinand Dörfler, »Heldentum nach Ladenschluß«, Regie: Erik Ode, »Parole Heimat«, und »Oberarzt Dr. Solm«, 1955; »Der Glockengießer von Tirol«, »Der Mustergatte«, Regie: Erik Ode, und »Tolle Nacht«, Regie: John Olden, 1956; »Almenrausch und Edelweiß«, Regie: Harald Reinl, »Der tolle Bomberg«, mit Hans Albers, Regie: Rolf Thiele, und »Gruß und Kuß vom Tegernsee«, 1957; »Unter Palmen am blauen Meer«, Regie: Hans Deppe, BRD/Italien 1957; »Die grünen Teufel von Monte Cassino«, Regie: Harald Reinl, »Skandal um Dodo«, »Piefke – der Schrecken der Kompanie«, Regie: Wolfgang Wehrum, »Wenn Mädchen ins Manöver ziehn«, Regie: Rudolf Schündler, und »Bühne frei für Marika«, mit Marika Rökk, 1958; »La Paloma«, Regie: Paul Martin, 1959; »Schick' deine Frau nicht nach Italien«, Regie: Hans Grimm, und »Der letzte Zug«, 1960; »Der verkaufte Großvater«, mit Hans Moser, Regie: Hans Albin, »Davon träumen alle Mädchen«, und »Schön ist die Liebe am Königssee«, Regie: Hans Albin, 1961; »Das Testament des Dr. Mabuse«, mit Gert Fröbe, Senta Berger und Wolfgang Preiss, Regie: Werner Klingler, 1962; »Die drei Scheinheiligen«, Regie: Hans Schott-Schöbinger, 1964; »Pepe, der Paukerschreck«, Regie: Harald Reinl, und »Ludwig auf Freiersfüßen«, mit Hansi Kraus, Regie: Franz Seitz, 1969; Titelrolle in »Sigi – Der Straßenfeger«, Regie: Wolf Gremm, 1984.
Theater: Benedikt in Shakespeares »Viel Lärm um nichts«, Derville in Rehfischs »Oberst Chabert«, Donald in Herberts »Wolken sind überall«, Tony Enyon in Raphaelsons »Wolken am Himmel« (auch ZDF 1964), Oscar Madison in Simons »Ein seltsames Paar«, in Romans »Ein Ehemann zur Ansicht«, in Herberts »Die Jungfrau auf dem Wolkenkratzer«, in Ebermayers »Zwei ahnungslose Engel« in Krasnas »Kein Problem«, Titelrolle in Feydeaus »Der Damenschneider«, Macheath in Brecht/Weills »Die Dreigroschenoper«, in »Die Eule und das Kätzchen«, in Cloppenburgs »Spiel mit dem Feuer«, mit Uschi Glas, in »Sie spielen unser Lied«, Bill in Lanes »Happy end«, mit Christine Ostermayer, Regie: Helmut Baumann, in Magniers »Ein klarer Fall« (auch TV), in »Plaza Suite«, Elwood P. Dowd, in Chases »Mein

Freund Harvey« (auch ARD 1985), Möbius in Hasenclevers »Ein besserer Herr«, Regie: Jürgen Thormann (die letzten drei 84/85 am Theater am Kurfürstendamm Berlin), jeweils an den vorgenannten Bühnen bis 1985/86.
1985 veranstaltete er in der Berliner Philharmonie die »Harald Juhnke Gala '85« (auch TV).
Fernsehen: »Alles unter einem Dach«, »Familie Buchholz«, Serie, und »Preußenkorso Nr. 17«, ZDF 1974; »Sergeant Berry« Regie: Harald Philipp, 26 Folgen, ZDF 1973/74; »Die Buschspringer«, ZDF 1976; »Ein verrücktes Paar«, mit Grit Boettcher, Regie: Wolfgang Spier, Serie, ZDF 1977–1980; »Ein Mann will nach oben« (nach Fallada), mit Mathieu Carrière und Ursela Monn, Regie: Herbert Ballmann, 13 Teile, ZDF 1978; »Ein Mann für alle Fälle«, Serie, »Pension Schöller« (nach Jacoby/Laufs), und »Das Karussell fährt immer rund herum«, ZDF 1979; »Lieder aus der Kirche«, Regie: Otto Meyer, ZDF 1980; »Leute wie du und ich«, Serie, ZDF 1981–1984; »Es bleibt in der Familie«, ZDF 1981; »Spiegelbilder«, ORF 1983; »Freundschaften« (von Reinecker), Regie: Eugen York, und »Tonight Harald«, TV-Show, ZDF 1984; »Mit Axel auf Achse« (nach Lunin), mit Uwe Friedrichsen, Regie: Wilfried Dotzel, ZDF 1985.
Ferner war er Gast nahezu aller deutschen Unterhaltungsshows, u.a. »Wetten daß ...?! (mit Frank Elstner, ZDF) und in Joachim Fuchsbergers Talkshow »Heut' abend«, ARD.
Auszeichnungen: »Goldener Vorhang«, Theaterclub Berlin 1978; »Goldene Kamera« (HÖRZU) 1980.
Anschrift: c/o Agentur Palz, Ortlindestraße 6, 8000 München 81.

K

Sabine Kaack

Geb. 20. 2. 1959 in Neumünster; dort aufgew.; nach der Schule absolvierte sie die Hochschule für Musik und darstellende Kunst in Hamburg (1978). Bühnen-Engagements hatte sie bisher u.a. an der Freien Volksbühne Berlin (1979/80), am Jugendtheater »Klecks« in Hamburg (1980), bei den Freilichtspielen Schwäbisch Hall (1980), am Theater der Freien Hansestadt Bremen (1980/81), am Schloßtheater Celle (1981) und am Ohnsorg-Theater Hamburg (1984). Ihr Fernseh-Debüt gab sie 1978.
Frau Kaack spricht engl., schwed.; sie ist verheiratet und lebt in Hamburg.
Film: »Jagger und Spaghetti«, von und mit Stephan Schwartz, 1984 (auch ZDF 1985).
Theater: In Kaisers »Gas«, Fabrik Hamburg; in Lessings »Nathan der Weise«, Regie Kurt Hübner, Freie Volksbühne Berlin 1979/80 und Freilichtspiele Schwäbisch Hall 1980; in Meinhofs »Bambule«, Theater der Freien Hansestadt Bremen 1980/81; in Trautweins »Schloß Gripsholm« (nach Tucholsky), Schloßtheater Celle 1981; in »Schöne Utsichten«, Ohnsorg-Theater Hamburg 1984 (auch TV).
Fernsehen: »Onkel Bräsig«, mit Fritz Hollenbeck, Serie, ARD 1978; »Achtung, Zoll«, Serie, ARD 1979; »Nur über Meiners Leiche«, mit Günter Lamprecht, Regie: Stanislav Barabas, ZDF 1979; Co-Moderation in »Litera-Tour«, mit Reinhard Hoffmeister, Serie, ZDF 1980; »St. Pauli Landungsbrücken«, Serie, ARD 1980; »Innere Verbundenheit«, Regie: Maria Neocleous, ZDF 1982; Marion Drombusch in »Diese Drombuschs« (nach Stromberger), mit Witta Pohl und Hans-Peter Korff, Regie: Claus Peter Witt, 12 Teile, ZDF 1983–1985; »SOKO 5113«, Serie, ZDF 1984/85.
Anschrift: c/o ZBF-Agentur Hamburg, Tonndorfer Hauptstraße 90, 2000 Hamburg 70, oder c/o Agentur Mattes, Pilotystraße 2, 8000 München 22.

Heidi Kabel

Geb. 27. 8. 1914 als Tochter eines Buchdruckers in Hamburg; dort aufgew.; sie wollte eigentlich Pianistin werden. Als sie 1932 eine Freundin zum Vorsprechen bei der »Niederdeutschen Bühne« begleitete, wurde sie selbst engagiert. Seitdem gehört sie zum Ensemble der Bühne, die nach dem Tod des Theaterleiters Dr. Richard Ohnsorg nach dem Zweiten Weltkrieg in »Ohnsorg-Theater« umbenannt wurde.

An der Bühne lernte sie 1932 Hans Mahler kennen, der dort als Schauspieler und Regisseur tätig war. Vor ihrer Hochzeit mit dem späteren Bühnenleiter im Jahre 1937 hatte sie drei Jahre lang eine Schauspielausbildung absolviert.

Bekannt wurde die Schauspielerin vor allem durch die Fernsehübertragungen aus dem Ohnsorg-Theater, die 1954 mit dem Stück »Seine Majestät Gustav Krause« gestartet wurden. Zu ihrer Popularität trugen auch die Serie »Kleinstadtbahnhof« sowie zahlreiche Rundfunksendungen und ihre Schallplatten bei. Sie machte zahlreiche Tourneen.

Frau Kabel ist verwitwet; ihr Mann Hans Mahler verstarb 1970; sie hat drei Kinder (Jan-Rasmus, geb. 1938, Heiko, geb. 1943, und Heidi, geb. 1944). Ihre Tochter Heidi Mahler gehörte von 1964 bis 1983 ebenfalls zum Ensemble des Ohnsorg-Theaters. Frau Kabel lebt in Hamburg.

Theater: Partner in den über 50 Jahren ihrer Zugehörigkeit zum Ohnsorg-Theater waren u.a. Käthe Alving, Erna Raupach-Petersen, Erna Schuhmacher, Hilde Sicks, Edgar Bessen, Ernst Grabbe, Fritz Hollenbeck, Heini Kaufeld, Karl-Heinz Kreienbaum, Otto Lüthje, Jürgen Pooch, Werner Riepel, Walter Scherau, Hanno Thurau und Henry Vahl.

Von den zahllosen Stücken u.a.: »Mudder Mews«, 1952 + 1977, »Seine Majestät Gustav Krause«, 1954, »Wenn der Hahn kräht«, 1959, »Schneider Nörig« und »Straßenmusik«, 1960, »Der Bürgermeisterstuhl«, 1962, »Tratsch im Treppenhaus«, 1966, »Zwei Engel«, 1972, »Die Venus von Müggensack«, »Wenn du Geld hest«, »Willem sien Willen«, 1977, »Lotte spielt Lotto«, 1978, »Das Kuckucksei«, 1980, »Der Lorbeerkranz«, 1982, »Gode Nacht, Froo Engel«, 1983, »Oh diese Eltern«, 1984. Lieblingsstücke sind u.a.: »De Kortenlaggersch«, »Inske«, »Ünnen en Back«, »Ose von Sylt«, »Langusten«, »Die Chefin«, »De schönste Mann von de Reeperbahn«, »Mudder Griepsch«, »Kramer Kay« und »Mudder Mews«.

Fernsehen: Neben den über 80 TV-Übertragungen (ARD) aus dem Ohnsorg-Theater ferner: »Hei-Di-Wi-Tip-Top«, mit Willy Millowitsch, Serie, ZDF 1971; »Aktion Abendsonne«, Regie: Diethard Klante, ZDF 1979; »Rummelplatzgeschichten«, mit Heidi Mahler, Serie, ARD 1983/84; Schwiegermutter in »Der Sonne entgegen«, mit Ulrich Faulhaber und Josef Meinrad, Regie: Hermann Leitner, 6 Teile, ARD 1985; »Menschen«, mit Frank Elstner, ZDF 1985. Zudem war sie Gast nahezu aller deutschen TV-Shows, u.a. in »Heut' abend« (mit Joachim Fuchsberger, ARD) und »Wetten daß. . .?!« (mit Frank Elstner, ZDF).

Auszeichnungen: »Goldener Bildschirm« (TV-Hören + Sehen) 1972; »Goldene Kamera« (HÖRZU) 1984; »Silbernes Blatt« der Dramatiker-Union 1985.

Anschrift: c/o Ohnsorg-Theater Hamburg, Große Bleichen 25, 2000 Hamburg 36.

Rita Kail

Geb. in Esch/Alzette, Luxemburg; dort aufgew.; Abitur und abgebrochenes Medizinstudium; geschieden, eine Tochter; spricht franz., engl., ital.; während der Semesterferien wurde sie 1979 auf einem Tennisplatz von dem Regisseur Pierre Viallet für dessen Film »La Foike« entdeckt.
Film: »Feuer und Schwert«, Regie: Veith von Fürstenberg, BRD/Irland 1981 (auch ZDF 1984), Ursel Schneidewein in »Doktor Faustus« (nach Thomas Mann), mit Jon Finch und André Heller, Regie: Franz Seitz, 1982; Gerda in »Tränen in Florenz«, mit Christoph Eichhorn, Regie: Marianne Schaefer, 1983.
Theater: Sarah Casey in Singes »Kesselflickers Hochzeit«, Regie: Tun Deutsch, Kasemattentheater Luxemburg.
Fernsehen: Gigi in »La Foike«, mit Curd Jürgens und Lament Mallet, Regie: Pierre Vaillet, franz. TV 1979; Flora in »Der Trotzkopf«, Regie Helmuth Ashley, Serie, ZDF 1982; »Zuckerhut«, Regie: Vivian Naefe, ARD 1982; Pia in »Hinter der Tür«, mit Harry Baer und Brigitte Mira, ZDF 1983; »Abenteuer der Seele«, Regie: Jochen Richter, BR III 1985.
Anschrift: c/o Agentur Jovanovic, Perfallstraße 6, 8000 München 80.

Harry Kalenberg

Geb. 3. 3. 1921 als Sohn des Kammersängers Joseph Kalenberg in Köln; dort und in Wien aufgew.; von 1931 bis 1934 besuchte er das Theresianum Wien, von 1934 bis 1939 das Realgymnasium Wien; nach dem Abitur nahm er privaten Schauspielunterricht bei Prof. Wilhelm Klitsch; während seines Wehrdienstes erhielt er Studienurlaub für eine Ausbildung an der Hochschule für Musik und darstellende Kunst (Max-Reinhardt-Seminar) in Wien; ein Gastengagement am Wiener Burgtheater im Jahre 1943 folgte. Seine Bühnenstationen nach 1945: Theater in der Josefstadt Wien (1945), Theater der Stefansspieler Wien (1946), Landestheater Linz (1947–1953), Städt. Bühnen Bielefeld (1954–1958), Vereinigte Bühnen Graz (1954/55), Theater der Stadt Baden-Baden (1958–1961), Deutsches Theater Göttingen unter Heinz Hilpert (1961–1965); seither freier Schauspieler mit Gastspielen u.a.: Städt. Bühnen Dortmund (1966), Landestheater Darmstadt (1967), Fritz-Rémond-Theater im Zoo Frankfurt/Main (1968), Burgfestspiele Forchtenstein (1969), Luisenburg-Festspiele Wunsiedel (1972), Städt. Bühnen Osnabrück (1974–1979), Schloß-Festspiele Ettlingen (1980–1983) und Kleine Komödie München (1982/83). Kalenberg trat an vielen der vorgenannten Bühnen auch als Regisseur in Erscheinung; er ist umfangreich in der Synchronisation tätig.

Kalenberg spricht engl., franz.; er ist verheiratet, hat drei Kinder und lebt in Stockdorf/Oberbayern.

Film: »Mache alles mit«, Regie: Kurt Nachmann, 1971.

Theater: Lando in Forzanos »Florentiner Brokat«, Burgtheater Wien 1943; Ferdinand in Horváths »Der jüngste Tag«, Theater in der Josefstadt Wien 1945; Ahern in Laverys »Die erste Legion«, und Christus in Calderons »Mysterien der Heiligen Messe«, jeweils Theater der Stefansspieler Wien 1946; Oros in Hochwälders »Das heilige Experiment«, Jaromir in Grillparzers »Die Ahnfrau«, Leicester in Schillers »Maria Stuart«, und Titelrolle in Lingens »Theophanes«, jeweils Landestheater Linz 1947–1954; Rudolf in Brauns »Rudolf der Stifter«, Wrangel in Schillers »Wallenstein II«, und Siegfried in Hebbels »Nibelungen«, jeweils Landestheater Salzburg 1953/54; Doria in Schillers »Die Verschwörung des Fiesco zu Genua«, und Scarron in Sternheims »Die Hose«, jeweils Vereinigte Bühnen Graz 1955; Japhet in Barlachs »Die Sintflut«, Jason in Grillparzers »Das goldene Vlies«, Petrucchio in Shakespeares »Der Widerspenstigen Zähmung«, Titelrolle in Hauptmanns »Fuhrmann Henschel«, Titelrolle in Brechts »Leben des Galilei«, und Theodor in Hofmannsthals »Der Unbestechliche«, jeweils Städt. Bühnen Bielefeld 1955–1958; Junker Tobias in Shakespeares »Was ihr wollt«, Theater der Stadt Baden-Baden 1958–1961; Pastor Anderson in Shaws »Teufelsschüler«, Lucio in Shakespeares »Maß für Maß«, Gluthammer in Nestroys »Der Zerissene«, Regie: jeweils Heinz Hilpert, Puntila in Brechts »Herr Puntila und sein Knecht Matti«, und Theobald Maske in Sternheims »Der Snob«, jeweils Deutsches Theater Göttingen 1961–1965; Victor Rank in Greenes »Der verbindliche Liebhaber«, Fritz-Rémond-Theater im Zoo Frankfurt/Main 1968; Maximilian von Habsburg in Grillparzers »Ein Bruderzwist in Habsburg«, Regie: Leopold Lindtberg, Burgfestspiele Forchtenstein 1969; Alpenkönig in Raimunds »Der Alpenkönig und der Menschenfeind«, Luisenburg-Festspiele Wunsiedel 1972; Dorfrichter Adam in Kleists »Der zerbrochene Krug«, Städt. Bühnen Osnabrück 1974; Gremio in Shakespeares »Der Widerspenstigen Zähmung«, Zettel in Shakespeares »Ein Sommernachtstraum«, Holzapfel in Shakespeares »Viel Lärm um nichts«, Mammon in Hofmannsthals »Jedermann«, und Antonio in Beaumarchais' »Der tolle Tag oder Figaros Hochzeit«, jeweils Schloß-Festspiele Ettlingen 1980–1983.

Fernsehen: »Der Teufel ist los« (nach Grabbe), ARD 1961; »Die Geschichte von Joel Brand« (nach Kipphardt), ARD 1964; »Caligula« (nach Camus), ZDF 1966; »Biedermann und die Brandstifter« (nach Frisch), ARD 1967; »Die schmutzigen Hände« (nach Sartre), und »Graf Öderland« (nach Frisch), ARD 1968; »Das Trauerspiel von Julius Cäsar« (nach Shakespeare), ARD 1969; »Operation Walküre«, ARD 1971; »Krieg im 3. Stock« (nach Kohout), ARD 1973; »Der Monddiamant« (nach Collins), und »Die Powenzbande«, ARD 1974; »Das Fräulein von Scuderi« (nach E.T.A. Hoffmann), und »Der aufsehenerregende Fall des Studienrats Adam Juraček« (nach

Kohout), ZDF 1976; »Das Ding«, ZDF 1979; »Tatort«, Serie, 4 Folgen, ARD 1972–1980; »Der unwürdige Liebhaber« (nach Borchardt), ARD 1982; »Neues aus Schildershausen« (von Peter von Zahn), Regie: Eberhard Itzenplitz, ZDF 1985.

Anschrift: c/o ZBF-Agentur München, Leopoldstraße 19, 8000 München 40, oder Alpenstraße 2, 8035 Stockdorf/Gauting.

Ruth Kappelsberger

Geb. 13. 11. 1927 in München; bereits mit sechs Jahren nahm sie Ballettunterricht. Sie absolvierte die Schauspielschule Hannover. 1946 begann sie als Ansagerin beim Bayerischen Rundfunk, wo sie bis heute tätig ist. Beim Bayerischen Fernsehen arbeitet sie seit den ersten Sendungen 1954 als Moderatorin. Bühnen-Engagements hatte sie seit 1946 u.a. an der Schaubude München, an der Kleinen Komödie München, am Theater im Zoo Frankfurt/Main, an der Komödie im Marquardt Stuttgart, am Bayerischen Staatsschauspiel München, am Volkstheater München und auf Tournee.

Frau Kappelsberger spricht engl.; sie ist seit 1966 in zweiter Ehe verheiratet mit dem Sänger Fred Bertelmann (»Der lachende Vagabund«), hat eine Tochter (Katharina Anna) und lebt in Berg am Starnberger See.

Film: »Der Geigenmacher von Mittenwald«, 1950; »Das Schweigen im Walde«, 1955; »Der Edelweißkönig« (nach Ganghofer), mit Rudolf Lenz, Regie: Gustav Ucicky, und »Wetterleuchten um Maria«, mit Mathias Wiemann, Regie: Luis Trenker, 1957; »Worüber man nicht spricht«, und »Vater macht Karriere«, 1958.

Theater: In Thomas »Witwen«, Bayerisches Staatsschauspiel München; in Cowards »Akt mit Geige«, Komödie im Marquardt Stuttgart; in Feilers »Kleopatra die Zweite«, 1946, in Douglas' »Die liebe Familie«, mit Karl Schönböck, 1976 (auch ZDF 1978), in »Der Favorit« (auch ARD 1980), und Titelrolle in Bretts »Die Chefin«, 1980 (auch TV), jeweils Kleine Komödie München.

Fernsehen: Als Moderatorin u.a. in »Münchner Abendschau« und »Samstagsclub« (Regionalprogramm BR), »Aus Schwaben und Altbayern« und »Land und Leute« (BR III) und »Allein gegen alle«, TV-Quiz mit Max Schautzer (ARD).

Als Schauspielerin wirkte sie in zahlreichen Übertragungen aus dem »Komödienstadl« mit, u.a.: »Die Mieterhöhung« (nach Schwerla), »Witwen« (nach Thoma), »Der Geisterbräu« und »Wenn der Hahn kräht« (nach Hinrichs), bis 1985 (Regie: stets Olf Fischer). Ferner u.a.: »Der starke Stamm« (nach Fleißer), mit Ludwig Schmid-Wildy, Regie: Franz Josef Wild, ARD 1956; »Drei sind einer zuviel« (von Noack), mit Jutta Speidel, Thomas Fritsch und Herbert Herrmann, Regie: Rudolf Jugert, 13 Teile, ZDF 1977; »Der Gerichtsvollzieher«, mit Jörg Hube, Regie: Peter Weck, Serie, ARD 1981.

Anschrift: c/o Bayerischer Rundfunk, Rundfunkplatz 1, 8000 München 2, oder Am Hohenberg 9, 8131 Berg/Starnberger See.

Johanna Karl-Lory

Geb. 15. 2. 1902 in Leipzig; dort aufgew.; bereits mit 14 Jahren spielte sie bei Wanderbühnen Märchenrollen (u.a. Rotkäppchen und Rumpelstilzchen). Nach privatem Schauspielunterricht bekam sie 1918 ihr erstes Engagement am Stadttheater Halberstadt. Bis 1922 war sie an Bühnen in Konstanz-Lindau, Köslin, Leipzig, Aussig und am Münchner Tourneetheater unter Vertrag. Nach ihrer Heirat zog sie sich vom Schauspielerberuf zurück. Erst 1972 begann sie wieder zu arbeiten. Engagements hatte sie u.a. an der Freien Volksbühne Berlin, am Stadttheater Konstanz, bei den Salzburger Festspielen, an der Schaubühne am Lehniner Platz Berlin und am Thalia-Theater Hamburg. Ferner wirkte sie in zahlreichen Kino- und TV-Produktionen mit.
Frau Karl-Lory ist verheiratet, hat zwei Söhne und lebt in Berlin.
Film: »Der Zauberberg« (nach Thomas Mann), mit Christoph Eichhorn, Hans Christian Blech und Rod Steiger, Regie: Hans W. Geissendörfer, BRD/Italien/Frankreich 1981 (auch TV).
Theater: In ihren frühen Bühnen-Engagements spielte sie in zahlreichen Stücken von Shakespeare, Schiller, Hauptmann und Wedekind. In den letzten Jahren u.a.: in Dürrenmatts »Die Panne«, Stadttheater Konstanz; in Büchners »Dantons Tod«, mit Götz George, Regie: Rudolf Noelte, Salzburger Festspiele 1981; in »Death Destruction & Detroit«, Schaubühne am Lehniner Platz Berlin; in Hauptmanns »Michael Kramer«, mit Will Quadflieg, Regie: Rudolf Noelte, Thalia-Theater Hamburg 1983 (auch TV).
Fernsehen: »Nonstop Nonsens«, mit Dieter Hallervorden, Serie, ARD 1976; »Tatort«, Serie, 8 Folgen, ARD 1977–1984; »Kommissariat 9«, Serie, ARD 1978; »Die Koblanks«, Serie, ARD 1979; »Ihr 106. Geburtstag« (nach Sarment), mit Inge Meysel, Regie: Thomas Engel, ZDF 1980; »Ein Vogel auf dem Leim«, Regie: Heinz Schirk, »Ohne Rückfahrkarte«, Regie: Jürgen Klauß, und »Und plötzlich bist du draußen«, ZDF 1981; »Das Ende des Regenbogens«, Regie: Uwe Frießner, ARD 1981; »Die Kinder aus No. 67«, Regie: Usch Barthelmeß-Weller, ZDF 1982; Hoppenmariken in »Vor dem Sturm« (nach Fontane), mit Daniel Lüond und Siegfried Wischnewski, Regie: Franz Peter Wirth, 6 Teile, ARD 1984; »Schwarzfahrer«, mit Rolf Zacher, Regie: Manfred Stelzer, ARD 1985.
Zudem wirkte sie in zahlreichen Kinder- und Jugendsendungen mit, u.a.: »Rappelkiste«, »Sesamstraße«, »Sendung mit der Maus« und »Löwenzahn«.
Anschrift: c/o ZBF-Agentur Berlin, Kurfürstendamm 206, 1000 Berlin 15, oder Bartningallee 4, 1000 Berlin 21.

Brigitte Karner

Geb. 1959 (Auf biographische Angaben wird auf ausdrücklichen Wunsch verzichtet).
Film: »Das zweite Gesicht«, Regie: Dominik Graf, 1982; Titelrolle in »Danni«, Regie: Hajo Gies, 1983; »Das Glück beim Händewaschen«, Regie: Werner Masten, BRD/Österreich/Italien 1983 (auch ZDF); Titelrolle (Anna) in »Die Platzanweiserin«, Regie: Peter Schulze-Rohr (auch ARD), und »Unerreichbare Nähe«, Regie: Dagmar Hirtz, 1984.
Fernsehen: »Der Offizier und die Puppe« (nach D.H. Lawrence), Regie: Claude Whatham, und »Der große Durchblick«, Regie: Peter Schulze-Rohr, ARD 1985; »Geheime Mission« (nach McKenzie), mit Gunnar Möller, Regie: Hajo Gies, ZDF 1985; »Lenz oder die Freiheit« (nach Stefan Heym), Regie: Dieter Berner, ARD 1986; Trixie in »Erben und Sterben« (aus der Reihe: »Ein Fall für zwei«), mit Günter Strack, Claus Theo Gärtner und Heiner Lauterbach, Regie: Bernd Fischerauer, 2 Teile, ZDF 1986.
Anschrift: c/o Management Goldschmidt, Wirtstraße 8, 8000 München 90.

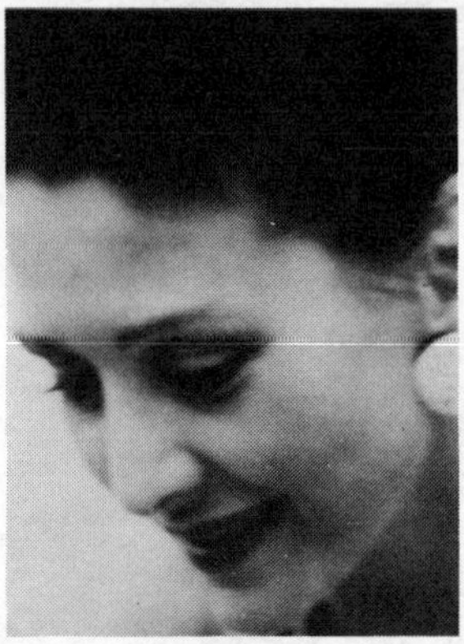

Christine Kaufmann

Geb. 11. 1. 1945 als Tochter eines Offiziers und Ingenieurs und einer französischen Maskenbildnerin in Gröbming in der Steiermark/Österreich; aufgew. in München. Im Alter von sieben Jahren kam sie in die Ballettschule des Staatstheaters am Gärtnerplatz München. Nach bestandener Aufnahmeprüfung mit Auszeichnung wechselte sie 1952 zum Bayerischen Staatsballett über. Der Regisseur Viktor Tourjansky entdeckte sie 1953 für den Zirkusfilm »Salto mortale«. Ihre erste Hauptrolle erhielt sie in dem Streifen »Rosen-Resli« (nach Johanna Spyri, Regie: Harald Reinl) ein Jahr später. 1960 gelang ihr der Sprung nach Hollywood/USA, wo sie bis 1968 in sieben Produktionen mitwirkte.

1963 heiratete sie den amerikanischen Filmschauspieler Tony Curtis (bürgerlich: Bernhard Schwarz). Aus der Ehe, die 1968 geschieden wurde, stammen die beiden Töchter Alexandra und Allegra. Letztere stellte sich 1983 in der Hauptrolle des Films »Das Gold der Liebe« (Regie: Eckhart Schmidt) als Schauspielerin vor. Christine Kaufmann war in zweiter Ehe mit dem Regieassistenten Achim Lenz verheiratet. Ihre dritte Ehe mit dem Popmusiker Reno Eckstein wurde nach dreijähriger Dauer 1982 geschieden. 1985 heiratete sie den amerikanischen Gitarristen, Komponisten und Texter George Lulejian. Frau Kaufmann spricht engl., franz., ital.; sie lebt in München.

Film: »Staatsanwältin Corda«, Regie: Karl Ritter, 1953; »Der schweigende Engel«, Regie: Harald Reinl, 1954; »Wenn die Alpenrosen blühn«, Regie: Hans Deppe, 1955; »Ein Herz schlägt für Erika«, Regie: Harald Reinl, und »Die Stimme der Sehnsucht«, Regie: Thomas Engel, 1956; »Witwer mit fünf Töchtern«, mit Heinz Erhardt, Regie: Erich Engels, 1957; »Der veruntreute Himmel«, Regie: Ernst Marischka, 1958; »Mädchen in Uniform«, Regie: Geza von Radvany, BRD/Frankreich 1958; »Der singende Engel von Tirol«, Regie: Alfred Lehner, und »Alle lieben Peter«, mit Peter Kraus, Regie: Wolfgang Becker, 1959; »Junge Leute von heute«, Italien 1959; »Die letzten Tage von Pompeji«, Regie: Mario Bonnard, Italien/BRD 1959; »Ein Thron für Christine«, Regie: Cesar Amadori, Spanien 1960; »Rote Lippen – schlanke Beine«, Regie: Giuseppe Bennati, Italien/Frankreich 1960; »Konstantin der Große«, Regie: Lionello de Felice, Italien 1960; »Stadt ohne Mitleid«, mit Kirk Douglas, Regie: Gottfried Reinhardt, USA/Schweiz/BRD 1960; »Via Mala« (nach Knittel) Regie: Paul May, und »Toller Hecht auf krummer Tour«, Regie: Akos von Rathony, 1961; »Sie nannten ihn Rocca«, Regie: Jean Becker, Frankreich/Italien 1961; »Der Zigeunerbaron«, Regie: Kurt Wilhelm, und »Neunzig Minuten nach Mitternacht«, Regie: Jürgen Goslar, 1962; »Tunnel 28«, Regie: Robert Siodmak, und »Taras Bulba«, Regie: Lee Cobb, USA 1962; »Degenduell«, Regie: Etienne Périer, Italien/Frankreich 1962; »Monsieur Cognac«, Regie: Michael Anderson, USA 1963; »Liebesvögel«, Regie: Mario Caiano, Italien 1969; »Murders in the Rue Morgue«, Regie: Gordon Hessler, USA 1971; »Der Tod der Maria Malibran«, Regie: Werner Schroeter, 1972; »Zum Abschied Chrysanthemen«, Regie: Florian Furtwängler, und »Willow Springs«, Regie: Werner Schroeter, 1973; »Auf Biegen und Brechen«, Regie: Hartmut Bitomski, und »Ab morgen sind wir reich und ehrlich«, Regie: Franz Antel, 1975; »Goldflocken«, Regie: Werner Schroeter, Frankreich 1976; »Der Durchdreher«, Regie: Helmut Dietl, 1978; »Enigma rosso«, Regie: Alberto Negrin, Italien 1978; »Egon Schiele – Exzesse«, mit Mathieu Carrière, Regie: Herbert Vesely, BRD/Frankreich 1980; »Lili Marleen«, mit Hanna Schygulla, Regie: Rainer Werner Fassbinder, 1980; »Tag der Idioten«, Regie: Werner Schroeter, und »Lola«, mit Barbara Sukowa, Regie: Rainer Werner Fassbinder, 1981; »Die Schaukel«, Regie: Percy Adlon, »Die wilden Fünfziger« (nach Simmel), Regie: Peter Zadek, »Pankow '95«, mit Udo Kier, Regie: Gabor Altorjay (auch ZDF 1983), und »Inflation im Paradies«, 1983.

Theater: Titelrolle in Wildes »Salome«, Regie: Werner Schroeter, Tournee 1977; in Fords »Schade, daß sie eine Hure ist«, Regie: Jérôme Savary, Städt. Bühnen Bonn 1982; Mätresse in Plessens »Die Herzogin von Malfi« (nach Webster), mit Jutta Hoffmann, Regie: Peter Zadek, Schauspielhaus Hamburg 1985/86.

Fernsehen: »Wie ein Blitz« (nach Durbridge), mit Ingmar Zeisberg und Peter Eschberg, Regie: Rolf von Sydow, 3 Teile, ARD 1969; »Bastardzeichen« (von

Zusanek nach Nabokov), mit Helmut Käutner, Regie: Herbert Vesely, ZDF 1970; »Gestrickte Spuren«, Regie: Georg Marischka, 2 Teile, und »Der Kommissar«, mit Erik Ode, Serie, ZDF 1971; »Immobilien«, Regie: Otto Jägersberg, und »Die Welt am Draht«, Regie: Rainer Werner Fassbinder, 2 Teile, ARD 1973; »Lockruf des Goldes«, (nach London), Regie: Wolfgang Staudte, 4 Teile, ZDF 1975; »Die Jüdin von Toledo« (nach Grillparzer), Regie: Klaus Maria Brandauer, ORF 1977; »Der ganz normale Wahnsinn«, mit Towje Kleiner, Regie: Helmut Dietl, Serie, ARD 1979; »Der Graf von Monte Christo«, Regie: Denys de la Patellière, 6 Teile, franz. TV 1980; »Die Laurents«, Regie: Erich Neureuther, Serie, und Olga in »Monaco Franze – Der ewige Stenz«, mit Helmut Fischer und Ruth Maria Kubitschek, Regie: Helmut Dietl, 10 Folgen, ARD 1983; »Laufen, leiden, länger leben«, Regie: Helmut Christian Görlitz, ARD 1985.
Auszeichnungen: »Otto« (BRAVO) 1962.
Anschrift: c/o Agentur Jovanovic, Perfallstraße 6, 8000 München 80.

Michael Kausch

Geb. 11. 3. 1949 in Mettmann/Rheinland; aufgew. in Frankfurt/Main; lebt in Berlin; ledig; nach dem Abitur Studium der Germanistik, das er vorzeitig abbrach; Besuch der Max-Reinhardt-Schule Berlin; er spricht ital., engl.; er ist verheiratet mit der ital. Schauspielerin Susanne Capurso und hat einen Sohn (Matteo).
Theater: Von 1975 bis 1978 gehörte er zum Ensemble des Grips-Theaters Berlin; Osvald in Ibsens »Gespenster«, mit Heidemarie Hatheyer, Regie: Hans Häckermann, Renaissance-Theater Berlin 1979.
Fernsehen: »Karl der Gerechte«, mit Fritz Muliar, Regie: Joachim Hess, ARD 1975; »Der eiserne Gustav« (nach Fallada), mit Gustav Knuth, Regie: Wolfgang Staudte, 7 Teile, und »Die Geschichte der Anna Wildermuth«, mit Sabine Sinjen, Regie: Peter Beauvais, ARD 1979; »Mit Gewissenhaftigkeit und Würde«, Regie: Eberhard Itzenplitz, ARD 1980; »Die Pawlaks – Eine Geschichte aus dem Ruhrgebiet«, Regie: Wolfgang Staudte, 12 Folgen, ZDF 1982; »Die Roppenheimer Sau«, Regie: Eberhard Itzenplitz, ARD 1982; »Der Trauschein«, mit Maria Schell und Wolfgang Kieling, Buch + Regie: Ephraim Kishon, ZDF 1983; »Büro Bangkok«, Regie: Peter Herlos, und »Heimat«, Regie: Edgar Reitz, 11 Teile, ARD 1984; »Zieh den Stecker raus, das Wasser kocht«, mit Wolfgang Kieling, Buch + Regie: Ephraim Kishon, und Rechtsanwalt in »Liebling – Kreuzberg« (von Jurek Becker), mit Manfred Krug, Regie: Heinz Schirk, 6 Teile, ARD 1986.
Anschrift: c/o ZBF-Agentur Frankfurt, Feuerbachstraße 42–46, 6000 Frankfurt/Main.

Gisela Keiner

Geb. 29. 6. 1941 in Krefeld; dorf aufgew.; nach dem Abitur und einem Französisch-Examen absolvierte sie eine Ausbildung in Schauspiel, Tanz und Gesang (Schwerpunkt Musical). Von 1960 bis 1962 hatte sie ihr erstes festes Engagement an der Landesbühne Rendsburg. Von 1962 bis 1965 war sie an den Städt. Bühnen Mainz verpflichtet. Seit 1966 spielt sie regelmäßig (zeitweise als Ensemble-Mitglied) an den Bühnen der Stadt Köln. Gastspiele gab sie seit 1962 u.a. am Jungen Theater Hamburg, am Theater am Domhof Osnabrück, an den Wuppertaler Bühnen, am Düsseldorfer Schauspielhaus sowie bei den Festspielen Lorely, Xanten und Feuchtwangen. Sie arbeitet häufig in der Synchronisation und beim Hörfunk. Frau Keiner spricht engl., franz., span., ital.; sie lebt in Köln.

Theater: Miranda in Shakespeares »Der Sturm«, Jessica in Shakespeares »Der Kaufmann von Venedig«, Ann in Spewack/Porters »Kiss me, Kate« und Jeanne in Anouilhs »Jeanne oder Die Lerche«, jeweils Landesbühne Rendsburg 1960–1962; Lotusblüte in Patricks »Das kleine Teehaus«, Raina in Shaws »Helden« und Lydia in Trautweins »Schloß Gripsholm« (nach Tucholsky), jeweils Städt. Bühnen Mainz 1962–1965; Areusa in Terrons (nach de Rojas) »Der Lauf des Bösen« (auch TV), Regie: Karl Paryla, Ala in Mrożeks »Tango«, Toinette in Molières »Der eingebildete Kranke«, Natascha in Tschechows »Drei Schwestern«, Regie: Rudolf Noelte, Lydia in Sternheims »Die Kassette«, Judy in Ustinovs »Halb auf dem Baum«, Molly in Wedekinds »Der Marquis von Keith«, Regie: Hans Neuenfels, Titelrolle in Anouilhs »Colombe«, Simca in der deutschen Erstaufführung von Rosows »Unterwegs«, Kate in Spewack/Porters »Kiss me, Kate«, Lisette in Marivaux' »Das Spiel von Liebe und Zufall«, Vivie in dem Musical »Frau Warrens Gewerbe« (nach Shaw), Fräulein Bürstner in der Uraufführung von Peter Weiss' »Der Prozeß«, jeweils an den vorgenannten Bühnen seit 1965.

Fernsehen: »Goya«, Regie: Wilhelm Semmelroth, ARD 1969; »Hafen am Rhein«, Serie, ARD 1970; »Tatort«, Serie, 4 Folgen, ARD 1970–1983; »Der Held« (nach May), Regie: Joachim Hess, ARD 1972; »7-Tage-Woche des R. Piechotta«, Regie: Rainer Boldt, ARD 1973; »Strick um den Hals« (nach Gaborliau), Regie: Wilhelm Semmelroth, ARD 1974; »Jochen steigt aus«, Regie: Helmut Kopetzki, ARD 1975; Louise Ballmann in »Bombastus Ballmann«, Serie, und Elsi in »MS–Franziska« (von Wuttig), mit Paul Dahlke, Regie: Wolfgang Staudte, Serie, ARD 1976; »Überlebenstraining«, Regie: Frank Guthke, ZDF 1977; »Der Tunnel«, US-TV 1982; »Kurzgeschichten«, Regie: Wilhelm Semmelroth, und »Schöne Bescherung«, mit Trude Herr, ARD 1983; »Montagsgeschichten«, Regie: Wilhelm Semmelroth, Serie, ARD 1984.

Anschrift: c/o ZBF-Agentur München, Leopoldstraße 19, 8000 München 40.

Horst Keitel

Geb. 22. 6. 1927 in Meisdorf/Harz; nach Schule und Kriegsdienst erhielt er von 1946 bis 1951 sein erstes Engagement am Theater Heiligenstadt. Über Verpflichtungen in Greifswald und Altenburg kam er 1952 nach Berlin, wo er u.a. an der Komödie, am Renaissance-Theater, am Berliner Theater, am Hebbel-Theater und an der Tribüne spielte. Seit 1970 gastiert er häufig an den Hamburger Kammerspielen und am Ernst-Deutsch-Theater Hamburg. Er machte zahlreiche Tourneen. Seit 1953 wirkt er bei Film und Fernsehen.
Keitel spricht engl.; er ist verheiratet mit der Schauspielerin Herta Kravina, mit der er zusammen oftmals (u.a. an den Hamburger Kammerspielen) gemeinsam auf der Bühne stand. Er lebt abwechselnd in Hamburg und Berlin.
Film: »Wenn der weiße Flieder wieder blüht«, mit Willy Fritsch, Magda Schneider und Romy Schneider (deren Film-Debüt), Regie: Hans Deppe, 1953; »Der Transport«, Regie: Jürgen Roland, 1962; »Vorsicht, Mr. Dodd«, mit Heinz Rühmann, 1964; »Ich schwöre und gelobe«, 1965.
Theater: In Wildes »Bunbury« Renaissance-Theater Berlin; Mandelstamm in Sternheims »Die Hose«, in Pirandellos »So ist es, wie es Ihnen scheint«, in Kaisers »Kolportage«, in Sartres »Geschlossene Gesellschaft« (auch selbst Regie), jeweils Staatl. Bühnen Berlins; Bill Cracker in Lanes »Happy end«, Bluntschli in Shaws »Helden«, George in Albees »Wer hat Angst vor Virginia Woolf?«, Schmidt-Lausitz in Zuckmayers »Des Teufels General«, Eduard in T.S. Eliots »Cocktail Party«, Ollier in Kaisers »Die Papiermühle«, Bill Starbuck in Nashs »Der Regenmacher«, Lumpensammler in Giraudoux' »Die Irre von Chaillot«, Riccaut de la Marlinière in Lessings »Minna von Barnhelm«, Mell in Simons »Dachlawine«, in Dorins »Oh diese Männer«, in Waterhouses »Hallo, wer dort?«, Jérome in Bricaire/Lasaygues' »Verliebt, verlobt, verheiratet«, in Tinneys »Der Mann im Gästezimmer«, in Yeldham/Churchills »Sein bester Freund«, Prinz von Arragon in Shakespeares »Der Kaufmann von Venedig«, Ezra Mannon in O'Neills »Trauer muß Elektra tragen«, Robert in Emlyn Williams' »Die leichten Herzens sind«, Youyo in Kaisers »Napoleon in New Orleans«, Felix Fürst in Walsers »Die Zimmerschlacht«, mit Herta Kravina, und in Flatows »Durchreise«, jeweils an den Hamburger Kammerspielen, am Ernst-Deutsch-Theater Hamburg und auf Tournee von 1970–1984.
Fernsehen: »Oberförster Horn«, mit Heinz Engelmann, Regie: Erik Ode, 13 Folgen, ARD 1965; »Auf Sieg? Auf Platz? Auf Liebe!«, Regie: Rolf von Sydow, ARD 1967; »Percy Stuart«, mit Claus Wilcke, 52 Folgen, ZDF 1968–1972; »Im Auftrag von Madame«, Regie: Paul May, 39 Folgen, ZDF 1972–1974; »Wer einmal in die Mühle kommt«, Regie: Ilo von Janko, und »Der Nerz« (nach Marceau), Regie: Frank Guthke, ZDF 1976; »St. Pauli Landungsbrücken«, Serie, ARD 1980; »Grand mit drei Damen«, Regie: Frank Guthke, und »Die Schwarzwaldklinik«, mit Klausjürgen Wussow, Serie, Regie: Alfred Vohrer, ZDF 1985.
Anschrift: Trenknerweg 50, 2000 Hamburg 52.

Heide Keller

Geb. 15.10.1941 in Düsseldorf; dort aufgew.; bereits während ihrer Schulzeit spielte sie in Laiengruppen. Nach der Schauspielausbildung (Abschlußprüfung) erhielt sie ihr erstes Bühnenengagement am Theater Kleve/Niederrhein (erste Rollen u.a. Julia in Shakespeares »Romeo und Julia«, Titelrolle in Shaws »Die heilige Johanna«). Weitere Stationen (Stückverträge oder Gastspiele): Wuppertaler Bühnen, Komödie Düsseldorf, Theater am Dom Köln, Die Kleine Komödie Hamburg, Contra-Kreis-Theater Bonn, Komödie im Marquardt Stuttgart, Komödie Berlin und zuletzt Kleine Komödie München (Shaffers »Party im Dunkeln«, mit und unter der Regie von Wolfgang Spier, 1984/85) und Münchner Boulevardtheater (Roussins »Die kleine Hütte«, 1985).
Einem größeren Publikum bekannt wurde sie nach einigen Fernsehrollen erst 1982 als Chefhosteß in Wolfgang Rademanns ZDF-Produktion »Das Traumschiff« (Regie: Alfred Vohrer).
Frau Keller spricht engl.; sie ist in zweiter Ehe verheiratet mit dem Schauspieler Hans von Borsody (geschieden von dem Schauspieler Thomas Härtner) und lebt in Egling/Deiming, Bayern.
Fernsehen: »Verhör am Nachmittag«, ARD 1967; »Der Meisterboxer«, mit Willy Millowitsch und Günter Lamprecht, ARD 1968; »Bitte recht freundlich, es wird geschossen« (nach Yeldham), Regie: Rolf von Sydow, ARD 1969; »Expreß«, ARD 1970; »Derrick«, Serie, 2 Folgen, ZDF 1978 + 1983; »Drei sind einer zuviel« (von Noack), mit Thomas Fritsch, Herbert Herrmann und Jutta Speidel, Regie: Rudolf Jugert, Serie, ZDF 1977; Chefhosteß in »Das Traumschiff«, mit Sascha Hehn und Heinz Weiss, Regie: Alfred Vohrer, 16 Folgen, ZDF 1982–1985/86.
Anschrift: c/o Agentur Killer, Harthauser Straße 54, 8000 München 90, oder Birkenweg 1, 8115 Egling/Deiming.

Marthe Keller

Geb. 28.1.1945 in Basel; dort aufgew.; bereits mit acht Jahren nahm sie Ballettunterricht, mit 17 begann sie als Tänzerin am Stadttheater Basel. Sie nahm Schauspielunterricht und ging an das Theater Heidelberg. Ein Engagement am Schiller-Theater in Berlin folgte. 1976 kam sie nach Paris und spielte am Gaieté-Montparnasse. Einen überaus großen Bühnenerfolg hatte sie 1978 als Mascha in Tschechows »Drei Schwestern« am Théâtre de la Ville in Paris. 1982 spielte sie am Théâtre des Mathurins Paris unter der Regie von Nelly Borgeaud in dem Zwei-Personen-Stück »Embalage Perdu«. 1983 und 1984 verkörperte sie die Buhlschaft in Hofmannsthals »Jedermann« bei den Salzburger Festspielen.

Bereits 1966 drehte sie ihren ersten Kinofilm (»Funeral in Berlin«, Regie: Guy Hamilton). Große Popularität errang sie vor allem in Frankreich durch die Fernsehserie »La demoiselle d' Avignon«. Seither arbeitete sie mit weltbekannten Regisseuren und spielte Hauptrollen neben internationalen Kinostars.

Marthe Keller spricht engl., franz., ital.; sie lebt in Zürich.

Film: »Pack den Tiger schnell beim Schwanz«, Frankreich 1969; »Wenn Marie nur nicht so launisch wär'«, Frankreich 1970; »Ein Außenseiter«, Frankreich 1971; »Das späte Mädchen«, Frankreich 1972; »Die Fallen eines Körpers«, »Durch Paris, mit Ach und Krach« und »Der Verstand des Verrücktesten«, Frankreich 1973; »Toute une vie«, Regie: Claude Lelouch, Frankreich 1974; »Die Antwort kennt nur der Wind« (nach Simmel), Regie: Alfred Vohrer, 1975; »Per le antiche scale«, Regie: Mauro Bolognini, Italien 1975; »Das Wespennest«, Regie: Roger Pigaut, Frankreich 1976; »Schwarzer Sonntag«, Regie: John Frankenheimer, »Blinde Liebe«, und »Der Marathon-Mann«, mit Dustin Hoffman und Laurence Olivier, Regie: John Schlesinger, USA 1976; »Der Himmel kennt keine Günstlinge«, Regie: Sydney Pollack, USA 1977; Titelrolle in »Fedora«, mit William Holden, Hildegard Knef und Henry Fonda, Regie: Billy Wilder, 1978; »Die Formel«, mit Marlon Brando und George C. Scott, Regie: John Avildsen, USA 1980; »Amateur-Hour«, mit John Savage, Regie: Charles Jarrett, Frankreich 1981; »Die Kartause von Parma« (nach Stendhal), mit Gian Maria Volonté, Regie: Mauro Bolognini, Italien 1982 (auch ZDF).

Fernsehen: »Wagner«, mit Richard Burton und Vanessa Redgrave, Serie, BBC 1982.

Anschrift: c/o Agentur Alexander, Lamontstraße 9, 8000 München 80.

Lonny Kellner-Frankenfeld

Geb. 8.3.1930 als Tochter eines Schlossermeisters in Remscheid; nach der Schauspielausbildung und ihrem Theater-Debüt in Castrop-Rauxel wurde sie vor allem als Schlagersängerin bekannt. Sie hatte zahlreiche Auftritte im Hörfunk und veröffentlichte mehrere Schallplatten (»Im Hafen von Adano«). 1955 heiratete sie den Schauspieler, Quizmaster und TV-Moderator Peter Frankenfeld, mit dem sie in zahlreichen Fernsehsendungen gemeinsam auftrat. Ihre eigene Karriere stellte sie bis zum Tode des Künstlers im Jahre 1979 stark zurück. Seither arbeitet sie häufig für das Fernsehen und gibt Gastspiele als Sängerin (u.a. Urania-Theater Berlin 1984).
Frau Kellner-Frankenfeld spricht engl.; in erster Ehe war sie (ab 1951) verheiratet mit dem Rundfunksprecher Werner Labriga; dieser Verbindung entstammt ihr Sohn Thomas. Sie lebt in Wedel bei Hamburg.
Film: »Königin der Arena«, mit Camilla Horn, Regie: Rolf Meyer, 1952; »Blume von Hawaii«, 1953; »Das ideale Brautpaar«, »Geld aus der Luft« und »Keine Angst vor Schwiegermüttern«, 1954; »Musik, Musik und nur Musik«, 1955; »Liebe, Sommer und Musik« und »Auf Wiedersehen am Bodensee«, 1956.
Fernsehen: Gemeinsam mit Peter Frankenfeld trat sie u.a. auf in dessen TV-Show »Vergißmeinnicht« sowie in »Welt der Melodie«, »Televisitationen«, »Stars in der Manege« und »Guten Rutsch«. Darüber hinaus war sie Gast zahlreicher deutscher Unterhaltungssendungen. Als Schauspielerin u.a. in: »Sonny-Boys« (nach Simon), mit Carl Heinz Schroth und Johannes Heesters, ARD 1982; »Das Traumschiff«, Regie: Alfred Vohrer, ZDF 1983; »Lach mal wieder«, mit Günter Pfitzmann, Regie: Wolfgang Spier, Serie, ZDF 1984.
Anschrift: 2000 Wedel bei Hamburg.

Joachim Kemmer

Geb. 12.9.1939; nach der Schule nahm er Schauspielunterricht an der Fritz-Kirchhoff-Schauspielschule in Berlin; Gesangsausbildung in Berlin (Busse) und Wien (Schuch-Tovini) sowie Tanzausbildung bei Til Thiele, Mary-Wigman-Studio.

Bühnenengagements hatte er u.a. an der Tribüne Berlin (1968), beim Reichskabarett Berlin (1969–1972), am Wiener Theater an der Wien (seit 1972), an der Freien Volksbühne Berlin (seit 1973), bei den Salzburger Festspielen (1974), an den Münchner Kammerspielen (1976), am Berliner Theater des Westens (1979/80), am Renaissance-Theater Berlin (1981) und am Theater in der Josefstadt Wien (1982). Er ist häufig beim Fernsehen und in der Synchronisation tätig. Er ist u.a. die deutsche Stimme von Humphrey Bogart (in allen nachsynchronisierten Fassungen).

Kemmer spricht engl., franz., ital., span., schwed.; er ist geschieden, hat zwei Kinder und lebt abwechselnd in Berlin und Wien.

Theater: In Macchiavellis »Mandragola«, Tribüne Berlin 1968; Lecentio und Petruchio in Spewack/Porters »Kiss me, Kate«, Regie: Helmut Käutner, Theater an der Wien in Wien 1972/73; in Rostands »Cyrano de Bergerac«, Regie: Wilfried Minks, 1973; Mortz in Rehfischs »Affaire Dreyfus«, Regie: Helmut Käutner, 1975, und Psychiater in »Duett für eine Stimme«, Regie: Kurt Hübner, 1982; jeweils Freie Volksbühne Berlin; Bänkelsänger in »Spiel der Mächtigen« (nach »Heinrich VI.« von Langenbeck), mit Michael Heltau, Regie: Giorgio Strehler, Salzburger Festspiele 1974; Bursche M. in Langes »Gräfin von Rathenow«, Regie: Bernd Fischerauer, Münchner Kammerspiele 1976; Bradshaw in Isherwood/van Drutens »Cabaret«, mit Horst Buchholz, Gaylord Ravenal in Kerns »Showboat«, Regie: E.M. Greenberg, und Petruchio in Spewack/Porters »Kiss me, Kate«, Theater des Westens Berlin 1978–1980; Ankläger in Kipphardts »In der Sache J. Robert Oppenheimer«, Regie: Knut Boeser, Renaissance-Theater Berlin 1981; Billy Flynn in »Chicago«, 1979/80, und in Eliot/Webbers »Cats«, Regie: Gillian Lynne, seit 1983, jeweils Theater an der Wien in Wien.

Fernsehen: »S-Bahn-Mörder«, Regie: Peter Schulze-Rohr, ZDF 1975; »Anpassung an eine zerstörte Illusion«, Regie: Eberhard Itzenplitz, ARD 1977; »Slesar«, Regie: Ralf Gregan, und »Die Sängerin« (nach Wilhelm Hauff), Regie: Peter Schulze-Rohr, ZDF 1978; »Direction City«, Serie, ARD 1979; Humphrey Bogart in »Die deutsche Stimme«, ARD 1981; »Ich werde warten« (nach Chandler), mit Armin Mueller-Stahl und Franz Xaver Kroetz, Regie: Stanislav Barabas, ARD 1982; »Das Traumschiff«, Regie: Alfred Vohrer, Serie, ZDF 1983; »Lach mal wieder«, mit Günter Pfitzmann, Regie: Wolfgang Spier, Serie, ZDF 1984; »Anruf genügt«, Regie: Wilfried Dotzel, ZDF 1985.

Anschrift: c/o Agentur Mackeben, Douglasstraße 2–4, 1000 Berlin 33.

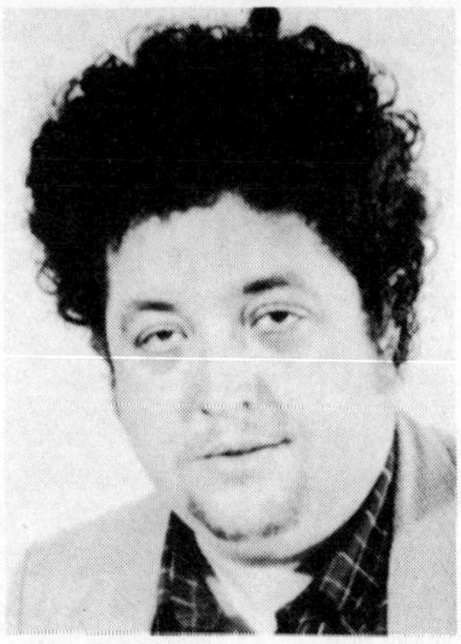

Peter Kern

Geb. 13. 2. 1949 in Wien; dort aufgew.; lebt in München; ledig; spricht engl.; war Mitglied der Wiener Sängerknaben; Besuch der Lehrerbildungsanstalt und kaufmännische Lehre; danach Schauspielschule; von 1968 bis 1971 war er mit dem Musical »Hair« (Ragni/Rado) auf Tournee, bevor ihm Peter Lilienthal die erste TV-Filmrolle (»Jacob von Gunten«) anbot; seither spielte er in rund 20 Kino-Filmen. 1978 gründete er die »Luxor-Filmproduktion« und gestaltete u.a. Dokumentarfilme über die Philippinen.
Film: »Komm in die Wanne, Schätzchen«, mit Diana Körner, Regie: Michael Geimer-Gründgens, 1970; »Ludwig – Requiem für einen jungfräulichen König«, Regie: Hans Jürgen Syberberg, und »Heute nacht oder nie«, mit Ingrid Caven, Regie: Daniel Schmid, 1972; »La Paloma«, mit Ingrid Caven, Regie: Daniel Schmid, 1973; »Faustrecht der Freiheit«, Regie: Rainer Werner Fassbinder, 1974; »Sternsteinhof«, Regie: Hans W. Geissendörfer, »Falsche Bewegung«, Regie: Wim Wenders, und »Mutter Küsters' Fahrt zum Himmel«, Regie: Rainer Werner Fassbinder, 1975; Hjalmer in »Die Wildente« (nach Ibsen), mit Jean Seberg, Regie: Hans W. Geissendörfer, 1976; »Gruppenbild mit Dame« (nach Böll), mit Romy Schneider, Regie: Aleksandar Petrovic, »Hitler – Ein Film aus Deutschland«, Regie: Hans Jürgen Syberberg, »Kleinhofhotel«, Regie: Carlo Lizzani, und »Eine Reise ins Licht/Despair«, mit Dirk Bogarde, Regie: Rainer Werner Fassbinder, 1977; »Flammende Herzen«, mit Barbara Valentin, Regie: Walter Bockmayer und Rolf Bührmann, und »Hitler's Son«, Regie: Rod Amateau, 1978; Titelrolle in »Neues vom Räuber Hotzenplotz«, Regie: Gustav Ehmck, 1979; »Die Insel der blutigen Plantage«, Regie: Kurt Raab, und »Die wilden Fünfziger« (nach Simmel), Regie: Peter Zadek, 1983.
Theater: Am Schauspielhaus Bochum: in Molnárs »Liliom« (1972), und in Heinrich Manns »Bibi«, mit Hanna Schygulla und Brigitte Mira (1973), Regie: jeweils Rainer Werner Fassbinder, in Behans »Die Geisel«, mit O.E. Hasse, Regie: Peter Zadek (1975) (auch TV); in Goldonis »Der Schmeichler«, Regie: Peter Chatel, Theater am Turm Frankfurt/Main 1976; in Shakespeares »Komödie der Irrungen«, Regie: Werner Schroeter, und in Sobols »Ghetto«, Regie: Peter Zadek, Freie Volksbühne Berlin 1983/84; in Laubes »Das Finale in Smyrna« (nach Goldoni), Regie: Werner Schroeter, Bayerisches Staatsschauspiel München 1985.
Regie führte er 1985 in Eyens »Frauen hinter Gittern« am Münchner Boulevardtheater.
Fernsehen: »Jacob von Gunten«, Regie: Peter Lilienthal, ARD 1971; »Adele Spitzeder« (von Sperr), mit Ruth Drexel, Regie: Peer Raben, ARD 1972; »Im Zeichen der Kälte«, Regie: Uwe Brandner, »Welt am Draht«, Regie: Rainer Werner Fassbinder, 2 Teile, und »Schattenreiter«, Regie: George Moorse, ARD 1973; »Die Geisel« (nach Behan), Regie: Peter Zadek, ARD 1975; »Bolwieser« (nach Oskar Maria Graf), mit Kurt Raab und Elisabeth Trissenaar, Regie: Rainer Werner Fassbinder, 2 Teile, ZDF 1977; »Das feuerrote Spielmobil«, Kinderserie, 13 Folgen, ARD 1978/79; »Exil« (nach Feuchtwanger), Regie: Egon Günther, 7 Teile, ARD 1981; »Wo geht's denn hier zum Film?«, mit Kurt Raab, Regie: Peer Raben, ZDF 1983; »Rambo Zambo«, mit Walter Sedlmayr, Regie: Reinhard Donga, ZDF 1984; »Das Totenreich« (nach Pontoppidan), Regie: Karin Brandauer, 2 Teile, ARD 1986.
Auszeichnungen: Bundesfilmpreis in Gold 1975, 1977 und 1978.
Anschrift: c/o Agentur Alexander, Lamontstraße 9, 8000 München 80.

Siegfried Kernen

Geb. 6. 6. 1940 in Bandelin/Pommern; aufgew. in Küsnacht-Zürich; Lehrerseminar in Zürich, ausgebildeter Volksschullehrer; er war als Journalist bei der »Neuen Zürcher Zeitung« tätig. Schauspielunterricht nahm er bei Ellen Widmann in Zürich.
Sein erstes Engagement bekam er von 1964 bis 1968 an der Landesbühne Wilhelmshaven. Weitere Stationen: Rheinisches Landestheater Neuss (1968/69), Schloßtheater Celle (1969–1972) und Bühnen der Stadt Bonn (1973–1978). Seit 1978 ist er freischaffend. Er gastierte u.a. an der Freien Volksbühne Berlin (seit 1978), am Theater des Westens Berlin (1979/80) und am Thalia-Theater Hamburg (seit 1982). Er wirkte bei zahlreichen Festspielen mit, u.a. in Bad Gandersheim, Jagsthausen und Wunsiedel.
Kernen spricht engl., franz.; er ist geschieden und lebt in Hamburg.
Film: »Der Schnüffler«, mit Dieter Hallervorden, Regie: Ottokar Runze, 1982; »Mann ohne Gedächtnis«, Regie: Kurt Gloor, 1983.
Theater: Leonce in Büchners »Leonce und Lena«, Titelrolle in Shakespeares »Hamlet«, Hugo in Sartres »Die schmutzigen Hände«, und Harry Berlin in Schisgals »Liiiebe«, jeweils Landesbühne Wilhelmshaven 1964–1968; Artur in Mrożeks »Tango«, Rheinisches Landestheater Neuss 1968/69; Christian Maske in Sternheims »Der Snob«, Titelrolle in Sternheims »Bürger Schippel«, Scarron in Sternheims »Die Hose«, und Affe in Kafkas »Bericht für eine Akademie«, jeweils Schloßtheater Celle 1969–1972; Gabriel in Hacks' »Adam und Eva«, Shakespeare in Bonds »Bingo«, Rattengift in Grabbes »Scherz, Satire, Ironie und tiefere Bedeutung«, und Moritz in Botho Strauß' »Trilogie des Wiedersehens«, jeweils Bühnen der Stadt Bonn 1973–1978; Glagoljew jun. in Tschechows »Platonow«, Freie Volksbühne Berlin 1978/79; Bischof von London in Anouilhs »Becket oder Die Ehre Gottes«, und Macduff in Shakespeares »Macbeth«, jeweils Thalia-Theater Hamburg 1982–1984.
Fernsehen: Titelrolle in »Der aufsehenerregende Fall des Studienrats Adam Juraček«, Regie: Tom Toelle, ZDF 1975; »Treu und Redlichkeit« (von Asmodi), Regie: Tom Toelle, ZDF 1978; »Johannes«, Regie: Hajo Gies und Ilse Hofmann, Serie, ARD 1979; »Herkules-Pillen«, Regie: Michael Günther, ZDF 1980; »Gute Reise«, Regie: Wilfried Dotzel, ARD 1980; »Schwarz-Rot-Gold: Alles in Butter«, Regie: Dieter Wedel, ARD 1982; »Der Mann, der keine Autos mochte«, Regie: Dieter Wedel, Serie, und »Ein Fall für zwei«, Serie, ZDF 1984; »Schwarz-Rot-Gold: Nicht schießen«, Regie: Dieter Wedel, »Bitte nicht stören« (nach Spark), Regie: Peter Wood, ARD 1985; »Streng vertraulich« (von Price), mit Maria Schneider, Regie: John Goldschmidt, »Grenzenloses Himmelblau«, mit Inge Meysel, Regie: Marcus Scholz, und »Suche Familie – zahle bar«, mit Inge Meysel, Buch + Regie: Marcus Scholz, ZDF 1985; »Engels & Consorten« (von E. Möbius), Regie: Detlef Rönfeldt, Serie, ARD 1986.
Anschrift: c/o ZBF-Agentur Hamburg, Tonndorfer Hauptstraße 90, 2000 Hamburg 70.

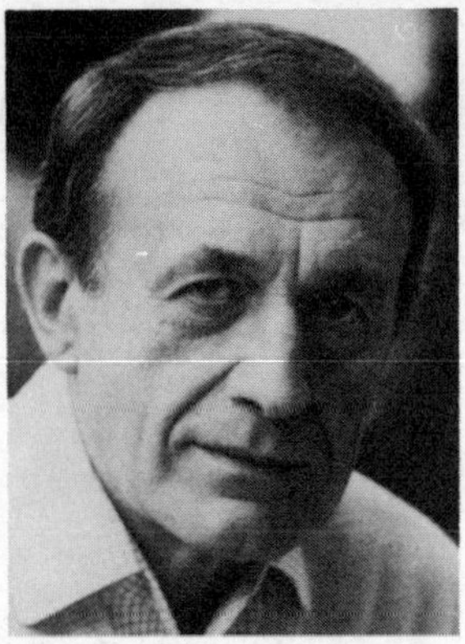

Alexander Kerst

(eigentlich: Alexander Kerszt)

Geb. 23. 2. 1924 in Kralup/Böhmen; nach dem Abitur wurde er zum Kriegsdienst eingezogen. Ab 1946 nahm er Schauspielunterricht bei Fred Liewehr am Max-Reinhardt-Seminar in Wien. Nebenher war er als Reporter und Sprecher beim Österreichischen Rundfunk tätig. Nach ersten Engagements am Burgtheater und am Volkstheater in Wien kam er 1954 an das Staatstheater Kassel. Anschließend war er an den Wuppertaler Bühnen verpflichtet. Von 1957 bis 1960 spielte er an den Münchner Kammerspielen. Weitere Engagements hatte er u.a. an der Komödie Berlin, an der Kleinen Komödie München, bei den Festspielen Ettlingen, am Renaissance-Theater Berlin sowie bei zahlreichen Tourneen. In Wien gründete er das »Kleine Theater im Konzerthaus«.
Seit 1954 wirkt er häufig bei Film und Fernsehen.
Kerst spricht engl.; er ist in dritter Ehe verheiratet, hat zwei Kinder (Viktoria, geb. 1964, und Daniel, geb. 1966) und lebt in München.
Film: »Morgengrauen« und »Der Herrscher«, 1954; »Ciske – ein Kind braucht Liebe«, »Die Toteninsel« und »Parole Heimat«, 1955; »Geliebte Corinna« und »Beichtgeheimnis«, 1956; »Der Stern von Afrika«, 1957; »Hunde, wollt ihr ewig leben«, Regie: Frank Wisbar, 1959; »Mein Schulfreund«, mit Heinz Rühmann, Regie: Robert Siodmak, 1960; »Jack und Jenny«, 1963; »48 Stunden bis Acapulco«, Regie: Klaus Lemke, 1967; »Warum die UFOs unseren Salat klauen«, Regie: Hansjürgen Pohland, 1979; »SAS Malko – Im Auftrag des Pentagon«, Regie: Raoul Coutard, BRD/Frankreich 1983.
Theater: Titelrolle in Goethes »Urfaust«, Hector in Shakespeares »Troilus und Cressida«, Tempelherr in Lessings »Nathan der Weise«, Phryxus in Grillparzers »Das goldene Vlies«, Tambourmajor in Büchners »Woyzeck«, Baron Neuhof in Hofmannsthals »Der Schwierige«, in Wilders »Alkestiade«, Regie: Hans Schweikart, in Borcherts »Draußen vor der Tür«, Regie: August Everding, in Simmels »Der Schulfreund«, Regie: Arno Assmann, Grigorejew in der deutschen Erstaufführung von Camus' »Die Besessenen« (nach Dostojewski), Regie: Hans Schweikart, in Claudels »Mittagswende«, in Rattigans »Olivia«, Graf in Beaumarchais' »Der tolle Tag oder Figaros Hochzeit«, und in Budjuhn/Roses »Die zwölf Geschworenen«, mit Horst Buchholz, Regie: Heribert Sasse, jeweils an den vorgenannten Bühnen (bis 1984).
Fernsehen: »Der Mann von drüben«, Regie: Wilm ten Haaf, ARD 1961; »Sechs Stunden Angst« (nach Diderot), mit Hans Söhnker und Paul Dahlke, Regie: Eugen York, und »Sie werden sterben, Sire« (von Ahlsen), mit Paul Dahlke, Regie: Imo Moskowicz, ARD 1964; »Südsee-Affaire« (nach Coward), Regie: Kurt Wilhelm, und Sir Robert Chiltern in »Ein idealer Gatte« (nach Wilde), Regie: Franz Josef Wild, ARD 1965; Tom in »Das Arrangement« (nach Meichsner), ARD 1967; General de Boisdeffre in »Die Affäre Dreyfus« (von Matray/Krüger), Regie: Franz Josef Wild, ZDF 1968; Baron Arne in »Unwiderbringlich« (nach Fontane), ARD 1969; »Eine unwürdige Existenz« (von Asmodi), Regie: Rolf von Sydow, ARD 1971; »Der Fall Liebknecht–Luxemburg« (von Ertel), ZDF 1972; »Die Bettelprinzessin« (nach Courths-Mahler), ARD 1974; »Der Privatsekretär« (nach Eliot), ZDF 1977; »Tatort«, Regie: Wolfgang Staudte, Serie, und »In freier Landschaft«, Regie: Michael Kehlmann, 2 Teile, ARD 1977; »Der Alte«, Serie, 3 Folgen, ZDF 1978–1984; »Esch oder Die Anarchie« (nach Hermann Broch), Regie: Rainer Boldt, ARD 1969; »Der schwarze Bumerang« (von Rüdiger Bahr), Regie: Wolf Dietrich und George Miller, 4 Teile, ZDF 1982; »Mozart«, mit Christoph Bantzer, Regie: Marcel Bluwal, 5 Teile, und »Die Erbin« (nach Henry James), Regie: Franz Josef Wild, ARD 1982; »Mich wundert, daß ich so fröhlich bin« (nach Simmel), mit Vilma Degischer, Regie: Michael Kehlmann, und Vater Müller in »Familie Müller«, mit Christine Ostermayer, Serie, ZDF 1983; »Die Dame und die Unterwelt« (von Reinecker), mit Inge Meysel, Regie: Rainer Wolffhardt, ZDF 1984; »Die Krimistunde«, Regie: Hartmut Griesmayr, Serie, ARD 1985; »Der Tod aus dem Computer« (von Detlef Müller), Regie: Dieter Finnern, ARD 1986.
Anschrift: c/o Agentur Baumbauer, Keplerstraße 2, 8000 München 80.

Joachim Kerzel

Geb. 10. 12. 1941 in Hindenburg, Oberschlesien; aufgew. in Augsburg. Nach der mittleren Reife absolvierte er eine Lehre als Schlosser und Ölfeuerungsmonteur. Seit dem 15. Lebensjahr wirkte er in Laienspielgruppen mit und wollte zur Bühne. Nach dem Wehrdienst bei der Bundesmarine besuchte er die Hochschule für Musik und Theater in Hannover. Bei den Kreuzgangspielen in Feuchtwangen debütierte er 1965. Engagements am Stadttheater Hildesheim (1966–1968) und am Schiller-Theater Berlin (1969–1978) folgten. Seit 1978 ist er freischaffend und spielt vorwiegend am Theater am Kurfürstendamm in Berlin.

Kerzel ist vielbeschäftigter Synchronsprecher; die deutsche Stimme von: Alan Bates, Robert Wagner, Anthony Perkins, Frederic Lonsdale, Albert Finney, Harvey Keitel, u.v.a.

Kerzel spricht engl.; er ist verheiratet mit der Schauspielerin Maria Körber, hat eine Tochter und lebt in Berlin.

Theater: Lionel in Schillers »Die Jungfrau von Orléans«, Kreuzgangspiele Feuchtwangen 1965; Tellheim in Lessings »Minna von Barnhelm«, Titelrolle in Schillers »Wilhelm Tell«, Lennie in Steinbecks »Von Mäusen und Menschen«, Stadttheater Hildesheim 1966–1968; Heinrich Percy in Pirandellos »Heinrich IV.«, mit Martin Held, Regie: Ernst Schröder, Tusenbach in Tschechows »Drei Schwestern«, Lescz in Gorkis »Die Letzten«, Domingo in Schillers »Don Carlos«, jeweils Schiller-Theater Berlin 1969–1978; Malcolm in Ayckbourns »Drei Schlafzimmer«, Colin in Ayckbourns »Freunde in der Not«, Sonny in »Champagnerkomödie«, Mark in Ayckbourns »Treppauf – Treppab«, Regie: jeweils Wolfgang Spier (auch TV), Theater am Kurfürstendamm Berlin 1978–1984; in Wildes »Bunbury«, Regie: Axel von Ambesser, Kleine Komödie München 1984.

Fernsehen: »Jahrhundert der Chirurgen«, Regie: Wolf Dietrich, ARD 1971; »Der Zweck heiligt die Mittel«, Regie: Fritz Umgelter, ZDF 1973; »Keine Spürhunde für den Fiskus«, Regie: Thomas Fantl, ZDF 1974; »Heiratskandidaten«, ARD 1974; »Zerfall einer Großfamilie«, ARD 1975; »Die Verhaftung«, mit Ullrich Haupt, Regie: Willi Schmitt, und »Das Hochzeitsfest«, Regie: Karl Fruchtmann, ARD 1977; »Meister Timpe«, Regie: Hartmut Griesmayr, und »Gedankenketten«, Regie: Dieter Lemmel, ZDF 1979; »Der Fall Maurizius« (nach Wassermann), mit Sigfrit Steiner, Regie: Theodor Kotulla, 5 Teile, ZDF 1981; »Wissen Sie es besser?«, Serie, ARD 1981; »Flucht nach London«, Regie: Wolfgang Storch, und »Single bleibt Single«, Regie: Wolf Dietrich, ZDF 1982; »Heimat, die ich meine«, Regie: Peter Beauvais, ZDF 1983; »Berliner Weiße mit Schuß«, Serie, ZDF 1985.

Anschrift: c/o ZBF-Agentur München, Leopoldstraße 19, 8000 München 40, oder Am Hegewinkel 88, 1000 Berlin 37.

Béatrice Kessler

Geb. in Zürich; dort aufgew.; nach der mittleren Reife absolvierte sie die Schauspielakademie Zürich. Ihre ersten Engagements hatte sie an der Landesbühne Rheinland-Pfalz Neuwied und am Städtebundtheater Hof (1970–1974). Seit 1975 ist sie nahezu ausschließlich für Film und Fernsehen tätig.
Frau Kessler spricht engl., franz., ital.; sie ist ledig und lebt in Zürich.
Film: »Die Schweizermacher«, mit Emil Steinberger und Walo Lüönd, Regie: Rolf Lyssy, 1978; »Brot und Steine«, und »Die schwarze Spinne«, Regie: Mark Rissi, 1979/80; »Der Westen leuchtet«, Regie: Niklaus Schilling, 1982.
Theater: Lavinia in O'Neills »Trauer muß Elektra tragen«, Eboli in Schillers »Don Carlos«, Ariel in Shakespeares »Der Sturm«, Pegeen Mike in Synges »Ein wahrer Held«, Peggy in Farquhars »Strategen der Liebe«, 2. Schauspielerin in Kohouts »Armer Mörder«, Rose in Marceaus »Das Ei«, und Judith in Shaws »Der Teufelsschüler«, jeweils an den vorgenannten Bühnen.
Fernsehen: »Die Magd«, Regie: Louis Jent, SRG 1975; »Die Mutter«, SRG 1976; »Ein Volksfeind« (nach Ibsen), Regie: Georg Marischka, ARD 1977; »Ursula«, SRG 1978; »Le dernier regard de l'aigle«, Regie: J.J. Laqrauge, und »Daniel«, Regie: George Moorse, schweiz. TV 1979; »Tatort«, Serie, 3 Folgen, ARD 1980–1983; »Alberta und Alice oder Die Unterwerfung« (nach Italo Svevo), Regie: Wilm ten Haaf, ARD 1981; »Detektivbüro Roth«, Serie, ARD 1984; »Liebe läßt alle Blumen blühen« (nach Konsalik), Regie: Marco Serafini, und »Verworrene Bilanzen« (von Stripp), mit Gottfried John, Regie: Peter Beauvais, ARD 1985; »Glücklich geschieden«, mit Robert Atzorn und Elfriede Kuzmany, Regie: Rolf von Sydow, 6 Teile, ZDF 1985; »Kennwort Möwe« (von Menge), mit Hans Christian Blech, Regie: Tom Toelle, ARD 1986.
Anschrift: c/o Agentur Jovanovic, Perfallstraße 6, 8000 München 80.

Udo Kier

Geb. 14. 10. 1944 in Köln; dort aufgew.; unter der Regie von Michael Sarne drehte er 1967 in Großbritannien seinen ersten Film »Straße nach St. Tropez«. Erst später nahm er Schauspielunterricht an der Schule von Lee Strasberg in New York. Bislang wirkte er in über 60 meist internationalen Produktionen mit. Er arbeitete u.a. in Italien, Griechenland, Frankreich, Ungarn, Österreich, den USA und Großbritannien. Bühnengastspiele gab er am Schauspielhaus Düsseldorf (1969), auf Tournee und an den Bühnen der Stadt Bonn (1983/84).
1984 stellte Kier in New York den Film »Die letzte Reise nach Harrisburg« vor. Der 1982 verstorbene Regisseur Rainer Werner Fassbinder hatte die beiden Rollen Kiers in diesem Filmdokument deutsch synchronisiert.
Kier spricht engl., franz., ital.; er ist ledig und lebt in Köln.
Film: »Schamlos«, Regie: Eddy Saller, 1968; »Hexen bis aufs Blut gequält«, Regie: Michael Armstrong, 1969; »La Stazione dei Sensi«, Regie: Massimo Franciosa, Italien 1969; »Provokation«, und »Dead End«, Regie: Omiros Efstratiadis, Griechenland 1970; »The Salzburg Connection«, Regie: Lee Katzin, USA 1971; »Andy Warhol's Frankenstein« und »Andy Warhol's Dracula«, Regie: Paul Morissey, Italien 1973; »Der letzte Schrei«, Regie: Robert van Ackeren, 1974; »Die Geschichte der O«, Regie: Just Jaeckin, Frankreich/BRD 1975; »Spermula«, Regie: Charles Matton, Frankreich 1976; »The House of Straw Hill«, Regie: James Clarke, Großbritannien 1976; »Suspitia«, Regie: Dario Argento, Italien 1976; »Belcanto oder Darf eine Nutte schluchzen?«, Regie: Robert van Ackeren, und »Das fünfte Gebot«, mit Helmut Berger, Regie: Duccio Tessari, 1977; »Die dritte Generation«, Regie: Rainer Werner Fassbinder, 1977; »Lulu«, Regie: Walerian Borowczyk, BRD/Frankreich/Italien 1979; »Ungarische Rhapsodie«, Regie: Miklos Jancso, Ungarn 1979; »Narziß und Psyche«, Regie: Gabor Body, Ungarn 1980; »Dr. Jeckyll und Miss Osborne«, Regie: Walerian Borowczyk, Frankreich 1980; »Lili Marleen«, Regie: Rainer Werner Fassbinder, 1980; »Huren der Macht«, 1981; »Hur und Heilig«, und »Die wilden Fünfziger« (nach Simmel), Regie: Peter Zadek, und »Pankow' 95«, mit Christine Kaufmann, Regie: Gabor Altorjay, 1983 (auch ZDF 1983). Wichtige Videofilme sind u.a.: »Wenn die Körperadern platzen« (von Michael Buthe und Klaus vom Bruch), 1979; »Symbolismus« (von Pol Ehert), Belgien 1981; »Helio Gabal« (von Michael Buthe und Ditman Werle), 1981; »Geschwister« (von Gabor Body) und »Sportliche Schatten« (von Tabea Blumenschein und Udo Kier), 1982.
Theater: In Wildes »Salome«, mit Christine Kaufmann, Regie: Werner Schroeter, Tournee 1977; Robert in Bauers »Schneewolke«, Bühnen der Stadt Bonn 1984.
Fernsehen: Gilbert in »Cagliostro« (nach Alexandre Dumas), 4 Teile, ZDF 1973; »Erinnerung an die Leidenschaft«, Regie: Martin Hennig, ZDF 1976; »Bolwieser« (nach Oskar Maria Graf), mit Kurt Raab und Elisabeth Trissenaar, Regie: Rainer Werner Fassbinder, 2 Teile, ZDF 1977; Titelrolle in »Victor«, mit Eddie Constantine, Regie: Walter Bockmayer und Rolf Bührmann, ZDF 1979; »Berlin Alexanderplatz« (nach Döblin), mit Günter Lamprecht, Regie: Rainer Werner Fassbinder, ARD 1980; »Der Fahnder«, Serie, und »Gespenstergeschichten«, Serie, ARD 1985. Ferner spielte er u.a. unter der Regie von George Moorse in »Pan« und »Schattenreiter«.
Anschrift: c/o Agentur Alexander, Lamontstraße 9, 8000 München 80.

Ulli Kinalzik

Geb. 26. 2. 1941 in Altwerder bei Posen; nach der Schule nahm er Schauspielunterricht bei Hilde Körber in Berlin. Sein erstes Engagement hatte er von 1960–1962 am Staatstheater Kassel. Gastspiele gab er seither u.a. an der Freien Volksbühne Berlin (1965), bei den Luisenburg-Festspielen Wunsiedel (seit 1979), am Hansa-Theater Berlin (1980), am Landestheater Hannover (1980), am Theater am Kurfürstendamm Berlin (1983) sowie vielfach auf Tournee. Er wirkte seit 1966 in weit über 100 TV-Produktionen mit.

Kinalzik spricht engl., franz., ital.; er ist seit 1970 verheiratet mit der Schauspielerin und Synchronsprecherin Rita Engelmann. Frau Engelmann war sieben Jahre am Berliner Schiller-Theater engagiert, spielte die Titelrolle in Max Willutzkis Streifen »Vera Romeyke ist nicht tragbar« und ist u.a. die deutsche Stimme von Cathérine Deneuve und Linda Gray (Sue Ellen in »Dallas«, bislang über 150 Folgen). Das Ehepaar lebt in Berlin.

Film: »The Big Red One«, mit Lee Marvin, Regie: Sam Fuller, USA 1976; »Wetten, daß es Nessie gibt?«, 1984.

Theater: Bruno in Hauptmanns »Die Ratten«, und in Marceaus »Das Ei«, jeweils Staatstheater Kassel 1960–1962; in Branners »Der Reiter«, Freie Volksbühne Berlin 1965; Jochen Most in Zuckmayers »Der fröhliche Weinberg«, Regie: Fritz Umgelter, 1979, in Calderons »Der Richter von Zalamea«, und Spiegelberg in Schillers »Die Räuber«, 1981, und in Zuckmayers »Katharina Knie«, 1984, jeweils Luisenburg-Festspiele Wunsiedel; Werner in Lessings »Minna von Barnhelm«, Hansa-Theater Berlin 1980; Biff in Millers »Der Tod des Handlungsreisenden«, Landestheater Hannover 1980; Leslie in Ayckbourns »Treppauf – Treppab«, Regie: Jürgen Wölffer, Theater am Kurfürstendamm 1983 (auch TV).

Fernsehen: »Der Kommissar«, mit Erik Ode, Serie, 3 Folgen, ZDF 1969–1973; »Verschwörung in Ulm«, Regie: Frank Guthke, »Mitten in der Nacht«, Regie: Werner Schlechte, und »Es braust ein Donnerhall«, Regie: Fritz Umgelter, ARD 1970; Bootsmann in »Graf Luckner«, mit Heinz Weiss, 39 Folgen, ARD 1970–1973; »Die unfreiwilligen Reisen des Moritz August Benowski«, Regie: Fritz Umgelter, 4 Teile, ZDF 1974; »Gesichtspunkte«, 10 Folgen, ARD 1974/75; »Derrick«, Serie, 4 Folgen, 1976–1981; »Direction City«, Regie: Michael Günther, Serie, ARD 1976–1982; »Tatort«, Serie, 5 Folgen, ARD 1976–1982; »Der Alte«, Serie, 5 Folgen, ZDF 1978–1985; »Der Gehilfe«, Regie: Ludwig Cremer, ARD 1978; »Es begann bei Tiffany«, mit Benno Hoffmann, Regie: Wolfgang Becker, und »Die Sache mit meinem Vater«, Regie: Hans Heinrich, ARD 1979; »Schattengrenze«, Regie: Wolf Gremm, ZDF 1979; »Der Fall Woyzeck« (nach Büchner), Regie: Oswald Döpke, ZDF 1981; »Gefährliches Spiel«, Regie: Theo Mezger, ARD 1983.

Anschrift: c/o Agentur Mattes, Pilotystraße 2, 8000 München 22.

Klaus Kindler

Geb. 1. 1. 1930 in Heidelberg; aufgew. in Karlsruhe, Danzig, Riga und Heidelberg; nach dem Besuch der Oberschule absolvierte er eine Schauspielschule in Heidelberg. Seine wichtigsten Bühnenstationen: Hessisches Staatstheater Wiesbaden, Städt. Bühnen Dortmund, Deutsches Theater Göttingen sowie Theater in Hamburg und München. Er spielte Rollen seines Fachs (u.a. Mortimer in Schillers »Maria Stuart« und Romeo in Shakespeares »Romeo und Julia«).
Neben seiner Arbeit für Film und Fernsehen hat er sich seit vielen Jahren nahezu völlig auf das Synchronisieren konzentriert. Er sprach in weit über 250 Filmen Haupt- und Nebenrollen, u.a. die deutsche Stimme von Steve McQueen und Robert Redford.
Kindler spricht engl.; er ist verheiratet und lebt in Dürnzhausen/Oberbayern.
Film: »Strafbataillon 999«, Regie: Harald Philipp, und »Division Brandenburg«, 1960.
Fernsehen: »Stahlnetz«, Regie: Jürgen Roland, Serie ARD 1960; »Manni, der Libero«, mit Tommi Ohrner, Serie, ZDF 1980; »Das Licht der Gerechten« (nach Troyat), Regie: Yannick Andrei, 14 Teile, franz. TV + ARD 1981; »Die fünfte Jahreszeit«, Regie: Dieter Berner, Serie, ARD 1982; »Entscheidung am Kap Horn«, mit Julie Christie, Regie: Christian de Chalonge, 3 Teile, ARD 1984.
Anschrift: c/o ZBF-Agentur München, Leopoldstraße 19, 8000 München 40, und 8069 Dürnzhausen Nr. 10½.

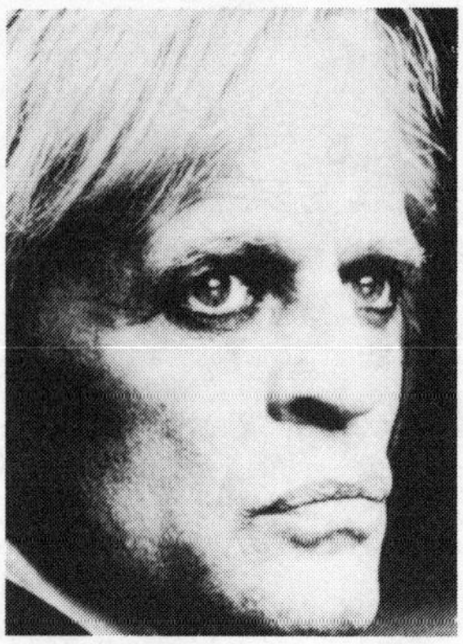

Klaus Kinski

(eigentlich: Nikolaus Nakszynski)

Geb. 18. 10. 1926 in Zoppot/Danzig; dort und in Berlin aufgew.; mit fünf Jahren kam er in ein Heim, später besuchte er das Gymnasium. Sein Schulgeld verdiente er sich selbst als Laufbursche, Schuhputzer, Straßenfeger und Leichenwäscher. 1944 wurde er zum Kriegsdienst eingezogen. Nach seiner Flucht wurde er gefaßt und entkam nur durch Glück den Hinrichtungskommandos. In der Kriegsgefangenschaft erhielt er die Nachricht vom Tod seiner Eltern.
Seine Karriere als Schauspieler begann am Kabarett bei Valeska Gert. Als Rezitator – u.a. mit Balladen von François Villon – machte er auf sich aufmerksam. 1949 spielte er erstmals Theater: Cocteaus Stück »Die menschliche Stimme«, in dem er als Frau auftrat, mußte jedoch nach wenigen Vorstellungen abgesetzt werden.
Mitte der 50er Jahre ging er zum Film. Bekannt wurde er vor allem als Darsteller von Mördern, Schizophrenen und Außenseitern, zunächst in zahlreichen Edgar-Wallace-Krimis. Sein Durchbruch zum internationalen Film gelang ihm in der Rolle des Anarchisten Kostojed in dem Film »Doktor Schiwago« im Jahre 1966. Insgesamt drehte Kinski bislang über 150 Spielfilme.
Von sich reden machte er 1969 mit seiner Tournee als »Jesus-Christus-Erlöser«, bei der er eine Neufassung des Neuen Testaments vortrug.
Kinski spricht engl., franz., ital.; er ist in dritter Ehe verheiratet mit der Vietnamesin Geneviève Minhoi. Seine beiden Töchter Pola und Nastassja haben ebenfalls den Schauspielerberuf gewählt. Kinski lebt abwechselnd in Paris und Rom.
Film: Von den zahlreichen Edgar-Wallace-Verfilmungen seien genannt (u.a.): »Der Rächer«, Regie: Karl Anton, 1960; »Die toten Augen von London«, Regie: Alfred Vohrer, »Das Geheimnis der gelben Narzissen«, Regie: Akos von Rathony, und »Die seltsame Gräfin«, mit Marianne Hoppe, Regie: Josef von Baky, 1961; »Das Rätsel der roten Orchidee/Gangster in London«, Regie: Helmuth Ashley, »Die Tür mit den sieben Schlössern«, Regie: Alfred Vohrer, und »Das Gasthaus an der Themse«, mit Elisabeth Flickenschildt, Regie: Alfred Vohrer, 1962; »Der Zinker«, Regie: Alfred Vohrer, »Der schwarze Abt«, Regie: Franz Josef Gottlieb, »Scotland Yard jagt Dr. Mabuse«, Regie: Paul May, und »Das indische Tuch«, Regie: Alfred Vohrer 1963; »Die Gruft mit dem Rätselschloß«, Regie: Franz Josef Gottlieb, und »Das Verrätertor«, mit Margot Trooger, Regie: Freddie Francis, 1964; »Neues vom Hexer«, mit Brigitte Horney, Regie: Alfred Vohrer, 1965; »Die blaue Hand«, Regie: Alfred Vohrer, 1967.
Ferner spielte er u.a. in: »Morituri«, mit Winnie Markus, Regie: Eugen York, 1948; »Das kalte Herz«, Regie: Paul Verhoeven, DEFA 1950; »Entscheidung vor Morgengrauen«, mit Oskar Werner, Regie: Anatole Litvak, USA 1951; »Kinder, Mütter und ein General«, Regie: Laslo Benedek, und »Ludwig II. – Glanz und Elend eines Königs«, mit O.W. Fischer und Ruth Leuwerik, Regie: Helmut Käutner, 1954; »Sarajewo – Um Thron und Liebe«, mit Ewald Balser und Luise Ullrich, Regie: Fritz Kortner, und »Hanussen«, mit O.W. Fischer, Regie: Georg Marischka und O.W. Fischer, 1955; »Geliebte Corinna«, mit Hans Söhnker, Regie: Eduard von Borsody, 1956; »Zeit zu leben und Zeit zu sterben«, Regie: Douglas Sirk, USA 1958; »Verrat auf Befehl«, mit William Holden, Regie: George Seaton, USA 1960; »Bankraub in der Rue Latour«, Regie: Curd Jürgens, 1961; »Der rote Rausch«, Regie: Wolfgang Schleif, 1962; »Piccadilly Null Uhr zwölf« (nach Durbridge), Regie: Rudolf Zehetgruber, 1963; »Kali Yug – Die Göttin der Rache« und »Kali Yug – Aufruhr in Indien«, Regie: Mario Camerini, Italien/Frankreich/BRD 1963; »Der letzte Ritt nach Santa Cruz«, Regie: Rolf Olsen und »Wartezimmer zum Jenseits«, Regie: Alfred Vohrer, 1964; »Winnetou II«, mit Pierre Brice und Lex Barker, Regie: Harald Reinl, BRD/Jugoslawien 1964; »Operation Istanbul«, mit Horst Buchholz, Regie: Antonio Isasi-Isasmendi, Spanien/Italien/Frankreich 1965; »Spione unter sich«, mit Henry Fonda und Vittorio Gassman, Regie: Werner Klingler, u.a., BRD/Frankreich/Italien 1965; »Doktor Schiwago« (nach Pasternak), mit Omar Sharif, Julie Christie, Alec Guinness und Rod Steiger, Regie: David Lean, Großbritannien 1965; »Marrakesch«, Regie: Don Sharp, Großbritannien 1966; »Wie tötet man eine Dame«, mit Stewart Granger, Regie: Manfred R. Köhler, 1966; »Töte Amigo«, Italien 1966; »Top Job«, Regie: Giuliano Montal-

do, BRD/Italien/Spanien 1967; »Mit Django kam der Tod«, Regie: Luigi Bazzoni, Italien 1967; »Mister zehn Prozent«, Regie: Guido Zurli, BRD/Italien 1968; »Leichen pflastern seinen Weg«, Regie: Sergio Corbucci, Italien/Frankreich 1968; »Der Bastard«, mit Giuliano Gemma, Regie: Duccio Tessari, BRD/Italien/Frankreich 1968; »Marquis de Sade«, Regie: Jesus Franco, Italien 1968; »Kampf um Rom« (nach Dahn), mit Orson Welles und Laurence Harvey, Regie: Robert Siodmak, 2 Teile, BRD/Italien 1968; »Venus im Pelz«, Regie: Max Dillman und »Wie kommt ein so reizendes Mädchen zu diesem Gewerbe?«, Regie: Will Tremper, 1969; »Nachts, wenn Dracula erwacht«, mit Christopher Lee, Regie: Jesus Franco Manera, BRD/Italien/Spanien 1969; »Satan der Rache«, Regie: Anthony M. Dawson, Italien/BRD 1969; »Der Mann mit der Torpedohaut«, Regie: Jean Delaunoy, BRD/Frankreich/Italien 1970; »Das Auge der Spinne«, Regie: Roberto Bianchi, Italien 1971; »Aguirre, der Zorn Gottes«, Regie: Werner Herzog, 1972; »Sarg der blutigen Stiefel«, Regie: Juan Alberto, Spanien/Italien 1972; »Der Mann mit der Kugelpeitsche«, Italien 1972; »Nachtblende«, mit Romy Schneider, Regie: Andrzej Zulawski, Frankreich/Italien/BRD 1974; »Le orme«, Italien 1974; »Che botte ragazzi«, Italien 1975; »Nobody ist der Größte«, mit Terence Hill, Regie: Damiano Damiani, Italien/BDR/Frankreich 1975; »Das Netz« (nach Habe), Regie: Manfred Purzer, 1975; »Les marches du palais« und »De peu mourir idiot«, Frankreich 1976; »Madame Claude und ihre Gazellen«, Regie: Just Jaeckin, Frankreich 1977; »Jack the Ripper - Der Dirnenmörder von London«, Regie: Jesus Franco, 1977; »Zoo Zéro«, Regie: Alain Fleischer, Frankreich/Italien 1977; »Der Fall Serrano«, mit Alain Delon, Regie: Georges Lautner, Frankreich 1978; »Nosferatu - Phantom der Nacht«, Regie: Werner Herzog, Frankreich/BRD 1978; »Woyzeck«, Regie: Werner Herzog, 1978; »Haine«, mit Maria Schneider, Regie: Dominique Goult, Frankreich 1979; »Love and Money«, Regie: James Toback, USA 1980; »Buddy Buddy«, mit Jack Lemmon und Walter Matthau, Regie: Billy Wilder, »Der Android«, Regie: Aaron Lipstadt, »Die schwarze Mamba«, mit Oliver Reed, Regie: Piers Haggard, und »Der Söldner«, Regie: James Glickenhaus, USA 1981; »Fitzcarraldo«, mit Claudia Cardinale, Regie: Werner Herzog, 1981; »Der Schatten des Wolfes«, Frankreich 1981; »Geheimcode Wildgänse«, mit Lee van Cleef, Regie: Anthony M. Dawson, USA 1984; »Die Libelle« (nach John le Carré), mit Diane Keaton, USA 1985, »Kommando Leopard«, Regie: Anthony M. Dawson, USA 1985.

Auszeichnungen: Filmband in Gold, Berlin 1979; »Bester Schauspieler des Jahres 1980« für »Nosferatu« in Kolumbien.

Anschrift: c/o Briac, 6 rue Lincoln, F-75000 Paris, Frankreich, und c/o Paul Kohner Agency, 9169 Sunset Boulevard, Los Angeles, CA 90069, USA.

Nastassja Kinski

(eigentlich: Nastassja Nakszynski)

Geb. 24. 1. 1961 als Tochter des Schauspielers Klaus Kinski (bürgerlich: Nakszynski) in Berlin; aufgew. in Rom und Caracas. Nach der Scheidung ihrer Eltern kam sie nach München, wo sie die Schule besuchte; im Alter von 13 Jahren wurde sie von Wim Wenders für dessen Film »Falsche Bewegung« entdeckt. Sie spielte darin die stumme Rolle der Mignon. Bereits ein Jahr später erhielt sie eine Hauptrolle in einem englischen Kinofilm. 1977 besuchte sie die Schauspielschule von Stella Adler und das Actors' Studio von Lee Strasberg in Hollywood und New York, USA. Nastassja Kinski spricht engl., franz.; sie hat einen Sohn (Aljoscha, geb. 1984) und lebt in Los Angeles.
Film: »Die Braut des Satans«, mit Richard Widmark und Christopher Lee, Regie: Peter Sykes, Großbritannien 1975; »Leidenschaftliche Blümchen«, Regie: André Farwagi, USA 1977; »Bleib wie du bist«, mit Marcello Mastroianni, Regie: Alberto Lattuada, Frankreich/Italien 1978; Titelrolle in »Tess«, mit Peter Firth und Leigh Lawson, Regie: Roman Polanski, Frankreich/Großbritannien 1978; »Einer mit Herz«, Regie: Francis Ford Coppola, und »Katzenmenschen (Cat people)«, Regie: Paul Schrader, USA 1982; »Frühlingssinfonie«, mit Herbert Grönemeyer, Regie: Peter Schamoni, BRD 1983; »Bitte nicht heut' nacht«, mit Dudley Moore, Regie: Howard Zieff, USA 1983; »Der Mond in der Gosse«, Regie: Jean-Jacques Beineix, Frankreich/USA 1984; »Hotel New Hampshire«, mit Jodie Foster und Rob Lowe, Regie: Tony Richardson, und »Maria's Lovers«, mit Robert Mitchum, Regie: Andrej Konchalowsky, USA 1984; »Paris, Texas«, Regie: Wim Wenders, BRD/USA 1984 (erhielt die »Goldene Palme« in Cannes, 1984); »Harem«, mit Ben Kingsley, Großbritannien 1985.
Fernsehen: »Reifezeugnis« (aus der Reihe: »Tatort«), mit Christian Quadflieg, Regie: Wolfgang Petersen, ARD 1977.
Auszeichnungen: »Otto« (BRAVO) 1977, 1978 und 1979; »CÉSAR« 1978; »Jupiter« der Zeitschrift »Cinema«, 1979; »Goldener Bambi« (BILD + FUNK) 1978; »GOLDEN GLOBE« als »Best Newcomer« 1981; »Bundesfilmpreis« 1983.
Anschrift: c/o Agentur Jovanovic, Perfallstraße 6, 8000 München 80, und c/o ICM, 8899 Beverly Blvd., Los Angeles/CA 90048 USA.

Pola Kinski

(eigentlich: Pola Nakszynski)

Geb. 23. 3. 1952 als älteste Tochter des Schauspielers Klaus Kinski (eigentlich: Nakszynski); aufgew. in Berlin und München; nach ihrer Schauspielausbildung an der Münchner Otto-Falckenberg-Schule debütierte sie 1974 am Deutschen Schauspielhaus Hamburg, wo sie bis 1976 zum Ensemble gehörte. Sie gastierte u.a. an der Freien Volksbühne Berlin (1980) und machte Tourneen. Fernsehfilme dreht sie seit 1977.
Frau Kinski spricht engl., franz.; sie ist ledig, hat ein Kind und lebt in Karlsruhe. Ihre Schwester ist die Schauspielerin Nastassja Kinski.
Theater: In »Family«, in Walsers »Schauspiel«, in Büchners »Leonce und Lena«, in der westdeutschen Erstaufführung von Müllers »Die Schlacht«, Regie: Ernst Wendt, 1975, in Fassbinders »Frauen in New York« (er führte selbst Regie), und Bianca in Shakespeares »Othello«, Regie: Peter Zadek, 1976, jeweils Deutsches Schauspielhaus Hamburg; in Brecht/Weills »Die Dreigroschenoper«, Gastspiel Paris.
Fernsehen: »Valeska-Gert-Porträt«, Regie: Volker Schlöndorff, »Das Ende der Beherrschung«, Regie: Gaby Kubach, und »Fehlschuß«, Regie: Rainer Boldt, ARD 1977; »Sonntagskinder«, Regie: Michael Verhoeven, ARD 1981; »Ohne Rückfahrkarte«, Regie: Jürgen Klauß, ZDF 1981; »Das Dorf« und »Am Rande des Parks«, ARD 1982; »Zwischengleis«, mit Mel Ferrer, Lambert Hamel und Karl Maria Schley, Regie: Wolfgang Staudte, ARD 1983; »Ein Fall für zwei«, Serie, ZDF 1985.
Anschrift: c/o Agentur Jovanovic, Perfallstraße 6, 8000 München 80.

Eva Kinsky

Geb. 28. 6. 1945 in Wien; dort aufgew.; 1961 debütierte sie an den Vereinigten Bühnen Graz. Weitere Stationen: Hessisches Staatstheater Wiesbaden, Basler Theater, Theater in der Josefstadt Wien und Volkstheater Wien (bis 1968). Seither ist sie freischaffend. Sie gastierte u.a. am Theater am Dom Köln, an der Kleinen Komödie München und am Theater Die Kleine Freiheit München. Neben ihrer Tätigkeit beim Fernsehen wirkt sie umfangreich in der Synchronisation. Sie lieh ihre Stimme u.a. Liza Minelli, Sydne Rome, Sylvia Kristel, Nancy Sinatra und Shelly Duval (»Shining«).
Frau Kinsky spricht engl., franz.; sie ist ledig und lebt in München.
Film: »Der Hexer« (nach Wallace), Regie: Rainer Erler, 1963; »Engel der Sünde«, 1969; »Magdalena und das Böse«, 1979.
Theater: In Molières »Schule der Frauen«, und in »Cleopatra an der chinesischen Mauer«, Basler Theater; in Taylors »Unsere beste Freundin«, mit Johannes Heesters, Theater am Dom Köln; in Flatows »Das Geld liegt auf der Bank«, mit Rudolf Platte, 1970/71, in Yeldhams »Auf und davon«, 1971, in Goetz' »Hokuspokus«, 1977, und in L. Lenz' »Duett zu Dritt«, 1985, jeweils Kleine Komödie München; in »Der gemeinsame Mann«, in »Trio zu viert«, und in Durands »Das verflixte Wochenende«, Regie: Karin Jacobsen, jeweils Theater Die Kleine Freiheit München bis 1983.
Fernsehen: »Tausendundeine Nacht«, Regie: Fritz Umgelter, ARD 1969; »Groschenspiel«, ARD 1971; »Zwischenspiel«, mit Peter Weck und Hans Putz, ZDF 1972; »Der Kommissar«, mit Erik Ode, Serie, ZDF 1973; »Käpt'n Sengstakes Abenteuer«, mit Hans-Joachim Kulenkampff, Regie: Rolf Olsen, ARD 1974; »Münchnerinnen« (nach Thoma), Regie: Eberhard Itzenplitz, und »Der kleine Doktor«, mit Peer Schmidt, Serie, ZDF 1975; »Ehen vor Gericht«, Regie: Ruprecht Essberger, Serie, ZDF 1977; »Der Friede von Locarno« (von Adler), Regie: Eberhard Itzenplitz, ZDF 1978; »Der Alte«, Serie, 2 Folgen, ZDF 1980 + 1982; »Verkehrsgericht«, Regie: Ruprecht Essberger, Serie, ZDF 1984.
Anschrift: Englschalkinger Straße 203, 8000 München 81.

Dieter Kirchlechner

Geb. 21. 1. 1932 in Pinkafeld/Österreich; nach der Schule absolvierte er die Otto-Falckenberg-Schule München. Sein erstes Engagement erhielt er von 1953 bis 1955 am Theater der Stadt Essen. Weitere Stationen: Bayerisches Staatsschauspiel München (1955–1962 und 1975–1978), Münchner Kammerspiele (1962–1971) und Schaubühne am Halleschen Ufer Berlin (1964–1968). Weitere Gastspiele gab er an der Freien Volksbühne Berlin, am Thalia-Theater Hamburg und am Schauspielhaus Wien (bis 1984).
Kirchlechner spricht engl.; er ist verheiratet mit der Schauspielerin Monika Schwarz und lebt in München.
Film: »Alle Sünden dieser Erde« und »Du gehörst mir«, 1958; »Die Eroberung der Zitadelle«, Regie: Bernhard Wicki, 1977.
Theater: Besonderes Gewicht hat seine Zeit an den Münchner Kammerspielen: Cassio in Shakespeares »Othello«, Regie: Fritz Kortner, 1962, Leonce in Büchners »Leonce und Lena«, mit Gertrud Kückelmann, Regie: Fritz Kortner, in der Uraufführung von Mommertz' »Aktion T 4«, Regie: Max-Peter Amann, und in Shakespeares »König Richard III.«, Regie: Fritz Kortner, 1963, in Shakespeares »Maß für Maß«, Regie: Paul Verhoeven, und in Ostrowskijs »Wölfe und Schafe«, Regie: Rudolf Noelte, 1964, in Shaws »Die heilige Johanna«, Regie: August Everding, und in Audibertis »Der Lauf des Bösen«, Regie: Ernst Seiltgen, 1965, in Queneaus »Autobus S«, Regie: Kollektiv, und in Pinters »Die Heimkehr«, mit René Deltgen, Regie: Dieter Giesing, 1966, in der deutschen Erstaufführung von Forssells »Der Sonntagsspaziergang«, H.-J. Heyse in der Uraufführung von Sperrs »Landshuter Erzählungen«, mit Christa Berndl und Therese Giehse, Regie: August Everding, und Knecht in Thomas »Magdalena«, Regie: Hans Schweikart (auch TV), 1967, in Weiss' »Vietnam-Diskurs«, Regie: Peter Stein, und in Ibsens »Hedda Gabler«, Regie: Dieter Giesing, 1968, in der deutschen Erstaufführung von Albees »Kiste – Worte des Vorsitzenden Mao Tse-tung – Kiste«, mit Grete Mosheim, Regie: Ulrich Heising, 1968, in der Uraufführung von Siegfried Sommers »Marile Kosemund«, Regie: Dieter Munck, und Kasimir in Horváths »Kasimir und Karoline«, Regie: Otto Schenk, 1969.
Fernsehen: »Robinson soll nicht sterben« (nach Forster), Regie: Franz Josef Wild, ARD 1963; »Der Röhm-Putsch«; »Ritter vom Mirakel« (nach Lope de Vega), Regie: Imo Moszkowicz, ZDF 1966; »Heydrich in Prag« (von Adler), Regie: Rolf Hädrich, ARD 1967; »Der Fall Hetzel«; »Stille Nacht« (von Harald Müller), ZDF 1974; »Der Führerschein«, mit Witta Pohl, Regie: Thomas Engel, ARD 1978; »Die Buddenbrooks« (nach Thomas Mann), mit Ruth Leuwerik, Regie: Franz Peter Wirth, 11 Teile, ARD 1979; »Tatort«, Regie: Hartmut Griesmayr und Franz Peter Wirth, Serie, 4 Folgen, ARD 1979–1982; »Die Einfälle der heiligen Klara« (von Pavel Kohout), ZDF 1980; »Jeans«, Regie: Hartmut Griesmayr, ZDF 1981; »Die Stunde des Löwen«, mit Judy Winter und Dietmar Schönherr, Regie: Hartmut Griesmayr, ZDF 1982; »Satan ist auf Gottes Seite«, mit Hans Christian Blech, Regie: Wolfgang Staudte, ZDF 1983; »Männersache«, Regie: Alexander J. Seiler, SRG 1983; »Schwarz-Rot-Gold: Um Kopf und Kragen«, Regie: Marco Serafini, ARD 1984; »Der Hochzeitstag«, mit Witta Pohl, Regie: Konrad Sabrautzky, ARD 1985; »Fehler des Piloten«, Regie: Hartmut Griesmayr, ZDF 1985; »Kennwort Möwe« (von Menge), mit Hans Christian Blech, Regie: Tom Toelle, ARD 1986.
Anschrift: c/o ZBF-Agentur München, Leopoldstraße 19, 8000 München 40.

Rüdiger Kirschstein

Geb. 11. 1. 1941 in Breslau; aufgew. in Bayern, dem Ruhrgebiet und in Berlin; nach der mittleren Reife ging er zunächst zur See. Später besuchte er die Folkwang-Schule in Essen. 1968/69 war er unter Peter Palitzsch am Württembergischen Staatstheater Stuttgart engagiert. 1969/70 stand er unter Peter Löffler am Schauspielhaus Zürich unter Vertrag. Anschließend war er zusammen mit Peter Stein Begründer der Schaubühne am Halleschen Ufer Berlin. Theatergastspiele gab er bis 1982 ferner am Schauspielhaus Bochum und bei den Ruhrfestspielen in Recklinghausen. Der Schwerpunkt seiner Tätigkeit liegt jetzt beim Fernsehen, wo er seit 1970 wirkt.
Kirschstein spricht engl., span.; er ist verheiratet mit der Schauspielerin Rita Leska und lebt in Berlin.
Film: »Die Wollands«, 1972; »Femme fatale«, Regie: J.D. Valcrox, 1975; »Fangschuß«, Regie: Volker Schlöndorff, 1976; »Rheingold«, Regie: Niklaus Schilling, 1977.
Theater: Titelrolle in Ibsens »Peer Gynt«, in Brechts »Die Mutter« (nach Gorki), in Wischnewskis »Optimistische Tragödie«, in Hauptmanns »Der Biberpelz«, Titelrolle in Sternheims »Bürger Schippel«, und in »Der große Zinobia«, jeweils an den vorgenannten Bühnen.
Fernsehen: »Die sich Christen nennen«, mit Emil Stöhr, Regie: Theo Mezger, ARD 1970; Kriminalassistent Franke in »Reifezeugnis« (aus der Reihe: »Tatort«), mit Nastassja Kinski und Christian Quadflieg, Regie: Wolfgang Petersen, ARD 1977; »Marija« (nach Babel), Regie: Horst Flick, ZDF 1978; »Das Doppelleben des Wilfried E.«, Regie: Wolfgang Storch, ARD 1978; Willers in »Auf Achse«, mit Manfred Krug, Regie: Hartmut Griesmayr, 26 Folgen, ARD 1978–1984; »Zwei Tore hat der Hof«, Regie: Volker Vogeler, ZDF 1979; »Berlin Mitte«, Regie: Peter Beauvais, ARD 1980; »Der Boxer« (nach Jurek Bekker), Regie: Karl Fruchtmann, ZDF 1980; »Das Käthchen von Heilbronn oder Die Feuerprobe« (nach Kleist), ARD 1981; »Die Baronin«, mit Marianne Hoppe, Regie: Lutz Büscher, ZDF 1981; »Tatort«, Serie, ARD 1982; »Die Krimistunde«, Regie: Hartmut Griesmayr, Serie, ARD 1984; »Eine Klasse für sich«, Regie: Frank Strecker, Serie, ZDF 1984/85.
Anschrift: c/o ZBF-Agentur Berlin, Kurfürstendamm 206, 1000 Berlin 15, oder Wartenburgstraße 17, 1000 Berlin 61.

Til Kiwe

(eigentlich: Tilman Kiver)

Geb. 7. 6. 1915 in Aachen; dort aufgew.; bereits vor dem Abitur (1934) nahm er Gesangsunterricht bei Professor Morten Svendsen am Konservatorium Aachen. Von 1934 bis 1937 studierte er in Köln und Baltimore Ethnologie. Seine Schauspielausbildung absolvierte er bei Adolf Manz in Köln und am Baltimore Studio of Dramatic Art. Nach Kriegsdienst und Gefangenschaft begann er 1946 in München als Schauspieler am Experimentiertheater »Die Spieler«. Bis 1972 hatte er Engagements u.a. an den Münchner Bühnen Das Junge Theater, Kammerspiele und Bayerisches Staatsschauspiel. 1953 war er ferner an den Deutschen Kammerspielen Santiago de Chile verpflichtet.
Seit 1972 arbeitet er für das Theater nur noch als Regisseur. Beim Fernsehen wirkt er seit 1956. Er schrieb zahlreiche Drehbücher für Fernsehen und Film. U.a. drehte er für die UNESCO als Produzent und Regisseur bislang 17 Dokumentarfilme in allen Teilen der Welt. Einige Titel: »Wüste, Kupfer und die heilige Carmen«, »Menschen, Technik und moderne Waffen«, »Wege aus dem Dunkel«, »The Call of the Condor«, »Assuan und seine Folgen« und »Pealstring of the Gods«. Filmdrehbücher waren u.a. »Auf den Wegen nach Rom« (1959), »Stahlschrank SG 3« (1966) und »Flut über Polesine« (1967).
Als Synchronsprecher ist er die deutsche Stimme u.a. für Errol Flynn, David Niven, Douglas Fairbanks jr., Paul Meurisse und Jean Marais. Er ist im Synchronstudio auch als Autor und Regisseur tätig.
Kiwe spricht engl., franz., span., ital., holl.; er ist verwitwet, hat zwei Kinder (Angela und Jan) und lebt in München.
Film: »Es ist noch nicht zu spät«, 1947; »Das goldene Edelweiß«, mit Wastl Witt, 1949; »Der graue Ford«, mit Otto Wernicke und Ursula Herking, 1950; »El pecado de la Julia«, Argentinien 1953; »Gefangene der Liebe«, Regie: Rudolf Jugert, und »Kinder, Mütter und ein General«, mit Bernhard Wicki, Regie: Laslo Benedek, 1954; »Es geschah am 20. Juli«, Regie: G.W. Papst, und »Himmel ohne Sterne«, Regie: Helmut Käutner, 1955; »Die Geierwally«, 1956; »Saranno uomini«, mit Silvana Pampanini, Italien 1956; »Der Stern von Afrika«, mit Joachim Hansen, Regie: Alfred Weidenmann, 1957; »Auferstehung« (nach Tolstoi), mit Horst Buchholz, Regie: Rolf Hansen, »Der Arzt von Stalingrad«, mit O.E. Hasse, Regie: Geza von Radvanyi, und »Der Schinderhannes« (nach Zuckmayer), Regie: Helmut Käutner, 1958; »Rommel ruft Kairo«, Regie: Werner Schleif, und »Die Brücke« (nach Manfred Gregor), mit Cordula Trantow und Fritz Wepper, Regie: Bernhard Wicki, 1959; »Le prisonnier et la vache«, Regie: Henri Verneuil, Frankreich 1959; »Eins, zwei, drei« (nach Molnár), mit James Cagney, Regie: Billy Wilder, und »Der längste Tag«, Regie: Bernhard Wicki (für den deutschen Teil), USA 1961; »Gesprengte Ketten«, mit Steve McQueen und Charles Bronson, Regie: John Sturges, USA 1962; »How I won the war«, mit John Lennon, Regie: Richard Lester, Großbritannien 1966; »Hannibal Brooks«, mit Oliver Reed, Regie: Michael Winner, Großbritannien 1968; »Ehepaar sucht Gleichgesinntes«, Regie: Franz Josef Gottlieb, 1969; »The Odessa File«, mit John Voight, Regie: Ronald Neame, Großbritannien 1974; »The Eagle has landed«, mit Donald Sutherland, Regie: John Sturges, USA 1976; Dr. Puttkammer in »Return to Munich«, mit Peter Cushing, und »21 hours at Munich«, mit William Holden, USA 1977.
Theater: Ruprecht in Kleists »Der zerbrochene Krug«, Hämon in Sophokles' »Antigone«, Leander in Grillparzers »Des Meeres und der Liebe Wellen«, Eilif in Brechts »Mutter Courage und ihre Kinder«, George in Steinbecks »Von Mäusen und Menschen«, Peter in Goetz' »Ingeborg«, Jim in Williams' »Die Glasmenagerie«, Ströbele in Thomas »Moral«, Tschang Ling in Klabunds »Das Märchen vom Kreidekreis«, John Rand in Hauptmanns »Schluck und Jau«, und Prof. Higgins in Shaws »Pygmalion«, jeweils an den vorgenannten Bühnen bis 1972.
Eigene Inszenierungen: Kleists »Der zerbrochene Krug«, Shaws »Pygmalion«, Jonsons »Volpone«, Maughams »Finden Sie, daß Constanze sich richtig verhält?« und Taylors »Unsere liebste Freundin«.
Fernsehen: »Zwischen Himmel und Erde«, Regie: Franz Josef Wild, ARD 1958; »Vor Himmelskörpern wird gewarnt« (von Scholz), Regie: Jürgen Goslar, und »Am grünen Strand der Spree«, Regie: Fritz Umgelter, ARD 1959; »Schiffer im Strom«, Regie: Wilhelm Semmelroth, Europameister Engler in

»Grand Prix«, Serie, und Kommissar Peters in »Hafenpolizei«, Regie: John Olden, Serie, ARD 1961–1966; »Treibjagd«, Regie: Ernst Schmucker, ARD 1961; »Columbus« (von Werner Egk), Regie: Franz Josef Wild, ARD 1962; »Lady Lobsters Bräutigam«, Regie: Rainer Erler, ARD 1963; »Die rote Rosa« (nach Jens), Regie: Franz Josef Wild, ARD 1966; »Flucht über die Ostsee« (von Bekker), Regie: Frank Wisbar, ZDF 1967; Salisbury in »Richard II.« (nach Shakespeare), Regie: Franz Josef Wild, ARD 1968; »Rendezvous in Rochefort«, Regie: R. Gas, ARD 1969; »Der Schuß« (von Stemmle), ARD 1970; »Der Kurier der Kaiserin«, mit Klausjürgen Wussow, Serie, ZDF 1970/71; »Du stirbst nicht allein« und »Die Pueblo-Affaire«, ARD 1971; »Umbruch München 1945«, ARD 1974; Sir Ector in »Merlin«, mit Tommi Ohrner und Ekkehardt Belle, Serie, ZDF 1978.
Anschrift: Melanchthonstr. 15, 8000 München 83.

Wilfried Klaus

Geb. 8. 7. 1941 in Bernau/Chiemsee; dort, in Straubing und in München aufgew.; nach der Schule nahm er Schauspielunterricht bei Ruth von Zerboni in Gauting/München (1958–1960). Sein erstes Engagement erhielt er 1960 am Münchner Volkstheater, an dem er bis 1966 regelmäßig spielte. Von 1966 bis 1980 wirkte er in zahlreichen Inszenierungen der Lore-Bronner-Bühne München mit. Gastspiele gab er ferner am Theater Die Kleine Freiheit München (1976–1978) und an der Kleinen Komödie München (seit 1980); er machte zahlreiche Tourneen. Seit 1965 wirkt er häufig beim Fernsehen und arbeitet beim Hörfunk. Klaus spricht engl.; er lebt in München.

Film: »Die weiße Rose«, Regie: Michael Verhoeven, 1982; »Friedliche Tage«, mit Katharina Thalbach, Regie: Richard Blank, 1983; »Die Story«, Regie: Eckhart Schmidt, 1984.

Theater: In Molières »Der Geizige«, in Goldonis »Das Kaffeehaus«, sowie in zahlreichen Stücken von Ludwig Thoma, jeweils Münchner Volkstheater 1960–1966; Jago in Shakespeares »Othello«, Titelrolle in Shakespeares »Hamlet«, Titelrolle in Tschechows »Onkel Wanja«, Oswald in Ibsens »Gespenster«, Bluntschli in Shaws »Helden«, Titelrolle in Thomas' »Charley's Tante«, Tom in Williams' »Die Glasmenagerie«, Ölsardine in Devals »Simone, der Hummer und die Ölsardine«, Licht in Kleists »Der zerbrochene Krug«, Arnulf in Molières »Schule der Frauen«, in Simons »Barfuß im Park«, Affe in Kafkas »Bericht für eine Akademie«, Charles in Shakespeares »Wie es euch gefällt«, und in Tschechows »Der Heiratsantrag«, jeweils Lore-Bronner-Bühne München 1966–1980; in Bush-Feketes »Jean«, Theater Die Kleine Freiheit München 1976/77; in Thomas »Lokalbahn«, in Bretts »Die Chefin«, in Shaws »Helden«, und in »Einakter von Ludwig Thoma«, jeweils Kleine Komödie München (seit 1980).

Fernsehen: »Funkstreife Isar 12«, mit Karl Tischlinger, Serie, ARD 1964/65; »Marie«, Regie: Hans W. Geissendörfer, ARD 1972; »Sieben Tage«, Regie: Rainer Erler, und »Die merkwürdige Lebensgeschichte des Friedrich Freiherrn von der Trenck« (von Ahlsen), mit Matthias Habich, Regie: Fritz Umgelter, 6 Teile, ZDF 1973; »Jauche und Levkojen«, Regie: Günter Gräwert, Serie, ARD 1974; »Der Herr Kottnik«, mit Walter Sedlmayr, Regie: Rudolf Jugert, Serie, ZDF 1974; »Kara Ben Nemsi Effendi« (nach Karl May), Serie, »Einöd«, Regie: Günter Gräwert, und »Revolte im Erziehungshaus« (nach Hampel), Regie: Hans Quest, ZDF 1975; Kriminalkommissar in »SOKO 5113«, mit Werner Kreindl und Bernd Herzsprung, 100 Folgen, ZDF 1976–1985; »Anpassung an eine zerstörte Illusion«, Regie: Eberhard Itzenplitz, ARD 1977; »Sachrang« (von Oliver Storz), mit Gerhard Lippert, Regie: Wolf Dietrich, 3 Teile, ARD 1978; »Andreas Vöst« (nach Thoma), Regie: Eberhard Itzenplitz, ZDF 1979; »Polizei-Inspektion 1«, mit Walter Sedlmayr, Serie, ARD 1980; »Es geht seinen Gang oder Mühen in unserer Ebene«, Regie: Günter Gräwert, und »Der falsche Paß für Tibo« (von Herbert Rosendorfer), ZDF 1980; »Der lebende Leichnam« (nach Tolstoi), Regie: Otto Schenk, ARD 1981; »Die letzten Jahre der Kindheit«, Regie: Norbert Kückelmann, ZDF 1981; »Der Alte«, Serie, 5 Folgen, ZDF 1981–1984; »Büro, Büro«, Regie: Reinhard Schwabenitzky, Serie, ARD 1983/84; »Doppelte Moral« (aus der Reihe: »Komödienstadl«), mit Max Griesser, Regie: Olf Fischer, ARD 1984; »Ordnung muß sein«, Regie: Franz Geiger, ZDF 1984; »Die Wiesingers« (von Ahlsen), Regie: Bernd Fischerauer, Serie, ARD 1984; »Franz Xaver Brunnmayr«, mit Gustl Bayrhammer, Regie: Ulrich König, Serie, ARD 1985; »Das Hintertürl zum Paradies« (von U. König), mit Elmar Wepper, Regie: Reinhard Donga, »Sterne fallen nicht vom Himmel«, Regie: Ulrich Stark, und »Der Alte«, Serie, ZDF 1985.

Anschrift: c/o Agentur Wiedner, Destouchesstr. 32, 8000 München 40.

Erich Kleiber

Geb. 12. 11. 1929 in Troppau/Sudetenland; dort aufgew.; bereits ab dem sechsten Lebensjahr spielte er Kinderrollen am Stadttheater Troppau (u.a. Heinerle in Falls »Der fidele Bauer«); nach der Realschule wurde er zum Kriegsdienst eingezogen. Nach 1945 kam er nach Wien, wo er die Schauspielschule von Prof. Otto besuchte. Ein erstes Engagement erhielt er 1946 am Stadttheater Wien. Weitere Stationen: Deutsches Volkstheater Wien unter Karl Kaub (1946), Das Neue Theater in der Tizianstraße Wien (1947), Lustspielhaus in der Occamstraße München (1947), Volksoper München (1948–1954; dort auch als Regisseur), Stadttheater Landsberg (1948/49), Kabarett »Die Mausefalle« Stuttgart, mit Werner Finck (1950), Kabarett »Die Zwiebel« München (1962–1970), Volkstheater München (1966; dort auch als Regisseur), Fränkisches Theater Maßbach (1974–1976), Staatstheater am Gärtnerplatz München (1982/83) sowie Gastspiele und zahlreiche Tourneen.
Er ist viel für Film und Fernsehen tätig. Für den Rundfunk machte er zahlreiche Hörspiele (u.a. »Die Experten«, 4 Folgen, Musikreihe »Drei Paar Wiener mit Musik«, BR); er arbeitet in der Synchronisation (u.a. auch Zeichentrickfilme). In den 70er Jahren trat er mit teilweise selbst getexteten Chansons an die Öffentlichkeit.
Kleiber spricht engl.; er ist verheiratet mit der Schauspielerin und Lehrerin Monica Kleiber, hat zwei Kinder (Claudia, geb. 1965, und Clemens, geb. 1967) und lebt in München. Seine beiden Kinder wirkten in ahlreichen Jugendsendungen mit. Neben ihrem Vater spielten sie in der bekannten ARD-Reihe »Das uerrote Spielmobil«.
Film: »Wir hau'n den Hausherrn in die Pfanne«, Regie: Werner Jacobs, 1972; »Champagner aus dem Knobelbecher«, Regie: Franz Marischka, und »Die Stunde Null«, Regie: Edgar Reitz, 1976; »Messer im Kopf«, Regie: Reinhard Hauff, und »Der starke Ferdinand«, mit Heinz Schubert, Regie: Alexander Kluge, 1978. In den 70er Jahren hatte er einen Drei-Jahres-Vertrag bei CCC-Film.
Theater: Striese in Schönthans »Der Raub der Sabinerinnen«, in Flatow/Pillaus »Das Fenster zum ur«, in Abbotts »Drei Mann auf einem Pferd« (auch Regie), in Kesselrings »Arsen und Spitzenhäubchen«, in Thomas »Der Schusternazi« (auch Regie), jeweils an den vorgenannten Bühnen; Alter Fritz in »Casanova«, Staatstheater am Gärtnerplatz München 1982/83.
Fernsehen: »Immer Ärger mit der Wirtin«, ARD 1962; Politiker Ellermann in »Image«, Regie: Rolf von Sydow, ARD 1963; »Kommissar Freitag«, mit Konrad Georg, Serie, ARD 1964; »Eden ist fern«, Regie: Wolfgang F. Henschel, ZDF 1965; »Computer-Show«, ARD 1969; »Der Kommissar«, mit Erik Ode, Serie, ZDF 1970; »Die freiwillige Feuerwehr«, Regie: Wolfgang Storch, Serie, und »Tünnes und Scheel«, ARD 1974; »Zündschnüre«, Regie: Reinhard Hauff, Titelrolle in »Das tapfere Schneiderlein«, Regie: Jürgen Graf, und »Papa, Charly hat gesagt, sein Vater hat gesagt«, Regie: Wolfgang F. Henschel, ARD 1975; Grießbeck in »Das feuerrote Spielmobil«, mit Clemens und Claudia Kleiber, Regie: Peter Emmer und Jochen Richter (u.a.), 36 Folgen, ARD 1977–1979 (wurde in über 30 Länder verkauft); »Notizen aus der Provinz«, mit Dieter Hildebrandt, Serie, ZDF 1979; »Wie das Leben so spielt«, »Vater, mein Vater«, Regie: George Moorse, und »Der ganz normale Wahnsinn« mit Towje Kleiner, Regie: Helmut Dietl, Serie, ARD 1979; »Und die Tuba bläst der Huber« (von Lohmeier), mit Max Griesser, Serie, ZDF 1981; »SOKO 5113«, Serie, 2 Folgen, und Ringelnatz in »100. Geburtstag«, Regie: Joachim Henschel, ZDF 1982; »Scheibenwischer«, mit Dieter Hildebrandt, Regie: Sammy Drechsel, Serie, ARD 1983; »Androjäger«, Regie: Wolfgang Glück, Serie, ARD 1984; »Franz Xaver Brunnmayr«, mit Gustl Bayrhammer, Regie: Ulrich König, Serie, und »Die Krimistunde«, Regie: Hartmut Griesmayr, Serie, ARD 1985.
Anschrift: Emmeringerstraße 9, 8000 München 60.

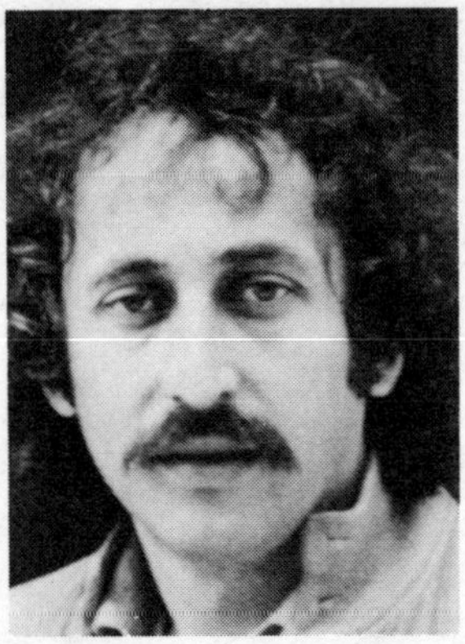

Towje Kleiner

Geb. 4. 4. 1948 in Föhrenwald; aufgew. in Israel, Schweden, Kanada, England, Argentinien und Deutschland. Sein Bühnendebüt gab er 1967 am »Yiddish Theatre« in Israel, dem er bis 1969 angehörte. Seither wirkte er in zahlreichen deutschen und internationalen Kino- und TV-Produktionen mit. Kleiner spricht jiddisch, engl., hebr., franz., ital.; er ist verheiratet und lebt in München.

Film: »Elefantenhaut«, 1969; »Pink Panther«, Regie: Blake Edwards, Großbritannien 1973; »The Odessa File«, Regie: Ronald Neame, Großbritannien 1974; »Der Durchdreher«, Regie: Helmut Dietl, 1978; »Die Momskys oder Nie wieder Sauerkraut«, Regie: Philipp Sonntag, 1981; »Der Fall Sylvester Matuska«, Regie: Sándor Simó, Ungarn/USA/BRD 1982 (auch ZDF 1983); »Der Mann auf der Mauer«, mit Marius Müller-Westernhagen, Regie: Reinhard Hauff, 1982; »Ein Mann wie EVA«, mit Eva Mattes, Regie: Radu Gabrea, 1984; »Der Schneemann«, mit Marius Müller-Westernhagen, Regie: Peter F. Bringmann, 1985.

Fernsehen: »Die Frau des Souffleurs«, Regie: Wolf Dietrich, Serie, ARD 1971; »Ein Fall für Mändli«, Serie, ARD 1972; »Graf Yoster gibt sich die Ehre«, mit Lukas Ammann, Serie, 3 Folgen, ZDF 1973; »Tausenderreportage«, Serie, ARD 1974; »Kim & Co«, Serie, BBC-London 1975; »Münchner G'schichten«, mit Therese Giehse und Günther Maria Halmer, Regie: Helmut Dietl, Serie, ARD 1975/76; »Karussells werden im Himmel gemacht«, ZDF 1976; Titelrolle in »Geheimtip für Tommy«, Regie: Ulrich König, Serie, ARD 1977; »Wenn ihr wollt', ist es kein Märchen«, und »Hiob«, (nach Joseph Roth), mit Günther Mack, Regie: Michael Kehlmann, ARD 1978; »Der ganz normale Wahnsinn«, mit Monika Schwarz, Regie: Helmut Dietl, Serie, ARD 1979; »SOKO 5113«, Serie, ZDF 1979; »Tatort«, Regie: Axel Corti, Serie, ARD 1980; »Polizei-Inspektion 1«, mit Walter Sedlmayr, Serie, 2 Folgen, ARD 1982/83; »In Zeiten wie diesen«, Regie: Wolfgang Bauer, ORF 1984; »Der Alte«, Serie, »Entführung«, Regie: Günter Gräwert, »Angelo und Luzy«, Regie: Harad Leipnitz, Serie, »Titanic«, Regie: Lutz Büscher, »Ein Fall für zwei«, Serie, und »Kneippiaden«, Regie: Franz Josef Gottlieb, Serie, 2 Folgen, jeweils ZDF 1984; »Die Krimistunde«, Regie: Hartmut Griesmayr, Serie, und »Polizei-Inspektion 1«, Serie, ARD 1985; »Im Schatten von gestern« (nach Matray/Gutman), Regie: Thomas Hartwig, und »Die Entführung« (nach Mňačko), Regie: Günter Gräwert, ZDF 1985; »Amelie, ich komme . . .«, Buch + Regie: Hans Noever, ARD 1986.

Anschrift: c/o Management Goldschmidt, Wirtstraße 8, 8000 München 90.

Annette von Klier

Geb. 10. 7. 1963 in Berlin; dort und (ab 1969) in München aufgew.; von 1969 bis 1981 besuchte sie in München Volksschule und Gymnasium; danach reiste sie ein Jahr im Ausland. 1983 absolvierte sie die Schauspielschule für Körpertheater nach Grotowski und nahm Jazztanzunterricht bei einer brasilianischen Tanzlehrerin. Nebenher arbeitete sie als Fotomodell. Durch Zufall wurde sie 1984 für die Hauptrolle in dem Kinofilm »Der Bulle und das Mädchen« entdeckt. Auf eine Suchaktion mehrerer deutscher Boulevardblätter hin hatte eine Freundin von ihr ein Foto eingeschickt, auf dem im Hintergrund Annette von Klier zu sehen war. Regisseur Peter Keglevic lud sie zu Probeaufnahmen ein und engagierte sie als Partnerin von Jürgen Prochnow.

Annette von Klier spricht engl., sie ist ledig und lebt abwechselnd in München und London.

Film: Das Mädchen in »Der Bulle und das Mädchen« (von Peter Märtesheimer und Pea Fröhlich), mit Jürgen Prochnow, Regie: Peter Keglevic, 1984.

Fernsehen: »Blutsbande« (von Willschrei aus der Reihe: »Ein Fall für zwei«), mit Günter Strack, Claus Theo Gärtner, Helga Anders und Christoph Waltz, Regie: Bernd Fischerauer, ZDF 1985.

Anschrift: c/o ZBF-Agentur München, Leopoldstraße 19, 8000 München 40.

Hildegard Knef

Geb. 28. 12. 1925 in Ulm; aufgew. in Berlin, wo sie ein Lyzeum besuchte; mit 15 Jahren nahm sie ersten Schauspielunterricht. 1942 erhielt sie einen Ausbildungsvertrag als Zeichnerin in der Trickfilmabteilung der UFA. Der Regisseur Wolfgang Liebeneiner holte sie zum Film. Ihre ersten Streifen »Fahrt ins Glück« und »Unter den Brücken« wurden jedoch erst einige Jahre nach Kriegsende aufgeführt.
Nach dem Krieg, dessen Ende sie in Gefangenenlagern und auf der Flucht erlebte, wurde sie zunächst von dem Schauspieler Viktor de Kowa und dessen Frau Michi Tanaka aufgenommen. An de Kowas Kurfürstendamm-Tribüne in Berlin begann sie 1945 als Theaterschauspielerin. Ein Engagement am Schloßpark-Theater Berlin unter Boleslaw Barlog folgte (1945–1948). 1946 drehte sie ihren ersten Nachkriegs-Film (»Die Mörder sind unter uns«, Regie: Wolfgang Staudte). Weitere Produktionen auch in den USA (unter dem Namen Hildegarde Neff), Frankreich und Großbritannien schlossen sich an. Von 1955 bis 1957 spielte sie am New Yorker Broadway in über 675 Vorstellungen die Ninotschka in Cole Porters Musical »Silk Stockings« (»Seidenstrümpfe«, nach Ernst Lubitschs Film »Ninotschka«, 1939) und erreichte damit ihren internationalen Durchbruch.
In der Bundesrepublik Deutschland war sie von 1959 bis 1964 auf Theatertournee und gastierte 1960 noch einmal an den Staatl. Bühnen Berlins.
Seit 1963 tritt sie auch als Chanson-Sängerin auf. Sie stellte bislang über 35 LPs vor, für die sie zumeist selbst die Texte schrieb. Einige Titel: »Eins und eins, das macht zwei«, »Berlin, dein Gesicht hat Sommersprossen«, »Aber schön war es doch«, »Von nun an ging's bergab«, »Der alte Wolf«, »Für mich soll's rote Rosen regnen«, »Ich brauch' Tapetenwechsel«, »Ich bin den weiten Weg gegangen«, »Lausige Zeiten«, »Bei dir war es immer so schön«, »Heimweh-Blues«, »Überall blühen Rosen«, »Der Mensch muß unter die Leute« (zusammen mit Bert Kaempfert), »Da ist eine Zeit«. Sie trat mit ihren Liedern in über 40 deutschen TV-Shows auf und unternahm zahlreiche Tourneen. 1970 veröffentlichte sie ihr erstes Buch, die Autobiographie »Der geschenkte Gaul« (Weltauflage: über 3,4 Mio). Weitere Titel waren »Tapetenwechsel« (1972), »Das Urteil« (1975), »Heimweh-Blues« (1976), »Nichts als Neugier« (1978) und »Romy – Betrachtungen eines Lebens« (über die 1982 verstorbene Schauspielerin Romy Schneider).
Frau Knef spricht engl., franz.; sie ist in dritter Ehe verheiratet mit Paul von Schell. Ihrer zweiten Ehe mit dem Engländer David Cameron-Palastanga entstammt ihre Tochter Christina Antonia »Tinta« (geb. 1968). Die Künstlerin lebt in Los Angeles, USA.
Film: »Unter den Brücken«, Regie: Helmut Käutner, 1944; »Film ohne Titel«, Regie: Rudolf Jugert, und »Zwischen Gestern und Morgen«, Regie: Harald Braun 1947; Titelrolle in »Die Sünderin«, Regie: Willi Forst, »Nachts auf den Straßen«, Regie: Rudolf Jugert, und »Es geschehen noch Wunder«, 1951; »Entscheidung im Morgengrauen«, USA 1951; »Kurier nach Triest«, mit Tyrone Power, und »Schnee am Kilimandscharo« (nach Hemingway), mit Gregory Peck, Regie: Henry King, USA 1952; »Illusion in Moll«, und »Alraune«, Regie: Arthur Maria Rabenalt 1952; »La Fête à Henriette«, Frankreich 1952; »Gefährlicher Urlaub«, Regie: Carol Reed, Großbritannien 1953; »Eine Liebesgeschichte«, Regie: Rudolf Jugert, 1953; »Geständnis unter vier Augen«, 1954 »Svengali«, Großbritannien 1954; »Madeleine und der Legionär«, Regie: Wolfgang Staudte, 1958; »Das Mädchen aus Hamburg«, Regie: Yves Allégret Frankreich 1958; »Unterführung zum Himmel« Großbritannien 1958; »Der Mann, der sich verkaufte«, 1959; »Lulu« (nach Wedekind), Regie: Rolf Thiele, 1962; »Katharina von Rußland«, Italien 1962 »Landru« (»Der Frauenmörder von Paris«) und »Der dunkelgrüne Koffer«, Frankreich 1963; Jenny in »Die Dreigroschenoper« (nach Brecht/Weill), Regie: Wolfgang Staudte, und »Das große Liebesspiel«, 1963 »Wartezimmer zum Jenseits« und »Verdammt zur Sünde«, 1964; »Die Festung«, 1965; »Bestien lauern vor Caracas«, Großbritannien 1968; » Jeder stirbt für sich allein« (nach Fallada), mit Carl Raddatz, Regie Alfred Vohrer, 1975; »Fedora«, mit William Holden Marthe Keller und Henry Fonda, Regie: Billy Wilder 1978; »Warum die UFOs unseren Salat klauen«, Regie: Hansjürgen Pohland, 1979; »Flügel und Fesseln« mit Ivan Desny und Brigitte Fossey, Regie: Helma Sanders-Brahms, 1984.

Theater: Fanny in Pagnols »Zum goldenen Anker«, Celia in Shakespeares »Wie es euch gefällt« und Mabel in Abbotts »Drei Mann auf einem Pferd«, Staatl. Schauspielbühnen Berlins 1945–1947; in Marceaus »Der Nerz«, Schloßpark-Theater Berlin 1960; in Kanins »Die ist nicht von gestern«, Theater am Kurfürstendamm Berlin 1961 und Tournee; Titelrolle in Hanleys »Mrs. Dally«, Regie: David Cameron-Palastanga, Tournee 1964/65.
Fernsehen: Neben den zahlreichen TV-Shows ferner: »Die geliebte Stimme« (nach Cocteau), Regie: Franz Josef Wild, ARD 1960; Titelrolle in »Laura« (nach Caspary/Sklav), mit Adolf Wohlbrück, Regie: Franz Josef Wild, ARD 1962; »Hilde Knef und ihre Lieder«, ZDF 1975; »Talkshow« (mit Hansjürgen Rosenbauer), ARD 1975; »Der Alte«, Serie, ZDF 1979; Frau Téophot in »Der Gärtner von Toulouse« (nach Kaiser), Regie: Günter Gräwert, ARD 1982; »Portrait: Hildegard Knef – Zum 60. Geburtstag«, ZDF 1985.
Auszeichnungen: Darstellerpreis bei den Filmfestspielen Locarno, 1948; Bundesfilmpreis 1960 und 1977; Kritikerpreis Paris 1964; »Edison-Preis«, Niederlande 1972; Bundesverdienstkreuz der Bundesrepublik Deutschland I. Klasse 1974; Darstellerpreis »Beste Schauspielerin«, Karlsbad 1977.
Anschrift: c/o Agentur Jovanovic, Perfallstraße 6, 8000 München 80.

Oswald Kneip

Geb. 7.12.1946 in Wien; dort aufgew.; nach der mittleren Reife nahm er von 1963 bis 1966 Schauspielunterricht bei Prof. Zdenko Kestranek in Wien. 1966 debütierte er in Knotts »Bei Anruf Mord« im Wiener »Ensemble T«. Engagements hatte er u.a. am Landestheater Linz, am Deutschen Theater München, am T(h)eater in der Briennerstraße München, bei den Luisenburg-Festspielen Wunsiedel sowie viel auf Tournee.
Er arbeitete als Regie-Assistent für Film und Fernsehen u.a. bei den Regisseuren William Dieterle, Wolfgang Liebeneiner, Alexander May, Heinz Wilhelm Schwarz, Olf Fischer und Eduard Loibner. Sechs Jahre lang war er Produktionsleiter des Tourneetheaters »Neue Schaubühne« unter Hellmuth Duna und Heidelinde Weis; von 1976 bis 1982 war er Leiter des künstlerischen Betriebsbüros des T(h)eaters in der Briennerstraße München. Freischaffend ist er als PR-Manager für zahlreiche Privattheater tätig. Seit 1982 ist er ferner Werbechef des Deutschen Theaters München.
Am 26.8.1978 gründete er den renommierten »Münchner Künstlerstammtisch«, der bereits über 200mal zusammentraf. Gäste der Runde waren u.a. Ivan Rebroff, Donovan, Wolfgang Kieling, Karin Dor, Margot Werner, Elizabeth Teissier, Harald Juhnke, Heidi Brühl, Beppo Brem, Erni Singerl, Günther Ungeheuer und Maria Schell. Gemeinsam mit seinem Partner Franz Wünsch ist er seit 1983 Besitzer des Restaurants »Film-Café« in München-Schwabing.
Kneip spricht engl.; er ist ledig und lebt in München.
Theater: Er spielte u.a. in Knotts »Bei Anruf Mord«, in Olias' »Heimweh nach St. Pauli«, mit Freddy Quinn, Regie: Karl Vibach, Idiotischer Hansl in Billingers »Rauhnacht«, in Brunos »Pepsie«, mit Grit Boettcher und Friedrich Schoenfelder, Kooperator Aloisius Fetter in Thomas »Josef Filser«, mit Beppo Brem, Regie: Olf Fischer (auch TV), in Waterhouse/Halls »Hallo, wer dort?«, mit Nadja Tiller und Walter Giller, Regie: Arno Assmann (auch TV), jeweils an den vorgenannten Bühnen.
Auf zahlreichen Tourneen spielte er u.a. mit Herbert Mensching, Hans Korte, Hans Clarin, Wolfgang Wahl, Heidelinde Weis, Harald Leipnitz, Siegfried Lowitz, Rosemarie Fendel, Wolfgang Lukschy und Volker Lechtenbrink.
Er produzierte u.a. folgende Theaterstücke: Yeldhams »Spiel mit dem Feuer«, mit Harald Juhnke und Uschi Glas, Regie: Jürgen Wölffer, Simons »Plaza Suite«, mit Hans-Joachim Kulenkampff und Anaid Iplicjian, Regie: Ilo von Janko, Simons »Das zweite Kapital«, mit Peer Schmidt und Monika Peitsch, Slades »Nächstes Jahr, gleiche Zeit«, mit Peer Schmidt und Heidelinde Weis, Kotzebues »Auf Böcke schießt man nicht«, mit Günther Schramm, Regie: Ilo von Janko, und Nicolas »Es war nicht die fünfte, es war die neunte«, mit Hannelore Elsner und Erik Schumann.
Anschrift: Hohenzollernstraße 15, 8000 München 40.

Gustav Knuth

Geb. 7. 7. 1901 als Sohn eines Lokomotivführers in Braunschweig; dort aufgew.; nach der Volksschule begann er eine Schlosserlehre, die er abbrach, als ihm seine ältere Schwester den Schauspielunterricht bei dem Hofschauspieler Casimir Paris finanzierte, und er 1918 am Stadttheater Hildesheim sein erstes Engagement bekam. Weitere Theaterstationen: Stadttheater Harburg (1919–1922), Stadttheater Basel (1922–1925), Stadttheater Altona (1925–1933), Deutsches Schauspielhaus Hamburg unter Karl Wüstenhagen (1933–1936), Preußische Staatstheater Berlin unter Gustaf Gründgens (1936–1945) und erneut Deutsches Schauspielhaus Hamburg (1945–1949). Ab 1949 war Knuth ständiges Mitglied des Schauspielhauses Zürich.
Sein Filmdebüt gab er 1935. Er drehte insgesamt über 90 Kinofilme. Im Fernsehen ist er seit 1960 ständiger Gast. 1974 veröffentlichte er den Memoirenband »Mit einem Lächeln im Knopfloch«.
Knuth spricht engl., er ist seit 1940 in zweiter Ehe mit der Schauspielerin Elisabeth Lennartz verheiratet. Sein Sohn Klaus Knuth, der ebenfalls den Schauspielerberuf gewählt hat, stammt aus seiner ersten Ehe mit der Schauspielerin Gusti Busch. Knuth lebt in Küsnacht in der Schweiz.
Film: »Der Ammenkönig«, 1935; »Heimweh«, 1937; »Schatten über St. Pauli«, 1938; »Das Lied der Wüste«, »Mann für Mann« und »Wenn der Vorhang fällt«, 1939; »Zwischen Hamburg und Haiti«, Regie: Erich Waschneck, 1940; »Pedro soll hängen«, 1941; »Schule des Lebens«, »Gefährtin meines Sommers« und »Ein glücklicher Mensch«, 1943; »Große Freiheit Nr. 7«, mit Hans Albers, Hans Söhnker und Günther Lüders, Regie: Helmut Käutner, 1944; »Fahrt ins Glück«, »Tierarzt Dr. Vlimmen«, und »Unter den Brücken« (nach de Laforgue), Regie: Helmut Käutner, 1945; »Der blaue Strohhut« und »1 x 1 der Ehe«, 1949; »Geliebter Lügner« (nach Shaw), 1950; »Das seltsame Leben des Herrn Bruggs«, 1951; »Palast-Hotel«, und »Der fröhliche Weinberg« (nach Zuckmayer), Regie: Erich Engel, 1952; »Keine Angst vor großen Tieren«, und »Der Raub der Sabinerinnen« (nach Schönthan), 1954; Karl John in »Die Ratten« (nach Hauptmann), mit Maria Schell, Regie: Robert Siodmak, 1955; »Sissi«, 1955, »Sissi, die junge Kaiserin«, 1956, »Sissi, Schicksalsjahre einer Kaiserin«, 1957, jeweils mit Romy Schneider, Magda Schneider, Karlheinz Böhm und Vilma Degischer, Regie: jeweils Ernst Marischka; »Himmel ohne Sterne«, Regie: Helmut Käutner, »Ich denke oft an Piroschka«, mit Gunnar Möller, »Heute heiratet mein Mann«, »Wenn wir alle Engel wären« und »Spion für Deutschland«, 1956; »Ein Stück vom Himmel«, und »Robinson soll nicht sterben« (nach Forster), mit Horst Buchholz, 1957; »Ihr 106. Geburtstag« und »Geliebte Bestie«, 1958; »Buddenbrooks« (nach Thomas Mann), Regie: Alfred Weidenmann, und »Lampenfieber«, 1959; »An heiligen Wassern«, 1960; »Auf Engel schießt man nicht«, 1961; »Heiß weht der Wind«, Regie: Rolf Olsen, 1964; »Charley's Onkel«, Regie: Werner Jacobs, 1969.
Theater: Großinquisitor in Schillers »Don Carlos«, Just in Lessings »Minna von Barnhelm«, Benedict in Shakespeares »Viel Lärm um nichts«, Karl Moor in Schillers »Die Räuber«, Titelrolle in Büchners »Dantons Tod«, Regie: Gustaf Gründgens, Marc Anton in Shakespeares »Julius Cäsar«, Titelrolle in der Uraufführung von Zuckmayers »Des Teufels General«, Regie: Heinz Hilpert, in Pagnols »Südfrüchte«, mit Käthe Dorsch und Werner Krauß, Jago in Shakespeares »Othello«, Pastor Morel in Shaws »Candida«, Petruchio in Shakespeares »Der Widerspenstigen Zähmung«, Titelrolle in Molnárs »Liliom«, Regie: Helmut Käutner, Zirkusdirektor in Burkhards »Feuerwerk«, Gundermann in Zuckmayers »Der fröhliche Weinberg«, Zettel in Shakespeares »Ein Sommernachtstraum«, Wrangel in Schillers »Wallensteins Tod«, Doolittle in Shaws »Pygmalion«, Hassenreuter in Hauptmanns »Die Ratten«, Gottschalk in Kleists »Das Käthchen von Heilbronn«, Akki in Dürrenmatts »Ein Engel kommt nach Babylon«, Dorfrichter Adam in Kleists »Der zerbrochene Krug«, Melody in O'Neills »Fast ein Poet«, Tiefenbach in Hochwälders »Donadieu«, Rogoschin in Wedekinds »Der Liebestrank«, Dowd in Chases »Mein Freund Harvey«, Lorenking in Zuckmayers »Der Kranichtanz«, der große Muheim in Dürrenmatts »Der Meteor« (auch TV), und Knipperdollincks in Dürrenmatts »Die Wiedertäufer«, jeweils an den vorgenannten Bühnen.

Fernsehen: Newton in »Die Physiker« (nach Dürrenmatt), ARD 1964; Miller in »Kabale und Liebe« (nach Schiller), ORF 1965; Dr. Hofer in »Alle meine Tiere« (von Heinz Oskar Wuttig), Serie, ARD 1965; »Großer Mann was nun?« (von Pillau), Regie: Eugen York, Serie, ARD 1966; Lehmhuhn in »Großer Ring mit Außenschleife« (von Wuttig), ARD 1967; Jakstaedt in »Die Reise nach Tilsit« (nach Sudermann), Regie: Günter Gräwert, ZDF 1969; Vater Doria in »Salto mortale« (von Wuttig), mit Hans Söhnker, Joseph Offenbach, Horst Janson, Hellmut Lange und Hans-Jürgen Bäumler, Serie, ARD 1969–1971; »Die Herberge« (nach Hochwälder), ZDF 1970; »Die Powenzbande«, mit Klaus Knuth, Regie: Michael Braun, Serie, ARD 1974; »Gaslicht« (nach Hamilton), ARD 1977; »Schwindelig vor Geld und Liebe« (von Petra van Steen), ZDF 1977; Gustav Hackendahl in »Der eiserne Gustav« (nach Fallada), Regie: Wolfgang Staudte, 7 Teile, ARD 1979. Ferner trat er in zahlreichen TV-Shows als Ehrengast auf. 1975 moderierte er in der ARD seinen »Künstlerstammtisch«.
Auszeichnungen: »Ernst-Lubitsch-Preis« 1962; »Goldener Bambi« (BILD + FUNK) 1967, 1968 und 1980; »Goldene Kamera« (HÖRZU) 1975.
Anschrift: c/o Agentur von Pilecki, Eilandstraße 12, 8000 München 90, oder Zumikerstraße 24, CH-8700 Küsnacht, Schweiz.

Marianne Koch

Geb. 19. 8. 1931 als Tochter eines Kaufmanns in München; dort aufgew.; bereits mit zehn Jahren spielte sie Theater und hat in der Opernschule hospitiert. Nach ihrem Abitur im Jahre 1949 war sie zunächst im Filmkopierwerk Geiselgasteig beschäftigt, bevor sie ihr Medizinstudium an der Universität München begann. Während der Semesterferien wurde sie 1950 von Viktor Tourjansky für den Film »Der Mann, der zweimal leben wollte« entdeckt. Während des Studiums, das sie zunächst bis zum 9. Semester fortführte, drehte sie bis 1955 weitere 14 Kinofilme. Bis 1970 waren es insgesamt über 60 deutsche und internationale Produktionen, in denen sie mitgewirkt hat.

1973 nahm sie ihr Medizinstudium wieder auf und legte 1976 das Staatsexamen (Note: »sehr gut«) ab (seit 1985 führt sie eine eigene Arztpraxis).

Seit 1954 ist Frau Koch auch beim Fernsehen tätig. Neben Filmen und TV-Spielen war sie mit eigenen Sendereihen im Programm, u.a.: »Steht's in den Sternen?« (ARD 1963) und »Meine Melodie« (ARD 1968 1970). Seit 1960 gehört sie neben Guido Baumann, Hans Sachs, Annette von Aretin und Anneliese Fleyenschmidt zum ständigen Rateteam der Robert-Lemke-Sendung »Was bin ich?« (ARD/ORF/SRG). 1969 führte sie auch durch den Unterhaltungsteil des ZDF-Wahlprogramms zur Bundestagswahl. Seit 1975 moderiert sie die Talk-Show »III nach neun« (Radio Bremen/TV). Beim ORF (2. Programm) ist sie Gast-Gesprächsleiterin der TV-open-end-Runde »Club 2«. 1985 moderierte sie die Sendereihe »Paare« beim SWF III.

Frau Koch ist geschieden; sie war von 1953 bis 1973 verheiratet mit dem Arzt Dr. Gerhard Freund und hat zwei Söhne (Thomas, geb. 1957, Gregor, geb. 1959). Sie lebt in Tutzing/Oberbayern.

Film: »Dr. Holl«, mit Dieter Borsche, Regie: Rolf Hansen, und »Geheimnis einer Ehe«, 1951; »Der keusche Lebemann« und »Skandal im Mädchenpensionat«, 1952; »Der Klosterjäger«, Regie: Harald Reinl, und »Menschen der Nacht«, 1953; »Schloß Hubertus«, 1954; »Königswalzer«, Regie: Viktor Tourjansky, »Ludwig II. – Glanz und Elend eines Königs«, mit O.W. Fischer und Ruth Leuwerik, und Diddo in »Des Teufels General« (nach Zuckmayer), mit Curd Jürgens, Regie: jeweils Helmut Käutner, 1955; »Wenn wir alle Engel wären«, 1956; »Wem die Sterne leuchten« und »Der letzte Akkord«, USA 1956; »Salzburger Geschichten«, »Der Stern von Afrika«, Regie: Alfred Weidenmann, und »Der Fuchs von Paris«, 1957; »Heimweh, Stacheldraht und gute Kameraden«, Italien 1958; ». . . und nichts als die Wahrheit«, »Frau im besten Mannesalter«, und Titelrolle in »Die Landärztin«, mit Rudolf Prack, Regie: Paul May, 1958; »Die Frau am dunklen Fenster«, Regie: Franz Peter Wirth, 1959; »Heldinnen«, 1960; »Heißer Hafen Hongkong«, Frankreich 1960; Rosalinde in »Die Fledermaus« (nach Johann Strauß), Regie: Geza von Cziffra, und Dr. Nicole Keller in »Der schwarze Panther von Ratana«, Regie: Jürgen Roland, 1962; »Liebestrommeln am großen Fluß« 1964; »Für eine Handvoll Dollar«, Regie: Sergio Leone, USA 1966; »Koffer nach Kairo«, Großbritannien 1967; »Die Hölle von Manitoba«, 1967; »Die Unnatürlichen« 1968; »Schreie in der Nacht«, Regie: Anthony Dawson, BRD/Italien 1969.

Fernsehen: »Die Entführung aus dem Serail« (nach Mozart), Regie: Kurt Wilhelm, ARD 1955; »Don Giovanni« (nach Mozart), Regie: Kurt Wilhelm, ARD 1956; Helen Baker in »Tim Frazer« (nach Durbridge), 6 Teile, ARD 1963/64; Mary Hotkins in »Der Tod läuft hinterher« (von Reinecker), Regie: Wolfgang Becker, 3 Teile, ZDF 1967; »Valerie und das Abenteuer«, O.R.T.F., franz. TV-Serie 1968; »Der Kommissar«, mit Erik Ode, Serie, ZDF 1969; »Dem Täter auf der Spur«, Regie: Jürgen Roland, Serie, Moderation für ORF 1969/70; Renate Albrecht in »Die Journalistin« (Titelrolle), Regie: Georg Tressler, Serie, ZDF 1970/71.

Auszeichnungen: Bundesfilmpreis 1955; »Goldener Bambi« (BILD + FUNK) 1955; »Otto« (BRAVO) 1965, 1966, 1968, 1971; »Goldene Kamera« (HÖRZU) 1967; »Adolf-Grimme-Preis« für die Talk-Show »III nach neun« (Radio Bremen/TV) und deren Team 1976.

Anschrift: Höhenbergstraße 11, 8132 Tutzing/Oberbayern.

Johanna von Koczian

(eigentlich: Johanna Koczian-Miskolezy)

Geb. 30. 10. 1933 als Tochter eines ehemaligen österreichischen k.u.k. Rittmeisters in Berlin; aufgew. in Zagreb und Salzburg. Sie absolvierte das Schauspielseminar des Mozarteums in Salzburg. Als Audrey Townbridge in Abbotts »Drei Mann auf einem Pferd« debütierte sie 1950 bei einem Empfang des US-Information Center Salzburg.

Ihre Bühnenstationen: Salzburger Festspiele (ab 1951), Landestheater Württemberg-Hohenzollern Tübingen (1952/53), Wuppertaler Bühnen unter Helmut Henrichs (1953–1956), Staatl. Schauspielbühnen Berlins unter Boleslaw Barlog (1956–1959), Bayerisches Staatsschauspiel München (1959–1961), Theater in der Josefstadt Wien (1961–1965), Theater am Besenbinderhof Hamburg (1965) und Theater in der Leopoldstraße München (1965). Gastspiele gab sie u.a. bei den Bregenzer Festspielen (1970) und erneut am Bayerischen Staatsschauspiel München.

1957 gab sie ihr Film-Debüt in der Neuverfilmung von »Victor und Victoria« (Regie: Karl Anton). 1966 stellte sie ihre erste Langspielplatte »Meine kleine große Welt« vor. Besonderen Erfolg hatte sie in den 70er Jahren mit dem selbst getexteten Schlager »Das bißchen Haushalt, sagt mein Mann«, mit dem sie u.a. in der ZDF-Hitparade auftrat. Weitere Titel u.a.: »Keinen Pfennig«, »Aufsteh'n ist schön«, »Ganz der Vater«, »Der Kater läß das Mausen nicht«, »Alle meine Tiere«, »Du bist mein Zuhause« sowie zahlreiche Lieder aus Musicals wie »Mary Poppins« und »My Fair Lady«. Sie veröffentlichte mehrere Bücher, darunter »Abenteuer in der Vollmondnacht«.

Beim Fernsehen wirkt sie seit 1960. Nach Ernst Stankovski und Elfi von Kalckreuth moderierte sie die ZDF-Quizreihe »Erkennen Sie die Melodie?«, die später Günther Schramm übernahm.

Frau von Koczian spricht engl., franz.; sie ist seit 1967 verheiratet mit dem Schallplatten-Prozudenten Wolf Kabitzky, hat eine Tochter (Alexandra, geb. 1972) und lebt in Gornniswald/Schweiz. Von 1957 bis 1961 war sie verheiratet mit dem Regisseur Dieter Haugk.

Film: »Petersburger Nächte«, Regie: Paul Martin, »Serenade einer Liebe« Regie: Rudy Maté, und »Wir Wunderkinder«, Regie: Kurt Hoffmann, 1958; »Menschen im Netz«, Regie: Franz Peter Wirth, »Jacqueline«, Regie: Wolfgang Liebeneiner, und Titelrolle in »Bezaubernde Arabella«, Regie: Axel von Ambesser, 1959; »Lampenfieber«, Regie: Kurt Hoffmann, »Heldinnen«, und »Agatha, laß das Morden sein!«, Regie: Dieter Haugk, 1960; »Die Ehe des Herrn Mississippi« (nach Dürrenmatt), mit O.E. Hasse, Regie: Kurt Hoffmann, 1961; »Das Haus in Kamerun«, Regie: Alfred Vohrer, 1962; »Straße der Verheißung«, Regie: Imo Moszkowicz, 1963; »Käpt'n Rauhbein aus St. Pauli«, Regie: Rolf Olsen, 1971.

Theater: Magdalen in Mells »Das Apostelspiel«, und in Shakespeares »Wie es euch gefällt«, jeweils Salzburger Festspiele 1951/52; Titelrolle in Hauptmanns »Hanneles Himmelfahrt«, Rosa in Williams' »Die tätowierte Rose«, und Titelrolle in Anouilhs »Leocadia«, jeweils Landestheater Tübingen 1952/53; Titelrolle in Goetz' »Ingeborg«, Thekla in Schillers »Wallenstein«, Titelrolle in Lessings »Miß Sara Sampson«, Franziska in Lessings »Minna von Barnhelm«, Viola in Shakespeares »Was ihr wollt«, Agafja in Gogols »Die Heirat«, jeweils Wuppertaler Bühnen 1953–1956; Angélique in Molières »Der eingebilete Kranke«, Ruhrfestspiele Recklinghausen; Angelina in der Uraufführung von Weisenborns »Lofter oder Das verlorene Gesicht« (nach Victor Hugo), Jugend in Raimunds »Der Bauer als Millionär«, Ophelia in Shakespeares »Hamlet«, Titelrolle in Kleists »Das Käthchen von Heilbronn«, Titelrolle in Giraudoux' »Undine«, Franziska in Lessings »Minna von Barnhelm«, und Titelrolle in Goodrich/Hacketts »Das Tagebuch der Anne Frank«, jeweils Staatl. Schauspielbühnen Berlins 1956–1959; in Achards »Die aufrichtige Lügnerin«, Theater in der Josefstadt Wien 1961; in Gibsons »Spiel zu zweit«, mit Hannes Messemer, Tournee, Theater am Besenbinderhof Hamburg und Theater in der Leopoldstraße München 1965; Titelrolle in Anouilhs »Antigone«, Regie: Gustav Rudolf Sellner, Salzburger Festspiele 1965; Titelrolle in Lessings »Minna von Barnhelm«, (Inszenierung des Wiener Burgtheaters), Bregenzer Festspiele 1970; in Tirso de Molinas »Don Gil von den grünen Hosen«, Bayerisches Staatsschauspiel München 1976; in »Das zweite Kapitel«, Theater am Kurfürstendamm Berlin 1982. Mit ihrem Programm »Lieder + Fabeln« ging sie 1983 auf Deutschland-Tournee.

Fernsehen: »Der seidene Schuh« (nach Claudel); »Mrs. Cheneys Ende« (nach Lonsdale); »Was ihr wollt« (nach Shakespeare); »Oh, diese Geisternacht« (nach Coward); »Stewardessen« (von Pillau), Regie: Eugen York, ARD 1968; »Hier bin ich, der Elefant«; »Die Reise nach Mallorca«; »Hoftheater«, Regie: Herbert Ballmann, Serie, ZDF 1975; »Derrick«, Serie, ZDF 1977; »Der Alte«, Serie, ZDF 1983; »Die Kristunde«, Serie, ARD 1985. Zudem war sie Gast nahezu aller deutschen Unterhaltungsshows.
Auszeichnungen: »Berliner Kunstpreis« 1958; Bundesfilmpreis 1959; »Preis des Verbandes deutscher Kritiker« 1959; »Preis der Theaterbesitzer« (»Goldene Maske«); »Goldener Vorhang«, Berlin 1977/79.
Anschrift: c/o Agentur Jovanovic, Perfallstraße 6, 8000 München 80.

Michael König

Geb. 26. 3. 1947 in München; dort aufgew.; nach der Schule absolvierte er die Otto-Falckenberg-Schule in München. Er debütierte 1966 als 3. Knecht in Nestroys »Der Zerrissene« (mit Romuald Pekny, Regie: Paul Verhoeven) an den Münchner Kammerspielen, denen er bis 1967 angehörte. Nach einer Verpflichtung am Theater der Freien Hansestadt Bremen stand er ab 1970 im Ensemble der Schaubühne am Halleschen Ufer (jetzt: Lehniner Platz) Berlin. 1983/84 spielte er an den Kammerspielen in München. Er führt auch Regie. Seine Bühnenkarriere unterbrach er 1970 für Film und Fernsehen und erneut 1982.
König spricht engl.; er ist verheiratet mit der Schauspielerin Grischa Huber und lebt in München.
Film: »Rio das Mortes«, Regie: Rainer Werner Fassbinder, 1970; »Sommergäste«, (nach Gorki), Regie: Peter Stein, 1972; »Lenz« (nach Büchner), Regie: George Moorse, 1971; »Früher oder später«, Portugal 1982; »Die Erbtöchter«, Regie: Ula Stöckl, »Bolero«, Regie: Rüdiger Nüchtern, und »Mann ohne Gedächtnis«, Regie: Kurt Gloor, 1983.
Theater: Len in Bonds »Gerettet«, Regie: Peter Stein, und Martin Lechner in Thomas »Magdalena«, mit Therese Giehse, Regie: Hans Schweikart, jeweils Münchner Kammerspiele 1967; Ferdinand in Schillers »Kabale und Liebe«, Regie: Peter Stein, und Titelrolle in Ibsens »Peer Gynt«, Regie: Kurt Hübner, Theater der Freien Hansestadt Bremen 1968; Titelrolle in Ibsens »Peer Gynt«, Regie: Peter Stein, Alfred in Horváths »Geschichten aus dem Wienerwald«, Regie: Klaus Michael Grüber, 1972, Dionysos in Euripides' »Die Bakchen«, 1973, Wlas in Gorkis »Sommergäste«, Regie: Peter Stein, 1975, Orlando in Shakespeares »Wie es euch gefällt«, Regie: Peter Stein, 1977, Josef in Achternbuschs »Ella«, Regie: König selbst, 1978, in Harald Müllers »Winterreise« (nach Hölderlin), Regie: Klaus Michael Grüber, 1979, jeweils Schaubühne am Halleschen Ufer Berlin; Gonzaga, Prinz von Guastalla in Lessing »Emilia Galotti«, Regie: Thomas Langhoff, Münchner Kammerspiele 1983/84 (auch TV).
1981 inszenierte er an der Schaubühne am Halleschen Ufer Berlin Büchners »Woyzeck«.
Fernsehen: »Die Niklashauser Fart«, Regie: Rainer Werner Fassbinder, ARD 1970; »Bali«, Regie: István Szábo, ZDF 1984; »Nachtgelächter«, Regie: Dagmar Damek, ARD 1985; »Das Totenreich« (nach Pontoppidan), Regie: Karin Brandauer, 2 Teile, ARD 1986.
Anschrift: c/o Agentur Alexander, Lamontstraße 9, 8000 München 80.

Maria Körber

(eigentlich:
Maria Kerzel-Körber, geb. Harlan)

Geb. 23. 6. 1930 als Tochter des Regisseurs Veit Harlan und der Schauspielerin Hilde Körber in Berlin; dort aufgew.; nach ihrer Schulausbildung besuchte sie die Schauspielschule des Berliner Hebbel-Theaters unter Ernst Schröder und nahm Unterricht bei Marlise Ludwig (1947–1949).
Ihr Bühnendebüt gab sie in Sartres »Die Fliegen« im Jahre 1948. Ein erstes festes Engagement hatte sie 1949/50 am Staatstheater Oldenburg. Die weiteren Bühnenstationen: Theater im Zimmer Hamburg, Stadttheater Bielefeld, Tribüne Berlin, Theater am Kurfürstendamm Berlin (jeweils 1950–1953), Nationaltheater Mannheim und Hessisches Staatstheater Wiesbaden (1953), Bühnen der Freien Hansestadt Bremen (1954–1959), Renaissance-Theater Berlin und Thalia-Theater Hamburg (1957/58). Von 1960 bis 1974 gastierte sie als freischaffende Künstlerin u.a. am Theater in der Leopoldstraße München, an der Landesbühne Hannover, am Fritz Rémond-Theater im Zoo Frankfurt/Main, an den Wuppertaler Bühnen, bei den Festspielen Bad Gandersheim, in Andernach, Feuchtwangen, Schwäbisch Hall und Herrenhausen. Ab 1974 war sie Mitglied der Staatl. Schauspielbühnen Berlins. Gastspiele gab sie in den letzten Jahren u.a. am Hebbel-Theater, an der Freien Volksbühne und am Theater am Kurfürstendamm in Berlin sowie an der Lore-Bronner-Bühne München und am Theater Die Kleine Freiheit München (1985).
Frau Körber arbeitet seit 1956 für das Fernsehen. Sie ist außerdem im Hörfunk und in der Synchronisation tätig. Sie ist die deutsche Stimme u.a. für Leslie Caron, Julie Andrews, Susan Strasberg, Yoke Tani und Debbie Reynolds.
Frau Körber spricht engl., franz., russ.; sie ist in zweiter Ehe verheiratet mit dem Schauspieler Joachim Kerzel. Aus ihrer ersten Ehe mit dem Schauspieler Walter Buschhoff stammt ihr Sohn Sebastian. Die Künstlerin lebt in Berlin.
Theater: Eve in Kleists »Der zerbrochene Krug«, Staatstheater Oldenburg 1949/50; Raina in Shaws »Helden«, Laura in Williams' »Die Glasmenagerie«, Solveig in Ibsens »Peer Gynt«, und in Herberts »Wolken sind überall«, an den vorgenannten Bühnen von 1950–1953; Titelrolle in Colettes »Gigi«, Titelrolle in Anouilhs »Colombe«, und Alison in Osbornes »Blick zurück im Zorn«, jeweils Bühnen der Freien Hansestadt Bremen 1954–1959; Luise in Kaisers »Nebeneinander«, und Schwedin in Stevens' »Ehekarussell«, jeweils Thalia-Theater Hamburg 1958; Bice in Pirandellos »Man weiß nicht wie«, Titelrolle in Goldonis »Mirandolina«, Beatrice in Shakespeares »Viel Lärm um nichts«, Katharina in Shakespeares »Der Widerspenstigen Zähmung«, Gretchen in Goethes »Faust I«, Helena in Goethes »Faust II«, in Schillers »Die Jungfrau von Orleans«, Isabella in Calderons »Der Richter von Zalamea«, Maria in Anouilhs »Cher Antoine« (auch TV), in »Alle reden von Liebe«, und in Kishons »Der Trauschein« (1985), jeweils an den vorgenannten Bühnen seit 1960.
Fernsehen: Jessica in »Die schmutzigen Hände« (nach Sartre), ARD 1956; Anna in »Der Richter und sein Henker« (nach Dürrenmatt), ARD 1957; Titelrolle in »Antigone« (nach Anouilh), und Mabel in »Ein idealer Gatte« (nach Wilde), ARD 1958; Stella in »Johnny Belinda« (nach Harris), Regie: Franz Josef Wild, ARD 1961; Leontine in »Der Biberpelz« (nach Hauptmann), ARD 1962; Puline Pittelkow in »Stine« (nach Fontane), Regie: Wilm ten Haaf, ZDF 1967; »Der Sog«, ARD 1968; Erna in »Wie eine Träne im Ozean« (nach Sperber), Regie: Fritz Umgelter, 3 Teile, ARD 1969; »Sessel zwischen Stühlen« (von Menge), ARD 1970; »Auf den Spuren des Anarchisten« (nach Thorwald), ZDF 1972; »Alle reden von Liebe«, und »Ein Fall für Stein«, Serie, ZDF 1976; »Der Hauptttreffer« (von Pillau), ZDF 1977; »Ein typischer Fall«, Regie: Fritz Umgelter, ARD 1978; »Tatort«, Regie: Franz Peter Wirth und Wilm ten Haaf, Serie, 2 Folgen, ARD 1980/81. »Wenn Kuli kommt«, mit Hans-Joachim Kulenkampff, Regie: Wolfgang Glück, Serie, ARD 1985.
Anschrift: c/o Agentur Mackeben, Douglasstraße 2–4, 1000 Berlin 33.

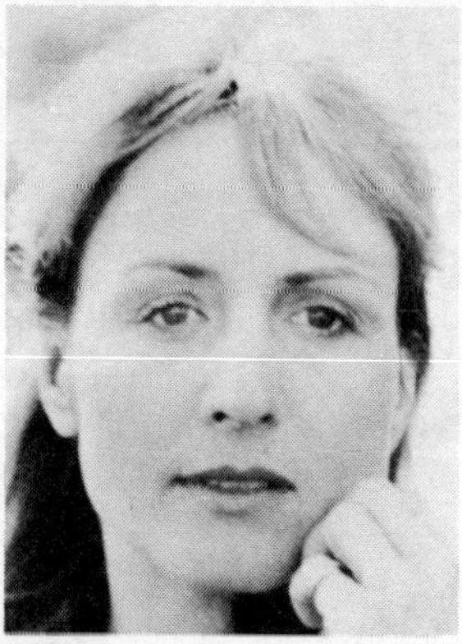

Diana Körner

Geb. 24. 9. 1944 in Wolmirsleben; aufgew. in Magdeburg, Berlin, Dortmund, Offenbach und Frankfurt/Main; nach der Schauspielausbildung erhielt sie ihr erstes Engagement 1964/65 am Theater Oberhausen. Von 1966 bis 1969 gehörte sie unter Boleslaw Barlog zum Ensemble des Berliner Schiller-Theaters. Seither ist sie freischaffend. Sie gastierte u.a. bei den Festspielen Bad Gandersheim (1975), an der Komödie im Marquardt Stuttgart (1977), am Deutschen Schauspielhaus Hamburg (1979), bei den Würzburger Festspielen (1981–1983) sowie auf Tournee. Seit 1964 ist sie häufig beim Fernsehen tätig.
Frau Körner spricht engl.; sie ist geschieden, hat zwei Kinder (Lara-Joy; Jenny, gemeinsam mit dem Schauspieler Werner Kreindl), und lebt in München.
Film: »Der blaue Handschuh«, Regie: Alfred Vohrer, 1965; »Morgens um sieben ist die Welt noch in Ordnung«, Regie: Kurt Hoffmann, 1968, und »Wenn süß das Mondlicht auf den Hügeln schläft«, Regie: Wolfgang Liebeneiner, 1969, jeweils mit Werner Hinz; »Rote Sonne«, Regie: Rudolf Thome, 1969; »Komm in die Wanne, Schätzchen«, Regie: Michael Geimer-Gründgens, 1970; »Barry Lyndon«, Regie: Stanley Kubrick, USA 1975; »Potato Fritz«, mit Hardy Krüger, Regie: Peter Schamoni, 1975; »Wege in der Nacht«, mit Mathieu Carrière, Regie: Krzysztof Zanussi, Polen/BRD 1979; »Orchideen des Wahnsinns«, Regie: Nikolai Müllerschön, 1985.
Theater: Franziska in Lessings »Minna von Barnhelm«, Theater Oberhausen 1964/65; Pamela in »Wind in den Zweigen des Sassafras«, Regie: Friedrich W. Bauschulte (auch ARD 1966), Homunculus in Goethes »Faust II«, Fanny in Pagnols »Zum goldenen Anker«, Helga in Ustinovs »Halb auf dem Baum«, und in Molières »Der Menschenfeind«, Regie: Hans Schweikart, jeweils Schiller-Theater Berlin 1966–1969; Helène in Giraudoux' »Der trojanische Krieg findet nicht statt«, Festspiele Bad Gandersheim 1975; Agda Kjerulf in Goetz' »Hokuspokus«, Regie: Elert Bode, Komödie im Marquardt Stuttgart 1977; Jennifer in Shaws »Der Arzt am Scheideweg«, mit Will Quadflieg, Regie: Rudolf Noelte, Deutsches Schauspielhaus Hamburg 1979; Titelrolle in Anouilhs »Eurydike«, Tournee 1979; in Eulenbergs »Tilman Riemenschneider«, mit Werner Kreindl, Regie: Joachim Hess, Festspiele Würzburg 1981–1983; in Grays »Theaterblut«, Regie: Christian Wölffer, Tournee und Komödie Berlin.
Fernsehen: »Mr. Barnett«, Regie: Wolfgang Liebeneiner, und »Das ausgefüllte Leben des Alexander Dubronski« (nach Waldmann), Regie: Thomas Fantl, ZDF 1967; »Der Vetter Basilio« (nach Queirós), Regie: Wilhelm Semmelroth, ARD 1969; »Meine Tochter – Unser Fräulein Tochter«, Regie: Wolfgang Schleif, 13 Teile, ZDF 1969; »Eine ungeliebte Frau« (nach Courths-Mahler), ARD 1974; »Der Stechlin« (nach Fontane), mit Arno Assmann, 3 Teile, ARD 1978; »Der Alte«, Serie, 3 Folgen, ZDF 1978–1984; »Der Verbrecher aus verlorener Ehre« (nach Schiller), Regie: Peter Schulze-Rohr, ZDF 1978; »Derrick«, Serie, ZDF 1981; »Der kühne Schwimmer« (nach Arnold), mit Willy Millowitsch, Regie: Karl Wesseler, ARD 1981; »Tatort«, Regie: Jürgen Roland, Serie, ARD 1982; »Der Besuch« (nach Durbridge), mit Judy Winter und Jürgen Goslar, Regie: Jürgen Roland, ZDF 1984; »Backfischliebe« (nach Bartlett), Regie: Rolf Hädrich, ARD 1985.
Anschrift: c/o Agentur Mattes, Pilotystraße 2, 8000 München 22.

Christian Kohlund

Geb. 17. 8. 1950 als Sohn des Schauspielers Erwin Kohlund in Basel; nach der Schule absolvierte er von 1970 bis 1972 das Max-Reinhardt-Seminar in Wien. Hans Lietzau holte ihn 1972 an das Schiller-Theater Berlin, dem er bis 1974 angehörte. Von 1974 bis 1976 war er Mitglied des Bayerischen Staatsschauspiels München, von 1978 bis 1980 des Schauspielhauses Zürich. Gastspiele gab er u.a. an der Freien Volksbühne Berlin, am Theater in der Josefstadt Wien und am Ernst-Deutsch-Theater Hamburg sowie bei den Münchner Festspielen (1985). Seit 1975 arbeitet er häufig für Film und Fernsehen.
Kohlund spricht engl., franz.; er ist geschieden von den Schauspielerinnen Christine Buchegger und Silvana Henriques; er hat eine Tochter (Francesca Lucia Katharina, geb. 1984) und lebt mit der ehemaligen Schlagersängerin Elke Best in Stäfa/Schweiz.
Film: »Der Fußgänger«, mit und unter der Regie von Maximilian Schell, 1973 (nominiert für den »OSCAR« 1974); »Die Brücke von Zupania«, Regie: Harald Philipp, und »Das chinesische Wunder«, Regie: Wolfgang Liebeneiner, 1975; »Einmal Kudamm und zurück«, mit Ursela Monn, Regie: Herbert Ballmann, 1985.
Theater: Lucius in Shakespeares »Julius Cäsar«, Regie: Hans Hollmann (Debüt), in Raimunds »Der Alpenkönig und der Menschenfeind«, Otto Aigner in Schnitzlers »Das weite Land«, Wetter vom Strahl in Kleists »Das Käthchen von Heilbronn«, Tybalt in Shakespeares »Romeo und Julia«, Ruprecht in Kleists »Der zerbrochene Krug«, Melchthal in Schillers »Wilhelm Tell«, Troilus in Shakespeares »Troilus und Cressida«, und Herzog Albrecht in Orffs »Bernauerin«, Regie: August Everding (1985), in Günthers »Schuldig« (1985/86), jeweils an den vorgenannten Bühnen.
Fernsehen: »Revolte im Erziehungsheim« (nach Hampel), Regie: Hans Quest, und »Oh Henry«, Regie: Hajo Gies und Ulrich Edel, 12 Teile, ARD/ZDF 1975; »Anpassung an eine zerstörte Illusion«, Regie: Eberhard Itzenplitz, ARD 1977; »Der Alte«, Serie, ZDF 1979; Titelrolle in »Amphitryon« (nach Hacks), Regie: Hans-Jürgen Tögel, ZDF 1980; »Der Landvogt von Greifensee« (nach Gottfried Keller), ARD 1981; Thomas Waghorn in »Wettlauf nach Bombay«, Regie: Christian-Jacque, 4 Teile, ZDF 1981; »Das heiße Herz« (nach Patrick), mit Peter Fricke, Regie: Michael Kehlmann, ARD 1982; Thomas Waghorn in »Der Mann von Suez«, mit Guy Marchand und Horst Frank, Regie: Christian-Jaque, 4 Teile, und »Jakob und Adele«, mit Brigitte Horney und Carl-Heinz Schroth, Serie, ZDF 1983; Robert Curwich (Titelrolle) in »Der Glücksritter« (von Heinz Oskar Wuttig), mit Claudia Rieschel und Erwin Kohlund, Regie: Hans-Jürgen Tögel, 8 Teile, ARD 1984; »Die Katze läßt das Mausen nicht«, SRG 1984; »Theaterblut« (nach Gray), mit Helmut Lohner, Regie: Michael Günther, ARD 1985; »Derrick«, Serie, 2 Folgen, ZDF 1985; »Die Schwarzwaldklinik«, mit Klausjürgen Wussow und Gaby Dohm, Regie: Hans-Jürgen Tögel, Serie, 5 Folgen, ZDF 1985/86.
Anschrift: c/o Agentur Jovanovic, Perfallstraße 6, 8000 München 80.

Reinhard Kolldehoff

Geb. 29. 4. 1914 in Berlin; dort aufgew.; sein Abitur finanzierte er sich bereits mit kleinen Rollen am Großen Schauspielhaus in Berlin. Nach privatem Schauspielunterricht war er vor dem Wehrdienst im II. Weltkrieg in Altenburg, Remscheid, Danzig, Hamburg und Lübeck engagiert. 1945 kam er ans Hebbel-Theater Berlin, wo er unter Karl-Heinz Martin bis 1948 zum Ensemble gehörte. Weitere Stationen: Deutsches Theater, Theater am Kurfürstendamm, Titaniapalast, Renaissance-Theater und Schloßpark-Theater in Berlin sowie unter Gustaf Gründgens Deutsches Schauspielhaus Hamburg (1955). Seit 1941 drehte Kolldehoff über 160 Kinofilme im In- und Ausland und arbeitete dabei in 27 verschiedenen Staaten, in der Hauptsache als René Kolldehoff. Als Synchron- und Hörfunksprecher wirkte er in rund 1500 Produktionen mit.
Er ist in zweiter Ehe verheiratet, hat zwei Kinder (Colette, geb. 1970, und René, geb. 1973) und lebt in Berlin.
Film: »Der Gasmann«, 1941; »Affaire Blum«, Regie: Erich Engel, 1948; »Rotation«, Regie: Wolfgang Staudte, 1949; »Die letzte Heuer«, 1951; »Stern von Rio«, »Hanussen«, mit O. W. Fischer, »Ein Mädchen aus Flandern«, Regie: Helmut Käutner, und »Oberwachtmeister Borck«, Regie: Gerhard Lamprecht, 1955; »Anastasia, die letzte Zarentochter«, und »Der Hauptmann von Köpenick« (nach Zuckmayer), Regie: Helmut Käutner, 1956; »Und das am Montagmorgen« (nach Priestley), Regie: Luigi Comencini, Italien 1957; »Das haut hin«, mit Peter Alexander und Grethe Weiser, Regie: Ceza von Cziffra, und »Spion für Deutschland«, 1957; »Der Greifer«, und »Gestehen Sie, Dr. Corda«, mit Hardy Krüger, 1958; »Hunde, wollt ihr ewig leben«, Regie: Frank Wisbar, 1959; »Die 1000 Augen des Dr. Mabuse«, mit Peter van Eyck, Regie: Fritz Lang, »Weg ohne Umkehr«, Regie: Victor Vicas, »Die seltsame Gräfin«, Regie: Josef von Baky, 1960; »Le chant du Monde«, Regie: Marcel Camus, »Playtime«, Regie: Jacques Tati, »La ligne de démarcation«, mit Jean Seberg, Regie: Claude Chabrol, jeweils Frankreich 1960–1963; »Die große Sause«, mit Louis de Funès, Regie: Gérard Oury, Italien/Großbritannien 1966; »Più forte ragazzi«, Regie: Giuseppe Colizzi, Italien 1967; »Le lion a sept têtes«, Regie: Glauber Rocha, Frankreich 1969; »Le mur de l'Atlantique«, Regie: Marcel Camus, Frankreich 1970; »La Caduta degli dei«, Regie: Luchino Visconti, Italien 1970; »The Revengers«, Regie: Daniel Mann, USA 1971; »Zwei Himmelhunde auf dem Weg zur Hölle«, mit Bud Spencer und Terence Hill, Regie: Giuseppe Colizzi, Italien 1972; »L'ironie du sort«, Regie: Edouard Molinaro, Frankreich 1973; »The Romantic Englishwoman«, Regie: Joseph Losey, Großbritannien, 1974; »Borsalino & Co«, mit Alain Delon, Regie: Jacques Deray, Frankreich 1974; »Operation Daybreak«, Regie: Lewis Gilbert, und »Shout at the devil«, mit Roger Moore und Lee Marvin, Regie: Peter Hunt, Großbritannien 1975; »Je t'aime moi non plus«, Regie: Serge Gainsbourgh, Frankreich, 1975; »The king is sleeping«, Großbritannien/Iran 1976; »Soldaat van Oranje«, Regie: Paul Verhoeven, Niederlande 1977; »Der Schimmelreiter« (nach Storm), mit Gert Fröbe, Regie: Alfred Weidenmann, 1978; »Die Dame vom Palast-Hotel«, mit Gudrun Landgrebe, Regie: Edouard Molinaro, BRD/Frankreich 1985.
Theater: Tempelherr in Lessings »Nathan der Weise«, Schauspielhaus Potsdam 1945; in Hebbels »Judith«, in Weisenborns »Die Illegalen«, in Hauptmanns »Die Weber«, jeweils Hebbel-Theater Berlin 1945–1948; Old Shatterhand in »Winnetou«, (nach Karl May), Titania-Palast Berlin 1947; in Maurettes »Anastasia«, Kleines Theater im Zoo Frankfurt/Main, und in Lenz' »Zeit der Schuldlosen«, Deutsches Schauspielhaus Hamburg, 1955; Wiesner in Flatow/Pillaus »Das Fenster zum Flur«, Deutschland-Tournee 1977/1978.
Fernsehen: Retter in »Die Irre von Chaillot« (nach Giraudoux), »Einer von Sieben«, und »Familie« (nach Morris), ARD 1960; »Männer am Sonntag«, »Das Fernsehgericht tagt«, und »Die Grotte« (nach Anouilh), ARD 1963; »Diamanten sind gefährlich«, ZDF 1965; »Prairie Saloon«, ZDF 1966; John in »Die Ratten« (nach Hauptmann), ARD 1969; »Auftrag Mord«, ZDF 1970; »Dem Täter auf der Spur«, Serie, ARD 1971; »Mein Onkel Benjamin« (nach Ericsson), ZDF 1972; »Kottnick & Erben«, Serie, ZDF 1973; »Der Kommissar«, mit Erik Ode, Serie, 4 Folgen, ZDF 1975–1977; »Tatort«, Serie, 2 Folgen, ARD

1976–1978; »Derrick«, Serie, 2 Folgen, ZDF 1976/77; »Verkaufte Träume«, Serie, ARD 1977; »Die Kur«, Regie: Frank Strecker, 5 Teile, ARD 1978; »Der Alte«, Serie, 4 Folgen, ZDF 1978–1984; »Die Paulskirche«, ZDF 1980; »Der König und sein Narr« (nach Ulrich Plenzdorf), Regie: Frank Beyer, ARD 1981; »Die Beine des Elefanten«, ZDF 1983; »Jakob und Adele«, mit Carl-Heinz Schroth und Brigitte Horney, Serie, ZDF 1984.
Anschrift: c/o Agentur Jovanovic, Perfallstraße 6, 8000 München 80, oder Rudolfstädter Straße 123, 1000 Berlin 31.

Ossy Kolmann

Geb. 10. 1. 1928 in Wien; dort aufgew.; nach der Schule nahm er von 1948 bis 1951 Schauspielunterricht. Sein erstes Engagement erhielt er 1953 in Wien. Nach Gastspielen (Stückverträge) an verschiedenen österr. Provinzbühnen kam er 1973 an die Volksoper Wien, zu deren Ensemble er bis heute gehört. Regelmäßig gastiert er bei den Bregenzer Festspielen.
Seine erste Fernsehsendung machte er bereits 1958 beim ORF (»Bilanz des Monats«). In der Bundesrepublik Deutschland war er 1965 zum ersten Mal auf dem Bildschirm zu sehen (»Stahlnetz«, Regie: Jürgen Roland). Er veröffentlichte mehrere Schallplatten (u. a. »Ossy Kolmann«, 1973).
Kolmann spricht engl.; er hat eine Tochter und lebt in Wien.
Film: »Austern mit Senf«, Regie: Franz Antel, 1979.
Theater: Er spielt bevorzugt Komiker-Rollen und trat vor 1973 vor allem in Stücken von Raimund und Nestroy auf. An der Volksoper Wien spielte er nahezu das gesamte Operetten-Repertoire seines Fachs, u. a.: in Benatzkys »Im Weißen Rössl«, Regie: Axel von Ambesser (1976), und Sindulfo in Millöckers »Gasparone«, Regie: Robert Herzl (1983, auch ORF). 1984 spielte er in Zellers »Der Vogelhändler« bei den Bregenzer Festspielen (auch ORF).
Fernsehen: »Stahlnetz«, Regie: Jürgen Roland, ARD 1965; »Kabarett, Kabarett«, ORF 1967; »Krach im Hinterhaus«, ARD 1969; »Die Abreise«, ORF 1970; »Geschichten aus Wien«, ARD 1971; »Hallo – Hotel Sacher ... Portier!«, von und mit Fritz Eckhardt, Serie, ORF/ZDF 1973–1975; »Die Ausnahme«, Regie: Walter Davy, und »Die Straße«, Regie: Volker Vogeler, ARD 1978; »Ringstraßenpalais«, mit Karheinz Böhm und Fritz Muliar, Regie: Rudolf Nussgruber, 24 Teile, ORF/ZDF 1980–1983; »Der Kiebitz«, Regie: Jochen Bauer, ZDF 1980; »Tatort«, Regie: Jochen Bauer, Serie, ARD 1982; »Skandal in Lobodau«, und Titelrolle in »Der Unverbesserliche«, ORF 1983; »Der gute Engel«, von und mit Fritz Eckhardt, Regie: Kurt Junek, Serie, ORF 1983 + ARD 1985; Titelrolle in »Xander Krüpp macht Geschäfte«, und »Xander Krüpp gibt ein Beispiel« (von Zauner), mit Waltraut Haas, Regie: Alois Hawlik, ORF 1984/85.
Anschrift: c/o Volksoper Wien, Währinger Straße 78, A-1090 Wien, Österreich.

Nino Korda

(eigentlich: Nino Nannizzi)

Geb. 2. 10. 1927 als Sohn eines Architekten in Worblingen; aufgew. in der Schweiz; sein Urgroßvater war Inder, der Großvater Grieche, der Vater Italiener, die Mutter stammte aus dem Schwarzwald. Neben einem Studium mit dem Ziel, Zahnarzt zu werden, nahm er Schauspielunterricht bei Eugen Klöpfer in Konstanz am Bodensee. Im Brunnenhof-Theater München debütierte er 1953 in Barbidolos »Die Legende«. Neben Engagements am Schauspielhaus Köln (1962/63), am T(h)eater in der Briennerstraße München (1965), in Zürich, Basel, Bern (1977–1979), am Theater Die Kleine Freiheit München (1980) und bei zahlreichen Tourneen spielt er seit 1960 an der Kleinen Komödie München. Seit 1983 leitet er zusammen mit Isebil Sturm die beiden Bühnen (Kleine Komödie im Bayerischen Hof und Kleine Komödie am Max-II-Denkmal) dieses Theaters.
Korda spricht engl.; er ist verheiratet, hat zwei Kinder und lebt in Germering bei München.
Film: »Sünde mit Rabatt«, 1968; »Husch, husch ins Körbchen« und »Bengelchen liebt kreuz und quer«, jeweils mit Harald Leipnitz, 1969; »Marquis de Sade«, 1970; »Josephine Mutzenbacher«, Teil I und II, mit Christine Schubert, 1972 und 1974; »Die roten Tiger«, Regie: Harald Reinl, 1973; »Die Vertreibung aus dem Paradies«, Regie: Niklaus Schilling, 1977; »Lola«, mit Barbara Sukowa und Mario Adorf, Regie: Rainer Werner Fassbinder, 1981.
Theater: In Douglas' »Die liebe Familie« und in Devals »Simone, der Hummer und die Ölsardine«, 1956, in Popplewells »Ein Todesfall wird vorbereitet«, 1960, in Friedbergs »Mord AG«, in Christies »Der unerwartete Gast« und in Tambiens »Der Trick«, 1961, in Williams' »Die Nacht der Angst« und in Christies »Gefährliches Wochenende«, 1962, in Marquies »Tödliche Wette«, 1963, in »Liebling, ich kenn' dich nicht mehr«, 1965, in Wallace' »Auf der schwarzen Liste«, 1969, in Thomas' »Risiko ohne Netz« (auch TV), 1972, in Bretts »Die letzte Runde«, 1974, in Cantassonos »Die Verdächtigen« und in Forbes »Bist Du noch zu retten«, 1975, in »Ganz oder gar nicht«, 1977, in »Meine dicke Freundin«, 1980, in Wildes »Lady Windermeres Fächer«, 1982, in Maughams »Lady Frederick« (auch TV), 1983, in Gmürs »Schloß Rabeneck«, 1984, jeweils an den vorgenannten Bühnen (vornehmlich an der Kleinen Komödie München).
Fernsehen: »Jahre danach« (nach Yeldham), Regie: Peter Beauvais, ARD 1963; »Die Mütze«, Regie: Wolfgang Becker, ZDF 1965; »Die seltsamen Abenteuer des Raumschiffes Orion« (von Honold/Larsen), mit Dietmar Schönherr und Eva Pflug, Regie: Theo Mezger, Serie, und »Judith« (nach Hebbel), Regie: Wilm ten Haaf, ARD 1966; »Gewagtes Spiel«, Regie: Eugen York, ARD 1969; »Zahlencode«, Regie: Jürgen Goslar, ARD 1971; »Tatort«, Serie, 2 Folgen, ARD 1971 + 1974; »Du bist nicht allein«, Regie: Jürgen Goslar, ZDF 1972; »Das Geheimnis der alten Mamsell« (nach Marlitt), Regie: Herbert Ballmann, ZDF 1972; »Theresa«, Regie: Oscar Fritz Schuh, ARD 1974; »Die seltsamen Methoden des Franz Josef Wanninger«, Serie, ARD 1975; »Die Kette« (nach Durbridge), Regie: Rolf von Sydow, 3 Teile, ARD 1977; »Bolwieser« (nach Oskar Maria Graf), mit Kurt Raab und Elisabeth Trissenaar, Regie: Rainer Werner Fassbinder, 2 Teile, ZDF 1977; »Derrick«, Serie, 2 Folgen, ZDF 1979 + 1981; »Wo geht's denn hier zum Film«, Regie: Peer Raben, ZDF 1983; »Schöne Ferien«, Regie: Rudolf Nussgruber, Serie, ARD 1985; »Die Schwarzwaldklinik« mit Klausjürgen Wussow, Regie: Alfred Vohrer, Serie, ZDF 1985.
Anschrift: c/o Kleine Komödie München, Maximilianstraße 47, 8000 München 22, oder Isoldenstraße 6, 8034 Germering.

Hans-Peter Korff

Geb. 1942 in Hamburg; dort aufgew.; er absolvierte eine Drucker- und Schriftsetzerlehre. Von 1959 bis 1963 spielte er am Studententheater der Universität Hamburg. Nach dem Besuch der Hochschule für Musik und darstellende Kunst Hamburg (1962–1964) wirkte er von 1964 bis 1969 an mehreren Privatbühnen der Stadt, drei Jahre davon am Ernst-Deutsch-Theater. Von 1969 bis 1972 stand er im Ensemble des Württembergischen Staatstheaters Stuttgart, von 1972 bis 1974 in dem des Schauspielhauses Düsseldorf. Seit 1974 arbeitet er am Deutschen Schauspielhaus Hamburg (seit 1976 freischaffend). Gastspiele gab er u.a. an der Freien Volksbühne Berlin (1983/84). Seit 1976 ist er vielbeschäftigter Schauspieler beim Fernsehen, u.a. in vielen Serien.
Korff spricht engl.; er lebt in Hamburg.
Film: »Ich hatte einen Traum«, Regie: Rainer Boldt, und »Die Anstalt«, 1980; »Alzire oder der neue Kontinent«, 1981, »Peppermint Frieden«, mit Peter Fonda, Cleo Kretschmer und Elisabeth Neumann-Viertel, Regie: Marianne S.W. Rosenbaum, 1983; »Der Todesspringer«, mit Nicole Heesters, Regie: Benno Trautmann, 1984.
Theater: In Kleists »Amphitryon«, in Sternheims »Bürger Schippel«, in Shakespeares »Was ihr wollt«, in Schillers »Die Räuber«, in Kleists »Der zerbrochene Krug«, in Labiches »Der Florentinerhut«, in Tschechows »Drei Schwestern«, in Beaumarchais' »Der tolle Tag oder Figaros Hochzeit« und Titelrolle in Goethes »Der Groß-Kophta« (auch TV), jeweils an den vorgenannten Bühnen bis 1983/84.
Fernsehen: »Die Story« (von Eva Mieke), und »Wo liegt Arkadien?«, ZDF 1976; »Mittags auf dem Roten Platz«, Regie: Dieter Wedel, und »Menschenfresser«, Regie: Rainer Boldt, ZDF 1977; »Unendlich tief unten«, Regie: Peter Ariel, ARD 1978; Kommissar Behnke in »Tatort« vom SFB, Regie: Günter Gräwert, Serie, »Feuerzeichen«, und Esch in »Esch oder die Anarchie« (nach Broch), Regie: jeweils Rainer Boldt, ARD 1979; »Klavierspiele«, und »Drei gegen Hollywood«, Regie: Sigi Rothemund, ZDF 1981; »Der Spinner«, Regie: Jens-Peter Behrend, ARD 1982; »Der Zubringer«, Regie: Horst Flick, ZDF 1982; Lord Halifax in »Die Friedenmacher«, Regie: Stanislav Barabas (live), und 17 verschiedene Rollen in »Billy Bishop steigt auf«, Regie: Norman McCandlish, ARD 1984; »Bankgeheimnisse«, mit Volkert Kraeft, Regie: Frank Strecker, und »Dagmar«, Buch + Regie: Frank Strecker, ARD 1985.
Besonderen Erfolg hatte er als Briefträger Heini in 30 Folgen der ZDF-Kinderserie »Neues aus Uhlenbusch« und als Vater Siggi Drombusch in »Diese Drombuschs« (von Robert Stromberger) unter der Regie von Claus Peter Witt (12 Folgen, ZDF 1983/84 und 1985), Partner in der Familienserie waren Witta Pohl, Sabine Kaack, Mick Werup und Grete Wurm.
Anschrift: c/o ZBF-Agentur Hamburg, Tonndorfer Hauptstraße 90, 2000 Hamburg 70.

Hans Korte

Geb. 8.4.1929 in Bochum; dort aufgew.; nach der Schule nahm er Schauspielunterricht. Seine Bühnenstationen: u.a. Städt. Bühnen Dortmund, Theater Gelsenkirchen, Staatstheater Kassel, Städt. Bühnen Frankfurt/Main, Münchner Kammerspiele (1965–1972), Thalia-Theater Hamburg (1969/70), Bayerisches Staatsschauspiel München (1974–1979) sowie Tourneen. Er arbeitet häufig als Regisseur sowie für Film und Fernsehen.
Korte spricht engl., ital.; er ist viermal geschieden, u.a. von der Schauspielerin Karin Eickelbaum. In fünfter Ehe ist er verheiratet mit der Schauspielerin Barbara Rath. Er hat zwei Kinder und lebt in München.
Film: »Abschied von gestern«, Regie: Alexander Kluge, 1966; »Aus einem deutschen Leben«, Regie: Theodor Kotulla, 1977.
Theater: Standartenführer Becher in der Uraufführung von Kipphardts »Joel Brand«, Regie: August Everding, Palermo in Raffalts »Der Nachfolger«, Notar in Molières »Die Schule der Frauen«, Regie: Hans Schweikart, Engländer in der deutschen Erstaufführung von Cummings' »Aale auf einem Baum«, Regie: Paul Vasil, 1965/66, Face in Jonsons »Der Alchimist«, Regie: Peter Lühr, Milt in Schisgals »Liiiebe«, Regie: Paul Verhoeven, 1966/67, Mengerssen in Dürrenmatts »Die Wiedertäufer«, und Walter Franz in Millers »Der Preis«, Regie: jeweils Hans Schweikart, Augustin Ferraillon in Feydeaus »Der Floh im Ohr«, Regie: Dieter Giesing, Shlink in Brechts »Im Dickicht der Städte«, Regie: Peter Stein 1967/68, Goldberg in Pinters »Die Geburtstagsfeier«, Regie: Dieter Giesing, 1968/69, Edgar in Dürrenmatts »Play Strindberg«, Regie: Hans Schweikart, 1969/70, Hicketier in Sternheims »Bürger Schippel«, Regie: Dieter Giesing, Alexander in Robertowitschs »Der Selbstmörder«, Regie: August Everding, 1970/71, Daniel Berrigan in Berrigans »Der Prozeß gegen die Neun von Catonsville«, Regie: Y. Sturzenegger, Theobad Maske in Sternheims »Die Hose«, Regie: Gerhard F. Hering, und Fürst Iwan in Wedekinds »Der Liebestrank«, Regie: August Everding, 1971/72, jeweils Münchner Kammerspiele; Titelrolle in Dürrenmatts »König Johann«, Thalia-Theater Hamburg 1969/70; Mephisto in Goethes »Faust«, Peachum in Brecht/Weills »Die Dreigroschenoper«, Galy Gay in Brechts »Mann ist Mann«, Dorfrichter Adam in Kleists »Der zerbrochene Krug«, Sir Croft in Shaws »Frau Warrens Gewerbe«, Dymschitz in Babels »Marija«, 1. Totengräber in Shakespeares »Hamlet«, und in Sternheims »Tabula rasa«, jeweils Bayerisches Staatsschauspiel München 1974–1979; in Maitres »Die letzte Chance«, Tournee 1986. 1984 führte er bei den Kreuzgangspielen Feuchtwangen Regie bei Shakespeares »Viel Lärm um nichts«.
Fernsehen: Bis 1970 u.a.: »Mike Blaubart«, »Frank V.« (nach Dürrenmatt), »Fragestunde«, »Besuch gegen zehn«, »Spaßmacher«, »Nachruf auf Jürgen Trahnke«, »Die Herberge«; »Einmal im Leben«, Regie: Dieter Wedel, 3 Teile, ARD 1972; »Blitzlicht«, Regie: Diethard Klante, ZDF 1973; Gustav Stresemann in »Der Friede von Locarno«, Regie: Eberhard Itzenplitz, ZDF 1978; »Wer den Schaden hat«, Regie: Dieter Wedel, ZDF 1981; »Der Heiratsantrag« (nach Tschechow), Regie: Klaus Wagner, ARD 1983; »Der Eimer und die Mona Lisa«, ZDF 1984; »Tod eines Schaustellers« (von Vock), Regie: Dietrich Haugk, »Krimistunde«, Regie: Hartmut Griesmayr, Serie, und »Scheibenwischer«, von und mit Dieter Hildebrandt, Regie: Sammy Drechsel, Serie, ARD 1984; »Titanic«, Regie: Lutz Büscher, ZDF 1984; »Derrick«, Serie, »Es muß nicht immer Mord sein«, Serie, und »Der Vater eines Mörders« (nach Andersch), Regie: Carlheinz Caspari, ZDF 1985; »Christian Rother und die Königlich-preußische Seehandlung«, mit Günter Lamprecht, Regie: Peter Deutsch, Serie, ARD 1986.
Anschrift: c/o Agentur Mattes, Pilotystraße 2, 8000 München 22.

Eva Kotthaus

Geb. 19. 5. 1932 in Düsseldorf; dort aufgew.; nach der Oberrealschule besuchte sie von 1951 bis 1953 die Otto-Falckenberg-Schule in München. Ihre ersten Engagements hatte sie am Landestheater Württemberg-Hohenzollern Tübingen (1954/55), am Deutschen Theater Berlin (1955–1957), am Bayerischen Staatsschauspiel München (1959/60) und an den Städt. Bühnen Frankfurt/Main (1961–1964).

Gastspiele gab sie als freischaffende Schauspielerin seit 1958 u.a. am Theater am Kurfürstendamm Berlin, am Düsseldorfer Schauspielhaus, an der Komödie Basel, an den Städt. Bühnen Heidelberg, am Schauspielhaus Zürich, an den Vereinigten Städt. Bühnen Krefeld-Mönchengladbach, an den Städt. Bühnen Augsburg, an den Städt. Bühnen Mainz, am Ateliertheater Bern sowie bei den Festspielen in Recklinghausen, Bad Hersfeld, Wunsiedel, Feuchtwangen und Ettlingen. Ferner machte sie zahlreiche Tourneen.

Frau Kotthaus spricht engl., franz.; sie ist verheiratet mit dem Regisseur und Schauspieler Rudolf Krieg, hat zwei Kinder (Christopher und Nina Katharina) und lebt in Mainz.

Film: »Kein Hüsung«, DEFA 1953; »Der Teufel vom Mühlenberg« und »Jahrgang«, DEFA 1954; Anna Kaminski in »Himmel ohne Sterne«, Regie: Helmut Käutner, 1955; »Glücksritter«, 1955; »Geschichte einer Nonne«, Italien/USA 1958; »Ein Herz braucht Liebe«, 1959; »Randale«, mit Angelica Domröse, Regie: Manfred Purzer, 1983.

Theater: Königin in Scribes »Das Glas Wasser« und Elisabeth in Schillers »Don Carlos«, jeweils Landestheater Württemberg-Hohenzollern Tübingen 1954/55; Fanny in Pagnols »Zum goldenen Anker« und Claudine in Molières »George Dandin«, jeweils Deutsches Theater Berlin 1955; Leonore in Schillers »Die Verschwörung des Fiesco zu Genua«, Bayer. Staatsschauspiel 1959; Titelrolle in Hauptmanns »Rose Bernd«, Marie in Büchners »Woyzeck«, Beatrice in Shakespeares »Viel Lärm um nichts«, Prothoe in Kleists »Penthesilea« und Titelrolle in Brechts »Die heilige Johanna der Schlachthöfe«, jeweils Städt. Bühnen Frankfurt/Main, 1961–1964; Klara in Hebbels »Maria Magdalena«, Schauspielhaus Zürich 1963; Lilli in Porters »Kiss me, Kate«, und Titelrolle in Schillers »Maria Stuart«, jeweils Vereinigte Städt. Bühnen Krefeld-Mönchengladbach 1966–1968; Titelrolle in Lessings »Minna von Barnhelm«, Tournee 1969; Elisabeth in Schillers »Maria Stuart«, Städt. Bühnen Augsburg 1972; Elisabeth Proctor in Millers »Hexenjagd«, Festspiele Bad Hersfeld 1973; Alkmene in Kleists »Amphitryon«, Frau John in Hauptmanns »Die Ratten«, Königin in Shakespeares »Hamlet« (auch TV), Titelrolle in Zuckmayers »Barbara Blomberg« (auch TV), und Titelrolle in Brechts »Mutter Courage und ihre Kinder«, jeweils Städt. Bühnen Mainz 1973–1979; Anissja in Tolstois »Macht der Finsternis«, 1975, Tatjana in Kohouts »Armer Mörder«, 1977, jeweils Tournee; Grusche in Brechts »Der kaukasische Kreidekreis«, Festspiele Bad Hersfeld 1977; Anna Rehbein in Thomas »Die Lokalbahn«, Luisenburg-Festspiele Wunsiedel 1981; Agnes in Albees »Empfindliches Gleichgewicht«, Tournee 1983; Margaretha in Shakespeares »Viel Lärm um nichts« und Gräfin in Beaumarchais' »Der tolle Tag oder Figaros Hochzeit«, jeweils Schloßspiele Ettlingen 1983/84.

Fernsehen: Schwester Margareth in »Das heiße Herz« (nach Patrick), ARD 1957; Mädchen in »Draußen vor der Tür« (nach Borchert), Regie: Rudolf Noelte, ARD 1958; »Wovon die Menschen leben«, ARD 1965; »Das Strandfest«, ARD 1967; »Bahnwärter Thiel«, ZDF 1967; »Langeweile« (nach Gorki), ZDF 1968; »Die Verschwörung« (von Jens), ARD 1969; »Jugendjahre einer Studienrätin«, ARD 1972; »Der Illegale« (nach Kolarz), ZDF 1972; »Familie Buchholz« (nach Stinde), Serie, ZDF 1974; »Derrick«, Serie, ZDF 1979.

Auszeichnungen: Bundesfilmpreis 1956; Großer Bad-Hersfeld-Preis 1973 und 1977.

Anschrift: c/o ZBF-Agentur München, Leopoldstraße 19, 8000 München 40.

Mijou Kovacs

Geb. 10. 2. 1957 in Wien; dort und in Paris aufgew.; schon mit elf Jahren stand sie für eine ORF-Produktion in der Titelrolle der Saint-Exupéry-Verfilmung von »Der kleine Prinz« vor der Kamera; dieser TV-Film wurde auch in den USA gezeigt. Nach der Schule absolvierte sie das Max-Reinhardt-Seminar in Wien. Sie debütierte in Shakespeares »Wie es euch gefällt« am Theater in der Josefstadt in Wien (1975). Als freies Mitglied gehört sie seither dem Ensemble dieser Bühne an. Sie gastierte zudem am Wiener Volkstheater und bei mehreren konzertanten Aufführungen in Großen Konzerthaussaal Wien.
Mijou Kovacs spricht franz., engl., ital.; sie ist ledig und lebt in Wien.
Film: Anna Gabriel in »Der Leutnant und sein Richter« (nach Maria Fagyas), mit Helmut Griem und Jan Charleson, Regie: John Goldsmith, 1982 (auch TV).
Theater: In Claudel/Honeggers »Johanna auf dem Scheiterhaufen«, Großer Konzerthaussaal Wien; in »Berggasse 19«, mit Curd Jürgens, Volkstheater Wien (auch TV); in Schnitzlers »Der einsame Weg«, mit Walter Schmidinger, Regie: Klaus Maria Brandauer (auch TV), in Rostands »Cyrano de Bergerac«, Regie: Helmut Baumann, Helene Altenwyl in Hofmannsthals »Der Schwierige«, mit Karlheinz Böhm, und in Schnitzlers »Fräulein Else«, jeweils Theater in der Josefstadt Wien, seit 1975.
Fernsehen: »Vorhang auf, wir spielen Mord«, mit Hans Söhnker, Regie: Fritz Umgelter, ARD 1976; »Tatort«, Serie, 2 Folgen, ARD 1978/79; »Die tanzende Törin« (nach Gütersloh), Regie: Stefan Szenoner, ORF 1979; »Die Kinder« (nach Bahr), Regie: Imo Moszkowicz, ARD 1979; »Derrick«, Serie, 3 Folgen, ZDF 1979/80 + 1984; »Ringstraßenpalais«, Regie: Rudolf Nussgruber, Serie, ZDF 1980; »Ein Leben in Legenden« (nach Joseph Roth), Regie: Georg Madeja, ORF 1980; »Der Alte«, Serie, 2 Folgen, ZDF 1981 + 1985; »Der Weg ins Freie« (nach Schnitzler), mit Klaus Maria Brandauer, Regie: Karin Brandauer, und »Kneippiaden«, Regie: Franz Josef Gottlieb, Serie, ZDF 1984.
Anschrift: c/o Austroconcert International, Gluckgasse 1, A-1010 Wien, oder c/o Agentur Jovanovic, Perfallstraße 6, 8000 München 80.

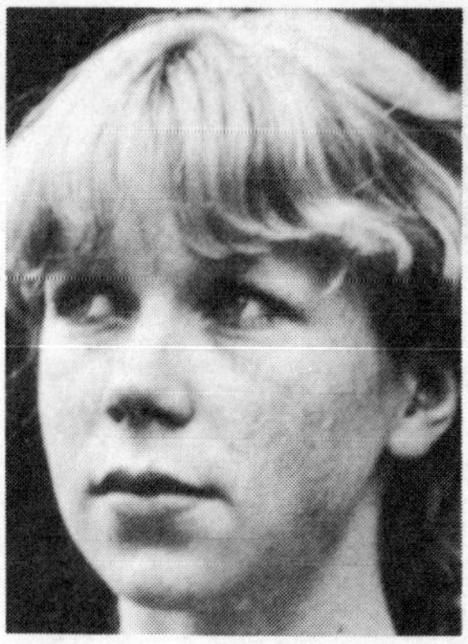

Marion Kracht

Geb. 5. 12. 1962 in München; dort aufgw.; schon mit fünf Jahren wirkte sie in Kinderserien und Kinofilmen mit. Seit 1981 arbeitet sie als Schauspielerin ausschließlich für Fernsehen und Film.
Marion Kracht spricht engl.; sie ist ledig und lebt in München.
Film: »Nach Mitternacht«, Regie: Wolf Gremm, 1981.
Fernsehen: »Der Jagerloisl«, und »Zurück an den Absender«, mit Rudolf Platte und Paul Hubschmid, Regie: Thomas Engel, ZDF 1981; Christiane in »Christian und Christiane«, mit Jochen Schroeder, 14 Teile, ARD 1981/82; »Die Buchers«, Serie, und »Abenteuer Bundesrepublik«, Serie, ARD 1982; »Kollege Betriebsrat«, Regie: Stephan Rinser, Serie, »Tanzschule Kaiser«, Serie, und »Rummelplatzgeschichten«, Regie: Konrad Sabrautzky, Serie, ARD 1983; »Einfach tierisch«, Serie, »Er-Goetz-Liches«, mit Carl-Heinz Schroth, und »Heiraten ist immer ein Risiko« (nach O'Hara), Regie: Hans-Jürgen Tögel, ZDF 1984; »Ein Heim für Tiere« (nach Willis), mit Siegfried Wischnewski, 10 Teile, »Das Geschenk«, mit Inge Meysel, Regie: Marcus Scholz, »Frühling im Herbst« (von Pacher), mit Gert Fröbe, Regie: Axel von Ambesser, »Derrick«, Serie, und »Diese Drombuschs« (von Stromberger), Regie: Claus Peter Witt, Serie, jeweils ZDF 1985; »Die Schwarzwaldklinik«, mit Klausjürgen Wussow, Gaby Dohm und Jochen Schroeder, Regie: Alfred Vohrer, Serie, ZDF 1986.
Auszeichnung: »Silberne Kamera« (HÖRZU) 1984.
Anschrift: c/o Agentur Palz, Ortlindestraße 6, 8000 München 81.

Volkert Kraeft

Geb. 7. 8. 1941 in Timmendorfer Strand/Ostsee; dort und in Kiel aufgew.; nach der Schule nahm er Schauspielunterricht in Kiel. Sein erstes Engagement hatte er 1963 am Stadttheater Lüneburg. Verpflichtungen an der Landesbühne Hannover, am Staatstheater Kassel und am Stadttheater Ingolstadt folgten. Von 1967 bis 1971 war er Mitglied des Theaters der Freien Hansestadt Bremen. 1973/74 spielte er am Thalia-Theater Hamburg. Gastspiele gab er ferner u.a. am Deutschen Schauspielhaus Hamburg, bei den Festspielen in Bad Hersfeld (1975), bei den Ruhrfestspielen Recklinghausen (1972/1979/1982) und an den Städt. Bühnen Nürnberg (1982).
Seit 1969 wirkt er häufig bei Film und Fernsehen. Er drehte über 120 TV-Filme.
Kraeft spricht engl., ital.; er ist ledig und lebt in Hamburg.
Film: »Die letzte Kompanie«, Regie: Fritz Umgelter, 1969; »Zoff«, mit Jürgen Prochnow, 1975; »Zwischengleis«, mit Mel Ferrer, Regie: Wolfgang Staudte, und »Das Schlangenei«, Regie: Ingmar Bergman, USA/BRD 1977.
Theater: In Shakespeares »Wie es euch gefällt« und »Macbeth«, in Goethes »Egmont«, in Handkes »Kaspar«, in Steinbecks »Von Mäusen und Menschen«, in Fortes »Martin Luther & Thomas Münzer oder Die Einführung der Buchhaltung«, in Monnot/Brefforts »Das Mädchen Irma la Douce«, in Sardous »Cypriene«, in Schillers »Don Carlos«, in Dürrenmatts »Die Wiedertäufer«, in Brechts »Der gute Mensch von Sezuan« und in Pinters »Betrogen«, jeweils an den vorgenannten Bühnen.
Fernsehen: »Nobile«, Regie: Fritz Umgelter, und »Rumpelstilz« (nach Muschg), mit Paula Wessely, Regie: Peter Beauvais, ZDF 1969; »Die blinden Ameisen« (nach Pinilla), Regie: Oswald Döpke, und »Schlagzeilen über einen Mord«, Regie: Heinz Schirk, ZDF 1970; »Der Kommissar«, mit Erik Ode, Serie, ZDF 1971; »Die Kriegsbraut« (nach Courths-Mahler), ARD 1974; »Bratkartoffeln inbegriffen«, Regie: Fritz Umgelter, und »Nestwärme«, Regie: Eberhard Itzenplitz, ZDF 1975; Thomas Stein in »Ein Fall für Stein«, 13 Folgen, ZDF 1976; »Der Opportunist« (von Theodor Schübel), ZDF 1977; »Eine Dummheit macht auch der Gescheiteste« (nach Ostrowskij), Regie: Eberhard Itzenplitz, ARD 1978; Thomas Buddenbrook in »Buddenbrooks« (nach Thomas Mann), mit Ruth Leuwerik, Carl Raddatz und Martin Benrath, Regie: Franz Peter Wirth, 11 Teile, ARD 1979; Friedrich von Josselin in »Das Land, das meine Sprache spricht« (nach Lernet-Holenias »Der 20. Juli«), Regie: Michael Kehlmann, und Hauptkommissar Sander in »Tatort«, Regie: Franz Peter Wirth, Serie, ARD 1980; »Knittels Scheidung oder So isch's no au wieder net«, ZDF 1981; »Vom Webstuhl zur Weltmacht«, Regie: Heinz Schirk, 6 Teile, ARD 1983; »Die große Kapitulation«, und »Das Traumschiff«, Regie: Alfred Vohrer, Serie, ZDF 1983; »Mensch ohne Fahrschein«, mit Werner Hinz, Regie: Alfred Weidenmann, »Der Sheriff von Linsenbach«, »Bali«, Regie: István Szábo, und »Titanic«, Regie: Lutz Büscher, ZDF 1984; »Bankgeheimnisse«, Regie: Frank Strecker, ARD 1985; »Die Arche Noah«, Regie: Marcus Scholz, 13 Teile, und »Ein Fall für zwei«, Serie, ZDF 1985.
Anschrift: c/o ZBF-Agentur Hamburg, Tonndorfer Hauptstraße 90, 2000 Hamburg 70.

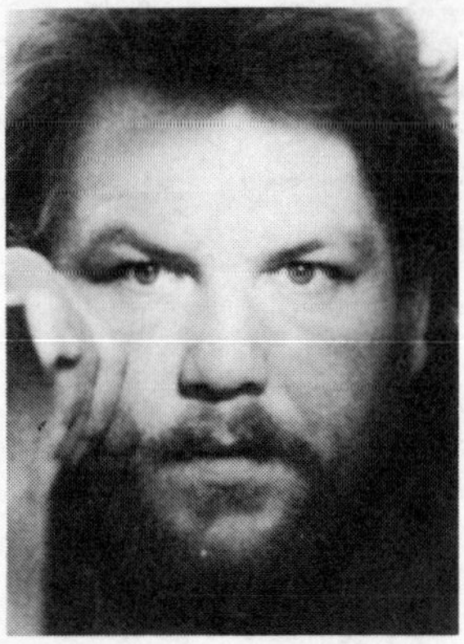

Heinz Werner Kraehkamp

Geb. 26. 12. 1948 in Wixhausen bei Darmstadt; aufgew. in Frankfurt/Main, wo er auch zur Schule ging. Anschließend besuchte er die Cascadeur-Schule (Stuntman) in Paris und arbeitete als Akrobatikclown bei einem belgischen Wanderzirkus. 1967 absolvierte er die Hochschule für Musik und darstellende Kunst Frankfurt/Main. Sein erstes Engagement erhielt er 1967/68 an den Städt. Bühnen Dortmund. Weitere Stationen: Schleswig-Holsteinisches Landestheater Schleswig (1968/69), Theater am Turm Frankfurt/Main (1969–1975 und 1975–1976), Städt. Bühnen Frankfurt/Main (1975 als Gast und 1977/78 und 1982/83), Theater an der Freien Hansestadt Bremen (als Gast), Volkstheater Frankfurt/Main (1979), Bühnen der Stadt Köln (als Gast 1982), Burgtheater Wien (1983) und Bayerisches Staatsschauspiel München (seit 1984). Seit 1967 arbeitet er künstlerisch sehr eng mit seinem Partner Michael Altmann zusammen.
Kraehkamp spricht engl.; er ist ledig und lebt in München.
Film: »Sternsteinhof«, mit Peter Kern und Katja Rupé, Regie: Hans W. Geissendörfer, 1976; »Nach Mitternacht«, mit Herman Lause, Regie: Wolf Gremm, 1981; Dutz in »Kiebich und Dutz«, von und unter der Regie von F.K. Waechter, 1985.
Theater: Spiegelberg in Schillers »Die Räuber«, Städt. Bühnen Dortmund 1967/68; in »Die Pest« (nach Camus), in Simons »Barfuß im Park«, in Handkes »Publikumsbeschimpfung«, in Sternheims »Bürger Schippel« und in Goldonis »Der Diener zweier Herren«, jeweils Schleswig-Holsteinisches Landestheater Schleswig 1968/69; in der Uraufführung von Deichsels »Die Schule der Frauen« (nach Molière, hessische Mundart, auch TV), Regie: Michael Altmann, in Fassbinders »Bettleroper« (nach John Gay), in Brechts »Mann ist Mann« und »Furcht und Elend des Dritten Reiches«, Bürgermeister in J. Schwarz' »Der Drache«, Muley Hassan in Schillers »Die Verschwörung des Fiesco zu Genua«, Regie: Hermann Treusch, Heinrich George in Handkes »Der Ritt über den Bodensee«, in Gozzis »Turandot«, und in »Ach, das hälst du im Kopf nicht aus«, jeweils Theater am Turm Frankfurt/Main 1969–1976; in »Schule mit Clowns« (initiiert u.a. mit Hermann Treusch, Michael Altmann, Barbara Sukowa und F.K. Waechter), und in Marivaux' »Spiel von Liebe und Zufall«, in Büchners »Dantons Tod«, Regie: Johannes Schaaf, jeweils Städt. Bühnen Frankfurt/Main 1975, 1977/78 und 1982/83; Narr in Büchners »Woyzeck«, Theater der Freien Hansestadt Bremen; Mephisto in Goethes »Urfaust«, in einer Aufführung des Volkstheaters Frankfurt/Main auf dem Römerberg 1979; Valerio in Büchners »Leonce und Lena«, Regie: Jürgen Flimm (auch TV), und in Sprengers »Null zu Null oder Die Wiederbelebung des Angriffspiels« (auch TV), jeweils Bühnen der Stadt Köln 1982; Lopachin in Tschechows »Der Kirschgarten«, mit Helmut Lohner, Regie: Achim Benning, Burgtheater Wien 1983; in Botho Strauß' »Bekannte Gesichter, gemischte Gefühle«, Regie: Dieter Giesing, in Lautensacks »Hahnenkampf«, Regie: Ruth Drexel, Dutz in Waechters »Kiebich und Dutz«, mit Michael Altmann, Regie: F.K. Waechter selbst, Mortimer in Kesselrings »Arsen und Spitzenhäubchen«, Regie: Rolf Stahl, und in Campbells Zwei-Personen-Stück »Hartmann und Braun«, mit Michael Altmann, in Laubes »Finale in Smyrna« (nach Goldoni), Regie: Werner Schroeter, in der Uraufführung von Waechters »Nach Aschenfeld«, Regie: der Autor selbst, und in H. Müllers »Herakles«, Regie: B.K. Tragelehn, jeweils Bayerisches Staatsschauspiel München 1983–85.
Fernsehen: »Scheibenschießen« (von Wittlinger), ARD 1972; »Die Powenzbande«, mit Ruth Maria Kubitschek, Regie: Michael Braun, 5 Teile, ARD 1974; »Der Winter, der ein Sommer war« (nach Paretti), mit Christian Quadflieg, Regie: Fritz Umgelter, 3 Teile, ARD 1975; »Loch im Kopp« (nach Labiche), Regie: Wolfgang Deichsel, ARD 1977; »Die Kordel war zu kurz«, Regie: Peter Adam, ZDF 1978; »Taunusrausch«, Regie: Peter Adam, ARD 1980; »Tatort«, Serie, 2 Folgen, ARD 1980/81; »Pommi Stern«, Regie: Kristian Kühn, ARD; »Montagsspaß« (Kinderserie), 20 Folgen, ARD 1982/83; »Es muß nicht immer Mord sein«, Regie: Wolf Gremm, Serie, ZDF 1982; »Funkes Werkstatt«, mit Brigitte Mira, 9 Teile, ARD 1983/84; »Das Verschwinden der Harmonie«, Regie: Ulrich Heising, ARD 1984; »Eine Klasse für sich«, Regie: Frank Strecker, Serie, ZDF 1984/85;

»Florian«, Regie: Iwan Daskalow, 4 Teile, ARD 1985.
Auszeichnung: »Gebrüder-Grimm-Preis« des Landes Berlin 1983.
Anschrift: c/o ZBF-Agentur Frankfurt/Main, Feuerbachstraße 42-46, 6000 Frankfurt/Main.

Hilde Krahl

(eigentlich:
Hildegard Liebeneiner, geb. Kolačný)

– Kammerschauspielerin –

Geb. 10. 1. 1917 als Tochter eines Ingenieurs in Brod an der Sau (Save); aufgew. in Wien; nach dem Abitur im Jahre 1935 begann sie ein Musikstudium in der Klavierklasse der Wiener Musikakademie, wechselte aber schon bald zur Schauspielschule Lamberg-Offer in Wien, wo sie 1936 die Abschlußprüfung ablegte. Ihr Bühnendebüt gab sie im gleichen Jahr am Kabarett »Literatur am Naschmarkt«. Von 1936 bis 1966 gehörte sie zum Ensemble des Theaters in der Josefstadt Wien. Zwischendurch war sie auch am Deutschen Theater Berlin (1938–1944) und an den Hamburger Kammerspielen (1945–1954) tätig. Gastspiele gab sie ferner am Schauspielhaus Zürich, am Schauspielhaus Düsseldorf, an der Kleinen Komödie München, am Theater im Zoo Frankfurt/Main, am Renaissance-Theater Berlin sowie bei den Festspielen in Bad Hersfeld und Recklinghausen. In den letzten Jahren war sie vor allem am Wiener Burgtheater, wo sie schon 1960 spielte, und erneut an den Hamburger Kammerspielen zu sehen. Seit 1936 drehte sie rund 40 Kinofilme. In TV-Produktionen wirkt sie seit 1954 mit.

Frau Krahl spricht engl.; sie ist verheiratet mit dem Regisseur Wolfgang Liebeneiner, hat eine Tochter (Johanna, geb. 1945, die ebenfalls Schauspielerin ist) und lebt in Mödling, Österreich.

Film: Unter der Regie von Wolfgang Liebeneiner u.a.: »Das andere Ich«, 1941, »Großstadtmelodie«, 1943, »Liebe 47«, 1947, »Der Weibsteufel«, 1951.

»Puppenfee«, Regie: E.W. Emo, 1936; »Lumpazivagabundus« (nach Nestroy), Regie: Geza von Bolvary, und »Serenade«, Regie: Willi Forst, 1937; »Die barmherzige Lüge« und »Der Weg zu Isabell«, 1939; »Herzen modern möbliert«, und »Der Postmeister« (nach Puschkin), mit Heinrich George, Regie: Gustav Ucicky, 1940; »Komödianten«, 1941; »Meine Freundin Josephine«, und »Anuschka«, Regie: Helmut Käutner, 1942; Clara Wieck in »Träumerei«, und »Das Gesetz der Liebe«, Regie: Hans Schweikart, 1944; »Meine Nichte Susanne«, 1950; »Herz der Welt«, 1951; »Die Mücke« und »Ewiger Walzer«, 1954; »Kinder, Mütter und ein General«, Regie: Laslo Benedek, 1955; »Mein Vater, der Schauspieler«, mit O.W. Fischer, Regie: Robert Siodmak, 1956; »Das Glas Wasser« (nach Scribe), mit Gustaf Gründgens, Regie: Helmut Käutner, 1960; »90 Minuten nach Mitternacht«, Regie: Jürgen Goslar, 1962; »Heute kündigt mir mein Mann«, 1963.

Theater: Klara in Hebbels »Maria Magdalena«, Luise in Schillers »Kabale und Liebe«, Titelrolle in Ibsens »Nora«, Titelrolle in Schillers »Maria Stuart«, Lizzie in Sartres »Die ehrbare Dirne«, Katrin in Brechts »Mutter Courage und ihre Kinder«, Titelrolle in Andersons »Johanna aus Lothringen«, Jennet in Frys »Die Dame ist nicht fürs Feuer«, Titelrolle in Lorcas »Mariana Pineda«, Anna in Maurettes »Anastasia«, Diana in der Uraufführung von Rehfischs »Oberst Chabert« (1955), Titelrolle in der deutschen Erstaufführung von Jeffers »Medea« (1958), Deianeira in Pounds »Frauen von Trachis« (nach Sophokles), Comtesse d' Herbourg in Curtis' »Die Rivalin«, Titelrolle in Maughams »Lady Frederick« (auch TV), Titelrolle in Shaws »Candida«, Titelrolle in Maughams »Caroline«, in Kiltys »Geliebter Lügner« (nach Shaw und Campbell), Hekuba in Sartres »Die Troerinnen« (nach Euripides), Titelrolle in Grillparzers »Libussa«, Titelrolle in Brechts »Mutter Courage und ihre Kinder«, Nancy in Albees »Seeskapade«, Mutter in Sperrs »Jagdszenen aus Niederbayern«, in Cowards »Duett im Zwielicht«, in Maughams »Finden Sie, daß Constanze sich richtig verhält?«, in Barillet/Grédys »Vier Fenster zum Garten« (auch TV), und in Bethencourts »Der Tag, an dem der Papst gekidnappt wurde«, jeweils an den vorgenannten Bühnen bis 1984.

Fernsehen: Die Dame in »Jedem das Seine« (nach Schwiefert), ARD 1954; Titelrolle in »Schwester Bonaventura« (nach Hastings), Regie: Wilm ten Haaf, ARD 1958; Marquise von Pommeraye in »Die Marquise von Arcis« (nach Sternheim/Diderot), und Anna Kopecka in »Schweyk im Zweiten Weltkrieg« (nach Brecht), ARD 1961; »Der Schlaf der Gerechten« (nach Goes), Regie: Rolf Hädrich, ARD 1962; »Der Belagerungszustand« (nach Camus), ARD 1963; »Mittagswende« (nach Claudel), Regie: Wolfgang Liebeneiner, ZDF 1963; Karin in »Kolportage« (nach Kaiser), ORF 1964; Hekuba in »Die Troerinnen« (nach Sartre), ZDF 1966; Ellen in »Der Kaktusgarten« (nach Campton), Regie: Wilm ten Haaf, ARD 1967; Gladys Putney in »Liebe gegen Paragra-

phen«, ZDF 1968; Fanny Goldhörndl in »Vanillikipferln« (nach Ingrisch), Regie: Wolfgang Liebeneiner, ZDF 1969; »Der Trauschein« (nach Kishon), ARD 1975; »Hallo – Hotel Sacher ... Portier!«, von und mit Fritz Eckhardt, Serie, ZDF 1975; »Die liebe Familie« (Stegreifspiel), mit Franz Stoß, Serie (bislang über 100 Folgen), ORF 1980–1986.
Auszeichnungen: Preis des Filmfestivals Locarno 1948; Bundesfilmpreis 1961; Kritikerpreis 1961; »Josef-Kainz-Medaille« für hervorragende Leistungen an Wiener Bühnen 1964 und 1983; »Goldener Bambi« (BILD + FUNK) 1965; Großer Bad-Hersfeld-Preis 1966; »Goldener Rathausmann«, Wien 1973; Filmband in Gold 1980; Großes Bundesverdienstkreuz der Bundesrepublik Deutschland 1983; Kammerschauspielerin.
Anschrift: c/o Agentur von Pilecki, Eilandstraße 12, 8000 München 90.

Hansi Kraus

(eigentlich:
Jan Christoph Krause)

Geb. 26. 6. 1952 in Gleiwitz/Oberschlesien; dort und ab dem sechsten Lebensjahr in München aufgew.; lebt in Taufkirchen/Oberbayern; verheiratet seit 1975, zwei Töchter (Sarah und Miriam); spricht engl.; nach der mittleren Reife Fachabitur für Gestaltung und Ausbildung zum Erzieher.
Er wurde 1964 durch einen Anruf bei der »Abendzeitung« München, die für die Verfilmung von Thomas »Lausbubengeschichten« junge Darsteller suchte, entdeckt, und bekam die Rolle in dem Helmut-Käutner-Film. Seither drehte er rund 20 Streifen.
Film: Als Schüler Ludwig Thoma in »Lausbubengeschichten« (von Heuser/Laforet nach Ludwig Thoma), 5 Fortsetzungen, Regie: Helmut Käutner; u.a. mit Elisabeth Flickenschildt, Heidelinde Weis, Beppo Brem, Michl Lang, Ruth Leuwerik und Gustav Knuth, 1964–1968.
Als »Oberlümmel« in 7 Spielfilmen wie »Die Lümmel von der ersten Bank«, »Musik, Musik – da wakkelt die Penne«, »Zum Teufel mit der Penne« und »Hurra, die Schule brennt«, Regie: (u.a.) Franz Antel und Werner Jacobs; Partner waren u.a.: Peter Alexander, Hannelore Elsner, Gila von Weitershausen, Jutta Speidel, Michaela May, Michael Verhoeven und Theo Lingen – von 1966–1972.
»Der Paukenspieler«, Regie: Volker Schlöndorff, 1969; »Das Glöcklein unterm Himmelbett«, 1971; »Unordnung und frühes Leid« (nach Thomas Mann), Regie: Franz Seitz, 1976; »Die Jugendstreiche des Knaben Karl«, Regie: Franz Seitz, 1977; »Big Mäc«, mit Thomas Gottschalk, Regie: Sigi Rothemund, 1985.
Fernsehen: Sohn in »Der Bürgermeister«, mit Gustl Bayrhammer und Katharina de Bruyn, Regie: Stephan Rinser, Serie, und »Andreas Vöst« (nach Thoma), Regie: Eberhard Itzenplitz, ZDF 1979; »Der falsche Paß für Tibo« (von Rosendorfer), mit Michaela May, ZDF 1980; »Der kühne Schwimmer«, mit Willy Millowitsch, und »D'Rumpelhanni« (nach Lena Christ), mit Monika Baumgartner, Regie: Rainer Wolffhardt, 2 Teile, ARD 1981; »Die fünfte Jahreszeit«, mit Heinz Bennent und Hans Brenner, Regie: Franz Josef Gottlieb, ARD 1982; »Der Alte«, Serie, ZDF 1983; »Polizei-Inspektion 1«, Serie, und »Links von den Pinguinen«, Serie, ARD 1983; »Franz Xaver Brunnmayr«, mit Gustl Bayrhammer, Regie: Ulrich König, Serie, ARD 1985; »Die drei Eisbären« (von Vitus), »Der keusche Josef«, jeweils Kabel-TV-18 München 1985 (auch Oberbayerisches Bauerntheater am Tegernsee).
Zudem war er Gast in mehreren Aufführungen des »Komödienstadl« (Regie stets Olf Fischer), zuletzt: »Der Onkel Peppi« (ARD 1985).
Auszeichnungen: »Otto« (BRAVO) jeweils 1970/71/72.
Anschrift: c/o Agentur Palz, Ortlindestraße 6, 8000 München 81, oder Rosenstraße 98, 8028 Taufkirchen.

Peter Kraus

(eigentlich:
Peter Siegfried Krausenecker)

Geb. 18. 3. 1939 als Sohn des Schauspielers und Kabarettisten Fred Kraus (eigentlich: Krausenecker) in München; dort und in Salzburg aufgew.; bereits während seiner Gymnasiastenzeit in München wurde er 1953 von Kurt Hoffmann für die Erich-Kästner-Verfilmung »Das fliegende Klassenzimmer« engagiert. Neben der Schule nahm er Gesangs-, Tanz- und Schauspielunterricht.

1956 begann seine Karriere als Rock 'n' Roll-Sänger. Er wurde als »deutscher Elvis Presley« bezeichnet und stellte allein in vier Jahren 36 Schlager vor. Die erfolgreichsten Titel waren: »Va bene«, »Sweety«, »Sugar Baby« und »Schwarze Rose Rosemarie«. Insgesamt verkaufte er über zwölf Millionen Schallplatten.

Gemeinsam mit der Schauspielerin und Sängerin Cornelia Froboess, mit der er häufig im Duett auftrat, drehte er zahlreiche Kinofilme. 1966 spielte er Theater in Wien und Zürich. Seit 1970 ist er Showmaster beim ZDF. 1984 drehte er nach langer Pause einen weiteren Spielfilm.

Kraus spricht engl.; er ist verheiratet, hat einen Sohn (Micki), eine angenommene Tochter (Gaby) aus der ersten Ehe seiner Frau und lebt in München.

Film: »Die Frühreifen«, mit Christian Wolff, Regie: Josef von Baky, 1957; »Immer die Radfahrer«, mit Heinz Erhardt und Hans-Joachim Kulenkampff, Regie: Hans Deppe, »Wenn die Conny mit dem Peter« und »Hula-Hopp, Conny«, mit Cornelia Froboess, Regie: Fritz Umgelter, 1958; »Conny und Peter machen Musik«, mit Cornelia Froboess, »Alle lieben Peter«, mit Boy Gobert, und »Kein Engel ist so rein«, mit Hans Albers, Regie: für die beiden letztgenannten Wolfgang Becker, 1959; »Schlager-Raketen«, Regie: Erik Ode, 1960; »Im schwarzen Rößl«, 1961; »Verrückt und zugenäht«, Regie: Rolf Olsen, und »So toll wie anno dazumal«, Regie: Franz Marischka, 1962; »Tausend Augen«, mit Armin Mueller-Stahl, Gudrun Landgrebe und Barbara Rudnik, Regie: Hans Christoph Blumenberg, 1984; »Der Sommer des Samurai«, mit Cornelia Froboess, Regie: Hans Christoph Blumenberg, 1986.

Fernsehen: Er trat in allen großen deutschen TV-Shows auf und war in zahlreichen Musicals zu sehen, u.a.: »Die Pickwickier«, »Bel Ami«, »Ein Walzertraum«, »Wenn der Vater mit dem Sohne«, »Lösegeld für Mylady« und »No, no, Nanette«. 1970 präsentierte er seine eigene Serie »Bäng-Bäng«, (ZDF, 6 Folgen). Es folgten die Musikshows »Hallo Peter« und »8 x 1 in Noten« (jeweils ZDF). Als TV-Regisseur arbeitete er 1978 bei der Sendung »Der mit der und Die mit dem«.

Auszeichnung: »Otto« (BRAVO 1959).

Anschrift: Kaiserplatz 7, 8000 München 40.

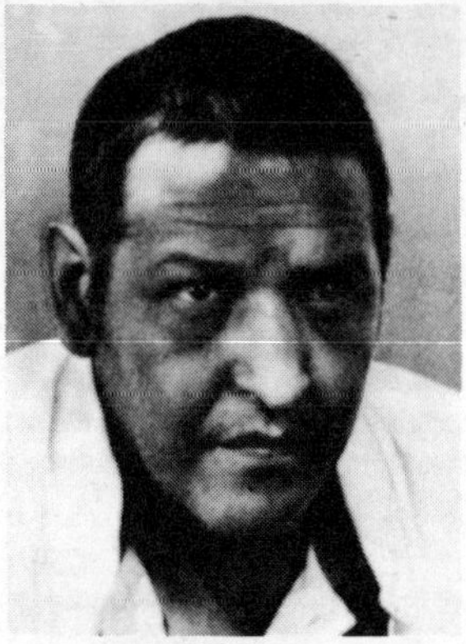

Diether Krebs

Geb. 11. 8. 1947 in Essen; dort aufgew.; schon während seiner Gymnasiastenzeit gehörte er einer Laienspielgruppe an; er absolvierte die Essener Folkwang-Schule. 1970 bekam er sein erstes Engagement am Stadttheater Oberhausen. 1972 drehte er seinen ersten Film. Den Schwerpunkt seiner Tätigkeit verlegte er seit 1973 aufs Fernsehen.
Krebs spricht engl., franz.; er ist verheiratet und lebt in Essen.
Film: »Die tollkühnen Penner«, Regie: Michael Geimer-Gründgens, 1972.
Theater: In »Die Wilden«, Regie: Peter Zadek, Schauspielhaus Bochum 1976.
Fernsehen: »Sechs unter Millionen«, mit Brigitte Mira, ARD 1973; Schwiegersohn von Ekel Alfred in »Ein Herz und eine Seele«, mit Heinz Schubert, Elisabeth Wiedemann und Hildegard Krekel, Serie, ARD 1974/75; »Ein Fall für Stein«, 13 Folgen, ZDF 1976; »Notwehr« (von Bernd Schröder), ZDF 1977; Kommissar in »SOKO 5113«, über 100 Folgen, mit Werner Kreindl, Serie, ZDF 1977–1984; »Tatort«, Regie: Rainer Wolffhardt, Serie, ARD 1978; »Der Alte«, Serie, und »Fallstudien«, Regie: Hartmut Griesmayr, ZDF 1979; »Es begann bei Tiffany«, mit Benno Hoffmann, Regie: Wolfgang Becker, und Kommissar Nagel in »Tatort«, Regie: Hartmut Griesmayr, Serie, ARD 1979; »Die Beförderung«, Regie: Rolf Busch, ZDF 1980; »Jeans«, Regie: Hartmut Griesmayr, ZDF 1981; »Wir haben uns doch mal geliebt«, Regie: Daniel Christoff, und »Es muß nicht immer Mord sein«, Regie: Ulrich Stark, Serie, ZDF 1982; »Rudis Tagesshow«, mit Rudi Carrell, Beatrice Richter und Klaus Havenstein, 26 Folgen, ARD 1981/82; »Der Alte«, Serie, und »Traumschiff«, Regie: Alfred Vohrer, Serie, ZDF 1983; »Sketchup«, mit Beatrice Richter, Regie: Ulrich Stark, Serie, ARD 1984; »Die Lehmanns«, mit Witta Pohl und Gerd Baltus, Regie: Wilfried Dotzel, 13 Folgen, und »Der letzte Zivilist« (nach Glaeser), mit Max von Sydow, Regie: Laurent Heyneman, 2 Teile, ZDF 1984; »Sterne fallen nicht vom Himmel«, Regie: Ulrich Stark, ZDF 1985; »Schöne Ferien«, Serie, ARD 1985; »Sketchup«, mit Iris Berben, Serie, ARD 1985/86.
Anschrift: c/o ZBF-Agentur Frankfurt/Main, Feuerbachstraße 42-46, 6000 Frankfurt/Main.

Karl-Heinz Kreienbaum

Geb. 29. 4. 1915 in Hamburg; dort aufgew.; er absolvierte eine kaufmännische Lehre bei einem Schiffsmakler, bevor er Schauspielunterricht bei Willi Maertens am Thalia-Theater nahm. Sein erstes Engagement hatte er von 1936 bis 1938 am Rheinischen Landestheater Neuss. Von 1938 bis 1945 war er Soldat. Er wurde dreimal verwundet. 1946/47 begann er an der Jungen Bühne Hamburg. 1947/48 stand er am Thalia-Theater Hamburg unter Vertrag.
Seit 1949 spielt er ausschließlich am Ohnsorg-Theater Hamburg. Er verkörpert drei Hauptrollen jährlich und führt einmal pro Jahr Regie. Seit den Fernsehübertragungen im Jahre 1954 wirkte er in rund 70 TV-Produktionen mit.
Kreienbaum ist verheiratet, hat eine Tochter und lebt in Hamburg.
Film: »Der Teufel spielte Balalaika«, 1952; »Nacht fiel über Gotenhafen«, mit Karl Lange und Erik Schumann, Regie: Frank Wisbar, 1960.
Theater: Hein Lammers in Bunjes »Der Etappenhase«, Just in Lessings »Minna von Barnhelm«, und Ruprecht in Kleists »Der zerbrochene Krug«, jeweils Rheinisches Landestheater Neuss 1936–1938.
Am Ohnsorg-Theater Hamburg spielte er u.a. in der ersten TV-Übertragung 1954 in »Seine Majestät Gustav Krause«. Seit 1977 war er zu sehen u.a. in: »Jungfer Eli un de Appelboom«, »Lentje Marten fangt ehr Leben an«, »Heiratsschwindel«, »De Lorbeerkranz«, »Gode Nacht, Froo Engel«, »Swieg still, Jung!« (nach Kusz), »Vadder Soodmann« und »Kattenjammer«.
Seine Partner seit 1949 waren u.a. Heidi Kabel, Hans Mahler, Erna Raupach-Petersen, Hilde Sicks, Edgar Bessen, Walter Scherau, Otto Lüthje, Heini Kaufeld, Heidi Mahler, Hanno Thurau, Günther Siegmund, Henry Vahl und Richard Ohnsorg.
Fernsehen: Neben den zahlreichen TV-Übertragungen aus dem Ohnsorg-Theater ferner: Waslikow in »Tolles Geld«, mit Ernst Stankovski, Regie: Hermann Leitner, ZDF 1963; »Anker auf, Leinen los!«, 13 Teile, ZDF 1967; »Kleinstadt-Bahnhof«, mit Gustav Knuth, Serie, ARD 1973/74; Kapitän in »Aus dem Logbuch der Peter Petersen«, 13 Folgen, ARD 1976; »Der Schatz des Priamos«, mit Tilo Prückner, Regie: Karl Fruchtmann, 2 Teile, ARD 1981.
Anschrift: c/o Ohnsorg-Theater Hamburg, Große Bleichen 25, 2000 Hamburg 36, oder ZBF-Agentur Hamburg, Tonndorfer Hauptstraße 90, 2000 Hamburg 70.

Werner Kreindl

Geb. 20. 10. 1927 als Sohn eines Polizeibeamten in Wels/Oberösterreich; aufgew. in Vöcklabruck/Oberösterreich; nach dem Abitur an einem Realgymnasium studierte er zunächst Theaterwissenschaft und Germanistik; er brach sein Studium ab und nahm privaten Schauspielunterricht. 1946 war er Mitbegründer eines Studententheaters in Wien. Durch ein Gastspiel des Studios der Hochschulen Wien in Graz wurde er an die Vereinigten Bühnen Graz verpflichtet (1948). Nach einem Gastspiel am Wiener Burgtheater kam er 1950 an die Bühnen der Stadt Bonn, denen er bis 1962 angehörte. Weitere Stationen: Staatstheater Darmstadt und Bayerisches Staatsschauspiel München. Gastspiele als freischaffender Schauspieler gab er u.a. bei den Salzburger Festspielen, am Deutschen Schauspielhaus Hamburg, am Renaissance-Theater Berlin, an der Freien Volksbühne Berlin, am Volkstheater Wien, an den Bühnen der Stadt Bonn und bei den Würzburger Festspielen. Er machte zahlreiche Tourneen und führt häufig Regie.
Sein Film-Debüt gab er 1958. Seit 1965 wirkte er als einer der meistbeschäftigten Darsteller in über 200 TV-Produktionen mit.
Kreindl spricht engl.; er ist dreimal geschieden, hat zwei Töchter und einen Sohn und lebt in München.
Film: »Zwei Bayern in Bonn«, 1958; »Abschied von Gestern«, Regie: Alexander Kluge, 1966; »Die Formel«, mit Marlon Brando, Regie: Marc Avildson, USA 1980; »Soweit das Auge reicht«, Regie: Erwin Keusch, 1980; Prof. (»Gott«) Kupfer in »Der Schüler Gerber« (nach Friedrich Torberg), Regie: Wolfgang Glück, 1981; »Seitenstechen«, mit Mike Krüger, Regie: Dieter Pröttel, 1985.
Theater: Franz Moor in Schillers »Die Räuber«, Titelrolle in Shakespeares »Hamlet«, Mephisto in Goethes »Faust« (1959), Titelrolle in Shakespeares »König Richard III.«, jeweils Bühnen der Stadt Bonn; Titelrolle in Schillers »Wallenstein« und Titelrolle in Shakespeares »Othello« (1967), Regie: jeweils Gerhard F. Hering, Staatstheater Darmstadt.
Unter der Regie von Rudolf Noelte spielte er: Philinte in Molières »Der Menschenfeind«, Salzburger Festspiele 1973 und Deutsches Schauspielhaus Hamburg 1975; Helmer in Ibsens »Nora«, mit Cordula Trantow, Renaissance-Theater Berlin 1976; Lopachin in Tschechows »Der Kirschgarten«, Bayerisches Staatsschauspiel München 1978; Hjalmar Ekdal in Ibsens »Die Wildente«, mit Peter Fricke, Freie Volksbühne Berlin 1979.
Marinelli in Lessings »Emilia Galotti«, Regie: Kreindl selbst, Tournee 1980; Titelrolle in Brechts »Leben des Galilei«, Regie: Herbert Kreppel, Volkstheater Wien 1981; Eichmann in Kipphardts »Das Protokoll«, Regie: Dieter Wedel, Bühnen der Stadt Bonn 1983 (auch ARD 1983).
Fernsehen: »Der gute Mensch von Sezuan« (nach Brecht), ARD 1965; Jean in »Fräulein Julie« (nach Strindberg), Regie: Fritz Umgelter, und Göring in »Der Reichstagsbrandprozeß« (von Mansfeld), Regie: Tom Toelle, 2 Teile, ARD 1967; »Rebellion der Verlorenen« (nach Jaeger), Regie: Fritz Umgelter, 2 Teile, ARD 1969; »Die Kuba-Krise« (von Peter von Zahn), ZDF 1969; Trepper in »Die Rote Kapelle«, Regie: Franz Peter Wirth, 7 Teile, ARD 1972; »Am Morgen meines Todes« (nach Seuren), Regie: Oswald Döpke, ZDF 1974; »Haus ohne Hüter« (nach Heinrich Böll), ZDF 1975; »Roulette« (von Kohout), Regie: Franz Peter Wirth, »Walter Hasenclever«, Regie: Rolf Busch, und »Das Verhör des Ernst Niekisch«, Regie: Oswald Döpke, ZDF 1977; Maximilian I. von Bayern in »Wallenstein« (nach Golo Mann), mit Rolf Boysen, Regie: Franz Peter Wirth, 4 Teile, ZDF 1978; Kriminalhauptkommissar Göttmann in »SOKO 5113«, Regie: Ulrich Stark, über 100 Folgen, ZDF 1978–1985; »Der Alte«, Serie, 5 Folgen, ZDF 1979–1984; »Die Quelle«, Regie: Rainer Erler, ARD 1979; Jaroslaw Hašek in »In Prag und anderswo – Geschichten über den Autor des ›Braven Soldaten Schwejk‹«, Regie: Fritz Umgelter, ZDF 1980; »Augenblicke«, mit Paula Wessely, Regie: Wolfgang Glück, ORF 1980; »Holocaust«, Regie: Marvin Chomsky, 4 Teile, US-TV, ARD (3. Programme) 1982; »Derrick«, Serie, und Stadtstreicher in »Der schwarze Bumerang« (von Rüdiger Bahr), Regie: Wolf Dietrich und George Miller, 4 Teile, ZDF 1982; »Das Dorf an der Grenze«, Regie: Fritz Lehner, ARD 1982; Kusmin in »Die Matrosen von Kronstadt« (von Theodor Schübel), Regie: Jürgen Klauß, ZDF 1983; »Die Krimistunde«, Regie: George Moorse, Serie,

ARD 1983; »Strafanzeige gegen Unbeteiligt«, mit Wolfgang Kieling, Regie: Jürgen Haase, »Das schöne Ende dieser Welt«, Regie: Rainer Erler, und »Angelo und Luzy«, Serie, ZDF 1984; »Der eiserne Weg«, Regie: Hans-Werner Schmidt, Serie, ZDF 1985; »Das heilige Experiment« (nach Hochwälder), Regie: Max Peter Adam, ARD 1986.
Auszeichnung: Bundesfilmpreis 1981.
Anschrift: c/o ZBF-Agentur München, Leopoldstraße 19, 8000 München 40, oder Marienstraße 18, 8000 München 2.

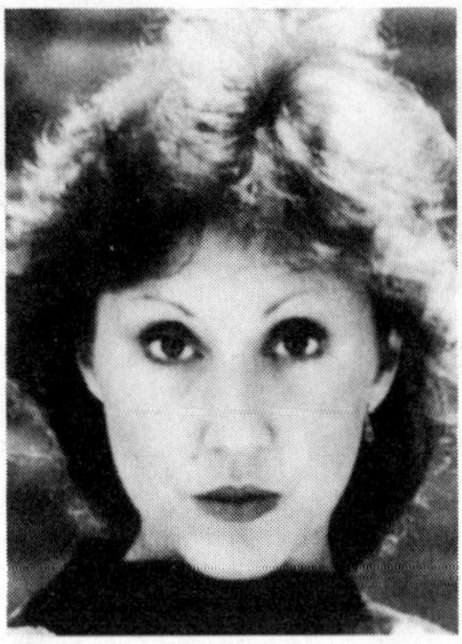

Hildegard Krekel

Geb. 2. 6. 1952 als Tochter eines städt. Angestellten in Köln; dort aufgew.; bereits mit sechs Jahren kam sie zum Kinderballett, wirkte in zahlreichen Märchenaufführungen mit und sprach Kinderrollen beim WDR-Hörfunk und in der Synchronisation. Mit neun Jahren war sie an den Bühnen der Stadt Köln in Hauptmanns »Fuhrmann Henschel« zu sehen, mit dreizehn Jahren gab sie ihr TV-Debüt. Nach der mittleren Reife nahm sie Schauspielunterricht. Neben ihrer umfangreichen Tätigkeit beim Fernsehen hatte sie ein Bühnen-Engagement am Rheinischen Landestheater Neuss.
Hildegard Krekel spricht engl.; sie ist geschieden, hat eine Tochter (Miriam) und lebt in Köln. Ihre Schwester ist die Schauspielerin Lotti Krekel.
Fernsehen: »Der Mann mit der Puppe», mit Albert Hehn und Heinz Schubert, ARD 1965; Selma Knobbe in »Die Ratten« (nach Hauptmann), mit Inge Meysel, ARD 1967; »Der Unfall« (nach Waldmann), Regie: Peter Beauvais, ARD 1968; »Mädchen für alles«, und »Besuch auf einem kleinen Planeten«, mit Dieter Borsche, Regie: Wolfgang Liebeneiner, ARD 1970; »Die Journalistin« mit Marianne Koch, Regie: Georg Tressler, Serie, ZDF 1970; »Plaza Fortuna«, ARD 1971; Tochter Tetzlaff (von Ekel Alfred) in »Ein Herz und eine Seele«, mit Heinz Schubert, Elisabeth Wiedemann und Diether Krebs, Serie, ARD 1974/75, »Es muß nicht immer Kaviar sein« (nach Simmel), mit Siegfried Rauch, Regie: Thomas Engel, Serie, ZDF 1977.
Anschrift: c/o ZBF-Agentur Hamburg, Tonndorfer Hauptstraße 90, 2000 Hamburg 70.

Lotti Krekel

(eigentlich: Hedwig Charlotte Krekel)

Geb. 23. 8. 1942 in Köln; dort aufgew.; bereits mit sechs Jahren begann sie beim Kinderfunk. Nach der mittleren Reife (1958) absolvierte sie die Höhere Handelsschule Köln (Abschluß 1960). Nebenher nahm sie Tanz- und Schauspielunterricht. 1958 debütierte sie am Kölner Millowitsch-Theater, durch dessen über 40 Fernsehübertragungen sie vor allem bekannt wurde. Sie veröffentlichte zahlreiche Schallplatten (»Ein liebes Wort zur rechten Zeit«, »Das Glück kommt oft ganz unverhofft« u.v.a.) und arbeitet seit 1951 in der Synchronisation.
Lotti Krekel spricht engl., franz.; sie ist ledig und lebt in Köln. Ihre Schwester ist die Schauspielerin Hildegard Krekel.
Film: »Der wahre Jakob« und »Willy, der Privatdetektiv«, jeweils mit Willy Millowitsch, 1960; »Robert und Bertram«, 1961; »Der Hochtourist«, 1962.
Theater/Fernsehen: Von den zahlreichen TV-Übertragungen aus dem Kölner Millowitsch-Theater u.a. in »Der Etappenhase« (nach Bunje), »Die spanische Fliege« und »Zwangseinquartierung« (nach Arnold/Bach), »Das Mädchen aus der Spitzengasse« (nach Schmidt), »Drei Köllsche Jungen«, »Zwei Dickköpfe«, »Schweinefleisch in Dosen« (nach Thierbach), »Tante Jutta aus Kalkutta« (nach Reimann/Schwartz), »Das rote Tuch« (nach Horst/Pollaczek), »Der ungläubige Thomas« (nach Laufs/Jacoby), »Ein klarer Fall« (nach Magnier), »Der doppelte Moritz« (nach Impekoven/Mathern), »Pension Schöller« (nach Laufs/Jacoby), »Der Meisterboxer« (nach Schartz/Mathern) – jeweils mit Willy Millowitsch.
Zudem u.a. in: »Der fröhliche Weinberg« (nach Zuckmayer), ARD 1961; »Hofloge« (nach Farkas), ARD 1964; »Ein fröhliches Dasein«, Regie: Wolfgang Staudte, ZDF 1974; »Um zwei Erfahrungen reicher«, Regie: Wolfgang Staudte, ZDF 1976; »Rosenmontag ist kein Feiertag«, Regie: Michael Mackenroth, ZDF 1978; »Locker vom Hocker«, mit Walter Giller, Regie: Gerhard Schmidt, Serie, ZDF 1984. Ferner war sie Gast vieler, meist volkstümlicher, Musikshows des Deutschen Fernsehens (u.a. »Mainz bleibt Mainz«, »Zum Blauen Bock«).
Anschrift: c/o ZBF-Agentur Hamburg, Tonndorfer Hauptstraße 90, 2000 Hamburg 70.

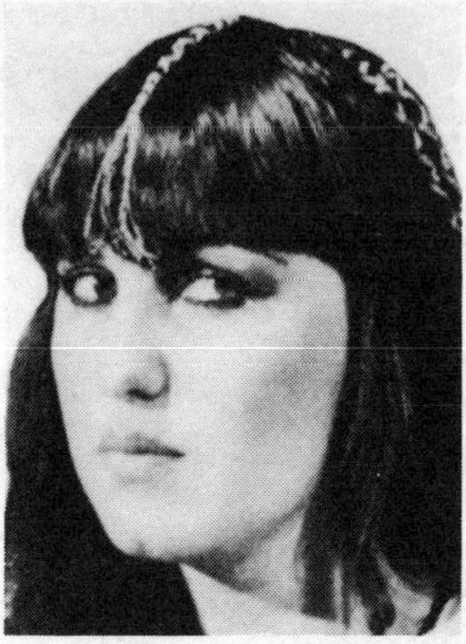

Cleo Kretschmer

(eigentlich: Ingeborg Maria Kretschmer)

Geb. 1951; von dem Regisseur Klaus Lemke wurde sie für den Film entdeckt. Sie spielte von 1976 bis 1980 in sieben Produktionen, meist neben Wolfgang Fierek. 1984 veröffentlichte sie ihren Roman »Herzschmerz«.
Cleo Kretschmer spricht engl.; sie ist ledig und lebt in München.
Film: Unter der Regie von Klaus Lemke spielte sie in: »Sweethearts« und »Idole«, 1976; »Liebesgeschichten: Amore« und »Ein komischer Heiliger«, 1978; »Arabische Nächte« und »Der Allerletzte«, 1979; »Flitterwochen«, 1980. Einige Produktionen liefen auch in ARD und ZDF. Weiter spielte sie in: »Peppermint Frieden«, mit Peter Fonda, Regie: Marianne S.W. Rosenbaum, 1983; »Im Himmel ist die Hölle los«, Regie: Helmer von Lützelburg, 1984.
Fernsehen: »Moto-Cross«, Regie: Klaus Lemke, ZDF 1977; »Monaco-Franze – Der ewige Stenz«, mit Helmut Fischer, Regie: Helmut Dietl, Serie, ARD 1983; »Der Mann, der keine Autos mochte«, mit Ralf Schermuly, Regie: Dieter Wedel, Serie, ZDF 1984.
Anschrift: c/o ZBF-Agentur München, Leopoldstraße 19, 8000 München 40.

Lisa Kreuzer

Geb. 2. 12. 1945 in Hof/Saale; dort und in Tübingen aufgew.; von 1966 bis 1969 besuchte sie eine Münchner Schauspielschule. Erste Bühnenengagements hatte sie am Stadttheater Ingolstadt, am Bayerischen Staatsschauspiel München, an der Freien Volksbühne Berlin und bei den Festspielen Schwäbisch-Hall.
Der Schwerpunkt ihrer Tätigkeit liegt jedoch bei Film und Fernsehen. Seit ihrem TV-Debüt-Film »8051 Grinning« (nach Schroeder; Regie: Peter Beauvais) im Jahr 1972 wirkte sie in über 60 Produktionen mit. Von 1973 bis 1978 war sie in zahlreichen Filmen ihres langjährigen Lebensgefährten Wim Wenders zu sehen.
Frau Kreuzer spricht engl., franz.; sie ist ledig, hat einen Sohn (Patrick, geb. 1966; er spielte 1980 den Hans in der Kinderprogramm-Serie »Hans und Lene«, mit Lina Carstens) und lebt in München.
Film: »Alice in den Städten«, mit Rüdiger Vogler, Regie: Wim Wenders, 1974, »Kampf um ein Kind«, Regie: Ingemo Engström, und »Falsche Bewegung«, Regie: Wim Wenders, 1975; »Auf Biegen und Brechen«, Regie: Hartmut Bitomsky, und »Im Lauf der Zeit«, Regie: Wim Wenders, 1976; »Der amerikanische Freund«, Regie: Wim Wenders, 1977; »Radio on«, Regie: Christopher Petit, Großbritannien/BRD 1979; »Basile Quartett«, Regie: Fabio Carbi, Italien 1981; »Il faut tuer Birgitt Haas«, Regie: Laurent Heynemann, Frankreich/Italien 1981; »L'homme blessé«, Regie: Patrice Chéreau, Frankreich 1982; »Kaltes Fieber«, Regie: Josef Rusnak, 1983; »Ein Mann wie EVA«, mit Eva Mattes und Werner Stocker, Regie: Radu Gabrea, 1984; »Fluchtpunkt Berlin«, Regie: Christopher Petit, Großbritannien/BRD 1984.
Fernsehen: »8051 Grinning« (nach Schroeder), Regie: Peter Beauvais, ARD 1972; »Ein Haus für uns«, Regie Wim Wenders, Serie, und »Badische Revolte«, Regie: Hans-Joachim Kurz, 2 Teile, ARD/ZDF 1974; »Popp und Mingel«, Regie: Ula Stöckl, und »Lobster«, Serie, ARD 1975; Titelrolle in »Barbara« Regie: Hans-Werner Schmidt, »Erinnerung an die Leidenschaft«, Regie: Martin Hennig, und »Ich heiß Marianne – und du?« (von Uschi Reich), ZDF 1976; »Die Dämonen« (nach Dostojewski), Regie: Claus Peter Witt, 4 Teile, ARD 1977; »Der Alte«, Serie, 4 Folgen, ZDF 1978–1984; »Derrick«, Serie, 5 Folgen, ZDF 1978–1982; »Beate S. – Geschichten einer Zwanzigjährigen«, Regie: Michael Lähn, ZDF 1978; »Unter Verschluß«, Regie: Wilma Kottusche, ARD 1980; »Exil« (nach Feuchtwanger), mit Louise Martini und Klaus Löwitsch, Regie: Egon Günther, 7 Teile, ARD 1981; »Kennwort Schmetterling«, Regie: Claus Peter Witt, ZDF 1981; »Wir haben uns doch mal geliebt«, Regie: Daniel Christoff, ZDF 1982; »Capitaine X«, Regie: Bruno Gantillon, franz. TV 1982; »Richard Wagner«, mit Richard Burton, Regie: Tony Palmer, Serie, engl. TV (dritte Programme BRD) 1983; »Hanna von Acht bis Acht«, mit Angelica Domröse, Regie: Egon Günther, und »Das Traumschiff«, Regie: Alfred Vohrer, Serie, ZDF 1983; »Rough Cut«, Regie: Nick Renton, engl. TV 1984; »Krimistunde«, Regie: Hartmut Griesmayr, Serie, ARD 1984; »Schöne Ferien«, Serie, ARD 1985; »Sonntag« (nach Simenon), Regie: Stanislav Barabas, »Die doppelte Welt«, Regie: Kristian Kühn, und »Derrick«, Serie, 2 Folgen, ZDF 1985.
Auszeichnung: »Goldener Bambi« (BILD + FUNK) 1978.
Anschrift: c/o Agentur Baumbauer, Keplerstraße 2, 8000 München 80.

Franz Xaver Kroetz

Geb. 25. 2. 1946 als Sohn eines Steueramtmanns in München; aufgew. in Simbach/Niederbayern. Nach dem Tod seines Vaters brach er mit 15 Jahren die Wirtschaftsoberschule ab und nahm Schauspielunterricht. 1962 kam er an das Wiener Max-Reinhardt-Seminar, wo er zwei Semester überspringen durfte, nach zwei weiteren Semestern aber vorzeitig entlassen wurde. Anschließend arbeitete er als Kraftfahrer, als Gelegenheitsarbeiter in der Münchner Großmarkthalle und über zwei Wochen lang als Pfleger in einer Nervenheilanstalt.

Engagements an kleineren Bühnen (Münchner Büchner-Theater, antiteater von Rainer Werner Fassbinder in München und Westfälische Kammerspiele Paderborn) folgten. 1969 kam er als Schauspieler an die Tegernseer Ludwig-Thoma-Bühne Rottach-Egern, wo im gleichen Jahr sein Stück »Hilfe, ich werde geheiratet« uraufgeführt wurde. An diesem Theater arbeitete er auch als Spielleiter und Regisseur.

Angeregt und beeindruckt von den Werken seiner Vorbilder Marie Luise Fleißer und Ödön von Horváth schrieb er Dialekt-Stücke über sozial Unterprivilegierte, in der Absicht, »Verständnis für die Opfer einer hochentwickelten kapitalistischen Gesellschaftsordnung zu finden«.

Seine Werke: (mit Jahr der Uraufführung) »Wildwechsel«, Städt. Bühnen Dortmund 1971 (1973 auch als Film unter der Regie von Rainer Werner Fassbinder, mit Eva Mattes); »Heimarbeit« und »Hartnäkkig«, Regie: jeweils Horst Siede, Münchner Kammerspiele 1971; »Michis Blut«, proT München 1971; »Männersache«, Staatstheater Darmstadt 1972; »Stallerhof«, Deutsches Schauspielhaus Hamburg 1972; »Globales Interesse«, Bayerisches Staatsschauspiel München 1972; »Dolomitenstadt Lienz«, Kammerspiele Bochum 1972; »Oberösterreich«, Theater der Stadt Heidelberg 1972; »Wunschkonzert«, Württembergisches Staatstheater Stuttgart 1973; »Münchner Kindl«, theater k München (anläßlich einer DKP-Veranstaltung über »Bodenspekulationen und Mietwucher«) 1973; »Maria Magdalena« (nach Hebbel), Theater der Stadt Heidelberg 1973; »Weitere Aussichten«, Regie: Kroetz selbst, mit Therese Giehse, Theater Karl-Marx-Stadt 1975; »Lieber Fritz«, Staatstheater Darmstadt 1975; »Geisterbahn«, Atelier-Theater Wien 1975; »Im Nest«, Modernes Theater München 1975; »Herzliche Grüße aus Grado«, Schauspielhaus Düsseldorf 1976; »Reise ins Glück«, Theater am Neumarkt Zürich 1976; »Sterntaler«, Staatstheater Braunschweig 1977; »Agnes Bernauer«, Theater Leipzig 1977; »Mensch Meier«, Schauspielhaus Düsseldorf und Landestheater Tübingen 1978; »Der stramme Max«, Ruhrfestspiele Recklinghausen 1980; »Wer durchs Laub geht«, Marburger Schauspiel 1981; »Nicht Fisch, nicht Fleisch«, Schauspielhaus Düsseldorf, Schaubühne am Lehniner Platz Berlin und Nationaltheater Mannheim 1981; »Furcht und Hoffnung der BRD«, Schauspielhaus Düsseldorf und Schauspielhaus Bochum 1983; »Bauern sterben«, Münchner Kammerspiele 1985; »Weihnachtstod«, Münchner Kammerspiele 1986; »Der Nusser« (nach »Hinkemann« von Ernst Toller), Bayerisches Staatsschauspiel München.

1975 erschienen bei Suhrkamp »Gesammelte Stükke«, 1976 »Weitere Aussichten« (auch als DDR-Ausgabe), 1977 »Chiemgauer Geschichten. Bayerische Menschen erzählen«. 1981 stellte er seinen Roman »Der Mondscheinknecht« vor.

Zahlreiche seiner Bühnenstücke wurden für das Fernsehen und den Hörfunk bearbeitet. Im Fernsehen liefen u.a.: »Adam Deigl und die Obrigkeit«, 1973; »Weitere Aussichten«, 1975; »Im Nest«, 1979; »Heimat«, 1980. Im Hörfunk: »Herzliche Grüße aus Grado«, 1972; »Reise ins Glück«, 1975.

Seit 1978 wirkte Kroetz als Schauspieler in zahlreichen Kino- und TV-Produktionen mit. 1984 sollte er die Titelrolle in Büchners »Woyzeck« an den Münchner Kammerspielen übernehmen; kurz vor Probenbeginn stieg er jedoch aus. Der Schauspieler Peter Fitz übernahm seinen Part. Von 1971 bis 1980 war Kroetz Mitglied der Deutschen Kommunistischen Partei (DKP), für die er mehrfach bei Wahlen kandidierte und als Mitglied der Programmkommission tätig war. 1983 verließ er den Verband deutscher Schriftsteller (VS). Als Grund nannte er eine Zensurmaßnahme der VS-Zeitschrift »Die Feder«.

Seit mehreren Spielzeiten gehört Kroetz zu den meistgespielten Autoren im deutschsprachigen Raum (Deutschland, Österreich, Schweiz). So la

sein Stück »Nicht Fisch, nicht Fleisch« in der Spielzeit 1981/82 mit 13 verschiedenen Inszenierungen, 351 Aufführungen und insgesamt 76191 Besuchern hinter Shaffers »Amadeus« an zweiter Stelle bei den höchsten Inszenierungszahlen. Mit 21 Inszenierungen, 479 Aufführungen bei sieben verschiedenen Stücken war er 1981/82 der meistgespielte lebende Autor.
Kroetz spricht engl.; er ist seit 1974 verheiratet, hat einen Sohn (David, geb. 1975) und lebt in Kirchberg bei Altenmarkt/Bayern. Dort ist auch der Sitz des von ihm gegründeten Bühnenverlags »Franz Xaver Kroetz Dramatik«, in dem er seine Werke und Veröffentlichungen selbst als Verleger vertreibt.
Film: »Der Mond ist nur a nackerte Kugel«, Regie: Jörg Graser, und »Trokadero«, Regie: Klaus Emmerich, jeweils 1981.
Fernsehen: »Zeit zum Aufstehn« (nach August Kühn), Regie: Ludwig Cremer, ZDF 1978; »Tatort«, Regie: Wolf Dietrich, Serie, ARD 1980; »Der falsche Paß für Tibo« (von Herbert Rosendorfer), ZDF 1980; »Ungleicher Lohn« (von Christa Maar), ZDF 1982; Otto Meier in »Mensch Meier« (Autor Kroetz selbst), mit Veronika Fitz, Regie: Kroetz selbst, und »Ich werde warten« (nach Chandler), mit Monica Bleibtreu und Ivan Desny, Regie: Stanislav Barabas, ARD 1982; »Magdalena« (nach Thoma), Regie: Jörg Graser, ARD 1983; »Das Hintertürl zum Paradies« (von König), Regie: Reinhard Donga, ZDF 1985; »Kir Royal«, Regie: Helmut Dietl, Serie, ARD 1986.
Auszeichnungen: »Ludwig-Thoma-Medaille« München 1971; »Berliner Kunstpreis« 1972; »Berliner Kunstpreis für Literatur« 1973; »Hannoverscher Dramatikerpreis« 1974; »Wilhelmine-Lübke-Preis« 1975; »Dramatikerpreis der Mühlheimer Theatertage« 1976; »tz-Rose des Jahres 1983«, »tz« München.
Anschrift: Kirchberg 3, 8226 Altenmarkt.

Christiane Krüger

Geb. 8. 9. 1945 als Tochter des Schauspielers Hardy Krüger und der Schauspielerin Renate Densow in Hamburg; aufgew. in der Schweiz. 1963 begann sie mit dem Schauspielunterricht bei Else Bongers in Berlin. Erste Bühnen-Engagements hatte sie am Theater der Stadt Koblenz und an der Komödie Berlin. Den Schwerpunkt ihrer Tätigkeit legte sie jedoch seit 1967 auf Film und Fernsehen. Sie arbeitete längere Zeit im Ausland. Besonderen Erfolg hatte sie in der Rolle der Evita Peron in dem US-Film »Little Mother«. Sie wurde dafür 1973 sogar für den »OSCAR« vorgeschlagen.

Frau Krüger spricht engl., franz., ital.; sie ist geschieden von dem Maler und Fotografen Manfred Bockelmann (Bruder von Udo Jürgens), hat einen Sohn (Tim Oliver, geb. 1976) und lebt in Paris.

Film: »48 Stunden bis Acapulco«, Regie: Klaus Lemke, 1967; »Das Gesicht im Dunkeln«, mit Klaus Kinski, Regie: Robert Hampton, BRD/Italien 1969; »The Internecine Project«, Regie: Ken Youth, USA 1969; »Love-Maker«, mit Doris Kunstmann und Antonio Sabato, Italien 1969; »Fluchtweg St. Pauli – Großalarm für die Davidswache«, Regie: Wolfgang Staudte, 1971; »Double Face«, mit Sidney Chaplin und Klaus Kinski, USA 1972; »Sehnsucht nach dem rosaroten Chaos«, mit Pierre Jolivet und Ekkehardt Belle, Regie: Gerard Poteau, Frankreich 1981; Titelrolle in »Eine Frau für gewisse Stunden«, Regie: Wolfgang Müller, 1984.

Fernsehen: »11 Uhr 20« (von Reinecker), mit Joachim Fuchsberger und Gila von Weitershausen, Regie: Wolfgang Becker, 3 Teile, ZDF 1970; »Der Kommissar«, mit Erik Ode, Serie, ZDF 1972; »Alpha und Asphalt«, ZDF 1974; »Paul Temple«, Serie, engl. TV und ZDF 1975; »Sonderdezernat K 1«, Serie, ARD 1975; »Es muß nicht immer Kaviar sein« (nach Simmel), mit Siegfried Rauch, Serie, ZDF 1976; »Der Alte«, Serie, 2 Folgen, ZDF 1977 + 1982; »Der Graf von Monte Christo«, (von Chatenat/Castelot), Regie: Denys de la Patellière, Serie, ARD 1980; »Derrick«, Serie, 3 Folgen, ZDF 1981–1983; »Tatort«, Regie: Peter Weck, Serie, ARD 1982; »Unsere schönsten Jahre« (von Geiger), Regie: Zbynek Brynych, Serie, ZDF 1983; »Der Mann, der keine Autos mochte«, Regie: Dieter Wedel, 6 Folgen, ZDF 1984; »Schwarz-Rot-Gold: Blauer Dunst«, Regie: Theo Mezger, ARD 1984; »Tatort«, Serie, ARD 1985; »Der Alte«, Serie, und »Derrick«, Serie, ZDF 1985. Im französischen Fernsehen spielte sie u.a. in der Serie »Christa« und in »813«. Seit 1985 arbeitet sie als Reporterin und Moderatorin bei »SAT 1«.

Anschrift: c/o Agentur Lentz, Holbeinstraße 4, 8000 München 80.

Hardy Krüger

Geb. 12. 4. 1928 als Sohn eines Ingenieurs in Berlin-Wedding; dort und in Babelsberg und Sonthofen aufgew.; im Sonthofener Internat wurde er im Alter von 15 Jahren von Alfred Weidenmann für den Film »Junge Adler« (1943) entdeckt. Obwohl ihn der Regisseur Wolfgang Liebeneiner schon damals bewegen wollte, beim Film zu bleiben, lehnte Krüger ab. 1945 war er noch Soldat in der Division »Nibelungen«.
Nach Kriegsende verdiente er seinen Lebensunterhalt zunächst als Schreiner. Er wollte Ingenieur oder Innenarchitekt werden, suchte dann aber Wolfgang Liebeneiner auf, der ihn dem Deutschen Schauspielhaus Hamburg empfahl. Ohne Schauspielunterricht wurde er engagiert. 1947 kam er an die Niedersächsische Landesbühne Hannover, 1948 kehrte er an die Junge Bühne Hamburg zurück. Ein Engagement an den Münchner Kammerspielen (1951) folgte.
Den Schwerpunkt seiner Arbeit setzte Krüger stets beim Film. Er drehte mittlerweile über 60 deutsche und internationale Streifen.
Seit 1970 erschienen mehrere Bücher des Schauspielers, u.a. »Eine Farm in Afrika«, »Sawimbula« und die Romane »Wer stehend stirbt, lebt länger« (1973), »Schallmauer« (1978), »Junge Unrast« (1983).
Von 1960 bis 1973 bewirtschaftete Krüger in Tansania die Farm »Momella«, der ein 140-Betten-Hotel und eine eigene Fleischfabrik angegliedert waren.
In erster Ehe war der Künstler von 1950–1965 verheiratet mit der Schauspielerin Renate Densow. Dieser Ehe entstammt die Tochter Christiane Krüger, die selbst als Schauspielerin arbeitet. Bis 1977 war er in zweiter Ehe verheiratet mit der ital. Malerin Francesca Marazzi. Die Kinder aus dieser Ehe sind Malaika und Hardy. Krüger lebt in Los Angeles, USA. Er spricht engl., franz., ital.
Film: »Diese Nacht vergeß' ich nie«, 1949; »Kätchen für alles«, »Das Fräulein und der Vagabund« und »Insel ohne Moral«, 1950; »Schön muß man sein«, »Das Mädchen aus der Südsee«, und »Mein Freund, der Dieb«, Regie: Helmut Weiss, 1951; »Ich heiße Nicki«, »Alle kann ich nicht heiraten«, »Illusion in Moll«, und »Solange du da bist«, mit Maria Schell und O.W. Fischer, Regie: Harald Braun, 1952; »Die Jungfrau auf dem Dach«, mit Johanna Matz, Regie: Otto Preminger, USA 1952; »Muß man sich gleich scheiden lassen« und »Ich und Du«, 1953; »Der letzte Sommer«, 1954; »An der schönen blauen Donau«, »Der Himmel ist nie ausverkauft«, und »Alibi«, Regie: Alfred Weidenmann, 1955; »Liane – Das Mädchen aus dem Urwald«, Regie: Eduard von Borsody, und »Die Christel von der Post«, 1956; »Banktresor 713« und »Der Fuchs von Paris«, 1957; Titelrolle in »Einer kam durch« (»The One that Got Away«), Regie: Roy Baker, Großbritannien 1957; »Gestehen Sie, Dr. Corda«, Regie: Josef von Baky, und »Mit dem Kopf durch die Wand«, 1958; »Blind Date«, Regie: Joseph Losey, und »Bachelor of Hearts«, Regie: Rolf Rilla, Großbritannien 1959; »Bumerang«, Regie: Alfred Weidenmann, »Die schöne Lügnerin«, »Aus dem Leben eines Taugenichts«, »Die Gans von Sedan«, und »Der Rest ist Schweigen«, Regie: jeweils Helmut Käutner, 1959; »Taxi pour Tobruk«, Frankreich 1960; »Die Versuchung heißt Jenny«, 1960; »Zwei unter Millionen«, 1961; »Le Chant du Monde«, Frankreich 1961; »La Franciscaine de Bourges«, Frankreich 1962; »Hatari«, Regie: Howard Hawks, USA 1962; »Celeste e verde«, Italien 1962; »The Defector« und »The Secret of Santa Vittoria«, USA 1963; »The Flight of the Phoenix«, mit James Stewart, Regie: Robert Aldrich, USA 1965; »Die Nonne von Monza«, Regie: Luchino Visconti, Italien 1968; »Das rote Zelt«, UdSSR 1969; »Les Dimanches de Ville d'Avray«, Regie: Serge Bourguignon, Frankreich 1972; »Horizonte«, Regie: Hardy Krüger selbst, Italien/BRD 1974; »Barry Lyndon«, Regie: Stanley Kubrick, USA 1975; »Potato-Fritz«, mit Paul Breitner, Regie: Peter Schamoni, 1976; »Jedem seine Hölle«, mit Annie Girardot, Regie: André Cayatte, Frankreich/BRD 1977; »Die Wildgänse kommen«, mit Richard Burton und Roger Moore, Regie: Andrew V. McLaglen, USA 1978; »Die Sturmfahrt der Blue Fin«, Regie: Carl Schultz, Australien 1979; »Feine Gesellschaft – beschränkte Haftung«, Regie: Ottokar Runze, 1981; »Flammen am Horizont«, mit Sean Connery, USA 1981; »Und das Leben geht doch weiter« (nach Konsalik), 1986. Krügers Lieblingsfilm: »Sonntage mit Sybill«.
Theater: In »Mordprozeß Mary Dugan«, in Vandenberghes »Ich bin 17«, in Nebhuts »Stundenhändler«, in Williams' »Die Glasmenagerie«, und in »Sie trafen sich wieder«, jeweils Junge Bühne Hamburg 1948–

1950; in der deutschen Erstaufführung von Herberts »Wolken sind überall«, und in Inges »Bus Stop«, jeweils Kammerspiele München 1951/52; Tom Sawyer in Sabath' »Wiedersehen im Herbst«, mit Mario Adorf, Regie: Gerhard Klingenberg, Tournee 1985/86.
Fernsehen: Neben zahlreichen Kinofilmen, die auch auf dem Bildschirm zu sehen waren, und seinen vielfältigen Auftritten in deutschen TV-Shows (u.a. »Das ist Ihr Leben«, Personality-Show, ZDF), hatte Krüger die selbst produzierte TV-Serie »Hardys Bordbuch«. 1971 war er Kommissar in dem Durbridge-Krimi »Das Messer«, Regie: Rolf von Sydow (3 Teile, ARD).
Auszeichnungen: »Otto« (BRAVO) 1959 und 1960.
Anschrift: c/o Agentur Lentz, Holbeinstraße 4, 8000 München 80.

Mike Krüger

Geb. 14. 12. 1951 in Ulm; aufgew. in Hamburg und Büsum; er absolvierte eine Ausbildung zum Betonbauer (1970–1972) und studierte Architektur an der Fachhochschule Hamburg (1974–1975). Während seiner Bundeswehrzeit versuchte er sich erstmals als Musiker (Schlagzeug, Gitarre und Gesang). Ab 1974 trat er in dem Hamburger Lokal »Dannys Pan« auf, wo er schließlich für Plattenaufnahmen entdeckt wurde. Seine Debüt-LP »Mein Gott Walter« wurde 1975 ein großer Erfolg. Weitere Titel: »Also denn« (1976), »Auf der Autobahn nachts um halb eins« (1977), »Stau ma wieder« (1978), »Seit ich hier wohne« und »79er Motzbeutel« (1979), »Der Nippel« (1980; sein bislang größter Hit), »Der Gnubbel« (1981), »J.R.'s Bruder« (1982), »Jenseits vom Tresen« (1983), »Bodo mit dem Bagger« (1984) und »120 Schweine nach Beirut« (1985). Mehrmals schrieb er die Texte für erfolgreiche deutsche und internationale Schlager.
Krüger spricht engl.; er ist verheiratet, hat eine Tochter (Nina-Kristin, geb. 1979) und lebt in Quickborn bei Hamburg.
Film: Zusammen mit Thomas Gottschalk spielte er die Hauptrolle in: »Piratensender Powerplay«, Regie: Siggi Götz, 1981; »Die Supernasen« (Teil I und II), Regie: Dieter Pröttel, 1983 und 1984; »Seitenstechen«, mit Susanne Uhlen, Regie: Dieter Pröttel, 1985; »Die Einsteiger«, mit Thomas Gottschalk, 1985.
Fernsehen: Als Sänger hatte er zahlreiche Auftritte in nahezu allen großen deutschen Unterhaltungsshows, u.a. in: »Hitparade«, »Disco«, »Wetten daß . . .?!«, »Superhitparade« (jeweils ZDF), »Auf los geht's los«, »Was bin ich?«, »Telespiele« (jeweils ARD). Im ZDF präsentierte er bislang drei eigene TV-Shows; 1985 trat er in der Satire-Show »Nun siegt mal schön« (u.a. Brecht-Texte) mit eigenen Sketchs auf. Ab 1986 führt er durch seine eigene ARD-Samstagabendsendung »Sechs gegen Willi«, bei der ein Hamster eine Hauptrolle spielt.
Auszeichnungen: 3 Goldene Langspielplatten; »Goldener Bambi« (BILD + FUNK) 1984.
Anschrift: c/o EMI-Electrola GmbH, Maarweg 149, 5000 Köln 41, und Gorch-Fock-Kehre 9, 2085 Quickborn.

Pit Krüger

Geb. 1. 8. 1934 als Sohn des Schauspielers Bum Krüger in Mannheim; nach der Schule nahm er Unterricht in Pantomime und absolvierte eine Ballett-Ausbildung an der Folkwang-Schule in Essen. Sein Schauspielstudium in Düsseldorf finanzierte er sich als Schlagzeuger in einer Jazzband. Sein Bühnen-Debüt gab er noch während seiner Ausbildung am Schauspielhaus Düsseldorf unter Karl Heinz Stroux. Anschließend gab er zwei Jahre lang Gastspiele als Pantomime im Ensemble von Jean Sobeyran. 1952 begann er seine Hörspielarbeit beim damaligen NWDR. Unter Harry Buckwitz kam er an die Städt. Bühnen Frankfurt/Main, denen er bis 1966 auch unter Wilhelm Dieterle angehörte.

Besonderen Erfolg hatte er später in verschiedenen Städten als Alfred Doolittle in Lerner/Loewes »My Fair Lady« (über 600 Vorstellungen). Gastspielverträge hatte er u.a. bei den Festspielen Bad Hersfeld, an der Staatsoper Stuttgart, an der Deutschen Oper am Rhein Düsseldorf, am Musiktheater im Revier Gelsenkirchen, am Opernhaus Zürich, an der Oper Hannover, am Frankfurter Volkstheater sowie auf Tournee (bis 1984).

Sein Film-Debüt gab er 1954 in der Verfilmung von Joseph Roths Roman »Der Radetzkymarsch«. Insgesamt wirkte er in über 150 Fernsehsendungen mit; darunter zahlreiche Show- und Unterhaltungsproduktionen.

Krüger spricht engl.; er ist seit 1962 verheiratet mit der Regieassistentin Ingrid Krüger und lebt in Frankfurt/Main.

Film: »Der Radetzkymarsch« (nach Joseph Roth), 1954; »Der Mann im Pyjama«, mit Elke Sommer und Otto Sander, Regie: Christian Rateuke, 1981; »Die wilden Fünfziger« (nach Simmel), Regie: Peter Zadek, 1983.

Theater: (aus den letzten Jahren) In »Banditenstreiche«, und in Bocks »Anatavka«, jeweils Opernhaus Zürich; in Burkhards »Feuerwerk«, Oper Hannover; in Brechts »Mutter Courage und ihre Kinder«, Volkstheater Frankfurt/Main; Frosch in Johann Strauß' »Die Fledermaus«, mehrmals an den vorgenannten Bühnen; Cosme in Calderons »Dame Kobold«, Tournee 1983/84.

Fernsehen: »Ein Sommernachtstraum« (nach Shakespeare); »Fernfahrer«, Serie; »Phöbus oder Die Aalbucht«; »Ti vor Tu«, mit Dieter Hallervorden, Regie: Heinz Liesendahl, ZDF 1972; »Tage der Rache«; »Zwei Mann an einem Herd«, Serie, »Medienklinik«, Serie, »Taunusrausch«, und »Die Leute vom Domplatz«, Serie, ARD 1979; »Immergrün«, und »Der Zeuge« (aus der Reihe: »Tatort«), Regie: Peter Adam, 1980; »Regentropfen«, ZDF 1983; »Mary und Gordy auf dem Lande«, ARD 1983; »Frankfurter Kreuz«, Regie: Harald Schäfer, 3 Teile, und »Wissen Sie es besser?«, Serie, ARD 1984; »Die Nervensäge«, mit Dieter Hallervorden, Regie: Ralf Gregan, Serie, ZDF 1985.

Besonderen Erfolg hatte er als Briefträger in der ARD-Unterhaltungsshow »Verstehen Sie Spaß?« mit Kurt Felix und Paola del Medico. Zudem wirkte er u.a. in den TV-Shows »Rätselbox«, »Spaß mit Musik«, »Musik ist Trumpf«, »Einer wird gewinnen«, »Zum Blauen Bock« und »Silvester- und Faschingsshows« mit.

Anschrift: c/o Agentur Wiedner, Destouchesstraße 32, 8000 München 40, oder Geleitstraße 10, 6000 Frankfurt/Main 70.

Manfred Krug

Geb. 8.2.1937 als Sohn eines Eisenhütten-Ingenieurs in Duisburg; dort, in Leipzig und in Brandenburg aufgew.; bedingt durch die Trennung seiner Eltern pendelte er mehrmals zwischen West- und Ost-Deutschland hin und her und besuchte elf verschiedene Schulen. Einige Jahre arbeitete er als Schmelzer. An einer Abendschule holte er das Abitur nach. 1954 wurde er an die Schauspielschule in Ost-Berlin aufgenommen, die er jedoch 1955 »wegen disziplinarischer Schwierigkeiten« vorzeitig verlassen mußte. Mit Komparsenrollen bei der DEFA und beim staatl. Fernsehen verdiente er sich in der Folgezeit seinen Lebensunterhalt. Ferner war er bis 1957 als Eleve an Brechts »Berliner Ensemble« engagiert. Obwohl er am Tag des Mauerbaus, am 13. 8. 1961, im Westen war, kehrte er in die DDR zurück. Mit seinem 1962 dort gedrehten Spielfilm »Auf der Sonnenseite« schaffte er den künstlerischen Durchbruch. In einer stark autobiographischen Rolle verkörperte er den Martin Hoff, der als ehemaliger Stahlarbeiter, gescheiterter Schauspielschüler und Bauarbeiter schließlich doch sein Glück findet. Zahlreiche Filme für Kino und Fernsehen folgten. Daneben etablierte er sich als Jazz-Interpret und Sänger. Walter Felsenstein holte ihn 1970 an die Komische Oper Berlin, wo er über sechs Jahre lang die Rolle des Sporting Life in Gershwins Oper »Porgy und Bess« verkörperte.
1976 unterzeichnete Krug neben vielen anderen Künstlern der DDR die Protestresolution gegen die Ausbürgerung Wolf Biermanns. Als seine Arbeitsmöglichkeiten daraufhin spürbar eingeengt wurden, übersiedelte er 1977 nach West-Berlin.
Seine künstlerische Bilanz in der DDR: 40 Kinofilme, 20 Fernsehspiele, über 30 TV-Shows und 10 Schallplatten, von denen jede über hunderttausendmal verkauft wurde.
In Peter F. Bringmanns »Paul kommt zurück« debütierte Krug 1978 im Deutschen Fernsehen (ARD). Seither wirkte er in über 60 Produktionen mit. 1979 stellte er seine LP »Da bist du ja« vor, für die er von den deutschen Musik-Journalisten zur »Show-Entdeckung des Jahres« gewählt wurde.
Krug spricht engl.; er ist verheiratet, hat drei Kinder (Daniel, Stephanie und Josephine) und lebt in Berlin.
Film: (jeweils bei der DEFA/DDR) »Ein Mädchen von 16½«, Regie: Carl Ballhaus, 1958; »Ware für Katalonien« und »Bevor der Blitz einschlägt«, 1959; »Fünf Patronenhülsen«, Regie: Frank Beyer, und »Leute mit Flügeln«, 1960; »Professor Mamlock«, 1961; »Guten Tag, lieber Tag«, 1961; »Revue um Mitternacht«, »Minna von Barnhelm (nach Lessing), »Der Kinnhaken«, und »Auf der Sonnenseite«, Regie: Ralf Kirsten, 1962; »Die gestohlene Schlacht«, Regie: Erwin Stranka, »Beschreibung eines Sommers« und »Nebel«, 1963; Titelrolle »Der Boxer und der Tod«, Regie: Peter Solan, ČSSR 1963; »Mir nach, Canaillen«, Regie: Ralf Kirsten, 1964; »König Drosselbart«, 1965; »Die Spur der Steine«, Regie: Frank Beyer, 1966; »Frau Venus und ihre Teufel« und »Die Fahne von Kriwoi Rog«, 1967; »Hauptmann Florian von der Mühle«, 1968; »Mit mir nicht, Madam«, und »Weite Straßen – stille Liebe«, Regie: Hermann Zschoche, 1969; »Meine Stunde Null«, 1970; »Husaren in Berlin«, 1971; »Wie füttert man einen Esel«, Regie: Roland Oehme, 1973; »Feuer unter Deck«, Regie: Hermann Zschoche, 1976; »Das Versteck«, Regie: Frank Beyer, 1977 (auch ARD 1980).
In der Bundesrepublik Deutschland: »Die Faust in der Tasche«, mit Ernst Hannawald, Regie: Max Willutzki, 1979.
Theater: Zuletzt: Dorfrichter Adam in Kleists »Der zerbrochene Krug«, Tournee 1985.
Fernsehen: Willi Heyer in »Wege übers Land«, DDR/TV 1968; Meersdonk in »Auf Achse«, mit Rüdiger Kirschstein, Regie: Hartmut Griesmayr, 26 Folgen, ARD 1978–1984; »Life: Manfred Krug«, Regie: Rolf von Sydow, und »Phantasten« (von Wellerhof), Regie: Peter Beauvais, ARD 1979; »Ein Mann fürs Leben«, Regie: Erwin Keusch, und »Abschied vom Frieden« (nach Weiskopf), 4 Teile, DDR/TV, ARD 1980; »Flächenbrand« (nach von der Grün), Regie: Alexander Eschwege, ARD 1981; »Die Fischer von Moorhövd«, Regie: Peter Harlos, 14 Teile, ARD 1982–1984; »Konsul Möllers Erben«, Regie: Claus Peter Witt, 7 Teile, »Wer raucht die letzte?«, Regie Hartmut Griesmayr, und »Jakob und Adele«, Serie ZDF 1983; »Geschichten aus der Heimat«, Serie ARD 1983; Herzog Karl Alexander in »Joseph Süß Oppenheimer«, mit Jörg Pleva, Regie: Rainer Wolffhardt, »Krumme Touren« (eigenes »Manfred-Krug

Special«), Episoden, ZDF 1984; »Sesamstraße«, mit Liselotte Pulver, Serie, ARD 1984/85; »Ein Heim für Tiere« (nach Willis), Regie: Siegfried Rothemund, Serie, ZDF 1985; Rechtsanwalt Robert Liebling in »Liebling – Kreuzberg« (von Jurek Becker), mit Michael Kausch, Regie: Heinz Schirk, 6 Teile, ARD 1986. Seit 1984 ist er neuer Tatort-Kommissar Paul Stoever beim NDR.
Auszeichnungen: »Nationalpreis« der DDR 1968; »Goldene Europa« (Europawelle Saar) 1979; »Goldener Bambi« (BILD + FUNK) 1984.
Anschrift: c/o ZBF-Agentur Berlin, Kurfürstendamm 206, 1000 Berlin 15.

Paul Albert Krumm

Geb. 28.12.1927 in Berlin; dort aufgew.; nach dem Abitur studierte er Theaterwissenschaft und absolvierte die Schauspielschule von Hilde Körber. Sein Bühnen-Debüt gab er 1945 am Theater Mecklenburg, dem er bis 1948 angehörte. Weitere Stationen: Staatstheater Schwerin, Bühne der Jugend Berlin, Berliner Ensemble im Deutschen Theater (Ost-) Berlin unter Bertolt Brecht, Landestheater Detmold, Theater »Die Vaganten« Berlin und Schauspielhaus Düsseldorf.
1959 wurde er Spielleiter am Theater in der Kongreßhalle Berlin, 1960 Spielleiter am Theater am Kurfürstendamm Berlin und am Jungen Theater Hamburg, 1961 schließlich Oberspielleiter der Vagantenbühne Berlin.
Bereits Anfang der 60er Jahre gehörte er zu den gefragtesten Darstellern beim Fernsehen. Er verkörperte häufig Außenseiter-Rollen. Bedingt durch eine schwere Herzkrankheit und andere Leiden mußte er seine Karriere mehrmals für Jahre unterbrechen. Er zog sich dabei u.a. nach Teneriffa zurück.
Krumm spricht engl., franz., span.; er lebt in Weingarten bei Karlsruhe.
Film: »Unser Mittwoch Abend«, DEFA 1948; »Gefangene Seele«, DEFA 1951; »Postlagernd Turteltaube«, 1952; »Die feuerrote Baronesse«, 1959; »Sieben Tage Frist«, mit Horst Tappert, Regie: Alfred Vohrer, 1969.
Fernsehen: »Die Schlinge« (nach Hlasko), Regie: Rolf Hädrich, ARD 1964; »Verräter«, ARD 1965; »Mord nach der Oper«, ARD 1966; »Der Mann aus London«, ARD 1967; »Psychogramm eines Spielers«, und »Die Schlacht von Lobositz« (nach Hacks), Regie: Franz Peter Wirth, ARD 1968; »Babeck« (von Reinecker), mit Curd Jürgens, Helmut Lohner und Charles Regnier, Regie: Wolfgang Becker, 3 Teile, ZDF 1968; »Die Verschwörung« (von Jens), mit Hannes Messemer, Regie: Franz Josef Wild, ARD 1969; Herbert K. in »Interview mit Herbert K.«, Regie: Herbert Ballmann, ZDF 1970; »Narrenspiegel«, Regie: Hans Quest, ZDF 1971; »Der Kommissar«, mit Erik Ode, Serie, 2 Folgen, ZDF 1972/73; Dostojewski in »Das Leben des Dostojewski«, ARD 1974; »Defekte«, Regie: Diethard Klante, ARD 1982; »Der Alte«, Serie, 2 Folgen, ZDF 1983/84; »Die Krimistunde«, Regie: Hartmut Griesmayr, Serie, ARD 1983; »Liebt diese Erde«, mit Margot Werner, Serie, ZDF 1984; »Gespenstergeschichten«, Regie: George Moorse, Serie, ARD 1985; »Suche Familie – zahle bar«, mit Inge Meysel, Buch + Regie: Marcus Scholz, ZDF 1985; »Blanche oder Das Atelier im Garten« (nach Kornfeld), mit Angelica Domröse, Regie: Hansgünther Heyme, ZDF 1986.
Anschrift: c/o ZBF-Agentur München, Leopoldstraße 19, 8000 München 40.

Anja Kruse

Geb. 5. 8. 1957 als Tochter eines technischen Zeichners in Essen; dort aufgew.; bereits mit 15 Jahren spielte sie in einer Laiengruppe. Nach der Schule besuchte sie die Folkwang-Schule Essen. Ihr erstes Engagement erhielt sie 1979/80 an den Städt. Bühnen Münster. Von 1980 bis 1983 spielte sie am Thalia-Theater Hamburg, 1984 am Theater des Westens Berlin. Ihr Fernseh-Debüt gab sie 1980. Besonderen Erfolg hatte sie in der Titelrolle des sechsteiligen Fernsehfilms »Die schöne Wilhelmine« (Regie: Rolf von Sydow, ZDF 1984).

Frau Kruse spricht engl., franz.; sie ist ledig und lebt zusammen mit dem Operettenbuffo Heinz Hellberg seit 1984 in Wien.

Film: »Die weiße Rose«, Regie: Michael Verhoeven, 1982.

Theater: Luise in Schillers »Kabale und Liebe«, Marie in Shakespeares »Was ihr wollt«, und in Różewic' »Weiße Ehe«, jeweils Städt. Bühnen Münster 1979/80; in Pinters »Geburtstagsfeier«, Regie: Uwe Friedrichsen, in Sternheims »Der Kandidat«, in Kohouts »Das Attest«, und in Kohouts »Maria kämpft mit den Engeln«, mit Senta Berger, Regie für seine eigenen Stücke Pavel Kohout selbst, jeweils Thalia-Theater Hamburg 1980–1983; Wendy in Barries »Peter Pan oder Das Märchen vom Jungen, der nicht groß werden wollte«, Regie: Helmut Baumann, Theater des Westens Berlin 1984; in Gortschakows »Die Schöne und der Schelm«, Festspiele Heppenheim 1985; Titelrolle in Ibsens »Nora«, Tournee 1985/86.

Fernsehen: »Der Maulkorb« (nach Spoerl), mit Willy Millowitsch, Regie: Karl Wesseler, ARD 1980; »Die Fahrt nach Schlangenbad«, Regie: Stanislav Barabas, ZDF 1981; »Flucht aus London« (nach Procter), Regie: Wolfgang Storch, ZDF 1982; »Das Traumschiff«, Regie: Alfred Vohrer, Serie, ZDF 1983; »Lach mal wieder«, mit Günter Pfitzmann, Serie, »Der Mann, der keine Autos mochte«, mit Ralf Schermuly, Regie: Dieter Wedel, 3 Folgen, und Titelrolle in »Die schöne Wilhelmine«, mit Jean-Claude Brialy, Herbert Stass und Rainer Hunold, Regie: Rolf von Sydow, 6 Teile, ZDF 1984; Anna in »Sylter Novelle« (nach Storm), Regie: Peter Deutsch, ARD 1984; »Schöne Ferien«, Serie, ARD 1985; »Schwarzwaldklinik«, mit Klausjürgen Wussow, Regie: Alfred Vohrer, Serie, ZDF 1985/86; Titelrolle in »Maria Stuart« (nach Schiller), Regie: Heinz Schirk, ARD 1986.

Auszeichnung: »Musical-Preis« Berlin (dotiert mit 10.000 DM) 1983; »Goldene Kamera« (HÖRZU) 1984.

Anschrift: c/o ZBF-Agentur Frankfurt/Main, Feuerbachstraße 42-46, 6000 Frankfurt/Main.

Ruth-Maria Kubitschek

Geb. 2. 8. 1931 in Komotau/Tschechoslowakei; dort aufgew.; bei Kriegsende übersiedelte ihre Familie in die DDR, wo ihre Eltern eine Neu-Bauernstelle in Köthen-Anhalt übernahmen. Nach der Mittelschule absolvierte sie in Halle die Hochschule für Musik und Theater. Eine Ausbildung am Deutschen Theaterinstitut (Stanislawski-Institut) in Weimar schloß sich an. Ihr Debüt gab sie als Fina in Brechts »Herr Puntila und sein Knecht Matti« am Theater Halle. Weitere Engagements hatte sie an der Maxim-Gorki-Bühne Schwerin, am Theater der Freundschaft Berlin, am Maxim-Gorki-Theater Berlin und am Staatstheater Schwerin.
Nach einem Gastspiel am Schloßtheater Celle im Jahre 1959 blieb sie in der Bundesrepublik. Nach ihren Verpflichtungen in Celle (1959–1961) und an den Münchner Kammerspielen (1962) widmete sie sich fast ausschließlich dem Fernsehen. Theatergastspiele gab sie weiter am Ernst-Deutsch-Theater Hamburg (1970–1978), an der Kleinen Komödie München (1976) und auf Tournee.
Frau Kubitschek spricht engl.; sie ist geschieden von dem Dramaturgen Friedrich Götz, hat einen Sohn (Alexander) und lebt in München.
Film: Bei der DEFA drehte sie bis 1958 u.a. folgende Filme: »Das kleine und das große Glück«, »Thomas Münzer«, »Senta auf Abwegen« und »Jacke und Hose«.
»Er kann's nicht lassen«, mit Heinz Rühmann, Regie: Axel von Ambesser, 1962; »Mittsommernacht«, Regie: Paul May, 1970; »Die bitteren Tränen der Petra von Kant«, Regie: Rainer Werner Fassbinder, 1972; »Didi – der Doppelgänger«, mit Dieter Hallervorden, Regie: Reinhard Schwabenitzky, 1984.
Theater: Claudine in Molières »George Dandin«, Amalia in Schillers »Die Räuber«, Lizzi in Sartres »Die ehrbare Dirne«, und Elisabeth in Schillers »Don Carlos«, jeweils an den vorgenannten Bühnen der DDR bis 1959; Emilie in Shakespeares »Othello«, mit Rolf Boysen und Doris Schade, Regie: Fritz Kortner, Münchner Kammerspiele 1962; in Goethes »Herrmann und Dorothea«, Frau Bürgermeister in Zuckmayers »Der Hauptmann von Köpenick«, und Julia in Williams' »Die Nacht des Leguan«, Tournee; in Rattigans »Olivia«, Kleine Komödie München 1976; in »Blues für Charly«, mit Werner Schumacher, Regie: Karl Paryla, 1970, in »Adlerhöhe«, und in Williams' »Orpheus steigt herab«, 1978, jeweils Ernst-Deutsch-Theater Hamburg; in Shaws »Frau Warrens Gewerbe«, Tournee 1984; in Ross' »Eine fast vollkommene Frau«, Tournee 1985/86.
Fernsehen: Lampito in »Die Sendung der Lysistrata« (nach Aristophanes), mit Romy Schneider, Regie: Fritz Kortner, ARD 1961; »Der Klassenaufsatz«, Regie: Harald Benesch, ARD 1963; Eboli in »Don Carlos« (nach Schiller), Regie: Franz Peter Wirth, ZDF 1963; Helena in »Der trojanische Krieg findet nicht statt« (nach Giraudoux) und »Mein oder Dein« (nach Kanin), Regie: jeweils Franz Josef Wild, ARD 1964; Titelrolle in »Die selige Edwina Black«, ARD 1965; »Großer Ring mit Außenschleife« (von Wuttig), mit Gustav Knuth, Agnes Sorel in »Jeanne oder Die Lerche« (nach Anouilh), Regie: Imo Moszkowicz, Titelrolle in »Lady Chatterley«, und Titelrolle in »Melissa« (nach Durbridge), 3 Teile, ARD 1966; »Tragödie in einer Wohnwagenstadt«, Regie: Günter Gräwert, ZDF 1967; »Die Reise nach Tilsit« (nach Sudermann), Regie: Günter Gräwert, ZDF 1969; »Sie hätten im Sommer kommen sollen«, ARD 1972; »Die Powenzbande«, Regie: Michael Braun, Serie, ARD 1974; »Eine Dummheit macht auch der Gescheiteste« (nach Ostrowskij), Regie: Eberhard Itzenplitz, ARD 1978; »Der Fall Maurizius« (nach Jakob Wassermann), mit Sigfrit Steiner, Regie: Theodor Kotulla, 5 Teile, ZDF 1981; »Sonntagskinder«, Regie: Michael Verhoeven, ARD 1981; »Stars in der Manege«, »Mary und Gordy auf dem Lande«, und Annette in »Monaco-Franze – Der ewige Stenz«, mit Helmut Fischer, Regie: Helmut Dietl, 10 Teile, ARD 1983; »Österreich hat immer Saison«, mit Helmut Fischer, ORF 1984; »Alte Gauner«, Regie: Ralf Gregan, ZDF 1984; Titelrolle in »Kristina« (nach Abramow-Newerly), Regie: Wilm ten Haaf, ARD 1984; »Gespenstergeschichten«, Regie: George Moorse, und »Bitte nicht stören« (nach Spark), Regie: Peter Wood, ARD 1985; »Gauner im Paradies« (von Matray), Regie: Thomas Fantl, und es »Es muß nicht immer Mord sein«, Regie: Peter Weissflog, Serie, »Kir Royal«, Regie: Harald Dietl, Serie, ARD 1986; »Tödliche Liebe« (nach Fremlin), Regie: Wolf Gremm, ZDF 1986.

Auszeichnung: »Goldener Bildschirm« (TV-Hören und Sehen) 1972.
Anschrift: c/o Agentur Alexander, Lamontstraße 9, 8000 München 80.

Ilse Künkele

(eigentlich: Ilse Rabanus-Künkele)

Geb. 25. 4. 1925 in Stuttgart; dort aufgew.; nach der Schauspielausbildung kam sie 1943 als Elevin an das Württembergische Staatstheater Stuttgart, dem sie von 1944 bis 1950 als Ensemble-Mitglied angehörte. Von 1950 bis 1958 war sie unter Heinz Hilpert am Deutschen Theater Göttingen engagiert. Nach der Geburt ihres Sohnes (1958) machte sie ein Jahr Pause. Von 1959 bis 1962 spielte sie am Bayerischen Staatsschauspiel München. An den vorgenannten Bühnen verkörperte sie jeweils Rollen ihres Fachs. 1979 spielte sie am Theater des Westens Berlin in dem Musical »Showboat« (J.Kern). Seit 1959 liegt der Schwerpunkt ihrer Arbeit beim Fernsehen; sie wirkte in über 200 Produktionen mit.
Frau Künkele spricht engl.; sie ist verheiratet und lebt in München.
Film: »Der Tag vor der Hochzeit«, 1952; »Ingrid – Geschichte eines Fotomodells«, und »Mamitschka«, 1955, »Der tolle Bomberg«, 1956, »El Hakim«, mit O.W. Fischer, 1957, »Der Lügner und die Nonne« (nach Goetz), 1967, Regie: jeweils Rolf Thiele; »Das Schloß« (nach Kafka), mit Maximilian Schell und Cordula Trantow, Regie: Rudolf Noelte, 1968; »Grandison«, Regie: K. Kurz, 1978; »Seitenstechen«, mit Mike Krüger, Regie: Dieter Pröttel, 1985.
Fernsehen: »Der Kirschgarten« (nach Tschechow), Regie: Heinz Hilpert, ARD 1959; »Unterm Birnbaum«, ARD 1960; »Ring der Wahrheit«, Regie: Paul Verhoeven, ARD 1961; »Schwäbische Geschichten«, mit Willy Reichert, Regie: Theo Mezger, 12 Folgen, ARD 1962–1964; »Kleine Schule der Geläufigkeit«, Regie: Peter Lilienthal, ARD 1962; »Die Straße«, Regie: Frank Guthke, ZDF 1963; »Fernfahrer«, Regie: Theo Mezger, Serie, ARD 1963; »Der Brief«, Regie: Jürgen Goslar, »Tivoli«, Regie: Theodor Grädler, und »Der Schmied seines Glücks«, ARD 1964; »Der dritte Handschuh«, Regie: Eberhard Itzenplitz, ARD 1965; »Sherlock Holmes«, Regie: Paul May, Serie, »Der Kampf um den Reigen«, Regie: Theo Mezger, »Geibelstraße 27« (nach Lommer), Regie: Peter Beauvais, und »Chronik der Familie Nägele«, mit Willy Reichert, 5 Teile, ARD 1966; »Panama-Skandal«, Regie: Paul Verhoeven, und »Abschied vier Uhr früh«, Regie: Frank Guthke, ZDF 1966; »Der Vogel läßt das Singen nicht«, mit Willy Reichert und Dieter Borsche, »Hilfe, wir bauen«, Regie: Günther Richardt, »Das imaginäre Leben des Straßenkehrers August G.« (nach Gatti), Regie: Eberhard Itzenplitz, und »Der Vierte Platz« (nach Mönnich), Regie: Joachim Hess, ARD 1967; »Die Katze«, ZDF 1968; »Hürdenlauf«, ARD 1968; »Jonathan«, Regie: Hans W. Geissendörfer, »Der Attentäter« (nach Gottschalk), Regie: Rainer Erler, ARD 1969; »Ich – ein entlassener Lehrer«, ZDF 1969; »Trauer muß Elektra tragen« (nach O'Neill), Regie: Peter Beauvais, »Unter Kuratel«, Regie: Ludwig Cremer, »Die sich Christen nennen«, Regie: Theo Mezger, und »Das Wunder«, ARD 1970; »Fußballtrainer Wulff«, Regie: Erich Neureuther, Serie, ARD 1971; »Die Reise nach Mallorca«, Regie: Kurt Wilhelm, 2 Folgen, ARD 1972; »Ein Fall für Herrn Schmidt«, Serie, ZDF 1972; »Der Fall von nebenan«, ZDF 1973; »Land«, ZDF 1974; »Auf der Suche nach dem Glück«, »Rentner-Kommune« und »Tausend Kalorien täglich«, ZDF 1977; »Meine Mieter sind die Besten«, von und mit Fritz Eckhardt, Regie: Bruno Voges, 6 Folgen, ARD 1977; »Sonnenschein-GmbH«, mit Max Strecker, »Was wären wir ohne uns«, Regie: Ulrich Schamoni, 4 Teile, »So 'ne und so 'ne«, mit Ursela Monn, Regie: Herbert Wise, 6 Teile, und »Chronik der Familie Nägele«, Regie: Bruno Voges, 4 Teile, ARD 1978; »Das Jahr 1001«, Regie: Eberhard Itzenplitz, ZDF 1978; »Polizei-Inspektion 1«, Serie, 4 Folgen, ARD 1978–1983; »Wochenendgeschichten«, Serie, ZDF 1979; »Feuerzeichen«, Regie: Rainer Boldt, ARD 1979; »Ich denke oft an Kaltenbrunn«, Regie: Bruno Voges, 5 Teile, ARD 1980; »Der Alte«, Serie, und »Die Erbtante«, ZDF 1981; »Derrick«, Serie, »Familienanschluß« und »Frankies Braut«, ZDF 1982; »Qual-Verwandt-Schaften«, Regie: Ulrich Heising, ARD 1982; »Büro, Büro«, Serie, und »Die Drehpause«, Regie: Heiner Schmidt, ARD 1983; »Kontakt bitte«, Serie, und »Bezaubernde Julia« (nach Maugham), Regie: Wolfgang Glück, ARD 1984; »Kolossale Liebe«, Regie: Jutta Brückner, ZDF 1984; »Geschichten aus der Heimat«, Serie, ARD 1985.
Anschrift: c/o ZBF-Agentur München, Leopoldstraße 19, 8000 München 40.

Evelyn Künneke

(eigentlich: Eva Susanne Künneke)

Geb. 15. 12. 1921 als Tochter des Operettenkomponisten Eduard Künneke in Berlin; dort und in den USA aufgew.; nach der Schule nahm sie Schauspielunterricht bei Lucie Höflich und bei Leslie Howard (London). Eine Gesangsausbildung absolvierte sie bei Maria Ivogün in Berlin. Nachdem ihr der Vater das angestrebte Gesangsstudium zunächst verwehrte, ging sie im Alter von sechzehn Jahren mit einem Jugendfreund nach Ungarn, und versuchte dort unter falschem Namen mit diesem als klassisches Tanzpaar ein Engagement zu finden. Der Regisseur Geza von Cziffra entdeckte sie später für den Film.
Wieder in Berlin arbeitete sie zunächst in einem Kabarett. Der Komponist Peter Igelhoff engagierte sie als Tänzerin für eine Varieté-Tournee. Es entstanden mehrere Schallplatten, vornehmlich mit Titeln des Schlagerkomponisten Michael Jary.
Während des Krieges wirkte sie in einigen UFA-Filmen mit. Ihr Lied »Sing, Nachtigall sing« aus dem Streifen »Auf Wiedersehn, Franziska« (1941) wurde zu einem der größten Erfolgsschlager während des Zweiten Weltkrieges.
Nach 1945 trat sie als Jazz-Sängerin auf und drehte weitere Kinofilme. Mehrere Bühnenauftritte, u.a. am Schauspielhaus Bochum, und Chanson-Abende folgten. 1982 veröffentlichte sie ihre Memoiren unter dem Titel »Sing Evelyn sing«.
Frau Künneke spricht engl., franz., russisch, ungarisch, holländisch; sie war zweimal verheiratet. Aus ihrer ersten Ehe, die sie bereits mit 16 Jahren schloß, stammt eine Tochter, die seit 1937 in den USA lebt. Frau Künneke wohnt in Berlin.
Film: »Der 5-Minuten-Vater«, 1950; »Das unmögliche Mädchen«, mit Hans Holt, Regie: Akos von Rathony, 1951; »Verlorene Melodie«, mit Peter Alexander, Regie: Eduard von Borsody, 1952; »Märchen vom Glück«, 1953; »Große Starparade«, Regie: Paul Martin, 1954; »Ich war ein häßliches Mädchen«, 1955; »Flammende Herzen«, Regie: Walter Bockmayer und Rolf Bührmann 1978; »Die Hamburger Krankheit«, Regie: Peter Fleischmann, 1979.
Theater: In Vicki Baums »Menschen im Hotel«, Regie: Rosa von Praunheim, Schauspielhaus Bochum 1976.
Fernsehen: Neben zahlreichen TV-Shows (u.a. »Zwischenmahlzeit«, mit Gisela Schlüter, ARD) wirkte sie in der Serie »Tommy Tulpe« mit.
Anschrift: c/o Agentur Rakosi, Tegernseer Landstraße 284, 8000 München 90.

Ulrich Kuhlmann

Geb. in Hannover; nach der Schule absolvierte er die Staatl. Hochschule für Musik und Theater in Hannover. Sein Debüt gab er 1962 an den Wuppertaler Bühnen. Weitere Stationen: Nationaltheater Mannheim (1964–1967), Schauspielhaus Zürich (1967–1969), Württembergisches Staatstheater Stuttgart (1969–1972), Schauspielhaus Zürich (1972–1977), Thalia-Theater Hamburg (1977–1980) und Staatl. Schauspielbühnen Berlins (seit 1980).
Kuhlmann spricht engl.; er lebt in Berlin.
Theater: Henryk in Gombrowicz' »Die Trauung«, Prinz Philipp in Gombrowicz' »Yvonne, Prinzessin von Burgund«, Titelrolle in Shakespeares »Hamlet«, Antipholus aus Syrakus in Shakespeares »Komödie der Irrungen«, Percy Heißsporn in Shakespeares »Heinrich IV.«, Orsino in Shakespeares »Was ihr wollt«, Camille in Büchners »Dantons Tod«, Leonce in Büchners »Leonce und Lena«, Mortimer in Schillers »Maria Stuart«, Karl Moor in Schillers »Die Räuber«, Ferdinand in Schillers »Kabale und Liebe«, Bulanow in Ostrowskijs »Der Wald«, Tusenbach in Tschechows »Drei Schwestern«, Spitta in Hauptmanns »Die Ratten«, Advokat in Strindbergs »Ein Traumspiel«, Tristan Tzara in Stoppards »Travesties«, Arthur in Stoppards »Neu-Fund-Land«, Max in Horváths »Zur schönen Aussicht«, Oswald in Ibsens »Gespenster«, Chlestakow in Gogols »Der Revisor«, Titelrolle in Goethes »Clavigo«, Algernon in Wildes »Bunbury«, Brindsley Miller in Shaffers »Schwarze Komödie«, John Clare in Bonds »Der Irre«, Titelrolle in Handkes »Kaspar«, David in Rabes »Willkommen«, Sterneck in Schönthans »Raub der Sabinerinnen«, Horace in Anouilhs »Einladung ins Schloß«, Clos Martin in Billetdoux' »Durch die Wolken«, jeweils an den vorgenannten Bühnen. Regisseure waren u.a. Roger Blin, Jorge Lavelli, Claus Peymann, Peter Zadek, Leopold Lindtberg, Harry Buckwitz, Manfred Karge, Thomas Langhoff, Manfred Wekwerth, Kurt Erhardt, Peter Beauvais und Andrzej Wajda.
Anschrift: c/o ZBF-Agentur Berlin, Kurfürstendamm 206, 1000 Berlin 15, oder Alsterweg 56, 1000 Berlin 37.

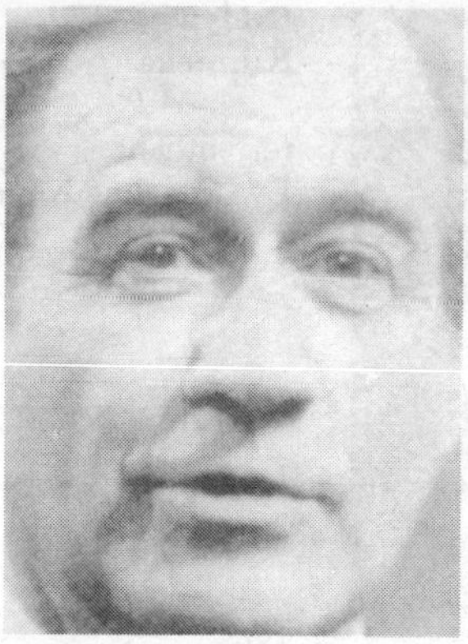

Hans-Joachim Kulenkampff

Geb. 27. 4. 1921 als Sohn eines Ex- und Importkaufmanns in Bremen; dort aufgew.; nach dem Abitur an einem Realgymnasium (1939) besuchte er die Schauspielschule des Deutschen Theaters in Berlin. Kurz vor seinem ersten Engagement wurde er zum Kriegsdienst eingezogen; 1945 geriet er in engl. Kriegsgefangenschaft.
Am Theater der Freien Hansestadt Bremen erhielt er 1946 sein erstes Engagement. Weitere Bühnenstationen: Theater im Zoo Frankfurt/Main unter Fritz Rémond, Kleine Komödie München (1963), mehrere Bühnen in Zürich, T(h)eater in der Briennerstraße München, Landestheater Detmold (bis 1984) sowie umfangreiche Tourneen durch Deutschland, Österreich und die Schweiz.
Über seine Tätigkeit als Conférencier beim Hörfunk zu Beginn der 50er Jahre kam er 1953 als Quizmaster zum Deutschen Fernsehen. Seine erste Sendereihe hieß »Wer gegen wen?«. Seine Popularität verdankt er vor allem seiner beliebtesten Quizsendung »Einer wird gewinnen« (EWG). Die von der Eurovision in der Bundesrepublik, in Östereich und der Schweiz ausgestrahlte Samstagabend-Show lief zunächst bis 1966, wurde 1968 (in Farbe) wieder aufgenommen und 1969 nach 43 Sendungen »endgültig« eingestellt. Auf Wunsch des Publikums gab es 1977 eine Erinnerungssendung, die schließlich 1979 zur Neuaufnahme einer der beliebtesten Unterhaltungssendungen führte. Kulenkampff, der am 5. 11. 1983 sein 30jähriges TV-Jubiläum feierte, will die Live-Sendung noch viele Jahre weitermoderieren.
1972 gab er das Buch »Wer das Meer liebt ... – Die tollsten Seemannsgeschichten der Weltliteratur« heraus. Kulenkampff besitzt eine eigene Yacht und ist begeisterter Segler. Der Künstler spricht engl.; er ist seit 1948 verheiratet mit Gertraud Schwarz (Kinderbuchautorin), hat zwei Kinder (Merle und Kai Joachim) und lebt in Seeham bei Salzburg in Österreich.
Film: »Bonjour, Kathrin, 1956; »Immer die Radfahrer« (selbst Co-Autor), Regie: Hans Deppe, 1958; »Kein Mann zum Heiraten«, 1959; »So nicht, meine Herren«, 1960; »Drei Mann in einem Boot«; »Dr. med. Fabian – Lachen ist die beste Medizin«, 1969.

Theater: Tempelherr in Lessings »Nathan der Weise«, Orest in Goethes »Iphigenie auf Tauris«, jeweils Theater der Freien Hansestadt Bremen; Titelrolle in Birabeaus »Der Verführer«, Regie: Fritz Rémond, Theater im Zoo Frankfurt/Main; in Molnárs »Spiel im Schloß«, Kleine Komödie München 1963; Harras in Zuckmayers »Des Teufels General«, Zürich 1968, Tournee 1973, Landestheater Detmold 1980/81; in »Die Beredsamkeit der Hunde« (nach Cervantes), Tournee; in Simons »Plaza-Suite«, mit Anaid Iplicjian, T(h)eater in der Briennerstraße München; Titelrolle in Hasenclevers »Münchhausen«, Landestheater Detmold 1984; Spielleiter in Wilders »Unsere kleine Stadt«, Born 1984/85.
Fernsehen: Moderation TV-Quiz »Wer gegen wen?«, ARD 1953; Moderation TV-Quiz mit 8 Kandidaten aus 8 Ländern »Einer wird gewinnen« (EWG), mit Martin Jente (bis 1969), ARD bis 1966, 1968/69, 1977 und seit 1979 (jedesmal auch als Darsteller in einer heiteren Film-Episode); »Blätter im Winde«, mit Wera Frydtberg, ARD 1955; »Nicht zuhören, meine Damen« (nach Guitry), ARD; Darwin in »Karl Marx«, mit Rudolf Wessely, Regie: Wolfgang Glück, ARD; Moderation TV-Quiz »Guten Abend, Nachbarn«, ARD 1971/72; Kapitän in »Mary Celeste«, ARD 1972; Moderation TV-Quiz »Acht nach Acht«, ARD 1973; Titelrolle in »Käptn Sengstakes Abenteuer«, Regie: Rolf Olsen, 3 Teile, ARD 1974; Moderation TV-Show »Feuerabend«, 7 Folgen, ARD 1975/76; Moderation TV-Show »Wie hätten Sie's denn gern?«, ARD 1976/77; »Kalendergeschichten – Mit Hans-Joachim Kulenkampff«, Serie, ARD 1979–1984; »Wenn Kuli kommt«, 12 Teile, und »Zeit zu zweit«, Talkshow mit Desireé Nosbusch, ARD 1984; »Ein Mann macht klar Schiff«, (von Pillau), Regie: Wolfgang Glück, 10 Teile, ARD 1985/86; »Nach(t)gedanken«, 92 Teile, ARD 1985/86.
Auszeichnungen: »Goldener Bildschirm« (TV-Hören+Sehen), 5 x (zuletzt 1968); »Otto« (BRAVO) 1961 und 1966; »Goldene Kamera« (HÖRZU) 1965; »Goldene Rose von Montreux« 1966; »Goldener Bambi« (BILD + FUNK) 1969; »Besondere Ehrung des 21. Adolf-Grimme-Preises« 1985.
Anschrift: c/o Agentur Lentz, Holbeinstraße 4, 8000 München 80.

Horst Kummeth

Geb. 27. 12. 1956 in Forchheim/Oberfranken; aufgew. in Garmisch/Partenkirchen; nach dem Besuch einer Wirtschaftsschule nahm er Schauspielunterricht, u.a. im Zinner-Studio München; spricht engl.; verheiratet, 2 Kinder; er lebt in Eglharting/Oberbayern.
Film: »Der Frevel«, Regie: Peter Fleischmann, 1982.
Theater: Freddy in Shaws »Pygmalion«, mit Uschi Glas und Erik Ode, Regie: Rolf von Sydow, 1980 (auch TV), und Harry Compass in Hasenclevers »Ein besserer Herr«, mit Harald Leipnitz, Regie: Jürgen Wölffer, 1983, jeweils Kleine Komödie München; Prinz of Wales in Shakespeares »Richard III.«, Regie: Kurt Meisel, Bayerisches Staatsschauspiel München 1980–1982; in King/Carys »Seemann, gib Obacht«, mit Beppo Brem, Kleine Komödie München 1984/85 (auch ZDF 1985).
Fernsehen: »Die fünfte Jahreszeit«, mit Dietmar Schönherr und Heinz Baumann, Regie: Franz Josef Gottlieb, 9 Teile, ARD 1982; »Derrick«, Serie, ZDF 1984; »Rambo Zambo«, mit Eddie Constantine und Walter Sedlmayr, Regie: Reinhard Donga, ZDF 1984; »Politik und Führerschein« (von Hans Gnant), aus der Reihe »Der Komödienstadl«, mit Max Griesser, Regie: Olf Fischer, ARD 1985; Veit Kolb in »Der eiserne Weg«, mit Arthur Brauss, Nate Seids und Michael Gempart, Regie: Wolfgang Staudte (verstarb während der Dreharbeiten) und Hans-Werner Schmidt, 6 Teile, ZDF 1985; »Oliver Maas« (von Justus Pfaue), mit Hans Clarin, Regie: Gero Erhardt, Serie, ZDF 1985/86; »Totschweigen«, Buch + Regie, Daniel Christoff, ZDF 1986.
Anschrift: c/o Agentur Alexander, Lamontstraße 9, 8000 München 80.

Doris Kunstmann

Geb. 22. 11. 1944 als Tochter der Schauspielerin Erika Kunstmann und des Filmregisseurs Georg Thieß in Hamburg; dort aufgew.; nach der Schule besuchte sie das Schauspielstudio Hiltburg Frese in Hamburg. Noch während ihrer Ausbildung gab sie Gastspiele am Stadttheater Cuxhaven und am E.T.A.-Hoffmann-Theater Bamberg (1961/62). Erste Engagements am Ernst-Deutsch-Theater (damals: Das Junge Theater) Hamburg, am Thalia-Theater Hamburg (1962–1965) an der Komödie Eppendorf (Hamburg), am Theater an der Leopoldstraße München (1966) und am Kleinen Theater Zürich (1966) folgten.
Von 1967 bis 1970 lebte sie in Rom und drehte zahlreiche Kinofilme. Seit ihrer Rückkehr in die Bundesrepublik wirkte sie in weiteren 17 Spielfilmen mit. Einen Schwerpunkt ihrer Arbeit legte sie auf das Fernsehen. 1977/78 und 1983/84 machte sie Theatertourneen.
Frau Kunstmann spricht engl., franz.; sie ist geschieden von dem Filmproduzenten Michael Fuhrmann, hat einen Sohn (Marc, geb. 1977) und lebt in Seestermühe/Elbe.
Film: »Sex of Angels«, Regie: Ugo Liberatore, Italien 1967; »Bora Bora«, mit Corado Pani, Italien 1968; »Love Maker«, mit Antonio Sabato, Italien, Regie: Ugo Liberatore, 1969; »Trotta« (nach Joseph Roths »Die Kapuzinergruft«, Drehbuch-Co-Autor: Maximilian Schell), Regie: Johannes Schaaf, und »Und Jimmy ging zum Regenbogen« (nach Simmel), Regie: Alfred Vohrer, 1971; »Deine Zärtlichkeiten«, mit Bernhard Wicki, Regie: Peter Schamoni, 1972; Eva Braun in »Adolf Hitler – die letzten 10 Tage«, mit Sir Alec Guinness, Großbritannien 1973; »Corringa«, mit Jane Birkin und Serge Gainsbourgh, Frankreich 1973; »Ein ganz perfektes Ehepaar«, mit Gerd Baltus, Regie: Ula Stöckl, 1973; »Alle Menschen werden Brüder« (nach Simmel), Regie: Alfred Vohrer, 1974; »Inside – Out«, mit Telly Savallas und James Mason, USA 1975; »Orzowei«, mit Stanley Baker, Italien/Großbritannien 1975; »Die Brüder«, Regie: Wolf Gremm, 1976; »Huldigung an die Schweiz« (nach Hemingway), 1978; »Nachtwachen«, mit Maria Schneider und Brigitte Fossey, 1979; »Das Todesurteil«, Polen 1981.
Theater: In Schönherrs »Kindertragödie«, Gastspiel 1960/61; in Rojas' »Celestina«, in Savorys »Wir erwarten Besuch«, Das Junge Theater Hamburg; in Stevens' »Ehekarussell«, Stadttheater Cuxhaven 1961/62; in Achards »Zeit des Glücks«, und in Stoppards »Old Riley ging über'n Ozean«, Thalia-Theater Hamburg 1962 und 1964/65; in Saunders' »Ein Duft von Blumen«, Kleines Theater Zürich 1966; in Aymés »Messerköpfe«, Theater an der Leopoldstraße München und Komödie Eppendorf/Hamburg 1966/67; Titelrolle in Langes »Die Gräfin von Rathenow«, Tournee 1977/78; Marguerite in Schwieferts »Marguerite durch drei«, Tournee und Theater am Holstenwall Hamburg 1983/84.
Fernsehen: Sir Hugh Dundee in »Oscar Wilde« (nach Sternheim), mit Klaus Maria Brandauer, und »Cagliostro« (nach Dumas), mit Jean Marais, 4 Teile, und Titelrolle in »Die Gräfin von Rathenow« (nach Lange), Regie: Peter Beauvais, ZDF 1973; »Der Schwierige« (nach Hofmannsthal), Regie: Stanislav Barabas, ZDF 1974; »Depressionen« (nach Caroline Mühr), ZDF 1975; Titelrolle in »Cecile« (nach Fontane), Regie: Dagmar Damek, und »Könige sterben einsam« (nach Anouilh), 2 Teile, ZDF 1977; »Die Eingeschlossenen« (nach Sartre), ZDF 1978; »Tatort«, Serie, ARD 1980; »Sonderdezernat K 1«, Serie, und »Der Gerichtsvollzieher«, Regie: Peter Weck, Serie, ARD 1981; »Das Traumschiff«, Regie: Fritz Umgelter, Serie, ZDF 1982; »Die zweite Frau« (von Wittlinger), »Der Alte«, Serie, und »Nesthäkchen«, 6 Teile, ZDF 1983; »Der Glücksritter« (von Wuttig), mit Christian Kohlund, Regie: Hans-Jürgen Tögel, 8 Teile, ARD 1984; »Der kleine Riese« (von Reinecker), mit Hans Clarin, Regie: Imo Moszkowicz, ARD 1985.
Auszeichnung: »Goldene Kamera« (HÖRZU) 1975.
Anschrift: c/o Agentur Alexander, Lamontstraße 9, 8000 München 80.

Nicole Kunz

Geb. 9. 12. 1954 in Wien; dort aufgew.; nach dem Abitur am Französischen Lyzeum Wien absolvierte sie die Sekretärinnen-Akademie (mit Diplom). Sie war ein Jahr lang an der österr. Außenhandelsvertretung Montreal (1976) tätig und arbeitete ein Jahr in London, zudem besuchte sie die Dolmetscher-Schule (für Französisch, Italienisch), u.a. in Florenz. 1978 nahm sie privaten Schauspielunterricht und erhielt ihren ersten Stückvertrag am Wiener Volkstheater. Seit 1979 gehört sie zum Ensemble des Theaters in der Josefstadt Wien.
Frau Kunz spricht engl., franz., ital.; sie ist ledig und lebt in Wien.
Theater: Anni in Schnitzlers »Anatol«, Mizi Schlager in Schnitzlers »Liebelei«, Anna in Bahrs »Die Kinder«, Antoinette Hechingen in Hofmannsthals »Der Schwierige«, Marie in Bahrs »Wienerinnen«, Lydia in Molnárs »Eins, zwei, drei«, und in Horváths »Figaro läßt sich scheiden«, jeweils Theater in der Josefstadt Wien 1979–1984; in Ayckbourns »Treppauf – Treppab«, Regie: Heinz Marecek, Kammerspiele Wien 1984 (auch ORF 1984).
Fernsehen: »Ringstraßenpalais«, Regie: Rudolf Nussgruber, Serie, ZDF 1981; »Skandal in Lobodan«, Regie: Claus Homschak, ORF 1983; Kati Milenz in »Die goldenen Schuhe« (nach Vicki Baum), mit Jacques Breuer und Claudine Auger, Regie: Dietrich Haugk, 5 Teile, ARD 1983; »Sag' die Wahrheit«, Regie: Herbert Fuchs, ORF 1984; »Rummelplatz«, mit Karl-Heinz Vosgerau, Regie: Dietrich Haugk, ARD 1984; »Es war nicht die Fünfte, es war die Neunte« (nach Nicolai), Regie: Herbert Fuchs, ORF 1985.
Anschrift: Grinzinger Straße 35, A-1190 Wien, Österreich.

Anita Kupsch

Geb. 18. 5. 1940 als Kaufmannstochter in Berlin; dort aufgew.; bereits mit fünf Jahren kam sie in eine Ballettschule; nach der mittleren Reife an einem Gymnasium absolvierte sie zunächst eine Ausbildung als Kosmetikerin. Nach ihrer Tanzausbildung bei Tatjana Gsovsky in klassischem Ballett und Jazztanz, der Gesangsausbildung in Chanson und Musical sowie der Schauspielausbildung an der UFA-Nachwuchsschule unter Else Bongers kam sie in der Spielzeit 1960/61 an das Renaissance-Theater Berlin. Ein erstes Engagement hatte sie vorher in der »Kleinen Scala«. Die weiteren Stationen: Hebbel-Theater Berlin (1964–1971), Komödie Berlin (seit 1968), Hamburger Kammerspiele (1969), Die Komödie Frankfurt/Main (1978), Die Kleine Komödie Hamburg (seit 1980) und zahlreiche Tourneen.
Ihr Film-Debüt gab sie 1962 in der Rolle der Verräterin in Robert Siodmaks Streifen »Tunnel 28«. Beim Fernsehen wirkt sie seit 1963.
Frau Kupsch spricht engl., franz.; in erster Ehe war sie von 1963 bis 1973 verheiratet mit dem Journalisten Henno Lohmeyer. Dieser Ehe entstammt ihre Tochter Daniela (geb. 1964). 1974 heiratete sie den TV-Produktionsleiter François Chevreuil. Sie lebt in Berlin.
Film: Titelrolle in »Helgalein«, Regie: Herbert Ballmann, 1969; »Einer von uns beiden«, Regie: Wolfgang Petersen, 1974.
Theater: Loulou in Guitrys »Mein Vater hatte recht«, mit O.E. Hasse, Regie: Peter Mosbacher, Schlange in Audibertis »Äpfelchen, Äpfelchen«, und Selbstmörderin in Billetdoux' »Geh' doch zu Thorp«, Regie: Helmut Käutner, jeweils Renaissance-Theater Berlin 1960/61; Tänzerin in Rattigans »Der Prinz und die Tänzerin«, Titelrolle in »Pepsie«, Regie: Erik Ode, Kitty in Pillaus »Der Kaiser vom Alexanderplatz«, mit Rudolf Platte, Regie: Erik Ode (auch TV), und Tensy in »... und zweitens bin ich siebzehn«, Regie: Wolfgang Lukschy (auch TV), jeweils Hebbel-Theater Berlin 1964–1971; Daliah in Kishons »Zieh' den Stecker raus«, Regie: Ephraim Kishon selbst, Hamburger Kammerspiele 1969 (auch TV); Adriana in Shakespeares »Komödie der Irrungen«, Tournee 1976; Cat in »Eine Rose zum Frühstück«, Regie: Wolfgang Spier, Komödie Berlin 1977; Erika in Lope de Vegas »Spiel mit dem Feuer«, Regie: Klaus Helmer, Die Komödie Frankfurt/Main 1978; Joana White in »Black lügt immer«, Regie: Jürgen Wölffer, Komödie Berlin 1978/79; Fritzi in Holts »Herzspezialist«, Regie: Erwin Strahl, Tournee 1981; Valerie in »Terzett«, Regie: Herbert Bötticher, Komödie Hamburg 1983; in Nicolais »Ewige Eva«, Tournee 1985.
Fernsehen: »Sonntags immer«, mit Hanns Lothar, ARD 1962; »Frau ohne Kuß«, und »Sag's dem Weihnachtsmann«, mit Heinz Rühmann, Regie: Rainer Wolffhardt, ZDF 1969; Biggy in »Okay, S.I.R.!«, Serie, ARD 1970–1972; »Ein Charleston für Lady Macbeth«, Regie: Rolf von Sydow, ARD 1970; Siddie in »Alfi«, mit Peter Striebeck, Regie: Karl Fruchtmann, ARD 1973; »Die Maus«, Regie: Fritz Zecha, ARD 1974; Mutter in »Mensch, Mutter!«, Regie: Rolf von Sydow, ZDF 1975; Beatrice in »Die Taube in der Hand« (nach Goetz), Regie: Frank Guthke, ARD 1975; Titelrolle in »Rosi«, Regie: Helmut Meewes, ZDF 1977; »Vorhang auf, wir spielen Mord«, Regie: Fritz Umgelter, ARD 1977; Elsken Wagensein in »Ein Mann will nach oben« (nach Fallada), mit Mathieu Carrière, Regie: Herbert Ballmann, Serie, ZDF 1977/78; »Tatort« (»Beweisaufnahme«), Regie: Peter Keglevic, ARD 1980; »Rummelplatz-Geschichten«, Serie, ARD 1982; Königin in »Don Carlos im Pogl«, Regie: Joachim Röhring, ZDF 1982; »Mandara«, Regie: Franz Joseph Gottlieb, 12 Teile, ZDF 1983; »Die Dame und die Unterwelt« (von Reinecker), mit Inge Meysel, Regie: Rainer Wolffhardt, ZDF 1984; »Ein Heim für Tiere« (nach Willis), Regie: Siegfried Rothemund, Serie, und »Locker vom Hocker« mit Walter Giller, Serie, ZDF 1985; »Quadrille« (nach Coward), Regie: Franz Josef Wild, ARD 1986.
Anschrift: c/o Agentur Mackeben, Douglasstraße 2–4, 1000 Berlin 33.

Franz Kutschera

– Staatsschauspieler –

Geb. 25. 3. 1909 in Wien; dort aufgew.; nach der Schule nahm er Schauspielunterricht bei Theodor Danegger. Wichtige Theaterstationen (u.a.): Theater Breslau, Staatstheater Darmstadt, mehrere Wiener Bühnen, Tiroler Landestheater Innsbruck, Staatstheater Leipzig, mehrere Berliner Bühnen und Bayerisches Staatsschauspiel München (1972–1984). Er gastierte ferner an der Bayerischen Staatsoper München und bei den Salzburger Festspielen. Beim Fernsehen ist er ein seltener Gast.
Kutschera spricht engl.; er lebt in München.
Film: »Grieche sucht Griechin«, mit Heinz Rühmann, Regie: Rolf Thiele, 1966.
Theater: (zuletzt) Isolani in Schillers »Die Piccolomini« (Wallenstein Teil I), Regie: Walter Felsenstein, Hauptmann in Büchners Woyzeck, Gluthammer in Nestroys »Der Zerrissene«, Zangler in Nestroys »Einen Jux will er sich machen«, und Müller in Horváths »Zur schönen Aussicht«, 1972/73, in Schnitzlers »Das weite Land«, Blasius Pichler in »Die schlimmen Buben in der Schule«, und Großinquisitor in Schillers »Don Carlos«, 1973/74, Stadtrat Reiligan in O'Caseys »Ein Freudenfeuer für den Bischof«, und Philipp in Shakespeares »König Johann«, 1974/75, der Richter in Brechts »Herr Puntila und sein Knecht Matti«, 1975/76, Titelrolle in Hauptmanns »Michael Kramer«, Suschkin in Babels »Marija«, und 4. Dadaist in »Dadatotal«, 1975/76, Universitätskanzler in Strindbergs »Ein Traumspiel«, Regie: Ingmar Bergman, Theaterdirektor/Zeremonienmeister in Goethes »Faust«, und Herr Perrichon in »Herr Perrichon auf Reisen«, 1977/78, Beauperthius in Labiches »Der Florentinerhut«, Perčichin in Gorkis »Die Kleinbürger«, Zuchthausdirektor in Zuckmayers »Der Hauptmann von Köpenick«, Regie: Horst Sachtleben, 1979/80, Lord Mayor in Shakespeares »König Richard III.«, und Graf F. Orsini-Rosenberg in Shaffers »Amadeus«, 1980/81, Karl Fuchs in Kipphardts »März – Ein Künstlerleben«, Regie: Hans Hollmann, 1981/82, Martinot in Pagnols »Zinsen des Ruhms«, Regie: Kurt Meisel, Franziskanermönch in Shakespeares »Viel Lärm um nichts«, Regie: Kurt Meisel, und Gefängnisdirektor in Wedekinds »Musik«, 1982/83, jeweils Bayerisches Staatsschauspiel München; Markgraf in Nestroys Wagner-Parodie »Lohengrin«, 1974/75, und Landgraf Purzel in Nestroys Wagner-Parodie »Tannhäuser«, 1975/76, jeweils Bayerisches Staatsschauspiel München; in Molières »Dom Juan«, Regie: Ingmar Bergman, Salzburger Festspiele 1983 und Bayerisches Staatsschauspiel München 1983/84.
Fernsehen: Bis Anfang der 70er Jahre spielte er u.a. in: »Der gute Mensch von Sezuan« (nach Brecht); »Herrenhaus« (nach Wolfe); »Der Monat der fallenden Blätter«; »Thomas Moore« (nach Bolt), Regie: Gerhard Klingenberg, ARD 1964; »Brooklyn-Ballade«.
Auszeichnung: Staatsschauspieler.
Anschrift: Brucknerstraße 15, 8000 München 80.

Elfriede Kuzmany

– Staatsschauspielerin –

Geb. 29. 9. 1915 in Rokitznitz/Böhmen; nach der Schule studierte sie zunächst an der Wiener Kunstakademie Malerei und Graphik, wechselte jedoch an die Wiener Akademie für Musik und darstellende Kunst über. Ihr erstes Engagement hatte sie von 1938 bis 1944 am Theater in der Josefstadt Wien. Von 1947 bis 1949 war sie am Theater der Freien Hansestadt Bremen (Kammerspiele) verpflichtet. Nach einem Gastspiel im Münchner Brunnenhof-Theater im Jahre 1947 erhielt sie einen Vertrag mit dem Bayerischen Staatsschauspiel München unter Paul Verhoeven. Von 1949 bis 1979 gehörte sie zum Ensemble dieser Bühne. Seither gab sie Gastspiele u.a. am Grenzland-Theater des Kreises Aachen, bei den Festspielen Heppenheim (1979) und an den Kammerspielen Düsseldorf.

Als Malerin stellte sie ihre Aquarelle, Zeichnungen und Graphiken auf zahlreichen Ausstellungen, u.a. in Regensburg, Aachen, Nürnberg und München, vor. 1985 veröffentlichte sie eine kritische Abrechnung mit dem heutigen Regie-Theater: »Der Anti-Antifaust«.

Frau Kuzmany spricht engl., franz.; sie ist verwitwet, hat zwei Kinder (Michael und Jutta Wachsmann; sie ist als Theaterregisseurin tätig) und lebt in München.

Film: »Der fallende Stern«, 1950; »Haus des Lebens«, 1952; »Das schwarz-weiß-rote Himmelbett«, mit Daliah Lavi und Thomas Fritsch, Regie: Rolf Thiele, 1963; »Sternsteinhof«, Regie: Hans W. Geissendörfer, 1976; »Dies rigorose Leben«, Regie: Vadim Glowna, 1983.

Theater: Julia in Shakespeares »Romeo und Julia«, Rosalinde in Shakespeares »Wie es euch gefällt«, Titelrolle in Shaws »Die heilige Johanna«, Titania in Shakespeares »Ein Sommernachtstraum«, Klärchen in Goethes »Egmont«, Cressida in Shakespeares »Troilus und Cressida«, Titelrolle in Calderons »Dame Kobold«, Lavinia in Shaws »Androklus und der Löwe«, Regie: Fritz Kortner, Kunigunde in Kleists »Das Käthchen von Heilbronn«, Ariel in Shakespeares »Der Sturm«, Regie: Detlef Sierck, Alice in Strindbergs »Totentanz«, Regie: Hans-Reinhard Müller (auch TV), Frau von Cypressenberg in Nestroys »Der Talisman«, Titelrolle in Lorcas »Doña Rosita«, Regie: Hans Bauer, Stella in Ustinovs »Endspurt«, Agnes in Saunders' »Ein Duft von Blumen«, Frau Fröhlich in Bernhards »Der Präsident« (auch TV), Mutter in Gombrowicz' »Operette« und Gute Werke in Hofmannsthals »Jedermann«, jeweils an den vorgenannten Bühnen.

Fernsehen: »Johanna von Lothringen« (nach Anderson), Regie: Michael Kehlmann, ARD 1959; »Elektra« (nach Giraudoux), Regie: Oswald Döpke, ZDF 1964; »Cyprienne oder Lassen wir uns scheiden« (nach Sardou/de Najac), Regie: Wolfgang Glück, ARD 1965; »Kapitän Brassbounds Bekehrung« (nach Shaw), Regie: Wolfgang Glück, und Titelrolle in »Maria Stuart« (nach Schiller), ARD 1967; Titelrolle in »Madame Legros« (nach Heinrich Mann), Regie: Michael Kehlmann, ARD 1968; »An Einzeltischen« (nach Rattigan), Regie: Franz Josef Wild, ARD 1969; »Der Stock mit der silbernen Krücke« (nach du Frênes), Regie: Walter Rilla, ZDF 1969; »Der Kommissar«, mit Erik Ode, Serie, ZDF 1973; »Platzangst«, Regie: Thomas Schamoni, und »Der Alte«, Serie, ZDF 1978; »Derrick«, Serie, ZDF 1982; »Die Erbin« (nach Henry James), Regie: Franz Josef Wild, ARD 1982; »Polizei-Inspektion 1«, Serie, 2 Folgen, ARD 1984/85; »Gespenstergeschichten«, Regie: Wolfgang Panzer, Serie, ARD 1985; »Glücklich geschieden«, mit Robert Atzorn und Beatrice Kessler, Regie: Rolf von Sydow, 6 Teile, »Alte Gauner«, Regie: Konrad Sabrautzky, Serie, »Es muß nicht immer Mord sein«, Regie: Peter Weissflog, Serie, und »Bas-Boris Bode«, Regie: Harry Baer, 6 Teile, ZDF 1985; »Ich knüpfte manche zarte Bande«, mit Johannes Heesters, Regie: Rolf von Sydow, ORF 1985.

Auszeichnungen: Bundesfilmpreis 1963; Bayerischer Verdienstorden 1967. Seit 1959 ist sie Bayerische Staatsschauspielerin.

Anschrift: c/o Agentur Alexander, Lamontstraße 9, 8000 München 80.

L

Günther Lampe

Geb. 7. 8. 1931 in Hannover; dort aufgew.; nach dem Besuch der Schauspielschule Hannover debütierte er 1949 als Knabe Wagenlenker in Goethes »Faust II« am Niedersächsischen Staatstheater Hannover (Regie: Alfred Noller). Seine Bühnenstationen: Bühnen der Stadt Bielefeld (1950/51), Schauspielhaus Bochum, Schleswig-Holsteinisches Landestheater Flensburg, Städt. Bühnen Freiburg, Städt. Bühnen Münster und Städt. Bühnen Augsburg (1952–1965), Schauspielhaus Bochum (1967–1969), Schauspielhaus Zürich (1969/70), Schaubühne am Halleschen Ufer Berlin (1970–1977), Theater der Freien Hansestadt Bremen (1978/79), Theater der Stadt Heidelberg (1980–1982), Deutsches Schauspielhaus Hamburg und Thalia-Theater Hamburg (1982–1984). Lampe spricht engl.; er lebt in Hamburg.

Theater: In Arrabals »Der Architekt und der Kaiser von Assyrien«, Regie: Niels-Peter Rudolph, Schauspielhaus Bochum 1969; Lehrer in Brechts »Die Mutter« (nach Gorki), 1970, Stroheim in der Uraufführung von Handkes »Der Ritt über den Bodensee«, 1971, Doppelpunkt in Gorkis »Sommergäste«, Regie: Peter Stein, 1975, und Pfarrer in Mussets »Man spielt nicht mit der Liebe«, Regie: Luc Bondy, 1977, jeweils Schaubühne am Halleschen Ufer Berlin; Benedikt in Shakespeares »Viel Lärm um nichts«, Mortimer in Marlowes »Eduard II.«, und Harry Hope in O'Neills »Der Eismann kommt«, Regie: jeweils David Mouchtar-Samorai, Theater der Stadt Heidelberg 1980–1982; Basil Stoke in O'Caseys »Purpurstaub«, mit Peter Striebeck, Ein Herr in Barlachs »Der blaue Boll«, Gefängnisdirektor in Wedekinds »Musik«, König Alfons II. in Goethes »Torquato Tasso«, und Pförtner in Shakespeares »Macbeth«, jeweils Thalia-Theater Hamburg 1982–1984.

Anschrift: c/o Thalia-Theater Hamburg, Alstertor, 2000 Hamburg. 1

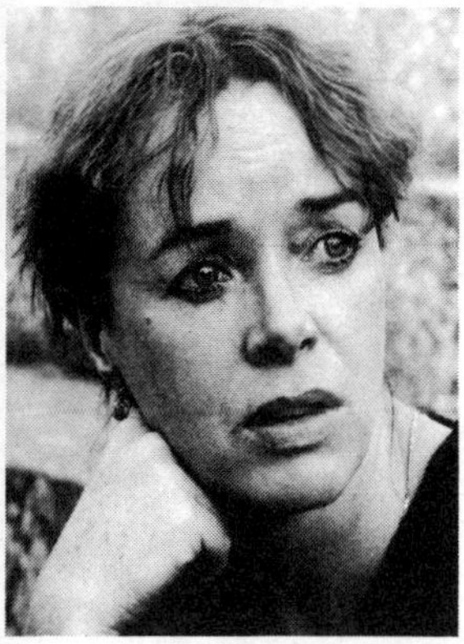

Jutta Lampe

Geb. 1943 in Flensburg; nach der Schauspielschule erhielt sie ihr erstes Engagement am Hessischen Staatstheater Wiesbaden. Nach einer weiteren Verpflichtung am Nationaltheater Mannheim kam sie an das Theater der Freien Hansestadt Bremen, dem sie bis 1969 angehörte. 1969/70 gastierte sie am Schauspielhaus Zürich, seit 1971 gehört sie zum Ensemble der Schaubühne am Halleschen Ufer (jetzt: Lehniner Platz) Berlin.
Frau Lampe spricht engl.; sie lebt in Berlin.
Film: »Sommergäste« (nach Maxim Gorki), Regie: Peter Stein, 1975; »Schwestern oder Die Balance des Glücks«, Regie: Margarethe von Trotta, 1979; »Groß und Klein« (nach Botho Strauß), Regie: Peter Stein, 1980; »Die bleierne Zeit«, Regie: Margarethe von Trotta, 1981.
Theater: In Schisgals »Liiiebe«, Regie: Rolf Becker, 1965, Lady Milford in Schillers »Kabale und Liebe«, Regie: Peter Stein, 1967, Elisabeth in Schillers »Don Carlos«, Regie: Kurt Hübner, und Leonore in Goethes »Torquato Tasso«, Regie: Peter Stein, 1969, jeweils Theater der Freien Hansestadt Bremen; Florence Nightingale in Bonds »Early Morning«, Regie: Peter Stein, Schauspielhaus Zürich 1969/70; Elisabeth Bergner in der Uraufführung von Handkes »Der Ritt über den Bodensee«, Regie: Claus Peymann, Aquilinia in Hofmannsthals »Das gerettete Venedig«, Regie: Frank-Patrick Steckel, und Solveig in Ibsens »Peer Gynt«, Regie: Peter Stein, 1971, Marianne in Horváths »Geschichten aus dem Wienerwald«, Regie: Klaus Michael Grüber, Natalie in Kleists »Prinz Friedrich von Homburg«, Regie: Peter Stein (auch TV), und Arna Schrader in »Märzstürme« (Kollektivarbeit), 1972; Ärztin in Gorkis »Sommergäste«, Leonida in Labiches »Das Sparschwein«, Regie: jeweils Peter Stein, und Vera in Botho Strauß' »Die Hypochonder«, Regie: Wilfried Minks, 1973, Charlotte Sonntag in Lasker-Schülers »Die Wupper«, Regie: Luc Bondy, 1976, Rosalinde in Shakespeares »Wie es euch gefällt«, Regie: Peter Stein, 1977, Titelrolle in Achternbuschs »Ella«, 1978, in Monks »Vessel«, Regie: Egon Monk selbst, 1980, Athene in Aischylos' »Orestie«, Regie: Peter Stein (auch TV), Katrin in Botho Strauß' »Kalldewey, Farce«, Regie: Luc Bondy, 1982, Vertu in Genets »Die Neger«, Regie: Peter Stein, und Ophelia in Shakespeares »Hamlet«, Regie: Klaus Michael Grüber, 1983, und Mascha in Tschechows »Drei Schwestern«, Regie: Peter Stein, 1984, Titania in Botho Strauß' »Der Park«, Regie: Peter Stein (auch ZDF 1985), und Phokion/Leonida in Marivaux' »Triumph der Liebe«, Regie: Luc Bondy, 1985 (auch ZDF 1986), jeweils Schaubühne Berlin.
Fernsehen: »Der Streit«, Regie: Peter Stein, ARD 1982.
Auszeichnung: Deutscher Darstellerpreis 1982.
Anschrift: c/o Schaubühne am Lehniner Platz, Kurfürstendamm 153, 1000 Berlin 31.

Günter Lamprecht

Geb. 21. 1. 1930 als Sohn eines Taxifahrers in Berlin; dort aufgew.; nach nur viereinhalb Jahren Grundschule, bedingt durch die Wirren des Krieges, begann er eine Dachdeckerlehre, die er nach sechs Monaten abbrach, um als Aushilfskraft in einer Knopf-Fabrik zu arbeiten. Es folgte eine dreieinhalbjährige Ausbildung zum Orthopädie-Handwerker, die er mit einem Diplom abschloß. In diesem Beruf war er weitere dreieinhalb Jahre tätig.
1953 nahm er Schauspielunterricht bei Else Bongers und an der Max-Reinhardt-Schule unter Lucie Höflich in Berlin. Später debütierte er am dortigen Schiller-Theater, wo er 1954/55 zum Ensemble gehörte. Seine weiteren Theater-Stationen: Schauspielhaus Bochum unter Hans Schalla (1955–1959), Städt. Bühnen Oberhausen (1959/60 und 1963/64), Hessisches Staatstheater Wiesbaden (1961/62), Theater der Stadt Heidelberg (1962/63), Theater der Stadt Essen (1964/65 und 1965/66), Bühnen der Stadt Köln (1968–1971), Deutsches Schauspielhaus Hamburg (1971/72), Schauspielhaus Bochum (1972/73), Freie Volksbühne Berlin (1977/78), Ruhrfestspiele Recklinghausen (1981 + 1983) und Festspiele Schwäbisch Hall (1985).
Nach umfangreichen Tätigkeiten beim Hörfunk spielte er ab 1968 Hauptrollen im Fernsehen. Er wirkte bislang in rund 90 Produktionen mit. Bedeutende Kinofilme drehte er seit 1975.
Große Beachtung fand die dreistündige Kinofassung des 14teiligen Fernsehfilms »Berlin Alexanderplatz« (nach Döblin), in der Lamprecht den »Franz Biberkopf« verkörpert, im Ausland, vor allem in den USA. Für diese Rolle in dem von Rainer Werner Fassbinder (mit dem Lamprecht zum ersten Mal 1972 am Schauspielhaus Bochum zusammentraf) gedrehten Streifen wurde er von US-Filmjournalisten zum »Besten Darsteller des Jahres 1983« gewählt.
Lamprecht hat eine Tochter aus erster Ehe (Anette, geb. 1961) und zwei angenommene Töchter aus seiner jetzigen Ehe (Roswitha und Barbara); er lebt in Köln.
Film: »Das Messer im Rücken«, Regie: Ottokar Runze, 1975; Titelrolle in »Das Brot des Bäckers«, Regie: Erwin Keusch, 1976; »Die Ehe der Maria Braun«, Regie: Rainer Werner Fassbinder, 1978; »Das gefrorene Herz«, Regie: Xaver Koller, 1979; Titelrolle in »Milo Barus – der stärkste Mann der Welt«, Regie: Henning Stegmüller, und »Super«, Regie: Adolf Winkelmann, 1983; Kommissar in »Is was Kanzler!?!«, Regie: Gerhard Schmidt, Rechtsanwalt Noack in »Liebe ist kein Argument«, mit Erika Pluhar, Regie: Marianne Lüdcke und »Freiwild«, Regie: Jerzy Hoffmann, 1984.
Theater: In »Krieg und Frieden« (nach Tolstoi), Bearbeitung und Regie: Erwin Piscator, Schiller-Theater Berlin und Gastspiel bei den Intern. Theaterfestwochen in Paris, 1956 + 1957; Astrov in Tschechows »Onkel Wanja«, Andrej in Tschechows »Drei Schwestern«, Kowalsky in Williams' »Endstation Sehnsucht«, in Gorkis »Die Kleinbürger«, Regie: Karl Paryla, jeweils Schauspielhaus Köln 1968–1971; John in Hauptmanns »Die Ratten«, mit Cordula Trantow und Will Quadflieg, Regie: Rudolf Noelte, Freie Volksbühne Berlin 1977/78 (auch TV); Azdak in Brechts »Der kaukasische Kreidekreis«, Regie: Peter Palitzsch, Ruhrfestspiele Recklinghausen 1981; Eddi in Millers »Blick von der Brücke«, Berliner Tournee Erich Kuhnen 1982; Dorfrichter Adam in Kleists »Der zerbrochene Krug«, Ruhrfestspiele Recklinghausen 1983; Titelrolle in Hofmannsthals »Jedermann«, Festspiele Schwäbisch Hall 1985. Lamprecht arbeitete u.a. mit Ionesco, Roger-Blanche und Genet.
Fernsehen: »Der Meisterboxer«, mit Willy Millowitsch, und »Die Söhne«, Regie: Karl Wesseler, ARD 1968; »Der Vetter Basilio« (nach Queirós), Regie: Wilhelm Semmelroth, ARD 1969; »Sohn gegen Vater«, mit Willy Millowitsch, ARD 1970; »Der Pott«, Regie: Peter Zadek, ARD 1972; »Stellenweise Glatteis«, Regie: Wolfgang Petersen, und »Rosenmontag«, Regie: Peter Beauvais, ARD 1974; »Haus ohne Hüter« (nach Böll), ZDF 1975; »Kennen Sie die Lindemanns?«, mit Barbara Rütting, Serie, »Wir sind Utopia«, Regie: Stanislav Barabas, ZDF 1976; »Insel der Rosen« (nach Mrożek), Regie: Franz Peter Wirth, ARD 1976; »Notwehr«, Regie: Hartmut Griesmayr, ZDF 1977; »Weder Tag noch Stunde«, Regie: Bruno Jantoss, Trinker in »Rückfälle«, Regie: Peter Beauvais, ARD 1977; »Tatort«, Serie, 3 Folgen, ARD 1977–1982; »Marija« (nach Babel), Regie: Horst Flick, ZDF 1978; »Strafsache gegen F.«, Regie: Wolfgang Glück, ARD 1978; »Martha und Laura auf See«, Re-

gie: Hanna Klar, und »Die große Flatter«, mit Hanna Schygulla und Richy Müller, Regie: Marianne Lüdcke, 3 Teile, ARD 1979; »Die Schattengrenze«, Regie: Wolf Gremm, ZDF 1979; »Der Galgensteiger«, Regie: Xaver Koller, SRG 1980; Franz Biberkopf in »Berlin Alexanderplatz« (nach Döblin), Regie: Rainer Werner Fassbinder, 14 Teile, ARD 1980; »Regenmacher«, Regie: Ludwig Cremer, ZDF 1980; »Das Käthchen von Heilbronn oder die Feuerprobe« (nach Kleist), Regie: Peter Beauvais, und Künstlerportrait: »Günter Lamprecht«, mit Friedrich Luft, ARD 1981; »Das Traumschiff«. Regie: Fritz Umgelter, Serie, ZDF 1982; »Der Besuch der alten Dame« (nach Dürrenmatt), mit Maria Schell, SRG 1982; »Flüchtige Bekanntschaften«, Regie: Marianne Lüdcke, ARD 1982; »Situation des Wolfes«, Regie: Wolfgang Panzer, ZDF 1983; »Komplizen«, mit Claudia Amm, Regie: Stanislav Barabas, und »Flucht nach Afrika«, ARD 1984; Titelrolle in »Ein Mann namens Parvus«, Regie: Rudolf Nussgruber, »Liebfrauen«, mit Marianne Hoppe, Regie: Wolfgang Panzer, und »Der Alte«, Regie: Dietrich Haugk, Serie, ZDF 1984; Titelrolle in »Christian Rother und die Königlich-preußische Seehandlung«, Regie: Peter Deutsch, Serie, ARD 1986.

Auszeichnungen: »Goldene Kamera« (HÖRZU) 1977; »Chaplin-Schuh« (Deutscher Darstellerpreis) 1983.

Anschrift: c/o ZBF-Agentur München, z. Hd. Frau Annemarie Herald, Leopoldstraße 19, 8000 München 40, oder The Lantz Office Inc., 888 Seventh Avenue New York NY 10106.

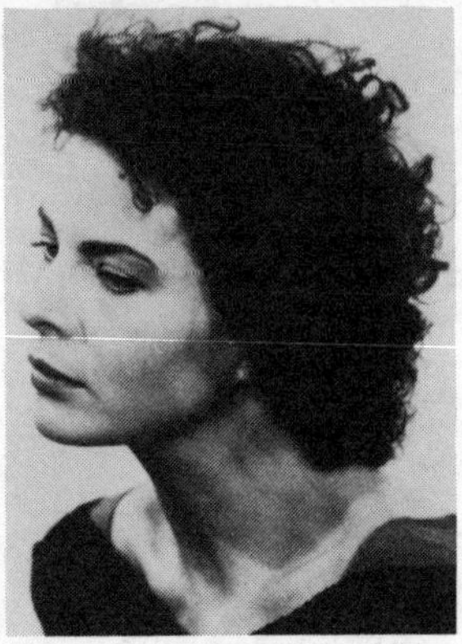

Gudrun Landgrebe

Geb. 1950 in Göttingen; aufgew. in Bochum; nach der Schauspielschule Köln (1968–1971) bekam sie erste Engagements an den Bühnen von Bruchsal, Hof/Bayern, Detmold und Pforzheim.
Von 1977 bis 1981 gehörte sie zum Ensemble der Städt. Bühnen Dortmund.
Seither arbeitet sie ausschließlich für Film und Fernsehen. 1982 bot ihr das Theater Moers die Rolle der Königin in Shakespeares »Hamlet« an. Sie lehnte zugunsten eines Filmangebots von Robert van Ackeren ab. Die Rolle der Eva in »Die flambierte Frau« brachte ihr 1983 internationalen Erfolg. Die gesamte deutsche Presse und das Fernsehen feierten sie in unzähligen Artikeln und Sendungen als die »Entdeckung des Jahres«.
Frau Landgrebe spricht engl.; sie ist ledig und lebt in München.
Film: Anke in »Dabbel Trabbel«, mit Jochen Schroeder, Regie: Dorothea Neukirchen (deren Regie-Debüt), 1982 (auch ZDF 1984); Eva in »Die flambierte Frau«, mit Mathieu Carrière, Hanns Zischler und Matthias Fuchs, Regie: Robert van Ackeren, 1983; Titelrolle in »Annas Mutter« (Geschichte der Marianne Bachmeier) mit Rolf Zacher, Buch und Regie: Burkhard Driest, »Tausend Augen«, mit Barbara Rudnik und Peter Kraus, Regie: Hans Christoph Blumenberg (dessen Regie-Debüt), »Oberst Redl«, mit Klaus Maria Brandauer, und Titelrolle in »Yerma« (nach Lorca), Regie: Barna Kabay und Imre Gyoengyoessy, 1984; Hanna in »Die Dame vom Palast-Hotel«, mit Claude Brasseur, Regie: Edouard Molinaro, BRD/Frankreich 1985.
Theater: Helen in Kesselrings »Arsen und Spitzenhäubchen«, Nina in Wedekinds »Frühlings Erwachen«, Leni in Horváths »Italienische Nacht«, Marie in Molnárs »Liliom«, Desirée in Bruckners »Krankheit der Jugend«, Tochter Hassenreuter in Hauptmanns »Die Ratten«, Susanne in Beaumarchais' »Der tolle Tag oder Figaros Hochzeit«, Lilli in Vitracs »Victor oder Die Kinder an der Macht«, und Nutte im Irrenhaus in Fos »Nur Kinder, Küche, Kirche«, jeweils Städt. Bühnen Dortmund 1977–1981.
Fernsehen: »Aufforderung zum Tanz«, Regie: Peter F. Bringmann, ARD 1977; »Matt in 13 Zügen«, mit Mathieu Carrière, Regie: Stanislav Barabas, 13 Teile, ARD 1984; »Die andere Seite des Mondes«, Regie: Michael Lähn, ZDF 1984; Klärchen in »Heimat«, Regie: Edgar Reitz, 11 Teile, ARD 1984; »Wetten daß . . .?«, Serie, ZDF 1985.
Anschrift: c/o ZBF-Agentur Frankfurt/Main, Feuerbachstraße 42–46, 6000 Frankfurt/Main.

Hellmut Lange

Geb. 19. 1. 1923 in Berlin; dort aufgew.; bereits mit 13 Jahren spielte er zusammen mit Wolfgang Kieling Kinderrollen beim Berliner Funk. Nach der Schule nahm er von 1946 bis 1948 Schauspielunterricht in Hannover. Seine ersten Engagements hatte er am Jungen Theater München und in Stuttgart (1948–1953). Von 1953 bis 1960 wirkte er als Sprecher und Regisseur bei Radio Bremen (Hörfunk). Seit 1958 drehte er zahlreiche Kino- und Fernsehfilme. Von 1971 bis 1981 moderierte er die ARD-Quiz-Reihe »Kennen Sie Kino?«. Er ist Mitarbeiter der Zeitschrift »cinema« in Hamburg.
Lange spricht engl., franz.; er ist verheiratet und hat zwei Kinder (Katharina und Tobias). Sein Sohn Jonas kam 1965 durch einen Unglücksfall ums Leben. Der Künstler lebt in Leuchtenburg.
Film: »Frage 7« und »Lebensborn«, 1959; »Der Fälscher von London«, 1960; »Banknotenfälscher« und »Camp der Verdammten«, 1961; »Barras heute«, Regie: Rolf May, und »Ein Mann im schönsten Alter«, Regie: Franz Peter Wirth, 1963; »Das Nest der gelben Viper«, 1964; »Zwei Spione«, 1965; »Zwei Girls vom roten Stern«, 1966; »Das Messer im Rücken«, mit Günter Lamprecht, Regie: Ottokar Runze, 1975.
Fernsehen: »Der Mann von drüben« (von Gütt), Regie: Wilm ten Haaf, und »Johnny Belinda« (nach Harris), Regie: Franz Josef Wild, ARD 1961; »Stahlnetz« (von Menge), Regie: Jürgen Roland, Serie, und »Laura« (nach Caspary/Sklar), mit Hildegard Knef, Regie: Franz Josef Wild, ARD 1962; »Das Halstuch« (nach Durbridge), 3 Teile, ARD 1964; Titelrolle in »Lederstrumpf« (nach James F. Cooper), die 4 Teile: »Der Wildtöter«, »Der letzte Mohikaner«, »Der Pfadfinder« und »Die Prärie«, Regie: Pierre Gaspard-Huit, ZDF 1969; Titelrolle in »John Klings Abenteuer«, Serie, ZDF 1969/70; »Salto Mortale« (von Wuttig), mit Gustav Knuth, Horst Janson, Hans Söhnker und Joseph Offenbach, Serie, ARD 1969–1971; Kommandant Bucher in »Pueblo-Affäre« (von Peter von Zahn), ZDF 1972; Kriminalrat Hager in »Eurogang«, 6 Folgen, ARD 1975; »Der Alte«, Serie, ZDF 1978; »Tatort«, Regie: Jürgen Roland, Serie, ARD 1983; »Mandara«, mit Horst Frank, 13 Folgen, ZDF 1983.
Anschrift: c/o Agentur von Pilecki, Eilandstraße 12, 8000 München 90, oder Borchshöhe 22, 2822 Leuchtenburg.

Renate Langer

Geb. 20. 5. 1956 in München; dort aufgew.; mittlere Reife; sie absolvierte sechs Jahre lang die Münchner Sprachen-Schule; bereits während ihrer Schulzeit am Willi-Graf-Gymnasium München wurde sie als Fotomodell entdeckt; nach der Schulausbildung arbeitete sie über ein Jahr in diesem Beruf. Roman Polanski holte sie zum Film. Seither wirkte sie in 12 Kinoproduktionen mit. Sie nahm privaten Sprech- und Gesangsunterricht, drehte zahlreiche Werbefilme und arbeitete in der Synchronisation.
Frau Langer spricht engl., franz., span.; sie ist ledig und lebt in München.
Film: »Melody in Love«, mit Sascha Hehn, Regie: Jürgen Goslar, »Hurra, die Schwedinnen sind da«, Regie: Franz Josef Gottlieb, und »Summernight-Fever«, Regie: Sigi Rothemund, 1978; »Disco-Fever«, Regie: Hubert Frank, 1979; »Flitterwochen«, mit Cleo Kretschmer und Wolfgang Fierek, Regie: Klaus Lemke, 1980; »Frech wie Oskar«, Regie: Franz Josef Gottlieb, 1981; »Ein dicker Hund«, mit Tommi Ohrner und Helga Feddersen, Regie: Franz Marischka, 1982; »Eis am Stiel – 5. Teil«, mit Zachi Noy, Regie: Boaz Davidson, BRD/Israel 1983; »Die Story«, Regie: Eckhart Schmidt, 1984; »Das Wunder«, Regie: Eckhart Schmidt, 1985.
Fernsehen: »Der Mann, der keine Autos mochte«, mit Ralf Schermuly, Regie: Dieter Wedel, Serie, ZDF 1984; »Die Schwarzwaldklinik«, mit Klausjürgen Wussow, Sascha Hehn und Heidelinde Weis, Regie: Alfred Vohrer, Serie, ZDF 1985/86.
Anschrift: c/o ZBF-Agentur München, Leopoldstraße 19, 8000 München 40.

Nicolas Lansky

Geb. 12. 8. 1939 in Gera; dort, im Rheinland und in München aufgew.; nach der Schule absolvierte er eine Ausbildung als Fotograf und war bis 1966 in diesem Beruf tätig. Nach privatem Schauspielunterricht debütierte er 1966 am Stadttheater Bern. 1967/68 war er am Landestheater Württemberg-Hohenzollern in Tübingen engagiert. Gastspiele gab er bis 1982 u.a. an den Münchner Kammerspielen, bei den Kreuzgangspielen Feuchtwangen, am Theater der Jugend München, am Theater am Einlaß München, am T(h)eater in der Briennerstraße München sowie auf Tournee. Seit 1976 wirkt er häufig für Film und Fernsehen. 1977 veröffentlichte er das Fotobuch »Schauspieler ohne Maske«; er veranstaltete mehrere Ausstellungen seiner Fotografien. Lansky spricht engl., franz.; er lebt in München.

Film: »Der Schattenreiter«, Regie: George Moorse, 1977; »Stunde Null«, und »Kalte Heimat«, Regie: W. Werner Schaefer, 1978; »Die wunderbaren Jahre«, von und unter der Regie von Rainer Kunze, 1980; »Wer spinnt denn da, Herr Doktor?«, mit Otto Sander, Regie: Stefan Lukschy und Christian Rateuke, 1982; Titelrolle in »Das Wagnis des Arnold Janssen«, Regie: Henri Walter, und »Question of Choice«, Regie: Nic Renton, 1983; »Das Arche-Noah-Prinzip«, Regie: Roland Emmerich, und »Die Story«, Regie: Eckhart Schmidt, 1984.

Theater: Tellheim in Lessings »Minna von Barnhelm«, in Becketts »Warten auf Godot«, Titelrolle in »Der Elephantenmensch«, in Feydeaus »Der Floh im Ohr«, in Molières »Der eingebildete Kranke«, Malvolio in Shakespeares »Was ihr wollt«, in Hauptmanns »Florian Geyer«, in Tschechows »Drei Schwestern«, in Steinbecks »Von Mäusen und Menschen«, Regie: Boleslaw Barlog, und in Shermans »Bent«, jeweils an den vorgenannten Bühnen (1966–1984).

Fernsehen: »Die Dämonen« (nach Dostojewski), Regie: Claus Peter Witt, Serie, Titelrolle in »Die unwirkliche Geschichte des Siegfried Braun«, Regie: Rainer Beck, und »Rentnerkommune«, Regie: Rudolf Jugert, ARD/ZDF 1977; »Plutonium«, Regie: Rainer Erler, und Titelrolle in »Prozeß Dr. Schumpfeger« (aus der Reihe: »Spielraum«), Regie: Peter Behle, ZDF 1978; »Onkel Bräsig«, mit Fritz Hollenbeck, Regie: Stanislav Barabas, Serie, ARD 1979; »Andorra« (nach Frisch), Regie: Max-Peter Amann, SRG 1979; »Notenkonferenz«, Regie: Karl-Heinz Deickert, ZDF 1979; »Dr. Margarete Johnsohn«, Regie: Dagmar Damek, »Der Alte«, Serie, und »Bekenntnisse des Hochstaplers Felix Krull« (nach Thomas Mann), mit John Moulder-Brown, Regie: Bernhard Sinkel, Serie, ZDF 1982; »Ein Stück Himmel« (von Lehman nach David), Regie: Franz Peter Wirth, Serie, ARD 1982; »Das Dorf«, Regie: Claudia Holldack, 3 Teile, und »Melzer«, Regie: Heinz Bütler, ZDF 1983; »Rote Erde« (von Peter Stripp), Regie: Klaus Emmerich, Serie, ARD 1983; »Kerbels Flucht«, Regie: Erwin Keusch, und »Angelo und Luzy«, Serie, ZDF 1984; »Revolution im Ballsaal«, Regie: Richard Blank, »Die Rückkehr der Zeitmaschine«, Regie: Jürgen Klauß, »Das leise Gift« (nach Nester), Regie: Erwin Keusch, und Titelrolle in »Fritz Golgowsky«, Regie: Berenger Pfahl, 14 Teile, ARD 1984. Zudem trat er in zahlreichen Sonntags-»Matineen« des ZDF auf (u.a. zu »George Orwell«, 1984).

Anschrift: c/o Agentur Alexander, Lamontstraße 9, 8000 München 80.

Ingeborg Lapsien

Geb. 16.10.1930 in Königsberg/Ostpreußen; dort aufgew.; nach der mittleren Reife besuchte sie von 1946 bis 1948 das Schauspielstudio Ruth von Zerboni in München und nahm Gesangsunterricht. Ihr erstes Engagement hatte sie am Jungen Theater München im Jahre 1948; die weiteren Stationen: Landestheater Württemberg-Hohenzollern in Tübingen (1952/53), Städtebundtheater Hof/Saale (1953/54), Gastspiele an den Städt. Bühnen Trier und Bühnen der Stadt Bonn (1954–1957), Theater der Stadt Baden-Baden unter Hannes Tannert (1957–1960), Deutsches Theater Göttingen unter Heinz Hilpert (1960–1966). Seit 1966 ist sie freischaffend tätig, wobei sie den Schwerpunkt ihrer Arbeit auf Film, Fernsehen und Synchronisation legte.
Frau Lapsien spricht engl.; sie ist ledig und lebt in Ebenhausen/Oberbayern.
Film: Krankenschwester in »Oh Jonathan, oh Jonathan«, mit Heinz Rühmann, Regie: Franz Peter Wirth, 1973; »Alle Menschen werden Brüder«, mit Klaus Schwarzkopf, 1974; »Gott schützt die Liebenden«, mit Harald Leipnitz, 1975, jeweils nach Simmel und unter der Regie von Alfred Vohrer.
Theater: Yvette in »Mutter Courage und ihre Kinder«, mit Therese Giehse, von und unter der Regie von Bertolt Brecht, Münchner Kammerspiele 1950/51; Titelrolle in Aristophanes' »Lysistrate«, Titelrolle in Brauns »Medea«, Mrs. Antrobus in Millers »Wir sind noch einmal davongekommen«, Jenny in Brecht/Weills »Die Dreigroschenoper«, und Eboli in Schillers »Don Carlos«, jeweils Theater der Stadt Baden-Baden 1957–1960; Helena in Shakespeares »Troilus und Cressida«, Frau Flamm in Hauptmanns »Rose Bernd«, Lady Milford in Schillers »Kabale und Liebe«, Katharina in Shaws »Helden«, Regie: jeweils Heinz Hilpert, und Klytemnästra in Sartres »Die Fliegen«, Regie: Peter Beauvais, 1960–1966, und Elisabeth in Schillers »Maria Stuart«, Regie: Günter Fleckenstein, 1969, jeweils Deutsches Theater Göttingen; Frau Marthe in Goethes »Urfaust«, Regie: Helmut Henrichs, Bayerisches Staatsschauspiel München 1972; Titelrolle in »Frau Jenny Treibel«, Regie: Rolf Stahl, und Königin in Shakespeares »Hamlet«, jeweils Staatstheater Darmstadt 1976–1978; Titelrolle in Lorcas »Bernarda Albas Haus«, Schauspielhaus Düsseldorf 1978.
Fernsehen: »Ruf ohne Echo« (nach Cesbron), ARD 1959; »Das Glück läuft hinterher«, ARD 1966; Agnes in »Ein Duft von Blumen (nach Saunders), Regie: Peter Beauvais, ARD 1967; Juliana in »Der Vetter Basilio« (nach de Queirós), ARD 1969; Martha Krause in »Seine Majestät Gustav Krause« (nach Foerster), ARD 1971; Miß Erikson in »Amouren« (nach Coward), ZDF 1972; Lisaweta in »Schneesturm« (nach Leonov), ZDF 1973; Madame Violette in »Der Macher oder Warten auf Godeau« (nach Balzac), ZDF 1974; Madame Nilow in »Die unfreiwilligen Reisen des Moritz August Benjowski« (nach Pigge), Regie: Fritz Umgelter, ZDF 1975; Tante in »Amor«, Regie: Slavomir Mrożek, ARD 1978; »Onkel Silas«, Regie: Sigi Rothemund, Serie, ZDF 1980; Juli in »Ich liebe Dich Juli«, Regie: Karl-Heinz Deickert, ZDF 1984; »Büro – Büro«, Serie, ARD 1983/84; »Matt in 13 Zügen«, mit Mathieu Carrière und Gudrun Landgrebe, ARD 1984; »Der Fehler des Piloten«, Regie: Hartmut Griesmayr, ZDF 1985; »Die Krimistunde«, Regie: Hartmut Griesmayr, Serie, ARD 1985.
Anschrift: c/o Agentur de la Berg, Haus am Weiher, 8026 Irschenhausen, oder Hackerstraße 6, 8026 Ebenhausen.

Andrea L'Arronge

Geb. 7. 4. 1957 als Tochter eines Kameramanns und einer Kostümbildnerin in München; dort aufgew.; ihr Urgroßvater war Adolf L'Arronge, der ehemalige Direktor des Deutschen Theaters in Berlin.
Nach dem Gymnasium besuchte sie eine Sprachenschule und erwarb das Englisch-Diplom; sie spricht ferner franz.; Unterricht in Jazz-Ballett; bereits mit sieben Jahren stand sie zum ersten Mal vor der Filmkamera.
Andrea L'Arronge ist in zweiter Ehe verheiratet mit dem Bundeswehrpiloten Charly Reichenwallner, hat ein Kind und lebt in München.
Film: »Das Schlangenei«, mit David Carradine, Regie: Ingmar Bergman, BRD/USA 1977; »Die Supernasen«, mit Thomas Gottschalk und Mike Krüger, Regie: Dieter Pröttel, 1983.
Theater: In dem Musical »Himmel auf Erden«, mit Peter Fröhlich, Regie: Eward Revaux, Hamburg 1975; Susanne in Beaumarchais' »Der tolle Tag oder Figaros Hochzeit«, mit Friedrich Schoenfelder, 1981, Fee Cheristane in Raimunds »Der Verschwender«, und Marie in Nestroys »Einen Jux will er sich machen«, 1982, jeweils Festspiele Heppenheim; Titelrolle in Rattigans »Der Prinz und die Tänzerin«, mit Harald Leipnitz, Tournee 1982; Maria in Goetz' »Dr. med. Hiob Prätorius«, Tournee 1984.
Fernsehen: »Fünfte Kolonne«, Regie: Wolfgang Becker, und »Candy Shop«, ARD 1964; »Salto Mortale«, mit Hans Söhnker und Gustav Knuth, Serie, ARD 1965–1970; »Das verflixte Klavier«, ARD 1968; »Der Prinz aus dem Busch«, Regie: Theodor Grädler, ZDF 1969; »Lerchenpark« (von Hanuš Burger), ARD 1971; »Der Verrat«, Regie: Lutz Büscher, und »Die Powenzbande«, Serie, ARD 1973; »Der Wohltäter«, Regie: Wolf Dietrich, und »Das Freizeitheim«, Regie: Hartmut Griesmayr, ARD 1974; »Tatort«, Serie, »Bier und Spiele«, Regie: Michael Verhoeven, Serie, ARD 1975; »Der Kommissar«, mit Erik Ode, Serie, 2 Folgen, »Block 7«, Serie, und »Derrick«, Serie, ZDF 1975; »Überlebenstraining«, Regie: Frank Guthke, ZDF 1976; »Meine Mieter sind die besten«, Regie: Bruno Voges, Serie, ARD 1977/78; »Die Kur«, Regie: Frank Strecker, ARD 1978; »Merlin«, Serie, und »Wann heiraten Sie meine Frau?!«, ZDF 1978; »SOKO 5113«, Serie, ZDF 1979; »Konzert-Café«, Regie: Rainer Bertram, Serie, ZDF 1980; »Musik auf dem Lande« (von Oliver Storz), und »Der Spot – oder Fast eine Karriere«, Regie: Rainer Erler, ZDF 1981; »Tür an Tür«, Regie: Dieter Pröttel, Serie, und »Kommissariat 9«, Serie, ARD 1982; »Angelo und Luzy«, mit Harald Leipnitz, Serie, ZDF 1984; »Krimistunde«, Regie: Hartmut Griesmayr, Serie, ARD 1984; »Der Fehler des Piloten«, Regie: Hartmut Griesmayr, ZDF 1985.
Anschrift: c/o Agentur von Pilecki, Eilandstraße 12, 8000 München 90, oder Mauerkircherstraße 170, 8000 München 81.

Dieter Laser

Geb. 17. 2. 1942 in Kiel; aufgew. in Hamburg, lebt in Berlin; verheiratet; spricht engl.; mittlere Reife; verdiente seinen Lebensunterhalt als Gelegenheitsarbeiter; die Schauspielschule brach er nach einem Jahr ab. Bei seiner Statistentätigkeit am Schauspielhaus Hamburg wurde er 1961 von Gustaf Gründgens entdeckt. Er und Joseph Offenbach förderten Laser und ermöglichten ihm kleinere Rollen. Nach einem Gastspiel an den Deutschen Kammerspielen in Santiago de Chile (1962/63) kam er durch Peter Stein an die Münchner Kammerspiele (1967–1969); mit Stein wechselte er auch ans Schauspielhaus Zürich (1969/70) und an die Schaubühne am Halleschen Ufer in Berlin (1970–1973); dort war Laser Mitglied des Direktoriums; seit 1973 ist er freiberuflich tätig und gab u.a. Gastspiele am Württembergischen Staatstheater Stuttgart, den Bühnen der Stadt Bonn, der Freien Volksbühne Berlin sowie vorwiegend am Schiller-Theater Berlin.

Seit 1973 war Laser zudem in über 40 Kino- und Fernsehfilmen zu sehen. Die ARD widmete ihm 1979 ein eigenes TV-Portrait »Dieter Laser – Schauspieler«.

Film: Titelrolle in »John Glückstadt«, Regie: Ulf Miehe, 1975; Reporter Tötges in »Die verlorene Ehre der Katharina Blum« (nach Böll), mit Angela Winkler, Regie: Volker Schlöndorff, 1976; »Operation Ganymed«, Regie: Rainer Erler, und »Die Elixiere des Teufels« (nach E.T.A. Hoffmann), Regie: Manfred Purzer, 1977; »Die gläserne Zelle« (nach Highsmith), Regie: Hans W. Geissendörfer, und Abgeordneter in »Deutschland im Herbst«, Regie: Autorenteam, 1978; »Nachtwachen«, Regie: Dagmar Damek, 1979; »Don Quichottes Kinder«, Regie: Claudia Holldack, und »Ein gutes Land«, Regie: Horatius Haeberle, 1981.

Theater: Mercutio in Shakespeares »Romeo und Julia«, Regie: William Dieterle, Deutsches Theater München, 1967; Messer in Muellers »Großer Wolf«, Regie: Claus Peymann, Münchner Kammerspiele, 1970; Titelrolle in Ibsens »Peer Gynt«, Regie: Peter Stein, und Zauberkönig in Horváths »Geschichten aus dem Wienerwald«, Regie: Michael Grüber, jeweils Schaubühne am Halleschen Ufer Berlin 1970; Titelrolle in Shakespeares »Macbeth«, Regie: Kurt Hübner, Freie Volksbühne Berlin 1973; Erzähler in »Aspern« (von James, Marini und Sciarrino), Regie: Hansgünther Heyme, Württembergisches Staatstheater Stuttgart, und Prinz von Gonzaga in Lessings »Emilia Galotti«, Regie: Ellen Hammer, Bühnen der Stadt Bonn, 1981; Brazil in Poliakoffs »City Sugar«, Regie: Alois Heigl, Laurenz in Fleißers »Der Tiefseefisch«, Regie: Thomas Reichert, Freder in Bruckners »Krankheit der Jugend«, Regie: Michael Hanecke, Sprecher in Becketts »Ein Stück Monolog«, Regie: Klaus Engeroff, Westerhaus in Schnitzlers »Komödie der Verführung«, Regie: Hans Hollmann, Glumow in Ostrowskijs »Eine Dummheit macht auch der Gescheiteste«, Regie: Grigorie Towstonogow, jeweils Schiller-Theater Berlin 1979–1984; in H. Tielmanns »Der Spieler« (nach Dostojewski), Regie: Pavel Kohout, Deutschlandtournee mit Berliner-Tournee-Theater Erich Kuhnen 1983/84.

Fernsehen: »Desaster«, Regie: Reinhard Hauff, ARD 1973; »Ermittlungen gegen Unbekannt« (nach Wallraff), Regie: Roland Gall, ZDF 1973; »Der Verräter«, Regie: Rainer Erler, ZDF 1974; »Revolte 1848«, Regie: Achim Kurz, ARD 1974; »Die letzten Ferien«, Regie: Rainer Erler, »Turandot« (nach Brecht), Regie Jürgen Flimm, und »Kurzschluß«, Regie: Wolfgang Petersen, ARD 1975; »Väter und Söhne« (nach Turgenjew), Regie: Claus Peter Witt, ARD 1977; »Die Geburtstagsfeier« (nach Pinter), Regie: Jürgen Flimm, und »Union der festen Hand«, Regie: Claus Peter Witt, ZDF 1978; »Die Rückkehr«, Regie: Sławomir Mrożek, ARD 1979; »Kreuzfahrten eines Globetrotters« (nach Maugham), Regie: Claus Peter Witt, 11 Folgen, ZDF 1979; »Kennwort Schmetterling«, Regie: Claus Peter Witt, ZDF 1980; »Wir« (nach Samjatin), mit Sabine von Maydell, Regie: Vojtech Jasny, ZDF 1982; Dr. Raabe in »Konsul Möllers Erben« (von Herbert Asmodi), mit Ernst Fritz Fürbringer, 7 Teile, ZDF 1983; »Väter und Söhne«, mit Burt Lancaster und Julie Christie, Regie: Bernhard Sinkel, Serie, ARD 1986.

Auszeichnung: Budesfilmpreis 1975 für die Titelrolle in »John Glückstadt«.

Anschrift: Motzstraße 5, 1000 Berlin 30.

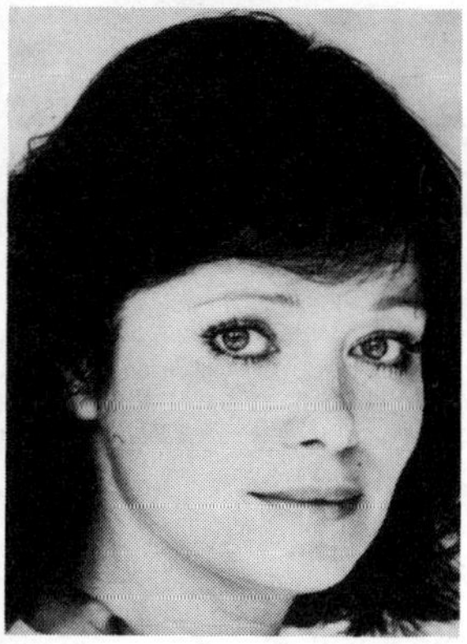

Herlinde Latzko-Ruff

Geb. 23. 5. 1944 in Lichtenstadt bei Karlsbad/ČSSR; aufgew. in Hohenlohe und Stuttgart; sie absolvierte die Otto-Falckenberg-Schule München. Ihr erstes Engagement erhielt sie von 1969 bis 1972 am Stadttheater Bern. 1972 und 1973 war sie am Schauspielhaus Zürich verpflichtet. Seither arbeitet sie ausschließlich für Film und Fernsehen.
Frau Latzko-Ruff spricht engl., franz.; sie ist verheiratet, hat Kinder und lebt in Boll bei Bern/Schweiz.
Film: »Kneuss«, Regie: Gaudenz Meili, 1977; »Der Fall Sylvester Matuska«, mit Armin Mueller-Stahl, Regie: Sándor Simó, Ungarn/BRD/USA 1982 (auch ZDF 1983)
Theater: Luise in Schillers »Kabale und Liebe«, Recha in Lessings »Nathan der Weise«, und Franziska in Lessings »Minna von Barnhelm«, mit Gertrud Kückelmann, jeweils Stadttheater Bern 1969–1972; Lulu in Kohouts »August, August, August«, Marie in Goethes »Clavigo«, Lucie in Brechts/Weills »Die Dreigroschenoper«, und Rossignol in Peter Weiss' »Die Verfolgung und Ermordung Jean Paul Marats«, jeweils Schauspielhaus Zürich 1972–1973.
Fernsehen: »Der Scheingemahl« (nach Courths-Mahler), ARD 1974; »Sag' Oma gute Nacht«, mit Jane Tilden, und »Tristan« (nach Thomas Mann), Regie: Herbert Ballmann, ZDF 1975; »Der Rote Platz«, Regie: Dieter Wedel, und »Fairy«, Regie: Vojtech Jasny, ZDF 1977; »Tatort«, Regie: Hajo Gies, Serie, ARD 1977; »Die Traumfrau«, Regie: Klaus Überall, ARD 1978; »St. Pauli Landungsbrücken«, Serie, ARD 1979; »Der Alte«, Serie, ZDF 1979; »Beate und Mareile« (nach Eduard von Keyserling), Regie: Hajo Gies, ZDF 1981; »Bretter, die die Welt bedeuten«, Regie: Dieter Wedel, Serie, ZDF 1982; »Das Traumschiff«, Regie: Alfred Vohrer, Serie, ZDF 1983; Cosel in »August der Starke« (von Asmodi), mit Gert Fröbe, Regie: Rudolf Nussgruber, »Special: Klaus Schwarzkopf«, »Special: Manfred Krug«, und »Heirat nicht ausgeschlossen«, mit Felix von Manteuffel, Regie: Eberhard Itzenplitz, ZDF 1984.
Anschrift: c/o ZBF-Agentur München, Leopoldstraße 19, 8000 München 40.

Tilly Lauenstein

(eigentlich: Mathilde Dorothea Lauenstein)

Geb. 28. 7. 1916 als Tochter eines Konditors und Molkereibesitzers in Bad Homburg; dort aufgew.; nach dem Besuch der Volksschule und des Lyzeums absolvierte sie die Theaterschule Berlin. Ihr Debüt gab sie 1934 am Staatstheater Stuttgart. Weitere Stationen bis 1945: Stadttheater in Görlitz und Kaiserslautern und Hessisches Staatstheater Wiesbaden. Nach dem II. Weltkrieg spielte sie vor allem an Berliner Bühnen (ab 1947), u.a.: Deutsches Theater, Hebbel-Theater, Staatl. Schauspielbühnen, Theater am Kurfürstendamm, Komödie und Renaissance-Theater (bis 1985). Sie gastierte an der Kleinen Komödie München (1968–1976), bei verschiedenen Festspielen, 1984 in Bad Hersfeld.
Ihr Film-Debüt gab sie 1948 in dem Streifen »Chemie und Liebe« (Regie: Arthur Maria Rabenalt, DEFA). Seit 1954 wirkt sie umfangreich beim Fernsehen. Sie wurde vor allem durch Serien von Heinz-Oskar Wuttig (»Alle meine Tiere« und »Forellenhof«) bekannt und beliebt. Einen weiteren Schwerpunkt ihrer Arbeit bildet die Synchronisation (deutsche Stimme von Ingrid Bergman, Bette Davis, Barbara Stanwyck, Anita Björk, Katharine Hepburn, Simone Signoret, Norma Shearer sowie zahlreiche amerik. Serien).
Frau Lauenstein spricht engl.; sie ist geschieden, hat einen Sohn (Detlef) und lebt in Berlin.
Film: »Chemie und Liebe«, Regie: Arthur Maria Rabenalt, DEFA, 1948; »Anonyme Briefe«, und »Das Mädchen Christine«, Regie: Arthur Maria Rabenalt, 1949; »Die Stärke« und »Die Todesarena«, 1953; »Madeleine und der Legionär«, Regie: Wolfgang Staudte, und »Madeleine Tel. 13 62 11«, Regie: Kurt Meisel, 1958; »Unser Wunderland bei Nacht«, und »Der letzte Zeuge«, Regie: Wolfgang Staudte, 1960; Evie in »Julia, du bist zauberhaft« (nach Maugham), mit Lilli Palmer und Charles Boyer, Regie: Alfred Weidenmann, 1961; »Otto – Der Film«, mit Otto Waalkes, Regie: Xaver Schwarzenberger, 1985.
Theater: Marie in Büchners »Woyzeck«, mit E.W. Borchert (1947), in Camus' »Die Gerechten«, mit Paul-Edwin Roth und Kurt Bühler (1948), Cassandra in Giraudoux' »Der trojanische Krieg findet nicht statt«, mit Annemarie Düringer (1959), Titelrolle in Shaws »Frau Warrens Gewerbe« (1968), in Sagans »Das ohnmächtige Pferd« (1968), in Wildes »Eine Frau ohne Bedeutung« (1975), in Wildes »Ein idealer Gatte« (1976), in »Wie immer am Donnerstag«, mit Anne-Marie Blanc, Regie: Erik Ode (1978), Königin Eleonore in Dürrenmatts »König Johann« (1984), und in »Bettleroper des John Gray« (1985), jeweils an den vorgenannten Bühnen.
Fernsehen: »Die Stärkere«, mit Käthe Braun, ARD 1954; Ehefrau in »Alle meine Tiere« (von Heinz-Oskar Wuttig), mit Gustav Knuth, Serie, ARD 1960/61; »Theatergarderobe«, Serie, und »Kurheim«, Serie, ARD 1960–1962; »Der Forellenhof« (von Heinz-Oskar Wuttig), mit Hans Söhnker, Jane Tilden, Helmut Förnbacher, Gerhart Lippert und Helga Anders, Serie, ARD 1963–1965 (wurde bislang 7mal wiederholt!); »Der Kommissar«, mit Erik Ode, Serie, ZDF 1972; »Derrick«, Serie, 3 Folgen, ZDF 1976–1982; »Das Dorf«, Regie: Claudia Holldack, 3 Teile, ZDF 1983; »Heiße Wickel – kalte Güsse« (von Lohmeier), Regie: Franz Josef Gottlieb, Serie, und »Ravioli«, mit Karin Eickelbaum, Regie: Franz Josef Gottlieb, Serie, ZDF 1984; »Der Alte«, Serie, ZDF 1985.
Auszeichnung: »Großer Bad-Hersfeld-Preis« 1984.
Anschrift: c/o ZBF-Agentur Berlin, Kurfürstendamm 206, 1000 Berlin 15.

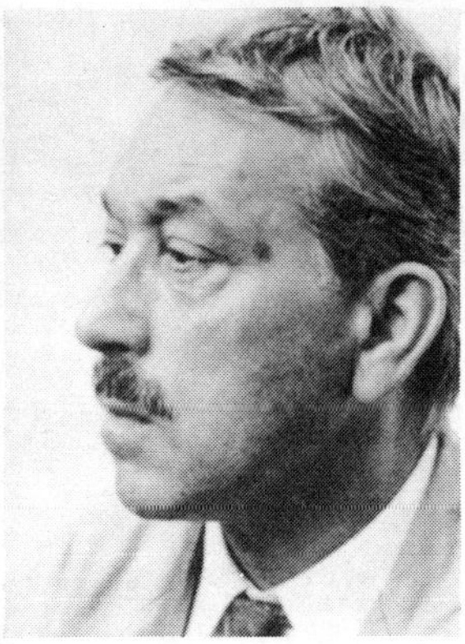

Richard Lauffen

Geb. 2. 6. 1907 in Mönchengladbach; dort aufgew.; nach der Hauptschule Schauspielunterricht bei Otto Wernicke, Therese Giehse und Prof. Tony Stury-Wittels in München; dort debütierte er auch 1927 als Kötznickel in Mells »Nachfolge-Christi-Spiel« an den Kammerspielen unter Otto Falckenberg. Bis 1945 folgten Engagements in Plauen, Oldenburg und Mannheim. Von 1945 bis 1948 war er beim Theater »Die Auslese« in Hamburg unter Vertrag. Weitere Bühnenstationen seither: Theater am Kurfürstendamm Berlin, Hamburger Kammerspiele, Luisenburg-Festspiele Wunsiedel, Deutsches Schauspielhaus Hamburg, Schauspielhaus Zürich, Baseler Theater, Städt. Bühnen Köln, Niedersächsisches Staatstheater Hannover sowie zahlreiche Festspiele. Lauffen spricht engl., franz.; er ist verheiratet mit der Schauspielerin Elisabeth Wiedemann und lebt in Marquartstein/Oberbayern.

Film: »Menschen in Gottes Hand«, 1948; »Der Bagnosträfling«, 1949; »Damals in Paris«, 1956; »Rivalen am Steuer«, 1957; »Der Tiger von Eschnapur« und »Das indische Grabmal«, jeweils mit René Deltgen, Regie: Fritz Lang, BRD/Italien/Frankreich, 1958; »Der rote Kreis«, Regie: Jürgen Roland, 1959.

Theater: Ferdinand in Schillers »Kabale und Liebe«, Titelrolle in Goethes »Torquato Tasso«, Titelrolle in Shakespeares »Hamlet«, Mephisto in Goethes »Faust«, Dauphin in Shaws »Die heilige Johanna«, Riccaut de la Marlinière in Lessings »Minna von Barnhelm«, Titelrolle in Goethes »Clavigo«, Prinz von Guastalla in Lessings »Emilia Galotti«, Der Fremde in Strindbergs »Nach Damaskus«, Josef K. in »Der Prozeß« (Gide nach Kafka), in Shakespeares »Macbeth«, in der deutschen Erstaufführung von Sartres »Bei geschlossenen Türen«, in der deutschen Erstaufführung von »Im Räderwerk« (nach Sartre), in der deutschen Erstaufführung von Hamiltons »Gaslicht«, in Claudels »Der seidene Schuh«, Franz Moor in Schillers »Die Räuber«, und Heinrich in Shakespeares »Heinrich IV.«, jeweils an den vorgenannten Bühnen.

Fernsehen: »Zum Freispruch verurteilt« (nach Frisch) und »Orphée« (nach Cocteau), ARD 1952; »Der Richter von Zalamea« (nach Lope de Vega), ARD 1953; Mr. Edalji in »Conan Doyle und der Fall Edalji«, ZDF 1966; Nyerges in »Caspar Varros Recht« (nach Hay), ARD 1966; »Antitoxin« (nach Queneau), und Dr. Parrisius in »Der Reichstagsbrandprozeß« (nach Mansfeld), ARD 1967; Findley in »Sir Roger Casement« (nach Murawski), Chenu in »Madame Caillaux« (von Kröhnke), und »Eine wundersame Nacht« (nach Mrożek), ZDF 1968; »Novemberverbrecher«, ARD 1968; Dr. Maurecourt in »Adrienne Mésurat« (nach Green), ARD 1969; »Karl May«, Serie, ZDF 1970; »Tatort«, Regie: Wolf Dietrich, Serie, ARD 1979; Sekretär Anatol in »Timm Thaler«, mit Tommi Ohrner und Horst Frank, 13 Teile, ZDF 1980; »Verwirrung der Gefühle« (nach Zweig), mit Michel Piccoli und Gila von Weitershausen, Regie: Etienne Périer, ZDF 1981; »Der schwarze Bumerang« (von Rüdiger Bahr), Regie: Wolf Dietrich, 4 Teile, ZDF 1982; »Ada Harris ins Parlament« (nach Willis), mit Inge Meysel, Regie: Georg Tressler, ARD 1984; »Grenzenloses Himmelblau«, mit Inge Meysel, Regie: Marcus Scholz, ZDF 1985.

Anschrift: c/o Agentur de la Berg, Haus am Weiher, 8026 Irschenhausen.

Hermann Lause

Geb. 7. 2. 1939 in Meppen/Ems; aufgew. im Emstal/Niedersachsen; nach dem Abitur studierte er 12 Semester Archäologie und Philosophie in Mainz, Köln, Heidelberg und München; von 1963 bis 1965 erhielt er seine Schauspielausbildung bei Ellen Mahlke in München.
Unter Boleslaw Barlog debütierte er 1965 am Schiller-Theater in Berlin, wo er bis 1968 unter Vertrag stand; die weiteren Stationen: Bühnen der Stadt Essen unter Erich Schumacher (1968–1971), Theater Oberhausen (1971/72), Schauspielhaus Bochum unter Peter Zadek (1972–1977), Deutsches Schauspielhaus Hamburg unter Ivan Nagel (1977–1979); seither war er mit Stückverträgen engagiert an den Städt. Bühnen Köln unter Jürgen Flimm, an der Freien Volksbühne Berlin unter Kurt Hübner und am Deutschen Schauspielhaus Hamburg unter Niels-Peter Rudolph (1979–1984).
Lause drehte seit 1974 14 Kinofilme und war seit 1972 in über 20 großen TV-Rollen zu sehen.
Lause spricht Latein, Griechisch; er ist verheiratet, hat ein Kind und lebt in Hamburg.
Film: Sparkassendirektor in »Eiszeit«, Regie: Peter Zadek, 1974; Mann am Fenster in »Falsche Bewegung«, Regie: Wim Wenders, 1975; Hermann in »Die Abfahrer«, Regie: Adolf Winkelmann, 1978; Labude in »Fabian«, mit Hans-Peter Hallwachs, Regie: Wolf Gremm, 1979; »Jede Menge Kohle«, Regie: Adolf Winkelmann, und »Kein Reihenhaus für Robin Hood«, mit Jutta Speidel, Regie: Wolf Gremm, 1980; »Nach Mitternacht«, Regie: Wolf Gremm, und »Der Mann im Pyjama«, mit Elke Sommer und Otto Sander, 1981; »Die wilden Fünfziger«, Regie: Peter Zadek, und »Super«, mit Gottfried John, Regie: Adolf Winkelmann, 1983.
Theater: (in zeitlicher Abfolge von 1966 bis 1985 an den vorgenannten Bühnen): Writzky in Zuckmayers »Des Teufels General«, Regie: Heinz Hilpert; Francisco in Shakespeares »Der Sturm«, Regie: Fritz Kortner; Alter Gobbo in Shakespeares »Der Kaufmann von Venedig«, Regie: Peter Zadek; Konstantin in Tschechows »Die Möwe«, Regie: Wilfried Minks; in Waldmanns »Atlantis«, Regie: Augusto Fernandes; Tesman in Ibsens »Hedda Gabler«, Regie: Peter Zadek; Claudius in Shakespeares »Hamlet«, Regie: Peter Zadek; Puck in Shakespeares »Ein Sommernachtstraum«, Regie: Fritz Maijnen; Plyxenes in Shakespeares »Das Wintermärchen«, Regie: Peter Zadek; Sven in Ayckbourns »Spaß beiseite«, Regie: Peter Zadek; Shylock in Shakespeares »Der Kaufmann von Venedig«, Regie: Arie Zinger; Jack Worthing in Wildes »Bunbury«, Regie: Peter Zadek; Titelrolle in Shakespeares »Macbeth«, Regie: Luc Bondy; Karl Moor in Schillers »Die Räuber«, Regie: Ernst Wendt; Thomas in Musils »Die Schwärmer«, Regie: Niels-Peter Rudolph; Bauchredner in Sobols »Getto«, Regie: Peter Zadek (Freie Volksbühne Berlin 1984/85).
Fernsehen: »Smog«, Regie: Wolfgang Petersen, ARD 1972; »Kleiner Mann, was nun?« (nach Fallada), Regie: Peter Zadek, ARD 1973; »Reporter«, Regie: Istvan Bödy, ZDF 1973; »Zündschnüre«, Regie: Reinhard Hauff, ARD 1974; »Die Möwe; (nach Tschechow), Regie: Peter Zadek, ZDF 1974; »Die Geisel« (nach Behan), mit O.E. Hasse, Regie: Peter Zadek, ARD 1977; Herr Hirn in »Die große Flatter«, Regie: Marianne Lüdcke, 3 Teile, ARD 1979; »Tatort«, Serie, »Die Welt in jenem Sommer« (nach Robert Muller), Regie: Ilse Hofmann, und Beamter Bauer in »Berlin Alexanderplatz« (nach Döblin), mit Günter Lamprecht und Hanna Schygulla, Regie: Rainer Werner Fassbinder, 4. Folge, ARD 1980; »Im Zeichen des Kreuzes«, Regie: Rainer Boldt, ARD 1982; Domherr in »Der Groß-Kophta« (nach Goethe), Regie Augusto Fernandes, ZDF 1983.
Anschrift: c/o ZBF-Agentur Frankfurt/Main, Feuerbachstraße 42–46, 6000 Frankfurt/Main, oder Bundesstraße 86, 2000 Hamburg 13.

Heiner Lauterbach

Geb. 10. 4. 1953 in Köln, dort aufgew.; lebt in München und Köln; ledig; spricht engl., franz., mittlere Reife; nach Besuch der Schauspielschule Köln mit 18 Jahren erste Rollen am dortigen Coom-Theater.
Lauterbach führt auch Theaterregie; in der Synchronisation arbeitet er als Sprecher, Regisseur und Buchautor.
Als Synchronsprecher deutsche Stimme von: Richard Gere, Christopher Walken, Brad Davis, Jack Nicholson, Christopher Reeve (»Superman«) u.a.
Film: »Schulmädchen-Report«, Teile 9, 10, 11, 1973/74; »Inside the Third Reich« mit Trevor Howard, Regie: Marvin Chomsky, USA 1980; »Kolp«, Regie: Roland Suso Richter, 1984; »Männer«, Regie: Doris Dörrie, 1985.
Theater: Scarron in Sternheims »Die Hose«, Coom-Theater, Köln 1973; Hugo in Sartres »Die schmutzigen Hände«, Der Keller, Köln 1974 und Theater 44, München 1983; 2 Tourneen mit der Münchner Schauspielbühne 1973/74 in Sartres »Die Fliegen« und Simmels »Der Schulfreund«, mit Wolfgang Kieling; in Bölls »Die verlorene Ehre der Katharina Blum«, Stadttheater Würzburg, 1977; in Camus' »Die Gerechten«, 1978, in Walsers »Ein Kinderspiel«, 1978, in Camus' »Das Mißverständnis« 1981 – alle Theater 44 in München; Pfeiffer in Spoerls »Die Feuerzangenbowle«, 1980, in Mary Chases »Mein Freund Harvey«, 1981 – beide Theater im Künstlerhaus München. Dort auch Regie u.a. in Kohouts »Krieg im 3. Stock«, 1981, und »Pech unterm Dach« 1982; Regie in Williams' »Endstation Sehnsucht«, Theater 44, München 1984.
Fernsehen: »Das Freizeitheim«, Serie, ARD 1972; »Derrick«, Serie, 3 Folgen, ZDF 1980–1982; »Der Alte«, Serie, 4 Folgen, ZDF 1980–1983; »Die Kartause von Parma« (nach Stendhal), mit Marthe Keller, Regie: Mauro Bolognini, ZDF 1982; »Ein Fall für zwei«, Serie, ZDF 1984; »Das Gespinst«, mit Wolfgang Reichmann, Regie: Ilse Hofmann, »Wochenendgeschichten«, Regie: Ilse Hofmann, Serie, und »Cortuga«, mit Sissy Höfferer, Buch + Regie: Edwin Marian, 2 Teile, ARD 1986; »Erben und Sterben« (aus der Reihe: »Ein Fall für zwei«), mit Günter Strack und Claus Theo Gärtner, Regie: Bernd Fischerauer, 2 Teile, ZDF 1986.

Anschrift: c/o ZBF-Agentur, Leopoldstraße 19, 8000 München 40, oder Albertus-Straße 45, 5000 Köln 1.

Volker Lechtenbrink

Geb. 18. 8. 1944 als Sohn eines Angestellten der Deutschen Shell AG in Cranz/Ostpreußen; aufgew. in Bremen und Hamburg; in Hamburg besuchte er die Gelehrtenschule des Johanneums. Bereits 1952 wirkte er in der NDR-Kindersendung »Die Leseratte« mit. Zahlreiche Kinderrollen bei Funk und Theater (u.a. Weihnachtsmärchen) schlossen sich an. Mit 15 Jahren spielte er 1959 in Bernhard Wickis Film »Die Brücke«. Beeindruckt durch diese Arbeit verließ er nach der mittleren Reife das Gymnasium, um Schauspielunterricht zu nehmen. Er absolvierte die Staatl. Hochschule für Bildende Künste Hamburg und das Schauspielstudio Hiltgard Freese, wo er auch seine Abschlußprüfung vor der Bühnengenossenschaft ablegte.
Sein Theater-Debüt gab er 1963 als Prinz von Arragon in Shakespeares »Der Kaufmann von Venedig« an der Landesbühne Hannover, wo er bis 1967 zum Ensemble gehörte. Engagements an den Bühnen der Stadt Köln und am Bayerischen Staatsschauspiel München folgten. 1969 wurde er an das Deutsche Schauspielhaus Hamburg verpflichtet. Außerdem arbeitete er am Ernst-Deutsch-Theater Hamburg unter Friedrich Schütter (bis 1983). An beiden Häusern führte er Regie. Von 1963 bis 1973 gastierte er bei den Festspielen Bad Hersfeld.
1976 stellte Lechtenbrink als Interpret seine erste Langspielplatte »Der Macher« vor, für die er im wesentlichen Songs des US-Liedermachers Kris Kristoffersen auswählte und mit eigenen Texten versah. Bereits 1963 war seine Single »Der Legionär« (2. Seite: »Einsamer Sonntag«) erschienen. Seine LPs bis 1983: »Leben so wie ich es mag« (Musik: Peter Maffay), »Schon möglich«, »Meine Tür steht immer offen«, »Star-Gala Volker Lechtenbrink«, »Wer spielt mit mir«, »Leben heute« und »Heiß und kalt«. Einen großen Erfolg hatte er mit der Single »Ich mag«, die auch von Rolf und seinen Freunden in einer Kinderversion auf den Markt kam. Er gab zahlreiche Konzerte.
Beim Fernsehen ist Lechtenbrink seit 1962 tätig. Er arbeitet häufig in der Synchronisation. Als Sprecher war er ferner in der deutschen TV-Fassung der 56. OSCAR-Verleihung (ZDF 1984) zu hören.
Lechtenbrink spricht engl.; er ist zum zweitenmal verheiratet. Aus seiner ersten Ehe mit der Tänzerin Yvonne Meerveld stammt seine Tochter Saskia. Er lebt in Hamburg.
Film: Klaus Hager in »Die Brücke« (nach Manfred Gregor), mit Cordula Trantow und Fritz Wepper, Regie: Bernhard Wicki, 1959; »Der Mann, der sich verkaufte«, 1962; »Bei Pichler stimmt die Kasse nicht«, 1964; »Der Sommer des Samurai«, Regie: Hans Christoph Blumenberg, 1986.
Theater: Arragon in Shakespeares »Der Kaufmann von Venedig«, Bleichenwang in Shakespeares »Was ihr wollt«, Narr in Shakespeares »König Lear«, Damis in Molières »Tartuffe«, Titelrolle in Kleists »Prinz Friedrich von Homburg«, Spitta in Hauptmanns »Die Ratten«, Schweizerkas in Brechts »Mutter Courage und ihre Kinder«, Arthur in Mrożeks »Tango« und Titelrolle in Goethes »Clavigo«, Regie: Karl Paryla, jeweils an den vorgenannten Bühnen von 1963–1983. Er inszenierte u.a.: Brentons »Der Kinder Segen«, Deutsches Schauspielhaus Hamburg und Fabrik Hamburg; Thomas' »Charley's Tante« und Kohouts »Armer Mörder«, jeweils Ernst-Deutsch-Theater Hamburg.
Fernsehen: »Alle meine Tiere« (von Wuttig), mit Gustav Knuth, Serie, ARD 1962–1965; »Wahn – oder: Der Teufel in Boston« (nach Feuchtwanger), Regie: Gerhard Klingenberg, ARD 1965; »Pitchi Poi« (nach Billetdoux), Regie: Franz Josef Wild, ARD 1967; Karl V. in »Die Wiedertäufer« (nach Dürrenmatt), Regie: Werner Schlechte, ZDF 1973 (auch Ruhrfestspiele Recklinghausen 1973); »Bratkartoffeln inbegriffen«, mit Volkert Kraeft, ZDF 1975; »Die Dämonen« (nach Dostojewski), Regie: Claus Peter Witt, 4 Teile, ARD 1977; »Life: Volker Lechtenbrink«, und »Der eiserne Gustav« (nach Fallada), mit Gustav Knuth, Regie Wolfgang Staudte, 11 Teile, ARD 1978; »Pop 79« Moderation, Serie, ARD 1979; »Lieder und Leute bei Volker Lechtenbrink«, Serie, ARD 1980–1982; »Sonderdezernat K 1«, Serie, ARD 1981; »Geschichten aus der Heimat«, Serie, ARD 1983 (Regie 1984); »Frankfurter Kreuz«, Regie: Harald Schäfer, Serie, ARD 1984; »Nun siegt mal schön«, ZDF 1985.
Anschrift: c/o Agentur Mackeben, Douglasstraße 2–4, 1000 Berlin 33.

Manfred Lehmann

Geb. 29.1.1945 in Berlin; dort aufgew.; nach der Schule nahm er Schauspielunterricht bei Edith Hildebrandt in Berlin. Seine Bühnenstationen: Forum-Theater Berlin (1968/69), Komödie Berlin und Schaubühne am Halleschen Ufer in Berlin (1969–1971), Schiller-Theater Berlin (1974–1977) und Grips-Theater Berlin (1980). Seit 1971 wirkt er beim Fernsehen. Er ist umfangreich in der Synchronisation tätig. U.a. lieh er seine Stimme Kurt Russell (in »Die Klapperschlange«, Regie: John Carpenter, USA 1981) und Gérard Depardieu (als Titelheld in »Danton«, Regie: Andrzej Wajda, Frankreich 1982).
Lehmann spricht engl., franz.; er ist verheiratet, hat eine Tochter und lebt in Berlin.
Film: »Lena Rais«, Regie: Christian Rischert, 1980; »Ach du lieber Harry«, Regie: Jean Girault, und »Alles im Eimer«, Regie: Ralf Gregan, 1981, »Der Schnüffler«, 1983, und »Didi der Doppelgänger«, Regie: Reinhard Schwabenitzky, 1984; jeweils mit Dieter Hallervorden; »Eine Frau für gewisse Stunden«, mit Christiane Krüger, Regie: Wolfgang Müller, 1984; »Geheimcode – Wildgänse« (»Wild rainbow«), mit Lee van Cleef und Klaus Kinski, Regie: Anthony Dawson, USA 1984; »Die Platzanweiserin«, Regie: Peter Schulze-Rohr, 1985; »Kommando Leopard«, mit Klaus Kinski und Lewis Collins, Regie: Anthony Dawson, USA 1985.
Theater: In Handkes »Publikumsbeschimpfung«, Forum-Theater Berlin 1968/69; in Stone/Cooneys »Bleib doch zum Frühstück«, Komödie Berlin 1970; in Brechts »Im Dickicht der Städte«, Schaubühne am Halleschen Ufer 1970; in Canettis »Hochzeit«, in Gorkis »Die Letzten«, jeweils Schiller-Theater Berlin 1974–1977; in »Tucholsky-Revue«, mit Curt Bois, Grips-Theater Berlin 1980.
Fernsehen: »Kennwort: Gute Reise« (aus der Reihe: »Tatort«, Debüt), ARD 1971; »Auf Biegen oder Brechen«, Regie: Hartmut Bitomsky, ARD 1977; »Drei Damen vom Grill«, Serie, und »Karschunke & Sohn«, Regie: Imo Moszkowicz, Serie, ARD 1978; »Heroin 4«, Regie: Michael Günther, ZDF 1978; »Das Radieschen«, Regie: Rolf Busch, und »Der eiserne Gustav« (nach Fallada), mit Gustav Knuth, Regie: Wolfgang Staudte, ARD 1979; »Fluchthelfer gesucht«, Regie: Gerd Oelschlegel, ZDF 1979; »Die wilde Flamme«, mit Herbert Fleischmann, Regie: Wilm ten Haaf, BR III 1980; »Auf Schusters Rappen«, Regie: Manfred Seide, und »Überfall in Glasgow«, Regie: Wolfgang Hautke, ZDF 1981; »Die Stunde des Löwen«, Regie: Hartmut Griesmayr, ZDF 1982; »Tod auf dem Rastplatz« (aus der Reihe: »Tatort«), Regie: Wilm ten Haaf, ARD 1982; »Das Geschenk«, mit Inge Meysel, Regie: Marcus Scholz, und »Der Alte«, Serie, ZDF 1984; »Schwarz-Rot-Gold: Schwarzer Lohn und weiße Weste«, Regie: Marco Serafini, ARD 1985; »Alte Gauner«, Regie: Konrad Sabrautzky, Serie, ZDF 1985.
Anschrift: c/o ZBF-Agentur Berlin, Kurfürstendamm 206, 1000 Berlin 15.

Georg Lehn

Geb. 7. 2. 1915 in Darmstadt; dort aufgew.; nach dem Besuch des Humanistischen Gymnasiums Darmstadt absolvierte er die Schauspielschule der Akademie für Tonkunst in Darmstadt (1934/35). 1935 legte er die Abschlußprüfung vor der Reichstheaterkammer in Berlin ab. Nach einem Jahr Reichsarbeitsdienst und einem Volontärsjahr in Darmstadt erhielt er sein erstes Theater-Engagement an der Niedersächsischen Landesbühne Hannover im Jahre 1939. Verpflichtungen in Schneidemühl (1940–1942) und an den Städt. Bühnen Bromberg (1942–1945) schlossen sich an. Nach dem Krieg spielte er an den Kammerspielen Heidelberg (1945–1947), am Jungen Theater München (1947/48), am Theater Baden-Baden unter Hannes Tannert (1950), an den Städt. Bühnen Essen (1951–1953) und am Bayerischen Staatsschauspiel München (1953–1956). Seit 1956 ist er freischaffend. Er gastierte u.a. bei den Salzburger Festspielen, am Volkstheater Frankfurt und machte zahlreiche Tourneen.
Seit 1949 wirkte er in über 30 Kinofilmen, seit 1955 in über 300 TV-Produktionen mit.
Lehn spricht engl.; er ist verwitwet, hat drei Kinder und lebt in München.
Film: »Der Ruf«, 1949; »Vom Himmel gejagt« und »Der fallende Stern«, 1950; »Der doppelte Ehemann«, 1955; »Rübezahl, der Herr der Berge« und »Nachts, wenn der Teufel kam«, 1957; »Taiga«, mit Ruth Leuwerik, Regie: Wolfgang Liebeneiner, »Madeleine und der Legionär«, mit Hildegard Knef, »Alle Sünden dieser Erde«, »... und nicht als die Wahrheit« und »Auferstehung«, 1958; »Die Brücke« (nach Manfred Gregor), mit Cordula Trantow, Fritz Wepper und Volker Lechtenbrink, Regie: Bernhard Wicki, »Ein Mann geht durch die Wand«, »Nacht fiel über Gotenhafen« und »Strafbataillon 999«, 1959; »Durchbruch Lok 234«, mit Erik Schumann, »Das Feuerschiff« und »Division Brandenburg«, 1960; »Das Schloß« (nach Kafka), mit Maximilian Schell, Regie: Rudolf Noelte, 1968; Hans Jakob Geiz in »Der plötzliche Reichtum der armen Leute von Kombach«, Regie: Volker Schlöndorff, 1971.
Theater: Truffaldino in Goldonis »Der Diener zweier Herren«, Ruprecht in Kleists »Der zerbrochene Krug« und Waldschratt in Hauptmanns »Die versunkene Glocke«, jeweils an den vorgenannten Bühnen bis 1945; Wurm in Schillers »Kabale und Liebe«, Petrus in Mells »Das Apostelspiel«, Schreiber in Brechts »Der kaukasische Kreidekreis«, Diener in Lewinskys »Drei Männer im Schnee« (nach Kästner), Jepichodew in Tschechows »Der Kirschgarten«, Just in Lessings »Minna von Barnhelm«, Schmittolini in Zuckmayers »Katharina Knie«, Du Bois in Molières »Der Misanthrop«, Regie: Rudolf Noelte, in Kollos »Die wilde Auguste«, in Niebergalls »Der tolle Hund«, jeweils an den vorgenannten Bühnen bis 1983.
Fernsehen: »Ein Volksfeind« (nach Ibsen), ARD 1955; »Juno und der Pfau« (nach O'Casey), ARD 1956; »Johanna aus Lothringen« (nach Anderson) und »Nachtasyl« (nach Gorki), ARD 1959; Vogelsverger in »Der fröhliche Weinberg« (nach Zuckmayer), ARD 1961; Nievergelt in »Kleider machen Leute« (nach Keller), und »Belagerungszustand« (nach Camus), ARD 1963; Grain in »Der grüne Kakadu« (nach Schnitzler), ZDF 1964; »Der Sündenbock« (nach Rinser), Regie: Fritz Umgelter, Toby Veck in »Die Glokken von London« (nach Dickens), und Leporello in »Don Juan oder Die Liebe zur Geometrie« (nach Frisch), ARD 1965; Samaja in »Judith« (nach Hebbel), ARD 1966; Nikita in »Der Alte« (nach Gorki), ARD 1967; »Einer fehlt beim Kurkonzert«, (nach Martin), Regie: Jürgen Roland, ARD 1968; »Der Nagel« (nach Alarcón), ZDF 1970; »Fall nicht in den Schwanensee« (nach Cooney), ARD 1973; »Das kleine Hofkonzert«, Regie: Wolfgang Liebeneiner, ZDF 1976; »Die Straße«, Regie: Volker Vogeler, ARD 1978; »Die Mißvergnügten« (nach Merimée), ARD 1979; »Berlin Alexanderplatz« (nach Döblin), mit Günter Lamprecht, Regie: Rainer Werner Fassbinder, »Kaiserhofstraße 12«, Regie: Rainer Wolffhardt, und »Taunusrausch«, Regie: Peter Adam, ARD 1980; »Tatort«, Regie: Hans-Dieter Schwarze, Serie, ARD 1981; »Ein Fall von Zuneigung«, Regie: Imo Moszkowicz, ARD 1982; »Rummelplatzgeschichten«, Serie, ARD 1983; »Geschichten aus der Heimat«, Serie, und »Der Datterich« (nach Niebergall), Regie: Klaus Wagner, ARD 1984; »Der kleine Riese« (von Reinekker), Regie: Imo Moszkowicz, ARD 1985; »Die Sache ist gelaufen«, Regie: Rainer Wolffhardt, ZDF 1985.

Anschrift: c/o Agentur de la Berg, Haus am Weiher,
8026 Irschenhausen.

Harald Leipnitz

Geb. 22. 04. 1926 als Sohn eines Schlossermeisters in Wuppertal; dort aufgew.; nach dem Abitur am Realgymnasium wurde er im Zweiten Weltkrieg zum Arbeitsdienst herangezogen, als Flakhelfer und schließlich als Soldat im Ruhrkessel eingesetzt; im Oktober 1945 entließ man ihn aus amerikanischer Gefangenschaft. Er wollte eigentlich Medizin studieren oder Volksschullehrer werden, mußte aber als 19jähriger damals stets zurücktreten, um Heimkehrern oder Älteren den Vorzug bei der Ausbildung zu lassen.

Über den Künstlerklub »Der Turm« kam er zu einer Laien-Schauspielgruppe der Städt. Bühnen Wuppertal. Er nahm Schauspielunterricht bei Hans Caninenberg. Sein erstes Engagement erhielt er 1948 an den Wuppertaler Bühnen, zu deren Ensemble er bis 1960 gehörte. Weitere Bühnenstationen: Bayerisches Staatsschauspiel München, Theater Die Kleine Freiheit München unter Trude Kolman, Kleine Komödie München (bis 1986), Ruhrfestspiele Recklinghausen, Theater Baden-Baden, Komödie Berlin (bis 1965), T(h)eater in der Briennerstraße München, Komödie Köln, Komödie Düsseldorf, Komödie im Marquardt Stuttgart sowie zahlreiche Tourneen (bis 1986).

1962 begann er sich umfangreich dem Film und dem Fernsehen zu widmen. Er spielte in über 50 Spielfilmen und in über 70 TV-Produktionen.

Leipnitz spricht engl., franz.; er ist geschieden von der Gymnastiklehrerin Walburga Dohle. Dieser Ehe entstammen seine drei Kinder (Thomas, geb. 1949, Christine, geb. 1955, und Cosima, geb. 1962). Er lebt zusammen mit Ingrid Weis in München.

Film: »Die endlose Nacht«, mit Hannelore Elsner, Regie: Will Tremper, 1962; »Todestrommeln am großen Fluß«, »Es war mir ein Vergnügen«, und »Und der Amazonas schweigt«, 1963; »Die Gruft mit dem Rätselschloß« (nach Wallace), Regie: Franz Josef Gottlieb, 1964; »Die Banditen vom Rio Grande«, »Der unheimliche Mönch« (nach Wallace), »Das Grab der blauen Diamanten«, »Rififi in Beirut«, »Berlin ist eine Sünde wert«, und »Playgirl«, Regie: Will Tremper, 1965; »Winnetou und sein Freund Old Firehand« und »Der Ölprinz« (nach Karl May), BRD/Jugoslawien/Frankreich 1965; »Agent 505 – Todesfalle Beirut«, Regie: Manfred R. Köhler, BRD/Italien/Frankreich 1965; »Sperrbezirk«, »Liselotte von der Pfalz« und »5 vor 12 in Caracas«, 1966; »13 Sklavinnen des Dr. Fu Man Chu«, Regie: Don Sharp, Großbritannien 1966; »Die Zeit der Kirschen ist vorbei«, und »Die blaue Hand« (nach Wallace), Regie: Alfred Vohrer, 1967; »Frau Wirtin hat auch einen Grafen« und »Lady Hamilton«, 1968; »Marquis de Sade: Justine«, mit Klaus Kinski und Jack Palance, Regie: Jesus Franco, BRD/Italien/Frankreich 1968; »Frau Wirtin hat auch eine Nichte«, »Bengelchen liebt kreuz und quer«, »Charley's Onkel« und »Der Kerl liebt mich – und das soll ich glauben?«, 1969; »Die blutigen Geier von Alaska«, Regie: Harald Reinl, 1973; »Die Todesfalle von Tobruk«, 1974; »Kneuss«, Regie: Gaudenz Merli, 1977.

Theater: Cleante in Molières »Der eingebildete Kranke«, Pjotr in Ostrowskijs »Der Wald«, Spitta in Hauptmanns »Die Ratten«, Arbeitsloser in Brechts »Der gute Mensch von Sezuan«, Oktavio in Mussets »Caprices de Marianne« und Sebastian in Sagans »Ein Schloß in Schweden«, jeweils an den vorgenannten Bühnen bis 1965; in Moreto y Cavanas »Donna Diana«, Regie: Axel von Ambesser, Deutsches Theater München 1970; in Manhoffs »Die Eule und das Kätzchen«, mit Ingrid Steeger, T(h)eater in der Briennerstraße München 1979; in Sagans »Ein Schloß in Schweden«, 1962; in Sagans »Das ohnmächtige Pferd«, 1968, in »Jean der Träumer«, 1969, in Ayckbourns »Die bessere Hälfte«, 1971, in Pulmanns »Der lachende Apfel«, 1972, in Wildes »Ein idealer Gatte«, 1975, in Wildes »Eine Frau ohne Bedeutung«, 1976, in Cowards »Intimitäten«, 1979 (auch ZDF 1980), Titelrolle in Hasenclevers »Ein besserer Herr«, 1983, und in Lenz' »Duett zu dritt«, 1985, jeweils Kleine Komödie München; in Kerrs »Mittagsstunde«, Komödie Berlin 1985; in Ayckbourns »Im besten Einvernehmen«, Tournee 1985/86.

Fernsehen: »Die Rache«, Regie: Rainer Erler, ARD 1962; »Die Schlinge« (nach Hlasko), Regie: Rolf Hädrich, ARD 1964; »Mamselle Nitouche« (nach Gottschalk); »Boeing-Boeing«, mit Gerlinde Locker; »Die Schlacht von Lobositz« (nach Hacks), Regie: Franz Peter Wirth, ARD 1968; »Träume in der Mausefalle«; »Das Mädchen Mira«; »Die Damen mit der schwarzen Robe«; »Jean der Träumer«; »Sechs Zimmer

Sonnenseite« (nach Randall), Regie: Rolf von Sydow, ARD 1975; »Taxi 4012«, Regie: Paul Verhoeven, ZDF 1976; »Wer sah ihn sterben?« (nach Durbridge), mit Uschi Glas, Regie: Rolf von Sydow, 3 Teile, und »Das System Fabrizzi«, mit Karin Baal, ARD 1977; »Die Verhandlung ist eröffnet« mit Marianne Koch, 8 Teile; »Der Alte«, Serie, 2 Folgen, ZDF 1978 + 1985; »Grille und Ameise« (nach Paso), Regie: Thomas Engel, ARD 1979; »Derrick«, Serie, ZDF 1980; »Musik auf dem Lande«, Buch + Regie: Oliver Storz, ZDF 1981; »Nachtprobe«, Regie: Wolfgang Liebeneiner, ARD 1984; »Alte Gauner«, Regie: Peter Schamoni, Serie, ZDF 1985; »Der Kandidat« (nach Flaubert), mit Klaus Schwarzkopf, Regie: Thomas Engel, ARD 1986.
Auszeichnungen: »Bundesfilmpreis« 1963; »Goldener Bambi« (BILD + FUNK) 1968.
Anschrift: c/o Agentur Alexander, Lamontstraße 9, 8000 München 80.

Oliver Lentz

Geb. 30. 11. 1962 in München; aufgew. in Wien, Vence (Südfrankreich), Hamburg und München, wo er jetzt lebt; ledig; spricht franz., engl.; kam bereits im Alter von 13 Jahren über Werbung, Synchronisation und Kinderrollen zum Beruf; keine Schauspielschule, jedoch Musikunterricht, mit Schwerpunkt Gitarre; 1979 wirkte er als Praktikant und 2. Regieassistent an dem franz. Film »La confusion des sentiments« (»Die Verwirrung der Gefühle«) nach Stefan Zweig, mit Michel Piccoli und Pierre Malet, unter der Regie von Etienne Périer, mit. 1983 war er Aufnahmeleiter der deutsch-franz. Coproduktion »Die Schafsdiebe«, unter der Regie von Pierre Jamain.
Oliver Lentz arbeitet in der Synchronisation und als Sprecher beim Bayerischen Rundfunk und Südfunk Stuttgart.
Film: »Jetzt reichts aber, Robert«, Regie: H. Ettengruber, und »Aus heiterem Himmel«, Regie: Wolfgang Panzer, 1979.
Theater: Rolle des Schülers in Strindbergs »Ein Traumspiel«, Regie: Ingmar Bergman, Bayerisches Staatsschauspiel München 1978.
Fernsehen: »Lobster«, Regie: Hans W. Geissendörfer, Serie, ARD 1975; »Es ist die Liebe«, Regie: Hartmut Griesmayr, »Träumen Sie auch manchmal von Ihrer alten Schule?«, Regie: G. Tressler, und »Bahnhofsgeschichten«, Serie, ARD 1980; »Die Lehmanns«, Regie: Wilfried Dotzel, Serie, ZDF 1982; »Der Jugendrichter«, Serie, und »Drei Damen vom Grill«, Serie, ARD 1983; »Der Alte«, Regie: Günter Gräwert, Serie, ZDF 1983; »Büro, Büro«, Regie: Reinhard Schwabenitzky, 19 Folgen, ARD 1983/84.
Anschrift: Schwedenstraße 37, 8000 München 40.

Rita Leska

Geb. 31. 8. 1947 in Bottrop; dort aufgew.; nach der mittleren Reife absolvierte sie die Folkwang-Schule in Essen; noch während der Ausbildung bekam sie ihre erste TV-Rolle. Ihre Bühnenstationen: Württembergisches Staatstheater Stuttgart (1966–1969), Schauspielhaus Zürich, Schaubühne am Halleschen Ufer Berlin.
Frau Leska spricht span., engl.; sie ist verheiratet mit dem Schauspieler Rüdiger Kirschstein und lebt in Berlin.
Theater: Pucelle in »Rosenkriege« (nach Shakespeare), Sally in Ardens »Leben und leben lassen«, Regie: jeweils Peter Palitzsch, Anja in Tschechows »Der Kirschgarten«, Regie: Peter Zadek, und Frau mit Kind in Botho Strauß' »Trilogie des Wiedersehens«, Regie: Niels-Peter Rudolph, jeweils Württembergisches Staatstheater Stuttgart; in Heiner Müllers »Prometeus« (nach Aischylos), und Diaphanta in Middleton/Rowlys »Changeling«, Regie: Peter Stein, Schauspielhaus Zürich; in Ibsens »Peer Gynt«, Regie: Peter Stein, Schaubühne am Halleschen Ufer Berlin.
Fernsehen: Jeanne d'Arc in »Der Prozeß der Jeanne d' Arc« (nach Brecht), Regie: Peter Palitzsch, ARD 1965; »Berlin Mitte«, Regie: Peter Beauvais, ARD 1979; »Leutersbronner Geschichten«, Regie: Hartmut Griesmayr, ARD 1981; »Strafmündig«, Regie: Roland Gall, ARD 1985.
Anschrift: c/o ZBF-Agentur Berlin, Kurfürstendamm 206, 1000 Berlin 15, oder Wartenburgstraße 17, 1000 Berlin 61.

Ruth Leuwerik

(eigentlich:
Ruth Purper, geb. Leeuverik)

Geb. 23. 4. 1926 als Kaufmannstochter in Essen; nach dem Abschluß der Lyzeen in Essen und Münster absolvierte sie eine höhere Handelsschule. Während des Krieges war sie als Fräserin dienstverpflichtet, später arbeitete sie als Stenotypistin. Nach privatem Schauspielunterricht reiste sie während des Krieges mit der Wanderbühne des Westfälischen Landestheaters Münster durch Städte und Dörfer. 1947 kam sie an das Theater der Freien Hansestadt Bremen. Engagements an den Bühnen der Hansestadt Lübeck (1948/49), am Deutschen Schauspielhaus Hamburg (1953) und am Schauspielhaus Düsseldorf (1955) schlossen sich an.
Ihr Film-Debüt gab sie 1950 in dem Streifen »13 unter einem Hut« (Regie: Johannes Meyer). Beim Fernsehen wirkt sie seit 1963.
Frau Leuwerik spricht engl., franz.; sie ist seit 1969 in dritter Ehe verheiratet. Ihr erster Ehemann war der am 4. 4. 1984 verstorbene Schauspieler Herbert Fleischmann. In zweiter Ehe war sie von 1965 bis 1967 verheiratet mit dem Opernsänger Dietrich Fischer-Dieskau. Die Künstlerin lebt in München.
Film: »Vater braucht eine Frau« und »Die große Versuchung«, jeweils mit Dieter Borsche, 1952; »Ein Herz spielt falsch«, »Geliebtes Leben«, und »Königliche Hoheit« (nach Thomas Mann), mit Dieter Borsche und Paul Henckels, Regie: Harald Braun, 1953; »Bildnis einer Unbekannten«, »Ludwig II. – Glanz und Elend eines Königs« (nach Hurdalek), jeweils mit O.W. Fischer und unter der Regie von Helmut Käutner, und »Muß man sich gleich scheiden lassen«, 1954; »Geliebte Freundin«, »Rosen im Herbst« (nach Fontanes »Effi Briest«), Regie: Rudolf Jugert, und »Die Goldene Brücke«, 1955; »Die Trapp-Familie«, Regie: Wolfgang Liebeneiner, 1956; »Königin Luise«, mit Dieter Borsche, und »Auf Wiedersehen, Franziska«, Regie: jeweils Wolfgang Liebeneiner, 1957; »Immer wenn der Tag beginnt«, Lagerärztin in »Taiga«, und »Die Trapp-Familie in Amerika«, Regie: jeweils Wolfgang Liebeneiner, 1958; »Dorothea Angermann« (nach Hauptmann), und »Die ideale Frau«, 1959; »Liebling der Götter« (nach einer Biographie Renate Müllers), und »Eine Frau fürs ganze Leben«, Regie: Wolfgang Liebeneiner, 1960; »Auf Engel schießt man nicht«, »Bankraub in de Rue Latour« und »Die Stunde, die du glücklich bist«, 1961; »Die Rote«, Regie: Helmut Käutner, und »Ein Alibi zerbricht«, Regie: Alfred Vohrer, 1962; »11 Jahre und ein Tag«, und »Das Haus in Montevideo« (nach Goetz), mit Heinz Rühmann, Regie: Helmut Käutner, 1963; »Und Jimmy ging zum Regenbogen« (nach Simmel), Regie: Alfred Vohrer, 1971; »Unordnung und frühes Leid« (nach Thomas Mann), mit Martin Held, Regie: Franz Seitz, 1977.
Theater: Federle in Weisenborns »Ballade vom Eulenspiegel, vom Federle und der dicken Pompanne«, Gretchen in Goethes »Faust«, Lucille in Büchners »Dantons Tod«, Irma in Giraudoux' »Die Irre von Chaillot«, Rosalinde in Shakespeares »Wie es euch gefällt«, Lieschen Meiners in Ambessers »Das Abgründige in Herrn Gerstenberg«, Sally in van Drutens »Das Lied der Taube«, Emily in Wilders »Unsere kleine Stadt«, Pippa und Isabella in Giraudoux' »Intermezzo«, Cordelia in Shakespeares »König Lear«, Inken Peters in Hauptmanns »Vor Sonnenuntergang«, mit Werner Krauß, und Titelrolle in Anouilhs »Eurydike«, jeweils an den vorgenannten Bühnen.
Fernsehen: Titelrolle in »Hedda Gabler« (nach Ibsen), ARD 1963; Titelrolle in »Ninotschka«, ARD 1964; »Das weite Land«, (nach Schnitzler), mit O.W. Fischer, Regie: Peter Beauvais, ZDF 1970; »Derrick«, Serie, 2 Folgen, ZDF 1978 + 1983; Konsulin in »Buddenbrooks« (nach Thomas Mann), mit Carl Raddatz, Martin Benrath und Volkert Kraeft, Regie: Franz Peter Wirth, 11 Teile, ARD 1979.
Auszeichnungen: »Goldener Bambi« (BILD + FUNK) 5x (1953–1962); Bundesfilmpreis 1954; 1. Preis für ihre Rolle in »Taiga«, Intern. Filmfestival San Francisco 1958; »Otto« (BRAVO) 6x (1958–1963); Preis des Deutschen Fernsehens in Bronze 1966; Bundesverdienstkreuz der Bundesrepublik Deutschland I. Klasse 1974; Bayerischer Verdienstorden 1978; Großes Verdienstkreuz der Bundesrepublik Deutschland 1980. Seit 1956 ist sie Mitglied der Akademie der Darstellenden Künste in Hamburg. Sie ist Vorsitzende der Jury für den »Bayerischen Filmpreis«.
Anschrift: c/o Agentur Lentz, Holbeinstraße 4, 8000 München 80.

Manfred Lichtenfeld

–Kammerschauspieler–

Geb. 6. 5. 1925 in Kiel; dort aufgew.; nach dem Besuch einer privaten Schauspielschule debütierte er 1942 am Theater Javer. Seither stand er jeweils in festem Engagement am Theater Schweidnitz, am Theater Cottbus, an den Bühnen der Landeshauptstadt Kiel, an den Vereinigten Bühnen Krefeld–Mönchengladbach, am Theater der Stadt Essen, am Württembergischen Staatstheater Stuttgart und am Staatstheater am Gärtnerplatz München. Gastspiele gab er zudem (u.a.) am Theater an der Wien in Wien sowie am Theater des Westens Berlin. Er spielte in zahlreichen Produktionen des Fernsehens und arbeitet in der Synchronisation. Lichtenfeld spricht engl.; er ist verheiratet, hat ein Kind und lebt in Dachau.
Theater: (wichtigste Rollen) Zettel in »Die Feenkönigin«, Schluck in Hauptmanns »Schluck und Jau« und in Duras' »Gespräch im Park«, jeweils Theater der Stadt Essen; in »Flüchtlingsgespräche«, mit Günther Lüders, Württembergisches Staatstheater Stuttgart; Sancho in »Der Mann von La Mancha« (nach Cervantes), Staatstheater am Gärtnerplatz München und Theater an der Wien; in den Musicals »Cabaret« und »Show-Boat« (von Kern) jeweils Theater des Westens Berlin.
Fernsehen: Passpartovt in »Reise um die Erde in 80 Tagen« (nach Verne), Dromio in »Komödie der Irrungen« (nach Shakespeare), Armer König in »Schwarzer Peter«, Sancho in »Die närrischen Weisheiten des Don Quichote« (nach Cervantes), »Vier unterm Baum«, »Zwei Herren aus Verona« (nach Shakespeare), »Die Tochter des Brunnenmachers« (nach Pagnol), jeweils ARD + ZDF bis 1976; »Die Schraiers« (von Fitzgerald Kusz), mit Wolfgang Preiss, Regie: Rainer Söhnlein, Serie, ARD 1982; »Erben will gelernt sein«, ZDF 1983; »Ein Fall für zwei«, mit Günter Strack, Serie, ZDF 1985.
Auszeichnung: Bayerischer Kammerschauspieler 1974.
Anschrift: c/o Agentur de la Berg, Haus am Weiher, 8026 Irschenhausen, oder Würmstraße 1, 8060 Dachau.

Fritz Lichtenhahn

Geb. 6. 5.1932 in Arosa/Schweiz; dort aufgew.; nach dem Abitur und dem Besuch der Schauspielakademie in Zürich debütierte er 1955 in Graz. Von 1957 bis 1960 gehörte er zum Ensemble der Theater in Essen; die weiteren Stationen: Schauspielhaus Bochum (1960–1969) und Deutsches Schauspielhaus Hamburg (1969–1973). Von 1973 bis heute war er mit Unterbrechungen immer wieder Mitglied der Staatl. Bühnen Berlins; Gastspiele gab er u.a. am Stadttheater Basel (1972/73), am Württembergischen Staatstheater Stuttgart (1980–1982), an den Städt. Bühnen Frankfurt/Main, am Schauspielhaus Zürich und an der Freien Volksbühne Berlin (1984).
Lichtenhahn spricht franz.; er ist verheiratet und lebt in Berlin.
Film: »Gruppenbild mit Dame« (nach Böll), mit Romy Schneider, Regie: Alexandar Petrovic, 1977; »Deutschland, bleiche Mutter«, Regie: Helma Sanders-Brahms, 1979.
Theater: Wurm in Schillers »Kabale und Liebe«, Architekt in Arrabals »Der Architekt und der Kaiser von Assyrien«, Regie: Niels-Peter Rudolph, Zettel in Shakespeares »Ein Sommernachtstraum«, und Malvolio in Shakespeares »Was ihr wollt«, jeweils Schauspielhaus Bochum 1960–1969; Titelrolle in Büchners »Woyzeck«, Regie: Niels-Peter Rudolph, Student in Tschechows »Der Kirschgarten«, Regie: Hans Lietzau, Victor in Vitracs »Victor oder Die Kinder an der Macht«, Regie: Dieter Giesing, Titelrolle in Peter Weiss' »Hölderlin«, und Vladimir in der Uraufführung von Botho Strauß' »Hypochonder«, Regie: jeweils Claus Peymann, Deutsches Schauspielhaus Hamburg 1969–1973; Leonce in Büchners »Leonce und Lena«, Regie: Roberto Ciulli, Titelrolle in Tschechows »Onkel Wanja«, Regie: Niels-Peter Rudolph, Titelrolle in Strindbergs »Der Vater«, Regie: Günter Krämer, Gajew in Tschechows »Der Kirschgarten«, Regie: Hans Lietzau, Jongleur in Bernhards »Die Macht der Gewohnheit«, Regie: Dieter Dorn (auch Salzburger Festspiele), und Titelrolle in Erdmanns »Der Selbstmörder«, Regie: Günter Krämer, jeweils Staatl. Schauspielbühnen Berlins 1973–1983; Narr in Shakespeares »Was ihr wollt«, Regie: Werner Düggelin, 1972, und Titelrolle in Lenz' »Hofmeister«, 1973, jeweils Stadttheater Basel; Titelrolle in Dorsts »Goncourt«, Regie: Peter Palitzsch, Städt. Bühnen Frankfurt/Main 1977; Edgar in Strindbergs »Der Totentanz«, Regie: Günter Krämer, Kreon in Euripides' »Die Phönizerinnen«, Regie: Hansgünther Heyme, Titelrolle in Gides »Ödipus« und Malvolio in Shakespeares »Was ihr wollt«, jeweils Württembergisches Staatstheater Stuttgart 1980–1982; Großvater in der Uraufführung von Hürlimanns »Großvater und Halbbruder«, Regie: Werner Düggelin, Schauspielhaus Zürich 1982; in Deichsels »Zappzarapp«, mit Heinz Schubert, Regie: Fred Bernd, Freie Volksbühne Berlin 1984; in Pownalls »Meisterklasse«, Regie: August Everding, Tournee 1986.
Fernsehen: Bruno Semmeling in »Einmal im Leben«, 3 Teile, ARD 1973, und in »Alle Jahre wieder: Die Familie Semmeling«, 3 Teile, ARD 1976, Regie: jeweils Dieter Wedel; »Matto regiert«, Regie: Wolfgang Panzer, ARD 1980; »Falsche Liebe«, Regie: Annelie Runge, ZDF 1982; »Herr Herr«, Regie: Nicolas Gessner, und »Defekte«, Regie: Diethard Klante, ARD 1982; »Unternehmen Arche Noah«, Regie: Konrad Sabrautzky, ARD 1983; »Das zerbrochene Haus«, Regie: Michael Günther, ORF 1984; »Die schwarzen Brüder«, Regie: Diethard Klante, ARD 1984; »Der Lehrer«, mit Klaus Schwarzkopf, Regie: Alfred Vohrer, und »Weiß-blaue-Geschichten«, mit Gustl Bayrhammer, Regie: Alfred Vohrer, ZDF 1984; »Das Totenreich« (nach Pontoppidan), Regie: Karin Brandauer, 2 Teile, ARD 1986.
Auszeichnung: Förderpreis des Landes Nordrhein-Westfalen 1964.
Anschrift: c/o ZBF-Agentur München, Leopoldstraße 19, 8000 München 40.

Karl Lieffen

(eigentlich: Karel Frantisek Lifka)

– Staatsschauspieler –

Geb. 17. 5. 1926 als Sohn eines Bergmanns in Ossek, Kreis Dux, Böhmen; dort aufgew.; schon als Achtjähriger begann er beim Dorflehrer mit dem Geigenunterricht; 1938 erhielt er ein Stipendium am Konservatorium Braunschweig. Nach dem Musikstudium nahm er Schauspielunterricht. Kurz vor Kriegsende wurde er noch eingezogen und geriet in franz. Kriegsgefangenschaft, aus der er fliehen konnte.
Sein Bühnen-Debüt gab er 1946/47 an den Städt. Bühnen Freiburg/Breisgau. Von 1947 bis 1948 wirkte er unter Karl Heinz Stroux am Hessischen Staatstheater Wiesbaden, von 1949 bis 1951 unter Hans Schweikart an den Münchner Kammerspielen, von 1951 bis 1957 unter Harry Buckwitz an den Städt. Bühnen Frankfurt/Main. Als freischaffender Schauspieler drehte er seit 1958 über 150 Kino- und Fernsehfilme und gastierte u.a. an den Münchner Kammerspielen. Seit 1975 gehört er zum Ensemble des Bayerischen Staatsschauspiels München.
1974 veröffentlichte er die Autobiographie »Was fällt Ihnen ein, Lieffen«, die 1976 auch als Taschenbuch erschien. 1980 stellte er das Buch »Gerneklein« vor. Lieffen spricht engl., franz.; er ist ledig und lebt in München.
Film: »Begegnung mit Werther«, »Saison im Savoy«, 1950; »Der Bettelstudent« (nach Millöcker), 1956; »Haie und kleine Fische«, Regie: Frank Wisbar, 1957; »Dorothea Angermann« (nach Hauptmann), »Wir Wunderkinder«, Regie: Kurt Hoffmann, »Ein Lied geht um die Welt«, und Titelrolle in »Nick Knattertons Abenteuer«, 1958; »Die Wahrheit über Rosemarie«, »Das Totenschiff« (nach Traven), und »Ein Mann geht durch die Wand«, 1959; »Der Schleier fiel«, »Eine Frau fürs ganze Leben« und »Brücke des Schicksals«, 1960; »Eins, zwei, drei«, Regie: Billy Wilder, USA 1961; »Verrückt und zugenäht«, 1962; »Der Diamantenprinz«, mit George Hamilton, USA 1966; »Josefine und die Engel von St. Pauli«, Regie: Jürgen Roland, 1969; »Der Durchdreher«, Regie: Helmut Dietl, 1978; »Die wilden Fünfziger« (nach Simmel), Regie: Peter Zadek, und »Laß das, ich haß das«, Regie: Horst Hächler, 1983; »Die leichten Zeiten sind vorbei«, Regie: Ulli Weis, 1984; »Otto – Der Film«, mit Otto Waalkes, Regie: Xaver Schwarzenberger, 1985.
Theater: Fejos in Brechts »Mutter Courage und ihre Kinder«, Regie: Bertolt Brecht selbst, 1950, Bleichenwang in Shakespeares »Was ihr wollt«, Regie: Fritz Kortner, 1957, Lucio in Shakespeares »Maß für Maß«, und in der Uraufführung von Kipphardts »In der Sache J. Robert Oppenheimer«, Regie: jeweils Paul Verhoeven, und Hermes in Hacks' »Frieden« (nach Aristophanes), Regie: Jean-Pierre Ponnelle, jeweils 1964; jeweils Münchner Kammerspiele; in Zuckmayers »Der Hauptmann von Köpenick«, Regie: Horst Sachtleben, Eduard IV. in Shakespeares »König Richard III.«, in Thomas »Moral«, und in Shakespeares »Viel Lärm um nichts«, Regie: jeweils Kurt Meisel, in Molières »Der eingebildete Kranke«, Regie: Helmut Baumann, Griggs in Kipphardts »In der Sache J. Robert Oppenheimer«, Seth in O'Neills »Trauer muß Elektra tragen«, Regie: Klaus Löwitsch, und Rooney in Kesselrings »Arsen und Spitzenhäubchen«, Regie: Rolf Stahl, jeweils Bayerisches Staatsschauspiel München bis 1985.
Weitere wichtige Rollen an vorgenannten Bühnen u.a.: Domingo in Schillers »Don Carlos«, Fouché in Sardous »Madame Sans-Gêne«, Cornelius in Wilders »Die Heiratsvermittlerin«, Erpresser in Brechts »Der kaukasische Kreidekreis«, in Shakespeares »Macbeth« und »Hamlet«, in Gogols »Der Revisor«, in Brechts »Furcht und Elend des Dritten Reiches« und in Porters »Kiss me, Kate«.
Fernsehen: »Die Katze im Sack« (von Menge nach Chase), Regie: Jürgen Roland, 2 Teile, ARD 1965; Hodge in »Der Richter von London« (von Dorst nach Dekker), Regie: Dietrich Haugk, ARD 1966; Pierre in »Die Kohrin« (von Dorst), Regie: Werner Düggelin, ARD 1967; Inspektor Janot in »Dem Täter auf der Spur«, mit Günther Neutze, Regie: Jürgen Roland, Serie, ARD 1967–1973; Leutnant Barberis in »Die Geschichte von Vasco« (nach Schehadé), Regie: Heinz Schirk, Carotte in »Napoleon in New Orleans« (nach Kaiser), Regie: Wilm ten Haaf, und Lheureux in »Madame Bovary« (nach Flaubert), mit Elfriede Irrall, Günter Strack und Dietmar Schönherr, Regie: Hans Dieter Schwarze, 2 Teile, ZDF 1968; »Damenquartett«, Regie: Eberhard Fechner, ARD 1969; »Lehmanns Erzählungen« und »Tadellöser & Wolff« (nach Kempowski), mit Edda Seippel, Regie: Eber-

hard Fechner, 2 Teile, ZDF 1975; »Der Alte«, Serie, ZDF 1977; »Die Wunder der Erziehung«, Regie: Gernot Eigler, ZDF 1978; »Der Wald« (nach Ostrowskij), mit Maria Schell, Regie: Wilm ten Haaf, und »Der ganz normale Wahnsinn«, mit Towje Kleiner, Regie: Helmut Dietl, Serie, ARD 1979; »Der Aufsteiger«, Regie: Bernd Fischerauer, ZDF 1981; »In der Sache J. Robert Oppenheimer« (nach Kipphardt), ARD 1981; »Derrick«, Serie, ZDF 1982; »Liebt diese Erde«, mit Margot Werner, Serie, ZDF 1984; Maurepas in »Madame Pompadour« (nach Fall), Regie: Eugen York, ZDF 1985 (Wiederaufnahme); »Oliver Maas« (von Justus Pfaue), mit Hans Clarin und Jane Tilden, Regie: Gero Erhardt, Serie, ZDF 1985/86; Musiker Peukert in »Schloßherren«, mit Willy Harlander, Regie: Reinhard Schwabenitzky, Serie, ARD 1986. Ferner spielte er u.a. in: »Der Eismann kommt« (nach O'Neill), »Pflicht ist Pflicht« (nach Schübel), »Im Weißen Rössl« (nach Benatzky), »Vom Teufel geholt« (nach Hamsun), »Peter Bauer« (nach Hauptmann), »Der Geheimagent«, »Heute wird gefeuert« und »Wie man seinen Gatten los wird«.
Auszeichnung: Bayerischer Staatsschauspieler.
Anschrift: Management Goldschmidt, Wirtstraße 8, 8000 München 90.

Wolfried Lier

Geb. 1. 2. 1917 in Berlin; dort aufgew.; nach Schule und Schauspielausbildung debütierte er 1938 am Stadttheater Neisse. Von 1939 bis 1943 war er am Landestheater Gotha-Sondershausen engagiert. 1943/44 wurde er zum Wehrdienst eingezogen. Weitere Bühnenstationen: Theater am Kurfürstendamm Berlin (1950–1952), Tribüne Berlin (1951/52), Bayerisches Staatsschauspiel München (1953 und 1959–1961) sowie Münchner Kammerspiele unter Hans Schweikart, August Everding und Hans-Reinhard Müller. Er spielte jeweils Rollen seines Fachs. Sein Film-Debüt gab er 1949 in Josef von Bakys »Der Ruf«. Beim Fernsehen wirkte er in über 80 Produktionen mit. Er arbeitete vor allem in den 50er und 60er Jahren umfangreich für den Hörfunk.
Lier spricht engl.; er ist geschieden von Marianne Kortner und lebt in München.
Film: »Der Ruf«, Regie: Josef von Baky, 1949; »Kommen Sie am Ersten«, 1951; »Der fröhliche Weinberg« (nach Zuckmayer), Regie: Erich Engel, 1952; »Brüderchen und Schwesterchen« und »Die goldene Gans«, 1953; »Morgengrauen«, 1954; »Ludwig II. – Glanz und Elend eines Königs«, mit O.W. Fischer, Ruth Leuwerik und Marianne Koch, Regie: Helmut Käutner, »Des Teufels General« (nach Zuckmayer), mit Curd Jürgens und Marianne Koch, Regie: Helmut Käutner, »Sarajewo – Um Thron und Liebe«, mit Ewald Balser, Regie: Fritz Kortner, und »Das Forsthaus in Tirol«, 1955; »Ein Mädchen aus Flandern«, Regie: Helmut Käutner, und »Hände weg von Frauen«, 1956; »Die fidelen Detektive«, 1957; »Auferstehung«, mit Robert Herlth, Regie: Rolf Hansen, BRD/Italien/Frankreich 1958; »Alles liebt und freut sich wieder«, und »Das letzte Geheimnis«, 1959.
Fernsehen: »Mein oder Dein« (nach Kanin), Regie: Franz Josef Wild, ARD 1964; »Die Gentlemen bitten zur Kasse«, mit Horst Tappert, Regie: Henry Kolarz, 3 Teile, ARD 1966; »Die echten Sedemunds« (nach Barlach); »Die mißbrauchten Liebesbriefe«; »Morgen, ein Fenster zur Straße«; »Barbara«, Regie: Hans-Werner Schmidt, ZDF 1976; Lazarus in »Es muß nicht immer Kaviar sein« (nach Simmel), mit Siegfried Rauch, Regie: Thomas Engel, Serie, ZDF 1977; »Achsensprung«, Regie: Rolf von Sydow, ARD 1977; »Freddie Türkenkönig«, Regie: Konrad Sabrautzky, »Ehrlich währt am längsten«, Regie: Arno Assmann, und »Paul kommt zurück«, Regie: Peter F. Bringmann, ARD 1978; »Der Alte«, Serie, 3 Folgen, ZDF 1979–1981; »Bäume ausreißen«, Regie: Maria Neocleous, ZDF 1981; »Tatort«, Regie: Jürgen Roland, Serie, ARD 1982; »Wissen Sie es besser?«, Serie, ARD 1983; »Derrick«, Serie, 2 Folgen, ZDF 1983 + 1984; »Die Krimistunde«, Regie: Hartmut Griesmayr, Serie, »Marktplatz der Sensationen« (nach Egon Erwin Kisch), Regie: Martin Holly, 5 Teile, und »Der Fahnder«, Regie: Stephan Meyer, Serie, ARD 1985.
Anschrift: c/o Agentur Wiedner, Destouchesstraße 32, 8000 München 40.

Christoph Lindert

Geb. 10. 6. 1938 in Dortmund; dort aufgew.; nach dem Abitur besuchte er von 1960 bis 1962 die Otto-Falckenberg-Schule unter Gerd Brüdern in München; er debütierte als Kadett in Gorkis »Wassa Schelesnowa« neben Therese Giehse und unter der Regie von Kurt Horwitz an den Münchner Kammerspielen. Weitere Bühnenstationen: Torturmtheater Sommerhausen, Ateliertheater Bern, Ulmer Theater, Theater Die Kleine Freiheit München, Komödie im Marquardt Stuttgart und Theater am Einlaß München. Ferner machte er zahlreiche Tourneen.
Lindert spricht engl.; er ist verheiratet und lebt in München.
Film: »Der Schlaf der Vernunft«, Regie: Ula Stöckl, 1984.
Theater: Percy Jackson in Niewiarowicz' »Ich liebe dich«, Hugo Pludek in Havels »Das Gartenfest«, Eilif in Brechts »Mutter Courage und ihre Kinder«, Benedikt in Shakespeares »Viel Lärm um nichts«, Alfons Seidenschnur in Sternheims »Die Kassette«, Paul in Spewack/Porters »Kiss me, Kate«, Cawacee in Hacks' »Polly«, Doktor in Büchners »Woyzeck«, Achill in Shakespeares »Troilus und Cressida«, Demetrius in Shakespeares »Ein Sommernachtstraum«, Athos in Dumas' Père »Die Drei Musketiere«, Walther in Kleists »Der zerbrochene Krug«, Cronin in Behans »Richards Korkbein«, Corvino in Jonsons »Volpone«, Räuberhauptmann in Grothes »Das Wirtshaus im Spessart«, und Henri in Roussins »Die kleine Hütte«, jeweils an den vorgenannten Bühnen.
Fernsehen: »Mari« (nach Moorse), ZDF 1974; Werner in »Haus und Hof«, Serie, ARD 1974; Leopardo in »Der Operndirektor« (nach Anouilh), ZDF 1977; »Die Rentnerkommune«, Serie, ARD 1977; »Notsignale«, Serie, ZDF 1978; »Fleisch«, Regie: Rainer Erler, ZDF 1979; »Die Wohltäter« und »Billi«, ZDF 1980; »Der unwürdige Liebhaber«, ARD 1980; »Der Wasserball von Schildershausen« (von Peter von Zahn), ZDF 1981; »Stella« (nach Goethe), Regie: Franz Josef Wild, und »Der Willi-Busch-Report«, Regie: Niklaus Schilling, ARD 1982; »Matt in 13 Zügen«, Regie: Stanislav Barabas, 13 Teile, ARD 1984; »Kerbels Flucht«, Regie: Erwin Keusch, ZDF 1984; »Am Ufer der Dämmerung«, Regie: Jochen Richter, ARD 1984; »Neues aus Schildershausen« (von Peter von Zahn), Regie: Eberhard Itzenplitz, ZDF 1985; »Wenn Kuli kommt«, mit Hans-Joachim Kulenkampf, Regie: Wolfgang Glück, Serie, und »Die Krimistunde«, Regie: Hartmut Griesmayr, Serie, ARD 1985.
Anschrift: c/o ZBF-Agentur München, Leopoldstraße 19, 8000 München 40.

Hugo Lindinger

Geb. 1. 9. 1911 in Raab/Oberösterreich; nach der Schule absolvierte er ein Gesangsstudium und war als Opernsänger beschäftigt. Seine Bühnenstationen: Stadttheater Gera, Landestheater Salzburg, Deutsches Theater Göttingen, Schauspielhaus Düsseldorf, Städt. Bühnen Frankfurt/Main, Münchner Kammerspiele, Bayerisches Staatsschauspiel München, Münchner Volkstheater, Kleine Komödie München, Salzburger Festspiele und Schloßparktheater Berlin (bis 1985/86).
Sein Film-Debüt gab er 1949 in »Die Liebesprobe«. Lindinger ist verheiratet und lebt in München. Sein Sohn verstarb 1982.
Film: »Die Liebesprobe«, 1949; »Der Angeklagte hat das Wort« und »Hochzeit im Heu«, 1950; »Wenn eine Wienerin tanzt«, 1951; »Liebe, Sommer und Musik«, 1956; »Skandal in Ischl«, mit O.W. Fischer, Regie: Rolf Thiele, »Der Graf von Luxemburg« (nach Lehár), »Vater unser bestes Stück«, Regie: Günther Lüders, und »Liebe, Jazz und Übermut«, 1957; »... und abends in die Scala«, Regie: Erik Ode, »Der Meisterdieb«, »Münchhausen in Afrika«, »Der Stern von Santa Clara«, Regie: Werner Jacobs, »Der lachende Vagabund«, und »Eine Reise in das Glück«, 1958; »Labyrinth«, »Abschied von den Wolken«, »Polikuschka«, »Melodien und Rhythmus« und »Du bist wunderbar«, 1959; »Gauner in Uniform«, 1960; »Meister Eder und sein Pumuckl« (nach Kaut), mit Gustl Bayrhammer, Regie: Ulrich König, BRD/Ungarn 1981 (auch ARD 1982/83).
Theater: In Priestleys »Und das am Montagmorgen«, 1959, in Lautensacks »Die Pfarrhauskomödie«, 1967, in Bethencourts »Der Tag, an dem der Papst gekidnappt wurde«, 1975, in Anouilhs »Der Herr Ornifle«, 1980, und in Wittlingers »Scheibenschießen«, 1983, jeweils Kleine Komödie München; Monsignore Rosentreter in Hochhuths »Die Hebamme«, 1971/72, Baron Barrenkrona in Kaisers »Kolportage«, und Klosterbruder in Lessings »Nathan der Weise«, 1972/73, Herr von Brauchengeld in Nestroys »Die beiden Nachtwandler«, 1973/74, und Habakuk in Raimunds »Der Alpenkönig und der Menschenfeind«, 1976/77, jeweils Münchner Kammerspiele; in Nestroys »Der Talisman«, Regie: Ruth Drexel, Bayerisches Staatsschauspiel München 1981; Wirt in der Uraufführung von Bernhards »Der Theatermacher«, Regie: Claus Peymann, Salzburger Festspiele 1985; Spund in Nestroys »Der Talisman«, mit und unter der Regie von Heribert Sasse, Schloßpark-Theater Berlin 1985/86.
Fernsehen: »Wie es euch gefällt« (nach Shakespeare); »Die Heirat«; »Der Gourmet und die Revolution«; »Einfach sterben«; jeweils ARD/ZDF bis 1973; »Die Hebamme« (nach Hochhuth), Regie: Wolfgang Spier, ARD 1977; »Heiße Wickel – kalte Güsse« (Lohmeiers »Kneippiaden«), Regie: Franz Josef Gottlieb, Serie, ZDF 1984.
Anschrift: Giselastraße 55/1, 8000 München 40.

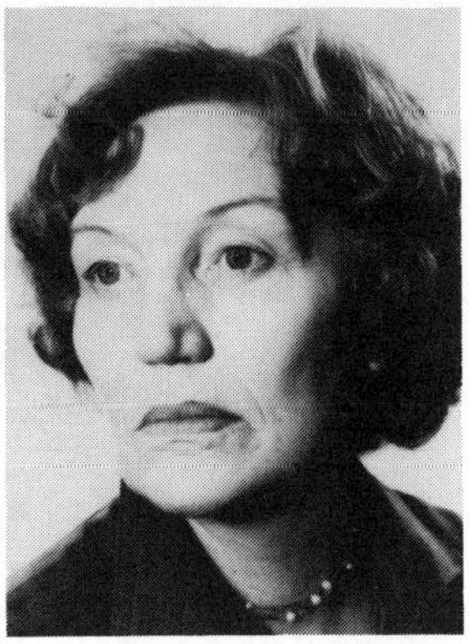

Marianne Lindner

Geb. 11.12.1922 in Bad Blankenburg/Thüringen; dort aufgew.; seit 1948 lebt sie in Gmund am Tegernsee/Oberbayern; mittlere Reife; Schauspielunterricht bei Fritz Haneke in Salzburg und Nestor Lampert in München; 1946/47 stieß sie zum Obersdorfer Bauerntheater, wo sie debütierte; von 1948 bis 1968 leitete sie mit Siegfried Lindner, den sie 1951 heiratete, die »Siegfried-Lindner-Bühne«; seither legte sie den Schwerpunkt ihrer Arbeit auf Fernsehproduktionen; 1983 wurde sie an das neu geschaffene Münchner Volkstheater unter Jörg-Dieter Haas verpflichtet; 1985 spielte sie an den Münchner Kammerspielen.

Frau Lindner ist geschieden, sie hat zwei Töchter.

Film: Stangassingerin in »Das sündige Dorf«, mit Michl Lang und Hans-Jürgen Bäumler, Regie: Werner Jacobs, 1966.

Theater: Hilgermoserin in Noal/Ferners »Die drei Dorfscheinheiligen«, Deutsches Theater München 1963; Mühlenwirtin in Hinrichs »Alles für die Katz«, Luisenburg-Festspiele Wunsiedel 1972; in Schwerlas »Graf Schorschi«, mit Beppo Brem (auch TV), in Thomas »Der alte Feinschmecker«, mit Walter Sedlmayr, und in Arnold/Bachs »Der keusche Lebemann«, jeweils Kleine Komödie München 1976–1978; Mary in Sperrs »Gerettet« (nach Bond), und Mme. Burgos in Fos »Einer für alle«, mit Monika Baumgartner, Regie: Josef Bierbichler, jeweils Theater rechts der Isar München 1981; in Kleists »Der zerbrochene Krug«, mit Gustl Bayrhammer, Regie: Wolfgang Gropper, in Sperrs »Jagdszenen aus Niederbayern«, Regie: Harald Clemen, in Thomas »Brautschau« und in Hamiks »Der verkaufte Großvater«, Regie: Jörg-Dieter Haas, jeweils Volkstheater München 1984/85; in der Uraufführung von Kroetz' »Bauern sterben«, Münchner Kammerspiele 1985.

Fernsehen: »Der Komödienstadl«, 21 Komödien, u.a. »Der verkaufte Großvater« (von Hamik), mit Michl Lang, »Ehestreik« (von Pohl), mit Maxl Graf, ARD 1961–1978; Frau Harmsen in »Kapitän Harmsen«, Regie: Claus Peter Witt, 13 Folgen, ZDF 1968/69; »Königlich Bayerisches Amtsgericht« (von Lohmeier), Serie, ZDF 1970; Anna Breitnagel in »Fettaugen«, mit Gustl Bayrhammer, Regie: Werner Schlechte, ZDF 1972; »Tatort«, Regie: jeweils Wilm ten Haaf, Serie, 2 Folgen, ARD 1978–1981; Hebamme Babsakova in »Ehe der Hahn kräht«, mit Sigfrit Steiner, Regie: Vojtech Jasny, und »Der Alte«, Serie, ZDF 1979; Mutter in »Trauer um einen verlorenen Sohn«, Regie: Thomas Engel, ARD 1980; Frau Meier in »Familie Meier«, mit Karl Obermayr, Regie: Franz Xaver Bogner, 31 Folgen, BR III 1980–1983; Bräuwirtin in »D' Rumplhanni«, Regie: Rainer Wolffhardt, ARD 1981; »Zeit genug«, mit Ernst Hannawald und Toni Berger, Regie: Franz Xaver Bogner, Serie, ARD 1982; »Herr Zent«, Regie: Liliane Targownik, und »Wie im Paradies«, Regie: Bernd Fischerauer, ZDF 1984.

Anschrift: c/o Agentur Dietrich und Mattes, Pilotystraße 2, 8000 München 22.

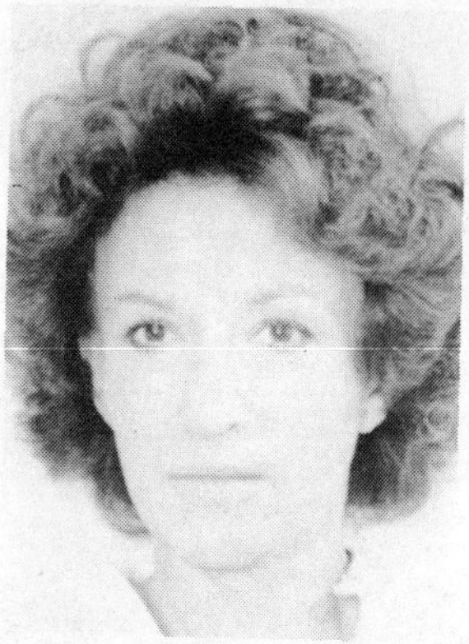

Ursula Lingen

(eigentlich:
Ursula Meisel, geb. Schmitz)
– Staatsschauspielerin –

Geb. 9. 2. 1928 als Tochter des Schauspielers und Regisseurs Theo Lingen (bürgerlich: Theodor Franz Schmitz) und der Sängerin Marianne Zoff in Berlin; nach einer umfassenden Schauspielausbildung begann sie ihre Bühnenlaufbahn 1947 am Volkstheater Wien; von 1948 bis 1950 spielte sie am Neuen Theater in der Scala Wien. Von 1950 bis 1958 stand sie an verschiedenen Berliner Bühnen unter Vertrag (Komödie, Theater am Kurfürstendamm und Renaissance-Theater). Seit 1958 spielt sie vornehmlich in München; zuerst Münchner Kammerspiele, später Bayerisches Staatsschauspiel (bis 1984). Sie gastierte am Theater in der Josefstadt Wien und machte mehrere Tourneen.
Frau Lingen spricht engl.; sie ist verheiratet mit dem Schauspieler, Regisseur und ehemaligen Intendanten des Bayerischen Staatsschauspiels Kurt Meisel, hat einen Sohn (Christoph) und lebt in München.
Film: »Das Tor zum Paradies«, 1949; »Hin und her«, Regie: Theo Lingen, und »Angela«, 1950; »Tanz ins Glück« und »Johannes und die 13 Schönheitsköniginnen«, 1951; »Regine«, 1955; »Der Mustergatte« (nach Arnold/Bach), Regie: Erik Ode, 1956.
Theater: Sie spielte nahezu alle Rollen ihres Fachs aus Klassik und Moderne; besonders erwähnt: in Axelrods »Eine verteufelte Geschichte«, mit Boy Gobert, Regie: Axel von Ambesser, Renaissance-Theater Berlin 1956; in Anouilhs »Die Probe«, Theater in der Josefstadt Wien 1968; Emma in Pinters »Betrogen«, Margaretha in Shakespeares »Richard III.«, Regie: Kurt Meisel, in Saunders' »Leib und Seele«, Elisabeth in Schillers »Maria Stuart«, mit Christine Ostermayer, Regie: Kurt Meisel, Christine in O'Neills »Trauer muß Elektra tragen«, Regie: Klaus Löwitsch, die Schauspielerin in Schnitzlers »Der Reigen«, Regie: Kurt Meisel, und in Shakespeares »Viel Lärm um nichts«, Regie: Kurt Meisel (dessen letzte Inszenierung als Intendant), jeweils Bayerisches Staatsschauspiel München 1979–1984.
Fernsehen: »Nächstes Jahr in Jerusalem«; »Requiem für eine Nonne« (nach Faulkner), Regie: Kurt Meisel, ARD 1965; »Der Teufel und der liebe Gott« (nach Sartre); »Das harte Brot«; »Haus Herzenstod« (nach Shaw), Regie: Kurt Meisel, ARD 1968; »Affäre Dreyfus« (von Matray/Krüger), Regie: Franz Josef Wild, ZDF 1968; »Der Kommissar«, mit Erik Ode, Serie, ZDF 1973; »Derrick«, Serie, 2 Folgen, ZDF 1979 + 1984; »Der Weg ins Freie« (nach Schnitzler), mit Klaus Maria Brandauer, Regie: Karin Brandauer, 2 Teile, ARD 1984.
Auszeichnung: Bayerische Staatsschauspielerin.
Anschrift: c/o Agentur Baumbauer, Keplerstraße 2, 8000 München 80.

Eduard Linkers

Geb. 11. 10. 1912 in Czernowitz, Bukowina (ehem. Österreich-Ungarn, später Rumänien, jetzt UdSSR); dort aufgew.; nach der Schulausbildung absolvierte er unter Rudolf Beer die Elevenschule am Deutschen Volkstheater Wien. Nach Provinzengagements in Klagenfurt und der Wiener-Neustadt war er von 1931 bis 1938 an allen Wiener Bühnen (außer dem Burgtheater) und zahlreichen Theater-Kabaretts engagiert. 1935 drehte er seinen ersten von bislang über 50 Kinofilmen. Zwölf Produktionen entstanden dabei von 1946 bis 1950 beim Staatsfilm der ČSSR, wo er in Prag bereits während des Krieges als Englischlehrer gewirkt hatte.

Seine Bühnenstationen in der Bundesrepublik Deutschland nach dem Krieg: (jeweils als Gast) Münchner Kammerspiele (1952–1958), Theater unter den Arkaden München (1956–1964), Freie Volksbühne Berlin (1957 und 1977), T(h)eater in der Briennerstraße München (1962–1976), Simpl Wien unter Karl Farkas (1963/64), Bayerisches Staatsschauspiel München (1964), Kleine Komödie München (1965), Festspiele Schwäbisch-Hall (1972), Die Komödie Frankfurt/Main (1973), Theater an der Wien (1978/79), Raimundtheater Wien (1981/82) und Festspiele Burg Lichtenstein bei Wien (1984). Ferner machte er seit 1967 zahlreiche Tourneen.

Linkers spricht engl., russ., tschech., franz., ital., rum.; er ist verwitwet und lebt in München.

Film: »Katherina die Letzte«, Regie: Hermann Kosterlitz (später Henry Koster), 1935; »Peter im Schnee«, Regie: Karel Lamač, 1937; »Cuba Cabana«, mit Zarah Leander und O.W. Fischer, Regie: Fritz Peter Buch, 1952; »Hollandmädel«, 1953; »Mannequins für Rio«, 1954; »Die Wirtin zur Goldenen Krone« und »Es geschah am 20. Juli«, 1955; »Kitty und die große Welt«, 1956; »Madeleine und der Legionär«, mit Hildegard Knef, 1958; »Wernher von Braun« und »Orientalische Nächte«, 1959; »In my father's house«, USA 1960; »Question Nr. 7«, mit Montgomery Clift, Regie: Steward Rosenberg, USA 1961; »Der Diamantenprinz«, mit George Hamilton, USA 1962; »Hurra, ein toller Onkel wird Papa«, 1970; Professor Hefte in »Steppenwolf« (nach Hesse), USA 1973; »Der Schüler Gerber« (nach Torberg), Regie: Wolfgang Glück, 1980.

Theater: In Kingsleys »Polizeirevier 21«, Regie: Hans Schweikart, 1952, in Dürrenmatts »Besuch der alten Dame«, 1956, und Plutzerkern in Nestroys »Der Talisman«, Regie: Karl Paryla, 1958, jeweils Münchner Kammerspiele; in Steinbecks »Die wilde Flamme«, in Roussins »Mann, Frau, Mord«, in Schütz' »Die großen und die kleinen Vier«, in Roussins »Die kleine Hütte«, mit Helen Vita, jeweils Theater unter den Arkaden München 1956–1964; in Nestroys »Der Zerrissene«, 1957, und in »Die Abenteuer des braven Soldaten Schwejk« (nach Hašek), Regie: Karl Paryla, 1977, jeweils Freie Volksbühne Berlin; in Menzels »Der Postmeister« (nach Puschkin), mit Walter Richter, Regie: Hans Schweikart, Tournee 1959; Wolf Hollunder in Molnárs »Liliom«, Regie: Kurt Meisel, Bayerisches Staatsschauspiel 1964; Eunuch in Lehárs »Das Land des Lächelns«, Tournee USA und Kanada 1967; Hanswurst in Goethes »Urfaust«, Regie: Kurt Hübner, Festspiele Schwäbisch Hall 1972 und 1978; »Die tolle Rosita«, Regie: Ernst Schmucker, Tournee 1976; in Kohouts »Colas Breugnon« (nach Rolland), und in »Die Gräfin vom Naschmarkt«, mit Marika Rökk, jeweils Theater an der Wien 1978/79; in Kálmáns »Zirkusprinzessin«, und in Kálmáns »Gräfin Mariza«, Raimundtheater Wien 1981/82; in Gmürs Musical »Keep Smiling«, Regie: Jörg Schneider, Opernhaus Zürich 1982; in Nestroys »Eisenbahn-Heiraten«, Regie: Elfriede Ott, Festspiele Burg Lichtenstein b. Wien 1984.

Fernsehen: »Schatten der Helden« (nach Ardrey), ARD 1960; »Impresario von Smyrna« (nach Goldoni), ARD 1962; »Der Fall Sacco und Vanzetti« (nach Rose), ARD 1963; »Damen und Husaren« (nach Fredro), ZDF 1965; »Pechvogel« (von Wolpert), ARD 1967; »In dieser Hölle« (nach Tjadens), »Schicksalsjahre der Republik«, und »Der Gerechte« (nach Dor), ZDF 1969; »Ein Dorf ohne Männer« (nach Horváth), ARD 1969; »Der Fall Sorge«, ZDF 1970; »Blaue Blüten«, ZDF 1971; »Wanzen im Hotel«, ARD 1973; »Drei sind einer zuviel«, mit Jutta Speidel, Regie: Rudolf Jugert, Serie, 13 Folgen, ZDF 1975/76; »Die Marquise von O.« (nach Kleist), ARD 1979; »Fantomas«, mit Helmut Berger, Regie: Claude Chabrol, Serie, ZDF 1979; »Traumschiff«, Regie: Alfred Vohrer, Serie, ZDF 1983.

Anschrift: c/o Agentur Alexander, Lamontstraße 9, 8000 München 80.

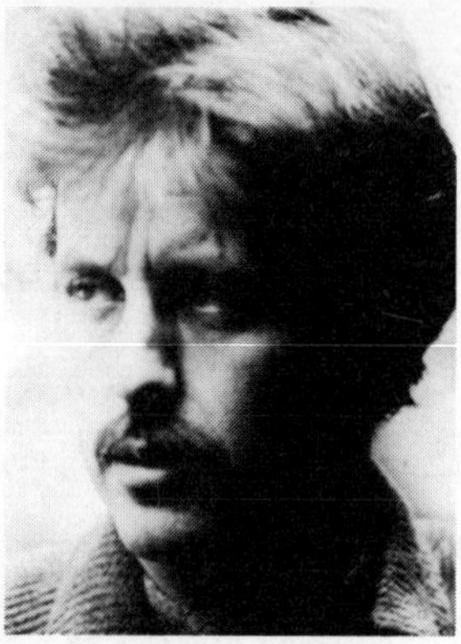

Gerhart Lippert

Geb. 14. 3. 1937 in Simsee/Österreich; dort aufgew.; nach der Schule absolvierte er die Otto-Falckenberg-Schule München (Lehrer waren Lina Carstens, Gerd Brüdern und Peter Lühr). Sein erstes Engagement erhielt er nach der Abschlußprüfung an den Münchner Kammerspielen (1957/58). Weitere Theaterstationen: Württembergische Landesbühne Esslingen, Komödie im Marquardt Stuttgart, Schauspielhaus Düsseldorf, Burgtheater Wien, Theater am Kurfürstendamm Berlin, Kleine Komödie München, Deutsches Theater München und Theater Die Kleine Freiheit München; er machte zahlreiche Tourneen und führte selbst Regie.
Bekannt wurde er vor allem durch zahlreiche Fernsehserien (»Der Forellenhof«, »Der Komödienstadl« und »Sachrang«).
Lippert spricht engl.; er ist in zweiter Ehe verheiratet mit der Tochter der Schauspielerin Jane Tilden, hat zwei Kinder und lebt in Kitzbühel/Tirol.
Film: »Eine Frau fürs ganze Leben«, 1960; »Stadt ohne Mitleid«, mit Christine Kaufmann, Regie: Gottfried Reinhardt, USA/Schweiz/BRD 1960; »Der Jäger von Fall« (nach Ganghofer), mit Alexander Stephan, Regie: Harald Reinl, 1974.
Theater: Petrucchio/Graham in Spewack/Porters »Kiss me, Kate!« (über 200mal), El Gallo in »The Fantasticks« (103mal), Fürst Myschkin in »Der Idiot« (nach Dostojewski) (141mal), jeweils Tournee; Titelrolle in dem Musical »Der Mann von La Mancha« (nach Cervantes), Komödie im Marquardt Stuttgart; Hermann Casimir in Wedekinds »Marquis von Keith«, 1957/58, und Leonhard in »Marile Kosemund«, 1969/70, jeweils Münchner Kammerspiele; in Scribes »Das Glas Wasser«, 1961, in Webers »Fahrn ma, Euer Gnaden«, 1979 (auch ZDF 1979), in Wildes »Lady Windermeres Fächer«, 1982, und in Wilhelms »Wolf im Nerz«, 1984, jeweils Kleine Komödie München.
Regie führte er zuletzt in Anzengrubers »Die Kreuzelschreiber« und in Niessens »Der Wetterfrosch« (jeweils 1983) an der Kleinen Komödie München.
Fernsehen: »Es geschah an der Grenze«, ARD 1958; »Der Forellenhof« (von Heinz-Oskar Wuttig), mit Hans Söhnker, Jane Tilden, Tilly Lauenstein, Helga Anders, Karin Hardt und Helmut Förnbacher, Serie, ARD 1963–1965 (wurde 7× wiederholt); »Der Familienvater« (nach Galsworthy), Regie: Kurt Wilhelm, ARD 1964; »Die Tochter des Brunnenmachers« (nach Pagnol), Regie: Hans Dieter Schwarze, und »Südsee-Affaire« (nach Coward), Regie: Kurt Wilhelm, ARD 1965; »Semesterferien«, Serie; »Feuer lodern überall«; »Romeo und Julia« (nach Shakespeare); »Die Dollarprinzessin« (nach Fall), Regie: Klaus Überall, ZDF 1971; »Der Kommissar«, mit Erik Ode, Serie, ZDF 1972; »Die Widerspenstigen« (nach Anzengruber), Regie: Olf Fischer, ARD 1977; »Der Alte«, Serie, ZDF 1977; Müllner Peter in »Sachrang« (von Oliver Storz), mit Karl Obermayr und Fritz Strassner, Regie: Wolf Dietrich, 3 Teile, ARD 1978; »Union der festen Hand« (nach Reger), Regie: Claus Peter Witt, 2 Teile, ZDF 1979; »Slalom« (aus der Reihe: »Tatort«), Regie: Wolfgang Storch, ARD 1981; »Wie würden Sie entscheiden?«, Serie, ZDF 1984; »Glücklich geschieden«, mit Robert Atzorn und Beatrice Kessler, Regie: Rolf von Sydow, Serie, und »Bas-Boris-Bode«, Regie: Harry Baer, 6 Teile, ZDF 1985; »Laufen, leiden, länger leben«, Regie: Helmut Christian Görlitz, ARD 1985.
Darüber hinaus feierte er große Erfolge vor allem in sympathischen Liebhaber-Rollen in der ARD-Samstagabend-Reihe: »Der Komödienstadl« (Regie: stets Olf Fischer), »Der Holledauer Schimmel«, »Alles für die Katz«, »Der verkaufte Großvater«, »Das sündige Dorf«, »Die drei Eisbären«, »Der Bauerndiplomat«, »Liebe und Blechschaden« und »Paraplü und Perpendikel« (1985). Partner waren u.a. Michl Lang, Karl Tischlinger, Ludwig Schmid-Wildy, Gustl Bayrhammer, Max Griesser, Erni Singerl, Katharina de Bruyn, Beppo Brem und Paula Braend. TV-Regie führte er bei der 13teiligen Serie »Toni und Veronika«.
Anschrift: c/o Agentur Mattes, Pilotystraße 2, 8000 München 22.

Vera Lippisch

Geb. 1. 7. 1955 in Kempfenhausen; dort aufgew.; nach der Schule absolvierte sie die Neue Münchner Schauspielschule Ali Wunsch-König (1975–1977); von 1977 bis 1980 hatte sie ihr erstes Engagement an den Städt. Bühnen Dortmund. 1981 war sie am Ulmer Theater verpflichtet. Als freischaffende Schauspielerin wirkte sie seither am Werkraumtheater der Münchner Kammerspiele und bei mehreren Theaterfestivals in München.
Frau Lippisch spricht engl.; sie ist ledig und lebt in München.
Theater: Wendla in Wedekinds »Frühlings Erwachen«, Irene in Bruckners »Krankheit der Jugend«, Hermia in Shakespeares »Ein Sommernachtstraum«, Adelheid in Hauptmanns »Der Biberpelz«, in Goethes »Urfaust«, in Lorcas »Doña Rosita bleibt ledig« und in Hauptmanns »Die Weber«, jeweils Städt. Bühnen Dortmund 1977–1980; Luise in Schillers »Kabale und Liebe«, Ulmer Theater 1981; in »Vielleicht ein bißchen blau« (Schauspieler als Autorenteam), 1981, in Fleißers »Fegefeuer in Ingolstadt«, 1982, Regie: jeweils Inge Flimm, in »Die Nacht aus Blei«, Regie: Michael Simbruk, und in Schillers »Turandot, die Prinzessin aus China« (nach Gozzi), 1983, jeweils an vorgenannten Bühnen in München.
Fernsehen: »Der deutschen Jungfrau häusliches Glück«, Regie: Klaus Guthke, und »Liebesgeschichten: Späte Liebe« (nach von der Grün), Regie: Ilse Hofmann, ARD 1978; »Der Alte«, Serie, ZDF 1979; »Familientag«, Regie: Hajo Gies, ARD 1980; »Spielraum«, Serie, ZDF 1980; »Frauen und Fiction«, Regie: Inge Flimm, ZDF 1981; »Der Traum vom Glück«, Regie: Maximiliane Mainka, ZDF 1982; Pauline Boetzkes in »Rote Erde« (von Peter Stripp), mit Claude-Oliver Rudolph, Regie: Klaus Emmerich, 9 Teile, ARD 1983; »Lindhoops Frau«, Regie: Eberhard Itzenplitz, ARD 1984.
Anschrift: c/o Agentur Wiedner, Destouchesstraße 32, 8000 München 40.

Anita Lochner

Geb. 24. 4. 1950 als Tochter des US-Fernsehkorrespondenten und ehemaligen RIAS-Direktors (bis 1968) Robert Lochner in Frankfurt/Main; ihr Großvater war der amerikanische Journalist Louis P. Lochner (verst. 1975 in Wiesbaden). Sie besuchte Schulen in Saigon und Washington und das Französische Gymnasium in Berlin, wo sie nach dem Abitur zwei Semester Theaterwissenschaft studierte. 1970/71 absolvierte sie die Max-Reinhardt-Schule Berlin. Erste Verträge bekam sie beim Fernsehen. Bühnenstationen seit 1971 waren u.a.: Kleine Komödie München, Fritz-Rémond-Theater im Zoo Frankfurt/Main, Schauspielhaus Zürich, Komödie Düsseldorf, Schiller-Theater Berlin, Deutsches Schauspielhaus Hamburg (1978/79), Städt. Bühnen Frankfurt/ Main, Festspiele Forchtenstein, Festspiele Bad Hersfeld, Landestheater Salzburg und Renaissance-Theater Berlin (bis 1984). Sie machte zahlreiche Tourneen.

Frau Lochner spricht engl., franz.; sie ist ledig und lebt in Berlin. Sie ist Staatsbürgerin der USA.

Film: »Leben heißt Lieben«, 1972; »Und der Regen verwischt jede Spur«, Regie: Alfred Vohrer, 1974; »Das Brot des Bäckers«, mit Günter Lamprecht, Regie: Erwin Keusch, 1976.

Theater: In Smith' »Der erste Frühlingstag« (auch TV), in Beaumarchais' »Der tolle Tag oder Figaros Hochzeit«, Isabelle in Anouilhs »Einladung aufs Schloß«, Enkelin in Bernhards »Die Macht der Gewohnheit«, Katharina in Wedekinds «Der Liebestrank«, Rosalinde in Shakespeares »Wie es euch gefällt«, in »Der Favorit« (auch TV), in Brechts »Der aufhaltsame Aufstieg des Arturo Ui«, in Horváths »Kasimir und Karoline«, Titelrolle in Grillparzers »Die Jüdin von Toledo«, Hermia in Shakespeares »Ein Sommernachtstraum«, jeweils an den vorgenannten Bühnen bis 1985.

Fernsehen: »Davor« (nach Grass), und »Krebsstation« (von Wittlinger nach Solschenizyn), Regie: Heinz Schirk, 2 Teile, ARD 1970, »Der Hofmeister« (nach Lenz/Brecht), ARD 1972; »Armer Richard« (nach Kerr), und Rachel in »Der Monddiamant« (nach Collins), Regie: Wilhelm Semmelroth, 2 Teile, ARD 1974; »Die Soldaten« (nach Kipphardt), Regie: Peter Beauvais, ZDF 1977; »Die Dämonen« (nach Dostojewski), Regie: Claus Peter Witt, 4 Teile, und »Nachkommenschaften« (nach Gabriele Wohmann), Regie: Ludwig Cremer, ARD 1977; »Ehrlich währt am längsten«, Regie: Arno Assmann, ARD 1978; »Marija« (nach Isaac Babel), Regie: Horst Flick, ZDF 1978; »Barfuß im Park« (nach Simon), Regie: Arno Assmann, ARD 1980; »Der lebende Leichnam« (nach Tolstoi), Regie: Otto Schenk, ARD 1981; »Die kluge Witwe«, Regie: Wolf Dietrich, ZDF 1981; »Ausgestoßen«, Regie: Eberhard Itzenplitz, 3 Teile, ZDF 1982; »Wer raucht die letzte?«, Regie: Hartmut Griesmayr, ZDF 1983; »Was soll bloß aus dir werden?«, Regie: Horst Flick, ZDF 1984; »Die Krimistunde«, Regie: Hartmut Griesmayr, Serie, ARD 1984; »Ein Heim für Tiere« (nach Willis), Regie: Siegfried Rothemund, Serie, und »Gesucht: Urlaubsbekanntschaften, männlich«, Regie: Wolfgang Mühlbauer, ZDF 1985.

Anschrift: c/o Agentur Köhler, Rümannstraße 51, 8000 München 40.

Gerlinde Locker

Geb. 28. 4. 1938 als Tochter eines promovierten Chemikers und einer Apothekerin in Linz; dort aufgew.; nach der vierten Klasse brach sie das Gymnasium ab und absolvierte eine dreijährige Lehre als Handweberin an einer Kunstgewerbeschule. Gleichzeitig besuchte sie vier Jahre lang die Schauspielschule am Bruckner-Konservatorium Linz. 1956 legte sie am Mozarteum in Salzburg ihre Schauspielprüfung ab. 1957 erhielt sie am Landestheater Linz ihr erstes Engagement.
Ihr Film-Debüt gab sie 1957 in den Heimatfilmen »Der Schandfleck« und »Dort oben, wo die Alpen glühen«. Bis 1972 wirkte sie in rund 30 Produktionen mit. Ihre weiteren Bühnenstationen: Theater in der Josefstadt Wien (ab 1960), Renaissance-Theater Berlin, Thalia-Theater Hamburg, Salzburger Festspiele sowie Kleine Komödie München, Komödie Frankfurt/Main, Komödie im Marquardt Stuttgart und Komödie Berlin. Sie unternahm 10 Tourneen durch Deutschland, Österreich und die Schweiz (jeweils Rollen ihres Fachs, meist in Lustspielen).
Frau Locker spricht engl.; sie ist seit 1974 in zweiter Ehe verheiratet mit dem Schauspieler Richard Rüdiger. Aus ihrer Ehe mit dem Autor und Regisseur Kurt Wilhelm stammt ihr Sohn Anatol (geb. 1963). Sie lebt in München.
Film: »Der Schandfleck«, »Der Pfarrer von St. Michael«, »Dort oben, wo die Alpen glühen«, Regie: Otto Meyer, »Dort in der Wachau« und »Jungfrauenkrieg«, 1952; »Herrn Josefs letzte Liebe«, mit Hans Moser, Regie: Hermann Kugelstadt, »Gefährdete Mädchen«, »Sebastian Kneipp«, mit Carl Wery, »Der Stern von Santa Clara«, Regie: Werner Jacobs, »Ihr 106. Geburtstag« (nach Sarment), mit Margarete Haagen, Regie: Günther Lüders, und »Hallo Taxi«, mit Hans Moser, 1958; »12 Mädchen und ein Mann«, »Patricia – 1000 Sterne leuchten«, »Ich bin kein Casanova« und »Mädchen für die Mambo-Bar«, 1959; »Deckname Salon Parisi«, »Hohe Tannen« und »Schick deine Frau nicht nach Italien«, 1960; »Der Orgelbauer von St. Marien«, Regie: August Rieger, 1961; »Heiratskandidaten«, 1962; »Das Mädel aus dem Böhmerwald«, Regie: August Rieger, 1964; »Morgens um sieben ist die Welt noch in Ordnung«, mit Archibald Eser, Regie: Kurt Hoffmann, 1968; »Das haut den stärksten Zwilling um«, Regie: Franz Josef Gottlieb, und »Heintje – Mein bester Freund«, mit Heintje Simons und Heinz Reincke, Regie: Werner Jacobs, 1970.
Theater: (zuletzt) In Caillavet/de Fleurs' »Der vielgeliebte Herr Brotoneau«, 1967 (auch ZDF 1967), in Homes »Handicap«, 1970, in »Ehe im Kopfstand«, 1973, in Barillet/Grédys »Eine Rose zum Frühstück«, 1975 (auch ARD 1975), in »Duell ohne Sieger«, 1977, und in L. Lenz' »Duett zu Dritt«, 1985, jeweils Kleine Komödie München; in »Wie man sich bettet«, Die Komödie Frankfurt/Main 1983.
Fernsehen: Adele in »Die Fledermaus« (nach Johann Strauß), ARD 1959; »Spiel von Liebe und Zufall«; »Sind wir das nicht alle?« (nach Lonsdale); »Ein idealer Gatte« (nach Wilde); »Die erste Mrs. Selby«; »Das Vermächtnis«; »Mein Freund Harvey« (nach Chase); »Der Arzt am Scheideweg« (nach Shaw); »Karl III. und Anna von Österreich«; »Perlenkomödie«; »Boeing Boeing«, mit Harald Leipnitz; »Weekend im Paradies« (nach Arnold/Bach), mit Wolfgang Kieling, Regie: Karl Wesseler, ARD 1973; »Der Kommissar«, mit Erik Ode, Serie, ZDF 1974; »Heiße Ware« (nach Allen), Regie: Imo Moszkowicz, ARD 1977; »Sonderdezernat K 1«, Serie, ARD 1978; »Derrick«, Serie, 2 Folgen, ZDF 1979 + 1981; »Ringstraßenpalais«, Regie: Rudolf Nussgruber, Serie, ZDF 1980–1983; »Das Traumschiff«, Regie: Alfred Vohrer, Serie, ZDF 1983; »Ein Mann macht klar Schiff« (von Pillau), mit Hans-Joachim Kulenkampff, Regie: Wolfgang Glück, Serie, ARD 1985.
Anschrift: c/o Agentur Alexander, Lamontstraße 9, 8000 München 80.

Bruni Löbel

(eigentlich: Brunhilde Melitta Hagen, geb. Löbel)

Geb. 20. 12. 1920 als Tochter eines Handelsvertreters in Chemnitz; obwohl sie schon als Kind Schauspielerin werden wollte und bereits mit 13 Jahren als Louison in Molières »Der eingebildete Kranke« auf einer Stadtbühne stand, fiel sie bei der Eignungsprüfung in Leipzig durch. Erst 1938 konnte sie Schauspielunterricht bei Sonja Karzau und Lydia Salmonova-Wegener in München nehmen; ab 1941 auch bei Lucie Höflich. Bereits 1939 wurde sie als Schwester von Hansi Knoteck für die Dostal-Verfilmung »Heimatland« zum Film geholt. Auf der Bühne debütierte sie im selben Jahr bei den Marburger Festspielen als Hermia in Shakespeares »Ein Sommernachtstraum«. Weitere Theaterstationen bis 1984 (u.a.): Schloßparktheater Berlin, Komödie Berlin, Münchner Kammerspiele, Kleine Komödie München, Schauspielhaus Düsseldorf, Deutsches Schauspielhaus Hamburg, Theater der Freien Hansestadt Bremen, Rheinisches Landestheater Neuss, Komödie im Marquardt Stuttgart, Luisenburg-Festspiele Wunsiedel, Bayerisches Staatsschauspiel München, mehrere Tourneebühnen. Sie war nie fest an ein Haus gebunden.
Seit 1954 ist sie für das Fernsehen tätig und spielte über 150 Rollen. Bruni Löbel spricht engl.; von 1955 bis 1959 war sie mit dem österr. Kabarettisten Gerhard Bronner verheiratet; aus dieser Verbindung stammt ihr Sohn Felix Bronner; seit 1971 ist sie verheiratet mit dem Schauspieler und Synchronsprecher Holger Hagen, sie lebt abwechselnd in München und Heldenstein/Bayern.
Film: »Wenn die Sonne wieder scheint«, mit Maria Koppenhöfer, Regie: Boleslaw Barlog, 1943; »Meine vier Jungens«, 1944; »Quax in Fahrt« und »Dreimal Komödie«, 1945; »Kein Platz für Liebe«, 1947; »Krach im Hinterhaus« und »Man spielt nicht mit der Liebe« 1949; »Two Corridors East«, USA 1949; »Absender unbekannt«, »Mädchen mit Beziehungen«, 1950; »The Big Lift«, USA 1950; »So ein Theater«, 1951; »Vater braucht eine Frau«, 1952; »Geliebte Freundin« und »Vom Himmel gefallen«, 1955; »Der Pauker«, 1958; »Das schöne Abenteuer«, und »Born to sing« (Walt-Disney-Production), 1959.
Theater: Patty in Hopwoods »Der Mustergatte«, mit Heinz Rühmann, Tournee 1946–1948; Franziska in Lessings »Minna von Barnhelm«, Schloßpark-Theater Berlin 1947; Grete in »Ich und der Teufel«, Theater in der Liliengasse Wien 1957. Bis 1970 u.a.: in Goetz' »Der Lampenschirm«, Elizabeth in Maughams »Der Kreis«, Sibyl Chase in Cowards »Intimitäten« und »Gefallene Engel«, jeweils Kleine Komödie München; Smeraldina in Gozzis »König Hirsch« Regie: Axel von Ambesser, Isabel in Calderons »Dame Kobold«, in Lope de Vegas »Tumult im Narrenhaus«, jeweils Bayerisches Staatsschauspiel München; Fanny Krull in Sternheims »Die Kassette«, Regie: Rudolf Noelte, Kammerspiele München; Maggie in Brighouses »Herr im Haus bin ich«, Regie: Alexander May, Volkstheater München. Seither: Frau Rose in Dürrenmatts »Die Physiker«, Trude in Walsers »Die Zimmerschlacht«, und Marthe in Kleists »Der zerbrochene Krug«, Tournee durch Süd- und Südwest-Afrika 1970; Maria in Shakespeares »Was ihr wollt«, Herrenhausener Sommerfestspiele 1971; Titelrolle in Giraudoux' »Die Irre von Chaillot«, Rheinisches Landestheater Neuss; Titelrolle in Maughams »Jane«, T(h)eater in der Briennerstraße München; Nonne Maria in Mihuras »Der Engel mit dem Blumentopf«, Komödie im Marquardt Stuttgart 1978; Frau Prof. Nägele in Goetz' »Das Haus in Montevideo«, Kleine Komödie München 1981; Daisy in Grays »Ende des Spiels«, Bayerisches Staatsschauspiel München 1982; in Wildes »Bunbury«, Regie: Axel von Ambesser, Kleine Komödie München 1984.
Fernsehen: Hortense in »Hofloge« (nach Crawford), ARD 1954; Titelrolle in Molnárs »Die Fee«, ORF 1957; »Venus im Licht«, ARD 1960; Berthe in »Boeing – Boeing« (nach Camoletti), ARD 1965; Nastasia in »Onkelchens Traum« (nach Dostojewski), ZDF 1965; Susanne in »Gesellschaftsspiel« (nach de Laclos), Lucetta in »Die zwei Herren aus Verona« (nach Shakespeare), und Isabella in »Caroline« (nach Maugham), ARD 1966; Daja in »Nathan der Weise« (nach Lessing), ZDF 1967; Zimmerwirtin in »Die Nackten kleiden« (nach Pirandello), ARD 1969; Titelrolle in »Die Heldin«, mit Fritz Eckhardt, ORF 1973; »Der Kommissar«, mit Erik Ode, Serie, 3 Folgen, ZDF 1973–1975; »Tristan« (nach Thomas Mann), und Frau Spannagel in »Spannagel & Sohn«, Serie, ZDF 1975; Tante Juel in »David und Goliath«

(nach Georg Kaiser), ZDF 1977; Frau Schöninger in »Polizei-Inspektion 1«, mit Walter Sedlmayr, Serie, (bislang über 100 Folgen), ARD 1978–1984; Nonne Agatha in »Timm Thaler«, mit Tommi Ohrner und Horst Frank, 11 Folgen, ZDF 1978; »Tatort«, Serie, ARD, 1980, »Der Alte«, Serie, ZDF 1980; »Keine Angst vor Verwandten« und »Der Delphin und das Meer«, ZDF 1981; »Der Heuler«, und »Väter« (von Reinecker), ZDF 1982; »Das Traumschiff«, Regie: Alfred Vohrer, Serie, und »Ich heirate eine Familie« (von Flatow), Regie: Peter Weck, 4 Teile, ZDF 1983 und 1984/85; »Fröhliche Witwen«, ARD 1984; »Der Schirm«, ZDF 1984; »So ein Theater«, Serie, »Der Reitmeierhof«, Serie, ZDF 1985; Titelrolle in »Gretchens Faust«, Buch + Regie: Joachim Roering, ZDF 1986.
Anschrift: c/o Agentur Lentz, Holbeinstraße 4, 8000 München 80.

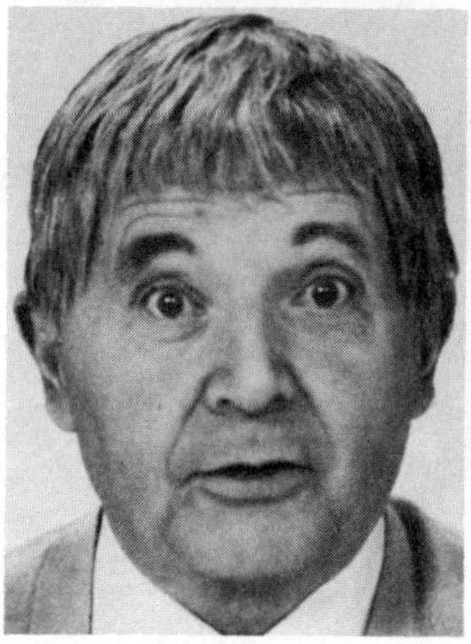

Paul Löwinger

Geb. 10.11.1904 als Sohn des Schauspielers N. Löwinger in Tulln an der Donau; nach dem Gymnasium absolvierte er eine umfassende Schauspielausbildung. Schon als Kind stand er auf der Bühne. Er verfaßte zahlreiche Lustspiele und Possen, auch für sein eigenes Theater, die Löwinger-Bühne in Wien, deren Direktor er seit 1947 ist. Seine Kinder Josef (Sepp) und Sissy Löwinger wählten ebenfalls den Schauspielerberuf; sie traten häufig gemeinsam auf. Bekannt wurde die Löwinger-Bühne vor allem durch zahlreiche Fernsehübertragungen des ORF (in den 60er und 70er Jahren auch des ZDF).
Löwinger war zudem Gast nahezu aller großen Unterhaltungssendungen des ORF; er spielte in vielen österr. Serien.
Film: »Zyankali«, mit Siegfried Breuer, Regie: Harald Röbbeling, 1947; »Die Verjüngungskur« und »Der keusche Adam«, 1950; »Valentins Sündenfall«, 1951; »Im Krug zum grünen Kranz«, 1954; »Zwei Herzen und ein Thron«, 1955; »Kaiserball«, »Die schöne Meisterin«, und »Wenn Poldi ins Manöver zieht«, mit Gunther Philipp, 1956; »Schön ist die Welt«, »Lachendes Wien«, »Die Winzerin von Langenlois«, und »Noch minderjährig«, 1957; »Glocken der Heimat« und »Das Dorf ohne Moral«, 1960.
Auszeichnung: »Goldenes Ehrenzeichen« für Verdienste um das Bundesland Wien.
Anschrift: c/o Löwinger-Bühne im Renaissancetheater, Neubaugasse 36, A-1070 Wien, Österreich.

Sissy Löwinger

Geb. 22. 6. 1941 als Tochter des Schauspielers und Theaterleiters Paul Löwinger in Wien; dort aufgew.; bereits mit fünf Jahren stand sie erstmals auf der Bühne. Nach Schule und Schauspielausbildung trat sie in das Ensemble der Löwinger-Bühne Wien ein, dem sie bis heute angehört. Ihr Vater Paul Löwinger leitet die Bühne, mit ihrem Bruder Paul Löwinger jun. ist sie verantwortlich für Dramaturgie und Öffentlichkeitsarbeit.
Der Großteil der Produktionen des rund 900 Plätze fassenden Privattheaters wird im Österreichischen Fernsehen (früher auch ZDF) ausgestrahlt, zuletzt: »Ein Mann für zwei Frauen« (1983), »Der Hecht im Karpfenteich« (1984) und »Der keusche Josef« (1985; auch Regie).
Frau Löwinger spricht engl.: sie war verheiratet mit dem verstorbenen deutschen Komiker Herbert Hisel (»Ja werkle«) und lebt in Wien.
Anschrift: c/o Löwinger-Bühne im Renaissancetheater, Neubaugasse 36, A-1070 Wien, Österreich.

Klaus Löwitsch

Geb. 8. 4. 1936 als Sohn eines Architekten in Berlin; dort und in Wien aufgew.; ersten Tanzunterricht hatte er an der Gymnastikschule für Kinder, die seine Mutter in Wien leitete. Als Zeremonienmeister in dem Stück »Das tapfere Schneiderlein« stand er mit zehn Jahren zum ersten Mal auf der Bühne. Nach dem Besuch eines Realgymnasiums absolvierte er die Akademie für Musik und darstellende Kunst und das Max-Reinhardt-Seminar in Wien.

Mit 19 Jahren debütierte er als Gruppentänzer an der Wiener Volksoper. Seine erste große Rolle als Schauspieler hatte er an dieser Bühne in Porters »Kiss me, Kate«. 1961 kam er an die Münchner Kammerspiele, wo er bis 1972 tätig war. Engagements hatte er ferner u.a. am Stadttheater Konstanz, an den Bühnen der Stadt Köln, am Theater in der Josefstadt Wien, in Hamburg und am Schauspielhaus Zürich. Bis 1983 war er als Schauspieler und Regisseur am Bayerischen Staatsschauspiel München engagiert. Er machte zahlreiche Tourneen.

Sein Film-Debüt gab er 1957. Seither wirkte er in über 30 Produktionen mit. Er arbeitet häufig beim Fernsehen.

Löwitsch spricht engl., franz.; er ist verheiratet mit der ehemaligen Tänzerin und jetzigen Ballettschul-Leiterin Helga Heinrich und lebt abwechselnd in München und Pertisau am Achensee, Tirol.

Film: »Dunja«, Regie: Josef von Baky, 1955; »Wo die Lerche singt«, Regie: Hans Wolff, 1956; »Scherben bringen Glück«, mit Adrian Hoven, Regie: Ernst Marischka, und »Träume von der Südsee«, mit Vico Torriani, Regie: Harald Philipp, 1957; »Der Page vom Palast-Hotel«, Regie: Thomas Engel, und »Der Pauker«, mit Heinz Rühmann, Regie: Axel von Ambesser, 1958; ». . . und noch frech dazu«, Regie: Rolf von Sydow, 1959; »Schlagerparade 1961«, Regie: Ernst Marischka, 1961; »Die schwarze Kobra«, Regie: Rudolf Zehetgruber, 1963; »Mädchen-Mädchen«, Regie: Roger Fritz, 1966; »Heißes Pflaster Köln«, Regie: Ernst Hofbauer, 1967; »Bis zum Happy End«, Regie: Theodor Kotulla, 1968; »Mädchen mit Gewalt«, mit Helga Anders, Regie: Roger Fritz, 1970; »Der Händler der vier Jahreszeiten«, Regie: Rainer Werner Fassbinder, 1971; »Wildwechsel«, mit Eva Mattes, Regie: Rainer Werner Fassbinder, 1972; »Schloß Hubertus« (nach Ganghofer), mit Karlheinz Böhm, Regie: Harald Reinl, »Libero«, mit Franz Beckenbauer, Regie: Wigbert Wicker, und »Die blutigen Geier von Alaska«, Regie: Harald Reinl, 1973; »Der Jäger von Fall« (nach Ganghofer), mit Viktor Staal und Rudolf Prack, Regie: Harald Reinl, und »Zwei himmlische Dickschädel«, Regie: Werner Jacobs, 1974; »Die Akte Odessa«, mit John Voight und Maria und Maximilian Schell, Regie: Ronald Neame, USA 1974; »Schatten der Engel«, Regie: Daniel Schmid, 1975; »Fluchtversuch«, Regie: Vojtech Jasny, 1976; »Steiner – das Eiserne Kreuz« (Teil I und II), mit James Coburn, James Mason, Robert Mitchum, Rod Steiger, Richard Burton und Maximilian Schell, Regie: Sam Peckinpah (I) und Andrew V. McLaglen (II), 1976 und 1978; »Die Brüder«, mit Doris Kunstmann und Erika Pluhar, Regie: Wolf Gremm, und »Eine Reise ins Licht/Despair«, mit Dirk Bogarde, Regie: Rainer Werner Fassbinder, 1977; »Die Ehe der Maria Braun«, mit Hanna Schygulla, Regie: Rainer Werner Fassbinder, 1978; »Desideria«, Regie: Gianni Barcelloni, Italien 1980; »Mit dem Wind nach Westen«, mit John Hurt, Regie: Delbert Mann, USA 1981; »Firefox«, mit und unter der Regie von Clint Eastwood, USA 1982; »Der Bauer von Babylon«, Regie: Dieter Schidor, 1982; »Gotcha«, mit Anthony Edwards, Regie: Jeff Kaner, USA 1985.

Theater: In den Musicals »Annie get your gun« (Berlin), »Wonderful Town« (Bernstein) und »Kiss me, Kate« (Porter), Volksoper Wien; Lothar in Cocteaus »Bacchus«, mit Werner Krauß, Tournee; in Nestroys »Höllenangst«, mit Hans Moser, Regie: Axel von Ambesser, Theater in der Josefstadt Wien 1961; in Gorkis »Wassa Schelesnowa«, mit Therese Giehse, Regie: Kurt Horwitz, 1961, in der Uraufführung von Grass' »Goldmäulchen«, Regie: Hansjörg Utzerath, 1964, in Mrożeks »Tango«, Regie: Dieter Giesing, in der deutschen Erstaufführung von Congreve/Gillners »Liebe für Liebe«, Regie: Paul Verhoeven, und in Molières »Scapins Schelmenstreiche«, Regie: Jean-Pierre Ponnelle, 1966, in Jonsons »Der Alchemist«, Regie: Peter Lühr, und in Feydeaus »Der Floh im Ohr«, Regie: Dieter Giesing, 1967, in Brecht/Weills »Die Dreigroschenoper«, 1968, in Bauers »Change«, und in

O' Caseys »Juno und der Pfau«, Regie: jeweils August Everding, in Sternheims »Bürger Schippel«, Regie: Dieter Giesing, und in Brechts »Leben Eduards des Zweiten von England« (nach Marlowe), Regie: Hans Hollmann, 1970, und in Büchners »Dantons Tod«, Regie: Karl Heinz Stroux, 1972, jeweils Münchner Kammerspiele; Jerry in Pinters »Betrogen«, 1979, in Saunders' »Leib und Seele – Bodies«, Regie: Löwitsch selbst, und Titelrolle in Shakespeares »Richard III.«, Regie: Kurt Meisel, 1980, Brant in O'Neills »Trauer muß Elektra tragen«, Regie: Löwitsch selbst, und in Kipphardts »März, ein Künstlerleben«, Regie: Hans Hollmann, 1982/83, jeweils Bayerisches Staatsschauspiel München.
Fernsehen: »Tag für Tag« (nach Wesker), Regie: Peter Beauvais, ARD 1965; »Italienische Nacht« (nach Horváth), Regie: Michael Kehlmann, ARD 1966; »Dem Täter auf der Spur«, Regie: Jürgen Roland, Serie, ARD 1968; »Amerika oder Der Verschollene« (nach Kafka), ZDF 1969; »Welt am Draht«, 2 Teile, ARD 1973, und »Nora Helmer«, ARD 1974, Regie: jeweils Rainer Werner Fassbinder; »Der aufsehenerregende Fall des Studienrats Adam Juraček« (nach Kohout), Regie: Tom Toelle, und »Die Wahl«, Regie: Rainer Boldt, ZDF 1976; »Schreiben Sie Ihrem Bundestagsabgeordneten«, Regie: Dieter Wedel, ARD 1977; »Auf den Hund gekommen« (von Rosemarie Fendel), ARD 1978; »Tatort«, Regie: Wolfgang Staudte, Serie, ARD 1979; »Der Alte«, Serie, 2 Folgen, ZDF 1979/80; »Sonderdezernat K 1«, und »Exil« (nach Feuchtwanger), mit Louise Martini, 7 Teile, Regie: Egon Günther, ARD 1981; Polizeihauptwachtmeister in »So ein Tag« (aus der Reihe: »Tatort«), Regie: Jürgen Roland, ARD 1982; Mirko in »Die goldenen Schuhe« (nach Vicki Baum), mit Claudine Auger, Regie: Dietrich Haugk, 5 Teile, ARD 1983; »Eine Art von Zorn«, Regie: Ulrich Edel, ZDF 1984; »Die Krimistunde«, Regie: George Moorse, Serie, »Hart an der Grenze«, Regie: Wolfgang Tumler, und »Tatort«, Serie, ARD 1985.
Auszeichnung: Bundesfilmpreis 1970.
Anschrift: Am Hochacker 51, 8000 München 82.

Helmut Lohner

Geb. 24. 4. 1933 als Sohn eines Schlossers in Wien-Ottakring; dort aufgew.; schon als Schüler sang er im Chor der Stadt Baden bei Wien. Er absolvierte eine Lehre im graphischen Gewerbe; durch Abendkurse der Arbeiterhochschule konnte er das Abitur nachholen. Nach privatem Schauspielunterricht debütierte er am Theater Baden bei Wien. Als Operetten-Buffo wurde er anschließend an das Stadttheater Klagenfurt/Kärnten engagiert. 1954 spielte er am Theater in der Josefstadt Wien. Gastspiele gab er u.a. am Theater am Kurfürstendamm Berlin, am Bayerischen Staatsschauspiel München, an den Münchner Kammerspielen, am Deutschen Schauspielhaus Hamburg, am Schauspielhaus Zürich, am Thalia-Theater Hamburg, am Düsseldorfer Schauspielhaus, am Basler Theater sowie bei den Festspielen in Bad Hersfeld und Salzburg. Er ist Ensemble-Mitglied des Wiener Burgtheaters.

Sein Film-Debüt gab er 1955 in »Hotel Adlon« (Regie: Josef von Baky). Beim Fernsehen wirkt er seit 1963. Lohner spricht engl., franz.; er ist in vierter Ehe verheiratet mit der ORF-Journalistin Dr. Ricarda Reinisch. In erster und zweiter Ehe war er verheiratet mit der Schauspielerin Susanne Cramer; dieser Ehe entstammt seine Tochter Constanze (geb. 1961). In dritter Ehe war er verheiratet mit der Schauspielerin Karin Baal. Dieser Ehe entstammt seine Tochter Therese (geb. 1966). Er lebt in Zürich.

Film: »Urlaub auf Ehrenwort«, Regie: Wolfgang Liebeneiner, 1955; »Meine 16 Söhne«, »Salzburger Geschichten«, »Immer will ich dir gehören«, und »Herrscher ohne Krone«, 1956; »Witwer mit fünf Töchtern«, mit Heinz Erhardt, Regie: Erich Engel, »Der kleine Grenzverkehr«, und »Wie schön, daß es dich gibt«, 1957; »Das Wirtshaus im Spessart«, Regie: Kurt Hoffmann, »Stephanie«, mit Sabine Sinjen, Regie: Josef von Baky, und »Das Dreimäderlhaus«, 1958; »Die schöne Lügnerin«, mit Romy Schneider, Hans Moser und Yves Montand, Regie: Axel von Ambesser, »Frau Warrens Gewerbe« (nach Shaw), mit Lilli Palmer, Regie: Akos von Rathony, »Marili«, und »Pension Schöller« (nach Jacoby/Laufs), 1959; »Mein Mann – das Wirtschaftswunder«, »Mann im Schatten« und »Blond muß man sein auf Capri«, 1960; »Im 6. Stock«, mit Sabine Sinjen, Regie: John Olden, 1961; »... und ewig knallen die Räuber«, 1962; »Hannibal Brooks«, Regie: Michael Winner, Großbritannien 1968; »Shalom Pharao«, Regie: Curt Linda, 1983.

Theater: In Grillparzers »Des Meeres und der Liebe Wellen«, in Frys »Die Dame ist nicht fürs Feuer«, in Tschechows »Der Kirschgarten«, und Hamlet in Rice' »Die Spur der Leidenschaft«, Regie: Leonard Steckel, jeweils Theater in der Josefstadt Wien 1954–1961; Dichter in Strindbergs »Ein Traumspiel«, Regie: Oscar Fritz Schuh, Berlin 1963; Ferdinand in Schillers »Kabale und Liebe«, Regie: Fritz Kortner, und Richard in der deutschen Erstaufführung von Pinters »Der Liebhaber«, Regie: Franz Peter Wirth, 1965, Alfred in Horváths »Geschichten aus dem Wienerwald«, 1967, und in Shaffers »Schwarze Komödie«, mit Karin Baal, 1968, jeweils Münchner Kammerspiele; Henri in Schnitzlers »Der grüne Kakadu«, Regie: Oscar Fritz Schuh, Deutsches Schauspielhaus Hamburg 1966; Prisipkin in Erdmanns »Der Selbstmörder«, 1971, und Färber in Nestroys »Der Färber und sein Zwillingsbruder«, 1973, jeweils Thalia-Theater Hamburg; Titelrolle in Shakespeares »Hamlet«, Titelrolle in Shakespeares »König Richard III.«, und Mephisto in Goethes »Faust«, Regie: jeweils Karl Heinz Stroux, Schauspielhaus Düsseldorf 1972; Orin in O'Neills »Trauer muß Elektra tragen«, Regie: Karl Heinz Stroux, und Grilo in Suassunas »Das Testament des Hundes«, 1971, Mosca in Jonsons »Volpone«, Regie: Michael Kehlmann, 1973, Titelrolle in Shakespeares »König Richard III.«, Regie: Manfred Wekwerth, 1974, Bunting in der Uraufführung von Zuckmayers »Der Rattenfänger«, Regie: Leopold Lindtberg, 1975, in Nestroys »Das Mädl aus der Vorstadt«, Regie: Leopold Lindtberg, und Flieger in Brechts »Der gute Mensch von Sezuan«, Regie: Manfred Wekwerth, 1976, jeweils Schauspielhaus Zürich; Bleichenwang in Shakespeares »Was ihr wollt«, 1972, und Titus Feuerfuchs in Nestroys »Der Talisman«, 1976, Regie: jeweils Otto Schenk, Salzburger Festspiele; Pessimist in Kraus' »Die letzten Tage der Menschheit«, Regie: Hans Hollmann, Konzerthaus Wien 1980; Titelrolle in Goethes »Faust«, Regie: Otto Schenk, 1982, und in Tschechows »Der Kirschgarten«, Regie: Achim Benning, 1983, jeweils Burgthea-

ter Wien. Titelrolle in Nestroys »Der Zerrissene«, Regie: Otto Schenk, Salzburger Festspiele 1984 (auch TV).
Fernsehen: Alfred in »Geschichten aus dem Wienerwald« (nach Horváth), Regie: Michael Kehlmann, ARD 1964; »Babeck« (von Reinecker), mit Cordula Trantow, Curd Jürgens, Walter Richter und Charles Regnier, Regie: Wolfgang Becker, 3 Teile, ZDF 1968; »Wo ist der Nächste?« (von Asmodi), Regie: Arno Assmann, ARD 1969; »Hier bin ich, mein Vater« (nach Torberg), Regie: Ludwig Cremer, ARD 1970; »Literatur« (nach Schnitzler), und »Auf Flügeln des Gesangs«, Regie: Kurt Wilhelm, ZDF 1975; »Derrick«, Serie, ZDF 1976; »Der Alte«, Serie, ZDF 1978; Fedja in »Der lebende Leichnam« (nach Tolstoi), Regie: Otto Schenk, ARD 1981; Titelrolle in »Tarabas« (nach Joseph Roth), Regie: Michael Kehlmann, 2 Teile, ARD 1982; »Mit Handkuß – Helmut Lohner«, ORF 1983; »Orpheus in der Unterwelt« (nach Offenbach; Aufzeichnung Deutsche Oper Berlin), ORF 1984; »Ein liebes Paar«, ZDF 1984; Almady in »Spiel im Schloß« (nach Molnár), mit Ursela Monn, Regie: Otto Schenk, ZDF 1985; »Seinerzeit«, Serie, ORF 1985; »Mamas Geburtstag«, mit Brigitte Horney, Regie: Egon Günther, »Theaterblut« (nach Gray), mit Christian Kohlund, Regie: Michael Günther, und Franz Tunda in »Flucht ohne Ende« (nach Joseph Roth), Regie: Michael Kehlmann, 4 Teile, ARD 1985. Ferner spielte er u.a. in: »Das letzte Kapitel«, »Gläubiger«, und »Liliom« (nach Molnár; Titelrolle).
Anschrift: c/o Burgtheater Wien, Dr.-Karl-Lueger-Ring 2, A-1014 Wien I.

Ulli Lommel

Geb. 21. 12. 1944 als Sohn des Humoristen Manfred Lommel (geb. 1881 – verst. 1962) in Zielenzig/Polen; bereits 1948 im Alter von vier Jahren stand er mit seinem Vater auf der Bühne. Er besuchte zwölf verschiedene Schulen. Seine Schauspielausbildung erhielt er an der Max-Reinhardt-Schule und am UFA-Nachwuchsseminar in Berlin. Dort debütierte er 1961 am Renaissance-Theater. Weitere Bühnenstationen: Ernst-Deutsch-Theater Hamburg, Theater Die Kleine Freiheit München und Schauspielhaus Bochum, wo er jeweils Rollen seines Fachs verkörperte.
Sein TV-Debüt gab er 1962 unter der Regie von Axel Corti in Wedekinds »Marquis von Keith«. In der Rolle des Charles spielte er 1964 in »Fanny Hill« (Regie: Rolf Meyer, BRD/USA) erstmals in einem Kinofilm. Seine erste Film-Regie ermöglichte ihm Rainer Werner Fassbinder 1973 mit »Zärtlichkeit der Wölfe«. Mit dem 1982 verstorbenen Filmemacher verband ihn eine enge künstlerische und persönliche Freundschaft.
Lommel spricht engl.; er lebt abwechselnd in München und den USA.
Film: »Fanny Hill«, Regie: Rolf Meyer, BRD/USA 1964; »Das große Liebesspiel«, mit Lilli Palmer, Regie: Alfred Weidenmann, 1964; »Maigret und sein größter Fall« (nach Simenon), mit Heinz Rühmann, Regie: Alfred Weidenmann, 1966; »Detektive«, Regie: Rudolf Thomé, 1968; »Deine Zärtlichkeiten«, mit Doris Kunstmann, Regie: Peter Schamoni, und »Liebe ist kälter als der Tod«, mit Hanna Schygulla, Regie: Rainer Werner Fassbinder, 1969; »Whity«, »Der amerikanische Soldat« und »Warnung vor einer heiligen Nutte«, Regie: jeweils Rainer Werner Fassbinder, »Anglia«, Regie: Werner Schroeter, und »Warum läuft Herr R. Amok?«, Regie: Michael Fengler und Rainer Werner Fassbinder, 1970; »Haytabo«, Regie: Herbert J. Bamberger, 1971; »Harlis«, Regie: Robert van Ackeren, »Tödlicher Poker«, Regie: Ulli Lommel selbst (nicht fertiggestellt), und »Der Mafia-Boß – Sie töten wie Schakale«, Regie: Fernando di Leo, 1982; »Zärtlichkeit der Wölfe«, Regie: Ulli Lommel selbst, 1973; »Fontane Effi Briest oder ...« (nach Fontane), mit Hanna Schygulla, Regie: Rainer Werner Fassbinder, »Jodeln ist koa Sünd'«, Regie: Ulli Lommel selbst, »Ein Mann dreht durch«, Regie: Ulli Lommel selbst, 1974; »Der zweite Frühling«, Regie: Ulli Lommel selbst, 1975; »Satansbraten« und »Chinesisches Roulette«, Regie: Rainer Werner Fassbinder, und »Adolf und Marlene«, Regie: Ulli Lommel selbst, 1976; »Also war es so«, Regie: Karin Thomé, 1977; »Cocaine Cowboys«, USA 1979; »Boogey Man«, USA 1980; »Double jeopardy«, USA 1981; »Devonsville Terror«, USA 1984.
Fernsehen: »Rio das Mortes«, Regie: Rainer Werner Fassbinder, ARD 1970.
Anschrift: c/o Agentur Alexander, Lamontstraße 9, 8000 München 80.

Siegfried Lowitz

(eigentlich: Siegfried Wodo-Lowitz)

Geb. 22. 9. 1914 als Sohn eines Bildhauers in Berlin; er besuchte das Gymnasium in Mainz und absolvierte anschließend die Staatl. Schauspielschule Frankfurt/Main. Bekannt wurde er zunächst durch seine Bühnentätigkeit. Von 1950 bis 1956 und 1962 bis 1968 gehörte er zum Ensemble der Münchner Kammerspiele, von 1968 bis 1978 zum Bayerischen Staatsschauspiel München. Er gastierte bei den Salzburger Festspielen.
Seit 1955 arbeitet er umfangreich für Film und Fernsehen. In zahlreichen Fernsehspielen verkörperte er die Rolle des Kommissars. Den Höhepunkt seiner Popularität erreichte er als Kommissar Köster in der ZDF-Krimiserie »Der Alte«, die seit 1977 im Programm ist und aus der er 1986 nach 100 Folgen ausgeschieden ist. Die Serie wird mit Rolf Schimpf in anderer Form fortgeführt.
Lowitz spricht engl.; er ist seit 1952 verheiratet mit der Schauspielerin Marianne Probst, lebt aber seit vielen Jahren getrennt. Er wohnt in München.
Film: »Meines Vaters Pferde« und »Der Engel mit dem Flammenschwert«, 1954; »Himmel ohne Sterne«, mit Horst Buchholz, Regie: Helmut Käutner, »Hanussen«, mit O.W. Fischer, Regie: Georg Marischka und O.W. Fischer, »Gestatten, mein Name ist Cox«, »Es geschah am 20. Juli«, Regie: G.W. Pabst, »Regine«, und »Der Fischer vom Heiligensee«, 1955; »Herrscher ohne Krone«, mit Horst Buchholz, Regie: Harald Braun, »Weil du arm bist, mußt du früher sterben«, »Mein Vater, der Schauspieler«, Regie: Robert Siodmak, und »Der Hauptmann von Köpenick« (nach Zuckmayer), mit Heinz Rühmann, Regie: Helmut Käutner, 1956; »Rose Bernd« (nach Hauptmann), Regie: Wolfgang Staudte, »Haie und kleine Fische«, mit Hansjörg Felmy, Regie: Frank Wisbar, und »Der Greifer«, mit Hans Albers und Hansjörg Felmy, Regie: Eugen York, 1957; »Madeleine und der Legionär«, Regie: Wolfgang Staudte, »Gestehen Sie, Dr. Corda«, mit Hardy Krüger, Regie: Josef von Baky, »Der Arzt von Stalingrad«, Regie: Geza von Radványi, »Der Schinderhannes« (nach Zuckmayer), »Es geschah am hellichten Tag«, und »Ich war ihm hörig«, 1958; »Der Frosch mit der Maske« (nach Wallace), mit Walter Brockmann, Regie: Harald Reinl, 1959; »Das schwarze Schaf«, mit Heinz Rühmann, Regie: Helmuth Ashley, und »Soldatensender Calais«, 1960; »Die unsichtbaren Krallen des Dr. Mabuse«, mit Lex Barker und Wolfgang Preiss, Regie Harald Reinl, 1961; »Der Hexer« (nach Wallace), mit Joachim Fuchsberger, Regie: Alfred Vohrer, 1964.
Theater: Legendre in Büchners »Dantons Tod«, Regie: Hans Schweikart, und Bliss in der deutschen Erstaufführung von Odets »Das große Messer«, Regie: F.P. Buch, 1950/51, Drogist in Giraudoux' »Intermezzo«, Regie: Friedrich Domin, Reporter in Kingsleys »Polizeirevier 21«, Regie: Hans Schweikart, Joab in Hebbels »Herodes und Mariamne«, Regie: Fritz Kortner, und Andres in Büchners »Woyzeck«, Regie Hans Schweikart, 1951/52, Der Andere in der Uraufführung von Dürrenmatts »Der nächtliche Besuch« Bruno Mechelke in Hauptmanns »Die Ratten«, und Gremio in Shakespeares »Der Widerspenstigen Zähmung«, Regie: jeweils Hans Schweikart, Phelippes in Rehbergs »Maria und Elisabeth«, Regie: Friedrich Domin, und Ajaxerle in Raimunds »Der Bauer als Millionär«, Regie: Heinz Hilpert, 1952/53, Licht in Kleists »Der zerbrochene Krug«, und Parris in der deutschen Erstaufführung von Millers »Hexenjagd« Regie: jeweils Hans Schweikart, Faker Englund in Murray/Boretz' »Bedienung bitte«, Regie: Franz Josef Wild, und Osrick in Shakespeares »Hamlet«, Regie: Leopold Lindtberg, 1953/54, Schmettau in Thomas »Moral«, Regie: Rudolf Steinboeck, Queeg in der deutschen Erstaufführung von Wouks »Die Meuterei auf der Caine«, Gines Affonso in der Uraufführung von Hacks' »Eröffnung des indischen Zeitalters«, und Polizist in Brechts »Der gute Mensch von Sezuan« Regie: jeweils Hans Schweikart, Mestize in Greenes »Die Kraft und die Herrlichkeit«, Regie: Paul Verhoeven, Beecham in der Uraufführung von Saroyan »Die Unschuldigen«, Regie: Günther Rennert, und Inquisitor in Anouilhs »Jeanne oder Die Lerche« Regie: Ernst Lothar, 1954/55, Friedländer in Zuckmayers »Das kalte Licht«, Regie: Hans Schweikart Eismax in Bassewitz' »Peterchens Mondfahrt« Regie: August Everding, und Karl in der Uraufführung von Ahlsens »Die Bäume stehen draußen (»Philemon und Baukis«), Regie: Dietrich Haugk 1955/56, Voss in der westdeutschen Erstaufführung von Dürrenmatts »Die Physiker«, Regie: Han

Schweikart, 1962/63, Harry in Pinters »Die Kollektion«, Regie: Dieter Giesing, 1964/64, Marks in der Uraufführung von Kipphardts »In der Sache J. Robert Oppenheimer«, Regie: Paul Verhoeven, und Inquisitor in Shaws »Die heilige Johanna«, Regie: August Everding, 1964/65, Pancrazio in Molières »Heirat wider Willen«, Regie: Therese Giehse, Graf in Anouilhs »Ardèle oder Das Gänseblümchen«, Regie: Peter Lühr, und Jewgeni Sergejewitsch Dorn in Tschechows »Die Möwe«, Regie: Walter Schmidt, 1965/66, in der Uraufführung von Amérys »Ich stehe zur Verfügung«, Regie: Gerhard Klingenberg, 1967, und Tiger Brown in Brecht/Weills »Die Dreigroschenoper«, Regie: Jan Grossman, 1968, jeweils Münchner Kammerspiele.

Weitere wichtige Rollen an vorgenannten Bühnen u.a.: Holzapfel in Shakespeares »Viel Lärm um nichts«, Narr in Shakespeares »Was ihr wollt«, Riccaut de la Marlinière in Lessings »Minna von Barnhelm«, Korrianke in Zuckmayers »Des Teufels General«, Sam Kinsale in Ustinovs »Endspurt«, Piccolomini in Schillers »Wallenstein«, in Lessings »Emilia Galotti«. 1973/74 spielte er unter der Regie von Giorgio Strehler in »Spiel der Mächtigen« (nach »Heinrich VI.« von Langenbeck) bei den Salzburger Festspielen. 1986 ist er mit Turgenjews »Das Gnadenbrot« auf Tournee.

Fernsehen: Voss in »Die Physiker« (nach Dürrenmatt), Regie: Hans Schweikart, ARD 1963; Kommissar in »Die Gentlemen bitten zur Kasse« (nach Kolarz), mit Horst Tappert, Regie: Claus Peter Witt und John Olden, 3 Teile, ARD 1966; Schlehdorn in »Der Trinker« (von Storz nach Fallada), Regie: Dietrich Haugk, ARD 1967; »Haus Herzenstod« (nach Shaw), Regie: Kurt Meisel, ARD 1968; Weingarten in »Babeck« (von Reinecker), mit Curd Jürgens, Charles Regnier und Helmut Lohner, Regie: Wolfgang Bekker, 3 Teile, ZDF 1968; »Krebsstation« (von Wittlinger nach Solschenizyn), Regie: Heinz Schirk, 2 Teile, ARD 1970; »Tartuffe oder Der Betrüger« (nach Molière), mit Klaus Schwarzkopf und Ida Ehre, Regie: Otto Tausig, ZDF 1970; »Der Kommissar«, mit Erik Ode, Serie, ZDF 1971; »Eine Tote soll ermordet werden« (nach Freund), Regie: Wilhelm Semmelroth, ARD 1972; Kommissar Erwin Köster in »Der Alte«, mit Michael Ande, Serie, ZDF 1977–1986 (100 Folgen); »Das Traumschiff«, Regie: Alfred Vohrer, Serie, ZDF 1986.

Zudem spielte er u.a. in: »Was ihr wollt« (nach Shakespeare), »Biedermann und die Brandstifter« (nach Frisch), »Pauken und Trompeten« (nach Brecht), »Geld von toten Kassierern« (von Reinekker), »Tagebuch eines Frauenmörders« (nach Bekefi), »Einfach davonsegeln«, »Der Strick um den Hals«, »Bei Anruf Mord« (nach Knott), »Der Fall Opa«, »Es ist soweit« und war zu Gast bei Joachim Fuchsbergers Talkshow »Heut' abend«, ARD.

Auszeichnungen: »Goldene Kamera« (HÖRZU) 1967; Bundesverdienstkreuz der Bundesrepublik Deutschland 1976.

Anschrift: Possartstraße 14, 8000 München 80.

Ursula Ludwig

(eigentlich: Ursula Hurley, geb. Ludwig)

Geb. 1923 in Nürnberg; aufgew. in Dessau und Berlin; nach der Schule besuchte sie das Studio für Bühnennachwuchs in Berlin; nach dem Krieg spielte sie am Württembergischen Staatstheater und an der Komödie im Marquardt in Stuttgart sowie am Volkstheater Wien.
Von 1957 bis 1963 lebte sie in New York, wo sie auf Tournee und am Deutschen Theater zu sehen war. Ferner drehte sie einige Filme in den USA.
Seit ihrer Rückkehr in die Bundesrepublik Deutschland im Jahre 1963 hatte sie Engagements an der Komödie Basel, am Theater Die Kleine Freiheit München, am Stadttheater Ingolstadt, an den Wuppertaler Bühnen, an den Kammerspielen Düsseldorf, am Theater am Dom Köln, am Fritz-Rémond-Theater im Zoo Frankfurt/Main, an der Kleinen Komödie München, am Städtebundtheater Hof, am Contra-Kreis-Theater Bonn, am Theater Die Komödie Frankfurt/Main sowie am Staatstheater Kassel. Seit 1980 ist sie Ensemble-Mitglied am Badischen Staatstheater Karlsruhe.
Frau Ludwig spricht engl.; sie ist verwitwet, hat eine Tochter und lebt abwechselnd in München und Karlsruhe.
Film: »A view from the bridge (nach Miller), mit Faith Brook und Michael Medwin, Regie: Bernard Fein, und »Nightcrossing« (Walt-Disney-Produktion), Regie: Delbert Mann, USA 1957–1963; »Eva«, Regie: Herbert Ballmann, 1968.
Theater: Annemarie in Zuckmayers »Der fröhliche Weinberg«, Regie: Peter Beauvais, Jobarabara in Claudels »Der seidene Schuh«, Maria in Shakespeare »Was ihr wollt«, Mascha in Tschechows »Drei Schwestern«, und in Millers »Der Tod des Handlungsreisenden«, jeweils Württembergisches Staatstheater Stuttgart 1951–1953; in Anouilhs »Der Herr Ornifle«, mit Viktor de Kowa, Komödie im Marquardt Stuttgart und Tournee 1956/57; mit »Das Tagebuch der Anne Frank« (von Goodrich/Hackett), Tournee der Kermit Blommgarden Production New York 1957; Refkele und Hannah in »World of Shaolom Aleichem«, mit Morris Carnovsky, Bell in »Book and Candle«, mit Inga Swenson, und Content in »Marriage go round«, USA 1958–1963; Emilie in Vitracs »Victor oder Die Kinder an der Macht«, Komödie Basel 1964; Mercy Croft in Marcus' »Schwester George muß sterben«, 1967, Sheila in Ayckbourns »Halbe Wahrheiten«, 1971, und Marie Aurore in »Pepsie«, Regie: Christian Wölffer, 1972, jeweils Theater Die Kleine Freiheit München; Balbina in Fleißers »Der starke Stamm«, und Luise Maske in Sternheims »Die Hose«, jeweils Stadttheater Ingolstadt 1968 und 1970; Mrs. Frail in Congreves »Liebe für Liebe«, Wuppertaler Bühnen 1969; in Spencers »Wie ein Ei dem anderen«, Mrs. Holly in Williams' »Plötzlich letzten Sommer«, jeweils Kammerspiele Düsseldorf 1970–1973; Edith in Bichlers »Die Reise nach Singapur«, Regie: Erich Neureuther, Kleine Komödie München 1974; in Simons »Dachlawine«, mit Agnes Fink und Bernhard Wicki, Regie: Ernst Haeusserman, Tournee 1976; Frau Bürgermeister in Zuckmayers »Der Hauptmann von Köpenick«, 1977; Dolly Levine in Wilders »Die Heiratsvermittlerin«, Städtebundtheater Hof 1978; Delia in Ayckbourns »Schlafzimmergäste«, Contra-Kreis-Theater Bonn, Die Komödie Frankfurt/Main und Staatstheater Kassel 1978–1981; Frau Hassenreuter in Hauptmanns »Die Ratten«, Frau Amtsgerichtsrat in Horváths »Glaube Liebe Hoffnung«, und Elsbeth Treu in Sternheims »Die Kassette«, jeweils Badisches Staatstheater Karlsruhe 1980–1984.
Fernsehen: »Alle meine Söhne« (nach Miller), Regie: Franz Peter Wirth, ARD 1955/56 (2mal live); »Das Glück läuft hinterher«, Regie: Peter Beauvais, ARD 1963; »Flug in Gefahr«, Regie: Theo Mezger, »Der Nachtkurier meldet«, Regie: Erich Neureuther, Serie, ARD 1964; »Die Apostel auf dem Dach«, Regie: Erich Neureuther, ARD 1968; »Der Kommissar«, mit Erik Ode, Serie, ZDF 1969; »Die seltsamen Abenteuer des Franz Josef Wanninger«, Regie: Imo Moszkowicz, Serie, ARD 1972; »Rufzeichen«, Regie: Wolf Dietrich, ARD 1974; »Der Anwalt«, Regie: Heinz Schirk, Serie, ZDF 1976; »Rentnerkommune«, Regie: Rudolf Jugert, Serie, und »Achsensprung«, Regie: Rolf von Sydow, ARD 1977; »Derrick«, Serie, 3 Folgen, ZDF 1978–1980; »Polizei-Inspektion 1«, Serie, 3 Folgen, ARD 1979–1981; »Goldene Zeiten«, Regie: Michael Braun, Serie, ARD 1983.
Anschrift: c/o Agentur Wiedner, Destouchesstraße 32, 8000 München 40.

Peter Lühr

Geb. 3. 5. 1906 in Hamburg; dort aufgew.; nach der Schule nahm er Schauspielunterricht bei Arnold Marlé. Von 1925 bis 1938 war er am Theater in Dessau engagiert. Weitere Stationen: Staatstheater Kassel, Schauspielhaus Düsseldorf und Altes Theater Leipzig (dort auch von 1945–1947 Oberspielleiter). Seit 1947 gehört er zum Ensemble der Münchner Kammerspiele. Er war umfangreich als Regisseur tätig.
Lühr spricht engl.; er ist verheiratet und lebt in München.
Film: »Der Mann, der zweimal leben wollte«, 1950; »Des Feuers Nacht«, 1953; »Der letzte Mann«, 1955; »Die große Chance«, mit Freddy Quinn, Regie: Hans Quest, 1957; »Taiga«, »Sebastian Kneipp«, mit Carl Wery, »Wir Wunderkinder«, Regie: Kurt Hoffmann, und »Hunde, wollt ihr ewig leben«, Regie: Frank Wisbar, 1958; »Die Buddenbrooks« (nach Thomas Mann), Regie: Alfred Weidenmann, 1959; »Sturm im Wasserglas« (nach Frank), mit Therese Giehse, Regie: Josef von Baky, 1960; »Die Marquise von O...« (nach Kleist), Regie: Eric Rohmer, BRD/Frankreich 1975.
Theater: Titelrolle in Shakespeares »Hamlet«, Schauspielhaus Düsseldorf 1938; Orpheus in Anouilhs »Eurydike«, Regie: Erich Engel, Rodrigo in Claudels »Der seidene Schuh«, Regie: Friedrich Domin, Eilers in Zuckmayers »Des Teufels General«, Regie: Harry Buckwitz, 1947/48, Ferdinand in Schillers »Kabale und Liebe«, und Orest in Goethes »Iphigenie auf Tauris«, Regie: jeweils Bruno Hübner, 1948/49, König von Frankreich in Shakespeares »Ende gut, alles gut«, Regie: Hans Schweikart, Garcin in Sartres »Hinter geschlossenen Türen«, und Don Juan in Zuckmayers »Barbara Blomberg«, 1949/50, Feldprediger in Brechts »Mutter Courage und ihre Kinder«, mit Therese Giehse, Regie: Bertolt Brecht selbst, und Bodo in der Uraufführung von Dürrenmatts »Die Ehe des Herrn Mississippi«, Regie: Hans Schweikart, 1950–1952, Titelrolle in Shakespeares »Hamlet«, Regie: Leopold Lindtberg, 1953/54, Teufel in Ramuz/Strawinskys »Die Geschichte vom Soldaten«, 1954/55, Lehrer in der Uraufführung von Dürrenmatts »Der Besuch der alten Dame«, mit Therese Giehse, Regie: Hans Schweikart, 1955/56, Derwisch in Lessings »Nathan der Weise«, und Ionesco in der deutschen Erstaufführung von Ionescos »Erziehung eines Autors«, 1957/58, Figaro in Beaumarchais' »Der tolle Tag oder Figaros Hochzeit«, Regie: Paul Verhoeven, und Inquisitor in Brechts »Leben des Galilei«, Regie: Hans Schweikart, 1958/59, Vater in Sartres »Die Eingeschlossenen«, Regie: August Everding, 1959/60, Herr aus Bellac in Giraudoux' »Der Apollo von Bellac«, 1960/61, Jacques in Shakespeares »Wie es euch gefällt«, Regie: Hans Schweikart, 1961/62, Wehrhan in Hauptmanns »Der rote Hahn«, 1962/63, George in Albees »Wer hat Angst vor Virginia Woolf?«, Regie: Hans Schweikart, 1963/64, Titelrolle in der Uraufführung von Kippardts »In der Sache J. Robert Oppenheimer«, Regie: Paul Verhoeven, 1964/65, Arnolphe in Molières »Die Schule der Frauen«, 1965/66, Ruriksson in der deutschen Erstaufführung von Forssells »Der Sonntagsspaziergang«, 1966/67, Menelaos in Sartres »Die Troerinnen des Euripides«, Regie: Lühr selbst, 1967/68, Jack in Albees »Alles im Garten«, Regie: Hans Schweikart, 1968/69, Harry in Storeys »Home«, 1971/72, Titelrolle in Lessings »Nathan der Weise«, 1972/73, Heinrich Krull in Sternheims »Die Kassette«, und Paulus Snyder in Brechts »Die heilige Johanna der Schlachthöfe«, 1973/74, Padre in Brechts »Die Gewehre der Frau Carrar«, 1974/75, Pastor Manders in Ibsens »Gespenster«, und Goethe-Maske in Hacks' »Das Jahrmarktfest zu Plundersweilern«, 1975/76, Sorin in Tschechows »Die Möwe«, und Weller Martin in »Gin Rommé«, 1977/78, Clov in Becketts »Endspiel«, 1978/79, Der alte Ekdal in Ibsens »Die Wildente«, Narr in Shakespeares »Was ihr wollt«, und Polonius in Shakespeares »Hamlet«, 1979/80, Cotrone in Pirandellos »Die Riesen vom Berge«, 1980/81, Merlin in Dorsts »Merlin oder Das wüste Land«, Regie: Dieter Dorn, und Mann auf der Bank in Wilsons »Die goldenen Fenster«, Regie: Robert Wilson selbst, 1981/82, Amerikanischer Botschafter in Peter Weiss' »Der neue Prozeß«, und Estragon in Beckets »Warten auf Godot«, 1983/84, Oberon in Botho Strauß' »Der Park«, Regie: Dieter Dorn, Großinquisitor in Schillers »Don Carlos«, Regie: Alexander Lange, 1984/85, jeweils Münchner Kammerspiele.

Wichtige eigene Inszenierungen: Goethes »Iphigenie auf Tauris«, Schauspielhaus Düsseldorf 1938; Hauptmanns »Der Biberpelz«, 1949, Guitrys »Nicht zuhören, meine Damen«, 1950, Barlachs »Die Sintflut«, 1958, Tschechows »Der Kirschgarten«, 1961, Anouilhs »Ardèle oder Das Gänseblümchen«, 1966, Jonsons »Der Alchimist«, 1967, jeweils Münchner Kammerspiele.
Fernsehen: »Baumeister Solness« (nach Ibsen), Regie: Hans Schweikart, ZDF 1966; »Hier bin ich, mein Vater« (nach Torberg), Regie: Ludwig Cremer, ARD 1970; »Das Bastardzeichen« (nach Nabokov), mit Helmut Käutner, ZDF 1970; »Cautio Criminalis oder »Der Hexenanwalt« (von Lohmeyer), Regie: Hagen Mueller-Stahl, ZDF 1974; »Professor Blaise«, ARD 1975; »Als wär's ein Stück von mir« (nach Zuckmayer), Regie: August Everding, ZDF 1976; »Prosperos Traum« (nach Shakespeares »Der Sturm«), Regie: Georg Moorse, ZDF 1977; »Derrick«, Serie, ZDF 1981; Dr. Düring in »Bekenntnisse des Hochstaplers Felix Krull« (nach Thomas Mann), mit John Moulder-Brown, Regie: Bernard Sinkel, ZDF 1982; »Der Alte«, Serie, ZDF 1983; »Jean Christophe« (nach Rolland), mit Klaus Maria Brandauer, Regie: François Villers, Serie, franz. TV (auch ORF 1985).
Auszeichnung: »Der kulturelle Ehrenpreis der Stadt München« (dotiert mit 20 000 DM) 1981.
Anschrift: c/o Agentur de la Berg, Haus am Weiher, 8026 Irschenhausen.

Daniel Lüönd

Geb. 5. 11. 1957 als Sohn des Schauspielers Walo Lüönd in Essen; aufgew. in Berlin und in Menzingen, Kanton Zug/Schweiz; Besuch des franz. Gymnasiums Berlin und des Gymnasiums Zug; schon als Kind war er mit dem Vater im Theater und zahlreichen TV-Studios und fand Interesse am Schauspieler-Beruf. Nach einer kurzen Tätigkeit als Rock-Gitarrist bei einer Musikband absolvierte er die Schauspielakademie Zürich. Seine ersten festen Engagements hatte er am Schauspielhaus Zürich und am Staatstheater Oldenburg. Seit 1980 ist er freischaffend. Er gastierte u.a. am Staatstheater Braunschweig, an den Bühnen der Freien Hansestadt Bremen und am Deutschen Theater Göttingen. Ferner machte er zahlreiche Tourneen.
Lüönd spricht franz.; engl.; er ist ledig und lebt in München.
Film: »Die Macht der Gefühle«, Regie: Alexander Kluge, 1983.
Theater: Titelrolle in der Uraufführung von Heidenreichs »Strafmündig«, Regie: Maria Reinhard, Staatstheater Braunschweig 1981; Freder in Bruckners »Krankheit der Jugend«, Bühnen der Freien Hansestadt Bremen; Titelrolle in Shakespeares »Hamlet«, Regie: Günther Heckenstein, und Titelrolle in Zuckmayers »Prometheus«, jeweils Deutsches Theater Göttingen (1984/85); Moritz Stiefel in Wedekinds »Frühlings Erwachen«, und Titelrolle in Cocteaus »Bacchus«, mit Charles Regnier, jeweils Tourneen.
Fernsehen: »Tante Maria«, Regie: Wolfgang Panzer, ZDF 1980; »Hambacher Frühling«, Regie: Eberhard Itzenplitz, ZDF 1982; Karl XII. in »August der Starke« (von Asmodi), mit Gert Fröbe, Peter Fricke und Günter Strack, Regie: Rudolf Nussgruber, ZDF 1984; Lewin Vitzewitz in »Vor dem Sturm« (von Asmodi nach Fontane), Regie: Franz Peter Wirth, 6 Teile, ARD 1984; »Polizei-Inspektion 1«, mit Walter Sedlmayr, Serie, ARD 1985.
Auszeichnungen: Darstellerpreis des Deutschen Bühnenvereins und des NDR 1982 für »Strafmündig«.
Anschrift: c/o Agentur Wiedner, Destouchesstraße 32, 8000 München 40.

Walo Lüönd

Geb. 13. 4. 1927 in Zug/Schweiz; nach der Schule absolvierte er seine Schauspielausbildung am Bühnenstudio Zürich. Nach mehreren Jahren beim Kabarett »Federa« kam er 1951/52 an das Basler Theater. 1952 bis 1954 wirkte er an den Münchner Kammerspielen und am Bayerischen Staatsschauspiel München. Weitere Stationen: Theater der Stadt Essen (1954–1959), Freie Volksbühne Berlin (1959–1969) unter Leonard Steckel und Erwin Piscator, Schauspielhaus Zürich (1972–1977) und Basler Theater (seit 1978). Gastspiele gab er u.a. am Berliner Hebbel-Theater, am Theater am Kurfürstendamm Berlin sowie bei den Ruhrfestspielen Recklinghausen. Beim Fernsehen wirkt er sei 1960, seinen Durchbruch beim Film hatte er 1971 in der Titelrolle des Schweizer Films »Dellebach Karry« (Regie: Kurt Früh). Lüönd spricht engl., franz.; er ist seit 1958 verheiratet mit der Schauspielerin Eva-Maria Bendig, hat zwei Söhne und lebt in Zürich. Sein Sohn Daniel Lüönd (geb. 1957) wählte ebenfalls den Schauspielerberuf.

Film: »Der Fall«, Regie: Kurt Früh, 1972; »Die Fabrikanten«, Regie: Urs Aebersold, 1973; »Die Schweizermacher«, mit Emil Steinberger, Regie: Rolf Lyssy, 1978; »Der Erfinder« (nach Peter Schneider), mit Bruno Ganz, Regie: Kurt Gloor, 1981 (auch ZDF 1983;) Gorvenal in »Feuer und Schwert – Die Legende von Tristan und Isolde«, mit Christoph Waltz, Regie: Veith von Fürstenberg, BRD/Irland 1981 (auch ZDF 1984); »Hunderennen«, Regie: Bernard Safrik, 1983; »Der schwarze Tanner« (nach Inglin), Regie: Xaver Kollo, 1985.

Theater: In der Uraufführung von Dürrenmatts »Ein Engel kommt nach Babylon«, Regie: Hans Schweikart (1953), Spiegelberg in Schillers »Die Räuber«, Titus Feuerfuchs in Nestroys »Der Talisman«, in Schnitzlers »Der grüne Kakadu«, Regie: Rudolf Noelte, Sosias und Merkur in Kleists »Amphitryon«, in Goldonis »Der Diener zweier Herren«, »Der Lügner« und »Mirandolina«, in Sperrs »Koralle Meier«, mit Christa Berndl (auch TV), in Ebermayers »Zwei ahnungslose Engel«, Regie: Wolfgang Spier (auch TV), und Titelrolle in Molières »Scapins Schelmenstreiche«, jeweils an den vorgenannten Bühnen; Etzel in Hebbels »Die Nibelungen«, in Kroetz' »Mensch Meier«, in Cocteaus »Orpheus«, in »Der General Sutter«, und Will Loman in Millers »Der Tod des Handlungsreisenden«, jeweils Basler Theater seit 1980.

Fernsehen: »Affäre Blum«, ARD 1960, und »Prozeß Mariotti«, ARD 1962, Regie: jeweils Robert A. Stemmle; »Die Mission« (nach Habe), mit Marianne Hoppe und Martin Held, Regie: Ludwig Cremer, ARD 1967; »Gerechtigkeit für Dettlinger« (von Stemmle), Regie: Heinz Schirk, ARD 1970; »Die Konsequenz« (nach Alexander Ziegler), mit Ernst Hannawald und Jürgen Prochnow, Regie: Wolfgang Petersen, ARD (außer BR) 1977; »Matto Regiert«, Regie: Wolfgang Panzer, ARD 1980; »Ungleicher Lohn« (von Christa Maar), ZDF 1982; »Monaco-Franze – Der ewige Stenz«, mit Helmut Fischer, Regie: Helmut Dietl, Serie, ARD 1983; »Der Schiedsrichter«, mit Wolfgang Kieling, Regie: Rolf von Sydow, und »Gauner im Paradies« (von Matray), Regie: Thomas Fantl, ZDF 1985; »Die Krimistunde«, Regie: Wolfgang Panzer, Serie, ARD 1985.

Anschrift: c/o Agentur Wiedner, Destouchesstraße 32, 8000 München 40, oder Am Wasser 19, CH-8049 Zürich, Schweiz.

Martin Lüttge

Geb. 7. 7. 1943 in Hamburg; dort aufgew.; nach einer Ausbildung in der Landwirtschaft wechselte er auf die Schauspielschule. 1966 begann seine Karriere an den Münchner Kammerspielen, wo er bis 1970 im Ensemble stand. Weitere Stationen: Schauspielhaus Düsseldorf (bis 1974) und Württembergisches Staatstheater Stuttgart (1957–1977). 1978 war er Mitbegründer der Freien Gruppe Theaterhof Priessenthal bei Burghausen, wo er selbst lebt.
Lüttge spricht engl.; er ist geschieden von der Schauspielerin Gila von Weitershausen.
Film: »Strohfeuer«, Regie: Volker Schlöndorff, 1972; Titelrolle in »Der Lord von Barmbeck«, Regie: Ottokar Runze, 1974; »Berlinger – Ein deutsches Abenteuer«, mit Martin Benrath, Regie: Bernhard Sinkel, 1975; »Jede Menge Kohle«, Regie: Adolf Winkelmann, 1981.
Theater: Arthur in Mrożeks »Tango«, mit Maria Nicklisch, 1966, Neffe Chandebise in Feydeaus »Der Floh im Ohr«, 1967, Rosenkranz in Stoppards »Rosenkranz und Güldenstern«, 1968, Regie: jeweils Dieter Giesing, Schüler in Bonds »Schmaler Weg in den tiefen Norden«, Regie: Peter Zadek, 1969, und in der Uraufführung von Müllers »Großer Wolf«, Regie: Claus Peymann, 1970, jeweils Münchner Kammerspiele; Doc in der deutschen Erstaufführung von de Boers »The Family«, Regie der Autor selbst, Schauspielhaus Düsseldorf 1974; Graf Wetter vom Strahl in Kleists »Das Käthchen von Heilbronn«, 1975, Annenkow in Camus' »Die Gerechten«, 1976, und Titelrolle in Goethes »Faust I und II«, 1977, Regie: jeweils Claus Peymann, am Württembergischen Staatstheater Stuttgart.
Fernsehen: David in »Rebellion der Verlorenen« (nach Jaeger), 3 Teile, und »Wie eine Träne im Ozean« (nach Manès Sperber), mit Herbert Stass, Regie: jeweils Fritz Umgelter, 3 Teile, ARD 1969; »Der Kommissar«, mit Erik Ode, Serie, ZDF 1971; »Das blaue Hotel« (nach Crane), Regie: Stanislav Barabas, ARD 1973; »Hans und Heinz Kirch« (nach Storm), ZDF 1976; »Eine Dummheit macht auch der Gescheiteste« (nach Ostrowskij), Regie: Eberhard Itzenplitz, ARD 1978; »Protokoll eines Verdachts«, Regie: Daniel Christoff, und »Ein Sonntag im Oktober«, mit Klaus Maria Brandauer, Regie: András Kovács, ZDF 1979; »Die Weber« (nach Hauptmann), Regie: Fritz Umgelter, ARD 1980; »Linda«, Regie: Horst Flick, ZDF 1980; »Zwischengleis«, mit Mel Ferrer und Pola Kinski, Regie: Wolfgang Staudte, ARD 1983; »Die Krimistunde«, Regie: Hartmut Griesmayr, Serie, und »Die Wannseekonferenz« (von Mommertz), Regie: Heinz Schirk, ARD 1984. Lüttge war Gast der ARD-Talkshow-Reihe »Heut' abend« mit Joachim Fuchsberger.
Auszeichnung: »Goldener Bambi« (BILD + FUNK) 1975.
Anschrift: c/o ZBF-Agentur München, Leopoldstraße 19, 8000 München 40, oder Priessenthal, 8283 Burghausen.

Monika Lundi

Geb. 22. 9. 1942 in Berlin; dort in einem Waisenhaus aufgew.; nach dem Besuch der Haushaltsschule absolvierte sie eine Ausbildung als Graphikerin an der Hochschule für Bildende Künste in Berlin. Seit 1968 wirkt sie häufig als Schauspielerin beim Fernsehen.
Frau Lundi spricht engl.; sie ist verheiratet mit dem Regisseur Hartmut Griesmayr. Von 1973 bis 1976 war sie mit dem Schauspieler Horst Janson verheiratet. Die Schauspielerin lebt in München.
Fernsehen: »Mord in Frankfurt«, Regie: Rolf Hädrich ARD 1968; »Babeck« (von Reinecker), mit Curd Jürgens, Senta Berger und Helmut Lohner, 3 Teile, ZDF 1968; »Salto Mortale« (von Wuttig), mit Gustav Knuth, Horst Janson, Hans Söhnker und Joseph Offenbach, Serie, ARD 1969–1971; »Der Kommissar«, mit Erik Ode, Serie, ZDF 1971; »Stars in der Manege«, ARD 1972; »See-Leben I« (nach Koch), Regie: Hartmut Griesmayr, und »Sternschnuppe«, mit Dieter Thomas Heck, Regie: Herbert Vesely, ZDF 1975; »Der Traum der Monika Z.«, Regie: Hartmut Griesmayr, und »Notwehr« (von Bernd Schröder), ZDF 1977; »Weder Tag noch Stunde«, mit Günther Maria Halmer, Regie: Bruno Jantoss, ARD 1977; »Fallstudien«, Regie: Hartmut Griesmayr, und »Liebe, Tod und Heringshäppchen«, Regie: Sven Severin, ZDF 1979; »Die Stunde des Löwen«, Regie: Hartmut Griesmayr, ZDF 1982; »Tatort«, Serie, ARD 1982; »Die Rückkehr der Träume«, Regie: Rolf Deppe, »Wer raucht die letzte?«, Regie: Hartmut Griesmayr, und »Flöhe hüten ist leichter« (nach Barbara Noack), mit Uschi Glas und Hannelore Elsner, ZDF 1983; »Auf Achse«, mit Manfred Krug, Serie, ARD 1983; »Krimistunde«, Regie: Hartmut Griesmayr, Serie, ARD 1984.
Auszeichnung: »Otto« (BRAVO) 1973.
Anschrift: c/o ZBF-Agentur München, Leopoldstraße 19, 8000 München 40.

M

Peter Machac

Geb. 14. 9. 1939 in Wien; dort aufgew.; nach dem Abitur an einem Humanistischen Gymnasium besuchte er die Hochschule für Bodenkultur in Wien. Er absolvierte die Schauspielschule von Prof. Helmuth Krauss und Prof. Polly Kügler in Wien. Über das Schülertheater und seine Tätigkeit als »Fernseh-Kinderonkel« (11 Jahre beim ORF) fand er zum Schauspielerberuf. Als freischaffender Künstler gastierte er u.a. am Stadttheater Baden bei Wien, am Volkstheater, am Theater Die Courage, am Renaissance-Theater, am Intimen Theater und an der Wiener Komödie, jeweils in Wien, an der Kleinen Komödie und am Theater Die Kleine Freiheit in München. Neben seiner Tätigkeit für Film und Fernsehen wurde er zudem als Hörfunkmoderator bekannt. Er war Mitbegründer von Ö 3 Wien und arbeitet als Autor und Moderator zudem für: BR, HR, NDR, und RAI-Bozen. Titel seiner Sendereihen u.a.: »Gute Nacht Freunde« (jetzt: »Traummelodie«), »Liederfestival«, »V.I.P. - vokal - instrumental - progressiv«, »Peter's Gag Bag«, »Das war Hollywood von gestern« (mit Monika Strauch), »Meine Melodie für Sie« und »Wochenend mit Bayern 3«. Portrait-Sendungen gestaltete er u.a. von Gustl Bayrhammer, Harald Juhnke, Axel von Ambesser, Siegfried Lowitz, Ernst Stankowski und Hansjörg Felmy. Er ist in der Synchronisation tätig.

Peter Machac spricht engl., holl.; er ist verheiratet mit der Schauspielerin und Moderatorin Monika Strauch und lebt in München.

Film: »Der rote Rausch«, mit Klaus Kinski und Sieghardt Rupp, Regie: Wolfgang Schleif, 1960; »Die Abenteuer des Grafen Bobby«, mit Peter Alexander, Regie: Geza von Cziffra, 1961; »Mariandls Heimkehr«, mit Cornelia Froboess, Hans Moser und Peter Weck, 1962; »Der Musterknabe«, mit Peter Alexander und Theo Lingen, Regie: Werner Jacobs, 1963; »Unsere tollen Tanten in der Südsee«, mit Peter Alexander, Regie Geza von Cziffra, 1964.

Theater: Spielleiter in Wilders »Unsere kleine Stadt«, Leon und Attalus in Grillparzers »Weh' dem, der lügt«, und in Molnárs »Spiel im Schloß«, jeweils Stadttheater Baden/Wien; Bruno in Savoirs »Die Kinder Edouards«, Volkstheater Wien; in Inges »Das Dunkel am Ende der Treppe«, Regie: Edwin Zbonek, Photograph in Sternheims »Die Kassette«, und in »Schönes Weekend, Mr. Bennett«, Regie: Oskar Willner, jeweils Theater Die Courage Wien; in der Kabarett-Revue »Blick zurück - doch ohne Zorn«, Regie: Oskar Willner, Die Tribüne Wien; in dem Musical »Sie irren, Herr Minister!«, Renaissance-Theater Wien; in Schwieferts »Marguerite : 3«, mit Monika Strauch, in Williams »Die Katze auf dem heißen Blechdach«, in Bahrs »Das Konzert«, in Anouilhs »Jeanne oder Die Lerche«, und in »Aber Vater darf's nicht wissen«, jeweils Wiener Komödie; in Nichols »Dreimal Hochzeit«, und in Indigs »Die Braut von Torozko«, jeweils mit und unter Regie von Emil Feldmar, Intimes Theater Wien; in Archards »Zeit des Glücks«, mit Monika Strauch, Adrian Hoven und Karin Jacobsen (auch Regie), Theater Die Kleine Freiheit München; in Gmürs »Schloß Rabeneck«, mit Karl Schönböck und Monika Strauch, Regie: Claus Biederstaedt, Kleine Komödie München 1984.

Fernsehen: Von 1960 bis 1971 war er Präsentator des Kinder- und Jugendprogramms beim ORF. Er spielte beim ORF u.a. in den Serien: »Die Schmökerecke«, »Weihnacht in Weiß«, »Musik kennt keine Grenzen«. Als Moderator führte er durch die Sendungen »Sie wünschen - wir spielen« (ORF), »Musikreport« (BR) und »Das Sonntagskonzert« (ZDF). Zudem spielte er u.a. in: »Der Vogelhändler« (nach Zeller), Regie: Toni Stubhahn, ORF; »Wie eine Träne im Ozean« (nach Manès Sperber), mit Herbert Stass und Martin Lüttge, Regie: Fritz Umgelter, 3 Teile, ARD 1969; »Die seltsamen Methoden des Franz Josef Wanninger«, mit Beppo Brem, Regie: Ernst Schmucker, Serie, ARD 1974.

Anschrift: c/o ZBF-Agentur München, Leopoldstraße 19, 8000 München 40.

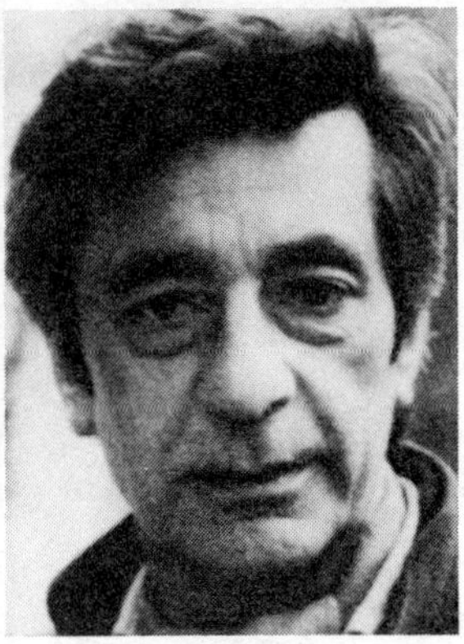

Günter Mack

Geb. 12. 12. 1930 in Augsburg; aufgew. in Fischen/Allgäu und Simmerberg; Realgymnasium; nach seiner unfreiwilligen Entlassung von der Otto-Falckenberg-Schule 1948 besuchte er zwei Jahre eine private Schauspielschule in München; erstes Engagement bei Dr. Willy Becker an den Städt. Bühnen Augsburg; es folgten Verpflichtungen am Landestheater Coburg (1952–1955), an den Städt. Bühnen Münster (1955–1957), am Pfalztheater Kaiserslautern (1957–1959), an den Städt. Bühnen Heidelberg (1959–1963), am Hessischen Staatstheater in Wiesbaden (1963–1967), an der Freien Volksbühne Berlin (1968), am Schauspielhaus Bochum (1968/69), an der Komödie am Kurfürstendamm Berlin (1970/71), am Contra-Kreis-Theater Bonn (1975), den Ruhrfestspielen Recklinghausen (1975), dem Landestheater Neuss (1976) und bei den Luisenburg-Festspielen Wunsiedel (1977). Seither ist Mack an Tourneetheater gebunden. Er führt auch Regie.

Von 1961 bis heute spielte Mack über 100 Film- und Fernsehrollen. Mack spricht engl.; er ist verheiratet seit 1954, hat eine Tochter (Susanne) und lebt abwechselnd in Gröbenzell bei München und in Bonn.

Film: »Das Feuerschiff« (nach Siegfried Lenz), USA/BRD 1962; »Abschied von gestern«, Regie: Alexander Kluge, 1966; »Der Stoff, aus dem die Träume sind«, 1972, und »Die Antwort kennt nur der Wind«, 1974 (jeweils nach Johannes Mario Simmel), Regie: jeweils Alfred Vohrer; »Die Angst ist ein zweiter Schatten«, Regie: Norbert Kückelmann, 1975.

Theater: Titelrolle in Kleists »Prinz Friedrich von Homburg«, zur Eröffnung des Neuen Hauses der Städt. Bühnen Münster 1955; Titelrolle in Anouilhs »Becket oder Die Ehre Gottes«, und Götz in Sartres »Der Teufel und der liebe Gott«, Regie: jeweils Hansgünther Heyme, Städt. Bühnen Heidelberg 1960–1962; Mephisto in Goethes »Faust«, 1963, Titelrolle in Weiss' »Die Verfolgung und Ermordung Jean Paul Marats«, 1964, Regie: Hansgünther Heyme, jeweils Staatstheater Wiesbaden; in Aristophanes' »Die Reiter«, Regie: Stavros Doufexis, Freie Volksbühne Berlin 1968; Senator Nicholson in der Uraufführung von Hochhuts »Guerillas«, Regie: Hans Schalla, Schauspielhaus Bochum 1970; in Shaffers »Revanche«, mit O.E. Hasse (Deutsche Erstaufführung), Regie: Rolf Henniger, Komödie am Kurfürstendamm Berlin 1971; Jean Aguerra in »Im Räderwerk« (nach Sartre), Ruhrfestspiele Recklinghausen 1975; Titelrolle in Shakespeares »Macbeth«, Regie: Hermann Wetzke, Landestheater Neuss 1976; Titelrolle in Rostands »Cyrano de Bergerac«, Regie: Paul Vasil, Luisenburg-Festspiele Wunsiedel 1977; Titelrolle in Kohouts »Armer Mörder«, Regie: Ernst Eiltgen, 1977, in Pinters »Betrogen«, 1979, Titelrolle in Schillers »Wallenstein«, Regie: Kai Braak, 1983/84, jeweils mit Tourneetheater in Deutschland, Österreich und den Niederlanden.

Fernsehen: »Besuch am Nachmittag« und »Feuer lodern überall«, ARD 1963; »Romeo und Julia« (nach Shakespeare), ARD 1964; »Nächstes Jahr in Jerusalem« (nach Wesker), ARD 1965; »Nur einer wird leben«, ARD 1966; Nobile in »Sieben Wochen auf dem Eis«, Regie: Fritz Umgelter, »Bratkartoffeln inbegriffen«, »Mr. Arcularis«, und »Mike Blaubart«, ARD 1967; »Bel Ami«, Regie: Helmut Käutner, und Peri in »Kaddish nach einem Lebenden« (von Karl Fruchtmann), ARD 1968; »Der ewige Gatte« (nach Dostojewski), Regie: Stanislav Barabas, »Es lebe der Tod« und »Waterloo«, ARD 1969; Dr. Faber in »Wie eine Träne im Ozean« (nach Sperber), Regie: Fritz Umgelter, 3 Teile, ARD 1969; »Chopin-Express«, ZDF 1971; »Tatort«, Serie, ARD 1971; »Eine Tote soll ermordet werden«, »Victor oder Die Kinder an der Macht« (nach Vitrac), »Das Klavier«, »Zu einem Mord gehören zwei«, »Andersonville-Prozeß« und Titelrolle in »Max Hoelz«, Regie: Rudolf Nussgruber, ZDF 1972; Larson in »Simplicissimus«, Regie: Fritz Umgelter, 4 Teile, ZDF 1975; »Eurogang«, Serie, ARD 1976; Mendel Singer in »Hiob« (nach Joseph Roth), Regie: Michael Kehlmann, 3 Teile, ARD 1977; »Land, das meine Sprache spricht«, und Tigellinus in »Nero« (von Felicien Marceau), ZDF 1979; Prof. Frucht in »Warnung aus dem Käfig« (von Peter von Zahn), ARD 1980; Christian Poller in »Tarabas« (nach Joseph Roth), Regie: Michael Kehlmann, und »Überfall in Glasgow«, Regie: Wolfgang Hautke, ZDF 1981; Bonnet in »Die Friedenmacher«, Regie: Stanislav Barabas (live), und Untersuchungsrichter Dr. Pepper in »Weltuntergang/End of a World« (nach Milo Dor),

Regie: Imo Moszkowiczs (Kino- und TV-Fassung für USA), ARD 1984; »Gegenlicht«, Regie: Michael Kehlmann, ARD 1984.
Auszeichnungen: Bundesfilmpreis in Gold 1967; »Goldene Kamera« (HÖRZU) für die Rolle des Mendel Singer in »Hiob« 1979.
Anschrift: c/o ZBF-Agentur München, Leopoldstraße 19, 8000 München 40, sowie: Brombeerweg 1, 8038 Gröbenzell, und Grüner Weg 32, 5300 Bonn 2.

Lutz Mackensy

Geb. 11. 3. 1944 in Hameln; nach der Schule absolvierte er die Max-Reinhardt-Schule Berlin. Unter Boleslaw Barlog debütierte er 1965 in Katajews »Quadratur des Kreises« am Berliner Schiller-Theater, dem er bis 1969 angehörte. Von 1969 bis 1975 war er am Deutschen Schauspielhaus Hamburg engagiert. Als freischaffender Schauspieler gastierte er seither u.a. an den Hamburger Kammerspielen und bei den Wilhelmshavener Festspielen.
Er wirkt umfangreich beim Fernsehen und in der Synchronisation. Er spricht u.a. die deutsche Stimme von Al Pacino, David Bowie, Richard Dreyfuss und Malcolm McDowell (»Caligula«, Regie: Tinto Brass, USA/Italien 1976). Wichtige Synchronprojekte waren zudem u.a. Franco Zefirellis »Romeo und Julia« (Romeo, 1968), Stanley Kubricks »2001: Odysee im Weltraum« (1968) und John Mortimers »Wiedersehen mit Brideshead« (TV-Serie, Großbritannien 1981).
Mackensy spricht engl., franz.; er ist ledig und lebt in Hamburg.
Film: »Cardillac, der Goldschmied von Paris«, 1957; »Mylord weiß sich zu helfen« und »Meine 99 Bräute«, 1958; »Der Lord von Barmbeck«, Regie: Ottokar Runze, 1974.
Theater: In Büchners »Dantons Tod«, Andres in Büchners »Woyzeck«, und in Tersons »Zicke-Zakke«, jeweils Schiller-Theater Berlin 1965–1969; Spitta in Hauptmanns »Die Ratten«, Mandelstam in Sternheims »Die Hose«, Larry in O'Caseys »Kikeriki«, in Shakespeares »Richard II.«, jeweils Deutsches Schauspielhaus Hamburg 1969–1975; in Ayckbourns »Treppauf–Treppab«, Hamburger Kammerspiele.
Fernsehen: »Eli und der Preis der Freiheit« (nach Meichsner), Regie: Egon Monk, ARD 1966; »Der Augenblick des Friedens«, Buch und Regie: Egon Monk, ARD 1967; »Die Ballade vom Cowboy« (nach Potter), ZDF 1969, und »O süße Geborgenheit« (nach Kops), ARD 1969, Regie: jeweils Heinz Schirk; »Trotzki in Coyoacan« (nach Lange), mit René Deltgen und Edith Heerdegen, Regie: Ernst Busch, ZDF 1975; »Hans und Heinz Kirch« (nach Storm), ZDF 1976; »Die Dämonen« (nach Dostojewski), 4 Teile, ARD 1977, »PS – Geschichten ums Auto«, 4 Teile, ARD 1978, »PS – Die Feuerreiter«, 4 Teile, ARD 1979, Regie: jeweils Claus Peter Witt; »Notenkonferenz«, Regie: Karl-Heinz Deickert, ZDF 1979; »Einfach Lamprecht«, mit Carl-Heinz Schroth und Witta Pohl, Serie, ZDF 1980; »Der König und sein Narr« (von Plenzdorf), Regie: Frank Beyer, und »Ganz unter uns« (nach Ayckbourn), Regie: Heinz Schirk, ARD 1981; Titelrolle in »Androjäger«, Regie: Wolfgang Storch und Marcus Scholz, 26 Teile, ARD 1981 und 1983; Wurm in »Kabale und Liebe« (nach Schiller), ARD 1982, Jakob Fugger I. in »Vom Webstuhl zur Weltmacht«, 6 Teile, ARD 1983, »Rivalen« (nach Sheridan), Davison in »Maria Stuart« (nach Schiller), ARD 1986, Regie: jeweils Heinz Schirk.
Anschrift: c/o ZBF-Agentur Hamburg, Tonndorfer Hauptstraße 90, 2000 Hamburg 70.

Heidi Mahler

Geb. 31. 1. 1944 als Tochter des Schauspielers, Regisseurs und Theaterleiters Hans Mahler und der Schauspielerin Heidi Kabel in Weihe, Kreis Harzburg; aufgew. in Hamburg; nach der Schule absolvierte sie die Staatl. Hochschule für Musik und darstellende Kunst unter Prof. Eduard Marks in Hamburg. Gleich anschließend kam sie 1964 an das Ohnsorg-Theater Hamburg, wo ihr Vater als künstlerischer Leiter tätig war. Neben ihrer Mutter spielte sie bis 1983 in über 100 Stücken, von denen über 50 im Deutschen Fernsehen (ARD) ausgestrahlt wurden.
1983 erhielt sie ein Engagement am Hamburger Thalia-Theater. Als Gast wird sie jedoch weiterhin am Ohnsorg-Theater zu sehen sein.
Frau Mahler spricht engl.; sie war zweimal verheiratet, zuletzt mit dem Schauspieler Jürgen Pooch (bis 1985), und lebt in Hamburg.
Theater: Seit 1977 spielte sie u.a. in »Die Venus von Muggensack«, »Wenn du Geld hast«, »Rum ut Jamaica«, »Willem sien Willen«, »Mudder Mews«, »De Lorbeerkranz«, »Dat Speel von Doktor Faust«, »Swieg still, Jung!« (nach Kusz), Ohnsorg-Theater Hamburg. Ihre Partner in den nahezu 20 Jahren waren u.a. Heidi Kabel, Henry Vahl, Erna Raupach-Petersen, Edgar Bessen, Fritz Hollenbeck, Heini Kaufeld, Karl-Heinz Kreienbaum, Otto Lüthje, Hilde Sicks und Jürgen Pooch.
1983/84 spielte sie die Liese Bänsch in Hauptmanns »Michael Kramer« (mit Will Quadflieg, Regie: Rudolf Noelte) am Thalia-Theater Hamburg (auch TV).
Fernsehen: Neben den Übertragungen aus dem Ohnsorg-Theater war sie auch in zahlreichen TV-Shows zu sehen (u.a. »Zwischenmahlzeit«, ARD). Ferner: »Rummelplatzgeschichten«, mit Heidi Kabel, Serie, ARD 1983/84; »ARD-Wunschkonzert« (als Sängerin), ARD 1984.
Anschrift: c/o ZBF-Agentur Hamburg, Tonndorfer Hauptstraße 90, 2000 Hamburg 70, oder (für Autogramme) postlagernd, 2000 Hamburg 52.

Margot Mahler

(eigentlich: Margot Huber)

Geb. 24. 9. 1948 in Straubing/Niederbayern; aufgew. in München, wo sie heute lebt; ledig; spricht engl.; nach einer Ausbildung zur Bankkauffrau nahm sie privaten Schauspielunterricht, u.a. bei Christa Berndl-Caporicci. Die Bühnengenossenschaftsprüfung finanzierte sie sich mit Arbeiten als Sekretärin. Ihre ersten Engagements erhielt sie 1967 am Münchner Volkstheater und der Studiobühne München. Sie arbeitet auch als Autorin und gestaltet eigene Bühnenprogramme.

Film: »Donnerwetter Bonifatius Kiesewetter«, und »Hoppe, Hoppe Reiter – Engelchen macht weiter«, Regie: Michael Verhoeven, 1968; »Die Engel von St. Pauli«, Regie: Jürgen Roland, »Musik, Musik – da wackelt die Penne«, Regie: Franz Antel, »Die tollen Tanten schlagen zu«, Regie: Franz Joseph Gottlieb, und »Wer zuletzt lacht, lacht am besten«, Regie: Harald Reinl, 1969/70; »Zwei Däninnen in Lederhosen«, Regie: Franz Marischka, 1978; »Der Gasthof der spritzigen Mädchen«, 1979; »Meister Eder und sein Pumuckl«, mit Gustl Bayrhammer, Regie: Ulrich König, BRD/Ungarn 1981.

Theater: »Ars longa vita brevis« (Arden), Regie: Maria Reinhard, Studiobühne München 1967; Jacquenette in Shakespeares »Verlorene Liebesmüh«, und Lydia in Schwerlas »Ein langes Wochenende« (auch TV), Volkstheater München 1968/69; in Homes »Sein bester Freund« (1972), in Fieldings »Tiefstapeleien« (1974), Inge in Flatow/Pillaus »Das Fenster zum Flur« (1975) (auch TV), in Gmürs »Schloß Rabeneck« (1984), in King/Carys »Seemann, gib Obacht«, mit Beppo Brem, 1985 (auch ZDF 1985), jeweils Kleine Komödie München; Lehrling Fonse in Valentins »Das Photoatelier«, Baierisches Raritätentheater München; Myrthle in Williams' »Königreich auf Erden«, Kleine Bühne Schwabing, München.

Fernsehen: »Königlich Bayerisches Amtsgericht« (von Lohmeier), Serie, ZDF 1968; »Kirsch und Kern«, ARD 1969; Erika in »Nur der Freiheit gehört unser Leben« (nach Horváth), ZDF 1969; »Mein Freund Harvey« (nach Chase), ZDF 1970; Wimpflingerin in »Der Ehestreik« (»Komödienstadl«), ARD 1971; »Mordkommission«, mit Charles Regnier, 13 Folgen, ZDF 1972; »Anton Sittinger«, (nach Oskar Maria Graf), mit Walter Sedlmayr, ARD 1979; »Tatort«, Serie, und »Der Gerichtsvollzieher«, Regie: Peter Weck, Serie, ARD 1981; »Leute wie du und ich«, mit Harald Juhnke, und »Derrick«, Serie, ZDF 1981; »Der Alte«, Serie, ZDF 1982; »Funkeln im Auge«, Regie: Wolfgang Becker, und »Wie im Paradies«, Regie: Bernd Fischerauer, ZDF 1984; »Polizei-Inspektion 1«, Serie, ARD 1984; »Schafkopfrennen«, Regie: Bernd Fischerauer, Serie, ARD 1986.

Anschrift: c/o Agentur Lentz, Holbeinstraße 4, 8000 München 80, oder Haidhauser Straße 9, 8000 München 80.

Max Mairich

–Staatsschauspieler–

Geb. 8. 4. 1910 in Innhausen/Sieg; nach der Schauspielausbildung begann er 1930 am Städt. Theater Leipzig. Weitere Stationen: Stadttheater Heidelberg (1932–1937), Theater Baden-Baden (1938–1940), Württembergisches Staatstheater Stuttgart (ab 1941), Schauspielhaus Düsseldorf (ab 1945) und Bayerisches Staatsschauspiel München (bis 1983). Er gastierte bei den Ruhrfestspielen Recklinghausen.
Mairich ist in zweiter Ehe verheiratet, hat zwei Töchter und lebt in München.
Film: »Mordprozeß Dr. Jordan«, Regie: Erich Engels, 1949; »Oh, du lieber Fridolin«, 1952; »Ich und du«, Regie: Alfred Weidenmann, und »Straßenserenade«, 1953; »08/15 in der Heimat«, Regie: Paul May, 1955; ». . . und nichts als die Wahrheit«, und »Menschen im Netz«, Regie: Franz Peter Wirth, 1959; »Berlinger – Ein deutsches Abenteuer«, Regie: Alf Brustellin und Bernhard Sinkel, 1975.
Theater: Am Bayerischen Staatsschauspiel München spielte er (ab 1962): in Shakespeares »Hamlet«, 1962/63, Argan in Molières »Der eingebildete Kranke«, und Oberst Kottwitz in Kleists »Prinz Friedrich von Homburg«, 1963/64, in Grabbes »Scherz, Satire, Ironie und tiefere Bedeutung«, in Shakespeares »Der Sturm« und in Giraudoux' »Die Irre von Chaillot«, 1964/65, in Lessings »Nathan der Weise«, in Büchners »Woyzeck«, und in Hauptmanns »Die Ratten«, 1965/66, in Schillers »Der Parasit«, 1966/67, Harpagon in Molières »Der Geizige« (auch TV), 1967/68, in Thomas »Moral«, und in Goldonis »Die Herren im Haus«, 1968/69, in Gogols »Die Heirat«, und Narr in Shakespeares »Was ihr wollt«, 1969/70, Sartorius in Shaws »Die Häuser des Herrn Sartorius«, 1970/71, Titelrolle in Courtelines »Boubouroche«, in Schillers »Wallenstein«, und in Ostrowskijs »Einen Fehler macht auch der Gescheiteste«, 1971/72, in Feydeaus »Einer muß der Dumme sein«, 1972/73, in Sternheims »Der Kandidat«, 1973/74, Orgon in »Liebe und Zufall«, in Shakespeares »König Johann«, und in O'Caseys »Ein Freudenfeuer für den Bischof«, 1974/75, in Beaumarchais' »Der tolle Tag oder Figaros Hochzeit«, und in Shakespeares »Hamlet«, 1975/76, Nr. 3 in Budjuhn/Roses »Die zwölf Geschworenen«, 1976/77, in Gogols »Der Revisor«, Der Neid in Raimunds »Der Bauer als Millionär«, Schreiber in Kleists »Der zerbrochene Krug«, und in Molières »Tartuffe«, 1978/79, in Goethes »Faust II«, und in Shaws »Frau Warrens Gewerbe«, 1979/80, in Goethes »Egmont«, Amias Paulet in Schillers »Maria Stuart«, mit Christine Ostermayer, in Shakespeares »Richard III.«, 1980/81, in Thomas »Moral«, 1981/82, und in Shakespeares »Viel Lärm um nichts«, Regie: Kurt Meisel (dessen Abschieds-Inszenierung), 1983.
Fernsehen: »Der Tod des Handlungsreisenden« (nach Miller); »Mein Freund Harvey« (nach Chase), Regie: Rolf von Sydow, ARD 1967; »Julius Cäsar« (nach Shakespeare); James Hooper in »Hoopers letzte Jagd« (von Humpert), mit Horst Tappert, Regie: Claus Peter Witt, 2 Teile, ARD 1972; »Der Kommissar«, mit Erik Ode, Serie, ZDF 1974; »Der Alte«, Serie, 2 Folgen, ZDF 1978 + 1984; »Derrick«, Serie, ZDF 1983; »Polizei-Inspektion 1«, mit Walter Sedlmayr, Serie, ARD 1984; »Angelo und Luzy«, Serie, ZDF 1984.
Auszeichnung: Bayerischer Staatsschauspieler.
Anschrift: c/o Agentur Wiedner, Destouchesstraße 32, 8000 München 40.

Leslie Antonia Malton

Geb. 15. 11. 1958 als Tochter eines amerik. Diplomaten in Washington D.C./USA; dort und in Wien aufgew.; Abitur an der American International School Wien; Schauspielunterricht nahm sie am Emerson College in Boston, an der Royal Academy of Dramatic Art in London, bei Grotowski in Braunschweig und bei Strasberg in Paris. In Berlin leitete sie den Workshop für Schauspieltraining »Etage IV«.
Seit 1978 arbeitet sie umfangreich für Film und Fernsehen. Ihr Debüt gab sie mit dem TV-Film »Personals« in den USA.
Leslie Malton spricht deutsch, engl., franz.; sie ist ledig und lebt in Berlin.
Film: »Pawn«, Regie: W. Walker, 1978; »Possesion«, Regie: A. Zulawski, 1980; »Das Traumhaus«, mit Horst Frank, Regie: Ulrich Schamoni, 1980 (auch ARD 1982); »Die Ortliebschen Frauen« (nach Nabl), Regie: Luc Bondy, 1981; Hermine Kleefeld in »Der Zauberberg« (nach Thomas Mann), mit Christoph Eichhorn, Rod Steiger und Charles Aznavour, Regie: Hans W. Geissendörfer, 1981 (auch als Dreiteiler ZDF 1984).
Theater: Ophelia in Shakespeares »Hamlet«, mit Klaus Maria Brandauer und Klausjürgen Wussow, Burgtheater Wien 1985/86.
Fernsehen: »Sierra Madre« (von Storz), mit Charles Brauer, Regie: Horst Flick, ZDF 1980; »Zuhaus unter Fremden« (aus der Reihe: »Tatort«), ARD 1981; Renate Keller in »Blut und Ehre: Jugend unter Hitler« (von Kissel/Muller), Regie: Bernd Fischerauer, 4 Teile, ARD 1982; »Die Unerreichbare«, mit Daniel Webb, Buch + Regie: Krzysztof Zanussi, ZDF 1982; Katrin Henk in »Kinder unseres Volkes« (von Luise Rinser), mit Witta Pohl und Dietmar Schönherr, Regie: Stephan Rinser, ZDF 1983; »In der Sackgasse« (nach Weressajew), mit Heinz Baumann, Regie: Rolf Busch, ARD 1983; »Blaubart« (nach Frisch), mit Vadim Glowna und Vera Tschechowa, Regie: Krzysztof Zanussi, ARD 1984; »Der Schatz im Haus« (nach Desailly), mit Louise Martini, Regie: Oswald Döpke, ZDF 1984; »Eine andere Frau«, mit Bruno Dallansky, Buch + Regie: Marco Serafini, ZDF 1985; »Liebe läßt alle Blumen blühen« (nach Konsalik), mit Beatrice Kessler, Regie: Marco Serafini, ARD 1985; »Die Geschichte vom guten alten Herrn« (nach Svevo), mit Peter Pasetti, Regie: Margit Saad, BR III 1985; »Das Totenreich« (nach Pontoppidan), Regie: Karin Brandauer, 2 Teile, ARD 1986.
Anschrift: c/o Agentur Mackeben, Douglasstraße 2–4, 1000 Berlin 33, oder c/o ZBF-Agentur Berlin, Kurfürstendamm 206, 1000 Berlin 15.

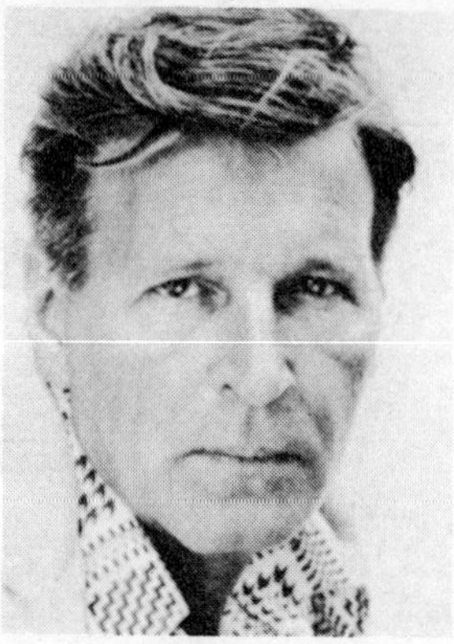

Gunther Malzacher

Geb. 5. 3. 1929 in Berlin; er besuchte die Oberrealschule in Potsdam; seine Schauspielausbildung erhielt er an der Akademie für Schauspielkunst in Stuttgart. Engagements hatte er u.a. am Landestheater Memmingen, an den Städt. Bühnen Heidelberg, am Landestheater Detmold, an den Vereinigten Bühnen Krefeld-Mönchengladbach, am Württembergischen Staatstheater Stuttgart, an der Komödie Basel, an den Städt. Bühnen Dortmund, am Schauspielhaus Bochum, am Schauspielhaus Düsseldorf, am Bayerischen Staatsschauspiel München sowie bei den Festspielen in Bad Hersfeld und Jagsthausen.

Malzacher spricht engl., ital.; er ist verheiratet, hat zwei Kinder (Klaus-Urs und Andreas) und lebt in Montescudaio in der Toscana, Italien.

Film: »Das Schlangenei«, Regie: Ingmar Bergman, BRD/USA 1977; »Rheingold«, Regie: Niklaus Schilling, 1977.

Theater: Titelrolle in Goethes »Torquato Tasso«, Titelrolle in Shakespeares »Hamlet«, Wetter vom Strahl in Kleists »Das Käthchen von Heilbronn«, Franz in Schillers »Die Räuber«, Major von Tellheim in Lessings »Minna von Barnhelm«, Titelrolle in Camus' »Caligula«, Titelrolle in Shakespeares »König Johann«, und Chef in Grass' »Die Plebejer proben den Aufstand«, jeweils an den vorgenannten Bühnen.

Fernsehen: »Jack Mortimer« (nach Lernet-Holenia), ARD 1961; Philippeau in »Dantons Tod« (nach Büchner), ARD 1963; »Diese Frau zum Beispiel« (nach Duras), ARD 1968; »Der Hitler-Ludendorff-Prozeß«, ZDF 1971; »Verdacht gegen Harry Croft« (nach Forbes), ZDF 1972; Vater in »Die Eltern«, mit Heinz und Anne Bennent, Regie: Hans W. Geissendörfer, ARD 1974; »Haus ohne Hüter« (nach Böll), ZDF 1975; »Die Affaire Winston« (nach Fast), ZDF 1976; Autor in »In freier Landschaft«, Regie: Michael Kehlmann, 2 Teile, ARD 1977; »Tatort«, Regie: Axel Corti, Serie, ARD 1980; »Warnung aus dem Käfig« (von Peter von Zahn), ARD 1981; »Der Westen leuchtet«, Regie: Niklaus Schilling, »Das eine Glück und das andere«, Regie: Axel Corti, und »Blut und Ehre: Jugend unter Hitler«, Regie: Bernd Fischerauer, 4 Teile, ARD 1982; »Titanic«, Regie: Lutz Büscher, ZDF 1984; »Der Freibeuter« (nach Conrad), Regie: Franco Giraldi, 3 Teile, ZDF 1985; »Die Unbekannten im eigenen Haus« (nach Simenon), Regie: Bernd Fischerauer, ARD 1985.

Auszeichnung: »Großer Bad-Hersfeld-Preis«.

Anschrift: c/o Agentur Alexander, Lamontstraße 9, 8000 München 80.

Ursula von Manescul

Geb. 14. 5. 1931 in Lemberg als Tochter des rumänischen Großgrundbesitzers Ritter von Manescul. Nach der Flucht bei Kriegsende kam sie über Posen nach Berlin, wo sie die Oberschule besuchte und von 1946 bis 1949 unter Hilde Körber die Max-Reinhardt-Schule absolvierte; ferner studierte sie Gesang und Tanz an der Städt. Oper Berlin. Als Soubrette debütierte sie 1952 am Theater am Nollendorfplatz; Engagements am Hebbel-Theater und der Komödie, jeweils Berlin, folgten. Von 1954 bis 1973 war sie Chefansagerin beim Südwestfunk Baden-Baden (Fernsehen); seither ist sie freischaffend tätig. Als Synchronsprecherin ist sie u.a. die deutsche Stimme von Claudia Cardinale.

Ursula von Manescul spricht engl., franz.; sie ist zweimal geschieden; in erster Ehe war sie von 1953 bis 1969 mit dem Regisseur Franz M. Lang verheiratet; sie lebt in Baden-Baden.

Film: »Professor Nachtfalter«, 1950; »Strips«, »Warum?«, mit Horst Buchholz, und »Karriere in Paris«, 1951; »Das tanzende Herz« und »Bezauberndes Fräulein«, 1953; »Das ideale Brautpaar« und »Mädchen mit Zukunft«, 1954; »Rat mal, wer heute bei uns schläft«, 1969.

Theater: Zizi in Luchaires »Die Zwanzigjährigen«, Hebbel-Theater Berlin 1952; in Cowards »Intimitäten«, Kleine Komödie München 1958; in Kadidja Wedekinds »Armand oder Die starke Schwäche«, in Rattigans »Der schlafende Prinz«, in Arnold/Bachs »Frauen haben das gern«, in Anouilhs »General Quixotte oder Der verliebte Revolutionär«, jeweils Gastspiele Städt. Theater Baden-Baden 1960–1970; Lena Bunkin in Sandbergs »So ist meine Frau«, Berliner Theater Gastspiel 1973; Stephani in Barillet/Grédys »Die Kaktusblüte«, und Content in Stevens' »Ehekarussell«, Schweizer Tourneetheater 1975/76; Nat in Jamiaques »Acapulco, Madame« und Clare in Harris/Darbons »Wie man sich bettet ...«, Constance in Verneuils »Staatsaffairen«, jeweils Kammertheater Karlsruhe 1980–1984; Lydia Barnett in O'Haras »Heiraten ist immer ein Risiko«, Landesbühne Bruchsal 1984/85; Madame Pernelle in Molières »Tartuffe«, Schloßfestspiele Ettlingen 1985.

Fernsehen: Louise in »Intimitäten« (nach Coward), und »Ich bin heute abend allein«, mit Heinz Bennent, ARD 1959; Sonja in »Die letzte Folge« (nach Arnaud), ARD 1964; Henrike in »Salto Mortale« (von Wuttig), mit Gustav Knuth, Hans Söhnker und Hellmut Lange, 18 Folgen, ARD 1968–1970; »Seniorenschweiz«, ARD 1975; »Der Alte aus der Tomatengasse«, ARD 1978; »Parole Chicago«, Serie, SWF 1979; »Goldene Zeiten«, ARD 1980; »Ein Abend mit Georg Thomalla«, ARD 1982; »30 Jahre Fernsehen«, ARD 1984.

Auszeichnung: Ehrenmitglied beim Verband der Hörfunk- und Fernsehteilnehmer Saarland.

Anschrift: Rebgasse 7, 7570 Baden-Baden.

Jürgen von Manger

Geb. 6. 3. 1923 als Sohn eines Staatsanwalts in Koblenz; er besuchte das Gymnasium Hagen (Abitur 1941). Schon als Schüler war er Statist an der Oper. Noch während seiner Ausbildung (Schauspiel- und Gesangsunterricht) debütierte er 1945 als Pylades in Goethes »Iphigenie auf Tauris« an den Städt. Bühnen Hagen. Von 1947 bis 1950 spielte er unter Saladin Schmitt und Hans Schalla am Schauspielhaus Bochum. Von 1950 bis 1963 stand er im Ensemble des Theaters Gelsenkirchen (zuletzt als 1. Charakterkomiker).
Daneben studierte er von 1954 bis 1958 an den Universitäten Köln und Münster Rechts- und Staatswissenschaften. Bekannt wurde er vor allem als »Adolf Tegtmeier« durch Funk, Fernsehen und Tourneen. 1963 erfand er die Figur des Kumpels aus dem Ruhrpott und verkörperte diese Rolle bis heute in verschiedenen Programmen und Serien. Er veröffentlichte bislang 15 Langspielplatten mit seinen Stegreifgeschichten und das Buch »Bleiben se Mensch! – Träume, Reden und Gerede des Adolf Tegtmeier« (1966).
Weitere Bühnengastspiele als Schauspieler gab er u.a. an der Oper Düsseldorf und am Ernst-Deutsch-Theater Hamburg (1983).
Von Manger spricht franz., ital., engl.; er ist verheiratet und lebt in Herne.
Theater: Wehrhahn in Hauptmanns »Der Biberpelz«, Städt. Bühnen Hagen 1946; Cloten in Shakespeares »Cymbeline«, Schauspielhaus Bochum 1949; Tobias Rülp in Shakespeares »Was ihr wollt«, Miller in Schillers »Kabale und Liebe«, Gieseke in Benatzkys »Im Weißen Rössl«, jeweils Städt. Bühnen Gelsenkirchen 1950–1963; Frosch in Johann Strauß' »Die Fledermaus«, Regie: Helmut Käutner, Opernhaus Düsseldorf; in Hochhuths »Ärztinnen«, Regie: Rolf Hochhuth selbst, Ernst-Deutsch-Theater Hamburg 1983; Tegtmeier in »De schönste Stückes«, Deutsches Theater München 1984 (und Tournee).
Fernsehen: Als Adolf Tegtmeier spielte er von 1963 bis 1984 in den TV-Reihen »Hallo, Nachbarn«, »Geheimagent Tegtmeier«, »Mensch bleiben, sagt Tegtmeier« (jeweils ARD), »Tegtmeiers Reisen« und »Tegtmeier klärt auf« (jeweils ZDF). In den insgesamt über 140 Folgen wurde meist das Studio-Publikum miteinbezogen. In den 60er Jahren wirkte er zudem in den ARD-Serien »Der Herr von der Justiz« und in »Zeuge der Geschichte« (15 Folgen) mit. Weitere TV-Auftritte (u.a.): »Geschichten aus der Heimat«, Serie, 2 Folgen, ARD 1983 und 1985; »Das Traumschiff«, Regie: Alfred Vohrer, Serie, und »Vom Himmel hoch«, Regie: Joachim Roering, ZDF 1984; »Herbert ist Herrmann«, mit Herbert Herrmann, Serie, ZDF 1985.
Auszeichnungen: »Goldene Schallplatte« 1966 und 1967.
Anschrift: Hölkeskampring 184, 4690 Herne 1.

Felix von Manteuffel

Geb. 6. 5. 1945 in Bayerischzell; aufgew. in München; nach der Schule absolvierte er von 1967 bis 1970 die Otto-Falckenberg-Schule München. Bereits während seiner Ausbildung debütierte er als zweiter Kuli in Brechts »Die Ausnahme und die Regel« an den Münchner Kammerspielen (1969). Sein erstes Engagement hatte er von 1970 bis 1972 am Ulmer Theater. Von 1972 bis 1984 gehörte er zum Ensemble der Münchner Kammerspiele. Seither ist er freischaffend. Er gastierte u.a. an den Bühnen der Stadt Köln und am Deutschen Schauspielhaus Hamburg. Beim Fernsehen wirkt er seit 1973.
Von Manteuffel spricht engl., franz.; er ist verheiratet und lebt in München.
Theater: Ferdinand in Schillers »Kabale und Liebe«, Titelrolle in Büchners »Dantons Tod«, Handrik in Gombrowicz' »Die Trauung« und Volker in Henkels »Eisenwichser«, jeweils Ulmer Theater 1970–1972; Spitta in Hauptmanns »Die Ratten«, Spitzbube in Gombrowicz' »Operette«, und Mani in »Das Sennentuntschi«, 1972/73, Gawrilo in Ostrowskijs »Ein heißes Herz«, Lord Howart in Nestroys »Die beiden Nachtwandler«, und Eduard in Lasker-Schülers »Die Wupper«, 1973/74, Miguelin in »Worte Gottes«, Moritz in Grumbergs »Affaire Dreyfus«, und Johannes Vockerat in Hauptmanns »Einsame Menschen«, 1974/75, Moritz Stiefel in Wedekinds »Frühlings Erwachen«, 1975/76, Eddy Fusely in Odets »Golden Boy«, und Baron in Gorkis »Nachtasyl«, 1976/77, Walter Schwarz in Wedekinds »Lulu«, Konstantin in Tschechows »Die Möwe«, und Regisseur in Braschs »Lovely Rita«, 1977/78, Davison in Schillers »Maria Stuart«, und Der besoffene Mensch in Brechts »Trommeln in der Nacht«, 1978/79, Wetter vom Strahl in Kleists »Das Käthchen von Heilbronn«, Rosenkranz in Shakespeares »Hamlet«, Camille Desmoulins in Büchners »Dantons Tod«, 1979/80, Pylades in Goethes »Iphigenie auf Tauris«, und Sergej Pawlowitsch Woinitzew in Tschechows »Platonow«, 1980/81, Leonhard in Kroetz' »Maria Magdalena«, Alfons der Zweite in Goethes »Torquato Tasso«, und Touchstone in Shakespeares »Wie es euch gefällt«, 1981/82, Dick Carranaun in O'Caseys »Ein Freudenfeuer für den Bischof«, und Christian Maske in Sternheims »Der Snob«, 1982/83, Edgar in Kroetz' »Nicht Fisch, nicht Fleisch«, 1983/84, jeweils Münchner Kammerspiele; Wilhelm Hunt in Pohls »Das alte Land«, Bühnen der Stadt Köln 1984; Tellheim in Lessings »Minna von Barnhelm«, Deutsches Schauspielhaus Hamburg 1984/85; in Schillers »Die Jungfrau von Orleans«, Regie: Jürgen Flimm, und in der Uraufführung von Pohls »La Balkona Bar«, Regie: Sandra Weigl, Schauspielhaus Köln 1985.
Fernsehen: »Die Goldfüchse«, Regie: Kurt Wilhelm, ARD 1973; »Fairy«, Regie: Vojtech Jasny, ZDF 1977; »Tatort«, Regie: Wolf Dietrich, Serie, ARD 1979; »Wer den Schaden hat«, Regie: Dieter Wedel, und »Der Richter«, ZDF 1981; »Angst« (nach Stefan Zweig), ARD 1981; »Die große Kapitulation«, ZDF 1983; »Rambo Zambo«, Regie: Reinhard Donga, »Heirat nicht ausgeschlossen«, und »Lindhops Frau«, Regie: jeweils Eberhard Itzenplitz, ZDF 1984; »Die Krimistunde«, Regie: Hartmut Griesmayr, Serie, ARD 1984; »Die Wupper« (nach Lasker-Schüler), Regie: Jürgen Flimm, ARD 1985; »Gesucht: Urlaubsbekanntschaften, männlich«, Regie: Wolfgang Mühlbauer, ZDF 1985; »Das Totenreich« (nach Pontoppidan), Regie: Karin Brandauer, 2 Teile, ARD 1986.
Anschrift: c/o ZBF-Agentur München, Leopoldstraße 19, 8000 München 40.

Alf Marholm

(eigentlich: Alf Marholm-Stoffels)

Geb. 31. 5. 1918 in Oberhausen; nach Schule und Schauspielausbildung debütierte er am Schauspielhaus Bochum. Weitere Bühnenstationen: Theater Oberhausen (1945–1949), Schauspielhaus Düsseldorf und mehrere Theater in Hamburg. Seit Mitte der 50er Jahre arbeitet er freischaffend für Hörfunk und Fernsehen. Einen Namen machte er sich vor allem als Sprecher und Moderator beim Westdeutschen Rundfunk (über 800 Radiosendungen).
Marholm spricht engl.; er ist verheiratet, hat zwei Kinder und lebt in Mülheim-Speldorf.
Film: »Postlagernd Turteltaube«, 1952; »Weg ohne Umkehr«, mit René Deltgen, Regie: Victor Vicas, 1953; »Die goldene Pest«, 1954; »Viele kamen vorbei«, und »Von der Liebe besiegt«, Regie: Luis Trenker, 1956; »Die Freundin meines Mannes«, 1957; »Schwarze Nylons – heiße Nächte«, 1958; »Lockvogel der Nacht« und »Das Totenschiff«, 1959; »Die Bande des Schreckens«, mit Karin Dor, Regie: Harald Reinl, 1960.
Fernsehen: »Der Mann aus Melbourne«, ARD 1966; »Der Idiot« (von Lehman nach Dostojewski), mit Gerd Baltus, Regie: Rolf von Sydow, 3 Teile, ARD 1968; »Staatsexamen«; »Gesang für die Gerechten«; »Sessel zwischen den Stühlen«; »Emigration«; »Die Dubrow-Krise« (von Menge), Regie: Eberhard Itzenplitz, ARD 1969; »Der Monddiamant«, Regie: Wilhelm Semmelroth, 2 Teile, ARD 1974; »Im Zweifel für den Angeklagten – Der Fall Dietrich Derz«, Regie: Georg Rethmanner, ZDF 1975; »Unendlich tief unten«, Regie: Pete Ariel, ARD 1978; »Nathan der Weise« (nach Lessing), mit Werner Hinz, Regie: Oswald Döpke, und »Tatort«, Regie: Michael Lähn, Serie, ARD 1979; »Der Alte«, Serie, 6 Folgen, ZDF 1979–1985; »Preußische Nacht«, Regie: Oswald Döpke, ZDF 1981; »Derrick«, Serie, 4 Folgen, ZDF 1982–1985; »Locker vom Hocker«, mit Walter Giller, Serie, ZDF 1983; »Mensch ohne Fahrschein«, mit Werner Hinz, Regie: Alfred Weidenmann und, »Der Schatz im Haus«, ZDF 1984, »Marktplatz der Sensationen« (nach Egon Erwin Kisch), Regie: Martin Holly, 5 Teile, ARD 1985; »Die Schwarzwaldklinik«, mit Klausjürgen Wussow, Regie: Alfred Vohrer, Serie, ZDF 1985/86.

Anschrift: c/o Agentur Wiedner, Destouchesstraße 32, 8000 München 40.

Edwin Marian

Geb. 14. 6. 1928 in Lodz/Polen; dort aufgew.; im letzten Kriegsjahr wurde er als Volksschüler zum Reichsarbeitsdienst eingezogen. Das Kriegsende erlebte er in Straubing und Regensburg. In Bad Kösen war er anschließend als Gelegenheitsarbeiter, zuletzt als Dolmetscher für Russisch beschäftigt.
Von 1946 bis 1950 absolvierte er das Deutsche Theaterinstitut Weimar. Sein Bühnen-Debüt gab er 1950 am Staatstheater Leipzig, dem er bis 1952 angehörte. Weitere Bühnenstationen: Berliner Ensemble unter Bertolt Brecht und seit ihrer Wiedereröffnung Volksbühne (Ost-) Berlin bis 1980 (über 13 Jahre lang teilte er dort mit dem mittlerweile ebenfalls in die Bundesrepublik übergesiedelten Armin Mueller-Stahl eine Bühnengarderobe).
Sein Film-Debüt gab er 1953 bei der DEFA in »Jacke wie Hose«. Insgesamt wirkte er in er DDR in 67 Kino- und TV-Produktionen mit.
Einen Namen machte er sich auch als Drehbuchautor und Regisseur. Von 1970 bis 1976 schrieb er 11 Drehbücher für Fernsehfilme der DDR. Das Zehn-Stunden-Werk »Der Sonne Glut« (in 5 Teilen), für das mit drei Regisseuren zwei Jahre lang gedreht wurde, trägt vor allem in der 3. Folge autobiographische Züge.
Das Drehbuch zu seinem letzten Film in der DDR »Geschenk« wurde zwar noch verfilmt, die Aufzeichnung aber aus politischen Gründen nicht ausgestrahlt. Weitere Arbeiten fielen ebenfalls der staatlichen Zensur zum Opfer. Unüberbrückbare politische Differenzen veranlaßten ihn 1980 zur Übersiedlung in die Bundesrepublik Deutschland.
Er spielte bei den Würzburger Festspielen (1980), an den Bühnen der Stadt Bonn (1983), bei den Festspielen Bad Hersfeld (1983) und inszenierte am Ernst-Deutsch-Theater in Hamburg (1985). Mittlerweile drehte er 10 Fernsehfilme in der Bundesrepublik. Die ARD strahlte 1985 sein vom NDR produziertes zweiteiliges Fernsehspiel »Cortuga« (Buch und Regie er selbst) aus.
Marian spricht poln., russ., engl.; er lebt in München.
Film: »Jacke wie Hose« und »Das kleine und das große Glück«, 1953; »Carola Lamberti«, 1955; »Mich dürstet«, Regie: Karl Paryla, 1956; »Ein Mädchen von 16 1/2« und »Reportage 57«, 1958; »Wolf und Wölfe« (nach Fallada), mit Wolfgang Langhoff, Inge Keller und Armin Mueller-Stahl, Regie: Hans-Joachim Kasprzik, 1965, jeweils DEFA/DDR.
Theater: Der junge Lenin in der deutschen Erstaufführung von Popows »Familie«, und Schneeball in »Schneeball«, jeweils Staatstheater Leipzig 1950–1952; Narr in Shakespeares »König Lear«, Reichstags-Brandstifter von der Lübbe in »Teufelskreis«, und Oberon in Shakespeares »Ein Sommernachtstraum«, jeweils Volksbühne (Ost-) Berlin; Kaiser Franz Josef in Shaffers »Amadeus«, und Domingo in Schillers »Don Carlos« jeweils Festspiele Bad Hersfeld 1983; Goethe in Martin Walsers »In Goethes Hand«, Regie: Peter Eschberg und der Autor selbst, und Dr. Chumles in Chases »Mein Freund Harvey«, Regie: Heinz Engels, jeweils Städt. Bühnen Bonn 1983.
1985 inszenierte er am Ernst-Deutsch-Theater in Hamburg Anouilhs »Eurydike«.
Fernsehen: Von 1970 bis 1976 schrieb er für das Fernsehen der DDR 11 TV-Filme, in denen er oftmals selbst spielte oder Regie führte, darunter: »Wenn die Tauben steigen«, »Eine Kindesentfuhrung«, »Fremdes Glück« und »Anfang am Ende der Welt«. Sein größter Erfolg war die fünfteilige Verfilmung »Der Sonne Glut« (je 120 Minuten), die nach zweijähriger Drehzeit 1971 ausgestrahlt wurde.
In der Bundesrepublik Deutschland spielte er in: »Derrick« (darunter: »Der Tod des Italieners«), Serie, 3 Folgen, ZDF 1981–1985; »Der Alte« (darunter: »Tote Lumpen jagt man nicht«), Serie, 2 Folgen, ZDF 1982 + 1983; »Besuch von drüben«, mit Erika Wackernagel, Regie: Günter Gräwert, ZDF 1982; »Heimat, die ich meine«, Regie: Peter Beauvais, 2 Teile, ZDF 1983; Kommissar in »Der Sohn des Bullen«, mit Martin May, Regie: Heinz Schirk, ZDF 1984.
Anschrift: c/o Agentur Alexander, Lamontstraße 9, 8000 München 80.

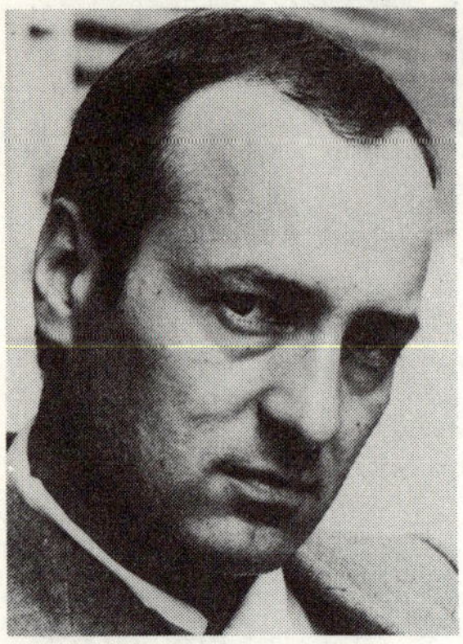

Franjo Marin

(eigentlich: Franjo Marincic)

Geb. 22. 11. 1950 in Ludwigsburg; aufgew. in Passau; nach der mittleren Reife begann er zunächst eine Lehre als Großhandelskaufmann, die er abbrach; 1970 schloß er eine Lehre als Buchdrucker ab. Von 1970 bis 1974 arbeitete er u.a. als Buchdrucker, Kellner, Einzelhandelskaufmann, Lagerist, Bauarbeiter, Kapitalanlageberater und Vertreter. Anschließend absolvierte er nach der besten Aufnahmeprüfung seines Jahrgangs die Folkwang-Schule Essen unter Prof. Werner Kraut.

Sein erstes Bühnenengagement erhielt er von 1977 bis 1979 am Stadttheater Ulm; 1979/80 war er am Staatstheater Braunschweig engagiert. Seither gastierte er u.a. bei den Festspielen Bad Hersfeld und Jagsthausen, an der Landesbühne Hannover, am Ernst-Deutsch-Theater Hamburg, an den Münchner Theatern Piccola Bavaria, Theater 44 und Modernes Theater sowie auf Tournee.

Marin spricht engl.; er ist ledig und lebt in München.

Film: »Der Blick von der Brücke«, Regie: Christian Rischert, 1983.

Theater: Leslie in Behans »Die Geisel«, Schweizerkas in Brechts »Mutter Courage und ihre Kinder«, Regie: jeweils Wolfgang Müller, Stephano in Shakespeares »Der Sturm«, in Brechts »Der kaukasische Kreidekreis«, Regie: Bogdan Denk, Lakner in Braschs »Rotter«, Fixer in Fos »Mama hat den besten Schitt«, Regie: Fred Maire, Siebel in Goethes »Faust«, Regie: Hermann Treusch, Dion in O'Neills »Der große Gott Brown«, Regie: Werner Kraut, Doc in de Boers »The Family«, Regie: Michael Hoffmann, Titelrolle in Hacks' »Amphitryon«, Regie: Wolfgang Müller, Link in Goethes »Götz von Berlichingen«, Regie: Joachim Hess, Pistol in Shakespeares »Die lustigen Weiber von Windsor«, Regie: Joachim Hess, Kowalski in Williams' »Endstation Sehnsucht«, Regie: Heiner Lauterbach, Sergeant in Andreas' »Gottes Utopia«, mit Karlheinz Böhm und Wolfgang Wahl, und in Wolfs »Der arme Konrad«, Regie: Edwin Marian, jeweils an den vorgenannten Buhnen bis 1985.

Fernsehen: »Ab mit dir ins Vaterland«, Regie: Horst Flick, ARD 1979; »Kampftag«, Regie: Manfred Grunert, ARD 1982; »SOKO 5113«, Serie, ZDF 1982; »Der Alte«, Serie, 2 Folgen, ZDF 1983/84.

Anschrift: c/o ZBF-Agentur München, Leopoldstraße 19, 8000 München 40.

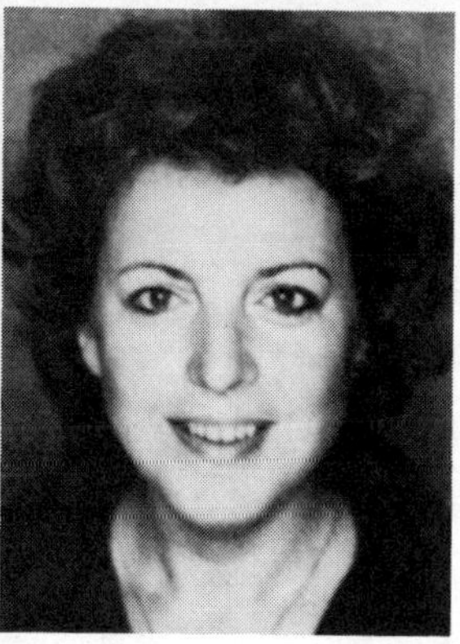

Marie-Luise Marjan

(eigentlich: Marlies Lause)

Geb. 9. 8. 1940 in Essen; dort und in Hattingen/Ruhr aufgew.; nach der mittleren Reife am neusprachl. Mädchengymnasium Hattingen/Ruhr erwarb sie 1958 das Diplom als Sprechstundenhilfe bei einem prakt. Arzt; unter Prof. Eduard Marks erhielt sie von 1958–1960 ihre Schauspielausbildung an der Hochschule für Musik und darstellende Kunst in Hamburg; 1960 debütierte sie an der Komödie Basel; weitere Theaterstationen: Badisches Staatstheater Karlsruhe (1961–1965), Bühnen der Stadt Bonn (1965–1967), Schauspielhaus Bochum unter Hans Schalla und Peter Zadek (1967–1979), Freie Volksbühne Berlin (1979) und Thalia-Theater Hamburg (1981/82). Seither ist sie freischaffend tätig. Frau Marjan spricht engl., franz.; sie lebt in Hamburg.

Film: Mutter in »Palermo oder Wolfsburg«, 1979, Schwester Marjan in »Tag der Idioten«, 1981, Regie: jeweils Werner Schroeter.

Theater: Eve in Kleists »Der zerbrochene Krug«, Sophie in Anouilhs »General Quixotte oder Der verliebte Reaktionär«, Regie: jeweils Egon Karter, Anne Page in Shakespeares »Die lustigen Weiber von Windsor«, Regie: Gert Westphal, Komödie Basel 1960/61; Ursula in Shakespeares »Viel Lärm um nichts«, mit Will Quadflieg, Regie: Robert Freitag, Tournee 1961; Claudine in Molières »George Dandin«, Julia in Shakespeares »Komödie der Irrungen«, Regie: jeweils Julius Schwarz, Rosalie in Kleists »Das Käthchen von Heilbronn«, Toinon in Sardous »Madame Sans-Gêne«, Regie: jeweils Wolfgang von Stas, Aline in Hasenclevers »Ein besserer Herr«, Regie: Horst Braun, Badisches Staatstheater Karlsruhe 1961–1965; Fanny Krull in Sternheims »Die Kassette«, Hexe in Shakespeares »Macbeth«, Regie: jeweils Hans-Joachim Heyse, in Shakespeares »Wie es euch gefällt«, Hyppolita in Shakespeares »Ein Sommernachtstraum«, Regie: jeweils Karl Rempelfort, Bühnen der Stadt Bonn 1965–1967; Amanda in Anouilhs »Der arme Bitos«, Estelle in Sartres »Geschlossene Gesellschaft«, Regie: jeweils Hans Schalla, Nicolawny in Erdmanns »Das Mandat«, Regie: Stefan Orlac, in »Kleiner Mann – was nun?« (nach Fallada), Regie: Peter Zadek, Paula in Sperrs »Jagdszenen aus Niederbayern«, Regie: Istvan Bödy, Marianne in Schönthans »Der Raub der Sabinerinnen«, Regie: Hanskarl Zeiser, Rosalie in Büchners »Dantons Tod«, Regie: Hans Neuenfels, Mutter in Müllers »Untertan«, Regie: Jürgen Flimm, Jenny in Brecht/Weills »Die Dreigroschenoper«, Regie: Gerhard Fiedler, Schauspielhaus Bochum 1967–1979; Millerin in Schillers »Kabale und Liebe«, Regie: Wilfried Minks, Freie Volksbühne Berlin 1979; Olympe in Feydeaus »Der Floh im Ohr«, Regie: Thomas Schulte-Michels, Thalia-Theater Hamburg 1981/82.

Fernsehen: »Untergang der Freiheit« (nach de Hartog), Regie: Hanns Farenburg, ARD 1959; »Smog«, Regie: Wolfgang Petersen, ARD 1972; »Tatort«, Serie, 2 Folgen, ARD 1973/74; »Freizeitheim«, Serie, ARD 1975; »Verkaufte Träume« (nach Capote), Regie: Gabi Kubach, ARD 1976; »Vorstadt-Krokodile« (von Max von der Grün), Regie: Wolfgang Becker, 2 Teile, ARD 1977; »Notwehr«, Regie: Bernd Schröder, ZDF 1977; »Als Hitler das rosa Kaninchen stahl« (nach Kerr), mit Martin Benrath und Elisabeth Trissenaar, Regie: Ilse Hofmann, ARD 1978; »Mosch«, mit Marius Müller-Westernhagen, Buch und Regie: Tankred Dorst, und »Berlin Alexanderplatz« (nach Döblin), mit Günter Lamprecht, Regie: Rainer Werner Fassbinder, ARD 1980; »Die Beförderung«, Regie: Rolf Busch, ZDF 1980; »Achtung Zoll«, Serie, ARD 1981; »Die Murmel«, Regie: Bruno Voges, ARD 1983; »Einmal die Woche«, Regie: Horst Flick, ZDF 1983; »Traumschiff«, Regie: Alfred Vohrer, Serie, ZDF 1984; »Frankfurter Kreuz«, Regie: Harald Schäfer, Serie, ARD 1984; »Anruf genügt«, Regie: Wilfried Dotzel, »Tegtmeier«, mit Jürgen von Manger, Serie, und »Frühling im Herbst« (von Pacher), mit Gert Fröbe, Regie: Axel von Ambesser, und »Die Schwarzwaldklinik«, mit Klausjürgen Wussow, Regie: Alfred Vohrer, Serie, ZDF 1985/86; »Backfischliebe« (nach Bartlett), Regie: Rolf Hädrich, ARD 1985; »Lindenstraße«, mit Tilly Breidenbach und Herbert Steinmetz, Regie: Hans W. Geissendörfer, 52 Teile, ARD 1985/86.

Anschrift: c/o ZBF-Agentur Frankfurt, Feuerbachstraße 42–46, 6000 Frankfurt/Main.

Winnie Markus

Geb. 16. 5. 1921 in Prag; dort aufgew.; sie absolvierte das Englische Gymnasium Prag und nahm Ballettunterricht. Von 1937 bis 1939 besuchte sie das Max-Reinhardt-Seminar in Wien. Am Theater in der Josefstadt debütierte sie 1939 als Elfe in Shakespeares »Ein Sommernachtstraum«. Dabei wurden zwei Vertreter der Wien-Film auf sie aufmerksam und engagierten sie im selben Jahr für den Film »Mutterliebe« (mit Käthe Dorsch, Rudolf Prack und Hans Holt). Bis 1945 drehte sie 25 Filme. Zwischendurch gastierte sie mehrmals am Theater in der Josefstadt Wien.
Bei Kriegsende, das sie in Berlin erlebte, erlitt sie eine schwere Schußverletzung am linken Bein und lag im Krankenhaus Babelsberg. 1945 spielte sie neben Hans Söhnker in Goetz' »Hokuspokus« (Regie: Boleslaw Barlog) zur Eröffnung der Berliner Schloßpark-Theaters. Verpflichtungen am Renaissance-Theater, am Schiller-Theater und am Theater am Kurfürstendamm in Berlin folgten. Zudem drehte sie ab 1946 weitere 23 Kinofilme.
Nach ihrer zweiten Heirat mit dem Unternehmer Adi Vogel und der Geburt ihrer Tochter Diana (1961) pausierte sie nahezu 20 Jahre. Erst seit 1981 gibt sie wieder Theatergastspiele. Sie spielte u.a. am Renaissance-Theater Berlin und an der Kleinen Komödie München (1983 + 1985).
Frau Markus spricht engl., franz.; ihrer ersten Ehe mit dem Berliner Hotelier Zellermayer entstammt ihr Sohn Alexander. Sie lebt in München.
Film: »Mutterliebe«, Regie: Gustav Ucicky; »Brand im Ozean«, mit Hans Söhnker und Rudolf Fernau, Regie: Günther Rittau; »Im Schatten des Berges«, mit Attila Hörbiger und Willi Rösner; »Die Geierwally«, mit Heidemarie Hatheyer, Regie: Hans Steinhoff; »Brüderlein fein«, mit Hans Holt, Regie: Hans Thimig; »Gefährlicher Frühling«, mit Olga Tschechowa und Siegfried Breuer, Regie: Hans Deppe; »Sommerliebe«, mit Siegfried Breuer und O.W. Fischer, Regie: Erich Engel; »Fahrt ins Abenteuer«, Regie: Jürgen von Alten; »Der verzauberte Tag«, Regie: Peter Pewas; »Kleine Residenz«, mit Lil Dagover; »Philine«, Regie: Theo Lingen; »Tonelli«, Regie: Viktor Tourjanskyi, jeweils 1940–1945.
»Sag' die Wahrheit«, Regie: Helmut Weiß, 1946; »Geschichte eines Autos« (als Episode in »In jenen Tagen«), Regie: Helmut Käutner, und »Zwischen Gestern und Morgen«, mit Sybille Schmitz, Regie: Harald Braun, 1947; »Morituri«, mit Walter Richter, Regie: Eugen York, 1948; »Es begann um Mitternacht«, Regie: Peter Brauer, 1950; »Begierde«, Regie: Karl Georg Külb, 1951; »Man nennt es Liebe«, mit Curd Jürgens, 1952; »Kaiserwalzer« und »Kaisermanöver«, mit Rudolf Prack, Regie: Franz Antel, 1953/54; »Roman eines Frauenarztes«, Regie: Falk Harnack, »Liebe, die den Kopf verliert«, mit Paul Hubschmid, und »1000 rote Rosen blühn«, 1954; »Teufel in Seide«, mit Lilli Palmer und Curd Jürgens, Regie: Rolf Hansen, 1955; »Made in Germany – Ein Leben für Zeiss«, mit Carl Raddatz, Regie: Wolfgang Schleif, 1956; »Hoch klingt der Radetzkymarsch«, Regie: Geza von Bolvary, 1958; »Was eine Frau im Frühling träumt«, Regie: Erik Ode, 1959.
Theater: Irina in Tschechows »Drei Schwestern«, mit Paula Wessely, Vilma Degischer und Hans Holt, Regie: Hans Thimig, Theater in der Josefstadt Wien; in Rollands »Ein Spiel von Tod und Liebe«, und in Hauptmanns »Einsame Menschen«, mit Horst Caspar, Regie: Lothar Müthel, jeweils Schloßpark-Theater Berlin; in van Drutens »Das Lied der Taube«, mit Karl John, Regie: Heinz Hilpert, Renaissance-Theater Berlin; in Nestroys »Die beiden Nachtwandler«, mit Kurt Meisel, Regie: Oscar Fritz Schuh, Schiller-Theater Berlin; in Molnárs »Olympia«, mit Attila Hörbiger, Tournee mit dem Ensemble des Wiener Burgtheaters 1961; Titelrolle in Maughams »Bezaubernde Julia«, Renaissance-Theater Berlin 1981; Titelrolle in Maughams »Lady Frederick«, Kleine Komödie München 1983 (auch TV); in der Uraufführung von Flatows »Romeo mit grauen Schläfen«, mit Axel von Ambesser, Kleine Komödie München 1985.
Fernsehen: »Die selige Edwina Blake«, mit Dieter Borsche, Regie: Paul Verhoeven, ARD 1961 (live; später Tournee); »Hallo – Hotel Sacher . . . Portier!«, von und mit Fritz Eckhardt, Serie, ZDF 1973.
Auszeichnung: »Filmband in Gold« für besondere Verdienste um den deutschen Film 1986.
Anschrift: c/o Agentur Jovanovic, Perfallstraße 6, 8000 München 80.

Arnold Marquis

Geb. 6. 4. 1921 in Dortmund; dort aufgew.; nach dem Abitur wollte er Bühnenbildner werden und kam so zum Theater. Er nahm Schauspielunterricht an der Louise-Dumont-Schule in Düsseldorf. Er drehte zahlreiche Filme bei der DEFA. Der Schwerpunkt seiner Arbeit liegt beim Fernsehen. Seit 1971 spielt er Theater in Berlin am Theater am Kurfürstendamm, am Renaissance-Theater und seit 1974 fast ausschließlich an der Tribüne.

Eine zweite Karriere machte Marquis als einer der gefragtesten deutschen Synchronsprecher. Er ist die deutsche Stimme für John Wayne, Kirk Douglas, Richard Widmark, Lee Marvin, Yves Montand u.v.a. Marquis spricht engl., franz.; er ist geschieden, hat eine Tochter und lebt in Berlin.

Film: »Quartett zu fünft«, »Ehe im Schatten« und »Und wieder 48«, jeweils DEFA; »Eva«, 1965; »Jeder stirbt für sich allein«, Regie: Alfred Vohrer, 1975.

Theater: An der Tribüne Berlin spielte er seit 1974 u.a. in folgenden Stücken: »Willkommen«, Regie: Mihael Günther, »Fuchsjagd«, »Die Mausefalle«, »Pozeistunde«, »Prairie-Saloon«, »Kaiser-Wilhelm-Reue«, »Die wilde Auguste«, »Der Kaufmann von Ber n«, »Lauf doch nicht immer weg«, »Meine Leichen, eine Leichen« und »Komm raus aus dem Schrank«.

ernsehen: »Ein Sarg für Doc Holloway«, »Meisterpion Georg Blake« und »Geschichte durch Gechichten«, jeweils ARD 1970–1972; »Wieviel Freiheit raucht der Mensch?« und »Aktion Grün«, Regie: jeeils Michael Günther, ARD 1975; »Die Woche hat ur einen Sonntag«, Regie: Claus Peter Witt, ARD 976; »Drei Damen vom Grill«, Serie, ARD 1977; Der Geist der Mirabelle«, Regie: Eberhard Piper, DF 1978; »Jerusalem-Jerusalem«, Regie: Berengar fahl, ARD 1978; »Ihr 106. Geburtstag« (nach Sarent), mit Inge Meysel und Dietmar Schönherr, Ree: Thomas Engel, ZDF 1980; »Hollywood, ich kome«, Regie: Ralf Gregan, ZDF 1980; John Wayne in Die deutsche Stimme«, und »Einfach Lamprecht«, egie: Hans-Jürgen Tögel, ARD 1981; Kecki Kaiser »Tanzschule Kaiser«, Regie: Hans-Jürgen Tögel, RD 1983; »Die Dame und die Unterwelt« (von einecker), mit Inge Meysel, Regie: Rainer Wolffrdt, ZDF 1984.

nschrift: c/o Agentur Mackeben, Douglasstraße -4, 1000 Berlin 33.

Louise Martini

(eigentlich: Maria Louise Schwarz, geb. Chiba)

Geb. 10. 11. 1931 als Tochter eines Beamten in Wien; dort aufgew.; noch vor dem Abitur an einem Wiener Realgymnasium begann sie mit ihrer Schauspielausbildung am Max-Reinhardt-Seminar in Wien. Ab 1950 spielte sie u.a. am Konzerthaus-Theater, am Volkstheater, am Kellertheater unter Michael Kehlmann, am Theater in der Josefstadt und an der Volksoper in Wien. Ab 1956 war sie Kabarett-Partnerin von Helmut Qualtinger und Gerhard Bronner. Engagements bei den Festspielen in Salzburg und Bregenz folgten. Seit 1963 spielt sie Theater in der Bundesrepublik Deutschland. Sie gastierte u.a. an der Kleinen Komödie München, am Theater Die Kleine Freiheit München, am Theater im Zoo Frankfurt/Main, am Deutschen Schauspielhaus Hamburg, an den Münchner Kammerspielen und am Rheinischen Landestheater Neuss.

Sie veröffentlichte zahlreiche Schallplatten, u.a. »Barock Sex und Jazz Sechs« und »Eine Frau . . . Louise Martini«. Der Regisseur Heinz Wilhelm Schwarz, den sie 1966 heiratete, schrieb zahlreiche Chansontexte für seine Frau. Seit 1968 moderiert Frau Martini die wöchentliche Hörfunksendung »Mittags-Martini« (ORF). Auch beim Bayerischen Rundfunk und beim Westdeutschen Rundfunk hat sie eigene Hörfunk-Musikprogramme.

Louise Martini spricht engl.; sie lebt abwechselnd in München und in Anif bei Salzburg.

Film: »Deep End«, Regie: Jerzy Skolimowski, USA/BRD 1970; »Die Rückkehr des alten Herrn«, mit Attila Hörbiger, 1977.

Theater: In Bruckners »Krankheit der Jugend«, in Horváths »Kasimir und Karoline«, in Blumes »Feuerwasser«, in Horváths »Das Dorf ohne Männer«, und in Aristophanes' »Lysistrate«, jeweils an den vorgenannten Bühnen in Wien bis 1956; Titelrolle in Monnot/Brefforts »Das Mädchen Irma la Douce«, Theater Die Kleine Freiheit München; in Molnárs »Spiel im Schloß«, Kleine Komödie München; in Dyers »Die Rassel«, und in Kerrs »Mary, Mary«, jeweils Theater im Zoo Frankfurt/Main; in Büchners »Dantons Tod«, Deutsches Schauspielhaus Hamburg; in der deutschen Erstaufführung von H. Sommers »Sommer am Neusiedler See«, Münchner Kammerspiele; in McLeishs »Spiel um Job«, in Hochwälders »Donnerstag«, in Schnitzlers »Zum großen Wurstl«, und in Horváths »Figaro läßt sich scheiden«, jeweils Salzburger Festspiele; in Hamsuns »Vom Teufel geholt«, Regie: Heinz Wilhelm Schwarz, Rheinisches Landestheater Neuss 1984.

Fernsehen: Leopoldine Lebus in »Spiel im Morgengrauen« (nach Schnitzler), und Aurélie in »Die Frau des Bäckers« (nach Pagnol), ARD 1962; »Die Gardine«, Regie: Gerd Oelschlegel, und Corinne in »Mamselle Nitouche« (nach Millaud), ARD 1964; »Das Konservationslexikon« (nach Mortimer), ZDF 1965; Frau Rupius in »Berta Garlan« (nach Schnitzler), ARD 1966; Miranda in »Wechselkurs der Liebe« (nach Coward), ZDF 1966; Beatrice Carbone in »Blick von der Brücke« (nach Miller), ARD 1967 Sybill Hull in »Der Snob« (nach Sternheim), ARD 1968; »Spion unter der Haube« (nach Meray), ZDF 1969; Manicure in »Mister Barnett« (nach Anouilh) ARD 1969; »Erschwerte Möglichkeit der Konzentration« (nach Havel), ARD 1970; Titelrolle in »Der Fall Regine Krause« (nach Martinée), und »Der Kommissar«, mit Erik Ode, Serie, ZDF 1970; »Männer aus zweiter Hand« (nach Cau), mit Horst Tappert, ZDF 1971; »Blitzlicht«, Regie: Diethard Klante, ZDF 1973 »Fräulein Else« (nach Schnitzler), Regie: Ernst Haeusserman, ARD 1975; »Der Nerz« (nach Marceau), ZDF 1976; »Tatort«, Serie, 2 Folgen, ARD 1976/77; »Fairy«, Regie: Vojtech Jasny, und »Damen haben Vortritt«, ZDF 1977; »Der große Karpfen Ferdinand« (nach Ibbotson), mit Martin Held, Regie Alfred Weidenmann, ZDF 1978; »Das Karnickel« (nach Rivermale), ZDF 1980; »Exil« (nach Feuchtwanger), Regie: Egon Günther, 7 Teile, ARD 1981 »François Villon« (von Ahlsen), Regie: Werner Schlechte, ZDF 1981; Anna Mozart in »Mozart«, mit Christoph Bantzer, Regie: Marcel Bluwal, 5 Teile ARD 1982; »Mein seliger Onkel«, Regie: Vojtech Jasny, ORF 1982; »Derrick«, Serie, ZDF 1982; »Ein Fall für zwei«, Serie, und »Traumschiff«, Regie Alfred Vohrer, Serie, ZDF 1983; »Der Schatz im Haus«, ZDF 1984; »Theaterblut« (nach Gray), mit Helmut Lohner, Regie: Michael Günther, ARD 198[illegible] »Heirate mir keinen Wiener« (nach Bakos), Regie Otto Anton Eder (Wiederholung), ORF 1985; »Feuerbohne e.V.«, Serie, ARD 1986.

Auszeichnung: »Goldene Kamera« (HÖRZU, Österreich) 1978.
Anschrift: c/o Agentur Lentz, Holbeinstraße 4, 8000 München 80.

Wolfgang Mascher

Geb. 5. 10. 1947 in Göttingen; aufgew. in British Columbia (Kanada); bereits als Schüler sammelte er in Kanada erste Bühnenerfahrung (Napoleon in Shaws »A Man of Destiny«) und nahm Gesangs- und Ballettunterricht. Nach seiner Rückkehr in die Bundesrepublik Deutschland machte er in Hamburg Abitur und absolvierte 1968/69 das Richard-Strauss-Konservatorium unter Marga Rues und Jean Stawsky und die Neue Münchner Schauspielschule in München. Nach Aufgaben als Regieassistent begann er 1971 unter Heinz Joachim Klein als Schauspieler am Stadttheater Ingolstadt, dem er bis 1976 angehörte. Weitere Stationen: T(h)eater in der Briennerstraße München (ab 1976), Theater an der Wien (1977), Bayerisches Staatsschauspiel München (1979–1982), Staatstheater am Gärtnerplatz München (seit 1981), Festspiele Bregenz, Boulevardtheater München (1983/84) und Tourneen.
Mascher spricht engl.; er ist verheiratet, hat ein Kind und lebt in München.
Theater: 1. Schüler in Fleißers »Fegefeuer in Ingolstadt«, Abram in Sperrs »Jagdszenen aus Niederbayern«, Don Luis in Calderons »Dame Kobold«, August jun. in Kohouts »August, August, August«, Baby in Lanes »Happy end«, und Toffolo in Goldonis »Viel Lärm in Chioggia«, jeweils Stadttheater Ingolstadt 1971–1976; in Neumanns »Schwarzer Jahrmarkt« und in Knotts »Warte, bis es dunkel ist«, jeweils T(h)eater in der Briennerstraße 1976–1978; in Scribes »Das Glas Wasser«, mit Heidelinde Weis, Regie: Helmut Käutner, und in dem Musical »Mayflower«, jeweils Theater an der Wien in Wien 1977; Euphorion in Goethes »Faust II«, in Horváths »Die Unbekannte aus der Seine«, in Sartres »Die schmutzigen Hände«, und Tavernier in Labiches »Der Florentinerhut«, Regie: Helmut Baumann, jeweils Bayerisches Staatsschauspiel München 1979–1982; Robert in Burkhards »Feuerwerk«, Bill in Porters »Kiss me, Kate« (auch Festspiele Bregenz), Gustl in Lehárs »Das Land des Lächelns«, Puck in Brittens »Ein Sommernachtstraum« (nach Shakespeare), jeweils Staatstheater am Gärtnerplatz München 1981–1985; Vernon Gersh in Simons »Sie spielen unser Lied«, mit Astrid Jacob, Regie: Harald Leipnitz, Boulevardtheater München 1983/84; Merkur in Kleists »Amphitryon«, mit Heidelinde Weis, Tournee 1984/85.
Fernsehen: »Planspiel«, Regie: Wolfgang Petersen, ARD 1976; »Die Gimmicks«, Regie: Michael Pfleghar, Serie, 3 Folgen, und »Grille und Ameise« (nach Paso), Regie: Thomas Engel, ARD 1979; »Duett im Zwielicht« (nach Coward), Regie: Richard Münch, ARD 1982; »Daniel und die Feen«, Regie: Florian Lepuschitz, ORF 1985; »Frühling im Herbst« (von Pacher), mit Gert Fröbe, Regie: Axel von Ambesser, ZDF 1985; Moderation von »Ein Lied für Göteborg« (deutsche Vorentscheidung zum Grand Prix d'Eurovision de la Chanson), Regie: Michael Pfleghar, und »Lieder der vier Jahreszeiten«, mit Carolin Reiber, Serie, ARD 1985.
Anschrift: c/o Agentur Lentz, Holbeinstraße 4, 8000 München 80.

Ulrich Matschoss

Geb. 16. 5. 1917 in Wanne-Eickel; aufgew. in Schlesien; Abitur; während der Kriegsgefangenschaft in Kanada (1941–1947) spielte er erstmals Theater; seine Debüt-Rolle: Schwarz in Schillers »Die Räuber«. Ohne Schauspielschule kam er über mehrere Bühnen, u.a. die Festspiele Sommerhausen (1949) an das Badische Staatstheater Karlsruhe, wo er von 1950 bis 1955 im Ensemble stand. Weitere Stationen: Bühnen der Hansestadt Lübeck (1955–1962) und Württembergisches Staatstheater Stuttgart (1962–1970). Seit 1970 gehört er dem Thalia-Theater Hamburg an. Matschoss spricht engl., franz.; er ist verheiratet, hat drei Söhne und lebt in Hamburg.

Theater: In Goethes »Faust I« und »Faust II« (jeweils an einem Abend gespielt!), Festspiele Sommerhausen 1949; Feldwebel Spreyer in Zuckmayers »Der Gesang im Feuerofen«, und Hektor in Giraudoux' »Der trojanische Krieg findet nicht statt«, jeweils Badisches Staatstheater Karlsruhe 1950–1955; Kurfürst in Kleists »Prinz Friedrich von Homburg«, und John in Hauptmanns »Die Ratten«, jeweils Württembergisches Staatstheater Stuttgart 1962–1970; Kompaß in Hasenclevers »Ein besserer Herr«, Paulet in Schillers »Maria Stuart«, in »Die englische Geliebte«, mit Agnes Fink, in »Maria kämpft mit den Engeln«, mit Senta Berger, jeweils von und unter der Regie von Pavel Kohout, in Ibsens »Nora«, mit Cordula Trantow, in Tschechows »Drei Schwestern«, mit Cordula Trantow und in Hauptmanns »Michael Kramer«, mit Will Quadflieg, Regie: jeweils Rudolf Noelte – jeweils Thalia-Theater Hamburg 1970–1984; Polonius in Shakespeares »Hamlet«, Bad Hersfelder Festspiele 1984.

Fernsehen: »Raskolnikoff«, mit Paul Verhoeven, Regie: Franz Peter Wirth, ARD 1957; »Der Tod des Ivan Iljitsch«, Regie: Hansgünther Heyme, ARD 1964; »Der Mann aus dem Bootshaus«, mit Rosemarie Fendel, Regie: Johannes Schaaf, ARD 1968; »Der Attentäter« (von Gottschalk), Regie: Rainer Erler, ARD 1969; »Tanker«, Regie: Volker Vogeler, und »Fusion«, mit Nicole Heesters, ARD 1970; »Zeitsperre«, Regie: Theo Mezger, ARD 1974; »Nestwärme«, Regie: Eberhard Itzenplitz, ZDF 1975; »Rückfälle«, Regie: Peter Beauvais, ARD 1977; Hauptkommissar Königsberg in »Tatort«, mit Götz George, Serie, 4 Folgen, ARD 1981–1983; »Das Beil von Wandsbek«, ARD 1983; »Gesichter des Schattens«, mit Wolfgang Wahl und Monica Bleibtreu, Regie: Kristian Kühn, ZDF 1984; »Spielregeln«, Serie, und »Abschied von der Hinterbank«, Buch und Regie: Joachim Roering, ZDF 1985; »Nebenwirkungen«, mit Ursela Monn, Regie: Ralph Bridle, ARD 1985; Engel in »Engels & Consorten« (von E. Möbius), mit Rainer Hunold, Regie: Detlef Rönfeldt, 5 Teile, ARD 1986.

Anschrift: c/o Agentur Alexander, Lamontstraße 9, 8000 München 80.

Dietrich Mattausch

Geb. 26. 4. 1940 in Leitmeritz/ČSSR; in Frankfurt/Main aufgew.; nach dem Abschluß der mittleren Reife und der Handelsschule war er als Speditionskaufmann tätig. Als Schauspieler begann er am Kellertheater Mainz. 1963 erhielt er ein Engagement am Jungen Theater Göttingen. Die weiteren Stationen: Die Komödie Frankfurt/Main (1964/65), Landestheater Schleswig (1966/67), Landestheater Detmold (1968/69), Badische Landesbühne Bruchsal (1969), Theater Baden-Baden (1969/70), Bühnen der Hansestadt Lübeck (1971) und Deutsches Theater Göttingen (1972–1974). Seit 1975 arbeitet er regelmäßig am Deutschen Schauspielhaus Hamburg, seit 1979 an der Freien Volksbühne Berlin. In der Spielzeit 1980/81 gastierte er am Bayerischen Staatsschauspiel München.
Mattausch spricht engl.; er ist ledig und lebt abwechselnd in Hamburg und Berlin.
Film: »Der Sturz«, Regie: Alf Brustellin, 1979; »Die wunderbaren Jahre«, Buch und Regie: Rainer Kunze, und »Malou«, Regie: Jeanine Meerapfel, 1980; »Don Quichottes Kinder«, Regie: Claudia Holldack, 1981; »Die wilden Fünfziger« (nach Simmel), Regie: Peter Zadek, und »Eine Liebe in Deutschland«, mit Hanna Schygulla, Regie: Andrzej Wajda, 1983; Titelrolle in »Das Leben des Pater Rupert Mayer«, 1985.
Theater: Titelrolle in Schillers »Don Carlos«, Titelrolle in Goethes »Clavigo«, Titelrolle in Horváths »Don Juan kommt aus dem Krieg«, Arthur in Mrożeks »Tango«, in Schillers »Die Verschwörung des Fiesco zu Genua«, in Feydeaus »Der Floh im Ohr«, in Shakespeares »Othello«, Regie: Peter Zadek, in der Uraufführung von Botho Strauß' »Trilogie des Wiedersehens«, in der Uraufführung von Enzensbergers »Der Menschenfeind« (nach Molière), in Kipphardts »In der Sache J. Robert Oppenheimer« (auch TV), in Strindbergs »Der Vater«, Regie: Hans Lietzau, und Verleger in Bernhards »Über allen Gipfeln ist Ruh«, in Hopkins' »Verlorene Zeit«, Regie: Peter Zadek, jeweils an den vorgenannten Bühnen bis 1985.
Fernsehen: »Eine große Familie« (von Waldmann), Regie: Peter Beauvais, 2 Teile, ARD 1970; »Dreht euch nicht um – der Golem geht rum« (von Waldmann), Regie: Peter Beauvais, 2 Teile, ARD 1971; »Halbzeit«, Regie: Stefan Meyer, ARD 1978; »Und raus bist du«, Regie: Peter Schulze-Rohr, ARD 1980; »Der Spot oder Fast eine Karriere«, Regie: Rainer Erler, und »Beate und Mareile« (nach Keyserling), Regie: Hajo Gies, ZDF 1981; Sinowjew in »Die Matrosen von Kronstadt«, Regie: Jürgen Klauß, und »Geheimsender 1212« (von Hanuš Burger), ZDF 1983; Heydrich in »Die Wannseekonferenz« (von Mommertz), Regie: Heinz Schirk, ARD 1984; »Ein Mann namens Parvus«, mit Günter Lamprecht, Regie: Rudolf Nussgruber, und »Der Sohn des Bullen«, Regie: Heinz Schirk, ZDF 1984; »Der Fahnder«, Regie: Erwin Keusch, Dominik Graf, Stephan Meyer u.a., 23 Folgen, und »Die Krimistunde«, Regie: Hartmut Griesmayr, Serie, ARD 1985; »Manuel«, Buch + Regie: Peter Obrist, ZDF 1985; Leicester in »Maria Stuart« (nach Schiller), Regie: Heinz Schirk, ARD 1986.
Anschrift: c/o ZBF-Agentur Hamburg, Tonndorfer Hauptstraße 90, 2000 Hamburg 70.

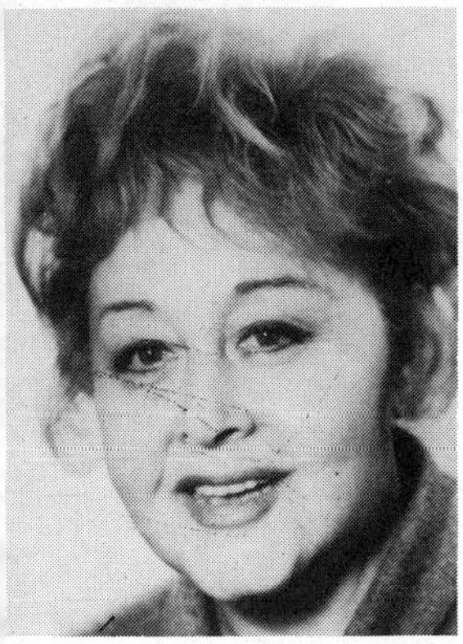

Kitty Mattern

(eigentlich: Kitty Arno, geb. Matfus)

Geb. 28. 12. 1919 in Wien; dort aufgew.; Besuch des Realgymnasiums; schon als Kind spielte sie die Rolle einer Meerkatze in Goethes »Faust« am Wiener Burgtheater. Nachdem sie das Max-Reinhardt-Seminar absolviert hatte, debütierte sie 1937 an Kleinkunstbühnen in Wien; Tanzausbildung bei Hellerau-Laxenburg; Gesangsunterricht bei Prof. Viktor Fuchs in Hollywood/USA 1938; 1939 schaffte sie den Sprung an den New Yorker Broadway, wo sie 1944 in der Uraufführung von Werfels »Jacobowsky and the Colonel«, spielte. Nach elf Jahren Engagement in New York kam sie 1951 nach Los Angeles zurück, wo sie mit Unterbrechungen bis 1960 Theater spielte und Filme drehte.

Die wichtigsten Theaterstationen in Deutschland und Österreich seit 1955: Kammerspiele in Hamburg, Wien und München, Komödie Berlin, Hansa-Theater Berlin, Renaissance-Theater Berlin und Städt. Bühnen Bonn.

Frau Mattern spricht engl., franz.; sie ist verwitwet und lebt in München.

Film: Mehrere amerikanische Produktionen, u.a. unter Henry Koster und Kurt (Curt) Siodmak. »Old Shatterhand« (nach Karl May), mit Lex Barker und Pierre Brice, BRD 1963.

Theater: In »From Vienna«, in »Reunion in New York«, in »My Dear Public«, in »Keep 'em laughing«, in Goldonis »Mirandolina«, in »Lady from Paris«, und in der Uraufführung von Werfels »Jacobowsky and the Colonel«, Broadway New York 1939–1950; in Molnárs »Spiel im Schloß«, Eröffnung Deutsches Theater New York 1954; in Douglas' »Meine liebe Familie«, Kammerspiele Wien und Komödie Berlin 1956/57; in Franks »Sturm im Wasserglas« (1957), in Nestroys »Der Talisman« (1958), in Nestroys »Lumpazivagabundus« (1964), jeweils Kammerspiele München; in Devals »Simone, der Hummer und die Ölsardine«, Hebbel-Theater Berlin 1959; in Cowards »Quadrille«, Berliner Theater 1966; in Wedekinds »Hidalla«, in Nestroys »Das Mädl aus der Vorstadt«, Schloßpark-Theater Berlin 1970–1972; in Roussins »Die Ohrfeige« (1974), in Molnárs »Liliom« (1981) und in Schnitzlers »Liebelei« (1983 – auch TV), jeweils Renaissance-Theater Berlin; in der deutschen Erstaufführung von Woodfords »Der Dritte von links«, Theater an der Berliner Allee Düsseldorf 1975; in Woody Allens »Vorsicht Trinkwasser«, Städt. Bühnen Bonn 1983.

Fernsehen: »Mein Freund Jack« (nach Maugham), ZDF 1963; »Einen Jux will er sich machen« (nach Nestroy), ARD 1963; »Mamselle Nitouche«, ZDF 1968; »Gauner, Gelder und Giraffen« (von Fritz Eckhardt), ARD 1969; »Kudammgeschichten« (von Pillau), ZDF 1970; »Feuerwerk« (nach Burkhard), ZDF 1971; »Die Geisha« (nach Johnson), ZDF 1972; »Die Reise nach Mallorca«, ARD 1973.

Auszeichnungen: 1. Preis der Fernsehgesellschaft NBC Hollywood »Beste junge Schauspielerin« 1950;

Anschrift: c/o ZBF-Agentur München, Leopoldstraße 19, 8000 München 40.

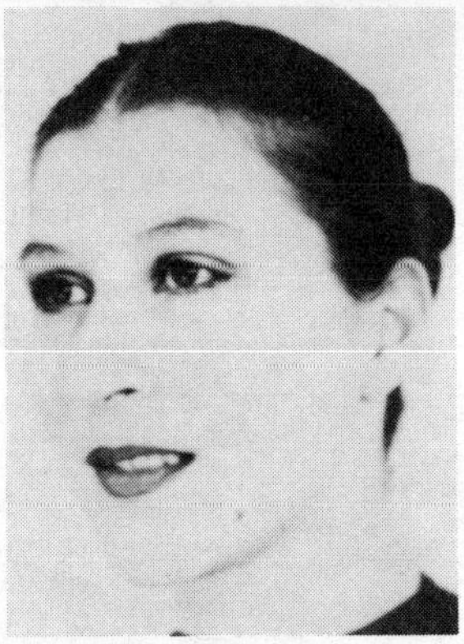

Eva Mattes

Geb. 14.12.1954 als Tochter des Komponisten und Dirigenten Willy Mattes und der Filmschauspielerin Margit Symo in Tegernsee/Oberbayern. Nach der Scheidung ihrer Eltern im Jahr 1957 wuchs sie bei ihrer Mutter in München auf. Bereits als 12jährige wirkte sie in dem Film »Dr. med. Hiob Prätorius« (nach Goetz) mit. Als Synchronsprecherin war sie die deutsche Stimme des Timy in der Serie »Lassie« (250 Sendungen), sie sprach außerdem in »Pippi Langstrumpf« und »David Copperfield«.
Seit 1970 drehte sie über 40 Kino- und Fernsehfilme. Von 1972–1979 war sie festes Ensemblemitglied am Schauspielhaus Hamburg. Eva Mattes spricht engl., franz.; sie hat eine Tochter (Hanna-Marie, geb. 1980) und lebt in München.
Film: »Liebe unter 17«, Regie: Veit Relin, und »O. K.«, Regie: Michael Verhoeven, 1970; »Mathias Kneißl«, Regie: Reinhard Hauff, 1971; »Die bitteren Tränen der Petra von Kant«, und »Wildwechsel« (von Kroetz), Regie: jeweils Rainer Werner Fassbinder, 1972; »Supermarkt«, Regie: Roland Klick, 1973; »Für die Hölle geboren«, mit Mathieu Carrière, Regie: Denis Heroux, Frankreich 1975; »Stroszeck«, Regie: Werner Herzog, 1977; »David«, Regie: Peter Lilienthal, »In einem Jahr mit dreizehn Monden«, Regie: Rainer Werner Fassbinder, »Schluchtenflitzer«, Regie: Rüdiger Nüchtern, und »Woyzeck« (nach Büchner), mit Klaus Kinski, Regie: Werner Herzog, 1978; »Deutschland, bleiche Mutter«, Regie: Helma Sanders-Brahms, 1979; Titelrolle in »Celeste«, Regie: Percy Adlon, 1981; »Kleine Zeichen«, Regie: Gottfried Junker, »Rita Rita«, Regie: Herbert Achternbusch, und »Die wilden Fünfziger, Regie: Peter Zadek, 1983; Titelrolle in »Ein Mann wie EVA« (Film um Rainer Werner Fassbinder), Regie: Radu Gabrea, 1984; Titelrolle in »Geierwally«, mit Helmut Berger, Regie: Werner Herzog, 1986.
Theater: Beppi in Kroetz' »Stallerhof«, in Brechts »Die Kleinbürgerhochzeit«, Theresa in Behans »Die Geisel«, Regie: jeweils Ulrich Heising, Titelrolle in Schillers »Die Jungfrau von Orleans«, Viola in Shakespeares »Was ihr wollt«, in O'Caseys »Kikeriki«, mit Werner Hinz, Regie: jeweils Wilfried Minks, Frau Elfsteddt in Ibsens »Hedda Gabler«, in Booth-Luce' »Frauen in New York«, Regie: jeweils Rainer Werner Fassbinder, in Nestroys »Der Zerissene«, Regie: Dieter Giesing, Hedwig in Ibsens »Die Wildente«, Desdemona in Shakespeares »Othello«, Königin in Shakespeares »Hamlet«, Katharina in Shakespeares »Der Widerspenstigen Zähmung«, Regie: jeweils Peter Zadek, in Offenbachs »Périchole«, Regie: Jerôme Savary, Lea in Skis »Der Dibbuk«, Regie: Arie Zinger, Titelrolle in Jahnns »Medea«, Regie: Gerd Kaminski, und Joanne in Hopkins' »Verlorene Zeit«, Regie: Peter Zadek, jeweils Deutsches Schauspielhaus Hamburg 1972–1985; Marie in Büchners »Woyzeck«, mit Peter Fitz, Regie: Benjamin Korn, Münchner Kammerspiele 1984; Titelrolle in Lorcas »Yerma«, Bayerisches Staatsschauspiel München 1984.
Fernsehen: »Der Tag, an dem die Kinder verschwanden«, Regie: Eugen York, ARD 1966; »Berührungen«, Regie: Christian Rischert, und »Immobilien«, Regie: Otto Jägersberg, ARD/ZDF 1972; »Acht Stunden sind kein Tag«, 5 Folgen ARD 1972, »Frauen in New York«, ARD 1976, Regie: jeweils Rainer Werner Fassbinder; »Tausend Lieder ohne Ton«, Regie: Claudia Holldack, ZDF 1977; »Union der festen Hand« (nach Hubalek), Regie: Claus Peter Witt, ZDF 1979; »Vor den Vätern sterben die Söhne« (von Thomas Brasch), Regie: Claudia Holldack, ZDF 1981; »Schubart und Franziska von Hohenheim«, Regie: Klaus Kirschner, und »Vergiftet oder arbeitslos«, Regie: Bernward Wember, ARD 1982; »Liebe Melanie«, mit Melanie Horeschovsky und Senta Berger, Regie: Michael Verhoeven, ZDF 1983; »Die Unbekannten im eigenen Haus« (nach Simenon), Regie: Bernd Fischerauer, ARD 1985.
Auszeichnungen: Bundesfilmpreis in Gold als beste Nachwuchsschauspielerin 1970; Bundesfilmpreis in Gold als beste Darstellerin 1971/72; Hamburger Inselpreis als beste Darstellerin des Jahres 1972; Preis für die beste Nebenrolle in Herzogs »Woyzeck« bei den Intern. Filmfestspielen in Cannes 1979; Bayerischer Filmpreis 1982; Deutscher Darstellerpreis 1983.
Anschrift: c/o ZBF-Agentur München, Leopoldstraße 19, 8000 München 40.

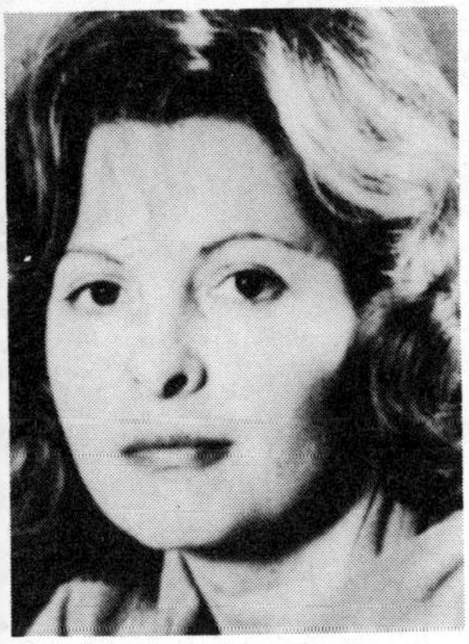

Johanna Matz

–Kammerschauspielerin–

Geb. 5. 10. 1932 als Tochter eines Privatbeamten in Wien; dort aufgew.; nach der Schule absolvierte sie eine umfassende Ballettausbildung und nahm Schauspielunterricht bei Helene Thimig und Alfred Neugebauer. 1950 kam sie an das Wiener Burgtheater, dem sie bis auf eine Unterbrechung von zwei Jahren (1952–1954) bis heute angehört.
In einer für sie untypischen Rolle (Mädchen Erika, das zur Prostituierten wird) gab sie unter der Regie von Harald Röbbeling 1951 ihr Film-Debüt in »Asphalt«. Bis 1965 wirkte sie in über 40 Produktionen mit. Seit Ende der 60er Jahre war sie auch in (vor allem österreichischen) Fernsehspielen zu sehen.
Frau Matz spricht engl.; 1956 heiratete sie den Schauspieler Karl Hackenberg (ein Kind); sie lebt in Wien.
Film: »Asphalt«, Regie: Harald Röbbeling, »Der alte Sünder«, mit Paul Hörbiger, Regie: Franz Antel, »Zwei in einem Auto«, Regie: Ernst Marischka, »Maria Theresia«, mit Paul Wessely und Attila Hörbiger, Regie: Emile Edwin Reinert, und »Du bist die schönste für mich«, 1951; Titelrolle in »Die Försterchristl« (nach Georg Jarno), Regie: Arthur Maria Rabenalt, Titelrolle in »Hannerl« (»Ich tanze mit dir in den Himmel hinein«), Regie: Ernst Marischka, »Der große Zapfenstreich«, Regie: Georg Hurdalek, und »Saison in Salzburg«, Regie: Ernst Marischka, 1952; »Die Jungfrau auf dem Dach«, und »Wolken sind überall«, Regie: jeweils Otto Preminger, USA 1953; »Die Perle von Tokay«, Regie: Ernst Marischka, und »Alles für Papa«, 1953; »Mannequins für Rio«, 1954; »Mozart« (»Reich mir die Hand, mein Leben«), Regie: Karl Hartl, »Ingrid – Geschichte eines Fotomodells«, »Regine«, und »Der Kongreß tanzt«, 1955; »Es wird alles wieder gut«, Regie: Geza von Bolvary, und »... und führe uns nicht in Versuchung«, 1957; »Radetzkymarsch«, Regie: Geza von Bolvary, »Im Prater blühn wieder die Bäume«, »Das Dreimäderlhaus«, und »Man müßte nochmal zwanzig sein«, Regie: Hans Quest, 1958; »Panoptikum 59«, »Frau Warrens Gewerbe« (nach Shaw), Regie: Akos von Rathony, und »Die unvollkommene Ehe«, Regie: Robert A. Stemmle, 1959; »Ruf der Wälder«, Regie: Franz Antel, 1965; »Der Kapitän«, mit Heinz Rühmann, Regie: Kurt Hoffmann, 1971; »Als Mutter streikte«, Regie: Eberhard Schöner, 1973.
Theater: In Herzmanovsky-Orlandos »Zerbinettas Befreiung«, in Nestroys »Einen Jux will er sich machen«, in Shaws »Cäsar und Cleopatra«, in Fred Schillers »Finder bitte melden«, in Horváths »Don Juan kommt aus dem Krieg«, (auch ORF 1982) sowie in zahlreichen Stücken von Horváth, Anouilh, Molnár, Goldoni, Molière und Schönherr.
Fernsehen: »Die Geschichte der 1002. Nacht«, Regie: Peter Beauvais, 2 Teile, ARD 1969; »Das Konzert« (nach Bahr); »Eine unwürdige Existenz« (von Asmodi), mit Alexander Kerst, Regie: Rolf von Sydow, ARD 1971; »Traumland Operette«, ZDF 1984.
Auszeichnungen: Kammerschauspielerin 1966.
Anschrift: c/o Agentur Jovanovic, Perfallstraße 6, 8000 München 80.

Katharina Matz

Geb. 11. 6. 1935 in Haindorf/Isergebirge (Tschechoslowakei); nach der Schule und Schauspielausbildung gehörte sie vier Jahre zum Ensemble des Deutschen Theaters (Ost-)Berlin. Anschließend holte sie Ida Ehre an die Hamburger Kammerspiele. Seit vielen Jahren ist sie Mitglied des Thalia-Theaters Hamburg. Gastspiele gab sie u.a. an der Kleinen Komödie München (1963). Sie spielte alle Rollen ihres Fachs. Frau Matz spricht engl.; sie ist in zweiter Ehe verheiratet und lebt in Hamburg.
Film: »Im Sonderauftrag«; »Der Mann, der sich verkaufte«, Regie: Josef von Baky, 1959; »Schmetterlinge weinen nicht«; »Die wunderbaren Jahre«, Buch und Regie: Rainer Kunze, 1979.
Fernsehen: »Maximilian von Mexiko«; »Ein besserer Herr« (nach Hasenclever); »Interview mit Herbert K.«, mit Paul Albert Krumm, Regie: Herbert Ballmann, ZDF 1970; »Der Hellseher«; »Der Stechlin« (nach Fontane), mit Arno Assmann, 2 Teile, ARD 1974; »Hoftheater«, Serie, ZDF 1975; Mutter von Britta in »Britta« und »Neues von Britta«, mit Verena Plangger, Buch und Regie: Berenger Pfahl, 6 Teile, ARD 1980 und 1985; »Tränende Herzen«, Regie: Berenger Pfahl, ARD 1980; »Schwarz-Rot-Gold: Unser Land«, Regie: Dieter Wedel, ARD 1982; »Strafanzeige gegen Unbeteiligt«, mit Wolfgang Kieling und Werner Kreindl, ZDF 1984.
Anschrift: c/o ZBF-Agentur Hamburg, Tonndorfer Hauptstraße 90, 2000 Hamburg 70.

Alexander May

Geb. 8. 7. 1927 in Görlitz; nach dem Abitur nahm er von 1946 bis 1948 Schauspielunterricht bei Gustaf Gründgens in Düsseldorf. Stationen seiner Karriere: Stadttheater Gießen (1948/49), Schauspielhaus Bochum (1949–1954; als Regisseur), Theater Oberhausen (1954–1959; als Regisseur), Münchner Kammerspiele (1959/60; als Dramaturg), Bavaria München (1960–1964; als Dramaturg und Produzent) und Intertel München (1964–1969; als Redakteur und Produzent). Seit 1978 ist er Schauspielintendant und Geschäftsführer der Niedersächsischen Staatstheater Hannover (Vertrag läuft bis 1988). Als Schauspieler arbeitet er vor allem für Film und Fernsehen; zudem ist er als Drehbuchautor und Regisseur tätig.
May spricht engl.; er ist verheiratet mit der Schauspielerin Marga May (geb. Klappert), hat einen Sohn (Alexander Jerzy, geb. 1966) und lebt in Hannover.
Film: »Tätowierung«, Regie: Johannes Schaaf, 1967; »Ansichten eines Clowns« (nach Böll), Regie: Vojtech Jasny, 1975; »Der Durchdreher«, Regie: Helmut Dietl, 1978; »Stachel im Fleisch«, Regie: Heidi Genée, 1981 (auch ARD 1984).
Fernsehen: »Bericht einer Krise«, ARD 1968; »Haus und sieben Stockwerke«, ZDF 1968; »Die Reiter von Padola«, Serie, und »August der Starke«, ZDF 1969; »Lerchenpark«, Serie, ZDF 1971; »Verschwörung in Ulm«, »Tanz auf dem Regenbogen«, »Station 7 b« und »Soldatenmord von Lebach«, ZDF 1972; »Frühbesprechung« (auch Autor), Serie, und »Zeitaufnahme«, ARD 1972; »Sonderdezernat K 1«, Serie, »Die Fälle des Herrn Konstantin«, und »Der Fußgänger«, ARD/ZDF 1973; »Depressionen« (nach Caroline Mühr), ZDF 1975; »Der Anwalt«, Serie, »Die Wahl«, Regie: Rainer Boldt, und »Der aufsehenerregende Fall des Studienrates Adam Juraček« (nach Kohout), Regie: Tom Toelle, ZDF 1976; »Die Leute von Feichtenreut«, Regie: Franz Peter Wirth, ARD 1976; »Die Befragung des Machiavelli«, Regie: Franz Josef Wild, ARD 1977; »Sorgen ohne Not«, Regie: Michael Günther, ZDF 1977; »Der Störenfried«, Regie: Hartmut Griesmayr, ZDF 1978; »Die Mißvergnügten« (nach Prosper Mérimée) und »Tatort«, Regie: Hans-Jürgen Tögel, Serie, ARD 1979; Titelrolle in »Johann Sebastian Bachs vergebliche Reise in den Ruhm«, Regie: Victor Vicas, ZDF 1980; »Der Spot oder Fast eine Karriere«, Regie: Rainer Erler, ZDF 1981; »Alberta und Alice oder Die Unterwerfung« (nach Italo Svevo), Regie: Wilm ten Haaf, und »Der Schatz des Priamos«, Regie: Karl Fruchtmann, 2 Teile, ARD 1981; »Lauter nette Leute«, ZDF 1982; »Ein Fall von Zuneigung«, Regie: Imo Moszkowicz, ARD 1982; »Don Carlos im Pogl«, und »Kinder unseres Volkes« (von Luise Rinser), Regie: Stephan Rinser, ZDF 1983; »Frau Juliane Winkler«, ARD 1983; »Ein Mann namens Parvus«, mit Günter Lamprecht, Regie: Rudolf Nussgruber, ZDF 1984; »Das leise Gift« (nach Nester), Regie: Erwin Keusch, ARD 1984; »Gespenstergeschichten«, Serie, und »Ami go home oder Der Fragebogen von Salomon«, Regie: Rolf Busch, ARD 1985; »Eine Klasse für sich«, Regie: Frank Strecker, Serie, ZDF 1984/85; »Abschied von der Hinterbank«, Buch und Regie: Joachim Roering, ZDF 1985; »Unternehmen Köpenick«, mit Hansjörg Felmy, Regie: Hartmut Griesmayr, Serie, ZDF 1986.
Er produzierte u.a. die Serien »Humboldt-Schule«, »Funkstreife Isar 12«, »Eine Stadt stellt sich vor« (13 Teile) und »Bewährungshelfer Berger«.
Auszeichnung: Bundesfilmpreis 1967 (als bester Hauptdarsteller in dem Film »Tätowierung«).
Anschrift: c/o Agentur von Pilecki, Eilandstraße 12, 8000 München 90.

Martin May

Geb. 1961 in Coburg; dort aufgew.; noch als Gymnasiast wurde er 1979 von dem Regisseur Rudolf Noelte für die männliche Hauptrolle in der Verfilmung von Rainer Kunzes Roman »Die wunderbaren Jahre« engagiert. Noelte, der die Regie des Films nach Differenzen mit dem Produzenten Franz Seitz kurz nach Drehbeginn an den Autor abgab, hatte aus über 800 Zuschriften, die auf ein Zeitungsinserat im oberfränkischen Raum, dem späteren Drehort, eingegangen waren, May ohne Schauspielausbildung ausgewählt. Zwei Wochen nach seinem Abitur engagierte ihn der Regisseur Wolfgang Petersen, der ihn in »Die wunderbaren Jahre« gesehen hatte, für seinen späteren Welterfolg »Das Boot«. Seine bisher einzige Theaterverpflichtung erhielt May erneut von Rudolf Noelte an der Freien Volksbühne Berlin. Er spielte neben Maria Schell in Bruckners »Elisabeth von England«. May spricht engl., franz.; er ist ledig und lebt in München.

Film: »Die wunderbaren Jahre«, Buch und Regie: Rainer Kunze, 1980; Fähnrich Ullmann in »Das Boot« (nach Buchheim), mit Jürgen Prochnow, Herbert Grönemeyer und Klaus Wennemann, Regie: Wolfgang Petersen, 1982 (auch als Dreiteiler ARD 1985); »Eisenhaus«, Regie: Tankred Dorst, 1983.

Fernsehen: »Landluft«, Serie, ARD 1981; »Hellseher wider Willen«, ZDF 1982; »Die Mutprobe«, ARD 1983; »Wie würden Sie entscheiden?«, Serie, ZDF 1983; Tommi in »Der Sohn des Bullen«, mit Edwin Marian, Regie: Heinz Schirk, ZDF 1984; »Liebling – Kreuzberg« (von Jurek Becker), mit Manfred Krug, Regie: Heinz Schirk, Serie, ARD 1986.

Anschrift: c/o Agentur Mattes, Pilotystraße 2, 8000 München 22.

Michaela May

(eigentlich: Gertraud Schiffer, geb. Mittermayr)

Geb. 18. 3. 1952 in München; dort aufgew.; bereits mit sieben Jahren nahm sie Ballettunterricht und spielte erste Kinderrollen bei Film und Fernsehen: In »Onkel Toms Hütte« (mit O.W. Fischer und Juliette Greco, 1962), in »Heidi«, und in »Robinson soll nicht sterben« (Regie: Franz Josef Wild, 1963)
Von 1967 bis 1971 absolvierte sie eine Ausbildung zur staatl. geprüften Erzieherin. Ihr Bühnendebüt gab sie 1970 an der Komödie Berlin. Seit 1973 gastierte sie mehrmals an der Kleinen Komödie München und machte Tourneen.
Frau May spricht engl., franz.; sie ist verheiratet, hat eine Tochter (Alexandra-Sophie, geb. 1982) und lebt in München.
Film: »Neonstadt«, Regie: Dominik Graf, 1982; »Wie hätten Sie's denn gern?«, Regie: Rolf von Sydow, 1983.
Theater: In Savoirs »Die Kinder Edouards«, 1973 (auch TV), in Flatows »Der Mann, der sich nicht traut«, mit Georg Thomalla und Grit Boettcher, 1975 (auch TV), und in Hasenclevers »Ein besserer Herr«, mit Harald Leipnitz, 1983, jeweils Kleine Komödie München; in Axelrods »Meine Frau erfährt kein Wort«, mit Hansjörg Felmy, Deutschlandtournee 1977; in Sauvajons »Eine Handvoll Brennesseln«, Komödie Berlin.
Fernsehen: »Münchner G'schichten«, mit Therese Giehse und Günther Maria Halmer, Regie: Helmut Dietl, Serie, ARD 1975/76; »Die Grashüpfer«, 11 Teile, und »Die Leute von Feichtenreuth« (von Burger), Regie: Franz Peter Wirth, ARD 1976; »Tatort«, Regie: Fritz Umgelter und Hartmut Griesmayr, Serie, 2 Folgen, ARD 1977 und 1979; »Wencke, Udo und der blaue Diamant«, mit Udo Jürgens, Wencke Myrhe und Jean-Claude Brialy, Regie: Michael Pfleghar, und »Fallstudien«, Regie: Hartmut Griesmayr, ZDF 1979; »Der falsche Paß für Tibo« (von Herbert Rosendorfer), ZDF 1980; »Kollege Betriebsrat«, Regie: Stephan Rinser, 6 Teile, ARD 1981; »Der Alte«, Serie, und »Die Fluchtlinie«, ZDF 1981; »Leute gibt's«, Regie: Ralf Gregan, und »Der gutmütige Grantler«, mit Toni Berger, ZDF 1982; »Ein Fall von Zuneigung«, Regie: Imo Moszkowicz, ARD 1982; »Flöhe hüten ist leichter« (nach Barbara Noack), mit Uschi Glas und Hannelore Elsner, Regie: Frank Strecker, ZDF 1983; »Flohmarkt«, Serie, ZDF 1984; »Die Wiesingers« (von Ahlsen), Regie: Bernd Fischerauer, Serie, ARD 1984; »SOKO 5113«, Serie, ZDF 1984; »Schöne Ferien«, Regie: Rudolf Nussgruber, Serie, ARD 1985; »Das Hintertürl zum Paradies« (von König), mit Elmar Wepper, Regie: Reinhard Donga, ZDF 1985; »Irgendwie und sowieso«, Regie: Franz X. Bogner, Serie, ARD 1985/86; »Schafkopfrennen«, Regie: Bernd Fischerauer, Serie, ARD 1986.
Anschrift: c/o Agentur Alexander, Lamontstraße 9, 8000 München 80.

Sabine von Maydell

Geb. 9. 10. 1955 als Tochter eines Regisseurs und einer ehemaligen Schauspielerin in Baden-Baden; dort aufgew.; nach der mittleren Reife besuchte sie eine Sprachenschule. Schon mit 13 Jahren wirkte sie erstmals in der Synchronisation. 1974 gab sie ihr Fernseh-Debüt. Anschließend nahm sie Sprechunterricht bei Ellen Widman in Zürich und bei Rosemarie Fendel in München. Sie absolvierte die Schauspielschulen Jacques Lecoq und Philippe Gautier in Paris. Neben zahlreichen Theater-Tourneen war sie engagiert u.a. an den Städt. Bühnen Bonn, am Modernen Theater, an der Kleinen Komödie und am Theater am Einlaß in München und am Schauspielhaus Zürich.

Frau von Maydell spricht franz., engl.; sie ist verheiratet mit dem Schauspieler Claude-Oliver Rudolph, hat eine Tochter (geb. 1984) und lebt abwechselnd in Paris und München.

Film: »Das Netz« (nach Habe), mit Mel Ferrer und Elke Sommer, Regie: Manfred Purzer, 1975; »Unordnung und frühes Leid« (nach Thomas Mann), mit Ruth Leuwerik und Martin Held, Regie: Franz Seitz, 1977; »Die Puppe«, Regie: Detlev Fechtmann, 1978; »Die Story«, Regie: Eckhart Schmidt, 1984.

Theater: In Shaws »Die heilige Johanna«, Regie: Maria Becker, und in Grabbes »Scherz, Satire, Ironie und tiefere Bedeutung«, Regie: Helmut Polixa, jeweils Tournee; Rosetta in Büchners »Leonce und Lena«, Regie: Oswald Döpke, Städt. Bühnen Bonn; in Thomas »Die Witwen«, Kleine Komödie München; in »Voices«, Regie: Uta Emmer, Modernes Theater München; in Marcus' »Schwester George muß sterben«, Theater am Einlaß München; in Brechts »Schweyk im Zweiten Weltkrieg« (nach Hašek), Regie: Harry Buckwitz, Schauspielhaus Zürich.

Fernsehen: »Ich gehe nach München«, »Sechs Arbeiter schreiben einen Film«, und »Neugierig wie ein Kind« (nach Schübel), mit Rosemarie Fendel und Matthias Habich, Regie: Oswald Döpke, ZDF 1974; »See-Leben I«, ZDF 1975; »Weder Tag noch Stunde«, mit Günter Lamprecht, Regie: Bruno Jantoss, ARD 1977; »Jugend, Liebe und die Wacht am Rhein«, mit Werner Hinz, Regie: Oswald Döpke, ZDF 1978; »Todesengel« (aus der Reihe: »Derrick«), mit Christian Quadflieg, ZDF 1979; »Ehen vor Gericht«, Regie: Ruprecht Essberger, Serie, ZDF 1980; »Der Alte«, Serie, und »Preußische Nacht«, Regie: Oswald Döpke, ZDF 1981; »Der lebende Leichnam« (nach Tolstoi), Regie: Otto Schenk, ARD 1981; »Wir« (nach Samjatin), mit Dieter Laser, Regie: Vojtech Jasny, ZDF 1982; »Das leise Gift« (nach Nester), Regie: Erwin Keusch, ARD 1984; »Es muß nicht immer Mord sein«, Regie: Kai Borsche, Serie, ZDF 1985; »Engels & Consorten« (von E. Möbius), mit Rainer Hunold, Regie: Detlef Rönfeldt, 5 Teile, ARD 1986.

Auszeichnung: »Goldener Bambi« (BILD + FUNK) 1975.

Anschrift: c/o Agentur Alexander, Lamontstraße 9, 8000 München 80.

Doris Mayer

(eigentlich:
Doris Schärfl, geb. Mayer)

Geb. 1. 10. 1958 in Eisenstadt/Burgenland; dort aufgew.; nach dem Gymnasium besuchte sie das Max-Reinhardt Seminar in Wien und das Lee Strasberg Theatre Institute in New York (1979/80); sie debütierte am Schauspielhaus Graz, wo sie von 1977–1979 im Ensemble stand; 1980/81 gehörte sie zum Theater der Jugend Wien; von 1981–1983 war sie am Theater in der Josefstadt Wien engagiert; 1983/84 war sie Mitglied des Wiener Volkstheaters.
Frau Mayer spricht engl.; sie ist verheiratet, hat eine Tochter und lebt in Wien.
Film: »Ein Tag im Museum«, 1977; »Der Schüler Gerber« (nach Friedrich Torberg), mit Werner Kreindl, 1980; »Gehversuche«, Regie: Edwin Zbonek, 1981; »Kieselsteine«, Regie: Lukas Stepanik, 1982.
Theater: In den Uraufführungen von Roths »Sehnsucht« und »Dämmerung«, Regie: jeweils Wolfgang Bauer (jeweils auch TV), Irma in Giraudoux' »Die Irre von Chaillot«, Ismene in Anouilhs »Antigone«, Elise in Molières »Der Geizige«, und Natascha in Gorkis »Nachtasyl«, jeweils Schauspielhaus Graz 1977–1979; Viola und Sebastian in Shakespeares »Was ihr wollt«, Regie: Edwin Zbonek, und Barblin in Frischs »Andorra«, jeweils Theater der Jugend Wien 1980/81; Christine in Schnitzlers »Liebelei«, Regie: Wolfgang Liebeneiner, und Anna in Gorkis »Nachtasyl«, jeweils Theater in der Josefstadt Wien 1981–1983; Nadeschda in Gorkis »Die Letzten«, Regie: Fritz Zecha, und Delfine in Bahrs »Das Konzert«, jeweils Volkstheater Wien 1983/84.
Fernsehen: »Prof. Fritz Muliars Böhmischstunde«, Serie, ORF 1980; »Der Narr von Wien«, mit Kurt Sowinetz, Regie: John Goldsmith, ZDF 1981; »Lodynskis Tierleben«, ORF 1981; »Horváth«, Regie: Jürgen Kaizik, ORF 1982; »Mich wundert, daß ich so fröhlich bin« (nach Simmel), mit Karlheinz Hackl, Alexander Kerst und Vilma Degischer, Regie: Michael Kehlmann, ZDF 1983; »Franz Nabl«, ORF 1983; »Waldheimat« (nach Peter Rosegger), Serie, ZDF 1984.
Anschrift: c/o Austroconcert International, Gluckgasse 1, A-1010 Wien, oder Antonigasse 4/1/4, A-1180 Wien, Österreich.

Heinz Meier

Geb. 17. 2. 1930 in Perwissau bei Königsberg/Ostpreußen; dort aufgew.; 1950 machte er das Abitur in Müllheim/Baden; von 1950 bis 1954 studierte er Literaturgeschichte und Geschichte an der Universität Freiburg/Breisgau; dort nahm er auch Schauspielunterricht bei Claus Günther und Kurt Hübner. Im Jahre 1953 war er Mitbegründer des Wallgraben-Theaters in Freiburg, das er seit 1957 mitverantwortlich leitet.
Mit dieser Bühne, deren Ensemble er angehört, veranstaltete er zahlreiche Tourneen durch die Bundesrepublik Deutschland, die Schweiz, Frankreich und die USA. Er selbst gastierte zudem am Stadttheater Basel und an den Städt. Bühnen Freiburg/Breisgau. Heinz Meier machte über vier Jahre Kabarett in Freiburg/Breisgau bei der Gruppe »Das Trojanische Pferdchen«.
Er spricht engl., franz.; er ist verheiratet mit der Schriftstellerin Gisela Bonsels und lebt in Freiburg/Breisgau.
Film: »Tätowierung«, Regie: Johannes Schaaf, und »Heimlichkeiten«, Regie: Wolfgang Staudte, 1968; »Deine Zärtlichkeiten« (nach Lopez), Regie: Peter Schamoni, 1969.
Theater: Estragon in Becketts »Warten auf Godot«, Titelrolle in Gogols »Tagebuch eines Wahnsinnigen«, Clov in Becketts »Endspiel«, Arzt in Bernhards »Der Ignorant und der Wahnsinnige«, Buchhalter in Dürrenmatts »Abendstunde im Spätherbst«, Edgar in Dürrenmatts »Play Strindberg«, Titelrolle in Hughes' »Sammy«, Rittmeister in Strindbergs »Der Vater«, Jeppe in Holbergs »Jeppe vom Berge«, und Strindberg in Enquists »Die Nacht der Tribaden«, jeweils am Wallgraben-Theater Freiburg/Breisgau und Tournee.
Fernsehen: »Seraphien« (nach Perry), ARD 1965; »Große Liebe« (nach Wohmann), ARD 1966; »Unbeschriebenes Blatt«, ARD 1967; »Versetzung« (nach Körner), »Die Klasse«, und Titelrolle in »Lebeck« (von Johannes Schaaf), ARD 1968; »Ein Vogel bin ich nicht«, ARD 1971; Leberecht in »Der Illegale« (nach Kolarz), ZDF 1972; Klatt in »Am Morgen meines Todes«, Regie: Oswald Döpke, ARD 1974; Carl Miller in »Indiskret« (nach Krasna), Regie: Wolfgang Glück, und »Auf Biegen und Brechen«, Regie: Hartmut Bitomsky, ARD 1977; »Gesundheit«, Regie: Peter Patzak, ARD 1979; »Die Jungfernfahrt der Antje B.«, ZDF 1980; »Gute Reise«, Regie: Wilfried Dotzel, ARD 1981; »Matt in 13 Zügen«, Regie: Stanislav Barabas, 13 Teile, ARD 1984; »Großer Bahnhof« (von Wittlinger), mit Axel von Ambesser, Regie: Georg Marischka, ZDF 1985.
Ferner gehört Meier seit den ersten Sendungen neben Evelyn Hamann zum Team der TV-Serien und Sketche von »Loriot« (ARD).
Anschrift: c/o Wallgraben-Theater, Rathausgasse, 7800 Freiburg/Breisgau, oder Holbeinstraße 24, 7800 Freiburg/Breisgau.

Eva-Maria Meinecke

Geb. 8.10.1923 in Berlin; nach der Handelsschule nahm sie Schauspielunterricht. Ihr Debüt gab sie am Staatstheater Berlin unter Gustaf Gründgens. Sie wurde vor allem durch Film (ab 1942) und Fernsehen bekannt. Theater spielte sie u.a. an der Kleinen Komödie München (dort 1967: »Der vielgeliebte Herr Brotonneau) sowie beim Kabarett.
Frau Meinecke spricht engl., franz.; sie war seit 1943 verheiratet mit dem Schauspieler Siegfried Breuer (geb. 24. 6. 1906 – verst. 1. 2. 1954). Sie lebt in München.
Film: »Mit den Augen einer Frau«, 1942; »Der verzauberte Tag«, mit Winnie Markus, Regie: Peter Pewas, und »Moselfahrt mit Monika«, 1944, »Der Fall Molander«, Regie: G.W. Papst, »Sag' die Wahrheit«, mit Winnie Markus, Regie: Helmut Weiß, »Heidesommer«, und »Das seltsame Fräulein Sylvia«, 1945; »Der Prozeß«, 1948; »In München steht ein Hofbräuhaus«, und »Alle kann ich nicht heiraten«, 1952; »Drei Männer im Schnee« (nach Kästner), mit Paul Dahlke und Claus Biederstaedt, Regie: Kurt Hoffmann, und »Hilfe – sie liebt mich«, 1955; »Die Försterliesel«, mit Anita Gutwell, Regie: Herbert B. Fredersdorf, und »Heute heiratet mein Mann«, 1957; »Scampolo«, mit Romy Schneider, Regie: Alfred Weidenmann, 1958; »Jacqueline«, mit Johanna von Koczian und Götz George, Regie: Wolfgang Liebeneiner, »Buddenbrooks« (nach Thomas Mann), mit Ruth Leuwerik, Regie: Alfred Weidenmann, »Liebe, Luft und lauter Lügen«, »Lampenfieber«, und »Das schöne Abenteuer«, 1959; »Brücke des Schicksals«, mit Hannes Messemer, Regie: Michael Kehlmann, 1961; »Abschied von gestern«, Regie: Alexander Kluge, 1966; »Ansichten eines Clowns« (nach Böll), Regie: Vojtech Jasny, 1975; »Die Jugendstreiche des Knaben Karl«, Regie: Franz Seitz, 1977; »Taugenichts«, mit Jacques Breuer und Matthias Habich, Regie: Bernhard Sinkel, 1978; »Der Sturz«, (nach Walser), Regie: Alf Brustellin, 1979; »Der gekaufte Tod«, mit Romy Schneider und Max von Sydow, Regie: Bertrand Tavernier, Frankreich/BRD 1979; »Die zwei Gesichter einer Frau« (nach Milani), mit Romy Schneider und Marcello Mastroianni, Regie: Dino Risi, Italien/Frankreich/BRD 1981.
Fernsehen: »Die Rache«, Regie: Rainer Erler, ARD 1962; »Der Dreispitz«; »Herr Wolf hat seine Krise«; »Die aufrichtige Lügnerin«; »Weekend im Paradies« (nach Arnold/Bach), mit Wolfgang Kieling und Gerlinde Locker, Regie: Karl Wesseler, ARD 1973; »Villa zu vermieten«, mit Edith Heerdegen und Günter Strack, Regie: Thomas Engel, und »Versuchung«, Regie: Krzysztof Zanussi, ARD 1982; »Der Frosch und die Eintagsfliege« (nach Russel), mit Heinz Baumann, Regie: Thomas Engel, ARD 1983; »Sonntag« (nach Simenon), Regie: Stanislav Barabas, ZDF 1985.
Anschrift: Agentur Alexander, Lamontstraße 9, 8000 München 80.

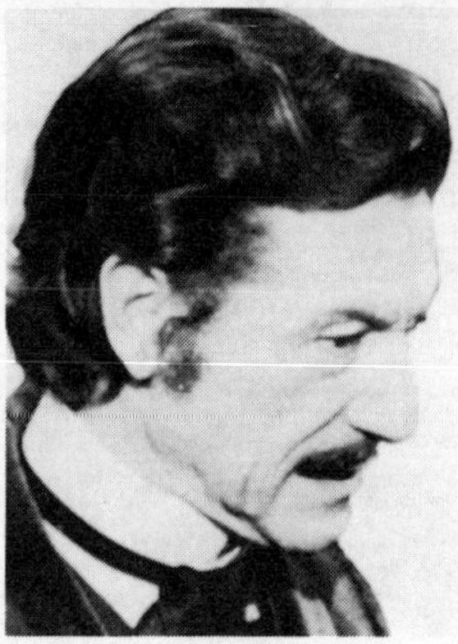

Josef Meinrad

(eigentlich: Josef Moučka)

–Kammerschauspieler–

Geb. 21. 4. 1913 als Sohn eines Straßenbahnführers in Wien; dort aufgew.; bis 1929 besuchte er das Priesterseminar der P.P. Redemptoristen in Katzelbach bei Wiener Neustadt. Anschließend absolvierte er eine kaufmännische Lehre und arbeitete bis 1936 als Angestellter im Büro einer Wiener Lackfabrik. Nebenher besuchte er eine kommerzielle Fortbildungsschule, nahm 1934 an einem Vorbereitungskursus für einen Filmwettbewerb teil und besuchte ab 1935 die Schauspielschule in der Wiener Neuen Galerie. 1937 bestand er die Reifeprüfung beim Ring der Österreichischen Bühnenkünstler.

Bereits 1936 hatte er seinen ersten Bühnenauftritt am Literarischen Kabarett »ABC«. Im gleichen Jahr debütierte er als Lancelot in »Lancelot und Sandarein« an der Wiener Komödie. Verpflichtungen am Theater »Die Insel« und am Kabarett »Wiener Werkel« in Wien folgten. In der Rolle des Reisl in Bahrs »Der Franzl« spielte er 1940 erstmals am Wiener Burgtheater. Von 1940 bis 1944 gehörte er zum Ensemble des Deutschen Theaters Metz (Lothringen). Nach der Schließung der Theater 1944 wurde er zum Schanzengraben verpflichtet und zum Volkssturm eingezogen. 1945 kam er in französische Internierungshaft.

Sein erstes Engagement nach dem Krieg erhielt er 1945 am Wiener Volkstheater, anschließend am wiedereröffneten Theater »Insel in der Komödie« unter Leon Epp. Seit 1947 gehört er zum Ensemble des Wiener Burgtheaters, seit 1973 als Ehrenmitglied. Gastspiele gab er in München, Hamburg, London und Berlin sowie bei zahlreichen Tourneen. Seit 1947 arbeitet er beim Film, seit 1960 beim Fernsehen.

Nach dem Tode des Schauspielers Werner Krauß erhielt er 1959 den »Iffland-Ring«, der jeweils an »den größten Schauspieler deutscher Zunge« weitergegeben werden soll. In seiner Verfügung schrieb Werner Krauß: »Sie sind für mich in Ihrer Einfachheit, Ihrer Schlichtheit und Ihrer Wahrhaftigkeit der Würdigste.« 1974 wurde Meinrad die Direktion des Wiener Burgtheaters angeboten, die er ablehnte.

Meinrad spricht engl., franz.; er ist verheiratet mit Germaine Renée, geb. Clement, und lebt in Wien.

Film: »Die Welt dreht sich verkehrt«, mit Hans Moser, Regie: J.A. Hübler-Kahla, und »Triumph der Liebe«, mit Paul Kemp, Regie: Alfred Stöger, 1947; »Anni«, »Rendezvous im Salzkammergut«, »Siegel Gottes«, Regie: Alfred Stöger, »Fregola«, »Mein Freund Leopold«, und »Der Theodor im Fußballtor«, Regie: E.W. Emo, 1949/50; »Schatten über Neapel«, mit Hans Söhnker, und »Der bunte Traum«, 1951; »Der 1. April 2000«, Regie: Wolfgang Liebeneiner, »Nichts als Zufälle«, und »Geld aus der Luft«, 1952; »Kaiserwalzer«, Regie: Franz Antel, 1953; Titelrolle in »Der Verschwender« (nach Raimund), Regie: Leopold Hainisch, 1953, Regie: Kurt Meisel, 1964; »Sarajewo – Um Thron und Liebe«, 1954; »Die Deutschmeister«, mit Romy und Magda Schneider, und »Sissi«, mit Romy Schneider und Karlheinz Böhm, Regie: jeweils Ernst Marischka, und »Der Kongreß tanzt«, Regie: Franz Antel, 1955; »Opernball«, »Sissi, die junge Kaiserin«, Regie: jeweils Ernst Marischka, und »Die Trapp-Familie«, Regie: Wolfgang Liebeneiner, 1956; »Die unentschuldigte Stunde«, Regie: Willi Forst, »Auf Wiedersehen, Franziska« (von Käutner/Hurdalek), Regie: Wolfgang Liebeneiner, und »Schicksalsjahre einer Kaiserin«, Regie: Ernst Marischka, 1957; Kaiser Franz I. in »Kaiserliche Hoheit«, Regie: Claude Boissol, Frankreich 1961; »Der Kardinal«, mit Tom Tyron und Romy Schneider, Regie: Otto Preminger, und »Der Prozeß«, mit Romy Schneider, Regie: Orson Welles, USA 1963; »Der Räuber Hotzenplotz« (nach Preußler), Regie: Gustav Ehmck, 1974.

Theater: Wurm in Schillers »Kabale und Liebe«, und Titelrolle in »Axel vor der Himmelstür« (Benatzky/Morgan/Schütz/Weigel), jeweils Deutsches Theater Metz 1940–1944; Thisbe in Shakespeares »Ein Sommernachtstraum« (1947), Schüler in Goethes »Faust«, Lanz in Shakespeares »Die beiden Veroneser«, Jim in Williams' »Die Glasmenagerie«, Bleichenwang in Shakespeares »Was ihr wollt«, Weibel aus Neapel in Claudels »Der seidene Schuh«, Fabian in Nestroys »Die beiden Nachtwandler«, Kilian und Hermann Blau in Nestroys »Der Färber und sein Zwillingsbruder« (auch TV), Valentin in Raimunds »Der Verschwender«, Weinberl in Nestroys »Einen Jux will er sich machen«, Adhemar in Sardou/de Najacs »Cyprienne oder Also gut, lassen wir uns scheiden«, Johann in Nestroys »Zu ebener Erde und erster Stock«, Hechingen in Hofmannsthals »Der Schwierige«, Holzapfel in Shakespeares »Viel Lärm um nichts«, Schnoferl in Nestroys »Das Mädl aus der Vorstadt« (auch TV), Teiresias in Sophokles' »Antigone«, Escambarlat in Hochwälders »Donadieu«, Engel in Dürrenmatts »Ein Engel kommt nach Babylon«, Roboter Edward in Kühnelts »Ein Tag mit Edward«, Kaghan in Eliots »Der Privatsekretär«, Heron in Ch. Morgans »Die unsichtbare Kette«, Titelrolle in Ibsens »Peer Gynt«, Titelrolle in Molnárs »Liliom«, Titelrolle in Nestroys »Der Zerrissene«, Titelrolle in Molières »Der eingebildete Kranke«, Titelrolle in dem Musical »Der Mann von La Mancha« (nach Cervantes; auch TV), Titelrolle in Tschechows »Onkel Wanja«, Titelrolle in Shakespeares »König Heinrich VI.«, Titelrolle in Hofmannsthals »Der Unbestechliche«, Titelrolle in Molières »Der Bürger als Edelmann« (auch TV), in Max Zweigs »Franziskus«, Professor Higgins in Lerner/Loewes »My Fair Lady«, Bettler in Calderons »Das große Welttheater«, Titelrolle in Brandstetters »Der Büßer Boleslaw«, und Frosch in Johann Strauß' »Die Fledermaus« (auch TV), jeweils an den vorgenannten Bühnen (vornehmlich Burgtheater Wien) und auf Tournee. Er inszenierte zahlreiche Stücke, u.a. Bahrs »Das Konzert« und Nestroys »Der Zerrissene«.

Fernsehen: Neben zahlreichen Theateraufführungen, die auch im Fernsehen (vornehmlich ORF) zu sehen waren, ferner u.a.: »Die Rebellion« (nach Joseph Roth), Regie: Wolfgang Staudte, ARD 1962; Titelrolle in »Don Quijote von la Mancha« (nach Miguel de Cervantes), Regie: Carlo Rim, 4 Teile, ZDF 1965; »Der Tod läuft hinterher« (von Reinecker), Regie: Wolfgang Becker, 3 Teile, ZDF 1967; Scheichlroither in »Der fidele Bauer« (nach Fall), Regie: Axel von Ambesser, ZDF 1973; »Die schöne Helena« (nach Offenbach), mit Anna Moffo und René Kollo, Regie: Axel von Ambesser, ZDF 1974; »Gaslicht« (nach Hamilton), ARD 1977; Musikprofessor in »Und die Tuba bläst der Huber«, mit Max Griesser, Buch und Regie: Georg Lohmeier, 26 Teile, ZDF 1980–1982; »Ringstraßenpalais«, Regie: Rudolf Nussgruber, 24 Teile, ZDF 1980–1983; »Waldheimat« (nach Rosegger), Regie: Wolf Dietrich, 39 Teile, ZDF 1984/85; »Ich lade gern mir Träume ein«, ORF 1984; »Josef Meinrad liest Albino Luciani«, Serie, ZDF 1985/86; »Der Sonne entgegen«, mit Heidi Kabel, Regie: Hermann Leitner, Serie, ARD 1985; Haydn in »Herschel oder Die Musik der Sterne«, Regie: Percy Adlon, ARD 1986.

Auszeichnungen: Kammerschauspieler 1955; »Iffland-Ring« 1959; »Blue Ribbon Award« für die Hauptrolle in »Die Trapp-Familie«, 1961; »Josef-Kainz-Medaille«, Wien 1963; Österreichisches Ehrenkreuz für Wissenschaft und Kunst I. Klasse 1963; Ehrenmitgliedschaft Wiener Burgtheater 1973.

Anschrift: Anton-Krieger-Gasse 92, A-1238 Wien, Österreich.

Kurt Meisel

– Staatsschauspieler –

Geb. 18. 8. 1912 als Sohn eines Arbeiters in Wien; dort aufgew.; nach dem Abitur an einem Realgymnasium begann er zunächst ein Jurastudium, das er kurze Zeit später abbrach, um Schauspielunterricht zu nehmen. Er absolvierte die Schauspielschule am Wiener Volkstheater unter Rudolf Beer. An dieser Bühne gab er auch sein Debüt. 1933 kam er unter Otto Falckenberg an die Münchner Kammerspiele. Weitere Stationen: Altes Theater Leipzig (1934–1936), Theater am Kurfürstendamm Berlin (1936/37), Staatstheater Berlin unter Gustaf Gründgens (1937–1944) und Hebbel-Theater Berlin (1946–1948). Von 1948 bis 1955 gastierte er u.a. am Schiller-Theater, Renaissance-Theater und Theater am Kurfürstendamm in Berlin. Von 1947 bis 1969 hatte er Teilzeit-Spielverträge mit den Münchner Kammerspielen, dem Wiener Burgtheater und dem Theater in der Josefstadt Wien.
Von 1960 bis 1964 war er Oberspielleiter am Bayerischen Staatsschauspiel München. Als Oberregisseur und stellv. Direktor war er von 1966 bis 1970 am Burgtheater in Wien tätig. Von 1972 bis 1983 war er als Nachfolger von Helmut Henrichs Intendant des Bayerischen Staatsschauspiels München (Residenztheater, Cuvilliés-Theater und Theater im Marstall). Sein Film-Debüt gab Meisel 1935 in dem Lustspiel »Der Ehestreik«. Er drehte über 40 Streifen und führte selbst Regie.
Meisel spricht engl.; er ist seit 1952 verheiratet mit der Schauspielerin Ursula Lingen (Tochter von Theo Lingen), hat einen Sohn (Christoph, geb. 1952) und lebt in München.
Film: »Der Ehestreik«, Regie: Georg Jacoby, 1935; »Schlußakkord«, Regie: Detlef Sierck, und »Das Hofkonzert«, 1936; Graf Opalla in »Die göttliche Jette«, Regie: Erich Waschneck, 1937; »Namon«, 1938; »Die kleine Nachtmusik«, 1939; »Der Feuerteufel«, Regie: Luis Trenker, und »Die keusche Geliebte«, Regie: Viktor Tourjansky, 1940; »Der Weg ins Freie«, 1941; »Die goldene Stadt«, Regie: Veit Harlan, 1942; »Kolberg«, mit Heinrich George und Horst Caspar, Regie: Veit Harlan, und »Ein toller Tag«, Regie: Oscar Fritz Schuh, 1945; »Wozzek« (nach Büchner), Regie: Georg C. Klaren, DEFA 1947; »Verspieltes Leben«, Regie: selbst, 1949; »Die Spur führt nach Berlin«, Regie: Franz Cap, 1952; »Emil und die Detektive« (nach Kästner), 1954; »Es geschah am 20. Juli«, Regie: G.W. Papst, 1955; »Drei Mann auf einem Pferd« (nach Abbott), Regie: selbst, 1957; »Der veruntreute Himmel«, und »Die Katze«, 1958; »Zeit zu leben – Zeit zu sterben«, Regie: Douglas Sirk, USA 1958; »Die rote Hand«, Regie: selbst, 1960; »Michael Kohlhaas, der Rebell«, 1969.
Regie führte er u.a. in: »Verspieltes Leben« und »Tragödie einer Leidenschaft«, 1949; »Liebe auf Eis«, 1950; »Der Teufel führt Regie«, 1951; »Die Todesarena«, 1953; »Das Sonntagskind«, 1956; »Drei Mann auf einem Pferd«, 1957; »Das Kriegsgericht« und »Madeleine – Tel. 136211«, 1958/59; »Liebe verboten – Heiraten erlaubt«, 1959; »Die rote Hand«, 1960; »Der Verschwender« (nach Raimund), mit Josef Meinrad, 1964.
Theater: In Shakespeares »Wie es euch gefällt«, und Lorenz in Billingers »Goldene Pfennige«, mit Elisabeth Flickenschildt, Regie: jeweils Otto Falckenberg, Münchner Kammerspiele 1933/34; Toni in Billingers »Der Gigant«, Regie: Jürgen Fehling, Anderlan in Billingers »Am hohen Meer«, in Kotzebues »Die beiden Klingsberg«, und in Nestroys »Einen Jux will er sich machen«, Regie: für die beiden letztgenannten jeweils Jürgen Fehling, Don Eugenio in Wolffs »Preciosa«, und Schüler in Goethes »Faust«, Regie: Gustaf Gründgens, jeweils Staatstheater Berlin 1937–1944; Henry in Wilders »Wir sind noch einmal davongekommen«, Regie: Karl Heinz Stroux, Hebbel-Theater Berlin 1946–1948; Titelrolle in Kaisers »Der Soldat Tanaka«, Orest in Sartres »Die Fliegen«, Regie: Jürgen Fehling, Titelrolle in Shakespeares »Richard II.«, und Titelrolle in Büchners »Woyzeck«, jeweils an den vorgenanten Berliner Bühnen 1948–1955; Columbus in der Uraufführung von Hacks' »Die Eröffnung des indischen Zeitalters«, 1955, in Strindbergs »Nach Damaskus«, mit Maria Wimmer, 1956, in der Uraufführung von Kästners »Die Schule der Diktatoren«, 1957, und in Camus' »Die Besessenen«, 1959/60, Regie: jeweils Hans Schweikart, an den Münchner Kammerspielen;
Graf Terzky in Schillers »Wallenstein«, Regie: Walter Felsenstein, 1973, Alceste in Molières »Der Misanthrop«, Regie: Frank Baumbauer, und Puntila in Brechts »Herr Puntila und sein Knecht Matti«, Re-

gie: Hans Schweikart, 1975, Titelrolle in Bernhards »Der Präsident«, Regie: Michael Degen, 1976, Lenin in Stoppards »Travesties«, Regie: Hans Lietzau, und Offizier in Strindbergs »Ein Traumspiel«, Regie: Ingmar Bergman, 1977, Prosoroff in Tschechows »Drei Schwestern«, Regie Ingmar Bergman, 1978, Isaac Rabi in Kipphardts »In der Sache J. Robert Oppenheimer«, Regie: Dieter Giesing (auch TV), 1981, Ehemann in Schnitzlers »Reigen«, Regie: Meisel selbst, 1982/83, in Pagnols »Zinsen des Ruhms«, Regie: Meisel selbst, in Strindbergs »Nach Damaskus«, Regie: Erwin Axer, und Moritz Meister in Bernhards »Über allen Gipfeln ist Ruh'«, Regie: Horst Sachtleben, 1983, jeweils Bayerisches Staatsschauspiel München; in Strindbergs »Totentanz«, mit Ursula Lingen, Tournee 1984; Burleigh in Schillers »Maria Stuart«, Regie: Rudolf Noelte, Burgtheater Wien 1984; in Claudels »Der seidene Schuh«, Regie: Hans Lietzau, Salzburger Festspiele 1985 (auch TV). Eigene wichtige Inszenierungen u.a.: Die deutsche Erstaufführung von Lampells »Die Mauer«, Shakespeares »König Lear«, Lessings »Minna von Barnhelm«, Nestroys »Das Madl aus der Vorstadt« und Molnárs »Liliom«, jeweils Bayerisches Staatsschauspiel München 1961–1964; Brechts »Leben des Galilei«, Grass' »Die Plebejer proben den Aufstand«, Stoppards »Rosenkranz und Güldenstern«, Grillparzers »Die Jüdin von Toledo« und R. Schneiders »Prozeß in Nürnberg«, jeweils Burgtheater Wien 1966–1970; Torbergs »Schwejk« (nach Hašek), Schnitzlers »Das weite Land«, Thomas »Die Lokalbahn«, Shakespeares »Richard III.«, Shaffers »Amadeus«, Schillers »Maria Stuart«, mit Christine Ostermayer und Ursula Lingen, Thomas »Erster Klasse« und »Säuglingsheim« und Shakespeares »Viel Lärm um nichts« (seine Abschieds-Inszenierung), jeweils Bayerisches Staatsschauspiel München 1972–1983.
Fernsehen: Bis 1970 u.a.: »Geschlossene Gesellschaft«, »Oberst Wennerström«, »Rückkehr von Elba«, »Haus Herzenstod« und »Der seidene Schuh« (nach Claudel). Ferner: Titelrolle in »Thomas Moore« (nach Bolt), Regie: Gerhard Klingenberg, ARD 1964; »Hier bin ich, mein Vater« (nach Torberg), Regie: Ludwig Cremer, ARD 1970; »Cautio criminalis« (von Wolfgang Lohmeyer), ZDF 1974.
Regie führte er u.a. bei: »Requiem für eine Nonne« (nach Faulkner), »Der Verschwender« (nach Raimund) und »Tag des Zorns«.
Auszeichnungen: Kunstpreis der Stadt Berlin 1952; Bayerischer Staatsschauspieler; Bayerischer Verdienstorden 1975; »Ludwig-Thoma-Medaille« der Stadt München 1976.
Anschrift: c/o Agentur Baumbauer, Keplerstraße 2, 8000 München 80.

Günter Meisner

Geb. 18. 4. 1926 in Bremen; er absolvierte eine Stahlgießerlehre. Schauspielunterricht nahm er ab 1948 bei Gustaf Gründgens in Düsseldorf, wo er anschließend am Schauspielhaus sein erstes Engagement erhielt. Weitere Bühnenstationen: Schauspielhaus Bochum, Tribüne Berlin, Junges Ensemble Berlin, Theater am Kurfürstendamm Berlin und Ruhrfestspiele Recklinghausen.

1959 gründete er die Galerie Diogenes Berlin, der er 1962 das Diogenes-Studio-Theater angliederte. Hier stellte er vor allem franz. Stücke, u.a. von Artaud, Arrabal, Cocteau, Vian und Ionesco vor. Eugène Ionesco schrieb ihm nach der Inszenierung seines Stückes »Die Unterrichtsstunde« am 2. 10. 1964: »Für Günter Meisner mit meiner Dankbarkeit für seine wunderbare Inszenierung. Ich wußte nicht, ob ich ein gutes oder schlechtes Stück geschrieben hatte. Jetzt glaube ich, daß mein Stück gut ist. In Bewunderung für die besten Interpreten und ›ré-créateurs‹ meiner ›Unterrichtsstunde‹.«

1960/61 begründete Meisner »The International Association for Arts and Sciences«. Von 1967 bis 1970 organisierte er das technische Hilfsprogramm für die Regierung von Biafra.

Seit 1957 wirkt er umfangreich für Film und Fernsehen. 1983/84 gastierte er am Gene Frankel Theatre in New York.

Meisner spricht engl., franz.; er lebt in Berlin.

Film: »Tagebuch eines Frauenarztes«, Regie: Werner Klingler, »Das Totenschiff«, Regie: Georg Tressler, 1959; »Babette zieht in den Krieg«, mit Brigitte Bardot, Regie: Christian-Jaque, Frankreich 1959; »Schwarze Kapelle«, Regie: Ralph Habib, Italien 1959; »Brennt Paris?«, mit Gert Fröbe, Regie: René Clément, Frankreich 1965; »Die Brücke von Remagen«, Regie: John Guillermin, USA 1968; »Borsalino«, und »La Chair de L'Orchidée«, mit Edwige Feuillère, Regie: Patrice Chéreau, Frankreich 1974; »Tito at Sutjeska«, mit Richard Burton, Großbritannien; »The Odessa File«, Großbritannien 1974; »Voyage of the Damned« und »Inside Out«, Großbritannien 1975; »Das Schlangenei«, Regie: Ingmar Bergman, BRD/USA 1977, »The Boys from Brazil«, Großbritannien 1977; »Avalanche Express«, mit Horst Buchholz, Regie: Mark Robson, USA 1978; »Steiner – das Eiserne Kreuz«, mit Richard Burton, Robert Mitchum, Curd Jürgens und Rod Steiger, Regie: Andrew V. McLaglen, 1978; Hitler und dessen Schwester Angela in »Das As der Asse«, mit Jean-Paul Belmondo, Frankreich 1982; »Der Mann auf der Mauer«, mit Marius Müller-Westernhagen, Regie: Reinhard Hauff, 1982; »Die Schwarzfahrer«, Regie: Manfred Stelzer, 1983; »Night crossing«, Regie: Delbert Mann, USA 1983; »Drei gegen Drei«, mit der Pop-Gruppe Trio, Regie: Dominik Graf, 1985.

Theater: An den vorgenannten Bühnen spielte er Rollen seines Fachs. Am Diogenes-Studio-Theater Berlin: Der König in de Ghelderodes »Escorial«, in Kenans »Eine Hundekälte«, Verwirrter Denker in Randazzos »Vers Zéro«, Professor in Ionescos »Die Unterrichtsstunde«, Fidio in Arrabals »Gebet«, Dr. Pêle in Artauds »Der Stein der Weisen«, Akademiemitglied in Ionescos »Die Lücke«, Nachbar in Vians »Die Reichsbegründer«, Mann in Meisners »Jede Stunde«, in del Valle-Incláns »Blutbund«, in der Uraufführung von Pienes »Die Feuerblume«, und in Dürrenmatts »Die Panne«, Regie: Rudolf Noelte. Dort führte er u.a. auch eigene Stücke (»Babylon«) auf. Regie führte er u.a. in Cocteaus »Der schöne Teilnahmslose« und »Das Phantom von Marseille«, in Ionescos »Die Lücke« und »Unterrichtsstunde«, sowie in Vians »Die Reichsbegründer«. 1983/84 spielte er die Rolle des Affen in Kafkas »Bericht für eine Akademie« (in engl. Sprache) am Gene Frankel Theatre in New York. Dort gastierte er 1984 auch in der Kabarett-Revue »Farewell« (u.a. mit Liedern von Bertolt Brecht und Kurt Weill).

Fernsehen: »Viel Lärm um nichts« (nach Shakespeare), ARD 1957; »Draußen vor der Tür« (nach Borchert), Regie: Rudolf Noelte, ARD 1958; »Der König ist tot«, ARD 1959; »Der Kommissar«, mit Erik Ode, Serie, ZDF 1969; »Eurogang«, Serie, ARD 1974; »Depressionen«, ZDF 1975; »Direction City«, Serie, »Herbst«, und »Bitte umblättern«, TV-Magazin, ARD 1976; »Sechs in einer großen Stadt«, »Die Geschichte der S.M. Brandt«, »Das Fernsehgericht tagt«, Serie, und »Hallo Chef«, ARD 1977; »Onkel Bräsig«, mit Fritz Hollenbeck, Regie: Volker Vogeler, Serie, ARD 1978/79; »Als Hitler das rosa Kaninchen stahl« (nach Judith Kerr), mit Elisabeth Trissenaar

und Martin Benrath, Regie: Ilse Hofmann, und »Medienklinik«, Serie, ARD 1978; »Die Stühle des Herrn Szmil« (nach Kipphardt), Regie: Vojtech Jasny, und »Das Schloßgespenst«, ARD 1979; »Ein Kapitel für sich« (nach Kempowski), mit Edda Seippel und Stefan Schwartz, Regie: Eberhard Fechner, 3 Teile, ZDF 1979/80; »Der Galgensteiger«, mit Hilmar Thate, Regie: Xavier Koller, »Die Paulskirche«, und »Meister Timpe« (nach Max Kretzer), ZDF 1980; »Tegtmeier klärt auf«, mit Jürgen von Manger, Serie, ZDF 1980/81; »Winston Churchill – The Wilderness Years«, BBC, engl. TV 1981; »Die Römer in Baden«, und »Blut und Ehre: Jugend unter Hitler«, Serie, ARD 1981; »Don Carlos im Pogl«, mit »Gibbi West-Germany«, Regie: Christel Buschmann, ARD 1982; »The Winds of War« (»Der Feuersturm«, von Herman Wouk), mit Robert Mitchum und Ali McGraw, Regie: Dan Curtis, 7 Teile, US-TV 1982/83; »Lemmi und die Schmöker«, Serie, ARD 1983; »Der Millionencoup«, Regie: Wolfgang Storch, 2 Teile, ZDF 1984.
Anschrift: c/o Agentur Jovanovic, Perfallstraße 6, 8000 München 80.

Marisa Mell

(eigentlich: Marlies Moitzi)

Geb. 24. 2. 1939 in Graz; dort aufgew.; acht Jahre lang besuchte sie die dortige Klosterschule und zwei Jahre die Handelsakademie. Unter Susi Nicoletti und Fred Liewehr absolvierte sie drei Jahre lang das Max-Reinhardt-Seminar in Wien. 1958 erhielt sie ihr erstes Engagement am Theater in der Josefstadt Wien. Im selben Jahr gab sie ihr Film-Debüt in Wolfgang Glücks Streifen »Das Nachtlokal zum Silbermond«. Von 1961 bis 1963 war sie nach einem schweren Autounfall ans Bett gefesselt. Seither wirkte sie in über 50 deutschen und internationalen Kino-Produktionen mit. 1966/67 gab sie ein Gastspiel am New Yorker Broadway. Sie machte mehrere Tourneen. Frau Mell spricht engl., franz., ital.; von 1966 bis 1969 war sie mit Henri Tucci verheiratet. 1974 heiratete sie den spanischen Filmproduzenten Espartaco Santoni. Sie lebt in Rom.
Film: »Am Galgen hängt die Liebe«, »Wegen Verführung Minderjähriger«, mit Cordula Trantow und Hans Söhnker, Regie: Hermann Leitner, und »Der brave Soldat Schwejk« (nach Hašek), mit Heinz Rühmann, Regie: Axel von Ambesser, 1960; »Der Ruf der Wildgänse« (nach Ostenso), mit Ewald Balser, Regie: Hans Heinrich, 1961; »Venusberg«, Regie: Rolf Thiele, »Ein Mann im schönsten Alter«, Regie: Franz Peter Wirth, »Das Geheimnis der roten Orchidee«, mit Christopher Lee und Klaus Kinski, »Maskerade«, mit Jack Hawkins und Cliff Robertson, »Reigen 63«, mit Hildegard Knef, Daliah Lavi, Gert Fröbe und Thomas Fritsch, und »French Dressing«, 1963; »Der letzte Ritt nach Santa Cruz«, Regie: Rolf Olsen, 1964; »Casanova 70«, mit Marcello Mastroianni, Virna Lisi und Michèle Mercier, Regie: Mario Monicelli, Italien 1964; »What's new, Pussycat?«, mit Peter O'Toole, Großbritannien 1964; »Jagd auf blaue Diamanten«, Regie: Paul Martin, und »Simplicius Simplizissimus«, Regie: Serge Kirchhofer, 1965; »Höllenzug«, mit Jean Marais, Regie: Gilles Grangier, Frankreich 1965; »Ziel 500 Millionen«, Regie: Pierre Schöndörfer, 1966; »Junge, was für eine Nacht«, mit Philip Leroy und Franco Fabrici, Regie: Giorgio Capitani, Italien 1966; »Die süßen Damen«, mit Ursula Andress, Claudine Auger und Virna Lisi (Produktion: Dino de Laurentis), Frankreich 1967; »Diabolik«, mit John Philip Law, Großbritannien 1968; »Eine nach der anderen«, mit Jean Sorel, Regie: Edmond Amati, Italien 1969; »Die Opfer«, 1969; »Schock«, 1970; »Mahagoni«, mit Diana Ross und Anthony Perkins, Regie: Berry Gordy, USA 1975; »Casanova & Co«, mit Tony Curtis, Britt Eklund, Ursula Andress, Jean Lefebvre und Philip Leroy, Regie: François Legrand, Frankreich 1976; »Flotte Teens, runter mit den Jeans«, Italien 1980; »Der Florentinerhut« (nach Labiche), Regie: Franco Zeffirelli, Italien 1984.
Theater: Mata Hari in der David-Merrick-Produktion von Vincente Minelli (»Ein Amerikaner in Paris«) »Tonight Mata-Hari«, New Yorker Broadway 1967.
Fernsehen: Sissi in »Elisabeth, Kaiserin von Österreich«, mit Peter Fröhlich, Regie: Theodor Grädler, ORF 1972; »In Zeiten wie diesen«, Regie: Wolfgang Bauer, ORF 1984; »Heiße Wickel – kalte Güsse« (von Lohmeier), mit Ekkehardt Belle, Serie, ZDF 1984.
Anschrift: c/o Agentur Jovanovic, Perfallstraße 6, 8000 München 80.

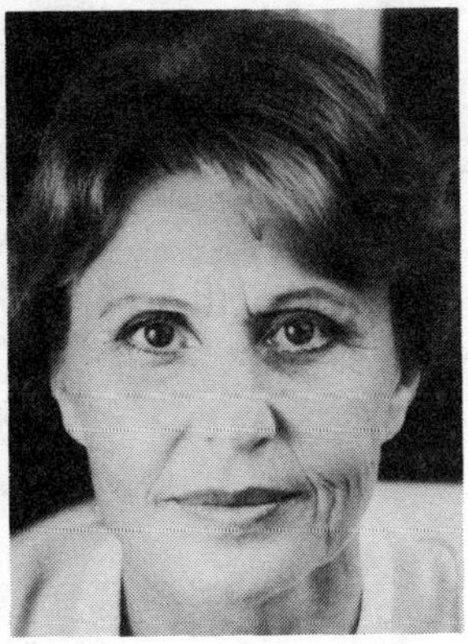

Judith Melles

Geb. 23. 10. 1929 in Budapest; dort aufgew.; 1948/49 absolvierte sie die Schauspielakademie in Budapest, 1950/51 war sie Stipendiatin des Nationaltheaters Budapest und von 1952 bis 1956 Ensemble-Mitgleid des ungarischen Nationaltheaters Budapest. Von 1956 bis 1958 spielte sie am Theater Courage und am Theater in der Josefstadt in Wien. Seit 1961 gehört sie zum Basler Theater.
Frau Melles spricht engl., franz., ungar.; ihre Tochter ist die Schauspielerin Sunnyi Melles; sie lebt in Basel.
Film: »Der Landvogt von Greifensee« (nach Keller), »Der Galgensteiger«, Regie: Xavor Koller.
Theater: Am ungarischen Nationaltheater Budapest (1952–1956) spielte sie u.a. in Stücken von Madách, Shakespeare, Molière sowie modernen ungarischen Autoren. In Wien spielte sie u.a.: Königin in Bettis »Die Königin und die Rebellen« und Hotelbesitzerin in Rattigans »Einzeltische«, Regie: Leonard Steckel. Am Basler Theater seit 1961 u.a.: Ida Mortemar in Vitracs »Victor oder Die Kinder an der Macht«, Regie: Veit Relin, Marthe Schwerdlein in Goethes »Urfaust«, Timofejewna in Camus' »Die Besessenen«, Simphorosa in Molnárs »Der Schwan«, Stephanie in Barillet/Grédys »Die Kaktusblüte«, Frosine in Molières »Der Geizige«, Frau Barker in Albees »Der amerikanische Traum«, Agnes in Saunders' »Ein Duft von Blumen«, Hilde in Cowards »Duett im Zwielicht«, S. Delicias in Anouilhs »Das Orchester«, Regie: Hans Neuenfels, Mrs. Gilchrist in Behans »Die Geisel«, Madame Rosepeetle in Kopits »Oh Vater, armer Vater, Mutter hing dich in den Schrank und ich bin ganz krank«, Gräfin Geschwitz in Wedekinds »Lulu«, Regie: Charles Regnier, Königin Mutter in Anouilhs »Jeanne oder Die Lerche«, Frau Sarti in Brechts »Leben des Galilei«, Regie: Veit Relin, Frau Campbell in Kiltys »Geliebter Lügner« (nach Shaw/Campbell), Constantia in Nestroys »Der Talisman«, Königin Rosamunde in Jarrys »König Ubu«, Ch. Ivanova in Tschechows »Der Kirschgarten«, Regie: Horst Siede, Affenweib in Horváths »Kasimir und Karoline«, Mutter in Horváths »Geschichten aus dem Wienerwald«, Hexe in H. Müllers »Macbeth« (nach Shakespeare), Amme in Molières »Arzt wider Willen« (auch TV), Madame Petipon in Feydeaus »Die Dame vom Maxim«, div. Rollen in Kraus' »Die letzten Tage der Menschheit« (auch TV), Mrs. Page in Shakespeares »Die lustigen Weiber von Windsor« und Franzi Nada in Canettis »Komödie der Eitelkeit«, Regie: jeweils Hans Hollmann, R. Chandebise in Feydeaus »Der Floh im Ohr«, Miss Dolly in Widmers »Lange Nacht der Detektive«, Regie: jeweils Niels-Peter Rudolph, Simons Weib in Büchners »Dantons Tod«, Regie: Werner Düggelin, Jelena in Gorkis »Die Kleinbürger«, Frau Hassenreuther in Hauptmanns »Die Ratten«, Köchin in Bernhards »Die Jagdgesellschaft«, Regie: Gustav Rudolf Sellner, Polina in Tschechows »Die Möwe«, Gefängniswärterin in Wedekinds »Musik«, Regie: Nicolas Brieger, Mutter in Schnitzlers »Das weite Land«, Charis in Kleists »Amphitryon«, Regie: Gustav Rudolf Sellner, Mutter in Hebbels »Maria Magdalena«, Madame Pernelle in Molières »Tartuffe«, Rose Baum in Millers »Die große Depression«, Mutter in Strindbergs »Ein Traumspiel«, Marceline in Beaumarchais' »Der tolle Tag oder Figaros Hochzeit«, Regie: Wolfgang Quetes, Gurminskaja in Ostrowskijs »Der Wald«, Regie: Friedrich Beyer, Eleonore in Mrożeks »Tango«, Pommes Frites in J. Martins »Hören Sie mal«, Regie: Wolfgang Quetes, und Frau von Pfrim in Nestroys »Höllenangst«, Regie: Peter Lotschak.
Anschrift: Lehenmattstraße 282/17, CH-4052 Basel, Schweiz.

Sunnyi Melles

Geb. 7.10.1958 als Tochter der Schauspielerin Judith Melles in Luxemburg/Luxemburg; aufgew. in Basel (sie ist Schweizer Staatsbürgerin). Bereits mit zehn Jahren stand sie erstmals auf der Bühne. Neben ihrer Mutter und unter der Regie von Hans Hollmann spielte sie noch während ihrer Schulzeit am Basler Theater u.a. in Feydeaus »Die Dame vom Maxim« und in Kraus' »Die letzten Tage der Menschheit«. Nach der Schule absolvierte sie 1978/79 die Otto-Falckenberg-Schule München. Nach ersten Auftritten an den Münchner Kammerspielen, bereits während ihrer Ausbildung, gehört sie seit 1980 dort zum Ensemble. 1983 gastierte sie am Burgtheater Wien. Ihr Film-Debüt gab sie 1974. Frau Melles spricht franz.; sie ist ledig und lebt in München.

Film: Rosa in »Steppenwolf« (nach Hesse), mit Max von Sydow, Regie: Fred Heines, 1974; Marlene in »Wer spinnt denn da, Herr Doktor?«, mit Otto Sander, Regie: Stefan Lukschy und Christian Rateuke, 1982 (auch ARD 1984); »Die wilden Fünfziger« (nach Simmel), Regie: Peter Zadek, 1983; »Dormire«, Regie: Niklaus Schilling, 1984; »Der wilde Clown«, Regie: Josef Rödl, und »Drei gegen Drei«, mit der Pop-Gruppe Trio, Regie: Dominik Graf, 1985.

Theater: In Brechts »Trommeln in der Nacht«, Königin in Shakespeares »Hamlet«, mit Lambert Hamel, in Kleists »Das Käthchen von Heilbronn«, und Audrey in Shakespeares »Wie es euch gefällt«, Regie: jeweils Ernst Wendt, Lucile in Büchners »Dantons Tod«, Elfe in Shakespeares »Ein Sommernachtstraum«, Blanche Fleur in Dorsts »Merlin oder Das wüste Land«, mit Peter Lühr, und Titelrolle in Achterbuschs »Susn«, Regie: jeweils Dieter Dorn, Marianne in Sternheims »Der Snob«, Regie: Hans-Reinhard Müller, Ann in Botho Strauß' »Kalldewey, Farce«, in Lessings »Emilia Galotti«, Regie: Thomas Langhoff (auch TV), Elisabeth in Schillers »Don Karlos«, Regie: Alexander Lang, in Topors »Leonardo hat's gewußt«, Cressida in Shakespeares »Troilus und Cressida«, Regie: Dieter Dorn, jeweils Münchner Kammerspiele 1980–1986; Desdemona in Shakespeares »Othello«, Regie: Hans Lietzau, Burgtheater Wien 1983.

Fernsehen: Lotte und adliges Fräulein in »Die Leidenschaftlichen« (Goethes Werther: Dichtung un Wahrheit), Regie: Thomas Koerfer, ZDF 1982; Titelrolle in »Miriam« (aus der Reihe: »Tatort«), mit Göt George, ARD 1982; Sylvia von Kampen in »Rot Erde» (von Peter Stripp), mit Claude-Oliver Rudolph, Regie: Klaus Emmerich. 9 Teile, ARD 1983

Auszeichnung: »Chaplin-Schuh« (Preis »Best Nachwuchsdarstellerin« des Bundesverbandes deutscher TV- und Filmregisseure) 1984; »Künstler de Jahres 1984«, Münchner Theaterzeitung.

Anschrift: c/o Agentur Alexander, Lamontstraße 9 8000 München 80.

Karl Merkatz

Geb. 17. 11. 1930 in Wiener Neustadt; dort aufgew.; nach der Schule nahm er Schauspielunterricht in Salzburg, Wien und Zürich. Engagements hatte er u.a. am Theater der Stadt Heilbronn, an den Städt. Bühnen Nürnberg, am Landestheater der Stadt Salzburg, an den Bühnen der Stadt Köln, am Schauspielhaus Hamburg, an den Münchner Kammerspielen, bei den Burgenländischen Festspielen Mörbisch am See und am Wiener Volkstheater (zuletzt: Merlin in Dorsts »Merlin oder Das wüste Land«, Regie: Jaroslav Chundela, 1984, auch ORF). Er spielte jeweils Rollen seines Fachs.
Merkatz spricht engl.; er ist verheiratet, hat zwei Töchter und lebt in Wien.
Film: »Der Bockerer« (nach Preses/Becher), Regie: Franz Antel, 1981.
Fernsehen: »Egmont« (nach Goethe); »Doppelagent George Blake«; »Die Erben des tollen Bomberg«; Affe in »Bericht für eine Akademie« (nach Kafka); »König Johann« (nach Shakespeare); ARD/ZDF/ORF bis 1975; Titelrolle in »Ein echter Wiener geht nicht unter«, Regie: Reinhard Schwabenitzky, Serie, ORF 1974–1977, »Die Straße«, Regie: Volker Vogeler, ARD 1978; »Esch oder Die Anarchie« (nach Hermann Broch), Regie: Rainer Boldt, ARD 1979; »Feuer!«, ZDF 1980; »Der lebende Leichnam« (nach Tolstoi), Regie: Otto Schenk, ARD 1981; »Mein seliger Onkel«, Regie: Vojtech Jasny, ORF 1982; »Die fünfte Jahreszeit«, Regie: Franz Josef Gottlieb, 9 Teile, ARD 1982; »Tatort«, Serie, ARD 1983; »Der Hausmeister« (nach Pinter), ORF 1983; »Der Waldbauernbub« (nach Rosegger), ZDF 1983; »Waldheimat« (nach Rosegger), 26 Teile, ZDF 1984.
Auszeichnungen: »Preis für die beste schauspielerische Leistung« (im Film »Der Bockerer«), Filmfestspiele Moskau 1981; »Filmband in Gold« 1982.
Anschrift: c/o Volkstheater Wien, Neustiftgasse 1, A-1070 Wien, Österreich.

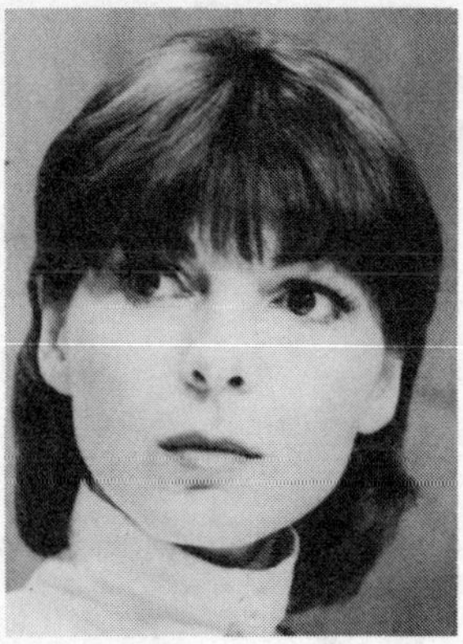

Christine Merthan

Geb. 5. 9. 1943 in Wien; dort aufgew.; nach der Schule absolvierte sie das Konservatorium Wien; sie erhielt Tanzunterricht und besuchte eine Schauspielschule. Bereits mit 17 Jahren bekam sie ihr erstes Engagement am Stadttheater Konstanz. Nach längerem Aufenthalt in Frankreich und England wurde sie 1963 von Veit Relin an dessen damaliges Atelier-Theater am Naschmarkt in Wien verpflichtet, wo sie die Titelrolle in Wildgans' »Ipotamea« verkörperte. Ein Engagement am Theater in der Josefstadt (1963/64) folgte. An diese Bühne kehrte sie nach Verpflichtungen am Staatstheater Darmstadt, an der Komödie im Marquardt Stuttgart und am Stadttheater Luzern bereits Ende 1965 zurück und arbeitete dort bis 1967. Nach einem Jahr Aufenthalt in Israel stieß sie 1968 zum Schauspielhaus Zürich. Von 1970 bis 1972 stand sie im Ensemble der Staatl. Schauspielbühnen Berlins. Weitere Engagements hatte sie ferner am Württembergischen Staatstheater Stuttgart (1975) und an den Münchner Kammerspielen (1976). Seither machte sie zahlreiche Tourneen.
Frau Merthan spricht engl., franz.; sie ist ledig und lebt in München.
Theater: In Hellmanns »Die kleinen Füchse«, in Kaisers »Kolportage«, mit Hilde Krahl, Regie: Hans Jaray, in Wilders »Kindheit«, in Camolettis »Boeing-Boeing«, in »Anders als die anderen«, mit Guido Wieland, und in Pirandellos »Alles gutgegangen«, Regie: Maximilian Schell, jeweils Theater in der Josefstadt Wien 1963–1967; in der Uraufführung von Weingartens »Der Sommer«, in Lessings »Nathan der Weise«, Staatstheater Darmstadt 1965; in der Uraufführung von Fridynskis »Leb wohl, Judas«, Schauspielhaus Zürich 1968; in Lerner/Loewes »My Fair Lady«, Stadttheater Bern 1969; in Bauers »Change«, Marie in Lenz' »Die Soldaten«, Regie: Niels-Peter Rudolph, in Molières »Die gelehrten Frauen«, Regie: Oscar Fritz Schuh, und in Nestroys »Das Mädl aus der Vorstadt«, Regie: Boleslaw Barlog, jeweils Staatl. Schauspielbühnen Berlins 1970–1972; in Raimunds »Der Alpenkönig und der Menschenfeind«, mit Hugo Lindinger, und in Hofmannsthals »Der Unbestechliche«, jeweils Kammerspiele München 1976; in Millers »Alle meine Söhne«, mit René Deltgen, 1974, in Kotzebues »Auf Böcke schießt man nicht«, 1980, in Hochhuths »Juristen«, und in Stuarts »Ankomme Dienstag – stop – Fall nicht in Ohnmacht«, mit Fritz Wepper, 1983/84, jeweils Tourneen.
Fernsehen: »Die Fernsehfamilie«, mit Gertraud Jesserer, Serie, ORF 1964; »Ardèle« (nach Anouilh), mit Axel von Ambesser, ORF 1968; »Hochzeit«, ZDF 1971; »Das Klavier«, Regie: Fritz Umgelter, ARD 1972; »Liebe leidet mit Lust« (nach Shakespeare), Regie: Oswald Döpke, ZDF 1973; »Der Florentinerhut« (nach Labiche), Regie: Oscar Fritz Schuh, ARD 1974; »Ein Badeunfall«, mit Christian Quadflieg, Regie: Fritz Umgelter, ARD 1975; »In freier Landschaft« (nach Lehman), Regie: Michael Kehlmann, 2 Teile, ARD 1976; »Denken heißt zum Teufel beten«, ZDF 1978; »Das Land, das meine Sprache spricht« (nach Lernet-Holenias »Der 20. Juli«), Regie: Michael Kehlmann, ARD 1980; »Weichselkirschen« (nach Ossowski), Regie: Michael Günther, ZDF 1980; »Rosina«, Regie: Heide Pils, ORF 1981; »Der grüne Stern« (nach Weigel), mit Amadeus August, Regie: Heide Pils, ZDF 1983; »Die ewigen Gefühle« (nach Bernard von Brentano), mit Michael Degen, Regie: Peter Beauvais, ARD 1984.
Anschrift: c/o Agentur Mattes, Pilotystraße 2, 8000 München 22, oder Caisbergstraße 8, 8000 München 80.

Hannes Messemer

Geb. 17. 5. 1924 als Sohn eines Verlagskaufmanns in Dillingen/Donau; dort aufgew.; nach dem Notabitur im Jahre 1942 wurde er zum Kriegsdienst eingezogen. Nach seiner Rückkehr aus der russischen Gefangenschaft setzte er seine Schulausbildung in Stuttgart bis 1947 fort. Ohne Schauspielausbildung schloß er sich einer Schauspieltruppe an, der u.a. auch Elisabeth Flickenschildt, Rudolf Fernau und Theodor Loos angehörten, und debütierte als Mercutio in Shakespeares »Romeo und Julia« bei einer Freilichtaufführung in Tübingen. Am dortigen Stadttheater erhielt er sein erstes Engagement.
Von 1948 bis 1950 spielte er unter Kurt Erhard an der Landesbühne Hannover. Von Hans Schalla wurde er 1950 an das Schauspielhaus Bochum verpflichtet, dem er bis 1960 (später als Gast) angehörte. Stückverträge schloß er zudem mit Hans Schweikart für Gastspiele an den Münchner Kammerspielen. Er gastierte weiter bei den Ruhrfestspielen Recklinghausen (ab 1953), am Theater am Besenbinderhof Hamburg (1965) und am Schauspielhaus Düsseldorf (1972).
Sein Film-Debüt gab er 1956. Ein Schwerpunkt seiner Arbeit wurde das Fernsehen, wo er bislang in über 150 Produktionen mitgewirkt hat. 1972 erschienen fünf Schallplatten mit ausgewählten Texten aus den vier Evangelien unter dem Titel »Das unerhörte Wort« von ihm. Er wirkte auch an der 1968 veröffentlichten Schallplattenfassung von Brecht/Weills »Die Dreigroschenoper« mit.
Messemer spricht engl., franz., ital.; er war von 1952 bis 1977 verheiratet mit der Schauspielerin Rosl Schäfer. Dieser Ehe entstammt seine Tochter Bettina (geb. 1961). Von 1980 bis 1981 war er verheiratet mit der Schauspielerin Susanne Korda. 1985 heiratete er die Finanzbeamtin Monika Kreusch. Er lebt in München.
Film: »Vor hundert Jahren begann es«, Regie: Erich Menzel, 1956; August Keil in »Rose Bernd« (nach Hauptmann), Regie Wolfgang Staudte, und »Nachts, wenn der Teufel kam«, Regie: Robert Siodmak, 1957; »Taiga«, mit Ruth Leuwerik, Regie: Wolfgang Liebeneiner, »Der gläserne Turm«, und »Madeleine und der Legionär«, mit Hildegard Knef, Regie: Wolfgang Staudte, 1958; »Menschen im Netz«, und »Ein Tag, der nie zu Ende geht«, Regie: jeweils Franz Peter Wirth, »Verkauftes Leben«, und »Der Arzt von Stalingrad«, Regie: Geza von Radványi, 1959; »Babette zieht in den Krieg«, mit Brigitte Bardot, Frankreich 1959; »Il Generale della Rovere«, mit Vittorio de Sica, Regie: Roberto Rossellini, Italien 1959; »Der Spion«, »Lampenfieber« und »Ihr Verbrechen war die Liebe«, 1960; »Die rote Hand« und »Die Brücke des Schicksals«, 1961; »Auf Engel schießt man nicht« und »Transport«, 1962; »Gesprengte Ketten«, mit Steve McQueen und Charles Bronson, Regie: John Sturges, USA 1963; »Grieche sucht Griechin«, Regie: Rolf Thiele, 1966; »Die Akte Odessa«, USA 1974.
Theater: Beckmann in Borcherts »Draußen vor der Tür«, Titelrolle in Shakespeares »Hamlet«, Franz Moor in Schillers »Die Räuber«, Orin in O'Neills »Trauer muß Elektra tragen«, und Matti in Brechts »Herr Puntila und sein Knecht Matti«, jeweils Landesbühne Hannover 1948–1950; Narr in Shakespeares »König Lear«, mit Werner Krauß, Ruhrfestspiele Recklinghausen 1953; Götz in Sartres »Der Teufel und der liebe Gott« (auch Gastspiel am Théatre des Nations in Paris), Titelrolle in Wedekinds »Der Marquis von Keith«, Kilroy in Williams' »Camino Real«, Macheath in Brecht/Weills »Die Dreigroschenoper«, Titelrolle in Schillers »Wallenstein« und Titelrolle in Anouilhs »Der arme Bitos«, jeweils Schauspielhaus Bochum 1960–1969; Titelrolle in Shakespeares »Macbeth«, Regie: Hans Schweikart, Münchner Kammerspiele 1958 (Festprogramm zur 800-Jahr-Feier der Stadt); in Gibsons »Spiel zu zweit«, mit Johanna von Koczian, Theater am Besenbinderhof 1965; Mephisto in Goethes »Faust«, Regie: Karl Heinz Stroux, Düsseldorfer Schauspielhaus 1972.
Fernsehen: Franz Moor in »Die Räuber (nach Schiller), ARD 1965; »Plädoyer für einen Rebellen«, und »Ninotschka« (nach Lengyel), Regie: Imo Moszkowicz, ZDF 1965; »Stahlschrank SG III« und »Ross«, ARD 1966; Titelrolle in »König Richard II.« (nach Shakespeare), und »Bericht eines Feiglings«, ARD 1968; Cäsar in »Die Verschwörung« (von Walter Jens), Regie: Franz Josef Wild, ARD 1969; »Separatfrieden«, ARD 1972; Commissioner Deeds in »Sergeant Berry«, 13 Folgen, ZDF 1975; »Der tödliche

Schlag« (von Walter Jens), und »Sonderdezernat K 1«, Serie, ARD 1975; Olaf in »Olaf und Albert« (nach Heinrich Mann), ZDF 1975; »Die Affaire Winston« (nach Howard Fast), »Die Fastnachtsbeichte« (nach Zuckmayer), Regie: Eberhard Itzenplitz, und »Das Fräulein von Scuderi« (nach E.T.A. Hoffmann), ZDF 1976; »Generale« (von Sebastian Haffner), ZDF 1977; »Die Dämonen« (nach Dostojewski), 4 Teile, »Oblomows Liebe«, Regie: jeweils Claus Peter Witt, Titelrolle in »Die Befragung des Machiavelli«, Regie: Franz Josef Wild, und Titelrolle in »Onkel Silas« (nach Sheridan Le Faun), Regie: Wilhelm Semmelroth, ARD 1977; »Union der festen Hand« (nach Hubalek), Regie: Claus Peter Witt, ZDF 1979; »Die Ursache«, Regie: Michael Verhoeven, und »Die Paulskirche«, ZDF 1980; »Kennwort Schmetterling«, Regie: Claus Peter Witt, ZDF 1981; »Collin« (nach Stefan Heym), mit Curd Jürgens, Regie: Peter Schulze-Rohr, 2 Teile, ARD 1981; »Frau Jenny Treibel« (nach Fontane), mit Maria Schell, Regie: Franz Josef Wild, und »Flüchtige Bekanntschaften«, Regie: Marianne Lüdcke, ARD 1982; »Der kleine Bruder«, ZDF 1982; »Derrick«, Serie, und »Konsul Möllers Erben«, Regie: Claus Peter Witt, 7 Teile, ZDF 1983; »Diese Drombuschs«, Regie: Claus Peter Witt, 6 Teile, ZDF 1983/84; Hirsch in »August der Starke«, mit Gert Fröbe, Regie: Rudolf Nussgruber, und »Die Dame und die Unterwelt« (von Reinecker), mit Inge Meysel, Regie: Rainer Wolffhardt, ZDF 1984; »Das zerbrochene Haus«, Regie: Michael Günther, ORF 1984 (ZDF 1985); »Gespenstergeschichten«, Regie: Wolfgang Panzer, Serie, und »Paulchen«, mit Walter Gross, Regie: Michael Günther, ARD 1985.
Auszeichnung: Bundesfilmpreis 1958.
Anschrift: c/o Agentur Mattes, Pilotystraße 2, 8000 München 22.

Robert Meyer

Geboren 21. 10. 1953 als Sohn eines Postmeisters in Bad Reichenhall/Oberbayern; aufgew. in Trostberg am Chiemsee. Nach der Hauptschule absolvierte er eine Banklehre. In Salzburg besuchte er anschließend die Hochschule für Musik und darstellende Kunst (»Mozarteum«). Bereits während des Studiums spielte er kleine Rollen am dortigen Landestheater. Als Schweizerkas in Brechts »Mutter Courage und ihre Kinder« debütierte er 1974 am Burgtheater Wien, dem er bis heute angehört.
Meyer spricht engl.; er lebt in Wien.
Film: Erich in »Geschichten aus dem Wienerwald« (nach Horváth), mit Helmut Qualtinger, Regie: Maximilian Schell, 1978; »Randale«, mit Angelica Domröse, Regie: Manfred Purzer, 1982.
Theater: Arthur in Nestroys »Umsonst«, Regie: Rudolf Steinboeck, Wilhelm Brunner in Nestroys »Kampl«, Christopherl in Nestroys »Einen Jux will er sich machen«, Regie: jeweils Leopold Lindtberg, Gustl Wahl in Schnitzlers »Das weite Land«, Regie: Otto Schenk, Florian Jackwerth in Schnitzlers »Die letzten Masken«, Hochroitzpointner in Schnitzlers »Professor Bernhardi«, Titelrolle in Lenz' »Der Hofmeister«, Philipp Ernst in Sternheims »1913«, Regie: jeweils Angelika Hurwicz, Titelrolle in Lenz' »Der neue Menoza«, Regie: Benno Besson, Spiegelberg in Schillers »Die Räuber«, Regie: Rudolf Jusits, Rodrigo in Shakespeares »Othello«, Jucentio in Shakespeares »Der Widerspenstigen Zähmung«, Regie: Gerhard Klingenberg, Moritatensänger und Hakenfingerjakob in Brecht/Weills »Die Dreigroschenoper«, Regie: Adolf Dresen (auch Japan-Tournee), Chlestakow in Gogols »Der Revisor«, Regie: Pavel Kohout, Antonin Magurau in Vitracs »Victor oder Die Kinder an der Macht«, Regie: Hans Neuenfels, Tony Lumphin in Goldsmith' »Irrtümer einer Nacht«, Jacob Milne in Stoppards »Night and Day«, Regie: jeweils Peter Wood, Lubin in Molières »George Dandin«, Joey in Pinters »Die Heimkehr«, Regie: Peter Palitzsch, Schüler in Goethes »Faust«, Schlischkin in Gorkis »Die Kleinbürger«, Regie: Dieter Dorn, und Josef Meissner in Pohls »Das alte Land«, Regie: Achim Benning, jeweils Burgtheater und Akademietheater Wien 1974–1984.
Fernsehen: »Das Pfandhaus« (aus der Reihe: »Derrick«), mit Klaus Maria Brandauer und Judy Winter, ZDF 1975; »Glaube Liebe Hoffnung« (nach Horváth), Regie: Michael Kehlmann, ARD 1980; »Der Alte«, Serie, 3 Folgen, ZDF 1981–1983; »Der eingebildete Doktor« (von Weigel nach Molière), ORF 1982; »Der Glockenturm«, Regie: Anton Reizenstein, ORF 1983; »Das Ohr« (nach Procházka), mit Joachim Bißmeier und Gertraud Jesserer, Regie: Pavel Kohout, ZDF 1984; »Der Leihopa«, mit Alfred Böhm, Regie: Otto Anton Eder, Serie, und »Heimkehrergeschichte«, Buch und Regie Michael Scharang, ORF 1985.
Anschrift: c/o Agentur Lentz, Holbeinstraße 4, 8000 München 80.

Evelyn Meyka

(eigentlich: Evelyn Müller, geb. Meyka)

Geb. 5. 12. 1936 in Berlin; aufgew. in Potsdam-Babelsberg; schon im Internat in Berlin-Dahlem spielte sie am Schultheater mit; Abitur; sie wollte eigentlich Pianistin werden, hatte daher viele Jahre Klavierunterricht; nach einer Ausbildung in der Modebranche absolvierte sie 1959 die Max-Reinhardt-Schule Berlin. Ihr Debüt folgte im gleichen Jahr bei einer Aufführung in Wilders »Die Heiratsschwindlerin« im Amerikahaus Berlin. Das erste feste Engagement bekam sie am Deutschen Theater (Ost-)Berlin. Nach dem Mauerbau im Jahre 1961 spielte sie im Westen der Stadt u.a. an der Schaubühne am Halleschen Ufer, an der Vagantenbühne unter Horst Behrend und an der Tribüne. Ein Jahr lang war sie beim Kabarett »Die Wühlmäuse« unter Dieter Hallervorden. Engagements hatte sie ferner am Jungen Theater Hamburg und bei den Salzburger Festspielen.

Frau Meyka spricht engl., franz.; sie ist verheiratet, hat drei Kinder und lebt in Berlin.

Film: »Einmal Kudamm und zurück«, Regie: Herbert Ballmann 1985.

Theater: In Gorkis »Die Kleinbürger«, und in Goethes »Die Mitschuldigen«, Deutsches Theater Berlin 1960; in »Das Testament des Hundes oder Die Geschichte der Barmherzigen«, 1962 (zur Eröffnung des Theaters), in Goldonis »Der Lügner«, und in Peter Weiss' »Der Gesang vom lusitanischen Popanz«, 1969, jeweils Schaubühne am Halleschen Ufer Berlin; in Ionescos »Opfer der Pflicht«, Vagantenbühne Berlin 1963; in Lanes »Happy end«, Tribüne Berlin 1970/71; in Büchners »Dantons Tod«, mit Götz George, Regie: Rudolf Noelte, Salzburger Festspiele 1982.

Fernsehen: »Irrungen – Wirrungen« (nach Fontane), Regie: Rudolf Noelte, ARD 1966; »Haben«, mit Therese Giehse, Regie: Egon Monk, ARD 1969; »Lohn und Liebe«, Regie: Marianne Lüdcke, ARD 1973; »Unsere Penny«, ARD 1974; »Menschenfresser«, Regie: Rainer Boldt 1977; »Kopfball«, Serie, und »Liebesgeschichten: Schulzeit«, Regie: Rainer Wolffhardt, ARD 1977; »Betrifft: Fernsehen«, Serie, ZDF 1977/78; »Heroin 4«, Regie: Michael Günther, ZDF 1978; »Verführungen«, Regie: Michael Verhoeven, und »Rund um die Uhr«, mit Wolfgang Gruner, Serie, ARD 1979; »Beate und Mareile« (nach von Keyserling), Regie: Hajo Gies, und »Auf Schusters Rappen«, Regie: Manfred Seide, ZDF 1981; »Wir haben uns doch mal geliebt«, Regie: Daniel Christoff, und »Die Geschwister Oppermann«, mit Wolfgang Kieling, Regie: Egon Monk, und »Glück im Westen«, Regie: Ludwig Cremer, ZDF 1983; »Kerbels Flucht«, Regie: Erwin Keusch, ZDF 1984; »Ein kurzes Leben lang«, mit Achim Strietzel, Serie, ARD 1980–1984; »Die Abschiebung«, mit Karin Baal, Regie: Marianne Lüdcke, ZDF 1985.

Anschrift: c/o ZBF-Agentur Hamburg, Tonndorfer Hauptstraße 90, 2000 Hamburg 70, oder Reichsstraße 84, 1000 Berlin 19.

Inge Meysel

Geb. 30. 5. 1910 als Kaufmannstochter in Berlin; dort aufgew.; nach dem Besuch des Margareten-Lyzeums Berlin absolvierte sie die Schauspielschule von Ilka Grüning und Lucie Höflich. Ihr Debüt gab sie 1930 in der Erstaufführung von Penzoldts »Etienne und Louise« am Theater in Zwickau. Engagements am Schauspielhaus Leipzig (1931–1933) und am Renaissance-Theater Berlin (ab 1932) folgten.

Ab 1933 hatte sie als »Halb-Arierin« Spielverbot. Helmut Käutner brachte sie 1945 zu Willy Maertens ans Hamburger Thalia-Theater, wo sie bis 1955 tätig war. Weitere Stationen: Deutsches Schauspielhaus Hamburg und zahlreiche Bühnen in Berlin (seit 1955), u.a. Komödie, Hebbel-Theater und Renaissance-Theater. Sie spielte bei den Kreuzgangspielen in Feuchtwangen (1980) und machte zahlreiche Tourneen (bis 1985).

Schwerpunkt ihrer Arbeit ist seit 1965 das Fernsehen. Sie wirkte in über 100 Produktionen mit.

Frau Meysel spricht engl., franz., sie ist verwitwet. In erster Ehe war sie mit dem Schauspieler Helmut Rudolph verheiratet. Ihr zweiter Mann, der Regisseur John Olden, mit dem sie neun Jahre verheiratet gewesen war, starb 1965. 1961 adoptierte sie die Tochter ihres Bruders. Die Schauspielerin lebt in Bullenhausen.

Film: »Liebe 47«, Regie: Wolfgang Liebeneiner, und »Die Andere«, 1949; »Der Fall Rabanser«, »Meine Nichte Susanne«, »Taxi-Kitty« und »Schatten der Nacht«, 1950; »Kommen Sie am Ersten«, Regie: Erich Engel, »Die Dubarry« und »Engel im Abendkleid«, 1951; »Tanzende Sterne« und »Die Stimme des Anderen«, 1952; »Der Mann meines Lebens«, 1954; »Des Teufels General« (nach Zuckmayer), mit Curd Jürgens und Marianne Koch, Regie: Helmut Käutner, und »Wunschkonzert«, 1955; »Der Musterbatte«, »Ein Mann muß nicht immer schön sein« und »Uns gefällt die Welt«, 1956; »Dr. Crippen lebt«, mit Peter van Eyck, Regie: Erich Engels 1957; »Immer die Radfahrer«, mit Heinz Erhardt und Hans-Joachim Kulenkampff, Regie: Hans Deppe, »Nasser Asphalt«, Regie: Frank Wisbar, und »Das Mädchen vom Moorhof« (nach Lagerlöf), Regie: Gustav Ucicky, 1958; »Rosen für den Staatsanwalt«, mit Martin Held und Ingrid van Bergen, Regie: Wolfgang Staudte, »Bobby Dodd greift ein«, Regie: Geza von Cziffra, »Liebe verboten – Heiraten erlaubt«, und »Zwei Engel in Pullovern«, 1959; »Der rote Strumpf«, Regie: Wolfgang Tumler, 1980; »Treffpunkt im Unendlichen« (nach Klaus Mann), Regie: Horst Königstein, 1984.

Theater: In der Erstaufführung von Priestleys »Seit Adam und Eva«, in Williams' »Die tätowierte Rose«, Julia in Eliots »Die Cocktail Party«, Monna in Savoirs »Blaubarts achte Frau«, in der deutschen Erstaufführung von Inges »Picnic«, Titelrolle in Zuckmayers »Ulla Winblad«, Frau John in Hauptmanns »Die Ratten« (auch TV), Milli in van Drutens »Meine beste Freundin«, Titelrolle in Wilders »Die Heiratsvermittlerin« (auch TV), Titelrolle in Sardous »Madame Sans-Gêne«, (auch TV), Mutter in Flatow/Pillaus »Das Fenster zum Flur« (auch TV), Mutter Wolfen in Hauptmanns »Der Biberpelz« (auch TV), in Hauptmanns »Der rote Hahn« (auch TV), Titelrolle in van Drutens »So war Mama« (auch TV), Titelrolle in Casonas »Die Frau im Morgengrauen« (auch TV), Titelrolle in Hochhuths »Die Hebamme« (auch TV), in »Schmetterlinge sind frei« und Maude in Colin Higgins' »Harold und Maude«, jeweils an den vorgenannten Bühnen. Auf Tournee spielte sie 1983/84 die Titelrolle in Gorkis »Wassa Schelesnowa« (Regie: Karl Paryla). Das ZDF übernahm die Aufführung 1984.

Fernsehen: »Das Fenster zum Flur« (von Flatow), mit Rudolf Platte, »Die Zeit und die Conways« nach Priestley, »Madame Sans-Gêne« (nach Sardou), ARD 1959; »Schau heimwärts Engel« (nach Wolfe), Regie: John Olden, ARD 1961; »Die Frau im Morgengrauen« (nach Casona), »Der Biberpelz« (nach Hauptmann), und »Der rote Hahn« (nach Hauptmann), mit Rudolf Platte, ARD 1962/63; Käthe Scholz in »Die Unverbesserlichen« (von Stromberger), mit Joseph Offenbach, Helga Anders, Gernot Endemann, Monika Peitsch, Agnes Windeck und Günter Pfitzmann, Regie: Claus Peter Witt, 7 Folgen, ARD 1965–1971; »Die Ratten« (nach Hauptmann), ARD 1967; Titelrolle in »Die Pfandleiherin«, Serie, ARD 1971; Titelrolle in »Die geschiedene Frau«, Regie: Claus Peter Witt, ARD 1973; Acht Rollen in »Mütter«, ZDF 1975; »Inge Meysel ... in allen Le-

benslagen«, ZDF 1976; »Endstation Paradies«, Regie: Thomas Engel, und »Die Hebamme« (nach Hochhuth), Regie: Wolfgang Spier, ARD 1977; »Ihr 106. Geburtstag« (nach Sarment), mit Dietmar Schönherr und Ernst Schröder, Regie: Thomas Engel, ZDF 1980; »Spaß beiseite, Herbert kommt!«, mit Herbert Mensching und Helga Feddersen, Serie, ARD 1980/81; Titelrolle in »Die kluge Witwe«, Regie: Wolf Dietrich, ZDF 1981; »Ein Kleid von Dior« (nach Willis), Regie: Peter Weck, ARD 1982; »Wie war das damals?«, mit Cordula Trantow, und Titelrolle in »Frau Juliane Winkler«, mit Axel von Ambesser, ARD 1983; Titelrolle in »Die Dame und die Unterwelt« (von Reinecker), mit Alexander Kerst, Regie: Rainer Wolffhardt, und »Das Geschenk«, mit Wolfgang Kieling, Buch und Regie: Marcus Scholz, ZDF 1984; Ada Harris in »Freund mit Rolls-Royce« (nach Gallico), Regie: Georg Tressler, ARD 1984; »Die Krimistunde«, Serie, und »Besuch bei Inge Meysel«, mit Werner Baecker, ARD 1985; »Grenzenloses Himmelblau«, und »Suche Familie – zahle bar«, jeweils Buch und Regie: Marcus Scholz, und »Erinnerungen werden wach: Inge Meysel«, mit Peter von Zahn, Regie: Rolf von Sydow, ZDF 1985; »Der geschmuggelte Henry«, ARD 1986; »Die Falkensteins«, 20 Teile, ARD 1987.
Sie wirkte ferner in folgenden Vorabendserien mit: »Im sechsten Stock«, Titelrolle in »Gertrud Stanitzki« (von Curth Flatow), Titelrolle in »Ida Rogalski« (von Curth Flatow, Regie: Tom Toelle) und »Stadtpark«. Sie war Gast zahlreicher TV-Shows, u.a. in Joachim Fuchsbergers »Heut' abend«.
Auszeichnungen: »Otto« (BRAVO) 9× (1961 bis 1971); »Goldene Kamera« (HÖRZU) 1965; »Goldener Bambi« (BILD + FUNK) 5× (1968–1973); »Silbernes Blatt« der Dramatiker-Union 1985.
Anschrift: Am Südstrand 13, 2101 Bullenhausen.

Petra Verena Milchert

Geb. 24. 11. 1957 in Hamburg; dort und in München aufgew.; lebt seit 1983 wieder in Hamburg; ledig; spricht engl., franz.; Besuch des Helene-Lange-Gymnasiums Hamburg und des Sophie-Scholl-Gymnasiums München; Ausbildung in klassischem Ballett an der Staatsoper Hamburg, in Modern Dance, Jazz und Stepp bei William Milie in München; bereits mit sechs Jahren stand sie in »Peterchens Mondfahrt« auf der Bühne des Deutschen Schauspielhauses Hamburg; 1963 spielte sie in »Der Rattenfänger von Hameln« im Fernsehen; nach Engagements an der Lore-Bronner-Bühne München und der Landesbühne Hannover spielte sie 1977 erstmals an der Komödie im Marquardt in Stuttgart; Gastspiele an den Hamburger Kammerspielen (1978), der Komödie Berlin (1979/80), bei den Schloßfestspielen Ettlingen (1980–1985), an der Komödie im Marquardt Stuttgart (1984) und bei den Festspielen Heppenheim (1985) folgten.

Theater: Bärbel in »Rumpelstilzchen«, Theater an der Berliner Allee, Düsseldorf 1975; Julchen in Thomas »Der alte Feinschmecker«, Lore-Bronner-Bühne München 1976/77; Evchen in Goetz' »Der Lampenschirm«, und Raina in Shaws »Helden«, Landesbühne Hannover, Hermia in Shakespeares »Ein Sommernachtstraum«, und Zerbinette in Molières »Die Schelmenstreiche des Scapin«, Festspiele Herrenhausen, Terrs in Chodorows »Eine fantastische Nacht«, Komödie im Marquardt Stuttgart, Bisbi in Pasos »Lied der Grille«, T(h)eater in der Briennerstraße München, jeweils 1977; Leonie in Osborns »Familienleben«, Kammerspiele Hamburg 1978; Jane in Harris/Darbons »Wie man sich bettet«, Komödie Berlin 1979/80; Viola in Shakespeares »Was ihr wollt«, Schloßfestspiele Ettlingen; Antonia in Barillet/Grédys »Die Kaktusblüte«, Komödie im Marquardt Stuttgart und Heilbronner Theater 1981; Titelrolle in Lope de Vegas »Die kluge Närrin«, Schloßfestspiele Ettlingen, 1982; Phöbe in Slades »Die Romantische Komödie«, Komödie im Marquardt Stuttgart 1984; Rosaura in Calderons »Das Leben ist Traum«, Schloßfestspiele Ettlingen und Tournee 1985; Smeraldina in Gortschakows »Die Schöne und der Schelm«, Festspiele Heppenheim (1985).

Fernsehen: »Stahlnetz«, Regie: Jürgen Roland, Serie, ARD 1964; »Alexander und seine Töchter«, Serie, ZDF 1972; »Ein unheimlich starker Abgang«, ARD 1973; »Ein Fall für Mändli«, Serie, ARD 1974; »Schöne Marianne«, Serie, ARD 1975; »Reifezeugnis« mit Nastassja Kinski und Christian Quadflieg, aus der Serie »Tatort«, Regie: Wolfgang Petersen, und Minnie Tinwell in »Des Doktors Dilemma« (nach Shaw), Regie: Rolf von Sydow, ARD 1977; Luise in »Bezauberndes Fräulein« (nach Benatzky), und Ulrike in »Die Rose und die Nachtigall« (nach Kolarz), ZDF, 1977; Rate-reim-Marie in »Sesamstraße«, Serie, ARD 1978; »Grille und Ameise« (nach Paso), Regie: Thomas Engel, und Anni in »Liebe ist doof« (nach Lane), mit Simone Rethel, ARD 1979; Jackie Coryton in »Weekend« (nach Coward), ZDF 1980; »Sonderdezernat K 1«, Serie, ARD 1981; »Villa zu vermieten«, mit Edith Heerdegen und Günther Strack, Regie: Thomas Engel, ARD 1982; »Derrick«, Serie, ZDF, 1982; »Wie war das damals?«, mit Inge Meysel und Cordula Trantow, ZDF 1983; »Scheibnerweise«, mit Hans Scheibner, Serie, ARD 1983/84 und 1985; »Matt in 13 Zügen«, mit Mathieu Carrière und Gudrun Landgrebe, Regie: Stanislav Barabas, 13 Teile, ARD 1984; »Tanzschule Kaiser«, Serie, ARD 1984/85.

Anschrift: c/o ZBF-Agentur München, Leopoldstraße 19, 8000 München 40.

Peter Millowitsch

Geb. 1949 als Sohn des Schauspielers und Theaterleiters Willy Millowitsch in Köln; dort aufgew.; nach dem Besuch der Schauspielschule ist er seit 1970 am Millowitsch-Theater Köln als Schauspieler tätig. Er wirkte auch in 15 Studio-Produktionen für die ARD mit. Er wird die Leitung der Kölner Volksbühne übernehmen.
Millowitsch spricht engl.; er ist verheiratet, hat zwei Söhne und lebt in Köln. Seine Frau Barbie Millowitsch tritt ebenfalls am Millowitsch-Theater auf.
Theater/Fernsehen: Meist an der Seite seines Vaters spielte er seit 1970 in folgenden Stücken: »Das Geld liegt auf der Bank« (nach Flatow), 1970 (auch TV 1978), »Drei Kölsche Jungen«, 1971 und 1980 (auch TV), »Der Etappenhase« (nach Bunje), 1972, »Im Nachtjackenviertel«, 1974 (auch TV), »Hurra, ein Junge« (nach Arnold/Bach), 1975, »Drei Tage ahl Kölle« und »Die Pflaumenschwemme«, 1976, »Et fussig Julche« (auch TV) und »Schneider Wibbel« (nach Müller-Schlösser), 1977, »Der Stolz der Kompanie«, 1978, »Familie Raffke«, 1979, »Charley's Tante« (nach Thomas), 1980, »Der keusche Lebemann« (nach Arnold/Bach, 1981 auch TV), »Der blaue Heinrich«, 1982 (auch TV), »Das Glücksmädel«, 1983 (auch TV), »Zwei Dickköpfe« (nach Carl Millowitsch), 1984 (auch TV), »Waidmannsheil« (nach Bars/Okonowski), 1985 (auch TV). Zusätzliche TV-Studio-Produktionen waren: »Anton, zieh die Bremse an«, 1976, »Der Maulkorb« (nach Spoerl), 1979, »Das Schloßgespenst«, »Zwangseinquartierung« und »Der Bürger als Edelmann« (nach Molière), 1980, »Der kühne Schwimmer« (nach Arnold/Bach), 1981, und »Wenn wir verheiratet sind«, 1982 – jeweils ARD. Außerdem spielte er u.a. in: »Die Beförderung«, Regie: Rolf Busch, ZDF 1980; »Tatort«, Regie: Wolfgang Staudte, Serie, ARD 1980.
Anschrift: Hölderlinstraße 87–89, 5000 Köln 40.

Willy Millowitsch

Geb. 8. 1. 1909 als Sohn des Schauspielers Peter Millowitsch in Köln; dort aufgew.; seine Familie ist seit 1796 des Welt des Theaters verbunden. Damals fand sein Urgroßvater, ein Moritatensänger, in der Kölner Stadtchronik Erwähnung. Später hatte die Familie ein Puppentheater. 1896 gründete sein Großvater Wilhelm Josef Millowitsch den eigentlichen Vorläufer der Kölner Mundartbühne. Nach dem I. Weltkrieg war das Familien-Theater gezwungen, auf Tournee zu gehen. Willy Millowitsch sammelte hier seine ersten Bühnen-Erfahrungen.

Seit 1940 leitet er das Millowitsch-Theater. Aus diesem Theater übertrug das Deutsche Fernsehen im Oktober 1953 mit Bunjes »Der Etappenhase« erstmals ein Bühnenstück live. Seither brachte die ARD über 90 Aufführungen, teils live, teils aufgezeichnet oder als Studio-Produktion. Hauptdarsteller war stets Millowitsch selbst.

Sein Film-Debüt gab er 1949. Seither wirkte er in 27 Filmen mit. Auch als Sänger machte er sich einen Namen. Er veröffentlichte zahlreiche Schallplatten, darunter »S' war immer so«, »Wir sind alle kleine Sünderlein«, »Schnaps, das war sein letztes Wort« und »Ich hab' Musik so gern«. 1966 stellte er sein Buch »Da bleibt kein Auge trocken – Die besten Witze« vor. Weitere Publikationen: »Millowitschs amüsantes Handbuch der Getränke« (1970) und »Meine besten Freunde – Tünnes und Scheel, Klein-Erna und Graf Bobby« (1971).

Millowitsch ist seit 1946 verheiratet mit Gerda Feldhoff. Er hat vier Kinder: Katharina (geb. 1947), Peter (geb. 1949), Susanne (geb. 1953) und Mariele (geb. 1955). Sein Sohn Peter, der selbst Schauspieler geworden ist, soll später die Leitung der Bühne übernehmen. Anläßlich seines 75. Geburtstages standen alle seine Kinder mit ihm auf der Bühne. In der Pause der ARD-Live-Übertragung »Das Glücksmädel« (nach Reimann/Schwartz) schaltete sich auch das ZDF mit Frank Elstners Sendung »Menschen 83« zu (bislang einmalig für ein Samstagabend-Programm), um Millowitsch zu gratulieren. Der Künstler lebt in Köln-Lövenich.

Film: »Gesucht wird Majora«, Regie: Hermann Pfeiffer, 1949; »Der Tiger Akbar«, Regie: Harry Piel, 1951; »Der fröhliche Weinberg« (nach Zuckmayer), Regie: Erich Engel, 1952; »Zwei blaue Augen«, Regie: Gustav Ucicky, und »Unternehmen Schlafsack«, Regie: Arthur Maria Rabenalt, 1955; »Der Etappenhase« (nach Bunje), Regie: Wolfgang Becker, 1956; »Scampolo«, mit Romy Schneider, Regie: Alfred Weidenmann, »Drei Mann auf einem Pferd« (nach Abbott), Regie: Kurt Meisel, »Zwei Matrosen auf der Alm«, Regie: Peter Hamel, »Zwei Herzen im Mai« und »Schön ist die Welt«, Regie: jeweils Geza von Bolvary, 1957; »Die Landärztin«, mit Marianne Koch, Regie: Paul May, »Vater, Mutter und neun Kinder«, Regie: Erich Engels, und »Liebe, Mädchen und Soldaten«, Regie: Franz Antel, 1958; »Alle Tage ist kein Sonntag«, Regie: Helmut Weiß, und »Laß' mich am Sonntag nicht allein«, Regie: Arthur Maria Rabenalt, 1959; »Willy, der Privatdetektiv« und »Der wahre Jakob«, Regie: jeweils Rudolf Schündler, 1960; »Robert und Bertram«, Regie: Hans Deppe, »Die Fledermaus« (nach Johann Strauß), Regie: Geza von Cziffra, und »Der Hochtourist«, Regie: Ulrich Erfurth, 1961; »Dicke Luft«, Regie: Rolf von Sydow, und »Der Zigeunerbaron« (nach Johann Strauß), Regie: Kurt Wilhelm, 1962; »Die drei Scheinheiligen«, Regie: Hanns Schott-Schöbinger, 1964; »Heubodengeflüster« und »Paradies der flotten Sünder«, Regie: jeweils Rolf Olsen, »Herrliche Zeiten im Spessart«, Regie: Kurt Hoffmann, und »Otto ist auf Frauen scharf«, Regie: Franz Antel, 1967; »Frau Wirtin hat auch einen Grafen«, Regie: Franz Antel, 1968; »Klassenkeile«, Regie: Franz Josef Gottlieb, »Warum hab' ich bloß zweimal ja gesagt?«, Regie: Franz Antel, »Zum Teufel mit der Penne« und »Charley's Onkel«, Regie: jeweils Werner Jacobs, 1969; »Frau Wirtin bläst auch gern Trompete«, Regie: Franz Antel, 1970; »Die lustigen Vier von der Tankstelle«, Regie: Franz Antel, 1972; »Unsere Tante ist die letzte«, Regie: Rolf Olsen, und »Alter Kahn und junge Liebe«, Regie: Werner Jacobs, 1973; »Der Geheimnisträger«, Regie: Franz Josef Gottlieb, 1975; »Ein dicker Hund«, mit Tommi Ohrner, Regie: Franz Marischka, 1982; »Die wilden Fünfziger (nach Simmel), Regie: Peter Zadek, 1983.

Theater/Fernsehen: Aus dem Millowitsch-Theater (oder als Studio-Produktion) übertrug die ARD u.a. folgende Stücke mit ihm in der Hauptrolle: »Der

Etappenhase« (nach Bunje), »Die spanische Fliege« und »Zwangseinquartierung« (jeweils nach Arnold/Bach), »Drei Kölsche Jungen«, »Im Nachtjackenviertel«, »Schweinefleisch in Dosen« (nach Tierbach), »Tante Jutta aus Kalkutta« (nach Reimann/Schwartz), »Waidmannsheil« (nach Bars/Okonowski), »Zwei Dickköpfe«, »Das rote Tuch« (nach Horst/Pollaczek), »Der ungläubige Thomas« und »Pension Schöller« (nach Laufs/Jacoby), »Der doppelte Moritz« und »Otto der Treue« (nach Impekoven/Mathern), »Der Meisterboxer« (nach Schwartz/-Mathern), »Der Raub der Sabinerinnen« (nach Schönthan), »Der Maulkorb« (nach Spoerl), »Das Geld liegt auf der Bank« (nach Flatow) und »Zwei Dickköpfe« (nach Carl Millowitsch), Regie: Willy Millowitsch (bis 1985). 1980 übertrug die ARD Molières »Der Bürger als Edelmann« (Regie: Karl Wesseler). Diese Rolle hatte er vorher am Rheinischen Landestheater Neuss verkörpert. Er wirkte in nahezu allen großen deutschen Unterhaltungsshows mit.

Ferner: »Hei-Wi-Tip-Top«, mit Heidi Kabel, 13 Teile, ZDF 1971; »Sohn gegen Vater«, ARD 1972; »Das Schloßgespenst«, ARD 1979; »Eine einzige Nacht« (nach Stolz; Übertragung aus dem Grazer Opernhaus), ARD 1980; »So lebten sie alle Tage«, Regie: Ulrich Schamoni, 5 Folgen, ARD 1984; »Die Wupper« (nach Lasker-Schüler), Regie: Jürgen Flimm, ARD 1985; »Wem Gott sein Amt gibt«, Regie: Dieter Schnitzler, ARD 1986 (vorher Rheinische Landestheater Neuss). Ferner war er Gast in Joachim Fuchsbergers Talkshow »Heut' abend«, ARD 1985.

Auszeichnungen: »Otto« (BRAVO) 1961 und 1962; Bundesverdienstkreuz der Bundesrepublik Deutschland 1974, I. Klasse 1984; WDR-Ehrenpreis für Unterhaltung (erstmals verliehen), Köln 1984.

Anschrift: c/o Agentur Palz, Ortlindestraße 6, 8000 München 81, oder Vinzensallee 11, 500 Köln 40.

Angelika Milster

Geb. 9. 12. 1951 in Hamburg; dort aufgew.; nach der mittleren Reife nahm sie Schauspielunterricht bei Margot Höpfner in Hamburg. Gleichzeitig absolvierte sie eine Gesangsausbildung in Musical und Jazz (Stimmlage: Sopran). Als Sängerin debütierte sie 1971 am Hamburger Thalia-Theater in der deutschen Erstaufführung des Musicals »Godspell«. Als Schauspielerin und Musical-Darstellerin spielte sie seither u.a. am Stadttheater Verden (1971/72), am Kleinen Theater Bad Godesberg (1972), am Hebbel-Theater Berlin (1974/75), am Kabarett »Das Kom(m)ödchen« Düsseldorf (1976/77), am Schiller-Theater Berlin (1978/79), am Württembergischen Staatstheater Stuttgart (1979), am Düsseldorfer Schauspielhaus (1980), am Berliner Theater des Westens (1980), am Berliner Renaissance-Theater (1980), am Opernhaus Zürich (1981/82), am Volkstheater Wien (1983) und am Theater an der Wien (seit 1983).

Frau Milster spricht engl., sie ist geschieden, hat einen Sohn und lebt in Wien.

Film: »Eisenhaus«, Regie: Tankred Dorst, 1983.

Theater: Anna in Burkhards »Feuerwerk«, Stadttheater Verden 1971/72; Köchin in Neumanns »Schwarzer Jahrmarkt«, Hebbel-Theater Berlin 1974/75 und Tournee; Maria in Horváths »Glaube Liebe Hoffnung«, Myrrhine in Aristophanes' »Lysistrate«, und Gabriela in Offenbachs »Pariser Leben«, Regie: Hans Hollmann, jeweils Schiller-Theater Berlin 1978/79; Bianca in Porters »Kiss me, Kate«, Regie: Karl Vibach, Theater des Westens Berlin 1980; in »Alles Theater«, Regie: Klaus Überall, Renaissance-Theater Berlin 1980; Sally Bowles in Isherwood/van Drutens »Cabaret«, Regie: Helmut Baumann, und Titelrolle in dem Musical »Eva Korngold« (»Keep Smiling«), Regie: Jörg Schneider, Opernhaus Zürich 1981/82; Titelrolle/Annie Palewska in Offenbachs »Pariser Leben 1871 oder Die schöne Helena«, Regie: Spiros Evangelatos, Volkstheater Wien 1983; Grizabella in der deutschen Erstaufführung von Eliot/Webbers »Cats«, Regie: Gillian Lynne, Theater an der Wien seit 1983 (über 700 ausverkaufte Vorstellungen).

Fernsehen: »Der Geisterbräu«, Regie: Olf Fischer, ARD 1979; »Drei Damen vom Grill«, Regie: Hans Heinrich, Serie, ARD 1980; »Premiere in Mailand«, und »Berlin – ein todsicherer Tip«, Regie: Wolf Gremm, ARD 1981; »Die zweite Haut«, Regie: Frank Beyer, DDR/UFA/ARD 1981; »Erkennen Sie die Melodie?«, mit Günther Schramm, Serie, ZDF 1981; 12 verschiedene Rollen in »Karl der Kahle«, Regie: Joachim Mok, und Fanchette in »Die schwarze Katze im Sack«, ARD 1982; »Es muß nicht immer Mord sein«, Regie: Wolf Gremm, Serie, ZDF 1982; Anna in »Die Frau macht Geschichten«, Regie: Dieter Pröttel, ARD 1983; »Dalli Dalli«, mit Hans Rosenthal, Serie, ZDF 1984; »Karel, Hits und Karneval«, mit Karel Gott, Regie: Jaromir Vasta, und »Die verflixte 7«, mit Rudi Carrell, Serie, ARD 1985; Tilla Durieux in »Ich will wirken in dieser Zeit«, ZDF 1986.

Auszeichnung: »Ernst-Lubitsch-Preis« 1975.

Anschrift: c/o Agentur Mackeben, Douglasstraße 2–4, 100 Berlin 33.

Bernhard Minetti

– Staatsschauspieler –

Geb. 26. 1. 1905 als Sohn eines Architekten in Kiel; dort aufgew.; nach dem Abitur in Kiel besuchte er die Universitäten München und Berlin. Von 1925 bis 1927 absolvierte er die Schauspielschule der Staatl. Bühnen Berlins unter Leopold Jessner.

Sein erstes Engagement bekam er 1927/28 am Preußischen Theater Gera. Weitere Stationen: Staatstheater Darmstadt (1928–1930), Preußische Staatstheater Berlin (1930–1945) unter Leopold Jessner und (später) Gustaf Gründgens. Nach dem Krieg: Bühnen der Landeshauptstadt Kiel (1945–1947), zuletzt auch als Schauspieldirektor, Deutsches Schauspielhaus Hamburg (1947–1949). Von 1949 bis 1951 wirkte er in Gastspielen am Schauspielhaus Bochum, am Niedersächsischen Staatstheater Hannover, am Theater der Stadt Essen, am Stadttheater Aachen und an den Bühnen der Stadt Bonn.

Den Städt. Bühnen Frankfurt/Main gehörte er von 1952–1956 an. Von 1956–1963 war er am Schauspielhaus Düsseldorf und an den Bühnen der Stadt Köln tätig. Seither gehört er zum Ensemble der Staatl. Schauspielbühnen Berlins (seit 1970 als Ehrenmitglied). Gastspiele gab er zudem bei den Ruhrfestspielen in Recklinghausen, an den Bühnen der Freien Hansestadt Bremen, am Württembergischen Staatstheater Stuttgart, an der Freien Volksbühne Berlin und an der Schaubühne am Halleschen Ufer Berlin (u.a.). In Spielfilmen wirkte er vor allem vor dem II. Weltkrieg mit. Seine Fernsehtätigkeit beschränkte sich fast ausschließlich auf klassische Rollen.

Minetti ist in zweiter Ehe verheiratet. Sein Sohn Hans-Peter und seine Tochter Jennifer wählten ebenfalls den Schauspielerberuf. Er lebt in Berlin.

Film: »Der Mörder Dimitri Karamasoff« (nach Dostojewski), Regie: Fedor Ozep, 1931; »Der Kaiser von Kalifornien«, Regie: Luis Trenker, 1936; »Alarm in Peking«, Regie: Herbert Selpin, 1937; »Revolutionshochzeit«, Regie: Hans H. Zerlett, 1938; »Robert Koch«, mit Emil Jannings, Regie: Hans Steinhoff, und »Das unsterbliche Herz«, 1939; »Der ewige Quell«, Regie: Fritz Kirchhoff, »Friedrich Schiller«, mit Horst Caspar und Heinrich George, und »Die Rothschilds«, 1940; »Tiefland«, Regie: Leni Riefenstahl, 1940–1944 (Erstaufführung: 1954); »Es«, mit Sabine Sinjen, Bruno Dietrich und Tilla Durieux, 1966; Vater in »Die linkshändige Frau«, mit Edith Clever, Buch und Regie: Peter Handke, 1978.

Theater: Franz Moor in Schillers »Die Räuber«, Regie: Leopold Jessner, ein Stromer in Billingers »Rauhnacht«, Geßler in Schillers »Wilhelm Tell«, Eck in Johsts »Propheten«, Strolch in Carl Hauptmanns »Musik«, Kurprinz Friedrich in Rehbergs »Der große Kurfürst«, Chlestakow in Gogols »Der Revisor«, Kronprinz Friedrich in Rehbergs »Friedrich Wilhelm I.«, Ritter in Grabbes »Don Juan und Faust«, Herzog von Buckingham in Shakespeares »Richard III.«, Leonhard in Hebbels »Maria Magdalena«, Heinrich Bolingbroke in Shakespeares »Richard II.«, Brutus in Shakespeares »Julius Cäsar«, Orest in Gerhart Hauptmanns »Iphigenie in Delphi« und Kardinal Wolsey in Rehbergs »Heinrich und Anna«, Regie: jeweils Jürgen Fehling, Marinelli in Lessings »Emilia Galotti« und Robespierre in Büchners »Dantons Tod«, Regie: jeweils Gustaf Gründgens, Arnold Kramer in Hauptmanns »Michael Kramer«, Angelo in Shakespeares »Maß für Maß« und Sigismund in Calderons »Das Leben ein Traum«, jeweils Preuß. Staatstheater Berlin 1930–1945; Titelrolle in Gides »Saul«, Deutsches Schauspielhaus Hamburg 1948; Titelrolle in Goethes »Faust«, 1949, Prospero in Shakespeares »Sturm«, 1958, Titelrolle in Schillers »Wallenstein«, 1961, jeweils Ruhrfestspiele Recklinghausen; Titelrolle in Shakespeares »Macbeth«, Schauspielhaus Bochum 1950; Mr. Antrobus in Wilders »Wir sind noch einmal davongekommen«, 1953, Robespierre in Büchners »Dantons Tod«, 1954, Philipp II. in Schillers »Don Carlos«, 1955, Titelrolle in Frischs »Graf Oederland«, Regie: Fritz Kortner, 1956, jeweils Städt. Bühnen Frankfurt/Main; Edgar in Strindbergs »Totentanz«, Cotrone in Pirandellos »Die Riesen vom Berge«, Regie: Giorgio Strehler, James Tyrone in O'Neills »Eines langen Tages Reise in die Nacht«, und Titelrolle in Shakespeares »Julius Cäsar«, jeweils Düsseldorfer Schauspielhaus 1958–1963; Krapp in Becketts »Das letzte Band«, Bühnen der Stadt Köln 1951 (Bühnen der Freien Hansestadt Bremen 1973); Pozzo in Becketts »Warten auf Godot«, 1965, Max in Pinters »Die Heimkehr«, Regie: Hans Schweikart, 1966, Edgar in Strindbergs »Totentanz«, Regie: Rudol

Noelte, 1971, General in Bernhards »Die Jagdgesellschaft«, Regie: Dieter Dorn, 1974, in Simons »Sonny-Boys«, 1975, Otto Quangel in »Jeder stirbt für sich allein«, Regie: Peter Zadek, 1981, und Botschafter in Genets »Der Balkon«, Regie: Hans Neuenfels, 1983, jeweils Staatl. Schauspielbühnen Berlins; Caribaldi in Bernhards »Die Macht der Gewohnheit«, Regie: Dieter Dorn, Salzburger Festspiele 1974; Titelrolle in »Minetti – Ein Porträt des Künstlers als alter Mann« (von Thomas Bernhard für Minetti geschrieben), Regie: Claus Peymann, Württembergisches Staatstheater Stuttgart 1976; Titelrolle in der Uraufführung von Bernhards »Der Weltverbesserer«, Regie: Claus Peymann, Schauspielhaus Bochum 1980; Titelrolle in Goethes »Faust«, Regie: Klaus Michael Grüber, Freie Volksbühne Berlin 1982; Karl in Bernhards »Der Schein trügt«, Regie: Claus Peymann, Schauspielhaus Bochum (auch ZDF 1985); Titelrolle in Shakespeares »König Lear«, Regie: Klaus Michael Grüber, Schaubühne Berlin 1985.

Eigene Inszenierungen waren u.a.: Shakespeares »Wie es euch gefällt«, Giraudoux' »Elektra«, Wilders »Wir sind noch einmal davongekommen« und Anouilhs »Eurydike«.

Fernsehen: Herzog Alba in »Egmont« (nach Goethe), Teiresias in »König Ödipus« (nach Sophokles) und Doktor in »Woyzeck« (nach Büchner). Ferner: Großinquisitor in »Goya«, Regie: Wilhelm Semmelroth, ARD 1969; »Todestanz« (nach Strindbergs »Totentanz«), Regie: Rudolf Noelte, ARD 1970; »Die vierte Zeit« (nach Sacher-Masochs »Venus im Pelz«), Regie: Kaus André, ZDF 1984.

1981 widmeten ihm und seinem Schauspielerkollegen Curt Bois die Schauspieler Otto Sander und Bruno Ganz (als Regisseure) den Film »Gedächtnis«.

Auszeichnungen: »Kulturpreis der Stadt Kiel« 1964; »DGB-Kulturpreis« 1971; »Berliner Kulturpreis« 1973; Großes Verdienstkreuz der Bundesrepublik Deutschland 1978; Mitglied der Berliner Akademie der Künste 1980; Professoren-Titel, Berlin 1985. 1965 wurde er Berliner Staatsschauspieler; seit 1970 ist er Ehrenmitglied der Staatl. Schauspielbühnen Berlins.

Anschrift: Hüningerstraße 20, 1000 Berlin 33.

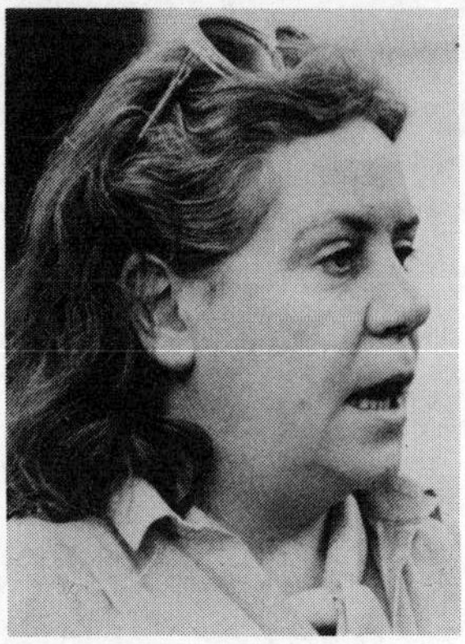

Jennifer Minetti

Geb. 8. 1. 1940 als Tochter des Schauspielers Bernhard Minetti in Berlin; dort und nach dem Krieg aufgew. in Kiel, Hamburg und Frankfurt/Main. Nach der Schule nahm sie Schauspielunterricht bei Herma Clement. Als Marie am Rain debütierte sie in Hofmannsthals »Der Unbestechliche« am Landestheater Hannover, dem sie von 1958 bis 1960 angehörte. Weitere Stationen: Theater der Stadt Essen (1960–1962), Wuppertaler Bühnen (1962–1964), Staatstheater Kassel (1964–1966), Stadttheater Aachen (1966–1968), Bühnen der Stadt Bonn (1968–1970) und Deutsches Theater Göttingen (1970–1977). Seit 1977 steht sie im Ensemble der Münchner Kammerspiele. Sie arbeitet ausschließlich am Theater.

Frau Minetti spricht engl.; sie ist verheiratet und lebt in Icking bei München.

Theater: Joschka in Kaisers »Soldat Tanaka«, mit Hansjörg Felmy, und Titelrolle in Hebbels »Maria Magdalena« (als Gastspiel), jeweils Landestheater Hannover; Gretchen in Goethes »Faust«, jeweils Stadttheater Aachen und Bühnen der Stadt Bonn 1966 und 1968; Hilda in Sartres »Der Teufel und der liebe Gott«, Elisabeth in Shakespeares »König Richard III.«, in Dürrenmatts »Play Strindberg«, Kassandra in Aischylos' »Orestie«, in Kishons »Es war die Lerche«, und Titania in Shakespeares »Ein Sommernachtstraum«, jeweils Deutsches Theater Göttingen 1970–1977; Julia in Deichsels »Loch im Kopf«, Hure in H. Müllers »Germania Tod in Berlin«, und Gefangene in Braschs »Lovely Rita«, 1977/78, Elfe in Shakespeares »Ein Sommernachtstraum«, Regie: Dieter Dorn, Frau Miller in Schillers »Kabale und Liebe«, in Botho Strauß' »Groß und Klein«, und Amalie Balicke in Brechts »Trommeln in der Nacht«, 1978/79, Marina in der Uraufführung von Klaus Pohls »Da nahm der Himmel auch die Frau«, und in Büchners »Dantons Tod«, 1979/80, Zuschauerin, Morgause und Frau Bisen in Dorsts »Merlin oder Das wüste Land«, Regie: Dieter Dorn, 1981/82, Marceline in Feydeaus »Ein Klotz am Bein«, 1982/83, in Peter Weiss' »Der neue Prozeß«, und Mariechen in Tollers »Der entfesselte Wotan«, 1983/84, in Topors »Leonardo hat's gewußt«, Regie: Autor selbst, 1984/85, jeweils Münchner Kammerspiele.

Anschrift: Irschenhauser Straße 23, 8021 Icking.

Brigitte Mira

Geb. 20. 4. 1915 (nach eigenen Angaben!) in Hamburg; dort aufgew.; nach der Schule nahm sie Gesangs- und Ballettunterricht. Als Soubrette spielte sie 1930 in der deutschen Erstaufführung von Franz Léhars Operette »Giuditta«. Mit 16 Jahren erhielt sie ein Engagement als Sängerin am Stadttheater Bremerhaven. 1941 ging sie an die Bühnen der Landeshauptstadt Kiel. Als Soubrette wurde sie von Walter Felsenstein nach dem Krieg an die Komische Oper in Ost-Berlin verpflichtet. Zeitweise gehörte sie Willi Schaeffers' »Kabarett der Komiker« und den Berliner »Insulanern« an. Bühnengastspiele gab sie am Schauspielhaus Bochum, an den Hamburger Kammerspielen und am Rheinischen Landestheater Neuss.
Den Schwerpunkt ihrer Arbeit legte sie jedoch stets auf Hörfunk und Fernsehen. Ferner drehte sie seit 1948 rund 30 Kinofilme.
Frau Mira spricht engl.; sie war in erster Ehe verheiratet mit dem Schauspieler Peter Schütte, in zweiter Ehe mit dem Kapellmeister Paul Cornelius. Ihrer dritten Ehe mit dem Fotoreporter Hanno Tabbert entstammen die Söhne Thomas und Robert. Nach ihrer vierten Ehe mit dem Ingenieur Horst Fabian heiratete sie 1974 den italo-amerikanischen Regisseur Frank Guerente, der 1983 verstarb. Brigitte Mira lebt in Berlin.
Film: »Berliner Ballade«, 1948; »Wehe, wenn sie losgelassen«, Regie: Geza von Cziffra, »Der Stern von Santa Clara« Regie: Werner Jacobs, und »So ein Millionär hat's schwer«, mit Fritz Eckhardt, Regie: Geza von Cziffra,1958; »Du bist wunderbar« und »Schlag auf Schlag«, 1959; »Im Namen meiner Mutter«, Regie: Erich Engels, 1960; »Das Stundenhotel von St. Pauli«, Regie: Rolf Olsen, 1970; »Heute steht die Penne kopf«, Regie: Werner Jacobs, 1971; »Die Zärtlichkeit der Wölfe«, Regie: Ulli Lommel, 1973; »Jeder für sich und Gott gegen alle«, Regie: Werner Herzog, und »1 Berlin Harlem«, Regie: Lothar Lambert, 1975; »Primel macht ihr Haus verrückt«, Regie: Monica Teuber, 1979; »Fabian« (nach Kästner), mit Hans-Peter Hallwachs, 1980, und »Kamikaze«, mit Rainer Werner Fassbinder und Franco Nero, 1982, Regie: jeweils Wolf Gremm; »Die wilden Fünfziger« (nach Simmel), Regie: Peter Zadek, 1983; »Sigi – Der Straßenfeger«, mit Harald Juhnke, Regie: Wolf Gremm, 1984.
Unter der Regie von Rainer Werner Fassbinder spielte sie in: »Angst essen Seele auf«, mit El Hedi Ben Salem, 1974, »Mutter Küsters' Fahrt zum Himmel«, mit Karlheinz Böhm, 1976, und »Chinesisches Roulette«, 1977.
Fernsehen: Neben zahlreichen Operetten (u.a. in Künneckes »Der Vetter aus Dingsda«), Musicals und TV-Shows in den 50er und 60er Jahren war sie auch in der ARD-Serie »Drüben bei Lehmanns« (mit Walter Gross, Regie: Herbert Ballmann, ARD 1969/70) zu sehen. Ferner: »Acht Stunden sind kein Tag«, Serie, ARD 1972, und »Wie ein Vogel auf dem Draht«, ARD 1975, Regie: jeweils Rainer Werner Fassbinder; »Drei Damen vom Grill«, mit Brigitte Grothum und Günter Pfitzmann, 60 Folgen ARD 1978–1984; »Die Geburtstagsfeier« (nach Pinter), Regie: Jürgen Flimm, und »Die beiden Freundinnen«, Regie: Axel Corti, ZDF 1978; »Berlin Alexanderplatz« (nach Döblin), mit Günter Lamprecht und Hanna Schygulla, Regie: Rainer Werner Fassbinder, ARD 1980; »Der Alte«, Serie, ZDF 1981; »Das eine Glück und das andere«, Regie: Axel Corti, und »Die Murmel«, Regie: Bruno Voges, ARD 1982; »Leben im Winter« (nach Schlesinger), Regie: Hartmut Griesmayr, ZDF 1982; »Hinter der Tür«, Regie: Wolf Gremm, und »Traumschiff«, Regie: Alfred Vohrer, Serie, ZDF 1983; »Geschichten aus der Heimat«, Serie, und »Die Krimistunde« Regie: Hartmut Griesmayr, Serie, ARD 1983; »Funkes Werkstatt«, mit Ernst H. Hilbich, Serie, ARD 1983/84 u. 1985; »Locker vom Hocker«, mit Walter Giller, Serie, ZDF 1984; »Brigitte und ihr Koch«, mit Franco Palumbo, 26 Folgen, ZDF 1982 u. 1984; »Berliner Weiße mit Schuß«, mit Günter Pfitzmann, Regie: Wilfried Dotzel, »Die Spur der anderen«, Regie: Daniel Christoff, und »Ein dreifach' Hoch . . .«, Regie: Wolfgang F. Henschel, ZDF 1985; »Schwarzer Lohn und weiße Weste«, Regie: Marco Serafini, ARD 1985; »Tödliche Liebe« (nach Fremlin), Regie: Rolf Gremm, ZDF 1986. Außerdem war sie zu Gast in Joachim Fuchsbergers Talkshow »Heut' abend«, ARD 1985.
Auszeichnung: Bundesfilmpreis 1974.
Anschrift: Königsallee 83, 1000 Berlin 33.

Gunnar Möller

Geb. 1. 7. 1928 als Sohn eines Optikermeisters in Berlin; dort aufgew.; mit elf Jahren drehte er 1939 seinen ersten Film »Kopf hoch, Johannes«. Weitere Kinder- und Jugendrollen in vierzehn Filmen folgten, darunter »Sein Sohn« und »Junge Adler«. Schauspielunterricht nahm er von 1943 bis 1945 bei Lyda Wegener und Else Bongers in Berlin. Nach dem Krieg hatte er Bühnenengagements u.a. am Staatstheater Kassel, an der Kleinen Komödie München sowie in Berlin, Frankfurt und Köln. Besonders bekannt wurde er durch seine zahlreichen Filme. Insgesamt wirkte er in über 60 Produktionen mit.
1980 wurde er vom Londoner Kriminalgerichtshof Old Bailey zu fünf Jahren Gefängnis wegen Totschlags seiner Ehefrau verurteilt. 1981 wurde er begnadigt. Seit 1982 arbeitet er wieder als Schauspieler in der Bundesrepublik Deutschland. Ein Bühnen-Engagement hatte er 1983/84 u.a. am Rheinischen Landestheater Neuss.
Möller spricht engl., franz.; er hat drei Kinder aus seiner Ehe mit Brigitte Rau (Michael, Florian und Hillevi) und lebt in London.
Film: »Unser Fräulein Doktor« und »Das andere Ich«, 1941; »Zirkus Renz«, 1943; »Die Degenhardts«, 1944; »Wozzek«, 1947; »Wohin die Züge fahren«, Regie: Boleslaw Barlog, 1949; »Gabriela«, Regie: Geza von Cziffra, und »Fünf unter Verdacht«, 1950; »Heidelberger Romanze«, 1951; »Ferien vom Ich«, 1952; »Hollandmädel«, »Salto Mortale« und »Das tanzende Herz«, 1953; »Hoheit lassen bitten«, 1954; »Ein Haus voll Liebe«, »Söhne ohne Heimat«, und »Ich denke oft an Piroschka«, mit Liselotte Pulver, Regie: Kurt Hoffmann, 1955; »Der Etappenhase« (nach Bùnje), Regie: Wolfgang Becker, »Wie schön, daß es dich gibt«, und »Der kühne Schwimmer« (nach Arnold/Bach), 1957; »Dreizehn kleine Esel vom Sonnenhof«, mit Hans Albers und Marianne Hoppe, Regie: Hans Deppe, und »Ist Mama nicht fabelhaft?«, Regie: Peter Beauvais, 1958; »Hunde, wollt ihr ewig leben«, Regie: Frank Wisbar, 1959; »Der wahre Jacob«, und »Nacht fiel über Gotenhafen«, Regie: Frank Wisbar, 1960; »Freddy und das Lied der Südsee«, mit Freddy Quinn, 1962; »Zwei blaue Vergißmeinnicht« und »Erotikon«, 1963; »Maibritt, das Mädchen von den Inseln«, 1964; Adolf Hitler in »Tage des Verrats«, ČSSR 1972; »Im Zeichen des Kreuzes«, Regie: Reiner Boldt, 1983.
Theater: In Linsay/Crouses »Die großen Sebastians«, in Pasos »Schöne Geschichten mit Papa und Mama« (auch ZDF 1965), in Watkyns »Streng geheim«, in Goetz' »Towarisch«, in Maughams »Finden Sie, daß Constanze sich richtig verhält?«, in Barillet/Grédys »Eine Rose zum Frühstück« (auch ARD 1975), in Plenzdorfs »Buridans Esel«, jeweils an den vorgenannten Bühnen bis 1976; Pastor in Ibsens »Rosmersholm«, Rheinisches Landestheater Neuss 1983/84.
Fernsehen: Bis 1970 spielte er u.a. in: »Die spanische Fliege« (nach Arnold/Bach), »Das Experiment«, »Auf Sieg? Auf Platz? Auf Liebe!«, »Gauner, Geld und Giraffen«, »Was man so Liebe nennt«, »Ach, so eine nette Person«, »Eine große Familie« und »Familie Werner fährt auf Urlaub«. Ferner: »Als wär's ein Stück von mir« (nach Zuckmayer), Regie: August Everding, ZDF 1976; »Die Kette« (nach Durbridge), Regie: Rolf von Sydow, und »Schreiben Sie Ihrem Bundestagsabgeordneten«, Regie: Dieter Wedel, ARD 1977; »August Strindbergs Herbst«, Regie: Kristian Kuhn, ARD 1978; »Tatort«, Serie, ARD 1983; »Das Rätsel der Sandbank«, 7 Teile, ARD 1985; »Jean Christophe« (nach Rolland), mit Klaus Maria Brandauer, Regie: François Villiers, Serie, franz. TV (auch ORF 1985); »Geheime Mission« (nach McKenzie), Regie: Hajo Gies, ZDF 1985.
Anschrift: c/o Agentur Baumbauer, Keplerstraße 2, 8000 München 80.

Ursela Monn

Geb. 2. 12. 1950 als Tochter eines Schweizers und einer Irin in Berlin; dort aufgew.; nach der mittleren Reife nahm sie Ballettunterricht und besuchte das Max-Reinhardt-Seminar in Wien. Ihre erste Bühnenrolle spielte sie in dem Musical »Anatevka«. Boy Gobert entdeckte sie und holte sie an das Hamburger Thalia-Theater, dem sie von 1970 bis 1976 angehörte. Besonders bekannt wurde sie als Rieke in der Verfilmung von Hans Falladas »Ein Mann will nach oben« (mit Mathieu Carrière, Regie: Herbert Ballmann), die das ZDF 1978 in 13 Teilen im Samstag-Nachmittag-Programm ausstrahlte. Seither wirkte sie in zahlreichen Fernsehspielen mit.
Bühnengastspiele gab sie u.a. erneut am Thalia-Theater Hamburg (1983), am Ernst-Deutsch-Theater Hamburg (1984) sowie auf Tournee. 1979 präsentierte sie ihre LP »Riekes Gesänge« mit Berliner Chansons.
Ursela Monn spricht engl.; sie ist in zweiter Ehe verheiratet mit dem engl. Regisseur Ralph Bridle, hat einen Sohn (Marc, geb. 1981) und lebt in Hamburg.
Film: »Die Faust in der Tasche«, mit Ernst Hannawald und Manfred Krug, Regie: Max Willutzki, und »Warum die UFOs unseren Salat klauen«, Regie: Hansjürgen Pohland, 1979; »Einmal Kudamm und zurück«, mit Christian Kohlund, Regie: Herbert Ballmann, 1985.
Theater: In Shakespeares »Viel Lärm um nichts«, in Ostrowskijs »Der Wald«, in Delaneys »Bitterer Honig«, in Büchners »Leonce und Lena«, in Kleists »Der zerbrochene Krug«, in Hasenclevers »Ein besserer Herr« (auch TV), in Jonsons »Volpone«, und in Rojas' »Celestina«, jeweils Thalia-Theater Hamburg 1970–1976; Lizzie in Nashs »Der Regenmacher«, Tournee 1980; Titelrolle in Feydeaus »Die Dame vom Maxim«, und in »Der Floh im Ohr«, Thalia-Theater Hamburg 1983; in Flatows »Die Durchreise«, Ernst-Deutsch-Theater Hamburg 1984.
Fernsehen: »Im Schillingshof« (von Wittlinger nach Marlitt), ZDF 1973, »Hoftheater«, Serie, ZDF 1975, Regie: jeweils Herbert Ballmann; »Damen haben Vortritt«, ZDF 1977; »Marija« (nach Isaac Babel), Regie: Horst Flick, Rieke in »Ein Mann will nach oben« (nach Fallada), mit Mathieu Carrière, Rainer Hunold und Harald Juhnke, Regie: Herbert Ballmann, 13 Teile, »Disco«, mit Ilja Richter, und »Musik ist Trumpf«, TV-Show mit Peter Frankenfeld, jeweils ZDF 1978; »So'ne und so'ne«, mit Simone Rethel, Serie, ARD 1979; »Gold in Transvaal«, Südafrika/Frankreich-TV 1979; »Ick baumle mit de Beene« (Personality-Show), WDR III 1979; »Eugenie Marlitt und Die Gartenlaube«, mit Cordula Trantow, Regie: Herbert Ballmann, ZDF 1982; Amélie in »Die Frau des Kommissars« (nach Hennequin), mit Heinz Schubert und Claus Biederstaedt, ZDF 1984, und »Das zerbrochene Haus«, ORF 1984, Regie: jeweils Michael Günther; »Die Krimistunde«, Regie: Hartmut Griesmayr, Serie, ARD 1984; Annie in »Spiel im Schloß« (nach Molnár), mit Helmut Lohner, Martin Benrath und Walter Schmidinger, Regie: Otto Schenk, ZDF 1985; »Nebenwirkungen«, mit Bernd Tauber, Regie: Ralph Bridle, und »Zieh den Stecker raus, das Wasser kocht«, Buch und Regie: Ephraim Kishon, ARD 1986.
Ferner spielte sie u.a. in »Das Jahrhundert der Chirurgen«, »Die Tausender-Reportage«, »Im Auftrag von Madame«, »Leider nicht erreichbar« und »Tatort«.
Auszeichnungen: »Goldene Kamera« (HÖRZU) 1978; »Goldener Bambi« (BILD + FUNK) 1979; »Ernst-Lubitsch-Preis«, 1985; »Deutscher Filmpreis«, 1985.
Anschrift: c/o ZBF-Agentur Hamburg, Tonndorfer Hauptstraße 90, 2000 Hamburg 70.

Heinz Moog

– Kammerschauspieler –

Geb. 28. 6. 1908 als Sohn eines Polizeibeamten in Frankfurt/Main; dort aufgew.; er absolvierte die Helmholtz-Oberrealschule (Abitur 1927). Noch während der Schulzeit nahm er privaten Schauspielunterricht bei Alfred Auerbach, später am Hoch'schen Konservatorium Frankfurt/Main. Sein erstes Engagement erhielt er 1927/28 am Frankfurter Künstlertheater für Rhein und Main. Weitere Bühnenstationen: Kleines Theater Kassel (1928–1933), Stadttheater Plauen (1933–1935), Nationaltheater Weimar (1935–1939), Städt. Bühne Bochum und Volksbühne Berlin (1939–1943) und Wiener Burgtheater (1943–1981). Seither ist er freischaffend.
Unter der Regie von Leopold Hainisch spielte er 1943 seine erste Filmrolle in »Lache Bajazzo«. Insgesamt wirkte er in über 100 Kino- und TV-Produktionen mit. Er arbeitete häufig für den Hörfunk und veranstaltete zahlreiche Rezitationstourneen, u.a. durch die USA, Japan, Hongkong, Thailand und europäische Länder.
Moog spricht franz., engl., ital.; er ist verheiratet, hat einen Sohn und lebt in Wien.
Film: »Der gebieterische Ruf«, 1944; »Shiva und die Galgenblume« und »Der Fall Molander«, 1945; »Der Prozeß«, mit Ewald Balser und Ernst Deutsch, Regie: G.W. Pabst, 1948; »Ruf aus dem Äther«, 1949; »The Magic Face«, USA 1950; »Senza Bandiera«, »Inganno«, »Toselli-Serenade«, Italien 1950; »Verlorene Melodie«, »Der Verschwender« (nach Nestroy), mit Josef Meinrad, und »1. April 2000«, Regie: Wolfgang Liebeneiner, 1952; »Wienerinnen im Schatten der Großstadt«, 1953; »Senso«, mit Alida Valli und Farley Granger, Regie: Luchino Visconti, »Uragano d'Estate« und »Sinfonia d'Amore«, Italien 1954; »Spionage«, 1955; »Sebastian Kneipp«, mit Carl Wery, und »Geliebte Bestie«, 1958; »Maria Stuart« (nach Schiller), 1959; »The Secret Ways«, USA 1960; »Und Jimmy ging zum Regenbogen« (nach Simmel), Regie: Alfred Vohrer, 1971; »Ludwig II.«, mit Helmut Berger, Romy Schneider und Gert Fröbe, Regie: Luchino Visconti, Italien/BRD/Frankreich 1972; »Die Wildente« (nach Ibsen), mit Anne Bennent, Regie: Hans W. Geissendörfer, 1976; »Strawanzer«, mit Elliot Gould, Regie: Peter Patzak, 1982 (auch ORF 1983).
Theater: Er spielte das gesamte Repertoire des ernsten und komischen Charakterfachs in Klassik und Moderne, u.a.: Schmidt-Lausitz in Zuckmayers »Des Teufels General«, Titelrolle in Molières »Tartuffe«, Zanga in Grillparzers »Der Traum ein Leben«, Wurm in Schillers »Kabale und Liebe« und Mephisto in Goethes »Faust« I und II. 1980 spielte er in der Uraufführung von Turrinis »Josef und Maria« (Steirischer Herbst, Graz). Zuletzt arbeitete er mit den Regisseuren Dieter Dorn, Peter Palitzsch, Otto Schenk und Manfred Wekwerth.
Fernsehen: Titelrolle in »Sokrates« (von Pieper nach Platon), Regie: Walter Rilla, 3 Teile, ARD 1962; »Wahn – oder: Der Teufel in Boston« (nach Feuchtwanger), Regie: Gerhard Klingenberg, ARD 1965; »Die gefälschte Göttin« (nach Kluge), mit und unter der Regie von Helmut Käutner, ZDF 1971; »Karl May«, mit Helmut Käutner, Regie: Hans Jürgen Syberberg, 2 Teile, ZDF 1977; »Cella oder Die Überwinder« (nach Franz Werfel), ZDF 1978; »Derrick«, Serie, »Die Fahrt nach Schlangenbad«, Regie: Stanislav Barabas, und »Poltergeist«, Regie: Jindrich Mann, ZDF 1981; »Die letzte Rolle«, Regie: Dieter Wedel, und »Der Schatz des Priamos«, mit Tilo Prückner, Regie: Karl Fruchtmann, 2 Teile, ARD 1981; »Wir« (nach Samjatin), Regie: Vojtech Jasny, ZDF 1982; »Schwarz-Rot-Gold: Alles in Butter«, Regie: Dieter Wedel, ARD 1982; »Tod eines Schaustellers« (von Vock), Regie: Dietrich Haugk, und »Der Datterich« (nach Niebergall), Regie: Klaus Wagner, ARD 1984; »Die Försterbuben«, mit Franco Nero, Regie: Peter Patzak, ZDF 1985.
Auszeichnungen: »Goethe-Medaille« des Nationaltheaters Weimar 1939; »Ludwig-Dessoir-Orden«, von Max Brock an Heinz Moog 1942; Ernennung zum Kammerschauspieler 1955; Bundesverdienstkreuz für Wissenschaft und Kunst I. Klasse der Republik Österreich 1960; »Goldene Medaille des ORF« 1965; Ehrenring des Burgtheaters Wien 1968; »Goldene Medaille« beim Osaka-Festival, Japan 1968; »Josef-Kainz-Medaille«, Wien 1977; Ehrenmitgliedschaft des Wiener Burgtheaters 1978; »Ehrenmedaille der Stadt Wien in Gold« 1984.
Anschrift: Herrengasse 6-8/4/II/6, A-1010 Wien, Österreich.

Stella Mooney

(eigentlich: Angelika Schell, geb. Knöferle)

Geb. 17. 10. 1947 in Ingolstadt; ihre Ausbildung begann sie bereits 1951 mit Ballettunterricht bei Margit Oswald (bis 1961); bei Prof. Hergett nahm sie von 1952 bis 1966 Akkordeon- und Klavierunterricht; von 1958 bis 1966 absolvierte sie eine Gesangsausbildung. 1966/67 studierte sie am Richard-Strauss-Konservatorium München, 1967/68 nahm sie Schauspielunterricht bei Annemarie Hanschke.

Bereits 1955 trat sie in Tschaikowskys »Nußknacker-Suite« am Staatstheater am Gärtnerplatz in München auf. Als freie Schauspielerin gastierte sie in der Hauptsache auf Tournee. Ihre größten Bühnenerfolge: Sheila in dem Musical »Hair« (1968/69) und Frau in Thomas' »Die acht Millionäre« (mit Carl Schell, Theater Die Kleine Freiheit München 1977/78).

Bekannt wurde sie vor allem durch zahlreiche Fernsehauftritte (ab 1968); seit einigen Jahren gibt sie nur selten Gastspiele in der Bundesrepublik Deutschland. Sie veröffentlichte mehrere Schallplatten.

Frau Mooney spricht engl.; sie ist verheiratet mit dem Schauspieler, Regisseur und Produzenten Carl Schell, hat zwei Kinder (Marco-Claudio und Caroline) und lebt in Brissago/Tessin, Schweiz.

Film: »Grüziwohl Frau Stirnimaa«, und »Was ist denn bloß mit Willi los?«, mit Heinz Erhardt, Regie: Werner Jacobs, 1970.

Fernsehen: »Gestern gelesen«, Regie: Jürgen Goslar, »Der Kommissar«, mit Erik Ode, Regie: Dietrich Haugk, Serie, »Schwabing so, so oder so«, Regie: Lutz Büscher, »Colonel Starbottle für die Klägerin«, und Bessie in »Blume von Hawaii« (nach Abraham), Regie: Manfred Köhler, ARD/ZDF 1969; »Frau gesucht« (aus der Reihe: »Dem Täter auf der Spur«), mit Karl Lieffen und Günther Neutze, Regie: Jürgen Roland, ARD 1970; Vivi in »Butler Parker«, Serie, 26 Folgen, ARD 1970–1973; »Graf Luckner«, Serie, und Cecily Garden in »Mein Freund Bunbury« (von Bez/Degenhardt nach Wilde), ZDF 1972; »Ehe-Ratespiel«, mit Peter Frankenfeld, ZDF 1973; »Verkehrsquiz«, ARD 1974.

Gast war sie zudem in zahlreichen Unterhaltungsshows von ARD und ZDF (u.a.): »Silvester-Show«, »Der goldene Schuß«, »Galaabend der Schallplatte« und »Zum Blauen Bock«. Beim ital. Fernsehen RAI bestritt sie mehrere Live-Shows.

Anschrift: Casa Esperanza, CH-6614 Brissago, Schweiz.

Grete Mosheim

(eigentlich: Grete Gould, geb. Mosheim)

Geb. 8. 1. 1905 als Tochter eines Sanitätsrats in Berlin; dort aufgew.; Abitur; schon als Kind interessierte sie sich sehr für das Theater und besuchte zahlreiche Vorstellungen. Ohne Schauspielschule wurde sie von Max Reinhardt an das Deutsche Theater Berlin engagiert. Bis 1934 spielte sie auch am Theater am Kurfürstendamm und an der Komödie in Berlin.
1934 emigrierte sie zunächst nach London, später nach New York, wo sie jeweils an mehreren Bühnen zu sehen war. 1952 kehrte sie nach Deutschland zurück. Sie wirkte u.a. an folgenden Bühnen: Schloßparktheater, Freie Volksbühne und Renaissance-Theater in Berlin, Bühnen der Stadt Köln, Städt. Bühnen Frankfurt/Main und Münchner Kammerspiele. Ferner machte sie Tourneen.
Frau Mosheim spricht engl., franz.; sie ist verwitwet. 1953 verstarb ihr Ehemann Jay Gould. Sie lebt in New York.
Theater: Bonny in Watters/Hopkins »Artisten«, 1928, Toni in Unruhs »Phaea«, 1930, Regie: jeweils Max Reinhardt, Deutsches Theater Berlin; Fanny Norman in Hamsuns »Vom Teufel geholt«, Regie: Max Reinhardt, Komödie Berlin 1929; Tochter in Hasenclevers »Kommt ein Vogel geflogen«, 1931, Gretchen in Goethes »Faust«, und Eliza in Shaws »Pygmalion« 1932, Deutsches Künstlertheater Berlin; deutsche Schülerin in Rotters »Letters to Lucerne«, Broadway New York 1941; Sally in van Drutens »Ich bin eine Kamera«, Regie: Boleslaw Barlog, Schloßpark-Theater Berlin 1952; Titelrolle in Wilders »Die Heiratsvermittlerin«, und Mrs. Tyrone in O'Neills »Eines langen Tages Reise in die Nacht«, jeweils Freie Volksbühne Berlin 1955/56; Winnie in Becketts »Glückliche Tage«, und Hannah in Williams' »Die Nacht des Leguan«, jeweils Bühnen der Stadt Köln 1961/62; Claire Zachanassian in Dürrenmatts »Der Besuch der alten Dame«, Städt. Bühnen Frankfurt/Main 1962; Amanda in Williams' »Die Glasmenagerie«, Regie: Harry Meyen, Renaissance-Theater Berlin 1965 (auch TV); in Albees »Kiste-Worte des Vorsitzenden Mao Tsetung-Kiste«, Regie: Ulrich Heising, Alte Dame in Albees »Alles im Garten«, Regie: Hans Schweikart, und in Kesselrings »Arsen und Spitzenhäubchen«, Regie: Dieter Giesing, 1969, und Die Frau in Albees »Alles vorbei«, Regie: August Everding, 1971/72, jeweils Münchner Kammerspiele; Maude in Colin Higgins' »Harold und Maude«, Renaissance-Theater Berlin 1974; Titelrolle in Langes »Frau von Kauenhofen«, Schloßparktheater Berlin 1977; in Thompsons »Haus am See«, Regie: Jürgen Wölffer, Theater am Kurfürstendamm Berlin 1980.
Anschrift: c/o Agentur Mackeben, Douglasstraße 2–4, 1000 Berlin 33.

Franz Mosthav

(eigentlich Franz Alfons Mosthaf)

Geb. 13. 6. 1916 in Oedheim, Kreis Heilbronn; dort aufgew.; Ersatzabitur; er besuchte die Schauspielschule von Elisabeth Huch (1937/38) und die Staatl. Schauspielschule (1938/39) in München; gleichzeitig war er vier Semester als Gasthörer an der Universität eingetragen; von 1939–1943 war er Ensemblemitglied am Bayerischen Staatsschauspiel München, wo er auch als Regieassistent wirkte; weitere Engagements: Stadttheater Klagenfurt (1943/44), Städt. Bühnen Graz, dort auch künstlerischer Leiter des Steyr. Kulturwerks (1945/46), Nationaltheater Mannheim (1946/49); 1949 gründete er die Unterländer Volksbühne in Bruchsal (seit 1954 Badische Landesbühne), die er bis 1964 als Intendant leitete. Gastspiele als Schauspieler folgten u.a. bei den Bad Hersfelder Festspielen, am Schloß-Theater Celle, den Kammerspielen und am Theater im Künstlerhaus in München.

Mosthav inszenierte rund 80 Stücke. Er spricht engl., franz.; er ist geschieden, hat zwei Söhne und lebt in München.

Film: »The Hidingplace«, USA 1962; »Haie an Bord«, mit Freddy Quinn 1970, »Mensch hau' drauf«, 1973.

Theater: Shakespeare: König Claudius in »Hamlet«, Prospero in »Der Sturm«, Shylock in »Der Kaufmann von Venedig«, Jago in »Othello«, Junker Tobias in »Was ihr wollt«, Titelrolle in »König Lear«; Schiller: Philipp II. in »Don Carlos«, Buttler in »Wallenstein«; Goethe: Mephisto in »Faust«, Herzog von Alba in »Egmont«; Hebbel: Meister Anton in »Maria Magdalena«, Herzog Ernst in »Agnes Bernauer«, Hagen Tronje in »Die Nibelungen«; Molière: Argan in »Der eingebildete Kranke«, Titelrolle in »Tartuffe«; Lessing: Titelrolle in »Nathan der Weise« – bei allen Stücken führte er selbst Regie; Titelrolle in Gerhart Hauptmanns »Michael Kramer«, Klapproth in Jacoby/Laufs' »Pension Schöller«, Hwang Ti in Frischs »Die chinesische Mauer«, jeweils Nationaltheater Mannheim und Badische Landesbühne Bruchsal; in Dyers »Unter der Treppe«, selbst Regie, Theater im Künstlerhaus München 1983.

Fernsehen: »Fußballtrainer Wulff«, Serie, »Lautlose Jugend«, Serie, und »Hafenpolizei«, Serie, ARD 1964/65; »Die Gentlemen bitten zur Kasse«, mit Horst Tappert, Regie: Kolarz, 3 Teile, und »Haus aus lauter Liebe« (nach Lenz), ARD 1966; »Anna Böckler«, ARD 1968; »Nachrichten aus der Provinz«, ARD 1969; »Der Schuß«, »Das Haus bei den Blutbrücken« und »Der Dieb«, ARD 1970; »Alexander Zwo« (von Oliver Storz), 4 Teile, ARD 1972; »Die Powenzbande«, Regie: Michael Braun, Serie, ARD 1973; »Der Friede von Locarno« (von Peter Adler), mit Hans Korte, Regie: Eberhard Itzenplitz, ZDF 1978; »Ein bißchen was Schönes«, Regie: Tony Wigand, und »Musik auf dem Lande« (von Oliver Storz), ZDF 1981; »Unser Haus reicht nur für drei«, mit Sigfrit Steiner und Judy Winter, ZDF 1986.

Anschrift: Kidlerstraße 11, 8000 München 70.

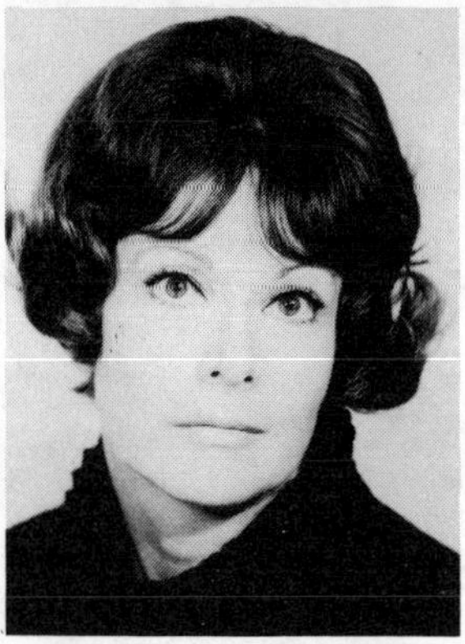

Elisabeth Müller

Geb. 18. 7. 1926 als Tochter eines Professors für Zahnheilkunde in Basel; dort aufgew.; nach dem Besuch des Mädchengymnasiums Basel nahm sie privaten Schauspielunterricht bei ihrer Tante Ellen Widmann und absolvierte von 1944 bis 1946 die Schauspielschule Zürich. Ihr erstes Engagement erhielt sie von 1946 bis 1948 am Schauspielhaus Zürich. Weitere wichtige Bühnenstationen: Deutsches Theater Konstanz (1948–1950) und Deutsches Theater Göttingen (1950–1954), jeweils unter Heinz Hilpert, Stadttheater Gießen (1964), Württembergisches Staatstheater Stuttgart (1965), Stadttheater Luzern (1975–1978 und seit 1985), Burgfestspiele Jagsthausen (1978) sowie Tourneen (1972/73). Ihr Film-Debüt gab sie bereits 1947 neben Olaf Kübler in Leopold Lindtbergs Streifen »Paragraph 51 – Seelenarzt Dr. Laduner«. Mit ihren über 20 Spielfilmen von 1952 bis 1960 gehörte sie zu den Publikumslieblingen der 50er Jahre (die ersten Produktionen spielte sie als Lisabet Müller). 1956/57 drehte sie mit Robert Taylor und Robert Mitchum zwei Spielfilme in Hollywood. Frau Müller spricht engl.; sie ist seit 1960 verheiratet mit dem Regisseur und Kameramann Kurt Grigoleit, hat zwei Töchter und lebt in Sempach bei Luzern/Schweiz.

Film: »Paragraph 51 – Seelenarzt Dr. Laduner«, mit Olaf Kübler, Regie: Leopold Lindtberg, 1947; »Der Tag vor der Hochzeit«, mit Paul Dahlke und Joachim Brennecke, Regie: Rolf Thiele, 1952; »Moselfahrt aus Liebeskummer«, mit Will Quadflieg und Oliver Grimm, Regie: Kurt Hoffmann, 1953; »Morgengrauen«, mit Hans Stüwe und Alexander Kerst, Regie: Victor Tourjansky, und »Das Bekenntnis der Ina Kahr«, mit Curd Jürgens und Margot Trooger, Regie: G.W. Pabst, 1954; »André und Ursula« (nach Polly Maria Höfler), mit Ivan Desny, Regie: Werner Jacobs, 1955; »Die Macht und ihr Preis« (»The Power and the Prize«), mit Robert Taylor und Charles Coburn, Regie: Henry Koster, USA 1956; »Rosen für Bettina«, mit Willy Birgel und Ivan Desny, Regie: G.W. Pabst, und »Geliebte Corinna«, mit Hans Söhnker und Hannelore Schroth, Regie: Eduard von Borsody, 1956; »The angry hills«, mit Robert Mitchum, Regie: Robert Aldrich, USA 1957; »Taxichauffeur Bänz«, mit Maximilian Schell, Regie: Werner Düggelin, »El Hakim«, mit O.W. Fischer, Regie: Rolf Thiele, und »Skandal in Ischl«, mit O.W. Fischer, Ivan Desny und Rudolf Forster, Regie: Rolf Thiele, 1957; »Dr. Crippen lebt«, mit Peter van Eyck, Inge Meysel und Fritz Tillmann, Regie: Erich Engels, und »Gestehen Sie, Dr. Corda!«, mit Hardy Krüger und Lucie Mannheim, Regie: Josef von Baky, 1958; »Rommel ruft Kairo«, mit Adrian Hoven, Regie: Wolfgang Schleif, und »Alle Tage ist kein Sonntag«, mit Paul Hubschmid und Dietmar Schönherr, Regie: Helmut Weiss, 1959.

Theater: In der Uraufführung von Zuckmayers »Des Teufels General«, Regie: Heinz Hilpert (1946), in der Uraufführung von Brechts »Herr Puntila und sein Knecht Matti«, Regie: Kurt Hirschfeld und Bertolt Brecht (1948), und in Frischs »Die Chinesische Mauer«, Regie: Leonard Steckel, jeweils Schauspielhaus Zürich 1946–1948; Hero in Shakespeares »Viel Lärm um nichts«, mit Edith Heerdegen, Walburga in Hauptmanns »Die Ratten«, mit Mila Kopp, Erich Ponto (Regie: Helmut Henrichs), Ruth Kelly in Chases »Mein Freund Harvey«, mit Carl Ludwig Diehl, Lady Milford in Schillers »Kabale und Liebe«, mit Peter Arens, Margot Ensinger und Siegfried Lowitz, Frl. Koch-Pinneberg in Thomas »Moral« mit Hubert von Meyerinck (Regie: Helmut Henrichs), Prinzessin Natalie in Kleists »Prinz Friedrich von Homburg« mit Peter Arens, Die Zufriedenheit in Raimunds »Der Bauer als Millionär«, mit Erich Ponto und (in einer kleinen Rolle) Helmut Ringelmann, Courtisane in Shakespeares »Die Komödie der Irrungen« und Glafira Alexejewna in Ostrowskijs »Wölfe und Schafe«, mit Johanna Terwin-Moissi (Regie: Helmut Henrichs), 1950/51, Hermione in Shakespeares »Das Wintermärchen«, mit Fritz Eberth, Evangeline in der deutschen Erstaufführung von Achards »Der Korsar«, mit Carl Raddatz, Sidselill in Hauptmanns »Schluck und Jau«, mit Erich Ponto und Hugo Lindinger, Anne Hargreaves in Hodges »Regen und Wind« (Regie: Ullrich Hoffmann), Jennifer in Shaws »Der Arzt am Scheideweg«, mit Carl Ludwig Diehl und Klaus Behrendt, Belle in O'Neills »O Wildnis«, und Rosalinde in Shakespeares »Wie es euch gefällt«, mit Hubert von Meyerinck und Heinz Hilpert, 1951/52, Beatrice in Shakespeares »Vie

Lärm um nichts«, mit Fritz Eberth, und Cora in Lindsay/Crouses »Leben mit Vater«, mit Carl Ludwig Diehl und Leonore Eschar, 1952/53, Hero in Grillparzers »Des Meeres und der Liebe Wellen«, Titelrolle in Goethes »Stella« und Titelrolle in Hauptmanns »Dorothea Angermann«, 1953/54, Regie: jeweils Heinz Hilpert am Deutschen Theater Göttingen; Titelrolle in der Uraufführung von Ludwig Bergers »Ottiliens Tollheiten«, Regie: Berger selbst, Stadttheater Gießen 1964; in Tschechows »Drei Schwestern«, Regie: Rudolf Noelte, Württembergisches Staatstheater Stuttgart 1965; Königin in Scribes »Das Glas Wasser«, mit O.W. Fischer, Tournee 1972/73; Titelrolle in Ibsens »Nora«, 1975/76, und Mrs. Antrobus in Wilders »Wir sind noch einmal davongekommen«, 1977/78, jeweils Stadttheater Luzern; Elisabeth in Goethes »Götz von Berlichingen«, Regie: Peter Arens, Burgfestspiele Jagsthausen 1978; Tante Martha in Kesselrings »Arsen und Spitzenhäubchen« und Madame de Pfyffer in der Uraufführung von Eva Brunners »Granit«, jeweils Stadttheater Luzern 1985/86.

Fernsehen: »Am grünen Strand der Spree«, Regie: Fritz Umgelter, 3 Teile, ARD 1961; »Viktoria«, ARD 1962; »Viele heißen Kain«, ARD 1964; »Das Mädchen in Jeans« (aus der Reihe: »Derrick«), Regie: Theodor Grädler, ZDF 1984; »Die Tote im Schloßpark« (aus der Reihe: »Der Alte«), mit Siegfried Lowitz, Regie: Jürgen Goslar, ZDF 1985.

Anschrift: c/o ZBF-Agentur München, Leopoldstraße 19, 8000 München 40, oder Feld 14, CH-6204 Sempach, Schweiz.

Hans-Reinhard Müller

Geb. 15. 1. 1922 in Nürnberg; nach dem Abitur nahm er Schauspielunterricht bei Friedrich Kayßler in Berlin. 1941 debütierte er am Stadttheater Klagenfurt. Nach dem Kriegsdienst studierte er von 1945 bis 1948 Philosophie, neuere deutsche Literaturgeschichte und Geschichte des Mittelalters. Als Schauspieler arbeitete er 1945 am Münchner Theater der Jugend. Von 1946 bis 1948 war er an den Münchner Kammerspielen engagiert. Von 1948 bis 1960 war er als Schauspieler, Regisseur und (ab 1954) stellvertretender Intendant am Bayerischen Staatsschauspiel München tätig. Als Intendant ging er von 1960 bis 1969 an die Städt. Bühnen Freiburg/Breisgau. Die Münchner Kammerspiele leitete er als Nachfolger von August Everding von 1973 bis 1983. 1984 war er als Schauspieler erneut am Bayerischen Staatsschauspiel zu sehen.

Müller war von 1969 bis 1973 Direktor der Otto-Falckenberg-Schule in München. Er veröffentlichte zahlreiche Bücher, u.a.: »Ein deutsches Stadttheater – Freiburg 1866–1966«, »Reden und Aufsätze«, »Linien – eine Dokumentation«, »Streß – unser Schicksal« und (als Herausgeber) »Theater für München. Ein Arbeitsbuch der Kammerspiele 1973–1983«.

Müller spricht franz.; er ist verheiratet, hat drei Kinder (Thomas, geb. 1946, Gabriel, geb. 1949, und Florian, geb. 1954) und lebt in München.

Film: »Marie Ward«, mit Hannelore Elsner und Lambert Hamel, Regie: Angelika Weber, 1985.

Theater: Notar Dettmichel in Sternheims »Die Kassette«, und Snyder in Shaws »Die heilige Johanna«, 1973/74, Karl Salzmann in Wedekinds »Schloß Wetterstein«, Albert in Wietkiewicz' »Die Mutter«, 1974/75, Professor der Volkswirtschaft in Lorcas »Doña Rosita la Soltera«, Regie: Ernst Wendt (auch TV), 1976/77, Paul in Botho Strauß' »Groß und Klein«, 1978/79, Konsul Werle in Ibsens »Die Wildente«, Regie: Müller selbst, und Fouquier-Tinville in Büchners »Dantons Tod«, 1979/80, Der Teufel in Dorsts »Merlin oder Das wüste Land«, Regie: Dieter Dorn, 1981/82, Lesung von »Der ewige Spießer« (von Ödön von Horváth), Graf Aloysius Palen in Sternheims »Der Snob«, Regie: Müller selbst, und Erster Hauptmann in Hebbels »Judith«, 1982/83, jeweils Münchner Kammerspiele; Dorn in Tschechows »Die Möwe«, Regie: Arie Zinger, Bayerisches Staatsschauspiel 1984.

Wichtige Inszenierungen: Uraufführung von Matray/Krügers »Die Abendgesellschaft«, 1961, deutsche Erstaufführung von Calderon/Camus' »Die Liebe zum Kreuz«, 1962, deutsche Erstaufführung von Griffins »Der verborgene König«, 1964, jeweils an den Städt. Bühnen Freiburg/Breisgau; Ibsens »Gespenster« und Hofmannsthals »Der Unbestechliche«, 1975/76, Coburns »Gin-Rommé«, 1978, jeweils Münchner Kammerspiele.

Fernsehen: (aus den letzten Jahren) »Sachrang« (von Oliver Storz), 3 Teile, und »Tatort«, Regie: jeweils Wolf Dietrich, ARD 1978; »Die Undankbare« (von Käthe Braun), Regie: Franz Josef Wild, ARD 1980; »Kerbels Flucht«, Regie: Erwin Keusch, ZDF 1984; Brauereibesitzer Wiesinger in »Die Wiesingers« (von Ahlsen), mit Gaby Dohm, Regie: Bernd Fischerauer, Serie, ARD 1984; »Schickimicki« (aus der Reihe: »Tatort«), mit Helmut Fischer, Regie: Müller selbst, ARD 1986.

Auszeichnungen: Bundesverdienstkreuz der Bundesrepublik Deutschland I. Klasse; »Ludwig-Thoma-Medaille« der Stadt München; »Goldene Ehrenmünze der Landeshauptstadt München« 1983.

Anschrift: c/o Agentur Mattes, Pilotystraße 2, 8000 München 22.

Richy Müller

(eigentlich: Hans-Jürgen Müller; den Vornamen »Richy« wählte er nach seiner ersten großen TV-Rolle.)

Geb. 26. 9. 1954 in Mannheim; dort aufgew.; nach der Hauptschule absolvierte er ein intensives Turntraining für die Olympischen Sommerspiele 1976 in Montreal, das er jedoch wegen seiner Berufsausbildung als Werkzeugmacher abbrechen mußte. Nach ersten Statisterieerfahrungen besuchte er von 1976 bis 1978 die Schauspielschule Bochum. 1978 begannen die Dreharbeiten zu seinem ersten Fernsehfilm. Theater spielte er u.a. 1979 am Pfalztheater Kaiserslautern sowie 1983 am Theater am Turm Frankfurt/Main, bei den Würzburger Festspielen und an den Bühnen der Stadt Bonn.
Müller spricht engl.; er ist ledig und lebt in Berlin.
Film: Marcel Tiss in »Jetzt und Alles«, Regie: Dieter Meier, 1981 (auch ZDF 1983); »Wer spinnt denn da, Herr Doktor?«, Regie: Stefan Lukschy und Christian Rateuke, »Der Mann auf der Mauer«, mit Marius Müller-Westernhagen, Regie: Reinhard Hauff, und »Kamikaze 1989«, mit Rainer Werner Fassbinder und Franco Nero, Regie: Wolf Gromm, 1982; »Das Arche-Noah-Prinzip«, Regie: Roland Emmerich, 1984.
Theater: In Hampels »Revolte im Erziehungshaus«, Pfalztheater Kaiserslautern 1979; in Schillers »Die Räuber«, Regie: Volker Vogeler, Würzburger Festspiele 1983; in Fassbinders »Die bitteren Tränen der Petra von Kant«, mit Claude-Oliver Rudolph, Theater am Turm Frankfurt/Main 1983.
Fernsehen: »Die Seiltänzer«, 13 Teile, und Richy in »Die große Flatter«, mit Günter Lamprecht und Hanna Schygulla, Regie: Marianne Lüdcke, 3 Teile, ARD 1979; »Tatort«, Regie: Fritz Umgelter, Serie, ARD 1981; »Traumschiff«, Regie: Alfred Vohrer, Serie, ZDF 1983; »Pogo 1104«, mit Ralph Richter, Regie: Wigbert Wicker, 4 Teile, ARD 1984; »Der Sohn des Bullen«, Buch und Regie: Heinz Schirk, und »Al Kruger«, Regie: Volker Vogeler, ZDF 1984; »Die Abschiebung«, mit Karin Baal, Regie: Marianne Lüdcke, und »Der Alte«, Serie, ZDF 1985; »Die Krimistunde«, Regie: Hartmut Griesmayr, Serie, ARD 1985.
Anschrift: c/o Agentur Alexander, Lamontstraße 9, 8000 München 80.

Wolfgang Müller

Geb. 10. 8. 1953 in Köln, dort aufgew.; lebt dort; ledig; eine Tochter; spricht engl., franz.; Abitur; zwei Semester Musikhochschule Köln, Schwerpunkt Gesang, klass. Gitarre, Baß; Schauspielschule Köln; erstes Engagement am dortigen Theater Der Keller; er leitet ein eigenes Synchronstudio und führt Film- und Theaterregie.
Film: »Nach Mitternacht«, 1981; »For Those I Loved«, USA 1982. 1984 führte er Regie in dem Film »Eine Frau für gewisse Stunden« (auch Drehbuchautor und Hauptdarsteller), mit Christiane Krüger in der Titelrolle.
Theater: In Lauckners »Krisis« (»Besuch aus Schweden«), Sohn in Brechts »Furcht und Elend des Dritten Reiches«, in Brechts »Die heilige Johanna der Schlachthöfe«, in Gorkis »Die Kleinbürger«, Asti in Walsers »Ein Kinderspiel«, Affe in Kafkas »Bericht für eine Akademie«, Titelrolle in »Pschenz«, Titelrolle in Handkes »Kaspar«, Mandelstam in Sternheims »Die Hose«, Professor in Ionescos »Die Unterrichtsstunde«, Abraham in Katajews »Eine Schnur geht durchs Zimmer«, Karl in Müllers »Strandgut«, Hugo in Sartres »Die schmutzigen Hände« – alle Rollen am Schauspielhaus Köln 1967–1980.
Fernsehen: »Das Freizeitheim«, 8 Folgen, ARD 1972; »Unter Ausschluß der Öffentlichkeit«, ZDF 1973; »Der Kommissar«, mit Erik Ode, Serie, ZDF 1975; »Block 7«, 2 Folgen, ARD 1975; »Die Befragung des Machiavelli«, »Tandem«, »Planübung«, »Aus einem deutschen Leben«, »Die Goldenen Zwanzig«, und »Bier und Spiele«, 14 Folgen, ARD 1976; »SOKO 5113«, Serie, ZDF 1978; »Derrick«, Serie, 4 Folgen, ZDF 1978–1985; »Der Alte«, Serie, 2 Folgen, ZDF 1979/80; »Der Maulkorb«, ARD 1979; »Nach Mitternacht«, und »Tatort«, Serie, ARD 1981; »Die Ehrenbürger« und »Die Zeiten ändern sich«, ARD 1982.
Anschrift: Donauweg 37, 5000 Köln 40.

Armin Mueller-Stahl

Geb. 17. 12. 1930 in Tilsit/Ostpreußen; dort aufgew.; nach dem Abitur studierte er Musikwissenschaft in (Ost-)Berlin und war ein Jahr lang Dozent; er spielt Geige, Klavier, komponiert und veröffentlichte zahlreiche eigene Lieder.
Von 1952 bis 1977 gehörte er als Schauspieler zum Ensemble des Berliner Theaters am Schiffbauerdamm. Später war er auch an der Volksbühne engagiert. In dieser Zeit drehte er in der DDR über 60 Kino- und Fernsehfilme.
Als er sich 1976 der Protestaktion gegen die Ausbürgerung des Liedermachers Wolf Biermann anschloß, wurden ihm keine Rollen mehr angeboten. 1979 siedelte er von Ost- nach West-Berlin über, wo er heute mit seiner Frau und seinem Sohn Christian (geb. 1973) lebt.
In der Bundesrepublik wirkte er seither in über weiteren 30 Film- und Fernsehproduktionen mit. 1981 veröffentlichte er das Buch »Verordneter Sonntag«.
Film: »Heimliche Ehen«, Regie: Gustav von Wangenheim, 1956; »Fünf Patronenhülsen«, Regie: Frank Beyer, 1960; »Königskinder«, Regie: Frank Beyer, und ». . . und deine Liebe auch«, Regie Frank Vogel, 1962; »Christine«, Regie: Slatan Dudow, »Nacht unter Wölfen«, Regie: Frank Beyer, 1963; »Preludio«, Regie: Kurt Maetzig, und »Alaskafüchse«, Regie: Werner W. Wallroth, 1964; »Ein Lord am Alexanderplatz«, Regie: Günter Reisch, 1967; »Tödlicher Irrtum«, Regie: George Pan Cosmatos, 1970; »Der Dritte«, mit Jutta Hoffmann, Regie: Egon Günther, »Januskopf«, Regie: Kurt Maetzig, 1972; »Die Hosen des Ritters Bredow«, Regie: Konrad Petzold, 1973; »Kit & Co.«, mit Rolf Hoppe, Regie: Konrad Petzold, »Jakob der Lügner«, Regie: Frank Beyer, (der Film wurde 1977 für den »OSCAR« nominiert), 1974; »Nelken in Aspik«, Regie: Günter Reisch, 1976; »Die Flucht«, Regie: Roland Gräf, 1977; »Geschlossene Gesellschaft«, Regie: Frank Beyer, 1978; – alle Produktionen bei der DEFA/DDR.
»Lola«, mit Barbara Sukowa, und »Die Sehnsucht der Veronika Voss«, mit Rosel Zech, Regie: jeweils Rainer Werner Fassbinder, 1981; »Der Westen leuchtet«, Regie: Niklaus Schilling, und »Trauma«, Regie: Gabi Kubach, 1981; »Der Fall Sylvester Matuska«, Regie: Sándor Simó, Ungarn/BRD/USA 1982; »Die Flügel der Nacht«, Regie: Hans Noever, 1982; »L' Homme Blessé«, Regie: Patrice Chéreau, Frankreich 1982; »Zwei Profis steigen aus«, Regie: Michel Vianey, Frankreich 1983; »Rita Ritter«, mit Annamirl Bierbichler, Regie: Herbert Achternbusch, 1983; »Eine Liebe in Deutschland«, mit Hanna Schygulla, Regie: Andrzej Wajda, Frankreich/BRD 1983; »Glut«, mit Katharina Thalbach, Regie: Thomas Koerfer, 1983; »Tausend Augen«, mit Barbara Rudnik, Gudrun Landgrebe und Karin Baal, Regie: Hans Christoph Blumenberg (dessen Regie-Debüt), »Bittere Ernte«, Regie: Agnieszka Holland, »Die Mitläufer«, Regie: Erwin Leiser, 1984; »Oberst Redl«, mit Klaus Maria Brandauer und Gudrun Landgrebe, Regie: István Szábo, Ungarn/BRD 1985; »Der Angriff der Gegenwart auf die übrige Zeit«, mit Jutta Hoffmann, Regie: Alexander Kluge, und »Vergeßt Mozart«, Regie: Slavo Luther, 1985.
Theater: Marquis von Posa in Schillers »Don Carlos«, Menelaos in Hacks' »Die schöne Helena«, und Narr in Shakespeares »Was ihr wollt«, jeweils an den vorgenannten Bühnen in (Ost-)Berlin.
Fernsehen: »Flucht aus der Hölle«, Regie: Hans-Erich Korbschmitt, 4 Teile, DDR/TV 1969; »Wolf unter Wölfen« (nach Fallada), Regie: Hans-Joachim Kasprzik, 3 Teile, DDR/TV 1964; »Die sieben Affairen der Doña Juanita«, Regie: Frank Beyer, 5 Teile, DDR/TV 1973; »Die längste Sekunde«, ARD 1980; »Collin« (nach Stefan Heym), mit Curd Jürgens und Hans Christian Blech, Regie: Peter Schulze-Rohr, 2 Teile, »Ja und Nein», Regie: Tom Toelle, und »Sonderdezernat K 1«, Serie, ARD 1981; »Ausgestoßen« (von Georg Stefan Troller), Regie: Axel Corti, »Flucht aus Pommern«, Regie: Eberhard Schubert, und »Eugenie Marlitt und Die Gartenlaube«, mit Cordula Trantow, Regie: Herbert Ballmann, ZDF 1982; »Ich werde warten« (nach Chandler), mit Franz Xaver Kroetz, Regie: Stanislav Barabas, ARD 1982; »Der Fall Sylvester Matuska« (von Egon Eis), Regie: Sándor Simó, ZDF 1983; »Tatort«, Regie: Wolfgang Staudte (dessen letzte TV-Arbeit), Serie, ARD 1984; »Derrick«, Serie, ZDF 1984; »Hautnah« (von Ehry), Regie: Peter Schulze-Rohr, ARD 1985; »Gauner im Paradies« (von Matray), Regie: Thomas Fantl, ZDF 1986; »Die Falkensteins«, 20 Teile, ARD 1987.

Auszeichnungen: »Nationalpreis« der DDR; Kunstpreis der DDR; Orden »Banner der Arbeit«; 5 Jahre hintereinander wurde er vom Publikum zum »beliebtesten Schauspieler der DDR« gewählt. »Filmband in Gold«, 1982; »Chaplin-Schuh« (»Deutscher Darstellerpreis« des Verbandes der deutschen Film- und Fernsehregisseure) 1982; Erster Preis für die Darstellung in »Bittere Ernte«, Filmfestspiele Montreal/Kanada 1985.
Anschrift: c/o ZBF-Agentur Berlin, Kurfürstendamm 206, 1000 Berlin 15.

Marius Müller-Westernhagen

Geb. 6.12.1946 als Sohn des Schauspielers Hans Müller-Westernhagen in Düsseldorf; dort aufgew.; schon als vierzehnjähriger Schüler stand er erstmals vor der Filmkamera für den Streifen »Die Höhere Schule« (nach Aleichem, Regie: Wilhelm Semmelroth). Im selben Jahr hatte er seinen ersten Auftritt als Musiker in einer Düsseldorfer Beat-Band. Er nahm klassischen Gesangsunterricht; seine Schauspielausbildung erhielt er bei Otto Ströhlin in Düsseldorf. 1972 machte er mit seiner deutschen Version des Paul-McCartney-Songs »Give Ireland Back to the Irish« (»Gib Bayern zurück an die Bayern«) auf sich aufmerksam. Er gründete eine Rockband und stellte 1975 sein Debüt-Album »Das erste Mal« vor. Als Sänger war er häufiger Gast deutscher Musikshows im Fernsehen. Weitere LPs u.a. »Bittersüß« (1976), »Ganz allein krieg ich's nicht hin« (1977), »Mit Pfefferminz bin ich dein Prinz« (1978), »Sekt und Selters« (1980), »Stinker« (1981), »Das Herz eines Boxers« (1982) und »Geiler is' schon« (1983).

Müller-Westernhagen arbeitete ferner als Regieassistent, Aufnahmeleiter, Produktionsassistent und Tonassistent, u.a. bei Dokumentarfilmen. Er schreibt außerdem für satirische Magazine.

Seit 1974 war er in zahlreichen Hauptrollen im Fernsehen und Kino zu sehen. Er drehte bislang rund 20 Film- und TV-Produktionen.

Müller-Westernhagen spricht engl.; er ist ledig und lebt in Hamburg.

Film: »Hurra, bei uns geht's rund«, Regie: Wolfgang von Chmielewski, 1971; »Verlorenes Leben«, Regie: Ottokar Runze, 1975; »Das zweite Erwachen der Christa Klages«, Regie: Margarethe von Trotta, 1977; »Der Tote bin ich«, Regie: Alexander von Eschwege, »Die Patriotin«, Regie: Ottokar Runze, 1979; Titelrolle in »Theo gegen den Rest der Welt«, Regie: Peter F. Bringmann, 1980; Titelrolle in »Der Mann auf der Mauer«, Regie: Reinhard Hauff, 1982; »Is was Kanzler!?!«, Regie: Gerhard Schmidt, 1984; »Der Schneemann«, Regie: Peter F. Bringmann, 1985.

Fernsehen: »Die Chorknaben von St. Cäcilia«, ARD 1963; »Die Höhere Schule«, Regie: Wilhelm Semmelroth, ARD 1964; »Die Truhe«, »Das große Ohr« und »Das Duell«, ARD 1965; »Heim und Herd«, ARD 1966; »Ostern« (nach Strindberg), Regie: Wilm ten Haaf, ARD 1968; »Flirt« und »Harakiri Whoom«, Regie: jeweils Gerhard Schmidt, ARD 1970; »Ein deutsches Attentat« (nach Hubalek), Regie: Günter Gräwert, ARD 1974; »Aufforderung zum Tanz«, Regie: Peter F. Bringmann, und »Sladek oder Die Schwarze Armee« (nach Horváth), Regie: Oswald Döpke, ARD 1976; »Klaras Mutter«, Regie: Tankred Dorst, ARD 1977; »Der Alte«, Serie, ZDF 1978; Frank Alpine in »Der Gehilfe«, Regie: Ludwig Cremer, ARD 1978; »Geteilte Freude«, Regie: Gaby Kubach, ARD 1979; »Mosch«, Regie: Tankred Dorst, ARD 1980; »Känguruh«, Serie, ARD 1985.

Auszeichnungen: »Goldene Kamera« (HÖRZU) 1978; »Ernst-Lubitsch-Preis« 1980; »Der Goldene Jupiter« (Cinema) als beliebtester Filmschauspieler 1980; 3 Goldene Schallplatten 1981.

Anschrift: c/o WEA-Musik GmbH, Postfach 761266, 2000 Hamburg 76.

Richard Münch

Geb. 10. 1. 1916 in Gießen; aufgew. in Darmstadt; nach dem Abitur am Reform-Realgymnasium Darmstadt absolvierte er die Hochschule für Theater in Frankfurt/Main. Sein erstes Engagement hatte er an den Städt. Bühnen Frankfurt/Main. Von 1948 bis 1952 gehörte er zum Ensemble der Münchner Kammerspiele. Nach einer Verpflichtung an den Hamburger Kammerspielen war er unter Gustaf Gründgens von 1953 bis 1962 am Düsseldorfer Schauspielhaus und am Deutschen Schauspielhaus Hamburg engagiert. Seither spielte er u.a. am Schauspielhaus Zürich, am Burgtheater Wien (2 Jahre), am Schauspielhaus Düsseldorf, an den Hamburger Kammerspielen und am Theater »Das Schiff – Hamburgs Kulturdampfer« (bis 1984). Ab 1970 war er kurze Zeit Schauspieldirektor an den Städt. Bühnen Frankfurt/Main. Er führt häufig Regie.
Er veranstaltet zahlreiche Vortragsabende mit Texten von Goethe (»Heiterer Goethe«), Ringelnatz (»Lachen und Lächeln«) und Schiller. Er veröffentlichte die Schallplatten (u.a.): »Deutschland, ein Wintermärchen« »Kuttel Daddeldu«, »Die späten Lieder des Henning Tulpenbaum« und »Die Apokalypse«.
Münch spricht engl., franz., span.; er ist verheiratet mit der Schauspielerin Ella Büchi; seine beiden Söhne sind verstorben. Er lebt in Küsnacht, Schweiz.
Film: »Hunde, wollt ihr ewig leben«, Regie: Frank Wisbar, 1959; »Das Wunder des Malachias« (nach Bruce Marshall), Regie: Bernhard Wicki, 1960; »The Train«, Frankreich/USA 1961; »Der längste Tag«, Regie: Bernhard Wicki (für den deutschen Teil), USA 1961; »Das Gasthaus an der Themse« (nach Wallace), mit Elisabeth Flickenschildt, 1962; »General Patton«, USA 1963; »Wartezimmer zum Jenseits«, mit Hildegard Knef, 1964; »Der Besuch« (nach Dürrenmatts »Der Besuch der alten Dame«), mit Anthony Quinn und Ingrid Bergman, Regie: Bernhard Wicki, Italien/USA 1964; »Der Durchdreher«, Regie: Helmut Dietl, 1978.
Theater: In der Uraufführung von Geis' »Die Brüder Allemann«, Regie: der Autor selbst (1948), in Hebbels »Herodes und Mariamne«, Regie: Fritz Kortner, Titelrolle in Eliots »Der Privatsekretär«, Becket in Anouilhs »Becket oder Die Ehre Gottes«, Robespierre in Büchners »Dantons Tod«, Titelrolle in Kleists »Amphitryon«, Maske in Sternheims »Die Hose«, Feldprediger in Brechts »Mutter Courage und ihre Kinder«, Quentin in Millers »Nach dem Sündenfall«, Chef in Grass' »Die Plebejer proben den Aufstand«, in Giraudoux' »Das Lied der Lieder«, Titelrolle in Shakespeares »König Lear«, in Pinters »Niemandsland«, Titelrolle in Tschechows »Onkel Wanja«, Titelrolle in Hauptmanns »Michael Kramer«, Titelrolle in der Uraufführung von Weiss' »Trotzki im Exil«, Regie: Harry Buckwitz (1970), in Albees »Wer hat Angst vor Virginia Woolf?«, jeweils an den vorgenannten Bühnen.
Fernsehen: Bis 1965 spielte er u.a. in »Münchhausen«, »Graf Keyserling«, »Der alte Goethe« und »Epitaph für einen König«. Er moderierte die satirische TV-Reihe »Hallo Nachbarn«. Ferner: »Der Gast«, Regie: Wolfgang Becker, ZDF 1964; Philipp Fürst zu Eulenburg in »Affäre Eulenburg«, Regie: Fritz Umgelter, ZDF 1967; »Die Mission« (nach Habe), mit Martin Held und Marianne Hoppe, Regie: Ludwig Cremer, ARD 1967; »Prüfung eines Lehrers« (von Storz), Regie: Eberhard Itzenplitz, ZDF 1968, »Der hessische Tartüff«, (nach Molière), ZDF 1974; »Als wär's ein Stück von mir« (nach Zuckmayer), Regie: August Everding, ZDF 1976; »Die seltsamen Begegnungen des Professor Tarantoga« (nach Stanislav Lem), ZDF 1978; »Der Alte«, Serie, ZDF 1983; »Kolossale Liebe«, Regie: Jutta Brückner, ZDF 1984; Chamberlain in »Die Friedenmacher«, Regie: Stanislav Barabas, (live) ARD 1984; »Frühling im Herbst« (von Pacher), mit Gert Fröbe, Regie: Axel von Ambesser, und »Grand mit drei Damen«, Regie: Frank Guthke, ZDF 1985; »Das Totenreich« (von Asmodi nach Pontoppidan), Regie: Karin Brandauer, 2 Teile, ARD 1986.
Auszeichnungen: Bundesfilmpreis 1961; Preis der deutschen Filmkritik 1961.
Anschrift: c/o Agentur von Pilecki, Eilandstraße 12, 8000 München 90, oder Obere Bühlstraße 21, CH-8700 Küsnacht/Zürich, Schweiz.

Lola Müthel

– Kammerschauspielerin –

Geb. 9. 3. 1919 als Tochter des Schauspielers, Regisseurs und Schauspieldirektors Lothar Müthel (geb. 18. 2. 1896, verst. 9. 4. 1965) in Darmstadt; aufgew. in München und Berlin. Nach dem Lyzeum absolvierte sie die Schauspielschule der Preuß. Staatstheater Berlin, wo sie von Gustaf Gründgens entdeckt und verpflichtet wurde. Von 1936 bis 1944 gehörte sie zum Ensemble der Bühne. Weitere Stationen: Deutsches Theater Berlin (1946–1949), Landestheater Salzburg und Stadttheater Luzern (1949/50), Württembergisches Staatstheater Stuttgart (1950–1952), Städt. Bühnen Frankfurt/Main (1952–1964). Sie gastierte seit 1955 u.a. am Düsseldorfer Schauspielhaus, am Theater am Kurfürstendamm Berlin, am Theater in der Josefstadt Wien, am Staatstheater am Gärtnerplatz München, bei den Salzburger Festspielen, am Schauspielhaus Bochum sowie bei den Ruhrfestspielen Recklinghausen. Sie gehört zum Ensemble des Bayerischen Staatsschauspiels München.
1938 drehte sie ihren ersten Film, seit 1958 wirkt sie beim Fernsehen.
Sie spricht engl., franz.; sie ist seit 1958 in zweiter Ehe verheiratet mit dem Schauspieler Hans Caninenberg, hat zwei Kinder (Angela, aus erster Ehe, und Andreas) und lebt in Gräfelfing bei München.
Film: »Spiel im Sommerwind«, 1938; »Der Polizeifunk meldet«, 1939; »Ein Mann mit Grundsätzen«, 1943; »Ein toller Tag«, 1945; »Frühlingsromanze«, 1950; »Eine Frau genügt nicht«, »Hotel Adlon«, und »Rosen im Herbst«, mit Ruth Leuwerik, Regie: Rudolf Jugert, 1955; »Der Jugendrichter«, mit Heinz Rühmann, 1959; »Aus dem Leben der Marionetten«, Regie: Ingmar Bergman, 1980 (auch ZDF 1980).
Theater: Fanchetta in Beaumarchais' »Der tolle Tag oder Figaros Hochzeit«, Blanche in Shaws »Die Häuser des Herrn Sartorius«, Lukretia in Grillparzers »Ein Bruderzwist in Habsburg«, Seidenhändlerin in Forzanos »Florentiner Brokat«, Anna in Rehbergs »Heinrich und Anna« und Rosaura in Calderons »Das Leben ist Traum«, jeweils Preuß. Staatstheater Berlin 1936–1944; Titelrolle in Goethes »Iphigenie auf Tauris«, Gräfin Werdenfels in Wedekinds »Marquis von Keith« und Kurtisane in Jonsons »Volpone«, jeweils Deutsches Theater Berlin 1946–1949; Buhlschaft in Hofmannsthals »Jedermann«, Salzburger Festspiele 1949; Poppea Sabina in Gressiekers »Die goldenen Jahre«, Titelrolle in Lonsdales »Mrs. Cheneys Ende« und Doña Isabella in Claudels »Der seidene Schuh«, jeweils Württembergisches Staatstheater Stuttgart 1950–1952; Sabina in Wilders »Wir sind noch einmal davongekommen«, Gräfin Terzky in Schillers »Wallenstein«, Marion in Büchners »Dantons Tod«, Elise in Kaisers »Alain und Elise«, Yse in Claudels »Mittagswende«, Nina in O'Neills »Seltsames Zwischenspiel«, Titelrolle in Kleists »Penthesilea« (auch TV), Christine in O'Neills »Trauer muß Elektra tragen«, und Lechy Elbernon in Claudels »Der Tausch«, jeweils Städt. Bühnen Frankfurt/Main 1952–1964; Titelrolle in Giraudoux' »Um Lucretia«, Welt in Calderons »Das große Welttheater«, und Miss Vanessi und Katharina in Porters »Kiss me, Kate«, mit Johannes Heesters, jeweils an den vorgenannten Bühnen bis 1970; Die Gute in Bernhards »Ein Fest für Boris«, Regie: Jürgen Flimm, Titelrolle in Euripides' »Medea«, in Shakespeares »Richard III.«, Regie: Kurt Meisel, Gurmyschskaja in Ostrowskijs »Der Wald«, Regie: Harald Clemen, Crescence in Hofmannsthals »Der Schwierige«, Regie: Hans Kratzer, in »Was tun, sprach Zeus?«, und Arsinoë in Molières »Der Menschenfeind«, jeweils Bayerisches Staatsschauspiel München 1973–1984.
Fernsehen: Theresia Tallien in »Der öffentliche Ankläger« (nach Hochwälder), ARD 1958; Titelrolle in Kleists »Penthesilea«, ZDF 1963; Frau Téophot in »Der Gärtner von Toulouse« (nach Kaiser), und Frau Wennerström in »Oberst Wennerström«, ZDF 1965; Rita Marchetti in »Der Nebbich« (nach Sternheim), ARD 1965; Anna Petrowna Woinitzen in »Dieser Platonow« (nach Tschechow), ZDF 1967; Sofja Markowna in »Der Alte« (nach Gorki), ARD 1967; Juliane in »Vom Teufel geholt« (nach Hamsun), ARD 1969; »Rosen im Herbst«, ZDF 1972; »Die See«, ARD 1974; Arkadina in »Die Möwe« (nach Tschechow; Aufzeichnung aus dem Schauspielhaus Bochum), Regie: Peter Zadek, ARD 1975; »Man lernt nie aus«, ZDF 1975; »Der Alte«, Serie, 2 Folgen, ZDF 1978 + 1984; Agrippina in »Nero« (nach Marceau), ZDF 1979; »Der lebende Leichnam« (nach Tolstoi), Regie: Otto Schenk, ARD 1981; »Duett im Zwielicht« (nach Coward), Regie: Richard Münch, ARD 1982; »Steck-

briefe« (nach Katz), BR III 1984; »Anruf genügt«, Regie: Wilfried Dotzel, und »Mord zu vier Händen« (nach Hansen), Regie: Oswald Döpke, ZDF 1985; »Abschiedsvorstellung« (von Flatow) mit Peter Pasetti und Eberhard Fechner, Regie: Peter Weck, ZDF 1986.
Auszeichnung: Kammerschauspielerin.
Anschrift: c/o Agentur Baumbauer, Keplerstraße 12, 8000 München 80.

Fritz Muliar

Geb. 12.12.1919 als Sohn eines Juweliers in Wien; dort aufgew.; nach der mittleren Reife besuchte er das Konservatorium in Wien. Nach seiner musikalischen und schauspielerischen Ausbildung bekam er am Wiener Kabarett »Der lustige Augustin« sein erstes Engagement im Jahre 1937. Vor dem Krieg wirkte er auch im Kabarett »Simpl« in Wien und war als Operettenbuffo am Landestheater Innsbruck engagiert.
Nach dem Kriegsdienst (EK II und Verwundetenabzeichen) und Kriegsgefangenschaft folgten Verpflichtungen am Zeittheater »Der Igel« in Graz, am Steirischen Landestheater Graz (1945–1947), am Raimund-Theater in Wien (1947–1952), beim Kabarett »Simpl« und dem Volkstheater in Wien (1951–1963) und am Theater in der Josefstadt Wien (1964–1977). Seit 1974 gehört er zum festen Ensemble des Wiener Burgtheaters. Gastspiele gab er u.a. bei den Festspielen Heppenheim sowie den Salzburger Festspielen.
Seit 1940 drehte Muliar über 45 Kinofilme und war in zahlreichen Fernsehproduktionen zu sehen. Ferner veröffentlichte er mehrere Bücher, u.a. »Das Beste aus meiner jüdischen Witze- und Anekdotensammlung«, »Wenn Sie mich fragen« und »Streng indiskret« und die Schallplatte »Jiddische Hitparade«.
Muliar spricht engl.; er ist seit 1955 verheiratet mit der Fernsehansagerin (ORF) Franziska Kalmar und hat drei Söhne (Hans, Alexander, Martin); er lebt in Groß-Enzersdorf, Österreich.
Film: »Herz ohne Heimat«, Regie: Otto Linnekoge, 1940; »Das Kind der Donau«, mit Marika Rökk, Regie: Georg Jacoby, 1950; »Dämonische Liebe«, 1951; »Die Regimentstochter«, 1952; »Geheimnis einer Ärztin«, 1955; »Försterliesel«, »Husarenmanöver«, »Lumpazivagbundus« (nach Nestroy) und »Der k.u.k. Feldmarschall«, 1956; »Ober zahlen«, mit Hans Moser, Regie: E.W. Emo, »Drun't in der Wachau«, »Der Wilderer vom Silberwald«, »Wien, du Stadt meiner Träume«, Regie: Willi Forst, »Heiratskandidaten«, und »Maske in Blau«, 1957; »Gefährdete Mädchen«, »Mikosch, der Stolz der Kompanie«, »Der veruntreute Himmel«, Regie: Ernst Marischka, und »Man müßte nochmal zwanzig sein«, 1958; »Der brave Soldat Schwejk« (nach Hašek), mit Heinz Rühmann, Regie: Axel von Ambesser, »Kriminaltango«, »Mit Himbeergeist geht alles besser«, und »Kauf mir einen bunten Luftballon«, Regie: Geza von Cziffra, 1960; »Die Abenteuer des Grafen Bobby«, mit Peter Alexander, Regie: Geza von Cziffra, 1961; »Frau Wirtin treibt es jetzt noch toller«, 1970; »Mein Vater, der Affe und ich«, Regie: Franz Antel, 1971; »Abenteuer eines Sommers«, 1974; »Love-Hotel in Tirol«, Regie: Franz Antel, 1978.
Theater: Azdak in Brechts »Der kaukasische Kreidekreis« und Knieriem in Nestroys »Lumpazivagabundus«, Volkstheater Wien 1957–1963; Alper in Chayeskys »Der zehnte Mann«, Striese in Schönthans »Der Raub der Sabinerinnen«, in »Bäcker, Bäckerin und Bäckerjunge«, in Flatows »Das Geld liegt auf der Bank«, Bordeur in Aymés »Messerköpfe«, La Surette in Anouilhs »Die Goldfische oder Mein Vater, der Held«, Cyril Poges in O'Caseys »Purpurstaub«, jeweils Theater in der Josefstadt Wien 1964–1975; Peachum in Brecht/Weills »Die Dreigroschenoper«, Melchior in Nestroys »Einen Jux will er sich machen«, Pompejus in Shakespeares »Maß für Maß«, Schulmeister Wenzeslaus in Lenz' »Der Hofmeister«, Hoftheater-Direktor in Shaffers »Amadeus«, jeweils Burgtheater Wien seit 1975; Dorfrichter Adam in Kleists »Der zerbrochene Krug«, Festspiele Heppenheim, 1979; Dicker Vetter in Hofmannsthals »Jedermann«, und Krautkopf in Nestroys »Der Zerrissene«, mit Helmut Lohner, Regie: Otto Schenk, jeweils Salzburger Festspiele (bis 1984).
Fernsehen: »Protektionskind«, ORF 1962; Titelrolle in »Der Bockerer« (nach Preses/Becher), ARD 1963; Herr Biedermann in »Biedermann und die Brandstifter« (nach Frisch), ORF 1963; »Die Giglerin von Wien«, ORF 1965; »Das Bohrloch oder Bayern ist nicht Texas«, Regie: Rainer Erler, ARD 1966; »Der Gürtel« und »Astoria«, ZDF 1967; »Hier bin ich, mein Vater« (nach Torberg), und Titelrolle in »Die Abenteuer des braven Soldaten Schwejk« (nach Hašek), 30 Folgen, ARD 1970; »Der Feldherrnhügel«, ZDF 1970; »Leinen aus Irland«, ARD 1971; »Auf der grünen Wiese«, ZDF 1971; »Fritz-Muliar-Show«, »Der Tod des Ministers« (nach Mňačko), »Spiel der Herzen« (nach Molnár), Kagler in »Wiener Blut« (nach Strauß), und Titelrolle in »Die Abenteuer des braven Soldaten Schwejk« (nach Hašek), 6 Folgen, ZDF

1972; Linoberer in »Der fidele Bauer« (nach Fall), Regie: Axel von Ambesser, »Ein Preuße in Wien«, und »Hallo – Hotel Sacher ... Portier!«, mit Fritz Eckhardt, Serie, ZDF 1973; Titelrolle in »Karl der Gerechte«, 7 Folgen, ARD 1975; »Stille und andere Geschichten – Geschichten um Fritz Muliar«, BR III 1977; »Das bin ich«, 2 Teile, ORF 1977; Dr. Hauser in »Moral« (nach Thoma), ARD 1979; »Ringstraßenpalais«, Regie: Rudolf Nussgruber, 12 Teile, ZDF 1981/82; »Prof. Muliars Böhmischstunde«, Serie, ORF 1982; »An uns glaubt Gott nicht mehr« (von Troller), Regie: Axel Corti, ZDF 1982; »Wiener Klatsch«, Regie: Georg Madeja, ORF 1984; »Lach' mal wieder«, Serie, ZDF 1984; »Flucht ohne Ende« (nach Joseph Roth), mit Helmut Lohner, Regie: Michael Kehlmann, 2 Teile, ARD 1985; »Lehár-Expreß«, Regie: Herbert Grunsky, ZDF + ungar. TV 1985; »Vaterland« und Mutterwitz«, Regie: Herbert Fuchs, ORF 1985.

Auszeichnungen: Goldenes Ehrenzeichen des Landes Wien; Österreichisches Ehrenkreuz für Wissenschaft und Kunst 2. Klasse; Professorentitel 1975; Kainz-Medaille; Österreichische Befreiungsmedaille; Ehrenmedaille des Österreichischen Rundfunks; »Goldener Rathausmann«, Wien; Bundesverdienstkreuz I. Klasse; Österreichisches Ehrenkreuz für Wissenschaft und Kunst 1. Klasse 1984.

Anschrift: c/o Agentur Rakosi, Tegernseer Landstraße 284, 8000 München 90, oder Roseggerstraße 16, A-2301 Groß-Enzersdorf, Österreich.

Peter Musäus

Geb. 12.10.1939 als Sohn des Schauspielers Hans Musäus und der Schauspielerin Maria Singer in Königsberg; aufgew. in Straßwalchen (bei Salzburg), Innsbruck, Tübingen und Kassel; lebt in Kirchheim bei München; verheiratet, 2 Kinder; nach dem Realgymnasium besuchte er die Schauspielschule im Mozarteum Salzburg; bereits mit zehn Jahren spielte er Kinderrollen am Tiroler Landestheater Innsbruck und sprach im österr. Kinderrundfunk Märchenfiguren; über Statisterie in Tübingen und Kassel kam er zum Beruf.

Film: Franz Schantl in »An der schönen blauen Donau«, Regie: John Olden, 1964.

Theater: Ruprecht in Kleists »Der zerbrochene Krug«, Regie: Günter Ballhausen, Stadttheater Lübeck 1962/63; Guter Gesell in Hofmannsthals »Jedermann«, Luisenburgfestspiele Wunsiedel 1965; Cornelius in »... und zweitens bin ich siebzehn«, Regie: Wolfgang Lukschy, Hebbel-Theater Berlin 1966; in Dürrenmatts »Der Meteor«, Regie: Fritz Rémond, Theater im Zoo Frankfurt/Main, und Benjamin in Congreves »Liebe für Liebe«, Stadttheater Osnabrück, 1967; Heißsporn in Shakespeares »Heinrich IV.«, Regie: Klaus Wagner, Matti in Brechts »Herr Puntila und sein Knecht Matti«, Regie: Hanns Ernst Jäger, Stadttheater Aachen 1968–1973; Jim in Williams' »Die Glasmenagerie«, Modernes Theater München 1974; Valentin in Goethes »Faust«, Regie: Michael Degen, Lord Ross in Shakespeares »Macbeth«, Regie: Dietrich Haugk, Bayerisches Staatsschauspiel München 1975–1980; Hoederer in Sartres »Die schmutzigen Hände«, Regie: Horst A. Reichel, Theater 44 München 1983; Polizist in Preses/Bechers »Der Bockerer«, mit Otto Schenk und Maria Singer, Münchner Volkstheater 1984.

Fernsehen: »Münchnerinnen« (nach Thoma), ZDF 1975; Bürgermeister in »Andreas Vöst« (nach Thoma), ZDF 1979, Regie: jeweils Eberhard Itzenplitz; »Die schwarzen Brüder«, Regie: Diethard Klante, ARD 1982; »Lemmi und die Schmöker«, Regie: Peter Podehl, Serie, und »Tatort«, Serie, ARD 1983; »Freitag's Abend«, mit Thomas Freitag, 3 Folgen, ARD 1984.

Anschrift: Münchner Straße 59, 8011 Kirchheim.

Franz Muxeneder

Geb. 19.10.1920 in Salzburg; dort aufgew.; nach der Hauptschule absolvierte er eine Automechaniker-Lehre; er war ferner als Finanzangestellter und Skilehrer tätig. 1943 stand er mit einer Laiengruppe in Hallein bei Salzburg erstmals auf der Bühne. Er verkörperte den Dumont in Raimunds »Der Verschwender«. Ein Schauspielstudium am Max-Reinhardt-Seminar in Salzburg schloß sich an.
Seine Bühnenengagements: Landestheater Salzburg (1945–1950 und 1956), Salzburger Festspiele (1945–1950 und 1983), Theater Die Kleine Freiheit München (seit 1951 mehrmals), Volkstheater München (1960–1963), Münchner Kammerspiele (1964), Theaterfestwochen Wien (1961–1970 und 1980), Theater-Festspiele Melk (1970–1975), Luisenburg-Festspiele Wunsiedel (1974 und 1977), Festspiele Heppenheim (1976), Theater in der Josefstadt Wien (1978/79), Deutsches Theater München (1978), T(h)eater in der Briennerstraße München (1980), Kleine Komödie München (1981/82 + 1985) und Städt. Bühnen Bonn (1984). Tourneen machte er u.a. 1964, 1969 und 1980.
Sein Film-Debüt gab Muxeneder 1947 in »Maresi« neben Paula Wessely und Attila Hörbiger, Regie: Hans Thimig. Er wirkte seither in über 230 Produktionen mit. Ferner verkörperte er seit 1960 nahezu 150 Fernsehrollen.
Der Schauspieler ist verheiratet, hat einen Sohn und lebt in München.
Film: »Weiße Schatten«, mit Hans Söhnker und Hilde Krahl, Regie: Helmut Käutner, 1948; »Der Weibsteufel«, Regie: Wolfgang Liebeneiner, »Das letzte Rezept«, mit O.W. Fischer, Regie: Rolf Hansen, und »Weißes Abenteuer«, mit Josefine Kipper, 1949; »Doppelselbstmord«, mit Oskar Sima, Regie: A.M. Rabenalt, und »Weißer Rausch«, mit Adrian Hoven, 1950; »Der Jagerloisl vom Tegernsee«, mit Hansi Knoteck und Adrian Hoven, »Der eingebildete Kranke« (nach Molière), mit Joe Stöckel, 1951; »Der große Zapfenstreich«, mit O.E. Hasse, 1953; »Hanussen«, mit O.W. Fischer und Liselotte Pulver, Regie: Georg Marischka, und »Dorf unterm Himmel«, Regie: Richard Häußler, 1954; »Jonny rettet Nebrador«, mit Hans Albers, 1955; »Kaiserball«, Regie: Franz Antel, 1956; »Der brave Soldat Schwejk« (nach Hašek), mit Heinz Rühmann, Regie: Axel von Ambesser, und »Das sündige Dorf«, mit Beppo Brem, 1960; »Schwejks Flegeljahre«, Regie: Wolfgang Liebeneiner, 1963; »Krambambuli«, mit Paul Hörbiger, Terence Hill und Johanna Matz, Regie: Franz Antel, und »Lausbubengeschichten« (nach Thoma), mit Elisabeth Flickenschildt und Hansi Kraus, Regie: Helmut Käutner, 1964; »Der Kongreß tanzt«, mit Lilli Palmer und Curd Jürgens, Regie: Geza von Radvany, 1968; »Zwei Däninnen in Lederhosen«, Regie: Franz Marischka, 1978; »Meister Eder und sein Pumuckl«, mit Gustl Bayrhammer, Regie: Ulrich König, BRD/Ungarn, 1981; »Die liebestollen Lederhosen«, Regie: Ernst W. Kalinke, 1982.
Theater: In Hofmannsthals »Jedermann«, 1945–1950, und in Thomas »Erster Klasse«, Regie: Oscar Fritz Schuh, 1983, jeweils Salzburger Festspiele; in »Der brave Soldat Schwejk« (nach Hašek), mit Sieghardt Rupp, Landestheater Salzburg 1956; in Nestroys »Der Talisman« und »Der Zerrissene«, Regie: jeweils Eduard Loibner, Volkstheater München 1960–1963; in Nestroys »Lumpazivagabundus«, mit Attila Hörbiger, Regie: Karl Paryla, Münchner Kammerspiele 1964; in Schillers »Die Verschwörung des Fiesco zu Genua«, in Hafners »Mägera, die fürchterliche Hexe«, und in Calderons »Das große Welttheater«, mit Josef Meinrad, Regie: Wolfgang Glück, jeweils Theaterfestwochen Wien 1961–1970 und 1980; in Nestroys »Der Talisman«, 1970, in Raimunds »Der Bauer als Millionär«, 1972, in Nestroys »Einen Jux will er sich machen«, 1973, in Nestroys »Lumpazivagabundus«, 1975, Regie: jeweils Peter Janisch, Theater-Festspiele Melk; in Nestroys »Der Zerrissene«, Regie: Hans Richter, Heppenheimer Festspiele 1976; in Arnold/Bachs »Hurra, ein Junge«, 1978, in Bahrs »Das Konzert«, Regie: Axel von Ambesser, 1979, jeweils Theater in der Josefstadt Wien; in Kollos »Die wilde Auguste«, mit Erni Singerl, Regie: Dieter Wieland (auch TV), 1981, in Shaws »Helden«, 1982, in Lewinskys »Drei Männer im Schnee« (nach Kästner), und in Hegemeisters »Prost Mahlzeit«, 1985, jeweils Kleine Komödie München; in Nestroys »Der Zerrissene«, Regie: Peter Eschberg, Städt. Bühnen Bonn 1984.
Fernsehen: »Ferien in Lipizza«, mit Helga Anders,

Serie, ARD 1963; »Luftsprünge«, mit Toni Sailer und Luis Trenker, Serie, ZDF 1969; »Der Kurier der Kaiserin«, mit Klausjürgen Wussow, Regie: Hermann Leitner, Serie, ZDF 1973; »Die olympischen Geister«, Regie: Michael Pfleghar, ARD 1973; »Klimbim«, Regie: Michael Pfleghar, Serie, ARD 1975; »Zwickelbach & Co«, Serie, ZDF 1976; »Alpensaga«, Regie: Dieter Berner, 6 Folgen, ZDF 1976/77; »Und die Tuba bläst der Huber«, mit Josef Meinrad, Regie: Georg Lohmeier, 26 Teile, ZDF 1980/81; »Zuhaus in fremden Betten«, Regie: Michael Günther, ZDF 1981; »Waldheimat«, Regie: Hermann Leitner, 26 Teile, und »Heiße Wickel – kalte Güsse«, Regie: Franz Josef Gottlieb, 14 Teile, ZDF 1984.

Auszeichnung: »Ring der Stadt Salzburg« 1981.

Anschrift: c/o Agentur Mattes, Pilotystraße 2, 8000 München 22, oder Georgenstraße 140, 8000 München 40.

N

Robert Naegele

Geb. 23. 6. 1925 in Nattenhausen bei Krumbach/ Schwaben; dort aufgew.; nach der Rückkehr aus der Kriegsgefangenschaft schloß er seine Kaufmannslehre ab. Er nahm privaten Schauspielunterricht in Stuttgart und München. Sein erstes Engagement hatte er am Stadttheater Memmingen. Von 1950 bis 1973 war er u.a. an folgenden Bühnen engagiert: Landestheater Coburg, Ulmer Theater, Theater der Stadt Trier, Stadttheater St. Gallen, Städt. Bühnen Mainz, Städt. Bühnen Dortmund, Staatstheater Oldenburg, Fritz-Rémond-Theater im Zoo Frankfurt/Main, Komödie im Marquardt Stuttgart, Kammerspiele Hamburg, Kammerspiele München, Bayerisches Staatsschauspiel München.
Naegele drehte ca. 200 Fernsehfilme. Er ist Autor von Theaterstücken, zahlreicher Hörspiele (u.a. »Wer hilft Frau Schräubele?«, »Eigene Wände«, »Alt und Jung«, »Bairisch Herz – Ausgabe Schwaben« und »Vakanz beim Opa«, 13 Folgen) und Bücher (u.a. »Schwäbische Lausbubengeschichten«, »Damals in unserem schwäbischen Dorf«, »Schwäbische Weihnachtsgeschichten«). Er veröffentlichte außerdem die LP »Abenteuer der sieben Schwaben«.
Naegele spricht engl.; er ist ledig und lebt in München.
Film: »Solange du da bist«, mit Maria Schell, O.W. Fischer und Hardy Krüger, Regie: Harald Braun, 1953; »Hubertusjagd«, 1959; »Die Zelle«, Regie: H. Bienek, 1973.
Theater: Titelrolle in Schillers »Don Carlos«, Bleichenwang in Shakespeares »Was ihr wollt«, Armand in Anouilhs »Colombe«, Prinz von Guastalla in Lessings »Emilia Galotti«, Sir Richard Ratcliff in Shakespeares »König Richard III.», Regie: Fritz Kortner, in Borcherts »Draußen vor der Tür«, jeweils an den vorgenannten Bühnen, Gott Vater in Sailers »Schwäbische Schöpfung«, Stadttheater Augsburg, 1985.
Fernsehen: »Die Verschwörung«, ARD 1963; »Chopin-Express«, ZDF 1965; »Brautwerbung«, ARD 1967; »Palace-Hotel« (nach Maurois), Regie: Tom Toelle, ARD 1969; »Hoppers letzte Jagd«, Regie: Claus Peter Witt, ARD 1972; »Überlebenstraining«, Regie: Frank Guthke, ZDF 1977; »Tatort«, Serie, 3 Folgen, ARD 1978–1981; »Der Störenfried«, Regie: Hartmut Griesmayr, ZDF 1978; »Musik auf dem Lande« (von Oliver Storz), und »Leutersbronner Geschichten«, Regie: Hartmut Griesmayr, ZDF 1981; »Alberta und Alice oder Die Unterwerfung«, Regie: Wilm ten Haaf, ARD 1981; »Der Alte«, Serie, und »Es muß nicht immer Mord sein«, Regie: Kai Borsche, Serie, ZDF 1982; »Zeit genug«, Serie, ARD 1982; »Die Krimistunde«, Serie, »Die fünfte Jahreszeit«, Serie, und »Mary und Gordy auf dem Land«, ARD 1983; »SOKO 5113«, Serie, »Der Sheriff von Linsenbach«, Regie: Michael Mackenroth, und »Wie im Paradies«, Regie: Bernd Fischerauer, ZDF 1984; »Köberle kommt«, Regie: Dominik Graf, Serie, ARD 1984; »Derrick«, Serie, »Der Stadtbrand«, Buch + Regie: Oliver Storz, »Treffpunkt Leipzig«, Regie: Jürgen Klauß, und »Feuerwanzen küß' ich nicht«, Regie: Karl-Heinz Deickert, ZDF 1985.
Auszeichnungen: 1. Darstellerpreis für die Darstellung in »Die Zelle«, Filmfestival San Remo 1974; »Wilhelmine-Lübke-Hörspiel-Preis« als Autor des Hörspiels »Alt und Jung«.
Anschrift: c/o ZBF-Agentur München. Leopoldstraße 19, 8000 München 40.

Horst Naumann

Geb. 17. 11. 1925 in Dresden; dort aufgew.; nach der Wirtschaftsoberschule nahm er Schauspielunterricht. Sein erstes Engagement erhielt er nach seiner Rückkehr aus der Kriegsgefangenschaft 1946 am Stadttheater Burgstädt, dem er bis 1948 angehörte. Weitere Stationen in der DDR: Stadttheater Staßfurt (ab 1950) und Theater der Freundschaft (Ost-) Berlin (ab 1953). Von 1953 bis 1956 drehte er 9 Spielfilme bei der DEFA. 1958 siedelte er in die Bundesrepublik Deutschland über, lebte zunächst in (West-) Berlin, wo er unter der Regie von Harry Meyen in der Uraufführung von Hubalcks »Die Festung« seine erste Rolle spielte. In den letzten Jahren spielte er vor allem an Boulevardtheatern in München (Kleine Komödie, Theater Die Kleine Freiheit), Hamburg und Köln sowie auf Tournee. Er führt auch Theater-Regie.

Naumann spricht engl., franz.; er ist verheiratet und lebt in Ottobrunn bei München.

Film: »Das geheimnisvolle Wrack«, DEFA 1953; »Leuchtfeuer«, Regie: Wolfgang Staudte, DEFA 1954; »Carola Lamberti« und »Star mit fremden Federn«, DEFA 1955; »Besondere Kennzeichen: Keine«, »Drei Mädchen im Endspiel« und »Der Teufelskreis«, DEFA 1956; »Einmal eine große Dame sein«, Regie: Erik Ode, und »Alter Kahn und junge Liebe«, 1957; »U 47 – Kapitänleutnant Prien«, Regie: Harald Reinl, 1958; »Kriegsgericht«, Regie: Kurt Meisel, »Lockvogel der Nacht«, »Am Tag, als der Regen kam«, mit Mario Adorf und Elke Sommer, Regie: Gerd Oswald, und »Unser Wunderland bei Nacht«, 1959; »Schick deine Frau nicht nach Italien«, 1960.

Theater: (zuletzt) In Stones »Kalifornisches Roulette«, mit Sonja Ziemann und Charles Regnier, Regie: Horst Johanning, Kleine Komödie München 1984; in Kerrs »Mittagsstunde«, mit Uschi Glas, Tournee 1984.

Fernsehen: »Wolken am Himmel« (nach Raphaelson), ZDF 1964 (auch: Kleine Komödie München); Graf Stauffenberg in »Porträt eines Attentäters«; »Doppelagent Georg Blake«; »Ferdinand Graf von Zeppelin«; Alkibiades in »Timon von Athen« (nach Shakespeare); »Bericht einer Offensive«; »Finke & Co.«; »Das Leben in meiner Hand« (von Ustinov); »Bei uns daheim«, Serie; »Eisenbahngeschichten«, Serie; »Das Verhör des Ernst Niekisch«, Regie: Oswald Döpke, ZDF 1977; »Tatort«, Regie: Günter Gräwert, Serie, ARD 1977; »Achtung Chance«, Regie: Kurt Ulrich, und »Der Alte«, Serie, ZDF 1978; »Gesundheit«, Regie: Peter Patzak, ARD 1979; »St. Pauli Landungsbrücken«, Serie, ARD 1980; »Drei Damen vom Grill«, Serie, und »Sonderdezernat K 1«, Serie, ARD 1981; »Derrick«, Serie, 2 Folgen, ZDF 1980 + 1983; Schiffsarzt in »Das Traumschiff«, mit Heinz Weiss, Heide Keller und Sascha Hehn, Regie: Alfred Vohrer, 6 Teile, ZDF 1983/84; »Ein Fall für zwei«, Serie, ZDF 1984; »Schwarzwaldklinik«, Regie: Alfred Vohrer, Serie, ZDF 1985/86.

Anschrift: c/o Agentur Mattes, Pilotystraße 2, 8000 München 22.

Kristina Nel

Geb. 26. 9. 1953 als Tochter des Bratschisten und Klavierbegleiters Rudolf Nel und der Sängerin Lore Fischer in München; dort aufgew.; schon mit fünf Jahren begann sie mit dem Klavierunterricht. 1968 gab sie ihr Filmdebüt in dem Streifen »Ludwig auf Freiersfüßen« (mit Hansi Kraus). Mehrere Jugendfilme, darunter »Hurra, die Schule brennt« (mit Peter Alexander, Regie: Werner Jacobs, 1969) schlossen sich an. Noch vor dem Abitur bekam sie 1972 ihre erste TV-Rolle. Bühnenengagements hatte sie seit 1976 u.a. bei den Festspielen Heppenheim, in Basel, bei einem Gastspiel in der Wiener Stadthalle (1979), am Grenzland-Theater des Kreises Aachen (seit 1980) und am Theater am Kurfürstendamm Berlin (1981).

Frau Nel spricht engl., franz.; sie ist seit 1975 verheiratet mit dem Schauspieler und Regisseur Helmut Förnbacher und lebt in Muttenz/Basel, Schweiz.

Film: (neben den Jugendfilmen) »Einer von uns beiden«, mit Jürgen Prochnow, Regie: Wolfgang Petersen, 1979.

Theater: Celia in Calderons »Das Versteck«, 1975, Raina in Shaws »Helden«, 1976, jeweils mit Helmut Förnbacher, Festspiele Heppenheim; »Winnetou«, mit Pierre Brice, Wiener Stadthalle 1979; in Williams' »Die Katze auf dem heißen Blechdach«, in Goethes »Die Mitschuldigen«, und in Shaws »Frau Warrens Gewerbe«, jeweils mit Helmut Förnbacher (teilweise auch unter seiner Regie), an den vorgenannten Bühnen 1980–1984; Tochter in Flatows »Vater einer Tochter«, mit Georg Thomalla, Theater am Kurfürstendamm Berlin 1981 (auch TV).

Fernsehen: Angeklagte in »Totschlag« (aus der Reihe: »Das Fernsehgericht tagt«), Regie: Ruprecht Essberger, ARD 1972; »Zwei kluge Männer und die Treue einer Frau« (nach Goethe), ARD 1973; »Der Alte«, Serie, 2 Folgen, ZDF 1978 und 1981; »Derrick«, Serie, 5 Folgen, ZDF 1982–1984; Nachrichtenoffizier in »Geheimsender 1212« (nach Hanuš Burger), mit Helen Vita, ZDF 1983; »Es muß nicht immer Mord sein«, Serie, ZDF 1985. Ferner war sie in den Serien »Privatdetektiv Frank Kross«, »Die Hupe« und »Brain Trust« zu sehen.

Anschrift: c/o Agentur Pilecki, Eilandstraße 12, 8000 München 90.

Miroslav Nemec

Geb. 26. 6. 1954 in Zagreb/Jugoslawien; dort und ab 1964 aufgew. in Traunstein/Oberbayern, wo er auch das Gymnasium besuchte. Er war Mitglied einer Rockband, studierte anschließend zwei Jahre am Mozarteum Salzburg Klassische Musik und nahm drei Jahre Schauspielunterricht in Zürich. Sein erstes Engagement erhielt er 1978 an den Bühnen der Stadt Köln. 1980 war er am Theater der Stadt Essen verpflichtet. Seit 1981 gehört er zum Ensemble des Bayerischen Staatsschauspiels München.

Nemec spricht engl.; er ist ledig und lebt in München.

Theater: In Goethes »Faust« und in Kleists »Das Käthchen von Heilbronn«, Bühnen der Stadt Köln 1978–1980; in Ostrowskijs »Der Wald«, Regie: Harald Clemen, in Hofmannsthals »Der Schwierige«, Regie Hans Kratzer, in Thomas »Das Säuglingsheim«, Regie: Kurt Meisel, Eilif in Brechts »Mutter Courage und ihre Kinder«, mit Ruth Drexel, Regie: Rolf Stahl, in Shakespeares »Viel Lärm um nichts«, Regie: Kurt Meisel, und Prinz von Marokko in Shakespeares »Der Kaufmann von Venedig«, Regie: Alfred Kirchner, in Fassbinders »Katzelmacher«, jeweils Bayerisches Staatsschauspiel München 1981–1984/85.

Fernsehen: »Mosch«, mit Marius Müller-Westernhagen, von und unter der Regie von Tankred Dorst, ARD 1980; »Mary und Gordy auf dem Lande«, mit Ruth-Maria Kubitschek, ARD 1983.

Anschrift: c/o ZBF-Agentur München, Leopoldstraße 19, 8000 München 40.

Ilse Neubauer

Geb. 27. 6. 1942 in München; dort aufgew.; nach ihrer Schauspielausbildung debütierte sie am Bayerischen Staatsschauspiel München. Bei Gastspielen und Tourneen spielte sie jeweils Rollen ihres Fachs. Bekannt wurde sie fast ausschließlich durch ihre Tätigkeit bei Hörfunk und Fernsehen. Beim Bayerischen Rundfunk begann sie als Sprecherin und Moderatorin. In den letzten Jahren spielte sie in zahlreichen (Vorabend-)Serien mit Münchner Lokalkolorit. Frau Neubauer spricht engl.; sie lebt in München.

Fernsehen: »Ein langes Wochenende«, »Eden ist fern« (Kabarett), »Von Liebe keine Rede«, »Butler Parker« (Serie) und »Hanna Lessing«, ARD/ZDF bis 1973; »Sittengemälde«, Regie: Eberhard Itzenplitz. ZDF 1973; »Die seltsamen Methoden des Franz Josef Wanninger«, mit Beppo Brem und Maxl Graf, Serie, ARD 1974/75; »Polizei-Inspektion 1«, mit Walter Sedlmayr, Serie, ARD 1977; »Plutonium«, Buch und Regie: Rainer Erler, ZDF 1978; »Der ganz normale Wahnsinn«, mit Towje Kleiner, Regie: Helmut Dietl, Serie, ARD 1979; »Der Alte«, Serie, ZDF 1980; »Derrick«, Serie, 2 Folgen, ZDF 1980 + 1983; »Tatort«, Regie: Wolf Dietrich, Serie, und »Die Undankbare«, Regie: Franz Josef Wild, ARD 1980; »Traumlage«, Regie: Konrad Sabrautzky, ARD 1982; »Ordnung muß sein«, Regie: Franz Geiger, ZDF 1984; »Das Verschwinden der Harmonie«, Regie: Ulrich Heising, ARD 1984; Wirtin in »Franz Xaver Brunnmayr«, mit Gustl Bayrhammer, Veronika Fitz und Toni Berger, Regie: Ulrich König, 13 Teile, ARD 1985; »Schloßherren«, mit Willy Harlander und Karl Lieffen, Regie: Reinhard Schwabenitzky, 8 Teile, ARD 1986.

Anschrift: c/o ZBF-Agentur München, Leopoldstraße 19, 8000 München 40.

Paul Neuhaus

Geb. 26. 1. 1938 in Essen; dort aufgew.; nach der mittleren Reife absolvierte er zunächst eine Ausbildung zum Textilkaufmann. Von 1959 bis 1962 besuchte er die Folkwang-Schule Essen. Seine Bühnenstationen u.a.: Theater Rendsburg, Kleine Komödie München, Gastspiele in Berlin, auf Tournee sowie bei den Schloßfestspielen Ettlingen (bis 1985). Seit 1967 arbeitet er umfangreich beim Fernsehen und ist in der Synchronisation tätig.
Neuhaus spricht engl.; er lebt abwechselnd in München und Karlsruhe.
Film: »Luftschlacht um England«, Großbritannien/BRD 1968; »Der Stoff, aus dem die Träume sind« (nach Simmel), Regie: Alfred Vohrer, 1971; »Papiertiger«, 1975.
Theater: Diego in Camus' »Der Belagerungszustand«, Pylades in Goethes »Iphigenie auf Tauris«, Wasska Pepel in Gorkis »Nachtasyl«, Peter Peter in Goetz' »Ingeborg«, Skip in Wunderlich/Olias' »Prärie Saloon«, Mortimer in Schillers »Maria Stuart«, Ritter Hans in Giraudoux' »Undine«, Marquis von Posa in Schillers »Don Carlos«, Mercutio in Shakespeares »Romeo und Julia«, Florindo Aretusi in Goldonis »Diener zweier Herren«, Lord Windermere in Wildes »Lady Windermeres Fächer«, Thomas Becket in Anouilhs »Becket oder Die Ehre Gottes«, Pedro in Lope de Vegas »Die kluge Närrin«, Don Juan in Shakespeares »Viel Lärm um nichts«, Dicker Vetter in Hofmannsthals »Jedermann«, Bunky in Kishons »Der Trauschein«, in Kerrs »Die Mittagsstunde«, in Lovegroves »Grüß Gott, Frau Sonnenschein«, Illo in Schillers »Wallenstein« und Balthasar in Shakespeares »Komödie der Irrungen«, jeweils an den vorgenannten Bühnen bis 1985.
Fernsehen: »Der Blinde« (nach Mille), ZDF 1967; »Wo man sich trifft« (nach Bratt) und »Die Wilde« (nach Anouilh), ZDF 1968; »Der irische Freiheitskampf« (von Hampel) und »Spion unter der Haube« (von Matray/Krüger), ZDF 1969; »Fluop oder Der Hang zur Redlichkeit« (von Kühn), Helmuth Grothe in »Junger Herr auf altem Hof« (von Pauck), mit Heinz Engelmann, Serie, »Mord im Pfarrhaus« (nach Christie) und »Die vierzig Irrtümer des Herodes« (von Danek), ZDF 1970; »Weihnachten auf dem Markt« (nach Ghéon) und »Tiefe blaue See« (nach Rattigan), ARD 1971; »Die Tote vom Pont Neuf« (nach Gozlan), ZDF 1973; »Cherchez la Femme oder Die Geister am Mummelsee« (von Waldmann aus der Reihe: »Tatort«), ARD 1973; »Der Kommissar«, mit Erik Ode, Serie, »Am Morgen meines Todes« (von Seuren), und »Der Verfolger« (nach Weisenborn), Regie: Falk Harnack, ZDF 1974; »Sperrmüll« (von Bruggmann), ZDF 1976; »Polizei-Inspektion 1«, mit Walter Sedlmayr, Serie, ARD 1981; »Der Alte«, Serie, ZDF 1982; »Ein idealer Lebenszweck«, Buch + Regie: Bruno Jantoss, ARD 1985.
Anschrift: c/o ZBF-Agentur München, Leopoldstraße 19, 8000 München 40.

Elisabeth Neumann-Viertel

Geb. 5. 4. 1900 in Wien; dort aufgew.; nach der Schule nahm sie Schauspielunterricht bei Otto Falckenberg und Kläre Weisenberg. Nach einem Vorsprechen bei Regisseur Paul Kalbeck erhielt sie 1921 ihr erstes Engagement an den Münchner Kammerspielen. Von 1923 bis 1933 spielte sie in Berlin an den Bühnen von Max Reinhardt, an der Volksbühne unter Erwin Piscator und am Preuß. Staatstheater unter Leopold Jessner. 1933 ging sie nach Wien, über England kam sie 1938 in die USA, wo sie am New Yorker Broadway auftrat und zahlreiche Filme drehte.

1949 kehrte sie nach Europa zurück. Sie gastierte u.a. an den Münchner Kammerspielen (1949–1953), am Bayerischen Staatsschauspiel München, an zahlreichen Wiener Bühnen (Burgtheater, Theater in der Josefstadt, Theater beim Auersperg, bis 1984), bei den Salzburger Festspielen und am Schauspielhaus Düsseldorf (1980).

Frau Neumann-Viertel spricht engl., franz.; sie war verheiratet mit dem Schriftsteller und Regisseur Berthold Viertel (geb. 1885 – verst. 1955) und lebt abwechselnd in Wien und München.

Film: »The House on 92nd Street«, Regie: Henry Hathaway, USA 1945; »The Ringer«, USA 1946; »Heidi« (nach Johanna Spyri), 1953; »Cabaret«, mit Liza Minelli, Michael York und Joël Grey, Regie: Bob Fosse, USA 1972; »Peppermint-Frieden«, mit Peter Fonda, Cleo Kretschmer und Hans-Peter Korff, Regie: Marianne S.W. Rosenbaum, 1983; »The Little Drummer Girl«, BRD/USA 1984.

Theater: Christopherl in Nestroys »Einen Jux will er sich machen«, mit Elisabeth Bergner, Regie: Paul Kalbeck, Münchner Kammerspiele 1921; Eve in Kleists »Der zerbrochene Krug«, Luise in Schillers »Kabale und Liebe«, in Gerhart Hauptmanns »Der arme Heinrich«, Franziska in Lessings »Minna von Barnhelm«, und in der Uraufführung von Billingers »Rosse«, Regie: Leopold Jessner (dessen letzte Berliner Inszenierung 1933), jeweils an den vorgenannten Berliner Bühnen 1923–1933; Puck in Shakespeares »Ein Sommernachtstraum«, Regie: Franz Höllering; Amme in Strindbergs »Der Vater«, mit Fritz Kortner, 1949, in Lessings »Minna von Barnhelm«, mit Maria Wimmer, 1951, und in Williams' »Die tätowierte Rose«, 1953, Regie: jeweils Fritz Kortner, Münchner Kammerspiele; in der Uraufführung von Ahlsens »Die Bäume stehen draußen«, Regie: Dieter Haugk, Kammerspiele München 1956; in »Die Schlinge in der Luft«, in Higgins' »Harold und Maude«, und Großmutter in Horváths »Geschichten aus dem Wienerwald«, jeweils an den vorgenannten Wiener Bühnen; in Lautensacks »Hahnenkampf«, Regie: Ruth Drexel, Schauspielhaus Düsseldorf 1980.

Fernsehen: »Geschichten aus dem Wienerwald« (nach Horváth), ARD 1964, »Madame Legros« (nach Heinrich Mann), ARD 1968, und »Augenzeugen müssen blind sein« (nach Ashford), ARD 1971, Regie: jeweils Michael Kehlmann.

Anschrift: c/o Agentur Lentz, Holbeinstraße 4, 8000 München 80, oder Zedlitzgasse 1, A-1010 Wien, Österreich.

Wolfgang Neuss

Geb. 3. 1. 1923 als Sohn eines ehem. Fliegeroffiziers in Breslau; dort aufgew.; nach der Volksschule war er zuerst Landwirtschaftsgehilfe und absolvierte dann eine Schlachterlehre. 1938 ging er nach Berlin, um Clown zu werden. Nach seiner Entlassung aus der Jugendverwahranstalt Alexanderplatz arbeitete er in einer Granatenfabrik in Breslau. 1940 wurde er zum Wehrdienst einberufen, 1944 gelang ihm per Schiff die Flucht nach Kopenhagen, wo er sich erstmals als Kabarettist betätigte.
1945 begründete er sein »Reichs-Kabarett der Komiker«; er gastierte mit dem Programm »Lachkalorien« u.a. in Kassel, München, Bremen und Hannover. 1949 lernte er seinen Kollegen Wolfgang Müller kennen, mit dem er bis zu dessen Tod im Jahre 1960 zahlreiche Kabarett-Programme bestritt.
Eine Trommel in Hamburg, eine Pauke bei seinen Auftritten in der Waldbühne Berlin wurden seine Markenzeichen. Ab 1951 gestaltete er Radio-Kabarett (»Schreibmaschine und Klavier«, 1951/52, »Haferstengel an der Tankstelle«, 1953, »Musik für Emma«, 1956). Ab 1952 inszenierte er am Kabarett »Die Stachelschweine«, Berlin, an der Komödie Berlin, am Bayerischen Staatsschauspiel München und am Theater am Kurfürstendamm Berlin.
Gastspiele als Schauspieler gab er am Hebbel-Theater Berlin (1953), an der Komödie Berlin (1953, 1958/1959), am Theater am Kurfürstendamm Berlin (1953–1955), an der Freien Volksbühne Berlin (1963–1966) und am Deutschen Schauspielhaus Hamburg (1966).
Seine eigenen Stücke »Tu's nicht ohne Liebe« (Bayerisches Staatsschauspiel München 1958) und »Zwei Berliner in Paris« (Komödie Berlin 1959) inszenierte er jeweils selbst.
Sein Film-Debüt gab er 1950 in Geza von Cziffras »Der Mann, der sich selber sucht«. Insgesamt wirkte er in über 70 Kino-Produktionen mit.
In den 70er Jahren zog sich Neuss fast völlig zurück. Erst im Vorfeld seines 60. Geburtstages 1983 widmeten ihm die Medien wieder breite Aufmerksamkeit. Höhepunkt der Berichterstattung war sein Auftritt in der Talk-Show »Leute« (SFB) neben dem damaligen Regierenden Bürgermeister von Berlin, Richard von Weizsäcker.

Neuss arbeitet derzeit als Kolumnist für die »Tageszeitung« (taz) und den »Stern«. Er veröffentlichte zahlreiche Bücher: »Wir Kellerkinder«, 1961, »Das jüngste Gerücht«, 1965, »Neuss' Testament«, 1966, »Asyl im Domizil«, 1968, »Da habt ihr es!«, 1968, »Das Wolfgang-Neuss-Buch«, 1981, »Ohne Drogen nichts zu machen«, 1983. Von 1964 bis 1966 erschien seine Zeitung »Neuss' Deutschland – Organ des Zentralkomiker-Teams der Satirischen Einheitspartei Deutschlands«. Gaston Salvatore publizierte das Buch »Ein faltenreiches Kind – Geschichte des Mannes mit der Pauke Wolfgang Neuss« (1974 und 1983). Neuss spricht engl.; er ist zweimal geschieden, hat eine Tochter und lebt in Berlin-Charlottenburg.
Film: »Der Mann, der sich selber sucht«, Regie: Geza von Cziffra, und »Wer fuhr den grauen Ford?«, Regie Otto Wernicke, 1950; »Schön muß man sein«, Regie Akos von Rathony, 1951; »Mikosch rückt ein«, Regie J.A. Hübler-Kahla, »Pension Schöller« (nach Jacoby, Laufs), Regie: Georg Jacoby, »Man lebt nur einmal« Regie: Ernst Neubach, »Die Spur führt nach Berlin« Regie: Franz Cap, »Ich hab' mein Herz in Heidelberg verloren«, Regie: Ernst Neubach, 1952; »Der Onkel aus Amerika«, Regie: Carl Boese, »Von Liebe reden wir später«, Regie: Karl Anton, »Keine Angst vor großen Tieren«, Regie: Ulrich Erfurth, »Die Kaiserin von China«, Regie: Steve Szekely, »Hurra, ein Junge«, Regie: Ernst Marischka, »Hollandmädel«, Regie: J.A. Hübler-Kahla, »Weg ohne Umkehr«, Regie Victor Vicas, 1953; »Gefährlicher Urlaub«, Regie Carol Reed, Großbritannien 1953; »Die schöne Müllerin«, Regie: Wolfgang Liebeneiner«, »Phantom des großen Zeltes«, Regie: Paul May, »Die goldene Pest« Regie: John Brahm, »Auf der Reeperbahn nachts um halb eins«, Regie: Wolfgang Liebeneiner, 1954; »Des Teufels General« (nach Zuckmayer), mit Curd Jürgens, Regie: Helmut Käutner, »Ein Mann vergißt die Liebe«, Regie: Volker von Collande, »Die heilige Lüge«, Regie: Wolfgang Liebeneiner, »Der fröhliche Wanderer«, Regie: Hans Quest, »Ich war ein häßliches Mädchen«, Regie: Wolfgang Liebeneiner, »Oberwachtmeister Borck«, Regie: Gerhard Lamprecht, »Banditen der Autobahn«, Regie: Geza von Cziffra, »Himmel ohne Sterne«, Regie: Helmut Käutner, »Ein Herz bleibt allein«, Regie: Geza von

Bolvary, »Unternehmen Schlafsack«, Regie: Arthur Maria Rabenalt, »Charley's Tante« (nach Thomas), Regie: Hans Quest, »Die Drei von der Tankstelle«, Regie: Willi Forst und Hans Wolff, »Urlaub auf Ehrenwort«, Regie: Wolfgang Liebeneiner, 1955; »Küß' mich noch einmal«, Regie: Helmut Weiß, »Zu Befehl, Frau Feldwebel«, Regie: Georg Jacoby, »Der Hauptmann von Köpenick« (nach Zuckmayer), mit Heinz Rühmann, Regie: Helmut Käutner, »Ohne dich wird es Nacht«, Regie: Curd Jürgens, »Die Christel von der Post«, Regie: Karl Anton, und »Ein Mann muß nicht immer schön sein«, Regie: Hans Quest, 1956; »Ferien auf Immenhof«, Regie: Hermann Leitner, »Der müde Theodor«, Regie: Geza von Cziffra, »Das Wirtshaus im Spessart«, mit Liselotte Pulver, Regie: Kurt Hoffmann, »Frühling in Berlin«, Regie: Arthur Maria Rabenalt, 1957; »Schwarzwälder Kirsch«, Regie: Geza von Bolvary, »Der Maulkorb« (nach Spoerl), Regie: Wolfgang Staudte, »Die grünen Teufel von Monte Cassino«, Regie: Harald Reinl, »Nick Knattertons Abenteuer«, Regie: Hans Quest, »Der Stern von Santa Clara«, Regie: Werner Jacobs, »Wir Wunderkinder«, Regie: Kurt Hoffmann, 1958; »Der lustige Krieg des Hauptmann Pedro«, Regie: Wolfgang Becker, »Die Nacht vor der Premiere«, Regie: Georg Jacoby, »Rosen für den Staatsanwalt«, mit Martin Held, Regie: Wolfgang Staudte, und »Liebe verboten – Heiraten erlaubt«, Regie: Kurt Meisel, 1959; »Als geheilt entlassen«, Regie: Geza von Cziffra, und »Wir Kellerkinder« (Buch: Neuss selbst), Regie: Jochen Wiedermann, 1960; »Immer Ärger mit dem Bett«, Regie: Rudolf Schündler, und »Der Traum von Lieschen Müller«, Regie: Helmut Käutner, 1961; »Wenn ich Chef wäre«, Regie: Hansjürgen Pohland, und »Genosse Münchhausen«, Buch u. Regie: Neuss selbst, 1962; »Die endlose Nacht«, Regie: Will Tremper, 1963; »Die Tote von Beverly Hills«, Regie: Michael Pfleghar, 1964; »Serenade für zwei Spione«, Regie: Michael Pfleghar und Alberto Cardone, BRD/Italien 1965; »Katz und Maus«, Regie: Hansjürgen Pohland, 1967; »Chapeau Claque«, Regie: Ulrich Schamoni, 1973; Annemarie Renger in »Is' was Kanzler?!?«, Regie: Gerhardt Schmidt, 1984.

Theater: Wichtige Kabarett-Programme: »Zwischen Tür und Angel«, 1953, »Schieß mich, Tell«, 1955, jeweils mit Wolfgang Müller; »Das jüngste Gerücht«, 1963 (auch TV), »Neuss' Testament«, 1965 (auch TV), »Asyl im Domizil«, 1967 (auch TV). Ferner spielte er u.a.: Gangster in Porters »Kiss me, Kate«, Regie: Leonard Steckel, Theater am Kurfürstendamm Berlin 1953; Narr in Shakespeares »Was ihr wollt«, Regie: Kurt Meisel, Hebbel-Theater Berlin 1953; in Wittlingers »Kennen Sie die Milchstraße?«, 1958, in Neuss' »Zwei Berliner in Paris«, Regie: Neuss selbst, und in Budjuhn/Roses »Die zwölf Geschworenen«, Regie: Rudolf Noelte, 1959, jeweils Komödie Berlin; in Hochhuths »Der Stellvertreter«, 1963, in Kipphardts »In der Sache J. Robert Oppenheimer«, 1964, und in »Aufstand der Offiziere«, 1966, Regie: jeweils Erwin Piscator, Freie Volksbühne Berlin; Thersites in Shakespeares »Troilus und Cressida«, Deutsches Schauspielhaus Hamburg 1966.

Am Kabarett »Die Stachelschweine« Berlin inszenierte er u.a. »Festland Berlin« und »Zwischen Nylon und Chemnitz« (ab 1952). Er arbeitete 1968/69 an Weiss' »Vietnam-Diskurs« mit, der unter der Regie von Peter Stein und W. Schwiedrzik an den Münchner Kammerspielen und an der Schaubühne am Halleschen Ufer Berlin aufgeführt wurde.

Fernsehen: »Kopf oder Zahl«, Regie: Werner Schöne, ARD 1952; »Drei Mann auf einem Pferd« (nach Abbott), Regie: Leonard Steckel, ARD 1957; »Kennen Sie die Milchstraße» (nach Wittlinger), Regie: Michael Pfleghar, ARD 1958; »Napoleon in New Orleans«, (nach Kaiser), Regie: Imo Moszkowicz, ARD 1959; »Zwei Berliner in Paris« (von Neuss), Regie: Heinz Dunkhase, »Zwanzig Minuten Aufenthalt«, Regie: Ilo von Janko, und »Wer nicht hören will, muß fernsehen«, Regie: Konrad Wagner, ARD 1960; »Macky Pancake«, Regie: Jochen Wiedermann, Serie, 2 Folgen, ARD 1961; »Aus dem Tagebuch eines Kabarettisten«, Regie: Jochen Wiedermann, und »Blick zurück – doch nicht im Zorn«, Regie: Alexis Neve, Serie, ARD 1964; »Der schwarze Freitag«, Regie: August Everding, ARD 1966; »Wenn man trotzdem lacht oder: Freiheit, die wir meinen«, Regie: Thomas Engel, ZDF 1968; »Rotmord«, Regie: Peter Zadek, ARD 1969; »Ich lache Tränen, heule Heiterkeit« (TV-Porträt), Regie: Volker Kühn, ARD

Günther Neutze

1973; »Die halbe Eva«, Regie: Volker Kühn, ARD 1974; »Besuch beim Mann mit der Pauke«, Porträt und Interview mit Neuss, ZDF 1983.
Auszeichnungen: »Berliner Kunstpreis« (für Film und Fernsehen) 1964; »Preis der deutschen Schallplattenkritik« 1964; »Deutscher Kleinkunstpreis« 1983.
Anschrift: Lohmeyerstraße 6, 1000 Berlin 10.

Geb. 5. 3. 1921 in Hannover; dort aufgew.; bereits als Schüler übernahm er Statistenrollen am Theater. Privater Schauspielunterricht folgte. Nach seiner Rückkehr aus sowjetischer Kriegsgefangenschaft hatte er sein erstes Engagement an der Landesbühne Hannover (1947–1951). Diesem Theater war er nach einer Spielzeit am Staatstheater Braunschweig (1951/52) weitere Jahre verbunden. Verpflichtungen hatte er ferner u.a. am Theater der Freien Hansestadt Bremen und bei den Festspielen in Bad Hersfeld. Seit 1958 wirkt er bei Film und Fernsehen. Vorwiegend ist er in Kriminalfilmen zu sehen.
Neutze spricht engl.; er ist verheiratet, hat zwei Kinder (Michael und Brigitte) und lebt in Hannover. Seit 1983 hat er sich aus gesundheitlichen Gründen vom Beruf zurückgezogen. Sein Bruder ist der Schauspieler Horst Michael Neutze. 1967 verstarb sein Bruder, der Schauspieler Hanns Lothar.
Film: »Polizeirevier Davidswache«, mit Horst Michael Neutze und Hanns Lothar, 1965, und »Die Engel von St. Pauli«, 1969, Regie: jeweils Jürgen Roland.
Theater: Geßler in Schillers »Wilhelm Tell«, Fürst in Sternheims »Bürger Schippel«, Stech in Ionescos »Die Nashörner«, Möbius in Dürrenmatts »Die Physiker,« und Nr. 8 in Rose/Budjuhns »Die zwölf Geschworenen«, jeweils an den vorgenannten Bühnen.
Fernsehen: Bis 1970 wirkte er u.a. in folgenden Produktionen mit: »Der Fall Nebe« (nach Andics), »Das Goldstück« (von Hampel), »Viele heißen Kain« (von Neumann), »Flug in Gefahr« (nach Hailey), »Zehn kleine Negerlein« (nach Christie), »Schleicher – General der letzten Stunde« (nach Pigge), »Spuk im Morgengrauen « (nach Ashe), »In einem Garten in Aviamo« (nach Hubalek) und »Die Kuba-Krise 1962« (von Peter von Zahn). Ferner: »Moral« (nach Thoma), Regie: Rainer Wolffhardt, ARD 1958; »Die Gentlemen bitten zur Kasse« (nach Kolarz), mit Horst Tappert, Regie: Claus Peter Witt und John Olden, 3 Teile, ARD 1966; »Der Trinker« (nach Fallada), Regie: Dietrich Haugk, ARD 1967; Kommissar Bernhard in »Dem Täter auf der Spur«, Regie: Jürgen Roland, Serie, ARD 1967–1973; »Die Falle« Regie: Oswald Döpke, ZDF 1983.
Anschrift: Saarstraße 9, 3000 Hannover.

Horst Michael Neutze

Geb. 17. 11. 1923 in Hannover; dort aufgew.; nach der Schule nahm er privaten Schauspielunterricht bei dem Staatsschauspieler Hans Ebert in Hannover. Sein erstes Engagement erhielt er 1946/47 am Stadttheater Aschaffenburg. Weitere Stationen: Städt. Bühnen Bielefeld (1947–1949), Staatstheater Darmstadt (1949/50), Bühnen der Landeshauptstadt Kiel (1950–1961) und Thalia-Theater Hamburg (1961–1966). Seit 1966 ist er freischaffend. Er gastierte u.a. am Renaissance-Theater Berlin, machte Tourneen und arbeitete als Regisseur an den Bühnen der Hansestadt Lübeck. Den Schwerpunkt seiner Arbeit legte er seit 1960 beim Fernsehen, wo er bislang über 150 Rollen verkörperte.

Neutze spricht engl.; er ist in zweiter Ehe verheiratet und lebt in Hamburg. Sein Bruder ist der Schauspieler Günther Neutze. 1967 verstarb sein Bruder, der Schauspieler Hanns Lothar.

Film: »Polizeirevier Davidswache«, Regie: Jürgen Roland, 1965; »Jerry Cotton«, Regie: Harald Reinl, und »Vier Schlüssel«, Regie: Jürgen Roland, 1966.

Theater: Truffaldino in Goldonis »Der Diener zweier Herren«, Happy in Millers »Der Tod des Handlungsreisenden«, Siro in Machiavellis »Mandragola«, Valentin in Goethes »Faust«, Charly in Goetz' »Der Lügner und die Nonne«, Bruno in Hauptmanns »Die Ratten«, Jim in Williams' »Die Glasmenagerie«, Captain Fisby in Patricks »Das kleine Teehaus«, Thisbe in Shakespeares »Ein Sommenachtstraum«, 1. Ganove in Porters »Kiss me, Kate«, Möbius in Hasenclevers »Ein besserer Herr«, Erwin in Abbotts »Drei Mann auf einem Pferd«, Greenwald in Wouks »Die Caine war ihr Schicksal« und Chlestakow in Gogols »Der Revisor«, jeweils an den vorgenannten Bühnen.

Fernsehen: »Stahlnetz«, Regie: Jürgen Roland, Serie, ARD 1958–1960; »Parlez-vous français?« (nach Rattigan), ARD 1962; »Stalingrad« (nach Plievier), ARD 1963; Bunky in »Der Trauschein« (nach Kishon), ZDF 1963; »Haben« (nach Hay), ARD 1964; »Kriminalmuseum«, Serie, ZDF 1966; »Betrug der Zeiten« (nach Bramble), ARD 1967; »Risiko für Weihnachtsmänner« (nach Lenz), Regie: Thomas Fantl, »Kidnap« (nach Walle), Regie: Helmuth Ashley, und »Der Richter von Zalamea« (nach Calderon), ZDF 1968; »Nennen Sie mich Alex« (nach Saemann), ZDF 1969; »Lieber Erwin« (nach Knopp), ZDF 1970; »Ein Vogel bin ich nicht«, ARD 1972; »Der Prozeß Jerome Lindon« (nach Sawatzki), ZDF 1972; »Der Verrat« (nach Whitemore), ARD 1973; »Lisa« (von Storz), ZDF 1973; »Diplomatengepäck« (nach Chapman), ARD 1974; »Wer einmal in die Mühle kommt«, Regie: Ilo von Janko, ZDF 1976; »David und Goliath« (nach Georg Kaiser), ZDF 1977; »Tatort«, Serie, 5 Folgen, ARD 1977–1982; »Lauter anständige Menschen«, Regie: Diethard Klante, ARD 1979; »Hatschi!«, Regie: Eugen York, ZDF 1979; »Jeans«, Regie: Hartmut Griesmayr, ZDF 1981; »Die Stunde des Löwen«, Regie: Hartmut Griesmayr, ZDF 1982; »Satan ist auf Gottes Seite«, mit Hans Christian Blech, Regie: Wolfgang Staudte, ZDF 1983; »Gefährliches Spiel«, Regie: Theo Mezger, ARD 1983; »Der letzte Zivilist« (nach Glaeser), mit Max von Sydow, Regie: Laurent Heynemann, 2 Teile, ZDF 1984; »Die Fehler des Piloten«, Regie: Hartmut Griesmayr, ZDF 1985; »Tatort«, Serie, ARD 1985.

Anschrift: c/o Agentur Baumbauer, Keplerstraße 2, 8000 München 80.

Maria Nicklisch

Bühnenstationen: Bayerisches Staatsschauspiel München (1934/35) und Münchner Kammerspiele (seit 1935).
Maria Nicklisch gab nie Interviews und vermied es, Angaben zur Person und zu ihrer Biographie zu machen.
Film: »Salonwagen E 417«, mit Axel von Ambesser, Paul Hörbiger und Curd Jürgens, Regie: Paul Verhoeven, und »Kitty und die Weltkonferenz«, Regie: Helmut Käutner (dessen Regie-Debüt), 1939; »Der siebente Junge« und »Kameraden«, 1941.
Zusammen mit Hans Schweikart war sie Drehbuchautorin für »Man muß sich nicht gleich scheiden lassen«.
Theater: An den Münchner Kammerspielen von 1935 bis 1985: Liddy in Grabbes »Scherz, Satire, Ironie und tiefere Bedeutung«, Regie: Paul Verhoeven, und Cressida in Shakespeares »Troilus und Cressida«, Regie: Otto Falckenberg, 1936, Susanne in Beaumarchais' »Der tolle Tag oder Figaros Hochzeit«, Regie: Otto Falckenberg, 1937, Cleopatra in Shaws »Cäsar und Cleopatra«, Regie: O.E. Hasse, 1938, Ophelia in Shakespeares »Hamlet«, Regie: Otto Falckenberg, 1939, Titelrolle in Goetz' »Ingeborg«, 1942, Lady Macbeth in Shakespeares »Macbeth«, Regie: Friedrich Domin, 1945, Titelrolle in Anouilhs »Eurydike«, 1947, Nina in Tschechows »Die Möwe«, Regie: Bruno Hübner, 1948, Lady Milford in Schillers »Kabale und Liebe«, und Polly in Brecht/Weills »Die Dreigroschenoper«, Regie: Harry Buckwitz, 1948/49, Homunculus in Goethes »Faust II«, Regie: Hans Schweikart, Elvira in Cowards »Geisterkomödie«, Regie: Harry Buckwitz, und Estelle in Sartres »Hinter geschlossenen Türen«, 1949/50, Silvia in Booth-Luce' »Frauen in New York«, und Blanche in Williams' »Endstation Sehnsucht«, Regie: Paul Verhoeven, 1950/51, Catherine in Goetz' »Die Erbin«, Regie: Hans Schweikart, und Anastasia in Dürrenmatts »Die Ehe des Herrn Mississippi«, 1951/52, Erna in Horváths »Kasimir und Karoline«, Katharina in Shakespeares »Der Widerspenstigen Zähmung«, Regie: Hans Schweikart, Maria Stuart in Rehbergs »Maria und Elisabeth«, Regie: Friedrich Domin, und Miranda in Frischs »Don Juan oder Die Liebe zur Geometrie«, Regie: Leonard Steckel, 1952/53, Abigail in Millers »Hexenjagd«, Regie: Hans Schweikart, 1953/54, Alma in Williams' »Der steinerne Engel«, 1954/55, Titelrolle in Bruckners »Elisabeth von England«, Regie: Hans Schweikart, 1955/56, Amanda in Shaws »Der Kaiser von Amerika«, Regie: August Everding, 1956/57, Sittah in Lessings »Nathan der Weise«, 1957/58, Herzogin in Anouilhs »Leocadia«, Regie: August Everding, 1958/59, Alexandra in Williams' »Süßer Vogel Jugend«, 1959/60, Julia in Shakespeares »Komödie der Irrungen«, Regie: Leonard Steckel, und Adele in Asmodis »Nachsaison«, Regie: August Everding, 1960/61, Titelrolle in der deutschen Erstaufführung von Terrons »Die schwarze Witwe«, und Senora in der westdeutschen Erstaufführung von Frischs »Andorra«, Regie: jeweils Hans Schweikart, 1961/62, Hannah in Williams' »Die Nacht des Leguan«, 1962/63, Martha in Albees »Wer hat Angst vor Virginia Woolf?«, 1963/64, Mrs. Frail in der deutschen Erstaufführung von Congreve/Gillners »Liebe für Liebe«, Regie: Paul Verhoeven, 1965/66, Eleonore in Mrożeks »Tango«, Regie: Dieter Giesing, 1966/67, Esther Franz in Millers »Der Preis«, Regie: Hans Schweikart, 1967/68, Alice in Dürrenmatts »Play Strindberg«, Regie: Hans Schweikart, 1969/70, Cleopatra in Robertowitschs »Der Selbstmörder«, Regie: August Everding, 1970/71, Die Geliebte in Albees »Alles vorbei«, 1971/72, Sidonie Knobbe in Hauptmanns »Die Ratten«, 1972/73, Erste Nutte in Behans »Richards Korkbein«, und Elisabeth Aalinger in Wietkiewicz' »Die Mutter«, 1974/75, Anna Chierici in »Ein Mann wird jünger«, 1975/76, Dorothea März in Dorsts »Auf dem Chimborazo«, 1976/77, Fonsia Dorsey in Coburns »Gin-Rommé«, Regie: Hans-Reinhard Müller, 1977/78, Sgricia in Pirandellos »Die Riesen vom Berge«, 1980/81, Herzeloide in Dorsts »Merlin oder Das wüste Land«, Regie: Dieter Dorn, und Frau im schwarzen Kleid in Wilsons »Die goldenen Fenster«, Regie: Robert Wilson selbst, 1981/82, Baronin Duverger in Feydeaus »Ein Klotz am Bein«, 1982/83, Titania in Botho Strauß' »Der Park«, Regie: Dieter Dorn, 1984/85.
Auszeichnung: »Kultureller Ehrenpreis der Stadt München« 1985.
Anschrift: Denningerstraße 100, 8000 München 81.

Sibylle Nicolai

Geb. 12. 9. 1952 in Frankfurt/Main; dort aufgew.; von 1964 bis 1969 absolvierte sie eine Ausbildung in Gesang und Klavier am Hoch'schen Konservatorium Frankfurt/Main, von 1969 bis 1971 besuchte sie die Staatl. Hochschule für Musik und darstellende Kunst Frankfurt/Main (Schauspiel und Tanz). Ihr Debüt als Schauspielerin gab sie 1971 an der Städt. Bühne Hagen. Weitere Stationen: Theater der Freien Hansestadt Bremen, Württembergische Landesbühne Esslingen, Städt. Bühnen Nürnberg, Schauspielhaus Bochum, Kleines Theater Bad Godesberg, Bühne 64 Zürich, Komödie im Marquardt Stuttgart, Die Komödie Frankfurt/Main und Munchner »Lach- und Schießgesellschaft« (bis 1985). Seit 1979 ist sie als Schauspielerin, Ansagerin und Moderatorin (ZDF) beim Fernsehen tätig. Für zahlreiche Sender wirkte sie in Hörspielen mit (u.a. »Frau in Deutschland«, von Ziem, SWF). Im Hörfunk des Hessischen Rundfunks moderiert sie die »Mittags-Discothek«, »Pop und Weck« und »Funk für Fans«. Sie brachte bislang drei Solo-Schallplatten heraus und ist in der Synchronisation tätig.
Frau Nicolai spricht engl., franz., ital., russ.; sie lebt in Frankfurt/Main.
Theater: Annie in Berlin/Fields »Annie get your gun«, Maria in Rice/Webbers »Jesus Christ Superstar«, Lillian in Lasker-Schülers »Ich und ich«, Polly in Brecht/Weills »Die Dreigroschenoper«, Vivi in Shaws »Frau Warrens Gewerbe«, Charly in Plenzdorfs »Die neuen Leiden des jungen W.«, Penny in Colpet/Olias' »Millionen für Penny«, Lise in Lenz' »Hofmeister«, Lucca in Shaws »Helden«, Mary in O'Caseys »Juno und der Pfau«, Silvia in Shakespeares »Zwei Herren aus Verona«, Bianca in Spewak/Porters »Kiss me, Kate!«, Titelrolle in »No, no, Nanette«, Louise in Stone/Cooneys »Bleib doch zum Frühstück«, und in »Pinks an die Macht« (Kabarett), jeweils an den vorgenannten Bühnen.
Fernsehen: »Die Jubilarin« (nach Breitbach) und »Ausgerissen, was nun?«, ARD 1979; »Rentnerkommune«, Serie, ARD 1979/80; »Geldsorgen« (von Thiemt/Schreb), und »Musik ist Trumpf« (Sketch), Serie, ZDF 1980; »Treffpunkt Grenze« (von Ilse Tielsch), Regie: Anton Reitzenstein, ORF 1985.
Neben ihren Ansagen zum ZDF-Programm moderiert sie u.a. die Vorabend-Serien »Tele-Illustrierte« und »Freizeit«.
Anschrift: c/o ZDF, Postfach, 6500 Mainz 500, oder c/o ZBF-Agentur München, Leopoldstraße 19, 8000 München 40.

Susi Nicoletti

(eigentlich: Susanne Emilie Luise Adele Habersack)

–Kammerschauspielerin–

Geb. 3. 9. 1918 als Tochter des Redakteurs Ernst Habersack in München; nach dem Lyzeum absolvierte sie ein umfassendes Tanzstudium und wurde Solotänzerin an der Bayerischen Staatsoper in München. Von 1935 bis 1936 spielte sie an der Bayerischen Landesbühne München, von 1936 bis 1940 am Städt. Theater Nürnberg. Seit 1940 gehört sie zum Ensemble des Burgtheaters Wien (wo sie Rollen ihres Fachs verkörperte). Sie gastierte mehrmals bei den Salzburger Festspielen und am Theater in der Josefstadt Wien.
Ihr Film-Debüt gab sie 1939 in Gustav Ucickys »Mutterliebe« (mit Käthe Dorsch). Bis 1965 wirkte sie in über 100 Kinoproduktionen mit.
Sie ist Schauspiellehrerin und gibt Tanzunterricht. Sie machte zahlreiche Hörspiele für den ORF. Fernsehauftritte waren eher selten, zuletzt u.a.: Tante Emma in »Fräulein Else« (nach Schnitzler), Regie: Ernst Haeusserman, ARD 1975; »Hiob« (nach Joseph Roth), Regie: Michael Kehlmann, 3 Teile, ARD 1979; »Ringstraßenpalais«, Regie: Rudolf Nussgruber, 12 Teile, ZDF 1981; »Die goldenen Schuhe« (nach Vicki Baum), 5 Teile, ARD 1983, und »Saison der Liebe«, mit Axel von Ambesser, ORF 1983.
Susi Nicoletti spricht engl.; sie war in zweiter Ehe verheiratet mit dem früheren Intendanten des Wiener Burgtheaters Ernst Haeusserman (geb. 1916, verst. 1984). Aus ihrer Ehe mit dem Schauspieler Bibi Ptack stammen ihre Kinder Maria Christine (geb. 1940) und Michael (geb. 1941). Sie lebt abwechselnd in Wien und Salzburg.
Film: »Mutterliebe«, mit Käthe Dorsch, Regie: Gustav Ucicky, und »Das jüngste Gericht«, 1932; »O diese Männer«, 1941; »Sommerliebe«, Regie: Erich Engel, 1942; »Der zweite Schuß«, 1943; »Philine«, Regie: Theo Lingen, »Mit meinen Augen« und »Umwege zu dir«, 1945; »Gottes Engel sind überall«, mit Attila Hörbiger, Regie: Hans Thimig, 1948; »Das singende Haus« und »Nichts als Zufälle«, 1949; »Kleiner Schwindel am Wolfgangsee«, Regie: Franz Antel, »Mein Freund Leopold«, mit Josef Meinrad, Regie: Alfred Stöger, »Jetzt schlägt's 13«, »Eine Frau mit Herz« und »Auf der Alm, da gibt's koa Sünd«, 1950; »Hallo Dienstmann«, mit Hans Moser, Regie: Franz Antel, »Der alte Sünder«, mit Paul Hörbiger, Regie: Franz Antel, »Frühlingsstimmen« und »Eva erbt das Paradies«, 1951; »Ideale Frau gesucht« und »Der Tag vor der Hochzeit«, 1952; »Ich und meine Frau«, mit Paula Wessely und Attila Hörbiger, Regie: Eduard von Borsody, »Der Feldherrnhügel«, mit Paul Hörbiger, Regie: Ernst Marischka, »Hochzeit auf Reisen« und »Wirbel um Irene«, 1953; »Rosen aus dem Süden«, »Die Stadt ist voller Geheimnisse«, »Schützenliesel«, und »Kaisermanöver«, Regie: Franz Antel, 1954; »An der schönen blauen Donau«, »Die Deutschmeister«, »Eine Frau genügt nicht?«, »Die Rosel vom Schwarzwald«, »Die Deutschmeister«, mit Hans Moser und Romy Schneider, Regie: Ernst Marischka, »Ja, ja, die Liebe in Tirol« und »Ja, so ist das mit der Liebe«, 1955; »Die schöne Meisterin«, »Liebe, die den Kopf verliert«, »Lügen haben schöne Beine«, ». . . und wer küßt mich?«, »Ein tolles Hotel«, »August der Halbstarke«, »Uns gefällt die Welt!« und »Sonnenschein und Wolkenbruch«, 1956; »Bekenntnisse des Hochstaplers Felix Krull« (nach Thomas Mann), mit Horst Buchholz, Regie: Kurt Hoffmann, »Die liebe Familie«, »Junger Mann, der alles kann«, »Egon der Frauenheld«, »Der Graf von Luxemburg« (nach Lehár) und »Die Winzerin von Langenlois«, 1957; »Hula-Hopp, Conny«, mit Cornelia Froboess, »Man ist nur zweimal jung«, »Ein Amerikaner in Salzburg« und »Im Prater blüh'n wieder die Bäume«, 1958; »Man müßte nochmal zwanzig sein«, »Hoch klingt der Radetzkymarsch«, Regie: Geza von Bolvary, »Panoptikum 59« und »Whisky, Wodka, Wienerin«, 1959; »Kriminaltango«, mit Peter Alexander, Regie: Geza von Cziffra, 1960; »Die Abenteuer des Grafen Bobby«, mit Peter Alexander und Gunther Philipp, Regie: Geza von Cziffra, 1961; »Mariandls Heimkehr«, mit Waltraud Haas, Regie: Werner Jacobs, 1962.
Theater: Gusti Hafferl in »Der Franzl« und Anna in »Karl III. und Anna von Österreich«, 1940, Emma in »Alfred der Große«, Rosalie in Nestroys »Das Mädl aus der Vorstadt« und Lucie in Goethes »Stella«, 1941, Lottchen in Raimunds »Der Bauer als Millionär«, Britta in »Das Werk«, Hilde in »Das Mädchen im Fenster«, Titelrolle in Kleists »Das Käthchen von Heilbronn«, Angela in Goetz' »Der Lügner und die Nonne«, Berta in »Gregor und Heinrich« und Lola in

Michaels »Der blaue Strohhut«, 1942, Melitta in Grillparzers »Sappho«, 1943, Elisabeth in Schreyvogels »Titania«, 1944, Regina in Ibsens »Gespenster«, Elianthe in Molières »Der Misanthrop« und Nancy in »Gaslicht«, 1946, Marion in Büchners »Dantons Tod« und Frl. Rakolnoki in Schéhadés »Veilchen«, 1947, Titelrolle in W. E. Schäfers »Claudia«, Cornelia in »Theophanes«, Katrin in van Drutens »So war Mama« und Therese Harb in Bahrs »Unmensch«, 1948, Nina Welsperg in »Junger Herr vor 40 Jahren«, Warwara in Gorkis »Jegor Bulytschow« und Katie Jones in »Herr vom Ministerium«, 1949, Adelheid in Hauptmanns »Der Biberpelz«, Katharina in Shakespeares »Der Widerspenstigen Zähmung«, Baumnymphe in Goethes »Faust II«, Viola in Shakespeares »Was ihr wollt« und Auguste Wormser in Zuckmayers »Der Hauptmann von Köpenick«, 1950, Cleopatra in Shakespeares »Cäsar und Cleopatra« und Daswina in Schreyvogels »Die kluge Wienerin«, 1951, Mary in »Was schert uns Geld« und Anytra in Ibsens »Peer Gynt«, 1952, Beatriz in Lope de Vegas »Der Ritter vom Mirakel«, Charlotte Rosenzoph in Lernet-Holenias »Ollapotrida« und Regina in Roussins »Bobosse«, 1953, Mizzi in Schnitzlers »Liebelei«, 1954, Alkmene in Giraudoux' »Amphitryon 38« und Columbine in Priestleys »Schafft den Narren fort«, 1955/56, Anna von Cleve in Gressiekers »Heinrich VIII. und seine Frauen« und Sheila Broadbent in Homes »Junger Herr für Jenny«, 1956/57, Grazia in Levis »Der Weg ist dunkel«, 1957/58, Helena in Giraudoux' »Der trojanische Krieg findet nicht statt«, 1958/59, Ilona in Schnitzlers »Anatol«, 1960/61, Mrs. Chevely in Wildes »Ein idealer Gatte« und Frau von Erbsenstein in Nestroys »Das Mädl aus der Vorstadt«, 1961/62, Stella in Ustinovs »Endspurt«, Frau Muskat in Molnárs »Liliom« und Gabriele in Schnitzlers »Anatol«, 1962/63, Marie in Bahrs »Das Konzert« und Frau Peters in Hauptmanns »Vor Sonnenuntergang«, 1963/64, Mad. Alexandra in Anouilhs »Colombe«, 1964/65, Lady Utterwood in Shaws »Haus Herzenstod« und Mrs. Garnsey in Osbornes »Richter in eigener Sache«, 1965/66, Maud Caragnani in Cowards »Darauf kannst du mich verlassen«, Marthe Schwerdtlein in Goethes »Faust« und Marchesa Spina in Pirandellos »Heinrich IV.«, 1966/67, Herzogin von Marlborough in Scribes »Das Glas Wasser«, Sheila in Ayckbourns »Halbe Wahrheiten«, Millerin in Schillers »Kabale und Liebe« und Frau Ratzensamt in Ingrischs »Die Wirklichkeit und was man dagegen tut«, 1967/68, Frau Toothe in Albees »Alles im Garten« und Titelrolle in de Rojas/Terrons »Celestina«, 1969/70, Frau Winawer in Schnitzler/Lothars »Fräulein Else«, 1970/71, Frau Schnipps in Nestroys »Unverhofft«, 1971/72, Mme. Latour in Feydeaus »Monsieur Chasse oder Wie man Hasen jagt«, 1973/74, Sabina in Goldonis »Die Trilogie der Sommerfrische«, 1974/75, Rosa in Schönthans »Der Raub der Sabinerinnen«, 1975/76, Miss Prism in Wildes »Bunbury« und Frau Hartmeyer in Sudermanns »Der Sturmgeselle Sokrates«, 1976/77, Lili in Vitracs »Victor oder Die Kinder an der Macht«, Mrs. Dorothy Hardcastle in Goldsmith' »Irrtümer der Nacht« und Frau Wahl in Schnitzlers »Das weite Land«, 1977/78, Emilie Fant in Canettis »Komödie der Eitelkeit«, 1978/79, Frau Blascha in Kohouts »Attest« und Helene in Bellons »Wie immer am Donnerstag«, 1979/80, Frau von Cypressenburg in Nestroys »Der Talisman«, 1981/82, Eugenie in Molnárs »Olympia«, 1983/84, in der Matinee »Der Henker hole die Journale!« und Baronin Duverger in Feydeaus »Ein Klotz am Bein«, 1984/85, in der Festmatinee zum Burgtheatertag, 1985, jeweils am Burgtheater und Akademietheater Wien von 1940–1986.

Auszeichnungen: Kammerschauspielerin, Wien; »Goldenes Ehrenzeichen« für Verdienste um das Bundesland Wien.

Anschrift: c/o Agentur Jovanovic, Perfallstraße 6, 8000 München 80, und Goethegasse 1, A-1010 Wien, Österreich.

Horst Niendorf

Geb. 31. 8. 1926 in Piesteritz, Kreis Wittenberg; nach der Schule absolvierte er die Deutsche Schauspielschule Berlin. Sein erstes Bühnenengagement erhielt er 1948 am Stadttheater Bad Godesberg. Seither spielte er an zahlreichen Berliner Bühnen: Tribüne, Hebbel-Theater, Schiller-Theater und Berliner Theater. Seit 1981 leitet er als Nachfolger von Paul Esser das Hansa-Theater Berlin. (Er spielt Rollen seines Fachs und führt Regie.)
Niendorf arbeitet häufig in der Synchronisation. Er lieh seine Stimme u.a. Kirk Douglas, Marlon Brando und Robert Mitchum.
Niendorf spricht engl.; er ist verheiratet und lebt in Berlin.
Film: »Postlagernd Turteltaube«, 1952; »Schwarzer Kies«, 1960; »Nessie – Das verrückteste Monster der Welt«, Regie: Rudolf Zehetgruber, 1985.
Fernsehen: »Tod nach Mitternacht«; »Ende eines Leichtgewichts«; »Claus Graf Stauffenberg«; »Amerika oder Der Verschollene«; »Alle Hunde lieben Theobald«, mit Carl-Heinz Schroth, Regie: Eugen York, Serie, ZDF 1969; »Der Scheinmann« (nach Courths-Mahler), ARD 1974; »Ein Fall für Stein«, 13 Teile, ZDF 1976; »Der Heiligenschein«, mit Horst Frank, Regie: Heinz Schirk, ARD 1977; »Heroin 4«, Regie: Michael Günther, und »Achtung, Chance«, Regie: Kurt Ulrich, ZDF 1978; »Hatschi!!«, Regie: Eugen York, und »Der Alte«, Serie, ZDF 1983; »Lach mal' wieder«, mit Günter Pfitzmann, Serie, und »Die violette Mütze«, mit Simone Rethel, Regie: Axel von Ambesser, ZDF 1984; »Schöne Ferien«, Regie: Hans-Jürgen Tögel, Serie, ARD 1985. Ferner spielte er in zahlreichen Produktionen aus dem Berliner Milieu, darunter viele Vorabendserien.
Anschrift: c/o Hansa-Theater, Alt-Moabit, 1000 Berlin 21, oder c/o ZFB-Agentur Berlin, Kürfürstendamm 206, 1000 Berlin 15.

Jan Niklas

Geb. in München; dort aufgew.; mittlere Reife und erster Schauspielunterricht in London; danach abgeschlossene Schauspielausbildung an der Max-Reinhardt-Schule Berlin. Die ersten Theaterengagements: Stadttheater Regensburg (1968/69), Hessisches Staatstheater Wiesbaden (1970–1972) und Thalia-Theater Hamburg (1973–1975). Seither ist er freischaffend, wobei er u.a. an der Kleinen Komödie München (1976) und am Theater in der Josefstadt Wien (1981/82) gastierte.
Niklas spricht engl., franz.; er ist ledig und lebt in München.
Film: »Twentyone hours in Munich«, Regie: Bill Graham, USA 1977; »Night crossing«, Regie: Delbert Mann, USA 1982; »Loose Connexions«, Regie: Richard Eyre, Großbritannien 1983; »Oberst Redl«, mit Klaus Maria Brandauer, Regie: István Szábo, Ungarn/BRD 1984.
Theater: Acaste in Enzensbergers »Der Menschenfeind« (nach Molière), Robert in Ustinovs »Halb auf dem Baum«, Schuler und Valentin in Goethes »Faust«, Güldenstern und Laertes in Shakespeares »Hamlet«, Collin in »The Kneck«, Harry in Tersons »Zicke Zacke«, Karl V. in Fortes »Martin Luther & Thomas Münzer oder Die Einführung der Buchhaltung«, Martinon in Aymés »Die Mondvögel«, Ferdinand in Schillers »Kabale und Liebe«, Aimwell in »Strategen der Liebe«, Harry in Hasenclevers »Ein besserer Herr«, Titelrolle in Rehfischs »Affaire Dreyfus«, Masham in Scribes »Das Glas Wasser«, Herzog von Aumerle in Shakespeares »König Richard II.«, Mortimer in Schillers »Maria Stuart«, Student Arkenholz in Strindbergs »Gespenstersonate« und Fritz Lobheimer in Schnitzlers »Liebelei«, jeweils an den vorgenannten Bühnen von 1968 bis 1982.
Fernsehen: »Katzensteg«, Regie: Peter Meinke, ZDF 1976; »Die Kette« (nach Durbridge), Regie: Rolf von Sydow, »Teerosen«, mit O.W. Fischer und Maria Schell, Regie: Rolf von Sydow, und »Der Fall Winslow« (nach Rattigan), Regie: Michael Kehlmann, ARD 1977; »Operndirektor«, Regie: Werner Schlechte, ZDF 1977; »Männerquartett«, Regie: Michael Verhoeven, ZDF 1978; »Theodor Chindler« (nach Bernard von Brentano), mit Hans Christian Blech, Regie: Hans W. Geissendörfer, 8 Teile, und »Der unwürdige Liebhaber«, Regie: Ludwig Cremer, ARD 1979; »Der Thronfolger«, Regie: Oswal Döpke, ZDF 1979; »Verdi. Eine italienische Legende«, Regie: Renato Castellani, 8 Teile, RAI, ital. TV 1980; »Der Richter«, Regie: Stefan Meyer, Kalnjew in »Die Gerechten« (nach Camus), Regie: Frank Guthke, und »Kinder«, mit Lilli Palmer, Regie: Oswald Döpke, ZDF 1981; Ferdinand in »Kabale und Liebe« (nach Schiller), Regie: Heinz Schirk, und »Die königlichen Geschwister«, Regie: Klaus Kirschner, ARD 1982; »All for love«, Regie: Johann Glenister, 6 Teile, ITV engl. TV 1983; »Kerbels Flucht«, Regie: Erwin Keusch, »Derrick«, Regie: Alfred Vohrer, Serie, und »Die schöne Wilhelmine«, Regie: Rolf von Sydow, ZDF 1984; »Geschichte des Automobils«, Regie: Peter Weck, und Nikolaus II. in »Das Attentat« (nach Milo Dor), Regie: Imo Moszkowicz, ARD 1984; »Zar Peter der Große«, mit Maximilian Schell, Lilli Palmer und Hanna Schygulla, Regie: Marvin Chomsky, 10 Teile, UdSSR-USA-TV 1985/86.
Anschrift: c/o Agentur Baumbauer, Keplerstraße 2, 8000 München 81.

Edwin Noël

Geb. 11. 7. 1944 in Würzburg; dort aufgew.; nach der Schule besuchte er die Schauspielschule Nachbauer in München. Sein Debüt gab er 1965 am Münchner Volkstheater. Engagements an den Münchner Kammerspielen (1966/67), am Schiller-Theater Berlin und am Theater der Stadt Heidelberg (1967–1971) folgten. Von 1971 bis 1983 stand er im Ensemble der Münchner Kammerspiele. Seither arbeitet er als freischaffender Schauspieler und Regisseur. Er inszenierte u.a. am Landestheater Salzburg (1977 und 1984) und am Schiller-Theater Berlin (1985).
Noël ist ledig und lebt in München.
Film: »Maigret und sein größter Fall« (nach Simenon), mit Heinz Rühmann, 1966.
Theater: In Tersons »Zicke-Zacke«, in Shakespeares »Macbeth« und Euphorion in Goethes »Faust II«, jeweils Schiller-Theater Berlin 1967–1969; Titelrolle in Kleists »Prinz Friedrich von Homburg«, in Brechts »Leben des Galilei« und Jochanaan in Wildes »Salome«, jeweils Theater der Stadt Heidelberg 1969–1971; Colin in der deutschen Erstaufführung von Bonds »Gerettet«, Regie: Peter Stein, 1966/67; Karl V. in Fortes »Martin Luther & Thomas Münzer oder Die Einführung der Buchhaltung« und Camille Desmoulins in Büchners »Dantons Tod«, 1971/72, Bruno in Hauptmanns »Die Ratten«, Acke in Kaisers »Kolportage« und Martin in Weskers »Die Alten«, 1972/73, Carl Pius in Lasker-Schülers »Die Wupper«, 1973/74, Adolph in Nestroys »Zu ebener Erde und erster Stock« und Braun in Hamsuns »Einsame Menschen«, 1974/75, Kuckuck in Wolfs »Cyankali«, 1975/76, »Totenkopf« in Reinshagens »Sonntagskinder« und Schauspieler in Gorkis »Nachtasyl«, 1976/77, Roelle in Fleißers »Fegefeuer in Ingolstadt«, 1977/78, in Botho Strauß' »Groß und Klein«, 1978/79, Barrère in Büchners »Dantons Tod«, 1979/80, Battaglia in Pirandellos »Die Riesen vom Berge« und Nikolai Iwanowitsch Triljetzki in Tschechows »Platonow«, 1980/81, Sir Agrawain in Dorsts »Merlin oder Das wüste Land«, mit Peter Lühr, und Oliver in Shakespeares »Wie es euch gefällt«, 1981–1983, jeweils Münchner Kammerspiele.
Eigene wichtige Inszenierunen waren u.a.: Uraufführung von Klaus Pohls »Da nahm der Himmel auch die Frau«, Münchner Kammerspiele 1979; Fleißers »Pioniere in Ingolstadt«, 1977, und Lessings »Minna von Barnhelm«, 1984, jeweils Landestheater Salzburg.
Fernsehen: »Der Graue«, Regie: Korbinian Köberle, ARD 1965; »Kurzer Prozeß« (nach Ashford), mit Helmut Qualtinger, Regie: Michael Kehlmann, ARD 1969; »Der Alte«, Serie, 2 Folgen, ZDF 1978/79; Leutnant von Throta in »Buddenbrooks« (nach Thomas Mann), mit Ruth Leuwerik, Carl Raddatz und Martin Benrath, Regie: Franz Peter Wirth, 11 Teile, ARD 1979; »Sierra Madre«, Regie: Horst Flick, ZDF 1980; »Derrick«, Serie, 2 Folgen, ZDF 1983/84; »Hanna von Acht bis Acht«, mit Angelica Domröse und Wolfgang Büttner, Regie: Egon Günther, ZDF 1983; »Tatort«, Serie, ARD 1983; »Morenga«, mit Jacques Breuer, Regie: Egon Günther, 3 Teile, ARD 1985; »Die Schöffin«, Regie: Michael Mackenroth, Serie, ZDF 1985.
Anschrift: c/o Agentur Mattes, Pilotystraße 2, 8000 München 22.

Désirée Nosbusch

Geb. 14. 1. 1965 als Tochter eines Lkw-Fahrers in Esch/Alzette, Luxemburg; dort aufgew.; Gymnasium; Schauspielschule New York; bereits mit zwölf Jahren moderierte sie ihre erste Hörfunksendung bei Radio Luxemburg (RTL 1977–1981). Musik- und Jugendprogramme im Deutschen Fernsehen wie »Spiel-Expreß« und »Hits von der Schulbank« (1979), »Désirée darf das« (1980) sowie fünf Folgen der »Music-Box« (1981) folgten. Ihr Film-Debüt gab sie 1981. Désirée Nosbusch spricht engl., franz., ital.; sie ist ledig und lebt abwechselnd in Ehlande, Luxemburg, und New York. In den USA hat sie den Künstlernamen Désirée Becker.
Film: »Nach Mitternacht«, Regie: Wolf Gremm, und »Der Fan«, Regie: Eckhart Schmidt, 1981; »Super-Biester! – 'neuer Freund zum Geburtstag«, Frankreich/BRD 1981; »Sing-Sing«, mit Adriano Celentano, Italien/Großbritannien 1983.
Fernsehen: »Der Raub der Sabinerinnen« (nach Schönthan), mit Gert Fröbe, Martin Held und Ekkehardt Belle, Regie: Rolf von Sydow, ZDF 1981; »Stars in der Manege«, ARD 1983; »Der Glücksritter« (von Heinz Oskar Wuttig), mit Christian Kohlund und Claudia Rieschel, Regie: Hans-Jürgen Tögel, 8 Teile, ARD 1984; Moderation »Stars in der Manege«, ARD 1984; Moderation »Zeit zu zweit« (u.a. mit Hans-Joachim Kulenkampff, Klaus Kinski und Boris Becker), eigene Talkshow, ARD 1984/85; »Morgengrauen« (aus der Reihe: »Ein Fall für zwei«), mit Günter Strack und Claus Theo Gärtner, ZDF 1984; »Rudis Tagesshow«, mit Rudi Carrell, Serie, ARD 1985.
Große Beachtung fand ihre Moderation des »Grand Prix d'Eurovision de la Chanson«, der im Mai 1984 in über 30 Länder live ausgestrahlt wurde und rund 400 Millionen Zuschauer hatte. Sie stellte die Interpreten in französisch, englisch und deutsch vor.
Auszeichnung: »Otto« (BRAVO) 1980 und 1981.
Anschrift: 64 rue du Centre, Ehlande/Mess, Luxembourg.

Barbara Nüsse

Geb. 17. 2. 1943 in Essen; sie absolvierte die Otto-Falckenberg-Schule München. Über ein Engagement am Ateliertheater Bern kam sie an das Bayerische Staatsschauspiel München, dem sie von 1967 bis 1971 angehörte. Weitere Stationen: Bühnen der Stadt Köln (1972–1976), Württembergisches Staatstheater Stuttgart (1976–1978) und Schauspielhaus Bochum (1978–1980). Seit 1980 steht sie im Ensemble des Deutschen Schauspielhauses Hamburg.
Frau Nüsse spricht engl., franz.; sie lebt in Hamburg.
Theater: Gretchen in Goethes »Urfaust«, Ateliertheater Bern; Celia in Shakespeares »Wie es euch gefällt«, Regie: Hans Lietzau, 1968, Titelrolle in Lessings »Minna von Barnhelm«, Regie: Niels-Peter Rudolph, 1970, jeweils Bayerisches Staatsschauspiel München; Olivia in Shakespeares »Was ihr wollt«, Regie: Johannes Schaaf, Klara in Hebbels »Maria Magdalena«, Titelrolle in Schillers »Die Jungfrau von Orleans«, Klärchen in Goethes »Egmont« und Cleopatra in Shakespeares »Antonius und Cleopatra«, Regie: jeweils Hansgünther Heyme, Helene in Gerhart Hauptmanns »Vor Sonnenaufgang« und Elida in Ibsens »Die Frau vom Meer«, Regie: jeweils Egar Kelling und Angelika Hurwicz, Bühnen der Stadt Köln 1972–1976; Ruth in Botho Strauß' »Trilogie des Wiedersehens«, Regie: Niels-Peter Rudolph, Mascha in Tschechows »Drei Schwestern«, Regie: Claus Peymann, und in Brechts »Hauspostille«, jeweils Württembergisches Staatstheater Stuttgart 1977/78; Leonore von Este in Goethes »Torquato Tasso«, Regie: Claus Peymann, und Lotte in Botho Strauß' »Groß und Klein«, Regie: Niels-Peter Rudolph, jeweils Schauspielhaus Bochum 1979; Natalia in Tschechows »Drei Schwestern«, Leonore in Schillers »Die Verschwörung des Fiesco zu Genua«, M. in Botho-Strauß' »Kalldewey, Farce«, Regie: jeweils Niels-Peter Rudolph, und Rhodope in Hebbels »Gyges und sein Ring«, Regie: Ernst Wendt, Arsinoë in Molières »Der Menschenfeind«, Regie: Niels-Peter Rudolph, Elisabeth in Schillers »Maria Stuart«, Regie: Holger Berg, jeweils Deutsches Schauspielhaus Hamburg 1980–1985.
Fernsehen: »Geld oder Leben«, Regie: Peter Patzak, ARD 1981; »Das Beil von Wandsbek«, Regie: Horst Königstein und Heinrich Breloer, ARD 1983.

Anschrift: St. Georgs-Kirchhof 7, 2000 Hamburg 1.

O

Claus Obalski

Geb. 11. 12. 1954 in Wolfratshausen bei München; aufgew. in Ebenhausen-Schäftlarn im Isartal; lebt in München; ledig; spricht engl., franz.; nach dem Abitur mehrere Semester Germanistik, Phonetik und Theaterwissenschaften an der Universität München; privater Schauspielunterricht bei Margot Behse und Margret Daniels; seit seiner Schulzeit Werbeaufnahmen und -filme.

1976 errang er mit drei Auftritten als Kandidat des Fachgebiets »Marilyn Monroe« große Popularität in der ZDF-Sendereihe »Der große Preis« (mit Wim Toelke); 1977 erhielt er die erste Fernsehrolle und ging mit dem Tegernseer Volkstheater auf Deutschlandtournee.

Obalski betreibt zusammen mit dem Schauspieler Roland Astor den Verlag »Obalski und Astor«.

Film: »Summer Night Fever«, Regie: Sigi Rothemund, 1978; »Nackt und heiß auf Mykonos«, mit Sascha Hehn, Regie: Claus Tinney, und »Sunnyboys und Sugarbaby«, Regie: Franz Josef Gottlieb, 1979; »Wer spritzt denn da am Mittelmeer?«, Regie: Max Pecas, Frankreich/Spanien/BRD 1980; »Girls«, mit Anne Parillaud, Regie: Just Jaeckin, Frankreich, 1980.

Theater: Bob in Wedekinds »Lulu«, mit Cornelia Froboess, Regie: Dieter Dorn, Münchner Kammerspiele 1978/79; Cherubin in Beaumarchais' »Der tolle Tag oder Figaros Hochzeit«, Regie: Hans Richter, Festspiele Heppenheim 1981.

Fernsehen: Kay in »Merlin«, Regie: Armin Dahlen, Serie, und »Wie erziehe ich meinen Vater?«, mit Grit Boettcher, ZDF 1978; »Wenn Mutter trinkt«, Regie: Friedel Grund, ARD 1978; »Unter der Trikolore«, mit Christine Wodetzky, Regie: Yannick Andrei, 6 Teile, ARD 1981; Pit Soling in »Der Spot oder Fast eine Karriere«, mit Wolfgang Kieling, Regie: Rainer Erler, ZDF, 1981; Jeremias Pawlak in »Die Pawlaks – Eine Geschichte aus dem Ruhrgebiet«, mit Johanna Hofer, Regie: Wolfang Staudte, 12 Teile, ZDF 1982; Karl V. in »Vom Webstuhl zur Weltmacht«, mit Ernst Jacobi, Regie: Heinz Schirk, 6 Teile, ARD 1982; »La Chambre des Dames«, mit Marina Vlady, Regie: Yannick Andrei, 10 Teile, TV Frankreich/Italien 1983; »Spielraum«, mit Roland Astor, Serie, ZDF 1985; »Paraplü und Perpendikel« von Maximilian Vitus (in der Reihe: »Der Komödienstadl«), Regie: Olf Fischer, und »Franz Xaver Brunnmayr«, mit Gustl Bayrhammer, Regie: Ulrich König, Serie, ARD 1985; »Ein langes Wochenende« (nach Schwerla), Regie: Kurt Wilhelm, ARD 1986.

Anschrift: c/o Agentur Palz, Ortlindestraße 6, 8000 München 81, oder Wirtstraße 8, 8000 München 90.

Uwe Ochsenknecht

Geb. 1956; (auf biographische Daten wird auf Wunsch verzichtet). Ochsenknecht spricht engl., franz.; er lebt in München.
Film: Bootsmann Lamprecht in »Das Boot« (nach Buchheim), mit Jürgen Prochnow, Herbert Grönemeyer und Klaus Wennemann, Regie: Wolfgang Petersen, 1981 (auch als Dreiteiler ARD 1985); »Der Rekord«, Regie: Daniel Helfer (dessen Regie-Debüt), Emanuel Schikaneder in »Vergeßt Mozart«, mit Max Tidof, Armin Mueller-Stahl und Winfried Glatzeder, Regie: Slavo Luther, »Männer«, Regie: Doris Dörrie, »Der Versuch«, mit Myriam Roussel und Al Corley, und »Flucht nach Afrika«, 1985.
Fernsehen: »Uns reicht das nicht«, Regie: Jürgen Flimm, ARD 1979; »Tatort«, Regie: Wolfgang Staudte, Volker Vogeler und Theo Mezger, Serie, 3 Folgen, ARD 1980–1984; »Kellermanns Prozeß«, Regie: Theodor Kotulla, ZDF 1984; »Die Krimistunde«, Regie: Hartmut Griesmayr, Serie, und »Der Fahnder«, mit Klaus Wennemann, Regie: Dominik Graf, Serie, ARD 1985; »Die Sache ist gelaufen«, Regie: Rainer Wolffhardt, ZDF 1985.
Auszeichnung: »Deutscher Darstellerpreis« als bester Nachwuchsschauspieler (»Chaplin-Schuh«) 1985.
Anschrift: c/o Agentur Mattes, Pilotystraße 2, 8000 München 22, und c/o ZBF-Agentur München, Leopoldstraße 19, 8000 München 40.

Peter Oehme

Geb. 11. 1. 1920 in Dresden; dort aufgew.; nach dem Abitur 1938 wurde er zum Militärdienst eingezogen. 1940/41 besuchte er die Schauspielschule Dresden. Sein erstes Engagement hatte er von 1942 bis 1949 an den Städt. Bühnen Leipzig. Weitere Stationen: Bühnen der Hansestadt Lübeck (1949–1952), Städt. Bühnen Freiburg/Breisgau (1952–1956) und Schauspielhaus Zürich (1956–1964, später Gast). Seit 1968 gibt er jährliche Gastspiele an der Komödie Düsseldorf. Er ist auch als Regisseur tätig, u.a. am Stadttheater Aachen. Beim Fernsehen wirkt er seit 1962. Oehme spricht engl., franz.; er ist verheiratet, hat zwei Kinder (Franziska und Jean Jacques) und lebt in Thalwil in der Schweiz.

Theater: Ruprecht in Kleists »Der zerbrochene Krug«, Major von Tellheim in Lessings »Minna von Barnhelm«, Titelrolle in Schillers »Don Carlos« und Wurm in Schillers »Kabale und Liebe«, jeweils an den Städt. Bühnen Leipzig 1942–1949; Brackenburg in Goethes »Egmont«, Bühnen der Hansestadt Lübeck 1950; Bill Starbuck in Nashs »Der Regenmacher«, Titelrolle in Goldonis »Der Lügner«, jeweils Städt. Bühnen Freiburg/Breisgau 1952–1956; Eben in O'Neills »Gier unter Ulmen«, Valentin in Goethes »Faust«, Streckmann in Hauptmanns »Rose Bernd«, Vater in Grumbergs »Morgen, ein Fenster zur Straße«, jeweils Schauspielhaus Zürich 1956–1964; in Bethencourts »Der Tag, an dem der Papst gekidnappt wurde«, in Camolettis »Hier sind Sie richtig«, in Chapmans »Und das am Hochzeitsmorgen«, in Sauvajons »Tchao«, in Flatows »Das Geld liegt auf der Bank«, in Meriott/Chapmans »Schließ die Augen . . .«, in Goetz' »Das Haus in Montevideo«, in Feydeaus »Der Floh im Ohr«, in Leonards »Hotel zum Guten Ton«, in Camolettis »Diner im Bett«, in Cooneys »Wer zweimal liebt, dem glaubt man nicht« und in Chapmans »Jetzt nicht, Liebling«, jeweils Komödie Düsseldorf bis 1984.

Fernsehen: »Fuhrmann Henschel« (nach Hauptmann), ARD 1962; »Reisender ohne Gepäck« (nach Anouilh), ZDF 1963; »Der doppelte Nikolaus« (von Storz), Regie: Rainer Erler, ARD 1964; »Weekend im Paradies« (nach Arnold/Bach), ARD 1965; »Die Konvention Belzebir« (nach Aymé), SRG 1968; »Flachsmann als Erzieher« (nach Ernst), ARD 1968; »Bitte recht freundlich, es wird geschossen« (nach Yeldham), und »Die Verspätung« (von Hildesheimer), ARD 1969; »Das Haus Lynjowo«, SRG 1970; Titelrolle in »Schuster Aiolos« (von Kubler), ARD 1970; »Ein Chirurg erinnert sich«, ARD 1972; »Krieg im III. Stock« (nach Kohout), ARD 1973; »Die Mißvergnügten« (nach Prosper Mérimée), ARD 1979.

Anschrift: c/o ZBF-Agentur München, Leopoldstraße 19, 8000 München 40.

Dieter Ohlendiek

Geb. 3. 11. 1943; nach dem Schulabschluß absolvierte er die Staatl. Hochschule für Musik und Theater unter Prof. Hans Günther von Klöden in Hannover; seine Bühnenstationen u.a.: Theater der Freien Hansestadt Bremen (1968), Hebbel-Theater Berlin (1970), Deutsches Schauspielhaus Hamburg (1971–1974), Thalia-Theater Hamburg (1975), Wuppertaler Bühnen (1976–1978), Städt. Bühnen Münster (1977) Theater der Freien Hansestadt Bremen (1981/82) und Bühnen der Stadt Bonn (1983). Ferner machte er zahlreiche Tourneen. Er ist in der Synchronisation tätig. Ohlendiek spricht engl. und lebt in Wuppertal.

Theater: Johannes in Osbornes »Luther«, Regie: Peter Zadek, Theater der Freien Hansestadt Bremen 1968; Kostja in Katajews »Ich will Mjussow sprechen«, Hebbel-Theater Berlin 1970; Alfred in Storeys »Home«, Regie: Harry Meyen, Sordido in »Tragödie der Rächer«, Regie: Claus Peymann, Stepan in Gorkis »Barbaren«, Regie: Dieter Giesing, Schauspielhaus Hamburg 1971–1974; Baumgartner in Sommers »Ich betone, daß ich nichts ...«, Thalia-Theater Hamburg 1975; Lunin in »Erst 'ne Weile rechts«, Regie: Helmut Baumann, Carabinieri und Leichenbestatter in Fos »Bezahlt wird nicht«, jeweils Wuppertaler Bühnen 1976–1978; Edek in Mrożeks »Tango« und Titelrolle in Saunders' »Michael Kohlhaas«, jeweils Städt. Bühnen Münster 1977; Herman in Grays »Theaterblut«, Regie: Ralf Nürnberger, Kalle in Brechts »Flüchtlingsgespräche« (Brecht-Abend), Regie: Alfons Nowacki, und Detektiv Fix in Kohouts »Reise um die Erde in achtzig Tagen«, Theater der Freien Hansestadt Bremen 1981/82; Schaper in »Fall E«, Regie: Dieter Munck, Bühnen der Stadt Bonn 1983.

Fernsehen: »Die Dubrow-Krise« (von Menge), Regie: Eberhard Itzenplitz, ARD 1969; »Das Fernsehgericht tagt«, Regie: Ruprecht Essberger, Serie, ARD 1971; »Septembergewitter«, Regie: Rainer Wolffhardt, ARD 1974; »Weder Tag noch Stunde«, und »Heydrich«, Regie: Heinz Schirk, ZDF 1976; »Der Überläufer«, Regie: Hans Quest, ARD 1977; Kriminalassistent in »Tatort« (vom SWF), Serie, 2 Folgen, ARD 1978/79; »Gute Reise«, 26 Folgen, ARD 1980; »Verbotene Pflicht«, Regie: Imo Moszkowicz, ZDF 1980; »Die Fischer von Moorhövd«, Serie, 3 Folgen, und »St. Pauli Landungsbrücken«, Serie, 3 Folgen, ARD 1981; Kommissar in »Das blaue Bidet«, Regie: Claus Peter Witt, ZDF 1981; »Christian und Christiane«, Serie, 3 Folgen, ARD 1982; »Innige Verbundenheit«, Regie: Maria Neocleous, und »Familie Lehmann«, Serie, 8 Folgen, ZDF 1982; »Der Angeber«, ARD 1983; »Büro Bangkok«, Serie, ZDF 1984; »Ein Mann ist kein Kanarienvogel«, ARD 1984; »Großer Bahnhof« (von Wittlinger), mit Axel von Ambesser, Regie: Georg Marischka, ZDF 1985.

Anschrift: c/o ZBF-Agentur München, Leopoldstraße 19, 8000 München 40

Carolin Ohrner

Geb. 22. 12. 1961 als Tochter der Schauspielerin Evelyn Ohrner und des Regisseurs Georg Marischka in München; dort aufgew.; bereits seit dem dritten Lebensjahr ist sie für Film und Fernsehen, Synchronisation und Werbung tätig; wie ihr um vier Jahre jüngerer Bruder Tommi, der auch den Schauspielerberuf gewählt hat, spielte sie in vielen Kinder- und Jugendserien des Deutschen Fernsehens. Nach dem Abitur ging sie nach Paris und studierte Politische Wissenschaften. Schauspielunterricht erhielt sie am American Center.
Carolin Ohrner spricht franz., engl.; sie ist ledig und lebt abwechselnd in München und Paris.
Film: »Leidenschaftliche Blümchen«, mit Nastassja Kinski, Regie: André Farwagi, USA 1977; »Sonntagskinder«, mit Erika Pluhar und Senta Berger, Regie: Michael Verhoeven, 1979.
Fernsehen: »Das Haus der Krokodile«, mit Tommi Ohrner, Regie: Wilm ten Haaf, 6 Teile, ARD 1976; »Tatort«, Regie: Theo Mezger, Serie, und »Moral« (von Wilhelm nach Thoma), mit Maria Schell und Toni Berger, ARD 1979; »Hände weg von unserer Tochter« (von Rainer Söhnlein), ZDF 1979; »Lapo erzählt – Boccaccio«, Regie: Grytzko Mascioni, TV Suisse-Italienne 1980 (BR III 1981); »Ein harter Fall«, Regie: Peter Weck, und »Eingriffe«, mit Karin Eikkelbaum, Regie: Thomas Fantl, ARD 1980; »Schulerinnerungen« und »Bahnhofsgeschichten«, Serie, ARD 1981; »Toutes Griffes Dehors«, mit Sophie Desmaret, Antenne 2, Frankreich 1982; »Les fils des Alligators«, mit Victor Lanous, Regie: André Farwagi, Antenne 2, Frankreich 1983; »Der Mann, der keine Autos mochte«, mit Ralf Schermuly, Regie: Dieter Wedel, und »Herr Bachmann und seine Töchter«, mit Rolf Schimpf, 6 Teile, ZDF 1984; »Derrick«, Serie, ZDF 1985.
Anschrift: c/o Agentur Lentz, Holbeinstraße 4, 8000 München 80, oder (für Autogramme) c/o Petra Reinecke, Keuslinstraße 16, 8000 München 40.

Tommi Ohrner

(eigentlich: Thomas Carl-Dieter Ohrner)

Geb. 3. 6. 1965 als Sohn der Schauspielerin Evelyn Ohrner in München; dort aufgew.; wie seine um vier Jahre ältere Schwester Carolin, die ebenfalls Schauspielerin ist, kam er schon als Kind zu Film und Fernsehen. Er arbeitete in Synchronisation und Werbung und drehte mit fünf Jahren seinen ersten Kinofilm. Seinen Durchbruch schaffte er mit 13 Jahren in dem Fernsehfilm »Timm Thaler«, der als Serie an dreizehn aufeinanderfolgenden Tagen zu Weihnachten/Neujahr 1978/79 vom ZDF ausgestrahlt wurde. Ohrner verkörperte als Titelheld darin einen Jungen, der für Reichtum und Macht sein Lachen an den Satan verkauft.

Nach diesem großen Erfolg nahm er mehrere Sprechplatten auf (u.a. die Sammel-LP »Timm Thaler«) und startete eine Karriere als Sänger. Bislang hat er 10 Singles und 2 LPs (»For you« und »My name is Tomm«) veröffentlicht. Für Radio Luxemburg moderiert er eine Unterhaltungssendung (1985).

Ohrner spricht engl.; er besuchte ein Gymnasium und nahm privaten Schauspielunterricht; er ist ledig und lebt in Berlin.

Film: »Hurra, unsere Eltern sind nicht da«, 1970; »Hilfe, die Verwandten kommen«, 1971; »Nachbarn sind zum Ärgern da«, 1972; »Im Dschungel ist der Teufel los«, Regie: Harald Reinl, und »Ein dicker Hund«, mit Helga Feddersen und Heinz Schenk, 1982; »Die unglaublichen Abenteuer des Guru Jakob«, mit Zachi Noy, und »Plem, Plem – die Schule brennt«, Regie: Siggi Götz, 1983.

Fernsehen: »Das Haus der Krokodile« mit Carolin Ohrner, Regie: Wilm ten Haaf, 6 Teile, ARD 1976; »Das brennende Geheimnis«, 4 Teile, ZDF 1976; der junge Merlin in »Merlin«, Serie, 3 Folgen, ZDF 1977; Titelrolle in »Timm Thaler«, mit Horst Frank, Richard Lauffen, Bruni Löbel, Walter Jokisch und Edgar Bessen, Regie: Sigi Rothemund, 13 Teile, ZDF 1978; »Das spricht Bände«, ARD 1981; Titelrolle in »Manni, der Libero«, mit Hellmut Lange, 13 Teile, ZDF 1981; »Spielbude«, Serie, ARD 1983; Wolff von Roggenburg in »Jenseits der Morgenröte« (von Klaus Gröper), mit Julian Glover und Charles Brauer, Regie: Sigi Rothemund, 6 Teile, ARD 1985; Moderation »Solid Gold« (US-Hitparade), 52 Folgen, ZDF 1985/86.

Als Sänger trat Ohrner in nahezu allen großen deutschen TV-Shows (u.a. »Auf los geht's los«, ARD »Peter Alexander: Wir gratulieren«, ZDF) und vielen Jugendsendungen auf.

Auszeichnungen: »Goldener Bambi« (BILD + FUNK) 1980; »Otto« (BRAVO) 1980; »Rennbahn-Expreß«, Österreich 1980; Publikumswahl »TV-Star des Jahres 1980«.

Anschrift: c/o Agentur Palz, Ortlindestraße 6, 8000 München 81, und Werrastraße 12, 1000 Berlin 44.

Gerhard Olschewski

(Auf biographische Daten wird auf ausdrücklichen Wunsch verzichtet!)
Film: »Schattenboxer«, Regie: Michael Fengler, 1976; »Der Mörder« (nach Simenon), Regie: Ottokar Runze, 1979; »Das Ende vom Anfang« (nach Michael Holzners »Treibjagd«), Regie: Helmut Christian Görlitz, und »Das Haus im Park«, Regie: Aribert Weis, 1981; »Feine Gesellschaft mit beschränkter Haftung«, mit Lilli Palmer und Elisabeth Bergner, Regie: Ottokar Runze, 1982; »Eisenhaus«, Buch + Regie: Tankred Dorst, 1983; »Kanakerbraut«, Regie: Uwe Schrader, 1984.
Fernsehen: Gardist in »Der Menschenfeind« (nach Molière), mit Will Quadflieg, Regie: Rudolf Noelte, ZDF 1976 (Aufzeichnung Deutsches Schauspielhaus Hamburg); »Friedrich Schachmann wird verwaltet«, mit Wolfgang Kieling, Buch + Regie: Eberhard Pieper, ARD 1978; »Ein Mann fürs Leben«, Regie: Erwin Keusch, ARD 1980; »Warnung aus dem Käfig« (von Peter von Zahn), ARD 1981; »Die Beine des Elefanten«, Buch + Regie: Michael Günther, ZDF 1983; Göring in »Die Friedenmacher«, Regie: Stanislav Barabas, und »Zweierlei Blut« (aus der Reihe: »Tatort«), mit Götz George, Regie: Hajo Gies, ARD 1984; »Der Ausflug«, Regie: Otto Schnelling, BR III 1985; »Der Kampfschwimmer« (von Lohschütz), Regie: Alexander von Eschwege, ARD 1985; »Mord im Spiel« (von Lichtenfeld), mit Gerd Baltus, Regie: Hartmut Griesmayr, »Suche Familie – zahle bar«, mit Inge Meysel und Evelyn Hamann, Buch + Regie: Marcus Scholz, und »Die Angst des Apothekers« (aus der Reihe: »Der Alte«), mit Siegfried Lowitz, Regie: Günter Gräwert, ZDF 1985; »Engels & Consorten« (von E. Möbius), mit Rainer Hunold, Regie: Detlef Rönfeldt, 5 Teile, ARD 1986.
Anschrift: c/o ZBF-Agentur Hamburg, Tonndorfer Hauptstraße 90, 2000 Hamburg 70, oder Am Brink 13, 2400 Lübeck.

Evelyn Opela

Geb. 4. 2. 1945 in Warnsdorf/ČSSR; nach dem Abitur absolvierte sie ein Schauspiel-Studium an der Akademie der musischen Künste in Prag. Von 1959 bis 1967 war sie als Schauspielerin in der ČSSR tätig, zuletzt am Nationaltheater Prag. 1967 übersiedelte sie in die Bundesrepublik Deutschland, wo sie seither vor allem beim Fernsehen arbeitet. Bühnenengagements hatte sie u.a. am Düsseldorfer Schauspielhaus (1977/78) und am Theater in der Josefstadt Wien (1978/79).

Frau Opela spricht tschech., russ.; sie ist verheiratet und lebt zusammen mit dem TV-Produzenten Helmut Ringelmann (»Derrick«, »Der Alte«) in München. Seit 1977 ist sie auch als Astrologin tätig.

Film: Bis 1967 drehte sie 10 Filme in Prag. Ferner: »Morgen fällt die Schule aus,« und »Das falsche Gewicht« (nach Joseph Roth), Regie: Bernhard Wicki, 1971; »Schloß Hubertus« (nach Ganghofer), mit Karlheinz Böhm, Regie: Harald Reinl, 1973; »Das Schweigen im Walde« (nach Ganghofer), Regie: Alfred Vohrer, 1976.

Theater: Titelrolle in Ibsens »Hedda Gabler«, Rosalinde in Shakespeares »Wie es euch gefällt«, Julia in Shakespeares »Romeo und Julia«, Dina in Pirandellos »So ist es, wie es Ihnen scheint«, Gita Mocha in Gibsons »Zwei auf der Schaukel«, Monika in Dürrenmatts »Die Physiker«, Cleopatra in Shaws »Cäsar und Cleopatra«, Titelrolle in Shaws »Die heilige Johanna«, Emily in Wilders »Unsere kleine Stadt«, Lucia in Rollands »Peter und Lucia«, Ludmila in Babels »Marija«, Titelrolle in Sophokles' »Antigone«, Laura in Christies »Der unerwartete Gast«, Amelie in Kuhns »Vertrauen bei Nibelungen«, Alkmene in Molières »Amphitryon«, Rosa in Williams' »Die tätowierte Rose« und Königin in Schillers »Don Carlos«, jeweils an den vorgenannten Bühnen.

Fernsehen: »Die Reiter von Padola«, ARD 1968; »Komische Geschichten mit Georg Thomalla«, Serie, ARD 1971; Titelrolle in »Nasrin oder Die Kunst zu träumen« (von Asmodi), Regie: Vojtech Jasny, ARD 1972; »Weihnachten auf dem Marktplatz«; (nach Ghéon), ARD 1973; »Die Rakete«, Regie: Dieter Wedel, ZDF 1975; »Unsterblichkeit . . . ?« (aus der Reihe: »Das blaue Palais«), mit Peter Fricke und Eva Renzi, Regie: Rainer Erler, ZDF 1976; »Rosenmontag ist kein Feiertag«, Regie: Michael Mackenroth, ZDF 1978; »Tatort«, Regie: Dietrich Haugk, Serie, und »Rollentausch«, Regie: Peter Weck, ARD 1979; »Heimkehr nach Deutschland«, Regie: Eberhard Pieper, ZDF 1982; »Das Traumschiff«, Regie: Alfred Vohrer, Serie, ZDF 1983; Lubomirska in »August der Starke« (von Asmodi), mit Gert Fröbe und Peter Fricke, Regie: Rudolf Nussgruber, »Der Besuch« (nach Durbridge), Regie: Jürgen Roland, und »Angelo und Luzy«, Serie, ZDF 1984.

Anschrift: c/o Agentur Bloy, Gasteigstraße 1, 8022 Grünwald, und Elektrastraße 24/VI, 8000 München 81.

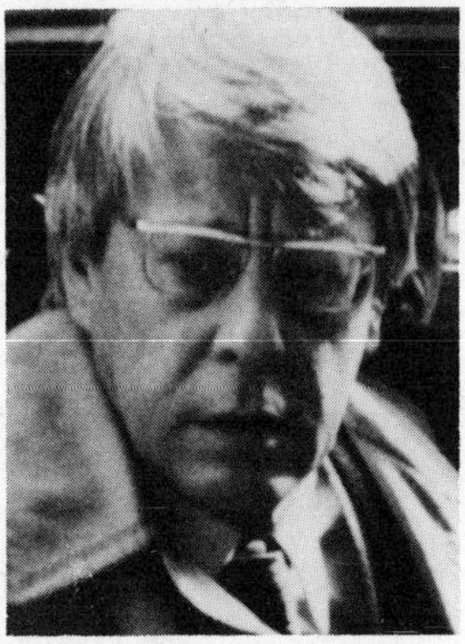

Stephan Orlac

Geb. in Düsseldorf; dort aufgew.; nach der Schule nahm er Schauspielunterricht bei Luigi Malipiero, an dessen Torturm-Theater Sommerhausen er von 1956 bis 1958 beschäftigt war. Weitere Bühnenstationen: Schauspielhaus Bochum unter Hans Schalla (1958–1971), Staatstheater Darmstadt (1971–1974) und Bayerisches Staatsschauspiel München (1975/76). Er gastierte u.a. bei den Ruhrfestspielen Recklinghausen (1979) und bei den Luisenburg-Festspielen Wunsiedel.
Er arbeitet häufig als Bühnen-Regisseur. Stationen u.a.: Schauspielhaus Bochum (über 30 Inszenierungen), Stadttheater Ingolstadt, Stadttheater Augsburg und Tourneen. Seit 1975 liegt der Schwerpunkt seiner Tätigkeit bei Fernsehen und Synchronisation. Orlac spricht engl.; er lebt in München.
Theater: Puck in Shakespeares »Ein Sommernachtstraum«, Edmund in Shakespeares »König Lear«, Titelrolle in Shakespeares »König Richard III.«, Ferry in Bauers »Chance«, in Spewack/Porters »Kiss me, Kate!«, in Simons »Ein seltsames Paar«, in Gombrowicz' »Operette«, in Fortes »Martin Luther & Thomas Münzer oder Die Einführung der Buchhaltung«, in Wedekinds »Liebestrank«, in Middleton/Rowleys »Changeling«, jeweils Schauspielhaus Bochum 1958–1971; in Handkes »Die Unvernünftigen sterben aus«, Regie: Alfred Kirchner, Bayerisches Staatsschauspiel München 1975/76.
Wichtige Inszenierungen: Molières »Tartuffe« und »Der eingebildete Kranke«, Sophokles' »Antigone«, Kleists »Der zerbrochene Krug«, Mrożeks »Tango«, »Drei weiße Pfeile«, »Die Kaktusblüte«, »Auf und davon«, Vitracs »Victor oder Die Kinder an der Macht«, Lerner/Loewes »My Fair Lady« und Hildesheimers »Turandot«, jeweils an den vorgenannten Bühnen.
Fernsehen: »Am Wege« (nach Herman Bang), Regie: Peter Beauvais, 2 Teile, ARD 1975; »Glücksucher«, Regie: Peter Beauvais, ARD 1977; »Das Projekt Honnef«, Regie: Rudolf Nussgruber, und »Herzattackenmaschine«, Regie: Sven Severin, ZDF 1977; »Die Wunder der Erziehung«, Buch + Regie: Gernot Eigler, und »Wallenstein« (nach Golo Mann), mit Rolf Boysen und Werner Kreindl, Regie: Franz Peter Wirth, 4 Teile, ZDF 1978; »Lauter anständige Menschen«, Regie: Diethard Klante, und »Kyritz Pyritz«, Regie: Stefan Wigger, ARD 1979; »Ein Kapitel für sich« (nach Walter Kempowski), mit Edda Seippel und Stephan Schwartz, Regie: Eberhard Fechner, 3 Teile, und »Liebe, Tod und Heringshäppchen«, Regie: Sven Severin, ZDF 1979; »Der Urlaub«, Regie: Thomas Engel, ARD 1980; »Tatort«, Regie: Hartmut Griesmayr und Wilm ten Haaf, Serie, 2 Folgen, ARD 1980/81; »Gute Reise«, Regie: Wilfried Dotzel, ARD 1981; »Bäume ausreißen«, Regie: Maria Neocleous, ZDF 1981; »St. Pauli Landungsbrücken«, Regie: Wilfried Dotzel, Serie, ARD 1982; »Die große Kapitulation«, ZDF 1983; »Vor dem Sturm« (nach Fontane), Regie: Franz Peter Wirth, 6 Teile, ARD 1984; »Abschied von der Hinterbank«, Buch + Regie: Joachim Roering, und »Silvester in Treptow« (von Noltke), Regie: Claudia Holldack, ZDF 1985; »Herzogstraße«, Regie: Rob Herzet, 11 Teile und »Totschweigen«, Buch + Regie: Daniel Christoff, ZDF 1986.
Anschrift: c/o Agentur Mattes, Pilotystraße 2, 8000 München 22.

Elisabeth Orth

–Staatsschauspielerin–

Geb. 1935 als Tochter des Schauspielers Attila Hörbiger und der Schauspielerin Paula Wessely in Wien; dort aufgew.; wichtige Bühnenstationen: Ulmer Theater, Bühnen der Stadt Köln, Bayerisches Staatsschauspiel München (1964–1968 und 1970/71) und Burgtheater Wien (seit 1973).
Frau Orth spricht engl., sie lebt in Wien. 1975 veröffentlichte sie das Buch »Märchen ihres Lebens: Meine Eltern Attila Hörbiger und Paula Wessely«.
Theater: Porzia in Shakespeares »Der Kaufmann von Venedig«, Regie: Peter Zadek, und Titelrolle in Lessings »Emilia Galotti«, Regie: Kurt Hübner, Ulmer Theater 1961; Titelrolle in »Madame Legros« (nach Heinrich Mann), Regie: Max-Peter Amann, Bühnen der Stadt Köln 1964; Rosalie in Nestroys »Das Mädl aus der Vorstadt«, Franziska in Lessings »Minna von Barnhelm«, Irma in Giraudoux' »Die Irre von Chaillot«, Hero in Grillparzers »Des Meeres und der Liebe Wellen«, 1964/65, Marie in Büchners »Woyzeck«, Regie: Hans Lietzau, Sophie in Goethes »Die Mitschuldigen« und Ehefrau in Ionescos »Die Stühle«, 1965/66, Titelrolle in Goethes »Iphigenie auf Tauris«, Doña Proëza in Claudels »Der seidene Schuh«, Regie: Hans Lietzau, Marja in Tschechows »Drei Schwestern«, 1966–1968, Sara Harford in O'Neills »Alle Reichtümer der Welt«, 1970/71, jeweils Bayerisches Staatsschauspiel München; Sara Melody in O'Neills »Fast ein Poet«, Regie: Peter Loos, Europa-Tournee 1968; Eboli in Schillers »Don Carlos«, 1973, Elektra in Aischylos' »Orestie«, 1976, Tatjana in Gorkis »Die Kleinbürger«, Regie: Dieter Dorn, Frau des Kommandeurs in Schnitzlers »Der Ruf des Lebens«, Regie: Johannes Schaaf, und Titelrolle in Goethes »Iphigenie auf Tauris«, Regie: Adolf Dresen, 1977, Mutter in Strindbergs »Der Pelikan«, 1978, Gräfin Orsina in Lessings »Emilia Galotti«, Regie: Adolf Dresen, 1979, Sophie in Goethes »Clavigo«, Regie: Adolf Dresen, 1980, Frau Francine in Frischs »Triptychon«, 1981, Amme Babet in Lenz' »Der neue Menoza«, Regie: Benno Besson, 1982, jeweils Burgtheater Wien.
Fernsehen: (zuletzt) »Der Einstand«, mit Christoph Waltz, Regie: Reinhard Schwabenitzky, ZDF 1977; »Wiener Klatsch«, und »Wiener Brut« (von Sebestyen), Regie: jeweils Georg Madeja, ORF 1984.

Auszeichnung: Staatsschauspielerin.
Anschrift: Hansi-Nies-Weg 25, A-1130 Wien, Österreich.

Christine Ostermayer

–Staatsschauspielerin–

Geb. 15.12.1936 in Wien; dort aufgew.; bereits im Alter von sieben Jahren spielte sie am Wiener Kindertheater. Sie absolvierte eine Tanzausbildung, bevor sie mit 16 Jahren an das Max-Reinhardt-Seminar Wien ging. Von dort nahm sie der Oberspielleiter des Theaters der Stadt Essen, Heinz Dietrich Kenter, unter Vertrag. Anschließend gehörte sie zum Ensemble der Wuppertaler Bühnen. Unter Helmut Henrichs kam sie 1963 an das Bayerische Staatsschauspiel München, an dem sie bis 1984 tätig war. Weitere Stationen waren u.a.: Deutsches Schauspielhaus Hamburg, Salzburger Festspiele (1972 und 1979), Burgtheater Wien (u.a. 1982), Schauspielhaus Zürich (1984) und Württembergisches Staatstheater Stuttgart (1985).
Christine Ostermayer spricht engl., ital.; sie ist ledig und lebt abwechselnd in München und auf Sardinien.
Theater: In O'Neills »Alle Kinder Gottes haben Flügel«, Wuppertaler Bühnen; Luise in Schillers »Kabale und Liebe«, Natalie in Kleists »Prinz Friedrich von Homburg«, Thekla in Nestroys »Das Mädl aus der Vorstadt« und Hero in Shakespeares »Viel Lärm um nichts«, 1963/64, Marie in Molnárs »Liliom«, Raina in Shaws »Helden« und des Teufels Großmutter in Grabbes »Scherz, Satire, Ironie und tiefere Bedeutung«, 1964/65, Regine in Ibsens »Gespenster«, Zoe in Saunders' »Ein Duft von Blumen«, Eve in Kleists »Der zerbrochene Krug« und Piperkarcka in Hauptmanns »Die Ratten«, 1965/66, Titelrolle in Sophokles' »Antigone«, Arva Mari in Hays »Haben«, 1966/67, Recha in Lessings »Nathan der Weise«, Leila in Genets »Die Wände«, Rosalinde in Shakespeares »Wie es euch gefällt«, 1967/68, Pockerl in Nestroys »Der Talisman« und Titelrolle in Ibsens »Nora«, 1968/69, Viola in Shakespeares »Was ihr wollt« und Berta in Fleißers »Pioniere in Ingolstadt«, 1969/70, Katharina in Shakespeares »Der Widerspenstigen Zähmung«, mit Klaus Maria Brandauer, Regie: Otto Schenk (auch TV), 1970/71, Polly in Brecht/Weills »Die Dreigroschenoper«, Margarethe in Goethes »Urfaust« und Peggy in »Strategen der Liebe«, 1971/72, Christopherl in Nestroys »Einen Jux will er sich machen«, 1972/73, Isabella in Shakespeares »Maß für Maß«, 1973/74, Titelrolle in Shaws »Die heilige Johanna«, Regie: Martin Fried, 1974/75, Julie in Molnárs »Liliom«, Regie: Kurt Meisel, 1975/76, Agnes in Strindbergs »Ein Traumspiel«, Regie: Ingmar Bergman, und Titelrolle in »Sweet Charity«, 1976/77, Mascha in Tschechows »Drei Schwestern«, Regie: Ingmar Bergman, 1977/78, Lesung Stücke von Karl Kraus und Johann Wolfgang von Goethe, 1978/79, Lilian Holiday in Lanes »Happy end«, Regie: Helmut Baumann, Titelrolle in Schillers »Maria Stuart«, Regie: Kurt Meisel, 1980/81, Frau in Strindbergs »Nach Damaskus«, mit Martin Benrath, Regie: Erwin Axer, 1983, jeweils Bayerisches Staatsschauspiel München; Gretchen in Goethes »Faust«, mit Helmut Lohner, Regie: Otto Schenk, Burgtheater Wien 1982.
Fernsehen: »Die Möwe« (nach Tschechow); »Der zerbrochene Krug« (nach Kleist); »Wie es euch gefällt« (nach Shakespeare); »Zwischenspiel«; »Prüfung eines Lehrers« (von Oliver Storz), ZDF 1968; »Tapetenwechsel« (von Blackmore/Kolman), Regie: Rolf von Sydow, ARD 1973; Titelrolle in »Komtesse Mizzi« (nach Schnitzler), Regie: Otto Schenk, und »Literatur« (nach Schnitzler), ZDF 1975; »Als wär's ein Stück von mir« (nach Zuckmayer), Regie: August Everding, ZDF 1976; »August Strindbergs Herbst«, Regie: Kristian Kühn, ARD 1978; »Sierra Madre«, Regie: Horst Flick, ZDF 1980; »Derrick«, Serie, Frau Müller in »Gestern bei Müllers«, mit Alexander Kerst, Serie, ZDF 1983; »Das Rettungslos«, Regie: Georg Madeja, ORF 1984.
Auszeichnungen: Bayerische Staatsschauspielerin, München 1966; »Josef-Kainz-Medaille«, Wien.
Anschrift: Viktoriastraße 11, 8000 München 40.

Elfriede Ott

Geb. 11. 6. 1925 als Tochter eines Uhrmachers in Wien; dort aufgew.; gegen den Willen ihres Vaters nahm sie heimlich Schauspielunterricht. 1947 debütierte sie am Wiener Burgtheater in Hauptmanns »Die goldene Harfe«. Ihre ersten Bühnenerfolge hatte sie als Annchen in Goethes »Stella«, Recha in Lessings »Nathan der Weise« und Melitta in Grillparzers »Sappho«. Zusammen mit dem Kabarettisten Gerhard Bronner startete sie in den 50er Jahren ihre Karriere als profilierte Kabarettistin. Vor allem im Österreichischen Fernsehen trat sie mit zahlreichen Programmen auf. 1958 wurde sie Mitglied am Theater in der Josefstadt Wien, dem sie bis heute angehört. Sie verkörperte dort vor allem Lustspiel-Rollen (bevorzugte Autoren: Nestroy, Bahr, Simon, Sardou, Camoletti).

Anfang der 60er Jahre machte sie als Diseuse und Chansonnette auf sich aufmerksam. Nach einer ausgedehnten Europatournee, die sie u.a. nach Berlin, Rom, Paris und Kopenhagen führte, begann sie 1965 ihre erfolgreiche Musikserie »Phantasie in Ö-Dur«, in deren Rahmen inzwischen 13 Solo-Programme, über 30 Langspielplatten und ein Buch mit amusanten Alt- und Neu-Wiener Komödienliedern unter dem gleichen Titel (1975) entstanden. 1977 veröffentlichte sie den Band »Wenn man in Wien zur Welt kommt« mit Betrachtungen und Begegnungen ihrer Heimatstadt.

1980 stellte sie in der Wiener »Galerie Zentrum« zahlreiche Aquarelle und Skizzen mit Wiener Motiven aus, die sie in vielen Jahren geschaffen hatte.

Frau Ott spricht engl., franz.; sie ist geschieden von dem mittlerweile verstorbenen Schauspieler und Kabarettisten Ernst Waldbrunn und lebt in Wien. Seit Anfang der 60er Jahre ist sie mit dem Schriftsteller und Kritiker Hans Weigel verbunden, der an vielen ihrer Chansonprogramme mitgearbeitet hat.

Film: »Das Siegel Gottes«, mit Josef Meinrad, Regie: Alfred Stöger, 1949; »Mein Freund Leopold«, mit Josef Meinrad, Regie: Alfred Stöger, 1950; »Im Krug zum grünen Kranze«, 1954.

Fernsehen: Vor allem im ORF war sie in zahlreichen Lustspielen zu sehen (u.a. in Camolettis »Perle Anna«). Großen Erfolg hatte sie als Resi Huber in »Hallo – Hotel Sacher . . . Portier!«, von und mit Fritz Eckhardt (13, Teile, ORF/ZDF 1975). Seit 1981 spielt sie in der ORF-Stegreif-Serie »Die liebe Familie«. Ihr letzter Auftritt war in »Minister gesucht«, Buch + Regie: Fritz Eckhardt (ORF 1985), einer Aufführung der Kammerspiele Wien. 1983 inszenierte sie für den ORF das Nestroy-Stück »Das Gewürzkrämerkleeblatt«.

Anschrift: Barmhartstalstr. 55, A-2344 Maria Enzersdorf, Österreich.

P

Hans Paetsch

Geb. 7. 12. 1909 in Montreux-Vieux/Elsaß; aufgew. in Straßburg, Darmstadt und Berlin. Nach dem Abitur studierte er in Marburg und Berlin. Sein erstes Bühnenengagement erhielt er 1931 am Stadttheater Gießen. Weitere Bühnenstationen: Theater der Stadt Heidelberg, Bühnen der Hansestadt Lübeck, Saarländisches Staatstheater Saarbrücken (bis 1939), Deutsches Theater Prag (1939–1944), Staatstheater Braunschweig und Württembergisches Staatstheater Stuttgart (1946/47).
1947 kam er an das Thalia-Theater Hamburg, dessen Ensemble er als Schauspieler und Regisseur über 20 Jahre angehörte. Er spielte Rollen seines Fachs aus Klassik und Moderne. Sein Filmdebüt gab er 1939 in »Silvesternacht am Alexanderplatz«. Neben seinen Aufgaben beim Fernsehen machte er zahlreiche Hörspiele und arbeitete in der Synchronisation.
Paetsch ist verheiratet mit der Schauspielerin Trude Wagenknecht und lebt in Hamburg.
Film: »Silvesternacht am Alexanderplatz«, 1939; »Mein Mann darf es nicht wissen«, 1940; »Hauptsache glücklich« und »Kameraden«, 1941; »5000 Mark Belohnung« und »Ein Zug fährt ab«, 1942; »Sieben Briefe«, 1944; »Das Gesetz der Liebe«, 1945; »Die Lüge«, 1950; »Made in Germany«, mit Carl Raddatz, 1957; »Der Mann, der sich verkaufte«, Regie: Josef von Baky, »Hunde, wollt ihr ewig leben«, Regie: Frank Wysbar, »Buddenbrooks« (nach Thomas Mann), Regie: Alfred Weidenmann, »Natürlich die Autofahrer«, mit Heinz Erhardt, Regie: Erich Engels, »Der blaue Nachtfalter«, 1959; »Ja, die Frauen sind gefährlich«, »Die Botschafterin«, mit Nadja Tiller, Regie: Harald Braun, »Die toten Augen von London« (nach Wallace), Regie: Alfred Vohrer, und »Im Namen einer Mutter«, Regie: Erich Engels, 1960.
Fernsehen: »Kim Philby war der dritte Mann«; »Schicksalsjahre der Republik«; »Gneisenau«; »Das Lied der Taube« (nach van Druten); »Das Verhör des Ernst Niekisch«, Regie: Oswald Döpke, »Mein Leben selber bestimm'n« (von Stefan Roth), ZDF 1977; »Der Verbrecher aus verlorener Ehre« (nach Schiller), Regie: Peter Schulze-Rohr, »Er läßt die Hand küssen« (nach Marie von Ebner-Eschenbach), Regie: Peter Schulze-Rohr, »Die seltsamen Begegnungen des Prof. Tarantoga« (nach Stanislav Lem), ZDF 1978; »Gefangen in Frankreich« (nach Fontane), R gie: Theo Mezger, ZDF 1979; »'S zweite Leb'n« (v Fitzgerald Kusz), ZDF 1980; »Der Glücksritter« (v Wuttig), mit Christian Kohlund, Regie: Hans-Jürg Tögel, Serie, ARD 1983; »Geschichten aus der H mat«, Serie, ARD 1984; Landrat in »Die Schwa waldklinik«, mit Klausjürgen Wussow, Gaby Doh und Sascha Hehn, Regie: Alfred Vohrer, Serie, ZD 1985/86.
Anschrift: c/o ZBF-Agentur Hamburg, Tonndorf Hauptstraße 90, 2000 Hamburg 70.

Ilse Pagé

(eigentlich: Ilse Schumann, geb. Hinniger)

Geb. 29. 5. 1939 in Berlin; dort und in Worpswede aufgew.; nach dem Abschluß der mittleren Reife nahm sie privaten Schauspielunterricht bei Maria Bordadt in Ostberlin; im Westen der Stadt besuchte sie die Max-Reinhardt-Schule; unter Boleslaw Barlog debütierte sie 1959 am Berliner Schiller-Theater, zu dessen Ensemble sie bis 1966 gehörte; Stückverträge am Theater am Kurfürstendamm und am Renaissance-Theater in Berlin, an der Kleinen Komödie München, der Komödie in Düsseldorf, dem Fritz-Rémond-Theater im Zoo Frankfurt/Main und dem Schauspielhaus Zürich folgten.
Frau Pagé spricht engl.; sie ist geschieden und lebt in Berlin.
Film: »Berlin – Ecke Schönhauser«, mit Ekkehard Schall (vom Brecht-Ensemble), DDR 1957; »Das Haus in Montevideo« (nach Goetz), mit Heinz Rühmann und Ruth Leuwerik, Regie: Helmut Käutner, 1964; »Die blaue Hand« (nach Wallace), Regie: Alfred Vohrer, und »Ganovenehre«, mit Gert Fröbe, Mario Adorf und Karin Baal, Regie: Wolfgang Staudte, 1967; »Die Blechtrommel« (nach Grass), mit David und Heinz Bennent und Mario Adorf, Regie: Volker Schlöndorff, und »Warum die UFOs unseren Salat klauen«, Regie: Hansjürgen Pohland, 1979; »Engel aus Eisen«, mit Hilmar Thate und Katharina Thalbach, Regie: Thomas Brasch, 1981; »Spider Murphy Gang«, Regie: Georg Kostya, 1983.
Theater: In Kopits »Oh Vater, armer Vater, Mutter hing dich in den Schrank und ich bin ganz krank«, in Zuckmayers »Der Hauptmann von Köpenick«, Regie: Boleslaw Barlog, Schiller-Theater Berlin 1959–1966; in Barillet/Grédys »Eine Rose zum Frühstück«, Kleine Komödie München 1975 (auch TV); Helene in Euripides' »Die Troerinnen«, Schauspielhaus Zürich 1976.
Fernsehen: »Valentin Katajews chirurgische Eingriffe«, Regie: Helmut Käutner, ARD 1967; »Luftsprünge«, mit Luis Trenker, Serie, ZDF 1970; »Kirschen für Rom«, ARD 1971; »Der Heiligenschein«, Regie: Heinz Schirk, ARD 1977; »Magere Zeiten«, Regie: Michael Braun, und »Drei Damen vom Grill«, Serie, ARD 1978; »Derrick«, Serie, ZDF 1978; »Was wären wir ohne uns«, Regie: Ulrich Schamoni, und »Kyritz – Kyritz«, Regie: Stefan Wigger, ARD 1979; »Nachruf auf Othello«, mit Werner Hinz, Regie: Michael Braun, ARD 1980; »Mit schallendem Gelächter«, mit Inge Meysel und Ilja Richter, ZDF, 1980; »Alte Gauner«, Regie: Konrad Sabrautzky, ZDF 1982; »Das Dorf«, Regie: Claudia Holldack, 3 Teile, und »Die Beine des Elefanten«, ZDF 1983; »So lebten sie alle Tage«, Regie: Ulrich Schamoni, 5 Folgen, ARD 1984; »Silvester in Treptow« (von Noltke), Regie: Claudia Holldack, ZDF 1985.
Auszeichnung: Bundesfilmpreis 1981.
Anschrift: c/o Agentur von Pilecki, Eilandstraße 12, 8000 München 90, oder Hildegardstraße 2 A, 1000 Berlin 31.

Hans-Georg Panczak

Geb. 19. 7. 1952 in Düsseldorf; aufgew. in Berlin; durch einen Zufall bekam er 1961 eine Kinderrolle in dem ARD-Fernsehspiel »Aus Gründen der Sicherheit« (mit Siegfried Lowitz als Vater); Engagements an mehreren Berliner Bühnen und Synchronisationsaufgaben folgten; er nahm Schauspielunterricht bei Marlise Ludwig.
Die Theaterstationen: Renaissance-Theater Berlin (1961–1963), Berliner Theater (1962), Forum-Theater (1963/64), Titania-Palast Berlin (1964), Schaubühne am Halleschen Ufer Berlin (1964/65), Theater am Kurfürstendamm Berlin (1965), Schloßpark-Theater Berlin (1966–1970), Theater Oberhausen (1968), Renaissance-Theater Berlin (1971), Hebbel-Theater Berlin (1973/74), Bühnen der Hansestadt Lübeck (1974/75 und 1979).
Er synchronisierte die Stimme von Sandie in der ZDF-Jugendserie »Flipper«, John-Boy Walton (Richard Thomas) in der ZDF-Serie »Die Waltons«, Luke Skywalker (Mark Hamill) in »Krieg der Sterne« (3 Teile), Worley (David Keith) in »Ein Offizier und Gentleman«, Flash Gordon (Sam J. Jones) in »Flash Gordon«, Richard Dreyfus, u.v.a.
Panczak spricht engl.; er ist verheiratet und lebt in Waakirchen/Oberbayern.
Film: Jakob in »Morgen-Grauen«, mit Hannelore Elsner, Regie: Peter Sämann, 1984.
Theater: In »Mein Vater hatte recht«, Regie: Peter Mosbacher, 1961, in Roussins »Die Schule der Ehe«, mit Theo Lingen, Regie: O.E. Hasse, 1963, in Albees »Alles im Garten«, mit Peter Mosbacher, 1971, jeweils Renaissance-Theater Berlin; in »Tu' das nicht Angelika«, mit Carl-Heinz Schroth, Berliner Theater 1962; in Gattis »Das imaginäre Leben des Straßenkehrers August G.«, Schaubühne am Halleschen Ufer Berlin 1964; in Flatows »Vater einer Tochter«, mit Georg Thomalla, Theater am Kurfürstendamm Berlin 1965 (auch TV); in »Freunde und Feinde« (2-Personen-Stück), mit Martin Held, Schloßpark-Theater Berlin und Gastspiele 1966–1970; in »Piccadilly 19 Uhr 8«, mit Tilo Prückner, Theater Oberhausen 1968; in Bethencourts »Der Tag, an dem der Papst gekidnappt wurde«, mit Helmut Käutner und Hannelore Schroth, Hebbel-Theater Berlin 1973/74; Titelrolle in Plenzdorfs »Die neuen Leiden des jungen W.«, 1974/75, und Beckmann in Borcherts »Draußen vor der Tür«, 1979, Regie: jeweils Michael Wedekind, jeweils Bühnen der Hansestadt Lübeck.
Fernsehen: »Familie Bergmann«, Regie: Walter Sedlmayr, 3 Teile, ARD 1964; »Klasse«, Regie: Wolfgang Staudte, ARD 1967; »Kinderehen«, mit Susanne Uhlen, ARD 1969; »Krebsstation« (nach Solschenizyn), mit Siegfried Lowitz, Regie: Heinz Schirk, 2 Teile, ARD 1970; »Dem Täter auf der Spur«, Regie: Jürgen Roland, Serie, ARD 1972; »Der Strick um den Hals«, und »Sechs Wochen im Leben der Gebrüder G.«, Regie: Peter Beauvais, ARD 1974; »Ein Fall für Stein«, 13 Folgen, ZDF 1976; »David und Goliath« (nach Georg Kaiser), mit Heinz Bollmann, ZDF 1977; »Derrick«, Serie, 4 Folgen, ZDF 1977–1985; »Der Alte«, Serie, 6 Folgen, ZDF 1978–1983; »Hatschi!«, Regie: Eugen York, ZDF 1979; »Tatort«, Regie: Wolfgang Staudte, Serie, ARD 1979; Franz Timpe in »Meister Timpe« (nach Max Kretzer), mit Hans Christian Blech, Regie: Hartmut Griesmayr, 2 Teile, ZDF 1980; »Musik auf dem Lande«, Buch und Regie: Oliver Storz, und »Jeans«, Regie: Hartmut Griesmayr, ZDF 1981; »Alte Gauner«, mit Ruth-Maria Kubitschek, Serie, und Bobby in »Liebt diese Erde« mit Margot Werner, 6 Teile, ZDF 1984; »Sonntag« (nach Simenon«), Regie: Stanislav Barabas, und »Es muß nicht immer Mord sein«, Regie: Kai Borsche, Serie, ZDF 1985.
Anschrift: c/o ZBF-Agentur München, Leopoldstraße 19, 8000 München 40, oder Zwieselweg 24, 817[illegible] Waakirchen/Oberbayern.

Michael Pand

(eigentlich: Michael Gspandl)

Geb. 27. 7. 1955 in Hainburg/Donau, Österreich; dort aufgew.; mit 17 setzte er sich aus dem Internat (Gymnasium) ab und trampte bis Beirut; nach seiner Rückkehr nahm er Schauspielunterricht am Max-Reinhardt-Seminar in Wien und am Lee Strasberg Theatre Institute in New York; er debütierte am Theater an der Wien im Jahre 1973; weitere Engagements bisher: (u.a.) Theater am Kärntnertor und Theater in der Josefstadt Wien, Münchner Kammerspiele, Schaubühne am Halleschen Ufer und Hamburger Kammerspiele.

Pand spricht engl., franz.; er ist ledig und lebt in Berlin.

Film: »Ringer«, mit Bianca Jagger und Jeff Bridges, 1978; »Endstation Freiheit«, mit Burkhard Driest, Regie: Reinhard Hauff, und »Die wilden Schönen von Ibiza«, Regie: Siggi Götz, 1980.

Theater: Titelrolle in Ungers »Spartakus«, Theater an der Wien 1973; in Ernsts »Ein Lehrstück in Blut und Rosen«, Theater am Kärntnertor Wien 1974; in Molnárs »Der Schwan«, Regie: Peter Loos, Theater in der Josefstadt Wien 1975; in Wedekinds »Frühlings Erwachen«, Regie: Ernst Wendt, Münchner Kammerspiele 1976; in Anouilhs »Die Probe«, Regie: Wolfgang Glück, Festspiele Hellbrunn 1977; in Botho Strauß' »Groß und Klein«, Regie: Peter Stein, Schaubühne am Halleschen Ufer Berlin 1978; Andri in Frischs »Andorra«, Regie: Ida Ehre, Hamburger Kammerspiele 1980; Jürgen in »Das Tier – Der Fall von Jürgen Bartsch«, selbst produziert, inszeniert und gespielt 1983 in München.

Fernsehen: »Der Abituriententag«, Regie: Eberhard Itzenplitz, ZDF 1973; »Zwischenzeit«, Regie: Wolfgang Glück, ORF 1974; »Perahim – die zweite Chance«, mit Heinz Bennent und Annemarie Düringer, Regie: Hans W. Geissendörfer, ZDF 1975; »Kim & Co«, Regie: Wolf Dietrich, BBC-England/ORF 1975; »Heiße Ware«, Regie: Imo Moszkowicz, ARD 1976; »Drei Wege zum See«, und »Der junge Freund«, Regie: Axel Corti, ZDF 1976; »Der Anwalt«, mit Wolfgang Kieling, Regie: Theodor Grädler, ZDF 1977; »Und das zum 80. Geburtstag« (von Carl-Heinz Schroth), Regie: Rolf von Sydow, ZDF 1981; »Die Stunde der Republikaner«, ARD 1982; »Heiße Tage im Juli 1934«; Regie: Otto Anton Eder, ZDF 1984.

Auszeichnung: Hörspielpreis für »Hell genug und trotzdem stockfinster« 1981.

Anschrift: c/o Austroconcert International, Gluckgasse 1, A-1010 Wien, Österreich.

Bruno W. Pantel

Geb. 17. 3. 1921 als Sohn eines Zauber- und Varietékünstlers in Berlin; dort aufgew.; lebt in Peiting/Oberbayern; spricht engl., dänisch, russisch; verheiratet, 2 Söhne. Nach dem Abitur arbeitete er als Conférencier bei Berliner Kabaretts; nach dem Wehrdienst war er kurze Zeit als Schauspieler in Frankfurt/Oder tätig; als Buffo war er von 1945 bis 1949 am Berliner Theater unter Kurt Seifert engagiert; Gastspiele am Theater in der Nürnberger Straße und am Hebbel-Theater Berlin, an der Kleinen Komödie und am Bayerischen Staatsschauspiel München folgten; seit seiner Beinamputation 1973 arbeitet er vorwiegend für das Fernsehen.
In den 50er Jahren begann Pantel seine umfangreichen Hörfunk-Tätigkeiten: mit Hans Rosenthal, Kurt Pratsch-Kaufmann und anderen gestaltete er die »RIAS-Kaffeetafel«; als Synchronsprecher war er über 20 Jahre die deutsche Stimme von Oliver Hardy in »Dick und Doof«; weitere Rollen: Puck in »Die Biene Maja«, Ulme in »Die Wikinger«, Fozzie-Bär in »Die Muppets-Show«.
Film: »Mikrosch rückt ein«, 1952; »Wenn am Sonntagabend die Dorfmusik spielt«, 1953; »Liebe, Tanz und 1000 Schlager«, mit Peter Alexander, 1955; »Das Bad auf der Tenne«, »Musikparade« und »Studentin Helene Willfuer«, 1956; »Tante Wanda aus Uganda«, Regie: Geza von Cziffra, und »Banktresor 713«, 1957; »Piefke, der Schrecken der Kompanie«, »Auferstehung« und »Lilli – ein Mädchen aus der Großstadt«, 1958; »Kriegsgericht«, »Abschied von den Wolken«, »Freddy, die Gitarre und das Meer«, mit Freddy Quinn, und »Unser Wunderland bei Nacht«, 1959; »Die 1000 Augen des Dr. Mabuse«, mit Peter van Eyck und Gert Fröbe, Regie: Fritz Lang, und »Liebling der Götter«, 1960; »Wir Kellerkinder«, 1962; »Die Lümmel von der ersten Bank«, 1968; »Gefundenes Fressen«, mit Heinz Rühmann, Regie: Michael Verhoeven, 1978; »Die Elixiere des Teufels«, 1979.
Theater: In Arnold/Bachs »Hurra, ein Junge«, Hebbel-Theater Berlin 1947; in Ebermayers »Zwei ahnungslose Engel« mit Agnes Windeck und Rose Renée Roth (1968), in Krasnas »Kein Problem« (1970), in Maughams »Lieber reich und glücklich« (1971), in Barillet/Grédys »Vier Fenster zum Garten« (1972 auch TV), jeweils Kleine Komödie München.
Fernsehen: »Chansons«, ARD 1957; »Jeder stirbt für sich allein« (nach Fallada), ARD 1962; »Safeknacker-suite«, ARD 1965; »Die Brücke von Remagen« (von Kotschenreuther), »Orgel und Rakete«, ZDF 1967; »Der Reichstagsbrandprozeß«, ARD 1967; »Auch schon im alten Rom«, ARD 1969; Texas Bill in »Salto Mortale« (von Wuttig), mit Gustav Knuth und Hans Söhnker, Serie, ARD 1969/70; »Die seltsamen Methoden des Franz Josef Wanninger«, Serie, ARD 1971/72; »Der Kommissar«, mit Erik Ode, Serie, ZDF 1972/73; »Paul kommt zurück«, ZDF 1976; »Das Projekt Honnef«, Regie: Rudolf Nussgruber, ZDF 1977; »Tatort«, Serie, ARD, 1978; »Ein Kapitel für sich« (von Kempowski), mit Edda Seippel und Stephan Schwartz, Regie: Eberhard Fechner, 3 Teile, ZDF 1979; »Zurück an den Absender«, mit Rudolf Platte, Regie: Thomas Engel, ZDF 1981; »Derrick«, Serie, [illegible] Folgen, ZDF 1982/83; »Christian und Christiane«, Serie, ARD 1983; »Franz Xaver Brunnmayr«, mit Gust[illegible] Bayrhammer, Regie: Ulrich König, Serie, ARD 1985.
Anschrift: c/o ZBF-Agentur München, Leopoldstraße 19, 8000 München 40.

Karl Paryla

Geb. 12. 8. 1905 in Wien; dort aufgew.; nach der Schule und Schauspielunterricht debütierte er am Raimund-Theater Wien. 1926 spielte er am Deutschen Volkstheater Wien. Weitere Stationen: Schauspielhaus Köln, Schauspielhaus Düsseldorf, Theater Breslau und Staatstheater Darmstadt (1927–1933). 1933 ging er in die Emigration. Er hatte Engagements am Schauspielhaus Zürich (1933–1935 und 1938–1946) und am Theater in der Josefstadt Wien (1935–1938). Von 1948 bis zur Schließung 1956 leitete er zusammen mit Wolfgang Heinz das Neue Theater in der Scala Wien. Seither war er als Schauspieler und Regisseur tätig (u.a.) am Deutschen Theater Berlin, an den Münchner Kammerspielen, am Bayerischen Staatsschauspiel München, am Ernst Deutsch-Theater Hamburg, an der Schaubühne am Halleschen Ufer Berlin, am Niedersächsischen Staatstheater Hannover, am Hessischen Staatstheater Wiesbaden und am Schauspielhaus Köln.
Sein Film Debüt gab er 1935 in Erich Engels »... nur ein Komödiant«. 1955/56 schrieb er für drei Produktionen die Drehbücher und führte Regie.
Paryla spricht engl.; er ist verheiratet mit der Schauspielerin Hortense Raky (geb. 1918). Seine beiden Söhne Nikolaus (geb. 1939) und Stephan (geb. 1948) wählten ebenfalls den Schauspieler-Beruf. Sein Bruder ist der Schauspieler Emil Stöhr (geb. 1907). Paryla lebt in Wien.
Film: »... nur ein Komödiant«, Regie: Erich Engel, 1935; »Burgtheater«, Regie: Willi Forst, 1936; »Der Pfarrer von Kirchfeld«, Regie: Jakob und Luise Fleck, und »Sein letztes Modell«, 1937; »Nanon«, 1938; »Der Engel mit der Posaune«, Regie: Karl Hartl, 1949; Titelrolle in »Semmelweis – Retter der Mütter«, Regie: Georg C. Klaren, DEFA 1950; »Fräulein Lilly«, 1950; »Die Unbesiegbaren«, 1952; »Wiener Herzen«, Regie: Paryla selbst, 1955; »Gasparone« (nach Millöcker), Regie: Paryla selbst, 1956; »An der schönen blauen Donau«, mit Attila Hörbiger, Regie: John Olden, 1965.
Regie führte er zudem in »Mich dürstet« (Drehbuch zusammen mit Walter Gorrish), DDR 1956.
Theater: Titelrolle in Molnárs »Liliom« (1934), Titelrolle in Sophokles' »Ödipus auf Kolonos«, Marquis Posa in Schillers »Don Carlos«, Titelrolle in der Uraufführung von Zuckmayers »Bellman« (1938), Orgon in Molières »Tartuffe« (1939), Fedor Wassilijewitsch Protasoft in Tolstois »Der lebende Leichnam«, Saint Just in Büchners »Dantons Tod«, Schweizerkas in der Uraufführung von Brechts »Mutter Courage und ihre Kinder« (1941), Titelrolle in der Uraufführung von G. Kaisers »Soldat Tanaka« (1941), Zwirn in Nestroys »Lumpazivagabundus«, Weinberl in Nestroys »Einen Jux will er sich machen«, Regie: Leopold Lindtberg, Schauspielhaus Zürich 1933–1946; Jago in Shakespeares »Othello«, 1949, Figaro in Beaumarchais' »Der tolle Tag oder Figaros Hochzeit«, 1950, Titelrolle in Shakespeares »Hamlet«, 1954, und Titelrolle in Molnárs »Liliom«, 1956, jeweils Neues Theater in der Scala Wien; Mephisto in Goethes »Faust«, Regie: Fritz Kortner, Münchner Kammerspiele 1956; Narr in Shakespeares »Was ihr wollt«, 1958, Prof. Ewald in der Uraufführung von Kortners »Zwiesprache«, 1964, Regie: jeweils Fritz Kortner, Titelrolle in Nestroys »Der Talisman«, Regie: Paryla selbst, 1958, Weinberl in Nestroys »Einen Jux will er sich machen«, Regie: Paryla selbst, 1960, Miller in Schillers »Kabale und Liebe«, Regie: Fritz Kortner, 1965, jeweils Münchner Kammerspiele.
Regie führte er u.a. in: Strindbergs »Königin Christine«, Schauspielhaus Zürich 1943; Grillparzers »Der Traum ein Leben« und Gogols »Der Revisor«, jeweils Neues Theater in der Scala Wien 1951; »Auferstehung« (nach Tolstoi), 1957, Schillers »Wallenstein«, 1959, und Gorkis »Die Kleinbürger«, 1960, jeweils Deutsches Theater Berlin; Nestroys »Lumpazivagabundus«, Münchner Kammerspiele 1964; Rojas/Terrons »Celestina«, Schauspielhaus Köln 1966.
Fernsehen: (zuletzt) Vater Elssler in »Die Tänzerin Fanny Elssler« (nach Adler/Johann Strauß), ZDF 1966; »Das große Fest« (aus: »Die Alpensaga«, von Pevny/Turrini), Regie: Dieter Berner, ZDF 1977; Wassas Mann in »Wassa Schelesnowa« (nach Gorki), mit Inge Meysel, Regie: Paryla selbst, ZDF 1984 (vorher Tournee).
Anschrift: (entfällt auf Wunsch des Künstlers).

Nikolaus Paryla

–Staatsschauspieler–

Geb. 1939 als Sohn des Schauspielers und Regisseurs Karl Paryla und der Schauspielerin Hortense Raky. Bereits mit sechs Jahren stand er erstmals auf der Bühne, mit elf Jahren spielte er zusammen mit seinem Vater in dem Film »Semmelweis – Retter der Mütter«. Von 1957 bis 1960 absolvierte er das Max-Reinhardt-Seminar in Wien. Sein erstes Engagement erhielt er 1960 am Hans-Otto-Theater in Potsdam. Von 1962 bis 1970 stand er im Ensemble des Theaters in der Josefstadt Wien. Seit 1970 gehört er (mit einer Unterbrechung 1972) zum Bayerischen Staatsschauspiel München. Gastspiele gab er u.a. am Schiller-Theater Berlin (1972/73), bei den Salzburger Festspielen und bei den Festspielen Bad Hersfeld.
Paryla spricht engl., franz.; er ist verheiratet und lebt in Vaterstetten bei München.
Film: »Lena Rais«, mit Tilo Prückner, Regie: Christian Rischert, 1980; »Kehraus«, mit Gerhard Polt, Regie: Hanns Christian Müller, 1983.
Theater: In zahlreichen Stücken von Goldoni und Pirandello, Theater in der Josefstadt Wien 1962–1970; Rappelkopf in Raimunds »Der Alpenkönig und der Menschenfeind«, Regie: Hans Hollmann, und in Bonds »Lear«, Regie: Hans Lietzau, jeweils Schiller-Theater Berlin 1972/73; Spiegelberg in Schillers »Die Räuber«, in Weskers »Die Küche«, Chlestakow in Gogols »Der Revisor«, Zwirn in Nestroys »Lumpazivagabundus«, Regie: Karl Paryla, Arnold Kramer in Hauptmanns »Michael Kramer«, in Stoppards »Travesties«, in »Sweet Charity«, in Nestroys »Der Talisman«, in Molières »Tartuffe«, in Strindbergs »Ein Traumspiel«, Regie: für die beiden letztgenannten Ingmar Bergman, in Shaffers »Amadeus«, und Soldat in Schnitzlers »Reigen«, Regie: jeweils Kurt Meisel, Hechingen in Hofmannsthals »Der Schwierige«, Regie: Hans Gratzer, in Strindbergs »Nach Damaskus«, Regie: Erwin Axer, Ed in Vinavers »Flug in die Anden«, Regie: Arie Zinger, und in der Uraufführung von Süskinds »Der Kontrabaß«, Regie: Paryla selbst, Theaterleiter in de Filippos »Die Kunst der Komödie«, Regie: Frank Baumbauer, und in Fos »Zufällig eine Frau: Elisabeth«, Regie: Ulrich Heising, jeweils Bayerisches Staatsschauspiel München (bis 1986).
Fernsehen: »Der Gerichtsvollzieher«, mit Jörg Hube, Regie: Peter Weck, Serie, ARD 1981; »Bekenntnisse des Hochstaplers Felix Krull« (nach Thomas Mann), mit John Moulder-Brown, Regie: Bernhard Sinkel, ZDF 1982; »Hanna von Acht bis Acht«, mit Angelica Domröse, Regie: Egon Günther, ZDF 1983; »Ordnung muß sein«, Regie: Franz Geiger, ZDF 1984; »Polizei-Inspektion 1«, mit Walter Sedlmayr, Serie, ARD 1984; »Das Hintertürl zum Paradies« (von König), mit Elmar Wepper, Regie: Reinhard Donga, ZDF 1985; »Kir Royal«, mit Senta Berger, Curt Bois und Marianne Hoppe, Regie: Helmut Dietl, Serie, ARD 1986 (er gab die Hauptrolle nach mehreren Dreh-Wochen an Franz Xaver Kroetz ab).
Auszeichnung: »Filmband in Gold« (für seine Darstellung in »Lena Rais«), 1980; Bayerischer Staatsschauspieler 1983.
Anschrift: Marschnerstraße 63, 8011 Vaterstetten.

Olivia Pascal

Geb. 26. 5. 1958 in München; dort aufgew.; Ausbildung als Arzthelferin; bei Aushilfsarbeiten als Bürokraft in der Lisa-Filmproduktionsfirma wurde sie 1976 von dem Produzenten Carl Spiehs für den Film entdeckt. Seither drehte sie 17 Filme. Sie nahm privat Ballett-, Musik- und Sprechunterricht.
Frau Pascal spricht engl.; sie ist ledig und lebt in München.
Film: »Vanessa« und »Griechische Feigen«, 1977; »Popcorn und Himbeereis« und »Summer Night Fever«, 1978; »Cola, Candy, Chocolate«, Regie: Siggi Götz, und »Austern mit Senf«, Regie: Franz Antel, 1979; »Casanova & Co«, Regie: Franz Antel, 1980; »Die Säge des Todes«, Regie: Jesus Franco, und »Manche mögen's prall«, Regie: Siggi Krämer, 1981; »Sunshine Reggae auf Ibiza«, Regie: Franz Marischka, und »Das Nürnberger Bett«, Regie: Alexander Titus Benda, 1983; »Coconuts«, mit Mario Adorf, Regie: Franz Novotny, 1985.
Fernsehen: »Tatort«, Regie: Hartmut Griesmayr, Serie, ARD 1980; »Bananas« (Moderation und Sketche), mit Herbert Fux, Regie: Rolf Spinrads, TV-Popmusikshow, 28 Folgen, ARD 1981–1984; »Themenshow: Der Kuß« (Moderation), mit Manfred Seipold, Serie, und »Derrick«, Serie, ZDF 1984; »Irgendwie und sowieso«, Regie: Franz X. Bogner, 10 Teile, ARD 1985/86.
Auszeichnung: »Otto« (BRAVO) 1978, 1979, 1980, 1983 wurde sie von den Lesern der Illustrierten »Quick« zur schönsten Frau Deutschlands« gewählt.
Anschrift: c/o Agentur Alexander, Lamontstraße 9, 8000 München 80.

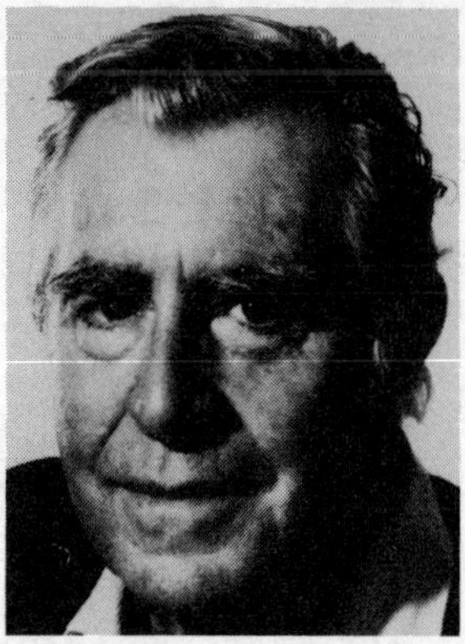

Peter Pasetti

Geb. 8. 7. 1916 als Sohn des Architekten und Bühnenbildners an der Bayerischen Staatsoper, Prof. Leo Pasetti, in München; dort aufgew.; nach der Schule nahm er Schauspielunterricht bei der Kammerschauspielerin Magda Lena in München. Eine Musikausbildung in Klavier erhielt er bei Rudolf Hindemith und in Cello bei Hermann Bischler. Sein erstes Engagement bekam er 1936/37 an der Bayerischen Landesbühne. Weitere Stationen: Stadttheater Ingolstadt (1937/38), Bühnen der Landeshauptstadt Kiel (1938/39) und Bayerisches Staatsschauspiel München (1939–1945). Von 1947 bis 1979 war er an den Münchner Kammerspielen verpflichtet. Gastspiele gab er u.a. am Schauspielhaus Zürich, bei den Salzburger Festspielen, an der Kleinen Komödie München, am T(h)eater in der Briennerstraße München sowie auf Tournee.

Über seine Tätigkeit als Synchronsprecher (er lieh seine Stimme u.a. Charles Boyer, Orson Welles und Gary Cooper) kam er 1940 selbst zum Film. Ein Schwerpunkt seiner Arbeit wurde das Fernsehen, wo er bislang in über 160 Produktionen mitwirkte.

Pasetti spricht engl.; er ist in dritter Ehe verheiratet mit der Lektorin und Übersetzerin Marianne Awoboda. In zweiter Ehe war er verheiratet mit der Primaballerina, Sängerin und Schauspielerin Margot Werner. Er lebt in München.

Film: »Das Fräulein von Barnhelm« (nach Lessing), 1940; »Venus vor Gericht«, 1941; »Der Herr vom andern Stern« und »Die kupferne Hochzeit«, 1948; »Du bist nicht allein«, 1949; »Sensation in San Remo«, 1951; »Heimweh nach dir«, 1952; »Jonny rettet Nebrador«, mit Hans Albers, »Der rote Prinz« und »Geh, mach dein Fensterl auf«, 1953; »Verliebte Leute«, Regie: Franz Antel, und »Der Frontgockel«, 1955; »Clivia«, »Drei vom Varieté«, mit Mady Rahl, »Mädchen mit Zukunft«, Regie: Thomas Engel, und »Parkplatz zur großen Sehnsucht«, 1956; »Spielbank-Affäre«, 1957; »Zeit der Schuldlosen«, Regie: Thomas Fantl, 1964; »Und Jimmy ging zum Regenbogen« (nach Simmel), Regie: Alfred Vohrer, 1970; »Das chinesische Wunder«, Regie: Wolfgang Liebeneiner, 1975; »Es beginnt zu regnen«, mit Monica Vitti, Italien 1981; »Smaragd«, 1984.

Theater: In der Uraufführung von Orffs »Die Bernauerin«, in Hebbels »Maria Magdalena«, Regie: Jürgen Fehling, und in Goethes »Torquato Tasso«, Regie: Helmut Henrichs, jeweils Bayerisches Staatsschauspiel München; Don Camillo in Claudels »Der seidene Schuh«, Regie: Friedrich Domin, und Eilers in Zuckmayers »Des Teufels General«, Regie: Harry Buckwitz, 1947/48, Charlie Castle in der deutschen Erstaufführung von Odets' »Das große Messer« und Algernon in Wildes »Bunbury«, 1951/52, John in Williams' »Der steinerne Engel«, 1954/55, Sultan in Lessings »Nathan der Weise«, Herakles in Wilders »Die Alkestiade«, Regie: Hans Schweikart (auch TV), und Bonifaz in Asmodis »Pardon wird nicht gegeben«, Regie: Paul Verhoeven, 1957/58, Banquo in Shakespeares »Macbeth«, Bellarmin in Brechts »Leben des Galilei«, Regie: jeweils Hans Schweikart, Titelrolle in Wedekinds »Der Kammersänger«, Graf in Beaumarchais' »Der tolle Tag oder Figaros Hochzeit«, Regie: jeweils Paul Verhoeven, 1958/59, Jupiter in Kleists »Amphitryon« (auch TV), Orgon in Molières »Tartuffe«, Regie: jeweils August Everding, und Lewis in der deutschen Erstaufführung von Mackies »Die volle Wahrheit«, Regie: Carl-Heinz Schroth (auch TV), 1961/62, Beutler in Dürrenmatts »Die Physiker«, Regie: Hans Schweikart, und Gustav Wasa in Strindberg/Hoellerings »König Gustav Wasa und Erich XIV.«, Regie: Peter Lühr, 1962/63, Peaumelle in Vitracs »Victor oder Die Kinder an der Macht«, Regie: Jean Anouilh, und Ludwig II. in Christliebs »Gewitter am See«, Regie: Axel von Ambesser, 1963/64, Warwick in Shaws »Die heilige Johanna«, und Reissner in Wedekinds »Musik«, Regie: Hans Schweikart (auch TV), 1964/65, Justus Coriander in der deutschen Erstaufführung von Forrells »Der Sonntagsspaziergang«, 1966/67, Gregory Salomon in Millers »Der Preis«, Regie: Hans Schweikart, 1967/68, Loveless in Vanbrugh/Gillners »Der Rückfall«, Regie: August Everding (auch TV), 1968/69, Wotan in Wagners »Der Ring des Nibelungen« (Bearbeitung: Christian Enzensberger und Ulrich Heising), Regie: Ulrich Heising, 1970/71, Hassenreuther in Hauptmanns »Die Ratten«, und Graf James Stjernenhö in Kaisers »Kolportage«, 1972/73, Chagnaral Tschamper aus Atakama in Wedekinds »Schloß Wetterstein«, Regie: Johannes Schaaf, und

Titelrolle in Jonsons »Volpone«, Regie: Hans Michael Rehberg, 1974/75, Giovanni Chierici in Italo Svevos »Ein Mann wird jünger«, 1975/76, Cornelius Melody in O'Neills »Fast ein Poet«, Regie: Harald Clemen, 1976/77, Hamm in Becketts »Endspiel«, 1978/79, jeweils Münchner Kammerspiele; Titelrolle in Ibsens »Baumeister Solness«, Regie: Rolf Henniger, Tournee 1976; in Magniers »Oscar«, Tournee 1978 (auch TV); in Taylors »Champagnerkomödie«, Regie: Ludwig Cremer, T(h)eater in der Briennerstraße München 1980 und Tournee 1981.

Fernsehen: »Am grünen Strand der Spree«, Regie: Fritz Umgelter, ARD 1959; »Der Fall Winslow« (nach Rattigan), und »Es ist soweit« (nach Durbridge), Regie: Hans Quest, ARD 1960; »Unerwartet verschieden«, Regie: Kurt Horwitz, und »Zwischen den Zügen« (nach Coward), Regie: Peter Beauvais, ARD 1961; »Der gehorsame Diener«, Regie: Thomas Engel, und »Die Probe oder Die bestrafte Liebe«, Regie: Rainer Wolffhardt, ARD 1962; »Der Hexer« (nach Wallace), Regie: Rainer Erler, ZDF 1963; »Antonius und Cleopatra« (nach Shakespeare), Regie: Rainer Wolffhardt, ARD 1963; »Ein Mann ist soeben erschossen worden«, ARD 1964; »Cyprienne oder Lassen wir uns scheiden« (nach Sardou/de Najac), Regie: Wolfgang Glück, und »Götterkinder« (nach Zibaso), Regie: Franz Josef Wild, ARD 1965; »Leben wie die Fürsten« (nach Anouilh), Regie: Helmut Käutner, »Spätere Heirat erwünscht« (nach Jacobsohn), Regie: Hans Dieter Schwarze, und »Jacobowsky und der Oberst« (nach Werfel), Regie: Rainer Wolffhardt, ARD 1966; »Der letzte Raum« (nach Greene), ZDF 1966; »Die Entführung aus dem Serail« (nach Mozart), und »Panama«, Regie: Paul Verhoeven, »Teerosen« (nach Dorsky/Maeter), ARD 1967; »Schweigen am Himmel« (nach Dallmayr), Regie: Franz Josef Wild, und Toas in »Iphigenie auf Tauris« (nach Goethe), ARD 1968; »Palace-Hotel« (nach Maurois), Regie: Tom Toelle, »Räterepublik«, Regie: Helmuth Ashley, ARD 1969; »Die Marquise von B.« (von Asmodi), Regie: Franz Peter Wirth, 2 Teile, ZDF 1969; »Scher dich zum Teufel, mein Engel« (von Tinney), Regie: Wolfgang Liebeneiner, Casanova in »Interview mit der Geschichte«, »Bedenkzeit«, Regie: Ludwig Cremer, ZDF 1970; »Trauer muß Elektra tragen« (nach O'Neill), Regie: Peter Beauvais, ARD 1970; »Besuch gegen zehn«, Regie: Ludwig Cremer, ARD 1971; »Der Kommissar«, mit Erik Ode, Serie, ZDF 1971; »Ornifle oder Der erzürnte Himmel« (nach Anouilh), Regie: Helmut Käutner, ARD 1972; »Alexander Zwo«, Regie: Franz Peter Wirth, 6 Teile, ARD 1972/73; »Eine Frau bleibt eine Frau«, mit Lilli Palmer, Regie: Alfred Weidenmann, Serie, ZDF 1973/74; »Das letzte Testament« (nach Guitry), Regie: Joachim Hess, und »Strychnin und saure Drops«, ARD 1974; »Derrick«, Serie, 3 Folgen, ZDF 1975–1982; »Der Fall Lerouge« (von Asmodi), Regie: Wilhelm Semmelroth, ARD 1975; »Tatort«, Regie: Peter Schulze-Rohr, Serie, ARD 1977; »Der Alte«, Serie, 3 Folgen, ZDF 1977–1984; »Der Operndirektor« (nach Anouilh), Regie: Werner Schlechte, ZDF 1977; »Die großen Sebastians« (nach Lindsay/Crouse), Regie: Wolfgang Spier, »Jane« (nach Maugham), Regie: Wolfgang Liebeneiner, »Heufieber«, Regie: Rolf von Sydow, und »Liebe, Tod und Heringshäppchen«, Regie: Sven Severin, ZDF 1979; Mr. Bennett in »Schönes Weekend«, Mr. Bennett« (nach Watkyn), Regie: Heinz Wilhelm Schwarz, ARD 1980; »Chefetage«, Regie: Wolfgang Becker, ARD 1981; »Die Barrikade«, Regie: Jürgen Klauß, ARD 1982; »Alter Mann mit Blumen«, Regie: Wolfgang Liebeneiner, und »Der Mann aus Kiel«, Regie: Alfred Vohrer, ZDF 1982; Hadyn in »Mozart«, mit Christoph Bantzer, Regie: Marcel Bluwal, 5 Teile, ARD 1983; »Freundschaften« (von Reinecker), Regie: Eugen York, ZDF 1984; »Die Futuronauten«, Regie: Jürgen Klauß, ARD 1984; »Die Krimistunde«, Regie: Hartmut Griesmayr, Serie, ARD 1985; Ludwig XV. in »Die Dubarry« (nach Millöcker), Regie: Werner Jacobs (Wiederaufnahme!), ZDF 1985; »Teufels Großmutter«, mit Brigitte Horney, Serie, ORF/ZDF 1985; Titelrolle in »Die Geschichte vom guten alten Herrn« (nach Svevo), Regie: Margit Saad, BR III 1985.

Auszeichnungen: Bundesverdienstkreuz der Bundesrepublik Deutschland 1973; »Schwabinger Kunstpreis«, München 1976; »Filmband in Gold« für besondere Verdienste um den deutschen Film 1986.

Anschrift: c/o Agentur Alexander, Lamontstraße 9, 8000 München 80.

Maria Paudler

Geb. 20. 7. 1903 als Tochter eines Architekten in Tetschen-Bodenbach, Böhmen; sie absolvierte die Handelsschule und lernte in einer Nähschule. Bei einem Gastspiel von Wilhelm Klitsch vom Wiener Volkstheater in Bodenbach sprach sie einige heimlich erlernte Partien aus Sudermanns »Johannisfeuer« vor, mit dem Erfolg, daß Klitsch noch am selben Tag die Einwilligung ihrer Eltern zu ihrer Ausbildung an der Akademie für Musik und darstellende Kunst in Prag erwirkte.

1927 debütierte sie als Gretchen in Goethes »Faust« am Stadttheater Aussig. Nächste Station ihrer Laufbahn war das Landestheater Prag, wo sie neben Alexander Moissi, Paul Wegener und Else Lehmann auf der Bühne stand. Generalintendant Leopold Jessner holte sie anschließend an das Berliner Staatstheater, wo sie mit den Regisseuren Jürgen Fehling, Gustaf Gründgens, Erich Engel und Heinz Hilpert arbeitete. Weitere Bühnenstationen (ab 1930): Theater in der Josefstadt Wien, Deutsches Theater München und Metropol-Theater Berlin.

Alexander Korda entdeckte sie für den Film. Ihr Debüt gab sie in »Madame wünscht keine Kinder«. Ein Hollywood-Angebot lehnte sie ab. Das Kriegsende erlebte sie in der Tschechoslowakei; 1945 stand sie als Eliza in Shaws »Pygmalion« bereits wieder auf der Bühne. 1949 zwang sie ein schwerer Autounfall zu einer jahrelangen Pause, da akute Erblindungsgefahr bestand. Aus der DDR kam sie über Berlin nach Hamburg, wo sie beim NWDR arbeitete. Sechs Jahre lang leitete sie anschließend ihr eigenes Theater-Ensemble, mit dem sie in ganz Deutschland auf Tournee ging. Sie spielte die Hauptrollen, bearbeitete und inszenierte die Stücke.

Bühnengastspiele gab sie ferner am Staatstheater Kassel (1952), am Stadttheater Gießen (1955), am Nationaltheater Mannheim, am Theater Heidelberg (1964), am Hamburger Künstlertheater (1966) sowie vielbeachtet in Frankreich und der Schweiz.

Neben ihren Aufgaben beim Film (ca. 40 Produktionen), widmete sie sich umfangreich der Synchronisation. 1977 veröffentlichte sie ihre Memoiren ». . . auch Lachen will gelernt sein«.

Frau Paudler spricht engl., franz.; sie ist zweimal geschieden. Ihrer zweiten Ehe mit dem Regisseur Kurt Skalden entstammt ihr Sohn Norbert Skalden-Paudler; sie lebt in München.

Film: »Madame wünscht keine Kinder«, Regie: Alexander Korda, 1926; »Der Kleinstadtsünder«, 1927; »Mein Freund Harry«, 1928, jeweils Stummfilme; »Zwei Welten«, Regie: Werner Hochbaum, »Die große Sehnsucht« und »Der Korvettenkapitän«, 1930; »Einer Frau muß man alles verzeih'n«, »Trara um Liebe«, »Strohwitwer«, »So lang' noch ein Walzer von Strauß erklingt« und »Der falsche Ehemann«, 1931; »Wenn am Sonntagabend die Dorfmusik spielt«, 1933; »Unsterbliche Melodien« und »Liebe geht – wohin sie will«, 1935; »Junges Blut«, 1936; »So weit geht die Liebe nicht«, 1937; »Das Verlegenheitskind« und »Ein Mädchen geht an Land«, 1938; »Ehe man Ehemann wird«, 1941; »Professor Nachtfalter«, 1951; »Einmal am Rhein«, 1952; »Keine Angst vor großen Tieren«, mit Max Schmeling, Regie: Ulrich Erfurth, 1953; »Eine Liebesgeschichte«, 1954; »Ferien auf Immenhof«, mit Heidi Brühl und Paul Klinger, Regie: Hermann Leitner, 1957; »Grabenplatz 17«, mit Gert Fröbe, Regie: Erich Engels, 1958.

Theater: Gretchen in Goethes »Faust«, Stadttheater Aussig (Debüt); Solveig und Anita in Ibsens »Peer Gynt«, Eve in Kleists »Der zerbrochene Krug«, Franziska in Lessings »Minna von Barnhelm«, in Schnitzlers »Liebelei« (mit Matthias Wiemann), in Hasenclevers »Ein besserer Herr« (mit Paul Bildt), jeweils Berliner Staatstheater; in der Uraufführung von Ervines »Die erste Frau Selby« (mit Fritzi Massary); Titelrolle in Robert Stolz' »Pepina« (er schrieb das Stück für sie; mit Adolf Wohlbrück); Titelrolle in Kálmáns »Die Zirkusprinzessin« (mit Max Hansen), Metropol-Theater Berlin; Eliza in Shaws »Pygmalion«, Wirtin in Benatzkys »Im Weißen Rössl«, Titelrolle in Maughams »Finden Sie, daß Constanze sich richtig verhält?«, in »Ein Mann für meine Frau«, in »Mamma räumt auf«, in »In jeder Ehe« und in »Siberhochzeit – Politik des Herzens«, jeweils mit eigenem Ensemble auf Tournee; in der Uraufführung von Helmut Weiss' »Talent zum Glück«, Staatstheater Kassel; in Scheu/Nebhuts »Die schöne Lügnerin«, Hamburg; in Lauckners »Der Hakim weiß alles«, Stadttheater Gießen; in der deutschen Erstaufführung von Paul Osborns »Erinnerst Du Dich?«, Hamburger

Künstlertheater; Martha in Albees »Wer hat Angst vor Virginia Woolf?«, Theater Heidelberg; Titelrolle in Shaws »Frau Warrens Gewerbe«, Nationaltheater Mannheim; Lady Jane in dem Musical »Rosemarie«, Gastspiele Frankreich und Schweiz.
Fernsehen: »Polizei-Inspektion 1«, mit Walter Sedlmayr, Regie: Günter Gräwert, Serie, ARD 1985.
Auszeichnung: »Goldener Bambi« (Bild + Funk) 1968; »Adalbert-Stifter-Medaille«; »Filmband in Gold« für ihre besonderen Verdienste um den deutschen Film 1982.
Anschrift: c/o Agentur Rakosi, Tegernseer Landstraße 284, 8000 München 90, oder Stuckstraße 6, 8000 München 80.

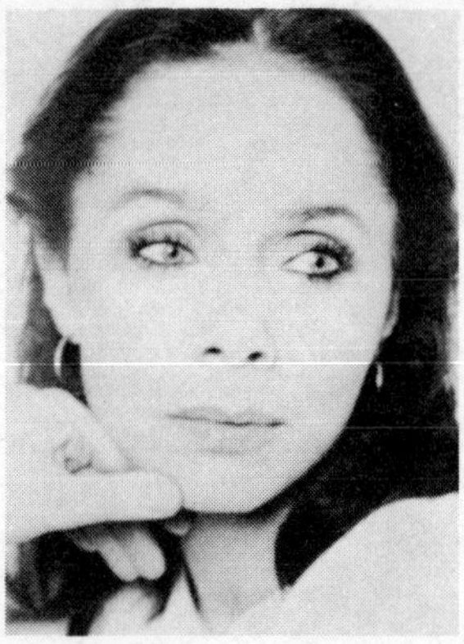

Monika Peitsch

Geb. 23. 12. 1941 in Zeitz/Sachsen; aufgew. in Berlin; lebt in Hamburg; geschieden, ein Sohn (Philip Christopher, geb. 1974); spricht engl.; nach der 11. Klasse verließ sie das Gymnasium und absolvierte eine Ausbildung als Zahnarzthelferin; nebenher war sie Statistin am Berliner Hebbel-Theater; Schauspielunterricht bei Marlise Ludwig folgte; entdeckt wurde sie von Regisseur und Schauspieler Erik Ode; unter Boleslaw Barlog erhielt sie einen Ausbildungsvertrag und gehörte von 1960–1965 zum Schiller-Theater in Berlin; ein Engagement am Thalia-Theater Hamburg schloß sich an; seit 1968 spielt sie vornehmlich Tournee-Theater.

Film: »Einmal eine große Dame sein«, Regie: Erik Ode, »Der Mustergatte« (nach Hopwood), und »Acht Mädel im Boot«, 1957; »Ihr 106. Geburtstag« (nach Sarment), Regie: Günther Lüders, und »Scala total verrückt«, Regie: Erik Ode, 1958; »Unser Wunderland bei Nacht«, 1959; »Der Bucklige von Soho« (nach Wallace), Regie: Alfred Vohrer, und »Schonzeit für Füchse«, Regie: Peter Schamoni, 1966; »Rheinsberg« (nach Tucholsky), mit Werner Hinz und Cornelia Froboess, Regie: Kurt Hoffmann, 1967.

Theater: Wendla in Wedekinds »Frühlings Erwachen«, Cleopatra in Shaws »Cäsar und Cleopatra«, in Millers »Zweimal Montag«, in Shaws »Der Teufelsschüler«, jeweils Schiller-Theater Berlin 1960–1965; in Osbornes »Blick zurück im Zorn«, in Williams' »Die Katze auf dem heißen Blechdach«, in O'Neills »Anna Christie«, jeweils Tourneetheater.

Fernsehen: »Kleider machen Leute« (nach Keller), mit Hanns Lothar, ARD 1963; »Kriminalmuseum«, Regie: Wolfgang Becker, Serie, ZDF 1964; »Der müde Theodor« (nach Neal/Ferner), mit Willy Reichert, Regie: Erich Neureuther, ARD 1965; Doris Scholz in »Die Unverbesserlichen« (von Stromberger), mit Inge Meysel, Joseph Offenbach, Helga Anders und Gernot Endemann, Regie: Claus Peter Witt, Serie, ARD 1965–1973; »Romeo und Jeannette« (nach Anouilh), »Einladung ins Schloß« (nach Anouilh), und »Nathan der Weise« (nach Lessing), Regie: Franz Peter Wirth, ZDF 1967; »Valentin Katajews chirurgische Eingriffe«, Regie: Helmut Käutner, ARD 1967; »Blick von der Brücke« (nach Miller), mit Hans Christian Blech und Helmut Griem, ARD 1969; »Okay, Sir«, Serie, ZDF 1971-1973; »Die Traumfrau«, Regie: Klaus Überall, ARD 1978; »Mathias Sandorf« (nach Jules Verne), mit Istvan Bujtor, Regie: Jean-Pierre Decourt, 4 Teile, ZDF 1979; »Plötzlich und unerwartet« (nach Durbridge), mit Michael Degen, Regie: Thomas Engel, ZDF 1985.

Auszeichnung: »Otto« (BRAVO) 1973.

Anschrift: c/o Agentur Alexander, Lamontstraße 9, 8000 München 80.

Romuald Pekny

Geb. 1. 7. 1920 in Wien; er absolvierte zunächst eine kaufmännische Lehre. Erst mit 26 Jahren besuchte er das Wiener Max-Reinhardt-Seminar. Am Wiener Schloßtheater erhielt er sein erstes Engagement. Seine Bühnenstationen: Landestheater Linz/Donau (1948–1952), Basler Theater (1952/53) und Bühnen der Stadt Köln (1953–1957). Seit 1958 gehört er zum Ensemble der Münchner Kammerspiele, seit 1963 spielt er am Burgtheater Wien. Er gastiert häufig bei den Salzburger Festspielen.
Pekny spricht engl.; er ist verheiratet, hat einen Sohn und lebt in München.
Film: »Der Schüler Gerber« (nach Torberg), mit Werner Kreindl, Regie: Wolfgang Glück, 1981.
Theater: Angelo in Shakespeares »Maß für Maß«, Titelrolle in Hofmannsthals »Der Unbestechliche«, und Vinzenz in Musils »Vinzenz und die Freundin bedeutender Männer«, Regie: Friedrich Siems, jeweils Bühnen der Stadt Köln 1953–1957; Barberini in Brechts »Leben des Galilei«, 1958, Jerry in Albees »Die Zoo-Geschichte«, 1959, Regie: jeweils Hans Schweikart, Werner in Sartres »Die Eingeschlossenen«, Regie: August Everding, 1960, Egli in der deutschen Erstaufführung von Dürrenmatts »Frank V.«, Regie: Hans Schweikart, und Titelrolle in Shakespeares »Timon von Athen«, Regie: Fritz Kortner, 1960/61, Sosias in Kleists »Amphitryon«, Regie: August Everding (auch TV), Doktor in der westdeutschen Erstaufführung von Frischs »Andorra«, Regie: Hans Schweikart, und Jago in Shakespeares »Othello«, Regie: Fritz Kortner, 1961/62, Palermo in Raffalts »Der Nachfolger« (auch TV), Krakauer in Zuckmayers »Der Hauptmann von Köpenick«, Regie: jeweils August Everding, und Titelrolle in Shakespeares »Richard III.«, Regie: Fritz Kortner, 1962/63, Gutsbesitzer Berkutow in Ostrowskijs »Wölfe und Schafe«, Regie: Rudolf Noelte, Zwirn in Nestroys »Lumpazivagabundus«, Regie: Karl Paryla, und in Shakespeares »Maß für Maß«, Regie: Paul Verhoeven, 1963/64, Lindekuh in Wedekinds »Musik«, Regie: Hans Schweikart, 1964/65, Adolf Eichmann in der Uraufführung von Kipphardts »Joel Brand«, Regie: August Everding, Iwan Kolomijzew in Gorkis »Die Letzten«, Prof. Schlatter in Dürrenmatts »Der Meteor«, Regie: Hans Schweikart, und Herr von Lips in Nestroys »Der Zerrissene«, Regie: Paul Verhoeven, 1965/66, Subtle in Jonsons »Der Alchimist«, Regie: Peter Lühr, und Harry in der deutschen Erstaufführung von Albees »Empfindliches Gleichgewicht«, Regie: August Everding, 1966/67, Bockelson in Dürrenmatts »Die Wiedertäufer«, Regie: Hans Schweikart, und Registrator in der westdeutschen Erstaufführung von Frischs »Biografie: Ein Spiel«, Regie: August Everding, 1967/68, Brack in Ibsens »Hedda Gabler«, Regie: Dieter Giesing, 1968/69, Titelrolle in Brechts »Leben Eduards des Zweiten von England« (nach Marlowe), Regie: Hans Hollmann, 1969/70, Gefangener in Hans Magnus Enzensbergers »Das Verhör von Habana«, Regie: Karl Paryla, und Fugger in Fortes »Martin Luther & Thomas Münzer oder Die Einführung der Buchhaltung«, Regie: Paul Verhoeven, 1970/71, Jack in Storeys »Home«, und Titelrolle in Molières »Dom Juan«, Regie: Oscar Fritz Schuh, 1971/72, Meister Fiori in Gombrowicz' »Operette« und Duncan in Ionescos »Macbeth«, 1972/73, Sebastian Faden in Nestroys »Die beiden Nachtwandler« und Mauler in Brechts »Die heilige Johanna der Schlachthöfe«, 1973/74, Arnold in Grumbergs »Affaire Dreyfus«, 1975/75, Sir Colenso Ridgeon in Shaws »Der Arzt am Scheideweg«, Vermummter Herr in Wedekinds »Frühlings Erwachen« und Theodor in Hofmannsthals »Der Unbestechliche«, 1975/76, Polizeipräsident in Genets »Der Balkon« und Onkel in Lorcas »Doña Rosita la Soltera« (auch TV), Regie: jeweils Ernst Wendt, 1976/77, Edgar in Strindbergs »Der Totentanz«, 1978/79, Crome in Pirandellos »Die Riesen vom Berge«, Regie: Ernst Wendt, 1980/81, Teufel in Dorsts »Merlin oder Das wüste Land«, Regie: Dieter Dorn, 1981/82, de Fontanet in Feydeaus »Ein Klotz am Bein«, Regie: Dieter Dorn, 1982/83, Valmont in H. Müllers »Quartett«, Regie: Ulrich Heising, 1983/84, Philipp in Schillers »Don Karlos«, Regie: Alexander Lang, und Cyprian in Botho Strauß' »Der Park«, Regie: Dieter Dorn, 1984/85, jeweils Münchner Kammerspiele;
Alceste in Molières »Der Menschenfeind«, Regie: Rudolf Noelte, Salzburger Festspiele 1973; Salieri in Shaffers »Amadeus«, Regie: Peter Wood, Burgtheater Wien 1981; Herzog von Ferrara in Goethes »Torquato Tasso«, Regie: Dieter Dorn, und Tod in Hof-

mannsthals »Jedermann«, Regie: Ernst Haeusserman, Salzburger Festspiele 1983.
Fernsehen: »Port Royal« (nach Montherlant), mit Paula Wessely und Cordula Trantow, Regie: Peter Beauvais, ZDF 1962; »Wallenstein« (nach Schiller), Regie: Franz Peter Wirth, ARD 1962; »Die Affäre Dreyfus« (nach Rehfisch), Regie: Franz Josef Wild, ARD 1968; »Komtesse Mizzi« (nach Schnitzler), Regie: Otto Schenk, ZDF 1975; Ferdinand II. in »Wallenstein« (nach Golo Mann), mit Rolf Boysen, Regie: Franz Peter Wirth, 4 Teile, ZDF 1978; »Tote auf Urlaub« (nach Milo Dor), ARD 1980; Titelrolle in »Pilatus« (nach Fussenegger), Regie: Helmut Schwarzbach, ORF 1984; »Aschermittwoch der Künstler«, ORF 1985; »Wenn Kuli kommt«, mit Hans-Joachim Kulenkampff, Regie: Wolfgang Glück, Serie, ARD 1985.
Auszeichnungen: »Iffland-Ring der Stadt Wien«; »Josef-Kainz-Medaille der Stadt Wien«.
Anschrift: Neufahrner Straße 24, 8000 München 80.

Karl-Heinz Pelser

Geb. 21. 6. 1926 in Bochum; dort aufgew., nach der Schule nahm er privaten Schauspielunterricht bei Saladin Schmitt, unter dessen Intendanz er am Schauspielhaus von 1947 bis 1949 einen Elevenvertrag erhielt. Die Bühnenstationen: Städt. Bühnen Aachen (1950), Stadttheater Ingolstadt (1951), Landestheater Coburg (1952), Städt. Bühnen Freiburg/Breisgau (1953–1955), Landestheater Hannover 1955–1958), Hessisches Staatstheater Wiesbaden (1958–1960), Nationaltheater Mannheim (1960–1962), Schauspielhaus Bochum (1962–1969), Bühnen der Stadt Köln (1969–1974), Württembergisches Staatstheater Stuttgart (1974–1977) und Bayerisches Staatsschauspiel München (1977–1983). Seither ist er freischaffend.
Pelser spricht engl.; er ist verheiratet und lebt in München.
Film: »Aus dem Leben der Marionetten«, Regie: Ingmar Bergman, 1980 (auch ZDF 1980).
Theater: Ferdinand in Schillers »Kabale und Liebe«, Tempelherr in Lessings »Nathan der Weise«, Titelrolle in Schillers »Don Carlos«, Romeo in Shakespeares »Romeo und Julia«, Titelrolle in Kleists »Prinz Friedrich von Homburg«, Troilus in Shakespeares »Troilus und Cressida«, Gyges in Hebbels »Gyges und sein Ring«, Prinz Heinrich in Shakespeares »Heinrich IV.«, Wetter vom Strahl in Kleists »Das Käthchen von Heilbronn«, Titelrolle in Schillers »Die Verschwörung des Fiesco zu Genua«, Titelrolle in Sophokles' »Ödipus auf Kolonos«, Titelrolle in Sophokles' »Oedipus tyrannos«, Titelrolle in Schillers »Wallenstein« (auch Gastspiel am Piccolo Teatro Mailand), Titelrolle in Schillers »Wilhelm Tell«, Titelrolle in Goethes »Faust«, Titelrolle in Ibsens »Peer Gynt«, Kreon in Anouilhs »Antigone«, Titelrolle in Molières »Dom Juan«, Don Juan in Shakespeares »Viel Lärm um nichts«, Faust in Grabbes »Don Juan und Faust«, Titelrolle in Hauptmanns »Michael Kramer«, Prof. Higgins in Lerner/Loewes »My Fair Lady«, Hoederer in Sartres »Die schmutzigen Hände«, Staatsanwalt in Shaffers »Equus«, in Tschechows »Drei Schwestern«, Brack in Ibsens »Hedda Gabler«, Damis in Molières »Tartuffe«, Prof. Wasner in Thomas »Moral«, Wilhelm von Oranien in Goethes »Egmont«, Ezra Mannon in O'Neills »Trauer muß Elektra tragen«, Reissner in Wedekinds »Musik«, Lord Hastings in Shakespeares »König Richard III.« und in Strindbergs »Nach Damaskus«, jeweils an den vorgenannten Bühnen bis 1984. Wichtige Regisseure der Inszenierungen waren u.a. Hans Schalla, Saladin Schmitt, Herbert Maisch, Leopold Lindtberg, Hans Bauer, Kurt Erhard, Kurt Hübner, Alfred Kirchner, Erwin Axer, Ingmar Bergman, Rolf Stahl und Kurt Meisel.
Fernsehen: Troilus in »Troilus und Cressida« (nach Shakespeare), Regie: Hans Schalla, ARD 1964; »Wallenstein« (nach Schiller), Regie: Hansgünther Heyme, ARD 1972; »Ein Leben« (von Carlo nach Italo Svevo), Regie: Eberhard Itzenplitz, ZDF 1973; »Die Fastnachtsbeichte« (nach Zuckmayer), Regie: Eberhard Itzenplitz, ZDF 1976; »Der Weilburger Kadettenmord«, Buch und Regie: Eberhard Itzenplitz, ZDF 1977; »Ein schwerer Fall«, ARD 1984; »Blanche – oder Das Atelier im Garten« (nach Kornfeld), Regie: Hans-Günther Heyme, ZDF 1985; »Das Totenreich« (nach Pontoppidan), Regie: Karin Brandauer, 2 Teile, ARD 1986.
Anschrift: c/o ZBF-Agentur München, Leopoldstraße 19, 8000 München 40, oder Narzissenstraße 9, 8000 München 21.

Gisela Peltzer

Geb. 26. 9. 1926 (andere Angaben: 1930) in Hamburg; dort aufgew.; nach dem Besuch des Gymnasiums nahm sie Schauspielunterricht. Ihr Debüt gab sie 1944 an den Städt. Bühnen Frankfurt/Main. Von 1949 bis 1955 gehörte sie zum Ensemble des Schauspielhauses Hamburg, von 1955 bis 1959 zum Thalia-Theater Hamburg. Ab 1959 war sie am Renaissance-Theater Berlin verpflichtet. An weiteren Berliner Bühnen gab sie regelmäßig Gastspiele, so an der Komödie (bis 1985). Bevor sie zum Boulevard-Theater überwechselte, verkörperte sie vorwiegend Rollen von Ibsen und Shakespeare. Sie führte auch Theater-Regie. Seit 1946 arbeitet sie für den Hörfunk.
Frau Peltzer spricht engl.; sie ist zweimal geschieden, von dem Dirigenten H.H. Spitz und dem Schauspieler Eckart Dux. Sie lebt in Hamburg.
Film: »Die Zürcher Verlobung« (von Noack), Regie: Helmut Käutner, 1957; »Der Engel, der seine Harfe versetzte«, Regie: Kurt Hoffmann, 1959.
Fernsehen: »Die spanische Legende«, »Meine beste Freundin« »Monsieur Lambertier«, »Stunde der Nachtigallen« – jeweils ARD/ZDF bis 1973; »Der Alte«, Serie, ZDF 1980; »Das Traumschiff«, Regie: Fritz Umgelter und Alfred Vohrer, Serie, ZDF 1981 und 1983; »Er-Goetz-Liches«, mit Carl-Heinz Schroth, ZDF 1984. Zudem konnte man sie in einigen Theateraufzeichnungen aus der Komödie Berlin sehen.
Anschrift: c/o Agentur Mackeben, Douglasstraße 2-4, 1000 Berlin 33, und Oberstraße 103, 2000 Hamburg 13.

Barbara Petritsch

Geb. 24. 2. 1949 in Schladming/Steiermark; aufgew. in Admont/Steiermark; sie absolvierte die Hochschule für Musik und darstellende Kunst in Graz. Ihr erstes Engagement erhielt sie 1968/69 am Stadttheater Klagenfurt. Weitere Stationen: Stadttheater Hildesheim (1969/70), Städt. Bühnen Nürnberg (1970–1972), Staatstheater Kassel, Deutsches Schauspielhaus Hamburg, Volkstheater Wien und Steirischer Herbst Graz (1972–1974), Städt. Bühnen Frankfurt/Main (1974–1976 und 1982), Münchner Kammerspiele (1976–1978 und 1980–1983) und Theater der Freien Hansestadt Bremen (1978–1980). Als freischaffende Schauspielerin (seit 1980) gastierte sie zudem: Düsseldorfer Schauspielhaus (1981), Freie Volksbühne Berlin (1983), Schloßpark-Theater Berlin (1984), Salzburger Festspiele (1984) und Bayerisches Staatsschauspiel München (1985).
Barbara Petritsch spricht engl., ital.; sie ist ledig und lebt in München.
Theater: Birgit in Bauers »Magic Afternoon«, Regie: Nicolas Brieger, und Die Alte in Ionescos »Die Stühle«, Regie: Luc Bondy, jeweils Städt. Bühnen Nürnberg 1970–1972; Titelrolle in Strindbergs »Fräulein Julie«, Regie: Nicolas Brieger, Staatstheater Kassel 1972; Sadie in H. Williams' »AC/DC«, Regie: Wolfgang Bauer, Deutsches Schauspielhaus Hamburg 1973; Frau in Passerinis »Vatermord«, Steirischer Herbst Graz 1973; Lysistrate in Hochhuths »Lysistrate und die Nato«, Volkstheater Wien 1974; Lore in Horst Laubes »Der Dauerklavierspieler«, Regie: Luc Bondy, Kerstin in Strindbergs »Mit dem Feuer spielen«, Regie: Peter Löscher, Polja in Fleißers »Pioniere in Ingolstadt«, Regie: Nicolas Brieger, jeweils Städt. Bühnen Frankfurt/Main 1974–1976; Lorna Moon in Odets' »Golden Boy«, Regie: Harald Clemen, Siri von Essen in Enquists »Die Nacht der Tribaden«, Regie: Dieter Dorn, Titelrolle in Lorcas »Doña Rosita la Soltera«, Regie: Ernst Wendt (auch ARD 1978), Olga in Fleißers »Fegefeuer in Ingolstadt« und Mascha in Tschechows »Die Möwe«, Regie: jeweils Harald Clemen, jeweils Münchner Kammerspiele 1976–1978; Titelrolle in Schillers »Maria Stuart«, Mascha in Tschechows »Drei Schwestern« und Lotto – Kotte in Botho Strauß' »Groß und Klein«, Regie: jeweils Nicolas Brieger, Theater der Freien Hansestadt Bremen 1978–1980; Ilse Paulsen in Pirandellos »Die Riesen vom Berge«, Regie: Ernst Wendt, 1980/81, Alkmene in Kleists »Amphitryon«, Regie: Nicolas Brieger, 1982, und Titelrolle in Hebbels »Judith«, Regie: Frank-Patrick Steckel, 1983, jeweils Münchner Kammerspiele; Titelrolle in Euripides' »Medea«, Regie: Nicolas Brieger, Düsseldorfer Schauspielhaus 1981/82; Jelena in Tschechows »Onkel Wanja«, Regie: Nicolas Brieger, Städt. Bühnen Frankfurt/Main 1982; Doris 1 in Botho Strauß' »Bekannte Gesichter, gemischte Gefühle«, Regie: Fred Berndt, Freie Volksbühne Berlin 1983; Giacinta in Goldonis »Trilogie der Ferienzeit«, Regie: Nicolas Brieger, Schloßpark-Theater Berlin 1984; Sittah in Lessings »Nathan der Weise«, Regie: Johannes Schaaf, Salzburger Festspiele 1984; Tochter Angustias in Lorcas »Bernarda Albas Haus«, mit Ruth Drexel, Regie: Wilfried Minks, Bayerisches Staatsschauspiel München, 1984/85.
Fernsehen: »Ausgestoßen« (von Georg Stefan Troller), mit Armin Mueller-Stahl, Regie: Axel Corti, ZDF 1982; »Krimistunde«, Regie: Hartmut Griesmayr, Serie, ARD 1984.
Anschrift: c/o ZBF-Agentur München, Leopoldstraße 19, 8000 München 40, oder Ismaninger Straße 102, 8000 München 80.

Günter Pfitzmann

Geb. 8. 4. 1924 in Berlin; nach dem Abitur an einem Realgymnasium wurde er 1942 zum Kriegsdienst einberufen. Bedingt durch eine Beinverletzung mußte er den Wunsch, Sportlehrer zu werden, aufgeben. 1945/46 nahm er Unterricht an der Schauspiel-Akademie »Der Kreis« bei Fritz Kirchhoff. Am Landestheater der Mark Brandenburg in Potsdam debütierte er 1946 als Pylades in Goethes »Iphigenie auf Tauris«. Mit Wolfgang Gruner, Achim Strietzel und Jo Herbst gründete er 1949 das Berliner Kabarett »Die Stachelschweine«, dem er bis 1957 angehörte. Seit 1955 gastierte er an den großen Berliner Bühnen: Freie Volksbühne, Renaissance-Theater, Hebbel-Theater und Theater am Kurfürstendamm. Seinen ersten Kinofilm drehte er 1950, im Fernsehen arbeitet er seit 1958. Ferner ist er im Hörfunk und in der Synchronisation tätig; er spricht u.a. die deutsche Stimme von Kirk Douglas.

Auf Schallplatte trat er mit Werken von Tucholsky und Hanley sowie mit Programmen des Kabaretts »Die Stachelschweine« an die Öffentlichkeit.

Pfitzmann spricht franz.; er ist nach seiner Scheidung von der Schauspielerin Karin Hübner seit 1964 zum zweiten Mal verheiratet und hat zwei Söhne (Robert, geb. 1965, und Andreas, geb. 1966); er lebt in Berlin.

Film: »Nur eine Nacht«, 1950, »Die Spur führt nach Berlin«, 1952; »Das verbotene Paradies«, »Der Hauptmann und sein Held«, »Oberwachtmeister Borck« Regie: Gerhard Lamprecht, und »Das Leibregiment«, 1955; »Spion für Deutschland«, 1956; »Jede Nacht in einem anderen Bett« und »Dr. Crippen lebt«, 1957; »Herz ohne Gnade«, »Taiga«, »Nick Knattertons Abenteuer«, »Ich werde dich auf Händen tragen«, und »Hunde, wollt ihr ewig leben«, Regie: Frank Wisbar, 1958; »Abschied von den Wolken«, »Am Tag, als der Regen kam«, »Die Brücke«, Regie: Bernhard Wicki, »Nacht fiel über Gotenhafen«, Regie: Frank Wisbar, und »Drillinge an Bord«, mit Heinz Erhardt, Regie: Hans Müller, 1959; »Heldinnen«, »Brücke des Schicksals«, und »Das Wunder des Malachias«, Regie: Berhard Wicki, 1960; »Der Lügner«, mit Heinz Rühmann, Regie: Ladislao Wayda, und »Das Call-Girl«, 1961; »Der Zinker« (nach Wallace), mit Klaus Kinski, 1963; »Der Kapitän«, 1971; »Lieb Vaterland magst ruhig sein« (nach Simmel), Regie: Roland Klick, 1975; »Warum die UFOs unseren Salat klauen«, Regie: Hansjürgen Pohland, 1979.

Theater: Karl Moor in Schillers »Die Räuber«, Petrucchio in Shakespeares »Der Widerspenstigen Zähmung«, Freie Volksbühne Berlin 1956/57; Professor Higgins in Shaws »Pygmalion«; in Barrys »Mord unter Freunden« (1977), in Ayckbourns »Konfusionen«, mit Chariklia Baxevanos, Regie: Christian Wölffer (1978), in Barillet/Grédys »Der Favorit« (1979), in Stones »Es muß ja nicht der erste sein«, Regie: Wolfgang Spier (1980), in der deutschen Erstaufführung von Poirets »Frohe Ostern«, mit Brigitte Grothum (1981, auch TV), in der deutschen Erstaufführung von Lamoures »Mensch Teufel nochmal«, Regie: Jürgen Wölfffer (1982/83), jeweils Komödie Berlin.

Fernsehen: Wetter in »Zwei oder drei Ehen« (nach Saroyan), ZDF 1964; Meff in »Ein Eremit wird entdeckt« (nach Saunders) und »Überstunden«, ARD 1965; Titelrolle in »Jean« (nach Bush-Fekete), ZDF 1965; Sam Dally in »Mrs. Dally« (nach Hanley), ARD 1966; »Die Flucht nach Holland« (nach Sawatzki), ZDF 1967; »Die Jubilarin«, ARD 1969; »Frau ohne Kuß«, ZDF 1970; »Die Unverbesserlichen«, mit Inge Meysel und Joseph Offenbach, Regie: Claus Peter Witt, Serie, ARD 1970–1973; »PS – Geschichten ums Auto« (von Stromberger), Regie: Claus Peter Witt, 4 Teile, ARD 1975; »Ein Fall für Stein«, 13 Folgen, ZDF 1976; »Tatort«, Regie: Fritz Umgelter, Serie, ARD 1977; »Die Kur«, Regie: Frank Strecker, 5 Teile, ARD 1978; »Ein Mann will nach oben« (nach Fallada), mit Mathieu Carrière, Regie: Herbert Ballmann, 13 Folgen, ZDF 1978; »Zwei Mann um einen Herd«, mit Horst Bollmann, Serie, ARD 1979; »Klein Zaches, genannt Zinnober« (nach E.T.A. Hoffmann), Regie: Frank Strecker, ARD 1982; »Drei Damen vom Grill«, mit Brigitte Mira und Brigitte Grothum, 60 Folgen, ARD 1978–1984; »Günter Pfitzmann: Lach mal wieder«, Regie: Wolfgang Spier, 5 Folgen, ZDF 1984; »Herbert ist Herrmann«, mit Herbert Herrmann, Serie, »Berliner Weiße mit Schuß« (eigenes Special), Serie, Regie: Wilfried Dotzel, und »Ein Wiener zeigt einem Berliner Wien«, mit Peter Alexander, ZDF 1985.

Auszeichnung: Berliner Kunstpreis der Jungen Generation 1956.
Anschrift: c/o ZBF-Agentur Berlin, Kurfürstendamm 206, 1000 Berlin 15, oder Reifträgerweg 30, 1000 Berlin 38.

Eva Pflug

Geb. 12. 6. 1929 in Leipzig; aufgew. im nahen Markkleeber; nach der mittleren Reife absolvierte sie die Schauspielschule Smolny-Heerdt; durch Schulaufführungen hatte sie Interesse am Schauspielerberuf gefunden. 1947 debütierte sie am Theater in Leipzig. Engagements in Dessau und Plauen folgten. 1954 kam sie an das Deutsche Schauspielhaus Hamburg. Seit ihren Verpflichtungen am Stadttheater Bern und an der Komödie Basel (1955/56) ist sie freischaffend. Sie gastierte u.a. an der Kleinen Komödie München, an der Komödie Düsseldorf, am Theater Die Komödie Frankfurt/Main, am Theater am Dom Köln, an der Komödie und am Theater am Kurfürstendamm Berlin sowie bei den Festspielen in Heppenheim, Jagsthausen und Ettlingen.
Eva Pflug ist häufig im Synchronstudio tätig, u.a. als deutsche Stimme von Julie Christie und Ursula Andress. 1970 veröffentlichte sie die LP »Ich«.
Eva Pflug spricht engl.; sie ist ledig und lebt in Grünwald bei München.
Film: »Gestehen Sie, Dr. Corda«, mit Hardy Krüger, und »Schinderhannes« (nach Zuckmayer), mit Curd Jurgens, Regie: Helmut Kautner, 1958; »Der Frosch mit der Maske« (nach Wallace), mit Joachim Fuchsberger, Jochen Brockmann und Siegfried Lowitz, Regie: Harald Reinl, 1959.
Theater: Titelrolle in Shaws »Die heilige Johanna«, Gretchen in Goethes »Faust«, Titelrolle in Anouilhs »Leocadia«, in Ustinovs »Die Liebe der vier Obersten«, Anita in Ibsens »Peer Gynt«, mit Will Quadflieg, in Sartres »Die schmutzigen Hände«, in Verneuils »Staatsaffairen«, Agda Kjerulf in Goetz' »Hokuspokus«, mit Karlheinz Böhm, in Raphaelsons »Wolken am Himmel«, mit Harald Juhnke (auch TV), Marthe in Kleists »Der zerbrochene Krug«, mit Fritz Muliar, Herzogin in Scribes »Ein Glas Wasser«, Maria in Shakespeares »Was ihr wollt«, Titania und Hippolyta in Shakespeares »Ein Sommernachtstraum«, in »Geliebtes Scheusal«, in »Die letzte Runde«, in »Wunschträumereien«, in Taylors »Champagnerkomödie«, mit Paul Hubschmid (über vier Jahre lang), und in »In bester Gesellschaft«, an den vorgenannten Bühnen bis 1985.
Fernsehen: »Tim Frazer« und »Das Halstuch« (jeweils nach Durbridge), Regie: jeweils Hans Quest, ARD 1963/64; »Quadrille« (nach Coward), Regie: Rolf von Sydow, und Tamara Jagellovsk in »Die seltsamen Abenteuer des Raumschiffes Orion« (»Raumpatrouille«), mit Dietmar Schönherr, Friedrich Joloff und Benno Sterzenbach, Regie: Theo Mezger und Michael Braun, Serie, ARD 1966; »Liliomfi«, Regie: Kurt Wilhelm, ARD 1967; »Wie ein Blitz« (nach Durbridge), Regie: Rolf von Sydow, 3 Teile, ARD 1970; »Schwindelig vor Geld und Liebe« (von Petra van Steen), ZDF 1977; »Ein Fall für zwei«, Serie, ZDF 1981; »Der kühne Schwimmer« (nach Arnold/Bach), mit Willy Millowitsch, Regie: Karl Wesseler, ARD 1981; »Es muß nicht immer Mord sein«, Serie, ZDF 1985; »In bester Gesellschaft« (nach Tayler/Skinners »Der Lockvogel«), mit Paul Hubschmid, Regie: Jürgen Wöllfer, ARD 1986 (auch Theater am Kurfürstendamm Berlin).
Anschrift: c/o Agentur von Pilecki, Eilandstraße 12, 8000 München 90, oder Gabriel-von-Seidl-Straße 21, 8022 Grünwald.

Gunther Philipp

(eigentlich: Günther Placheta)

Geb. 8. 6. 1918 als Sohn eines Tierarztes und Jazzmusikers in Marashéviz (deutsch: Toplitza, Rumänien); aufgew. in Innsbruck und Wien. In seiner Jugendzeit war er von 1933 bis 1935 österreichischer Jugendmeister im Brustschwimmen, gehörte ab 1936 zur österreichischen Nationalmannschaft (in 65 Wettkämpfen) und war von 1937 bis 1939 schnellster Europäer im Brustschwimmen (100 m). Zeitweise hielt er den Weltrekord bei Hochschulmannschaften.
Nach dem Abitur begann er ein Medizinstudium, das er 1943 mit der Promotion zum Dr. med. abschloß. Seinen Kriegsdienst leistete er als Assistenzarzt in einem Feldlazarett. Nach 1945 arbeitete er in einer Landpraxis im oberösterreichischen Wels, ab 1946 als Stationsarzt an der Wiener Universitätsklinik für Neurologie und Psychiatrie. Er absolvierte zudem eine Ausbildung als Elektrodiagnostiker und Kardiologe.
Bereits während des Studiums war er an der Wiener Hochschule für Musik und darstellende Kunst als Student eingeschrieben. 1946 gründete er zusammen mit Peter Wehle und Fred Kraus das Wiener Kabarett »Die kleinen Vier«. Mit diesem Ensemble eröffnete er 1949 das Münchener Kabarett »Annast«. Mit wachsendem Erfolg versuchte er sich als Rundfunk- und Filmautor. Er schrieb Drehbücher zu ca. 100 Hörfunksendungen und 20 Spielfilmen. Sein bekanntestes Theaterstück ist »Wer mit wem«.
1950 gab er seinen Arztberuf auf und arbeitete vor allem als Filmschauspieler (über 150 Produktionen). Seit 1965 gastiert er vornehmlich an deutschen, österreichischen und schweizerischen Boulevardbühnen und geht auf Tournee.
Philipp spricht engl.; er ist in vierter Ehe verheiratet, hat drei Kinder und lebt in Wien. Dreimal war er österreichischer Automobilmeister.
Film: »Kleiner Schwindel am Wolfgangsee«, Regie: Franz Antel, und »Märchen vom Glück«, Regie: Arthur de Glahs, 1949; »Eva erbt das Paradies«, Regie: Franz Antel, 1951; »Kaiserwalzer«, Regie: Franz Antel, »Geh' mach dein Fensterl auf«, Regie: Anton Kutter, »Der Vetter aus Dingsda« (nach Künneke), 1953; »Kaisermanöver«, Regie: Franz Antel, »Rosen aus dem Süden«, 1954; »Die Deutschmeister«, mit Hans Moser und Romy Schneider, Regie: Ernst Marischka, und »Die Drei von der Tankstelle«, 1955; Zwirn in »Lumpazivagabundus« (nach Nestroy), Regie: Franz Antel, »Manöverzwilling«, Regie: Hans Quest, »Kaiserjäger«, Regie: Willi Forst, 1956; »Kindermädchen für Papa gesucht«, Regie: Hans Quest, »Der schräge Otto«, Regie: Geza von Cziffra, »Hoch droben auf dem Berg«, Regie: Geza von Bolvary, »Mikosch, der Stolz der Kompanie«, Regie: Rudolf Schündler, »Der kühne Schwimmer« (nach Arnold/Bach), und »7 Jahre Pech«, Regie: Ernst Marischka, 1957; »Mein Mädchen, der Postillion«, Regie: Rudolf Schündler, und »Gräfin Mariza« (nach Kálmán), Regie: Rudolf Schündler, 1958; »Mikosch im Geheimdienst«, Regie: Rolf Olsen, 1959; »Bomben auf Monte Carlo«, Regie: Georg Jacoby, 1960; »Die Abenteuer des Grafen Bobby«, Regie: Geza von Cziffra, und »Mariandl«, Regie: Werner Jacobs, 1961; »Verrückt und zugenäht«, Regie: Rolf Olsen, »Die Fledermaus« (nach Johann Strauß), Regie: Geza von Cziffra, »Unsere tollen Nichten«, Regie: Rolf Olsen, »Hochzeitsnacht im Paradies« (nach Schröder), 1962; »Die lustige Witwe« (nach Lehár), Regie: Werner Jacobs, BRD/Frankreich 1962; »Im Weißen Rössl«, Regie: Franz Antel, 1963; »Unsere tollen Tanten in der Südsee«, Regie: Rolf Olsen, »Happyend am Wörthersee«, Regie: Hans Hollmann, »Jetzt dreht die Welt sich nur um dich«, Regie: Wolfgang Liebeneiner, »Liebesgrüße aus Tirol«, Regie: Franz Antel, und »Und sowas muß um acht in Bett«, Regie: Werner Jacobs, 1964; »Ein Ferienbett mit 100 PS«, Regie: Wolfgang Becker, »Ein Gruß aus Wien«, Regie: Steve Previn, »Tausend Takte Übermut«, Regie: Ernst Hofbauer, und »Graf Bobby, der Schrecken des wilden Westens«, Regie: Paul Martin, 1965; »Das sündige Dorf«, Regie: Werner Jacobs, und »00-Sex am Wolfgangsee«, Regie: Franz Antel, 1966; »Das große Glück«, »Die Wirtin von der Lahn« und »Otto ist auf Frauen scharf«, Regie: jeweils Franz Antel, »Heubodengeflüster« und »Paradies der flotten Sünder«, Regie: jeweils Rolf Olsen, 1967; »Das Go-Go-Girl vom Blow-up«, Regie: Rolf Olsen, 1968; »Il Nero – Haß war sein Gebet«, Regie: Claudio Gora, Italien 1969; »Charley's Onkel«, Regie: Werner Jacobs, 1969; »Musik, Musik, da wackelt die Penne« und »Frau Wirtin treibt es jetzt noch toller«, Regie: jeweils Franz Antel,

»Das haut den stärksten Zwilling um«, »Wenn die tollen Tanten kommen« und »Tante Trude aus Buxtehude«, Regie: jeweils Franz Josef Gottlieb, 1970; »Mein Vater, der Affe und ich«, »Außer Rand und Band am Wolfgangsee« und »Einer spinnt immer«, Regie: jeweils Franz Antel, »Wenn mein Schätzchen auf die Pauke haut«, Regie: Peter Weck, »Die tollen Tanten schlagen zu«, Regie: Franz Josef Gottlieb, und »Kompanie der Knallköpfe«, Regie: Rolf Olsen, 1971; »Rudi, benimm dich«, Regie: Franz Josef Gottlieb, 1972; »Zwei im siebenten Himmel«, Regie: Siggi Götz, 1974; »Wann wird es endlich wieder Sommer«, Regie: Harald Vock, und »Der Geheimnisträger«, Regie: Franz Josef Gottlieb, 1975: »Piratensender Powerplay«, mit Thomas Gottschalk und Mike Krüger, Regie: Siggi Götz, 1981; »Plem, Plem – Die Schule brennt«, Regie: Siggi Götz, und »Laß' das, ich haß' das«, Regie: Horst Hächler, 1983.
Partner waren u.a.: Hans Moser, Theo Lingen, Peter Alexander, Grethe Weiser, Oskar Sima, Hans Holt, Josef Meinrad, Rudolf Prack, Waltraut Haas, Marika Rökk, Margot Hielscher, Gerhard Riedmann, Georg Thomalla und Ilja Richter.
Theater: Seit 1965 spielte er in zahlreichen Komödien an den Boulevard-Bühnen in München, Düsseldorf, Köln, Frankfurt/Main, Stuttgart, Hamburg, Zürich, Basel und Wien. Zuletzt: In Goetz' »Das Haus in Montevideo«, Kleine Komödie München 1981; in seinem selbstverfaßten Stück »Wer mit wem«, Tournee 1984/85; in »Sein bester Freund«, Theater am Dom Köln 1985.
Fernsehen: »Lauf doch nicht splitternackt herum« (nach Feydeau), Regie: Peter Loos, ARD 1969; Moderation »Motorama«, ORF; »Lumpazivagabundus« (nach Nestroy), ARD; »Der Musikboxer«, ARD; »Peter Alexander präsentiert Spezialitäten«, ZDF 1973; »Klimbim«, mit Elisabeth Volkmann, Regie: Michael Pfleghar, Serie, ARD 1975; »Das ist Ihr Leben«, präsentiert von Carlheinz Hollmann, ZDF 1978; »Die Runde der Fünfziger«, Talkshow-Moderation (u.a. mit Geza von Cziffra und Liselotte Pulver), Serie, ARD 1982; »Gunther Philipp 65 – Der Klamottenprozeß« (mit Ausschnitten aus zahlreichen Filmen), ARD 1983; »Ein Joghurt für zwei« (nach Price), Regie: Georg Marischka, und »So lebten sie alle Tage«, Regie: Ulrich Schamoni, 5 Teile, ARD 1984; »Heiße Wickel – kalte Güsse» (Lohmeiers Kneippiaden), Regie: Franz Josef Gottlieb, Serie, ZDF 1984.
Anschrift: c/o Agentur Killer, Harthauser Straße 54, 8000 München 90.

Margot Philipp

(eigentlich:
Margot Medicus, geb. Philipp)

Geb. 2. 3. in Wien; dort aufgew.; sie absolvierte die Schauspielschule Prof. Helmuth Krauss in Wien und nahm zwei Jahre Tanzunterricht. Wichtige Bühnenstationen: Kleine Komödie Hamburg und Hamburger Kammerspiele (1961–1965), Kleine Komödie München, Fritz-Rémond-Theater im Zoo Frankfurt/Main, Burgtheater Wien, Bregenzer Festspiele, Schauspielhaus Düsseldorf, Schauspielhaus Zürich, Luisenburg-Festspiele Wunsiedel und Tourneen. Sie ist Inhaberin und Leiterin der Bühne 64 Zürich.
Beim Fernsehen ist sie seit 1963 tätig. Bis Mitte der 70er Jahre arbeitete sie häufig für den Hörfunk. Wichtige Hörspiele u.a. »Peer Gynt« (nach Ibsen), »Spiegelungen« (von Hostnig), »1958« (nach Tribaudeau), »Mond hin und zurück« (nach Gasbarra), »Unser kurzer Sommer« (von Dagermann), »Match« (nach Fermaud) und »Fiorenza« (nach Thomas Mann).
Frau Philipp spricht engl., franz., holl.; sie lebt in Zürich.
Film: »Auf den Straßen einer Stadt«; »Die Schatten werden länger«, Regie: Ladislav Vajda.
Theater: In Fermauds »Die Türen knallen«, in »Zärtliche Dummheiten«, in Simons »Der Ausreißer«, in Savorys »Ein Monat voller Sonntage«, in Sternheims »Der Snob«, in Ayckbourns »Halbe Wahrheiten«, in Odets' »Ein Mädchen vom Lande«, in »Die rotgelockte Gazelle«, in »Helena bleibt in Troja«, in Nestroys »Das Mädl aus der Vorstadt«, in Nestroys »Der Talismann« und Ismene in Anouilhs »Antigone«, jeweils an den vorgenannten Bühnen.
Fernsehen: Beatrice in »Beatrice und Juana« (von Eich) und »Eine schöne Bescherung« (nach Husson), ARD 1963; »Der Fluggast« (nach Mortimer), ZDF 1964; »Der Parasit« (nach Schiller) und »Mariana Pineda« (nach Lorca), ARD 1965; »Das Leben meines Bruders« (nach Winiewicz) und »Gaspar Varros Recht« (nach Hay) ARD 1966; »Das gefleckte Band« (nach Coyle), »Die Palme im Rosengarten« (nach Roberts) und »Geliebter Nicolas« (nach Aspinall), ARD 1968; »Die Stimme aus dem Glas« (nach Cuoco/Isidori/Husson), ARD 1968; »Erschwerte Möglichkeit der Konzentration« (nach Havel), ARD 1970; »Die vertagte Nacht« (nach Arnold/Bach), ORF 1970; Anita in »Hochzeit« (nach Canetti) ZDF 1972; »Nasrin oder Die Kunst zu träumen« (von Asmodi), ARD 1972; »Die Tote vom Pont Neuf« (nach Gozlan), ZDF 1973; »Jeder ist sich selbst der Nächste« (nach Labiche), ARD 1975.
Ferner spielte sie u.a. in den Serien »Ida Rogalski«, mit Inge Meysel, »Ein Fall für Männdli« und »Hafenpolizei«.
Anschrift: c/o Bühne 64, Landoltstraße 3, CH-8006 Zürich, Schweiz.

Ulli Philipp

Geb. 19. 4. 1943 in Wien; nach einer umfassenden Schauspielausbildung in Wien gab sie dort ihr Debüt. Es folgten zahlreiche Tourneen (bis 1985) und Gastspiele (u.a. Rheinisches Landestheater Neuss). Schwerpunkt ihrer Arbeit ist das Fernsehen. Sie wirkte in über 100 Produktionen mit.
Ulli Philipp spricht engl., franz.; sie ist ledig und lebt in München.
Fernsehen: »Hava, der Igel«; »Ganze Tage in den Bäumen«; »Die Freier«; Patricia in »Die Tochter des Brunnenmachers« (nach Pagnol), Regie: Hans Dieter Schwarze, ARD 1965; »Die Welt des Wassers«; »Der Sündenbock«; »Haus Herzenstod« (nach Shaw), Regie: Kurt Meisel, ARD 1968; »Die Mohrin«; »Liliomfi«; »Der Monddiamant«, Regie: Wilhelm Semmelroth, 2 Teile, und »Eine ungeliebte Frau« (nach Courths-Mahler), ARD 1974; »Ein Mann will nach oben« (nach Fallada), mit Mathieu Carrière und Ursela Monn, Regie: Herbert Ballmann, 13 Teile, ZDF 1978; »Ja und Nein«, Regie: Tom Toelle, ARD 1981; »Die Krimistunde«, Regie: Hartmut Griesmayr, Serie, ARD 1982; »Der Verlust« (nach Siegfried Lenz), Regie: Claudia Holldack, ZDF 1984; »Unternehmen Köpenick«, mit Hansjörg Felmy, Regie: Hartmut Griesmayr, Serie, ZDF 1986.
Anschrift: c/o Agentur Baumbauer, Keplerstraße 2, 8000 München 80.

Tommi Piper

Geb. 19. 3. 1941 als Sohn des Schauspielers Heinz Piper in Berlin; dort aufgew.; nach der Schule absolvierte er zunächst eine Ausbildung als Graphiker. Sein Bühnendebüt gab er in Hamburg. Theaterstationen waren anschließend Landesbühne Hannover, Städt. Bühnen Münster, Bühnen der Hansestadt Lübeck sowie erneut Theater in Hamburg.
Bekannt wurde er vor allem durch seine Arbeit als Synchronsprecher. Seine erste große Aufgabe: deutsche Stimme von Michael Landon (alias Little Joe) in der Western-Serie »Bonanza«. Zuletzt sprach er u.a. Nick Nolte. Er veröffentlichte mehrere Schallplatten und ist großenteils als Werbeschauspieler tätig.
Piper spricht engl., franz.; er lebt in München.
Film: »Die Faust in der Tasche«, mit Ernst Hannawald und Manfred Krug, Regie: Max Willutzki, 1978; »Warum die UFOs unseren Salat klauen«, Regie: Hansjürgen Pohland, 1979; »Is was Kanzler?!?«, mit Günter Lamprecht, Regie: Gerhard Schmidt, 1984.
Fernsehen: »Wer knackt die Nuß?«, »Hauptstraße Glück«, »Tonys Freunde«, »Gerhard Langhammer« und »Das Glück läuft hinterher«, ARD/ZDF bis 1973; »Derrick«, Serie, 5 Folgen, ZDF 1976–1982; »Achtung Chance«, Regie: Kurt Ulrich, ZDF 1978; »Die Heimsuchung des Assistenten Jung« (nach Andreas Höfele), ZDF 1981; »Pommi Stern«, Regie: Kristian Kühn, ARD 1981; »Die Rückkehr der Träume«, Regie: Rolf Deppe, ZDF 1983; »Matt in 13 Zügen«, mit Gudrun Landgrebe und Mathieu Carrière, Regie: Stanislav Barabas, 13 Teile, ARD 1984.
Anschrift: c/o ZBF-Agentur München, Leopoldstraße 19, 8000 München 40.

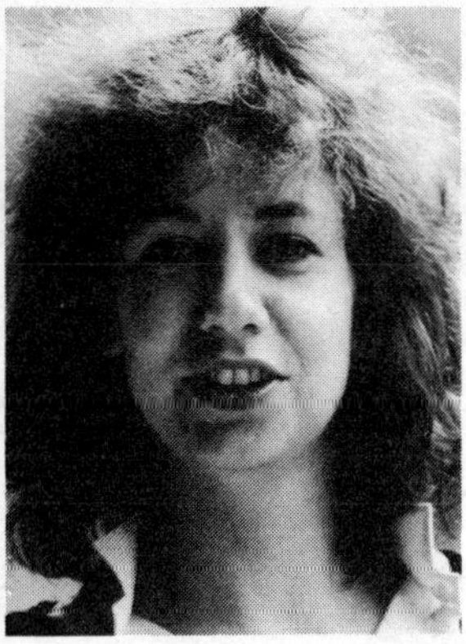

Verena Plangger

Geb. 27. 6. 1952 in Bozen/Südtirol; dort aufgew.; lebt in Freiburg i. Breisgau; ledig; sie spricht ital., franz., engl.; Humanistisches Gymnasium, Abitur; danach Besuch der Otto-Falckenberg-Schule München; bis 1981 war sie Ensemblemitglied am Schauspiel Wuppertal, am Schauspielhaus Bochum und den Städt. Bühnen Freiburg/Breisgau; seither arbeitet sie als freie Schauspielerin vorwiegend in Frauentheatergruppen; sie schreibt auch selbst Stücke.
Theater: Wendla in Wedekinds »Frühlings Erwachen«, Elisabeth in Horváths »Glaube, Liebe, Hoffnung«, Nancy in Jellicoes »Was ist an Tolen so sexy«, Regie: Valentin Jeker, Schauspielhaus Bochum.
Fernsehen: Titelrolle in »Britta«, 4 Folgen, ARD 1976; »Jerusalem, Jerusalem«, 4 Folgen, und »Zwei oder Was sind das für Träume?«, 4 Folgen, ARD 1979; »Schnitzeljagd«, ARD 1982; »Deutschland-Tournee«, ARD 1984; Titelrolle in »Britta II«, 4 Folgen, ARD 1985; Regie in allen Filmen: Berenger Pfahl.
Anschrift: c/o ZBF-Agentur Hamburg, Tonndorfer Hauptstraße 90, 2000 Hamburg 70.

Jörg Pleva

Geb. 23. 6. 1942 in Stuttgart; dort aufgew.; nach seiner Schauspielausbildung debütierte er 1960 als Willi in Zuckmayers »Der Hauptmann von Köpenick« am Württembergischen Staatstheater Stuttgart, dem er bis 1962 angehörte. Als freischaffender Künstler gastierte er u.a. am Theater am Turm Frankfurt/Main, am Forum-Theater Berlin, am Ernst-Deutsch-Theater Hamburg sowie auf Tournee.
Schwerpunkt seiner Arbeit ist das Fernsehen, wo er seit 1962 in über 100 Produktionen mitwirkte.
Pleva spricht engl., franz.; er ist verheiratet, hat eine Tochter, einen Sohn und lebt in Hamburg.
Film: »Gino«, 1960; »Die letzte Kompanie«, Regie: Fritz Umgelter, 1967.
Theater: In Arrabals »Der Architekt und der Kaiser von Assyrien«, Forum-Theater Berlin; in Tersons »Lehrlinge«, Theater am Turm Frankfurt/Main; Jimmy Porter in Osbornes »Blick zurück im Zorn«, Tournee 1983/84.
Fernsehen: Unter der Regie von Fritz Umgelter spielte er u.a. in: »Mister Arcularis«; »So war Herr Brummel«, mit Boy Gobert, ARD 1967; »Wie eine Träne im Ozean« (nach Sperber), mit Herbert Stass und Martin Lüttge, 3 Teile, ARD 1969; »Der Zweck heiligt die Mittel« (nach Louis C. Thomas), ZDF 1973; »Bratkartoffeln inbegriffen«, ZDF 1975.
Ferner u.a. in: »Abseits«, Regie: Lutz Büscher, ARD 1965; »Der Kommissar«, mit Erik Ode, Serie, ZDF 1969; Der Gejagte in »Das Millionenspiel« (von Menge nach Scheckley), mit Dieter Thomas Heck, Regie: Tom Toelle, ARD 1970; »Eiger« (von Meichsner), Regie: Dieter Wedel, 2 Teile, ARD 1974; »Florian« (von Eva Mieke), ZDF 1975; »Der Nerz« (nach Marceau), ZDF 1976; »Jean Paul: Dr. Katzenbergers Badereise«, ZDF 1978; »Ein Abend mit Labiche«, Regie: Dieter Wedel, ARD 1980; »Ein Guru kommt«, mit Wolfgang Reichmann, Regie: Rainer Erler, ZDF 1980; »Wer den Schaden hat«, Regie: Dieter Wedel, und Titelrolle in »François Villon« (von Ahlsen), Regie: Werner Schlechte, ZDF 1981; »Auf, auf zum Himmel«, Regie: Wolfgang Staudte, Kaiser Karl V. in »Martin Luther«, mit Lambert Hamel, Regie: Rainer Wolffhardt, 2 Teile, und »Flöhe hüten ist leichter« (von Noack), mit Uschi Glas und Hannelore Elsner, ZDF 1983; »Rummelplatzgeschichten«, Regie: Konrad Sabrautzky, Serie, ARD 1983/84; Titelrolle in »Joseph Süß Oppenheimer«, Regie: Rainer Wolffhardt, »Ein Mann namens Parvus«, mit Günter Lamprecht, Regie: Rudolf Nussgruber, und »Der Mann, der keine Autos mochte«, Regie: Dieter Wedel, 6 Teile, ZDF 1984; »Die Arche Noah«, Regie: Marcus Scholz, 13 Teile, ZDF 1985.
Anschrift: c/o Agentur de la Berg, Haus am Weiher, 8026 Irschenhausen.

Erika Pluhar

Geb. 28. 2. 1939 in Wien; dort aufgew.; nach dem Abitur absolvierte sie von 1957 bis 1959 das Max-Reinhardt-Seminar in Wien. Seit 1959 gehört sie zum festen Ensemble des Wiener Burgtheaters. Gastspiele gab sie seither u.a. bei den Festspielen in Salzburg, Bregenz, Jagsthausen, Klosterneuburg und Bad Hersfeld sowie an den Münchner Kammerspielen und am Neuen Theater München. Ferner machte sie Tourneen.

1972 veröffentlichte sie ihre erste LP »Erika Pluhar singt«. Weitere Titel: »Die Liebeslieder der Erika Pluhar« und »So oder so ist das Leben«. Nach ihrem ersten Konzert 1974 in Köln war sie als Chanson-Sängerin in zahlreichen TV-Shows zu sehen. Die Texte ihrer Lieder schrieb großenteils ihr damaliger Ehemann, der Sänger, Autor und Schauspieler André Heller.

Frau Pluhar spricht engl.; sie ist dreimal geschieden; aus ihrer ersten Ehe mit dem österr. Designer Serge Kirchhofer (bürgerlich: Peter Proksch) stammt ihre Tochter Anna (geb. 1961). Die Schauspielerin lebt in Grinzing bei Wien.

Film: »Moos auf den Steinen«, Regie: Georg Lhotzky, »Die graue Nonne«, und »Perrak«, mit Judy Winter, Regie: Alfred Vohrer, 1970; »Die Angst des Torwarts beim Elfmeter« (nach Handke), mit Arthur Brauss, Regie: Wim Wenders, 1972; »Die Brüder«, Regie: Wolf Gremm, 1976; »Tod oder Freiheit«, Regie: Wolf Gremm, 1978; »Schöner Gigolo, armer Gigolo«, mit David Bowie, Maria Schell und Marlene Dietrich, Regie: David Hemmings, 1979.

Theater: Luzie in Bahrs »Das Phantom«, 1959, Lady Mortimer in Shakespeares »König Heinrich IV.«, Maria Timofejewna in Camus' »Die Besessenen«, Varja in Tschechows »Der Kirschgarten« und Myrle Mae in Chases »Mein Freund Harvey«, 1960, Ismene in Sophokles' »Antigone«, Regie: Gustav Rudolf Sellner, und Isabel in Zuckmayers »Die Uhr schlägt eins«, 1961, Isabel in Calderons »Der Richter von Zalamea«, Clara in Max Zweigs »Franziskus«, 1962, Anita in Willems' »Schnee«, 1963, Belvidera in Hofmannsthals »Das gerettete Venedig«, Holga in Millers »Nach dem Sündenfall«, Königin Maria in Ionescos »Der König stirbt«, Doña Angela in Calderons »Dame Kobold«, 1964, Lukretia in Grillparzers »Ein Bruderzwist in Habsburg«, Ellie in Shaws »Haus Herzenstod«, Amalia in Schillers »Die Räuber«, Regie: Leopold Lindtberg, 1965, Berta in Grillparzers »König Ottokars Glück und Ende«, Katerina in »Die Brüder Karamasow« (nach Dostojewskij), 1966, Desdemona in Shakespeares »Othello«, 1967, Marie in Topols »Fastnachtsende«, Ophelia in Stoppards »Rosenkranz und Güldenstern« und Königin in Grillparzers »Die Jüdin von Toledo«, 1968, Ljudmila in Babels »Mirija« und Marie Beaumarchais in Goethes »Clavigo«, 1969, in Schnitzlers »Fräulein Else«, 1971, Königin in Schillers »Don Carlos«, 1973, Titelrolle in Schillers »Maria Stuart«, Regie: Erwin Axer, 1974, Lady Milford in Schillers »Kabale und Liebe«, 1975, Ruth in Pinters »Die Heimkehr«, Regie: Peter Palitzsch, 1977, Esther in Vitracs »Victor oder Die Kinder an der Macht«, Regie: Hans Neuenfels, und Titelrolle in Ibsens »Hedda Gabler«, Regie: Peter Palitzsch, 1978, Varvara in Gorkis »Sommergäste«, 1979, Regine in Musils »Die Schwärmer«, Regie: Erwin Axer, 1981/82, in Tschechows »Der Kirschgarten«, Regie: Achim Benning, 1983, Titelrolle in Hochhuths »Judith«, 1985, jeweils Burgtheater und Akademie-Theater Wien. Bei den vorgenannten Festspielen war sie zu sehen u.a. als: Adelheid in Goethes »Götz von Berlichingen«, Camilla in Nestroys »Lumpazivagabundus«, Ismene in Sophokles' »Ödipus auf Kolonos«, Andromache in Sartres »Die Troerinnen des Euripides«, Olivia in Shakespeares »Was ihr wollt« (auch TV), und Helena in Goethes »Faust II«.

Fernsehen: Pinky in »Die Türen knallen« (nach Fermaud), ORF 1961; Mascha in »Die Möwe« (nach Tschechow), ORF 1963; Josefa Schalanter in »Das vierte Gebot« (nach Anzengruber), ORF 1964; »Bel Ami« (nach Maupassant), Regie: Helmut Käutner, 2 Teile, ARD 1968; Philippine de Hainaut in »Ein Bürger von Calais« (nach Roncoroni), ZDF 1968; Frau Wiesel in »Der Zuschlag« (nach Böll), ZDF 1969; »Der Kommissar«, mit Erik Ode, Serie, ZDF 1970; Stacha in »Hier bin ich, mein Vater« (nach Torberg), ARD 1970; »Die Nacht von Lissabon« (nach Remarque), mit Martin Benrath, Regie: Zbynek Brynych, ZDF 1971; »Tatort«, Serie, ARD 1971; »Schwester Bonaventura« (nach Hastings), ORF

1971; Léontine Duchotels in »Monsieur Chasse« (nach Feydeau), ARD 1972; »Der Tod des Ministers«, ZDF 1972; »Der Schwierige« (nach Hofmannsthal), Regie: Stanislav Barabas, ZDF 1974; »So oder so is die Pluhar« und »Schlager, Lieder und Chansons«, ZDF 1975; »Gaslicht« (nach Hamilton), ARD 1977; Marguerite Gautier in »Die Kameliendame« (nach Dumas), Regie: Tom Toelle, ARD 1978; »Der Alte«, Serie, ZDF 1979; »Sonntagskinder«, Regie: Michael Verhoeven, ARD 1981.
Anschrift: c/o Agentur Baumbauer, Keplerstraße 2, 8000 München 80, oder Huschkagasse 5, A-1190 Wien.

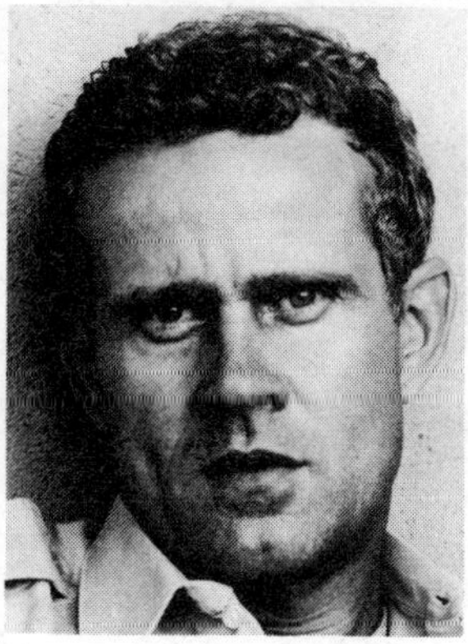

Werner Pochath

Geb. 29. 9. 1941 in Wien; dort und in Graz aufgew.; nach der Schule absolvierte er das Max-Reinhardt-Seminar in Wien. 1959 debütierte er am Theater Die Courage in Wien. Von 1959 bis 1961 war er Mitglied des Badischen Staatstheaters Karlsruhe. Von 1961 bis 1963 spielte er am Schillertheater Berlin, 1963 am Theater des Westens Berlin, 1963/64 an der Tribüne Berlin, 1964/65 an der Basler Komödie, 1965 am Theater in der Josefstadt Wien, 1966 am Württembergischen Staatstheater Stuttgart und 1967 an den Münchner Kammerspielen.

1968 ging er nach Rom, wo er bis heute zahlreiche Spielfilme drehte. Er arbeitet häufig für das Fernsehen und machte mehrere Theatertourneen durch die Bundesrepublik. Er besitzt eine Arbeitserlaubnis für die USA (»Green card«) und wirkte dort in mehreren TV- und Kino-Produktionen mit.

Pochath spricht engl., franz., ital.; er ist ledig und lebt abwechselnd in Rom und München.

Film: »Tod eines Doppelgängers«, Regie: Rolf Thiele, 1966; »Fünf blutige Stricke«, Regie: Anthony Dawson, Italien 1969; »Venus im Pelz«, Regie: Max Dillman, Italien/BRD 1969; »Die Engel von St. Pauli«, Regie: Jürgen Roland, 1969; »Ich spreng' euch alle in die Luft«, mit Götz George, 1970; »Die neunschwänige Katze«, Regie: Dario Argento, mit Karl Malden, Italien 1971; »Rückkehr von Wolfsblut«, mit Franco Nero, Italien 1973; »Ohrfeigen«, mit Gila von Weitershausen und Curd Jürgens, Regie: Rolf Thiele, 1973; »Casanova & Co«, mit Tony Curtis, Ursula Andress, Britt Eklund und Philip Leroy, Regie: François Legrand, Frankreich 1976; »Der Privatpolizist«, mit Joan Collins, Italien 1976; »Plattfuß in Afrika«, mit Bud Spencer, »Steiner – das Eiserne Kreuz« (I. Teil), mit Richard Burton, Robert Mitchum und Rod Steiger, Regie: Andrew V. McLaglen, 1978; »Schöner Gigolo, armer Gigolo«, mit David Bowie, Maria Schell und Marlene Dietrich, Regie: David Hemmings, 1979; »Horrorsex im Nachtexpress«, Regie: Fernando Balti, und »Dschungel-Django«, mit Franco Nero, Regie: Zinzo G. Castellani, Italien 1979; »Auf der Fährte des Adlers«, mit James Coburn, USA 1980; »Im Dschungel ist der Teufel los«, Regie: Harald Reinl, 1982; »Rage«, Regie: Anthony Richmond, USA 1984; »Jimmy's Clan«, mit Kristina Söderbaum, Regie: Giorgio Christallini, Italien 1984.

Theater: In Wilders »Unsere kleine Stadt« und in Ibsens »Gespenster«, jeweils Badisches Staatstheater Karlsruhe 1959–1961; in dem Musical »Annie get your gun«, mit Heidi Brühl, Theater des Westens Berlin 1963; in Lovegroves »Guten Abend, Mrs. Sunshine«, Tribüne Berlin 1963/64; in O'Neills »O Wildnis« und in Camus' »Caligula«, Basler Komödie 1964/65; in Breffort/Monnots »Das Mädchen Irma la Douce«, mit Margit Saad, Theater in der Josefstadt Wien 1965; in Ortons »Seid nett zu Mr. Sloane«, Württembergisches Staatstheater Stuttgart 1966 (auch Tournee); in Leokums Zweipersonenstück »Freunde und Feinde«, mit Helmut Qualtinger, Münchner Kammerspiele 1967; in Durbans »Ihr Alibi, Mr. Price«, mit Ruth-Maria Kubitschek, Tournee 1981.

Fernsehen: »Besuch der alten Dame« (nach Dürrenmatt), mit Elisabeth Flickenschildt, ARD 1960; »Die kleinen Füchse« (nach Hellmann), Regie: Peter Beauvais, ARD 1962; »Der Jugendprozeß«, Regie: Wilm ten Haaf, ARD 1964; »Der fünfte Mann« (aus der Reihe: »Stahlnetz«), Regie: Jürgen Roland, ARD 1965; »Ohne festen Wohnsitz«, Regie: Heinz Schimmelpfennig, ARD 1966; »Zündschnur« (aus der Reihe: »Kriminalmuseum«), Regie: Erich Neureuther, ZDF 1967; »Der Kommissar«, mit Erik Ode, Serie, 5 Folgen, ZDF 1969–1974; »Der Tod in der Maske« (aus der Reihe: »Dem Täter auf der Spur«), Regie: Jürgen Roland, ARD 1972; »Zwei Jahre Ferien« (nach Jules Verne), Regie: Serge Nicola, 4 Teile, ZDF 1974; »Der Anwalt«, mit Wolfgang Kieling, Regie: Heinz Schirk, Serie, ZDF 1975; »Sonderdezernat K1«, Regie: Helmuth Ashley, Serie, ARD 1975; »Und dann ist Zahltag« (aus der Reihe: »Tatort«), Regie: Jürgen Roland, ARD 1976; »Madeira« (aus der Reihe: »Derrick«), mit Curd Jürgens, ZDF 1977; »Das bin ich«, mit Attila Hörbiger, Regie: Rudolf Nussgruber, 2 Teile, ORF 1977; »Oberndorf Revisited«, US-TV (CBS) 1977; »Der Alte«, Serie, 5 Folgen, ZDF 1977–1984; »Colombe« (nach Anouilh), mit Heidelinde Weis, Regie: Heinz Wilhelm Schwarz (Theater-Aufzeichnung) ARD 1981; »So ein Tag« (aus der Reihe: »Tatort«), Regie: Jürgen Roland, ARD 1982; »Das Licht der Ge-

rechten«, mit Klausjürgen Wussow, 13 Teile, ORF 1982; »In Zeiten wie diesen«, mit Marisa Mell, Regie: Wolfgang Bauer, ORF 1984.
Anschrift: c/o Agentur Bloy, Gasteigweg 1, 8022 Grünwald.

Hanno Pöschl

Geb. 2. 7. 1949 in Wien; dort aufgew.; nach einer abgeschlossenen Konditorlehre arbeitete er als Wagenwäscher, Automechaniker, Vertreter, Asphaltierer, Kerzenerzeuger, Chauffeur bei einer Speditionsfirma und im Weinbau. Anschließend besuchte er die Schauspielschule und war Regieassistent beim »Circus Roncalli«, wo er kurzzeitig auch als Artist beschäftigt war.
Sein Bühnendebüt gab er am Ensemble Theater – Treffpunkt Petersplatz unter Dieter Haspel in Wien. Eine Österreich-Tournee sowie Gastspiele am Akademietheater Wien, am Schauspielhaus Wien unter Hans Gratzer und in München folgten. Seine Fernseh/Film-Arbeit begann 1975.
Pöschl spricht engl.; er ist ledig und lebt in Wien.
Film: »Kassbach«, Regie: Peter Patzak, 1975; »Geschichten aus dem Wienerwald« (nach Horváth), mit Helmut Qualtinger, Regie: Maximilian Schell, und »Escit ... nur keine Panik«, Regie: Franz Novotny, 1979; »Frankfurt Kaiserstraße«, Regie: Roger Fritz, 1981; »Querelle – Ein Pakt mit dem Teufel«, mit Brad Davis und Franco Nero, Regie: Rainer Werne Fassbinder, BRD/Frankreich 1982; Titelrolle in »Ju lius geht nach Amerika«, Regie: Manfred Feichtner 1983; »Off road«, mit Iris Berben, Regie: Peter Welz 1984; »Coconuts«, mit Mario Adorf, 1985.
Theater: Gogher Gogh in Brechts »Turandot ode Der Kongreß der Weißwäscher«, München; in Zola Karsunkes »Germinal«, Ensemble-Theater – Treff punkt Petersplatz Wien.
Fernsehen: »Fehlschuß«, Regie: Rainer Boldt, ARD 1977; »Die Straße«, Regie: Volker Vogeler, ARD 1978; »Der Alte«, Serie, ZDF 1978; »Tatort«, Serie, Folgen, ARD 1979 und 1982; »Dic Jahre vergehen Regie: Peter Keglevic, 2 Teile, ZDF 1981; »Phönix a der Ecke«, und »Tiritomba« (nach Jack Rosenthal Regie: Ulrich Heising, ARD 1983; »Der stille Ozean Regie: Xaver Schwarzenberger, ZDF 1983; »De Fahnder«, mit Klaus Wennemann, Regie: Erwi Keusch, Serie, ARD 1985; »Via Mala« (nach Knittel mit Mario Adorf, Regie: Tom Toelle, 3 Teile, ZD 1985.
Anschrift: c/o Management Goldschmidt, Wi straße 8, 8000 München 90.

Witta Pohl

(eigentlich: Witta Breipohl)

Geb. 1. 11. 1937 als Tochter eines Arztes in Königsberg/Ostpreußen; dort und in Bielefeld aufgew.; nach der Schule absolvierte sie zunächst eine Ausbildung als Kinderschwester und Kosmetikerin. Schauspielunterricht nahm sie bei Herma Clement in Berlin. Ihr erstes Engagement erhielt sie 1957 am Staatstheater Kassel, dem sie bis 1963 angehörte. Verpflichtungen am Staatstheater Darmstadt, am Staatstheater Braunschweig, am Schauspielhaus Zürich und bei den Festspielen Bad Hersfeld schlossen sich an. Von 1966 bis 1973 stand sie im Ensemble des Deutschen Schauspielhauses Hamburg. Seither gastierte sie u.a. an den Bühnen der Hansestadt Lübeck, am Hamburger Ernst-Deutsch-Thater, an den Hamburger Kammerspielen und auf Tournee. Seit 1975 zählt sie zu den meistbeschäftigten Darstellerinnen beim Deutschen Fernsehen. Sie wirkte in bislang über 100 Produktionen mit.

Frau Pohl spricht engl., franz.; sie ist geschieden von dem Schauspieler Charles Brauer, hat zwei Kinder (Zwillinge Stephanie und Florian, geb. 1968) und lebt in Hamburg.

Theater: Anne Frank in Goodrich/Hacketts »Das Tagebuch der Anne Frank« (Debüt), Eve in Kleists »Der zerbrochene Krug«, in Shakespeares »Ende gut, alles gut«, Franziska in Lessings »Minna von Barnhelm«, Monica in Eliots »Ein verdienter Staatsmann«, Anna in Burkhards »Feuerwerk«, in Herberts »Wolken sind überall« und Titelrolle in »Pezzi«, jeweils Staatstheater Kassel 1957–1963; Hermia in Shakespeares »Ein Sommernachtstraum« (auch TV), Doña Musica in Claudels »Der seidene Schuh«, jeweils Festspiele Bad Hersfeld 1960–1965; Recha in Lessings »Nathan der Weise«, Staatstheater Braunschweig; Agnes in Molières »Die Schule der Frauen«, Schauspielhaus Zürich; Titelrolle in Goethes »Iphigenie auf Tauris«, Staatstheater Darmstadt 1965/66 (und Hamburger Kammerspiele); Titelrolle in Lessings »Emilia Galotti«, Cecily in Wildes »Bunbury«, Titelrolle in Ibsens »Nora«, Pauline Piperkarcka in Hauptmanns »Die Ratten« und Thekla in Sternheims »Bürger Schippel«, jeweils Deutsches Schauspielhaus Hamburg 1966–1973; Älteste Tochter in Gorkis »Die Kleinbürger«, Ernst-Deutsch-Theater Hamburg; Titelrolle in Strindbergs »Fräulein Julie«, Bühnen der Hansestadt Lübeck; Bertha in Joyce' »Die Verbannten«, Regie: Dieter Wedel, Tournee.

Fernsehen: »Das Floß der Medusa« (nach Kaiser), Regie: Wolfgang Glück, ORF 1960 (1. TV-Arbeit); »Der Scheiterhaufen«, Regie: Sigmar Schneider, ARD 1965; »Geibelstraße 27« (nach Lommer), mit Charles Brauer, Regie: Peter Beauvais, ZDF 1966; »Am Wege« (nach Bang), Regie: Peter Beauvais, ARD 1975; »Wer einmal in die Mühle kommt«, Regie: Ilo von Janko, ZDF 1976; »Mein Leben selber bestimm'n« (von Stefan Roth), ZDF 1977; »Wo geht's lang, Kutti?«, Regie: Tom Toelle, »Der Führerschein« (von Irina Korschunow für Witta Pohl geschrieben), und »PS – Die Feuerreiter«, Regie: Claus Peter Witt, 4 Teile, ARD 1979; »Der Alte«, Serie, 3 Folgen, ZDF 1979–1981; »Ab mit dir ins Vaterland« (nach Fritz Raab), »Das Hochhaus«, Regie: Thomas Hartwig, und »Einfach Lamprecht«, mit Carl-Heinz Schroth, Regie: Hans-Jürgen Tögel, Serie, ZDF 1980; »Ein Mann von gestern«, Regie: Tom Toelle, und »Der Urlaub« (von Irina Korschunow für Witta Pohl geschrieben), Regie: Thomas Engel, ARD 1980; »Quartett bei Claudia«, Regie: Michael Kehlmann, und »Ja und Nein«, Regie: Tom Toelle, ARD 1981; »Kudenow oder An fremden Wasser weinen«, Regie: Claus Peter Witt, ZDF 1981; »Der Zubringer«, mit Hans-Peter Korff, Regie: Horst Flick, ZDF 1982; »Kinder unseres Volks« (von Luise Rinser), mit Dietmar Schönherr, Regie: Stephan Rinser, ZDF 1983; »Tatort«, Serie, 2 Folgen, »Der Glücksritter« (von Wuttig), mit Christian Kohlund, Regie: Hans-Jürgen Tögel, Serie, »Kontakt bitte«, Serie, und »Köberle kommt«, Serie, 13 Folgen, ARD 1984; Mutter Inge in »Die Lehmanns«, Regie: Wilfried Dotzel, 13 Teile, und »Eine Schülerliebe«, Regie: Konrad Sabrautzky, ZDF 1984; »Medea« (Lesung als Melodram, nach Georg Benda), live WDR III 1984; »Der Hochzeitstag« (von Irina Korschunow für Witta Pohl geschrieben), Regie: Konrad Sabrautzky, »Schwarz-Rot-Gold: Nicht schießen«, Regie: Dieter Wedel, und »Schöne Ferien«, Serie, ARD 1985; »Großer Bahnhof« (von Wittlinger), mit Axel von Ambesser, Regie: Georg Marischka, und »Ein Heim für Tiere« (nach Willis), Regie: Siegfried Rothemund, Serie, ZDF 1985. Eine ihrer wichtigsten Rollen war die Vera

Drombusch in der ZDF-Familienserie »Diese Drombuschs« (von Stromberger), mit Hans-Peter Korff, Sabine Kaack, Mick Werup, Grete Wurm und Hannes Messemer, Regie: Claus Peter Witt, 12 Folgen, ZDF 1983/84 und 1985.
Auszeichnungen: Bad-Hersfeld-Preis 1965; Inselpreis der Freien und Hansestadt Hamburg 1968.
Anschrift: c/o ZBF-Agentur Hamburg, Tonndorfer Hauptstraße 90, 2000 Hamburg 70.

Gerhard Polt

Geb. 7. 5. 1942 als Sohn eines Rechtsanwalts in München, aufgew. in Altötting; in München Abitur und Studium der Politischen Wissenschaften, Geschichte und Kunstgeschichte; lebte von 1962–1966 in Schweden, wo er in Göteborg nordische Sprachen studierte; arbeitete danach in der Bundesrepublik als Dolmetscher und Übersetzer; lebt in Neuhaus bei Schliersee/Oberbayern; er ist verheiratet, hat einen Sohn (Martin Richard, geb. 1979).

Seit 1975 künstlerische Zusammenarbeit mit seinem Team Hanns Christian Müller und Gisela Schneeberger; er trat zum ersten Mal mit Kabarettprogrammen an die Öffentlichkeit; Polt schreibt auch Hörspiele (»Als wenn man ein Dachs wär in seinem Bau«), veröffentlicht LPs (»Der Erwin«, »D'Anni hat g'sagt«, »Leberkäs Hawai«, »Fast wia im richtigen Leben«) und ist Buchautor (»ÖHA«, »Fast wia im richtigen Leben«, 2. Bde.).

Film: »Rosi und die große Stadt«, Regie: Gloria Behrens, 1981; Gabelstaplerfahrer Weitel in »Kehraus« (Buch: Polt/Müller), Regie: Hanns Christian Müller, 1983 (auch TV 1986).

Theater: »Nachtrevue«, Theater Die Kleine Freiheit, München 1975; »Da schau her«, Schiller-Theater Berlin 1978; mit mehreren Programmen wie »Woche des Kabaretts«, »Kehraus«, »München leuchtet« an den Münchner Kammerspielen 1978–1984; von 1981–1983 Theatertournee mit der »Biermöslblosn« in Deutschland und Österreich; »Die Exoten« (Buch: Polt/Müller), Bayerisches Staatsschauspiel München 1985 (auch TV 1986).

Fernsehen: »Notizen aus der Provinz«, mit Dieter Hildebrandt, 7 Folgen, ZDF 1977–1979; »Da schau her«, ARD 1978; »Satire ist, wenn ...« und »Einwürfe aus der Kulisse«, ZDF 1980; »Second-Help-Show«, und »Haltestelle« mit Hanns Dieter Hüsch, ZDF 1981; »Der Gerichtsvollzieher«, Regie: Peter Weck, Serie, ARD 1981; »Ein Schmarrn halt«, ARD 1982; »Scheibenwischer«, mit Dieter Hildebrandt, Regie: Sammy Drechsel, 11 Folgen, ARD 1981–1984; »Fast wia im richtigen Leben«, Regie: Hanns Christian Müller, 12 Folgen, ARD 1979–1985; »Heimatabend«, Regie: Hanns Christian Müller, BR III 1984.

Auszeichnungen: Förderpreis der Stadt München 1978, Ernst-Hoferichter-Preis 1981, Deutscher Kleinkunst-Preis 1981, Ludwig-Thoma-Medaille 1981, Adolf-Grimme-Preis (DAG) 1982 und 1983; Journalistenpreis der AG Spielzeug e.V. 1983, Ernst-Lubitsch-Preis (Preis der Filmjournalisten) für »Kehraus« 1983; »Goldene Kamera« (HÖRZU) 1983; »Chaplin-Schuh« (Deutscher Darstellerpreis) 1984.

Anschrift: Isartaler Holzhaus, 8162 Neuhaus b. Schliersee/Obb.

Matthias Ponnier

Geb. 26. 3. 1940 in Berlin; nach der Schule nahm er Schauspielunterricht bei Hilde Körber. Sein Debüt gab er 1966 an den Städt. Bühnen Münster. Es folgten bis 1971 Engagements am Hessischen Staatstheater Wiesbaden, am Landestheater Hannover und an den Bühnen der Stadt Köln. Seither ist er freischaffend. Ein Schwerpunkt seiner Tätigkeit liegt beim Hörfunk. Er spricht u.a. Hörspiele, Features und macht Romanlesungen. Für zahlreiche TV-Anstalten ist er auch als Sprecher tätig (u.a. für das Kulturmagazin »Titel, Thesen, Temperamente«, HR). Als Schauspieler kennt man ihn vom Bildschirm seit 1968. Er wirkte in über 70 Produktionen mit.
Ponnier spricht engl., franz.; er ist verheiratet und lebt in Köln.
Theater: Puck in Shakespeares »Ein Sommernachtstraum«, Städt. Bühnen Münster 1966; in Stoppards »Rosenkranz und Güldenstern«, in Pinters »Die Heimkehr«, jeweils Hessisches Staatstheater Wiesbaden; in Bonds »Gerettet« und in »Kleine Morde«, jeweils Bühnen der Stadt Köln.
Fernsehen: »Napoleon und Joghurt«, Regie: R. Somorovic, ARD 1968; »Die sich Christen nennen«, mit Emil Stöhr, ARD 1970; »Nocturno«, Regie: Hajo Gies, ARD 1972; »Nestwärme« (von Heidenreich/Schroeder), Regie: Eberhard Itzenplitz, ZDF 1973; »Frau von Bebenburg« (nach Hartmut Lange), Regie: Eberhard Itzenplitz, ARD 1975; »Cecile« (nach Fontane), mit Doris Kunstmann, Regie: Dagmar Damek, ZDF 1977; »Heroin 4«, Regie: Michael Günther, ZDF 1978; »Das Doppelleben des Wilfried E.«, Regie: Wolfgang Storch, ARD 1978; »Es begann bei Tiffany«, mit Benno Hoffmann, ARD 1979; »Tatort«, Serie, 3 Folgen, ARD 1979–1984; »Leutersbronner Geschichten«, Regie: Hartmut Griesmayr, »Die Fluchtlinie«, und »Derrick«, Serie, ZDF 1981; »Flucht aus London«, Regie: Wolfgang Storch, ZDF 1982; »Wer raucht die letzte?«, Regie: Hartmut Griesmayr, ZDF 1983; »Ein Fall für zwei«, Serie, und »SOKO 5113«, Serie, ZDF 1984; »Krimistunde«, Regie: Hartmut Griesmayr, Serie, ARD 1984; »Das Geschenk«, mit Inge Meysel und Wolfgang Kieling, Regie: Marcus Scholz, ZDF 1984; »Jakob und Adele«, Serie, und »Gesucht: Bekanntschaften, männlich«, Regie: Wolfgang Mühlbauer, ZDF 1985.

Auszeichnung: Förderpreis des Landes Nordrhein-Westfalen für seine Darstellung des Puck in Shakespeares »Ein Sommernachtstraum« 1966.
Anschrift! c/o ZBF-Agentur Frankfurt/Main, Feuerbachstraße 42–46, 6000 Frankfurt/Main.

Jürgen Pooch

Geb. 21. 5. 1943 in Insterburg/Ostpreußen; aufgew. in Flensburg; nach einer kaufmännischen Lehre nahm er Schauspielunterricht in Hamburg. Nach ersten Engagements in Flensburg und Lübeck kam er an das Hamburger Ohnsorg-Theater, dem er bis heute angehört.
Pooch spricht engl.; er ist seit 1985 geschieden von der Schauspielerin Heidi Mahler, die bis 1983 selbst zum Ensemble des Ohnsorg-Theaters gehörte, und lebt in Hamburg.
Theater/Fernsehen: Neben Heidi Kabel, Heidi Mahler, Edgar Bessen, Karl-Heinz Kreienbaum, Fritz Hollenbeck, Werner Riepel, Jochen Schenk spielte er u.a. in: »Trautes Heim«, »Landlieben«, »Petrus gibt Urlaub«, und seit 1977 u.a. in: »De Venus von Muggensack«, »Wenn Du Geld hest«, »Rum ut Jamaica«, »Willem sien Willen«, »Smuggelbröder«, »Gode Nacht, Froo Engel« und »Oh, düsse Öllern« (nach Pasos »Oh, diese Eltern«). Ferner wirkte er u.a. in den folgenden TV-Sendungen mit: »Ehen vor Gericht«, Regie: Ruprecht Essberger, Serie, ZDF 1977; »Landluft«, Regie: Claus Peter Witt, ZDF 1981; »Rummelplatzgeschichten«, Serie, ARD 1983/84.
Anschrift: c/o Ohnsorg-Theater Hamburg, Große Bleichen 25, 2000 Hamburg 36, oder Woldsenweg 16, 2000 Hamburg 20.

Friedrich-Karl Praetorius

Geb. 6. 1. 1952 in Hamburg, dort aufgew.; lebt in Berlin; verheiratet; mittlere Reife; Besuch der Staatl. Hochschule für Musik und darstellende Kunst Hamburg; er gehörte von 1972–1977 unter Peter Zadek zum Ensemble des Schauspielhauses Bochum, 1978 war er am Thalia-Theater in Hamburg, 1979/80 an den Städt. Bühnen Frankfurt/Main; seit 1982 ist er fest engagiert an den Staatl. Bühnen Berlins.
Film: »Geburt der Hexe«, Regie: Wilfried Minks, 1979; »Bella Donna – kann denn Liebe Sünde sein«, mit Brigitte Horney, Regie: Peter Keglevic, und »Liebe ist kein Argument«, Regie: Marianne Lüdcke, 1982; »Die wilden Fünfziger« (nach Simmel), Regie: Peter Zadek, 1983.
Theater: Moritz Stiefel in Wedekinds »Frühlings Erwachen«, Regie: Peter Zadek, Schauspielhaus Bochum 1976; in Griffith' »Komiker«, Regie: Peter Zadek, Titelrolle in Shakespeares »Hamlet«, Regie: Hans Neuenfels, jeweils Thalia-Theater Hamburg 1978; Titelrolle in Schillers »Don Carlos«, Kasimir in Horváths »Kasimir und Karoline«, Regie: jeweils Peter Palitzsch, 1980, Titelrolle in Nestroys »Der Zerrissene«, Regie: Horst Zankl, 1981, jeweils an den Städt. Bühnen Frankfurt/Main; Titelrolle in Molières »Tartuffe«, und in Thomas' »Charley's Tante«, Regie: jeweils Kurt Hübner, Freie Volksbühne Berlin 1982/83.
Fernsehen: »Vatermörder« (von Mayo), Regie: Wilfried Minks, ZDF 1978; »Ein Kapitel für sich« (nach Kempowski), Regie: Eberhard Fechner, und »Vater, mein Vater«, Regie: Raimund Koplin, ZDF 1979; »Tatort«, Regie: Peter Keglevic, Serie, ARD 1980; »Landluft«, Regie: Claus Peter Witt, und »Die Fahrt nach Schlangenbad«, Regie: Stanislav Barabas, ZDF 1981; »Abenteuer der Seele«, Regie: Jochen Richter, BR III 1985; »Rosarot bis Schwarz«, mit Otto Schenk (auch Regie), und »Die Hose« (nach Sternheim), Regie: Otto Schenk, ZDF 1985; »Zieh den Stecker raus, das Wasser kocht«, mit Wolfgang Kieling, Buch + Regie: Ephraim Kishon, ARD 1986.
Auszeichnungen: Prädikat »Bester deutscher Schauspieler des Jahres 1978« der Zeitschrift »Theater heute«; Prädikat »Bester deutscher Schauspieler des Jahres 1980« der Zeitschrift »Capital«.
Anschrift: Feldweg 9, 8641 Wilhelmthal.

Wolfgang Preiss

Geb. 27. 2. 1910 als Sohn eines Studienrats in Nürnberg; dort aufgew.; nach dem Abitur an einem Humanistischen Gymnasium studierte er von 1930 bis 1931 Germanistik, Philosophie und Theaterwissenschaften an der Universität München. Von 1930 bis 1932 nahm er Schauspielunterricht bei Staatsschauspieler H. Schlenck in München.
Sein Debüt gab er in dem Stück »Clarence und die Nutznießer« am Theater der Gegenwart München (1932). Über ein Engagement am Theater der Stadt Heidelberg kam er 1933 nach Königsberg/Preußen, wo er bis 1937 wirkte. Weitere Stationen: Bühnen der Stadt Bonn (1937/38), Theater der Freien Hansestadt Bremen (1938–1941), Volksbühne Berlin (1941–1945), Junges Theater Stuttgart (1946–1949) und Theater Baden-Baden (1951–1953). Ab 1949 war er mehrere Jahre am Kabarett »Mausefalle« unter Werner Finck. Als freischaffender Schauspieler gab er seit 1953 Gastspiele u.a. an der Kleinen Komödie München, am Intimen Theater und an der Tribüne in Berlin sowie auf Tournee.
Er arbeitete häufig in der Synchronisation und war für den Hörfunk (u.a. RIAS Berlin) tätig. Den Schwerpunkt seines Schaffens bildet seit 1954 der Film. Er wirkte in über 90 deutschen und internationalen Produktionen mit.
Preiss spricht engl., franz.; er ist seit 1955 in dritter Ehe verheiratet, hat einen Sohn (Michael, geb. 1942) und lebt in Baden-Baden.
Film: »Die große Liebe«, mit Zarah Leander, 1942; »Canaris«, mit O.E. Hasse, Regie: Alfred Weidenmann, »Oberarzt Dr. Solm«, 1954; Graf Stauffenberg in »Der 20. Juli«, Regie: Falk Harnack, 1955; »Von der Liebe besiegt«, Regie: Luis Trenker, »Der Cornet«, »Vor Sonnenuntergang« (nach Hauptmann), »Johannisnacht«, »Anastasia – die letzte Zarentochter«, mit Lilli Palmer, Regie: Falk Harnack, und »Wie einst Lili Marleen«, mit Marianne Hold, 1956; »Stresemann«, und »Haie und kleine Fische«, mit Hansjörg Felmy, Regie: Frank Wisbar, 1957; »Ich war ihm hörig«, Regie: Wolfgang Becker, »Grabenplatz 17« und »Stacheldraht und gute Kameraden«, 1958; »Rosen für den Staatsanwalt«, und »Hunde, wollt ihr ewig leben«, Regie: Frank Wisbar, 1959; »Nacht fiel über Gotenhafen«, Regie: Frank Wisbar, »Herrin der Welt« und »Verrat auf Befehl«, 1960; »La Fayette«, Frankreich 1960; »Arzt ohne Gewissen« und »Geständnis einer Sechzehnjährigen«, 1961; »Der längste Tag«, mit Curd Jürgens, Gert Fröbe, John Wayne, Robert Mitchum, Henry Fonda, Richard Burton und Sean Connery, Regie: Bernhard Wicki, Ken Annakin, Andrew Marton und Elmo Williams, USA 1961; »Das Mädchen und der Staatsanwalt«, mit Elke Sommer, 1962; »Der Zug«, mit Burt Lancaster, Regie: John Frankenheimer, USA 1964; »Der Boß hat sich was ausgedacht«, 1964; »Brennt Paris?«, mit Gert Fröbe, Regie: Réne Clément, Frankreich 1965; »Der Diamantenprinz«, mit George Hamilton, USA 1966; »Die Haut des anderen«, mit Lino Ventura, Regie: Jacques Deray, Frankreich/Italien 1966; »Hannibal«, USA 1967; »Mister Dynamit – morgen küßt euch der Tod«, mit Lex Barker, Regie: Franz Josef Gottlieb, BRD/Italien/Spanien 1969; »Die Standarte« (nach Lernet-Holenia), Regie: Ottokar Runze, 1977; »Blutspur«, mit Omar Sharif und Romy Schneider, Regie: Terence Young, USA 1979; »Die zwei Gesichter einer Frau«, mit Romy Schneider: Regie: Dino Risi, Italien/Frankreich/BRD 1980; Swieten in »Vergeßt Mozart«, Regie: Slavo Luther, 1985. Zudem spielte er die Rolle des Dr. Mabuse in der gleichnamigen Kino-Reihe, u.a. in: »Die 1000 Augen des Dr. Mabuse«, mit Peter van Eyck, Regie: Fritz Lang, 1960; »Die unsichtbaren Krallen des Dr. Mabuse«, und »Im Stahlnetz des Dr. Mabuse«, Regie: Harald Reinl, 1961; »Das Testament des Dr. Mabuse«, mit Gert Fröbe, Regie: Werner Klingler, 1962.
Theater: La Hire in Schillers »Die Jungfrau von Orleans«, Graziano in Shakespeares »Der Kaufmann von Venedig«, von Bismarck in Goetz' »Ministerpräsident« und Gorotschenko in Deval/Goetz' »Towarisch«, Theater Königsberg/Preußen 1933–1937; Teufel in Grabbes »Scherz, Satire, Ironie und tiefere Bedeutung«, Stanhope in Sheriffs »Die andere Seite«, Darlington in Wildes »Lady Windermeres Fächer« und Demetrius in Shakespeares »Ein Sommernachtstraum«, jeweils Bühnen der Stadt Bonn 1937/38; Menschikoff in »Spielereien einer Kaiserin« und Revolutionär in Coubiers »Aimée«, Theater der Freien Hansestadt Bremen 1938–1941; Wastl in Anzengrubers »Der G'wissenswurm« und Ruprecht

in Kleists »Der zerbrochene Krug«, jeweils Volksbühne Berlin 1941–1945; in Anouilhs »Reisender ohne Gepäck«, in Knotts »Bei Anruf Mord«, Legat in Schreyvogls »Die kluge Wienerin«, Jack in Thomas' »Charley's Tante«, Walter in Weisenborns »Die Illegalen«, Beaumarchais in Goethes »Clavigo«, Goring in Wildes »Ein idealer Gatte«, jeweils an den vorgenannten Bühnen.
Fernsehen: Bis 1970 u.a. in: »Ramon Yendias Flucht«, »Das Haus Lunjowo«, »Deterding«, »Schatzsucher unserer Tage« und »Familie Mack verändert sich«. Ferner: »Die letzte Legion« (nach Lavery), Regie: Harry Buckwitz, ARD 1964; »Flachsmann als Erzieher« (nach Ernst), Regie: Rolf von Sydow, ARD 1968; »Die Kriegsbraut« und »Die ungeliebte Frau« (jeweils nach Courths-Mahler), ARD 1974; »Wallenstein« (nach Golo Mann), mit Rolf Boysen, Regie: Franz Peter Wirth, 4 Teile, ZDF 1978; Vater in »Die Schaiers« (von Fitzgerald Kusz), Serie, ARD 1981; »Ein Kleid von Dior«, mit Inge Meysel, Regie: Peter Weck, ARD 1982; »Ein Fall für zwei«, Serie, ZDF 1983; »Ein Mann namens Parvus«, mit Günter Lamprecht, Regie: Rudolf Nussgruber, »Flohmarkt«, Serie, und »Die Dame und die Unterwelt« (von Reinecker), mit Inge Meysel, Regie: Rainer Wolffhardt, ZDF 1984; Graf Dubarry in »Die Dubarry« (nach Millöcker), Regie: Werner Jacobs (Wiederaufnahme), ZDF 1985; »Dr. med. Mathilde Wagner«, Regie: Rainer Horbelt, BR III 1985. International u.a.: »Orientexpress« (von Barma/Remy), Regie: Daniele D'Anza, Serie, (auch ARD 1982).
Auszeichnung: Bundesfilmpreis 1956.
Anschrift: c/o Agentur Baumbauer, Keplerstraße 2, 8000 München 90, oder Herchenbachweg 27, 7570 Baden-Baden.

Dieter Prochnow

Geb. 22. 5. 1939 in Berlin; nach Besuch einer Schauspielschule debütierte er 1963 als Andri in Frischs »Andorra« an der Württembergischen Landesbühne Esslingen. Seine Bühnenstationen: Städt. Bühnen Dortmund (1963/64), Städt. Bühnen Nürnberg (1964–1968); als freischaffender Schauspieler Gastspiele u.a. am Theater der Stadt Essen, am Theater am Neumarkt Zürich, am Württembergischen Staatstheater Stuttgart und an den Kammerspielen Düsseldorf (jeweils 1968–1974); Deutsches Schauspielhaus Hamburg (1974–1979), Freie Volksbühne Berlin (1980), Schauspielhaus Bochum (1980) und Schauspielhaus Düsseldorf (seit 1981).
Prochnow spricht engl.; er ist verheiratet und lebt in Erkrath bei Düsseldorf. Sein Bruder ist der Schauspieler Jürgen Prochnow.
Film: »Atemlos vor Liebe«, 1970; »Die Heartbreakers«, 1983.
Theater: In Molières »Die Schelmenstreiche des Scapin«, Städt. Bühnen Dortmund 1963/64; Bourgognino in Schillers »Die Verschwörung des Fiesco zu Genua«, Städt. Bühnen Nürnberg; Kaiser in Arrabals »Der Architekt und der Kaiser von Assyrien« und Arzt in Williams' »Plötzlich letzten Sommer«, jeweils Kammerspiele Düsseldorf; in »Family«, mit Jürgen Prochnow, Regie: Ulrich Heising, und in Fords »Schade, daß sie eine Hure ist«, Regie: Wilfried Minks, jeweils Deutsches Schauspielhaus Hamburg 1974–1979; in Brechts »Die heilige Johanna der Schlachthöfe«, Regie: Alfred Kirchner, Schauspielhaus Bochum 1980; Polizist in Rosenows »Kater Lampe«, mit Martin Sperr, Freie Volksbühne Berlin 1980; Vansen in Goethes »Egmont«, Regie: Rudolf Noelte, Harry in Bonds »Gerettet«, Valerio in Büchners »Leonce und Lena«, Regie: Herbert König, in der deutschen Erstaufführung von Shepards »Goldener Westen«, Dieter in Botho Strauß' »Bekannte Gesichter, gemischte Gefühle«, Regie: Ulrich Heising, in H. Müllers »Die Schlacht« und Banquo in Shakespeares »Macbeth«, Regie: jeweils B.K. Tragelehn, und in Heydenreichs »Strafmündig« (auch auf Tournee in der UdSSR), jeweils Schauspielhaus Düsseldorf 1981–1984.
Fernsehen: »Sechs Personen suchen einen Autor« (nach Pirandello), Regie: Eberhard Itzenplitz, ARD 1964; »Hafen am Rhein«, mit Jürgen Prochnow, Regie: Erich Neureuther, Serie, und »Die seltsamen Methoden des Franz Josef Wanninger«, mit Beppo Brem, Serie, ARD 1969; »Feuer im Reichstag«, und »Tamara Bunke«, Regie: Helmuth Ashley, ZDF 1970; »Aus dem Alltag der DDR«, Serie, ARD 1970; »Lerchenpark«, »Die Kannibalen«, und »Hamburg-Transit«, Serie, ARD 1971/72; »Autoverleih Pisulla«, Regie: Erich Neureuther, Serie, ARD 1973; »Hotel Zentral« und »Comenius«, ZDF 1974; »Tatort«, Serie, 2 Folgen, ARD 1974 und 1980; »Ein Playboy segnet das Zeitliche«, ARD 1975; »Tod des Wucherers«, ZDF 1976; »Mittags auf dem Roten Platz«, Regie: Dieter Wedel, und »Amor«, ARD 1977; »Onkel Bräsig«, Serie, und »St. Pauli Landungsbrükken«, Serie, ARD 1978; »Geteilte Freude«, Regie: Gabi Kubach, ARD 1979; »Ein Mord, den jeder begeht«, Regie: Claus Peter Witt, ZDF 1979; »Berlin Alexanderplatz« (nach Döblin), mit Günter Lamprecht, Regie: Rainer Werner Fassbinder, ARD 1980; »Sonntagskinder«, Regie: Michael Verhoeven, »Kater Lampe«, Regie: Ulrich Heising, ARD 1981; »Flucht aus London«, Regie: Wolfgang Storch, ZDF 1982; »Der Alte«, Serie, 2 Folgen, ZDF 1983 und 1985; »Kennwort Möwe« (von Menge), mit Hans Christian Blech, Regie: Tom Toelle, ARD 1986.
Anschrift: c/o Agentur Jovanovic, Perfallstraße 6, 8000 München 80, oder Friedrichstraße 11, 4006 Erkrath.

Jürgen Prochnow

Geb. 10. 6. 1941 in Berlin; dort aufgew.; nach der Schule absolvierte er die Folkwang-Schule Essen (1963–1966). Sein erstes Engagement erhielt er von 1966 bis 1968 an den Städt. Bühnen Osnabrück. Weitere Stationen: Stadttheater Aachen (1968–1970), Theater der Stadt Heidelberg (1971) und Schauspielhaus Bochum (1972–1976). Seither ist er freischaffend. Er gastierte u.a. am Deutschen Schauspielhaus Hamburg und am Düsseldorfer Schauspielhaus (1979 und 1980). Bekannt wurde er auch als vielbeschäftigter Fernsehschauspieler. Besonderen Erfolg hatte er in der Rolle des Alten in der Verfilmung des Romans von Lothar Günther Buchheim »Das Boot« (Regie: Wolfgang Petersen). Der Film wurde 1983 in fünf Kategorien für den »OSCAR« nominiert.
Prochnow spricht engl.; er ist verheiratet mit Isabel Goslar (Tochter des Regisseurs Jürgen Goslar), hat einen Sohn (Roman) und lebt abwechselnd in München und Los Angeles, USA.
Film: »Zoff«, Regie: Eberhard Pieper, 1971; »Zärtlichkeit der Wölfe«, Regie: Ulli Lommel, 1972; »Die Verrohung des Franz Blum«, Regie: Reinhard Hauff, und »Einer von uns beiden«, Regie: Wolfgang Petersen, 1974; »Die verlorene Ehre der Katharina Blum« (nach Böll), mit Angela Winkler, Regie: Volker Schlöndorff, »Shirins Hochzeit«, Regie: Helma Sanders, 1976; »Die Konsequenz« (nach Alexander Ziegler), mit Ernst Hannawald, Regie: Wolfgang Petersen, auch ARD (außer BR), »Operation Ganymed«, Regie: Rainer Erler, 1977; »Soweit das Auge reicht«, Regie: Erwin Keusch, 1980; Der Alte in »Das Boot« (nach Lothar Günther Buchheim), mit Herbert Grönemeyer und Klaus Wennemann, Regie: Wolfgang Petersen, 1981 (auch in 3 Teilen ARD 1985); »Krieg und Frieden« (von Böll/Kluge), Regie: Volker Schlöndorff u.a., 1982; »Comeback«, »Love is Forever«, mit Michael Landon und Priscilla Presley, USA 1982; »The Keep«, mit Scott Glenn und Alberta Watson, Regie: Michael Mann, und »Der Wüstenplanet« (»Dune«), mit Francesca Annis, Regie: David Lynch, USA 1983; »Forbidden« (»Versteckt«), mit Jacqueline Bisset, Regie: Anthony Page, USA 1984; »Der Bulle und das Mädchen«, Regie: Peter Keglevic, 1985; »Killing-Cars«, mit Senta Berger, Regie: Michael Verhoeven, 1986.
Theater: In der Uraufführung von Handkes »Kaspar« (1968), in McGrath' »Ende der Vorstellung 24 Uhr«, in Kafkas »Bericht für eine Akademie«, Titelrolle in H. Müllers »Philoktet«, jeweils Stadttheater Aachen 1968–1971; Orlando in Shakespeares »Wie es euch gefällt«, in den deutschen Erstaufführungen von Lawrence' »Die Schwiegertochter«, mit Hannelore Hoger, 1972, und »Freitagabend eines Bergmanns«, 1974, jeweils Schauspielhaus Bochum; in »Family«, mit Dieter Prochnow, Regie: Ulrich Heising, Deutsches Schauspielhaus Hamburg; Franz Moor in Schillers »Die Räuber«, Regie: Peter Löscher, 1979, und in Joyce' »Die Verbannten«, Regie: Hans-Dieter Jendreyko, 1980, jeweils Schauspielhaus Bochum. In London spielte er unter der Regie von Peter Hall in Mandniers »Niemandsland«.
Fernsehen: »Unternehmer« (nach Ziem), Regie: Eberhard Itzenplitz, ARD 1970; »Gebrüder Sass«, Regie: Rainer Wolffhardt, ARD 1971; »Jagdrevier« (aus der Reihe: »Tatort«), Regie: Wolfgang Petersen, ARD 1973; »Hans im Glück«, Regie: Wolfgang Petersen, ARD 1976; »Erinnerungen an die Leidenschaft«, Regie: Martin Hennig, ZDF 1976; »Frauensiedlung«, mit Monica Bleibtreu, Regie: Wolfgang Storch, ARD 1976; »Tatort«, Regie: Hajo Gies, ARD 1977; Titelrolle in »Kotte«, Regie: Horst Flick, ZDF 1979; »Unter Verschluß«, Regie: Wilma Kottusch, ARD 1980.
Auszeichnungen: »Goldene Kamera« (HÖRZU) 1985; »Bayerischer Filmpreis« 1985.
Anschrift: c/o ICM, 8899 Beverly Blvd., Los Angeles/CA 90048, USA, oder Schneemannstraße 30, 8000 München 70.

Tilo Prückner

Geb. 26. 10. 1940 als Sohn eines Kinderarztes in Augsburg; dort aufgew.; in München nahm er privaten Schauspiel- und Tanzunterricht. 1962 gab er am Theater der Jugend (Kammerspiele) München sein Debüt. Weitere Stationen: Stadttheater St. Gallen (1964/65), Theater Oberhausen (1966/68), Schauspielhaus Zürich (1968/69) und Schaubühne am Halleschen Ufer Berlin (1970–1973). Seither ist er freischaffend. Er gastierte u.a. am Bayerischen Staatsschauspiel München (1977–1980 und 1985) und an den Münchner Kammerspielen (1982/83).
Seit 1973 wirkt er umfangreich bei Film und Fernsehen. 1974 stellte er sein Kinderstück (Co-Autor Roland Teubner) »Gilgamesch und Engidu« vor. Bei der Uraufführung spielte er selbst und hatte auch die Probenleitung. Den zweiten Teil dieses Theaterstücks veröffentlichte er 1976. Am Theater im Marstall (Bayr. Staatsschauspiel) München inszenierte er 1982 die Uraufführung von Heines »William Ratcliff«. Für 1986 kündigte er ein Musiktheater-Projekt mit dem Rock-Musiker Eberhard Schöner an.
Prückner spricht engl.; er ist verheiratet, hat drei Söhne und lebt in München.
Film: »Wilder Reiter GmbH«, Regie: Franz Josef Spieker, 1967; »Apokal«, Regie: Paul Anczykowski, 1970; »Die Verrohung des Franz Blum« (von Burkhard Driest), mit Jürgen Prochnow, Regie: Reinhard Hauff, 1974; »John Glückstadt«, mit Dieter Laser, Regie: Ulf Miehe, »Das Tal der tanzenden Witwen«, Regie: Volker Vogeler, »Berlinger – Ein deutsches Abenteuer«, Regie: Bernhard Sinkel und Alf Brustellin, 1975; »Sternsteinhof«, Regie: Hans. W. Geissendörfer, »Paule Pauländer« (nach Storm), Regie: Reinhard Hauff, und Paganini in »Bomber und Paganini«, mit Mario Adorf, Regie: Nikos Perakis, 1976; »Grete Minde« (nach Fontane), Regie: Heidi Genée, 1977; Titelrolle in »Der Mann im Schilf«, Regie: Manfred Purzer, Titelrolle in »Der Schneider von Ulm«, Regie: Edgar Reitz, 1978; »Die Hamburger Krankheit«, Regie: Peter Fleischmann, »Die Kinder aus No. 67«, Regie: Usch Barthelmeß-Weller und Werner Meyer, »Der Willi-Busch-Report«, Regie: Niklaus Schilling, »Lena Rais«, Regie: Christian Rischert, 1979; »Der Zauberberg« (nach Thomas Mann), mit Christoph Eichhorn und Hans Christian Blech, Regie: Hans W. Geissendörfer, BRD/Frankreich/Italien 1981; »Der Schnüffler«, mit Dieter Hallervorden, 1983; »Kassensturz«, Regie: Rolf Silber, »Didi der Doppelgänger«, mit Dieter Hallervorden, Regie: Reinhard Schwabenitzky, Nachtalb in »Die unendliche Geschichte« (nach Ende), Regie: Wolfgang Petersen, »Wenn ich mich fürchte«, mit Horst Buchholz, Regie: Christian Rischert und »Tiger – Frühling in Wien«, Regie: Peter Patzak, 1984; »Donauwalzer«, mit Christiane Hörbiger, Regie: Xaver Schwarzenberger, 1985 (auch TV 1986).
Theater: Puck in Shakespeares »Ein Sommernachtstraum« und Huckleberry Finn in Twains »Tom Sawyers und Huckleberry Finns Abenteuer«, jeweils Theater der Jugend 1962–1964; Sosias in Kleists »Amphitryon«, Cosme in Calderons »Dame Kobold« und Schweizerkas in Brechts »Mutter Courage und ihre Kinder«, jeweils Stadttheater St. Gallen 1964/65; Anton in Kästners »Pünktchen und Anton«, Lenn in Bonds »Gerettet«, in Tersons »Zicke-Zacke« und der Maler in Jellicoes »Was ist an Tolen so sexy?«, jeweils Theater Oberhausen 1966–1968; Lenn in Bonds »Early Morning« und Lollio in Middleton/Rowleys »Changeling«, Regie: jeweils Peter Stein, diverse Rollen in der Uraufführung von Deichsels »Frankenstein«, und in O'Caseys »Kikeriki«, jeweils Schauspielhaus Zürich 1968/69; Zigorsky in Brecht/Gorkis »Die Mutter« (auch TV), in Hans Magnus Enzensbergers »Das Verhör von Habana«, Protosius in Fleißers »Fegefeuer in Ingolstadt« und Der Einäugige in Wischnewskis »Optimistische Tragödie«, Regie: jeweils Peter Stein, und Havlicek in Horváths »Geschichten aus dem Wienerwald«, Regie: Michael Grüber, jeweils Schaubühne am Halleschen Ufer Berlin 1970–1973; Withold in der Uraufführung von Gombrowicz' »Die Geschichte«, Regie: András Fricsay, 1977, und Brackenburg in Goethes »Egmont«, Regie: Michael Haneke, 1980, jeweils Bayerisches Staatsschauspiel München; Sosias in Kleists »Amphitryon«, Regie: Nicolas Brieger, Münchner Kammerspiele 1982/83; in der Uraufführung von P. Schneiders »Totoloque«, Regie: Wilfried Minks, Bayerisches Staatsschauspiel München 1985.
Fernsehen: »Lenau«, Regie: Roland Gall, und »Hauptlehrer Hofer«, Regie: Peter Lilienthal, ARD

1974; »Familienglück«, Regie: Marianne Lüdcke, ARD 1975; »Hans im Glück«, mit Jürgen Prochnow, Regie: Wolfgang Petersen, ARD 1976; »Der harte Handel« (nach Oskar Maria Graf), Regie: Ulrich Edel, ZDF 1977; »Gesche Gottfried«, mit Sabine Sinjen, Regie: Karl Fruchtmann, und »Paul kommt zurück«, Regie: Peter F. Bringmann, ARD 1978; »Die Beförderung« (aus der Reihe: »Kottan ermittelt«), Regie: Peter Patzak, ORF 1981; »Klavierspiele«, ZDF 1981; »Der Schatz des Priamos«, Regie: Karl Fruchtmann, 2 Teile, ARD 1981; »Unser Mann vom Südpol«, Regie: Peter Adam, ZDF 1984; »Die Krimistunde«, Regie: Hartmut Griesmayr, Serie, »Büro, Büro«, Regie: Reinhard Schwabenitzky, Serie, 10 Folgen, ARD 1984; »Im Dickicht« (nach Rosegger), mit Franco Nero, Regie: Peter Patzak, ORF/ZDF 1984; »Sterne fallen nicht vom Himmel«, Regie: Ulrich Stark, ZDF 1985; »Kein Alibi für eine Leiche« (von Durbridge), mit Eva Christian und Peter Fricke, Regie: Wolf Dietrich, ZDF 1986.
Auszeichnung: Auszeichnung und Drehbuchförderung für »Hans mein Igel« 1979 (bislang unverfilmt).
Anschrift: Isabellastraße 19, 8000 München 40.

Friedhelm Ptok

Geb. 7. 8. 1933 in Hamburg; dort aufgew.; lebt in Berlin; verheiratet, 3 Kinder; er spricht engl., franz.; neben dem Germanistikstudium private Schauspielausbildung und Sprecherziehung; nach einer Abschlußprüfung erhielt er im Jahr 1957 sein erstes Engagement an der Niederdeutschen Bühne der Stadt Flensburg; von 1959 bis 1962 war er unter Kurt Hübner am Ulmer Theater; danach war er bis 1965 im Ensemble des Theaters der Freien Hansestadt Bremen; von 1965 bis 1969 spielte er an den Münchner Kammerspielen; zwischen 1969 und 1972 gehörte er dem Deutschen Schauspielhaus Hamburg an; seit 1972 ist er an die Staatlichen Bühnen Berlins gebunden.

Film: »Bau B«, Regie: Diethard Klante, 1971; »Kaltgestellt«, Regie: Bernhard Sinkel, 1978; »Der Pfingstausflug«, mit Elisabeth Bergner und Martin Held, Regie: Michael Günther, 1979.

Theater: Titelrolle in Schillers »Don Carlos«, Regie: Kurt Hübner, Ulmer Theater 1959; Titelrolle in Osbornes »Luther« und Titelrolle in »Heinrich V.«, Regie: jeweils Peter Zadek, Theater der Freien Hansestadt Bremen 1962/63; in Walsers »Der schwarze Schwan«, Württembergisches Staatstheater Stuttgart 1965; in Marivaux' »Liebe und Zufall«, Kammerspiele München 1969; Beaumarchais in Goethes »Clavigo«, Regie: Fritz Kortner, und Kasimir in Horváths »Kasimir und Karoline«, mit Gertraud Jesserer, Deutsches Schauspielhaus Hamburg 1969; in Grays »Butley«, mit Martin Benrath, in Langes »Aias«, in Lawrence' »Schwiegertochter«, Regie: Harald Clemen, Alois in Hürlimanns »Großvater und Halbbruder«, Protassow in Gorkis »Kinder der Sonne«, Leonardo in Goldonis »Trilogie der Ferienzeit«, jeweils Staatl. Bühnen Berlin 1972–1984.

Fernsehen: »Abschied von Olga«, ARD 1963; »König Ödipus« (nach Hofmannsthal), Regie: Oswald Döpke, ZDF 1964; »Elektra« (nach Hofmannsthal), Regie: Hans-Reinhard Müller, ARD 1964; »Dieser Platonow« (nach Tschechow), und »Caligula«, Regie: Ludwig Cremer, ZDF 1965; »Schwarze Sonne«, ARD 1966; »Bäume sterben aufrecht«, und »Magdalena« (nach Thoma), mit Therese Giehse und Rudolf Vogel, Regie: Hans Schweikart, ARD 1967; »Ein Schweigen am Himmel«, ZDF 1970; »Urlaub zur Beerdigung«, Regie: Jindrich Mann, ZDF 1981; »Defekte«, Regie: Diethard Klante, ARD 1982; »Flucht aus London«, Regie: Wolfgang Storch, ZDF 1982; »Christian Rother und die Königlich-preußische Seehandlung«, mit Günter Lamprecht, Regie: Peter Deutsch, Serie, ARD 1986.

Anschrift: c/o ZBF-Agentur Berlin, Kurfürstendamm 206, 1000 Berlin 15.

Liselotte Pulver

Geb. 11.10.1929 als Tochter eines Tiefbau-Ingenieurs und einer Sängerin in Bern; dort aufgew.; sie besuchte die Töchterhandelsschule Bern und erwarb das Diplom als viersprachige Sekretärin. Schauspielunterricht nahm sie bei Paul Halbeck. Ihr Debüt gab sie 1949 am Stadttheater Bern. Im gleichen Jahr kam sie an das Schauspielhaus Zürich, löste ihren Vertrag aber bereits 1951 wieder, um Aufgaben beim Film übernehmen zu können. Sie drehte bei der Fama-Film Hamburg (Filmvertrag von 1950–1953) ihren ersten Kinofilm. Bislang wirkte sie in über 60 Produktionen mit. Bühnen-Gastspiele gab sie u.a. bei den Salzburger Festspielen (1957), am Theater am Kurfürstendamm Berlin (1959), am Theater Baden-Baden (1965) und auf Tournee (bis 1984). Ihren Memoirenband »Lachstory« veröffentlichte sie 1973.
Frau Pulver spricht engl., franz., ital.; sie ist seit 1959 verheiratet mit dem Schauspieler Helmut Schmid (geb. 1925), hat zwei Kinder (Marc-Tell, geb. 1962 und Melisande, geb. 1968) und lebt in Perroy am Genfer See in der Schweiz.
Film: »Föhn«, Regie: Rolf Hansen, »Heidelberger Romanze«, »Weekend im Paradies«, »Hab' Sonne im Herzen«, Regie: Erich Waschnek, »Von Liebe reden wir später«, »Männer im gefährlichen Alter«, »Das Nachtgespenst«, »Ich und Du« und »Schule für Eheglück«, 1950–1953; »Uli der Knecht«, 1954, und »Uli der Pächter«, 1955, jeweils mit Heinrich Gretler, Regie: Franz Schnyder; »Der letzte Sommer«, »Ich denke oft an Piroschka«, mit Gunnar Möller, Regie: Kurt Hoffmann, und »Hanussen«, mit O.W. Fischer, Regie: Georg Marischka, 1955; »Der Griff nach den Sternen«, und »Heute heiratet mein Mann«, mit Johannes Heesters, Regie: Kurt Hoffmann, 1956; »Die Zürcher Verlobung« (nach Noack), Regie: Helmut Käutner, »Das Wirtshaus im Spessart« (nach Wilhelm Hauff), und »Bekenntnisse des Hochstaplers Felix Krull« (nach Thomas Mann), mit Horst Buchholz, Regie: jeweils Kurt Hoffmann, 1957; »Zeit zu leben, Zeit zu sterben« (nach Remarque), USA 1957; »Helden« (nach Shaw), mit O.W. Fischer, Regie: Franz Peter Wirth, 1958; »Der Spieler«, mit Gérard Philippe, Frankreich 1958; »Buddenbrooks« (nach Thomas Mann), Regie: Alfred Weidenmann, »Das schöne Abenteuer« und »Minna von Barnhelm« (nach Lessing), 1959; »Das Spukschloß im Spessart«, Regie: Kurt Hoffmann, »Gustav Adolfs Page«, mit Curd Jürgens und Axel von Ambesser, und »Das Glas Wasser« (nach Scribe), Regie: Helmut Käutner, 1960; »Eins, Zwei, Drei« (nach Molnár), Regie: Billy Wilder, USA 1961; »Kohlhiesels Töchter«, Regie: Axel von Ambesser, und »Klettermaxe«, mit Albert Lieven, Regie: Kurt Hoffmann, 1962; »Frühstück im Himmelbett«, Regie: Axel von Ambesser, »Ein fast anständiges Mädchen« und »Staatsaffären«, 1963; »Pulverfaß und Diamanten«, mit Jean Marais, Regie: Christian-Jaque, Frankreich/Italien 1964; »Monsieur«, mit Jean Gabin, Regie: Jean Paul le Chanois, Frankreich 1964; »Das fünfblättrige Kleeblatt«, mit Philippe Noiret, Frankreich 1965; »Dr. med. Hiob Prätorius« (nach Goetz), mit Heinz Rühmann, 1965; »Die Nonne« (»Suzanne Simonin, la réligieuse de Diderot«), Regie: Jacques Rivette, Frankreich 1966; »Hokuspokus« (nach Goetz), mit Heinz Rühmann, Regie: Kurt Hoffmann, 1966; »Der junge König«, 1967; »Gauner, Blüten und die Nacht in Nizza«, 1968; »Herrliche Zeiten im Spessart«, Regie: Kurt Hoffmann, und »Die Hochzeitsreise«, Regie: Ralf Gregan, 1969; »Monika und die Sechzehnjährigen«, Regie: Charly Steinberger, 1974.
Theater: Marie in Goethes »Clavigo«, Stadttheater Bern 1949; Euphorion in Goethes »Faust II«, Lucie in Brecht/Weills »Die Dreigroschenoper«, in Schillers »Kabale und Liebe«, in der Erstaufführung von Bernanos' »Die begnadete Angst« und Emily in Wilders »Unsere kleine Stadt«, jeweils Schauspielhaus Zürich 1949–1953; Titelrolle in Lessings »Emilia Galotti«, Salzburger Festspiele 1957; Titelrolle in Giraudoux' »Undine«, Theater am Kurfürstendamm 1959; Titelrolle in Feydeaus »Die Dame vom Maxim«, Theater Baden-Baden 1965; in Kings »Lauf doch nicht immer weg!«, Regie: Helmut Schmid, Tournee 1983/84.
Fernsehen: Bis 1970 spielte sie u.a. in: »Timo«, Serie, »Jeanne oder Die Lerche« (nach Anouilh) und »Der Regenmacher« (nach Nash). Ferner: »Hoopers letzte Jagd«, Regie: Claus Peter Witt, 2 Teile, ARD 1972; »Der Alte«, Serie, ZDF 1978; »Sesamstraße«, Kinder-Serie, ARD 1978/79 und 1984/85. Sie trat in zahlreichen Unterhaltungssendungen auf, u.a.: »Am lau-

fenden Band«, »Die Montagsmaler«, »Stars in der Manege«, »Heut' abend«, jeweils ARD, »Dalli-Dalli«, »Pyramide«, »Wetten daß ...?« und »Die Peter Alexander-Show«, jeweils ZDF.
Auszeichnungen: »Prix Femina«, 1956; Bundesfilmpreis 1958; Kritikerpreis 1958; »Otto« (BRAVO) 6× (1960–1968); »Goldener Bambi« (BILD + FUNK) 5× (1963–1968); »Goldener Bildschirm« (TV-Hören und Sehen) 3× (1966, 1973, 1974); Filmband in Gold 1980.
Anschrift: c/o Agentur Alexander, Lamontstraße 9, 8000 München 40.

Hans Putz

Geb. 17. 11. 1920 in Wien; dort aufgew.; nach der Schule nahm er Schauspielunterricht. Seine wichtigsten Bühnenstationen: Theater in der Josefstadt Wien, Salzburger Festspiele, Bühnen der Stadt Köln, Bayerisches Staatsschauspiel München, Renaissance-Theater Berlin, Torturmtheater Sommerhausen, Städt. Bühnen Osnabrück, Melker Festspiele sowie zahlreiche Tourneen. Er arbeitet zudem als Regisseur.

Putz spricht engl.; er ist in zweiter Ehe verheiratet und lebt in Hamburg. Sein Sohn Hans Putz jun., der sich als Schauspieler ebenfalls bereits einen Namen gemacht hatte, nahm sich 1980 das Leben.

Film: »Das vierte Gebot«, mit Attila Hörbiger, Regie: Eduard von Borsody, 1950; »Die Vier im Jeep«, Regie: Leopold Lindtberg, 1951; »Unser Wunderland bei Nacht«, 1952; »Pünktchen und Anton« (nach Kästner), Regie: Thomas Engel, 1953.

Theater: In Nestroys »Die Träume von Schale und Kern«, Regie: Axel von Ambesser, Salzburger Festspiele 1952; Sosias in Molières »Amphitryon«, mit und unter der Regie von Axel von Ambesser, Tournee 1957; in Nestroys »Höllenangst«, Regie: Axel von Ambesser, Theater in der Josefstadt Wien 1961; in Grabbes »Scherz, Satire, Ironie und tiefere Bedeutung«, 1965, und in Farquhars »Der Werbeoffizier«, 1966, Regie: jeweils Axel von Ambesser, Bayerisches Staatsschauspiel München; in Nestroys »Lumpazivagabundus«, Tournee und Melker Festspiele (zuletzt 1984/85); in Nestroys »Der Zerrissene«, mit Veit Relin und Maria Schell, Torturmtheater Sommerhausen 1980 (auch ARD 1983); in Schnitzlers »Liebelei«, Regie: Heribert Sasse, Renaissance-Theater Berlin (auch ARD 1983); in der Uraufführung von Heidenreichs »Der Wetterpilot«, Städt. Bühnen Osnabrück 1984.

Fernsehen: »Die Rebellion« (nach Joseph Roth), Regie: Wolfgang Staudte, ARD 1962; »Hava, der Igel«; »Hotel Iphigenie«; »Einer fehlt beim Kurzkonzert«, Regie: Jürgen Roland, ARD 1968; »Affäre Dreyfus« (von Matray/Krüger), Regie: Franz Josef Wild, ZDF 1968; »Vanillikipferln« (von Ingrisch), Regie: Wolfgang Liebeneiner, ZDF 1969; »Simone, der Hummer und die Ölsardine« (nach Deval); »Der Kommissar«, mit Erik Ode, Serie, ZDF 1974; Gemüsehändler Franz Brodzinski in »PS – Geschichten ums Auto«, Regie: Claus Peter Witt, 4 Teile, und »Räuber und Gendarm«, Regie: Hans-Jürgen Tögel, ARD 1978; »Jean Paul: Dr. Katzenbergers Badereise«, und »Die Marzipan-Lise« (nach Friedrich Halm), Regie: Peter Schulze-Rohr, ZDF 1978; »Der Wald« (nach Ostrowskij), mit Maria Schell, Regie: Wilm ten Haaf, ARD 1979; »Der Boxer« (nach Jurek Becker), ZDF 1980; »Ein Mann namens Parvus«, mit Günter Lamprecht, Regie: Rudolf Nussgruber, ZDF 1984; »Bocksprünge«, mit Heinz Schenk, Serie, ARD 1986.

Anschrift: c/o ZBF-Agentur Hamburg, Tonndorfer Hauptstraße 90, 2000 Hamburg 70.

Q

Christian Quadflieg

Geb. 11. 4. 1945 als Sohn des Film- und Bühnenschauspielers Will Quadflieg in Växjö/Schweden; aufgew. in Hamburg; von 1965 bis 1968 absolvierte er die Westfälische Schauspielschule Bochum, wo er von 1966 bis 1968 bereits zum Ensemble des Schauspielhauses gehörte; weitere wichtige Engagements: Stadttheater Oberhausen (1969/69), Wuppertaler Bühnen (1969–1971) und Stadttheater Basel (1972/73). Seit 1974 ist er freischaffend tätig; Stationen u.a.: Luisenburg-Festspiele Wunsiedel, Festwochen Luzern, Festspiele Bad Gandersheim, Theater in der Josefstadt Wien, Freie Volksbühne Berlin, Schauspielhaus Zürich, Salzburger Festspiele und Bayerische Staatsoper München.

Quadflieg spricht engl.; er ist verheiratet mit der Schauspielerin Renate Reger (bürgerlich: Renate Voelckel) und lebt in Wörthsee/Oberbayern.

Film: »Der Landvogt vom Greifensee« (nach Gottfried Keller), mit Alida Valli, Italien/Schweiz 1980.

Theater: In Schillers »Don Carlos«, Lucentio in Shakespeares »Der Widerspenstigen Zähmung«, Valère in Molières »Tartuffe«, Paul in Fassbinders »Katzelmacher«, Vaudmont in Hacks' »Margarethe in Aix«, Student in Rudkins »Vor der Nacht«, Dennis in Ortons »Beute«, Sky in »Guys & Dolls« (Musical), Alkibiades in Shakespeares »Timon von Athen«, Pepel in Gorkis »Nachtasyl«, Doppelrolle in Goldonis »Die venezianischen Zwillinge«, Jean in Strindbergs »Fräulein Julie«, in Mussets »Lorenzaccio«, Karl Moor in Schillers »Die Räuber«, und d'Artagnan in Dumas' »Die drei Musketiere«, von 1968 bis 1972 an den vorgenannten Bühnen; in Millers »Blick von der Brücke«, Tournee 1972; Alexej in Kohouts »Roulette«, Festwochen Luzern 1975; Ferdinand in Schillers »Kabale und Liebe«, Tournee 1977; in Büchners »Dantons Tod«, Regie: Rudolf Noelte, Salzburger Festspiele 1981; Bruder Dominik in Claudel/Honeggers »Johanna auf dem Scheiterhaufen«, Inszenierung: August Everding, Dirigent: Silvio Varviso, Bayerische Staatsoper München 1981.

Fernsehen: Paco in »Sie hätten letzten Sommer kommen sollen« (nach O'Brien), ARD 1972; Titelrolle in »Die unfreiwilligen Reisen des Moritz August Benjowski« (nach Pigge), Regie: Fritz Umgelter, 4 Teile, ZDF 1974; »Julia oder Das Anhängsel«, ARD 1975; Herzbruder Ulrich in »Des Christoffel von Grimmelshausen Abenteuerlicher Simplizissimus« (von Leopold Ahlsen), mit Matthias Habich, Regie: Fritz Umgelter, 4 Teile, ZDF 1975; »Der Badeunfall«, und Harry Meier in »Zwei Flugkarten nach Rio« (aus der Reihe »Tatort«), ARD 1975; Claus von Haynau in »Der Winter, der ein Sommer war« (nach Paretti), Regie: Fritz Umgelter, ARD 1976; Helmut Fichte in »Reifezeugnis« (aus der Reihe: »Tatort«), mit Nastassja Kinski und Judy Winter, Regie: Wolfgang Petersen, ARD 1977; »Star Maideur«, 13 Folgen, engl. TV-Serie 1977; »Der Alte«, Serie, 3 Folgen, ZDF 1978–1984; »Ein Fall für zwei«, Serie, ZDF 1983; »Feuerwanzen küß' ich nicht«, Regie: Karl-Heinz Deickerz, ZDF 1985; »Alles was recht ist«, mit Thekla Carola Wied, Regie: Peter Weck, 3 Teile, und »Die Frau mit den Karfunkelsteinen« (von Wittlinger nach Marlitt), mit Agnes Fink, Regie: Dagmar Damek, ZDF 1986.

Anschrift: c/o ZBF-Agentur München, Leopoldstraße 19, 8000 München 40.

Will (Friedrich Wilhelm) Quadflieg

Geb. 15. 9. 1914 als Sohn eines Inspektors in Oberhausen; nach dem Abitur nahm er privaten Schauspielunterricht. Sein erstes Engagement erhielt er 1933/34 am Theater Oberhausen. Weitere Bühnenstationen: Stadttheater Gießen (1934/35), Theater Gera (1935/36), Schauspielhaus Düsseldorf (1936/37), Volksbühne Berlin und Theater der Jugend Berlin (1937–1940), Schiller-Theater Berlin (1940–1944), Bühnen der Hansestadt Lübeck (1945/46), Junge Bühne Hamburg (als Mitbegründer 1946/47), Deutsches Schauspielhaus Hamburg (1947–1964 und als Gast seit 1968), Schauspielhaus Zürich (seit 1948), Salzburger Festspiele (seit 1949), Tourneen (seit 1955), Burgtheater Wien (1964), Ruhrfestspiele Recklinghausen (1965), Kleine Komödie München (1970), Festspiele Bad Hersfeld (1971/72, 1980), Freie Volksbühne Berlin (1977) und Thalia-Theater Hamburg (1981–1984).
In Spoerls »Der Maulkorb« gab er 1938 sein Film-Debüt. Den größten Erfolg hatte er 1960 in der Titelrolle des Gustaf-Gründgens-Films »Faust«. Quadflieg gilt als einer der größten lebenden deutschen Schauspieler. 1976 stellte er seine Memoiren »Wir spielen immer« vor.
Quadflieg spricht engl., schwed., franz., ital.; von 1940 bis 1963 war er verheiratet mit der schwedischen Gräfin Benita von Vegesack. Dieser Ehe entstammen seine Kinder Isolde (geb. 1940), Lars (geb. 1942), Christian (geb. 1945), Manuel (geb. 1948) und Roswitha (geb. 1949). Sein Sohn Christian Quadflieg wurde ebenfalls Schauspieler. Will Quadflieg ist seit 1963 verheiratet mit der Schauspielerin Margarete Jakobs, mit der zusammen er u.a. in Giraudoux' »Amphitryon 38« auftrat. Er lebt in Heilshorn bei Bremen.
Film: »Der Maulkorb« (nach Spoerl), Regie: Erich Engel, 1938; »Das Herz der Königin«, mit Zarah Leander und Willy Birgel, Regie: Carl Froelich, 1939; »Kora Terry«, mit Marika Rökk, Regie: Georg Jacoby, 1940; »Herz der Königin«; »Der große Schatten«, Regie: Paul Verhoeven, 1942; »Schicksal«; »Solistin Anna Alt«; Andreas Halm in »Die Zaubergeige«, Regie: Herbert Maisch, 1944; »Mein Leben für Irland«; »GPU«; »Philharmoniker«; (bis 1945). »Vergiß die Liebe nicht«; Albert Winter in »Die tödlichen Träume«, Regie: Paul Martin, 1950; »Die Lüge«; »Das ewige Spiel«; »San Salvatore«; »Die Försterchristl«, Regie: Arthur Maria Rabenalt, 1952; »Moselfahrt aus Liebeskummer«, Regie: Kurt Hoffmann, 1953; Franz Liszt in »Lola Montez«, Regie: Max Ophüls, Frankreich/BRD 1955; Titelrolle in »Faust« (nach Goethe), mit und unter der Regie von Gustaf Gründgens, und »Schwarze Augen«, 1960.
Theater: Romeo in Shakespeares »Romeo und Julia«, und Titelrolle in Lessings »Philotas«, jeweils Volksbühne Berlin 1937–1940; Mortimer in Schillers »Maria Stuart«, Titelrolle in Goethes »Clavigo«, Regie: Walter Felsenstein, Mephisto und Faust in Goethes »Urfaust« (abwechselnd mit Horst Caspar), Regie: Heinrich George, jeweils Schiller-Theater Berlin 1940–1944; Titelrolle in Shakespeares »Hamlet«, und Orest in Goethes »Iphigenie auf Tauris«, jeweils Bühnen der Hansestadt Lübeck 1945/46; Titelrolle in Goethes »Torquato Tasso«, 1946, Titelrolle in Shakespeares »Hamlet«, 1947, jeweils Deutsches Schauspielhaus Hamburg; Titelrolle in Shakespeares »Hamlet«, Orest in Goethes »Iphigenie auf Tauris«, Mortimer in Schillers »Maria Stuart«, Titelrolle in Goethes »Torquato Tasso«, Titelrolle in Schillers »Don Carlos«, jeweils Schauspielhaus Zürich 1948–1952; Titelrolle in Ibsens »Peer Gynt«, 1952, Sigismund in Calderons »Das Leben ein Traum«, und Titelrolle in Shakespeares »Macbeth«, 1953, und Mesa in Claudels »Mittagswende«, 1954, Regie: jeweils Heinrich Koch, Eugene in Wolfes »Herrenhaus«, Titelrolle in Goethes »Faust«, 1957, Titelrolle in Goethes »Faust II«, 1958, Don Juan in Grabbes »Don Juan und Faust«, 1959, Marquis Posa in Schillers »Don Carlos«, 1962, Regie: jeweils Gustaf Gründgens, Titelrolle in Shakespeares »Othello«, Regie: Willi Schmitt, 1962 (in eigener Inszenierung 1966), in Hamsuns »Vom Teufel geholt«, 1962, Advokat in Strindbergs »Ein Traumspiel«, Regie: Oscar Fritz Schuh, 1963, Doktor Morienus in der Uraufführung von Durrells »Ein irischer Faust«, Regie: Oscar Fritz Schuh, 1964, Der Heutige in Frischs »Die chinesische Mauer«, Regie: Oscar Fritz Schuh, und Fernando in Goethes »Stella«, 1965, Charles Deyer in Dyers »Unter der Treppe«, 1968, Julien in Anouilhs »Wecken Sie Madame nicht auf«, 1971, Titelrolle in

Sartres »Kean« (nach Dumas), 1973, Psychiater in Shaffers »Equus«, 1974, Titelrolle in Molières »Der Menschenfeind« (auch TV), und James Tyrone in O'Neills »Eines langen Tages Reise in die Nacht«, Regie: jeweils Rudolf Noelte, 1975, Titelrolle in Shaws »Der Arzt am Scheideweg«, Regie: Rudolf Noelte, 1979, jeweils Deutsches Schauspielhaus Hamburg; Titelrolle in Hofmannsthals »Jedermann«, 1952–1959, Titelrolle in Goethes »Faust«, 1961, Mephisto in Goethes »Faust«, 1962, 1963 und 1964, jeweils Salzburger Festspiele; Titelrolle in Shakespeares »Macbeth«, Regie: Günther Rennert, Burgtheater Wien 1964; Monceau in Millers »Zwischenfall in Vichy«, Ruhrfestspiele Recklinghausen 1965; Prospero in Shakespeares »Der Sturm«, Regie: Oscar Fritz Schuh, Salzburger Festspiele 1968; Titelrolle in Ibsens »Peer Gynt«, Regie: Heinrich Koch, 1971, Robespierre in Büchners »Dantons Tod«, Regie: Quadflieg selbst, 1972, jeweils Festspiele Bad Hersfeld; Astrow in Tschechows »Onkel Wanja«, Das Junge Theater Hamburg 1971; in Giraudoux' »Amphitryon 38«, 1970/71, Titelrolle in Shakespeares »Othello«, 1972, Frank in Odets' »Das Mädchen vom Lande«, 1974, jeweils Tournee; Hassenreuther in Hauptmanns »Die Ratten«, Regie: Rudolf Noelte, Freie Volksbühne Berlin 1977 (auch TV); Titelrolle in Brechts »Leben des Galilei«, Regie: Imo Moszkowicz, Festspiele Bad Hersfeld 1980; Robespierre in Büchners »Dantons Tod«, Regie: Rudolf Noelte, Salzburger Festspiele 1981; Salieri in Shaffers »Amadeus«, 1981/82, Jacques in Shakespeares »Wie es euch gefällt«, 1982/83, Regie: jeweils Gerhard Klingenberg, und Titelrolle in Hauptmanns »Michael Kramer«, Regie: Rudolf Noelte, 1983/84 (auch TV), jeweils Thalia-Theater Hamburg; James Tyrone in O'Neills »Eines langen Tages Reise in die Nacht«, Regie: Gerd Heinz, Schauspielhaus Zürich 1984; KZ-Geiger in der deutschen Erstaufführung von Neikrugs »Through Roses« (Oper), Regie: Marco Arturo Marelli, 1984, und Philipp in Schillers »Don Carlos«, 1985/86, jeweils Deutsches Schauspielhaus Hamburg; Prospero in Shakespeares »Der Sturm«, Festspiele Bad Hersfeld 1985.

Fernsehen: Titelrolle in »Der Kammersänger« (nach Wedekind), Regie: Rudolf Noelte, ZDF 1964; »Dem Täter auf der Spur«, Regie: Jürgen Roland, Serie, ARD 1970; »Ein Mann von gestern«, Regie: Tom Toelle, ARD 1980; »Die Spielbude«, ARD 1983; »Heiliger Vater«, 5 Teile, ZDF 1983; »Mein Werkzeug ist das Wort« (Portrait), ORF 1984; »Seniorenclub«, Serie, ORF 1985; »Die Reise« (nach Vesper), Regie: Markus Imhoof, ARD 1986. Ferner spielte er u.a. in »Die Fliegen« (nach Sartre), »Todestanz« (nach Strindberg), »Das Kreuz«, »Schischyphusch« und »Gläubiger«.

Auszeichnung: Großes Bundesverdienstkreuz der Bundesrepublik Deutschland.

Anschrift: c/o Agentur de la Berg, Haus am Weiher, 8026 Irschenhausen, oder 2861 Heilshorn bei Bremen.

Helmut Qualtinger

Geb. 8. 10. 1928 als Sohn eines Gymnasialprofessors in Wien; dort aufgew.; nach dem Abitur studierte er Medizin und Publizistik. Er brach das Studium nach dem vierten Semester ab und arbeitete als Filmkritiker der »Welt am Abend« in Wien. 1946 gründete er das Studio der Hochschule Wien. An dieser Studentenbühne war er als Schauspieler und Regisseur tätig. Sein erstes Theaterstück »Jugend vor den Schranken« wurde 1948 in Graz uraufgeführt, nach der Premiere aber vom Spielplan abgesetzt. Ähnlichen Mißerfolg hatte er mit dem Stück »Reportage«, das in Hollywood verfilmt werden sollte.
Zusammen mit Georg Kreisler, Kurt Sowinetz, Otto Kobalek, Gerhard Bronner, Michael Kehlmann und Carl Merz machte er in den 50er Jahren als Kabarettist von sich reden. Mit Carl Merz schrieb er über 100 Kabarettnummern. Die erfolgreichsten Programme waren »Brettl vor dem Kopf«, »Dachl überm Kopf«, »Glasl vorm Aug« (auch TV), »Spiegl vorm Gsicht«, »Alles gerettet«, »An der lauen Donau« und »Hackl im Kreuz«.
1961 stellte Qualtinger mit Merz die Satiren »Die Berufe des Herrn Karl« vor. Qualtinger selbst verkorperte den »Opportunisten und rückgratlosen Zeitgenossen«. Weitere Stücke: »Alles gerettet«, »Die Hinrichtung« (uraufgeführt am Wiener Volkstheater 1965), »Tod eines Politikers« und »Wien, du bist a oide Frau«.
Seit 1953 spielt Qualtinger am Wiener Theater in der Josefstadt. Weitere Stationen: Salzburger Festspiele (seit 1959), Volkstheater Wien, Münchner Kammerspiele (1962) und Thalia-Theater Hamburg (seit 1972, auch als Regisseur).
Sein Film-Debüt gab er 1952. Er veröffentlichte zahlreiche Schallplatten, u.a. mit seinen Kabarettprogrammen. Einige Titel: »Der Herr Karl«, »Der gschupfte Ferdl«, »Der Wilde mit seiner Maschin« und »Geschichten aus dem Wienerwald« (mit André Heller, 1979). Bücher: »Vom Dritten Reich zum Dritten Mann« (mit Wolfgang Kudrnofsky, 1973), »Qualtingers beste Satiren – Von Travnicek zum Herrn Karl« (1973), »Der Mörder und andere Leut« (1975) und »Das letzte Lokal« (1978).
Qualtinger spricht engl.; er ist verheiratet, hat einen Sohn (Christian Heimito) und lebt in Hamburg.

Film: »Hab' ich nur deine Liebe«, Regie: Eduard von Borsody, »Fräulein Casanova« (selbst Co-Autor), Regie: E.W. Emo, und Kraps in »Einen Jux will er sich machen« (nach Nestroy), Regie: Georg Marischka, 1953; »König der Manege« und »Hochstaplerin der Liebe«, 1954; »Sonnenschein und Wolkenbruch«, Regie: Rudolf Nussgruber, und »Hanussen«, mit O.W. Fischer, Regie: Georg Marischka und O.W. Fischer, 1955; »Sieben Jahre Pech«, Regie: Ernst Marischka, 1957; »Mit Himbeergeist geht alles besser« (nach Simmel), Regie: Georg Marischka, 1960; »Lumpazivagabundus« (nach Nestroy), Regie: Edwin Zbonek, 1965; »Kurzer Prozeß«, Regie: Michael Kehlmann, 1967; »Das Schloß« (nach Kafka), mit Cordula Trantow, Regie: Rudolf Noelte, 1968; »Das falsche Gewicht« (nach Joseph Roth), Regie: Bernhard Wicki, 1971; »Der Richter und sein Henker« (nach Dürrenmatt), Regie: Maximilian Schell, und »Eiszeit« (nach Dorst), Regie: Peter Zadek, 1975; »Grandison«, mit Marlène Jobert, Regie: Achim Kurz, 1978; »Geschichten aus dem Wienerwald« (nach Horváth), Regie: Maximilian Schell, 1979; »Der Name der Rose« (nach Eco), mit Sean Connery und F. Murray Abraham, BRD/Großbritannien 1986.
Theater: Prince of Wales in Sartres »Kean« (nach Dumas), 1955, Vetter vom Lande in Nestroys »Eisenbahn-Heiraten«, 1960, Knieriem in Nestroys »Lumpazivagabundus«, 1965, jeweils Theater in der Josefstadt Wien; Wondrak in Hochwälders »Donnerstag«, Salzburger Festspiele 1959; Titelrolle in »Der Herr Karl« (zusammen mit Carl Merz selbst Autor), Münchner Kammerspiele 1962 (auch Wien und Berlin); Lesungen von Karl Kraus' »Die letzten Tage der Menschheit«, 1963; Scharfrichter in dem eigenen Stück »Die Hinrichtung« (auch TV) 1965, Zauberkönig in Horváths »Geschichten aus dem Wienerwald«, und Habakuk in Raimunds »Der Alpenkönig und der Menschenfeind«, 1968, Untersuchungsrichter Porphyri in Leopold Ahlsens »Raskolnikoff« (nach Dostojewski) und Titus Feuerfuchs in Nestroys »Der Talisman«, 1969, jeweils Volkstheater Wien; Titelrolle in Dürrenmatts »König Johann«, Regie: Vaclav Hudacek, 1970; Dorfrichter Adam in Kleists »Der zerbrochene Krug«, Regie: Hanno Lunin, Thalia-Theater Hamburg 1972; Lesungen aus

Texten von Nestroy, Horváth, Karl Kraus, Merz und Qualtinger, mit Vera Borek, Deutschland-Tournee 1976; Baron Ochs auf Lerchenau in Hofmannsthals »Der Rosenkavalier« (als Sprechtheater), Schwetzingen 1984.
Wichtige Inszenierungen: Kroetz' »Oberösterreich«, 1973, und Gert Hofmanns »Tod in Miami«, 1974, jeweils Thalia-Theater Hamburg.
Fernsehen: Kriminalinspektor in »Kurzer Prozeß« (nach Ashford), ORF 1969; »Tagebuch eines Frauenmörders« (von Istvan Bekefi), ARD 1969; »Die Berufe des Herrn K.«, 6 Teile, »Geschäfte mit Plückhahn« (von Horst Lommer), ARD 1971; Schalanter in »Das vierte Gebot« (nach Anzengruber), ORF 1971; »Passion eines Politikers«, ZDF 1972; »Krankensaal 16« (nach Tschechow), ARD 1974; »Mein Kampf« (Lesung aus Hitlers Buch zum 40. Jahrestag der »Machtergreifung«), ZDF 1974; »Des Pudels Kern«, mit Vera Borek, ZDF 1975; »Alltagslegende«, ZDF 1976; »Alpensaga« (von Pevny/Turrini), Regie: Dieter Berner, 3 Folgen, ZDF 1976/77; »Manhattan« (nach Ulrich Bechers »Feuerwasser«), Regie: Wolfgang Staudte, und »Die Dämonen« (nach Dostojewski), Regie: Claus Peter Witt, 4 Teile, ARD 1977; »Mulligans Rückkehr« (nach Hans Frick), Regie: Helmut Käutner, ZDF 1978; »Katzenspiel« (nach Örkény), Regie: István Szábo, ARD 1983; »Herr Ober, zwei Mokka«, Regie: Gottfried Schwarz, ZDF 1984; »Vaterland und Mutterwitz«, mit Fritz Muliar, Regie: Herbert Fuchs, ORF 1985.
Auszeichnungen: »Josef-Kainz-Medaille«, Wien; Bundesfilmpreis 1971; »Goldene Kamera« (HÖRZU) 1971.
Anschrift: c/o Agentur Lentz, Holbeinstraße 4, 8000 München 80.

Else
Quecke

(eigentlich: Else Frank, geb. Quecke)

Geb. 5. 9. 1907 in Duisburg; dort aufgew.; nach dem Besuch der Schauspielschule erhielt sie 1930 ihr erstes Engagement an den Städt. Bühnen Osnabrück. 1932–1934 war sie am Stadttheater Augsburg. Nach einer Verpflichtung an den Hamburger Kammerspielen unter Ida Ehre kam sie 1950 an die Münchner Kammerspiele, deren Ensemble sie bis 1976 angehörte (als Gast bis 1979). Gastspiele gab sie in Berlin und am Markgrafentheater Erlangen (1965). Seit 1960 wirkt sie umfangreich beim Fernsehen. Frau Quecke spricht engl., franz.; sie ist geschieden, hat ein Kind und lebt in Bad Wiessee, Oberbayern.
Film: »Liselotte von der Pfalz«, mit Renate Müller, Regie: Carl Froelich, 1935; »Nachts, wenn der Teufel kam«, Regie: Robert Siodmak, 1957; »Der Haustyrann«, mit Heinz Erhardt und Grethe Weiser, Regie: Hans Deppe, 1958; »Jagdszenen aus Niederbayern«, (nach Sperr), Regie: Peter Fleischmann, 1969.
Theater: In der deutschen Erstaufführung von Booth-Luce' »Frauen in New York«, Regie: Harry Buckwitz, 1950, in Burkhards »Feuerwerk«, Regie: Franz Josef Wild, 1953, in Mommertz' »Aktion T 4« (auch TV), in Albees »Kiste – Worte des Vorsitzenden Mao – Kiste«, Tante Julchen in Ibsens »Hedda Gabler«, in Sternheims »Der Snob«, in O'Caseys »Juno und der Pfau«, in Dorsts »Auf dem Chimborazo«, 1976, jeweils Münchner Kammerspiele.
Fernsehen: »Gaslicht« (nach Hamilton), mit Margot Trooger, Regie: Wilm ten Haaf, ARD 1960; »Lockende Tiefe« (nach Rattigan), und »Feuertreppe« (nach Rose), ARD 1962; Tante Julchen in »Hedda Gabler« (nach Ibsen), ZDF 1963; »Colombe« (nach Anouilh), und »Der Diplomat auf Eis« (von Angeloff), ZDF 1965; »Olivia« (nach Rattigan), ARD 1965; »Drei Tage und Nächte der Beebee Fenstermaker« (nach Snyder), und Mutter Meiners in »Das Abgründige in Herrn Gerstenberg« (von Axel von Ambesser), ZDF 1966; »Der Tag, an dem die Kinder verschwanden« (nach Pentecost), und »Abgründe« (von Ellin/Quentin), ARD 1967; »Horror« (von Lilienthal nach Farrell), ARD 1969; »Die Perle«, mit Ruth Drexel, Regie: Michael Kehlmann, Serie, ARD 1970; »Butler Parker«, Serie, ZDF 1973; »Die Bettelprinzessin« (nach Courths-Mahler), ARD 1974; »Der aufsehenerregende Fall des Studienrats Adam Juraček« (nach Kohout), Regie: Tom Toelle, ZDF 1976; »Tatort«, Serie, ARD 1977; »Mulligans Rückkehr«, Regie: Helmut Käutner, ZDF 1978; »Ganz unter uns« (nach Ayckbourn), Regie: Heinz Schirk, ARD 1981; Oma in »Die Knapp-Familie«, mit Rosel Zech, Eberhard Fechner und Wolfgang Büttner, Serie, ARD 1981–1983; »Das Traumschiff«, Regie: Alfred Vohrer, Serie, ZDF 1983; »Wie es geschah«, Regie: Thomas Engel, ARD 1983; »Das Geschenk«, mit Inge Meysel und Wolfgang Kieling, Regie: Marcus Scholz, ZDF 1984; »Mit Axel auf Achse« (nach Lunin), und »Berliner Weiße mit Schuß«, mit Günter Pfitzmann, Regie: jeweils Wilfried Dotzel, ZDF 1985.
Anschrift: c/o Agentur Wiedner, Destouchesstraße 32, 8000 München 40.

Hans Quest

– Staatsschauspieler –

Geb. 20. 8. 1915 in Herford; dort aufgew.; das Humanistische Gymnasium brach er vorzeitig ab. Schüleraufführungen und Gedicht-Vorträge bei Feiern weckten sein Interesse am Schauspielerberuf. Bei Gustaf Gründgens nahm er von 1933 bis 1935 Schauspielunterricht in Berlin. Sein erstes Engagement erhielt er von 1935 bis 1937 an den Wuppertaler Bühnen. 1937 kam er an das Preuß. Staatstheater Berlin unter Gustaf Gründgens, wo er spielte, bis er 1939 zum Kriegsdienst eingezogen wurde.

Seine Familie war von Berlin nach Hildesheim gezogen. Quest spielte dort 1946 knapp zehn Monate am Stadttheater. Weitere Bühnenstationen: Niedersächsisches Staatstheater Hannover (1946), Deutsches Schauspielhaus Hamburg (1946, später als Gast), Hamburger Kammerspiele (1947–1950), Schauspielhaus Zürich (1950), Münchner Kammerspiele (1950–1955, 1971/72 und 1982/83), Ruhrfestspiele Recklinghausen (1951 und 1952), Bayerisches Staatsschauspiel München (Gastspiele seit 1951, festes Ensemblenmitglied seit 1972), Festspiele Bad Hersfeld (1966–1968) und Salzburger Festspiele (1983).

Bereits am Stadttheater Hildesheim (1946) führte er erstmals Regie. Außer an vorgenannten Bühnen war er als Regisseur auch an der Jungen Bühne Hamburg, an der Kleinen Komödie München sowie auf Tournee tätig. Als Film-Regisseur gestaltete er seit 1955 18 Spielfilme und seit 1961 über 70 TV-Produktionen.

Sein Filmdebüt als Schauspieler gab er 1950 bei der DEFA. Nach seiner Darstellung des Entdeckers der Porzellanherstellung Böttcher in dem DEFA-Film »Die blauen Schwerter« (Regie: Wolfgang Schleif, 1950) wurde ihm von Falk Harnack eine offizielle Einladung Stalins in die UdSSR überbracht.

Quest machte zahlreiche Hörspiele und arbeitet in der Synchronisation.

Hans Quest spricht engl.; er ist in zweiter Ehe verheiratet, hat zwei Kinder und lebt in München.

Film: »... reitet für Deutschland«, mit Willy Birgel, Regie: Arthur Maria Rabenalt, 1941; Böttcher in »Die blauen Schwerter«, Regie: Wolfgang Schleif, DEFA 1950; »Sauerbruch – Das war mein Leben«, mit Ewald Balser und Heidemarie Hatheyer, Regie: Rolf Hansen, 1954; »Die heilige Lügnerin« und »Johannisfeuer«, Regie: jeweils Wolfgang Liebeneiner, 1955. Regie führte er u.a. in den Spielfilmen: »Wenn der Vater mit dem Sohne«, mit Heinz Rühmann, 1955; »Charley's Tante« (nach Thomas), mit Heinz Rühmann, 1956; »Bei der blonden Kathrein«, und »Man müßte nochmal zwanzig sein«, mit Ewald Balser, 1959; »Der fröhliche Wanderer«, mit Rudolf Schock; »Bei Pichler stimmt die Kasse nicht«, mit Theo Lingen; »Wenn Poldi ins Manöver zieht«; »Mädchen ohne Pyjama«; »Kindermädchen für Papa«; »Die große Chance«; »12 Mädchen und ein Mann«.

Theater: Franz in Goethes »Götz von Berlichingen«, und in Lütgenhorsts »Alpenzug«, jeweils Wuppertaler Bühnen 1935–1937; Cherubin in Beaumarchais' »Der tolle Tag oder Figaros Hochzeit«, mit Käthe Dorsch, Regie: Gustaf Gründgens, Preuß. Staatstheater Berlin 1937/38; Marchbanks in Shaws »Candida«, Niedersächsisches Staatstheater Hannover 1946 (Minister Grimme sprach ihm nach der Vorstellung seine Glückwünsche aus); St. Just in Büchners »Dantons Tod«, in Barlachs »Die Sündflut«, mit Werner Hinz, in Camus' »Caligula«, in Sartres »Die schmutzigen Hände«, jeweils Deutsches Schauspielhaus Hamburg (ab 1946); Beckmann in der Uraufführung von Borcherts »Draußen vor der Tür«, Regie: Wolfgang Liebeneiner (auch als Kino-Film »Liebe 47«, 1949) – Borchert widmete Quest das Stück! –, in Wilders »Wir sind noch einmal davongekommen«, in Schillers »Maria Stuart«, in Laverys »Die erste Legion« und in Frischs »Nun singen sie wieder«, jeweils Hamburger Kammerspiele 1947–1950; in Hofmannsthals »Das gerettete Venedig«, Regie: Heinz Hilpert, in Camus' »Die Gerechten«, Ferdinand in Schillers »Kabale und Liebe«, in Shakespeares »Der Kaufmann von Venedig«, und in Sardous »Cyprienne«, mit Käthe Gold, jeweils Schauspielhaus Zürich (ab 1950); Titelrolle in Schillers »Don Carlos«, 1951, und Henry in Wilders »Wir sind noch einmal davongekommen«, 1952, Regie: jeweils Karl Heinz Stroux, Ruhrfestspiele Recklinghausen; in Grass' »Die Plebejer proben den Aufstand«, 1966, in Dengers »Die Pest«, 1967, und Feldprediger in Brechts »Mutter Courage und ihre Kinder«, 1968, jeweils Festspiele Bad Hersfeld; Richard in Frys »Die Dame ist nicht fürs Feuer«, Regie: Hans Schweikart,

1951, Geist in Giraudoux' »Intermezzo«, Regie: Friedrich Domin, Endicott in Kingsleys »Polizeirevier 21«, Regie: Hans Schweikart, und Soemus in Hebbels »Herodes und Mariamne«, Regie: Fritz Kortner, 1952, Lucentio in Shakespeares »Der Widerspenstigen Zähmung«, Regie: Hans Schweikart, Essex in Rehbergs »Maria und Elisabeth«, Regie: Friedrich Domin, Roderigo in Frischs »Don Juan oder Die Liebe zur Geometrie«, Regie: Leonard Steckel, Alfonso in Calderons »Der standhafte Prinz«, Regie: Bruno Hübner, Julien in Anouilhs »Colombe«, Regie: Helmut Käutner, Lessac in Grünwalds »Manon« (nach Verneuil), Regie: Leonard Steckel, und Nimrod in der Uraufführung von Dürrenmatts »Ein Engel kommt nach Babylon«, 1953, Laertes in Shakespeares »Hamlet«, Regie: Leopold Lindtberg, und Ströbel in Thomas »Moral«, Regie: Rudolf Steinboeck, 1954, Sohn in der deutschen Erstaufführung von Albees »Alles vorbei«, und Cölestin Leboeuf in Wedekinds »Der Liebestrank« Regie: jeweils August Everding, 1972, Deutscher in Bonds »Sommer«, Regie: Luc Bondy, 1982/83, jeweils Münchner Kammerspiele; Marchbanks in Shaws »Candida«, 1951, Heinrich in der Uraufführung von Bolts »Thomas Morus«, Regie: Kurt Meisel, 1960 (auch TV), Prinz von Guastalla in Lessings »Emilia Galotti«, Regie: Helmut Henrichs, 1963, in Genets »Die Wände«, Regie: Hans Lietzau, 1968, in Duras' »Ganze Tage in den Bäumen«, Regie: Helmut Henrichs, in Kiltys »Geliebter Lügner« (nach Shaw/Campbell), in Horváths »Das weite Land«, in Strindbergs »Ein Traumspiel«, Regie: Ingmar Bergman, in Horváths »Kasimir und Karoline«, in Kohouts »Armer Mörder«, in Bonds »Die See«, Vormser in Zuckmayers »Der Hauptmann von Köpenick«, Regie: Horst Sachtleben, 1979, Stanley in Shakespeares »Richard III.«, Regie: Kurt Meisel, und Herzog Alba in Goethes »Egmont«, Regie: Michael Haneke, 1980, Vorsitzender in Kipphardts »In der Sache J. Robert Oppenheimer«, Regie: Dieter Giesing (auch ARD 1981), und Polizeipräsident in Thomas »Moral«, Regie: Kurt Meisel, 1981, Chefarzt in Kipphardts »März, ein Künstlerleben«, Regie: Hans Hollmann, und Leonato in Shakespeares »Viel Lärm um nichts«, Regie: Kurt Meisel, 1983, Whiterspoon in Kesselrings »Arsen und Spitzenhäubchen«, Regie: Rolf Stahl, 1984, jeweils Bayerisches Staatsschauspiel München; Bettler in Molières »Dom Juan«, Regie: Ingmar Bergman, Salzburger Festspiele 1983 (Bayerisches Staatsschauspiel München 1983/84).

Wichtige Regie-Arbeiten waren u.a.: Goethes »Clavigo«, Hopwoods »Der Mustergatte«, Lessings »Minna von Barnhelm«, Strindbergs »Die Stärkere«, Ortons »Seid nett zu Mr. Sloane«, mit Hannes Messemer, Borcherts »Draußen vor der Tür« und Budjuhn/Roses »Die zwölf Geschworenen«.

Fernsehen: Er wirkte bereits vor dem II. Weltkrieg in der TV-Produktion »Der Schwarz-Künstler« (nach Gött), Regie: Hans Küppers, mit. Der Film wurde auf dem Potsdamer Platz in Berlin ausgestrahlt.

Ferner u.a. in: »O Hoffnung«; »Troilus und Cressida« (nach Shakespeares), ARD 1968; »Zehn kleine Negerlein«, Regie: Quest selbst; »Hava, der Igel«, Regie: Quest selbst; »Palace-Hotel«; »Der Kommissar«, mit Erik Ode, Serie, 7 Folgen, ZDF 1969–1975; »Gnadenbrot«, Regie: Diethard Klante, ZDF 1975; »Der Nerz« (nach Marceau), ZDF 1976; »Derrick«, Serie, 3 Folgen, ZDF 1977–1983; »Der Alte«, Serie, 10 Folgen, ZDF 1979–1984.

Wichtige Regie-Arbeiten waren u.a.: Durbridge-Krimis »Es ist soweit« (1961), »Tim Frazer« (1963), »Das Halstuch«; »Bernadette Soubirous«; »Immer und noch ein Tag«; »Lady Frederick« (nach Maugham; Theateraufzeichnung Kleine Komödie München); »Gefallen« (nach Thomas Mann); »Das Himmelbett«, mit Hanns Lothar; »Die erste Mrs. Selby« (nach Ervine); »Die Kammerjungfer«; »Krampus und Angelika«; »Mord im Pfarrhaus«; »Der Überläufer«; »Revolte im Erziehungshaus« (nach Hampel).

Auszeichnungen: Großer Bad-Hersfeld-Preis 1966, 1967 und 1968; Bayerischer Staatsschauspieler.

Anschrift: c/o Agentur Baumbauer, Keplerstraße 2, 8000 München 80, oder Titurelstraße 2, 8000 München 80.

Henner Quest

Geb. 11. 12. 1944 in Annaberg/Erzgebirge; aufgew. in München, wo er auch heute lebt; verheiratet; spricht engl., ital.; nach dem Abitur studierte er Theaterwissenschaft und absolvierte private Schauspielschulen. Bereits mit 12 Jahren stand er zum ersten Mal auf der Bühne; es folgte Studententheater und sein Debüt am Theater am Sozialamt München (TamS); nach Gastspielen und Tourneen ist er seit 1975 am Bayerischen Staatsschauspiel München; seit 1985 gastiert er am Volkstheater München.
Theater: Flori in Wilhelms »Der Brandner Kaspar und das ewig' Leben« (nach Kobell), mit Fritz Strassner und Toni Berger, Bayerisches Staatsschauspiel München, 1975–1985 (nahezu 600 Vorstellungen); in Pasos »Schöne Geschichten mit Papa und Mama«, Kleine Komödie München 1978/79 (auch ARD 1979); in Haniks »Der verkaufte Großvater«, Regie: Jörg-Dieter Haas, Münchner Volkstheater 1985.
Fernsehen: »Goldfüchse«, Regie: Kurt Wilhelm, ARD 1973; »Der verkaufte Großvater«, mit Ludwig Schmid-Wildy und Walter Sedlmayr, ARD 1974; »Zwischen Stuttgart und München«, mit Gustl Bayrhammer und Max Strecker, ARD 1975; »Der Brandner Kaspar«, Regie: Kurt Wilhelm, ARD 1976; »Der Komödienstadl«, Theaterserie, 3 Stücke, ARD 1977/78; »Platzangst«, Regie: Thomas Schamoni, ZDF 1978; »Cockpit«, Regie: Kurt Wilhelm, ZDF 1979; »Und die Tuba bläst der Huber«, mit Max Griesser, Josef Meinrad und Franz Muxeneder, Regie: Georg Lohmeier, 26 Folgen, ZDF 1980–1982; »Der gutmütige Grantler«, Regie: Werner Schlechte, ZDF 1982; Kriminalassistent Faltermayer in »Tatort«, mit Helmut Fischer und Willy Harlander, 6 Folgen Serie, ARD 1982–1986; »Kneippiaden« (von Lohmeier), Regie: Franz Josef Gottlieb, 26 Folgen ZDF 1984/85.
Anschrift: Rheinstraße 30, 8000 München 40.

Lieselotte Quilling

(eigentlich: Lieselotte Meyer, geb. Quilling)

Geb. 24. 11. 1921 in Frankfurt/Main; dort aufgew.; lebt in München; geschieden, zwei Töchter; spricht franz., engl.; nach dem Abitur besuchte sie von 1940 bis 1942 die Hochschule für Theater in Frankfurt/Main; an den dortigen Städt. Bühnen debütierte sie 1942, bis 1945 war sie im Ensemble; Engagements an den Städt. Bühnen Darmstadt (1947–1949), den Städt. Bühnen Essen (1949–1954) und den Städt. Bühnen Freiburg i.B. (1954–1956) folgten; von 1956 an war sie freischaffend bis 1979; danach kehrte sie bis 1982 an die Städt. Bühnen Darmstadt zurück.
Film: »Bis der Winter kam«, mit David Niven, Großbritannien 1969; »Die Machtprobe«, Regie: Heidi Genée, 1982.
Theater: Titelrolle in Hauptmanns »Und Pippa tanzt«, Melitta in Grillparzers »Sappho«, Städt. Bühnen Frankfurt/Main 1942–1945; Emily in Wilders »Unsere kleine Stadt«, in van Drutens »Das Lied der Taube«, Rosalinde in Shakespeares »Wie es euch gefallt«, Städt. Bühnen Darmstadt 1947–1949, Luise in Schillers »Kabale und Liebe«, Regie: Gustav Rudolf Sellner, Martirio in Lorcas »Bernarda Albas Haus«, in Cowards »Geisterkomödie«, in Gehrls »Im 6. Stock«, in Steinbecks »Von Mäusen und Menschen«, Städt. Bühnen Essen, 1949–1954; Cleopatra in Shaws »Cäsar und Cleopatra«, Shen Te in Brechts »Der gute Mensch von Sezuan«, Städt. Bühnen Freiburg i.B. 1954–1956; Mutter in Hays »Haben«, Linda in Millers »Der Tod des Handlungsreisenden«, Städt. Bühnen Darmstadt 1981/82.
Fernsehen: »Die sündigen Engel« (nach James), und »Der Schlaf der Gerechten« (nach Goes), ARD 1962; »Den Tod in der Hand« (nach Calef), ZDF 1963; »Der Belagerungszustand« (nach Camus), Regie: Fritz Umgelter, ARD 1963; »Nun singen sie wieder« (nach Frisch), »Die seltsamen Abenteuer des Raumschiffes Orion« (»Raumpatrouille«), mit Dietmar Schönherr und Eva Pflug, Serie, ARD 1966; »Stahlschrank«, SRG 1966; »Transplantation« (nach Daněk), mit O.W. Fischer, ZDF 1969; »Der Musterschüler«, ARD 1970; Frau Urban in »Die Unverbesserlichen«, mit Joseph Offenbach und Inge Meysel, Regie: Claus Peter Witt, Serie, ARD 1970; »Die Fastnachtsbeichte« (nach Zuckmayer), Regie: Eberhard Itzenplitz, ZDF 1976; »Walter Hasenclever«, Regie: Rolf Busch, ZDF 1977; »PS – Geschichten ums Auto«, mit Hans Putz und Günter Strack, Regie: Claus Peter Witt, 4 Teile, ARD 1978; »Der Alte«, Serie, ZDF 1979; Deutschlehrerin in »Tod eines Schülers«, mit Till Topf, Regie: Claus Peter Witt, 6 Teile, ZDF 1981; »Rummelplatzgeschichten«, Serie, ARD 1983.
Anschrift: Feichthofstraße 88, 8000 München 60.

Freddy Quinn

(eigentlich: Manfred Franz Eugen Helmut Nidl-Petz)

Geb. 27. 9. 1931 als Sohn eines irischen Kaufmanns und einer österreichischen Journalistin in Niederfladnitz/bei Wien; dort Besuch mehrerer Gymnasien. Er sang bereits im Schülerchor und spielte Gitarre. 1947 setzte er sich zum wiederholten Male von zu Hause ab und reiste mit dem Wanderzirkus Gschwandner als Saxophonist durch Europa und Nordafrika. Erste Auftritte mit selbstkomponierten Liedern hatte er in Pariser Lokalen am Montparnasse und am Montmartre.
1951 kam er als Tramp zum erstenmal nach Hamburg, wo er in der »Washington-Bar« auf St. Pauli mit Musizieren seinen Lebensunterhalt bestritt. Mit einem finnischen Tanker gelangte er über Odessa und Mexiko nach New York. Hier errang er bei einer Talentschau mit drei spanischen Liedern den 1. Preis. Sieger wurde er auch bei einem Sängerwettstreit in Belfast/Nordirland im Jahre 1952.
Zwei Jahre später erhielt er von der Schallplattenfirma Polydor einen Ausbildungsvertrag. Schon seine erste Aufnahme »Heimweh«, 1956 auf dem Markt, wurde dreimillionenmal verkauft. Goldene Schallplatten erhielt er u.a. auch für »Die Gitarre und das Meer« (1959), »Unter fernen Sternen« und »Irgendwann gibt's ein Wiedersehn« (1960), »La Paloma« und »Wann kommt das Glück auch zu mir« (1962), »Junge komm bald wieder« (1963) und »Laß mich noch einmal in die Ferne« (1964).
Bis heute sind von Quinn nahezu 40 Millionen Schallplatten verkauft.
Seinen ersten Kinofilm drehte Quinn 1954, seine Bühnenkarriere begann 1962 mit dem Musical »Heimweh nach St. Pauli«, mit dem er bislang über 650 Vorstellungen in Hamburg, Berlin, Wien und München geben konnte. Seit seinen ersten Plattenerfolgen ist er zudem Dauergast im Deutschen Fernsehen.
Quinn spricht sechs Fremdsprachen fließend: engl., franz., span., ital., holl., u. finnisch; er ist ledig und lebt in Hamburg.
Film: »Canaris«, mit O.E. Hasse, 1954; »Die große Chance«, Regie: Hans Quest, 1957; »Freddy, die Gitarre und das Meer«, und »Freddy unter fremden Sternen«, Regie: Wolfgang Schleif, 1959; »Freddy und die Melodie der Nacht« und »Weit ist der Weg«, 1960; »Nur der Wind« Regie: Fritz Umgelter, und »Freddy und der Millionär«, mit Joseph Offenbach, 1961; »Freddy und das Lied der Südsee« Regie: Werner Jacobs, 1962; »Heimweh nach St. Pauli«, Regie: Werner Jacobs, 1963; »Freddy, Tiere, Sensationen«, 1964; »Freddy – Die Fahrt ins Abenteuer« (oder: »Haie an Bord«), Regie: Arthur Maria Rabenalt, 1970; »Die wilden Fünfziger«, Regie: Peter Zadek, 1983.
Theater: Prinz Orlowski in Johann Strauß' »Die Fledermaus«, Städt. Bühnen Frankfurt 1968; in »Prairie-Saloon« (1968), Alexander Obolski in Burkhards »Feuerwerk« (1969; 1981 auch Theater des Westens, Berlin), »Der Junge von St. Pauli« (1970) und »Mensch, Kuddel, wach auf!« (1973), jeweils St. Pauli-Theater Hamburg; in »Himmel, Arche und Wolkenbruch« (nach David Forrest), Bühnen der Stadt Lübeck 1977; in London am Royal Adelphi Theatre »Beyond the Rainbow«; King in Hammersteins »The King and I«, Titelrolle in »Pistolen-Jimmy«, und Jonny Kröper in »Große Freiheit Nr. 7«, Hamburger Operettenhaus (bis 1984).
Fernsehen: Quinn war Stargast aller großen deutschen Unterhaltungssendungen, u.a.: ARD: »Einer wird gewinnen«, »Musik aus Studio B«, »Fernsehlotterie« (zu der er auch mehrmals den Titelsong beisteuerte), »Zum blauen Bock«, »Verstehen Sie Spaß?«; ZDF: »Peter Alexander präsentiert«, »Musik ist Trumpf«, »Der große Preis«, »Starparade«. Seit 1976 hat Quinn im ZDF seine eigene TV-Show, in der er amerikanische Spitzeninterpreten der Country-Musik präsentiert. Ferner moderierte er zahlreiche Zirkusprogramme (u.a. »Arena der Sensationen«, ZDF 1983). 1973 trat er in einer Direktübertragung aus der Wiener Stadthalle selbst als Hochseilartist auf. Das ZDF widmete dem Künstler 1983 ein eigenes »Porträt«; 1985 war er Gast in Joachim Fuchsbergers Talk-Show »Heut' abend« (ARD).
Auszeichnungen: »Otto« (BRAVO) 4×; »Goldene Filmleinwand«; »Goldener Bambi« (BILD + FUNK) 2×; »Goldener Funkturm« (Radio Luxemburg); »Hermann-Löns-Medaille«; »Goldene Europa« (Europawelle Saar); »Goldenes Merkator-Pferd«; »Gaucho« (Radio Riva, Buenos Aires); »Bundesverdienstkreuz der Bundesrepublik Deutschland« 1984.

Anschrift: c/o Deutsche Grammophon, Hohe Bleichen 14–16, 2000 Hamburg 36.

R

Kurt Raab

Geb. 20. 7. 1941 in Bergreichenstein/Sudetenland, aufgew. in Niederbayern und Oberfranken, lebt in München; ledig; spricht engl.; abgebrochenes Studium der Germanistik und Geschichte.
Raab kam während seiner Zeit als Requisiteur beim ZDF 1966 zum Action-Theater in München, dort lernte er Rainer Werner Fassbinder kennen. Bis 1977 arbeitete er mit ihm zusammen und war mit ihm befreundet: 1968 begründeten sie das antiteater in München, 1974/75 war Raab unter Fassbinders Führung Direktionsmitglied des Theaters am Turm in Frankfurt; von 1969 bis 1977 wirkte er in 31 Fassbinder-Filmen mit, als Schauspieler, Ausstatter, Drehbuchautor, Regieassistent und Produktionsleiter. Raab veröffentlichte zusammen mit dem Journalisten Karsten Peters nach dem Tode Fassbinders am 10. 6. 1982 ein Buch über seinen langjährigen Freund (»Die Sehnsucht des Rainer Werner Fassbinder«). Unter dem ihm von Rainer Werner Fassbinder zugedachten Namen »Emma Kartoffel« ist er regelmäßig mit einer Klatschkolumne in der Filmzeitschrift »Cinema« vertreten.
Film: »Katzelmacher« und »Liebe ist kälter als der Tod«, 1969; »Whity«, »Der amerikanische Soldat« und »Warnung vor einer heiligen Nutte«, 1970 (auch ARD 1972); »Der Händler der vier Jahreszeiten«, 1971; »Die bitteren Tränen der Petra von Kant« und »Wildwechsel«, 1972; »Fontane Effi Briest...«, »Angst essen Seele auf« und »Faustrecht der Freiheit«, 1973/74; »Mutter Küsters' Fahrt zum Himmel«, 1975; »Satansbraten«, 1976; »Bolwieser« (nach Oskar Maria Graf), 1977 (auch ZDF) – Regie: jeweils Rainer Werner Fassbinder.
»Warum läuft Herr R. Amok?«, Regie: Michael Fengler und Rainer Werner Fassbinder, 1971; »Zärtlichkeit der Wölfe«, Regie: Ulli Lommel, 1973; »Adolf und Marlene«, Regie: Ulli Lommel, und »Eierdiebe«, Regie: Michael Fengler, 1976; »Belcanto oder Darf eine Nutte schluchzen?«, Regie: Robert van Ackeren, 1977; »Der Durchdreher«, Regie: Helmut Dietl, 1978; »Bildnis einer Trinkerin«, Regie: Ulrike Ottinger, und »Der Sturz«, Regie: Alf Brustellin, 1979; »Endstation Freiheit«, Regie: Reinhard Hauff, 1980; »Frankfurt Kaiserstraße«, Regie: Roger Fritz, »Wie die Weltmeister«, Regie: Klaus Lemke, »Engel aus Eisen«, Regie: Thomas Brasch, und »Liebeskonzil« (nach Oskar Panizza), Regie: Werner Schroeter, 1981; »Feuer und Schwert – Die Legende von Tristan und Isolde«, mit Christoph Waltz, BRD/Irland 1981 (auch ZDF 1984); »Der Zauberberg« (nach Thomas Mann), mit Christoph Eichhorn, Hans Christian Blech und Rod Steiger, Regie: Hans W. Geissendörfer, 1981 (auch in 3 Teilen ZDF 1984); »Die Insel der blutigen Plantage«, Buch und Regie: Raab selbst, »Das Gespenst«, Regie: Herbert Achternbusch, »Bolero«, Regie: Rüdiger Nüchtern, »Bella Donna – Kann denn Liebe Sünde sein?«, mit Brigitte Horney, Regie: Peter Keglevic, und »Der Zappler«, Regie: Wolfram Deutschmann, 1983; »Abwärts«, mit Götz George, Regie: Carl Schenkel, 1984; »Die Tigerin«, Regie: Robert van Ackeren, und »Weltrekord«, Regie: Dagmar Helfer, 1985.
Theater: König Peter in Büchners »Leonce und Lena«, Peachum in Gays »Bettleroper«, mit Ingrid Caven, Action-Theater München 1966–1968; in Bruckners »Die Verbrecher«, antiteater München und Schauspiel Essen 1969/70; in Goldonis »Das Kaffeehaus«, Schauspiel Bremen 1969 und Freie Volksbühne Berlin 1974; dort auch in Ibsens »Hedda Gabler«, mit Karlheinz Böhm, 1973; Jean in Strindbergs »Fräulein Julie« und in Handkes »Die Unvernünftigen sterben aus«, Theater am Turm, Frankfurt/M. 1974; Titelrolle in Athaydes »Madame Margerite«, Regie: Peter Chatel, Studiotheater München 1982; Feldkurat und Hitler in Brechts »Schweyk im Zweiten Weltkrieg«, Regie: Ruth Drexel, 1985, in Reinshagens »Doppelkopf«, Regie: Ulrich Heising, 1986, jeweils Münchner Volkstheater.
Fernsehen: Unter der Regie von Rainer Werner Fassbinder u.a. in: »Rio das Mortes« und »Die Niklashauser Fart«, ARD 1970; »Pioniere in Ingolstadt« (nach Fleißer), ZDF 1970 (auch Produktionsleitung), »Götter der Pest«, ZDF 1972; »Acht Stunden sind kein Tag«, mit Gottfried John, Serie, ARD 1972.
Ferner: »Die Fahrt nach Schlangenbad«, Regie: Stanislav Barabas, ZDF 1981; »Die Krimistunde«, Regie: Hartmut Griesmayr, Serie, und »Ich werde warten« (nach Chandler), mit Monica Bleibtreu und Franz Xaver Kroetz, ARD 1982; »Bekenntnisse des Hochstaplers Felix Krull« (nach Thomas Mann), mit John

Moulder-Brown, Regie: Bernhard Sinkel, Serie, ZDF 1982; »Wo gehts denn hier zum Film?« (selbst Drehbuchautor), mit Peter Kern, Regie: Peer Raben, »Hauptsache leben...«, mit Lambert Hamel und Franziska Walser, Regie: Diethard Klante, ZDF 1983; »Rambo Zambo«, mit Walter Sedlmayr, Regie: Reinhard Donga, ZDF 1984; »Die Komplizen« (nach Simenon), mit Günter Lamprecht, Regie: Stanislav Barabas, »Die schwarzen Brüder« (nach Tetzner), Regie: Diethard Klante, Serie, »Das Rätsel der Sandbank«, Serie, und »Franz Xaver Brunnmayr«, mit Gustl Bayrhammer, Regie: Ulrich König, Serie, ARD 1985; »Das Totenreich« (nach Pontoppidan), Regie: Karin Brandauer, 2 Teile, und »Kir Royal«, mit Franz Xaver Kroetz, Regie: Helmut Dietl, Serie, ARD 1986.
Auszeichnungen: Evangelischer Filmpreis 1969; Bundesfilmpreis 1970 und 1971.
Anschrift: c/o Agentur Alexander, Lamontstraße 9, 8000 München 80.

Dominic Raacke

Geb. 11. 12. 1958 in Hanau/Main; dort aufgew.; nach dem Abitur 1977 Hospitanz an den Städt. Bühnen Frankfurt/Main; von 1978 bis 1981 war er Meisterschüler bei Lee Strasberg für Schauspiel und Regie und Schüler am Stella Adler Conservatory of Acting, jeweils New York. Lehrer waren zudem Shelley Winters, Charlie Laughton und Bill Greaves. Am New Yorker Broadway wirkte er in verschiedenen Produktionen mit. Er schreibt Drehbücher.
Raacke spricht engl., franz.; er ist ledig und lebt abwechselnd in München und New York.
Fernsehen: »Zuckerhut«, Regie: Vivian Naefe, ARD 1982; Karl Boetzkes in »Rote Erde« (von Peter Stripp), mit Claude-Oliver Rudolph, Regie: Klaus Emmerich, 9 Teile, ARD 1983; »Das Haus im Wald« (aus der Reihe: »Tatort«), mit Götz George, Regie: Peter Adam, ARD 1985.
Anschrift: c/o Agentur Bloy, Gasteigweg 1, 8022 Grünwald.

Carl Raddatz

– Staatsschauspieler –

Geb. 13. 3. 1912 als Sohn eines Bankbeamten in Mannheim; dort aufgew.; 1931 legte er an der Tulla-Oberrealschule Mannheim sein Abitur ab. Im selben Jahr gab er als Diener des Octavius in Shakespeares »Julius Cäsar« sein Bühnendebüt am Mannheimer Nationaltheater unter Herbert Maisch. 1930/31 hatte er bei Willy Birgel, den er auf der Straße angesprochen hatte, um vorsprechen zu dürfen, Schauspielunterricht genommen.

1933/34 spielte er am Stadttheater Aachen, von 1934 bis 1937 am Staatstheater Darmstadt und 1937/38 am Theater der Freien Hansestadt Bremen. Von 1938 bis 1945 war er als Filmschauspieler bei der UFA-Berlin unter Vertrag. Bühnen-Gastspiele gab er in diesen Jahren u.a. in Potsdam und Leipzig. Unter Heinz Hilpert stand er von 1951–1955 im Ensemble des Deutschen Theaters Göttingen. Seit 1958 ist er Mitglied der Staatl. Schauspielbühnen Berlins (seit 1972 Ehrenmitglied).

Bis 1975 wirkte Raddatz in über 40 Kinofilmen mit. Er arbeitete häufig in der Synchronisation und lieh seine Stimme u.a. Humphrey Bogart, José Ferrer, Robert Mitchum, Robert Taylor, Burt Lancaster und Kirk Douglas.

Er stellte LPs vor, u.a. mit Liedern aus Zuckmayers »Ulla Winblad« und mit Vagabundenliedern des schwed. Dichters Carl Michael Bellman.

Raddatz spricht engl.; er ist verwitwet, seine Frau verstarb 1966. In erster Ehe war er von 1944 bis 1945 verheiratet mit der Schauspielerin Hannelore Schroth. Er lebt in Berlin.

Film: »Urlaub auf Ehrenwort«, Regie: Karl Ritter, und »Verklungene Melodie«, mit Willy Birgel, Regie: Viktor Tourjansky, 1937; »Liebelei und Liebe«, Regie: Arthur Maria Rabenalt, 1938; »Wir tanzen um die Welt«, Regie: Karl Anton, 1939; »Golowin geht durch die Stadt«, Regie: Robert A. Stemmle, und »Wunschkonzert«, Regie: Eduard von Borsody, 1940; »Befreite Hände«, mit Brigitte Horney, »Heimkehr«, Regie: Gustav Ucicky, und »Stukas«, Regie: Karl Ritter, 1941; »Immensee«, Regie: Veit Harlan, 1943; »Opfergang«, Regie: Veit Harlan, »Das war mein Leben«, Regie: Paul Martin, und »Eine Frau für drei Tage«, Regie: Fritz Kirchhoff, 1944; »Unter den Brücken« (nach de Laforgue), Regie: Helmut Käutner, 1945; »In jenen Tagen«, Regie: Helmut Käutner, und »Zugvögel«, 1947; »Wohin die Züge fahren«, 1949; »Schatten der Nacht«, »Gabriela«, »Epilog«, Regie: Helmut Käutner, und »Der Schatten des Herrn Monitor«, Regie: Eugen York, 1950; »Gift im Zoo«, Regie: Heiner Müller, 1952; »Geliebtes Leben«, 1953; »Regina Amstetten«, Regie: Kurt Neumann, und »Geständnis unter vier Augen«, 1954; »Rosen im Herbst«, Regie: Rudolf Jugert, 1955; »Oase«, Regie: Yves Allégret, BRD/Frankreich 1955; »Made in Germany«, Regie: Wolfgang Schleif, 1957; »Das Mädchen Rosemarie«, Regie: Rolf Thiele, 1958; Jons in »Jons und Erdme«, mit Giulietta Masina, Regie: Victor Vicas, BRD/Italien 1959; »Verrat auf Befehl«, 1960; »Jeder stirbt für sich allein« (nach Fallada), mit Hildegard Knef, Regie: Alfred Vohrer, 1975.

Theater: Browne in Bechers »Feuerwasser«, Bellman in Zuckmayers »Ulla Winblad«, in Achards »Der Korsar«, Regie: jeweils Heinz Hilpert, Deutsches Theater Göttingen 1951–1955; Angelo in Bettis »Die Ziegeninsel«, in Bruckners »Die Verbrecher«, in Gorkis »Nachtasyl«, in Brecht/Weills »Die Dreigroschenoper«, Narr in Shakespeares »Was ihr wollt«, Regie: Fritz Kortner, John in Hauptmanns »Die Ratten«, Titelrolle in Tschechows »Onkel Wanja«, in Halls »Das Ende vom Lied«, in Tschechows »Drei Schwestern«, in »Pariser Komödie«, in Levitts »Andersonville-Prozeß«, in Strindbergs »Totentanz«, in Shaws »Kapitän Brassbounds Bekehrung«, Titelrolle in Zuckmayers »Der Hauptmann von Köpenick« (auch Gastspiel in New York 1964, Regie: Carl Zuckmayer selbst), Puntila in Brechts »Herr Puntila und sein Knecht Matti«, Gunther in Hebbels »Nibelungen«, Klamroth in Hauptmanns »Vor Sonnenuntergang«, Meister Anton in Hebbels »Maria Magdalena«, Regie: Fritz Kortner, Titelrolle in Gorkis »Jegor Bulytschow«, Pozzo in Becketts »Warten auf Godot«, König in Büchners »Leonce und Lena«, Titelrolle in Pinters »Der Hausmeister«, Clubältester in Williamsons »Der Verein«, in Holz/Ernsts »Sozialaristokraten«, Regie: Boy Gobert, und Cornelius Melody in O'Neills »Fast ein Poet«, jeweils Schiller-Theater und Schloßpark-Theater Berlin 1958–1983.

Fernsehen: Preußenkönig in »Die preußische Hei-

Alexander Radszun

rat« (nach Gutzkow), Regie: Helmut Käutner, ARD 1974; Johann Buddenbrook in »Buddenbrooks« (nach Thomas Mann), mit Ruth Leuwerik, Martin Benrath und Katharina Brauren, Regie: Franz Peter Wirth, 11 Teile, ARD 1979; »Haus Vaterland«, 3 Teile, ARD 1983; »Ein Heim für Tiere«, Serie, und »Weihnachtsansprache«, ZDF 1984.
Auszeichnungen: Berliner Staatsschauspieler 1963; Bundesverdienstkreuz I. Klasse der Bundesrepublik Deutschland 1972; »Mannemer Bloomaul-Orden«, Mannheim 1974; Filmband in Gold 1979. Er ist Ehrenmitglied des Schiller-Theaters, des Schloßpark-Theaters und der Freien Volksbühne in Berlin.
Anschrift: Stallupöner Allee 54, 1000 Berlin 19.

Geb. 6. 5. 1952 in Berlin; dort aufgew.; nach dem Abitur absolvierte er die Max-Reinhardt-Schule Berlin (Abschluß 1975). Den Schwerpunkt seiner Arbeit bildet das Fernsehen; er wirkte bislang in über 50 Produktionen mit. Bühnenengagements hatte er mit Stückverträgen 1977/78 an den Städt. Bühnen Augsburg und an den Münchner Kammerspielen.
Radszun spricht franz., engl.; er lebt in Berlin.
Film: Joachim Ziemssen in »Der Zauberberg« (nach Thomas Mann), mit Christoph Eichhorn, Hans Christian Blech, Rod Steiger und Charles Aznavour, Regie: Hans W. Geissendörfer, BRD/Italien/Frankreich 1981 (auch ZDF 1984); »Kaminsky's Nacht«, Regie: Michael Lähn, 1984.
Theater: Diverse Rollen in der deutschen Erstaufführung von Ionescos »Der Mann mit den Koffern«, mit Rudolf Wessely, Münchner Kammerspiele 1978.
Fernsehen: »Eine Jugendliebe«, Regie: Rainer Wolffhardt, ARD 1975; »Damen haben Vortritt«, Regie: Maria Neocleous, ZDF 1977; Franz von Rambow in »Onkel Bräsig«, mit Fritz Hollenbeck, Regie: Volker Vogeler, Serie, ARD 1977; Bodenhausen in »Jugend, Liebe und die Wacht am Rhein«, Regie: Oswald Döpke, ZDF 1978; Karl Chindler in »Theodor Chindler« (nach Bernard von Brentano), mit Hans Christian Blech, Regie: Hans W. Geissendörfer, 8 Teile, ARD 1979; »Todfreunde« (aus der Reihe: »Ein Fall für zwei«), Regie: Michael Braun, ZDF 1980; Leutnant von Bern in »Luftwaffenhelfer«, ARD 1980; Nicolas in »Unter der Trikolore« (nach Sophie mon Cœur), Regie: Yannick Andrei, 6 Teile, ARD 1981; »Flucht aus Pommern«, Regie: Eberhard Schubert, ZDF 1982; »Die Barrikade«, Regie: Jürgen Klauß, und Walter Bulstock in »Goldene Zeiten«, Regie: Michael Braun, 20 Teile, ARD 1982; Harry Möller in »Konsul Möllers Erben« (von Herbert Asmodi), mit Ernst Fritz Fürbringer, Regie: Claus Peter Witt, 7 Teile, ZDF 1983; Herbert Romberg in »Matt in 13 Zügen«, Regie: Stanislav Barabas, 13 Teile, ARD 1984; Holm in »Die andere Seite des Mondes«, mit Gudrun Landgrebe, Regie: Michael Lähn, ZDF 1984; »Die Abschiebung«, Regie: Marianne Lüdcke, ZDF 1985.
Anschrift: c/o ZBF-Agentur Berlin, Kurfürstendamm 206, 1000 Berlin 15, oder Graeferstraße 81, 1000 Berlin 61.

Mady Rahl

Geb. 3. 1. 1915 in Berlin; dort aufgew.; noch vor der mittleren Reife verließ sie das Mädchen-Lyzeum, um ihr erstes Engagement am Alten Theater Leipzig anzutreten. Ihre private Schauspielausbildung hatte sie sich als Privatsekretärin verdient. Seit ihrem Kino-Debüt 1936 drehte sie über 60 Filme. Theater spielte sie nach dem Krieg vorwiegend an der Kleinen Komödie München. Sie ist umfangreich in der Synchronisation tätig.
Frau Rahl spricht engl.; sie ist dreimal geschieden und lebt in München.
Film: »Truxa«, Regie: Hans H. Zerlett, und »Der Hundefänger von Wien«, mit Hans Moser, Regie: Martin Fric, 1936; »Die Unwiderstehliche«, Regie: Geza von Bolvary, 1937; »Hallo Janine«, mit Marika Rökk und Johannes Heesters, Regie: Carl Boese, 1939; »Fräulein«, 1940; »Meine Frau Teresa«, Regie: Arthur Maria Rabenalt, und »Hab mich lieb«, mit Marika Rökk und Viktor Staal, Regie: Harald Braun, 1942; »Tonelli«, Regie: Viktor Tourjanski, 1943; »Die Nacht der Zwölf«, 1945; »Sag die Wahrheit«, 1946; »Der blaue Strohhut«, 1949; »Die Sterne lügen nicht«, 1950; »Die Dame in Schwarz«, 1951; »Der weißblaue Löwe«, 1952; »Sanatorium total verrückt«, 1953; »Gefangene der Liebe«, 1954; »Drei vom Varieté«, 1955; »Roter Mohn«, 1956; »Ober zahlen«, mit Hans Moser, Regie: E.W. Emo, »Haie und kleine Fische«, Regie: Frank Wisbar, »Das Herz von St. Pauli«, und »Der Greifer«, mit Hans Albers, Regie: Eugen York, 1957; »Immer die Radfahrer«, mit Heinz Erhardt und Hans-Joachim Kulenkampff, Regie: Hans Deppe, 1958; »Nacht fiel über Gotenhafen«, Regie: Frank Wisbar, »Mit Eva fing die Sünde an«, »Stefanie«, Regie: Josef von Baky, und »Geliebte Bestie«, 1959; »Ganovenehre«, mit Gert Fröbe, Regie: Wolfgang Staudte, 1966; »Der Hund von Blackwood Castle« (nach Wallace), Regie: Alfred Vohrer, 1967; »Der Sturz«, Regie: Alf Brustellin, 1979.
Theater: Titelrolle in Sartres »Die ehrbare Dirne« (auch TV), Lola-Lola in »Professor Unrat« (nach Heinrich Mann), in Evrons »Die erste Frau Selby«, in Glichmann/Steins »Die Söhne der Frau Gibbons«, Titelrolle in Christies »Zeugin der Anklage«, Titelrolle in Camolettis »Perle Anna«, in Delaneys »Bitterer Honig, in Horney/Firners »Gastspiele« (auch TV), und in »Poker mit Dame«, jeweils Kleine Komödie München 1952–1974 und bei Gastspielen.
Fernsehen: »Faust auf eigene Faust«, ARD 1968; »Dem Täter auf der Spur«, Regie: Jürgen Roland, Serie, ARD 1969; »Karl May«, mit Helmut Käutner, Regie: Hans Jürgen Syberberg, 2 Teile, ZDF 1977; »Tatort«, Regie: Wolfgang Staudte, Serie, ARD 1979; »Das Gesicht an der Wand«, Regie: Dieter Finnern, ARD 1984; Mme Verrières in »Die Dubarry« (nach Millöcker), Regie: Werner Jacobos (Wiederaufnahme), ZDF 1985; »Feuerbohne e.V.«, Serie, ARD 1986. Ferner war sie in den Lustspielen »Tingel-Tangel«, »Scheidung auf musikalisch«, »Towarisch« (von Goetz nach Deval) und »Eine etwas sonderbare Dame« zu sehen.
Anschrift: c/o Agentur Runde-Profé, Preußenallee 26, 1000 Berlin 19.

Andrea Rau

Geb. 31. 10. 1947 in Stuttgart; dort aufgew.; schon als Kind erhielt sie eine umfassende Tanzausbildung. Ihr späterer Lehrer war John Cranko. 1968/69 war sie als Tänzerin am Württembergischen Staatstheater Stuttgart engagiert. Ab 1969 arbeitete sie sehr erfolgreich als Covergirl für zahlreiche deutsche und internationale Illustrierte und Magazine, u.a. Pardon, Stern, Lui, Vogue, Playboy und Quick. Bei der Constantin-Film München bekam sie 1969 einen Dreijahresvertrag und drehte acht Unterhaltungsfilme. Seither wirkte sie in zahlreichen TV- und Kino-Produktionen mit. Theater spielte sie auf Tournee, an der Kleinen Komödie München (1980–1984) und am Boulevardtheater München (1985).

Frau Rau spricht engl. franz.; sie ist seit 1976 verheiratet mit dem Kameramann Gernot Köhler, hat einen Sohn (David, geb. 1977) und lebt in Vaterstetten bei München.

Film: »Quartett im Bett«, Regie: Ulrich Schamoni, 1968; »Hilfe, die tollen Tanten kommen«, mit Rudi Carrell und Ilja Richter, Regie: Franz Josef Gottlieb, 1970; »Blut an den Lippen«, Regie: Henry Kümmel, Belgien 1970; »Eins«, Regie: Ulrich Schamoni, 1971; »Die Macht des Stärkeren«, Regie: José Maria Forcoe, Spanien 1973; »Das Netz« (nach Habe), Regie: Manfred Purzer, 1975; »Die Vertreibung aus dem Paradies«, Regie: Niklaus Schilling, 1977.

Theater: In »Der Diener«, Tournee 1972; in »Sextett«, 1980, in »Wunschträumerei«, 1981, und in Niessens »Der Wetterfrosch«, mit Hans Clarin, 1983/84, jeweils Kleine Komödie München; in Eyens »Frauen hinter Gittern«, Regie: Peter Kern, Münchner Boulevardtheater 1985.

Fernsehen: »Rudi-Carrell-Show«, ARD 1970; »Panda Amanda«, ZDF 1970; »Das sechste Programm«, SRG 1970; »Stars in der Manege«, »Robinson«, Serie, »Die 13 Stühle«, Regie: Georg Marischka, Serie, und »Komische Geschichten mit Georg Thomalla«, Serie, ARD 1971; »Dem Täter auf der Spur«, Regie: Jürgen Roland, Serie, ARD 1972; »Expreß«, satirisches TV-Magazin, 3 Folgen, ARD 1973/74 und 1978; »Sergeant Berry«, mit Harald Juhnke, Regie: Harald Philipp, 26 Folgen, ZDF 1973/74; »Derrick«, Regie: Helmut Käutner, Serie, ZDF 1973; »Ich gehe nach München« (von Körner), Regie: Oswald Döpke, ZDF 1974; »Es muß nicht immer Kaviar sein« (nach Simmel), mit Siegfried Rauch, Regie: Thomas Engel, Serie, 4 Folgen, ZDF 1975; »Das Rückendécolleté«, Regie: Adrian Hoven, ARD 1975; »Tatort«, Serie, ARD 1976; »Disco«, Sketche mit Ilja Richter, ZDF 1976; »Ein Mann will nach oben« (nach Fallada), mit Mathieu Carrière, Regie: Herbert Ballmann, Serie, ZDF 1978; »Der Eimer und die Mona Lisa«, mit Joost Siedhoff und Hans Korte, Regie: Joachim Roering, ZDF 1983; »Der Glücksritter« (von Wuttig), mit Christian Kohlund, Regie: Hans-Jürgen Tögel, Serie, 2 Folgen, ARD 1984.

Anschrift: c/o Agentur von Pilecki, Eilandstraße 12, 8000 München 90.

Siegfried Rauch

Geb. 2. 4. 1932 in Landsberg/Lech; dort aufgew.; nach dem Abitur studierte er zunächst an der Universität München Architektur, wechselte später zur Theaterwissenschaft (Prof. Arthur Kutscher) über. Als Schüler spielte er Gitarre in einer Garmischer Nachtclub-Band; er nahm privaten Schauspielunterricht (Staatl. Abschlußprüfung).
Sein erstes Engagement erhielt er 1958 am Theater der Freien Hansestadt Bremen, dem er bis 1962 angehörte. Gastspiele gab er seither u.a. an der Kleinen Komödie München (1963), am Theater Die Kleine Freiheit München (1964 und 1968/69), am Renaissance-Theater Berlin, an der Komödie im Marquardt Stuttgart (1982), am Thalia-Theater Hamburg (1982) sowie auf Tournee.
1979 machte Rauch als Sänger auf sich aufmerksam. Mit Martin Böttcher und seinem Orchester veröffentlichte er die LP »Mich stört der Regen nicht« (Titel u.a.: »Hinten auf dem Hof«, »Das Gespensterschiff«, »Mr. Bojangles« und »Deine Liebe kehrt zurück«). Besonderen Erfolg hatte er 1980 mit der deutschen Version des durch die gleichnamige TV-Serie bekannten Songs »Der Mann aus den Bergen«.
Für Film und Fernsehen arbeitet Rauch seit 1965; er wirkte bislang in über 100 Produktionen mit.
Rauch spricht engl., franz., ital., span.; er ist verheiratet, hat zwei Söhne und lebt in Untersöchering bei Murnau/Oberbayern.
Film: »Der Heilige mit der MP«, 1966; »Der Mönch mit der Peitsche«, 1967; »Kommissar X – Drei blaue Panther«, mit Tony Randall und Corny Collins, Regie: Frank Kramer, BRD/Italien 1967; »Der Unheimliche«, und »Sanitätsgefreiter Neumann«, 1968; »General Patton« (Film erhielt 8 OSCARS), USA 1969; »Le Mans«, mit Steve McQueen und Elga Andersen, Regie: Lee Katzin, USA/Frankreich 1971; »Little Mother«, 1971; »Les grands détectives«, Frankreich 1973; »Der Jäger von Fall«, Regie: Harald Reinl, »Der gestohlene Himmel«, Regie: Theo Maria Werner, und »Gott schläft nicht am Sonntag«, 1974, »The Eagle Has Landed«, und »The Big Red One«, mit Lee Marvin, Regie: Sam Fuller, USA 1976; »Die Standarte« (nach Lernet-Holenia), Regie: Ottokar Runze, 1977; »Waldrausch« (nach Ganghofer), mit Uschi Glas, Regie: Horst Hächler, 1978; »Yellow Cake« und »One Take Two«, USA 1978; »White Lady«, und »Astaron – Brut des Schreckens«, Regie: Lewis Coates, USA 1979; »Contamination«, USA 1980; »Popcorn und Paprika«, 1984.
Theater: In Cowards »Weekend«, mit Grethe Weiser, Kleine Komödie München 1963; in dem Musical »Stop The World«, mit Helen Vita, 1964, in »2 mal 2 = Sex«, mit Hanne Wieder, 1968, jeweils Theater Die Kleine Freiheit München; in Kerrs »Mary, Mary«, mit Uschi Glas, in Plenzdorfs »Die neuen Leiden des jungen W.«, in »Der Gast« und in »Love Jogging«, jeweils Tournee (bis 1984); in Tinneys »Der Mann im Gästezimmer«, Komödie im Marquardt Stuttgart, Thalia-Theater Hamburg und Tournee 1982/83.
Fernsehen: »Die himmlischen Räuber«, »Die Sommerfrische«, »Mach's beste draus«, und »Undine« (nach Giraudoux), mit Sabine Sinjen, Regie: Peter Beauvais, ARD 1965; »Pontius Pilatus«, ZDF 1965; »Kinder des Schattens«, Regie: Günter Gräwert, und »Der Zug der Zeit« (nach Lommer), Regie: Peter Beauvais, ARD 1967; »Kriminalmuseum«, Serie, ZDF 1967; »Der Idiot« (von Lehman nach Dostojewski), mit Gerd Baltus, Regie: Rolf von Sydow, 3 Teile, ARD 1968; »1001 Nacht«, Serie, 7 Folgen, ZDF 1969; »Meine Tochter – Unser Fräulein Doktor«, Regie: Wolfgang Schleif, 13 Teile, ARD 1969; »Die Journalistin«, mit Marianne Koch, Serie, ZDF 1970; »Lawinenpatrouille« und »Die Erbschaft«, ARD 1970; »Tatort«, Serie, 3 Folgen, ARD 1971–1977; »Otto der Klavierstimmer«, Regie: Wolfgang Henschel, Serie, und »Zwischenlandung«, ZDF 1971; »Happy end« (nach Lane), ARD 1971; »Bettina«, SRG 1972; »Der kleine Doktor« (nach Simenon), Serie, ZDF 1973; »König Kunde«, ARD 1973; »Die Klassenfeier« und »Valentinaden«, ARD 1976; »Derrick«, Serie, 3 Folgen, ZDF 1976–1983; »Geheimtip für Tommy«, ARD 1977; Thomas Lieven in »Es muß nicht immer Kaviar sein« (von Horst Pillau nach Johannes Mario Simmel), mit Heinz Reincke, Erik Schumann, Herbert Fleischmann, Andrea Rau, Christiane Krüger und Günter Lamprecht, Regie: Thomas Engel, 13 Teile, ZDF 1977; »Jahreszeiten der Liebe«, ZDF 1978; Old Shatterhand in »Mein Bruder Winnetou«, mit Pierre Brice, 4 Teile, ZDF 1979; »Zwischenmahlzeit«, mit Gisela Schlüter, Serie, ARD 1980; »Hotel

Erna Raupach-Petersen

Tannenhof«, ZDF 1980; »Maria Theresia«, ORF 1980; »Lemmy und die Schmöker«, Serie, ARD 1981; »Kiwi«, Serie, ZDF 1982; »Unsere schönsten Jahre« (von Franz Geiger), mit Elmar Wepper und Uschi Glas, Serie, und »Kampftag«, Regie: Manfred Grunert, ZDF 1983; »Androjäger«, Serie, ARD 1983; »Niemand weint für immer«, ARD 1984; »Le Paria«, franz. TV 1984; »Einführung in das Mietrecht« (von Heiner Schmidt), mit Antje Hagen, 13 Teile, ZDF 1985; »Wie der Mond über Feuer und Blut«, Regie: Axel Corti, ORF/BR III, 1985.
Anschrift: c/o Agentur Alexander, Lamontstraße 9, 8000 München 80.

Geb. 11. 11. 1904 in Flensburg; dort aufgew.; nach Schauspiel- und Gesangsunterricht begann sie 1932 an den Bühnen der Landeshauptstadt Kiel. Weitere Verpflichtungen führten sie u.a. nach Breslau, Lübeck und Krakau. Seit 1948 gehört sie zum Ensemble des Hamburger Ohnsorg-Theaters, durch dessen über 100 Fernseh-Übertragungen sie seit 1954 vor allem bekannt wurde. Die niederdeutsche Mundartbühne feierte 1972 ihr 50jähriges Bühnenjubiläum und richtete zu ihrem 80. Geburtstag 1984 die Premiere des Stücks »Familie Pingel« (auch TV) ein. Frau Raupach-Petersen ist zweimal verwitwet. Ihr erster Mann war der Schauspieler Walter Raupach, der im II. Weltkrieg fiel. Die Künstlerin lebt in Hamburg.
Theater/Fernsehen: In den zahlreichen Stücken hatte sie Partner wie Hans Mahler, Heidi Kabel, Heidi Mahler, Erna Schumacher, Hilde Sicks, Edgar Bessen, Ernst Grabbe, Fritz Hollenbeck, Heini Kaufeld, Karl-Heinz Kreienbaum, Otto Lüthje, Henry Vahl, Richard Ohnsorg, Werner Riepel, Walter Scherau, Günther Siegmund, Hanno Thurau und Jochen Schenck. Stücke u.a.: »Der Winkeladvokat«, »Der Bürgermeisterstuhl«, »Nur ein Viertelstündchen«, »Das Hörrohr«, »Tratsch im Treppenhaus«, »Kein Einkommen mit dem Auskommen«, »Der schönste Mann von der Reeperbahn«, »In Luv und Lee die Liebe«, »Pott will heiraten«. Seit 1977 u.a.: »Lentje Marken fang ehr Leben an«, »Willem sien Willen« und »Een Stück vun't Glück«.
Anschrift: Dorotheenstraße 49, 2000 Hamburg 60.

Götz-Olaf Rausch

Geb. 30. 6. 1921 in Berlin; dort aufgew.; nach dem Abitur und Kriegsdienst begann er 1945 am Theater der Jugend München. Engagements an der Bayerischen Landesbühne, am Jungen Theater, am Neuen Theater, am Theater im Brunnenhof und am Theater Die Spieler in München folgten. Von 1947 bis 1950 gehörte er unter Saladin Schmitt zum Ensemble des Schauspielhauses Bochum. Weitere Stationen: Gastspiele an den Bühnen der Stadt Bielefeld, am Marburger Schauspiel, an den Städt. Bühnen Dortmund, am Stadttheater Remscheid sowie bei den Festspielen Loreley, in Wunsiedel, Jagsthausen, Marburg und Schloß Burg (1950–1955). 1951/52 absolvierte er eine Pantomimenausbildung bei Jean Soubeyran, von 1956 bis 1958 war er Oberspielleiter am Stadttheater Trier, von 1958 bis 1960 erster Spielleiter am Schloßtheater Celle. 1961/62 war er an der Komödie Basel und am Marburger Schauspiel engagiert. Seither ist er freischaffend. Er gastierte als Schauspieler und Regisseur u.a. am Bayerischen Staatsschauspiel München, an den Münchner Kammerspielen (1965/66), an den Vereinigten Bühnen Graz, am Stadttheater Ingolstadt, am Landestheater Tübingen, am Theater der Jugend Frankfurt/Main, an der Schaubühne am Lehniner Platz Berlin (1979), am Westfälischen Landestheater Castrop-Rauxel, bei den Burgfestspielen Jagsthausen und an den Westfälischen Kammerspielen Paderborn. Er verkörperte an den vorgenannten Bühnen Rollen seines Fachs. Seit 1960 wirkt er beim Fernsehen; er arbeitet umfangreich beim Hörfunk.
Rausch spricht franz., engl.; er ist verheiratet, hat einen Sohn und lebt in Bad Kissingen-Reiterswiesen.
Fernsehen: »Der kleine Lord« (nach Burnett/Kaula), ARD 1962, »Robinson soll nicht sterben« (nach Forster), ARD 1963, und »Der trojanische Krieg findet nicht statt« (nach Giraudoux), ARD 1964, Regie: jeweils Franz Josef Wild; »Judith« (nach Giraudoux), Regie: Oswald Döpke, ZDF 1965; »Nemo taucht auf« (nach Rivemale), ARD 1965; »Caligula« (nach Camus), »Im Jahre Neun« (nach Timm) und »Der Zauberer Gottes« (nach Fechter), ZDF 1966; »Der Glückstopf« (von Teuber), ARD 1966; »Pechvogel« (nach Wolpert), ARD 1967; »Der Schpunz« (nach Pagnol), ZDF 1967; »Altaich« (nach Thoma) und »Die fremde Frau und der Mann unterm Bett« (nach Dostojewski), ZDF 1968; »Meine Tochter – Unser Fräulein Doktor«, Serie, ARD 1969; »1001 Nacht«, Serie, ZDF 1969; »So zärtlich war Suleyken«, Serie, und »Miß Molly Mill«, Regie: Thomas Engel, 13 Teile, ARD/ZDF 1969/70; »Otto der Klavierstimmer«, ZDF 1971; »Überall ist Wunderland« (zum 100. Geburtstag von Joachim Ringelnatz), Regie: Wolfgang F. Henschel, ZDF 1983. Ferner spielte er u.a. in: »Da regt sich doch noch was«, »Wer war Sherlock Holmes?«, »Mein erster Ball«, »Graf Luckner«, Serie, »Tor und Tod« und »Üb immer Treu nach Möglichkeit«, Serie.
Anschrift: c/o ZBF-Agentur München, Leopoldstraße 19, 8000 München 40.

Hartmut Reck

Geb. 17. 11. 1932 in Berlin; dort aufgew.; nach der Schule nahm er Schauspielunterricht und debütierte am Berliner Ensemble unter Bertolt Brecht in (Ost-) Berlin. Bei der DEFA drehte er mehrere Kinofilme. 1959 siedelte er in die Bundesrepublik Deutschland über. Theater spielte er hier u.a. an der Kleinen Komödie München (in Homes »Handicap«, 1970).
Er arbeitet umfangreich für Fernsehen und Synchronisation (u.a. deutsche Stimme von Jean-Louis Trintignant).
Reck spricht engl.; er ist verheiratet, hat eine Tochter und lebt in München. Aus seiner früheren Verbindung mit der Schauspielerin Vera Tschechowa stammt sein Sohn Nikolaus.
Fernsehen: »Glück in Frankreich« (nach Salomon), Regie: Paul May, ARD 1965; »Heydrich in Prag« (von Adler), Regie: Rolf Hädrich, ARD 1967; »Kirschen für Rom«; »Alarm«; »Der Kommissar«, mit Erik Ode, Serie, ZDF 1972; »Fliegender Sand«; »Die Letzten«; »Raskolnikoff« (nach Dostojewski), Regie: Franz Peter Wirth; »Unabhängig und nur dem Gesetz unterworfen«, Regie: Eberhard Itzenplitz, und »Ein Tag«, Regie: Egon Monk, ARD 1979; »Der Aufsteiger«, Regie: Bernd Fischerauer, ZDF 1981; »Betti, die Tochter«, Regie: Heinz Schirk, ZDF 1982; »Wie es geschah«, Regie: Thomas Engel, ARD 1983; »Frankfurter Kreuz«, Regie: Harald Schäfer, Serie, ARD 1984; »Quadrille« (nach Coward), Regie: Franz Josef Wild, »Mord am Pool« (nach Durbridge), Regie: Gerhard Klingenberg, und Amias Paulet in »Maria Stuart« (nach Schiller), mit Anja Kruse, Regie: Heinz Schirk, ARD 1986.
Anschrift: Karwinskistraße 62, 8000 München 60.

Manfred Reddemann

Geb. 9. 11. 1939 in Coesfeld/Westfalen; dort aufgew.; nach der Schule nahm er Schauspielunterricht. Seine Bühnenstationen: Theater Kleve/Niederrhein, Theater der Freien Hansestadt Bremen, Ernst-Deutsch-Theater Hamburg, Theater im Zimmer Hamburg, Ohnsorg-Theater Hamburg (»Viola«, 1983, auch TV) und Hamburger Kammerspiele (»Ein klarer Fall«, 1985). Er spielte jeweils Rollen seines Fachs. Er arbeitet umfangreich in der Synchronisation und für den Hörfunk.
Reddemann spricht engl.; er ist verheiratet und lebt in Hamburg.
Film: Fliegergeneral Galland in »Schlacht um England«, USA/Großbritannien 1969.
Fernsehen: »Kim Philby war der dritte Mann«; »Friedrich Ebert«; »Marinemeuterei 1917«; »Percy Stuart«, mit Claus Wilcke, Serie, ZDF 1972; »Der Kommissar«, mit Erik Ode, Serie, ZDF 1974; »Überlebenstraining«, Regie: Frank Guthke, ZDF 1977; »François Villon« (von Ahlsen), Regie: Werner Schlechte, ZDF 1981; »Vom Webstuhl zur Weltmacht«, Regie: Heinz Schirk, 6 Teile, ARD 1983; Politiker in »Abschied von der Hinterbank«, Buch und Regie: Joachim Roering, »Jagger und Spaghetti«, Regie: Karsten Wichniarz, »Ein Mann ist soeben erschossen worden« (nach Arca), Regie: Thomas Engel, und »Streng vertraulich« (von Prince), mit Maria Schneider, Regie: John Goldschmidt, ZDF 1985.
Anschrift: c/o Agentur Jovanovic, Perfallstraße 6, 8000 München 80.

Christian Redl

Geb. 20. 4. 1948 in Schleswig; aufgew. in Kassel; nach der Schule absolvierte er die Schauspielschule Bochum. Sein erstes Engagement hatte er an den Wuppertaler Bühnen. Weitere Stationen: Städt. Bühnen Frankfurt/Main (1972–1978), Theater der Freien Hansestadt Bremen (1978–1980) und Deutsches Schauspielhaus Hamburg (seit 1980). Ein Gastspiel gab er 1973 u.a. am Nationaltheater Mannheim. Redl spricht engl., franz.; er ist verheiratet mit der Schauspielerin Marlen Diekhoff und lebt in Hamburg.

Theater: Jack in O'Caseys »Der Stern wird rot«, Edgar in Shakespeares »König Lear«, jeweils Wuppertaler Bühnen 1970–1972; Spitta in Hauptmanns »Die Ratten«, Cronin in Behans »Richards Korkbein«, Mephisto in Goethes »Urfaust«, Beaumarchais in Goethes »Clavigo«, Bill in Bonds »Die Hochzeit des Papstes«, Leonhard in Hebbels »Maria Magdalena«, Attaché in Brechts »Herr Puntila und sein Knecht Matti«, Titelrolle in Büchners »Woyzeck«, Valerio in Büchners »Leonce und Lena« (1973 Nationaltheater Mannheim), Sir Toby in Shakespeares »Was ihr wollt«, Zettel in Shakespeares »Ein Sommernachtstraum«, jeweils Städt. Bühnen Frankfurt/Main 1972–1978; Sir Gurney in Shakespeares »Richard III.«, Mortimer in Schillers »Maria Stuart«, Regie: Nicolas Brieger, und Narr in Shakespeares »Was ihr wollt«, jeweils Theater der Freien Hansestadt Bremen 1978–1980; Hamm in Becketts »Endspiel«, Stanley in Williams' »Endstation Sehnsucht«, und Titelrolle in Molières »Tartuffe«, jeweils mit Marlen Diekhoff und unter der Regie von Peter Löscher, Macheath in Brecht/Weills »Die Dreigroschenoper«, Tusenbach in Tschechows »Drei Schwestern«, Wurm in Schillers »Kabale und Liebe«, Hans in Handkes »Über die Dörfer«, Regie: Niels-Peter Rudolph, Matti in Brechts »Herr Puntila und sein Knecht Matti«, und Titelrolle in Sophokoles' »Ödipus auf Kolonos«, jeweils Deutsches Schauspielhaus Hamburg 1980–1984.

Auszeichnung: Mitglied der Akademie der Darstellenden Künste.

Anschrift: c/o Deutsches Schauspielhaus Hamburg, Kirchenallee 39, 2000 Hamburg 1.

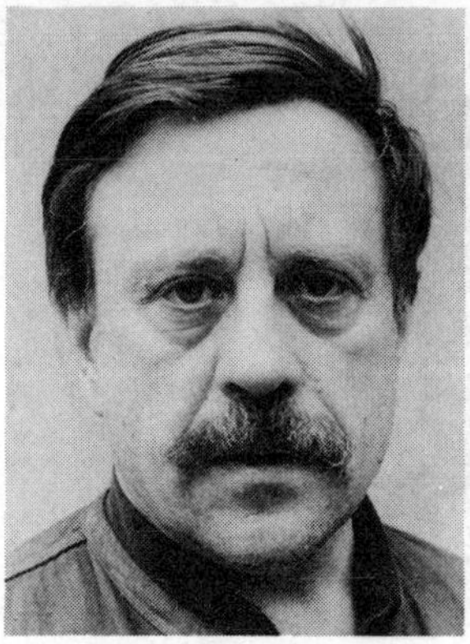

Wolf Redl

Geb. in Hamburg; Abitur; als Kreon in Brechts »Antigonemodell« debütierte er 1962 unter der Regie von Claus Peymann an der Studentenbühne der Universität Hamburg. Engagements hatte er u.a. am Bayerischen Staatsschauspiel München und am Deutschen Schauspielhaus Hamburg. Seit 1971 gehört er zum Ensemble der Schaubühne am Halleschen Ufer (jetzt Lehniner Platz) Berlin. Er gastierte u.a. am Theater der Freien Hansestadt Bremen (1979/80). Redl spricht engl., franz.; er lebt in Berlin.

Theater: Roller in Schillers »Die Räuber« und Neoptolemos der Uraufführung von H. Müllers »Philoktet«, Regie: jeweils Hans Lietzau, Bayerisches Staatsschauspiel München 1968; Boris in der Uraufführung von Bernhards »Ein Fest für Boris«, Regie: Claus Peymann, Deutsches Schauspielhaus Hamburg 1970; Titelrolle in Ibsens »Peer Gynt« (Teil 1 und 2), Regie: Peter Stein, und Jacques Pierre in Hofmannsthals »Das gerettete Venedig«, Regie: Frank-Patrick Steckel, 1971, Colladan in Botho Strauß' »Das Sparschwein« (nach Labiche), Basow in Gorkis »Sommergäste« (auch als Film), Regie: jeweils Peter Stein, und Direktor in H. Müllers »Der Lohndrücker«, Regie: Frank-Patrick Steckel, 1973, in Kroetz' »Oberösterreich« 1974, in O'Caseys »Das Ende vom Anfang«, Regie: Kollektiv, 1975, Titelrolle in Brechts »Fatzer«, Regie: Frank-Patrick Steckel, 1976, in Courtelines »Die ganz begreifliche Angst vor Schlägen«, Regie: Kollektiv, 1977, Titelrolle in Barlachs »Der blaue Boll«, Regie: Frank-Patrick Steckel, und Campese in de Filippos »Die Kunst der Komödie«, Regie: Fred Berndt, 1982/83, jeweils Schaubühne am Halleschen Ufer (jetzt Lehniner Platz) Berlin; Titelrolle in Molières »Tartuffe«, Regie: Ernst Wendt, Theater der Freien Hansestadt Bremen 1979. Dort inszenierte er 1980 das »Symposium« (nach Platon) und Shakespeares »Was ihr wollt«.

Anschrift: c/o Schaubühne am Lehniner Platz, Kurfürstendamm 152, 1000 Berlin 31.

Bettina Redlich

Geb. 19. 12. 1963 in Innsbruck; dort aufgew.; Gymnasium bis zur 12. Klasse; Schülerin des Konservatoriums in Innsbruck; acht Jahre Klavierunterricht; 1979 erster Schauspielunterricht, u.a. bei Gretl Fröhlich und Susi Nicoletti, Tanzausbildung, u.a. bei Billy Milie und Dieter Gackstetter sowie Gesangsunterricht bei Romana Wichmann.
Ihr erstes Engagement bekam sie 1980 am Schauspielhaus Bochum. Weitere Verpflichtungen u.a. bei den Festspielen Gandersheim (1981) und am Volkstheater München (1983–1986). Bettina Redlich spricht ital., engl.; sie ist ledig und lebt in München.
Theater: Jüngste Susn in Achternbuschs »Susn«, Regie: Vera Sturm, Schauspielhaus Bochum 1980/81; Recha in Lessings »Nathan der Weise«, Regie: Frieder Lorenz, Festspiele Gandersheim 1981; Eve in Kleists »Der zerbrochene Krug«, mit Gustl Bayrhammer, Regie: Wolfgang Gropper, Volkstheater München 1983/84.
Fernsehen: »Zuhaus in fremden Betten«, Regie: Michael Günther, ZDF 1980; »Celimar«, ORF 1981; »Engel auf Rädern«, Regie: Reinhard Schwabenitzky, ZDF 1982; »Einmal die Woche«, Regie: Horst Flick, und »SOKO 5113«, Serie, ZDF 1983; »Rummelplatzgeschichten«, Serie, und »Freud – Berühmte Briefe«, Regie: Maria Wildner, ARD 1983; »Rambo Zambo«, Regie: Reinhard Donga, »Die Schöffin«, Regie: Michael Mackenroth, 7 Teile, und »Herr Bachmann und seine Töchter«, mit Rolf Schimpf, 6 Teile, ZDF 1984; Tochter des Kommissars in »Der Alte«, mit Rolf Schimpf, Serie, ZDF ab 1986.
Anschrift: c/o Agentur Palz, Ortlindestraße 6, 8000 München 81.

Charles Regnier

Geb. 22. 7. 1915 in Freiburg/Schweiz; aufgew. in Straßburg, Badenweiler und Montreux; sein Großvater war Franzose, der in Bingen am Rhein lebte und von dort nach Amerika auswanderte. Sein Vater war Arzt und wurde in Amerika geboren. Seine Mutter war Deutsche. Nach der Realschule nahm er Schauspielunterricht in Berlin. Mit 17 Jahren drehte er zusammen mit zwei Freunden in Prag einen Schmalfilm mit dem Titel »La lettre«.
1933 verließ er Deutschland, nachdem er in Berlin wegen politischer Schwierigkeiten verhaftet worden war, und ging nach Italien, wo er in Portofino eine Andenken-Boutique eröffnete. Er kehrte jedoch bald nach Berlin zurück. Nach einem Engagement in Hannover kam er 1938 ans Theater Greifswald. Dort lernte er seine spätere Frau, die Schauspielerin Pamela Wedekind, Tochter des Dichters Frank Wedekind (geb. 1864 – verst. 1918), kennen, die er 1941 in Berlin heiratete (verst. 1986).
Im gleichen Jahr holte ihn Otto Falckenberg an die Münchner Kammerspiele, wo er zusammen mit seiner Frau spielte. Er war dort zudem als Regie-Assistent und Regisseur tätig. U.a. inszenierte er die Uraufführung von Hans Fitz' »Geheimnisvolle Ehe«, die letzte Premiere vor der Bombenzerstörung 1944. Regnier war später auch als Lehrer an der Otto-Falckenberg-Schule tätig. Nach seiner Verpflichtung an den Münchner Kammerspielen (bis 1958) gastierte er u.a. am Schauspielhaus Düsseldorf, am Schauspielhaus Bochum, am Schauspielhaus Zürich, an der Kleinen Komödie München, an der Komödie Berlin, am Fritz-Rémond-Theater im Zoo Frankfurt/Main, an den Bühnen der Stadt Bonn, am Contra-Kreis-Theater Bonn sowie bei zahlreichen Tourneen. Gastspiele gab er häufig im Ausland, u.a. in London.
Er arbeitet häufig als Theater- und Fernseh-Regisseur. Neben seiner Tätigkeit als Drehbuchautor machte er sich vor allem als Übersetzer von Werken französischer und britischer Autoren einen Namen, So übertrug er u.a. Werke von Jean Cocteau, Jean Giraudoux, Georges Simenon, W. Somerset Maugham, Sidonie Gabrielle Colette und François Mauriac ins Deutsche.
Seit 1948 wirkte er in über 80 Kinofilmen mit. Beim Fernsehen arbeitet er seit 1960.

Regnier spricht engl., franz., ital.; er hat aus seiner Ehe mit Pamela Wedekind drei Kinder (Carola, auch Schauspielerin, Anatole und Adrienne) und lebt in Ambach am Starnberger See.
Film: »Der Kaplan von San Lorenzo« und »Unter Palmen am blauen Meer«, 1948; »Königskinder«, mit und unter der Regie von Helmut Käutner, 1949; »Ich heiße Nicki«, 1952; »Der große Zapfenstreich« und »Ein Leben für Do«, 1953; »Konsul Strotthoff«, »Clivia«, »Rittmeister Wronski«, »Die Hexe«, »Sauerbruch – Das war mein Leben«, mit Ewald Balser und Erich Ponto, Regie: Rolf Hansen, und »Canaris«, mit O.E. Hasse und Martin Held, Regie: Alfred Weidenmann, 1954; »Oase«, »Ein Mann vergißt die Liebe«, »Die Stadt voller Geheimnisse«, »Heldentum nach Ladenschluß«, »Frauen um Richard Wagner«, »Die Toteninsel«, »Banditen der Autobahn«, »Unternehmen Schlafsack«, und »Alibi«, Regie: Alfred Weidenmann, 1955; »Königin Luise«, mit Ruth Leuwerik, Regie: Wolfgang Liebeneiner, »Anastasia, die letzte Zarentochter«, mit Lilli Palmer, und »Heute heiratet mein Mann«, 1956; »Banktresor 713«, »El Hakim«, mit O.W. Fischer, und »The Journey«, 1957; »Zeit zu leben und Zeit zu sterben«, Regie: Douglas Sirk, USA 1958; »Grabenplatz 17«, Regie: Erich Engels, »Taiga«, Regie: Wolfgang Liebeneiner, »Solange das Herz schlägt«, und »Nick Knattertons Abenteuer«, 1958; »Der Rest ist Schweigen«, und Fürst Metternich in »Die schöne Lügnerin«, mit Romy Schneider und Hans Moser, Regie: Axel von Ambesser, 1959; »Schlußakkord«, Italien 1959; »Bankraub in der Rue Latour«, 1960; »Die Ehe des Herrn Mississippi« (nach Dürrenmatt), Regie: Hans Schweikart, und »Julia, du bist zauberhaft« (nach Maugham), mit Lilli Palmer, 1961; »Lulu« (nach Wedekind), Mortimer in »Das Testament des Dr. Mabuse«, mit Gert Fröbe, Regie: Werner Klingler, und »Wenn Männer Schlange stehen«, 1962; »Moral 63«, »Der schwarze Abt« (nach Wallace), mit Joachim Fuchsberger, und »Ein Alibi zerbricht«, 1963; »Der Unsichtbare« und »DM-Killer«, 1964; »Angélique« (Teil I und II), Frankreich 1965/66; »Im Netz der goldenen Spinne« und »Grieche sucht Griechin«, 1966; »Der Würger vom Tower« und »Die Ente klingelt um halb acht«, BRD/Italien 1969; »Ohrfeigen«, 1970; »Fabian«, Regie: Wolf

Gremm, 1980; »Der Schnüffler«, mit Dieter Hallervorden, Regie: Ottokar Runze, 1982; »Shalom Pharao«, Regie: Curt Linda, und »Die wilden Fünfziger« (nach Simmel), Regie: Peter Zadek, 1983; »Ein Mann wie EVA«, mit Eva Mattes, Regie: Radu Gabrea, 1984.

Theater: In Hauptmanns »Die Jungfern vom Bischofsberg«, 1941, Prinz von Guastalla in »Emilia Galotti«, Regie: Otto Falckenberg, in Johann Vaszarys »Hilfe, ich hab' einen Engel geheiratet«, Regie: Friedrich Domin, in Goldonis »Das Kaffeehaus«, in Kenters »Traumulus«, Regie: der Autor selbst, und in der Uraufführung von Brenners »Liebesopfer«, 1943, Carlos in Forsters »Die Infanten«, in Hömbergs »Minnifie«, und Arnold Kramer in Hauptmanns »Michael Kramer«, Regie: Friedrich Domin, 1944, in Katajews »Ein Strich geht durchs Zimmer«, 1945, in Laverys »Die erste Legion«, Regie: Harry Buckwitz, 1947, in Ambessers »Lebensmut zu hohen Preisen«, Regie: Friedrich Domin, 1945/46, in Schillers »Kabale und Liebe«, 1948, in Pagnols »Madame Aurélie«, Regie: Friedrich Domin, 1950, Riccaut de la Marlinière in Lessings »Minna von Barnhelm«, Regie: Fritz Kortner, 1951, in der Uraufführung von Dürrenmatts »Die Ehe des Herrn Mississippi«, Regie: Hans Schweikart, 1952, König Philipp in Rehbergs »Maria und Elisabeth«, Regie: Friedrich Domin, und in Raimunds »Der Bauer als Millionär«, Regie: Heinz Hilpert, 1953, in Rehfisch/Herzogs »Die Affäre Dreyfus«, Regie: August Everding, 1958, jeweils Münchner Kammerspiele; in Millers »Nach dem Sündenfall«, mit Sonja Ziemann, Schauspielhaus Zürich 1966; in Anouilhs »Rendezvous um Mitternacht«, in Pugets »Kleiner Engel ohne Bedeutung«, in Odets' »Das große Messer«, Bacon in Bruckners »Elisabeth von England«, Delbecq in Rehfischs »Oberst Chabert« (nach Balzac), in Dürrenmatts »Die Physiker«, in Homes »Handicap«, in Barilett/Grédys »Vier Fenster zum Garten« (auch TV), in »Der Wendepunkt«, Regie: Regnier selbst (auch TV), in Scribes »Das Glas Wasser«, in »Das Biest« (auch TV), in »Der Favorit« (auch TV), in Stones »Kalifornisches Roulette« in Cocteaus »Bacchus«, jeweils an den vorgenannten Bühnen bis 1986.

Fernsehen: Neben zahlreichen Theaterübertragungen und der Ausstrahlung vieler genannter Spielfilme ferner u.a.: »In der Sache J. Robert Oppenheimer« (nach Kipphardt), Regie: Gerhard Klingenberg, ARD 1964; »Die Verfolgung und Ermordung Jean Paul Marats« (nach Weiss), Regie: Peter Schulze-Rohr, ARD 1967; »Babeck« (von Reinecker), mit Curd Jürgens, Senta Berger, Cordula Trantow, Helmut Lohner und Josef Meinrad, Regie: Wolfgang Becker, 3 Teile, ZDF 1968; »Hier bin ich, mein Vater« (nach Torberg), Regie: Ludwig Cremer, ARD 1970; »Der Kommissar«, mit Erik Ode, Serie, ZDF, und »Tod auf der Themse«, Regie: Oswald Döpke, 1972; Kommissar in »Mordkommission«, Serie, ZDF 1974/75; »Ein Mensch« (nach Eugen Roth), Regie: Peter Eschberg, ZDF 1975; »Der Galgensteiger«, Regie: Xaver Koller, und »Der Alte«, Serie, 2 Folgen, ZDF 1980 und 1985; »Napoleon – König der Köche« (nach Sternheim), Regie: Karl Heinz Kramberg, BR III 1985. Ferner spielte er u.a. in: »Der Prozeß Carl von O« (von Matray/Krüger), »Josephine« (nach Bahr) und »Der Katzensteg«.

Auszeichnung: Deutscher Kritikerpreis 1955.

Anschrift: Seestraße 6, 8194 Ambach, Starnberger See.

Hans Michael Rehberg

– Staatsschauspieler –

Geb. 2. 4. 1938 als Sohn des Dramatikers Hans Rehberg (geb. 1901 – verst. 1963) in Fürstenwalde bei Berlin; nach der Schulausbildung absolvierte er die Folkwang-Schule Essen. Erste Bühnenengagements hatte er an den Vereinigten Städt. Bühnen Krefeld-Mönchengladbach und am Schleswig-Holsteinischen Landestheater Schleswig. Seither ist er am Bayerischen Statsschauspiel München (seit 1968 als Staatsschauspieler) tätig. Verpflichtungen hatte er ferner u.a. an den Münchner Kammerspielen (1974), am Deutschen Schauspielhaus Hamburg (1973–1977), am Thalia-Theater Hamburg (1979) und am Akademietheater Wien (1985). Er arbeitet zudem als Bühnen-Regisseur und ist in der Synchronisation tätig.
Rehberg spricht engl., franz.; er ist geschieden, hat eine Tochter und zwei Söhne und lebt in Grünwald bei München.
Film: »Die Konsequenz« (nach Alexander Ziegler), mit Ernst Hannawald, Regie: Wolfgang Petersen, auch ARD (außer BR) 1977; »Soweit das Auge reicht«, Regie: Erwin Keusch, 1980; »Krieg und Frieden« (Buch: Heinrich Böll), und »Eisenhaus«, Regie: Tankred Dorst, 1983; »Der Havarist«, Regie: Wolf-Eckart Bühler, 1984; »Donauwalzer«, Regie: Xaver Schwarzenberger, 1985 (auch TV 1986).
Theater: Herzog in Shakespeares »Was ihr wollt«, Regie: Johannes Schaaf, Bayerisches Staatsschauspiel 1970; Hahnrei in Valle-Incláns »Worte Gottes«, Regie: Johannes Schaaf, Münchner Kammerspiele 1974; Bruder und Vater in der westdeutschen Erstaufführung von Müllers »Die Schlacht«, Regie: Ernst Wendt, 1975, Titelrolle in Büchners »Dantons Tod«, Regie: Jürgen Flimm, 1976, Moritz in Bodo Strauß' »Trilogie des Wiedersehns«, Regie: Dieter Giesing, 1977, jeweils Deutsches Schauspielhaus Hamburg; Robert in Pinters »Betrogen«, Regie: Dieter Giesing, Thalia-Theater Hamburg 1979; Titelrolle in Kipphardts »In der Sache J. Robert Oppenheimer«, mit Dieter Borsche und Kurt Meisel, Regie: Dieter Giesing (auch TV), Titelrolle in Shakespeares »Othello«, Regie: Peter Palitzsch, 1981/82, Titelrolle in Kipphardts »Bruder Eichmann«, Regie: Dieter Giesing, Titelrolle in Ibsens »Baumeister Solness«, mit Barbara Sukowa, Regie: Peter Zadek, 1983; Hotelier Stefan in Botho Strauß' »Bekannte Gesichter, gemischte Gefühle«, und in Vinavers »Flug in die Anden«, Regie: Arie Zinger, 1984, Titelrolle in Ibsens »John Gabriel Borkman«, Regie: Ingmar Bergman, 1985, jeweils Bayerisches Staatsschauspiel München; Untersuchungsrichter in Ljubimows »Verbrechen und Strafe« (nach Dostojewski), Akademietheater Wien 1985. 1973 inszenierte er am Deutschen Schauspielhaus Hamburg Hauptmanns »Die Ratten«.
Fernsehen: »11 Uhr 20« (von Reinecker), mit Joachim Fuchsberger und Gila von Weitershausen, Regie: Wolfgang Becker, 3 Teile, ZDF 1970; »Berlin Alexanderplatz« (nach Döblin), mit Günter Lamprecht und Hanna Schygulla, Regie: Rainer Werner Fassbinder, ARD 1980; »Der Alte«, Serie, und »Der Richter«, ZDF 1981; »Die Kartause von Parma« (nach Stendhal), mit Marthe Keller, Regie: Mauro Bolognini, 6 Teile, RAI/ZDF 1982; »Fast eine Weihnachtsgeschichte«, Regie: Werner Zeidler, BR III 1984. Ferner spielte er u.a. in »Die Plebejer proben den Aufstand« (nach Grass) und in »Wie es euch gefällt« (nach Shakespeare).
Auszeichnung: Bayerischer Staatsschauspieler 1968.
Anschrift: c/o ZBF-Agentur München, Leopoldstraße 19, 8000 München 40.

Wolfgang Reichmann

Geb. 7. 1. 1932 in Beuthen/Oberschlesien; dort aufgew.; nach dem Abitur an einem Realgymnasium studierte er an der Universität Frankfurt/Main Germanistik und Theaterwissenschaft; seine Gesangsausbildung erhielt er bei Prof. Lohmann am Opernstudio Wiesbaden und am Konservatorium Frankfurt/Main (Rollenfach Bass).
1953 debütierte er als Schauspieler am Zimmertheater Wiesbaden. Nach einem kurzen Engagement am Kleinen Theater im Zoo Frankfurt/Main kam er 1955/56 an das Stadttheater Gießen. Weitere Stationen: Städt. Bühnen Oberhausen (1956/57), Nationaltheater Mannheim (1957/58), Schauspielhaus Bochum (1958/59), Münchner Kammerspiele und Bayerisches Staatsschauspiel München (1959/60). Seit 1963 arbeitet er am Schauspielhaus Zürich. Er gab zahlreiche Gastspiele am Schauspielhaus Düsseldorf (ab 1966). Er gastierte ferner bei den Festspielen in Bad Hersfeld, Wunsiedel, Salzburg und Jagsthausen. Opern- und Musical-Rollen verkörperte er u.a. an der Bayerischen Staatsoper München, am Opernhaus Zürich und am Theater des Westens Berlin.
Reichmann spricht engl., franz; er ist verheiratet, hat einen Sohn und lebt in Zürich.
Film: »Mein Schulfreund«, »Kirmes« Regie: Wolfgang Staudte, und »Division Brandenburg«, 1960; »Lebenszeichen«, Regie: Werner Herzog, 1968; »Taugenichts«, Regie: Bernhard Sinkel«, 1978; »Woyzeck« (nach Büchner), Regie: Werner Herzog, 1979; »Marie Ward«, mit Hannelore Elsner, Regie: Angelika Weber, 1985.
Theater: Tobias Rülp in Shakespeares »Was ihr wollt«, Zimmertheater Wiesbaden 1952; Huhn in Hauptmanns »Und Pippa tanzt«, Stadttheater Gießen 1954; Noah in Barlachs »Die Sündflut«, Münchner Kammerspiele 1959; Mendel in Hauptmanns »Vor Sonnenuntergang«, 1963, Titelrolle in Sophokles' »Aias« Regie: Leopold Lindtberg, 1966, Holofernes in Hebbels »Judith«, 1967, Salieri in Shaffers »Amadeus«, 1982, jeweils Schauspielhaus Zürich; Titelrolle in Shakespeares »Othello«, 1966 (auch TV), Titelrolle in Goethes »Faust«, 1968, Titelrolle in Büchners »Dantons Tod«, 1970, Regie: jeweils Karl Heinz Stroux, Earl of Guerney in Barnes' »Die herrschende Klasse«, 1970, jeweils Schauspielhaus Düsseldorf; Jack Cade in Strehlers »Spiel der Mächtigen« (nach Shakespeare), Regie: Giorgio Strehler selbst, Salzburger Festspiele 1973; in Schönbergs »Moses und Aaron«, Bayerische Staatsoper München 1982; Milchmann Tevje in Stein/Bocks »Anatevka«, Theater des Westens Berlin 1983/84 und Festspiele Bad Hersfeld 1985; Titelrolle in Goethes »Götz von Berlichingen«, Regie: Ellen Schwiers, Burgfestspiele Jagsthausen 1984 und 1985. Weitere Rollen waren u.a. Stadinger in Lortzings »Der Waffenschmied« und Sir Falstaff in Nicolais »Die lustigen Weiber von Windsor«, Peachum in Brecht/Weills »Die Dreigroschenoper« und Conférencier in »Cabaret« (van Druten/Isherwood/Kander), jeweils an den vorgenannten Bühnen.
Fernsehen: »Zu viele Köche« (nach Stout), ARD 1961; »Wer einmal aus dem Blechnapf frißt« (nach Fallada), ARD 1962; Pozzo in »Warten auf Godot« (nach Beckett), Regie: Rolf Hädrich, ARD 1963; Titelrolle in »George Dandin« (nach Molière), ARD 1964; Don Camillo in »Der seidene Schuh« (nach Claudel), Regie: Gustav Rudolf Sellner, ARD 1965; »Antigone« (nach Anouilh), ZDF 1966; Derwisch in »Nathan der Weise« (nach Lessing), Regie: Franz Peter Wirth, ZDF 1967; Lennie in »Von Mäusen und Menschen« (nach Steinbeck), ARD 1968; Luis in »Asche des Sieges« (nach Conchon), Regie: Dietrich Haugk, ARD 1969; »Der Biberpelz« (nach Hauptmann), Regie: Franz Peter Wirth, ZDF 1975; Morell in »Candida« (nach Shaw), mit Cordula Trantow, Regie: Werner Schlechte, ZDF 1976; Titelrolle in »Fuhrmann Henschel« (nach Hauptmann), Regie: Werner Schlechte, und »Der Alte«, Serie, ZDF 1977; Oblomow in »Oblomows Liebe«, Regie: Claus Peter Witt, ARD 1977; Titelrolle in »Nero« (nach Marceau), ZDF 1979; Titelrolle in »Ein Guru kommt«, Regie: Rainer Erler, ZDF 1980; »Kabale und Liebe« (nach Schiller), Regie: Heinz Schirk, ARD 1982; »Derrick«, Serie, ZDF 1982; »Die Mars-Chroniken«, mit Maria Schell und Rock Hudson, Regie: Michael Anderson, 3 Teile, BBC/ZDF 1983; »Der Schatz im Haus«, und »Ein Fall für zwei«, Serie, ZDF 1984; »Das Gespinst« (von Willschrei), Regie: Ilse Hofmann, ARD 1985; »Mord am Pool« (nach Durbridge), Regie: Gerhard Klingenberg, ARD 1986.

Auszeichnung: »Goldene Kamera« (HÖRZU) 1968; »Großer Bad-Hersfeld-Preis« 1985.
Anschrift: c/o Management Bloy, Gasteigweg 1, 8022 Grünwald.

Heinz Reincke

Geb. 28. 5. 1925 in Kiel; dort aufgew.; nach der Volksschule war er von 1939 bis 1942 Verwaltungsangestellter bei der IHK Kiel; nebenher war er Statist an den Bühnen der Landeshauptstadt. Nach seinem Debüt am Theater Landsberg/Warthe (1942) und zahlreichen Auftritten am Kurtheater Zoppot und an der Sommerbühne Minsk, wurde er 1943 zum Kriegsdienst eingezogen. Aus der Kriegsgefangenschaft zurück, bekam er 1947/48 ein Engagement am Renaissance-Theater Schleswig. 1948 gründete er sein eigenes Theater, die Wanderbühne »Entertainer«. An den Bühnen der Stadt Bonn war er 1948/49 verpflichtet. Weitere Stationen: Württembergisches Staatstheater Stuttgart (1950–1955) und Deutsches Schauspielhaus Hamburg (1955–1965). Nach Gastspielen am Düsseldorfer Schauspielhaus, bei den Salzburger Festspielen und am Jungen Theater Hamburg kam er 1967 an das Wiener Burgtheater, wo er bis heute zum Ensemble gehört.
Reincke ist verheiratet und lebt in Wien.
Film: »Ein Herz kehrt heim«, 1956; »Bekenntnisse des Hochstaplers Felix Krull« (nach Thomas Mann), mit Horst Buchholz, 1957; »Nasser Asphalt« und »Kanonenserenade«, 1958; »Faust«, mit Gustaf Gründgens, 1960; »Der längste Tag«, Regie: Bernhard Wicki (für den deutschen Teil), 1963; »Der Pfarrer von St. Pauli«, Regie: Rolf Olsen, »Heintje – Mein bester Freund«, mit Heintje Simons und Gerlinde Locker, Regie: Werner Jacobs, und »Mein Vater, der Affe und ich«, Regie: Franz Antel, 1970; »Fluchtweg St. Pauli – Großalarm für die Davidswache«, Regie: Wolfgang Staudte, und »Morgen fällt die Schule aus«, Regie: Werner Jacobs, 1971; »Käpt'n Rauhbein auf St. Pauli«, Regie: Rolf Olsen, 1972; »Der Lord von Barmbeck«, Regie: Ottokar Runze, 1974.
Theater: Iwan in Johann Strauß' »Die Fledermaus«, Theater Landsberg/ Warthe 1942/43; Puck in Shakespeares »Ein Sommernachtstraum«, und Sigismund in Benatzkys »Im Weißen Rössl«, jeweils Renaissance-Theater Schleswig und Bühnen der Stadt Bonn 1947/48; Patroclus in Shakespeares »Troilus und Cressida«, Robert in Burkhards »Feuerwerk«, Spiegelberg in Schillers »Die Räuber«, Arnold Kramer in Hauptmanns »Michael Kramer«, Merkur in Giraudoux' »Amphitryon 38«, Frick in Offenbachs »Pariser Leben«, Stephano in Shakespeares »Der Sturm«, und Queeg in Wouks »Meuterei auf der Caine«, jeweils Württembergisches Staatstheater Stuttgart 1950–1955; Wolters in Zuckmayers »Das kalte Licht«, Titelrolle in Jahnns »Thomas Chatterton«, Beckmann in Borcherts »Draußen vor der Tür«, Keil in Hauptmanns »Rose Bernd«, Bluntschli in Shaws »Helden«, Konstantin in Tschechows »Die Möwe«, und Offizier in Strindbergs »Ein Traumspiel«, Regie: Oscar Fritz Schuh, jeweils Deutsches Schauspielhaus Hamburg 1955–1965; Jago in Shakespeares »Othello«, Titelrolle in Shakespeares »Macbeth«, 1966, und Mephisto in Goethes »Faust«, 1968, Regie: jeweils Karl Heinz Stroux, Schauspielhaus Düsseldorf; Puck in Shakespeares »Ein Sommernachtstraum«, Regie: Leopold Lindtberg, Salzburger Festspiele 1967; Mephisto in Goethes »Urfaust«, Das Junge Theater Hamburg 1968; Robespierre in Büchners »Dantons Tod«, Regie: Otto Schenk, 1967, Figaro in Beaumarchais' »Der tolle Tag oder Figaros Hochzeit«, und Scandal in Congreves »Liebe für Liebe«, 1968/69, Titelrolle in Erdmanns »Der Selbstmörder«, Titelrolle in Linneys »Armer alter Fritz«, Matti in Brechts »Herr Puntila und sein Knecht Matti«, 1970/71, Titelrolle in Shakespeares »Macbeth«, 1973, Mephisto in Goethes »Faust«, 1976, Ständer in Sternheims »Tabula rasa«, 1978, Big Daddy in Williams' »Die Katze auf dem heißen Blechdach«, Regie: Adolf Dresen, 1981, und Redosubow in Gorkis »Barbaren«, Regie: Adolf Dresen, 1982/83, jeweils Burgtheater und Akademie-Theater Wien; Titelrolle in Pinters »Der Hausmeister«, Tournee 1985/86.
Fernsehen: Menes in »Die Lorbeermaske« (nach Coubier), ARD 1958; »Die Caine war ihr Schicksal« (nach Wouk), ARD 1959; »Die Friedhöfe« (nach Hlasko), Regie: Rolf Hädrich, ARD 1960; »Ein Mond für die Beladenen« (nach O' Neill), ARD 1961; Schmarowski in »Der rote Hahn« (nach Hauptmann), ARD 1962; »Unterm Birnbaum« (nach Fontane), ARD 1963; »Die echten Sedemunds« (nach Barlach), ARD 1965; McLeod in »Polizeirevier 21« (nach Kingsley), ZDF 1968; Rittmeister von Lützelburg in »Der Feldherrnhügel«, ZDF 1970; »Der Kommissar«, mit Erik Ode, Serie, ZDF 1972; Bastian in »Es muß nicht immer Kaviar sein« (nach Simmel), mit Siegfried

Rauch, Regie: Thomas Engel, Serie, ZDF 1977; »Der Alte«, Serie, 2 Folgen, ZDF 1980 + 1985; »Die Fischer von Moorhövd«, Regie: Peter Harlos, 14 Teile, ARD 1982/83; »Auf, auf zum Himmel«, Regie: Wolfgang Staudte, ZDF 1983; »Derrick«, Serie, und Moderation »Käpt'n James«, mit James Last, Regie: Ekkehard Böhmer, ZDF 1984; »Geschichten aus der Heimat«, Serie, ARD 1985; »Heirate nur keine Wienerin« (von Bakos), Regie: Otto Anton Eder, ORF 1985 (Wiederaufnahme); »Die Schwarzwaldklinik«, mit Klausjürgen Wussow, Regie: Alfred Vohrer, Serie, ZDF 1985.
Auszeichnungen: »Josef-Kainz-Medaille« der Stadt Wien; Kulturpreis der Stadt Kiel 1983.
Anschrift: c/o Agentur Palz, Ortlindestraße 6, 8000 München 81.

Thomas Reiner

Geb. 29. 10. 1926 in Stuttgart; dort aufgew.; nach Notabitur und privater Schauspielausbildung debütierte er 1944 als Herzog Alba in Schillers »Don Carlos« an der Württembergischen Landesbühne Esslingen. Nach dem Kriegsdienst spielte er 1945 am Schleswig-Holsteinischen Landestheater Flensburg. Weitere Stationen: Neues Theater Stuttgart (1946–1948), Theater der Freien Hansestadt Bremen (1948/49), Theater der Stadt Heidelberg und Schloßfestspiele Heidelberg (1950–1952), Staatstheater Kassel (1953/54) und Schauspielhaus Bochum (1954–1956). Seither ist er freischaffend. Er gastierte u.a. an den Münchner Kammerspielen, am Theater Die Kleine Freiheit München, an der Komödie im Marquardt Stuttgart und an der Kleinen Komödie München (seit 1958). Als Regisseur arbeitete er u.a. an der Lore-Bronner-Bühne München (über 20 Inszenierungen). Seit 1955 wirkt er umfangreich beim Fernsehen und in der Synchronisation. Er lieh seine Stimme u.a. Peter Sellers, David Niven, Vincent Price, Vittorio de Sica und Michael Wilding.
Reiner spricht engl.; er ist verheiratet und lebt in Berg am Starnberger See.
Film: »Rot ist die Liebe«, mit Barbara Rütting und Dieter Borsche, 1956; »Liebe, wie die Frau sie wünscht«, mit Barbara Rütting, 1957; »Die Landärztin«, mit Marianne Koch, Regie: Paul May, 1958; »Ein unheimlich starker Abgang«, Regie: Michael Verhoeven, 1973.
Theater: Karl Moor in Schillers »Die Räuber«, Leicester in Schillers »Maria Stuart«, Bleichenwang in Shakespeares »Was ihr wollt«, Titelrolle in Shakespeares »Richard III.«, Spielleiter in Wilders »Unsere kleine Stadt«, und Obolski in Burkhards »Feuerwerk«, jeweils an den vorgenannten Bühnen; in Maughams »Der Kreis«, 1958, in Goetz' »Hokuspokus«, 1960 (+ 1977), in Rattigans »Der schlafende Prinz«, 1961, in Raphaelsons »Wolken am Himmel«, 1964 (auch TV), in Flatows »Vater einer Tochter«, 1966, in Ebermayers »Zwei ahnungslose Engel«, 1968, in Smith' »Der erste Frühlingstag« (auch TV), und in Ambessers »Max Mahnke als Mensch«, 1971, in »Das Biest«, 1977 (auch TV), in Wildes »Lady Windermeres Fächer«, 1982, und in Niessens »Der Wetterfrosch«, 1983, jeweils Kleine Komödie München.
Fernsehen: »Die Frau des Apothekers« (nach Tschechow), Regie: Eberhard Pilz, ARD 1955 (live); »Sturm im Wasserglas« (nach Frank), mit Therese Giehse, Regie: Theodor Grädler, ARD 1959; »Mein Sohn, der Herr Minister« (nach Birabeau), mit Willy Reichert, ARD 1964; »Pension Schöller« (nach Jacobi/Laufs'), und »Der müde Theodor« (nach Neal/Ferner), mit Willy Reichert, Regie: jeweils Erich Neureuther, ARD 1965; »Der Floh im Ohr« (nach Feydeau), ARD 1966, »Cyprienne oder Also gut, lassen wir uns scheiden« (nach Sardou), ZDF 1967, und »Eine unwürdige Existenz« (von Asmodi), ARD 1971, Regie: jeweils Rolf von Sydow; Staatsanwalt in »Königlich bayerisches Amtsgericht« (von Georg Lohmeier), mit Hans Baur, Serie, über 40 Folgen, ZDF 1970–1976; »Fünf Tage hat die Woche«, Regie: Paul May, Serie, ZDF 1976; »Die seltsamen Methoden des Franz Josef Wanninger«, mit Beppo Brem, Serie, ARD 1976/77; »Der Anwalt«, mit Wolfgang Kieling, Serie, und »Überlebenstraining«, Regie: Frank Guthke, ZDF 1977; »Musik auf dem Lande« (von Oliver Storz), ZDF 1981; »Tatort«, Regie: Wilm ten Haaf, Serie, ARD 1982; »Der Alte«, Serie, ZDF 1982; »Köberle kommt«, Serie, »Geschichten aus der Heimat«, Serie, und »Heidelberger Geschichten«, ARD 1984.
Anschrift: c/o ZBF-Agentur München, Leopoldstraße 19, 8000 München 40.

Silvia Reize

Geb. 1. 10. 1950 in Bern; aufgew. in Afrika; nach dem Abitur absolvierte sie die Schauspiel-Akademie Zürich. Ihr erstes Engagement erhielt sie am dortigen Theater am Neumarkt. Weitere Stationen: Theater Baden-Baden (1971/72) und Basler Theater (1972–1974). Gastspiele gab sie u.a. an den Bühnen der Stadt Bonn, an der Landesbühne Hannover, am Rheinischen Landestheater Neuss, am Basler Theater, am Stadttheater Konstanz, bei den Burgfestspielen Jagsthausen sowie auf Tournee. Seit 1974 wirkt sie umfangreich beim Fernsehen.
Frau Reize spricht franz. (Muttersprache), engl., ital., span.; sie ist verheiratet mit dem Sportjournalisten Hans-Rudi Ledermann, hat einen Sohn (Philippe) und lebt in Bottmingen in der Schweiz.
Film: »Das Brot des Bäckers«, mit Günter Lamprecht, Regie: Erwin Keusch, 1976; »Das zweite Erwachen der Christa Klages«, Regie: Margarethe von Trotta, und »Götz von Berlichingen mit der eisernen Hand« (nach Goethe), Regie: Wolfgang Liebeneiner und Harald Reinl, 1978; »Sprit für Sperlinge«, mit Erik Schumann, Regie: Günther Hoffmann, 1984; »Im Inneren des Wals«, Regie: Doris Dörrie, 1985.
Theater: Luise in Schillers »Kabale und Liebe« und Irina in Tschechows »Drei Schwestern«, jeweils Basler Theater 1972–1974; Karoline in Horváths »Kasimir und Karoline«, Regie: Hansjörg Utzerath, Bühnen der Stadt Bonn; Elektra in O'Neills »Trauer muß Elektra tragen« und Alkmene in Giraudoux' »Amphitryon 38«, jeweils Landesbühne Hannover; Suzanne in Dumas' »Halbwelt«, Rheinisches Landestheater Neuss; Marguerite Gautier in Dumas' »Die Kameliendame«, Stadttheater Konstanz 1980; Adelheid in Goethes »Götz von Berlichingen«, und Mrs. Page in Shakespeares »Die lustigen Weiber von Windsor«, Regie: jeweils Joachim Hess, Burgfestspiele Jagsthausen 1983; Katharina in Shakespeares »Der Widerspenstigen Zähmung«, mit Uwe Friedrichsen, Tournee 1983/84.
Fernsehen: Titelrolle in »Die Bettelprinzessin« (nach Courths-Mahler), und »Strick um den Hals« (nach Collins), Regie: Wilhelm Semmelroth, 3 Teile, ARD 1974; »Tatort«, Serie, und »Stumme Zeugen«, Regie: Peter Beauvais, ARD 1976; Titelrolle in »Erika«, und »Hans und Heinz Kirch« (nach Storm), Regie: Günter Gräwert, ZDF 1976; Titelrolle in »Die Magd«, SRG 1977; »Der Lord und seine Königin«, Regie: Erich Neureuther, ZDF 1977; »Gedankenketten«, Regie: Dieter Lemmel, ZDF 1979; »Gesellschaftsspiele«, mit Uwe Friedrichsen, Regie: Sigi Rothemund, »Wie das Leben so spielt«, mit Michael Hinz, Regie: Wolfgang Henschel, und »Unerklärbare Wunder«, Regie: Udo Wilk, ARD 1980; »Die Jahre vergehen«, Regie: Peter Keglevic, 2 Teile, und »Ungeduld des Herzens« (nach Stefan Zweig), mit Mathieu Carrière, Regie: Edouard Molinaro, 2 Teile, ZDF 1981; »Der Alte«, Serie, und »Die Pawlaks – Eine Geschichte aus dem Ruhrgebiet«, Regie: Wolfgang Staudte, 12 Teile, ZDF 1982; »Androjäger«, mit Lutz Mackensy, Regie: Marcus Scholz, Serie, ARD 1983; Elisabeth in »Die schöne Wilhelmine«, Regie: Rolf von Sydow, 6 Teile, ZDF 1984; »Schöne Ferien«, Serie, ARD 1985.
Auszeichnung: »Dr.-Oprecht-Preis«, Zürich (2mal).
Anschrift: c/o Agentur Wiedner, Destouchesstraße 32, 8000 München 40.

Veit Relin

Geb. 24. 9. 1926 in Linz; dort aufgew.; nach dem Realgymnasium besuchte er das Max-Reinhardt-Seminar in Wien; gleichzeitig studierte er an der Kunstakademie Malerei. Sein Debüt als Schauspieler gab er 1945 als Spielansager in Hofmannsthals »Jedermann« bei einer Aufführung in Innsbruck. Seine Bühnenstationen: Landestheater Linz (1945/46), »Die Insel« Wien (1946/47), Burgtheater Wien (1947/48, später Gastspiele, auch am Akademietheater, u.a. 1960 in Schnitzlers »Das weite Land«), Theater in Chur/Schweiz und Sommertheater Winterthur (1949–1950), Scala Wien (1950–1952), Landestheater Salzburg (1952/53), Bayerisches Staatsschauspiel München (1953), Staatstheater Kassel (1953–1955), Städt. Bühnen Frankfurt/Main (1956/57), Burgtheater Wien (1960–1962) Ateliertheater am Naschmarkt Wien (1960–1967, dort auch Theaterleiter und Regisseur) und Kleine Komödie München (1967, in Goetz' »Dr. med. Hiob Prätorius« und in Lautensacks »Die Pfarrhauskomödie«). 1977 gastierte er bei den Festspielen Heppenheim (Lips in Nestroys »Der Zerrissene«, Regie: Hans Richter). Bereits ab 1947 arbeitete er beim Film, ab 1960 verkörperte er Rollen beim Fernsehen.

1976 übernahm er von Luigi Malipiero das Torturmtheater im fränkischen Sommerhausen, das dieser 1950 gegründet und fünfundzwanzig Jahre geführt hatte. Relin verwirklichte an dieser mit rund 50 Plätzen als »kleinstes Theater der Bundesrepublik Deutschland« ausgewiesenen Bühne seine Vorstellungen von »lebendiger Kunst«.

Als Intendant, Schauspieler, Regisseur und Bühnenbildner in einem inszenierte er bereits einige Uraufführungen: Fred Viebahns »Blutschwestern«, Bernd Grashoffs »Wotans Baby« (als Hitler-Spektakel), Victor Haims »Wie man den Haifisch harpuniert«, Hans Krendlesbergers »Ich hab' genug, ich bleib' im Bett« und Victor Haims »Der Besuch«. 1985 präsentierte er in seinem Ein-Mann-Unternehmen die deutsche Erstaufführung von Albees »Der Mann, der drei Arme hatte«.

Doch auch mit weniger spektakulären Inszenierungen und Auftritten bleibt er im Gespräch. So war er 1979 im Stuttgarter Renitenztheater mit der futuristischen Komödie »Monsieur Klebs und Rosalie« (von René de Obaldia) zu Gast; 1981 spielte er am Torturmtheater Nestroys »Der Zerrissene«, eine Produktion mit Maria Schell, die auch die ARD 1983 ausstrahlte.

Seit Mitte der 50er Jahre ist Relin als Maler hervorgetreten; er veranstaltete mehrere Ausstellungen.

Relin spricht engl., franz.; er ist seit 1966 in zweiter Ehe verheiratet mit der Schauspielerin Maria Schell. Dieser Ehe entstammt seine Tochter Marie-Therese (geb. 1966). Aus seiner ersten Ehe mit der Schauspielerin Margarete Lendi hat er drei Kinder. Er lebt in Wasserburg am Inn.

Film: »Macht im Dunkel«, 1947; »Eroica«, mit Ewald Balser als Beethoven, Regie: Walter Kolm-Veltée, 1950; »Die Pfarrhauskomödie« (nach Lautensack), mit Maria Schell, Regie: Relin selbst, 1972; »Endstation Freiheit«, Regie: Reinhard Hauff, 1980.

Fernsehen: »Das weite Land« (nach Schnitzler), mit Attila Hörbiger und Paula Wessely, Regie: Theodor Grädler, ORF 1960; »Ungarische Hochzeit«; »Gut gefragt ist halb gewonnen«, mit Hans Rosenthal, Serie, ZDF 1969; »Wie man Wünsche beim Schwanz packt« (nach Picasso), Regie: Relin selbst, ZDF 1971; »Der Kommissar«, mit Erik Ode, Serie, ZDF 1972; »... ich küsse ihnen 1000mahl die hände« (Lesung von Briefen der Familie Mozart), mit Maria Schell, ARD 1977; »Und die Tuba bläst der Huber« (von Lohmeier), mit Max Griesser und Josef Meinrad, Serie, ZDF 1980; Titelrolle in »Der Zerrissene« (nach Nestroy), mit Maria Schell, Regie: Relin selbst, ARD 1983; »Der Muffl« (aus der Reihe: »Die Stadtschreiber«), Regie: Relin selbst, ZDF 1985.

Anschrift: c/o Torturmtheater, Jahnstraße, 8701 Sommerhausen, oder 8094 Heberthal bei Wasserburg/Inn.

Karl Renar

Geb. 26. 5. 1935 in Wien; nach der Schule nahm er Schauspielunterricht bei Dorothea Neff. Erste Engagements hatte er in Wien. Weitere Stationen: Deutsches Schauspielhaus Hamburg und Württembergisches Staatstheater Stuttgart. Seit 1965 gehört er zum Ensemble der Münchner Kammerspiele. Er war zwei Jahre als Schauspiellehrer tätig und arbeitet umfangreich beim Hörfunk.
Renar spricht engl.; er lebt in München.
Film: »Der Mann im Schilf«, mit Heinz Bennent, Buch + Regie: Manfred Purzer, 1977.
Theater: Beckmann in Borcherts »Draußen vor der Tür«, Lancelot in Shakespeares »Der Kaufmann von Venedig«, Puck in Shakespeares »Ein Sommernachtstraum« und Wurm in Schillers »Kabale und Liebe«, jeweils an den vorgenannten Bühnen bis 1965; Alexander in Gorkis »Die Letzten«, 1965, Havlitschek in Horváths »Geschichten aus dem Wienerwald«, Regie: Otto Schenk, 1966, Etienne in Feydeaus »Der Floh im Ohr«, Regie: Dieter Giesing, 1967, Ministerpräsident in der deutschen Erstaufführung von Bonds »Schmaler Weg in den tiefen Norden«, Regie: Peter Zadek, 1969, Spencer in Brechts »Leben Eduards des Zweiten von England« (nach Marlowe), Regie: Hans Hollmann, 1970, Reicher in Bauers »Change«, Regie: August Everding, Jimmy Beales in Weskers »Tag für Tag«, Alfred in Storeys »Home«, Pierrot in Molières »Dom Juan«, Regie: Oscar Fritz Schuh, und Chaumette in Büchners »Dantons Tod«, Regie: Karl Heinz Stroux, 1971/72, Derwisch in Lessings »Nathan der Weise«, 1972, Jentree in O'Caseys »Halle der Heilung« und Edi in Ibsens »Gespenster«, 1973/74, Invalider in Horváths »Glaube Liebe Hoffnung«, 1975, Scharfrichter in Genets »Der Balkon«, Sophiens Bruder in Raimunds »Der Alpenkönig und der Menschenfeind«, 1976/77, Nagg in Becketts »Endspiel« und Saint George in Goethes »Clavigo«, 1978/79, Georg von Waldstätten in Kleists »Das Käthchen von Heilbronn«, 1979/80, Lumachi in Pirandellos »Die Riesen vom Berge« und Hofprediger in Büchners »Leonce und Lena«, 1980/81, König in Dorsts »Merlin oder Das wüste Land«, mit Peter Lühr, Regie: Dieter Dorn, 1981/82, Zweiter Feldherr in Kleists »Amphitryon«, Regie: Nicolas Brieger, 1982/83, von Wolfblitz in Tollers »Der entfesselte Wotan« und in Lessings »Emilia Galotti«, 1983/84, jeweils an den Münchner Kammerspielen.
Fernsehen: »Heydrich in Prag« (von Adler), Regie: Rolf Hädrich, ARD 1967; »Der Alte«, Serie, 4 Folgen, ZDF 1977–1981; »Derrick«, Serie, 6 Folgen, ZDF 1977–1985; »Der Bauer und der Millionär« (von Pevny/Turrini), Regie: Axel Corti, ARD 1977; »Hauptsache: Leben . . .«, mit Lambert Hamel, ZDF 1983; »Polizei-Inspektion 1«, mit Walter Sedlmayr, Serie, ARD 1985.
Anschrift: c/o Agentur Lentz, Holbeinstraße 4, 8000 München 80.

Eva
Renzi

(eigentlich: Evelyn Renziehausen-Hubschmid)

Geb. 3. 11. 1944 als Tochter eines dänischen Fabrikanten und einer Französin in Berlin; nach der Scheidung ihrer Eltern im Jahre 1947 wuchs sie in Internaten und Klosterschulen auf. Als Telefonistin, Hosteß, Platzanweiserin und Fotomodell arbeitete sie nach ihrer Schulausbildung (Gymnasium nach der Untersekunda abgebrochen). Nebenher nahm sie Schauspielunterricht bei Else Bongers in Berlin. 1961 erhielt sie ihr erstes Engagement am Theater am Kurfürstendamm Berlin. 1965 spielte sie ihre erste Hauptrolle in dem Spielfilm »Playgirl« (Regie: Will Tremper).

1967 heiratete sie den Schauspieler Paul Hubschmid, mit dem sie in mehreren TV-Sendungen auftrat und zahlreiche Tourneen machte. Von 1973 bis 1978 zog sie sich weitgehend aus dem Beruf zurück; 1973 lebte sie ein Jahr in Indien. Nach ihrer Rückkehr erregte sie Aufsehen mit Berichten über ihre Erfahrungen bei der Bhagwan-Sekte, die u.a. auch Thema eines spektakulären »Club 2« im ORF waren.

1982 trat sie bei den Karl-May-Festspielen in Bad Segeberg auf, 1983/84 gastierte sie an den Kammerspielen in Köln.

Eva Renzi spricht franz., ital., span., engl.; sie ist seit 1980 geschieden von dem Schauspieler Paul Hubschmid, hat eine Tochter (Anouschka, geb. 1963; ebenfalls Schauspielerin) und lebt abwechselnd im Tessin/Schweiz und in Gassin, Südfrankreich.

Film: »Playgirl«, Regie: Will Tremper, 1965; »Finale in Berlin«, Regie: Guy Hamilton, USA/Großbritannien 1967; »Why should anybody want to kill a nice girl like you« und »Jolly pink jungle«, USA 1968; »Le grand dadais«, Regie: Pierre Gravier-Deferre, Frankreich 1968; »Appointment with disharmony«, USA/Italien 1968; »Taste of excitement«, Großbritannien 1968; »Das Geheimnis der schwarzen Handschuhe«, mit Klaus Kinski, Regie: Dario Argento, BRD/Italien 1969; »Die Zeit der Kirschen ist vorbei« und »Beiß mich Liebling«, 1969; »Appuntamento con il disonore«, Regie: Robert McCahon, Italien 1970; »Eine Frau sucht Liebe«, 1970; »La fille prodigue«, Regie: Jacques Doillon, Frankreich 1980. Partner waren u.a.: Paul Hubschmid, Michael Caine, Oskar Homolka, James Garner, George Kennedy, David Buck und Michel Piccoli.

Theater: In »Ich suche Monsieur Ferrand« (1972), in Cowards »Private Lives« (1974), in Sagans »Das ohnmächtige Pferd« (1975) und in Sardous »Cyprienne« (1976), jeweils mit Paul Hubschmid, Tournee; in Wischnewskis »Optimistische Tragödie«, 1976; in Hochhuths »Ärztinnen«, 1981/82; in der deutschen Erstaufführung von Churchills »Top Girls«, Kammerspiele Köln 1983/84.

Fernsehen: »Tatort«, Serie, ARD 1970; mit Paul Hubschmid Moderation des »Gala-Abend der Schallplatte« (Funkausstellung Berlin), und »Das Messer« (nach Durbridge), mit Hardy Krüger und Peter Mosbacher, Regie: Rolf von Sydow, 3 Teile, ARD 1971; »Primus«, 28 Teile, US-TV 1971/72; »V.I.P.-Schaukel«, mit Margret Dünser, Serie, ZDF 1972; »Heute für Leute«, Moderation Talk-Show, 6 Folgen, SRG 1972; »Das ohnmächtige Pferd« (nach Sagan), Regie: Rolf von Sydow, ARD 1975; »Unsterblichkeit. . .?« (aus der Reihe: »Das blaue Palais«), mit Peter Fricke, Buch und Regie: Rainer Erler, ZDF 1976; »Grenzfälle«, mit Klaus Schwarzkopf, Regie: Imo Moszkowicz, ARD 1979; »Papa Poule«, 2 Teile, franz. TV 1979–1981, »Manuel«, Buch + Regie: Peter Obrist, ZDF 1985.

Auszeichnung: »Best Newcomer Award«, Großbritannien 1968.

Anschrift: c/o ZBF-Agentur München, Leopoldstraße 19, 8000 München 40.

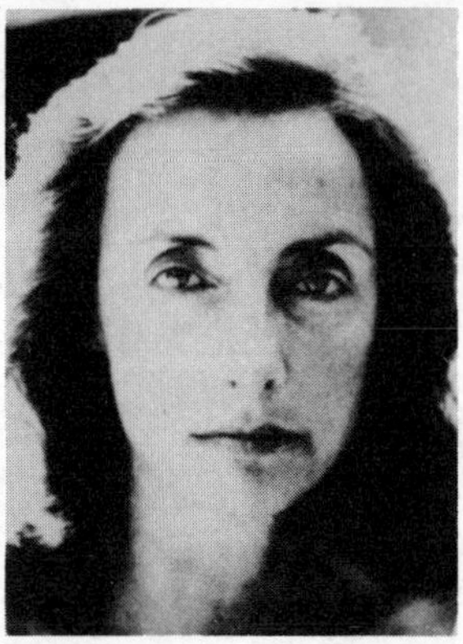

Ingrid Resch

Geb. 1. 6. 1935 in Berlin; nach dem Abitur studierte sie von 1954 bis 1956 Theaterwissenschaft an der Universität München; von 1956 bis 1958 absolvierte sie die Otto-Falckenberg-Spielschule München. Ihr Debüt gab sie 1958 am Staatstheater Darmstadt unter Gustav Rudolf Sellner. Weitere Stationen: Münchner Kammerspiele unter Hans Schweikart (1959–1961) und Stadttheater Freiburg unter Hans-Reinhard Müller (1961–1962). Seither gastierte sie freischaffend u.a. am Fritz-Rémond-Theater im Zoo Frankfurt/Main, am Schauspielhaus Zürich, am Ernst-Deutsch-Theater Hamburg, am Stadttheater Augsburg, bei den Schwetzinger Festspielen, beim Berliner Theatertreffen sowie auf Tournee (bis 1985). Seit 1960 arbeitet sie häufig beim Fernsehen.
Frau Resch spricht engl., franz.; sie lebt mit dem Schauspieler Pinkas Braun in Hemishofen bei Schaffhausen/Schweiz.
Film: »Ich bin ein Elefant, Madame« (von Menge/Müller/Zadek nach Valentin), 1968.
Theater: Myrrhine in Aristophanes' »Lysistrate«, Titelrolle in Shaws »Candida«, Emmy in Brechts »Baal«, Ophelia in Sagans »Ein Schloß in Schweden«, Teresa in Behans »Die Geisel«, Doña Ines in Tirso de Molinas »Don Gil von den grünen Hosen«, Ruth in Giraudoux' »Sodom und Gomorrha«, Luciana in Shakespeares »Komödie der Irrungen«, Frau Blaha in Kohouts »Krieg im III. Stock«, Marie in Kohouts »Pech unterm Dach« und Laura in Clemens' »Das Haus auf den Klippen«, jeweils an den vorgenannten Bühnen bis 1985.
Fernsehen: Belisa in »In seinem Garten liebt Don Perlimplin Belisa« (nach Lorca) und »Mittagspause« (nach Mortimer), ARD 1961; Isabelle in »Intermezzo« (nach Giraudoux), ARD 1965; »So eine Liebe« (nach Kohout), ARD 1968; »Rotmord« (von Dorst/Zadek), ARD 1969; »Auferstehung« (nach Schnurre), ARD 1970; »Die lieben Freunde« (nach Rose), ARD 1972; »Ein Stück vom Himmel« (von Lehman nach David), ARD 1982; »Blaubart« (nach Frisch), mit Vadim Glowna, Regie: Krzysztof Zanussi, und »Don Carlos« (nach Schiller), mit Jacques Breuer und Rolf Boysen, Regie: Franz Peter Wirth, ARD 1984.
Anschrift: c/o Agentur Mattes, Pilotystraße 2, 8000 München 22.

Lukas Resetarits

(eigentlich: Erich Lukas Resetarits)

Geb. 14. 10. 1947 in Stinatz/Burgenland, Österreich; dort und ab 1951 aufgew. in Wien-Favoriten und Floridsdorf; nach dem Abitur studierte er zunächst Psychologie, brach sein Studium jedoch ab und war acht Jahre lang als Traffic Officer in der Flugzeugabfertigung Wien-Schwechat tätig. 1975 stieß er zu der Wiener Kabarettgruppe »Keif«. Ein Engagement am Ensemble-Theater Wien folgte. Seit 1977 gestaltet er Solo-Kabarettprogramme und arbeitet bei Film und Fernsehen.
Resetarits spricht engl., serbokroatisch; er ist verheiratet, hat zwei Töchter und lebt in Bisamberg, Österreich.
Film: »Den Tüchtigen gehört die Welt«, 1980, und »Tiger-Frühling in Wien«, 1984, Regie: jeweils Peter Patzak.
Theater: In »Proletenpassion«, mit der Gruppe »Schmetterlinge«, Regie: Dieter Haspel, Arena-Wien 1976; Florindo in Goldonis »Die venezianischen Zwillinge«, Regie: Samy Molcho, 1976, und in Brechts »Turandot oder Der Kongreß der Weißwäscher«, Regie: Dieter Haspek, 1977, jeweils Ensemble-Theater Wien. Von 1977 bis 1984 gestaltete er acht Solo-Kabarettprogramme in Österreich, die durchweg ausverkauft waren.
Fernsehen: »Tu felix Austria . . .«, ORF 1976; »Man wird ja noch fragen dürfen«, TV-Kabarett mit Erwin Steinhauer, Regie: Peter Sämann, ORF 1977; »Mit Leib und Seele«, Regie: Käthe Kratz, ORF 1978; »Wochenende in Wien« (Drehbuch: Resetarits selbst), Regie: Peter Sämann, ORF 1979 (offizieller Beitrag für das TV-Festival »Rose von Montreux«); Titelrolle in »Kottan ermittelt«, mit Gusti Wolf und Kurt Weinzierl, Regie: Peter Patzak, Serie, 14 Folgen, ORF/ZDF 1980–1984.
Auszeichnungen: »Johann-Nestroy-Ring« der Stadt Wien 1981; »Kleinkunstpreis Innsbruck« 1982; Deutscher Kleinkunstpreis«, Main 1985.
Anschrift: Postfach 1, A-2102 Bisamberg, Österreich.

Simone Rethel

Geb. 15. 6. 1949 als Tochter des Innenarchitekten Alfred Rethel in Herrsching am Ammersee; aufgew. in München/Schwabing, wo sie auch heute lebt; ledig; spricht engl., holländisch; Axel von Ambesser engagierte sie noch während ihrer Schulzeit am Sophie-Scholl-Gymnasium München für den Spielfilm »Die fromme Helene« (1965); danach Besuch der Schauspielschule von Hanna Burgwitz; 1966 debütierte sie am Bayerischen Staatsschauspiel München; nach einem Gastspiel an der Komödie Düsseldorf war sie 1968/69 Mitglied des Thalia-Theaters Hamburg; seit 1969 ist sie ständiger Gast an der Kleinen Komödie München; weitere Bühnen: Komödie Berlin, Deutsches Theater München, Renaissance-Theater Berlin, Theater am Dom in Köln und Schloßfestspiele Ettlingen; neben ihrer Arbeit beim Fernsehen ist sie in der Synchronisation tätig; 1984 stellte sie sich mit Hinterglasmalereien der Öffentlichkeit vor.

Film: »Der Lord von Barmbeck«, mit Martin Lüttge, Regie: Ottokar Runze, 1974; »Der Pfingstausflug«, mit Elisabeth Bergner und Martin Held, Regie: Michael Günther 1978.

Theater: Mariechen in Eichendorffs »Die Freier«, Regie: Axel von Ambesser, Bayerisches Staatsschauspiel München 1966; Isabelle in Roussins »Lokomotive«, Komödie Düsseldorf 1968; Mythyl in »Der blaue Vogel«, Regie: Axel von Ambesser, und Ophelia in Shakespeares »Hamlet«, jeweils Thalia-Theater Hamburg 1968/69; Floretta in Moretos »Donna Diana«, Regie: Axel von Ambesser, Deutsches Theater München 1970; in Barillet/Grédys »Vierzig Karat«, mit Sonja Ziemann, Regie: Wolfgang Spier, Nellie in Maughams »Lieber reich und glücklich«, in Smith' »Der erste Frühlingstag« (auch TV), jeweils Kleine Komödie München 1969–1971; Augusta in Taylors »Unsere liebste Freundin«, Renaissance-Theater Berlin, und Bisbi in Pasos »Grille und Ameise«, Regie: Carl-Heinz Schroth, Komödie Düsseldorf, jeweils 1972; in Douglas' »Die liebe Familie«, (auch TV), in Scribes »Das Glas Wasser«, und Cecily in Wildes »Bunbury«, jeweils Kleine Komödie München 1976–1984; Rosalinde in Shakespeares »Wie es euch gefällt«, Schloßfestspiele Ettlingen 1985 und Tournee 1985/86.

Fernsehen: Sophie in »Der Neffe als Onkel« (nach Schiller), ZDF 1966; Marinette in »Die Frau des Fotografen« (nach Pagnol), und Sommer auf 16 Eichen«, ARD 1967; »Blüten der Gesellschaft«, ZDF 1972; Emma Colombot in »Alle lieben Célimare« (nach Labiche), ARD 1973; »Der Kommissar«, mit Erik Ode, Serie, 2 Folgen, ZDF 1973/74; »Die Meute«, ZDF 1974; Ruth in »Früher oder später« (nach Rayburn), und »Tausend Francs Belohnung« (nach Victor Hugo), Regie: Günter Gräwert, ARD 1974; »Der Alte«, Serie, 2 Folgen, ZDF 1977–1979; »Segen ohne Noth«, Regie: Michael Günther, ZDF 1977; »Liebe ist doof«, Serie, ARD 1979; »So 'ne und so 'ne«, mit Ursela Monn, Regie: Rolf von Sydow, Serie, und »Variationen«, mit Thomas Fritsch, Regie: Wolfgang Spier, ARD 1980; »Kabale und Liebe« (nach Schiller), Regie: Heinz Schirk, ARD 1982; »Derrick«, Serie, ZDF 1983; »Geschichten aus der Heimat«, Serie, und »Gefährliches Spiel«, Regie: Theo Mezger, ARD 1983; »Mensch ohne Fahrschein«, mit Werner Hinz, Regie: Alfred Weidenmann, und »Die violette Mütze«, Regie: Axel von Ambesser, ZDF 1984; »Die Frau des Kommissars« (nach Hennequin), mit Ursela Monn und Heinz Schubert, Regie: Michael Günther, ARD 1984; »Polizei-Inspektion 1«, Serie, und »Schöne Ferien«, mit Sigmar Solbach und Claudia Rieschel, Regie: Hans-Jürgen Tögel, Rudolf Nussgruber (u.a.), 5 Folgen, ARD 1985.

Anschrift: c/o Agentur Alexander, Lamontstraße 9, 8000 München 80.

Walter Reyer

Geb. 4. 9. 1922 als Sohn eines Offiziers in Hall/Tirol; nach dem Abitur studierte er zunächst Medizin. Schauspielunterricht nahm er bei Fred Liewehr. 1948 begann er seine Theaterlaufbahn an der Exl-Bühne. Weitere Stationen: Landestheater Innsbruck (bis 1952), Vereinigte Bühnen Graz (1952–1955), Theater in der Josefstadt Wien (seit 1955) und Burgtheater Wien (seit 1956). Er gastierte bei den Salzburger Festspielen (u.a. 1962 in Nestroys »Lumpazivagabundus«), zuletzt bei den Festspielen Schwäbisch Hall (Titelrolle in Shakespeares »Der Kaufmann von Venedig«, 1984). Er verkörpert Rollen seines Fachs, bevorzugt in Stücken von Nestroy, Schnitzler, Bahr und Shaw.
Reyer spricht engl.; er ist in zweiter Ehe verheiratet mit der Schauspielerin Gretl Elb und hat vier Kinder. Seiner ersten Ehe mit der Schauspielerin Erika Remberg entstammt seine Tochter Veronika (geb. 1949). Er lebt in Wien.
Film: »Der rote Prinz«, 1953; »Kronprinz Rudolfs letzte Liebe«, Regie: Rudolf Jugert, 1956; Graf Andrassy in »Sissi, die junge Kaiserin« und »Sissi, Schicksalsjahre einer Kaiserin«, mit Romy Schneider, Karlheinz Böhm, Magda Schneider und Vilma Degischer, Regie: jeweils Ernst Marischka, 1956/57; »Hoch klingt der Radetzkymarsch«, Regie: Geza von Bolvary, und »Der Arzt von Stalingrad«, Regie: Geza von Radványi, 1958; »Der Tiger von Eschnapur« und »Das indische Grabmal«, mit René Deltgen, Regie: Fritz Lang, BRD/Italien/Frankreich 1958/59; »Maria Stuart« (nach Schiller), und »Jacqueline«, mit Johanna von Koczian, Regie: Wolfgang Liebeneiner, 1959; »Gustav Adolfs Page«, mit Liselotte Pulver, Curd Jürgens und Axel von Ambesser, Regie: Rolf Hansen, 1960; »Jedermann« (nach Hofmannsthal), mit Ewald Balser und Paula Wessely, Regie: Gottfried Reinhardt, 1961; »Romanze in Venedig«, Regie: Eduard von Borsody, 1962; »Ferien vom Ich« (nach Paul Keller), Regie: Hans Grimm, 1963; »Ärztinnen« (nach Hochhuth), mit Judy Winter, Regie: Horst Seemann, DDR 1982.
Fernsehen: »Lumpazivagabundus« (nach Nestroy), mit Attila Hörbiger, Regie: Leopold Lindtberg, ORF 1962; »König Ottokars Glück und Ende« (nach Grillparzer); »Das weite Land« (nach Schnitzler); »Die Geschichte der 1002. Nacht«, Regie: Peter Beauvais, 2 Teile, ARD 1969; »Der Kommissar«, mit Erik Ode, Serie, ZDF 1973; »Das Konzert« (nach Bahr), Regie: Dietrich Haugk, ZDF 1975; »Alle Jahre wieder – Die Familie Semmeling«, Regie: Dieter Wedel, ARD 1976; »Derrick«, Serie, ZDF 1977; »Cella oder Die Überwinder« (nach Werfel), ZDF 1978; »Mozart«, Regie: Marcel Bluwal, 5 Teile, ARD 1982; »Wiener Klatsch«, Regie: Georg Madeja, ORF 1984.
Anschrift: c/o Agentur Jovanovic, Perfallstraße 6, 8000 München 80.

Herbert Rhom

Geb. 16. 8. in Graz; dorf aufgew.; nach dem Besuch der Schauspielschule Graz bekam er an den dortigen Vereinigten Bühnen und am Tiroler Landestheater Innsbruck erste Engagements (1966–1975). Seit 1975 gehört er zum Ensemble des Bayerischen Staatsschauspiels München.
Rhom spricht engl.; er lebt in München.
Film: »Verräter des Andreas Hofer«, 1984; »Off road«, mit Iris Berben, Regie: Peter Welz und Jürgen Bretzinger, 1984.
Theater: Karl Moor in Schillers »Die Räuber«, und in Arrabals »Der Architekt und der Kaiser von Assyrien«, jeweils an den vorgenannten Bühnen bis 1975; Marquis von Posa in Schillers »Don Carlos«, in Gombrowicz' »Yvonne, Prinzessin von Burgund«, Regie: Ingmar Bergman, Kasimir in Horváths »Kasimir und Karoline«, Regie: Frank Baumbauer, in Hennequin/Duvals »Sein Doppelgänger«, Arkadius in Ostrowskijs »Der Wald«, Regie: Harald Clemen, in Shaffers »Amadeus«, und in Schnitzlers »Reigen«, Regie: jeweils Kurt Meisel, in Hofmannsthals »Der Schwierige«, Regie: Hans Kratzer, in Lautensacks »Hahnenkampf«, Regie: Ruth Drexel, und Frieder in der Uraufführung von Loepelmanns »Der Frieder und das Katherlieschen« (nach Grimm), Regie: Götz Loepelmann selbst, Clarin in Calderons »Das Leben ist ein Traum«, Regie: Wilfried Minks, Federzoni in Brechts »Leben des Galilei«, Regie: Peter Löscher, und in Fassbinders »Katzelmacher«, jeweils Bayerisches Staatsschauspiel München 1975–1986.
Anschrift: Kratzerstraße 10, 8000 München 19.

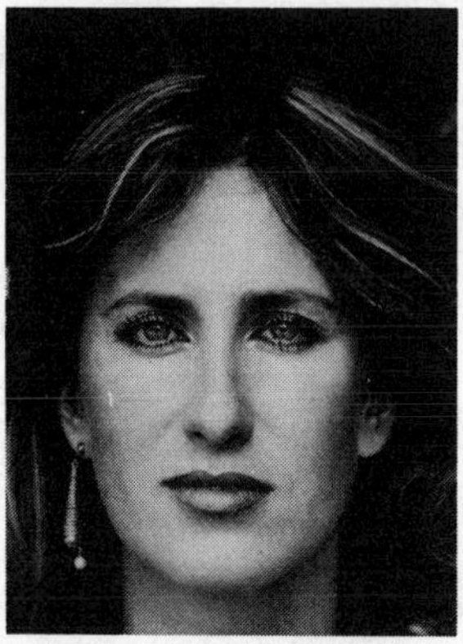

Beatrice Richter

Geb. 20. 12. 1948 als Tochter eines Buchhändlers und einer Flötistin in München; dorf aufgew.; erste Bühnenerfahrung sammelte sie im Kinderballett der Bayerischen Staatsoper. Nach der Schule begann sie 1965 ihre Ausbildung an der Otto-Falckenberg-Schule in München. Ihre Lehrer waren u.a. Hans Schweikart und Herbert Mensching. Noch während ihrer Ausbildung debütierte sie als die böse Schwester in »Aschenbrödel« am Theater der Jugend München. Die Helena in Shakespeares »Ein Sommernachtstraum« war ihre Antrittsrolle im ersten festen Engagement am Theater Baden-Baden. Weitere Stationen: Thalia-Theater Hamburg unter Boy Gobert, Schauspielhaus Bochum unter Peter Zadek, Münchner Kammerspiele unter Hans Reinhard Müller und Fritz-Rémond-Theater im Zoo Frankfurt/Main. Zuletzt spielte sie von 1979 bis 1981 an der Kleinen Komödie München.
Seither legte sie den Schwerpunkt ihrer Tätigkeit noch stärker auf das Fernsehen, wo sie seit 1969 in bislang über 100 Produktionen mitwirkte. Sie war Gast zahlreicher TV-Shows und trat im US-Fernsehen in einer Talk-Show auf.
Beatrice Richter spricht engl., franz.; sie ist in zweiter Ehe seit 1984 verheiratet mit dem Psychologen Antony Zito, hat eine Tochter (Judith, geb. 1979) und lebt abwechselnd in München und New York.
Film: »Liebe unter 17«, Regie: Veit Relin, 1970; »Der Mann im Schilf«, Regie: Manfred Purzer, 1978; »Trokadero«, Regie: Klaus Emmerich, 1981; »Laß' das, ich haß' das«, Regie: Horst Hächler, »Ein dicker Hund«, mit Tommi Ohrner, »Mit mir nicht, du Knallkopf«, Regie: May Spils, und Frau Dr. Malthus in »Die wilden Fünfziger« (nach Simmel), Regie: Peter Zadek, 1983.
Theater: In Marcus' »Eine Liebesgeschichte«, mit Hilde Krahl, Regie: Wolfgang Liebeneiner, Deutsches Theater München (und Tournee); in Shakespeares »Wie es euch gefällt« und »Was ihr wollt«, in Ionescos »Die Stühle«, Regie: Eugène Ionesco selbst, in »Herrmann und Dorothea« (nach Goethe), in Chases »Mein Freund Harvey«, Putzi in Albees »Wer hat Angst vor Virginia Woolf?«, mit Heinz Baumann, in »Dear Daddy«, in Cowards »Intimitäten« (auch ZDF 1980), in Andrés »Sextett«, und in Molnárs »Die Fee«, jeweils an den vorgenannten Bühnen bis 1981; in »Goodbye Charlie«, Tournee 1985.
Fernsehen: »Wie man Wünsche beim Schwanz packt« (nach Pablo Picasso), Regie: Veit Relin, ZDF 1971; »Das Konzert« (nach Bahr), mit Klaus Maria Brandauer, Regie: Dietrich Haugk, ZDF 1975; »Am Wege« (nach Bang), Regie: Peter Beauvais, und »Das ohnmächtige Pferd« (nach Sagan), Regie: Rolf von Sydow, ARD 1975; »Die Kette« (nach Durbridge), Regie: Rolf von Sydow, 2 Teile, ARD 1977; »Derrick«, Serie, ZDF 1981; »Rudis Tagesshow«, mit Rudi Carrell, Diether Krebs und Klaus Havenstein, 26 Teile, ARD 1981/82; Pippi Langstrumpf in »Wunderland«, mit Gustl Bayrhammer, ARD 1983; »Das Traumschiff«, Regie: Alfred Vohrer, Serie, ZDF 1983; Prinzessin von Darmstadt in »Die schöne Wilhelmine«, mit Anja Kruse (von Beatrice Richter für diese Rolle vorgeschlagen), Johannes Heesters, Jean-Claude Brialy und Herbert Stass, 6 Teile, Regie Rolf von Sydow, ZDF 1984; »Sketchup«, eigene TV-Show mit Diether Krebs, Regie: Ulrich Stark, 14 Folgen, ARD 1984; »Abgehört« (von Ustinov), mit Götz George und Peter Ustinov, Regie: Rolf von Sydow, ZDF 1984; »Der kleine Riese« (von Reinecker), mit Hans Clarin, Regie: Imo Moszkowicz, ARD 1985. Außerdem war sie zu Gast in Joachim Fuchsbergers Talkshow »Heut' abend«, ARD 1982.
Auszeichnung: »Goldene Kamera« (HÖRZU) 1981.
Anschrift: c/o PR-Büro Vincour, Hohenzollernstraße 122, 8000 München 40.

Hans Richter

Geb. 12. 1. 1919 in Berlin-Nowawes; dort aufgew.; nach dem Abitur an der Menzel-Oberrealschule nahm er Schauspielunterricht bei Albert Florath. Sein Film-Debüt gab er bereits mit zwölf Jahren in Kästners Kinderbuchverfilmung »Emil und die Detektive« (Rolle: »Fliegender Hirsch«). Seither wirkte er in nahezu 200 Produktionen mit. Nach der Rückkehr aus der Kriegsgefangenenschaft machte er zunächst Kabarett in München. 1948 siedelte er nach Hamburg über, wo er bis 1960 lebte. Bühnenengagements hatte er dort u.a. an der Kleinen Komödie und am Deutschen Schauspielhaus unter Gustaf Gründgens. Ab 1960 gehörte er unter Harry Buckwitz zum Ensemble der Städt. Bühnen Frankfurt/Main. 1974 gründete er die Festspiele Heppenheim, denen er bis heute als Direktor vorsteht. Er führt häufig Regie. Richter spricht engl., franz.; er ist verheiratet mit der Autorin und Verlegerin Dr. Ingeborg Richter (geb. Bieber), hat zwei Söhne (Hansjoachim und Thomas) und lebt in Heppenheim. Sein Sohn Thomas ist Techn. Leiter der Festspiele Heppenheim.

Film: »Das Veilchen vom Potsdamer Platz«, 1932; »Der Page vom Dalmasse-Hotel«, 1933; »Die englische Heirat«, Regie: Reinhold Schünzel, 1934; »Traumulus«, Regie: Carl Froelich, 1936; »Das Mädchen Irene«, 1938; »Unser Fräulein Doktor«, Regie: Erich Engel, 1940; »Feuerzangenbowle« (nach Spoerl), mit Heinz Rühmann, 1944; »Die letzte Nacht«, 1947; »Diese Nacht vergeß' ich nie« und »Nichts als Zufälle«, 1948; »Schwarzwaldmädel«, Regie: Hans Deppe, »Schön muß man sein«, und »Durch dick und dünn«, 1950; »Grün ist die Heide«, Regie: Hans Deppe 1951; »Am Brunnen vor dem Tore«, und Knall in »Knall und Fall als Hochstapler«, mit Rudolf Carl und Curd Jürgens, Regie: Hubert Marischka 1952; »Knall und Fall als Detektive«, 1953; »Der Vetter aus Dingsda«, (nach Künneke), Regie: Karl Anton, 1954; »Ein Mädchen mit Zukunft«, 1955; »Clivia«, »Der Zarewitsch«, »Die spanische Fliege« (nach Arnold/Bach) und »Zwischenlandung in Paris«, 1956; »Donkosakenlied«, »Zwei Herzen voller Seligkeit« und »Das Herz von St. Pauli«, 1957; »Der Maulkorb« (nach Spoerl), 1958; »Traumrevue« und »Der blaue Nachtfalter«, 1959; »Das Spukschloß im Spessart«, Regie: Kurt Hoffmann, und »Wenn die Heide blüht«, Regie: Hans Deppe, 1960; »Tanz mit mir in den Morgen«, 1962; »Sing, aber spiel nicht mit mir«, 1963; »Neues vom Räuber Hotzenplotz«, Regie: Gustav Ehmck, 1978.

Theater: In Brouke/Bannermanns »Mammis Wanderjahre«, in »Der kleine Napoleon«, und in Eckhardts »Rendezvous in Wien«, Regie: jeweils Richter selbst, jeweils Kleine Komödie Hamburg; in Büchners »Woyzeck«, und in der Uraufführung von Brechts »Die heilige Johanna der Schlachthöfe«, mit Hanne Hiob, Regie: Gustaf Gründgens, Deutsches Schauspielhaus Hamburg 1959; Barberini in Brechts »Leben des Galilei«, Pater in Frischs »Andorra«, Wladimir in Becketts »Warten auf Godot«, Hans Behringer in Ionescos »Hunger und Durst«, und in Saunders' »Ein Duft von Blumen«, jeweils Städt. Bühnen Frankfurt/Main; Teufel in Hofmannsthals »Jedermann«, 1974/75, 1979 und 1983, Marquis de Tuileries in Goldonis »Mirandolina«, 1974, und Titelrolle in Kohouts »August, August, August«, 1976/77, Regie: jeweils Richter selbst, Festspiele Heppenheim.

Wichtige eigene Inszenierungen u.a.: Calderons »Das Verstock«, 1975, Nestroys »Der Zerrissene«, 1977, Shakespeares »Der Widerspenstigen Zähmung« und »Komödie der Irrungen«, 1978, Jonsons »Volpone« und Machiavellis »Mandragola«, 1980, Beauchmarchais' »Der tolle Tag oder Figaros Hochzeit«, 1981, Nestroys »Einen Jux will er sich machen« und Raimunds »Der Verschwender«, 1982, Shakespeares »Was ihr wollt«, 1983, Uraufführung von Gortschakows »Die Schöne und der Schelm«, 1984, jeweils Festspiele Heppenheim.

Fernsehen: Bis 1970 u.a. in: »Auktion bei Gwendoline« und »Friede den Hütten! Krieg den Palästen!«, »Karl der Gerechte«, mit Fritz Muliar, 7 Folgen, ARD 1975; »Bekenntnisse des Hochstaplers Felix Krull« (nach Thomas Mann), mit John Moulder-Brown, Regie: Bernhard Sinkel, ZDF 1982; »Die Murmel«, Regie: Bruno Voges, ARD 1982; »Irma la Douce« (nach Monnot/Breffort), Regie: Friedrich Schaller, ARD 1983; »Kontakt bitte«, mit Witta Pohl, Serie, ARD 1982; »Der letzte Zivilist« (nach Glaeser), mit Max von Sydow, Regie: Laurent Heynemann, 2 Teile, ZDF 1985.

Auszeichnung: Bundesverdienstkreuz der Bundesrepublik Deutschland I. Klasse 1983.
Anschrift: Wasserschoepp, 6148 Heppenheim.

Ilja Richter

Geb. 24. 11. 1952 in Berlin; dort aufgew.; mit acht Jahren sang er erstmals im Hörfunk (»Du bist zu schön, um ungeküßt zu bleiben«). Zahlreiche Hörspiele folgten. Mit neun Jahren stand er neben Viktor de Kowa am Berliner Renaissance-Theater in »Belvedere« auf der Bühne. Im Alter von zwölf Jahren spielte er mit Martin Held als Partner in Leokams Zwei-Personen-Stück »Freunde und Feinde«. Weitere Bühnenerfolge (1962–1967) hatte er neben Partnern wie Heidi Brühl und Vico Torriani in Berlins »Annie get your gun« und in Benatzkys »Im Weißen Rössl«. Ab dem zehnten Lebensjahr stand er auch vor Film- und TV-Kameras.
Noch als Gymnasiast übernahm er mit 15 Jahren die ZDF-Musiksendung »4-3-2-1 Hot & Sweet«. Die Reihe, die er zusammen mit Susanne Doucet moderierte, fand ihre Fortsetzung in der Pop-Show »DISCO«, die Richter monatlich von 1971 bis 1982 präsentierte. Zwischen den einzelnen Musiknummern stellte er, oftmals zusammen mit seiner Schwester, selbst geschriebene Sketche vor und parodierte Künstlerkollegen. Zu den Höhepunkten zählten die Parodien auf Charlie Chaplin, James Last, Maggie Mae, Ingrid Steeger, Gisela Schlüter, Katja Ebstein, Johannes Heesters, Werner Höfer, Heino und Ivan Rebroff.
Unter seinen Schallplattenaufnahmen (1962–1972) waren u.a. Titel wie »Schokolade, Pfefferminz, Saure Drops«, »Tra la la humpa bum bing«, »Eine Goldmedaille für deine Supertaille« und »Tip Tap in die Tulpen«.
Seit 1982 hat er den Schwerpunkt seiner Tätigkeit auf das Theater verlegt. Er gastierte u.a. an der Komödie und am Theater am Kurfürstendamm in Berlin, an der Kleinen Komödie München, am Theater der Stadt Heilbronn und bei den Festspielen in Schwäbisch Hall.
Richter spricht engl.; er ist ledig und lebt in Berlin.
Film: Von 1970 bis 1972 drehte er 11, meist Musik-Unterhaltungsfilme mit Partnern wie Theo Lingen, Hubert von Meyerinck, Rudi Carrell, Trude Herr, Ralf Wolter und Hansi Kraus. Titel waren u.a.: »Wer zuletzt lacht, lacht am besten«, »Wenn die tollen Tanten kommen«, »Tante Trude aus Buxtehude« und »Die tollen Tanten schlagen zu«. Ferner: Rasender Reporter in »Die wilden Fünfziger« (nach Simmel), Regie: Peter Zadek, 1983; »Nessie – Das verrückteste Monster der Welt«, Regie: Rudolf Zehetgruber, 1985.
Theater: Konrad in Shakespeares »Viel Lärm um nichts«, Regie: Hansjörg Utzerath, Freie Volksbühne Berlin 1967; Tristram in Ayckbourns »Treppauf – Treppab«, Komödie Berlin 1982, Tournee 1983 und Kleine Komödie München 1983/84 (auch TV); Lanzelot in Shakespeares »Der Kaufmann von Venedig«, Regie: Kurt Hübner, Festspiele Schwäbisch Hall 1984; in Fraynes »Der reinste Wahnsinn«, Regie: Michael Günther, Theater am Kurfürstendamm 1984; in »Nur keine Panik«, Regie: Ilja Richter selbst, Freie Volksbühne Berlin 1985; in Chases »Mein Freund Harvey« mit Harald Juhnke, Regie: Wolfgang Spier, Komödie Berlin 1985 (auch TV).
Am Theater der Stadt Heilbronn inszenierte er 1984 das amerikanische Musical »Wie man was wird, ohne es wirklich zu versuchen«.
Fernsehen: Titelrolle in »Till, der Junge von nebenan«, Serie, ARD 1964; »Kinderehen«, mit Susanne Uhlen, ARD 1968; »Hei-wi-tip-top«, mit Heidi Kabel und Willy Millowitsch, Serie, ZDF 1975; »Hotel Paradies« (nach Feydeau), ZDF 1979; »Bühne frei für Kolowitz«, mit Inge Meysel und Curt Bois, Regie: Ralf Gregan, ZDF 1980; »Die Frau des Kommissars«, Regie: Michael Günther, ARD 1984; »Musik macht Spaß«, ZDF 1984.
Daneben war er in zahlreichen Musik-Shows zu sehen, u.a. in »Zum blauen Bock« und »Zwischenmahlzeit«, ARD, in »Hätten Sie heut' Zeit für mich?« und »Musik-Palette« (eigene Abendshow), ZDF.
Auszeichnung: »Goldene Kamera« (HÖRZU) 1977.
Anschrift: c/o Agentur Palz, Ortlindestraße 6, 8000 München 81.

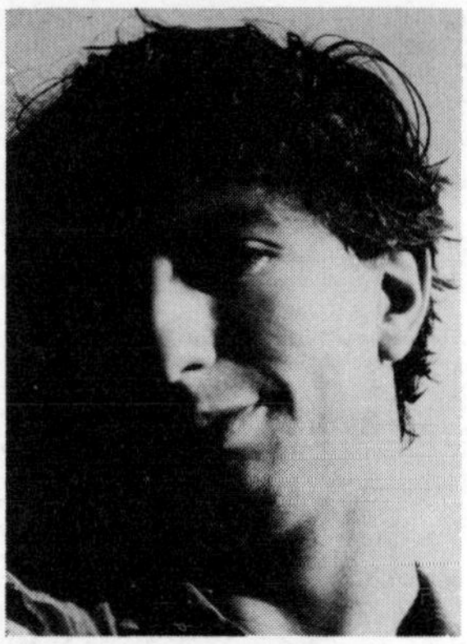

Ralf Richter

Geb. 17. 8. 1957 in Essen; aufgew. in Bochum; nach einer Schreinerlehre besuchte er zwei Jahre lang die Schauspielschule Bochum. Seit 1980 arbeitet er als Schauspieler bei Film und Fernsehen. 1983 hatte er ein Bühnenengagement an der Freien Volksbühne Berlin.
Richter spricht engl., ital.; er ist verheiratet, hat einen Sohn und lebt in München.
Film: »Das Boot« (nach Buchheim), mit Jürgen Prochnow, Regie: Wolfgang Petersen, 1981 (auch Dreiteiler ARD 1985); »Abwärts«, mit Götz George und Wolfgang Kieling, Regie: Carl Schenkel, 1984.
Theater: Dromio von Syrakus in Shakespeares »Komödie der Irrungen«, Regie: Werner Schroeter, Freie Volksbühne Berlin 1983.
Fernsehen: »Tatort«, Serie, 2 Folgen, ARD 1981; »Der Alte«, Serie, ZDF 1982; Otto Schablowski in »Rote Erde« (von Peter Stripp), mit Claude-Oliver Rudolph, Regie: Klaus Emmerich, 9 Teile, ARD 1983; »Smiley's Leute« (nach John le Carré), mit Sir Alec Guinness, Curd Jürgens und Mario Adorf, Regie: Simon Langton, 6 Teile, BBC 1981/ARD 1984; »Pogo 1104«, Regie: Wigbert Wickert, ARD 1984; »Liebfrauen«, mit Marianne Hoppe und Günter Lamprecht, Regie: Wolfgang Panzer, ZDF 1984; »Die Krimistunde«, Regie: Wolfgang Panzer, Serie, und »Verraten und verkauft« (aus der Reihe »Der Fahnder«, mit Klaus Wennemann, Regie: Erwin Keusch), Serie, ARD 1985; »Die Abschiebung«, mit Karin Baal und Richy Müller, Regie: Marianne Lüdcke, ZDF 1985.
Anschrift: c/o ZBF-Agentur München, Leopoldstraße 19, 8000 München 40.

Gerhard Riedmann

Geb. 24. 3. 1925 als Sohn eines Bahnbeamten in Wien; dort aufgew.; er war Wiener Sängerknabe. Nach dem Abitur an einer Wiener Oberrealschule studierte er zunächst Musik (Geige), bevor er 1945/46 das Max-Reinhardt-Seminar absolvierte. Zudem durchlief er eine landwirtschaftliche Ausbildung.
Sein erstes Engagement erhielt er 1947 am Theater in der Josefstadt Wien. Von 1953 bis 1955 war er an den Münchner Kammerspielen verpflichtet. Engagements hatte er zudem u.a. in Zürich, Hamburg und an der Kleinen Komödie München. Bekannt wurde er vor allem durch seine nahezu 50 Kinofilme, die er ab 1951 drehte.
Riedmann spricht engl.; er ist seit 1960 in zweiter Ehe verheiratet mit Anita Swarovski. Sein Schwiegervater, Direktor der Swarovski-Werke in Wattens/Tirol (Glas- und Optikindustrie; drittgrößter österr. Devisenbringer) berief ihn zum Leiter der Projektgruppe Mosaik. Riedmann hat fünf Kinder: Eva Maria, aus seiner ersten Ehe mit der früheren Schauspielerin und jetzigen Künstleragentin (ZBF-Berlin) Eva Irene Probst; Andrea, Claudia, Bettina und Alexander aus der zweiten Ehe mit Anita Swarovski. Er lebt in Wattens/Tirol.
Film: »Flucht ins Schilf«, 1952; »Der Vetter aus Dingsda« (nach Künneke) und »Der Vogelhändler« (nach Zeller), 1953; »Die schöne Müllerin«, »Ja, ja, die Liebe in Tirol«, mit Hans Moser, »Frauen um Richard Wagner« und »Der Zigeunerbaron«, 1955; »Der Bettelstudent« und »Die Fischerin vom Bodensee«, 1956; »Die Prinzessin von St. Wolfgang«, Regie: Harald Reinl, »Hoch droben auf dem Berg«, mit Margot Hielscher, Regie: Geza von Bolvary, »Und abends in die Scala«, Regie: Erik Ode, »Der Graf von Luxemburg (nach Lehár), und »Die Heilige und ihr Narr«, 1957; »Der Czárdás-König« und »Geliebte Bestie«, 1958; »Liebe, Luft und lauter Lügen«, 1959; »Waldrausch«, 1962; »Der Henker von London«, 1963; »Pfeifen, Betten, Turteltauben«, 1966; »Die nackte Bovary«, 1969; »Schloß Hubertus« (nach Ganghofer), mit Karlheinz Böhm«, Regie: Harald Reinl, 1973; »Waldrausch« (nach Ganghofer), Regie: Horst Hächler, 1977.
Theater: Achilles in Kleists »Penthesilea«, Theater in der Josefstadt Wien; in Colettes »Gigi«, Regie: Paul Verhoeven, Maryk in der deutschen Erstaufführung von Wouks »Meuterei auf der Caine«, Regie: Hans Schweikart, Vinzenz in Hofmannsthals »Der Schwierige«, Regie: Rudolf Steinboeck, und in Meilhac/Millauds »Mamselle Nitouche«, Regie: Paul Verhoeven, jeweils Münchner Kammerspiele 1953–1955; in Burkhards »Feuerwerk«, in Spewack/Porters »Kiss me, Kate«, in Kerrs »Mary, Mary« und in »Poker mit Dame«, jeweils an den vorgenannten Bühnen; in Cooneys »Doppelt gelebt hält besser«, Theater Die Kleine Freiheit 1985.
Fernsehen: »Mein oder Dein« (nach Kanin), ARD 1964, und »Meine Frau erfährt kein Wort« (nach Axelrod), ARD 1970, Regie: jeweils Franz Josef Wild; »Birnbaum und Hollunderstauden« (nach Lutz), Regie: Theodor Grädler, ARD 1971; »Die Tote im Wald« (aus der Reihe »Derrick«), ZDF 1977; »Die Jungen von Frankfurt«, Serie, ZDF 1978; »Kater Lampe«, Regie: Ulrich Heising, ARD 1981; »Der gute Engel«, von und mit Fritz Eckhardt, Regie: Kurt Junek, Serie, ORF 1983 (ARD 1985). Ferner spielte er u.a. in: »Der Holledauer Schimmel« (nach Lippl), »Ankunft bei Nacht« (nach Rothe), »Palme im Rosengarten« (nach Roberts), »Reise in die Steiermark«, mit Carl Wery, und »Tod im Apfelbaum«, mit Bruno Hübner.
Anschrift: c/o ZBF-Agentur München, Leopoldstraße 19, 8000 München 40, oder Swarovskistraße 32, A-6112 Wattens/Tirol.

Werner Riepel

Geb. 18. 5. 1922 in Hamburg; dort aufgew.; er absolvierte eine Schauspielausbildung bei Helmuth Gmelin in Hamburg. Nach Gesangsunterricht wirkte er lange Jahre als Baß-Buffo in Hamburg und Bonn, ab 1958 u.a. am Staatstheater Darmstadt. In den 50er und 60er Jahren verkörperte er zudem kleine Filmrollen u.a. neben Will Quadflieg, Ruth Leuwerik und Hardy Krüger. 1965 holte ihn Hans Mahler an das Hamburger Ohnsorgtheater, dem er bis heute angehört.

Riepel ist verheiratet und lebt in Hamburg.

Theater/Fernsehen: In den über 80 TV-Übertragungen aus dem Hamburger Ohnsorg-Theater war er u.a. Partner von Heidi Kabel, Heidi Mahler, Erna Raupach-Petersen, Henry Vahl, Fritz Hollenbeck, Karl-Heinz Kreienbaum, Otto Lüthje, Jochen Schenk und Heini Kaufeld. Er spielte u.a. in: »Zwei Kisten Rum«, »Lotte spielt Lotto«, »Ein Mann mit Charakter«, »Trautes Heim«, »Mensch sein muß der Mensch«, »Stratenmusik«, und seit 1977 u.a. in: »De Venus von Muggensack«, »Wenn du Geld hest«, »Rum ut Jamaica«, »Willem sien Willen«, »De Lorbeerkranz«, »Gode Nacht, Froo Engel«, »Oh, düsse Öllern« (nach Pasos »Oh, diese Eltern«) und »Poppe steigt aus« (von Hansen), bis 1986.

TV-Rollen hatte er zudem u.a. in: »Sechs Stunden Angst« (nach Diderot), mit Paul Dahlke, Alexander Kerst und Hans Söhnker, Regie: Eugen York, ARD 1964; »Sparks in Neu Grönland« (von Helga Feddersen), Regie: Joachim Hess, ARD 1971.

Anschrift: c/o Ohnsorg-Theater Hamburg, Große Bleichen 25, 2000 Hamburg 36, oder Zaunweg 31, 2000 Hamburg 53.

Claudia Rieschel

Geb. 30.11.1950 als Tochter des früheren ZDF-Hauptabteilungsleiters und späteren Verwaltungsdirektors der Städt. Bühnen Frankfurt/Main, Dr. Hanspeter Rieschel, in Hamburg; nach dem Abitur absolvierte sie das Max-Reinhardt-Seminar in Wien. Ihr erstes Engagement erhielt sie 1971 am Theater in der Josefstadt Wien, dem sie bis 1974 angehörte. Weitere Bühnenstationen als freischaffende Schauspielerin: Theater am Dom Köln, Hamburger Kammerspiele, Burgfestspiele Jagsthausen, Deutsches Theater München, Komödie im Marquardt Stuttgart, Ernst-Deutsch-Theater Hamburg sowie zahlreiche Tourneen. Seit 1972 arbeitet sie umfangreich für das Fernsehen und ist in der Synchronisation tätig.
Frau Rieschel spricht engl., franz.; sie ist ledig und lebt in Hamburg. Ihre Schwester ist die ZDF-Ansagerin und Moderatorin Susanne Rieschel-Kaiser.
Film: »Der große Walzer«, mit Horst Buchholz, Regie: Andrew L. Stone, USA 1972; »Die Schlange«, Regie: Henri Verneuil, Frankreich 1972; »Wogo in der Nacht«, mit Mathieu Carrière, Regie: Krzysztof Zanussi, BRD/Polen 1979.
Theater: Helene in Osbornes »Blick zurück im Zorn«, Gwendolen in Wildes »Bunbury«, Julia in Anouilhs »Romeo und Jeannette« und Blanche in Shaws »Die Häuser des Herrn Sartorius«, jeweils Theater in der Josefstadt Wien 1971–1974; in Goetz' »Ingeborg«, Theater am Dom Köln; Celia in Eliots »Die Cocktail Party«, Hamburger Kammerspiele; Titelrolle in Lessings »Minna von Barnhelm« und Susanne in Beaumarchais' »Der tolle Tag oder Figaros Hochzeit«, jeweils Burgfestspiele Jagsthausen; Pamela in Schönthans »Der Raub der Sabinerinnen«, Deutsches Theater München; Baronin in Kotzebues »Und Böcke schießt man nicht«, und in Lewins »Tu das nicht, Angelika!«, jeweils Komödie im Marquardt Stuttgart; Babell in Achards »Darf ich mitspielen?«, Ernst-Deutsch-Theater Hamburg; Titelrolle in Calderons »Dame Kobold« und Peggy in »Strategen der Liebe«, jeweils Tournee; in »Ein klarer Fall«, mit Folker Bohnet, Hamburger Kammerspiele 1985.
Fernsehen: »Hallo – Hotel Sacher ... Portier!«, von und mit Fritz Eckhardt, Serie, ZDF 1973; »Karino, die Geschichte eines Pferdes«, ARD 1973; »Griseldis« (nach Courths-Mahler), Regie: Peter Beauvais, und »Die Kriegsbraut« (nach Courths-Mahler), ARD 1974; »Amouren« (nach Coward), mit O.W. Fischer, Regie: Korbinian Köberle, ZDF 1974; »Der Katzensteg«, Regie: Peter Meinke, ZDF 1975; »Anpassung an eine zerstörte Illusion«, Regie: Eberhard Itzenplitz, ARD 1977; »Rollentausch«, Regie: Peter Weck, ARD 1979; »Der Raub der Sabinerinnen« (nach Schönthan), mit Gert Fröbe, Martin Held und Christian Wolff, Regie: Rolf von Sydow, und »Derrick«, Serie, ZDF 1981; »Tatort«, Serie, 2 Folgen, ARD 1981 und 1984; »Frau Jenny Treibel« (nach Fontane), mit Maria Schell, Regie: Franz Josef Wild, ARD 1982; »Das Traumschiff«, Regie: Alfred Vohrer, Serie, ZDF 1983; »Der Glücksritter« (von Wuttig), mit Christian Kohlund, Regie: Hans-Jürgen Tögel, 8 Teile, und »Nachtprobe« (von Asmodi), Regie: Wolfgang Liebeneiner, ARD 1984; »Schöne Ferien«, mit Sigmar Solbach und Simone Rethel, Regie: Hans-Jürgen Tögel und Rudolf Nussgruber (u.a.), 5 Teile, ARD 1985; »Ein Fall für TKKG« (nach Stefan Wolf), Regie: Lutz Büscher, Serie, ZDF 1985; »Weingut Moselbrück«, Serie, ARD 1986.
Anschrift: c/o Agentur Baumbauer, Keplerstraße 2, 8000 München 80.

Claus Ringer

Geb. 19. 3. 1943 in München; dort aufgew.; er absolvierte eine Buchdruckerlehre (Gesellenprüfung) und nahm zwei Jahre lang privaten Schauspielunterricht. 1963 debütierte er in Ephrons »Nimm sie, sie gehört mir« an der Kleinen Komödie München. Weitere Engagements hatte er u.a. am Theater Die Kleine Freiheit München, bei den Burgfestspielen Jagsthausen, am T(h)eater in der Briennerstraße München, an den Münchner Kammerspielen, am Hebbel-Theater Berlin, am Theater am Dom Köln, am Fritz-Rémond-Theater im Zoo Frankfurt/Main, an der Komödie Berlin sowie vielfach auf Tournee (bis 1985). Seit 1962 wirkt er für Film und Fernsehen. Ringer spricht engl.; er lebt in München.

Film: »In Frankfurt sind die Nächte heiß«, Regie: Rolf Olsen, 1966; »Ich suche meinen Mann«, Regie: Alfred Weidenmann, und »Heißes Pflaster Köln«, 1967.

Theater: In »Geliebtes Scheusal«, Theater Die Kleine Freiheit München; in »Eine neue Generation«, mit Carl-Heinz Schroth, Theater am Dom Köln; in Patricks »Das heiße Herz«, mit Hansjörg Felmy, in »Hauptsache Minister«, mit Hans Söhnker, in Goetz' »Ingeborg«, jeweils Tournee; in »The Boys in the Band«, T(h)eater in der Briennerstraße; in der deutschen Erstaufführung von Clark Bobricks »Bitte nicht stören«, Hebbel-Theater Berlin (1972); in Douglas' »Die liebe Familie«, Fritz-Rémond-Theater im Zoo Frankfurt/Main; in Kroetz' »Oberösterreich«, Münchner Kammerspiele; in Böttchers »Krach im Hinterhaus«, Kleine Komödie München; in Shakespeares »Der Widerspenstigen Zähmung« und in Goethes »Götz von Berlichingen«, jeweils Burgfestspiele Jagsthausen; in »Lord Arthur Saviles Verbrechen« (nach Wilde), Tournee (1984).

Fernsehen: »Humboldtstraße«, Regie: Theo Mezger, Serie, ARD 1962/63; »Unsere große Schwester«, Regie: Rolf von Sydow, ARD 1964; Titelrolle in »Der falsche Prinz«, ARD 1967; »Ein Sommer mit Nicole«, mit Victoria Brams, Serie, ZDF 1968; »Luftsprünge«, mit Toni Sailer und Luis Trenker, Serie, und Aladin in »1001 Nacht«, mit Romuald Pekny, ZDF 1969; »Der Bettelstudent« (nach Millöcker), Regie: Wilm ten Haaf, ZDF 1970; »Ida Rogalski«, mit Inge Meysel, Regie: Tom Toelle, Serie, ARD 1971; Kriminalkommissar Eberhard Seidel in »Sonderdezernat K1« (von Harald Vock), mit Gert Günther Hoffmann, Horst Janson und Herbert Suschka, Serie, ARD 1974–1981; »Polizei-Inspektion 1«, mit Walter Sedlmayr, Serie, ARD 1976 und 1984.

Anschrift: c/o Agentur Mattes, Pilotystraße 2, 8000 München 22.

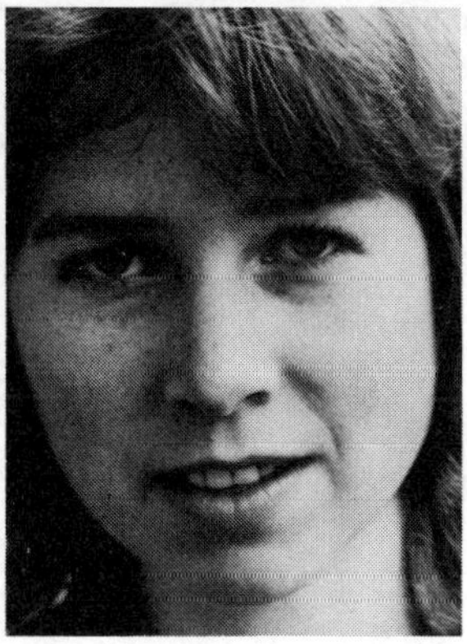

Benita Rinne

(eigentlich: Benita Rinne-Heicks)

Geb. 29. 11. 1956 in Berlin; dort zweisprachig (deutsch/englisch) aufgew.; spricht zudem franz., span.; verheiratet; lebt in München; Abitur; Besuch des Max-Reinhardt-Seminars in Wien, HB-Studio New York und Actors' Studio von Lee Strasberg, New York.
Theater: Sternchen in Scherflings »Nix los in Strinz«, Regie: Stefan Viering, und Gustchen in Lenz' »Der Hofmeister«, Landestheater Tübingen 1980/81; Vera in »Ein Fest bei Padadakis«, Grips-Theater Berlin 1982; in Brechts »Baal«, Theater rechts der Isar, München 1983.
Fernsehen: »Mulligans Rückkehr«, mit Helmut Qualtinger, Regie: Helmut Käutner, ZDF 1977; Kriminalmeisterin Katrin Rieger in »SOKO 5113«, mit Werner Kreindl, Regie: Ulli Stark, 13 Folgen, ZDF 1984/85.
Anschrift: c/o ZBF-Agentur München, Leopoldstraße 19, 8000 München 40.

Ilse Ritter

Geb. 20. 6. 1944 in Schaumburg-Rinteln; nach der Schule absolvierte sie eine Schauspielausbildung an der Hochschule für Musik und Theater in Hannover. Ihr erstes Engagement bekam sie am Staatstheater Darmstadt. Weitere Stationen: Wuppertaler Bühnen (1968/69), Württembergisches Staatstheater Stuttgart (1970), Deutsches Schauspielhaus Hamburg (seit 1971), Schauspielhaus Düsseldorf (1972), Schaubühne am Halleschen Ufer Berlin (1973–1977), Schauspielhaus Bochum (seit 1977), Freie Volksbühne Berlin (1979 und 1981) und Bühnen der Stadt Köln (seit 1981).
Frau Ritter spricht engl.
Film: »Bella Donna – Kann denn Liebe Sünde sein?«, mit Brigitte Horney, Regie: Peter Keglevic, 1983.
Theater: In Lasker-Schülers »Arthur Anonymus und seine Väter«, Regie: Hans Bauer, Wuppertaler Bühnen 1968; Fräulein in Strindbergs »Gespenstersonate«, Regie: Hans Neuenfels, Württembergisches Staatstheater Stuttgart 1970; Fritz von Kalb in Weiss' »Hölderlin«, Regie: Claus Peymann, Deutsches Schauspielhaus Hamburg 1971; Molly in Adamovs »Off Limits«, Regie: Klaus Michael Grüber, Schauspielhaus Düsseldorf 1972; Kalerija in Gorkis »Sommergäste« (auch als Film), Regie: Peter Stein, 1973, Mutter Pius in Lasker-Schülers »Die Wupper«, Regie: Luc Bondy, 1976, und Camille in Mussets »Man spielt nicht mit der Liebe«, Regie: Luc Bondy, 1977, jeweils Schaubühne am Halleschen Ufer; Ophelia in Shakespeares »Hamlet«, Regie: Peter Zadek, Schauspielhaus Bochum 1977; Mamillus und Perdita in Shakespeares »Das Wintermärchen«, Regie: Peter Zadek, Natalie in Kleists »Prinz Friedrich von Homburg«, und Alison in Osbornes »Blick zurück im Zorn«, Regie: Arie Zinger, jeweils Deutsches Schauspielhaus Hamburg 1978; Arsinoë in Enzensbergers »Der Menschenfeind« (nach Molière), 1979, und in Wildes »Bunbury«, 1981, Regie: jeweils Peter Zadek, Freie Volksbühne Berlin; Lady Macbeth in Shakespeares »Macbeth« und Tochter in Bernhard »Am Ziel«, Regie: jeweils Luc Bondy, Bühnen der Stadt Köln 1982; Ruth in Hopkins' »Verlorene Zeit«, mit Eva Mattes, Regie: Peter Zadek, und Célimène in Molières »Der Menschenfeind«, Regie: Niels-Peter Rudolph, jeweils Deutsches Schauspielhaus Hamburg 1984–1986.
Fernsehen: »Stine« (nach Fontane), Regie: Wilm ten Haaf, ZDF 1967.
Anschrift: c/o Bühnen der Stadt Köln, Postfach 18 02 41, 5000 Köln.

Christian Rode

Geb. 20. 7. 1936 in Hamburg; dort aufgew.; er besuchte die Oberrealschule bis zur 12. Klasse, bevor er die Schauspielschule des Deutschen Schauspielhauses Hamburg unter Frau Prof. Solscher absolvierte. An dieser Bühne debütierte er auch im Jahre 1956. Weitere Engagements hatte er u.a. am Staatstheater Darmstadt, am Württembergischen Staatstheater Stuttgart, an den Staatl. Schauspielbühnen Berlins sowie am Theater am Turm in Frankfurt/Main. Rode spricht engl., franz., span., ital., portug., neugriech.; er ist ledig und lebt in Berlin.
Film: Blache in »Brennt Paris?«, mit Gert Fröbe, Regie: René Clément, Frankreich 1965; Dietrich von Bern in »Die Nibelungen«, Regie: Harald Reinl, und Fopper in »Sperrbezirk«, 1966; Vivonne in »Unbezähmbare Angélique«, Frankreich 1967.
Theater: Erzengel Michael in Goethes »Faust«, Regie: Gustaf Gründgens, Deutsches Schauspielhaus Hamburg 1957; Titelrolle in Kleists »Amphitryon«, Regie: Gustav Rudolf Sellner, Staatstheater Darmstadt 1961; Karl Moor in Schillers »Die Räuber«, und Lanzelot in Schwarz' »Der Drachen«, Regie: Peter Palitzsch, Württembergisches Staatstheater Stuttgart 1962; Said in Ziehlmanns »Der Fallschirmjäger«, Regie: Hans Lietzau, 1964, und Pylades in Goethes »Iphigenie auf Tauris«, Regie: Rolf Henniger, 1965, jeweils Schiller-Theater Berlin; Tellheim in Lessings »Minna von Barnhelm«, Regie: Axel von Ambesser, Welttournee des Goethe-Instituts 1968; Julien in Anouilhs »Wecken Sie Madame nicht auf«, Regie: Ulrich Erfurth, Theater am Turm Frankfurt/Main 1979.
Fernsehen: Rustan in »Der Traum ein Leben« (nach Grillparzer), ARD 1963; Abraham Lincoln in »Carl Schurz«, Regie: Rudolf Nussgruber, ARD 1967; Pylades in »Iphigenie auf Tauris« (nach Goethe), Regie: Felix Hartlieb, ARD 1968; Titelrolle in »Martin Luther«, Regie: Rudolf Jugert, ZDF 1968; Débras in »Es muß nicht immer Kaviar sein« (nach Simmel), mit Siegfried Rauch, Serie, ZDF 1975; Jupiter in »Amphitryon« (nach Hacks), Regie: Hans-Jürgen Tögel, ZDF 1980; Gründgens in »Das war der Frühling in Berlin«, und »Der kleine Bruder«, ZDF 1982; »Paulchen«, mit Walter Gross, Regie: Michael Günther, ARD 1985.
Anschrift: c/o Agentur Jovanovic, Perfallstraße 6, 8000 München 80.

Shmuel Rodensky

Geb. ca. 1906 in Wilna (Papiere sind verschollen); in den Wirren der russischen Revolution flüchtete er über Polen und Deutschland nach Palästina. Über 40 Jahre lang war er Mitglied des Habimah-Nationaltheaters in Tel Aviv. Weltberühmt wurde er in der Rolle des Milchmanns Tevje in dem Musical »Anatevka«, mit dem er in der ganzen Welt gastierte. Seit 1968 tritt er häufig im Deutschen Fernsehen auf. Rodensky spricht engl., franz., hebräisch, jiddisch, deutsch; er ist verheiratet.
Film: »Die Akte Odessa«, mit Maria und Maximilian Schell, Regie: Ronald Neame, USA 1974; »Moses – The Lawgiver«, mit Burt Lancaster, USA 1980.
Fernsehen: »Onkel Silas« (nach Sheridan Le Fanu), mit Hannes Messemer und Ellen Schwiers, Regie: Wilhelm Semmelroth, 2 Teile, ARD 1977; »Der Gehilfe«, mit Marius Müller-Westernhagen, Regie: Ludwig Cremer, ARD 1978; Levin in »Levin und Gutman«, Regie: Peter Deutsch, Serie, ARD 1984/85. Zudem war er Gast zahlreicher deutscher TV-Shows und Serien, u.a.: »Stars in der Manege«, »Gala-Abend der Schallplatte«, »Die kleine Show«, »Jiddisch«, »Berlin-Geflüster«, »Was bin ich?«, »Einer wird gewinnen« und »Erkennen Sie die Melodie?«
Anschrift: c/o Agentur von Pilecki, Eilandstraße 12, 8000 München 90.

Marika Rökk

(eigentlich: Ilona Rökk)

Geb. 3. 11. 1913 als Tochter ungarischer Eltern in Kairo; aufgew. in Ungarn; mit acht Jahren trat sie in Budapest in eine Tanzschule ein, mit neun Jahren wirkte sie schon im Kinderballett mit. Nach Übersiedlung der Familie nach Paris wurde sie von der Ballett-Managerin Hoffmann entdeckt. So stand sie mit 13 Jahren auf der Bühne des »Moulin Rouge«. Mit Frau Hoffmanns Revue-Truppe bereiste sie Amerika und Europa. In den USA wurde sie bei einem Tanzwettbewerb mit den Ziegfeld-Girls als »Königin der Pirouette« gefeiert. Nach ihrer Rückkehr nach Budapest wandte sie sich der Operette zu. In Ungarn drehte sie 1933 ihren ersten Film »Kisértetek vonata« (»Gespensterzug«).
Nach ihrem Bühnenerfolg in »Stern in der Manege«, einem Stück, für das sie Hubert Marischka in Wien verpflichtet hatte, holte sie die UFA für den Zirkusfilm »Leichte Kavallerie« (1934). Rund weitere 30 Produktionen folgten bis 1962. Von da ab legte sie den Schwerpunkt ihres Schaffens auf Fernsehen und Bühne. Vornehmlich mit Musicals und Operetten war sie u.a. im Haus Vaterland und im Operettenhaus Hamburg, am Deutschen Theater München, am Theater des Westens Berlin, am Theater an der Wien und am Raimund-Theater in Wien zu sehen. Sie gastierte ferner in Düsseldorf und Hannover und machte zahlreiche Tourneen.
Unter dem Titel »Herz mit Paprika« veröffentlichte sie 1974 ihre Erinnerungen.
Frau Rökk spricht ungarisch und englisch; sie war in erster Ehe mit dem 1964 verstorbenen Filmregisseur Georg Jacoby verheiratet. Dieser Ehe entstammt ihre Tochter Gabriele Jacoby (geb. 1944), die ebenfalls Schauspielerin wurde. Von 1968 bis zu seinem Tod 1985 war Frau Rökk verheiratet mit dem Regisseur Fred Raul. Sie lebt in Baden bei Wien.
Film: »Leichte Kavallerie«, Regie: Werner Hochbaum, 1935; »Und du, mein Schatz, fährst mit«, Regie: Georg Jacoby, »Der Bettelstudent« (nach Millöcker), mit Johannes Heesters, Regie: Georg Jacoby, und »Heißes Blut«, 1936; »Gasparone« (nach Millöker), mit Johannes Heesters, Regie: Georg Jacoby, »Karussell«, 1937; »Eine Nacht im Mai«, 1938; »Hallo Janine«, mit Johannes Heesters, Regie: Carl Boese, »Es war eine rauschende Ballnacht«, mit Zarah Leander, Regie: Geza von Cziffra, 1939; »Kora Terry«, Regie: Georg Jacoby, und »Wunschkonzert«, Regie: Eduard von Borsody, 1940; »Tanz mit dem Kaiser«, Regie: Georg Jacoby, und »Frauen sind doch bessere Diplomaten«, mit Willy Fritsch, Regie: Georg Jacoby (der erste deutsche Farbfilm!), 1941; »Hab' mich lieb«, 1942; »Die Frau meiner Träume«, 1944; »Fregola«, Regie: Harald Röbbeling, 1949; »Das Kind der Donau«, Regie: Georg Jacoby, 1950; »Die Czárdásfürstin« (nach Kálmán) und »Sensation in San Remo«, 1951; »Die geschiedene Frau«, Regie: Georg Jacoby, 1953; »Nachts im grünen Kakadu«, 1957; »Bühne frei für Marika«, Regie: Georg Jacoby, 1958; »Die Nacht vor der Premiere«, Regie: Georg Jacoby, 1959; »Mein Mann, das Wirtschaftswunder«, 1960; »Heut' gehn wir bummeln«, 1961; »Die Fledermaus« (nach Johann Strauß), Regie: Geza von Cziffra, und »Hochzeitsnacht im Paradies« (nach Schröder), Regie: Paul Martin, 1962.
Theater: In Raymonds »Maske in Blau«, in Abrahams »Ball im Savoy« und »Die Blume von Hawaii«, in »Das Ministerium ist beleidigt«, in »Träume vom Glück«, in Hermans »Hallo Dolly«, in »Die Katze im Sack«, in »Stern der Manege«, in Kálmáns »Gräfin Mariza« und »Die Czárdásfürstin«, und in Arnold/Bachs »Der keusche Lebemann«, jeweils an den vorgenannten Bühnen und auf Tournee. 1978 hatte das für sie geschriebene Musical »Die Gräfin vom Naschmarkt« Premiere. Am Theater an der Wien lief es seither in über 200 Aufführungen; Daisy Parker in Abrahams »Ball im Savoy«, Deutsches Theater München, 1984 (offizieller Bühnenabschied!); in Firners »Das Kuckucksei«, Kleine Komödie München, 1986.
Fernsehen: Neben zahlreichen Operetten und Musicals, die auch im Fernsehen zu sehen waren, wirkte sie in allen großen deutschen Unterhaltungs-Shows mit, u.a. »Vergißmeinnicht«, »Der goldene Schuß«, »Peter Alexander präsentiert Spezialitäten«, »Unsere kleine Show«, »Der große Preis«, »Dalli-Dalli« und »Musik ist Trumpf«, jeweils ZDF sowie in »Zwischenmahlzeit«, »Es muß nicht immer Schlager sein«, »Einer wird gewinnen« und »Zum blauen Bock«, jeweils ARD. Eigene Personality-Shows hatte sie u.a. mit »Eine Frau aus unseren Träumen«

(ZDF 1970) und »Ja – Das Temperament« (ZDF 1972).
Auszeichnungen: »Goldener Bambi« (BILD + FUNK) 1948 und 1968; Österreichisches Ehrenkreuz für Wissenschaft und Kunst I. Klasse; Goldenes Ehrenzeichen für Verdienste um das Land Wien; »Filmband in Gold«, Berlin 1981.
Anschrift: Mozartstraße 15, A-2300 Baden bei Wien, Österreich.

Anneliese Römer

– Staatsschauspielerin –

Geb. 24. 6. 1922 in Leipzig; sie absolvierte die Westfälische Schauspielschule Bochum unter Saladin Schmitt. Ihre Bühnenstationen: Neues Theater Stuttgart (1945–1948), Schauspielhaus Zürich (1950–1953), Komödie Basel (1953/54), Deutsches Schauspielhaus Hamburg und Schauspielhaus Bochum (1955–1957), Staatliche Schauspielbühnen Berlins (ab 1958), Freie Volksbühne Berlin (1968), Württembergisches Staatstheater Stuttgart (bis 1977), Städt. Bühnen Frankfurt/Main (1978–1980; jetzt als Gast) und Schauspielhaus Bochum (seit 1980).

Frau Römer spricht engl.; 1953 heiratete sie den inzwischen verstorbenen Schauspieler Harry Meyen (die Ehe wurde geschieden); sie lebt in Bochum.

Film: »Das Hochzeitshotel«, 1943; »Der Herr vom andern Stern«, mit Heinz Rühmann, Regie: Heinz Hilpert, 1948; »Ein Mädchen aus Flandern«, 1955.

Theater: Ranewskaja in Tschechows »Der Kirschgarten«, 1961, Gräfin Totzky in Wedekinds »Der Liebestrank«, Regie: Walter Henn, 1962, Olivia in Shakespeares »Was ihr wollt«, Regie: Fritz Kortner, und Madame Rosepettle in Kopits »Oh Vater, armer Vater, Mutter hing dich in den Schrank und ich bin ganz krank«, 1963, jeweils Staatl. Schauspielbühnen Berlins; Frieda in Adriens »Sonntags am Meer«, Regie: Claus Peymann, Freie Volksbühne Berlin 1968; Sonja in der Uraufführung von Reinshagens »Himmel und Erde«, Regie: Claus Peymann, 1974, Mutter Fent in Wolfs »Cyankali«, Regie: Niels-Peter Rudolph, 1975, Meg Dillon in Behans »Die Geisel«, und Anna-Sophie in der Uraufführung von Reinshagens »Sonntagskinder«, Regie: jeweils Alfred Kirchner, und Titelrolle in Athaydes »Auftritt der Donna Margerida«, Regie: Claus Peymann, 1975, Charlotte von Stein in Hacks »Ein Gespräch im Hause Stein über den abwesenden Herrn von Goethe«, Regie: Niels-Peter Rudolph, 1977, jeweils Württembergisches Staatstheater Stuttgart; Marchesa Spina in Pirandellos »Heinrich IV.«, Regie: Augusto Fernandes, Städt. Bühnen Frankfurt/Main 1978; Daja in Lessings »Nathan der Weise«, Regie: Claus Peymann, Ranewskaja in Tschechows »Der Kirschgarten«, Regie: Manfred Karge und Matthias Langhoff, und Frau des Dichters in der Uraufführung von Bernhards »Über allen Gipfeln ist Ruh«, Regie: Alfred Kirchner, jeweils Schauspielhaus Bochum 1981/82.

Auszeichnung: Staatsschauspielerin.

Anschrift: Heribertistraße 18, 4630 Bochum.

Peter Roggisch

Geb. 1937 in Berlin; nach dem Abitur studierte er Jura und im Nebenfach Theaterwissenschaft. Sein erstes Engagement erhielt er 1958 am Atelier-Theater Bern. Nach Verpflichtungen am Burgtheater Wien und an den Hamburger Kammerspielen kam er 1962 an das Basler Theater, dem er bis 1964 angehörte. Von 1964 bis 1972 stand er im Ensemble des Württembergischen Staatstheaters Stuttgart. Seit 1973 spielt er an den Städt. Bühnen Frankfurt/Main (jetzt als Gast). Gastspiele gab er u.a. an der Freien Volksbühne Berlin, am Schiller-Theater Berlin, am Theater der Freien Hansestadt Bremen, am Deutschen Schauspielhaus Hamburg sowie bei den Salzburger Festspielen.

Roggisch spricht engl., franz.; er lebt in Frankfurt/Main.

Film: »Der steinerne Fluß«, Regie: Thorsten Näder, 1982.

Theater: In der Uraufführung von Dorsts »Toller«, 1968, Estragon in Becketts »Warten auf Godot« und Titelrolle in der Uraufführung von Peter Weiss' »Hölderlin«, 1971, Titelrolle in Shakespeares »Hamlet«, 1972, Regie: jeweils Peter Palitzsch, Helmer in Ibsens »Nora«, Regie: Hans Neuenfels, 1972, jeweils Württembergisches Staatstheater Stuttgart; Titelrolle in Calderons »Traum und Leben des Prinzen Sigismund«, Regie: Augusto Fernandes, und Lövberg in Ibsens »Hedda Gabler«, Regie: Hans Neuenfels, 1973, Titelrolle in Brechts »Baal«, Regie: Hans Neuenfels, 1974, Puntila in Brechts »Herr Puntila und sein Knecht Matti«, Regie: Peter Palitzsch, 1975, Siebenmark in Barlachs »Der arme Vetter«, Regie: Frank-Patrick Steckel, 1977, Titelrolle in Pirandellos »Heinrich IV.«, Regie: Augusto Fernandes, 1978, Titelrolle in Shakespeares »Othello«, und Philipp in Schillers »Don Carlos«, Regie: jeweils Peter Palitzsch, und Titelrolle in Sophokles' »Ödipus auf Kolonos«, Regie: Hans Neuenfels, 1979, Hamlet in der Uraufführung von H. Müllers »Hamletmaschine«, 1980, jeweils Städt. Bühnen Frankfurt/Main; Vater in Pirandellos »Sechs Personen suchen einen Autor«, Regie: Klaus Michael Grüber, Freie Volksbühne Berlin 1981; Titelrolle in Shakespeares »Richard II.«, Regie: Frank-Patrick Steckel, Theater der Freien Hansestadt Bremen 1981; Dr. Schön in Wedekinds »Lulu«, Regie: Nicolas Brieger, Titelrolle in Shakespeares »Othello«, Regie: Hans Gratzer, und Narr in Witkiewicz' »Der Narr und die Nonne«, Regie: Erwin Axer, jeweils Schiller-Theater Berlin 1981–1982; Dorfrichter Adam in Kleists »Der zerbrochene Krug«, Regie: Ernst Wendt, 1983 und Titelrolle in Sophokles' »Ödipus auf Kolonos«, 1984/85, jeweils Deutsches Schauspielhaus Hamburg; Saladin in Lessings »Nathan der Weise«, Regie: Johannes Schaaf, Salzburger Festspiele 1984; in Ionescos »Die Stühle«, Regie: Werner Düggelin, Schauspielhaus Zürich 1985; Antonius in Shakespeares »Antonius und Cleopatra«, Regie: Frank-Patrick Steckel, Deutsches Schauspielhaus Hamburg 1985.

Fernsehen: »Tatort«, Regie: Peter Schulze-Rohr und Fritz Umgelter, Serie, ARD 1971 und 1977; »Die Krimistunde«, Regie: Egon Günther, Serie, ARD 1984.

Anschrift: c/o Agentur Wiedner, Destouchesstraße 32, 8000 München 40

Gertrud Roll

Geb. 17. 3. 1939 in Heidelberg; in Colmar (Elsaß) und in Freiburg/Breisgau aufgew.; nach dem Abitur besuchte sie die Schauspielschule Stuttgart, in dieser Stadt spielte sie auch von 1957 bis 1960 ihre ersten Rollen an der Komödie im Marquardt. Von 1960 bis 1969 war sie u.a. am Badischen Staatstheater Karlsruhe, am Saarländischen Staatstheater Saarbrücken und an den Städt. Bühnen Freiburg/Breisgau engagiert. Seit 1976 arbeitet sie vor allem am Schauspielhaus Wien und am Volkstheater Wien.
Frau Roll spricht franz., engl.; sie ist verheiratet, hat zwei Kinder und lebt in Wien.
Film: »Psi«, Regie: Peter Patzak, 1977; »Ich will leben«, Regie: Jörg A. Eggers, 1980.
Theater: Alkmene in Giraudoux' »Amphitryon 38«, Viola in Shakespeares »Was ihr wollt«, Rosalinde in Shakespeares »Wie es euch gefällt«, Titelrolle in Lessings »Minna von Barnhelm«, Titelrolle in Schillers »Maria Stuart«, Katharina in Shakespeares »Der Widerspenstigen Zähmung«, Titelrolle in Spewack/Porters »Kiss me, Kate«, Königin in Shakespeares »Hamlet«, in Sternheims »Der Snob«, in Shaws »Der Arzt am Scheideweg«, Carmen in Genets »Der Balkon«, Wanda in »Kennedys Kinder«, in Shakespeares »König Lear«, Elisabeth in »Sissy: Rudolfs Liebe«, in Pomerance' »Der Elephantenmensch«, Beatrice in Goldonis »Der Diener zweier Herren«, Daphne in »Daphne und Joe«, Eva Jackson in »Frohe Feste«, Jelena in Tschechows »Onkel Wanja«, Frau in Friederike Roths »Klavierspiele«, Regie: Inge Flimm (auch ORF 1984), und in Dorsts »Merlin oder Das wüste Land«, jeweils an den vorgenannten Bühnen bis 1984.
Fernsehen: Neben Arbeiten u.a. mit Wolfgang Liebeneiner, Rolf von Sydow und Imo Moszkowicz: Malwine in »Klausenberger Geschichten«, Regie: Otto Anton Eder, Serie, ORF 1982/83.
Auszeichnung: »Kainz-Medaille«, Wien 1979.
Anschrift: c/o Austroconcert International, Gluckgasse 1, A-1010 Wien, oder Cottagegasse 45, A-1190 Wien, Österreich.

Rose Renée Roth

Geb. 12.12.1907 als Österreicherin in Budapest/Ungarn; sie absolvierte unter Ilka Brüning die Max-Reinhardt-Schule Berlin. Bühnenengagements hatte sie u.a. am Burgtheater Wien, am Württembergischen Staatstheater Stuttgart, an Bühnen in Berlin, an der Kleinen Komödie München (dort: in Ebermayers »Zwei ahnungslose Engel«, 1968, in Barillet/Grédys »Vierzig Karat«, 1969, und in Ambessers »Max Mahnke als Mensch«, 1971), am Basler Theater sowie auf Tournee (bis 1984). Ihre wohl erfolgreichste Bühnenrolle hatte sie in Kesselrings »Arsen und Spitzenhäubchen«.
Sie lebte viele Jahre in London und in den USA, wo sie Theater spielte und für amerik. Rundfunkanstalten arbeitete.
Frau Roth spricht engl., franz., ungar.; sie ist ledig und lebt in Wien.
Film: »Holiday«; »Schloß Hubertus« (nach Ganghofer), mit Karlheinz Böhm, Regie: Harald Reinl, 1973; »Waldrausch« (nach Ganghofer), Regie: Horst Hächler, 1977.
Fernsehen: »Drei leichte Fälle«; »Alle Hunde lieben Theobald«, mit Carl-Heinz Schroth, Serie, ZDF 1971; »Der Kommissar«, mit Erik Ode, Serie, ZDF 1972; »Palace-Hotel«; »Unsere lieben Haustiere«, Serie, ZDF 1973; »Die Powenzbande«, Serie, ARD 1974; »Garten-Party«, ZDF 1974; »Hitjournal«, Moderation mit Manfred Sexauer, Serie, ARD 1974/75; »Es begann bei Tiffany«, mit Benno Hoffmann, Regie: Wolfgang Becker, ARD 1979; »Gute Reise«, Regie: Wilfried Dotzel, ARD 1981; »Der Alte«, Serie, und »Hanna von Acht bis Acht«, mit Angelica Domröse und Wolfgang Büttner, Regie: Egon Günther, ZDF 1983; »Der Schluckauf«, Regie: Reinhard Koch, und »In Zeiten wie diesen«, Regie: Wolfgang Bauer, ORF 1984; »Familie Strangmüller«, Regie: Alois Hawlik, Serie, ORF 1985.
Anschrift: c/o Agentur Wiedner, Destouchesstraße 32, 8000 München 40.

Wolf Roth

Geb. in Berlin; nach privatem Schauspielunterricht erhielt er 1967/68 an den Staatl. Schauspielbühnen Berlins unter Boleslaw Barlog sein erstes Engagement. Weitere Stationen bis 1974: Theater Oberhausen, Schaubühne am Halleschen Ufer Berlin, Theater am Kurfürstendamm Berlin und Freie Volksbühne Berlin. Seither gastierte er freischaffend mehrmals auf Tournee (bis 1985) und am Schiller-Theater Berlin (1981).
Roth spricht engl.; er lebt in Hollywood, USA.
Theater: (zuletzt) In Hochwälders »Flüchtlinge«, 1980, in Goethes »Stella«, 1982, Titelrolle in Schillers »Don Carlos«, und in »Aus Mangel an Beweisen«, 1984, jeweils Tournee; in G. Roths »Sehnsucht«, Schiller-Theater Berlin 1981.
Fernsehen: »Zinngeschrei«, Regie: Ludwig Cremer, ZDF 1974; »Kurzschluß« (aus der Reihe »Tatort«), Regie: Wolfgang Petersen, ARD 1975; »Die Fastnachtsbeichte« (nach Zuckmayer), Regie: Eberhard Itzenplitz, ZDF 1976; »Das Hochzeitsfest«, Regie: Karl Fruchtmann, ARD 1977; »Herzattackenmaschine«, Regie: Sven Severin, ZDF 1977; »Gesche Gottfried«, Regie: Karl Fruchtmann, ARD 1978; »Der Alte«, Serie, 2 Folgen, ZDF 1978 und 1982; »Plutonium«, Buch und Regie: Rainer Erler, und »Marija« (nach Isaac Babel), Regie: Horst Flick, ZDF 1978; »Fleisch«, mit Jutta Speidel, Buch und Regie: Rainer Erler, ZDF 1979; »Mona und Marilyn«, Regie: Sven Severin, ZDF 1980; »Sonderdezernat K 1«, Serie, ARD 1981; »Goldene Zeiten«, Regie: Michael Braun, Serie, ARD 1982; »Derrick«, Serie, 2 Folgen, ZDF 1983/84; »Die Falle«, mit Hans Caninenberg und Judy Winter, Regie: Oswald Döpke, ZDF 1983; »Feine Gesellschaft – beschränkte Haftung«, Regie: Ottokar Runze, ZDF 1984; »Zu dir oder mir?«, mit Susanne Uhlen, Regie: Wolfgang Spier, ARD 1984; »Otter« (nach Barbara Frischmuth), Regie: Alois Hawlik, ORF 1985; »In bester Gesellschaft«, Regie: Jean-Pierre Desagnat, Serie, ARD 1986.
Anschrift: c/o Agentur Mattes, Pilotystraße 2, 8000 München 22, oder 11201 Kling Street North, Hollywood / CA 91602, USA.

Franz Rudnick

(eigentlich: Franz Rudnick-Diehl)

Geb. 10. 10. 1931 in Berlin; dort aufgew.; lebt in München; verheiratet; spricht engl., franz.; Besuch der Schauspielschule des Deutschen Theaters Berlin unter Agnes Windeck und Gerda Müller; er debütierte am Theater in Halberstadt; Engagements in Schwerin, Dresden und Magdeburg folgten; über die Tribüne Berlin kam er 1972/73 an das Deutsche Schauspielhaus Hamburg; 1977/78 gehörte er den Kammerspielen München an; er ist in der Synchronisation tätig.
Film: »Le ciel est leur métier«, Frankreich 1981, »Die bleierne Zeit«, mit Barbara Sukowa und Jutta Lampe, Regie: Margarethe von Trotta, 1982.
Theater: Brackenburg in Goethes »Egmont«, Titelrolle in Schillers »Don Carlos«, Derwisch in Lessings »Nathan der Weise«, Chlestakow in Gogols »Der Revisor«, Mortimer in Schillers »Maria Stuart«, Bitos in Anouilhs »Der arme Bitos oder Das Diner der Köpfe« (an den vorgenannten Bühnen).
Fernsehen: McInyre in »Willkommen in Altamont« (nach Wolfe) und »Unsterblichkeit mit Marschmusik« (nach Hartung), ZDF 1965; »Nur einer wird leben« (nach Picot), Regie: Fritz Umgelter, und »Preis der Freiheit«, ARD 1966; Senator Henderson in »Der schwarze Freitag«, ZDF, 1966; Matthis in »Reisepläne« (nach Livingstone), ARD 1967; »Prüfung eines Lehrers« (von Oliver Storz), ZDF 1968; »Schrott«, »Die Verschwörung«, Hofrat Fiedler in »Die Freier« (nach Eichendorff), Regie: Fritz Umgelter, »Im Auftrag der schwarzen Front«, ARD 1969; »Nennen Sie mich Alex«, ZDF 1969; »Gedenktag«, »Tod nach Mitternacht«, »Emigration«, Hannes in »Wie eine Träne im Ozean« (nach Sperber), Regie: Fritz Umgelter, ARD 1969; »Vier Tage unentschuldigt«, ARD 1971; »Verrat ist kein Gesellschaftsspiel« (nach Anderland), ZDF 1972; »Ein Toter stoppt den 8 Uhr 10« (nach Murr), ARD 1972; »Der Kommissar«, mit Erik Ode, Serie, 2 Folgen, ZDF 1972/73; »Tatort«, Serie, 4 Folgen, ARD 1972–1979; Robert in »Die Tote vom Pont Neuf« (nach Gozlan), ZDF 1973; »Lisa – Aus dem Leben einer Unentbehrlichen«, ZDF 1974; Calgagno in »Die Verschwörung des Fiesco zu Genua« (nach Schiller), Sophronow in »Die unfreiwilligen Reisen des Moritz August Benjowski« (nach Pigge), »Revolte im Erziehungsheim«, und »Was geht uns die Familie an?«, ZDF 1975; Himmler in »Reinhard Heydrich – Manager des Terrors«, ZDF 1977; »Tödliches Geheimnis« (nach Godwin), Regie: Herbert Wise, 4 Teile, ZDF 1980; Lehrer in »Tod eines Schülers«, mit Till Topf, Regie: Claus Peter Witt, 6 Teile, ZDF 1981; Dr. Bodenheim in »Blut und Ehre: Jugend unter Hitler«, Regie: Bernd Fischerauer, 4 Teile, ARD 1982; »Diese Drombuschs« (von Stromberger), mit Witta Pohl und Hans-Peter Korff, Regie: Claus Peter Witt, Serie, ZDF 1983 und 1985; »Büro, Büro«, Serie, und »Die Wannseekonferenz« (von Mommertz), Regie: Heinz Schirk, ARD 1984; »Die Unbekannten im eigenen Haus« (nach Simenon), Regie: Bernd Fischerauer, ARD 1985; »Plötzlich und unerwartet« (nach Durbridge), mit Michael Degen, Regie: Thomas Engel, und »Im Schatten von gestern«, Regie: Thomas Hartwig, ZDF 1985; »Schwarzwaldklinik«, mit Klausjürgen Wussow, Sascha Hehn und Heidelinde Weis, Regie: Alfred Vohrer, 23 Teile, ZDF 1985/86.
Anschrift: c/o ZBF-Agentur München, Leopoldstraße 19, 8000 München 40.

Barbara Rudnik

Geb. 27. 7. 1958 als Tochter eines Drehers in Wehbach/Sieg; dort und in Kassel aufgew.; 1977 kam sie nach München, wo sie Schauspielunterricht (Zinner-Studio) nahm und die Filmhochschule (1980) besuchte. Ihr Film-Debüt gab sie 1981; im gleichen Jahr gastierte sie am Off-Off-Theater München.
Frau Rudnik spricht engl., franz.; sie ist ledig und lebt in München.
Film: »Am Ufer der Dämmerung«, Regie: Jochen Richter, 1981 (auch TV 1984); »Kopfschuß« (»Nightfall«), Regie: Beate Klöckner, 1981; »Morgengrauen«, Regie: Peter Sämann, 1983; »Tausend Augen«, mit Gudrun Landgrebe, Peter Kraus und Armin Mueller-Stahl, Regie: Hans Christoph Blumenberg (dessen Regie-Debüt), 1984; »Don Giovanni«, Regie: Beate Klöckner, 1985.
Theater: Marie in Büchners »Woyzeck«, Off-Off-Theater München 1981; in Shakespeares »Antonius und Kleopatra«, Freie Theatergruppe im ZIP München 1982.
Fernsehen: »Anja«, SWF III 1983; »Treffer«, Regie: Dominik Graf, ARD 1984; »Gesichter des Schattens«, mit Wolfgang Wahl und Monica Bleibtreu, Regie: Kristian Kühn, »Kerbels Flucht«, Regie: Erwin Keusch, »Funny Morgan« (Eine literarische Erzählung), und »Der Alte«, Serie, 2 Folgen, ZDF 1984/85; »Ein Fall für zwei«, Serie, ZDF 1984; »Kein Alibi für eine Leiche« (nach Durbridge), mit Eva Christian und Peter Fricke, Regie: Wolf Dietrich, ZDF 1986.
Anschrift: c/o ZBF-Agentur München, Leopoldstraße 19, 8000 München 40.

Claude Oliver Rudolph

Geb. 1956 als Sohn eines Kürschners in Frankfurt/Main; aufgew. in Bochum; bereits als 15jähriger drehte er Filme mit der Schmalfilmkamera und steckte sich das Ziel, Regisseur zu werden. Nach dem Abitur und einem nicht abgeschlossenen Philosophie-Studium absolvierte er ein Schauspielseminar bei Lee Strasberg in New York. Sein Bühnendebüt gab er 1974 am Schauspielhaus Bochum. Er gastierte ferner am Studiotheater München, am Zimmertheater Heidelberg (1980), an der Freien Volksbühne Berlin (1983) und am Theater am Turm Frankfurt/Main (1983).
1984 arbeitete er erstmals als Regisseur und verfilmte die Geschichte eines Boxers in »Melodie der Vorstadt«.
Rudolph spricht franz., engl.; er ist seit 1984 verheiratet mit der Schauspielerin Sabine von Maydell, hat eine Tochter und lebt in München.
Film: »Palermo oder Wolfsburg«, Regie: Werner Schroeter, 1976; »Das Boot« (nach Buchheim), mit Jürgen Prochnow, Regie: Wolfgang Petersen, BRD/Frankreich 1981 (auch TV-Dreiteiler 1985); »Alpha-City«, mit Al Corley, Regie: Eckhart Schmidt, 1985.
Theater: Grünauge in Genets »Unter Aufsicht«, Studiotheater München; in »Operation Leo«, Zimmertheater Heidelberg 1980; in Shakespeares »Komödie der Irrungen«, Regie: Werner Schroeter, Freie Volksbühne Berlin 1983; Petra in Fassbinders »Die bitteren Tränen der Petra von Kant«, Theater am Turm Frankfurt/Main 1983.
Fernsehen: »Herzjagd« (aus der Reihe: »Tatort«), Regie: Axel Corti, ARD 1980; »Ungleicher Lohn«, Regie: Christa Maar, ZDF 1982; »Vom anderen Stern«, Regie: Petra Haffter, ZDF 1983; Kumpel Bruno Kruska in »Rote Erde« (von Peter Stripp), mit Angelika Bartsch, Regie: Klaus Emmerich, 9 Teile, ARD 1983; Vallon in »Chateau«, mit Rémont Pellegrain, Regie: Paul Blanchon und Serge Friedman, 39 Teile, Tel. France, franz. TV 1984; »Ein Fall für zwei«, Serie, ZDF 1985; »Die Reise« (nach Vesper), Regie: Markus Imhoof, ARD 1986.
Auszeichnung: »Bester Nachwuchsschauspieler« 1984 (Bundesverband der deutschen TV- und Filmregisseure).
Anschrift: c/o Agentur Wiedner, Destouchesstraße 32, 8000 München 40.

Hans Christian Rudolph

Geb. 14. 12. 1943 als Sohn eines Theaterintendanten in Metz/Lothringen; nach der Schule nahm er Schauspielunterricht bei Hilde Körber in Berlin. Sein Bühnendebüt gab er am Theater der Stadt Essen. Weitere Stationen: Schauspielhaus Düsseldorf, Württembergisches Staatstheater Stuttgart, Staatl. Schauspielbühnen Berlins, Thalia-Theater Hamburg und Bühnen der Stadt Köln (dort zuletzt: Titelrolle in Molières »Der Menschenfeind«, 1984 (auch TV), und König in Schillers »Die Jungfrau von Orleans«, Regie: Jürgen Flimm, 1985).
Rudolf spricht franz., engl.; er ist geschieden, hat eine Tochter und lebt abwechselnd in Köln und Hamburg.
Fernsehen: »Epitaph für einen König«; »O süße Geborgenheit«; »Rebellion der Verlorenen« (nach Jaeger), Regie: Fritz Umgelter, 3 Teile, ARD 1969; »Die Beichte«; »Als Hitler das rosa Kaninchen stahl« (nach Judith Kerr), Regie: Ilse Hofmann, »Ein unruhiges Jahr«, Regie: Kristian Kühn, ARD 1978; »Die Geburtstagsfeier« (nach Pinter), Regie: Jürgen Flimm, ZDF 1978; »Die Wupper« (nach Lasker-Schüler), Regie: Jürgen Flimm, und »Das Totenreich« (nach Pontoppidan), Regie: Karin Brandauer, 2 Teile, ARD 1986.
Anschrift: c/o Agentur Köhler, Rümannstraße 51, 8000 München 40.

Vérénice Rudolph

(eigentlich: Verena Rudolph)

Geb. 17. 8. 1951 in München; dort aufgew.; nach dem Gymnasium besuchte sie die Otto-Falckenberg-Schule in München; Engagements an den Wuppertaler Bühnen und am Schiller-Theater Berlin schlossen sich an.
Ab 1980 absolvierte sie eine Ausbildung an der Deutschen Film- und Fernsehakademie in Berlin. Sie stellte bereits zwei Spielfilme vor, bei denen sie als Drehbuchautorin, Regisseurin, Kamerafrau, Cutterin und Mischerin verantwortlich zeichnete. Die Produktion »Daheim« (1983) wurde vom Deutschen Fernsehen übernommen.
Vérénice Rudolph spricht ital., engl., span., franz.; sie ist ledig und lebt in Berlin.
Film: »Der starke Ferdinand«, Regie: Alexander Kluge, 1976; Ärztin in »Die bleierne Zeit«, Regie: Margarethe von Trotta, 1981; »Daheim«, Regie: Verena Rudolph 1983.
Theater: Hildegard in Bronnens »Die Exzesse«, Esther in Vitracs »Victor oder Die Kinder an der Macht«, spanische Gräfin in Lenz' »Der neue Menoza«, Eve in Kleists »Der zerbrochene Krug«, und Clementine in Fleißers »Fegefeuer in Ingolstadt«, jeweils Wuppertaler Bühnen; Eboli in Schillers »Don Carlos«, Regie: Hans Lietzau, Schiller-Theater Berlin.
Fernsehen: »Sittengemälde«, Regie: Eberhard Itzenplitz, ZDF 1973; »Hahnenkampf«, Regie: Lutz Büscher, ZDF 1975; »Endstation Paradies«, Regie: Thomas Engel, ARD 1977; Titelrolle in »Elfriede«, Regie: Wolfgang Panzer, ZDF 1978; »Tatort«, Serie, ARD 1979; »Fallstudien«, Regie: Hartmut Griesmayr, ZDF 1979; »Der Boxer«, (nach Jurek Becker), ZDF 1980; »Die Baronin«, Regie: Lutz Büscher, ZDF 1981; »Tiritomba«, und »Rendezvous in Paris« (nach Vicki Baum), Regie: Gabi Kubach, ARD 1983; »Gesucht: Bekanntschaften, männlich«, Regie: Wolfgang Mühlbauer, ZDF 1985; »Ein Mann macht klar Schiff« (von Pillau), mit Hans-Joachim Kulenkampff, Regie: Wolfgang Glück, Serie, ARD 1985.
Anschrift: c/o ZBF-Agentur Berlin, Kurfürstendamm 206, 1000 Berlin 15.

Christiane Rücker

Geb. 12. 6. 1944 in Schertendorf, Kreis Grünberg/Schlesien; nach der Schule absolvierte sie die Schauspielschule von Lilly Ackermann (1963–1965) und nahm ein halbes Jahr Gesangsunterricht in München. Ihr Filmdebüt gab sie 1963 in Paul Mays Streifen »Barras heute«. Bühnenengagements hatte sie seit 1968 u.a. an der Komödie Berlin, am Theater am Dom Köln, am Theater in der Josefstadt Wien, an der Kleinen Komödie Hamburg und bei zahlreichen Tourneen.
Christiane Rücker spricht engl.; sie ist geschieden und lebt in München.
Film: »Ich kauf mir lieber einen Tirolerhut«, Regie: Hanns Billian, und »Die Liebesquelle«, Regie: Ernst Hofbauer, 1965; »In Frankfurt sind die Nächte heiß«, und »Bel ami 2000«, mit Peter Alexander, Regie: Michael Pfleghar, 1966; »Die Schlangengrube und das Pendel«, Regie: Harald Reinl, »Heubodengeflüster« und »Bonditis«, 1967; »Paradies der flotten Sünder«, Regie: Rolf Olsen, »Engel der Sünde«, »Zieh dich aus, Puppe«, »Der Arzt von St. Pauli«, »Otto ist scharf auf Frauen«, Regie: Franz Antel, »Komm nur, mein liebstes Vögelein«, Regie: Rolf Thiele, »Donnerwetter, Donnerwetter, Bonifatius Kiesewetter«, Regie: Helmut Weiß, und »Ein dreifach Hoch dem Santätsgefreiten Neumann«, Regie: Franz Marischka, 1968; »Heintje – Einmal wird die Sonne wieder scheinen«, mit Heintje Simons, 1969; »Unsere Pauker gehen in die Luft«, Regie: Harald Vock, 1970; »Das Einhorn« (nach Walser), Regie: Peter Patzak, 1978; »Tiger-Frühling in Wien«, mit Lukas Resetarits, Regie: Peter Patzak, 1984.
Theater: In »Du weißt doch, ich versteh' kein Wort, wenn das Badewasser läuft«, Regie: Harry Meyen, in »Versuch's einmal mit kleinen Mädchen« (auch TV), in Congreves »Liebe für Liebe«, in »Stille Wasser«, Regie: Ernst Waldbrunn, in Impekoven/Matherns »Die drei Zwillinge«, in Colettes »Gigi«, in Monnot/Breffort »Das Mädchen Irma la Douce«, in »Die Eule und das Kätzchen«, mit Harald Leipnitz, in »Blaubarts achte Frau«, jeweils an den vorgenannten Bühnen und auf Tournee.
Fernsehen: »Kommissar Tegtmeier«, Regie: Rudolf Nussguber, und »Unsere große Schwester«, Regie: Rolf von Sydow, ARD 1965; »Weekend im Paradies« (nach Arnold/Bach), ARD 1968; »Party Tips«, Regie: Klaus Überall, ZDF 1969; »Lauf doch nicht splitternackt herum« (nach Feydeau), Regie: Peter Loos, ARD 1969; »Bäng-Bäng«, mit Peter Kraus, Serie, ZDF 1970/71; »Der Kommissar«, mit Erik Ode, Serie, ZDF 1971; »Hätten Sie heut' Zeit für mich«, mit Michael Schanze, TV-Show-Reihe, ZDF 1972–1974; »Hallo – Hotel Sacher... Portier!«, mit Fritz Eckhardt, Serie, ZDF 1974; »Erzählung eines Unbekannten« (nach Tschechow), Regie: Peter Vogel, ARD 1979; »Geschichten aus der Heimat«, Serie, und »Stars in der Manege«, ARD 1983.
Anschrift: c/o Agentur Killer, Harthauser Straße 54, 8000 München 90.

Siemen Rühaak

Geb. 16. 5. 1950 in Osteel/Ostfriesland; nach dem Abitur absolvierte er die Schauspielschule Hannover. Noch während seiner Ausbildung debütierte er 1970 als Cherubin in Beaumarchais' »Der tolle Tag oder Figaros Hochzeit« am Staatstheater Braunschweig. Von 1971 bis 1973 spielte er am Theater der Stadt Heidelberg, von 1973 bis 1974 am Theater am Neumarkt in Zürich. Anschließend studierte er Germanistik und Musikpädagogik in Bremen. Bühnengastspiele gab er 1974/75 am Schauspielhaus Bochum, 1976 an den Bühnen der Stadt Bonn und an den Wuppertaler Bühnen und 1979 am Schauspielhaus Düsseldorf. Von 1978 bis 1980 und 1981/82 gehörte er zum Ensemble der Münchner Kammerspiele. 1980/81 war er am Thalia-Theater Hamburg engagiert.
Seither ist er ausschließlich für Film und Fernsehen tätig. Er arbeitet umfangreich beim Hörfunk (Hörspiele, auch als Regisseur), u.a. beim SWF, WDR und Radio Bremen. Er gibt Liederabende mit selbst komponierten und getexteten Chansons. Er veröffentlichte die plattdeutsch gesungene LP »Leevtailligheid« (»Zärtlichkeit«).
Rühaak spricht engl., franz., niederdeutsch; er ist ledig und lebt in Bremen.
Film: »Faneflukt«, Norwegen 1975; »Grete Minde« (nach Fontane), mit Katerina Jacob, Regie: Heidi Genée, 1977; »Desperado City«, mit und unter der Regie von Vadim Glowna, 1981; Rudolf Schwerdtfeger in »Doktor Faustus« (nach Thomas Mann), mit Jon Finch, Regie: Franz Seitz, 1982.
Theater: Woinow in Camus' »Die Gerechten«, Staatstheater Braunschweig 1970; Mortimer in Schillers »Maria Stuart«, Prinz von Guastalla in Lessings »Emilia Galotti«, Aladin in »Aladin und die Wunderlampe«, in Websters »Weiß der Teufel«, und in »Strategen der Liebe«, jeweils Theater der Stadt Heidelberg 1971–1973; in Wedekinds »Tod und Teufel«, und in Bremers »Die berühmten Geschichten der Ritter vom flammenden Stössel«, jeweils Theater am Neumarkt Zürich 1973/74; Genaro in Giraudoux' »Um Lucretia«, Regie: Werner Schroeter, und D'Artagnan in Dumas' Père »Drei Musketiere«, jeweils Schauspielhaus Bochum 1974/75; Troilus in Shakespeares »Troilus und Cressida«, Regie: Hans-Joachim Heyse, Bühnen der Stadt Bonn 1976; Ferdinand in Schillers »Kabale und Liebe«, Regie: Peter Striebeck, Wuppertaler Bühnen 1976; Jimmy Porter in Osbornes »Blick zurück im Zorn«, Regie: Werner Schnitzer, Schauspielhaus Düsseldorf 1979; Lysander in Shakespeares »Ein Sommernachtstraum«, Regie: Dieter Dorn, Jessica in Taboris »Ich wollte, meine Tochter läge tot zu meinen Füßen und hätte die Juwelen in den Ohren« (Improvisation über Shakespeares »Der Kaufmann von Venedig«), Regie: Günter Krämer, in H. Müllers »Germania Tod in Berlin«, Regie: Ernst Wendt, und Karl in Hebbels »Maria Magdalena«, Regie: Hans Lietzau, jeweils Münchner Kammerspiele 1978–1982.
1976 inszenierte er an den Wuppertaler Bühnen Eppendorfers »Der Ledermann spricht mit Hubert Fichte« und »Schule mit Clowns«.
Fernsehen: »Hilde Breitner« (von Peter Stripp), Regie: Peter Beauvais, ARD 1975; »Du entkommst uns nicht«, Regie: Bernd Fiedler, ARD 1976; »Die Soldaten« (von Kipphardt), Regie: Peter Beauvais, ZDF 1977; »Gesche Gottfried«, mit Sabine Sinjen, Regie: Karl Fruchtmann, ARD 1978; Hölderlin in »Wohin denn ich?«, ARD 1981; »Einer von uns« (aus der dreiteiligen Reihe: »Ausgestoßen«), Regie: Eberhard Itzenplitz, ZDF 1982; »Männer« (von Peter Stripp), mit Johannes Schaaf, Regie: Peter Beauvais, ARD 1982; Perepelkin in »Die Matrosen von Kronstadt« (von Theodor Schübel), mit Pinkas Braun und Werner Kreindl, Regie: Jürgen Klauß, ZDF 1983; »Käßbach, ich liebe dich«, mit Curt Bois, Regie: Diethard Klante, und »Da wo du nicht bist, ist das Glück« (Die 9. Symphonie Schuberts als Ein-Personen-Stück), ARD/ZDF 1984; »Eine Klasse für sich«, Regie: Frank Strecker, Serie, ZDF 1985; »Verworrene Bilanzen« (von Stripp), mit Gottfried John, Regie: Peter Beauvais, und »Bitte nicht stören« (nach Spark), Regie: Peter Wood, ARD 1985; »Das Totenreich« (nach Pontoppidan), Regie: Karin Brandauer, 2 Teile, ARD 1986.
Anschrift: c/o Agentur Mattes, Pilotystraße 2, 8000 München 22.

Heinz Rühmann

– Staatsschauspieler –

Geb. 7. 3. 1902 als Sohn und Enkel eines Hoteliers in Essen; er sollte ebenfalls Hotelier werden, verließ jedoch mit 17 Jahren das Gymnasium und wurde Schauspielschüler bei Fritz Basil in München. Sein erstes Engagement bekam er 1920/21 am Lobe-Theater in Breslau. 1921/22 spielte er am Residenz-Theater Hannover. Verpflichtungen am Theater der Freien Hansestadt Bremen (1922), an der Bayerischen Landesbühne (1923) und am Schauspielhaus München (1923–1925) folgten. Von 1925 bis 1929 gehörte er zum Ensemble der Münchner Kammerspiele unter Otto Falckenberg. Nach Engagements am Deutschen Theater unter Max Reinhardt und am Theater am Schiffbauerdamm in Berlin war er unter Gustaf Gründgens von 1938 bis 1945 Mitglied der Staatsbühnen Berlin.
Sein Filmdebüt gab er 1926 in »Das deutsche Mutterherz« (Regie: Geza von Bolvary). Bis 1980 wirkte der Künstler in 102 Produktionen mit. Bühnenengagements nach 1945 hatte er neben Tourneen u.a. an der Kleinen Komödie München (1950), am Thalia-Theater Hamburg (1951), an den Münchner Kammerspielen (1954, 1962, 1972 und 1974), am Renaissance-Theater Berlin (1955) und am Burgtheater Wien (1961).
Erst 1967 drehte er seinen ersten Fernsehfilm. 1969 erschien die »Heinz-Rühmann-Story«, verfaßt von Hans Hellmut Kirst.
Anläßlich seines 80. Geburtstages veröffentlichte Rühmann seinen Memoirenband »Das war's«. 1985 erschien das Rühmann-Buch »Das Geschenk«.
Rühmann spricht engl., franz.; er war in erster Ehe verheiratet mit Maria Bernheim. Da sie Jüdin war, hatte er sich auf Druck der Nationalsozialisten kurz vor Kriegsausbruch von ihr scheiden lassen. Sie konnte daraufhin in die Schweiz emigrieren. In zweiter Ehe war er von 1939 bis 1970 verheiratet mit der Schauspielerin Hertha Feiler (verst. 1970). Dieser Ehe entstammt sein Sohn Peter (geb. 1942). In dritter Ehe ist er seit 1974 verheiratet mit der ehemaligen Verlegersehefrau Hertha Droemer (geb. Wohlgemuth). Rühmann lebt in Berg am Starnberger See.
Film: »Das deutsche Mutterherz«, mit Margarete Kupfer, Regie: Geza von Bolvary, 1926 (Stummfilm); »Das Mädchen mit fünf Nullen«, mit Elza Temary, Regie: Kurt Bernhardt, 1927 (Stummfilm); »Die Drei von der Tankstelle«, mit Lilian Harvey und Willy Fritsch, Regie: Wilhelm Thiele, und »Einbrecher«, Regie: Hanns Schwarz, 1930; »Bomben auf Monte Carlo«, mit Hans Albers, Regie: Hanns Schwarz, »Der Mann, der seinen Mörder sucht«, Regie: Robert Siodmak, »Meine Frau, die Hochstaplerin«, Regie: Kurt Gerron, »Der Stolz der 3. Kompanie«, mit Adolf Wohlbrück, Regie: Fred Sauer, »Man braucht kein Geld«, mit Hans Moser und Ida Wüst, Regie: Carl Boese, und »Der brave Sünder«, Regie: Fritz Kortner, 1931; »Es wird schon wieder besser«, mit Paul Otto, Regie: Kurt Gerron, und »Strich durch die Rechnung«, Regie: Alfred Zeisler, 1932; »Drei blaue Jungs – ein blondes Mädel«, mit Charlotte Ander, »Heimkehr ins Glück«, mit Luise Ullrich und Paul Hörbiger, Regie: jeweils Carl Boese, »Es gibt nur eine Liebe«, mit Louis Graveure, Regie: Johannes Meyer, »Lachende Erben«, Regie: Max Ophüls, »So ein Flegel«, Regie: Robert A. Stemmle, »Ich und die Kaiserin«, Regie: Friedrich Hollaender, und »Die Finanzen des Großherzogs«, mit Viktor de Kowa, Regie: Gustaf Gründgens, 1933; »Heinz im Mond«, Regie: Robert A. Stemmle, »Frasquita« (nach Lehár), Regie: Carl Lamač, »Pipin der Kurze«, Regie: Carl Heinz Wolff, und »Ein Walzer für Dich«, mit Camilla Horn, Regie: Georg Zoch, 1934; »Der Himmel auf Erden«, mit Hermann Thimig und Hans Moser, Regie: E.W. Emo, »Der Außenseiter«, Regie: Hans Deppe, »Wer wagt – gewinnt!« (nach Benatzkys »Bezauberndes Fräulein«), mit Lizzi Holzschuh, Regie: Walter Janssen, und »Eva« (nach Lehár), mit Adele Sandrock, Regie: Johannes Riemann, 1935; »Allotria«, mit Renate Müller, Regie: Willi Forst, »Ungeküßt soll man nicht schlafen geh'n«, mit Liane Haid und Theo Lingen, Regie: E.W. Emo, »Wenn wir alle Engel wären«, Regie: Carl Froelich, und »Lumpazivagabundus« (nach Nestroy), mit Paul Hörbiger und Hans Holt, Regie: Geza von Bolvary, 1936; »Der Mann, von dem man spricht«, mit Hans Moser, Regie: E.W. Emo, »Der Mann, der Sherlock Holmes war«, mit Hans Albers, Regie: Karl Hartl, »Der Mustergatte« (nach Hopwood), mit Leni Marenbach und Hans Söhnker, Regie: Wolfgang Liebeneiner, und »Die Umwege des schönen Karl«, Regie: Carl

Froelich, 1937; »Fünf Millionen suchen einen Erben«, Regie: Carl Boese, »13 Stühle«, mit Hans Moser und Annie Rosar, Regie: E.W. Emo, »Nanu, Sie kennen Korff noch nicht?«, Regie: Fritz Holl, und »Lauter Lügen« (nach Hans Schweikart), mit Hertha Feiler, Regie: Rühmann selbst, 1938; »Der Florentiner Hut« (nach Labiche), Regie: Wolfgang Liebeneiner, »Lauter Liebe«, mit Hertha Feiler, Regie: Rühmann selbst, »Paradies der Junggesellen« und »Hurra, ich bin Papa!«, Regie: jeweils Kurt Hoffmann, 1939; »Der Gasmann« (nach Spoerl), Regie: Carl Froelich, »Kleider machen Leute« (nach Keller), mit Hertha Feiler und Hans Sternberg, Regie: Helmut Käutner, und »Wunschkonzert«, mit Ilse Werner, Regie: Eduard von Borsody, 1940; »Hauptsache glücklich«, mit Hertha Feiler, Regie: Theo Lingen, und »Quax, der Bruchpilot« (nach Grote), Regie: Kurt Hoffmann, 1941; »Sophienlund« (nach Weiß/Woedtke), mit Harry Liedtke und Käthe Haack, Regie: Rühmann selbst, 1942; »Ich vertraue dir meine Frau an« (nach von Vaszary), mit Lil Adina, Regie: Kurt Hoffmann, und »Die Feuerzangenbowle« (nach Spoerl), Regie: Helmut Weiß, 1943; »Der Engel mit dem Saitenspiel« (nach Lippl), mit Hertha Feiler und Hans Söhnker, Regie: Rühmann selbst, 1944; »Quax in Afrika«, Regie: Helmut Weiß, 1945; »Die kupferne Hochzeit«, mit Hertha Feiler, Regie: Rühmann selbst, und »Der Herr vom andern Stern«, Regie: Heinz Hilpert, 1948; »Das Geheimnis der roten Katze«, mit Gustav Knuth, Regie: Helmut Weiß, und »Ich mach' Dich Knuth, Regie: Helmut Weiß, und »Ich mach' dich glücklich«, mit Hertha Feiler, Regie: Alexander von Szlatinay, 1949; »Das kann jedem passieren«, Regie: Paul Verhoeven, und »Schäm' dich, Brigitte«, Regie: E.W. Emo, 1952; »Keine Angst vor großen Tieren«, mit Maria Paudler, Regie: Ulrich Erfurth, und »Briefträger Müller«, mit Heli Finkenzeller, Regie: John Reinhardt und Rühmann selbst, 1953; »Auf der Reeperbahn nachts um halb eins«, mit Hans Albers, Regie: Wolfgang Liebeneiner, und »Zwischenlandung in Paris«, mit Dieter Borsche, Regie: Jean Dréville, 1954; »Charley's Tante« (nach Thomas), mit Hertha Feiler und Walter Giller, und »Wenn der Vater mit dem Sohne«, mit Oliver Grimm, Regie: jeweils Hans Quest, 1955; »Der Hauptmann von Köpenick« (nach Zuckmayer), mit Hannelore Schroth und Martin Held, Regie: Helmut Käutner, und »Schneider Wibbel« (nach Müller-Schlösser), Regie: Kurt Meisel, 1956; »Vater sein dagegen sehr«, mit Marianne Koch, Regie: Kurt Meisel, 1957; »Der eiserne Gustav«, mit Lucie Mannheim, Buch + Regie: Georg Hurdalek, »Der Pauker«, mit Gert Fröbe, Regie: Axel von Ambesser, »Der Mann, der nicht nein sagen konnte«, Regie: Kurt Früh, und »Es geschah am hellichten Tag« (nach Dürrenmatt), mit Ewald Balser, Regie: Ladislao Vajda, 1958; »Menschen im Hotel« (nach Vicki Baum), mit O.W. Fischer, Regie: Gottfried Reinhardt, »Ein Mann geht durch die Wand«, Regie: Ladislao Vajda, und »Der Jugendrichter«, mit Lola Müthel, Regie: Paul Verhoeven, 1959; »Mein Schulfreund«, Regie: Robert Siodmak, Pater Brown in »Das schwarze Schaf«, Regie: Helmuth Ashley, und »Der brave Soldat Schwejk« (nach Hašek), Regie: Axel von Ambesser, 1960; »Max der Taschendieb«, Regie: Imo Moszkowicz, und »Der Lügner« (nach Schiffrin), Regie: Ladislao Vajda, 1961; »Er kann's nicht lassen«, Regie: Axel von Ambesser, 1962; »Das Haus in Montevideo« (nach Curt Goetz), mit Ruth Leuwerik, Regie: Helmut Käutner, »Meine Tochter und ich«, mit Gertraud Jesserer, Regie: Thomas Engel, und »Vorsicht, Mr. Dodd!«, Regie: Günter Gräwert, 1963; »Dr. med. Hiob Prätorius« (nach Curt Goetz), mit Liselotte Pulver, Regie: Kurt Hoffmann, 1964; »Das Narrenschiff« (nach Porter), mit Vivien Leigh, José Ferrer, Lee Marvin, Simone Signoret und Oskar Werner, Regie: Stanley Kramer, USA 1965; »Das Liebeskarussell«, mit Curd Jürgens, Regie: Axel von Ambesser, und »Hokuspokus« (nach Curt Goetz), mit Liselotte Pulver, Regie: Kurt Hoffmann, 1965; »Geld oder Leben«, mit Fernandel, Regie: Jean-Pierre Mocky, Frankreich/Italien/BRD 1966; »Maigret und sein größter Fall« (von Reinecker nach Simenon), Regie: Alfred Weidenmann, und »Grieche sucht Griechin«, Regie: Rolf Thiele, 1966; »Die Abenteuer des Kardinal Braun«, Regie: Lucio Fulci, BRD/Italien/Frankreich, und »Die Ente klingelt um 1/2 8« (nach Stenthoft), mit Hertha Feiler, Regie: Rolf Thiele, BRD/Italien 1968; »Der Kapitän«, Regie: Kurt Hoffmann, 1971; »Oh Jonathan – oh Jonathan«, Regie: Franz Peter Wirth, 1973; »Gefundenes Fressen«, mit Mario Adorf und René Deltgen, Regie: Michael Verhoeven, und »Das chinesische Wunder«, mit Senta Berger, Regie: Wolfgang Liebeneiner, 1976.

Theater: Dr. Hilti in Wedekinds »Die Büchse der Pandora«, Lobe-Theater Breslau 1920/21; Puck in Shakespeares »Ein Sommernachtstraum«, Leonce in Büchners »Leonce und Lena«, und Köhlerssohn in »Beethoven«, mit Theo Lingen und Rudolf Platte, jeweils Residenz-Theater Hannover 1921/22; Bleichenwang in Shakespeares »Was ihr wollt«, Bayerische Landesbühne 1923; Fieder in Dreyers »Die Siebzehnjährigen«, Regie: Curt Elwenspoek, Strähler in Hauptmanns »Kollege Crampton«, Titelrolle in Sternheims »Der Nebbich«, und Der Kleine in Hartlebens »Die Lore«, jeweils Schauspielhaus München 1923–1925; in Cowards »Gefallene Engel«, Regie: Robert Forster-Larrinaga, und in Schleichs »Die letzte Hexe«, mit Therese Giehse, Regie: Otto Framer, 1926, in Nancey/Armonts »Theo macht alles«, in Farquhar/Zoffs »Die zwei Abenteurer«, Regie: Otto Zoff, Bertin in Kaisers »Die Papiermühle«, Regie: Hans Schweikart, Billy Bartlett in Hopwoods »Der Mustergatte«, und in Shakespeares »Liebes Leid und Lust«, Regie: Otto Falckenberg, 1927, Lord Fancourt Babberley in Thomas' »Charleys Tante«, Regie: Julius Gellner, und in Gavault/Charvays »Fräulein Josette, meine Frau«, Regie: Hans Schweikart, 1928, jeweils Münchner Kammerspiele; Fotograf Seidenschnur in Sternheims »Die Kassette«, Junker Schmächtig in Shakespeares »Die lustigen Weiber von Windsor«, Regie: Heinz Hilpert, 1929, Zwirn in Nestroys »Lumpazivagabundus«, und Titelrolle in Molières »George Dandin«, 1934/35, Androklus in Shaws »Androklus und der Löwe«, 1937, Regie: jeweils Heinz Hilpert, Deutsches Theater Berlin; Iwan in Katajews »Die Quadratur des Kreises«, Theater am Schiffbauerdamm Berlin 1930; Titelrolle in Armont/Marchands »Der Bridgekönig«, 1938, Professor Higgins in Shaws »Pygmalion«, 1940, Regie: jeweils Wolfgang Liebeneiner, Staatsbühnen Berlin; Billy Bartlett in Hopwoods »Der Mustergatte«, Tournee 1945 und u.a. Kleine Komödie München 1950 (insgesamt über 2000 Vorstellungen); Elwood in Chases »Mein Freund Harvey«, Kleine Komödie München 1950, Thalia-Theater Hamburg 1951; Jüngling, Ehemann und Großvater in Verneuils »Es bleibt in der Familie«, Theater am Besenbinderhof Hamburg; Estragon in Becketts »Warten auf Godot«, Regie: Fritz Kortner, Münchner Kammerspiele 1954; Richard Sherman in Axelrods »Meine Frau erfährt kein Wort«, Renaissance-Theater Berlin 1955; Willy Loman in Millers »Der Tod des Handlungsreisenden« (auch TV), Regie: Paul Hoffmann, Burgtheater Wien 1961; Schuster Voigt in Zuckmayers »Der Hauptmann von Köpenick«, 1962, Davies in Pinters »Der Hausmeister« (auch TV), 1973, Regie: jeweils August Everding, Willy Clark in Simons »Sonny-Boys«, Regie: Boleslaw Barlog, 1974, jeweils Münchner Kammerspiele; Frosch in Johann Strauß' »Die Fledermaus«, Bayerische Staatsoper München 1978/79; Erzähler in Prokofjews »Peter und der Wolf«, mit den Berliner Philharmonikern, 1984/85.

Fernsehen: »Der Tod des Handlungsreisenden« (nach Miller), ARD 1968; »Der eiserne Gustav« (nach Fallada), Elwood in »Mein Freund Harvey« (nach Chase), »Endspurt« (nach Ustinov), und »Sag's dem Weihnachtsmann« ARD/ZDF 1969; »Der Pfandleiher« ARD 1971; »Musik ist meine Welt«, Hermann-Prey-Show, ZDF 1975; »Kein Abend wie jeder andere«, mit Peter Ustinov, ARD 1976; »Herr und Hund« (nach Thomas Mann), ZDF 1976; »Heinz-Rühmann-Special«, ZDF 1977; »Heinz Rühmann erzählt Max und Moritz«, Serie, ARD 1978; »Balthasar im Stau« (von Reinecker), ZDF 1979; »Aller guten Dinge sind drei«, Regie: Rolf von Sydow, ZDF 1980; »Ein Zug nach Manhattan«, Regie: Rolf von Sydow, ZDF 1981; »Es gibt noch Haselnußsträucher«, mit Anneliese Uhlig, Regie: Vojtech Jasny, ZDF 1983.

Auszeichnungen: Berliner Staatsschauspieler 1940; Ehrenmitgliedschaft in der Intern. Artistenloge 1955; Kunstpreis der Stadt Berlin 1957; »Golden Gate«, San Francisco 1957; »Ernst-Lubitsch-Preis« 1959; Preis der Filmkritik 1961; »Bundesfilmpreis in Gold« 1961 und 1972; »Goldener Bambi« (BILD + FUNK) 12× (1962–1984); Großes Bundesverdienstkreuz der Bundesrepublik Deutschland 1966, mit Stern 1972, mit Schulterband und Stern 1977; »Goldener Bildschirm« (TV-Hören und Sehen) 1967; »Goldene Leinwand« 1973; »Kultureller Ehrenpreis der Stadt

München« 1977; »Goldene Kamera« (HÖRZU) 1978; »Silbermedaille des 24. Intern. Film- und TV-Festivals New York« 1981; »Bayerischer Maximiliansorden für Wissenschaft und Kunst« (1. Preisträger) 1981 und 1984; »Goldene Ehrenmünze der Stadt München« 1982. Er ist Vorsitzender des Vereins zur Förderung der Münchner Kammerspiele. Er trägt die »Daidalos-Medaille« der Sportflieger (er selbst hat seit 1931 den Pilotenschein).

Anschrift: Maxhöhe, 8131 Berg, Starnberger See.

Babara Rütting

(eigentlich: Waltraud Irmgard von Einsiedel, geb. Goltz)

Geb. 21. 11. 1927 als Tochter eines Lehrers und einer Lehrerin in Wietstock bei Berlin; dort aufgew.; sie besuchte ein Lyzeum in Berlin und Luckenwalde; nach dem Abitur arbeitete sie in Dänemark, wohin sie fliehen mußte, als Bibliothekarin, Stenotypistin und Fremdsprachenkorrespondentin. Über Holland, Belgien, Frankreich und England kehrte sie 1951 nach Berlin zurück, wo sie von 1952 bis 1954 Schauspielunterricht nahm. Ihr Film-Debüt gab sie 1952 in dem Film »Postlagernd Turteltaube«. Bis 1966 drehte sie weitere ca. 45 Kinofilme.

Als Bühnenschauspielerin wirkte sie u.a. in München, Zürich, Düsseldorf, Hamburg und Salzburg. Fernsehrollen verkörpert sie seit 1960.

Seit 1970 trat Frau Rütting auch als Schriftstellerin an die Öffentlichkeit. Sie veröffentlichte u.a. »Diese maßlose Zärtlichkeit» und »Mein Kochbuch: Naturgesunde Köstlichkeiten aus aller Welt«. Schon 1973 hatte sie nach einem eigenen Backrezept ihr »Rütting-Vollkornbrot« vorgestellt. Im Rahmen ihres Engagements gegen Tierversuche drehte sie 1984 »Der Tierfilm«.

Die Schauspielerin, die auch als Kolumnistin bei der Schweizer Wochenzeitung »Die Weltwoche« tätig war, spricht dänisch, englisch und französisch. Sie war in erster Ehe verheiratet mit dem Schriftsteller Graf Einsiedel (Urenkel Otto von Bismarcks). Ihr Lebensgefährte ist der Schauspieler Lutz Hochstraate. Sie wohnt in Neumarkt am Wallersee, Österreich.

Film: »Die Spur führt nach Berlin«, Regie: Franz Cap, 1952; »Christina«, und »Die letzte Brücke«, Regie: Helmut Käutner, 1953; »Heideschulmeister Uwe Karsten«, »Das zweite Leben«, und »Canaris«, mit O.E. Hasse, Regie: Alfred Weidenmann, 1954; »Spionage«, »Mädchen ohne Grenzen« und »In Hamburg sind die Nächte lang«, 1955; »Geierwally«, 1956; »Rot ist die Liebe«, »Glücksritter« und »Die Freundin meines Mannes«, 1957; »Zeit zu leben und Zeit zu sterben«, »Alle Sünden dieser Erde«, »Herz ohne Gnade«, »Ich war ihm hörig«, »Frauensee«, »Ein wunderbarer Sommer« und »Schwarzer Stern in weißer Nacht«, 1958; »Das letzte Geheimnis«, 1959; »Stadt ohne Mitleid«, 1960; »Die Schatten werden länger«, 1961; »Frauenarzt Dr. Sibelius«, 1962; »Liebe will gelernt sein«, »Der Zinker« (nach Wallace), und »...und der Amazonas schweigt«, 1963; Hanna Reitsch in »Operation Crossbow«, Großbritannien 1964; »Neues vom Hexer« (nach Wallace), Regie: Alfred Vohrer, 1965; »Das Phantom von Soho« (nach Wallace), 1966.

Theater: Lisa in Barillet/Grédys »Vierzig Karat«, Titelrolle in Strindbergs »Fräulein Julie«, Lizzie in Sartres »Die ehrbare Dirne«, Alice in Dürrenmatts »Play Strindberg«, Martha in Albees »Wer hat Angst vor Virginia Woolf?«, Jennifer in Shaws »Der Arzt am Scheideweg«, Marie in Büchners »Woyzeck«, Anna in Genets »Der Balkon«, Titelrolle in Ibsens »Hedda Gabler«, Hanne in Hauptmanns »Fuhrmann Henschel« und Eboli in Schillers »Don Carlos«, jeweils an den Bühnen der vorgenannten Städte.

Fernsehen: Lysistrata und Agnes in »Die Sendung der Lysistrata« (von Fritz Kortner nach Aristophanes), mit Romy Schneider, ARD 1961; Lehrerin Kramer in »Die Kramer«, Serie, ARD 1964; »Das Fernsehgericht tagt«, Serie, ARD 1967; »Dem Täter auf der Spur«, Regie: Jürgen Roland, Serie, ARD 1968; »Der schwarze Graf«, Serie, ARD 1973; Babette in »Die Eltern«, mit Anne und Heinz Bennent, Regie: Hans W. Geissendörfer, ARD 1974; »Der Kommissar«, mit Erik Ode, Serie, ZDF 1975; »Eine schlimme oder eine gute Zeit«, Regie: Konrad Sabrautzky, ARD 1976; »Oh diese Männer« (nach Doris), Regie: Franz Josef Wild, ARD 1978; »Der Alte«, Serie, ZDF 1980; »Derrick«, Serie, und »Im Schlaraffenland« (nach Heinrich Mann), Regie: Fritz Umgelter, ZDF 1981; »Traumschiff«, Regie: Alfred Vohrer, Serie, ZDF 1984; »Schwarz-Rot-Gold: Um Knopf und Kragen«, Regie: Marco Serafini, ARD 1984.

Auszeichnung: Bundesfilmpreis 1952.

Anschrift: c/o ZBF-Agentur Frankfurt, Feuerbachstraße 42–46, 6000 Frankfurt/Main.

Katja Rupé

(eigentlich: Katharina Rupé)

Geb. 18. 9. 1949 in München; dort und in Oberbayern aufgew.; nach dem Abitur Besuch der Otto-Falckenberg-Schule in München. 1969 stieß sie zur New Yorker Straßentheatergruppe »La Mama«, die sich in der Stadt etabliert hatte. 1971 war sie Mitbegründerin der Theatergruppe »Rote Rübe«, für die sie als Autorin, Regisseurin und Schauspielerin tätig wurde. Mit dem Ensemble, dem sie bis 1977 verbunden war, führten sie Tourneen u.a. zum Festival in Nancy, ins Théâtre National de Strasbourg, nach Lyon, Paris und Amsterdam.
Seit 1979 spielt sie regelmäßig Theater in Frankreich; sie spricht zudem engl.; sie lebt abwechselnd in München und Paris.
Film: »Ein unheimlich starker Abgang«, mit Elmar Wepper, Regie: Michael Verhoeven, 1973; »Output«, mit Claus Eberth, Regie: Michael Fengler, 1974; »Sternsteinhof«, mit Gustl Bayrhammer und Tilo Prückner, Regie: Hans W. Geissendörfer, 1976; »Der Kurzschluß«, Regie Carlo Lizzani, und »Das andere Lächeln«, mit Elisabeth Trissenaar, Regie: Robert van Ackeren, 1977; »Flammende Herzen«, mit Barbara Valentin, Regie: Walter Bockmayer und Rolf Bührmann, und »Deutschland im Herbst«, Regie: Autorenteam, 1978; »Endstation Freiheit«, mit Burkhard Driest, Regie: Reinhard Hauff, 1980; »Kiez – Aufstieg und Fall eines Luden«, Regie: Walter Bockmayer, und »Bolero«, Regie: Rüdiger Nüchtern, 1983; »Les favoris de la lune« (»Die Günstlinge des Mondes«), Regie: Otar Iosseliani, Frankreich/Italien 1984.
Theater: Polly in Brecht/Weills »Die Dreigroschenoper«, mit Pola Kinski und Martin Sperr, Regie: Hans Peter Cloos, Bouffes du Nord, Paris, und Frankreich-Tournee 1979/80; Titelrolle in Wedekinds »Lulu«, Regie: Dieter Bitterli, Städt. Bühnen Freiburg i. Breisgau 1980; Elmire in Molières »Tartuffe«, Regie: Arie Zinger u. Kurt Hübner, Freie Volksbühne Berlin 1981; in Brecht/Weills »Aufstieg und Fall der Stadt Mahagonny«, mit Nini Crepon, Théâtre Bouffes du Nord, Paris 1983.
Fernsehen: »Münchner G'schichten«, mit Therese Giehse und Günther Maria Halmer, Regie: Helmut Dietl, Serie, ARD 1973; »Wandas Paradies«, Regie: Christa Maar, ZDF 1975; »1982 Gutenbach«, mit Gottfried John, Regie: Michael Verhoeven, ARD 1978; »Episoden von Somerset Maugham«, Regie: Claus Peter Witt, ARD 1979; »Anna«, Regie: Theo Mezger, ZDF 1981; »Herr Herr«, Regie: Nicolaus Gessner, ARD 1982; La rançon«, Regie: Iwan Butler, TV Schweiz/Frankreich 1983.
Auszeichnung: »Chaplin-Schuh« (Deutscher Darstellerpreis, verliehen von den deutschen Film- und Fernsehregisseuren) 1978.
Anschrift: c/o Agentur von Pilecki, Eilandstraße 12, 8000 München 90.

Sieghardt Rupp

Geb. 14. 6. 1931 in Bregenz/Vorarlberg; nach der Schule studierte er zunächst an der Wiener Handelsakademie, bevor er Schauspielschüler des Max-Reinhardt-Seminars wurde. Sein erstes Engagement erhielt er am Stadttheater Klagenfurt.
Weitere Stationen: Landestheater Salzburg (ab 1956), Landestheater Linz (ab 1958), Festspiele Bad Hersfeld (seit 1958), Volkstheater Wien (ab 1959), Theater in der Josefstadt Wien (bis 1985), Sommerfestspiele Perchtoldsdorf/Österreich (1984) sowie zahlreiche Tourneen.
Bekannt wurde er vor allem durch Film und Fernsehen. Anfang der 70er Jahre war er als Zollfahnder Kressin »Tatort«-Kommissar des WDR.
Rupp spricht engl.; er ist verheiratet, hat eine Tochter und lebt in Wien.
Film: »Wegen Verführung Minderjähriger«, »Der Teufel spielte Balalaika«, »Heimweh nach dir, mein grünes Tal«, und »Der rote Rausch«, mit Klaus Kinski, Regie: Wolfgang Schleif, 1960; »Der Orgelbauer von St. Marien«, mit Paul Hörbiger und Gerlinde Locker, Regie: August Rieger, 1961; »Der letzte Ritt nach Santa Cruz«, mit Mario Adorf und Klaus Kinski, Regie: Rolf Olsen, 1963; »Sartana«, Regie: Albert Cardiff, BRD/Italien 1966; »Die große Sause«, mit Louis de Funès, Regie: Gérard Oury, Frankreich/Großbritannien 1966; »Steiner – das Eiserne Kreuz« (2. Teil), mit Richard Burton, Robert Mitchum und Rod Steiger, Regie: Andrew V. McLaglen, 1978.
Theater: Er spielte an den vorgenannten Bühnen jeweils Rollen seines Fachs, u.a.: in Wildes »Ein idealer Gatte«, Regie: Axel von Ambesser, 1978, Titelrolle in Pirandellos »Heinrich IV.«, Regie: Fritz Zecha, 1983 (auch TV und Tournee 1985), O'Brian in »1984« (nach Orwell), und in Giraudoux' »Intermezzo«, 1984/85, jeweils Theater in der Josefstadt Wien.
Fernsehen: »Spion unter der Haube«; »Der Weibsteufel«; Zollfahnder Kressin in »Tatort« (vom WDR), Regie: (u.a.) Peter Beauvais, Rolf von Sydow und Tom Toelle, Serie, ARD 1970–1974; »Der Kurier der Kaiserin«, Serie, ZDF 1971/72; »Hallo – Hotel Sacher ... Portier!«, von und mit Fritz Eckhardt, Regie: Hermann Kugelstadt, Serie, ZDF 1975; »Match«, Regie: Peter Patzack, ARD 1980; »Derrick«, Serie, 2 Folgen, ZDF 1983 und 1985.

Anschrift: c/o Agentur Jovanovic, Perfallstraße 6, 8000 München 80, oder Khevenhüllerstr. 17, Haus D, A-1180 Wien, Österreich.

S

Margit Saad

Geb. 30.5.1929 als Tochter des libanesischen Sprachwissenschaftlers und Lektors Fuad Jabbour Saad und einer Düsseldorferin in München; dort aufgew.; nach dem Abitur (1947) studierte sie zunächst Musikwissenschaft und absolvierte von 1948 bis 1949 eine Keramiklehre. Von 1949 bis 1950 besuchte sie die Otto-Falckenberg-Schule München und arbeitete gleichzeitig als Fotomodell. Das Titelbild auf einer Illustrierten verhalf ihr 1951 zu ihrer ersten Rolle in dem Film »Eva erbt das Paradies«. Der Direktor des Düsseldorfer Kabaretts »Kom(m)ödchen« Kay Lorentz entdeckte sie 1952 im damaligen »Opern-Espresso« in der Maximilianstraße für seine Bühne, an der sie 1952/53 als Schauspielerin und Chansonnette tätig war. Hier wiederum wurde der Regisseur Robert Adolf Stemmle auf sie aufmerksam und übertrug ihr die Hauptrolle in dem Film »Südliche Nächte« (1953). Sie spielte in über 40 Kinofilmen.
Bühnen-Gastspiele gab sie u.a. am Theater in der Josefstadt Wien (1965), am Theater Die Kleine Freiheit München und an der Kleinen Komödie München (1972). 1971 begann sie als Regie-Volontärin beim Süddeutschen Rundfunk Stuttgart. Seither drehte sie zahlreiche Dokumentarfilme, darunter Portraits über den ehemaligen Münchner Operndirektor Rudolf Hartmann, die Schauspielerin Elisabeth Volkmann und über Schweizer Männer. Das Bayerische Fernsehen (III) strahlte 1984 ihren ersten Spielfilm »Abenteuer aus dem Englischen Garten« (nach Marie Luise Fleißer) aus, zu dem sie auch das Drehbuch schrieb. 1982 inszenierte sie am Studiotheater München die deutsche Erstaufführung von Catherine Hayes' »... ich werd' mich ewig sehnen nach Dir, mein Mütterlein«.
Margit Saad spricht engl., franz.; sie ist seit 1957 verheiratet mit dem Regisseur Jean-Pierre Ponnelle, hat einen Sohn (Pierre-Dominique, geb. 1957) und lebt in München. Sie ist franz. Staatsbürgerin.
Film: »Heidelberger Romanze« und »Hinter Klostermauern«, 1951; »Südliche Nächte«, Regie: Robert A. Stemmle, 1953; »Hab' ich nur deine Liebe«, »Das Ehesanatorium«, und »Der Zigeunerbaron« (nach Johann Strauß), Regie: Arthur Maria Rabenalt, 1954; »Schwedenmädel«, Regie: Thomas Engel, »Drei Mädels vom Rhein« und »Beichtgeheimnis«, 1955; »Was die Schwalbe sang«, »Drei Birken auf der Heide«, und »Made in Germany«, mit Carl Raddatz, Regie: Wolfgang Schleif, 1956; »Ein Amerikaner in Salzburg«, »Ein Stück vom Himmel«, Regie: Rudolf Jugert, und »Hoppla, jetzt kommt Eddie«, 1957; »Peter Voss, der Millionendieb«, mit O.W. Fischer, »Man ist nur zweimal jung« und »Whisky, Wodka, Wienerin«, 1958; »Heiße Ware«, »Die nach Liebe hungern«, mit Charles Aznavour, und »Wenn das mein großer Bruder wüßte«, 1959; »Melodie und Rhythmus«, 1960; »Die Spur führt ins Nichts«, Regie: Joseph Losey, USA 1959; »The last Escape«, USA 1960; »Geheimnis der drei Dschunken«, mit Paul Dahlke, 1965.
Theater: Titelrolle in Monnot/Brefforts »Das Mädchen Irma la Douce«, Theater in der Josefstadt Wien (1965) und an anderen Bühnen (seit 1961); in Cooneys »Jetzt nicht, Liebling«, Kleine Komödie München 1972; in »Die Feenkönigin«, und in Mussets »Fantasio«, jeweils an den vorgenannten Bühnen.
Fernsehen: Gwendoline in »Becket oder Die Ehre Gottes« (nach Anouilh); »Das verflixte erste Mal«; »Robin Hood, der edle Ritter« (nach Pauck), Regie: Helmut Käutner, 2 Teile, ZDF 1966; »Jahreszeiten der Liebe«, ARD 1979; »Sterben und sterben lassen« (aus der Reihe: »Tatort«), Regie: Peter Keglevic, ARD 1982. Regie: »Die Geschichte vom guten alten Herrn« (nach Svevo), mit Peter Pasetti, BR III 1985.
Anschrift: c/o Agentur Jovanovic, Perfallstraße 6, 8000 München 80.

Horst Sachtleben

– Staatsschauspieler –

Geb. 24. 9. 1930 in Berlin; dort aufgew.; nach dem Abitur studierte er Theaterwissenschaft bei Prof. Knud Knudsen und nahm Schauspielunterricht. Erste Gastverträge hatte er u.a. an der Komödie Berlin und am Hebbel-Theater Berlin. Von 1957 bis 1961 war er am Schauspielhaus Zürich engagiert. Seit 1961 gehört er zum Ensemble des Bayerischen Staatsschauspiels München. Dort führt er auch umfangreich Regie. Er inszenierte ferner am Theater 44, am Modernen Theater und an der Kleinen Komödie in München sowie am Schiller-Theater Berlin, an den Bühnen der Stadt Bonn und für Tournee-Bühnen.
Neben seiner Fernsehtätigkeit arbeitet er als Regisseur und Sprecher in der Synchronisation. Wichtige Arbeiten hier u.a. für die Filme »Ein Käfig voller Narren« und »Die blaue Lagune«. Beim Bayerischen Rundfunk ist er als Hörspiel-Regisseur tätig.
Sachtleben spricht engl., franz.; er ist verheiratet, hat eine Tochter und lebt in München.
Theater: Redpenny in Shaws »Der Arzt am Scheideweg«, Regie: Heinrich Schnitzler, Benvoglio in Shakespeares »Romeo und Julia«, Offizier der Leibwache in Schillers »Don Carlos«, Schüler in Goethes »Faust«, Regie: Leopold Lindtberg, Rudenz in Schillers »Wilhelm Tell«, Hellriegel in Hauptmanns »Und Pippa tanzt«, Regie: Ernst Ginsberg, Dorset in Shakespeares »Richard III.«, Titelrolle in Dürrenmatts »Frank V.«, Okelly in Schillers »Maria Stuart«, Regie: Kurt Hirschfeld, Soldat in Brechts »Mutter Courage und ihre Kinder«, Regie: Leopold Lindtberg, Skinny in Brechts »Im Dickicht der Städte«, und Bobby in Shaws »Fannys erstes Stück«, jeweils Schauspielhaus Zürich 1957–1961; Oswald in Shakespeares »König Lear«, Regie: Kurt Meisel, Handwerksbursch in Büchners »Woyzeck«, Regie: Hans Lietzau, Pedro in Hofmannsthals »Cristinas Heimreise«, Regie: Heinz Hilpert, Schlender in Eichendorffs »Die Freier«, Monsieur Lebouse in Anouilhs »Das Orchester«, Regie: Hans Lietzau, Cléante in Molières »Tartuffe«, Brown in Brecht/Weills »Die Dreigroschenoper«, Domingo in Schillers »Don Carlos«, Regie: Hans Schweikart, Baumeister in Hauptmanns »Michael Kramer«, Regie: Karl Paryla, Loyal in Molières »Tartuffe«, Regie: Ingmar Bergman, David in Saunders' »Leib und Seele«, Burleigh in Schillers »Maria Stuart«, Regie: Kurt Meisel, Borin T. Pash in Kipphardts »In der Sache J. Robert Oppenheimer« (auch TV), Dr. Rank in Ibsens »Nora«, Regie: Ingmar Bergman, Oskar Ströbel in Thomas »Moral«, Regie: Kurt Meisel, Dr. Kofler in Kipphardts »März – Ein Dichterleben«, Regie: Hans Hollmann, Kaufmann Schive in Thomas »Erster Klasse«, Regie: Kurt Meisel, Leo Chass in der Uraufführung von Kipphardts »Bruder Eichmann«, Regie: Dieter Giesing, und Don Juan in Shakespeares »Viel Lärm um nichts«, Regie: Kurt Meisel (seine Abschiedsinszenierung), jeweils Bayerisches Staatsschauspiel München 1961–1983.
Eigene Inszenierungen u.a.: Ostrowskijs »Eine Dummheit macht auch der Gescheiteste«, Sternheims »Der Kandidat«, Ionescos »Der neue Mieter«, Hebbels »Maria Magdalena«, Ayckbourns »Normans Eroberungen«, Shaws »Frau Warrens Gewerbe«, Zuckmayers »Der Hauptmann von Köpenick« und Bernhards »Über allen Gipfeln ist Ruh«, jeweils am Bayerischen Staatsschauspiel München; Kroetz' »Wunschkonzert«, Ionescos »Delirium zu zweit«, jeweils Theater 44 München; Pasos »Schöne Geschichten mit Papa und Mama« (auch TV) und Kerrs »Mary, Mary«, jeweils Kleine Komödie München; Fugards »Hallo und Adieu«, Schiller-Theater Berlin; Havels »Protest«, Bühnen der Stadt Bonn.
Fernsehen: »Nachruf auf Jürgen Trahnke« (nach Meichsner), Regie: Rolf Hädrich, ARD 1962; »Der Kommissar«, mit Erik Ode, Serie, ZDF 1970; »Liebesgeschichten: Schulzeit«, Regie: Rainer Wolffhardt, ARD 1977; »Sierra Madre«, Regie: Horst Flick, ZDF 1980; »Derrick«, Serie, 2 Folgen, ZDF 1981 und 1985; Jetter in »Egmont« (nach Goethe), Regie: Franz Peter Wirth, ARD 1982; »Der schwarze Bumerang« (von Rüdiger Bahr), 4 Teile, ZDF 1982; »Martin Luther«, mit Lambert Hamel, Regie: Rainer Wolffhardt, 2 Teile, »Hauptsache: Leben«, mit Lambert Hamel, und »Hanna von Acht bis Acht«, mit Angelica Domröse, Regie: Egon Günther, ZDF 1983.
Auszeichnung: Bayerischer Staatsschauspieler 1967.
Anschrift: c/o Bayerisches Staatsschauspiel München, Max-Joseph-Platz 1, 8000 München 1.

Branko Samorovski

(Auf biographische Daten wird auf Wunsch verzichtet.) Bühnenstationen: Vereinigte Bühnen Graz (1970), Württembergisches Staatstheater Stuttgart (1972–1979) und Schauspielhaus Bochum (seit 1979). Gastspiele gab er u.a. an den Münchner Kammerspielen (1974) und bei den Salzburger Festspielen (1981).
Samorovski spricht engl.; er lebt in Bochum.
Film: »Friedliche Tage«, mit Katharina Thalbach, Regie: Richard Blank, 1983.
Theater: Manfred in der Uraufführung von Sommers »Ein unheimlich starker Abgang«, Regie: Bernd Fischerauer, Vereinigte Bühnen Graz 1970; Horvat in Krlezas »Galizien«, Regie: Alfred Kirchner, 1972, Titelrolle in Büchners »Woyzeck«, Regie: Alfred Kirchner, 1976, Mephisto in Goethes »Faust I und II«, und Thoas in Goethes »Iphigenie auf Tauris« (auch TV), Regie: jeweils Claus Peymann, Zettel in Shakespeares »Ein Sommernachtstraum«, Regie: Alfred Kirchner, 1977, Krauthammer in Nestroys »Der Zerissene«, Regie: Alfred Kirchner, 1978, jeweils Württembergisches Staatstheater Stuttgart; Fred in Bauers »Gespenster«, Regie: Bernd Fischerauer, Münchner Kammerspiele 1974; Frosch in Johann Strauß' »Die Fledermaus«, Regie: Adolf Dresen, und Titelrolle in Goethes »Torquato Tasso«, Regie: Claus Peymann, 1980, Marbod in Kleists »Die Hermannschlacht«, Regie: Claus Peymann, 1982, in der Uraufführung von Kroetz' »Furcht und Hoffnung der BRD«, Regie: Horst Siede, 1984, in Achternbuschs »Sintflut«, 1985, jeweils Schauspielhaus Bochum; Schriftsteller in der Uraufführung von Bernhards »Am Ziel«, Regie: Claus Peymann, Salzburger Festspiele 1981; Tom/Edgar in Shakespeares »König Lear«, mit Bernhard Minetti, Regie: Klaus Michael Grüber, Schaubühne Berlin 1985.
Fernsehen: »Mona und Marylin«, Regie: Sven Severin, ZDF 1980; »Die Stunde des Löwen«, Regie: Hartmut Griesmayr, ZDF 1982.
Anschrift: c/o ZBF-Agentur München, Leopoldstraße 19, 8000 München 40, oder Schwarzbachstr. 4, 4630 Bochum.

Otto Sander

Geb. 30. 6. 1941 in Hannover; dort aufgew.; nach dem Abitur studierte er Theaterwissenschaft, Germanistik und Kunstgeschichte an der Universität München; er absolvierte die Otto-Falckenberg-Schule München; nach ersten Engagements am Düsseldorfer Schauspielhaus und am Theater der Stadt Heidelberg kam er 1969 nach Berlin, wo er zunächst an der Freien Volksbühne tätig war. Seit 1970 spielt er an der Schauspielbühne am Halleschen Ufer. 1981 gastierte er am Schiller-Theater. 1982 gründete er mit seinem Schauspielerkollegen Peter Fitz die Zweiergruppe »rent-a-face«. 1982 gestaltete er als Regisseur zusammen mit seinem Schauspieler-Kollegen Bruno Ganz den Film »Gedächtnis«, der Curt Bois und Bernhard Minetti gewidmet ist.
Sander spricht engl., franz.; er lebt in Berlin.
Film: »Die Marquise von O. . .« (nach Kleist), Regie: Eric Rohmer, Frankreich/BRD 1975; »Die Blechtrommel« (nach Grass), mit David und Heinz Bennent, Regie: Volker Schlöndorff, 1979; »Palermo oder Wolfsburg«, Regie: Werner Schroeter, 1980; »Kalt wie Eis«, Regie: Carl Schenkel, und Titelrolle in »Der Mann im Pyjama«, mit Elke Sommer, Regie: Christian Rateuke, 1981; »Wer spinnt denn da, Herr Doktor?«, Regie: Stefan Lukschy und Christian Rateuke, 1982; »Eine Liebe in Deutschland«, mit Hanna Schygulla, Regie: Andrzej Wajda, Frankreich/BRD 1983; »Rosa Luxemburg«, mit Barbara Sukowa, Regie: Margarethe von Trotta, 1986.
Theater: Emil Jannings in der Uraufführung von Handkes »Der Ritt über den Bodensee«, Regie: Claus Peymann und Wolfgang Wiens, 1971, Der Heisere in Wischnewskis »Optimistische Tragödie«, und Kottwitz in Kleists »Prinz Friedrich von Homburg«, Regie: Peter Stein, und Rittmeister in Horváths »Geschichten aus dem Wienerwald«, Regie: Klaus Michael Grüber, 1972, Spaak in Botho Strauß' »Der Hypochonder«, Regie: Wilfried Minks, Champbourey in Botho Strauß' »Das Sparschwein« (nach Labiche), und Suslow in Gorkis »Sommergäste« (auch als Film), 1973, von Wullow in Handkes »Die Unvernünftigen sterben aus«, 1974, Regie: jeweils Peter Stein, in Kroetz' »Oberösterreich«, und in O'Caseys »Das Ende vom Anfang«, 1975, Wallbrecker in Lasker-Schülers »Die Wupper«, Regie: Luc Bondy, 1976, Landpfarrer und Bruder des Herzogs in Shakespeares »Wie es euch gefällt«, 1977, und Richard in Botho Strauß' »Trilogie des Wiedersehens«, 1978, Regie: jeweils Peter Stein, in Wilsons »Death Destruction & Detroit«, Regie: Robert Wilson selbst, 1979, Der Mann in Botho Strauß' »Kalldewey, Farce«, Regie: Luc Bondy, 1982, Werschinin in Tschechows »Drei Schwestern«, Regie: Peter Stein, 1984, jeweils an der Schaubühne Berlin; Escherich in »Jeder stirbt für sich allein«, Regie: Peter Zadek, Schiller-Theater Berlin 1981.
Regie führte er in Frayns »Der nackte Wahnsinn« am Schauspielhaus Zürich 1984/85.
Fernsehen: »Lehmanns Erzählungen« (nach Lenz), Regie: Wolfgang Staudte, ZDF 1975; »Tatort«, Regie: Michael Lähn, Serie, ARD 1979; »Die Ursache«, Regie: Michael Verhoeven, ZDF 1980; »Leben wir zusammen«, und »Der Mond scheint auf Kylenamoe« (nach O'Casey), Regie: Jan Kauenhowen und Sander selbst, ARD 1980; »Im Schlaraffenland« (nach Heinrich Mann), Regie: Fritz Umgelter, ZDF 1981.
Auszeichnungen: »Chaplin-Schuh« (Deutscher Darstellerpreis des Bundesverbandes der Film- und Fernsehregisseure) 1980; »Ernst-Lubitsch-Preis« 1982.
Anschrift: c/o Agentur Baumbauer, Keplerstraße 2, 8000 München 80.

Heribert Sasse

Geb. 28. 9. 1945 in Linz/Donau; nach dem Abitur absolvierte er das Max-Reinhardt-Seminar in Wien. Sein erstes Engagement erhielt er 1968 am Wiener Volkstheater. Seine Bühnenstationen: Kellertheater München (1969/70), Freie Volksbühne Berlin (1969 und 1976/77), Staatl. Schauspielbühnen Berlins (1970–1972 und 1974), Schauspielhaus Düsseldorf (1972–1975), Theater in der Josefstadt Wien (1976–1977), Salzburger Festspiele (1977), Komödiantentheater Wien (1978), Studio Molière Wien und Volkstheater Wien (1979) und Renaissance-Theater Berlin (1981–1985; Intendant der Bühne). Am 30. 6. 1983 wurde er als Nachfolger von Boy Gobert zum Generalintendanten der Staatl. Schauspielbühnen Berlins ab der Spielzeit 1985/86 berufen. Er ist häufig als Regisseur tätig.
Sasse spricht engl.; er ist verheiratet mit der Schauspielerin Andrea Nürnberger, hat eine Tochter (geb. 1978) und lebt in Berlin.
Theater: Charly in Bauers »Magic Afternoon«, Kellertheater München, und unter der Regie von Wolfgang Bauer Freie Volksbühne Berlin, jeweils 1969; Prinz in Gombrowicz' »Yvonne, Prinzessin von Burgund«, Regie: Ernst Schröder, und Titelrolle in Buchriesers »Hansl«, mit Curt Bois, Schiller-Theater Berlin 1970; Titelrolle in Schnitzlers »Leutnant Gustl«, Akademie der Künste Berlin 1971; in Nestroys »Der Schützling«, Schloßpark-Theater Berlin 1972; Titelrolle in Brechts »Der aufhaltsame Aufstieg des Arturo Ui«, Franz in Horváths »Italienische Nacht«, und Titelrolle in Sinjawskis »Pchenz« (auch SFB III 1975), in Kaelezias »Glembys«, in Strindbergs »Der Scheiterhaufen«, Stan in Pinters »Die Geburtstagsfeier«, in Nestroys »Der Talisman«, in »Die Leiden des jungen Werther« (nach Goethe), und in Mrożeks »Auf hoher See«, jeweils Schauspielhaus Düsseldorf 1972–1975; Teddy in Medoffs »Wann kommst du wieder, roter Reiter«, Werkstatt Schiller-Theater Berlin 1974; in Fugards »Aussagen nach einer Verhaftung auf Grund des Gesetzes gegen Unsittlichkeit«, Akademie der Künste Berlin 1975; Dubetat in Shaws »Der Arzt am Scheideweg«, 1976, in Schnitzlers »Zum großen Wurstl« und »Der grüne Kakadu«, 1977, jeweils Theater in der Josefstadt Wien; Leutnant Luktsch in »Der brave Soldat Schwejk« (nach Hašek), Freie Volksbühne Berlin 1976/77; in Sartres »Die schmutzigen Hände«, Volkstheater Wien 1978; Titelrolle in Molnárs »Liliom«, Regie: Sasse selbst, in Clarks« »Ist das nicht mein Leben?«, und in Süskinds »Der Kontrabaß«, 1981/82, in Woody Allens »Mach's nochmal, Sam«, und Titelrolle in Brechts »Der aufhaltsame Aufstieg des Arturo Ui«, Regie: Sasse selbst, 1982/83, in Budjuhn/Roses »Die zwölf Geschworenen«, mit Horst Buchholz, Regie: Sasse selbst, 1983/84, jeweils Renaissance-Theater Berlin; Titus Feuerfuchs in Nestroys »Der Talisman«, Staatl. Schauspielbühnen Berlins 1985/86.
Wichtige eigene Inszenierungen waren u.a.: Hebbels »Maria Magdalena«, Theater in der Josefstadt Wien 1976; Roths »Sehnsucht«, Studio Molière Wien 1979; Dürrenmatts »Die Physiker«, Volkstheater Wien 1979; Kraus' »Die Unüberwindlichen«, Wiener Festwochen 1980; Kipphardts »In der Sache J. Robert Oppenheimer«, Feydeaus »Monsieur Chasse oder Wie man Hasen jagt«, 1981/82, Schnitzlers »Liebelei« (auch ARD 1983), Heinrich Wagners »Evchen Humbrecht – Die Kindermörderin«, 1982/83, Horváths »Kasimir und Karoline«, Tschechows »Onkel Wanja«, 1983/84, jeweils Renaissance-Theater Berlin.
Fernsehen: »Die Ausnahme«, Regie: Walter Davy, ARD 1978; »Tote auf Urlaub« (von Milo Dor), ARD 1980; »Jakob und Adele«, mit Carl-Heinz Schroth und Brigitte Horney, Serie, ZDF 1984.
Anschrift: c/o Staatl. Schauspielbühnen Berlins, Bismarckstraße 110, 1000 Berlin 12.

Peter Sattmann

(Auf biographische Daten wird auf Wunsch verzichtet.) Nach der Schauspielausbildung war er am Deutschen Theater Göttingen engagiert, wo er vor allem mit dem Regisseur Roberto Ciulli arbeitete. Weitere Stationen: Württembergisches Staatstheater Stuttgart unter Claus Peymann (1972–1979), Schauspielhaus Bochum unter Claus Peymann (ab 1979/80) und Freie Volksbühne Berlin (1984). Er veröffentlichte die satirischen Stücke »Open end« und »Der Fallschirmspringer«.
Sattmann spricht engl., franz..
Film: »Die Brüder«, Regie: Wolf Gremm, 1976.
Theater: Romeo in Shakespeares »Romeo und Julia«, Regie: Alfred Kirchner, 1972, Goldie in der Uraufführung von Reinshagens »Himmel und Erde«, Regie: Claus Peymann, 1974, Manuel Kolb in Essigs »Die Glückskuh«, Regie: Alfred Kirchner, 1975, Truffaldino in Goldonis »Der Diener zweier Herren«, Regie: Niels-Peter Rudolph, 1976, Kaiser/Proteus in Goethes »Faust II«, Regie: Claus Peymann, und Peter in Botho Strauß' »Trilogie des Wiedersehens«, Regie: Niels-Peter Rudolph, 1977, Titelrolle in der Uraufführung von Bernhards »Immanuel Kant«, Regie: Claus Peymann, und Clov in Becketts »Endspiel«, Regie: Alfred Kirchner, 1978, jeweils Württembergisches Staatstheater Stuttgart; Mann in der Uraufführung von Achternbuschs »Susn«, Regie: Vera Sturm, und in der Uraufführung von Achternbuschs »Kuschwarda City«, Regie: Alfred Kirchner, jeweils Schauspielhaus Bochum 1980.
Fernsehen: »Kotte«, Regie: Horst Flick, ZDF 1979; »Der Fall Maurizius« (nach Jakob Wassermann), Regie: Theodor Kotulla, 5 Teile, ZDF 1981; »Der Gast«, ZDF 1982; »Feuer für den großen Drachen«, Regie: Eberhard Itzenplitz, und »Das leise Gift« (nach Nester), Regie: Erwin Keusch, ARD 1984; »Führer durch die Welt«, Regie: Heiko Schier, und »Kerbels Flucht«, Regie: Erwin Keusch, ZDF 1984; »Von einem, der auszog« (nach Molsner), Regie: Eberhard Pieper, 6 Teile, ZDF 1985; »Das Rätsel der Sandbank« (nach Childers), Regie: Rainer Boldt, 10 Teile, ARD 1986.
Anschrift: c/o Agentur Bloy, Gasteigweg 1, 8022 Grünwald.

Maria Sebaldt

Geb. 26. 4. 1930 als Tochter des Abteilungsleiters beim Paramount-Filmverleih Werner Sebaldt in Berlin-Steglitz; dort aufgew.; nach dem Besuch der Oberschule nahm sie privaten Schauspielunterricht. Ihr erstes Bühnen-Engagement erhielt sie 1947 am Landestheater Sondershausen. Ab 1950 spielte sie an zahlreichen Berliner Bühnen (Hebbel-Theater, Renaissance-Theater, Theater am Kurfürstendamm, Komödie), seit 1959 an der Kleinen Komödie München. Sie machte zahlreiche Tourneen.
Schwerpunkte ihrer Arbeit bildeten ab 1953 der Film, seit 1965 das Fernsehen. In den 60er Jahren gestaltete sie viele Hörspiele beim RIAS Berlin, beim NDR und beim SFB.
Frau Sebaldt spricht engl., franz.; sie ist seit 1965 verheiratet mit dem Schauspieler und Regisseur Robert Freitag, hat eine Tochter (Katharina) und lebt in Grünwald bei München.
Film: »Die Stärkere«, »So ein Affentheater«, »Geliebtes Leben«, Regie: Rolf Thiele, »Wenn am Sonntagabend die Dorfmusik spielt« und »Straßenserenade«, 1953; »Das ideale Brautpaar«, und »Ihre große Prüfung«, mit Karin Dor, Regie: Rudolf Jugert, 1954; »Der Zarewitsch« (nach Lehár) und »Der Zigeunerbaron« (nach Johann Strauß), Regie: jeweils Arthur Maria Rabenalt, BRD/Frankreich 1954; »Alibi«, Regie: Rolf Thiele, »Liebe ohne Illusion«, mit Sonja Ziemann, Regie: Erich Engel, »Die heilige Lüge«, »Vatertag«, Regie: Hans Richter, »Urlaub auf Ehrenwort« und »Mädchen ohne Grenze«, 1955; »Danny, bitte schreiben Sie«, mit Sonja Ziemann und Rudolf Prack, Regie: Eduard von Borsody, »Anastasia, die letzte Zarentochter«, mit Lilli Palmer, Regie: Falk Harnack, »Der Hauptmann von Köpenick« (nach Zuckmayer), mit Heinz Rühmann, Regie: Helmut Käutner, »Hände weg von Frauen«, »Ein Mann muß nicht immer schön sein«, »Nacht der Entscheidung«, »Heiße Ernte« und »Die Rosel vom Schwarzwald«, 1956; »Die Zürcher Verlobung« (nach Noack), mit Liselotte Pulver und Bernhard Wicki, Regie: Helmut Käutner, »Lemkes sel. Witwe«, mit Grethe Weiser, Regie: Helmut Weiß, »Der Greifer«, mit Hans Albers, Regie: Eugen York, und »Tolle Nacht«, 1957; »Grabenplatz 17«, mit Gert Fröbe, Regie: Erich Engels, »Eine Frau, die weiß, was sie will«, »Hoppla, jetzt kommt Eddie«, »Wenn Mädchen ins Manöver ziehn«, »Mein ganzes Herz ist voll Musik«, »Nick Knattertons Abenteuer«, mit Karl Liefen, und »Vater, Mutter und neun Kinder«, 1958; »Buddenbrooks« (nach Thomas Mann), mit Ruth Leuwerik, Regie: Alfred Weidenmann, »Peter schießt den Vogel ab«, »Ich bin kein Casanova« und »Patricia – 1000 Sterne leuchten«, 1959; »Das hab' ich in Paris gelernt«, »Deckname Salon Parisi«, »Das schwarze Schaf«, mit Heinz Rühmann (als Pater Brown), Regie: Helmuth Ashley, »Gauner in Uniform«, »Frauen in Teufels Hand« und »Eine Frau fürs ganze Leben«, 1960; »Frau Cheneys Ende«, 1961; »Vorsicht, Mr. Dodd!«, mit Heinz Rühmann, Regie: Günter Gräwert, 1963; »Peter und Sabine«, Regie: August Rieger, 1968.
Theater: In Stevens »Ehekarussell«, 1959, in Rattigans »Der schlafende Prinz«, 1961, in Yeldhams »Auf und davon«, 1971, und in Arnold/Bachs »Der keusche Lebemann«, 1978, jeweils Kleine Komödie München.
Fernsehen: »Das Abgründige in Herrn Gerstenberg«, Buch und Regie: Axel von Ambesser, ARD 1965; »Christoph Kolumbus oder Die Entdeckung Amerikas« (nach Tucholsky/Hasenclever), mit Karl Michael Vogler und Klaus Schwarzkopf, Regie: Helmut Käutner, ARD 1969; »Der Kommissar«, mit Erik Ode, Serie, ZDF 1972; »Derrick«, Serie, 3 Folgen, ZDF 1976 und 1979–1981; »Endstation Paradies«, Regie: Thomas Engel, ARD 1977; »Der Alte«, Serie, 2 Folgen, ZDF 1978 und 1982; »Wissen Sie es besser?«, mit Edith Hancke, Serie, ARD 1981–1984; »Das Traumschiff«, Regie: Fritz Umgelter und Alfred Vohrer, Serie, ZDF 1982 und 1983; »Frau Juliane Winkler«, ARD 1983; »Ich heirate eine Familie« (von Flatow), mit Thekla Carola Wied und Peter Weck, Regie: Peter Weck, Serie, ZDF 1983–1985; »Schöne Ferien«, Regie: Hans-Jürgen Tögel, Serie, ARD 1985; »Herbert ist Herrmann«, mit Herbert Herrmann, Serie, und »Berliner Weiße mit Schuß«, mit Günter Pfitzmann, Regie: Eugen York, Serie, ZDF 1985; »Die Wichers von nebenan«, Serie, ZDF 1986.
Anschrift: c/o Agentur Lentz, Holbeinstraße 4, 8000 München 80, oder Geranienstraße 3, 8022 Grünwald.

Walter Sedlmayr

Geb. 6. 1. 1926 als Sohn eines Kaufmanns in München; dort aufgew.; Besuch der Oberrealschule und Notabitur. Nach der Rückkehr aus dem Krieg mußte er seine Pläne, Komponist zu werden, aufgeben, um seinen Lebensunterhalt zu verdienen. Er arbeitete als Statist an den Münchner Kammerspielen, wo er 1945 als ein Wachtposten in dem Stück »Die verlorenen Schuhe« (Schlabrendorf/Penzoldt) seine erste Rolle bekam. Nach einem Engagement als dritter Buffo am Staatstheater am Gärtnerplatz unter Ludwig Bender gehörte er von 1955 bis 1974 mit einer zweijährigen Unterbrechung (1958–1960) dem Ensemble der Münchner Kammerspiele unter den Intendanten Hans Schweikart und August Everding an.

Kleine Rollen in Kinofilmen spielte er ab 1950; beim Fernsehen gelang ihm der Durchbruch im Jahr 1972 in dem Syberberg-Film »Theodor Hierneis oder Wie man ehemaliger Hofkoch wird« (ARD). Sedlmayr verkörperte darin den Leibkoch König Ludwigs II. und plauderte an Originalschauplätzen über 90 Minuten lang aus den Memoiren des höfischen Küchenchefs. Seither wirkte er in über 200 TV-Produktionen mit. Seldmayr spricht engl.; er ist ledig und lebt in München.

Film: »Die drei Dorfheiligen«, 1949; »Heidelberger Romanze«, 1951; »Der Weibertausch«, »Der Herrgottschnitzer von Ammergau« und »Zwei Menschen«, 1952; »Der Ehestreik«, Regie: Joe Stöckel, 1953; »Rosen-Resli« (nach Johanna Spyri), mit Christine Kaufmann, Regie: Harald Reinl, »Die kleine Stadt will schlafen gehn« und »Die Mühle vom Schwarzwälder Tal«, 1954; »Ich weiß, wofür ich lebe«, »Der Frontgockel«, »Hilfe – sie liebt mich«, »Drei Mädels vom Rhein« und »Königswalzer«, 1955; »Der Jäger von Fall« (nach Ganghofer) und »Heiraten verboten«, 1957; »Der Schäfer von Trutzberg«, und »Der Pauker«, mit Heinz Rühmann, 1958; »Menschen im Netz«, mit Hannes Messemer, Regie: Franz Peter Wirth, und »Buddenbrooks« (nach Thomas Mann), mit Ruth Leuwerik, Regie: Alfred Weidenmann, 1959; »Strohfeuer«, Regie: Volker Schlöndorff, 1972; »Die Sachverständigen«, Regie: Norbert Kückelmann, 1973; »Der gestohlene Himmel«, Regie: Theo Maria Werner, 1974; »Das Andechser Gefühl«, Regie: Herbert Achternbusch, 1975; »Die Jugendstreiche des Knaben Karl«, Regie: Franz Seitz, 1977.

Theater: Eusebio in »Die 3 goldenen Haare des Teufels«, 1948, Louis in Millers »Blick von der Brücke«, 1956, Raspe in Wedekinds »Der Marquis von Keith«, 1957, Windwachel in Nestroys »Lumpazivagabundus«, 1963, Johann Plank in Thomas »Magdalena«, 1967, Zuhälter in Brecht/Weills »Die Dreigroschenoper« 1968, Max in Sperrs »Jagdszenen aus Niederbayern«, 1970, Eisenhardt in Hochhuths »Soldaten«, 1971, in Shakespeares »Macbeth«, 1972, in »Valentin-Abend«, 1973/74, jeweils Kammerspiele München; Titelrolle in Thomas »Der alte Feinschmecker«, Kleine Komödie München, und Vater in H. Wagners »Die Kindermörderin«, Bayerisches Staatsschauspiel München, 1976.

Fernsehen: »Die Niklashauser Fart«, mit Hanna Schygulla, ARD 1970, »Pioniere in Ingolstadt« (nach Fleißer), ZDF, 1970, »Bremer Freiheit« und »Welt am Draht«, ARD 1973, Regie: jeweils Rainer Werner Fassbinder; Titelrolle in »Kottnik und Erben«, Regie: Rudolf Jugert, Serie, ZDF 1974; Gustav Spannagl in »Spannagl & Sohn«, 13 Folgen, »Hahnenkampf« (nach Lautensack), Regie: Lutz Büscher, und »Die Schießübung« (Buch Sedlmayer selbst), Regie: Norbert Kückelmann, ZDF 1975; »Alle Jahre wieder – Die Familie Semmeling«, Regie: Dieter Wedel, 3 Teile, ARD 1976; »Einmal ... – und zurück«, Reiseimpressionen aus USA, Österreich, Schottland, Ägypten, Israel, Südafrika, Irland, Kenia u.a. Ländern, Serie, ARD 1976–1985; »Zeit der Bewährung«, Regie: Hans Peter Meier, ZDF 1977; Vater in »Vater Seidl und sein Sohn«, mit Monika Dahlberg und Hans Clarin, Regie: Kurt Wilhelm, Serie, ARD 1978; »Der Alte«, Serie, 2 Folgen, ZDF 1978–1980; Titelrolle in »Anton Sittinger« (nach Oskar Maria Graf), und Titelrolle in »Der Millionenbauer« (von Geiger), Serie, ARD 1979; »Mein Freund, der Scheich«, Regie: Rainer Erler, ARD 1981; Inspektor Schöninger in »Polizei-Inspektion 1«, bislang 103 Folgen, ARD 1976–1984; »Heut' abend«, Gast in Joachim Fuchsbergers Talkshow, ARD 1982; »Walter Sedlmayrs Fernseh-Illustrierte«, Serie, ARD 1982–1986; »Monaco-Franze – Der ewige Stenz«, mit Helmut Fischer, Regie: Helmut Dietl, Serie, und Dr. Waag-

reiner in »Der Nächste bitte«, mit Christa Berndl, Regie: Rainer Wolffhardt, 6 Teile, ARD 1983; »Rambo Zambo«, Regie: Reinhard Donga, ZDF 1984; »Unsere schönsten Jahre«, mit Uschi Glas und Elmar Wepper, Regie: Michael Braun, Serie, ZDF 1985.
Auszeichnungen: Bundesfilmpreis 1972; »Adolf-Grimme-Preis« 1973.
Anschrift: c/o Agentur Lentz, Holbeinstraße 4, 8000 München 80.

Nate
Seids

(eigentlich: Renate Franziska Seids)

Geb. 6. 5. 1942 in Steyr/Oberösterreich; dort und in Linz aufgew.; nach dem Abitur am Linzer Gymnasium (1960) studierte sie zunächst Malerei in Wien, später vier Semester Theaterwissenschaft. Am Theater »Experiment am Lichtenwerd« Wien erhielt sie 1963 ihr erstes Bühnenengagement. Von 1965 bis 1969 absolvierte sie das Max-Reinhardt-Seminar in Wien.
Ihre Bühnenstationen: Städt. Bühnen Augsburg (1970/71), Theater Oberhausen (1972/73), Staatstheater Braunschweig (1973–1975), Staatstheater Kassel (1975/76), Münchner Kammerspiele (1976), Modernes Theater München (als Gast von 1977 bis 1980), Wuppertaler Bühnen (1978/79), Schauspielhaus Bochum (1978/79), Nationaltheater Mannheim (1980/81), Basler Theater (1981/82), Theater am Einlaß München (1982), Münchner Theaterfestival (1983), Münchner Volkstheater (1985), TamS München (1985), Ruhrfestspiele Recklinghausen sowie Tourneen.
Frau Seids spricht engl., franz.; sie ist ledig und lebt in München.
Theater: Titelrolle in Shaws »Die heilige Johanna«, Klärchen in Goethes »Egmont«, Cornette von Richthofen in Millöckers »Der Bettelstudent«, und Elisabeth in Horváths »Glaube, Liebe, Hoffnung«, jeweils Städt. Bühnen Augsburg 1970/71; Titelrolle in Wedekinds »Lulu«, Raymonde in Feydeaus »Der Floh im Ohr«, und Lady Milford in Schillers »Kabale und Liebe«, jeweils Theater Oberhausen 1972/73; Katharina in Shakespeares »Der Widerspenstigen Zähmung«, Titelrolle in Ibsens »Die Frau vom Meer«, und Polly in Brecht/Weills »Die Dreigroschenoper«, jeweils Staatstheater Braunschweig 1973–1975; Salome Pockerl in Nestroys »Der Talisman«, und Kathi in Nestroys »Der Zerrissene«, jeweils Staatstheater Kassel 1975/76; Hete in Wolfs »Cyankali«, und Kellnerin in Mitterers »Kein Platz für Idioten«, jeweils Münchner Kammerspiele 1976 und 1981, Irma in Lautensacks »Die Pfarrhauskomödie«, Titelrolle in Achternbuschs »Ella«, und Martha in Kroetz' »Mensch Meier«, jeweils Modernes Theater München 1977-1980; Tomina in Goldonis »Karneval in Venedig«, Schauspielhaus Bochum 1978/79; Charlotte in Molières »Dom Juan«, Theater am Einlaß München 1982; Clara Petacci in Kaliskys »Clarettas Picknick«, Münchner Theaterfestival 1983; Magdalena Schneider in Sperrs »Koralle Meier«, Münchner Volkstheater 1985; in MacDonalds »Gipfelkonferenz zwischen Eva Braun und Carla Petacci«, Regie: Margit Saad, TamS München 1985.
Fernsehen: »Die 1002. Nacht« (von Asmodi), Regie: Peter Beauvais, ARD 1965 (Debüt); Franziska in »Das feuerrote Spielmobil«, Regie: (u.a.) Peter Emmer, Jochen Richter und Ulrich Maass, 28 Folgen, ARD 1977/78; »Drunter und drüber«, mit Liselotte Pulver und Hellmut Lange, Regie: Georg Tressler, 6 Teile, ARD 1979; »Weihnachtsspecial«, Regie: Georg Tressler, ZDF 1980; »Tatort« (darunter: »Per Nachnahme« und »Verdeckte Ermittlung«, Regie: u.a. Hajo Gies, Theo Mezger und Georg Tressler), Serie, 5 Folgen, ARD 1981–1985; Käthe Lippert in »Landluft«, Regie: Thomas Nikel und Michael Braun, 13 Folgen, ARD 1982/83; »Androjäger«, Regie: Wolfgang Glück, Serie, ARD 1983; »Goldene Zeiten«, Regie: Michael Braun, Serie, ARD 1984; »Der eiserne Weg«, mit Horst Kummeth und Arthur Brauss, Regie: Wolfgang Staudte und Hannes Schmidt, »Die grüne Brigade«, Regie: Michael Braun, und »Die Krimistunde«, Regie: Hartmut Griesmayr, Serie, ARD 1985.
Auszeichnungen: »Preis der Stadt Wien« 1966; »AZ-Stern« der Münchner Abendzeitung 1978.
Anschrift: c/o ZBF-Agentur München, Leopoldstraße 19, 8000 München 40.

Manfred Seipold

Geb. 7. 3. 1941 in Berlin; er absolvierte die Staatl. Musikhochschule Köln und nahm Schauspielunterricht bei Renate Peter. Ein erstes Bühnenengagement hatte er am Stadttheater Aachen. 1968 gastierte er an der Kleinen Komödie München. Den Schwerpunkt seiner Tätigkeit legte er auf das Fernsehen. Ferner machte er zahlreiche Hörspiele und arbeitet umfangreich in der Synchronisation.
Seipold spricht engl., franz.; er ist ledig und lebt in München.
Film: »Das Brot des Bäckers«, mit Günter Lamprecht, Regie: Erwin Keusch, 1976.
Theater: In Goodharts »Eine neue Generation«, Kleine Komödie München 1968.
Fernsehen: »Von Mäusen und Menschen« (nach Steinbeck), Regie: Rolf Hädrich, und »Die Schlacht bei Lobositz« (nach Hacks), Regie: Franz Peter Wirth, ARD 1968; »Krebsstation« (von Wittlinger nach Solschenizyn), Regie: Heinz Schirk, 2 Teile, ARD 1970; »Der Kommissar«, mit Erik Ode, Serie, ZDF 1972; »Nicht von Gestern« (nach Kanin), Regie: Ludwig Cremer, ARD 1977; »Wir haben alle unsere Macken« (nach Rayburn), ZDF 1977; »Grüß Gott, ich komm von drüben« (von Menge), mit Hans Christian Blech, Regie: Tom Toelle, ARD 1978; »Die seltsamen Begegnungen des Prof. Tarantoga« (von Stanislav Lem), ZDF 1978; »Der Alte«, Serie, 3 Folgen, ZDF 1978–1983; »Die Magermilchbande« (nach Frank Baer), Regie: Thomas Fantl, 14 Teile, ARD 1979; »Wettlauf nach Bombay«, Regie: Christian-Jaque, 4 Teile, und »Jeans«, Regie: Hartmut Griesmayr, ZDF 1981; »Tatort«, Regie: Bruno Voges, Serie, ARD 1981; »Der Garten« (nach Aspinall), mit Elisabeth Bergner und Gert Fröbe, Regie: Wolfgang Liebeneiner, ARD 1982; »Hanna von Acht bis Acht«, mit Angelica Domröse, Regie: Egon Günther, »Das Herz aller Dinge«, Regie: Marco Leto, 4 Teile und »Der Mann von Suez«, Regie: Christian-Jaque, 4 Teile, ZDF 1983; Moderator der »Themenshow: Der Kuß«, mit Olivia Pascal, ZDF 1984; »Die Schöffin«, Regie: Michael Mackenroth, Serie, und »Frankfurter Kreuz«, Regie: Harald Schäfer, Serie, ARD 1984; »Morenga«, Regie: Egon Günther, 3 Teile, ARD 1985; »Derrick«, Serie, ZDF 1985. Ferner spielte er u.a. in: »Lieber Erwin« und »Hürdenlauf«.

Anschrift: c/o Agentur de la Berg, Haus am Weiher, 8026 Irschenhausen.

Edda Seippel

Geb. 19.12.1919 in Braunschweig; nach der Schauspielschule debütierte sie 1937 am Theater Neustrelitz. Durch ihr erstes Engagement an der Wanderbühne Koblenz (1938) konnte sie ihr Schauspielstudium abbezahlen. Die Bühnenstationen: Deutsches Theater Göttingen (1939/40), Theater Breslau (1940–1942), Deutsches Schauspielhaus Hamburg (1942–1945 und 1952–1955), Hamburger Kammerspiele (1945/46 und 1948/49), Württembergisches Staatstheater Stuttgart (1948/49), Staatl. Schauspielbühnen Berlins (1949/50), Hamburgische Staatsoper (1950) und Freie Volksbühne Berlin (1950/51). 1955 schlug sie das Angebot Adolf Rotts aus, für zwei Jahre an das Wiener Burgtheater zu gehen. Von 1956 bis 1958 gehörte sie unter Harry Buckwitz zu den Städt. Bühnen Frankfurt/Main. Seither ist sie freischaffend. Sie gastierte u.a. am Thalia-Theater Hamburg (ab 1958), am Bayerischen Staatsschauspiel München (ab 1963) und an den Münchner Kammerspielen (ab 1964). Seit 1964 wirkt sie umfangreich für Fernsehen und Film.

Frau Seippel spricht engl.; sie ist verheiratet mit einem Chefarzt a.D. (Lungenfacharzt) und lebt in Gräfelfing bei München. Ihr Sohn verstarb im Alter von 7 Jahren.

Film: »Schonzeit für Füchse«, 1966; »Die Marquise von O...« (nach Kleist), Regie: Eric Rhomer, Frankreich/BRD 1975; »Der Pfingstausflug«, mit Martin Held und Elisabeth Bergner, Regie: Michael Günther, 1979; »Frühlingssinfonie«, mit Nastassja Kinski und Herbert Grönemeyer, Regie: Peter Schamoni, 1983.

Theater: Titelrolle in Shaws »Die heilige Johanna«, Regie: Heinrich Koch, Klärchen in Goethes »Egmont«, Franziska in Lessings »Minna von Barnhelm«, und in Niccodemis »Scampolo«, jeweils Deutsches Theater Göttingen 1939/40; Titelrolle in Kleists »Das Käthchen von Heilbronn«, Christofferl in Nestroys »Einen Jux will er sich machen«, und Eve in Kleists »Der zerbrochene Krug«, jeweils Theater Breslau 1940–1942; Titelrolle in Schillers »Maria Stuart«, Regie: Hermine Körner, Titelrolle in Schillers »Die Braut von Messina«, Andrejevna Ranjewskaja in Tschechows »Der Kirschgarten«, Lydia in Holz/Jerschkes »Traumulus«, mit Werner Krauß, Bürgermeister-Gattin in Zuckmayers »Der Hauptmann von Köpenick«, und Nathalia in Kleists »Prinz Friedrich von Homburg«, jeweils Deutsches Schauspielhaus Hamburg 1942–1945 und 1952–1955; Titelrolle in Erich Walter Schäfers »Claudia«, in van Drutens »Das Lied der Taube«, und Braut in Gogols »Die Heirat«, jeweils Hamburger Kammerspiele 1945/46 und 1948/49; in Molnárs »Arthur oder die Zauberin des Dr. Cortin«, mit Hans Caninenberg, Württembergisches Staatstheater Stuttgart 1948/49; in Eliots »Familientag«, Regie: Helmuth Gmelin, Theater im Zimmer Hamburg 1948, Regie: Günther Rennert, Staatl. Schauspielbühnen Berlins 1949/50; Titelrolle in Claudel/Honeggers »Johanna auf dem Scheiterhaufen«, Regie: Günther Rennert, Hamburgische Staatsoper 1950; Alkmene in Giraudoux' »Amphitryon 38«, Freie Volksbühne Berlin 1950/51; in Wedekinds »Musik«, Marquise in Goethes »Der Groß-Kophta«, mit Hanns Ernst Jäger, und Alkmene in Kleists »Amphitryon«, jeweils Städt. Bühnen Frankfurt/Main 1956–1958; in Anouilhs »Der Walzer der Toreros«, Thalia-Theater Hamburg 1958; Gurmyzskaja in Ostrowskijs »Der Wald«, mit Klaus Schwarzkopf, Regie: Gerd Brüdern, 1963, und Frau Linde in Ibsens »Nora«, mit Christine Ostermayer, 1967/68, jeweils Bayerisches Staatsschauspiel München; Kapavina in Ostrowskijs »Wölfe und Schafe«, Regie: Rudolf Noelte, 1964, in der deutschen Erstaufführung von Forrsells »Sonntagsspaziergang«, mit Peter Pasetti und Therese Giehse, 1966, in der deutschen Erstaufführung von Albees »Empfindliches Gleichgewicht«, Regie: August Everding, 1967, in Storeys »Home«, 1971, und in der deutschen Erstaufführung von Albees »Alles vorbei«, mit Grete Mosheim, Regie: August Everding, 1972, jeweils Münchner Kammerspiele; Frau in Coburns »Gin Rommé«, mit Klaus Schwarzkopf, Thalia-Theater Hamburg 1982; in Bernhards »Über allen Gipfeln ist Ruh«, mit Kurt Meisel (Abschiedsvorstellung), Regie: Horst Sachtleben, Bayerisches Staatsschauspiel München 1983/84.

Fernsehen: Frau Moore in »Thomas Moore« (nach Bolt), Regie: Gerhard Klingenberg, ARD 1964; »Die Zofen« (nach Genet), und »Mohrenwäsche«, Regie: Rainer Wolffhardt, ARD 1965; »Mathilde Möhring«

(nach Fontane), Regie: Claus Peter Witt, ARD 1968; »O süße Geborgenheit« (nach Kops), Regie: Heinz Schirk, ARD 1969; »Einladung ins Schloß« (nach Molnár), Regie: Helmut Käutner, ZDF 1970; »Deutschstunde« (nach Lenz), Regie: Peter Beauvais, 2 Teile, ARD 1971; »Emilia Galotti« (nach Lessing), Regie: Ludwig Cremer, ARD 1972; »Eine ungeliebte Frau« (nach Courths-Mahler), ARD 1974; »Tadellöser & Wolff« (nach Kempowski), mit Karl Lieffen, Regie: Eberhard Fechner, 2 Teile, ZDF 1975; »Onkel Bräsig«, mit Fritz Hollenbeck, Regie: Volker Vogeler, Serie, ARD 1977/78; »Der Fall Winslow« (nach Rattigan), Regie: Michael Kehlmann, ARD 1977; »Ein Kapitel für sich« (nach Kempowski), mit Stephan Schwartz, Regie: Eberhard Fechner, 3 Teile, ZDF 1979/80; »Der Alte«, Serie, ZDF 1982; »Gin Rommé«, mit Klaus Schwarzkopf, Regie: Tom Toelle, ARD 1983; »Freundschaften« (von Reinecker), Regie: Eugen York, und »Heiraten ist immer ein Risiko«, mit Carl-Heinz Schroth, Regie: Hans-Jürgen Tögel, ZDF 1984; »Polizei-Inspektion 1«, Serie, ARD 1984; »Wahrheit und Barmherzigkeit«, Regie: Konrad Sabrautzky, und »Damenwahl« (von Zida Winiewicz), Regie: Wolfgang Becker, ZDF 1985.
Auszeichnungen: Bundesfilmpreis 1966; »Goldene Kamera« (Hörzu) 1980.
Anschrift: c/o ZBF-Agentur München, Leopoldstraße 19, 8000 München 40.

Helma Seitz

Geb. 23. 2. 1913 in Offenbach/Main; dort aufgew.; nach dem Schauspielunterricht hatte sie Engagements in Hannover, Frankfurt/Main und Oldenburg (wo sie Rollen ihres Fachs verkörperte). Nach der Heirat mit einem amerikanischen Geschäftsmann lebte sie über zehn Jahre in New York. Nach der Scheidung und ihrer Rückkehr in die Bundesrepublik spielte sie an Bühnen in Linz, Kiel und München (Boulevard-Theater).
Bekannt wurde sie vor allem als Polizeisekretärin Rehbein in der ZDF-Kriminalserie von Herbert Reinecker »Der Kommissar« (mit Erik Ode), die von 1968 bis 1975 insgesamt 97mal ausgestrahlt wurde.
Frau Seitz spricht engl.; aus ihrer ersten Ehe stammt ihre Tochter Renate Becker, die ebenfalls Schauspielerin wurde. Frau Seitz lebt in München.
Film: »The Salzburg Connection«, mit Klaus Maria Brandauer, Regie: Lee Katzins (Produzent: Otto Preminger), USA 1972; »Starting out«, Großbritannien 1973.
Fernsehen: Bis 1970 u.a. in »Herr Wolff hat seine Krise« und »Verraten und verkauft«. Ferner u.a. in: »Babeck« (von Reinecker), mit Curd Jürgens, Charles Regnier, Cordula Trantow, Helmut Lohner und Senta Berger, Regie: Wolfgang Becker, 3 Teile, ZDF 1968; Rehbeinchen in »Der Kommissar« (von Reinecker), mit Erik Ode, Günther Schramm, Elmar und Fritz Wepper und Reinhard Glemnitz, 97 Folgen, ZDF 1968–1975; »Ein Stück Himmel« (nach Janina David), Regie: Franz Peter Wirth, 8 Teile, ARD 1982; Oma in »Nesthäkchen« (von Pfaue nach Ury), mit Christian Wolff und Doris Kunstmann, Regie: Gero Erhardt, 6 Teile, und »Der Alte«, Serie, ZDF 1983; »Funkeln im Auge« (Heidelinde Weis Special), Regie: Wolfgang Becker, ZDF 1984.
Anschrift: c/o Agentur Alexander, Lamontstraße 9, 8000 München 90.

Edgar Selge

Geb. 27. 3. 1948 in Brilon/Sauerland; er absolvierte die Otto-Falckenberg-Schule München. Als Ariel in Shakespeares »Der Sturm« debütierte er 1974 am Deutschen Theater Göttingen. Von 1975 bis 1978 stand er im Ensemble des Berliner Schiller-Theaters. Seit 1978 gehört er zu den Münchner Kammerspielen Selge spricht engl., franz.; er ist verheiratet mit der Schauspielerin Franziska Walser (ebenfalls Mitglied der Münchner Kammerspiele), hat zwei Kinder und lebt in München.

Film: »Krieg und Frieden« (von Heinrich Böll), 1983; »Der Havarist«, mit Burkhard Driest, Regie: Wolf-Eckhart Bühler, 1984.

Theater: Edmund in O'Neills »Eines langen Tages Reise in die Nacht«, mit Marianne Hoppe, Regie: Willi Schmitt, Ferdinand in Shakespeares »Der Sturm«, mit Bernhard Minetti, Regie: Alfred Kirchner, Roter Reiter in der Uraufführung von Medoffs »Wann kommst du wieder, roter Reiter?«, Regie: Harald Clemen, in Fugards »Die Insel« (auch Regie mit Rolf Schult), und Junge in der Uraufführung von Langes »Frau von Kauenhofen«, mit Marianne Hoppe, Regie: Hartmut Lange selbst, jeweils Schiller-Theater Berlin 1975–1978; Allan in Stindbergs »Totentanz«, Regie: Harald Clemen, Der eklige Engel/Mann im Parka in Botho Strauß' »Groß und Klein«, Regie: Dieter Dorn, und Andreas Kragler in Brechts »Trommeln in der Nacht«, Regie: Ernst Wendt, 1978/79, Bleichenwang in Shakespeares »Was ihr wollt« und St. Just in Büchners »Dantons Tod«, Regie: jeweils Dieter Dorn, 1979/80, Arkas in Goethes »Iphigenie auf Tauris«, Regie: Dieter Dorn, 1980/81, Sekretär in Hebbels »Maria Magdalena«, Regie: Hans Lietzau, Sir Galahad in Dorsts »Merlin oder Das wüste Land«, mit Peter Lühr, Regie: Dieter Dorn, und Mann am Strang in Wilsons »Die Goldenen Fenster«, mit Peter Lühr und Maria Nicklisch, Regie: Robert Wilson selbst, 1981/82, David in der deutschen Erstaufführung von Bonds »Sommer«, Regie: Luc Bondy selbst, 1982/83, Der Mann in Botho Strauß' »Kalldewey, Farce«, Regie: Dieter Dorn, und Marinelli in Lessings »Emilia Galotti«, Regie: Thomas Langhoff, 1983/84, Georg in Botho Strauß' »Der Park«, Regie: Dieter Dorn, Dompteur in der Uraufführung von Fels' »Der Affenmörder«, Regie: Ulrich Heising, 1984/85, jeweils Münchner Kammerspiele.

Fernsehen: »Käsbach, ich liebe Dich«, mit Curt Bois, Regie: Diethard Klante, 6 Teile, ARD 1984; »Herschel oder Die Musik der Sterne«, Regie: Percy Adlon, ARD 1986.

Auszeichnungen: »Berliner Kunstpreis« 1977; »Schauspieler des Jahres« (der Zeitschrift »Theater Heute«) 3×; »Schauspieler des Jahres 1984; Münchner Theaterzeitung.

Anschrift: c/o Agentur Jovanovic, Perfallstraße 6, 8000 München 80, oder Schlotthauerstraße 16, 8000 München 90.

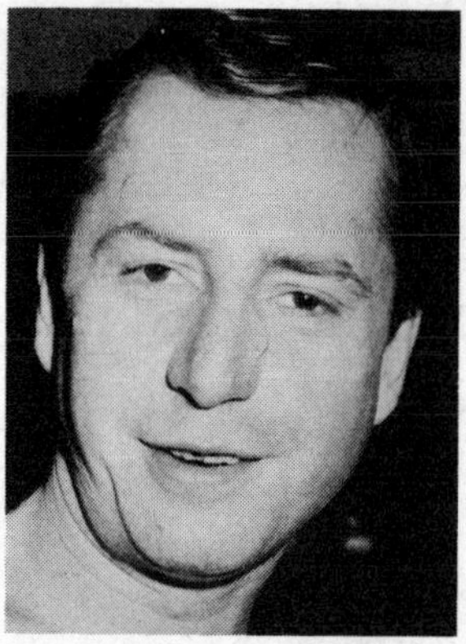

Martin Semmelrogge

Geb. 8.12.1955 als Sohn des Schauspielers Willy Semmelrogge (geb. 1923, verst. 1984) in Eckwälden/Württemberg; dort und in München aufgew.; schon als Schüler bekam er erste Hörspielrollen. Das Gymnasium verließ er noch vor dem Abitur, um Schauspieler zu werden. Der Fernsehfilmproduzent Helmut Ringelmann hatte ihm 1971 eine Rolle in der Serie »Der Kommissar« (»Fluchtwege«) angeboten. Sein Bühnendebüt gab er in Stoppards »Rosenkranz und Güldenstern« an den Bühnen der Hansestadt Lübeck, nachdem er vorher privaten Schauspielunterricht genommen hatte.
Semmelrogge spricht engl.; er ist seit 1985 verheiratet, hat einen Sohn (Lucki, geb. 1981) und lebt in München.
Film: »Das Boot« (nach Buchheim), mit Jürgen Prochnow, Regie: Wolfgang Petersen, 1981; »Die Schaukel«, mit Lena Stolze, Regie: Percy Adlon, 1983.
Fernsehen: »Der Hausaufsatz« (von Bieler), Regie: Peter Frötschl, ARD 1974; »Tadellöser & Wolff« (nach Kempowski), mit Karl Lieffen, Regie: Eberhard Fechner, ZDF 1975; »Ein Haus voll Zeit«, und »Das Fernsehgericht tagt«, Serie, ARD 1976; »Block 7«, Serie, »Eine kleine Liebe« und »Bedenkzeit«, ZDF 1976; »Derrick«, Serie, 2 Folgen, ZDF 1977 und 1981; »Vorstadt-Krokodile« (nach von der Grün), Regie: Wolfgang Becker, 2 Teile, ARD 1977; »Tatort«, Serie, 2 Folgen, ARD 1977 und 1979; »Heroin 4«, Regie: Michael Günther, ZDF 1978; »Der Alte«, Serie, 3 Folgen, ZDF 1981–1984; »Hinter der Tür«, Regie: Wolf Gremm, ZDF 1983; »Polizei-Inspektion 1«, Serie, ARD 1984; »Alte Gauner«, Regie: Konrad Sabrautzky, Serie, ZDF 1985.
Anschrift: c/o Agentur de la Berg, Haus am Weiher, 8026 Irschenhausen.

Peter Seum

Geb. 2.1.1949 in Berlin; dort und in Duisburg aufgew.; lebt in Berlin; verheiratet; spricht engl., franz.; er begann an Kleinkunstbühnen, u.a. Reutlinger Theater in der Tonne (1974/75) und Grips-Theater Berlin (1975/76 und 1978); seit 1976 legte er den Schwerpunkt seiner Tätigkeit auf Fernsehproduktionen.
Film: »Einmal Kudamm und zurück«, Regie: Herbert Ballmann, 1983.
Fernsehen: »Pfarrer in Kreuzberg«, Regie: Hartmut Griesmayr, und »Direction City«, ARD 1976; »Tatort«, Regie: Fritz Umgelter und Eberhard Itzenplitz, Serie, 3 Folgen, ARD 1977–1981; »Kietz und Kudamm«, Regie: Ludwig Cremer, »Herzattackenmaschine«, »Die Straße«, mit Claus Theo Gärtner, Serie, und »Der Weilburger Kadettenmord«, Regie: Eberhard Itzenplitz«, ZDF 1977; »Endstation Paradies«, Regie: Thomas Engel, ARD 1977; »Macht der Finsternis« (nach Tolstoi), Regie: Oswald Döpke, ARD 1978; »Liebe, Tod und Heringshäppchen«, Regie: Sven Severin, »Trennung oder Die Geschichte der Anna Wildermuth«, Regie: Peter Beauvais, »Ein Kapitel für sich« (nach Kempowski), mit Edda Seippel und Stephan Schwartz, Regie: Eberhard Fechner, ZDF 1979; Hauptmeister Blaschke in »SOKO 5113«, mit Werner Kreindl, Serie, ZDF 1979–1985; »Berlin Mitte«, Regie: Peter Beauvais, ARD 1980; »Vor den Vätern sterben die Söhne« (nach Thomas Brasch), ZDF 1981; »Die Römer in Baden«, ARD 1981; »Kalendergeschichten«, mit Hans-Joachim Kulenkampff, und »Hilf, wenn du kommst«, ARD 1982; »Kinder unseres Volkes« (nach Luise Rinser), ZDF 1983; »Stadtgeschichten«, Regie: Rainer K.G. Ott, ARD 1983; »Was soll bloß aus dir werden?«, Regie: Horst Flick, ZDF 1984; »Schöne Ferien«, Regie: Hans-Jürgen Tögel, Serie, ARD 1985; »Stadttheater« (nach Fritz Raab), mit Wolfgang Kieling, Regie: Thomas Fantl, »Alles, was recht ist«, mit Christian Quadflieg und Thekla Carola Wied, Regie: Peter Weck, 3 Teile, und »Fundsache« (von Dürer), mit Ursela Monn, Regie: Herbert Ballmann, ZDF 1986.
Anschrift: c/o Agentur Mattes, Pilotystraße 2, 8000 München 22, oder Nürnberger Straße 19, 1000 Berlin 30.

Joost Siedhoff

Geb. 27. 6. 1926 in Dessau; aufgew. dort, im Stubaital, in Potsdam und in Frankfurt/Main; sein Abitur machte er als Kriegsheimkehrer in Offenbach 1946; im selben Jahr bekam er seine erste Hörfunkrolle bei »Radio Frankfurt«; er sprach neben Siegfried Lowitz in dem Stück »Deserteure«. Über die Studio-Bühne der Goethe-Universität stieß er zum Fritz-Rémond-Theater im Zoo; Engagements am Theater Baden-Baden, wo er auch beim SWF arbeitete, und am Württembergischen Staatstheater in Stuttgart folgten.
Nachdem er bereits beim Fernsehen erste Rollen gespielt hatte, führten ihn 1957/58 Theater-Tourneen durch Südamerika. Mit seinem eigenen Ensemble »Die Brücke« bereiste er seit 1960 über 90 Länder. Er gab u.a. in den USA, Australien, Indien, in Neu-Guinea, der Türkei Gastspiele. Zwischen 1965 und 1976, als er in München lebte, gastierte er u.a. an den Kammerspielen, am Bayerischen Staatsschauspiel und am Theater 44, wo er sein eigenes Programm »Denk ich an Deutschland« präsentierte. Er war außerdem am Schauspielhaus Düsseldorf, dem Hessischen Staatstheater Wiesbaden und den Kammerspielen in Hamburg zu sehen.
Siedhoff spricht engl., span.; er ist geschieden, hat eine Tochter und lebt in Hamburg.
Theater: In Giraudoux' »Amphitryon 38«, Just in Lessings »Minna von Barnhelm«, Klosterbruder in Lessings »Nathan der Weise«, in Brods »Das Schloß« (nach Kafka), in Aristophanes' »Der Frieden«, in Büchners »Woyzeck«, in Gardners »Tausend Clowns«, Chlestakow in Gogols »Der Revisor«, Willy Loman in Millers »Der Tod des Handlungsreisenden«, Patient in Wittlingers »Kennen Sie die Milchstraße?«, Erich in Walsers »Der Abstecher«, und Engstrand in Ibsens »Gespenster«, jeweils Tournee »Die Brücke« bis 1983; in Millers »Der Preis«, mit Werner Hinz, und Theobald Maske in Sternheims »Der Snob«, jeweils Hamburger Kammerspiele.
Fernsehen: Willi in »Familie Hesselbach«, mit Liesel Christ, Serie, ARD 1959–1966; »Die Kordel war zu kurz«, Regie: Peter Adam, ZDF 1978; »Geldsorgen«, Regie: Frank Guthke, ZDF 1979; Vater Josef in »Die Leute vom Domplatz«, Regie: Leonhard Reimirkens, Serie, ARD 1980; »Tatort«, Regie: Hans Dieter Schwarze, Serie, ARD 1981; Tischler in »Die Pawlaks – Eine Geschichte aus dem Ruhrgebiet«, Regie: Wolfgang Staudte, 12 Teile, ZDF 1982; Dr. Frieden in »Der Eimer und die Mona Lisa«, mit Hans Korte, Regie: Joachim Roering, ZDF 1983; »Die Sache ist gelaufen«, Regie: Rainer Wolffhardt, ZDF 1985.
Anschrift: c/o ZBF-Agentur Hamburg, Tonndorfer Hauptstraße 90, 2000 Hamburg 70.

Maria Singer

Geb. 1. 2. 1914 in Altmünster am Traunsee/Österreich; aufgew. in Salzburg; nach der Hauptschule besuchte sie das Mozarteum in Salzburg und später das Max-Reinhardt-Seminar in Wien; ihre ersten Theaterengagements hatte sie ab 1934 in Schneidemühl, Memel und Königsberg; nach dem Krieg war sie u.a. in Klagenfurt, Salzburg, Innsbruck, Tübingen, Kassel und Hannover verpflichtet. Von 1964 bis 1979 gehörte sie zum Ensemble der Münchner Kammerspiele; seit 1983 steht sie beim neugegründeten Münchner Volkstheater unter Vertrag.
Maria Singer ist Witwe; sie war verheiratet mit dem Schauspieler Hans Musäus und hat einen Sohn, Peter Musäus, der ebenfalls Schauspieler geworden ist. Sie lebt in Kirchheim bei München.
Film: »Der Mond ist nur a nackerte Kugel« (von Jörg Graser), 1981; »Kehraus« mit Gerhard Polt, Regie: Hanns Christian Müller, 1983.
Theater: Laina in Brechts »Herr Puntila und sein Knecht Matti«, 1964, Polina Andrejewna in Tschechows »Die Möwe«, 1965, Mutter in Horváths »Geschichten aus dem Wienerwald«, 1966, Mary in Bonds »Gerettet«, 1967, Olympe Feraillon in Feydeaus »Der Floh im Ohr«, und Frau Peachum in Brecht/Weills »Die Dreigroschenoper«, 1968, Jungfer in Sternheims »Der Snob«, und Juanita in Horváths »Kasimir und Karoline«, 1969, Mrs. Tancred in O'Caseys »Juno und der Pfau«, 1970, Frau Wesener in Hochhuths »Soldaten«, 1971, Mrs. Bryant in Weskers »Tag für Tag«, 1972, Frau Kielbacke in Hauptmanns »Die Ratten«, Marina in Tschechows »Onkel Wanja«, und Frau Appelblom in Kaisers »Kolportage«, 1973, Martha in »Der Mond scheint auf Kylenamoe«, 1974, Frau Perez in Brechts »Die Gewehre der Frau Carrar«, 1975, Mutter Fent in Wolfs »Cyankali«, 1976, Marthe Glühwurm in Raimunds »Der Alpenkönig und der Menschenfeind«, 1977, Roelles Mutter in Fleißers »Fegefeuer in Ingolstadt«, 1978, und Frau Popcovic, Frau Böhm und Frau Gierl in Polt/Müllers »Kehraus«, 1979, jeweils Kammerspiele München; Frau Marthe in Kleists »Der zerbrochene Krug«, in Sperrs »Jagdszenen aus Niederbayern«, in Preses/Bechers »Der Bockerer«, mit Otto Schenk und Peter Musäus, in Kusz' »A Rua is Bua«, Regie: Ulrich Heising, jeweils Münchner Volkstheater 1984/85.
Fernsehen: »Feuerwerk« (nach Burkhard), Regie: Franz Josef Wild, ARD 1975; »Der Fall Winslow« (nach Rattigan), Regie: Michael Kehlmann, ARD 1977; »Der Alte«, Serie, 3 Folgen, ZDF 1977–1982; »Der falsche Paß für Tibo« (von Herbert Rosendorfer), ZDF 1980; »Colombe« (nach Anouilh), Regie: Heinz Wilhelm Schwarz, und D' Rumplhanni« (nach Lena Christ), Regie: Rainer Wolffhardt, 2 Teile, ARD 1981; »Magdalena« (nach Thoma), »Mozart«, Regie: Marcel Bluwal, 5 Teile, und »Ein Stück Himmel« (nach Janina David), Regie: Franz Peter Wirth, 8 Teile, ARD 1982; »Der gutmütige Grantler«, mit Toni Berger, ZDF 1982; »Das gläserne Wappen«, Regie: Susanne Zanke, und »Derrick«, Serie, ZDF 1983; »Flohmarkt«, Serie, »Rambo Zambo«, Regie: Reinhard Donga, »Weiß-blaue Geschichten«, mit Gustl Bayrhammer, Regie: Alfred Vohrer, Serie, und »Lebenslinien – Marianne«, Regie: Käthe Kratz, ZDF 1984; »Klein, aber mein« (von Purucker), Regie: Rainer Wolffhardt, ARD 1984; »Rauhnacht« (nach Billinger), Regie: Klaus Weise, ZDF 1985; »Bayerische Raritäten«, Regie: Kurt Wilhelm, BR III 1985; »Der Komödienstadl« (2 Folgen): »Politik und Führerschein« und »Paraplü und Perpendikel«, Regie: jeweils Olf Fischer, »Polizei-Inspektion 1«, Serie, und Oma in »Franz Xaver Brunnmayr«, mit Gustl Bayrhammer und Veronika Fitz, Regie: Ulrich König, 13 Teile, ARD 1985; »Lauter Glückspilze«, Serie, ARD 1986.
Anschrift: Münchner Straße 59, 8011 Kirchheim.

Erni Singerl

(eigentlich: Erni Schropp, geb. Singerl)

Geb. 29. 8. 1922 in München-Schwabing; dort aufgew.; schon als Schülerin bekam sie erste Rollen beim Kinderfunk. 1937 gab sie ihr Bühnendebüt im Münchner »Platzl« unter Weiß Ferdl (Ferdinand Weißheitinger). Gastspiele in Köln, Frankfurt, Berlin und Hamburg folgten. Bekannt wurde sie vor allem durch ihre Arbeit bei Funk und Fernsehen. Seit 1961 wirkte sie in über 40 Produktionen der TV-Reihe »Der Komödienstadl« (ARD) mit. Sie veröffentlichte mehrere Schallplatten mit bayer. Volksmusik (u.a. »Arrivederci Sepp, du bist der größte Depp«). Bühnenengagements hatte sie in München u.a. am Deutschen Theater, am Theater Die Kleine Freiheit und an der Kleinen Komödie, wo sie seit 1973 regelmäßig spielt.
Frau Singerl ist verheiratet und lebt in Trudering bei München.
Film: »Der Jäger von Fall« (nach Ganghofer), Regie: Harald Reinl, 1974; »Das Nürnberger Bett«, Regie: Alexander Titus Benda, 1983; »Mama mia – nur keine Panik«, mit Uschi Glas und Thomas Gottschalk, Regie: Dieter Pröttel, 1984.
Theater: Frau Vogel in Franks »Sturm im Wasserglas«, 1973, Frau Wiesner in Flatow/Pillaus »Das Fenster zum Flur« (auch TV), 1975/76, Frau Graf in Schwerlas »Graf Schorschi«, mit Michael Ande (auch TV), 1976, in Böttchers »Krach im Hinterhaus«, 1977, in Pasos »Schöne Geschichten mit Mama und Papa« (auch TV), 1978, Titelrolle in Kollos »Die wilde Auguste« (auch TV), 1980, Titelrolle in Lovegroves »Grüß Gott, Frau Sonnenschein«, 1982, und in Gmürs »Schloß Rabeneck«, mit Karl Schönböck, Regie: Claus Biederstaedt, 1984, jeweils Kleine Komödie München; Titelrolle in Camolettis »Die Perle Anna«, Theater Die Kleine Freiheit München 1985.
Fernsehen: Von 1961 bis 1984 wirkte sie in über 50 Produktionen der ARD-Reihe »Der Komödienstadl« mit. Partner waren u.a. Michl Lang, Beppo Brem, Ludwig Schmid-Wildy, Maxl Graf, Gustl Bayrhammer und Max Griesser. Regie hatte jeweils Olf Fischer. Stücke u.a.: »Witwen« (nach Thoma), »Der verkaufte Großvater« (Hamik), »Die Mieterhöhung« (von Schwerla), »Die drei Dorfscheinheiligen«, »Die drei Eisbären« (von Vitus), »Der Holledauer Schimmel« (nach Lippl); die letzten Aufführungen: »Liebe und Blechschaden« (1984) und »Schneesturm« (1986).
Sie war zudem Gast zahlreicher Musiksendungen, u.a. »Der goldene Schuß« (ZDF), »Weißblaue Hitparade« (BR III), »Musikantenstadl« (ORF/ARD) und »Lustige Musikanten« (ZDF).
»Der Brandner Kaspar« (nach Kobell), Regie: Kurt Wilhelm, ARD 1975; »Der Alte«, Serie, 2 Folgen, ZDF 1978/79; »Polizei-Inspektion 1«, mit Walter Sedlmayr, Serie, ARD 1983/84; Irmgard in »Monaco-Franze – Der ewige Stenz«, mit Helmut Fischer, Regie: Helmut Dietl, 10 Folgen, ARD 1983; »Rambo Zambo«, mit Walter Sedlmayr, Regie: Reinhard Donga, ZDF 1984.
Anschrift: Ankoglstraße 35, 8000 München 82.

Sabine Sinjen

Geb. 18. 8. 1942 als Tochter eines Architekten und einer Journalistin in Itzhoe/Holstein; aufgew. in München; bereits mit 14 Jahren engagierte sie Arthur Brauner für die Rolle der Hannelore (»Der Gartenzwerg«) in dem Film »Die Frühreifen« (Regie: Josef von Baky) und gab ihr anschließend einen Siebenjahresvertrag. Bis 1969 folgten weitere 17 Produktionen. Bedingt durch einen Unfall bei den Dreharbeiten zu einem ihrer erfolgreichsten Filme (»Stefanie«) – sie mußte ein Jahr einen Fußgips tragen – entging ihr die Hauptrolle in Otto Premingers Film »Exodus«, mit dem eine Option für zwei weitere Hollywood-Filme verbunden gewesen wäre.

Ihre Bühnenlaufbahn begann sie 1961 als Wendla in Wedekinds »Frühlings Erwachen« (Regie: Werner W. Malzacher) am Schiller-Theater Berlin. Um Theater spielen zu können, schlug sie in der Folge zahlreiche Filmangebote aus. Weitere Bühnenstationen: Bühnen der Stadt Köln (1963), Staatl. Schauspielbühnen Berlins (1967), Theater in der Josefstadt Wien (1967–1971), Schauspielhaus Zürich (1971), Salzburger Festspiele (1972–1974), Nationaltheater Mannheim (1974) und Burgenländische Festspiele Schloß Forchtenstein (1975). Unter Boy Gobert war sie von 1976 bis 1980 Mitglied des Thalia-Theaters Hamburg. Seit 1980 gehört sie unter Boy Gobert und Heribert Sasse zum Ensemble der Staatl. Schauspielbühnen Berlins.

Frau Sinjen spricht engl., franz.; sie war von 1963 bis 1984 verheiratet mit dem Regisseur Peter Beauvais. 1984 heiratete sie den Vater ihres Sohnes, den Regie-Assistenten Günter Huber; sie lebt in Berlin.

Film: »Mädchen in Uniform«, Regie: Geza von Radvány, »Der schmutzige Engel«, Regie: Wolfgang Bekker, und Titelrolle in »Stefanie«, Regie: Josef von Baky, 1958; Titelrolle in »Marili«, Regie: Josef von Baky, Kathi in »Alt Heidelberg«, und »Kein Engel ist so rein«, mit Hans Albers, Regie: Wolfgang Becker, 1959; Abigail in »Das Glas Wasser« (nach Scribe), mit Gustaf Gründgens, Regie: Helmut Käutner, Titelrolle in »Stefanie in Rio«, Regie: Curtis Bernhard, und Sabine in »Sabine und die hundert Männer«, mit Ferenc Fricsay und Yehudi Menuhin, Regie: Rolf Thiele, 1960; »Im sechsten Stock«, Regie: John Olden, 1961; Sophie in »L'aiglon«, Frankreich 1962; »Les tontons flingeurs«, Regie: Georges Lautner, Frankreich 1963; »Die Flußpiraten vom Mississippi«, Regie: Jürgen Roland, 1963; Hilke in »ES«, 1965, »Alle Jahre wieder« (nach Lenz), 1967, und »Wir zwei«, 1969, Regie: jeweils Ulrich Schamoni.

Theater: Prinzessin in Schwarz' »Der Schatten«, Regie: Rudolf Steinboeck, und Helena in Shakespeares »Ein Sommernachtstraum«, Regie: Gerhard Klingenberg, Bühnen der Stadt Köln 1963; Titelrolle in Giraudoux' »Undine«, Regie: Willi Schmidt, Staatl. Schauspielbühnen Berlins 1967; Lida in Kohouts »So eine Liebe«, Regie: Edwin Zbonek, Sonja in Tschechows »Onkel Wanja«, Regie: Heinrich Schnitzler, Vittoria in Goldonis »Die Sommerfrische«, Regie: Peter Beauvais, Jeanne in Anouilhs »Jeanne oder Die Lerche«, Regie: Werner Kraut, Julia in Shakespeares »Zwei Herren aus Verona«, Regie: Edwin Zbonek, und Maria in Bolts »Vivat! Vivat! Regina!«, Regie: Peter Beauvais, jeweils Theater in der Josefstadt Wien 1967–1971; Ophelia in Papps »Der nackte Hamlet«, Regie: Günter Büch, Schauspielhaus Zürich 1971; Barbara in Weisers »Gorilla«, Regie: András Fricsay, Wiener Festwochen 1972; Olivia in Shakespeares »Was ihr wollt«, Regie: Otto Schenk, Salzburger Festspiele 1972 bis 1974; Titelrolle in Strindbergs »Fräulein Julie«, Regie: András Fricsay, Nationaltheater Mannheim 1974; Ernie in Grillparzers »Ein treuer Diener seines Herrn«, Regie: Klaus Maria Brandauer, Festspiele Forchtenstein 1975; Edrita in Grillparzers »Weh' dem, der lügt«, Regie: Klaus Maria Brandauer, Titelrolle in Hack's »Rosie träumt«, Regie: Helmut Polixa, Pegeen in Synges »Ein wahrer Held«, Regie: Karl Heinz Stroux, Molly in Wedekinds »Der Marquis von Keith«, Regie: Rolf Henniger, Helene in Kornfelds »Palme oder Der Gekränkte«, Regie: Boy Gobert, Charlotte in Molières »Dom Juan«, Regie: Peter Striebeck, Königin Anna in Dumas' »Die drei Musketiere«, Regie: Helmut Baumann, Aglaja in »Der Idiot« (nach Dostojewski), Regie: Georgij A. Tostonogow, und Lydia Link in Holz/Jerschkes »Traumulus«, Regie: Klaus Dieter Kirst, jeweils Thalia-Theater Hamburg 1976–1980; Emmi Göring und Anna Schönlein in »Jeder stirbt für sich allein« (nach Fallada), Regie: Peter Zadek, Miß Cutts in Pinters »Das Treibhaus«, Regie: Klaus

Emmerich, Charis in Kleists »Amphitryon«, und Camilla Scglitten in Serners »Posada oder Der große Coup im Hotel Ritz«, Regie: jeweils Thomas Reichert, Sarah in O'Neills »Fast ein Poet«, Regie: Dietmar Pflegerl, Dirne in Schnitzlers »Reigen«, Regie: Hansjörg Utzerath, Desirée in Bruckners »Krankheit der Jugend«, Regie: Michael Haneke, Liza in Gorkis »Kinder der Sonne«, Regie: Harald Clemen, Aricie in Racines »Phädra«, Regie: Ernst Wendt, Julia in Schnitzlers »Komödie der Verführung«, Regie: Hans Hollmann, und Sittah in Lessings »Nathan der Weise«, Regie: Bernard Sobel, jeweils Staatl. Schauspielbühnen Berlins 1980–1986.

Fernsehen: Unter der Regie von Peter Beauvais u.a.: »Erinnerst du dich?«, ARD 1961; Sonja in »Onkel Wanja« (nach Tschechov), ZDF 1963; Titelrolle in »Undine« (nach Giraudoux) und »Mach's Beste draus« (nach Lommer), ARD 1965; Vittoria in »Die Sommerfrische« (nach Goldoni), ZDF 1965; Zoe in »Ein Duft von Blumen« (nach Saunders), ARD 1966; in »Die Ratten« (nach Hauptmann), ARD 1968; Erna in »Das weite Land« (nach Schnitzler), ZDF 1970; Titelrolle in »Griseldis« (nach Courths Mahler), ARD 1974; Katinka Bay in »Am Wege« (nach Bang), ARD 1975; Titelrolle in »Dorothea März« (nach Dorst), ARD 1976; »Phantasten« und Titelrolle in »Trennung oder Die Geschichte der Anna Wildermuth« (nach Struck), ARD 1979.

Ferner: »Das Geheimnis« (nach Green), Regie: Werner Vögler, ARD 1957 (live); Hedwig in »Die Wildente« (nach Ibsen), Regie: Rudolf Noelte, ARD 1961; Bärbel in »Alle meine Tiere« (von Wuttig), mit Gustav Knuth, Serie, ARD 1962/63; Sabine in »Die deutschen Kleinstädter« (nach Kotzebue), Regie: Dietrich Haugk, ZDF 1963; »Die spanische Puppe« (nach Cooper), Regie: Helmut Käutner, ARD 1967; Titelrolle in »Emilia Galotti« (nach Lessing), Regie: Ludwig Cremer, ARD 1968; Porcia in »Der Kaufmann von Venedig« (nach Shakespeare), mit Fritz Kortner, Regie: Otto Schenk, ORF 1968; Rosalinde in »Wie es euch gefällt« (nach Shakespeare), Regie: Otto Schenk, ORF 1969; »Tatort«, Serie, 3 Folgen, ARD 1970–1981; »Die 13 Monate« (nach Kästner), ZDF 1970; »Der Kommissar«, mit Erik Ode, Serie, 2 Folgen, ZDF 1971/72; »Der Pfandleiher«, mit Heinz Rühmann, Regie: Ludwig Cremer, ZDF 1972; »Der Menschenfeind« (nach Hampton), ARD 1973; Charlotte in »Eine emanzipierte Frau«, Buch und Regie: Hartmut Lange, ZDF 1975; Titelrolle in »Gesche Gottfried«, Buch und Regie: Karl Fruchtmann, ARD 1978; Mouche in »Heinrich Heine – Die 2. Vertreibung aus dem Paradies«, Buch und Regie: Karl Fruchtmann, 2 Teile, ARD 1983; Gertrude in »Familie Schroffenstein« (nach Kleist), ZDF 1984, und Maria in »Die Schwärmer« (nach Musil), ARD 1984, Regie: jeweils Hans Neuenfels; »Rosarot bis Schwarz«, Regie: Otto Schenk, und »Die Hose« (nach Sternheim), Regie: Otto Schenk, ZDF 1985; »Abschiedsvorstellung«, mit Lola Muthel und Peter Pasetti, Regie: Peter Weck, ZDF 1986.

Auszeichnungen: »Goldener Bambi« (BILD + FUNK) 1958 und 1959; »Otto« (BRAVO) 1959, 1960, 1961, 1972; Filmband in Gold 1962 »Goldene Kamera« (HÖRZU) 1967; »Ernst Lubitsch-Preis« 1971.

Anschrift: c/o Agentur Alexander, Lamontstraße 9, 8000 München 80.

Erika Skrotzki

Geb. 19. 8. 1949 in Wiesbaden; dort aufgew.; nach der Realschule absolvierte sie zunächst eine Ausbildung als Kosmetikerin; über das Laienspiel und gelegentliche Statistenrollen beim Theater kam sie zum Schauspielerberuf. Sie besuchte die Max-Reinhardt-Schule Berlin. Ihre Bühnenstationen: Wuppertaler Bühnen (1975/76), Schauspielhaus Bochum (1976–1978), Grips-Theater Berlin (1979), Württembergisches Staatstheater Stuttgart (1980), Städt. Bühnen Frankfurt/Main (1981) und Thalia-Theater Hamburg (1983/84). Ihr Film-Debüt gab sie 1973. Frau Skrotzki spricht engl.; sie ist ledig, hat ein Kind und lebt in Berlin.

Film: »Lohn und Liebe«, Regie: Marianne Lüdcke, 1973; »Der Zauberberg« (nach Thomas Mann), mit Rod Steiger und Charles Aznavour, Regie: Hans W. Geissendörfer, 1981; »Logik des Gefühls«, Regie: Ingo Kratisch, 1982.

Theater: In Genets »Der Balkon«, Württembergisches Staatstheater Stuttgart 1980; Titelrolle in Lessings »Minna von Barnhelm«, Regie: Adolf Dresen, Städt. Bühnen Frankfurt/Main 1981; in Hauptmanns »Michael Kramer«, mit Will Quadflieg, Regie: Rudolf Noelte, Thalia-Theater Hamburg (auch TV) 1983.

Fernsehen: »Die Fastnachtsbeichte« (nach Zuckmayer), ZDF 1976; Titelrolle in »Die Geschichte der Susanna Margaretha Brandt«, Regie: Hartmut Griesmayr, »Auf der Insel«, Regie: Wolfram Zobus, »Der Weilburger Kadettenmord«, Regie: Eberhard Itzenplitz, und »Der Traum der Monika Z.«, ZDF 1977; »26. April 1977«, Regie: Karl Fruchtmann, ARD 1977; »Die beiden Freundinnen« (nach Döblin), Regie: Axel Corti, ZDF 1978; »Die große Flatter«, mit Günter Lamprecht und Hanna Schygulla, Regie: Marianne Lüdcke, 3 Teile, und Die Bucklige Gudde in »Der eiserne Gustav« (nach Fallada), mit Gustav Knuth, Regie: Wolfgang Staudte, 7 Teile, ARD 1979; »Talfahrt«, Regie: Peter Voiss, ZDF 1980; »Taunusrausch«, Regie: Peter Adam, ARD 1980; Bibliothekarin in »Die Knapp-Familie«, Serie, ARD 1981 und 1983; »Das eine Glück und das andere«, Regie: Axel Corti, ARD 1982; »Lemmi und die Schmöker«, Regie: Hans-Peter Kaufmann, Serie, und »Tatort«, Serie, ARD 1983; »Aspekte« (als Sängerin), Serie, ZDF 1985.

Auszeichnung: »Chaplin-Schuh« (Deutscher Darstellerpreis des Verbandes der deutschen Film- und Fernsehregisseure) 1979.

Anschrift: c/o ZBF-Agentur Berlin, Kurfürstendamm 206, 1000 Berlin 15, oder (Autogramme) Seerobenstraße 6, 6200 Wiesbaden.

Kurt Sobotka

Geb. 9. 3. 1930 in Wien; dort aufgew.; nach der Handelsschule besuchte er das Konservatorium Preiner in Wien. Sein Debüt gab er 1948 am Stadttheater Steyr. Weitere Stationen: Wiener Kellerbühnen, Theater in der Josefstadt (ab 1957), Kärntnertor-Theater und Volkstheater in Wien, Hansa-Theater Berlin, Thalia-Theater Hamburg und Schauspielhaus Zürich. Von 1974 bis 1981 machte er Kabarett im Wiener Simpl. Seither ist er Mitglied des Wiener Theaters in der Josefstadt. Bekannt wurde er zudem durch zahlreiche Serien im ORF. Bislang wirkte er in über 400 TV-Produktionen mit.
Sobotka ist verheiratet, hat einen Sohn und lebt in Mödling, Österreich.
Theater: Schüler in Goethes »Faust«, in Shakespeares »Komödie der Irrungen«, in Schillers »Die Jungfrau von Orleans«, in Horváths »Die Unbekannte aus der Seine«, Spiegelberg in Schillers »Die Räuber«, Bleichenwang in Shakespeares »Was ihr wollt«, Zettel in Shakespeares »Ein Sommernachtstraum«, Titelrolle in Goldonis »Der Diener zweier Herren«, Titus in Nestroys »Der Talisman«, Hutzebutz in Nestroys »Das Haus der Temperamente«, in Feydeaus »Der Floh im Ohr«, Striese in Schönthans »Der Raub der Sabinerinnen«, in Nestroys »Versäumte Stunden«, in Popplewells »Brave Diebe«, und in Ayckbourns »Treppauf – Treppab«, jeweils an den vorgenannten Bühnen bis 1984.
Fernsehen: »Stunden der Angst« (nach Hayes), Regie: Ludwig Cremer, ZDF 1964; »Herr Felix Hechinger und seine Gäste«, mit Willy Reichert, Regie: Rolf von Sydow, Serie, ZDF 1964/65; »Colombe« (nach Anouilh), Regie: Hans Dieter Schwarze, ZDF 1965; »Geschwister Oppermann«, mit Wolfgang Kieling, ZDF 1983; »Wem Gott schenkt ein Häschen«, ORF 1983; Salomon Heine in »Heinrich Heine – Die 2. Vertreibung aus dem Paradies«, Regie: Karl Fruchtmann, 2 Teile, und »Hell in Frauensee« (nach Vicki Baum), Regie: Wolfgang Panzer, ARD 1983; Regie: Rolf von Sydow; Titelrolle in »Der Meisterboxer« (nach Schwartz/Mathern), Regie: Peter Loos, ORF 1985. Von 1963 bis 1970 wirkte er in den ORF-Serien »Zeitventil«, »Große Glocke« und »Erinnern Sie sich noch?« mit. Jede dieser Reihen hatte über 50 Folgen. Ferner sah man ihn von 1974 bis 1981 in zahlreichen »Simpl-Revuen«, die im ORF übertragen wurden.
Anschrift: Dr.-Karl-Giannoni-Gasse 19, A-2340 Mödling, Österreich.

Kristina Söderbaum

Geb. 5. 9. 1912 als Tochter eines Chemieprofessors (Vorsitzender des Nobelpreiskomitees) in Stockholm; sie besuchte Schulen und Internate in Schweden, der Schweiz und in Frankreich. Schauspielunterricht nahm sie in Berlin. 1936 debütierte sie unter der Regie von Erich Waschneck in »Onkel Bräsig« (nach Reuter). Ihren zweiten Film (»Jugend«) drehte sie 1937 unter der Regie von Veit Harlan, den sie 1939 heiratete.
Nach 1945 spielte sie meist unter der Regie ihres Mannes Theater in Hamburg. Da Harlan zunächst wegen seiner Arbeiten in der NS-Zeit mit Berufsverbot belegt wurde, lehnte sie aus Protest zahlreiche Filmangebote aus Deutschland und dem Ausland (Schweden und Italien) ab. Bis zu Harlans Tod (1964) drehte sie von 1950 an weitere 9 Filme mit ihm, anschließend zog sie sich viele Jahre vom Schauspielerberuf zurück und arbeitete (seit 1966) als Mode- und Porträt-Fotografin in München. Ihren »letzten Film« drehte sie 1984 in Italien, zu dem der Schauspieler Werner Pochath sie überredet hatte.
Frau Söderbaum spricht schwed., engl., franz., ital.; sie lebt in Krailling bei München.
Film: Unter der Regie von Veit Harlan spielte sie in: »Verwehte Spuren«, 1938; »Das unsterbliche Herz« und »Die Reise nach Tilsit«, 1939; »Jud Süß«, 1940; »Der große König«, 1941; Die goldene Stadt«, 1942; »Immensee«, 1943; »Opfergang« und »Kolberg«, 1944; »Unsterbliche Geliebte«, 1950; »Hanna Anton«, 1951; »Die blaue Stunde«, 1952; »Sterne über Colombo«, 1953; »Die Gefangene des Maharadscha«, 1953; »Verrat an Deutschland«, 1954; »Ich werde dich auf Händen tragen«, 1958; »Die blonde Frau des Maharadschas«, 1962. Ferner u.a. in: »Zwei Herzen im Mai«, Regie: Geza von Bolvary, 1957; »Jimmys Clan«, mit Werner Pochath, Regie: Giorgio Cristallini, Italien 1984.
Fernsehen: »Karl May«, mit Helmut Käutner, Regie: Hans Jürgen Syberberg, 2 Teile, und »Das ist ihr Leben«, TV-Porträt mit Carl-Heinz Hollmann, Regie: Pit Weyrich, ZDF 1977; »Kristina Söderbaum«, TV-Porträt, Regie: Constantin Pauli, ARD 1984.
Anschrift: c/o Agentur Lentz, Holbeinstraße 4, 8000 München 80.

Sigmar Solbach

Geb. 3. 10. 1946 in Olpe/Sauerland; dort aufgew.; nach dem Abitur am Gymnasium Marburg absolvierte er die Westfälische Schauspielschule Bochum unter Hans Schalla (1967–1970). Nach seinem Debüt am Schauspielhaus Bochum erhielt er sein erstes Engagement am Theater Oberhausen (1970–1972). Weitere Bühnenstationen waren das Hessische Staatstheater Wiesbaden (1972/73) und die Städt. Bühnen Augsburg (1973–1975). Seit 1975 arbeitet er umfangreich beim Fernsehen. Theatergastspiele gab er u.a. an den Bühnen der Stadt Bonn (1978), an der Komödie Berlin (1979) und bei den Festspielen Bad Hersfeld.
Er ist häufig in der Synchronisation tätig. Er sprach u.a. die Hauptrollen in den Filmen »Der Dirigent« (Regie: Andrzej Wajda) und »Der Mann von Suez« (Guy Marchand; Regie: Christian-Jaque, 4 Teile, ZDF 1983).
Solbach spricht franz.; er ist verheiratet, hat einen Sohn (Oliver) und lebt in München.
Film: »Victoria« (nach Hamsun), Regie: Bo Widerberg, 1978.
Theater: Lysander in Shakespeares »Ein Sommernachtstraum«, und in Feydeaus »Monsieur Chasse oder Wie man Hasen jagt«, jeweils Theater Oberhausen 1970–1972; Wladio in Gombrowicz' »Die Trauung«, und in Christies »Fuchsjagd«, jeweils Hessisches Staatstheater Wiesbaden 1972/73; Laertes in Shakespeares »Hamlet«, Lysander in Shakespeares »Ein Sommernachtstraum«, und Ferdinand in Schillers »Kabale und Liebe«, jeweils Städt. Bühnen Augsburg 1973–1975; Helmer in Ibsens »Nora«, in Ibsens »Gespenster«, Ansgar in Botho Strauß' »Trilogie des Wiedersehens«, Regie: jeweils Gerd Heinz, und Major Tellheim in Lessings »Minna von Barnhelm«, jeweils Bühnen der Stadt Bonn 1978; in Harris/Darbons »Wie man sich bettet«, Regie: Wolfgang Spier, Komödie Berlin 1979 (auch TV); in »Meine Cousine Rachel«, Tournee 1982; Jupiter in Hacks' »Amphitryon«, Tournee 1984; Prinz Heinrich in Shakespeares »Heinrich IV.«, Johannes in Zuckmayers »Der Rattenfänger«, Henry in Wilders »Wir sind noch einmal davongekommen«, und Marquis von Posa in Schillers »Don Carlos«, jeweils Festspiele Bad Hersfeld bis 1983.
Fernsehen: »Frühbesprechung« (nach May), Regie: Joachim Hess, ARD 1973; »Der Winter, der ein Sommer war« (nach Paretti), mit Christian Quadflieg, ARD 1976, »Babenberger«, und »Vorhang auf, wir spielen Mord«, mit Hans Söhnker, ARD 1977, Regie: jeweils Fritz Umgelter; »Eine Frau bleibt eine Frau«, mit Lilli Palmer, »Väter und Söhne« (nach Turgenjew), Regie: Claus Peter Witt, und »Der Alte«, Serie, ZDF 1977; »Es ist die Liebe«, mit Heidelinde Weis, Regie: Hartmut Griesmayr, ZDF 1978; »Boeing – Boeing« (nach Camoletti), Regie: Dietrich Haugk, ARD 1978; »Variationen«, mit Thomas Fritsch, Regie: Wolfgang Spier, ARD 1980; »Urlaub am Meer«, Regie: Michael Günther, »Ein Fall für zwei«, Regie: Peter Weck, Serie, »Zeig', was du kannst«, Regie: Imo Moszkowicz, und »Es gibt noch Haselnußsträucher«, mit Heinz Rühmann, Regie: Vojtech Jasny, jeweils ZDF 1982; »Goldene Zeiten«, Regie: Michael Braun, Serie, Rudolf in »Die Geheimnisse von Paris« (nach Suo), Regie: André Michel, 5 Teile, und »Das heiße Herz« (nach Patrick), mit Peter Fricke, Regie: Michael Kehlmann, ARD 1982; »Das Traumschiff«, Regie: Fritz Umgelter und Alfred Vohrer, Serie, ZDF 1982 und 1983; »Flöhe hüten ist leichter« (nach Noack), mit Uschi Glas und Hannelore Elsner, ZDF 1983; »Geschichten aus der Heimat«, Serie, 2 Folgen, ARD 1983 und 1985; »Titanic«, Regie: Lutz Büscher, ZDF 1984; »Der Rummelplatz«, Regie: Dietrich Haugk, ARD 1984; Reiseleiter in »Schöne Ferien«, mit Claudia Rieschel und Simone Rethel, Regie: Hans-Jürgen Tögel und Rudolf Nussgruber (u.a.), Serie, 5 Teile, ARD 1985.
Anschrift: c/o Agentur Mattes, Pilotystraße 2, 8000 München 22.

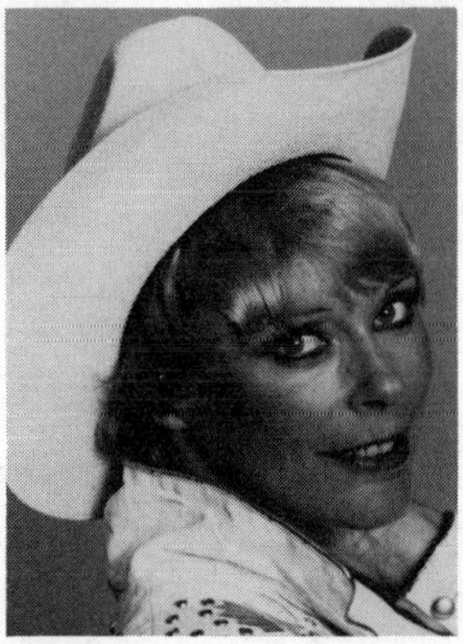

Elke
Sommer

(eigentlich: Elke Hyams, geb. Schletz)

Geb. 5.11.1940 als Tochter des ev. Pfarrers Carl-Friedrich Schletz in Berlin; 1942 wurde die Familie nach Erlangen evakuiert. Dort besuchte sie das Humanistische Gymnasium Friedericanum. Anschließend ging sie als Au-pair-Mädchen nach London, wo sie zugleich ein Englisch-Examen ablegte.
Während eines Italienurlaubs mit ihrer Mutter wurde sie 1958 zur »Miß Viareggio« gewählt. Der ital. Filmregisseur Vittorio de Sica entdeckte sie bei dieser Veranstaltung für den Film. Sie spielte ihre erste Rolle in dem Streifen »Der Freund des Jaguars« (Walter Chiari, Italien 1958). Nach weiteren ital. Produktionen entstand 1959 ihr erster Film bei der UFA. Arthur Brauner von der CCC-Film gab ihr noch 1959 einen Dreijahresvertrag für sechs Kinofilme. Der Streifen »Das Mädchen und der Staatsanwalt« (Regie: Jürgen Goslar, 1962) brachte ihr den Einstieg bei Metro-Goldwyn-Mayer in Hollywood. Dort, in Großbritannien, Frankreich, Spanien, im Iran und in Südafrika drehte sie bislang über 60 Spielfilme. Vor allem in den USA wirkte sie in zahlreichen TV-Unterhaltungs- und Talk-Shows mit.
Ihr Bühnendebüt gab sie 1970. Sie spielte u.a. in Washington, Boston, Springfield, Baltimore, Dallas, Huston, Pittsburgh, Denver, Tampa, Chicago und New York. In der Bundesrepublik Deutschland und in Österreich machte sie zahlreiche Tourneen, u.a. mit ihrer »One-Woman-Show«. Sie nahm zwei Langspielplatten auf (mit Gerd Wilden).
Unter dem Pseudonym E. Schwartz stellte sie 1966 in Los Angeles erstmals ihre Bilder öffentlich aus. Mittlerweile wurde die Malerei ihr zweiter Beruf und sie veranstaltete zahlreiche Vernissagen in vielen Ländern der Welt.
Elke Sommer spricht engl., franz., span., ital.; sie ist verheiratet mit dem US-Journalisten Joe Hyams und lebt seit 1964 in Los Angeles, USA. Mehrere Monate im Jahr wohnt sie in ihrem Haus in Marloffstein bei Erlangen.
Film: »Der Freund des Jaguars«, Regie: Giuseppe Bennati, und »Uomini e Nobelo umini«, mit Vittorio de Sica, Italien 1958; »Das Totenschiff«, mit Horst Buchholz, Regie: Georg Tressler, und »Drei gegen Amerika«, mit Joachim Fuchsberger, 1959; »Femmine di lusso«, Italien 1960; »Lampenfieber«, Regie: Kurt Hoffmann, 1960; »Das Mädchen und der Staatsanwalt«, mit Wolfgang Preiss, Regie: Jürgen Goslar, 1962; »Sie nennen es Liebe«, Regie: Max Pécas, Frankreich 1962; »Der Preis«, mit Paul Newman, Regie: Marc Robson, USA 1963; »Die Sieger«, Regie: Carl Foreman, Großbritannien 1963; »Unter Geiern« (nach Karl May), mit Pierre Brice, Stewart Granger und Götz George, Regie: Alfred Vohrer, BRD/Frankreich 1964; »Art of love«, Regie: Norman Jewison, USA 1964; »A Shot in the Dark«, mit Peter Sellers, Regie: Blake Edwards, Großbritannien 1964; »Bei Madame Coco«, mit James Garner, Regie: Norman Jewison, »Der Oscar«, Regie: Norman Jewison, und »Völlig falsch verbunden«, mit Bob Hope, Regie: George Marshall, USA 1965; »Deadlier than the male«, Regie: Ralph Thomas, USA; »Ten little Indians«, Regie: Peter Collinson, USA; »Daniela«, Frankreich; »Douce Violence«, mit Alain Delon, Frankreich; »They came to rob Las Vegas«, Regie: Antonio Isassi, Spanien; »Don't bother to knock«, mit Richard Todd, Großbritannien; »Zeppelin«, mit Michael York, Regie: Etienne Périer, Großbritannien 1970; »Playing for keeps«, mit Christopher Plummer, Regie: Carolin Makk, Großbritannien; »Die Reise nach Wien«, Regie: Edgar Reitz, 1973; »Einer von uns beiden«, Regie: Wolfgang Petersen, 1974; »Das Netz« (nach Habe), mit Mel Ferrer und Klaus Kinski, Regie: Manfred Purzer, 1975; »Vierzig Millionen Dollar«, mit Rod Taylor, Regie: Henry Levin, Großbritannien 1977; »Der Gefangene von Zenda«, mit Peter Sellers, Regie: Richard Quine, USA 1979; »Exit Sunset Boulevard«, Regie: Bastian Clevé, USA 1980; »Der Mann im Pyjama«, mit Otto Sander, Regie: Christian Rateuke, 1981; »Die Geschichte einer Liebe«, mit Howard Carpendale, BRD/Südafrika 1984.
Theater: Titelrolle in Monnot/Brefforts »Irma la Douce«, in »Murder at the Howard Johnson«, in »Love in E-Flat«, Titelrolle in »The convertible girl«, in »Born Yesterday« (auch TV), in Barilett/Grédys »Die Kaktusblüte« (auch TV), in »Der Schuß im Dunkeln«, in »Nina«, in »Das Mandarinenzimmer«, jeweils an Bühnen vorgenannter amerik. Städte sowie auf Tournee in der Bundesrepublik Deutschland und Österreich. In den USA zeigte sie 36 eigene »One-Woman-Shows«.

Fernsehen: In den USA war sie Gast zahlreicher Talk-Shows und Serien, u.a. »Love-Boat« (3 Folgen). Im Deutschen Fernsehen trat sie in nahezu allen großen Unterhaltungsshows auf, u.a. in: »Stars in der Manege«, »Wünsch dir was«, »Der Goldene Schuß«, »Der große Preis«, »Treffpunkt Airport«, »Wetten daß...?!« und »Dalli, Dalli« (jeweils ZDF), »Was bin ich?«, »Bios Bahnhof« und »Heut' abend« (jeweils ARD). 1977 spielte sie unter der Regie von Ludwig Cremer in Kanins »Nicht von gestern« (ARD).
Auszeichnungen: »Beste Filmschauspielerin des Auslands«, USA 1963 (für ihre Rolle in »The Prize«); »Goldener Bambi« (BILD + FUNK) 1967 und 1968; »Beste Theaterschauspielerin des Jahres«, Chicago 1972 und 1973.
Anschrift: Atzelberger Straße 46, 8521 Marloffstein.

Kurt Sowinetz

Geb. 26.2.1928 in Wien; dort aufgew.; nach der Schauspielschule debütierte er am Stadttheater Fürth/Bayern. Engagements vor allem an Wiener Bühnen folgten. Zur Zeit ist er am Burgtheater Wien verpflichtet (jeweils Rollen seines Fachs). Er machte zahlreiche Hörspiele und arbeitet auch als Bildhauer. Sowinetz ist verheiratet, hat eine Tochter und lebt in Wien.
Film: »Bomber und Paganini«, mit Mario Adorf, Regie: Nikos Perakis, 1976; »Der Leutnant und sein Richter« (nach Maria Fagyas), Regie: John Goldschmidt, 1982 (auch ZDF-Zweiteiler 1984).
Fernsehen: »Alles gerettet«, mit Attila Hörbiger, Regie: Erich Neuberg, ORF 1963; »An einem einzigen Tag«; »Die Herberge«; »Kurzer Prozeß«; »Der Kurier der Kaiserin«, mit Klausjürgen Wussow, Serie, ZDF 1969; »Der alte Richter«, mit Paul Hörbiger, Serie, ZDF 1970/71; »Traumnovelle«; »Nichts als Erinnerung« (nach Dor), mit Attila Hörbiger und Paula Wessely, Regie: Michael Kehlmann, ORF 1973; »Der Schwierige« (nach Hofmannsthal), Regie: Stanislav Barabas, ZDF 1974; »Macht der Poesie«, Regie: Kurt Wilhelm, ZDF 1975; »Tatort«, Regie: Michael Kehlmann, Serie, ARD 1978; »Der Alte«, Serie, 2 Folgen, ZDF 1979 und 1981; »Wahre Geschichten – frei erfunden«, mit Attila Hörbiger, Regie: Herbert Fuchs, ORF 1980; Titelrolle in »Der Narr von Wien«, Regie: John Goldschmidt, ZDF 1982; »Alles aus Liebe«, Regie: Hartmut Griesmayr, ORF 1985; Pellegrin in »Der Graf von Luxemburg« (nach Lehár), Regie: Wolfgang Glück, ZDF 1985; »Flucht ohne Ende« (nach Joseph Roth), mit Helmut Lohner und Peter Weck, Regie: Michael Kaufmann, 2 Teile, ORF/ARD 1985; »Der Leihopa«, Regie: Otto Anton Eder, 6 Teile, und »Wohin und zurück« (von Georg Stefan Troller), Regie: Axel Corti, 3 Teile, ORF 1985.
Anschrift: Gaulachergasse 37, A-1160 Wien, Österreich.

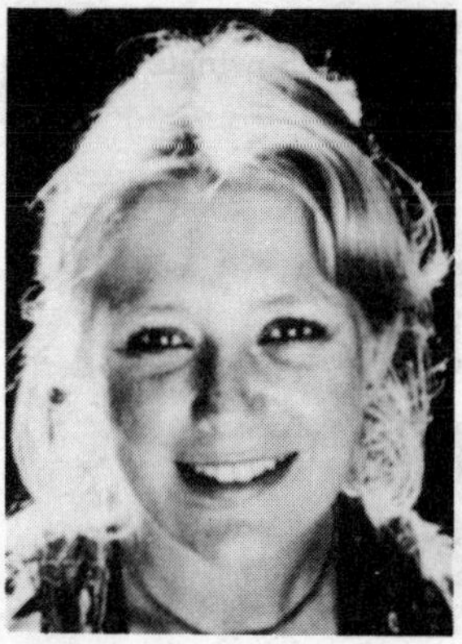

Jutta Speidel

Geb. 26. 3. 1954 als Tochter eines Patentanwalts in München; dort aufgew.; mit 15 Jahren drehte sie ihren ersten Spielfilm »Pepe, der Paukerschreck«; weitere zehn Jugendfilme folgten. 1973 nahm sie Schauspielunterricht an der Schauspielschule Huber-Neureuther in München. Den Schwerpunkt ihrer Arbeit legte sie auf das Fernsehen, wo sie bislang über 50 Rollen verkörperte. Bühnenengagements hatte sie ab 1974 u.a. an der Kleinen Komödie München, am Renaissance-Theater Berlin, an der Komödie Düsseldorf, bei den Festspielen Bad Hersfeld und bei Tourneen.
Frau Speidel spricht engl.; sie ist geschieden, hat eine Tochter (Franziska, geb. 1983) und lebt in München.
Film: Neben den 10 Jugendfilmen ferner: »Unser Willi ist der beste«, mit Heinz Erhardt, Regie: Werner Jacobs, 1971; »Zwei im siebten Himmel«, Regie: Siggi Götz, 1974; »Rauher Wind«, mit Lino Ventura, Regie: Edouard Molinaro, Frankreich 1980; »Der Mann, der Venedig hieß«, Regie: Stelvio Massi, Italien/BRD 1981; »Wie hätten Sie's denn gern?«, Regie: Rolf von Sydow, 1983.
Theater: In Bichlers »Die Reise nach Singapur«, in Gerhart Hauptmanns »Elektra«, Regie: Rudolf Noelte, in Schillers »Kabale und Liebe«, in »Tränen im Aquarium«, und in Ayckbourns »Schlafzimmergäste«, jeweils an den vorgenannten Bühnen; Ophelia in Shakespeares »Hamlet« und Blanka in Dürrenmatts »König Johann«, jeweils Festspiele Bad Hersfeld 1984.
Fernsehen: »Die letzten Ferien«, Regie: Rainer Erler, ZDF 1975; »Derrick«, Serie, 3 Folgen, ZDF 1975–1981; »Drei sind einer zuviel« (von Noack), mit Thomas Fritsch und Herbert Herrmann, Regie: Rudolf Jugert, Serie, ZDF 1977; »Jean Paul: Dr. Katzenbergers Badereise«, und »Zeit zum Aufstehn« (nach August Kühn), Regie: Ludwig Cremer, 2 Teile, ZDF 1978; »Fleisch«, Regie: Rainer Erler, »Mathias Sandorf« (nach Jules Verne), Regie: Jean Pierre Decourt, 4 Teile, und »Lauter nette Leute«, Regie: Wolfgang Liebeneiner, ZDF 1979; »Dannys Traum«, Regie: Sigi Rothemund, und »Dr. Margarete Johnsohn«, Regie: Dagmar Damek, ZDF 1982; »Kein Reihenhaus für Robin Hood«, Regie: Wolf Gremm, »Hauptsache konsequent«, mit Nikolaus Paryla, und »Das Traumschiff«, Regie: Alfred Vohrer, Serie, ZDF 1983; »Wie es geschah«, Regie: Thomas Engel, ARD 1983; »Plötzlich und unerwartet« (nach Durbridge), Regie: Thomas Engel, ZDF 1985; »Gauner im Paradies« (von Matray), Regie: Thomas Fantl, ZDF 1986. Ferner wirkte sie in zahlreichen TV-Shows (u.a. »Michael-Schanze-Show«) und in Specials ihrer Kollegen mit.
Auszeichnungen: »Otto« (BRAVO) 1977, 1978 und 1982; »Goldener Bambi« (BILD + FUNK) 1978; »Großer Bad-Hersfeld-Preis« 1984.
Anschrift: c/o Agentur Palz, Ortlindestraße 6, 8000 München 81.

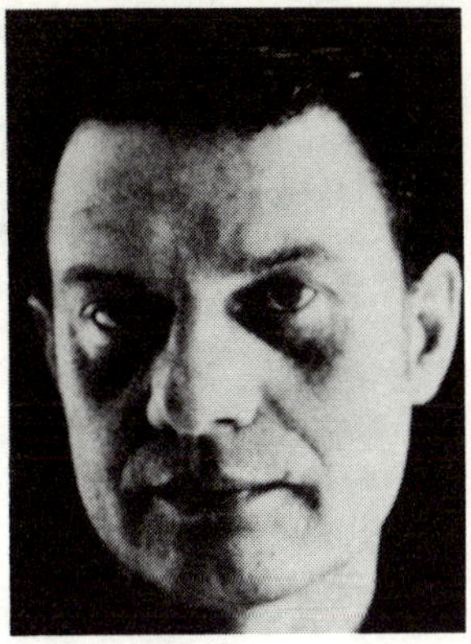

Volker Spengler

(Auf biographische Daten wird auf Wunsch verzichtet.) Bekannt wurde er durch seine Filmarbeit mit Rainer Werner Fassbinder, unter dessen Regie er 11 Kinoproduktionen drehte. Fassbinder setzte ihn in Haupt- wie in Nebenrollen ein.

Film: Unter der Regie von Rainer Werner Fassbinder: »Mutter Küsters' Fahrt zum Himmel«, 1975; »Satansbraten« und »Chinesisches Roulette«, 1976; »Bolwieser« (nach Oskar Maria Graf), mit Kurt Raab und Elisabeth Trissenaar, 1977 (auch ZDF 1977, 2 Teile), und »Eine Reise ins Licht – Despair«, BRD/Frankreich 1977; »Die Ehe der Maria Braun«, mit Hanna Schygulla und Klaus Löwitsch, und »In einem Jahr mit 13 Monden«, mit Ingrid Caven und Eva Mattes, 1978; »Die dritte Generation«, mit Hanna Schygulla und Harry Baer, 1979; »Lili Marleen«, mit Hanna Schygulla und Mel Ferrer, 1980; »Die Sehnsucht der Veronika Voss«, mit Rosel Zech und Armin Mueller-Stahl, und »Querelle – Ein Pakt mit dem Teufel« (nach Genet), mit Brad Davis, Franco Nero und Jeanne Moreau, 1982.

Ferner spielte er in: »Bildnis einer Trinkerin«, Regie: Ulrike Ottinger, 1979; »Obszon – Der Fall Peter Herzl«, Regie: Hans-Christof Stenzel, und »Heute spielen wir Boß«, mit Kurt Raab, Peter Kern und Dolly Dollar, Regie: Peer Raben (auch ZDF 1984), 1981; »Marmor, Stein und Eisen bricht«, mit Heinz Schubert, Regie: Hans-Christof Stenzel, 1982.

Fernsehen: »Bekenntnisse des Hochstaplers Felix Krull« (nach Thomas Mann), mit John Moulder-Brown, Regie: Bernhard Sinkel, 5 Teile, ZDF 1981; »Vom anderen Stern«, Regie: Petra Haffter, ARD 1984.

Anschrift: c/o ZBF-Agentur Frankfurt, Feuerbachstraße 64, 6000 Frankfurt/Main.

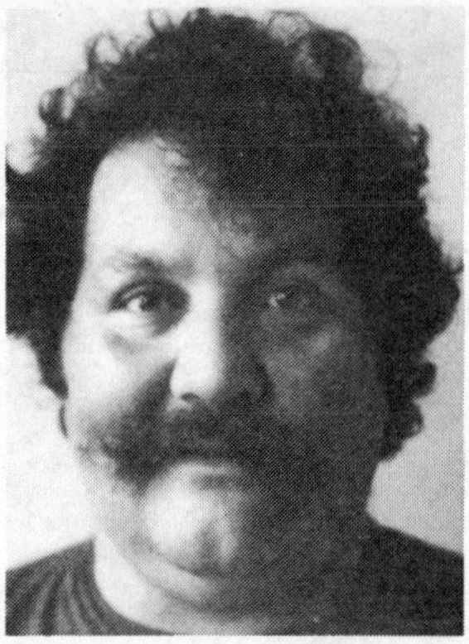

Martin Sperr

Geb. 14. 9. 1944 als Sohn eines Oberlehrers in Steinberg/Vils bei Dingolfing in Niederbayern; aufgew. in Wendelskirchen und in Algasing (Internat der Barmherzigen Brüder). Er absolvierte die Handelsschule und eine kaufmännische Lehre in München. Dort besuchte er eine Schauspielschule und gab 1962 sein Debüt als Schauspieler am Theater 44. Nach dem Abschluß des Max-Reinhardt-Seminars in Wien und einer Schauspielschule in Wiesbaden kam er 1965 an das Theater der Freien Hansestadt Bremen. Seine Ausbildung hatte er sich als Industriekaufmann, Hilfsarbeiter und Nachtportier verdient.
1967 erhielt er ein Engagement an den Münchner Kammerspielen. Als Schauspieler gastierte er ferner u.a. am Schauspielhaus Bochum (1974), am Studiotheater München (1976 und 1978), an den Städt. Bühnen Freiburg/Breisgau (1980 und 1982) und am neugeschaffenen Münchner Volkstheater (1984/85).
Bekannt wurde Sperr vor allem als Autor zahlreicher Theaterstücke. »Jagdszenen aus Niederbayern« hatte 1966 am Theater der Freien Hansestadt Bremen Premiere. In einer Berliner Inszenierung verkörperte er die Rolle des Rovo. Die Hauptfigur des Abram spielte er in der Verfilmung von Peter Fleischmann (1968, Bundesfilmpreis 1969). In einer Aufführung des Münchner Volkstheaters (1984) spielte er unter der Regie von Harald Clemen den Dorfpfarrer.
Weitere seiner Werke (u.a.): »Landshuter Erzählungen«, Urauff. Münchner Kammerspiele 1967 (mit Therese Giehse und Paul Verhoeven, Regie: August Everding), »Koralle Meier«, Urauff. Württembergisches Staatstheater Stuttgart 1970 (mit Ruth Drexel, Regie: Peter Palitzsch, auch TV) und »Münchner Freiheit«, Urauff. Düsseldorfer Schauspielhaus 1971. Er schrieb ferner die Drehbücher für die beiden Fernsehfilme »Der Räuber Mathias Kneißl« (mit Hans Brenner, Regie: Reinhard Hauff, 1971) und »Adele Spitzeder« (mit Ruth Drexel, Regie: Peer Raben, 1972). »Adele Spitzeder« wurde 1976 als Theaterstück an den Bühnen der Stadt Bonn uraufgeführt. Für mehrere Regisseure, darunter Peter Stein, Kurt Hübner und Peter Zadek, bearbeitete er Theaterstücke neu, so z.B. Shakespeares »Maß für Maß« und »Der Widerspenstigen Zähmung« und Bonds »Gerettet«.
Ende 1972 erlitt er bei einem Radwechsel an seinem Wagen eine Gehirnblutung, die Gedächtnisschwund und Motivationsverlust zur Folge hatte. 1974 stand er erstmals wieder auf der Bühne. Unter dem Titel »Das zweite Leben des Martin Sperr« hat das Fernsehen sein Schicksal verfilmt.
Sperr spricht engl.; er ist in zweiter Ehe verheiratet mit der Schauspielerin Katja Barwich, hat eine Tochter (Alexandra-Felicitas) und lebt in München.
Film: Abram in »Jagdszenen aus Niederbayern« (von Sperr), Regie: Peter Fleischmann, 1968; Titurel (gesungen von Hans Tschammer) in »Parsifal« (nach Wagner), Regie: Hans Jürgen Syberberg, BRD/Frankreich 1982.
Theater: In der deutschen Erstaufführung von Bonds »Gerettet«, Regie: Peter Stein, Münchner Kammerspiele 1967; in der deutschen Erstaufführung von Behans »Borstal Boy«, Schauspielhaus Bochum 1974; Lesung eigener »Nonsens-Gedichte«, mit Katja Barwich, 1976, Titelrolle in seinem Stück »Adele Spitzeder«, Regie: Jutta Wachsmann, 1978, jeweils Studiotheater München; in »Kater Lampe«, Regie: Ulrich Heising, Freie Volksbühne Berlin 1980; Galy Gay in Brechts »Mann für Mann«, 1980, in Shakespeares »Hamlet«, Regie: Valentin Jeker, 1982, jeweils Städt. Bühnen Freiburg/Breisgau; in Sperrs »Jagdszenen aus Niederbayern«, mit Markus Völlenklee, und Pfarrer in Kusz' »A Rua is, Bua« (von Martin Sperr ins Oberbayrische übertragen), Regie: Ulrich Heising, jeweils Münchner Volkstheater 1984/85.
Fernsehen: »Eiger« (von Meichsner), Regie: Dieter Wedel, 2 Teile, ARD 1974; »Die Knapp-Familie«, mit Rosel Zech und Eberhard Fechner, Serie, ARD 1981 und 1983; »Das Hintertürl zum Paradies« (von König), mit Elmar Wepper, Regie: Reinhard Donga, ZDF 1985. Ferner war er in Joachim Fuchsbergers Talk-Show »Heut' abend« zu Gast.
Auszeichnungen: »Gerhart-Hauptmann-Förderungspreis« 1965; Bayerischer Hörfunk-Preis 1973; »Ernst-Hoferichter-Preis« 1976; »Mühlheimer Dramatikerpreis« 1978.
Anschrift: Riesstraße 67, 8000 München 50.

Wolfgang Spier

Geb. 27. 9. 1920 als Sohn eines Psychologen in Frankfurt/Main; nach dem Abitur im Jahre 1939 am Berliner Bismarck-Gymnasium studierte er Wirtschaftswissenschaft. Zum Medizin-Studium wurde er als »Halbjude« nicht zugelassen. Von 1940 bis 1945 war er schließlich als Bankangestellter tätig. 1945 begann er eine Schauspielausbildung bei Frau Holl-Bierkowski. Von 1946 bis 1950 war er als Schauspieler und Regisseur am Staatstheater Wiesbaden engagiert, darunter zwei Jahre Regie-Assistent bei Karl Heinz Stroux.

Von 1950 bis 1955 wirkte er als künstl. Leiter des Theaters im British Center Berlin, der Tribüne Berlin und der Komödie Berlin. Beim RIAS Berlin arbeitete er von 1953 bis 1955 als Regisseur. Unter Karl Heinz Stroux war er als Schauspieler und Regisseur am Düsseldorfer Schauspielhaus von 1955 bis 1957 tätig.

Danach in denselben Funktionen u.a. an folgenden Bühnen: Schiller-Theater, Schloßpark-Theater, Hebbel-Theater, Tribüne, Theater des Westens, Theater am Kurfürstendamm und Komödie in Berlin, Kleine Komödie, Deutsches Theater und Theater am Elisabethplatz in München, Thalia-Theater in Hamburg, Württembergisches Staatstheater und Komödie im Marquardt in Stuttgart, Fritz-Rémond-Theater im Zoo und Die Komödie in Frankfurt/Main, Theater am Dom in Köln, Wuppertaler Bühnen, Städt. Bühnen Essen, Landesbühne Hannover sowie bei zahlreichen Tourneen.

Er war künstl. Leiter der Kleinen Komödie München (1970–1972) und bekleidet diese Funktion nunmehr neben Jürgen und Christian Wölffer an der Komödie Berlin. Als Sprecher und Regisseur ist er umfangreich in der Synchronisation tätig. Regie führte er auch bei mehreren Kabarett-Programmen der »Stachelschweine« und der »Wühlmäuse« in Berlin. Seit 1962 arbeitet er als Fernseh-Regisseur. Für zahlreiche Verlage ist er als Übersetzer moderner Theaterstükke tätig.

Spier spricht engl.; er ist in dritter Ehe verheiratet mit der Schauspielerin Christine Schild. Aus der ersten Ehe mit der Schauspielerin Waltraud Schmahl stammt seine Tochter Sabine (geb. 1949), aus der zweiten mit der Schauspielerin Almut Eggert seine Tochter Bettina (geb. 1960). Er lebt in Berlin.

Film: »Das Wunder des Malachias« (nach Bruce Marshall), Regie: Bernhard Wicki, 1961.

Theater: Er spielte an vorgenannten Bühnen über 140 Rollen als Charakter-Komiker und inszenierte über 200 Stücke, u.a. Shakespeare, Anouilh, Ionesco, Pinter, Simon, Ayckbourn, Barillet/Grédy, Maugham, Hasenclever und Yeldham. Partner waren nahezu alle renommierten deutschsprachigen Schauspieler. Zahlreiche Aufführungen wurden auch vom Fernsehen ausgestrahlt.

U.a. trat er auf in: Simons »Barfuß im Park«, in Barillet/Grédys »Die Kaktusblüte« und »Vierzig Karat«, in Ayckbourns »Die bessere Hälfte« und »Treppauf – Treppab«, in Bethencourts »Der Tag, an dem der Papst gekidnappt wurde«, in Simons »Der letzte der feurigen Liebhaber«, in Leonards »Hotel zum guten Ton«, in Hasenclevers »Ein besserer Herr«, in Flatows »Vater einer Tochter« in Yeldhams »Auf und davon« und »Bleib wie du bist«, in Harris/Darbons »Wie man sich bettet« (Tournee 1984 + ARD 1981), in Lambda/Pauls »Schreib, wenn du kannst« (auch ARD 1985), in Shaffers »Komödie im Dunkeln« (bis 1985).

Eigene Inszenierungen u.a.: Horney/Firners »Gastspiele«, Simons »Barfuß im Park«, Ambessers »Max Mahnke als Mensch«, Bethencourts »Der Tag, an dem der Papst gekidnappt wurde«, Daneks »Der Heiratsschwindler heiratet«, Harris/Darbons »Wie man sich bettet«, Lambda/Pauls »Schreib, wenn du kannst«, Ayckbourns »Halbe Wahrheiten«, Shaffers »Komödie im Dunkeln«, Stuarts »Ankomme Dienstag – stop – Fall nicht in Ohnmacht«, und B. Capells »Micky Maus und Einstein« (bis 1985).

Fernsehen: Neben zahlreichen, teilweise bereits genannten Boulevard-Stücken ferner: Napoleon in »Die chinesische Mauer« (nach Frisch), ARD 1965; »Der Fall Kaspar Hauser«, und »Old Shaky« (nach Pillau), Regie: Günter Meincke, ZDF 1966; »Dieser Mann und Deutschland« (von Cramer), ARD 1967; »Der Eismann kommt« (nach O'Neill), ZDF 1968; »Prozeß Mariotti«, ARD 1970; »Jetzt nicht, Liebling« (nach Cooney/Chapman), ZDF 1972; »Du stirbst nicht allein« (nach Andics), ZDF 1973; »Ein verrücktes Paar«, mit Harald Juhnke und Grit Boettcher, Se-

rie, ZDF 1976; Moderation in »Allein gegen alle«, TV-Quiz, ARD 1978; Moderation in »Wer dreimal lügt«, TV-Quiz, ARD 1980–1984 (50 Sendungen); »Patchwork-Shop«, Regie: Dieter Finnern, ARD 1983; »Ein Heim für Tiere« (nach Willis), Regie: Hans-Jürgen Tögel, Serie, ZDF 1985.
Er führte Regie (u.a.): »Mr. Pim möchte nicht stören« (nach Milne), ARD 1962; »Kaviar und Linsen« (nach Scarnacci), ZDF 1967; »Komm, flüstere in mein gutes Ohr« (nach Hanley), ARD 1969; »Zwei ahnungslose Engel« (nach Ebermayer), ARD 1970; »Kudammgeschichten« (von Pillau), ZDF 1970; »Alle reden von Liebe« (nach Borgelt), ZDF 1972; »Bleib, wie du bist« (nach Yeldham), ZDF 1973; »Früher oder später« (nach Rayborn), ARD 1974; »Ein verrücktes Paar«, Serie, ZDF 1976/77; »Lach mal wieder«, Serie, ZDF 1984.
Auszeichnung: Kunstpreis der Stadt Berlin (für Regie) 1953.
Anschrift: c/o Agentur Köhler, Rümannstraße 51, 8000 München 40, oder Kaiserdamm 98, 1000 Berlin 19.

Camilla Spira

Geb. 1. 3. 1906 als Tochter des Schauspielers Fritz Spira und der Schauspielerin Wilhelmine Emilie Charlotte Andresen in Hamburg; dort aufgew.; nach dem Lyzeum absolvierte sie die Max-Reinhardt-Schule Berlin. Von 1922–1933 spielte sie an mehreren Berliner Bühnen (Wallner-Theater, Deutsches Theater und Volksbühne). 1933 erteilten ihr die nazionalsozialistischen Machthaber Spielverbot, 1938 ging sie in die Emigration, zunächst nach Holland, später in die USA. Nach dem II. Weltkrieg kehrte sie in die Bundesrepublik Deutschland zurück. Bühnenstationen: Hebbel-Theater Berlin (1947/48) und Staatl. Schauspielbühnen Berlins (1948–1952). Seither arbeitet sie als freie Schauspielerin. Ein Schwerpunkt ihrer Tätigkeit wurde der Film. Sie drehte über 50 Streifen. Im Fernsehen sieht man sie nur selten (zuletzt: »Die Straße ist für alle da«, 8teilige Kinderserie, ARD 1985).

Frau Spira spricht engl.; sie ist verwitwet, hat zwei Kinder (Peter und Susanne) und lebt in Berlin.

Film: »Die Jugendgeliebte« und »Die lustigen Musikanten«, 1930; »Die Faschingsfee«, »Mein Leopold«, Regie: Hans Steinhoff, und »Der schönste Mann im Staate«, 1931; »Gehetzte Menschen«, mit Eugen Klöpfer, Regie: Friedrich Feher, »Ja, treu ist die Soldatenliebe«, »Die elf Schill'schen Offiziere«, »Grün ist die Heide«, und »Skandal in der Parkstraße«, 1932; »Der Judas von Tirol«, mit Fritz Rasp, Regie: Franz Osten, »Das Testament des Dr. Mabuse«, Regie: Fritz Lang, »Morgenrot«, Regie: Gustav Ucicky, »Sprung in den Abgrund«, und »Die Nacht im Forsthaus«, 1933; »Die Buntkarierten«, Regie: Kurt Maetzig, DEFA 1949; »Epilog«, Regie: Helmut Käutner, »Die lustigen Weiber von Windsor« (nach Shakespeare), und »Semmelweis – Retter der Mütter«, mit Karl Paryla, Regie: Georg C. Klaren, DEFA 1950; »Drei Tage Angst«, Regie: Erich Waschneck, »Pension Schöller«, Regie: Georg Jacoby, und »Der fröhliche Weinberg« (nach Zuckmayer), Regie: Erich Engel, 1952; »Emil und die Detektive« (nach Kästner), Regie: Robert A. Stemmle, »Roman eines Frauenarztes«, mit Rudolf Prack, Regie: Falk Harnack, 1954; »Des Teufels General« (nach Zuckmayer), mit Curd Jürgens, Viktor de Kowa und Marianne Koch, Regie: Helmut Käutner, »Vatertag«, Regie: Hans Richter, »Der letzte Mann«, Regie: Harald Braun, »Himmel ohne Sterne«, mit Horst Buchholz, Regie: Helmut Käutner, und »Zwei blaue Augen«, 1955; »Liebe«, und »Fuhrmann Henschel« (nach Hauptmann), Regie: Josef von Baky, 1956; »Made in Germany«, Regie: Wolfgang Schleif, »Der tolle Bomberg«, Regie: Rolf Thiele, und »Das Herz von St. Pauli«, 1957; »Nachtschwester Ingeborg« mit Immy Schell und Ewald Balser, Regie: Geza von Cziffra, »Vater, Mutter und neun Kinder«, und »Der Czárdás-König«, 1958; »Freddy, die Gitarre und das Meer«, mit Freddy Quinn, Regie: Wolfgang Schleif, »Rosen für den Staatsanwalt«, mit Ingrid van Bergen und Martin Held, Regie: Wolfgang Staudte, und »Buddenbrooks« (nach Thomas Mann), Regie: Alfred Weidenmann, 1959; »Freddy unter fremden Sternen«, mit Freddy Quinn, Regie: Wolfgang Schleif, 1960; »Das Tagebuch der Brigitte B.«, 1961; »Piccadilly Null Uhr Zwölf« (nach Durbridge), mit Hanns Lothar, Regie: Rudolf Zehetgruber, 1963.

Anschrift: c/o ZBF-Agentur Berlin, Kurfürstendamm 206, 1000 Berlin 15.

Barbara Sukowa

Geb. 2. 2. 1950 in Bremen; dort aufgew.; an einem Mädchengymnasium machte sie 1968 das Abitur. Nach ihrem Schauspielstudium an der Berliner Max-Reinhardt-Schule (Lehrer u.a. Arno Paul) erhielt sie 1971 an der Schaubühne am Halleschen Ufer ihren ersten Gastvertrag. Nach Engagements am Staatstheater Darmstadt (1971–1973), am Theater der Freien Hansestadt Bremen (1973/74) und an den Städt. Bühnen Frankfurt/Main (1974–1976), kam sie unter Ivan Nagel 1976 an das Deutsche Schauspielhaus Hamburg, wo sie bis 1980 zum Ensemble gehörte.
Für eine Reihe von Kino- und TV-Produktionen unterbrach sie ihre Theaterkarriere nahezu zwei Jahre, danach ging sie 1982 an das Bayerische Staatsschauspiel München. 1984 war sie ferner in den Niederlanden und in Rom in Musik-Sprechtheater-Stükken zu sehen.
Frau Sukowa spricht engl., franz.; sie ist ledig, hat einen Sohn (Hans, geb. 1980) und lebt in Grünwald bei München.
Film: »Die bleierne Zeit«, Regie: Margarethe von Trotta, und Titelrolle in »Lola«, mit Mario Adorf und Armin Mueller-Stahl, Regie: Rainer Werner Fassbinder, 1981; »Die Jäger«, mit Helmut Berger, Regie: Karoly Makk, 1982; »Äquator«, mit Francis Huster, Regie: Serge Gainsbourg, Frankreich 1982; »Zwei Profis steigen aus« (nach Andrew Coburn), Regie: Michael Vianey, Frankreich/BRD 1983; Titelrolle in »Rosa Luxemburg«, Regie: Margarethe von Trotta, 1986.
Theater: In der Uraufführung von Handkes »Der Ritt über den Bodensee«, Regie: Claus Peymann und Wolfgang Wiens, Schaubühne am Halleschen Ufer Berlin 1971; in Bonds »Gerettet«, Staatstheater Darmstadt 1972/73; Nadja in Gorkis »Die Feinde«, Theater der Freien Hansestadt Bremen 1973/74; Marion in Büchners »Dantons Tod«, Helena in Shakespeares »Ein Sommernachtstraum«, Siri in Enquists »Die Nacht der Tribaden«, und Crystal in Booth-Luce' »Frauen in New York« (auch TV), jeweils Deutsches Schauspielhaus Hamburg 1976–1980; Rosalinde in Shakespeares »Wie es euch gefällt«, Salzburger Festspiele 1980; Pauline in Offenbachs »Pariser Leben«, Regie: Dieter Giesing, und Desdemona in Shakespeares »Othello«, mit Hans Michael Rehberg, Regie: Peter Palitzsch, 1982, Hilde Wangel in Ibsens »Baumeister Solness«, Regie: Peter Zadek (auch TV), 1983/84, jeweils Bayerisches Staatsschauspiel München; Titelrolle in Claudel/Honeggers »Jeanne d'Arc au bûcher«, mit François Perrier, Dirigent: Gerd Albrecht, Rom 1984.
Fernsehen: »Tatort«, Regie: Kristian Kühn, und Mieze in »Berlin Alexanderplatz« (nach Döblin), mit Günter Lamprecht und Hanna Schygulla, Regie: Rainer Werner Fassbinder, ARD 1980; »Space«, 13 Teile, US-TV 1984/85.
Auszeichnungen: »Chaplin-Schuh« (Deutscher Darstellerpreis des Verbandes der Film- und Fernsehregisseure) 1981; »Filmband in Gold« für ihre darstellerische Leistung in »Lola« und »Die bleierne Zeit« 1982; »Gebrüder-Grimm-Preis« der Stadt Berlin 1983; »tz-Rose des Jahres« der Münchner Tageszeitung »tz«, 1983; »Filmband in Gold« für ihre darstellerische Leistung in »Rosa Luxemburg« 1986; »Goldene Palme« für »Rosa Luxemburg« in Cannes 1986.
Anschrift: c/o Agentur Jovanovic, Perfallstraße 6, 8000 München 80.

Hubert Suschka

Sonja Sutter

(eigentlich: Sonja Fink, geb. Sutter)

– Kammerschauspielerin –

Geb. 4. 6. 1925 in Breslau; nach der Schule absolvierte er eine Schauspielausbildung bei Gerda Müller und Paul Bildt in Berlin. Seine Bühnenstationen: Bühnen der Stadt Bielefeld, Schauspielhaus Bochum, Bayerisches Staatsschauspiel München, Schauspielhaus Zürich, Ernst-Deutsch-Theater Hamburg und Rheinisches Landestheater Neuss (dort 1985: Vater in der deutschen Erstaufführung von Simons »Beim Film müßte man sein«, Regie: Eckhart Neuberg). Er verkörperte jeweils Rollen seins Fachs.

Er arbeitet umfangreich für den Hörfunk und in der Synchronisation. Bekannt wurde er vor allem als Kriminalkommissar Diekmann in der ARD-Reihe »Sonderdezernat K 1«.

Suschka spricht engl.; er ist in zweiter Ehe verheiratet, hat einen Sohn und zwei Töchter und lebt in Hamburg.

Film: »Deutschlandlied«, Regie: Ernst Witzel, 1984.

Fernsehen: »Melissa« (nach Durbridge), mit Ruth Maria Kubitschek, 3 Teile, ARD 1963; »Troilus und Cressida« (nach Shakespeare); »Woyzeck« (nach Büchner); »Ohne festen Wohnsitz«, Regie: Heinz Schimmelpfennig, ARD 1966; »Der Polizeiminister«; »Die Herberge«; »Preußen über alles«; Kriminalkommissar Diekmann in »Sonderdezernat K 1« (von Harald Vock), mit G.G. Hoffmann, Claus Ringer und Horst Janson, Serie, ARD 1974–1981; »Generale« (von Sebastian Haffner), ZDF 1977; »Was wären wir ohne uns«, mit Horst Bollmann und Margret Homeyer, Regie: Ulrich Schamoni, 4 Teile, ARD 1979; »Der Alte«, Serie, ZDF 1979; »Kater Lampe«, Regie: Ulrich Heising, ARD 1981; »Beate und Mareille« (nach Eduard von Keyserling), Regie: Hajo Gies, und »Derrick«, Serie, ZDF 1981; »Locker vom Hocker«, mit Walter Giller, Serie, ZDF 1984/85; »Es muß nicht immer Mord sein«, Serie, ZDF 1985.

Anschrift: c/o ZBF-Agentur Hamburg, Tonndorfer Hauptstraße 90, 2000 Hamburg 70.

Geb. 17. 1. 1931 als Tochter eines Bankiers in Freiburg/Breisgau; sie ist die Urnichte von Johann August Sutter, dem Gründer von San Francisco. Nach dem Schauspielunterricht debütierte sie 1950 als Inken Peters in Hauptmanns »Vor Sonnenuntergang« auf Tournee. Partner war u.a. Werner Krauß, der sie persönlich für diese Rolle ausgewählt hatte. Ihre weiteren Bühnenstationen: Schloßparkspiele Säckingen, Bayerisches Staatsschauspiel München (1955/56), Festspiele Bad Hersfeld und Salzburger Festspiele. Seit 1960 gehörte sie zum Ensemble des Wiener Burgtheaters. Sie spielte jeweils Rollen ihres Fachs aus Klassik und Moderne.

Ihr Filmdebüt gab sie 1952 in dem DEFA-Film »Frauenschicksale«. Sie arbeitet umfangreich für das Fernsehen.

Sonja Sutter spricht franz.; sie ist verheiratet mit dem Polizeiarzt Dr. Franz Fink, hat eine Tochter (Caroline) und lebt in Wien.

Film: »Frauenschicksale«, DEFA 1952; »Meines Vaters Pferde«, mit Curd Jürgens, Regie: Gerhard Lamprecht, 2 Teile, 1953/54; »Star mit fremden Federn«, »Die Barrings«, Regie: Rolf Thiele, »Das Schweigen im Walde«, 1955; »Johannisnacht«, mit Willy Birgel, »Drei Birken auf der Heide«, 1965; »Lissy«, Regie: Konrad Wolf, DEFA 1957; »Der Lotterieschwede«, »Tatort Berlin«, »Sie kannten sich alle«, 1958; »Ich will leben«, mit Heinz Bennent, Regie: Jörg A. Eggers, 1976.

Fernsehen: »Schmutzige Hände« (nach Sartre); »Jedermann« (nach Hofmannsthal); »Nachbarn«; Fräulein Rottnmeier in »Heidi«(nach Johanna Spyri), mit René Deltgen, Regie: Joachim Hess, Serie, ARD 1976/77; »Der Alte«, Serie, 4 Folgen, ZDF 1979, 1982 und 1984/85; »Tatort«, Regie: Wolfgang Glück, Serie, ARD 1981; »Derrick«, Serie, ZDF 1983; »Waldheimat« (nach Peter Rosegger), 26 Teile, ZDF 1984; Gräfin Werdenfels in »Der Marquis von Keith« (von Wedekind), Regie: Leopold Lindtberg, ORF 1985 (Aufzeichnung aus dem Burgtheater Wien).

Auszeichnung: Kammerschauspielerin.

Anschrift: c/o Agentur Lentz, Holbeinstraße 4, 8000 München 80.

Sch

Doris Schade

Geb. 21. 5. 1924 in Frankenhausen/Thüringen; aufgew. in der Sowjetunion und in Japan; Schauspielausbildung am Alten Theater Leipzig (1942–1944); 1946 debütierte sie als Luise in Schillers »Kabale und Liebe« an den Städt. Bühnen Osnabrück. Engagements an den Bühnen der Freien Hansestadt Bremen (1947–1949), an den Städt. Bühnen Nürnberg (1949–1954) und an den Städt. Bühnen Frankfurt/Main (1954–1961) schlossen sich an. Nach einem Gastspiel, das sie 1952/53 bereits dort gegeben hatte, kam sie 1961 an die Münchner Kammerspiele, wo sie bis 1972 zum Ensemble gehörte. Von 1972 bis 1977 war sie am Deutschen Schauspielhaus Hamburg engagiert. Ein Gastspiel gab sie 1975 am Württembergischen Staatstheater Stuttgart. Seit 1977 ist sie erneut an den Münchner Kammerspielen verpflichtet.
Frau Schade spricht engl.; sie ist verheiratet mit dem Schauspieler und ehemaligen Theaterintendanten Heinz-Joachim Klein, hat einen Sohn und lebt in München.
Film: »Die bleierne Zeit«, Regie: Margarethe von Trotta, 1981; »Die Sehnsucht der Veronika Voss«, mit Rosel Zech, Regie: Rainer Werner Fassbinder, 1982; »Rosa Luxemburg«, mit Barbara Sukowa, Regie: Margarethe von Trotta, 1986.
Theater: Phönix in Calderons »Der standhafte Prinz«, Münchner Kammerspiele, 1952/53; Isabella in Shakespeares »Maß für Maß«, Städt. Bühnen Frankfurt/Main 1954; Desdemona in Shakespeares »Othello«, 1961, Lady Anna in Shakespeares »König Richard III.«, 1962, Rosetta in Büchners »Leonce und Lena«, Regie: jeweils Fritz Kortner, Emilie in Vitracs »Victor oder Die Kinder an der Macht«, Regie: Jean Anouilh, und Isabella in Shakespeares »Maß für Maß«, Regie: Paul Verhoeven, 1963, Herbstfleiß in Hacks' »Der Frieden« (nach Aristophanes), Regie: Jean-Pierre Ponnelle, und Else Reissner in Wedekinds »Musik«, Regie: Hans Schweikart, 1964, Hansi Brand in Kipphardts »Joel Brand«, Regie: August Everding, Auguste in Dürrenmatts »Der Meteor«, Regie: Hans Schweikart, und Mrs. Foresight in Congreves »Liebe für Liebe«, Regie: Paul Verhoeven, 1965, Anna Sartorius in Lohmeyers »Cautio Criminalis«, Regie: August Everding, 1966, Raymonde Chandebise in Feydeaus »Der Floh im Ohr«, Regie: Dieter Giesing, und Andromache in Sartres »Die Troerinnnen des Euripides«, Regie: Peter Lühr, 1967, Jenny in Albees »Alles im Garten«, Regie: Hans Schweikart, 1968, Königin Anna in Brechts »Leben Eduards des Zweiten von England« (nach Marlowe), Regie: Hans Hollmann, 1969, Jenny in Sternheims »Bürger Schippel«, Regie: Dieter Giesing, und Maria in Robertowitschs »Der Selbstmörder«, Regie: August Everding, 1970, Elvira in Molières »Dom Juan«, Regie: Oscar Fritz Schuh, 1971, Gertrud Deuter in Sternheims »Die Hose«, 1972, jeweils Münchner Kammerspiele; Frau John in Hauptmanns »Die Ratten«, 1973, Jessica in Bonds »Die See«, Regie: Dieter Giesing, 1974, Frau in Müllers »Die Schlacht«, Regie: Ernst Wendt, 1976, Julie in Büchners »Dantons Tod«, Regie: Jürgen Flimm, und Helene Alving in Ibsens »Gespenster«, Regie: Luc Bondy, 1977, jeweils Deutsches Schauspielhaus Hamburg; Jokaste in Sophokles' »Ödipus«, Regie: Ernst Wendt, 1977, Alice in Strindbergs »Totentanz«, und Elisabeth in Schillers »Maria Stuart«, Regie: Ernst Wendt, 1978, Maria in Shakespeares »Was ihr wollt«, Regie: Dieter Dorn, und Königin in Shakespeares »Hamlet«, 1979, Diamante in Pirandellos »Die Riesen vom Berge«, Regie: Ernst Wendt, und Titelrolle in Euripides' »Medea«, 1980, Hanne in Dorsts »Merlin oder Das wüste Land«, Regie: Dieter Dorn, 1981, Charis in Kleists »Amphitryon«, Regie: Nicolas Brieger, und Marthe in der deutschen Erstaufführung von Bonds »Sommer«, Regie: Luc Bondy, 1982/83, Claudia Galotti in Lessings »Emilia Galotti«, Regie: Thomas Langhoff, 1984, in de Mussets »Lorenzaccio«, Regie: Thomas Langhoff, 1985/86, jeweils Kammerspiele München.
Fernsehen: »Mein oder Dein« (nach Kanin), Regie: Franz Josef Wild, ARD 1964; »Prüfung eines Lehrers« (von Storz), Regie: Eberhard Itzenplitz, ZDF 1968; »Cautio Criminalis oder Der Hexenanwalt« (von Lohmeyer), mit Gerd Böckmann, Regie: Hagen Mueller-Stahl, ZDF 1974; »Der Biberpelz« (nach Hauptmann), Regie: Franz Peter Wirth, ZDF 1975; »Das Verhör des Ernst Niekisch«, Regie: Oswald Döpke, ZDF 1977; »Kur in Travemünde«, Regie: Peter Beauvais, ARD 1979; »Kaiserhof-Straße 12«,

Regie: Rainer Wolffhardt, ARD 1980; »Derrick«, Serie, ZDF 1982; »Der Alte«, Serie, ZDF 1983; »Mord zu vier Händen« (nach Hansen), Regie: Oswald Döpke, ZDF 1985.
Anschrift: c/o Agentur Wiedner, Destouchesstraße 32, 8000 München 40.

Susanne Schaefer

Geb. 7.12.1950 als Tochter des Schauspielers Gert Schaefer und der Schauspielerin Eva Brumby in Berlin; nach der mittleren Reife nahm sie Schauspielunterricht in Hamburg. Ihr erstes Engagement erhielt sie 1970 an den Hamburger Kammerspielen, denen sie bis 1973 angehörte. 1974/75 spielte sie an den Münchner Kammerspielen. Seither ist sie freischaffend und arbeitet vorwiegend für das Fernsehen und den Hörfunk. Sie gastierte u.a. am Deutschen Schauspielhaus Hamburg.
Susanne Schaefer spricht engl., franz.; sie lebt in Hamburg.
Fernsehen: »Der Kommissar«, mit Erik Ode, Serie, ZDF 1970 (Debüt); »Viel Getue um nichts«, ARD 1971; »Verrat ist kein Gesellschaftsspiel«, ZDF 1971; »Unsere heile Welt«, Serie, und »Wir 13 sind 17«, Serie, ARD/ZDF 1972; »Vier Tage unentschuldigt«, ARD 1973; »Offener Haß gegen Unbekannt«, ARD 1974; »John Ralling«, Regie: Erich Neureuther, Serie, »Das Leben des schizophrenen Dichters Alexander März« (nach Kipphardt), mit Ernst Jacobi, und »Nestwärme«, Regie: Eberhard Itzenplitz, ZDF 1975; »Hände gut, alles gut« (nach Labiche), Regie: Axel von Ambesser, ARD 1975; »Die Geburt eines Waisenkindes«, Regie: Heinz Schirk, ZDF 1978; »Tatort«, Serie, 3 Folgen, ARD 1978–1981; »Das Radieschen«, Regie: Rolf Busch, ARD 1979; »Ein Kapitel für sich« (nach Kempowski), Regie: Eberhard Fechner, 3 Teile, ZDF 1979; »Der Fall Maurizius« (nach Jakob Wassermann), mit Sigfrit Steiner, Regie: Theodor Kotulla, 5 Teile, ZDF 1981; »Die zweite Frau« (nach Wittlinger), Regie: Herbert Ballmann, ZDF 1983; »Die violette Mütze«, mit Simone Rethel, Regie: Axel von Ambesser, und »Der Verlust« (nach S. Lenz), Regie: Claudia Holldack, ZDF 1984; »Storm – Der Schimmelreiter«, mit Erland Josephson, Regie: Claudia Holldack, ARD 1986.
Anschrift: c/o Agentur de la Berg, Haus am Weiher, 8026 Irschenhausen.

Hans-Jürgen Schatz

Geb. 10.10.1958 in Berlin; dort aufgew.; nach dem Abitur studierte er Germanistik und Theaterwissenschaft. Bereits während des Studiums arbeitete er verschiedentlich als Regieassistent am Kleinen Theater Berlin und als freier Mitarbeiter in der Unterhaltungsabteilung des RIAS Berlin. Sein Debüt gab er 1977 unter der Regie von Peter Heinrich in »Maxim Gorki – ein Leben!« an der Akademie der Künste Berlin.

Seither spielte er am Hebbel-Theater Berlin (1977/78), am Theater Die Kleine Freiheit München (1978/79), am Hansa-Theater Berlin (1979), an den Berliner Kammerspielen (1979), auf Tournee (1980 und 1981), am Theater am Dom Köln (1982/83) und an der Kleinen Komödie München (1984).

Zusammen mit seinem Freund und Schauspielerkollegen Folker Bohnet schrieb er die beiden Theaterstücke »Die Hausdame« (1979; Titelrolle u.a. Helen Vita) und »Morgenstund' hat Gold im Mund« (1983). Schatz spricht engl., franz.; er ist ledig und lebt in Berlin.

Film: »Brass target«, Regie: John Hough, USA 1978; Fritz in »Flamme empor«, mit Mareike Carrière und Klaus Höhne, Regie: Eberhard Schubert, 1979 (auch TV); »Steiner – das Eiserne Kreuz«, (2. Teil) mit Richard Burton, Rod Steiger und Robert Mitchum, Regie: Andrew V. McLaglen, BRD/USA 1979; Alwa Schön in »Lulu« (nach Wedekind), mit Anne und Heinz Bennent, Regie: Walerian Borowczyk, BRD/Italien/Frankreich 1979; Studentenführer Berg in »Die weiße Rose«, mit Lena Stolze, Regie: Michael Verhoeven, 1981.

Theater: In der Uraufführung von Wirbitzky/Zimmermanns Musical »Tingel-Tangel«, mit Angelika Milster, Regie: Klaus Wirbitzky, Hebbel-Theater Berlin 1977/78; James in Laurence' »Meine dicke Freundin«, Regie: Christian Dorn, Theater Die Kleine Freiheit München 1978/79; Benjamin in Borgelt/Hermanns »Rosen-Emil«, mit Paul Esser und Beate Hasenau, Regie: Erich Neureuther, Hansa-Theater Berlin 1979; Eismax in Bassewitz' »Peterchens Mondfahrt«, Regie: Gabriele Kleiner, Berliner Kammerspiele 1979; Rattengift in Grabbes »Scherz, Satire, Ironie und tiefere Bedeutung« (Musical-Bearbeitung), Regie: Helmut Polixa, Tournee 1980; Hänschen Rilow in Wedekinds »Frühlings Erwachen«, Regie: Dieter Munck, Tournee, 1981; Michael Thorton in Brooke/Bannermans »Der Lord und das Kätzchen«, mit Karin Dor, Regie: Wolfgang Spier, Theater am Dom Köln 1982/83 (auch ARD 1983); Michael Miller in Stones »Kalifornisches Roulette«, mit Sonja Ziemann, Charles Regnier und Dieter Eppler, Regie: Horst Johanning, Kleine Komödie München 1984.

Fernsehen: »Café Wernicke«, mit Peer Schmidt, Regie: Herbert Ballmann, Serie, und »Der eiserne Gustav« (nach Fallada), mit Gustav Knuth, Regie: Wolfgang Staudte, ARD 1978; »Nachbarn ...«, Regie: Wolfgang Liebeneiner, und »Ein Kapitel für sich« (nach Kempowski), mit Edda Seippel und Stephan Schwartz, Regie: Eberhard Fechner, 3 Teile, ZDF 1979; »Verwandte«, Regie: Rolf von Sydow, und »Der Fall Mauritius« (nach Wassermann), mit Heinz Bennent und Matthias Fuchs, Regie: Theodor Kotulla, 5 Teile, und »Ringstraßenpalais«, Regie: Rudolf Nussgruber, Serie, ZDF 1981; »Derrick«, Serie, 3 Folgen, ZDF 1982–1984; »Goldene Zeiten«, Regie: Michael Braun, Serie, 8 Folgen, ARD 1982; Fahnder Max Kühn in »Der Fahnder«, mit Klaus Wennemann, 52 Folgen, ARD 1984–1986; »Ein Fall für zwei«, Serie, Friedrich, Kronprinz von Preußen in »August der Starke«, mit Gert Fröbe und Günter Strack, Regie: Rudolf Nussgruber, und »Der Lehrer«, mit Klaus Schwarzkopf, Regie: Alfred Vohrer, ZDF 1984; »Bankgeheimnisse«, mit Hans-Peter Korff, Regie: Frank Strecker, ARD 1984; »Stadttheater« (nach Fritz Raab), mit Wolfgang Kieling, Regie: Thomas Fantl, ZDF 1985. Besonderen nationalen und internationalen Erfolg hatte er in der Rolle des Wilfried Wiegand in »Heimat«, mit Marita Breuer, Jörg Hube, Gudrun Landgrebe und Gertrud Bredel, Regie: Edgar Reitz, 11 Teile, ARD 1984 (auch als 16stündige Kinofassung).

Anschrift: c/o ZBF-Agentur Berlin, Kurfürstendamm 206, 1000 Berlin 15.

Hans Scheibner

Geb. 27. 8. 1936 als Sohn eines Maschinenbauers in Hamburg; dort aufgew.; nach der mittleren Reife absolvierte er eine Lehre als Verlagskaufmann. Anschließend volontierte er bei der Tageszeitung »Die Welt«, bei der er 1958 als Hilfsredakteur eine Anstellung bekam. Nebenher spielte er am Hamburger »Theater 53«, wo er zusammen mit dem heutigen TV-Redakteur Marcus Scholz ein eigenes Stück vorstellte.
1963 wechselte er den Beruf und ging zu einer Farbenfirma, für die er die kaufmännische Korrepondenz erledigte. In der Reihe »Werkstattgespräche« des Hamburger Schriftstellerverbandes stellte er 1967 erstmals seine eigenen Texte und Stücke vor. Im Hamburger Kabarett »Die Wendeltreppe« gastierte er in diesem Jahr ebenfalls.
Als Sänger debütierte er 1971 mit dem Song »Ich mag so gern am Fließband steh'n«, nachdem er schon vorher für Hamburger Gruppen Texte geschrieben hatte. Sein Band »Lästerlyrik« und seine erste Langspielplatte »Wenn die Nachtigall zuschlägt« erschienen 1973. Weitere Titel u.a. »Spott zum Gruße«, »Darf der das?«, »Heiliger Marx«. Sein Song »Was in Achterndiek in der Nacht geschieht« fand vor allem bei den Protestkundgebungen gegen das Atomkraftwerk Brokdorf großen Anklang. Scheibner machte zahlreiche Tourneen. Musikalisch begleitet wird er von dem Pianisten Berry Saluis (früher Mitglied der Gruppe »Leinemann«).
Scheibner arbeitet ferner als Werbetexter und ist Kolumnist beim »Hamburger Abendblatt«.
Er spricht engl.; er ist verheiratet und lebt mit der Schauspielerin Petra-Verena Milchert in Hamburg.
Fernsehen: Scheibner hatte zahlreiche TV-Auftritte, u.a. im »Liedercircus«, in »Litera-Tour« (ZDF), in »Die aktuelle Schaubude« (NDR) und in »Die Drehscheibe« (ZDF). Als Schauspieler und Sänger gestaltet er seit 1980 seine eigene TV-Reihe » . . . scheibnerweise« (bislang 12 Folgen). Neben Sketchen, in denen er Menschen in allen Lebenslagen karikiert, stellt er jeweils seine eigenen Chansons vor. 1982 wurde seine satirische Sendung »Beiß dem Psychiater mal ein Ohr ab« (Weihnachtskomödie) ausgestrahlt.
Anschrift: c/o NDR-Fernsehen, Rothenbaumchaussee 132/134, 2000 Hamburg 13, oder Stofferkamp 37b, 2000 Hamburg 65.

Carl Schell

Geb. 14. 11. 1927 als Sohn des Schriftstellers Hermann Ferdinand Schell und der Schauspielerin Margarethe Noé von Nordberg in Wolfsberg/Kärnten, Österreich; er besuchte die Volksschule und das Gymnasium in Wien, das Atheneum Zürich und die Techn. Hochschule am Kollegium Maria-Hilf/Schweiz. Schauspielunterricht nahm er am Konservatorium Bern.
1946 wurde er Leiter der Jugendbühne Bern. Erste Engagements hatte er am Stadttheater Bern, am Stadttheater Chur, am Schauspielhaus Zürich und am Théâtre des Champs Elysées Paris (1947–1949).
1951 wurde er Professor an der Academia de Arte São Paulo, Brasilien. Von 1952 bis 1954 war er Leiter des Club International de Arte Dramatica São Paulo und künstl. Leiter der Pan-American-Film Ltd. São Paulo. 1958/59 wirkte er als Intendant der Kammerspiele in der Kongreßhalle Berlin. Gastspiele als Schauspieler gab er in dieser Zeit an der Vagantenbühne Berlin, am Theater im Zimmer Hamburg, am T(h)eater in der Briennerstraße München und am Theater an der Berliner Allee Düsseldorf.
Von 1964 bis 1966 war er als künstl. Leiter und Mitproduzent der »Kay Lewis Enterprises« in den Samuel-Goldwyn-Studios in Hollywood tätig. 1965 gründete er das Dana Point Intern. Theatre und die Schell-Academy of the Performing Arts in Dana Point, California, USA, deren Präsident er bis 1968 war.
Weitere Bühnenstationen: Atelier-Theater Bern, Klingentaltheater Basel, Kleine Komödie Hamburg, Theater Die Kleine Freiheit München, Kleines Theater im Park Bad Godesberg und Landesbühne Rheinland-Pfalz Neuwied (bis 1984).
Seinen ersten Kinofilm drehte er 1947; beim Fernsehen arbeitet er seit 1960.
Schell stellte 1984 in Brissago, Schweiz, seine private Fernsehstation TVI (Television International) vor.
Der Künstler spricht franz., span., engl., port., ital.; er ist in zweiter Ehe verheiratet mit der Schauspielerin Angelika Schell (Künstlername: Stella Mooney). Dieser Ehe entstammen die Kinder Marco Claudio und Caroline. Aus seiner ersten Ehe hat er drei Kinder (Pia, Michaela und René).
Seine Geschwister sind die Schauspieler Maximilian, Maria und Immy Schell. Er lebt in Brissago, Tessin, Schweiz.
Film: »L'eterna canzone«, Regie: Damiano Damiani, Italien 1947; »Between to be and not to be«, Regie: Carl Schell selbst, USA 1954; »Les Naufrageurs«, Regie: Charles Brabant, Frankreich 1960; »Freud«, Regie: John Huston, USA 1962; »Tunnel 28«, Regie: Robert Siodmak, 1963; »The Confession«, Regie: William Dieterle, USA 1964; Baron von Richthofen in »The Blue Max«, USA 1966; »The Professional Touch«, Regie: Robin C. Wright, USA 1969; »Snowjob«, Regie: George Sherman, USA 1970.
Theater: Hartmann in Zuckmayers »Des Teufels General«, Regie: Hans Lietzau, Stadttheater Bern 1948; in »Das Haus in Montevideo«, von und unter der Regie von Curt Goetz, Stadttheater Chur 1948; Schlachtbote in Brechts »Antigone« (nach Sophokles), Regie: Bertolt Brecht, Schauspielhaus Zürich 1948; Romeo in Shakespeares »Romeo and Juliet«, Regie: Carl Schell selbst, São Paulo (englisch), 1951; Rodolfo in Millers »Blick von der Brücke«, Regie: Heinz Hilpert, Münchner Kammerspiele 1956; St. Just in Ustinovs »Der leere Stuhl«, Regie: Werner Kraut, Komödie Basel, 1957; Titelrolle in »Raskolnikow« (nach Dostojewski), Regie: Maximilian Schell, Vagantenbühne Berlin 1958; Vittorio in Nicodemis »Duell der Liebe«, Regie: Helmuth Gmelin, Theater im Zimmer Hamburg 1959; Großer Chou in Weisenborns »Fünfzehn Schnüre Geld«, Regie: Günter Weisenborn selbst, T(h)eater an der Briennerstraße München 1959; Peter Peter in Goetz' »Ingeborg«, Theater an der Berliner Allee Düsseldorf 1960; Carlo in Maughams »Winter in Ischia«, Regie: Lord Robin Maugham, Worthing/England 1963; Beckmann in Borcherts »Draußen vor der Tür« (engl. Erstaufführung), Regie: Carl Schell selbst, Dana Point Intern. Theatre 1968; Alastair in Shaws »Die Millionärin«, Tournee 1968; Lenny in Pinters »Die Heimkehr«, Atelier-Theater Bern 1969; Trotter in Christies »Fuchsjagd«, Klingentaltheater Basel 1970; in Verneuils »Es bleibt in der Familie«, Regie: Carl Schell selbst, Kleine Komödie Hamburg 1975; Acht Millionäre in Thomas' »Die acht Millionäre«, mit Stella Mooney, Theater Die Kleine Freiheit München 1977/78.

Fernsehen: »The Light of a friendly Star«, MGM, engl. TV 1964; »Tennisschläger und Kanonen«, Serie, engl. TV 1967; »Sebastian et la Mary«, 13 Folgen, franz. TV 1969/70; »Frau gesucht«, ARD 1970; »Butler Parker«, Serie, 26 Folgen, ARD 1970–1972. Außerdem war er Gast zahlreicher TV-Shows.
Anschrift: c/o Agentur Jovanovic, Perfallstraße 6, 8000 München 80, oder Casa Esperanza, CH-6614 Brissago, Schweiz.

Maria Schell

Geb. 15. 1. 1926 als Tochter des Schweizer Schriftstellers Hermann Ferdinand Schell und der österr. Schauspielerin Margarethe Noé von Nordberg in Wien. Zusammen mit ihren Geschwistern Maximilian, Immy und Carl – sie sind ebenfalls Schauspieler – wuchs sie ab 1938 in der Schweiz auf, wo sie (wie später in Frankreich), die Schule besuchte und eine kaufmännische Lehre begann. Ohne jegliche schauspielerische Ausbildung engagierte sie der Schauspieler und Regisseur Sigfrit Steiner im Alter von 16 Jahren für seinen Film »Der Steinbruch«.

Danach nahm sie Schauspielunterricht in Zürich. Ein erstes Engagement in Berlin folgte. In Rice' Schauspiel »Dream Girl« debütierte sie in Wien. Aufgrund einer Nebenrolle in dem Film »Der Engel mit der Posaune« (Regie: Karl Hartl, 1948), die sie 1950 auch in der englischen Version (»The angel with the trumpet«) unter demselben Regisseur spielte, erhielt sie nach weiteren Filmen wie »Maresi« und »Nach dem Sturm« einen Filmvertrag mit dem engl. Produzenten Sir Alexander Korda.

Seither drehte Maria Schell über 200 Kino- und Fernsehfilme, u.a. in den USA, wo sie 1959 im amerikanischen Fernsehen die Maria in der Hemingway-Verfilmung »Wem die Stunde schlägt« verkörperte. Der Dichter gratulierte ihr persönlich.

1985 erschien aus ihrer Feder der Band »Die Kostbarkeit des Augenblicks – Gedanken – Erinnerungen«. Frau Schell war in erster Ehe (1957–1965) verheiratet mit dem Regisseur Horst Hächler und hat einen Sohn (Oliver, geb. 1962). Seit 1966 ist sie verheiratet mit dem Schauspieler und Regisseur Veit Relin und hat eine Tochter (Marie-Therese, geb. 1966), die ebenfalls Schauspielerin werden will.

Frau Schell lebt in Heberthal bei Wasserburg am Inn.

Film: »Der Angeklagte hat das Wort«, 1948; »Es kommt der Tag«, Regie: Rudolf Jugert, und »Dr. Holl«, mit Dieter Borsche, Regie: Rolf Hansen, 1951; »Bis wir uns wiedersehen«, »Der träumende Mund«, und »Solange du da bist«, mit O.W. Fischer, Regie: Harald Braun, 1952; »Die letzte Brücke«, »Das Herz aller Dinge«, und »Tagebuch einer Verliebten«, mit O.W. Fischer, 1953; »Herr über Leben und Tod« und »Die Ratten« (nach Hauptmann), 1954; »Gervaise« (nach Zola), Regie: René Clément, und »Napoleon«, Frankreich 1956; »Liebe«, »Cyprienne«, und »Rose Bernd« (nach Hauptmann), mit Käthe Gold, Regie: Wolfgang Staudte, 1956; Gruschenka in »Die Brüder Karamasow« (nach Dostojewski), mit Yul Brynner, Regie: Richard Brooks, USA 1957; »Le notti bianche«, Regie: Luchino Visconti, Italien 1957; »Schinderhannes« (nach Zuckmayer), Regie: Helmut Käutner, 1958; »Ein Frauenleben«, Regie: Alexandre Astruc, Frankreich 1958; »The hanging three«, USA 1959; »Raubfischer in Hellas«, Regie: Horst Hächler, 1959; »Cimarron«, USA 1960; »Das Riesenrad«, mit O.W. Fischer, Regie: Geza von Radványi, 1961; »Whisky mit Soda«, 1963; »Ich bin auch nur eine Frau«, 1964; »Chamsin«, Frankreich 1965; »Wenn man James Dean einladen würde«, Frankreich 1966; »Pack den Tiger schnell am Schwanz«, Regie: Philippe de Brocca, Italien 1969; »Der Hexer von Blackmoor« (nach Wallace), und »Die Pfarrhauskomödie« (nach Lautensack), Regie: Veit Relin, 1970; »Change«, Regie: Bernd Fischerauer, 1974; »Die verrückten Reichen«, mit Sydne Rome und Curd Jürgens, Regie: Claude Chabrol, Frankreich/Italien/BRD 1975; »Die Reise der Verdammten«, mit Orson Welles, Max von Sydow, Faye Dunaway und Oskar Werner, USA 1976; »Die erste Polka«, Regie: Claus Emmerich, 1977; »Superman«, mit Marlon Brando und Christopher Reeve, Regie: Richard Donner, Großbritannien 1978; »The Twist«, Regie: Claude Chabrol, USA 1979; »Spiele der Verlierer«, Regie: Christian Hohoff, und »Schöner Gigolo, armer Gigolo«, mit Marlene Dietrich und David Bowie, Regie: David Hemmings, 1979; »Die Spaziergängerin von Sanssouci«, mit Romy Schneider, Regie: Jacques Rouffio, Frankreich/BRD 1981; »1919«, Regie: Hugh Brody, Großbritannien 1984.

Theater: Gretchen in Goethes »Faust«, mit Albert Bassermann, Europatournee 1950/51; Luise in Schillers »Kabale und Liebe«, Salzburger Festspiele 1955; Titelrolle in Ibsens »Nora«, Deutschlandtournee 1964/65; in Lautensacks »Die Pfarrhauskomödie«, Regie: Veit Relin, Kleine Komödie München 1967 (auch TV); Beatrice in Shakespeares »Viel Lärm um nichts«, Regie: Veit Relin, Tournee 1969; in Kohouts »Armer Mörder«, New Yorker Broadway 1976/77; Titelrolle in Bruckners »Elisabeth von England«, Re-

gie: Rudolf Noelte, Freie Volksbühne Berlin und Tournee (Regie: Kai Brack) in 96 Städten 1981/82.
Fernsehen: »Ich bin auch nur eine Frau«, ARD 1964; »Die ungarische Hochzeit«, ARD 1966; »Vico, Vino und Amore«, mit Vico Torriani, ARD 1969; »Der Kommissar«, mit Erik Ode, Serie, ZDF 1969; »Schrei vor dem Fenster«, ARD 1970; »Willi und Lilli«, ZDF 1971; »Die keusche Susanne«, ARD 1972; »Immobilien«, und »Okkupation«, mit Klaus Kinski, ARD 1973; »Die Kurpfuscherin«, »Marie«, und »Tatort«, Serie, ARD 1975; »Das Konzert«, Regie: Dietrich Haugk, ZDF 1975; »Marina – zu den friedlichen Quellen«, 40 Folgen, franz. TV 1975; »Teerosen«, mit O.W. Fischer, Regie: Rolf von Sydow, ZDF 1977; »... ich küsse ihnen 1000mahl die hände« (Lesung von Briefen der Familie Mozart), mit Veit Relin, ARD 1977; »Einsatz in Manhattan«, mit Telly Savalas, USA-TV/ARD 1978; »Das Haus im Wald«, mit Stewart Whitman, 36 Teile, USA-TV 1978; »Derrick«, Serie, 2 Folgen, ZDF 1979 und 1982; »Der Wald« (nach Ostrowskij), Regie: Franz Josef Wild, ARD 1979; »Moral« (nach Thoma), ARD 1980; Titelrolle in »Frau Jenny Treibel« (nach Fontane), Regie: Franz Josef Wild, und »Der Besuch der alten Dame« (nach Dürrenmatt), mit Günter Lamprecht, ARD 1982; »Die Mars-Chroniken«, mit Rock Hudson, Regie: Michael Anderson, 3 Teile, BBC/ZDF 1983; »Der Zerrissene« (nach Nestroy), Regie: Veit Relin, ARD 1983 (Aufzeichnung einer Aufführung aus dem Torturmtheater Sommerhausen 1981); »König Drosselbart«, Regie: Miroslav Luther, 2 Teile, ZDF 1984; Titelrolle in »Die Heiratsvermittlerin« (nach Wilder), Regie: Hellmuth Matiasek, ZDF 1986.
Auszeichungen: »Goldener Bambi« (BILD + FUNK) 7 x (von 1951–1957); »Beste Filmschauspielerin des Jahres«, Intern. Filmfestspiele Cannes 1954; Volpi-Pokal, Biennale Venedig 1956; Französischer Filmpreis »Victoire« 1957; Britischer Akademiepreis 1957; »Otto« (BRAVO) 1957 und 1958; »Till Eulenspiegel«, Belgien 1958; New Yorker Kritikerpreis 1958; Bundesverdienstkreuz der Bundesrepublik Deutschland 1974; Bayerischer Verdienstorden 1976; Filmband in Gold 1977; »Goldene Kamera« (HÖRZU) 1982.
Anschrift: c/o Agentur Jovanovic, Perfallstraße 6, 8000 München 80.

Maximilian Schell

Geb. 8. 12. 1930 als Sohn des Schweizer Schriftstellers Hermann Ferdinand Schell und der österr. Schauspielerin Margarethe Noé von Nordberg in Wien. 1938 übersiedelte die Familie in die Schweiz, wo er mit seinen Geschwistern Maria, Immy und Carl – auch sie sind Schauspieler – aufwuchs. Er besuchte das Humanistische Gymnasium in Basel und das Freie Gymnasium Zürich, wo er das Abitur ablegte. Er studierte Germanistik, Kunstgeschichte und Philosophie an den Universitäten Zürich, München und Basel.

Bereits als Elfjähriger hatte er am Schauspielhaus Zürich in der Rolle des Walter Tell seinen ersten öffentlichen Auftritt. Im gleichen Jahr schrieb er für eine Schüleraufführung eine moderne Fassung der »Orestie« des Aischylos. Nach dem Tode des Schauspielers Horst Caspar im Jahre 1952, den er sehr verehrte, entschloß er sich, zum Theater zu gehen.

Seine Laufbahn begann 1953 als Dramaturg, Regisseur und Schauspieler an der Baseler Komödie. Weitere Theaterstationen von 1954–1957: Städtische Bühnen Essen, die Bühnen der Stadt Bonn, Bühnen der Hansestadt Lübeck, Kammerspiele München, Salzburger Festspiele, Theater am Kurfürstendamm Berlin; mit diesem Ensemble gab er 1957 ein Gastspiel in London, ein Debüt in den USA folgte 1958. Nach der Zusammenarbeit mit Gustaf Gründgens am Hamburger Schauspielhaus von 1959 bis 1963, spielte Schell zum ersten Mal in engl. Sprache auf der Bühne des Londoner Royal Court Theatre in der Uraufführung von John Osbornes Stück »A Patriot for me«, das er auch ins Deutsche übertragen hat.

Es folgten eigene Inszenierungen (u.a.) am Theater in der Josefstadt Wien (Pirandellos »Alles zum Guten«, 1965), zur Eröffnung der Kammerspiele in Bochum (seine selbstverfaßte Komödie »Herostrat«, 1966), am Deutschen Theater München (Shakespeares »Hamlet«, 1968), am Basler Theater (Verdis »La Traviata«, 1975) und am National Theater in London (Horváths »Geschichten aus dem Wienerwald«, 1977), an der Deutschen Oper Berlin (Matthus' »Die Weise von Liebe und Tod des Cornets Christoph Rilke«, 1985).

Seine Filmkarriere begann 1955 mit Laszlo Benedeks Film »Kinder, Mütter und ein General«. Als Schauspieler wirkte er in über 40 Produktionen mit; seit 1969 führt er selbst Film-Regie und ist auch Produzent. Zu nennen sind u.a.: »Erste Liebe« (nach Turgenjew, 1970), »Der Fußgänger« (1973), »Der Richter und sein Henker« (nach Dürrenmatt, 1976), »Geschichten aus dem Wienerwald« (nach Horváth; mit André Heller, Helmut Qualtinger und Eric Pohlmann, 1979), »Les îles« (1982) und seine Filmdokumentation »Marlene« über das Leben der Filmschauspielerin Marlene Dietrich (1984).

Schell spricht engl., franz., ital.; er ist verheiratet und lebt in Zürich.

Film: »Es geschah am 20. Juli«, Regie: G.W. Pabst, und »Reifende Jugend«, Regie: Ulrich Erfurth, 1955; »Ein Mädchen aus Flandern«, Regie: Helmut Käutner, »Ein Herz kehrt heim«, Regie: Eugen York, und »Die Ehe des Dr. med. Danwitz«, Regie: Arthur Maria Rabenalt, 1956; »Taxichauffeur Bänz«, Regie: Werner Düggelin, 1957; »Die Letzten werden die Ersten sein«, Regie: Rolf Hansen, 1957; »Die jungen Löwen«, mit Marlon Brando, Montgomery Clift und Dean Martin, Regie: Edward Dmytryk, USA 1958; »Ein wunderbarer Sommer«, Regie: Georg Tressler, Lichtenstein 1958; »Das Urteil von Nürnberg«, mit Spencer Tracy und Marlene Dietrich, Regie: Stanley Kramer, USA 1961; »Die Eingeschlossenen« (nach Sartre), Regie: Vittorio de Sica, Italien 1962; »Ein Fremder kam an«, Regie: Daniel Martin, und »Ein sonderbarer Heiliger«, Regie: Edward Dmytryk, USA 1962; »Topkapi«, mit Melina Mercouri, Regie: Jules Dassin, USA 1964; »Eine Tür fällt zu«, Regie: Lee Thompson, USA/Großbritannien 1965; »Anruf für einen Toten«, Regie: Sidney Lumet, Großbritannien 1966; »Flucht aus der Taiga«, Regie: Alexander Ramati, und »Der Befehl«, Regie: Ralph Nelson, USA 1967; »Heidi kehrt heim«, Regie: Delbert Mann, BRD/USA 1968; »Das Schloß« (nach Kafka), mit Cordula Trantow, Regie: Rudolf Noelte (Schell war Co-Produzent), 1968; »Krakatoa, East of Java«, Regie: Bernhard L. Kowalski, USA 1968; »Erste Liebe« (nach Turgenjew), Regie: Schell selbst, 1970; »Das absolute Natürliche«, Italien 1970; »Pope Joan«, Regie: Michael Anderson, Großbritannien 1972; »Paulina 1880«, Regie: Jean-Louis Bertucelli, Italien 1972; »Der Fußgänger«, Regie: Schell selbst,

1973; »Die Akte Odessa«, mit John Voight, Regie: Ronald Neame, Großbritannien 1974; »Der Mann im Glashaus«, Regie: Arthur Hiller, USA 1975; Duro Sarać in »Atenta u Sarajevu« (»Der Tag, der die Welt veränderte«), Regie: Veljko Bulajić, Jugoslawien/ČSSR 1975; »Der Richter und sein Henker« (nach Dürrenmatt), Regie: Schell selbst, BRD/Italien 1976; »Steiner – das Eiserne Kreuz«, mit James Coburn, Regie: Sam Peckinpah, BRD/Großbritannien 1976; »St. Ives«, Regie: J. Lee Thompson, USA 1976; »Die Brücke von Arnheim«, Regie: Sir Richard Attenborough, und »Julia«, Regie: Fred Zinnemann, USA 1977; »Avalanche Express«, Regie: Mark Robson, Irland 1978; »Amo non amo«, Regie: Armenia Balducci, Italien 1978; »Spiel mit der Liebe«, Regie: Anthony Harvey, und »Das schwarze Loch«, mit Anthony Perkins, Regie: Gary Nelson, USA 1979; »Der Auserwählte«, Regie: Jeremy Paul Kagan, USA 1981; »Les îles«, Regie: Iradj Azimi, Frankreich 1982; »Morgen in Alabama«, Regie: Norbert Kückelmann, 1984; »Asisis Underground«, mit Irene Papas und James Mason, Regie: Alexander Ranty, USA 1984.

Theater: Titelrolle in Kleists »Prinz Friedrich von Homburg«, Bühnen der Stadt Bonn 1954 und Münchner Kammerspiele 1955; an den vorgenannten Bühnen auch: Titelrolle in Voltaires »Oreste«, Leonce in Büchners »Leonce und Lena«, Titelrolle in Schillers »Don Carlos«, Vizekönig in Claudels »Der seidene Schuh«, Masham in Scribes »Das Glas Wasser«, Simkins in Eliots »Der Privatsekretär«, Warwick in Anouilhs »Jeanne oder Die Lerche«, Claudio in Shakespeares »Viel Lärm um nichts«, Stefan in Frys »Das Dunkel ist Licht genug«, Eugene in Wolfes »Herrenhaus«, und Gaveston in Brechts »Leben Eduards des Zweiten von England« (nach Marlowe); Sigismund in Hofmannsthals »Der Turm«, Salzburger Festspiele 1959; in der Uraufführung von Durrells »Sappho«, 1959, und Titelrolle in Shakespeares »Hamlet«, 1963, Regie: jeweils Gustaf Gründgens (seine Abschieds-Inszenierung), Deutsches Schauspielhaus Hamburg; Titelrolle in Shakespeares »Hamlet«, Regie: Schell selbst, Deutsches Theater München 1968; Deely in Pinters »Alte Zeiten«, Regie: Peter Hall, Burgtheater Wien 1972; Titelrolle in Hofmannsthals »Jedermann«, Salzburger Festspiele 1978-1981; Kerschnetzew in Kohouts »Armer Mörder«, Regie: Kohout selbst, Renaissance-Theater Berlin 1982; Don Rodrigo in Claudels »Der seidene Schuh«, Regie: Hans Lietzau, Salzburger Festspiele 1985 (auch TV).

Fernsehen: »Der Meisterdieb«, Regie: Volker von Collande, ARD 1957; »Die Bernauerin« (nach Carl Orff), Regie: Gustav Rudolf Sellner, und »Die sechste Frau«, Regie: Ulrich Erfurth, ARD 1958; »Playhouse 90«, Regie: George Roy Hill, US-TV 1958; »Eine Dummheit macht auch der Gescheiteste« (nach Ostrowskij), Regie: Kurt Horwitz, ARD 1959; »The Fifth Column«, Regie: John Frankenheimer, US-TV 1959; »Alcoa Theatre«, Serie, US-TV 1960; »Die Drei Musketiere« (nach Dumas), Regie, Tom Donovan, US-TV 1961; Titelrolle in »Hamlet« (nach Shakespeare), Regie: Franz Peter Wirth, und »Vierundzwanzig Stunden im Leben einer Frau« (nach Stefan Zweig), mit Ingrid Bergman, ARD 1961; Don Rodrigo in »Der seidene Schuh« (nach Claudel), Regie: Gustav Rudolf Sellner, ARD 1964; »Bob Hope Chrysler Theatre«, Serie, US-TV 1966; »The Diary of Anne Frank« (nach Goodrich/Hackett), Regie: Boris Segal, US-TV 1979; Moderator bei »Club 2«, 4 Folgen, ORF 1978/79; »The Phantom of the Opera«, Regie: Robert Markowitz, US-TV 1982; »Wege zu Beethoven« (Buch mit Leonard Bernstein), Regie: Humphrey Burton, 11 Teile, US-TV 1983; »The Great Hamlets«, Regie: Trevor Nunn, US-TV 1984; Titelrolle in »Zar Peter der Große«, mit Lilli Palmer und Hanna Schygulla, Regie: Marvin Chomsky, 10 Teile, UdSSR-USA-TV 1985/86.

Auszeichnungen: »OSCAR« als »Bester Nebendarsteller« in »Das Urteil von Nürnberg« 1961; dafür auch New Yorker Kritikerpreis 1961 und »Golden Globe« 1962; insgesamt 4 »OSCAR«-Nominierungen: Film »Erste Liebe«, 1971, Film »Der Fußgänger«, 1974, Bester Hauptdarsteller »Der Mann im Glashaus«, 1975, Nebenrolle »Julia«, 1978; »Silberne Muschel«, Filmfestival San Sebastian 1970 und 1976; Bundesfilmpreis 1971, 1974, 1979, 1980 und 1984; Schweizer Filmpreis 1971; Preis bei Filmfestivals in Panama (1971), Cartagena (1971), Sorrent und Neapel (1973), Chicago (1973 und 1979), New York (1978) und Gent (1980); Bayerischer Filmpreis für seine Dokumentation »Marlene« 1984; Bundesverdienstkreuz I. Klasse der Bundesrepublik Deutschland, 1985. *Anschrift:* c/o Agentur Baumbauer, Keplerstraße 2, 8000 München 80.

Jürgen Scheller

Geb. 21. 8. 1922 in Potsdam, wo er aufwuchs und auch das Abitur ablegte; nach der Kriegsgefangenschaft (1944–1946) arbeitete er als Schauspieler in Göttingen und Wernigerode; 1948/49 studierte er vier Semester Jura. Seine Schauspielausbildung, die er 1949 mit der Prüfung abschloß, hatte er sich als Trompeter in einer Tanzkapelle verdient. Nach Auftritten im Kabarett »Alter Simpl« in München stieß er 1950 als Mitarbeiter zu Radio Bremen und zum NWDR Hamburg. Er war an den Gründungen der Kabarett-Bühnen »Die Schildbürger« und »Der Stachel«, jeweils in München, beteiligt. Dazwischen spielte er unter Werner Finck im Kabarett »Die Mausefalle« im Jahre 1953.

1959 wurde Scheller erster männlicher Ansager des Deutschen Fernsehens. Nach Gastspielen am Thalia-Theater und an der Komödie in Hamburg gehörte er von 1961 bis 1973 zum Ensemble der Münchner »Lach- und Schießgesellschaft«. Seine Partner: Dieter Hildebrandt, Klaus Havenstein, Hans Jürgen Diedrich und Ursula Noack. Über 15 Jahre arbeitete Scheller als Regisseur beim Fernsehen und leitete in den 70er Jahren das »Theater des Münchner Ostens«.

Er veröffentlichte die Schallplatte »Leise rieselt der Spott«.

Scheller spricht engl., franz.; er ist seit 1957 verheiratet mit der ehem. Schauspielerin Trude Haefelin, hat einen Sohn (Oliver) und lebt in Vagen bei Rosenheim.

Film: »Entscheidung im Morgengrauen«, Regie: Anatole Litvak, USA 1951; »Girls vom roten Stern«, mit Curd Jürgens, 1954; »Ich weiß, wofür ich lebe«, 1955.

Theater: Neben den Kabarettprogrammen vor allem der »Lach- und Schießgesellschaft«, die auch größtenteils im Fernsehen ausgestrahlt wurden, spielte er in den 50er und 60er Jahren u.a. in folgenden Operetten: Sigismund in Benatzkys »Im Weißen Rössl«, in Jessels »Schwarzwaldmädel«, »Auf der grünen Wiese« und »Käptn Bay Bay«. Im Münchner »Theater des Ostens« war er u.a. in »Die Sache mit dem Feigenblatt« und »Unser Goldbua« zu sehen. Tournee 1984 und 1985 in Breimlingers »Hotelgeflüster«, mit Maxl Graf, und in Nicolais »Ewige Eva«.

Fernsehen: »Harlekinade« (nach Rattigan), und »Mit Pauken und Trompeten«, ZDF 1964; »Kennen Sie Heberlein?«, ARD 1964; »Der Trinker« (nach Fallada), und »Jacobowski und der Oberst« (nach Werfel), ARD 1967; »Die seltsamen Methoden des Franz Josef Wanninger«, Serie, ARD 1969; »PS – Geschichten ums Auto« (von Stromberger), mit Günter Pfitzmann und Gerd Baltus, Regie: Claus Peter Witt, 4 Teile, ARD 1975; »Es muß nicht immer Kaviar sein« (nach Simmel), mit Siegfried Rauch, Regie: Thomas Engel, Serie, ZDF 1977; »Die Kur«, Regie: Frank Strecker, Serie, ARD 1978; »Bilanz«, ehm. ZDF-Wirtschaftsmagazin, ZDF 1980-1983 (Glossenbeiträge); »Funkeln im Auge« (Heidelinde-Weis-Special), Regie: Wolfgang Becker, ZDF 1984. Ferner war Scheller Moderator der Jugendsendungen »Räuber und Gendarm« sowie »Drei-Länder-Spiel« (Serien).

Auszeichnung: Schwabinger Kunstpreis der Stadt München für das Ensemble der »Lach- und Schießgesellschaft«.

Anschrift: c/o Agentur Palz, Ortlindestraße 6, 8000 München 81, oder Fagannenstraße 8, 8152 Vagen.

Erich Schellow

– Staatsschauspieler –

Geb. 27. 2. 1915 als Sohn eines Kaufmanns in Berlin; dort aufgew.; er spielte schon in der Schule Theater. Von der Schauspielerin Lola Müthel ermuntert, gab er sein ursprüngliches Studienziel – Kunstgeschichte und Philosophie – auf und besuchte nach dem Abitur, das er an der Luisenstädtischen Oberrealschule ablegte, von 1935 bis 1937 die Schauspielschule des Preußischen Staatstheaters am Gendarmenmarkt in Berlin.
1937 debütierte er als Mortimer in Schillers »Maria Stuart« am Staatstheater Altona in Hamburg, wo er bis 1940 unter Vertrag stand. Von 1941 bis 1945 war er Mitglied des Preußischen Staatstheaters am Gendarmenmarkt in Berlin. Ein Engagement am Deutschen Schauspielhaus Hamburg (1946–1948) folgte. Seit 1948 gehört er zum Ensemble der Staatl. Schauspielbühnen Berlins. Gastspiele gab er u.a. am Schauspielhaus Zürich und am Burgtheater in Wien.
Seit 1965 ist Schellow ordentliches Mitglied der Berliner Akademie der Künste.
Schellow spricht engl., franz.; er ist verheiratet, hat einen Sohn (Alexander) und lebt in Berlin.
Film: »In jenen Tagen«, Regie: Helmut Käutner, 1947; »Bildnis einer Unbekannten«, mit O.W. Fischer und Ruth Leuwerik, Regie: Helmut Käutner, »Ein Mädchen aus Paris«, »Drei vom Varieté« und »Die Stadt ist voller Geheimnisse«, jeweils 1954; »Hotel Adlon«, Regie: Josef von Baky, 1955; »Der Hauptmann von Köpenick« (nach Zuckmayer), mit Heinz Rühmann, Regie: Helmut Käutner, und »Vor Sonnenuntergang« (nach Hauptmann), mit Hans Albers, Regie: Gottfried Reinhardt, 1956.
Theater: Am Schiller- und Schloßpark-Theater Berlin von 1948 bis 1984: Troilus in Shakespeares »Troilus und Cressida«, Regie: Gustav Rudolf Sellner, Titelrolle in Shakespeares »Hamlet«, Regie: Fritz Kortner, Titelrolle in Shakespeares »Timon von Athen«, Regie: Hans Lietzau, Mephisto in Goethes »Faust II«, Regie: Ernst Schröder, Posa in Schillers »Don Carlos«, Regie: Gustav Rudolf Sellner, Karl Moor in Schillers »Die Räuber«, Regie: Fritz Kortner, Philipp II. in Schillers »Don Carlos«, Regie: Hans Lietzau, Titelrolle in Goethes »Egmont«, Regie: Gustav Rudolf Sellner, Jupiter in Kleists »Amphitryon«, Harpagon in Molières »Der Geizige«, Marinelli in Lessings »Emilia Galotti«, Regie: Ernst Schröder, Möbius in Dürrenmatts »Die Physiker«, Tellheim in Lessings »Minna von Barnhelm«, Hektor in Giraudoux' »Der trojanische Krieg findet nicht statt«, Prof. Higgins in Shaws »Pygmalion«, Titelrolle in Brechts »Leben Eduards des Zweiten von England« (nach Marlowe), Regie: Gustav Rudolf Sellner, George in Albees »Wer hat Angst vor Virginia Woolf?«, Regie: Boleslaw Barlog, Kürmann in Frischs »Biografie: Ein Spiel«, Richard in Joyce' »Die Verbannten«, Artist in Bernhards »Der Schein trügt«, Regie: Boy Gobert, Baron Gondremarck in Offenbachs »Pariser Leben«, Regie: Hans Hollmann, in Zadek/Greiffenhagens »Jeder stirbt für sich allein« (nach Fallada) Regie: Peter Zadek, Jupiter in Offenbachs »Orpheus in der Unterwelt«, Regie: Hans Hollmann.
Fernsehen: Titelrolle in »Sherlock Holmes« (nach Doyle), Serie; »Das Haus bei den Blutbuchen«; Titelrolle in »Julius Cäsar« (nach Shakespeare); Titelrolle in »Der Apollo von Bellac« (nach Giraudoux); Kamyschow in »Tragödie auf der Jagd« (nach Tschechow), Regie: Gerhard Klingenberg, ARD 1972; »Ein Mord, den jeder begeht«, Regie: Claus Peter Witt, ZDF 1979; »Funkeln im Auge«, (Heidelinde-Weis-Special), Regie: Wolfgang Becker, ZDF 1984.
Auszeichnungen: Bundesverdienstkreuz I. Klasse der Bundesrepublik Deutschland 1956; »Berliner Kunstpreis« 1960 und 1971; Berliner Staatsschauspieler 1963.
Anschrift: c/o Agentur Baumbauer, Keplerstraße 2, 8000 München 80.

Jochen Schenck

Geb. 30. 4. 1929 in Hamburg; dort aufgew.; nach seinem ersten Engagement an der Niederdeutschen Bühne Bremen holte ihn Hans Mahler 1956 an das Hamburger Ohnsorg-Theater, dem er bis heute angehört. Seit über zehn Jahren ist er zudem Oberspielleiter dieser Volksbühne. Bekannt wurde er vor allem durch die zahlreichen TV-Übertragungen aus dem Theater.
Schenck ist verheiratet mit der Schauspielerin Christa Wehling, die ebenfalls dem Ensemble des Ohnsorg-Theaters angehört, und lebt in Elmshorn.
Theater/Fernsehen: In den über 80 TV-Übertragungen war er Partner u.a. von Heidi Kabel, Heidi Mahler, Edgar Bessen, Fritz Hollenbeck, Karl-Heinz Kreienbaum, Henry Vahl, Heini Kauffeld und Ernst Grabbe. Er spielte u.a. in: »Zwei Kisten Rum«, »Für die Katz«, »Der Bürgermeisterstuhl«, »Schmugglerbrüder«, »Doppelt verspielt«, »Stratenmusik«, und seit 1977 u.a.: »Jungfer Eli un de Appelboom«, »Mudder Mews«, »De Etappenhas« (nach Bunje), »Dat Speel vun Doktor Faust«, »Heini Godenwind«, »Een Stück vun't Glück« und »Schöne Aussichten«. Er wirkte zudem in zahlreichen, meist volkstümlichen Unterhaltungssendungen mit, u.a. »Zwischenmahlzeit«, mit Gisela Schlüter und »Die Haifischbar«. 1968 spielte er unter der Regie von Eberhard Fechner in dem Fernsehspiel »Vier Stunden von Elbe I«, von und mit Helga Feddersen (ARD).
Anschrift: c/o Ohnsorg-Theater Hamburg, Große Bleichen 25, 2000 Hamburg 36, oder Stratkoppel 8, 2200 Elmshorn.

Heinz Schenk

Geb. 11. 12. 1924 als Sohn eines Drogisten in Mainz; dort aufgew.; nach der Oberschule studierte er am Konservatorium Wiesbaden und nahm Schauspielunterricht. Über seine Tätigkeit beim Kabarett kam er als Conférencier zum Hörfunk. Dort moderierte er u.a. die Sendungen »Frankfurter Wecker«, »Der große Trumpf« und »Bleib am Ball«. Er schrieb Quizspiele, Schlagertexte und trat als Autor von Fernsehdrehbüchern hervor.
Schenk veröffentlichte zahlreiche Bücher, u.a. »Heinzelmännchens Lachparade«, »Daran hätten Oma und Opa nicht gedacht«, »Die Geständnisse des Oberkellners Heinz Schenk vom Blauen Bock«.
Mit dem selbst getexteten Chanson »Es ist alles nur geliehen« (Musik: Franz Grothe) präsentierte er sich auch auf Schallplatte und kam damit in die »ZDF-Hitparade«. Schenk spricht engl.; er ist verheiratet und lebt in Wiesbaden.
Film: »Ein dicker Hund«, mit Willy Millowitsch und Tommi Ohrner, 1981.
Fernsehen: 1966 übernahm er von Otto Höpfner die Präsentation der seit 1957 laufenden TV-Serie »Zum Blauen Bock«. Neben Lia Wöhr als Wirtin führt er als »Oberkellner« durch die volkstümliche Musiksendung. Im Vorspann der Reihe, die jedesmal aus einer anderen hessischen Stadt übertragen wird, stellt er sich in Sketchen und verschiedenen historischen Kostümen vor. Die ARD-Serie wurde Ende 1985 zum 200. Mal unter Schenks Leitung ausgestrahlt. Ferner war Schenk Gast zahlreicher anderer TV-Shows und Serien.
Anschrift: Am Holderstrauch 30, 6200 Wiesbaden-Naurod.

Ralf Schermuly

Geb. 20. 4. 1942 in Gelsenkirchen; dort aufgew.; nach der Schule absolvierte er von 1959 bis 1962 die Folkwang-Schule Essen. Sein erstes Engagement erhielt er von 1962 bis 1964 an den Wuppertaler Bühnen. Weitere Stationen: Staatl. Schauspielbühnen Berlins unter Boleslaw Barlog (1964–1968) und Thalia-Theater Hamburg unter Boy Gobert (1969–1975). Seither ist er freischaffend. Er gastierte am Burgtheater Wien (1975), auf Tournee (1978 und 1980), bei den Festspielen Bad Hersfeld (1980), erneut am Schiller-Theater Berlin (1981/82), erneut am Thalia-Theater Hamburg (1981–1984) und an der Freien Volksbühne Berlin (1985). Sein Regie-Debüt gab er 1981 am Thalia-Theater Hamburg.
Bereits während der Schauspielschule drehte er unter Rolf von Sydow seinen ersten Fernsehfilm »Drei Jungen, ein Mädchen« (1962). Seinen bislang größten Erfolg hatte er 1984 mit der Titelrolle in Dieter Wedels Sechsteiler »Der Mann, der keine Autos mochte« (ZDF).
Schermuly spricht engl.; er lebt abwechselnd in Hamburg und Berlin.
Theater: George in Wilders »Unsere kleine Stadt«, in Wilders »Die Heiratsvermittlerin«, Bleichenwang in Shakespeares »Was ihr wollt«, und Ronny in der deutschen Erstaufführung von Weskers »Nächstes Jahr in Jerusalem« (1963), jeweils Wuppertaler Bühnen 1962–1964; Marchbanks in Shaws »Candida«, mit Edith Schneider, in Saunders' »Ein Duft von Blumen«, mit Heidemarie Theobald, Regie: Ernst Schröder, Lysander in Shakespeares »Ein Sommernachtstraum«, mit Curt Bois, Leon in Grillparzers »Weh' dem, der lügt«, und in der Uraufführung von Ustinovs »Halb auf dem Baum« (1967), Regie jeweils Boleslaw Barlog, Staatl. Schauspielbühnen Berlins 1964–1968; in Ibsens »Gespenster«, mit Paula Wessely und René Deltgen, Regie: August Everding, in Shakespeares »Troilus und Cressida«, mit Nicole Heesters, Regie: Hans Hollmann, Fürst Myschkin in »Der Idiot« (nach Dostojewskij), mit Ingrid Andree, Regie: Georgi Alexandrowitsch Towstonogow, Volker in Henkels »Eisenwichser«, in Saunders' »Ein Eremit wird entdeckt«, Regie: Tom Toelle, in der deutschen Erstaufführung von Mrożeks »Watzlaff«, in Becketts »Warten auf Godot«, Regie: Ullrich Haupt, in Tschechows »Drei Schwestern«, Onkel in Taboris »Die Kannibalen«, Regie: George Tabori selbst, und Nietzsche in der Uraufführung von Langes »Gut und Böse oder Die letzten Stunden der Reichskanzlei« (1975), jeweils Thalia-Theater Hamburg 1969–1975; in Ibsens »Gespenster«, mit Paula Wessely, Burgtheater Wien 1975; Leon in Grillparzers »Weh' dem, der lügt«, 1978, und in Ibsens »Gespenster«, 1980, jeweils Tournee; Titelrolle in Goethes »Faust«, Regie: Harry Buckwitz, Festspiele Bad Hersfeld 1980; in Shermans »Bent«, Regie: Boy Gobert, und in »Richards Korkbein«, Regie: Hans Gratzer, jeweils Schiller-Theater Berlin 1981/82; Banquo in Shakespeares »Macbeth«, Thalia-Theater Hamburg 1984; Robert Had in Joyce' »Die Verbannten«, Regie: Hans Neuenfels, Freie Volksbühne Berlin 1985.
Am Thalia-Theater Hamburg inszenierte er 1981 Václav Havels »Audienz« und »Vernissage«. In beiden Stücken verkörperte er zugleich die Rolle des Ferdinand Vanek.
Fernsehen: »Drei Jungen, ein Mädchen«, Regie: Rolf von Sydow, ARD 1962; »Nun singen sie wieder« (nach Frisch), mit Cordula Trantow, Regie: Fritz Umgelter, ARD 1965; »Die Katze«, Regie: Karl Fruchtmann, »Sturm im Wasserglas« (nach Frank), mit Therese Giehse, Regie: Theodor Grädler, und »In einem Monat, in einem Jahr« (nach Sagan), Regie: Wilm ten Haaf, ARD 1968; »Mond über dem Fluß« (nach Sramek), mit Edith Heerdegen, Regie: Oswald Döpke, und »Die Glasmenagerie« (nach Williams), mit Grete Mosheim, Regie: Ludwig Cremer, ZDF 1969; »Der Kommissar«, mit Erik Ode, Serie, 2 Folgen, ZDF 1971/72; »Der Strick um den Hals«, mit Erika Pluhar, ARD 1975; »Nachkommenschaften« (von Gabriele Wohmann), Regie: Ludwig Cremer, ARD 1976; Captain Adams in »Die Affaire Winston«, Regie: Theo Mezger, ARD 1977; »Sorgen ohne Noth« (nach Kotzebue), Regie: Michael Günther, ZDF 1977; »Der Alte«, Serie, ZDF 1979; »Gesundheit« (von Forte), Regie: Peter Patzak, ARD 1979; Willi Buschmann in »Der Mann, der keine Autos mochte«, mit Jutta Speidel, Dietlinde Turban, Jörg Pleva und Karl Obermayr, Regie: Dieter Wedel, 6 Teile, ZDF 1984; »Berliner Weiße mit Schuß«, mit

Günter Pfitzmann, Regie: Eugen York, Serie, ZDF 1985; »Derrick«, Serie, ZDF 1986; »Kommissar Zufall«, Regie: Kristian Kühn, Serie, ARD 1986.

Anschrift: c/o Agentur Bloy, Gasteigweg 1, 8022 Grünwald, oder Tim-Kröger-Weg 18, 2000 Hamburg 63.

Ralph Schicha

Geb. 2. 10. 1950 in Moers; aufgew. in Österreich; nach dem Abitur studierte er Psychologie in Freiburg/Breisgau, München und San Francisco, USA; Abschluß mit Diplom und Promotion; er besuchte zwei Jahre die Schauspielschule Rieckmann in München und ein Jahr die Stanford University (Drama Department), San Francisco. Bühnenerfahrung sammelte er bereits während seiner Studentenzeit in Freiburg (1969/70). Von 1971–1977 war er an der Schwabinger Kleinkunstbühne »Kekk«, München, engagiert. Er spielte ferner bei Münchner Theaterfestivals und in Zürich. 1974 und 1977 veröffentlichte er zwei Langspielplatten mit eigenen Chansons und machte zahlreiche Tourneen durch Deutschland und Österreich. Schicha arbeitete sehr viel im Ausland, u.a. in Frankreich, Italien, den Niederlanden und in Australien. Er spricht engl., franz., ital., holl., russ.; er ist ledig und lebt in München.

Film: Theo in »Antigone«, Regie: G. Mascioni, Schweiz/Frankreich 1979; Titelrolle in »Maestro Olof« (nach Strindberg), Regie: G. Mascioni, 1981; Trooper in »Inside the Third Reich«, Regie: Marvin Chomsky, USA 1981; Rudi Sommer in »Praying Mantis«, Regie: Jack Gold, Großbritannien 1982; Walter Maresch in »Hostage« (»Die Geisel«), Regie: Frank Shields, Australien 1982; »LOFT – Die neue Saat der Gewalt«, Regie: Eckhart Schmidt, 1985.

Theater: Eisenring in Frischs »Biedermann und die Brandstifter«, Eugenio in Fassbinders »Das Kaffeehaus« (nach Goldoni), Mercutio in Shakespeares »Romeo und Julia«, Mortimer in Schillers »Maria Stuart«, Jerry in Albees »Zoogeschichte« Axel in Strindbergs »Die Brandstätte«, Rodolpho in Millers »Blick von der Brücke«, Bellman in Zuckmayers »Ulla Winblad« und Adolf Spencer L. in Bayens »Schliemann, übersehene Episoden«, jeweils an den vorgenannten Bühnen; in Fleißers »Pioniere in Ingolstadt«, TIK München 1984.

Fernsehen: »Ehen vor Gericht«, Regie: Ruprecht Essberger, »Unter Verschluß«, und »Der Bürgermeister«, mit Gustl Bayrhammer, Regie: Stephan Rinser, Serie, ZDF 1979; Dionigi in »Lapo erzählt: Decamerone«, Regie: G. Mascioni, ital.-franz. TV 1979; »Im Fadenkreuz« (aus der Reihe »Tatort«), Regie: Thomas Engel, ARD 1981; Zdenek Slansky in »Dubbelpion«, Regie: Jan Keja, 12 Teile, holl. TV 1981; »Moviestar«, Regie: Markus Imbogen, SRG 1985.

Auszeichnung: »Schwabinger Kleinkunstpreis«, München 1977.

Anschrift: c/o Agentur Jovanovic, Perfallstraße 6, 8000 München 80.

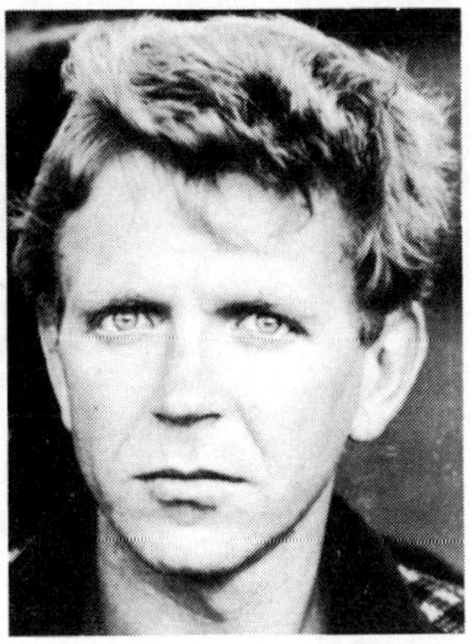

Dieter Schidor

Geb. 6. 3. 1949 in Bienrode; aufgew. in Braunschweig; lebt in München; ledig; spricht engl., franz., ital.; nach dem Abitur 1966 begann er sein Jurastudium, das er mit dem 1. und 2. Staatsexamen sowie der Promotion zum Dr. jur. abschloß; als Student wurde er durch einen Zufall von Peter Zadek für dessen Film »Piggies« entdeckt und engagiert; mehrere Film- und Fernsehproduktionen folgten unmittelbar danach; er absolvierte später die Schauspielschule von Ann Arbor in Michigan, USA.
Schidor produzierte den letzten Film Rainer Werner Fassbinders, »Querelle – Ein Pakt mit dem Teufel« (1981/82), und führte Film-Regie u.a. bei »Der Bauer von Babylon« (1982) und »Jeder Zufall ist unvermeidbar« (1984). 1983 war er Jurymitglied des Intern. Filmfestivals von Cartagena in Kolumbien.
Film: »Piggies«, Regie: Peter Zadek, 1970; »Die Sonne angreifen«, Regie: Peter Lilienthal, 1971; »Pan«, »Inki« und »Schattenreiter«, Regie: jeweils George Moorse, 1972/73; »Satansbraten«, mit Kurt Raab, Regie: Rainer Werner Fassbinder, 1975; »Steiner – das Eiserne Kreuz«, mit James Coburn, James Mason und Maximilian Schell, Regie: Sam Peckinpah, 1976; »Gruppenbild mit Dame« (nach Böll), mit Romy Schneider, Regie: Aleksandar Petrovic, und »Tod oder Freiheit«, Regie: Wolf Gremm, 1977; »Der Schneider von Ulm«, mit Tilo Prückner, Regie: Edgar Reitz, 1978; »Black and White in Colour«, mit Jean Carmet, Regie: Jean Jacques Annaud, Frankreich 1978 (Film erhielt einen »OSCAR«); »Die Liebe einer Frau«, mit Romy Schneider und Yves Montand, Regie: Constantin Costa-Gavras, Frankreich 1979; »Steiner – das Eiserne Kreuz« (II. Teil) mit Richard Burton, Rod Steiger und Robert Mitchum, Regie: Andrew V. McLaglen, 1979; »Die Formel«, mit Marlon Brando, Regie: John Avildson, USA 1980; »Die Sehnsucht der Veronika Voss«, mit Rosel Zech, und »Querelle – Ein Pakt mit dem Teufel« (hier war Schidor auch Produzent), mit Brad Davis, Franco Nero und Jeanne Moreau, Regie: jeweils Rainer Werner Fassbinder, 1982; »Der Bauer von Babylon«, Regie: Schidor selbst, und »Brandmale«, Regie: George Moorse, 1982; »Der Harvarist«, Regie: Wolf-Eckart Bühler, 1984; »Ich und der Duce«, mit Annie Girardot, Frankreich 1984; »Drama in Blond«, Regie: Lothar Lambert, und »Kalt in Kolumbien«, Regie: Schidor selbst, 1985.
Theater: In Wildes »Salome«, mit Christine Kaufmann, Regie: Werner Schroeter, Tournee 1972/73.
Fernsehen: Der junge Wolf Larsen in »Der Seewolf« (nach London), mit Raimund Harmstorf, Regie: Wolfgang Staudte, 4 Teile, ZDF 1971; »Rückstände«, mit Shmuel Rodensky, Regie: Oswald Döpke, ZDF 1973; »Grenzfälle«, mit Eva Renzi, Regie: Imo Moszkowicz, ARD 1975; »Vorhang auf, wir spielen Mord«, mit Hans Söhnker, Regie: Fritz Umgelter, ARD 1977; »Sterne für den Orient«, Regie: Günter Gräwert, ARD 1978; »Tatort«, Serie, 2 Folgen, ARD 1978/79; »Der Alte«, Serie, 3 Folgen, ZDF 1978, 1981 und 1985, »Der Mann, der sich in Luft auflöste« (von Willschrei), Regie: Peter Bascó, ARD 1981; »Ein Fall von Zuneigung«, Regie: Imo Moszkowicz, ARD 1982; »Derrick«, Serie, 2 Folgen, ZDF 1983 und 1985; »Kerbels Flucht«, Regie: Erwin Keusch, ZDF 1984; »Das leise Gift« (nach Nester), Regie: Erwin Keusch, ARD 1984, »Via Mala« (nach Knittel), mit Mario Adorf, Regie: Tom Toelle, 3 Teile, und »Tamboo«, Regie: Rainer Grupe, ZDF 1985; »Lauter Glückspilze«, mit Michaela May, Serie, ARD 1986.
Auszeichnungen: »Bester Darsteller« für die Rolle in »Schattenreiter« beim Festival in Taormina 1973; für die Regie des Films »Der Bauer von Babylon« den Preis »Outstanding film of the year«, Filmfestival London 1982 und Filmfestival Hongkong 1983.
Anschrift: c/o Agentur Alexander, Lamontstraße 9, 8000 München 80.

Peter Schiff

Geb. 27. 6. 1923 als Sohn des Theaterintendanten Dr. Hermann Schiff und der Schauspielerin Louise Schulz-Waida in Neustrelitz; aufgew. in Mecklenburg/Pommern; Abitur; nach seiner Rückkehr aus der Kriegsgefangenschaft im Jahre 1949 begann er mit dem Schauspielunterricht bei Marlise Ludwig in Berlin; 1951 debütierte er am Theater in Greiz; Engagements an mehreren Berliner Bühnen folgten; bis heute u.a. Tribüne, Hebbel-Theater, Berliner Theater, Forum-Theater, Komödie und Theater am Kurfürstendamm und Hansa-Theater.
Peter Schiff, der vorwiegend in Boulevard-Komödien zu sehen ist, war nie fest an ein Haus gebunden, er arbeitete mit Stückverträgen. Seit dem Beginn seiner Karriere ist er beim Rundfunk und in der Synchronisation tätig; u.a. sprach er die deutsche Stimme von Louis de Funès in dessen letztem Film »Louis und seine verrückten Politessen« (1983). Ferner wirkte er bislang in nahezu 300 Fernsehproduktionen mit. Er ist verheiratet und lebt in Berlin.
Theater: In den letzten Jahren u.a.: in Savoirs »Die Kinder Edouards«, in Ayckbourns »Drei Schlafzimmer« (auch TV), in »Die Zierpflanze«, in »Reizende Leute«, in »Black lügt immer«, in Axelrods »Meine Frau erfährt kein Wort«, und in Chases »Mein Freund Harvey«, mit Harald Juhnke (auch ARD 1985), jeweils Komödie und Theater am Kurfürstendamm Berlin; in de Filippos »Lügen haben lange Beine«, Rheinisches Landestheater Neuss; in Feydeaus »Die Katze im Sack«, Hansa-Theater Berlin.
Fernsehen: In den letzten Jahren u.a. »Liebe mit 50«, ARD 1973, in »Tausend Francs Belohnung« (nach Hugo), ARD 1974, Regie: jeweils Günter Gräwert; »Der Nerz« (nach Marceau), und »Ein Fall für Stein«, 13 Folgen, ZDF 1976; »26. April 1977«, Regie: Karl Fruchtmann, »Endstation Paradies«, Regie: Thomas Engel, und »Die Hebamme« (nach Hochhuth), Regie: Wolfgang Spier, ARD 1977; »Der Haupttreffer« (von Pillau), »David und Goliath« (nach Georg Kaiser), und »Auf der Insel«, Regie: Wolfram Zobus, ZDF 1977; »Die Kur«, Regie: Frank Strecker, 5 Folgen, und »Karschunke & Sohn«, Regie: Imo Moszkowicz, 6 Folgen, ARD 1978; »Ein Mann will nach oben« (nach Fallada), mit Mathieu Carrière, Regie: Herbert Ballmann, ZDF 1978; »Tatort«, Serie, ARD 1979; »Meister Timpe« (nach Max Kretzer), ZDF 1980; »Klein Zaches, genannt Zinnober« (nach E.T.A. Hoffmann), Regie: Frank Strecker, ARD 1982; »Goldene Zeiten«, Regie: Michael Braun, 20 Folgen, »Im Kopf brennt doch Licht?«, Regie: Klaus-Dieter Lang, und »Geschichten aus der Heimat«, ARD 1983; »Ich heirate eine Familie«, mit und unter der Regie von Peter Weck, ZDF 1983; »Jakob und Adele«, Serie, und »Mensch ohne Fahrschein«, mit Werner Hinz, Regie: Alfred Weidenmann, ZDF 1984; »Frühling im Herbst« (von Pacher), mit Gert Fröbe, Regie: Axel von Ambesser, und »Berliner Weiße mit Schuß«, mit Günter Pfitzmann, Regie: Wilfried Dotzel, ZDF 1985.
Anschrift: c/o ZBF-Agentur Berlin, Kurfürstendamm 206, 1000 Berlin 15.

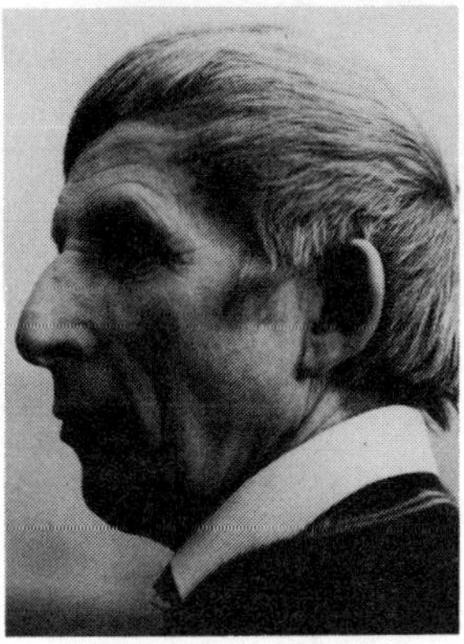

Nikolaus Schilling

(eigentlich:
Nikolaus Ohm-Schilling)

Geb. 31. 8. 1923 in Detmold; dort aufgew.; nach dem Abitur im Jahre 1942 wurde er zum Kriegsdienst nach Lappland an die Eismeerfront eingezogen; aus der Gefangenschaft zurück, absolvierte er von 1947 bis 1949, da er auf einen Studienplatz (Jura) warten mußte, die Schauspielschule Hannover. Im Jahre 1949 gab er sein Debüt am Deutschen Theater Göttingen. Weitere Stationen bis 1964: Stadttheater Ingolstadt, Bühnen der Stadt Münster, Hessisches Staatstheater Wiesbaden, Städt. Bühnen Frankfurt/Main. Von 1964 bis 1967 war er Mitglied des Kabaretts »Maininger« in Frankfurt/Main. Gastspiele gab er seither an der Komödie Düsseldorf, an der Komödie im Marquardt Stuttgart, bei den Festspielen Heppenheim sowie seit 1980 vorwiegend am Thalia-Theater, an den Kammerspielen und am Ernst-Deutsch-Theater in Hamburg. Er arbeitet auch als Regisseur.
Schilling spricht engl., franz.; er ist geschieden, hat eine Tochter und lebt in Hamburg.
Theater: (chronologisch) Ottokar in Goetz' »Ingeborg«, Titelrolle in Hopwoods »Der Mustergatte«, Bleichenwang in Shakespeares »Was ihr wollt«, Sperling in Kotzebues »Die deutschen Kleinstädter«, Ströbel in Thomas »Moral«, Wurm in Schillers »Kabale und Liebe«, Wagner in Goethes »Faust«, Riccaut de la Marlinière in Lessings »Minna von Barnhelm«, Don Duardo in Lope de Vegas »Die kluge Närrin«, Professor in Ionescos »Die Unterrichtsstunde«, Dr. Lyman in Inges »Bus stop«, Scholz-Babelhaus in Hildesheimers »Die Verspätung«, Flachsmann in Ernsts »Flachsmann als Erzieher«, Grébauval in Hochwälders »Der öffentliche Ankläger«, Staatsanwalt in Goetz' »Hokuspokus«, jeweils an den vorgenannten Bühnen; Tranio in Shakespeares »Der Widerspenstigen Zähmung«, der Dünne Vetter in Hofmannsthals »Jedermann« und Malvolio in Shakespeares »Was ihr wollt«, jeweils Festspiele Heppenheim; Seidenschnur in Sternheims »Der Kandidat«, Thalia-Theater Hamburg; Gratin in »Nichte Susanne« und Lesley in Ayckbourns »Treppauf - Treppab«, jeweils Hamburger Kammerspiele; Givola in Brechts »Der aufhaltsame Aufstieg des Arturo Ui«, Dr. Haase in Hochhuths »Ärztinnen« und Töpfer in Roblès' »Montserrat«, jeweils Ernst-Deutsch-Theater Hamburg. Ferner gastiert er mit Versen von Eugen Roth in seinem Soloprogramm »Mensch und Unmensch« bei zahlreichen Kleinkunst-Bühnen und Kulturveranstaltungen.
Fernsehen: Kommissar in »Der Unfall«, und Dixon in »Zeit der halben Herzen« (nach Lehman), Regie: jeweils Peter Beauvais, ARD 1968; »Gerechtigkeit für Dettlinger«, Regie: Heinz Schirk, und Jensen in »Eine große Familie« (nach Waldmann), Regie: Peter Beauvais, 2 Teile, ARD 1970; Advokat Hawkins in »Der Teufelsschüler« (nach Shaw), Regie: Ludwig Cremer, und »Happy End« (nach Lane), Regie: Heinz Schirk, ARD 1972; »Arme klauen nicht«, Regie: Claus Peter Witt, ARD 1973; »Tatort«, Serie, 4 Folgen, ARD 1974–1978; »Der eiserne Gustav« (nach Fallada), mit Gustav Knuth, Regie: Wolfgang Staudte, Serie, ARD 1979; »Fallstudien«, Regie: Hartmut Griesmayr, ZDF 1979; Petzold in »Die Pawlaks – Eine Geschichte aus dem Ruhrgebiet«, Regie: Wolfgang Staudte, 9 Folgen, ZDF 1982; »Der Tambour«, Regie: Carlheinz Caspari, ARD 1984; »Das Rätsel der Sandbank«, Serie, ARD 1985.
Anschrift: c/o ZBF-Agentur München, Leopoldstraße 19, 8000 München 40, oder Alaskaweg 20, 2000 Hamburg 73.

Heinz Schimmelpfennig

Geb. 6. 4. 1919 in Berlin; dort aufgew.; Ausbildung und Beschäftigung als Konstrukteur bis 1939; nach seiner Entlassung aus der Wehrmacht wegen einer Verwundung arbeitete er 1942 als Kameraassistent bei der UFA/Babelsberg. Von 1943 bis 1945 absolvierte er das Max-Reinhardt-Seminar in Wien. 1946 debütierte er am Theater Baden-Baden, wo er bis 1948 unter Vertrag stand. Von 1949 bis 1951 war er Mitglied der Städt. Bühnen Freiburg/Breisgau. Seither ist er freischaffend als Schauspieler sowie als Theater- und TV-Regissseur tätig. 1971 inszenierte er Dürrenmatts »Die Physiker« für eine Südafrika-Tournee. Er arbeitet beim Hörfunk und in der Synchronisation. Seit 1960 wirkt er umfangreich beim Fernsehen.
Schimmelpfennig ist ledig und lebt in Selbach/Murgtal.
Film: »Der Schmied von St. Bartholomä«, 1955; »Viele kamen vorbei«, 1956; »Der starke Ferdinand«, Regie: Alexander Kluge, 1976.
Theater: Laertes in Shakespeares »Hamlet«, Spitta in Hauptmanns »Die Ratten«, Motes in Hauptmanns »Der Biberpelz« und Korianke in Zuckmayers »Des Teufels General«, jeweils Theater Baden-Baden 1946–1948; Ruprecht in Kleists »Der zerbrochene Krug«, Claude Vallée in Rollands »Ein Spiel von Tod und Liebe«, Malvolio in Shakespeares »Was ihr wollt«, Tom in Williams' »Die Glasmenagerie«, Edgar in Shakespeares »König Lear«, Just in Lessings »Minna von Barnhelm«, Captain Fisby in Patricks »Das kleine Teehaus«, US-Oberst in Ustinovs »Die Liebe der vier Obersten«, Paul in Kaisers »Die Spieldose« und Regisseur Dodd in Odets' »Das Mädchen vom Lande«, jeweils an den vorgenannten Bühnen und auf Tournee.
Fernsehen: »Das Land der Verheißung« (nach Maugham), ARD 1960; »Wilhelmsburger Freitag«, ARD 1964; Rommel in »Der Nebbich« (nach Sternheim), ARD 1965; »Betty Blue« (nach Baker), ARD 1966; Hilmar Kuckuck in »In Lemgo 89« (nach Lohmeyer), ZDF 1967; Strähler in »Kollege Crampton« (nach Hauptmann), ARD 1967; »Schichtwechsel« (nach von der Grün), ARD 1968; »Hürdenlauf« (nach Waldmann), ARD 1969; »Der Schuß«, ARD 1970; Kriminalhauptkommissar Gerber in »Tatort« (vom SWF Baden-Baden), Serie, ARD 1973–1977; »Achsensprung«, Regie: Rolf von Sydow, ARD 1977; »Der Störenfried«, Regie: Hartmut Griesmayr, ARD 1978; »Gesundheit«, Regie: Peter Patzak, ARD 1979; »Meister Timpe« (nach Max Kretzer), »Tante Maria«, Regie: Wolfgang Panzer, und »Die Beförderung«, Regie: Rolf Busch, ZDF 1980; »Tatort«, Regie: Hans-Dieter Schwarze, Serie, ARD 1982; »Gefährliches Spiel«, Regie: Theo Mezger, ARD 1983; »Don Carlos« (nach Schiller), mit Jacques Breuer, Regie: Franz Peter Wirth, und »Vor dem Sturm« (nach Fontane), mit Walo Lüönd und Rolf Becker, Regie: Franz Peter Wirth, Serie, ARD 1984; »Ich liebe Dich, Juli«, Regie: Karl-Heinz Deickert, ZDF 1984.
Anschrift: c/o ZBF-Agentur Frankfurt, Feuerbachstraße 42–46, 6000 Frankfurt/Main.

Rolf Schimpf

Geb. 14.11.1924 als Sohn eines Marineoffiziers in Berlin; nach dem Besuch der Oberschule arbeitete er zunächst als Kaufmannsgehilfe und nahm in Stuttgart Schauspielunterricht. Stationen waren u.a.: Stadttheater Luzern (1959/60) und Stadttheater Bern (1960–1962). Gastspiele gab er u.a. am Württembergischen Staatstheater Stuttgart, an den Bühnen der Hansestadt Lübeck, am Theater 53 Hamburg, am Künstlertheater Hamburg und an den Kammerspielen Hamburg, wo er Rollen seines Fachs verkörperte. Den Schwerpunkt seiner Arbeit bildet das Fernsehen. Seit 1986 verkörpert er als Nachfolger von Siegfried Lowitz (100 Folgen) die Titelrolle der ZDF-Krimiserie »Der Alte«. Sie wird ebenfalls von der Neuen Münchner Fernsehgesellschaft (Helmut Ringelmann) produziert.
Schimpf spricht engl., franz.; er ist in zweiter Ehe verheiratet mit der Schauspielerin Ilse Zielstorff und lebt in München. Aus seiner ersten Ehe stammt sein Sohn Daniel (geb. 1962).
Film: »Lena Rais«, Regie: Christian Rischert, 1980.
Fernsehen: »Preis der Freiheit« (nach Meichsner), ARD 1966; »Vier Stunden von Elbe 1« (von Helga Feddersen), Regie: Eberhard Fechner, ARD 1968; »Feldwebel Schmidt« (von Adler/Wiemuth), ZDF 1968; »Aus dem Alltag der DDR« (nach Zweinert), 1. Teil, »Der Attentäter« (von Gottschalk), und »Damenquartett«, Regie: Eberhard Fechner, ARD 1969; »Das Wunder von Lengede« (nach Böttger), ZDF 1969; »Maximilian von Mexiko« (nach Matray/Krüger), ZDF 1970; »Der Fall Meinberg«, ARD 1971; »Ida Rogalski«, mit Inge Meysel, Regie: Tom Toelle, Serie, ARD 1971/72; »Gelbe Rosen«, ARD 1973; »Das Verhör des Ernst Nickisch«, Regie: Oswald Döpke, ZDF 1977; »Madame Thekla«, Serie, ARD 1977; »Knittels Scheidung«, mit Volkert Kraeft, ZDF 1981; »Villa zu vermieten«, mit Edith Heerdegen, Regie: Thomas Engel, ARD 1982; »Die Geschwister Oppermann«, mit Wolfgang Kieling, Regie: Egon Monk, ZDF 1982; »Die Krimistunde«, Regie: George Moorse, Serie, ARD 1983; »Büro, Büro«, 26 Teile, ARD 1983/84; Titelrolle in »Der Sheriff von Linsenbach« (von Storz), Regie: Michael Mackenroth, »Funkeln im Auge« (Heidelinde-Weis-Special), Regie: Wolfgang Becker, und Titelrolle in »Bachmann und seine Töchter«, Regie: Wolfgang Becker, 6 Teile, ZDF 1984; »SOKO 5113«, Serie, und »Die Schöffin«, Regie: Michael Mackenroth«, ZDF 1984; »Sterne fallen nicht vom Himmel«, Regie: Ulrich Stark, und »Die Schwarzwaldklinik«, mit Klausjürgen Wussow, Regie: Alfred Vohrer, Serie, ZDF 1985.
Anschrift: c/o Agentur Palz, Ortlindestraße 6, 8000 München 81, oder Grünwalder Straße 105 c, 8000 München 90.

Gisela Schlüter

Geb. 6. 6. 1919 als Tochter eines Oberstleutnants in Berlin; dort aufgew.; nach der mittleren Reife absolvierte sie eine Ausbildung in Tanz und Gesang und nahm Schauspielunterricht bei Erich Ponto in Dresden. Ihr Debüt gab sie an der Komödie am Kurfürstendamm Berlin neben Günther Lüders in »Vorsicht Brigitte«. Engagements an der »Scala« und beim »Kabarett der Komiker« in Berlin folgten.
Vom Theater wechselte sie zum Hörfunk, wo sie vor allem Quizsendungen moderierte. Ihr Spitzname: »Lady Schnatterley«. Ein Schwerpunkt ihrer Arbeit wurde ab 1963 das Fernsehen, wo sie auch eigene TV-Reihen präsentiert.
Sie veröffentlichte die Bücher »Bitte aussprechen lassen« und »Schnattern gehört zum Handwerk«.
Frau Schlüter ist geschieden; sie lebt zusammen mit dem TV-Autor Hanns Hubberten in Bad Kohlgrub/Oberbayern.
Film: »Eine Nacht im Mai«, mit Marika Rökk, »Der Tiger von Eschnapur« und »Das indische Grabmal«, mit Alexander Golling, Regie: Richard Eichberg, 1938; »Narren im Schnee«, mit Paul Klinger, Regie: Hans Deppe, 1939; »Der Gasmann«, Regie: Carl Froelich, 1941; »13 unter einem Hut«, 1950; »Mikosch, der Stolz der Kompanie«, mit Gunther Philipp, und »Die letzte Chance«, mit Freddy Quinn und Walter Giller, Regie: Hans Quest, 1957/58; »Peter schießt den Vogel ab«, 1959.
Fernsehen: Sie war Gast nahezu aller deutschen TV-Shows, u.a.: »Hotel Victoria«, »Grüezi Vico«, »Silvestershows«, »Stelldichein beim Wein«, »Karussell« (7 Folgen), »Dalli-Dalli«, »Peter Alexander präsentiert Spezialitäten«, »Zum Blauen Bock«, »Faschingsshows« und »Die aktuelle Schaubude«. Von 1967 bis 1982 moderierte sie ihre eigene TV-Show »Zwischenmahlzeit«. Das Buch dieser ARD-Sendereihe schrieb Hans Hubberten. 1984 war sie neben Günter Pfitzmann in 4 Folgen von »Lach mal wieder« (ZDF) zu sehen.
Auszeichnung: »Goldene Kamera« (HÖRZU) 1976.
Anschrift: Badstraße 8, 8112 Bad Kohlgrub.

Henning Behrend Schlüter

Geb. 1. 3. 1927 in Hamburg; nach dem Abitur studierte er von 1946 bis 1949 Philosophie, Germanistik und Psychologie. Nach der Schauspielausbildung gehörte er von 1949 bis 1952 zum Deutschen Theater (Ost-) Berlin; er spielte zudem am Berliner Ensemble unter Bertolt Brecht. 1952 kam er an die Hamburger Kammerspiele. Weitere Stationen u.a.: Schauspielhaus Bochum (auch als Regie-Assistent; 1953/54), British Centre Berlin (1954–1956), Staatl. Schauspielbühnen Berlins (1957–1966), Hebbel-Theater Berlin (1968), Theater am Kurfürstendamm (seit 1970) und Thalia-Theater Hamburg (1983/1984). Seit 1960 arbeitet er für Film und Fernsehen und in der Synchronisation. 1966 veröffentlichte er den Bildband »Ladies, Lords und Liederjane«.
Schlüter lebt abwechselnd in Hamburg und Berlin.
Film: »Die blauen Schwestern«, 1949; »Aschenputtel« und »Roman einer Siebzehnjährigen«, 1955; »Eins, zwei, drei« (nach Molnár), Regie: Billy Wilder, USA 1961; »Der Transport«, 1963; »Bonditis«, 1966; »Winterspelt 1944«, mit Hans Christian Blech, Regie: Eberhard Fechner, und »Die Blechtrommel« (nach Grass), mit David und Heinz Bennent und Mario Adorf, Regie: Volker Schlöndorff, 1978; »Milo, Milo«, mit Mario Adorf, Regie: Nicos Perakis, 1979.
Theater: Schüler in Goethes »Faust«, 1949, und Bleichenwang in Shakespeares »Was ihr wollt«, 1951, jeweils Deutsches Theater (Ost-)Berlin; Fritz in Lenz' »Der Hofmeister«, Bearbeitung und Regie: Bertolt Brecht, Berliner Ensemble 1950; Schweizerkas in Brechts »Mutter Courage und ihre Kinder«, Hamburger Kammerspiele 1952; in Sternheims »Die Hose«, in Walsers »Der Abstecher«, in Arrabals »Das Picknick im Felde« und in Dorsts »Große Schmährede an der Stadtmauer«, jeweils Staatl. Schauspielbühnen Berlins 1957–1966; Alfred in der Uraufführung von Flatows »Das Geld liegt auf der Bank«, mit Rudolf Platte, Hebbel-Theater Berlin 1968; in Anouilhs »Cher Antoine«, Theater am Kurfürstendamm; in Hauptmanns »Michael Kramer«, mit Will Quadflieg, Regie: Rudolf Noelte, Thalia-Theater Hamburg 1983 (auch ZDF 1984).
Fernsehen: »Der König stirbt« (nach Ionesco), ARD 1965; »Ein Toter zuviel« (aus der Reihe: »Stahlnetz«), Regie: Jürgen Roland, ARD 1968; »Nicht nur zur Weihnachtszeit« (nach Böll), ZDF 1969; »Liebling, ich laß mich scheiden«, ZDF 1970; »John Klings Abenteuer«, mit Hellmut Lange, Serie, ZDF 1971; »Doppelspiel«, Regie: Christian Wölffer (Theateraufzeichnung), ZDF 1972; Vorgesetzter von Kommissar Köster in »Der Alte«, mit Siegfried Lowitz und Michael Ande, Serie, ZDF seit 1977; »Unendlich tief unten«, Regie: Pete Ariel, ARD 1978; »Ein Mord, den jeder begeht«, Regie: Claus Peter Witt, ZDF 1979; »Wettlauf nach Bombay«, mit Christian Kohlund, Regie: Christian-Jaque, 4 Teile, ZDF 1981; »Mein seliger Onkel«, Regie: Vojtech Jasny, ORF 1982; »Villa zu vermieten«, mit Edith Heerdegen, Regie: Thomas Engel, ARD 1982; »Der Frosch und die Eintagsfliege« (nach Russel), Regie: Thomas Engel, ARD 1983; »Das zerbrochene Haus«, Regie: Michael Günther, ZDF 1985; »Der Kandidat« (nach Flaubert), mit Klaus Schwarzkopf, Regie: Thomas Engel, ARD 1986.
Anschrift. c/o ZBF-Agentur Hamburg, Tonndorfer Hauptstraße 90, 2000 Hamburg 70.

Helmut Schmid

Geb. 8. 4. 1925 als Sohn des Schauspielers Paul Schmid (er war später Direktor des Landestheaters Innsbruck) in Neu-Ulm; dort aufgew.; nach dem Abitur am Gymnasium Remscheid studierte er ein Semester Medizin und drei Semester Jura, zudem nahm er Schauspielunterricht. Sein Debüt gab er 1945 am Landestheater Innsbruck. Weitere Stationen: Stadttheater Memmingen (1947–1949), Saarländisches Landestheater Saarbrücken (1949–1952), Wuppertaler Theater, Bühnen der Stadt Kiel und Württembergisches Staatstheater Stuttgart (1956–1957).

Seine Bühnenkarriere unterbrach er Ende der 50er Jahre für eine Tätigkeit beim Film (insgesamt 40 Produktionen). In den letzten Jahren spielte er vor allem Tournee-Theater oder führte Regie (zuletzt: in Kings »Lauf doch nicht immer weg«, mit Liselotte Pulver, 1983/84 Tournee). Auch im Fernsehen machte er sich rar. Man sah ihn in der Serie »Timo« (1972) und »Die fünfte Jahreszeit« (Regie: Franz Josef Gottlieb, ARD 1982).

Schmid spricht engl., franz., ital.; er ist seit 1959 verheiratet mit der Schauspielerin Liselotte Pulver und hat zwei Kinder (Marc-Tell, geb. 1962, und Melisande, geb. 1968). Seiner ersten Ehe entstammten die Kinder Michael und Nina. Er lebt in Perroy am Genfer See in der Schweiz.

Film: »Geliebtes Fräulein Doktor«, 1954; »Heiße Ernte« und »Das Erbe vom Pruggerhof«, 1956; »Alle Wege führen heim« und »Der König der Bernina«, 1957; »Madeleine und der Legionär«, Regie: Wolfgang Staudte, »Liebe kann wie Gift sein«, »Rivalen der Manege«, Regie: Harald Philipp, »Mann im Strom« (nach S. Lenz), mit Hans Albers, Regie: Eugen York, »Zurück aus dem Weltall«, »Schwarze Nylons – heiße Nächte«, und »Du gehörst mir«, 1958; »Das Totenschiff«, »Lockvogel der Nacht« und »Die Nackte und der Satan«, 1959; »Deckname Salon Parisi«, »Gustav Adolfs Page«, mit Liselotte Pulver, Curd Jürgens und Axel von Ambesser, und »Soldatensender Calais«, 1960; »Unter zehn Flaggen«, Italien 1960; »Keine Zeit für Tränen«, Großbritannien 1960; »Zarte Haut in schwarzer Seide«, 1961; »Das Testament des Dr. Mabuse«, mit Gert Fröbe, Regie: Werner Klingler, 1962.

Anschrift: Villa Bip, CH-1166 Perroy am Genfer See, Schweiz.

Walter Schmidinger

– Staatsschauspieler –

Geb. 28. 4. 1933 in Linz/Donau; dort aufgew.; er arbeitete nach der Schule zunächst als Verkäufer und Dekorateur in einem Linzer Tuchwarengeschäft. Seine Schauspielausbildung absolvierte er am Wiener Max-Reinhardt-Seminar. Nach seinem ersten Engagement am Theater in der Josefstadt Wien kam er 1954 an die Bühnen der Stadt Bonn, denen er auch von 1960 bis 1969 angehörte. Weitere Stationen: Schauspielhaus Düsseldorf (1954–1960), Münchner Kammerspiele (1969–1972) und Bayerisches Staatsschauspiel München (1972–1985). Seit 1985 spielt er für drei Jahre an den Staatl. Schauspielbühnen Berlins. Gastspiele gab er u.a. am Theater der Freien Hansestadt Bremen (1965), am Deutschen Schauspielhaus Hamburg (1974), am Theater in der Josefstadt Wien (1980) und an der Schaubühne Berlin (1985).
Schmidinger spricht engl.; er ist ledig und lebt in München und Berlin.
Film: »Geschichten aus dem Wienerwald« (nach Horváth), mit Helmut Qualtinger und Birgit Doll, Regie: Maximilian Schell, und »Deutschland im Herbst«, Regie: Autorenteam 1978; »Aus dem Leben der Marionetten«, Regie: Ingmar Bergman 1980.
Theater: In Schisgals »Liiebe«, Regie: Rolf Becker, Theater der Freien Hansestadt Bremen 1965; in der deutschen Erstaufführung von Bonds »Schmaler Weg in den tiefen Norden«, Regie: Peter Zadek, 1969, Petypon in Feydeaus »Die Dame vom Maxim«, Regie: Dieter Giesing, und in Brechts »Leben Eduards des Zweiten von England« (nach Marlowe), Regie: Hans Hollmann, 1970, Amateurschauspieler in Karl Valentins »Mitternachtsständchen« (»Tingeltangel«), Regie: Niels-Peter Rudolph, Willi in der Uraufführung von Kroetz' »Heimarbeit«, Regie: Horst Siede, in Wagners »Der Ring des Nibelungen« (Bearbeitung: Christian Enzensberger/Ulrich Heising), Regie: Ulrich Heising, und in Molières »Dom Juan«, Regie: Oscar Fritz Schuh, 1971, jeweils Münchner Kammerspiele; Herr Lips in Nestroys »Der Zerrissene« (auch Deutsches Schauspielhaus Hamburg 1974), Hauptmann in Schillers »Wallenstein«, Maximilian in Fortes »Martin Luther & Thomas Münzer oder Die Einführung der Buchhaltung«, Hatch in Bonds »Die See«, Regie: Luc Bondy, und Weinberl in Nestroys »Einen Jux will er sich machen«, Titelrolle in Molières »Tartuffe«, Regie: Ingmar Bergman, Herzog von Clarence in Shakespeares »Richard III.«, Regie: Kurt Meisel, Gennadius in Ostrowskijs »Der Wald«, Regie: Harald Clemen, Kari Bühl in Hofmannsthals »Der Schwierige«, Regie: Hans Kratzer, Salieri in Shaffers »Amadeus«, Dichter in Schnitzlers »Reigen«, Regie: jeweils Kurt Meisel, Arzt in Strindbergs »Nach Damaskus«, Regie: Erwin Axer, in Bernhards »Über allen Gipfeln ist Ruh«, und Shylock in Shakespeares »Der Kaufmann von Venedig«, Regie: Alfred Kirchner, jeweils Bayerisches Staatsschauspiel München 1972 bis 1985; Malvolio in Shakespeares »Was ihr wollt«, Regie: Wilfried Minks, Deutsches Schauspielhaus Hamburg 1974; in Schnitzlers »Der einsame Weg«, Theater in der Josefstadt Wien 1980; Leonce in Büchners »Leonce und Lena«, Regie: Dieter Dorn, Münchner Kammerspiele 1981; Cyprian in Botho Strauß' »Der Park«, Regie: Peter Stein, Schaubühne Berlin (auch ZDF 1985); Titelrolle in Lessings »Nathan der Weise«, Regie: Bernard Sobel, und Titelrolle in Hofmannsthals »Der Unbestechliche«, Staatl. Schauspielbühnen Berlins 1985/86.
Wichtige Rollen an vorgenannten Bühnen waren zudem u.a.: Titelrolle in Shakespeares »König Lear«, »Hamlet« und »König Richard II.«, Titelrolle in Hauptmanns »Michael Kramer« und Bauer Wurzel in Raimunds »Der Bauer als Millionär«.
Fernsehen: »Drei Wege zum See« (nach Ingeborg Bachmann), ARD 1977; »Der Alte«, Serie, ZDF 1978; »Tatort«, Regie: Georg Lhotzky, Serie, ARD 1979; »Feuer!«, ZDF 1980; »Hanna von Acht bis Acht«, mit Angelica Domröse, Regie: Egon Günther, ZDF 1983; Benesch in »Die Friedenmacher«, Regie: Stanislav Barabas, (live), ARD 1984; Mansky in »Spiel im Schloß« (nach Molnár), mit Helmut Lohner und Ursela Monn, Regie: Otto Schenk, ZDF 1985; »Das Totenreich« (von Asmodi), Regie: Karin Brandauer, 2 Teile, ARD 1986. Zudem war er Gast in Joachim Fuchsbergers Talkshow-Reihe »Heut' abend«.
Auszeichnungen: »AZ-Stern des Jahres 1973« der Abendzeitung München; Bayerischer Staatsschauspieler.
Anschrift: c/o Agentur Baumbauer, Keplerstraße 2, 8000 München 80.

Peer Schmidt

Geb. 11. 3. 1926 als Sohn des Graphikers und Kunstmalers Rudolf Friedrich Eugen Schmidt in Erfurt/Thüringen; dort und in Berlin aufgew.; nach dem Real-Gymnasium Berlin-Charlottenburg besuchte er zunächst die Schauspielschule der Staatl. Schauspielbühnen Berlins, wurde dann jedoch zum Kriegsdienst eingezogen. 1946 begann er seine Bühnenlaufbahn am Deutschen Theater Berlin.
Von 1947 bis 1955 spielte er am Schauspielhaus Düsseldorf unter Gustaf Gründgens. Weitere Stationen: Münchner Kammerspiele, Schauspielhaus Zürich, Kleine Komödie München, Renaissance-Theater Berlin (bis 1981), Theater am Kurfürstendamm Berlin (bis 1982), Komödie Berlin (bis 1984), Ruhrfestspiele Recklinghausen, Theater Baden-Baden, Rheinisches Landestheater Neuss, Komödie Frankfurt/Main (bis 1984), Grenzlandtheater Aachen, Komödie im Marquardt Stuttgart und T(h)eater in der Briennerstraße München (1981). Er gastierte (ab 1951) bei den Salzburger Festspielen und machte zahlreiche Tourneen (bis 1985).
Sein Filmdebüt gab er neben Johannes Heesters in »Liebeskrieg nach Noten« (Regie: Karl Hartl) im Jahre 1953. Insgesamt wirkte er in über 40 Kinofilmen mit. Populär wurde er vor allem durch seine Rollen beim Fernsehen, allen voran durch die Titelrolle in Simenons »Der kleine Doktor« (Regie: Thomas Engel, ZDF 1973/74).
Schmidt spricht engl., franz.; er ist seit 1966 verheiratet mit der Schauspielerin Helga Schlack (geb. 12. 10. 1938; Theater u.a. in Zürich und Wien; TV u.a.: »Unser Herr Diener«; »Das kleine Wunder«; »Eine Krankheit, genannt Leben«). Schmidt lebt abwechselnd in Berlin und in Amrum auf Sylt.
Film: »Liebeskrieg nach Noten«, mit Johannes Heesters und Marte Harell, Regie: Karl Hartl, »Arlette erobert Paris«, mit Johanna Matz, »Muß man sich gleich scheiden lassen?«, »Ich und Du«, Regie: Alfred Weidenmann, und »Alles für Papa«, 1953; »Der Zigeunerbaron« (nach Johann Strauß), Regie: Arthur Maria Rabenalt, »Der treue Husar« und »Glückliche Reise«, 1954; »Ein Haus voll Liebe«, »Alibi«, Regie: Rolf Thiele, »Der doppelte Ehemann«, »Der Himmel ist nie ausverkauft«, »Wunschkonzert« und »Ein Herz bleibt allein«, 1955; »Kitty und die große Welt«, »Santa Lucia«, Regie: Werner Jacobs, »Uns gefällt die Welt« und »Die Rosel vom Schwarzwald«, 1956; »Bekenntnisse des Hochstaplers Felix Krull« (nach Thomas Mann), mit Horst Buchholz, Regie: Kurt Hoffmann, »Lemke's sel. Witwe«, mit Grethe Weiser, Regie: Helmut Weiß, »Familie Schimek«, Regie: Georg Jacoby, »Der Stern von Afrika«, mit Hansjörg Felmy und Horst Frank, Regie: Alfred Weidenmann, »Die Winzerin von Langenlois« und »Junger Mann, der alles kann«, 1957; »Sehnsucht hat mich verführt« und »Whisky, Wodka, Wienerin«, 1958; »Bumerang«, Regie: Alfred Weidenmann, »Bezaubernde Arabella«, mit Johanna von Koczian, Regie: Axel von Ambesser, und »Ich schwöre und gelobe«, 1959; »Schlagerraketen«, »Frau Irene Besser«, mit Luise Ullrich, Regie: John Olden, »Wenn die Heide blüht«, Regie: Hans Deppe, und »Auf Engel schießt man nicht«, 1960; »Bankraub in der Rue Latour«, mit und unter der Regie von Curd Jürgens, und »Die Hazy-Osterwald-Story«, 1961.
Theater: Beckmann in Borcherts »Draußen vor der Tür«, Leon in Grillparzers »Weh' dem, der lügt«, Student in Strindbergs »Gespenstersonate«, Chlestakow in Gogols »Der Revisor«, Just in Lessings »Minna von Barnhelm« (auch TV), Barney Silbermann in »Der letzte der feurigen Liebhaber«, in van Drutens »Das Lied der Taube« (seit 1964 mehrmals, auch auf Tournee), in Raphaelsons »Wolken am Himmel« (auch ZDF 1964), in Krasnas »Kein Problem«, Titelrolle in Hasenclevers »Ein besserer Herr«, in Steinbecks »Von Mäusen und Menschen« (auch TV), in Gardners »Tausend Clowns« (auch TV), in Axelrods »Meine Frau erfährt kein Wort«, in »Auf Wiedersehen im März«, in Dürrenmatts »Die Panne«, in »Das zweite Kapitel«, jeweils an den vorgenannten Bühnen und auf Tournee (bis 1985).
Fernsehen: »Wie einst im Mai«, ARD 1961; »Mein Herz ist im Hochland«, ARD 1962; »Der rote Hahn« (nach Hauptmann); »Tage der Rache«; »Luftsprünge«, mit Toni Sailer und Luis Trenker, Serie, ZDF 1969; »Frühling in Baden-Baden«, ARD 1971; »Gruselgeschichten«, ARD 1972; Titelrolle in »Der kleine Doktor« (nach Simenon), Regie: Thomas Engel, Serie, ZDF 1973/74; »Sonderdezernat K1«, Serie, ARD 1976; »Café Wernicke«, Serie, ARD 1978–1983;

»Derrick«, Serie, ZDF 1979; »Manni, der Libero«, mit Tommi Ohrner, Regie: Franz Josef Gottlieb, Serie, ZDF 1981; »Das Traumschiff«, Regie: Alfred Vohrer, Serie, ZDF 1983; »Berliner Weiße mit Schuß«, mit Günter Pfitzmann, Serie, Kommissar in »250.000 Mücken im Pappkarton«, mit Heinz Baumann, Regie: Norbert Schultze jun., »Jakob und Adele«, mit Carl-Heinz Schroth und Brigitte Horney, Serie, »Liebe ist ...«, mit Roland Kaiser, und »Es muß nicht immer Mord sein«, Regie: Peter Weissflog, Serie, ZDF 1985; »Schwarzer Lohn und weiße Weste«, Regie: Marco Serafini, ARD 1985.
Anschrift: c/o Agentur Jovanovic, Perfallstraße 6, 8000 München 80, oder Am Wieselbau 26, 1000 Berlin 37.

Kurt Schmidtchen

Geb. 19. 4. 1930 in Berlin; dort aufgew.; nach der Schule nahm er Schauspielunterricht bei Otto Stökkel. Sein Filmdebüt gab er bei der DEFA in Ost-Berlin, wo er auch an einigen Bühnen spielte. 1961 siedelte er in den Westen der Stadt über. Neben Gastspielen in Berlin und auf Tournee wurde er vor allem durch seine Fernsehauftritte bekannt. In nahezu allen Serien mit Dieter Hallervorden war er dessen Partner.
Schmidtchen spricht engl.; er ist verheiratet, hat eine Tochter und lebt abwechselnd in München und Berlin.
Fernsehen: »Die Stimme im Glas«, ARD 1964; »Zu Gast...« (Städteserie), ARD 1966; »Otto, der Klavierstimmer«, ARD 1967; »Der rasende Lokalreporter«, Serie, ARD 1968; »Fußballtrainer Wulff«, Regie: Erich Neureuther, Serie, 13 Folgen, ARD 1970–1972; »Silvestershow« (mehrmals), u.a. ARD 1973; »Nonstop Nonsens«, mit Dieter Hallervorden und Rotraud Schindler, Regie: Heinz Liesendahl, Serie, ARD 1974–1976; »Liebe, Tod und Heringshappchen«, Regie: Sven Serverin, ZDF 1979; »Derrick«, Serie, ZDF 1981; »Zelleriesalat«, mit Dieter Hallervorden, 4 Teile, ZDF 1983/84; »Der Alte«, Serie, ZDF 1984.
Anschrift: c/o ZBF-Agentur München, Leopoldstraße 19, 8000 München 40.

Gisela Schneeberger

Geb. 3.10.1948 in Dollnstein bei Eichstätt/Oberbayern; aufgew. in München; dort Abitur und Studium der Psychologie; Besuch der Otto-Falckenberg-Schule, Abschluß 1974; 1974/75 und von 1976–1978 war sie Ensemblemitglied des Schiller-Theaters Berlin; seit 1975 künstlerische Zusammenarbeit mit Gerhard Polt und Hanns Christian Müller; sie machte Hörspiele (u.a. »Das Nest«, 1974 und »Kehraus«, 1980), eine LP (»Fast wia im richtigen Leben«) und veröffentlichte das Buch »Unser Rhein-Main-Donau-Kanal«, 1983; Gisela Schneeberger hat einen Sohn (Philip, geb. 1980) und lebt in München; sie spricht engl.
Film: »Kehraus«, mit Gerhard Polt, Regie: Hanns Christian Müller, 1983 (auch TV 1986).
Theater: In Kroetz' »Maria Magdalena«, Schiller-Theater Berlin 1974/75 (auch TV); »Nachtrevue«, mit Gerhard Polt, Theater Die Kleine Freiheit München 1975; in Raimunds »Der Bauer als Millionär«, Bayerisches Staatsschauspiel München 1978/1979; in »Kehraus«, mit Gerhard Polt, 1979, und »München leuchtet«, mit Dieter Hildebrandt, 1983/84, jeweils an den Kammerspielen München. In Polt/Müllers »Die Exoten«, mit Gerhard Polt, Ruth Drexel und Karl Obermayr, Bayerisches Staatsschauspiel München 1985 (auch TV 1986).
Fernsehen: »Im Hause des Kommerzienrates« (nach Marlitt), ZDF 1975; »4 Zimmer Altbau« 12 Folgen, ARD 1976; »Haus Vaterland«, ARD 1977; »Da schau her«, mit Gerhard Polt, ARD 1978; »Fast wia im richtigen Leben«, mit Gerhard Polt, Regie: Hanns Christian Müller, 11 Folgen, ARD 1979–1984; »Einwürfe aus der Kulisse«, »Unruhiger Sommer«, Regie: Franz Geiger, ZDF 1980; »Haltestelle«, mit Hans Dieter Hüsch, 2 Folgen, ZDF 1981; »Scheibenwischer«, Regie: Sammy Drechsel, 5 Folgen, ARD 1982–1985; »Monaco-Franze – Der ewige Stenz«, mit Helmut Fischer, Regie: Helmut Dietl, 6 Folgen, ARD 1983; »Heimatabend«, mit Gerhard Polt, Regie: Hanns Christian Müller, BR III 1984.
Auszeichnungen: Adolf-Grimme-Preis 1982 und 1983; »tz-Rose« des Jahres 1984, »tz« München.
Anschrift: c/o ZBF-Agentur München, Leopoldstraße 19, 8000 München 40.

Edith Schneider

Geb. 16. 7. 1919 in Bochum; dort aufgew.; schon mit drei Jahren stand sie auf der Bühne. Nach dem Besuch einer Klosterschule absolvierte sie die Folkwang-Schule Essen. Nach ersten Engagements am Stadttheater Aachen und am Schauspielhaus Düsseldorf kam sie 1944 an das Deutsche Theater Berlin, an dem sie noch drei Monate bis zur Schließung der Bühnen tätig war. Nach dem Krieg spielte sie zunächst am Thalia-Theater Hamburg, bevor sie unter Boleslaw Barlog 20 Jahre an den Staatl. Schauspielbühnen Berlins verpflichtet war. Seit 1977 gehört sie zum Ensemble des Bayerischen Staatsschauspiels München. Sie arbeitet umfangreich in der Synchronisation, u.a. deutsche Stimme von Doris Day und Jane Wyman (»Falcon Crest«).
Edith Schneider spricht engl.; sie war verheiratet mit dem mittlerweile verstorbenen Schauspieler und Regisseur Peter Mosbacher und lebt in München.
Film: »Arche Nora«, Regie: Werner Klingler, 1948; »Cardillac, der Goldschmied von Paris«.
Theater: Sie spielte das gesamte Repertoire ihres Fachs aus Klassik und Moderne, zuletzt: Baronin in Horváths »Geschichten aus dem Wienerwald«, und die Mutter in Strindbergs »Ein Traumspiel«, Regie: Ingmar Bergman, 1977/78, Arsinoë in Molières »Der Misanthrop«, Lacrimosa in Raimunds »Der Bauer als Millionär«, und Chorführerin in Aischylos' »Orestie II«, 1978/79, div. Rollen in Goethes »Faust II«, und Anais in Labiches »Der Florentinerhut«, 1979/80, Herzogin von York in Shakespeares »Richard III.«, und Dame in Grau in Lanes »Happy end«, 1980/81, Lina Beermann in Thomas »Moral«, Regie: Kurt Meisel, und Dr. Ines Hoffe in Kipphardts »März – Ein Künstlerleben«, Regie: Hans Hollmann, 1981/82, Amandines Mutter in »Herzeleid«, und in Strindbergs »Nach Damaskus«, Regie: Erwin Axer, 1982/83, in der Uraufführung von Peter Schneiders »Totoloque«, Regie: Wilfried Minks, 1984/85, jeweils Bayerisches Staatsschauspiel München.
Fernsehen: »Die Spur führt nach Amsterdam«; »Mord im Pfarrhaus«; »Nachkommenschaften« (von Gabriele Wohmann), Regie: Ludwig Cremer, ARD 1977; »Der Alte«, Serie, ZDF 1978; »Barfuß im Park« (nach Simon), mit Wolfgang Kieling, Regie: Arno Assmann, ARD 1980.

Anschrift: c/o Agentur Baumbauer, Keplerstraße 2, 8000 München 80.

Magda Schneider

Geb. 17. 5. 1909 als Tochter eines Installateurs in Augsburg-Pfersee; dort aufgew.; nach der Handelsschule war sie als Stenotypistin tätig. Sie besuchte das Augsburger Konservatorium für Musik und Theater und nahm Ballettunterricht. Am Stadttheater in Ingolstadt debütierte sie als zweite Soubrette. Ein Engagement an den Städt. Bühnen Augsburg für Operette und Ballett folgte. Nach einer weiteren Verpflichtung am Staatstheater am Gärtnerplatz in München kam sie schließlich an das Theater in der Josefstadt in Wien.
Bevor sie jedoch das Engagement antreten konnte, wurde sie 1931 von dem Filmregisseur Joe May für den UFA-Film »Zwei in einem Auto« entdeckt. Danach wirkte sie bis 1961 in rund weiteren 60 Kinoproduktionen mit. In über zehn Filmen war sie an der Seite ihrer am 29. 5. 1982 verstorbenen Tochter Romy Schneider (geb. 23. 9. 1938) zu sehen, die sie vor allem zu Beginn ihrer internationalen Karriere sehr förderte.
Magda Schneider war in erster Ehe (1937–1941) verheiratet mit dem Schauspieler Wolf Albach-Retty, mit dem sie in den 30er und 40er Jahren mehrere Filme drehte. Aus dieser Ehe stammt neben Romy auch ihr Sohn Wolf Dieter. Ihr zweiter Ehemann, der Gastronom Herbert Blatzheim, starb 1968. Seit 1982 ist sie in dritter Ehe verheiratet mit Horst Fehlhaber. Magda Schneider spricht engl.; sie lebt seit Jahren zurückgezogen in Schönau/Oberbayern.
Film: »Das Lied einer Nacht«, Regie: Anatole Litvak, in einer deutschen, französischen und englischen Fassung, 1932; »Sehnsucht 202«, mit Attila Hörbiger, und »Glück über Nacht«, Regie: jeweils Max Neufeld, »Fräulein, falsch verbunden«, »Marion, das gehört sich nicht« und »Das Testament des Cornelius Gulden«, Regie: jeweils E.W. Emo, 1932; »Liebelei« (nach Schnitzler), Regie: Max Ophüls, »Kind, ich freu' mich auf Dein Kommen«, Regie: Kurt Gerron und Erich von Neusser, »Ein Mädel wirbelt durch die Welt«, Regie: Georg Jacoby, und »Glückliche Reise«, Regie: Alfred Abel, 1933; »Ein Mädel aus Wien« (»Going Gay«), Regie: Carmine Gallone, Großbritannien 1933; »Ich kenn' dich nicht und liebe dich«, mit Willi Forst, Regie: Geza von Bolvary, »G'schichten aus dem Wienerwald« (nach Horváth), Regie: Georg Jacoby, und »Fräulein Liselott«, Regie: Johannes Guter, 1934; »Die Katz' im Sack«, Regie: Richard Eichberg, Frankreich/Deutschland 1934; »Winternachtstraum«, mit Wolf Albach-Retty, Regie: Geza von Bolvary, »Die lustigen Weiber«, Regie: Carl Hoffmann, »Eva« (nach Lehár), mit Adele Sandrock und Heinz Rühmann, Regie: Johannes Riemann, und »Vergiß mein nicht«, Regie: Augusto Genina, 1935; »Rendezvous in Wien«, Regie: Victor Janson, »Der Weg des Herzens«, Regie: Willy Schmidt-Gentner, »Die Puppenfee«, Regie: E.W. Emo, und »Geheimnis eines alten Hauses«, Regie: Rudolf van der Noss, 1936; »Frauenliebe – Frauenleid«, Regie: Augusto Genina, »Oberleutnant Franzl«, Regie: Hubert Marischka, und »Musik für Dich«, Regie: E.W. Emo, 1937; »Die Frau am Scheideweg«, mit Hans Söhnker, Regie: Josef von Baky, und »Frühlingsluft«, Regie: Carl Lamač, 1938; »Das Recht auf Liebe«, Regie: Joe Stöckel, und »Wer küßt Madeleine?«, Regie: Victor Janson, 1939; »Mädchen im Vorzimmer«, Regie: Gerhard Lamprecht, und »Herzensfreud – Herzensleid«, Regie: Hubert Marischka, 1940; »Am Abend auf der Heide«, Regie: Jürgen von Alten, 1941; »Liebeskomödie«, Regie: Theo Lingen, und »Zwei glückliche Menschen«, Regie: E.W. Emo, 1942; »Ein Mann für meine Frau«, Regie: Hubert Marischka, 1943; »Eines Tages«, Regie: Fritz Kirchhoff, 1944; »Ein Mann gehört ins Haus«, Regie: Hubert Marischka, 1948; »Die Sterne lügen nicht«, Regie: Jürgen von Alten, 1950; »Und ewig bleibt die Liebe«, Regie: Wolfgang Liebeneiner, 1954; »Von allen geliebt«, Regie: Paul Verhoeven, 1957; »Das Dreimäderlhaus«, Regie: Ernst Marischka, 1958.
Zusammen mit ihrer Tochter Romy Schneider war sie u.a. in folgenden Filmen zu sehen: »Wenn der weiße Flieder wieder blüht«, Regie: Hans Deppe, 1953 (Romy Schneiders 1. Filmrolle); »Mädchenjahre einer Königin«, mit Gustav Knuth, 1954, »Sissi«, mit Karlheinz Böhm und Vilma Degischer, 1955, »Sissi, die junge Kaiserin«, 1956, und »Sissi, Schicksalsjahre einer Kaiserin«, 1957, Regie: jeweils Ernst Marischka; »Die Deutschmeister«, 1955; »Robinson soll nicht sterben«, mit Horst Buchholz, Regie: Josef von Baky, 1957; »Die Halbzarte«, Regie: Rolf Thiele, 1958; »Morgen beginnt das Leben«, 1961.

Fernsehen: »Drei Frauen im Haus« und »Vier Frauen im Haus«, Regie: Hermann Leitner, Serie, 26 Folgen, ARD 1968/69.
Auszeichnung: Filmband in Gold 1982.
Anschrift: Mariengrund, Am Königssee, 8240 Schönau.

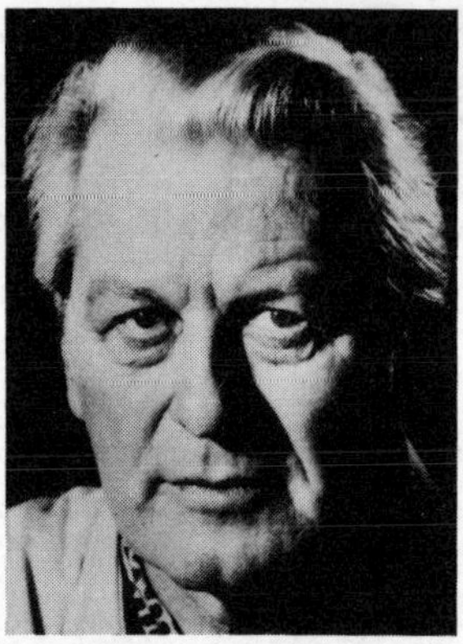

Siegmar Schneider

– Staatsschauspieler –

Geb. 10. 12. 1916 in Berlin, wo er im Stadtteil Zehlendorf aufwuchs; Abitur am Realgymnasium; von 1935 bis 1937 Besuch der Schauspielschule Ackermann in Berlin; 1937 debütierte er am Staatstheater Bremen; weitere Stationen: Städt. Bühnen Augsburg (1938/39), Staatstheater Stuttgart (1939–1942), Burgtheater Wien (1942–1945), Stadttheater Göttingen (1945/46), Deutsches Theater Berlin (1947–1949), Renaissance-Theater, Freie Volksbühne und Schloßpark-Theater in Berlin (1949/50); von 1943 bis 1964 war er im Ensemble des Schiller-Theaters Berlin, von 1966–1975 Gast am Thalia-Theater und den Kammerspielen in Hamburg; seitdem ist er freischaffend. 1965 war er Chefdramaturg der Hauptabteilung Fernsehspiel beim Südwestfunk Baden-Baden.
Schneider arbeitete zudem als Regisseur, u.a. in Bern, Braunschweig und Baden-Baden; er ist in der Synchronisation tätig und u.a. die deutsche Stimme von James Stewart.
Er spricht engl., franz.; er ist verheiratet, hat eine Tochter (Angelika-Christine) und lebt abwechselnd in Stuttgart und Neukirchen am Walde in Oberösterreich.
Film: »Straßenbekanntschaft«, 1947, »Unser täglich Brot« und »Martina«, 1948, jeweils DEFA-Produktionen; »Stresemann«, 1957; »Die Ehe des Herrn Mississippi« (nach Dürrenmatt), 1961.
Theater: Titelrolle in Goethes »Clavigo«, Städt. Bühnen Augsburg 1938; Titelrolle in Kleists »Prinz Friedrich von Homburg«, Staatstheater Stuttgart 1941; Wetter vom Strahl in Kleists »Das Käthchen von Heilbronn«, Phaon in Grillparzers »Sappho« und Heinrich IV. in Kolbenheyers »Gregor und Heinrich«, jeweils Burgtheater Wien 1942–1945; Christean Theodor in Schwarz' »Der Schatten«, Deutsches Theater Berlin 1947; Titelrolle in Molières »Dom Juan«, Regie: Giorgio Strehler, Freie Volksbühne Berlin 1949; Eugene in Wolfes »Herrenhaus«, Regie: Boleslaw Barlog (1954), Andrei in »Krieg und Frieden« (nach Tolstoi), Bearbeitung und Regie: Erwin Piscator, damit auch Gastpiel bei den Intern. Theaterfestwochen in Paris (1955), Kammerherr in Gombrowicz' »Yvonne, Prinzessin von Burgund«, Regie: Ernst Schröder (1967) – damit auch Gastspiel bei den Theaterfestwochen in London –, Tempelherr in Lessings »Nathan der Weise«, Regie: Fritz Kortner (1968), König in Gombrowicz' »Operette« (1970), jeweils Schiller-Theater Berlin; Jupiter in Kleists »Amphitryon«, Hamburger Kammerspiele, Mr. Tattle in Congreves »Liebe für Liebe«, Thalia-Theater Hamburg, jeweils 1966–1972.
Fernsehen: Titelrolle in »Siegfrieds Tod« (nach du Frênes), ARD 1961; Otto in »1913« (nach Sternheim), ARD 1964; Brutus in »Die chinesische Mauer« (nach Frisch), und Spurius in »Romulus der Große« (nach Dürrenmatt), ARD 1965; »Hôtel du Commerce« (nach Hochwälder), ARD 1968; Flavus in »Die Plebejer proben den Aufstand« (nach Grass), ARD 1969; »Der Schuß«, ARD 1970; »Wecken Sie Madame nicht auf« (nach Anouilh), mit Elisabeth Flickenschildt, Regie: Willi Schmidt, ARD 1974; »Konzertcafé«, Serie, ARD 1979/80.
Auszeichnung: Ernennung zum Berliner Staatsschauspieler 1963.
Anschrift: c/o ZBF-Agentur Frankfurt, Feuerbachstraße 42–46, 6000Frankfurt/Main, oder Oelschlägerstraße 57, 7000 Stuttgart 75.

Ilsemarie Schnering

Geb. 28. 4. 1916 in Genthin/Mark Brandenburg; nach der Schule absolvierte sie eine Ausbildung als Sängerin (Sopran) und Schauspielerin. Engagements hatte sie u.a. am Theater Gotha, am Staatstheater Oldenburg, an den Bühnen der Hansestadt Lübeck, am Badischen Staatstheater Karlsruhe, am Theater Königsberg, am Theater Breslau und am Württembergischen Staatstheater Stuttgart, wo sie Rollen ihres Fachs verkörperte. Seit 1957 ist sie freischaffend. Sie arbeitet umfangreich für das Fernsehen.
Frau Schnering spricht engl.; sie ist geschieden von dem Regisseur Peter Beauvais und lebt in Gernsbach/Baden-Württemberg.
Fernsehen: Unter der Regie von Peter Beauvais spielte sie u.a. in: »Trauer muß Elektra tragen« (nach O'Neill), ARD 1970; »Rückfälle«, ARD 1977; »Trennung oder Die Geschichte der Anna Wildermuth« und »Kur in Travemünde«, ARD 1979. Ferner u.a. in: Jims Mutter in »Die Schatzinsel« (nach Stevenson), mit Michael Ande, Regie: Wolfgang Liebeneiner, 4 Teile, ZDF 1966; »Gelder, Gauner und Giraffen«; »Ein Chirurg erinnert sich«, Serie; »Tatort«, Serie, 4 Folgen, ARD 1972–1982; »Lady Audleys Geheimnis«, ARD 1978; »Die Weber« (nach Hauptmann), mit Klaus Maria Brandauer und Hans Söhnker, Regie: Fritz Umgelter, und »Der Aufstieg – Ein Mann geht verloren«, Regie: Peter Patzak, ARD 1980; »Das Käthchen von Heilbronn oder die Feuerprobe« (nach Kleist), ARD 1981; »Der kleine Bruder«, mit Herbert Stass, ZDF 1982.
Anschrift: c/o ZBF-Agentur Hamburg, Tonndorfer Hauptstraße 90, 2000 Hamburg 70.

Werner Schneyder

Geb. 25. 1. 1937 in Graz; aufgew. dort und in Klagenfurt; nach dem Besuch des Realgymnasiums Klagenfurt (Abitur 1954) studierte er Zeitungswissenschaft und Kunstgeschichte an der Universität Wien. 1959 schloß er das Studium mit der Dissertation »Die Wechselwirkung zwischen Herausgeberprogramm und publizistischem Erfolg« und der Promotion zum Dr. phil. ab.
Bereits während seiner Schulzeit arbeitete er nebenher als Redaktionsvolontär und parallel zum Studium war er als Gelegenheitsjournalist und Werbetexter tätig. Nach dem Studium war er drei Jahre Theaterdramaturg in Salzburg und Linz. 1963 hatte sein Erstlingswerk »Till bevor er hing« am Landestheater Salzburg Premiere.
Seit 1965 ist Schneyder freischaffend. Er arbeitet als Kabarettist, Schriftsteller und Autor für Fernsehen und Hörfunk. Er produzierte zahlreiche Hörspiele, bei denen er selbst Regie führte. Für das Fernsehen schrieb er mehrere Shows, Spielserien und kabarettistische Programme.
In verschiedenen österr. und deutschen Zeitungen publizierte er Essays und Feuilletonbeiträge. Von seinen Büchern seien genannt: »Empfehlung der einfachen Schläge« (1973), »Die Unternehmungen des Herrn Hans« (1975), »Gelächter vor dem Aus« (1980), und »Erich Kästner« (1982).
Seine erfolgreiche Laufbahn als Kabarettist startete er 1974 in der Münchner »Lach- und Schießgesellschaft«. Mit Dieter Hildebrandt bestritt er das literarisch-satirische Zwei-Mann-Programm »Talk täglich«. Zahlreiche, fast jährlich wechselnde Soloprogramme folgten (auch auf Tournee und im Fernsehen). 1985 gastierte er mit Dieter Hildebrandt in Leipzig. Das in der DDR vielbeachtete Gastspiel wurde auch von der ARD in Ausschnitten übernommen.
In der Bundesrepublik Deutschland ist Schneyder ständiger Gast beim Fernsehen. Über seine Kabarettprogramme hinaus hatte er Auftritte in Dieter Hildebrandts »Notizen aus der Provinz« (ZDF) und »Scheibenwischer« (ARD). Im ARD-Abendprogramm (vom BR) hat er eine eigene Musiksendung (»Werner Schneyder und seine Gäste«), in der er neben namhaften Gästen auch dem Nachwuchs eine Chance gibt. Für das ZDF moderierte er mehrmals am Jahresende das »Ausgefallene Sportstudio«, in dem er die Höhepunkte eines Sportjahres auf seine pointierte Art würdigte.
Schneyder ist sportbegeistert, interessiert sich insbesondere für Fußball, Tennis und Boxen. Er ist selbst Boxringrichter der Amateure (mit AIBA-Lizenz); für das ZDF übertrug er mehrmals internationale Box-Wettbewerbe, darunter die Olympischen Kämpfe in Los Angeles 1984.
Schneyder spricht engl., franz.; er ist verheiratet, hat einen Sohn (Achim) und lebt in Salzburg.
Auszeichnungen: »Theodor-Körner-Förderungspreis« 1966; »Dr.-Karl-Renner-Preis für Publizistik« 1974. Er ist Mitglied des PEN-Clubs.
Anschrift: Riedenburger Straße 8, A-5020 Salzburg, Österreich.

Karl Schönböck

Geb. 4. 2. 1909 als Sohn eines Kapitäns der Donau-Dampfschiffahrtsgesellschaft in Wien; dort aufgew.; nach dem Abitur an der 2. Bundesrealschule in Wien studierte er zwei Semester Philologie. Anschließend absolvierte er die Wiener Schauspielakademie unter Dr. Schulbar.

Sein Debüt gab er 1932 am Staatstheater Meißen. Über das Deutsche Theater Hannover, das Schauspielhaus Königsberg, das Stadttheater Salzburg und das Stadttheater Bonn kam er 1937 nach Berlin, wo er im Lauf der Zeit an allen großen Häusern gespielt hat.

Seine erste Filmrolle erhielt er 1936 von Reinhold Schünzel in dem Film »Das Mädchen Irene«. Bis 1945 sah man ihn in zirka 20 Produktionen. Seinen ersten Nachkriegsfilm drehte er mit Jenny Jugo bei der DEFA: »Träum nicht, Annette«. Bis Mitte der 60er Jahre drehte er weitere 30 Filme.

Nach Kriegsende machte er Kabarett in Berlin und München. 1945 eröffnete er mit Kollegen das erste deutsche Nachkriegstheater, die Berliner Tribüne. Er gehörte ferner zu den Gründern des Theaters Die Kleine Freiheit in München, der Stadt, wo er seit 1946 den Schwerpunkt seiner Tätigkeit gesetzt hat. Neben Auftritten an der Münchner Schaubühne (1946), der Kleinen Komödie (seit 1950), dem Staatstheater am Gärtnerplatz (1951/52), wirkte er auch am Bayerischen Staatsschauspiel (1955) sowie an den Münchner Kammerspielen (1957 und 1966).

Seit 1949 unternahm er Theatertourneen durch die Bundesrepublik, u.a. mit Magda Schneider, und gastierte am Theater in der Josefstadt und am Theater an der Wien in Wien.

Schönböck spricht engl., franz.; er war verheiratet mit der 1964 verstorbenen Schauspielerin Herta Saal; er hat eine Tochter (Christine, geb. 1942); seit 1965 ist er verheiratet mit der Schauspielerin Corinna Gennest (mit der er vor allem an der Kleinen Komödie München oftmals gemeinsam aufgetreten ist) und lebt in München.

Film: »Das Mädchen Irene« und »Blumen aus Nizza«, 1936; »Daphne und der Diplomat« und »Gewitterflug zu Claudia«, 1937; »Der Blaufuchs«, mit Zarah Leander und Willy Birgel, Regie: Viktor Tourjansky, »Anna Favetti« und »Eine Nacht im Mai«, 1938; »Liebe streng verboten«, »Fräulein«, »Dein Leben gehört mir« und »Die goldene Maske«, 1939; »Aus erster Ehe«, »Bismarck« und »Casanova«, 1940; »Frau Luna« (nach Lincke), Regie: Theo Lingen, und »Der siebente Junge«, 1941; »Die Wirtin zum Weißen Rössl«, »Titanic«, Regie: Werner Klingler, und »Akrobat schö-ö-ön«, mit Charlie Rivel, 1943; »Frau über Bord«, Regie: Wolfgang Staudte, »Die heimlichen Bräute«, »Ich hab' von dir geträumt« und »Der Verteidiger hat das Wort«, 1944; »Die Brüder Noltenius«, »Eine alltägliche Geschichte«, und »Sag' endlich ja«, 1945; »Träum' nicht Annette«, »Berliner Ballade«, 1948; »Der blaue Strohhut« und »Ich mach' dich glücklich«, 1949; »Sensation im Savoy«, »Höllische Liebe« und »Der Mann, der sich selber sucht«, 1950; »Die Försterchristl«, mit Johanna Matz und Will Quadflieg, Regie: Ernst Marischka, »Ein ganz großes Kind«, »Der keusche Lebemann« (nach Arnold/Bach), und »Fiakermilli – Liebling von Wien«, Regie: Arthur Maria Rabenalt, 1952; »Lavendel«, »Die Nacht ohne Moral«, »Die Perle von Tokay«, »Schlagerparade«, »Fanfaren der Ehe« und »Muß man sich gleich scheiden lassen?«, 1953; »Feuerwerk« (nach Burkhard), mit Lilli Palmer, Regie: Kurt Hoffmann, »Bezauberndes Fräulein«, Regie: Georg Thomalla, »Die Stadt ist voller Geheimnisse«, und »Der Zigeunerbaron« (nach Johann Strauß), 1954; »Der Kongreß tanzt«, Regie: Franz Antel, und »Ihr erstes Rendezvous«, Regie: Axel von Ambesser, 1955; »Das Bad auf der Tenne«, Regie: Paul Martin, »Durch die Wälder, durch die Auen« und »Hurra, die Firma hat ein Kind«, 1956; »Die liebe Familie«, 1957; »Peter Voss, der Millionendieb«, mit O.W. Fischer, Regie: Wolfgang Becker, und »Sehnsucht hat mich verführt«, 1958; »Die Wahrheit über Rosemarie«, 1958; »Das schwarze Schaf«, mit Heinz Rühmann, Regie: Helmuth Ashley, und »Schlagerraketen«, Regie: Werner Jacobs, 1960; »Bei Pichler stimmt die Kasse nicht«, mit Georg Thomalla, Regie: Hans Quest, »Es muß nicht immer Kaviar sein« (nach Simmel), mit O.W. Fischer, Regie: Geza von Radvany, und »Eine hübscher als die andere«, 1961; »Das schwarz-weiß-rote Himmelbett«, mit Daliah Lavi und Thomas Fritsch, Regie: Rolf Thiele, BRD/Frankreich 1962; »Mit Django kam der Tod«,

mit Franco Nero und Klaus Kinski, Regie: Luigi Bazzoni, Italien/BRD 1967.
Theater: In Zuckmayers »Katharina Knie«, in Shakespeares »Wie es euch gefällt«, Theater Die Kleine Freiheit München 1946/47; in »Ihr letzter Walzer«, Staatstheater am Gärtnerplatz München 1951/52; in Schillers »Maria Stuart«, Bayerisches Staatsschauspiel München 1955; in Goetz' »Der Lampenschirm«, Regie: Hans Schweikart, 1957, und Rittmeister in Horvárths »Geschichten aus dem Wienerwald«, Regie: Otto Schenk, 1966, jeweils Münchner Kammerspiele; Direktor Holzknecht in Kohouts »August, August, August«, mit und unter der Regie von Hans Richter, Festspiele Heppenheim 1976.
An der Kleinen Komödie München spielte er u.a. in: Letraz' »Meine Frau Jacqueline« (1950), Smith' »Der erste Frühlingstag« (1951), Cowards »Intimitäten«, und Behrmans »Jane«, auch ARD (1958), Rattigans »Olivia« (1959), Osborns »Erinnerst du dich?« (1960), Maughams »Lady Frederick«, auch jeweils TV (1962 und 1983), Molnárs »Spiel im Schloß« (1963), Maughams »Caroline« (1965), Cowards »Amouren« (1966), Sauvajons »Tchao« (1970), Savoirs »Die Kinder Edouards«, auch ARD (1973), »Duell ohne Sieger« (1977), Maughams »Der Kreis«, auch ARD (1978), Wildes »Lady Windermeres Fächer« (1982), Gmürs »Schloß Rabeneck« (1984), Lewinskys »Drei Männer im Schnee« (nach Kästner, 1985).
Fernsehen: Außer in den vorgenannten Theaterstükken spielte er u.a. in: »Dem Täter auf der Spur«, Regie: Jürgen Roland, Serie, ARD 1967; »Der Tod des Engelbrecht Dollfuß« (von Peter Adam), Regie: Franz Peter Wirth, ARD 1968; »Der Feldherrnhügel« (von Roda Roda/Rößler), mit Attila Hörbiger, Regie: Gerd Wildhagen, ZDF 1970; »Komtesse Mizzi« (nach Schnitzler), Regie: Otto Schenk, ZDF 1975; »Augenblicke«, mit Paula Wessely, Regie: Wolfgang Glück, ORF 1979; »Duett im Zwielicht« (nach Coward), Regie: Richard Münch, ARD 1982; »Seinerzeit«, ihm gewidmetes TV-Portrait, ORF 1984.
Auszeichnung: Bundesverdienstkreuz der Bundesrepublik Deutschland I. Klasse 1979; »Filmband in Gold« für besondere Verdienste um den deutschen Film 1985.

Anschrift: c/o Agentur Jovanovic, Perfallstraße 6, 8000 München 80.

Barbara Schöne

Geb. 19. 5. 1947 als Tochter des Regisseurs, Sängers, Schauspielers und späteren SFB-Ressortleiters Werner Schöne in Berlin; dort aufgew.; bereits mit sechs Jahren stand sie in Shakespeares »Der Widerspenstigen Zähmung« auf einer Berliner Bühne. Ihr TV-Debüt gab sie 1957 in dem Fernsehspiel »Drei leere Räume«. Mit 15 Jahren bestand sie die Aufnahmeprüfung zur Berliner Max-Reinhardt-Schule unter Hilde Körber. Ihr erstes Engagement hatte sie noch während der Ausbildung am Renaissance-Theater Berlin. Verpflichtungen folgten u.a. an der Komödie Berlin, an der Kleinen Komödie München und bei zahlreichen Tourneen.
1980 präsentierte sie die Schallplatte »So zart wie Mozart«.
Frau Schöne ist in dritter Ehe verheiratet, hat einen Sohn (Florian-John, geb. 1984) und lebt in Berlin.
Film: »Willi wird das Kind schon schaukeln«, mit Heinz Erhardt, Regie: Werner Jacobs, 1971.
Theater: In »Quintett«, Regie: Peter Mosbacher, in Homes »Ein Mann für Jenny«, mit Gustav Knuth und Inge Meysel, in Homes »Handicap«, in Flatows »Der Mann, der sich nicht traut«, mit Georg Thomalla, in Sartres »Die ehrbare Dirne« und in Stuarts »Ankomme Dienstag – stop – Fall nicht in Ohnmacht«, Regie: Wolfgang Spier (auch ZDF 1985), jeweils an den vorgenannten Bühnen und auf Tournee bis 1985.
Fernsehen: »Geibelstraße 27«, Regie: Peter Beauvais, ARD 1966; »Mein Freund Harvey« (nach Chase), Regie: Rolf von Sydow, ARD 1967; »Ein Sommer mit Nicole«, mit Victoria Brams, Serie, ZDF 1967/68; »Kollege Bindelmann« (nach Lommer), Regie: Heinz Schirk, ARD 1969; »Scher' dich zum Teufel, mein Engel« (nach Tinney), Regie: Wolfgang Liebeneiner, ZDF 1970; »Preußenkorso Nr. 17«, mit Harald Juhnke, ZDF 1974; »Spiel mit dem Feuer«, ARD 1976; »Bezauberndes Fräulein« (nach Benatzky), Regie: Erich Neureuther, »Es muß nicht immer Kaviar sein« (nach Simmel), mit Siegfried Rauch und Heinz Reincke, Regie: Thomas Engel, Serie, ZDF 1977; »Die Traumfrau«, Regie: Klaus Überall, ARD 1978; »Lieder aus der Kirche«, Regie: Otto Meyer, ZDF 1980; »Die Krimistunde«, Regie: Hartmut Griesmayr, Serie, ARD 1982; »Ein verrücktes Paar«, mit Harald Juhnke und Grit Boettcher, Serie, ZDF 1982; »Ravioli«, Regie: Franz-Josef Gottlieb, 13 Teile, ZDF 1984; »Kontakt bitte«, Serie, ARD 1984. Von 1979 bis 1982 moderierte sie als Assistentin neben Harald Juhnke die ZDF-Show »Musik ist Trumpf«.
Auszeichnung: Von den Lesern der »Funk Uhr« wurde sie 1970 zum »Mädchen des Jahres« gewählt.
Anschrift: c/o ZBF-Agentur Berlin, Kurfürstendamm 206, 1000 Berlin 15.

Reiner Schöne

Geb. 19. 1. 1942 in Weimar; dort aufgew.; nach der Schule absolvierte er eine Schauspielausbildung. In kurzer Zeit avancierte er zu einem der gefragtesten Blues-, Folklore- und Protestsänger der DDR. Er hatte zahlreiche Bühnen- und TV-Auftritte. 1968 kam er in die Bundesrepublik Deutschland. Sein Debüt gab er in München als Hippie-Anführer Berger in MacDermots Musical »Hair« (deutsche Fassung, 1. Besetzung). Weitere Musical-Erfolge u.a.: Titelrolle in Webbers »Jesus Christ Superstar«, »Othello« und »Catch my Soul«.

Als Sänger nahm er 1970 an der deutschen Vorentscheidung für den »Grand Prix d'Eurovision de la Chanson« teil (Siegerin: Katja Ebstein mit »Wunder gibt es immer wieder«). Er hatte zahlreiche Auftritte in deutschen Musikshows, u.a. in »Musik aus Studio B«. Schöne gründete die »Reiner-Schöne-Band«. LPs u.a. »Schöne Bescherung« (1982) und »Schöne Musik« (1983). Als Schauspieler für Film und Fernsehen arbeitet er seit 1969.

Schöne spricht engl.; er ist verheiratet und lebt in München.

Film: »Zwei himmlische Dickschädel«, Regie: Werner Jacobs, 1974; »Götz von Berlichingen mit der eisernen Hand«, Regie: Wolfgang Liebeneiner und Harald Reinl, 1978.

Fernsehen: »Hauptsache Minister« (nach Benedetti), Regie: Imo Moszkowicz, ZDF 1969; »Tatort«, Serie, ARD 1973; »Scher dich zum Teufel, mein Engel«, ZDF 1975; »Ehrlich währt am längsten«, Regie: Arno Assmann, ARD 1978; »Hatschi!«, Regie: Eugen York, ZDF 1979; »Der Aufsteiger«, Regie: Bernd Fischerauer, ZDF 1981; »Wunderland«, mit Gustl Bayrhammer, ARD 1983; »Detektiv-Büro Roth«, Serie, und »Ein Fall für zwei«, Serie, ARD 1984; »Sterne fallen nicht vom Himmel«, Regie: Ulrich Stark, ZDF 1985.

Anschrift: c/o Agentur Alexander, Lamontstraße 9, 8000 München 80, oder (für Musik) Deutsche Austrophon GmbH, Auf dem Esch 8, 2840 Diepholz.

Ingeborg Schöner

Geb. 2. 7. 1935 als Tochter eines Kaufmanns in Wiesbaden; dort aufgew.; nach dem Abitur studierte sie sieben Semester Philologie, bevor sie eine umfassende Schauspielausbildung begann. Bereits in den 50er Jahren erhielt sie zahlreiche Filmangebote aus Italien, Frankreich und den USA (dort für TV-Filme). In der Bundesrepublik drehte sie (ab 1954) 24 Filme. Theater spielte sie u.a. an der Kleinen Komödie München, an der Komödie Berlin, am Theater Die Kleine Freiheit München (zuletzt: in Stones »Nächsten Samstag bestimmt«, 1983) und am Rheinischen Landestheater Neuss (zuletzt: Penelope in Esther Vilars »Liebeslied für einen ruhelosen Mann«, 1985).
Frau Schöner spricht engl., franz., ital.; sie ist geschieden von dem Regisseur Georg Marischka, hat eine Tochter (Juliette, geb. 1963) und lebt in München.
Film: »Der schweigende Engel«, mit Christine Kaufman, Regie: Harald Reinl, 1954; »Das verbotene Paradies«, »Der dunkle Stern«, mit Hansi Knoteck, Regie: Hermann Kugelstadt, »Du mein stilles Tal« und »Der Hauptmann und sein Held«, 1955; »Der erste Frühlingstag«, mit Gustav Fröhlich, Regie: Helmut Weiß, »Küß' mich noch einmal« und »Stimme der Sehnsucht«, 1956; »Herrscher ohne Krone«, Regie: Harald Braun, 1957; »Rendezvous in Rom«, Italien 1957; »Venezia, la luna e tu« und »Promesse di marinaio«, Italien 1958; »Les Dragueurs«, Frankreich 1959; »Die Wikinger«, USA, »Menschen im Netz«, Regie: Franz Peter Wirth, »Ich und die Kuh«, »Liebe verboten – Heiraten erlaubt« und »Heimat – Deine Lieder«, 1959; »Hexen bis aufs Blut gequält«, mit Herbert Lom, Regie: Michael Amstrong, Großbritannien 1959; »Ja, die Frauen sind gefährlich«, »Ich zähle täglich meine Sorgen«, mit Peter Alexander, Regie: Paul Martin, »Soldatensender Calais«, »Weit ist der Weg«, »Der Landarzt« und »Das große Wunschkonzert«, 1960; »Der Bankraub in der Rue Latour«, mit und unter der Regie von Curd Jürgens, 1961; »Peter und Sabine«, Regie: August Rieger, 1968; »Die Supernasen«, mit Thomas Gottschalk und Mike Krüger, Regie: Dieter Pröttel, 1983.
Fernsehen: »Das tödliche Patent«; »Doppelagent George Klake«; »Gelbe Rosen«; »Die lieben Freunde«; »All about George«, mit Marshall Thompson, ARD 1975; »Der Anwalt«, 13 Folgen, ZDF 1976; »Der Führerschein«, Regie: Thomas Engel, ARD 1978; Kriminalkommissarin in »SOKO 5113«, mit Werner Kreindl, Bernd Herzsprung und Wilfried Klaus, Regie: Ulrich Stark, über 100 Folgen, ZDF 1978–1985; »Tatort«, Regie: Georg Marischka, Serie, ARD 1979; »Sierra Madre«, Regie: Horst Flick, ZDF 1980; »Wie man sich bettet . . .« (nach Harris/Darbon), mit und unter der Regie von Wolfgang Spier, ARD 1981 (Aufzeichnung aus der Komödie Berlin); »Die Krimistunde«, Regie: Hartmut Griesmayr, Serie, ARD 1983; »Der Granitkopp«, Regie: Helmut Kissel, ZDF 1984; »Großer Bahnhof« (von Wittlinger), mit Axel von Ambesser, Regie: Georg Marischka, ZDF 1985; »Wenn Kuli kommt«, mit Hans-Joachim Kulenkampff, Regie: Wolfgang Glück, 12 Teile, ARD 1985.
Anschrift: c/o ZBF-Agentur München, Leopoldstraße 19, 8000 München 40.

Friedrich Schoenfelder

Geb. 17. 10. 1916 als Sohn eines Architekten in Sorau/Niederlausitz; dort, in Frankfurt/Oder, in Wickersdorf/Thüringen und in Berlin aufgew.; nach dem Gymnasium (Prima-Reife) besuchte er die Schauspielschule des Preuß. Staatstheater Berlin, wo er von 1936 bis 1939 sein erstes Engagement bekam. Nach Kriegsdienst und Gefangenschaft war er von 1946 bis 1950 Mitglied des Württembergischen Staatstheaters Stuttgart. Von 1951 bis 1958 stand er an den Städt. Bühnen Frankfurt/Main unter Vertrag. Seit 1958 ist er vorwiegend an Berliner Bühnen tätig. Er gastierte u.a. am Theater des Westens, am Hebbel-Theater, am Renaissance-Theater und am Theater am Kurfürstendamm. Weitere Stationen: Fritz-Rémond-Theater im Zoo Frankfurt/Main, Festspiele Bad Hersfeld, Theater an der Bergstraße, Hechttheater Zürich, Burgfestspiele Jagsthausen, T(h)eater in der Briennerstraße München, Kleine Komödie München und Kammerspiele Düsseldorf. Er machte zahlreiche Tourneen.

Seit 1948 drehte er zahlreiche Filme; seit 1956 wirkt er beim Fernsehen. Er ist umfangreich in der Synchronisation tätig.

Schoenfelder spricht engl.; er ist verheiratet, hat zwei Söhne und lebt in Berlin.

Film: »Tragödie einer Leidenschaft«, 1948, und »Liebe auf Eis«, 1949, Regie: jeweils Kurt Meisel; »Fünf unter Verdacht«, Regie: Kurt Hoffmann, 1949; »Königskinder«, Regie: Helmut Käutner, 1950; »Viktoria und ihr Husar«, Regie: Rudolf Schündler, 1954; »Madeleine und der Legionär«, Regie: Wolfgang Staudte, 1958; »Menschen im Hotel«, Regie: Gottfried Reinhardt, 1959; »Unsere Pauker gehen in die Luft«, 1970; »Grüezi wohl, Frau Stirnemaa«, 1971; »Die Pompadour«, Regie: Georg Marischka, 1977; »The Magician«, Regie: Golan Menahem, Großbritannien 1978; »Aufwind«, Regie: Rudolf Steiner, 1978; »Kiez – Aufstieg und Fall eines Luden«, Regie: Walter Bockmayer, 1983.

Theater: Hector in Giraudoux' »Der trojanische Krieg findet nicht statt«, Benedict in Shakespeares »Viel Lärm um nichts«, Herzog Albrecht in Orffs »Die Bernauerin« und Petruchio in Shakespeares »Der Widerspenstigen Zähmung«, jeweils Württembergisches Staatstheater Stuttgart 1946–1950; in Douglas' »Die liebe Familie«, in »Promises, Promises«, Oberst Pickering (in der deutschen Erstaufführung 1962) und Prof. Higgins in Lerner/Loewes »My Fair Lady«, Graf Almaviva in Beaumarchais' »Der tolle Tag oder Figaros Hochzeit«, Prof. Gollwitz in Schönthans »Der Raub der Sabinerinnen«, Gérome in »Süß und verrückt«, Harry in Simons »Dachlawine«, Regie: Ullrich Haupt, James Selby in Ervines »Die erste Mrs. Selby«, Direktor in Kohouts »August, August, August«, Regie: Hans Richter, Jack in Hamiltons »Gaslicht«, Regie: Peter Weck, in Lovegroves »Guten Abend, Mrs. Sunshine«, Frédéric Hatch in »Pepsie«, Regie: Harald Leipnitz, Nikolajewicz in Arbusows »Altmodische Komödie«, Graf Galen in Sternheims »Der Snob«, Regie: Hans Korte, in Brechts »Der aufhaltsame Aufstieg des Arturo Ui«, Regie: Heribert Sasse, in der Uraufführung von Flatows »Romeo mit grauen Schläfen«, mit Axel von Ambesser, jeweils bis 1985 an den vorgenannten Bühnen.

Fernsehen: Eisenstein in »Die Fledermaus« (nach Johann Strauß), Regie: Kurt Wilhelm, ARD 1958; »Der Mann im Manne« (nach Thurber), Regie: Peter Beauvais, ARD 1959; »Quadrille« (nach Coward), Regie: Rolf von Sydow, ZDF 1966; »Der Tod läuft hinterher« (von Reinecker), Regie: Wolfgang Becker, 3 Teile, ZDF 1967; »Giuditta« (nach Lehár), mit Rudolf Schock, Regie: Günter Hassert, ZDF 1970; »Thommy macht Geschichten«, mit Georg Thomalla, Regie: Wolfgang Spier, ARD 1971; »Kavaliersdelikte«, Regie: Wolfgang Staudte, und »Musical im Kreuzverhör«, Regie: Norbert Schultze jun., ARD 1974; »Intermezzo der fünf Hände«, Regie: Ludwig Cremer, ARD 1975; »Das Hochzeitsfest«, Regie: Karl Fruchtmann, ARD 1977; Zirkusdirektor in »Zirkusmelodie«, Regie: Helmut Rost, ZDF 1977; »Die Koblanks«, Regie: Wolfgang Schleif, Serie, ARD 1978; »Hatschi!«, Regie: Eugen York, und »Aktion Abendsonne«, Regie: Diethard Klante, ZDF 1979; »Der Schützling«, Regie: Rolf von Sydow, und »Concertcafé«, Regie: Rainer Bertram, ARD 1980; »Hilferufe«, Regie: Bruno Jantoss, 10 Folgen, ARD 1982; »Geschichten aus der Heimat«, Serie, ARD 1984; König in »Madame Pompadour« (nach Fall), Regie: Eugen York, ZDF 1985 (Wiederaufnahme); »Riva-

len« (nach Sheridan), Regie: Heinz Schirk, ARD 1986.
Anschrift: c/o Agentur Mackeben, Douglasstraße 2-4, 1000 Berlin 33.

Dietmar Schönherr

(eigentlich: Dietmar Edler von Schönleiten)

Geb. 17. 5. 1926 als Sohn und Enkel eines Generals in Innsbruck; sein Abitur legte er in Potsdam ab. Der Regisseur Alfred Weidenmann wurde dort auf ihn aufmerksam und machte Probeaufnahmen mit ihm. Schauspielunterricht nahm Schönherr bei Herbert Hübner, Hermann Brix und Traute Faresti in Berlin und Innsbruck. Sein Filmdebüt gab er 1943 in dem Film »Junge Adler«. Nach Kriegsdienst und Gefangenschaft arbeitete er ein Jahr lang bei einem Bauern im Oberinntal und begann 1946 ein Architekturstudium in Innsbruck, das er für ein Filmangebot (»Wintermelodie«) abbrach.

Er war sechs Jahre lang als Reporter, Sprecher, Schauspieler und Regisseur beim Österreichischen Rundfunk tätig, bevor er zum Westdeutschen Rundfunk nach Köln ging. Er wirkte dort als Hörfunkdramaturg und moderierte zahlreiche Sendungen. Beim Fernsehen arbeitet er seit 1960. Neben Rollen in Fernsehspielen übernahm er auch Aufgaben als Conferencier, Talk- und Quizmaster. Im ORF begründete er die TV-Serie »Apropos Film«. Mit seiner Frau, der Schauspielerin und Sängerin Vivi Bach, führte er durch den »Gala-Abend der Schallplatte« (Funkausstellung Berlin, ausgestrahlt von allen Sendern der Eurovision), durch die Reihen »Du und ich«, »Sie und Er« und durch die Quiz-Reihe »Wünsch Dir was« (24 Folgen, ZDF 1970–1972). Nach amerikanischem Vorbild etablierte er bei uns die Talkshow »Je später der Abend« (22 Folgen, ARD 1972–1974). Seine Quizsendung »4 + 4 = Wir« lief 1977 im ZDF.

Schönherr war auch als Synchronsprecher (deutsche Stimme von James Dean) und als Schlagersänger tätig. In den letzten Jahren erregte er Aufmerksamkeit mit kritischen Äußerungen über US-Präsident Ronald Reagan. Diese führten zu einem Auftrittsverbot beim Schweizer Fernsehen.

Schönherr ist seit 1966 in zweiter Ehe verheiratet mit der dänischen Schauspielerin, Sängerin und Malerin Vivi Bach. Er lebt in Straßwalchen bei Salzburg.

Film: »Junge Adler«, Regie: Alfred Weidenmann, 1944; »Wintermelodie«, Regie: Eduard Wieser, 1947; »Nacht am Montblanc«, Regie: Harald Reinl, 1951; »Rosenmontag«, 1955; »Bonjour, Kathrin«, Regie: Karl Anton, 1956; »Friederike von Barring«, mit Nadja Tiller, »Preis der Nationen«, und »Frauenarzt Dr. Bertram«, mit Sonja Ziemann, 1957; »Schwarzwälder Kirsch«, Regie: Geza von Bolvary, und »Der schwarze Blitz«, Regie: Hans Grimm, 1958; »Jons und Erdme«, mit Carl Raddatz, Regie: Victor Vicas, Deutschland/Italien 1959; »Du bist wunderbar«, Regie: Paul Martin, »Nacht fiel über Gotenhafen«, Regie: Frank Wisbar, und »Einmal eine große Dame sein«, 1959; »Ingeborg«, Regie: Wolfgang Liebeneiner, und »Schachnovelle«, Regie: Gerd Oswald, 1960; »Der längste Tag«, Regie: Bernhard Wicki (für den deutschen Teil), USA 1961; »Sein bester Freund«, Regie: Luis Trenker, und »Die glücklichen Jahre der Thorwalds« (nach Priestley), mit Elisabeth Bergner, Regie: John Olden und Wolfgang Staudte, 1962; »Ferien mit Piroschka«, 1963; »Das Geheimnis der chinesischen Nelke«, Regie: Rudolf Zehetgruber, BRD/Italien/Frankreich 1964; »Otto ist scharf auf Frauen«. Regie: Franz Antel, 1968; »Die Story«, Regie: Eckhart Schmidt, und »Raffl«, Regie: Christian Berger, 1984. Seine bislang einzige Film-Regiearbeit ist der 1970 entstandene TV-Anti-Kriegsfilm »Kain«.

Theater: In Strindbergs »Fräulein Julie«, mit Vivi Bach, Tournee 1968.

Fernsehen: »Schau heimwärts, Engel« (nach Wolfe), mit Inge Meysel, Regie: John Olden, ARD 1961; Commander McLane in »Die seltsamen Abenteuer des Raumschiffes Orion«, mit Eva Pflug, Benno Sterzenbach und Friedrich Joloff, Regie: Theo Mezger und Michael Braun, Serie, und »Königliches Abenteuer« (nach Biller), Regie: Joachim Hess, ARD 1966; »Madame Bovary« (nach Flaubert), Regie: Hans Dieter Schwarze, »Die Affaire Dreyfus« (von Matray/Krüger), Regie: Franz Josef Wild, ZDF 1968; »Lachotzky«, Regie: Schönherr selbst, ORF 1969; »Die Geschichte der 1002. Nacht« (von Asmodi), Regie: Peter Beauvais, 2 Teile, ARD 1969; »Kain«, Regie: Schönherr selbst, ORF 1970; »Tod eines Einbrechers« (aus der Reihe: »Tatort«), mit Judy Winter, ARD 1975; »Sternschnuppe«, mit Monika Lundi, Regie: Herbert Vesely, ZDF 1975; Premieren-Gast in »Das ist ihr Leben«, Serie, ZDF 1976; »Klimbim«, Regie: Michael Pfleghar, Serie, ARD 1976; »Lydia« (nach Rattigan), Regie: Franz Josef Wild, ARD 1977; »Der Spinnenmörder«, Regie: Gerhard Klingenberg, ARD 1978; »Am Anfang war der Lesestein«, ARD 1979; »Welt

der Tiere«, 13 Folgen, und »Das wiedergefundene Paradies« (nach Laxness), Regie: Rolf Hädrich, 3 Teile, ARD 1980; »Ihr 106. Geburtstag« (nach Sarment), mit Inge Meysel und Ernst Schröder, Regie: Thomas Engel, ZDF 1980; »Ein Fall für zwei«, Serie, ZDF 1981; »Die fünfte Jahreszeit«, Regie: Franz Josef Gottlieb, 9 Teile, ARD 1982; »Die Stunde des Löwen«, Regie: Hartmut Griesmayr, ZDF 1982; »Kinder unseres Volkes« (nach Luise Rinser), mit Witta Pohl, ZDF 1983; »Klons«, Regie: Michael Leckebusch, ARD 1984; »Streng vertraulich« (nach Prince), mit Maria Schneider, Regie: John Goldschmidt, und »Berliner Weiße mit Schuß«, mit Günter Pfitzmann, Serie, ZDF 1985.
Auszeichnung: »Goldene Kamera« (HÖRZU) 1976.
Anschrift: c/o Agentur Mattes, Pilotystraße 2, 8000 München 22.

Axel Scholtz

Geb. 1. 3. 1935 als Sohn eines Kaufmanns in Schweidnitz/Schlesien; dort und in München aufgew.; nach der Schule absolvierte er eine Fotografenausbildung. Bereits als Kind stand er an den Kammerspielen und am Volkstheater in München auf der Bühne. Mit zwölf Jahren drehte er unter der Regie von Harald Braun mit »Zwischen Gestern und Morgen« (1947) den ersten seiner über 30 Kinofilme.
Ein besonderer Schwerpunkt seiner Arbeit ist die Synchronisation. Er gestaltete zahlreiche Hörspiele. 1975 und 1985 gastierte er an der Kleinen Komödie München (Bethencourts »Der Tag, an dem der Papst gekidnappt wurde« und Hegemeisters »Prost Mahlzeit«).
Scholtz spricht engl.; er lebt in München.
Film: »Zwischen Gestern und Morgen«, Regie: Harald Braun, 1947; »Wege im Zwielicht«, 1948; »Krach im Hinterhaus«, »Hallo Fräulein«, »Heimliches Rendezvous« und »Das Geheimnis der roten Katze«, 1949; »Der Theodor im Fußballtor«, Regie: E.W. Emo, »Manege frei«, »Sensation im Savoy«, »Alles für die Firma«, »Susanna Jakobäa Krafftin«, »Die Sterne lügen nicht« und »Küssen ist keine Sünd«, 1950; »Fanfaren der Liebe«, »Herzen im Sturm«, »Die Dame in Schwarz« und »Hanna Amon«, 1951; »Ein ganz großes Kind«, 1952; »Marianne«, 1955; »Der Pauker«, mit Heinz Rühmann, Regie: Axel von Ambesser, 1958; »Brücke des Schicksals«, mit Hannes Messemer, Regie: Michael Kehlmann, und »Fabrik der Offiziere« (nach Kirst), Regie: Frank Wysbar, 1960; »Ein unheimlich starker Abgang«, Regie: Michael Verhoeven, 1973.
Fernsehen: »Troilus und Cressida« (nach Shakespeare); »Wo man sich trifft?«; »Risiko für Weihnachtsmänner«, »Faust auf eigene Faust«; »Die Karte mit dem Luchskopf«; – jeweils ARD/ZDF bis 1973; »Wer sah ihn sterben?«, Regie: Theodor Grädler, ZDF 1977; »1982 Gutenbach«, mit Gottfried John, Regie: Michael Verhoeven, ARD 1978; »Zeit zum Aufstehn« (nach August Kühn), Regie: Ludwig Cremer, 2 Teile, ZDF 1978; »Zeit genug«, Serie, ARD 1982; »Verkehrsgericht«, Buch und Regie: Ruprecht Essberger, ZDF 1983; »Derrick«, Serie, 2 Folgen, ZDF 1983 + 1984.
Anschrift: c/o ZBF-Agentur München, Leopoldstraße 19, 8000 München 40.

Erica Schramm

(eigentlich: Erica Hanauer, geb. Schramm)

Geb. 4. 10. 1923 in Hamburg; dort aufgew.; nach der Oberrealschule besuchte sie die Schauspielschule am Deutschen Schauspielhaus Hamburg, wo sie für zwei Anfängerjahre engagiert wurde; von 1947 bis 1955 gehörte sie zum Ensemble der Hamburger Kammerspiele, wo sie bis heute mit Stückverträgen arbeitet. Engagements hatte sie ferner am Atelier-Theater Bern (1957/58), am Ulmer Theater (1964), an der Tribüne Berlin (1965/66), am Ernst-Deutsch-Theater Hamburg (1968) und bei Tourneebühnen.
Frau Schramm spricht engl.; sie ist verheiratet, hat einen Sohn und lebt abwechselnd in Hamburg und Rosenheim.
Film: »Kirmes«, mit Wolfgang Reichmann, Regie: Wolfgang Staudte, 1961; »Blue beard«, mit Richard Burton, Regie: Luciano Sacripanto, USA/Ungarn/BRD 1972; »St.-Pauli-Report«, Regie: Jürgen Goslar, 1972; »Lina Braake«, mit Lina Carstens, Regie: Bernhard Sinkel, 1975; »Slavers«, mit Erik Schumann, Regie: Jürgen Goslar, 1976.
Theater: Frau John in Hauptmanns »Die Ratten«, Ulmer Theater 1964; Marthe Schwerdlein in Goethes »Urfaust«, Regie: Frank Lothar, und Madame Malaprop in Hildesheimers »Rivalen«, Regie: Ralph Coorbet, jeweils Tribüne Berlin 1965/66; Frau Peachum in Brecht/Weills »Die Dreigroschenoper«, Regie: Ottokar Runze, Ernst-Deutsch-Theater Hamburg 1968; Marthe Rull in Kleists »Der zerbrochene Krug«, mit Walter Richter, Regie: Hans Werner Schwarze, Tournee 1972; Aurora in Bessons »Der Schlafwagenkontrolleur«, Regie: Wolfgang Liebeneiner, 1971, Marie Luise in Magniers »Oscar«, Regie: Ilo von Janko, 1977, Haltie in Emlyn Williams' »Das Betreten des Grundstückes ist verboten«, mit Horst Keitel, 1981, und Frau Kramer in Borcherts »Draußen vor der Tür«, Regie: Gerlach Fiedler, 1982, jeweils Kammerspiele Hamburg.
Fernsehen: Frau Kuschka in »Alle Hunde lieben Theobald«, mit Carl-Heinz Schroth, Regie: Eugen York, 12 Folgen, ZDF 1971; »Kollege Bindelmann«, Regie: Heinz Schirk, ARD 1972; Ilse Sommer in »Wenn alle anderen fehlen«, Regie: Fritz Umgelter, ARD 1973; Hilde Klatt in »Am Morgen meines Todes«, mit Werner Kreindl, Regie: Oswald Döpke, ZDF 1974; »Die Halde«, Regie: Rainer Erler, und »Block 7«, Regie: Hartmut Griesmayr, Serie, ZDF 1975; »Der Abschußtag«, Regie: Wolfgang Liebeneiner, ZDF 1978; »Hatschi!«, Regie: Eugen York, ARD 1979; »Sonderdezernat K 1«, Serie, ARD 1981; »Ein Fall für zwei«, Serie, ZDF 1982; »Helga und die Nordlichter«, mit Helga Feddersen, Regie: Marcus Scholz, Serie, 3 Folgen, und »Gesichter des Schattens«, mit Wolfgang Wahl, Regie: Kristian Kühn, ZDF 1984; »Die Schöffin«, Serie, und »Ein Heim für Tiere« (nach Willis), Regie: Kai Borsche, Serie, ZDF 1985.
Anschrift: c/o Agentur de la Berg, Haus am Weiher, 8026 Irschenhausen.

Günther Schramm

Geb. 18. 2. 1929 als Sohn eines Arztes in Potsdam; dort und in Hamburg aufgew.; nach dem Abitur absolvierte er 1950/51 die Staatl. Hochschule für Musik und Theater in Hamburg. Sein erstes Engagement hatte er beim literarischen Kabarett »Die Buchfinken«. Gastverträge für das Junge Theater und die Kammerspiele, jeweils in Hamburg, folgten. Von 1954 bis 1957 gehörte er zum Ensemble des Thalia-Theaters in Hamburg.

Seit 1958 ist er freischaffend, wobei er den Schwerpunkt seiner Arbeit auf das Fernsehen legte. Neben den Spielrollen trat er seit 1968 als Show- und seit 1973 als Quizmaster in Erscheinung. Er moderierte die Musiksendung »Baden-Badener Roulette« (ARD 1968/69/70), den »Show-Report« (ZDF, 5 Folgen, 1970), war Quizmaster der Rate-Reihe »Alles oder nichts« (ARD 1973–1981) und übernahm 1981 von Johanna von Koczian die Sendung »Erkennen Sie die Melodie?«, die schon unter Ernst Stankovski 1969 ins ZDF-Programm genommen worden war. Seit ihrem Auslaufen 1985 präsentiert er erneut im ZDF die Reihe »Quiz-As«.

Außer in dieser noch laufenden Produktion war Schramm auch als Conférencier in Fernsehwunschkonzerten zu sehen.

Der Entertainer spricht engl., franz.; er ist zum zweiten Mal verheiratet und hat drei Kinder (Cornelia, Andreas und Stefan). Seit 1982 lebt er in Kanada.

Film: »Die Lümmel von der ersten Bank«, mit Peter Alexander, Regie: Werner Jacobs, 1968; »Die Verlogenen«, Regie: Rolf von Sydow, 1969.

Theater: Percy in Niewiarowicz' »Ich liebe dich«, Junges Theater Hamburg, 1953; Adam in Molnárs »Spiel im Schloß«, und Masham in Scribes »Das Glas Wasser«, Thalia-Theater Hamburg 1954–1957; Dr. Trench in Shaws »Die Häuser des Herrn Sartorius«, Don Manuel in Calderons »Dame Kobold«, und Donald Gresham in Herberts »Wolken sind überall«, Hamburger Kammerspiele, 1957–1967; in Pasos »Schöne Geschichten mit Mama und Papa«, Kleine Komödie München 1978 (auch TV); Spielleiter in Wilders »Unsere kleine Stadt«, Regie: Heinz-Dieter Köhler, Luisenburg-Festspiele Wunsiedel 1984.

Fernsehen: »Orphée« (nach Cocteau), ARD 1952; Der Andere in »Draußen vor der Tür« (nach Borchert), ARD 1957; Colin Tabret in »Die heilige Flamme« (nach Maugham), und Mike Fenby in »Terror in der Waage« (nach Schaffer), ARD 1960; »Es führt kein Weg zurück« (von Reinecker), und Don Manuel in »Dame Kobold« (nach Calderon), ZDF 1963; »Kriegsgericht« (von Storz), und Don Pedro in »Mariana Pineda« (nach Lorca), ARD 1964; Russel in »Träume in der Mausefalle« (nach Thomas), ZDF 1965; Dr. Caxton in »Verräter«, 3 Teile, und »Kein Freibrief für Mord« (nach Morgan), ZDF 1966; Dr. Rehbein in »Großer Mann, was nun?« (von Pillau), 8 Folgen, ARD 1966; Lord Surbitonin in »Lord Arthur Saviles Verbrechen« (nach Wilde), ARD 1967; »Der Mann mit meinem Namen« (nach Dor), ZDF 1969; »Bericht einer Offensive« (nach Cobb), ZDF 1970; Moderation in »Träume kann man nicht verbieten«, Regie: Kurt Ulrich, ZDF 1979; »In freier Landschaft«, Regie: Michael Kehlmann, 2 Teile, ARD 1977; »Das spricht Bände«, ARD 1981. Ferner: Kriminalassistent Walter Grabert in »Der Kommissar« (von Herbert Reinecker), mit Erik Ode, Fritz Wepper, Elmar Wepper, Reinhard Glemnitz und Hilde Volk, Serie, 97 Folgen, ZDF 1968–1976.

Auszeichungen: »Goldener Bambi« (BILD + FUNK) 1970, 1971, 1972 und 1975.

Anschrift: c/o Dr. Beyer, Parkallee 61, 2000 Hamburg 13.

Ernst Schröder

–Staatsschauspieler–

Geb. 27. 1. 1915 als Sohn eines Schneidermeisters in Wanne-Eickel/Westfalen; nach der Schule nahm er Schauspielunterricht bei Saladin Schmitt in Bochum. Am dortigen Schauspielhaus begann er 1934 als Schauspieler und Regieassistent (bis 1936). 1936/37 spielte er an den Städt. Bühnen Bielefeld, 1937/38 an den Bühnen Kiel. Nach dem Reichsarbeitsdienst kam er 1938/39 an das Schiller-Theater Berlin, dem er nach seiner Soldatenzeit (1940–1942) erneut von 1942 bis zur Schließung aller Bühnen (1944) angehörte. 1944/45 wurde er erneut zum Kriegsdienst eingezogen.
Am Hebbel-Theater begann er 1945. Von 1946 bis 1948 leitete er dort zudem die Schauspielschule. 1948 übernahm er die Direktion des Rheingau-Theaters. Seither gehört er zum Ensemble der Staatl. Schauspielbühnen Berlins (jetzt als Ehrenmitglied). Er gastierte u.a. an der Tribüne Berlin (ab 1952), am Theater am Kurfürstendamm Berlin (ab 1953), an den Münchner Kammerspielen (1954), am Renaissance-Theater Berlin, am Schauspielhaus Zürich (1958–1967) und an der Freien Volksbühne Berlin (1953– 1983). Er arbeitete außerdem als Regisseur.
Von 1949 bis 1951 hatte er einen Lehrauftrag an der Freien Universität Berlin; seit 1956 ist er ordentliches Mitglied der Akademie der Künste Berlin. In den 50er und 60er Jahren drehte er zahlreiche Spielfilme. Seit einigen Jahren wirkt er verstärkt beim Fernsehen. Er gestaltete mehrere Ausstellungen mit seinen bemalten Stahl- und Aluminium-Objekten. 1966 veröffentlichte er das Buch »Die Arbeit des Schauspielers«, 1978 »Das Leben verspielt«.
Schröder spricht ital., engl.; er ist in zweiter Ehe verheiratet, hat drei Kinder (Sebastian, geb. 1939, Christiane, 1942–1980, die ebenfalls Schauspielerin war, und Josephine, geb. 1955) und lebt seit 1976 in Castellina, Provinz Siena, Italien.
Film: »Friedrich Schiller«, mit Horst Caspar, Regie: Herbert Maisch, und »Fahrt ins Leben«, 1940; »Ohm Krüger«, 1941; »Der große Schatten«, mit Will Quadflieg, Regie: Paul Verhoeven, 1942; »Die Degenhardts«, mit Heinrich George, Regie: Werner Klingler, 1944; »Der Ruf«, 1949; »Sündige Grenze«, 1951; »Gift im Zoo«, »Die große Versuchung« und »Die Stimme des Andern«, 1952; »Tagebuch einer Verliebten« 1953; »Gefährlicher Urlaub«, mit Hildegard Knef, Regie: Carol Reed, Großbritannien 1953; »Das ideale Brautpaar«, »Ihre große Prüfung« und »Rittmeister Wronski«, 1954; »Der 20. Juli«, Regie: Falk Harnack, »Der Hauptmann und sein Held« und »Du mein stilles Tal«, 1955; »Anastasia, die letzte Zarentochter«, mit Lilli Palmer, Regie: Falk Harnack, »Kitty und die große Welt«, »Nacht der Entscheidung« und »Ohne dich wird es Nacht«, 1956; »Stresemann«, 1957; »Der eiserne Gustav« (nach Fallada), mit Heinz Rühmann, Regie: Georg Hurdalek, »Man müßte nochmal zwanzig sein« und »Solange das Herz schlägt«, 1958; »Auferstehung«, Regie: Rolf Hansen, BRD/Italien/Frankreich 1958; »Strafbataillon 999« (nach Konsalik), mit Sonja Ziemann, Regie: Harald Philipp, »Der Mann, der sich verkaufte«, Regie: Josef von Baky, »Das kunstseidene Mädchen«, »Marili« und »Geheimaktion Schwarze Kapelle«, 1959; »Verrat auf Befehl«, USA 1960; »Mein Schulfreund«, mit Heinz Rühmann, Regie: Robert Siodmak, 1960; »Der längste Tag«, Regie: Bernhard Wicki (für den deutschen Teil), USA 1961; »Die Todesstrahlen des Dr. Mabuse«, mit Peter van Eyck, Regie: Hugo Fregonese, 1964.
Theater: Titelrolle in Goethes »Clavigo«, Bühnen Kiel 1937/38; Prinz Heinrich in Shakespeares »Heinrich IV.«, Schiller-Theater Berlin 1938/39; Karl Moor in Schillers »Die Räuber«, Regie: Walter Felsenstein, 1946, und Domingo in Schillers »Don Carlos«, Regie: Fritz Kortner, 1950, jeweils Hebbel-Theater Berlin; Titelrolle in Camus' »Caligula«, Rheingau-Theater Berlin 1948; Mephisto in Goethes »Urfaust«, Tribüne Berlin, 1952; Titelrolle in Molières »Tartuffe«, Hauptmann in Büchners »Woyzeck«, Dorfrichter Adam in Kleists »Der zerbrochene Krug«, und Titelrolle in Molières »George Dandin«, Regie: jeweils Oscar Fritz Schuh, Theater am Kurfürstendamm Berlin 1953–1955; Wladimir in Becketts »Warten auf Godot«, mit Heinz Rühmann, Regie: Fritz Kortner, Münchner Kammerspiele 1954; Croft in Shaws »Frau Warrens Gewerbe«, Renaissance-Theater Berlin 1955; Marc Anton in Shakespeares »Julius Cäsar«, 1952, Franz Moor in Schillers »Die Räuber«, 1953, der alte Sedemund in Barlachs »Die echten Sedemunds«, Regie: Hans Lietzau, 1961, Maske in Stern-

heims »1913«, Marquis de Sade in der Uraufführung von Peter Weiss' »Die Verfolgung und Ermordung Jean Paul Marats«, Regie: Konrad Swinarski, 1964, Prisipkin in Majakowskis »Die Wanze«, Regie: Konrad Swinarski, 1965, Mephisto in Goethes »Faust II«, Regie: Schröder selbst, Hamm in Becketts »Endspiel«, Regie: Samuel Beckett, 1967, Vater in Gombrowicz' »Die Trauung«, Regie: Schröder selbst, 1968, Titelrolle in Bonds »Lear«, Regie: Hans Lietzau, 1973, jeweils Schiller-Theater Berlin; Titelrolle in Shakespeares »Richard III.«, und Schmitz in Frischs »Biedermann und die Brandstifter«, Regie: Oskar Wälterlin, 1958, Lehrer in der Uraufführung von Frischs »Andorra«, 1961, Staatsanwalt in Frischs »Graf Öderland«, Regie: Hans Lietzau, 1962, in der Uraufführung von Dürrenmatts »Herkules und der Stall des Augias«, mit Gustav Knuth, 1963, Cesaro in Billetdoux' »Tschin Tschin«, 1964, Bockelson in der Uraufführung von Dürrenmatts »Die Wiedertäufer«, Regie: Werner Düggelin, 1967, jeweils Schauspielhaus Zürich; Moritz Meister in Bernhards »Über allen Gipfeln ist Ruh«, Regie: Kurt Hübner, Freie Volksbühne Berlin 1983; in Claudels »Der seidene Schuh«, Regie: Hans Lietzau, Salzburger Festspiele 1985 (auch TV); in Pownalls »Meisterklasse«, Regie: August Everding, Tournee 1986.

Wichtige Inszenierungen (u.a.): Schillers »Don Carlos«, Sartres »Tote ohne Begräbnis«, Gombrowicz' »Yvonne, Prinzessin von Burgund« und »Operette«.

Fernsehen: Werhahn in »Der Biberpelz« (nach Hauptmann), mit Inge Meysel und Christiane Schröder, Regie: John Olden, »Damenwahl« (von Lida Winiewicz), Regie: Wolfgang Becker, »Leben des Galilei« (nach Brecht), Regie: Egon Monk, ARD 1962; »Der Alte«, Serie, ZDF 1979; »Ihr 106. Geburtstag« (nach Sarment), mit Inge Meysel, Regie: Thomas Engel, ZDF 1980; »Der Aufstieg – Ein Mann geht verloren«, Regie: Peter Patzak, ARD 1980; »Derrick«, Serie, und »Jakob und Adele«, mit Carl-Heinz Schroth und Brigitte Horney, Serie, ZDF 1983; »Er-Goetz-Liches«, mit Marianne Hoppe, ZDF 1984; »Freund mit Rolls-Royce« (von Willis), mit Inge Meysel, Regie: Georg Tressler, ARD 1984; »Der Alte«, Serie, »Streng vertraulich« (nach Prince), mit Maria Schneider, Regie: John Goldschmidt, und »Haus im Süden«, Regie: Sebastian C. Schroeder, ZDF 1985.

Auszeichnungen: Großer Kunstpreis des Landes Berlin 1956; Großes Bundesverdienstkreuz der Bundesrepublik Deutschland 1974; Literaturpreis Zürich 1979; »Filmband in Gold« für besondere Verdienste um den deutschen Film 1986.

Anschrift: Castellina, Chianti, Provinz Siena, I-53011 Castellina, Montalto, Italien.

Jochen Schroeder

Geb. 8. 2. 1954 in Bochum; dort aufgew.; nach einer kaufmännischen Lehre arbeitete er als Metzgergehilfe, Schlafwagenschaffner und Lkw-Fahrer. Seit 1976 arbeitet er als Schauspieler und wirkte bislang in über 40 Kino- und TV-Produktionen mit. 1983 stellte er seine erste LP »Jochen Schroeder« vor, 1986 veröffentlichte er seine zweite LP mit dem Titel »Samstag – Sonntag«.
Schroeder spricht engl.; er ist ledig und lebt in Bochum.
Film: »Das Traumhaus«, Regie: Ulrich Schamoni, 1980; Philip in »Dabbel Trabbel«, mit Gudrun Landgrebe, Regie: Dorothea Neukirchen, und »Wer spinnt denn da, Herr Doktor?«, mit Otto Sander, Regie: Stefan Lukschy und Christian Rateuke, 1982; »Schackalakadu«, 1984.
Fernsehen: »Entscheidungen«, ZDF 1976; »MS-Franziska« (nach Wuttig), mit Paul Dahlke, Regie: Wolfgang Staudte, 8 Teile, und »Fixer«, Regie: Klaus Peter Krippendorf, ARD 1978; Schocker in »Die große Flatter«, mit Günter Lamprecht, Hanna Schygulla und Richy Müller, Regie: Marianne Lüdcke, 3 Teile, und »PS – Die Feuerreiter« (von Wittlinger), Regie: Claus Peter Witt, 4 Teile, ARD 1979; »Die Paulskirche«, ZDF 1980; »Tatort«, Regie: Peter Keglevic, Serie, ARD 1981; Christian in »Christian und Christiane«, mit Marion Kracht, Serie, ARD 1981/82; »Single bleibt Single«, Regie: Wolf Dietrich, ZDF 1982; »Das Traumschiff«, Regie: Alfred Vohrer, Serie, ZDF 1984; Markus in »Rummelplatzgeschichten«, Regie: Michael Meyer, Serie, ARD 1983/84; Krankenpfleger Mischa in »Die Schwarzwaldklinik«, mit Klausjürgen Wussow, Gaby Dohm und Sascha Hehn, Regie: Alfred Vohrer, 23 Teile, ZDF 1985/86; »Die Wichers von nebenan«, mit Maria Sebald, Serie, und »Es muß nicht immer Mord sein«, Regie: Michael Mackenroth, Serie, ZDF 1986.
Auszeichnung: »Otto« (BRAVO) 1979.
Anschrift: c/o ZBF-Agentur Berlin, Kurfürstendamm 206, 1000 Berlin 15, oder Steutenstraße 6, 4630 Bochum.

Renate Schroeter

Geb. 27. 9. 1939 in Berlin; dort aufgew.; lebt in Zürich; geschieden, eine Tochter (Philine); sie spricht engl., franz.; noch während ihrer Schulzeit (Abitur) nahm sie Schauspielunterricht bei Marlise Ludwig in Berlin; dort erhielt sie auch ihr erstes Engagement am Renaissance-Theater 1959; es folgten Gastspiele am Staatstheater Darmstadt (1960) und bei den Ruhrfestspielen in Recklinghausen (1961); von 1961 bis 1963 war sie im Ensemble des Staatstheaters Hannover, von 1963 bis 1968 in dem der Städt. Bühnen Frankfurt/Main; seit 1970 ist sie Mitglied des Schauspielhauses Zürich.

Film: »Die Spitzenklöpplerin« (nach Ilainó), Regie: Claude Goretta, Frankreich/Schweiz/BRD 1976; »Im Zeichen des Kreuzes«, Regie: Rainer Boldt (auch ARD), 1982, »Kneuss«, Regie: Gaudenz Meili, 1983; »Teddy Bär«, Regie: Rolf Lyssy, und »Killer aus Florida«, mit Bruno Ganz, Regie: Klaus Schaffhauser, 1984.

Theater: In Anouilhs »Die Probe«, mit Peter Mosbacher und Adolf Wohlbrück, Renaissance-Theater Berlin 1959; Adela in Lorcas »Bernarda Albas Haus«, Staatstheater Darmstadt 1960; Thekla in Schillers »Wallenstein«, mit Martin Benrath, Ruhrfestspiele Recklinghausen 1961; Gretchen in Goethes »Faust«, Vivie in Shaws »Frau Warrens Gewerbe«, Ophelia in Shakespeares »Hamlet«, Stella in Tennessee Williams' »Endstation Sehnsucht« und Viola in Shakespeares »Was ihr wollt«, jeweils Städt. Bühnen Frankfurt/Main 1963–1968; Julia in Shakespeares »Romeo und Julia«, Regie: Ottmar Krecja, Schauspiel Köln 1970; Lucile in Büchners »Dantons Tod« und Natalie in Kleists »Prinz Friedrich von Homburg«, jeweils Festspiele Bad Hersfeld 1972; Indra in Strindbergs »Ein Traumspiel«, in Bernhards »Der Ignorant und der Wahnsinnige«, Titelrolle in O'Neills »Trauer muß Elektra tragen«, Orsina in Lessings »Emilia Galotti«, in Frayns »Der nackte Wahnsinn«, Regie: Otto Sander und Peter Fitz, jeweils Schauspielhaus Zürich 1970–1986.

Fernsehen: »Die Physiker« (nach Dürrenmatt), mit Therese Giehse, ARD 1963; »Haus Herzenstod«, mit Rudolf Forster, ZDF 1964; »Torquato Tasso« (nach Goethe), Regie: Imo Moskowicz, ARD 1968; »Die Kleinbürger« (nach Gorki), mit Günter Strack, ZDF 1969; »Taxi nach Leipzig«, mit Walter Richter, ARD 1970; »Die Überlebenden der Mary Jane«, Serie, ZDF/Austral. TV 1973; »Filmriß«, mit Michael Degen, ARD 1974; »Wo liegt Arkadien?«, Regie: Dieter Lemmel, ZDF 1976; »Tatort«, mit Curd Jürgens, Serie, ARD 1977; »Grabbens letzter Sommer«, ARD 1980; »Lenin in Zürich« (nach Solschenizyn), Regie: Rolf Busch, und »Frankfurter Kreuz«, Regie: Harald Schäfer, Serie, ARD 1984.

Auszeichnung: Großer Bad-Hersfeld-Preis für die Darstellung der Lucile in Büchners »Dantons Tod« und der Natalie in Kleists »Prinz Friedrich von Homburg«, 1972.

Anschrift: c/o ZBF-Agentur München, Leopoldstraße 19, 8000 München 40.

Carl-Heinz Schroth

Geb. 29. 6. 1902 als Sohn des Schauspielers Heinrich Schroth in Innsbruck; aufgew. in Bozen; nach dem Abitur studierte er an der Universität München Rechtswissenschaften, Literatur- und Theaterwissenschaft, brach sein Studium aber vorzeitig ab und nahm Schauspielunterricht. Sein erstes Engagement bekam er am Theater Frankfurt/Oder. Nach Jahren an Wanderbühnen und Verpflichtungen in Brünn und Düsseldorf holte ihn Erich Ziegel 1928 an die Hamburger Kammerspiele, denen er bis 1941 angehörte. Weitere Stationen: Theater in der Josefstadt Wien, Deutsches Theater Berlin, Thalia-Theater Hamburg, Münchner Kammerspiele, Hebbel-Theater Berlin, Kleine Komödie München, Komödie Düsseldorf, Theater am Dom Köln sowie zahlreiche Tourneen. Er arbeitete umfangreich als Regisseur.
Sein Film-Debüt gab er 1931, beim Fernsehen wirkt er seit 1953. Unter dem Titel »Keine Angst vor schlechten Zeiten« publizierte er 1984 seine Memoiren.
Schroth spricht engl., ital.; er ist in fünfter Ehe verheiratet. Aus seiner Ehe mit der Schauspielerin Ruth Hausmeister stammen seine Töchter Sabine (geb. 1940) und Katharina (geb. 1945), aus der Ehe mit der Schauspielerin und Regisseurin Karin Jacobsen stammt sein Sohn Alexander (geb. 1950). Schroth ist der Halbbruder der Schauspielerin Hannelore Schroth, die der Ehe seines Vates mit der Schauspielerin Käthe Haack entstammt. Der Künstler lebt in Vacciago di Ameno am Orta-See in Italien.
Film: »Der Kongreß tanzt«, mit Lilian Harvey, Regie: Eric Charell, 1931; »Gauner im Frack«, 1937; »Frau über Bord«, Regie: Wolfgang Staudte, 1944; »Frech und verliebt«, 1945; »Morituri«, Regie: Eugen York, 1948; »Der Freund meiner Frau«, 1949; »Meine Nichte Susanne«, Regie: Wolfgang Liebeneiner, 1950; »Tanzende Sterne«, 1952; »Vergiß die Liebe nicht«, 1953; »Die Stadt ist voller Geheimnisse«, Regie: Fritz Kortner, 1954; »Wenn der Vater mit dem Sohne«, Regie: Hans Quest, 1955; »Liebe auf krummen Beinen«, 1959; »Katz und Maus«, 1967.
Theater: In Sternheims »Der Kandidat«, in Andersons »Und wir haben nichts dagegen getan«, in Shaws »Pygmalion«, in Shakespeares »Was ihr wollt«, in Arnold Zweigs »Der Streit um den Sergeanten Grischa«, in Grabbes »Scherz, Satire, Ironie und tiefere Bedeutung«, in Rehfischs »Der Sprung über Sieben«, in Nestroys »Lumpazivagabundus«; in Maughams »Viktoria«, in Brooke/Bannemanns »Mammis Wanderjahre« (auch TV), in Jacobsens »Wege des Zufalls«, in Priestleys »Und das am Montagmorgen«, in Devals »Simone, der Hummer und die Ölsardine« (auch TV), in Raphaelsons »Zauber der Jugend«, in Lonsdales »Mrs. Cheneys Ende«, in Levins »Tu das nicht Angelika«, in Brasch/Moores »Nur keine Blumen«, in Goetz' »Dr. med. Hiob Prätorius«, in Luneau/Coggios Einpersonenstück »Tagebuch eines Wahnsinnigen« (nach Gogol), in Goodharts »Eine neue Generation«, in Bobricks »Bitte nicht stören«, jeweils an den vorgenannten Bühnen. Besonderen Erfolg hatte er zudem in Stücken von Curt Goetz.
Fernsehen: »Männer in gefährlichem Alter«, ARD 1953; »Das Fräulein vom Amt« und »Die verschwundene Miniatur«, ARD 1954; »Griff nach den Sternen«, ARD 1955; »Orden für die Wunderkinder« (nach Zibaso), Regie: Rainer Erler, ARD 1963; »Die Geschichte des Rittmeisters Schach von Wuthenow« (nach Fontane), Regie: Hans Dieter Schwarze, ARD 1966; Titelrolle in »Alle Hunde lieben Theobald«, mit Erica Schramm, Regie: Eugen York, 13 Folgen, ZDF 1971; »Carl-Heinz-Schroth-Porträt«, ZDF 1977; Albert Karschunke in »Karschunke und Sohn«, mit Walter Giller, Regie: Imo Moszkowicz, 6 Teile, ARD 1978; »Einfach Lamprecht«, Serie, ZDF 1980; »Sonny-Boys« (nach Simon), mit Johannes Heesters, Regie: Rolf von Sydow, ARD 1983; Jakob in »Jakob und Adele« (von Reinecker), mit Brigitte Horney, Serie, ZDF 1983/84 und 1985; »Er-Goetz-Liches« (Carl-Heinz-Schroth-Special), »Meine schwarze Stunde«, 2 Teile, und »Heiraten ist immer ein Risiko«, mit Edda Seippel, Regie: Hans-Jürgen Tögel, ZDF 1984. Außerdem war er zu Gast in Joachim Fuchsbergers Talkshow »Heut' abend«, ARD 1985.
Auszeichnungen: »Goldene Kamera« (HÖRZU) 1982; »Curt-Goetz-Ring« (1. Träger), Berlin 1984; »Silbernes Blatt« der Dramatiker-Union 1985.
Anschrift: c/o Agentur Baumbauer, Keplerstraße 2, 8000 München 80, oder Casa Mütze, I-28010 Vacciago di Ameno, Lago d'Orta, Italien.

Hannelore Schroth

Geb. 10. 1. 1922 als Tochter des Schauspielers Heinrich Schroth und der Schauspielerin Käthe Haack in Berlin; dort und in Lausanne, Schweiz, aufgew.; nach der Eignungsprüfung an der Schauspielschule Lausanne verließ sie 1938 das dortige Internat und kam zu ihren Eltern nach Berlin zurück. Der Regisseur Roger von Norman engagierte sie im gleichen Jahr für seinen Film »Spiel im Sommerwind«. Seither wirkte sie in über 40 Produktionen mit. Theater spielte sie während des Krieges vornehmlich in Berlin.
Nach Kriegsende begann sie am Theater in der Josefstadt Wien, an dem sie auch später Gastspiele gab. Als freischaffende Künstlerin spielte sie seit 1949 u.a. an folgenden Bühnen: Kleine Komödie München, Schauspielhaus Düsseldorf unter Gustaf Gründgens, Deutsches Schauspielhaus Hamburg, Schloßparktheater Berlin, Münchner Kammerspiele, Schaubühne am Halleschen Ufer Berlin, Thalia-Theater Hamburg, Festspiele Recklinghausen, Festspiele Bad Hersfeld sowie Tourneen.
Aus gesundheitlichen Gründen mußte sie Anfang der 70er Jahre ihre Bühnentätigkeit etwas einschränken. Sie ist umfangreich beim Fernsehen tätig. In der Synchronisation sprach sie u.a. die deutsche Stimme von Ingrid Bergman.
Hannelore Schroth spricht engl., franz.; sie war in erster Ehe verheiratet mit dem Schauspieler Carl Raddatz. Ihrer zweiten Ehe mit dem Tiefseeforscher Hans Hass entstammt der Sohn Hans Hass jr., der selbst als Schauspieler und Schlagersänger arbeitet. Ihrer dritten Ehe mit dem Hamburger Rechtsanwalt Peter Köster entstammt der Sohn Christoph. Hannelore Schroth lebt in München.
Film: »Kitty und die Weltkonferenz«, Regie: Helmut Käutner, »Spiel im Sommerwind«, Regie: Roger van Norman, und »Der Gouveneur«, Regie: Viktor Tourjansky, 1939; »Friedrich Schiller«, mit Hans Caspar, und »Weißer Flieder«, 1940; »Menschen im Sturm«, 1941; »Sieben Jahre Glück«, 1942; »Die schwache Stunde«, und »Sophienlund«, mit Käthe Haack, Regie: Heinz Rühmann, 1943; »Eine Frau für drei Tage«, und »Seinerzeit zu meiner Zeit«, Regie: Boleslaw Barlog, 1944; »Unter den Brücken« (nach de Laforgue), Regie: Helmut Käutner, 1945; »Das singende Haus«, Regie: Franz Antel, und »Käthchen für alles«, Regie: Akos von Rathony, 1949; »Die wunderschöne Galathee«, Regie: Rolf Meyer, 1950; »Das unmögliche Mädchen«, Regie: Akos von Rathony, 1951; »Die Tochter der Kompanie«, 1953; »Geliebte Corinna«, Regie: Eduard von Borsody, »Vor Sonnenuntergang« (nach Hauptmann), Regie: Gottfried Reinhardt, und »Der Hauptmann von Köpenick« (nach Zuckmayer), Regie: Helmut Käutner, 1956; »Die Freundin meines Mannes«, Regie: Axel von Ambesser, 1957; »Der Mann, der nicht nein sagen konnte«, 1958; »Alle lieben Peter«, mit Peter Kraus, Regie: Wolfgang Becker, 1959; »Liebling der Götter« (Die Renate-Müller-Story), Regie: Gottfried Reinhardt, 1960; »Polizeirevier Davidswache«, Regie: Jürgen Roland, 1964; »Bomber und Paganini«, mit Mario Adorf, Regie: Nicos Perakis, 1976; »Zwischengleis«, Regie: Wolfgang Staudte, 1978; »Lucky Star«, Regie: Hans-Jürgen Tögel, 1979; »Friedliche Tage«, Regie: Richard Blank, 1983.
Theater: Franziska in Hauptmanns »Fuhrmann Henschel«, Berlin 1940; in Priestleys »Seit Adam und Eva«, Kleine Komödie München 1949; in Shakespeares »Ende gut, alles gut« und in Odets' »Das Mädchen vom Lande«, Düsseldorfer Schauspielhaus 1951–1953; in Anouilhs »Jeanne oder Die Lerche«, Titelrolle in Shaws »Die heilige Johanna« und in Ustinovs »Die Liebe der vier Obersten«, jeweils Schloßpark-Theater Berlin 1953; Madame La Morale in Honeggers »Die Abenteuer des Königs Pausole« und in Faulkners »Requiem für eine Nonne«, Deutsches Schauspielhaus Hamburg 1955; Regine Engstrand in Ibsens »Gespenster«, mit Helene Thimig, Regie: Lothar Müthel, in Fabbris »Prozeß Jesu«, in der europ. Erstaufführung von Inges »Bus stop« und Titelrolle in Samuel Taylors »Sabrina«, jeweils Theater in der Josefstadt Wien; Leutnant der Heilsarmee in Lanes »Happy end«, Kleine Komödie München 1958; in der deutschen Erstaufführung von Pinters »Der Liebhaber« und in Feydeaus »Herzliches Beileid«, 1965, und Lesung mit Friedrich Torbergs »Satiren aus Israel«, 1966, jeweils Münchner Kammerspiele; Kate in Ortons »Seid nett zu Mr. Sloane« und Titelrolle in de Filippos »Philomena Marturano«, jeweils Schaubühne am Halleschen Ufer Berlin; in Barillet/Grédys »Die Kaktusblüte«,

1967, und in Roussins »La Mamma«, 1974, jeweils Kleine Komödie München; Laura Reynolds in Andersons »Der Einzelgänger« und in Hasenclevers »Napoleon greift ein«, Thalia-Theater Hamburg; Spelunken-Jenny in Brecht/Weills »Die Dreigroschenoper« und in Spewack/Porters »Kiss me, Kate«, Berlin; Blanche in Williams' »Endstation Sehnsucht«, Tournee 1963; in Brechts »Mutter Courage und ihre Kinder«, mit Lotte Lenya, Regie: Harry Buckwitz, Ruhrfestspiele Recklinghausen 1967; Claire Zachanassian in Dürrenmatts »Der Besuch der alten Dame«, Festspiele Bad Hersfeld 1969.
Fernsehen: »Heinrich VIII. und seine Frauen« (nach Gressieker), Regie: Heinz Schirk, ZDF 1968; »Auftrag Mord« (von Bruno Hampel), ZDF 1970; »Alle Hunde lieben Theobald«, mit Carl-Heinz Schroth und Erica Schramm, Serie, ZDF 1971; »Eine Dummheit macht auch der Gescheiteste« (nach Ostrowskij), Regie: Eberhard Itzenplitz, und Fru Petrell in »Immer dieser Michel« (von Astrid Lindgren), Regie: Olle Hellborn, Serie, ARD 1978; »Zwischengleis«, mit Mel Ferrer und Pola Kinski, Regie: Wolfgang Staudte, ARD 1983; Titelrolle in »Aida Wendelstein«, Buch und Regie: Richard Blank, »Polizei-Inspektion 1«, mit Walter Sedlmayr, Serie, und »Revolution im Ballsaal«, mit Otto Stern, Regie: Richard Blank, ARD 1984.
Auszeichnungen: Großer Bad-Hersfeld-Preis 1969; Filmband in Gold 1980.
Anschrift: c/o ZBF-Agentur München, Leopoldstraße 19, 8000 München 40.

Heinz Schubert

Geb. 12. 11. 1925 als Sohn eines Schneidermeisters in Berlin; dort aufgew.; nach dem Notabitur wurde er noch zum Kriegsdienst eingezogen. Nach seiner Rückkehr aus britischer Kriegsgefangenschaft besuchte er eine Schauspielschule. Bertolt Brecht holte ihn 1950 an sein Berliner Ensemble, wo er bis 1961 spielte. Nach dem Berliner Mauerbau (1961) ging er in die Bundesrepublik Deutschland. Von 1962 bis 1968 stand er im Ensemble der Münchner Kammerspiele. An das Deutsche Schauspielhaus Hamburg war er von 1968 bis 1976 gebunden. Seither gastierte er u.a. am Württembergischen Staatstheater Stuttgart und an der Freien Volksbühne Berlin (bis 1984). Seit 1966 wirkt er umfangreich beim Fernsehen. Besonderen Erfolg hatte er in der Rolle des Alfred Tetzlaff (»Ekel Alfred«) in der ARD-Reihe »Ein Herz und eine Seele«. Wolfgang Menge hatte sie nach dem Muster der britischen TV-Serie »Till Death us to part« (von Johnny Speight) gestaltet.
1979 veröffentlichte Schubert die Fotodokumentation »Theater im Schaufenster«. Er ist seit 1961 als Schauspiellehrer tätig.
Schubert spricht engl.; er ist verheiratet, hat zwei Töchter (Petra und Karin) und lebt in Hamburg.
Film: Bei der DEFA spielte er in »Sie nannten ihn Amigo« und den Schweizerkas in »Mutter Courage und ihre Kinder« (nach Brecht). Ferner: Titelrolle in »Der starke Ferdinand«, Regie: Alexander Kluge, 1976; »Obszön - Der Fall Peter Herzel«, Regie: Hans-Christof Stenzel, 1981; »Feine Gesellschaft – beschränkte Haftung«, mit Lilli Palmer, Elisabeth Bergner und Hardy Krüger, Regie: Ottokar Runze, und »Marmor, Stein und Eisen bricht«, mit Drafi Deutscher, Regie: Hans-Christof Stenzel, 1982; »Konrad aus der Konservenbüchse«, Regie: Claudia Schröder, 1983; »Liebe ist kein Argument«, mit Günter Lamprecht und Erika Pluhar, Regie: Marianne Lüdcke, 1984.
Theater: In Hauptmanns »Der Biberpelz« und »Der rote Hahn«, Raoul de Rinel in Seghers/Brechts »Der Prozeß der Jeanne d' Arc zu Rouen 1431«, Sung in »Der Tag des großen Gelehrten Wu«, Christopher Manon in Synges »Der Held der westlichen Welt«, Zweiter Gott in Brechts »Der gute Mensch von Sezuan«, Dullfeet in Brechts »Der aufhaltsame Aufstieg des Arturo Ui«, Hakenfinger-Jakob in Brecht/Weills »Die Dreigroschenoper« und Gottlieb in Baierls »Frau Flinz«, jeweils Berliner Ensemble 1950–1961; in Budzinskis »Zweehundert Jahre nischt wie Ärjer«, in Grass' »Noch zehn Minuten bis Buffalo«, in Audibertis »Der Lauf des Bösen«, mit Therese Giehse, in Feydeaus »Herzliches Beileid«, in Molières »Die Schule der Frauen«, Regie: Hans Schweikart, in Molières »Scapins Schelmenstreiche«, Regie: Jean-Pierre Ponnelle, jeweils Münchner Kammerspiele 1962–1968; Dr. Relling in Ibsens »Die Wildente«, in O'Caseys »Kikeriki«, mit Werner Hinz, Regie: Wilfried Minks, und Sergeant Toddy in »Das indische Halstuch« (nach Wallace), jeweils Deutsches Schauspielhaus Hamburg 1968–1976; in Deichsels »Zappzarapp«, mit Fritz Lichtenhahn, Freie Volksbühne Berlin 1984.
Fernsehen: »Der Mann mit der Puppe«, ARD 1965; »Die Räuber« (nach Schiller), Regie: Egon Monk (Übertragung aus dem Deutschen Schauspielhaus Hamburg), und »Exclusiv«, Regie: Peter Schulze-Rohr, ARD 1969; »Das Messer« (nach Durbridge), Regie: Rolf von Sydow, 3 Teile, ARD 1971; Hadschi Halef Omar in »Kara Ben Nemsi Effendi«, Serie, ZDF 1972; »Ein Mensch« (nach Eugen Roth), Regie: Peter Eschberg, ZDF 1975; Alfred Tetzlaff in »Ein Herz und eine Seele« (von Wolfgang Menge), mit Elisabeth Wiedemann (später Helga Feddersen), Hildegard Krekel und Diether Krebs, 11 Folgen, ARD 1973–1976; Oskar Buksch in »Die Nacht, in der der Chef geschlachtet wurde« (von Kipphardt), und »Es begann bei Tiffany«, Regie: Wolfgang Becker, ARD 1979; »Ein Fall für zwei«, Serie, ZDF 1983; »Das schöne irre Judenmädchen« (nach Spieß), Regie: Götz Fischer, und »Die Frau des Kommissars« (nach Hennequin), Regie: Michael Günther, ARD 1984.
Anschrift: c/o Agentur de la Berg, Haus am Weiher, 8026 Irschenhausen.

Thomas Schücke

Geb. 2. 2. 1955 in Wuppertal; dort und in München aufgew.; er absolvierte von 1977 bis 1979 die Otto-Falckenberg-Schule München. Bereits während seiner Zeit als Gymnasiast wirkte er in zahlreichen Filmen der Filmhochschule München mit. Von 1980 bis 1982 gehörte er zur Theatergruppe »Zauberflöte« München.
Schücke spricht engl., ital.; er ist ledig und lebt in München.
Film: »Die Nacht mit Chandler«, Regie: Hans Noever, 1979; »Das zweite Gesicht«, Regie: Dominik Graf, 1982; »Die zwei Gesichter des Januar«, Regie: Wolfgang Storch, 1984.
Theater: Mit der Theatergruppe »Zauberflöte« spielte er in Osbornes »Blick zurück im Zorn«, in Schillers »Kabale und Liebe« (Wurm) und in »Red Rider«; Gastspiele u.a. in Zürich, Bremen, Berlin und München (1980–1982).
Fernsehen: »Derrick«, Serie, 5 Folgen, ZDF 1981–1984; »Mondkräcker«, Regie: Marco Serafini, ARD 1983; »Der letzte Zivilist« (nach Glaeser), mit Max von Sydow, Regie: Laurent Heynemann, 2 Teile, ZDF 1984; »Die doppelte Welt«, Regie: Kristian Kühn, und »Der Alte«, Serie, ZDF 1985; »Der Fahnder«, Regie: Dominik Graf, Serie, ARD 1985.
Anschrift: c/o Agentur Mattes, Pilotystraße 2, 8000 München 22, oder c/o ZBF-Agentur München, Leopoldstraße 19, 8000 München 40.

Rudolf Schündler

Geb. 17. 4. 1906 als Sohn eines Kaufmanns in Leipzig; dort aufgew.; nach der Schule absolvierte er die Städt. Schauspielschule Leipzig. 1926 gab er sein Bühnendebüt am Theater Beuthen. Weitere Stationen: Schauspielhaus Zürich, Städt. Bühnen Dortmund und Städt. Bühnen Nürnberg. Anschließend ging er nach Berlin, wo er an zahlreichen Bühnen wirkte. Seit 1937 arbeitet er als Theater-Regisseur. Wichtige Stationen: Kabarett der Komiker Berlin, Metropol-Theater Berlin, Theater im Admiralspalast Berlin. Von 1945 bis 1949 war er Direktor und künstlerischer Leiter des Kabaretts »Die Schaubude« München. Ab 1950 verlegte er das Schwergewicht seiner Regie-Tätigkeit auf den Film.
Sein Kinodebüt als Schauspieler gab er bereits 1932 in dem Film »Annemarie, die Braut der Kompanie«. Zwei seiner herausragenden Filmerfolge waren Fritz Langs »Das Testament des Dr. Mabuse« (1933) und William Friedkins »Der Exorzist« (1973). Insgesamt wirkte Schündler in über 150 Kinoproduktionen mit. Zudem verkörperte er über 120 Fernsehrollen.
Schündler spricht engl., franz.; er ist in zweiter Ehe verheiratet (geschieden von der Schauspielerin Christine Laszar), hat zwei Kinder (Karin und Oliver) und lebt in München. Nahezu zwei Jahre war er ans Bett gefesselt; trotz völliger Erblindung will er 1986 wieder vor der TV-Kamera stehen.
Film: »Annemarie, die Braut der Kompanie«, 1932; Mörder in »Das Testament des Dr. Mabuse«, mit Rudolf Klein-Rogge, Regie: Fritz Lang, 1933; »Das Mädchen Johanna«, Regie: Gustav Ucicky, und »Hundert Tage«, Regie: Franz Wenzler, 1935; »Intermezzo«, »Savoy-Hotel 217«, mit Paul Dahlke, Regie: Gustav Ucicky, »Moskau – Shanghai«, »Ritt in die Freiheit« und »Die Frau des Anderen«, 1936; »Das Schweigen im Walde«, »Heiratsinstitut Ida und Co.« und »Gewitterflug zu Claudia«, 1937; »Es leuchten die Sterne«, Regie: Hans H. Zerlett, »Am seidenen Faden«, Regie: Robert A. Stemmle, »Dreizehn Mann und eine Kanone«, »Die Frau am Scheidewege«, Regie: Josef von Baky, »Napoleon ist an allem schuld« mit und unter der Regie von Curt Goetz, »Scheidungsreise«, »Mit versiegelter Order«, 1938; »Verdacht auf Ursula«, »Robert und Bertram« mit Rudi Godden, Regie: Hans H. Zerlett, »Paradies der Junggesellen«, mit Hans Brausewetter, Regie: Kurt Hoffmann, »Ich verweigere die Aussage«, mit Kirsten Heiberg, Regie: Philipp Lothar Mayring, »Der Stammbaum des Dr. Pistorius«, »Hurra, ich bin Papa!«, Regie: Kurt Hoffmann, »Die Frau ohne Vergangenheit« und »Die goldene Maske«, 1939; »Der Herr im Haus«, mit Hans Moser, Regie: Heinz Helbig, »Weißer Flieder«, Regie: Arthur Maria Rabenalt, »Achtung! Feind hört mit!«, mit Kirsten Heiberg, Regie: Arthur Maria Rabenalt, »Golowin geht durch die Stadt«, »Kleider machen Leute« (nach Keller), Regie: Helmut Käutner, »Tip auf Amalie«, »Herz ohne Heimat«, Regie: Otto Linnekogel, und »Meine Tochter tut das nicht«, 1940; »Alarm«, »Immer nur Du«, mit Johannes Heesters, Regie: Karl Anton, »Sein Sohn«, und ». . . reitet für Deutschland«, mit Willy Birgel, Regie: Arthur Maria Rabenalt, 1941; »Mit den Augen einer Frau«, »Fronttheater«, Regie: Arthur Maria Rabenalt, »Das große Spiel« und »Das schwarze Schaf«, 1942; »Die Hochstaplerin«, »Liebespremiere«, Regie: Arthur Maria Rabenalt, »Ein Mann mit Grundsätzen«, und »Zirkus Renz«, Regie: Arthur Maria Rabenalt, 1943; »Zwischen Nacht und Morgen«, mit Käthe Gold, Regie: Harald Braun, und »Ich hab' von Dir geträumt«, 1944; »Der Fall Molander«, Regie: G.W. Pabst, »Zimmer zu vermieten« und »Leuchtende Schatten«, 1945; »Der Herr vom andern Stern«, 1948; »Tromba«, mit Angelika Hauff, Regie: Helmut Weiß, »Das Tor zum Paradies«, »Ich mach' dich glücklich«, »Nichts als Zufälle« und »Wer bist du, den ich liebe?«, 1949; »Der Theodor im Fußballtor«, Regie: E.W. Emo, »Eine Nacht im Separée«, »Königskinder«, Regie: Helmut Käutner, »Liebe auf Eis«, »Die Sterne lügen nicht« und »Sensation im Savoy«, 1950; »Begierde«, »Das späte Mädchen«, »In München steht ein Hofbräuhaus« und »Die Dame in Schwarz«, 1951; »Haus des Lebens«, »Maske in Blau«, Regie: Paul Martin, »Ehe für eine Nacht«, »Käpt'n Bay-Bay«, »Der weißblaue Löwe« und »Wir tanzen auf dem Regenbogen«, 1952; »Heute nacht passiert's«, »Der letzte Walzer«, Regie: Arthur Maria Rabenalt, und »Wenn am Sonntagabend die Dorfmusik spielt«, 1953; »Wenn der Vater mit dem Sohne«, mit Heinz Rühmann und Oliver Grimm, Regie: Hans Quest, und »IA in Oberbayern«, Regie: Joe

Stöckel, 1955; »Die Abenteuer des braven Kommandanten Küppes«, mit Martin Held, Regie: Rainer Erler, 1967; »Was ist denn bloß mit Willi los?«, mit Heinz Erhardt, Regie: Werner Jacobs, 1971; Zahlreiche Filme der »Pauker«-Reihe, 1969–1973; »Der Exorzist«, Regie: William Friedkin, USA 1973; »Flamme empor«, Regie: Eberhard Schubert, und »Der Mann im Schilf«, Regie: Manfred Purzer, 1978; »Schöner Gigolo, armer Gigolo«, mit David Bowie, Marlene Dietrich und Maria Schell, Regie: David Hemmings, Großbritannien/BRD 1978; »Kalte Heimat«, Regie: W. Werner Schaefer, 1979.
Regie führte er u.a. in folgenden Produktionen: »Der Geigenmacher von Mittenwald«, 1950; »Wenn am Sonntagabend die Dorfmusik spielt«, 1953; »Der treue Husar«, »Schützenliesel« und »Viktoria und ihr Husar«, 1954; »Das fröhliche Dorf«, 1955; »Die Rosel vom Schwarzwald« und »Die schöne Meisterin«, 1956; »Gruß und Kuß vom Tegernsee« und »Die Unschuld vom Lande«, 1957; »Wenn Mädchen ins Manöver ziehn«, »Gräfin Mariza«, »Mein Mädchen ist ein Postillion« und »Mikosch, der Stolz der Kompanie«, 1958; »Mein Schatz, komm' mit ans blaue Meer«, 1959; »Der wahre Jakob« und »Willy, der Privatdetektiv«, 1960; »Meine Frau, das Call-Girl«, 1960.
Fernsehen: »Wölfe und Schafe«; »Vom Teufel geholt«; »Seltsames Zwischenspiel«; »Kudamm-Geschichten«, Serie; »Der Kommissar«, mit Erik Ode, Serie, 3 Folgen, ZDF 1969–1973; »Dem Täter auf der Spur«, Regie: Jürgen Roland, Serie, ARD 1972; »Der Hausaufsatz« (von Bieler), Regie: Peter Frötschl, ARD 1974; »Unter Verschluß«; »Erinnerung an die Leidenschaft«, Buch und Regie: Martin Hennig, und »Ein Fall für Stein«, 13 Folgen, ZDF 1976; »Cecile« (nach Fontane), Regie: Dagmar Damek, und »Fairy«, Regie: Vojtech Jasny, ZDF 1977; »Achsensprung«, Regie: Rolf von Sydow, ARD 1977; »Die Stühle des Herrn Szmil« (von Kipphardt), Regie: Vojtech Jasny, ARD 1979; »Aktion Abendsonne«, Regie: Diethard Klante, ZDF 1979; »Un-Ruhestand«, 7 Teile, ZDF 1980; »Der Alte«, Serie, 4 Folgen, ZDF 1979–1982; »Flucht aus Pommern«, Regie: Eberhard Schubert, ZDF 1982; »Tatort«, Regie: Hajo Gies, Serie, ARD 1982; »Martin Luther«, mit Lambert Hamel, 2 Teile, und »Das Traumschiff«, Regie: Alfred Vohrer, Serie, ZDF 1983; »Rote Erde« (von Strupp), mit Claude-Oliver Rudolph, Serie, und »Das Gesicht an der Wand«, Regie: Dieter Finnern, ARD 1984.
Anschrift: c/o Agentur von Pilecki, Eilandstraße 12, 8000 München 90, oder Prinzregentenstraße 81, 8000 München 80.

Anja Schüte

Geb. 2. 9. 1964 in Hamburg; aufgew. in Köln; lebt in Erfstadt im Rheinland; ledig; spricht engl., franz.; nach der mittleren Reife privater Schauspielunterricht; mit einem Paßfoto bewarb sie sich bei der Zeitschrift »Mädchen« 1978 für die Rolle einer Ballett-Tänzerin in dem David-Hamilton-Film »Die Geschichte der Laura M.« und wurde aus über 3000 Bewerbungen ausgewählt; seither spielte sie in neun Kinofilmen.

Film: »Die Geschichte der Laura M.«, mit Maude Adams, Regie: David Hamilton, Frankreich 1979; »Zärtliche Cousinen«, mit Thierry Tevini, Regie: David Hamilton, Frankreich 1980; »Inflation im Paradies«, mit Alexandra Curtis, Regie: Nikolai Müllerschön, 1981; »Ein dicker Hund«, mit Tommi Ohrner und Gunther Philipp, Regie: Franz Marischka, 1982; »Erste Sehnsucht«, mit Monica Broeke, Regie: David Hamilton, Frankreich 1983; »Augenblick der Verwunderung« mit Annie Chaplin und David Meyer, Regie: Martin Donovan, Großbritannien 1983; »Das Wunder«, Regie: Eckhart Schmidt, 1985.

Fernsehen: »Der Trotzkopf«, mit Helga Anders und Anaid Iplicjian, Regie: Helmuth Ashley, 8 Folgen, ARD 1982; »Die Beute« (aus der Reihe: »Der Alte«), mit Christian Quadflieg, Regie: Helmuth Ashley, ZDF 1982; »Gestern bei Müllers«, mit Christine Ostermayer und Alexander Kerst, Regie: Rainer Ecke, Serie, und »Angelo und Luzy«, mit Rolf Zacher und Iris Berben, Regie: Rainer Ecke, Serie, ZDF 1983; »Wendepunkte« (Portrait Anja Schüte), Regie: Michael Lentz, ARD 1983; Orseleska in »August der Starke« (von Asmodi), mit Gert Fröbe und Peter Fricke, Regie: Rudolf Nussgruber, ZDF 1984; »Pogo 1104«, mit Richy Müller, Regie: Wigbert Wicker, 4 Teile, ARD 1984; »Oliver Maas« (von Justus Pfaue), mit Hans Clarin und Jane Tilden, Regie: Gero Erhardt, 6 Teile, ZDF 1985.

Anschrift: c/o Agentur Baumbauer, Keplerstraße 2, 8000 München 80, oder 5042 Erftstadt 1.

Friedrich Schütter

Geb. 4. 1. 1921 in Düsseldorf; 1922 wanderten seine Eltern nach Brasilien aus, wo er in Goyaz und São Paulo brasilianische Schulen besuchte. 1932 kehrte er nach Deutschland zurück. Er besuchte die Oberrealschule in Hamburg. Von 1937 bis 1939 lebte er erneut in Brasilien. Er arbeitete in den väterlichen Gastronomiebetrieben und widmete sich in der Freizeit erstmals dem Laienspiel. Von 1939 bis Kriegsende war er Soldat, mehrfach schwer verwundet. 1947 absolvierte er ein Schauspielstudium bei Dr. Walter Falk und Helmuth Gmelin in Hamburg. Sein erstes Engagement erhielt er 1949 am Deutschen Schauspielhaus Hamburg.
Im Jahre 1951 gründete Schütter Das Junge Theater Hamburg, dem er bis heute als künstlerischer Leiter neben Wolfgang Borchert als Verwaltungsdirektor vorsteht. Die Bühne wurde 1973 in Ernst-Deutsch-Theater umbenannt. Gastspiele gab der Schauspieler u.a. bei den Festspielen Bad Hersfeld (1972–1975 und 1978/79), den Ruhrfestspielen Recklinghausen (1973–1975) und den Burgfestspielen Jagsthausen (1980 und 1982). Er war mehrmals auf Tournee.
Schütter ist viel beschäftigt beim Hörfunk und in der Synchronisation. Er ist u.a. die deutsche Stimme von Lorne Green (Ben Cartwright in der TV-Serie »Bonanza«, ZDF). Er veröffentlichte mehrere Sprech- und Gesangsschallplatten.
Schütter spricht engl., port., span.; er ist seit 1979 in dritter Ehe verheiratet, hat drei Kinder (Heike, Friederike und Friedrich, aus früheren Ehen) und lebt in Hamburg.
Theater: In Brandstaetters »Das Schweigen« und in Langers »Der Gefangene«, 1959, in Krischkes »Kreuze am Horizont« und in Weisenborns »Lofter oder Das verlorene Gesicht«, 1960, in Andres' »Gottes Utopia«, 1961, in O'Neills »Alle Kinder Gottes haben Flügel« und in Wilders »Unsere kleine Stadt«, 1963, in Ostrowskijs »Der Wald«, 1966, in Feydeaus »Der Floh im Ohr«, 1969, in Rollands »Ein Spiel von Tod und Liebe«, 1970, in Schoenthans »Der Raub der Sabinerinnen«, in Barnes' »Die herrschende Klasse« und in Pirandellos »Die Nackten kleiden«, 1971, in Hochwälders »Der öffentliche Ankläger«, 1973, in Bethencourts »Der Tag, an dem der Papst gekidnappt wurde«, 1974, in Shaws »Der Arzt am Scheideweg«, in Lessings »Nathan der Weise«, in Hauptmanns »Michael Kramer« und in Goethes »Ur-Götz«, 1976, in Raffalts »Der Nachfolger«, 1978, Dorfrichter Adam in Kleists »Der zerbroche Krug«, 1979, in der Uraufführung von Hochhuths »Juristen« und Harras in Zuckmayers »Des Teufels General«, 1980, in Spoerls »Der Maulkorb« und in der Uraufführung von Dahlens »Die Affäre Offenbach« (nach E.T.A. Hoffmann), in Heinrich Mann/Zadeks »Professor Unrat«, mit Katja Ebstein, und in Muschgs »Rumpelstilz«, 1981, in Brechts »Der kaukasische Kreidekreis«, 1982, in Brechts »Der aufhaltsame Aufstieg des Arturo Ui«, 1983, Creon in Anouilhs »Antigone«, 1984, jeweils Das Junge Theater, später Ernst-Deutsch-Theater Hamburg.
Jan Matthison in Dürrenmatts »Die Wiedertäufer«, Ruhrfestspiele Recklinghausen 1973 (auch ZDF 1973); Mr. Antrobus in Wilders »Wir sind noch einmal davongekommen«, 1978, Pedro Crespo in Calderons »Der Richter von Zalamea« und in Brechts »Der aufhaltsame Aufstieg des Arturo Ui«, 1979, jeweils Festspiele Bad Hersfeld; Titelrolle in Goethes »Götz von Berlichingen«, 1980 und 1982, Titelrolle in Molières »Tartuffe«, 1982, jeweils Burgfestspiele Jagsthausen.
Fernsehen: »Das Millionenspiel« (Menge nach Scheckley), mit Dieter Thomas Heck, Regie: Tom Toelle, ARD 1970; »Das kleine Hofkonzert«, Regie: Wolfgang Liebeneiner, ZDF 1976; »Reifezeugnis« (aus der Reihe: »Tatort«), mit Nastassja Kinski und Christian Quadflieg, Regie: Wolfgang Petersen, ARD 1977; »PS – Geschichten ums Auto«, 4 Teile, ARD 1978, und »PS – Die Feuerreiter«, ARD 1979, Regie: jeweils Claus Peter Witt; »Die Gerechten« (nach Camus), Regie: Frank Guthke, ZDF 1981; »Von Küste zu Küste«, ZDF 1984; »Schwarz-Rot-Gold: Blauer Dunst«, mit Uwe Friedrichsen, Regie: Theo Mezger, ARD 1984; »Engels & Consorten« (von E. Möbius), Regie: Detlef Rönfeldt, 5 Teile, ARD 1986.
Auszeichnungen: »Silberne Maske« der Volksbühne 1971; »Silber-Möwe« der Zeitung Hamburger Abendblatt 1972; Verdienstkreuz 1. Klasse des Verdienstordens der Bundesrepublik Deutschland 1977; »Goldene Kamera« (HÖRZU) 1978. Schütter ist Mitglied der Akademie der Darstellenden Künste Hamburg.
Anschrift: Am Heesen 46a, 2050 Hamburg 80.

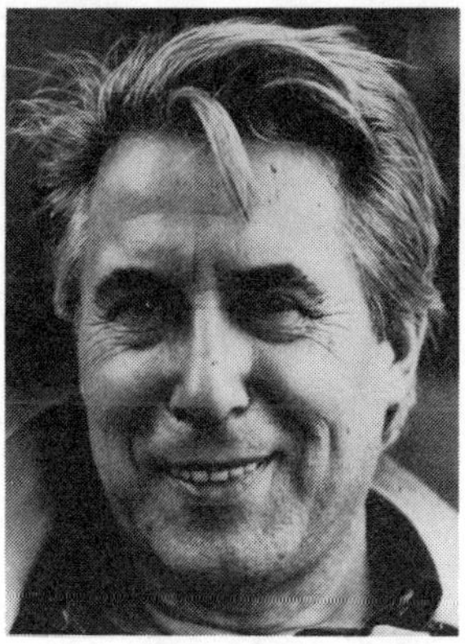

Rolf Schult

– Staatsschauspieler –

Geb. 16. 4. 1927 in Berlin, dort aufgew., nach einem Kriegsabitur besuchte er die Akademie für Musik und Theater sowie die Schauspielschule in Hannover; dort erhielt er auch sein erstes Engagement am Zimmertheater; von 1955–1961 gehörte er dem Ensemble des Schauspielhauses Bochum an; von 1961–1963 war er am Schauspielhaus Köln; seit dieser Zeit ist er Mitglied des Schiller-Theaters Berlin; er arbeitet umfangreich in der Synchronisation (u.a. deutsche Stimme von Robert Redford); er spricht engl.; er ist verheiratet, hat zwei Kinder und lebt in Berlin.

Theater: Karl Moor in Schillers »Die Räuber«, Jago in Shakespeares »Othello«, in Kleists »Das Käthchen von Heilbronn«, und Beckmann in Borcherts »Draußen vor der Tür«, Regie: Hans Schalla, jeweils Schauspielhaus Bochum 1955–1961; Nick in Albees »Wer hat Angst vor Virginia Woolf?«, Regie: Boleslaw Barlog, Leonhard in Hebbels »Maria Magdalena«, Regie: Fritz Kortner, Wehrhan in Hauptmanns »Biberpelz«, Graf Hohenzollern in Kleists »Prinz Friedrich von Homburg«, Regie: jeweils Hans Lietzau, Lenny in Pinters »Die Heimkehr«, Regie: Hans Schweikart, und Roote in Pinters »Das Treibhaus«, Regie: Klaus Emmerich, jeweils Schiller-Theater, Berlin 1963–1984.

Fernsehen: »Die kahle Sängerin«, ARD 1960; »Therese Raquin«, ARD 1966; »Monat der fallenden Blätter«, ARD 1967; »Wie man Wünsche beim Schwanz packt« (nach Pablo Picasso), Regie: Veit Relin, ZDF 1971; »Eden End«, ZDF 1974; »Frau Jenny Treibel«, mit Maria Schell, Regie: Franz Josef Wild, ARD 1982.

Auszeichnungen: Nachwuchskunstpreis des Landes Nordrhein-Westfalen 1959; Berliner Staatsschauspieler 1970.

Anschrift: c/o ZBF-Agentur Berlin, Kurfürstendamm 206, 1000 Berlin 15, oder Ansbacher Straße 61, 1000 Berlin 30.

Werner Schulze-Erdel

Geb. 2. 5. 1953 in Münster/Westfalen; dort und in Bochum aufgew.; nach dem Abitur absolvierte er zunächst eine Ausbildung als Versicherungskaufmann; an der Westfälischen Schauspielschule in Bochum studierte er sechs Semester, bevor er unter Peter Zadek zwei Jahre am dortigen Schauspielhaus wirkte. Engagements mit Stückverträgen am Bayerischen Staatsschauspiel München und an den Münchner Kammerspielen schlossen sich an.

Den Schwerpunkt seiner Arbeit legte er jedoch auf das Fernsehen und den Hörfunk. Er ist Moderator mehrerer Sendereihen beim Bayerischen Fernsehen (u.a. »Sagst, was magst«, BR III), beim Bayerischen Rundfunk und dem TV-Kabelprogramm München und Ludwigshafen (u.a. »Musik-Box«).

Schulze-Erdel spricht engl.; er ist ledig und lebt in München.

Theater: In Shakespeares »Wie es euch gefällt« und in »Beaumarchais«, jeweils Schauspielhaus Bochum; Engel Gabriel in Goethes »Faust I«, Regie: Michael Degen, Bayerisches Staatsschauspiel München; in Botho Strauß' »Groß und Klein«, und in Goethes »Clavigo«, Regie: jeweils Dieter Dorn, Münchner Kammerspiele; in Homes »Sein bester Freund«, Regie: Harald Leipnitz, Tournee.

Fernsehen: »Zeit der Bewährung«, Regie: Hans Peter Meier, ZDF 1977; »Tatort«, Serie, 4 Folgen, ARD 1978–1982; Tom Gimmick in »Die Gimmicks«, Regie: Michael Pfleghar, 13 Folgen, ARD 1979/80; »So 'ne und so'ne«, mit Simone Rethel, Regie: Rolf von Sydow, ARD 1980; »Die große Kapitulation«, ZDF 1983.

Anschrift: c/o Agentur Mattes, Pilotystraße 2, 8000 München 22, oder Wirtstraße 2, 8000 München 90.

Werner Schumacher

Geb. 4. 5. 1921 in Berlin, dort aufgew.; Abitur 1939; fünfeinhalb Jahre Soldat; Werkstattpraktikant; 1946 war er künstl. und kaufm. Leiter des Kabaretts Nord-Westbühne in Cuxhaven; nach einer Eigungsprüfung nahm er Schauspielunterricht bei Hermann Speelmans und Kurt Winkler; nach seinem Engagement am Theater am Besenbinderhof (1950) und an den Kammerspielen in Hamburg kam er an die Städt. Bühnen Bielefeld (1959–1961), die Theater der Freien Hansestadt Bremen (1962), die Städt. Bühnen Köln (1963/64) und die Städt. Bühnen Dortmund (1965/66); ferner war er engagiert am Ernst-Deutsch-Theater Hamburg (1970), am Nationaltheater Mannheim (1973/74), der Komödie im Marquardt Stuttgart (1978–1980), den Städt. Bühnen Münster (1981) und der Komödie in Frankfurt/Main (1983).
Seit 1948 wirkte er in rund 30 Spielfilmen, seit 1954 in ca. 200 Fernsehsendungen mit. Ferner ist er in der Synchronisation tätig.
Schumacher ist seit 1945 verheiratet und hat einen Sohn (Eberhard, geb. 1959); er lebt in Norderstedt bei Hamburg.
Film: »Die letzte Nacht«, Regie: Eugen York, 1948; »Das Herz von St. Pauli«, 1954; unter der Regie von Helmut Käutner: »Des Teufels General« (nach Zuckmayer), mit Curd Jürgens, 1955, »Der Hauptmann von Köpenick« (nach Zuckmayer), mit Heinz Rühmann, 1956, »Schinderhannes« (nach Zuckmayer), und »Der Rest ist Schweigen«, 1958; »Dr. Crippen lebt«, mit Peter van Eyck, Regie: Erich Engels, 1959; »Grabenplatz 17«, 1960; »Der Lügner«, mit Heinz Rühmann, Regie: Ladislao Wayda, 1961; Titelrolle in »Der Glockenkäufer«, Regie: Alexandru Tatos, 1984.
Theater: Dr. Östermark in Strindbergs »Der Vater«, Regie: Hermann Speelmans, Tourneetheater 1947; Njöd in Strindbergs »Der Vater«, Regie: Fritz Kortner, Theater am Besenbinderhof Hamburg 1950; Babischick in »Der Menschen Grundgesetz«, Regie: Helmut Käutner u. Erwin Piscator, Hamburger Kammerspiele 1952; Titelrolle in Sophokles' »Ödipus auf Kolonos«, Titelrolle in Kleists »Amphitryon«, Götz in Sartres »Der Teufel und der liebe Gott«, Heinrich II. in Anouilhs »Becket oder Die Ehre Gottes«, Regie: jeweils Harry Niemann, Städt. Bühnen Bielefeld 1959–1961; John in Hauptmanns »Die Ratten«, mit Christiane Schröder, Theater der Freien Hansestadt Bremen 1962; Amalric in Claudels »Mittagswende«, mit Hilde Krahl, Regie: Wolfgang Liebeneiner, Deutschlandtournee 1963 (auch TV); Hooprecht in Zuckmayers »Der Hauptmann von Köpenick«, mit Werner Hinz, Regie: Hans Schweikart, Mitch in Williams' »Endstation Sehnsucht«, mit Rolf Boysen, Regie: Heinrich Koch, Schauspielhaus Hamburg 1966/67; Edgar in Dürrenmatts »Play Strindberg«, Regie: Michael Hampe, Theater der Freien Hansestadt Bremen 1969; Lyle Britten in »Blues für Mr. Charly«, Regie: Karl Paryla, Ernst-Deutsch-Theater Hamburg 1970; Cop in Dürrenmatts »Der Mitmacher«, Regie: Dürrenmatt selbst, Nationaltheater Mannheim 1973/74; Oscar in Simons »Ein seltsames Paar«, und Sidney Bruhl in »Todesfalle«, Regie: Dieter Kehler, Theater im Marquardt Stuttgart 1978 und 1980; César in Pagnols »Zum goldenen Anker«, Regie: Jan Aust, Hamburger Kammerspiele 1980; Harras in Zuckmayers »Des Teufels General«, Städt. Bühnen Münster 1981; George in Harris/Darbons »Wie man sich bettet«, mit Gerlinde Locker, Komödie Frankfurt/Main 1983.
Fernsehen: »Der stumme Diener«, ARD 1963; Cromwell in »Thomas Moore«, Regie: Gerhard Klingenberg, und »Tote ohne Begräbnis« (nach Sartre), ARD 1964; »Das Feuerzeichen«, Regie: Frank Wisbar, ZDF 1965; Czarski in »Großer Mann, was nun« (von Pillau), Regie: Eugen York, Serie, ARD 1966; »Tragödie in einer Wohnwagenstadt«, Regie: Günter Gräwert, ZDF 1968; »Pole Poppenspäler«, Regie: Wolfgang Becker, ZDF 1968; »Mörderglück«, Regie: Wolfgang Staudte, ARD 1969; »Das Patenkind«, Regie: Stephan Rinser, Serie, ZDF 1970; Kriminalkommissar Lutz in »Tatort« (aus Stuttgart), 16 Folgen, ARD 1970–1986; »Drei im Morgenland«, Serie, ARD 1972; »Zwei Finger einer Hand«, Regie: Georg Marischka, ZDF 1975; »Gefangen in Frankreich« (nach Fontane), Regie: Theo Mezger, ZDF 1979; »Gegendarstellung«, Regie: Joachim Roering, ZDF 1980; »Von Küste zu Küste«, Regie: Friedrich Schütter, ZDF 1984.
Anschrift: c/o ZBF-Agentur München, Leopoldstraße 19, 8000 München 40, oder Am Schulwald 28a, 2000 Norderstedt 1.

Erik Schumann

Geb. 15. 2. 1925 in Greschwitz/Grimma, Thüringen; er absolvierte das Konservatorium (Dirigentenklasse, Klavier und Posaune) und die Schauspielschule Dresden. Seine Bühnenstationen: Staatstheater Dresden (1943–1948), Schloßpark-Theater Berlin (1948–1951), Städt. Bühnen Frankfurt/Main, Württembergisches Staatstheater Stuttgart (1951–1954) und Bayerisches Staatsschauspiel München (1954–1956). Seither ist er freischaffend. Er gastierte u.a. an der kleinen Komödie München und machte zahlreiche Tourneen (u.a. mit dem Wiener Burgtheater).
Seit 1954 bilden Film- und Fernsehen Schwerpunkte seiner Arbeit. Von seinen zahlreichen Hörspiel-Produktionen sei vor allem »Die Novelle« (nach Goethe) erwähnt, die Max Ophüls gestaltete. Partner in dem auch auf Platte erschienenen Stück waren u.a. Oskar Werner und Käthe Gold.
Schumann ist vielbeschäftigter Synchronsprecher. Er lieh seine Stimme bislang u.a. Tony Curtis, Vittorio Gassman, Marcello Mastroianni, Montgomery Clift, Peter O'Toole, Sir Laurence Olivier, Stewart Granger, Jean-Louis Trintignant, Cary Grant und Marshall Thompson. Er sprach die Hauptrolle in den TV-Serien »Poldarck« und »Der Doktor und das liebe Vieh«.
Schumann spricht engl., franz.; er ist in zweiter Ehe verheiratet, hat zwei Söhne (Daniel und Manuel) und lebt in Straßlach bei München.
Film: »Konsul Strotthoff«, mit Willy Birgel, Regie: Erich Engel, 1954; »Griff nach den Sternen« (von Käutner), Regie: Carl-Heinz Schroth, und »Himmel ohne Sterne«, Regie: Helmut Käutner, 1955; »Johannisnacht«, mit Willy Birgel, 1956; »Ein Stück vom Himmel«, Regie: Rudolf Jugert, 1957; »Heiße Ernte«, 1958; »Der zweiköpfige Spion«, mit Jack Hawkins, USA 1959; »Natürlich die Autofahrer«, mit Heinz Erhardt, Regie: Erich Engels, 1959; »Question 7«, USA 1960; »Nacht fiel über Gotenhafen«, und »Fabrik der Offiziere« (nach Kirst), Regie: jeweils Frank Wisbar, 1960; »Unruhige Nacht«, mit Bernhard Wikki, 1961; »Verrat auf Befehl«, mit William Holden, Curd Jürgens und Lilli Palmer, USA 1961; »Muß i denn zum Städtele hinaus«, mit Dieter Borsche, Regie: Hans Deppe, 1962; »Durchbruch Lok 234«, Regie: Frank Wisbar, 1963; »Zeit der Schuldlosen« (nach Lenz), Regie: Thomas Fantl, 1964; »Lili Marleen«, mit Hanna Schygulla, 1981, und »Die Sehnsucht der Veronika Voss«, mit Rosel Zech, 1982, Regie: jeweils Rainer Werner Fassbinder; »Sprit für Sperlinge«, Regie: Günter Hoffmann, 1984.
Theater: Jakob in Halbes »Der Strom«, Ferdinand in Schillers »Kabale und Liebe«, Titelrolle in Schillers »Don Carlos«, Orest in Goethes »Iphigenie auf Tauris« und Titelrolle in Goethes »Urfaust«, jeweils Staatstheater Dresden 1943–1948; in Devals »Wir armen Erdenbürger«, Regie: Günther Rennert, Orsino in Shakespeares »Was ihr wollt«, Regie: Boleslaw Barlog, in Steinbecks »Von Mäusen und Menschen«, in Hauptmanns »Einsame Menschen«, mit Horst Caspar, Regie: Lothar Müthel, jeweils Schloßpark-Theater Berlin 1948–1951; in Frys »Venus im Licht«, Dubedat in Shaws »Der Arzt am Scheideweg«, Polyneikes in Sophokles' »Ödipus auf Kolonos«, Demetrius in Shakespeares »Ein Sommernachtstraum«, Franz in Goethes »Götz von Berlichingen«, und in Raimunds »Die gefesselte Fantasie«, Regie: Bruno Hübner, jeweils an den vorgenannten Bühnen bis 1956; in Schnitzlers »Liebelei«, Tournee mit dem Wiener Burgtheater; in »Zeugin der Anklage« (nach Christie) 1966, und in Homes »Sein bester Freund«, 1972, jeweils Kleine Komödie München.
Fernsehen: »Maß für Maß« (nach Shakespeare), Regie: Paul Verhoeven, ARD 1959; »XYZ« (nach Klabund), Regie: Hans Dieter Schwarze, ARD 1961; »Die Papiermühle«, mit Viktor de Kowa und Grit Boettcher, Regie: Hans Dieter Schwarze, ARD 1963; »Frau ohne Bedeutung« (nach Wilde), ARD 1964; »Deep Blue See«, mit Margot Trooger, und »Komödie der Irrungen« (nach Shakespeare), Regie: Hans Dieter Schwarze, ARD 1965; »Späte Liebe« (nach Ostrowskij), Regie: Karl Fruchtmann, ARD 1966; »Heinrich IV.« (nach Shakespeare), Regie: Werner Schlechte, ZDF 1968; Rechtsanwalt Fuhrmann in »Gestern gelesen«, Regie: Jürgen Goslar und Hartmut Griesmayr, 52 Folgen, ARD 1969–1975; »Schatzgräbergeschichte«, Regie: Otto Meier, ARD 1972; »Der Kommissar«, mit Erik Ode, Serie, ZDF 1973; »Der Raub der Sabinerinnen« (nach Schönthan), Regie: Hans Dieter Schwarze, ZDF 1974; »Es muß nicht

immer Kaviar sein« (nach Simmel), mit Siegfried Rauch, Serie, und »Die Dubarry« (nach Millöcker), Regie: Werner Jacobs, ZDF 1975; »Der Nerz« (nach Marceau), ZDF 1976; »Notwehr« (von Bernd Schröder), und »Der Haupttreffer« (von Horst Pillau), ZDF 1977; »Exil« (nach Feuchtwanger), Regie: Egon Günther, 7 Teile, »Sonderdezernat K 1«, Serie, und Kommissar Greve in »Tatort«, Regie: Hans Dieter Schwarze, Serie, ARD 1981; »François Villon – Der arme Mensch von Paris« (von Ahlsen), Regie: Werner Schlechte, ZDF 1981; »Wer raucht die letzte?«, Regie: Hartmut Griesmayr, und »Derrick«, Serie, ZDF 1983; »Die Krimistunde«, Regie: Hartmut Griesmayr, Serie, ARD 1984; »Christoph Kolumbus«, Regie: Alberto Lattuada, Serie, RAI/ARD 1984; »Penuts«, mit Karin Anselm, SRG 1984; »Ein Mann soll erschossen werden« (nach Salomon), mit Hannelore Elsner, Regie: Thomas Engel, ZDF 1984; »Manuel«, Buch + Regie: Peter Obrist, ZDF 1985.
Auszeichnung: Ehrenbürger des US-Bundesstaates Texas 1961 (aufgrund seiner Darstellung in dem Spielfilm »Question 7«).
Anschrift: c/o ZBF-Agentur München, Leopoldstraße 19, 8000 München 40.

Martin Schwab

Geb. 9. 11. 1937 in Möckmühl; aufgew. in Göppingen/Württemberg; lebt in Frankfurt/Main; verheiratet, zwei Söhne; spricht engl., franz.; nach dem Wirtschaftsabitur Besuch der Max-Reinhardt-Schulen in Berlin und Wien; er debütierte 1962 an der Landesbühne Rheinland-Pfalz in Neuwied; Engagements am Staatstheater Oldenburg (1963–1968), am Ulmer Theater (1968–1972) und am Württembergischen Staatstheater Stuttgart (1972–1979) folgten; von 1979 bis 1982 war er Mitglied am Schauspielhaus Bochum, dem er bis heute als Gast zur Verfügung steht; seit 1982 ist er bei den Städt. Bühnen Frankfurt/Main unter Vertrag.
Theater: In der Uraufführung von Botho Strauß' »Bekannte Gesicht – Gemischte Gefühle«, in dessen »Trilogie des Wiedersehens«, Regie: jeweils Niels-Peter Rudolph, Orest in Goethes »Iphigenie auf Tauris«, Regie: Claus Peymann, Württembergisches Staatstheater Stuttgart 1975–1979; Antonio in Goethes »Torquato Tasso«, Regie: Claus Peymann, Titelrolle in Zahls »Johann Georg Elser«, Regie: Alfred Kirchner, Schauspielhaus Bochum 1979/80; Gregor in der Uraufführung von Handkes »Über die Dörfer«, Regie: Wim Wenders, Salzburger Festspiele 1982; Willy Loman in Millers »Der Tod des Handlungsreisenden«, Städt. Bühnen Frankfurt/Main 1983; Ferrucio in der Uraufführung von Bernhards »Der Theatermacher«, Regie: Claus Peymann, Salzburger Festspiele 1985.
Fernsehen: »Tatort«, Serie, 3 Folgen, Regie: jeweils Theo Mezger, ARD 1977–1984; »Reserl am Hofe«, Regie: Bruno Voges, SWF III 1984; »Die Wupper« (nach Lasker-Schüler), Regie: Jürgen Flimm, ARD 1985.
Anschrift: Hochstädter Landstraße 127, 6450 Hanau-Hohe Tanne.

Stephan Schwartz

Geb. 18. 10. 1951 als Sohn des Filmaufnahmeleiters Otto Schwartz in Berlin; dort aufgew.; schon im Alter von drei Jahren erste Rollen in Kinofilmen; von 1969 bis 1971 Studium an der Max-Reinhardt-Schule Berlin; 1968 machte er ein Praktikum als Cutter bei der Berliner Union-Film und arbeitete bis 1972 als Cutter-Assistent beim SFB; seit 1963 ist er freier Schauspieler; seit 1981 tritt er auch als Drehbuchautor in Erscheinung; so schrieb er u.a. zusammen mit dem Schauspieler Peter Buchholz Geschichten für die Vorabendserie »St.-Pauli-Landungsbrücken« (ARD 1982 bis 1984), das Hörspiel »Von Schwabing nach Manhattan« (NDR 1983) und den Film »Jagger und Spaghetti« (Kino 1984 und ZDF 1985). Er arbeitet in der Synchronisation (u.a. deutsche Stimme für John Moulder-Brown in »Bekenntnisse des Hochstaplers Felix Krull«).
Schwartz spricht engl.; er ist geschieden, hat eine Tochter (Fiona, geb. 1972) und lebt in Hamburg.
Film: »Heideschulmeister Uwe Karsten«, 1955, »Der Pfarrer von Kirchfeld«, 1956, Regie: jeweils Hans Deppe; »Wenn die Alpenrosen blühn«, mit Christine Kaufmann, und »Der Glockengießer von Tirol«, mit Maria Andergast, Regie: jeweils Richard Häußler, 1957; »Die Winzerin von Langenlois«, und »Der Haustyrann«, mit Heinz Erhardt, Regie: Hans Deppe, 1958; »Der Würger von Schloß Blackmoor«, Regie: Harald Reinl, 1963; »Ein Schiff, eine Insel und ein paar Sterne«, Regie: Björn Henning-Jensen, Dänemark 1974; »Viktoria«, Regie: Bo Widerberg, Schweden 1978; »Jagger und Spaghetti«, Regie: Karsten Wichniarz, 1984 (auch ZDF 1985).
Theater: In den Kinderstücken »Perlicke-Perlacke«, Regie: Alexander Welbat, Hebbel-Theater Berlin, und »Kakadu-Kakadu«, Regie: Ursula Zajonz, Berliner Kammerspiele, 1963; in »Pinkville«, Regie: George Tabori (und Ensemble), Staatliche Schauspielbühnen Berlins 1971; in Büchners »Dantons Tod«, Regie: Hans Neuenfels, Schauspielhaus Bochum 1975; Bruder Martin Ladvenu in Shaws »Die heilige Johanna«, Regie: Curd Heinz, Festspiele Bad Hersfeld 1976; in »Der Barbier des Präsidenten«, Regie: Eduard Rethe, Kammerspiele Hamburg 1977.
Fernsehen: »Es begann mit der Fibel« und »Wie einst im Mai«, ARD 1960; »Dora X«, Serie, ARD 1961; »Ein Buch mit Kapiteln« (nach Pulman), mit Käthe Gold, Regie: John Olden, ARD 1962; »Hafenpolizei«, Serie, ARD 1963; »Überstunden«, mit Maria Körber, Regie: Fritz Umgelter, ARD 1964; »Die eigenen vier Wände« (von Flatow), ARD 1965; »Flucht von Deutschland nach Deutschland«, ARD 1966; »So war Herr Brummel« und »Der Schritt ins Leben«, ARD 1967; »Unwiederbringlich« (nach Fontane), ZDF 1968; »Der vierte Platz«, ARD 1968; »Bei Hubert hats gefunkt«, ARD 1970; »Eis«, und »Hamburger Transit«, Serie, ARD 1971; »Aufrechnung einer Schuld«, und »Aus Liebe zum Sport«, Serie, ZDF 1973; »Der Hausaufsatz« (von Bieler), Regie: Peter Frötschl, und »Lokalseite unten links«, Serie, ARD 1974; »Onkel Silas« (nach Le Fanu), mit Hannes Messemer, Regie: Wilhelm Semmelroth, 2 Teile, ARD 1977; »Der Weilburger Kadettenmord«, Regie: Eberhard Itzenplitz, ZDF 1977; »Jugend, Liebe und die Wacht am Rhein«, mit Werner Hinz, Regie: Oswald Döpke, ZDF 1978; »Tatort«, Serie, ARD 1978; Rolle des Autors in »Ein Kapitel für sich« (von Walter Kempowski), mit Edda Seippel und Karl Lieffen, Regie: Eberhard Fechner, 3 Teile, ZDF 1979/80; »Die Jahre vergehen«, Regie: Peter Keglevic, ZDF 1981; »Pommi Stern«, Regie: Kristian Kühn, und »Geld oder Leben«, Regie: Peter Patzak, ARD 1981; »Flucht aus Pommern«, Regie: Eberhard Schubert, ZDF 1982; »Harte Hand und weiches Herz«, ARD 1984; »Flohmarkt«, Serie, ZDF 1984; »Die Krimistunde«, Regie: Hartmut Griesmayr, Serie, und »Der Fahnder«, mit Klaus Wennemann, Regie: Werner Masten, Serie, ARD 1985; »Wie würden Sie entscheiden?«, Serie, ZDF 1985.
Auszeichnung: »AZ-Stern« der Abendzeitung München für die Darstellung des Walter Kempowski in »Ein Kapitel für sich«, 1980.
Anschrift: c/o Agentur Mattes, Pilotystraße 2, 8000 München 22.

Elisabeth Schwarz

Geb. 7. 11. 1938 in Stuttgart; dort aufgew.; nach der Schule absolvierte sie die Otto-Falckenberg-Schule in München. Erste Engagements hatte sie am Schleswig-Holsteinischen Landestheater in Schleswig und am Staatstheater Kassel (1961-1965). Nach Verpflichtungen am Württembergischen Staatstheater Stuttgart (1965–1972) und am Staatstheater Darmstadt (1973/74) kam sie 1974 an die Städt. Bühnen Frankfurt/Main, wo sie seither mit Unterbrechungen arbeitet. An den Münchner Kammerspielen spielt sie seit 1978 regelmäßig.
Elisabeth Schwarz spricht engl.; sie ist verheiratet, hat eine Tochter und einen Sohn und lebt in Frankfurt/Main.
Film: »Aus einem deutschen Leben«, Regie: Theodor Kotulla, 1977 (auch ARD 1979).
Theater: Vivie in Shaws »Frau Warrens Gewerbe«, Staatstheater Kassel 1961; Mascha in Tschechows »Drei Schwestern«, Regie: Rudolf Noelte, 1965, Doreen in Ardens »Leben und leben lassen«, Regie: Peter Palitzsch, 1966, Ala in Mrożeks »Tango«, und Franziska in Lessings »Minna von Barnhelm«, Regie: jeweils Wolfgang Bauer, 1967, Luise in Sternheims »Die Hose«, Regie: Hans Hollmann, 1968, Toinette in Molières »Der eingebildete Kranke«, Regie: Peter Palitzsch und Valentin Jeker, 1969, Esther in Vitracs »Victor oder Die Kinder an der Macht«, Regie: Hans Neuenfels, 1970, Kattrin in Brechts »Mutter Courage und ihre Kinder«, 1971, und Sänger in Peter Weiss' »Hölderlin«, 1972, Regie: jeweils Peter Palitzsch, jeweils Württembergisches Staatstheater Stuttgart; Cäcilie in Goethes »Stella«, Regie: Luc Bondy, Staatstheater Darmstadt 1973; Flüchtlingsfrau in der Uraufführung von Laubes »Der Dauerklavierspieler«, Regie: Luc Bondy, 1974, Narr in Shakespeares »Was ihr wollt«, Regie: Peter Löscher, und Dirne in Horváths »Glaube, Liebe, Hoffnung«, Regie: Christof Nel, 1977, Prothoë in Kleists »Penthesilea«, Regie: Frank-Patrick Steckel, 1978, Eboli in Schillers »Don Carlos«, Regie: Peter Palitzsch, 1979, und Titelrolle in Gorkis »Wassa Schelesnowa«, Regie: Adolf Dresen, 1982, jeweils Städt. Bühnen Frankfurt/Main; Titania und Hippolyta in Shakespeares »Ein Sommernachtstraum«, Regie: Dieter Dorn, 1978, in Botho Strauß' »Groß und Klein«, 1979, Anna Petrowna in Tschechows »Platonow«, Regie: Thomas Langhoff, 1980/81, in der szenischen Lesung »Ästhetik des Widerstands« (2. Teil), 1983/84, jeweils Kammerspiele München; Titelrolle in Söderbergs »Gertrud«, Regie: Peter Palitzsch, Deutsches Schauspielhaus Hamburg 1980; Maria in Musils »Die Schwärmer«, Regie: Hans Neuenfels, Schloßpark-Theater Berlin 1982.
Fernsehen: »Sonntagskinder«, Regie: Michael Verhoeven, ARD 1981.
Anschrift: Fürstenbergerstraße 171, 6000 Frankfurt/Main.

Monika Schwarz

Geb. 24. 4. 1946 in München; dort aufgew.; nach dem Abitur (1965) studierte sie drei Semester Psychologie an der Freien Universität Berlin. Von 1967 bis 1970 absolvierte sie eine Schauspielausbildung an der Otto-Falckenberg-Schule München. Nach ihrem Debüt an den Münchner Kammerspielen war sie acht Spielzeiten am Bayerischen Staatsschauspiel München unter Kurt Meisel verpflichtet (Rollen ihres Fachs). Zuletzt spielte sie die Titelrolle in Grillparzers »Medea« am Schauspielhaus Wien (1983/84). Monika Schwarz spricht engl., franz.; sie ist verheiratet mit dem Schauspieler Dieter Kirchlechner und lebt in München.
Fernsehen: »Schöne Zeiten«, ARD 1970, »Jahrhundert der Chirurgen« und »Elena Voulgari«, ZDF 1971; »Der Kommissar«, mit Erik Ode, Serie, ZDF 1973; »Der ganz normale Wahnsinn«, mit Towje Kleiner, Regie: Helmut Dietl, 12 Teile, ARD 1979; »Reifenwechsel« (nach Simenon), Regie: Wolfgang Storch, SRG 1984; »Neues aus Schildershausen« (von Peter von Zahn), mit Günter Strack, Regie: Eberhard Itzenplitz, und »Die Spur der Anderen«, mit Manfred Zapatka und Nicole Heesters, Regie: Daniel Christoff, ZDF 1985.
Anschrift: c/o Management Goldschmidt, Wirtstraße 8, 8000 München 90.

Arnold Schwarzenegger

Geb. 30. 7. 1947 als Sohn eines ehem. Armee-Offiziers und späteren Polizisten in Graz; aufgew. in Thal, Österreich. Mit 15 Jahren begann er mit dem Body-Building, mit 18 Jahren gewann er in Stuttgart den Titel »Mr. Europa jun.«. 1966 holte ihn Albert Busek für zwei Jahre als Trainer nach München, 1967 erhielt er in London erstmals den Titel »Mister Universum«. Ein Jahr später wanderte er nach Amerika aus. Bis 1975 gewann er viermal den Titel »Mr. Universum«, den Titel »Mr. World« und siebenmal »Mr. Olympia«. An der University of California in Los Angeles studierte er Psychologie, an der University of Wisconsin Volkswirtschaft und Internationale Ökonomie. Nach seiner aktiven Zeit als Body-Builder wechselte er 1976 ins Schauspielfach über. Seither drehte er neun Spielfilme und mehrere Dokumentationen über seine sportliche Tätigkeit. Das erste seiner bislang drei veröffentlichten Bücher »Arnold: The Education of a Bodybuilder« wurde allein in den USA über 150.000mal verkauft. Gelegentlich arbeitet er als Sportkommentator für die US-TV-Gesellschaften ABC und CBS.
Schwarzenegger spricht engl.; er ist seit 1986 verheiratet und lebt in Los Angeles, USA.
Film: Titelrolle in »Mister Universum« (»Stay Hungry«), Regie: Bob Rafelson, USA 1976; »Pumping Iron«, Regie: George Butler und Robert Fiore, USA 1977 (auch TV); »The Villain«, Regie: Hal Needham, und »The Scavenger Hunt«, Regie: Michael Schultz, USA 1979; »The Jayne Mansfield Story«, Regie: Dick Lowry, USA 1980; Titelrolle in »Conan der Barbar« (nach Robert E. Howard), Regie: John Milius, USA 1981; »Conan der Zerstörer«, Regie: Richard Fleischer, USA 1984; »Terminator«, Regie: James Cameron, und »Die rote Sonia«, mit Brigitte Nielsen, Regie: Richard Fleischer, USA 1985.
Auszeichnungen: »GOLDEN GLOBE« als bester Nachwuchsschauspieler, USA 1975; »Otto« (BRAVO) 1982.
Anschrift: P.O. Box 1234, Santa Monica/California, 90406, USA.

Klaus Schwarzkopf

– Staatsschauspieler –

Geb. 18. 12. 1922 in Neuruppin; sein Vater starb früh. Als Kind lag er wegen einer Wirbelerkrankung längere Zeit im Krankenhaus und mußte anschließend über ein Jahr lang zu Hause gepflegt werden. Für einen Wanderzirkus, der alle 14 Tage in seiner Heimatstadt gastierte, trug er Werbezettel aus und hatte freien Eintritt.
Nach der Schule absolvierte er zunächst eine Ausbildung zum Regierungsinspektor. Schauspielunterricht nahm er 1943/44 und 1946/47 in Berlin, wo er am Schloßparktheater unter Boleslaw Barlog auch sein erstes Engagement erhielt (1947–1953). Weitere Bühnenstationen: Hessisches Staatstheater Wiesbaden (1953–1957), Landestheater Hannover (1957–1960) und Bayerisches Staatsschauspiel München (1960–1967). Seither ist er freischaffend. Er gastierte u.a. am Deutschen Schauspielhaus Hamburg, an der Kleinen Komödie München (1961 und 1972/73), am Thalia-Theater Hamburg und an den Staatl. Schauspielbühnen Berlins (1983/84).
Seit 1962 arbeitet er umfangreich für das Fernsehen. Bekannt wurde er auch als Synchronsprecher für Peter Falk in der US-Fernsehserie »Colombo«.
Schwarzkopf spricht engl.; er ist ledig und lebt in München.
Film: »Dr. med. Hiob Prätorius« (nach Goetz), mit Heinz Rühmann, 1964, und »Herrliche Zeiten im Spessart«, 1967, Regie: jeweils Kurt Hoffmann; »Fluchtweg St. Pauli – Großalarm für die Davidswache«, Regie: Wolfgang Staudte, 1971; »Der Tod des Kolibris«, 1972; »Einer von uns beiden«, Regie: Wolfgang Petersen, 1974.
Theater: Forminpopoli in Goldonis »Mirandolina«, Wurm in Schillers »Kabale und Liebe«, Spiegelberg in Schillers »Die Räuber«, Zwirn in Nestroys »Lumpazivagabundus«, Bolschintzow in Turgenjews »Ein Monat auf dem Lande«, Artur Flocke in Sternheims »Tabula rasa«, Hausknecht in Hofmannsthals »Cristinas Heimreise«, Titelrolle in Sternheims »Bürger Schippel«, Titelrolle in Molières »Tartuffe«, Tutino in Schéhadés »Der Auswanderer«, Sakini in Patricks »Das kleine Teehaus«, Bitos-Robespierre in Anouilhs »Der arme Bitos«, König Ludwig von Frankreich in Anouilhs »Becket oder Die Ehre Gottes«, Behringer in Ionescos »Die Nashörner«, in Rattigans »Der schlafende Prinz«, in Dyers »Unter der Treppe«, mit Will Quadflieg, in Cooneys »Jetzt nicht, Liebling«, in Franks »Sturm im Wasserglas«, in Coburns »Gin Rommé«, »Titelrolle in Zuckmayers »Der Hauptmann von Köpenick«, und in Mrożeks »Der Botschafter«, mit Boy Gobert, jeweils an den vorgenannten Bühnen bis 1984.
Fernsehen: »Sie werden sterben, Sire« (von Ahlsen), mit Paul Dahlke, Regie: Imo Moskowicz, ARD 1964; »Cristinas Heimreise« (nach Hofmannsthal), Regie: Ludwig Cremer, ARD 1965; »Der öffentliche Ankläger« (nach Hochwälder), Regie: Hans Dieter Schwarze, ZDF 1967; »Kirschen für Rom« (von Wittlinger nach Hömberg), Regie: Florian Köberle, und »Madame Bovary« (nach Flaubert), mit Elfriede Irrall und Günter Strack, Regie: Hans Dieter Schwarze, 2 Teile, ZDF 1968; »Der Idiot« (nach Dostojewski), mit Gerd Baltus, Regie: Rolf von Sydow, 3 Teile, ARD 1968; »Ratten der Großstadt« (aus der Reihe: »Der Kommissar«), mit Erik Ode, Regie: Wolfgang Becker, ZDF 1969; »Christoph Kolumbus oder Die Entdeckung Amerikas« (nach Tucholsky/Hasenclever), Regie: Helmut Käutner, und »Wie eine Träne im Ozean« (nach Sperber), mit Herbert Stass, Regie:Fritz Umgelter, 3 Teile, ARD 1969; Titelrolle in »Tartuffe oder Der Betrüger« (nach Molière), mit Ida Ehre und Siegfried Lowitz, Regie: Otto Tausig, und »Wer ist der Nächste?« (von Ahlsen), Regie: Arno Assmann, ARD 1970; Kommissar Finke in »Tatort« (aus Kiel), Serie, ARD 1972–1978; »Sieben Wochen auf dem Eis«, ZDF 1975; »Alle Jahre wieder: Die Familie Semmeling«, mit Antje Hagen und Fritz Lichtenhahn, Regie: Dieter Wedel, 3 Teile, ARD 1976; »Als wär's ein Stück von mir« (nach Zuckmayer), Regie: August Everding, ZDF 1976; »Sorgen ohne Noth«, Regie: Michael Günther, ZDF 1977; »Die Teufelsbraut« (nach Kranewitter), mit Lil Dagover, Regie: Hans Dieter Schwarze, »Die Dämonen« (nach Dostojewski), Regie: Claus Peter Witt, 4 Teile, und »Schreiben Sie Ihrem Bundestagsabgeordneten«, Regie: Dieter Wedel, ARD 1977; »Auf der Treppe« (nach Müller), mit René Deltgen, Regie: Ludwig Cremer, ZDF 1978; »Buddenbrooks« (nach Thomas Mann), mit Carl Raddatz und Ruth Leuwerik, Regie: Franz Peter Wirth, 11 Teile, ARD

1979; Sosias in »Amphitryon« (nach Hacks), Regie: Hans-Jürgen Tögel, ZDF 1980; »Wer den Schaden hat«, Regie: Dieter Wedel, und »Der Fall Woyzeck« (nach Büchner), Regie: Oswald Döpke, ZDF 1981; Vater Krull in »Bekenntnisse des Hochstaplers Felix Krull« (nach Thomas Mann), mit John Moulder-Brown, Regie: Bernhard Sinkel, ZDF 1982; »Gin Rommé«, mit Edda Seippel, Regie: Tom Toelle, ARD 1983; »Der Botschafter« (nach Mrożek), mit Boy Gobert, Regie: Tom Toelle (Aufzeichnung Staatl. Schauspielbühnen Berlins), ZDF 1983; »Freundschaften« (von Reinecker), Regie: Eugen York, und »Klaus-Schwarzkopf-Special«, ZDF 1984; »Die Rückkehr der Zeitmaschine«, Regie: Jürgen Klauß, und »Briefe von Kurt Tucholsky«, ARD 1984; Portier Heinrich Heine in »Glücklich geschieden«, mit Robert Atzorn und Beatrice Kessler, Regie: Rolf von Sydow, 6 Teile, »Alte Gauner«, Regie: Konrad Sabrautzky, Serie, »Es war ein bißchen laut ...«, Buch + Regie: Wolfgang F. Henschel, und »Derrick«, Serie, ZDF 1985; Kurt Tucholsky in »Sie rüsten zur Reise ins Dritte Reich« (von Prescher), Regie: Jens-Peter Behrend, und »Der Fahnder«, Regie: Helmut Christian Görlitz, Serie, ARD 1985; »Die Grünstein-Variante«, Regie: Bernhard Wicki, Titelrolle in »Der Kandidat« (nach Flaubert), Regie: Thomas Engel, und »Der Tod aus dem Computer« (von Detlef Müller), Regie: Dieter Finnern, ARD 1986.
Ferner spielte er u.a. in: »Ich war Schlemihl«, »Mord nach der Oper«, Titelrolle in »Bürger Schippel« (nach Sternheim), »Lerne lachen, ohne zu weinen«, »Zum Diktat, Miß Smith«, »Die Zeit schreit nach Satire«, »Lieben Sie Kishon?«, »Madame Sans-Gêne« (nach Sardou), »Die Schmetterlingsschlacht«, »Meinungsverschiedenheiten«, »Gerechtigkeit für Selvin« und »Die Plebejer proben den Aufstand« (nach Grass).
Auszeichnungen: Bayerischer Staatsschauspieler; Bundesfilmpreis 1973.
Anschrift: c/o Agentur Köhler, Rümannstraße 51, 8000 München 40.

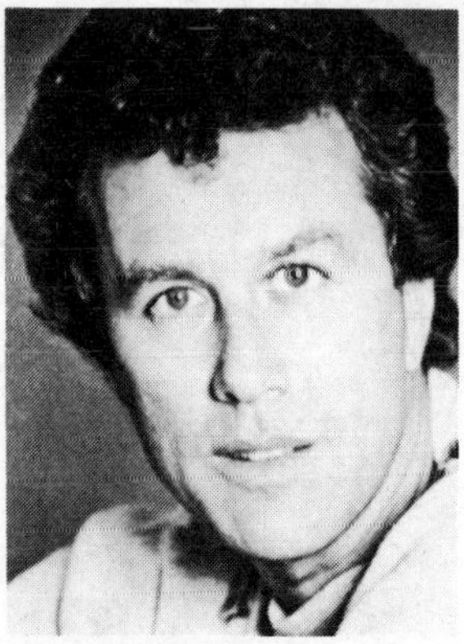

Michael Schwarzmaier

Geb. 11. 9. 1940 in Frankfurt/Main; nach dem Abitur studierte er sieben Semester Germanistik; durch Studententheater wurde er zum Schauspielerberuf angeregt, brach sein Studium ab und nahm Schauspielunterricht bei Else Bongers (Berlin), Gesangsunterricht bei Elsa Varena (Berlin) und Unterricht in Tanz/Pantomime bei Ruth-Marie Strakosch.
Sein erstes Bühnenengagement hatte er 1965/66 an der Landesbühne Verden/Aller. Die weiteren Stationen: Deutsches Theater Göttingen (1966/67), Städt. Bühnen Münster (1967/68), Niedersächsisches Staatstheater Hannover (1968–1971), Deutsche Kammerspiele in Buenos Aires/Argentinien (1971/72), Kammerspiele München (1972–1974) und Hansa-Theater Berlin (1974).
Seit 1974 ist er freischaffend, wobei er vorwiegend an der Kleinen Komödie München zu sehen war.
Schwarzmaier spricht engl., franz., span.; er ist verheiratet und lebt in München.
Film: »Unordnung und frühes Leid« (nach Thomas Mann), Regie: Franz Seitz, 1976; »Girls«, Regie: Just Jaeckin, 1980.
Theater: Karl III. in Rössners »Karl III. und Anna von Österreich«, Jimmy in »Prairie-Saloon« und Peer Bille in Goetz' »Hokuspokus«, jeweils Landesbühne Verden/Aller 1965/66; Paul Werner in Lessings »Minna von Barnhelm«, Deutsches Theater Göttingen 1966/67; Freddy in Lerner/Loewes »My Fair Lady«, Regie: Christian Wölffer, Städt. Bühnen Münster 1967/68; Don Esteban in »Was kam denn da ins Haus?«, Regie: Karl Paryla, Erich in Horváths »Geschichten aus dem Wienerwald«, August Sonders in Nestroys »Einen Jux will er sich machen«, Regie: jeweils Fritz Zecha, und Demetrius in Shakespeares »Ein Sommernachtstraum«, Regie: Herbert Kreppel, jeweils Niedersächsisches Staatstheater Hannover 1968–1971; Muley Hassan in Schillers »Die Verschwörung des Fiesco zu Genua«, Regie: Hansgünther Heyme, Fery in Bauers »Change«, Regie: August Everding, jeweils Deutsche Kammerspiele in Buenos Aires/Argentinien 1971/72; Philippeau in Büchners »Dantons Tod«, Regie: Karl Heinz Stroux, Schnüffel in Hochhuths »Die Hebamme«, Mick in Pinters »Der Hausmeister« (auch TV), Regie: jeweils August Everding, und Erik in Kaisers »Kolportage«, Regie: Paul Verhoeven, jeweils Kammerspiele München 1972–1974; Teddy Luton in Maughams »Der Kreis«, 1978, Hans in »Die wilde Auguste«, 1980, und Charlie in Maughams »Lady Frederick« (auch TV), 1983, jeweils Kleine Komödie München.
Fernsehen: »Die Bettelprinzessin« (nach Courths-Mahler), Regie: Bruno Voges, ARD 1974; »Münchnerinnen« (nach Thoma), und »Wie starb D. Hammarskjöld?«, Regie: Oswald Döpke, ZDF 1975; »Les Brigades du Tigre«, Regie: Victor Vicas, Franz. TV 1976; »Der Fall Winslow« (nach Rattigan), Regie: Michael Kehlmann, und »Tatort«, Regie: Jürgen Roland, Serie, ARD 1977; »Soldaten« (von Kipphardt nach Lenz), Regie: Peter Beauvais, und »Fuhrmann Henschel« (nach Hauptmann), Regie: Werner Schlechte, ZDF 1977; »Lady Audleys Geheimnis«, Regie: Wilhelm Semmelroth, ARD 1978; »Die Undankbare«, Regie: Franz Josef Wild, ARD 1980; »Der Alte«, Serie, ZDF 1980; »Das Käthchen von Heilbronn oder Die Feuerprobe« (nach Kleist), ARD 1981; »Die Knapp-Familie«, mit Rosel Zech und Eberhard Fechner, Regie: Stefan Meyer, ARD 1983; »Weiß-blaue Geschichten« (»Gustl-Bayrhammer-Special«), Regie: Alfred Vohrer, ZDF 1984; »Die Wiesingers« (von Ahlsen), Regie: Bernd Fischerauer, Serie, ARD 1984; »Gespenstergeschichten«, Regie: George Moorse, Serie, und »Der ideale Lebenszweck«, Buch + Regie: Bruno Jantoss, ARD 1985; »Wie würden Sie entscheiden?«, Serie, und »Unsere schönsten Jahre«, mit Elmar Wepper und Uschi Glas, Regie: Harald Braun, Serie, ZDF 1985.
Anschrift: c/o Agentur Lentz, Holbeinstraße 4, 8000 München 80, oder Savitsstraße 33a, 8000 München 81.

Heinrich Schweiger

Geb. 23. 7. 1931 in Wien; dort aufgew.; nach der Hauptschule absolvierte er das Max-Reinhardt-Seminar in Wien; gleich anschließend erhielt er einen Elevenvertrag am Wiener Burgtheater, wo er zunächst bis 1956 unter Vertrag stand. Ein Engagement am Bayerischen Staatsschauspiel München (1956/57) schloß sich an. Von 1957 bis 1959 war er unter Karl Heinz Stroux am Düsseldorfer Schauspielhaus. Über das Bayerische Staatsschauspiel München (1959–1961) unter Helmut Henrichs kam er zurück zum Wiener Burgtheater, wo er seit 1961 mit Unterbrechungen, vornehmlich für Gastspiele, zum Ensemble gehört. Er gastierte u.a. an der Freien Volksbühne Berlin (in den 60er Jahren mehrmals) unter Erwin Piscator, am Theater am Kurfürstendamm Berlin (1965) unter Leonard Steckel und bei den Salzburger Festspielen (seit 1952 regelmäßig). In der Spielzeit 1972/73 war er unter Boy Gobert Mitglied des Thalia-Theaters Hamburg. Ferner machte er mehrere Theatertourneen.
Schweiger spricht engl.; er ist seit 1983 in dritter Ehe verheiratet mit der Fernsehansagerin Ursula Stenzel (ORF), hat eine Tochter und einen Sohn und lebt in Wien.
Film: Blinder Sohn in »Mutterliebe«, mit Paula Wessely, Regie: Robert A. Stemmle, 1953; Egon Erwin Kisch in »Der rasende Reporter«, Regie: Robert A. Stemmle, 1965; »Trotta« (nach Joseph Roths »Die Kapuzinergruft«, Co-Autor: Maximilian Schell), Regie: Johannes Schaaf, 1971; »Schrei der schwarzen Wölfe«, 1973; »Traumstadt« (nach Alfred Kubin), mit Rosemarie Fendel, Regie: Johannes Schaaf, 1974; »Bomber und Paganini«, Regie: Nicos Perakis, 1976; »Der Mann im Schilf«, Regie: Manfred Purzer, 1977; »Jägerschlacht«, Regie: Wigbert Wicker, 1981; »Der Leutnant und sein Richter« (nach Maria Fagyas), Regie: John Goldsmith, 1982.
Theater: Georg in Goethes »Götz von Berlichingen«, mit Ewald Balser, Spitta in Hauptmanns »Die Ratten«, in Tolstois »Und das Licht leuchtet in der Finsternis«, in Anouilhs »Jeanne oder Die Lerche« und »Colombe«, jeweils Burgtheater Wien 1951–1956; in »Der Treulose«, und Mortimer in Schillers »Maria Stuart«, Regie: Rudolf Noelte, jeweils Bayerisches Staatsschauspiel München 1956/57; in Schillers »Don Carlos«, und Edgar in Shakespeares »König Lear«, jeweils mit Werner Krauß, in Gorkis »Nachtasyl«, und Stani in Hofmannsthals »Der Schwierige«, jeweils Düsseldorfer Schauspielhaus 1957–1959; in Tschechows »Der Heiratsantrag«, Regie: Kurt Horwitz, in Thomas' »Charley's Tante«, in Büchners »Woyzeck«, und Strov in Tschechows »Onkel Wanja« (die letzten beiden Stücke unter Kurt Meisel), jeweils Bayerisches Staatsschauspiel München 1959–1961 und folgende Jahre; Arnold Kramer in Hauptmanns »Michael Kramer«, 1962, und in Hebbels »Maria Magdalena«, 1965, jeweils Tournee mit Ewald Balser; in Osbornes »Luther«, Regie: Peter Zadek, Freie Volksbühne Berlin; Ariel in Shakespeares »Der Sturm«, mit Hans Putz, Theater am Kurfürstendamm Berlin 1965; in Tschechows »Der Kirschgarten«, König Heinrich in Anouilhs »Becket oder Die Ehre Gottes«, mit Oskar Werner, in Nestroys »Das Mädl aus der Vorstadt«, Titelrolle in Shakespeares »Othello«, Regie: Fritz Kortner, Dorfrichter Adam in Kleists »Der zerbrochene Krug«, Titelrolle in Shakespeares »König Richard III.«, Narr in Shakespeares »Was ihr wollt« und Mephisto in Goethes »Urfaust«, jeweils Burgtheater Wien 1961–1984; in Nestroys »Der Talisman«, in Raimunds »Der Alpenkönig und der Menschenfeind«, mit Josef Meinrad, Regie: Kurt Meisel, Cherubin in Horváths »Figaro läßt sich scheiden«, Teufel und Mammon in Hofmannsthals »Jedermann«, in 3 Inszenierungen unter der Regie von Gottfried Reinhardt, Helene Thimig und Leopold Lindtberg, und in Molières »Dom Juan«, Regie: Ingmar Bergman, jeweils Salzburger Festspiele 1952–1983; Burleigh in Schillers »Maria Stuart« (eigene Inszenierung) und Judenmann in Zuckmayers »Der Hauptmann von Köpenick«, jeweils Thalia-Theater Hamburg 1972/73.
Fernsehen: »Change«, ORF 1961; »Trauer muß Elektra tragen« (nach O'Neill), Regie: Gerhard Klingenberg, ZDF 1967; »Tragödie auf der Jagd« (nach Tschechow), Regie: Gerhard Klingenberg, ARD 1972; »Der Kurier der Kaiserin«, mit Klausjürgen Wussow, Serie, ZDF 1971/72; »Tatort«, Regie: Dietrich Haugk, Serie, und »Hiob« (nach Joseph Roth), Regie: Michael Kehlmann, 3 Teile, ARD 1979; Hän-

del in »Händels Auferstehung«, Regie: Klaus Lindemann, ARD 1980; »Ringstraßenpalais«, Regie: Rudolf Nussgruber, 6 Folgen, ZDF 1981; »Das doppelte Leben«, Regie: Georg Lhotsky, ARD 1981; »Ein Kleid von Dior«, mit Inge Meysel, Regie: Peter Weck, ARD 1982; Alvarez in »Die goldenen Schuhe« (nach Vicki Baum), Regie: Dietrich Haugk, 5 Teile, ARD 1983; »Die Dame und die Unterwelt« (von Reinecker), mit Inge Meysel und Alexander Kerst, Regie: Rainer Wolffhardt, ZDF 1984; »Gespenstergeschichten«, Regie: Wolfgang Panzer, Serie, ARD 1985; »Flucht ohne Ende« (nach Joseph Roth), mit Helmut Lohner, Regie: Michael Kehlmann, 2 Teile, ARD 1985.
Auszeichnung: »Kainz-Medaille« 1969.
Anschrift: c/o Agentur Palz, Ortlindestraße 6, 8000 München 81.

Ellen Schwiers

Geb. 11. 6. 1930 als Tochter des Schauspielers Lutz Schwiers in Stettin; mit einer Wanderbühne war sie schon als Kind von Norddeutschland bis zum Rheinland, in Schlesien und Pommern unterwegs. Während des Krieges mußte ihre Familie zweimal vor den Bombern flüchten, aus Koblenz und Oberschlesien. Nach Kriegsende trug sie zum Lebensunterhalt ihrer Familie bei, indem sie bei einem Bäcker und einem Gärtner arbeitete; nebenher machte sie die mittlere Reife. Am neugegründeten Theater ihres Vaters, dem »Marburger Schauspielerring«, war sie anschließend als Souffleuse und Schauspielschülerin tätig.

Ihr erstes Bühnenengagement erhielt sie am Theater der Stadt Koblenz. Nach den Vorstellungen arbeitete sie in Remagen in der Synchronisation. Nach Verpflichtungen an Theatern in München und Frankfurt/Main spielte sie von 1953 bis 1955 unter Heinz Hilpert am Deutschen Theater Göttingen. Weitere Stationen (u.a.): Schauspielhaus Zürich (ab 1958), Salzburger Festspiele (ab 1961), Theater der Stadt Essen, Burgfestspiele Jagsthausen (ab 1972), Festspiele Feuchtwangen (1981) sowie zahlreiche Tourneen.

Ihr Filmdebüt gab sie unter Kurt Hoffmann in »Heimliches Rendezvous« im Jahre 1949. Seit 1958 wirkt sie beim Fernsehen.

Ellen Schwiers spricht engl., franz.; sie ist seit 1957 verheiratet mit dem Kulturfilmproduzenten Peter Jacob, hat zwei Kinder (Katerina, geb. 1958, und Daniel Peter, geb. 1963 – verst. 1985) und lebt in Leoni am Starnberger See/Oberbayern. Ihre Tochter Katerina Jacob ist bereits eine renommierte Schauspielerin; ihr Sohn Daniel Jacob wirkte vor seinem Tode 1985 ebenfalls bereits in einigen Filmen mit (»Ärztinnen«, nach Hochhut, mit Judy Winter, Regie: Horst Seemann, DDR 1983; »Der Alte«, Serie, ZDF 1984). Der Schauspieler Holger Schwiers ist ein Bruder der Künstlerin.

Film: »08/15« (2.Teil), mit Joachim Fuchsberger, Regie: Paul May, und »Banditen der Autobahn«, Regie: Geza von Cziffra, 1955; »Anastasia, die letzte Zarentochter«, mit Lilli Palmer, »Zwischen Zeit und Ewigkeit« und »Tierarzt Dr. Vlimmen«, 1956; »Der König der Bernina«, 1957; »Helden« (nach Shaw), 1958; »Aus dem Tagebuch eines Frauenarztes«, »Wenn hell die Glocken klingen« und »Arzt aus Leidenschaft«, 1959; »Das Erbe von Björndal«, Regie: Gustav Ucicky, »So nicht, meine Herren«, »Gustav Adolfs Page«, mit Liselotte Pulver, »Der letzte Zeuge«, »Frau Irene Besser«, und »Der Gauner und der liebe Gott«, mit Gert Fröbe, Regie: Axel von Ambesser, 1960; »Der Mann im Schatten«, »Das Camp der Verdammten«, »Wenn beide schuldig werden«, und Buhlschaft in »Jedermann« (nach Hofmannsthal), 1961; »Rocco, der Einzelgänger von Alamo«, Regie: Alfio Caltabiano, Italien/BRD 1966; »Fedora«, mit Hildegard Knef, Marthe Keller, William Holden und Henry Fonda, Regie: Billy Wilder, 1978.

Theater: Jennifer in Shaws »Der Arzt am Scheideweg«, 1958, in der Uraufführung von Frischs »Biografie: Ein Spiel«, Regie: Leopold Lindtberg, 1968, jeweils Schauspielhaus Zürich; Buhlschaft in Hofmannsthals »Jedermann«, Salzburger Festspiele 1961/62; Titelrolle in Aristophanes' »Lysistrate«, Theater der Stadt Essen; Lady Macbeth in Shakespeares »Macbeth«, Tournee 1972; Titelrolle in Anouilhs »Medea«, Tournee 1973; Adelheid in Goethes »Götz von Berlichingen« (4mal), und Katharina in Shakespeares »Der Widerspenstigen Zähmung«, jeweils Burgfestspiele Jagsthausen (seit 1973); in Tolstoi/Rosowskijs »Geschichte eines Pferdes«, Regie: Joachim Fontheim, Festspiele Feuchtwangen 1981.

1972/73 inszenierte sie bei den Burgfestspielen Jagsthausen Shakespeares »Was ihr wollt« (in eigener Neuübersetzung und Bearbeitung).

Fernsehen: »Er starb vor fünfzehn Jahren«, ARD 1958; Titelrolle in »Nju« (nach Ossip Dymow), ARD 1965; »Stiller«, ARD 1966; »Goya«, »Das schwedische Zündholz«, »Tod nach Mitternacht« (von Jürgen Gütt), ARD 1970; »Der rote Schal« (von Asmodi nach Collins), mit Katerina Jacob, Regie: Wilhelm Semmelroth, 3 Teile, ARD 1973; »Onkel Silas« (nach Sheridan Le Fanu), mit Hannes Messemer, Regie: Wilhelm Semmelroth, 2 Teile, ARD 1977; Katharina von Medici in »Heinrich, der gute König«, 6 Teile, ARD 1978; »Derrick«, Serie, ZDF 1981; »Mütter und Töchter«, mit Katerina Jacob, Regie: Georg Tressler, ZDF 1985.

Anschrift: c/o Agentur Palz, Ortlindestraße 6, 8000 München 81.

Hanna Schygulla

Geb. 25. 12. 1943 als Tochter eines Holzhändlers in Kattowitz/Oberschlesien; 1945 kam sie mit ihren Eltern nach München. Nach ihrer dortigen Schulausbildung ging sie als Au-pair-Mädchen nach Paris. Von 1964 bis 1969 studierte sie an der Münchner Ludwig-Maximilians-Universität Germanistik und Romanistik für das Lehramt. 1968 lernte sie im Münchner Fridl-Leonhard-Schauspiel-Studio Rainer Werner Fassbinder kennen, der sie für sein »antiteater« engagierte. Er gab ihr 1969 auch ihre erste Filmrolle in »Liebe ist kälter als der Tod«. Bis 1974 hatte sie bereits 20 Filme gedreht und schaffte den Durchbruch mit der Titelrolle in Fassbinders Fontane-Verfilmung »Fontane Effi Briest oder . . .«. 1975 wandte sie sich von Fassbinders Gruppe ab und zog sich ins Privatleben zurück. Längere Reisen führten sie u.a. nach Holland, in die Schweiz und in die USA. Erst 1977 nahm sie ihre Filmarbeit wieder auf. 1978 engagierte sie Fassbinder für seinen 33. Film »Die Ehe der Maria Braun«. Zwischen 1969 und 1981 spielte sie in insgesamt 14 Fassbinder-Filmen die weibliche Hauptrolle. Von 1973 bis 1981 machte sie mehrere Theatertourneen und gastierte an den Münchner Kammerspielen.

Frau Schygulla spricht engl.; sie ist ledig und lebt in Paris.

Film: Unter der Regie von Rainer Werner Fassbinder: »Liebe ist kälter als der Tod«, »Katzelmacher« 1969; »Götter der Pest«, und »Rio das Mortes«, 1970 (auch ARD 1970); »Warnung vor einer heiligen Nutte«, 1971; »Die bitteren Tränen der Petra von Kant« und »Der Händler der vier Jahreszeiten«, 1972; »Wildwechsel«, 1973; Titelrolle in »Fontane Effi Briest oder . . .«, 1974; »Die Ehe der Maria Braun«, 1978; »Die dritte Generation«, 1979; »Lili Marleen«, 1981. Ferner: »Der Bräutigam, die Komödiantin und der Zuhälter«, Regie: Jean-Marie Straub, 1968; »Kukkucksei im Gangsternest«, Regie: Franz Josef Spieker, und »Jagdszenen aus Niederbayern« (nach Sperr), Regie: Peter Fleischmann, 1969; »Warum läuft Herr R. Amok?«, Regie: Rainer Werner Fassbinder und Michael Fengler, 1969; »Matthias Kneißl«, 1970, und »Haus am Meer«, (auch ARD 1972), 1972, Regie: jeweils Reinhard Hauff; »Falsche Bewegung«, Regie: Wim Wenders, 1975; »Ansichten eines Clowns« (nach Böll), Regie: Vojtech Jasny, 1976; »Die Rückkehr des alten Herrn«, mit Attila Hörbiger, Österreich 1977; »Die Fälschung«, mit Bruno Ganz, Regie: Volker Schlöndorff, BRD/Frankreich 1981; »Passion«, mit Michel Piccoli, Regie: Jean-Luc Godard, Frankreich/Schweiz 1982; »Flucht nach Varennes«, mit Jean-Louis Barrault, Marcello Mastroianni und Jean-Claude Brialy, Regie: Ettore Scola, Italien 1982; »Die Geschichte der Piera«, mit Marcello Mastroianni, Regie: Marco Ferreri, Frankreich 1983; »Die weite Reise in der Nacht«, Italien/Frankreich 1983; »Eine Liebe in Deutschland« (nach Hochhuth), Regie: Andrzej Wajda, Frankreich/BRD 1983; »Heller Wahn«, Regie: Margarethe von Trotta, 1983; »Die Zukunft heißt Frau«, mit Ornella Muti, Regie: Marco Ferreri, Frankreich/Italien 1984.

Theater: Titelrolle in Anouilhs »Antigone«, und Polly in Gay/Fassbinders »Die Bettleroper«, Regie: jeweils Rainer Werner Fassbinder, antiteater München 1968/69; Juli in Molnárs »Liliom«, und Monroe in Heinrich Mann/Fassbinders »Bibi«, Regie: jeweils Rainer Werner Fassbinder, Schauspielhaus Bochum 1972/73; Titelrolle in Lessings »Emilia Galotti«, Schauspielhaus Hamburg 1972; Titelrolle in Hauptmanns »Rose Bernd«, Tournee 1973; Elsa Tabori in Taboris »My mother's Courage« (nach Brechts »Mutter Courage und ihre Kinder«), Regie: George Tabori selbst, Münchner Kammerspiele 1979; in »Der Idiot« (nach Dostojewski), Tournee 1980/81.

Fernsehen: »Baal«, Regie: Volker Schlöndorff, und »Die Revolte«, Regie: Reinhard Hauff, ARD 1969; »Das Kaffeehaus« (nach Goldoni), und »Die Niklashauser Fart«, Regie: jeweils Rainer Werner Fassbinder, ARD 1970; »Pioniere in Ingolstadt« (nach Fleißer), Regie: Rainer Werner Fassbinder, ZDF 1971; »Die Ahnfrau«, Regie: Peer Raben, und »Jacob von Gunten«, Regie: Peter Lilienthal, ARD 1971; »Acht Stunden sind kein Tag«, mit Gottfried John und Luise Ullrich, Regie: Rainer Werner Fassbinder, 5 Teile, ARD 1972; »Unser Werk«, Regie: Hans Rolf Strobel, ARD 1974; »Der Stumme«, Regie: Gaudenz Meili, ARD 1976; »Die Dämonen« (nach Dostojewski), Regie: Claus Peter Witt, 4 Teile, ARD 1977; »Die große Flatter«, mit Günter Lamprecht und Richy

Müller, Regie: Marianne Lüdcke, 3 Teile, ARD 1979; »Aussagen nach einer Verhaftung auf Grund des Gesetzes gegen Unsittlichkeit«, Regie: George Moorse, ARD 1979; »Berlin Alexanderplatz« (nach Döblin), mit Günter Lamprecht, Regie: Rainer Werner Fassbinder, 14 Teile, ARD 1980; »Zar Peter der Große«, mit Maximilian Schell und Lilli Palmer, Regie: Marvin Chomsky, 10 Teile, UdSSR-USA-TV 1985/86.
Auszeichnungen: »Schwabinger Kleinkunstpreis«, München 1970; »Bundesfilmpreise« 1971, 1974 und 1979; »Silberner Bär« für die beste webliche Hauptrolle in »Die Ehe der Maria Braun«, Berlinale 1979; 3. Platz bei der Verleihung der amerikanischen Kritikerpreise für die besten Darsteller des Jahres 1979; »Goldener Bambi« (BILD + FUNK), 1981 und 1984; »Goldene Palme« für »Die Geschichte der Piera«, Cannes 1983; »Frau des Jahres« (BUNTE) 1984; »Europas aufregendste Schauspielerin«, TIME-Magazin USA 1985.
Anschrift: c/o ZBF-Agentur München, Leopoldstraße 19, 8000 München 40, oder The Lantz Inc., 888 Seventh Avenue, New York NY 10106, USA, oder c/o Georges Beaume, 3 quai Malaquais, F-75006 Paris, Frankreich.

St

Herta Staal

(eigentlich: Herta Schmieglitz, geb. Staly)

Geb. 29. 3. 1930 in Wien; dort aufgew.; von 1943 bis 1949 absolvierte sie eine Tanzausbildung bei Dia Lucca in Wien und bei Hedy Pfundmayr an der Wiener Staatsoper; von 1947 bis 1949 besuchte sie die Akademie für Musik und darstellende Kunst und das Konservatorium der Stadt Wien. Ihr Debüt gab sie in Stolz' Operette »Frühling im Prater« am Wiener Stadttheater im Jahre 1948.

Weitere Stationen: Bürgertheater Wien (bis 1950), Landesbühne Graz (1950/51) und Gastspiele seit 1952 an den Bühnen: Kleine Komödie München, Deutsches Theater München, Theater Die Kleine Freiheit München, Komödie Berlin, Renaissance-Theater Berlin, Tribüne Berlin, Hamburger Kammerspiele, Theater im Zimmer Hamburg, Theater am Dom Köln, Theater in der Josefstadt Wien, Theater an der Wien, Die Komödie Frankfurt/Main, Rheinisches Landestheater Neuss, Kleines Theater im Park Bonn-Bad Godesberg, Landesbühne Rheinland-Pfalz Neuwied und Landesbühne Hannover (bis 1984).

Herta Staal spricht engl.; sie ist in zweiter Ehe verheiratet (geschieden von dem Komponisten Hans Rahner) und lebt in München.

Film: »Abenteuer im Schloß«, 1951; »Bezauberndes Fräulein« und »Die tolle Lola«, 1953; »Meine Schwester und ich« (nach Benatzky) und »Clivia«, 1954; »Zwei Herzen und ein Thron«, 1955; »Das Bad auf der Tenne«, »Die Rosel vom Schwarzwald« und »Die schöne Meisterin«, 1956; »Schön ist die Welt« und »Jede Nacht in einem anderen Bett«, 1957.

Theater: Anna in Burkhards »Feuerwerk«, Rosa in Williams' »Die tätowierte Rose«, Katharina in Spewack/Porters »Kiss me, Kate«, Titelrolle in Anouilhs »Colombe«, Titelrolle in Anouilhs »Die Wilde«, in von Vaszarys »Monpti«, Eliza in Shaws »Pygmalion«, Titelrolle in Sardou/Najacs »Cyprienne«, Titelrolle in Colettes »Gigi«, Titelrolle in Molnárs »Die Fee«, Titelrolle in Monnot/Breffort s »Das Mädchen Irma la Douce«, Stephanie in Barillet/Grédys »Die Kaktusblüte«, Titelrolle in Kerrs »Mary, Mary«, Columbine in Goldonis »Der Lügner«, Charlotte in Cowards »Quadrille«, Blanche in Hopwoods »Der Mustergatte« und in Thomas' »Netz ohne Risiko«, jeweils an den vorgenannten Bühnen; Frau Page in Shakespeares »Die lustigen Weiber von Windsor«, Festspiele Feuchtwangen 1985.

Fernsehen: »Das Lächeln der Gioconda« (nach Huxley), und Titelrolle in »Périchole« (nach Offenbach), ARD 1958; »Die Ratten« (nach Hauptmann), ARD 1959; »Napolitana« (nach Klefisch), ARD 1960; »Die verschenkten Jahre« (nach Savory), und »Italienische Nacht« (nach Horváth), ARD 1966; »Umsonst« (nach Nestroy), ARD 1967; »Ein Walzertraum« (nach Oscar Straus), ZDF 1969; »No, no, Nanette« (nach Youmans), ZDF 1971; »Depressionen« (von Vesely), ZDF 1975. Seither war sie vor allem in TV-Shows zu sehen, so u.a. in »Zwischenmahlzeit« und »Zum blauen Bock« (ARD 1984).

Anschrift: c/o ZBF-Agentur München, Leopoldstraße 19, 8000 München 40.

Krista Stadler

Geb. in Wien; dort aufgew.; nach ihrer Schauspielausbildung erhielt sie 1964 unter Veit Relin ihr erstes Engagement am Atelier-Theater Wien. Von 1964 bis 1967 spielte sie an der Komödie Basel, 1968 am Deutschen Theater München und 1968/69 an der Kleinen Komödie München. Von 1969 bis 1972 pausierte sie. Danach spielte sie u.a. am Theater an der Wien (seit 1973), am Theater im Zentrum, am Theater am Kärntnertor (1974–1976), am Theater in der Josefstadt (seit 1977), am Volkstheater (ab 1978), jeweils in Wien, bei den Festspielen Krems (ab 1974), an der Freien Volksbühne Berlin (1977 und 1982/83), bei den Salzburger Festspielen (seit 1979), am Theater am Kurfürstendamm Berlin (1981).
Krista Stadler spricht ital., engl., holl.; sie lebt in Wien.
Film: »Lena Rais«, mit Tilo Prückner, Regie: Christian Rischert, 1979; »Nach Mitternacht«, Regie: Wolf Gremm, 1981.
Theater: In Horváths »Don Juan kommt aus dem Krieg«, Atelier-Theater Wien 1964; in Thomas' »Charley's Tante«, mit Hans Clarin, Deutsches Theater München 1968; in Taylors »Unsere liebste Freundin« (auch ZDF 1968), und in Goetz' »Towarisch« (nach Deval), jeweils Kleine Komödie München 1968/69; in Dumas' »Die Drei Musketiere«, 1973, Roxy Hart in Ebb/Kanders »Chicago«, mit Judy Winter und Ernst Stankovski, Regie: Helmut Baumann, 1978/79 und 1980 (mit Joachim Kemmer), jeweils Theater an der Wien; in Saunders' »Michael Kohlhaas«, mit Matthias Habich, 1974, Festspiele Krems 1974; in Forsters »Elisabeth I.«, Regie: Hans Kratzer, Theater am Kärntnertor und Gastspiele in München, Zürich und Hamburg 1976; in der Uraufführung von Boesers »Gil«, Regie: Hans Gratzer, 1977, und in Kempinskys »Duett for One«, 1982/83, jeweils Freie Volksbühne Berlin; in Horváths »Glaube Liebe Hoffnung«, Regie: Johannes Schaaf, 1977/78, Ruth in Botho Strauß' »Triologie des Wiedersehens«, 1980, in Kohouts »August, August, August«, mit Otto Schenk, 1981, in Frys »Die Dame ist nicht fürs Feuer«, 1982, und in de Filippos »Die Kunst der Komödie«, 1983, jeweils Theater in der Josefstadt Wien; in Schnitzlers »Das weite Land«, Regie: Maximilian Schell, 1979/80, und Mme Schleyer in Nestroys »Der Zerrissene«, Regie: Otto Schenk, 1982/83 und 1984, jeweils Salzburger Festspiele (auch ORF 1984).
Fernsehen: »Ein Lehrstück in Blut und Rosen«, ORF 1975; »In der Höhle des Löwen« (nach Hennequin), Regie: Michael Günther, ZDF 1981 (Aufzeichnung aus dem Theater am Kurfürstendamm Berlin); »Ringstraßenpalais«, Regie: Rudolf Nussgruber, Serie, ORF 1981; »Bis aufs Blut«, ORF 1983; »Sag' die Wahrheit« (nach Vaszary), Regie: Herbert Fuchs, ORF 1984; »Die Krimistunde«, Regie: Hartmut Griesmayr, Serie, ARD 1985; »Alles aus Liebe«, Regie: Hartmut Griesmayr, ORF 1985.
Anschrift: c/o Agentur Mackeben, Douglasstraße 2-4, 1000 Berlin 33.

Ernst Stankovski

(eigentlich: Ernst Rudolf Stankovsky)

Geb. 16. 6. 1928 als Sohn des Kommerzienrates und Meisterfriseurs Rudolf Stankovsky in Wien-Hernals; dort aufgew.; nach dem Besuch des Gymnasiums absolvierte er zunächst eine Friseurlehre. Daneben wirkte er bei einer Laien-Theatergruppe mit. Ab 1945 nahm er Gesangsunterricht, erhielt eine Tanzausbildung und besuchte das Max-Reinhardt-Seminar in Wien. Von 1946 bis 19650 gehörte er zum Theater in der Josefstadt Wien. Die weiteren Bühnenstationen: Bayerisches Staatsschauspiel München (1952–1954), Schauspielhaus Düsseldorf (1955), Theater am Kurfürstendamm und Renaissance-Theater Berlin (1956–1958), Kammerspiele und Theater Die Kleine Freiheit München (1959), Städt. Bühnen Frankfurt/Main (1960), Kleine Komödie München, Fritz-Rémond-Theater im Zoo Frankfurt/Main, Freie Volksbühne Berlin und Renaissance-Theater Berlin (jeweils 1961–1970), Theater an der Wien, Theater in der Josefstadt und Volkstheater Wien, Landesbühne in Hannover, Thalia-Theater Hamburg und Theater des Westens Berlin (jeweils 1970–1984). Daneben gestaltete er eigene Kabarett-Solo-Abende. Er arbeitete häufig für den Hörfunk, u.a. »Mögen Sie Musical?« (30 Folgen, ORF), »Ein Schalerl Nuß« (14 Folgen, ORF), »Scherzissimo« (10 Folgen, ORF).

Von seinen Langspielplatten seien erwähnt: »Songs für Mündige« und »Wie wirst Du aussehen, wenn Du tot bist?«.

Seit 1958 hatte Stankovski über 320 TV-Auftritte; u.a. moderierte er 97 Folgen des Musik-Quiz »Erkennen Sie die Melodie?« (ZDF). Er veröffentlichte mehrere Bücher, darunter: »Stankovski-Quiz« (1975), »Wir haben es uns gemütlich gemacht« (1976) und »Das Große Testament des François Villon« (1981). Stankovski war in erster Ehe verheiratet mit der Schauspielerin Ida Krottendorf. Seit 1966 ist er verheiratet mit der Ballett-Tänzerin Anna Luise Schubert (ehemals Ballerina am Staatstheater am Gärtnerplatz München), hat einen Sohn (Alexander, geb. 1968) und lebt in Wien.

Film: »Verklungenes Wien«, 1951; »1. April 2000«, Regie: Wolfgang Liebeneiner, 1952; »Einmal keine Sorgen haben«, »Meines Vaters Pferde«, mit Curd Jürgens, Regie: Gerhard Lamprecht, und »Dieses Lied bleibt bei dir«, 1954; »André und Ursula«, 1955; »Die große Chance«, »Der Greifer«, mit Hans Albers, Regie: Eugen York, und »Frühling in Berlin«, 1957; »Wenn die Conny mit dem Peter«, mit Cornelia Froboess und Peter Kraus, 1959; »Der brave Soldat Schwejk« (nach Hašek), mit Heinz Rühmann, Regie: Axel von Ambesser, »Gauner in Uniform«, und »Kauf dir einen bunten Luftballon«, 1960; »Die erste Polka«, Regie: Klaus Emmerich, 1978.

Theater: Florizel in Shakespeares »Ein Wintermärchen«, Regie: Rudolf Steinboeck, und Sebastian in Goldonis »Das Kaffeehaus«, Regie: Bruno Hübner, jeweils Theater in der Josefstadt Wien 1946–1950; André, Chansonnier in Burkhards »Die kleine Niederdorfoper«, Regie: Oskar Wälterlin, Melchthal in Schillers »Wilhelm Tell«, Regie: Leopold Lindtberg, und Pylades in Bruckners »Pyrrhus und Andromache«, Regie: Oskar Wälterlin, jeweils Schauspielhaus Zürich 1950/51; Decius Brutus in Shakespeares »Julius Cäsar«, Regie: Fritz Kortner, Bayer. Staatsschauspiel 1952; Cornelius Hackl in Wilders »Die Heiratsvermittlerin«, Regie: Jean-Pierre Ponnelle und Bruno Hübner, jeweils Düsseldorfer Schauspielhaus und Bayer. Staatsschauspiel München 1955; Fritz in Schnitzlers »Liebelei«, Regie: Rudolf Steinboeck, und Boris in Tolstois »Und das Licht scheint in der Finsternis«, jeweils Theater am Kurfürstendamm Berlin 1956–1958; Titelrolle in Schnitzlers »Anatol«, Regie: G. Bauer, und Charly in Goetz' »Der Lügner und die Nonne«, Regie: Boleslaw Barlog, jeweils Renaissance-Theater Berlin, 1957/58; Ottokar in Goetz' »Ingeborg«, Regie: Franz Josef Wild, und Jack in Wildes »Bunbury«, Regie: Gerhard Metzner, jeweils Kleine Komödie München 1961/62; Oskar Szabo in Molnárs »Das Märchen vom Wolf«, Regie: Fritz Rémond, Fritz-Rémond-Theater im Zoo Frankfurt/Main 1963; Herr von Lips in Nestroys »Der Zerrissene«, Regie: Helmut Schwarz, Oscar in Monnot/Breffort »Das Mädchen Irma la Douce«, Regie: Rolf Kutschera, und Billy in Ebb/Kanders »Chicago«, Regie: Helmut Baumann, jeweils Theater an der Wien seit 1970; Samy Samuels in Griffith' »Komiker«, Regie: Peter Zadek, Thalia-Theater Hamburg. Eigene Kabarettprogramme (großenteils auch im TV) u.a.: »Geh zu den Gauklern« (2), »Die Wiener Mischung«,

»Der Antiprophet« und »Das Große Testament des François Villon« (zuletzt: Ernst-Deutsch-Theater Hamburg 1985 und ZDF 1985).
Fernsehen: »Juchten und Lavendel« (nach Käutner), ARD 1958; Joe in »Leihhaus-Legende« (nach Shiffrin), ARD 1959; Valère in »Der Geizige« (nach Molière), ARD 1960; Bradley in »Bridge mit Onkel Tom« (nach Sheriff), ORF 1961; Carlton in »Theorie und Praxis« (nach Popplewell), ARD 1962; Doschenitzky in »Leutnant Gustl« (nach Schnitzler), ARD 1963; Krampus in »Krampus und Angelika«, ARD 1965; Derville in »Oberst Chabert« (nach Balzac), ARD 1967; Jaromir in »Der Unbestechliche« (nach Hofmannsthal), ARD 1968; Weiss in »Träume von Schale und Kern« (nach Nestroy), ORF 1968; Reynaldo in »Der Vetter Basilio« (nach Queirós), und Marquis in »Der Talisman« (nach Ryburn), ARD 1972; Herr Leo in »Das Orchester« (nach Anouilh), ARD 1978; Moderator in »Aktion Abendsonne«, Regie: Diethard Klante, ZDF 1979; »Quartett bei Claudia«, Regie: Michael Kehlmann, ARD 1981; Prosper Alpanus in »Klein Zaches, genannt Zinnober« (nach E.T.A. Hoffmann), Regie: Frank Strecker, ARD 1982, »Traumschiff«, Regie: Fritz Umgelter, Serie, ZDF 1982; Sandy Lazar in »Die goldenen Schuhe« (nach Vicki Baum), Regie: Dietrich Haugk, 5 Teile, ARD 1983; »Die große Kapitulation«, ZDF 1983; Toulouse-Lautrec in »Der Opernball« (nach Heuberger), Regie: Eugen York (Wiederaufnahme), und »Der Stadtbrand«, Buch und Regie: Oliver Storz, ZDF 1985.
Auszeichnungen: »Wolfgang-Altendorf-Preis«, Freudenstadt 1974; »Deutscher Kleinkunstpreis«, Mainz 1975.
Anschrift: c/o Agentur Jovanovic, Perfallstraße 6, 8000 München 80.

Herbert Stass

(eigentlich: Herbert Staskiewicz)

Geb. 7. 10. 1921 in Oebisfelde; aufgew. in Berlin; nach dem Realgymnasium absolvierte er die Reicher'sche Schauspielschule in Berlin. Danach debütierte er als Lysander in Shakespeares »Ein Sommernachtstraum« am Stadttheater Reichenberg.
Nach dem Kriegsdienst arbeitete er 1945/46 als Regieassistent und Schauspieler an der Komödie in Berlin. 1946/47 und von 1949 bis 1951 war er am Hebbel-Theater Berlin engagiert. Dazwischen gastierte er am Staatstheater Schwerin und kam an das neugegründete Schiller-Theater Berlin, wo er bis 1962 zum Ensemble gehörte. Seither ist er freischaffend. Er gastierte u.a. an der Tribüne Berlin, am Forum Berlin, am Rheinischen Landestheater Neuss, an der Freien Volksbühne Berlin, an den Hamburger Kammerspielen sowie bei den Freilichtspielen in Schwäbisch Hall und Recklinghausen (seit 1952).
Er spielte seit 1957 über 180 Fernsehrollen und ist in der Synchronisation und beim Hörfunk tätig.
Stass spricht engl., franz.; er ist verheiratet, hat eine Tochter und lebt in Berlin.
Film: »Und über uns der Himmel« (als Herbert Staskiewicz), mit Hans Albers, Regie: Josef von Baky, 1947; »Die Treppe«, mit Ralph Lothar und Hilde Körber«, Regie: Alfred Braun, 1950; »Der 20. Juli«, Regie: Falk Harnack, 1955; »Der Tod im roten Jaguar«, Regie: Harald Reinl, 1968; Narr in »Viola und Sebastian« (nach Shakespeares »Was ihr wollt«), Regie: Ottokar Runze, 1971.
Theater: Titelrolle in Schillers »Don Carlos«, Regie: Lucie Höflich, und Titelrolle in Goethes »Clavigo«, jeweils Staatstheater Schwerin 1948; Shendi in Frys »Der Erstgeborene«, Regie: Boleslaw Barlog, 1952, Kosinsky in Schillers »Die Räuber«, Regie: Willy Schmidt, 1953, und Don Luis in Moretos »Donna Diana«, Regie: Walter Henn, 1960, jeweils Schiller-Theater und Schloßpark-Theater Berlin; Mephisto in Goethes »Urfaust« und Mephisto in Valérys »Mon Faust«, Regie: jeweils Frank Lothar, Tribüne Berlin 1965; Felix in Simons »Ein seltsames Paar«, Hamburger Kammerspiele 1968; Kaiser in Arrabals »Der Architekt und der Kaiser von Assyrien«, Regie: Klaus Hoser, Forum-Theater Berlin 1969; Tod in Genneps »Das alte Kölner Spiel von Jedermann«, Freilichtspiele Schwäbisch Hall 1975; Theobald Friedeborn in Kleists »Das Käthchen von Heilbronn«, Freie Volksbühne Berlin 1976; Samuel Leibowitz in Bethencourts »Der Tag, an dem der Papst gekidnappt wurde«, Rheinisches Landestheater Neuss 1977; Phil Hogan in O'Neills »Ein Mond für die Beladenen«, Hamburger Kammerspiele 1978; Peachum in Brecht/Weills »Die Dreigroschenoper«, Freilichtspiele Schwäbisch Hall 1982. Ferner gab er zahlreiche Tourneegastspiele, u.a. als Lumpensammler in Giraudoux' »Die Irre von Chaillot«.
Fernsehen: Titelrolle in »Der Mann ohne Namen«, Regie: Curt Goetz-Pflug, ARD 1957; Romeo in »Romeo und Julia in Berlin«, Regie: H. Korngiebel, ARD 1959; Titelrolle in »Der Außenseiter«, Regie: Peter Beauvais, ARD 1960; Titelrolle in »Kandidat Cormoran«, Regie: Wolfgang Liebeneiner, ARD 1965; Titelrolle in »Rasputin«, Regie: Robert A. Stemmle, ARD 1967; Titelrolle in »Interview mit Herbert K.« (nach Kubiak), Regie: Herbert Ballmann, ZDF 1970; Herbert Sönnecke in »Wie eine Träne im Ozean« (nach Sperber), Regie: Fritz Umgelter, 3 Teile, ARD 1969, Titelrolle in »Der Fall Meinberg«, Regie: Robert A. Stemmle, ARD 1970; Titelrolle in »Der Alte«, Regie: Rainer Wolffhardt, und »Eiger« (von Meichsner), Regie: Dieter Wedel, 2 Teile, ARD 1974; Titelrolle in »Der kleine Bruder«, Regie: Rainer Söhnlein, ZDF 1982; Vater Luther in »Martin Luther«, Regie: Rainer Wolffhardt, 2 Teile, ZDF 1983; »Der Alte Fritz« in »Die schöne Wilhelmine«, Regie: Rolf von Sydow, und »Morgengrauen« (aus der Reihe: »Ein Fall für zwei«), Regie: Michael Mackenroth, 2 Teile, ZDF 1984; »Tod eines Schaustellers« (von Vock), Regie: Dietrich Haugk, ARD 1984; »Die Krimistunde«, Regie: Hartmut Griesmayr, Serie, ARD 1985; »Wolfgang-Kieling-Special«, Regie: Rolf von Sydow, ZDF 1985.
Auszeichnung: »Adolf-Grimme-Preis« in Gold 1970.
Anschrift: c/o ZBF-Agentur München, z.Hdn. Frau Herald, Leopoldstraße 19, 8000 München 40, oder Bonner Straße 1, 1000 Berlin 33.

Helmut Stauss

Geb. 3. 7. 1948 in Köln; dort aufgew.; nach dem Abitur studierte er an der Freien Universität Berlin Theaterwissenschaft und absolvierte die Max-Reinhardt-Schule Berlin. Als Romeo in Shakespeares »Romeo und Julia« debütierte er am Stadttheater Moers. Seit 1974 spielt er Theater vornehmlich in Berlin. Er gastierte an der Vagantenbühne, am Renaissance-Theater und am Hansa-Theater. In Hamburg ist er seit 1975 am Ernst-Deutsch-Theater aufgetreten. Er machte zahlreiche Tourneen.
Stauss spricht engl., span.; er ist verheiratet, hat zwei Kinder und lebt in Berlin.
Theater: Dottore in Goldonis »Der Diener zweier Herren«, Vagantenbühne Berlin; Harold in Higgins' »Harold und Maude«, mit Inge Meysel, 1976, Hans Iver in Barlachs »Der arme Vetter«, und Eilif in Brechts »Mutter Courage und ihre Kinder«, Regie: für die beiden letztgenannten jeweils Boleslaw Barlog, 1981, jeweils Ernst-Deutsch-Theater Hamburg; Reporter in Bergmans »Der Nobelpreis«, Regie: Boleslaw Barlog, und Patrick in Hamptons »Herrenbesuch«, Regie: Harry Meyen, 1977, Braun in Hauptmanns »Einsame Menschen«, Regie: Boleslaw Barlog, 1980, jeweils Renaissance-Theater Berlin; Der Mann in Schönherrs »Der Weibsteufel«, Regie: Ossi Fuchs, 1982, und Camille in Zolas »Thérèse Raquin«, Regie: Otto Tausig, 1984, jeweils Tournee.
Fernsehen: Jean Marie in »Die Fastnachtsbeichte« (nach Zuckmayer), Regie: Eberhard Itzenplitz, ZDF 1976; »Direction City«, Regie: Norbert Schulze jun., und Hasenclever jr. in »Walter Hasenclever«, Regie: Rolf Busch, ARD 1976; 1. Offizier in »Der Weilburger Kadettenmord«, Regie: Eberhard Itzenplitz, und »Der Alte«, Serie, ZDF 1977; »Labiche II«, Regie: Dieter Wedel, ZDF 1979; »13 Stufen der Bürokratisierung«, ARD 1982; »Feuer für den großen Drachen«, Regie: Eberhard Itzenplitz, ARD 1983.
Anschrift: c/o Agentur Mackeben, Douglasstraße 2–4, 1000 Berlin 33.

Edd Stavjanik

Geb. 12. 10. 1927 in Wien; dort aufgew.; nach der Schauspielausbildung debütierte er am Theater für Vorarlberg Bregenz. Anschließend war er bis 1956 am Landestheater Salzburg engagiert. 1957 kam er an das Volkstheater Wien, dem er lange Jahre angehörte. Jetzt ist er Ensemblemitglied am Burgtheater Wien. Er spielte jeweils Rollen seines Fachs aus Klassik und Moderne.
Stavjanik ist verheiratet, hat eine Tochter und lebt in Wien.
Film: »Die Sennerin von St. Kathrein«, 1955; »Husarenmanöver«, 1956; »Der Pfarrer von St. Michael«, mit Erich Auer, 1958; »Deckname Salon Parisi«, 1960; »Der rote Rausch«, Regie: Wolfgang Schleif, 1962.
Fernsehen: »Der kleine Muck«; »Was kam denn da ins Haus?«; »Der Querulant«; »Jedermann« (nach Hofmannsthal); »Feldherrnhügel«; »Affäre Redl – Postlagernd Opernball«, Regie: Robert A. Stemmle, jeweils ARD/ZDF/ORF bis 1973; »Hände gut, alles gut« (nach Labiche), Regie: Axel von Ambesser, ARD 1975; »Das bin ich«, Regie: Rudolf Nussgruber, ORF 1977; »Achsensprung«, Regie: Rolf von Sydow, ARD 1977; »Alberta und Alice oder Die Unterwerfung« (nach Italo Svevo), Regie: Wilm ten Haaf, ARD 1981; »Die Mohrenlegende« (nach Fussenegger), Regie: Gernot Friedel, ORF 1984; König in »Amely, der Biber und der König auf dem Dach« (von Dorst), Regie: Peter M. Preissler, ZDF 1985 (Aufzeichnung aus dem Wiener Burgtheater).
Anschrift: c/o Agentur Lentz, Holbeinstraße 4, 8000 München 80, oder Pokornygasse 31, A-1190 Wien, Österreich.

Ingrid Steeger

(eigentlich: Ingrid Anita Stengert)

Geb. 1. 4. 1948 als Tochter eines Teppichkaufmanns in Berlin; dort aufgew.; nach dem Besuch der Handelsschule arbeitete sie als Sekretärin in einem Architekturbüro. Nebenbei war sie als Fotomodell beschäftigt. 1970 wurde sie von dem Filmproduzenten Gero Wecker für dessen Film »Die liebestollen Baronessen« entdeckt. 1971 stand sie zum ersten Mal vor einer Fernsehkamera. Ihr Bühnendebüt gab sie 1978. Ingrid Steeger veröffentlichte mehrere Schallplatten, darunter »Franz Josef nimm die Finger weg«, »Der muß Rhein« und »Fly me«.
Sie spricht franz., ist geschieden von dem Kameramann Lothar Elias Stickelbruck und lebt in Berlin.
Film: »Mädchen, die nach München kommen« und »Liebe in Schwabing« 1971; »Sonne, Sylt und kesse Krabben« und »Schulmädchen-Report«, 1972; »Hausfrauenreport«, 1973; »André schlägt sie alle«, mit Franco Nero, Regie: Peter Fratscher, 1985.
Theater: In Manhoffs »Die Eule und das Kätzchen«, mit Harald Leipnitz, T(h)eater in der Briennerstraße München 1978; in »Bleib doch zum Frühstück«, mit Horst Frank, Theater am Dom Köln 1983/84.
Fernsehen: »Kinderchen«, und »Der Kommissar«, mit Erik Ode, Serie, ZDF 1971; »Audiovision«, ZDF 1972; Tochter in »Klimbim«, mit Elisabeth Volkmann, Horst Jüssen und Helmut Holger, Regie: Michael Pfleghar, 32 Folgen, ARD 1974–1977; »Münchner G'schichten«, mit Therese Giehse und Günther Maria Halmer, Regie: Helmut Dietl, Serie, ARD 1975; »Manchmal Märchen«, Regie: Thomas Engel, ZDF 1977; »Zwei himmlische Töchter«, mit Iris Berben und Klaus Dahlen, Regie: Michael Pfleghar, Serie, ARD 1978; Titelrolle in »Susi«, Regie: Michael Pfleghar, 6 Folgen, ARD 1980; Moderation mit Harald Juhnke in »Wie wär's heut' mit Revue?«, TV-Show-Serie, ZDF 1983/84; »Zwei schwarze Schafe«, Regie: Ralf Gregan, Serie, ZDF 1984; Stimme für »Lassie« (Familien-Dackel) in »Glücklich geschieden«, mit Robert Atzorn und Klaus Schwarzkopf, Regie: Rolf von Sydow, 6 Teile, ZDF 1985; »Die Krimistunde«, Regie: Hartmut Griesmayr, Serie, ARD 1985.
Auszeichnungen: »Otto« (BRAVO) 4× (1975–1978); »Goldene Kamera« (HÖRZU) 1976.
Anschrift: c/o Agentur Lentz, Holbeinstraße 4, 8000 München 80.

Manfred Steffen

Geb. 28. 6. 1916 in Hamburg; dort aufgew.; nach dem Abitur 1937 Schauspielunterricht bei Willy Maertens in Hamburg; Debüt 1939 an den Städt. Bühnen Oberhausen; Engagements am Stadttheater Aachen (1941–1943) und am Staatstheater Dresden (1943–1945) folgten; 1945 begann er als Nachrichtensprecher bei »Radio Hamburg«, einem Sender der Militärregierung; Gastspiele am »Interimstheater Hamburg« in der Caspar-Voght-Straße und an der Jungen Bühne Hamburg unter Will Quadflieg und Answald Krüger 1946; seit der Spielzeit 1947/48 steht er unter Vertrag beim Thalia-Theater in Hamburg; er ist beim Hörfunk und in der Synchronisation tätig. Steffen spricht engl., franz.; er ist seit 1943 verheiratet und lebt in Hamburg.

Film: »Drei Tage Mittelarrest«, 1955; »Tierarzt Dr. Vlimmen«, 1956; »Dr. Crippen lebt«, 1957; »Der Mann, der sich verkaufte«, 1959; »Die Hochstaplerin«, 1960; »Frau Luna« (nach Lincke), 1964.

Theater: Dauphin in Shaws »Die heilige Johanna«, Theobald in Hans Schweikarts »Lauter Lügen«, Bordolo in Léhars »Zarewitsch«, jeweils Stadttheater Oberhausen 1941–1942; Schüler in Goethes »Faust«, Davison in Schillers »Maria Stuart«, Staatliches Schauspielhaus Dresden 1943–1945; Spitta in Hauptmanns »Die Ratten«, 1949, Sperlin in Werner Fincks »Die deutschen Kleinbürger«, 1952, Adolphe in Strindbergs »Rausch«, 1953, Sir John in Wildes »Eine Frau ohne Bedeutung«, 1957, Postmeister in Gogols »Der Revisor«, 1960, Erster Gott in Brechts »Der gute Mensch von Sezuan«, 1963, Rattengift in Grabbes »Scherz, Satire, Ironie und tiefere Bedeutung«, 1967, Polonius in Shakespeares »Hamlet«, 1968, Mr. Brooker in Grays »Kluges Kind«, 1970, Lötscher in Henkels »Eisenwichser«, 1972, Titelrolle in Saunders' »Ein Eremit wird entdeckt«, 1975, Liszt in Langes »Die letzten Stunden der Reichskanzlei«, 1976, Wilhelm Voigt in Zuckmayers »Der Hauptmann von Köpenick«, 1977, Lauberjahn in Kornfelds »Palme oder Der Gekränkte« (auch TV) und Miller in Schillers »Kabale und Liebe«, 1978, Riccaut de la Marlinière in Lessings »Minna von Barnhelm«, 1979, Freiherr von Stetten in Horváths »Zur schönen Aussicht«, 1980, Russek in Sternheims »Der Kandidat«, 1981, Pfandleiher in Kaisers »Nebeneinander«, 1982, Dr. Petypon in Feydeaus »Die Dame vom Maxim«, 1983, Argan in Molières »Der eingebildete Kranke«, 1984, jeweils Thalia-Theater Hamburg.

Fernsehen: »Die Zeit und die Conways« (nach Priestley), mit Inge Meysel ARD 1960; »Haben« (nach Hay), ARD 1963; Jobst in »Die Palme im Rosengarten« (nach Roberts), und »Die Unverbesserlichen«, mit Inge Meysel und Joseph Offenbach, Serie, ARD 1967; General de Pellieux in »Affäre Dreyfus«, ZDF 1968; Kaase in »Ende der Durchsage« (nach Chorell), und »Mein Kapitän ist tot«, ZDF 1969; »Als wär's ein Stück von mir« (nach Zuckmayer), Regie: August Everding, ZDF 1976; »Die Gerechten« (nach Camus), Regie: Frank Guthke, ZDF 1981; »Es muß nicht immer Mord sein«, Serie, ZDF 1985.

Auszeichnungen: Albert-Bozenhard-Ring 1968, »Silberne Maske der Hamburger Volksbühne« 1980; Ehrenmitglied des Thalia-Theaters Hamburg und Goldene Nadel der Genossenschaft Deutscher Bühnenangehöriger für über 40jährige Mitgliedschaft, 1983.

Anschrift: c/o ZBF-Agentur Hamburg, Tonndorfer Hauptstraße 90, 2000 Hamburg 70, oder Neuer Luruper Weg 8, 2083 Halstenbek.

Uli Steigberg

(eigentlich: Ulrich Steigberg)

Geb. 8. 2. 1923 in Bad Tölz; dort und in München aufgew.; nach dem Abitur drei Jahre Schauspielunterricht, u.a. bei Axel von Ambesser; die Prüfung legte er bei Gustaf Gründgens ab. Sein Debüt folgte 1946 an den Münchner Kammerspielen. Weitere Stationen u.a. Bühnen der Landeshauptstadt Kiel (1946/47), Intimes Theater Hamburg (1947/48), Städt. Bühnen Köln (1948–1950), Volkstheater München (1950–1952), Landesbühne Hannover (1970/71), Bayerisches Staatsschauspiel München (1974–1976) und Modernes Theater München (1980/81); Gastspiele gab er ferner beim Südostbayerischen Städtetheater Landshut, beim Städtebundtheater Hof, beim Landestheater Schwaben in Memmingen und der Kleinen Komödie München.
Steigberg spricht engl., franz.; er ist verheiratet und lebt in München.
Film: »Die Fischerin vom Bodensee«, mit Marianne Hold, Regie: Harald Reinl, 1956; »Die Banditen vom Rio Grande«, mit Wolfgang Kieling, 1965; »Jägerblut«, 1969; »Deep end«, mit John Moulder-Brown und Karl Michael Vogler, USA/BRD 1970; »Josephine Mutzenbacher«, mit Christine Schubert, 1973; »Schloß Hubertus«, Regie: Harald Reinl, 1974; »Kursaison für scharfe Kumpel«, Regie: Alois Brummer, 1981.
Theater: In Anouilhs »Antigone«, mit Bernhard Minetti, Bühnen der Landeshauptstadt Kiel 1946/47; Pylades in Goethes »Iphigenie auf Tauris« und Lüttjohann in Zuckmayers »Des Teufels General«, jeweils Städt. Bühnen Köln 1948–1950; in Roussins »Eine unmögliche Frau«, Kleine Komödie München 1953; Sozi in »Der Glockenstreik«, Südostbayerisches Städtetheater Landshut 1967; in Nestroys »Der Zerrissene«, Landesbühne Hannover 1970/71; Sepp in Kroetz' »Stallerhof«, Modernes Theater München 1980; in Zuckmayers »Der Hauptmann von Köpenick«, Landestheater Schwaben in Memmingen 1981; in Thomas »Waldfrieden«, Regie: Steigberg selbst, Theater am Platzl München 1983/84.
Fernsehen: »Magdalena« (nach Thoma), mit Therese Giehse, Wastl Witt und Ruth Drexel, Regie: Franz Josef Wild, ARD 1953; »Isar 12«, mit Karl Tischlinger, Serie, 12 Folgen, ARD 1963/64; »Königlich Bayerisches Amtsgericht«, Serie, 10 Folgen, ZDF 1969/70; »Tatort«, Serie, 11 Folgen, ARD 1973–1983; »Der Fall Münzberg«, Regie: Fritz Umgelter, ZDF 1974; »Derrick«, Serie, 6 Folgen, ZDF 1977–1983; »Sachrang«, Regie: Wolf Dietrich, 3 Teile, ARD 1978; »Kunstdiebe«, Regie: Uli Stark, ZDF 1979; »Der falsche Paß für Tibo« (von Herbert Rosendorfer), ZDF 1980; »Trauer um einen verlorenen Sohn«, Regie: Thomas Engel, ARD 1980; »Der Alte«, Serie, 4 Folgen, ZDF 1980–1984.
Anschrift: c/o ZBF-München, Leopoldstraße 19, 8000 München 40, oder Gebsattelstraße 2/IX, 8000 München 90.

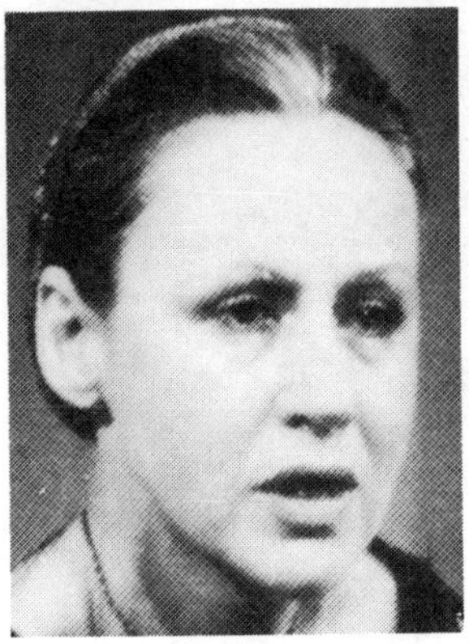

Gisela
Stein
– Staatsschauspielerin –

Geb. 2. 10. 1935 in Swinemünde; dort aufgew.; nach dem Abitur und dem Schauspielstudium begann sie 1953 am Theater der Stadt Koblenz. Weitere Stationen: Vereinigte Städt. Bühnen Krefeld-Mönchengladbach und Theater der Stadt Essen. Von 1960 bis 1979 spielte sie an den Staatl. Schauspielbühnen Berlins. Seit 1979 gehört sie zum Ensemble der Münchner Kammerspiele. Sie gastierte u.a. am Schauspielhaus Zürich, am Württembergischen Staatstheater Stuttgart und bei den Salzburger Festspielen.
Ein schwerer Autounfall zwang sie 1983/84 zu pausieren.
Frau Stein spricht engl.; sie ist geschieden von dem Schauspieler Wolfgang Hinze, hat eine Tochter und lebt in München.
Film: »Deutschland, bleiche Mutter«, Regie: Helma Sanders-Brahms, 1979.
Theater: Inge in Frischs »Graf Öderland«, Regie: Hans Lietzau, 1961, Gräfin Werdenfels in Wedekinds »Der Marquis von Keith«, 1963, Titelrolle in Hebbels »Maria Magdalena«, Regie: Fritz Kortner, 1966, Klara Hühnerwadel in Wedekinds »Musik«, Regie: Dieter Dorn, 1973, Sarah in Tschechows »Iwanow«, Regie: Hans Lietzau, 1974, Hester in Fugards »Hallo und Adieu«, 1975, Elena in Tschechows »Onkel Wanja«, Regie: Niels-Peter Rudolph, und Titelrolle in Schillers »Maria Stuart«, Regie: Günter Krämer, 1977, Ranewskaja in Tschechows »Der Kirschgarten«, und Emma in Pinters »Betrogen«, Regie: jeweils Hans Lietzau, 1979, jeweils Staatl. Schauspielbühnen Berlins; Olivia in Shakespeares »Was ihr wollt«, 1979, Titelrolle in Goethes »Iphigenie auf Tauris«, Rosetta in Büchners »Leonce und Lena« und Titelrolle in Söderbergs »Gertrud«, 1980/81, Königin Ginevra in Dorsts »Merlin oder Das wüste Land«, mit Peter Lühr, 1981/82, Regie: jeweils Dieter Dorn, Lucette Gautier in Feydeaus »Ein Klotz am Bein«, 1982/83, jeweils Müncher Kammerspiele; Alice in Strindbergs »Totentanz«, Regie: Günter Krämer, Württembergisches Staatstheater Stuttgart 1980; Leonore Sanvitale in Goethes »Torquato Tasso«, Regie: Dieter Dorn, Salzburger Festspiele 1982; Luise in Achternbuschs »Mein Herbert«, mit Cornelia Froboess, Regie: George Tabori, 1985, und Titelrolle in Racines »Phädra«, Regie: Werner Herzog, 1985/86, jeweils Kammerspiele München.
Fernsehen: Sie spielte bis 1975 u.a. in »Das Vergnügen, anständig zu sein«, »Richard III.« (nach Shakespeare), »Die echten Sedemunds« (nach Barlach) und »Die Plebejer proben den Aufstand« (nach Grass). Ferner: »An einem Tag im September« (nach Schnurre), Regie: Ceco Zamurovic, ZDF 1969; »Der Alte«, Serie, ZDF 1979; »Derrick«, Serie, ZDF 1983.
Auszeichnungen: Kunstpreis der Stadt Berlin; Berliner Staatsschauspielerin.
Anschrift: c/o Münchner Kammerspiele, Postfach 22 05 40, 8000 München 22.

Emil Steinberger

Geb. 6. 1. 1933 als Sohn eines kaufmännischen Angestellten in Luzern; dort aufgew.; er besuchte die Primar- und Sekundarschule Luzern, ein Jahr lang das Collège St. Charles in Perrentruy und die zentralschweizerische Verkehrsschule Luzern. Von 1951 bis 1960 war er als Postbeamter tätig. Er absolvierte anschließend eine fünfjährige Grafikerausbildung an der Kunstgewerbeschule Luzern. Nebenher startete er seine Karriere als Kabarettist. Er begründete das »Kleintheater Luzern« und war Geschäftsführer eines Programm-Kinos in Luzern.
1974 hatte er seinen ersten Auftritt im Deutschen Fernsehen (ARD). Seither gestaltete er über 10 Soloprogramme, mit denen er teilweise auch auf Deutschland-Tournee ging. Einige Titel: »E wie Emil«, »Emil auf der Post« (Regie: Franz Hohler) und »Emil träumt«. Er war Gast zahlreicher deutscher TV-Shows, u.a. in Joachim Fuchsbergers Talkshow »Heut' abend« und in mehreren Folgen von »Bei Bio« (mit Alfred Biolek). Zuletzt strahlte das Schweizer Fernsehen (SRG 1985) aus dem Kleintheater Luzern seine Parodie auf die Theater-Feuerwehr »Feuerabend« aus (auch ARD 1985 aus der Komödie Berlin). Steinberger gab Saison-Gastspiele beim Schweizer Nationalzirkus Knie. Er veröffentlichte mehrere Schallplatten und das »Emil-Buch«.
Sein Filmdebüt gab er 1978. Schwerpunkt seiner Arbeit bilden zahlreiche Hörfunksendungen, vor allem in der Schweiz.
Steinberger spricht engl., franz.; er ist verheiratet, hat einen Sohn (Philipp, geb. 1969) und lebt in Luzern.
Film: »Die Schweizermacher«, mit Walo Lüönd und Beatrice Kessler, Regie: Rolf Lyssy, 1978; »Video-Liebe«, Regie: Rolf Lyssy, 1982.
Auszeichnungen: »Anerkennungspreis der Stadt Luzern«; »Deutscher Kleinkunstpreis«, Mainz 1976.
Anschrift: Pilatusstraße 21, CH-6003 Luzern, Schweiz.

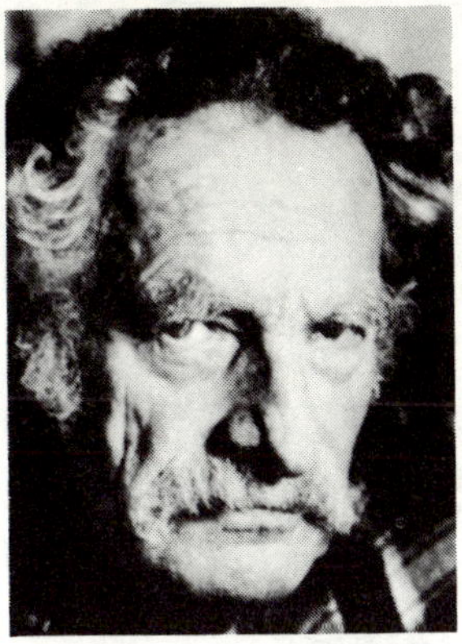

Sigfrit Steiner

(eigentlich: Siegfried Albert Steiner)

Geb. 31. 10. 1906 als Sohn eines Dentisten und einer Schauspielerin in Basel; aufgew. in St. Gallen, wo er an der Kantonsschule das Abitur ablegte; nach dem abgebrochenen Studium der Innenarchitektur besuchte er 1927/28 die Schauspielschule am Deutschen Theater Berlin unter Max Reinhardt und anschließend das Studio des »Théâtre de l'Atelier« in Paris; sein Theaterdebüt gab er 1928 am Reuss'schen Theater in Gera, wo er nach einem Engagement am Deutschen Theater Berlin (1930/31) bis 1933 Ensemblemitglied war. Bedingt durch Hitlers Machtergreifung ging Steiner 1933 zurück nach St. Gallen, wo er eine Strickereifirma leitete. Es folgten Engagements am Stadttheater Luzern (1935–1937), am Stadttheater Bern (1937/38), am Schauspielhaus Zürich (1939–1957), an den Städtischen Bühnen in Frankfurt/Main (1957–1959) und am Bayerischen Staatsschauspiel München (1959–1967). Hinzu kamen zahlreiche Gastspiele am Frankfurter Theater im Zoo, am Wiener Burgtheater, bei den Ruhrfestspielen in Recklinghausen und den Grillparzer-Festspielen in Forchtenstein.

Steiner spielte in über 200 Kino- und Fernsehfilmen, vor allem während des 2. Weltkrieges trat er mit eigenen Produktionen an die Öffentlichkeit (insgesamt 5), wofür er das Drehbuch schrieb und Regie führte; u.a. »Matura-Reise«, »Der doppelte Matthias und seine Töchter«. Für seinen Film »Steinbruch« entdeckte er 1942 die damals 16jährige Maria Schell. Steiner ist in zweiter Ehe verheiratet mit der Journalistin und Schriftstellerin Anne Rose Katz, hat eine Tochter aus erster Ehe und lebt in Feldafing bei München. Steiner spricht engl., franz.

Film: »Wachtmeister Studer«, Regie: Leopold Lindtberg, 1939; »Die Geächteten«, mit Montgomery Clift, Regie: Fred Zinnemann, USA 1948; »Bäckerei Zürrer«, Regie: Kurt Früh, 1957; »Ein Mann im besten Alter«, 1964; »Fluchtgefahr«, Regie: Markus Imhoof, 1974; »Die plötzliche Einsamkeit des Konrad Steiner«, Regie: Kurt Gloor, 1976; »Heinrich«, Regie: Helma Sanders-Brahms, und »Waldrausch« (nach Ganghofer), mit Uschi Glas, Regie: Horst Hächler, 1977; »Das gefrorene Herz«, Regie: Xaver Koller, 1979; »Don Quichottes Kinder«, mit Angelica Domröse, Regie: Claudia Holldack, und »Der Mond ist nur a nackerte Kugel«, Regie: Jörg Graser, 1980; »Glut«, mit Katharina Thalbach, Regie: Thomas Koerfer, 1983; »Die Platzanweiserin«, Regie: Peter Schulze-Rohr, 1984; »Der schwarze Tanner« (nach Inglin), Regie: Xaver Koller, 1985.

Theater: Feldprediger in Brechts »Mutter Courage und ihre Kinder«, Antonio in Shakespeares »Was ihr wollt«, Flor in Ibsens »Die Wildente«, Worcester in Molières »Die Schule der Frauen«, Isquierdo in Roblès' »Montserrat«, Sumata in Patricks »Das kleine Teehaus« und Gaffney in Chases »Mein Freund Harvey«, jeweils Schauspielhaus Zürich 1939–1957; Jacques in Shakespeares »Wie es euch gefällt«, Graf Ubellohe in Dürrenmatts »Die Ehe des Herrn Mississippi«, Ham in Becketts »Endspiel«, Burleigh in Schillers »Maria Stuart« und Vater in O'Neills »Ein Mond für die Beladenen«, jeweils Städt. Bühnen Frankfurt/Main 1957–1959; Vater in Hauptmanns »Rose Bernd«, Waitwell in Lessings »Miß Sara Sampson« und Schippel in Sternheims »Tabula rasa«, Bayerisches Staatsschauspiel München 1959–1967; in Lessings »Minna von Barnhelm« und in Brods »Das Schloß« (nach Kafka), Welttournee 1968/69; Stan Man in Weskers »Tag für Tag«, Ruhrfestspiele Recklinghausen 1974; Sorin in Tschechows »Die Möwe«, Regie: Arie Zinger, Bayerisches Staatsschauspiel München 1984.

Fernsehen: »Nachtasyl« (nach Gorki), ARD 1959; »Ein Fingerhut voll Mut« (nach Pulman), ARD 1960; »Die Falle«, und »Der kleine Lord« (nach Burnett), ARD 1962; »Lydia muß sterben« (nach Ransome), »Die erste Legion«, ARD 1964; »Die Teepuppe«, ZDF 1964; »Der Ritter vom Mirakel« (nach Lope de Vega), und »Der Fall Jeanne d'Arc«, ZDF 1966; »Asche und Glut«, und »König Ödipus« (nach Sophokles), ZDF 1967; »Ein Schweigen vom Himmel« (nach Gertrud von le Fort), ARD 1968; Amtsrichter in »Sturm im Wasserglas« (nach Frank), ARD 1969; »Der Nagel« (nach Alarcón), »Der Mann am Strick« (nach Payot), »Vor Sonnenuntergang« (nach Hauptmann), Oberst Halder in »Claus Graf Stauffenberg«, »General Oster – Verräter oder Patriot?«, und »Prometheus aus der Seitengasse«, jeweils ZDF 1970; Moltke in »Preußen über alles«, ZDF 1971; »Frohe Ostern« (von Wittlinger), ZDF 1972; »Der rote Schal«

(nach Collins), 3 Teile, ARD, Berotter in »Fegefeuer in Ingolstadt« (nach Fleißer), ZDF 1973; »Der Kommissar«, mit Erik Ode, Serie, 3 Folgen, ZDF 1973–1975; »Liebesgeschichten aus der Schulzeit«, Regie: Rainer Wolffhardt, ARD 1977; »Zeit zum Aufstehn« (nach August Kühn), Regie: Ludwig Cremer, 2 Teile, ZDF 1978; »Die Macht der Finsternis« (nach Tolstoi), Regie: Oswald Döpke, »Als Hitler das rosa Kaninchen stahl« (nach Kerr), Regie: Ilse Hofmann, und »Die Eisernen«, Regie: Rolf Henniger, ARD 1978; »Buddenbrooks« (nach Thomas Mann), mit Ruth Leuwerik und Carl Raddatz, Regie: Franz Peter Wirth, 11 Teile, und »Nathan der Weise« (nach Lessing), mit Werner Hinz, Regie: Oswald Döpke, ARD 1979; »Der Galgensteiger«, Regie: Franz Xaver Koller, ZDF 1980; »Kaiserstraße 12«, Regie: Rainer Wolffhardt, ARD 1980; »Das doppelte Leben«, ARD 1981; »Der Fall Maurizius« (nach Wassermann), Regie: Theodor Kotulla, 5 Teile, und »Preußische Nächte«, Regie: Oswald Döpke, ZDF 1981; »Derrick«, Serie, 2 Folgen, ZDF 1981/82; »Der Alte«, Serie, und »Die Leidenschaftlichen«, Regie: Thomas Koerfer, ZDF 1982; »Wagner«, mit Richard Burton, Regie: Tony Palmer, 10 Teile, englisch/ungarische TV-Serie, ARD 1983; »Der Schatz im Haus«, »Joseph Süß Oppenheimer«, Regie: Rainer Wolffhardt, und »Der Snob« (nach Sternheim), Regie: Wolfgang Staudte, ZDF 1984; »Blaubart« (nach Frisch), Regie: Krzysztof Zanussi, ARD 1984; »Steckbriefe« (nach Katz), BR III 1984; »Imperativ«, Regie: Krzysztof Zanussi, und »Wochenendgeschichten«, Regie: Vivian Naefe, Serie, ARD 1985; »Die Frau mit den Karfunkelsteinen« (von Wittlinger nach Marlitt), mit Agnes Fink, Regie: Dagmar Damek, und »Die Schwarzwaldklinik«, mit Klausjürgen Wussow, Regie: Alfred Vohrer, Serie, ZDF 1985; »Unser Haus reicht nur für drei«, Regie: Oswald Döpke, ZDF 1986.
Auszeichnungen: Filmband in Gold 1964 und 1981; Preis der internationalen evangelischen Filmjury, Berlinale 1976.
Anschrift: c/o Agentur Alexander, Lamontstraße 9, 8000 München 80.

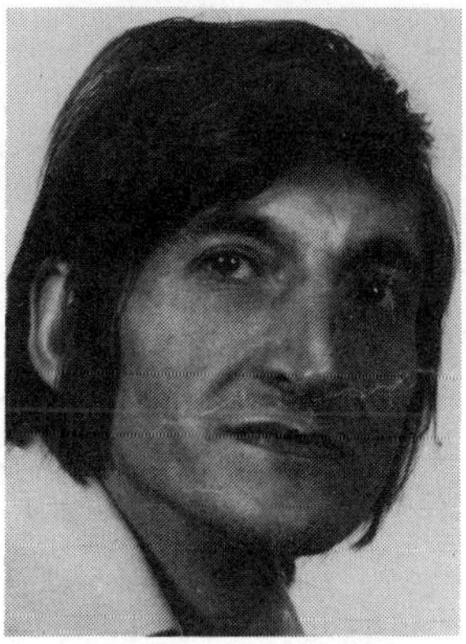

Friedrich Steinhauer

Geb. 14. 6. 1951 in Luxemburg/Luxemburg; dort aufgew.; bereits im Alter von sieben Jahren trat er als Sänger in Lokalen auf; mit zehn Jahren gewann er mit dem Lied »Mariandl« einen Kinder-Gesangswettbewerb. Nach der Volksschule nahm er Schauspielunterricht in Berlin. Theater spielte er u.a. am T(h)eater in der Briennerstraße München und am Bayerischen Staatsschauspiel München.

Bekannt wurde er in München vor allem durch seine stimmgewaltigen Auftritte bei öffentlichen Veranstaltungen, Festen und Künstlertreffen. Seine Einlagen – von der Opernarie bis zum Volkslied – verhalfen ihm zu dem Beinamen »Die Nachtigall von Ramersdorf« (Münchner Stadtteil). Unter dieser Bezeichnung ist er weit bekannter als unter seinem eigenen Namen. Das Fernsehen widmete ihm 1983 unter gleichlautendem Titel ein einstündiges Portrait.

Steinhauer spricht engl., franz., ital.; er ist ledig und lebt »frei« in München.

Film: »Der Tod des Kolibris«, mit Klaus Schwarzkopf, 1972; »Im Falle meines Todes«, mit Erik Schumann, Regie: Jürgen Goslar, 1974; »Wir hassen, hoffen und lieben« (Selbstportrait), 1975; »Flitterwochen«, mit Cleo Kretschmer, Regie: Klaus Lemke, 1979; »Wie die Weltmeister«, Regie: Klaus Lemke, »Keiner hat das Pferd geküßt«, mit Bea Fiedler, »Heute spielen wir den Boß«, mit Dolly Dollar und Wolfgang Fierek, und »Nach Wien«, 1982; »Die Macht der Gefühle«, mit Hannelore Hoger, Regie: Alexander Kluge, 1983; Madame C in »Horror Vacui«, Regie: Rosa von Praunheim, und »Sprit für Sperlinge«, mit Erik Schumann, Regie: Günter Hoffmann, 1984.

Theater: In Müllers »Die Erschaffung der Welt und andere Geschäfte«, mit Karin Hübner und Günther Ungeheuer, T(h)eater in der Briennerstraße München 1975; in Grabbes »Scherz, Satire, Ironie und tiefere Bedeutung« und in Dürrenmatts »Der Besuch der alten Dame«, jeweils Bayerisches Staatsschauspiel München.

Fernsehen: »Polizei-Inspektion I«, mit Walter Sedlmayr, Serie, ARD 1979; »Pommi Stern«, mit Tommi Piper, Regie: Kristian Kühn, ARD 1981; Nachtigall von Ramersdorf in »SOKO 5113«, Serie, ZDF 1983; »Hummer statt Pommes frites«, Regie: Peter Frey, und »Ausgenommen oder ausgestoßen«, ARD 1983.

Anschrift: c/o ZBF-Agentur München, Leopoldstraße 19, 8000 München 40.

Herbert Steinmetz

Geb. 19. 10. 1908 in Borna/Sachsen; er absolvierte die Städt. Schauspielschule Leipzig. Bühnenstationen bis 1944 u.a.: Reußisches Theater Gera, Theater der Stadt Essen unter Alfred Noller, Wuppertaler Bühnen, Städt. Bühnen Nürnberg, Altes Theater Leipzig, Staatstheater Posen und Das Junge Theater Hamburg. Von 1946 bis 1953 gehörte er zum Theater der Freien Hansestadt Bremen, von 1954 bis 1956 zum Württembergischen Staatstheater Stuttgart. Über Engagements am Niedersächsischen Staatstheater Hannover und am Basler Theater kam er 1962 an das Thalia-Theater Hamburg, in dessen Ensemble er bis 1973 stand. Seither arbeitet er nur noch für das Fernsehen, bei dem er seit 1960 in über 100 Produktionen mitwirkte.

Steinmetz lebt in Bremen.

Film: »Die Sehnsucht der Veronika Voss«, mit Rosel Zech, Regie: Rainer Werner Fassbinder, 1982; »Zahn um Zahn«, mit Götz George, Regie: Hajo Gies, 1985.

Theater: Seine wichtigsten Rollen: Lenny in Steinbecks »Von Mäusen und Menschen«, Kowalski in Williams' »Endstation Sehnsucht«, Titelrolle in Büchners »Dantons Tod« und Professor Higgins in Shaws »Pygmalion«.

Fernsehen: »Ein Tag in Paris« (nach Labiche), ZDF 1966; »Das Fräulein« (nach Waldmann), ARD 1967; »Die Tauben«, Regie: Gerd Oelschlegel, und »Die Flucht nach Ägypten« (nach Schnurre), ZDF 1969; »Asche des Sieges« (nach Conchon), Regie: Dietrich Haugk, und »Vorortzug« (nach Willis), ARD 1969; »Maximilian von Mexiko« (nach Matray/Krüger), und »Die blinden Ameisen« (nach Pinilla), Regie: Oswald Döpke, ZDF 1970; »Der Kommissar«, mit Erik Ode, Serie, ZDF 1971; »Tatort«, Serie, 5 Folgen, ARD 1972-1981; »Einmal im Leben«, Regie: Dieter Wedel, 3 Teile, ARD 1972; »Der Monddiamant« (nach Collins), Regie: Wilhelm Semmelroth, 2 Teile, ARD 1974; »Hans und Heinz Kirch« (nach Storm), ZDF 1976; »Unsterblichkeit ... ?« (aus der Reihe: »Das blaue Palais«), Buch und Regie: Rainer Erler, ZDF 1976; »Generale« (von Sebastian Haffner), ZDF 1977; »Die Macht der Finsternis« (nach Tolstoi), Regie: Oswald Döpke, ARD 1978; »Die Danaide« (nach Wildenbruch), Regie: Peter Schulze-Rohr, ZDF 1978; »Rollentausch«, Regie: Peter Weck, ARD 1979; »Ein Mord, den jeder begeht«, Regie: Claus Peter Witt, ZDF 1979; »Berlin Alexanderplatz« (nach Döblin), mit Günter Lamprecht, Regie: Rainer Werner Fassbinder, ARD 1980; »Die Knapp-Familie«, mit Eberhard Fechner und Rosel Zech, Serie, ARD 1981 und 1983; »Preußische Nacht«, Regie: Oswald Döpke, und »Ein Vogel auf dem Leim«, Regie: Heinz Schirk, ZDF 1981; »Tegtmeier klärt auf«, mit Jürgen von Manger, Serie, ZDF 1983; «Rummelplatzgeschichten«, Serie, ARD 1983/84; »Die violette Mütze«, Regie: Axel von Ambesser, ZDF 1984; »Familien-Bande« (von Pillau), mit Loni von Friedl, Regie: Hans Dieter Schwarze, 8 Teile, ARD 1982–1985; »Mord zu vier Händen« (nach Hansen), Regie: Oswald Döpke, ZDF 1984; »Frühling im Herbst« (von Pacher), mit Gert Fröbe, Regie: Axel von Ambesser, und »Es muß nicht immer Mord sein«, Regie: Kai Borsche, Serie, ZDF 1985; »Lindenstraße«, mit Tilly Breidenbach und Marie-Luise Marjan, Regie: Hans W. Geissendörfer, Serie, ARD 1985/86.

Anschrift: c/o ZBF-Agentur Hamburg, Tonndorfer Hauptstraße 90, 2000 Hamburg 70.

Elisabeth Stepanek

Geb. 26. 8. 1952 in Wien; dort aufgew.; nachdem sie über das Abendgymnasium ihr Abitur abgelegt hatte, besuchte sie das Max-Reinhardt-Seminar in Wien. Von 1972–1976 war sie unter Peter Zadek am Schauspielhaus Bochum beschäftigt; Engagements in Berlin, Hamburg und an Münchner Bühnen folgten. Elisabeth Stepanek spricht engl.; sie ist ledig und lebt in München.
Film: »Heinrich«, 1977, »Deutschland, bleiche Mutter«, 1979, »Die Berührte«, 1980, und »Die Erbtöchter«, 1982, Regie: jeweils Helma Sanders-Brahms; »Der Mann im Schilf«, Regie: Manfred Purzer, 1978; »Trokadero«, Regie: Klaus Emmerich, und »Der Mond ist nur a nackerte Kugel«, Regie: Jörg Graser, 1980; »Die Ortlibschen Frauen«, Regie: Luc Bondy, 1984.
Theater: Jessica in Shakespeares »Der Kaufmann von Venedig«, Teresa in Behans »Die Geisel«, mit O.E. Hasse (auch TV), Regie: jeweils Peter Zadek, in Winsloes »Das Mädchen in Uniform«, Eliza in Shaws »Pygmalion«, in Rehfischs »Affaire Dreyfus«, und in Delaneys »Bitterer Honig«, jeweils Schauspielhaus Bochum 1972–1976.
Fernsehen: »Alpensaga«, Regie: Dieter Berner, 6 Teile, ZDF 1980; »Bäume ausreißen«, Regie: Maria Neocleous, ZDF 1981; »Katzenspiel« (nach Örkény), Regie: István Szábo, ARD 1983; »Freiwild« (aus der Reihe: Tatort), Regie: Wolfgang Staudte, ARD 1984; »Rauhnacht« (nach Billinger), Regie: Klaus Weise, ZDF 1985.
Auszeichnung: Kainz-Medaille als Nachwuchsschauspielerin.
Anschrift: c/o ZBF-Agentur München, Leopoldstraße 19, 8000 München 40, oder Postfach 440 240, 8000 München 44.

Alexander Stephan

(eigentlich: Gunnar Warner)

Geb. 20. 7. 1945 in Brannenburg/Oberbayern; aufgew. in Berchtesgaden und Bremen; nach dem Abitur besuchte er dic Musikhochschule München und die Neue Münchner Schauspielschule. Bereits während seiner Schulzeit spielte er Kinderrollen am Theater am Goetheplatz in Bremen und war beim Hörfunk tätig. Nach seiner Schauspielausbildung begann er an der Münchner Tribüne und an der Kleinen Komödie München; weitere Engagements hatte er am Fritz-Rémond-Theater im Zoo Frankfurt/Main und bei zahlreichen Tourneen. Für den Film wurde er von dem Regisseur und Produzenten Horst Hächler entdeckt. Er stellte bislang drei Schallplatten vor. Stephan spricht engl., franz.; er ist geschieden und lebt in München.

Film: »Ludwig II.«, mit Helmut Berger und Romy Schneider, Regie: Luchino Visconti, Italien/Frankreich/BRD 1972; »Der Jäger von Fall«, mit Rudolf Prack, Klaus Löwitsch und Viktor Staal, Regie: Harald Reinl, 1974; »Edelweißkönig«, mit Adrian Hoven und Robert Hoffmann, Regie: Alfred Vohrer, 1975; »Das Schweigen im Walde« (nach Ganghofer), Regie: Alfred Vohrer, 1976; »Waldrausch« (nach Ganghofer), mit Uschi Glas, Regie: Horst Hächler, und »Das Gesetz des Clans«, mit Gert Fröbe, Regie: Eugen York, 1977; »Die Nackten kleiden« (nach Pirandello), mit Fernando Rey und Marie-Christine Barrault, Regie: Luigi Filippo D'Amico, Italien/Frankreich 1979; »Die Frau mit dem roten Hut«, 1982.

Theater: In Savoirs »Die Kinder Edouards« (auch TV) und in Popplewells »Keine Leiche ohne Lilly«, jeweils Kleine Komödie München; in »Dear Daddy«, Fritz-Rémond-Theater im Zoo Frankfurt/Main; in Wildes »Salome«, in Chases »Mein Freund Harvey«, in »Die Försterchristl«, in Verhoeven/Impekoven/Nicks »Das kleine Hofkonzert«, in Sudermanns »Johannisfeuer«, in Shakespeares »Hamlet« und in Jonsons »Volpone«, jeweils auf Tournee.

Fernsehen: »Zufall, alles Zufall«, mit Ursula Herking, ARD 1972; »Revolver«, mit Oliver Reed und Fabio Testi, ital. TV 1973; »Bitte laut klopfen«, ARD 1974; »Derrick«, Serie, ZDF 1975; »Jean Christophe« (nach Rolland), mit Klaus Maria Brandauer, franz. TV 1976; »Ein Tag mit dem Star meiner Träume«, ARD 1978.

Anschrift: c/o Agentur Wiedner, Destouchesstraße 32, 8000 München 40, oder Unsöldstraße 20, 8000 München 22.

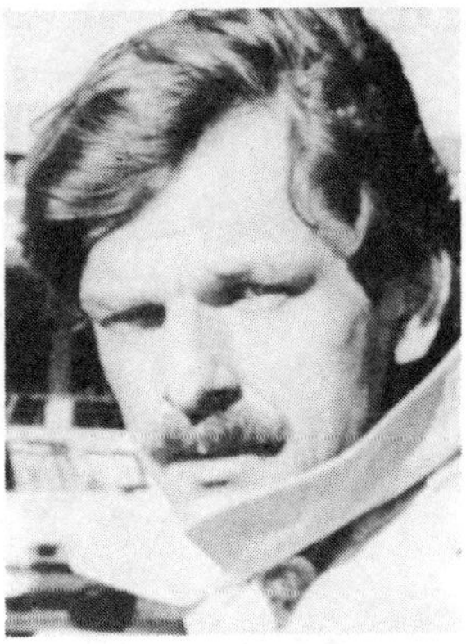

Bernd Stephan

(eigentlich: Bernd Stephan Schulze)

Geb. 23. 10. 1943 in Marburg/Lahn; dort, in Wetzlar und Stuttgart aufgew.; nach dem Abitur im Jahre 1963 studierte er zunächst vier Semester Jura. Obwohl er eigentlich Musiker werden wollte, entschied er sich nach Kontakten zum Theater in Stuttgart für den Schauspielerberuf. Von 1965 bis 1968 absolvierte er die Schauspielschule Hannover. Nach Stückverträgen, u.a. am Stadttheater Hildesheim, bekam er 1968 sein erstes festes Engagement am Pfalztheater Kaiserslautern. Verpflichtungen am Stadttheater Würzburg und am Landestheater Salzburg schlossen sich an. Von 1976 bis 1981 gehörte er zum Ensemble der Münchner »Lach- und Schießgesellschaft«. Seither ist er freischaffend.
Stephan spricht engl., franz., ital.; er ist verheiratet, hat zwei Kinder (Jeanne-Pascal, geb. 1971, und Marc-Oliver, geb. 1973) und lebt in München.
Film: Goldgräber in »Wolfsblut«, mit Franco Nero, Raimund Harmsdorf und Virna Lisi, Regie: Lucio Fluci, Italien 1973; Robert Mohring in »Car-Napping«, mit Annie Duperey, Michael Galabru, Eddie Constantine und Ivan Desny, 1979, Andreas in »Jägerschlacht«, mit Paul Hofmann, 1981, Auktionator in »Nägel mit Köpfen«, mit Karl Lieffen, 1983, Regie: jeweils Wigbert Wicker; »Seitenstechen«, mit Mike Krüger, Regie: Dieter Pröttel, und »Big Mäc«, mit Thomas Gottschalk, Regie: Sigi Rothemund, 1985.
Theater: In Handkes »Publikumsbeschimpfung«, Stadttheater Hildesheim 1967; Faust in Goethes »Urfaust«, Pfalztheater Kaiserslautern 1968; Bluntschli in Shaws »Helden«, Mortimer in Schillers »Maria Stuart«, Posa in Schillers »Don Carlos« und Orin in O'Neills »Trauer muß Elektra tragen«, jeweils Landestheater Salzburg 1969–1974; in »Spiele der Mächtigen« (nach Shakespeare), Regie: Giorgio Strehler, Salzburger Festspiele 1974. Ferner spielte er den Sigismund in Benatzkys »Im Weißen Rössl« sowie in den Musicals »Show Boat«, »Kiss me, Kate«, »Irma la Douce« und »Sweet Charity«. Von 1976 bis 1981 wirkte er in den Kabarett-Programmen »Rosa Pleiten«, »Im Namen der Direktion«, »Im Jahre 9«, »Deutsch für Anfänger« und »High-Land« der Münchner »Lach- und Schießgesellschaft« (Regie: jeweils Sammy Drechsel) mit. Die Produktionen wurden auch vom Fernsehen ausgestrahlt. 1983 war er mit Delaneys »Bitterer Honig« (mit Karin Baal) auf Tournee (auch TV).
Fernsehen: »Rudi Jugar«, Regie: Franz Buchrieser, ZDF 1977; »Die fünfte Jahreszeit«, Regie: Franz Josef Gottlieb, Serie, und Reporter in »Abenteuer Bundesrepublik«, Serie, ARD 1981; Doan Give Adam in »Der geheimnisvolle Fremde« (nach Twain), Regie: Peter Hunt, ORF 1981 und ARD 1984; «Solo für Spaßvögel« (selbst Autor), Serie, ARD 1982; Thomas in »Tanzschule Kaiser«, Regie: Hans-Jürgen Tögel, Serie, ARD 1983; »Freund mit Rolls-Royce« (nach Willis), mit Inge Meysel, Regie: Georg Tressler, 1984; »Ein Heim für Tiere« (nach Willis), Regie: Siegfried Rothemund, Serie, ZDF 1985; »Beinah Trinidad« (nach Wuttig), mit Elmar Wepper, Regie: Oliver Storz, ARD 1985; Moderation in »Sag' die Wahrheit«, Quizserie, BR III 1986.
Anschrift: c/o Agentur Jovanovic, Perfallstraße 6, 8000 München 80.

Otto Stern

Geb. 14. 12. 1921 in Basel; aufgew. in Frankfurt/Main; nach dem Abitur nahm er Schauspielunterricht bei Heinrich George in Berlin; seine erste Theaterstation war das Fritz-Rémond-Theater im Zoo Frankfurt/Main, wo er von 1953 bis 1964 den Schwerpunkt seiner Arbeit legte und in nahezu 180 Stücken zu sehen war. Engagements hatte er auch am Theater Die Komödie in Frankfurt/Main, an der Komödie im Marquardt Stuttgart und an der Kleinen Komödie München, wo er von 1968 bis 1977 arbeitete. Stern führt häufig Theaterregie. Er spielte in über 40 Kinofilmen und wirkte in rund 60 Fernsehproduktionen mit. Beim Hessischen Fernsehen hatte er zusammen mit der Schauspielerin Ursula Herking ein Jahr lang eine eigene Sendereihe, »Mit Datum von heute«, die täglich ausgestrahlt wurde.

Stern spricht engl., span., franz.; er ist verheiratet, hat einen Sohn und lebt in München.

Film: »Von der Liebe besiegt«, Regie: Luis Trenker, 1956; »Rosenmontag«, mit und unter der Regie: von Willy Birgel, 1958; »Brennt Paris?«, mit Gert Fröbe, Regie: René Clément, Frankreich 1965; »Hochzeitsnacht im Paradies«, mit Johannes Heesters, 1966; »Commandos«, mit Lee van Cleef, USA 1967; »Der Hund von Blackwood Castle« (nach Wallace), Regie: Alfred Vohrer, 1967; »Die süße Zeit«, Regie: Leopold Lahola, 1970; »Immer wieder Vollmond«, 1971; »Die Schule der Spione«, mit Eddie Constantine, USA 1974; »Weltuntergang«, Regie: Imo Moszkowicz, 1983.

Theater: In Ridleys »Geisterzug«, Roger MacDougalls in »Einmal muß das Kind ja kommen«, in Gehris »Im 6. Stock«, in Fodors »Gericht bei Nacht«, in »Affäre Blum«, in Goetz' »Der Lampenschirm«, in »Wiener Geschichten«, in Molières »Die Schule der Frauen«, in Giraudoux' »Amphitryon 38«, in Schureks »Straßenmusik«, in Shaws »Der Kaiser von Amerika«, in Pagnols »Zum Goldenen Anker«, in Molnárs »Spiel im Schloß«, in Ostrowskijs »Die Erbin«, in Kleists »Der zerbrochene Krug«, in Courtelines »Mimensieg«, in »Die Rolltreppe«, in Rößlers »Die fünf Frankfurter« und in Hays »Hier bin ich, hier bleibe ich«, jeweils Fritz-Rémond-Theater im Zoo Frankfurt/Main 1953–1964; in Brecht/Weills »Die Dreigroschenoper«, und in Lettemichs »Diebelei«, mit Willy Reichert, jeweils Komödie im Marquardt Stuttgart 1955–1964; in Simons »Ein seltsames Paar«, in Goodharts »Eine neue Generation«, in Frisbys »Ein Mädchen in der Suppe«, in Flatows »Das Geld liegt auf der Bank«, in Goetz' »Der Lügner und die Nonne«, in Savoirs »Die Kinder Edouards« (Regie: Stern, auch TV), in Franks »Sturm im Wasserglas«, in »Das Biest« (auch TV), jeweils Kleine Komödie München 1968–1977. Seit 1984 parodiert er beim jährlichen Salvator-Anstich auf dem Münchner Nockherberg Bundeskanzler Helmut Kohl.

Fernsehen: »Familie Hesselbach«, mit Liesel Christ und Wolf Schmidt, Serie, ARD 1959/60; »Orden für die Wunderkinder« (nach Zibaso), mit Carl-Heinz Schroth, Regie: Rainer Erler, ARD 1963; »Die seltsamen Methoden des Franz Josef Wanninger«, Serie, 4 Folgen, ARD 1964–1966; »Der Mann mit dem Zylinder«, ARD 1968; »Fußballtrainer Wulff«, Regie: Erich Neureuther, Serie, ARD 1972; »George«, mit Marshall Thompson, Serie, ARD 1974; »Tatort«, Serie, 7 Folgen, ARD 1974–1981; »Das kleine Hotel«, mit Willy Millowitsch, Serie, ARD 1981; »Revolution im Ballsaal«, ARD 1983; »Der Tunnel«, Regie: Wilm ten Haaf, ZDF 1983; »Das Attentat« (nach Milo Dor), mit Günter Mack, Regie: Imo Moszkowicz, ARD 1984; »Die Schwarzwaldklinik«, mit Klausjürgen Wussow, Regie: Alfred Vohrer, Serie, ZDF 1985.

Anschrift: c/o ZBF-Agentur München, Leopoldstraße 19, 8000 München 40, oder Kleselstraße 11, 8000 München 50.

Hans Stetter

– Staats-schauspieler –

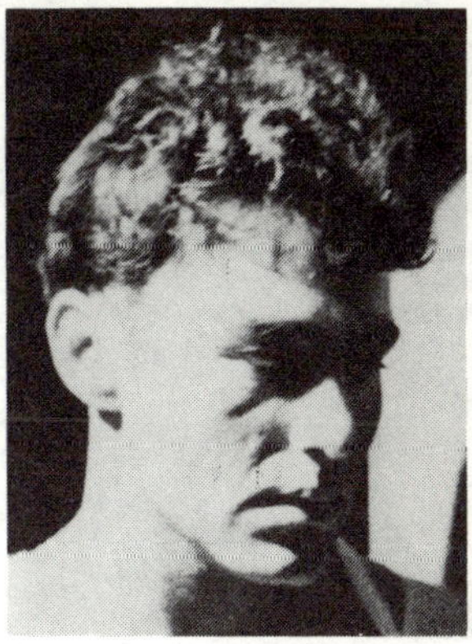

Werner Stocker

Geb. 16. 8. 1927 in Köln; dort, in Berlin und Leipzig aufgew.; nach der Schule absolvierte er die Hochschule für dramatische Kunst in Leipzig; am Berliner Theater am Schiffbauerdamm erhielt er sein erstes Engagement; unter Max Reinhardt spielte er anschließend am Deutschen Theater Berlin.
In den 50er Jahren drehte er bei der DEFA und dem Fernsehen der DDR in den Adlershof-Studios zahlreiche Spiel- und Fernsehfilme.
Von 1959 bis 1969 gehörte er zum Ensemble der Städt. Bühnen Frankfurt/Main, seit 1970 ist er Mitglied des Bayerischen Staatsschauspiels München.
Stetter spricht engl.; er ist geschieden und hat eine Tochter; er lebt in München.
Film: »Damals in Paris«, mit Gisela Trowe und Wolfgang Kieling, Regie: Karl Balhaus, »Die Schönste«, mit Gisela May und Ursula Bury, und »Nur eine Frau«, mit Carla Mukehl, jeweils DEFA 1957.
Theater: Orest in Aischylos' »Orestie«, Gyges in Hebbels »Gyges und sein Ring«, Petro Vaz in Hacks' »Eröffnung des indischen Zeitalters«, Pylades in Goethes »Iphigenie auf Tauris«, Camille in Feydeaus »Ein Floh im Ohr«, Philinte in Molières »Der Misanthrop«, Klaus in Deichsels »Zappzarapp«, Peter in O'Neills »Trauer muß Elektra tragen«, Regie: Klaus Löwitsch, in Shaffers »Amadeus«, Regie: Kurt Meisel, in Vinavers »Flug in die Anden«, Regie: Arie Zinger, in Ostrowskijs »Der Wald«, Regie: Harald Clemen, und in Zuckmayers »Der Hauptmann von Köpenick«, Regie: Horst Sachtleben, jeweils bis 1984 an den vorgenannten Bühnen.
Fernsehen: »Generationen«, mit Herbert Hübner, Regie: Robert Trösch, »Eine Dummheit macht auch der Gescheiteste« (nach Ostrowskij), mit Wolf von Beneckendorff, »Krummes Gewerbe«, Regie: Fred Maker, und »Die unadelige Gräfin« (Peter-Hacks-Uraufführung), jeweils Fernsehen der DDR 1956/57; »Tatort«, Regie: Wolf Dietrich, Serie, ARD 1979; »Der lebende Leichnam« (nach Tolstoi), Regie: Otto Schenk, ARD 1981; »Traumlage«, Regie: Konrad Sabrautzky, und »Das heiße Herz« (nach Patrick), mit Peter Fricke, Regie: Michael Kehlmann, ARD 1982
Auszeichnung: Bayerischer Staatsschauspieler.
Anschrift: c/o Bayerisches Staatsschauspiel, Max-Joseph-Platz 1, 8000 München 2.

Geb. 7. 4. 1955 in Flintsbach; nach der Schule absolvierte er die Neue Münchner Schauspielschule Ali Wunsch-König (1976–1979). Bereits 1976 drehte er seinen ersten Fernsehfilm für das franz. Fernsehen. Stocker spricht engl., franz., ital.; er ist ledig und lebt in München.
Film: Christoph Probst in »Die weiße Rose«, mit Lena Stolze, Regie: Michael Verhoeven, 1982; Walter in »Ein Mann wie EVA«, mit Eva Mattes, Charles Regnier und Lisa Kreuzer, Regie: Radu Gabrea, 1984; »Novembermond«, Regie: Alexandra von Grote, 1985.
Fernsehen: »Les Rebelles«, Regie: Pierre Radel, franz. TV SFP 1976; »Inside the Third Reich«, mit Trevor Howard, Regie: Marvin Chomsky, ABC, US-TV 1980/81; »Der Richter«, Buch + Regie: Stephan Meyer, ZDF 1981; »Warum hast du so traurige Augen?«, Regie: Tom Toelle, ZDF 1982; »Collin« (nach Stefan Heym), mit Curd Jürgens, Hans Christian Blech und Margot Werner, Regie: Peter Schulze-Rohr, und »Abenteuer aus dem Englischen Garten«, Regie: Margit Saad, ARD 1982; »Der letzte Zivilist« (nach Glaeser), Regie: Laurent Heyneman, ARD 1983; »Derrick«, Serie, »Angelo und Luzy«, Serie, »Rambo Zambo«, Regie: Reinhard Donga, und »Der Alte«, Serie, ZDF 1984; »Die Wiesingers«, mit Hans-Reinhard Müller, Regie: Bernd Fischerauer, Serie, ARD 1984; »Die Unbekannten im eigenen Haus« (nach Simenon), mit Walter Buschhoff, Regie: Bernd Fischerauer, ARD 1985; »Flug in die Hölle« (von Yeldham nach Hans Bertram), Regie: Gordon Flemyng, 6 Teile, ARD 1986.
Auszeichnung: Deutscher Darstellerpreis (als Nachwuchsschauspieler) 1983.
Anschrift: c/o Agentur Lentz, Holbeinstraße 4, 8000 München 80.

Emil Stöhr

(eigentlich: Emil Paryla)

Geb. 5. 12. 1910 in Wien; dort aufgew.; nach der Schule absolvierte er die Akademie für Musik und darstellende Kunst in Wien. Sein erstes Engagement hatte er am Theater Breslau, wo er bis 1933 spielte. Weitere Stationen: Schauspielhaus Zürich (1933–1937 und 1938–1946), Theater an der Wien in Wien (1937/38), Deutsches Volkstheater Wien (1946–1948), Neues Theater in der Scala Wien (1948–1956), Deutsches Theater Berlin (1956–1963) und Stadttheater Bern (1965–1970). Von 1970 bis 1975 war er Schauspiel-Direktor am Atelier-Theater Bern.
Seither ist er nur noch für das Fernsehen tätig, wo er sein Debüt bereits 1960 gab.
Stöhr ist geschieden, hat eine Tochter und lebt in München. Sein Bruder ist der Schauspieler und Regisseur Karl Paryla.
Film: »Schicksal am Lenkrad«, 1953; »Robert Mayer, der Arzt aus Heilbronn«, DEFA 1955; »Tilman Riemenschneider«, DEFA 1958.
Theater: Titelrolle in Hopwoods »Der Mustergatte«, Titelrolle in Schillers »Don Carlos«, Leonce in Büchners »Leonce und Lena«, Troilus in Shakespeares »Troilus und Cressida«, Valentin in Raimunds »Der Verschwender«, jeweils Schauspielhaus Zürich 1933–1946; Neiperg in Sardou/Moreaus »Madame Sans-Gêne«, Theater an der Wien 1937; Nachtigall in Raimunds »Die gefesselte Phantasie« und Titelrolle in Schillers »Don Carlos«, Deutsches Volkstheater Wien 1946; Zwirn in Nestroys »Lumpazivagabundus«, Leander in Grillparzers »Des Meeres und der Liebe Wellen«, Cosme in Calderons »Dame Kobold«, jeweils Neues Theater in der Scala Wien 1948–1956; Fürst Nechljudow in »Auferstehung« (nach Tolstoi), Trofimov in Tschechows »Der Kirschgarten«, Weinberl in Nestroys »Einen Jux will er sich machen«, und Hector in Shaws »Haus Herzenstod«, jeweils Deutsches Theater Berlin 1956–1963; George in Albees »Wer hat Angst vor Virginia Woolf?«, und Lips in Nestroys »Der Zerrissene«, jeweils Stadttheater Bern 1965–1970; in Strindbergs »Der Vater«, Atelier-Theater Bern 1974.
Fernsehen: »Sergeant Dower muß sterben« (nach Feely), Titelrolle in »Die Geschichte von Joel Brand« (von Kipphardt nach Weissberg), Regie: Franz Peter Wirth, und »Der Tod des Engelbert Dollfuß« (nach Adler), ARD 1964; »Der Befehl« (nach Hochwälder), ORF 1966; »Der Tod eines Junggesellen« und »Nach der Entlassung«, ORF 1968; »Hochzeitsnacht« und »Traumnovelle«, ORF 1969; Pfarrer Hamprecht in »Die sich Christen nennen«, ARD 1970; »Das Vorbild«, und »Der Kiebietz« (von Bieler), Regie: Jochen Bauer, ZDF 1980; »Der Aufsteiger«, Regie: Bernd Fischerauer, ZDF 1981; »Ein Stück Himmel« (nach Janina David), Regie: Franz Peter Wirth, 8 Teile, ARD 1982; »Die Bergpredigt«, Regie: Rolf Hädrich, ORF 1983; »Immer dieses Fernsehen . . .«, mit Waltraut Haas, 6 Teile, ZDF 1983. Ferner wirkte er in bislang über 30 Folgen der ORF-Familienserie »Merian« (Regie: Walter Davy) mit.
Anschrift: c/o Agentur Mattes, Pilotystraße 2, 8000 München 22.

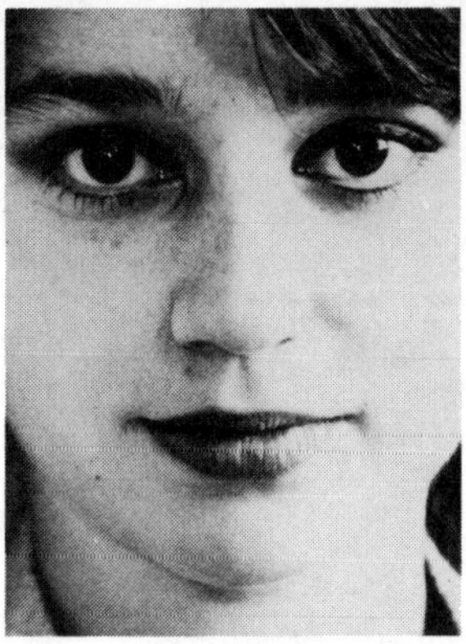

Lena Stolze

Geb. 8. 8. 1956 in Berlin; aufgew. in Wien; lebt in München; ledig; spricht engl., ital.; nach dem Abitur Besuch des Max-Reinhardt-Seminars in Wien; ihr Theaterdebüt gab sie am Ulmer Theater; nach Verpflichtungen an der Freien Volksbühne und dem Schiller-Theater in Berlin und dem Wiener Burgtheater kam sie 1981 zum Ensemble des Bayerischen Staatsschauspiels München.
Film: Sophie Scholl in »Die weiße Rose«, Regie: Michael Verhoeven, »Fünf letzte Tage«, 1982, und »Die Schaukel«, mit Christine Kaufmann, 1983, Regie: jeweils Percy Adlon; »Morgen in Alabama«, mit Maximilian Schell, Regie: Norbert Kückelmann, 1984.
Theater: Stubenmädchen in Schnitzlers »Reigen«, Regie: Kurt Meisel, Lavinia in O'Neills »Trauer muß Elektra tragen«, mit Ursula Lingen, Regie: Klaus Löwitsch, Nina in Tschechows »Die Möwe«, Regie: Arie Zinger, und Rosaura in Calderons »Das Leben ein Traum«, Regie: Wilfried Minks, in Laubes »Finale in Smyrna« (nach Goldoni), Regie: Werner Schroeter, jeweils Bayerisches Staatsschauspiel 1982–1985; Titelrolle in Wildes »Salome«, Regie: Philip Arp, TamS (Theater am Sozialamt) München 1983; Doña Proëza in Claudels »Der seidene Schuh«, mit Maximilian Schell, Regie: Hans Lietzau, Salzburger Festspiele 1985 (auch ORF 1985).
Fernsehen: »Die Sache mit meinem Vater«, Regie: Hans Heinrich, ARD 1979.
Auszeichnungen: Förderungspreis der Stadt München 1982; Bundesfilmpreis 1983; Bayerischer Filmpreis 1983.
Anschrift: Hausnummer 22, 8157 Peretshofen.

Franz Stoß

Geb. 28. 5. 1909 in Wien; dort aufgew.; nach dem Abitur am Wiener Schotten-Gymnasium im Jahre 1928 studierte er Jura bis zum Absolutorium. An der Akademie für Musik und darstellende Kunst unter Prof. Rudolf Beer und Georg Terramare nahm er Schauspielunterricht. Er debütierte 1929 am Volkstheater Wien. Die weiteren Stationen bis 1934: Stadttheater Bern (1930/31), Deutsches Theater Mährisch-Ostrau (1933/34). Seine Karriere als Theaterleiter begann 1934 als Direktor am Stadttheater Troppau, wo er bis 1940 tätig war. Von 1940 bis 1942 war er Intendant an den Städt. Bühnen Teplitz-Schönau. Von 1943 bis 1945 leitete er die Berliner Künstlerbühnen, bevor er von 1945 bis 1951 als Direktor ans Wiener Bürgertheater ging. Schließlich stand er 26 Jahre lang als Direktor an der Spitze des Theaters in der Josefstadt Wien (1951–1977).
Stoß spricht franz., span.; er ist verheiratet, hat eine Tochter und lebt in Wien.
Film: »Sarajewo – Um Thron und Liebe«, Regie: Fritz Kortner, 1955; »Die Festung«, Regie: Alfred Weidenmann; »Das falsche Gewicht« (nach Roth), mit Helmut Qualtinger, Regie: Bernhard Wicki, 1971 (auch ARD 1972); »Der Bockerer« (nach Preses/Becher), Regie: Franz Antel.
Theater: In Schnitzlers »Professor Bernhardi« (auch TV), in Shaws »Der Arzt am Scheideweg«, in Gorkis »Kinder der Sonne«, in Schönthans »Der Raub der Sabinerinnen«, in Molnárs »Das Veilchen«, in Schnitzlers »Leutnant Gustl« und in »Geliebter Lügner« (nach Shaw/Campbell), jeweils am Theater in der Josefstadt Wien.
Fernsehen: »Radetzkymarsch« (nach Roth), Regie: Michael Kehlmann, ARD 1965; »Die Geschichte der 1002. Nacht«, Regie: Peter Beauvais, ARD 1968; »Der Fall Regine Kraus«, ORF 1969; »Omer Pascha«, Regie: Christian-Jaque, Serie, ZDF 1969; »Zug fährt nach Wiental«, ORF 1970; »Die Galgentoni«, ORF 1972; »Die merkwürdige Lebensgeschichte des Friedrich Freiherrn von der Trenck« (von Ahlsen), mit Matthias Habich, Regie: Fritz Umgelter, 6 Teile, ZDF 1973; »Hallo! Hotel Sacher... Portier!«, von und mit Fritz Eckhardt, Serie, ZDF 1974; »Der Florentinerhut« (nach Labiche), Regie: Oscar Fritz Schuh, ARD 1974; »Des Christoffel von Grimmelshausen abenteuerlicher Simplicissimus« (von Ahlsen), mit Matthias Habich, Regie: Fritz Umgelter, 4 Teile, ZDF 1975; »Haydn«, ARD 1977; »Wallenstein« (nach Golo Mann), mit Rolf Boysen, Regie: Franz Peter Wirth, 4 Teile, ZDF 1978; »Tatort«, Regie: Peter Patzak, Serie, ARD 1977; »Egon Schiele«, Regie: John Goldsmith, ORF 1979; »Land, das meine Sprache spricht« (nach Lernet-Holenias »20. Juli«), und »Glaube Liebe Hoffnung« (nach Horváth), Regie: jeweils Michael Kehlmann, ARD 1980; »Ringstraßenpalais«, Regie: Rudolf Nussgruber, Serie, ZDF 1981–1983; »Ein Fall von Zuneigung«, Regie: Imo Moszkowicz, ARD 1982; »Das Loch an der Donau«, ORF 1983; »Ein Schmetterling in Teplitz-Schönau«, ORF 1984.
Ferner wirkte er in über 150 Folgen der Stegreif-Fernsehspiel-Reihe »Die liebe Familie« (ORF bis 1986) mit.
Auszeichnungen: Ehrenkreuz für Wissenschaft und Kunst I. Klasse; »Großes Silbernes Ehrenzeichen« für Verdienste um die Republik Österreich; »Großes Silbernes Ehrenzeichen« für Verdienst um das Land Wien; »Ehrenmedaille der Bundeshauptstadt Wien« in Gold; »Commandeur de l'ordre des arts et des lettres de la République Française«; Großes Verdienstkreuz des Verdienstordens der Bundesrepublik Deutschland; Professorentitel, Österreich.
Anschrift: c/o Theater in der Josefstadt, Josefstädter Straße 26, A-1080 Wien, oder Passauer Platz 5, A-1010 Wien, Österreich.

Günter Strack

Geb. 4. 6. 1929 in Darmstadt; dort aufgew.; nach der Schauspielausbildung war er am Theater Oberhausen, am Staatstheater Darmstadt, am Niedersächsischen Staatstheater Hannover und am Hessischen Staatstheater Wiesbaden engagiert (wo er Rollen seines Fachs verkörperte). Bekannt wurde er vor allem durch seine über 250 Fernsehauftritte. In den letzten Jahren gastierte er u.a. bei den Festspielen Heppenheim und auf Tournee.
Strack spricht engl.; er ist verheiratet, hat einen Sohn und eine Tochter und lebt abwechselnd in Münchsteinach/Mittelfranken und Darmstadt.
Film: »Der zerrissene Vorhang«, mit Paul Newman, Regie: Alfred Hitchcock, USA 1966; »Die Schaukel«, Regie: Percy Adlon, 1983.
Theater: (aus den letzten Jahren) Titelrolle in Jonsons »Volpone« 1980, und Tobias Rülp in Shakespeares »Was ihr wollt«, 1983, Regie: jeweils Hans Richter, Festspiele Heppenheim; in »Revanche«, mit Claus Theo Gärtner, Tournee 1983/84.
Fernsehen: »Robin Hood, der edle Ritter« (von Pauck), Regie: Helmut Käutner, ZDF 1966; Doktor Bovary in »Madame Bovary« (nach Flaubert), mit Elfriede Irrall und Dietmar Schönherr, Regie: Hans Dieter Schwarze, ZDF 1968; »Die Kleinbürger« (nach Gorki), ZDF 1969; »Der Kommissar«, mit Erik Ode, Serie, ZDF 1971; Bauunternehmer in »Einmal im Leben«, mit Antje Hagen und Fritz Lichtenhahn, Regie: Dieter Wedel, 3 Teile, ARD 1972; »Sieben Tage«, Regie: Rainer Erler, ZDF 1973; »Die Rakete«, Regie: Dieter Wedel, »Erziehung durch Dienstmädchen« (nach R.W. Schnell), Regie: Klaus Emmerich, »Revolte im Erziehungshaus« (nach Hampel), Regie: Hans Quest, und »Die unfreiwilligen Reisen des Moritz August Benjowski«, Regie: Fritz Umgelter, 4 Teile, ZDF 1975; »Als wär's ein Stück von mir« (nach Zuckmayer), Regie: August Everding, ZDF 1976; »Alle Jahre wieder: Die Familie Semmeling«, mit Antje Hagen und Fritz Lichtenhahn, Regie: Dieter Wedel, 3 Teile, ARD 1976; »Tatort«, Serie, 3 Folgen, ARD 1977–1981; »Loch im Kopp« (nach Labiche), Regie: Wolfgang Deichsel, »Schreiben Sie Ihrem Bundestagsabgeordneten«, Regie: Dieter Wedel, und »Die Dämonen« (nach Dostojewski), Regie: Claus Peter Witt, 4 Teile, ARD 1977; »Ein Mann will nach oben« (nach Fallada), mit Mathieu Carrière, Regie: Herbert Ballmann, Serie, und »Jugend, Liebe und die Wacht am Rhein«, Regie: Oswald Döpke, ZDF 1978; »Die Kur«, Regie: Frank Strecker, 5 Teile, ARD 1978; »Phantasten«, Regie: Peter Beauvais, ARD 1979; »Der Aufsteiger«, Regie: Bernd Fischerauer, »Der Fall Woyzeck« (nach Büchner), Regie: Oswald Döpke, und Vater in »Tod eines Schülers«, mit Till Topf und Liselotte Quilling, Regie: Claus Peter Witt, 6 Teile, ZDF 1981; »Schwarz-Rot-Gold: Kaltes Fleisch«, Regie: Marco Serafini, und »Villa zu vermieten«, mit Edith Heerdegen, Regie: Thomas Engel, ARD 1982; »Kinder unseres Volkes« (von Luise Rinser), Regie: Stephan Rinser, und »Flohmarkt«, Serie, ZDF 1983; »Mondräcker«, Regie: Marco Serafini, ARD 1983; Wilhelm I. in »August der Starke« (von Asmodi), mit Gert Fröbe, Regie: Rudolf Nussgruber, ZDF 1984; »Die Wiesingers« (von Ahlsen), Regie: Bernd Fischerauer, Serie, ARD 1984; »Franz Xaver Brunnmayr«, mit Gustl Bayrhammer, Regie: Ulrich König, Serie, ARD 1985; »Der fröhliche Weinberg« (nach Zuckmayer), Regie: Robert Stromberger, HR III 1985; »Neues aus Schildorshausen« (von Peter von Zahn), Regie: Eberhard Itzenplitz, ZDF 1985; »Günter-Strack-Special«, ZDF 1986.
Seine derzeit wichtigste Rolle: Rechtsanwalt Dr. Dieter Renz in »Ein Fall für zwei«, mit Claus Theo Gärtner, Serie, 36 Folgen, ZDF 1981–1986.
Anschrift: Neustädter Straße 35, 8531 Münchsteinach.

Erwin Strahl

Geb. 12. 2. 1929 in Wien; dort aufgew.; nach der Hauptschule Besuch der Handelsakademie und der Staatsakademie für Darstellende Kunst in Wien; er absolvierte das Max-Reinhardt-Seminar in Wien. Sein erstes Engagement hatte er am Stadttheater Klagenfurt im Jahre 1948. In Wien war er 1950–1952 u.a. an der Komödie, dem Theater Die Insel, dem Stadttheater, dem Renaissance-Theater und dem Deutschen Volkstheater engagiert. Seit 1952 arbeitet er als Schauspieler und Regisseur nur noch mit Stückverträgen. Er war tätig u.a. am Theater in der Josefstadt und am Volkstheater in Wien, an der Komödie in Marquardt Stuttgart, an den Kammerspielen und der Kleinen Komödie in München, am Berliner Theater und am Theater am Kurfürstendamm in Berlin, am Contra-Kreis-Theater in Bonn und am Landestheater Salzburg. Ferner führten ihn zahlreiche Tourneen, auch mit Musicals, durch Deutschland und Österreich.

Strahl spielte seit 1950 in über 40 Filmen und führte selbst Regie. Er trat auch als Übersetzer englischer und amerikanischer Bühnenstücke in Erscheinung. Strahl spricht engl., ital., franz.; er ist verheiratet mit der Schauspielerin und Sängerin Waltraut Haas, hat einen Sohn (Marcus, geb. 1968) und lebt in Wien.

Film: »Vom Mädchen zur Frau«, 1950; »Der Verschwender«, mit Josef Meinrad, 1952; »Südliche Nächte« und »Dein Herz ist meine Heimat«, 1953; »Hochzeitsglocken«, und »Auf der Reeperbahn nachts um halb eins«, mit Hans Albers und Heinz Rühmann, 1954; »Begegnung in Rom« und »Die heilige Lüge«, 1955; »Auf Wiedersehen am Bodensee«, 1956; »Der Jäger von Fall«, »Für zwei Groschen Zärtlichkeit«, »Mikosch, der Stolz der Kompanie«, und »Wien, du Stadt meiner Träume«, Regie: Willi Forst, 1957; »Der Frosch mit der Maske«, 1959; »Flitterwochen in der Hölle«, »Franz Schubert« und »Abenteuer im Schloß«, 1960; »Schwarzer Nerz auf zarter Haut«, Regie: Michael Thomas, 1969; »Les Honneurs de la Guerre«, Frankreich 1969; »Una Parigina a Roma«, Italien 1969; »Keine Angst, Liebling, ich paß schon auf dich auf«, mit Waltraut Haas, Regie: Strahl selbst, 1970.

Theater: Titelrolle in Schillers »Don Carlos«, Ferdinand in Schillers »Kabale und Liebe«, Romeo in Shakespeares »Romeo und Julia«, Titelrolle in Shakespeares »Hamlet«, Romeo in Anouilhs »Romeo und Jeannette«, Stanislaw in Cocteaus »Der Doppeladler«, Macheath in Brecht/Weills »Die Dreigroschenoper« und Flottwell in Raimunds »Der Verschwender«, jeweils an den vorgenannten Bühnen bis 1969; König in Farkas' »Die Hofloge«, mit Waltraut Haas, Raimund-Theater Wien 1969; in Molnárs »Die Zuckerbäckerin«, in Anouilhs »Wecken Sie Madame nicht auf« und Heink in Bahrs »Das Konzert«, jeweils Theater in der Josefstadt Wien 1970–1977; Romeo und Pater Lorenzo in Kishons »Es war die Lerche«, Landestheater Salzburg 1976/77; in Jonas/Schmidts »I Do I Do – das Musikalische Himmelbett« (auch selbst Regie), über 300 Vorstellungen auf Tournee und in Wien, Bonn, Frankfurt und Düsseldorf, seit 1969.

Fernsehen: Belmonte in »Die Entführung aus dem Serail« (nach Mozart), ARD 1956; »Radetzkymarsch« (nach Roth), Regie: Michael Kehlmann, ARD 1965; Galeazzo in »Spaghetti«, ORF 1968; »Donaugeschichten«, Regie: Imo Moszkowicz, Serie, ORF 1968/69; »Einfacher Doppelmord«, mit Fritz Eckhardt, ARD 1969; »Blaue Blüten«, ZDF 1970; Baker in »Duell zu dritt«, 13 Folgen, ZDF 1971; Hauptmann Sagner in »Die Abenteuer des braven Soldaten Schwejk« (nach Hašek), mit Fritz Muliar, Regie: Wolfgang Liebeneiner, Serie, 3 Folgen, ZDF 1972; »Hallo – Hotel Sacher … Portier!«, mit Fritz Eckhardt, Serie, ZDF 1974; »Zweimal Götz«, ZDF 1975; »Großes Glück zu kleinen Preisen«, ZDF 1977; »Österreich hat immer Saison«, ORF 1984.

Anschrift: Küniglberggasse 45, A-1130 Wien.

Fritz Strassner

– Staatsschauspieler –

Geb. 23. 11. 1919 in München; dort aufgew.; nach Abitur und Kriegsdienst absolvierte er die Staatl. Schauspielschule München. Seit 1946 wirkt er an Münchner Bühnen, seit 1975 am Bayerischen Staatsschauspiel. Bekannt wurde er auch als einer der meistbeschäftigten Rundfunksprecher. Seit 1948 war er an über 12.000 Sendungen beteiligt. Einen Schwerpunkt bilden dabei bayerische Mundartdichter (u.a. Thoma); er trägt Wandertips vor und offeriert Paul Enghofers »Schmankerl-Küche« (BR-TV). Beim Fernsehen arbeitet er seit den ersten Versuchssendungen.

Strassner spricht engl.; er ist seit 1959 mit einer Cutterin verheiratet, hat zwei Söhne und lebt in Ottobrunn bei München.

Film: Von zahlreichen bayer. Filmen u.a.: »Die fröhliche Wallfahrt« und »Zwei Bayern im Urwald«. Ferner: »Das Schlangenei«, Regie: Ingmar Bergman, BRD/USA 1977.

Theater: Titelrolle in Wilhelms »Der Brandner Kaspar und das ewig' Leben« (nach Kobell), mit Toni Berger, Gustl Bayrhammer und Gundi Ellert, Regie: Kurt Wilhelm selbst (bislang über 450 Vorstellungen; auch TV), seit 1975, in Goethes »Egmont«, mit Robert Atzorn, 1978, in Shakespeares »Richard III.«, Regie: Kurt Meisel, 1980, Ministerialrat von Scheibler in Thomas »Erster Klasse«, 1982/83 und in Ibsens »Baumeister Solness«, Regie: Peter Zadek, 1983/84, jeweils Bayerisches Staatsschauspiel München.

Fernsehen: Bis 1970 u.a. in »Isar 12«, mit Karl Tischlinger, Serie, »Das tickende Herz«, »Der Pfarrer von Gillbach«, »Abseits« und »Der Mensch Adam Deigl und die Obrigkeit«. Zudem spielte er in zahlreichen Übertragungen aus dem »Komödienstadl« (u.a. in Thomas »Witwen«). »Der Kommissar«, mit Erik Ode, Serie, ZDF 1971; »Fettaugen« (von Ahlsen), Regie: Werner Schlechte, ZDF 1972; »Münchner G'schichten«, mit Therese Giehse und Günther Maria Halmer, Regie: Helmut Dietl, Serie, ARD 1974/75; »Mordkommission«, mit Charles Regnier, Serie, ZDF 1975; »Sachrang« (von Storz), Regie: Wolf Dietrich, 3 Teile, ARD 1978; »Anton Sittinger« (nach Oskar Maria Graf), ARD 1979; »Das Komplott«, Regie: Dieter Wedel, und »Der Alte«, Serie, 2 Folgen, ZDF 1979 und 1984; »Die Undankbare«, Regie: Franz Josef Wild, ARD 1980; »Mein Freund, der Scheich«, Regie: Rainer Erler, und »Der Gerichtsvollzieher«, mit Jörg Hube, Regie: Peter Weck, Serie, ARD 1981; »Derrick«, Serie, 3 Folgen, ZDF 1981–1984; »Magdalena« (nach Thoma), mit Maria Singer, ARD 1982; »Monaco-Franze – Der ewige Stenz«, mit Helmut Fischer, Regie: Helmut Dietl, Serie, ARD 1983; »Mord zu vier Händen« (nach Hansen), Regie: Oswald Döpke, ZDF 1984; »Franz Xaver Brunnmayr«, mit Gustl Bayrhammer, Regie: Ulrich König, Serie, ARD 1985.

Auszeichnungen: Bayerischer Staatsschauspieler; Bayerischer Verdienstorden.

Anschrift: c/o Agentur Palz, Ortlindestraße 6, 8000 München 81.

Monika Strauch

Geb. 24. 3. 1946 in Wien; dort aufgew.; über Kinderballett und Märchenbühne kam sie zum Schauspielerberuf. Sie besuchte die Ballettschule von Prof. Rudi Fränzl, die Schauspielschule von Prof. Helmuth Krauss und Prof. Polly Kügler und die Musikschule von Prof. Else Domberger. Ihr Bühnendebüt gab sie unter Fritz Rémond am Kleinen Theater im Zoo Frankfurt/Main. Als freischaffende Schauspielerin gastierte sie u.a. am Theater in der Josefstadt Wien, am Volkstheater Wien, an der Wiener Komödie, am Theater Die Komödie Frankfurt/Main, an der Komödie im Marquardt Stuttgart, an den Hamburger Kammerspielen, am Theater Die Kleine Freiheit München und an der Kleinen Komödie München.
Sie drehte zahlreiche Kino- und TV-Filme und synchronisiert. Sie bestritt mehrere Kabarett-Programme und arbeitet als Moderatorin für Funk und Fernsehen, u.a. beim ORF, BR, NDR und RAI-Bozen. Sie präsentiert und moderiert Bühnen-und Talkshows.
Frau Strauch spricht engl.; sie ist verheiratet mit dem Schauspieler und Moderator Peter Machac und lebt in München.
Film: »Das Bett steht nicht am Fußballplatz«, Regie: Franz Antel; »Immer Ärger mit den Paukern«, Regie: Harald Vock; »Ein dreifach Hoch dem Sanitätsgefreiten Neumann«, Regie: Franz Marischka; »Dornwittchen und Schneeröschen«, Regie: Erwin Klein; »Wunderbar ist die Welt«, mit Uschi Glas und Roy Black (1967–1972).
Theater: In »Der Verführer«, mit Hans-Joachim Kulenkampff, Regie: Fritz Rémond, Theater im Zoo Frankfurt/Main; in Impekoven/Matherns »Der doppelte Moritz«, mit Maxi Böhm, Regie: Peter Loos, und in »Mit besten Empfehlungen«, mit Otto Schenk und Ernst Waldbrunn, jeweils Theater in der Josefstadt Wien; in Williams' »Sommer und Rauch«, Regie: Leon Epp, und in Fischers »Ein Ausgangstag«, jeweils Volkstheater Wien; in Shakespeares »Viel Lärm um nichts« und »Ein Sommernachtstraum«, in Sartres »Geschlossene Gesellschaft«, und in Schwieferts »Marguerite : 3«, mit Peter Machac, jeweils Wiener Komödie; in Magniers »Ein klarer Fall«, mit und unter der Regie von Harald Juhnke, Die Komödie Frankfurt/Main; in »Minister gesucht«, von, mit und unter der Regie von Fritz Eckhardt, Komödie im Marquardt Stuttgart; in »Time to kill«, Regie: Herbert Stass, und in »Türschloßpanik«, Regie: Horst Keitel, jeweils Hamburger Kammerspiele; in Achards »Zeit des Glücks«, mit Adrian Hoven und Peter Machac, in »So ist meine Frau«, in »Seitenwechsel«, von und unter der Regie von Karin Jacobsen, in »Bei mir liegen Sie richtig«, mit Violetta Ferrari, und Claudia in Camolettis »Die Perle Anna«, mit Erni Singerl, jeweils Theater Die Kleine Freiheit München (bis 1985); in Lovegroves »Grüß Gott, Frau Sonnenschein«, Regie: Dieter Wieland, und in Gmürs »Schloß Rabeneck«, mit Karl Schönböck, Erni Singerl und Peter Machac, Regie: Claus Biederstaedt, jeweils Kleine Komödie München (bis 1984).
Fernsehen: Besonders bekannt wurde sie als Assistentin von Ernst Stankovski in 97 Folgen des ZDF-Ratespiels »Erkennen Sie die Melodie?«. Ferner u.a. in: »Das Mädl aus der Vorstadt« (nach Nestroy), Regie: Arthur Maria Rabenalt, ARD 1962; »Minister gesucht« (von Eckhardt), mit Fritz Eckhardt, Regie: Rolf von Sydow, ARD 1966; »Die Frau des Fotografen« (nach Pagnol), mit Heinz Bennent, Regie: Thomas Engel, ARD 1967; »Graf Yoster gibt sich die Ehre«, mit Lukas Ammann, Serie, ZDF 1969; »Hallo – Hotel Sacher ... Portier!«, von und mit Fritz Eckehardt, Regie: Hermann Kugelstadt, Serie, ZDF 1975.
Auszeichnung: »Nachwuchspreis der Wiener Sparkassen«.
Anschrift: c/o ZBF-Agentur München, Leopoldstraße 19, 8000 München 40.

Max Strecker

Geb. 8. 7. 1906 in Stuttgart; dort aufgew.; nach der Schauspielausbildung erhielt er sein erstes Engagement bei der Esslinger Wanderbühne. Anschließend stand er zehn Jahre lang bis zur Schließung der Theater 1944 am Alten Schauspielhaus Stuttgart unter Vertrag. Für seine Schauspieltätigkeit war er auch vom Kriegsdienst U.K. gestellt. Freischaffend spielte er nach dem Krieg nur mehr auf Tournee. Er zeigte vor allem schwäbische Kabarettprogramme, in denen sein Sohn Frank Strecker bereits in frühen Jugendjahren in Couplets und Sketchen mitwirkte. Einem breiten Publikum bekannt wurde Strecker vor allem durch seine Arbeit beim Fernsehen. In zahlreichen volkstümlichen, meist schwäbischen Komödien und Schwänken spielte er u.a. neben Willi Reichert und Oscar Heiler. Großen Erfolg hatte er zudem in der ARD-Serie »Familie Hesselbach« (auch Kinofilm: »Herr Hesselbach und die Firma«). 1943 veröffentlichte er das Theaterstück »Seine Durchlaucht, der Schneider«.
Strecker ist verheiratet; er hat eine Tochter und einen Sohn und lebt in Haar bei München. Sein Sohn Frank Strecker machte sich mittlerweile als Schauspieler (Kriminalassistent in der Reihe »Tatort« vom Südfunk Stuttgart, neben Werner Schumacher) und TV-Regisseur (u.a. »Die Kur«, Serie, »Eine Klasse für sich«, Serie) einen Namen.
Fernsehen: »Familie Hesselbach«, mit Liesel Christ, Serie, ARD 1958–1960; »Bekannte Namen im Examen«; »Witwen« (nach Thoma); »Orden für die Wunderkinder«, mit Carl-Heinz Schroth, Buch und Regie: Rainer Erler, ARD 1963; »Der Bettelstudent« (nach Millöcker); »Im Weißen Rössl« (nach Benatzky); »Urlaub vom Doppelbett«; »Münchner G'schichten«, mit Therese Giehse und Günther Maria Halmer, Regie: Helmut Dietl, Serie, ARD 1974; »Meine Mieter sind die besten«, von und mit Fritz Eckhardt, ferner Ilse Künkele und Erika Wakkernagel, Serie, ARD 1976/77; »Tatort«, mit Werner Schumacher und Frank Strecker, Regie: Theo Mezger, Serie, ARD 1977; »Der Alte«, Serie, ZDF 1977; »Sonnenschein GmbH«, mit Herbert Herrmann und Ilse Künkele, und »Die Kur«, Regie: Frank Strecker, 5 Teile, ARD 1978; »Der Aufsteiger«, Regie: Bernd Fischerauer, ZDF 1981; »Polizei-Inspektion 1«, mit Walter Sedlmayr, Serie, ARD 1982; »Es muß nicht immer Mord sein«, Serie, ZDF 1982; »Der Stadtbrand«, Buch und Regie: Oliver Storz, »Die Schwarzwaldklinik«, mit Klausjürgen Wussow, Regie: Alfred Vohrer, Serie, und »Eine Klasse für sich«, Regie: Frank Strecker, Serie, ZDF 1985.
Anschrift: Salmdorfer Straße 12, 8013 Haar.

Jochen Striebeck

Geb. 7. 5. 1942 als Sohn des Schauspielers Karl Striebeck und der Schauspielerin Mathilde Zedler in Schneidemühl; nach der Oberschule absolvierte er die Schauspielschule der Staatlichen Hochschule für Musik und darstellende Kunst unter Prof. Eduard Marks in Hamburg, wo er 1961 als Eleve an das Thalia-Theater kam. Gastverträge am Theater der Stadt Heidelberg, am Basler Theater und an den Bühnen der Stadt Bonn (jeweils 1962) folgten. 1962/63 war er Mitglied am Theater der Stadt Heidelberg, von 1963 bis 1966 gehörte er zum Hessischen Staatstheater Wiesbaden. Dem Bayerischen Staatsschauspiel München gehörte er von 1966–1972 an. Seit 1973 steht er im Ensemble der Münchner Kammerspiele.
Striebeck spricht engl.; er ist verheiratet, hat zwei Kinder (Matthias und Franziska) und lebt in München.
Der Schauspieler, Regisseur und Intendant Peter Striebeck ist sein Bruder.
Theater: Andri in Frischs »Andorra«, jeweils Theater der Stadt Heidelberg, Baseler Theater und Bühnen der Stadt Bonn 1962; Lanzelot Gobbo in Shakespeares »Der Kaufmann von Venedig«, Ronni in Weskers »Hühnersuppe mit Graupen« und Samnid 20 in Ustinovs »Endspurt«, jeweils Theater der Stadt Heidelberg 1962/63; Schüler in Goethes »Urfaust«, Bulanow in Ostrowskijs »Der Wald«, Robert in Burkhards »Das Feuerwerk«, Percy in Shakespeares »Heinrich IV.« und Cucurcucu in Peter Weiss' »Die Verfolgung und Ermordung Jean Paul Marats« (auch TV), jeweils Hessisches Staatstheater Wiesbaden 1963–1966; Langan in O'Caseys »Der Pflug und die Sterne«, Habib in Genets »Die Wände«, Viktor in Eichendorffs »Die Freier«, Lubin in Molières »George Dandin«, jeweils Bayerisches Staatsschauspiel München 1966–1970; Lennox in Brechts »Die heilige Johanna der Schlachthöfe«, 1973/74, Willi in Plenzdorfs »Die neuen Leiden des jungen W.« und Der Verwundete in Brechts »Die Gewehre der Frau Carrar«, 1974/75, Balthasar in Shakespeares »Viel Lärm um nichts« und Kamerad in Horváths »Glaube Liebe Hoffnung«, 1975/76, Fotograf in Genets »Der Balkon« 1976/77, Escherich in Wedekinds »Lulu«, 1977/78, Schnock in Shakespeares »Ein Sommernachtstraum«, Bernd in Botho Strauß' »Groß und Klein« und Buenco in Goethes »Clavigo«, 1978/79, Molvik in Ibsens »Die Wildente«, Sebastian in Shakespeares »Was ihr wollt«, Güldenstern in Shakespeares »Hamlet« und Legendre in Büchners »Dantons Tod«, 1979/80, Adam in Kroetz' »Maria Magdalena« und Sir Ironside in Dorsts »Merlin oder Das wüste Land«, 1981/82, Willem in Peter Weiss' »Der neue Prozeß« und Gott Wotan in Tollers »Der entfesselte Wotan«, 1983/84, jeweils Münchner Kammerspiele.
Fernsehen: »Stahlnetz«, Regie: Jürgen Roland, Serie, ARD 1961; »Eine Uhr geht vor«, ARD 1962; »Der Jude«, ARD 1966; Leutnant in »Der Röhm-Putsch« (von Eggebrecht), und Casimir in »Der Schpunz« (nach Pagnol), ZDF 1967; Silvius in »Wie es euch gefällt« (nach Shakespeare), ARD 1968; »Candida« (nach Shaw), mit Cordula Trantow, Regie: Werner Schlechte, ZDF 1976; »Notwehr« (von Bernd Schröder), Regie: Hartmut Griesmayr, und »Das Projekt Honnef«, Regie: Rudolf Nussgruber, ZDF 1977; »Schwarz-Rot-Gold: Alles in Butter«, Regie: Dieter Wedel, ARD 1982; »Die Krimistunde«, Regie: Hartmut Griesmayr, Serie, ARD 1985.
Anschrift: c/o ZBF-Agentur München, Leopoldstraße 19, 8000 München 40.

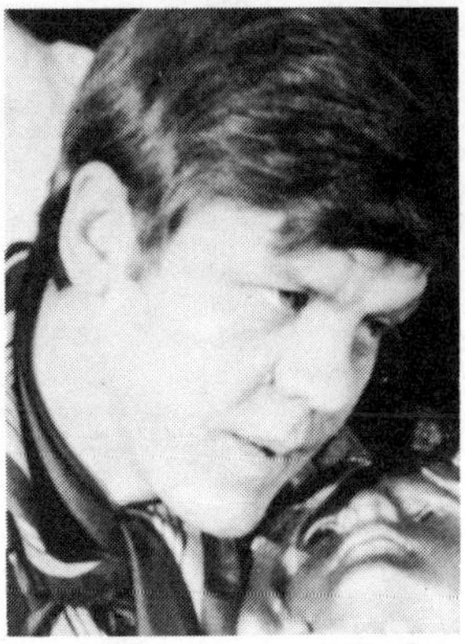

Peter Striebeck

Geb. 15. 3. 1938 als Sohn des Schauspielers Karl Striebeck und der Schauspielerin Mathilde Zedler in Frankfurt/Oder; dort aufgew.; nach dem Abitur absolvierte er die Schauspielklasse der Staatlichen Hochschule für Musik und darstellende Kunst in Hamburg unter Prof. Eduard Marks (1958–1960); am Ulmer Theater debütierte er unter Kurt Hübner 1960; von 1961–1964 war er Mitglied des Thalia-Theaters Hamburg, unterbrochen u.a. durch Gastspiele am Schiller-Theater und Renaissance-Theater in Berlin, an den Wuppertaler Bühnen und den Städt. Bühnen Frankfurt/Main; von 1964–1968 gehörte er zum Ensemble des Wiener Burgtheaters, seit 1969 spielt er hauptsächlich wieder am Hamburger Thalia-Theater. Nach seiner einstimmigen Wahl übernahm er 1980 von Boy Gobert die Intendanz des Hauses bis 1985, wo ihm Jürgen Flimm im Amt folgte. Striebeck ist Professor an der Hochschule für Musik und darstellende Kunst in Hamburg; er trat mit zahlreichen eigenen Inszenierungen in Erscheinung, u.a.: »Mondvögel« (von Aimé) 1971/72, »Rheinpromenade« (von Mühl) 1973/74, »Die Gruschel von Maynz« (von Vogler) 1975/76, »Die Katze auf dem Gleis« (von Topol) 1976/77, »Dom Juan« (von Molière) 1977/78, jeweils am Thalia-Theater Hamburg.
Striebeck spricht engl., franz.; er ist seit 1965 verheiratet mit der Wiener Burgschauspielerin Ulla Purr, hat zwei Töchter (Catrin, geb. 1966, und Janna, geb. 1971) und lebt in der Nähe von Hamburg. Der Schauspieler Jochen Striebeck ist sein Bruder.
Film: »Lampenfieber«, 1959; »Himmel, Amor und Zwirn«, 1960; »Heller Wahn«, mit Hanna Schygulla, Regie: Margarethe von Trotta, 1983.
Theater: Wasserverkäufer in Brechts »Der gute Mensch von Sezuan«, Ulmer Theater 1961; Tonny in »Die Frau im Morgenrock«, Sohn in Pirandellos »Sechs Personen suchen einen Autor«, Tom in Williams' »Die Glasmenagerie«, jeweils Thalia-Theater Hamburg 1961–1964; Swerdjakow in »Die Brüder Karamasow« (nach Dostojewski), Andrea Sarti in Brechts »Leben des Galilei«, Maurer in Grass' »Die Plebejer proben den Aufstand«, Dr. Jura in Bahrs »Das Konzert«, Ajaxerle in Raimunds »Der Bauer als Millionär«, Holzapfel in Shakespeares »Viel Lärm um nichts«, jeweils Burgtheater Wien 1964–1968; Mollfels in Grabbes »Scherz, Satire, Ironie und tiefere Bedeutung«, Titelrolle in Shakespeares »Hamlet«, Just in Lessings »Minna von Barnhelm«, Architekt in Arrabals »Der Architekt und der Kaiser von Assyrien«, Titelrolle in Gogols »Der Revisor«, jeweils Renaissance-Theater Berlin und Tournee; Luther in Fortes »Martin Luther & Thomas Münzer oder Die Einführung der Buchhaltung«, Titelrolle in Brechts »Leben Eduards des Zweiten von England« (nach Marlowe), Wladimir in Becketts »Warten auf Godot«, Titelrolle in Tschechows »Onkel Wanja«, Rogoschin in »Der Idiot« (nach Dostojewski), Jerry in Pinters »Betrogen«, Titelrolle in Büchners »Woyzeck«, Heinrich II. in Anouilhs »Becket oder Die Ehre Gottes«, Chandebise/Poche in Feydeaus »Der Floh im Ohr«, Cyril Poges in O'Caseys »Purpurstaub«, Lachmann in Hauptmanns »Michael Kramer« (auch TV), Der Mann in Ionescos »Die Stühle«, und in Pagnols »Die Frau des Bäckers«, jeweils Thalia-Theater Hamburg 1970–1985.
Fernsehen: »Stahlnetz«, Regie: Jürgen Roland, Serie, ARD 1958; Garry in »Philadelphia, ich bin da« (von Friel), ARD 1967; Iréné in »Der Schpunz« (nach Pagnol), und Titelrolle in »August, August, August« (nach Kohout), ZDF 1967; »Spaßmacher« (nach Rosow), Regie: Karl Fruchtmann, ARD 1970; Titelrolle in »Alfie«, Serie, ARD 1971; »Die seltsamen Begegnungen des Prof. Tarantoga« (nach Stanislaw Lem), ZDF 1978; »Verführungen«, Regie: Michael Verhoeven, ARD 1979.
Auszeichnungen: Insel-Preis 1963; »Goldene Kamera« (HÖRZU) 1967.
Anschrift: c/o Agentur von Pilecki, Eilandstraße 12, 8000 München 90.

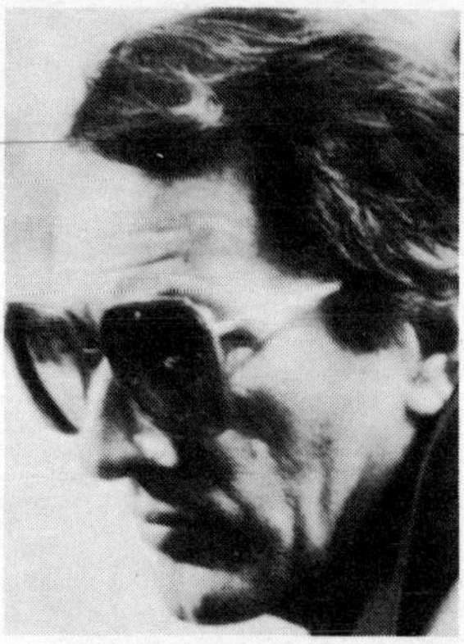

Achim Strietzel

Geb. 9. 10. 1926 in Berlin; dort aufgew.; nach der Schule absolvierte er die Berliner Theaterschule der Staatstheater (1942–1944); seine Prüfung legte er bei Paul Bildt ab. Anschließend spielte er u.a. zwei Jahre am Berliner Hebbel-Theater. Von 1951 bis 1969 war er Mitglied des Berliner Kabaretts »Die Stachelschweine«; von 1969 bis 1972 gehörte er zur Münchner »Lach- und Schießgesellschaft«. Gastspiele gab er u.a. in Frankfurt/Main und Salzburg. Seit 1951 wirkt er umfangreich beim Fernsehen.
Strietzel spricht engl.; er ist verheiratet, hat eine Tochter (Claudia Daniela) und lebt in München.
Fernsehen: Er wirkte neben den zahlreichen Übertragungen der Kabarett-Programme der »Lach- und Schießgesellschaft« (»Schimpf vor Zwölf«, »Von Menschen mit Mäusen«) in über 100 Unterhaltungssendungen mit. Ferner spielte er u.a. in: »Witwen« (nach Thoma), Regie: Olf Fischer; »Frau ohne Kuß«; »Tapetenwechsel« (von Blackmore/Kolman), mit Christine Ostermayer, Regie: Rolf von Sydow, ARD 1973; »Das Traumschiff«, Regie: Alfred Vohrer, Serie, ZDF 1983; »Karneval der Operette«, Regie: Hartmut Schottler, ZDF 1984; »So lebten sie alle Tage«, mit Horst Bollmann und Stefan Wigger, Regie: Ulrich Schamoni, Serie, ARD 1984; »Der Ring des lieben Jungen« (von Rittig), mit Sonja Ziemann und Georg Thomalla, Regie: Harald Schäfer, ARD 1985; »Großer Bahnhof« (von Wittlinger), Regie: Georg Marischka, und »Anruf genügt«, Regie: Wilfried Dotzel, ZDF 1985.
Anschrift: Im Gefielde 41, 8000 München 83.

Heidi Stroh

Geb. 10. 2. 1941 als Tochter eines Tanzlehrers in Jena; schon als Kind nahm sie bei den Eltern Ballettunterricht. Sie absolvierte eine Ausbildung als Zahnarzthelferin und arbeitete als Fotomodell und Mannequin. In Rom, wo sie mehrere Jahre lebte, studierte sie Gesang und war dort 1962/63 als Soubrette am Teatro Sifina tätig. 1965 drehte sie in Italien ihren ersten Spielfilm, seit 1967 arbeitet sie beim Deutschen Fernsehen.
Bekannt wurde sie auch als Sängerin. Sie veröffentlichte drei Singles (u.a. »Er hat mich geliebt«), und eine LP (»Heidi Stroh: Mal so – mal so«). 1985 veröffentlichte sie die Platte »Ich brauch keinen Helden« (deutsche Fassung von Tina Turners »We don't need another hero«). Neben Auftritten bei Galaveranstaltungen, u.a. mit Udo Jürgens im Hamburger Congress-Center, gastierte sie 1976 in der Münchner »Lach- und Schießgesellschaft«.
Schauspiel-Engagements hatte sie u.a. an der Komödie Berlin und an der Kleinen Komödie München.
Frau Stroh spricht engl., ital., franz.; sie lebt in München.
Film: »Laß' uns über uns Frauen sprechen«, mit Vittorio Gassman, Italien 1965; »Mahlzeiten«, Regie: Edgar Reitz, 1967; »Die Ehe«, 1969.
Theater: In Leonards »Hotel zum guten Ton«, 1973, und in Pacones »Bring's mir bei, Celine«, Regie: Axel von Ambesser, 1981 (auch ZDF 1981), jeweils Kleine Komödie München.
Fernsehen: »Der Fall Lena Christ«, Regie: Hans W. Geissendörfer (dessen 1. Film/TV-Regie), ARD 1967; »Die Söhne« (nach Herburger), mit Günter Lamprecht, Regie: Volker Vogeler, ARD 1968; »Sergeant Berry«, mit Klausjürgen Wussow, Serie, ZDF 1970; »Sparks in Neu Grönland« (von Helga Feddersen), Regie: Joachim Hess, ARD 1971; Marion in »Danton« (nach Büchner), mit Vadim Glowna, Regie: Herbert Vesely, ARD 1973; Polina Suslowa in »Das Leben des Dostojewski«, mit Paul-Albert Krumm, ARD 1974; »Münchner G'schichten«, mit Therese Giehse und Günther Maria Halmer, Regie: Helmut Dietl, Serie, ARD 1974/75; »Notizen aus der Provinz«, mit Dieter Hildebrandt, Serie, ZDF 1975; Deutsche Prinzessin in »Wie es Gott gefällt« (nach d'Ormesson), mit Jacques Dumesnil, Regie: Robert Mazoyer, 8 Teile, franz. TV 1977 (ORF 1984); »Tatort«, Serie, ARD 1978; »Krimistunde«, Regie: Volker Vogeler, Serie, ARD 1983; »Tanzschule Kaiser«, Serie, und »Freitag's Abend«, mit Thomas Freitag, Serie, ARD 1984.
Anschrift: c/o ZBF-Agentur München, Leopoldstraße 19, 8000 München 40.

Thomas Stroux

Geb. 15. 12. 1943 als Sohn des Regisseurs Karl Heinz Stroux (geb. 25. 2. 1908, verstorben 2. 8. 1985) in Storckow/Mark; aufgew. in Berlin; nach dem Abitur lebte er drei Jahr in Amerika; Schauspielausbildung privat bei Herma Clement in Berlin; drei Jahre Gesangsausbildung; 1964 debütierte er am Stadttheater Luzern; die weiteren Bühnenstationen: Württembergisches Staatstheater Stuttgart (1965–1967), Schloßtheater Celle (1967/68), Städt. Bühnen Frankfurt/Main (1968–1970), Freie Volksbühne Berlin (1970–1973) und Ernst-Deutsch-Theater Hamburg (1973/74).

Seit 1974 gehört er zum Ensemble des Wiener Burgtheaters. Gastspiele gab Stroux u.a. bei den Bad Hersfelder Festspielen (1969, 1981/82), an den Städt. Bühnen Mainz (1978) und bei den Schloß-Festspielen Ettlingen (1983 + 1985). Er ist umfangreich als Synchronsprecher tätig.

Stroux spricht engl., franz.; er ist verheiratet, hat zwei Kinder (Louisa und Daniel) und lebt in Wien.

Theater: Diomedes in Shakespeares »Troilus und Cressida«, Stadttheater Luzern 1964/65; Gogo in Saunders' »Ein Duft von Blumen« und Jean in Anouilhs »Ardèle oder Das Gänseblümchen«, Württembergisches Staatstheater Stuttgart 1965–1967; Lysander in Shakespeares »Ein Sommernachtstraum«, Schloßtheater Celle 1968; Jörg in O'Neills »Heimkehr« und Edgar in Shakespeares »König Lear«, Städt. Bühnen Frankfurt/Main 1968–1970; Titelrolle in Molières »Der Wirrkopf«, Laertes in Papps »Der nackte Hamlet« und Cassio in Shakespeares »Othello«, jeweils Freie Volksbühne Berlin 1970–1973; Titelrolle in Eliots »Der Privatsekretär«, Tournee 1972/73; Banquo in Ionescos »Macbett«, Ernst-Deutsch-Theater 1973/74; Mortimer in Schillers »Maria Stuart«, Ruprecht in Kleists »Der zerbrochene Krug«, Claudio in Shakespeares »Viel Lärm um nichts«, Schweizer in Schillers »Die Räuber«, Politiker in Machiavellis »Mandragola«, Karl-Heinz in Langes »Frau von Kauenhofen«, Ede in Hauptmanns »Der rote Hahn«, jeweils Burgtheater Wien, 1974–1983; Titelrolle in Shakespeares »Hamlet«, Städt. Bühnen Mainz 1978; Mephisto in Goethes »Faust II«, 1981, Becket in Anouilhs »Becket oder Die Ehre Gottes«, 1982, jeweils Bad Hersfelder Festspiele; Titelrolle in Sternheims »Der Snob«, Tournee, 1983; Figaro in Beaumarchais' »Der tolle Tag oder Figaros Hochzeit«, 1983, Sigismund in Calderons »Das Leben ein Traum«, 1985, jeweils Schloß-Festspiele Ettlingen.

Fernsehen: Richard in »Die Melchiors«, Serie, ARD 1971–1973.

Auszeichnung: Großer Bad-Hersfeld-Preis für die Rolle des Mephisto in Goethes »Faust II« 1981.

Anschrift: c/o Agentur Baumbauer, Keplerstraße 2, 8000 München 80, oder Rosentalgasse 11 A/3, A-1140 Wien, Österreich.

T

Horst Tappert

Geb. 26. 5. 1923 als Sohn eines Beamten in Elberfeld; er absolvierte eine kaufmännische Lehre für Im- und Export. Nach der Rückkehr aus der Kriegsgefangenschaft kam er als Aushilfsarbeiter zum Theater von Stendal, wo er 1945/46 auch in der Rolle des Dr. Striebel in Helwigs »Die Flitterwochen« debütierte. Schauspielunterricht erhielt er von Paul Rose, unter dem er zunächst in Köthen (1946/47) und später am Landestheater Württemberg-Hohenzollern (1947–1949) spielte.

Tapperts weitere Bühnenstationen: Stadttheater Göttingen (1949/50), Staatstheater Kassel (1950/51), Bühnen der Stadt Bonn (1951–1953), Wuppertaler Bühnen (1953–1956) und Kammerspiele München (1956–1967). Als Gast war er auch am Bayerischen Staatsschauspiel München zu sehen. Seit 1967 ist er freischaffend. Bereits seit 1959 ist er häufig auf Tournee. In den letzten Jahren gastierte er zudem am Züricher Bernhard-Theater, wo er auch als Regisseur tätig ist.

Seine Popularität verdankt Tappert vor allem den zahlreichen Fernsehrollen, die er seit 1959 verkörpert hat. Er wirkte mittlerweile in über 280 TV-Produktionen mit.

Tappert ist seit 1957 in dritter Ehe verheiratet, hat drei Kinder (Karin, Ralph und Gary), und lebt in Gräfelfing bei München.

Film: Lehrer in »Wir Wunderkinder«, Regie: Kurt Hoffmann, und »Die Trappfamilie in Amerika«, mit Ruth Leuwerik, Regie: Wolfgang Liebeneiner, 1958; »Der Engel, der seine Harfe versetzte«, Regie: Kurt Hoffmann, »Jacqueline«, Regie: Wolfgang Liebeneiner, »Das schöne Abenteuer«, 1959; »Helden« (nach Shaw), mit O.W. Fischer, Regie: Franz Peter Wirth, 1961; »Er kann's nicht lassen«, Regie: Axel von Ambesser, 1962; »Die Rechnung – eiskalt serviert«, Regie: Helmuth Ashley, 1966; Inspektor Perkins in »Der Gorilla von Soho«, »Der Hund von Blackwood Castle« und »Der Mann mit dem Glasauge« (jeweils nach Wallace), Regie: Alfred Vohrer, 1968/69; »Sieben Tage Frist«, Regie: Alfred Vohrer, 1969; »Und Jimmy ging zum Regenbogen« (nach Simmel), Regie: Alfred Vohrer, 1970; »Perrak«, Regie: Alfred Vohrer, »Rosy und der Herr aus Bonn«, Regie: Rolf Thiele, und »Der Kapitän«, Regie: Kurt Hoffmann, 1971.

Theater: In festem Engagement an den vorgenannten Bühnen von 1947 bis 1967: Dauphin in Shaws »Die heilige Johanna«, Kalb und Wurm in Schillers »Kabale und Liebe«, Bleichenwang in Shakespeares »Was ihr wollt«, Yank in der deutschen Erstaufführung von Patricks »Das heiße Herz«, Wladimir in Becketts »Warten auf Godot«, Schnapspriester in der deutschen Erstaufführung von Greenes »Die Kraft und die Herrlichkeit«, Bruno in Hauptmanns »Die Ratten«, Wasserverkäufer in Brechts »Der gute Mensch von Sezuan«, Einstein in Dürrenmatts »Die Physiker«, Scapin in Molières »Die Schelmenstreiche des Scapin«, Le Fou in Vitracs »Victor oder Die Kinder an der Macht«, Schäfer in Wilders »Alkestiade«, Merkur in Kleists »Amphitryon«, Buckingham in Shakespeares »König Richard III.«, Regie: Fritz Kortner, König Peter in Büchners »Leonce und Lena«, Regie: Fritz Kortner (auch TV), Questenberg in Schillers »Wallenstein«, Hubert in Walsers »Der Abstecher«, Lord Foring in Wildes »Ein idealer Gatte«, Demokos in Giraudoux' »Der trojanische Krieg findet nicht statt« (auch TV), Wirt in Lessings »Minna von Barnhelm« und Tartaglia in Zoff/Gozzis »König Hirsch«. Auf Theatertournee spielte er seit 1959 u.a.: Nr. 5 in Budjuhn/Roses »Die zwölf Geschworenen«, Mosca in Jonsons »Volpone«, Chef-Inspektor in Durbridges »Ein lückenloses Alibi«, Fisby in Patricks »Das kleine Teehaus«, Mercadet in »Das Finanzgenie« (nach Balzac), Loman in Millers »Der Tod des Handlungsreisenden« und Theobald Maske in Sternheims »Die Hose«.

Fernsehen: »Abwerbung« (nach Kuby), ARD 1958; Pierre in »Ruf ohne Echo« (nach Cesbron), ARD 1959; Melling in »Schwester Bonaventura« (nach Hastings), mit Hilde Krahl, Regie: Wilm ten Haaf, ARD 1960; Er in »Ein schöner Tag« (von Tinzmann), und Dr. Rank in »Nora« (nach Ibsen) ARD 1961; »Das Halstuch« (nach Durbridge), 3 Teile, ARD 1962; Morland in »Das tödliche Patent« (nach Gilbert), ZDF 1963; Regisseur in »Sechs Personen suchen einen Autor« (nach Pirandello), ARD 1964; »Judith« (nach Giraudoux), und Strawberry in »Die Reise« (nach Schéhadé), ZDF 1965; Der Fremde in »Der Mann aus Melbourne« (nach Maugham), und Michael Donegan in »Die Gentlemen bitten zur Kasse« (nach Kolarz), Re-

gie: Claus Peter Witt, 3 Teile, ARD 1966; Cournot in »Hinter den Wänden« (nach Gascar), ZDF 1968; Marsden in »Seltsames Zwischenspiel« (nach O'Neill), Marquis in »Das schönste Fest der Welt« (nach Lenz), und Staatsanwalt in »Transplantation« (nach Danek), ZDF 1969; Drogist in »Industriegesellschaft mit Einzelgängern«, Regie: Egon Monk, ARD 1970; »Der Kommissar«, mit Erik Ode, Serie, ZDF 1970; Händler in »Männer aus zweiter Hand« (nach Cau), und Ellis Yester in »Yester – der Name stimmt doch?« (nach Wallis), ZDF 1971; »Hoopers letzte Jagd«, Regie: Claus Peter Witt, 2 Teile, ARD 1972; Titelrolle in »Gabriel« (nach Blazek), Regie: Thomas Fantl, und Titelrolle in »Der Dieb der Zeit« (von Moravec), ZDF 1973; Mr. Rimmington in »Fall nicht in den Schwanensee« (nach Cooney), ARD 1973; Schriftsteller in »Spiegel« (2-Personen-Stück nach Frank), mit Franziska Bronnen, ARD 1980. Seine wichtigste TV-Rolle: Oberinspektor Stefan Derrick in »Derrick« (von Herbert Reinecker), mit Fritz Wepper, 140 Folgen, ZDF 1974–1986. Die Serie wird in über 50 Ländern gezeigt, darunter die skandinavischen Staaten, Italien, Südafrika und Hongkong.
Auszeichnungen: »Goldener Bambi« (BILD + FUNK) 1979; »Goldene Kamera« (HÖRZU) 1980; Verleihung des Titels »Kriminalhauptkommissar h.c.« 1980.
Anschrift: c/o Agentur Palz, Ortlindestraße 6, 8000 München 81.

Kai Taschner

Geb. 25. 8. 1957 in München, wo er auch aufwuchs und heute lebt; ledig; spricht engl.; Fachabitur; Ausbildung zum Graphik-Designer; er besuchte die Jazz-School in München; umfassende Musik-Ausbildung in Gesang, Klavier, Saxophon, Synthesizer und Komposition; seit dem 15. Lebensjahr in der Werbung und Synchronisation tätig; er war zudem im Alter von 13 bis 17 Jahren Mitglied einer freien Theatergruppe.
Film: Joschi in »Stunde Null«, Buch + Regie: Edgar Reitz, 1975; Der junge Franz Lang in »Aus einem deutschen Leben«, Regie: Theodor Kotulla, 1977; Blues in »Kraftprobe«, Regie: Heidi Genée, 1982.
Theater: In Molières »Die Streiche des Scapin«, Theater im Karlshof München 1985.
Fernsehen: Jadup Powenz in »Die Powenzbande«, Regie: Michael Braun, Serie ARD 1973; »Der Kommissar« mit Erik Ode, Serie, ZDF 1973; Balthasar Vierling in »Theodor Chindler« (nach Bernard von Brentano), mit Hans Christian Blech, Regie: Hans W. Geissendörfer, 8 Folgen, und »Tatort«, Serie, ARD 1979; Hanno Buddenbrook in »Buddenbrooks« (nach Thomas Mann), mit Carl Raddatz und Ruth Leuwerik, Regie: Franz Peter Wirth, 11 Teile, ARD 1979; Ondrej in »Ehe der Hahn kräht«, Regie: Vojtech Jasny, ZDF 1979; Kai Schiblow in »Tod eines Schülers«, mit Till Topf, Regie: Claus Peter Witt, 6 Folgen, ZDF 1981; »Flohmarkt«, Serie, ZDF 1983; »Die Krimistunde«, Regie: George Moorse, Serie, ARD 1983.
Anschrift: c/o ZBF-Agentur München, Leopoldstraße 19, 8000 München 40.

Bernd Tauber

Geb. 7. 5. 1950 als Sohn eines Glasschleifers in Göppingen/Württemberg; dort aufgew.; nach der mittleren Reife besuchte er die Staatl. Hochschule für Musik und darstellende Kunst in Stuttgart (1971–1973); danach bekam er 1973 sein erstes Engagement am Staatstheater Kassel. 1974 arbeitete er ein halbes Jahr im Theaterlaboratorium von Jerzy Grotowski in Breslau/Polen. Er gastierte am Zimmertheater Tübingen (1974/75) und am Stadttheater Kiel (1976/77). 1983/84 unternahm er eine Ein-Mann-Tournee mit der Rede des Indianer-Häuptlings Seattle »Wir sind ein Teil der Erde«.
Tauber spricht engl., franz.; er ist verheiratet, hat drei Kinder und lebt in Ehekirchen/Bayern.
Film: Werner Wild in »Das Brot des Bäckers«, mit Günter Lamprecht, Regie: Erwin Keusch, 1976; Thomas Berger in »Halbe-Halbe«, mit Hans-Peter Hallwachs, Regie: Uwe Brandner, 1977; Robert Lueg in »Soweit das Auge reicht«, mit Jürgen Prochnow, Regie: Erwin Keusch, USA/BRD/Frankreich 1979; Obersteuermann in »Das Boot« (nach Buchheim), mit Jürgen Prochnow, Regie: Wolfgang Petersen, BRD/Frankreich 1981.
Fernsehen: »Block 7«, Regie: Hartmut Griesmayr, Serie, ARD 1976; »Marija« (nach Babel), Regie: Horst Flick, ZDF 1978; Tommy in »Auf Achse«, mit Manfred Krug, Regie: Hartmut Griesmayr, Serie, ARD 1978; »Theodor Chindler« (nach Bernard von Brentano), mit Hans Christian Blech, Regie: Hans W. Geissendörfer, 8 Folgen, ARD 1979; »Fallstudien«, Regie: Hartmut Griesmayr, ZDF 1979; »Bäume ausreißen«, Regie: Maria Neocleous, ZDF 1981; »Qual-Verwandt-Schaften«, mit Hans Christian Blech, Regie: Ulrich Heising, ARD 1982; Steve in »Reifenwechsel« (nach Simenon), Regie: Wolfgang Storch, USA-TV 1982 (SRF 1984); »Tiritomba« (nach Jack Rosenthal), Regie: Ulrich Heising, und »Tatort«, Serie, ARD 1983; »Kerbels Flucht«, Regie: Erwin Keusch, ZDF 1984; »Geschichten aus der Heimat«, Serie, ARD 1984; »Nebenwirkungen«, Regie: Ralph Bridle, ARD 1985; »Lindenstraße«, Regie: Hans W. Geissendörfer, 52 Folgen, ARD 1985/86.
Auszeichnungen: Bundesfilmpreis 1977; Filmband in Gold mit Stipendium von 10 000 DM für die Rolle des Werner Wild in »Das Brot des Bäckers«.

Anschrift: c/o ZBF-Agentur München, Leopoldstraße 19, 8000 München 40.

Otto Tausig

Geb. 13. 2. 1922 in Wien, wo er bis 1938 zur Schule ging (Mittelschule); von 1939 bis 1945 lebte er in der Emigration in England; von 1946–1948 absolvierte er das Max-Reinhardt-Seminar in Wien; sein Debüt gab er am Neuen Theater in der Scala in Wien; an diesem Haus war er auch als Spielleiter und Chefdramaturg bis 1956 tätig.
Weitere Stationen als Schauspieler: Volksbühne Berlin (1956–1960), Deutsches Theater in Ost-Berlin (1957–1960), Städt. Bühnen Münster (1960/61) und Schauspielhaus Zürich (1962/63).
Von 1962 bis 1970 war Tausig vornehmlich als freischaffender Regisseur tätig und arbeitete u.a. am Theater in der Josefstadt Wien, an der Komödie Basel, am Hessischen Staatstheater Wiesbaden, an den Städt. Bühnen Frankfurt/Main, an den Bühnen der Stadt Köln und an der Kleinen Komödie München. Zwischen 1971 und 1983 stand er als Schauspieler im Ensemble des Wiener Burgtheaters; seither ist er erneut freischaffend.
Tausig ist seit 1961 für das Fernsehen tätig; in über 60 Produktionen führte er auch Regie.
Er spricht engl.; er ist verheiratet, hat einen Sohn (Wolfgang) und lebt in Wien.
Film: »Gasparone«, 1956; »Bomber und Paganini«, Regie: Nicos Perakis, 1976.
Theater: Siggie in Odets' »Golden Boy«, Figaro in Beaumarchais' »Der tolle Tag oder Figaros Hochzeit«, Narr in Shakespeares »Was ihr wollt«, jeweils Neues Theater in der Scala Wien 1948–1956; Feuerfuchs in Nestroys »Der Talisman«, Volksbühne Berlin 1958; Weinberl in Nestroys »Einen Jux will er sich machen«, Vinzenz in Hofmannsthals »Der Schwierige«, Truffaldino in Goldonis »Der Diener zweier Herren«, jeweils Schauspielhaus Zürich 1961/62; Zettel in Shakespeares »Ein Sommernachtstraum«, Theater an der Wien, 1969; George in Handkes »Der Ritt über den Bodensee«, Paolo in Strehlers »Sommerfrische«, Jacques in Molières »Der Geizige«, Derwisch in Lessings »Nathan der Weise«, Lynjegew in Ostrowskijs »Wölfe und Schafe«, Kapuziner in Schillers »Wallenstein«, Bobtschinskij in Gogols »Der Revisor« und Titelrolle in Nestroys »Kampl«, jeweils Burgtheater Wien 1971–1983; Herr von Ledig in »Unverhofft«, 1982, und Herr von Lips in »Der Zerrissene«, 1984 (jeweils von Nestroy), jeweils Städt. Bühnen Bonn; Weißkopf in Sobols »Ghetto«, mit Michael Degen, Regie: Peter Zadek, Freie Volksbühne Berlin 1984/85.
Als Regisseur inszenierte er u.a. Nestroys »Lumpazivagabundus«, »Professor Unrat« (nach Heinrich Mann), und »Krieg und Frieden« (nach Tolstoi) (Neues Theater in der Scala Wien); Goldonis »Der Diener zweier Herren« (Volksbühne Berlin); Nestroys »Einen Jux will er sich machen« (Deutsches Theater Berlin), Qualtingers »Die Hinrichtung« (Städt. Bühnen Frankfurt/Main); Rostands »Cyrano de Bergerac« und Lope de Vegas »Der Ritter vom Mirakel« (Städt. Bühnen Köln); Shakespeares »Komödie der Irrungen« und Nestroys »Der Zerrissene« (Burgtheater Wien).
Fernsehen: Salomon in »Kean« (nach Sartre), ARD 1964; Dr. Adler in »Professor Bernhardi« (nach Schnitzler), ZDF 1964; Luka in »Tragödie auf der Jagd« (nach Tschechow), ARD 1967; Füllmann in »Fink und Fliederbusch« (nach Schnitzler), ARD 1968; Lope in »Was kam denn da ins Haus?« (nach Lope de Vega), ZDF 1969; »Die Biedermänner« (von Stromberger), ZDF 1975; »Alpensaga«, Regie: Dieter Berner, 6 Teile, ZDF 1976; Karl Swoboda in »Kleines Bezirksgericht«, Serie, ARD 1976; »Tatort«, Serie, 2 Folgen, ARD 1978 und 1981; »Egon Schiele«, Regie: John Goldschmidt, und »Das Vorbild«, ZDF 1980; »Es hat sich eröffnet«, ARD 1981; »Locker vom Hocker«, mit Walter Giller, Serie, Erzengel Michael in »Angelo und Luzy«, mit Rolf Zacher und Iris Berben, Serie, ZDF 1984.
Regie führte er u.a. bei folgenden Produktionen: »Geisterkomödie« (nach Coward), ARD 1961; »Schule der Frauen« (nach Molière), mit Cornelia Froboess, ZDF 1967; »Tartuffe« (nach Molière), mit Klaus Schwarzkopf, ZDF 1969; »Die Kobis'chen des Mr. Miggletwitcher« (nach Bond), mit Joachim Teege, ORF 1969; »Sketche von Kishon«, mit Klaus Schwarzkopf und Peter Vogel, 10 Folgen, ORF 1973/74.
Anschrift: c/o Agentur Baumbauer, Keplerstraße 2, 8000 München 80.

Joachim Tennstedt

Geb. 10. 10. 1950 in Berlin; dort aufgew.; bereits als Kind nahm er Ballettunterricht und trat bei verschiedenen Veranstaltungen auf. Nach der Schule und ohne Schauspielunterricht wurde er 1966 an die Berliner Kammerspiele verpflichtet, denen er bis 1971 angehörte. Gastspiele gab er seither u.a. am Hebbel-Theater (1971/72), am Kabarett »Die Wühlmäuse« (1973), am Hansa-Theater (1977) und am Renaissance-Theater (seit 1981), jeweils in Berlin. Seit 1965 arbeitet er umfangreich beim Fernsehen. Er ist in der Synchronisation tätig und macht Hörspiele.
Tennstedt spricht engl.; er ist verheiratet und lebt in Berlin.
Theater: In Molières »Die Schelmenstreiche des Scapin«, in Kaisers »Das Floß der Medusa«, Huckleberry Finn in »Tom Sawyer and Huckleberry Finn« (nach Twain), in dem Musical »Hallo Freunde«, jeweils Berliner Kammerspiele 1966–1971; in Flatows »Das Geld liegt auf der Bank«, mit Rudolf Platte, Regie: Ottokar Runze (auch ZDF 1971), Hebbel-Theater Berlin 1971/72; in »Jungfrau von Fünflingen«, Hansa-Theater Berlin 1977; in Feydeaus »Monsieur Chasse oder Wie man Hasen jagt«, in Woody Allens »Mach's nochmal Sam«, in Brechts »Der aufhaltsame Aufstieg des Arturo Ui« und in Horváths »Kasimir und Karoline«, jeweils Renaissance-Theater Berlin 1981–1984.
Fernsehen: »Tommy Tulpe«, Serie, ARD 1965; »Aus dem Alltag der DDR«, Serie, ARD 1967; »Kinderehen«, mit Susanne Uhlen und Hans-Georg Panczak, und »Der große Tag der Berta Laube«, Regie: Dieter Meichsner, ARD 1969; »Familie Bergmann«, Regie: Thomas Engel, Serie, ARD 1970; »Einmal im Leben«, mit Antje Hagen und Fritz Lichtenhahn, Regie: Dieter Wedel, 3 Teile, ARD 1972; »Direction City«, Serie, 2 Folgen, ARD 1975; »Das Hochzeitsfest«, Regie: Karl Fruchtmann, ARD 1977; »Kintopp – Kintopp«, mit Georg Thomalla, Serie, ARD 1980; »Meister Timpe« (nach Max Kretzer), 2 Teile, ZDF 1980; »Auf Schusters Rappen«, Regie: Manfred Seide, ZDF 1981; »Klein Zaches, genannt Zinnober« (nach E.T.A. Hoffmann), Regie: Frank Strecker, ARD 1982; »Krimistunde«, mit Ekkehardt Belle, Regie: Hartmut Griesmayr, Serie, ARD 1984; »Ein Heim für Tiere« (nach Willis), Regie: Siegfried Rothemund, Serie, ZDF 1985.

Anschrift: c/o ZBF-Agentur Frankfurt, Feuerbachstraße 42–46, 6000 Frankfurt/Main.

Katharina Thalbach

Geb. 19. 1. 1954 als Tochter der Schauspielerin Sabine Thalbach und des Regisseur Benno Besson in Berlin; dort aufgew.; mit 15 Jahren spielte sie ihre erste Rolle am Berliner Ensemble als Polly in Brecht/Weills »Die Dreigroschenoper«. Danach war sie bis 1975 an der Berliner Volksbühne unter Vertrag.
Nach ihrer Übersiedlung in den Westen der Stadt im Jahre 1976 hatte sie Engagements u.a. am Schiller-Theater Berlin (1977/78 und 1981), an den Bühnen der Stadt Köln (1979/80) sowie am Schauspielhaus Zürich (seit 1983).
Ihr Filmdebüt gab sie 1971. Seither wirkte sie in rund 15 Produktionen mit.
Katharina Thalbach spricht engl.; sie ist ledig und lebt in Berlin.
Film: »Es ist eine alte Geschichte«, Regie: Lothar Warneke; »Johannes Kepler«, Regie: Frank Vogel; »Lotte in Weimar« und »Die Leiden des jungen Werther« (nach Goethe), Regie: jeweils Egon Günther; »Der nackte Mann auf dem Sportplatz«, Regie: Konrad Wolf; »Im Schlaraffenland«, Regie: Kurt Jung-Ahlsen - von 1971 bis 1976 bei der DEFA. »Das zweite Erwachen der Christa Klages«, Regie: Margarethe von Trotta, 1977; »Winterspelt 1944«, mit Hans Christian Blech, Regie: Eberhard Fechner, und »Fluchtwege nach Marseille«, Regie: Ingemo Engström, 1978; »Die Blechtrommel«, mit David und Heinz Bennent, Regie: Volker Schlöndorff, 1979; »Engel aus Eisen«, 1981, »Domino« 1982, Regie: jeweils Thomas Brasch; »Sophie's Choice«, mit Meryl Streep, Regie: Alan J. Pakula, USA 1983; »Glut«, Regie: Thomas Koerfer, und »Friedliche Tage«, Regie: Richard Blank, 1983.
Theater: Desdemona in Shakespeares »Othello«, 1972, und Mira in da Silvas »Speckhut«, 1974, jeweils Volksbühne (Ost-)Berlin; Titelrolle in der Uraufführung von Braschs »Lovely Rita«, Regie: Niels-Peter Rudolph, 1977, und Prothoë in Kleists »Penthesilea«, Regie: Hans Neuenfels, 1981, jeweils Schiller-Theater Berlin; Titelrolle in Kleists »Das Käthchen von Heilbronn«, Regie: Jürgen Flimm, Bühnen der Stadt Köln 1979/80; Ophelia in Shakespeares »Hamlet« und Mädchen Oi in Braschs »Mercedes«, jeweils Schauspielhaus Zürich 1983/84.
Fernsehen: »Theodor Chindler« (nach Bernard von Brentano), mit Hans Christian Blech, Regie: Hans W. Geissendörfer, 8 Teile, ARD 1979; »Mosch«, mit Marius Müller-Westernhagen, Regie: Tankred Dorst, ARD 1980; »Väter und Söhne«, mit Burt Lancaster und Julie Christie, Regie: Bernhard Sinkel, 4 Teile, ARD 1986.
Auszeichnungen: Preis der Theaterkritik »als beste Schauspielerin der DDR« 1971; »Deutscher Darstellerpreis« des Bundesverbandes der Film- und Fernsehregisseure 1980.
Anschrift: c/o ZBF-Agentur Berlin, Kurfürstendamm 206, 1000 Berlin 15.

Hilmar Thate

Geb. 17. 4. 1931 in Dölau bei Halle; dort aufgew.; als Schüler spielte er in einer Laiengruppe. Seinen ersten Auftritt hatte er in dem Lokal »Palmbaum« seines Heimatortes. Bis zur zehnten Klasse besuchte er die Frankschen Stiftungen in Halle; er absolvierte danach die Staatl. Hochschule für Theater und Musik. Sein Debüt gab er am Theater Cottbus. Entscheidend für seinen künstlerischen Werdegang war eine Begegnung mit Bertolt Brecht in Berlin. Bühnenstationen: Maxim-Gorki-Theater Berlin (1953–1959), Berliner Ensemble (1959–1970), Volksbühne Berlin und Deutsches Theater Berlin (ab 1970).
Der DDR-Schriftsteller Volker Braun schrieb für ihn das Bühnenstück »Kipper Paule Bauch« (neuer Titel: »Die Kipper«). In der DDR drehte er über 30 Spielfilme.
Als ihm nach einer Solidaritäts-Petition für den ausgebürgerten Liedermacher Wolf Biermann ab 1976 keine geeigneten Rollen an DDR-Bühnen mehr angeboten wurden, stellte er einen Ausreiseantrag und lebt nun seit 1980 in der Bundesrepublik Deutschland (West-Berlin). Verpflichtungen hatte er u.a. am Berliner Schiller-Theater, am Basler Theater, bei den Salzburger Festspielen und am Bayerischen Staatsschauspiel München.
Thate spricht russ., engl.; er ist verheiratet mit der Schauspielerin Angelica Domröse, die mit ihm in den Westen übersiedelte.
Film: In der DDR bei der DEFA u.a. in: »Leuchtfeuer«, Regie: Wolfgang Staudte, 1954; »Einmal ist keinmal«, Regie: Konrad Wolf, 1955; »Jahrgang 21«, Regie: Václav Gajer, und »Das Lied der Matrosen«, Regie: Kurt Maetzig, 1958; »Professor Mamlock« (nach Friedrich Wolf), Regie: Konrad Wolf, »Leute mit Flügeln«, Regie: Konrad Wolf, 1960; »Der Fall Gleiwitz«, Regie: Gerhard Klein, 1961; »Der geteilte Himmel« (nach Christa Wolf), Regie: Konrad Wolf, 1964; »Die Wahlverwandtschaften« (nach Goethe), Regie: Siegfried Kühn, 1974; »Fleur Lafontaine« (nach Nelken), Regie: Horst Seemann, 1978; »Don Juan, Karl-Liebknecht-Straße 78«, Regie: Siegfried Kühn, 1980. In der Bundesrepublik Deutschland u.a. in: »Engel aus Eisen«, Regie: Thomas Brasch, 1980; Sportreporter Krohn in »Die Sehnsucht der Veronika Voss«, mit Rosel Zech, Regie: Rainer Werner Fassbinder, 1982.
Theater: Schüler in Goethes »Faust« und Just in Lessings »Minna von Barnhelm«, jeweils Theater Cottbus; Oswald in Ibsens »Gespenster«, Titelrolle in Goethes »Clavigo«, jeweils Maxim-Gorki-Theater Berlin 1953–1959; Givola in Brechts »Der aufhaltsame Aufstieg des Arturo Ui«, Aufidius in Brechts »Coriolan« (nach Shakespeare), mit Ekkehard Schall, Regie: Manfred Wekwerth, Galy Gay in Brechts »Mann ist Mann«, Regie: Uta Birnbaum, jeweils Berliner Ensemble 1959–1970; Gennadi in Ostrowskijs »Der Wald«, Regie: Manfred Karge und Matthias Langhoff, und Götz Kanten in Winterlichs »Horizonte«, mit Angelica Domröse, Regie: Benno Besson, Volksbühne Berlin 1970; Titelrolle in Shakespeares »Richard III.«, Regie: Manfred Wekwerth, 1972, Titelrolle in Goethes »Götz von Berlichingen«, 1974, und Adam in Hacks' »Adam und Eva«, Regie: Wolfgang Heinz, 1975, jeweils Deutsches Theater Berlin; Enno Kluge und Fallada in Zadek/Greiffenhagen/Falladas »Jeder stirbt für sich allein«, Regie: Peter Zadek, 1981, und Titelrolle in H. Müllers »Leben Grundlings, Friedrich von Preußen, Lessings Schlaf, Traumschrei«, 1983, jeweils Staatl. Schauspielbühnen Berlins; Titelrolle in Molières »Tartuffe«, Regie: Bernard Sobel, Basler Theater 1982; Sganarell in Molières »Dom Juan«, mit Michael Degen, Regie: Ingmar Bergman, Salzburger Festspiele 1983 und Bayerisches Staatsschauspiel München 1983/84; Titus in H. Müllers »Anatomie Titus Fall of Rome«, Regie: Manfred Karge und Matthias Langhoff, Schauspielhaus Bochum 1985, und in Savarys »Bye Bye Show-Biz«, Württembergisches Staatstheater Stuttgart 1985/86.
Fernsehen: »Der Galgensteiger«, Regie: Xavier Koller, ZDF 1980; »Die zweite Haut«, Regie: Frank Beyer, DDR/UFA, ARD 1981; »Flüchtige Bekanntschaften«, Regie: Marianne Lüdcke, ARD 1982; »Angst vor dem Leben«, Regie: Hagen Mueller-Stahl, und »Variation«, mit Elfriede Irrall und Monica Bleibtreu, Regie: Michael Haneke, ARD 1983; Theobald Maske in »Die Hose« (nach Sternheim), Regie: Otto Schenk, ZDF 1985.
1983 lehnte er das Angebot des NDR ab, Nachfolger

von Walter Richter als »Tatort«-Kommissar (»Trimmel«) zu werden. Die Rolle wurde mit dem ebenfalls aus der DDR übergesiedelten Manfred Krug besetzt.
Auszeichnungen: »Nationalpreis« der DDR, 1966 (zum zweiten Mal 1976).
Anschrift: c/o ZBF-Agentur Berlin, Kurfürstendamm 206, 1000 Berlin 15.

Erika von Thellmann

Geb. 31. 10. 1906 in Leutschau bei Kaschau/Tschechoslowakei als Tochter eines Oberstleutnants; nach der Schule nahm sie Schauspielunterricht. Ab 1927 spielte sie an zahlreichen Berliner Bühnen. Nach dem Krieg gastierte sie vor allem an Boulevard-Bühnen, u.a. an der Kleinen Komödie München und an der Komödie Berlin. Von 1935 bis 1965 wirkte sie in über 160 Spielfilmen mit.
Frau von Thellmann spricht engl.; 1929 heiratete sie den Sänger Tino Pattiera; die Ehe wurde geschieden. Sie ist verheiratet mit einem Sanatoriumsdirektor und lebt seit Jahren völlig zurückgezogen im Schwarzwald.
Film: »Ehestreik«, Regie: Georg Jacoby, »Der grüne Domino«, »Die törichte Jungfrau« und »Der Ammenkönig«, 1935; »Weiberregiment«, Regie: Karl Ritter, »Die un-erhörte Frau«, »Mädchenpensionat« und »Susanne im Bade«, 1936; »Der Unwiderstehliche«, mit Hans Söhnker, Regie: Geza von Bolvary, »Spiel im Sommerwind«, »Liebesbriefe aus dem Engadin«, »Geld fällt vom Himmel«, »Der Fall Deruga«, mit Willy Birgel, Regie: Fritz Peter Buch, »Die kleine und die große Liebe«, »Fortsetzung folgt«, »Rätsel um Beate« und »Verliebtes Abenteuer«, 1938; »Sommer, Sonne, Erika«, Regie: Rolf Hansen, und »Opernball«, mit Marte Harell, Regie: Geza von Bolvary, 1939; »Rosen in Tirol«, »Die unvollkommene Liebe«, »Meine Tochter tut das nicht«, »Frau nach Maß«, »Bal paré«, Regie: Karl Ritter, und »Herzensfreud«, 1940; »Frauen sind doch bessere Diplomaten«, Regie: Georg Jacoby, und »Aufruhr im Damenstift«, 1941; »Die Nacht in Venedig«, »Rembrandt«, mit Ewald Balser, Regie: Hans Steinhoff, und »Mit den Augen einer Frau«, 1942; »Kohlhiesels Töchter«, Regie: Kurt Hoffmann, »Abenteuer im Grand Hotel« und »Du gehörst mir«, 1943; »Die heimlichen Bräute«, »Junge Herzen«, »Spiel«, »Dir zuliebe« und »Philharmoniker«, 1944; »Sag' die Wahrheit« und »Mit meinen Augen«, 1945; »Morgen ist alles besser«, 1948; »Zwölf Herzen für Charly« und »Eine große Liebe«, 1949; »Hochzeit mit Erika«, »Alles für die Firma«, »Eine Nacht im Séparée«, »Küssen ist keine Sünd'«, »Der Geigenmacher von Mittenwald«, »Die Sterne lügen nicht«, und »Königskinder«, Regie: Helmut Käutner, 1950; »Weh' dem, der liebt!«, »Drei Kavaliere« und »Mutter sein dagegen sehr«, mit Ilse Werner, Regie: Viktor Tourjansky, 1951; »Ein ganz großes Kind«, »Der Weibertausch«, »Ich heiße Nicki«, mit Oliver Grimm, »Fritz und Friederike«, und »Toxi«, Regie: Robert A. Stemmle, 1952; »Skandal im Mädchenpensionat«, »Knall und Fall als Detektive«, »Ein tolles Früchtchen« und »So ein Affentheater«, 1953; »Staatsanwältin Corda« und »Ball der Nationen«, Regie: jeweils Karl Ritter, 1954; »Die spanische Fliege« (nach Arnold/Bach), »Der doppelte Ehemann«, »Oh – diese lieben Verwandten«, Regie: Joe Stöckel, »Ferien in Tirol«, »Ihr Leibregiment«, und »Ihr erstes Rendezvous«, Regie: Axel von Ambesser, 1955; »Kleines Zelt und große Liebe«, »Hände weg von Frauen«, »Das Liebesleben des schönen Franz«, »Rosmarie kommt aus Wildwest«, »Die Stimme der Sehnsucht« und »Das Sonntagskind«, 1956; »Mit Rosen fängt die Liebe an« und »Das Mädchen ohne Pyjama«, 1957; »Mein ganzes Herz ist voll Musik«, 1958; »Ein Engel auf Erden« und »Ein Student geht vorbei«, 1959; »Der brave Soldat Schwejk« (nach Hašek), mit Heinz Rühmann, Regie: Axel von Ambesser, 1960; »Bankraub in der Rue Latour«, mit und unter der Regie von Curd Jürgens, 1961; »Willi wird das Kind schon schaukeln«, mit Heinz Erhardt, Regie: Werner Jacobs, 1971.
Theater: In Bush-Feketes »Jean«, 1957 (auch ARD 1957), in Maughams »Der Kreis«, 1958, in Goetz' »Ingeborg«, 1961, in Wildes »Bunbury«, 1962, in Roussins »Die Lokomotive«, 1963, in Bush-Feketes »Jean«, 1974, in »Die liebe Familie«, 1976 (auch ZDF 1978), in Thomas »Witwen«, und in Maughams »Der Kreis«, 1978 (auch ARD 1978), jeweils Kleine Komödie München.
Anschrift: c/o Agentur Alexander, Lamontstraße 9, 8000 München 80.

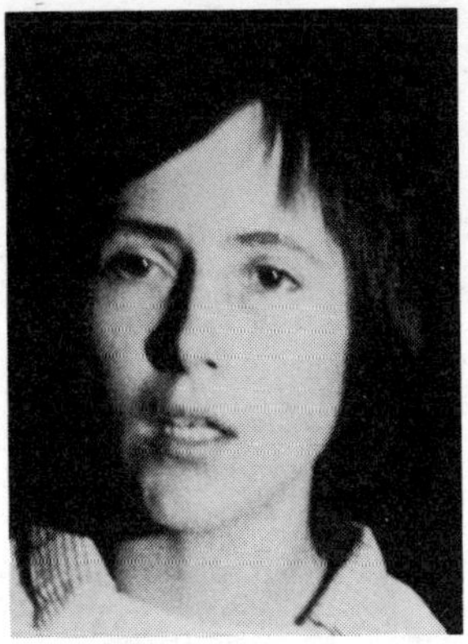

Heidemarie Theobald

Geb. 29. 4. 1938 in Berlin; dort aufgew.; sie absolvierte die Max-Reinhardt-Schule Berlin. Ihr erstes Engagement hatte sie von 1957 bis 1959 am Theater der Freien Hansestadt Bremen. Seit 1959 gehört sie mit Unterbrechungen zum Ensemble der Staatl. Schauspielbühnen Berlins. Verpflichtungen hatte sie ferner u.a. am Bayerischen Staatsschauspiel München (1969/70) und am Theater der Freien Hansestadt Bremen (1981/82).
Frau Theobald spricht engl.; sie lebt in Berlin.
Theater: Julia in Shakespeares »Romeo und Julia«, Theater der Freien Hansestadt Bremen 1957; Barblin in Frischs »Andorra«, Regie: Fritz Kortner, Leila in der Uraufführung von Genets »Die Wände«, mit Berta Drews, Regie: Hans Lietzau (1961), Titelrolle in Shaws »Die heilige Johanna«, Viola in Shakespeares »Was ihr wollt«, Regie: Fritz Kortner, Putzi in der deutschen Erstaufführung von Albees »Wer hat Angst vor Virginia Woolf?«, Regie: Boleslaw Barlog (1962), Natalie in Kleists »Prinz Friedrich von Homburg«, Regie: Hans Lietzau, in Saunders' »Ein Duft von Blumen«, Regie: Ernst Schröder, Lena in Buchners »Leonce und Lena«, Regie: Roberto Ciulli, Leonore von Este in Goethes »Torquato Tasso«, Regie: Willi Schmidt, jeweils Staatl. Schauspielbühnen Berlins seit 1959; Titelrolle in Schillers »Maria Stuart«, Regie: Helmut Henrichs, und Warja in Tschechows »Der Kirschgarten«, Regie: Rudolf Noelte, jeweils Bayerisches Staatsschauspiel München 1969/70; Trude in Walsers »Die Zimmerschlacht«, Theater der Freien Hansestadt Bremen 1982.
Fernsehen: »Das Totenreich« (von Asmodi), Regie: Karin Brandauer, 2 Teile, ARD 1986.
Anschrift: c/o Schiller-Theater Berlin, Bismarckstraße 110, 1000 Berlin 12.

Ludwig Thiesen

Geb. 10. 12. 1928 in Köln; nach dem Abitur in Altenburg/Thüringen 1947 nahm er Schauspielunterricht in Köln, wo er an den Bühnen der Stadt erste kleinere Rollen bekam. Seine Abschlußprüfung legte er bei Gustaf Gründgens in Düsseldorf ab. Engagements hatte er u.a. ab 1951 am Zimmertheater Aachen, am Theater am Niederrhein Kleve, an den Kammerspielen Düsseldorf, am Contra-Kreis-Theater Bonn und am Badischen Staatstheater Karlsruhe (mit Rollen seines Fachs).
Den Schwerpunkt seiner Arbeit setzte er beim Fernsehen. Seit 1959 ist er im künstlerischen Ensemble des Südwestfunks Baden-Baden tätig. Er arbeitet umfangreich beim Hörfunk und in der Synchronisation.
Film: »Das Wunder des Malachias« (nach Bruce Marshall), Regie: Bernhard Wicki, 1961.
Fernsehen: »Terror in der Waage« (nach Shaffer), ARD 1960; »Der kleine Napoleon«, »Der Zerrissene« (nach Nestroy) und »Zwischen den Zügen« (nach Coward), ARD 1961; »Der Maulkorb« (nach Spoerl), ARD 1963; »Tag für Tag« (nach Wesker), ZDF 1965; »Schwäbische Geschichten« (von Eckhardt), mit Willy Reichert, Serie, »Zeitsperre« (nach Hailey) und »Gesellschaftspiel« (nach de Laclos), ARD 1966; »Die wundersame Schustersfrau« (nach Lorca), ZDF 1966; »Die Frau des Fotografen« (nach Pagnol), und »Der falsche Prinz« (nach Hauff), mit Claus Ringer, ARD 1967; »Pension Schöller« (nach Jacobi/Laufs), ARD 1968; »Operation Walküre« (nach Pigge), ARD 1971; »Autoverleih Pistulla«, Serie, ARD 1973/74; »Der Tod des Camillo Torres«, und »Der Weillburger Kadettenmord«, Regie: Eberhard Itzenplitz, ZDF 1977; »Das Karnickel« (von Alexandre Rivemale), ZDF 1980; »Der Aufstieg – ein Mann geht verloren«, Regie: Peter Patzak, ARD 1980; »Tatort«, Serie, ARD 1982; »Ein Fall für zwei«, Serie, ZDF 1984; »Geschichten aus der Heimat«, Serie, ARD 1984; »Lindhoops Frau«, Regie: Eberhard Itzenplitz, ZDF 1985.
Anschrift: c/o ZBF-Agentur Frankfurt, Feuerbachstraße 42-46, 6000 Frankfurt/Main.

Peter Thom

Geb. 6. 2. 1925 in Berlin; dort und in Hannover aufgew.; lebt in München; verheiratet seit 1958, eine Tochter; spricht engl.; nach der mittleren Reife Beginn einer Bäckerlehre, die er nach einem halben Jahr abbrach, um 1952 die Schauspielschule Hannover zu besuchen; er debütierte 1954 an der Landesbühne Hannover; die weiteren Engagements: Niedersächsisches Staatstheater Hannover (1957/58), Tribüne Berlin (1959), Schaubühne am Halleschen Ufer Berlin (1962–1969); seit 1978 arbeitet er am Bayerischen Staatsschauspiel München, seit 1983 auch am neu eröffneten Münchner Volkstheater. Thom ist umfangreich in der Synchronisation tätig.
Film: »Der Jugendrichter«, mit Heinz Rühmann, Regie: Paul Verhoeven, 1958; »Die junge Sünderin«, mit Grethe Weiser und Karin Baal, 1959; »Bis zum Ende aller Tage«, mit Hanns Lothar, Regie: Franz Peter Wirth, und »Der Goldesel«, mit Gert Fröbe, 1961.
Theater: In Wilders »Die Heiratsvermittlerin«, Niedersächsisches Staatstheater Hannover 1958; in Brechts »Mann ist Mann«, in Sophokles/Brechts »Antigone« und in Weskers »Nächstes Jahr in Jerusalem«, jeweils Schaubühne in Berlin 1962–1969; in Glickmann/Steins »Die Söhne der Frau Gibbons« (1962), in Ephrons »Nimm sie, sie gehört mir« (1963) und in »Poker mit Mama« (1974), jeweils Kleine Komödie München; in Millers »Alle meine Söhne«, mit René Deltgen, Tournee 1974; in Lanes »Happy end«, Regie: Helmut Baumann, in Brechts »Mutter Courage und ihre Kinder«, mit Ruth Drexel, in Deichsels »Frankenstein«, und Kalle in Zuckmayers »Der Hauptmann von Köpenick«, mit Hans Jürgen Diedrich, Regie: Horst Sachtleben, jeweils Bayerisches Staatsschauspiel München 1980–1984.
Fernsehen: »Am grünen Strand der Spree«, mit Wolfgang Büttner, Regie: Fritz Umgelter, ARD 1960; »Die Schlager des Monats«, Moderation, 12 Folgen, ZDF 1963; »Fluchtversuch«, Regie: Theo Mezger, und »Die Schlüssel« (nach Durbridge), Regie: Rolf May, 3 Teile, ARD 1965; »Das Kriminalmuseum«, Regie: Wolfgang Becker, Serie, 3 Folgen, ZDF 1965/66; »Der Tod des Handlungsreisenden« (nach Miller), mit Heinz Rühmann, Regie: Gerhard Klingenberg, ZDF 1968; »Mittags auf dem Roten Platz«, Regie: Dieter Wedel, ARD 1977; »Lady Audleys Geheimnis«, ARD 1978; »PS – Die Feuerreiter«, Regie: Claus Peter Witt, 4 Teile, ARD 1978; »Der Alte«, Serie, ZDF 1980.
Anschrift: c/o ZBF-Agentur München, Leopoldstraße 19, 8000 München 40, oder Appenzellerstraße 125, 8000 München 71.

Georg Thomalla

Geb. 14. 2. 1915 als Sohn eines Justizinspektors in Kattowitz; nach Volksschule und Gymnasium absolvierte er zunächst eine Lehre als Koch. Durch seinen Bruder, einen Operettentenor, kam er zur Bühne. Seine erste kleine Rolle spielte er an dessen Seite in Lehárs Operette »Das Land des Lächelns« in Hamburg. Engagements hatte er an einem Wandertheater in Memel, Dömitz, in Gelsenkirchen, am Reußischen Theater Gera und in Berlin am Theater des Volkes, am Nollendorftheater, am Schloßpark-Theater an der Komödie und am Theater am Kurfürstendamm. An den beiden letztgenannten Bühnen begann er nach Teilnahme am II. Weltkrieg als Gefreiter bei der Luftwaffe im Jahre 1947. Von 1948 bis 1956 gehörte er zu Willi Schaeffers' »Kabarett der Komiker«. Ein Engagement am Berliner Schloßpark-Theater folgte.
Seit 1960 ist er Gast der namhaftesten deutschsprachigen Boulevard-Bühnen. Er spielte u.a. an der Komödie Berlin (Schwerpunkt), an der Kleinen Komödie München, am Theater am Dom Köln, an der Komödie im Marquardt Stuttgart, an der Komödie Düsseldorf und am Ernst-Deutsch-Theater Hamburg (bis 1984).
Sein Filmdebüt gab er 1939; seither wirkte er in über 120 Spielfilmen mit. Auf dem Bildschirm ist er vornehmlich in Theaterübertragungen, Stücken vor Studiopublikum und in seinen früheren Kinofilmen zu sehen. Er arbeitet in der Synchronisation, wo er u.a. Jack Lemmon seine Stimme leiht.
Thomalla spricht engl.; er ist verheiratet, hat einen Sohn (Valentin) und lebt in Bad Gastein/Österreich, wo er ein Hotel besitzt.
Film: »Ihr erstes Erlebnis«, 1939; »Kleinstadtpoet«, 1940; »Stukas«, Regie: Karl Ritter, »Jungens« und »Über alles in der Welt«, 1941; »Wir machen Musik« (nach Rössner), mit Ilse Werner, Regie: Helmut Käutner, 1942; »Nora« (nach Ibsen), mit Luise Ullrich, Regie: Harald Braun, 1944; »Tierarzt Dr. Vlimmen«, Regie: Boleslaw Barlog, 1945; »Sag die Wahrheit«, 1946; »Herzkönig«, Regie: Helmut Weiß, 1947; »Um eine Nasenlänge« und »Man spielt nicht mit der Liebe«, 1949; »Maharadscha wider Willen«, »Komplott auf Erlenhof«, und »Eine Nacht im Séparée«, Regie: Hans Deppe, 1950; »Fanfaren der Liebe« und »Königin einer Nacht«, Regie: jeweils Kurt Hoffmann, 1951; »Die leibhaftige Unschuld«, Regie: Paul Verhoeven, »Schwarze Augen«, »Der Fürst von Pappenheim«, Regie: Hans Deppe, »Mikosch rückt ein«, »Tanzende Sterne«, Regie: Geza von Cziffra, und »Meine Frau macht Dummheiten«, Regie: Geza von Bolvary, 1952; »Der Onkel aus Amerika«, mit Hans Moser, Regie: Carl Boese, »Damenwahl«, und »Bezauberndes Fräulein«, Regie: Georg Thomalla selbst, 1953; »Fräulein vom Amt«, Regie: Carl-Heinz Schroth, »Die sieben Kleider der Katrin«, Regie: Hans Deppe, »Die Stadt ist voller Geheimnisse«, Regie: Fritz Kortner, und »Viktoria und ihr Husar«, 1954; »Himmel ohne Sterne«, Regie: Helmut Käutner, »Wunschkonzert«, Regie: Erik Ode, »Solange es hübsche Mädchen gibt«, Regie Arthur Maria Rabenalt, 1955; »Musikparade«, Regie: Geza von Cziffra, »Meine Tante, deine Tante«, Regie: Carl Boese, 1956; »Ein Stück vom Himmel«, Regie: Rudolf Jugert, »Viktor und Viktoria«, Regie: Karl Anton, »Scampolo«, mit Romy Schneider, Regie: Alfred Weidenmann, »Tante Wanda aus Uganda«, Regie: Geza von Cziffra, und »Drei Mann auf einem Pferd« (nach Abbott), 1957; »Oh, diese Ferien«, Regie: Franz Antel, »Das haut einen Seemann doch nicht um«, Regie: Arthur Maria Rabenalt, »Sklavenkarawane« (nach Karl May), Regie: Georg Marischka, 1958; »Der Löwe von Babylon« (nach Karl May), 1959; »Das Spukschloß im Spessart«, Regie: Kurt Hoffmann, 1960; »Kauf dir einen bunten Luftballon«, Regie: Kurt Ullrich, »Mein Mann, das Wirtschaftswunder« und »Adieu, Lebewohl, Goodbye«, 1961; »Die Försterchristel«, »Und ewig knallen die Räuber« und »Schneewittchen und die sieben Gaukler«, 1962; »Erzähl' mir nichts«, und »Ludwig Thomas Lausbubengeschichten«, mit Hansi Kraus und Elisabeth Flickenschildt, Regie: Helmut Käutner, 1964; »Die Lümmel von der ersten Bank« und »Immer Ärger mit den Paukern«, Regie: jeweils Werner Jacobs, 1968; »Unser Doktor ist der beste«, mit Roy Black, »Herzblatt oder Wie sag' ich's meiner Tochter« und »Hilfe, ich liebe Zwillinge«, 1969; »Sex-Märchen der Gebrüder Grimm«, 1970; »Einer spinnt immer«, Regie: Franz Antel, »Verliebte Ferien in Tirol«, Regie: Harald Reinl, »Hurra, wir sind mal wieder Junggesel-

len«, Regie: Harald Philipp, 1971; »Der Tiefstapler«, Regie: Peter W. Rosenthal, 1978.

Theater: In Devals »Wir armen Erdenbürger«, in Gogols »Der Revisor«, jeweils Schloßpark-Theater Berlin. Von den zahlreichen Boulevardstücken, die er oft mehrmals und an verschiedenen Bühnen spielte, u.a.: Hubaleks »Der Herr Nachtigall«, Flatows »Vater einer Tochter«, Barillet/Grédys »Die Kaktusblüte«, Yeldhams »Auf und davon«, Hopwoods »Der Mustergatte«, Rattigans »Olivia« und »Durchreise«. Besonderen Erfolg hatte er lange Jahre in der Titelrolle von Flatows »Der Mann, der sich nicht traut« (auch ARD 1975).

Fernsehen: Neben den zahlreichen Theaterübertragungen begann er 1969 mit seiner Sendereihe »Komische Geschichten mit Georg Thomalla«, die 1984 nach längerer Pause von der ARD wieder aufgenommen wurde. 1980 spielte er unter der Regie von Peter Weck in Georg Kaisers »Kolportage« (ARD). Das ZDF widmete ihm 1983 ein sechsteiliges Special, in dem er in den verschiedensten Rollen auftrat. 1985 war er zu sehen in Joachim Fuchsbergers Talkshow »Heut' abend«, »Der Ring des lieben Jungen« (von Rittig), mit Sonja Ziemann, Regie: Harald Schaefer, ARD, und »Ein Mann ist soeben erschossen worden« (nach Arca), Regie: Thomas Engel, ZDF. Zudem war er Gast vieler Unterhaltungsshows, u.a. »Peter Alexander präsentiert Spezialitäten« (ZDF), »Was bin ich?« (ARD) und »Melodie einer Stadt: Rom« (ZDF).

Auszeichnungen: »Goldener Bildschirm« (TV-Hören und Sehen) 1972; Filmband in Gold 1984.

Anschrift: c/o Agentur Mackeben, Douglasstraße 2–4, 1000 Berlin 33.

Udo Thomer

Geb. 3. 10. 1945 in Regensburg; dort aufgew.; nach der Schule nahm er Schauspiel- und Gesangsunterricht. Bühnenstationen (u.a.) Stadttheater Regensburg, Vereinigte Städt. Bühnen Krefeld-Mönchengladbach, Luisenburg-Festspiele Wunsiedel, Kreuzgangspiele Feuchtwangen sowie mehrere Münchner Kellertheater und Münchner Volkstheater (1984–1986). Er arbeitet umfangreich für das Fernsehen.
Thomer spricht engl.; er ist verheiratet und lebt in München.
Theater: Titelrolle in Handkes »Kaspar«, Neoptolemos in H. Müllers »Philoktet«, Clochet in Sartres »Tote ohne Begräbnis«, Heinrich in J. Schwarz' »Der Drache«, Titelrolle in Büchners »Woyzeck«, Duncan in Ionescos »Macbett«, Heinz in Kroetz' »Oberösterreich«, Peter in »Der dreimal tote Peter«, Edgar in Plenzdorfs »Die neuen Leiden des jungen W.«, Probstein in Shakespeares »Wie es euch gefallt«, Sosias in Kleists »Amphitryon«, Ruprecht in Kleists »Der zerbrochene Krug«, mehrere Rollen in Queneaus »Autobus S«, Plutzerkern in Nestroys »Der Talisman«, Lanzelot in Shakespeares »Der Kaufmann von Venedig«, Tom in Jellicoes »Was ist an Tolen so sexy?«, Valentin-Rollen in »Valentinaden«, in Weiss' »Der Gesang vom lusitanischen Popanz«, Sin in Tersons »Eine Nacht, daß die Engel weinen«, Peider in Frischs »Andorra«, Leim in Nestroys »Lumpazivagabundus«, Porthos in Dumas' »Die drei Musketiere«, Hogan in Behans »Richards Korkbein«, Hortensio in Spewack/Porters »Kiss me, Kate«, Caliban in Shakespeares »Der Sturm«, Ossip in Gogols »Der Revisor«, Uria in Brechts »Mann ist Mann« und Titelrolle in Shakespeares »Macbeth«, jeweils an den vorgenannten Bühnen bis 1984; in Kusz' »A Rua is, Bua«, 1984, und in Reinshagens »Doppelkopf«, 1986, Regie: jeweils Ulrich Heising, Münchner Volkstheater.
Fernsehen: »Der Wittiber« (nach Thoma), Regie: Franz Peter Wirth, »Die Guten«, Regie: Hans Dieter Schwarze, ZDF 1975; »Minna von Barnhelm« (nach Lessing), Regie: Franz Peter Wirth, ZDF 1976; »Im bayerischen Stil«, Regie: Hellmuth Matiasek, und »Die Leute von Feichtenreut« (von Burger), Regie: Franz Peter Wirth, ARD 1976; »Planspiel«, Regie: Wolfgang Petersen, und Stoffel in »Die Teufelsbraut« (nach Kranewitter), mit Lil Dagover, Regie: Hans Dieter Schwarze, ARD 1977; »Der Alte«, Serie, 2 Folgen, ZDF 1977 und 1981; »Buddenbrooks« (nach Thomas Mann), Regie: Franz Peter Wirth, 11 Teile, und »Anton Sittinger« (nach Oskar Maria Graf), ARD 1979; »Andreas Vöst« (nach Thoma), Regie: Eberhard Itzenplitz, ZDF 1979; »Steckbriefe«, Regie: Theo Mezger und Hans Dieter Schwarze, 6 Teile, und »Der gelbe Unterrock« (aus der Reihe: »Tatort«), Regie: Kristian Kühn, ARD 1980; »Pseudonym Hans Fallada«, mit Dieter Borsche, Regie: Lutz Büscher, und »François Villon« (von Ahlsen), Regie: Werner Schlechte, ZDF 1981; »Tatort«, Regie: Hans Dieter Schwarze, Serie, und »Die Grenze«, Regie: Jürgen Klauß, ARD 1981; »Schwarz Rot-Gold: Alles in Butter«, Regie: Dieter Wedel, und »Egmont« (nach Goethe), Regie: Franz Peter Wirth, ARD 1982; »Beate S.«, Regie: Michael Lähn, »Die Krimistunde«, Regie: Hartmut Griesmayr, Serie, ARD 1983; »Einmal die Woche«, Regie: Horst Flick, ZDF 1983; »Derrick«, Serie, 2 Folgen, ZDF 1983 und 1984; »Polizei-Inspektion 1«, mit Walter Sedlmayr, Serie, »Schwarz-Rot-Gold: Blauer Dunst«, Regie: Theo Mezger, und »Vor dem Sturm« (nach Fontane), Regie: Franz Peter Wirth, 6 Teile, ARD 1984; »Heirat nicht ausgeschlossen«, Regie: Eberhard Itzenplitz, und »Der Lehrer«, mit Klaus Schwarzkopf, Regie: Alfred Vohrer, ZDF 1984; »Tegtmeier«, mit Jürgen von Manger, Serie, »Der Alte«, Serie, »Der Fehler des Piloten«, Regie: Hartmut Griesmayr, und »Die Orgel« (von Maximilian Lamprecht), mit Hans Christian Blech, Regie: Gero Erhardt, ZDF 1985; »Es ist angerichtet«, mit Eddi Arent, Regie: Heinz Liesendahl, Serie, ARD 1985.
Anschrift: c/o Agentur von Pilecki, Eilandstraße 12, 8000 München 90.

Jürgen Thormann

– Staatsschauspieler –

Geb. 12. 2. 1928 in Rostock; nach der Schule nahm er privaten Schauspielunterricht in Bonn. Seine Bühnenstationen: Theater Rheydt, Theater der Freien Hansestadt Bremen, Schauspielhaus Bochum und seit 1962 Staatl. Schauspielbühnen Berlins (jeweils Rollen seines Fachs). Er arbeitet umfangreich für den Hörfunk (SFB, RIAS, Radio Bremen) und in der Synchronisation. Er sprach nahezu in allen amerikanischen Serien, die in Berlin synchronisiert werden. Thormann spricht engl., franz.; er ist verheiratet mit der Schauspielerin Uta Sax und lebt in Berlin.
Fernsehen: »Hinter den Wänden«; »Der Sturm« (nach Shakespeare); »Alle Hunde lieben Theobald«, mit Carl-Heinz Schroth, Serie, ZDF 1971; »Anpassung an eine zerstörte Illusion«, Regie: Eberhard Itzenplitz, ARD 1977; »Unabhängig und nur dem Gesetz unterworfen«, Regie: Eberhard Itzenplitz, ARD 1979; »Die Deutsche«, Regie: Rainer Wolffhardt, ZDF 1981; »Die zweite Haut«, Regie: Frank Bayer, DDR/UFA/ARD 1981; »Joseph Süß Oppenheimer«, ZDF 1984.
Auszeichnung: Berliner Staatsschauspieler.
Anschrift: c/o ZBF-Agentur Berlin, Kurfürstendamm 206, 1000 Berlin 15, oder Spanische Allee 75, 1000 Berlin 38.

Friedrich von Thun

(eigentlich: Friedrich Graf von Thun-Hohenstein)

Geb. 30. 6. 1942 in Kwassitz/Böhmen; aufgew. in der Tschechoslowakei und in Österreich; lebt in München; verheiratet, zwei Kinder (Givia, geb. 1974, Maximilian, geb. 1977); spricht engl., franz.; nach dem Abitur Germanistikstudium und Besuch einer Schauspielschule; er wurde von Axel von Ambesser entdeckt.
1962 begann er als Regieassistent beim Bayerischen Fernsehen; von 1963 bis 1967 war er an den Münchner Kammerspielen engagiert; Tourneen und Gastspiele, u.a. am Fritz-Rémond-Theater im Zoo, Frankfurt/Main und bei den Festspielen Heppenheim folgten. Thun arbeitet neben seinem Beruf als Schauspieler als Regisseur von Dokumentarfilmen für das Fernsehen. So zeichnete er verantwortlich u.a. für »Eine Reise nach Timbuktu«, »Laos«, »Das Rätsel von Lubaantun«, »Alexander von Wuthenau – Ein Einzelgänger in Mexiko«, »Mennoniten – Der mühevolle Weg zur Seligkeit«.
Film: »Die fromme Helene«, Regie: Axel von Ambesser, und »Tante Frieda«, mit Elisabeth Flickenschildt und Hansi Kraus, 1965; »Liselotte von der Pfalz«, und »Onkel Filser« (nach Thoma), 1966; »Manöver-Lausbubengeschichten«, 1967; »O.K.«, 1970, und »MitGift«, 1976, Regie: jeweils Michael Verhoeven.
Theater: In Christliebs »Gewitter am See« (1963/64) und in Thomas »Magdalena« (1966/67), Regie: Hans Schweikart, jeweils Kammerspiele München; in Homes »Handicap«, Regie: Axel von Ambesser, in Marivaux' »Das Spiel von Liebe und Zufall«, und in Marceaus »Das Ei«, mit Hans Clarin, jeweils Tournee-Theater; in Raimunds »Der Verschwender«, Festspiele Heppenheim 1981.
Fernsehen: »Griseldis« (nach Courths-Mahler), Regie: Peter Beauvais, ARD 1974; »Bier und Spiele«, Regie: Michael Verhoeven, 14 Teile, ZDF 1975/76; »Notwehr« (von Bernd Schröder), und »Wallenstein« (nach Golo Mann), mit Rolf Boysen und Werner Kreindl, Regie: Franz Peter Wirth, 4 Teile, ZDF 1977; »Die Kameliendame« (nach Dumas), Regie: Tom Toelle, ARD 1978; »Achtung Chance«, Regie: Kurt Ulrich, ZDF 1978; »Ringstraßenpalais«, Regie: Rudolf Nussgruber, Serie, ZDF 1980/81; »Sonntagskinder«, Regie: Michael Verhoeven, ARD 1981; »Der gutmütige Grantler«, mit Walter Sedlmayr, ZDF 1982; »Der Jagerloisl« (nach Thoma), Regie: Stephan Rinser, ARD 1982; »Tödliche Ehen«, Regie: Jack Gold, 2 Teile, »Das gläserne Wappen«, Regie: Susanne Zanke, und »Liebe Melanie«, mit Melanie Horeschovsky, Senta Berger und Eva Mattes, Regie: Michael Verhoeven, ZDF 1983; »Der Leutnant und sein Richter« (nach Maria Fagyas), mit Helmut Griem und Judy Cornwell, Regie: John Goldschmidt, 2 Teile, ZDF 1984; »Gespenstergeschichten«, Regie: Wolfgang Panzer, ARD 1985; Franz Stephan in »Wie der Mond über Feuer und Blut«, Regie: Axel Corti, ORF + BR III 1985.
Anschrift: c/o Agentur Alexander, Lamontstraße 9, 8000 München 80.

Hanno Thurau

Geb. 21. 9. 1939 in Hamburg; aufgew. in Bad Oldesloe; nach der mittleren Reife besuchte er das hamburgische Schauspielstudio Hildburg Freese. Seit 1961 gehört er zum festen Ensemble des Ohnsorg-Theaters Hamburg.
Thurau spricht engl.; er ist ledig und lebt in Hamburg.
Film: »Desperado City«, Regie: Vadim Glowna, 1981.
Theater/Fernsehen: Die folgenden Stücke wurden im Ohnsorg-Theater gespielt und zugleich von der ARD, teilweise live, teilweise in Aufzeichnungen gesendet. Partner waren u.a. Henry Vahl, Heidi Kabel, Heidi Mahler, Edgar Bessen, Hilde Sicks und Karl-Heinz Kreienbaum. »Das Leben geht weiter«, 1961, »Die Kartenlegerin oder Die Welt will betrogen sein«, 1964, »Die Königin von Honolulu«, 1966, »Petrus gibt Urlaub«, 1967, »Die lieben Verwandten«, 1968, »Alte Liebe – Junges Leben« und »Ein Mann mit Charakter«, 1969, »Der möblierte Herr« und »Der Funkenpuster«, 1971, »Familienanschluß«, 1972, »Rund um Kap Horn« und »Für die Katz«, 1973, »Der schönste Mann von der Reeperbahn«, 1974, »Pott will heiraten«, 1975, »Petrus gibt Urlaub«, 1976, »Cowboys« und »Auiddjes und Matrosen«, 1977, »Hamburger Leiden« und »Mann mit Charakter«, 1978, »In Luv und Lee die Liebe«, »Der Fischer und seine Frau« und »Krach um Jolanthe«, 1979, »Schneider Wibbel« und »Hamburger Bier«, 1980, »Dat Stück Land«, »Das Piratenstück« und »Weiße Wyandotten«, 1981, »Die vergnügte Tankstelle« und »Der Lorbeerkranz«, 1982, »Ein Kaktus unter Rosen«, »Mensch sein muß der Mensch«, 1983, »Poppe steigt aus« (von Hansen), 1986.
Ferner wirkte er u.a. in den TV-Serien »Hafenkrankenhaus«, Regie: Erich Neureuther, ARD 1967, und »Video & Co.«, ARD 1984, mit.
Anschrift: Breitenfelder Straße 90, 2000 Hamburg 20.

Herbert Tiede

(eigentlich: Herbert Salomon)

Geb. 3. 3. 1915 als Sohn des Opernsängers Paul Salomon in Osnabrück; dort aufgew.; nach dem Besuch des Gymnasiums nahm er von 1933 bis 1936 Schauspielunterricht bei Staatsschauspielerin Frida Jahn-Mehring in Dessau, wo er zudem eine Gesangsausbildung absolvierte und sein Theaterdebüt bereits während der Studienzeit geben durfte.
Er verkörperte den Theobald in Hebbels »Agnes Bernauer«. Am Landestheater Dessau war er von 1933 bis 1939 und von 1945 bis 1949 unter Vertrag. 1939/40 spielte er am Stadttheater Oberhausen, von 1940–1942 am Stadttheater Bielefeld. Von 1942 bis 1945 war er zum Wehrdienst eingezogen. An den Städt. Bühnen Nürnberg-Fürth wirkte er von 1949–1957, am Hessischen Staatstheater Wiesbaden 1957/58. Seither ist er freischaffend, wobei er vor allem am Deutschen Theater München und an der Kleinen Komödie München Gastspiele gegeben hat. Seit 1942 drehte er über 30 Kinofilme und wirkte seit 1955 in über 250 Fernsehproduktionen mit.
Tiede spricht engl., franz.; er ist verheiratet und hat vier Kinder; er lebt abwechselnd in Gräfelfing bei München und Bernau am Chiemsee.
Film: »Untergang der Titanic«, »Diesel« und »Der Majoratsherr«, 1942; »Jan und die Schwindlerin«, 1943; »Liebe 47«, 1949; ». . . und nichts als die Wahrheit«, mit O.W. Fischer und Marianne Koch, Robertson in »Rommel ruft Cairo«, Regie: Wolfgang Schleif, und »Der Schäfer vom Trutzberg«, 1958; »Kriegsgericht«, »Morgen wirst du um mich weinen«, und »Ein Tag, der nie zu Ende geht«, mit Ruth Leuwerik, 1959; »Die Fastnachtsbeichte« (nach Zuckmayer), Bankdirektor Hassen in »Bis das Geld euch scheidet«, mit Luise Ullrich und Gert Fröbe, Inspektor in »Das schwarze Schaf«, mit Heinz Rühmann, und »Der letzte Zeuge«, 1960; »Herrenpartie«, Regie: Wolfgang Staudte, 1963; »Zwei tolle Käfer räumen auf«, Regie: Rudolf Zehetgruber, 1978.
Theater: Ferdinand in Schillers »Kabale und Liebe«, Titelrolle in Hebbels »Gyges und sein Ring«, Dr. Robberts in Harris' »Johnny Belinda«, Captain Fisby in Patricks »Das kleine Teehaus« und Oberst Pickering in Lerner/Loewes »My Fair Lady«, an den vorgenannten Bühnen bis 1960; in Lovegroves »Guten Abend, Mrs. Sunshine«, 1966 (auch TV), in Goodharts »Eine neue Generation«, 1968, in Flatow/Pillaus »Das Geld liegt auf der Bank«, 1970, in Savoirs »Die Kinder Edouards«, 1973 (auch TV), in Bichlers »Die Reise nach Singapur« und in Fieldings »Tiefstapeleien«, 1974, jeweils Kleine Komödie München.
Fernsehen: Dr. Bayliss in »Alle meine Söhne« (nach Miller) und Dr. Lommond in »Der Hexer« (nach Wallace), Regie: jeweils Franz Peter Wirth, ARD 1955; Tschanz in »Der Richter und sein Henker« (nach Dürrenmatt), ARD 1957; Kommissar in »Stahlnetz«, Regie: Jürgen Roland, Serie, ARD 1959; »Gestatten, mein Name ist Cox«, Serie, ARD 1961; Kwaschin in »Die Rache« (nach Tschechow), ARD 1962; Direktor Mahlmann in »Großer Ring mit Außenschleife« (von Wuttig), ARD 1965; General von Lossow in »Der Zauberer Gottes« (von Fechter), ZDF 1966; Piet Wetjoen in »Der Eismann kommt« (nach O'Neill) und Richard Spencer in »Der Senator«, ZDF 1968; »Die Kuba-Krise«, und »Der Kommissar«, mit Erik Ode, Serie, ZDF 1969; »Der aufsehenerregende Fall des Studienrats Adam Juraček« (nach Kohout), Regie: Tom Toelle, ZDF 1976; »Das Projekt Honnef«, Regie: Rudolf Nussgruber, und Shakespeare in »Es muß nicht immer Kaviar sein« (nach Simmel), mit Siegfried Rauch, Regie: Thomas Engel, Serie, ZDF 1977; »Eine Dummheit macht auch der Gescheiteste« (nach Ostrowskij, Regie: Eberhard Itzenplitz, ARD 1978; »Gefangen in Frankreich« (nach Fontane), Regie: Theo Mezger, ZDF 1979; »Derrick«, Serie, ZDF 1981; »Polizei-Inspektion 1«, Serie, ARD 1984.
Anschrift: c/o ZBF-Agentur München, Leopoldstraße 19, 8000 München 40, oder Planegger Straße 33, 8032 Gräfelfing.

Michael Tietz

(eigentlich: Michael Tietze)

Geb. 7. 2. 1945 in Gleiwitz; nach der Schule absolvierte er eine Schauspielausbildung bei Ellen Widmann in Zürich; er nahm Tanzunterricht bei William Milie in München, Gesangsunterricht bei Jean Stavsky und W. Wilkomson in Washington DC. Unter der Regie von Michael Maurer begann er 1968 als Claude in Mac Dermots Musical »Hair« seine Bühnenkarriere. Seither gastierte er u.a. an den Düsseldorfer Kammerspielen (bis 1984), am Bayerischen Staatsschauspiel München, in Hannover sowie umfangreich auf Tournee.
Tietz spricht engl., franz.; er ist ledig, hat eine Tochter und lebt in München.
Film: »Jeder stirbt für sich allein«, Regie: Alfred Vohrer; »Desperado«, Regie: H. Borgelt; »Rheingold«, Regie: Niklaus Schilling, 1977; »Geheimauftrag zur Hölle« (»Missile X«), mit Curd Jürgens und David Carradine, BRD/USA 1978.
Theater: Paris in Meilhac-Halévys »Die schöne Helena« und Helicon in Camus' »Caligula«, Regie: jeweils Günther Buch, Rosenkranz in Stoppards »Rosenkranz und Güldenstern«, Regie: Klaus Wagner, Kain in Millers »Die Erschaffung der Welt«, Freddy in Lerner/Loewes »My Fair Lady«, Regie: Jürgen Wölffer, Flint in Lanes »Happy end«, Regie: Helmut Baumann, in Goethes »Faust II«, Regie: Leopold Lindtberg, in Schillers »Maria Stuart«, mit Christine Ostermayer und Ursula Lingen, Regie: Kurt Meisel, Staatsanwalt Hach in »Die verlorene Ehre der Katharina Blum« (nach Böll), Regie: Günther Buch, Laurin in Pörtners »Scherenschnitt«, Regie: Peter Thomas, und Russ in »Sonntag in New York«, Regie: Rolf von Sydow, jeweils an den vorgenannten Bühnen. Besonderen Erfolg hatte er als Norman in Ayckbourns Trilogie »Normans Eroberungen«. In Anwesenheit von Alan Ayckbourn wurden die drei Stücke »Tischmanieren«, »Trautes Heim« und »Quer durch den Garten« 1983 bislang zum ersten Mal an einem Abend an den Düsseldorfer Kammerspielen aufgeführt.
Anschrift: c/o Agentur Alexander, Lamontstraße 9, 8000 München 80.

Jane Tilden

(eigentlich: Marianne Tuch)

– Kammerschauspielerin –

Geb. 16. 11. 1910 in Aussig/Altösterreich (jetzt ČSSR); dort und in Großbritannien aufgew.; nach dem Besuch des Gymnasiums und einem Gesangs- und Tanzstudium absolvierte sie einen Handelskursus in England. Ihren ersten Bühnenauftritt hatte sie 1928 in Aussig in dem Stück »Cœur Bube«. Partner waren Paula Wessely und Siegfried Breuer. Über Verpflichtungen an verschiedenen Provinztheatern (u.a. Teplitz) und Bühnen in Prag und Hamburg kam sie 1934 an das Volkstheater Wien. Noch im gleichen Jahr holte sie Max Reinhardt an das Theater in der Josefstadt, dem sie auch unter Heinz Hilpert bis 1944 angehörte. Ein Engagement hatte sie ferner am Deutschen Theater Berlin.

Von 1945 bis 1968 gastierte sie an den Münchner Kammerspielen. Ab 1957 gehörte sie zum Ensemble des Wiener Burgtheaters. Verpflichtungen hatte sie zudem u.a. am Zürcher Schauspielhaus, bei den Salzburger Festspielen sowie auf zahlreichen Tourneen durch Österreich, die Schweiz, Deutschland, Finnland, die Niederlande, Belgien, Japan, die USA und Israel.

Ihr Filmdebüt gab sie 1934 neben Johannes Heesters und Sybille Schmitz in »Leuchter des Kaisers«. Beim Fernsehen wirkt sie seit 1953. Sie veröffentlichte zahlreiche Schallplatten, u.a. »Später ist's spät« (Gustav Zelibor) und »Ganz ein kleines Häuschen« (Steinbrecher). Von 1955 bis 1964 war sie außerdem Generalmanagerin für Österreich von Westland Aircraft (England).

Jane Tilden spricht engl., franz.; sie ist verwitwet, hat zwei Kinder und lebt in Kitzbühel/Tirol. In erster Ehe war sie mit dem Schauspieler Erik Frey verheiratet. Ihre Tochter Franzi Tilden wurde ebenfalls Schauspielerin (verheiratet mit dem Schauspieler Gerhart Lippert).

Film: »Blumen aus Nizza«, mit Erna Sack und Karl Schönböck, 1936; »Der Blaufuchs«, mit Zarah Leander und Willy Birgel, Regie: Eric Charell, 1938; »Spiel des Lebens«, mit Attila Hörbiger und Paula Wessely (Jane Tilden sang in dem Film das Lied: »Lach' a bissl, wein' a bissl«), Regie: Geza von Bolvary, 1939; »Ein Leben lang«, mit Paula Wessely, Regie: Gustav Ucicky, 1940; »Die kluge Marianne«, mit Paula Wessely, Regie: Hans Thimig, 1943; »Ich und meine Frau«, mit Paula Wessely und Attila Hörbiger, Regie: Eduard von Borsody, 1953; »Bruder Martin«, mit Paul Hörbiger, Regie: Axel von Ambesser, 1954; »Kaiserball«, mit Sonja Ziemann und Rudolf Prack, Regie: Franz Antel, 1956; »Vier Mädels aus der Wachau«, mit Hans Moser, 1957; »Der brave Soldat Schwejk« (nach Hašek), mit Heinz Rühmann, Regie: Axel von Ambesser, 1960; »Fluchtversuch«, Regie: Vojtech Jasny, 1976; Valerie in »Geschichten aus dem Wienerwald« (nach Horváth), mit Helmut Qualtinger und Lil Dagover, Regie: Maximilian Schell, 1978; »Stachel im Fleisch«, Regie: Heidi Genée, 1981.

Theater: In Raimunds »Der Verschwender«, und in Shakespeares »Ein Sommernachtstraum«, Regie: Heinz Hilpert, Deutsches Theater Berlin; in Giraudoux' »Der trojanische Krieg findet nicht statt«, Titelrolle in Euripides' »Helena«, jeweils Schauspielhaus Zürich; in Nestroys »Träume von Schale und Kern« und in Shakespeares »Die lustigen Weiber von Windsor«, jeweils Salzburger Festspiele; in Shaws »Cäsar und Cleopatra«, Claire in Albees »Empfindliches Gleichgewicht« und in Nestroys »Einen Jux will er sich machen«, jeweils Burgtheater Wien.

Viele Rollen spielte sie an mehreren Bühnen und auf Tournee, so u.a.: Antoinette von Hechingen in Hofmannsthal »Der Schwierige« (Münchner Kammerspiele, Burgtheater Wien, Tournee), in Hofmannsthals »Der Unbestechliche« (Burgtheater Wien und Tournee), Valerie in Horváths »Geschichten aus dem Wienerwald« (Münchner Kammerspiele, Schauspielhaus Zürich, Burgtheater Wien, zahlreiche Festspiele, Tourneen).

Fernsehen: Unter der Regie von Michael Kehlmann u.a.: »Einen Jux will er sich machen« (nach Nestroy), ARD 1961; Valerie in »Geschichten aus dem Wienerwald« (nach Horváth), ARD 1964; »Radetzkymarsch« (nach Joseph Roth), 2 Teile, ARD 1965; »Italienische Nacht« (nach Horváth), ARD 1966. Ferner: Hoteliersgattin Buchner in »Der Forellenhof« (von Wuttig), mit Hans Söhnker, Helmut Förnbacher, Helga Anders, Tilly Lauenstein und Gerhart Lippert, Serie, ARD 1965 (bislang 7mal wiederholt); »Die Zirkusprinzessin« (nach Brammer/Grünwald), Regie: M.R. Köhler, ZDF 1970; »Luftsprünge«, mit Luis Trenker und Toni Sailer, Serie, ZDF 1971;

»Glückssachen« (nach Huisman), Regie: Peter Patzak, »Otto der Treue«, mit Willy Millowitsch, Regie: Karl Wesseler, und »Drei Wege zum See« (nach Ingeborg Bachmann), ARD 1977; »Ringstraßenpalais«, Regie: Rudolf Nussgruber, 24 Teile, ZDF 1980–1983; »Katzenspiel« (nach Örkény), Regie: István Szábo, ARD 1983; »Der Waldbauernbub«, ZDF 1983, und »Waldheimat«, 26 Teile, ZDF 1984 (jeweils nach Peter Rosegger), Regie: Hermann Leitner; »Ein Schmetterling in Teplitz-Schönau«, ORF 1984, »Frühling im Herbst« (von Pacher), mit Gert Fröbe, Regie: Axel von Ambesser, »Diese Drombuschs« (von Stromberger), Regie: Claus Peter Witt, Serie, Gräfin Kakozow in »Der Graf von Luxemburg« (nach Lehár), Regie: Wolfgang Glück (Wiederaufnahme), »Die Orgel« (von Maximilian Lamprecht), mit Hans Christian Blech, Regie: Gero Erhardt, und »Oliver Maas« (von Justus Pfaue), Regie: Gero Erhardt, Serie, ZDF 1985; »Der Sonne entgegen«, mit Alfred Böhm, Regie: Hermann Leitner, Serie, ARD 1985; »Donauwalzer«, Regie: Xaver Schwarzenberger, ZDF 1986. Zudem spielte sie u.a. in »Sag Oma gute Nacht«.

Auszeichnung: Kammerschauspielerin seit 1976.

Anschrift: c/o Agentur Jovanovic, Perfallstraße 6, 8000 München 80, oder Unterleitenweg 22, A-6370 Kitzbühel/Österreich.

Nadja Tiller

Geb. 16. 3. 1929 als Tochter des Hofschauspielers Anton Tiller und der Operettensängerin Erika Körner in Wien; ihre Jugend verbrachte sie mit den Eltern meist auf Gastspielreisen, später in Danzig und in Wien. Mit 16 Jahren begann sie mit dem Studium von Ballett und Schauspiel an der Akademie für Musik und darstellende Kunst in Wien. 1949 erhielt sie nach dem Abschluß ihr erstes Engagement am Theater in der Josefstadt Wien, wo sie bis 1952 meist in kleinen Rollen spielte.
1949 und 1951 wurde sie zur »Miß Austria« gewählt. Nebenher arbeitete sie als Fotomodell und Mannequin. Ihr Filmdebüt gab sie 1950. Bis 1975 wirkte sie in über 70 Produktionen mit. Ihr erstes Fernsehspiel drehte sie erst 1969. Bühnenengagements hatte sie (neben zahlreichen Tourneen ab 1970) u.a. an den Bühnen der Hansestadt Lübeck (1974–1976), am Theater des Westens Berlin (1980), am Raimund-Theater Wien (1981) und an der Komödie Berlin (1984).
Frau Tiller spricht engl., franz., ital.; sie ist seit 1956 verheiratet mit dem Schauspieler Walter Giller, hat zwei Kinder (Natascha, geb. 1959, und Jan-Claudius, geb. 1965) und lebt in Lugano-Castagnola, Schweiz.
Film: »Traum vom Glück«, Regie: Arthur de Glahs, »Kleiner Schwindel am Wolfgangsee«, Regie: Franz Antel, »Schäm' dich, Brigitte« und »Einmal keine Sorgen haben«, 1950; »Ich hab' mich so an dich gewöhnt«, »Illusion in Moll« und »Die Kaiserin von China«, 1951; »Liebe und Trompetenblasen«, 1952; »Die süßesten Früchte«, mit Peter Alexander, Regie: Franz Antel, »Der letzte Sommer« und »Ball im Savoy«, 1953; »Sie« (nach Gabor von Vaszary), Regie: Rolf Thiele, »Mädchen mit Zukunft«, Regie: Thomas Engel, »Gestatten, mein Name ist Cox« und »Das Bad auf der Tenne«, 1954; »Die Barrings« (nach William von Simpson), Regie: Rolf Thiele, 1955; »Reich mir die Hand, mein Leben«, 1956; »Fuhrmann Henschel« (nach Hauptmann), Regie: Josef von Baky, »Friederike von Barring«, »Banktresor 713«, »El Hakim« (nach Knittel), Regie: Rolf Thiele, und »Spion für Deutschland«, mit Walter Giller, 1957; »Das Mädchen Rosemarie« (nach Kuby), Regie: Rolf Thiele, 1958; »Rififi in Panama«, mit Jean Gabin, Frankreich 1958; »Das Bittere und das Süße«, Regie: Robert Siodmak, Großbritannien 1959; »Labyrinth der Leidenschaften«, und »Buddenbrooks« (nach Thomas Mann), 1959; »Die Hochstaplerin« 1960; »An einem Freitag um halb Zwölf«, mit Rod Steiger, Großbritannien 1960; »Affaire Nina B.«, Regie: Robert Siodmak, Frankreich 1961; »Lulu« (nach Wedekind), Regie: Rolf Thiele, 1962; »Moral 63«, mit Charles Regnier, und »Tonio Kröger« (nach Thomas Mann), Regie: Rolf Thiele, 1963; »Mohn ist auch eine Blume«, »Babysitter«, Regie: René Clément, Italien/BRD/Frankreich 1975; »Der Sommer der Samurai«, mit Cornelia Froboess und Peter Kraus, Regie: Hans-Christoph Blumenberg, 1986.
Theater: Buhlschaft in Hofmannsthals »Jedermann«, Salzburger Festspiele 1957 und 1968; in »Hallo, wer dort?«, Tournee 1971; in dem Musical »Applaus«, Bühnen der Hansestadt Lübeck 1974/75 und Theater des Westens Berlin 1980; in »Treffpunkt Plaza Hotel«, 1977, in »Tea and Sympathy«, 1979, in »Mein Ein und Alles«, 1982–1984, jeweils Tournee; in Casonas »Frau im Morgengrauen«, Raimund-Theater Wien 1981.
Fernsehen: »Die letzte Nacht«, Regie: Jiri Weiss, und in »Hotel Royal« (von Matray/Krüger), Regie: Wolfgang Becker, ZDF 1969; »11 Uhr 20« (von Reinecker), mit Joachim Fuchsberger und Gila von Weitershausen, Regie: Wolfgang Becker, 3 Teile, ZDF 1970; »Der Kommissar«, mit Erik Ode, Serie, 2 Folgen, ZDF 1971/72; »Geschichten zu Zweit«, ZDF 1972; »Hallo – Hotel Sacher ... Portier!«, von und mit Fritz Eckhardt, Serie, ZDF 1975; »Die schöne Marianne«, mit Hannelore Elsner und Walter Jokisch, Serie, ARD 1977; »Hallo Peter«, mit Peter Kraus, ZDF 1979; »Sternensommer«, ARD 1980; »Die Laurents«, Serie, ARD 1981; »Tatort«, Regie: Jochen Bauer, Serie, ARD 1982; »Das Traumschiff«, Regie: Alfred Vohrer, Serie, ZDF 1983; »Er-Goetz-Liches«, ZDF 1984; »Mütter und Töchter«, mit Natascha Giller, Regie: Georg Tressler, ZDF 1985.
Auszeichnungen: »Bundesfilmpreis« 1960; Filmband in Gold 1979.
Anschrift: c/o Agentur Jovanovic, Perfallstraße 6, 8000 München 80.

Fritz Tillmann

Geb. 13. 12. 1910 in Frankfurt/Main; dort aufgew.; er absolvierte eine Schauspielschule in Düsseldorf. Sein Debüt gab er 1936 am Stadttheater Hagen/Westfalen; es folgte ein Engagement am Theater Elbing sowie eine längere Frankreich-Tournee. Von 1941 bis 1943 war er zum Kriegsdienst eingezogen, von 1943 bis 1945 spielte er an den Städt. Bühnen Breslau, von 1945 bis 1948 an den Städt. Bühnen Düsseldorf. Weitere Stationen: Hebbel-Theater, Schiller-Theater, Schloßpark-Theater, Theater am Kurfürstendamm und Komödie in Berlin. Er machte zahlreiche Tourneen (jeweils Rollen seines Fachs).

In der Synchronisation war der die deutsche Stimme u.a. für Trevor Howard und Van Heflin. Sein Film-Debüt gab er 1950 in »Der Auftrag Höglers«. Seither wirkte er in über 40 Produktionen mit. Beim Fernsehen arbeitet er seit den ersten Versuchssendungen 1954.

Tillmann ist verheiratet und lebt in München.

Film: »Der Auftrag Höglers«, und »Der Rat der Götter«, mit Kurt Maetzig, DEFA 1950; »Der 20. Juli«, Regie: Falk Harnack, »Die heilige Lüge«, »Der Major und die Stiere« und »Herr über Leben und Tod«, 1955; »Ein Mädchen aus Flandern« (nach Zuckmayer), mit Viktor de Kowa und Maximilian Schell, Regie: Helmut Käutner, »Anastasia, die letzte Zarentochter«, mit Lilli Palmer, Regie: Falk Harnack, »Von der Liebe besiegt«, Regie: Luis Trenker, und »Liebe«, 1956; »Herrscher ohne Krone«, mit Horst Buchholz, Regie: Harald Braun, »Alle Wege führen heim«, und »Schwarzbrot und Kipferl«, 1957; »Dr. Crippen lebt«, mit Peter van Eyck und Elisabeth Müller, Regie: Erich Engels, »Gestehen Sie, Dr. Corda«, mit Hardy Krüger und Elisabeth Müller, Regie: Josef von Baky, »Der Schinderhannes« (nach Zuckmayer), Regie: Helmut Käutner, und »Es war die erste Liebe«, 1958; »Die Gans von Sedan«, Regie: Helmut Käutner, »Der Mann, der sich verkaufte«, Regie: Josef von Baky, und »Raubfischer in Hellas«, 1959; »Mein Mann, das Wirtschaftswunder«, mit Heinz Erhardt, Regie: Ulrich Erfurth, und »Gauner in Uniform«, 1960; »Mordkommission«, 1961; »Es muß nicht immer Kaviar sein« (nach Simmel), mit O.W. Fischer und Senta Berger, Regie: Geza von Radvanyi BRD/Frankreich 1961.

Fernsehen: »Spätsommer«, »Auktion bei Gwendoline«, »Reisegesellschaft«, »Spielplatz« und »Endspurt«, jeweils ARD/ZDF bis 1966; »Die Affaire Eulenburg« (von Pigge/Gundermann), mit Hans Caninenberg, Regie: Fritz Umgelter, ZDF 1967; »Der Idiot« (von Lehman nach Dostojewskij), mit Gerd Baltus, Regie: Rolf von Sydow, 3 Teile, ARD 1968; »Der Kommissar«, mit Erik Ode, Serie 4 Folgen, ZDF 1970–1973; Horace Vandergelder in »Die Heiratsvermittlerin« (nach Wilder), mit Maria Schell, Regie: Hellmuth Matiasek, ZDF 1976; »Im Zossener Bad«, Buch + Regie: Peter Keglevic, ZDF 1977; »Des Doktors Dilemma« (nach Shaw), Regie: Rolf von Sydow, ARD 1977; »Derrick«, Serie, ZDF 1980; »Cockpit«, Regie: Kurt Wilhelm, Serie, ZDF 1982.

Anschrift: c/o Agentur Alexander, Lamontstraße 9, 8000 München 80.

Till Topf

Geb. 3. 6. 1962 in Berlin; dort aufgew.; bereits mit fünf Jahren spielte er in der Fernseh-Serie »Geschichten einer Klasse« und machte Kinderhörspiele. Er wollte eigentlich Fotograf werden. Noch während seiner Schulzeit übernahm er weitere Aufgaben bei Film und Fernsehen. 1980 wurde er unter zahlreichen Bewerbern als Hauptdarsteller für die sechsteilige ZDF-Reihe »Tod eines Schülers« ausgewählt, ohne je Schauspielunterricht genommen zu haben. Erst 1981 begann er mit privatem Unterricht und Körperstudium.
Topf spricht engl., franz.; er ist ledig und lebt in Berlin.
Fernsehen: »Kalte Heimat«, ARD 1977; »Sie liebt mich, sie liebt mich nicht« und »Tut Sterben weh, Opa?«, ARD 1979; »Tildt«, Regie: Renke Korn, »Luftwaffenhelfer« (nach Hubalek), und »Das Hochhaus« (nach Ingeborg Drewitz), Regie: Thomas Hartwig, ZDF 1980; Titelrolle in »Tod eines Schülers« (von Robert Stromberger), mit Günter Strack und Lieselotte Quilling, Regie: Claus Peter Witt, 6 Teile, und »Peter Gombas Lehr- und Wanderjahre«, ZDF 1981; »Derrick«, Serie, 2 Folgen, ZDF 1982/83; »Geschwister Oppermann«, mit Wolfgang Kieling, Regie: Egon Monk, ZDF 1983; »Das zerbrochene Haus«, mit Hans Caninenberg, Regie: Michael Günther, ORF 1984 (ZDF 1985); Klaus Mann in »Treffpunkt im Unendlichen« (nach Klaus Mann), ARD 1984 (auch als Kinofilm); »Diese Drombuschs« (von Stromberger), mit Witta Pohl, Regie Claus Peter Witt, Serie, ZDF 1985.
Anschrift: c/o ZBF-Agentur Berlin, Kurfürstendamm 206, 1000 Berlin 15.

Dieter Traier

Geb. 15. 2. 1941 in Pforzheim; dort aufgew.; nach der mittleren Reife Schauspielausbildung in München; er debütierte 1964 am Niedersächsischen Staatstheater Hannover, wo er bis 1968 zum Ensemble gehörte; die weiteren Stationen: Wuppertaler Bühnen (1969/70), Hamburger Kammerspiele, Junges Theater und Deutsches Schauspielhaus Hamburg (1970/71), Städt. Bühnen Köln (1971–1974), Ruhrfestspiele Recklinghausen (1974), Münchner Kammerspiele, Theater der Jugend (1975/76), Bayerisches Staatsschauspiel München (1977) und Schauspielhaus Düsseldorf (1978/79). Seit 1979 ist er freischaffend.
Traier spricht engl., franz.; er ist ledig und lebt in München.
Film: »Im Lauf der Zeit«, Regie: Wim Wenders, 1977.
Theater: Johnny in O'Caseys »Juno und der Pfau«, Regie: Fritz Zecha, Ajaxerle in Raimunds »Der Bauer als Millionär« und Joey in Pinters »Die Heimkehr«, jeweils Niedersächsisches Staatstheater Hannover 1964–1968; Tiny in Rudkins »Vor der Nacht« und Borachio in Shakespeares »Viel Lärm um nichts«, jeweils Wuppertaler Bühnen 1969/70; Mercutio in Shakespeares »Romeo und Julia«, Junges Theater Hamburg 1971; Minard in Balzacs »Das Finanzgenie«, Städt. Bühnen Köln 1972; Wiesel in Waechters »Schule mit Clowns«, Theater der Jugend München 1975; Jerzy in Gombrowicz' »Operette«, Bayerisches Staatsschauspiel München 1977; in Schillers »Die Räuber«, Regie: Peter Löscher, Schauspielhaus Düsseldorf 1978.
Fernsehen: »Lobster«, Regie: Hans W. Geissendörfer, Serie, ARD 1975; »SOKO 5113«, Serie, ZDF 1976; »Brudermord«, ZDF 1977; »Ein unruhiger Sommer«, ARD 1979; »Tatort«, Regie: Bruno Voges, Serie, ARD 1981; »Bäume ausreißen«, Regie: Maria Neocleous, ZDF 1981; Hans Fugger in »Vom Webstuhl zur Weltmacht«, Regie: Heinz Schirk, 6 Teile, ARD 1983; »Kerbels Flucht«, Regie: Erwin Keusch, ZDF 1984; »Die Krimistunde«, Regie: Hartmut Griesmayr, Serie, ARD 1984; »Beinah Trinidad« (nach Wuttig), mit Elmar Wepper und Iris Berben, Regie: Oliver Storz, und »Polizei-Inspektion 1«, mit Walter Sedlmayr, Serie, ARD 1985; »Der Stadtbrand«, Buch und Regie: Oliver Storz, »Die doppelte Welt«, Regie: Kristian Kühn, »Der Fehler des Piloten« (nach Knox), Regie: Hartmut Griesmayr, ZDF 1985.
Anschrift: c/o ZBF-Agentur München, Leopoldstraße 19, 8000 München 40, oder Clemensstraße 81, 8000 München 40

Cordula Trantow

Geb. 29. 12. 1942 als Tochter des Komponisten und Dirigenten Herbert Trantow und einer Tanzpädagogin in Berlin; dort aufgew.; bereits während der Schulzeit nahm sie Schauspielunterricht bei Marlise Ludwig und absolvierte eine Tanzausbildung in Tatjana Gsovskys Meisterklasse; dazu kam Klavierunterricht. Noch vor ihrem Abitur im Jahre 1959 spielte sie in kleinen Rollen an Berliner Theatern. Mit 14 Jahren gab sie ihr Filmdebüt in den Jugendfilmen »Kalle wird Bürgermeister« und »Aufruhr im Schlaraffenland«. Nach dem Fernsehspiel »Die begnadete Angst« (nach Bernanos) engagierte sie Bernhard Wicki 1959 für seinen Film »Die Brücke«.

Seither spielte sie über 150 Rollen bei Film, Fernsehen und Theater. Ihre wichtigsten Hörspiel-Produktionen waren u.a. Fontanes »Effi Briest«, Sternheims »Die Hose«, »Geordnete Verhältnisse«, »Eine Stunde Liebe« und »Die Haut«.

Bühnenengagements hatte sie u.a. am Bayerischen Staatsschauspiel München (1961/62 und 1970/71), am Württembergischen Staatstheater Stuttgart (1964/65), bei den Ruhrfestspielen Recklinghausen (1966) und an den Münchner Kammerspielen (1970/71). Seither arbeitet sie freischaffend vornehmlich am Renaissance-Theater Berlin, an der Freien Volksbühne Berlin, an den Bühnen der Stadt Bonn und am Rheinischen Landestheater Neuss. Sie ist in der Synchronisation tätig (u.a. deutsche Stimme von Ali McGraw und Marie Versini).

Frau Trantow spricht engl., franz.; sie lebt mit dem Film- und Theater-Regisseur Rudolf Noelte in Allmannshausen am Starnberger See (von 1963 bis 1981 waren beide verheiratet); der Ehe entstammen die Söhne Jens (geb. 1964) und Jan (geb. 1976).

Film: »Aufruhr im Schlaraffenland«, 1957; »Meine schöne Mama«, Regie: Paul Martin, 1958; »Die Brükke« (nach Manfred Gregor), mit Fritz Wepper und Volker Lechtenbrink, Regie: Bernhard Wicki, 1959; »Wegen Verführung Minderjähriger«, mit Hans Söhnker, Regie: Hermann Leitner, »An heiligen Wassern«, mit Hansjörg Felmy, »Morgen beginnt das Leben«, und »Jenseits des Rheins«, Regie: André Cayatte, 1960; »Verdammt die jungen Sünder nicht«, und »Nur der Wind«, Regie: Fritz Umgelter, 1961; Geli Raubal in »Hitler«, USA 1961; »Bekenntnisse eines möblierten Herrn« (nach Hasenclever), Regie: Franz Peter Wirth, 1962; »Das Schloß« (nach Kafka), mit Maximilian Schell, Regie: Rudolf Noelte, 1968.

Theater: Adelheid in Hauptmanns »Der Biberpelz«, Cordelia in Shakespeares »König Lear«, Sidselill in Hauptmanns »Schluck und Jau«, Delfine in Bahrs »Das Konzert«, Marja in Gogols »Der Revisor«, Halinka in Lampells »Die Mauer«, Anja in Tschechows »Der Kirschgarten«, jeweils Bayerisches Staatsschauspiel München 1961/62 und 1970/71; Irina in Tschechows »Drei Schwestern«, Württembergisches Staatstheater Stuttgart 1965; Eve in Kleists »Der zerbrochene Krug«, Ruhrfestspiele Recklinghausen 1966; Molly in Wedekinds »Der Marquis von Keith«, Münchner Kammerspiele 1970/71; Nora in Ibsens »Nora oder Ein Puppenheim«, Regie: Rudolf Noelte, Renaissance-Theater Berlin 1976 und 1980 (und Tournee); Frau John in Hauptmanns »Die Ratten«, mit Günter Lamprecht und Will Quadflieg, Regie: Rudolf Noelte, Freie Volksbühne Berlin 1977/78 (auch TV); Stephanie Liebermann in »Duett für eine Stimme«, Regie: Krzysztof Zanussi, Bühnen der Stadt Bonn 1983, Fritz-Rémond-Theater im Zoo Frankfurt/Main 1984 und Tournee 1985; Winnie Verloc in Conrads »Geheimagent« und Titelrolle in Strindbergs »Fräulein Julie«, jeweils Rheinisches Landestheater Neuss 1983/84; Frau Stockmann in der Uraufführung von Langes »Der Volksfeind« (nach Ibsen), Regie: Hartmut Lange selbst (er schrieb das Stück für Cordula Trantow), Renaissance-Theater Berlin 1986.

Fernsehen: »Die Zeit und die Conways« (nach Priestley), ARD 1959; Titelrolle in »Claudia« (von Rose Franken), Haitang in »Der Kreidekreis« (nach Klabund) und Alizon in »Die Dame ist nicht fürs Feuer« (nach Fry), ARD 1960; Emily in »Unsere kleine Stadt« (nach Wilder), mit Robert Graf, Regie: Ludwig Cremer, ARD 1961; Marie Franziska in »Port Royal« (nach Montherland), mit Paula Wessely, Regie: Peter Beauvais, ORF 1962; »Seit Adam und Eva« (nach Priestley), Regie: Paul Verhoeven, und Negina in »Talente und Verehrer« (nach Ostrowskij), ARD 1962; Klara in »Maria Magdalena« (nach Hebbel), Regie: Rudolf Noelte, ZDF 1963; Elektra in »Die Fliegen« (nach Sartre), ARD 1964; Marie in »Nun singen

sie wieder« (nach Frisch), Regie: Fritz Umgelter, ARD 1965; Lene Nimptsch in »Irrungen – Wirrungen« (nach Fontane), Regie: Rudolf Noelte, ARD 1966; Helga in »Die Trennung«, Regie: Tom Toelle, und Jane in »Drei Rosen aus Papier« (von Manfred Bieler), ARD 1967; »Dem Täter auf der Spur«, Regie: Jürgen Roland, Serie, 2 Folgen, ARD 1968 und 1970; »Babeck« (von Reinecker), mit Curd Jürgens und Helmut Lohner, Regie: Wolfgang Becker, 3 Teile, ZDF 1968; Lukrezia in »Rumpelstilz« (nach Muschg), mit Martin Held und Paula Wessely, Regie: Peter Beauvais, ZDF 1969; Inken Peters in »Vor Sonnenuntergang« (nach Hauptmann), Regie: Oswald Döpke, ZDF 1970; Helen in »Das Herz aller Dinge« (nach Greene), Regie: Oswald Döpke, ZDF 1971; »Intermezzo für fünf Hände« (nach Peter Härtling), Regie: Ludwig Cremer, und »Geheimagenten«, mit Hans Christian Blech, Regie: Eberhard Fechner, ARD 1972; Melitta Stauffenberg in »Fliegen und Stürzen«, Regie: Eberhard Piper, ARD 1973; Mutter in »Unser Walter«, Serie, ZDF 1974/75; »Die Halde«, Regie: Rainer Erler, ZDF 1975; Titelrolle in »Candida« (nach Shaw), mit Wolfgang Reichmann, Regie: Werner Schlechte, und Irene in »Gesellschaftsspiele« (nach Klima), ZDF 1976; »Haus der Frauen«, Regie: Krzysztof Zanussi, ARD 1977; »Flugstunde« (aus der Reihe »Tatort«), Regie: Jürgen Roland, ARD 1979; »Ein typischer Fall«, mit Hermann Treusch, Regie: Fritz Umgelter, ARD 1980; »Preußische Nacht« (von Manfred Bieler), und »Kinder«, mit Lilli Palmer, Regie: jeweils Oswald Döpke, ZDF 1981; Titelrolle in »Eugenie Marlitt und Die Gartenlaube«, mit Armin Mueller-Stahl, Regie: Herbert Ballmann, ZDF 1982; »Wie war das damals!«, mit Inge Meysel, ZDF 1983; Titelrolle in »Zeugin der Zeit – Käthe Kollwitz« (nach Traute Hellberg), Regie: Herbert Ballmann, ZDF 1985.
Auszeichnungen: Bundesfilmpreis als beste Nachwuchsschauspielerin 1960; »Bambi« als beste Nachwuchsschauspielerin (BILD + FUNK) 1963; »Otto« (BRAVO) 1963.
Anschrift: c/o Agentur Mackeben, Douglasstraße 2-4, 1000 Berlin 33.

Alice Treff

Geb. 4. 6. 1906 als Tochter des Kammermusikers Paul Treff in Berlin; dort aufgew.; nach dem Besuch des Lyzeums und der Handelsschule absolvierte sie die Max-Reinhardt-Theaterschule Berlin. Ihre Bühnenstationen: Staatsschauspiel Darmstadt, Bühnen der Hansestadt Bremen, Hessisches Staatstheater Wiesbaden, Staatstheater München, Deutsches Volkstheater Wien, Münchner Kammerspiele, Deutsches Schauspielhaus Hamburg, Renaissance-Theater Berlin, Komödie Berlin, Hamburger Kammerspiele, Kleine Komödie München (dort: in Thomas' »Der Bestseller«, 1956, in Ferollis »Wunschträume«, 1962, in Barillet/Grédys »Vierzig Karat, 1969). Sie spielte das gesamte klassische und moderne Repertoire; besondere Erfolge in Stücken von Giraudoux, Albee und Home.
Ihr Filmdebüt gab sie 1932 in Seeligers Bestseller-Verfilmung »Peter Voß, der Millionendieb« (Regie: Ewald André Dupont). Seither wirkte sie in weit über 150 Produktionen mit. Sie arbeitet umfangreich beim Fernsehen.
Frau Treff spricht engl.; sie ist verwitwet und lebt in Berlin.
Film: »Peter Voß, der Millionendieb«, Regie: E.A. Dupont, »Melodie der Liebe«, mit Richard Tauber, Regie: Georg Jacoby, 1932; »Des jungen Dessauers große Liebe«, 1933; »Der grüne Domino« und »Hilde Petersen postlagernd«, 1935; »Es geht um mein Leben«, und »Das Mädchen Irene«, Regie: Reinhold Schünzel, 1936; »Der Unwiderstehliche« und »Vor Liebe wird gewarnt«, 1937; »Die Nacht der Entscheidung«, 1938; »Irrtum des Herzens«, Regie: Bernd Hofmann, »Fräulein« und »Sensationsprozeß Casilla«, 1939; »Frau nach Maß«, Regie: Helmut Käutner, »Die gute Sieben« und »Seitensprünge«, 1940; »Jenny und der Herr im Frack«, Regie: Paul Martin, 1941; »Hochzeit auf Bärenhof«, Regie: Carl Froelich, »Der Hochtourist«, »Ein Zug fährt ab« und »Fronttheater«, 1942; »Zirkus Renz«, mit René Deltgen und Paul Klinger, Regie: Arthur Maria Rabenalt, »Der unendliche Weg«, 1943; »Der Täter ist unter uns«, »In flagranti«, »Ein Blick zurück« und »Schuß um Mitternacht«, 1944; »Spuk im Schloß«, »Wo ist Herr Belling?« und »Die Nacht der Zwölf«, 1945; »In jenen Tagen«, Regie: Helmut Käutner, 1947; »Straßenbekanntschaft«, 1948; »Mädchen hinter Gittern« und »Gefährliche Gäste«, 1949; »Der Auftrag Höglers« und »Meine Nichte Susanne«, 1950; »Das seltsame Leben des Herrn Bruggs« und »Sündige Grenze«, 1951; »Das kann jedem passieren«, »Tanzende Sterne« und »Die Unbesiegbaren«, 1952; »Die Blume von Hawaii«, 1953; »Kinder, Mütter und ein General«, Regie: Laszlo Benedek, »Der treue Husar«, »Der schweigende Engel«, mit Christine Kaufmann, Regie: Harald Reinl, »Ball der Nationen«, Regie: Karl Ritter, »Canaris«, mit O.E. Hasse, Regie: Alfred Weidenmann, und »Die Stadt ist voller Geheimnisse«, 1954; »Ingrid, Geschichte eines Fotomodells«, »Die Frau des Botschafters«, »Eine Frau genügt nicht?«, »Roman einer Siebzehnjährigen« und »Schwedenmädel«, 1955; »Anastasia, die letzte Zarentochter«, mit Lilli Palmer, Regie: Falk Harnack, »Kitty und die große Welt« und »Der Fremdenführer von Lissabon«, 1956; »Der Stern von Afrika«, mit Hansjörg Felmy und Horst Frank, Regie: Alfred Weidenmann, BRD/Spanien 1958; »Zeit zu leben und Zeit zu sterben«, mit Dieter Borsche und Klaus Kinski, Regie: Douglas Sirk, USA 1958; »Banktresor 713«, Regie: Werner Klingler, »Tolle Nacht« und »Von allen geliebt«, 1957; »Das Mädchen ohne Pyjama«, »Der Czárdás-König«, »Liebe kann wie Gift sein«, »Skandal um Dodo«, und »Das Mädchen vom Moorhof«, Regie: Gustav Ucicky, 1958; »Aus dem Tagebuch eines Frauenarztes«, Regie: Werner Klingler, »Verbrechen nach Schulschluß« und »Ich schwöre und gelobe«, 1959; »... und sowas nennt sich Leben« und »Scheidungsgrund Liebe«, 1960; »Der schwarze Abt« (nach Wallace), Regie: Franz Josef Gottlieb, 1963; »Rheingold«, Regie: Niklaus Schilling, 1977.
Fernsehen: »Tod für bunte Laternen«; »Die Letzten«; »Der Nachruf«; »Alle Hunde lieben Theobald«, mit Carl-Heinz Schroth, Regie: Eugen York, Serie, ZDF 1969; »Der Kommissar«, mit Erik Ode, Serie, ZDF 1971; »König Johann« (nach Shakespeare); »Die Kriegsbraut« (nach Courths-Mahler), ARD 1974; »Wo brennt's denn, Vater?«, Regie: Wolf Dietrich, ZDF 1976; »Karschunke und Sohn«, mit Carl-Heinz Schroth und Walter Giller, Regie: Imo Moszkowicz, 6 Teile, ARD 1978; »Lauter nette Leute«, Regie: Wolfgang Liebeneiner, ZDF 1979; »Drei Schlafzim-

mer«, Regie: Wolfgang Spier, ARD 1980; »Der Fall Maurizius« (nach Jakob Wassermann), mit Matthias Fuchs, Sigfrit Steiner, Heinz Bennent und Judy Winter, Regie: Theodor Kotulla, 5 Teile, ZDF 1981; »Derrick«, Serie, ZDF 1984; »Geschichten aus der Heimat«, Serie, ARD 1984; »Die Krimistunde«, Regie: Hartmut Griesmayr, Serie, ARD 1985; »Alte Gauner«, Regie: Peter Schamoni, Serie, und »Familie im Feuer« (aus der Reihe »Derrick«), Regie: Zbynek Brynych, ZDF 1985.
Anschrift: c/o Agentur Mattes, Pilotystraße 2, 8000 München 22.

Luis Trenker

Geb. 4. 10. 1892 als Sohn eines Malers und Bildhauers in Ortisei, St. Ulrich/Gröden, Südtirol; dort aufgew.; er besuchte von 1903 bis 1905 die Bau- und Kunsthandwerkerschule in Bozen, von 1905 bis 1912 die k.u.k. Realschule bis zum Abitur in Innsbruck; dort legte er auch die Bergführerprüfung ab; bis 1914 studierte er an der Techn. Hochschule in Wien Architektur; den Kriegsdienst leistete er bis 1918 als Offizier an der Dolomitenfront; 1922 erwarb er an der Hochschule Graz das Architektur-Diplom; er arbeitete danach bis 1924 im Architekturbüro von Prof. Clemens Holzmeister, Bozen.
Als Bergführer eines deutschen Kamerateams wurde er für den Film entdeckt, erste Filmarbeit mit Dr. Arnold Fanck im Jahre 1924; er siedelte 1927 nach Berlin über, wo er erstmals Filmregie führte und als Schriftsteller in Erscheinung trat. 1941 ging er nach Rom, weil ihn Goebbels wegen Differenzen in der Südtirolfrage mit einem Arbeitsverbot belegt hatte. Trenker lebt sei 1945 abwechselnd in Bozen und München; er ist seit 1928 verheiratet mit Hilda von Bleichert und hat 4 Kinder (Florian, geb. 1930, Ferdinand, geb. 1933, Barbara, geb. 1936, Josef, geb. 1940); er spricht engl., franz., ital., ladinisch.
Trenker veröffentlichte über 40 Bücher; u.a. die Bildbände »Berge und Heimat«, »Meine Berge«, »Bergferien im Sommer«, die Erzählungen »Kameraden der Berge«, »Helden der Berge«, »Luis Trenker erzählt«, die Romane »Berge in Flammen«, »Schicksal am Matterhorn«, »Sonne über Sorasass«, »Das Wunder von Oberammergau«, »Sohn ohne Heimat«, »Flug über die Berge« und die Autobiographie »Alles gut gegangen«.
Film: »Der Berg des Schicksals« und »Der Heilige Berg«, mit Leni Riefenstahl, Regie: Arnold Fanck, 1925; »Der Kampf ums Matterhorn«, 1926; »Der Ruf des Nordens« (selbst Buch und Regie), 1927; »Die Heiligen Drei Brunnen«, 1928 – alles Stummfilme. »Der Sohn der weißen Berge«, Frankreich/Deutschland 1929; »Berge in Flammen«, Frankreich/Deutschland 1930; »Der Rebell«, mit Luise Ullrich, USA 1931; »Der verlorene Sohn«, 1933; »Der Kaiser von Kalifornien«, 1935; »Condottieri«, 1936; »Der Berg ruft«, 1937; »Liebesbriefe aus dem Engadin«, 1938; »Der Feuerteufel«, 1939; »Pastor Angelicus«, Italien 1942; »Im Banne des Monte Miracolo«, Italien 1945; »Duell in den Bergen«, 1950; »Gold aus den Gletschern«, 1954; »Flucht in die Dolomiten«, 1955; »Schicksal am Matterhorn«, 1956; »Wetterleuchten um Maria«, 1957; »Sein bester Freund«, 1962. – Trenker schrieb zu allen Filmen selbst das Drehbuch und führte Regie.
Er drehte zudem über 50 Kulturfilme, u.a.: »Der König der Berge«, »Bildschnitzer im Grödnertal«, »Frühling in Südtirol«, »Unser Maibaum«, »Strom für Europa«, »Paradies, Tirol, Meran«, »Zwei Wege – ein Gipfel«, »Kavaliere im Eis«.
Fernsehen: »Luis Trenker erzählt«, 33 Folgen, ARD 1959–1965, »Alles gut gegangen«, 19 Folgen, ARD 1960–1967; »Luftsprünge«, Serie, ZDF 1970; Stargast u.a. in »Der goldene Schuß«, ZDF; »Was bin ich?«, ARD; »Luis Trenker zum 80. Geburtstag, ein Rückblick«, ARD 1972; »Der große Preis«, ZDF 1982; »Kein Mime, sondern eine Natur« (zum 90. Geburtstag), ZDF 1982; »Alles oder nichts«, ARD 1983.
Auszeichnungen: Preis der Stadt Wien für das beste Buch des Jahres 1931 »Berge in Flammen«; Preis in Venedig für den ethisch schönsten Film des Jahres 1935 »Der verlorene Sohn«; Pokal für den besten Film des Jahres 1936 »Der Kaiser von Kalifornien« in Venedig; Preis für die beste Darstellung von Schönheit und Kunst »Condottieri«, Venedig 1937; Preis für den besten Sportfilm »Liebesbriefe aus dem Engadin«, Cortina d'Ampezzo 1939; Große Goldmedaille beim Bergfilmfestival 1955 in Trient; Komturkreuz für Verdienste um die italienische Republik 1966; Ehrenmitgliedschaft der Europäischen Bildungsgemeinschaft, Stuttgart 1972; Ehrenmitgliedschaft im Freien Deutschen Autorenverband (FDA) 1975; Goldenes Verdienstkreuz Tirol 1977; Bayerischer Verdienstorden 1979; Filmband in Gold für besondere Verdienste um den deutschen Film 1982.
Anschrift: Ottostraße 9, 8000 München 2, oder Fagenstraße 16, I-39100 Bozen/Italien.

Hermann Treusch

Geb. 13. 10. 1937 in Dortmund; aufgew. in Hessen; nach dem Abitur Studium der Germanistik, Kunstgeschichte und Musikwissenschaft in Marburg; an der dortigen Studentenbühne inszenierte er Sartres »Tote ohne Begräbnis«. 1958 kam er nach Berlin an die Max-Reinhardt-Schule; er gründete eine eigene Theatergruppe und ging mit Büchners »Woyzeck« auf Deutschland-Tournee. Sein erstes Engagement als Schauspieler erhielt er 1960 am Theater Oberhausen; 1961 war er am Württembergischen Staatstheater Stuttgart unter Günther Lüders verpflichtet; seine weiteren Stationen: Vereinigte Bühnen Graz (1962–1965), Niedersächsisches Staatstheater Hannover (1965–1969) und Bayerisches Staatsschauspiel München (1969/70); 1970 wurde er als Nachfolger von Claus Peymann Oberspielleiter am Frankfurter Theater am Turm, wo er von 1975 bis 1979 auch als künstlerischer Leiter tätig war; von 1973 bis 1975 gehörte er dem Ensemble des Schauspiels Frankfurt/Main an; seit 1980 ist er Mitglied an den Staatlichen Bühnen Berlins. Treusch trat seit 1964 auch als Regisseur in Erscheinung. Er schrieb das Theaterstück »Clown in der Klemme« (Auff. u.a. am Schauspielhaus Bochum, Regie: Claus Peymann, 1984) und arbeitet als Autor für Kulturzeitschriften. Treusch spricht engl., franz.; er ist verheiratet, hat einen Sohn und lebt in Berlin.

Film: »Heinrich Penthesilea von Kleist«, Regie: Hans Neuenfels, 1983; »Flügel und Fesseln«, mit Hildegard Knef und Brigitte Fossey, Regie: Helma Sanders-Brahms, 1984.

Theater: In Handkes »Publikumsbeschimpfung«, in Müllers »Philoktet«, Regie: jeweils Treusch selbst, Niedersächsisches Staatstheater Hannover 1965–1969; Titelrolle in Hacks' »Amphitryon«, mit Elisabeth Trissenaar, Ulrich Wildgruber und Gottfried John, Regie: Treusch selbst; in Feydeaus »Monsieur Chasse oder Wie man Hasen jagt«, in Molières »Die Schule der Ehemänner«, Regie: jeweils Treusch selbst, Bayerisches Staatsschauspiel München 1969/70; in Schillers »Die Verschwörung des Fiesco zu Genua«, in der Uraufführung von Deichsels »Frankenstein«, Regie: jeweils Treusch selbst; Jörgen Tesman in Ibsens »Hedda Gabler«, Regie: Hans Neuenfels, Carlos in Goethes »Clavigo«, Regie: Theaterkollektiv mit Treusch, Schauspiel Frankfurt/Main 1973–1975; Dauphin in Schillers »Die Jungfrau von Orleans«, Regie: Wilfried Minks, Deutsches Schauspielhaus Hamburg 1973; Fernando in Goethes »Stella«, Regie: Ernst Wendt, Thomas in Musils »Die Schwärmer«, Regie: Hans Neuenfels, Staatliche Bühnen Berlins 1982/83; Schriftsteller in Joyce' »Verbannte«, Regie: Hans Neuenfels, Freie Volksbühne Berlin 1985.

Eigene Inszenierungen waren u.a. ferner: Die deutsche Erstaufführung von Oleschas »Verschwörung der Gefühle«, Schauspiel Frankfurt/Main 1974; Goethes »Faust I«, Hölderlins »Antigone«, jeweils Staatstheater Braunschweig 1979/80; Brechts »Die heilige Johanna der Schlachthöfe« und die Uraufführung von Greiners »Fast ein Prolet«, Städt. Bühnen Freiburg i.B. 1980; Williams' »Endstation Sehnsucht«, mit Nicole Heesters, Schloßparktheater Berlin und Brechts »Furcht und Elend des Dritten Reiches«, Schiller-Theater Berlin 1982/83.

Fernsehen: »Die Rebellion der Verlorenen« (nach Henry Jaeger), Regie: Fritz Umgelter, 3 Teile, ARD 1969; »Herrenhaus« (nach Wolfe), Regie: Fritz Umgelter, ARD 1970; Orest in »Iphigenie auf Tauris« (nach Goethe), ZDF 1971; »Chopin-Expreß«, ZDF 1972; Marquis in »Gräfin von Rathenow«, Regie: Peter Beauvais, ZDF 1973; »Tatort«, Serie, ARD 1976; Wolfgang in »Liebesgeschichten: Schulzeit«, »Liebesgeschichten: Stark wie der Tod«, Regie: jeweils Rainer Wolffhardt, ARD 1977; »Ein typischer Fall«, mit Cordula Trantow, Regie: Fritz Umgelter, ARD 1980; »Bali«, mit Nicole Heesters, Regie: István Szábo, und Sylvester in »Die Familie oder Schroffenstein« (nach Kleist), Regie: Hans Neuenfels, ZDF 1984.

Anschrift: c/o ZBF-Agentur Frankfurt, Feuerbachstraße 42–46, 6000 Frankfurt/Main.

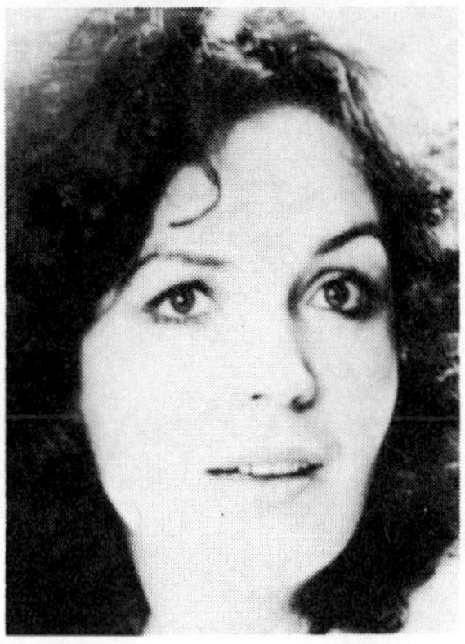

Elisabeth Trissenaar

Geboren 13. 4. 1944 in Wien; dort aufgew.; nach der Schule absolvierte sie von 1962 bis 1964 das Max-Reinhardt-Seminar in Wien. Ihr Debüt gab sie am Stadttheater Bern, zu dessen Ensemble sie von 1964 bis 1966 gehörte. Weitere Stationen: Vereinigte Städtische Bühnen Krefeld-Mönchengladbach (1966–1968), Theater der Stadt Heidelberg (1968–1970), Schauspielhaus Bochum (1970/71), Württembergisches Staatstheater Stuttgart (1971/72), Städtische Bühnen Frankfurt/Main (1972–1978), Burgtheater Wien und Bühnen der Stadt Köln (1979). Seit 1981 spielt sie an den Staatlichen Schauspielbühnen Berlins.

Frau Trissenaar spricht englisch; sie ist verheiratet mit dem Regisseur Hans Neuenfels und lebt in Berlin.

Film: »In einem Jahr mit 13 Monden« und »Die Ehe der Maria Braun«, Regie: jeweils Rainer Werner Fassbinder, 1978; »Charlotte«, Regie: Frans Weisz, BRD/Niederlande/Großbritannien 1980; »Die Reinheit des Herzens«, Regie: Robert van Ackeren, 1980; »Heinrich Penthesilea von Kleist«, Regie: Hans Neuenfels, und »Eine Liebe in Deutschland«, mit Hanna Schygulla, Regie: Andrzej Wajda, 1983; »Bittere Ernte«, Regie: Agnieszka Holland, 1985.

Theater: Eve in Kleists »Der zerbrochene Krug«, Gretchen in Goethes »Faust«, Königin in Shakespeares »Richard II.« und Thekla in Schillers »Wallenstein«, jeweils Stadttheater Bern 1964–1966; Lady Milford in Schillers »Kabale und Liebe«, in Spewack/Porters »Kiss me, Kate« und Doña Proëza in Claudels »Der seidene Schuh« (erste Regiearbeit mit Hans Neuenfels), jeweils Vereinigte Städt. Bühnen Krefeld-Mönchengladbach 1966–1968; Alkmene in Kleists »Amphitryon«, Lady Macbeth in Shakespeares »Macbeth«, Titelrolle in Strindbergs »Fräulein Julie«, Regie: Hans Neuenfels, jeweils Theater der Stadt Heidelberg 1968–1970; Beatrice in Middleton/Rowleys »Changeling« und Warja in Tschechows »Der Kirschgarten«, jeweils Schauspielhaus Bochum 1970/71; Titelrolle in Ibsens »Nora«, Regie: Hans Neuenfels, und Gertrud in Shakespeares »Hamlet«, Regie: Peter Palitzsch, jeweils Württembergisches Staatstheater Stuttgart 1971/72; Titelrolle in Ibsens »Hedda Gabler«, Sophie Barger in Brechts »Baal«, Regine in Ibsens »Gespenster«, Julie in Molnárs »Liliom« und Titelrolle in Euripides' »Medea«, Regie: jeweils Hans Neuenfels, Städt. Bühnen Frankfurt/Main 1972–1978; Franziska in Wedekinds »Lulu«, Regie: Hans Neuenfels, Burgtheater Wien 1979; Kunigunde in Kleists »Das Käthchen von Heilbronn«, Regie: Jürgen Flimm, Bühnen der Stadt Köln 1979; Titelrolle in Goethes »Iphigenie auf Tauris«, Titelrolle in Kleists »Penthesilea«, Regine in Musils »Die Schwärmer« und Madame Irma in Genets »Der Balkon«, Regie: jeweils Hans Neuenfels, jeweils Staatliche Schauspielbühnen Berlins 1981–1984, Frau Rowan in Joyce' »Verbannte«, mit Hermann Treusch, Regie: Hans Neuenfels, Freie Volksbühne Berlin 1985.

Fernsehen: »Und Rosa und Marylin«, Regie: Hans Neuenfels; »Bolwieser« (nach Oskar Maria Graf), mit Kurt Raab, Regie: Rainer Werner Fassbinder, 2 Teile, ZDF 1977; »Das andere Lächeln«, Regie: Robert van Ackeren; »Als Hitler das rosa Kaninchen stahl« (nach Judith Kerr), mit Martin Benrath, Regie: Ilse Hofmann, ARD 1978; »Berlin Alexanderplatz« (nach Döblin), mit Günter Lamprecht und Hanna Schygulla, Regie: Rainer Werner Fassbinder, 14 Teile, ARD 1980; »Wanda«, Regie: Hans Noever, »Der Alte«, Serie, ZDF 1984; »Blaubart« (nach Frisch), mit Vadim Glowna, Regie: Krzysztof Zanussi, ARD 1984; »Wochenendgeschichten«, Regie: Hans Noever, Serie, ARD 1985.

Anschrift: c/o Agentur Alexander, Lamontstraße 9, 8000 München 80, oder Bleibtreustraße 15/16, 1000 Berlin 12.

Margot Trooger

(eigentlich: Margot Zimmermann, geb. Schulze-Trooger)

Geboren 2. 7. 1923 als Tochter eines Ziegeleikaufmanns in Rositz/Thüringen; aufgewachsen in Schedlitz; nach dem Lyzeum besuchte sie eine Handelsschule. In Innsbruck arbeitete sie als Sekretärin. 1945 ging sie nach München und nahm Schauspielunterricht bei Eva Fiebig, Siegfried Süßenguth und Ernst Fritz Fürbringer (bis 1947). In der Rolle des Mädchens gab sie ihr Debüt in Hofmannsthals »Der Tor und der Tod« zur Eröffnung des Theaters in Bamberg (1946). Ihr erstes festes Engagement erhielt sie 1947 an den Kammerspielen Bremen. Nach einer schweren Krankheit kam sie 1948 nach Stuttgart. Von 1950 bis 1952 spielte sie am Kleinen Theater Baden-Baden und arbeitete beim Südwestfunk. Weitere Stationen: Wuppertaler Bühnen (1952/53), Deutsches Schauspielhaus Hamburg (ab 1954), Schiller- und Schloßpark-Theater Berlin unter Boleslaw Barlog, Ruhrfestspiele Recklinghausen, Bayerisches Staatsschauspiel München, Münchner Kammerspiele und Schauspielhaus Zürich.

Ihr Filmdebüt gab sie 1952 neben Rudolf Prack in dem Film »Lockende Sterne«. Beim Fernsehen arbeitet sie seit 1955. Insgesamt wirkte sie in über 40 Film- und über 140 Fernseh-Produktionen mit. Seit vielen Jahren ist sie durch eine schwere Krankheit ans Bett gefesselt. Sie ist seit 1964 geschieden von dem Bühnenbildner Jörg Zimmermann, hat eine Tochter und lebt in Mauerberg/Bayern. Ihre Tochter Sabina Trooger wurde ebenfalls Schauspielerin.

Film: »Lockende Sterne«, 1952; »Wenn abends die Heide träumt«, und »Heidi« (nach Johanna Spyri), 1953; »Die Stadt ist voller Geheimnisse«, 1954; »Rosen im Herbst«, mit Ruth Leuwerik, Regie: Rudolf Jugert, 1955; »Der Verräter«; »Der Überfall«; »Nur tote Zeugen schweigen«; »Affaire Dr. Thoma«; »Die Bekenntnisse der Ina K.«; »11 Jahre und ein Tag«, mit Bernhard Wicki, 1960; »Geliebter Lügner« (nach Shaw/Kilty); »Der Hexer« (nach Wallace), mit Joachim Fuchsberger und Klaus Kinski, Regie: Alfred Vohrer, 1964; »Das Verrätertor« (nach Wallace), Regie: Freddie Francis, Großbritannien/BRD 1964; »Neues vom Hexer« (nach Wallace), 1965; »Die schwedische Jungfrau«; »Jet Generation«.

Theater: Ysé in Claudels »Mittagswende«, Inken Peters in Hauptmanns »Vor Sonnenuntergang«, Titelrolle in Ludwigs »Agnes Bernauerin«, Stella in Williams' »Endstation Sehnsucht«, Desdemona in Shakespeares »Othello«, Solvejg in Ibsens »Peer Gynt«, Atlanta in Goetz' »Das Haus in Montevideo«, in Hamiltons »Gaslicht«, Titelrolle in Lessings »Emilia Galotti«, Alkmene in Kleists »Amphitryon«, Hermia in Shakespeares »Ein Sommernachtstraum«, Titelrolle in Lessings »Minna von Barnhelm«, in Franks »Sturm im Wasserglas«, in O'Neills »Trauer muß Elektra tragen«, Titelrolle in Shaws »Frau Warrens Gewerbe«, in Priestleys »Seit Adam und Eva« und in Rattigans »Lockende Tiefe«, jeweils an den vorgenannten Bühnen und auf Tournee.

Fernsehen: »Das kalte Licht« (nach Zuckmayer), ARD 1955 (live; Debüt); »Johanna auf dem Scheiterhaufen« (nach Claudel/Honegger); »Die Bernauerin« (von Orff), Regie: Gustav Sellner, ARD 1958; »Nachtasyl« (nach Gorki); »Gaslicht« (nach Hamilton), Regie: Wilm ten Haaf, ARD 1960; »Die Dame in der schwarzen Robe«; »Vorsätzlich«; »Candida« (nach Shaw), Regie: Hans Schweikart, ARD 1963; »Die Gerechten (nach Camus), Regie: Rolf Hädrich, ARD 1964; »Das Halstuch« (nach Durbridge); »Der Weg ist dunkel«; »Die Verlorene«; »Der Diener zweier Herren« (nach Goldoni); »Die seltsamen Abenteuer des Raumschiffes Orion«, mit Dietmar Schönherr und Eva Pflug, Regie: Theo Mezger, Serie, ARD 1966; »Der aufhaltsame Aufstieg des Arturo Ui« (nach Brecht); »Troilus und Cressida« (nach Shakespeare); »Die Troerinnen« (nach Euripides); »Wodka-Bitter-Lemon«; »Christoph Kolumbus oder Die Entdeckung Amerikas« (nach Tucholsky/Hasenclever), Regie: Helmut Käutner, ARD 1969; »Dr. Joana Marlow«; »Dem Täter auf der Spur«, Regie: Jürgen Roland, Serie, ARD 1971; »Pippi Langstrumpf« (nach Lindgren), Regie: Ole Hellbom, 13 Teile, ARD 1973; »Lokalseite unten links«, Regie: Stephan Rinser, Serie, ARD 1977; Wally Kottnik in »Der Herr Kottnik«, mit Walter Sedlmayr, Regie: Rudolf Jugert, 13 Teile, ZDF 1977.

Auszeichnungen: »Goldener Bildschirm« (TV-Hören und Sehen); »Otto« (BRAVO) 1962 und 1963; »Goldene Rose«.

Anschrift: Mauerberger Straße 46, 8268 Mauerberg (Garching an der Alz).

Sabina Trooger

(eigentlich: Sabina Zimmermann)

Geboren 10. 4. 1955 als Tochter der Schauspielerin Margot Trooger und des Bühnenbildners Jörg Zimmermann in München, wo sie auch heute lebt; ledig; spricht englisch, französisch; nach dem Besuch des Gymnasiums und einer Grafikerschule nahm sie Schauspielunterricht bei Margret Langen und Lina Carstens in München; 1976 debütierte sie an den Hamburger Kammerspielen; ein festes Engagement am Niedersächsischen Staatstheater Hannover (1978–1981) folgte; neben Tourneen gab sie Gastspiele u. a. bei den Burgfestspielen Jagsthausen (1977), am Schauspielhaus Zürich (1981), am Theater am Einlaß und am Modernen Theater in München, wo sie 1984 auch erstmals Regie führte.
Film: Maria in »Götz von Berlichingen mit der eisernen Hand« (nach Goethe), Regie: Wolfgang Liebeneiner und Harald Reinl, 1978; »Dormire«, mit Sunnyi Melles (2-Personen-Film), Regie: Niklaus Schilling, 1984.
Theater: Titelrolle in Goodrich/Hacketts »Das Tagebuch der Anne Frank«, Regie: Ida Ehre, und Gloria in Kaisers »Napoleon in New Orleans« (1976), Hilde Wangel in Ibsens »Baumeister Solness« (1978), jeweils Hamburger Kammerspiele; Eve in Kleists »Der zerbrochene Krug«, Burgfestspiele Jagsthausen 1977; Lillian Holiday in Lanes »Happy end« und Amanda in Cowards »Intimitäten«, Niedersächsisches Staatstheater Hannover 1978–1981; Titelrolle in O'Neills »Trauer muß Elektra tragen«, Schauspielhaus Zürich 1981; Joe in Delaneys »Bitterer Honig«, mit Karin Baal, Tournee 1982 (auch ARD 1983); Marie in Bruckners »Krankheit der Jugend«, Theater am Einlaß München, und Birgit in Bauers »Magic Afternoon«, Modernes Theater München, 1983.
Fernsehen: »Der Kommissar«, mit Erik Ode, Serie, ZDF 1973; »Lokalseite unten links«, Regie: Stephan Rinser, Serie, ARD 1975; »Mathilde Möhring« (nach Fontane), und »Die schöne Marianne«, mit Hannelore Elsner und Walter Jokisch, Serie, ARD 1976; Katja in »Väter und Söhne« (nach Turgenjew), Regie: Claus Peter Witt, ZDF 1977; »Ein Abend mit Labiche«, Regie: Dieter Wedel, ARD 1980.
Anschrift: c/o Agentur Alexander, Lamontstraße 9, 8000 München 80.

Gisela Trowe

Geb. 5. 9. 1922 als Tochter eines Kaufmanns in Dortmund; dort aufgew.; nach dem Besuch des Goethe-Lyzeums Dortmund nahm sie Schauspielunterricht bei Paul Günther in Berlin, Saladin Schmitt in Bochum und Hanns Bogenhardt in Dortmund. 1943 debütierte sie als Franziska in Lessings »Minna von Barnhelm« am Reußischen Theater Gera. Ab 1946 wirkte sie vor allem an den Berliner Bühnen: Hebbel-Theater, Komödie, Schloßpark-Theater, Tribüne, Renaissance-Theater, Theater am Kurfürstendamm, Deutsches Theater, Berliner Ensemble. 1949/50 war sie Mitglied des »Kabaretts der Komiker« in Berlin.

Weitere Stationen: Theater in der Josefstadt Wien, Münchner Kammerspiele, Thalia-Theater Hamburg, Deutsches Schauspielhaus Hamburg und Theater der Freien Hansestadt Bremen. Sie machte zahlreiche Tourneen.

Ihr Filmdebüt gab sie 1948, beim Fernsehen ist sie seit den ersten Versuchssendungen tätig. Bei ihrer umfangreichen Synchronarbeit leiht sie ihre Stimme u.a. Simone Signoret, Anna Magnani, Gina Lollobrigida, Melina Mercouri, Monica Vitti und Danielle Darrieux.

Frau Trowe spricht engl., franz.; sie war von 1944 bis 1964 mit dem Regisseur Thomas Engel verheiratet. Dieser Ehe entstammen die beiden Töchter Angelika (geb. 1944) und Barbara (geb. 1945). Sie lebt in Hamburg.

Film: »Affaire Blum«, »Die Zeit mit dir«, »Grube Morgenrot« und »Straßenbekanntschaften«, 1948; »Der Verlorene«, 1951; »Die Stimme des Anderen«, 1952; »Keine Angst vor großen Tieren«, 1953; »Ein Leben für Do« und »Der Mann meines Lebens«, 1954; »Urlaub auf Ehrenwort«, Regie: Wolfgang Liebeneiner, 1955; »Damals in Paris«, 1956; »Franziska«, Regie: Wolfgang Liebeneiner, und »Wo du hingehst«, 1957; »Majestät auf Abwegen«, Regie: Robert A. Stemmle, 1958; »Das hab' ich in Paris gelernt«, 1960; »Alles im Eimer«, mit Dieter Hallervorden, Regie: Ralf Gregan, 1981.

Theater: Delphindel in Bahrs »Der Meister«, Titelrolle in Anouilhs »Antigone«, Madeleine in Cocteaus »Die schrecklichen Eltern«, Prinzessin in Schwarz' »Der Schatten«, Glafira in Ostrowskijs »Wölfe und Schafe«, Raina in Shaws »Helden«, Janine in Kaisers »Der Gärtner von Toulouse« und Titelrolle in Lengyels »Ninotschka«, jeweils an den vorgenannten Bühnen.

Fernsehen: »Der Weg ist dunkel« (nach Levi), ARD 1956; »Der Nobelpreis« (nach Bergman), ARD 1959; »Das Rendezvous von Senlis« (nach Anouilh), ARD 1961; »Parkstraße 13« (nach Ivers), ARD 1962; »Die Mondvögel« (nach Aymé), ZDF 1963; »Mit zwei Füßen im Grab« (nach Valmain) und »Die Zofen« (nach Genet), ARD 1964; »Dr. Murkes gesammelte Nachrufe« (nach Böll), ARD 1965; »Reisegesellschaft« (nach Maupassant), ARD 1968; »Der Richter von Zalamea« (nach Calderon), ZDF 1968; »Der Lauf des Bösen« (nach Audiberti), ZDF 1969; »Die Ratten« (nach Hauptmann), ARD 1969; »Morgen, ein Fenster zur Straße« (nach Grünberg), und »Wie ein Blitz« (nach Durbridge), Regie: Rolf von Sydow, 3 Teile, ARD 1970; »Das Leben des schizophrenen Dichters Alexander März« (nach Kipphardt), mit Ernst Jacobi, ZDF 1975; »Der Opportunist« (von Theodor Schübel), ZDF 1977; »Schwüle Tage«, Regie: Hajo Gies, und »Eine Dummheit macht auch der Gescheiteste« (nach Ostrowskij), Regie: Eberhard Itzenplitz, ARD 1978; »Goldene Zeiten«, Regie: Michael Braun, 20 Teile, und »Das Beil von Wandsbek« (nach Arnold Zweig), ARD 1983; »Und es begab sich«, Regie: Peter Weck, ZDF 1984; »Die Krimistunde«, Regie: Wolfgang Panzer, ARD 1985; »Es muß nicht immer Mord sein«, Serie, und »Alte Gauner«, Regie: Ralf Gregan, Serie, ZDF 1985; »Je öller, je döller«, 13 Teile, ARD 1986.

Anschrift: c/o ZBF-Agentur Hamburg, Tonndorfer Hauptstraße 90, 2000 Hamburg 70.

Vera Tschechowa

Geb. 22. 7. 1940 als Tochter der Schauspielerin und Film-Managerin Ada Tschechowa und des Arztes Dr. Wilhelm Rust in Berlin; ihre Großmutter war die Schauspielerin Olga Tschechowa. Nach der mittleren Reife besuchte sie die Kunstakademie, um Bühnenbildnerin zu werden. Sie wechselte jedoch bald an eine Münchner Schauspielschule. Nach Auftritten an diversen Provinzbühnen begann mit dem Film »Witwer mit fünf Töchtern« (1956) ihre Filmkarriere. Seither wirkte sie in über 30 Produktionen mit.
1959 spielte sie unter Rudolf Noelte in Berlin. Sie nahm weiter Schauspielunterricht bei Marlise Ludwig in Berlin und bei Ernst Fritz Fürbringer in München. Ihre Bühnenstationen ab 1962: Deutsches Schauspielhaus Hamburg, Festspiele Bad Hersfeld, Schauspielhaus Düsseldorf, Basler Theater, Stadttheater Konstanz, Staatstheater Braunschweig und Theater Loeben.
Frau Tschechowa spricht engl., franz.; sie ist seit 1967 verheiratet mit dem Schauspieler und Regisseur Vladim Glowna, mit dem sie 1980 die Produktionsgesellschaft Atossa Film GmbH gegründet hat. Aus ihrer ersten Ehe mit dem Schauspieler Hartmut Reck stammt ihr Sohn Nikolaus. Sie lebt in München.
Film: »Witwer mit fünf Töchtern«, Regie: Erich Engels, »Noch minderjährig«, mit Paula Wessely, Regie: Georg Tressler, und »Der Arzt von Stalingrad«, Regie: Geza von Radvanyi, 1957; »Das Mädchen mit den Katzenaugen«, Regie: Eugen York, »Meine 99 Bräute«, Regie: Alfred Vohrer, 1958; »Marietto, Camilla und der liebe Gott«, mit Vittorio de Sica, Regie: Antonio Leonviola, Italien 1958; »Peter Voss, der Millionendieb«, mit O.W. Fischer, »Und das am Montagmorgen«, Regie: Luigi Comencini, »Melodie und Rhythmus«, Regie: John Olden, »Der Maulkorb« (nach Spoerl), und »Freddy unter fremden Sternen«, mit Freddy Quinn, Regie: Wolfgang Schleif, 1959; »Der Schleier fiel vor meinen Augen«, Regie: Paul May, »Die junge Sünderin«, Regie: Rudolf Jugert, 1969; »Das Brot der frühen Jahre«, Regie: Herbert Vesely, 1962; »Die Gruft mit dem Rätselschloß (nach Wallace), Regie: Franz Josef Gottlieb, 1964; »In Frankfurt sind die Nächte heiß«, Regie: Rolf Olsen, 1966; »Liebe und so weiter«, Regie: George Moorse, 1968; »Schreie in der Nacht«, 1969; »Nach Stockholm der Liebe wegen«, Regie: Gunnar Höglund, 1970; »Der erste Kreis der Hölle«, Regie: Aleksander Ford, Dänemark 1971; »Das Amulett des Todes«, Regie: Ralf Gregan, 1974; »Eurydike BA 2037«, Regie: Nikos Nikolaides (selbst Produzentin), 1975; »Edwards Film«, Regie: Fritz Lehner, 1977; Volina in »Der Schimmelreiter« (nach Storm), mit Gert Fröbe, Regie: Alfred Weidenmann, 1978; »Panische Zeiten«, Regie: Udo Lindenberg und Peter Fratzscher, 1980; »Desperado City«, Regie: Vadim Glowna (selbst Produzentin), 1981; »Dies rigorose Leben«, Regie: Vadim Glowna (selbst Produzentin), 1983; »Tausend Augen«, mit Gudrun Landgrebe und Peter Kraus, Regie: Hans-Christoph Blumenberg (dessen Regiedebüt), und »Treffpunkt im Unendlichen« (nach Klaus Mann), Regie: Horst Königstein, 1984 (auch ARD 1984); »Romantic-Sisters«, 1985.
Theater: In Schnitzlers »Der grüne Kakadu« und in Wedekinds »Der Kammersänger«, Regie: jeweils Rudolf Noelte, Miranda in Frischs »Don Juan oder Die Liebe zur Geometrie«, mit Ullrich Haupt, jeweils an den vorgenanten Bühnen.
Fernsehen: »Froher Herbst des Lebens«, Regie: Paul Verhoeven, ARD 1961; »Die Legende vom heiligen Trinker« (nach Joseph Roth), Regie: Franz Josef Wild, und »Wassa Schelesnowa« (nach Gorki), Regie: Egon Monk, ARD 1963; »Gerechtigkeit in Worowogorsk«, Regie: Dietrich Haugk, ARD 1964; »Leocadia« (nach Anouilh), Regie: Harald Benesch, »Thomas More« (nach Boldt), Regie: Gerhard Klingenberg, ZDF 1964; »Die chinesische Mauer«, Regie: Hans Lietzau, ARD 1965; »Opfer«, Regie: Pete Ariel, Wera in »Krebsstation« (von Wittlinger nach Solschenizyn), Regie: Heinz Schirk, 2 Teile, ARD 1970; »Duell zu dritt«, Serie, und »Der Illegale«, Regie: Günter Gräwert, 3 Teile, ARD/ZDF 1972; »Polly oder Die Bataille am Bluewater Creek«, Regie: Jürgen Flimm, ARD 1974; »Erikas Leidenschaften«, Regie: Ula Stöckl, »Geschichten aus der Zukunft«, Regie: Heinz Schirk, Serie, und »Zeit der Empfindsamkeit« (von Wilma Kottusch), mit Vadim Glowna, ARD 1977; »Jörg Preda berichtet«, mit Pinkas Braun, Serie, ARD 1978/79; »Jahreszeiten der Liebe«, Regie: George Moorse, ARD 1979; »Unter Verschluß« (von Wilma Kottusch), ZDF 1980; »Bekenntnisse des

Hochstaplers Felix Krull« (nach Thomas Mann), mit John Moulder-Brown, Regie: Bernhard Sinkel, 5 Teile, ZDF 1982; »Das Beil von Wandsbek« (nach Arnold Zweig), Regie: Horst Königstein, ARD 1983; »Blaubart« (nach Frisch), mit Vadim Glowna, Regie: Krzysztof Zanussi, und »Haus Vaterland«, Regie: Horst Königstein, ARD 1984; »Gefühlssachen« (nach Constant), Regie: Klaus Ickert, BR III 1984.
Auszeichnungen: Deutscher Filmpreis 1962; »Goldene Kamera« (HÖRZU) 1977.
Anschrift: c/o Agentur Baumbauer, Keplerstraße 2, 8000 München 80.

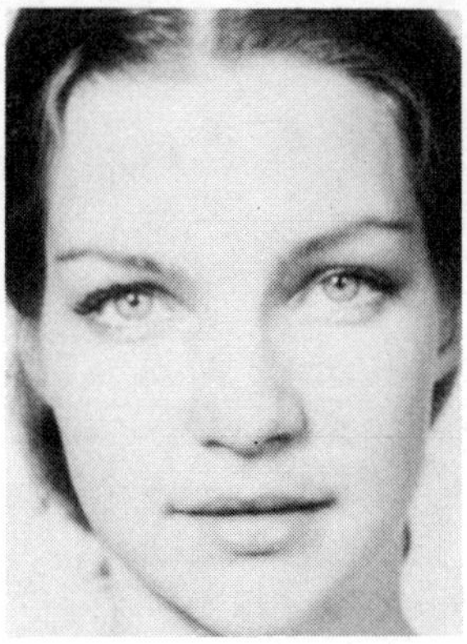

Dietlinde Turban

Geb. 27. 8. 1957 in Reutlingen; dort aufgew.; bereits ab dem siebten Lebensjahr nahm sie Violin-Unterricht, mit 15 Jahren begann sie eine Tanzausbildung an der Münchner Ballett-Akademie. Nach dem Abitur nahm sie Schauspielunterricht. 1977 debütierte sie als Gretchen in Goethes »Faust« (Regie: Michael Degen) am Bayerischen Staatsschauspiel München. Als freischaffende Schauspielerin gastierte sie zudem u.a. am Theater in der Josefstadt Wien, am Opernhaus Zürich, bei den Festspielen Bad Hersfeld, an den Bühnen der Stadt Bonn sowie auf Tournee. Seit 1978 wirkt sie umfangreich für Film und Fernsehen.
Dietlinde Turban spricht engl., franz., ital.; sie ist verheiratet mit dem Dirigenten Lorin Maazel und lebt in Monte Carlo.
Film: »Blutspur«, Regie: Terence Young, USA 1979; »Kalte Heimat«, Regie: W. Werner Schaefer, 1979.
Theater: Gretchen in Goethes »Faust«, Regie: Michael Degen, Bayerisches Staatsschauspiel München 1977; Harmonia in Raimunds »Die gefesselte Phantasie«, Theater in der Josefstadt Wien; Eurydike in Monteverdi/Striggos »L'Orfeo«, Regie: Jean-Pierre Ponnelle, Opernhaus Zürich 1978 (auch ARD 1980); Mary in Rattigans »Der schlafende Prinz« und Titelrolle in Giraudoux' »Undine«, jeweils Tournee 1980; Gwendoline in Anouilhs »Becket oder Die Ehre Gottes«, Regie: Reinhold K. Olszewski, und Desdemona in Shakespeares »Othello«, mit Mario Adorf, Regie: G. Williams (Royal Shakespeare Company), jeweils Festspiele Bad Hersfeld; Titelrolle in Lessings »Minna von Barnhelm«, Regie: Kai Braak, Tournee 1982/83; Sidselill in Hauptmanns »Schluck und Jau«, Regie: Rudolf Noelte, Bühnen der Stadt Bonn 1983 (auch ZDF 1984).
Fernsehen: »Derrick«, Serie, 3 Folgen, ZDF 1979–1982; »Ihr 106. Geburtstag« (nach Sarment), mit Inge Meysel und Dietmar Schönherr, Regie: Thomas Engel, ZDF 1980; »Die Undankbare«, Regie: Franz Josef Wild, ARD 1980; »Überfall in Glasgow«, Regie: Wolfgang Hantke, ZDF 1981; »Das Traumschiff«, Regie: Fritz Umgelter, Serie, ZDF 1982; Aloisia Weber in »Mozart«, mit Christoph Bantzer, Regie: Marcel Bluwal, 5 Teile, Corinna in »Frau Jenny Treibel« (nach Fontane), mit Maria Schell, und Titelrolle in »Stella« (nach Goethe), Regie: jeweils Franz Josef Wild, Luise in »Kabale und Liebe« (nach Schiller), Regie: Heinz Schirk, Candida in »Klein Zaches, genannt Zinnober« (nach E.T.A. Hoffmann), Regie: Frank Strecker, jeweils ARD 1982; Susanne in »Bretter, die die Welt bedeuten«, Regie: Tom Toelle und Dieter Wedel, Serie, ARD 1982/83; »Salz geht über Gold«, Regie: Martin Holly, »Matinee«, Serie, und »Nachruf auf Othello«, Regie: Michael Braun, ZDF 1983; »Derrick«, Serie, ZDF 1985; »Tödliche Liebe« (nach Fremlin), Regie: Wolf Gremm, ZDF 1986; »Mord am Pool« (nach Durbridge), Regie: Gerhard Klingenberg, ARD 1986.
Auszeichnung: »Goldener Bambi« (BILD + FUNK) 1983.
Anschrift: c/o Agentur Lentz, Holbeinstraße 4, 8000 München 80.

U

Wolfgang Uhl

Geb. 21. 3. 1944 in Wien; aufgew. in Graz; nach dem Abitur am Akad. Gymnasium Graz (1964) absolvierte er das Mozarteum Salzburg (Abschluß Schauspielausbildung 1968). Sein erstes Engagement erhielt er an den Bühnen der Stadt Bielefeld. Weitere Stationen: Stadttheater Bern, Landestheater Schwaben Memmingen, E.T.A.-Hoffmann-Theater Bamberg und Stadttheater Gießen. Von 1976 bis 1980 war er am Stadttheater Augsburg unter Vertrag. Gastspiele gab er seither bei den Domfestspielen Gandersheim, an den Städt. Bühnen Münster, am Stadttheater Aachen, am Städtebundtheater Solothurn, am Theater in der Dachauer Straße München sowie auf Tournee. Uhl spricht engl., ital., franz.; er ist ledig und lebt in München.

Theater: Titelrolle in Shakespeares »Hamlet«, Gyges in Hebbels »Gyges und sein Ring«, Doppelrolle in Anouilhs »Einladung ins Schloß«, Orest in Sartres »Die Fliegen«, Titelrolle in Goethes »Torquato Tasso«, Student in Tschechows »Der Kirschgarten«, Aston in Pinters »Der Hausmeister«, Philippe in Molières »Der Menschenfeind«, Leonce in Büchners »Leonce und Lena«, Pater Julian in Albees »Winzige Alice«, jeweils an den vorgenannten Bühnen von 1968–1976; Gregers Werle in Ibsens »Die Wildente«, Antonio in Shakespeares »Der Sturm«, Mephisto in Goethes »Faust«, Felix in Botho Strauß' »Trilogie des Wiedersehens«, Dottore in Goldonis »Der Diener zweier Herren«, jeweils Stadttheater Augsburg 1976–1980; Saint Just in Büchners »Dantons Tod«, 1977, und Lysander in Shakespeares »Ein Sommernachtstraum«, 1980, jeweils Domfestspiele Gandersheim; von Schlettow in Zuckmayers »Der Hauptmann von Köpenick«, 1980, und Hannibal in Lanes »Happy end«, 1981, Gruppenführer Ernst in »Teufelskreis«, 1983, jeweils Städt. Bühnen Münster; Piccolomini in Schillers »Wallensteins Tod« und Freund in Hasenclevers »Der Sohn«, jeweils Stadttheater Aachen 1981; Titelrolle in Shakespeares »Hamlet«, Städtebundtheater Solothurn 1981; Gerald Croft in Priestleys »Ein Inspektor kommt«, Tournee 1982; Barak in Gozzis »Turandot«, Theater in der Dachauer Straße München 1983; Maurice/Collin in Maughams »Die heilige Flamme«, Bühne Schwabing 1984; Manager in dem Musical »Piaf«, Tournee 1984.

Fernsehen: »Tatort«, Serie, 4 Folgen, ARD 1980 – 1982; »Verkehrsgericht«, Buch + Regie: Ruprecht Essberger, Serie, ZDF 1982; »Lindhoops Frau« (nach Anna Dünnebier), Regie: Eberhard Itzenplitz, und »Mütter und Töchter«, Regie: Georg Tressler, ZDF 1985.

Anschrift: c/o ZBF-Agentur München, Leopoldstraße 19, 8000 München 40.

Gisela Uhlen

(eigentlich:
Gisela Friedlinde Schreck)

Geb. 16. 5. 1919 als Tochter eines Opernsängers in Leipzig; bereits mit 15 Jahren wurde sie in die Mary-Wigman-Tanzschule aufgenommen. Am Leipziger Theater spielte sie anschließend erste kleine Rollen. Bei Lilly Ackermann in Berlin nahm sie 1935 privaten Schauspielunterricht.

Ihre Bühnenstationen: Schauspielhaus Bochum unter Saladin Schmitt (1935–1937), Schiller-Theater Berlin unter Heinrich George (1937–1944), Theater der Stadt Heidelberg und Hessisches Staatstheater Wiesbaden (1945/46), Württembergisches Staatstheater Stuttgart (1946–1948), Kleine Komödie München (seit 1949), Staatl. Schauspielbühnen Berlins (seit 1951), Theater am Besenbinderhof Hamburg (1953), Deutsches Theater und Maxim-Gorki-Theater (Ost-)Berlin mit Wolfgang Kieling (1954–1957), Freie Volksbühne Berlin (1968), Schauspielhaus Zürich (1977), Bayerisches Staatsschauspiel München (1979) und Theater der Stadt Trier (1983/84). Sie machte mehrere Tourneen.

Ihr Filmdebüt gab sie 1936; seit 1955 wirkt sie beim Fernsehen. 1978 veröffentlichte sie den autobiographischen Roman »Mein Glashaus«.

Frau Uhlen spricht engl, franz.; sie ist in 7. Ehe verheiratet (seit 1986). Verheiratet war sie u.a. mit dem Regisseur Hans Bertram (Tochter Barbara, geb. 1945), dem Schauspieler Wolfgang Kieling (Tochter Susanne Uhlen, die ebenfalls Schauspielerin wurde, geb. 1955), dem Regisseur Herbert Ballmann und dem Tontechniker Beat Hodel. Sie lebt in Oetwil am See in der Schweiz.

Film: »Annemarie«, 1936; »Mann für Mann«, »Liebelei und Liebe«,»Morgen werde ich verhaftet«, »Ohm Krüger«, »Tanz auf dem Vulkan«, »Schicksal«, »Zwischen Himmel und Erde«, »Symphonie eines Lebens«, »Rembrandt«, »Die beiden Schwestern«, »Zwischen Hamburg und Haiti«, »Die Zaubergeige« und »Der stumme Gast«, jeweils 1938–1944; »Die große Liebe«, Regie: Hans Bertram, 1949; »Der fallende Stern«, 1950; »Türme des Schweigens«, 1951; »Der schweigende Mund«, 1952; »Robert Meyer – ein Arzt aus Heilbronn«, »Das Traumschiff«, Regie: Herbert Ballmann, »Michaels Rückkehr«, »Emilia Galotti« (nach Lessing) und »Der Prozeß wird vertagt«, jeweils DEFA 1955–1958; »Mit 17 weint man nicht«, 1960; »Das Mädchen und der Staatsanwalt«, 1961; »Das indische Tuch« (nach Wallace), Regie: Alfred Vohrer, 1963; »Die Tür mit den sieben Schlössern«, 1964; »Edelweißkönig« (nach Ganghofer), mit Robert Hoffmann, Regie: Alfred Vohrer, 1975; »Die Ehe der Maria Braun«, mit Hanna Schygulla, Regie: Rainer Werner Fassbinder, 1978; »Meister Eder und sein Pumuckl«, mit Gustl Bayrhammer, Regie: Ulrich König, BRD/Ungarn 1981 (auch als TV-Serie 1982).

Theater: Titelrolle in Kleists »Das Käthchen von Heilbronn«, Julia in Shakespeares »Romeo und Julia«, Eve in Kleists »Der zerbrochene Krug« und Titelrolle in Ibsens »Nora«, jeweils Schauspielhaus Bochum 1935–1937; Julia in Shakespeares »Romeo und Julia«, mit René Deltgen, Sommerfestspiele Heidelberg 1937; Luise in Schillers »Kabale und Liebe« und Dortchen Lakenreißer in Pirandellos »Heinrich IV.«, jeweils Schiller-Theater Berlin 1938–1944; Titelrolle in Anouilhs »Eurydike«, Hessisches Staatstheater Wiesbaden 1946; Regine in Ibsens »Die Gespenster«, Regie: Hermine Korner, und Braut in Lorcas »Die Bluthochzeit«, jeweils Württembergisches Staatstheater Stuttgart 1946–1948; in Priestleys »Seit Adam und Eva«, in Durans »Gefährliche Gäste«, in Lonsdales »Mrs. Cheney's Ende«, in Garson Kanins »Die ist nicht von gestern« und Eliza in Shaws »Pygmalion«, jeweils Kleine Komödie München 1949–1953; Titelrolle in Anouilhs »Colombe« und Titelrolle in Wedekinds »Lulu«, Staatl. Schauspielbühnen Berlins 1951/52; Titelrolle in Strindbergs »Fräulein Julie«, Theater am Besenbinderhof Hamburg 1953; Titelrolle in Ibsens »Nora«, Deutsches Theater (Ost-)Berlin 1956; Lysistrata in MacColls »Unternehmen Ölzweig«, Regie: Joan Littlewood, Maxim-Gorki-Theater (Ost-)Berlin 1957; Rosaura in Calderons »Das Leben ein Traum«, in Barlachs »Die echten Sedemunds«, Jenny in Brecht/Weills »Die Dreigroschenoper«, in Anouilhs »General Quixotte oder Der verliebte Reaktionär«, in Osbornes »Der Entertainer«, in Sternheims »1913«, in Strindbergs »Rausch« und Xenia in Bonds »Sommer«, jeweils Staatl. Schauspielbühnen Berlins 1959–1983; in Schwarz' »Der Schatten«, Freie Volksbühne Berlin 1968; in Simons »Plaza-Hotel«, Kleine Komödie München 1970; Gurmischskaja in Ostrowskijs »Der Wald«,

Schauspielhaus Zürich 1977; in Molières »Tartuffe«, Regie: Ingmar Bergman, Bayerisches Staatsschauspiel München 1979.
Fernsehen: Titelrolle in »Jane« (nach Behrmann), ARD 1958; »Der Gärtner von Toulouse« (nach Kaiser), ARD 1962; »Der Panama-Skandal – Bankrott eines Helden« (von Matray/Krüger), mit Susanne Uhlen und Barbara Bertram, ARD 1967; Titelrolle in »Mathilde Möhring« (nach Fontane), Regie: Claus Peter Witt, ARD 1968; »Die Kinder Eduards«, ARD 1973; »Der Kommissar«, mit Erik Ode, Serie, ZDF 1974; Titelrolle in »Die Hellseherin« (nach Roussin), Regie: Bruno Kaspar, SRG 1975; »Tatort«, Serie, 3 Folgen, ARD 1975–1980; »Wir haben uns doch mal geliebt«, Regie: Daniel Christoff, ZDF 1982; »Die zweite Frau« (von Karl Wittlinger), ZDF 1983; »Mütter und Töchter«, mit Susanne Uhlen, Regie: Georg Tressler, ZDF 1985; »Engels & Consorten« (von E. Möbius), Regie: Detlef Rönfeldt, 5 Teile, ARD 1986. Ferner spielte sie u.a. in: »Zimmerschlacht«, »Der Ball«, »Leiche gesucht«, »Verlorener Sohn«, »Der schweigende Mund«, »Aufstand der Gehorsamen« und »Kleine Füchse«.
Auszeichnung: Filmband in Gold 1979.
Anschrift: c/o Agentur Jäger, Postfach 1328, 8130 Starnberg, oder ZBF-Agentur Berlin, Kurfürstendamm 206, 1000 Berlin 15.

Susanne Uhlen

Geb. 17. 1. 1955 als Tochter der Schauspielerin Gisela Uhlen und des Schauspielers Wolfgang Kieling (geb. 1924 – verst. 1985) in Potsdam; aufgew. in Berlin; nach der Scheidung der Eltern blieb sie bei der Mutter. Bereits mit zehn Jahren spielte sie ihre ersten Film-, Fernseh- und Theaterrollen. 1968 sprach sie die Titelrolle in Bassewitz' »Peterchens Mondfahrt« auf Schallplatte. Sie war schon als Kind in der Synchronisation tätig.
Noch während ihrer Gymnasialzeit (bis zur 11. Klasse) nahm sie Ballettunterricht bei Tatjana Gsovsky in Berlin.
Mit 16 Jahren heiratete sie im schottischen Gretna Green einen Studenten. Die Ehe wurde kurze Zeit später annulliert. Aus ihrer 1984 geschiedenen Ehe mit dem Kameramann Charly Steinberger hat sie einen Sohn (Florian, geb. 1976). Sie spricht engl. und lebt in München.
Film: »Der Mörder mit dem Seidenschal«, Regie: Adrian Hoven, 1965; »Wenn süß das Mondlicht auf den Hügeln schläft«, Regie: Wolfgang Liebeneiner, 1969; »Engel, die sich die Flügel verbrennen« (von Reinecker), und Titelrolle in »Birdie«, Regie: Hubert Frank, 1970, »Ein Mädchen aus zweiter Hand«, »Abelard«, »Bis zur bitteren Neige«, und »Das Netz« (nach Habe), mit Mel Ferrer und Elke Sommer, Regie: Manfred Purzer, 1975; »Seitenstechen«, mit Mike Krüger, Regie: Dieter Pröttel, 1985.
Theater: In Horváths »Don Juan kommt aus dem Krieg«, Schloßpark-Theater Berlin 1969; in Shakespeares »Romeo und Julia«, Das Junge Theater Hamburg 1970. In den letzten Jahren machte sie einige Tourneen.
Fernsehen: Titelrolle in »Der Fall Angelika Kurtz«, ARD 1966; »Eine aufregende kleine Frau« (nach Cau), Annchen in »Stella« (nach Goethe), und »Till, der Junge von nebenan«, mit Ilja Richter, Serie, ARD 1967; »Der Panama-Skandal – Bankrott eines Helden« (von Matray/Krüger), mit Gisela Uhlen, ARD 1967; »Der Ball«, und Die kleine Laurine in »Bel Ami« (nach Maupassant), Regie: Helmut Käutner, ARD 1968; »Kinderehen«, mit Hans-Georg Panczak, ARD 1969; »Stadt im Tal«, und »Der Kommissar«, mit Erik Ode, Serie, ZDF 1973; »Hier ruht George Dillon«, ZDF 1975; »Derrick«, Serie, 3 Folgen, ZDF 1975–1985; »Das Glas Wasser« (nach Scribe), ARD 1976; »Tatort«, Serie, 3 Folgen, ARD 1976–1981; »Der Alte«, Serie, 3 Folgen, ZDF 1977–1981; Lady Audley in »Lady Audleys Geheimnis« (nach Mary Elizabeth Braddon), mit Hans Caninenberg und Christian Wolff, 2 Teile, ARD 1978; »Schwarz-Rot-Gold: Unser Land«, Regie: Dieter Wedel, ARD 1982; »Das Traumschiff«, Regie: Alfred Vohrer, und »Nesthäkchen«, mit Doris Kunstmann, 6 Teile, ZDF 1983; »Zu dir oder mir?« mit Wolf Roth, Regie: Wolfgang Spier, »Vor dem Sturm« (nach Fontane), Regie: Franz Peter Wirth, 6 Teile, ARD 1984; »Herbert ist Herrmann«, mit Herbert Herrmann, Serie, »Mütter und Töchter«, mit Gisela Uhlen, Regie: Georg Tressler, und »Wolfgang-Kieling-Special«, ZDF 1985; »Die Krimistunde«, Regie: Hartmut Griesmayr, Serie, ARD 1985; »Der Tod aus dem Computer« (von Detlef Müller), mit Klaus Schwarzkopf, Regie: Dieter Finnern, ARD 1986.
Auszeichnung: »Goldener Bambi« (BILD + FUNK) 1976.
Anschrift: c/o Agentur Baumbauer, Keplerstraße 2, 8000 München 80.

Anneliese Uhlig

(eigentlich:
Anneliese Tucker, geb. Uhlig)

Geb. 27. 8. 1918 als Tochter des hessischen Staatsschauspielers Kurt Uhlig und der Opernsängerin Margarethe Maschmann in Essen; dort aufgew.; nach der Schule nahm sie ersten Schauspielunterricht an der Reimann-Akademie in Berlin. Ferner absolvierte sie eine Ausbildung in Modezeichnen. 1937 gab sie ihr Filmdebüt in dem Streifen »Manege«, mit Attila Hörbiger, Lucie Höflich und Otto Wernicke.
1938 bekam sie ihr erstes Engagement am Schiller-Theater Berlin. Von 1940 bis 1945 machte sie Fronttheater in Holland, Frankreich, Polen und der UdSSR. Ferner war sie am Theater der Hansestadt Bremen und am Theater am Schiffbauerdamm Berlin beschäftigt. 1943 arbeitete sie zudem als Dolmetscherin für die Familie Mussolini in Deutschland, das sie zuvor wegen Schwierigkeiten mit Joseph Goebbels verlassen hatte und nach Italien gegangen war (sie drehte dort einige Filme mit Carlo Ponti). Sie kehrte jedoch für weitere Filmaufnahmen nach Deutschland zurück.
Nach Kriegsende war sie als Produzentin und Regisseurin des US-Special-Service in Salzburg tätig. Von 1946 bis 1967 wirkte sie als Auslandskorrespondentin in Italien, Österreich und den USA für deutsche Zeitungen und machte zahlreiche Vortragsreisen, u.a. durch Ägypten, Indien, Thailand, Europa und die USA. Von 1960 bis 1964 wirkte sie zudem als Produzentin am Kleinen Theater Alexandria, Virginia.
1977 veröffentlichte sie ihre Autobiographie »Rosenkavaliers Kind – Eine Frau und drei Karrieren«.
Frau Uhlig spricht engl., franz., ital.; sie ist verheiratet, hat einen Sohn und lebt in Santa Cruz, USA.
Film: »Manege«, mit Attila Hörbiger, Regie: Carmine Gallone, 1937; »Verdacht auf Ursula«, mit Grethe Weiser; »Die Stimme aus dem Äther«, Regie: Harald Paulsen, und »Das Recht auf Liebe«, mit Magda Schneider, 1938; »Kriminalkommissar Eyck«, Regie: Boleslaw Barlog, und »Der Vorhang fällt«, mit Rudolf Fernau und Gustav Knuth, 1939; »Gollowin geht durch die Stadt«, Regie: Robert A. Stemmle, »Herz ohne Heimat«, mit Albrecht Schoenhals, und »Blutsbrüderschaft«, mit Hans Söhnker, 1940; »La Primadonna«, »La Passionata«, Regie: jeweils Carlo Ponti, »La Fornarina«, mit Lida Baarova, »Tempesta sul Golfo« und »Don Cesare di Bazan«, jeweils Italien 1940–1943; »Der Majoratsherr«, mit Willy Birgel, und »Um 9 kommt Harald«, 1943; »Ruf an das Gewissen«, Regie: Karl Anton, und »Solistin Anna Alt«, mit Will Quadflieg, 1944; »Frau über Bord«, mit Heinrich George, Regie: Wolfgang Staudte, 1945; »Dany, bitte schreiben Sie«, mit Rudolf Prack und Sonja Ziemann, Regie: Eduard von Borsody, 1956.
Theater: In Calderons »Der Richter von Zalamea«, mit Heinrich George, Schiller-Theater Berlin und Europatournee 1938; in Goldonis »Der Diener zweier Herren«, mit René Deltgen, Theater am Schiffbauerdamm Berlin 1940; in Adlers »Verliebtes Abenteuer«, Regie: Hannes Tannert, Theater der Hansestadt Bremen, 1941; in »Engel mit kleinen Fehlern«, Kleine Komödie Hamburg 1954; in Thomas' »Bestseller«, Regie: Erik Ode, Renaissance-Theater Berlin 1955; in Rehfischs »Der Frauenarzt«, mit Willy Birgel, Deutschland/Österreich-Tournee 1957; Titelrolle in Giraudoux' »Die Irre von Chaillot«, Cabrillo College, Kalifornien/USA 1968/69; Mrs. Baker in »Schmetterlinge sind frei«, Theater am Dom Köln 1973/74; Glaube in Hofmannsthals »Jedermann«, Festspiele Heppenheim, 1975; Titelrolle in Lovegroves »Guten Abend, Mrs. Sunshine«, Theater am Dom Köln 1979/80.
Fernsehen: »Im Räderwerk« (nach Sartre), ARD 1954; Gräfin in »Die Hochzeit des Figaro« (nach Mozart), ARD und Eurovision 1956; »OKAY, Sir«, Serie, 32 Folgen, ARD 1971–1973; »Zeitvertreib«, mit Peter Frankenfeld, Mama in »Das Klavier« (nach Tinzmann), 2 Teile, ARD 1972; »Im Vorhof der Wahrheit« (von Hendrich), ARD 1973; »Der Kommissar«, mit Erik Ode, Serie, ZDF 1973; Lady Verinder in »Der Monddiamant« (nach Collins), Regie: Wilhelm Semmelroth, 2 Teile, ARD 1974; Baronin von Haynau in »Der Winter, der ein Sommer war« (nach Paretti), Regie: Fritz Umgelter, 3 Teile, ARD 1976; »Es gibt noch Haselnußsträucher«, mit Heinz Rühmann, ZDF 1983.
Anschrift: c/o Agentur Lentz, Holbeinstraße 4, 8000 München 80.

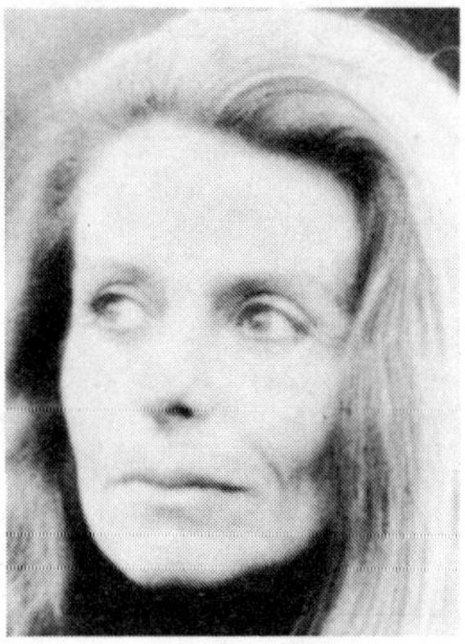

Ellen Umlauf

Geb. 17. 8. 1931 in Wien; dort aufgew.; nach dem Schulabschluß absolvierte sie das Max-Reinhardt-Seminar und die Staatsakademie für Tanz in Wien; als Solotänzerin begann sie am Opernhaus Breslau und am Opernhaus Graz. Als Operettensängerin war sie in Triest und Mailand engagiert. Das Landestheater Salzburg, das Theater in der Josefstadt Wien, das Schauspielhaus Düsseldort unter Gustaf Gründgens, das Musiktheater im Revier Gelsenkirchen, die Kleine Komödie München, das Intime Theater München, das Münchner Boulevardtheater und die Freie Volksbühne Berlin waren u.a. Stationen ihrer Schauspielerkarriere.

Seit 1980 drehte sie mit der Produktionsfirma »Mana-Film« zahlreiche Dokumentarfilme, u.a. über Papua-Neuguinea, die Fidschi-Inseln, Hawaii und Neukaledonien.

Frau Umlauf spricht engl., span., ital.; sie war verheiratet mit dem Schauspieler Albrecht Rueprecht, hat einen Sohn und eine Tochter und lebt in München.

Film: »Pan«, Regie: George Moorse, 1972; »Hexen bis aufs Blut gequält«, 1974; »Kesse Teens und irre Typen«, Regie: Walter Boos, und »Graf Dracula beißt jetzt in Oberbayern«, Regie: Carlo Ombra, 1979. Ferner drehte sie unter der Regie von Werner Schroeter »Salome« (1971), »Schwarzer Engel« (1974), und »Tag der Idioten« (1981).

Theater: In Goethes »Stella«, in Zolas »Thérèse Raquin«, in Ugo Bettis »Die Ziegeninsel«, in Shakespeares »Hamlet«, mit Oskar Werner, und in Lorcas »Bernarda Albas Haus«, jeweils Theater in der Josefstadt Wien; in Shakespeares »Othello« und »Hamlet«, Regie: Gustaf Gründgens, in Franks »Sturm im Wasserglas«, Schauspielhaus Düsseldorf; in Lucs »Mein Mann hat Komplexe«, in Smith' »Der erste Frühlingstag« (auch TV) und in Maughams »Lieber reich und glücklich«, jeweils Kleine Komödie München; in Albees »Wer hat Angst vor Virginia Woolf?« und in Kiltys »Geliebter Lügner« (nach Shaw/Campbell), jeweils Intimes Theater München; in Spewack/Porters »Kiss me, Kate«, Musiktheater im Revier Gelsenkirchen; in Hauptmanns »Die Ratten«, mit Cordula Trantow und Günter Lamprecht, Regie: Rudolf Noelte, 1977/78 (auch TV), und in Shakespeares »Komödie der Irrungen«, Regie: Werner Schroeter, 1983, jeweils Freie Volksbühne Berlin; in Eyens »Frauen hinter Gittern«, Regie: Peter Kern, Münchner Boulevardtheater 1985.

Fernsehen: »Der Kommissar«, mit Erik Ode, Serie, ZDF 1969; »Die Perle«, Regie: Michael Kehlmann, Serie, ARD 1970; »Der Kurier der Kaiserin«, mit Klausjürgen Wussow, Serie, ZDF 1970/71; »Drei sind einer zuviel« (nach Noack), mit Thomas Fritsch, Herbert Herrmann und Jutta Speidel, Regie: Rudolf Jugert, 13 Teile, ZDF 1977; »Die Mutprobe«, Regie: Michael Verhoeven, ZDF 1982; »Büro-Büro«, Regie: Reinhard Schwabenitzky, Serie, ARD 1983/84; »Gespenstergeschichten«, Regie: George Moorse, ARD 1985; »Freak Orlando«, Regie: Ulrike Ottinger, und »Sterne fallen nicht vom Himmel«, Regie: Ulrich Stark, ZDF 1985.

Anschrift: Gerhardstraße 5, 8000 München 90.

Günther Ungeheuer

Geb. 15. 12. 1925 als Sohn eines Ingenieurs in Köln; dort aufgew.; nach der Schule absolvierte er 1942/43 die Schauspielschule Köln. Nach Kriegsende hatte er ab 1945 erste Engagements an den Städt. Bühnen Münster, am Theater Oberhausen und an den Städt. Bühnen Köln. Unter Heinz Hilpert stand er anschließend acht Jahre lang im Ensemble des Deutschen Theaters Göttingen. Verpflichtungen hatte er u.a. ferner am Thalia-Theater Hamburg, an der Kleinen Komödie München, am Fritz-Rémond-Theater im Zoo und am Theater Die Komödie in Frankfurt/Main sowie bei den Schloßfestspielen in Ettlingen (bis 1984). Er machte zahlreiche Tourneen. Seit 1958 wirkt er umfangreich bei Film und Fernsehen. Er ist in der Synchronisation tätig.
Ungeheuer spricht engl.; er ist verheiratet und lebt in München.
Film: »Blitzmädels an die Front« und »Grabenplatz 17«, 1958; »Natürlich die Autofahrer«, mit Heinz Erhardt, Regie: Erich Engels, »Hunde, wollt ihr ewig leben«, Regie: Frank Wisbar, »Drillinge an Bord«, mit Heinz Erhardt und Paul Dahlke, Regie: Hans Müller, 1959; »Der letzte Fußgänger«, 1960; »Die Flucht«, Regie: Edwin Zbonek, 1963; »Großstadtprärie«, und »Polizeirevier Davidswache«, Regie: Jürgen Roland, 1965; »Vier Schlüssel«, Regie: Jürgen Roland, 1966; »Diamantenbillard«, mit Jean Seberg, Regie: Nicolas Gessner, BRD/Italien/Frankreich 1966; »Blanke Sklavin«, 1967; »Il Candidato«, Italien, 1967; »Jägerschlacht«, Regie: Wigbert Wicker, 1981; »Sigi – Der Straßenfeger«, mit Harald Juhnke, Regie: Wolf Gremm, 1984.
Theater: Orest in Aischylos' »Orestie«, Titelrolle in Shakespeares »Hamlet«, Fiesco in Schillers »Die Verschwörung des Fiesco zu Genua«, Jago in Shakespeares »Othello«, Titelrolle in Schillers »Der Parasit«, Macheath in Brecht/Weills »Die Dreigroschenoper«, Robespierre in Büchners »Dantons Tod«, Titelrolle in Nestroys »Eulenspiegel«, in Bush-Feketes »Jean«, in Cocteaus »Der Doppeladler«, in »Lord Arthur Saviles Verbrechen« (nach Wilde), jeweils an den vorgenannten Bühnen und auf Tournee bis 1985.
Fernsehen: »Stahlnetz« (von Menge), Regie: Jürgen Roland, Serie, ARD 1962; »Kriminalmuseum«, Regie: Wolfgang Becker, Serie, ZDF 1963; »Dem Täter auf der Spur«, Regie: Jürgen Roland, Serie, ARD 1967; Titelrolle in »Ein Mann namens Harry Brent« (nach Durbridge), Regie: Peter Beauvais, 3 Teile, ARD 1968; »An Einzeltischen« (nach Rattigan), Regie: Franz Josef Wild, ARD 1969; »Der Kommissar«, mit Erik Ode, Serie, 2 Folgen, ZDF 1969 und 1971; »Die Anarchisten« (nach Mortimer), Regie: Oswald Döpke, ZDF 1971; »Ein toller Dreh«, ZDF 1974; »Cecile« (nach Fontane), mit Doris Kunstmann, Regie: Dagmar Damek, ZDF 1977; »Tatort«, Regie: Jürgen Roland, Serie, 4 Folgen, ARD 1977–1983; »Paul kommt zurück«, Regie: Peter F. Bringmann, ARD 1978; »Der Alte«, Serie, 3 Folgen, ZDF 1978–1985, »Nun siegt mal schön«, ZDF 1985; »Geschichten aus der Heimat«, Serie, ARD 1985.
Anschrift: Destouchesstraße 57, 8000 München 40.

V

Barbara Valentin

(eigentlich: Ursula Ledersteger)

Geb. 15.12.1940 als Tochter des Filmarchitekten Hans Ledersteger (1898–1971) und einer Schauspielerin in Wien; mit 19 Jahren wurde sie von dem Amerikaner John Harris für den Film entdeckt. Ab 1973 wirkte sie in zahlreichen Filmen von Rainer Werner Fassbinder mit. Barbara Valentin spricht engl.; sie ist dreimal geschieden. Zuletzt war sie mit dem Regisseur Helmut Dietl verheiratet. Sie hat zwei Kinder (Lars und Nicola) und lebt in München.

Film: »Ein Toter hing im Netz«, Regie: Fritz Böttger, 1959; »Das Mädchen mit den schmalen Hüften«, Regie: Johannes Kai, 1960; »The Festival Girls«, Regie: Leigh Jason, USA 1961; »In der Hölle ist noch Platz«, Regie: Ernst Ritter von Thuemer, 1961; »In Frankfurt sind die Nächte heiß«, Regie: Rolf Olsen, 1966; »Carmen Baby«, Regie: Radley H. Metzger, USA 1967; »Der Partyfotograf«, Regie: H.D. Bove, 1968; »Beiß' mich, Liebling«, Regie: Helmut Förnbacher, 1970; »Herzbube«, Regie: Jerzy Skolimowski, USA/BRD 1971; »Angst essen Seele auf«, mit Brigitte Mira, »Fontane Effi Briest oder ... mit Hanna Schygulla, Regie: jeweils Rainer Werner Fassbinder 1973/74; »Bomber und Paganini« mit Mario Adorf und Tilo Prückner, Regie: Nicos Perakis, 1976; »Flammende Herzen«, Regie: Walter Bockmayer und Rolf Bührmann, »Der Durchdreher«, Regie: Helmut Dietl, »Neues vom Räuber Hotzenplotz«, Regie: Gustav Ehmck, 1978; »Lili Marleen«, mit Hanna Schygulla, Regie: Rainer Werner Fassbinder, »Looping«, mit Sydne Rome, Regie: Walter Bockmayer und Rolf Bührmann, 1981; »Die unglaublichen Abenteuer des Guru Jakob«, mit Zachi Noy und Tommi Ohrner, BRD/Israel 1983; »Die Insel der blutigen Plantage«, Regie: Kurt Raab, »Rita Ritter«, Regie: Herbert Achternbusch, und »Marianne und Sofie«, mit Marianne Hoppe, Regie: Rainer Söhnlein, 1983; »Dorian Gray im Spiegel der Boulevardpresse«, Regie: Ulrike Ottinger, und »Im Himmel ist die Hölle los«, Regie: Helmer von Lützelburg, 1984.

Fernsehen: »Welt am Draht«, 3 Teile, »Nora Helmer« und »Martha«, Regie: Rainer Werner Fassbinder, ARD 1973/74; »Münchner G'schichten«, mit Therese Giehse und Günther Maria Halmer, Regie: Helmut Dietl, Serie, ARD 1974/75; »Ein Mensch« (nach Eugen Roth), Regie: Peter Eschberg, ZDF 1975; »Klimbim«, mit Elisabeth Volkmann, Regie: Michael Pfleghar, Serie, ARD 1975; »Der Anwalt«, Regie: Heinz Schirk, ZDF 1976; »Fairy«, Regie: Vojtech Jasny, ZDF 1977; »Berlin Alexanderplatz« (nach Döblin), mit Günter Lamprecht, Regie: Rainer Werner Fassbinder, »Ein Abend mit Labiche«, Regie: Dieter Wedel, ARD 1980; »Die Krimistunde«, Regie: Hartmut Griesmayr, Serie, ARD 1982 und 1985; »Bekenntnisse des Hochstaplers Felix Krull« (nach Thomas Mann), mit John Moulder-Brown, Regie: Bernhard Sinkel, ZDF 1982; »Rambo Zambo«, mit Walter Sedlmayr und Eddie Constantine, Regie: Reinhard Donga, und »Locker vom Hocker«, mit Walter Giller, Serie, ZDF 1984; »Die Frau mit den Karfunkelsteinen« (von Wittlinger nach Marlitt), mit Agnes Fink, Regie: Dagmar Damek, ZDF 1985.

Anschrift: c/o Agentur Palz, Ortlindestraße 6, 8000 München 81.

Leopold von Verschuer

Geb. 9. 4. 1961 in Brüssel/Belgien; dort, in Frankreich, sowie in Hessen aufgew.; lebt in Berlin (Wilmersdorf); ledig; spricht franz., engl.; nach dem Europäischen Abitur in Brüssel besuchte er dort das Konservatorium, in Berlin die Schauspielschule bei W. Harder; parallel zur Ausbildung kamen erste Engagements am Französischen Theater Berlin.
Film: Chris in »Ediths Tagebuch« (nach Highsmith), mit Angela Winkler und Vadim Glowna, Regie: Hans W. Geissendörfer, 1983.
Theater: Mr. Martin in Ionescos »La Cantatrice Chauve«, Estragon in Becketts »En Attendant Godot«, Docteur in Molières »La Jalousie du Babouille«, Valère in Molières »Le Médecin Vaillant«, Regie: Pierre Clément, Französisches Theater Berlin, 1981/82 u. 1984; Robert in Savarys »Weihnachten an der Front«, Paulo in Boals »Mit der Faust ins offene Messer«, in »Heine-Revue«, Regie: jeweils Rainer Behrend, Tribune Berlin 1982–1984.
Fernsehen: Kramer in »Klaus Schwarzkopf-Special«, mit Klaus Schwarzkopf, Regie: Alfred Vohrer, ZDF 1984; »Deutschland-Tournee«, Regie: Berenger Pfahl, ARD 1984.
Anschrift: c/o ZBF-Agentur Berlin, Kurfürstendamm 206, 1000 Berlin 15.

Gerd Vespermann

Geb. 24. 7. 1926 als Sohn des Schauspielers Kurt Vespermann und der Schauspielerin Maria Eibenschütz in Berlin; von 1942 bis 1945 absolvierte er eine Ausbildung als Pianist an der Musikhochschule Weimar, 1946/47 nahm er Schauspielunterricht. Über seine Tätigkeit als Synchronsprecher kam er zum Schauspielberuf. Sein Filmdebüt gab er 1952; beim Fernsehen begann er zunächst als Moderator und Conférencier.

Bühnenengagements hatte er u.a. am Stadttheater Gardelegen, am Hebbel-Theater, an der Komödie, an der Tribüne, am Nürnberger Trichter und am Theater am Kurfürstendamm in Berlin, an der Kleinen Komödie München, an der Komödie im Marquardt Stuttgart, am Theater Die Komödie Frankfurt/Main, am Theater am Dom Köln, an der Komödie Düsseldorf und an der Kleinen Komödie Hamburg. Ferner ist er häufig auf Tournee.

Er spielte auf der Bühne in zahlreichen Musicals und besang Schallplatten mit Kabarettnummern.

Vespermann spricht engl.; er ist geschieden von der Schauspielerin Hannelore Elsner und lebt abwechselnd in München und Berlin.

Film: »Martin Luther«, 1952; »Die Kaiserin von China«, 1953; »Konsul Strotthoff«, mit Willy Birgel, »Gitarren der Liebe«, »Des Teufels General« (nach Zuckmayer), mit Curd Jürgens und Marianne Koch, Regie: Helmut Käutner, »Heldentum nach Ladenschluß«, 1954; »Drei Mädels vom Rhein«, 1955; »Wenn die Conny mit dem Peter«, mit Peter Kraus und Cornelia Froboess, 1958; »Geheimakte M«, »Soldatensender Calais«, »Himmel, Amor und Zwirn«, »Eine Frau fürs ganze Leben«, 1959; »Stadt ohne Mitleid«, 1960; »Morgens um sieben ist die Welt noch in Ordnung«, mit Werner Hinz, 1968; »Cabaret«, mit Liza Minelli, Michael York und Joël Grey, Regie: Bob Fosse, USA 1972 (8 OSCARS).

Theater: In Fieldings »Tiefstapeleien«, in Barillet/Grédys »Eine Rose zum Frühstück« (auch ARD 1975), in Molnárs »Die Fee«, in Labiches »Der Florentinerhut«, mit Christine Schubert, in »Techtelmechtel«, in dem Musical »Prairie-Saloon«, in »Zieh den Stecker raus, das Wasser kocht«, in Simons »Ein seltsames Paar«, in Maughams »Finden Sie, daß Constanze sich richtig verhält?« und in Cowards »Amouren«, jeweils an den vorgenannten Bühnen.

Fernsehen: Als Moderator führte er u.a. durch die Sendungen »Nightclub«, »Zwischen Bach und Beat«, »Bistro« und »Musik geht um die Welt«. Als Schauspieler: »So'n Theater«, Regie: Thomas Engel, ZDF 1973; »Ein Mann will nach oben« (nach Fallada), mit Mathieu Carrière, Regie: Herbert Ballmann, Serie, ZDF 1978; »Was wären wir ohne uns«, mit Horst Bollmann, Regie: Ulrich Schamoni, 4 Teile, und »Apartment für Drei« (nach Hall), Regie: Georg Marischka, ARD 1979; »Die Frau des Kommissars« (nach Hennequin), mit Heinz Schubert und Ursela Monn, Regie: Michael Günther, ARD 1984; »Die Nervensäge«, mit Dieter Hallervorden, Regie: Ralf Gregan, Serie, und »Vier unterm Baum«, Regie: Wolfgang Schleif, ZDF 1985.

Anschrift: c/o Agentur Alexander, Lamontstraße 9, 8000 München 80, oder Gufidaner Straße 10, 8000 München 90.

Frithjof Vierock

Geb. 28. 8. 1943 in Eisenach; dort aufgew.; nach der mittleren Reife besuchte er die Berufsschule für Tänzer und Musiker sowie die Schauspielschule von Martina Eginhardt und Ado Riegler in München (Abschluß 1962). Bereits seit 1957 war er an der Fitz-Kinderbühne München tätig. 1958 spielte er am Theater der Jugend unter Sigfrid Jobst in München. Durch den ehemaligen Leiter der Otto-Falckenberg-Schule Gerd Brüdern kam er 1960 an das Bayerische Staatsschauspiel München.
Als freier Schauspieler war er mit Stückverträgen u.a. engagiert am Bayerischen Staatsschauspiel München (1960–1971), am Theater am Kurfürstendamm Berlin (1967), am Staatstheater am Gärtnerplatz München (1968), an der Kleinen Komödie München (1968–1982), an der Komödie im Marquardt Stuttgart (1977) und am Theater Die Kleine Freiheit München (1979–1985).
Vierock ist verheiratet und lebt in München.
Film: »Im Weißen Rössl« (nach Benatzky), mit Peter Alexander, Regie: Werner Jacobs, 1960; »Max – der Taschendieb«, mit Heinz Rühmann, Regie: Imo Moszkowicz, 1961; »Sieben Tage Frist«, Regie: Alfred Vohrer, 1969; »Der Edelweißkönig« (nach Ganghofer), Regie: Alfred Vohrer, 1975; »Seitenstechen«, mit Mike Krüger, Regie: Dieter Pröttel, 1985.
Theater: Collin in Capotes »Die Grasharfe«, Regie: Gerd Brüdern, 1960, Gottliebchen in Grabbes »Scherz, Satire, Ironie und tiefere Bedeutung«, Regie: Axel von Ambesser, 1965, und Fabian in Fleißers »Pioniere in Ingolstadt«, Regie: Niels-Peter Rudolph, 1970, jeweils Bayerisches Staatsschauspiel München; Barnaby in Hermans »Hallo Dolly«, Regie: Rolf Henniger, Theater am Kurfürstendamm Berlin 1967, und unter der Regie von Jean-Pierre Ponnelle, Staatstheater am Gärtnerplatz München 1968; in Goetz' »Towarisch« (nach Deval), 1968, in Savoirs »Die Kinder Edouards«, 1973 (auch TV), in Rattigans »Olivia«, 1976, Max Stieglitz in Arnold/Bachs »Der keusche Lebemann«, 1978, in Lovegroves »Grüß Gott, Frau Sonnenschein«, 1982, jeweils Kleine Komödie München; Nestor le Fripé in Monnot/Brefforts »Das Mädchen Irma la Douce«, Komödie im Marquardt Stuttgart 1977; Mr. Bloome in »Die Maus«, Regie: Gerd Potyka, 1979, Auguste Rousell in Sangiorgins »Der Held des Tages«, Regie: Karin Jacobsen, und in Cooneys »Doppelt gelebt hält besser«, 1985, jeweils Theater Die Kleine Freiheit München.
Fernsehen: »Um Mitternacht«, Regie: Wilhelm Semmelroth, ARD 1962; »Zimmer 13«, Regie: Wolfgang Glück, Serie, »Pauken und Trompeten«, Regie: Harry Buckwitz, ZDF 1967; »Drücker«, Regie: Franz Josef Spieker, ARD 1969; »Münchner G'schichten«, mit Therese Giehse, Regie: Helmut Dietl, Serie, ARD 1973; »Revolte im Erziehungshaus«, Regie: Hans Quest, ZDF 1974; »O Henry«, Serie, ARD 1974; »Das feuerrote Spielmobil«, Regie: Rüdiger Graf, Serie, ARD 1975; »Boeing-Boeing«, Regie: Dietrich Haugk, ARD 1977; »Der Alte«, Serie, ZDF 1977; »Ehrlich währt am längsten«, Regie: Arno Assmann, ARD 1978; »Tatort«, Serie, ARD 1979; »Au bon Beurre«, Regie: Eduardo Molinaro, ZDF 1980; »D'Rumpelhanni«, Regie: Rainer Wolffhardt, ZDF 1981; »Die violette Mütze«, Regie: Axel von Ambesser, »Rambo Zambo«, Regie: Reinhard Donga, und »Ordnung muß sein«, Regie: Franz Geiger, ZDF 1984; »Schloßherren«, mit Karl Lieffen und Willy Harlander, Regie: Reinhard Schwabenitzky, Serie, ARD 1986.
Anschrift: c/o Agentur Palz, Ortlindestraße 6, 8000 München 81, oder Wilhelm-Riehl-Straße 28, 8000 München 21.

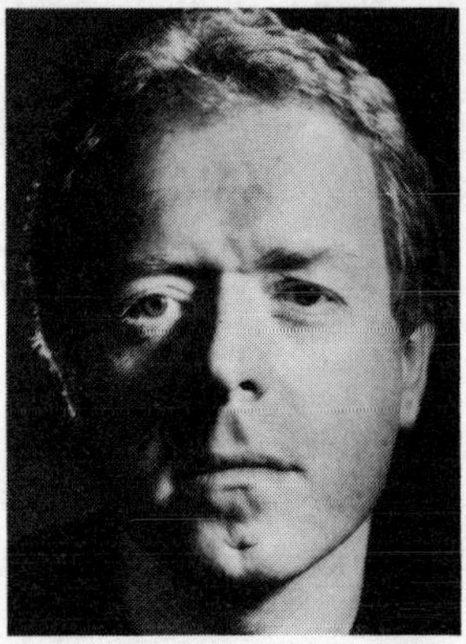

Peter Vilnai

Geb. 17. 6. 1945 in Eggenburg/Niederösterreich; aufgew. in Wien, wo er auch heute lebt; ledig; er spricht engl., schwedisch; schon während seiner Internatszeit Teilnahme an Schultheateraufführungen; nach dem Besuch eines humanistischen Gymnasiums und der Ausbildung als HTL-Ingenieur absolvierte er die Schauspielschule von Prof. Krauss in Wien; 1974 debütierte er am Theater für Vorarlberg in Bregenz; nach Gastspielen am Theater Tribüne und Die Courage in Wien (1977/78) kam er 1980 ans Wiener Volkstheater, wo er bis heute Ensemblemitglied ist.

Film: »Menschenfresser«, mit Monica Bleibtreu und Hans-Peter Korff, Regie: Rainer Boldt, 1976.

Theater: Rovo in Sperrs »Jagdszenen aus Niederbayern«, Dauphin in Shaws »Die heilige Johanna«, jeweils Theater für Vorarlberg Bregenz 1974; Titelrolle in Fugards »Sizwe Bansi ist tot«, Theater Die Courage Wien 1975; Titelrolle in Kohouts »August, August, August«, Staberl in Bäuerles »Die Bürger in Wien«, Tribüne Wien 1977/78; Mephisto in Goethes »Urfaust«, Titelrolle in Sternheims »Bürger Schippel«, Titelrolle in Büchners »Woyzeck«, jeweils Volkstheater Wien 1980–1984.

Fernsehen: »Hasard & Entenbraten«, ORF 1973; »Fehlschuß«, Regie: Rainer Boldt, ARD 1977; »Beruf: Weihnachtsmann«, Regie: Ernst Lauscher, ARD 1981; »Ringstraßenpalais«, mit Attila Hörbiger, Josef Meinrad und Karlheinz Böhm, Regie: Rudolf Nussgruber, 24 Teile, ORF/ZDF 1981–1983.

Auszeichnungen: Förderungspreis zur Kainz-Medaille der Stadt Wien; Karl-Kraus-Preis des Volkstheaters Wien.

Anschrift: c/o Austroconcert International, Gluckstraße 1, A-1010 Wien.

Udo Vioff

(eigentlich: Udo Heinz Ferdinand Viehoff)

Geb. 6. 1. 1932 als Sohn eines Angestellten in Detmold; nach dem Abitur studierte er Theaterwissenschaft an der Universität München; anschließend absolvierte er die Otto-Falckenberg-Schule in München. Sein erstes Engagement erhielt er an den Städt. Bühnen Frankfurt/Main (1954–1956). Von 1956 bis 1963 gehörte er zum Ensemble des Staatstheaters Darmstadt. Seither ist er freischaffend. Gastspiele gab er u.a. am Hebbel-Theater Berlin, am Fritz-Rémond-Theater im Zoo Frankfurt/Main, bei den Festspielen Bad Hersfeld und auf Tournee.
Beim Fernsehen wirkte er seit 1956 in über 100 Produktionen mit.
Vioff spricht engl., franz., ital.; er ist ledig und lebt in Darmstadt.
Film: »Marianne de ma Jeunesse«, Regie: Julien Duvivier, Frankreich 1954.
Theater: Jim in Nashs »Der Regenmacher«, Gelehrter in Niccodemis »Der Schatten«, Mephisto in Goethes »Urfaust«, Prinz von Guastalla in Lessings »Emilia Galotti«, Mortimer in Schillers »Maria Stuart«, Titelrolle in Goethes »Clavigo«, Regie: Gustav Rudolf Sellner, Marhon in Synges »Der Held der westlichen Welt«, Camille in Büchners »Dantons Tod«, Regie: Werner Düggelin, König von Navarra in Shakespeares »Liebesleid und Liebeslust«, Henry in Wilders »Wir sind noch einmal davongekommen«, Thomas Mandip in Frys »Die Dame ist nicht fürs Feuer«, Prinz in Anouilhs »Leocadia«, Nebukadnezar in Dürrenmatts »Ein Engel kommt nach Babylon«, Bob in Kerrs »Mary, Mary«, Johann in Kleists »Die Familie Schroffenstein«, Titelrolle in Shakespeares »Julius Cäsar«, Eisenring in Frischs »Biedermann und die Brandstifter«, in Knotts »Bei Anruf Mord«, in Ostrowskijs »Eine Dummheit macht auch der Gescheiteste«, in Jacoby/Laufs' »Pension Schöller«, und in Dorsts »Große Schmährede an der Stadtmauer«, Regie: Konrad Wagner, jeweils an den vorgenannten Bühnen und auf Tournee.
Fernsehen: Eridon in »Die Laune der Verliebten« (nach Goethe), Regie: Werner Düggelin, ARD 1956 (live); Orpheus in »Eurydike« (nach Anouilh), Regie: Harald Braun, ARD 1957 (live); »Die Mühle«, Regie: Hans Dieter Schwarze, ARD 1966; Titelrolle in »Carl Schurz«, Regie: Rudolf Nussgruber, Bonaparte in »Josephine«, ZDF 1967; »Der öffentliche Ankläger« (nach Hochwälder), Regie: Hans Dieter Schwarze, ARD 1967; »Paradies der alten Damen«, »Die mißbrauchten Liebesbriefe«, Regie: Hans Dieter Schwarze, Vikar in »Gesellschaft für Miß Wright« (nach Frost), »Millionen nach Maß« (von Matray/Krüger), Regie: Erich Neureuther, 2 Teile, ZDF 1970; »Abbé Stock«, Regie: Jürgen Goslar, ZDF 1971; »Die Gebrüder-Sass-Story«, Regie: Rainer Wolffhardt, ARD 1972; »Doppelspiel in Paris« (von Matray/Krüger), Regie: Wolfgang Glück, »Der Kommissar«, mit Erik Ode, Serie, ZDF 1972; »Das blaue Palais«, Regie: Rainer Erler, ZDF 1974; »Sechs Zimmer Sonnenseite« (nach Randall), Regie: Rolf von Sydow, ARD 1975; »Gnadenbrot« (nach Turgenjew), Regie: Diethard Klante, Mike in »Die letzten Ferien«, Regie: Rainer Erler, ZDF 1975; »Bitte nicht heute nacht«, Regie: Gig Malzacher, ARD 1976; »Tatort«, Regie: Wolfgang Staudte, Serie, »Drei Wege zum See« (nach Ingeborg Bachmann), ARD 1977; »Wir haben alle unsere Macken« (nach Rayburn), ZDF 1977, Slavata in »Wallenstein« (nach Golo Mann), mit Rolf Boysen, Regie: Franz Peter Wirth, 4 Teile, ZDF 1978; »Derrick«, Serie, 2 Folgen, ZDF 1979 und 1984; »Linda«, Regie: Horst Flick, ZDF 1980; »Die Hugenotten«, Regie: Erich Neureuther, Serie, »Die Zeiten ändern sich«, Regie: Horst Flick, 3 Teile, »Leiche auf Urlaub«, Regie: Hans-Jürgen Tögel, »Der Schützling« (nach Kishon), Regie: Rolf von Sydow, ARD 1981; »Ein Sonntagsbesuch in den Uffizien«, Matinee, und »Die Stunde des Löwen«, Regie: Hartmut Griesmayr, ZDF 1982; »Die fünfte Jahreszeit«, Regie: Franz Josef Gottlieb, ARD 1982; »Krimistunde«, Regie: Wolfgang Becker, Serie, »In der Sackgasse«, Regie: Rolf Busch, ARD 1983; »Hanna von Acht bis Acht«, mit Angelica Domröse, Regie: Egon Günther, und »Der Alte«, Serie, ZDF 1983; »Plötzlich und unerwartet« (nach Durbridge), mit Michael Degen, Regie: Thomas Engel, und »Ein Fall für zwei«, Serie, ZDF 1985; »Tatort«, Serie, und »Die Krimistunde«, Regie: Hartmut Griesmayr, Serie, ARD 1985.
Anschrift: c/o ZBF-Agentur München, Leopoldstraße 19, 8000 München 40.

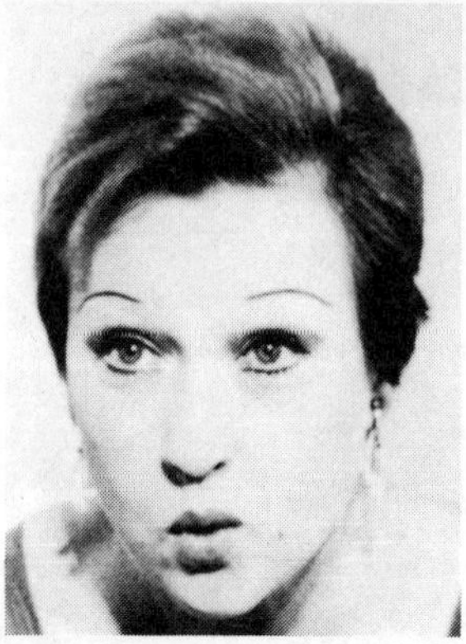

Helen Vita

(eigentlich: Helene Reichel)

Geb. 7. 8. 1928 als Tochter des Konzertmeisters Anton Reichel und der Cellistin Jelena Pacia in Hohenschwangau; nach der Schule absolvierte sie das Conservatoire de Genève unter Françoise Rosay und nahm Gesangsunterricht. Ihre erste Bühnenerfahrung sammelte sie 1946/47 in Paris. Anschließend stand sie am Schauspielhaus Zürich (1947–1949) unter Vertrag. Seither spielte sie vor allem an Kabaretts in Zürich und München (Theater Die Kleine Freiheit) sowie an Boulevardbühnen, u.a. Theater am Dom Köln, Kleine Komödie München (dort: in Sagans »Ein Schloß in Schweden«, 1962, und in »Der Freund von nebenan«, 1978, auch TV), Komödie Berlin und auf Tournee.
Ihr Filmdebüt gab sie 1950 in »Abgründe der Herzen«. Beim Fernsehen wirkt sie seit 1958.
Frau Vita spricht engl., franz.; sie ist verheiratet mit dem Komponisten Walter Baumgartner, hat einen Sohn (Dominik) und lebt abwechselnd in Berlin und in Zürich.
Film: »Abgründe der Herzen«, 1950; »Palast-Hotel«, mit O.W. Fischer, 1952; »Man nennt es Liebe«, 1953; »Liebe und Trompetenblasen« und »Die kleine Stadt will schlafen gehn«, 1954; »08/15«, »08/15, 2. Teil« und 08/15 in der Heimat«, mit Joachim Fuchsberger, Regie: Paul May, 1954/55; »Dany, bitte schreiben Sie«, mit Sonja Ziemann und Rudolf Prack, Regie: Eduard von Borsody, »Zwei blaue Augen«, »Der fröhliche Wanderer« und »Der Pfarrer von Kirchfeld«, 1955; »Kirschen in Nachbars Garten«, »Bonjour, Kathrin«, mit Caterina Valente, Regie: Karl Anton, »Ein tolles Hotel«, »Der Bauer vom Brucknerhof« und »Heidemarie«, 1956; »Ferien auf Immenhof«, mit Heidi Brühl und Margarete Haagen, Regie: Hermann Leitner, »Bäckerei Zürrer«, »Das einfache Mädchen«, Regie: Werner Jacobs, »Kein Auskommen mit dem Einkommen«, »Frauenarzt Dr. Bertram« und »Der Frauenheld«, 1957; »Das Mädchen Rosemarie«, mit Nadja Tiller, Regie: Rolf Thiele, »Schwarzwälder Kirsch« und »Heimatlos«, 1958; »Alle lieben Peter«, mit Peter Kraus, Regie: Wolfgang Becker, »Liebe auf krummen Beinen«, und »Du bist wunderbar«, mit Dietmar Schönherr, Regie: Paul Martin, 1959; »Die Gejagten«, 1960; »Der Hochtourist«, 1961; »Es war mir ein Vergnügen«, Regie: Imo Moszkowicz, 1963; »Was ist denn bloß mit Willi los?«, mit Heinz Erhardt, Regie: Werner Jacobs, 1970; »Cabaret«, mit Liza Minelli, Michael York, Joël Grey und Helmut Griem, Regie: Bob Fosse, USA 1972 (8 »OSCARS«); »Satansbraten«, Regie: Rainer Werner Fassbinder, 1976; »Der Durchdreher«, Regie: Helmut Dietl, 1978; »Lili Marleen«, mit Hanna Schygulla, Regie: Rainer Werner Fassbinder, 1981.
Fernsehen: Bereits in den 50er und 60er Jahren trat sie als Chansonette in verschiedenen Unterhaltungssendungen auf: »Fräulein, pardon«, »Cherchez la femme«, »Hallo, Cathrin« (mit Caterina Valente), »Hotel Victoria« (mit Vico Torriani), »Vergißmeinnicht« (mit Peter Frankenfeld). Zuletzt sah man sie in »Tatort«, Serie, ARD 1977; »Berlin Alexanderplatz« (nach Döblin), mit Günter Lamprecht, Regie: Rainer Werner Fassbinder, »Kolportage« (nach Georg Kaiser), Regie: Peter Weck, ARD 1980; »Derrick«, Serie, ZDF 1982; »Die Krimistunde«, Regie: Hartmut Griesmayr, Serie, ARD 1982; »Geheimsender 1212« (von Hanuš Burger), ZDF 1983; »250.000 Mücken im Pappkarton«, mit Peer Schmidt und Heinz Baumann, Regie: Norbert Schultze jun., ZDF 1985.
Auszeichnung: »Deutscher Kleinkunstpreis«, Mainz 1985.
Anschrift: c/o Agentur Baumbauer, Keplerstraße 2, 8000 München 80.

Markus Völlenklee

Geb. 8. 3. 1955 in Innsbruck; dort aufgew.; nach der Schule besuchte er das Max-Reinhardt-Seminar in Wien. Sein erstes Engagement erhielt er 1976 am Schauspielhaus Düsseldorf, wo er bis 1981 zum Ensemble gehörte. Seit 1981 ist er Mitglied der Bühnen der Stadt Köln. Gastspiele gab er u.a. bei den Tiroler Volksschauspielen in Hall und am Volkstheater München (1984–1986).
Völlenklee spricht engl.; er ist ledig und lebt in Köln.
Theater: George in Wilders »Unsere kleine Stadt«, in Reinshagens »Sonntagskinder«, Fritz in Schnitzlers »Liebelei«, Osrik in Shakespeares »Hamlet«, Ludwig in der Uraufführung von Kroetz' »Mensch Meier«, Regie: Rolf Stahl, Louis in Keefes »Barbaren«, Gendarm in Lautensacks »Hahnenkampf«, Regie: Ruth Drexel, Robert in Dorsts »Die Villa«, Just in Lessings »Minna von Barnhelm«, Lucentio in Shakespeares »Der Widerspenstigen Zähmung«, jeweils Schauspielhaus Düsseldorf 1976–1981; Peter in »Giggl« und Er in Kranewitters »Totentanz – Die sieben Todsünden«, Tiroler Volksschauspiele Hall 1981 (auch ORF); Titelrolle in Achternbuschs »Mein Herbert«, Bühnen der Stadt Köln 1983; Abram in Sperrs »Jagdszenen aus Niederbayern«, Regie: Harald Clemen, 1984/85, Heinrich Hoffmann in Reinshagens »Doppelkopf«, Regie: Ulrich Heising, 1986, jeweils Münchner Volkstheater.
Fernsehen: Franz Xaver Zenz in »Der Sieger« (nach Kopf), ORF 1976.
Anschrift: Ritterstraße 28, 5000 Köln 1.

Benjamin Völz

Geb. 13. 5. 1960 als Sohn des Schauspielers Wolfgang Völz (bürgerlich: Treppengeländer) in Berlin; dort aufgew.; bereits mit zehn Jahren spielte er zahlreiche Kinderrollen, u.a. in »Hänsel und Gretel« und »Jim Knopf« (Theater des Westens Berlin). Sein Filmdebüt gab er 1974. Privaten Schauspielunterricht nahm er bei Agnes Windeck.
Völz spricht engl.; er ist ledig und lebt in Berlin.
Film: »Der Märtyrer«, Regie: Aleksander Ford, 1974; Peter Zirwas in »Der Tod in der Waschstraße«, mit Beate Finckh und Rosemarie Fendel, Regie: Friedemann Schulz (dessen Debüt-Film), 1981.
Fernsehen: »Aktion Grün«, ZDF 1977, »Die Drei Klumberger«, ZDF 1978, Regie: jeweils Wolfgang Teichert; »Tilt«, Regie: Renke Korn ZDF 1979; »Es wäre nett, wenn . . .«, Regie: Richard Hey, ARD 1980; »Der Alte«, Regie: Günter Gräwert, Serie, ZDF 1981; Jason in »Barbara im Morgenwind«, Regie: Eberhard Itzenplitz, Karl in »Qual-Verwandt-Schaften«, Regie: Ulrich Heising, ARD 1981; »Sylter Novelle«, ARD 1982, »Rummelplatz«, ARD 1983, Regie: jeweils Peter Deutsch; »Die Mitläufer«, Regie: Eberhard Itzenplitz, ZDF 1984; Leo Gutman in »Levin und Gutman«, mit Shmuel Rodensky, Regie: Peter Deutsch, Serie, ARD 1984/85; »Der Ring des lieben Jungen« (von Rittig), mit Georg Thomalla und Sonja Ziemann, Regie: Harald Schäfer, ARD 1985.
Anschrift: c/o Agentur Mackeben, Douglasstraße 2–4, 1000 Berlin 33.

Wolfgang Völz

(eigentlich: Wolfgang Otto Isaak Treppengeländer)

Geb. 16. 8. 1930 in Danzig; er durchlief eine Bäckerlehre. Von 1947 bis 1949 nahm er Schauspielunterricht bei Theodor Becker und Max Gaede in Hannover. Als Page in Schillers »Don Carlos« gab er 1950 sein Debüt am Landestheater Hannover. 1951/52 war er an der Jungen Bühne Goslar engagiert. Weitere Verpflichtungen hatte er am Kabarett »Die Litfaßsäule« und an den Kammerspielen Osnabrück und erneut am Landestheater Hannover (1952/53), an der Landesbühne Hannover (1953/54) und am Berliner Kabarett »Die Stachelschweine« (1954/55). Gastspiele gab er seither u.a. an der Komödie und am Theater am Kurfürstendamm in Berlin, an den Hamburger Kammerspielen, an der Landesbühne Hannover, an den Bühnen der Stadt Bonn sowie häufig auf Tournee (bis 1984). Sein Filmdebüt gab er 1951, beim Fernsehen wirkt er seit 1960.

Völz spricht engl.; er ist verheiratet mit der ehemaligen Revuetänzerin Roswitha, hat zwei Kinder (Rebecca und Benjamin) und lebt in Berlin. Seine beiden Kinder sind ebenfalls Schauspieler. Seine Tochter Rebecca wurde vor allem als Synchronsprecherin für die amerikanische TV-Serie »Denver-Clan« (Pamela Sue Martin alias »Fallon«) bekannt. Seine Frau Roswitha Völz publizierte 1981 eine Sammlung von Kosenamen Prominenter der Weltgeschichte, »Meine einzige Herzensschnucke«.

Film: »Mein Freund, der Dieb«, 1951; »Christina«, 1953; »Ihre große Prüfung«, »Schützenliesl« und »An jedem Finger zehn«, 1954; »Die Försterbuben«, »Ein Mädchen aus Flandern« und »Roman einer Siebzehnjährigen«, 1955; »Charley's Tante« (nach Thomas), mit Heinz Rühmann, Regie: Hans Quest, »Kirschen in Nachbars Garten«, »Kitty und die große Welt«, »Uns gefällt die Welt«, »Der Meineidbauer« (nach Anzengruber) und »Was die Schwalbe sang«, 1956; »Banktresor 713«, mit Martin Held, Regie: Werner Klingler, »Der Fuchs von Paris«, »Viktor und Viktoria« und »Ich war ihm hörig«, 1957; »Polikuschka« und »Der Mann im Strom«, 1958; »Abschied von den Wolken«, »Heimat, deine Lieder« und »Unser Wunderland bei Nacht«, 1959; »Der grüne Bogenschütze« und »So nicht, meine Herren«, 1960; »Der Transport« und »Frau Cheneys Ende«, 1961; »Pippi Langstrumpf« (nach Lindgren), Regie: Olle Hellboom, Schweden/BRD 1969; »Meister Eder und sein Pumuckl« (nach Kaut), mit Gustl Bayrhammer, Regie: Ulrich König, BRD/Ungarn 1981 (auch ARD 1984); »Jägerschlacht«, Regie: Wigbert Wicker, 1981.

Theater: An den vorgenannten Bühnen spielte er Rollen seines Fachs, darunter viele Boulevard-Komödien und Kriminalstücke. 1983/84 spielte er u.a.: Walter Hollander in Woody Allens »Vorsicht Trinkwasser«, Regie: Charles Regnier, Kammerspiele Bonn; in »Im Spinnennetz« (nach Agatha Christie), mit Lukas Ammann, Tournee.

Fernsehen: »Die erste Legion« (nach Lavery), Regie: Harry Buckwitz, ARD 1964; »Die seltsamen Abenteuer des Raumschiffes Orion«, mit Eva Pflug, Dietmar Schönherr und Benno Sterzenbach, Regie: Theo Mezger, Serie, ARD 1966; Assistent in »Graf Yoster gibt sich die Ehre«, mit Lukas Ammann, Regie: Michael Braun (größtenteils), 78 Folgen, ARD 1966–1976; »Babeck« (von Herbert Reinecker), mit Curd Jürgens, Charles Regnier, Cordula Trantow und Helmut Lohner, Regie: Wolfgang Becker, 3 Teile, ZDF 1968; »Salto Mortale« (von Heinz Oskar Wuttig), mit Gustav Knuth, Hans Söhnker und Horst Janson, Serie, ARD 1969–1971; »Alle Hunde lieben Theobald«, mit Carl-Heinz Schroth, Serie, ZDF 1971; »Millionen nach Maß«; »Der Mann, der den Eiffelturm verkaufte«; »Schwindelig vor Geld und Liebe« (von Petra von Stern), ZDF 1977; »Der Alte«, Serie, ZDF 1980; »Ein verrücktes Paar«, mit Harald Juhnke und Grit Boettcher, Serie, ZDF 1982; »Drei Damen vom Grill«, Regie: Hans Heinrich, Serie, ARD 1982/83; »Der Mann am Klavier«, mit Paul Kuhn, Regie: Ekkehard Böhmer, »Der Fehler des Piloten«, Regie: Hartmut Griesmayr, ZDF 1985; »Rivalen« (nach Sheridan), Regie: Heinz Schirk, ARD 1986; »Unternehmen Köpenick (von Wolfgang Menge), Regie: Hartmut Griesmayr, 6 Teile, ZDF 1986. Zudem wirkte er in über 100 TV-Shows mit, u.a. in Sketchen mit Harald Juhnke in der ZDF-Reihe »Musik ist Trumpf«.

Anschrift: c/o ZBF-Agentur Berlin, Kurfürstendamm 206, 1000 Berlin 15, oder Konstanzer Straße 8, 1000 Berlin 31.

Karl Michael Vogler

Geb. 28. 8. 1928 in Remscheid; dort und in Bregenz am Bodensee aufgew.; nach dem Abitur begann er 1947 mit dem Studium der Germanistik, Psychologie und Kunstgeschichte in Innsbruck; nebenher absolvierte er die Schauspielerprüfung in Österreich; erste Bühnenerfahrung an der Exl-Bühne Innsbruck (1950/51); Engagements am Theater am Domhof in Osnabrück (1952–1954), an den Städt. Bühnen Freiburg i.B. (1954/55) und den Städt. Bühnen Heidelberg (1956–1958) folgten; von 1958 bis 1964 war er im Ensemble der Münchner Kammerspiele; Gastspiele seit 1965 am Theater an der Wien in Wien und Tourneeverpflichtungen.
Vogler spricht engl.; er ist verheiratet, hat drei Kinder (Michael, geb. 1954, Thomas, geb. 1956, Angelika, geb. 1958) und lebt in Seehausen a. Staffelsee/Oberbayern.
Film: »Ein Mann geht durch die Wand«, 1959; »Die Bekenntnisse eines möblierten Herrn«, 1962, »Ein Mann im schönsten Alter«, 1963, Regie: jeweils: Franz Peter Wirth; »Die tollkühnen Männer in ihren fliegenden Kisten«, mit Gert Fröbe, Regie: Ken Annakin, USA 1965; »Wie ich den Krieg gewann«, Regie: Richard Lester, USA 1967; »Paarungen« (nach Strindbergs »Totentanz«), Regie: Michael Verhoeven, 1968; »Deep End«, Regie: Jerzy Skolimowski, USA/BRD 1970.
Theater: Sickingen in Goethes »Götz von Berlichingen«, Angelo in Shakespeares »Maß für Maß«, Tournel in Feydeaus »Der Floh im Ohr«, Keefer in Wouks »Meuterei auf der Caine«, Simpikus in Eliots »Der Privatsekretär«, jeweils Städt. Bühnen Freiburg i.B. 1954/55; Titelrolle in Shakespeares »Hamlet«, Städt. Bühnen Heidelberg 1958; in Ostrowskijs »Wölfe und Schafe«, in Shakespeares »Komödie der Irrungen«, in Brechts »Der kaukasische Kreidekreis«, in Tschechows »Der Kirschgarten«, in Shakespeares »Othello«, jeweils Kammerspiele München 1958–1964; in Rattigans »Der Fall Winslow«, Titelrolle in Molières »Tartuffe«, Titelrolle in Goetz' »Dr. med. Hiob Prätorius«, Tourneetheater 1980–1984.
Fernsehen: Frédéric in »Romeo und Jeannette« (nach Anouilh), ARD 1958; Graf Reuss in »Prinz Friedrich von Homburg« (nach Kleist), Horatio in »Hamlet« (nach Shakespeare), Gaston in »Aimée« (nach Coubier), Piccolomini in »Wallenstein« (nach Schiller), Regie: Franz Peter Wirth, ARD 1961; Orsino in »Was ihr wollt« (nach Shakespeare), Posa in »Don Carlos« (nach Schiller), Regie: Franz Peter Wirth, ARD 1963; Titelrolle in »Die Geschichte des Rittmeisters Schach von Wuthenow« (nach Fontane), ARD 1966; Titelrolle in »Graf Kozsibrovskzky macht ein Geschäft« (nach Mikszáth), ZDF 1966; »Fliegender Sand« (nach Norden), ZDF 1967; Titelrolle in »Feldwebel Schmid«, »Der Fall Wera Sassulitsch« und Titelrolle in »Affaire Dreyfus«, ZDF 1968; Balczus in »Die Reise nach Tilsit« (nach Sudermann), Regie: Günter Gräwert, »Der irische Freiheitskampf«, ZDF 1969; Titelrolle in »Christoph Kolumbus oder die Entdeckung Amerikas« (nach Tucholsky/Hasenclever), Regie: Helmut Käutner, ARD 1969; Brant in »Trauer muß Elektra tragen« (nach O'Neill), ARD 1970; Titelrolle in »Der Alpha-Agent«, 13 Folgen, ZDF 1971; Titelrolle in »Monsieur Chasse oder Wie man Hasen jagt« (nach Feydeau), ARD 1972; »Eine Frau bleibt eine Frau«, mit Lilli Palmer, ZDF 1972; »Tapetenwechsel«, Regie: Rolf von Sydow, ARD 1973, Titelrolle in »Kara Ben Nemsi Effendi« (nach Karl May), Serie, ZDF 1975; »Generale« (von Sebastian Haffner), und »Roulette« (von Kohout), Regie: Franz Peter Wirth, ZDF 1977; »Des Doktors Dilemma« (nach Shaw), ARD 1977; »Wallenstein« (nach Golo Mann), mit Rolf Boysen, Regie: Franz Peter Wirth, 4 Teile, »Ein Mann will nach oben« (nach Fallada), mit Mathieu Carrière, Regie: Herbert Ballmann, 13 Teile, ZDF 1978; »Freundschaft wider Willen« (nach London), ZDF 1979; »Die Rosen von Dublin«, mit Jean-Claude Bouillion, Regie: Lazare Iglésis, 6 Teile, engl. TV 1980; »Im Schlaraffenland« (nach Heinrich Mann), Regie: Fritz Umgelter, »Geld oder Leben«, Regie: Peter Patzak, und »Quartett bei Claudia«, Regie: Michael Kehlmann, ARD 1981; »Die Jahre vergehen«, Regie: Peter Keglevic, ZDF 1981; »Tatort«, Serie, 2 Folgen, ARD 1981–1983; »Mozart«, mit Christoph Bantzer, Regie: Marcel Bluwal, 5 Teile, ARD 1982; »Leute gibt's«, Regie: Ralf Gregan, ZDF 1982; »Der Eimer und die Mona Lisa«, »Hanna von Acht bis Acht«, mit Angelica Domröse, ZDF 1983; »Ein Fall für zwei«, Serie, ZDF 1984; »Entscheidung am Kap Horn«, mit Julie

Christie und Jacques Perrin, Regie: Christian de Chalonge, 3 Teile, ARD 1984; »Die Krimistunde«, Regie: Hartmut Griesmayr, Serie, »Die Unbekannten im eigenen Haus« (nach Simenon), mit Walter Buschhoff, Regie: Bernd Fischerauer, und »Bitte nicht stören« (nach Spark), Regie: Peter Wood, ARD 1985; »Alte Gauner«, Regie: Ralf Gregor, Serie, und »Es muß nicht immer Mord sein«, Serie, ZDF 1985; »Mord am Pool« (nach Durbridge), Regie: Gerhard Klingenberg, ARD 1986.
Auszeichnung: Preis der deutschen Filmkritik 1962.
Anschrift: c/o ZBF-Agentur München, Leopoldstraße 19, 8000 München 40.

Rüdiger Vogler

Geb. 14. 5. 1942 in Warthausen/Biberach; er absolvierte von 1963 bis 1965 die Staatl. Hochschule für Musik in Heidelberg. Am dortigen Zimmertheater debütierte er 1965 als Romeo in Anouilhs »Romeo und Jeannette«. Seine Bühnenstationen: Theater am Turm (TAT) Frankfurt/Main (1966–1969 und 1970–1973), Staatstheater Darmstadt (1969/70) und Freie Volksbühne Berlin (1973). Seither ist er freischaffend. Er gastierte 1980/81 in Paris und 1982 bei den Salzburger Festspielen. Sein Filmdebüt gab er 1971 unter der Regie von Peter Handke in dessen Romanverfilmung »Chronik der laufenden Ereignisse«.
Vogler spricht franz., engl.; er ist ledig und lebt abwechselnd in Mittelbach/Baden-Württemberg und Paris.
Film: »Die Angst des Tormanns beim Elfmeter« (nach Handke), mit Arthur Brauss, 1971, »Der scharlachrote Buchstabe«, 1972, »Alice in den Städten«, 1974, »Falsche Bewegung«, 1975, »Im Lauf der Zeit«, 1976, Regie: jeweils Wim Wenders; Titelrolle in »Kreutzer«, Regie: Klaus Emmerich, 1977; »Die linkshändige Frau«, Buch und Regie: Peter Handke, und »Fluchtweg nach Marseille«, Regie: Ingemo Engström, 1978; »Lautlose Angst«, mit Michel Piccoli, Regie: Francis Girod, Frankreich/BRD 1979; »Henry Angst«, Regie: Ingo Kratisch, 1979; »Die bleierne Zeit«, Regie: Margarethe von Trotta, 1981; »Logik des Gefühls«, Regie: Ingo Kratisch, 1982 (auch ZDF 1984); »Der Havarist«, Regie: Wolf-Eckart Bühler, 1984; »Un cosa di incoscienza«, Regie: Emaidio Greco, Italien 1984.
Theater: In den Uraufführungen von Handkes »Publikumsbeschimpfung«, 1966 (auch TV) »Kaspar«, 1968 (auch TV), und »Das Mündel will Vormund sein«, 1969, Regie: jeweils Claus Peymann, in Brechts »Mann ist Mann« und in Handkes »Der Ritt über den Bodensee«, jeweils Theater am Turm Frankfurt/Main; in Rostands »Cyrano de Bergerac«, Freie Volksbühne Berlin 1973; in Botho Strauß' franz. Erstaufführung von »Trilogie des Wiedersehens« (franz. Sprache), Paris 1980/81; in der Uraufführung von Handkes »Über die Dörfer«, Regie: Wim Wenders, Salzburger Festspiele 1982.
Fernsehen: »Graf Öderland« (nach Frisch), Regie: Rolf Hädrich, ARD 1968; »Die Gräfin von Rathenow« (nach Lange), Regie: Peter Beauvais, ZDF 1973; »Reden und reden lassen«, Regie: Wolfgang Glück, »Am Wege« (nach Bang), »Nach der Scheidung« (von Peter Stripp) und »Hilde Breitner« (von Peter Stripp), Regie: jeweils Peter Beauvais, ARD 1975; »Loch im Kopf« (nach Labiche), Regie: Wolfgang Deichsel, ARD 1977; »Alzire oder Der neue Kontinent«, Regie: Thomas Koerfer, SRG 1977; »Wer anderen eine Grube gräbt«, Regie: Herbert Vesely, und »Gesche Gottfried«, mit Sabine Sinjen, Regie: Karl Fruchtmann, ARD 1978; »Johannes«, Serie, »Die grüne Seite«, Regie: Georg Lhotsky, »Typisch Eddie«, Regie: Laurence Gavron, »Letzte Liebe«, Regie: Ingemo Engström, ARD/ZDF 1980; »Beate und Mareile« (nach Eduard von Keyserling), Regie: Hajo Gies, ZDF 1981; »L'Hôpital de Leningrad«, Regie: Sarah Maldoror, franz. TV 1982; Titelrolle in »Melzer«, Regie: Heinz Bütler, ZDF 1983; »Gnadenlos« (nach Juraček), Regie: Wolfgang Panzer, ZDF 1985; »Väter und Söhne«, mit Burt Lancaster und Julie Christie, Regie: Bernhard Sinkel, 4 Teile, ARD 1986.
Auszeichnung: Deutscher Filmpreis 1975.
Anschrift: c/o Agentur Alexander, Lamontstraße 9, 8000 München 80.

Jasper Vogt

Geb. 10. 5. 1945 in Bevensen; aufgew. in Hamburg; nach dem Abitur studierte er zunächst Germanistik, Musikwissenschaft und Jura, brach das Studium jedoch vorzeitig ab. Er absolvierte eine (abgeschlossene) Schauspielausbildung und ist staatl. geprüfter Musiklehrer. Seit 1978 ist er festes Mitglied des Ohnsorg-Theaters Hamburg (auch als musikalischer Leiter). Er arbeitet zudem als Komponist, Arrangeur, Produzent und Redakteur.
Vogt ist verheiratet und lebt in Hamburg.
Theater: Er wirkte seit 1977 u.a. in folgenden Stücken mit, von denen einige (in hochdeutscher Fassung) auch in der ARD ausgestrahlt wurden. Partner waren u.a. Heidi Kabel, Karl-Heinz Kreienbaum, Heidi Mahler, Hanno Thurau, Edgar Bessen, Hilde Sicks und Fritz Hollenbeck. »Jungfer Eli un de Appelboom«, »Cowboys, Quiddjos und Matrosen«, »Heiratsschwindel«, »De Etappenhas« (nach Bunje), »De Lorbeerkranz«, »Fisch för veer«, »Gode Nacht, Froo Engel«, »Swieg still, Jung!« (nach Kusz), »Minsch sien mutt de Minsch« und »Vadder Soodmann«.
Anschrift: c/o Ohnsorg-Theater Hamburg, Große Bleichen 25, 2000 Hamburg 36, oder ZBF-Agentur Hamburg, Tonndorfer Hauptstraße 90, 2000 Hamburg 70.

Edith Volkmann

Geb. 14. 11. 1924 in Hannover; dort aufgew.; nach der Schule nahm sie Schauspielunterricht bei Max Gaede in Hannover. An den Städt. Bühnen Osnabrück gab sie ihr Bühnendebüt, kehrte jedoch nach Hannover zurück, wo sie bis zur Schließung der Theater 1944 am Niedersächsischen Staatstheater tätig war. Von 1945 bis 1949 stand sie an den Ostfriesischen Kammerspielen Leer unter Vertrag. Anschließend wirkte sie in Ost-Berlin an zahlreichen Kabaretts und Bühnen und drehte mehrere Filme bei der DEFA.
Nach der Übersiedlung in die Bundesrepublik Deutschland legte sie das Hauptgewicht ihrer Tätigkeit auf das Fernsehen. Theater spielte sie u.a. auf Tournee (zuletzt: in »Lord Arthur Saviles Verbrechen« [nach Wilde], mit Günther Ungeheuer, Regie: Horst Naumann, 1984/85).
Frau Volkmann spricht engl.; sie ist geschieden, hat einen Sohn und eine Tochter (diese ist ebenfalls Schauspielerin) und lebt in München.
Film: »Corinna Schmidt«, DEFA 1951; »Frauenschicksale«, Regie: Slatan Dudow, DEFA 1952; »Die Angst ist ein zweiter Schatten«, Regie: Norbert Kückelmann, 1975; »Kreutzer«, Regie: Klaus Emmerich, und »Die Konsequenz« mit Ernst Hannawald und Jürgen Prochnow, Regie: Wolfgang Petersen, 1977 (auch ARD, ohne BR III). »Das Casanova-Projekt«, Regie: Arnold Hau, 1981.
Fernsehen: »Zehn kleine Negerlein«, »Pauken und Trompeten«, »Auktion bei Gwendoline« und »Der Fall Lena Christ«, ARD/ZDF bis 1973; »Der Kommissar«, mit Erik Ode, Serie, ZDF 1974; »Achtung Chance« (von Sylvia Hoffmann), Regie: Kurt Ulrich, und »Freddie Türkenkönig« (von Steinbach), mit Vadim Glowna, Regie: Konrad Sabrautzky, ZDF 1978; »Kolportage« (nach Georg Kaiser), Regie: Peter Weck, ARD 1980; »Klavierspiele« (von Friederike Roth), Regie: Gerhard Kelling, ZDF 1981; »Dr. Margarete Johnson«, Regie: Dagmar Damek, ZDF 1982; »Ein Kleid von Dior« (nach Willis), mit Inge Meysel, Regie: Peter Weck, ARD 1982; »Büro, Büro«, Serie, ARD 1983/84; »Freund mit Rolls-Royce« (nach Willis), mit Inge Meysel, Regie: Georg Tressler, ARD 1984; »Dr. med. Mathilde Wagner«, Regie: Rainer Horbelt, BR III 1985; »Aranka« (von Zickgraf), Regie: Gernot Eigler, ARD 1985.

Anschrift: c/o ZBF-Agentur Frankfurt, Feuerbachstraße 42–46, 6000 Frankfurt/Main, und Schleißheimer Straße 503, 8000 München 45.

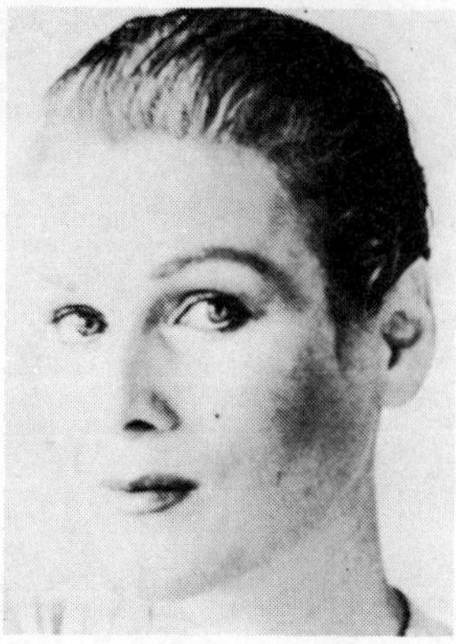

Elisabeth Volkmann

Geb. 16. 3. 1942 in Essen; dort aufgew.; schon als Kind tanzte sie im Ballett. Über Statisterie am Theater der Stadt Essen kam sie zum Schauspielberuf. Sie absolvierte die Folkwang-Schule Essen. Für die »Hollaender Revuen« holte sie der Regisseur Hans Dieter Schwarze nach München an das Theater Die Kleine Freiheit. Bühnengastspiele gab sie außerdem u.a. am Staatstheater am Gärtnerplatz München, an der Kleinen Komödie München (1964–1972) sowie in Berlin, Zürich und Hamburg. Sie nahm Gesangsunterricht und trat als Sängerin auf. Sie veröffentlichte die Schallplatten »Leo« und »Die Nonne«. 1961 gab sie ihr Debüt in dem Film »Immer wenn es Nacht wird«. Bekannt wurde sie vor allem durch zahlreiche Serien im Fernsehen.

Frau Volkmann spricht engl.; sie ist verwitwet und lebt in München.

Film: »Immer wenn es Nacht wird«, »Eine Frau fürs ganze Leben«, 1961; »Ninotschka«; »Hausfrauen-Report«, 1970; »Krankenschwestern-Report« (Film wurde verboten), 1971; »Berlinger – Ein deutsches Abenteuer«, mit Martin Benrath, Tilo Prückner und Hannelore Elsner, Buch und Regie: Alf Brustellin und Bernhard Sinkel, 1975; »Bomber und Paganini«, mit Mario Adorf, Tilo Prückner und Barbara Valentin, Regie: Nicos Perakis, 1976; »Gefundenes Fressen«, mit Heinz Rühmann, Regie: Michael Verhoeven, 1977; »Lili Marleen«, mit Hanna Schygulla, Regie: Rainer Werner Fassbinder, 1981; »Die Sehnsucht der Veronika Voss«, mit Rosel Zech, Regie: Rainer Werner Fassbinder, 1982.

Theater: In Bizets »Carmen«, Staatstheater am Gärtnerplatz München; in den Stücken »Die Dame in Bonn«, »Gesellschaft der Gänseblümchen, »Futschikato«, »Nana«, »Wettlauf mit der Uhr«, »Paradies oder Das« und »Auf Zehenspitzen«, jeweils an den vorgenannten Bühnen; in van Drutens »Das Lied der Taube«, 1964, in Ebermayers »Zwei ahnungslose Engel«, 1968, in Frisbys »Ein Mädchen in der Suppe«, 1969, und in Cooneys »Jetzt nicht Liebling«, 1972, jeweils Kleine Komödie München.

Fernsehen: Bis 1970 spielte sie u.a. in: »Oh, diese Geister!«, »Party-Geschichten«, Serie, »Schere-reien«, »Briefmarken« und »Heiraten ist immer ein Risiko«. Ferner u.a. in: »Tausend und eine Nacht«, mit Romuald Pekny, ZDF 1969; »Klimbim«, mit Ingrid Steeger, Helmut Holger, Horst Jüssen, Wichart von Roell und Peer Augustinski, Regie: Michael Pfleghar, 32 Folgen, ARD 1973–1978; »Die nächste Party kommt bestimmt« (Vorabend-Serie), ZDF 1978/79; »Der Alte«, Serie, ZDF 1979; »Das Traumschiff«, Regie: Alfred Vohrer, Serie, ZDF 1983; »Die Krimistunde«, Regie: Georg Moorse, Serie, ARD 1983; »Der Mann, der keine Autos mochte«, Regie: Dieter Wedel, Serie, »Erkennen Sie die Melodie?« mit Günther Schramm, Serie, ZDF 1984; »Locker vom Hokker«, mit Walter Giller, Regie: Gerhard Schmidt, Serie, ZDF 1984/85; »Verstehen Sie Spaß?«, Serie, ARD 1985; »Tamboo«, Regie: Rainer Grupe, und »Manuel«, Regie: Peter Obrist, ZDF 1985. Außerdem war sie zu Gast in Joachim Fuchsbergers Talkshow »Heut' abend«, ARD.

Anschrift: c/o Agentur Mattes, Pilotystraße 2, 8000 München 22.

Karl-Heinz Vosgerau

Geb. 16. 8. 1928 in Kiel; dort aufgew.; er absolvierte die Schauspielschule Kiel und nahm privaten Unterricht bei Bernhard Minetti. Als Jupiter in Molières »Amphitryon« debütierte er 1948 unter Hans Bauer am Stadttheater Lüneburg. Seine Bühnenstationen: Bühnen der Hansestadt Lübeck (1950–1952), Deutsche Oper Düsseldorf (1952–1957; als Buffo), Staatstheater Braunschweig (1957–1962), Wuppertaler Bühnen (1962–1970), Deutsches Schauspielhaus Hamburg (1970–1972), Schauspielhaus Bochum (1972–1978; später als Gast). Seither gastierte er u.a. an der Freien Volksbühne Berlin, an der Kleinen Komödie München (1980), am Bayerischen Staatsschauspiel München (1983/84) sowie auf Tournee. Neben seiner Tätigkeit für Film und Fernsehen arbeitet er häufig beim Hörfunk (NDR, BR, WDR und SWF).

Vosgerau spricht engl.; er ist verheiratet, hat einen Sohn und lebt in Warngau/Oberbayern.

Film: »Die verlorene Ehre der Katharina Blum« (nach Böll), mit Angela Winkler, Regie: Volker Schlöndorff, 1976; »Der Mann im Pyjama«, mit Elke Sommer und Otto Sander, 1981; »Die wilden Fünfziger« (nach Simmel), Regie: Peter Zadek, 1983; »Is' was Kanzler?!?«, mit Günter Lamprecht, Regie: Gerhard Schmidt, 1984.

Theater: Mercutio in Shakespeares »Romeo und Julia«, Bühnen der Hansestadt Lübeck 1951; in Spewack/Porters »Kiss me, Kate«, in Burkhards »Feuerwerk«, in Benatzkys »Meine Schwester und ich« und Pluto in Offenbachs »Orpheus in der Unterwelt«, jeweils Deutsche Oper Düsseldorf 1952–1957; Marinelli in Lessings »Emilia Galotti«, Robespierre in Büchners »Dantons Tod«, Danilo in Lehárs »Die lustige Witwe« und in Anouilhs »Becket oder Die Ehre Gottes«, jeweils Staatstheater Braunschweig 1957–1962; Prof. Higgins in Lerner/Loewes »My Fair Lady«, in Wedekinds »Schloß Wetterstein«, in Zadeks »Der Pott« (nach O'Casey), Regie: Peter Zadek (auch TV), in Gombrowicz' »Yvonne, Prinzessin von Burgund«, Regie: Peter Löscher, und in Monnot/Breffort s »Das Mädchen Irma la Douce«, jeweils Wuppertaler Bühnen 1962–1970; in Dürrenmatts »Der Besuch der alten Dame« und in Giraudoux' »Die Irre von Chaillot«, jeweils Deutsches Schauspielhaus Hamburg 1970–1972; in Dorst/Falladas »Kleiner Mann, was nun«, in Shakespeares »Der Kaufmann von Venedig«, in Zadeks »Professor Unrat« (nach Heinrich Mann), mit Günther Lüders, in Shakespeares »König Lear«, mit Ulrich Wildgruber, Regie: jeweils Peter Zadek, in Heinrich Manns »Bibi«, Regie: Rainer Werner Fassbinder, in Brecht/Weills »Die Dreigroschenoper«, in Labiches »Das Sparschwein« und Prof. Higgins in Shaws »Pygmalion«, jeweils Schauspielhaus Bochum 1972–1978; in »Wer spekuliert, gewinnt«, mit Peter Vogel und Erika Pluhar, Tournee 1978 (in anderer Besetzung noch einmal 1985); in Knotts »Warte, bis es dunkel wird«, Tournee 1984; in Vinavers »Flug in die Anden«, Regie: Aric Zinger, Bayerisches Staatsschauspiel München 1983/84.

Fernsehen: »Eine konsequente Frau«, mit Anaid Iplicjian, Regie: Wolfgang Liebeneiner, »Wie ein Blitz« (nach Durbridge), Regie: Rolf von Sydow, 3 Teile, ARD 1970; »Die letzte Mahnung« (nach Whitemore), Regie: Rolf von Sydow, ARD 1971; »Teufelsschüler« (nach Shaw), Regie: Ludwig Cremer, »Acht Stunden sind kein Tag«, und »Welt am Draht«, Regie: jeweils Rainer Werner Fassbinder, ARD 1972; »Tatort«, Serie, ARD 1973; »Die Geisel« (nach Behan), mit O.E. Hasse, Regie: Peter Zadek (auch Freie Volksbühne Berlin), und »Die Kette« (nach Durbridge), Regie: Rolf von Sydow, ARD 1977; »Der Alte«, Serie, 3 Folgen, ZDF 1978–1983; Prof. Higgins in »Pygmalion« (nach Shaw), mit Uschi Glas (Theateraufzeichnung), ZDF 1980; »Festspiele« (von Marcel Ophüls), ARD 1981; »Konsul Möllers Erben« (von Asmodi), mit Ernst Fritz Fürbringer, Serie, ZDF 1983; »Die goldenen Schuhe« (nach Vicki Baum), Regie: Dietrich Haugk, 5 Teile, ARD 1983; »Vor dem Sturm« (nach Fontane), mit Daniel Lüönd, Regie: Franz Peter Wirth, 5 Teile, und »Rummelplatz«, Regie: Dietrich Haugk, ARD 1984; »Patrik Pacard« (von Justus Pfaue), mit Peter Bongartz, Regie: Gero Erhardt, 6 Teile, ZDF 1984; »Schöne Ferien«, Serie, ARD 1985; »Kennwort Möwe« (von Menge), Regie: Tim Toelle, ARD 1986.

Anschrift: c/o Agentur Baumbauer, Keplerstraße 12, 8000 München 80.

W

Otto Waalkes

Geb. 22. 7. 1948 in Emden; dort aufgew.; nach dem Abitur am Gymnasium Emden begann er 1969 an der Universität Hamburg ein Studium der Erziehungswissenschaft; 1970 wechselte er an die Hochschule für bildende Künste in Hamburg und war als freier Mitarbeiter bei einer Werbefirma beschäftigt. Nachdem er schon mit 16 Jahren als Gitarrist der Band »The Rustlers« in Emden erste öffentliche Auftritte hatte, startete er 1971 als »Otto« seine Solo-Karriere in Hamburger Lokalen und im Auditorium maximum der Hamburger Universität. 1972 kreierte er mit seinem Freund und späteren Manager Hans Otto Mertens das Platten-Label »Rüssl Räckords« und stellte seine erste LP »Otto« vor. Seither produzierte Waalkes zehn Langspielplatten, von denen jede mit weit über 250.000 verkauften Exemplaren »vergoldet« wurde. Seine erste eigene TV-Show, die bereits eine Sehbeteiligung von 15% aufweisen konnte, wurde im August 1973 ausgestrahlt. Bis 1982 präsentierte der WDR im ARD-Abendprogramm eine jährliche Ausgabe der »Otto-Show« und hatte dabei eine durchschnittliche Einschaltquote von über 40%.
1983 verlegte Waalkes seine Fernseh-Show (»Hilfe, Otto kommt«) in das ZDF, wo bereits seit 1982 seine Sendung »Ronny's Pop-Show« läuft. »Otto« trägt diese Sendereihe als Produzent, Autor, Regisseur und Sprecher. »Moderator« dieser Popmusik-Serie ist ein dressierter Schimpanse.
Seit 1973 geht Waalkes jährlich auf Deutschland-Tournee und gibt Konzerte in Österreich, in der Schweiz, in den Niederlanden, in Dänemark und in der DDR. 1980 veröffentlichte er »Das Buch Otto«. »Ottifanten«-Glückwunschkarten (1982) und »Das kleine Buch Otto« (1983) folgten. Zusammen mit Hark Bohm und Justus Frantz meldete er 1985 in Hamburg seinen eigenen Hörfunksender »Radio 14« an.
Waalkes spricht engl., franz., ital., russ.; er ist ledig und lebt in Hamburg.
Film: »OTTO – der Film«, Buch und Regie: Waalkes selbst (Co-Regie: Xaver Schwarzenberger), 1985 (Kino-Rekord für einen deutschen Film: bereits nach zwei Wochen über drei Millionen Besucher).
Theater: Seit 1978 trat Waalkes über 50mal als Gefängnisdirektor Frosch in Johann Strauß' Operette »Die Fledermaus« auf. Nach Vorstellungen an der Staatsoper Hamburg war er ab 1983 in dieser Rolle neben Edda Moser und Otto Nicolai auch am Niedersächsischen Staatstheater Hannover zu sehen.
Fernsehen: »Treffpunkte« (Feature über »Otto«), ARD 1973; »Feuerabend«, TV-Show mit Hans-Joachim Kulenkampff, und Ehrengast in »Was bin ich?« mit Robert Lemke, ARD 1976. Daneben wurden von 1973 bis 1983 in ARD und ZDF insgesamt zehn »Otto-Shows« ausgestrahlt.
Auszeichnungen: »Ehrenlöwe« (Radio Luxemburg) 1976; »Goldener Bambi« (BILD + FUNK) 1976 und 1982; »Goldene Kamera« (HÖRZU) 1976; »Goldener Elefant« (anstelle von 5 Goldenen LPs), Österreich 1978; »Platin-Schallplatte« für die LP »Oh Otto« und 2 »Goldene LPs« 1979; »1. Video-Bambi« (BILD + FUNK) 1982; »Adolf-Grimme-Preis« 1984; »Bambi« (BILD + FUNK) 1985.
Anschrift: c/o Rüssl Video & Audio GmbH, Lentföhrdener Weg 21, 2000 Hamburg 54.

Erika Wackernagel

Geb. 19. 6. in Ulm; dort aufgew.; nach Schule und Schauspielausbildung spielte sie über 10 Jahre am Stadttheater Memmingen. Anschließend arbeitete sie als Journalistin. Erst Mitte der 70er Jahre kehrte sie in den Schauspielerberuf zurück. Theater spielte sie seither als Gast am Württembergischen Staatstheater Stuttgart (1975), an der Württembergischen Landesbühne Esslingen und vor allem unter der Regie von Rudolf Noelte an der Freien Volksbühne Berlin (1978) und am Thalia-Theater Hamburg (1983/84). Seit 1977 wirkte sie in über 30 TV-Produktionen mit.
Frau Wackernagel spricht engl.; sie war verheiratet mit Peter Wackernagel. Ihr Sohn Christoph wurde ebenfalls Schauspieler.
Film: »Jägerschlacht«, Regie: Wigbert Wicker, 1981; »Kraftprobe«, Regie: Heidi Genée, 1982.
Theater: In Essigs »Die Glückskuh«, Regie: Alfred Kirchner, Württembergisches Staatstheater Stuttgart 1975; Frau Hassenreuther in Hauptmanns »Die Ratten«, mit Cordula Trantow, Günter Lamprecht und Will Quadflieg, Regie: Rudolf Noelte, Freie Volksbühne Berlin 1978 (auch TV); Frau Kramer in Hauptmanns »Michael Kramer«, mit Will Quadflieg, Regie: Rudolf Noelte, Thalia-Theater Hamburg 1983/84 (auch TV).
Fernsehen: »Meine Mieter sind die besten«, von und mit Fritz Eckhardt, Serie, »Stunde Null«, Regie: Edgar Reitz, ARD 1977; »Die Kur«, Regie: Frank Strecker, Serie, ARD 1978; »Tatort«, Regie: Peter Adam, Serie, ARD 1980; »Musik auf dem Lande«, Buch und Regie: Oliver Storz, ZDF 1981; »Besuch von drüben«, mit Edwin Marian, Regie: Günter Gräwert, und »Es muß nicht immer Mord sein«, Serie, ZDF 1982; »Regentropfen«, ZDF 1983; »Über allen Gipfeln ist Ruh« (von Bernhard), Regie: Alfred Kirchner, ZDF 1984; »Der geheimnisvolle Fremde« (nach Twain), mit Bernhard Wicki, Regie: Peter H. Hunt, ARD 1984; »Reserl am Hofe«, Regie: Bruno Voges, SWF III 1984; »Hoffmanns Geschichten«, mit Elfriede Irrall, Regie: Werner Schretzmeier, Serie, ARD 1984/85; »Bettkantengeschichten«, ZDF 1985.
Anschrift: c/o Agentur Alexander, Lamontstraße 9, 8000 München 80.

Alexander Wächter

Geb. 24. 7. 1948 in Graz; aufgew. in Wien; nach dem Abitur absolvierte er die Musikakademie Wien. Sein erstes Engagement erhielt er 1970 in dem Musical »Hair«, mit dem er in Hamburg, Berlin und Wien gastierte. Anschließend studierte er Jura (Staatsexamen). Seine weiteren Bühnenstationen (teilweise parallel zum Studium): Wiener Festwochen (1973), Theater in der Josefstadt (1974–1979 im Ensemble, seither als Gast), Württembergisches Staatstheater Stuttgart unter Hansgünther Heyme (1979/80), Bregenzer Festspiele, Salzburger Festspiele sowie Renaissance-Theater Berlin (1981–1984) und Staatl. Schauspielbühnen Berlins (seit 1985) unter Heribert Sasse. Beim Fernsehen arbeitet er seit 1974.
Wächter spricht engl., franz., russ., neugriech., ital., span.; er ist verheiratet mit der österr. Kulturkritikerin Liesbeth Wächter-Böhm (ORF) und lebt in Berlin.
Film: »Die Säge des Todes«, Regie: Jesus Franco, 1981; »Kieselsteine«, Regie: Lukas Stepanik, 1983.
Theater: In dem Musical »Hair«, Hamburg, Berlin und Wien 1970; in dem Musical »Fäustling«, mit Wolfgang Ambros, Wiener Festwochen 1973. Während seiner Anfängerjahre am Theater in der Josefstadt Wien spielte er vor allem in Stücken von Schnitzler, Horváth, Molnár und Shaw. Seine wichtigste Rolle: Titelrolle in Schnitzlers »Leutnant Gustl«, Regie: Walter Davy, 1978 (auch ORF).
In Schnitzlers »Die Komödie der Verführungen«, Regie: Hansgünther Heyme, Württembergisches Staatstheater Stuttgart 1979/80; Theodor in Schnitzlers »Liebelei«, Regie: Wolfgang Liebeneiner, Theater in der Josefstadt Wien und Bregenzer Festspiele; in Schnitzlers »Das weite Land«, Regie: Maximilian Schell, und in Shakespeares »Wie es euch gefällt«, Regie: Otto Schenk, jeweils Salzburger Festspiele; in Molnárs »Liliom«, mit Heribert Sasse, Verteidiger in Kipphardts »In der Sache J. Robert Oppenheimer«, und Theodor in Schnitzlers »Liebelei« (auch ARD 1983), Regie: jeweils Heribert Sasse, Renaissance-Theater Berlin 1981–1984; in Botho Strauß' »Rumor« (Ein-Personen-Stück), Sohn in Millers »Der Tod des Handlungsreisenden«, Regie: Gerhard Klingenberg, und in Hofmannsthals »Der Unbestechliche«, mit Walter Schmidinger, jeweils Staatl. Schauspielbühnen Berlins 1985/86.
Fernsehen: »Ein echter Wiener geht nicht unter«, mit Karl Merkatz, Regie: Reinhard Schwabenitzky, Serie, ORF 1974–1977; »Komtesse Mizzi« (nach Schnitzler), Regie: Otto Schenk, ZDF 1975; »Moral« (nach Thoma) und »Die Kinder« (nach Bahr), Regie: jeweils Kurt Wilhelm, ARD 1976/77; »Cella oder Die Überwinder« (nach Werfel), ZDF 1978; »Der lebende Leichnam« (nach Tolstoi), Regie: Otto Schenk, ARD 1981; »Die Erbin« (nach Henry James), mit Heidelinde Weis, Regie: Franz Josef Wild, ARD 1982; »Das Licht der Gerechten«, mit Klausjürgen Wussow, Serie, ORF 1982; »Ein idealer Gatte« (nach Wilde), Regie: Hans Jaray, ORF 1984; Adam in »Spiel im Schloß« (nach Molnár), mit Walter Schmidinger und Martin Benrath, Regie: Otto Schenk, ZDF 1985.
Anschrift: Südwest-Korso 43, 1000 Berlin 33.

Hilde Wagener

– Kammerschauspielerin –

Geb. 26. 9. 1904 in Hannover; dort aufgew.; nach der Handelsschule besuchte sie das Pensionat Töchterheim Gerda bei Berlin und absolvierte eine Bühnenausbildung bei Anna Uhlig. Ihr Debüt gab sie anschließend am Deutschen Theater Hannover. Engagements am Lessing-Theater Berlin, an der Neuen Wiener Bühne in Wien und an der Renaissance-Bühne Wien folgten. Seit 1924 gehört sie zum Ensemble des Wiener Burgtheaters (seit 1933 als Kammerschauspielerin).
Tourneen führten sie durch Deutschland, Holland, die Tschechoslowakei und Ungarn. Ihr Filmdebüt gab sie 1933. Auf sich aufmerksam machte sie auch durch zahlreiche karitative und soziale Aktionen. Während des II. Weltkrieges arbeitete sie von 1942 bis 1945 am Wiener Allgemeinen Krankenhaus als Krankenschwester. 1945 war sie Mitbegründerin der Frauensektion der Liga der Vereinten Nationen, 1947/48 initiierte sie die Patenschaftsaktion zahlreicher US-Bürger für Hunderte von hungernden Wiener Kindern. Seit 1949 ist sie Präsidentin der von ihr gegründeten Stiftung »Künstler helfen Künstlern«, die sich um notleidende Schauspielerkollegen kümmert. 1964 wurde das »Hilde-Wagener Heim« in Baden bei Wien eröffnet. Es bietet vereinsamten und verarmten Bühnenangehörigen eine gesicherte Altersheimat.
Frau Wagener spricht engl.; sie lebt in Wien.
Film: »Brennendes Geheimnis« (nach Stefan Zweig), Regie: Robert Siodmak, 1933; »Die ganz großen Torheiten«, mit Rudolf Forster, Regie: Carl Froelich, 1937; »Ich suche dich« (nach Cronins »Jupiter lacht«), mit und unter der Regie von O.W. Fischer, 1956.
Theater: Am Wiener Burgtheater spielte sie in ihrem Fach nahezu alle Rollen der Klassik und Moderne (u.a.): Thekla in Schillers »Wallensteins Tod«, Julia in Shakespeares »Romeo und Julia«, Rahel in Lessings »Nathan der Weise«, Eliza in Shaws »Pygmalion«, Klärchen in Goethes »Egmont«, Titelrolle in Ibsens »Nora«, Eboli in Schillers »Don Carlos«, Titelrolle in Ibsens »Hedda Gabler« (anläßlich der Eröffnung der österr. Staatstheater im Akademietheater Wien ca. 60mal), Titelrolle in »Anna Karenina« (nach Tolstoi) mit O.W. Fischer, Mutter Wolffen in Hauptmanns »Der Biberpelz«, Frau Fielitz in Hauptmanns »Der rote Hahn« (anläßlich ihes 50jährigen Bühnenjubiläums am Burgtheater).
Fernsehen: »Leocadia« (nach Anouilh), ORF; »Süden« (nach Green), ORF; »Das Interview«, ORF; »Hallo – Hotel Sacher . . . Portier!«, von und mit Fritz Eckhardt, Regie: Hermann Kugelstadt, Serie, ZDF/ORF 1975.
Auszeichnungen: »Dr.-Karl-Renner-Preis« 1952; »Adolf-von-Sonnenthal-Ring« 1953; »Goldenes Ehrenzeichen für die Verdienste um die Republik Österreich« 1955; »Österreichisches Ehrenkreuz für Wissenschaft und Kunst« I. Klasse 1963; »Ehrenring des Burgtheaters« 1964; »Ehrenmedaille der Stadt Wien in Gold« 1970. Sie ist Kammerschauspielerin (seit 1933) und Ehrenmitglied des Wiener Burgtheaters.
Anschrift: c/o Burgtheater, Dr.-Karl-Lueger-Ring, A-1010 Wien, Österreich.

Daphne Wagner

Geb. 13. 11. 1946 in Bayreuth; dort aufgew.; sie absolvierte die Max-Reinhardt-Schule Berlin. In Anouilhs »Die Probe« debütierte sie 1968 am Theater in der Josefstadt Wien. Ihre Bühnenstationen: Theater der Stadt Essen (1969/70), Deutsches Schauspielhaus Hamburg (1970/71), Basler Theater (1971/72), Schiller-Theater Berlin (1973–1976) und Münchner Kammerspiele (seit 1977).

Frau Wagner spricht engl.; sie lebt in München.

Film: »Der starke Ferdinand«, mit Heinz Schubert, Regie: Alexander Kluge, 1976; »Der erste Schnee«, 1979.

Theater: In Pirandellos »Liolà«, Theater der Stadt Essen 1969/70; in Aristophanes' »Lysistrate«, Regie: Dieter Dorn, Deutsches Schauspielhaus Hamburg 1970/71; in Feydeaus »Ein Klotz am Bein«, Basler Theater 1971; in Bernhards »Die Jagdgesellschaft« und in Aristophanes' »Die Vögel«, Regie: jeweils Dieter Dorn, Schiller-Theater Berlin 1973–1976; Madeleine de Marelle in Wedekinds »Die Büchse der Pandora«, Die Frau in Botho Strauß' »Groß und Klein«, Marion in Büchners »Dantons Tod« und Morgane le Fay, Orgelouse und Tod in Dorsts »Merlin oder Das wüste Land«, Regie: jeweils Dieter Dorn, Löwe in H. Müllers »Germania Tod in Berlin«, Frau in Braschs »Lovely Rita«, Regie: jeweils Ernst Wendt, Jungfer in Sternheims »Der Snob«, Regie: Hans-Reinhard Müller, und in Botho Strauß' »Kalldewey, Farce«, Regie: Kollektiv, in Topors »Leonardo hat's gewußt«, Regie: Autor selbst, jeweils Münchner Kammerspiele 1977–1985.

Fernsehen: »Paris-Duett«, Regie: Bettina Woernle (deren Regiedebüt), ARD 1979; »Bekenntnisse des Hochstaplers Felix Krull« (nach Thomas Mann), mit John Moulder-Brown, Regie: Bernhard Sinkel, ZDF 1982; »Flohmarkt«, Serie, ZDF 1983; »Wagner«, mit Richard Burton, Gemma Craven, Vanessa Redgrave und Marthe Keller, Regie: Tony Palmer, 10 Teile, ARD 1983.

Anschrift: c/o Agentur Mattes, Pilotystraße 2, 8000 München 22.

Ulf-Jürgen Wagner

Geb. 18. 10. 1944 in Meiningen/Thüringen; mit vier Jahren kam er nach Augsburg, wo er später das Abitur machte und Pharmazie (bis zum Vorexamen) studierte; seit 1967 lebt er in München; ledig; er spricht engl., ital.; Schauspielausbildung bei Ellen Mahlke, Adolf Ziegler und Friederike Müller in München, wo er auch am Deutschen Theater 1968 debütierte; nach Gastspielen an den Städt. Bühnen Augsburg kam er 1971 zum Ensemble des Niedersächsischen Landestheaters Hannover; seit 1974 ist er freischaffend und umfangreich als Synchronsprecher tätig (u.a.: Pippin in »Der Herr der Ringe«, Steve in »Hair«); er machte zahlreiche Hörspiele, vorwiegend für BR und WDR.
Film: Fritz Hartnagel in »Die weiße Rose«, mit Lena Stolze, Regie: Michael Verhoeven, 1982.
Theater: In Shakespeares »Hamlet«, Regie: Maximilian Schell, Deutsches Theater München 1968; Pjotr in Ostrowskijs »Der Wald«, Regie: Paul Vasil, Tournee-Theater Basel 1970; Vincent Martina in Sauvajons »Tchao«, Regie: James von Berlepsch, Sebastian in Shakespeares »Was ihr wollt«, Regie: Reinhold Rüdiger, Harry Compass in Hasenclevers »Ein besserer Herr«, Regie: Günther Sauer, und Milan Stibor in Kohouts »So eine Liebe«, Regie: Günter Witte, jeweils Niedersächsisches Staatstheater Hannover und Tournee, 1971/72; Emil Sterneck in Schönthans »Der Raub der Sabinerinnen«, Regie: Axel von Ambesser, Operettenhaus Hamburg 1974; Joël in Barillet/Grédys »Vier Fenster zum Garten«, Regie: Karl Heinz Stroux, Komödie Düsseldorf 1976; Murph in der europ. Erstaufführung von Christofers »Eis«, Regie: Veit Relin, Torturmtheater Sommerhausen 1977; Latimer in Savorys »So viele Kinder« und Pylades in Goethes »Iphigenie auf Tauris«, Regie: jeweils Thomas Reiner, Lore-Bronner-Bühne München 1979/80; Alcest in Goethes »Die Mitschuldigen«, Regie: Claus Landsittel, Kleine Bühne Schwabing München 1981; Valère in Molières »Der Geizige«, Regie: Gerd Potyka, Lore-Bronner-Bühne München 1984.
Fernsehen: »Hauptsache, die Kohlen stimmen«, ARD 1973; »Teamwork in und außer Dienst«, ZDF 1973; Peter in »Deutsch mit Peter«, Serie, RAI/Italien 1974; »Der Geheimnisvolle«, Regie: Peter Weck, ARD 1979; »Die Reventlow«, Regie: Rainer Wolffhardt, ZDF 1979; »Die seltsamen Methoden des Franz Josef Wanninger«, Serie, ARD 1980; »Der Aufsteiger«, Regie: Bernd Fischerauer, ZDF 1980; Leutnant Manlik in »Beim Bund«, Serie, ZDF 1982; »Tiefe Wasser«, Regie: Franz Peter Wirth, ZDF 1983; »Wie würden Sie entscheiden?«, Serie, ZDF 1985.
Anschrift: Hanfstaenglstraße 21, 8000 München 19.

Wolfgang Wahl

Geb. 3. 12. 1925 als Sohn des Schauspielers und späteren Spielleiters des Kölner Senders Wilhelm Wahl in Münster/Westfalen; nach der Schule wurde er Seemann. 1947 kam er unter Gustaf Gründgens an das Schauspielhaus Düsseldorf, dem er bis 1951 angehörte. Seither ist er freischaffend. Er gastierte u.a. am Thalia-Theater Hamburg, an den Münchner Kammerspielen, am Schauspielhaus Zürich, an der Freien Volksbühne Berlin, am Deutschen Schauspielhaus Hamburg sowie auf zahlreichen Tourneen. Seit 1954 wirkt er umfangreich für Film und Fernsehen.
Wahl spricht engl., franz.; er lebt in Starnberg/Oberbayern.
Film: »08/15«, mit Joachim Fuchsberger, Regie: Paul May, 1954; »Banditen der Autobahn«, Regie: Geza von Cziffra, 1955; »Haie und kleine Fische«, mit Hansjörg Felmy, Regie: Frank Wisbar, 1957; »Schlag auf Schlag«, Regie: Geza von Cziffra, »Grabenplatz 17«, Regie: Erich Engels, und »So ein Millionär hat's schwer«, mit Peter Alexander, Regie: Geza von Cziffra, 1958; »Buddenbrooks« (nach Thomas Mann), Regie: Alfred Weidenmann; »Rosen für den Staatsanwalt«, mit Martin Held, Regie: Wolfgang Staudte, »La Paloma«, mit Karlheinz Böhm, 1959; »Der Mörder« (nach Simenon), Regie: Ottokar Runze, 1979 (auch ZDF 1981).
Theater: Melchior in Wedekinds »Frühlings Erwachen«, Regie: Gustaf Gründgens, und Biff in Millers »Der Tod des Handlungsreisenden«, Regie: Ulrich Erfurth, jeweils Schauspielhaus Düsseldorf 1947–1951; in Williams' »Die tätowierte Rose«, Regie: Leo Mittler, Thalia-Theater Hamburg 1952; in Millers »Alle meine Söhne«, Regie: Hans Lietzau, Münchner Kammerspiele; in der Schweizer Erstaufführung von Becketts »Warten auf Godot«, Regie: Roger Blin, Schauspielhaus Zürich 1954; in »Born Yesterday«, mit Hildegard Knef, Tournee 1961; Hicketier in Sternheims »Bürger Schippel«, mit Uwe Friedrichsen, Regie: Hansjörg Utzerath, Freie Volksbühne Berlin 1969 und Deutsches Schauspielhaus Hamburg (über 190 Vorstellungen); Theobald Maske in Sternheims »Der Snob« und »Die Hose«, in Schisgals »Liiiebe«, Sganarell in Molières »Dom Juan oder Der steinerne Gast« und in Billetdoux' »Und die Welt, Mossjöh? Sie dreht sich, Mossjöh!«, jeweils auf Tournee.
Fernsehen: »Die Gardine« (von Oelschlegel), mit Louise Martini, Regie: Rainer Erler, ARD 1964; »Morgen, ein Fenster zur Straße«, ARD 1971; »Federlesen« (nach Ziem), 1972, »Der Tod der Schneevögel«, ARD 1974, und »Der Tod des Camillo Torres«, ZDF 1977, Regie: jeweils Eberhard Itzenplitz; »Der Kommissar«, mit Erik Ode, Serie, ZDF 1973; »Der Alte«, Serie, ZDF 1977; »Friedrich Schachmann wird verwaltet«, Regie: Eberhard Pieper, ZDF 1978; »Das Komplott«, Regie: Dieter Wedel, ZDF 1979; »Derrick«, Serie, 2 Folgen, ZDF 1981 und 1984; »Frau Juliane Winkler«, mit Inge Meysel, ARD 1983; »Der Glücksritter« (von Wuttig), mit Christian Kohlund, Regie: Hans-Jürgen Tögel, Serie, und »Manni gegen Manne«, Regie: Eberhard Pieper, ARD 1984; »Gesichter des Schattens«, Regie: Kristian Kühn, ZDF 1984; »Theaterblut« (nach Gray), mit Helmut Lohner, Regie: Michael Günther, ARD 1985; »Es muß nicht immer Mord sein«, Serie, ZDF 1985.
Anschrift: c/o Agentur Jäger, Postfach 1328, 8130 Starnberg.

Franziska Walser

Geb. 23. 3. als Tochter des Schriftstellers Martin Walser in Stuttgart; aufgew. am Bodensee. Von 1972 bis 1974 absolvierte sie die Otto-Falckenberg-Schule in München. In Wedekinds »Frühlings Erwachen« debütierte sie unter der Regie von Alfred Kirchner am Württembergischen Staatstheater Stuttgart (1974/75). Am Deutschen Schauspielhaus Hamburg war sie 1975/76 verpflichtet. Seither gehört sie zum Ensemble der Münchner Kammerspiele.
Frau Walser spricht engl., franz.; sie ist verheiratet mit dem Schauspieler Edgar Selge (ebenfalls Mitglied der Münchner Kammerspiele), hat zwei Kinder und lebt in München.
Film: »Deutschland im Herbst«, Regie: Autorenteam 1978; »Die Erbtöchter«, Regie: Jutta Brückner, 1983.
Theater: Rebekka in Essigs »Die Glückskuh«, Regie: Alfred Kirchner, Württembergisches Staatstheater Stuttgart 1974/75; Rosi in der Uraufführung von Walsers »Das Sauspiel«, Regie: Alfred Kirchner, und Miranda in Shakespeares »Der Sturm«, Regie: Wilfried Minks, jeweils Deutsches Schauspielhaus Hamburg 1975/76; in Raimunds »Der Alpenkönig und der Menschenfeind«, Regie: Hans-Reinhard Müller, Hermine Seitz in Fleißers »Fegefeuer in Ingolstadt« und Sara in O'Neills »Fast ein Poet«, Regie: jeweils Harald Clemen, Keelin in O'Caseys »Ein Freudenfeuer für den Bischof«, Regie: Thomas Langhoff, Anna in Brechts »Trommeln in der Nacht« und Dunjascha in Tschechows »Der Kirschgarten«, Regie: jeweils Ernst Wendt, Katharina in der Uraufführung von Pohls »Da nahm der Himmel auch die Frau«, Regie: Edwin Noël, Helena in Shakespeares »Ein Sommernachtstraum«, Marie in Goethes »Clavigo«, Elaine in Dorsts »Merlin oder Das wüste Land«, mit Peter Lühr, Regie: jeweils Dieter Dorn, und in Kroetz' »Nicht Fisch, nicht Fleisch«, Regie: Franz Xaver Kroetz selbst, Lucy in der Uraufführung von Fels' »Der Affenmörder«, Regie: Ulrich Heising, jeweils Münchner Kammerspiele 1976–1985.
Fernsehen: Julia in »Julia und Romeo«, Regie: Franz Peter Wirth, ARD 1975; Genoveva in »Bekenntnisse des Hochstaplers Felix Krull« (nach Thomas Mann), mit John Moulder-Brown und Klaus Schwarzkopf, Regie: Bernhard Sinkel, 5 Teile, ZDF 1981; Christine in »Hauptsache: leben . . .«, mit Lambert Hamel und Philip Arp, Regie: Diethard Klante, ZDF 1983.
Anschrift: c/o Agentur Alexander, Lamontstraße 9, 8000 München 80.

Herwig Walter

Geb. 8. 6. 1911 als Sohn eins Studienrats in Hannover; aufgew. in Berlin; lebt in Abenberg bei Nürnberg; verheiratet, zwei Söhne; spricht franz., engl.; nach dem Abitur Besuch der Max-Reinhardt-Schule Berlin (1930–1932); er debütierte 1932 am Theater in Gera, wo er bis 1934 verpflichtet war; Engagements am Theater Baden-Baden (1935–1938) und am Schauspielhaus Bochum (1938–1947) folgten; von 1947 bis 1975 war er im Ensemble der Städt. Bühnen Nürnberg; seither ist er freischaffend.
Theater: Tellheim in Lessings »Minna von Barnhelm«, Petrops in Goetz' »Der Lügner und die Nonne«, Georg in Hauptmanns »Fuhrmann Henschel«, jeweils Theater Baden-Baden 1935–1938; Odysseus in Jüngsts »Achill unter den Weibern«, Carlo Benini in Niccodemis »Scampolo«, jeweils Schauspielhaus Bochum 1938–1947; Dauphin in Shaws »Die heilige Johanna«, Tristan in Lope de Vegas »Wenn Frauen keine Tränen hätten«, Titelrolle in Schillers »Der Parasit«, Schluck in Hauptmanns »Schluck und Jau«, Wladimir in Becketts »Warten auf Godot«, Titelrolle in Ernsts »Flachsmann als Erzieher«, Stech in Ionescos »Die Nashörner« und Söller in Goethes »Die Mitschuldigen«, jeweils Städt. Bühnen Nürnberg 1947–1975.
Fernsehen: NS-Offizier in »Am grünen Strand der Spree«, mit Wolfgang Büttner, Regie: Fritz Umgelter, ARD 1960; Maak in »Wer einmal aus dem Blechnapf frißt« (nach Fallada), ARD 1961; »Sonderurlaub«, Regie: Gerd Oelschlegel, ZDF 1962; Kompaniechef Dick in »Der schlechte Soldat Smith« (nach Home), ARD 1963; Eichmann in »Die Geschichte von Joël Brand« (von Kipphardt nach Weissberg), Regie: Franz Peter Wirth, ARD 1964; Chefingenieur in »Die seltsamen Abenteuer des Raumschiffes Orion«, mit Dietmar Schönherr und Eva Pflug, Regie: Theo Mezger, Serie, ARD 1965; Ehrlich in »Ich war Schlemihl« (von Angermann), ARD 1967; Pollard in »Meinungsverschiedenheiten«, Regie: Rolf von Sydow, ZDF 1968; »Des Christoffel von Grimmelshausen Abenteuerlicher Simplicissimus« (von Ahlsen), mit Matthias Habich, Regie: Fritz Umgelter, 4 Teile, ZDF 1975.
Auszeichnung: Adolf-Grimme-Preis 1964.
Anschrift: Rapottostraße 1, 8541 Abenberg.

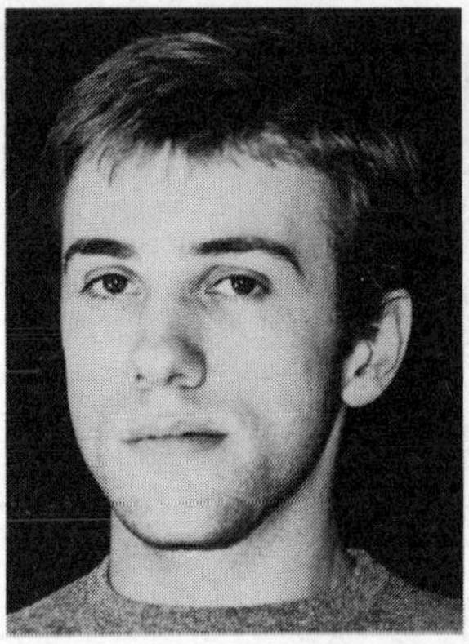

Christoph Waltz

Geb. 4. 10. 1956 in Wien; dort und in München aufgew.; er absolvierte das Max-Reinhardt-Seminar in Wien und die Schauspielschule Lee Strasberg in New York. Nach seinem TV-Debüt im Jahre 1976 erhielt er am Theater an der Wien in Wien 1977 sein erstes Engagement. Von 1981 bis 1983 spielte er am Schauspielhaus Zürich, seit 1984 wirkt er an den Bühnen der Stadt Köln.
Waltz spricht engl., franz.; er ist ledig und lebt in Köln.
Film: »Kopfstand«, 1981; Tristan in »Feuer und Schwert – Die Legende von Tristan und Isolde«, Regie: Veith von Fürstenberg, BRD/Irland 1981 (auch ZDF 1984).
Theater: In dem Musical »Mayflower«, Theater an der Wien in Wien 1977; Mozart in Shaffers »Amadeus«, Regie: August Everding, Cupido in Cocteaus »Orpheus«, Regie: Hans Hollmann, Tybalt in Shakespeares »Romeo und Julia«, Regie: Gerd Heinz, Leonhard in Hebbels »Maria Magdalena«, Titelrolle in Shakespeares »Hamlet«, Regie: Benno Besson, und Sakko in Braschs »Mercedes«, mit Katharina Thalbach, jeweils Schauspielhaus Zürich 1981–1983; in Pohls »Das alte Land« und Lionel in Schillers »Die Jungfrau von Orleans«, Regie: jeweils Jürgen Flimm, Bühnen der Stadt Köln 1984/85.
Fernsehen: »Der Vetter im 7. Bezirk«, ARD 1976; »Der Einstand«, Regie: Reinhard Schwabenitzky, ZDF 1977; »Die Rose von Montreux«, Regie: Reinhard Schwabenitzky, ORF 1978; »Parole Chicago«, Regie: Reinhard Schwabenitzky, 13 Teile, ARD 1978/79; »Die Weltmaschine«, Regie: Peter Patzak, ORF 1979; »Familienalbum«, ORF 1980; »Feuer!«, Regie: Reinhard Schwabenitzky, ZDF 1980; »No. 44 – Der mysteriöse Fremde« (nach Twain), engl. TV 1981; »Dr. Margarete Johnson«, ZDF 1982, und »Der Sandmann«, BR III 1983, Regie: jeweils Dagmar Damek; »Blutsbande« (aus der Reihe: »Ein Fall für zwei«), Regie: Bernd Fischerauer, ZDF 1985; Mörder des »Alten« in »Der Alte«, Regie: Günter Gräwert, Serie, ZDF 1986.
Anschrift: c/o Management Goldschmidt, Wirtstraße 8, 8000 München 90.

Peter Weck

Geb. 12. 8. 1930 in Wien; dort aufgew.; er war Wiener Sängerknabe und absolvierte das Piaristengymnasium Wien; anschließend besuchte er zwei Jahre lang die Dirigentenklasse der Hochschule für Musik und darstellende Kunst Wien. Von 1951 bis 1953 absolvierte er das Max-Reinhardt-Seminar in Wien (Abschluß mit Auszeichnung). Sein erstes Engagement erhielt er 1953 am Stadttheater Klagenfurt. Weitere Stationen: Theater am Kurfürstendamm Berlin, Theater in der Josefstadt (mit dem Ensemble 1957 Nord-Süd-amerika-Tournee), Münchner Kammerspiele, Deutsches Schauspielhaus Hamburg, Burgtheater Wien (11 Jahre lang; Welttournee 1968), Schauspielhaus Zürich (7 Jahre lang; dort Regiedebüt). Gastspiele gab er u.a. bei den Salzburger Festspielen sowie an der Bühne 64 Zürich.

Seit 1954 wirkte er in über 100 Spielfilmen mit; sein TV-Debüt gab er 1957. In den letzten Jahren machte er vor allem als Regisseur auf sich aufmerksam; insgesamt inszenierte er über 100 Fernsehspiele.

Seit 1. Januar 1983 ist er Direktor und künstlerischer Leiter des Theaters an der Wien in Wien. An der bereits 1801 gegründeten Bühne konnte er mit dem US-Musical »Cats« einen Dauerspiel-Rekord aufstellen (über 650 Vorstellungen bislang).

Weck spricht engl.; er ist verheiratet, hat eine Tochter und einen Sohn und lebt abwechselnd in Wien und Zollikon/Schweiz.

Film: »Bruder Martin«, Regie: Axel von Ambesser, und Prinz Heinrich von Oranien in »Mädchenjahre einer Königin«, mit Romy Schneider, Regie: Ernst Marischka, 1954; Erzherzog Karl-Ludwig in »Sissi«, mit Romy Schneider, Magda Schneider und Karlheinz Böhm, Regie: Ernst Marischka, und »Die Wirtin zur goldenen Krone«, mit Paula Wessely, Regie: Theo Lingen, 1955; »Die liebe Familie«, Regie: Helmut Weiß, und »August der Halbstarke«, Regie: Hans Wolff, 1957; »Liebe verboten, Heiraten erlaubt«, Regie: Kurt Meisel, 1958; »Mariandl« und »Mariandls Heimkehr«, Regie: Werner Jacobs, 1961/62; »Die Försterchristl«, Regie: Franz Josef Gottlieb, BRD/Frankreich 1962; »Ist Geraldine ein Engel?«, Regie: Steve Previn, »Im Singenden Rößl am Königssee«, Regie: Franz Antel, 1963; Kapellmeister in »Almost Angels« (»Ein Gruß aus Wien«), Regie: Steve Previn (Walt-Disney-Produktion), »Der Kardinal«, mit Tom Tyron und Romy Schneider, Regie: Otto Preminger, USA 1963; »Immer Ärger mit den Paukern«, Regie: Harald Vock, 1968; »Warum hab' ich nur zweimal ja gesagt?«, Regie: Franz Antel, »Das Paradies der flotten Sünder«, Regie: Geza von Cziffra und Rolf Olsen, 1969; »Unsere Pauker gehen in die Luft«, Regie: Harald Vock, 1970; »Das haut den stärksten Zwilling um«, Regie: Franz Josef Gottlieb, 1971.

Selbst Regie führte Weck u.a. in: »Hilfe, ich liebe Zwillinge« (1969); »Nachbarn sind zum Ärgern da« und »Wenn mein Schätzchen auf die Pauke haut« (1971); »Hauptsache Ferien« und »Mensch ärgere Dich nicht« (1972).

Theater: In Eckhardts »Rendezvous in Wien«, in Osborne/Creightons »Epitaph for George Dillon«, jeweils Theater in der Josefstadt Wien; Stani in Hofmannsthals »Der Schwierige«, Bleichenwang in Shakespeares »Was ihr wollt«, Bluntschli in Shaws »Helden«, Dr. Jura in Bahrs »Das Konzert«, Zwirn in Nestroys »Lumpazivagabundus« und Rosenkranz in Stoppards »Rosenkranz und Güldenstern«, jeweils Burgtheater Wien; Cosme in Calderons »Dame Kobold«, Salzburger Festspiele; in Molières »Tartuffe« und in Nestroys »Der Talisman«, jeweils Schauspielhaus Zürich; Titelrolle in Schnitzlers »Anatol«, Bühne 64 Zürich und Münchner Kammerspiele (1967; auch TV).

Am Schauspielhaus Zürich inszenierte er Kesselrings »Arsen und Spitzenhäubchen« und »Das Appartement«.

Fernsehen: »Liebelei« (nach Schnitzler), mit Hans Moser, Regie: John Olden, ARD 1957; »Leutnant Gustl« (nach Schnitzler), mit Hans Moser, Regie: John Olden, ARD 1963; Titelrolle in »Anatol« (nach Schnitzler), ARD 1968; »Eine unwürdige Existenz« (von Asmodi), Regie: Rolf von Sydow, ARD 1971; Sohn in »Wenn der Vater mit dem Sohne« mit Fritz Eckhardt, Regie: Weck selbst, 12 Teile, ARD 1971/72; »Nichts als Erinnerung« (nach Milo Dor), mit Paula Wessely und Attila Hörbiger, Regie: Michael Kehlmann, ORF 1973; »Die weiße Stadt« (nach Milo Dor), mit Attila Hörbiger, Regie: Michael Kehlmann, ARD 1975; »Der Fall Winslow« (nach Rattigan), Regie:

Claudia Wedekind

Michael Kehlmann, ARD 1977; »Mozart«, mit Christoph Bantzer, Regie: Marcel Bluwal, 5 Teile, ARD 1982; Vater Schumann in »Ich heirate eine Familie« (von Flatow), mit Thekla Carola Wied, Julia Biedermann und Herbert Herrmann, Regie: Weck selbst, 12 Teile, ZDF 1983/84; Gast in Joachim Fuchsbergers Talkshow »Heut' abend«, ARD 1984; Portrait »Peter Weck«, von Helmuth Dimko, ORF 1984; »Traumland Operette« und »Peter Alexander: Wir gratulieren«, ZDF 1984; »Flucht ohne Ende« (nach Joseph Roth), mit Helmut Lohner, Regie: Michael Kehlmann, 2 Teile, ARD 1985; »Erfolg mal 3: Peter Weck«, ORF 1985; »Wiener Klatsch« (nach Auernheimer), Regie: Georg Madeja, ZDF 1985. Zudem spielte er u.a. in: »Königin einer Nacht«, »Towarisch« (nach Deval), »Gauner, Gelder und Giraffen«, »Bei Kerzenlicht«, und »Ninotschka«.
Regie führte er bei den Serien »Tatort« (3 Folgen), »Ein Fall für zwei« (5 Folgen), »Hellseher wider Willen« (8 Folgen), »Der Gerichtsvollzieher« (6 Folgen), »Der Petitionsausschuß« (6 Folgen), »Das heitere Bezirksgericht« (2 Folgen) und »Kriminalmuseum/ Henry Slesar« (20 Folgen). Fernsehspielregie u.a.: »Arbeitsteilung«, »Kolportage« (nach Kaiser), »Ein Kleid von Dior« (mit Inge Meysel), »Der lästige Ungar«, »Kishon-Geschichten«, »So oder so ist das Leben«; er inszenierte Portraits von Theo Lingen und Georg Thomalla.
Auszeichnungen: 1980 verlieh ihm das österr. Unterrichtsministerium den Professorentitel; »Goldene Kamera« (HÖRZU) 1984.
Anschrift: c/o Theater an der Wien, Lehárgasse 5, A-1060 Wien, oder c/o Agentur Baumbauer, Keplerstraße 2, 8000 München 80.

Geb. 6. 7. 1942 als Tochter des Theaterintendanten Hermann Wedekind und einer Schauspielerin in Berlin; nach der Schule nahm sie Schauspielunterricht bei ihren Eltern. Ihr erstes Engagement erhielt sie am Badischen Staatstheater Karlsruhe. Weitere Stationen: Pfalztheater Kaiserslautern, Theater Baden-Baden, Basler Theater und Theater am Neumarkt Zürich. Sie machte zahlreiche Tourneen (jeweils Rollen ihres Fachs – jugendliche Liebhaberin, dann Charakterfach – zuletzt Boulevard). Sie arbeitete umfangreich für den Hörfunk. Den Schwerpunkt ihrer Arbeit bildet seit vielen Jahren das Fernsehen. Frau Wedekind spricht engl., franz.; sie war verheiratet mit dem Autor Charly Niessen; seit acht Jahren lebt sie mit dem Schauspieler Hansjörg Felmy abwechselnd in Eching und Fahretoft.
Fernsehen: »Flucht nach Ägypten«; »Teure Freunde«; »U 2-Affäre«; »Der Idiot« (von Lehman nach Dostojewski), mit Gerd Baltus, Regie: Rolf von Sydow, 3 Teile, ARD 1968; »Rebellion der Verlorenen« (nach Jaeger), Regie: Fritz Umgelter, 3 Teile, ARD 1969; »Unternehmer«; »Münchner Räterepublik«; »Der Kommissar«, mit Erik Ode, Serie, ZDF 1973; »Tatort«, Regie: Wolfgang Staudte (1977) und Theo Mezger (1977 und 1982), Serie, 3 Folgen, ARD 1977–1982; »Der Eimer und die Mona Lisa«, mit Hans Korte, ZDF 1983; »Leute wie du und ich«, mit Harald Juhnke, Serie, ZDF 1984; »Laufen, leiden, länger leben«, Regie: Helmut Christian Görlitz, ARD 1985; »Quadrille« (nach Coward), Regie: Franz Josef Wild, ARD 1986; »Es muß nicht immer Mord sein«, Regie: Michael Mackenroth, Serie, ZDF 1986.
Anschrift: c/o Agentur Lentz, Holbeinstraße 4, 8000 München 80.

Rüdiger Weigang

Geb. 25. 6. 1942 in Saarbrücken; dort aufgew.; er besuchte ein Saarbrücker Gymnasium bis zur Obersekunda; Schauspielunterricht nahm er bei Axel Ivers am Konservatorium Wiesbaden. Seine Bühnenstationen: Zimmertheater Tübingen (1964–1968), Nationaltheater Mannheim (1970–1974) und Badisches Staatstheater Karlsruhe (1974–1978). Seither gastierte er u.a. bei den Festspielen in Herrenhausen (1978), Schwäbisch Hall (1978), Bad Hersfeld (1982) und Ettlingen (seit 1979).
Seinen bislang größten TV-Erfolg hatte er als Eduard in Edgar Reitz' elfteiliger Familien-Chronik »Heimat«. Die Produktion, die als 16-Stunden-Fassung auch im Kino lief, erhielt zahlreiche nationale und internationale Auszeichnungen.
Weigang spricht engl., franz., ital.; er ist verheiratet, hat einen Sohn (Florian) und lebt in Lippstadt.
Theater: In Spewack/Porters »Kiss me, Kate«, in Grabbes »Scherz, Satire, Ironie und tiefere Bedeutung«, in Kings »Lauf' doch nicht immer weg«, in Jonsons »Volpone«, Riccaut de la Marlinière in Lessings »Minna von Barnhelm«, Hortensio in Shakespeares »Der Widerspenstigen Zähmung«, Narr in Shakespeares »Was ihr wollt«, Marquis von Torcy in Scribes »Das Glas Wasser«, Flaut und Thisbe in Shakespeares »Ein Sommernachtstraum«, Basilio in Beaumarchais' »Der tolle Tag oder Figaros Hochzeit«, Schleewein in Shakespeares »Viel Lärm um nichts«, Dünner Vetter in Hofmannsthals »Jedermann«, Graf von Strack in Shaffers »Amadeus« und Kriegsrat von Questenberg in Schillers »Wallenstein«, jeweils an den vorgenannten Bühnen bis 1985.
Fernsehen: »Tatort«, Serie, 3 Folgen, ARD 1977–1980; »Tote reisen nicht umsonst« (von Thiemt/Schreeb), ARD; »Blut und Ehre: Jugend unter Hitler« (von Kissel), und »Goldene Zeiten«, Regie: Michael Braun, Serie, ARD 1981; »Gastspiel-Direktion Gold«, Serie, ARD 1982; »Ein Vogel vom anderen Stern«, ARD 1983; Eduard in »Heimat« (von Reitz/Steinbach), mit Marita Breuer, Hans-Jürgen Schatz, Michael Lesch, Willi Burger, Michael Kausch, Jörg Hube, Gudrun Landgrebe und Eva Maria Bayerswaltes, 11 Teile, ARD 1984.
Anschrift: c/o ZBF-Agentur Frankfurt, Feuerbachstraße 42–46, 6000 Frankfurt/Main.

Kurt Weinzierl

Geb. 15. 4. 1931 in Innsbruck; dort aufgew.; nach dem Krieg begann er eine kaufmännische Lehre und arbeitete als Statist am Landestheater Innsbruck; ab 1948 besuchte er die Schauspielschule am Mozarteum in Salzburg. Sein erstes Engagement erhielt er 1951 am Stadttheater St. Pölten. Die weiteren Bühnenstationen: Salzburger Festspiele (1951), Stadttheater Klagenfurt (1953–1957), Landestheater Salzburg (1957–1960), Städt. Bühnen Nürnberg (1960–1962), Landestheater Salzburg (1962–1964), Staatstheater Braunschweig (1964–1967) und Wuppertaler Bühnen (1967–1971). Zwischen 1971 und 1976 gab er Gastspiele u.a. an den Münchner Kammerspielen, am Theater in der Josefstadt Wien und an den Städt. Bühnen Frankfurt/Main.
Von 1976 bis 1981 gehörte er zum Ensemble der Münchner »Lach- und Schießgesellschaft«. Seither ist er freischaffend. Er wirkte u.a. beim Tiroler Volksschauspiel Hall (auch als künstl. Leiter), am neugeschaffenen Volkstheater München (seit 1983) und an den Vereinigten Bühnen Graz.
Weinzierl ist geschieden; er hat vier Töchter (Andrea, Barbara, die selbst Schauspielerin ist, Mirjam und Anabel). Die Tochter Anabel (geb. 1984) entstammt der Verbindung mit seiner Lebensgefährtin und Schauspielerkollegin Veronika Faber. Weinzierl lebt in München.
Film: »Kreutzer«, Regie: Klaus Emmerich, 1977; »Der Preis des Überlebens«, mit Michel Piccoli, Regie: Hans Noever, 1979; »Mit mir nicht, du Knallkopf«, mit Beatrice Richter, Regie: May Spils, 1983; »Off road«, mit Iris Berben, Regie: Peter Welz, 1984; »Tiger-Frühling in Wien«, Regie: Peter Patzak, Österreich 1984; »Mama mia – nur keine Panik«, Regie: Dieter Pröttel, 1984; »Seitenstechen«, mit Mike Krüger, Regie: Dieter Pröttel, »Maria Ward«, mit Hannelore Elsner, Regie: Angelika Weber, Hausarzt in »Vergeßt Mozart«, Regie: Slavo Luther, und »Die Einsteiger«, mit Thomas Gottschalk und Mike Krüger, Regie: Siggi Götz, 1985.
Theater: Dennis in Shakespeares »Wie es euch gefällt«, Regie: Gustaf Gründgens, Salzburger Festspiele 1951; Titus Feuerfuchs in Nestroys »Der Talisman«, Städt. Bühnen Nürnberg 1961; Theodor in Hofmannsthals »Der Unbestechliche«, Titelrolle in Brechts »Schweyk im Zweiten Weltkrieg«, Melchior in Nestroys »Einen Jux will er sich machen« und Zettel in Shakespeares »Ein Sommernachtstraum«, jeweils Staatstheater Braunschweig 1964–1967; Vater in Karl Valentins »Der Firmling«, König in Gombrowicz' »Yvonne, Prinzessin von Burgund«, Regie: Peter Löscher, Sylvester in Zadeks »Der Pott« (nach O'Casey), Max in Schnitzlers »Anatol« und Robert in Camolettis »Boeing – Boeing«, jeweils Wuppertaler Bühnen 1967–1971; Telegin in Tschechows »Onkel Wanja«, mit Therese Giehse, Regie: Erwin Axer, Münchner Kammerspiele 1971; Narr in Shakespeares »Was ihr wollt«, in Giraudoux' »Amphitryon 38«, in Molnárs »Olympia« und in Molières »Die Schule der Frauen«, jeweils Tournee 1971–1976; in Ortons »Rowdy auf der Treppe«, Regie: Axel Corti, Theater in der Josefstadt Wien, und Roche in Rudrins »Vor der Nacht«, Regie: Peter Löscher, Städt. Bühnen Frankfurt/Main 1974–1976. Einige Programme der Münchner »Lach- und Schießgesellschaft« von 1976–1981 (viele auch auf Tournee und TV): »Rosa-Pleiten«, »Im Namen der Direktion«, »Im Jahre 9«, »Deutsch für Anfänger« und »High-Land«. Von 1980/81 bis 1985 war Weinzierl mit dem Solo-Abend »Der Herr Karl – Lebenserwartungen« und dem Duo-Abend (zusammen mit Veronika Faber) »1 : 1« auf Tournee und im Theater im Marstall München zu sehen, 1985 in »Wunschkonzert für Herrn Karl«; zudem: Totengräber in Kranewitters »Totentanz«, Tiroler Volksschauspiel Hall 1981; Gerichtsrat Walter in Kleists »Der zerbrochene Krug«, mit Gustl Bayrhammer, Regie: Wolfgang Gropper, Volkstheater München 1984.
Fernsehen: Kötznickel in »Das Nachfolge-Christi-Spiel« (nach Mell), ORF 1966; Picard in »Ist er gut? Ist er böse?« (nach Diderot), ARD 1967; Titelrolle in »Der Fall Jägerstätter« (nach Andics), ZDF 1971; SS-Sturmbannführer Mertz in »Eigentlich hatte ich Angst« (von Mansfeld), ZDF 1973; Schmidramsl in »Münchnerinnen« (nach Thoma), und Andreas Hofer in »Ach Himmel, es ist verspielt« (nach Pluch), ZDF 1975; »Jakob der Letzte«, Regie: Axel Corti, ZDF 1976; »Der Bauer und der Millionär« (nach Pevny/Turrini), Regie: Axel Corti, ARD 1977; Frankie in »Drei Mann auf einem Pferd« (nach Abbott), und

»Besondere Merkmale« (eigene Personality-Show), ORF 1978; »Ein echter Wiener geht nicht unter«, Serie, und »Weinzierl-Solo«, ORF 1979; »Es begann bei Tiffany«, Regie: Wolfgang Becker, ARD 1979; »Derrick«, Serie, und »Feuer!«, ZDF 1980; »Berlin Alexanderplatz« (nach Döblin), mit Günter Lamprecht, Regie: Rainer Werner Fassbinder, ARD 1980; »Szenen: Solo für einen Schauspieler«, ORF 1981; »Musik auf dem Lande« (von Oliver Storz), ZDF 1981; Titelrolle in »Beruf: Weihnachtsmann«, Regie: Ernst Lauscher, ARD 1981; »Die fünfte Jahreszeit«, Regie: Franz Josef Gottlieb, 9 Folgen, ARD 1982; »Die Bekenntnisse des Hochstaplers Felix Krull« (nach Thomas Mann), mit John Moulder-Brown, Regie: Bernhard Sinkel, ZDF 1982; Polizeipräsident Pilch und Staatspolizist R. Bauer in »Kottan ermittelt«, Regie: Peter Patzak, Serie, ORF/ZDF 1983/84; »Freitag's Abend«, mit Thomas Freitag, Serie, ARD 1985; »Sterne fallen nicht vom Himmel«, Regie: Ulrich Stark, und »Die Enthüllung« (nach Brandstetter), Regie: Georg Madeja, ORF 1985; »Die Orgel« (von Maximilian Lamprecht), mit Hans Christian Blech, Regie: Gero Erhardt, ZDF 1985.

Anschrift: c/o Agentur Baumbauer, Keplerstraße 2, 8000 München 80.

Heidelinde Weis

Geb. 17. 9. 1940 als Tochter eines kaufmännischen Angestellten in Villach/Kärnten; dort aufgew.; sie besuchte eine Handelsschule. Mit 14 Jahren spielte sie die Titelrolle in »Hans im Glück« bei der Österreichischen Schulbühne. Von 1957 bis 1959 absolvierte sie das Wiener Max-Reinhardt-Seminar. Bereits während des ersten Semesters gab sie ihr Fernsehdebüt als Tochter in der beliebten ORF-Serie »Familie Leitner«. Ihre Bühnenstationen: Theater in der Josefstadt Wien (1959/60), Tourneen mit der Schaubühne unter Hellmuth Duna (seit 1960), Theater am Kurfürstendamm Berlin (seit 1962), Gastspiele in Hamburg und Düsseldorf, Kleine Komödie München (1968/69), T(h)eater in der Briennerstraße München unter Hellmuth Duna (bis 1981).

Ihr Filmdebüt gab sie 1960 neben Hans Söhnker in dem Film »Ich heirate Herrn Direktor«; seither wirkte sie in über 70 Spiel- und TV-Filmen mit. Als Autorin und Sängerin war sie an bislang drei Langspielplatten beteiligt. 1983 präsentierte sie in der Münchner »Lach- und Schießgesellschaft« ihr Soloprogramm mit Liedern »Über die Liebe, oder was man dafür hält«. Die 27 vorgetragenen Lieder textete sie zusammen mit ihrem Bruder Günther Weis.

Frau Weis spricht engl., franz.; sie ist seit 1960 verheiratet mit dem Theaterleiter Hellmuth Duna und lebt in München.

Film: »Ich heirate Herrn Direktor«, mit Hans Söhnker, 1960; »Die Tote von Beverly Hills« (nach Goetz), Regie: Michael Pfleghar, 1961; »Verdammt zur Sünde« und »Erzähl' mir nichts«, 1962; Cora in »Lausbubengeschichten« (nach Thoma), mit Hansi Kraus, Regie: Helmut Käutner, 1964; »Mädchen hinter Gittern« und »Sonate für zwei Spione«, 1965; »Tante Frieda – Neue Lausbubengeschichten«, mit Elisabeth Flickenschildt, 1966; »Rheinsberg«, mit Cornelia Froboess und Werner Hinz, 1967; »Der Lügner und die Nonne« (nach Goetz), 1968; »Bekenntnisse eines möblierten Fräuleins«, 1969.

Theater: In Popplewells »Brave Diebe« (Debüt), Isabella in Shakespeares »Maß für Maß« (auch TV), Olivia in Shakespeares »Was ihr wollt« (auch TV) und Julia in »Zwei Herren aus Verona« (auch TV), in Beaumarchais' »Der tolle Tag oder Figaros Hochzeit«, Sophie in Wiemanns »General Quichotte«, in Anouilhs »Der Herr Ornifle«, in Tolstois »Die Macht der Finsternis«, in Sagans »Das ohnmächtige Pferd«, in »Jean der Träumer«, in Scribes »Ein Glas Wasser«, in Knotts »Warte, bis es dunkel wird«, in »Nächstes Jahr, gleiche Zeit«, in Hamiltons »Gaslicht« und Alkmene in Hacks' »Amphitryon«, jeweils an den vorgenannten Bühnen und auf Tournee bis 1984. Besonderen Erfolg hatte sie in der Titelrolle von Anouilhs »Colombe«, die sie an zahlreichen Bühnen verkörperte.

Fernsehen: »Antigone« (nach Anouilh), ARD 1965, »Othello« (nach Shakespeare), ZDF 1968, und »Die Marquise von B.« (von Asmodi), 2 Teile, ZDF 1970, Regie: jeweils Franz Peter Wirth; »Die Geschichte von Vasco« (nach Schéhadé), Regie: Heinz Schirk, ZDF 1968; »Dorf ohne Männer« (nach Horváth), mit Rolf Boysen und Peter Weck, Regie: Michael Kehlmann, ARD 1969; Titelrolle in »Die Frau in Weiß« (von Asmodi nach Collins), mit Christoph Bantzer, Eva Christian und Helmut Käutner, Regie: Wilhelm Semmelroth, 3 Teile, ARD 1971; »Dem Täter auf der Spur«, Regie: Jürgen Roland, Serie, ARD 1972; »Diamantenparty«, ZDF 1972; »Mary, Mary« (nach Kerr), ARD 1973; »Klimbim«, Regie: Michael Pfleghar, Serie, ARD 1975; »Der Alte«, Serie, 2 Folgen, ZDF 1977 + 1985; Titelrolle in »Colombe« (nach Anouilh), Regie: Heinz Wilhelm Schwarz, ARD 1981; Großfürstin in »Die Gerechten« (nach Camus), Regie: Frank Guthke, ZDF 1981; »Derrick«, Serie, ZDF 1982; »Die Erbin« (nach Henry James), Regie: Franz Josef Wild, ARD 1982; »Funkeln im Auge« (Heidelinde-Weis-Special von Herbert Reinecker), Regie: Wolfgang Becker, »Abgehört« (von Ustinov), mit Götz George und Peter Ustinov, Regie: Rolf von Sydow, »Morgengrauen« (aus der Serie »Ein Fall für zwei«), mit Günter Strack und Claus Theo Gärtner, Regie: Michael Mackenroth, 3 Teile, »Geld oder Leben« (2. Heidelinde-Weis-Special), Regie: Franz Peter Wirth, und »Peter Alexander: Wir gratulieren«, ZDF 1984; Gast in Joachim Fuchsbergers Talkshow »Heut' abend«, ARD 1985; »In Amt und Würden« (»Wolfgang-Kieling-Special«), Regie: Rolf von Sydow, ZDF 1985; Ärztin in »Die Schwarzwaldklinik«, mit Klausjürgen Wussow, Regie: Alfred Vohrer, Serie, ZDF 1985/86; »Quadrille« (nach Coward), Regie: Franz Josef Wild,

ARD 1986. Zudem spielte sie u.a. in: »Der Geisterzug«, mit Harald Leipnitz, »Der seidene Schuh« (nach Claudel) sowie die Titelrolle in der 26teiligen Serie »Meine Frau Susanne«.
Auszeichnungen: »Goldener Bildschirm« (TV-Hören und Sehen); »Deutscher Schallplattenpreis« 1976; »Goldene Kamera« (HÖRZU), 1977.
Anschrift: c/o Agentur Alexander, Lamontstraße 9, 8000 München 80.

Antje Weisgerber

Geb. 17.5.1921 als Tochter eines Oberlandwirtschaftsrats in Königsberg; dort aufgew.; nach dem Besuch des Königsberger Lyzeums (Primareife) absolvierte sie die Staatl. Schauspielschule Berlin. 1942 debütierte sie am Preußischen Staatstheater Berlin unter Gustaf Gründgens. Weitere Stationen: Münchner Kammerspiele, Burgtheater Wien (1943–1945), Deutsches Theater Berlin (1946–1950), Schauspielhaus Düsseldorf unter Gustaf Gründgens (1951–1955), Deutsches Schauspielhaus Hamburg unter Gustaf Gründgens (ab 1955), Salzburger Festspiele, Festspiele Bad Hersfeld, Ruhrfestspiele Recklinghausen und Staatl. Schauspielbühnen Berlins (bis 1985). Sie machte mehrere Tourneen.

Frau Weisgerber spricht engl., franz.; 1941 heiratete sie den Bühnen- und Filmschauspieler Horst Caspar (geb. 12.1.1913 – verst. 27.12.1952), der u.a. als »Torquato Tasso« auf der Bühne und als »Friedrich Schiller« in Herbert Maischs Film (1940) glänzte. Der Ehe entstammen die beiden Kinder Frank und Renate. Kurz nachdem Horst Caspar an den Spätfolgen einer Tuberkulose verstorben war (1952), fand auch ihr Sohn Frank den Tod. Die Künstlerin ist geschieden, hat eine weitere Tochter und lebt in Berlin.

Film: »Zwei Welten«, Regie: Gustaf Gründgens (dessen Regiedebüt), 1940; »Föhn«, Regie: Rolf Hansen, »Das doppelte Lottchen« (nach Kästner), Regie: Josef von Baky, 1950; »Die Stärkere«, 1953; »Rittmeister Wronski«, mit Willy Birgel, Regie: Ulrich Erfurth, 1954; »Du bist die Richtige«, »Vor Gott und den Menschen«, mit Viktor de Kowa, Regie: Erich Engel, »San Salvatore«, »Oberarzt Dr. Solm«, »Die Frau des Botschafters«, 1955; »Heidemelodie«, 1956; »Der Mann, der sich verkaufte«, Regie: Josef von Baky, und »Lampenfieber«, 1959; »Der Ölprinz« (nach Karl May), mit Stewart Granger und Pierre Brice, Regie: Harald Philipp, BRD/Jugoslawien 1965.

Theater: Gretchen in Goethes »Urfaust«, Regie: Otto Falckenberg, Münchner Kammerspiele 1941; Julia in Shakespeares »Romeo und Julia«, mit Horst Caspar, Regie: Willi Schmidt, Titelrolle in Schillers »Die Jungfrau von Orleans«, Titelrolle in Goethes »Iphigenie auf Tauris«, Luise in Schillers »Kabale und Liebe«, Eve in Kleists »Der zerbrochene Krug«, Titelrolle in Kleists »Das Käthchen von Heilbronn«, Cordelia in Shakespeares »König Lear«, Gretchen in Goethes »Faust«, Regie: Gustaf Gründgens (in Düsseldorf, Hamburg, New York und bei den Salzburger Festspielen), Doña Proëza in Claudels »Der seidene Schuh«, Helena in Goethes »Faust II«, Regie: Gustaf Gründgens, Titelrolle in Lessings »Minna von Barnhelm« (auf Welttournee mit dem Wiener Burgtheater 1968 in Kanada, Australien und Neuseeland), in Williams' »Die Glasmenagerie« (1985), jeweils an den vorgenannten Bühnen.

Fernsehen: »Waldhausstraße«, Regie: John Olden, ARD 1960; Kriemhild in »Die Nibelungen«; Mariamne in »Herodes und Mariamne« (nach Hebbel); »Gyges und sein Ring« (nach Hebbel); »Basil Zaharoff«; »Das Gesicht an der Wand«, mit Ivan Desny, Regie: Dieter Finnern, ARD 1983.

Auszeichnung: »Großer Bad-Hersfeld-Preis«.

Anschrift: c/o Agentur von Pilecki, Eilandstraße 12, 8000 München 90.

Heinz Weiss

Geb. 12. 6. 1921 in Stuttgart; dort aufgew.; nach dem Wirtschaftsabitur 1940 nahm er Schauspielunterricht bei Kurt Junker am Württembergischen Staatstheater Stuttgart. Von 1940 bis 1945 war er zum Kriegsdienst eingezogen. 1946/47 begann er am Neuen Theater Stuttgart. Weitere Bühnenstationen: Städt. Bühnen Osnabrück (1947/48), Junges Theater Stuttgart (1948/49), Städt. Bühnen Augsburg (1949–1952), Städt. Bühnen Essen (1952–1956), Städt. Bühnen Frankfurt/Main (1956, als Gast) und Städt. Bühnen Nürnberg-Fürth (1956–1958). Seither ist er freischaffend. Er machte Tourneen; den Schwerpunkt seiner Arbeit bildet seit 1958 das Fernsehen, wo er in über 100 Produktionen mitwirkte. Weiss spricht engl., ital., franz.; er ist verheiratet mit der ehemaligen Tänzerin Elfriede Willer, hat eine Tochter (Caroline) und lebt in Grünwald bei München.

Film: »Strafbataillon 999« (nach Konsalik), »Division Brandenburg«, 1960; »Der grüne Bogenschütze« (nach Wallace), 1963; »Gesprengte Ketten«, mit Steve McQueen und Charles Bronson, Regie: John Sturges, USA 1963; »Mordnacht in Manhattan«, mit George Nader, Regie: Harald Philipp, 1965; Phil Decker in »Jerry Cotton«, Regie: Harald Reinl (8 Filme), 1965–1969; »Dynamit in grüner Seide«, Regie: Harald Reinl, BRD/Italien 1967; Jonathan Leverkühn in »Doktor Faustus« (nach Thomas Mann), mit John Finch und André Heller, Regie: Franz Seitz, 1982; »The little Drummer Girl«, USA/BRD 1983.

Theater: Tempelherr in Lessings »Nathan der Weise«, Julien in Anouilhs »Colombe«, Tellheim in Lessings »Minna von Barnhelm«, Franziskus in Schneiders »Innozenz und Franziskus«, Schweizer in Schillers »Die Räuber«, Der Heutige in Frischs »Die chinesische Mauer«, Ritter Hans in Giraudoux' »Undine«, Benedikt in Shakespeares »Viel Lärm um nichts«, Flieger in Brechts »Der gute Mensch von Sezuan« und Jason in Jeffers' »Medea«, jeweils an den vorgenannten Bühnen 1948–1958.

Fernsehen: »Soweit die Füße tragen« (nach Bauer), 6 Teile, ARD 1958/59; Titelrolle in »Der Mann, der Donnerstag war« (nach Chesterton), ARD 1960; »Die Journalisten« (nach Freytag), ARD 1961; »Sonderurlaub« (von Oelschlegel), ZDF 1962; »Freundschaftsspiel« (von Meichsner), Regie: Fritz Umgelter, und »Dumala« (nach du Frênes), ARD 1962; Titelrolle in »Bewährungshelfer Berger«, Serie, und »Die Truhe« (nach Liggat/Reeve-Jones), ARD 1963; Der Kapitän in »Flug in Gefahr« (nach Hailey), mit Hanns Lothar und Ingmar Zeisberg, Regie: Theo Mezger, »Das Abschiedsgeschenk« (nach Rattigan), ARD 1964; »Fall erledigt«, ARD 1965; »Der Fall der Generale« (nach Andics), ZDF 1966; »Begründung eines Urteils« (von Menge), ARD 1966; Helfferich in »In Sachen Erzberger gegen Helfferich« (von Eggebrecht/Stolten), Titelrolle in »Sir Roger Casement« (nach Andics/Murawski), 2 Teile, ZDF 1967; »Der verratene Widerstand« (nach Wiese), ZDF 1968; »Die Schlacht bei Lobositz« (nach Hacks), Regie: Franz Peter Wirth, ARD 1968; »Nennen Sie mich Alex« (von Saemann), »Zaharoff – Der Makler des Todes«, ZDF 1969; Friedrich III. in »Der Tod des Kaisers«, Karel in »Wie eine Träne im Ozean« (nach Sperber), mit Herbert Stass und Martin Lüttge, Regie: Fritz Umgelter, 3 Teile, ARD 1969; »Claus Graf Stauffenberg«, ZDF 1972; »Preußen über alles«, ARD 1973; »Generale« (von Sebastian Haffner), ZDF 1977; »Tatort«, Regie: Fritz Umgelter, Serie, ARD 1977; »Die Kur«, Regie: Frank Strecker, Serie, ARD 1978; »Tatort«, Regie: Theo Mezger, Serie, ARD 1979; »Verwirrung der Gefühle« (nach Stefan Zweig), mit Michel Piccoli und Gila von Weitershausen, Regie: Etienne Périer, und »Im Schlaraffenland« (nach Heinrich Mann), Regie: Fritz Umgelter, ZDF 1981; »Gefährliches Spiel«, Regie: Theo Mezger, ARD 1983; Kapitän in »Das Traumschiff«, mit Heide Keller und Sascha Hehn, Regie: Alfred Vohrer, Serie, 6 Teile, ZDF 1983/84; Titelrolle in »Gottfried Daimler«, ARD 1984; »Peter Alexander: Wir gratulieren«, ZDF 1984; »Entscheidung am Kap Horn«, mit Julie Christie und Jacques Perrin, Regie: Christian de Chalonge, 3 Teile, ARD 1984; »Der Stadtbrand«, Buch und Regie: Oliver Storz, ZDF 1985.

Anschrift: c/o ZBF-Agentur München, Leopoldstraße 19, 8000 München 40, oder Roßkopfstraße 10, 8022 Grünwald.

Herbert Weißbach

Geb. 12. 11. 1901 als Sohn eines Oberingenieurs in Bernburg; nach dem Besuch der Oberrealschule nahm er privaten Schauspielunterricht. Seine ersten Bühnenstationen: Staatstheater Leipzig, Barnowsky-Bühnen Berlin, Central-Theater Dresden, Nationaltheater Mannheim und Württembergisches Staatstheater Stuttgart (1921–1934). Mit Richard Tauber gab er Gastspiele in Den Haag, Amsterdam, London und Paris. In Berlin gehörte er verschiedenen Bühnen (Hebbel-Theater, Komödie) und Kabaretts (»Ulenspiegel«) an.
Als freier Schauspieler arbeitet er seit über zehn Jahren fast ausschließlich unter dem Regisseur Rudolf Noelte (u.a. in Ibsens »Nora«, mit Cordula Trantow, und in Ibsens »Die Wildente«, mit Werner Kreindl, an der Freien Volksbühne Berlin, in Hauptmanns »Michael Kramer«, mit Will Quadflieg, am Thalia-Theater Hamburg, und in Hauptmanns »Schluck und Jau«, mit Hans-Dieter Zeidler, an den Bühnen der Stadt Bonn, bis 1985).
Sein Filmdebüt gab er 1935 in »Stradivari«. Insgesamt wirkte er in über 170 Produktionen mit, meist in profilierten Nebenrollen. Im Fernsehen war er häufig in Komödien und Schwänken zu sehen vor allem auch aus dem Millowitsch-Theater Köln.
Weißbach ist geschieden, hat eine Tochter und lebt in Berlin.
Film: »Stradivari«, »April, April«, »Die letzte Fahrt der Santa Margareta«, »Eine Seefahrt, die ist lustig«, »Sie und die Drei«, und »IA in Oberbayern«, 1935; »Die Abenteuer von Paris«, »Der lachende Dritte« und »Befehl ist Befehl«, 1936; »Urlaub auf Ehrenwort«, Regie: Karl Ritter, 1937; »Pour le mérite«, Regie: Karl Ritter, »Fahrendes Volk«, mit Hans Albers, Regie: Jacques Feyder, »Capriccio«, »Ich liebe Dich« und »Du und Ich«, 1938; »Umwege zum Glück«, »Verdacht auf Ursula«, »Sensationsprozeß Casilla« und »Drunter und drüber«, 1939; »Angelika«, »Bal paré«, mit Ilse Werner, Regie: Karl Ritter, »Die Rothschilds«, »Zwischen Hamburg und Haiti«, »Weltrekord im Seitensprung«, »Der dunkle Punkt« und »Wie konntest Du, Veronika?«, 1940; »Frau Luna« (nach Lincke), mit Lizzi Waldmüller, Regie: Theo Lingen, »Tanz mit dem Kaiser«, Regie: Georg Jacoby, »Alles für Gloria«, »Immer nur Du«, mit Johannes Heesters, Regie: Karl Anton, »Frauen sind doch bessere Diplomaten«, mit Marika Rökk, Regie: Georg Jacoby, und »U-Boote westwärts«, 1941; »Romanze in Moll«, mit Paul Dahlke, Regie: Helmut Käutner, »Alles aus Liebe«, »Leichtes Blut« und »Germanin«, 1943; »Ich hab' von Dir geträumt«, 1944; »Verlobte Leute«, 1945; »Der große Mandarin«, »Beate«, »Berliner Ballade«, »Unser Mittwochabend« und »Vor uns liegt das Leben«, 1948; »Unser täglich Brot«, Regie: Slatan Dudow, DEFA 1951; »Man spielt nicht mit der Liebe«, »Pikanterie«, »Königin einer Nacht« und »Der bunte Traum«, 1951; »Der Onkel aus Amerika« und »Postlagernd Turteltaube«, 1952; »Der Raub der Sabinerinnen« (nach Schönthan), Regie: Kurt Hoffman, »Knall und Fall als Detektive«, »Die geschiedene Frau« und »Die Prinzessin und der Schweinehirt«, 1954; »Struwwelpeter«, »Heldentum nach Ladenschluß«, »Ina, Peter und die Rasselbande«, »Aschenputtel«, »Das Sandmännchen«, »Sohn ohne Heimat«, »Roman einer Siebzehnjährigen«, »Drei Mädels vom Rhein« und »Urlaub auf Ehrenwort«, 1955; »Beichtgeheimnis«, »Çiske – Ein Kind braucht Liebe«, mit Berta Drews, »Ein Mädchen aus Flandern«, Regie: Helmut Käutner, »Du bist Musik«, »Schwarzwald-Melodie« und »Ein Mann muß nicht schön sein«, 1956; »Ferien auf Immenhof«, mit Paul Klinger, Heidi Brühl und Margarete Haagen, Regie: Hermann Leitner, »Kalle wird Bürgermeister«, »Der tolle Bomberg«, Regie: Rolf Thiele, »Jede Nacht in einem anderen Bett«, »Das haut hin«, »Das einfache Mädchen«, »Schön ist die Welt« und »Der Graf von Luxemburg« (nach Lehár), 1957; »Piefke, der Schrekken der Kompanie«, 1958; »Peter schießt den Vogel ab«, »Am Tag, als der Regen kam«, Regie: Gerd Oswald, und »Und das am Montagmorgen«, 1959; »Das Glas Wasser« (nach Scribe), Regie: Helmut Käutner, 1960; »Die Ehe des Herrn Mississippi« (nach Dürrenmatt), und »Bankraub in der Rue Latour«, mit und unter der Regie von Curd Jürgens, 1961; »Unser Willi ist der beste«, mit Heinz Erhardt, Regie: Werner Jacobs, 1971; »Aufwind«, Regie: Rudolf Steiner, 1978; »Otto – Der Film«, mit Otto Waalkes, Regie: Otto Waalkes und Xaver Schwarzenberger, 1985.

Fernsehen: Neben Übertragungen aus dem Millowitsch-Theater in Köln (u.a. »Die spanische Fliege« und »Weekend im Paradies«, jeweils nach Arnold/Bach, »Der Raub der Sabinerinnen«, nach Schönthan) spielte er u.a. in: »Löwe gesucht«, »Vier gegen die Bank von England«, »Tommy Tulpe«, »Halsbandaffaire« und »Ein ehrenwerter Herr«, jeweils ARD/ZDF bis 1973; »Stunde Null«, Regie: Edgar Reitz, ARD 1977; »Karschunke & Sohn«, Regie: Imo Moszkowicz, 6 Teile, ARD 1978; Opa in »Der Papagei auf Reisen«, Regie: Kurt Noack, 3 Teile, ARD 1980; »Beate und Mareile« (nach Keyserling), Regie: Hajo Gies, ZDF 1981.
Anschrift: Johann-Georg-Straße 2, 1000 Berlin 31.

Gila von Weitershausen

Geb. 21. 3. 1944 als Urenkelin des ehem. Reichskanzlers Graf Hertling in Trebnitz bei Breslau; nach der Schule nahm sie Schauspielunterricht in München. Ihre erste Filmrolle bekam sie 1964 in dem Episodenfilm »Hütet Eure Töchter«; entdeckt wurde sie jedoch von Rob Houwer für seinen Film »24 Bilder« 1965.

Aufsehen erregte sie in der Titelrolle des für damalige Verhältnisse freizügigen Spielfilms »Engelchen oder Die Jungfrau von Bamberg« (Regie: Marran Gosov). Für diese Rolle war eigentlich Sabine Sinjen vorgesehen, sie mußte jedoch wegen Krankheit absagen.

Seit 1970 wirkt Frau Weitershausen umfangreich beim Fernsehen. 1976 absolvierte sie eine Filmschule in Los Angeles, USA.

Frau Weitershausen spricht engl., franz.; sie ist geschieden von dem Schauspieler Martin Lüttge, hat einen Sohn (Manuel, aus der Verbindung mit dem Regisseur Louis Malle) und lebt in München.

Film: »Hütet Eure Töchter«, Regie: Reinhard Hauff, 1964; »24 Bilder«, Regie: Rob Houwer, 1965; »Herrliche Zeiten im Spessart«, Regie: Kurt Hoffmann, 1967; Titelrolle in »Engelchen oder Die Jungfrau von Bamberg«, Regie: Marran Gosov, und »Samtpfötchen dreht sein letztes Ding«, 1968; »Engelchen macht weiter – hoppe-hoppe Reiter«, Regie: Michael Verhoeven, »Ohrfeigen«, mit Curd Jürgens, Regie: Rolf Thiele, 1969; »Der Bettelstudent oder Was mach' ich mit den Mädchen?«, Regie: Michael Verhoeven, »Nicht fummeln, Liebling«, Regie: May Spils, 1970; »Herzflimmern«, Regie: Louis Malle, Frankreich/Italien/BRD 1970; »Der Fußgänger«, Regie: Maximilian Schell, 1973; »Als Mutter streikte«, Regie: Eberhard Schröder, 1974; »Valentin oder Die Freuden der Liebe«, Regie: Jean L'Hote, Frankreich/BRD 1974; »Das Einhorn« (nach Walser), Regie: Peter Patzak, 1978; »Die Fälschung«, mit Hanna Schygulla, Regie: Volker Schlöndorff, 1981; »Brandmale«, Regie: George Moorse, 1983.

Fernsehen: »Die Tochter des Brunnenmachers« (nach Pagnol), Regie: Hans Dieter Schwarze, ARD 1965; »11 Uhr 20« (von Reinecker), mit Joachim Fuchsberger, Regie: Wolfgang Becker, 3 Teile, ZDF 1970; »Feinde fürs Leben«, ARD 1973; »Das Ende der Beherrschung«, Regie: Gabi Kubach, ARD 1977; »Schwarz und weiß wie Tage und Nächte«, Regie: Wolfgang Petersen, ARD 1978; »Erzählung eines Unbekannten« (nach Tschechow), Regie: Peter Vogel, ARD 1979; »Sonnenpferde«, mit Maurice Barrier, 12 Teile, franz. TV 1980; »Verwirrung der Gefühle« (nach Stefan Zweig), mit Michel Piccoli, Regie: Etienne Périer, und »Karriere zu zweit«, ZDF 1981; »Blut und Ehre: Jugend unter Hitler«, Regie: Bernd Fischerauer, 4 Teile, ARD 1982; »Der Alte«, Serie, 4 Folgen, ZDF 1982–1985; »Derrick«, Serie, 2 Folgen, ZDF 1983 und 1984; »Die ewigen Gefühle« (nach Bernard von Brentano), mit Michael Degen, Regie: Peter Beauvais, »Entscheidung am Kap Horn«, Regie: Christian de Chalonge, 3 Teile, ARD 1984; »Patrik Pacard«, mit Peter Bongartz, Karl-Michael Vogler und Knut Hinz, Regie: Gero Erhardt, 6 Teile, ZDF 1984/85; »Ich knüpfte manche zarte Bande«, mit Johannes Heesters, Regie: Rolf von Sydow, ORF 1985; »Der Offizier und die Puppe« (nach D.H. Lawrence), mit Jeremy Irons, Regie: Claude Whatham (BBC 1983), und »Bitte nicht stören« (nach Spark), Regie: Peter Wood, ARD 1985. Ferner wirkte sie in zahlreichen TV-Shows mit, u.a. in der »Rudi-Carrell-Show« und dem »Münchner Bilderbogen«.

Auszeichnungen: »Bundesfilmpreis« 1968; »Otto« (BRAVO) 1970 und 1971.

Anschrift: c/o Agentur Alexander, Lamontstraße 9, 8000 München 80.

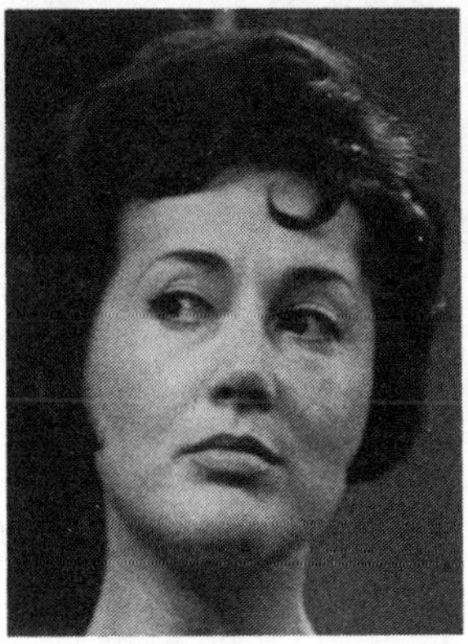

Senta Wengraf

Geb. 10. 5. 1924 als Tochter eines Versicherungsdirektors in Wien; dort aufgew.; nach dem Besuch des Gymnasiums und der Schauspielschule debütierte sie 1946 am Wiener Volkstheater. Weitere Stationen: Burgtheater Wien, Nationaltheater Mannheim, Städt. Bühnen Frankfurt/Main, Schauspielhaus Düsseldorf, Theater in der Josefstadt Wien und Wiener Kammerspiele (bis 1985). Sie verkörperte jeweils Rollen ihres Fachs.
Ihr Filmdebüt gab sie 1947 in dem Streifen »Glaube an mich«. Sie wirkte umfangreich für den Hörfunk (»Rot-Weiß-Rot«) und arbeitet beim Fernsehen.
Frau Wengraf ist verheiratet und lebt in Wien.
Film: »Glaube an mich«, 1947; »Alles Lüge«, 1949; »Das Kind der Donau«, mit Marika Rökk, Regie: Georg Jacoby, »Das doppelte Lottchen«, und »Mein Freund Leopold«, mit Josef Meinrad, Regie: Alfred Stöger, 1950; »Frühlingsstimmen«, Regie: Rudolf Jugert, 1951; »Der Verschwender« (nach Raimund), mit Josef Meinrad, Regie: Leopold Hainisch, 1953, »Don Juan«, 1954; »Kaiserjäger«, »Gasparone« (nach Millöcker), Regie: Karl Paryla, und »Lügen haben hübsche Beine«, 1956; »Sissi – die junge Kaiserin« und »Sissi – Schicksalsjahre einer Kaiserin«, mit Romy Schneider, Magda Schneider, Karlheinz Böhm und Gustav Knuth, Regie: Ernst Marischka, 1956/57; »Skandal in Ischl«, mit O.W. Fischer, 1957; »Geständnis einer Sechzehnjährigen«, 1960.
Fernsehen: »Das Schweigen am Himmel« (nach Schnitzler); »Bei Kerzenlicht« (von Farkas); »Einfacher Doppelmord«; »Die Unverbesserlichen« (von Stromberger), mit Inge Meysel, Joseph Offenbach und Helga Anders, Regie: Claus Peter Witt, Serie, ARD 1965–1973; »Der Kurier der Kaiserin«, mit Klausjürgen Wussow, Serie, ZDF 1969; »Die Ausnahme«, Regie: Walter Davy, ARD 1978; »Ein idealer Gatte« (nach Wilde), Regie: Hans Jaray, ORF 1984; »Minister gesucht«, von und mit Fritz Eckhardt, ORF 1985 (auch Wiener Kammerspiele).
Anschrift: Kolingasse 19, A-1090 Wien, Österreich.

Wolfram Weniger

Geb. 15. 8. 1940 in Görlitz/Schlesien; nach der Oberschule besuchte er die Schauspielschule Hannover. Engagements hatte er u.a. am Theater Oberhausen, am Theater Baden-Baden und bei den Festspielen Würzburg (1984). Er arbeitete häufig für den Hörfunk. Weniger spricht engl.; er ist geschieden von der Schauspielerin Monika Hessenberg, hat eine Tochter und lebt in Frankfurt/Main.
Fernsehen: »Staatsexamen«; »Altersgenossen«; »Die blinden Ameisen«; »Selbstbezichtigung«; »Abiturienten«; »Flick-Flack«; jeweils ARD/ZDF bis 1973; »Eine egoistische Liebe« (von Ahlsen), Regie: Wolfgang Lebeneiner, ZDF 1973; »Cautio Criminalis oder Der Hexenanwalt« (von Lohmeyer), Regie: Hagen Müller-Stahl, ZDF 1974; »Das Fräulein von Scudéri (nach E.T.A. Hoffmann), ZDF 1976; Lüffel in »Die Teufelsbraut« (nach Kranewitter), mit Lil Dagover, Regie: Hans Dieter Schwarze, ARD 1977; »Ein unruhiges Jahr«, Regie: Kristian Kühn, ARD 1978; »Die Baronin«, Regie: Lutz Büscher, ZDF 1981; »Der Millionen-Coup«, mit Peter Bongartz, Regie: Wolfgang Storch, 2 Teile, ZDF 1984; »Tatort«, Serie, ARD 1985; »Es muß nicht immer Mord sein«, Regie: Kai Borsche, Serie, ZDF 1985.
Anschrift: c/o Agentur Köhler, Rümannstraße 51, 8000 München 40.

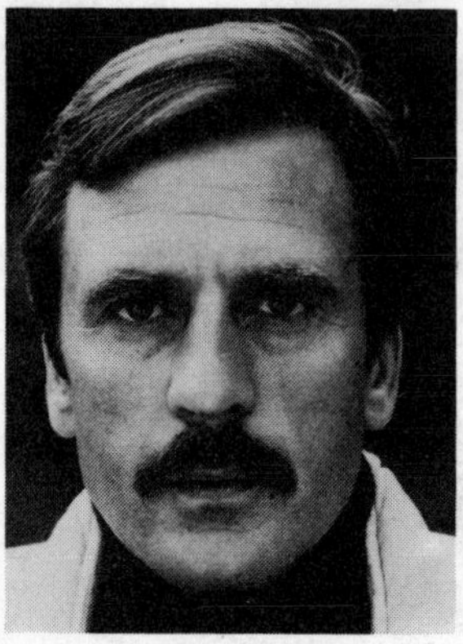

Klaus Wennemann

Geb. 18. 12. 1940 in Oer-Erkenschwick; im Ruhrgebiet bei Recklinghausen aufgew.; nach der mittleren Reife Besuch der Folkwang-Schule in Essen; er debütierte 1966 am Stadttheater Landshut/Niederbayern, wo er bis 1969 zum Ensemble gehörte; Engagements am Württembergischen Staatstheater Stuttgart (1969–1972) und an den Städt. Bühnen Frankfurt/Main (1972–1980) folgten; seit 1980 ist er freischaffend tätig; Gastspiele gab er bislang u.a. am Stadttheater in Aachen, bei den Bad Hersfelder Festspielen, bei den Ruhrfestspielen in Recklinghausen und an den Städt. Bühnen Bonn.

Wennemann ist verheiratet, hat zwei Kinder (Richard, geb. 1963, Volker, geb. 1967) und lebt in Frankfurt/Main.

Film: »Das Boot« (nach Buchheim), mit Jürgen Prochnow, Regie: Wolfgang Petersen, BRD/Frankreich 1981 (auch ARD 1985); »Die Macht der Gefühle«, Regie: Alexander Kluge, 1983; »Abwärts«, mit Götz George, Regie: Carl Schenkel, 1984.

Theater: Spiegelberg in Schillers »Die Räuber«, Stadttheater Landshut 1968; Schürzinger in Horváths »Kasimir und Karoline«, und Eilif in Brechts »Mutter Courage und ihre Kinder«, Regie: Peter Palitzsch, jeweils Württembergisches Staatstheater Stuttgart 1969–1972; Gleb in Heiner Müllers »Zement«, in Pinters »Der Hausmeister«, Rosskoh in Bruckners »Die Rassen«, Titelrolle in Sternheims »Bürger Schippel«, in Wedekinds »Frühlings Erwachen«, in Bonds »Die Hochzeit des Papstes«, Regie: Luc Bondy, und in Horváths »Die Unbekannte aus der Seine« (als Gast), jeweils Städt. Bühnen Frankfurt/Main 1972–1982; in Lasker-Schülers »Die Wupper«, Regie: Heinz Siede, Ruhrfestspiele Recklinghausen 1980; Goldberg in Pinters »Die Geburtstagsparty«, Regie: Peter Palitzsch, Städt. Bühnen Bonn 1984.

Fernsehen: »Das Verschwinden der Harmonie«, Regie: Ulrich Heising, ARD 1984; Titelrolle in »Der Fahnder«, Regie (u.a.): Dominik Graf, Helmut Christian Görlitz und Stephan Meyer, Serie, 52 Folgen ARD 1985/86; »Stromberg – Die letzte Nacht«, Regie: Werner Possardt, BR III 1985.

Auszeichnung: »Großer Bad-Hersfeld-Preis« 1968.

Anschrift: c/o ZBF-Agentur Frankfurt, Feuerbachstraße 42–46, 6000 Frankfurt/Main.

Elmar Wepper

Geb. 16. 4. 1944 als Sohn eines Juristen in Augsburg; aufgew. in München; durch seinen älteren Bruder Fritz Wepper, der schon als Schuljunge in Theateraufführungen und beim Hörfunk mitwirkte, bekam auch er Kontakt zu Rundfunk und Bühne. Als Vierzehnjähriger stand er erstmals auf der Bühne des Theaters Die Kleine Freiheit in München. Erste Synchronerfahrung sammelte er u.a. in der amerikanischen Kinderserie »Fury« (ARD). Nach dem Abitur an einem humanistischen Gymnasium und dem Studium von zehn Semestern Theaterwissenschaften widmete er sich wiederum der Synchronarbeit. Er ist u.a. die deutsche Stimme von Ryan O'Neal, Jon Voight und Dudley Moore.

Vor seiner umfangreichen Fernsehtätigkeit (1974) spielte er Theater u.a. an den Kammerspielen, am Bayerischen Staatsschauspiel und am Volkstheater in München.

Wepper spricht engl., franz.; er ist ledig, hat einen Sohn (Elmar, geb. 1979) und lebt in München.

Film: »Ein unheimlich starker Abgang«, Regie: Michael Verhoeven, 1974.

Fernsehen: Kriminalassistent (als Nachfolger seines Bruders Fritz Wepper) in »Der Kommissar« (von Herbert Reinecker), mit Erik Ode, Günther Schramm, Reinhard Glemnitz und Helma Seitz, Serie, 18 Folgen, ZDF 1974/75; »Die Leute von Feichtenreut« (von Burger), Regie: Franz Peter Wirth, ARD 1976; »Zeit zum Aufstehn« (nach August Kühn), Regie: Ludwig Cremer, 2 Teile, ZDF 1978; Polizist Helmut Heinl in »Polizei-Inspektion 1«, mit Walter Sedlmayr, Uschi Glas, Max Griesser und Bruni Löbel, Serie, 102 Folgen, ARD 1976–1984; Sohn in »Der Millionenbauer« (von Franz Geiger), mit Walter Sedlmayr, Veronika Fitz und Werner Asam, Serie, ARD 1979; »Der große Karpfen Ferdinand« (nach Ibbotson), mit Martin Held, Regie: Alfred Weidenmann, ZDF 1979; »Der Alte«, Serie, ZDF 1980; »Zeit genug«, mit Ernst Hannawald, Serie, ARD 1982; »Flöhe hüten ist leichter« (nach Barbara Noack), und Raimund Sommer in »Unsere schönsten Jahre« (von Franz Geiger), mit Uschi Glas und Helmut Fischer, ZDF 1983; »Die Wiesingers« (von Ahlsen), mit Hans-Reinhard Müller, Regie: Bernd Fischerauer, Serie, und Gast in Joachim Fuchsbergers Talkshow »Heut' abend«, ARD 1984; »Das Hintertürl zum Paradies« (von König), mit Michaela May, Regie: Reinhard Donga, und »Unsere schönsten Jahre« (Fortsetzung), Buch + Regie: Michael Braun, ZDF 1985; »Beinah Trinidad« (nach Wuttig), mit Iris Berben, Regie: Oliver Storz, und »Schöne Ferien«, Serie, ARD 1985; »Irgendwie und sowieso«, Regie: Franz X. Bogner, Serie, ARD 1986.

Anschrift: c/o Agentur Alexander, Lamontstraße 9, 8000 München 80.

Fritz Wepper

Geb. 17. 8. 1941 als Sohn eines Juristen in München; dort aufgew.; schon im Alter von neun Jahren wirkte er beim Bayerischen Rundfunk in Kindersendungen mit. Als Elfjähriger stand er mehrmals auf der Bühne des Bayerischen Staatsschaupiels München. Er verkörperte die Titelrolle in Barries »Peter Pan«. Sein Filmdebüt gab er 1954. Nach einer privaten Schauspielausbildung spielte er 1960 Theater an der Kleinen Komödie München.

Nach weiteren Kinofilmen widmete er sich ab 1968 fast ausschließlich dem Fernsehen.

Wepper spricht engl.; er ist seit 1979 verheiratet mit Prinzessin Angela von Hohenzollern, hat drei Töchter (Valerie, Stephanie und Sophie) und lebt in München. Sein Bruder ist der Schauspieler Elmar Wepper.

Film: »Sauerbruch – Das war mein Leben«, mit Ewald Balser und Heidemarie Hatheyer, Regie: Rolf Hansen, 1954; »Der dunkle Stern« und »Tischlein deck dich«, 1955; »Die Brücke« (nach Manfred Gregor), mit Cordula Trantow und Volker Lechtenbrink, Regie: Bernhard Wicki, und »Der Engel, der seine Harfe versetzt«, Regie: Kurt Hoffmann, 1959; »Mein Schulfreund«, mit Heinz Rühmann, 1969; »Unternehmen Reiher«, 1964; »Wenn es Nacht wird auf der Reeperbahn«, 1967; »Cabaret«, mit Liza Minelli, Joël Grey, Michael York und Helmut Griem, Regie: Bob Fosse (der Film erhielt 8 OSCARS), 1971.

Theater: in Maughams »Der Goldesel«, Kleine Komödie München 1960; in Stuarts »Ankomme Dienstag – Stop – Fall nicht in Ohnmacht«, Tournee 1983/84.

Fernsehen: »Späte Liebe« (nach Ostrowskij), mit Erik Schumann, Regie: Karl Fruchtmann, ARD 1966; »Tausendundeine Nacht«, ZDF 1966; »Heydrich in Prag« (von Adler), Regie: Rolf Hädrich, ARD 1967; »Zinngeschrei«, Regie: Ludwig Cremer, ZDF 1974; »Peter Alexander: Wir gratulieren«, ZDF 1984. Von 1968 bis 1974 wirkte er als Kriminalassistent Harry Klein in 80 Folgen der ZDF-Krimiserie »Der Kommissar« mit. Partner in der von Herbert Reinecker geschriebenen Serie waren Erik Ode, Günther Schramm, Reinhard Glemnitz und Helma Seitz. Seit 1975 verkörpert er diese Rolle in der neuen Reinecker-Serie »Derrick«. An der Seite von Horst Tappert drehte er bis 1986 über 140 Folgen.

Auszeichnungen: Bundesfilmpreis 1964; »Goldene Kamera« (HÖRZU) 1980.

Anschrift: c/o Neue Münchner Fernsehproduktion GmbH, Bavaria-Filmplatz 7, 8022 Grünwald.

Carlos Werner

Geb. 13. 5. 1921 in Escuintla, Mexiko; aufgew. bis zum siebten Lebensjahr dort, später in Hamburg und Berlin; nach dem Abitur absolvierte er die Schauspielschule der Preußischen Staatstheater Berlin, wo er nach zwei Jahren Ausbildung von Gustaf Gründgens in kleineren Rollen eingesetzt wurde. Sein Bühnendebüt nach dem Krieg gab er in Wilders »Wir sind noch einmal davongekommen« am Staatstheater Braunschweig (1947). Unter Prof. Walter Bruno Iltz gehörte er dieser Bühne bis 1950 an. Von 1950 bis 1955 war er unter Herbert Maisch als Schauspieler, Spielleiter und später 1. Spielleiter an den Städt. Bühnen Köln. Vier Jahre am Thalia-Theater Hamburg und eine Spielzeit am Schiller-Theater Berlin schlossen sich an. Seit 1960 ist er freischaffend. Er wirkte u.a. an folgenden Bühnen: Kleine Komödie München, Theater am Dom Köln, Komödie im Marquardt Stuttgart, Fritz-Rémond-Theater im Zoo Frankfurt/Main, Komödie und Theater am Kurfürstendamm Berlin, Theater des Westens Berlin und Stadttheater Bern. Ferner machte er zahlreiche Tourneen und führt Regie.

Werner ist verheiratet mit der Schauspielerin Elfriede Rückert, hat zwei Kinder und lebt abwechselnd in Zürich und Berlin.

Theater: Ferdinand in Schillers »Kabale und Liebe«, Titelrolle in Goethes »Clavigo«, Mortimer in Schillers »Maria Stuart«, Siegfried in Hebbels »Die Nibelungen«, Macheath in Brecht/Weills »Die Dreigroschenoper«, in Kleists »Penthesilea«, jeweils an den vorgenannten Bühnen bis 1960; in Behrmans »Jane«, mit Luise Ullrich und Karl Schönböck (auch TV), in Maughams »Finden Sie, daß Constanze sich richtig verhält?«, in Goetz' »Hokuspokus«, in Kerrs »Mary, Mary«, in Gardners »Tausend Clowns«, in Yeldhams »Auf und davon«, in »Ein Festval für einen Gauner«, in »Eine Handvoll Brennesseln«, mit Günter Pfitzmann, Bachmann in Anouilhs »Wecken Sie Madame nicht auf«, Titelrolle in Lessings »Nathan der Weise«, Cäsar in Shaws »Cäsar und Cleopatra«, mit Anita Lochner, General in Anouilhs »Der Walzer der Toreros«, Gurow in »Dame mit Hündchen«, mit Anne-Marie Blanc, und in »Die Zierpflanze«, mit Sonja Ziemann, jeweils an den vorgenannten Bühnen bis 1984. Eine Glanzrolle hatte Werner als Professor Higgins in Lerner/Loewes »May Fair Lady«. Von 1962 bis 1970 spielte er das Stück in Berlin, Hamburg, Köln, Frankfurt, Stuttgart, Düsseldorf und auf Tournee in 1186 Aufführungen.

Fernsehen: »Der verschwundene Graf« (nach Kuby), Regie: Michael Kehlmann, ARD 1957; »Johanna aus Lothringen« (nach Anderson), Regie: Michael Kehlmann, ARD 1959; »Bedienung bitte«, Regie: Rolf Hädrich, ARD 1972; »Ein Mond für die Beladenen« (nach O'Neill), Regie: Ludwig Cremer, ARD 1973; Dr. Klein in »Pulvermänner«, Regie: Peter Zadek, 13 Teile, ARD 1973/74; »Peter Voss, der Millionendieb«, Regie: Peter Lodinsky, 13 Teile, ZDF 1974/75; »Der Märtyrer«, Regie: Aleksander Ford (israelisch-deutsche Coproduktion), ZDF 1976; »Galerie Buecher«, Serie, SAT 1 1985.

Anschrift: Rossbergstraße 15, CH-8002 Zürich, Schweiz.

Ilse Werner

(eigentlich: Ilse Still)

Geb. 11. 7. 1921 als Tochter eines niederl. Exportkaufmanns und einer Frankfurterin (Lilli Werner) in Batavia (heute Djakarta) auf Java; im Alter von zehn Jahren kam sie nach Deutschland, wo sie in Frankfurt/Main das Realgymnasium besuchte. 1936/37 absolvierte sie das Max-Reinhardt-Seminar in Wien. Ihr erstes Engagement erhielt sie 1937 am Theater in der Josefstadt Wien. Ihr Filmdebüt gab sie 1938 in dem Streifen »Die unruhigen Mädchen«. Neben ihren Erfolgen als Filmschauspielerin begann sie in den 40er Jahren auch als Sängerin zu arbeiten. Ihre größten Erfolge waren u.a. »Sing ein Lied, wenn du mal traurig bist«, »Du und ich im Mondenschein«, »Wir machen Musik«, »Das wird ein Frühling ohne Ende« und »Baciare« (1960). Auf vielen ihrer zahlreichen Schallplattenaufnahmen war sie auch als Kunstpfeiferin zu hören. Sie unternahm Gastspielreisen durch die Bundesrepublik Deutschland und hatte zahlreiche Fernsehauftritte, in letzter Zeit u.a. in Seniorenprogrammen. Ihre letzte LP veröffentlichte sie 1984: »Gepfiffen klingt's so . . .«.
Theater spielte sie in den letzten Jahren u.a. auf Tournee und am Kleinen Theater im Park Bonn-Bad Godesberg.
Frau Werner spricht engl.; in zweiter Ehe war sie von 1954 bis 1966 verheiratet mit dem Komponisten und Orchesterleiter Josef Niessen. Sie lebt in Ahlensböck/Ostsee.
Film: »Die unruhigen Mädchen«, mit Theo Lingen, Regie: Geza von Bolvary, »Das Leben kann so schön sein«, Regie: Rolf Hansen, 1938; »Frau Sixta«, Regie: Gustav Ucicky, »Bel Ami« (nach Maupassant), mit und unter der Regie von Willi Forst, 1939; »Bal paré«, Regie: Karl Ritter, »Wunschkonzert«, Regie: Eduard von Borsody, »Drei Väter um Anna«, »Ihr erstes Erlebnis«, 1940; »Die schwedische Nachtigall«, Regie: Peter P. Brauer, 1941; »Wir machen Musik«, mit Viktor de Kowa, Regie: Helmut Käutner, 1942; »Münchhausen«, mit Hans Albers, Regie: Josef von Baky, »Hochzeit auf Bärenhof«, 1943; »Große Freiheit Nr. 7«, mit Hans Albers, Regie: Helmut Käutner, 1944; »Vier in einem Jeep«, 1946; »Schweigende Lippen«, 1948; »Mutter sein dagegen sehr«, Regie: Viktor Tourjansky, 1951; »Der Vogelhändler« (nach Zeller), 1952; »Ännchen von Tharau«, Regie: Wolfgang Schleif, 1954; »Die Herrin vom Söldnerhof«, mit Viktor Staal, 1955.
Theater: Pützchen in Zuckmayers »Des Teufels General«, mit Paul Dahlke, Regie: Harry Buckwitz, Münchner Kammerspiele 1948; Lehrerin in »Der König und ich«, 1970; Mrs. Antrobus in Wilders »Wir sind noch einmal davongekommen«, Regie: Maria Becker, Tournee 1973; Titelrolle in Bretts »Die Chefin«, Regie: Peter Frank, Kleines Theater im Park Bonn-Bad Godesberg 1981.
Fernsehen: Neben zahlreichen Auftritten in Unterhaltungs-Shows von ARD und ZDF (auch Galas mit Melodien aus früheren Jahren) ferner: Mutter in »Die Bräute meiner Söhne«, Serie, ARD 1967; »Eine Frau mit Pfiff« (eigene TV-Show), ZDF 1967; »Spielen ist unsere Welt«, ZDF 1972; »Haus Vaterland«, 3 Teile, ARD 1983/84.
Auszeichnung: »Filmband in Gold« für besondere Verdienste um den deutschen Film 1986.
Anschrift: c/o Agentur Markt & Meinung, Witzfeldstraße 60, 4005 Meerbusch 1.

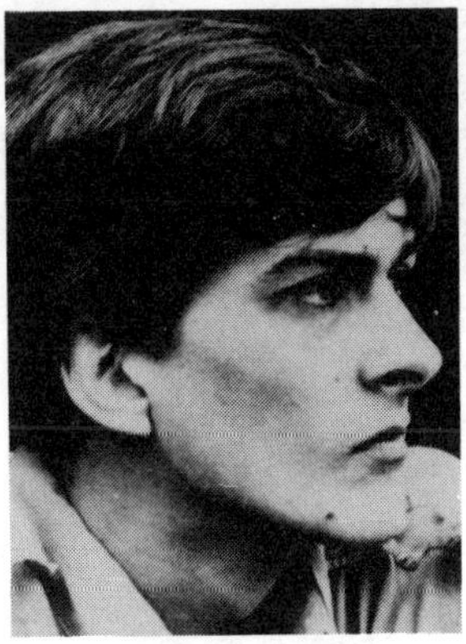

Marcel Werner †

Geb. 13. 3. 1952 als Sohn des Schauspielers Hanns Lothar und der Schauspielerin Elfriede Rückert (Stiefvater: Schauspieler Carlos Werner) in Hannover; aufgew. in Thüringen; lebt in Berlin; verheiratet; spricht engl.; Hauptschule; Besuch der Staatl. Hochschule für Musik und darstellende Kunst in Hamburg; 1971 debütierte er am Schiller-Theater Berlin, wo er bis 1974 zum Ensemble gehörte; Engagements an den Kammerspielen in München (1975) und am Deutschen Schauspielhaus Hamburg (1976/77) folgten; seit 1977 ist er freischaffend tätig und arbeitet vorwiegend mit dem Regisseur Rudolf Noelte zusammen.

Theater: Allan in Strindbergs »Totentanz«, Schloßpark-Theater Berlin 1971 (auch TV), Erich Spitta in Hauptmanns »Die Ratten«, mit Cordula Trantow und Günter Lamprecht, Freie Volksbühne Berlin 1977/78 (auch TV), in Bruckners »Elisabeth von England«, mit Maria Schell, Freie Volksbühne Berlin 1981/82, Arnold Kramer in Hauptmanns »Michael Kramer«, mit Will Quadflieg, Thalia-Theater Hamburg 1983 (auch TV), Regie: jeweils Rudolf Noelte.

Fernsehen: »Ein Kapitel für sich« (nach Kempowski), mit Stephan Schwartz und Edda Seippel, Regie: Eberhard Fechner, 3 Teile, ZDF 1979; »Theodor Chindler« (nach Bernard von Brentano), mit Hans Christian Blech, Regie: Hans W. Geissendörfer, 8 Folgen, ARD 1979; »Etwas wird sichtbar«, Regie: Harun Farocki, ZDF 1982.

Anschrift: c/o ZBF-Agentur Berlin, Kurfürstendamm 206, 1000 Berlin 15.

Margot Werner

Geb. 8. 12. 1938 als Tochter eines Exportkaufmanns und einer Konzertpianistin in Salzburg; dort und in München aufgew.; bereits mit dreieinhalb Jahren kam sie zum Kinderballett. Nach Ballettunterricht in der Kindergruppe der Bayerischen Staatsoper München erhielt sie eine Ausbildung bei Ballettmeisterin Derra de Moroda in Salzburg. Dort besuchte sie das Humanistische Gymnasium der Ursulinen-Ordensschwestern.

Nach der mittleren Reife bekam sie 1953 am Landestheater Salzburg ihr erstes Engagement als Tänzerin. 1955 avancierte sie zur Gruppentänzerin der Bayerischen Staatsoper München. 1957 wurde sie dort Vortänzerin, 1961 Solotänzerin und 1963 mit dem Ballett »Les Études« Primaballerina (bis 1975). Noch während ihrer Ballettkarriere machte sie erstmals 1973 mit ihrer »One-Woman-Show« in der Münchner »Lach- und Schießgesellschaft« als Sängerin auf sich aufmerksam. Einige ihrer erfolgreichen Chansons: »Und für jeden kommt der Tag« (1. LP 1975), »So ein Mann« aus dem Album »Wasser, Feuer, Luft und Erde« (1976), »Ich hab' im Leben nichts bereut« aus der LP »Nur eine Frau« (1978), Neuinterpretation von »Nur nicht aus Liebe weinen«, »Lili Marleen«, »Ich bin von Kopf bis Fuß auf Liebe eingestellt« und »Café Größenwahn« auf der LP »Margot Werner: Denn ich bin ich« (1983). Auftritte als Chanson-Sängerin hatte sie u.a. beim Opernball der Metropolitan Opera in New York, im Sporting Club Monte Carlo, beim Bundespresseball, bei zahlreichen Galas und vor allem auf Tournee (»Margot Werner in Concert«, seit 1979).

Als Schauspielerin stand sie 1974 zum ersten Mal auf der Bühne. Seither wirkte sie in zahlreichen Kino- und TV-Produktionen mit. 1982 veröffentlichte sie ihre Autobiographie ». . . und für jeden kommt der Tag« (Neuauflage 1986 unter dem Titel »Traumflüge«).

Frau Werner spricht engl., franz., ital.; sie ist in zweiter Ehe verheiratet mit dem Hotelier Jochen Litt. In erster Ehe war sie verheiratet mit dem Schauspieler Peter Pasetti. Die Künstlerin lebt in München.

Film: »Lieb' Vaterland, magst ruhig sein«, 1975; »Bomber und Paganini«, mit Mario Adorf und Tilo Prückner, Regie: Nicos Perakis, 1976.

Theater: Rollen des klassischen Ballettrepertoires an der Bayerischen Staatsoper von 1958–1973 waren u.a.: Willis-Königin in »Giselle«, Fliederfee in »Dornröschen«, »Serenade«, »Scotch Symphony«, Potiphars Weib in »Josephs Legende«, »Medea« und »Grüner Tisch«. Partner waren u.a. Jean-Pierre Bonnefous, Peter Martins und Heinz Bosl. 1982 verkörperte sie die Hortense Schneider in Offenbachs »Gaîeté Parisienne – Le Papillon« in der Choreographie von Gray Veredon an der Bayerischen Staatsoper. 1974 spielte sie die Jenny in Brecht/Weills »Die Dreigroschenoper« am Bayerischen Staatsschauspiel München unter der Regie von Kurt Meisel.

Fernsehen: Seit ihrem Auftritt in der TV-Silvestershow der Münchner »Lach- und Schießgesellschaft« 1974/75 in der ARD hatte sie zahlreiche Auftritte in deutschen Unterhaltungssendungen. 1975 präsentierte sie ihre erste Personality-Show (Regie: Peter Hajek). Eigene Sendungen in der ARD hatte sie ferner mit »Chez Margot«, »Musik mit Margot« (Regie: Dieter Wendrich) und »Konzert frei Haus« (1983). Die Show »Margot bis Montag« wurde vom ZDF als offizieller Beitrag für die »Rose von Montreux« eingereicht. Als Gast war sie zu sehen u.a. in Joachim Fuchsbergers Talkshow »Heut' abend« und »Auf los geht's los«, in »Einer wird gewinnen«, in »Was bin ich?«, in »Zum Blauen Bock«, in »Lieder der Vierjahreszeiten« und »ARD-Wunsch-Konzert«, jeweils ARD, in »Dalli-Dalli«, »Wetten daß . . .?!«, »Der große Preis«, »Pyramide« und »Musik ist Trumpf«, jeweils ZDF. Ferner »Klimbim«, Regie: Michael Pfleghar, Serie, ARD 1975; »Insel der Krebse«, Regie: Werner Schmidt, ARD 1975, Wirtin in »Im Weißen Rössl« (nach Benatzky), Regie: Eberhard Hauff, ZDF 1979; »Collin« (nach Stefan Heym), mit Curd Jürgens und Hans Christian Blech, Regie: Peter Schulze-Rohr, 2 Teile, ARD 1981: »Die verflixte 7«, mit Rudi Carrell, Serie, ARD 1984; Elsa Gabriel in »Liebt diese Erde«, mit Hans-Georg Panczak, 6 Teile, ZDF 1984.

Auszeichnungen: »Schwabinger Kunstpreis«, München 1974; »Trude-Hesterberg-Ring«; »Goldene Europa« für »Die interessanteste Entdeckung des Jahres« 1975.

Anschrift: Büro Margot Werner, Geiselgasteigstraße 54, 8000 München 90.

Mick Werup

Geb. 16. 11. 1958 in Hamburg; dort aufgew.; Abitur; er absolvierte die Schauspielschule von Hedi Höpfner in in Hamburg (Abschluß 1981). Sein Fernsehdebüt gab er 1981.

Werup spricht engl., franz.; er ist ledig und lebt in Hamburg.

Film: »Drei Schwedinnen auf der Reeperbahn«, Regie: Walter Boos, 1980.

Fernsehen: »Zu Haus in fremden Betten«, Regie: Michael Günther, ZDF 1981; »Spielregeln« und »Teufelsmoor«, Serien, ARD 1982; »Der blinde Richter«, und Jungpolizist Chris Drombusch in »Diese Drombuschs« (von Robert Stromberger), mit Witta Pohl, Hans-Peter Korff, Sabine Kaack und Grete Wurm, Regie: Claus Peter Witt, 12 Folgen, ZDF 1983/84 + 1985.

Anschrift: c/o ZBF-Agentur Hamburg, Tonndorfer Hauptstraße 90, 2000 Hamburg 70.

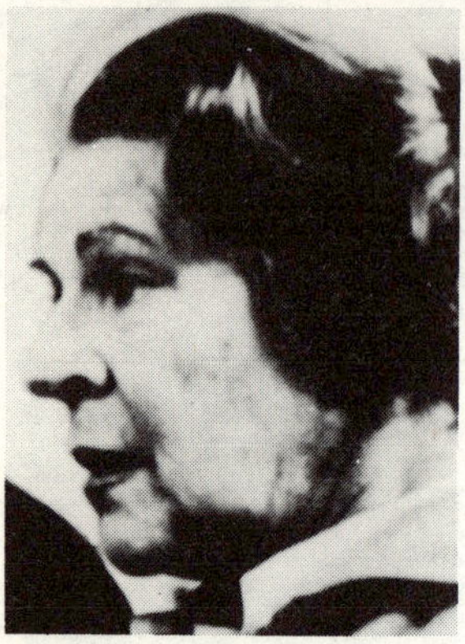

Paula Wessely

(eigentlich: Paula Hörbiger, geb. Orth)

– Kammerschauspielerin –

Geb. 10. 1. 1907 als Tochter des Fleischermeisters Carl Wessely und Nichte der Burgschauspielerin Josephine Wessely in Wien; dort aufgew.; ihre Lehrerin Madeleine Gutwenger erkannte bereits während der Schulzeit ihr schauspielerisches Talent und schickte sie zur Aufnahmeprüfung an die Staats-Akademie für Musik und darstellende Kunst Wien, an der sie 1922/23 bei Professor Rudolf Beer studierte. Anschließend absolvierte sie das Max-Reinhardt-Seminar in Wien.

Am Deutschen Volkstheater Wien debütierte sie 1924 als Zofe in Sardou/de Najacs »Cyprienne«. Ihre Bühnenstationen: Neues Deutsches Theater Prag unter Leopold Kramer (1926/27), Deutsches Volkstheater Wien (1927–1929), Theater in der Josefstadt Wien (1929–1952), Deutsches Theater Berlin (1932–1945), Salzburger Festspiele (ab 1930) und Burgtheater Wien (Gast seit 1936, Ensemblemitglied seit 1953).

Ab 1930 spielte sie bei den Salzburger Festspielen; Gastspiele gab sie u.a. am Tiroler Landestheater Innsbruck (1945), am Theater am Kurfürstendamm Berlin (1958), am Deutschen Schauspielhaus Hamburg (1965), am Thalia-Theater Hamburg (1969) sowie von 1925 bis 1971 auf über 15 Tourneen durch Deutschland, Ungarn, Holland, die Tschechoslowakei, Jugoslawien, die Schweiz, die UdSSR, Holland, Luxemburg und Liechtenstein.

Ihr Filmdebüt gab sie 1934 in Willi Forsts Melodram »Maskerade«. Insgesamt wirkte sie in 25 Produktionen mit. 1950 gründete sie die »Paula Wessely-Filmproduktion«, die u.a. die Streifen »Cordula« (1950), »Maria Theresia« (1951), »Das Licht der Liebe« und »Der Weg in die Vergangenheit« (1954) herstellte.

Während ihres Bühnenengagements am Neuen Deutschen Theater Prag (1926/27) begegnete sie erstmals dem Schauspieler Attila Hörbiger (erster gemeinsamer Auftritt in Flers/Croissets »Die neuen Herren«, 1926), den sie 1935 heiratete. Sie trat mit Hörbiger in zahlreichen Bühnenstücken und Filmen auf. Aus der Ehe mit Attila Hörbiger stammen drei Töchter, die ebenfalls Schauspieler geworden sind: Elisabeth Orth (geb. 1936), Christiane Hörbiger (geb. 1938) und Maresa Hörbiger (geb. 1945). Die Künstlerin lebt in Wien.

Über Paula Wessely gibt es zahlreiche Veröffentlichungen: »Weg einer Wienerin« (Franz Horch, 1937), »Die Wessely – Skizze ihres Werdens« (Alfred Ibach, 1943), »Paula Wessely« (O.M. Fontana) und »Märchen ihres Lebens – Meine Eltern Paula Wessely und Attila Hörbiger« (Elisabeth Orth, 1975). 1985 erschien der Band »Paula Wessely/Attila Hörbiger: Ihr Leben – ihr Spiel« (herausgegeben von Edda Fuhrich und Gisela Prossnitz). Der Publikation war 1984 eine Ausstellung der Max-Reinhardt-Forschungs- und Gedenkstätte in Salzburg vorausgegangen.

Film: »Maskerade«, mit Adolf Wohlbrück, Regie: Willi Forst, »So endete eine Liebe«, mit Gustaf Gründgens und Willi Forst, Regie: Karl Hartl, 1934; »Episode«, Regie: Walter Reisch, 1935; »Ernte«, mit Attila Hörbiger, Regie: Geza von Bolvary, 1936; »Die ganz großen Torheiten«, mit Rudolf Forster, Regie: Carl Froelich, 1937; »Spiegel des Lebens«, mit Attila Hörbiger, Regie: Geza von Bolvary, 1938; »Maria Ilona«, mit Willy Birgel, Regie: Geza von Bolvary, 1939; »Ein Leben lang«, mit Joachim Gottschalk, Regie: Gustav Ucicky, 1940; »Heimkehr«, mit Attila Hörbiger, Regie: Gustav Ucicky, 1941; »Späte Liebe«, mit Attila Hörbiger, Regie: Gustav Ucicky, und »Die kluge Marianne«, mit Attila Hörbiger, Regie: Hans Thimig, 1943; »Das Herz muß schweigen«, mit Werner Hinz, Regie: Gustav Ucicky, 1944; »Der Engel mit der Posaune«, mit Attila Hörbiger, Regie: Karl Hartl, 1948; »Vagabunden«, mit Attila Hörbiger, Regie: Rolf Hansen, 1949; »Cordula«, mit Attila Hörbiger, Regie: Gustav Ucicky, 1950; »Maria Theresia«, mit Attila Hörbiger, Regie: Emil Edwin Reinert, 1951; »Ich und meine Frau«, mit Attila Hörbiger, Regie: Eduard von Borsody, 1953; »Das Licht der Liebe«, mit Hans Thimig, Regie: Robert A. Stemmle, und »Der Weg in die Vergangenheit« (nach Simmel), mit Attila Hörbiger und Willy Fritsch, Regie: Karl Hartl, 1954; »Die Wirtin zur Goldenen Krone«, mit Christiane Hörbiger und Oskar Sima, Regie: Theo Lingen, 1955; »Anders als du und ich«, mit Paul Dahlke, Regie: Veit Harlan, »Unter achtzehn« (nach Simmel), Regie: Georg Tressler, 1957; »Die unvollkommene Ehe«, mit Johannes Heesters, Regie: Robert A. Stemmle, 1959; »Der Bauer als Millionär« (nach Raimund), mit Hans Moser, Regie: Alfred Stöger, »Je-

dermann« (nach Hofmansthal), mit Ewald Balser, Regie: Gottfried Reinhardt, 1961.
Theater: (Auswahl der wichtigsten Bühnenrollen in chronologischer Reihenfolge an den vorgenannten Bühnen; zahlreiche Rollen hat sie mehrmals und an verschiedenen Bühnen gespielt) Annchen in Halbes »Jugend« (1925), Titelrolle in Gaus »Toni« (1927), Hilde Wangel in Ibsens »Die Frau vom Meer« (1927), Wendla in Wedekinds »Frühlings Erwachen« (1928), Luise in Schillers »Kabale und Liebe« (1930), Titelrolle in Hauptmanns »Rose Bernd« (1932), Christine in Schnitzlers »Liebelei« (1933), Titelrolle in Shaws »Die heilige Johanna« (1934), Hero in Grillparzers »Hero und Leander« (1937), Titelrolle in Lessings »Minna von Barmhelm« (1938), Liesel Hübner in Anzengrubers »Die Trutzige« (1939), Katharina in Shakespeares »Der Widerspenstigen Zähmung« (1939), Mascha in Tschechows »Drei Schwestern« (1940), Eliza in Shaws »Pygmalion« (1942), Titelrolle in Hauptmanns »Griselda« (1942), Titelrolle in Zuckmayers »Barbara Blomberg« (1949), Ellida in Ibsens »Die Frau vom Meer« (1949), Glaube in Hofmansthals »Jedermann« (1953), Titelrolle in Shaws »Candida« (1955), Schwester Angelika in Montherlants »Port Royal« (1956), Titelrolle in Schillers »Maria Stuart« (1956), Gabriele in Schnitzlers »Anatol« (1960), Gudula/Ambrosia in der Uraufführung von Zuckmayers »Die Uhr schlägt eins« (1961), Amanda Wingfield in Williams' »Die Glasmenagerie« (1965), Cäcilie in Goethes »Stella« (1965), Emilia in Shakespeares »Othello« (1966), Agnes in Albees »Empfindliches Gleichgewicht« (1967), Deborah Harford in O'Neills »Alle Reichtümer dieser Welt« (1969), Frau Alving in Ibsens »Gespenster« (1969), Die Frau in Albees »Alles vorbei« (1972), Louise Rafi in Bonds »Die See«, (1974), Lady Bracknell in Wildes »Bunbury« (1976), Juno Boyle in O'Caseys »Juno und der Pfau« (1977), Titelrolle in Langes »Frau von Kauenhofen« (1978), Marie in Bellons »Wie immer am Donnerstag« (1979), Germaine Lescot in Bouchauds »Wie war das damals?« (1981), die Baronin in Hofmannsthals »Der Unbestechliche« (1983) und die Hoffnung in Raimunds »Der Diamant des Geisterkönigs« (1984).
Fernsehen: »Das weite Land« (nach Schnitzler), mit Attila Hörbiger, Regie: Ernst Lothar, ORF 1960; »Port Royal« (nach de Montherlant), Regie: Peter Beauvais, ZDF 1963; »Eine Frau ohne Bedeutung« (nach Wilde), Regie: Wolfgang Glück, ORF 1964; »Fast ein Poet« (nach O'Neill), mit Attila Hörbiger, Hans Thimig und Elisabeth Orth, Regie: Peter Loos, ORF 1968; »Rumpelstilz« (nach Muschg), mit Martin Held und Cordula Trantow, Regie: Peter Beauvais, ZDF 1969; »Nichts als Erinnerung«, mit Attila Hörbiger, ORF 1973; »Die Dämmerung der Sehnsucht«, Regie: Peter Hajek, ORF 1976; »Glücksachen« (nach Loek Huisman), Regie: Peter Patzak, ARD 1977; »Augenblicke«, mit Karl Schönböck, Regie: Wolfgang Glück, ORF 1979; »Aschermittwoch der Künstler«, ORF 1985.
Auszeichnungen: »Sascha-Kolowrat-Preis« des österr. Bundesministers für Unterricht 1952–1954; »Josef-Kainz-Medaille«, Wien 1960; Österr. Ehrenkreuz für Wissenschaft und Kunst I. Klasse 1963; »Ehrenmedaille in Gold« der Stadt Wien 1967; Ehrenmitgliedschaft der Akademie für Musik und darstellende Kunst Wien; Ehrenmitglied des Wiener Burgtheaters 1967; »Filmband in Gold«, Berlin 1984. Sie ist ordentliches Mitglied der Akademie der Künste Berlin. Seit 1949 ist sie Trägerin des Max-Reinhardt-Rings, seit 1957 österr. Kammerschauspielerin, 1979 Verleihung des neugestifteten Alma-Seidler-Ringes, 1984 Verleihung des Goldenen Ehrenzeichens des Landes Salzburg.
Anschrift: Himmelstraße 24, A-Wien XIX, Österreich.

Rudolf Wessely

Geb. 19. 1. 1925 in Wien; dort aufgew.; er absolvierte das Max-Reinhardt-Seminar in Wien. 1946 erhielt er am Theater in der Praterstraße Wien sein erstes Engagement. Eine Verpflichtung am Theater Die Insel Wien folgte. Seine Bühnenstationen: Deutsches Theater Ost-Berlin (1950–1958), Schauspielhaus Düsseldorf unter Karl Heinz Stroux (1958/59), Wuppertaler Bühnen (1959–1961), Ateliertheater Bern (1961–1964; auch Direktor dieser Bühne), Bayerisches Staatsschauspiel München (1964–1966), Düsseldorfer Kammerspiele (1966–1969; auch Direktor dieser Bühne) und Schauspielhaus Zürich (1969/70). Seit 1970 gehört er zum Ensemble des Wiener Burgtheaters. Von 1975 bis 1986 spielte er zudem an den Münchner Kammerspielen. Er führt umfangreich Theater-Regie. Sein Filmdebüt gab er 1954 bei der DEFA.

Rudolf Wessely spricht engl.; er ist verheiratet mit der Sängerin und Malerin Marquerita Wood und lebt in Wien.

Film: »Der Schneider von Ulm«, mit Tilo Prückner, Regie: Edgar Reitz, 1978; »Der Schüler Gerber« (nach Torberg), mit Werner Kreindl, Regie: Wolfgang Glück, und »Sonntagskinder«, Regie: Michael Verhoeven, 1980 (auch ARD 1981); »Lieber Karl«, Regie: Maria Knilli, 1984.

Theater: In der Uraufführung von Kipphardts »Shakespeare dringend gesucht« (1952) und »Der staunenswerte Aufstieg des Alois Piontek« (1956), Doktor in Büchners »Woyzeck«, Narr in Shakespeares »König Lear« und Androklus in Shaws »Androklus und der Löwe«, jeweils Deutsches Theater (Ost-)Berlin 1950–1958; Herr Stech in Ionescos »Die Nashörner«, Schauspielhaus Düsseldorf 1958/59; Titelrolle in der Uraufführung von Kipphardts »Die Stühle des Herrn Szmil« und Titelrolle in Schillers »Der Parasit«, jeweils Wuppertaler Bühnen 1959–1961; Derwisch in Lessings »Nathan der Weise«, Ansager in Anouilhs »Antigone«, Kuligin in Tschechows »Drei Schwestern«, Regie: Heinz Hilpert, Titelrolle in Schillers »Der Parasit« und Edmund in O'Neills »Eines langen Tages Reise in die Nacht«, jeweils Bayerisches Staatsschauspiel München 1964–1966; Zettel in Purcells Oper »Die Feenkönigin«, Regie: Jean-Pierre Ponnelle, Staatstheater am Gärtnerplatz München (als Gast); Mr. Peachum in Brecht/Weills »Die Dreigroschenoper«, Basler Theater (als Gast); Mephisto in Goethes »Urfaust«, Düsseldorfer Kammerspiele 1967; Sosias in Hacks' »Amphitryon«, Schauspielhaus Zürich 1969/70; Doktor Leo Schutzmacher in Shaws »Der Arzt am Scheideweg«, 1975/76, Richter in Genets »Der Balkon«, Der Mann in Becketts »Damals«, und Dom Martin in Lorcas »Doña Rosita la Soltera«, Regie: Ernst Wendt, 1976/77, Tiresias in Sophokles' »Ödipus«, Regie: Ernst Wendt, und Titelrolle in Ionescos »Der Mann mit den Koffern«, 1977/78, Theobald Friedeborn in Kleists »Das Käthchen von Heilbronn«, und Claudius in Shakespeares »Hamlet«, mit Lambert Hamel, 1979/80, Porfiri Semjonitsch Glagoljew in Tschechows »Platonow«, 1980/81, und Reiligan in O'Caseys »Ein Freudenfeuer für den Bischof«, 1982/83, in der Uraufführung von Dreyers »Die goldene Brücke«, Regie: Harald Clemen, und in Becketts »Endspiel«, Regie: Thomas Schulte-Michels, 1985/86, jeweils Münchner Kammerspiele; Der alte Moor in Schillers »Die Räuber«, Chombert in Ionescos »Opfer der Pflicht«, Verleger in Bernhards »Die Berühmten«, Arzt in Schnitzlers »Der Ruf des Lebens«, Er in Jandls »Aus der Fremde«, Tuchhändler in Bonds »Die See«, Titelrolle in Molières »Der Misanthrop«, Petipon in Feydeaus »Die Dame vom Maxim«, Titelrolle in Jarrys »Alceste«, Eckermann in Martin Walsers »In Goethes Hand« und in Fischer/Grubers »Hippodrom« (nach Kafka), jeweils Burgtheater und Akademie-Theater Wien 1970–1984.

Eigene wichtige Inszenierungen: Gogols »Die Heirat« und Sartres »Die Eingeschlossenen von Altona«, jeweils Stadttheater Mainz (1960); Mrożeks »Die Polizei« und »Heiraten ist immer ein Risiko«, jeweils Ateliertheater Bern (1961–1964); Bréals »Das große Ohr«, Theater in der Josefstadt Wien; Hays »Haben«, jeweils Bayerisches Staatsschauspiel München und Burgtheater Wien. Weiter an den vorgenannten Bühnen: Strindbergs »Ostern«, Nestroys »Nur Ruhe«, Goethes »Urfaust«, Schillers »Der Parasit« und Dürrenmatts »Die Physiker«.

Fernsehen: Unter der Regie von Karl Fruchtmann spielte er u.a. in: »Juno und der Pfau« (nach O'Casey), »Plötzlich«, »Kaddisch nach einem Lebenden«, »Der

Mann auf dem Rücken« (1972), »Kannibalen« (1974) und »Heinrich Heine – Die zweite Vertreibung aus dem Paradies«, mit Wolfgang Hinze und Donata Höffer, 2 Teile, ARD 1983. Ferner u.a. in: »Bartleby« (von Kipphardt nach Melville), Regie: Ludwig Cremer, ZDF 1963; »Goldmacher Tausend«, Regie: Theo Mezger, ARD 1965; »Tragödie auf der Jagd« (nach Tschechow), Regie: Gerhard Klingenberg, ARD 1972; »Doña Rosita« (nach Lorca), Regie: Ernst Wendt, ARD 1978; »Die Stühle des Herrn Szmil« (nach Kipphardt), Regie: Vojtech Jasny, ARD 1979; »Die kleine Figur meines Vaters« (nach Henisch), Regie: Wolfgang Glück, ORF 1979; »Die Nacht, in der der Chef geschlachtet wurde« (nach Kipphardt), Regie: Vojtech Jasny, ZDF 1979; Josef in »Josef und Maria« (Weihnachtsspiel), und »Der Alte«, Serie, ZDF 1980; »Derrick«, Serie, 3 Folgen, ZDF 1981–1984; »Sonntag« (nach Simenon), Regie: Stanislav Barabas, ZDF 1984; »Heimat«, Regie: Edgar Reitz, 11 Teile, ARD 1984; »Der Hochzeitstag«, Regie: Konrad Sabrautzky, ARD 1985. Unter der Regie von Wolfgang Glück spielte er die Titelrolle in »Karl Marx«. Sein Partner als Charles Darwin war Hans-Joachim Kulenkampff.

Anschrift: c/o Agentur Wiedner, Destouchesstraße 32, 8000 München 40.

Bernhard Wicki

Geb. 28. 10. 1919 als Sohn eines Schweizers und einer Österreicherin in St. Pölten/Österreich; aufgew. in Wien; das Abitur machte er in Schlesien. 1938/39 besuchte er die Staatl. Schauspielschule Berlin unter Gustaf Gründgens, 1939/40 das Wiener Max-Reinhardt-Seminar (Staatsakademie). Als Faust in Goethes »Urfaust« debütierte er 1940 am Schönbrunner Schloßtheater in Wien. Seine Bühnenstationen: Theater der Freien Hansestadt Bremen (1941–1943), Bayerisches Staatsschauspiel München (1943/44 und 1950–1954), Schauspielhaus Zürich und Basler Theater (1944–1950).

Seither ist er freischaffend. Sein Filmdebüt gab er 1950 in dem Film »Der Haflinger Sepp« (mit Eva Bartok). Bekannt wurde er zudem als Theater- und Filmregisseur. Er arbeitet auch für den Hörfunk.

Wicki spricht engl.; er ist seit 1945 verheiratet mit der Schauspielerin Agnes Fink, mit der er zusammen in zahlreichen Bühnenstücken und Fernsehspielen auftrat. Er lebt abwechselnd in München und Zürich.

Film: »Der Haflinger Sepp«, mit Eva Bartok, und »Der fallende Stern«, Regie: Harald Braun, 1950; »Rummelplatz der Liebe«, USA 1951; »Die letzte Brücke«, Regie: Helmut Käutner, 1954; »Kinder, Mütter und ein General« Regie: Laszlo Benedek, »Gefangene der Liebe«, »Ewiger Walzer« (nach Johann Strauß), »Das zweite Leben«, »Effi Briest« (nach Fontane), Graf von Stauffenberg in »Es geschah am 20. Juli«, Regie: G.W. Papst, »Rosen im Herbst«, mit Ruth Leuwerik und Carl Raddatz, Regie: Rudolf Jugert, 1955; »Skandal um Dr. Vlimmen«, Regie: Arthur Maria Rabenalt, »Königin Luise«, mit Ruth Leuwerik, Regie: Wolfgang Liebeneiner, »Weil du arm bist, mußt du früher sterben«, Regie: Paul May, »Flucht in die Tropennacht«, 1956; »Die Zürcher Verlobung« (nach Noack), Regie: Helmut Käutner, »Es wird alles wieder gut«, Regie: Geza von Bolvary, 1957; »Madeleine und der Legionär«, Regie: Wolfgang Staudte, »Frau im besten Mannesalter«, 1958; »Die Katze«, »Frauensee«, Regie: Rudolf Jugert, und »Lampenfieber«, 1959; »Erotica« und »11 Jahre und ein Tag«, 1960; »La Notte«, Regie: Michelangelo Antonioni, Italien/Frankreich 1961; »Der Mann im Schilf«, Regie: Manfred Purzer, 1977; Der Verleger in »Die linkshändige Frau«, mit Edith Clever, Buch und Regie: Peter Handke, »Die gläserne Zelle«, Regie: Hans W. Geissendörfer, »Eine Reise ins Licht – Despair«, mit Dirk Bogarde, Regie: Rainer Werner Fassbinder, BRD/Frankreich 1978; »Der gekaufte Tod«, mit Romy Schneider und Max von Sydow, Regie: Bertrand Tavernier, BRD/Frankreich 1979; »Eine Liebe in Deutschland« (nach Hochhuth), mit Hanna Schygulla, Regie: Andrzej Wajda, Frankreich/BRD 1983; »Das Ufer« (nach Bondarew), Regie: Alexander Alow und Wladimir Naumow, UdSSR 1983; »Frühlingssinfonie«, mit Herbert Grönemeyer und Nastassja Kinski, Regie: Peter Schamoni, 1983; »Marie Ward«, mit Hannelore Elsner und Mario Adorf, Regie: Angelika Weber, 1985; »Killing-Cars«, mit Jürgen Prochnow und Senta Berger, Regie: Michael Verhoeven, 1986.

Seine wichtigsten Regie-Arbeiten für Film und TV: »Warum sind Sie gegen uns?«, 1958; »Die Brücke« (nach Manfred Gregor), mit Fritz Wepper, Volker Lechtenbrink und Cordula Trantow, 1959; »Das Wunder des Malachias« (nach Bruce Marshall), 1961; »Der längste Tag« (deutscher Teil), mit Werner Hinz, Curd Jürgens und Hans Christian Blech, USA 1961; »Der Besuch« (nach Dürrenmatt), mit Ingrid Bergman, 1964; »Morituri«, USA 1965; »Das falsche Gewicht« (nach Joseph Roth), mit Helmut Qualtinger, 1971 (auch TV); »Karpfs Karriere (nach Günter Kunert), 1972 (auch TV); »Der kurze Brief zum langen Abschied« (nach Peter Handke), 1973 (auch TV); »Die Eroberung der Zitadelle« (nach Günter Herburger), 1976 (auch TV); »Curd Jürgens – der Filmstar, der vom Theater kam«, 1977; »Die Grünstein-Variante«, 1985 (auch TV); »Sansibar oder Der letzte Grund« (nach Andersch), ARD 1986 (auch TV heißt: auch für das Fernsehen produziert).

Theater: Titelrolle in Goethes »Urfaust«, Schönbrunner Schloßtheater Wien 1940; Ferdinand in Schillers »Kabale und Liebe«, Theater der Freien Hansestadt Bremen 1941–1943; Pylades in Goethes »Iphigenie auf Tauris«, Salzburger Festspiele 1943; Harry in der deutschen Erstaufführung von Eliots »Der Familientag«, 1945, und Pierre in der deutschen Erstaufführung von Giraudoux' »Die Irre von Chaillot«, 1946, jeweils Schauspielhaus Zürich; Ämilian in der Uraufführung von Dürrenmatts »Romulus der

Große«, 1948, und Sohn in der Uraufführung von Dürrenmatts »Der Blinde«, jeweils mit Kurt Horwitz, Regie: jeweils Ernst Ginsberg, am Basler Theater; Der Neffe in Lorcas »Doña Rosita«, 1950, und Leopold in Tiecks »Ritter Blaubart«, 1951, Regie: jeweils Jürgen Fehling, Dauphin in Shaws »Die heilige Johanna«, 1952, jeweils Bayerisches Staatsschauspiel München.
Seine wichtigsten Regie-Arbeiten: Shakespeares »Antonius und Cleopatra«, Schauspielhaus Zürich 1968; Shakespeares »Der Sturm«, 1968, Albees »Winzige Alice«, 1971, jeweils Burgtheater Wien; Uraufführung von Hochhuts »Tod eines Jägers«, Salzburger Festspiele 1977; Giraudoux' »Die Irre von Chaillot«, Theater in der Josefstadt Wien 1978.
Fernsehen: Titelrolle in »Graf Öderland« (nach Frisch), mit Agnes Fink, Regie: Rolf Hädrich, ARD 1968; »Die Affaire Dreyfus« (von Matray/Krüger),
führung von Hochhuths »Tod eines Jägers«, Salzbur-
Regie: Franz Josef Wild, 3 Teile, ZDF 1968; »Der Kommissar«, mit Erik Ode, Serie, ZDF 1973; »Glücksucher«, Regie: Peter Beauvais, und »Drei Wege zum See« (nach Ingeborg Bachmann), ARD 1977; »Die Abenteuer des David Balfour«, mit Ekkehardt Belle, Regie: Jean Pierre Decourt, 4 Teile, ZDF 1978; »Der Alte«, Serie, 2 Folgen, ZDF 1979 und 1981; »Im Schlaraffenland« (nach Heinrich Mann), Regie: Fritz Umgelter, ZDF 1981; »Eine Art von Zorn«, Regie: Ulrich Edel, und »Ein Fall für zwei«, Serie, ZDF 1984; »Der geheimnisvolle Fremde« (nach Twain), Regie: Peter H. Hunt, und »Duell ohne Gnade«, mit Michel Piccoli und Liv Ullmann, Regie: Richard Demko, ARD 1984.
Auszeichnungen: Bundesfilmpreise 1959, 1960, 1972, 1976 und 1977; Filmpreis Edinburgh-Festival 1959; Preis der deutschen Filmkritik 1960; Deutscher Jugendfilmpreis 1960; Preis des Senats von Berlin 1960; »Blaues Band« der amerikanischen Filmindustrie 1963; »Goldener Bambi« (BILD + FUNK) 1963; »Silberner Bär«, Filmfestival Berlin 1967; »Goldene Kamera« (HÖRZU) 1971; Filmband in Gold 1972; Bundesverdienstkreuz der Bundesrepublik Deutschland I. Klasse 1982; »Deutscher Filmpreis« 1985; »Helmut-Käutner-Preis« der Stadt Düsseldorf 1986.
Anschrift: c/o Agentur Alexander, Lamontstraße 9, 8000 München 80.

Thekla Carola Wied

Geb. 5. 2. 1944 als Tochter eines Lehrers in Breslau; sie besuchte das Berliner Gymnasium zum Grauen Kloster; nach der Schule absolvierte sie die Folkwang-Schule Essen (1965–1967). Bereits während ihrer Ausbildung gastierte sie am Theater Essen, dem sie von 1966 bis 1969 angehörte. Weitere Bühnenstationen: Saarländisches Staatstheater Saarbrücken (1971 als Gast), Festspiele Bad Gandersheim, Luisenburg-Festspiele Wunsiedel, Staatstheater Braunschweig (1972/73 und 1975/76, Hessisches Staatstheater Wiesbaden (1974/75), Kreuzgangspiele Feuchtwangen sowie Tourneen (wo sie jeweils Rollen ihres Fachs verkörperte; zuletzt in Günthers »Schuldig«, 1985/86). Ihre erste große Filmrolle spielte sie in dem Film »Spur eines Mädchens« (Regie: Gustav Ehmck, 1967), wofür sie 1968 den Bundesfilmpreis erhielt. Bekannt wurde sie vor allem durch ihre Aufgaben beim Fernsehen, bei dem sie seit 1974 häufig tätig ist.

Frau Wied spricht engl.; sie ist ledig und lebt mit ihrem Lebensgefährten, dem Verleger Horst van Diemen abwechselnd in München und im Stubaital/Österreich.

Fernsehen: »Asche zu Asche«, Regie: Wilhelm Semmelroth, ARD 1967; Hetty Hutter in »Der Lederstrumpf« (nach James F. Cooper), mit Hellmut Lange, Regie: Pierre Gaspard-Huit, 4 Teile, ZDF 1969; »... Gut gefragt ist halb gewonnen«, mit Hans Rosenthal, Spielserie, ZDF 1973; »Eine schöne Bescherung«, ARD 1975; »Stumme Zeugen« (nach Christoff), Regie: Peter Beauvais, »Penny«, Regie: Rudolf Jugert, Serie, ARD 1975; »Bunbury« (nach Wilde), ZDF 1975 (Theateraufzeichnung aus dem Hess. Staatstheater Wiesbaden); »Taxi 4012«, Regie: Paul Verhoeven, ZDF 1976; »Wer sah ihn sterben?« (nach Tudor Gates), Regie: Theodor Grädler, ZDF 1977; »Der Alte«, Serie, 5 Folgen, ZDF 1978–1983; Alkmene in »Amphitryon« (nach Hacks), Regie: Hans-Jürgen Tögel, ZDF 1980; »Collin« (nach Stefan Heym), mit Curd Jürgens und Hans Christian Blech, Regie: Peter Schulze-Rohr, 2 Teile, ARD 1981; »Kabale und Liebe« (nach Schiller), Regie: Heinz Schirk, ARD 1982; »Derrick«, Serie, ZDF 1983; Mutter in »Ich heirate eine Familie« (von Curth Flatow), mit und unter der Regie von Peter Weck, mit Julia Biedermann, Herbert Herrmann und Bruni Löbel, 12 Teile, ZDF 1983/84; Titelrolle in »Luisa« (nach Uszkurat), ARD 1984; »Schwarz-Rot-Gold: Nicht schießen«, Regie: Dieter Wedel, ARD 1985; »Alles was Recht ist«, mit Christian Quadflieg, Regie: Peter Weck, 3 Teile, ZDF 1986.

Auszeichnungen: Bundesfilmpreis 1968; »Goldener Bambi« (BILD + FUNK) 1984.

Anschrift: c/o ZBF-Agentur München, Leopoldstraße 19, 8000 München 40, oder Amsterdamer Straße 3, 8000 München 40.

Elisabeth Wiedemann

Geb. 8. 4. 1926 in Bassum/Syke; aufgew. in Berlin; nach dem Abitur Ballettausbildung; als Tänzerin wurde sie 1944 ans Stadttheater Göttingen engagiert; von 1945–1947 war sie ebenfalls als Tänzerin Ensemblemitglied der Staatsoper Berlin; ohne Schauspielschule wandte sie sich 1947 dem Sprechtheater zu; unter Gustaf Gründgens spielte sie am Schauspielhaus Düsseldorf (1947–1951 und 1952–1955); ein Engagement an den Städt. Bühnen Frankfurt/Main (1951/52 und 1955–1960) folgte; seit 1960 ist sie freischaffend; 1961 führte sie Regie in Frischs »Biedermann und die Brandstifter« am Deutschen Theater in Santiago de Chile.

Frau Wiedemann spricht engl., franz.; sie ist verheiratet mit dem Schauspieler Richard Lauffen und lebt in Marquartstein/Oberbayern.

Film: »Ein Volksfeind«, Regie: Georg Marischka, 1977; »Is' was Kanzler?!?«, mit Günter Lamprecht, Regie: Gerhard Schmidt, 1984; »Otto – Der Film«, mit Otto Waalkes, Regie: Xaver Schwarzenberger und Otto Waalkes, 1985.

Theater: Ilse in Wedekinds »Frühlings Erwachen«, Regie: Gustaf Gründgens, 1948, Stieftochter in Pirandellos »Sechs Personen suchen einen Autor«, Regie: Ulrich Erfurth, 1952, Schauspielhaus Düsseldorf; in Giraudoux' »Undine«, Regie: Harry Buckwitz, Städt. Bühnen Frankfurt/Main, 1955; in Goetz' »Dr. med. Hiob Prätorius«, Kleine Komödie München 1967; in Ibsens »Die Frau vom Meer», Landestheater Neuss 1979; in Molnárs »Die Fee«, 1981, und in Shaffers »Party im Dunkeln«, Regie: Wolfgang Spier, 1984/85, jeweils Kleine Komödie München.

Fernsehen: »Spätere Heirat erwünscht«, ARD 1965; »Millionenspiel«, mit Dieter Thomas Heck, ARD 1969; »Wenige Schritte«, ZDF 1972; Else in »Ein Herz und eine Seele«, mit Heinz Schubert, Serie, ARD 1974/75; »Otto der Treue«, mit Willy Millowitsch, Regie: Karl Wesseler, ARD 1977; »Es begann bei Tiffany«, Regie: Wolfgang Becker, »Der Tote bin ich«, Regie: Alexander von Eschwege, ARD 1979; »Der Alte«, Serie, ZDF 1980; »Traumschiff«, Regie: Fritz Umgelter, Serie, ZDF 1981; »Traumschiff«, Regie: Alfred Vohrer, Serie, 1983; »Patchworkshop«, Regie: Dieter Finnern, ARD 1983; »Heiraten ist immer ein Risiko« (nach O'Hara), mit Carl-Heinz Schroth, Regie: Hans-Jürgen Tögel, ZDF 1984; »Schöne Ferien«, Regie: Rudolf Nussgruber, Serie, »Mein Freund Harvey« (nach Chase), mit Harald Juhnke, Regie: Wolfgang Spier (auch Komödie Berlin), und »Freitag's Abend«, mit Thomas Freitag, Serie, ARD 1985; »Damenwahl« (von Lida Winiewicz), Regie: Wolfgang Becker, ZDF 1985; »Die Schwarzwaldklinik«, mit Klausjürgen Wussow, Regie: Hans-Jürgen Tögel, Serie, ZDF 1986.

Auszeichnung: »Goldene Kamera« (HÖRZU) 1966.

Anschrift: c/o Agentur de la Berg, Haus am Weiher, 8026 Irschenhausen, oder 8215 Marquartstein/Obb.

Gert Wiedenhofen

Geb. 16. 12. 1927 als Sohn eines promovierten Rechtsanwalts in Düsseldorf; dort aufgew.; nach dem Abitur studierte er an der Universität Köln Jura und Theaterwissenschaften. Anschließend absolvierte er die Staatl. Schauspielschule Hamburg und das Max-Reinhardt-Seminar in Wien. Wichtige Bühnenstationen: Theater der Stadt Heilbronn, Theater Baden-Baden, verschiedene Bühnen der Stadt Frankfurt/Main, München und Berlin sowie Tourneen (jeweils Rollen seines Fachs). Über lange Jahre führte er ein eigenes kleines Kabarett-Theater in Berlin.
Wiedenhofen spricht engl., franz.; er ist ledig und lebt in München.
Film: »Fritz und Friederike«, 1952; »Die Nacht ohne Moral«, 1953; »Der Frontgockel«, Regie: Ferdinand Dörfler, 1955; »Durch die Wälder, durch die Auen«, 1956; »Italienreise – Liebe inbegriffen«, 1957; »Zwei Matrosen auf der Alm«, »Majestät auf Abwegen«, »Nick Knattertons Abenteuer« und »Piefke, der Schrecken der Kompanie«, 1958; »Das Rätsel der Grünen Spinne«, mit Adrian Hoven, Regie: Franz Marischka, 1960.
Fernsehen: Er spielte in über 150 TV-Produktionen, meist kleine Nebenrollen. Zuletzt: »Derrick«, Serie, und »Zwei rechts, zwei links«, ZDF 1984; »Tamboo«, Regie: Rainer Grupe, ZDF 1985.
Anschrift: c/o ZBF-Agentur München, z.Hd. Frau Herald, Leopoldstraße 19, 8000 München 40.

Hanne Wieder

Geb. 8. 5. 1929 als Tochter eines Generals der Schutzpolizei in Hannoversch-Münden; sie besuchte insgesamt elf Schulen. Ihre Schauspielausbildung erhielt sie an der Schauspielschule Karlsruhe. Ihre Theaterstationen: Bühnen in Stuttgart und Tübingen, »Kom(m)ödchen Düsseldorf«, Kabarett »Rendezvous« Hamburg, Tournee-Kabarett »Die Amnestierten«, Nordmark-Landestheater Schleswig, Münchner Kammerspiele, Theater Die Kleine Freiheit München und Kleine Komödie München (dort: »Amanda«). In den letzten Jahren gastierte sie mit ihren Soloprogrammen u.a. in der Münchner »Lach- und Schießgesellschaft« (zuletzt 1983/84: »Hanne Wieder da«).
Ihr Filmdebüt gab sie 1957; im Fernsehen tritt sie nur sehr selten auf. Sie ist Gastdozentin für Chanson und Musical an der Musikakademie Berlin.
Frau Wieder spricht engl.; sie ist ledig und lebt in München.
Film: »Mit Eva fing die Sünde an«, »Heiße Ware – heiße Herzen«, und »Das Mädchen Rosemarie«, mit Nadja Tiller, Regie: Rolf Thiele, 1958; »Labyrinth« und »Marili«, 1959; »Das Spukschloß im Spessart«, mit Liselotte Pulver und Hans Clarin, Regie: Kurt Hoffmann, 1960; »Es war mir ein Vergnügen«, Regie: Imo Moszkowicz, 1963; »Grieche sucht Griechin«, mit Heinz Rühmann, Regie: Rolf Thiele, 1966; »Trauma«, Regie: Gabi Kubach, 1984.
Fernsehen: »Feuerwerk« (nach Burkhard); »Der Frosch und die Fliege«; »Die Katze im Sack« (von Menge), mit Hanns Lothar, Regie: Jürgen Roland, 2 Teile, ARD 1965; »Die große Flucht«; »Professor Sound und die Pille«; »Der Alte«, Serie, ZDF 1977; »Liebe, Tod und Heringshäppchen«, Regie: Sven Severin, ZDF 1979; »Traumland Operette«, ZDF 1984; »Polizei-Inspektion 1«, mit Walter Sedlmayr, Serie, ARD 1985.
Auszeichnungen: Deutsche Kritikerpreise 1958 und 1959.
Anschrift: c/o Agentur Jäger, Postfach 1328, 8130 Starnberg.

Guido Wieland

Geb. 18. 11. 1912 als Sohn des Schauspielers Ernst Wieland in Wien; dort aufgew.; nach Schule und Staatsakademie kam er als Eleve an das Raimund-Theater Wien (später als Gast bis 1950). Nach zahlreichen Verpflichtungen an österr. Provinzbühnen und einem Engagement am Wiener Bürgertheater kam er 1951 an das Theater in der Josefstadt Wien, dessen Ensemble er bis heute angehört. Er spielte alle Rollen seines Fachs, bevorzugt in Stücken von Raimund, Nestroy, Schnitzler, Horváth, Molière und Bahr.
Wieland ist verheiratet mit der Schauspielerin Hansi Prinz und lebt in Wien.
Film: »1. April 2000«, Regie: Wolfgang Liebeneiner, 1952; »Sarajewo – Um Thron und Liebe«, Regie: Fritz Kortner, »Der letzte Akt«, mit Oskar Werner, Regie: G.W. Papst, »Die Wirtin zur Goldenen Krone«, Regie: Theo Lingen, und »Geheimnis einer Ärztin«, 1955; »Liebe, die den Kopf verliert« und » . . . und wer küßt mich?«, 1956; »Skandal in Ischl«, mit O.W. Fischer, »Wien, du Stadt meiner Träume«, Regie: Willi Forst, »Noch minderjährig«, 1957; »Hallo Taxi«, mit Hans Moser, Regie: Hermann Kugelstadt, »Der Pfarrer von St. Michael«, mit Erich Auer, »Der veruntreute Himmel« und »Die Straße«, 1958; »Lodernde Flamme«, USA 1959; »Das Nachtlokal zum Silbermond«, »Mädchen für die Mambo-Bar« und »Ich bin kein Casanova«, 1959; »Der brave Soldat Schwejk« (nach Hašek), mit Heinz Rühmann, Regie: Axel von Ambesser, »Deckname Salon Parisi« und »Am Galgen hängt die Liebe«, 1960; »The magnificent rebel«, USA 1960; »Geschäft mit Liebe«, 1961; »Der Leutnant und sein Richter« (nach Maria Fagyas), Regie: John Goldschmidt, 1982 (auch ZDF-Zweiteiler 1984).
Fernsehen: »Wie eine Träne im Ozean« (nach Sperber), Regie: Fritz Umgelter, 3 Teile, und »Die Geschichte der 1002. Nacht« (von Asmodi), Regie: Peter Beauvais, 2 Teile, ARD 1969; »Hier bin ich, mein Vater« (nach Torberg), Regie: Ludwig Cremer, ARD 1970; »Das Lamm«; »Das weite Land« (nach Schnitzler); »Wenn der Vater mit dem Sohne« (von Eckhardt), mit Fritz Eckhardt und Peter Weck, Regie: Peter Weck, Serie, ARD 1971; »Die weiße Stadt« (nach Dor), mit Attila Hörbiger, Regie: Michael Kehlmann, ARD 1975; »Ein Badeunfall« (von Wittlinger), mit Christian Quadflieg, Regie: Fritz Umgelter, ARD 1976; »Drei Wege zum See« (nach Ingeborg Bachmann), ARD 1977; »Tatort«, Regie: Michael Kehlmann, Serie, ARD 1978; »Cella oder Die Überwinder« (nach Werfel), ZDF 1978; »Abendlicht«, Regie: Edwin Zbonek, ARD 1979; »Glaube Liebe Hoffnung« (nach Horváth), Regie: Michael Kehlmann, »Die erste Polka« (nach Horst Bieneck), Regie: Klaus Emmerich, »Das Land, das meine Sprache spricht« (nach Lernet-Holenias »Der 20. Juli«), Regie: Michael Kehlmann, ARD 1980; »Ringstraßenpalais«, Regie: Rudolf Nussgruber, 12 Teile, ZDF 1981; »Waldheimat« (nach Hans Rosegger), 26 Folgen, ZDF 1984; »Ein Schmettering in Teplitz-Schönau«, ORF 1984; »Wer war Edgar Allan?« (von Peter Rosei), Regie: Michael Haneke, ZDF 1986. Besonderen Erfolg hatte er in den beiden ORF-Serien »Familie Leitner« und »Die liebe Familie« (eine Stegreif-Samstagnachmittag-Reihe bis 1986).
Anschrift: c/o Agentur Trude Schmidt-Gentner, Hochstraße 17–19/IX, A-1238 Wien-Rodaun, Österreich.

Stefan Wigger

– Staats-
schauspieler –

Geb. 26. 3. 1932 in Leipzig; nach dem Besuch der Theaterschule Hannover gab er sein Bühnendebüt am Stadttheater Lüneburg. Weitere Stationen: Theater der Landeshauptstadt Kiel, Theater Baden-Baden, Staatl. Schauspielbühnen Berlins (dort 1975: Wladimir in Becketts »Warten auf Godot«, Regie: Samuel Beckett selbst, auch TV), Bühnen der Stadt Bonn (dort 1980: Titelrolle in Esther Vilars »Helmer oder ein Puppenheim«, Regie: Hans-Joachim Heyse), Schauspielhaus Düsseldorf und Niedersächsisches Staatstheater Hannover (bis 1984/85). Er verkörperte jeweils Rollen seines Fachs.
Seit vielen Jahren arbeitet er häufig für den Hörfunk und in der Synchronisation. In mehreren Fernsehspielen des SFB führte er Regie: »Viel, viel Geld« (1971), »Epiphanie« (1974) und »Kyritz-Pyritz« (1979). Wigger spricht engl.; er ist verheiratet mit der Schauspielerin Uta Hallant, hat eine Tochter und einen Sohn (Max Wigger wurde ebenfalls Schauspieler; zuletzt Kriminalassistent in »Tatort«, mit Heinz Drache, Serie, ARD 1985) und lebt in Berlin.
Film: »Haie und kleine Fische«, mit Hansjörg Felmy, Regie: Frank Wisbar, 1957.
Fernsehen: »Othello« (nach Shakespeare); »Spaßmacher«; »Die Entwaffnung«; »Keiner erbt für sich allein«; »Der deutsche Meister«; »Der Selbstmörder«; »Der Krankensaal 6«; »Die beiden Freundinnen«, Regie: Axel Corti, ZDF 1978; »Der Boxer« (nach Jurek Becker), ZDF 1980; »Ganz unter uns« (nach Ayckbourn), Regie: Heinz Schirk, ARD 1981; »So lebten sie alle Tage«, mit Horst Bollmann, Regie: Ulrich Schamoni, 5 Teile, ARD 1984.
Auszeichnung: Berliner Staatsschauspieler.
Anschrift: c/o Agentur Bloy, Gasteigweg 1, 8022 Grünwald, und Waltharistraße 4b, 1000 Berlin 39.

Claus Wilcke

Geb. 12. 8. 1939 in Bremen; dort aufgew.; nach der Schauspielausbildung erhielt er unter Albert Lippert sein erstes, vier Jahre dauerndes Engagement am Theater der Freien Hansestadt Bremen.
Weitere Verpflichtungen hatte er u.a. am Staatstheater Oldenburg, an den Bühnen der Hansestadt Lübeck, an den Münchner Kammerspielen (als Gast), an der Kleinen Komödie München, am Grenzlandtheater des Kreises Aachen, an der Kleinen Komödie Hamburg, am Theater Die Komödie Frankfurt/Main und am E.T.A.-Hoffmann-Theater Bamberg (bis 1984). Dort verkörperte er jeweils Rollen seines Fachs. Die Komödie »Irma la Douce« spielte er in den letzten Jahren über 600mal.
Sein Filmdebüt gab er 1958 unter der Regie von Alfred Vohrer in dem Film »Meine 99 Bräute«. Bekannt wurde er vor allem in der Titelrolle der ZDF-Serie »Percy Stuart«, die von 1968 bis 1972 in 52 Folgen ausgestrahlt wurde. Er arbeitet umfangreich in der Synchronisation. Er ist die deutsche Stimme von Omar Sharif (u.a.).
Wilcke spricht engl., span.; er ist verheiratet, hat einen Sohn und eine Tochter und lebt in Hamburg.
Film: »Verbrechen nach Schulschluß«, mit Christian Wolff, Regie: Alfred Vohrer, »Am Tag, als der Regen kam«, Regie: Geza von Radvanyi, 1959; »Lampenfieber«, mit Johanna von Koczian, Regie: Kurt Hoffmann, »Und keiner schämte sich«, 1960; »Die Wahrheit über Rosemarie«, »Freddy und der Millionär«, und »Via Mala«, mit Gert Fröbe, Regie: Paul May, 1961.
Fernsehen: Titelrolle in »Percy Stuart«, mit Horst Keitel, 52 Folgen, ZDF 1968–1972; »John Klings Abenteuer«, mit Hellmut Lange und Uwe Friedrichsen, Serie, ZDF 1970; »Lautlose Jagd«, ARD 1973; »Der Meisterboxer« (nach Arnold/Bach), ARD 1976; »Ein Fall für Stein«, Serie, 13 Folgen, ZDF 1976; »Lemmi und die Schmöker«, Regie: Peter Podehl, ARD 1983; »Zwei schwarze Schafe«, mit Dieter Thomas Heck, Show-Serie, und »Mütter und Töchter«, Regie: Georg Tressler, ZDF 1985.
Auszeichnungen: »Otto« (BRAVO) 1970, 1971 und 1972.
Anschrift: c/o Agentur Jovanovic, Perfallstraße 6, 8000 München 80, oder Liliencronstraße 41 b, 2000 Hamburg 73.

Klaus Wildbolz

Geb. 25. 8. 1937 in Wien; dort und in Bern aufgew.; nach dem Gymnasium erwarb er zunächst das Handelsdiplom, bevor er mit dem Schauspielunterricht am Max-Reinhardt-Seminar in Wien begann; sein Debüt gab er am Stadttheater Luzern; von 1963 bis 1970 stand er im Ensemble des Theaters in der Josefstadt Wien. Seither ist er freischaffend. Gastspiele gab er seit 1967 u.a. am Theater Baden-Baden, am Schauspielhaus Düsseldorf unter Karl Heinz Stroux (1969), am Theater an der Wien in Wien (1972), an den Münchner Kammerspielen (1976), am Renaissance-Theater Berlin (1979), an der Kleinen Komödie München (1979 und 1982), bei den Salzburger Festspielen (1982) sowie bei den Festspielen in Recklinghausen, Bregenz und Heppenheim. Er machte zahlreiche Tourneen.
Wildbolz spricht engl., franz.; er ist verheiratet und lebt abwechselnd in Wien und in Einigen/Schweiz.
Film: Muller in »Permisson to kill«, mit Ava Gardner und Dirk Bogarde, Regie: Vyrill Frankel, Großbritannien 1976; Franz in »Menschenfrauen«, Regie: Vali Export, 1979.
Theater: In Molières »Der Wirrkopf«, in »Vier Fenster zum Garten«, mit Hilde Krahl, in Barillett/Grèdys »Vierzig Karat«, mit Vilma Degischer, und in Sauvajons »Tchao«, jeweils Theater in der Josefstadt Wien 1963–1970; in Schillers »Die Verschwörung des Fiesco zu Genua«, Theater Baden-Baden 1967; in Grabbes »Scherz, Satire, Ironie und tiefere Bedeutung«, Schauspielhaus Düsseldorf 1969; in Anouilhs »Romeo und Jeannette«, Regie: August Everding, Tournee 1969; in Isherwood/van Druten/Kanders »Cabaret«, Theater an der Wien 1972; Jaromir in Hofmannsthals »Der Unbestechliche«, mit Josef Meinrad, Tournee 1974, mit Romuald Pekny Münchner Kammerspiele 1976; in Ambessers »Omelette Surprise«, Renaissance-Theater Berlin und Kleine Komödie München 1979; Petruchio in Shakespeares »Der Widerspenstigen Zähmung«, 1978, Titelrolle in Hofmannsthals »Jedermann«, Festspiele Heppenheim 1979 und 1983; Guter Gesell in Hofmannsthals »Jedermann«, mit Klaus Maria Brandauer, Salzburger Festspiele 1982; Bluntschli in Shaws »Helden«, Kleine Komödie München 1982 (sowie in Udo Jürgens' Musical-Fassung am Stadttheater Luzern 1973).
Fernsehen: »Wienerinnen«, Regie: Dietrich Haugk, ARD 1968; »Der Kommissar«, mit Erik Ode, Serie, ZDF 1970; Moderation in »Schnick-Schnack«, Quiz-Serie, ARD 1974/75; »Ich kann noch ein bißchen bleiben«, ARD 1975; »Tatort«, Regie: Peter Patzak, Serie, »Heiße Ware« (nach Allan), Regie: Imo Moszkowicz, und »Die Kette« (nach Durbridge), Regie: Rolf von Sydow, 2 Teile, ARD 1977; »Bezauberndes Fräulein« (nach Benatzky), mit Marlène Charell und Bela Erny, Regie: Erich Neureuther, ZDF 1977; »Polizei-Inspektion 1«, Serie, ARD 1980; »Derrick«, Serie, ZDF 1980; »Sonderdezernat K 1«, Serie, ARD 1981; »Ringstraßenpalais«, Regie: Rudolf Nussgruber, 24 Teile, ZDF/ORF 1981–1983; »Traumschiff«, Regie: Alfred Vohrer, Serie, ZDF 1983; »Tiefe Wasser« (nach Highsmith), Regie: Franz Peter Wirth, 2 Teile, ARD 1983; »Ein idealer Gatte« (nach Wilde), Regie: Hans Jaray, ORF 1984; »SOKO 5113«, Serie, ZDF 1985; »Schöne Ferien«, Regie: Rudolf Nussgruber, Serie, ARD 1985; »Wiener Klatsch« (nach Auernheimer), mit Peter Weck, Regie: Georg Madeja, ORF 1985.
Ferner wirkte er in zahlreichen TV Shows mit, u.a. bei Peter Kraus, Gitte Haenning, Franz Grothe und Anneliese Rothenberger.
Anschrift: c/o Agentur Alexander, Lamontstraße 9, 8000 München 80, oder Gloriettegasse 12, A-1130 Wien, Österreich.

Ulrich Wildgruber

Geb. 18. 11. 1937 in Bielefeld; dort aufgew.; er besuchte das Gymnasium bis zur Oberprima, danach absolvierte er drei Jahre lang das Max-Reinhardt-Seminar in Wien. Erste Engagements hatte er u.a. an der Komödie Basel, am Volkstheater Wien, an den Städt. Bühnen Heidelberg, am Theater im Zimmer Hamburg und am Theater Oberhausen. Seit 1968 spielte er u.a. am Württembergischen Staatstheater Stuttgart, an der Schaubühne am Halleschen Ufer Berlin, am Schauspielhaus Bochum, an der Freien Volksbühne Berlin, am Thalia-Theater Hamburg, an den Bühnen der Stadt Köln und am Deutschen Schauspielhaus Hamburg (seit 1975), dem er bis heute angehört. Gastspiele gab er zudem bei den Salzburger Festspielen. Bedeutsam war vor allem seine Zusammenarbeit mit Peter Zadek.
Wildgruber ist verheiratet, hat eine Tochter und lebt in Hamburg.
Film: »Eiszeit«, mit O.E. Hasse, Regie: Peter Zadek, 1977; »Die Hamburger Krankheit«, mit Fernando Arrabal und Helmut Griem, Regie: Peter Fleischmann, 1979; »Die wilden Fünfziger« (nach Simmel), Regie: Peter Zadek, 1983; »Super«, mit Hannelore Hoger und Udo Lindenberg, Regie: Adolf Winkelmann, 1984.
Theater: Schweizerkas in Brechts »Mutter Courage und ihre Kinder«, Volkstheater Wien 1963; Ulrich Bräker in Hacks' »Die Schlacht bei Lobositz«, Regie: Claus Peymann, Städt. Bühnen Heidelberg 1967; Titelrolle in Brechts »Baal«, Regie: Hans Neuenfels, Theater im Zimmer Hamburg 1967; Titelrolle in der Uraufführung von Handkes »Kaspar«, Regie: Günter Büch, Theater Oberhausen 1968; Alexej in Wischnewskis »Optimistische Tragödie«, Regie: Peter Stein, Schaubühne am Halleschen Ufer Berlin 1972; Vater in der Uraufführung von Bernhards »Der Ignorant und der Wahnsinnige«, Regie: Claus Peymann, Festspiele Salzburg 1972 und Deutsches Schauspielhaus Hamburg 1973; Titelrolle in Sophokles' »Ödipus auf Kolonos«, Regie: Jürgen Josch, Bühnen der Stadt Köln; Werschinin in Tschechows »Drei Schwestern«, 1980, Titelrolle in Schillers »Die Verschwörung des Fiesco zu Genua«, 1981, Gregor in Handkes »Über die Dörfer«, 1982, Regie: jeweils Niels-Peter Rudolph, und Puntila in Brechts »Herr Puntila und sein Knecht Matti«, Regie: Frank-Patrick Steckel, 1983/84, Solo-Partie in der Uraufführung von Waechters »W«, Regie: Waechter selbst, 1984/85, jeweils Deutsches Schauspielhaus Hamburg.
Unter der Regie von Peter Zadek spielte er seit 1972 am Schauspielhaus Bochum, an der Freien Volksbühne Berlin, am Thalia-Theater Hamburg und am Deutschen Schauspielhaus Hamburg: Lanzelot in Shakespeares »Der Kaufmann von Venedig«, 1972, Trigorin in Tschechows »Die Möwe« und Oswald in Dorsts »Eiszeit«, 1973, Titelrolle in Shakespeares »König Lear«, Hjalmar Ekdal in Ibsens »Die Wildente«, 1975/76, Titelrolle in Shakespeares »Othello«, 1976, Lövborg in Ibsens »Hedda Gabler« und Titelrolle in Shakespeares »Hamlet«, 1977, Ged Murray in Griffith' »Komiker« und Leontes in Shakespeares »Das Wintermärchen«, 1978. Alceste in Molières »Der Menschenfeind«, 1979, Petruchio in Shakespeares »Der Widerspenstigen Zähmung«, 1981, Worthing in Wildes »Bunbury«, 1983, Wally in Hopkins' »Verlorene Zeit«, 1984, und Bosola in Websters »Die Herzogin von Malfi«, 1985.
Fernsehen: Neben Theateraufführungen, die auch im Fernsehen ausgestrahlt wurden, ferner: »Mosch«, mit Marius Müller-Westernhagen, Buch und Regie: Tankred Dorst, ARD 1980; »Meister Timpe« (nach Max Kretzer), mit Hans Christian Blech, 2 Teile, ZDF 1980; »Wer den Schaden hat«, Regie: Dieter Wedel, ZDF 1981; Rupert in »Die Familie oder Schroffenstein« (nach Kleist), Regie: Hans Neuenfels, ZDF 1984; »Jagger und Spaghetti«, Regie: Karsten Wichniarz, ZDF 1985.
Auszeichnung: »Norddeutscher Theaterpreis« für die Darstellung des Hjalmar Ekdal in Ibsens »Die Wildente«.
Anschrift: Blumenstraße 68, 2000 Hamburg 70.

Helmut Wildt

–Staatsschauspieler

Geb. 9. 4. 1922 in Bad Pyrmont; aufgew. in Berlin, wo er auch heute lebt; verheiratet; spricht engl., franz., ital.; Abitur; nach der Kriegsgefangenschaft in den USA (1943–46) und in England (1946/47) besuchte er die Schauspielschule der Kammerspiele Hannover (1947–1949), wo er auch debütierte; gleichzeitig war er als Sprecher beim NWDR tätig; bis 1954 stand er am Niedersächsischen Staatstheater Hannover unter Vertrag; ein Engagement an den Wuppertaler Bühnen (1954–1958) folgte; seit 1958 gehört er zum Ensemble des Schiller-Theaters Berlin.
Film: »Schwarzer Kies«, Regie: Helmut Käutner, 1960; »Das Leben beginnt um 8«, mit O.E. Hasse und Johanna Matz, Regie: Michael Kehlmann, 1961; »Das Feuerschiff«, mit James Robertson Justice und Dieter Borsche, Regie: Ladislao Vajda, 1962; »Piccadilly 0 Uhr 12«, mit Hanns Lothar, Regie: Rudolf Zehetgruber, 1963; »Spione unter sich«, mit Henry Fonda und Robert Ryan, Regie: Terence Young, USA 1965.
Theater: Matti in Brechts »Herr Puntila und sein Knecht Matti«, Regie: Peter Palitzsch, Wuppertaler Bühnen 1957; Gianettino in Schillers »Die Verschwörung des Fiesco zu Genua«, Regie: Gustav Rudolf Sellner (1958), Soldat in Frischs »Andorra«, Regie: Fritz Kortner (1962), Dr. Jura in Bahrs »Das Konzert«, Regie: Boleslaw Barlog (1963), Trombon in Majakowskis »Die Wanze«, Regie: Konrad Swinarski (1965), Titelrolle in Goethes »Faust II«, Regie: Ernst Schröder (1966), Philinte in Enzenbergers »Der Menschenfeind« (nach Molières »Der Misanthrop«), Regie: Hans Schweikart (1967), Präsident in Schillers »Kabale und Liebe«, Regie: Hans Hollmann (1971), Theobald Maske in Sternheims »Die Hose«, Regie: Boleslaw Barlog (1978), Dorfrichter Adam in Kleists »Der zerbrochene Krug«, Regie: Hans Lietzau (1980 – auch TV), jeweils Schiller-Theater Berlin.
Fernsehen: »Das Millionending«, Regie: Helmuth Ashley, 2 Teile, ZDF 1966/67; »Beaumarchais«, ZDF 1968; »Marschall Tuchatschewski«, Regie: Rudolf Jugert, ZDF 1969; »Möwenschrei« (nach Gorki), Regie: Heinz Schirk, »Als wär's ein Stück von mir« (nach Zuckmayer), Regie: August Everding, ZDF 1976; »Der unanständige Profit«, Regie: Thomas Mitscherlich, ZDF 1977; »Einmal Moskau und zurück«, Regie: Helmut Polixa, ARD 1983; »Feuer für den großen Drachen«, Regie: Eberhard Itzenplitz, ARD 1984.
Auszeichnung: Berliner Staatsschauspieler.
Anschrift: Rüdesheimer Platz 1, 1000 Berlin 33.

Gundolf Willer

Geb. 31. 3. 1937 in Berlin; dort aufgew.; nach dem Gymnasium absolvierte er das UFA-Nachwuchsstudio unter Else Bongers in Berlin, mit Musical- , Gesangs- und Tanzausbildung. 1959 legte er die Bühnenprüfung ab. Bühnenengagements hatte er u.a. am Schauspielhaus Bochum unter Hans Schalla, am Schauspielhaus Zürich, am Niedersächsischen Staatstheater Hannover und am Thalia-Theater Hamburg; Gastspiele gab er zudem u.a. am Renaissance-Theater, am Theater am Kurfürstendamm, an der Freien Volksbühne, an der Deutschen Oper und am Schiller-Theater, jeweils Berlin, am Theater in der Josefstadt Wien sowie an Bühnen in Hamburg, München, Hannover, bei zahlreichen Festspielen und wirkte auf zahlreichen Tourneen mit.
Willer spricht engl.; er ist ledig und lebt abwechselnd in Berlin und Miami/Florida, USA.
Film: »Hilfe, mich liebt eine Jungfrau/Une pucelle en or«, mit Jacques Bézard, Yvonne ten Hoff und Ralf Wolter, Regie: Arthur Maria Rabenalt, BRD/Frankreich 1970.
Theater: Moritz Stiefel in Wedekinds »Frühlings Erwachen«, Ferdinand in Schillers »Kabale und Liebe«, Titelrolle in Goethes »Clavigo«, Titelrolle in Schillers »Don Carlos«, Lanzelot in Shakespeares »Der Kaufmann von Venedig«, Silvius in Shakespeares »Wie es euch gefällt«, Cornelius Hackl in Hermans »Hallo Dolly«, Truffaldino in Goldonis »Der Diener zweier Herren«, Sigismund in Calderons »Das Leben ein Traum«, D'Assonville in Anouilhs »Majestäten«, Soldat in Ramuz/Strawinskys »Die Geschichte vom Soldaten«, Andri in Frischs »Andorra«, Eisenring in Frischs »Biedermann und die Brandstifter«, Fürst in Sternheims »Bürger Schippel«, jeweils an den vorgenannten Bühnen. Regisseure waren u.a. Heinz Hilpert, Hans Lietzau, Peter Palitzsch, Peter Zadek, Helmut Käutner, Gustav Rudolf Sellner, Jean-Pierre Ponnelle, Hans Schalla, Viktor de Kowa und Maria Becker.
Fernsehen: Unter der Regie von Wolfgang Liebeneiner spielte er u.a. in: »Die Schelme im Paradies« (nach Martens/Obey), mit Wolfgang Reichmann und Karl-Maria Schley, ZDF 1965; »Towarisch« (nach Deval), mit Gitte Haenning, Peter Weck und Karin Hübner, ZDF 1966; »Keine Angst vor Kolibris« (nach André), mit Uli Philipp, Hans Clarin und Herbert Stass, ZDF 1967. Unter der Regie von Karl-Heinz Bieber spielte er u.a. in: »Spiel mit dem Tode«, mit Paul Dahlke, Karl-Michael Vogler und Hannelore Elsner; »Liliomfi«, mit Uli Philipp; »Der Querkopf«, mit Paul Dahlke. Ferner u.a. in: »Ein Tag im April« (nach Benedetti), mit Agnes Fink, Herbert Stass und Franz Schafheitlin, Regie: Franz Josef Wild, ARD 1965; »Majestäten« (nach Anouilh), mit O.E. Hasse und Peter Mosbacher, Regie: Willi Schmidt, ARD 1966; »Palme im Rosengarten« (nach Roberts), mit Inge Meysel und Gerhard Riedmann, Regie: Claus-Peter Witt, ARD 1967; »Sein letzter Drink«, mit Franziska Bronnen, Regie: Claus-Peter Witt, ARD; »Ein Tag in Paris«, mit Viktor de Kowa, Regie: Georg Wildhagen, ZDF; »PS – Geschichten ums Auto«, mit Günter Pfitzmann und Liane Hielscher, Regie: Claus-Peter Witt, Serie, ARD; »Der Alte«, Regie: Alfred Vohrer, Serie, ZDF; »Der Auswanderer«, mit Benno Sterzenbach, Regie: Edward Rothe, ARD.
Anschrift: c/o Agentur von Pilecki, Eilandstraße 12, 8000 München 90, oder Britzer Damm 153, 1000 Berlin 47.

Ute Willing

Geb. 8. 10. 1958 in München; dort aufgew.; nach der Schule nahm sie Schauspielunterricht. Unter der Regie von Alfred Vohrer gab sie ihr Filmdebüt 1975 in dem Film »Verbrechen nach Schulschluß«. Bühnengastspiele gab sie u.a. am Theater am Kurfürstendamm und Komödie Berlin (bis 1985), am Theater am Dom Köln (1984/85) sowie auf Tournee.
Ute Willing spricht engl.; sie ist ledig und lebt in Berlin.
Theater: In Kotzebues »Der Rehbock«, Tournee (Neue Schaubühne München); in Hasenclevers »Ein besserer Herr«, mit Harald Juhnke, in Hengges »Die Durchreise«, mit Georg Thomalla, in »In bester Gesellschaft«, mit Paul Hubschmid, in Chases »Mein Freund Harvey«, mit Harald Juhnke (auch ARD 1985), und in der Uraufführung von B. Capells »Micky Maus und Einstein«, jeweils Theater am Kurfürstendamm und Komödie Berlin (bis 1985); in Vincons »Gipfeltreffen«, Theater am Dom Köln 1984/85 (auch ARD 1985).
Fernsehen: »Karl der Gerechte« (nach Schnurre), mit Fritz Muliar, Regie: Joachim Hess, Serie, ARD 1975; »Der Kommissar«, mit Erik Ode, Serie, ZDF 1975; »Block 7«, »Freizeitheim«, Serie, und »Jede Woche hat auch einen Sonntag«, ARD/ZDF 1976; »Kennen Sie die Lindemanns?«, mit Barbara Rütting, »Notwehr« (von Bernd Schröder), ZDF 1977; »Apartment für Drei« (nach Nick Hall), Regie: Georg Marischka, »Was wären wir ohne uns?«, mit Horst Bollmann und Gerd Vespermann, Regie: Ulrich Schamoni, 4 Teile, ARD 1979; »Der Alte«, Serie, 3 Folgen, ZDF 1979–1982; »Liebe bleibt nicht ohne Schmerzen«, mit Ekkehardt Belle, ARD 1982; »Derrick«, Serie, 3 Folgen, ZDF 1982–1984; »Die Rückkehr der Träume«, ZDF 1983; »Polizei-Inspektion 1«, mit Walter Sedlmayr, Serie, ARD 1984; »Der Sheriff von Linsenbach«, mit Rolf Schimpf, ZDF 1984; »Sesamstraße«, Serie, ARD 1983/84; »Unsere schönsten Jahre«, mit Uschi Glas und Elmar Wepper, Regie: Michael Braun, Serie, ZDF 1985; »Detektivbüro Roth«, 29 Teile, ARD 1986.
Anschrift: c/o Agentur Jovanovic, Perfallstraße 6, 8000 München 80.

Maria Wimmer

(eigentlich: Maria Seemüller, geb. Wimmer)

Geb. 27. 1. 1910 als Tochter eines Baurats in Dresden; dort aufgew.; nach dem Abitur nahm sie Schauspielunterricht in Leipzig. Ihr Debüt gab sie als Marei in Hauptmanns »Florian Geyer« am Stadttheater Stettin im Jahre 1930. Weitere Stationen: Städt. Bühnen Frankfurt/Main (1934–1938), Deutsches Schauspielhaus Hamburg (1938–1947), Bayerisches Staatsschauspiel München (1947/48), Münchner Kammerspiele (1948–1953, als Gast bis 1965 und 1983/84) und Schauspielhaus Düsseldorf (1957–1966). Gastspiele gab sie zudem u.a. bei den Ruhrfestspielen Recklinghausen, bei den Salzburger Festspielen, am Theater am Besenbinderhof Hamburg, am Theater am Kurfürstendamm Berlin, an der Freien Volksbühne Berlin, am Burgtheater Wien, am Schiller-Theater Berlin, am Renaissance-Theater Berlin sowie an den Bühnen, wo sie früher im Ensemble stand.
Frau Wimmer spricht engl.; sie ist verheiratet und lebt in München.
Film: »Der fallende Stern«, 1950; »Der große Zapfenstreich«, 1951; »Ein Leben für Do« und »Der Engel mit dem Flammenschwert«, 1953; »Sauerbruch – Das war mein Leben«, mit Ewald Balser, Regie: Rolf Hansen, 1954.
Theater: Gretchen in Goethes »Faust«, Kunigunde in Kleists »Das Käthchen von Heilbronn« und Mariamne in Hebbels »Herodes und Mariamne«, jeweils Städt. Bühnen Frankfurt/Main 1934–1938; Titelrolle in Goethes »Stella«, Rhodope in Hebbels »Gyges und sein Ring«, Amalia in Schillers »Die Räuber«, Titelrolle in Schillers »Maria Stuart«, Titelrolle in Lessings »Minna von Barnhelm«, Alkmene in Kleists »Amphitryon«, Titelrolle in Moretos »Donna Diana«, Titelrolle in Goethes »Iphigenie auf Tauris«, Titelrolle in Sophokles' »Antigone« und Lia in Giraudoux' »Sodom und Gomorrha«, jeweils Deutsches Schauspielhaus Hamburg 1938–1947; Elisabeth in Schillers »Don Carlos« und Königin in Cocteaus »Der Doppeladler«, jeweils Bayerisches Staatsschauspiel München 1947/48; Mutter in Ferdinands »Verbotene Reise«, Helena und Mater Gloriosa in Goethes »Faust II«, Frau des Richters in Camus' »Der Belagerungszustand«, Jennet in Frys »Die Dame ist nicht fürs Feuer«, Elisabeth Proctor in der deutschen Erstaufführung von Millers »Hexenjagd«, Dame in Strindbergs »Nach Damaskus«, Lady Macbeth in Shakespeares »Macbeth« und Ysé in Claudels »Mittagswende«, Regie: jeweils Hans Schweikart, Laura in Strindbergs »Der Vater«, Titelrolle in Lessings »Minna von Barnhelm« und Serafine in Williams' »Die tätowierte Rose«, Regie: jeweils Fritz Kortner, Barbara in Zuckmayers »Barbara Blomberg«, Regie: Friedrich Domin, Mary in der deutschen Erstaufführung von Booth-Luces »Frauen in New York«, Regie: Harry Buckwitz, Lavinia in Eliots »Die Cocktail Party«, Regie: Peter Lühr, Marion Castle in der deutschen Erstaufführung von Odets' »Das große Messer«, Regie: Fritz Peter Buch, Elvira in Frischs »Don Juan oder Die Liebe zur Geometrie«, Regie: Leonard Steckel, Helene in Wedekinds »Der Kammersänger«, Regie: Paul Verhoeven, Amelia in der deutschen Erstaufführung von Albees »Die Ballade vom traurigen Café«, Regie: August Everding, jeweils Münchner Kammerspiele 1948–1965; Indras Tochter in Strindbergs »Ein Traumspiel«, Theater am Kurfürstendamm Berlin 1955; Titelrolle in Goethes »Iphigenie auf Tauris«, Regie: Gustav Rudolf Sellner, Ruhrfestspiele Recklinghausen, 1959; Alice in Strindbergs »Totentanz« und Ilse in Pirandellos »Die Riesen vom Berge«, 1958, Proëza in Claudels »Der seidene Schuh« und Titelrolle in Racines »Phädra«, 1959, Adelheid von Walldorf in Goethes »Götz von Berlichingen« und Mutter in O'Neills »Trauer muß Elektra tragen«, 1961, Titelrolle in Euripides' »Medea« und Winnie in Becketts »Glückliche Tage« (auch TV), Frau John in Hauptmanns »Die Ratten«, 1963, Regie: jeweils Karl Heinz Stroux, Titelrolle in Goethes »Iphigenie auf Tauris«, Regie: Leopold Lindtberg, 1964, und Titelrolle in Aristophanes' »Lysistrate«, Regie: Karl Heinz Stroux, 1966, jeweils Schauspielhaus Düsseldorf; Titelrolle in Goldonis »Mirandolina«, Tournee 1960; Iokaste in Sophokles' »Ödipus auf Kolonos«, Regie: Gustav Rudolf Sellner, Salzburger Festspiele 1965; Cleopatra in Shakespeares »Antonius und Cleopatra«, Regie: Fritz Kortner, Schiller-Theater Berlin 1969; Agnes in Albees »Empfindliches Gleichgewicht«, Regie: Oscar Fritz Schuh, Deutsches Schauspielhaus Hamburg 1969; Ranewskaja in Tschechows »Der Kirschgarten«, Regie: Rudolf Noelte, Bayerisches Staats-

schauspiel München 1970 (auch TV); Ada Freifrau von Stetten in Horváths »Zur schönen Aussicht«, Regie: Michael Kehlmann, Tournee 1972; Mrs. Mary Tyrone in O'Neills »Eines langen Tages Reise in die Nacht«, Regie: Rudolf Noelte, Deutsches Schauspielhaus Hamburg 1975; Frau von Stein in Hacks' »Ein Gespräch im Hause Stein über den abwesenden Herrn von Goethe«, Renaissance-Theater Berlin; Titelrolle in Marty Martins »Gertrude Stein Gertrude Stein Gertrude Stein«, Regie: Klaus Emmerich, Münchner Kammerspiele (Werkraumtheater), 1984.
Fernsehen: Bis 1970 u.a.: »Im Schlaraffenland« (nach Heinrich Mann) und »Die Zimmerwirtin«. Ferner: »Der vierte Platz« (nach Mönnich), Regie: Joachim Hess, ARD 1969; »Zinngeschrei«, Regie: Ludwig Cremer, ZDF 1974; »Richelieu«, Regie: Jean-Pierre Decourt, 4 Teile, ARD 1975; »Die Dämonen« (nach Dostojewski), Regie: Claus Peter Witt, 4 Teile, ARD 1977; »Derrick«, Serie, ZDF 1978; »Kolportage« (nach Kaiser), Regie: Peter Weck, ARD 1980.
Auszeichnungen: »Louise Dumont Goldtopas« (Gegenstück zum Iffland-Ring) 1961; »Tilla-Durieux-Schmuck« (für zehn Jahre als hervorragende Vertreterin der deutschen Schauspielkunst) 1967; Kulturpreis des DGB (dotiert mit 20.000 DM) 1970; Orden »Pour le mérite«, München 1973; Großes Bundesverdienstkreuz der Bundesrepublik Deutschland 1974; Bayerischer Maximiliansorden 1984. Sie ist Mitglied der Akademie der Künste Berlin.
Anschrift: c/o Agentur Baumbauer, Keplerstraße 2, 8000 München 80.

Angela Winkler

Geb. 22. 1. 1944 in Templin/Uckermark; dort und in Erlangen aufgew.; nach dem Gymnasium privater Schauspielunterricht bei Hanna Burgwitz und Ernst Fritz Fürbringer in München; über die Studiobühne Erlangen und das Staatstheater Kassel (1967) kam sie an das Westfälische Landestheater Castrop-Rauxel unter Hans Dieter Schwarze; ein Engagement an der Schaubühne am Halleschen Ufer Berlin (1971–1978) folgte; 1981 spielte sie an der Freien Volksbühne Berlin. Seither ist sie als freie Schauspielerin vorwiegend für den Film tätig. Sie drehte seit 1968 als Hauptdarstellerin über zehn deutsche Produktionen.

Frau Winkler spricht engl., franz.; sie ist ledig, hat drei Kinder und lebt in Krautsand an der Elbe.

Film: »Jagdszenen aus Niederbayern« (nach Sperr), Regie: Peter Fleischmann, 1968; Titelrolle in »Die verlorene Ehre der Katharina Blum« (nach Böll), Regie: Volker Schlöndorff, 1976; »Die linkshändige Frau«, Buch + Regie: Peter Handke, »Deutschland im Herbst«, Regie: Autorenteam, 1978; »Messer im Kopf«, Regie: Reinhard Hauff, »Die Blechtrommel« (nach Grass), Regie: Volker Schlöndorff, 1979; »Die Verweigerung«, Regie: Claude Goretta, Frankreich/Schweiz 1980; »Heller Wahn«, mit Hanna Schygulla, Regie: Margarethe von Trotta, »Ediths Tagebuch« (nach Highsmith), mit Vadim Glowna, Regie: Hans W. Geissendörfer, und »Krieg und Frieden« (von Böll u.a.), 1983; »Danton«, mit Gerard Depardieu, Regie: Andrzej Wajda, Frankreich/BRD 1983.

Theater: Julia in Shakespeares »Romeo und Julia« und Titelrolle in Sartres »Die ehrbare Dirne«, jeweils Westfälisches Landestheater Castrop-Rauxel 1969/70; in Fleißers »Fegefeuer in Ingolstadt«, Regie: Peter Stein, und in Lasker-Schülers »Die Wupper«, Regie: Luc Bondy, jeweils Schaubühne am Halleschen Ufer Berlin 1971–1978; Stieftochter in Pirandellos »Sechs Personen suchen einen Autor«, Regie: Klaus Michael Grüber, Freie Volksbühne Berlin 1981 (auch TV).

Fernsehen: »Der blaue Strohhut« (nach Michael) und »Schichtwechsel« (nach von der Grün), ARD 1968, »Die mißbrauchten Liebesbriefe«, ARD 1969, »Gefährliche Neugier« (nach Martin) und »Die Taubenaffaire« (nach Saunders), ZDF 1970, und »Ende einer Dienstfahrt« (nach Böll), ARD 1971, Regie: jeweils Hans Dieter Schwarze; »Peer Gynt« (nach Ibsen), Regie: Peter Stein, 2 Teile, ARD 1972; »Optimistische Tragödie« (nach Wischnewski), mit Ulrich Wildgruber, Regie: Peter Stein, ARD 1974; »Die Bakchen« (nach Euripides), Regie: Klaus Michael Grüber, ARD 1975; »Letzte Liebe«, Regie: Ingemo Engström, ZDF 1980.

Auszeichnungen: »Kritikerpreis« 1975; Bundesfilmpreis 1976; »AZ-Stern des Jahres« der Abendzeitung München; »Pasinetti-Preis« der ital. Filmpresse, Internationale Filmfestspiele Venedig 1983.

Anschrift: c/o Agentur Baumbauer, Keplerstraße 2, 8000 München 80.

Judy Winter

(eigentlich: Beate Richard; ihren Künstlernamen wählte sie nach ihren Vorbildern Judy Garland und Shelley Winters.)

Geb. 4. 11. 1944 als Tochter eines Journalisten und einer ehemaligen Tänzerin in Friedland/Oberschlesien; aufgew. in Hannover, Bielefeld und Heidelberg. Dort besuchte sie ein Lyzeum und nahm ersten Ballettunterricht. 1961 absolvierte sie die Schauspielschule Stuttgart. Ihr erstes Engagement bekam sie am Ulmer Theater unter Kurt Hübner. Nach einem großen Erfolg als Wendla in Wedekinds »Frühlings Erwachen« in London wurden 1967 Film und Fernsehen auf sie aufmerksam. Trotz ihrer weiteren Theaterverpflichtungen u.a. am Theater der Stadt Trier, an den Bühnen der Freien Hansestadt Bremen, an der Kleinen Komödie München (1975), am Thalia-Theater Hamburg (1977) und auf zahlreichen Tourneen, blieb der Schwerpunkt ihrer Arbeit vornehmlich bei Fernsehen und Synchronisation. Sie synchronisiert neben anderen die Stimme von Liv Ullmann.

1979 veröffentlichte sie die LP »Sie zu Ihm«, zu der sie selbst die Texte geschrieben hat. Ihr Mann, der Jazz-Klarinettist und Orchesterleiter Rolf Kühn, komponierte die Songs.

Judy Winter spricht engl.; sie lebt in Buchholz-Trelde.

Film: »Perrak«, und »Und Jimmy ging zum Regenbogen« (nach Simmel), mit Doris Kunstmann, 1970, und »Liebe ist nur ein Wort« (nach Simmel), mit Peter Fleischmann und Malte Thorsten, 1972, Regie: jeweils Alfred Vohrer; »Der Lord von Barmbeck«, mit Martin Lüttge, Regie: Ottokar Runze, 1974; »Das Traumhaus«, Regie: Ulrich Schamoni, 1980; »Ärztinnen« (nach Hochhuth), Regie: Horst Seemann, DDR 1982.

Theater: In Albees »Alles im Garten«, mit Johannes Schaaf, 1965, Eliza in Lerner/Loewes »My Fair Lady«, 1968, Titelrolle in Hermans »Hallo, Dolly«, 1969, in »Schwere Jungs – leichte Mädchen«, Recha in Lessings »Nathan der Weise«, Titelrolle in Brechts »Mutter Courage und ihre Kinder«, jeweils an den vorgenannten Bühnen bis 1985; in Wildes »Ein idealer Gatte«, Kleine Komödie München 1975; in Ebb/Kanders »Chicago«, Thalia-Theater Hamburg 1977 und Theater an der Wien in Wien (Regie: Helmut Baumann) 1978/79; in Cocteaus »Der Doppeladler«, mit Sascha Hehn, Tournee 1984; Titelrolle in »Mrs. Dally«, Tournee 1985/86.

Fernsehen: »Der Kommissar«, mit Erik Ode, Serie, ZDF 1969; »Der kleine Doktor« (nach Simenon), mit Peer Schmidt, Serie, ZDF 1972; »Der Scheck heiligt die Mittel« (nach Kolarz), Regie: Peter Schulze-Rohr, »Zinngeschrei«, Regie: Ludwig Cremer, ZDF 1974; Titelrolle in »Frau von Bebenburg« (nach Hartmut Lange), Regie: Eberhard Itzenplitz, »Tatort«, Serie, ARD 1975; »Im Hause des Kommerzienrates« (nach Marlitt), ZDF 1975; »Wo liegt Arkadien?«, ZDF 1976; »Reifezeugnis« (aus der Reihe: »Tatort«), mit Nastassja Kinski und Christian Quadflieg, Regie: Wolfgang Petersen, »Glücksucher«, Regie: Peter Beauvais, ARD 1977; »Im Nest«, Regie: Michael Lähn, ZDF 1977; »Im Warenhaus«, Regie: Behrend Boudewijn, »Eine Frau mit vielen Gesichtern« (Personality-Show), ZDF 1979; »Der Mann, der sich in Luft auflöste« (von Willschrei), Regie: Peter Bacso, »Liederzirkus« (als Chanson-Sängerin), ZDF 1980; »Leiche auf Urlaub«, Regie: Hans-Jürgen Tögel, und »Angst« (nach Stefan Zweig), ARD 1981; »Kinder«, mit Lilli Palmer, Regie: Oswald Döpke, »Der Fall Maurizius« (nach Jakob Wassermann), mit Sigfrit Steiner und Heinz Bennent, Regie: Theodor Kotulla, ZDF 1981; »Stella« (nach Goethe), Regie: Franz Josef Wild, ARD 1982; »Die Stunde des Löwen«, Regie: Hartmut Griesmayr, »Dr. Margarete Johnson«, Regie: Dagmar Damek, ZDF 1982; »Die Falle«, Regie: Oswald Döpke, ZDF 1983; »Das schöne Ende dieser Welt«, mit Götz George und Robert Atzorn, Regie: Rainer Erler, »Der Besuch« (nach Durbridge), mit Jürgen Goslar und Horst Frank, Regie: Jürgen Roland, »Zwei schwarze Schafe«, Regie: Ralf Gregan, Serie, ZDF 1984; »Mit Achsel auf Achse« (nach Lunin), Regie: Wilfried Dotzel, und »Von einem, der auszog« (nach Molsner), Regie: Eberhard Pieper, 6 Teile, ZDF 1985; »Rudis Tagesshow«, mit Rudi Carrell, Serie, ARD 1985; »Unser Haus reicht nur für drei« (nach Hollrath), Regie: Oswald Döpke, ZDF 1986.

Auszeichnung: »Goldene Kamera« (HÖRZU), erstmals für Synchronisation vergeben, für die deutsche Stimme von Liv Ullmann, 1976.

Anschrift: c/o Agentur Alexander, Lamontstraße 9, 8000 München 80.

Siegfried Wischnewski

Geb. 15. 4. 1922 als Sohn eines Landarbeiters in Reichenwald, Kreis Gerdauen/Ostpreußen; nach großem Erfolg mit einer Schüleraufführung von Shakespeares »Der Kaufmann von Venedig« (1938) beschloß er, Schauspieler zu werden. Das Abitur legte er 1940 am Arndt-Gymnasium Berlin ab. Anschließend wurde er zum Kriegsdienst eingezogen. Ohne Besuch einer Schauspielschule debütierte er 1946 als Tempelherr in Lessings »Nathan der Weise« am Stadttheater Lüneburg. Weitere Stationen: Bühnen der Hansestadt Lübeck (1948–1950), Bühnen der Landeshauptstadt Kiel (1950–1952), Staatstheater Darmstadt (1952–1954), Hessisches Staatstheater Wiesbaden und Schauspielhaus Düsseldorf. Seit nahezu 20 Jahren ist er freischaffend. Er gastierte u.a. an der Freien Volksbühne Berlin unter Erwin Piscator.

Den Schwerpunkt seiner Tätigkeit legte er auf das Fernsehen, wo er seit 1955 in über 140 Produktionen mitgewirkt hat. Er führt auch selbst Regie. Großen Erfolg hatte er als Drehbuchautor und Titelheld in »Seine Majestät Gustav Krause« (nach Kästner). Wischnewski spricht engl., franz.; er ist verheiratet mit der Schauspielerin Trude Suzanne Ritter (die Ehe wurde 1956 geschieden, 1963 erneuert), hat einen Sohn und lebt in Königswinter.

Film: »Er kann's nicht lassen«, mit Heinz Rühmann, Regie: Axel von Ambesser, 1962; »Der Zinker« (nach Wallace), Regie: Alfred Vohrer, 1963; Hagen in »Die Nibelungen«, Regie: Harald Reinl, 1966; »Der starke Ferdinand«, Regie: Alexander Kluge, 1976; »Der Schnüffler«, mit Dieter Hallervorden, 1982; »Shalom Pharao«, Regie: Curt Linda, 1983.

Theater: Titelrolle in Shaws »Kapitän Brassbounds Bekehrung«, Astrow in Tschechows »Onkel Wanja«, Gerstein in der Uraufführung von Hochhuths »Der Stellvertreter«, Regie: Erwin Piscator (Freie Volksbühne Berlin 1963), in der deutschen Erstaufführung von Williams' »Ein Königreich auf Erden« (1969), jeweils an den vorgenannten Bühnen; Händel in Barz' »Eine mögliche Begegnung«, mit Hans Dieter Zeidler, Regie: Boleslav Barlog, Tournee 1985/86 (auch TV-Aufzeichnung aus dem Kurtheater Bad Homburg 1985).

Fernsehen: Odysseus in »Opfer für den Wind«, ARD 1955; »In der Sache J. Robert Oppenheimer« (nach Kipphardt), Regie: Gerhard Klingenberg, ARD 1964; »Melissa« (nach Durbridge), mit Ruth-Maria Kubitschek, 3 Teile, ARD 1966; »Sir Basil Zaharoff«, und »Kapitän Brassbounds Bekehrung« (nach Shaw), Regie: Wolfgang Glück, ARD 1967; Titelrolle in »Privatdetektiv Frank Kross«, Regie: Erich Neureuther, 13 Folgen, ARD 1971; »Bauern, Bomben, Bonzen« (nach Fallada), mit Ernst Jacobi, Regie: Egon Monk, 5 Teile, ARD 1973; »Die Befragung des Machiavelli«, mit Hannes Messemer, Regie: Franz Josef Wild, ARD 1977; »Generale« (von Sebastian Haffner), ZDF 1977; »Wunnigel« (von Raabe/Angermann), mit Peter Fricke, Regie: Oswald Döpke, und »Rosenmontag ist kein Feiertag«, Regie: Michael Mackenroth, ZDF 1978; Talboy Senior in »Lady Audleys Geheimnis« (nach Mary Elizabeth Braddon), mit Susanne Uhlen, und Titelrolle in »Das Doppelleben des Wilfried E.«, Regie: Wolfgang Storch, ARD 1978; »Es begann bei Tiffany«, mit Benno Hoffmann, Regie: Wolfgang Becker, »Die Quelle«, Regie: Rainer Erler, »Nathan der Weise« (nach Lessing), Regie: Oswald Döpke, ARD 1979; »Exil« (nach Feuchtwanger), mit Louise Martini, Regie: Egon Günther, ARD 1981; »Das Gesicht an der Wand«, Regie: Dieter Finnern, ARD 1983; »Derrick«, Serie, ZDF 1983; »Funkeln im Auge«, mit Heidelinde Weis, Regie: Wolfgang Becker, ZDF 1984; General Bamme in »Vor dem Sturm« (nach Fontane), Regie: Franz Peter Wirth, 6 Teile, und »Die Rückkehr der Zeitmaschine«, Regie: Jürgen Klauß, ARD 1984; Tierarzt in »Ein Heim für Tiere« (nach Willis), mit Marion Kracht, Regie: Siegfried Rothemund (u.a.), 20 Teile, und »Es war ein bißchen laut ...«, Buch + Regie: Wolfgang F. Henschel, ZDF 1985/86; »Rom ist in der kleinsten Hütte«, mit Peer Augustinski, Regie: Michael Mackenroth, 13 Teile, BR-Kabel München 1985.

Anschrift: c/o Agentur Wiedner, Destouchesstraße 32, 8000 München 40.

Christine Wodetzky

Geb. 5. 1. 1940 in Leipzig; dort aufgew.; sie absolvierte die Theaterhochschule. Ihr Bühnendebüt gab sie 1960/61 am Staatstheater Dresden. Mit ihrem damaligen Mann, einem Chirurgen, flüchtete sie 1961 in den Westen. Seither gastierte sie als freischaffende Schauspielerin u.a. am Schauspielhaus Düsseldorf, an den Bühnen der Stadt Köln, an den Wuppertaler Bühnen, am Deutschen Schauspielhaus Hamburg, am Schauspielhaus Zürich, an der Freien Volksbühne Berlin, bei den Ruhrfestspielen Recklinghausen, am Württembergischen Staatstheater Stuttgart und an den Bühnen der Stadt Bonn. Ihr Filmdebüt gab sie 1969 in dem israelischen Spielfilm »Der Dybuk«. Sie arbeitet umfangreich für das Fernsehen.
Frau Wodetzky spricht engl., franz.; sie ist verwitwet und lebt in München.
Film: »Der Dybuck«, Israel 1969; »Die Akte Odessa«, mit Maximilian Schell, Regie: Ronald Neame, Großbritannien/BRD 1974; »Bis zur bitteren Neige« (nach Simmel), 1979; »Die wunderbaren Jahre«, Buch und Regie: Rainer Kunze, 1980.
Theater: Titelrolle in Aristophanes' »Lysistrate«, Deutsches Schauspielhaus Hamburg; Polly in Brecht/Weills »Die Dreigroschenoper« und Charlotte Corday in Peter Weiss' »Die Verfolgung und Ermordung Jean Paul Marats«, jeweils Schauspielhaus Zürich; Cressida in Shakespeares »Troilus und Cressida«, Ruhrfestspiele Recklinghausen; in Hochhuths »Ärztinnen«, Freie Volksbühne Berlin.
Fernsehen: »Die Rückkehr«; »Lebeck«; »Heinrich VIII. und seine Frauen« (nach Gressieker), Regie: Heinz Schirk, ZDF 1968; »Verraten und verkauft«, »In einem Monat, in einem Jahr«, und »Transplantationen« (nach Danek), mit O.W. Fischer und Horst Tappert, ZDF 1969; »Asche des Sieges«, ARD 1970; »Insel der Rosen« (nach Mrożek), Regie: Franz Peter Wirth, ARD 1971; »Der Kommissar«, mit Erik Ode, Serie, ZDF 1972; »Madame Curie«, Regie: Wolfgang Staudte; »Freunde und Feinde« (nach Hubalek/Peter von Zahn), Regie: Peter Schulze-Rohr, ARD 1976; »Der Alte«, Serie, 3 Folgen, ZDF 1978, 1981 + 1985; »Marija« (nach Isaac Babel), Regie: Horst Flick, »Platzangst«, Regie: Thomas Schamoni, »Die Sängerin« (nach Wilhelm Hauff), Regie: Peter Schulze-Rohr, ZDF 1978; »Gala-Diners«, ZDF 1979; »Warnung aus dem Käfig« (von Peter von Zahn), und »Unter der Trikolore«, Regie: Yannick Andrei, 6 Teile, ARD 1981; »Aus meiner Aktenmappe« (von Peter von Zahn), 6 Teile, ZDF 1981; »Die Barrikade«, Regie: Jürgen Klauß, ARD 1982; »Derrick«, Serie, ZDF 1983; »Ein Mann namens Parvus«, mit Günter Lamprecht, Regie: Rudolf Nussgruber, und »Nord-Süd«, ZDF 1984; »Peanuts«, mit Erik Schumann und Karin Anselm, SRG 1984; »Ein Fall für zwei«, Serie, »Haus im Süden«, mit Ernst Schroeder, Regie: Sebastian C. Schroeder, ZDF 1985; »Schöne Ferien«, Regie: Rudolf Nussgruber, Serie, ARD 1985.
Auszeichnung: »Goldene Kamera« (HÖRZU) 1969.
Anschrift: c/o ZBF-Agentur München, Leopoldstraße 19, 8000 München 40.

Lia Wöhr

Geb. 27. 7. 1914 in Frankfurt/Main; dort aufgew.; nach der Schule absolvierte sie eine Ausbildung als Schauspielerin und Bühnentänzerin. Erste Erfolge hatte sie in Musicals und Operetten (auch als Soubrette). Über ihre Arbeit als Regieassistentin kam sie zur Opernregie. Sie inszenierte u.a. in Rom, London und Lissabon.

Besonders bekannt und beliebt wurde sie durch die Hörspielreihen »Hessemädche« und »Mutter Hesselbach« (sie sprach jeweils die Titelrolle) beim Hessischen Rundfunk. In der späteren Fernsehreihe und dem Kinofilm »Firma Hesselbach« spielte sie die Putzfrau Siebenhals. Neben Heinz Schenk trat sie bislang über 200mal als Wirtin in der ARD-Musikreihe »Zum Blauen Bock« auf. Sie arbeitet als Produzentin und war Hauptprogrammgestalterin beim Hessischen Rundfunk.

Theater spielte sie in den letzten Jahren u.a. am Volkstheater Frankfurt/Main unter Liesel Christ sowie auf Tournee (u.a. in Marceaus »Bei Irrtum Geld zurück«, Regie: Wolfgang Spier; auch ARD 1984).

Lia Wöhr spricht engl., ital., span., portug., franz.; sie ist ledig und lebt in Oberursel.

Fernsehen: Frau Siebenhals in »Firma Hesselbach«, mit Liesel Christ, Serie, ARD 1956–1962; Wirtin in »Zum Blauen Bock«, mit Heinz Schenk, Serie, ARD (bislang über 200mal); »Frankfurter Kreuz«, Serie, ARD 1984; »Tatort«, Serie, ARD 1985; »SOKO 5113«, Regie: Ulrich Stark, Serie, ZDF 1986.

Anschrift: c/o ZBF-Agentur Frankfurt, Feuerbachstraße 42–46, 6000 Frankfurt/Main, oder Bischof-Brand-Straße 3, 6370 Oberursel 5.

Joachim Wörmsdorf

Geb. 9. 12. 1939 in Breslau; aufgew. in Heidelberg; lebt in München; ledig; spricht engl., franz., ital.; Abitur; Ballett- und Schauspielausbildung in Berlin und München; Besuch der Deutschen Film- und Fernsehakademie Berlin; er arbeitet auch als Regieassistent.

Theater: In Fabbris »Nachtwache« und in Schillers »Wallenstein«, Landestheater Niedersachsen 1972/73; in Goldonis »Der Diener zweier Herren« und in Verhoeven/Impekhovens »Das kleine Hofkonzert«, Regie: jeweils Franz Wirtz, Landestheater Detmold 1976/77; 1984/85 spielte er in mehreren Kriminalstücken am Blutenburg-Theater München.

Fernsehen: »Verkehrsgericht«, Regie: Ruprecht Essberger, Serie, ZDF 1983.

Anschrift: c/o ZBF-Agentur München, Leopoldstraße 19, 8000 München 40.

Gusti Wolf

– Kammerschauspielerin –

Geb. 11. 4. 1917 in Wien; dort aufgew.; nach der Schule erhielt sie ihre Theaterausbildung bei Karl Forest. 1935 debütierte sie an den Wiener Kammerspielen. Ein Engagement am Theater Mährisch-Ostrau folgte. Weitere Stationen: Münchner Kammerspiele (1937–1939), Volksbühne Berlin (1939–1944) und Volkstheater Wien (1945/46). Seit 1946 gehört sie zum Ensemble des Wiener Burgtheaters. Unter Vertrag stand sie ferner (u.a.) am Deutschen Schauspielhaus Hamburg (ab 1955), bei den Salzburger Festspielen (ab 1952) sowie bei den Festwochen Berlin. Sie spielt Rollen ihres Fachs (bevorzugt Nestroy, Herzmanovsky-Orlando, Wedekind, Horváth, Schnitzler, Hofmannsthal und Schönherr; zuletzt: Hausbesitzerin Giez in Canettis »Die Hochzeit«, Regie: Hans Hollmann). Ihr Filmdebüt gab sie 1937 in »Die unentschuldigte Stunde«. Beim Fernsehen war sie vor allem in österr. Produktionen zu sehen.

Frau Wolf lebt in Wien.

Film: »Die unentschuldigte Stunde« und »Austernlilli«, 1937; »Kleines Bezirksgericht« mit Hans Moser, 1938; »Das Abenteuer geht weiter«, und »Fasching« mit Liesl Karlstadt, Regie: Hans Schweikart, 1939; »Falstaff in Wien«, Regie: Leopold Hainisch, und »Herz geht vor Anker«, Regie: Joe Stöckel, 1940; »Orientexpreß«, 1944; »Alles Lüge«, und »Singende Engel«, mit Gustav Waldau, Regie: Gustav Ucicky, 1949; »Wenn eine Frau liebt«, Regie: Wolfgang Liebeneiner, »Jetzt schlägt's 13«, 1950; »Verklungenes Wien«, und »Der schweigende Mund«, mit Oskar Homolka, Regie: Karl Hartl, 1951; »Saison in Salzburg«, mit Adrian Hoven, Regie: Ernst Marischka, »Wir werden das Kind schon schaukeln«, 1952; »Die geschiedene Frau« und »Die Regimentstochter«, 1953; »Rosen-Resli« (nach Johanna Spyri), mit Christine Kaufmann, Regie: Harald Reinl, 1954; »Tolle Nacht« und »Schwarzbrot und Kipferl«, 1957; »Meine schöne Mama«, mit Cordula Trantow, 1958; »Willi, der Privatdetektiv«, 1960; »Tiger-Frühling in Wien«, mit Lukas Resetarits und Kurt Weinzierl, Regie: Peter Patzak, 1984.

Fernsehen: »Das Konzert« (nach Bahr); »Das Riesenrad«; »Der alte Richter«, mit Paul Hörbiger, Serie, ZDF 1970/71; »Tatort«, mit Fritz Eckhardt, Serie, 2 Folgen, ARD 1976 und 1980; »Ein Schmetterling in Teplitz-Schönau«, ORF 1984; Mutter Kottan in »Kottan ermittelt«, mit Lukas Resetarits, Regie: Peter Patzak, Serie, 14 Teile, ORF/ZDF 1980–1984.

Auszeichnung: Kammerschauspielerin.

Anschrift: c/o Agentur Lentz, Holbeinstraße 4, 8000 München 80.

Christian Wolff

Geb. 11. 3. 1938 in Berlin; dort aufgew.; nach der mittleren Reife Besuch einer Handelsschule; von 1955 bis 1957 absolvierte er die Berliner Max-Reinhardt-Schule unter Hilde Körber, die ihn 1957 auch dem Regisseur Veit Harlan für dessen Film »Anders als du und ich« empfahl. Die Hauptrolle in dem Film »Immer wenn der Tag beginnt« folgte noch im gleichen Jahr. Bis 1968 spielte er in 15 weiteren Produktionen. Sein Theaterdebüt gab Wolff 1958 am Berliner Hebbel-Theater. Engagements an der Komödie Berlin, der Kleinen Komödie München, der Komödie Düsseldorf, dem Zimmertheater Hamburg, bei den Grillparzer-Festspielen in Forchtenstein, am Deutschen Theater München folgten; ferner war er häufig auf Deutschlandtourneen.

Wolff spricht engl.,; er ist in dritter Ehe verheiratet mit der Journalistin Marina Wolff-Handloser; sein Sohn Patrick entstammt dieser Verbindung, sein Sohn Sascha der zweiten Ehe mit der Sängerin Corny Collins; Wolff lebt in München.

Film: »Die Frühreifen«, Regie: Josef von Baky, 1957; »Don Vesuvio und das Haus der Strolche«, »Es war die erste Liebe«, und »Schinderhannes« (nach Zuckmayer), Regie: Helmut Käutner, 1958; »Kriegsgericht«, »Verbrechen nach Schulschluß«, »Der blaue Nachtfalter«, »Abschied von den Wolken«, »Am Tag, als der Regen kam« und »Alt-Heidelberg«, 1959; »Die Fasnachtsbeichte« (nach Zuckmayer), »Geschminkte Jugend« und »Schlußakkord«, 1960; »Via Mala« (nach Knittel), 1961; »Rheinsberg«, mit Cornelia Froboess, Regie: Kurt Hoffmann, 1967; »Seitenstechen«, mit Mike Krüger und Susanne Uhlen, Regie: Dieter Pröttel, 1985.

Theater: In Shakespeares »Zwei Herren aus Verona«, Hebbel-Theater Berlin 1958; in Sagans »Ein Schloß in Schweden«, Komödie Berlin 1959; Robert in Burkhards »Feuerwerk«, Komödie Düsseldorf und Tournee 1960; in Sagans »Das lila Kleid von Valentine«, Zimmertheater Hamburg, und in Shakespeares »Der Kaufmann von Venedig«, Freie Volksbühne Berlin, 1961; in Maughams »Lady Frederick« (auch TV), Ricardo in Pasos »Schöne Geschichten mit Papa und Mama« (auch TV), Kleine Komödie München 1962–1964; in Grillparzers »Des Meeres und der Liebe Wellen«, Grillparzer-Festspiele in Forchtenstein 1968; in Pulmans »Der lachende Apfel«, Kleine Komödie München 1972; in Chases »Mein Freund Harvey« und Hubert in Sagans »Das ohnmächtige Pferd« (auch TV), Tourneen 1974/75; in Colettes »Gigi«, Theater Die Kleine Freiheit München und Tournee 1975; in Thomas »Die Witwen«, Kleine Komödie München 1979/80; in Fords »Ich steig aus und mach 'ne eigene Show«, mit Heidi Brühl, Deutsches Theater München 1983.

Fernsehen: Lothar Gersdorf in »Der Brief« (nach Sentjure), ZDF 1965; Frederic in »Ein Schloß in Schweden« (nach Sagan), ZDF 1967; Leutnant September in »Die Geschichte von Vasco« (nach Schéhadé), ZDF 1968; Ketta in »Lebeck« (nach Schaaf), ARD 1968; »Meine Schwiegersöhne und ich«, Serie, ARD 1969; Roger in »Der Minister und die Ente« (nach Melville) und Dieter in »Das Mädchen meiner Träume« (nach Whitemore), ARD 1970; »Die Glückspilze«, ARD 1971; »Engadiner Bilderbogen«, 13 Folgen, ZDF 1972/73; Heinz Mattern in »Eine ungeliebte Frau« und Baron von Oldenau in »Der Scheingemahl« (jeweils nach Courths-Mahler), ARD 1974; »Drei Herren und ein Mann«, ZDF 1975; »Lady Audleys Geheimnis«, ARD 1978; »Der Verbrecher aus verlorener Ehre« (nach Schiller), Regie: Peter Schulze-Rohr, ZDF, 1978; »Derrick«, Serie, und »Nesthäkchen«, 6 Folgen, ZDF 1983; »Brautbriefe«, Regie: Guy Kuhli, BR III 1984; »Grenzenloses Himmelblau«, mit Inge Meysel, Buch und Regie: Marcus Scholz, ZDF 1985.

Auszeichnungen: Kritikerpreis für die Hauptrolle in »Verbrechen nach Schulschluß«, Filmfestival San Sebastian 1959; »Otto« (BRAVO) 1960.

Anschrift: c/o Agentur Alexander, Lamontstraße 9, 8000 München 80.

Inge Wolffberg

Geb. 6. 9. 1924 in Berlin; dort aufgew.; nach der Schule besuchte sie die Schauspielschule von Fritz Kirchhoff. Nach dem Krieg erhielt sie 1945 ein Engagement am Landestheater Potsdam. 1950 wurde sie Mitbegründerin des Berliner Kabaretts »Die Stachelschweine«, dessen Ensemble sie viele Jahre angehörte. Weitere Bühnenstationen: Theater am Kurfürstendamm Berlin, Renaissance-Theater Berlin (u.a. 1971 dort in Homes »Handicap«, Regie: Axel von Ambesser), Komödie Berlin (bis 1985) und Hansa-Theater Berlin (bis 1984).
Frau Wolffberg spricht engl.; sie lebt in Berlin.
Film: »Eine Frau genügt nicht?«, 1955; »Unter Palmen am blauen Meer«, 1957; »Ohne Mutter geht es nicht«, 1958; »Und das am Montagmorgen«, 1959; »Heldinnen« (nach Lessings »Minna von Barnhelm«), mit Johanna von Koczian, Regie: Dietrich Haugk, 1960; »Was ist denn bloß mit Willi los?«, mit Heinz Erhardt, Regie: Werner Jacobs, 1970; »Die Faust in der Tasche«, mit Ernst Hannawald, Regie: Max Willutzki, 1978; »Der rote Strumpf«, mit Inge Meysel, Regie: Wolfgang Tumler, 1980.
Fernsehen: Sie wirkte in zahlreichen Produktionen aus dem Berliner Milieu mit, zuletzt: »Familie Werner auf Reisen«; »Drüben bei Lehmanns«, Serie; »So'n Theater«, Regie: Thomas Engel, und »Eine egoistische Liebe« (von Ahlsen), Regie: Wolfgang Liebeneiner, ZDF 1973; »Ein Mann will nach oben« (nach Fallada), mit Mathieu Carrière und Ursela Monn, Regie: Herbert Ballmann, Serie, ZDF 1978; »Ein Mann für alle Fälle«, mit Harald Juhnke, Serie, und »Ein verrücktes Paar«, mit Harald Juhnke und Grit Boettcher, Serie, ZDF 1979/80; »Vater einer Tochter« (von Flatow), ARD 1981; »Leute wie du und ich«, mit Harald Juhnke, Serie, und »Die kluge Witwe«, Regie: Wolf Dietrich, ZDF 1981; »Drei Damen vom Grill«, mit Brigitte Mira und Brigitte Grothum, Serie, ARD 1982/83; »Lach' mal wieder«, mit Günter Pfitzmann, Serie, ZDF 1983; »Wissen Sie es besser?«, mit Edith Hancke, Regie: Dieter Finnern, Serie, und »Die spanische Fliege« (nach Arnold/Bach), Regie: Horst Niendorf (Theateraufzeichnung), ARD 1984; »Das Geschenk«, mit Inge Meysel und Wolfgang Kieling, Regie: Marcus Scholz, ZDF 1984; »250.000 Mükken im Pappkarton«, mit Peer Schmidt und Heinz Baumann, Regie: Norbert Schultze jun., »Jakob und Adele«, mit Carl-Heinz Schroth und Brigitte Horney, Serie, und »Berliner Weiße mit Schuß«, mit Günter Pfitzmann, Regie: Eugen York, Serie, ZDF 1985; »Wenn schon – denn schon« (von Cooney), Regie: Wolfgang Spier, ARD 1986 (Theateraufzeichnung).
Auszeichnung: »Kunstpreis der Stadt Berlin« 1957.
Anschrift: c/o ZBF-Agentur Berlin, Kurfüstendamm 206, 1000 Berlin 15.

Ralf Wolter

Geb. 28. 11. 1926 in Berlin; dort aufgew.; von 1946 bis 1948 nahm er Schauspielunterricht. Engagements hatte er u.a. am Hebbel-Theater, an der Komödie und am Theater am Kurfürstendamm in Berlin, am Kabarett »Dachluke«, »Mausefalle« und »Rauchfang« in Berlin (1954–1958), am Kabarett »Rendezvous« in Hamburg, am Rheinischen Landestheater Neuss und an der Kleinen Komödie München (seit 1971).
Besonders bekannt wurde er durch seine 120 Filme, vor allem in der Rolle des Hadschi Halef Omar in den Romanverfilmungen Karl Mays. Im Fernsehen moderierte er von 1981 bis 1985 sieben Folgen der Reihe »Das kleine Kino an der Ecke«, in der er als Filmvorführer Ausschnitte großer Kinoproduktionen zeigte. 1976 veröffentlichte er eine LP mit eigenen Kompositionen und Texten.
Wolter spricht engl., franz., span.; er ist verheiratet, hat einen Sohn und lebt in München.
Film: »Urlaub auf Ehrenwort«, mit Claus Biederstaedt, Regie: Wolfgang Liebeneiner, 1955; »Der Adler vom Velsatal«, mit Waltraut Haas, Regie: Richard Häussler, 1956; »Wir Wunderkinder«, Regie: Kurt Hoffmann, »Freddy und das Lied der Südsee«, mit Freddy Quinn, Regie: Werner Jacobs, 1958; »Peter Voss – Der Held des Tages«, mit O.W. Fischer, Regie: Georg Marischka, »Die Gans von Sedan«, mit Hardy Krüger, Regie: Helmut Käutner, »Rosen für den Staatsanwalt«, mit Martin Held und Ingrid van Bergen, Regie: Wolfgang Staudte, »Natürlich die Autofahrer«, mit Heinz Erhardt, Regie: Erich Engels, und »Drillinge an Bord«, mit Heinz Erhardt und Trude Herr, Regie: Hans Müller, 1959; »Les Aventures du Comte Nantel«, Regie: Arthur Maria Rabenalt, Frankreich/BRD 1960; »Eins, zwei, drei« (nach Molnár), Regie: Billy Wilder, USA 1961; »Die Heiden von Kummerow« mit Paul Dahlke, Regie: Werner Jacobs, 1967; »Im Land der Sonnenpyramiden«, 1968; »Cabaret«, mit Liza Minelli, Michael York, Joël Grey und Helmut Griem, Regie: Bob Fosse (Film erhielt 8 OSCARS), USA 1972; »Waldrausch« (nach Ganghofer), mit Uschi Glas, Regie: Horst Hächler, 1977; »Graf Dracula beißt jetzt auch in Oberbayern«, Regie: Carlo Ombra, 1979; »Piratensender Powerplay«, mit Mike Krüger und Thomas Gottschalk, Regie: Siggi Götz, 1981; »Laß' das, ich haß' das«, Regie: Rolf Hächler, 1983; »Eine Liebe in Deutschland« (nach Hochhuth), mit Hanna Schygulla, Regie: Andrzej Wajda, BRD/Frankreich 1983; »Drei gegen Drei«, mit der Popgruppe Trio, Regie: Dominik Graf, 1985. Als Hadschi Halef Omar in den Karl-May-Filmen: »Winnetou I«, Regie: Harald Reinl, 1963, »Der Schut«, Regie: Robert Siodmak, »Der Schatz der Azteken« und »Der Schatz im Silbersee«, Regie: Harald Reinl, 1964, »Winnetou III«, Regie: Harald Reinl, 1965. Partner waren Pierre Brice (als Winnetou) und Lex Barker.
Theater: (Vornehmlich Boulevard-Stücke) In Ayckbourns »Die bessere Hälfte«, 1971, in »Amanda«, 1973, in »Poker mit Dame«, 1974, in »Festival für einen Gauner«, 1976, in »Der Freund von nebenan«, 1978 (auch ARD 1978), in Molnárs »Die Fee« und in »Wunschträumereien«, 1981, jeweils Kleine Komödie München.
Fernsehen: »Ein Fall für Titus Bunge«, 13 Teile, ARD 1958; »Liebe gegen Paragraphen«, Regie: Wolfgang Liebeneiner, ARD 1960; »Teure Freunde«, Regie: Dieter Wieland; »Nicht von Gestern« (nach Kanin), Regie: Ludwig Cremer, ARD 1977; »Der Alte«, Serie, 3 Folgen, ZDF 1977/78; »Direction City«, Serie, ARD 1978; »Mein Freund Winnetou«, mit Pierre Brice und Siegfried Rauch, Regie: Marcel Camus, 14 Teile, ARD 1979 (erneut: ARD 1984); »Ein verrücktes Paar«, mit Harald Juhnke und Grit Boettcher, Serie, ZDF 1980–1982; »Günther-Neumann-Show«, ARD 1982; »Wir am Klavier«, mit Horst Jankowski, ARD 1984; »Lach' mal wieder«, mit Günter Pfitzmann, Regie: Wolfgang Spier, Serie, und »Angelo und Luzy«, Serie, ZDF 1984; »Alte Gauner«, Regie: Ralf Gregan, Serie, ARD 1985; »Es muß nicht immer Mord sein«, Regie: Kai Borsche, Serie, ZDF 1985.
Anschrift: c/o Agentur Mattes, Pilotystraße 2, 8000 München 22.

Herta Worell

Geb. 20. 9. 1918 (nach eigenen Angaben!) in Olmütz/Mähren; nach der Schule nahm sie Tanz-, Gesangs- und Schauspielunterricht in Berlin. Auf Empfehlung des Schriftstellers Ödön von Horváth erhielt sie ihr erstes Engagement am Berliner Schiller-Theater. Auftritte an weiteren Berliner Bühnen (darunter das Operetten-Theater) folgten. Nach dem II. Weltkrieg verpflichtete sie Werner Finck für das Kabarett. Bühnengastspiele in Frankfurt/Main, Hamburg, Wien und Zürich schlossen sich an. An der Kleinen Komödie München spielte sie seit 1955 in über 20 Stücken. Frau Worell spricht engl.; sie lebt in München.
Film: »Graf Dracula beißt jetzt auch in Oberbayern«, Regie: Carlo Ombra, 1979; »Drei Schwedinnen auf der Reeperbahn«, Regie: Walter Boos, 1980; »Randale«, mit Angelica Domröse, Regie: Manfred Purzer, 1983.
Theater: Titelrolle in Hermans Musical »Hallo, Dolly«, in Priestleys »Seit Adam und Eva«, mit Werner Finck, in Lanes »Happy end«, in Maughams »Der Kreis«, in Behrmans »Jane« (auch ARD 1958), in Douglas' »Die liebe Familie«, in Maughams »Der Goldesel«, in Homes »Ein Mann für Jenny«, in Raphaelsons »Wolken am Himmel« (auch ZDF 1964), in Mihuras »Katzenzungen« (auch ZDF 1968), in Goetz' »Das Haus in Montevideo«, in Barillet/Grédys »Die Kaktusblüte«, in Cooneys »Jetzt nicht, Liebling«, in »Ehe im Kopfstand«, in »Ein Mann für den Winter«, in Hasenclevers »Ein besserer Herr« und in Wittlingers »Scheibenschießen«, jeweils an den vorgenannten Bühnen bis 1983.
Fernsehen: »Kalte Mamselle« in »Der Forellenhof« (von Heinz Oskar Wuttig), mit Hans Söhnker, Jane Tilden, Helga Anders, Gerhard Lippert und Helmut Förnbacher, Serie, ARD 1965; »Kollege Bindelmann« (nach Lommer), Regie: Heinz Schirk, ARD 1969; »Miss Molly Mill«, Regie: Thomas Engel, Serie, ZDF 1969/70; »Die Perle« (nach Ziegler), mit Ruth Drexel, Regie: Michael Kehlmann, Serie, ARD 1972. Zudem spielte sie u.a. in »Haus der Schönheit« und »Menschen im Büro« (Serie).
Anschrift: c/o Agentur Mattes, Pilotystraße 2, 8000 München 22.

Ludwig Wühr

Geb. 6. 4. 1907 in Großholzhausen/Oberbayern; dort aufgew.; nach der Realschule Schauspielunterricht bei Hofschauspieler Eugen Gura in München; er debütierte am E.T.A.-Hoffmann-Theater in Bamberg; über ein Engagement in Gera kam er 1938 nach München, wo er seither an verschiedenen Bühnen als freier Schauspieler wirkt; Gastspiele gab er ferner an der Schaubühne am Halleschen Ufer Berlin sowie bei den Luisenburg-Festspielen in Wunsiedel.
Wühr ist verheiratet und lebt in München.
Theater: In Fleißers »Der starke Stamm«, Schaubühne am Halleschen Ufer Berlin 1965; in Franks »Sturm im Wasserglas«, in Goldonis »Der Diener zweier Herren«, in »Narren und Schafe« und in »Johnny Belinda«, jeweils Volkstheater München 1965–1972; in Anzengrubers »Die Kreuzelschreiber« und in Shakespeares »Wie es euch gefällt«, jeweils Luisenburg-Festspiele Wunsiedel 1973/74; in Schwerlas »Graf Schorschi«, Kleine Komödie München 1976; in Wilhelms »Der Brandner Kaspar und das ewig' Leben« (nach Kobell), in Thomas »Erster Klasse« und »Das Säuglingsheim«, im »Brecht-Rezitations-Abend«, in Lautensacks »Hahnenkampf«, Regie: Ruth Drexel, in Polt/Müllers »Die Exoten«, Regie: Hanns Christian Müller, jeweils Bayerisches Staatsschauspiel München 1972–1985.
Fernsehen: »Ein Tag« (nach Hubalek), Regie: Egon Monk, und »Die Pfingstorgel« (nach Lippl), Regie: Olf Fischer, ARD 1965; »Lena Christ«, »Der Holledauer Schimmel« (nach Lippl), Regie: Olf Fischer, und »Salto Mortale« (von Wuttig), mit Hans Söhnker und Gustav Knuth, Serie, ARD 1968; »Toni und Veronika«, ARD 1969; »Königlich bayerisches Amtsgericht« (von Lohmeier), Serie, ZDF 1971; »Josef Filser« (nach Thoma), ARD 1972; »Sachrang«, mit Gerhard Lippert, 3 Teile, und »Die beiden Seehunde«, ARD 1977; »Andreas Vöst« (nach Thoma), Regie: Eberhard Itzenplitz, ZDF 1979; »Und die Tuba bläst der Huber«, Serie, ZDF 1980; »Unheimliche Geschichten«, und »Der Gerichtsvollzieher«, mit Jörg Hube, Serie, ARD 1980; »Der Glockenkrieg«, Regie: Alois Lippl, »Sechsunddreißig Stunden« und »Ehe oder Liebe«, ARD 1981; »Zeit genug«, Regie: Xaver Bogner, Serie, und »Der starke Stamm« (nach Fleißer), Regie: Dieter Giesing, ARD 1982; »Polizei-Inspektion 1«, Serie, »Tatort«, Serie, und »Androjäger – Gewußt wie«, ARD 1983; Prinzregent in »Die Wiesingers« (von Ahlsen), mit Hans-Reinhard Müller, Regie: Bernd Fischerauer, Serie, ARD 1984.
Anschrift: Schönstraße 51, 8000 München 90.

Harry Wüstenhagen

Berlins unter Boleslaw Barlog. Seither gastierte er u.a. an der Komödie, am Theater am Kurfürstendamm und am Renaissance-Theater (1984: Budjuhn/Roses »Die zwölf Geschworenen«, mit Horst Buchholz und Alexander Kerst, Regie: Heribert Sasse) in Berlin sowie umfangreich auf Tournee. An den vorgenannten Bühnen verkörperte er jeweils Rollen seines Fachs. Seit 1965 arbeitet er für das Fernsehen; er wirkt umfangreich in der Synchronisation (u.a. deutsche Stimme von Jean-Pierre Cassel und Pierre Richard) und macht Hörspiele.
Wüstenhagen spricht engl.; er ist verheiratet und lebt in Berlin.
Film: »Die toten Augen von London«, Regie: Alfred Vohrer, 1961, »Der schwarze Abt«, Regie: Franz Josef Gottlieb, 1963, und »Die Gruft mit dem Rätselschloß«, Regie: Franz Josef Gottlieb, 1964, jeweils nach Edgar Wallace.
Fernsehen: (Kleiner Auszug) »Hurra, ein Junge«, Regie: Klaus Wagner, ARD 1966; »Christoph Kolumbus oder Die Entdeckung Amerikas« (nach Tucholsky/Hasenclever), Regie: Helmut Käutner, »Rotmord« (nach Tankred Dorsts »Toller«), Regie: Peter Zadek, ARD 1969; »Tatort«, Regie: Fritz Umgelter, Serie, ARD 1977; »Mulligans Rückkehr« (von Hans Frick), mit Helmut Qualtinger, Regie: Helmut Käutner, ZDF 1978; »Drei Schlafzimmer«, Regie: Wolfgang Spier (Theater-Aufzeichnung Komödie Berlin), ARD 1980; »Ein klarer Fall« (nach Magnier; Theater-Aufzeichnung Komödie Berlin), mit Harald Juhnke und Chariklia Baxevanos, ZDF 1984; »Die Dubarry« (nach Millöcker), Regie: Werner Jacobs (Wiederaufnahme), ZDF 1985.
Anschrift: c/o ZBF-Agentur Berlin, Kurfürstendamm 206, 1000 Berlin 15, oder Selbitzer Straße 107, 1000 Berlin 22.

Grete Wurm

Geb. 8. 6. 1924 in Wiesbaden; dort aufgew.; nach der Schule nahm sie privaten Schauspielunterricht in München. 1945 debütierte sie am Hessischen Staatstheater Wiesbaden, dem sie bis 1948 angehörte. Weitere Bühnenstationen: Städt. Bühnen Osnabrück und Bühnen der Hansestadt Lübeck (1948–1963), Theater der Stadt Essen und Deutsches Theater Göttingen unter Heinz Hilpert (1963–1969), Bühnen der Stadt Köln (1969–1978) und Münchner Kammerspiele (1978–1983). Gastspiele gab sie in den letzten Jahren u.a. am Württembergischen Staatstheater Stuttgart und an den Bühnen der Stadt Bonn sowie bei den Festspielen in Bad Gandersheim. Sie arbeitet umfangreich für das Fernsehen.

Frau Wurm ist verwitwet; sie lebt abwechselnd in München und Reith bei Kitzbühel, Österreich.

Theater: Titelrolle in Brechts »Mutter Courage und ihre Kinder«, Regie: Heinz Hilpert, Deutsches Theater Göttingen; Titelrolle in Dürrenmatts »Der Besuch der alten Dame«, Festspiele Bad Gandersheim; Titelrolle in de Rojas' »Celestina«, Titelrolle in Giraudoux' »Die Irre von Chaillot«, Amme in Shakespeares »Romeo und Julia«, Regie: Otmar Krejca, jeweils Bühnen der Stadt Köln; Großmutter in Lasker-Schülers »Die Wupper«, Regie: Adolf Dresen, Münchner Kammerspiele; Jocaste in Sophokles' »Ödipus auf Kolonos«, Württembergisches Staatstheater Stuttgart; Frau Direktor in der Uraufführung von Herwig Kaisers »Mit dem Rücken zur Wand«, Regie: Christoph Pfeiffer, Bühnen der Stadt Bonn (1983/84).

Fernsehen: »Das Mädchen meiner Träume« (nach Whitemore), Regie: Rolf von Sydow, ARD 1960; »Reisegesellschaft« (von Asmodi nach Maupassant), Regie: Eberhard Itzenplitz, und »Heim und Herd« (nach Sisson), Regie: Rolf von Sydow, ARD 1968; »Der Vetter Basilio« (nach Queirós), Regie: Wilhelm Semmelroth, ARD 1969; »Wie ein Blitz« (nach Durbridge), Regie: Rolf von Sydow, 3 Teile, ARD 1970; »Liebesgeschichten: Späte Liebe« (nach Max von der Grün), Regie: Ilse Hofmann, ARD 1978; »Der Tote bin ich«, mit Marius Müller-Westernhagen, Regie: Alexander von Eschwege, ARD 1979; »Nero« (nach Marceau), ZDF 1979; »Die Welt in jenem Sommer« (nach Robert Müller), Regie: Ilse Hofmann, ARD 1980; »Tatort«, Regie: Theo Mezger, Serie, ARD 1982; Oma Drombusch in »Diese Drombuschs« (von Robert Stromberger), mit Witta Pohl, Hans-Peter Korff, Mick Werup und Sabine Kaack, Regie: Claus Peter Witt, ZDF 1983/84 und 1985; »Wir kommen alle an«, Regie: Ilse Hofmann, ARD 1984; »Wochenendgeschichten«, Regie: Ilse Hofmann, Serie, ARD 1985.

Auszeichnungen: »Roswitha-Ring«, Bad Gandersheim; Kritikerpreis Köln.

Anschrift: c/o ZBF-Agentur München, Leopoldstraße 19, 8000 München 40.

Barbara Wussow

Geb. 28. 3. 1961 als Tochter des Kammerschauspielers Klausjürgen Wussow und der Schauspielerin und Schauspiellehrerin Ida Krottendorf (bürgerlich: Krottendorfer) in München; aufgew. in Wien. Nach der Schule absolvierte sie an der Akademie für Bildende Künste in Wien eine Ausbildung als Kostüm- und Bühnenbildnerin (Abschluß: Diplom). Schauspielunterricht nahm sie an der Schauspielschule Krauss in Wien.
Ihr Debüt gab sie 1985 in der Fernsehserie »Die Schwarzwaldklinik« an der Seite ihres Vaters, der die Hauptrolle des Prof. Klaus Brinkmann verkörpert. 1985/86 ist sie am Theater an der Josefstadt Wien engagiert.
Barbara Wussow spricht engl.; sie ist ledig und lebt in Wien.
Theater: In Patricks »Die verrückten Jahre«, und in »Wahlverwandtschaften«, Theater in der Josefstadt Wien 1985/86.
Fernsehen: Lernschwester Elke in »Die Schwarzwaldklinik« (von Herbert Lichtenfeld), mit Klausjürgen Wussow, Gaby Dohm, Sascha Hehn, Karin Hardt, Ilona Grübel, Jochen Schroeder und Eva Maria Bauer, Regie: Alfred Vohrer und Hans-Jürgen Tögel, 23 Teile, ZDF 1985/86; »Ich knüpfte manche zarte Bande«, mit Johannes Heesters, Regie: Rolf von Sydow, ZDF 1985.
Anschrift: Koschatgasse 13, A-1190 Wien, Österreich.

Klausjürgen Wussow

– Kammerschauspieler –

Geb. 30. 4. 1929 als Sohn eines Lehrers und Kantors in Cammin/Pommern; dort aufgew.; während der letzten Wochen des Krieges, in dem sein Vater fiel, wurde er noch als Melder und Kurier eingesetzt. Die Schule besuchte er in Lünen und ab 1946 im mecklenburgischen Waren.
An der Volksbühne Schwerin debütierte er 1947 in der Rolle des Rolf in Friedrich Wolfs »Professor Mamlock«. Insgesamt hatte er bereits 14 Rollen vom Schauspiel bis zur Operette gespielt, bevor er 1948 an die Schauspielschule des Berliner Hebbel-Theaters kam. Seine Lehrer waren Karl Meisener und Roma Bahn. 1950 erhielt er ein Engagement am Theater am Schiffbauerdamm Berlin. Weitere Stationen: Städt. Bühnen Frankfurt/Main (fünf Spielzeiten), Schauspielhaus Düsseldorf, Städt. Bühnen Köln, Schauspielhaus Zürich und Bayerisches Staatsschauspiel München. Seit 1964 gehört er zum Ensemble des Burgtheaters Wien.
Sein Filmdebüt gab er 1958 in Werner Klinglers »Blitzmädels an die Front«. Bekannt wurde er vor allem durch seine zahlreichen TV-Auftritte, meist als Serien-Held (so als »Kurier der Kaiserin«, »Sergeant Berry« oder Chefarzt der »Schwarzwaldklinik«).
In bislang fünf Ausstellungen mit eigenen Werken trat er als Maler an die Öffentlichkeit. In der Weilburg-Lyrikreihe erschien sein Gedichtband »Diese Zeit«.
Wussow spricht engl., franz.; er ist seit 1960 verheiratet mit der österr. Schauspielerin Ida Krottendorf (bürgerlich: Ida Krottendorfer, geb. 5. 4. 1933, geschieden von dem Schauspieler Ernst Stankovski; sie spielte u.a. am Düsseldorfer Schauspielhaus und an den Bühnen der Stadt Köln). Er hat zwei Kinder (Barbara und Sascha Alexander, die ebenfalls Schauspieler wurden) und lebt als österr. Staatsbürger in Wien.
Film: »Blitzmädels an die Front«, Regie: Werner Klingler, und »Arzt aus Leidenschaft«, 1958; »Der rote Kreis«, 1959; »Eine Frau fürs ganze Leben«, »Agatha laß' das Morden sein« und »Soldatensender Calais«, 1960; »Der grüne Bogenschütze«, 1961; »Heißer Hafen Hongkong«, 1962; »Die Tote von Beverly Hills«, 1964; »Sechs Pistolen jagen Prof. Z.«, 1966; »Götz von Berlichingen mit der eisernen Hand« (nach Goethe), Regie: Wolfgang Liebeneiner und Harald Reinl, 1978; »Der Bockerer« (nach Preses/Becher), Regie: Franz Antel, 1981.
Theater: Titelrolle in Schillers »Don Carlos«, Ferdinand in Schillers »Kabale und Liebe«, Karl Moor in Schillers »Die Räuber«, König Alfons VIII. in Grillparzers »Die Jüdin von Toledo«, Algernon in Wildes »Bunbury«, Orest in Giraudoux' »Elektra« Titelrolle in Anouilhs »Becket oder Die Ehre Gottes«, jeweils an den vorgenannten Bühnen.
Am Burgtheater Wien spielte er seit 1964/65: Kapitän Pierre in Hofmannsthals »Das gerettete Venedig« und Peter Peter in Goetz' »Ingeborg«, 1964/65, Ferdinand in Schillers »Kabale und Liebe«, 1965/66, Güldenstern in Stoppards »Rosenkranz und Güldenstern«, Mortimer in Schillers »Maria Stuart« und Dunois in Shaws »Die heilige Johanna«, 1967/68, Alfonso VIII. in Grillparzers »Die Jüdin von Toledo«, Graf Almaviva in Beauchmarchais' »Der tolle Tag oder Figaros Hochzeit« und Beaumarchais in Goethes »Clavigo«, 1968/69, Titelrolle in Schillers »Die Verschwörung des Fiesco zu Genua« und Vater St. Albana in Lukes »Hadrian VII.«, 1969/70, Möbius in Hasenclevers »Ein besserer Herr«, de la Gardie in Strindbergs »Königin Christine« und Titelrolle in Goethes »Egmont«, 1970/71, Raoul in Hildesheimers »Mary Stuart«, 1971/72, Posa in Schillers »Don Carlos« und Banquo in Ionescos »Macbett«, 1972/73, Fedja in Tolstois »Der lebende Leichnam« und Robert Hand in Joyce' »Verbannte«, 1973/74, James Tyrone jun. in O'Neills »Eines langen Tages Reise in die Nacht« und Werschinin in Tschechows »Drei Schwestern«, 1975/76, Algernon in Wildes »Bunbury«, 1976/77, Schwigerling in Wedekinds »Der Liebestrank«, Paris in Shakespeares »Troilus und Cressida« und George Hastings in Goldsmith' »Irrtümer einer Nacht«, 1977/78, Theseus und Oberon in Shakespeares »Ein Sommernachtstraum«, 1978/79, Du Bosc in Hochwälders »Donadieu«, Bruno Mechelke in Hauptmanns »Die Ratten« und Fremder Passagier in Ibsens »Peer Gynt«, 1980/81, Thomas Payne in Büchners »Dantons Tod« und Edward Teller in Kipphardts »In der Sache J. Robert Oppenheimer«, 1981/82, Octavio Piccolomini in Schillers »Wallenstein«, 1983/84, Oberst Stjerbinsky in Wer-

fels »Jacobowsky und der Oberst«, 1982/83, in Matinee »Berthold Viertel«, 1984, und Horatio in Shakespeares »Hamlet«, 1984–1986.

Fernsehen: »Bernhard von Lichtenberg«, mit Paul Verhoeven, Regie: Peter Beauvais, ZDF 1965; »Asche des Sieges«; »Oliver«; »Pauken und Trompeten«; Titelrolle in »Kurier der Kaiserin«, 26 Teile, ZDF 1970/71; Titelrolle in »Sergeant Berry«, 13 Teile, ZDF 1973; »Der Kommissar«, mit Erik Ode, Serie, ZDF 1974; »Kopf im Kautschuk«; »Der Teufel und der liebe Gott« (nach Sartre); »Rette sich, wer kann«; »Am Wege« (nach Bang), Regie: Peter Beauvais, 2 Teile, ARD 1975; »Hallo – Hotel Sacher ... Portier!«, von und mit Fritz Eckhardt, Regie: Hermann Kugelstadt, Serie, ZDF 1975; »Der Alte«, Serie, 3 Folgen, ZDF 1978, 1979 und 1984; »Derrick«, Serie, 2 Folgen, ZDF 1979 und 1982; »Tatort«, Regie: Jürgen Roland und Peter Weck, Serie, 2 Folgen, ARD 1979 und 1982; »Kolportage« (nach Georg Kaiser), Regie: Peter Weck, ARD 1980, Präsident von Walter in »Kabale und Liebe« (nach Schiller), Regie: Heinz Schirk, ARD 1982; »Ringstraßenpalais«, Regie: Rudolf Nussgruber, 24 Teile, ZDF 1980–1983; »Das Licht der Gerechten«, 13 Teile, ORF 1982; »Das Traumschiff«, Regie: Alfred Vohrer, Serie, und »Mich wundert, daß ich so fröhlich bin« (nach Simmel), mit Vilma Degischer, Regie: Michael Kehlmann, ZDF 1983; »Vom Webstuhl zur Weltmacht«, Regie: Heinz Schirk, 6 Teile, ARD 1983; »Heiße Wickel – kalte Güsse« (Lohmeiers »Kneippiaden«), Regie: Franz Josef Gottlieb, Serie, ZDF 1984; Chefarzt Dr. Brinkmann in »Die Schwarzwaldklinik«, mit Gaby Dohm, Heidelinde Weis, Sascha Hehn, Karin Hardt und Barbara Wussow (in der Rolle der Lernschwester Elke), Regie: Alfred Vohrer und Hans-Jürgen Tögel, Serie, ZDF 1985/86; »Detektivbüro Roth«, 29 Teile, ARD 1986.

Auszeichnungen: Kammerschauspieler; »BAMBI« (BILD + FUNK) 1985.

Anschrift: c/o Agentur Palz, Ortlindestraße 6, 8000 München 81, oder Koschatgasse 11a, A-1190 Wien, Österreich.

Hans Wyprächtiger

Geb. 29. 9. 1929 in Basel; dorf aufgew.; nach der Schule besuchte er eine Schauspielschule; 1953 war er Mitbegründer des 1. Schweizer Zimmertheaters in Basel; ferner war er als Schauspieler an der Komödie Basel engagiert, deren Studiobühne er leitete. 1954 kam er an das Stadttheater Basel und gastierte in Biel-Solothurn. Engagements am Südostbayerischen Städtetheater Landshut, bei den Ruhrfestspielen Recklinghausen und am Staatstheater Kassel (1958/59) folgten. Von 1960 bis 1968 war er unter Karl Heinz Stroux Ensemblemitglied am Schauspielhaus Düsseldorf. Seither stand er ferner am Deutschen Schauspielhaus Hamburg unter Hans Lietzau (1970/71), am Schauspielhaus Zürich (1971–1973), an der Freien Volksbühne Berlin (1979) und bei den Festspielen in Jagsthausen, Schwäbisch Hall und Ettlingen unter Vertrag. Er machte zahlreiche Tourneen.
Wyprächtiger spricht franz., ital., engl.; er ist verheiratet und lebt in Seeon in Oberbayern.
Film: »Jenseits der Berge«, 1956; »Fabian«, mit Hans-Peter Hallwachs, Regie: Wolf Gremm, 1980; »As der Asse«, mit Jean-Paul Belmondo, Regie: Gérard Oury, Frankreich 1982; »Die Sehnsucht der Veronika Voss«, mit Rosel Zech, Regie: Rainer Werner Fassbinder, und »Kamikaze 1989«, mit Rainer Werner Fassbinder, Regie: Wolf Gremm, 1982.
Theater: Weislingen in Goethes »Götz von Berlichingen«, Guter Gesell in Hofmannsthals »Jedermann«, Professor Higgins in Shaws »Pygmalion«, Lord Bolingbroke in Scribes »Das Glas Wasser«, Jimmy in Osbornes »Blick zurück im Zorn«, Petruchio in Shakespeares »Der Widerspenstigen Zähmung«, Orsino in Shakespeares »Was ihr wollt«, Titelrolle in Schillers »Die Verschwörung des Fiesco zu Genua«, Illo in Schillers »Wallenstein«, Kulygin in Tschechows »Drei Schwestern«, Claudius in Shakespeares »Hamlet«, Titelrolle in Shakespeares »König Richard II.«, Baron Luis in Hacks' »Eröffnung des indischen Zeitalters« (auch TV), Prof. Clausen in Hauptmanns »Vor Sonnenuntergang« (auch TV), in der Uraufführung von Dürrenmatts »Der Mitmacher«, Hauptmann in Büchners »Woyzeck«, Kardinal in Brechts »Leben des Galilei«, Schoppen in der Uraufführung von Hochhuths »Die Hebamme«, Sir Falstaff in Shakespeares »Die lustigen Weiber von Windsor«, Titelrolle in Calderons »Der Richter von Zalamea«, in Ibsens »Die Wildente«, Regie: Rudolf Noelte, Titelrolle in Schillers »Wallenstein«, jeweils an den vorgenannten Bühnen bis 1984.
Fernsehen: Dr. Ernst in »Der Tod im Apfelbaum« (von Osborn nach Watkin), SRG 1966; »Christoph Kolumbus oder Die Entdeckung Amerikas« (nach Tucholsky/Hasenclever), Regie: Helmut Käutner, ARD 1969; »Die Bestattung des Oskar Lieberherr« (nach Oehninger), SRG 1970; »Gerechtigkeit für Dettlinger«, ARD 1970; Ali in »Asrin oder Die Kunst zu träumen«, Regie: Vojtech Jasny, ARD 1972; »Götter sterben langsam« (nach Puchert), SRG 1972; Direktor Maurer in »Alpha-Alpha«, Serie, ZDF 1972/73; »Generale« (von Haffner), ZDF 1977; »Hinter der Tür«, »Kein Reihenhaus für Robin Hood«, Regie: jeweils Wolf Gremm, ZDF 1983; »Vom Webstuhl zur Weltmacht«, Regie: Heinz Schirk, 6 Teile, ARD 1983; »Lenin in Zürich« (nach Solschenizyn), Regie: Rolf Busch, ARD 1984; »Der falsche Prinz« (nach Hauff), Regie: Dusan Rapos, 2 Teile, ZDF 1985.
Anschrift: Kloster Seeon, 8221 Seeon/Oberbayern.

Z

Rolf Zacher

Geb. 28. 3. 1941 in Berlin; dort aufgew.; er absolvierte die Fritz-Kirchhoff-Schauspielschule und die UFA-Schauspielschule unter Else Bongers in Berlin. An der Kleinen Komödie Hamburg erhielt er sein erstes Engagement. Gastspiele in Berlin und vor allem auf Tournee folgten. Den Schwerpunkt seiner Tätigkeit legte er jedoch auf Film und Fernsehen. Er wirkte bislang in über 100 Produktionen mit.
1984 trat er in Eberhard Schoeners Rock-Klassik-Festival zusammen mit dem britischen New-Wave-Sänger Hazel O'Connor (»Breaking Glass«) auf. Er strebt in verstärktem Maße eine Karriere als Rock-Sänger an (er war früher Sänger der Gruppe »Amon Düül«).
Zacher spricht engl.; er ist geschieden; seine Ex-Frau, Mutter seiner Tochter Anna (geb. 1972), heiratete später Paul Getty jun. Zacher lebt in einem Wohnwagen in München.
Film: »Es«, mit Sabine Sinjen, Regie: Ulrich Schamoni, 1966; »Kuckucksjahre«, Regie: George Moorse, »Tamara«, Regie: Hansjürgen Pohland, 1967; »Morgens um sieben ist die Welt noch in Ordnung«, mit Gerlinde Locker, Regie: Kurt Hoffmann, »Liebe und so weiter«, Regie: George Moorse, »Der Partyphotograph«, Regie: Hans Dieter Bove, 1968; »Wenn süß das Mondlicht auf den Hügeln schläft« mit Werner Hinz, Regie: Wolfgang Liebeneiner, 1969; »O.K.«, Regie: Michael Verhoeven, »Jaider – der einsame Jäger«, mit Gottfried John, Regie: Volker Vogeler, »Mädchen mit Gewalt«, mit Helga Anders, Regie: Roger Fritz, 1970; »Cream – Schwabing-Report«, Regie: Leon Capetanos, »Lenz«, Regie: George Moorse, und »Liebe so schön wie die Liebe«, Regie: Klaus Lemke, 1971; »Harlis«, Regie: Robert van Ackeren, 1972; »Chapeau Claque«, Regie: Ulrich Schamoni, 1974; »Der letzte Schrei«, Regie: Robert van Ackeren, 1975; »Eierdiebe« und »Schattenboxer«, Regie: jeweils Michael Fengler, »Paule Pauländer«, Regie: Reinhard Hauff, »Lieb' Vaterland, magst ruhig sein«, Regie: Roland Klick, 1976; »Der Hauptdarsteller«, mit Mario Adorf, Regie: Reinhard Hauff, 1977; »Hitler's Son«, Regie: Rod Amateau, Großbritannien 1978; »Endstation Freiheit« (von Burkhard Driest), Regie: Reinhard Hauff, 1980; Herr Wehsal in »Der Zauberberg« (nach Thomas Mann), mit Christoph Eichhorn, Rod Steiger und Hans Christian Blech, Regie: Hans W. Geissendörfer, 1981 (auch 3 Teile ZDF 1984); »Ein gutes Land«, Regie: Horatius Haeberle, »Die Heartbreakers«, Regie: Peter F. Bringmann, »Die Frau mit dem roten Hut«, Regie: Tatsumi Kumashiro, 1982; »Schwarzfahrer«, Regie: Manfred Stelzer, 1983; Ulrich in »Annas Mutter«, mit Gudrun Landgrebe, Regie: Burkhard Driest, »Schulmädchen '84«, Regie: Nicolai Müllerschön, 1984; »Tapetenwechsel«, Regie: Gabriela Zerau, 1985.
Fernsehen: »Claire«, Regie: Peter Lilienthal, ARD 1966; »Abgründe« (von Ellin/Quentin), ARD 1967; »Tramp oder Der einzige und unvergleichliche Lenny Jacobson«, Regie: Peter Lilienthal, ARD 1968; »Der Beginn«, Regie: Peter Lilienthal, »Der Griller«, Regie: George Moorse, ARD 1969; »Eine Rose für Jane«, Regie: Hans W. Geissendörfer, ARD 1970; »Der Kommissar«, mit Erik Ode, Serie, ZDF 1971; »Aufstiegschancen«, ARD 1973; »Tramp«, ZDF 1974; »Tatort«, Serie, »Berlin Alexanderplatz« (nach Döblin), mit Günter Lamprecht, Regie: Rainer Werner Fassbinder, ARD 1980; »Bekenntnisse des Hochstaplers Felix Krull« (nach Thomas Mann), Regie: Bernhard Sinkel, 5 Teile, »Der Gast«, Regie: Wolfgang Mühlbauer, und »Ungleicher Lohn« (von Christa Maar), ZDF 1982; »Zuckerhut«, Regie: Vivian Naefe, ARD 1982; Gerd Semmler in »Büro, Büro«, Regie: Reinhard Schwabenitzky, 26 Teile, ARD 1983/84; »Eine Art von Zorn«, Regie: Ulrich Edel, und Angelo in »Angelo und Luzy«, mit Iris Berben, 6 Teile, ZDF 1984; »Die doppelte Welt«, Regie: Kristian Kühn, »Sterne fallen nicht vom Himmel«, Regie: Ulrich Stark, und »Tödlich gilt nicht«, Regie: Marianne S.W. Rosenbaum und Gérard Samaan, ZDF 1985; »Tatort«, Serie, und »Der Fahnder«, mit Klaus Wennemann, Regie: Werner Masten, Serie, ARD 1985.
Auszeichnung: Deutscher Darstellerpreis 1981.
Anschrift: c/o ZBF-Agentur München, Leopoldstraße 19, 8000 München 40.

Hans Zander

Geb. 9. 1. 1937 in Hamburg; dort aufgew.; nach der Schule nahm er Schauspielunterricht an der Staatl. Hochschule für Musik und darstellende Kunst Hamburg unter Prof. Eduard Marks und (privat) bei Wolfrid Lier. Er debütierte am Deutschen Schauspielhaus Hamburg. Engagements hatte er zudem u.a. am Bayerischen Staatsschauspiel München, an der Kleinen Komödie München, am T(h)eater in der Briennerstraße München sowie in Berlin und auf Tournee. Seit 1983 leitet er das Münchner Boulevardtheater im Künstlerhaus (Lenbachplatz).
Zander spricht engl.; er lebt in München.
Film: »Eine Reise ins Licht – Despair«, mit Dirk Bogarde, Regie: Rainer Werner Fassbinder, BRD/Frankreich 1978; »Die Insel der blutigen Plantage«, Regie: Kurt Raab, 1983.
Theater: An den vorgenannten Bühnen spielte er Rollen seines Fachs, u.a. (aus den letzten Jahren) in: Ambessers »Max Mahnke als Mensch«, 1971, »Amanda«, 1973, und Kerrs »Mary, Mary«, 1982, jeweils Kleine Komödie München, in Molières »Die Späße des Scapin«, 1977 (auch ARD 1977), in Thomas »Moral«, Regie: Kurt Meisel, und in Lanes »Happy end«, mit Harald Juhnke, Regie: Helmut Baumann, 1981, jeweils Bayerisches Staatsschauspiel München.
Fernsehen: »Schloß in den Wolken« (nach Locke), Regie: Michael Kehlmann, ARD 1968; »Tausendundeine Nacht«, Regie: Fritz Umgelter, ARD 1969; »Einmal im Leben«, mit Antje Hagen, Fritz Lichtenhahn und Günter Strack, Regie: Dieter Wedel, 3 Teile, »Die Perle« (nach Ziegler), mit Ruth Drexel, Regie: Michael Kehlmann, Serie, ARD 1972; »Der Kommissar«, mit Erik Ode, Serie, ZDF 1974; »Tatort«, Serie, 4 Folgen, ARD 1975–1984; »Der Alte«, Serie, ZDF 1978; »Berlin Alexanderplatz« (nach Döblin), mit Günter Lamprecht, Regie: Rainer Werner Fassbinder, ARD 1980; »Colombe« (nach Anouilh), mit Heidelinde Weis und Werner Pochath, Regie: Heinz Wilhelm Schwarz (Theateraufzeichnung), ARD 1981; »Derrick«, Serie, 2 Folgen, ZDF 1983 und 1985; »Die Wiesingers« (von Ahlsen), Regie: Bernd Fischerauer, Serie, und »Tatort«, Serie, ARD 1984; »Hans – Ein Junge in Deutschland« (nach H. Frick), ARD 1985.
Anschrift: c/o Agentur Wiedner, Destouchesstraße 32, 8000 München 40.

Manfred Zapatka

Geb. 2. 10. 1942 in Bremen; nach der Schule absolvierte er die Westfälische Schauspielschule Bochum. Sein erstes Engagement hatte er von 1966 bis 1968 an den Stadt. Bühnen Freiburg/Breisgau. Weitere Stationen: Theater der Stadt Essen (1968–1972), Württembergisches Staatstheater Stuttgart (1972–1976), Münchner Kammerspiele (seit 1976), Schauspielhaus Düsseldorf (1977), Schauspielhaus Bochum (1980) und Städt. Bühnen Frankfurt/Main (1982). Zapatka spricht engl.; er ist verheiratet und lebt in München.
Film: »Deutschland im Herbst«, Regie: Autorenteam, 1978; »Utopia«, Regie: Sahrab Shahid, und »Krieg und Frieden« (Buch : Heinrich Böll), 1983.
Theater: Peter in Weskers »Die Küche«, Städt. Bühnen Freiburg 1967, Varona in der Uraufführung von Enzensbergers »Das Verhör von Habana«, Regie: Hagen Mueller-Stahl, Ruhrfestspiele Recklinghausen 1970 (auch live WDR); Dancy in Galsworthys »Die Gesellschaft«, Theater der Stadt Essen 1971; Staschek in der Uraufführung von Langes »Staschek oder Das Leben des Ovid«, Regie: Wolf Seesemann, 1974, Franz Moor in Schillers »Die Räuber«, Regie: Claus Peymann, Paul in Wolfs »Cyankali« und Günther in der Uraufführung von Botho Strauß' »Bekannte Gesichter, gemischte Gefühle«, Regie: jeweils Niels-Peter Rudolph, 1975, Kragler in Brechts »Trommeln in der Nacht«, Regie: Christof Nel, und Fjodrow in Camus' »Die Gerechten«, Regie: Claus Peymann, 1976, jeweils Württembergisches Staatstheater Stuttgart; Titelrolle in Shakespeares »Hamlet«, Regie: Otmar Krejča, Düsseldorfer Schauspielhaus 1977; Eisenstein in Johann Strauß' »Die Fledermaus«, Regie: Adolf Dresen, Schauspielhaus Bochum 1980; Titelrolle in Kleists »Amphitryon«, Regie: Adolf Dresen, Städt. Bühnen Frankfurt/Main 1982; Leicester in Schillers »Maria Stuart«, Regie: Ernst Wendt, 1979, Titelrolle in Tschechows »Platonow«, Regie: Thomas Langhoff, 1981, in H. Müllers »Hamletmaschine« und »Verkommenes Ufer«, Wolf in Botho Strauß' »Der Park«, Regie: Dieter Dorn, Titelrolle in Goethes »Torquato Tasso«, Regie: Dieter Dorn, 1984/85, Lorenzo in de Mussets »Lorenzaccio«, Regie: Thomas Langhoff, 1985/86, jeweils Münchner Kammerspiele.
Fernsehen: »Sparks in Neu Grönland« (von Helga Feddersen), Regie: Joachim Hess, ARD 1971; »Das Ende der Beherrschung« (von Gabi Kubach), ARD 1977; »Preußische Nacht«, Regie: Oswald Döpke, ZDF 1981; Wetter vom Strahl in »Das Käthchen von Heilbronn oder Die Feuerprobe« (nach Kleist), Regie: Peter Beauvais, »Angst« (nach Stefan Zweig), Regie: Dagmar Damek, ARD 1981; Titelrolle in »Egmont« (nach Goethe), Regie: Franz Peter Wirth, ARD 1982; »Tatort«, Serie, ARD 1983; »Entführung«, Regie: Günter Gräwert, und »Die Spur der Anderen«, mit Nicole Heesters, Regie: Daniel Christoff, ZDF 1985; »Die Schwarzwaldklinik«, mit Klausjürgen Wussow, Regie: Hans-Jürgen Tögel, ZDF 1986.
Anschrift: c/o Agentur Lentz, Holbeinstraße 4, 8000 München 80.

Rosel Zech

Geb. 7. 7. 1942 als Tochter eines Schiffers in Berlin-Charlottenburg; dort aufgew.; nach der Schule besuchte sie die Max-Reinhardt-Schule Berlin, die sie jedoch vorzeitig verließ. Ihr erstes Bühnenengagement hatte sie von 1962 bis 1965 am Südostbayerischen Städtetheater Landshut. Die weiteren Stationen: Wuppertaler Bühnen (1965–1970), Württembergisches Staatstheater Stuttgart (1970–1972), Schauspielhaus Bochum (1972–1977), Deutsches Schauspielhaus Hamburg (1978) und Freie Volksbühne Berlin (1979/80). Seit 1980 spielte sie am Bayerischen Staatsschauspiel München. Ab 1985/86 ist sie mit einem Gastvertrag an das Deutsche Schauspielhaus Hamburg unter Peter Zadek verpflichtet.

Frau Zech spricht engl.; sie ist verheiratet mit dem Filmproduzenten Thomas Schühly und lebt in München.

Film: »Eiszeit«, mit O.E. Hasse, Regie: Peter Zadek, 1977, Titelrolle in »Die Sehnsucht der Veronika Voss«, Regie: Rainer Werner Fassbinder, 1982; »Der Angriff der Gegenwart auf die übrige Zeit«, Regie: Alexander Kluge, 1985.

Theater: Warja in Tschechows »Der Kirschgarten«, 1967, Susie in O'Caseys »Der Pott«, Regie: Peter Zadek, 1968 (auch TV), und in Goethes »Torquato Tasso«, Regie: Angelika Hurwicz, 1969, jeweils Wuppertaler Bühnen; Titelrolle in Kleists »Penthesilea«, Regie: Klaus Michael Grüber, 1970, und Karoline in Horváths »Kasimir und Karoline«, 1972, jeweils Württembergisches Staatstheater Stuttgart; Porzia in Shakespeares »Der Kaufmann von Venedig« und Nina in Tschechows »Die Möwe«, 1973, Cordelia in Shakespeares »König Lear«, 1974, Miß Gilchrist in Behans »Die Geisel« (auch TV), 1976, Titelrolle in Ibsens »Hedda Gabler« (auch TV) und Polonius in Shakespeares »Hamlet«, 1977, Regie: jeweils Peter Zadek, Amme in Lorcas »Doña Rosita«, 1974, und Titelrolle in Calderons »Die große Zenobia«, 1975, Regie: jeweils Augusto Fernandes, Irma in Genets »Der Balkon«, Regie: Wilfried Minks, 1976, jeweils Schauspielhaus Bochum; Hermione in Shakespeares »Das Wintermärchen«, Regie: Peter Zadek, Deutsches Schauspielhaus Hamburg 1978; Woinitzewa in Tschechows »Platonow«, Regie: Luc Bondy, 1979, und Célimène in Molières »Der Menschenfeind«, Regie: Peter Zadek, 1980, jeweils Freie Volksbühne Berlin; Laura in Strindbergs »Der Vater«, Regie: Hans Lietzau, 1980, in Botho Strauß' »Bekannte Gesichter, gemischte Gefühle«, Regie: Dieter Giesing, 1984, jeweils Bayerisches Staatsschauspiel München; Barbara in Whitemores deutscher Erstaufführung »Ein Haufen Lügen«, Regie: Clifford Williams, Deutsches Schauspielhaus Hamburg, 1985/86.

Fernsehen: »Vorstadt-Krokodile« (nach von der Grün), Regie: Wolfgang Becker, 2 Teile, ARD 1977; »Verführungen«, Regie: Michael Verhoeven, ARD 1979; »Mosch«, mit Marius Müller-Westernhagen, Regie: Tankred Dorst, ARD 1980; »Die Jahre vergehen«, Regie: Peter Keglevic, 2 Teile, ZDF 1971; Elfriede Knapp in »Die Knapp-Familie«, mit Eberhard Fechner, Else Quecke, Martin Sperr und Erika Skrotzki, Serie, ARD 1981 und 1983; »Die Hamburger Krankheit«, Regie: Peter Fleischmann, ZDF 1982; »Die Geschwister Oppermann« (nach Feuchtwanger), mit Wolfgang Kieling und Michael Degen, Regie: Egon Monk, 2 Teile, ZDF 1983; »Mascha«, Regie: Hans-Eberhard Quelle, und »Tatort«, Serie, ARD 1984; Titelrolle in »Julia« (nach Maugham), mit Michael Degen, Regie: Wolfgang Glück und »Tatort«, Serie, ARD 1985; »Ein fliehendes Pferd« (nach Walser), Regie: Peter Beauvais, ARD 1986, und »Innige Liebe«, Regie: Diethard Klante, ZDF 1986.

Auszeichnung: »Chaplin-Schuh« (Deutscher Darstellerpreis) 1984.

Anschrift: c/o ZBF-Agentur München, Leopoldstraße 19, 8000 München 40.

Hans Dieter Zeidler

– Staatsschauspieler –

Geb. 19. 1. 1926 in Bremen; dort aufgew.; nach der Schule besuchte er die Schauspielschule Bremen. Sein erstes Engagement hatte er von 1946 bis 1948 am Staatstheater Oldenburg. Von 1948 bis 1951 war er Mitglied des Deutschen Schauspielhauses Hamburg. Bis 1969 war er engagiert u.a. an den Staatl. Schauspielbühnen Berlins, am Staatstheater Darmstadt, am Bayerischen Staatsschauspiel München und an den Städt. Bühnen Frankfurt/Main, wo er noch heute Ehrenmitglied des Ensembles ist. Nach Verpflichtungen an der Freien Volksbühne Berlin und bei den Salzburger Festspielen kam er an das Schauspielhaus Zürich (bis heute). Gastspiele gab er ferner an den Bühnen der Stadt Bonn (1983) und bei den Festspielen Bad Hersfeld und Jagsthausen. Zeidler spricht engl.; er ist verheiratet, hat fünf Kinder und lebt in Küsnacht, Schweiz.

Theater: In Ibsens »Peer Gynt«, Deutsches Schauspielhaus Hamburg 1950; Sylvester in Zuckmayers »Der Gesang im Feuerofen«, in O'Caseys »Der Preispokal«, 1953, in Claudels »Das Buch von Christoph Kolumbus«, 1954, Pierre in Piscators »Krieg und Frieden« (nach Tolstoi), Regie: Erwin Piscator, 1955, Titelrolle in Byrons »Kain«, 1958, Orgon in Molières »Tartuffe« (Salzburger Festspiele), 1960, Titelrolle in Büchners »Woyzeck«, und Titelrolle in Brechts »Leben des Galilei«, Regie: Harry Buckwitz, 1961, Titelrolle in Brechts »Baal« und Herodes in Hebbels »Herodes und Mariamne«, 1963, Mephisto in Goethes »Faust« (I und II), 1964, Caliban in Shakespeares »Der Sturm«, Regie: Fritz Kortner, Titelrolle in Büchners »Dantons Tod« und Titelrolle in Shakespeares »Macbeth«, 1968, und Artminister in Grays »Kluges Kind«, 1969, jeweils an den vorgenannten Bühnen; Bessemjonow in Gorkis »Die Kleinbürger«, Freie Volksbühne Berlin 1971; Rülp in Shakespeares »Was ihr wollt«, Salzburger Festspiele 1972; Titelrolle in Goethes »Götz von Berlichingen«, Burgfestspiele Jagsthausen; Stauffacher in Schillers »Wilhelm Tell« und Brandstifter in Frischs »Biedermann und die Brandstifter«, 1978, Jack Boyle in O'Caseys »Juno und der Pfau«, 1982, jeweils Schauspielhaus Zürich; Jau in Hauptmanns »Schluck und Jau«, Regie: Rudolf Noelte, Bühnen der Stadt Bonn 1983/84 (auch ZDF 1985); Titelrolle in Brechts »Leben des Galilei«, Regie: Joachim Fontheim, Kreuzgangspiele Feuchtwangen 1984; Rembrandt in Franks »Spinoza«, Regie: Gerhard Klingenberg, und Mendel Krik in Babels »Sonnenuntergang«, Regie: Jerzy Jarocki, jeweils Schauspielhaus Zürich 1984/85; Bach in Barz' »Eine mögliche Begegnung«, mit Siegfried Wischnewski (als Händel), Regie: Boleslaw Barlog, Tournee 1985/86 (auch TV-Aufzeichnung aus dem Kurtheater Bad Homburg 1985).

Fernsehen: »Schinderhannes« (nach Zuckmayer), Regie: Franz Peter Wirth, ARD 1967; »Heinrich VIII. und seine Frauen« (von Gressieker), Regie: Heinz Schirk, ZDF 1968; »Pseudonym Hans Fallada«, mit Dieter Borsche, Regie: Lutz Büscher, ZDF 1981; »Herr Herr«, Regie: Nicolas Gessner, ARD 1982; »Derrick«, Serie, 2 Folgen, ZDF 1983 und 1985.

Auszeichnung: Staatsschauspieler.

Anschrift: Hörnlistraße 26, CH-8700 Küsnacht, Schweiz.

Peter Zeiller

Geb. 28.10.1940 in Frankfurt/Main; Vater und Mutter waren Ballettmeister und Choreographen an der Frankfurter Oper; bereits mit fünf Jahren kam er zur Bühne. Bis zum zwölften Lebensjahr spielte er zahlreiche große Kinderrollen, u.a. Nada in Osborns »Der Tod im Apfelbaum«, Ronny in Rattigans »Der Fall Winslow« und Titelrolle in Bassewitz' »Peterchens Mondfahrt«.
Nach dem Abitur (im Internat) besuchte er 1959 die Schauspielschule Hertha Genzmer in Wiesbaden. Sein erstes Engagement erhielt er 1960 im Kleinen Theater im Zoo unter Fritz Rémond. Unter Benno Hattesen kam er 1962 an das Schleswig-Holsteinische Landestheater Flensburg, dem er bis 1966 angehörte. Weitere Stationen: Stadttheater Luzern unter Horst Gnekow, Theater Baden-Baden, Bühnen der Hansestadt Lübeck (ab 1973) sowie Gastspiele als freischaffender Schauspieler (seit 1979): Theater am Dom Köln, Kammerspiele Düsseldorf, Kleine Komödie München, Theater im Packhaus Bremen, Ernst-Deutsch-Theater, Kammerspiele und Kleine Komödie jeweils Hamburg, Städtische Bühnen Münster, Festspiele Jagsthausen, Wunsiedel, Bad Gandersheim. Er arbeitet häufig in der Synchronisation.
Zeiller spricht engl.; er ist ledig und lebt in Hamburg.
Theater: Benjamin in Strindbergs »Ostern«, mit Lina Carstens, Alwy Becker und Fritz Rémond, Kleines Theater im Zoo Frankfurt/Main; Scapin in Molières »Die Schelmenstreiche des Scapin«, Truffaldino in Goldonis »Der Diener zweier Herren«, Littlechap in »Stopp die Welt, ich will aussteigen«, Lucentio in Spewack/Porters »Kiss me, Kate«, Tom in Youmans »No, no, Nanette«, Sloane in Ortons »Seid nett zu Mr. Sloane«, jeweils Bühnen der Hansestadt Lübeck 1973–1979; Affe in Kafkas »Bericht für eine Akademie« und Titelrolle in Fos »Zufälliger Tod eines Anarchisten«, jeweils Theater im Packhaus Bremen; Antonio in Fos »Hohn der Angst«, Städtische Bühnen Münster.
Fernsehen: »PS – Geschichten ums Auto«, Regie: Claus-Peter Witt, Serie, ARD 1976; »Sklavin ihres Geliebten«, SWF III 1977.
Anschrift: c/o ZBF-Agentur Hamburg, Tonndorfer Hauptstraße 90, 2000 Hamburg 70, oder Osterkamp 61, 2000 Hamburg 70.

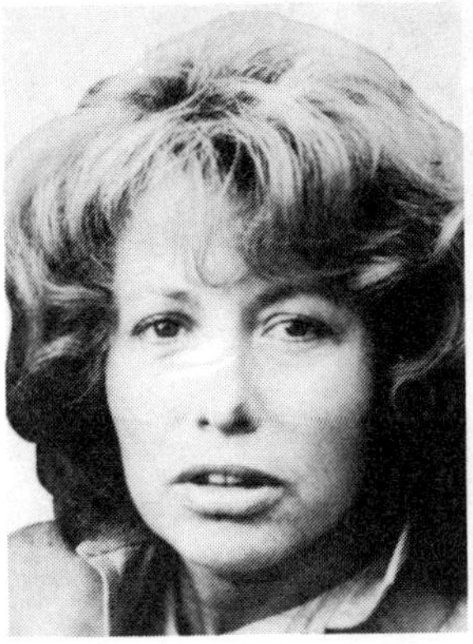

Ingmar Zeisberg

Geb. 17. 2. 1933 in Danzig (andere Angaben: Lodz); sie absolvierte eine Ausbildung als Journalistin. Nach dem Schauspielunterricht gab sie 1954 ihr Filmdebüt in dem Film »Das Bekenntnis der Ina Kahr«. Seither wirkte sie in über 100 Kino- und TV-Produktionen mit. Als Drehbuchautorin schrieb sie für das Fernsehen u.a. »Unser Sohn Nicki«, »Der glückliche Prinz«, »Fragen Sie Frau Sibylle«, »Waldenser Geschichten« und »Wer bürgt für Janos B.?«. Sie ist als Filmkritikerin tätig.
Ingmar Zeisberg spricht engl., franz.; sie war verheiratet mit dem Jazz-Pianisten Rolf Zeisberg, mit dem Produzenten Klaus Stapenhorst und den Regisseuren Wolfgang Staudte und Rolf Hädrich. 1972 heiratete sie den Städteplaner und Architekten Prof. Albert Speer; sie lebt abwechselnd in Frankfurt/Main und Murnau/Oberbayern.
Film: »Das Bekenntnis der Ina Kahr«, 1954; »André und Ursula«, 1955; »Dort oben, wo die Alpen glühn'n«, Regie: Otto Meyer, »Wo der Wildbach rauscht« und »Das Erbe vom Pruggerhof«, 1956; »Tante Wanda aus Uganda« und »Mit Rosen fängt die Liebe an«, 1957; »Für zwei Groschen Zärtlichkeit«, USA 1958; »Kanonenserenade«, 1958; »Peter Voss, der Held des Tages«, mit O.W. Fischer, Regie: Georg Marischka, 1959; »Schwarzer Kies«, 1960; »Das Unheil«, Regie: Peter Fleischmann, 1972.
Fernsehen: »Schlachtvieh« (nach Geissler), Regie: Egon Monk, ARD 1963; »Die Schlinge« (nach Hlasko), Regie: Rolf Hädrich, »Haben« (nach Hay), Regie: Rolf Hädrich, »Flug in Gefahr« (nach Hailey), mit Hanns Lothar und Benno Sterzenbach, Regie: Theo Mezger, ARD 1964; »Stahlnetz« (von Menge), Regie: Jürgen Roland, Serie, ARD 1965; »Der Teufel und der liebe Gott« (nach Sartre); »Von Mäusen und Menschen« (nach Steinbeck), Regie: Rolf Hädrich, ARD 1968; »Wie ein Blitz« (nach Durbridge), mit Peter Eschberg, Regie: Rolf von Sydow, 3 Teile, und »Biografie« (nach Frisch), Regie: Rolf Hädrich, ARD 1970; »Tatort«, Regie: Dietrich Haugk, Jürgen Roland und Fritz Umgelter, Serie, 4 Folgen, ARD 1979–1985.
Anschrift: Nobelring 17, 6000 Frankfurt/Main-Lerchesberg.

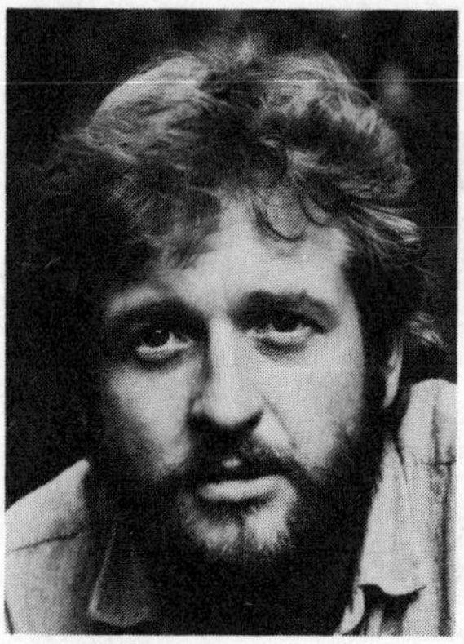

Vitus Zeplichal

Geb. 10. 6. 1947 in Salzburg; dort aufgew.; noch vor seiner Schauspielerausbildung am Wiener Max-Reinhardt-Seminar (1969–1972) debütierte er in E. Königs »Tero, mein Freund« an der Studiobühne Salzburg. Schauspielunterricht nahm er auch bei Lee Strasberg in Los Angeles, USA und bei Jerzy Grotowski in Breslau, Polen. Seine Bühnenstationen: Modernes Theater München (1973), Theater der Jugend München (1973), Theater am Turm Frankfurt/Main unter Rainer Werner Fassbinder (1974/75), Szene der Jugend und Festspiele in Salzburg, Tanztheater Wuppertal (1978/79), Torturmtheater Sommerhausen unter Veit Relin (1979), Schauspielhaus Wien (1982/83), Bühnen der Stadt Bonn (1983) und Münchner Kammerspiele (1983/84), Zudem arbeitet er häufig mit der Freien Theatergruppe »Caliban«.
Zeplichal spricht engl., franz., ital.; er ist ledig und lebt abwechselnd in München und Salzburg.
Film: »Das Unheil«, Regie: Peter Fleischmann, 1972; »Gruppenbild mit Dame« (nach Böll), Regie: Alexander Petrovic, 1976; »Tagebuch eines Verführers« (nach Kierkegaard), Regie: Michael Hild, und »Kreutzer«, Regie: Klaus Emmerich, 1977; »Die dritte Generation«, Regie: Rainer Werner Fassbinder, 1978.
Theater: In Buchriesers »Hanserl« und in Höpfners »Das Tier« jeweils Modernes Theater München 1973; in Maars »Kikerikiste«, Theater der Jugend München 1973; in der Uraufführung von Zola/Karsunkes »Germinal«, Regie: Rainer Werner Fassbinder, in Büchners »Leonce und Lena« und in Bonds »Gerettet«, jeweils Theater am Turm Frankfurt/Main 1974/75; in »Kinder der Nacht«, Regie: Peter Keglevic, Szene der Jugend Salzburg; in Shakespeares »Macbeth«, Schauspielhaus Bochum 1978, und in der Uraufführung von Bauschs »Walzer«, Theater Carré Amsterdam 1982, Regie: jeweils Pina Bausch, mit Tanztheater Wuppertal; in Shakespeares »Der Sturm«, Freie Theatergruppe »Caliban«; in »Liebesversuche«, Torturmtheater Sommerhausen 1979; in Kipphardts »März – Ein Künstlerleben«, Regie: Ralf Schäfer, Schauspielhaus Wien 1982/83; in Medows »Die Wette«, Bühnen der Stadt Bonn 1983; in Lorcas »Yerma«, mit Eva Mattes, Regie: Peter Zadek, Münchner Kammerspiele 1983/84.
Fernsehen: »Kampl« (nach Nestroy), Regie: Hellmuth Matiasek, ORF 1970; »Der Uhrendieb«, Regie: Georg Lhotsky, ORF 1971; »Die Entführung einer unwürdigen Person« (nach Zechmann), Regie: Reinhard Schwabenitzky, ORF 1974; »Ich will doch nur, daß ihr mich liebt«, Regie: Rainer Werner Fassbinder, »Die große Schau«, Regie: Michael Lähn, ARD 1975; »Symphonie des Teufels«, Regie: Horst Königstein, ORF 1976; »Die Zukunft unserer Ahnen«, Regie: Reinhard Schwabenitzky, 10 Folgen, »Der Bauer und der Millionär«, (von Pevny/Turrini), Regie: Axel Corti, ARD 1977; »Golden Foxtrott«, Regie: Niels Kopf, ORF 1977; »Derrick«, Serie, und »Die Marzipan-Lise« (nach Friedrich Halm), Regie: Peter Schulze-Rohr, ZDF 1978; »Die Liebesversuche«, ZDF 1979; »Berlin Alexanderplatz« (nach Döblin), mit Günther Lamprecht, Regie: Rainer Werner Fassbinder, ARD 1980; »Die erklärbaren Wunder«, ZDF 1980; »Die Jahre vergehen«, Regie: Peter Keglevic, 2 Teile, ZDF 1981; »Das doppelte Leben«, Regie: Georg Lhotsky, ARD 1981; »Le Bastion de la Cammargue«, franz. TV 1981; »Der letzte Zivilist« (nach Glaeser), und »Die Luft wird dünn, Freunde« (von Sulzbeck/Zeplichal), ARD 1983; »Der Stau« (von Uli Limmer) und »Die Liebenden« (von Hilde Bechert), BR III 1984; »Die Kranken der Hölle«, Regie: Carlo Lizzani, RAI/ORF 1984; »Die Karpfenschlacht«, Regie: Eckehardt Munk, ARD 1984.
Anschrift: c/o Agentur Alexander, Lamontstraße 9, 8000 München 80.

Wolfgang Zerlett

Geb. 25. 6. 1942 in Berlin; wo er auch heute lebt; nach der Schule Schauspielausbildung; spricht engl., franz., span.; geschieden, ein Kind.
Film: »Die wunderbaren Jahre«, Buch + Regie: Rainer Kunze, 1979.
Theater: In »Die Beredsamkeit der Hunde« (nach Cervantes), Fritz-Rémond-Theater im Zoo Frankfurt/Main 1979.
Fernsehen: (Aus den letzten Jahren u.a.) »Pinterkorns Erben«, Regie: Peter Meinke, »Die goldene Kette«, und »Mulligans Rückkehr«, Regie: Helmut Käutner, ZDF 1978; »Der Junge aus dem Gebüsch« (aus der Reihe: »Denkste?!«), ARD 1978; »Fallstudien«, Regie: Hartmut Griesmayr, ZDF 1979; Kriminalassistent Meyer Zwo in »Der Alte«, mit Siegfried Lowitz und Michael Ande, Serie, ZDF 1979–1985; »Tatort«, Serie, 5 Folgen, ARD 1980–1984; »Grenzfall«, und »Direction City«, Serie, ARD 1980; »Frau über 40«, Regie: Hans-Jürgen Tögel, »Nach Mitternacht«, Regie: Wolf Gremm, ZDF 1981; »Krimi-Magazin«, Regie: Peter Weck, »Die Römer in Baden«, ARD 1981; »Es muß nicht immer Mord sein«, Regie: Ulrich Stark und Peter Weissflog, Serie, ZDF 1982 und 1985; »Tambour«, ARD 1983; »SOKO 5113«, Regie: Ulrich Stark, Serie, ZDF 1984.
Anschrift: c/o Agentur Wiedner, Destouchesstraße 32, 8000 München 40, oder Sybelstraße 7, 1000 Berlin 12.

Günter Ziegler

Geb. 24. 11. 1949 in Eggenburg/Niederösterreich; aufgew. in Wien; nach der Schule absolvierte er eine Ausbildung als Innendekorateur und nahm privaten Schauspielunterricht bei Peter Capell und Erna Selmer. Sein erstes Engagement erhielt er 1970 am T(h)eater in der Briennerstraße München. Gastspiele gab er seither auf Tournee, am Intimen Theater München, am Theater an der Berliner Allee Düsseldorf, am Theater 44 München, an der Neuen Bühne am Karlstor München und am Theater Die Kleine Freiheit München (bis 1985).
Ziegler spricht engl., franz., ital.; er ist ledig und lebt in München.
Film: »Anita Drögemöller«, Regie: Alfred Vohrer, 1976; »Götz von Berlichingen mit der eisernen Hand«, Regie: Wolfgang Liebeneiner und Harald Reinl, 1979.
Theater: In »The Boys and the Band«, Regie: Harald Leipnitz, T(h)eater in der Briennerstraße München 1970; in Hauptmanns »Fuhrmann Henschel«, Regie: Jochen A. Blume, 1971, in Schillers »Maria Stuart«, Regie: Veit Relin, 1972, jeweils Tournee; in Klabunds »Das Märchen vom Kreidekreis«, 1973, in Nestroys »Frühere Verhältnisse« und »Häuptling Abendwind«, 1974, in Williams' »Sturmwarnung«, Regie: Peter Capell, 1975, jeweils Intimes Theater München; in Anouilhs »Majestäten«, Regie: Ilo von Janko, Tournee 1974; in Whiteheads »Der Vierer«, Theater 44 München 1975; in »Alfi«, mit Harald Juhnke, Neue Bühne am Karlstor München 1976; in Magniers »Oscar«, mit Peter Pasetti, Regie: Paul Rasil, Tournee 1976; in »Mandarinenzimmer«, Theater an der Berliner Allee Düsseldorf 1977; in De Filippos »Filumena Marturano«, Regie: Wolf Dietrich (auch TV), T(h)eater in der Briennerstraße München 1980; in »Filumenas Hochzeit« (auch TV), 1980, in »Verhör auf italienisch«, mit Beppo Brem, Regie: Wolf Dietrich, und in Kotzebues »Der alte Baron und die störrische Jungfrau«, mit Ralf Wolter, Regie: Ilo von Janko, 1981, jeweils Tournee; in Camolettis »Die Perle Anna«, mit Erni Singerl, Regie: Karin Jacobsen, Theater Die Kleine Freiheit München 1985.
Fernsehen: »Bounty-Prozeß«, Regie: Imo Moskowicz, »Alles Gute, Köhler«, Regie: Stephan Rinser, ZDF 1973; »Unser Walter«, mit Cordula Trantow, Regie: Peter Schmidt, Serie, ZDF 1974; »Das blaue Palais«, Buch und Regie: Rainer Erler, ZDF 1975; »Achsensprung«, Regie: Rolf von Sydow, ARD 1975; »Der Hals in der Schlinge«, Regie: Alfred Vohrer, und »Bleib' wo Du bist, Liebling«, Regie: Jürgen Wölffer, ZDF 1976; »Fuhrmann Henschel« (nach Hauptmann), mit Wolfgang Reichmann, ZDF 1977; »Frau Doktor soll sterben«, ZDF 1978; »Derrick, Serie, 2 Folgen, ZDF 1978/79; »Der Alte«, Serie, ZDF 1979; Kriminalassistent in »Nachgebühr« (aus der Reihe: »Tatort«), mit Manfred Heidmann, Regie: Georg Tressler, ARD 1984.
Anschrift: c/o Agentur Alexander, Lamontstraße 9, 8000 München 80.

Sonja Ziemann

Geb. 8. 2. 1926 als Tochter eines Steuerberaters in Eichwalde bei Berlin; dort aufgew.; mit zehn Jahren trat sie in die Ballettschule ein, mit 13 Jahren absolvierte sie die Tanzschule (bis zur Meisterklasse) bei Tatjana Gsovsky in Berlin. Mit 15 Jahren trat sie erstmals am Berliner »Platz« auf und bestritt zahlreiche Revuen, zuletzt als Solotänzerin. Als Soubrette übernahm sie erste Operettenrollen am Berliner Metropol-Theater.
1942 gab sie unter der Regie von Walter Felsenstein ihr Filmdebüt in dem Film »Ein Windstoß«. Vor allem in den 50er und 60er Jahren wurde sie durch über 50 Heimatfilme bekannt. Die Filme »Grün ist die Heide« und »Das Schwarzwaldmädel« hatten zusammen über 30 Millionen Besucher.
Ihre Bühnenkarriere begann 1962 als Eliza in Lerner/Loewes »My Fair Lady« am Deutschen Theater München. Seither gastierte sie u.a. am Schauspielhaus Zürich, an den Münchner Kammerspielen (1966), an der Kleinen Komödie München (1969–1986), an der Komödie Berlin, am Contra-Kreis-Theater Bonn, am Theater am Dom Köln (bis 1985) sowie häufig auf Tournee.
Sonja Ziemann spricht engl., franz.; 1961 heiratete sie in zweiter Ehe den polnischen Schriftsteller Marek Hlasko, der 1969 starb. 1970 verstarb ihr Sohn Pierre aus ihrer ersten Ehe mit dem Fabrikanten Rudolf Hambach. Die Künstlerin lebt in St. Moritz/Schweiz.
Film: »Die Jungfrau vom Bischofsberg«, Regie: Peter Brauer, »Geliebter Schatz«, Regie: Paul Martin, »Freunde«, Regie: E.W. Emo, 1943; »Hundstage«, Regie: Geza von Cziffra, »Eine kleine Sommermelodie« und »Spuk im Schloß«, 1944; »Liebe nach Noten«, Regie: Geza von Cziffra 1945 (EA 1947); »Sag die Wahrheit«, 1946, und »Herzkönig«, 1947, Regie: jeweils Helmut Weiß; »Wege im Zwielicht«, Regie: Gustav Fröhlich, 1948; »Die Freunde meiner Frau« und »Eine Nacht im Séparée«, Regie: jeweils Hans Deppe, »Nächte am Nil«, Regie: Arthur Maria Rabenalt, »Nach Regen scheint Sonne«, Regie: Erich Kohler, 1949; »Maharadscha wider Willen« und »Schön muß man sein«, Regie: jeweils Akos von Rathony, »Schwarzwaldmädel«, Regie: Hans Deppe, jeweils 1950; »Die lustigen Weiber von Windsor«, DEFA, 1950; »Die Frauen des Herrn S.«, Regie: Paul Martin, »Johannes und die 13 Schönheitsköniginnen«, »Grün ist die Heide«, Regie: Hans Deppe, 1951; »Die Diebin von Bagdad«, Regie: Carl Lamač, »Alle kann ich nicht heiraten«, und »Am Brunnen vor dem Tore«, Regie: Hans Wolff, 1952; »Muß das sein, Fräulein?«, Großbritannien 1952; »Hollandmädel«, Regie: J.A. Hübler-Kahla, »Mit 17 beginnt das Leben« und »Die Privatsekretärin«, mit Paul Hörbiger, Regie: jeweils Paul Martin 1953; »Bei Dir war es immer so schön«, Regie: Hans Wolff, »Meine Schwester und ich« (nach Benatzky) und »Die große Starparade«, Regie: jeweils Paul Martin, »Die sieben Kleider der Katrin«, Regie: Hans Deppe, »Der Zarewitsch«, Regie: Arthur Maria Rabenalt, 1954; »Liebe ohne Illusion«, Regie: Erich Engel, »Ich war ein häßliches Mädchen«, Regie: Wolfgang Liebeneiner, »Das Bad auf der Tenne«, Regie: Paul Martin, »Mädchen ohne Grenzen«, Regie: Geza von Radvany, 1955; »Opernball«, Regie: Ernst Marischka, »Kaiserball«, Regie: Franz Antel, »Nichts als Ärger mit der Liebe«, Regie: Thomas Engel, »Die große Sünde«, Regie: Sergio Corbucci, 1956; »Frühling in Berlin«, Regie: Arthur Maria Rabenalt, »Frauenarzt Dr. Bertram«, Regie: Werner Klingler, 1957; »Tabarin«, Regie: Richard Pottier, Italien/Frankreich 1958; »Heimweh, Stacheldraht und gute Kameraden«, Regie: Duilio Coletti, Italien 1958; »Der achte Wochentag«, Regie: Aleksander Ford, Polen/BRD 1958; »Hunde, wollt ihr ewig leben«, Regie: Frank Wisbar, »Liebe auf krummen Beinen«, Regie: Thomas Engel, »Abschied von den Wolken«, Regie: Gottfried Reinhardt, »Strafbataillon 999«, Regie: Harald Philipp, 1959; »Menschen im Hotel«, BRD/Frankreich 1959; »Nacht fiel über Gotenhafen«, Regie: Frank Wisbar, 1960; »Affaire Nabob«, Regie: Phil Karlson, USA 1960; »Denn das Weib ist schwach«, Regie: Wolfgang Glück, »Der Traum von Lieschen Müller«, Regie: Helmut Käutner, »Ihr schönster Tag«, Regie: Paul Verhoeven 1961; »Verpfiffen«, Regie: Don Chaffey, Großbritannien 1961; »Der Tod fährt mit«, Regie: Dennis Scully, Großbritannien 1962; »Axel Munthe – Der Arzt von San Michele«, mit O.W. Fischer und Heinz Erhardt, Regie: Rudolf Jugert, BRD/Italien/Frankreich 1962; »Frühstück mit dem Tod«, Regie: Franz Antel, 1964; »2 mal 2 im Himmelbett«, Regie: Erik Balling, Däne-

mark 1964; »Die Brücke von Remagen«, Regie: John Guillermin, USA 1968; »Das ausschweifende Leben des Marquis de Sade«, Regie: Cy Endfield, USA/BRD 1969.

Theater: In Zuckmayers »Das Leben des Horace A.W. Tabor«, mit Gustav Knuth und Marianne Hoppe, Regie: Werner Düggelin, (auch ZDF 1965) und in Williams' »Die Katze auf dem heißen Blechdach«, mit Peter Arens, jeweils Zürich 1965; in Millers »Nach dem Sündenfall«, mit Charles Regnier, Regie: William Dieterle, Münchner Kammerspiele 1966; in Sartres »Kean«, 1968, in Barillet/Grédys »Vierzig Karat«, 1969, in Wildes »Eine Frau ohne Bedeutung«, 1976, in »Das Biest«, 1977 (auch ARD 1977), in Cowards »Intimitäten«, 1979 (auch ZDF 1980), in Wildes »Lady Windermeres Fächer«, 1982, in Stones »Kalifornisches Roulette«, 1984/85, in Legouve/Scribes »Damenkrieg«, 1986, jeweils Kleine Komödie München; in »Die Zierpflanze«, Komödie Berlin 1984; Titelrolle in »Lea«, Theater am Dom Köln 1985.

Fernsehen: »Die Beklagte«, Regie: John Olden, ARD 1958; Titelrolle in »Josephine« (nach Bahr), Regie: Korbinian Körberle, und »Nach all den Jahren«, Regie: Erik Ode, ZDF 1967; »Kolportage« (nach Kaiser), Regie: Wilhelm Semmelroth, ARD 1968; »Alle hatten sich abgewandt« (nach Hlasko), Regie: Thomas Fantl, ARD 1969; »Fröhliche Weihnachten«, Regie: Wolf Dietrich, ARD 1970; »Das Messer« (nach Durbridge), Regie: Rolf von Sydow, 3 Teile, ARD 1971; »Der Geigenspieler« (aus der Reihe: »Der Kommissar), mit Erik Ode, Regie: Theodor Grädler, ZDF 1973; »Der Stargast«, TV-Portrait von Henno Lohmeyer, ARD 1976; »Jahre unseres Lebens«, Regie: Horst-Christian Tadey, ARD 1980; »Der Ring des lieben Jungen« (von Rittig), mit Georg Thomalla, Regie: Harald Schäfer, ARD 1985.

Auszeichnungen: »Goldener Bambi« (BILD + FUNK) 1950; Filmband in Gold 1984.

Anschrift: c/o Agentur Jäger, Postfach 1328, 8130 Starnberg.

Helmut Zierl

Geb. 6. 10. 1956 in Meldorf, Kreis Dithmarschen; aufgew. an der Nordsee und in Hamburg; nach dem Abitur trampte er über sechs Monate lang als Hippie durch Europa und die USA. Durch Zufallsbekanntschaften mit Regieassistenten aus Rom und Hollywood fand er Interesse am Schauspielerberuf. Daher absolvierte er nach seiner Rückkehr nach Hamburg das Schauspielstudio Frese.

Sein erstes Engagement erhielt er 1975 an der Landesbühne Hannover. Seit 1978 gastiert er regelmäßig am Thalia-Theater Hamburg und spielt häufig beim Fernsehen. Er ist zudem als Synchronsprecher tätig. Zierl spricht engl., franz., portug.; er ist ledig und lebt in Hamburg.

Theater: Lysander in Shakespeares »Ein Sommernachtstraum«, Kleiner Mönch in Brechts »Das Leben des Galilei« und Arnold Kramer in Hauptmanns »Michael Kramer«, jeweils Landesbühne Hannover 1975–1976; Melchior in Wedekinds »Frühlings Erwachen«, Regie: Klaus Emmerich, Zedlitz in Holz/Jerschkes »Traumulus«, mit Sabine Sinjen und Manfred Steffen, Sekretär in Hebbels »Maria Magdalena«, Regie: Peter Beauvais, in »Krach in Chiozza«, Regie: Karl Paryla, und Pfarrer in Pagnols »Madame Aurélie oder Die Frau des Bäckers«, Regie: Dieter Wedel (auch TV), jeweils Thalia-Theater Hamburg 1978–1985/86.

Fernsehen: »Ein Kapitel für sich« (nach Kempowski), mit Edda Seippel und Stephan Schwartz, Regie: Eberhard Fechner, 3 Teile, ZDF 1978; »Am Südhang«, Regie: Michael Verhoeven, ARD 1979; »Vor den Vätern sterben die Söhne« (nach Thomas Brasch), Regie: Claudia Holldack, ZDF 1981; »Die Zeiten ändern sich«, Regie: Horst Flick, Serie, 6 Folgen, und »Die Falle« (von Robert Thomas), mit Wolf Roth, Judy Winter und Hans Caninenberg, Regie: Oswald Döpke, ZDF 1982; »Schwarz-Rot-Gold: Kaltes Fleisch« (von Meichsner), mit Uwe Friedrichsen, Regie: Marco Serafini, ARD 1982; »Die Poppenheimer Sau« (von Dorothea Dhan), Regie: Eberhard Itzenplitz, und Fußballer in »Gefährliches Spiel«, mit Hans-Günther Neutze, Regie: Theo Mezger, ARD 1983; »Der Schatz im Haus« (nach Desailly), Regie: Oswald Döpke, ZDF 1984; »Schwarz-Rot-Gold: Blauer Dunst« (von Meichsner), Regie: Theo Mezger, und »Schwarz-Rot-Gold: Um Kopf und Kragen« (von Meichsner), Regie: Marco Serafini, jeweils mit Uwe Friedrichsen, ARD 1984; »Eine andere Frau«, Buch + Regie: Marco Serafini, und »Mord zu vier Händen« (von Konrad Hansen), mit Lola Müthel und Doris Schade, Regie: Oswald Döpke, ZDF 1985; »Wochenendgeschichten: Jan und Joy«, Regie: Heidi Genée, ARD 1985; Hans Bertram in »Flug in die Hölle« (von Yeldham nach Hans Bertram), mit Werner Stocker, Regie: Gordon Flemyng, 6 Teile, und »Kampf dem Tiger«, Regie: Dieter Wedel, ARD 1986; »Alles aus Liebe: Mir reicht's – und wie geht's dir?«, Buch + Regie: Heidi Genée, und »Das Traumschiff«, Regie: Hans-Jürgen Tögel, Serie, ZDF 1986.

Anschrift: c/o ZBF-Agentur Hamburg, Tonndorfer Hauptstraße 90, 2000 Hamburg 70.

Grete Zimmer

(eigentlich: Grete Berger, geb. Zimmer)

Geb. in Wien, wo sie aufwuchs und auch heute lebt; nach dem Abitur besuchte sie das Max-Reinhardt-Seminar in Wien; seit 1945 gehört sie zum festen Ensemble des Theaters in der Josefstadt; Gastspiele gab sie u.a. am Akademietheater, am Volkstheater und an der Volksoper in Wien, bei den Salzburger Festspielen, am Schiller-Theater, an der Freien Volksbühne und am Theater am Kurfürstendamm in Berlin, bei den Operetten-Festspielen Mörbisch am See, den Festspielen in Bad Hersfeld und Feuchtwangen.

Frau Zimmer spricht engl.; sie ist verwitwet und hat eine Tochter.

Film: »Ein bezaubernder Schwindler«, mit Wolf Albach-Retty, Regie: Hans Wolff, 1950.

Theater: Kate in Priestleys »Die Zeit und die Conways«, Buhlschaft, Schuldknechts Weib in Hofmannsthals »Jedermann«, in Cocteaus »Die geliebte Stimme«, Olga in Sartres »Die schmutzigen Hände«, in »Sale e tabacchi«, June in Marcus' »Schwester George muß sterben«, Tante Paula in Burkhards »Feuerwerk«, Miedermacherin in Horváths »Glaube Liebe Hoffnung«, Claudia Galotti in Lessings »Emilia Galotti«, mit Klaus Maria Brandauer, Regie: Fritz Kortner (seine letzte Inszenierung), Amme in Shakespeares »Romeo und Julia«, Valerie in Horváths »Geschichten aus dem Wienerwald«, Annina in Hofmannsthals »Der Rosenkavalier«, Mia Pinneberg in Dorsts »Kleiner Mann, was nun?« (nach Fallada), Margaret Devize in Frys »Die Dame ist nicht fürs Feuer«, Zina in Rehfischs »Affäre Dreyfus«, Sarah in Bethencourts »Der Tag, an dem der Papst gekidnappt wurde« und Frau Binder in Schnitzlers »Liebelei«, jeweils an den vorgenannten Bühnen.

Fernsehen: Donna Elvira in »Don Juan oder die Liebe zur Geometrie« (nach Frisch), ARD 1965; Blumenfrau in »Die Unbekannte aus der Seine« (nach Horváth), und »Die Geschichte der 1002. Nacht«, Regie: Peter Beauvais, ARD 1968; »Scherenschnitte«, ORF 1971; Bordellinhaberin in »Die Galgentoni«, ARD 1971; »Das Jahrhundert der Chirurgen«, ORF 1972; »Der Abituriententag«, Regie: Eberhard Itzenplitz, ZDF 1974; Mimi in »Diapositive«, ORF 1975; Tante Paula in Burkhards »Feuerwerk«, ARD 1976; »Totentanz« (nach Strindberg), Regie: Walter Davy, ORF 1978; »Derrick«, Serie, ZDF 1980; »Tatort«, Serie, ARD 1981; »Der Alte«, Serie, ZDF 1981; »Der Narr von Wien«, Regie: John Goldsmith, ORF 1981; Taxichauffeurin in »Das Loch in der Donau«, Regie: Michael Kehlmann, ORF 1982; Freifrau Aurora in »Pariser Leben« (nach Offenbach), ORF 1984 (Aufzeichnung aus der Volksoper Wien).

Anschrift: c/o Austroconcert International, Gluckgasse 1, A-1010 Wien, Österreich.

Sigi Zimmerschied

Geb. 7. 10. 1953 in Passau; dort aufgew.; nach dem Abitur studierte er Religionspädagogik. 1975 Mitbegründer des Passauer Laienkabaretts der »Verhohnepiepler«, das mit dem Stück »Die Konferenz«, einer Parodie auf die Amtskirche, großen Wirbel auslöste. Über zwei Jahre prozessierte das Bischöfliche Ordinariat Passau gegen die »anstößigen Darbietungen«. Er veröffentlichte drei Ausgaben der satirischen Zeitschrift »Hirtenwort«. Mit seinem Kollegen Bruno Jonas (dieser war später Mitglied der Münchner »Lach- und Schießgesellschaft«) schloß sich Zimmerschied 1976 dem Ensemble des Münchner »Rationaltheater« an (Programm: »Bonzenschau«). 1977 kehrte er nach Passau zurück, wo er die Gruppe »Das doppelte Komplottchen« gründete. Im selben Jahr trat er mit eigenen Soloprogrammen an die Öffentlichkeit. 1980 gründete er das Passauer Volkstheater, an dem Stükke von ihm aufgeführt werden. Er gab mehrere Gastspiele, u.a. im »Mainzer Unterhaus« und in der Theaterfabrik Unterföhring bei München.
Zimmerschied spricht engl.; er ist verheiratet und lebt in Passau.
Film: »Grenzenlos«, Regie: Josef Rödl, der kriegsblinde Herr Arira in »Peppermint Frieden«, mit Peter Fonda, Cleo Kretschmer und Hans-Peter Korff, Regie: Marianne S.W. Rosenbaum, 1983; »The present future«, mit Gregory Peck und Claudia Cardinale, Regie: Marianne S.W. Rosenbaum, und »Der wilde Clown«, Regie: Josef Rödl, 1985.
Theater: Seine Soloprogramme seit 1977: »Zwischenmenschen«, »Haltungsschäden«, »A ganz a mieser a dafeida dreckiger Dreck san Sie« (so wurde er am Telefon von Passauer Bürgern beschimpft), »Passauer Reihen« (auch BR, Hörfunk), »Neuer Bayerischer Bilderbogen« und »Für Frieden und Freiheit« (auch TV, BR III in der Reihe »Unter unserem Himmel« 1984).
Fernsehen: Neben zahlreichen Kabarettprogrammen, u.a. Soloprogramm aus dem »Mainzer Unterhaus« (ZDF 1980), spielte er 1980 in dem TV-Film »Der falsche Paß für Tibo« (von Herbert Rosendorfer).
Auszeichnung: »Deutscher Kleinkunstpreis«, Mainz 1980.
Anschrift: Steinweg 12, 8390 Passau.

Kurt Zips

Geb. 3. 8. 1922 als Sohn eines Schulrats in Wien; dort aufgew.; nach dem Abitur absolvierte er von 1942 bis 1944 das Max-Reinhardt-Seminar in Wien. Sein Debüt gab er 1945 an der Vorarlberger Landesbühne Bregenz. Engagements am Städtetheater Tübingen-Reutlingen unter Paul Rose (1947–1950), am Deutschen Theater Göttingen unter Heinz Hilpert (1950–1955) und am Staatstheater Kassel (1955–1959) folgten. Seither spielte er u.a. am Bayerischen Staatsschauspiel München, an den Münchner Kammerspielen, am Deutschen Schauspielhaus Hamburg und bei den Salzburger Festspielen.
Seit 1953 wirkt er beim Film, seit 1958 beim Fernsehen. Er ist umfangreich in der Synchronisation tätig. Zips spricht engl., franz.; er ist verheiratet, hat eine Tochter und lebt in München.
Film: »Königliche Hoheit«, Regie: Harald Braun, 1953; »Der liebe Augustin«, Regie: Rolf Thiele, 1959; »Geliebte Hochstaplerin«, Regie: Akos von Rathony, 1960; »Das schwarz-weiß-rote Himmelbett«, Regie: Rolf Thiele, 1962; »Piccadilly 0 Uhr 12«, Regie: Rudolf Zehetgruber, 1963; »Wälsungenblut«, Regie: Rolf Thiele, 1964; »Für ein paar Dollar mehr«, Regie: Sergio Leone, Italien 1965; »Der Paukenspieler«, Regie: Bernhard Wicki, 1967; »Der Vogelfreund«, 1973; »Der Mann im Pyjama«, mit Otto Sander und Elke Sommer, 1981.
Theater: 1. Totengräber in Shakespeares »Hamlet«, Caramanchel in Tirso de Molinas »Don Gil von den grünen Hosen«, Krautkopf in Nestroys »Der Zerrissene«, Pollinger in Bahrs »Das Konzert«, Schlehwein in Shakespeares »Viel Lärm um nichts«, Dr. Blenkinson in Shaws »Der Arzt am Scheideweg«, Diener Anton in Hofmannsthals »Der Turm«, Präparator in Horváths »Glaube Liebe Hoffnung«, Knieriem in Nestroys »Lumpazivagabundus«, Klosterbruder in Lessings »Nathan der Weise«, Schufterle in Schillers »Die Räuber«, Plutzerkern in Nestroys »Der Talisman«, Mitterndorfer in Bauers »Change« und Marquis d'Acaste in Molières »Der Menschenfeind«, Regie: Rudolf Noelte, jeweils an den vorgenannten Bühnen.
Fernsehen: »Die Irre von Chaillot« (nach Giraudoux), ARD 1960; »Die inneren Stimmen« (nach De Filippo), ARD 1961; »Einen Jux will er sich machen« (nach Nestroy), ARD 1962; »Der grüne Kakadu« (nach Schnitzler), ZDF 1963; »Pflicht ist Pflicht« (nach Tschechow), ZDF 1965; »Die Italienische Nacht« (nach Horváth), ARD 1966; »Umsonst« (nach Nestroy), Regie: Michael Kehlmann, »Das Veilchen« (nach Molnár), ARD 1967; »Die Unbekannte aus der Seine« (nach Horváth) und »Madame Legros« (nach Heinrich Mann), Regie: jeweils Michael Kehlmann, ARD 1968; »Der Tod des Engelbert Dollfuß« (von Peter Adam), Regie: Franz Peter Wirth, ORF 1968; »Dorf ohne Männer« (nach Horváth), Regie: Michael Kehlmann, ARD 1969; »Das falsche Gewicht« (nach Joseph Roth), Regie: Bernhard Wicki, »Das unverschämte Glück, ein Mann zu sein«, ZDF 1970; »Hoopers letzte Jagd«, Regie: Claus Peter Witt, ARD 1971; Ferdinand in »Ferdy und Ferdinand« (von Willschrei) und »Thema mit Variationen« (nach Angeloff), ZDF 1971; »Der Graf von Luxemburg« (nach Lehár), ZDF 1972; »Abituriententag« (nach Werfel), ZDF 1973; »Der widerspenstige Heilige« (nach Carroll), ZDF 1974; »Aufforderung zum Tanz«, Regie: Peter F. Bringmann, ARD 1977; »Er läßt die Hand küssen« (nach Marie von Ebner-Eschenbach), Regie: Peter Schulze-Rohr, ZDF 1978; »Die Mißvergnügten« (nach Mérimée), ARD 1979; »Glaube Liebe Hoffnung« (nach Horváth), Regie: Michael Kehlmann, ARD 1980; »Klein Zaches, genannt Zinnober« (nach E.T.A. Hoffmann), Regie: Frank Strecker, ARD 1982; »Das zerbrochene Haus«, Regie: Michael Günther, ORF 1984 (ZDF 1985); »Franz Xaver Brunnmayr«, mit Gustl Bayrhammer und Toni Berger, Regie: Ulrich König, Serie, ARD 1985; »Das Totenreich« (von Asmodi), Regie: Karin Brandauer, 2 Teile, ARD 1986.
Anschrift: c/o ZBF-Agentur München, Leopoldstraße 19, 8000 München 40.

August Zirner

Geb. 7. 1. 1956 in Urbana/Illinois, USA, wo sein Vater Leiter der Opernabteilung an der Universität war; als Kindersopran sang er im Chor vieler Aufführungen; mit 17 Jahren kam er an das Max-Reinhardt-Seminar in Wien, nach dem Abschluß seiner Ausbildung debütierte er am Volkstheater Wien; Engagements am Niedersächsischen Staatstheater Hannover (1977–1979) und am Hessischen Staatstheater Wiesbaden (1980) folgten; seit 1981 gehört er zum Ensemble der Kammerspiele München.
Zirner spricht engl. (als zweite Muttersprache), franz.; er ist verheiratet mit der Schauspielerin Katalin Zsigmondy und hat zwei Kinder; er lebt in München.
Film: Wolfgang in »Heimsuchung«, Regie: Gabriela Lerau, 1984.
Theater: Prinz in Strindbergs »Schwanenweiß«, Volkstheater Wien 1976; George in Wilders »Unsere kleine Stadt«, Regie: Alexander May, Willy in Bonds »Die See«, Regie: Franz Reichard, Karl VII. in Schillers »Die Jungfrau von Orleans«, Regie: Alois Heigl, Staatstheater Hannover 1977–1979; Crespino in Goldonis »Der Fächer«, Answald in Botho Strauß' »Trilogie des Wiedersehens«, Regie: Frank Günther, Staatstheater Wiesbaden 1980; Der jüngere Knabe in Jahnns »Medea«, Regie: Ernst Wendt, Silvius in Shakespeares »Wie es euch gefällt«, Karl in Kroetz' »Maria Magdalena«, Daniel in O'Caseys »Ein Freudenfeuer für den Bischof«, Regie: Thomas Langhoff, Ephraim in Hebbels »Judith«, Regie: Frank-Patrick Steckel, Titorelli in Weiss' »Der neue Prozeß«, Reporter in Tollers »Der entfesselte Wotan«, Posa in Schillers »Don Carlos«, Regie: Alexander Lang, und in der Uraufführung von Dreyers »Die goldene Brükke«, Regie: Harald Clemen, jeweils Kammerspiele München 1981–1986.
Fernsehen: »Von Evas Rippe«, ARD 1975, und »Kur in Travemünde«, ARD 1979, Regie: jeweils Peter Beauvais; »Die Aufgabe des Dr. med. Graefe«, Regie: Thomas Fantl, ZDF 1982; »Wenn Kuli kommt«, mit Hans-Joachim Kulenkampff, Regie: Wolfgang Glück, Serie, ARD 1985.
Auszeichnung: Bayerischer Förderungspreis für junge Künstler 1982.
Anschrift: c/o Agentur Lentz, Holbeinstraße 4, 8000 München 80.

Hanns Zischler

Geb. 18. 6. 1947 in Nürnberg; dort und in Ingolstadt aufgew.; nach dem Abitur 1966 in Ingolstadt studierte er Ethnologie und Literaturwissenschaften in München und Berlin. Er arbeitete als Übersetzer wissenschaftlicher Literatur aus dem Französischen und dem Englischen. Von 1973 bis 1975 war er in der Produktionsdramaturgie an der Schaubühne am Halleschen Ufer Berlin tätig. Eigene Theaterinszenierungen stellte er u.a. am Basler Theater (1976), am Badischen Staatstheater Karlsruhe (1980) und an den Staatl. Schauspielbühnen Berlins (1983–85) vor, darunter u.a. Heiner Müllers »Schlacht/Traktor«, Goethes »Egmont« und die Uraufführung von Enzensbergers »Der Menschenfeind« (nach Molière), mit Boy Gobert.
Sein Debüt als Filmschauspieler gab er 1970. Seither wirkte er in rund 20 Produktionen mit.
Zischler spricht engl., franz.; er ist ledig und lebt in Berlin.
Film: »Summer in the City«, 1970, »Falsche Bewegung« und »Im Lauf der Zeit«, 1975, Regie: jeweils Wim Wenders; »Le Rendezvous d'Anna«, Regie: Chantal Akerman, Frankreich 1977; »Henry Angst«, Regie: Ingo Kratisch, 1979; »Engel aus Eisen«, Regie: Thomas Brasch, »Berlin Chamissoplatz«, Regie: Rudolf Thome, »Total vereist«, Regie: Hans Noever, »Hast Du Lust, mit mir einen Kaffee zu trinken?« (Kurzfilm), Regie: Rudolf Thome, jeweils 1980; »Kalt wie Eis«, Regie: Carl Schenkel, Serenus Zeitblom in »Doktor Faustus« (nach Thomas Mann), Regie: Franz Seitz, 1981; »Malevil«, mit Jean-Louis Trintignant, Regie: Christian de Chalonge, Frankreich 1981; »L'alègement«, Regie: Marcel Schlüpach, Frankreich 1982; »Etwas wird sichtbar«, Regie: Harun Farocki, »Logik des Gefühls«, Regie: Ingo Kratisch, Kurt in »Die flambierte Frau«, mit Gudrun Landgrebe und Mathieu Carrière, Regie: Robert van Ackeren, »System ohne Schatten«, mit Bruno Ganz, Regie: Rudolf Thome, und »Leuchtturm des Schattens«, Regie: Wolf-Eckart Bühler, 1983; »Das Autogramm«, Regie: Peter Lilienthal, BRD/Frankreich 1984.
Fernsehen: »Auf Biegen oder Brechen«, Regie: Hartmut Bitomsky, ARD 1977; »Die Leidenschaftlichen«, Regie: Thomas Koerfer, ZDF 1982; »Schlagschatten«, Regie: Stephan Wittwer, ARD 1982.

Anschrift: c/o Schillertheater Berlin, Bismarckstraße 110, 1000 Berlin.

ANHANG

I Agenturen für Film, Fernsehen und Theater

II Rundfunk- und Fernsehanstalten im deutschsprachigen Raum

III Theater (Wichtigste Bühnen im deutschsprachigen Raum)

IV Filmgesellschaften (Wichtige Auswahl: Verleih- und Vertriebsfirmen)

V Schauspielschulen

VI Bildnachweis

I

Agenturen für Film, Fernsehen und Theater

ALEXANDER – Carla Rehm –
Lamontstraße 9
8000 München 80
Tel. 089/476081;
Telex: 05/23/824
Telegramme: Alexfilm München

AUSTROCONCERT INTERNATIONAL
– Prof. Polly Kügler –
Gluckgasse 1 A-1010 Wien
Tel. 0043/222/532657;
Telex: 115590

Erna BAUMBAUER
Keplerstraße 2
8000 München 80
Tel. 089/478577;
Telegramme: Ernastar München

Margit de la BERG
Haus am Weiher
8026 Irschenhausen
Tel. 08178/3681

Ursula BLOY
Gasteigweg 1
8022 Grünwald
Tel. 089/6411893

Anton BRAUNER
Burggasse 16
A-8010 Graz
Tel. 0043/316/78903

Gisela BURGHARDT
Berliner Allee 32
4000 Düsseldorf 1
Tel. 0211/329211

Hannelore DIETRICH
(nur Theater)
Pilotystraße 2
8000 München 22
Tel. 089/229433

Erika GOLDSCHMIDT
Wirtstraße 8
8000 München 90
Tel. 089/6924177

Werner JÄGER
Postfach 1328
8130 Starnberg
Tel. 08151/8766

Steffanija JOVANOVIC
Perfallstraße 6
8000 München 80
Tel. 089/475024/25;
Telegramme:
Jowie München

Ruth KILLER
Harthauserstraße 54
8000 München 90
Tel. 089/6422333

Tilly KÖHLER
Rümannstraße 51
8000 München 40
Tel. 089/363970

Gerhard LENTZ
Holbeinstraße 4
8000 München 80
Tel. 089/474026

Toni MACKEBEN
Douglasstraße 2–4
1000 Berlin 33
Tel. 030/8263249

Doris MATTES
Pilotystraße 2
8000 München 22
Tel. 089/229433

Irmgard PALZ
Ortlindestraße 6
8000 München
Tel. 089/912010/19;
Telex: 05/216064;
Telegramme: Filmpalz München

Janusz von PILECKI
Eilandstraße 12
8000 München 90
Tel. 089/6928685

Gerda RUNDE-PROFÉ
Preußenallee 26
1000 Berlin 19
Tel. 030/3040661

Anita RAKOSI
Tegernseer Landstraße 284
8000 München 90
Tel. 089/6904092;
Telegramme: Modernart München

Marga WIEDNER
Destouchesstraße 32
8000 München 40
Tel. 089/3081822

ZBF-Berlin
– Eva Probst –
Kurfürstendamm 206
1000 Berlin 15
Tel. 030/8838031/54

ZBF-Frankfurt/Main
– Friedrich Arndt –
Feuerbachstraße 42–46
6000 Frankfurt/Main
Tel. 069/7111-334

ZBF-Hamburg
– Heike Schwarz –
Tonndorfer Hauptstraße 90
2000 Hamburg 70
Tel. 040/66885400/01

ZBF-München
– Annemarie Herald –
Leopoldstraße 19
8000 München 40
Tel. 089/3817070;
Telex: 05/5215608

II

Rundfunk- und Fernsehanstalten im deutschsprachigen Raum

ARD

Programmdirektion ARD:
Arnulfstraße 42
8000 München 2
Tel. 089/5900-0

ARD-Filmredaktion:
Bertramstraße 8
6000 Frankfurt/Main
Tel. 069/550666

Bayerischer Rundfunk (BR)
Rundfunkplatz 1
8000 München 2
Tel. 089/59000

Fernsehstudio Freimann
Floriansmühlstraße 60
Tel. 089/38061

Deutsche Welle (DW)
Raderberggürtel 50
5000 Köln 51
Tel. 0221/3890

Deutschlandfunk (DLF)
Raderberggürtel 40
5000 Köln 41
Tel. 0221/37071

»Drei (3) SAT«
(Das Kabelprogramm von ZDF/ORF/SRG)
Zentralredaktion Mainz
6500 Mainz

Europa NR 1
(Europäische Rundfunk & Fernseh AG, Telesaar)
Richard-Wagner-Straße 59
6600 Saarbrücken
Tel. 0681/30781

Hessischer Rundfunk (HR)
Bertramstraße 8
6000 Frankfurt/Main
Tel. 069/1551

Ludwigshafener Kabelprojekt (PKS)
6700 Ludwigshafen

Münchner Kabelprojekt
Bahnhofstraße 33
8043 Unterföhring
Tel. 089/95980

Norddeutscher Rundfunk (NDR)
Rothenbaumchaussee 132–134
2000 Hamburg 13
Tel. 040/4131

Österreichischer Rundfunk (ORF)
Würzburggasse 30
A-1136 Wien
Tel. 0043/222/82910

Radio Bremen (RB)
Heinrich-Hertz-Straße 13
2800 Bremen 33
Tel. 0421/2460

Radio GONG 2000
Nordendstraße 64
8000 München 40
Tel. 089/2725111

Radio Free Europe (RFE)
(und Radio Liberty IRL)
Oettingenstraße 67
8000 München 22
Tel. 089/21021

Radio-Télé Luxembourg (RTL)
Postfach 1000
R.C. Luxembourg B.6
Tel. 00352/47661

RIAS Berlin
Kufsteiner Straße 69
1000 Berlin 62
Tel. 030/85031

Saarländischer Rundfunk (SR)
Funkhaus Halberg
6600 Saarbrücken
Tel. 0681/6021

Schweizerische Radio- und Fernsehgesellschaft (SRG)
Fernsehen der deutschen und rätoromanischen Schweiz
Fernsehstraße 1–4
CH-8052 Zürich
Tel. 0041/1/3056611

Sender Freies Berlin (SFB)
Masurenallee 8–14
1000 Berlin 19
Tel. 030/3081

Süddeutscher Rundfunk (SDR)
Neckarstraße 230
7000 Stuttgart 1
Tel. 0711/2881

Südwestfunk (SWF)
Hans-Bredow-Straße
7570 Baden-Baden
Tel. 07221/2761

Television International (TVI)
(Privatgesellschaft, Inhaber: Carl Schell)
CH-6614 Brissago/Lago Maggiore

Westdeutscher Rundfunk (WDR)
Appellhofplatz 1
5000 Köln 1
Tel. 0221/2201

Zweites Deutsches Fernsehen (ZDF)
Essenheimer Landstraße
Postfach 4040
6500 Mainz
Tel. 06131/701

III
Theater
(Wichtigste Bühnen im deutschsprachigen Raum)

Aachen

Stadttheater Aachen
Theaterplatz
5100 Aachen
Tel. 0241/22001 u. 220 06 (Kasse)

Grenzlandtheater des Kreises Aachen
Friedrich-Wilhelm-Platz 5–6
5100 Aachen
Tel. 0241/30372 u. 30060

Augsburg

Städtische Bühnen
Kasernstr. 4-6
8900 Augsburg
Tel. über Stadtverwaltung
0821/3241

Bad Gandersheim

Gandersheimer Domfestspiele
Wilhelmsburg/Barfüßerkloster 15
3353 Bad Gandersheim
Tel. 05382/731

Bad Hersfeld

Bad Hersfelder Festspiele
(Festspiele in der Ruine
der 1200jährigen Stiftskirche)
Weinstr. 16
6430 Bad Hersfeld
Tel. 06621/201-1

Bad Segeberg

Freilichttheater am Kalkberg – Karl-May-Spiele –
Am Kalkberg 18a
2360 Bad Segeberg
Tel. 04551/572 30-6 u. 7545

Baden-Baden

Theater Baden-Baden
1. Haus am Goetheplatz
2. Komödie am Leopoldplatz
Goetheplatz
7570 Baden-Baden
Tel. 07221/275267 (Intendanz)
Tel. 07221/275268 (Verwaltung)

Bamberg

E.T.A.-Hoffmann-Theater
Schillerplatz 7
8600 Bamberg
Tel. 0951/87499 u. 87427

Bayreuth

Bayreuther Festspiele
Richard-Wagner-Festspielhaus,
Festspielhügel 1–2
8580 Bayreuth
Tel. 0921/20221
(Festspielleitung:
Wolfgang Wagner)

Berlin

Deutsche Oper Berlin
Bismarckstr. 34–37
1000 Berlin 10
Tel. 030/34381
Intendanz und Verwaltung:
Richard-Wagner-Str. 10
1000 Berlin 10
Tel. 030/3438-1

Staatliche Schauspielbühnen Berlins

1. Schiller-Theater:
Bismarckstr. 110
1000 Berlin 12
Tel. 030-3195-1
2. Schloßpark-Theater:
Schloßstr. 48
1000 Berlin 48
Tel. 3195-1 u. 030-7911212
3. Werkstatt: Bismarckstr. 110
1000 Berlin 12
Tel. 030-3195-1

Freie Volksbühne Berlin
Schaperstr. 24a
1000 Berlin 15
Tel. 030-8813742
Kasse: 030-8813742

Komödie
Kurfürstendamm 206-207
1000 Berlin 15
Tel. 030-8813020
Kasse: 030-8827893

Renaissance-Theater
Knesebeckstr. 100
1000 Berlin 12
Tel. 030-3125053/54
Kasse: 030-3124202

Hansa Theater – Berliner Volkstheater
Alt-Moabit 48
1000 Berlin 21
Tel. 030-3927377 (Verwaltung)
Kasse: 030-3914460

Theater am Kurfürstendamm
Kurfürstendamm 209
1000 Berlin 15
Tel. 030-8813020
Kasse: 030-8812489

Theater des Westens
Kantstr. 12
1000 Berlin 12
Tel. 030-310685/89
Kasse: 030-3121022/3125015

TRIBÜNE
Otto-Suhr-Allee 18–20
1000 Berlin 10
Tel. 030-3419001 (Verwaltung)
Kasse: 030-3412600

Berliner Kammerspiele – Theater der Jugend
Alt-Moabit 99
1000 Berlin 10
Tel. 030-3917531 (Verwaltung)
Kasse: 030-3915543

Schaubühne am Lehniner Platz
(früher Schaubühne am Halleschen Ufer)
Kurfürstendamm 153
1000 Berlin 31
Tel. 030-890020 (Zentrale)
Kasse: 030-890023

Vaganten-Bühne Berlin
Kantstr. 12a
1000 Berlin 12
Tel. 030-3124529

Deutsches Tournee-Theater
(Grete Jochmann),
Sächsische Str. 68/1
1000 Berlin 15
Tel. 030-8818122

„die bühne“ – Literarisches Figurentheater
Joachim-Friedrich-Str. 39–40
1000 Berlin 31
Tel. 030-8912069

Kleines Theater
Südwestkorso 64
1000 Berlin 41
Tel. 030-8213030

GRIPS Theater Berlin
Altonaer Str. 22
1000 Berlin 21
Tel. 030-3933012

Freie Theateranstalt Berlin e.V.
Klausener Platz 19
1000 Berlin 19
Tel. 030/3215889

Theatermanufaktur am Halleschen Ufer
Hallesches Ufer 32
1000 Berlin 61
Tel. 030-2510655 (Verwaltung)
Kasse: 030-2510941

Kinder- und Jugendtheater „Rote Grütze“
Mehringdamm 51
1000 Berlin 61
Tel. 030-6926618

Brüder-Grimm-Theater (Kinder-Theater)
Kyllmannstr. 14
1000 Berlin 39
Tel. 030-8051053

Philharmonie
Matthäikirchstr. 1
1000 Berlin 30
Tel. 030-269261

Kabarett „Der Klimperkasten“
Otto-Suhr-Allee 102
1000 Berlin 12
(im Rathaus Charlottenburg)
Verwaltung: Thuyring 63
1000 Berlin 42
Tel. 030-7856477

Kabarett „Die Stachelschweine“
Europa-Center
1000 Berlin 30
Tel. 030-2614795

Kabarett „Die Wühlmäuse“
Nürnberger Str. 33
1000 Berlin 30
Tel. 030-2137047/48

Bielefeld

Bühnen der Stadt Bielefeld
1. Stadttheater: Niederwall 27
2. Theater am Alten Markt
Intendanz und Verwaltung:
Brunnenstr. 3–9
4800 Bielefeld
Tel. 0521-512489 (Intendanz)
Tel. 0521-512495

Bocholt

Städtisches Bühnenhaus im Kulturzentrum Bocholt
Berliner Platz 1
4290 Bocholt
Tel. 02871-953338/69

Böblingen

Kongreßhalle
Tübinger Str. 14
7030 Böblingen
Tel. 07031-23011 u. 20001

Bonn

Bühnen der Stadt Bonn
1. Großes Haus
2. Werkstattbühne
Am Boselagerhof 1
5300 Bonn 1
Tel. 0228-728-1
3. Kammerspiele Bad Godesberg
Am Michaelshof 9
5300 Bonn 2
Tel. 0228-352051 u. 363097

Contra-Kreis-Theater
Am Hof 3–5
5300 Bonn 1
Tel. 0228-632307 u. 635517

Theater der Jugend
Hermannstr. 50
5300 Bonn 3
Tel. 0228-463672,
Büro: Am Römerkastell 18

Theater Central Bonn – Eurotheater
Münsterplatz 30
(Eingang Mauspfad)
5300 Bonn 1
Tel. 0228-652951
Postanschrift:
Postfach 2451 (Postamt 1),
5300 Bonn 1
Sekretariat *Tel.* 0228-637026
Betriebsbüro *Tel.* 0228-652951

Kleines Theater im Park – Bad Godesberg
Koblenzer Str. 78
5300 Bonn 2
Tel. 0228-362839

Theater Pompeji – Bonner Künstlerhaus
Graurheindorfer Str. 23
5300 Bonn 1
Tel. 0228-633578

Braunschweig

Staatstheater
1. Großes und Kleines Haus

2. Stadthalle
Am Theater
3300 Braunschweig
Tel. 0531-4713-1
Intendanz *Tel.* 0531-4713-200,
Verwaltung *Tel.* 0531-4713-231

Das Schnaps & Poesie-Theater
Magnitorwall 11
3300 Braunschweig
Tel. 0531-19045

Bremen

Theater der Freien Hansestadt Bremen
1. Theater am Goetheplatz
2. Kammerspiele in der Böttcherstraße
3. Concordia
Alle über: Postfach 101046
2800 Bremen 1
Tel. 0421-36531
Betriebsdirektion und Betriebsbüro
Tel. 0421-3653211/12/13

Niederdeutsches Theater
Waller Heerstr. 165
2800 Bremen 1
Tel. 0421-382707 u. 383311

Das Packhaus im Schnoor
Wüste Stätte 11
2800 Bremen
1. Theater im Packhaus
Tel. 0421-326054
2. Puppentheater PIPS
Tel. 0421-326813
3. Orchesterboden
Tel. 0421-361478

Bremerhaven

Stadttheater
1. Großes und Kleines Haus
2. Niederdeutsche Bühne Waterkant
Postfach 120541
Theodor-Heuss-Platz
2850 Bremerhaven
Tel. 0471-4709598
Intendanz und Betriebsbüro
Tel. 0471-4709598-45850

Castrop-Rauxel

Westfälisches Landestheater
Europaplatz (Stadtmittelpunkt)
4620 Castrop-Rauxel
Tel. 02305-1617/18

Celle

Schloß-Theater
Schloßplatz 1
3100 Celle
Tel. 05141-27095

Coburg

Landes-Theater
Schloßplatz 6
8630 Coburg
Tel. 09561-92721 u. 92741,
Kasse: 09561-92742

Cuxhaven

Stadttheater
Rathausstraße
(in der Bleickenschule)
2190 Cuxhaven

Darmstadt

Staatstheater
1. Großes und Kleines Haus
2. Werkstattbühne
Auf dem Marienplatz
6100 Darmstadt
Tel. 06151-28111, Büro: 2811316

Theater am Platanenhain
Karolinenplatz 3 (Mollerbau)
6100 Darmstadt
Tel. 06151-24125 u. 21234

Forum-Theater Darmstadt
Pallaswiesenstr. 48
6100 Darmstadt
Tel. 06151-714450 u. 44683

Detmold

Landestheater
Theaterplatz 1
4930 Detmold
Tel. 05231-28031-35

Dortmund

Städtische Bühnen
1. Großes Haus: Hansastraße
2. Kleines Haus: Hiltropwall 15
3. Schauspiel-Studio: Hiltropwall 15/IV
4. Kinder- und Jugendtheater: Theater am Ostwall
Alle über: Kuhstr. 12
4600 Dortmund
Tel. 0231-5421
Künstlerisches Betriebsbüro
Tel. 0231-144433
Telex 82287

Düsseldorf

Deutsche Oper am Rhein
Theatergemeinschaft
Düsseldorf-Duisburg
Düsseldorf: Opernhaus,
Heinrich-Heine-Allee 16a
4000 Düsseldorf
Tel. 0211-8908-1

Düsseldorfer Schauspielhaus
Gustaf-Gründgens-Platz 1
4000 Düsseldorf
Tel. 0211-363011

Kammerspiele Düsseldorf
Jahnstr. 3
4000 Düsseldorf 1
Tel. 0211-378898, Kasse: 375353

Komödie, Boulevard-Theater Düsseldorf
Steinstr. 23 u. Neusser Str. 125
(Verwaltung)
4000 Düsseldorf
Tel. 0211-307171 (Verwaltung) u.
0211-325151 (Kasse)

Das Kom(m)ödchen
Bolkerstr. 44
4000 Düsseldorf
Tel. 0211-325428

Duisburg

Deutsche Oper am Rhein
Theatergemeinschaft
Düsseldorf-Duisburg
Duisburg: Theater der Stadt,
König-Heinrich-Platz
4100 Duisburg
Tel. 0203-39041

Emden

Neues Theater Emden
Kulturamt, Rathaus am Delft

2970 Emden
Tel. 04921-23123 u. 87277/78

Erlangen

Theater Erlangen
1. Markgrafentheater:
Theaterplatz 2
2. Theater in der Garage:
Theaterstr. 3
Intendanz und Verwaltung:
Wasserturmstr. 16
8520 Erlangen
Tel. 09131-86369/86382/86252

Essen

Theater der Stadt Essen
1. Opernhaus
2. Rathaus-Theater
3. Humboldtaula
4. Casa Nova
5. Mobiles Theater in Essener Stadtteilen
6. Studio-Bühne
7. Spielhallen am Gasometer
Alle über: Theaterplatz
4300 Essen 1
Tel. 0201-1811 (Stadtverwaltung)
Generalintendanz *Tel.* 181-4541,
Rathaus-Theater *Tel.* 181-3560

Esslingen/Neckar

Württembergische Landesbühne
1. Stadttheater: Strohstr. 1
2. Studio: Blarerplatz 4
Intendanz und Verwaltung:
Postfach 307
Küferstr. 13a
7300 Esslingen/Neckar
Tel. 0711-353461/64 u. 356797 (Kasse)

Ettlingen/Baden

Schloßfestspiele
Im Schloß
7505 Ettlingen/Baden
Tel. 07243-101381 und
07243-101221

Feuchtwangen

Kreuzgangspiele
Stadtverwaltung
8805 Feuchtwangen
Tel. 09852-843

Flensburg

Schleswig-Holsteinisches Landestheater und Sinfonieorchester
Zusammenschluß von Flensburg, Rendsburg und Schleswig
1. Musiktheater Flensburg
2. Sprechtheater Rendsburg
3. Sprechtheater Schleswig
4. Schloßhofspiele – Freilichtspiele im Schloß Gottorf (Schleswig)
Generalintendanz und Zentralverwaltung: Lollfuß 53
2380 Schleswig
Tel. 04621-26449
Flensburg: Rathausstr. 22
2390 Flensburg
Tel. 0461-17731-33

Niederdeutsche Bühne der Stadt Flensburg
Rathausstr. 20
2390 Flensburg
Tel. 0461-852295

Frankfurt/Main

Städtische Bühnen Frankfurt:
1. Oper
2. Schauspiel
3. Kammerspiele
Postanschrift: Untermainanlage 11
6000 Frankfurt/M.
Tel. 069-2562-1

Alte Oper Frankfurt
Postanschrift:
Alte Oper Frankfurt, Konzert- und Kongreßzentrum GmbH
Opernplatz
6000 Frankfurt/M.
Tel. 069-444004 u.
0611-435166 (Kasse)

Die Komödie
Theaterplatz/Neue Mainzer Str. 18
6000 Frankfurt/M.
Tel. 069-284380 (Büro) u.
0611-284580 (Kasse)

Fritz Rémond Theater im Zoo
(früher Kleines Theater im Zoo)
Alfred-Brehm-Platz 16
6000 Frankfurt/M.

Theater am Turm
Eschersheimer Landstr. 2
6000 Frankfurt/M. 1
Tel. 069-1545100/10

Volkstheater Frankfurt im „Cantatesaal"
Großer Hirschgraben 21
6000 Frankfurt/M. 1
Tel. 069-288598 u. 283676

Jahrhunderthalle Hoechst
Pfaffenwiese
6230 Frankfurt/M. 80
Tel. 069-319184/85 u.
0611-3057166

Mobile Rhein Main Theater GmbH
Amsburgerstr. 13
6000 Frankfurt/M. 60
Tel. 069-439373

Westdeutsche Kammerspiele – Theater der Jugend
Jaspertstr. 46
6000 Frankfurt/M.
Tel. 069-545455

Satirisches Theater „Die Schmiere"
Karmeliterkloster
6000 Frankfurt/M.
Tel. 069-281066

Frankfurter Figurentheater
Untermainkai 14
6000 Frankfurt/M.
Tel. 069-704144
Büro: Schloßstr. 120
6000 Frankfurt/M. 90

Freiburg/Breisgau

Städtische Bühnen
1. Großes Haus
2. Podiumbühne
3. Kammertheater
4. Rathaushof (Freilicht)
5. Theatercafé
Postanschrift: Bertoldstr. 46
7800 Freiburg/Breisgau
Tel. 0761-31134/35
Stadtzentrale *Tel.* 0761-3691
Theaterkasse *Tel.* 0761-34874

Wallgraben-Theater
Rathausgasse/Rathaus
7800 Freiburg/Breisgau
Tel. 0761-25656

Fürth/Bayern

Theater fürth
Postanschrift: Königstr. 116

8510 Fürth/Bayern
Tel. 0911-773430
Kasse: 771333

Fulda

Schloßtheater Fulda
Schloßstr. 5
6400 Fulda
Tel. 0661-102340 (Direktion)
u. 0661-102326 (Kasse)

Gelsenkirchen

Musiktheater im Revier
Großes und Kleines Haus
Generalintendanz und
Verwaltung: Postfach 101854,
Kennedyplatz
4650 Gelsenkirchen
Tel. 0209-41021/22

Gießen

Stadttheater Gießen
1. Stadttheater am Berliner Platz
2. Theater-Studio
3. Probebühne in der Bezirks-
sparkasse
4. Theater im Museum
Postanschrift: Berliner Platz
6300 Gießen
Tel. 0641-72041

Göttingen

Deutsches Theater in Göttingen
Theaterplatz 11
3400 Göttingen
Tel. 0551-59471-3 u.
57575 (Kasse)

Junges Theater
Hospitalstr. 1
3400 Göttingen
Tel. 0551-55123 u. 53061

Gütersloh

Theater der Stadt Gütersloh
Barkeystr. 15
4830 Gütersloh
Tel. 05241-822707/09
Leitung und Verwaltung:
Berliner Str. 70 (Rathaus)
4830 Gütersloh
Tel. 05241-822708

Gummersbach

Theater der Stadt Gummersbach
Reininghauser Straße
5270 Gummersbach
Tel. 02261-61265

Hagen/Westfalen

Städtische Bühne / Schloßspiele Hohenlimburg
Elberfelder Str. 65
5800 Hagen
Tel. 02331-31131/34

Hamburg

Hamburgische Staatsoper
Postfach 302448
Große Theaterstr. 34
2000 Hamburg 36
Tel. 040-351151

Opera Stabile (Studiobühne)
Adresse siehe Staatsoper

Deutsches Schauspielhaus
Kirchenallee 39
2000 Hamburg 1
Tel. 040-241471
Das Haus wird z. Z. umgebaut;
Vorstellungen:

Deutsches Schauspielhaus im Operettenhaus
Spielbudenplatz 1
2000 Hamburg 4
Tel. 040-311171

Deutsches Schauspielhaus in der Kampnagel-Fabrik (Malersaal)
Jarrestr. 26
2000 Hamburg 60
Tel. 040-271031

Thalia Theater
Alstertor/Raboisen 76
2000 Hamburg 1
Tel. 040-321936

tik - Thalia in der Kunsthalle
Glockengießerwall 1
2000 Hamburg 1
Tel. 040-321936

Hamburger Kammerspiele
Postfach 2535
Hartungstr. 9–11
2000 Hamburg 13
Tel. 040-445620
u. 040-455726

Altonaer Theater
Museumstr. 17
2000 Hamburg 50
Tel. 040-391545/46 u. 394643
Geschäftsstelle: Chemnitzstr. 82
2000 Hamburg 50
Tel. 040-388569

Harburger Theater
Saal im Helms-Museum
Museumsplatz 2
2000 Hamburg-Harburg
Geschäftsstelle: Küchgarten 33
2000 Hamburg 90
Tel. 040-774646
u. 040-778880

Ernst-Deutsch-Theater
Ulmenau 25
2000 Hamburg 76
Tel. 040-224444

Ohnsorg-Theater
Große Bleichen 23-25
2000 Hamburg 36
Tel. 040-346874 u. 352828

St. Pauli-Theater
Spielbudenplatz 29-30
2000 Hamburg 4
Tel. 040-313901 u. 314344

Theater im Zimmer
Alsterchaussee 30
2000 Hamburg 13
Tel. 040-446539 u. 450968

die kleine komödie
Neuer Wall 54
2000 Hamburg 36
Tel. 040-371314 u. 367340

Ahrweiler's „rendezvous"
Neuer Wall 54
2000 Hamburg 36
Tel. 040-373114 u. 3673 40

Theater für Kinder
Max-Brauer-Allee 76
2000 Hamburg 50
Tel. 040-382538 u. 383759

Operettenhaus Hamburg
Spielbudenplatz 1
2000 Hamburg 4
Tel. 440-311176

Das Schiff – Hamburgs Kulturdampfer
Holzbrücke 2a
2000 Hamburg 11
Tel. 040-364765
Geschäftsstelle: Deichstr. 21
2000 Hamburg 11
Tel. 040-364765

Piccolo-Theater im „Fürsthof“
Juliusstr. 13–15
2000 Hamburg 50
Tel. 040-435348

Klecks-Theater
Alter Steinweg 43
2000 Hamburg 11
Tel. 040-343436 u. 343500

Theater am Holstenwall
Holstenwall 19
(im Hotel am Holstenwall)
2000 Hamburg 36
Theaterbüro: Deichstr. 41
2000 Hamburg 11
Tel. 040-366677

Theater zwischen Tür und Angel
Kleine Reichenstr. 9
2000 Hamburg 11
Tel. 040-330114

Theater „monsun“
Friedensallee 20
2000 Hamburg 50
Tel. 040-3903148

Theater an der Marschnerstraße
Marschnerstr. 46
2000 Hamburg 76
Tel. 040-292665

Hansa-Theater-Varieté
Steindamm 17
2000 Hamburg 1
Tel. 040-244444 u. 242424 (Kasse)

Musikhalle
Karl-Muck-Platz
2000 Hamburg 36
Tel. 040-346920

Fabrik
Barnerstr. 36
2000 Hamburg 50
Tel. 040-391565

Die Maske
Freie Theater Produktion
Hamburg GmbH
Schleemkoppel 14
2000 Hamburg 74
Tel. 040-7134161

The English Theatre of Hamburg
Lerchfeld 14
2000 Hamburg 76
Tel. 040-225543 u. 2295040

Hamm/Westfalen

Kammerspiele Hamm
Karl-Marx-Str. 9
4700 Hamm-Wiescherhöfen
Sitz der Direktion:
Auf der Geist 5
4700 Hamm
Tel. 02381-445515

Hannover

Niedersächsische Staatstheater Hannover
1. Opernhaus: Opernplatz 1
Tel. 0511-1686161
2. Schauspielhaus (Ballhof):
Ballhofstr. 5
Tel. 0511-1686164
3. Theater am AEGI:
Aegidientorplatz 2
Tel. 0511-1683750
Geschäftsführung/Intendanz/
Verwaltung:
Opernplatz 1
3000 Hannover 1
Tel. 0511-1686161/62 oder
Rathaus *Tel.* 0511-1681

Landesbühne Hannover
Bultstr. 7–9
3000 Hannover 1
Tel. 0511-815093 u. 816398

Neues Theater
Georgstr. 54
3000 Hannover
Tel. 0511-179779/89

theaterwerkstatt hannover
Raschplatz-Pavillon/Lister Meile 4
3000 Hannover 1
Tel. 0511-344104

Heidelberg

Theater der Stadt / Schloßspiele Heidelberg
Theater: Theaterstraße 6
Intendanz und Verwaltung:
Friedrichstr. 5
6900 Heidelberg
Tel. 06221-21069

Heilbronn/Neckar

Theater Heilbronn
Berliner Platz 1
7100 Heilbronn/Neckar
Tel. 07131-563000
Kasse *Tel.* 07131-563001/2

Heppenheim

Festspiele Heppenheim
Direktion: Hans Richter
Postfach 362
6148 Heppenheim
Tel. 06252-74224

Herford

Stadttheater
Mindener Str. 11
4900 Herford
Tel. 05221-51415

Hildesheim

Stadttheater Hildesheim
1. Großes Haus
2. the. o (theater oben)
= Studiobühne
Theaterstraße 6
3200 Hildesheim
Tel. 05121-14066 u. 33164 (Kasse)

Hof/Saale

Städtebundtheater
1. Stadttheater
2. Studio im Foyer
Schützenstr. 8
8670 Hof/Saale
Tel. 09281-1918/19 u. 815445

Ingolstadt

Stadttheater und Werkstattbühne
Schloßgelände 1
8070 Ingolstadt
Tel. 0841-1801/02/03

Iserlohn

Parktheater
Postfach 274
Alexanderhöhe
5860 Iserlohn
Tel. 02371-217-1

Jagsthausen

Burgfestspiele
Schloßstr. 12
7109 Jagsthausen
Tel. 07943-2295 u. 2595

Kaiserslautern

Pfalztheater
Verwaltung: Bezirksverband Pfalz
Fruchthallstr. 24–26
6750 Kaiserslautern
Tel. 0631-69088 u. 68694 (Kasse)

Karlsruhe

Badisches Staatstheater
1. Großes Haus am Ettlinger Tor
2. Kleines Haus am Ettlinger Tor
Postanschrift: Baumeisterstr. 11
7500 Karlsruhe
Tel. 0721-1521
Kasse: *Tel.* 0721-60202

Die Insel
Wilhelmstr. 14–16
7500 Karlsruhe 18
Tel. 0721-606200

Kammertheater
Waldstr. 79
7500 Karlsruhe
Tel. 0721-24133

Theater: Die Käuze
Königsberger Str. 9
7500 Karlsruhe
Tel. 0721 684207

Kassel

Hessisches Stadttheater
Großes und Kleines Haus
Friedrichsplatz 15
3500 Kassel
Tel. 0561-10940

Komödie
Friedrich-Ebert-Str. 39
3500 Kassel
Tel. 0561-18383/72674/33402

Kiel

Bühnen der Landeshauptstadt
Postanschrift: Rathausplatz
2300 Kiel
Tel. 0431-9011 (Rathaus)
General-Intendanz: 0431-2892

Koblenz

Theater der Stadt Koblenz
Intendanz und Verwaltung:
Clemensstr. 1
5400 Koblenz
Tel. 0261-129430/33

Köln

Bühnen der Stadt Köln
1. Oper der Stadt Köln
2. Schauspielhaus Köln
3. Kammerspiele
Alle über: Postfach 180241,
Offenbachplatz
5000 Köln
Tel. 0221-2076-1

Puppenspiele der Stadt Köln
Postfach 180241, Eisenmarkt 2–4
5000 Köln 1
Tel. 0221-212095

Theater am Dom
Glockengasse 11
5000 Köln 1
Tel. 0221-219921-24

Theater „Der Keller"
Kleingedankstr. 6/
Am Sachsenring
5000 Köln 1
Tel. 0221-318059/50

Offenbach-Theater Köln
Wipperfürther Str. 29–31
5000 Köln 91
Tel. 0221-852040 u. 855389

Studiobühne & Filmwerkstatt der Universität
Albertus-Magnus-Platz
5000 Köln 41
Tel. 0221-4703707

Freies Werkstatt-Theater Köln (FWT Köln e.V.)
Zugweg 10
5000 Köln 1
Tel. 0221-327817

Pantomimentheater Kefka – Milan Sládek
Albertusstr./Ecke Magnusstr.
5000 Köln 1
Tel. 0221-2401688,
Verwaltung:
Hardefuststr. 9
5000 Köln 1
Tel. 0221-319897

Kabarett „Die Machtwächter"
Gertrudenstr. 24
5000 Köln 1
Tel. 0221-242101

Millowitsch-Theater
Aachener Str. 5
5000 Köln
Tel. 0221-212875

Konstanz

Stadttheater + Podium 99
Konzilstr. 11
7750 Konstanz
Tel. 07531-22090 u. 24789
Intendanz und Verwaltung:
Inselgasse 2–6
7750 Konstanz
Tel. 07531-21500

Krefeld

Vereinigte Städtische Bühnen Krefeld-Mönchengladbach
Krefeld: Theaterplatz
4150 Krefeld
Tel. 02151-1686 u. 23902
(siehe auch Mönchengladbach)

Landshut

Südostbayerisches Städtetheater
Ländtorplatz 2–5
8300 Landshut
Tel. 0871-21058

Stadttheater
Ländtorplatz 2–5
8300 Landshut
Tel. 0871-21058 u. 89176 (Kasse)

Leverkusen

Forum – Kulturelles und geselliges Zentrum
Am Buchelter Hof
5090 Leverkusen
Tel. 02172-3524141

Festhalle am Opladener Platz
Opladener Platz
5090 Leverkusen
Tel. 02172-3524141

Erholungshaus
Nobelstr. 37
5090 Leverkusen
Tel. 02172-306360

Lindau/Bodensee

Stadttheater
Fischergasse 37
8990 Lindau
Tel. 08382-5719 u. 26665 (Kasse)
Verwaltung *Tel.* 08382-275402

Lippstadt

Stadttheater
Cappeltor
4780 Lippstadt
Tel. 02941-79275 u.
79228 (Verwaltung)

Lörrach/Baden

Galerie-Theater im Rieggässli
Im Rieggässli
7850 Lörrach/Baden
Tel. 07621-84410

Ludwigshafen/Rhein

Theater im Pfalzbau
Berliner Str. 30
6700 Ludwigshafen
Tel. 0621-5042041/3041

Lübeck

Bühnen der Hansestadt Lübeck
1. Großes Haus
2. Kammerspiele
3. Studio
Fischergrube 5-21
2400 Lübeck
Tel. 0451-1224200 (Pförtnerei)
u. 0451-71666 (Büro)

theater 46 – Kammerspielkreis Lübeck
Moislinger Allee 90c–d
2400 Lübeck
Tel. 04563-285

Lübecker Kinder-Tanztheater
(Heino Heiden),
Dr.-Julius-Leber-Str. 23
2400 Lübeck
Tel. 0451-78803

Lüneburg

Stadttheater
An den Reeperbahnen 3
2120 Lüneburg
Tel. 04131-47047

Mainz

Städtische Bühnen Mainz
1. Schauspiel/Musiktheater:
Gutenbergplatz 7
2. Kammerspiele:
Emmerich-Josef-Str. 13
3. Theater in der Universität
Alle über: Gutenbergplatz 7
6500 Mainz
Tel. 06131-122662 (Intendanz)
u. 06131-122703,
Kammerspiele 06131-23343

Mannheim

Nationaltheater
Intendanz und Verwaltung:
Mozartstr. 9
6800 Mannheim
Tel. 0621-1900-215

Marburg/Lahn

Marburger Schauspiel
1. Erwin-Piscator-Haus (Stadthalle)
2. Theater im Afföller (Studio)
3. Schloßparkbühne
Alle über: Biegenstr. 15
3550 Marburg/Lahn
Tel. 06241-23925 u. 1736

Marl

Theater der Stadt Marl
Konrad-Adenauer-Platz
4370 Marl
Tel. 02365-105-1

Maßbach/Unterfranken

Fränkisches Theater
Schloß Maßbach bei
Bad Kissingen
8734 Maßbach
Tel. 09735-235

Memmingen

Landestheater Schwaben
Theaterplatz 2
8940 Memmingen
Tel. 08331-87987/88

Minden/Westfalen

Stadttheater
Tonhallenstr. 3
4950 Minden/Westfalen
Tel. 0571-89318

Mönchengladbach

Vereinigte Städtische Bühnen Krefeld-Mönchengladbach
1. Stadttheater
Hindenburgstr. 73
4050 Mönchengladbach 1
Tel. 02161-182081
2. Theater Stadthalle Rheydt
Oderkirchener Str. 78
4050 Mönchengladbach 2
(siehe auch Krefeld)

Moers

Schloßtheater
1. Kammertheater
2. Studio
3. Freilichtbühne im Schloßhof
Alle über: Kastell 6
4130 Moers 1
Tel. 02841-201534/35

München

Bayerische Staatstheater
1. Bayerische Staatsoper – Nationaltheater
Max-Joseph-Platz 2
8000 München 1
Tel. 089-21851

2. Bayerisches Staatsschauspiel
A: Residenztheater:
Max-Joseph-Platz 1–2
B: Altes Residenztheater
(Cuvilliés-Theater):
Residenzstr. 1
C: Theater im Marstall
(Studio-Bühne):
Marstallplatz 4
Alle über *Tel.* 089-21851

3. Staatstheater am Gärtnerplatz
Gärtnerplatz
8000 München 5
Tel. 089-23808-1
Generalintendanz der
Bayerischen Staatstheater:
Prinzregentenplatz 12
8000 München 80
Tel. 089-21851
Gemeinsamer Dienst:
Marstallstr. 1
8000 München 22
Tel. 089-21851

Münchner Kammerspiele
1. Schauspielhaus

2. Werkraumtheater
3. Theater der Jugend
Maximilianstr. 26–28
8000 München
Tel. 089-23721-0
Intendanz: Postfach 220540
Hildegardstr. 1
8000 München 22

Kleine Komödie
1. Kleine Komödie am Max-II-Denkmal
Maximilianstr. 47
8000 München 22
Tel. 089-226765
2. Kleine Komödie im Bayerischen Hof
Promenadenplatz 6
8000 München 2
Tel. 089-293695 u. 292810 (Kasse)

Deutsches Theater München
Schwanthaler Str. 13
8000 München 2
Tel. 089-595583

Münchner Theater für Kinder
Dachauer Str. 46
8000 München 2
Tel. 089-592411

theater k (Theater in der Kurfürstenstraße)
Kurfürstenstr. 8
8000 München 40
Tel. 089 333933

Theater „Die Kleine Freiheit" (Trude Kolman-Theater)
Maximilianstr. 31
8000 München 22
Tel. 089-221123 u. 220420

studiotheater münchen
Ungererstr. 19
8000 München 40
Tel. 089-343827 u. 343886

Theater über dem Landtag
Maria-Theresia-Str. 2a
8000 München 80
Tel. 089-479118

Neue Werkbühne München
Barerstr. 49
8000 München 40
Tel. 089-2722344 u. 953634

Alabamahalle
Schleißheimer Str. 418
8000 München 2
Tel. 089-3510852

Bliss-Theater
Guldeinstr. 47
8000 München 2
Tel. 089-507970 u. 508586

Blutenburg-Theater
Blutenburgstr. 35
8000 München 19
Tel. 089-1234300

Millionendorftheater
Zielstattstr. 6
8000 München 70
Tel. 089-7238343

Modernes Theater
Hans-Sachs-Str. 12
8000 München 5
Tel. 089-225473

Kabarett „Münchner Lach- und Schießgesellschaft"
Ursulastr. 9
8000 München 40
Tel. 089-396129 u. 391997

Münchner Marionetten-Theater
Blumenstr. 29a
8000 München 2
Tel. 089-265712

Kabarett „Münchner Rationaltheater"
Hesseloher Str. 18
8000 München 40
Tel. 089-5234655

Off-Off-Theater
Potsdamer Str. 13
8000 München 40
Tel. 089-393729

proT – Prozessionstheater
(Alexeij Sagerer) Zenettistr. 34
8000 München 2
Tel. 089-7254281

Scala-Theater am Wedekindplatz
Feilitzschstr. 12
8000 München 40
Tel. 089-334050 u. 335040

Theater am Einlaß
Am Einlaß 4–5
8000 München 5
Tel. 089-2608280

TamS – Theater am Sozialamt
Haimhauserstr. 13a
8000 München 40
Tel. 089-345890

Theater im Fraunhofer
Fraunhoferstr. 9
8000 München 5
Tel. 089-266460

TIK – Theater in der Kreide
Peschelanger 11
8000 München 83
Tel. 089-6706080

Theater rechts der Isar
Wörthstr. 9
8000 München 80
Tel. 089-4483657

Theater 44
Hohenzollernstr. 20
8000 München 40
Tel. 089-328748 u. 333807

Münster/Westfalen

Städtische Bühnen
1. Großes Haus
2. Kleines Haus
3. Niederdeutsche Bühne
Neubrückenstr. 63
4400 Münster
Tel. 0251-40844 u. 42194 (Kasse)

Wolfgang-Borchert-Theater (Zimmertheater Münster)
Am Berliner Platz 23
4400 Münster
Tel. 0251-40019/10 u. 34438

Neuss/Rhein

Rheinisches Landestheater Neuss
– vereinigt mit Theater am Niederrhein (Kleve) –
Büttger Str. 2
4040 Neuss/Rhein
Tel. 02101-272650,
Kasse 02101-272314

Neuwied/Rhein

Landesbühne Rheinland-Pfalz
Schloßstr. 1
5450 Neuwied/Rhein
Tel. 02631-25363

theatermobil
Rosengarten 1
5450 Neuwied/Rhein
Tel. 02631-25440 u. 5552

Nürnberg

Städtische Bühnen
1. Opernhaus
2. Schauspielhaus
3. Kammerspiele
Alle: Richard-Wagner-Platz 2–10
8500 Nürnberg 70
Tel. 0911-16-1
(Rathaus-Vermittlung)

Oberhausen

Theater Oberhausen
Ebertstraße
4200 Oberhausen
Tel. 0208-26051-53 u.
21873 (Kasse)

Offenbach/Main

Theater der Stadt Offenbach
Goethestr. 1–5
6050 Offenbach/Main
Tel. 0611-80652790

Oldenburg/Oldb.

Staatstheater
1. Großes Haus
2. Schloßtheater
3. Spielraum im neuen Foyer
4. August-Hinrichs-Bühne
Theaterwall 19
2900 Oldenburg/Oldb.
Tel. 0441-27147/48 u.
25780 (Kasse)

Osnabrück

Städtische Bühnen Osnabrück
Intendanz/Verwaltung:
Domhof 10–11
4500 Osnabrück
Tel. 0541-3233331
u. 0541-3234312

Paderborn

Westfälische Kammerspiele
Kötterhagen 1–3
(Theater am Rathausplatz)
4790 Paderborn
Tel. 05251-24798

Pforzheim/Baden

Stadttheater und Podium
Osterfeldstraße
7530 Pforzheim
Tel. 07231-392438/39

Recklinghausen

Festspielhaus
Otto-Burmeister-Allee 1
4350 Recklinghausen
Tel. 02361-25025 u. 587378

Ruhrfestspiele Recklinghausen
Otto-Burmeister-Allee 1
4350 Recklinghausen
Tel. 02361-25025

junges forum/Ruhrfestspiele Recklinghausen
Otto-Burmeister-Allee 1
4350 Recklinghausen
Tel. 02361-15521

Regensburg

Städtische Bühnen
1. Stadttheater am Bismarckplatz
2. Theater am Haidplatz
3. Freilichttheater im Hof des Thon-Dittmer-Hauses
Alle über: Bismarckplatz 7
8400 Regensburg
Tel. 0941-2072422

Saarbrücken

Saarländisches Staatstheater
Schillerplatz 1
6600 Saarbrücken
Tel. 0681-3092-1 u. 32411 (Kasse)

Saarländische Landestheater Saarbrücken (STL)
Scharnhorststr. 10
6600 Saarbrücken 6
Tel. 0681-851010

Schleswig

Schleswig-Holsteinisches Landestheater
Schleswig-Holsteinisches Landestheater und Sinfonieorchester GmbH
Zusammenschluß von Flensburg, Rendsburg und Schleswig
1. Musiktheater Flensburg
2. Sprechtheater Rendsburg
3. Sprechtheater Schleswig
4. Schloßhofspiele – Freilichtspiele im Schloß Gottorf (Schleswig)
Generalintendanz und Zentralverwaltung:
Lollfuß 53a
2380 Schleswig
Tel. 04621-26449
Schleswig: Stadttheater,
Lollfuß 49–51
2380 Schleswig
Tel. 04621-25994 u. 25989 (Kasse)

Schwäbisch-Hall/Württemberg

Freilichtspiele
Große Freitreppe vor
St. Michael/Am Markt 8
7170 Schwäbisch-Hall
Tel. 0791-751-324

Schwetzingen/Baden

Festspiele – Rokokotheater im Schwetzinger Schloß –
Verkehrsverein am Schloßplatz
6830 Schwetzingen/Baden
Tel. 0602-4933
u. 0602-4733
Geschäftsstelle:
Im Hause des Süddeutschen Rundfunks
Neckarstr. 230
7000 Stuttgart
Tel. 0711-2881, App. 2400 u. 2610

Solingen

Theater Solingen
Konrad-Adenauer-Str. 71
5650 Solingen 1
Tel. 02122-192433

Sommerhausen/Main

Torturmtheater
Jahnstraße
8701 Sommerhausen/Main
Tel. 0933-268

Stuttgart

Württembergisches Staatstheater
1. Großes Haus
2. Kleines Haus
3. Kammertheater
Oberer Schloßgarten 6
7000 Stuttgart 1
Tel. 0711-20311

Komödie im Marquardt
Bolzstr. 4–6
7000 Stuttgart 1
Tel. 0711-291075

Theater der Altstadt
Charlottenplatz U
7000 Stuttgart 1
Tel. 0711-244342

tri-bühne e.V.
(Kultur unterm Turm)
Eberhardstr. 61a
7000 Stuttgart 1
Tel. 0711-234610 u. 256277

Theater im Westen Stuttgart
Rotebühlstr. 89
7000 Stuttgart 1
Tel. 0711-62 3154

Dreigroschentheater am Bopser
Etzelstr. 9
7000 Stuttgart 1
Tel. 0711-767635

Laboratorium
Wagenburgstr. 147
7000 Stuttgart 1
Tel. 0711-341466

Kabarett „Renitenz-Theater"
Königstr. 17
7000 Stuttgart 1
Tel. 0711-297075

studio theater stuttgart
Stafflenbergstr. 46
7000 Stuttgart 1
Tel. 0711-246093

Theater am Faden
Böblinger Str. 139
7000 Stuttgart 1
Tel. 0711-604850

Theater an der Penne – Zimmertheater am Bopser
Etzelstr. 9
7000 Stuttgart 1
Tel. 0711-246261

Tübingen

Landestheater Württemberg-Hohenzollern (LTT)
Eberhardstr. 6
7400 Tübingen
Tel. 07071-33091 u. 31314 (Kasse)

Tübinger Zimmertheater
Bursagasse 16
7400 Tübingen
Tel. 07071-23971

Ulm/Donau

Ulmer Theater
Olgastr. 73
7900 Ulm/Donau
Tel. 0731-1611 (Rathauszentrale)

Wiesbaden

Hessisches Staatstheater
1. Großes Haus
2. Kleines Haus
3. Studio-Souterrain
Postfach 3247
Christian-Zais-Straße
6200 Wiesbaden
Tel. 06121-123-1
Betriebsbüro 06121-132-327

Kleine Komödie
Luisenstr. 10–12
6200 Wiesbaden
Tel. 06121-301521

Wilhelmshaven

Stadttheater
Virchowstr./Ecke Peterstraße
2940 Wilhelmshaven
Tel. 04421-43091
u. 04421-42673

Landesbühne Niedersachsen Nord
Virchowstr. 44
2940 Wilhelmshaven
Tel. 04421-43091

Würzburg

Stadttheater
Theaterstr. 21
8700 Würzburg
Tel. 0931-50644-46

Wunsiedel/Fichtelgebirge

Luisenburg-Festspiele
8592 Wunsiedel
Tel. 09232-2331
Verwaltung: Stadtkämmerei/
Verkehrsamt
8592 Wunsiedel
Tel. 09232-3511

Wuppertal

Wuppertaler Bühnen
1. Opernhaus
2. Schauspielhaus
3. Theater an der Gathe
Generalintendanz und
Verwaltung: Spinnstr. 4
5600 Wuppertal 2
Tel. 0202-593091 u. 598320

THEATER IN ÖSTERREICH

Bad Ischl

Sommertheater
(Operettenwochen)
Herrengasse 32
A-4820 Bad Ischl
Tel. 004361132-3839

Baden bei Wien

Stadttheater und Sommerarena
Theaterplatz 7
A-2500 Baden bei Wien
Tel. 00432252-2571 (Stadttheater)
u. 00432252-2382 (Arena)

Bregenz

Theater für Vorarlberg
Seestr. 2
A-6900 Bregenz
Tel. 00435574-22870

Bregenzer Festspiele
Festspiel- und Kongreßhaus/
Platz der Wiener
Symphoniker
A-6900 Bregenz
Tel. 00435574-22811-0

Graz/Steiermark

Vereinigte Bühnen Graz
1. Opernhaus
2. Schauspielhaus
3. Probebühne im Schauspielhaus
4. Caféhaustheater im
Redoutensaal
Alle über: Kaiser-Josef-Platz 10
A-8010 Graz/Steiermark
Tel. 0043316-76451

Innsbruck

Tiroler Landestheater
1. Großes Haus
2. Kammerspiele
Rennweg 2
A-6020 Innsbruck
Tel. 00435222-21771/75

Klagenfurt/Kärnten

Stadttheater
Theaterplatz 4
A-9020 Klagenfurt
Tel. 00434222-55266/69 u. 54891 (Kasse)

Linz (Donau)

Landestheater
1. Großes Haus
2. Kammerspiele
3. Theaterkeller im Ursulinenhof
Alle über: Promenade 39
A-4020 Linz/Donau
Tel. 0043732-77651

Salzburg

Landestheater und Kammerspiele
Schwarzstr. 22+24
A-5020 Salzburg
Tel. 00436222-74086/87

Salzburger Festspiele
Hofstallgasse 1
A-5020 Salzburg
Tel. 00436222-42541

Wien

Bundestheater
1. Burgtheater
Dr.-Karl-Lueger-Ring 2
A-1014 Wien
Tel. 0043222-53240
2. Akademietheater
(dem Burgtheater angegliedert)
Lisztstr. 1
A-1030 Wien
Tel. 0043222-53240 u. 53244218
3. Staatsoper Wien
Opernring 2
A-1010 Wien
Tel. 0043222-53240
4. Volksoper Wien
Währinger Str. 78
A-1090 Wien
Tel. 0043222-53240
die o. a. Theater unterstehen dem Bundesministerium für Unterricht und Kunst
Verwaltung:
Österreichischer Bundestheaterverein
Goethegasse 1a
A-1010 Wien
Tel. 0043222-53240 Telex 132930

Theater in der Josefstadt
1. Theater in der Josefstadt
Josefstädter Str. 26
A-1080 Wien
Tel. 0043222-427631
2. Kammerspiele
Rotenturmstr. 20
A-1010 Wien
Tel. 0043222-632833
3. Theater in der Josefstadt im Malersaal
Langegasse 39
A-1080 Wien
Tel. über 0043222-427631

Raimund-Theater
Wallgasse 18-20
A-1060 Wien
Tel. 0043222-576626/27 u. 576760

Theater der Jugend
Neubaugasse 38
A-1070 Wien
Tel. 0043222-932546-0 Serie

Renaissance-Theater
Neubaugasse 36
A-1070 Wien
Tel. 0043222-932546-0 Serie

Theater im Zentrum
Liliengasse 3
A-1010 Wien
Tel. 0043222-524101 u. 521277

Löwinger Bühne im Renaissance-Theater
Neubaugasse 36
A-1070 Wien
Tel. 0043222-932395

Theater an der Wien
Lehárgasse 5
A-1060 Wien
Tel. 0043222-579632/35

Volkstheater
Neustiftgasse 1
A-1070 Wien
Tel. 0043222-932101 Serie

Wiener Kammeroper
Fleischmarkt 24
A-1010 Wien
Tel. 0043222-520100

Wiener Festwochen
Friedrich-Schmidt-Platz 4
A-1080 Wien
Tel. 0043222-42804

Niederösterreichisches Kammerschauspiel
Obere Donaustr. 3
A-1020 Wien
Tel. 0043222-337140

Ateliertheater am Naschmarkt
Linke Wienzeile 4
A-1060 Wien
Tel. 0043222-371108

Die Komödianten – Theater im Künstlerhaus
Karlsplatz 5
A-1010 Wien
Tel. 0043222-570504

Ensemble Theater – Treffpunkt Petersplatz
Petersplatz 1
A-1010 Wien
Tel. 0043222-522852 u. 532194

Schauspielhaus Wien
Porzellangasse 19
A-1090 Wien
Tel. 0043222-349187 u. 347373

Dramatisches Zentrum Wien
Seidengasse 13
A-1070 Wien
Tel. 0043222-9615560

Spectaculum
Dr.-Ignaz-Seipel-Platz
A-1010 Wien
Intendanz: Türkenstr. 19
A-1090 Wien
Tel. 0043222-340699

Kleine Komödie im Theater am Kärntnertor
Walfischgasse 4
A-1010 Wien
Tel. 0043222-524280

Theater am Spittelberg
Spittelberggasse 10
A-1070 Wien
Tel. 0043222-5789023

Wiener Neustadt

Stadttheater
Herzog-Leopold-Str. 17–21
A-2700 Wiener Neustadt
Tel. 00432622-3531

THEATER IN DER SCHWEIZ

Basel

Basler Theater
1. Stadttheater Großes Haus
2. Stadttheater Theaterwerkstatt
Kleine Bühne
3. Komödie
Alle über: Elisabethenstr. 16
CH-4051 Basel
Tel. 004161-22 1130

Bern

Stadttheater
Nägeligasse 1
CH-3011 Bern
Tel. 004131-220711 u. 221783

Ateliertheater
Effingerstr. 14
CH-3011 Bern
Tel. 004131-252121/22

Luzern

Stadttheater
Theaterstr. 2
CH-6002 Luzern
Tel. 004141-233363

St. Gallen

Stadttheater
Museumstr. 24
CH-9004 St. Gallen
Tel. 004171-252415

Winterthur

Theater am Stadtgarten
Bühne: Theaterstr. 6
CH-8400 Winterthur
Tel. 004152-845035
Direktion: Theaterstr. 4
CH-8400 Winterthur
Tel. 004152-845020

Sommertheater
Merkurstr. 4
Postfach 560
CH-8401 Winterthur
Tel. 004152-223113

Zürich

Opernhaus
Schillerstr. 1
CH-8001 Zürich
Tel. 00411-2516920/21

Schauspielhaus am Pfauen
Theater: Rämistr. 34
CH-8001 Zürich
Direktion: Zeltweg 5
CH-8032 Zürich
Tel. 00411-479610

Theater am Neumarkt
Neumarkt 5
CH-8001 Zürich
Tel. 00411-2511818

Theater an der Winkelwiese
Winkelwiese
CH-8001 Zürich
Tel. 00411-2521001

Bühne 64
Landoltstr. 3
CH-8006 Zürich
Tel. 00411-3631616

Bernhard-Theater
Postfach
CH-8024 Zürich
Tel. 00411-2526555

Theater Heddy Maria Wettstein
Winkelwiese 4
CH-8001 Zürich
Tel. 00411-534817

IV

Filmgesellschaften (Wichtige Auswahl: Verleih- und Vertriebsfirmen)

AB-Filmverleih GmbH
Fachnerstraße 30
8000 München 21
Tel. 089/575000

Accord-Film-Verleih GmbH
Weseler Straße 65
4000 Düsseldorf
Tel. 0211/620640

Alemania Filmverleih GmbH
Rauchstraße 8
8000 München 80
Tel. 089/989591

Apollo-Filmverleih GmbH
Taunusstraße 52-60
6000 Frankfurt/Main
Tel. 069/233638

Arabella-Filmverleih GmbH
Charlottenstraße 1
4000 Düsseldorf
Tel. 0211/354573

Ascot-Filmverleih GmbH
Charlottenstraße 1
4000 Düsseldorf
Tel. 0211/365269

Atlantis-Film GmbH
Römerstraße 14
8000 München 40
Tel. 089/344246

Atlas-Filmverleih GmbH
Ludgeristraße 14–16
4100 Duisburg 1
Tel. 0203/308-0

Avis-Film GmbH
Fürther Straße 5
1000 Berlin 30
Tel. 030/241405

Basis-Filmverleih GmbH
Güntzelstraße 60
1000 Berlin 31
Tel. 030/8533035

BEKA-Film
Taunusstraße 50–60
6000 Frankfurt/Main
Tel. 069/253579

Bertelsmann – Clubfilmdienst –
Postfach 5555
4830 Gütersloh
Tel. 05241/801

Beta-Film
Kardinal-Faulhaber-Straße 15
8000 München 2
Tel. 089/221301

Chronos-Filmverleih GmbH
Tegernseer Landstraße 284
8000 München 90
Tel. 089/6904029

Cine-International Filmvertrieb
GmbH & Co KG
Leopoldstraße 18
8000 München 40
Tel. 089/391026

Cine-Vox Filmverleih GmbH
Bavariafilmplatz 7
8022 Geiselgasteig
Tel. 089/649541

Concorde-Film
Widenmayerstraße 4
8000 München 2
Tel. 089/220744

Continental Film GmbH
Schwalbenstraße 13
8012 Ottobrunn
Tel. 089/6094595

CS – Filmverleih GmbH
Gernotstraße 11
8000 München 40
Tel. 089/306400

Deutsche Film- und Fernseh-
akademie GmbH
Pommernallee 1
1000 Berlin 19
Tel. 030/3036-1

Diamant-Filmverleih GmbH
Graf-Adolf-Straße 108
4000 Düsseldorf 1
Tel. 0211/360713

Endfilm – Christian Meinke –
Belfortstraße 6
8000 München 80
Tel. 089/486806

Exquisit-Film
Kirchenallee 57
2000 Hamburg 1
Tel. 040/246366

Fantasia-Film GmbH
Am Laufer Schlagturm 3
8500 Nürnberg
Tel. 0911/203922

FIFIGE
Von-Melle-Park 17
2000 Hamburg 13
Tel. 040/418830

Film-Allianz GmbH
Alexanderstraße 30
4000 Düsseldorf
Tel. 0211/325248

Filmhansa GmbH
Poccistraße 3
8000 München 2
Tel. 089/778084

Filmverlag der Autoren GmbH
Rambergstraße 5
8000 München 40
Tel. 089/3809451

Filmwelt-Verleih GmbH
Trautenwolfstraße 7
8000 München 40
Tel. 089/399081

Futura Film GmbH
Türkenstraße 95
8000 München 40
Tel. 089/3809491

Genschow-Film GmbH
Kyllmannstraße 14
1000 Berlin 39
Tel. 030/9051053

Germania-Filmverleih
Blissestraße 36–40
1000 Berlin 31
Tel. 030/8213072

Globus Film
Oskar-Messter-Straße 15
8045 Ismaning
Tel. 089/964519

High Bird GmbH
Wilhelm-Raabe-Straße 6
8000 München 40
Tel. 089/356048

Impuls-Film
Grazer Straße 10
3000 Hannover 81
Tel. 0511/835001

Interfilm Alexander S. Scotti
Wingerstraße 2
6200 Wiesbaden
Tel. 06121/66088

Intermedia Filmvertrieb
Menck & Co.
Belle-Alliance-Straße 54
2000 Hamburg 19
Tel. 040/438085

Janus Film
Paul-Ehrlich-Straße 24
6000 Frankfurt/Main 70
Tel. 069/638055

Jugendfilm-Verleih GmbH
(Zentrale)
Lietzenburgerstraße 44
1000 Berlin 30
Tel. 030/219901-0

Kinofilm München
Elisabethstraße 11
8000 München 40
Tel. 089/2780295

Klinger-Film-Verleih
Wörthstraße 10
8000 München 80
Tel. 089/458103

Kora-Film
Adelheidstraße 7
8000 München 40
Tel. 089/2714607

Kristall-Film
Bahnstraße 66
4000 Düsseldorf
Tel. 0211/328963

LOOK Filmverleih
Friedrichstraße 32
8000 München 40
Tel. 089/345004

Materna Filmverleih GmbH
Mainzer Landstraße 127a
6000 Frankfurt/Main
Tel. 069/234083

Mercator Filmverleih GmbH
Wertherstraße 73
4800 Bielefeld 1
Tel. 0521/124061

M.F.V. Movie Film-Verleih GmbH
Graf-Adolf-Straße 108
4000 Düsseldorf 1
Tel. 0211/353751

Mondial Filmverleih
Graf-Adolf-Straße 108
4000 Düsseldorf 1
Tel. 0211/359021

Nef Dissusion Filmvertriebs
GmbH
Widenmayerstraße 4
8000 München 22
Tel. 089/226319

Neue CONSTANTIN Film
GmbH
(Zentrale)
Kaiserstraße 39
8000 München 40
Tel. 089/38609-0

Neue Filmkunst Walter Kirchner
Groner Landstraße 3
3400 Göttingen
Tel. 0551/75081

Nobis-Film
Rosenheimer Straße 176
8000 München 80
Tel. 089/402106

Nordwestdeutscher
Unitas-Filmverleih GmbH
Klosterstraße 78
4000 Düsseldorf 1
Tel. 0211/353739

Obelisk-Filmverleih GmbH
Odeonsplatz 8
8000 München 2
Tel. 089/220818

Pandora Film
Dreiechstraße 54
6000 Frankfurt/Main 70
Tel. 069/610789

Pegasus Film
Kurfürstendamm 229
1000 Berlin 15
Tel. 030/8816059

Pilot-Filmverleih
(Zentrale)
Kirchenallee 57
2000 Hamburg 1
Tel. 040/249695

Prokino Filmverleih
Ungererstraße 84
8000 München 40
Tel. 089/365081

Rex-Film
Friedensplatz 4–6
6090 Rüsselsheim
Tel. 06142/62057

Ring-Film-Verleih Peter Koch
Schwalbenstraße 13
8012 Ottobrunn
Tel. 089/6094141

Saarfilm Verleihagentur & Filmtheaterbetriebe
GmbH
Grülingstraße 115
6600 Saarbrücken 2
Tel. 0681/47761

Schröder-Filmverleih
Aderstraße 73
4000 Düsseldorf
Tel. 0211/382414

Scotia International Filmverleih
GmbH
(Zentrale)
Possartstraße 14
8000 München 80
Tel. 089/473027

Senator Film GmbH
Taunusstraße 52–60
6000 Frankfurt/Main
Tel. 069/236951

Splendid-Film
Graf-Adolf-Straße 108
4000 Düsseldorf 1
Tel. 0211/365285

Stern-Film-Verleih GmbH
Dachauer Straße 16
8000 München 2
Tel. 089/594574

Theatiner Film
Theatiner Straße 32
8000 München 2
Tel. 089/223183

Tivoli Filmverleih GmbH
(Zentrale)
Sendlinger-Tor-Platz 8
8000 München 2
Tel. 089/554865

Tobis Filmkunst GmbH
Bismarckstraße 108
1000 Berlin 12
Tel. 030/310456

Transit Film GmbH
Dachauer Straße 35
8000 München 2
Tel. 089/555261

Twentieth Century Fox of
Germany GmbH
(Zentrale)
Hainer Weg 37-53
6000 Frankfurt/Main 70
Tel. 069/610371

UFA-International GmbH
Sonnenstraße 19
8000 München 2
Tel. 089/591653

UIP – Filmverleih
(United International Pictures)
Stresemannallee 13
6000 Frankfurt/Main 70
Tel. 069/637096

Unidoc Film GmbH
Braunschweiger Straße 20
4600 Dortmund 1
Tel. 0231/818928

Warner Columbia Filmverleih
GmbH
(Zentrale)
Ickstattstraße 1
8000 München 5
Tel. 089/236010

Zentral-Film Verleih e.V.
Friedensallee 7
2000 Hamburg 50
Tel. 040/391316

V

Schauspielschulen

Berlin:

Berliner Schauspielschule
Margret Daniels
Eisenbahnstraße 13
1000 Berlin 36

Fritz-Kirchhoff-Schule
„Der Kreis“
Gelfer Straße 33
1000 Berlin 33
Tel. 030/8312198

Hochschule der Künste Berlin
Fasanenstraße 1
1000 Berlin 12
Tel. 030/31850

Schauspielstudio Langhanke
Seehof 24
1000 Berlin-Zehlendorf
Tel. 030/8111385

Studio Berlin
Lysa Kayser-Corsy
Wielandstraße 43
1000 Berlin-Friedenau 41
Tel. 030/8524235

Bern:

Konservatorium für Musik und Theater Bern
Laupenstraße 45
CH-3008 Bern
Tel. 0041/31/253169

Bochum:

Westfälische Schauspielschule Bochum
Lohring 20
4630 Bochum
Tel. 0234/6212474

Detmold:

Staatliche Hochschule für Musik
Allee 22
4930 Detmold
Tel. 05231/26945

Düsseldorf:

Staatliche Kunstakademie Düsseldorf
Eiskellerstraße 1
4000 Düsseldorf
Tel. 0211/329334

Essen:

Folkwang-Hochschule für Musik – Theater – Tanz
Abtei
4300 Essen 16
Tel. 0201/49921

Frankfurt/Main:

Hochschule für Musik und darstellende Kunst
Eschersheimer Landstraße 29–39
6000 Frankfurt/Main 1
Tel. 069/550826

Freiburg:

Staatliche Hochschule für Musik Freiburg im Breisgau
Schwarzwaldstraße 141
7800 Freiburg/Breisgau
Tel. 07161/36032

Graz:

Hochschule für Musik und darstellende Kunst Graz
A-8010 Graz

Hamburg:

Hamburgisches Schauspielstudio
Sierichstraße 102/II
2000 Hamburg 60
Tel. 040/464626

Hochschule für Musik und darstellende Kunst
Harvestehuder Weg 12
2000 Hamburg 13
Tel. 040/441951

Hochschule für Bildende Künste Hamburg
Lerchenfeld 2
2000 Hamburg 76
Tel. 040/22811

Höpfner-Studio
(Alternative Berufs Conception)
Margot Höpfner
Werderstraße 47
2000 Hamburg 13
Tel. 040/451327

Höpfner-Bühnenstudio Hamburg
Hedi Höpfner
Hansastraße 35
2000 Hamburg 13
Tel. 040/457797

Studio Ullmann
Krohnskamp 33
2000 Hamburg 60
Tel. 040/2700404

Hannover:

Hochschule für Musik und
Theater Hannover
Emmichplatz 1
3000 Hannover 1
Tel. 0511/31001

Heidelberg:

Staatliche Hochschule für Musik
Heidelberg-Mannheim
6800 Mannheim
Tel. 0621/292-3511

Studio Haller
Erwin-Rohde-Straße 2
6900 Heidelberg
Tel. 06221/49425

Karlsruhe:

Staatliche Hochschule für Musik
Karlsruhe
Weberstraße 8
7500 Karlsruhe
Tel. 0721/1353294

Köln:

Staatliche Hochschule für Musik
Rheinland
Dagobertstraße 38
5000 Köln 1
Tel. 0221/124033

Schule des Theaters e. V.
Kleingedankstraße 6
5000 Köln 1
Tel. 0221/318059

München:

Akademie der Bildenden Künste
München
Akademiestraße 2
8000 München 40
Tel. 089/38520

Gernot-Heindl, Marietheres –
Darstellungs-Studio
Cuvilliésstraße 20
8000 München 80
Tel. 089/980107

Hanschke, Annemarie
Geibelstraße 10
8000 München 80
Tel. 089/474576

Hochschule für Musik München
Arcisstraße 12
8000 München 2
Tel. 089/5591232

Neue Münchner Schauspielschule
Ali Wunsch-König
Kurfürstenplatz 2
8000 München 40
Tel. 089/348419

Otto-Falckenberg-Schule
Hildegardstraße 3
8000 München 22
Tel. 089/23721-341

Schauspielschule
Ruth von Zerboni
Waldpromenade 21
8035 Gauting
Tel. 089/8501147

Zinner Studio
Herzogstraße 103
8000 München 40
Tel. 089/305762

Saarbrücken:

Musikhochschule des Saarlandes
Bismarckstraße 1
6600 Saarbrücken 3
Tel. 0681/62408

Salzburg:

Hochschule für Musik und
darstellende Kunst
(„Mozarteum")
Mirabellplatz 1
A-5020 Salzburg
Tel. 0043/662/75534

Stuttgart:

Staatliche Akademie der
Bildenden Künste
Am Weißenhof 1
7000 Stuttgart 1
Tel. 0711/251061

Staatliche Hochschule für Musik
und Darstellende Kunst
Urbansplatz 2
7000 Stuttgart 1
Tel. 0711/2124840/4847

Wien:

Hochschule für Musik und
darstellende Kunst in Wien
Lothringer Straße 18
A-1030 Wien
Tel. 0043/222/726756

Schauspielschule Prof. H. Krauss
Weihburggasse 9
A-1010 Wien
Tel. 0043/222/524324

Wiesbaden:

Schauspielschule Genzmer
Adolfsallee 31
6200 Wiesbaden
Tel. 06121/303526

Würzburg:

Hochschule für Musik Würzburg
Hofstallstraße 6–8
8700 Würzburg
Tel. 0931/50641

Zürich:

Schauspiel-Akademie Zürich
Winkelwiese 4
CH-8001 Zürich
Tel. 0041/1/2518628

VI

Bildnachweis

Privatarchiv
Hermann J. Huber
ARD;
Ariola Eurodisc, München;
Walter Bayer, München;
Bellaphon, Frankfurt/Main;
Filmverlag der Autoren,
München;
Jürgen Hasler, München;
Anneliese Heuer, Berlin;
Maike Kollenrott, Hamburg;
Maximilian Marhoffer, Grünwald;
Andreas Mariot, München;
Neue Constantin Film, München;
Jens Noelte, Allmannshausen;
Polydor, Hamburg;
Polyphon, Hamburg;
Ilo von Renner, Hamburg;
Joseph Gallus Rittenberg,
München;
Scotia Filmverleih, München;
Showpromotion, München;
Julia Siedhof, Hamburg;
Kristina Söderbaum, Krailling;
Oda Sternberg, München;
Tivoli Filmverleih, München;
Foto Tschiedel, Wien;
Ruth Walz, Berlin;
WEA, Hamburg;
Frauke Wiegand-Sinjen,
München;
ZDF, Mainz;

sowie:

amw München
(Marlene Dietrich,
Ernst Fritz Fürbringer,
Heinz Rühmann und
Martin Semmelrogge);

dpa München
(Eddi Arent, Grit Boettcher,
Rudolf Carl, Raimund Harmstorf,
Klaus Havenstein,
Wolfgang Neuss, Karl Paryla,
Marika Rökk, Christiane Rücker,
Gisela Schlüter, Helmut Schmid,
Magda Schneider,
Margot Trooger, Ilse Werner).

NOTIZEN

NOTIZEN